国学经典文库　图文珍藏版

二十五史

精华

[西汉] 司马迁等·原著

马松源·主编

线装书局

图书在版编目（CIP）数据

二十五史精华／（西汉）司马迁等著；马松源主编
.--北京：线装书局，2011.10（2021.6）
ISBN 978-7-5120-0392-7

I.①二… II.①司… ②马… III.①中国历史：古代史－纪传体 IV.①K204.1

中国版本图书馆CIP数据核字（2011）第131819号

二十五史精华

作　　者：（西汉）司马迁等
主　　编：马松源
责任编辑：王　贺
出版发行：线装書局
　　　　　地　址：北京市丰台区方庄日月天地大厦B座17层（100078）
　　　　　电　话：010-58077126（发行部）010-58076938（总编室）
　　　　　网　址：www.zgxzsj.com

经　　销：新华书店
印　　制：北京彩虹伟业印刷有限公司
开　　本：710mm×1040mm　1/16
印　　张：112
字　　数：1360千字
版　　次：2021年6月第1版第2次印刷
印　　数：3001-9000套

定　　价：598.00元（全四卷）

线装书局官方微信

《史记》 【西汉·司马迁】

　　我国第一部纪传体通史，记事始于传说中的黄帝，终于汉武帝末年，叙述了我国3000年的历史，尤详于秦、汉。全书有本纪12篇，表10篇，书8篇，世家30篇，列传70篇，共130篇。本纪、世家、列传为传记，表以通史事脉胳，书记制度沿革。

《汉书》 【东汉·班固】

　　我国第一部纪传体断代史，记事始于汉高祖刘邦，终于王莽地皇四年（公元23年）。全书包括本纪12篇，表8篇，志10篇，传70篇，共100篇，分120卷。

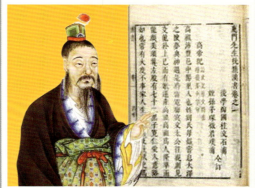

《后汉书》 【南朝宋·范晔】

　　主要记载了东汉光武帝刘秀到献帝刘协近两百年的历史。全书120篇，分130卷。原只有本纪10卷，列传80卷，北宋时把晋司马彪《续汉书》八志补入，成为今本。

《三国志》 【西晋·陈寿】

　　主要记载魏、蜀、吴三国史。共65卷，包括《魏书》30卷，《蜀书》15卷，《吴书》20卷。三书本独立，后合为一书。以叙事较为简略，南朝裴松之作注，增补史实，资料丰富，注文多出正文三倍。

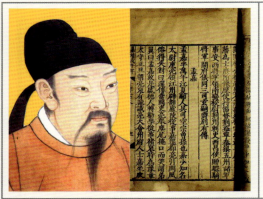

《晋书》 【唐·房玄龄 等】

记事从司马懿开始，到晋恭帝元熙二年(420年)为止，包括西晋、东晋的历史，又用"载记"形式兼述了十六国割据政权的历史。全书130卷，包括帝纪10卷，志20卷，列传70卷，载记30卷。

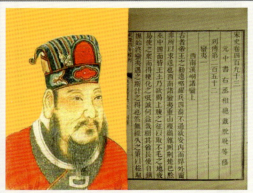

《宋书》 【南朝梁·沈约】

主要记载刘宋政权60年的历史。共100卷，包括本纪10卷，志30卷，列传60卷。八志30卷完成较晚，记叙刘宋一代典章制度，同时追述三代秦汉，尤详于魏晋。

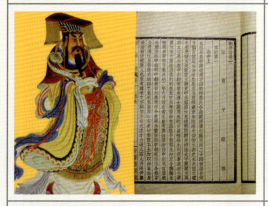

《南齐书》 【南朝梁·萧子显】

主要记载南齐23年的历史。原书60卷，现存59卷(亡序录一卷)，包括本纪8卷，志11卷，列传40卷。

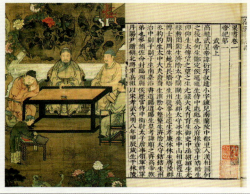

《梁书》 【唐·姚思廉】

记南朝梁代史。全书56卷，包括本纪6卷，列传50卷。思廉父姚察在隋时撰有旧稿。唐贞观三年思廉奉命修史，据父稿补充整理而成此书。

《陈书》 【唐·姚思廉】

　　记南朝陈代史。全书共36卷，包括本纪6卷，列传30卷。成书于贞观十年。思谦父姚察在隋时撰有部分旧稿，思廉奉命修史后续成。

《魏书》 【北齐·魏收】

　　主要记载魏王拓拔珪登国元年(386年)至东魏孝静帝武定八年(550年)鲜卑贵族政权的历史。全书130卷，包括纪12卷，列传98卷，志20卷。

《北齐书》 【唐·李百药】

　　记北齐历史。全书共50卷，包括纪8卷，列传42卷。百药的父亲李德林有《齐书》旧稿，百药加以增补整理而成此书。

《周书》 【唐·令狐德棻】

　　主要记载西魏、北周两朝历史。共50卷，包括纪8卷，列传42卷。主要取材于西魏史官柳虬的史书和隋牛弘的《周史》。原书至北宋初已散失，今本多取《北史》补入。

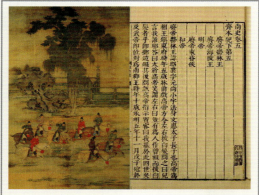

《南史》 【唐·李延寿】

　　记载南朝宋、齐、梁、陈四代历史。共80卷，包括纪10卷，列传70卷。作者根据其父李大师所撰《南史》旧稿，删并南朝宋、齐、梁、陈四书而成。

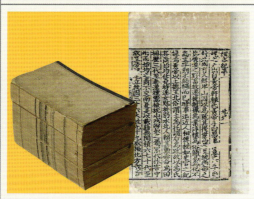

《北史》 【唐·李延寿】

　　记载北魏到隋的历史。共100卷，包括纪12卷，列传88卷。作者根据父亲李大师所撰《北史》旧稿，删并北魏、齐、周、隋四书而成。

《隋书》 【唐·魏徵 等】

　　记载隋代历史。共85卷，包括纪5卷，志30卷，列传50卷。纪传由魏徵、颜师古、孔颖达等撰，十志30卷由于志宁、李淳风等撰。十志原为梁、陈、齐、周、隋五代史而作，称《五代史志》，后各史单行，遂并入《隋书》。

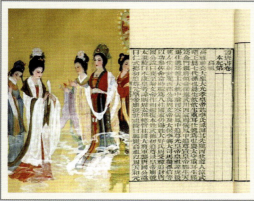

《旧唐书》 【后晋·刘昫】

　　主要记载李渊武德元年(618年)至李柷天祐四年(907年)唐朝290年历史。共200卷，包括本纪20卷，志30卷，列传150卷。本书前半部分用唐代官修实录、国史旧本，故较详明，唐武宗以后无底本可据，内容芜杂较差。

《新唐书》 【宋·欧阳修、宋祁等】

共250卷，包括本纪10卷，志50卷，表15卷，列传150卷。宋仁宗认为刘昫的《唐书》浅陋，命宋祁、欧阳修重修。

《旧五代史》 【北宋·薛居正】

记五代历史。共150卷，包括本纪61卷，列传77卷，志12卷。分梁书24卷，唐书50卷，晋书24卷，汉书11卷，周书22卷。清乾隆时从《永乐大典》中辑录，并补以《册府元龟》等所引，录为一书，入《四库全书》，即今见之本。

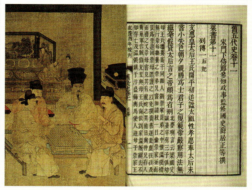

《新五代史》 【宋·欧阳修】

共74卷，包括本纪12卷，列传45卷，考3卷，世家及年谱11卷，四夷附录3卷。体例打破朝代界限，将五朝纪、传综合在一起，按时间先后编排。列传一律采用类传。历官数朝的人，编在《杂传》。十国称为世家，并有年谱。

《宋史》 【元·脱脱 等】

主要记载宋朝赵匡胤建隆元年(960年)至赵昺祥兴二年(1279年)共319年的历史。共496卷，包括本纪47卷，志162卷，表32卷，列传255卷。

《辽史》 【元·脱脱 等】

　　记载契丹贵族在我国北方建立的辽政权200多年的历史。共116卷，包括本纪30卷，志32卷，表8卷，列传45卷，国语解1卷。

《金史》 【元·脱脱 等】

　　记载女真贵族在我国北方建立的金政权120年的历史。共135卷，包括本纪19卷，志39卷，表4卷，列传73卷。元初王鹗曾修成《金史》，元末所修，以此作底本。

《元史》 【明·宋濂 等】

　　主要记载太祖成吉思汗至顺帝至正二十八年(1368年)160余年的历史。共210卷，包括本纪47卷，志58卷，表8卷，列传97卷。

《明史》 【清·张廷玉 等】

　　主要记载明朱元璋起事至朱由检崇祯十七年(1644年)共200多年的历史。共332卷，包括本纪24卷，志75卷，表13卷，列传220卷。创修于清顺治二年，未成而罢，康熙十八年再开史馆纂修。雍正元年又修，至十三年定稿。乾隆四年刊行。

《清史稿》 【近代·赵尔巽】

　　因系未定稿，故名《清史稿》。记载清一代史实。共529卷，包括本纪25卷，志135卷，表53卷，列传316卷。

前　言

　　中华民族有着忠实记载历史的优良传统,这种传统使得我国在数千年文明发展过程中能够保存下大量的历史资料,把中国史学主干的《二十五史》连贯起来,可以说是中国完整历史的总集,是一部中华文明的百科全书。

　　《二十五史》是二十五部纪传体史籍的总称。具体包括:西汉司马迁的《史记》、东汉班固的《汉书》、南朝范晔的《后汉书》、西晋陈寿的《三国志》、唐朝房玄龄的《晋书》、南朝沈约的《宋书》、南朝萧子显的《南齐书》、唐朝姚思廉的《梁书》《陈书》、北齐魏收的《魏书》、唐朝李百药的《北齐书》、唐朝令狐德棻的《周书》、唐朝魏征等人的《隋书》、唐朝李延寿的《南史》《北史》、后晋刘昫等人的《旧唐书》、宋朝欧阳修等人的《新唐书》、宋朝薛居正等人的《旧五代史》、宋朝欧阳修的《新五代史》、元朝脱脱等人的《宋史》《辽史》《金史》、明朝宋濂等人的《元史》、清朝张廷玉等人的《明史》以及清朝赵尔巽主编的《清史稿》。它记载着上起传说中的黄帝(公元前 2550 年),止于清朝灭亡(1911 年),时间长达4000 多年,前后衔接,构成了自成体系的史书长城,是世界文明史上绝无仅有的文化奇观。

　　《二十五史》是正史,内容涵盖了历代政治、经济、文化、艺术以及科技等方方面面,全面记述了中华民族几千年的发展进程,它里面记载着中国人数千年的生存经验和处世智慧;《二十五史》也是文学,它里面每个角落都散发着中国人的精气神,而文字的背后又都流淌着中国人那曾经或激烈或细腻的情感……中华民族曾产生过许许多多的英雄豪杰,也曾出现过懦夫暴徒。历朝历代的事变纷纭复杂,千古兴亡并不是简单的"话说天下大事合久必分,分久必合"所能概括得了的。而其规律到底是什么?今天的中国怎样才能长盛不衰,才能越来越强盛?这是当今人们都在认真思考、探求的重大课题，而在这思考与探求之中，以史为鉴，这是人们共同意识到的一个十分紧要的问题，但是人的精力是有限的，《二十五史》通读下来要耗费大量的时间，再加上时代的变迁，语言的变异，用古汉语写就的史书对今人来说，不少章句已很难读懂。有鉴于此，我们组织编写了这套《二十五史精华》，并把比较晦涩的文字译成今人都能通晓的白话文，其编纂体例、文字风格、内容价值也不完全相同，可以说互有优长，各有千秋，但它们都基本反映了各个时代的历史面貌，精彩扼要地勾勒出中国历史演进的基本脉络和发展历程。《二十五史精华》编撰原则是古为今用，取精用宏，其选文标准有二：其一是选取各史所记内容对今天有明显借鉴意义者；其二是选取各史所载在当时系重大事件、重要人物，曾有过重要意义和重大作用，可以扩充人们历史知识者。其编撰过程是分工通读各史，史中选篇，篇中选段，并把各段的中心意旨或启示意义冠之以醒目标题。确定选段之后，进行翻译。目的在于使今天的读者能用不多的时间浏览中华民族历史的精华，希望能帮助人们熟悉历史、思考现在。但我们应该清醒地认识到，历代史学家，在史书中宣扬君权至上、君权神授，封建统治阶级成了历史的主体；还有的史家取悦当权，虚美隐恶，致使一些记载失实。因此我们应对所选篇章，力求用历史唯物主义的科学精神进行读解，汲取古代史书中的精华，抛弃其糟粕。

总之，《二十五史精华》从《史记》到《清史稿》，从本纪到列传，从传说中的黄帝到 1911 年清朝灭亡，撷取最精彩篇章，删繁就简，去芜存精，力图使读者透过历史的重重迷雾，感受正史的耀眼光彩。当然我们在编著过程中虽尽了力，但鉴于我们所掌握的知识有限，选目或译文错谬和失当之处在所难免，敬请专家学者和广大读者予以指正。

目　录

国学经典文库

汉　书

后 汉 书

三 国 志

目 录

国学经典文库

晋　　书

国学经典文库

国学经典文库

【国学经典文库】

史记

〔西汉〕司马迁

二十文书

线装书局

序 言

　　《史记》是中国第一部纪传体通史，初名《太史公书》，亦称《太史公记》《太史记》。

　　作者司马迁，字子长，汉左冯翊夏阳（今陕西韩城市西南）人。对于他的生年历来说法不一，迄今没有定论。有人认为，他生于汉景帝中元五年（前145）；也有人认为，他生于汉武帝建元六年（前135）；卒年不可考。他一生的主要活动，大体与武帝在位时期相终始。

　　司马迁十岁时，开始学习古文书传。约在武帝元光、元朔期间，向今文家董仲舒学习《公羊春秋》，又向古文家孔安国学习《古文尚书》。二十岁时，从京师长安南下漫游，足迹遍及江淮流域和中原一带。后来不久，作了郎中，成为武帝的侍卫和扈从，多次随驾西巡，并奉命出使巴蜀。太初元年（前104），与唐都、落下闳等共同制定《太初历》，代替由秦朝沿袭下来的《颛顼历》。天汉二年（前99），李陵出击匈奴，兵败投降，司马迁为李陵辩护，触怒武帝，下狱受腐刑。后来获释出狱，官中书令。

　　司马迁的父亲司马谈在武帝建元、元封年间为太史令，掌管文史星历，管理皇家图书，曾有志编写古今通史，但未能如愿，去世前嘱咐司马迁继承他的遗志。元封三年（前108），司马迁继任父职。在参加制定《太初历》后，开始撰写《史记》，经十余年努力，终于成书。

　　《史记》记事起于传说中的黄帝，止于汉武帝，历时三千余年。所述史事，详于战国、秦、汉。据《太史公自序》，全书一百三十篇，包括十二本纪、十表、八书、三十世家、七十列传，共五十二万六千五百字。"本纪"是全书的纲领，按年月记述帝王言行政绩，兼载各方面重大事件。其中先秦诸篇按朝代成篇，秦汉诸纪则按帝王成篇。项羽虽然不是帝王，但他一度主宰天下，分封侯王，政由己出，所以把项羽也载入本纪。"表"采用表格形式简列世系、人物和史事，理清脉络，其中包括世表、月表和各种年表。"书"叙述各种制度沿革，内容涉及礼乐制度、天文兵律、社会经济、河渠地理等。"世家"记载子孙世袭的王侯封国史迹，兼及个别地位与侯王相当的著名人物。"列传"主要是社会各阶层的代表人物的传记，少数篇章为中国少数民族以及与中国互相往来的一些国家和地区的历史记录。本纪和列传是全书的主要部分，与表、书、世家相辅相成，融为一体。

五帝本纪

黄帝功业

【原文】

黄帝者,少典之子,姓公孙,名曰轩辕。生而神灵,弱而能言,幼而徇齐,长而敦敏,成而聪明。

轩辕之时,神农氏世衰。诸侯相侵伐,暴虐百姓,而神农氏弗能征。于是轩辕乃习用干戈,以征不享,诸侯咸来宾从。而蚩尤最为暴,莫能伐。炎帝欲侵陵诸侯,诸侯咸归轩辕。轩辕乃修德振兵。治五气,艺五种,抚万民,度四方,教熊罴貔貅貙虎,以与炎帝战于阪泉之野。三战,然后得其志。蚩尤作乱,不用帝命。于是黄帝乃征师诸侯,与蚩尤战于涿鹿之野,遂禽杀蚩尤。而诸侯咸尊轩辕为天子,代神农氏,是为黄帝。

炎帝

【译文】

黄帝是少典氏的后代,姓公孙,名轩辕。他生下来就神奇灵异,在襁褓中就会言语,幼小时就很伶俐懂礼,稍大即纯朴敏慧,成年后睿智而练达。

轩辕的时候,神农氏的势力已经衰微。诸侯互相侵伐,残害百姓,神农氏却无力征讨。轩辕因而用兵,以征讨不来朝贡的诸侯。诸侯都臣服。但蚩尤最为残暴,一时还无力讨伐。炎帝准备侵犯诸侯,诸侯都来归属轩辕。于是轩辕修明政治,整顿军旅,顺应四时五方的自然现象,种植五谷,安抚百姓,使远方人民也能安居;驯服熊罴貔貅貙虎等猛兽,用来跟炎帝战于阪泉(今河北涿鹿东南)之野。三次交战,战胜了炎帝,实现了他的壮志。蚩尤作乱,不听从命令,于是轩辕向四方诸侯征集军队,与蚩尤战于涿鹿之野,生擒蚩尤,并把他杀死。四方诸侯都尊轩辕为天子,以取代神农氏,这就是黄帝。

帝尧禅让

【原文】

尧曰:"嗟!四岳,朕在位七十载,汝能庸命,践朕位?"岳应曰:"鄙德忝帝位。"尧曰:"悉举贵戚及疏远隐匿者。"众皆言于尧曰:"有矜在民间,曰虞舜。"尧曰:"然,朕闻之。其何如?"岳曰:"盲者子。父顽,母嚚,弟傲,能和以孝,烝烝治,不至奸。"尧曰:"吾其试哉。"于是尧妻之二女,观其德于二女。舜饬下二女于妫汭,如妇礼。尧善之,乃使舜慎和五典,五典能从。乃遍入百官,百官时序。宾于四门,四

门穆穆,诸侯远方宾客皆敬。尧使舜入山林川泽,暴风雷雨,舜行不迷。尧以为圣,召舜曰:"女谋事至而言可绩,三年矣。女登帝位。"舜让于德不怿。正月上日,舜受终于文祖。文祖者,尧之大祖也。于是帝尧老,命舜摄行天子之政,以观天命。

【译文】

尧说:"唉！各位诸侯领袖,我在位已七十年了,你们哪一位能按天命行事,你们来接替我的帝位?"诸侯领袖回答说:"鄙陋的德行,会玷污帝位的。"尧说:"你们要尽力地推荐,无论是显贵的亲戚,或者没有关系的隐居之士。"诸侯领袖们同声向尧推荐说:"有一个没有结婚的平民叫虞舜的。"尧说:"不错,我也听说过这个人。他究竟怎么样?"诸侯领袖们说:"他是一个盲人的儿子,父亲心地险恶,母亲愚悍奸诈,弟弟骄纵不法,舜却能和睦孝顺,把家庭处理得很和睦,没有出什么差错。"尧说:"我来试试吧。"于是尧把两个女儿嫁给舜,从他怎样对待她们,来观察他的为人。舜居

舜帝

然使她们甘心住在沩水湾里,一切都合于妇人之道。尧十分满意,又使舜用心宣扬五种伦理,五种伦理都被人民欣然接受。又让舜担任各种公职,他把各种公事都处理得井然有序。他在国都四门接待宾客,四门充满了肃穆的气氛,从诸侯国远道而来的宾客,都十分钦敬。尧又使舜进入原始山林川泽之地,在暴风雨中,舜不迷失方向。尧认为舜是个了不起的人,于是把他召来说:"你计划事情周密,你所说的必定能做到,这样已经三年了,你来登帝位吧。"舜总以自己德行差,闷闷不乐。正月上旬的一个吉日,舜在文祖庙接受尧的嘱托。文祖庙就是尧太祖的庙。那时帝尧老了,命舜接替行使天子的政令,以观察天帝的旨意。

夏 本 纪

大 禹 治 水

【原文】

禹乃遂与益、后稷奉帝命,命诸侯百姓兴人徒以傅土,行山表木,定高山大川。禹伤先人父鲧功之不成受诛,乃劳身焦思,居外十三年,过家门不敢入。薄衣食,致孝于鬼神。卑宫室,致费于沟淢。陆行乘车,水行乘船,泥行乘橇,山行乘檋。左准绳,右规矩,载四时,以开九州,通九道,陂九泽,度九山。令益予众庶稻,可种卑湿。命后稷予众庶难得之食。食少,调有余相给,以均诸侯。禹乃行相地宜所有以贡,及山川之便利。

【译文】

禹于是与伯益、后稷奉了天子的命令,命令诸侯百官,征聚民夫以治理九州的土地,登山树立标志,测定高山大川的形势。禹感伤先人父鲧没有完成治水的大业

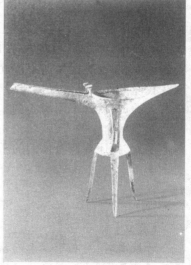

以致受了诛罚,因此劳苦身躯,集思焦虑地从事治水工作,在外面过了十三年,曾多次经过家门也不敢进去看看。他平常在衣着饮食方面,都极为简朴,可是对于祭祀祖先神明,却能尽力使祭品丰厚。所居住的宫室,简陋低矮,可是对农田水利,却愿多花钱尽力做好。他陆行乘车,水行乘船,遇到泥泞的地方,就使用两头翘起像船形的橇行走,爬山的时候,就穿着底上带齿的樏。测量平、直、高、低、远、近的准绳、规矩,一年四季都带在身边,以划分九州,并且开通九州的道路,在九州的陂泽储水,以防备干旱,统计九州的山川物产,以作赋税。命令伯益教人民在低湿的地方种稻。命令后稷教人民从事稼穑。如果那一州的食物缺乏,就加以调济,使能相足,以平均各诸侯辖区的物品。禹乃行视各地适当将其所有的,用来作为贡赋,还视察了各地山川在交通方面的便利情形。

大禹治水

九韶声乐

【原文】

于是夔行乐,祖考至,群后相让,鸟兽翔舞,箫韶九成,凤皇来仪,百兽率舞,百官信谐。帝用此作歌曰:"陟天之命,维时维几。"乃歌曰:"股肱喜哉,元首起哉,百工熙哉!"皋陶拜手稽首扬言曰:"念哉,率为兴事,慎乃宪,敬哉!"乃更为歌曰:"元首明哉,股肱良哉,庶事康哉!"又歌曰:"元首丛脞哉,股肱惰哉,万事堕哉!"帝拜曰:"然,往钦哉!"于是天下皆宗禹之明度数声乐,为山川神主。

【译文】

于是掌乐的夔,大奏音乐以助兴,历代祖先的神灵都降临了,在朝的诸侯也都能以品德互相谦让座位,鸟兽飞翔起舞,箫韶的乐曲,演奏了九章,凤凰也飞来和乐声相配合,百兽都纷纷跳起舞来,百官也表现出真诚的和谐。帝舜因此奏了一首歌说:"我奉了上天的命令来治理人民,唯在顺时,唯在慎微。"接着就唱道:"大臣们欣喜尽忠啊!元首的治

铜爵

功才能振起啊!百官的事业,也才能兴盛啊!"皋陶作揖磕头大声说:"帝要时刻思念着啊!元首当为大臣们的先导,才能兴起事功,尤当谨慎你的法度,要敬谨啊!"于是继续作了一首歌说:"元首明哲啊!大臣贤良啊!诸事顺利啊!"又唱道:

"元首细碎无大略啊！大臣即懈怠不进取啊！如是万事就会败坏啊！"帝（译者案：《史记》少一"舜"字）拜了一拜说："唔，是啊！以后大家要谨慎啊！"于是天下的人民，都依据大禹所兴起的九韶的声乐，作为祭祀山川神主的乐章。

君 主 世 袭

【原文】

十年，帝禹东巡狩，至于会稽而崩。以天下授益。三年之丧毕，益让帝禹之子启，而辟居箕山之阳。禹子启贤，天下属意焉。及禹崩，虽授益，益之佐禹日浅，天下未洽。故诸侯皆去益而朝启，曰："吾君帝禹之子也。"于是启遂即天子之位，是为夏后帝启。……

有扈氏不服，启伐之，大战于甘。将战，作《甘誓》，乃召六卿申之。启曰："嗟！六事之人，予誓告女，有扈氏威侮五行，怠弃三正，天用剿绝其命。今予维共行天之罚。左不攻于左，右不攻于右，女不共命。御非其马之政，女不共命。用命，赏于祖；不用命，戮于社，予则帑戮女。"遂灭有扈氏。天下咸朝。

【译文】

又过了十年，帝禹巡视东方诸侯，到了会稽就死了，把天下授给益。三年的丧服完毕以后，益就将天下让给帝禹的儿子启，自己避居到箕山（今河南登封东南）的南面。帝禹的儿子启有贤德，天下的人民都希望他继禹而即天子位。禹死后，帝位虽然授给益了，但由于他辅佐帝禹的时间太短，天下的人民尚未蒙受他的恩泽，所以诸侯都离开益而去朝拜启，并且说："启是我君帝禹的儿子啊！"于是启就即了天子位，这就是夏君帝启。……

有扈氏以为启不应该即天子位，不服从命令，帝启出兵讨伐，大战于甘，将要作战的时候作《甘誓》，召集六军的将帅申明大义。启说："唉！六军的将帅们，我发誓告诉你们：有扈氏暴逆不行五常，厌弃天地人的正道，因此上天断绝了他的国运。现在我谨奉天命来讨伐他。居车左的人，如不尽车左人的责，居车右的人，如不尽车右人的责，就是不用命。御车使马的人，如进退不合于兵法，善尽其责，也就是不用命。服从命令的人，就在祖先的前面赏赐他，不服从命令的人，就在社主的前面将他杀死，我还要辱及你们的子孙。"启终于灭掉了扈氏，天下的诸侯，都来朝拜。

夏 桀 亡 国

【原文】

帝桀之时，自孔甲以来而诸侯多畔夏，桀不务德而武伤百姓，百姓弗堪。乃召汤而囚之夏台，已而释之。汤修德，诸侯皆归汤，汤遂率兵以伐夏桀。桀走鸣条，遂放而死。

【译文】

自从夏帝孔甲以来，诸侯多半背叛了夏朝，夏桀即位后不知从事修德，而只知用武力伤害百官，百官不能忍受，于是就吁请汤将他囚禁在夏台（夏代监狱），不久

就把他释放了。因为汤能修德,诸侯都归顺了汤,汤率兵讨伐夏桀。桀逃至鸣条(今河南封丘东),终于被流放而死。

殷 本 纪

名 相 伊 尹

【原文】

伊尹名阿衡。阿衡欲奸汤而无由,乃为有莘氏媵臣,负鼎俎,以滋味说汤,致于王道。或曰,伊尹处士,汤使人聘迎之,五反然后肯往从汤,言素王及九主之事。汤举任以国政。伊尹去汤适夏。既丑有夏,复归于亳。入自北门,遇女鸠、女房,作《女鸠》《女房》。

伊尹

【译文】

伊尹(商汤臣)名阿衡。他不认识汤武王,却要求见。于是他耍了个花招,当有莘(古国名)氏的女儿嫁给做妃子的时候,他跟着陪嫁过去,替他们烧饭。借此机会,他由如何烹调而谈到如何治国,使推行王道。也有人说伊尹是个隐士,派人以礼去迎接他,请了五次,伊尹才答应出来。跟汤讲有关太素上皇以及三皇五帝和夏禹的故事。于是任命他为宰相,管理朝政。伊尹离开商汤到夏去,结果他瞧不起夏,又回到商汤都城亳。他是从城北门进去的,在路上遇上了的两个贤臣叫女鸠、女房的,于是写了《女鸠》《女房》两篇文章。

网 开 三 面

【原文】

汤出,见野张网四面,祝曰:"自天下四方皆入吾网。"汤曰:"嘻,尽之矣!"乃去其三面,祝曰:"欲左,左。欲右,右。不用命,乃入吾网。"诸侯闻之,曰:"汤德至矣,及禽兽。"

【译文】

有一天商汤外出,看见打猎的人张网四面,并祷告说:"天下四方,都入我网。"汤听了以后说:"哎,这不是想一网打尽吗?"于是命猎人撤去三面,并祷告说:"要左的就向左跑,想右的就向右跑,不听命又无主张的,就到我网里来好了。"诸侯们听到此事以后说:"汤的德性太伟大了,连禽兽都顾及到了。"

汤伐夏桀

【原文】

当是时,夏桀为虐政淫荒,而诸侯昆吾氏为乱。汤乃兴师率诸侯,伊尹从汤,汤自把钺以伐昆吾,遂伐桀。汤曰:"格女众庶,来,女悉听朕言。匪台小子敢行举乱,有夏多罪,予维闻女众言,夏氏有罪。予畏上帝,不敢不正。今夏多罪,天命殛之。今女有众,女曰'我君不恤我众,舍我啬事而割政'。女其曰'有罪,其奈何'?夏王率止众力,率夺夏国。有众率怠不和,曰'是日何时丧?予与女皆亡'!夏德若兹,今朕必往。尔尚及予一人致天之罚,予其大理女。女毋不信,朕不食言。女不从誓言,予则帑戮女,无有攸赦。"以告令师,作《汤誓》。于是汤曰"吾其武",号曰武王。

桀败于有娀之虚,桀奔于鸣条,夏师败绩。汤遂伐三㚇,俘厥宝玉,义伯、仲伯作《典宝》。汤既胜夏,欲迁其社,不可,作《夏社》。伊尹报。于是诸侯毕服,汤乃践天子位,平定海内。

商汤

【译文】

当时,夏桀的政治暴虐,生活淫乱,而诸侯之一的昆吾氏又作乱。汤于是起兵统帅诸侯,伊尹随从商汤,商汤自己拿着兵器斧头去攻打昆吾,接着讨伐夏桀。汤说:"告诉你们大家,都来呀,你们仔细听我说:不是我这小子敢举兵作乱,只因夏朝作恶多端,我听你们大家也都说夏朝有罪,我惧怕上帝的威严,不能不去攻打夏桀。如今夏朝罪恶多端,老天命我来灭绝他。现在你们在场的众位都会说:'我们君王不怜悯我们,废弃我们的农事,让我们去攻打夏朝。'你们又都说:'他有罪,其罪恶又是怎样的?'(我告诉你们)夏桀恣意用尽众人的劳力,无休止地消耗夏朝的国力,所以大众也都懈怠,不跟他通力合作,而且说:'(夏桀你)这个太阳什么时候衰亡呢?我们都愿意与你同归于尽。"夏桀如此之坏,现在我一定去征伐他。你们倘若辅助我,奉行上天的讨伐,我会大大地赏赐你们。你们不要不相信,我是不会说假话的。你们倘若不听从我约束你们的誓言,那我就会杀了你们,绝不会有宽赦的。"告诫完这番话,命令管文书的官员记下,这就是《汤誓》。于是汤说"我非常勇武",称为武王。

夏桀在有娀的旧地打了败仗,逃奔到鸣条(今河南封丘东),夏军彻底溃败。汤

铜卣

于是攻打三㠯国，取其地的宝玉，汤的臣义伯、仲伯写下了《典宝》。汤战胜了夏桀后，想迁移夏的神社，没有办成，写下了《夏社》（今佚）。伊尹公布了胜利和仁政，诸侯都归服于商汤，汤便登上了天子的尊位，平定了全国。

伊尹放太甲

【原文】

帝太甲既立三年，不明，暴虐，不遵汤法，乱德，于是伊尹放之于桐宫。三年，伊尹摄行政当国，以朝诸侯。

帝太甲居桐宫三年，悔过自责，反善，于是伊尹乃迎帝太甲而授之政。

【译文】

太甲帝即位三年之后，昏乱暴虐，不遵守汤的法度，而且道德败坏，于是伊尹把他流放到桐宫（离宫名）。三年之中，伊尹代理国政，接待各方诸侯。太甲在桐宫住了三年，悔改过失，责备自己，改心向善。于是伊尹就迎接太甲帝回朝，把政权交给他。

盘 庚 迁 殷

【原文】

帝盘庚之时，殷已都河北，盘庚渡河南，复居成汤之故居，乃五迁，无定处。殷民咨胥皆怨，不欲徙。盘庚乃告谕诸侯大臣曰："昔高后成汤与尔之祖先俱定天下，法则可修。舍而弗勉，何以成德！"乃遂涉河南，治亳，行汤之政，然后百姓由宁，殷道复兴。诸侯来朝，以其遵成汤之德也。

【译文】

盘庚称帝之前，殷朝建都在河北，盘庚即位后，立即渡河南迁，又迁到当年成汤的故地。殷朝竟然五次迁都，没有固定的地方。殷朝的民众叹息，都发怨言，不肯迁徙。盘庚于是告诉诸侯大臣等人说："过去先祖成汤跟你们的祖先，共同平定天下，他们定下的法度原则可以遵循。现在你们舍弃这些法度原则不去努力实行，靠什么来成就德政呢？"于是渡河南下，修治亳都，遵行汤的政令。此后，百姓因而安宁，殷朝的国势也由此而复兴。诸侯都来朝见盘庚，因为他遵循了成汤的德政。

傅 说 为 相

【原文】

帝武丁即位，思复兴殷，而未得其佐。三年不言，政事决定于冢宰，以观国风。武丁夜梦得圣人，名曰"说"。以梦所见视群臣百吏，皆非也。于是乃使百工营求之野，得说于傅险中。是时说为胥靡，筑于傅险。见于武丁，武丁曰是也。得而与之语，果圣人，举以为相，殷国大治。故遂以傅险姓之，号曰傅说。

【译文】

武丁即位后，想复兴殷朝，但未找到得力的辅佐大臣。他三年未说话，政事由

冢宰(相当宰相)来处理。他冷静地观察国家的风气。武丁夜晚做梦得到一位圣人,名叫说。他按梦中所看到的形貌来观察各位大臣和官吏,结果都不是。于是他便派百官到郊野去寻找,终于在傅险找到了"说"。这时说正在服刑役,在傅险筑路。把他引见给武丁,武丁说:"正是他。"跟他谈话,果然是一位圣人。任命他做宰相,结果殷国治理得非常好。因而用傅险作了他的姓,称作傅说。

帝纣淫乱

【原文】

　　帝纣资辨捷疾,闻见甚敏,材力过人,手格猛兽;知足以距谏,言足以饰非;矜人臣以能,高天下以声,以为皆出己之下。好酒淫乐,嬖于妇人。爱妲己,妲己之言是从。于是使师涓作新淫声,北里之舞,靡靡之乐。厚赋税以实鹿台之钱,而盈钜桥之粟。益收狗马奇物,充仞宫室。益广沙丘苑台,多取野兽蜚鸟置其中。慢于鬼神。大冣乐戏于沙丘,以酒为池,悬肉为林,使男女倮,相逐其间,为长夜之饮。

司母戊方鼎

【译文】

　　纣天资聪明,口才好,办事敏捷,力气超过一般人,能空手与猛兽格斗。他的智慧足够拒绝臣下所提的意见,他的言辩足够掩饰自己的错误;他向群臣夸耀自己的才能,在天下抬高名声,认为别人都不如自己。他好饮酒,沉迷音乐,宠爱女人,尤其喜爱妲己,妲己说什么他听什么。于是他要乐师名叫涓的创作新的淫荡的音乐,鄙俗的舞蹈,颓废的旋律。他还加重赋税,充实鹿台储存的钱币和钜桥储存的粮食。还多方收集狗马和奇特的玩物,充实宫室;扩建沙丘的园林、楼台,大量捕捉野兽、飞鸟置其中。对鬼神侮辱、傲慢而不尊敬。他又在沙丘聚会,表演各种乐舞游戏,池子里盛满了酒,把肉悬挂成林,让男女赤身露体在其中追逐玩耍,通夜地饮酒玩乐。

炮烙之刑

【原文】

　　百姓怨望而诸侯有畔者,于是纣乃重刑辟,有炮烙之法。以西伯昌、九侯、鄂侯为三公。九侯有好女,入之纣。九侯女不憙淫,纣怒,杀之,而醢九侯。鄂侯争强,辨之疾,并脯鄂侯,西伯昌闻之,窃叹。崇侯虎知之,以告纣,纣囚西伯羑里。

【译文】

　　人民对纣王是怨声载道,有的诸侯背叛了他。于是纣就加重刑罚,实行一种炮烙的残酷刑法。并任命西伯昌、九侯、鄂侯担任三公。九侯有个漂亮的女人,把她送给纣王,可是这个美女不喜欢纣的淫荡,纣恼怒,杀了她,还把九侯剁成肉酱。鄂

侯前来规劝,态度强硬,争辩激烈,纣不仅杀了鄂侯,还把他的肉做成了脯干。西伯昌听到这件事,不再说话,只是暗自叹息。崇侯虎探听到西伯昌叹气,把此事报告纣王,纣王就把西伯囚禁在羑里。

殷代三仁

【原文】

纣愈淫乱不止。微子数谏不听,乃与大师、少师谋,遂去。比干曰:"为人臣者,不得不以死争。"乃强谏纣。纣怒曰:"吾闻圣人心有七窍。"剖比干,观其心。箕子惧,乃详狂为奴,纣又囚之。

【译文】

纣更加淫乱不止。微子多次劝诫他,均不听从,微子跟太师、少师寻求不出办法,然后出走了。比干说:"作大臣的,不能不冒死劝谏国君。"于是态度强硬地劝谏纣。纣王生气地说:"我听说圣人的心脏有七个孔穴。"就剖开比干的胸膛,取出他的心脏来看。箕子惧怕,便假装疯癫,扮成奴隶,但纣王并没有放过他,把他囚禁起来。

周 本 纪

公 刘 兴 周

【原文】

公刘虽在戎狄之间,复修后稷之业,务耕种,行地宜,自漆、沮度渭,取材用,行者有资,居者有畜积,民赖其庆。百姓怀之,多徙而保归焉。周道之兴自此始。

【译文】

公刘虽然居住在戎狄地区,但又继续从事后稷的工作:致力于耕织,发挥土地的功能,自漆水、沮水(皆渭水支流)过渭水,伐取材木,以供应用。于是居无定所的人拥有资财,住家的人有积蓄,民众都依靠他过上了好日子。各族的人怀念他,很多人迁到他这里归附他。周王朝事业的兴旺,就是从此时开始的。

古 公 兴 业

【原文】

古公亶父复修后稷、公刘之业,积德行义,国人皆戴之。薰育戎狄攻之,欲得其财务,予之,已复攻,欲得地与民。民皆怒,欲战。古公曰:"有民立君,将以利之。今戎狄所为攻战,以吾地与民。民之在我;与其在彼,何异。民欲以我故战,杀人父子而君之,予不忍为。"乃与私属遂去豳,度漆、沮,逾梁山,止于岐下。豳人举国扶老携弱,尽复归古公于岐下。及他旁国闻古公仁,亦多归之。于是古公乃贬戎狄之俗,而营筑城郭室屋,而邑别居之。作五官有司。民皆歌乐之,颂其德。

【译文】

古公亶父继承并振兴后稷和公刘的事业，积累道德，施行仁义，全国人民都拥戴他，薰育戎狄攻打古公亶父，想要得到他的财物，古公亶父把财物都送给他们。不久又来攻打，想夺取古公的土地和人民。人民都愤怒了，想要战斗。古公却说："人民拥立君主，是君主为他们谋福利。现在戎狄之所以要进攻我，是为了我的土地和人民；人民属于我和属于他们，那有什么差别呢？人民却要为了我的原因而战斗，那等于我杀了他们的父子，从而做他们的领袖，我不忍心这么做。"于是就和他自己亲近的部属离开豳地，渡漆、沮二水，翻过梁山（今陕西乾县西北），定居在岐山下（今陕西省岐山县与凤翔一带）。豳地全部的人，扶老携幼，又都归附古公于岐山下。旁的地区，听说古公的仁爱，也多来归附他。到了这时，古公便扬弃狄戎的习俗，营建城池、宫室、房舍，将人民分成几个邑落居住。又设置职有专司的五官，人民都歌唱欢乐，颂扬古公的德业。

文 王 政 绩

【原文】

西伯曰文王，遵后稷、公刘之业，则古公、公季之法，笃仁，敬老，慈少。礼下贤者，日中不暇食以待士，士以此多归之。伯夷、叔齐在孤竹，闻西伯善养老，盍往归之。太颠、闳夭、散宜生、鬻子、辛甲大夫之徒皆往归之。

……

西伯阴行善，诸侯皆来决平。于是虞、芮之人有狱不能决，乃如周。入界，耕者皆让畔，民俗皆让长。虞、芮之人未见西伯，皆惭，相谓曰："吾所争，周人所耻，何往为，只取辱耳。"遂还，俱让而去。诸侯闻之，曰"西伯盖受命之君"。

周文王姬昌

【译文】

西伯（西方诸侯之长），后人尊号为文王。他遵循后稷、公刘的事业，效法古公、公季的成规，笃行仁义，尊敬长老，慈爱晚辈。礼遇贤才，为了接待士人，常常到了中午也无法吃饭，因而士人都归附他。当时著名的贤者伯夷、叔齐，原来本在孤竹国（古国名，在今河北卢龙南），听说西伯特别敬重老人，就商议：何不去归依他呢？一些才士如太颠、闳夭、散宜生、鬻子、辛甲大夫这些人，都前来依归西伯。……

西伯暗中做好事，诸侯们有争端都前来请他裁决。为此，虞、芮两国的人由于发生争端，不能解决，便来到周国。他们进入国界后，只见耕田的人都互相让田界，民众都习惯于尊重年长的人。虞、芮两国的人，还没见到西伯，就感到惭愧了，互相诉说："我们所争的，正是周国人认为羞耻的事，还去做什么，只会带来羞辱罢了。"竟然返转互相谦让着离开了。诸侯听到此事，说："西伯乃是受天命，要得天下的君

主。"

八百诸侯会盟津

【原文】

九年，武王上祭于毕。东观兵，至于盟津。为文王木主，载以车，中军。武王自称太子发，言奉文王以伐，不敢自专。乃告司马、司徒、司空、诸节："齐栗，信哉！予无知，以先祖有德臣，小子受先功，毕立赏罚，以定其功。"遂兴师。师尚父号曰："总尔众庶，与尔舟楫，后至者斩。"武王渡河，中流，白鱼跃入王舟中，武王俯取以祭。既渡，有火自上复于下，至于王屋，流为乌，其色赤，其声魄云。是时，诸侯不期而会者八百诸侯。诸侯皆曰："纣可伐矣。"武王曰："女未知天命，未可也。"乃还师归。

【译文】

九年，武王在毕地祭祀文王。然后向东检阅军队，到达盟津（今河南孟津东）。用木头刻制了文王的牌位，用车子载着，供于中军帐内。武王自称太子发，表示是奉文王之命进行征伐，不敢自己专行。他向司马、司徒、司空和各军官宣告："要庄敬戒惧，切实努力啊！我没有知识，只因为祖先有德行，我继承祖先的功业罢了。设立各种赏罚，以保证这次功业的完成。"于是起兵。军师尚父发号施令说："聚合你们所有的士兵和船只，动作迟缓的杀头。"武王渡河，到了中流，有白鱼跳进武王的船中，武王低头拾起用以祭天。渡河以后，有一团火，从天而降，达到武王的屋顶时，就化成一只乌鸦，颜色是红的，其声音。这时，诸侯们尽管事先未约定，然而聚在盟津的却有八百个。诸侯都说："纣可以讨伐了。"武王说："你们不了解天命，还不行啊。"于是就班师回去了。

武 王 伐 纣

【原文】

居二年，闻纣昏乱暴虐滋甚，杀王子比干，囚箕子。太师疵、少师强抱其乐器而奔周。于是武王遍告诸侯曰："殷有重罪，不可以不毕伐。"乃遵文王，遂率戎车三百乘，虎贲三千人，甲士四万五千人，以东伐纣。十一年十二月戊午，师毕渡盟津，诸侯咸会。曰："孳孳无怠！"武王乃作《太誓》，告于众庶："今殷王纣乃用其妇人之言，自绝于天，毁坏其三正，离逷其王父母弟，乃断弃其先祖之乐，乃为淫声，用变乱正声，怡悦妇人。故今予发维共行天罚。勉哉夫子，不可再，不可三！"

【译文】

又过了两年，听说纣昏乱暴虐比以前更厉害了，杀死了王子比干，囚禁箕子。太师疵和少师强抱着乐器逃到周国。为此武王向诸侯普遍宣告说："殷王有重罪，不可以不全力讨伐。"于是遵循文王的遗旨，率领三百辆兵车，三千名勇士，四万五千穿盔甲的武士，向东讨伐纣。十一年十二月戊午日，军队全部渡过盟津（旧址在河南孟津东），诸侯都来会合。说："勤奋用命，不可懈怠！"于是武王作《太誓》，向众人宣告："现在殷王纣，只是听信妇人的谗言，自绝于天，毁坏了天地人的正道，疏

远了他祖父母以下的亲族；又抛弃了先祖所制的音乐，制作淫荡乐曲，来讨妇人的喜欢。从而扰乱纯正的音乐。因此现在我姬发恭敬地执行天的惩罚。勤奋啊将士们，不可以等待我第二次，更不可等待我第三次的告诫！"

牧 野 之 战

【原文】

二月甲子昧爽，武王朝至于商郊牧野，乃誓。……誓已，诸侯兵会者车四千乘，陈师牧野。

帝纣闻武王来，亦发兵七十万人距武王。武王使师尚父与百夫致师，以大卒驰帝纣师。纣师虽众，皆无战之心，心欲武王亟入。纣师皆倒兵以战，以开武王。武王驰之，纣兵皆崩畔纣。纣走，反入登于鹿台之上，蒙衣其殊玉，自燔于火而死。武王持大白旗以麾诸侯，诸侯毕拜武王，武王乃揖诸侯，诸侯毕从。武王至商国，商国百姓咸待于郊。于是武王使群臣告语商百姓曰："上天降休！"商人皆再拜稽首，武王亦答拜。遂入，至纣死所。武王自射之，三发而后下车，以轻剑击之，以黄钺斩纣头，悬大白之旗。已而至纣之嬖妾二女，二女皆经自杀。武王又射三发，击以剑，斩以玄钺，悬其头小白之旗。武王已乃出复军。

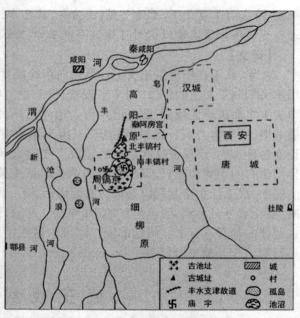

◎周镐京附近古迹图

周镐京附近古迹图

【译文】

二月甲子那天黎明，武王早早地到了商都城郊外的牧野（在今河南省淇县南）举行誓师……宣誓完毕，诸侯军队集结者，共有四千辆战车，列阵于牧野。

帝纣听说武王攻来了，也派了七十万军队抵御武王。武王命尚父和百名武士，在阵前挑战，然后大军冲向纣帝的队伍。纣军虽多，但都没有斗志，希望武王快些攻进来。他们都倒戈相向，给武王军队开路。武王用战车冲锋，纣的军队全部溃散，背叛了纣王。纣逃回城内，登到鹿台上，穿上宝玉的衣服，自焚而死。武王拿着大白旗指挥诸侯，诸侯都来参拜武王，武王向诸侯拱手答礼，诸侯全都服从他。武王到了商的都城，那里的百姓都在郊外等待欢迎他。于是武王叫大臣们向百姓宣告说："上天赐给大家幸福。"商朝百姓也拜谢叩头，武王也向他们回礼。于是进了

城,走到纣自焚处,武王亲射纣的尸体,射了三箭,然后下车。用宝剑击纣,再用黄色大斧砍下纣的头,悬挂在大白旗上。接着武王又走到纣所宠爱的两个女妃那里;两个女妃已经上吊自杀了。武王射了三箭,又用剑击,而后用黑色斧头砍下她们的头,悬挂在小白旗上。武王然后出城返回军营。

分封诸侯

【原文】

　　封商纣子禄父殷之余民。武王为殷初定未集,乃使其弟管叔鲜、蔡叔度相禄父治殷。已而命召公释箕子之囚。命毕公释百姓之囚,表商容之闾。命南宫括散鹿台之财,发钜桥之粟,以振贫弱萌隶。命南宫括、史佚展九鼎保玉。命闳夭封比干之墓。命宗祝享祠于军,乃罢兵西归。行狩,记政事,作《武成》。封诸侯,班赐宗彝,作《分殷之器物》。武王追思先圣王,乃褒封神农之后于焦,黄帝之后于祝,帝尧之后于蓟,帝舜之后于陈,大禹之后于杞。于是封功臣谋士,而师尚父为首封。封尚父于营丘,曰齐。封弟周公旦于曲阜,曰鲁。封召公奭于燕。封弟叔鲜于管,弟叔度于蔡。余各以次受封。

【译文】

　　武王把遗留下来的殷人,封赐给商纣的儿子禄父。武王又因为殷地刚刚平定,就命他的弟弟管叔鲜、蔡叔度辅佐禄父治殷。而后命召公释放了被囚禁的箕子,命毕公释放了被囚禁的百姓,表彰商容居住的里巷。命南宫括散发鹿台所藏的钱和钜桥的粮食,来救济贫弱的百姓。命南宫括、史佚展示九鼎和宝玉。命闳夭培土增修比干的墓。命令管祭礼的官吏,祭奠阵亡将士,而后才撤兵回归西土。一路上巡行诸国,记载政事,写了一篇《武成》。分封诸侯,并分赐宗庙的祭器,写了一篇《分殷之器物》。武王追念先代的圣明帝王,于是表彰分封神农氏的后代于焦地(在今河南省陕县),封黄帝的后人于祝(在今山东莱芜东南),封帝尧的后人于蓟(今北京大兴区西南),封帝舜的后代于陈(在今河南淮阳),封大禹的后代于杞(今河南杞县)。于是又分封功臣谋士,而军师尚父是第一个受封的。把尚父封于营丘(今山东临淄西北),国号齐。封弟弟周公旦于曲阜,国号鲁。封召公奭于燕地(今河北北部和辽宁西端),封弟弟叔鲜于管地(今河南郑州);封弟弟叔度于蔡地(今河南上蔡西南)。其他人也按等受封。

马　放　南　山

【原文】

　　武王征九牧之君,登豳之阜,以望商邑。武王至于周,自夜不寐。周公旦即王所,曰:"曷为不寐?"王曰:"告女:维天不飨殷,自发未生于今六十年,麋鹿在牧,蜚鸿满野。天不享殷,乃今有成。维天建殷,其登名民三百六十夫,不显亦不宾灭,以至今。我未定天保,何暇寐!"王曰:"定天保,依天室,悉求夫恶,贬从殷王受。日夜劳来定我西土,我维显服,及德方明。自洛汭延于伊汭,居易毋固,其有夏之居。我

南望三涂,北望岳鄙,顾詹有河,粤詹雒、伊,毋远天室。"营周居于雒邑而后去。纵马于华山之阳,放牛于桃林之虚;偃干戈,振兵释旅:示天下不复用也。

【译文】

武王召集九州的州牧,登上豳城的土山,遥望商朝的国都。武王回到周,夜里难以入睡。周公旦到了武王的住所问道:"为什么不睡呢?"武王说:"我告诉你吧:上天抛弃了殷朝,从我还未出生到现在六十年间,殷国小人在朝,君子被驱逐,就好像山里麋鹿聚在近郊,蜚鸿遍布山野。上天不维护殷朝,才有我们今天的成功。当殷朝承受天命刚建立的时候,曾经任命知名人士三百六十人,其政绩虽不显赫,也不至于灭亡,后来竟发展到今天的情况。我还未知道上天是否会保佑我们,哪有空闲安睡呢!"武王又说:"我一定要让上天保佑周王朝,使天下的人都归服中央。要找出所有的恶人,惩处他们与殷王同罪。我要日夜慰劳安抚人民,使我们的西方领土安定。我要办好各种事业,直到周朝的德行光照四方。从洛水湾到伊水湾,地势平坦没有险阻,这里曾是夏朝定居的地方。我南望三涂(古山名。在今河南嵩山西南、伊河北岸),北望岳边,观察黄河,看出洛、伊流域,是我周王朝建都的好处所。"于是就规划营建了洛邑作周的陪都,然后才离开。把马纵放在华山的南面,把牛放养到桃林(古地区名。约为今河南灵宝以西、陕西潼关以东地区)的原野。收拾武器,并解散队伍,以昭示天下,不再用兵了。

周 公 摄 政

【原文】

成王少,周初定天下,周公恐诸侯畔周,公乃摄行政当国。管叔、蔡叔群弟疑周公,与武庚作乱,畔周。周公奉成王命,伐诛武庚、管叔,放蔡叔。以微子开代殷后,国于宋。颇收殷余民,以封武王少弟封为卫康叔。

【译文】

成王年纪小,周王朝刚刚平定天下,周公担心诸侯背叛周朝,就代理成王主持国事。管叔、蔡叔等弟辈,怀疑周公别有用心;于是他们勾结武庚叛周王朝。周公奉成王的命令进行讨伐,诛杀了武庚、管叔,流放了蔡叔。用微子开继承殷朝的后代,在宋地(都城在今河南商丘南。有今河南东部和山东、江苏、安徽间地)建立国家。又尽量收集了殷国留下来的民众,赐给武王的幼弟姬封,封他为卫康叔。

营 建 洛 邑

【原文】

成王在丰,使召公复营洛邑,如武王之意。周公复卜申视,卒营筑,居九鼎焉。曰:"此天下之中,四方入贡道里均。"作《召诰》《洛诰》。

【译文】

成王在丰(即丰邑,在丰水西岸),依照武王的旨意,命召公继续营造洛邑。周公又进行占卜,前往勘察,终于建造完成,把传国大宝九鼎迁置在那里。说:"这里

国学经典文库

居天下的中心,四方来进贡的里程都相等。"写下了《召诰》《洛诰》。

成 康 之 治

【原文】

成王将崩,惧太子钊之不任,乃命召公、毕公率诸侯以相太子而立之。成王既崩,二公率诸侯,以太子钊见于先王庙,申告以文王、武王之所以为王业之不易,务在节俭,毋多欲,以笃信临之,作《顾命》。太子钊遂立,是为康王。康王即位,遍告诸侯,宣告以文武之业以申之,作《康诰》。故成康之际,天下安宁,刑错四十余年不用。

【译文】

成王临终时,担心太子钊不能胜任,就命令召公、毕公率领诸侯辅佐太子登位。成王逝世后,召公、毕公率领诸侯,引导太子拜见先王庙,用文王、武王创立王业的不容易的情况告诫他,勤勉于节俭,不贪欲,用诚实和守信用的态度来治理天下,写成了《顾命》。于是太子登极,这就是康王。康王即位后,普遍地向诸侯宣告,用文王、武王的业绩来劝勉他们,写下了《康诰》。所以成王和康王的时代,天下安宁,四十多年未用刑具。

穆王征犬戎

【原文】

穆王将征犬戎,祭公谋父谏曰:不可。……王遂征之,得四白狼四白鹿以归,自是荒服者不至。

【译文】

穆王将要攻打犬戎族。祭公谋父劝阻说:"不能攻打……。"穆王还是去攻打了犬戎,却仅是获得四头白狼、四头白鹿回来。从此,荒远的部族再也不来朝贡了。

厉 王 好 利

【原文】

厉王即位三十年,好利,近荣夷公。大夫芮良夫谏厉王曰:"王室其将卑乎?夫荣公好专利而不知大难。……荣公若用,周必败也。"厉王不听,卒以荣公为卿士,用事。

【译文】

厉王即位三十年之时,贪财图利,亲近荣夷公。大夫芮良夫规劝厉王说:"王室将要衰微了吧?荣夷公喜欢独占财利,而不知大祸。……荣公若被重用,周朝一定会衰败的。"厉王不听劝谏,终于用荣夷公做卿士,主管国事。

防民之口,甚于防川

【原文】

(厉)王行暴虐侈傲,国人谤王。召公谏曰:"民不堪命矣。"王怒,得卫巫,使监谤者,以告则杀之。其谤鲜矣,诸侯不朝。三十四年,王益严,国人莫敢言,道路以目。厉王喜,告召公曰:"吾能弭谤矣,乃不敢言。"召公曰:"是鄣之也。防民之口,甚于防水。水壅而溃,伤人必多,民亦如之。是故为水者决之使导,为民者宣之使言。故天子听政,使公卿至于列士献诗,瞽献曲,史献书,师箴,瞍赋,矇诵,百工谏,庶人传语,近臣尽规,亲戚补察,瞽史教诲,耆艾修之,而后王斟酌焉,是以事行而不悖。民之有口也,犹土之有山川也,财用于是乎出;犹其有原隰衍沃也,衣食于是乎生。口之宣言也,善败于是乎兴。行善而备败,所以产财用衣食者也。夫民虑之于心而宣之于口,成而行之。若雍其口,其与能几何?"王不听。于是国莫敢出言,三年,乃相与畔,袭厉王。厉王出奔于彘"。

四虎镈

【译文】

厉王实行暴虐的政治,他奢侈,骄傲,许多民众都议论他的过失。召公劝诫说:"民众已经忍受不了你暴虐的政令了。"厉王发怒,找来一个卫国的巫师,叫他监视议论的人。巫师报告谁议论,厉王就杀死谁。这样一来,议论的人少了,诸侯也不来朝见了。三十四年,厉王更加严厉,民众再不敢说话。在路上遇见时,只能互相用眼色示意。厉王高兴了,

对召公说:"我能消除意见了,民众都不敢说话了。"召公说:"这不过是堵塞民众讲话罢了。堵塞人民的嘴,比堵塞河流的后果还要严重。河水堵塞起来,一旦决口,伤害人一定很多;民众也是一样。为此,治水的人要疏通河道,使水流通畅。治民的人要开导他们,让他们畅所欲言。所以天子办理政务,让大臣和普通官吏献上议论朝政的诗篇,乐官进献反映民意的歌曲,史官进献可供借鉴的史书,乐师进献有劝诫作用的箴言,然后由盲人朗诵和宣读。各种官吏可以进谏,普通民众的意见也可以间接地反映给国王,左右侍从也要尽到规谏的责任,同族大臣要监察和弥补国王的过失,乐师和史官要用乐曲和史实开导国王。老臣把这些加以汇集整理,然后由国王酌情取舍。只有这样,政事才能处理好,不违背情理。人民有嘴,就好像地有山川,一切财用是从这里出产的。又好像大地有高低干湿等各种类型的田土,人类的衣食都从这里产生。口能发抒言论,政治的美善毁败,都可以从这里反映出来。好事加以推行,坏事加以防止,正像大地出产财富衣食一样。民众想在心里,说在嘴上,成熟的意见便予以推行。如果堵塞人民的嘴,那么支持国王的能有几个

人呢?"厉王不听。于是国人没有人敢说话。三年以后,就一个个跟着反叛了,他们袭击厉王,厉王逃到彘地。

幽王宠褒姒

【原文】

　　三年,幽王嬖爱褒姒。褒姒生子伯服,幽王欲废太子。太子母申侯女,而为后。后幽王得褒姒,爱之,欲废申后,并去太子宜臼,以褒姒为后,以伯服为太子。……

　　褒姒不好笑,幽王欲其笑万方,故不笑。幽王为烽燧大鼓,有寇至则举烽火。诸侯悉至,至而无寇,褒姒乃大笑。幽王悦之,为数举烽火。其后不信,诸侯益亦不至。

　　幽王以虢石父为卿,用事,国人皆怨。石父为人佞巧善谀好利,王用之。又废申后,去太子也。申侯怒,与缯、西夷犬戎攻幽王。幽王举烽火征兵,兵莫至。遂杀幽王骊山下,虏褒姒,尽取周赂而去。

玉琮

【译文】

　　三年,幽王宠爱褒姒。褒姒生了个儿子叫伯服,幽王就想废掉太子。太子的母亲,原是申侯的女儿,做了皇后。后来幽王得到褒姒,很宠爱她,就想废掉申后,顺便废了太子,而以褒姒为皇后,以伯服为太子。……

　　褒姒不喜欢笑,幽王想逗她笑,用了许多方法,她仍然不笑。幽王曾设置烽燧台和大鼓,如果有了敌情,便点燃烽火以召援兵。幽王为了取笑褒姒,就点燃了烽火,诸侯都率兵赶来,却不见敌寇,而褒姒果然大笑起来。幽王因此高兴,并多次为褒姒点燃烽火。后来,它失掉了信用,诸侯也逐渐不来了。

　　幽王用虢石父做卿,执掌国政,人民都很怨恨。石父为人谗佞巧诈,善于逢迎好利,而国王却信任他;加上废了申后,赶走太子,因此申侯大怒,约了缯国(古国名。今河南方域一带)和西夷、犬戎攻打周幽王。幽王点燃烽火,召集救兵,救兵没有到来。他们就把幽王杀死在骊山之下,俘虏了褒姒,把周朝的财产全部取走。

平　王　东　迁

【原文】

　　平王立,东迁于雒邑,辟戎寇。平王之时,周室衰微,诸侯强并弱,齐、楚、秦、晋始大,政由方伯。

【译文】

　　平王即位后,东迁国都到雒邑,以躲避犬戎的侵扰。平王的时候,周王室的势

力衰败,诸侯中强的吞并弱的,齐、楚、秦、晋从这时开始强大,政治权力掌握在诸侯首领之中。

问鼎中原

【原文】

定王元年,楚庄王伐陆浑之戎,次洛,使人问九鼎。王使王孙满应设以辞,楚兵乃去。

【译文】

定王元年,楚庄王讨伐陆浑(今河南嵩县东北)地方的戎族,军队进驻洛邑,派人询问九鼎的情况。定王派王孙满准备好的辞令应付,楚兵便离开了。

三家分晋

【原文】

定王十六年,三晋灭智伯,分有其地。……

威烈王二十三年,九鼎震。命韩、魏、赵为诸侯。

【译文】

定王十六年,韩、赵、魏三家灭智伯,分占了他的地盘。……威烈王二十三年,九鼎震动。周王任命韩、赵、魏为诸侯。

秦 本 纪

五 羖 大 夫

【原文】

五年,晋献公灭虞、虢,虏虞君与其大夫百里傒,以璧马赂于虞故也。既虏百里傒,以为秦缪公夫人媵于秦。百里傒亡秦走宛,楚鄙人执之。缪公闻百里傒贤,欲重赎之,恐楚人不与,乃使人谓楚曰:"吾媵臣百里傒在焉,请以五羖羊皮赎之。"楚人遂许与之。当是时,百里傒年已七十余。缪公释其囚,与语国事。谢曰:"臣亡国之臣,何足问!"缪公曰:"虞君不用子,故亡,非子罪也。"固问,语三日,缪公大悦,授之国政,号五羖大夫。

【译文】

五年,晋献公灭亡虞国、虢国,俘虏了虞国国君和他的大夫百里傒。这是因为晋献公用白璧、良马先贿赂了虞国的国君。晋献公俘虏了百里傒之后,把他当作秦穆公夫人的陪嫁奴仆送到秦国。百里傒从秦国逃到宛城,楚国边境的人抓捕了他。秦穆公听说百里傒有才能,想用重金赎回他,又怕楚国人不肯交出。就派人向楚国交涉说:"我国陪嫁小臣百里傒,现在楚国,我们想用五张黑羊皮赎回他。"楚国人同意了,把百里傒交给秦国。这时候百里傒已经七十多岁了。秦穆公亲自释放他,并

和他讨论国家大事。百里傒辞谢说："我是个亡国的臣子,有什么值得问的呢?"穆公说："虞国国君不用你的建议才亡国的,并不是你的罪过呀。"穆公坚持询问,两人谈了三天,穆公高兴极了。让他职掌国家大政,称为五羖大夫。

春秋·铜胄

穆公厚币迎蹇叔

【原文】

百里傒让曰:"臣不及臣友蹇叔,蹇叔贤而世莫知。臣常游困于齐而乞食铚人,蹇叔收臣。臣因而欲事齐君无知,蹇叔止臣,臣得脱齐难,遂之周。周王子颓好牛,臣以养牛干之。及颓欲用臣,蹇叔止臣,臣去,得不诛。事虞君,蹇叔止臣。臣知虞君不用臣,臣诚私利禄爵,且留。再用其言,得脱;一不用,及虞君难:是以知其贤。"于是缪公使人厚币迎蹇叔,以为上大夫。

【译文】

百里傒谦让说:"臣不如我的朋友蹇叔。蹇叔有才能,而不被世人所了解。臣曾经游历被困在齐国,并向铚地(今安徽宿县西南)人乞食,蹇叔收留了我。我因而想给齐国国君无知做点事,被蹇叔制止,我便离开齐国,从而逃脱无知被杀的那场灾祸。以后到了周国。周王子颓喜欢牛,我就用养牛的专长谋职,等到他想用我时,蹇叔又劝阻我,我因此离去,再次免于被杀戮。我想在虞任职,蹇叔又阻止我。我虽然知道虞君不能重用臣,但我有些贪图私利和爵禄,就留在虞国了。我两次听信蹇叔的话,都免于遭难。一次未听信,便遇上虞君亡国的灾难;因此我了解他的才能。"于是穆公派人用厚礼迎接蹇叔,并任命他为上大夫。

晋旱求秦

【原文】

晋旱,来请粟。丕豹说缪公勿与,因其饥而伐之。缪公问公孙支,支曰:"饥穰更事耳,不可不与。"问百里傒,傒曰:"夷吾得罪于君,其百姓何罪?"于是用百里傒、公孙支言,卒与之粟。以船漕车转,自雍相望至绛。

【译文】

晋国旱灾,向秦国请求援助粮食。丕豹劝穆公不要援助晋国,并乘晋天灾的机会进攻晋国。穆公问公孙支,公孙支说:"饥年与丰收年,乃是交更出现的事,不可不给。"又问百里傒,百里傒说:"夷吾得罪了您,他的老百姓有什么罪?"穆公最后采纳了公孙支和百里傒的意见,决定给晋国粮食,用车船水陆并运,自雍(今陕西凤翔南)都到绛(今山西侯马东北)城络绎不绝。

报食马之德

【原文】

十四年，秦饥，请粟于晋。晋君谋之群臣。晋臣虢射曰："因其饥伐之，可有大功。"晋君从之。十五年，兴兵将攻秦。缪公发兵，使丕豹将，自往击之。九月壬戌，与晋惠公夷吾合战于韩地。晋君弃其军，与秦争利，还而马絷。缪公与麾下驰追之，不能得晋君，反为晋军所围。晋击缪公，缪公伤。于是岐下食善马者三百人驰冒晋军，晋军解围，遂脱缪公而反生得晋君。初，缪公亡善马，岐下野人共得而食之者三百余人，吏逐得，欲法之。缪公曰："君子不以畜产害人。吾闻食善马肉不饮酒，伤人。"乃皆赐酒而赦之。三百人者闻秦击晋，皆求从，从而见缪公窘，亦皆推锋争死，以报食马之德。

【译文】

十四年，秦国饥荒，请求晋国援助粮食。晋国君同群臣商议。虢射说："趁秦饥饿攻打它，必定有大功绩。"晋国君听从了虢射的意见。十五年晋君发兵攻打秦国。秦穆公也发兵，让丕豹为将，亲自前往迎战。九月壬戌日，与晋惠公夷吾会战于韩地（今陕西韩城市西南）。晋君离开他的大部队，往前冲，跟秦军争夺财物，兵车战马陷在泥淖中，盘旋不得出。穆公与部下驰马追赶他，不仅未能抓获晋君，反而还被晋军所包围。晋国军队袭击穆公，穆公因而受伤了。这时岐山之下偷吃良马肉的三百多人，飞驰冲向晋军，于是晋军撤掉包围，遂使穆公得以逃脱，反而还活捉了晋君。当初，穆公丢失了一匹良马，被岐山之下的三百多个乡里人捉得，并把马吃掉了。官吏抓住这些吃马人，想要法办。穆公说："君子不因为牲畜而伤害人。我听说吃良马肉不喝酒会伤害人。"于是穆公赐酒请他们喝，并赦免了这些人。这三百多人，听说秦攻击晋，都要求参战，发现穆公被困，都冒死冲锋，用以报答食马肉而被赦免之恩。

秦晋殽山之役

【原文】

郑人有卖郑于秦曰："我主其城门，郑可袭也。"缪公问蹇叔、百里傒，对曰："径数国千里而袭人，希有得利者。且人卖郑，庸知我国人不有以我情告郑者乎？不可。"缪公曰："子不知也，吾已决矣。"遂发兵，使百里傒子孟明视，蹇叔子西乞术及白乙丙将兵。行日，百里傒、蹇叔二人哭之。缪公闻，怒曰："孤发兵而子沮哭吾军，何也？"二老曰："臣非敢沮君军。军行，臣子与往；臣老，迟还恐不相见，故哭耳。"二老退，谓其子曰："汝军即败，必于殽阨矣。"……

当是时，晋文公丧尚未葬。太子襄公怒曰："秦侮我孤，因丧破我滑。"遂墨衰绖，发兵遮秦兵于殽击之，大破秦军，无一人得脱者。虏秦三将以归。文公夫人，秦女也，为秦三囚将请曰："缪公之怨此三人入于骨髓，愿令此三人归，令我君得自快烹之。"晋君许之，归秦三将。三将至，缪公素服郊迎，向三人哭曰："孤以不用百里

侯、蹇叔言以辱三子，三子何罪乎？子其悉心雪耻，毋怠。"遂复三人官秩如故，愈益厚之。

春秋·莲鹤方壶

【译文】

郑国有人向秦出卖郑国说："我主管城门，郑国可以偷袭。"穆公征求蹇叔、百里傒的意见，他们说："经过几个国家而偷袭别国，很少有得到益处的。况且郑人出卖郑国，怎能知道我们国内没有人将我们的行动告诉郑国呢？不可以这样做。"穆公说："你们不知道，这件事我已经决定了。"于是便发兵，派百里傒的儿子孟明视、蹇叔的儿子西乞术和白乙丙率兵攻打郑国。出发那天，百里傒、蹇叔哭泣。穆公听说后，愤怒地说："我发兵，你们却哭泣败坏我的士气，这是为什么呢？"两位老人回答说："我们不敢败坏您的士气。军队出发，我们的儿子跟随前往；我们都老了，他们回来迟了，唯恐见不着了，因此才哭泣呀！"两位老人退下来，对他们的儿子说："你们的军队一定会在殽地（今河南洛宁县西北）险要处战败的。"……

当时，晋文公死了还未安葬。太子襄公愤怒说："秦国欺侮我丧父，趁丧事攻破我们的滑邑。"于是染黑丧服，发兵在殽山堵截秦军，大破秦军，没有一个人逃脱。俘虏了秦国的三员将领来。晋文公的夫人，乃是秦国人。她替秦国三位将领求情说："秦穆公对此三人恨入骨髓，希望你们能让此三人回去，使秦王能亲自烹杀了他们。"三人回到秦国，穆公穿着白色衣服到城外去迎接，对三人哭泣着说："我没有采纳百里傒和蹇叔的话，使你们三人受了侮辱，你们有什么罪呢？你们要全心准备报仇雪耻，不要懈怠。"又恢复了三个人原来的官职，对他们更加厚待。

渡河焚船

【原文】

三十六年，缪公复益厚孟明等，使将兵伐晋，渡河焚船，大败晋人，取王官及鄗，以报殽之役。晋人皆城守不敢出。

【译文】

秦穆公三十六年（前624），穆公更加厚待孟明等人，派他们领兵去攻打晋国，渡河后烧了船，终于大败晋人，占领了王官（在今山西闻喜西南）及鄗地（在今山西永济），洗刷了战败于殽的耻辱。晋人皆守卫着城池，不敢出战。

殽 山 设 祭

【原文】

于是缪公乃自茅津渡河，封中殽尸，为发丧，哭之三日。乃誓于军曰："嗟士卒！

听无哗,余誓告汝。古之人谋黄发番番,则无所过。"以申思不用蹇叔、百里傒之谋,故作此誓,令后世以记余过。君子闻之,皆为垂涕,曰:"嗟乎!秦缪公之与人周也,卒得孟明之庆。"

【译文】

于是穆公便从茅津(古黄河津渡名。今山西平陆西南)渡过黄河,筑坟表识以前在殽山死的秦军,给他们追悼发丧,痛哭了三天,穆公便对全军发誓说:"喂,战士们你们听着,不要喧哗,我把誓言告诉你们。古人虚心向老年人请教,所以没有办错事情。"穆公再次检查自己不采用蹇叔、百里傒的建议,所以作了这篇誓

战国·漆木盖豆

词,让后代记住自己的过失。有道德的人听到这件事,都因此流下眼泪说:"唉!秦穆公的诚信待人,终于得到孟明等人的胜利报答。"

《黄鸟》之诗

【原文】

三十九年,缪公卒,葬雍。从死者百七十七人,秦之良臣子舆氏三人名曰奄息、仲行、针虎,亦在从死之中。秦人哀之,为作歌《黄鸟》之诗。

【译文】

秦穆公三十九年(前621),穆公逝世,葬在雍邑(今陕西凤翔县东南),陪葬的有一百七十七人,秦国的良臣子舆奄息、子舆仲行、子舆针虎,也是陪葬者。秦国人哀悼他们,作了《黄鸟》这篇诗歌。

秦 庭 之 哭

【原文】

三十一年,吴王阖闾与伍子胥伐楚,楚王亡奔随,吴遂入郢。楚大夫申包胥来告急,七日不食,日夜哭泣。于是秦乃发五百乘救楚,败吴师。吴师归,楚昭王乃得复入郢。

【译文】

秦哀公三十一年(前506),吴王阖闾与伍子胥伐楚,楚王逃奔到随邑(今湖北省随县),吴军一直打进楚都城郢。楚大夫申包胥向秦国紧急求援,七天不食不饮,日夜哭泣。于是秦发兵五百乘救楚,打败了吴国的军队。吴军退回,楚昭王才又回到郢都(今湖北江陵东北)。

孝公改革

【原文】

孝公元年，河山以东强国六，与齐威、楚宣、魏惠、燕悼、韩哀、赵成侯并。淮泗之间小国十余。楚、魏与秦接界。魏筑长城，自郑滨洛以北，有上郡。楚自汉中，南有巴、黔中。周室微，诸侯力政，争相并。秦僻在雍州，不与中国诸侯之会盟，夷翟遇之。孝公于是布惠，振孤寡，招战士，明功赏。下令国中曰："……宾客群臣有能出奇计强秦者，吾且尊官，与之分土。"……

三年，卫鞅说孝公变法修刑，内务耕稼，外劝战死之赏罚，孝公善之。

【译文】

孝公元年（前361），黄河、崤山以东有六个强国，齐威王、楚宣王、魏惠王、燕悼王、韩哀侯、赵成侯并称。淮河，泗水之间有十余个小国。楚、魏和秦国界相接，魏筑有长城，从郑县开始，沿洛河北上，直抵上郡（今榆林东南）。楚地由汉中（今陕西汉中东）向南，包括巴蜀、黔中。周王朝衰微，诸侯都靠武力征伐，争相兼并。秦地处偏僻的雍州，不参加中原各国诸侯的结盟，大家都用夷狄的态度对待他。于是秦孝公广施德惠，救助孤寡，招募战士，明确规定立功受奖，并下令全国说："……宾客群臣中，有谁能敬献奇计使秦国富强的，我封他高官，并且分封土地给他。"……

三年（前359），卫鞅进言孝公变法，制订刑罚，对内提倡耕种，对外用奖赏勉励拼死作战，孝公认为这些办法很好。

举鼎绝膑

【原文】

武王有力好戏，力士任鄙、乌获、孟说皆至大官。王与孟说举鼎，绝膑。八月，武王死。族孟说。

【译文】

秦武王有力气，喜欢游戏，为此大力士任鄙、乌获、孟说都做了高官。武王同孟说举鼎，折断了腿骨。八月，武王因伤而致死，孟说被灭族。

秦始皇本纪

嬴政即位

【原文】

秦始皇帝者，秦庄襄王子也。……以秦昭王四十八年正月生于邯郸。及生，名为政，姓赵氏。年十三岁，庄襄王死，政代立为秦王。当是之时，秦地已并巴、蜀、汉中，越宛有郢，置南郡矣；北收上郡以东，有河东、太原、上党郡；东至荥阳，灭二周，置三川郡。吕不韦为相……李斯为舍人。蒙骜、王龁、麃公等为将军。王年少，初

即位,委国事大臣。

【译文】

　　秦始皇帝是秦庄襄王的儿子。……于秦昭王四十八年(前259)正月生在邯郸(今河北邯郸市)。生下来便起名叫政,姓赵。他十三岁时,秦庄襄王死,就继位做秦王。在这时,秦国土地已经兼并了巴、蜀郡(今四川东部,湖北西部)和汉中(今陕西汉中东),越过了宛(今河南南阳)县占有郢郡(今湖北江陵东北),设置了南郡;向北攻取了上郡(今陕西榆林东南)以东,占有河东(今山西夏县西北)、太原(今太原市西南)、上党郡(今山西长治北);东到荥阳(今河南荥阳东北),灭亡了二周,设置三川郡(辖今河南伊水,洛水流域,及北汝河下游地区)。吕不韦任宰相……李斯为舍人。蒙骜、王齮、麃公等人为将军。秦王年少,刚登位,将国事委托大臣。

秦始皇

尉缭评秦王

【原文】

　　缭曰:"秦王为人,蜂准,长目,挚鸟膺,豺声,少恩而虎狼心,居约易出人下,得志亦轻食人。我布衣,然见我常身自下我。诚使秦王得志于天下,天下皆为虏矣。不可与久游。"乃亡去。

【译文】

　　尉缭说:"秦王相貌,鼻如黄蜂,又狭又高,眼睛细长,胸同鸷鸟,声如豺狼,对人刻薄寡恩,心似虎狼,穷困之时很容易对人谦卑,得志了也能轻易吃人。我只是个一般百姓,然而他见到我时,常常表现出谦卑的样子。如果真的秦皇得志于天下,天下的人都成了他的俘虏了。这种人不可以同他长久共处。"于是逃走。

郡县制及车同轨书同文

【原文】

　　分天下以为三十六郡,郡置守、尉、监。更民名曰"黔首"。大酺。收天下兵,聚之咸阳,销以为钟鐻,金人十二,重各千石,置于宫中。一法度衡石丈尺。车同轨。书同文字。地东至海暨朝鲜,西至临洮、羌中,南至北向户,北据河为塞,并阴山至辽东。

【译文】

　　把天下划分为三十六个郡,郡设置郡守、都尉和监御史的官职。改称人民为

"黔首"。天下举行饮酒大聚会。没收天下的兵器,聚集在咸阳,把它熔化,铸成钟和鐻(一种似钟的乐器)及十二个金人,每个金人重量为一千斤,放置在宫廷里。统一法律和度量衡,定下石丈尺的标准。车辆统一轨宽,书写统一文字。秦的版图:东到东海以及朝鲜;西到临洮(今甘肃岷县)、羌中;南到北向户;北依黄河筑关塞,依傍阴山一直到辽东。

泰山碑文

【原文】

二十八年,始皇东行郡县……乃遂上泰山,立石,封,祠祀。下,风雨暴至,休于树下,因封其树为五大夫。禅梁父。刻所立石,其辞曰:

皇帝临位,作制明法,臣下修饬。二十有六年,初并天下,罔不宾服。亲巡远方黎民,登兹泰山,周览东极。从臣思迹,本原事业,祗诵功德。治道运行,诸产得宜,皆有法式。大义休明,垂于后世,顺承勿革。皇帝躬圣,既平天下,不懈于治。夙兴夜寐,建设长利,专隆教诲。训经宣达,远近毕理,咸承圣志。贵贱分明,男女顺礼,慎遵职事。昭隔内外,靡不清静,施于后嗣。化及无穷,遵奉遗诏,永承重戒。

【译文】

二十八年,到东方巡视郡县……于是便登上泰山,立石碑,筑土坛,举行了祭天的盛典。下山时,突然刮风下雨,在一棵树下休息,因而赐封此树为"五大夫"。又到梁父山祭地,镌刻所立石碑。碑文写道:皇帝登位,订立制度,颁布法律,臣下兢兢业业。二十六年,初步平定了天下,没有不服从的。亲自巡视东方百姓,登上了泰山,遍观东极。跟随皇帝

泰山刻石

东巡的臣子,思念始皇业绩,敬诵功德。治国之道得以正常运转,各种物产都能适当地发展,而且都有法度。始皇的治道,完美光明,永垂后代,要继承而不要改变。皇帝英明睿智,已经平定了天下,还勤于治理国政而无懈怠。早起晚睡,建设国家,为百姓谋求长远的福利,又专心地推崇政教。训民以常道,导民以通达,无论远方或近处,没有不是怡然顺理地奉行圣上的旨意。贵贱有别,男女均依照礼,谨慎地遵循执行。明白分隔内外,没有不干净的。这种美政将留传给后代子孙。这种教化的力量,可以感动无穷的事物。希望子孙们遵奉我们大秦皇帝遗留下的诏令,永远顺从伟大的告诫。

徐市求仙

【原文】

齐人徐市等上书,言海中有三神山,名曰蓬莱、方丈、瀛洲,仙人居之。请得斋戒,与童男女求之。于是遣徐市发童男女数千人,入海求仙人。

【译文】

　　齐国人徐市等上书，说海里有三座神山，叫作蓬莱、方丈、瀛洲，是仙人居住的地方。请求准许斋戒后，带领童男童女到海中去求仙人。于是始皇派遣徐市率领童男童女数千人，到海中访求神仙。

始 皇 遇 刺

【原文】

　　二十九年，始皇东游。至阳武博浪沙中，为盗所惊。求弗得，乃令天下大索十日。

【译文】

　　二十九年（前218），始皇到东方游览。行至阳武县（今河南原阳县东南）的博浪沙，被谋杀他的刺客惊吓一场。追捕刺客，于是下令国内，全面搜查十天。

修 筑 长 城

【原文】

　　始皇巡北边，从上郡入。燕人卢生使入海还，以鬼神事，因奏录图书，曰"亡秦者胡也"。始皇乃使将军蒙恬发兵三十万人北击胡，略取河南地。

　　三十三年……西北斥逐匈奴。自榆中并河以东，属之阴山，以为（三）〔四〕十四县，城河上为塞。又使蒙恬渡河取高阙、（陶）〔阳〕山、北假中，筑亭障以逐戎人，徙谪，实之初县。禁不得祠。……三十四年，适治狱吏不直者，筑长城及南越地。

【译文】

　　始皇巡行北境，从上郡回到京城。燕国人卢生从海边回来，把关于鬼神的事上报，并呈上谶纬图书，书上说："灭亡秦的是胡"。始皇于是派将军蒙恬率军三十万北击匈胡人，夺取河南地区。

　　三十三年（前214），……又在西北方驱逐匈奴。从榆中（即榆林塞。今内蒙古准格尔旗，陕西榆林东北）沿黄河以东直到阴山，建置四十四县，在黄河附近筑城墙、关塞。又命令蒙恬渡过黄河，攻取高阙（今内蒙古杭锦后旗东北石兰计山口）、阳山（指阴山最西一段，今内蒙古古狼山）、北假（今内蒙古五原县，河套以北阴山以南地区）一带，建筑堡垒，驱逐戎人。迁徙被贬谪的人，充实新设置的县。下达命令，不得祭祀。……三十四年，贬谪不正直的司法官吏，去修筑长城以及屯戍南方越地。

始 皇 焚 书

【原文】

　　丞相李斯曰："……今天下已定，法令出一，百姓当家则力农工，士则学习法令辟禁。今诸生不师今而学古，以非当世，惑乱黔首。……古者天下散乱，莫之能一，是以诸侯并作，语皆道古以害今，饰虚言以乱实，人善其所私学，以非上之所建立。

……私学而相与非法教,人闻令下,则各以其学议之,入则心非,出则巷议,夸主以为名,异取以为高,率群下以造谤。如此弗禁,则主势降乎上,党与成乎下。禁之便。臣请史官非秦记皆烧之。非博士官所职,天下敢有藏《诗》《书》、百家语者,悉诣守、尉杂烧之。有敢偶语《诗》《书》者弃市。以古非今者族。吏见知不举者与同罪。令下三十日不烧,黥为城旦。所不去者,医药卜筮种树之书。若欲有学法令,以吏为师。"制曰:"可。"

【译文】

丞相李斯说:"……现在天下已经安定,政令都由陛下一个人来决定,百姓理家就应该努力农工生产,读书人就要学习法律刑禁。现在儒生们,不学今而学习古,批评当世的制度,惑乱百姓。……古代天下离析混乱,无法统一,所以许多诸侯同时兴起,说话都称道古人,责难当今,粉饰虚言,搅乱实际。每个人都认为自己所学习的,即是天下最完美的了,诽谤在上者所制定的制度。……私人讲学而又相与反对法制教化,一听说令下,就各用自己所学的来评论,入朝则内心反感,出朝则街谈巷议,他们用浮言欺骗君主,以盗取名声,标新立异以为高,率领臣民以制造谤言。像这种情况而不禁止,那就会上边君威下降,下面朋党形成。还是制止这些臣民制造谤语为好。臣请求让史官将不是秦国记载的史书,一律烧毁。除非博士官所职掌,天下有敢于收藏《诗》《书》、诸子百家著作的,需全部把书交给地方官一并烧掉。有敢两人谈论《诗》《书》的处死。借古非今的灭族。官吏了解情况,而不检举者同罪。命令下达后三十日内不烧毁的,处以黥刑,充军边境,夜筑长城,白天侦探敌情。所不烧的书是:医药、占卜、种植之类。如果有人要学习法令,则以官吏为老师。"始皇下诏说:"可以照你的办法去做"。

建阿房宫

【原文】

于是始皇以为咸阳人多,先王之宫廷小……乃营作朝宫渭南上林苑中。先作前殿阿房,东西五百步,南北五十丈,上可以坐万人,下可以建五丈旗。周驰为阁道,自殿下直抵南山。表南之巅以为阙。为复道,自阿房渡渭,属之咸阳,以像天极、阁道绝汉抵营室也。阿房未成;成,欲更择令名名之。作宫阿房,故天下谓之阿房宫。隐宫徒刑者七十余万人,乃分作阿房宫,或作骊山。发北山石椁,乃写蜀、荆地材皆至。

国学经典文库

阿房宫遗址

【译文】

　　始皇认为咸阳人口太多,而先王所修筑的宫廷狭小……于是在渭水南岸的上林苑中,营造朝宫。先建前殿阿房,东西广五百步,南北长五十丈,上面可以坐一万人,下面可以竖五丈高的旗帜。四周驰走有天桥,从前殿下直达南山。在南山的顶峰,建造牌楼以为标志。修建天桥,从阿房宫渡过渭水,通到咸阳,用以象征从北极星经过阁道星,横渡天河抵达营室。阿房宫尚未建成,等到建成后,始皇想要另外取一个更好的名字。宫室建造在阿房,所以天下的人称它为阿房宫。当时受过宫刑、徒刑的有七十多万人,都被分派去建筑阿房宫或骊山。开发北山的石料,运输四川和荆楚的木材,都送到这个地方来。

始皇坑儒

【原文】

　　侯生、卢生相与谋曰:"始皇为人,天性刚愎自用,起诸侯,并天下,意得欲从,以为自古莫及己。专任狱吏,狱吏得亲幸。博士虽七十人,特备员弗用。……天下之事无大小皆决于上,上至以衡石量书,日夜有呈,不中呈不得休息。贪于权势至如此,未可为求仙药。"于是乃亡去。始皇闻亡,乃大怒曰:"吾前收天下书不中用者尽去之。悉召文学方术士甚众,欲以兴太平,方士欲练以求奇药。今闻韩众去不报,徐市等费以巨万计,终不得药,徒奸利相告日闻。卢生等吾尊赐之甚厚,今乃诽谤我,以重吾不德也。诸生在咸阳者,吾使人廉问,或为讹言以乱黔首。"于是使御史悉案问诸生,诸生传相告引,乃自除。犯禁者四百六十余人,皆坑之咸阳,使天下知之,以惩后。

秦坑儒谷

国学经典文库

【译文】

侯生、卢生商议说："始皇为人，天性刚愎、暴戾，自以为是，从诸侯出身到兼并天下，称心得意，为所欲为，认为自古以来没有人能超过自己。专门任用狱吏，狱吏得到他的亲近和宠爱。博士虽然有七十人，只是充数，并不重用。……天下的事，无论大小都由皇上决定，以致皇上每天阅读的文件要用秤，一担一担来称，昼夜有限额，不达限额，不能休息。贪婪权势到这种地步，这样的人不可以替他寻找成仙之药。"于是，他们便逃走了。始皇听说侯生、卢生逃走的消息非常愤怒，说道："我前些时候没收天下的书籍，不合时用的都烧掉了。尽量召文学、方术之士，想谋求国家太平，让方士们游览各地，寻找奇药。现在听说韩众（即韩终）一去不返，徐市等人所用的费用，要以亿来计算，终于仍得不到奇药，只是每天听到他们互相告发，非法牟利。对卢生等人，我很尊重，对他们的赏赐也很优厚，现在他们竟敢诽谤我，加重我的不仁。居住在咸阳的一些儒生，我派人去查问，有些则专门制造谣言，迷惑百姓。"于是派御史全部审讯这些儒生，他们彼此告发，于是，始皇亲自处理，裁决违犯法禁的四百六十多人的死罪，全部活埋在咸阳，昭示天下，警告后人。

修建郦山墓

【原文】

九月，葬始皇于郦山。始皇初即位，穿治郦山，及并天下，天下徒送诣七十余万人，穿三泉，下铜而致椁，宫观百官奇器珍怪徒藏满之。令匠作机弩矢，有所穿近者辄射之。以水银为百川江河大海，机相灌输，上具天文，下具地理。以人鱼膏为烛，度不灭久之。二世曰："先帝后宫非有子者，出焉不宜。"皆令从死，死者甚众。葬既已下，或言工匠为机，藏皆知之，藏重即泄。大事毕，已藏，闭中羡，下外羡门，尽闭工匠藏者，无复出者。树草木以象山。

【译文】

　　九月,始皇安葬在郦山。始皇刚即位的时候,便着手穿凿修治郦山。等到统一天下之后,全国各地送来徒役七十多万人,穿凿三重泉(喻很深),灌下铜汁后,放置外棺,又在墓内修宫殿和百官的位次,藏满稀奇珍贵的宝物,命工人制造机关弓箭,有盗墓的人一接近,就会触动机关被射死。用水银做成百川、江河、大海,用机器灌注输送,上有天文象,下有地理型。用人鱼油作蜡烛,估计可长久不熄灭。二世皇帝说:"先帝后宫妃嫔,除非有儿女的,不宜放他们出去。"都命令随葬,死的人很多。下葬后有人说,工匠制作机械,奴隶们都知道,奴隶众多,就会泄漏。大事完毕,宝物藏好,便封闭中层墓道,又放下外层墓道的门,工匠奴隶全被封闭,没有一个逃出来的。然后在墓上种满草木,好像一座山。

指鹿为马

【原文】

　　八月己亥,赵高欲为乱,恐群臣不听,乃先设验,持鹿献于二世,曰:"马也。"二世笑曰:"丞相误邪? 谓鹿为马。"问左右,左右或默,或言马以阿顺赵高。或言鹿(者),高因阴中诸言鹿者以法。后群臣皆畏高。

【译文】

　　八月己亥日,赵高想作乱,恐怕群臣不听他的,于是他先做试探,牵着一头鹿献给二世,说:"这是马。"二世笑着说:"丞相错了吧? 叫鹿作马"。赵高就问左右大臣,大臣们有的沉默不表态,有的说是马来阿谀赵高,有的说是鹿。赵高后来暗中借法律手段,陷害了那些说是鹿的人。此后,大臣都害怕赵高。

望夷宫政变

【原文】

　　高惧,乃阴与其婿咸阳令阎乐、其弟赵成谋曰:"上不听谏,今事急,欲归祸于吾宗。吾欲易置上,更立公子婴。……"使郎中令为内应,诈为有大贼,会乐召吏发卒,追劫乐母置高舍。遣乐将吏卒千余人至望夷宫殿门,缚卫令仆射,曰:"贼入此,何不止?"……乐遂斩卫令,直将吏入,行射,……阎乐前即二世数曰:"足下骄恣,诛杀无道,天下共叛足下,足下其自为计。"二世曰:"丞相可得见否?"乐曰:"不可。"二世曰:"吾愿得一郡为王。"弗许。又曰:"愿为万户侯。"弗许。曰:"愿与妻子为黔首,比诸公子。"阎乐曰:"臣受命于丞相,为天下诛足下,足下虽多言,臣不敢报。"麾其兵进。二世自杀。

【译文】

　　赵高害怕,就暗中与他的女婿咸阳令阎乐、他的弟弟赵成商量说:"皇上听不进规劝,如今事情紧急,想要嫁祸给我们家族。我想要更换皇上,改立公子婴。……"让郎中令做内应,谎称有大盗,命令阎乐遣将调兵,紧接着劫持阎乐的母亲,安置在赵高府中。派遣阎乐带领官兵千余人到望夷宫的殿门,绑缚卫令仆射,说:"盗贼进

入了这里面,为什么不阻止?"……于是阎乐斩杀了卫令,直接带了官兵进去,边走边射箭,……阎乐走上前,当面数落二世说:"您骄傲放纵,残暴诛杀,全国都背叛了您,您现在要自己拿主意。"二世说:"能够见到丞相吗?"阎乐回答说:"不能。"二世说:"我愿意得到一个郡当郡王。"不准许。又说:"愿意做万户侯。"不准许。又说:"愿意与妻子儿女当老百姓,与诸公子等同。"阎乐说:"我接受丞相的命令,替天下诛杀您,您即使说得再多,我也不敢回报。"于是便指挥他的士兵向前,秦二世自杀了。

诛杀赵高

【原文】

　　子婴与其子二人谋曰:"丞相高杀二世……恐群臣诛之,乃详以义立我。我闻赵高乃与楚约,灭秦宗室而王关中。今使我斋见庙,此欲因庙中杀我。我称病不行,丞相必自来,来则杀之。"高使人请子婴数辈,子婴不行,高果自往,曰:"宗庙重事,王奈何不行?"子婴遂刺杀高于斋宫,三族高家以徇咸阳。

【译文】

　　子婴同他两个儿子商量说:"丞相赵高杀了二世皇帝……害怕群臣杀他,才假装伸张大义来立我为王。我听说赵高跟楚约定好,消灭秦朝宗室后在关中称王。现在要我斋戒拜祭祖庙,这是想在祖庙内把我杀了。我装病不去,丞相赵高一定亲自来请,来了就杀死他。赵高派人几次请子婴,子婴不动身,赵高果然自己来了,说:"朝见宗庙是大事,君王为什么不去?"子婴就在斋戒的宫殿里,刺杀了赵高,并且诛灭赵高三族,在咸阳示众。

项羽本纪

项羽学兵法

【原文】

　　项籍少时,学书不成,去学剑,又不成。项梁怒之。籍曰:"书足以记姓名而已。剑一人敌,不足学,学万人敌。"于是项梁乃教籍兵法,籍大喜,略知其意,又不肯竟学。

【译文】

　　项籍年少时,学习识字,写字没有成就,改学剑术,又没有成就。叔父项梁生他的气。项籍说:"文字只不过记个姓名罢了。剑术也只能对抗一个人,都不值得学习。值得学习的是抵抗上万人的本领。"于是项梁就教他兵法,项籍因此很高兴,但仅学点兵法的大意,就不肯进一步地学习了。

项羽

彼可取而代也

【原文】

秦始皇帝游会稽，渡浙江，梁与籍俱观。籍曰："彼可取而代也。"梁掩其口，曰："毋妄言，族矣！"梁以此奇籍。籍长八尺余，力能扛鼎，才气过人，虽吴中子弟皆已惮籍矣。

【译文】

秦始皇游览会稽（今浙江绍兴东南），渡浙江，项梁与项籍一起观看。项籍说："那个人，我们可以取而代之。"项梁捂住他的口说："不要胡说，会灭族啊！"项梁为此认为项羽是个奇才。项籍身高八尺多，力能举鼎，才气超过常人，吴中子弟，都畏惧项羽。

范增说项梁

【原文】

居鄛人范增，年七十，素居家，好奇计，往说项梁曰："陈胜败固当。夫秦灭六国，楚最无罪。自怀王入秦不反，楚人怜之至今，故楚南公曰：'楚虽三户，亡秦必楚也'。今陈胜首事，不立楚后而自立，其势不长。今君起江东，楚蜂午之将皆争附君者，以君世世楚将，为能复立楚之后也。"于是项梁然其言，乃求楚怀王孙心民间，为人牧羊，立为楚怀王，从民所望也。

【译文】

居鄛（今安徽巢县东北）人范增，年七十，平素在家中喜欢研究奇谋巧计，前去游说项梁说："陈胜失败，本来应当。秦朝灭亡六国，楚国最没有过错。自从楚怀王受骗入秦一去不返，楚国人怀念他一直到如今。所以楚南公说：'楚国即使只剩三户人家，灭亡秦国的，还必定是楚国。'这次陈胜首先起事，不立楚国后人为王，而自立为王，他的努力不能长久。现在您在江东起兵，楚地蜂拥而起的将领，都争着依附您的原因，是由于您家世世代代是楚国的将领，能够重新拥立楚王的后代。"当时项梁认为他讲的话对，就从民间找到楚怀王的孙子名叫心的，心正在为人家放羊。项梁拥护心作楚怀王，以顺从人民的愿望。

破 釜 沉 舟

【原文】

项羽已杀卿子冠军，威震楚国，名闻诸侯。乃遣当阳侯、蒲将军将卒二万渡河，救钜鹿。战少利，陈余复请兵。项羽乃悉引兵渡河，皆沉船，破釜甑，烧庐舍，持三日粮，以示士卒必死，无一还心。于是至则围王离，与秦军遇，九战，绝其甬道，大破之，杀苏角，虏王离，涉间不降楚，自烧杀。

【译文】

项羽已经杀了卿子冠军楚帅宋义，威震楚国，名声传遍诸侯。他就派当阳

君、蒲将军二人率兵两万渡漳河，去救钜鹿。战事小有胜利。赵将陈余再次请求援兵。项羽便率领全部军队渡过漳河，沉掉全部船只，砸毁锅甑，烧掉营垒，携带三天的干粮，借以向士兵表示决一死战，没有一点退还之心。于是到了钜鹿就包围了王离，与秦军多次交战，断绝他们的甬道，大破秦军，杀了苏角，俘虏了王离。涉间不投降楚军，自焚而死。

壁 上 观

【原文】

当是时，楚兵冠诸侯。诸侯军救钜鹿下者十余壁，莫敢纵兵。及楚击秦，诸将皆从壁上观。楚战士无不一以当十，楚兵呼声动天，诸侯军无不人人惴恐。于是已破秦军，项羽召见诸侯将，入辕门，无不膝行而前，莫敢仰视。项羽由是始为诸侯上将军，诸侯皆属焉。

【译文】

当楚秦交战之时，楚兵强盛，声势足以压倒诸侯之兵。钜鹿城下，诸侯援军有十多座营垒，都不敢放兵出战。等到楚军攻打秦军时，诸侯军的将领，都在壁垒上观看。楚战士，无不以一当十，楚军杀声震天，诸侯军无不人人恐怖、畏惧。这样打败秦军之后，项羽召见各诸侯的将领，他们入辕门时，个个跪着前进，不敢抬头仰视。项羽从此时开始成了诸侯的上将军，所有的诸侯都归属于他。

坑秦降卒

【原文】

秦吏卒多窃言曰："章将军等诈吾属降诸侯，今能入关破秦，大善；即不能，诸侯虏吾属而东，秦必尽诛吾父母妻子。"诸将微闻其计，以告项羽。项羽乃召黥布、蒲将军计曰："秦吏卒尚众，其心不服，至关中不听，事必危，不如击杀之，而独与章邯、长史欣、都尉翳入秦。"于是楚军夜击坑秦卒二十余万人新安城南。

【译文】

秦的官兵多人在私下相谈论说："章邯将军等，诱骗我们投降起兵反秦的诸侯，如今能够攻入关中，击破秦国，当然很好。如果不能，诸侯俘虏我们返回东方，秦朝定会杀尽我们的父母妻子。"将领们访知秦吏卒的私语，报告项羽。项羽便召来黥布和蒲将军商议说："秦投降的官兵人数还不少，他们心中仍旧不服，如果到了关中不听从指挥，事情就危险了，不如杀掉他们，而只和章邯、长史司马欣、都尉董翳入秦。"于是楚军在夜间突然坑杀秦降卒二十万人于新安城南。

鸿 门 宴

【原文】

沛公旦日从百余骑来见项王，至鸿门，谢曰："臣与将军戮力而攻秦，将军战河北，臣战河南，然不意能先入关破秦，得复见将军于此。今者有小人之言，令将军与臣有郤。"项王曰："此沛公左司马曹无伤言之；不然，籍何以至此。"项王即日因留沛公与饮。项王、项伯东向坐，亚父南向坐。亚父者，范增也。沛公北向坐，张良西向侍。

【译文】

沛公（刘邦）第二天一早就带着一百多骑来见项羽，到达鸿门（今陕西临潼区）向项羽谢罪说："我与将军合力攻秦，将军在河北作战，我在河南作战，然而我自己也没有料到能先入关攻破秦国，而能再次与将军在这里相见，现在有小人散布谣言，使将军和我产生了隔阂。"项王说："这是沛公你的左司马曹无伤说的，不然，我项籍何至于这样？"项羽当天就留沛公饮酒。项王、项伯向东坐，亚父向南坐。亚父就是范增。沛公向北坐，张良向西陪坐。

项庄舞剑意在沛公

【原文】

范增数目项王，举所佩玉玦以示之者三，项王默然不应。范增起，出召项庄，谓曰："君王为人不忍，若入前为寿，寿毕，请以剑舞，因击沛公于坐，杀之。不者，若属皆且为所虏。"庄则入为寿。寿毕，曰："君王与沛公饮，军中无以为乐，请以剑舞。"项王曰："诺。"项庄拔剑起舞，项伯亦拔剑起舞，常以身翼蔽沛公，庄不得击。于是张良至军门，见樊哙。樊哙曰："今日之事何如？"良曰："甚急。今者项庄拔剑舞，其意常在沛公也。"

【译文】

范增屡次使眼色暗示项羽杀沛公，又多次举起他所佩戴的玉玦来示意项羽，项羽默然，没有做出反应。范增起身出去召唤项庄，对他说："君王为人心不狠，你进去，上前敬酒，敬酒完了，你就请求舞剑，乘舞剑之便，在座席上刺杀沛公。不然的话，你们这些人都将要被他俘虏。"项庄就进去敬酒，祝酒完毕，说："君王和沛公饮酒，军中没有什么可供娱乐的，请允许我舞剑吧。"项羽说："好"。项庄拔剑起舞，此时项伯亦拔剑起舞，并常用身体掩护沛公，使项庄无法行刺。此时张良来到军门，见到樊哙。樊哙问："今天的事情怎样？"张良说："十分紧急。现在项庄拔剑起舞，他的用意常在沛公身上。"

竖子不足与谋

【原文】

项王则受璧，置之坐上。亚父受玉斗，置之地，拔剑撞而破之，曰："唉！

竖子不足与谋。夺项王天下者，必沛公也，吾属今为之虏矣。"

【译文】

项王接受了玉璧，放在桌上。范增接过玉斗，放在地上，拔剑一击，玉斗粉碎，说："唉！这小子不足以同谋大事！夺项王天下的，必定是刘邦，如今我们这些人要成他的俘虏了！"

衣锦还乡

【原文】

居数日，项羽引兵西屠咸阳，杀秦降王子婴，烧秦宫室，火三月不灭；收其货宝妇女而东。人或说项王曰："关中阻山河四塞，地肥饶，可都以霸。"项王见秦宫室皆以烧残破，又心怀思欲东归，曰："富贵不归故乡。如衣绣夜行，谁知之者！"

【译文】

过了几天，项羽领兵西进，洗劫秦都城咸阳，杀秦降王子婴，焚烧秦宫室，大火三个月未熄灭；夺取了秦宫室的财宝和妇女，向东而去。有人建议说："关中凭借山河和四面的要塞，土地肥沃，可以建都以成霸业。"项羽此时见秦宫室都已焚烧残破，又心中怀念故乡，要回东方，说："富贵而不回故乡，就好像身穿锦绣衣服，夜间出行，虽然漂亮又有谁能看得到？"

西楚霸王

【原文】

项王欲自王，先王诸将相。谓曰："天下初发难时，假立诸侯后以伐秦。然身被坚执锐首事，暴露于野三年，灭秦定天下者，皆将相诸君与籍之力也。义帝虽无功，故当分其地而王之。"诸将皆曰："善。"乃分天下，立诸将为侯王。……项王自立为西楚霸王，王九郡，都彭城。

【译文】

项羽要自己称王，便先封各位将相为王。并对众将说："全国初发难时，暂时拥立诸侯王的后裔为王，以便讨伐秦国。然而亲身披铠甲，手持锐兵，首先起事，暴露在山野，三年之间灭亡了暴秦，平定了天下，都是各位将相和我的力量啊！义帝虽然无功，但仍应分给他土地，尊他为王。"众将都说"好"。于是便分封天下，封诸将作侯王。项羽自封为西楚霸王，拥有九个郡，建都彭城（今江苏徐州）。

纪信救汉王

【原文】

汉将纪信说汉王曰："事已急矣，请为王诳楚为王，王可以间出。"于是汉王夜出女子荥阳东门被甲二千人，楚兵四面击之。纪信乘黄屋车，傅左纛，曰："城中食尽，汉王降。"楚军皆呼万岁。汉王亦与数十骑从城西门出，走成皋。项

王见纪信，问："汉王安在？"信曰："汉王已出矣。"项王烧杀纪信。

【译文】

汉将纪信劝汉王说："事态已经很危急了，请允许我装扮您去诓骗楚军，您可以乘机逃出。"于是汉王连夜从荥阳东门，派出披铠甲的女子二千人，楚兵四面围击。纪信这时乘坐黄屋车，车左附着用牦牛尾做的装饰物，喊道："城中粮食已经没有了，汉王投降。"楚军都喊万岁。于是汉王也跟着几十名骑兵，从西门逃走，奔向成皋（今河南荥阳市氾水镇）。项羽见到纪信，问道："汉王在哪里？"纪信说："汉王已经出城了。"项羽烧死了纪信。

鸿沟为界

【原文】

汉王复使侯公往说项王，项王乃与汉约，中分天下，割鸿沟以西者为汉，鸿沟而东者为楚。项王许之，即归汉王父母妻子。军皆呼万岁。……项王已约，乃引兵解而东归。

【译文】

汉王又派侯公去游说项王，项王乃与汉订立条约：平分天下，割鸿沟（在河南中牟县）以西之地为汉地，鸿沟以东之地为楚地。项王答应侯公，立即归还了汉王的父母妻子。军中都高呼万岁。……项王已经与汉王订了条约，就率兵东行回国。

霸 王 别 姬

【原文】

项王军壁垓下，兵少食尽，汉军及诸侯兵围之数重。夜闻汉军四面皆楚歌，项王乃大惊曰："汉已得楚乎？是何楚人之多也！"项王则夜起饮帐中。有美人名虞，常幸从；骏马名骓，常骑之。于是项王乃悲歌慷慨，自为诗曰："力拔山兮气盖世，时不利兮骓不逝。骓不逝兮可奈何？虞兮虞兮奈若何！"歌数阕，美人和之，项王泣数行下，左右皆泣，莫能仰视。

霸王别姬

【译文】

　　项王的军队驻扎在垓下，人数很少，粮食也吃光了。汉军和诸侯的军队，把他们一层层包围起来。这天夜里，项王听得四面的汉军都唱着楚歌，不由得大吃一惊，说："难道汉军已经把楚国的地方全拿下了吗？为什么他们中间楚国人这样多呢？"当夜，项王睡不着觉，起来在帐中喝酒解闷。项王有一位美人，名叫虞姬，很受宠爱，时常跟随在他身边；还有一匹青白色的乌骓好马，时常骑着它作战。于是项王慷慨悲凉地唱道：

　　　　大力能够拔山啊，壮气盖过了全世；

　　　　不料时势不利啊，连乌骓马也不济！

　　　　乌骓马不济了啊，那可叫我怎么办？

　　　　虞姬啊，虞姬！我怎么把你安排！

项王接连唱了几遍，虞姬应和着一同唱。唱着唱着，项王流下了一行行眼泪。左右的人都伤心流泪，不忍抬起头来看他。

天亡我，非战之罪也

【原文】

　　项王乃复引兵而东，至东城，乃有二十八骑。汉骑追者数千人。项王自度不得脱。谓其骑曰："吾起兵至今八岁矣！身七十余战，所当者破，所击者服，未尝败北，遂霸有天下。然今卒困于此，此天之亡我，非战之罪也！今日固决死，愿为诸君快战，必三胜之，为诸君溃围，斩将，刈旗，令诸君知天亡我，非战之罪也。"

【译文】

　　项王又率领部下向东跑，到了东城，只剩下二十八名骑士，追赶他的汉骑兵却有好几千。项王自己料想不能脱身，就对跟随他的骑士说："我从起兵到现在，已经有八年了，亲身参加的战役有七十多次，谁抵挡我，谁就被击破；我攻击谁，谁就降服，从来没有打过败仗，因此做了天下的霸王。然而今天终于被困在此，这是天要使我败亡，绝不是我不会作战之过。今天我固然逃不出灭亡的命运，可是我愿意痛痛快快地跟汉军打一仗，一定要取得三个胜利：为各位冲破包围、杀死汉军将领、砍倒汉军大旗，让各位知道是天要叫我灭亡，不是我战不过汉军的缘故。"

乌 江 自 刎

【原文】

　　于是项王乃欲东渡乌江。乌江亭长舣船待，谓项王曰："江东虽小，地方千里，众数十万人，亦足王也。愿大王急渡。今独臣有船，汉军至，无以渡。"项王笑曰："天之亡我，我何渡为！且籍与江东子弟八千人渡江而西，今无一人还，纵江东父老怜而王我，我何面目见之？纵彼不言，籍独不愧于心乎？"乃谓亭长曰："吾知公长者。吾骑此马五岁，所当无敌，常一日千里，不忍杀之，以赐

公。"乃令骑皆下马步行，持短兵接战。独籍所杀汉军数百人。项王亦被十余创。顾见汉骑司马吕马童曰："若非吾故人乎?"马童面之，指王翳曰："此项王也。"项王乃曰："吾闻汉购我头千金，邑万户，吾为若德。"乃自刎而死。

【译文】

项王想在乌江（今安徽和县东北四十里江岸的乌江浦）这个地方，渡江回江东去。正好乌江的亭长准备了一条船，靠近岸边，等待项王下船。他对项王说："江东虽然不大，地方有一千多里，民众有几十万人，在那里也可以立国称王啊。请大王赶快渡江吧。现在此处只有我还有一条船，汉军到了江边，是没有方法渡过去的。"项王听了，笑着说："天要叫我灭亡，我渡江去做什么! 况且当初我在会稽郡起义，统率了江东子弟兵八千人，渡江西上，如今他们没有一个能回去，光我单枪匹马回到江东，即使江东父老怜惜我，仍旧拥我为王，可是我有什么脸再见他们? 即使他们不说什么，我心里难道不感到惭愧吗?"又对亭长说："我知道你是一位忠厚的人。这匹马我骑了有五年，每战必胜，时常日行千里。现在我不忍杀这匹马，就把这匹马赠送给你吧。"说完，就命令骑士们都跳下马，拿着刀剑，跟冲上来的汉军肉搏。这一仗，仅项王自己就杀死敌人几百名，他身上也受了十几处创伤。回头看见吕马童，便说："你不是我的老朋友吗?"吕马童因项王是旧友，不好意思跟项王面对而视，只好指项羽对旁边的汉将王翳说："这就是项王。"项王说："我听说汉王悬着重赏: 谁能得到我的脑袋，赏赐千金，封万户侯。吕马童，我们既是老友，我就送你个人情罢!"说完，就拔剑自杀了。

司马迁论项羽

【原文】

太史公曰: 吾闻之周生曰，"舜目盖重瞳子"，又闻项羽亦重瞳子，羽岂其苗裔邪! 何兴之暴也! 夫秦失其政，陈涉首难，豪杰蜂起，相与并争，不可胜数。然羽非有尺寸，乘势起陇亩之中，三年，遂将五诸侯灭秦，分裂天下，而封王侯，政由羽出，号为霸王，位虽不终，近古以来未尝有也。及羽背关怀楚，放逐义帝而自立，怨王侯叛己，难矣。自矜功伐，奋其私智而不师古，谓霸王之业，欲以力征经营天下，五年卒亡其国，身死东城，尚不觉悟而不自责，过矣。乃引"天亡我，非战之罪也"，岂不谬哉!

【译文】

太史公司马迁评论说: 我听周生说: "舜的一只眼睛有两个瞳孔。"我又听说项羽也是一只眼睛两个瞳孔，可见项羽大概就是舜的后代吧? 不知项羽的兴起为什么这样突然。自从暴秦的政治失败以后，陈涉首先发难抗秦，从此天下豪杰纷纷起兵响应，各诸侯相互争战，人数之多简直是无法统计。然而项羽在当时无尺寸之柄（些微的权柄）可以凭借，乘势起事于田野之中，只经过三年的苦战，终于统率燕、赵、韩、魏、齐五诸侯联军，一举而消灭大秦帝国，号令诸侯，宰割天下，战后一连封了十八个国王，全天下的政令均出自他一人，建号为西楚霸王，他的王位虽然并不长久，可是近古以来还未出现过如此伟大的英雄人物。当

各诸侯联军推翻暴秦以后，项羽便怀念楚的故地，东归而都于彭城，乃失去地利；至于他放逐义帝，杀义帝而自立，更为众意所不许，而他却怨诸侯王背叛于楚；如此作为而要求别人不叛，那实在是太难了。项羽认为自己劳苦功高，为人刚愎自用，绝不肯接受古人的历史教训，妄想完全凭武力来号令天下，结果仅仅五年就惨败了，一直到头断乌江为止，还没有觉悟到自己的过失所在，反而还怨天尤人地说：是上天灭亡我，并非因为我不善于作战。这岂不是大错特错。

高祖本纪

斩 蛇 起 事

【原文】

高祖以亭长为县送徒郦山，徒多道亡。自度比至皆亡之，到丰西泽中，止饮，夜乃解纵所送徒，曰："公等皆去，吾亦从此逝矣！"徒中壮士愿从者十余人。高祖被酒，夜径泽中，令一人行前。行前者还报曰："前有大蛇当径，愿还。"高祖醉，曰："壮士行，何畏！"乃前，拔剑击斩蛇。蛇遂分为两，径开。

【译文】

高祖以亭长的身份为沛县押送一批徒役到郦山（今陕西省临潼区东南）去。很多徒役在路上跑了。高祖估计到达郦山，这批徒役都跑光了。走至丰邑西面的湖沼地带，便停了下来饮酒，到夜晚他把徒役都放了，并且说："各位都走吧，我也从此远走高飞了！"徒役中愿意跟随他的有十多个年轻力壮的汉子。高祖带着酒意，夜间行走在湖沼中，派一个人在前面探路。前行的人跑回来报告高祖说："前面有条大蛇，挡住了去路，希望往回走。"高祖酒醉，说："壮士往前走！怕什么？"高祖于是往前走，并拔出剑来斩杀蛇，大蛇于是分为两段，路就通了。

拥立刘邦为沛公

【原文】

于是樊哙从刘季来。沛令后悔，恐其有变，乃闭城城守，欲诛萧、曹。萧、曹恐，逾城保刘季。刘季乃书帛射城上，谓沛父老曰："天下苦秦久矣。今父老虽为沛令守，诸侯并起，今屠沛。沛今共诛令，择子弟可立者立之，以应诸侯，则家室完。不然，父子俱屠，无为也。"父老乃率子弟共杀沛令，开城门迎刘季，欲以为沛令。"刘季曰："天下方扰，诸侯并起，今置将不善，一败涂地。吾非敢自爱，恐能薄，不能完父兄子弟。此大事，愿更相推择可者。"萧、曹等皆文吏，自爱，恐事不成，后秦种族其家，尽让刘季。诸父老皆曰："……莫如刘季最吉。"于是刘季数让，众莫敢为，乃立季为沛公。祠黄帝，祭蚩尤于沛庭，而衅鼓旗……

【译文】

于是樊哙随刘季（邦）来到沛县。沛县县令又后悔，唯恐刘季回来发生变故，就关闭城门，严加防守，不让刘季他们进城，还要杀死萧何、曹参。萧何、曹参恐惧，就翻过城墙投靠了刘季。刘季用绸绢写了一封信用箭射到城上，信中说："天下苦于秦的暴政太久了。如今沛县的父老虽然在为沛县令守城，但各地诸侯都已起兵，沛县即将遭到屠杀。如果现在大家共同杀掉县令，推选沛县子弟中可以为首领的领头，来响应各路诸侯，便可使家室完整，不遭灾难。不然的话，老小都被杀死，而且死得无意义。"沛县父老们看了这封信，果然率领子弟，共同杀了沛令，开了城门迎进刘季，想请他做沛县的县令。

刘邦

刘季说："天下正处于纷扰混乱之中，诸侯纷纷起事，如果首领选得不当，就会一败涂地。我不是爱惜自己的生死，唯恐能力太弱，不能保全父老兄弟。此乃大事，希望大家推举能胜任的人。萧何、曹参等文职官吏，看重身家性命，害怕事情不成，以后要被秦朝灭绝种族，因此总是推举刘季。"父老们都说："……没有比刘季更好的人选了。"刘季又再三推让，大家都不敢领头，最后还是拥立刘季作了沛公。刘季就在沛县衙门内祭祀了黄帝和蚩尤，杀牲取血祭了战鼓和战旗。

约 法 三 章

【原文】

汉元年十月，沛公兵遂先诸侯至霸上。……召诸县父老豪杰曰："父老苦秦苛法久矣，诽谤者族，偶语者弃市。吾与诸侯约，先入关者王之，吾当王关中。与父老约，法三章耳：杀人者死，伤人及盗抵罪。余悉除去秦法。诸吏人皆案堵如故。凡吾所以来，为父老除害，非有所侵暴，无恐！且吾所以还军霸上，待诸侯至而定约束耳。"乃使人与秦吏行县乡邑，告谕之。秦人大喜，争持牛羊酒食献飨军士。沛公又让不受，曰："仓粟多，非乏，不欲费人。"人又益喜，唯恐沛公不为秦王。

【译文】

汉元年（前206年）十月，沛公的军队先于各路诸侯到达霸上（今陕西西安县东）。……沛公召来各县的父老和豪杰等对他们说："父老们忍受秦朝的严刑酷法，已经很久了。诽谤朝廷的灭族，相聚议论要弃市。我与诸侯们同受楚怀王的约定：先攻进关中的，在关中称王，按约定我应当做关中王。现在我要和父老约法三章：杀人者处死，伤人和抢劫者依法治罪。另外全部废除秦的法律。诸官吏和百姓，都照常安居乐业。我之所以到这里来，是替父老除害，不是来侵害你

们的，请不要害怕！而且我之所以回军到霸上，是等待诸侯们，制定一个大家共同遵守的规约。"于是沛公派人和秦的官吏巡回到各县、乡，将约法三章告诉人民。秦人非常高兴，都争先送牛羊酒等食品慰劳士兵。沛公谦让，不肯接受所献食物，并说："仓库里的粮食很多，并不缺乏，不想让大家破费。"人民更加高兴，唯恐沛公不在秦地做王。

伤胸扪足

【原文】

项羽大怒，伏弩射中汉王。汉王伤匈，乃扪足曰："虏中吾指！"汉王病创卧，张良强请汉王起行劳军，以安士卒，毋令楚乘胜于汉。汉王出行军，病甚，因驰入成皋。

【译文】

项羽大怒，用暗箭射中汉王。汉王被射中的是胸部，他却用手抚摸脚说："这贼子射中了我的脚趾头！"汉王伤势重病倒了，张良请汉王勉强起来去巡视军营，慰劳士卒，以安定军心，不让楚军乘机取汉。汉王出来巡视，伤势严重，因而赶快进入成皋养病。

刘邦即位汜水之阳

【原文】

正月，诸侯及将相相与共请尊汉王为皇帝。汉王曰："吾闻帝贤者有也，空言虚语，非所守也，吾不敢当帝位。"群臣皆曰："大王起微细，诛暴逆，平定四海，有功者辄裂地而封为王侯。大王不尊号，皆疑不信。臣等以死守之。"汉王三让，不得已，曰："诸君必以为便，便国家。"甲午，乃即皇帝位汜水之阳。

【译文】

正月，诸侯及将相共同商议，请求尊汉王为皇帝。汉王说："我听说过，皇帝的尊号必须是有贤德的人，才能享有。空言虚语，无实的名位，就不要求取那个称号，我不敢当皇帝的位号。"群臣都说："大王起于微细平民，诛杀暴逆，平定天下，对有功的人便赏给他们土地封为王侯。大王如果不尊称为帝号，人们对于大王的封赏都会要疑虑不安。我们愿以死来坚持这一建议。"汉王谦让了多次，不得已才说："诸君坚持认为这样做有利，是因为有利于国家。"二月甲午日，汉王即位于汜水之北（今定陶区西北）。

用人杰而取天下

【原文】

高祖曰："……夫运筹策帷帐之中，决胜于千里之外，吾不如子房。镇国家，抚百姓，给馈饷，不绝粮道，吾不如萧何。连百万之军，战必胜，攻必取，吾不

如韩信。此三者，皆人杰也，吾能用之，此吾所以取天下也。项羽有一范增而不能用，此其所以为我擒也。"

【译文】

高祖说："……论到运筹策划于帷帐之中，决定胜利于千里之外，我不如子房（张良）。镇定国家，安抚百姓，供给粮饷，使运输畅通无阻，我不如萧何。统率百万大军，战能必胜，攻能必克，我不如韩信。这三位是人中之豪杰，我能够任用他们，这就是我夺取天下的缘故。项羽虽然有一个范增，却不信用他，这就是被我所擒的道理。"

大 风 歌

【原文】

高祖还归，过沛，留。置酒沛宫，悉召故人父老子弟纵酒，发沛中儿得百二十人，教之歌。酒酣，高祖击筑，自为歌诗曰："大风起兮云飞扬，威加海内兮归故乡，安得猛士兮守四方！"令儿皆和习之。高祖乃起舞，慷慨伤怀，泣数行下。

【译文】

高祖回师，过故乡沛县，停留下来，在沛宫举行宴会，把家乡的老熟人和父老子弟都请来纵情痛饮，还选出沛县的一百二十名儿童，教他们唱歌。当酒兴正浓的时候，高祖自己击筑（一种乐器），唱起自己创作的诗歌："大风起啊白云飞扬，皇威施于海内啊，我终于衣锦还乡，可又怎样才能招致勇士啊，来守卫四方的边疆。"高祖让儿童们都跟着他学唱。他又跳起舞来，心中感慨万千，激动得流下了热泪。

临 终 之 谈

【原文】

吕后问："陛下百岁后，萧相国即死，令谁代之？"上曰："曹参可。"问其次，上曰："王陵可。然陵少戆，陈平可以助之。陈平智有余，然难独任。周勃重厚少文，然安刘氏者必勃也，可令为太尉。"吕后复问其次，上曰："此后亦非而所知也。"

【译文】

吕后问高祖："陛下百年之后，如果萧何也死了，让谁接代他呢？"高祖说："曹参可以。"又问曹参以后谁合适，皇上说："王陵可以。但是他才稍鲁钝，而性刚直，陈平可以帮助他。陈平才智有余，可是难以独当一面。周勃稳重厚道，缺乏文才，然而安定刘氏天下的一定是他，可以任命他作太尉。"吕后又问后面的宰相人选，皇上说："以后的事，不是你所能知道的了。"

拨 乱 反 正

【原文】

群臣皆曰:"高祖起微细,拨乱世反之正,平定天下,为汉太祖,功最高。"上尊号为高皇帝。

【译文】

群臣都说:"高祖由平民起家,拨转乱世,还归于正道,平定天下,为汉朝的始祖,功劳最高。"上尊号为高皇帝。

承 敝 易 变

【原文】

周、秦之间,可谓文敝矣。秦政不改,反酷刑法,岂不缪乎?故汉兴,承敝易变,使人不倦,得天统矣。

【译文】

从周朝到秦朝之间,可以说弊病就出在讲究礼仪上。秦朝的政治没有改变这一弊病,反而使刑法更加严酷,这难道不荒谬吗?为此汉朝兴起之后,虽然继受了前朝的弊政,却改变了前朝的弊端,与民休息,使百姓不至于疲倦,这是合乎自然规律的。

吕太后本纪

佐高祖定天下

【原文】

吕后为人刚毅,佐高祖定天下,所诛大臣多吕后力。

【译文】

吕后为人,性格刚毅,辅佐高祖平定天下,所诛杀大臣的谋略,也多出自吕后。

人 彘

【原文】

吕后最怨戚夫人及其子赵王,乃令永巷囚戚夫人,而召赵王。……王来,未到。孝惠帝慈仁,知太后怒,自迎赵王霸上,与入宫,自挟与赵王起居饮食。太后欲杀之,不得间。孝惠元年十二月,帝晨出射。赵王少,不能蚤起。太后闻其独居,使人持鸩饮之。……太后遂断戚夫人手足,去眼,辉耳,饮喑药,使居厕中,命曰"人彘"。居数日,乃召孝惠帝观人彘。孝惠见,问,乃知其戚夫人,

国学经典文库

乃大哭，因病，岁余不能起。

【译文】

吕后最忌恨戚夫人和她的儿子赵王，就下令把戚夫人囚禁在永巷，并派人去召赵王来京……赵王已经上路，但尚未到京城，惠帝仁慈，知道太后恼怒赵王，就亲自到霸上来迎接，并和赵王一同进宫，一同饮食。吕后想要杀死赵王，却得不到下手的机会。孝惠帝元年十二月，惠帝早晨外出射箭。赵王年纪小，不能够早起同去。吕后听说赵王独自在家，就派人拿着毒药让他喝了。……于是吕后砍断戚夫人的手和脚，挖掉了双眼，熏聋了她的耳朵，还给她灌了哑药，把她抛弃在厕所里，叫她为

吕后

"人猪"。过了几天，吕后叫惠帝去看"人猪"。惠帝看了，一问，才知道这就是戚夫人，就放声大哭，从此病倒了，一年多不能起来。

家 族 掌 政

【原文】

孝惠帝崩。发丧，太后哭，泣不下。留侯子张辟强为侍中，年十五，谓丞相曰："太后独有孝惠，今崩，哭不悲，君知其解乎？"丞相曰："何解？"辟强曰："帝毋壮子，太后畏君等。君今请拜吕台、吕产、吕禄为将，将兵居南北军，及诸吕皆入宫，居中用事，如此则太后心安，君等幸得脱祸矣。"丞相乃如辟强计。太后悦，其哭乃哀。吕氏权由此起。

吕后临朝版画

【译文】

惠帝逝世，发丧期间，吕太后哭而无泪。留侯张良的儿子张辟强，当时担任侍中，年仅十五岁，对丞相说："太后只有惠帝这一个儿子，现在他死了，她只哭而不悲伤，您知道其中的缘故吗？"陈平反问："什么缘故？"张辟强说："惠

帝没有较年长的儿子继承他的皇位，现在太后害怕你们这些老臣。如果丞相提请
太后拜吕台、吕产、吕禄为将军，让他们统领南北二军，并且让吕家的人，都入
宫任职，执掌大权，这样太后才会心安，你们这些人也就能免于祸患了。"于是
陈平照着张辟强的计谋去做，太后果然很满意，哭起来，才显得悲痛了。吕氏家
族掌握朝廷的大权，便从这时开始。

司马迁评孝惠高后之时

【原文】

太史公曰："孝惠皇帝、高后之时，黎民得离战国之苦，君臣俱欲休息乎无
为，故惠帝垂拱，高后女主称制，政不出房户，天下晏然。刑罚罕用，罪人是
希。民务稼穑，衣食滋殖。"

【译文】

太史公说："孝惠皇帝和吕太后在位时，百姓才脱离战国的痛苦，君臣都希
望实行无为而治的方针政策，以求得休养生息。因此惠帝垂衣拱手安闲而治，而
太后以女主代行天子之事，发号施令不出户门，天下却安然无事，刑法很少使
用，犯罪的人也极少，百姓一心务农，从而都丰衣足食了。"

孝 文 本 纪

周勃跪呈玺符

【原文】

昌至渭桥，丞相以下皆迎。宋昌还报。代王驰至渭桥，群臣拜谒称臣。代王
下车拜。太尉勃进曰："愿请间言。"宋昌曰："所言公，公言之。所言私，王者
不受私。"太尉乃跪上天子玺符。

【译文】

宋昌到了渭桥时，丞相以下的官员都前来迎接。宋昌回来报告，代王改乘快
车来到渭桥，群臣拜见代王并向代王称臣。代王下车答礼。太尉周勃上前说：
"我请求单独向大王进言。"宋昌说："你要谈的是公事，就请公开地讲。如果是
私事，做王的人不能接受私情。"太尉周勃便跪着呈上皇帝的玉玺和符信。

废除连坐令

【原文】

十二月，上曰："法者，治之正也，所以禁暴而率善人也。今犯法已论，而
使毋罪之父母妻子同产坐之，及为收帑，朕甚不取，其议之。"有司皆曰："……
相坐坐收，所以累其心，使重犯法，所从来远矣。如故便。"上曰："朕闻法正则
民悫，罪当则民从。且夫牧民而导之善者，吏也。其既不能导，又以不正之法罪

之，是反害于民为暴者也。何以禁之？朕未见其便，其熟计之。"有司皆曰："陛下加大惠，德甚盛，非臣等所及也。请奉诏书，除收帑诸相坐律令。"

【译文】

十二月，文帝说："法律是政治的依据，是用来禁止强暴，引导人民向善的。如今犯法的人，已经依法论处，却还要使他们没有犯罪的父母、妻子、儿女和兄弟们连坐，一起抓起来治罪。我很不赞成这种做法，希望你们认真议论一下。"有关官吏们都说："……实行连坐，将无罪的亲属跟犯人一并收捕治罪，目的是在于牵制他们的心理，致使他们不敢轻易犯法。此种做法由来已久，还是依旧不改变为好。"文帝说："我听说法律公正，百姓就忠厚老实，惩处得当，百姓才甘心服从。况且管理百姓，引导他们向善，此乃官吏的职责。如果既不能引导他们向善，又用不正的法律加罪他们，这就反而会促使他们去做凶暴的事，又如何谈得上禁止人们犯罪呢？我看不出此种法令有什么好处，希望你们再仔细考虑一下。"官员们都说："皇上将大恩大惠施加给天下民众，功德之盛，不是我们做臣子所能想到的。我们遵奉诏书，废除收捕罪犯亲属等连坐的法令。"

废除诽谤罪

国学经典文库

【原文】

上曰："古之治天下，朝有进善之旌，诽谤之木，所以通治道而来谏者。今法有诽谤妖言之罪，是使众臣不敢尽情，而上不由闻过失也。将何以来远方之贤良？其除之。民或祝诅上以相约结而后相谩，吏以为大逆，其有他言，而吏又以为诽谤。此细民之愚无知抵死，朕甚不取。自今以来，有犯此者勿听治。"

【译文】

文帝说："古代治理天下，朝廷专门设有进言献策的旗帜和批评朝政的木牌，用来疏通政治的渠道，招来进谏的臣民。如今的法律规定，批评朝政和传播妖言的人要治罪，这就使得群臣不敢畅所欲言，皇上也无从知道自己的过失。这样怎么能招致远方贤良的人前来呢？应废除这些法令。百姓有人背后诅咒皇帝，发誓相约互相隐瞒，以后又互相告发，官吏就认为这是大逆不道；老百姓或有其他不满的言论，官吏又认为这是诽谤，加以治罪，这实际乃是小民们愚昧无知，以至于犯了死罪，我认为极不可取。从今以后，有犯这种罪的，一律不加处理。"

减 免 田 租

【原文】

上曰："农，天下之本，务莫大焉。今勤身从事而有租税之赋，是为本末者毋以异，其于劝农之道未备。其除田之租税。"

【译文】

文帝说："农耕乃是国家的根本，任何事情也没有比这更重要的了。现在对劳其身而从事耕种的人，反而还抽租税，这样做是把农为本，商为末的原则颠倒

过来，这说明对于劝奖农耕的方法尚未完备。应该免除农田租税。

汉文帝与匈奴和亲

【原文】

后二年，上曰："……间者累年，匈奴并暴边境，多杀吏民，边臣兵吏又不能谕吾内志，以重吾不德也。夫久结难连兵，中外之国将何以宁？今朕夙兴夜寐，勤劳天下，忧苦万民，为之恒惕不安，未尝一日忘于心，故遣使者冠盖相望，结轶于道，以谕朕意于单于。今单于反古之道，计社稷之安，便万民之利，亲与朕俱弃细过，偕之大道，结兄弟之义，以全天下元元之民。和亲已定，始于今年。"

【译文】

后元二年（公元 162），文帝说："……近几年来，匈奴连年侵扰边境，杀了许多官吏和百姓，而边防守将与官吏不能理解我的心意，从而加重了我的失德。长期灾难相结，战火不断，中外各国怎样才能安宁呢？如今我起早睡晚，为天下勤劳，替万民忧虑，为这些惶惶不安，没有一天忘记，因此派出的使臣，前后相望，道路上的车迹相连，把我的心愿告诉匈奴单于。如今单于已回到古代亲善友好的立场上，考虑国家的安定与万民的利益，亲自与我共同抛弃细小的过失，共同走和睦相处的正道，结为兄弟的友谊，以保全天下的平民。和亲的政策已经确定，从今年开始。"

节俭为天下先

【原文】

孝文帝从代来，即位二十三年，宫室苑囿狗马服御无所增益，有不便，辄弛以利民。尝欲作露台，召匠计之，直百金。上曰："百金中民十家之产，吾奉先帝宫、室，常恐羞之，何以台为！"上常衣绨衣，所幸慎夫人，令衣不得曳地，帏帐不得文绣，以示敦朴，为天下先。治霸陵皆以瓦器，不得以金银铜锡为饰，不治坟，欲为省，毋烦民。

【译文】

文帝从代国来，即位二十三年，他的宫室、苑囿、狗马、服饰和御用器具等，没有增加，凡是对百姓不方便的措施，常废止，以利民众。他曾经想要筑露台，找来工匠计算，需用百斤黄金。文帝说："一百斤黄金，相当于十户中等人家的家产，我享受先帝遗留下来的宫室，常常恐怕有所羞辱，筑这个露台做什么？"他经常穿着粗丝衣服，他所宠爱的慎夫人，穿的衣服也不准长到拖地，制的帏帐也不准绣花，以示俭朴，给天下做出榜样。修自己的陵墓霸陵（汉文帝墓，在西安东）时，都使用瓦器，不准用金、银、铜、锡等贵重金属做装饰，不修造高大的坟堆，为节省开支，不去打扰百姓。

以德化民

【原文】

南越王尉佗自立为武帝，然上召贵尉佗兄弟，以德报之，佗遂去帝称臣。与匈奴和亲，匈奴背约入盗，然令边备守，不发兵深入，恶烦苦百姓。吴王诈病不朝，就赐几杖。群臣如袁盎等称说虽切，常假借用之。群臣如张武等受赂遗金钱，觉，上乃发御府金钱赐之，以愧其心，弗下吏。专务以德化民，是以海内殷富，兴于礼义。

【译文】

南越王尉佗自立为武帝，文帝却将尉佗的兄弟召来，给以富贵，以恩德回报他的叛离，于是尉佗去帝号向汉朝称臣。对匈奴采取和亲政策，匈奴背约入侵，文帝命令边地加强守备，不发兵深入匈奴境内作战，只怕烦扰使百姓受苦。吴王刘濞装病不来京城朝见，文帝立即赐给他几杖，表示刘濞可以免除朝觐的礼仪。群臣中如袁盎等人，进言时直率尖锐，文帝常常采纳他们的意见。群臣中像张武等人，接受金钱贿赂，被发觉了，文帝便从皇宫仓库中拿出钱来赐给他，使他内心感到惭愧，而不把他交给法吏治罪。文帝一心用德来教化人民，所以国家富庶，礼义盛行。

孝武本纪

上求神仙下多妄言

【原文】

上遂东巡海上，行礼祠八神。齐人之上疏言神怪奇方者以万数，然无验者。乃益发船，令言海中神山者数千人求蓬莱神人。公孙卿持节常先行候名山，至东莱，言夜见一人，长数丈，就之则不见。见其迹甚大，类禽兽云。群臣有言见一老父牵狗，言"吾欲见巨公"，已忽不见。上既见大迹，未信，及群臣有言老父，则大以为仙人也。宿留海上，与方士传车及间使求仙人以千数。

升仙图 西汉

【译文】

武帝又东巡海上，行礼祭祀八神。齐地人上书谈论神奇方术的人数以万计，

然而却没有一个应验的。于是武帝又发动更多的船，叫谈论神仙的数千人，到海中访求蓬莱仙人。公孙卿拿着符节先去侍候名山的神仙，到东莱（辖境相当于今胶莱河以东距嵎山以北和乳山河以东地）时，说在夜间看见一个人，身高几丈，当接近他时，又不见了，只看到他留下的脚印很大，类似禽兽的脚印。群臣中有一人说，看见一位老人牵着狗，说"我想见天子"，一会儿就不见了。武帝听说看见大脚印，起初不信，等到群臣中有人谈到老人的事，又认为必定是神仙，因此他留住在海上，拨给方士们驿车，并派出数以千计的人到海上寻找神仙。

十二诸侯年表

谱十二诸侯

【原文】

太史公曰：儒者断其义，驰说者骋其辞，不务综其始终；历人取其年月，数家隆于神运，谱谍独世谥，其辞略，欲一观诸要难。于是谱十二诸侯，自共和讫孔子，表见《春秋》《国语》学者所讥盛衰大指著于篇，为成学治古文者要删焉。

【译文】

司马迁说：儒家对《春秋》只是断章取义，游说家对于《春秋》只是发挥它的辞令，而不注重综合它的始终；研究历法的只采取《春秋》的年月，术数家只重视《春秋》的神运，治谱谍的学者只记录《春秋》的世系，他们的言词都很简略，我们要看一下《春秋》的要旨是很困难的。于是我把春秋时期的十二个诸侯国编列成谱，起自共和，下至孔子，用列表方式说明对《春秋》和《国语》有专门研究的学者所探究的盛衰大指，著述在本篇之内，为研究古文的学者，提举了纲要，删去了繁复之处。

六 国 年 表

耳　食

【原文】

秦既得意，烧天下《诗》《书》，诸侯史记尤甚，为其有所刺讥也。《诗》《书》所以复见者，多藏人家，而史记独藏周室，以故灭。惜哉，惜哉！独有《秦记》，又不载日月，其文略不具。然战国之权变亦有可颇采者，何必上古。秦取天下多暴，然世异变，成功大。传曰"法后王"，何也？以其近己而俗变相类，议卑而易行也。学者牵于所闻，见秦在帝位日浅，不察其终始，因举而笑之，不敢道，此与以耳食无异。悲夫！

【译文】

秦国兼并了天下以后，烧毁天下的《诗》《书》，对于诸侯各国的史记，焚

毁得尤为厉害，因为这些书中颇有讥刺秦国的文辞。后来《诗》《书》之所以能够再现人间，是由于这些书大多藏在私人家里，唯独有关历史记载的典籍，仅贮藏在周室，因此全部被焚毁，可惜啊！可惜啊！仅有《秦记》保存下来了，上边又不记载年月，文辞也疏略不完备。然而战国时期的权变政治，也很有可以采用的地方，何必一定要引据上古的情况。虽然秦夺取天下，多用残暴的手段，秦国随着时代的变迁而变法创新，因而成就很大。经传上说"要效法后王"，这是为什么呢？是由于后王与我们所处的时代接近，风俗的改变又和我们相类似，他们的议论虽然卑下，但容易实行。一般的学者拘泥于自己的见闻，只看秦朝在帝位的日子短，不去考察它的所以兴起和灭亡的原因，因而讥笑它，不敢对秦朝有所称道，这就好比用耳朵吃饭，不能知道味道一样，可悲啊！

秦楚之际月表

五年之间，号令三嬗

【原文】

太史公读秦楚之际，曰：初作难，发于陈涉；虐戾灭秦，自项氏；拨乱诛暴，平定海内，卒践帝祚，成于汉家。五年之间，号令三嬗，自生民以来，未始有受命若斯之亟也。

【译文】

司马迁读秦、汉之际的记载，说：首先发难反秦的，是陈涉；用残暴的手段灭掉秦国的，是项羽；拨乱反正，诛除暴强，平定天下，终于登上帝位的，这项功业却完成于汉家。五年的时间，发号施令者，变了三次，自从有人类以来，受天命而有天下，从来没有这样急迫过。

高祖功臣侯者年表

当世得失之林

【原文】

居今之世，志古之道，所以自镜也，未必尽同。帝王者各殊礼而异务，要以成功为统纪，岂可绲乎？观所以得尊宠及所以废辱，亦当世得失之林也，何必旧闻？于是谨其终始，表其文，颇有所不尽本末；奢其明，疑者阙之。后有君子，欲推而列之，得以览焉。

【译文】

处在今天的时代，要记住古人的处世之道，是因为可以引以为借鉴，不一定要跟古代的办法尽同。帝王有各自不同的礼法和政略，总当以成功的经验为准则，怎能要求完全一致呢？我们观察人臣得到尊宠和遭受废辱的原因，也是当世取得成功，或遭到失败的道理所在，何必一定要假借古代的事迹！我于是恭谨地

考核诸侯王废弃的始末，用表格列出来加以说明，其中也还有本末不详尽的地方。我仅记叙那些清楚明确的材料，疑而不能定的，只好从缺。后代的君子，如果想从事这方面的研究，有我这篇表，可以供做参考。

礼　书

缘人情而制礼

【原文】

太史公曰：洋洋美德乎！宰制万物，役使群众，岂人力也哉？余至大行礼官，观三代损益，乃知缘人情而制礼，依人性而作仪，其所由来尚矣。

【译文】

司马迁说：多么盛大的美德呀！主宰万物，役使群众，难道仅是人的力量吗？我到了掌管礼仪的大行令官府，看到夏、商、周三代在礼制上所做的增减，才知道是顺从人情，制定礼制，凭依人性来制定仪节，这种事实，可以说是由来已久的了。

礼者养也

【原文】

礼由人起。人生有欲，欲而不得则不能无忿，忿而无度量则争，争则乱。先王恶其乱，故制礼义以养人之欲，给人之求，使欲不穷于物，物不屈于欲，二者相待而长，是礼之所起也。故礼者养也。

【译文】

礼制是依据人来制定的。人在生活中自然就有欲望，欲望得不到满足，就不能不产生愤恨，愤恨没有限度就会发生争夺，争夺则导致混乱。古代的圣王厌恶这种混乱，就制定礼制来适当地满足人们的欲望，供给人们的合理要求，使欲望不会因物质有限而感到不满足；物质也不会因欲望无厌而出现缺乏。二者相约相成，协调进行，这就是礼产生的原因。因此礼制是为了调养。

乐　书

《雅颂》之声

【原文】

夫乐者乐也，人情之所不能免也。乐必发诸声音，形于动静，人道也。声音动静，性术之变，尽于此矣。故人不能无乐，乐不能无形。形而不为道，不能无乱。先王恶其乱，故制《雅颂》之声以道之，使其声足以乐而不流，使其文足以纶而不息，使其曲直繁省廉肉节奏，足以感动人之善心而已矣，不使放心邪气得

接焉，是先王立乐之方也。

【译文】

音乐就是使人快乐，这是人之常情所不能缺少的东西。而快乐必然通过声音发出，通过动作表现，这是人的禀性。这种本性借助声音和动作，通过音乐完全表现出来了。所以人们不能没有快乐，要快乐就不能没有歌舞这种表现形式，而这种表现形式如果不遵循原则，那就不可避免要发生混乱。先王憎恨这种混乱，所以制作《雅》《颂》的声音加以引导，使它的声音足以让人快乐而不流于放纵，使它的乐章有条理而不陷于死板，使它的曲调平直、复杂与简单、清淡与丰润、高低与缓急足以感动人们的善心罢了，不让放纵和邪恶的念头影响人的心灵，这就是先王制定音乐的原则。

律　书

刑罚不可捐于国，诛伐不可偃于天下

【原文】

晋用咎犯，而齐用王子，吴用孙武，申明军约，赏罚必信，卒伯诸侯，兼列邦土，虽不及三代之诰誓，然身宠君尊，当世显扬，可不谓荣焉？岂与世儒暗于大较，不权轻重，猥云德化，不当用兵，大至君辱失守，小乃侵犯削弱，遂执不移等哉！故教笞不可废于家，刑罚不可捐于国，诛伐不可偃于天下，用之有巧拙，行之有逆顺耳。

【译文】

晋国任用狐偃（晋文公重耳舅父），齐任用王子城父（齐大夫），吴任用孙武，申明军令，赏罚必信，终于称霸于诸侯，兼并扩大了国土，虽然赶不上夏、商、周的封诰命誓，然而他们使自身宠幸，国君尊荣，显扬于当世，难道不能说荣耀吗？这怎么能跟世俗儒生不明国家大法，不能权衡轻重，侈谈以德化人，反对用兵，严重的导致国君受辱，国土失守，较轻的也要受到侵犯而地削国弱，而仍然固执不变的相提并论呢？因此在卿大夫的家邑中不能废弃教训鞭笞，在诸侯的国家不能废弃刑罚，在帝王的天下，不能废弃诛杀，只不过用起来有巧有拙，实行起来得当或不得当罢了。

穷兵黩武而不知足

【原文】

夏桀、殷纣手搏豺狼，足追四马，勇非微也；百战克胜，诸侯慑服，权非轻也。秦二世宿军无用之地，连兵于边陲，力非弱也；结怨匈奴，絓祸于越，势非寡也。及其威尽势极，闾巷之人为敌国。咎生穷武之不知足，甘得之心不息也。

【译文】

夏桀、殷纣手能和豺狼搏斗，足能追上四匹马驾的车，勇力不算小了；百战

百胜，诸侯惧服，权势也不算轻微。秦二世驻军于无用之地，屯兵于边疆，力量也不是弱；敢于同匈奴结仇怨，和南越构兵祸，势力也并不小。然而等到他们威尽势穷，闾里的人民都与他相敌对。其过错在于他们穷兵黩武而不知满足，贪得无厌之心无休止啊。

司马迁论孝文帝

【原文】

太史公曰：文帝时，会天下新去汤火，人民乐业，因其欲然，能不扰乱，故百姓遂安。自年六七十翁亦未尝至市井，游敖嬉戏如小儿状。孔子所称有德君子者邪！

【译文】

司马迁说：汉文帝时，天下刚刚脱离战乱，人民安居乐业，顺着百姓的希望，尽量不加干扰，因此百姓得以安宁。乡村活到六七十岁的老翁，也没有进过城，他们就在家里游玩嬉戏，像小孩子一样。文帝就像孔子所称赞的，有德行的君子吧！

封　禅　书

无其德而用事者

【原文】

始皇封禅之后十二岁，秦亡。诸儒生疾秦焚《诗》《书》，诛僇文学，百姓怨其法，天下畔之，皆讹曰："始皇上泰山，为暴风雨所击，不得封禅。"此岂所谓无其德而用事者邪？

【译文】

秦始皇举行封禅之后十二年，秦朝灭亡。当时的儒生们憎恨秦始皇焚烧《诗》《书》，坑杀有学问的儒生，老百姓怨恨秦的严酷刑法，天下的人都背叛了秦王朝，都谣传说："秦始皇上泰山，被暴风雨所袭击，没能完成祭祀天地的大典。"这难道不是所谓没有良好的德行，而硬要勉强举行封禅的帝王吗？

窦太后治黄老言

【原文】

今天子初即位，尤敬鬼神之祀。元年，汉兴已六十余岁矣，天下艾安，搢绅之属皆望天子封禅改正度也，而上乡儒术，招贤良，赵绾、王臧等以文学为公卿，欲议古立明堂城南，以朝诸侯。草巡狩封禅改历服色事未就。会窦太后治黄、老言，不好儒术，使人微伺得赵绾等奸利事，召案绾、臧，绾、臧自杀，诸所兴为皆废。

【译文】

当今天子刚即位，尤其崇敬鬼神的祭祀。元年（公元140），汉朝建立已经六十多年了，天下太平，朝廷的官吏们，都希望皇帝祭祀天地神灵，改变历法、服色等制度，而皇上崇尚儒家的学说，于是就招纳有才能、有德望的人，赵绾、王臧等人靠文章博学成为公卿，他们建议像古时一样，在城南建立明堂，用来朝会诸侯。草拟天子巡视诸侯、祭祀天地神灵、更改历法和更改服色的事还未成功；适逢窦太后喜欢黄帝、老子学说，不喜欢儒家学说，并派人暗中收集赵绾等人用非法手段谋求私利的事，下令审问赵绾、王臧，赵绾、王臧自杀，他们所筹办的事也都作废了。

河 渠 书

都 江 堰

【原文】

于蜀，蜀守冰凿离碓，辟沫水之害，穿二江成都之中。此渠皆可行舟，有余则用溉浸，百姓飨其利。至于所过，往往引其水益用溉田畴之渠，以万亿计，然莫足数也。

【译文】

在蜀，蜀郡守李冰凿开离碓，以免除沫水的危害。在灌县分岷江为郫、检二江，流经成都平原。这些沟渠，都能行船，多余的水，则可以灌溉，百姓都得到渠水的利益。至于渠水所经过的地方，人们到处引这些渠水，又增修了用来灌溉农田水利的小水渠，以亿万来计算，那就无法数清了。

郑 国 渠

【原文】

而韩闻秦之好兴事，欲罢之，毋令东伐，乃使水工郑国间说秦，令凿泾水自中山西邸瓠口为渠，并北山东注洛三百余里，欲以溉田。中作而觉，秦欲杀郑国。郑国曰："始臣为间，然渠成亦秦之利也。"秦以为然，卒使就渠。渠就，用注填阏之水，溉泽卤之地四万余顷，收皆亩一钟。于是关中为沃野，无凶年，秦以富强，卒并诸侯，因命曰郑国渠。

【译文】

韩国听说秦国好建设，想要使秦国疲劳，无力向东出兵征伐韩国，于是派水工郑国做间谍去游说秦国，让它从中山凿渠引泾水西至瓠口（在今泾阳北），沿着北山向东注入洛水，长三百余里，准备用来灌溉农田。工程进行期间，被秦国发觉，秦想杀死郑国。郑国说："起初我来时确实是做间谍，但渠完成后，也是对秦国有利呀！"秦国认为他讲得对，让他把渠完成。水渠竣工后，引带有淤泥的水，灌溉关中的盐碱地四万多顷，每亩收获六石四斗。于是关中变成沃野，没有荒年，秦国因此富强，终于吞并了各诸侯国，因而将此渠命名为郑国渠。

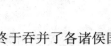

平 准 书

汉初经济凋敝状况

【原文】

汉兴，接秦之弊，丈夫从军旅，老弱转粮饷，作业剧而财匮，自天子不能具钧驷，而将相或乘牛车，齐民无藏盖。于是为秦钱重难用，更令民铸钱，一黄金一斤，约法省禁。而不轨逐利之民，蓄积余业以稽市物，物踊腾粜，米至石万钱，马一匹则百金。

【译文】

汉朝刚建立的时候，承接秦朝社会经济凋敝的局面，壮年男子从军打仗，老弱的人给军队运输粮饷，因此社会生产几乎陷于停顿，而物资十分缺乏，即使天子坐的车也不能具备同样毛色的四匹马，有的将相只能坐牛车，至于平民，连一点积蓄也没有。当时因为秦朝的钱太重，不便于使用，改令百姓铸较轻的钱，并规定黄金一锭重一斤；简约法令，减省禁例。而不遵法纪、只图利的富商大贾，积聚大量的钱财，囤积市场上的货物，因此物价大为上涨，米价涨到每石一万钱，马一匹也贵到一百万。

汉初抑商政策

【原文】

天下已平，高祖乃令贾人不得衣丝乘车，重租税以困辱之，孝惠、高后时，为天下初定，复弛商贾之律，然市井之子孙亦不得仕宦为吏。

【译文】

天下太平以后，高祖下令商人不准许穿丝织的衣服，不准许坐车，并且用征重税的手段，来困迫、羞辱他们。到了孝惠、高后时，由于天下刚刚安定，又放松了限制商贾的法令，但是商人的子孙仍然不准许做官。

钱 布 天 下

【原文】

至孝文时，荚钱益多，轻，乃更铸四铢钱，其文为"半两"，令民纵得自铸钱。故吴，诸侯也，以即山铸钱，富埒天子……邓通，大夫也，以铸钱财过王者。故吴、邓氏钱布天下，而铸钱之禁生焉。

【译文】

到了孝文帝的时候，荚钱（像榆荚的薄钱）越来越多，越来越轻，于是就改铸四铢钱，钱文是"半两"，并且放任人民可以自铸钱。因此，像吴王刘濞不过

是个诸侯，凭着就所在产铜之山铸钱，富与天子相等……邓通，只不过是个大夫，也靠铸钱，富过王侯。当时吴国、邓氏铸的钱，流布天下。到了这地步，才有了铸钱的禁令。

吴太伯世家

文 身 断 发

【原文】

吴太伯，太伯弟仲雍，皆周太王之子，而王季历之兄也。季历贤，而有圣子昌，大王欲立季历以及昌，于是太伯、仲雍二人乃奔荆蛮，文身断发，示不可用，以避季历。

【译文】

吴太伯和他的弟弟仲雍，都是周太王的儿子，王季历的哥哥。季历贤明，而且又有个道德智慧极好的儿子姬昌，太王想要立季历而传位于姬昌，于是太伯、仲雍二人就逃到荆蛮（周朝人对楚国的贬称。西周时吴地并不属于楚国的范围，这里是指战国时楚国的疆域），身上刺画花纹，截短头发，表示不能当国君，以此回避季历。

剑 系 冢 树

【原文】

季札之初使，北过徐君。徐君好季札剑，口弗敢言。季札心知之，为使上国，未献。还至徐，徐君已死，于是乃解其宝剑，系之徐君冢树而去。从者曰："徐君已死，尚谁予乎？"季子曰："不然。始吾心已许之，岂以死倍吾心哉！"

【译文】

季札开始出使，北上途中拜见徐君，徐君很喜欢季札所佩带的剑，可是不敢说出来。季札明白徐君的心意，因为要出使到中原各国，没有把剑送给他。季札回来到了徐国，徐君已经死了，于是就解下自己的宝剑，挂到徐君墓旁的树上才离去。跟随季札的人对他说："徐君已经死了，还要送给谁呢？"季札回答说："话不能这样讲，当初我心里已经答应把剑送给他了，难道就因为他已经死了，就违背我的本意吗！"

夫差国丧身亡

【原文】

二十年，越王勾践复伐吴。二十一年，遂围吴。二十三年十一月丁卯，越败吴。越王勾践欲迁吴王夫差于甬东，予百家居之。吴王曰："孤老矣，不能事君王也。吾悔不用子胥之言，自令陷此。"遂自到死。越王灭吴，诛太宰嚭，以为

不忠，而归。

【译文】

二十年（前477），越王勾践又征讨吴国。二十一年，包围了吴的国都。二十三年（前473）十一月丁卯日，越国打败了吴国。越王勾践想要把吴王夫差迁到甬东（今浙江省舟山岛），给他百户人家，让他居住在那里。吴王夫差说："我年纪大了，不能侍奉君王了。我后悔没有采纳伍子胥的意见，使自己陷入这种境地。"就自杀而死。越王灭亡了吴国之后，杀死太宰嚭，认为他不忠，然后回国。

齐太公世家

姜太公钓鱼

【原文】

吕尚盖尝穷困，年老矣，以渔钓奸周西伯。西伯将出猎，卜之，曰"所获非龙非彨，非虎非罴，所获霸王之辅"。于是周西伯猎，果遇太公于渭之阳，与语大悦，曰："自吾先君太公曰'当有圣人适周，周以兴'。子真是邪？吾太公望子久矣。"故号之曰"太公望"，载与俱归，立为师。

【译文】

吕尚曾贫穷困苦，年老了，利用钓鱼的机会求见周西伯（周文王）。西伯将要外出打猎，算了一卦，卦辞说："所收获的不是龙不是彨，不是虎，不是罴，而是霸王的辅佐。"于是周西伯出去打猎，果然在渭水北岸遇见太公，与他说话，极为高兴，说："我先君太公曾说过：'一定有圣人到周国来，周国将依靠他而兴盛。'是指您吧？我太公盼望您已经很久了。"所以又称他为"太公望"，共同乘车而回，任为国师。

太公治国

【原文】

太公至国，修政，因其俗，简其礼，通商工之业，便渔盐之利，而人民多归齐，齐为大国。及周成王少时，管、蔡作乱，淮夷畔周，乃使召康公命太公曰："东至海，西至河，南至穆陵，北至无棣，五侯九伯，实得征之。"齐由此得征伐，为大国。都营丘。

【译文】

太公到了封国（齐），修明政治，依照当地的风俗，简化礼仪，沟通了商、工的行业，发展鱼盐生产，因而人民多来归附齐国，使齐成为大国。到了周成王幼年登位时，管叔、蔡叔作乱，淮夷背叛周王朝，乃使召公命令太公道："东边到海滨，西边到黄河，南边到穆陵（故城在今山东省临朐县南），北边到无棣（故城在今山东省无棣县北），在此范围之内的五等诸侯，九州方伯，若是有罪，

国学经典文库

你都可以征伐他们。"齐国从此得到征伐大权，成为大国，建都营丘（今山东临淄北）。

齐桓公得位

吕尚

【原文】

初，襄公之醉杀鲁桓公，通其夫人，杀诛数不当，淫于妇人，数欺大臣，群弟恐祸及，故次弟纠奔鲁。其母鲁女也。管仲、召忽傅之。次弟小白奔莒，鲍叔傅之。小白母，卫女也，有宠于厘公。小白自少好善大夫高傒。及雍林杀无知，议立君，高、国先阴召小白于莒。鲁闻无知死，亦发兵送公子纠，而使管仲别将兵遮莒道，射中小白带钩。小白佯死，管仲使人驰报鲁，鲁送纠者行益迟，六日至齐，则小白已入，高傒立之，是为桓公。

【译文】

当初，齐襄公灌醉酒杀害了鲁桓公，并且还和鲁桓公的夫人通奸，诛杀大臣，许多是不该杀的，喜好女色，屡次欺侮大臣，他的弟弟们恐怕受到牵连，所以次弟纠逃到鲁国，他的母亲是鲁君的女儿，管仲、召忽辅佐他。三弟小白逃到莒城（今山东莒县），鲍叔牙辅佐他。小白的母亲是卫国的公主，受到齐厘公的宠幸。小白从小跟大夫高傒要好。等到雍林（齐临淄西门曰雍门，雍林当在临淄近郊。一本作"雍廪"，系人名，为渠丘大夫。故雍林也可以理解为人名。）人杀死公孙无知，商议拥立新君，高、国两家先暗中到莒国召请小白。鲁君听说无知死了，也派兵护送公子纠回来。先让管仲另率一支部队，拦住从莒至齐国都城的道路，射中了小白腰带上的钩子。小白假装死了，管仲派人飞快地报告鲁国，鲁国护送公子纠的行军，因而缓慢下来，走了六天才到达齐国，而公子小白早已进入齐都，高傒拥立了他，这就是齐桓公。

齐桓公任管仲等

【原文】

桓公既得管仲，与鲍叔、隰朋、高傒修齐国政，连五家之兵，设轻重鱼盐之利，以赡贫穷，禄贤能，齐人皆悦。

【译文】

桓公既得到了管仲，与鲍叔、隰朋、高傒一起整顿齐国的政治，实行以五家为单位的军制，采取铸造货币，设立捕鱼煮盐等有利百姓的措施，救济贫穷，起用贤能之士，齐国人都很高兴。

齐桓公称霸

【原文】

五年，伐鲁，鲁将师败。鲁庄公请献遂邑以平，桓公许，与鲁会柯而盟。鲁将盟，曹沫以匕首劫桓公于坛上，曰："反鲁之侵地！"桓公许之。已而曹沫去匕首，北面就臣位。桓公后悔，欲无与鲁地而杀曹沫。管仲曰："夫劫许之而倍信杀之，愈一小快耳，而弃信于诸侯，失天下之援，不可。"于是遂与曹沫三败所亡地于鲁。诸侯闻之，皆信齐而欲附焉。七年，诸侯会桓公于甄，而桓公于是始霸焉。

【译文】

五年，齐国军队讨伐鲁国，鲁将所率领的军队打了败仗。鲁庄公请求割让遂邑（故城在今山东宁阳县北）求和，桓公答应了，跟鲁国在柯（今河南内黄县东北）地会盟。鲁君将要签订盟约，曹沫拿着匕首在坛上劫持桓公说："归还所侵占的鲁国地！"齐桓公答应了。然后曹沫放下匕首，面朝北站在臣子的位置上，桓公后悔了，想不还给鲁地，并且还要杀了曹沫。管仲说："在劫持时许诺的事，现在又背信将他杀了，只不过是满足一时小小的快意罢了，而在诸侯面前丧失了信用，失掉了天下的援助，是不可以的。"于是齐桓公把曹沫三次战败所丧失的土地，还给了鲁国。诸侯们听到这件事，都信任齐国，想来归附。七年，诸侯与齐桓公在甄（卫地，在今山东鄄城县西北）地会盟，桓公这时开始称霸。

九合诸侯，一匡天下

【原文】

于是桓公称曰："寡人南伐至召陵，望熊山，北伐山戎、离枝、孤竹；西伐大夏，涉流沙；束马悬车登太行，至卑耳山而还。诸侯莫违寡人。寡人兵车之会三，乘车之会六，九合诸侯，一匡天下。昔三代受命，有何以异于此乎？吾欲封泰山，禅梁父。"……

【译文】

因此齐桓公声称曰："我向南征讨到了召陵望见熊山（今河南卢氏）；往北讨伐山戎、离枝（古国名，在今河北迁安西）、孤竹（今河北卢龙县东）；向西征伐大夏（今山西太原市南），经过流沙；裹了马脚，钩牢了车子，登上太行山，直至卑耳山（今山西平陵县西北）才回来。诸侯不敢违抗我。我召集了军事盟会三次，乘车的盟会六次，九次会合诸侯，一次安定周王室。从前夏、商、周三代承受天命，比我有什么不同呢？我想封泰山祭天，到梁父祭地。"……

尸虫出于户

【原文】

桓公病，五公子各树党争立。及桓公卒，遂相攻，以故宫中空，莫敢棺。桓

公尸在床上六十七日，尸虫出于户。

【译文】

桓公病时，五个公子各自树立党羽，争立做太子。等到桓公死了，就互相攻打，以致宫中空虚，没有敢装殓。桓公的尸体，在床上放了六十七天，尸上的蛆虫爬出门外。

秉 笔 直 书

【原文】

齐太史书曰"崔杼弑庄公"，崔杼杀之。其弟复书，崔杼复杀之。少弟复书，崔杼乃舍之。

【译文】

齐太史写道："崔杼杀害庄公。"崔杼把太史杀了。太史的弟弟又照样记载，崔杼又把太史的弟弟杀了。太史幼弟又照样记载，崔杼只好放了他。

田 氏 代 齐

【原文】

庚辰，田常执简公于徐州。公曰："余蚤从御鞅言，不及此。"甲午，田常弑简公于徐州。田常乃立简公弟骜，是为平公。平公即位，田常相之，专齐之政，割齐安平以东为田氏封邑。

【译文】

庚辰日，田常在徐州（今山东滕县南）捉住简公，简公说："我早听从御者田鞅的话，不至于有今天。"甲午日，田常在徐州把简公杀害了。于是田常立简公的弟弟骜，这就是平公。平公即位后，田常任相国，专揽齐国的政权，割弃国安平（今山东临淄县东）以东的地方，作为田氏的封邑。

鲁周公世家

待 士 之 心

【原文】

周公戒伯禽曰："我文王之子，武王之弟，成王之叔父，我于天下亦不贱矣。然我一沐三捉发，一饭三吐哺，起以待士，犹恐失天下之贤人。子之鲁，慎无以国骄人。"

【译文】

周公告诫伯禽说："我是文王的儿子，武王的弟弟，成王的叔公，我在天下的地位也不低了。然而我却洗一

周公

次头，三次握住头发，吃一餐饭，三次吐出口中的食物，起身接待士人。你到了鲁国以后，千万不要凭鲁国君的身份对人骄傲。

力诫成王

【原文】

周公归，恐成王壮，治有所淫佚，乃作《多士》，作《毋逸》。《毋逸》称："为人父母，为业至长久，子孙骄奢忘之，以亡其家，为人子可不慎乎？……"《多士》称曰："自汤至于帝乙，无不率祀明德，帝无不配天者。在今后嗣王纣，诞淫厥佚，不顾天及民之从也。其民皆可诛。"

【译文】

周公回来，恐怕成王成年之后，当政理事有些纵欲、放荡，就写了《多士》《毋逸》的文章。在《毋逸》的篇中说："做父母的长时间创业，儿孙都骄纵奢侈，忘记了先人创业的艰辛，从而使家业毁败，为人子的能不谨慎吗？……"又在《多士》篇说："从商汤到帝乙，没有不恭顺地祭祀鬼神、修明德行的，各帝没有违背上天的。到今天的后代纣王，荒诞淫逸，全不考虑上天和人民的愿望。他的人民都认为他应当受诛杀。"

平易近民，民必归之

【原文】

鲁公伯禽之初受封之鲁，三年而后报政周公。周公曰："何迟也？"伯禽曰："变其俗，革其礼，丧三年然后除之，故迟。"太公亦封于齐，五月而报政周公。周公曰："何疾也？"曰："吾简其君臣礼，从其俗为也。"及后闻伯禽报政迟，乃叹曰："呜呼，鲁后世其北面事齐矣！夫政不简不易，民不有近；平易近民，民必归之。"

《周礼》书影

【译文】

鲁公伯禽起初受封前往鲁国，三年以后才向周公报告治理成果。周公说："为什么这样迟呢？"伯禽说："改变其风俗，变革其礼制，丧事三年才除服，所以迟了。"太公也受封于齐国，五个月就回来向周公报告治理成果。周公说："为何这样快呢？"太公回答说："我简化君臣的礼节，随从那里的习俗办事。"等到后来听到伯禽报政的迟缓，就慨叹说："唉，鲁国的后代将要臣服于齐国啦！国家的政事不简约，就不容易实行，民众就不会接近；政务平易亲近人民，人民必然归向他。"

公室卑，三桓强

【原文】

冬十月，襄仲杀子恶及视而立俀，是为宣公。哀姜归齐，哭而过市，曰："天乎！襄仲为不道，杀适立庶！"市人皆哭，鲁人谓之"哀姜"。鲁由此公室卑，三桓强。

【译文】

冬十月，襄仲杀死了公子恶和视，拥立公子俀，这就是宣公。哀姜逃回齐国，哭着经过闹市，说："天啊！襄仲真是惨无人道，杀死嫡子而立庶子。"街上的人也都哭泣，鲁国人叫他做"哀姜"。从此鲁国的公室，渐渐衰微，而三桓的势力却越来越强大。

燕召公世家

《甘棠》之诗

【原文】

召公之治西方，甚得兆民和。召公巡行乡邑，有棠树，决狱政事其下，自侯伯至庶人各得其所，无失职者。召公卒，而民人思召公之政，怀棠树不敢伐，哥咏之，作《甘棠》之诗。

【译文】

召公治理西部地方，很受广大人民的拥护。召公到乡邑巡视，发现有一棵棠梨树，便在棠梨树下面判决刑狱和处理政事，从侯爵、伯爵到百姓，每一个人都有适当的职位，没有失职务和职业的。召公死了，人民思念召公的政绩，怀念棠梨树，不敢砍伐，编了诗歌《甘棠》（《诗经》篇名）来歌颂他。

苏秦为合纵之长

【原文】

文公十九年，齐威王卒。二十八年，苏秦始来见，说文公。文公予车马金帛以至赵，赵肃侯用之。因约六国，为从长。

【译文】

燕文公十九年（前343），齐威王逝世。二十八年（前334），苏秦第一次来到燕国拜见文公，向文公宣传他的主张。文公赐给他车辆、马匹、黄金、布帛，让他到赵国去，赵肃侯任用他当宰相。苏秦于是约盟楚、齐、燕、韩、赵、魏六国，他是合纵的首领。

礼 贤 郭 隗

【原文】

燕昭王于破燕之后即位,卑身厚币以招贤者。谓郭隗曰:"齐因孤之国乱而袭破燕,孤极知燕小力少,不足以报。然诚得贤士以共国,以雪先王之耻,孤之愿也。先生视可者,得身事之。"郭隗曰:"王必欲致士,先从隗始。况贤于隗者,岂远千里哉!"于是昭王为隗改筑宫而师事之。乐毅自魏往,邹衍自齐往,剧辛自赵往,士争趋燕。

【译文】

燕昭王在燕国被打败以后即位,自己非常谦卑,并以优厚的币帛来招揽贤士。他对郭隗说:"齐国乘着我国混乱之时,袭击打败了我国,我非常了解燕国土地少力量小,不足以报仇。然而如果能得到贤人来共同治理国家,以雪先王的耻辱,这是我的愿望。先生看见有可以共同治国的贤士,我便会亲自服侍他。"郭隗说:"大王一定想招引贤士,就先从我郭隗开始。何况比我贤能的人,难道会嫌千里为远吗?"于是燕昭王给郭隗改建住宅,当作老师来服侍他。于是乐毅(著名军事家)从魏国前往,邹衍(五行家)从齐国前往,剧辛从赵国前往,贤士争着奔赴燕国。

燕 太 子 丹

【原文】

二十三年,太子丹质于秦,亡归燕。……阴养壮士二十人,使荆轲献督亢地图于秦,因袭刺秦王。秦王觉,杀轲,使将军王翦击燕。二十九年,秦攻拔我蓟,燕王亡,徙居辽东,斩丹以献秦。

【译文】

二十三年(前289),太子丹被派到秦国去作人质,逃回了燕国。……太子丹暗中养二十名壮士,让荆轲把督亢(燕南之地,今河北涿州,固安一带)的地图献给秦国,以便袭击和刺杀秦王。秦王发觉,杀死荆轲,派将军王翦进攻燕国。二十九年(前283),秦军攻下燕都蓟城(今北京市西南隅),燕王逃走,迁居辽东,杀死太子丹,把他的头献给秦王。

卫康叔世家

卫武公佐周平犬戎

【原文】

武公即位,修康叔之政,百姓和集。四十二年,犬戎杀周幽王,武公将兵往佐周平戎,甚有功,周平王命武公为公。

【译文】

武公即位，恢复实行康叔的政令，百姓和睦安定。四十二年（前770），犬戎杀死周幽王，武公率领军队前去帮助周王室，平定犬戎，很有功劳，周平王命武公为公爵。

宋微子世家

箕子佯狂

【原文】

箕子者，纣亲戚也。……纣为淫泆，箕子谏，不听。人或曰："可以去矣。"箕子曰："为人臣谏不听而去，是彰君之恶而自说于民，吾不忍为也。"乃被发详狂而为奴。

【译文】

箕子是纣王的亲属。……纣荒淫放纵，箕子劝谏，不听。有人劝他说："可以离开了。"箕子说："作为人臣进谏因君主不听而离开，这是彰示君王的过失而自己却取悦于人民，我不忍这样做啊。"于是披头散发，假装为狂人去当奴隶。

肉袒面缚见武王

【原文】

微子曰："父子有骨肉，而臣主以义属。故父有过，子三谏不听，则随而号之；人臣三谏不听，则其义可以去矣。"于是太师、少师乃劝微子去，遂行。

周武王伐纣克殷，微子乃持其祭器造于军门，肉袒面缚，左牵羊，右把茅，膝行面前以告。于是武王乃释微子，复其位如故。

【译文】

微子说："父子有骨肉之亲，而臣子跟君主是凭道义联系起来的。所以父亲有过失，儿子多次进谏不听，则继之以哭泣；人臣多次进谏，国君不听，则在道义上可以离开不管了。"这时太师、少师劝微子离去，微子遂离开。

周武王讨伐纣，推翻了殷王朝，微子就拿着殷朝宗庙的祭器，到周武王的军门，他袒露上身，双手捆缚于背后，左边叫人牵着羊，右边的拿着茅，跪行到武王面前，求告武王。于是武王释放了微子，并恢复他的爵位。

《麦秀之诗》

【原文】

其后箕子朝周，过故殷虚，感宫室毁坏，生禾黍，箕子伤之，欲哭则不可，欲泣为其近妇人，乃作《麦秀之诗》以歌咏之。其诗曰："麦秀渐渐兮，禾黍油油，彼狡僮兮，不与我好兮！"……殷民闻之，皆为流涕。

【译文】

　　后来箕子来周朝见周王，路过殷朝的故墟，有感于宫室毁坏，禾黍丛生，箕子很伤痛，想放声大哭，又觉得不可，想流眼泪又觉得未免像妇女，于是作《麦秀》诗来歌咏这件事。那首诗说："麦芒尖尖啊，禾黍的苗儿绿油油。那个顽皮的孩子呀，不与我亲近啊！"殷朝的遗民听了这首诗歌，无不感伤流泪。

晋 世 家

叔 虞 封 唐

【原文】

　　成王与叔虞戏，削桐叶为珪以与叔虞，曰："以此封若。"史佚因请择日立叔虞。成王曰："吾与之戏耳。"史佚曰："天子无戏言。言则史书之，礼成之，乐歌之。"于是遂封叔虞于唐。唐在河、汾之东，方百里，故曰唐叔虞。姓姬氏，字子于。

【译文】

　　成王跟叔虞开玩笑，把桐叶削成珪形状，送给叔虞，说："用这个封你。"史官史佚因此请求选择吉利的日子封叔虞为诸侯。成王说："我只是跟他开玩笑罢了。"史佚说："天子说话不开玩笑，任何言谈史官均加以记录，然后用礼乐完成它，用乐章歌唱它。"于是成王便把叔虞封到唐国。唐地位于黄河与汾河（在山西省中部）的东边，方圆一百里，因此称为唐叔虞。叔虞姓姬，字子于。

曲 沃 桓 叔

【原文】

　　昭侯元年，封文侯弟成师于曲沃。曲沃邑大于翼。翼，晋君都邑也。成师封曲沃，号为桓叔。靖侯庶孙栾宾相桓叔。桓叔是时年五十八矣，好德，晋国之众皆附焉。君子曰："晋之乱其在曲沃矣。末大于本而得民心，不乱何待！"

【译文】

　　昭侯元年，封文侯的弟弟姬成师于曲沃（今山西闻喜东北）。曲沃的面积比翼（晋邑名，故城在今山西翼城县东南）还要大。翼是晋君的都城。成师封在曲沃，称为桓叔。靖侯的一个旁系孙子栾宾辅佐桓叔。桓叔此时的年龄已经是五十八岁了，喜欢德政，晋国的人民都归附他。君子说："晋国的祸乱将在曲沃了。末稍比根本还大，又得民心，怎能不乱呢？"

重耳逃翟国

【原文】

　　二十二年，献公怒二子不辞而去，果有谋矣，乃使兵伐蒲。蒲人之宦者勃鞮

命重耳促自杀。重耳逾垣，宦者追斩其衣袪。重耳遂奔翟。

【译文】

二十二年（前655），献公因二子都不辞而别，非常愤怒，以为果真有谋反之意，因此派兵去攻打蒲邑。蒲邑人宦官勃鞮命重耳赶快自杀。重耳越墙而逃，宦官追赶，割断了他的衣袖子。重耳于是逃到翟国。

唇亡齿寒

【原文】

是岁也，晋复假道于虞以伐虢。虞大夫宫之奇谏君曰："晋不可假道也，是且灭虞。"虞君曰："晋我同姓，不宜伐我。"宫之奇曰："太伯、虞仲，太王之子也，太伯亡去，是以不嗣。虢仲、虢叔，王季之子也，为文王卿士，其记勋在王室，藏于盟府。将虢是灭，何爱于虞？且虞之亲能亲于桓、庄之族乎？桓庄之族何罪，尽灭之。虞之与虢，唇之与齿，唇亡则齿寒。"虞公不听，遂许晋。宫之奇以其族去虞。其冬，晋灭虢，虢公丑奔周。还，袭灭虞，虏虞公及其大夫井伯、百里奚以媵秦穆姬，而修虞祀。

【译文】

就在这一年，晋国又向虞国借道去攻打虢国。虞国的大夫宫之奇进谏虞君说："虞国不能借道给晋国，这样做将会灭亡虞国。"晋君说："晋国与我国同姓，不应当攻打我们。"宫之奇说："太伯与虞仲，都是周太王的儿子，后来太伯出奔，因此没有继承王位。虢仲与虢叔，是王季的儿子，曾任文王的卿士，他们的功勋记载在王室，藏在保存盟书的官府。竟将虢国灭掉，怎么会爱惜虞国？而且虞晋之亲，能超过献公与桓叔、庄伯的亲戚关系吗？桓叔、庄伯的子孙有什么罪过，全部消灭了他们。虞国与虢国，好像嘴唇与牙齿，没有嘴唇，牙齿就会感到寒冷。"虞公不听，便答应借道给晋国。宫之奇带领他的族人，离开了虞国。当年冬天，晋国消灭了虢国，虢公丑逃到周京。晋军回师偷袭了虞国，俘虏虞公以及他的大夫井伯、百里奚，作为献公女儿秦穆姬的陪嫁人，而派人办理虞国的祭祀。

退避三舍

【原文】

重耳之去楚，楚成王以适诸侯礼待之，……成王厚遇重耳，重耳甚卑。成王曰："子即反国，何以报寡人？"重耳曰："羽毛齿角玉帛，君王所余，未知所以报。"王曰："虽然，何以报不谷？"重耳曰："即不得已，与君王以兵车会平原广泽，请避王三舍。"

【译文】

重耳一行来到楚国，楚成王用相当于诸侯的礼节接待他。……成王以优厚的待遇对待重耳，重耳十分谦虚。成王说："您即将回国，用什么报答我？"重耳

说:"珍贵的飞禽,奇特的兽类以及珠玉绸绢这一类的东西,君王都有多余的,不知用什么来报答。"成王说:"尽管如此,到底用什么报答我?"重耳说:"如果不得已,跟君王在平原大泽,用兵车交战,请允许我退避君王三舍(古三十里为一舍)。"

报恩救宋定霸业

【原文】

四年,楚成王及诸侯围宋,宋公孙固如晋告急。先轸曰:"报施定霸,于今在矣。"狐偃曰:"楚新得曹而初婚于卫,若伐曹、卫,楚必救之,则宋免矣。"于是晋作三军,……往伐。

【译文】

四年(前633),楚成王与诸侯围困宋国,宋国的公孙固到晋国来告急求援。先轸说:"报答宋国的恩施(宋襄公曾赠马给晋文公)以定霸业,就在于今天了。"狐偃说:"楚国新近得到曹国,又刚刚同卫国结为婚姻,如果我们讨伐曹国和卫国,楚国一定救援,如此宋国便可以解围了。"于是晋国建立三军……前往征讨。

晋文公称霸

【原文】

五月丁未,献楚俘于周,驷介百乘,徒兵千。天子使王子虎命晋侯为伯,赐大辂,彤弓矢百,玈弓矢千,秬鬯一卣,珪瓒,虎贲三百人。晋侯三辞,然后稽首受之。……于是晋文公称伯。癸亥,王子虎盟诸侯于王庭。

【译文】

五月丁未日,把楚军的俘虏献给周王,有披甲的驷马一百乘,步兵一千。天子派王子虎宣布晋君为霸主,并赏赐大车,红色弓箭一百副,黑色弓箭一千副,香酒一坛,玉勺,勇士三百人。晋文公三次推让,然后叩头接受这些礼品。……于是晋文公称霸于诸侯。癸丑日,王子虎在王庭与诸侯订盟。

祁 傒 举 人

【原文】

三年,晋会诸侯。悼公问群臣可用者,祁傒举解狐。解狐,傒之仇。复问,举其子祁午。君子曰:"祁傒可谓不党矣!外举不隐仇,内举不隐子。"

【译文】

三年,晋国会合诸侯。悼公询问,群臣之中谁可以任用,傒齐推荐解狐。解狐是傒齐的仇人。再问,傒齐推荐了他的儿子祁午。君子们评论此事说:"傒齐真可说是不偏私的人,推举外面人,不避弃仇人;推举内亲,不回避儿子。"

楚 世 家

楚成王自杀

【原文】

四十六年，初，成王将以商臣为太子，语令尹子上。子上曰："君之齿未也，而又多内宠，绌乃乱也。楚之举常在少者。且商臣蜂目而豺声，忍人也，不可立也。"王不听。立之。后又欲立子职而绌太子商臣。……商臣以宫卫兵围成王。成王请食熊蹯而死，不听，丁未，成王自绞杀。

【译文】

四十六年（前626年），起初，成王将立商臣为太子，告诉令尹子上。子上说："国君您还年轻，宫里宠爱的妻妾又多，立了再废弃会出乱子的。楚国立太子，常常立年幼的。再说商臣两眼如蜂，而声音似豺狼，是个残忍之人，不能立为太子。"成王不听，还是立商臣做太子。后来又想立公子职而废弃商臣。……商臣用宫中的卫兵包围了成王。成王要求吃了熊掌再死，商臣不答应，丁未那天，成王终于自杀。

一 鸣 惊 人

【原文】

庄王即位三年，不出号令，日夜为乐，令国中曰："有敢谏者死无赦！"伍举入谏。庄王左抱郑姬，右抱越女，坐钟鼓之间。伍举曰："愿有进。"隐曰："有鸟在於阜，三年不蜚不鸣，是何鸟也？"庄王曰："三年不蜚，蜚将冲天；三年不鸣，鸣将惊人。举退矣，吾知之矣。"……于是乃罢淫乐，听政，所诛者数百人，所进者数百人，任伍举、苏从以政，国人大悦。

【译文】

楚庄王即位三年，不发布政令，日夜寻欢作乐，命令国人说："有敢进谏的，处以死罪，绝不赦免。"伍举入宫进谏。庄公左手拥着郑姬，右手抱着越女，坐在歌舞乐队之间。伍举说："我想说个谜。"接着说："有只鸟儿栖息在土山上，三年不飞又不叫，是何鸟也？"庄王说："三年不飞，一飞便会冲天；三年不鸣，一鸣就会惊人。伍举你出去吧，我知道你的意思了。"……庄王于是停止了淫乐，处理朝政，杀死了几百人，进用了几百人，委任伍举、苏从参加管理朝政，国人大为高兴。

画 蛇 添 足

【原文】

楚使柱国昭阳将兵……而攻齐，齐王患之。陈轸适为秦使齐，齐王曰："为

之奈何？"陈轸曰："王勿忧，请令罢之。"即往见昭阳军中，曰："愿闻楚国之法，破军杀将者何以贵之？"昭阳曰："其官为上柱国，封上爵执珪。"陈轸曰："其有贵于此者乎？"昭阳曰："令尹。"陈轸曰："今君已为令尹矣，此国冠之上。臣请得譬之。人有遗其舍人一卮酒者，舍人相谓曰：'数人饮此，不足以遍，请遂画地为蛇，蛇先成者独饮之。'一人曰：'吾蛇先成。'举酒而起，曰：'吾能为之足。'及其为之足，而后成人夺之酒而饮之，曰：'蛇固无足，今为之足，是非蛇也。'今君相楚而攻魏，破军杀将，功莫大焉，冠之上不可加矣。今又移兵而攻齐，攻齐胜之，官爵不加于此；……不若引兵而去以德齐，此持满之术也。"昭阳曰："善。"引兵而去。

【译文】

　　楚国派遣柱国（官名）昭阳率领军队……进攻齐国，齐王忧虑此事。陈轸恰好替秦国出使到了齐国。齐王问："怎么对付楚军呢？"陈轸说："大王不要忧虑，请让我去说服楚国停止用兵。"陈轸遂即前往楚军中，拜见昭阳，并说："我愿意听听楚国的军功法，打败敌军，杀死敌将的，用什么官爵尊崇他？"昭阳说："任命他为上柱国的官，封他最高爵位执珪。"陈轸说："还有比这个更尊贵的吗？"昭阳说："令尹。"陈轸说："现在你已经是令尹了，这是国家的最高官位。我打个比方来说明它。有个人送给他的门客们一杯酒。门客们商议说：'几个人喝这杯酒，不能都喝到，我们在地上画条蛇，先画成的人单独饮这杯酒。'有个人说：'我的蛇先画成。'并举酒杯站起来，说：'我能够给蛇添上脚。'等到他画好了蛇脚，后画好的人就抢去了他手中的酒喝了，说道：'蛇本来没有脚，现在你给它添上脚，那就不是蛇了。'现在您做楚国的宰相，来攻打魏国，击溃了魏军，杀戮了魏将，功劳没有比这更大的了，犹如在大礼帽之上，不能再添加什么了。现在又调兵攻打齐国，攻打齐国取胜了，官爵也不会比现在更高……不如领兵离开，给齐国以恩德，这才是持盈保安的策略。"昭阳说："好。"就领兵离开了。

越王勾践世家

卧薪尝胆

【原文】

　　吴既赦越，越王勾践反国，乃苦身焦思，置胆于坐，坐卧即仰胆，饮食亦尝胆也。曰："女忘会稽之耻邪？"身自耕作，夫人自织，食不加肉，衣不重采，折节下贤人，厚遇宾客，振贫吊死，与百姓同其劳。欲使范蠡治国政，蠡对曰："兵甲之事，种不如蠡；填抚国家，亲附百姓，蠡不如种。"于是举国政属大夫种，而使范蠡与大夫柘稽行成，为质于吴。

【译文】

　　吴王既赦免了越王，越王勾践回到祖国，就勤劳受苦，忧心苦思，把苦胆悬挂在自己的座位旁边，无论是坐着或躺着，时时都看着眼前的苦胆，饮食时，也

要尝尝胆的苦味。并且提醒自己说："你忘了在会稽所受的耻辱吗?"他亲自耕种，夫人亲自纺织，食物中肉类并不多，衣着也较为朴素，放下架子礼贤下士，对待宾客优厚，救济贫苦的人，哀悼死者，与百姓同劳苦。勾践想让范蠡执掌国政，范蠡回答说："关于军事，文种不如我；至于安定国家，使百姓亲近归附，我不如文种。"于是勾践让文种执掌国政，而派范蠡与大夫柘稽，到吴国作为求和的人质。

范蠡与大夫种书

【原文】

范蠡遂去，自齐遗大夫种书曰："蜚鸟尽，良弓藏，狡兔死，走狗烹。越王为人长颈鸟喙，可与共患难，不可与共乐。子何不去?"

【译文】

范蠡离开了越国，从齐国写信给大夫种说："飞鸟射光了，好弓就会被收藏起来；狡猾的兔子被猎取尽了，猎狗被煮了吃掉。越王这个人脖子长得很长，嘴尖得像鸟一样，可以跟他共患难，不能与他共安乐。您为什么还不离去呢?"

陶朱公范蠡

【原文】

范蠡浮海出齐，变姓名，自谓鸱夷子皮，耕于海畔，苦身戮力，父子治产。居无几何，致产数十万。齐人闻其贤，以为相。范蠡喟然叹曰："居家则致千金，居官则至卿相，此布衣之极也。久受尊名，不祥。"乃归相印，尽散其财，以分与知友乡党。而怀其重宝，间行以去，止于陶，以为此天下之中，交易有无之路通，为生可以致富矣。于是自谓陶朱公。复约要父子耕畜，废居，候时转物，逐什一之利。居无何，则致赀累巨万。天下称陶朱公。

范蠡

【译文】

范蠡飘海出走，到了齐国，自称"鸱夷子皮"，在海边耕种，吃苦耐劳，勤奋努力，在那里住了没有多久，积聚了数十万的财产。齐国人听说范蠡有才能，就让他做了宰相。范蠡叹息说："住在家里能积聚千金的财产，出去做官便能位至卿相，这乃是一个平民百姓达到顶点了。长期享受尊贵的名号是不吉利的。"于是送还相印，把积聚的钱财散尽，分给好友和乡亲们，带着贵重的财宝，悄悄离开那里，在定陶（今山东陶县）住下来，认为这是天下的中心地带，交易买卖，和各地相通，做生意可以致富。于是他自称为"陶朱公"。又规定父子耕种畜牧，囤积储存，等候时机，在卖出买进中，追

求十分之一的利润。这样没有多久，又累积了资财达到数万。天下的人都称他陶朱公。

郑 世 家

郑 桓 公

【原文】

郑桓公友者，周厉王少子而宣王庶弟也。宣王立二十二年，友初封于郑。封三十三岁，百姓皆便爱之。幽王以为司徒。和集周民，周民皆悦，河、雒之间，人便思之。为司徒一岁，幽王以褒后故，王室治多邪，诸侯或畔之。于是桓公问太史伯曰："王室多故，予安逃死乎？"太史伯对曰："独雒之东土，河、济之南可居。"……于是卒言王，东徙其民雒东，而虢、邻果献十邑，竟国之。

【译文】

郑桓公姬友，是周厉王的少子，周宣王的庶弟。周宣王即位二十二年（前806），姬友才封在郑。姬友封于郑后的三十三年，郑地的人民都非常爱戴他。于是周幽王让他任司徒的官职。他致力于周朝的百姓和睦相处，百姓都很高兴，为此黄河、洛河一带，人人都思念他。他任司徒刚刚一年，周幽王因为宠幸新后褒姒的缘故，王室的朝政废弛，诸侯王有的背叛了幽王。在这时郑桓公问太史伯说："王室变故这么多，我往哪里逃命呢？"太史伯回答说："唯独洛水以东的地方，黄河、济水的南边可以居住。"……于是急速请求幽王，把他封地的百姓向东迁移到洛河以东，而虢、邻果然献出十个城邑（今河南新郑一带），桓公终于在那里建立了郑国。

段 叔 之 乱

【原文】

庄公元年，封弟段于京，号太叔。祭仲曰："京大于国，非所以封庶也。"庄公曰："武姜欲之，我弗敢夺也。"段至京，缮治甲兵，与其母武姜谋袭郑。二十二年，段果袭郑，武姜为内应。庄公发兵伐段，段走。伐京，京人畔段，段出走鄢。鄢溃，段出奔共。

【译文】

庄公元年（前743），封他的弟弟段于河南京邑（今河南荥阳东南），号称太叔，郑国大夫祭仲说："京邑比国都大，不能够封给庶出的兄弟。"庄公说："母后武姜让我这样做，我不敢违反。"段到了京城，修整甲兵，与他的母亲武姜密谋，想要偷袭郑庄公。庄公二十二年（前722），段叔果然出兵袭击郑国都城，而他的母亲武姜做内应，于是庄公出兵攻打段叔，段叔逃跑了。庄公又讨伐京邑，京邑的百姓背叛了段叔，段叔又逃到鄢邑（故城在今河南省鄢陵县西北），鄢邑的百姓溃散了，段叔出奔到卫国共邑。

国学经典文库

郑 相 子 产

【原文】

声公五年，郑相子产卒，郑人皆哭泣，悲之如亡亲戚。子产者，郑成公少子也。为人仁爱人，事君忠厚。孔子尝过郑，与子产如兄弟云。及闻子产死，孔子为泣曰："古之遗爱也！"

【译文】

声公五年，郑国相子产逝世，郑国人都哭泣，悲伤得像丧失了亲人一样。子产是郑成公最小的儿子。他为人慈而爱人，侍奉国君忠诚老实。孔子曾经过郑国，与子产处得如兄弟一般。等到听说子产死了，孔子哭泣着说："古代遗留下来的仁爱之人啊！"

赵 世 家

周穆王赐造父赵城

【原文】

造父幸于周缪王。造父取骥之乘匹，与桃林盗骊、骅骝、绿耳，献之缪王。缪王使造父御，西巡狩，见西王母，乐之忘归。而徐偃王反，缪王日驰千里马，攻徐偃王，大破之。乃赐造父以赵城，由此为赵氏。

【译文】

造父被周穆王所宠爱。造父选取骏马八匹，又得了桃林的盗骊、骅骝、绿耳，献给穆王。穆王就让造父驾车，到西方巡游，会见了西王母，快乐得忘记了回国。不久徐偃王造反，穆王就靠良马日行千里，攻打徐偃王，大败了他，于是就把赵城（在今山西洪洞县北赵城镇）赐给造父，从这时起就以赵为氏。

赵 氏 孤 儿

【原文】

晋景公三年，大夫屠岸贾欲诛赵氏。……贾不请而擅与诸将攻赵氏于下宫，杀赵朔……皆灭其族。

赵朔妻成公姊，有遗腹，走公宫匿。……居无何，而朔妇免身，生男。屠岸贾闻之，索于宫中。……程婴谓公孙杵臼曰："今一索不得，后必且复索之，奈何？"公孙杵臼曰："立孤与死孰难？"程婴曰："死易，立孤难耳。"公孙杵臼曰："赵氏先君遇子厚，子强为其难者，吾为其易者，请先死。"乃二人谋取他人婴儿负之，衣以文葆，匿山中。程婴出谬谓诸将军曰："……谁能与我千金，吾告赵氏孤处。"诸将……发师随程婴攻公孙杵臼。杵臼……抱儿呼曰："……赵氏孤儿何罪？请活之，独杀杵臼可也。"诸将不许，遂杀杵臼与孤儿。……然赵氏

真孤乃反在，程婴卒与俱匿山中。……及赵武冠，为成人，程婴乃辞诸大夫，谓赵武曰："昔下宫之难，皆能死。我非不能死，我思立赵氏之后。今赵武既立，为成人，复故位，我将下报赵宣孟与公孙杵臼。"……遂自杀。

【译文】

晋景公三年（前597），大夫屠岸贾图谋诛灭赵氏。……屠岸贾不向国君请命，就擅自与诸将在下宫（后宫）攻击赵氏，杀赵朔……把他们的家族都消灭了。

赵朔的妻子是成公的姐姐，怀有遗腹子，便跑到景公宫里躲藏。……过了没多久，赵朔妻分娩了，生了个男孩。屠岸贾知道了，就到宫中搜索……程婴对公孙杵臼说："今天一次没有搜查到，以后还要搜查，怎么办？"公孙杵臼说："扶立孤儿使继承先业跟殉死相比哪个难？"程婴回答说："死容易，抚养孤儿继立难。"公孙杵臼说："赵氏先君厚待您，您就尽力承担那件难事，我担当容易的，让我先死。"于是两个人商量着抱来别人家婴儿背着，披上华丽的襁褓，藏匿在深山中，程婴然后从躲藏处出来，假意对诸将说："……谁能给我千金，我就告诉赵氏孤儿所藏的地方。"诸将……派遣军队跟随程婴去打公孙杵臼。杵臼……抱儿呼曰："……请你们让他活下来，只杀死我就可以了。"诸将不答应，终于杀死了杵臼和孤儿……然而赵氏真正的孤儿却反而活着，程婴终于跟孤儿一起藏匿在山中。

到了赵武二十岁，已经成人，程婴就辞别诸位大夫，对赵武说："当初下宫事变，许多人都能够以身殉职。我并非不能死，我想抚养赵氏的后代成人。现在赵武已经继承赵氏，长大成人，恢复了原来的爵位，我将到九泉之下报答赵宣孟和公孙杵臼。"……程婴就自杀了。

触龙说赵太后

【原文】

赵王新立，太后用事，秦急攻之。赵氏求救于齐，齐曰："必以长安君为质，兵乃出。"太后不肯……左师触龙言愿见太后……曰："此其近者祸及其身，远者及其子孙。岂人主之子侯则不善哉？位尊而无功，奉厚而无劳，而挟重器多也。今媪尊长安君之位，而封之以膏腴之地，多与之重器，而不及今令有功于国，一旦山陵崩，长安君何以自托于赵？老臣以媪为长安君之计短也，故以为爱之不若燕后。"太后曰："诺，恣君之所使之。"于是长安君约车百乘，质于齐，齐兵乃出。

【译文】

赵孝成王刚即位，太后当权。秦军急速进攻。赵国向齐国请求救援。齐国表示"一定要用长安君做人质，才能出救兵。"太后不同意。……左师触龙希望拜见太后……曰："这是离得近的，灾祸落到他自己身上，远的落到他子孙身上。难道是国君子孙中，封侯的都不好吗？是由于他们地位尊贵，却无功勋；俸禄优厚，却无劳绩，不过仅仅拥有许多东西罢了。如今您抬高长安君的地位，封赐他

肥沃的土地，又给他许多贵重宝器，而不趁着现在叫他为国立功，一旦有一天您离开人世，长安君凭什么在赵国安身？老臣我以为您为长安君考虑得太短浅了，所以说您爱他不如燕后。"太后说："好吧！任凭您派遣他吧！"于是为长安君准备了一百辆车，到齐国去做人质，齐国的救兵，也就派出来了。

魏 世 家

誉 于 诸 侯

【原文】

文侯受子夏经艺，客段干木，过其闾，未尝不轼也。秦尝欲伐魏，或曰："魏君贤人是礼，国人称仁，上下和合，未可图也。"文侯由此得誉于诸侯。

【译文】

魏文侯从子夏学习经学，以客礼接待段干木，经过他的乡里，总是凭轼表示敬意。秦国曾经想要攻伐魏国，有的人说："魏君以礼对待贤人，国中的人称颂他有仁德，上下和睦同心，不可以图取。"魏文侯因此在诸侯中获得声誉。

魏文侯择相

【原文】

魏文侯谓李克曰："先生尝教寡人曰'家贫则思良妻，国乱则思良相'。今所置非成则璜，二子何如？"李克对曰："臣闻之，卑不谋尊，疏不谋戚。臣在阙门之外，不敢当命。"文侯曰："先生临事勿让。"李克曰："君不察故也。居视其所亲，富视其所与，达视其所举，穷视其所不为，贫视其所不取，五者足以定之矣，何待克哉！"文侯曰："先生就舍，寡人之相定矣。"

【译文】

魏文侯对李克说："先生您曾教导我说：'家贫想取贤妻，国乱就想选贤相。'现在选宰相，不是魏成子，便是翟璜，你看这二人怎么样呢？"李克回答说："臣我听说，地位卑下的不替尊贵的谋划事情，关系疏远的不替亲近的谋划事情。臣在宫门之外，不敢担当这个使命。"文侯说："先生碰到事情，请不要推辞。"李克说："是国王平时没有考虑的缘故。平时考察他所亲近的人，富贵时看他所交往的人，显达时看他所推荐的人，穷困时考察他不做的事，贫贱时考察他不要的东西。这五点就能够确定人选了，怎么还用得着我说呢！"文侯说："先生回去吧！我的宰相已选定了。"

孟子见梁惠王

【原文】

惠王数被于军旅，卑礼厚币以招贤者。邹衍、淳于髡、孟轲皆至梁。梁惠王

曰："寡人不佞，兵三折于外，太子虏，上将死，国以空虚，以羞先君察庙社稷，寡人甚丑之。叟不远千里，辱幸至弊邑之廷，将何以利吾国？"孟轲曰："君不可以言利若是。夫君欲利则大夫欲利，大夫欲利则庶人欲利，上下争利，国则危矣。为人君，仁义而已矣，何以利为！"

【译文】

魏惠王在战争中，屡次都打了败仗，以卑恭的礼节和优厚的待遇，招聘贤者。邹衍、淳于髡、孟轲都来到梁国。梁惠王说："我没有才能，军队在外面打了三次败仗，太子被俘，上将被打死，国家因而空虚，以致羞辱了祖先宗庙社稷，我感到耻辱。您不以千里为远，屈尊光临我的朝廷，将要用什么办法使我们国家获利呢？"孟轲说："君王不能这样谈获利。国君贪利，大夫也必然贪利；大夫贪利，老百姓也就必然贪利；上下追逐利，国家也就危险了。做国君的，只施行仁义就够了，怎么能贪利呢？"

韩 世 家

陈筮使秦

【原文】

二十三年，赵、魏攻我华阳。韩告急于秦，秦不救。韩相国谓陈筮曰："事急，愿公虽病，为一宿之行。"陈筮见穰侯。穰侯曰："事急乎？故使公来。"陈筮曰："未急也。"穰侯怒曰："是可以为公之主使乎？夫冠盖相望，告敝邑甚急，公来言未急，何也？"陈筮曰："彼韩急则将变而佗从，以未急，故复来耳。"穰侯曰："公无见王，请今发兵救韩。"八日而至，败赵、魏于华阳之下。

【译文】

二十三年（前273），赵国和魏国攻打韩国的华阳（在今河南省郑州市南）。韩向秦国告急，秦国不援救。韩相国向陈筮说："事情紧急，虽然您在患病，希望您连夜到秦国去一趟。"陈筮会见穰侯。穰侯说："事情紧急吗？"陈筮说："不紧急。"穰侯愤怒说："您这样可以作为您的国君的使者吗？韩国使者来往不断，向敝国报告的情况紧急，你来却说不急，这是为什么呢？"陈筮说："韩国要是紧急，就会改变主意，依附他国，因为不紧急，所以我再一次来这里了。"穰侯说："您不要见秦王了，我们马上派兵救韩国。"果然过了八天，秦援兵到了韩国，在华阳打败了赵、魏两国的军队。

田敬仲完世家

收买人心

【原文】

田厘子乞事齐景公为大夫，其收赋税于民以小斗受之，其（粟）〔禀〕子民

以大斗，行阴德于民，而景公弗禁。由此田氏得齐众心，宗族益强，民思田氏。晏子数谏景公，景公弗听。

【译文】

田厘子乞求作齐景公的大夫，向人民收赋税时，用小斗收；他借给百姓时，却用大斗贷出，暗中向百姓施与恩德，齐景公不加禁止。因此田氏得到了齐国的民心；宗族越来越强大，百姓心向田氏。晏子多次劝谏景公应禁止此事，景公不听。

稷下学士

【原文】

宣王喜文学游说之士，自如驺衍、淳于髡、田骈、接予、慎到、环渊之徒七十六人，皆赐列第，为上大夫，不治而议论。是以齐稷下学士复盛，且数百千人。

【译文】

齐宣王喜欢文学游说之士，自如驺衍、淳于髡、田骈、接予、慎到、环渊之流七十六人，都赏赐了宅第，当上了上大夫，不担任官职而自由议论。因此齐国稷下学者又增多起来，接近数百，甚至上千人。

田单破燕军

【原文】

襄王在莒五年，田单以即墨攻破燕军，迎襄王于莒，入临菑。齐故地尽复属齐。齐封田单为安平君。

【译文】

襄王在莒居住五年，田单以即墨为根据地打败了燕国军队，从莒地迎襄王进住临菑。过去失去的旧地，完全收复归齐国所有。齐王封田单为安平君。

孔子世家

孔子见老子

【原文】

鲁南宫敬叔言鲁君曰："请与孔子适周。"鲁君与之一乘车，两马，一竖子俱，适周问礼，盖见老子云。辞去，而老子送之曰："吾闻富贵者送人以财，仁者送人以言。吾不能富贵，窃仁人之号，送子以言，曰：'聪明深察而近于死者，好议人者也。博辩广大危其身者，发人之恶也。为人子者毋以有己，为人臣者毋以有己。'"

【译文】

鲁国的南宫敬叔对鲁君说："请让我跟孔子前往周王室。"于是鲁君就给了一

辆车子，两匹马，一名童仆随身，到周去学礼，据说是见到了老子。告辞时，老子送行，并说："我听说富贵的人送行时以财物赠人；品德高尚的人送行时是用嘉言赠予人。我不是富贵之人，冒充仁人的名号，就说几句话赠给您，这话是：'聪明深察，却常常遇到死亡的威胁，是由于他经常喜欢议论人的缘故。学问渊博，见识广大的人常遭困厄危及自身，是由于他好揭发别人的坏事；作为子女在长辈面前，不要总是想到自己；做人臣的在君主面前，不要抬高自己。'"

孔子闻韶音

【原文】

孔子适齐，为高昭子家臣，欲以通乎景公。与齐太师语乐，闻《韶》音，学之，三月不知肉味，齐人称之。

【译文】

孔子来到齐国，做了高昭子的家臣，想要通过这个关系接近齐景公。孔子跟齐太师谈论音乐，听到了舜的音乐《韶》乐，学起来，有三个月尝不出肉的味道，齐国人都称道这件事。

齐景公问政于孔子

【原文】

景公问政孔子，孔子曰："君君，臣臣，父父，子子。"景公曰："善哉！信如君不君，臣不臣，父不父，子不子，虽有粟，吾岂得而食诸！"

【译文】

齐景公问孔子如何为政，孔子说："国君要像个国君，大臣要像个大臣，父亲要像个父亲，儿子要像个儿子。"景公听了说："讲得好极了！果真要是国君不像国君，大臣不像大臣，父亲不像父亲，儿子不像儿子，即使有许多粮食，我能够吃得着吗？"

孔子为鲁相

【原文】

定公十四年，孔子年五十六，由大司寇行摄相事，有喜色。门人曰："闻君子祸至不惧，福至不喜。"孔子曰："有是言也。不曰'乐其以贵下人'乎？"于是诛鲁国大夫乱政者少正卯。与闻国政三月，粥羔豚者弗饰贾；男女行者别于涂；涂不拾遗；四方之客至乎邑者不求有司，皆予之以归。

孔子小鲁处

【译文】

定公十四年，孔子五十六岁，他由大司寇代理宰相职务，面带喜悦的神色。弟子说："听说君子遇祸不畏惧，福至不欢喜。"孔子说："有这样的话。但不是也听说过'乐在身居高位而礼贤下士'吗？"于是就把扰乱鲁国政事的大夫少正卯杀了。参与朝政三个月，贩卖猪、羊的人不敢哄抬物价；行人男女，都分开走路；掉在路上的东西也没人拾走；各地的旅客来到城里，不必向官吏送礼，都能使他们满意回去。

招 摇 过 市

【原文】

灵公夫人有南子者，使人谓孔子曰："四方之君子不辱欲与寡君为兄弟者，必见寡小君。寡小君愿见。"孔子辞谢，不得已而见之。夫人在缔帷中。孔子入门，北面稽首。夫人自帷中再拜，环珮玉声璆然。孔子曰："吾乡为弗见，见之礼答焉。"子路不悦。孔子矢之曰："予所不者，天厌之！天厌之！"居卫月余，灵公与夫人同车，宦者雍渠参乘，出，使孔子为次乘，招摇市过之。孔子曰："吾未见好德如好色者也。"

【译文】

卫灵公有一个叫南子的夫人，派人对孔子说："各国的君子不受侮辱，又想和我们的国君建立友情，作为兄弟的人，必定会来见见我们的夫人的，我们的夫人也很愿意见见您。"孔子开始推辞，后来出于不得已才去见她。会见时，夫人在葛布的帷帐中等待。孔子进了门，向北面叩头行礼，夫人在帐子拜了两拜答礼，她披戴的环佩玉器，发出碰撞的清脆响声。孔子回来说："我一向不想见她，既然见了就得以礼还她。"子路听了还是很不高兴。孔子发誓说："假如我做得不对的话，天一定厌弃我，天一定厌弃我！"过了一个多月，卫灵公与夫人同坐一

辆车，宦者雍渠陪坐在右边，出宫后，让孔子坐在第二辆车上，大摇大摆地走过街市。孔子说："我没有见过爱好德行，像这样爱好美色的人。"

丧 家 之 狗

【原文】

孔子过郑，与弟子相失，孔子独立郭东门。郑人或谓子贡曰："东门有人，其颡似尧，其项类皋陶，其肩类子产；然自要以下不及禹三寸，累累若丧家之狗。"子贡以实告孔子。孔子欣然笑曰："形状，末也。而谓似丧家之狗，然哉！然哉！"

【译文】

孔子来到郑国，与弟子走失散了，孔子一个人站在外城东门。郑国有人对子贡说："东门外有个人，他的脑门像尧，后颈像皋陶，肩像子产；而从腰部以下比禹差三寸，狼狈得像丧家之狗。"子贡把这些话如实地告诉了孔子。孔子很高兴地笑着说："说到的形状相貌，那是不重要的，至于说我像丧家狗，正是这样呀，正是这样呀。"

发愤忘食，乐以忘忧

【原文】

他日，叶公问孔子于子路，子路不对。孔子闻之，曰："由，尔何不对曰'其为人也，学道不倦，诲人不厌，发愤忘食，乐以忘忧，不知老之将至'云尔。"

【译文】

另一天，叶公向子路问关于孔子的情况，子路没有回答。孔子听到此事，说："仲由，你为什么不回答说，'他为人呀，不过是学习道理不知疲倦，教导别人不知厌烦，用起功来连饭也忘了吃，快乐的时候忘记忧愁，以至不知衰老就要到来，罢了'。"

一 以 贯 之

【原文】

子贡色作。孔子曰："赐，尔以予为多学而识之者与？"曰："然。非与？"孔子曰："非也。予一以贯之。"

【译文】

子贡的脸色变了。孔子说："赐啊，你认为我是博学而强记的人吗？"子贡说："是的。难道不是吗？"孔子说："不是这样。我是用基本原则，贯穿于全部知识中的。"

孔子整理《诗经》

【原文】

　　古者《诗》三千余篇，及至孔子，去其重，取可施于礼义，上采契、后稷，中述殷、周之盛，至幽、厉之缺，始于衽席，故曰："《关雎》之乱以为《风》始，《鹿鸣》为《小雅》始，《文王》为《大雅》始，《清庙》为《颂》始。"三百五篇孔子皆弦歌之，以求合《韶武》《雅颂》之音。礼乐自此可得而述，以备王道，成六艺。

圣亦墓　明朝

【译文】

　　古代留传下来的诗，原来有三千多篇，到孔子时，把重复的去掉，选取可以配合礼义教化的部分，上采商族始祖契、周族始祖后稷的史迹，中述殷、周的兴盛，至于周幽王、周厉王时的制度的破坏，而开头则是叙述男女夫妇关系及爱情的诗篇。因此说："《关雎》篇是作为《风》的开始，《鹿鸣》篇作为《小雅》的开始，反映周文王创业的《文王》篇是《大雅》的开始。反映周公建雒邑、率诸侯祭祀文王的《清庙》篇作为《颂》的开始。"三百零五篇，孔子都配乐歌诵，以求配合《韶》（虞舜乐）、《武》（武王乐）、《雅》《颂》的乐舞之音。先王礼乐制度从此恢复旧观，而得以称述，并用来充实治国原理，使之具备王道，最后完成了《诗》《书》《礼》《乐》《易》《春秋》的编修。

韦 编 三 绝

【原文】

　　孔子晚而喜《易》，序《彖》《系》《象》《说卦》《文言》。读《易》，韦编三绝。曰："假我数年，若是，我于《易》则彬彬矣。"

【译文】

　　孔子晚年，喜欢读《易》，并为《彖》《系》《象》《说卦》《文言》作序。

国学经典文库

孔子读《易》非常用功，致使把编联竹简的皮绳，都磨断了许多次。他说："要是给我几年的时间，像这样，从文辞到义理，都可以充分掌握。"

孔子弟子有三千

【原文】

　　孔子以诗书礼乐教，弟子盖三千焉，身通六艺者七十有二人。如颜浊邹之徒，颇受业者甚众。

【译文】

　　孔子用诗、书、礼、乐的内容做教材，他的学生大约有三千人，能精通礼、乐、射、御、数、书的有七十二人。像颜浊邹这样的人，曾受孔子多方教诲，而不在七十二弟子之列的弟子也很多。

举 一 反 三

【原文】

　　孔子以四教：文、行、忠、信。绝四：毋意，毋必，毋固，毋我。所慎：齐，战，疾。子罕言利与命与仁。不愤不启，举一隅不以三隅反，则弗复也。

【译文】

　　孔子教育学生从四个方面入手：即学问、行为、忠恕、信义。严格执行四条禁律：不臆测、不武断、不固执己见、不自以为是。他认为应当谨慎的是：斋戒、战争、疾病。孔子很少把私利与天命、与仁德连系一起讲述。孔子教授弟子时，不到他想求明白，而实在弄不懂时，不去启发开导他；不能举一反三，就不重复讲述。

三人行，必有我师

【原文】

　　"三人行，必有我师。""德之不修，学之不讲，闻义不能徙，不善不能改，是吾忧也。"使人歌，善，则使复之，然后和之。

【译文】

　　孔子说："三个人同行，其中必有可做我的老师的。"又说："不去修养品德，不去深入研究学业，听到应该做的事情，不去奔赴，对缺点错误不能改正，这些都是我最忧虑的问题。"请别人唱歌，如果唱得好，就请他再唱一遍，然后自己也和唱起来。

循 循 善 诱

【原文】

　　子贡曰："夫子之文章，可得闻也。夫子言天道与性命，弗可得闻也已。"颜

渊喟然叹曰："仰之弥高，钻之弥坚。瞻之在前，忽焉在后。夫子循循然善诱人，博我以文，约我以礼，欲罢不能。既竭我才，如有所立，卓尔。虽欲从之，蔑由也已。"达巷党人（童子）曰："大哉孔子，博学而无所成名。"子闻之曰："我何执？执御乎？执射乎？我执御矣。"牢曰："子云'不试，故艺'。"

【译文】

子贡说："老师的文采彰明，我们是知道的。至于老师的有关性命、天道的深奥见解，我们就不得而知了。"颜渊感叹地说："老师的学问，越是仰慕，越觉得崇高无比；越用力钻研，越觉得深厚不可穷尽。看看，似在前面，忽然又到后面去了。〔虽然这样高深和不容易捉摸，可是〕老师善于循序渐进地诱导我们，用各种文献来丰富我们多方面的知识，又用一定的规矩制度来约束我们的行为，我们想停止学习都不能。我们已经用尽了我们的才力，似乎〔有所体会〕能够独立地工作。〔到了这一境界〕就是要想再向前迈一步，又不知怎样着手了。"达巷这个地方的人说："伟大呀孔子，如此博学多才却不专一名家。"孔子听了这话说道："我要专点什么呢？是专去驾车？还是专去射箭？我看还是专于驾车好了。"子牢说："老师说：'我没有得到为世所重用，所以才学会了这许多技艺。'"

孔子作《春秋》

【原文】

子曰："弗乎弗乎，君子病没世而名不称焉。吾道不行矣，吾何以自见于后世哉？"乃因史记作《春秋》，上至隐公，下讫哀公十四年，十二公。据鲁，亲周，故殷，运之三代。约其文辞而指博。故吴、楚之君自称王，而《春秋》贬之曰"子"；践土之会实召周天子，而《春秋》讳之曰"天王狩于河阳"：推此类以绳当世。贬损之义，后有王者举而开之。《春秋》之义行，则天下臣贼子惧焉。

【译文】

孔子说："不成啊，不成啊！君子人最忧虑的是，死后没有留下好名声。我想推行的主张行不通了，能给后人做出点什么贡献呢？"于是孔子就依据鲁国的史记写了《春秋》一书，上自鲁隐公元年（前722），下讫鲁哀公十四年（前481），共记载了十二个国君的历史。孔子写《春秋》是以鲁国历史文献为根据，以周王室为宗主作指导思想，同时兼顾追溯殷朝旧制，上推承三代法统。全书文辞简约而旨意博大。因此，吴、楚之君自称王，而《春秋》用于爵相贬称。践土之会实是晋侯召天子，《春秋》避讳说"天子狩猎于河阳"。举出这类事以矫正当世不符名分的行为。这种贬斥责备的大义，后来有的王者加以称举推广开来，使《春秋》义旨通行，因而盗名窃位的乱臣贼子，都感到恐惧。

至 圣 孔 子

【原文】

太史公曰：《诗》有之："高山仰止，景行行止。"虽不能至，然心乡往之。

余读孔氏书，想见其为人。适鲁，观仲尼庙堂车服礼器，诸生以时习礼其家，余祗回留之不能去云。天下君王至于贤人众矣，当时则荣，没则已焉。孔子布衣，传十余世，学者宗之。自天子王侯，中国言"六艺"者折中于夫子，可谓至圣矣！

孔子墓

【译文】

太史公说：《诗经》里有这样的话："像高山一般，令人瞻仰，像大道一般让人遵循。"我虽然达不到这种境界，但我心中却总是向往他。我读孔子的书，可以想见他的为人。我到鲁国去时，参观了仲尼的庙堂、车辆、衣服、礼器；目睹了儒生们按时演习礼仪的情景，敬慕的心情，使我留连不愿离开。天下的君王以至于贤达的人太多了，他们权势在身时很荣耀，一旦死去就完了。孔子仅是百姓的地位，名声却流传了十几代，学者们都推崇他。从天子诸侯，以至于整个中国谈"六艺"的人，都以孔子的言行为法则，真可以说孔子是至高无上的圣人了。

陈涉世家

燕雀安知鸿鹄之志

【原文】

陈胜者，阳城人也，字涉。……陈涉少时，尝与人佣耕，辍耕之垄上，怅恨久之，曰："苟富贵，无相忘。"佣者笑而应曰："若为佣耕，何富贵也？"陈涉太息曰："嗟乎，燕雀安知鸿鹄之志哉！"

【译文】

陈胜是阳城（今河南登封市东南）人，字叫涉。陈涉年轻时，曾经和别人一起被雇佣耕田，在田埂上休息，失意怨恨多时，说："如果富贵了，谁都不要忘了谁。"受雇的伙伴们笑着对他说："你本是受雇来耕田，还有什么富贵可谈？"陈涉叹息说："唉，燕子麻雀，怎能了解鸿鹄的志向啊！"

王侯将相宁有种乎

【原文】

吴广素爱人，士卒多为用者。将尉醉，广数言欲亡。忿恚尉，令辱之，以激怒其众。尉果笞广。尉剑挺，广起，夺而杀尉。陈胜佐之，并杀两尉。召令徒属曰："公等遇雨，皆已失期，失期当斩。藉弟令毋斩，而戍死者固十六七。且壮士不死即已，死即举大名耳，王侯将相宁有种乎！"徒属皆曰："敬受命。"

【译文】

吴广一向爱护别人，戍卒们大多愿意听他使唤。押送戍卒的将尉喝醉了。吴广故意多次扬言要逃走，想用这些话来刺激将尉，让他当众侮辱自己，借以激怒众人。将尉果然鞭打了吴广，当将尉拔剑之时，吴广奋起，夺剑杀了将尉。陈胜协助他，一起把两个将尉都杀了。随即召集属下的人宣告说："各位遇大雨，都误了期限，误了期限应当杀头，即便不杀头，戍边而死的人，必有十之六七。况且壮士不死则已，要死就应在世上留下大名声，王侯将相难道有天生的种吗？"下属都说："恭敬地接受命令。"

大泽乡起义

【原文】

袒右，称大楚。为坛而盟，祭以尉首。陈胜自立为将军，吴广为都尉。攻大泽乡，收而攻蕲。蕲下，乃令符离人葛婴将兵徇蕲以东。攻铚、酇、苦、柘、谯皆下之。

陈胜、吴广大泽乡起义旧址

【译文】

大家都露出右臂来作标志，号称大楚。建起坛来盟誓，祭品用将尉的头。首先进攻大泽乡，攻下后便攻蕲（今安徽宿县），蕲攻下后，就派符离（今安徽宿

县东北）人葛婴率兵攻取蕲以东的地区。进攻铚（今安徽宿县西南）、酂（今河南永城市西）、苦（今河南鹿邑县东）、柘（今河南柘县东北）、谯（今安徽亳县）等地，全都攻下来。

张 楚 王

【原文】

比至陈，车六七百乘，骑千余，卒数万人。攻陈，陈守令皆不在，独守丞与战谯门中。弗胜，守丞死，乃入据陈。数日，号令召三老、豪杰与皆来会计事。三老、豪杰皆曰："将军身被坚执锐，伐无道，诛暴秦，复立楚国之社稷，功宜为王。"陈涉乃立为王，号为张楚。

【译文】

等来到陈县（今河南淮阳县）时，已有战车六七百乘，骑兵千余人，步兵数万人。围攻陈县时，郡守和县令都不在，只有守丞在谯门中抵抗。抵抗不住，守丞战死，便入陈占领了陈县。过了几天，陈胜召集地方的长老与豪杰都来开会议事。长老与地方豪杰人士都说："将军身披战甲，手执兵器，讨伐无道，灭除暴秦，重建楚国，论功应该做王。"于是陈涉就自立为王，国号叫"张楚"。

天下响应陈涉

【原文】

当此时，诸郡县苦秦吏者，皆刑其长吏，杀之以应陈涉。乃以吴叔为假王，监诸将以西击荥阳。令陈人武臣、张耳、陈余徇赵地，令汝阴人邓宗徇九江郡。当此时，楚兵数千人为聚者，不可胜数。

【译文】

在这时，诸郡县忍受不了秦官吏之苦的人，都惩处其官吏，杀死他们以响应陈涉。于是陈涉任命吴叔（广）做假王，监督诸将向西进攻荥阳（今河南荥阳市西南）。命令陈县人武臣、张耳、陈余等人攻略赵地，命令汝阳（今安徽阜阳县）人邓宗攻略九江郡（今安徽、江苏、长江以北，淮河以南及江西大部地区）。在这时，楚地义军数千人聚集一起的，无法数清楚。

庄贾杀陈涉

【原文】

腊月，陈王之汝阴，还至下城父，其御庄贾杀以降秦。陈胜葬砀，谥曰隐王。

【译文】

在腊月，陈胜到了汝阴（今安徽阜阳县治），在返回到下城父（今安徽蒙城县境）时，他的车夫庄贾将他杀死，以投降秦军。陈胜埋葬在砀（今江苏砀山

县），谥号为"隐王"。

仓 头 军

【原文】

陈王故涓人将军吕臣为仓头军，起新阳，攻陈下之，杀庄贾，复以陈为楚。

【译文】

陈胜旧日侍臣吕臣后来做了将军，建立了一支青巾裹头的"仓头军"，在新阳（今安徽太和县）起兵，攻下了陈县，杀了庄贾，又以陈县为楚都。

伙 涉 为 王

【原文】

陈胜王凡六月。已为王，王陈。其故人尝与庸耕者闻之，之陈，扣宫门曰："吾欲见涉。"宫门令欲缚之。自辩数，乃置，不肯为通。陈王出。遮道而呼涉。陈王闻之，乃召见，载与俱归。入宫，见殿屋帷帐，客曰："伙颐！涉之为王沈沈者！"楚人谓多为伙，故天下传之，伙涉为王，由陈涉始。

【译文】

陈胜做王共六个月时间。称王后，以陈县为王都。他的旧友曾经与他一道庸耕过的人听到此事，就赶到陈来，敲着宫门说："我要见陈涉。"宫门长官把他捆起来，经他辩白，才放了，仍不给通报。陈胜走出宫门，他拦路高喊陈涉的名字。陈胜听到喊声，就召见了他，和他同车回宫。进到宫里，看见殿堂房屋，帷幕帐帘，客人惊叹道："啊哟！陈涉做大王真阔气啊！"楚人叫多为"伙"，所以天下流传开来"伙涉为王"这句话，由陈涉开始。

楚元王世家

存亡在所任

【原文】

太史公曰：国之将兴，必有祯祥，君子用而小人退。国之将亡，贤人隐，乱臣贵。使楚王戊毋刑申公，遵其言，赵任防与先生，岂有篡杀之谋，为天下戮哉？贤人乎，贤人乎！非质有其内，恶能用之哉？甚矣，"安危在出令，存亡在所任"，诚哉是言也。

【译文】

太史公说：国家将要兴旺，必定有吉祥的征兆，君子被任用，小人被斥退。国家将要灭亡，贤人隐退，乱臣显贵。假如楚王刘戊不惩罚申公，遵循他的建议，赵国任用防与先生，哪里会有篡杀的阴谋，而成为天下的罪人呢？贤人啊，贤人啊！如果不是本身有贤德的主子，怎能任用他们呢？实在太重要了。"国家

的安危在于政令的发出，存亡在于对大臣的任用"，的确这些话说得正确。

萧相国世家

独收秦律令图书

【原文】

沛公至咸阳，诸将皆争走金帛财物之府分之，何独先入收秦丞相御史律令图书藏之。……项王与诸侯屠烧咸阳而去。汉王所以具知天下厄塞，户口多少，强弱之处，民所疾苦者，以何具得秦图书也。

【译文】

沛公到了秦都咸阳，所有的将领都争先恐后地奔向秦朝的金帛财物的府库，并瓜分了这些财物，唯独萧何首先入宫取秦丞相、御史府的律令文书、地理图册、户籍簿等文献档案，收藏起来。……项羽和诸侯军队屠杀烧毁了咸阳而去。刘邦之所以知道天下的山川要塞，户口多少，财力与物力的强弱分布，民众疾苦这些事，是因为萧何完好地保存了秦朝文书档案的缘故。

专任关中事

【原文】

汉王引兵东定三秦，何以丞相留收巴、蜀，填抚谕告，使给军食。汉二年，汉王与诸侯击楚，何守关中，侍太子，治栎阳。为法令约束，立宗庙社稷宫室县邑，辄奏上，可，许以从事；即不及奏上，辄以便宜施行，上来以闻。关中事计户口转漕给军，汉王数失军遁去，何常兴关中卒，辄补缺。上以此专属任何关中事。

【译文】

汉王率领军队平定了三秦，萧何作为丞相留守取巴蜀，镇抚地方，告谕百姓，使这些地方供给军队的粮食。汉王二年，汉王与各路诸侯进攻楚军，萧何留守关中，侍奉太子，治理栎阳。制订法令，建立宗庙、社稷、宫室、县邑办事机构，每件事都先上奏汉王，汉王许可了，然后才去做。有时来不及上奏汉王，总是酌情实施，汉王回来再上奏。萧何管理关中的户籍、人口，征调粮食，由水运供给军队。汉王屡次打败仗弃军逃走，萧何常常征发关中士卒，补充兵员缺额。为此汉王专门委托萧何办理关中的一切事务。

萧何，功人也

【原文】

汉五年，既杀项羽，定天下，论功行封。群臣争功，岁余功不决。高祖以萧何功最盛，封为酂侯，所食邑多。功臣皆曰："臣等身被坚执锐，多者百余战，

少者数十合，攻城略地，大小各有差。今萧何未尝有汗马之劳，徒持文墨议论，不战，顾反居臣等上，何也?"高帝曰："诸君知猎乎?"曰："知之。"知猎狗乎?"曰："知之"。高帝曰："夫猎，追杀兽兔者狗也，而发踪指示兽处者人也。今诸君徒能得走兽耳，功狗也。至如萧何，发踪指示，功人也。……"

【译文】

汉五年，已诛杀了项羽，平定了天下，于是按功劳大小，进行封赏。群臣争功，争论了一年多，功次还没有决定。高祖认为萧何功劳最大，封为酇侯，享受的食邑也最多。功臣们都说："我们身披战甲，手持锐利兵器，多的身经百战，少的也经过数十个回合，攻打城池，占领土地，功劳大小，各不相等。现在萧何没有汗马功劳，仅仅操持文墨发议论，没有参加过战争，其封赏反而超过我们，这是为什么?"高祖说："大家知道打猎吗?"功臣们说："知道。"高祖说："知道猎狗吗?"功臣们说："知道。"高祖说："打猎时追赶捕杀野兽兔子的是猎狗，然而发现踪迹，并且指出野兽所在的地方是猎人。现在各位功臣仅能获得野兽罢了，功劳同猎狗一样，至于萧何，能发现兽的踪迹，功劳有如猎人。……"

萧何置田宅

【原文】

何置田宅必居穷处，为家不治垣屋。曰："后世贤，师吾俭；不贤，毋为势家所夺。"

【译文】

萧何购买田地住宅，必定在贫穷偏僻的地方，建住房不修筑高大坚固的围墙。他说："子孙如果贤能，就学习我的节俭；如果不贤能，也不会被权势人家所强夺。"

曹相国世家

为齐相无为而治

【原文】

参之齐相，齐七十城。天下初定，悼惠王富于春秋，参尽召长老诸生，问所以安集百姓，如齐故（俗）诸儒以百数，言人人殊，参未知所定。闻胶西有盖公，善治黄老言，使人厚币请之。既见盖公，盖公为言治道贵清静而民自定，推此类具言之。参于是避正堂，舍盖公焉。其治要用黄老术，故相齐九年，齐国安集，大称贤相。

【译文】

曹参做齐国丞相，统辖齐国七十多个城邑。天下刚刚平定，悼惠王年纪轻，曹参把许多长老和儒生都找来，询问安定百姓的办法；而齐国原有的儒生数以百计，众说纷纭，曹参不知如何决定。他听说在胶西有一位叫盖公的人，善于研究

黄老学说，便派人用厚礼请来。已经见到盖公，盖公说治国之道，最好是清净无为，这样人民自然安定，以此道理可以推广到各方面。曹参于是让出正堂，请盖公居住。曹参治理齐国的纲领，是采用黄老学说，为此他任齐国丞相的九年期间，齐国百姓安居乐业，人人都大为称赞他是贤明的丞相。

萧 规 曹 随

【原文】

参始微时，与萧何善；及为将相，有卻。至何且死，所推贤唯参。参代何为汉相国，举事无所变更，一遵萧何约束。……百姓歌之曰："萧何为法，颢若画一；曹参代之，守而勿失。载以清净，民以宁一。"

【译文】

曹参微贱时，与萧何为好友；等到他们做了将相，两人却有了隔阂。到了萧何临终时，向皇帝所推荐的贤臣，只有曹参一人。后来曹参代替萧何做了相国，一切事情都没有变更，都按照萧何制定的法令办事。……老百姓歌颂曹参说："萧何制定的法度，明白画一；曹参接替他，遵守而不改变。执行其清静无为的政策，老百姓终得享受一统安宁。"

留 侯 世 家

击秦始皇博浪沙中

【原文】

良尝学礼淮阳。东见仓海君。得力士，为铁椎重百二十斤。秦皇帝东游，良与客狙击秦皇帝博浪沙中，误中副车。秦皇帝大怒，大索天下，求贼甚急，为张良故也。良乃更姓名，亡匿下邳。

【译文】

张良曾在淮阳（今河南淮阳县）学习礼制。到东方会见了隐士仓海君。找到了一个大力士，并制作了一个一百二十斤的大铁锤。秦始皇巡游东方，张良和这个刺客暗中埋伏，在博浪沙（今河南原阳县东）袭击秦始皇，结果误中了一辆随行车辆。秦始皇极为恼怒，下令在全国各地进行大搜捕，捉拿刺客十分紧急，这全是为了张良的缘故。于是张良更名改姓，亡命躲藏在下邳（今江苏睢宁西北）一带。

孺子可教矣

【原文】

良尝间从容步游下邳圯上，有一老父，衣褐，至良所，直堕其履圯下，顾谓良曰："孺子，下取履！"良鄂然，欲殴之。为其老，强忍，下取履。父曰："履

我!"良业为取履,因长跪履之。父以足受。笑而去。良殊大惊,随目之。父去里所,复还,曰:"孺子可教矣。后五日平明,与我会此。"良因怪之,跪曰:"诺。"五日平明,良往。父已先在,怒曰:"与老人期,后,何也?"去,曰:"后五日早会。"五日鸡鸣,良往。父又先在,复怒曰:"后,何也?"去,曰:"后五日复早来。"五日,良夜半往。有顷,父亦来,喜曰:"当如是。"出一编书,曰:"读此则为王者师矣。……"遂去,……旦日视其书,乃《太公兵法》也。

【译文】

张良闲暇无事时,曾到下邳的桥上散步,遇见一位老人,身穿粗布短衣,走到张良的身边,故意让一双鞋子掉在桥下,回过头来对张良说:"小子,下去把鞋拾上来!"张良陡然一惊,想要打这位老者,因为他是老年人,强忍住气,到桥下去拾鞋。老人说:"给我穿上!"由于张良已经替他拾来鞋,因此就跪着给老人穿鞋。老人伸出脚让他给穿上,并笑着扬长而去。这时张良非常惊讶,就注视着老人。老人走了一里地左右,又返回来了,说:"你这小子可以教导。五天以后天将亮时,与我在这里会面。"张良感到惊异,跪下说:"是。"五天后天刚亮,张良就去了。老人已先到了,生气地对张良说:"与老人约会,后到,为什么?"老人离去,并说:"五天以后再早来相会。"过了五天,鸡刚叫,张良就到了约会处。老人又先到了,再一次生气地说:"又晚到,为什么?"老人离去,说:"五天后再早来。"过了五天,张良不到半夜,就去了。过了一会儿,老人来了,高兴地说:"应当像这样。"随手拿出一本书,说:"读这本书,就可以做帝王的老师了。"……老人于是就离开了……天亮以后,看那本书,乃是《太公兵法》。

封 留 足 矣

【原文】

汉六年正月,封功臣。良未尝有战斗功,高帝曰:"运筹策帷帐中,决胜千里外,子房功也。自择齐三万户。"良曰:"始臣起下邳,与上会留,此天以臣授陛下。陛下用臣计,幸而时中,臣愿封留足矣,不敢当三万户。"乃封张良为留侯,与萧何等俱封。

【译文】

汉六年正月,大封功臣。张良未曾有过战功,高祖说:"运谋定计在帷帐之中,决定胜负于千里之外,这是子房(张良)的功劳。你自己选择齐国境内有三万户的地方,作为封邑。"张良说:"我当初在下邳起兵,跟陛下在留县会合,这是上天把臣送给陛下。陛下采用臣的计谋,侥幸偶尔说对了,封我三万户,实不敢承受,我希望受封留县(今江苏省沛县东)就足够了,不敢接受三万户的大地方。"于是就封张良作留侯,跟萧何等功臣一起受封。

欲从赤松子游

【原文】

留侯乃称曰："家世相韩，及韩灭，不爱万金之资，为韩报仇强秦，天下振动。今以三寸舌为帝者师，封万户，位列侯，此布衣之极，于良足矣。愿弃人间事，欲从赤松子游耳。"乃学辟谷，道引轻身。会高帝崩，吕后德留侯，乃强食之，曰："人生一世间，如白驹过隙，何至自苦如此乎！"留侯不得已，强听而食。

【译文】

留侯（张良）于是自称说："我家世代作韩国宰相，等到秦灭了韩国，我不惜万金，为了韩国报仇而对付强秦，天下震动。如今仅凭三寸之舌，成了帝王的军师，封邑万户，位居列侯，这是老百姓所能得到的最高待遇。我现在希望弃绝一切杂事，想从仙人赤松子去遨游。"于是他学习道家的辟谷法，不吃粮食，学习导引静居运气轻身之术。恰遇高祖逝世，吕后感激留侯的恩德，便强迫张良吃饭，并说："人生在世上，像白马跑过缝隙空间的一刹那，何必自讨苦吃到如此地步呢？"张良迫不得已，勉强听吕后的劝告而进食了。

以貌取人，失之子羽

【原文】

太史公曰：学者多言无鬼神，然言有物。至如留侯所见老父予书，亦可怪矣。高祖离困者数矣，而留侯尝有功力焉，岂可谓非天乎？上曰："夫运筹策帷帐之中，决胜千里外，吾不如子房。"余以为其人计魁梧奇伟，至见其图，状貌如妇人好女。盖孔子曰："以貌取人，失之子羽。"留侯亦云。

【译文】

太史公说：学者大都说没有鬼神，然而却谈论有怪物。至于像留侯遇见老父给他兵书，也可以说是怪事啦。高祖多次遭遇困境，而留侯常于这时建功尽力，这难道可说不是天意吗？皇上说："在帷帐中出谋划策，决定取胜于千里之外，我在这一点上不如子房（张良）。"我原来以为他一定是位高大奇特的人，等到看到他的画像，相貌却像个女人好女。这大概正如孔子所说的："如果根据容貌来评定人，我对子羽就有失误。"留侯也应这样说。

陈丞相世家

魏无知举陈平

【原文】

绛侯、灌婴等咸谗陈平曰："平虽美丈夫，如冠玉耳，其中未必有也。臣闻平居家时，盗其嫂；事魏不容，亡归楚；归楚不中，又亡归汉。今日大王尊官之，令护军。臣闻平受诸将金，金多者得善处，金少者得恶处。平，反覆乱臣也，愿王察之。"汉王疑之，召让魏无知。无知曰："臣所言者，能也；陛下所问者，行也。今有尾生、孝己之行而无益处于胜负之数，陛下何暇用之乎？楚、汉相距，臣进奇谋之士，顾其计诚足以利国家不耳。且盗嫂受金又何足疑乎？"汉王召让平曰："先生事魏不中，遂事楚而去，今又从吾游，信者固多心乎？"平曰："臣事魏王，魏王不能用臣说，故去事项王。项王不能信人，其所任爱，非诸项即妻之昆弟，虽有奇士不能用，平乃去楚。闻汉王之能用人，故归大王。臣躶身来，不受金无以为资。诚臣计画有可采者，（顾）〔愿〕大王用之；使无可用者，金具在，请封输官，得请骸骨。"汉王乃谢，厚赐，拜为护军中尉，尽护诸将。诸将乃不敢复言。

【译文】

周勃、灌婴等人都在高祖面前诋毁陈平，他们说："陈平虽然是个美男子，但也不过像装饰帽子的美玉罢了，其实内在不一定有真正的才能。我们听说陈平在家时，曾与他嫂子私通；事奉魏王不能容身，又逃归楚（项羽）；在楚不合意，又逃归汉。现在大王器重他，授他高官，又让他监护军队。听说陈平接受诸将的金钱，金钱给得多受到好的待遇，金钱给得少得到差的待遇。陈平乃是反复无常的乱臣。希望大王审查他。"于是汉王怀疑陈平，召来魏无知责问他。魏无知说："我所介绍的，是他的才能；陛下所责问的，是他的品行。假如有尾生、孝己的品行，但对作战的胜负毫无益处的人，陛下又哪有空闲去使用他呢？现在楚、汉相抗争，我推荐有奇谋的人，只考虑他的奇谋是否有利于国家。至于私通嫂子，接受金钱又何足怀疑呢？"汉王又召见陈平责问他："您侍奉魏王不合意，又侍奉楚王，后又离去，现在又和我共事，讲信用的人原来是这样三心二意吗？"陈平说："我侍奉魏王，魏王不采用我的意见，因而才去侍奉项王。项王不信任别人，他所任用和宠爱的，不是他们项家的人，便是老婆的兄弟，尽管有谋之士也不能重用，我就离开了楚。听说汉王能用人，因此我投归大王。我是空身而来，不接受金钱，便没有钱用。假使我的计谋有可采用的，请大王任用我；若没有可采用的，我收受的金钱全都俱在，我愿意封好把它交官府，请求辞职。"汉王于是向陈平道歉，给他丰厚的赏赐，拜官为护军中尉，所有的将领都归他监督。将领们才不敢说什么了。

解平城之围

【原文】

其明年，以护军中尉从攻反者韩王信于代。卒至平城，为匈奴所围，七日不得食。高帝用陈平奇计，使单于阏氏，围以得开。

【译文】

第二年，陈平以护军中尉的身份，跟随高帝攻打谋反的韩王信于代（今山西北部和河北西北部）地。仓促行军追至平城（今山西大同市东北），被匈奴所包

围，经过七天，没有粮食吃，高帝用了陈平的奇计，遣使见匈奴单于的皇后，才解除了围困。

平诸吕之乱

【原文】

吕太后立诸吕为王，陈平伪听之。及吕太后崩，平与太尉勃合谋，卒诛诸吕，立孝文皇帝，陈平本谋也。

【译文】

吕太后立吕氏子弟为王，陈平假装同意。等到吕太后死了，陈平与太尉周勃合谋，终于杀了吕氏家族，拥立文帝，陈平是主要谋划者。

绛侯周勃世家

周勃与周亚夫

【原文】

太史公曰：绛侯周勃始为布衣时，鄙朴人也，才能不过凡庸。及从高祖定天下，在将相位，诸吕欲作乱，勃匡国家难，复之乎正。虽伊尹、周公，何以加哉！亚夫之用兵，持威重，执坚刃，穰苴曷有加焉！足己而不学，守节不逊，终以穷困。悲夫！

周亚夫

【译文】

太史公说：绛侯周勃当初还是个平民的时候，是一位粗鄙质朴之人，才能不超过普通人。等到跟随高祖平定天下的时候，身居将相的地位，吕氏家族想要谋反，周勃匡救国家的灾难，使国家恢复正常。这些功劳，就是商朝的伊尹，周朝的周公，又有什么地方超过他呢？周亚夫用兵，保持威严稳重，表现坚毅忍耐，就是司马穰苴有什么地方超过他呢？可惜他满足于自己的智谋，而不能虚心向别人学习，虽严守操节却不够恭顺，最后落个穷困的结局。实在令人悲痛啊！

梁孝王世家

梁孝王筑东苑

【原文】

于是孝王筑东苑，方三百里。广睢阳城七十里。大治宫室，为复道，自宫连

属于平台三十余里。……招延四方豪杰，自山以东游说之士莫不毕至。齐人羊胜，公孙诡，邹阳之属。

【译文】

梁孝王修建东苑，方圆三百多里。扩大睢阳城七十里，大事修建宫殿，建造复道，自宫殿连接平台（台名，今河南商丘市东北）三十余里……招揽四方的豪杰之士，从敱山以东游说的人，都涌向梁国。如齐人羊胜、公孙诡、邹阳等人。

管晏列传
管　仲

【原文】

管仲夷吾者，颍上人也。……管仲既用，任政于齐，齐桓公以霸，九合诸侯，一匡天下，管仲之谋也。

【译文】

管仲，名夷吾，是颍上（今河南东部安徽西北部）人。……管仲被任用，在齐国执政，齐桓公因此称霸天下，多次会盟天下的诸侯，一度扶正周王室，这是管仲的智谋。

知我者鲍子也

【原文】

管仲曰："吾始困时，尝与鲍叔贾，分财利多自与，鲍叔不以我为贪，知我贫也。吾尝为鲍叔谋事而更穷困，鲍叔不以我为愚，知时有利不利也。吾尝三仕三见逐于君，鲍叔不以我为不肖，知我不遭时也。吾尝三战三走，鲍叔不以我为怯，知我有老母也。公子纠败，召忽死之，吾幽囚受辱，鲍叔不以我为无耻，知我不羞小节而耻功名不显于天下也。生我者父母，知我者鲍子也。"

管仲

【译文】

管仲说："我从前穷困的时候，曾经与鲍叔经商，分财利时我自己多分，鲍叔不认为我是贪财，了解我贫困。我曾经替鲍谋划事情，反而使他更加困窘，鲍叔不认为我是愚，因为他知道时机有时有利，有时不利。我曾几次做官，均被主君驱逐，鲍叔不认为我没有才能。我曾几次参加战斗，几次都逃跑了，鲍叔不认为我胆子小，了解我家中还有老母亲。公子纠失败，召忽为此自杀，我被囚禁受辱，鲍叔并不认为我没有廉耻，了解我不以小节有亏损为羞耻，而是以功名不显于天下为羞耻。生我的是父母，了解我的是鲍叔。"

晏婴躬行节俭

【原文】

晏平仲婴者，莱之夷维人也。事齐灵公、庄公、景公，以节俭力行重于齐。即相齐，食不重肉，妾不衣帛。其在朝，君语及之，即危言；语不及之，即危行。国有道，即顺命；无道，即衡命。以此三世显名于诸侯。

【译文】

晏平仲，名婴，〔是春秋齐国〕莱（国名，今山东黄县东南莱子城）地夷维（邑名。今山东高密市）人。曾服侍齐灵公、齐庄公、齐景公，因为节约俭朴，又能尽力办事，被齐国人所看重。他做了齐国的宰相以后，吃饭不吃两样的肉，姬妾不穿绸绢。在朝廷上，国君和他说话，他就正言以对；不跟他说话，他就直道而行。国家有道时，他就顺从命令去做事，无道时，他就衡量命令，酌情去实行或不实行。因此连续三朝，他的名声扬于各国诸侯。

老子韩非列传

老子与其所著《道德经》

【原文】

老子者，楚苦县厉乡曲仁里人也，姓李氏，名耳，字聃，周守藏室之史也。……老子修道德，其学以自隐无名为务。居周久之，见周之衰，乃遂去。至关，关令尹喜曰："子将隐矣，强为我著书。"于是老子乃著书上下篇，言道德之意五千余言而去，莫知其所终。

【译文】

老子是楚国苦县（今河南鹿邑县东）厉乡曲仁里人，姓李，名耳，字聃，是周朝掌管藏书室的史官。……老子研究道德，他的学说核心是隐秘而不求名。老子在周国住了多年，看到周室的衰落，遂离去。到了函谷关，关令尹喜说："您将要隐居了，请您勉为其难为我写一本书吧。"于是老子就写了一部书，分上下两篇，阐述"道"与"德"的内容，共五千多字，然后离去，不知他终老于何处。

老子

道不同不相为谋

【原文】

世之学老子者则绌儒学，儒学亦绌老子。"道不同不相为谋"，岂谓是邪？李耳无为自化，清静自正。

【译文】

世上研究老子学说的人则排斥儒学，研究儒学的也排斥老子。"道不同不互相商量"，难道讲的是这种情况吗？李耳主张清静无为，认为这样百姓就会变得自归于正。

庄子及其著作

【原文】

庄子者，蒙人也，名周。周尝为蒙漆园吏，与梁惠王、齐宣王同时。其学无所不窥，然其要本归于老子之言。故其著书十余万言，大抵率寓言也。作《渔父》《盗跖》《胠箧》，以诋訿孔子之徒，以明老子之术。《畏累虚》《亢桑子》之属，皆空语无事实。然善属书离辞，指事类情，用剽剥儒、墨，虽当世宿学不能自解免也。其言洸洋自恣以适己，故自王公大人不能器之。

【译文】

庄子是宋国蒙（今河南商丘东北）地人，名叫周。庄周曾经做过蒙地漆园的官吏，跟梁惠王、齐宣王是同时代。他的学说对各个方面都有探索，然而其主旨则是本源于老子学说。他写了十余万字的著作，大多数是寓言，他写的《渔父》《盗跖》《胠箧》，是用来诋毁孔子学派的人，用以阐明老子的学说。《畏累虚》《亢桑子》一类文章，都是空泛的议论，而没有事实根据，然而他善于行文措辞，描摹事物的情志，以攻击儒家和墨家，即便是当代学识渊博之人，也免不了要受他的攻击。他的语言汪洋恣肆，随心而发，所以那些当权者，都无法器重他。

韩非及其著作

【原文】

韩非者，韩之诸公子也。喜刑名法术之学，而其归本于黄、老。……非见韩之削弱，数以书谏韩王，韩王不能用。于是韩非疾治国不务修明其法制，执势以御其臣下，富国强兵而以求人任贤，反举浮淫之蠹而加之于功实之上。以为儒者用文乱法，而侠者以武犯禁。宽则宠名誉之人，急则用介胄之士。今者所养非所用，所用非所养。悲廉直不容于邪枉之臣，观往者得失之变，故作《孤愤》《五蠹》《内外储》《说林》《说难》十余万言。

【译文】

韩非是韩国的诸公子。喜好刑名法术学说，而他的学说根本理论，是来源黄老思想……韩非看到韩国的日趋削弱，多次上书规劝韩王，但韩王不采纳他的意见。于是韩非痛恨韩王治国不能加强法制，不能凭君王的势力来驾驭臣子；痛恨韩王不能使国家富强，兵力强大，不能求才任贤，反而提拔那些虚浮淫乱的人，并让他们的地位高于有实际功劳的人。韩非认为儒家用文献经典，扰乱国家的法度；而游侠之士，凭武力来违犯国家的禁令。国家安定时，君主就宠爱那些名声大的人；国家危难，就使用披甲的武士。现在国家所供养的，不是所需用的；所

国学经典文库

需用的，又不是所供养的。韩非还悲叹廉洁正直的人，遭到奸邪不正之臣的排挤。他考察了历史上成功与失败的经验，所以写了《孤愤》《五蠹》《内外储》《说林》《说难》十余万字的著作。

李斯妒韩非，韩非遭陷害

【原文】

人或传其书至秦。秦王见《孤愤》《五蠹》之书，曰："嗟乎，寡人得见此人与之游，死不恨矣！"李斯曰："此韩非之所著书也。"秦因急攻韩。韩王始不用非，及急，乃遣非使秦。秦王悦之，未信用。李斯、姚贾害之，毁之曰："韩非，韩之诸公子也。今王欲并诸侯，非终为韩不为秦，此人之情也。今王不用，久留而归之，此自遗患也，不如以过法诛之。"秦王以为然，下吏治非。李斯使人遗非药，使自杀。韩非欲自陈，不得见。秦王后悔之，使人赦之，非已死矣。

韩非

【译文】

有人把韩所著的书传到秦国。秦国见到《孤愤》《五蠹》文些文章，说："唉！我能见到这个人，并跟他交往，就是死也没有遗憾啦！"李斯说："这是韩非所著的书。"秦国为此立即进攻韩国。韩国国王开始时，不任用韩非，到了情况紧急时，才派韩非出使秦国。秦王见到韩非很高兴，但还没有信用他。李斯、姚贾谗害韩非，诽谤韩非说："韩非是韩国的诸公子。现在大王要吞并诸侯，韩非始终都会帮助韩国，不会帮助秦国。大王不任用他，久留在秦国然后再放他回到韩国，这是自留后患，不如找出他的过错，按法律杀了他。"秦王认为李斯、姚贾说得对，便下令司法官吏治韩非的罪。李斯派人送毒药给韩非，让他自杀。韩非想向秦王当面陈述自己的意见，但是不让他见秦王。后来秦王后悔了，派人赦免韩非，然而韩非已经死了。

司马穰苴列传

司 马 穰 苴

【原文】

司马穰苴者，田完之苗裔也。齐景公时，晋伐阿、甄，而燕侵河上，齐师败绩。景公患之。晏婴乃荐田穰苴曰："穰苴虽田氏庶孽，然其人文能附众，武能威敌，愿君试之。"

【译文】

　　司马穰苴，是田完的后代。齐景公时，晋国攻打齐国的阿城（地名，今山东阳谷县东北阿城镇）和甄城（今山东鄄城县），而燕国也入侵黄河南岸（今河北沧州、山东德州一带）一带，齐国军队被打得大败。齐景公为此忧虑。于是晏婴（齐相）就推荐穰苴说："穰苴虽然在田氏门中是偏房所生，但是他的为人论文才能使大家归服，论武略能使敌人畏惧，希望君王能用他试一试。"

人 微 权 轻

【原文】

　　景公召穰苴，与语兵事，大悦之，以为将军，将兵扞燕晋之师。穰苴曰："臣素卑贱，君擢之闾伍之中，加之大夫之上，士卒未附，百姓不信，人微权轻，愿得君之宠臣，国之所尊，以监军，乃可。"于是景公许之，使庄贾往。穰苴既辞，与庄贾约曰："旦日日中会于军门。"穰苴先驰至军，立表下漏待贾。……夕时，庄贾乃至。穰苴……召军正问曰："军法期而后至者云何？"对曰："当斩。"……于是遂斩庄贾以徇三军。三军之士皆振栗。……三日而后勒兵。病者皆求行，争奋出为之赴战。晋师闻之，为罢去。燕师闻之，度水而解。于是追击之，遂取所亡封内故境而引兵归。

【译文】

　　齐景公召见田穰苴，跟他谈论军事，非常高兴，任命他为将军，率领军队抵抗燕国和晋国的军队。穰苴说："我平素地位低下，大王把我从平民中提拔起来，放在大夫之上，士兵不会亲近，百姓不会信任，我人卑贱，权势轻，希望得到大王所宠爱的、国家尊重的一位大臣，来做监军，才行。"于是齐景公答应了他的请求，派庄贾前往。田穰苴辞别了齐景公，跟庄贾约定说："明天中午在军门会齐。"田穰苴先赶到军门，设置了计时的木表和漏壶，等待庄贾。……傍晚时庄贾才到。田穰苴……把军法官召来问道："军法中，对于约定了时刻而迟到的人说该如何处理？"回答说："应当处以斩刑。"于是就斩了庄贾，向全军示众。三军的士兵都吓得发抖。……三天以后田穰苴统帅军队前进。生病的士兵都请求跟随军队行动，争先奋勇出发为他去作战。晋国军队听到此种情况，就撤回去了。燕国的军队听到此种情况，从黄河南撤到黄河北岸就解散了。于是齐军乘胜追击，收复了所有沦陷的国土，然后率兵回来。

孙子吴起列传

三 令 五 申

【原文】

　　孙子武者，齐人也。以兵法见于吴王阖庐。阖庐曰："子之十三篇，吾尽观之矣，可以小试勒兵乎？"对曰："可。"阖庐曰："可试以妇人乎？"曰："可。"

于是许之，出宫中美女，得百八十人。孙子分为两队，以王之宠姬二人各为队长，皆令持戟。……约束既布，乃设铁钺，即三令五申之。于是鼓之右，妇人大笑。……复三令五申而鼓之左，妇人复大笑。……乃欲斩左右队长。吴王从台上观之……大骇。趣使下令曰："寡人已知将军能用兵矣。……愿勿斩也。"孙子曰："臣既已受命为将，将在军，君命有所不受。"遂斩二队长以徇。用其次为队长，于是复鼓之。妇人左右前后跪起皆中规矩绳墨，无敢出声。

孙武

【译文】

　　孙武是齐国人。因为擅长兵法被吴王阖庐所接见。阖庐说："您的十三篇兵法，我都读过了，能够在小范围试着摆一摆队伍吗？"回答说："可以。"阖庐说："可以用妇女试试吗？"曰："可以。"于是阖庐答应孙武用妇女试验他的兵法，出宫中美女，得到一百八十人。孙武将美女分为两队，以阖庐所宠爱的两个侍妾分别担任各队的队长，叫她二人手里拿着戟。……号令已经交代清楚，陈设了斧钺等刑具，当即又把已经宣布的纪律反复交代了好几遍。于是击鼓传令让她们向右，妇女们大笑。……又把所宣布的纪律反复交代了几遍。并击鼓传令让他们向左，妇女们又大笑。……孙武要斩杀左右队长。吴王在台上观看，看到要杀自己所宠爱的侍妾，大为吃惊，急忙派使者传下命令说："我已经知道将军善于用兵了。……希望不要杀我这两个宠姬。"孙武说："我已经奉命作为将领，将领在军队中，对国君的命令有的可以不接受。"于是就杀了两个队长以示众。依次序派第二人当队长，于是击鼓传令。妇人们向左向右，上前向后，下跪起立，都符合命令和纪律的要求，没有人敢吭声了。

庞涓与孙膑

【原文】

　　孙武既死，后百余岁有孙膑。膑生阿、鄄之间，膑亦孙武之后世子孙也。孙膑尝与庞涓俱学兵法。庞涓既事魏，得为惠王将军，而自以为能不及孙膑，乃阴使召孙膑。膑至，庞涓恐其贤于己，疾之，则以法刑断其两足而黥之，欲隐勿见。

【译文】

　　孙武已死，一百多年之后又出了个孙膑。孙膑出生在阿城（今山东阳谷县东北阿城镇）、鄄城（今山东鄄城县北）一带，孙膑也是孙武的后代子孙。孙膑曾经与庞涓一道学习兵法。庞涓已经事奉魏国，有机会做了魏惠王的将军，他自己认为能力不如孙膑，便暗派人将孙膑找来。孙膑到了魏国，庞涓害怕孙膑比自己贤能，嫉妒他，于是就施用酷刑断了他的两只脚，还在他的脸上刺了字，把孙膑

国学经典文库

隐藏起来想不让他露面。

吴起为楚相

【原文】

楚悼王素闻起贤，至则相楚。明法审令，捐不急之官，废公族疏远者，以抚养战斗之士。要在强兵，破驰说之言从横者。于是南平百越；北并陈、蔡，却三晋；西伐秦。诸侯患楚之强。故楚之贵戚尽欲害吴起。及悼王死，宗室大臣作乱而攻吴起，吴起走之王尸而伏之，击起之徒因射刺吴起，并中悼王。悼王既葬，太子立，乃使令尹尽诛射吴起而并中王尸者。坐射起而夷宗者七十余家。

【译文】

楚悼惠王平日听说吴起贤能，一到楚国就让他担任楚国的相国。他明确法律，申明命令裁减不关紧要的官员，废除疏远王族的供养，来抚养战士。主要是使兵力强盛，斥退那些纵横驰骋游说的人。于是向南平定百越（古代越族散居在南方各地，部落众多，故称百越）；向北吞并了陈国（今河南东部，安徽西北部）和蔡国（今河南中部），击退了三晋的军队；向西征伐秦国。诸侯忧虑楚国的强盛。原来楚国的宗族贵戚，都想杀死吴起，等到悼王死了，王室大臣发动骚乱，攻击吴起，吴起跑到悼王停尸处伏在尸体上。攻击吴起的人射中了吴起同时，也射中了楚悼王。悼王葬毕，太子登位，便派令尹全部杀死因射吴起而同时射中悼王尸体的人。由于射吴起而被灭族处死的有七十多家。

伍子胥列传

伍子胥奔吴

【原文】

使者捕伍胥。伍胥贯弓执矢向使者，使者不敢进，伍胥遂亡。……到昭关，昭关欲执之。……几不得脱。追者在后。至江，江上有一渔父乘船，知伍胥之急，乃渡伍胥。伍胥既渡，解其剑曰："此剑直百金，以与父。"父曰："楚国之法，得伍胥者赐粟五万石，爵执珪，岂徒百金剑邪！"不受。伍胥未至吴而疾，止中道，乞食。至于吴……

【译文】

使者要逮捕伍子胥。伍子胥拉满了弓，搭上箭对着使者，使者不敢近前，伍子胥就逃跑了。……跑到昭关，把守昭关的官兵要捉拿他。……几乎不能逃脱。追赶他的人在后面紧追不舍。来到了江边上，江上有一位渔翁驾着船，知道伍子

伍子胥

胥处境紧急，就用船送伍子胥过江。伍子胥已经过了江，解下他的剑说："此宝剑值百金，把它送给老人家。"渔翁说："按照楚国的法令，能捉住伍子胥的，赐给五万石的小米，封给执珪的官爵，哪里仅仅是百金的价值呢？"不肯接受宝剑。伍子胥还未到吴国就病了。只好在半路上停下来，讨饭。来到吴国京城。

抉吾眼悬吴东门之上

【原文】

　　吴王……乃使使赐伍子胥属镂之剑，曰："子以此死。"伍子胥仰天叹曰："嗟乎！谗臣嚭，为乱矣，王乃反诛我。……"乃告其舍人曰："必树吾墓上以梓，令可以为器；而抉吾眼县吴东门之上，以观越寇之入灭吴也。"乃自刭死。

【译文】

　　吴王……于是派使者把属镂剑赐给伍子胥，说："你用这把剑自杀。"伍子胥仰天长叹说："唉！说坏话的小人伯嚭作乱，大王却反而诛杀我。……"就告诉他的门客说："一定在我的坟墓上种上梓树，使它能够制作棺材；挖我的眼睛，悬挂在吴国都城东门的城楼上，看着越寇攻进并消灭吴国。"说完就自刎而死。

仲尼弟子列传

甘居陋巷的颜回

【原文】

　　颜回者，鲁人也，字子渊。少孔子三十岁。孔子曰："贤哉回也！一箪食，一瓢饮，在陋巷，人不堪其忧，回也不改其乐。"

【译文】

　　颜回是鲁国人，字子渊，比孔子小三十岁。孔子说："颜回的品德多好啊！一竹筐饭，一瓢水，住在狭小的巷子里，别人都忍受不了这样的艰苦，而颜回却不改变这苦中自有的快乐。"

朽木不可雕也

【原文】

　　宰予昼寝，子曰："朽木不可雕也，粪土之墙不可圬也。"

【译文】

　　宰予白天睡觉。孔子说："腐朽了的木头不能雕刻，粪土一样的墙壁，不能粉刷。"

割鸡焉用牛刀

【原文】

言偃，吴人，字子游。少孔子四十五岁。子游既受业，为武城宰。孔子过，闻弦歌之声。孔子莞尔而笑曰："割鸡焉用牛刀？"子游曰："昔者偃闻诸夫子曰，君子学道则爱人，小人学道则易使。"

【译文】

言偃，吴人，字子游。比孔子小四十五岁。子游受完学业，做了武城（今山东费县西南）长官。孔子经过武城，听到弹琴歌唱的声音。孔子微笑着说："杀鸡何必用宰牛的刀？"子游说："过去我听先生说过：'做官的学习了道理，就会爱护人；老百姓学习了道理就容易听使唤。'"

子　夏

【原文】

卜商，字子夏。少孔子四十四岁。子夏问："'巧笑倩兮，美目盼兮，素以为绚兮'，何谓也？"子曰："绘事后素。"曰："礼后乎？"孔子曰："商始可与言《诗》已矣。"

【译文】

卜商，字子夏。比孔子小四十四岁。子夏问："有酒窝的脸笑得美呀，黑白分明的眼流转得媚呀，洁白的底子上画着花卉呀。'这几句是什么意思？"孔子说："先有了白底子；然后画花。"子夏说："那么是不是礼乐的产生在〔仁义〕以后呢？"孔子道："卜商这个人呀，可以同他讨论《诗》了。"

商君列传

促膝谈心

商鞅

【原文】

商君者，卫之诸庶孽公子也，名鞅，姓公孙氏……公孙鞅闻秦孝公下令国中求贤者……乃遂西入秦，因孝公宠臣景监以求见孝公。……卫鞅复见孝公。公与语，不自知膝之前于席也。语数日不厌。

【译文】

商君是卫国公室庶出的公子，名鞅，姓公孙……公孙鞅听说秦孝公下令全国求贤才……就向西进入秦国。通过孝公的宠臣景监的关系，求见孝公。……卫鞅再次见孝公。孝公跟卫鞅谈话，不知不觉地移动膝盖到垫席前头靠近了卫鞅。谈了好几天都不觉厌倦。

取 信 于 民

【原文】

令既具，未布，恐民之不信，已乃立三丈之木于国都市南门，募民有能徙置北门者予十金。民怪之，莫敢徙。复曰："能徙者予五十金"。有一人徙之，辄予五十金，以明不欺。卒下令。

【译文】

新法已经准备完毕，但尚未公布，唯恐人民不相信，就在国都市场的南门外，立一根三丈长的木头，招募百姓有能把这根木头移到北门的人，赏给他十金。百姓感到奇怪，没有人敢移。又宣布："能够把它移动的，赏五十金。"有一个人把木头移动了，就赏他五十金，以表示令出必行，决不欺骗。接着公布了新法令。

家 给 人 足

【原文】

（令）行之十年，秦民大悦，道不拾遗，山无盗贼，家给人足。民勇于公战，怯于私斗，乡邑大治。

【译文】

新法实施十年，秦国的人民非常高兴，路不拾遗，山中没有盗贼，家家富足，人人富裕。老百姓勇于为国家作战，不敢为个人的私利争斗。乡村和城市治理得非常之好。

苏 秦 列 传

苏 秦 合 纵

【原文】

苏秦者，东周雒阳人也。……

出游数岁，大困而归。兄弟嫂妹妻妾窃皆笑之，曰："周人之俗，治产业，力工商，逐什二以为务。今子释本而事口舌，困，不亦宜乎！"苏秦闻之而惭，自伤，乃闭室不出，出其书遍观之。曰："夫士业已屈首受书，而不能以取尊荣，虽多亦奚以为！"于是得周书《阴符》，伏而读之。期年，以出揣摩，曰："此可以说当世之君矣。"……于是六国从合而并力焉。苏秦为从约长，并相六国。

【译文】

苏秦是东周洛阳人。……到外地游说了几年，遇到了许多严重的困难回到家中。他的哥哥、弟弟、嫂嫂、妹妹、妻子、侍妾都暗自讥笑他，并说："周人的风俗，大家都经营产业，致力于工商，追求十分之二的利润作为谋生的主要手段。现在你抛弃了根本，却以卖弄口舌作为职业，遭受穷困，不也是应该的吗？"苏秦听了这些话，感到惭愧，暗自伤心，于是关上门不出来，拿出自己的藏书，全部阅读了一遍，说："读书人已经埋头苦读，而不能用所学的知识得到荣耀，知识再多又有什么用呢？"于是他从这些书中取出《周书阴符》，认真地读它。过了一年多，他从书中找出了许多揣摩国君心意的诀窍，说："凭着这个，就可以游说当世的国君了。"……于是，六国南北联合，而将力量并集在一起，苏秦成为这个合纵盟约的领导人，同时成为六国的宰相。

苏秦

张 仪 列 传

凭辩才取相位

【原文】

张仪已学而游说诸侯。尝从楚相饮，已而楚相亡璧，门下意张仪，曰："仪贫无行，必此盗相君之璧。"共执张仪，掠笞数百，不服，醳之。其妻曰："嘻！子毋读书游说，安得此辱乎？"张仪谓其妻曰："视吾舌尚在不？"其妻笑曰："舌在也。"仪曰："足矣。"……张仪既相秦，为文檄告楚相曰："始吾从若饮，我不盗尔璧，若笞我。若善守汝国，我顾且盗而城！"

【译文】

张仪学习完毕，便去各国游说。他曾跟楚相饮酒，不久楚相丢失了一块玉璧，门客们便怀疑张仪，并且说："张仪贫穷，品德不好，一定是此人偷了相国的玉璧。"大家把张仪绑起来，拷打了几百下，不服，又把他释放了。他的妻子说："唉！你假如不读书游说，怎能受到这样的侮辱呢？"张仪对他的妻子说："你看看我的舌头还在吗？"他的妻子笑着说："舌头还在呢。"张仪说："这就够啦！"……张仪既然做了秦国宰相，就写了一篇檄文告诉楚国宰相说："当初我同你一块饮酒，我不曾偷你的玉璧，你用鞭子打我。你应该好好地守住你的国土，我还将要盗你的城邑！"

樗里子甘茂列传

甘罗十二岁事吕不韦

【原文】

甘罗曰："臣请行之。"文信侯叱曰："去！我身自请之而不肯，女焉能行之？"甘罗曰："大项橐生七岁为孔子师。今臣生十二岁于兹矣，君其试臣，何遽叱乎？"于是甘罗见张卿曰："卿之功孰与武安君？"卿曰："武安君南挫强楚，北威燕、赵，战胜攻取，破城堕邑，不知其数，臣之功不如也。"甘罗曰："应侯之用于秦也，孰与文信侯专？"张卿曰："应侯不如文信侯专。"甘罗曰："卿明知其不如文信侯专与？"曰："知之。"甘罗曰："应侯欲攻赵，武安君难之，去咸阳七里而立死于杜邮。今文信侯自请卿相燕而不肯行，臣不知卿所死处矣。"张唐曰："请因孺子行。"

【译文】

甘罗说："让我去说服他（张唐），让他启程。"文信侯斥责他说："走开！我亲自请他都不肯去，你怎么能让他去？"甘罗说："项橐（神童）生七岁的时候，就做孔子的老师，我生下来到现在已经十二岁了。请你让我去试试看吧，何必急于叱责我呢？"于是甘罗去见张唐说："你的功劳与武安君白起相比，谁的功劳大？"张唐说："武安君南面挫败了强大的楚国，在北方威慑燕、赵，战必胜，攻必取，打下城堡，荡平都邑，不计其数，我的功劳比不上他。"甘罗又说："应侯范雎在秦国用事时，与目前文信侯相比哪个最有权势？"张唐说："应侯范雎不如文信侯专权。"甘罗说："你明知应侯比不上文信侯专擅吗？"张唐说："知道。"甘罗说："应侯要进攻赵国，武安君认为这难办，走到离咸阳七里的杜邮，立刻死在那儿。现在文信侯亲自让你去燕国作相国而你不肯去，我不知道您会死在什么地方啦。"张唐说："让我因为你这小孩子的劝导而动身吧。"

白起王翦列传

白起与王翦

【原文】

太史公曰：鄙语云"尺有所短，寸有所长"。白起料敌合变，出奇无穷，声震天下，然不能救患于应侯。王翦为秦将，夷六国，当是时，翦为宿将，始皇师之，然不能辅秦建德，固其根本，偷合取容，以至殒身。及孙王离为项羽所虏，不亦宜乎！彼各有所短也。

【译文】

太史公说：俗话说："尺虽然长但也有短处，寸虽然短但也有长处。"白起料测敌情以应变，奇策层出不穷，声威震动天下，然而却无法使自己免遭应侯陷害

的灾难。王翦做秦国将领，扫平六国，在这时，王翦是秦国的老将，秦始皇把他当作老师，然而却不能辅助秦国建立德政，巩固它的根本，反而苟且迎合，以求取容身之地，直到死去。传到他的孙子王离，被项羽所俘虏，不也是应该的吗？他们各有短处啊！

孟子荀卿列传

孟子及其著述

【原文】

孟轲，驺人也。受业子思之门人。道既通，游事齐宣王，宣王不能用。适梁，梁惠王不果所言，则见以为迂远而阔于事情。当是之时，秦用商君，富国强兵；楚、魏用吴起，战胜弱敌；齐威王、宣王用孙子、田忌之徒，而诸侯东面朝齐。天下方务于合从连衡，以攻伐为贤，而孟轲乃述唐、虞、三代之德，是以所如者不合。退而与万章之徒序《诗》《书》，述仲尼之意，作《孟子》七篇。

【译文】

孟轲是鲁国邹人（今山东邹县一带）人。是子思弟子的学生。学业能达以后，游说齐宣王，宣王没有任用他。前往魏国，魏惠王没有听信他的话，认为他的话迂曲而遥远，空阔而不切于实际。当这时候，秦国任用商鞅，富国强兵；楚国、魏国任用吴起，打了胜仗削弱了敌人；齐威王、宣王任用孙膑和田忌等人，因而各国国王都到东方来朝见齐王。各国正在大力进行合纵、连横的斗争，以战争为能事，而孟轲却称述唐尧、虞舜、夏、商、周的德政，因此他所到的国家都不合适。于是，他便返回自己的国家跟万章等人编订《诗经》《书经》，阐述孔子的学术思想，写作《孟子》七篇。

荀子及其著述

【原文】

荀卿，赵人。年五十始来游说于齐。驺衍之术迂大而闳辩；奭也文具难施；淳于髡久与处，时有得善言。故齐人颂曰："谈天衍，雕龙奭，炙毂过髡。"田骈之属皆已死。齐襄王时，而荀卿最为老师。齐尚修列大夫之缺，而荀卿三为祭酒焉。齐人或谗荀卿，荀卿乃适楚，而春申君以为兰陵令。春申君死而荀卿废，因家兰陵。李斯尝为弟子，已而相秦。荀卿嫉浊世之政，亡国乱君相属，不遂大道而营于巫祝，信礼祥，鄙儒小拘，如庄周等又滑稽乱俗，于是推儒、墨、道德之行事兴坏，序列著数万言而卒。因葬兰陵。

【译文】

荀卿是赵国人。年五十岁才来到齐国游学。邹衍的学说迂曲夸大而富于雄辩；邹奭的文章写得完善却难于施行。淳于髡如果能跟他长期相处，有时能听到有益的言论。所以齐国人颂扬道："善于谈天说地的是邹衍，善于修饰文章的是

邹爽，智慧无穷的是淳于髡。"田骈等人都已经死去。齐襄王时，荀卿是地位最高的老师。这时齐国还在补充列大夫的缺位，荀卿三次充当他们的领袖。齐国有人说荀卿的坏话，荀卿就前往楚国，春申君让他担任兰陵的县令。春申君已死，荀子的官职被罢免，因而就住在兰陵。李斯做他的学生，以后在秦朝当了丞相。荀卿痛恨乱世政治的污浊，亡国之君和昏乱的君主，一个接着一个；不遵循正道而被巫祝所迷惑，迷信吉凶征兆，鄙陋的儒生拘于小节，像庄周等人又放诞无稽，伤风败俗，于是推究儒家、墨家、道家的成就和失败，整理写作了几万字才逝世。死后葬在兰陵。

荀子

孟尝君列传

鸡鸣狗盗之徒亦有用场

【原文】

于是秦昭王乃止。囚孟尝君，谋欲杀之。孟尝君使人抵昭王幸姬求解。幸姬曰："妾愿得君狐白裘。"此时的孟尝君有一狐白裘，直千金，天下无双，入秦献之昭王，更无他裘。孟尝君患之，遍问客，莫能对。最下坐有能为狗盗者，曰："臣能得狐白裘。"乃夜为狗，以入秦宫臧中，取所献狐白裘至，以献秦王幸姬。幸姬为言昭王，昭王释孟尝君。孟尝君得出，即驰去，更封传，变姓名以出关。夜半至函谷关。秦昭王后悔出孟尝君，求之已去，即使人驰传逐之。孟尝君至关，关法鸡鸣而出客，孟尝君恐追至，客之居下坐者有能为鸡鸣，而鸡齐鸣，遂发传出。出如食顷，秦追果至关，已后孟尝君出，乃还。

【译文】

于是秦昭王立即取消了孟尝君的宰相职位。还把他囚禁起来，打算把他杀死。孟尝君派人到昭王爱妾处求救。爱妾提出条件说："我想得到您那件白狐皮袄。"这时孟尝君有一件白色狐皮袄，值千金，天下没有第二件，刚到秦国时已献给昭王了，再没有另外的这种皮袄了。孟尝君为此忧虑，问遍所有的宾客，没有谁能回答对策。最末座位上有个能装狗进行偷窃的，说："我能够得到白狐皮袄。"于是夜间假装做狗，进入秦宫的仓库，取出孟尝君所献给昭王的皮袄，把它奉献给秦昭王的爱妾。爱妾在昭王面前为孟尝君求情，昭王便释放了他。孟尝君得以脱身，立即驾着车马飞快地离开。改名换姓通过关卡。半夜时分来到函谷关。秦昭王后悔放走了孟尝君，去找他，已经走了，立即派人乘快车追赶他。孟尝君到了函谷关，按关防法令规定，鸡叫才放旅客出去，孟尝君害怕追赶他的人到来，有个居末座位的宾客能模仿鸡叫，许多鸡也一齐叫起来，于是拿出通行证

出了关。出关后大约吃一顿饭的工夫，秦国追赶的人追到关址，已经落后于孟尝君出关的时刻，就回去了。

平原君虞卿列传

毛 遂 促 盟

【原文】

平原君与楚合从，言其利害，日出而言之，日中不决。十九人谓毛遂曰："先生上。"毛遂按剑历阶而上，谓平原君曰："从之利害，两言而决耳。今日出而言从，日中不决，何也？"楚王谓平原君曰："客何为者也？"平原君曰："是胜之舍人也。"楚王叱曰："胡不下！吾乃与而君言，汝何为者也！"毛遂按剑而前曰："王之所以叱遂者，以楚国之众也。今十步之内，王不得恃楚国之众也，王之命县于遂手。吾君在前，叱者何也？且遂闻汤以七十里之地王天下，文王以百里之壤而臣诸侯，岂其士卒多哉，诚能据其势而奋其威。今楚地方五千里，持戟百万，此霸王之资也。以楚之强，天下弗能当。白起，小竖子耳，率数万之众，兴师以与楚战，一战而举鄢郢，再战而烧夷陵，三战而辱王之先人。此百世之怨而赵之所羞，而王弗知恶焉。合从者为楚，非为赵也。吾君在前，叱者何也？"楚王曰："唯唯，诚若先生之言，谨奉社稷而以从。"毛遂曰："从定乎？"楚王曰："定矣。"

【译文】

平原君与楚王商量合纵联盟的事，从早晨谈到中午还没有结果。十九个人对毛遂说："先生上去吧。"毛遂用手按着剑，一步一个台阶快步上去，对平原君说："合纵抗秦的利与弊，两句话便可以决定。今天从太阳刚出来就谈合纵，到了中午还没有结果，这是为什么？"楚王对平原君说："这位客人是干什么的？"平原君说："是我的家臣。"楚王呵斥道："还不退下去！我是和你的主人谈话，你是来干什么的！"毛遂又用手按了按剑把走上前说："大王之所以申斥我，是因为楚国人多。现在十步以内，大王就不能依仗楚国人多，大王的性命操在我的手中。我的主人就在前面，这样呵斥我做什么？我听说：商汤以七十里的土地统治了天下，周文王凭一百里的土地，使诸侯臣服。现在楚国拥有五千里的土地，武装的士兵上百万，这是称霸称王的资本。凭楚国的强大，天下不能抵挡。白起只是一名小子罢了，仅率领几万人的军队，发兵与楚国打仗，一战就攻下了楚国的鄢、郢两地（今湖北宜城市南）；再战焚毁了楚国的夷陵（楚先王墓地。今湖北宜昌市东南）；三战，污辱了您的祖先。这乃是百代怨仇，连我们赵国都感到羞耻，而大王您却不知羞愧。合纵抗秦乃是为了楚国的利益，不是为了我们赵国。我的主人就在面前，您这样呵斥我做什么？"楚王说："是！是！果真像先生所说的，我愿以整个楚国订立合纵盟约。"毛遂说："合纵决定了吗？"楚王说："决定了。"……

魏公子列传

魏无忌食客三千

【原文】

公子为人仁而下士，士无贤不肖皆谦而礼交之，不敢以其富贵骄士。士以此方数千里争往归之，致食客三千人。当是时，诸侯以公子贤，多客，不敢加兵谋魏十余年。

【译文】

公子为人仁厚，尊重士人，对于士人，不论能与否，他都能谦虚并以礼同他们交往，从不因为自己富贵而对人骄傲。为此士人不以数千里为远都前去归从他，致使食客多达三千人。在这时，各国的诸侯因为魏公子（无忌）贤能，门客多，不敢发兵攻打魏国，达十多年之久。

春申君列传

春申君为楚相

【原文】

春申君者，楚人也，名歇，姓黄氏。……

春申君为楚相四年，秦破赵之长平军四十余万。五年，围邯郸。邯郸告急于楚，楚使春申君将兵往救之，秦兵亦去，春申君归。春申君相楚八年，为楚北伐灭鲁，以荀卿为兰陵令。当是时，楚复强。

【译文】

春申君是楚国人，名歇，他姓黄。……春申君作楚国宰相的第四年，秦国打败了赵国长平的守军四十多万。第五年，秦国围攻邯郸。邯郸向楚国告急，楚国派春申君率领军队前往救援，秦兵也就离去，春申君又回到楚。春申君担任楚国宰相的第八年，为楚国北伐，灭了鲁国，任命荀卿做兰陵县令。当此时，楚国又强大起来。

范睢蔡泽列传

范　睢　入　秦

【原文】

王稽辞魏去，过载范睢入秦。至湖，望见车骑从西来。范睢曰："彼来者为谁？"王稽曰："秦相穰侯东行县邑。"范睢曰："吾闻穰侯专秦权，恶内诸侯客，此恐辱我，我宁且匿车中。"有顷，穰侯果至，劳王稽，因立车而语曰："关东有

何变?"曰:"无有。"又谓王稽曰:"谒君得无与诸侯客子俱来乎?无益,徒乱人国耳。"王稽曰:"不敢。"即别去。范雎曰:"吾闻穰侯智士也,其见事迟,乡者疑车中有人,忘索之。"于是范雎下车走,曰:"此必悔之。"行十余里,果使骑还索车中,无客,乃已。王稽遂与范雎入咸阳。

【译文】

王稽辞别魏国,走了,经过约定地方载着范雎进入秦国;到了湖(今河南灵宝)地远望有车骑从西边来。范雎问说:"那来的人是谁?"王稽回答说:"秦国宰相穰侯到东部巡视县邑。"范雎说:"我听说穰侯独揽秦国的大权,厌恶各国的游士说客,恐怕他要侮辱我,我宁肯暂且藏在车中。"过了一会儿,穰侯果然来了,他慰问王稽,两个人立在车旁交谈,穰侯问道:"关东有什么变动?"回答说:"没有。"又对王稽说:"谒者先生没有跟各国的游士说客一起来吧?这种人没有用处,只是在别国制造混乱罢了。"王稽说:"不敢。"两个人说完就分手了。范雎说:"我听说穰侯是聪明人,只是反应慢,刚才怀疑车中有外来的人,忘记搜查了。"这时,范雎下车步行,还说:"他一定会后悔的。"走了十多里,穰侯果然派骑兵返回车搜查车子,看没有外人,这才算完了。王稽和范雎进入咸阳。

范雎荐蔡泽

【原文】

后数日,入朝,言于秦昭王曰:"客新有从山东来者曰蔡泽,其人辩士,明于三王之事,五伯之业,世俗之变,足以寄秦国之政。臣之见人甚众,莫及,臣不如也。臣敢以闻。"秦昭王召见,与语,大悦之,拜为客卿。应侯因谢病请归相印。……范雎免相,昭王新悦蔡泽计画,遂拜为秦相,东收周室。

【译文】

几天以后,范雎入朝,对秦昭王说:"有说客刚从山东来,名叫蔡泽,其人是善辩之士,他明白三王的仁政,五霸的功业和世俗的变化,秦国的事很可以委托给他。我见过的人很多,都不如他,我也不如他。我大胆地把他推荐给大王。"秦昭王召见了蔡泽,跟他交谈,非常高兴,就拜他为客卿。应侯因此托词有病,请求交还宰相的印信。……范雎免去了宰相的职务,秦昭王一开始就赞赏蔡泽的谋划,就任命他做了秦国的宰相,向东收服了周室。

乐毅列传

乐毅伐齐

【原文】

乐毅留徇齐五岁,下齐七十余城,皆为郡县以属燕,唯独莒、即墨未服。会燕昭王死,子立为燕惠王。惠王自为太子时尝不快于乐毅,及即位,齐之田单闻

之，乃纵反间于燕，曰：“齐之不下者两城耳。然所以不早拔者，闻乐毅与燕新王有隙，欲连兵且留齐，南面而王齐。齐之所患，唯恐他将之来。”于是燕惠王固已疑乐毅，得齐反间，乃使骑劫代将，而召乐毅。乐毅知燕惠王之不善代之，畏诛，遂西降赵。赵封乐毅于观津，号曰望诸君。尊宠乐毅以警动于燕、齐。

【译文】

乐毅留在齐国共为五年，攻下齐国七十多个城邑，设置郡县、隶属燕国，只有莒邑（今山东莒县）和即墨（今山东平度东南）没有降服。正好燕昭王死了，儿子继位，就是燕惠王。惠王从做太子的时候起，就曾经对乐毅不满意；到即位后，齐国的田单听说了，就派人到燕国施反间计，说：“齐国未被攻下的，仅仅有两城罢了，其未能攻下的原因，听说乐毅与燕国新国王有嫌隙，想把战争拖下去，自己留在齐国，作齐国的国王。齐国所害怕的，只怕燕国派其他将领来。”当时燕王本来已经怀疑乐毅，听到齐国挑拨离间的话，就派骑劫统率军队，而召回乐毅。乐毅深知燕王于阵前换将，用意不善，害怕被杀，就向西投降赵国。赵便以观津的地方封乐毅，号称望诸（今河南商丘市东北）君。赵国之所以这样尊崇乐毅，是借以警惕燕、齐两国，使他兵不敢轻举妄动。

廉颇蔺相如列传

完璧归赵

【原文】

赵惠文王时，得楚和氏璧，秦昭王闻之，使人遗书赵王，愿以十五城请易璧。……王曰：“谁可使者？”相如曰：“王必无人，臣愿奉璧往使。城入赵而璧留秦，城不入，臣请完璧归赵。”赵王于是遂遣相如奉璧西入秦。

秦王坐章台见相如，相如奉璧奏秦王。秦王大喜，传以示美人及左右，左右皆呼万岁。相如视秦王无意偿赵城，及前曰：“璧有瑕，请指示王。”王授璧，相如因持璧郤立，倚柱，怒发上冲冠，谓秦王曰：“大王欲得璧，使人发书至赵王，赵王悉召群臣议，皆曰‘秦贪，负其强，以空言求璧，偿城恐不可得’。议不欲予秦璧。臣以为布衣之交尚不相欺，况大国乎！且以一璧之故逆强秦之欢，不可。于是赵王乃斋戒五日，使臣奉璧，拜送书于庭。何者？严大国之威以修敬也。今臣至，大王见臣列观，礼节甚倨；得璧，传之美人，以戏弄臣。臣观大王无意偿赵城邑，故臣复取璧。大王必欲急臣，臣头今与璧俱碎于柱矣！”相如持璧睨柱，欲以击柱。秦王恐其破璧，乃辞谢固请，召有司案图，指从此以往十五都予赵。相如度秦王特以诈详为予赵城，实不可得，乃谓秦王曰：“和氏璧，天下所共传宝也，赵王恐，不敢不献。赵王送璧时，斋戒五日，今大王亦宜斋戒五日，设九宾于廷，臣乃敢上璧。”……相如度秦王虽斋，决负约不偿城，乃使其从者衣褐，怀其璧，从径道亡，归璧于赵。

【译文】

赵惠文王的时候，得到楚国的和氏宝玉。秦昭王听到这件事，派人送信给赵

王，表示愿拿出十五个城邑换取和氏宝玉。……赵王说："谁可以派去当使者？"蔺相如说："大王果真没有人，我愿意捧着宝玉到秦国去。城邑给了赵国，宝玉就留在秦国；城邑不给赵国，我保证将宝玉完整地带回来。"在这种情况下，赵王就派遣蔺相如捧着宝玉向西到秦国去。

秦王坐在章台接见蔺相如，蔺相如捧着宝玉献给秦王。秦王非常高兴，把宝玉递给左右的妃嫔和侍从人员观看，侍从人员高呼"万岁"。蔺相如看出秦王没有补偿十五个城邑给赵国的意思，就走上前说："宝玉有斑点，请允许我指给大王看看。"秦王把宝玉还给蔺相如，蔺相如于是手拿着宝玉，后退了几步站着，倚着殿柱，怒发冲冠，对秦王说："大王想要得到宝玉，派人送信到赵国，赵王把群臣都召集在一起商量这件事，群臣都说：'秦王贪婪，依仗国力强，想用空话骗取宝玉，说补偿给城邑恐怕得不到。'商量结果不想把宝玉送给秦国。臣我认为一般平民的交往，都不肯彼此欺骗，何况堂堂的大国呢！况且仅因为一个宝玉，而使秦国不高兴，这是不应当的。于是赵国国王，斋戒了五天，派我捧着宝玉，他在朝堂上叩拜，送出国书。这是为什么

蔺相如

呢？无非是尊重你们大国的威望，表示敬意。今天，我来到贵国，大王在一般的宫殿接见我，态度傲慢；拿到了宝玉以后，又传递给嫔妃欣赏，用以戏弄我。我观察大王没有诚意补偿给赵国城邑，因此我又把宝玉要回来。大王一定会逼迫我，今天，我的头与宝玉要同时撞柱而粉碎。"蔺相如拿着宝玉，用眼斜视殿柱，要向殿柱撞去。秦王怕宝玉破碎，就连忙道歉，再三请求不要撞破宝玉，并叫来管图籍的官吏察看图籍，指着从这里起，到那里止的十五个城邑割给赵国，蔺相如估计秦王只不过是假装要补偿给赵城邑，实际上赵国得不到，便对秦王说："和氏宝玉是天下公认的宝玉，赵王害怕，不敢不献给秦王。赵国送宝玉的时候，国王曾斋戒五天，现在大王也应该斋戒五天，在朝廷上设九宾大礼接见，我才敢献上宝玉。"……蔺相如估计秦王尽管会斋戒，终究会负约，不补偿城邑给赵国，于是便派一个跟随他入秦的随从，穿上粗布衣，怀揣着宝玉，从小路逃走，把和氏宝玉送回赵国。

将 相 和

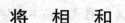

【原文】

相如功大，拜为上卿，位在廉颇之右。廉颇曰："我为赵将，有攻城野战之大功，而蔺相如徒以口舌为劳，而位居我上，且相如素贱人，吾羞，不忍为之下。"宣言曰："我见相如，必辱之。"相如闻，不肯与会。相如每朝时，常称

病，不欲与廉颇争列。已而相如出，望见廉颇，相如引车避匿。于是舍人相与谏曰："臣所以去亲戚而事君者，徒慕君之高义也。今君与廉颇同列，廉颇宣恶言而君畏匿之，恐惧殊甚，且庸人尚羞之，况于将相乎！臣等不肖，请辞去。"蔺相如固止之，曰："公视廉将军孰与秦王？"曰："不若也。"相如曰："夫以秦王之威，而相如廷叱之，辱其群臣，相如虽驽，独畏廉将军哉？顾吾念之，强秦之所不敢加兵于赵者，徒以吾两人在也。今两虎共斗，其势不俱生。吾所以为此者，以先国家之急而后私仇也。"廉颇闻之，肉袒负荆，因宾客至蔺相如门谢罪。曰："鄙贱之人，不知将军宽之至此也。"卒相与欢，为刎颈之交。

廉颇

【译文】

由于蔺相如的功劳最大，任命他为上卿，位次在廉颇之上。廉颇说："我作为赵国的将领，有攻城野战的大功，而蔺相如仅凭口舌的一点功劳，职位却在我之上，况且蔺相如平时本是卑贱的人，我位在他之下，感到羞耻，不甘心自己的职位在他之下。"并且还宣称；"我若是见到蔺相如，一定侮辱他。"蔺相如听到廉颇上述的话后，不肯与廉颇会面。每逢上朝时蔺相如常常说有病，不想同廉颇争位次的先后。过了一些时候，蔺相如看见廉颇，他就掉转车子躲避。这时蔺相如的门客一齐劝他说："我们离开亲人来投奔您，只为仰慕您崇高的为人。现在您与廉颇职位相等，廉颇口出恶言，而您却畏惧并躲藏起来，害怕得过分，这种事连一般人都觉得耻辱，何况位居将相的您呢！我们没有才能，请允许我们走吧。"蔺相如再三挽留，并说："你们看廉将军跟秦王比较，哪一个厉害？"回答说："当然不如秦王。"蔺相如说："以秦王的权威，我都敢在广庭之上呵斥他，并侮辱他的群臣，我虽然愚笨无能，难道会害怕廉将军吗？但是我考虑到，强大的秦国之所以不敢侵犯赵国，是因为我和廉颇的同时存在呢。现在两虎相斗，势必不能同时生存。我之所以这样表现，是把国家的利益放在首位，而后才考虑个人的怨仇的。"廉颇听到这些话，就脱去上衣，露出肩膀，背上荆条，通过宾客到蔺相如的家里请罪，并说："我是个卑贱庸俗的人，不了解将军的胸怀如此之宽阔。"两个人终于和好，结为同生死共患难的朋友。

田单列传

火牛阵

【原文】

田单乃收城中得千余牛，为绛缯衣，画以五彩龙文，束兵刃于其角，而灌脂束苇于尾，烧其端。凿城数十穴，夜纵牛，壮士五千人随其后。牛尾热，怒而奔燕军，燕军夜大惊，牛尾炬火光明炫耀，燕军视之皆龙文，所触尽死伤。五千人

因衔枚击之，而城中鼓噪从之，老弱皆击铜器为声，声动天地。燕军大骇，败走。齐人遂夷杀其将骑劫。燕军扰乱奔走，齐人追亡逐北，所过城邑皆畔燕而归田单，兵日益多，乘胜，燕日败亡，卒至河上，而齐七十余城皆复为齐。乃迎襄王于莒，入临菑而听政。

【译文】

田单从城中收集了五千多头牛，给它们披上大红绸制作的衣裳，在衣服上画着五颜六色的蛟龙花纹，把刀刃绑在牛的角上，把渍满油脂的芦苇捆在牛尾上，并点燃牛尾的末梢。把城墙凿了几十个洞，夜晚让牛从洞穴里出去，派五千个壮士随在牛的后面。牛尾发热了，牛便狂怒地奔向燕国军队，燕军在夜间大为惊骇，牛尾巴上的火光耀眼，燕军看见它们都是龙纹，牛角所触及的燕军不死则伤。五千个壮士趁这个阵势衔枚冲杀。城里的士兵大声呐喊跟着他们，老弱都击敲铜器助威，惊天动地。燕军大为惊骇，败而逃跑。齐国人终于杀死了燕国将军骑劫。燕国军队扰乱逃命，齐国军队紧紧追击，所经过的城邑都背叛燕军而归顺田单。田单的兵士一天天在增多，乘着胜利的军威，燕军一天天败退逃跑，最后退到河上（黄河边。当时黄河流经今山东德州、河北沧州，往北由天津入海，这一带为齐国的北部边界），而齐国七十多个城邑都收复归齐国所有。于是去莒城迎接齐襄王，回到都城临淄主持国政。

屈原贾生列传

屈原明于治乱

【原文】

屈原者，名平，楚之同姓也。为楚怀王左徒。博闻强志，明于治乱，娴于辞令。入则与王图议国事，以出号令；出则接遇宾客，应对诸侯。王甚任之。

【译文】

屈原，名平，和楚国王族是同姓，他担任楚怀王的左徒。见闻广博，记忆力强，对国家治乱的道理很清楚，擅长交际辞令。在朝就和国王讨论国家大事，发布政令；对外就接待宾客，办理对诸侯国的事务。怀王很信任他。

屈原

《离骚》之成因

【原文】

屈平疾王听之不聪也，谗谄之蔽明也，邪曲之害公也，方正之不容也，故忧愁幽思而作《离骚》。离骚者，犹离忧也。夫天者，人之始也；父母者，人之本也。人穷则反本，故劳苦倦极，未尝不呼天也；疾痛惨怛，未尝不呼父母也。屈平正道直行，竭忠尽智以事其君，谗人间之，可谓穷矣。信而见疑，忠而被谤，

能无怨乎？屈平之作《离骚》，盖自怨生也。《国风》好色而不淫，《小雅》怨诽而不乱。若《离骚》者，可谓兼之矣。上称帝喾，下道齐桓，中述汤、武，以刺世事。明道德之广崇，治乱之条贯，靡不毕见。其文约，其辞微，其志洁，其行廉，其称文小而其指极大，举类迩而见义远。其志洁，故其称物芳。其行廉，故死而不容自疏。濯淖污泥之中，蝉蜕于浊秽，以浮游尘埃之外，不获世之滋垢，皭然泥而不滓者也。推此志也，虽与日月争光可也。

【译文】

屈平痛心怀王听闻的闭塞，被谗谄人的蒙蔽，使他见事不明，邪曲的人陷害公正的人，公正的人之不被容身，所以忧愁沉思写成了《离骚》。离骚就是遭受忧患的意思。上天是人的始祖；父母是人的根本。人们遭到困苦，就返回到根本，所以劳苦疲倦达到极点时，没有不呼唤上天的；极度伤痛时，没有不呼唤父母的。

屈平处理事情，坚持公正的原则，竭尽忠诚来侍奉怀王，反而遭到谗谀之人的离间，可说是困窘到极点了。诚信反而被猜疑，忠正反而被诽谤，怎能没有怨恨呢？屈平写作《离骚》就是这种怨恨心情的抒发。《国风》中的诗虽然描写男女恋情，但不荒嬉无度；《小雅》中的诗反映了人民的怨恨，但不主张作乱。至于《离骚》可以说是兼有《国风》与《小雅》二者的优点了。《离骚》这部诗对上古提到了喾帝，对近代提到了齐桓公，对中古说及了商汤、周武王，用历史上的事，来批评时政。他阐明道德内容的广博高深，政治治理的条理系统，无不详尽体现。它的文字简约，它的语词含蓄，它的志向高尚，它的品行廉正，它的文句虽然写了些花鸟草木等

饮酒读《离骚》图　明朝

细小事物，而它的意旨却极其博大；其所列举的比喻，多是眼前的事，而体现的含义却很深远。他的意志纯洁，所以想到的都是芳香的事物；他的品行端正，所以他至死而不被小人所容。身处污泥浊水之中，而能自加洗濯，像蝉脱壳于污秽泥土中，而浮游于尘埃之外，他一点也不受社会恶习的感染，虽处浊泥之中，却如莲花一般，仍能保持自己品行的高洁。推论他的这种志趣，说他可以跟日月比光明，也不算推崇过分。

吕不韦列传

奇货可居

【原文】

子楚，秦诸庶孽孙，质于诸侯，车乘进用不饶，居处困，不得意。吕不韦贾邯郸，见而怜之，曰"此奇货可居"。乃往见子楚，说曰："吾能大子之门。"子楚笑曰："且自大君之门，而乃大吾门！"吕不韦曰："子不知也，吾门待子门而大。"子楚心知所谓，乃引与坐，深语。吕不韦曰："秦王老矣，安国君得为太子。窃闻安国君爱幸华阳夫人，华阳夫人无子，能立適嗣者独华阳夫人耳。今子兄弟二十余人，子又居中，不甚见幸，久质诸侯。即大王薨，安国君立为王，则子毋几得与长子及诸子旦暮在前者争为太子矣。"子楚曰："然。为之奈何？"吕不韦曰："子贫，客于此，非有以奉献于

吕不韦

亲及结宾客也。不韦虽贫，请以千金为子西游，事安国君及华阳夫人，立子为適嗣。"子楚乃顿首曰："必如君策，请得分秦国与君共之。"

【译文】

子楚（秦庄襄王）是秦庶孽（妾生之子）所出的孙子，在诸侯国做人质，乘用的车辆，日常财用并不富足，生活困窘，不得意。吕不韦经商到了邯郸，看见子楚，觉得他可怜，说"这是件稀有的货物，可以囤积起来。"于是就前往见子楚，向他游说："我能使你的门第高大起来。"子楚笑着说："暂且还是先使你自己的门第高大起来吧。"吕不韦说："您不懂得呵，我的门第要待您的门第高大，才能高大起来。"子楚心里明白吕不韦所说的话的意思，就让吕不韦靠近自己坐下，同他深谈。吕不韦说："秦王老了，安国君（即秦孝王）被立做太子。我听说安国君宠爱华阳夫人，华阳夫人没有儿子，能够选立嫡子的，只有华阳夫人了。现在您兄弟二十多人，您又列居中间，不太受到宠幸，长期间在诸侯国做人质。如果大王逝世，安国君立为国王，那么，您就没有机会与长子或其他天天在王面前的兄弟争立为太子了。"子楚说："是这样。应该怎么办呢？"吕不韦说："您贫穷，在这里做客，不能拿出什么来奉献给亲长，交往宾客。我虽然贫穷，我愿携带千金为您西去秦国游说，侍奉安国君和华阳夫人，让他们立您为正式继承人。"子楚叩头拜谢道："如果实现了您的计划，愿意和您共同享有秦国。"

《吕氏春秋》

【原文】

　　当是时，魏有信陵君，楚有春申君，赵有平原君，齐有孟尝君，皆下士喜宾客以相倾。吕不韦以秦之强，羞不如，亦招致士，厚遇之，至食客三千人。是时诸侯多辩士，如荀卿之徒，著书布天下。吕不韦乃使其客人人著所闻，集论以为八览、六论、十二纪，二十余万言。以为备天地万物古今之事，号曰《吕氏春秋》。布咸阳市门，悬千金其上，延诸侯游士宾客有能增损一字者予千金。

《吕氏春秋》书影

【译文】

　　那时候，魏国有信陵君，楚国有春申君，赵国有平原君，齐国有孟尝君，他们都礼贤下士，喜欢接纳宾客，凭着这个来相互倾轧。吕不韦认为秦国这样强大，羞愧比不上他们，也招揽士人，给予优厚的待遇，致使门客达到三千人。当时诸侯国有很多能言善辩之人，如荀卿这般人，著书立说，遍布天下。吕不韦让他的门客，各把自己的见闻写下来，综合他们的言论而完成八览、六论、十二纪，共二十多万字。认为它包含了天地万物古今的事情，定书名叫作《吕氏春秋》。刊布在咸阳城门上，并悬挂一千金在上面，请各国诸侯的游士、宾客，若有能够增加或减少一字的人，就给他千金。

刺 客 列 传

士为知己者死

【原文】

　　豫让者，晋人也，故尝事范氏及中行氏，而无所知名。去而事智伯，智伯甚尊宠之。及智伯伐赵襄子，赵襄子与韩、魏合谋灭智伯，灭智伯之后而三分其地。赵襄子最怨智伯，漆其头以为饮器。豫让遁逃山中，曰："嗟乎！士为知己者死，女为悦己者容。今智伯知我，我必为报仇而死，以报智伯，则吾魂魄不愧矣。"乃变名姓为刑人，入宫涂厕，中挟匕首，欲以刺襄子。襄子如厕，心动，执问涂厕之刑人，则豫让，内持刀兵，曰："欲为智伯报仇！"左右欲诛之。襄子曰："彼义人也，吾谨避之耳。且智伯亡无后，而其臣欲为报仇，此天下之贤人也。"卒醳去之。

【译文】

豫让是晋国人，原先曾经服侍范氏和中行氏，但并不知名。他离开范氏、中行氏后又去服侍智伯，智伯对他很尊重宠信。等到智伯攻伐赵襄子，赵襄子与韩（康子）、魏（桓子）联合起来，消灭了智伯。灭了智伯之后，他们就三分智伯的土地。赵襄子最恨智伯，把他的头骨涂上油漆，作为饮酒的器具。豫让逃到山中，自叹道："唉！士当为知己的人去牺牲性命；美女应为爱慕自己的人修饰面容。现在智伯是我的知己，我一定要为他报仇而死，以报答他，那么我就是死了，魂魄也没有遗憾了。"于是就改名换姓，扮作一个犯罪受刑的奴隶，进入赵襄子的宫里，在厕所中做涂饰粉刷墙壁的事，身上带着匕首，想要刺杀赵襄子。赵襄子到厕所来，突然心中一惊，便询问涂饰粉刷厕所墙壁的人，才知道是豫让，身内藏着匕首，豫让说："要为智伯报仇！"跟随的人要杀掉他。赵襄子说："他是个讲义气的人，我注意回避就是了。况且智伯身死没有后代，而他的侍臣要替他报仇，这是天下的贤人呢！"结果放他走了。

风萧萧兮易水寒

【原文】

太子及宾客知其事者，皆白衣冠以送之。至易水之上，既祖，取道，高渐离击筑，荆轲和而歌，为变徵之声，士皆垂泪涕泣。又前为歌曰："风萧萧兮易水寒，壮士一去兮不复还！"复为羽声慷慨，士皆瞋目，发尽上指冠。于是荆轲就车而去，终已不顾。

【译文】

太子和知道这件事情的宾客们，都穿着白衣戴着白帽来送行。到了易水旁边，祭了路神之后，荆轲就要上路入秦了。这时高渐离击着筑，荆轲和着筑声唱歌，发出变徵的音调，人们都流泪哭泣。又一边前进一边唱道："风声萧萧啊，易水凄寒；壮士一去啊，不再回还！"又唱出慷慨激昂的羽声，人们都睁着怒眼，头发直立冲冠。于是荆轲上车走了，一直没有回头。

图穷匕首见

【原文】

遂至秦，持千金之资币物，厚遗秦王宠臣中庶子蒙嘉。嘉为先言于秦王曰："燕王诚振怖大王之威，不敢举兵以逆军吏，愿举国为内臣，比诸侯之列，给贡职如郡县，而得奉守先王之宗庙。恐惧不敢自陈，谨斩樊於期之头，及献燕督亢之地图，函封，燕王拜送于庭，使使以闻大王，唯大王命之。"秦王闻之，大喜，乃朝服，设九宾，见燕使者咸阳宫。荆轲奉樊於期头函，而秦舞阳奉地图柙，以次进。……秦王谓轲曰："取舞阳所持地图。"轲既取图奏之，秦王发图，图穷而

匕首见。因左手把秦王之袖，而右手持匕首揕之。未至身，秦王惊，自引而起，袖绝。……荆轲逐秦王，秦王环柱而走。群臣皆愕，卒起不意，尽失其度。……是进侍医夏无且以其所奉药囊提荆轲也。秦王方环柱走，卒惶急，不知所为，左右乃曰："王负剑！"负剑，遂拔以击荆轲，断其左股。……轲自知事不就，倚柱而笑，箕踞以骂曰："事所以不成者，以欲生劫之，必得约契以报太子也。"

【译文】

（荆轲）一到秦国，拿着价值千金的礼物，送给秦王的宠臣中庶子蒙嘉。蒙嘉预先向秦王介绍说："燕国果真震惊大王的声威，不敢出兵抵抗我国的军队，希望全国做臣子，排在附属秦国诸侯的行列里，像郡县一样交纳贡物和赋税，只要能保住先王的宗庙。因为心里恐怖，不敢前来陈说，特此砍下了樊於期的头，并献上燕国督亢（今河北涿州市、定兴、新城、固安一带）地方的地图，装在匣里封好，燕王在朝廷上举行了送行仪式，派使者前来禀告大王，恭候大王的命令。"秦王听了，非常高兴，穿上朝服，设九宾大礼，在咸阳宫接见燕国使者。荆轲捧着盛樊於期头的匣子，秦舞阳捧着装地图的匣子，按次序前进。……秦王对荆轲说："把秦舞阳所拿的地图拿来。"荆轲拿地图送上去，秦王把地图展开，地图被展到了尽头，匕首露出来了。荆轲便用左手把住秦王的衣袖，右手拿起匕首直刺秦王；还未刺到身上，秦王大惊抽身急忙立即跃起，把衣袖挣断了。……荆轲追赶秦王，秦王绕着柱子跑。群臣们都惊呆了，出其不意，都失了常态。……这时，侍从医官夏无且用他所捧的药袋子投击荆轲。秦王正在绕着柱子逃跑，仓促惊惶，不知怎么办，侍从人员才说："大王把剑背起来！"秦王这才把剑背起来，拔出剑来，击杀荆轲，砍断了他的左腿。……荆轲自知事情没有成功便靠着柱子笑，叉开腿坐着骂道："事情之所以未能成功，因为我想活捉胁迫你，以便得到你退还诸侯土地的诺言，回去报太子。"

李斯列传

李斯辞荀卿

【原文】

（李斯）乃从荀卿学帝王之术。学以成，度楚王不足事，而六国皆弱，无可为建功者，欲西入秦。辞于荀卿曰："斯闻得时无怠，今万乘方争时，游者主事。今秦王欲吞天下，称帝而治，此布衣驰骛之时而游说者之秋也。处卑贱之位而计不为者，此禽鹿视肉，人面而能强行者耳。故诟莫大于卑贱，而悲莫甚于穷困，久处卑贱之位，困苦之地，非世而恶利，自托于无为，此非士之情也。故斯将西说秦王矣。"

【译文】

李斯跟荀卿学习治理天下的学问。学业已经完成，他估量楚王不会有什么成就，而六国都很衰弱，已经没有为他们建立功业的希望了，就想要到西方秦国去。他辞别荀卿说："我听说一个人要是得到时机，千万不要疏忽怠慢，现在大

国诸侯都在争取时机，游说之士掌握大权。秦国想要吞并各国，称帝统治天下，这乃是平民政治家奔走追逐的时候，游说之士的好机会呀。处于卑贱地位的人，心里却总想着有所不为，就好像禽兽看见现成的肉才会张嘴巴一样，不过长了一副人的面孔，勉强能直立行走罢了。所以说人的最大耻辱，莫过于地位卑贱，最大的悲哀，莫过于生活穷困。长期处于卑贱的地位和贫困的境地，还反对当时的世俗，厌恶名利，标榜自己与世无争，这不是读书人的真情。因此我要到西方游说秦王去了。

李斯

李 斯 临 刑

【原文】

二世二年七月，具斯五刑，论腰斩咸阳市。斯出狱，与其中子俱执，顾谓其中子曰："吾欲与若复牵黄犬俱出上蔡东门逐狡兔，岂可得乎？"遂父子相哭，而夷三族。

【译文】

二世二年（前208年）七月，李斯被判处五刑，在咸阳市上腰斩。李斯走出监狱，与他的次子一同被押解，回头对他的次子说："我想跟你再牵黄狗，一同出上蔡的东门去打猎追逐狡兔，还办得到吗？"于是父子相对哭泣，三族（父母、兄弟、妻子三家族）的人都被杀了。

司马迁评李斯

【原文】

太史公曰：李斯以闾阎历诸侯，入事秦，因以瑕衅，以辅始皇，卒成帝业，斯为三公，可谓尊用矣。斯知六艺之归，不务明政以补主上之缺，持爵禄之重，阿顺苟合，严威酷刑，听高邪说，废适立庶。诸侯已畔，斯乃欲谏争，不亦末乎！人皆以斯极忠而被五刑死，察其本，乃与俗议之异。不然，斯之功且与周、召列矣。

【译文】

太史公说：李斯出身于平民，游历各国，入关服侍秦国，利用各种机会，辅佐秦始皇，终于完成了统一的大事业，李斯位居三公，可算是被重用了。李斯懂得《六艺》的要旨，却不努力修明政治，来补救始皇的过失，却把爵禄看得太重，因而曲意顺从逢迎，对下实行酷刑，听从赵

李斯书法　秦朝

高的邪说，废弃嫡子（扶苏）立庶子（胡亥）。等到各地已经叛乱，李斯才想到直言规劝，岂不是晚了吗?"人们都认为李斯竭尽忠诚，反而遭受五刑而死，考察其根源，却与一般的议论不同。不然的话，李斯的功绩倒是可以跟周公、召公并列了。

魏豹彭越列传

魏王豹反汉

【原文】

汉王还定三秦，渡临晋，魏王豹以国属焉，遂从击楚午彭城。汉败，还至荥阳，豹请归视亲病，至国，即绝河津畔汉。汉王闻魏豹反，方东忧楚，未及击，谓郦生曰："缓颊往说魏豹，能下之，吾以万户封若。"郦生说豹。豹谢曰："人生一世间，如白驹过隙耳。今汉王慢而侮人，骂詈诸侯群臣如骂奴耳，非有上下礼节也，吾不忍复见也。"

【译文】

汉王回军平定了三秦，渡过临晋，（即临晋关，又叫蒲津关，今陕西大荔县东的黄河西岸），魏豹举国归附汉王，于是跟随汉王一齐到彭城（今江苏徐州）攻打楚军。汉王打了败仗，回师到荥阳（今河南荥阳东北）时，魏豹请假回家探视母亲的病情。到了本国，就封锁了黄河渡口，背叛汉王。汉王所说魏豹反叛的消息，那时正在忧虑如何对付楚国，来不及去打魏国，便对郦生说："你去婉转劝说魏豹，如果能说服他，我封你为万户侯。"郦生去劝说魏豹。魏豹谢绝说："人生一世，好像骏马驰过缝隙宽的地段一样罢了。现在汉王对人傲慢甚至侮辱，骂诸侯群臣，像骂奴隶一样，没有上下礼节，我不愿忍气见他了。"

吕后伪诈诛彭越

【原文】

太仆亡走汉，告梁王与扈辄谋反。于是上使使掩梁王，梁王不觉，捕梁王，囚之雒阳。有司治反形已具，请论如法。上赦以为庶人，传处蜀青衣。西至郑，逢吕后从长安来，欲之雒阳，道见彭王。彭王为吕后泣涕，自言无罪，愿处故昌邑。吕后许诺，与俱东至雒阳。吕后白上曰："彭王壮士，今徙之蜀，此自遗患，不如遂诛之。妾谨与俱来。"于是吕后乃令其舍人告彭越复谋反。廷尉王恬开奏请族之。上乃可，遂夷越宗族，国除。

【译文】

太仆（指彭越的太仆）跑到汉王那里去，告发梁王（彭越）与扈辄（彭越的将领）谋反。于是汉王派使者突然袭击梁王，梁王未发觉，便逮捕了梁王，把他囚禁在洛阳。经主管官吏审查，已构成反叛的罪行，请求依法论处。汉王赦免

彭越降为平民，流放到蜀地青衣（今四川省名山区北）县。向西押送到郑（今陕西省华县东）地时，碰上吕后从长安来，要前往洛阳，路上见到彭越。彭越对吕后哭泣，自说无罪，愿意回到故乡昌邑（今山东省金乡西北）定居。吕后答应了彭越的请求，并与彭越一同回到洛阳。吕后对皇上说："彭越是个壮士，现在你把他流放到蜀地，这是自留后患，不如把他杀了，我让他一道来了。"于是吕后命令他的家臣告发彭越再次谋反。廷尉王恬开呈报请诛灭彭越家族，皇上批准了，就诛杀了彭越家族，封国被废除。

黥布列传

被逼反叛

【原文】

上召诸将问曰："布反，为奈何？"皆曰："发兵击之，坑竖子耳，何能为乎！"汝阴侯滕公召故楚令尹问之。令尹曰："是故当反。"滕公曰："上裂地而王之，疏爵而贵之，南面而立万乘之主，其反何也？"令尹曰："往去杀彭越，前年杀韩信，此三人者，同功一体之人也。自疑祸及身，故反耳。"

【译文】

皇上召集诸将领问道："英布反叛，对他该怎么办？"众将都说："发兵征讨他。活埋了这小子，还能怎么样呢！"汝阳侯滕公叫来原楚国令尹询问此事。令尹说："他本来会反叛。"滕公说："皇上割地封他为王，分赐爵位让他显贵，南面听政，成了大国的国王，他又为什么反叛呢？"令尹说："去年杀了彭越，前年杀了韩信，这三个人功劳相同，以是同一类型的人物，（英布）自己怀疑祸患要落到自己的头上，因此反叛了。"

淮阴侯列传

漂母赐食

【原文】

信钓于城下，诸母漂，有一母见信饥，饭信，竟漂数十日。信喜，谓漂母曰："吾必有以重报母。"母怒曰："大丈夫不能自食，吾哀王孙而进食，岂望报乎！"

【译文】

韩信在城下钓鱼。有几位老太太在漂洗丝绢。其中有一位老大娘看见韩信饿了，把饭分给他吃，这样，有数十天。韩信很高兴，对那位老大娘说："我一定要重报老人家。"老大娘生气说："大丈夫不能自

韩信

己养活自己，我是可怜你这位公子，才给你饭吃，难道是希望报答吗?"

胯下之辱

【原文】

淮阴屠中少年有侮信者，曰："若虽长大，好带刀剑，中情怯耳。"众辱之曰："信能死，刺我；不能死，出我胯下。"于是信孰视之，俯出胯下，蒲伏。一市人皆笑信，以为怯。

【译文】

淮阴（今江苏省淮阴市西南。）屠户里有个欺侮韩信的少年人，说："你虽然长得高大，好佩带刀剑，内心却是胆怯的。"当众侮辱他说："你果真不怕死，就刺我；怕死，就从我胯下爬过去。"韩信仔细打量那个年轻人，就弯着身子，趴在地上，从那年轻人的胯下爬过去。满街的人都笑话韩信，认为他胆子小，怕事。

萧何追韩信

【原文】

信数与萧何语，何奇之。至南郑，诸将行道亡者数十人，信度何等已数言上，上不我用，即亡。何闻信亡，不及以闻，自追之。人有言上曰："丞相何亡。"上大怒，如失左右手。居一二日，何来谒上，上且怒且喜，骂何曰："若亡，何也?"何曰："臣不敢亡也，臣追亡者。"上曰："若所追者谁何?"曰："韩信也。"上复骂曰："诸将亡者以十数，公无所追；追信，诈也。"何曰："诸将易得耳。至如信者，国士无双。王必欲长王汉中，无所事信；必欲争天下，非信无所与计事者。……"

国学经典文库

【译文】

韩信多次同萧何谈话，萧何认为他是个奇才。到达南郑（今陕西省汉中），将领们在半途逃跑的就有几十个人，韩信估计萧何等人已多次向汉王推荐过，汉王不重用自己，便也逃跑了。萧何听说韩信逃跑了，来不及报告汉王，自己亲自追赶。有人向汉王说："丞相萧何逃跑了。"汉王大怒，好像失掉了左右手。过了一两天，萧何来拜见汉王，汉王又生气又高兴，骂萧何说："你为什么逃跑?"萧何说："我不敢逃跑，我是追赶逃跑的人。"汉王说："你追的是谁?"萧何说："韩信啊。"汉王又骂说："将领们逃跑的要用十数来计算，您都没去追；却去追赶韩信，那是骗人。"萧何说："那些将领容易得到。至于韩信这

《萧何追韩信》五彩盘

样一国的杰出人物，天下没有第二个。大王如果要长期在汉中一带称王的话，那韩信确没有地方用得着他，如果决定要争夺天下，除了韩信，再没有同你商量的人了。……"

韩 信 拜 将

【原文】

何曰："王计必欲东，能用信，信即留，不能用，信终亡耳。"王曰："吾为公以为将。"何曰："虽为将，信必不留。"王曰："以为大将。"何曰："幸甚。"于是王欲召信拜之。何曰："王素慢无礼，今拜大将如呼小儿耳，此乃信所以去也。王必欲拜之，择良日，斋戒，设坛场，具礼，乃可耳。"王许之。诸将皆喜，人人各自以为得大将。至拜大将，乃韩信也，一军皆惊。

【译文】

萧何说："如果大王决定向东方发展，能够任用韩信，韩信就留下来；如果不能任用，韩信最终还是要逃跑的。"汉王说："我看在您的面上，让他做将军吧。"萧何说："即便你让他当将军，韩信一定不肯留下。"汉王说："让他做大将。"萧何说："非常好！"于是汉王要召见韩信拜他为大将。萧何说："大王平素对人傲慢无礼，现在拜大将就像呼叫一个小孩儿似的，这就是韩信离去的原因。如果大王决心要任命他，就选个吉利日子，亲自斋戒，设置高坛和广场，举行任命大将的仪式，那才行呢。"汉王答应了萧何的要求。众将领都很高兴，每个人都认为自己要担任大将。等到拜大将时，竟是韩信，全军都感到惊讶。

背 水 陈

【原文】

信乃使万人先行，出，背水陈。赵军望见而大笑。平旦，信建大将之旗鼓，鼓行出井陉口，赵开壁击之，大战良久。于是信、张耳详弃旗鼓，走水上军。水上军开入之，复疾战。赵果空壁争汉旗鼓，逐韩信、张耳。韩信、张耳已入水上军，军皆殊死战，不可败。信所出奇兵二千骑，共候赵空壁逐利，则驰入赵壁，皆拔赵旗，立汉赤帜二千。赵军已不胜，不能得信等，欲还归壁，壁皆汉赤帜，而大惊，以为汉皆已得赵王将矣，兵遂乱，遁走，赵将虽斩之，不能禁也。于是汉兵夹击，大破虏赵军，斩成安君泜水上，禽赵王歇。

【译文】

韩信于是派一万人作先头部队，出了井陉口，背靠着河水（指绵蔓水。发源于山西寿阳县东，东经河北井陉县，流入滹沱河）摆开阵势。赵军望见韩信摆开这种阵势，大笑起来，天亮后，韩信摆开大将的旗号和仪仗鼓吹，大吹大擂地开出井陉口，于是赵军打开营垒，来迎击汉军，两军对峙交战了很久。这时韩信和张耳，假装丢弃旗鼓，退回河边的阵地。河边阵地的部队，敞开营门放他们进去。又进行激战。赵军果然倾巢而出，都争先抢夺汉军的旗鼓，追逐韩信、张

国学经典文库

耳。韩信和张耳已经进入河边上的阵地，战士们都拼死命作战，不可能被打败。韩信所派出的两千名骑兵，都等候在赵军倾巢出动去追逐战利品的时候，就快速进入赵军营垒，全部拔掉赵军的旗帜，插上汉军的红旗。赵国军队已经不能够取胜，不能捉住韩信等人，想退回营垒，看到营垒都是汉军的红旗，因而大为惊骇，认为汉军把赵王的将军都收服了，士兵就混乱起来，纷纷逃遁，赵兵的将领虽然杀逃兵，也不能禁止。于是汉军前后夹击，大破赵军，俘获大批人马，斩杀成安君于泜水（今槐河，发源于河北省赞皇县西南，东经元氏县向南流入滏阳河）上，擒获赵王赵歇。

不能将兵，而善将将

【原文】

上常从容与信言诸将能不，各有差。上问曰："如我能将几何？"信曰："陛下不过能将十万。"上曰："于君何如？"曰："臣多多而益善耳。"上笑曰："多多益善，何为为我禽？"信曰："陛下不能将兵，而善将将，此乃信之所以为陛下禽也。……"

【译文】

皇上曾经闲谈将领们的本领，认为他们各有短长。皇上问韩信道："像我的才能，能带多少兵？"韩信说："陛下最多不超过十万人。"皇上说："那您怎样？"韩信说："我是越多越好啊！"皇上笑着说："越多越好，为什么被我捉住了？"韩信说："陛下不善于带兵，而善于驾驭将领，这就是我被陛下所擒的缘故。"

韩信卢绾列传

韩王信反

【原文】

上以韩信材武，所王北近巩、洛，南迫宛、叶，东有淮阳，皆天下劲兵处，乃诏徙韩王信王太原以北，备御胡，都晋阳。信上书曰："国被边，匈奴数入，晋阳去塞远，请治马邑。"上许之，信乃徙治马邑。秋，匈奴冒顿大围信，信数使使胡求和解。汉发兵救之，疑信数间使，有二心，使人责让信。信恐诛，因与匈奴约共攻汉，反，以马邑降胡，击太原。

【译文】

皇上认为韩信有雄才伟略，所管辖之地北面靠巩县（今河南巩义市西南）、洛邑（今河南洛阳市东北），南面逼近宛县（今河南南阳市）、叶县（今河南叶县），东边有淮阳，均为天下的驻扎军队的重要地方，就下令迁调韩信统辖太原以北地区，防备和抵抗匈奴，建都晋阳。韩信给皇上上书说："韩国正是边界，匈奴频繁侵扰，晋阳离边塞远，请求以马邑（今山西省朔县）做为国都。"皇上

同意了，就迁都到马邑。秋天，匈奴冒顿重重包围了韩信，韩信多次派使者求和。高祖发兵救援，怀疑韩信多次私派使者，有异心，便派人指责韩信。韩信害怕被杀，于是与匈奴约定共同进攻汉朝，反叛，用马邑投降匈奴，进攻太原。

张丞相列传

敢 于 直 谏

【原文】

昌为人强力，敢直言，自萧、曹等皆卑下之。昌尝燕时入奏事，高帝方拥戚姬，昌还走，高帝逐得，骑周昌项，问曰："我何如主也？"昌仰曰："陛下即桀、纣之主也。"于是上笑之，然尤惮周昌。及帝欲废太子，而立戚姬子如意为太子，大臣固争之，莫能得；上以留侯策即止。而周昌廷争之强，上问其说，昌为人吃，又盛怒，曰："臣口不能言，然臣期期知其不可。陛下虽欲废太子，臣期期不奉诏。"上欣然而笑。既罢，吕后侧耳于东箱听，见周昌，为跪谢曰："微君，太子几废。"

【译文】

周昌为人性格刚强，敢说直话，如萧何、曹参等人都比不上他。周昌曾经在高祖休息的时候进宫报告事情，高祖正在搂抱着戚夫人，周昌见了转身便跑，高祖追上周昌，骑着周昌的脖子问道："我是什么样的君主？"周昌仰着说："陛下是夏桀、殷纣一类的君主。"于是皇上笑了，然而还是畏惧周昌。等到皇上想要废掉太子，立戚夫人所生的儿子刘如意做太子，大臣们都坚决反对，但没有收到预期的效果；皇上因为张良的策略，才打消了废太子的主意。然而周昌在廷争的时候最强硬，皇上问他的理由，周昌本有口吃的毛病，又一肚子怒气，说："我嘴不会讲，可是我极知道这不行。陛下即便废掉了太子，我也不会真的服从命令！"皇上欣然地笑了。散朝以后，吕后原本在东厢房里偷听，看见周昌，欠身致谢说："没有您，太子险些被废了。"

郦生陆贾列传

郦食其说沛公

【原文】

沛公至高阳传舍，使人召郦生。郦生至，入谒，沛公方倨床使两女子洗足，而见郦生。郦生入，则长揖不拜，曰："足下欲助秦攻诸侯乎？且欲率诸侯破秦也？"沛公骂曰："竖儒！夫天下同苦秦久矣，故诸侯相率而攻秦，何谓助秦攻诸侯乎？"郦生曰："必聚徒合义兵诛无道秦，不宜倨见长者。"于是沛公辍洗，起摄衣，延郦生上坐，谢之。郦生因言六国从横时。沛公喜，赐郦生食，问曰："计将安出？"郦生曰："足下起纠合之众，收散乱之兵，不满万人，欲以径入强

秦，此所谓探虎口者也。夫陈留，天下之冲，四通五达之郊也，今其城又多积粟。臣善其令，请得使之，令下足下。即不听，足下举兵攻之，臣为内应。"于是遣郦生行，沛公引兵随之，遂下陈留。

【译文】

沛公到了高阳（今河南杞县西南）旅店，派人召见郦生。郦生到来，送上求见的名片，沛公正在坐在床上让两个女子洗脚，便叫郦生来见。郦生进来，仅行了一个大拱手的礼，而不下拜，说："您是想要帮助秦朝攻打诸侯呢？还是要率领诸侯灭亡秦朝呢？"沛公骂道："卑贱的儒生！天下的百姓被暴强的秦朝残害得很久了，所以诸侯一个接着一个地攻打秦朝，怎么说帮助秦朝攻打诸侯呢？"郦生说："您真正要聚集群众组织正义的军队，去讨伐无道的秦朝，那就不应该用傲慢的态度接见年长的人。"于是沛公停止了洗脚，起身整理衣服，请郦生上坐，向他道歉。郦生就谈了六国合纵连横的形势。沛公听了很高兴，招待郦生吃饭。沛公问说："计策怎样制定呢？"郦生说："您从没有经过训练的民众中起事，召集了一些散乱的士兵，还不满一万人，想要凭这点兵力，进攻强大的秦朝，这就是人们常说的去摸虎口啊。陈留县是天下的要冲，四通八达的地区，如今这座城里又贮藏着很多粮食。我与陈留县令有交情，请求得到你的命令，让我出使陈留，叫他向您投降。如果他不听劝告，您就发兵攻城，我做内应。"于是派遣郦生前往，沛公带兵跟着他，便降服了陈留。

刘敬叔孙通列传

还报匈奴不可击

【原文】

汉七年，韩王信反，高帝自往击之。至晋阳，闻信与匈奴欲共击汉，上大怒，使人使匈奴。匈奴匿其壮士肥牛马，但见老弱及羸畜。使者十辈来，皆言匈奴可击。上使刘敬复往使匈奴，还报曰："两国相击，此宜夸矜见所长。今臣往，徒见羸瘠老弱，此必欲见短，伏奇兵以争利。愚以为匈奴不可击也。"是时汉兵已逾句注，二十余万兵已业行。上怒，骂刘敬曰："齐虏！以口舌得官，今乃妄言沮吾军。"械系敬广武。遂往，至平城，匈奴果出奇兵围高帝白登，七日然后得解。高帝至广武，赦敬，曰："吾不用公言，以困平城。吾皆已斩前使十辈言可击者矣。"乃封敬二千户，为关内侯，号为建信侯。

【译文】

汉高帝七年（前200年）韩王韩信反叛，高帝亲自领兵去镇压他。到了晋阳（今山西省太原市），听说韩信和匈奴想要一同进攻汉朝，皇上大怒，派人出使匈奴。匈奴把壮士和肥壮的牛马都藏起来，只见到老人、小孩和瘦的牲畜。派去的使者十余批回来，都说对匈奴可以进攻。皇上派刘敬又出使匈奴，回来报告说："两国互相攻击，应该夸耀显示自己的长处。现在我到那里，仅仅看见瘦小的牲畜和老弱的士兵，这一定是让我们看到短处，埋伏下奇兵，来争取胜利。我认为

对匈奴不可以进攻。"这时汉军已经逾过了句注山（今山西省代县西北），二十多万军队已经出发了。皇上发怒了，骂刘敬说："齐国的混蛋，靠着耍嘴皮子得到了官职，如今一派胡言阻挠我军。"就用刑具，把刘敬囚禁在广武（今山西省代县）。皇上就自己带兵前往，到了平城（今山西省大同县东），匈奴果然出动突袭部队，把高帝包围在白登（今山西省大同县东），经过七天才解了围。高帝回到广武，赦免了刘敬，并说："我未采纳您的意见，以至于被围困平城。我已经把以前十批说匈奴可以进攻的使者都斩杀了。"于是封赏刘敬二千户，爵位是关内侯，称为建信侯。

季布栾布列传

季布不阿谀吕后

【原文】

孝惠时，为中郎将。单于尝为书嫚吕后，不逊，吕后大怒，召诸将议之。上将樊哙曰："臣愿得十万众，横行匈奴中"。诸将皆阿吕后意。曰"然"。季布曰："樊哙可斩也！夫高帝将兵四十余万众，困于平城，今哙奈何以十万众横行匈奴中，面欺！且秦以事于胡，陈胜等起。于今创痍未瘳，哙又面谀，欲摇动天下。"是时殿上皆恐，太后罢朝，遂不复议击匈奴事。

【译文】

孝惠帝时（季布）担任中郎将。单于曾写信谩骂吕后，不恭敬，吕后大怒，召集各位将领商议此事。上将樊哙说："我情愿带领十万军队，横行匈奴。"众将都迎合吕后的心意，说："对"。季布说："樊哙当处死刑！从前高帝率领四十多万军队，被匈奴围困在平城一带，现在樊哙怎么能够用十万的军队横扫匈奴呢，这是当面撒谎！况且秦朝正因为对匈奴用兵，致使陈胜等起义，到现在创伤尚未治好，樊哙又当面阿谀奉承，想要使天下动乱不安。"这时殿上的人都很恐惧，吕后退朝，终于不再议论打匈奴的事。

贤者重其死

【原文】

太史公曰：以项羽之气，而季布以勇显于楚，身屦（典）军搴旗者数矣，可谓壮士。然至被刑戮，为人奴而不死，何其下也！彼必自负其材，故受辱而不羞，欲有所用其未足也，故终为汉名将。贤者诚重其死。夫婢妾贱人感慨而自杀者，非能勇也，其计画无复之耳。栾布哭彭越，趣汤如归者，彼诚知所处，不自重其死。虽往古烈士，何以加哉。

【译文】

太史公说：由于项羽崇尚气力，故季布以勇气在楚国闻名，他亲自消灭敌军，拔取敌军旗多次，可以称为壮士。可是他遭受刑戮，做人奴仆而不肯轻易死

去，又是多么卑下啊！他一定相信自己的才能，所以虽受屈辱却不认为是羞耻，想要找机会表现他尚未施展的才能，因此他终于成为汉代的名将。有志气的人，看重他的生命。至于奴婢、姬妾一类的低贱之人，因为感慨而自杀的，这算不得勇敢，那是他们再没有别的计划可想啦。栾布痛哭彭越，把赴汤就死看得如同回家一样，他是真正知道应死得其所，而不是吝惜自己的死。虽然是从前的烈士，又怎能超过他呢！

袁盎晁错列传

引却慎夫人坐

【原文】

上幸上林，皇后、慎夫人从。其在禁中，常同席坐。及坐，郎署长布席，袁盎引却慎夫人坐。慎夫人怒，不肯坐。上亦怒，起，入禁中。盎因前说曰："臣闻尊卑有序则上下和。今陛下既已立皇后，慎夫人乃妾，妾主岂可与同坐哉！适所以失尊卑矣。且陛下幸之，即厚赐之。陛下所以为慎夫人，适所以祸之。陛下独不见'人彘'乎？"于是上乃悦，召语慎夫人。慎夫人赐盎金五十斤。

【译文】

皇上（指汉文帝）驾临上林苑，皇后、慎夫人随从。她们在宫中，常坐在同一条席上。等到座席的时候，郎署长官布置座席。袁盎把慎夫人的座席拉退一些。慎夫人生气，不肯坐。皇上也生气了，站起来，走入宫中。袁盎上前劝说："我听说尊卑有次序，那么上下便和睦。如今陛下既然已经确定了皇后，慎夫人只是小妻，小妻和主上怎么能够同席而坐呢！恰恰为此失掉尊卑次序了。况且陛下宠爱她，就加重赏赐她好了。陛下以为是为了慎夫人，其实恰恰是害了她。难道陛下没有看过'人猪'吗？"文帝这才高兴，召见慎夫人，把袁盎说的话告诉她。慎夫人赏赐给袁盎黄金五十斤。

力 主 削 藩

【原文】

晁错者，颍川人也。学申、商刑名于轵张恢先所，……景帝即位，以错为内史。错常数请间言事，辄听，宠幸倾九卿，法令多所更定。……迁为御史大夫，请诸侯之罪过，削其地，收其枝郡。……错所更令三十章，诸侯皆喧哗疾晁错。错父闻之，从颍川来，谓错曰："上初即位，公为政用事，侵削诸侯，别疏人骨肉，人口议多怨公者，何也？"晁错曰："固也。不如此，天子不尊，宗庙不安。"错父曰："刘氏安矣，而晁氏危矣，吾去公归矣！"遂饮药死，曰："吾不忍见祸及吾身。"

【译文】

晁错是颍川（今河南禹县）人。曾在轵县（今河南省济源市南）张恢处学

习过申不害、商鞅的刑名学说……景帝即位，任命晁错为内史。晁错曾经多次请求，谈论一些政事，景帝每每听从，他所受的宠爱超过了九卿，更定了不少法令。……晋升为御史大夫。于是建议就诸侯的罪过，削减其土地，收回他们的旁郡。……晁错所更定的法令有三十章，诸侯都叫嚷，憎恨晁错。晁错的父亲听到上述情况，从颍川赶来，对晁错说："皇上刚即位，你当权处理政事，想侵占消减诸侯的力量，疏离人家的骨肉，而被别人纷纷议论，都埋怨你，这是为什么呢？"晁错说："事情本来应当这样做，不这样做，天子不会尊贵，国家不得安宁。"晁错的父亲说："刘氏的天下安宁了，而晁氏的家族却危险了，我要离开你回去了。"就饮药自杀，临死前说："我不忍心眼看着大祸降临到我的头上。"

诛晁错，以清君侧

【原文】

吴楚七国果反，以诛错为名。及窦婴、袁盎进说，上令晁错衣朝衣斩东市。

晁错已死，谒者仆射邓公为校尉，击吴楚军为将。还，上书言军事，谒见上。上问曰："道军所来，闻晁错死，吴楚罢不？"邓公曰："吴王为反数十年矣，发怒削地，以诛错为名，其意非在错也。且臣恐天下之士喋口，不敢复言也！"上曰："何哉？"邓公曰："夫晁错患诸侯强大不可制，故请削地以尊京师，万世之利也。计画始行，卒受大戮，内杜忠臣之口，外为诸侯报仇，臣窃为陛下不取也。"于是景帝默然良久，曰："公言善，吾亦恨之。"

【译文】

吴楚七国果然反叛，以诛杀晁错为名义。等到窦婴、袁盎进谏陈说，景帝命令晁错穿上朝服，在东市把他斩杀了。

晁错已经死了，谒者仆射邓公担任校尉，攻击吴楚军时任将帅，他回京城上报军事情况，觐见皇上。皇上问他说："你从军中来，听说晁错已经死了，吴、楚退兵没有？"邓公说："吴王蓄意造反已有数十年了，因为削地而发怒，用杀晁错作为名义，他的本意并不在晁错呀，再说我担心天下的士大夫闭口，不敢再进言了！"皇上说："为什么呢？"邓公说："晁错担心诸侯王强大了不能控制，因此请求削减他们的封地，借以尊崇朝廷，这是万世的大利。计划刚实行，竟然遭到杀戮，对内杜塞了忠臣的口，对外反而替反叛的诸侯王报了仇，我私下觉得陛下不应该这样做。"景帝沉默了好久，说："你说得对，我也悔恨这件事"。

张释之冯唐列传

力主法信于民

【原文】

顷之，上行出中渭桥，有一人从桥下走出，乘舆马惊。于是使骑捕，属之廷尉。释之治问。曰："县人来，闻跸，匿桥下。久之，以为行已过，即出，见乘

舆车骑，即走耳。"廷尉奏当，一人犯跸，当罚金。文帝怒曰："此人亲惊吾马，吾马赖柔和，令他马，固不败伤我乎？而廷尉乃当之罚金！"释之曰："法者天子所与天下公共也。今法如此而更重之，是法不信于民也。且方其时，上使立诛之则已。今既下廷尉，廷尉，天下之平也，一倾而天下用法皆为轻重，民安所措其手足？唯陛下察之。"良久，上曰："廷尉当是也。"

【译文】

不久，皇上巡狩越过中渭桥（今西安市西北），有一个人从桥下跑出来，皇上驾车的马受了惊。于是命骑士把那人逮捕，交付廷尉治罪。张释之审问那人，回答说："由长安县乡下至此，听见清道戒严，藏在桥下。呆了好久，认为皇上已经过去，就从桥下出来，看到皇上的车马仪仗队在眼前，立即转身跑了。"廷尉据实上奏判罪，说一个人违反了清道戒严的号令，应处以罚金。文帝怒说："这个人亲自惊了我的马幸赖我的马脾性温和，如果别的马，不早就毁伤我了吗？可是廷尉仅只是处以罚金！"张释之说："法律是天子与天下人所共同遵从的。如今法律是这样规定的，却要加重处罚，这样法律就不能取信于民了。况且在当时，皇上令人立地杀掉他也就罢了。如今既然交付给廷尉，廷尉，是天下公平的象征，一旦有偏，天下使用法律时都会任意或轻或重，老百姓往哪儿安放他们的手脚？望陛下明察。"好一会儿，皇上说："廷尉判的对。"

万石张叔列传

石 庆 之 慎

【原文】

万石君少子庆为太仆，御出，上问车中几马，庆以策数马毕，举手曰："六马。"庆于诸子中最为简易矣，然犹如此。

【译文】

万石君的小儿子石庆担任太仆，驾车外出，皇上问车中套着几匹马，石庆用马鞭数马，举手说："六匹。"石庆在兄弟们中间最为随便，尚且这样谨慎。

垂 涕 恤 狱

【原文】

御史大夫张叔者，名欧，安丘侯说之庶子也。孝文时以治刑名言事太子。然欧虽治刑名家，其人长者。景帝时尊重，常为九卿。至武帝元朔四年，韩安国免，诏拜欧为御史大夫。自欧为吏，未尝言案人，专以诚长者处官。官属以为长者，亦不敢大欺。上具狱事，有可却，却之；不可者，不得已，为涕泣面对而封之。其爱人如此。

【译文】

御史大夫张叔，名叫欧，是安丘侯张说的妾所生的儿子。孝文帝时凭研究刑

名学说，服侍太子。然而张欧虽然研究法家学说，他的为人却颇具长者风度。景帝时受到尊重，常担任九卿。到了武帝元朔四年，韩安国免职，任命他为御史大夫。自从张欧做官起，没有说过惩办人，完全抱着诚恳忠厚的态度做官。他的部下认为他是个忠厚的长者，也不敢太蒙骗他。要往上呈报的狱事，有可以退还重审的，就退还；不能退还重审的，不得已时，他流着眼泪亲自看着把它封好。他的爱人到了这样地步。

扁鹊仓公列传

名 医 扁 鹊

【原文】

扁鹊者，勃海郡郑人也，姓秦氏，名越人。……扁鹊名闻天下。过邯郸，闻贵妇人，即为带下医；过雒阳，闻周人爱老人，即为耳目痹医；来入咸阳，闻秦人爱小儿，即为小儿医：随俗为变。秦太医令李醯自知伎不如扁鹊也，使人刺杀之。至今天下言脉者，由扁鹊也。

【译文】

扁鹊是勃海郡（今河北东南，山东西北部）郑人，姓秦名叫越人。……扁鹊的名声传闻天下。来到邯郸，听说当地的人尊重妇女，就当妇科医生；到洛阳，听说周人敬爱老人，就当了治耳、目、痹病的

扁鹊

医生；到了咸阳，听说秦人喜欢小孩，就当小儿医生；随着各地风俗的不同而改变科别。秦国的太医令李醯自己知道技术不如扁鹊，就派人把扁鹊刺杀了。现在天下谈论脉学的人，都以扁鹊为开山祖师。

吴王濞列传

景 帝 削 藩

【原文】

晁错为太子家令，得幸太子，数从容言吴过可削。数上书说文帝，文帝宽，不忍罚，以此吴日益横。及景帝即位，错为御史大夫，说上曰："昔高帝初定天下，昆弟少，诸子弱，大封同姓，故王孽子悼惠王王齐七十余城，庶弟元王王楚四十余城，兄子濞王吴五十余城：封三庶孽，分天下半。今吴王前有太子之郤，诈称病不朝，于古法当诛，文帝弗忍，因赐几杖。德至厚，当改过自新。乃益骄

溢，即山铸钱，煮海水为盐，诱天下亡人，谋作乱。今削之亦反，不削之亦反。削之，其反亟，祸小；不削，反迟，祸大。"三年冬，楚王朝，晁错因言楚王戊往年为薄太后服，私奸服舍，请诛之。诏赦，罚削东海郡。因削吴之豫章郡、会稽郡。及前二年赵王有罪，削其河间郡。胶西王印以卖爵有奸，削其六县。

【译文】

晁错当了太子的家令，得到太子宠爱，多次怂恿说吴王刘濞的罪过，可以削减他的封地。多次上书劝说文帝，文帝宽宏，不忍心处罚，因此吴王濞一天天骄横。到了景帝即位，晁错担任御史大夫，劝皇上说："往昔高帝刚刚平定天下，兄弟少，儿子们幼弱，于是广为封同姓的人，所以封赐齐悼惠王统治齐七十多县，庶弟楚元王统治楚四十多县，侄儿刘濞统治吴五十多县：分封了三个旁支亲属，分去了天下的一半，如今吴王由于以前有太子被杀的嫌隙，假装称病，不来朝见，按照古代刑法当杀，文帝不忍心，于是宽赐几杖。对待吴王已非常优厚，他本应改过自新。但他反而更加骄横，就着铜矿铸造钱币，煮海水为盐，引诱天下逃亡的人，阴谋作乱。如今削减他的封地，他会反叛，不削减他的封地，他也要反叛。削减他的封地，他反叛得急，祸患小；不削他的封地，他反叛得慢，祸患大。"景帝三年的冬季里，楚王来朝见，晁错借这个机会说楚王戊，在去年为薄太后服丧时，在丧舍之处与人淫乱，请皇上杀他。景帝赦免了他，但以削除东海郡来处罚他。趁势削去吴的豫章郡和会稽郡。还有两年前赵王有罪，削除赵的河间郡。胶西王刘印因为卖爵有舞弊，削去他的六县。

魏其武安侯列传

灌氏的儿歌

【原文】

夫不喜文学，好任侠，已然诺。诸所与交通，无非豪杰大猾。家累数千万，食客日数十百人。陂池田园，宗族宾客为权利，横于颍川。颍川儿乃歌之曰："颍水清，灌氏宁；颍水浊，灌氏族。"

【译文】

灌夫不喜欢文章经学，却爱打抱不平，答应人家的事一定做到。那些和他相交往的人，无不是杰出人士或大奸巨猾。家财积累数千万，每天的食客少则数十，多则近百。为了在田地园林里修筑池塘，他的宗族、宾客扩张权势，垄断利益，在颍川（今河南中部和东南部。）横行霸道。颍川的儿童针对这种情况，便作歌道："颍水（发源于河南省登封市，东南流入安徽境）澄清，灌氏安宁；颍水污浊，灌氏灭族。"

韩长孺列传

死灰复燃

【原文】

其后安国坐法抵罪，蒙狱吏田甲辱安国。安国曰："死灰独不复然乎？"田甲曰："然即溺之。"居无何，梁内史缺，汉使使者拜安国为梁内史，起徒中为二千石。田甲亡走。安国曰："甲不就官，我灭其宗。"甲因肉袒谢。安国笑曰："可溺矣！公等足与治乎？"卒善遇之。

【译文】

后来韩安国犯法被判罪，蒙县（今河南商丘市）的狱吏田甲侮辱韩安国。安国说："死灰难道就不再燃烧了吗？"田甲说："燃烧起来就用水泼灭。"过了不久，梁国出缺内史，汉朝廷派使者封韩安国为梁国内史，从囚徒中起家担任二千石的官。田甲逃跑了。韩安国说："田甲你不回来就任，我就夷灭了你的宗族。"于是田甲肉袒谢罪。韩安国笑着说："你可泼水了！像你这种人值得惩治吗？"终于善待田甲。

李将军列传

飞将军李广

【原文】

匈奴大入上郡，天子使中贵人从广勒习兵击匈奴。中贵人将骑数十纵，见匈奴三人，与战。三人还射，伤中贵人，杀其骑且尽。中贵人走广。广曰："是必射雕者也。"广乃遂从百骑往驰三人。三人亡马步行，行数十里。广令其骑张弓左右翼，而广身自射彼三人者，杀其二人，生得一人，果匈奴射雕者也。已缚之上马，望匈奴有数千骑，见广，以为诱骑，皆惊，上山阵。广之百骑皆大恐，欲驰还走。广曰："吾去大军数十里，今如此以百骑走，匈奴追射我立尽。今我留，匈奴必以为我为大军（之）诱（之），必不敢击我。"广令诸骑曰："前！"前未到匈奴阵二里所，止，令曰："皆下马解鞍！"其骑曰："虏多且近，即有急，奈何？"广曰："彼虏以为我走，今皆

李广画像

解鞍以示不走，用坚其意。"于是胡骑遂不敢击。有白马将出护其兵，李广上马与十余骑奔射杀胡白马将，而复还至其骑中，解鞍，令士皆纵马卧。是时会暮，

胡兵终怪之，不敢击。夜半时，胡兵亦以为汉有伏军于旁欲夜取之，胡皆引兵而去。平旦，李广乃归其大军。

【译文】

当匈奴大举侵入上郡（今陕西北部及内蒙古西部地区）的时候，景帝派一个宦官跟随李广训练部队，抗击匈奴。宦官带领了几十名骑兵，纵马奔向前方。看见了三个匈奴人，就和他们战斗起来。这三个人转身射箭，射伤了宦官，把他带去的骑兵都快杀光了。宦官跑到李广跟前。李广说：“一定是射雕手。”李广于是就带领一百多名骑兵，去追赶那三个人。那三个人未骑马，徒步走，走了几十里，李广命令他的骑兵左右散开，李广亲自射那三个人，射死二人，活捉一人，果然是匈奴的射雕手。刚捆绑那个人上马，望见匈奴有几千名骑兵，他们看见李广，以为是引他们的骑兵，都吃惊了，上山摆好阵势。李广率领的百名骑兵都非常害怕，想要快马往回跑。李广说：“我们距离大部队有几十里，如今这一百名骑兵往回跑，匈奴追赶射击我们，我们会被一网打尽。现在我们停留在此处，匈奴一定认为我们是大军的诱敌者。肯定不敢攻击我们。”于是李广命令众骑兵说：“前进！”前进到离匈奴阵地有二里地左右，停下来，并且命令说：“都下马，把马鞍解下来！”他的骑兵说：“敌人多而且离我们很近，倘若有紧急情况，怎么办？”李广说：“那些敌人认为我们会逃跑，如今我们都解下马鞍用以表示不逃跑，用这个办法来坚定他们的猜想。”于是匈奴的骑兵便不敢攻击。有一名骑白马的匈奴将领，出阵来监护他们的士兵，李广骑上马，带十余名骑兵，边跑边射箭，射死了骑白马的将领，又重回到他的队里，解下马鞍，命令兵士都放开马匹，躺下。这时天黑了，匈奴兵始终感到奇怪，不敢攻击。半夜时，匈奴兵认为汉有伏兵在旁边，想要夜间攻取他们，匈奴兵就全部撤退了。第二天清晨，李广才回到他的大部队。

匈奴列传

冒顿单于

【原文】

单于有太子名冒顿。后有所爱阏氏，生少子，而单于欲废冒顿而立少子，乃使冒顿质于月氏。冒顿既质于月氏，而头曼急击月氏。月氏欲杀冒顿，冒顿盗其善马，骑之亡归。头曼以为壮，令将万骑。冒顿乃作为鸣镝，习勒其骑射，令曰：“鸣镝所射而不悉射者，斩之。”行猎鸟兽，有不射鸣镝所射者，辄斩之。已而冒顿以鸣镝自射其善马，左右或不敢射者，冒顿立斩不射善马者。居顷之，复以鸣镝自射其爱妻，左右或颇恐，不敢射，冒顿又复斩之。居顷之，冒顿出猎，以鸣镝射单于善马，左右皆射之，于是冒顿知其左右皆可用。从其父单于头曼猎，以鸣镝射头曼，其左右亦皆随鸣镝而射杀单于头曼，遂尽诛其后母与弟及大臣不听从者。冒顿自立为单于。

【译文】

头曼单于立有太子，名叫冒顿。后来他有个宠爱的阏氏生了一个小儿子，单

于打算废掉冒顿改立小儿子，于是便让冒顿做人质，抵押给月氏。冒顿已经在月氏当人质，头曼急攻月氏。月氏想要杀死冒顿，冒顿就偷了月氏的好马，骑着跑回来了。头曼认为这种行为是胆壮，就让冒顿统帅一万骑兵。冒顿制造了响箭，训练约束部队骑马射箭，下令说："凡是响箭所射的目标，大家不跟着发射过去，就要砍头。"冒顿与其部队外出猎鸟兽，发现有不射响箭所射目标的人，都杀死。不久，冒顿用响箭自己带头射良马，手下有不敢跟着去射的，冒顿立刻杀了不射良马的人。又过了些日子，又以响箭射他的爱妻，手下的人有的很害怕，不敢射，冒顿又把他们杀死。又过了些时候，冒顿用响箭射单于好马，部下的人也都跟着射。这时冒顿知道他的部下都可以利用了。冒顿跟他的父亲单于头曼外出打猎，用响箭射头曼，他的部下也都跟着他的响箭射杀单于头曼，于是他杀尽后母与弟弟及大臣中不服从他的大臣们。冒顿自己即位当了单于。

卫将军骠骑列传

襁褓封侯

国学经典文库

【原文】

元朔之五年春，汉令车骑将军青将三万骑，出高阙……汉兵夜至。围右贤王，右贤王惊，夜逃，独与其爱妾一人壮骑数百驰，溃围北去。汉轻骑校尉郭成等逐北数百里，不及，得右贤裨王十余人，众男女万五千余人，畜数千百万，于是引兵而还。至塞，天子使使者持大将军印，即军中拜车骑将军青为大将军，诸将皆以兵属大将军，大将军立号而归。天子曰："大将青躬率戎士，师大捷，获匈奴王十有余人，益封青六千户。"而封青子伉为宜春侯，青子不疑为阴安侯，青子登为发干侯。青固请曰："……陛下幸已益封臣青。臣青子在襁褓中，未有勤劳，上幸列地封为三侯，非臣待罪行间所以劝士力战之意也。"

【译文】

元朔五年春天，朝廷命令车骑将军卫青率领三万名骑兵，从高阙（今内蒙古杭锦后旗东北）出发。……汉兵连夜赶到，包围了右贤王，右贤王大惊，乘夜逃跑，只和他的爱妾一人以及几百个精壮骑兵飞跑，突出重围向北逃去。汉朝轻车校尉郭成等人，向北追了数百里，未追上，却俘获右贤王属下的小王十多人，男女大众一万五千多人，牲畜千百万，于是卫青领兵回到塞上。到了边塞，天子派使者捧着大将军印，就在军中任命车骑将军卫青为大将军，众将都把部队归大将军统率，大将军建立官号而归。天子说："大将军亲自率领兵士征战，使得我军大胜，俘获匈奴小王十余人，加封卫青六千户。"又封卫青的儿子卫伉为宜春侯、卫不疑为阴安侯、卫登发干侯。卫青推辞说："……陛下已经垂恩增封我的食邑。而我的儿子们还是小孩，没有功劳，又蒙皇上割地封为三个列侯，这不是微臣我在部队里任职用以勉励战士努力作战的本意。"

平津侯主父列传

平津侯公孙弘

【原文】

汲黯曰："弘位在三公，奉禄甚多，然为布被，此诈也。"上问弘。弘谢曰："有之。夫九卿与臣善者无过黯，然今日庭诘弘，诚重弘之病。夫以三公而布被，诚饰诈欲以钓名。且臣闻管仲相齐，有三归，侈拟于君，桓公以霸，亦上僭于君。晏婴相景公，食不重肉，妾不衣丝，齐国亦治，此下比于民。今臣弘位为御史大夫，而为布被，自九卿以下至于小吏，无差，诚如汲黯言。且无汲黯忠，陛下安得闻此言。"天子以为谦让，愈益厚之。卒以弘为丞相，封平津侯。

【译文】

汲黯说："公孙弘处于三公的地位，俸禄很多，但他还盖布被子，这是欺诈行为。"皇上问公孙弘，公孙弘谢罪说；"有此事。在九卿之中跟我要好的，没有人能赶上汲黯，可是今天他当庭责问我，实在说中了我的毛病。以三公的高位而盖布被，这是欺诈，想要沽名钓誉。况且我听说管仲做齐国宰相，有三归之台，其奢侈程度可以跟国君相比，齐桓公靠他辅佐而称霸，这是对上僭越于国君。晏婴做齐景公的宰相，每餐不吃两样的肉，妾不穿丝织品，齐国也治理得很好，这是向下比之于平民。如今我地位是御史大夫，还盖布的被子，这是使自九卿以下到小官吏没有等差，实在像汲黯所说的。况且如果没有汲黯的忠诚，陛下怎能听到这样的话呢。"天子认为公孙弘谦让，更加对他优待。终于任公孙弘为丞相，封他为平津侯。

推恩以弱诸侯王

【原文】

偃说上曰："古者诸侯不过百里，强弱之形易制。今诸侯或连城数十，地方千里，缓则骄奢易为淫乱，急则阻其强而合从以逆京师。今以法割削之，则逆节萌起，前日晁错是也。今诸侯子弟或十数，而適嗣代立，余虽骨肉，无尺寸地封，则仁孝之道不宣。愿陛下令诸侯得推恩分子弟，以地侯之。彼人人喜得所愿，上以德施，实分其国，不削而稍弱矣。"于是上从其计。

【译文】

主父偃劝皇上说："古时候，诸侯国没有超过一百里地的，无论其强或弱，局势容易控制。现在的诸侯，有的连城数十座，地广千里，平日无事，则骄傲奢侈，容易做出淫乱的事来，形势紧急时，他们就会依仗其强大，联合反叛朝廷。现在用法令形式削减他们的土地，他们反叛的思想就会萌起，前些时候晁错便是。现在诸侯王的子弟有的多达以十计，而只有嫡长子世代继立，其余的人虽然也是诸侯王的亲骨肉却连尺寸的封国也没有，那么仁孝之道就不能畅达体现。希

望陛下命令诸侯推恩均及子弟，分封国之地使他们都成为侯。他们人人都高兴得到他们的愿望，皇上施布仁德，实际上分割了诸侯国土，不削其封地，而诸侯也就逐渐削弱了。"于是皇上听从了主父偃的计谋。

西南夷列传

夜 郎 自 大

【原文】

滇王与汉使者言曰："汉孰与我大？"及夜郎侯亦然。以道不通故，各自以为一州主，不知汉广大。

【译文】

滇王对汉使者说："汉朝和我们滇国比较，哪个大？"汉使者到了夜郎，夜郎侯也这样问。由于道路不通的缘故，这些夷国都自以为是一州之主，不知汉朝的疆域有多广大。

司马相如列传

司马相如赴宴，一坐尽倾

【原文】

相如归，而家贫，无以自业。素与临邛令王吉相善，吉曰："长卿久宦游不遂，而来过我。"于是相如往，舍都亭。临邛令缪为恭敬，日往朝相如。相如初尚见之，后称病，使从者谢吉，吉愈益谨肃。临邛中多富人，而卓王孙僮八百人，程郑亦数百人，二人乃相谓曰："令有贵客，为具召之。"并召令。令既至，卓氏客以百数。至日中，谒司马长卿，长卿谢病不能往，临邛令不敢尝食，自往迎相如。相如往不得已，强往，一坐尽倾。

【译文】

相如回到家乡，家贫穷，没有什么用来作为自己的职业。他平素跟临邛县令王吉相好。王吉说："长卿（相如字长卿）多年在外求官不大遂心，你可以到我这儿来。"于是相如前往临邛，居住在县城外郭下的一座小亭子里。临邛县令每天假装着很恭敬的样子去拜访他。相如在开始时还接见他，后来就说有病，令侍从谢绝王吉，王吉更加谨慎恭敬。临邛县里有很多富人，卓王孙有家奴八百人，程郑也有数百人，他们二人便互相称说："县令有贵客，我们得办酒席招待他一下。"一并邀请县令。县令已经到了，卓氏宾客以百数。到了中午，请司马长卿，长卿托病不能前往，临邛县令不敢进食，亲自去迎接相如。相如不得已。勉强前往。当相如一到，在座的客人无不被他的风采所倾倒。

家 徒 壁 立

【原文】

文君夜亡奔相如，相如乃与驰归成都。家居徒四壁立。卓王孙大怒曰："女至不材，我不忍杀，不分一钱也。"

【译文】

卓文君夜间逃出来，私奔相如。相如便与文君乘车急回成都。家中空空，唯有四面墙壁。卓王孙大为震怒说："女儿不成材到了极点，我不忍心杀死她，但一个钱也不给她。"

文 君 当 炉

【原文】

文君久之不乐，曰："长卿第俱如临邛，从昆弟假贷犹足为生，何至自苦如此！"相如与俱之临邛，尽卖其车骑，买一酒舍酤酒，而令文君当炉。相如身著犊鼻裈，与保庸杂作，涤器于市中。卓王孙闻而耻之，为杜门不出。

【译文】

卓文君过了很长时间，内心有些不快，说："长卿只管和我一同前往临邛，从兄弟处借贷也足以维持生活，何至于让自己困苦到这般地步！"相如与文君一同回到了临邛，把车马都卖了，买了一个酒店做卖酒的生意，让文君坐在炉前卖酒。相如亲自穿上牛鼻围裙和奴婢及雇工们共同操作，在市中洗涤酒器。卓王孙听到后，感到羞耻，为此闭门不出。

汲 郑 列 传

后来者居上

【原文】

始黯列为九卿，而公孙弘、张汤为小吏。及弘、汤稍益贵，与黯同位，黯又非毁弘、汤等。已而弘至丞相，封为侯；汤至御史大夫；故黯时丞相史皆与黯同列，或尊用过之。黯褊心，不能无少望，见上，前言曰："陛下用群臣如积薪耳，后来者居上。"上默然。

【译文】

当初汲黯名位列于九卿的时候，而公孙弘、张汤还是小官吏。等到公孙弘、张汤逐渐显贵，跟汲黯同级，汲黯又责难诋毁公孙弘、张汤等。不久公孙弘官做到了丞相，封为平津侯；张汤做了御史大夫；从前汲黯的下属都晋升到跟汲黯同等地位，有的被重用竟超过了他。汲黯心地狭窄，不能不稍微有些埋怨，朝见皇上时，走上前去说："陛下使用群臣像堆积柴垛一样罢了，后来的堆在上面。"皇

上听了沉默不说话。

儒 林 列 传

齐 鲁 文 化

【原文】

自孔子卒后，七十子之徒散游诸侯，大者为师傅卿相，小者友教士大夫，或隐而不见。故子路居卫，子张居陈，澹台子羽居楚，子夏居西河，子贡终于齐。如田子方、段干木、吴起、禽滑厘之属，皆受业于子夏之伦，为王者师。是时独魏文侯好学。后陵迟以至于始皇，天下并争于战国，儒术既绌焉，然齐鲁之间，学者独不废也。于威、宣之际，孟子、荀卿之列，咸尊夫子之业而润色之，以学显于当世。

【译文】

自从孔子逝世以后，他的七十多个学生四处游说诸侯，成就大的做到师、傅、卿、相，小的交游教化士大夫们，有的隐居不仕。所以子路住在卫国，子张住在陈国，澹台子羽住在楚国，子夏住在西河，子贡死在齐国。例如田子方、段干木、吴起、禽滑厘这些人，都到子夏等人那里学习过，成了王者的老师。这时魏文侯喜欢儒学。后来儒学逐渐衰落，一直到秦始皇的时候，战国时期，天下纷争，儒学已经被贬低了，然而在齐国、鲁国一带，学者没有停止过研究。在齐威王、齐宣王的时期，孟子、荀卿这般人，都遵循孔子的学说，并加以发挥，靠儒学显扬于当时。

秦博士伏生

【原文】

伏生者，济南人也。故为秦博士。孝文帝时，欲求能治《尚书》者，天下无有，乃闻伏生能治，欲召之。是时伏生年九十余，老，不能行，于是乃诏太常使掌故朝错往受之。秦时焚书，伏生壁藏之。其后兵大起，流亡，汉定，伏生求其书，亡数十篇，独得二十九篇，即以教于齐鲁之间。学者由是颇能言《尚书》，诸山东大师无不涉《尚书》以教矣。

【译文】

伏生是济南人。原来是秦朝的博士。文帝时，想要寻找能解说《尚书》的人，天下找不到，听说伏生能解说，想要征召他。这时伏生已经九十多岁，年老了，不能行走，于是就诏令太常派掌故朝错前往学习《尚书》。秦时烧书，伏生把《尚书》藏在墙壁内。兵乱大起，人们到处流亡，汉朝平定天下，伏生寻找他所收藏的《尚书》，丢失了几十篇，仅仅找到二十九篇，就用这些篇为教材，在齐鲁一带讲授。学者从此很多人能解释《尚书》，山东地区各位经学大师，无不涉猎《尚书》去讲授。

汉博士董仲舒

【原文】

董仲舒，广川人也。以治《春秋》，孝景时为博士。下帷讲诵，弟子传以久次相受业，或莫见其面，盖三年董仲舒不观于舍园，其精如此。进退容止，非礼不行，学士皆师尊之。今上即位，为江都相。以《春秋》灾异之变推阴阳所以错行，……

董仲舒为人廉直。是时方外攘四夷，公孙弘治《春秋》不如董仲舒，而弘希世用事，位至公卿。董仲舒以弘为从谀。弘疾之，乃言上曰："独董仲舒可使相胶西王。"胶西王素闻董仲舒有行，亦善待之。……至卒，终不治产业，以修学著书为事。故汉兴至于五世之间，唯董仲舒名为明于《春秋》，其传公羊氏也。

董仲舒

【译文】

董仲舒是广川（今河北省南部与山东交界地区）人。因为研究《春秋》，景帝时任博士。他放下帷幕讲授《春秋》，学生们要根据入学时间长短，依次轮流传授学习，有的学生没有见过他的面，他曾三年未到过屋旁的菜园，专心致志已到了这种地步。他平日出进的仪容举止，不合乎礼的绝不去做，为此学生们都学习他，尊敬他。当今皇上（武帝）即位，任命他为江都相国。他根据《春秋》上记载的奇灾异变，推算出自然界阴阳交替发展变化的规律……

董仲舒为人清廉正直。这时国家正在排除四方外族的入侵，公孙弘研究《春秋》不如董仲舒，但公孙弘会迎合世俗的要求行事，职位已达到公卿。董仲舒认为公孙弘阿谀。公孙弘恨他，就对皇上说："唯独董仲舒可以担任胶西王的相。"胶西王平常听说董仲舒有德行，也很好地对待他。……直到死去，也没有治家产，把研究学问、著书立说作为终身事业。所以从汉朝建立，直到第五代的期间，只有董仲舒对《春秋》的研究最有名，他阐明的是《春秋公羊传》。

酷 吏 列 传

"苍鹰" 郅都

【原文】

郅都者，杨人也。……

济南瞷氏宗人三百余家，豪猾，二千石莫能制，于是景帝乃拜都为济南太守。至则族灭瞷氏首恶，余皆股栗。居岁余，郡中不拾遗。旁十余郡守畏都如大

府。……

郅都迁为中尉。丞相条侯至贵倨也，而都揖丞相。是时民朴，畏罪自重，而都独先严酷，致行法不避贵戚，列侯宗室见都侧目而视，号曰"苍鹰"。

【译文】

郅都是杨县（今山西洪洞县东南。）人。济南（今山东中部，治所在东平陵，今章丘西。）有姓瞷的族人三百余家，横行不遵守法纪，二千石的官吏不能制服他们，于是景帝就派郅都做济南太守。刚到任就诛杀瞷姓首恶分子，其余的都吓得两腿发抖。过了一年，郡中路不拾遗。附近十多个郡的太守，畏惧郅都像畏惧上级的长官一样。

郅都官升为中尉。丞相条侯最为高贵，而且傲慢，郅都遇见他，只是作揖，不下拜。当时人民纯朴，害怕犯罪，经常检点自己，而郅都单独先实行严刑酷法，以致用刑法不回避皇亲国戚，列侯和皇族看见郅都，只敢侧目而视，称他为"苍鹰"。

杜 周 办 案

【原文】

其治与宣相放，然重迟，外宽，内深次骨。宣为左内史，周为廷尉，其治大放张汤而善候伺。上所欲挤者，因而陷之；上所欲释者，久系待问而微见其冤状。客有让周曰："君为天子决平，不循三尺法，专以人主意指为狱。狱者固如是乎？"周曰："三尺安出哉？前主所是著为律，后主所是疏为令，当时为是，何古之法乎！"

【译文】

他（杜周）治理的办法跟减宣相似，然而他慎重考虑，判决迟缓，外表宽松，内心却深刻入骨。减宣担任左内史时，杜周担任廷尉，他的治理大都仿效张汤而善于窥察皇上的意图。皇上要排挤的，就顺势陷害他；皇上要宽恕的，他就久囚待审，暗中察访，显露他们的冤情。门客中有人责备杜周说："你替天子公平判决案件，不遵循既定法律，专以天子意旨为论断的根据，审理案件的人原来是这样的吗？"杜周说："法令的规章怎样产生的呢？以前君主认为正确的，制定成为法律，后来君主认为正确的，记录成为法令，适合当时的情况就是正确，何必运用过去的法律呢？"

大 宛 列 传

张骞通西域

【原文】

大宛之迹，见自张骞。张骞，汉中人。建元中为郎。是时天子问匈奴降者，皆言匈奴破月氏王，以其头为饮器，月氏遁逃而常怨仇匈奴，无与共击之。汉方

欲事灭胡，闻此言，因欲通使。道必更匈奴中，乃募能使者。骞以郎应募，使月氏，与堂邑氏（故）胡奴甘父俱出陇西。经匈奴，匈奴得之，……留骞十余岁，与妻，有子，然骞持汉节不失。

居匈奴中，益宽，骞因与其属亡乡月氏，西走数十日至大宛。

骞为人强力，宽大信人，蛮夷爱之。堂邑父故胡人，善射，穷急射禽兽给食。初，骞行时百余人，去十三岁，唯二人得还。

骞身所至者大宛、大月氏、大夏、康居，而传闻其旁大国五六，具为天子言之。

张骞出使西域

【译文】

大宛那个地方，是张骞发现的。张骞是汉中（今陕西省南郑东）人。汉武帝建元年间做过郎官。当时，天子询问匈奴投降过来的人，都说匈奴攻破月氏王，用月氏王的头做了饮酒的器皿，月氏族人逃跑了，常怨恨仇视匈奴，没有同盟者跟他们一起反击匈奴。那时汉朝正在想消灭匈奴，听到这些话，就想派使者与月氏通问。通使所走的路，一定要经过匈奴，于是就招募能够去的人。张骞凭郎官的资格应征，出使月氏，和堂邑氏的匈奴族奴隶甘父，一同从陇西出发。路经匈奴，被匈奴俘获，……拘留张骞有十余年，让张骞娶妻，生了儿子。然而张骞始终持着汉朝给予他的出使旌节不丢失。

张骞长期被扣留匈奴，匈奴对他的看管渐渐放宽，就乘机同他的部属向月氏逃跑，往西走了几十天到了大宛国……张骞为人坚强有毅力，宽宏大量，对人诚实。外族人都喜欢他。堂邑父本来是匈奴人，善于射箭，当碰到没有办法的时候，就射杀禽兽充饥。当初，张骞由汉朝出发时共一百多人，离开十三年，仅有两个人得以生还。

张骞亲自所到的地方有：大宛、大月氏、大夏、康居，而听说在这些国家旁边的大国，还有五六个。他都一并向天子做了汇报。

张骞第二次出使西域

【原文】

"今单于新困于汉，而故浑邪地空无人。蛮夷俗贪汉财物，今诚以此时而厚币赂乌孙，招以益东，居故浑邪之地，与汉结昆弟，其势宜听，听则是断匈奴右臂也。既连乌孙，自其西大夏之属皆可招来而为外臣。"天子以为然，拜骞为中

郎将，将三百人，马各二匹，牛羊以万数，赍金币帛直数千巨万，多持节副使，道可使，使遗之他旁国。……

骞因分遣副使使大宛、康居、大月氏、大夏、安息、身毒、于阗、扜罕及诸旁国。乌孙发导译送骞还，骞与乌孙遣使数十人，马数十匹报谢，……其后岁余，骞所遣使通大夏之属者皆颇与其人俱来，于是西北国始通于汉矣。

【译文】

"如今单于新近被汉朝所困，而原来浑邪王居住的地方空而没有人。这些民族习惯于贪图汉朝的财物，如果在这个时候厚赠货币给乌孙，招引他们往东迁移，居住在原来浑邪王住的地方，跟汉朝结为兄弟邦交，按理应该会答应，答应了，这就是砍断匈奴的右臂。既然联合了乌孙，则其西边大夏等国都可以招来，做汉朝的外臣了。"天子认为很对，任命张骞做中郎将，率领三百人，每人两匹马，牛羊以万计算，价值数千万万，还配备很多持旌节的副使，如果道途方便，就派他们到乌孙以外的国家去……。张骞随即分别派遣那些副使，出使到大宛、康居、大月氏、大夏、安息、身毒、于阗、扜罕以及其他一些别的国家。乌孙派遣翻译和向导护送张骞回国。张骞和乌孙国使者几十人，带来的马几十匹到汉朝答谢。……在那以后一年多，张骞当初派到大夏那些国家的使者，有很多都和出使所在国的人一同来到汉朝。从这时起，西北方面各国才开始和汉朝正式交通往来。

游侠列传

大 侠 朱 家

【原文】

鲁朱家者，与高祖同时。鲁人皆以儒教，而朱家用侠闻。所藏活豪士以百数，其余庸人不可胜言。然终不伐其能，歆其德，诸所尝施，唯恐见之。振人不赡，先从贫贱始。家无余财，衣不完采，食不重味，乘不过轺牛。专趋人之急，甚己之私。既阴脱季布将军之厄，及布尊贵，终身不见也。自关以东，莫不延颈愿交焉。

【译文】

鲁国朱家这个人，跟汉高祖同时。鲁地的人大多推崇儒教，而朱家却以行侠而出名。他所隐藏活的豪杰之士就以百计，其他一般普通人更多的数不清。但他始终不矜夸自己的能力，炫耀自己的德泽，对于那些曾经受过自己恩的人，唯恐见到他们。救济别人的困难，先从贫贱的人开始。家里没有多余的财富，所穿的衣服都是旧的褪色的，吃的每餐没有超过两种莱，乘坐的仅是小牛拉的车辆。专门奔走救人之急，超过干自己的私事。他曾经暗中解救季布将军的困厄，等到季布显贵了，却终身不去见他。从函谷关以东的广大地区，没有不伸长脖子盼望和他结交的。

佞幸列传

佞幸邓通

【原文】

文帝尝病痈，邓通常为帝啮吮之。文帝不乐，从容问通曰："天下谁最爱我者乎？"通曰："宜莫如太子。"太子入问病，文帝使啮痈，啮痈而色难之。已而闻邓通常为帝啮吮之，心惭，由此怨通矣。及文帝崩，景帝立，邓通免，家居。居无何，人有告邓通盗出徼外铸钱。下吏验问，颇有之，遂竟案，尽没入邓通家，尚负责数巨万。长公主赐邓通，吏辄随没入之，一簪不得著身。于是长公主乃令假衣食，竟不得名一钱，寄死人家。

【译文】

汉文帝曾患痈疽，邓通经常替他吸吮脓水。文帝闷闷不乐，从容地问邓通说："天下谁最爱我呢？"邓通说："应该是没有比太子更爱您的了。"太子进宫问候文帝的病情，文帝让太子吸吮脓水，太子吸吮时却面有难色。事后听说邓通常为文帝吸吮毒疮，心里感到惭愧，从这时起开始怨恨邓通。等到文帝死了，景帝即位，邓通被免官，在家闲居。过了不久，有人告发邓通偷出境外铸钱。景帝把邓通交给法官审问，确有此事，于是定案，把邓通家的财产全部没收，还欠债数亿万。长公主赏赐给邓通东西，官吏就随即没收那些东西，连一只簪也不得挨身。当时长公主就派人给邓通以衣食，终于不能有一个钱为邓通所有，后邓通寄食死在别人家里。

滑 稽 列 传

淳于髡使赵

【原文】

威王八年，楚大发兵加齐。齐王使淳于髡之赵请救兵，赍金百斤，车马十驷。淳于髡仰天大笑，冠缨索绝。王曰："先生少之乎？"髡曰："何敢！"王曰："笑岂有说乎？"髡曰："今者臣从东方来，见道旁有禳田者，操一豚蹄，酒一盂，祝曰：'瓯窭满篝，汙邪满车，五谷蕃熟，穰穰满家。'臣见其所持者狭而所欲者奢，故笑之。"于是齐威王乃益赍黄金千溢，白璧十双，车马百驷。髡辞而行，至赵。赵王与之精兵十万，革车千乘。楚闻之，夜引兵而去。

【译文】

齐威王八年，楚国大举出兵进攻齐国。齐威王派淳于髡到赵国去请求援兵，让他携带礼品黄金一百斤，驷马车十辆。淳于髡仰天大笑，把帽带子都弄断了。威王说："先生嫌礼品少吗？"淳于髡说："哪里敢！"威王说："那你笑难道有什么说道？"淳于髡说："今天我从东方来的时候，看见路旁有祷祭田地的人，拿着

一个猪蹄，一杯酒，祈祷说：'高地上谷物盛满筐笼，低田里的庄稼装满车辆；五谷丰登，满屋满仓。'我见他拿着一点点东西，却有那么多的要求，所以笑他。"于是齐威王就把礼物增加到黄金一千镒，白璧十双，驷马车一百辆。淳于髡告辞而行，到了赵国。赵王拨给他十万精兵，一千辆战车。楚王听到这个消息，连夜退兵而去。

日者列传

道高益安，势高益危

【原文】

居三日，宋忠见贾谊于殿门外，乃相引屏语相谓自叹曰："道高益安，势高益危。居赫赫之势，失身且有日矣。夫卜而有不审，不见夺糈；为人主计而不审，身无所处。此相去远矣，犹天冠地屦也。此老子之所谓'无名者万物之始'也。天地旷旷，物之熙熙，或安或危，莫知居之。我与若，何足预彼哉！彼久而愈安，虽曾氏之义未有以异也。"

【译文】

过了三天，宋忠在殿门外见到贾谊，便凑在一起回避他人谈起来，他们感叹着说："道行越高越安全，权势越高越危险。处在显赫的地位上，失去生命就不会太久了。卜筮的人即使有不精审而说不中的地方，也不会被夺去精米；为国君谋划如果不周全，便会性命难保。这二者相差很远，好比顶天的帽子跟着地的鞋子不能相提并论。其中的道理就是老子所说的'无名是天地万物之本源'。天地是那样空阔无边，万物又是那样的熙熙攘攘，有的安稳，有的危险，不知要居处在什么地方。我与你哪里配得上对人家卜者说长道短！人家日子越久而便越安乐，虽然曾（庄）子的主张，也没有跟这有什么不同。"

货殖列传

分庭抗礼

【原文】

子赣既学于仲尼，退而仕于卫，废著鬻财于曹、鲁之间，七十子之徒，赐最为饶益，原宪不厌糟糠，匿于穷巷，子贡结驷连骑，束帛之币以聘享诸侯，所至，国君无不分庭与之抗礼。夫使孔子名布扬于天下者，子贡先后之也。此所谓得势而彰者乎？

【译文】

子贡在孔子那里学习以后，退而在卫国做官，又在曹国与鲁国之间经商，孔门七十多个高足之中，以赐（子贡）是最富有的。原宪不嫌弃糟糠，躲藏在穷陋的巷子里生活。子贡则坐着四马并驾齐驱的车子，带着束帛厚礼访问、馈赠诸

侯，所到之处，国君无不同他平等行礼。使孔子得以名扬天下，是因为子贡在人前人后帮助他。这就是所谓得势益彰吧？

卓氏冶铁自得其乐

【原文】

蜀卓氏之先，赵人也，用铁冶富。秦破赵，迁卓氏。卓氏见虏略，独夫妻推辇，行诣迁处。诸迁虏少有余财，争与吏，求近处，处葭萌。唯卓氏曰："此地狭薄。吾闻汶山之下，沃野，下有蹲鸱，至死不饥。民工于市，易贾。"乃求远迁。致之临邛，大喜，即铁山鼓铸，运筹策，倾滇蜀之民，富致僮千人。田池射猎之乐，拟于人君。

【译文】

蜀地卓氏的祖先是赵国人，由于冶炼铁致富。秦国打败赵国时，迁徙卓氏。卓氏被掳掠，只有夫妻二人推着小车到迁徙地点。那些同时被迁徙的人，稍稍有点余财便争着送给官吏，乞求把他们迁徙到近处，结果被安排在葭萌县（今四川广远县西南）。唯独卓氏说："这个地方狭小瘠薄，我听说汶（岷）山之下有肥沃的原野，地里生长着大芋，有此物当粮食，人到死也不会挨饿。人民在市上做功，做买卖方便。"于是要求迁到远处。到了临邛（今四川邛崃），很高兴，就在有铁矿的山里冶铸，动脑子谋算，压倒滇蜀地区的居民，成为大富翁，拥有奴隶一千人。享受田池射猎的快乐，比得上国君。

太史公自序

司马迁接受遗嘱

【原文】

迁生龙门，耕牧河山之阳。年十岁则诵古文。二十而南游江、淮，上会稽，探禹穴，窥九疑，浮于沅、湘；北涉汶、泗，讲业齐、鲁之都，观孔子之遗风，乡射邹、峄；厄困鄱、薛、彭城，过梁、楚以归。于是迁仕为郎中，奉使西征巴、蜀以南，南略邛、筰、昆明，还报命。

见父于河、洛之间。太史公执迁手而泣曰："余先周室之太史也。自上世尝显功名于虞、夏，典天官事。后世中衰，绝于予乎？汝复为太史，则续吾祖矣。今天子接千岁之统，封泰山，而余不得从行，是命也夫，命也夫！余死，汝必为太史；为太史，无忘吾所欲论著矣。且夫孝始于事亲，中于事君，终于立身。扬名于后世，以显父母，此孝之大者。夫天下称诵周公，言其能论歌文、武之德，宣周、邵之风，达太王、王季之思虑，爰及公刘，以尊后稷也。幽、厉之后，王道缺，礼乐衰，孔子修旧起废，论《诗》《书》，作《春秋》，则学者至今则之。自获麟以来四百有余岁，而诸侯相兼，史记放绝。今汉兴，海内一统，明主贤君忠臣死义之士，余为太史而弗论载，废天下之史文，余甚惧焉，汝其念哉！"迁

俯首流涕曰："小子不敏，请悉论先人所次旧闻，弗敢阙。"

【译文】

司马迁生于龙门，耕田牧畜于黄河的西面，龙门山的南面。年仅十岁的时候学习古文字写的书籍。二十岁从北方南下，游览长江、淮河一带，登上会稽（在浙江中部绍兴、嵊州市、诸暨、东阳间）山，去探寻禹穴，观览九嶷山（湖南宁远县南），又在沅江、湘江上行船；又北上汶水、泗水，在齐鲁之都讲学，考察孔子的遗风，在邹县、峄山（今山东邹县东南）行乡射之礼；在鄱县（今山东南部滕县）、薛县、彭城曾遭困厄；再经过梁国、楚国回到家乡。于是司马迁出仕做郎中，奉命出使西征巴蜀以南等地，往南经略邛、笮、昆明，回来向朝廷复命。……

司马迁

拜见父亲于黄河、洛水之间。太史公（司马谈）握着司马迁的手哭泣着说："我们先代本是周朝的太史，远在上古之世，就曾显扬功名在虞、夏的时代，职掌天文的事。后世中衰，会在我这里中断吗？你继任太史，那就可以接续我们祖先的事业了。现在皇上承接千年以来的大统，封祭泰山，而我不得随行，这是命运啊，是命运啊！我死了，你一定会任太史；做太史，不要忘记我所要完成的著作啊。再说孝道始于事亲，中间表现在事君，最后落实在立身上。传扬名声于后世，以显耀父母，这是孝道中最主要之点。天下称道歌颂周公，说的是他能论述歌颂文王、武王之德，宣扬周、邵之风，表达太王王季的思虑，再上推及公刘，这样追述尊崇周代的历史。周幽王、厉王以后，王道残缺，礼乐衰颓，孔子研究整理旧有典籍，振兴被废弃破坏了的礼乐，论述《诗》《书》，写作《春秋》，学者至今，以之为准则。自从'获麟'以来四百余年，诸侯相并混战，史书丢散断绝。现在汉朝兴起，海内统一，明主、贤君、忠臣以及死于道义的人士，其事迹感人，我做太史的而没有记载下来，断绝了天下的历史，我非常恐惧。你可要记在心里啊！"司马迁低着头流着眼泪说："小子愚笨，请让我详述先人所编史实掌故，不敢有所遗漏。"

汉 书

【东汉】班 固

线装书局

序　言

　　《汉书》是纪传体西汉断代史，共一百篇，其中包括纪十二篇、表八篇、志十篇、传七十篇，后人析为一百二十卷。

　　作者班固（32~92），字孟坚，扶风安陵（今陕西咸阳东北）人。九岁能撰文和诗赋。东汉光武帝建武二十三年（47）前后进入洛阳太学，博览群书，穷究九流百家之言。建武三十年，其父班彪去世，从太学返回乡里。东汉明帝时，曾任兰台令史，升迁为郎，负责校定秘书。章帝建初三年（78）为玄武门司马，是守卫玄武门的郎官中的下级官吏。由于章帝喜好儒术文学，赏识班固的才能，因此多次被召入宫廷侍读。章帝出巡，常随侍左右，奉献所作赋颂。建初四年，章帝在白虎观召集当代名儒讨论五经异同，并亲自裁决。其目的是广泛动员经今古文学派的力量，促进儒家思想与谶纬神学紧密结合，加强儒家思想在思想领域的统治地位。在这次重要会议上，班固以史官兼任记录，奉命把讨论结果整理成《白虎通德论》。和帝永元元年（89），大将军窦宪远征匈奴，班固被任命为中护军随行，参与谋议。窦宪大败北单于，登上燕然山（今蒙古境内的杭爱山），命班固撰写了著名的燕然山铭文，刻石记功而还。班固与窦宪本有世交之谊，入窦宪幕府后，主持笔墨之事，关系更为密切。永元四年，窦宪在政争中失败自杀，洛阳令对班固积有宿怨，借机罗织罪名，捕班固入狱。同年死在狱中。

　　班固的父亲班彪曾撰写《后传》六十五篇，作为《史记》续篇。班彪去世后，班固开始整理《后传》。他认为《后传》不够详备，便在《后传》基础上着手撰写《汉书》。班固去世时，尚有八表和《天文志》没有完成。和帝命其妹班昭续撰，后又命跟随班昭学习《汉书》的马续继续补充。据司马彪《续汉书·天文志》所载，马续补修的仅为《天文志》。

　　此书体例与《史记》大略相同，都是纪传体。但《史记》是一部通史，《汉书》则是断代史，首创断代为史的编纂方法。同时，把《史记》的"本纪"省称"纪"，"书"改曰"志"；又不用世家，载入《史记》"世家"的陈涉、外戚和汉代诸王一律编入"传"内；"列传"简称为"传"。这些体例上的变化，对后来的一些纪传体史书影响很大。

　　《汉书》是研究西汉历史的重要史籍。班固曾任兰台令史，负责掌管皇家图籍，典校秘书，有条件看到大量的图书资料；编写《汉书》又有《史记》《后传》作为主要依据，因此，《汉书》保存的历史资料比较丰富。汉武帝中期以前的西汉历史记载，虽然《汉书》基本上移用了《史记》，但由于作者思想境界的差异和材料取舍标准不一，移用时也常常增补新的内容。如《贾谊传》增加了"治安策"，《晁错传》补入了"教太子疏""言兵事疏""募民徙塞下疏""贤良策"，《路温舒传》增收了"尚德缓刑疏"，《邹阳传》增补了"讽谏吴王濞邪谋书"，《公孙弘传》补入了"贤良策"等，在不少人物的传记中增加了一些史事，提供了新的史料。另外，《汉书》还在《史记》之外新立了一些篇目，仅纪传部分就增加了《惠帝纪》和王陵、吴芮、蒯通、伍被、贾山、李陵、苏武等传。至于汉武帝中期以后的西汉历史，班固在《后传》的基础上，博采其他书籍，斟酌去取，缀集成篇。就保存西汉历史资料来说，现存的史籍以《汉书》最称完备。

　　《汉书》还第一次创立了《古今人表》和《百官公卿表》。它的志尤为人们所重视。由《史记》八书演变来的一些志，内容与《史记》也多有不同。在八书内容之外，《汉书》又创立了《刑法志》《五行志》《地理志》《艺文志》。《汉书》的志规模宏大，内容丰富，又在篇目上有所创新，扩大了历史研究领域，因而受到后人的推誉。

宣 帝 纪

班固论汉宣帝

【原文】

孝宣之治，信赏必罚，综核名实，政事文学法理之士咸精其能，至于技巧工匠器械，自元、成间鲜能及之，亦足以知吏称其职，民安其业也。遭值匈奴乖乱，推亡固存，信威北夷，单于慕义，稽首称藩。功光祖宗，业垂后嗣，可谓中兴，侔德殷宗、周宣矣。

【译文】

孝宣帝的治理，有功必赏，有罪必罚，注意从实际出发，综合事物的名称和实际加以考核，因而政事、文学、法理之士都能精其所长，至于技巧、工匠、器械等方面的业绩，在元帝、成帝时，很少能赶上，这也足以知道宣帝时官吏称职，人民安于自己的职业。适遇匈奴内乱，对其无道的，就推而消灭它；对其有道的，则帮助他巩固地位。显示威力于北方少数民族，单于敬慕宣帝的恩义，叩拜称臣。其功绩光耀祖宗，其事业传给子孙，可以说是中兴之主，其功德可以与殷代的高宗和周朝宣王相比美了。

五 行 志

鱼 雨

【原文】

成帝鸿嘉四年秋，雨鱼于信都，长五寸以下。

【译文】

成帝鸿嘉四年（公元 17）秋天，在信都（今河北冀州市）下了一场鱼雨，鱼长五寸以下。

艺 文 志

大收篇籍，广开献书之路

【原文】

昔仲尼没而微言绝，七十子丧而大义乖。故《春秋》分为五，《诗》分为四，《易》有数家之传。战国纵横，真伪纷争，诸子之言纷然淆乱。至秦患之，乃燔灭文章，以愚黔首。汉兴，改秦之败，大收篇籍，广开献书之路。迄孝武世，书缺简脱，礼坏乐崩，圣上喟然而称曰："朕甚闵焉！"于是建藏书之策，置写书之官，下及诸子传说，皆充秘府。至成帝时，以书颇散亡，使谒者陈农求遗

书于天下。诏光禄大夫刘向校经传诸子诗赋，步兵校尉任宏校兵书，太史令尹咸校数术，侍医李柱国校方技。每一书已，向辄条其篇目，撮其指意，录而奏之。会向卒，哀帝复使向子侍中奉车都尉歆卒父业。歆于是总群书而奏其《七略》，故有《辑略》，有《六艺略》，有《诸子略》，有《诗赋略》，有《兵书略》，有《术数略》，有《方技略》。今删其要，以备篇籍。

成帝

【译文】

往昔孔子死而精微之言断绝，他的七十多个著名弟子死而大义背离。所以《春秋》分为五家，《诗》分为四家，《易》有数家的传述。战国纷乱，真伪相争，诸子的学说纷呈杂乱。到了秦朝，以此为祸患，于是焚毁书籍，推行愚民政策。汉朝建立，改变了秦的焚书暴行，大规模收罗书籍，广开献书的渠道。到了武帝之时，书简残缺，礼坏乐崩，皇上叹息说："我很忧虑啊！"于是建立藏书制度，设置抄书的官员，经书之外下及诸子传说，都收藏在秘府里。到了成帝时，因为书籍散亡较多，派谒者陈农在全国访求散佚的书。诏令光禄大夫刘向校勘经传、诸子、诗赋，步兵校尉任宏校勘兵家的书，太史令尹咸校勘数术，侍医李柱国校勘方技。每一种书校完之后，刘向都分列出目录，摘其大意，抄录之后上奏。刘向死后，哀帝又让刘向的儿子侍中奉车都尉刘歆继续完成父亲的事业。刘歆于是总括群书而上奏他编纂的图书目录分类著作——《七略》，所以有《辑略》，有《六艺略》，有《诸子略》，有《诗赋略》，有《兵书略》，有《术数略》，有《方技略》。如今删取其要目，以备列篇籍。

儒家学派

【原文】

儒家者流，盖出于司徒之官，助人君顺阴阳明教化者也。游文于六经之中，留意于仁义之际，祖述尧舜，宪章文武，宗师仲尼，以重其言，于道最为高。孔子曰："如有所誉，其有所试。"唐虞之隆，殷周之盛，仲尼之业，已试之效者也。然惑者既失精微，而辟者又随时抑扬，违离道本，苟以哗众取宠。后进循之，是以《五经》乖析，儒学寝衰，此辟儒之患。

【译文】

儒家这个学派，是源出古代掌管教化的职官，是帮助人君遵循自然之道，以彰明教化的。研习六经的内容、留心仁义的道术，上承尧舜，取法弘扬周文王、武王之道，尊孔子为师，以阐述其主张，在各家学说中，儒家的道是最高。孔子说："如果对别人有所称誉，那是因为我试用过他。"尧舜与殷周的盛世，儒家学说已试验过，并证实行之有效。然而学习不透彻的人既失去了儒家学说的精神所在，而邪辟不正的人又随意抬高或贬低儒家学说，违反了儒学的本意，只图哗众取宠。后辈遵循他们，所以《五经》被弄得支离破碎，儒家学说逐渐衰落，这是邪辟不正的儒者造成的恶果。

道家学派

【原文】

道家者流，盖出于史官，历记成败存亡祸福古今之道，然后知秉要执本，清虚以自守，卑弱以自持，此君人南面之术也。合于尧之克攘，《易》之嗛嗛，一谦而四益，此其所长也。及放者为之，则欲绝去礼学，兼弃仁义，曰独任清虚可以为治。

【译文】

道家学派，是源出古代记事之官，依次记载古今成败，存亡祸福的规律，然后知道掌握要点与根本，坚守清静无为，保持卑弱的处世原则，这是君主的统治术。这样做符合尧的谦让之德，正如《易》中倡导的谦退之道，守谦而多方面受益，这是道家学说的长处。等到死抱无为的人实行起来，就想去掉礼法，连仁义也一并抛弃，说什么仅抱清虚无为的原则，就可以治理天下了。

阴阳家学派

【原文】

阴阳家者流，盖出于羲和之官，敬顺昊天，历象日月星辰，敬授民时。此其所长也。及拘者为之，则牵于禁忌，泥于小数，舍人事而任鬼神。

【译文】

阴阳家的学派，出于上古掌天地四时的官，敬顺大天，记载历法，观测天文（包括日月星辰），制定颁布历法，使人民得以按天时节令办事。这是它的长处。待到固执不通的人做起来，就拘泥于有关凶吉的忌讳，舍弃了人事而专门信任鬼神。

法 家 学 派

【原文】

法家者流，盖出于理官，信赏必罚，以辅礼治。《易》曰"先王以明罚饬法"，此其所长也。及刻者为之，则无教化，去仁爱，专任刑法而欲以致治，至于残害至亲，伤恩薄厚。

【译文】

法家这个学派，源出古代的法官，赏罚分明，用以辅助礼治。《易》中说："先王用来彰明惩罚，整顿法纪"，这是法家学派的长处。待到刻酷的人实行起

来，就不要教化和仁爱，专门任用刑法想要达到统治的目的，甚至于残害最亲近的人，伤害恩义，使仁厚变为刻薄。

名家学派

【原文】

名家者流，盖出于礼官。古者名位不同，礼亦异数。孔子曰："必也正名乎！名不正则言不顺，言不顺则事不成。"此其所长也。及警者为之，则苟钩钮析乱而已。

龙形灯 西汉

【译文】

名家这个学派，源出古代掌礼仪的官。古代名位不同，礼也有差异。孔子说："那一定要使名分正啊！名分不正，说话就不可能顺情合理；语言不合情理，则政事就办不成。"这是它的长处。而待到惯于揭发他人阴私的人做起来，就随便分析得支离破碎而淆乱名实了。

墨家学派

【原文】

墨家者流，盖出于清庙之守。茅屋采椽，是以贵俭；养三老五更，是以兼爱；选士大射，是以上贤；宗祀严父，是以右鬼；顺四时而行，是以非命；以孝视天下，是以上同：此其所长也。及蔽者为之，见俭之利，因以非礼，推兼爱之意，而不知别亲疏。

【译文】

墨家学派，是出自宗庙官吏。住的是茅草房，因此崇尚节俭。养三老五更各一人，因此主张兼爱。选士并举行大射之礼，因此表示崇尚贤者。庙祭严父，因此表示崇尚鬼神。按照四时行事，因此表示反对天命。以孝视天下；因此顺从长上：这些都是墨家学派的长处。待到对此学派理解不全面的人实行时，仅见节俭的益处从而不要礼；实行兼爱，而不知应当区别亲近与疏远。

纵横家学派

【原文】

纵横家者流，盖出于行人之官。孔子曰："诵诗三百，使于四方，不能专对，虽多，亦奚以为？"又曰："使乎，使乎！"言其当权事制宜，受命而不受辞。此其所长也。及邪人为之，则上诈谖而弃其信。

【译文】

纵横家学派，出于掌外交的官员。孔子说："熟读《诗经》三百篇，叫他出

使他国，却不能独自应对，纵是读得多，有什么用处呢！"又曰："使者！使者！"说的是应当权衡事实，做合适的对策；只从国君那里接受出使的命令，而不接受应对的话。这是纵横家的长处。待到邪人执行此任务，则崇尚欺诈而抛弃信用。

杂家学派

【原文】

杂家者流，盖出于议官。兼儒、墨，合名、法，知国体之有此，见王治之无不贯。此其所长也。及荡者为之，则漫羡而无所归心。

【译文】

杂家学派，出于谏议之官。其学说中兼有儒家和墨家学说的内容，又综合了名家、法家的特点，知道治国之法含有上述诸家学说的内容，看到王者的政治对各家学说无不贯通，这是杂家学说的长处。待到学识浮泛的人执行起来，就牵涉面颇广抓不住要点，使人心没有归宿。

农家学派

【原文】

农家者流，盖出于农稷之官。播百谷，劝耕桑，以足衣食。故八政一曰食，二曰货。孔子曰："所重民食。"此其所长也。及鄙者为之，以为无所事圣王，欲使君臣并耕，悖上下之序。

劳动俑　西汉

【译文】

农家学派，出于农稷之官。播种百谷，鼓励农桑，用以丰衣足食。农用八政（见《尚书·洪范》）一曰食（教民勤于农耕），二曰货（教民宝用货物）。孔

子说:"所重的是人民的吃食。"这是农家学派的长处。待到鄙野的人执行起来,认为不要事奉圣王,要想使君臣并耕而食,从而扰乱上下的次序。

小说家学派

【原文】

小说家者流,盖出于稗官。街谈巷语、道听涂说者之所造也。孔子曰:"虽小道,必有可观者焉。致远恐泥,是以君子弗为也。"然亦弗灭也。闾里小知者之所及,亦使缀而不忘,如或一言可采,此亦刍荛狂夫之议也。

【译文】

小说家这个流派,出自负责记述闾巷风俗的小官。小说是街谈巷语、道听途说的人所创作的。孔子说:"虽然小的道理,也一定有可取的地方。但是,恐怕它妨碍远大的事业,所以君子不去搞它。"然而小说也不泯灭。闾巷里知识浅薄的人所看到的道理,也使它得以连缀词句记录下来而不忘,如果有一句话可以采取,这也是一般平民的议论。

诸 子 十 家

【原文】

诸子十家,其可观者九家而已。皆起于王道既微,诸侯力政,时君世主,好恶殊方,是以九家之(说)〔术〕蜂出并作,各引一端,崇其所善,以此驰说,取合诸侯。其言虽殊,辟犹水火,相灭亦相生也。仁之与义,敬之与和,相反而皆相成也。《易》曰:"天下同归而殊涂,一致而百虑。"今异家者各推所长,穷知究虑,以明其指,虽有蔽短,合其要归,亦《六经》之支与流裔。使其人遭明王圣主,得其所折中,皆股肱之材已。仲尼有言:"礼失而求诸野。"方今去圣久远,道术缺废,无所更索,彼九家者,不犹愈于野乎?若能修六艺之术,而观此九家之言,舍短取长,则可以通万方之略矣。

【译文】

诸子十家中,可观的只有九家,小说家不在内。它们都起源于王道已经衰败的时候,由于诸侯以武力相征伐,当时君主的好恶各有不同的旨趣,因此九家的学说,像群蜂纷飞一样兴起了,各引一端,推崇他们认为善的学说,用以驰骋游说,以合诸侯所需。他们的主张尽管各不相同,却譬如水之与火,相灭也相生;仁之与义,敬之与和,相反而又相成。《易》说:"天下同一个目的地,可以有不同的途径;同一个目标,可以有不同的考虑。"如今不同的各家学说,各自推出自己的长处,用尽心思,用以阐明其宗旨,虽各有蔽塞短处,但符合主要道理的归宿,也是六经的分支与末流。倘使他们遇到明王圣主,得其调节过与不及,使合乎中道,都是辅佐之臣。孔子曾说:"礼失而向民间访求。"如今离圣贤久远,圣道缺废,在没有地方去索求的情况下,那么九家之论不也胜于散漫无所遵循吗?若能够修学六艺,再参看九家的言论,舍短取长,就可以通晓天下一切计

略了。

蒯伍江息夫传

束 缊 乞 火

【原文】

至齐悼惠王时，曹参为相，礼下贤人，请通为客。

初，齐王田荣怨项羽，谋举兵畔之，劫齐士，不与者死。齐处士东郭先生、梁石君在劫中，强从。及田荣败，二人丑之，相与入深山隐居。客谓通曰："先生之于曹相国，拾遗举过，显贤进能，齐国莫若先生者。先生知梁石君、东郭先生世俗所不及，何不进之于相国乎？"通曰："诺。臣之里妇，与里之诸母相善也。里妇夜亡肉，姑以为盗，怒而逐之。妇晨去，过所善诸母，语以事而谢之。里母曰：'女安行，我今令而家追女矣。'即束缊请火于亡肉家，曰：'昨暮夜，犬得肉，争斗相杀，请火治之。'亡肉家遽追呼其妇。故里母非谈说之士也，束缊乞火非还妇之道也，然物有相感，事有适可。臣请乞火于曹相国。"乃见相国曰："妇人有夫死三日而嫁者，有幽居守寡不出门者，足下即欲求妇，何取？"曰："取不嫁者。"通曰："然则求臣亦犹是也，彼东郭先生、梁石君，齐之俊士也，隐居不嫁，未尝卑节下意以求仕也。愿足下使人礼之。"曹相国曰："敬受命。"皆以为上宾。

【译文】

到了齐悼惠王的时候，曹参为相国，礼贤下士，邀请蒯通为门客。

当初，齐王田荣怨恨项羽，谋划发兵背叛项羽，劫持齐地士人，不服从的处死。齐国不曾做官的东郭先生、梁石君也被劫持，勉强服从。待田荣起兵失败，二人以曾参与叛乱为耻，就一同入深山隐居。有客对蒯通说："先生为曹相国所倚重，帮他拾遗补阙，指出过失，为他推荐贤能之人，在齐国没有人能赶上您了。先生知道梁石君和东郭先生，他们二人本是世俗的人所不及的，为什么不推荐给曹相国呢？"蒯通说："好。我居住的里巷有一妇人，与同里诸老妇相友好。一次这个妇人家夜里丢了肉，婆母认为是她偷了，愤怒把她驱逐了。她早晨离开家，顺路看望跟她友好的各位老妇，把因丢肉被婆母驱逐的事说了，并向她们告辞。里巷老妇们说："你且慢慢走，我们今天就让你家人追赶你。"于是她们束麻絮（缊）成引火的物，向丢肉家求借火种，说："昨天夜晚，狗得到一块肉，互相抢夺厮杀，死了一条狗，想借火回去煮了吃。"丢失肉那家迅速追赶呼叫他们的妇人回来。本来巷里诸老妇并非游说之士，用束麻絮引火的手段也并非是使妇人还归的正当办法，然物有相互感应的道理，事有碰巧成功的时候。我请求这就去向曹相国借火。"于是见到曹相国说："妇人中有死了丈夫三天就出嫁的，有深居守寡不出门的，假若您若找对象，要哪个？"曹参说："要不出嫁的。"蒯通说："那么寻找臣子也应当这样，那东郭先生、梁石君，是齐国的英俊之士，隐居不出，未曾卑节屈意以从人而乞求做官。希望您派人对他们二人以礼相请。"

曹相国说："接受你的指教。"于是对东郭先生和梁石君均以上宾接待。

贾 谊 传

汉文帝召贾谊

【原文】

后岁余，文帝思谊，征之。至，入见，上方受釐，坐宣室。上因感鬼神事，而问鬼神之本。谊具道所以然之故。至夜半，文帝前席。既罢，曰："吾久不见贾生，自以为过之，今不及也。"乃拜谊为梁怀王太傅。

汉文帝

【译文】

（贾谊任长沙王太傅）之后的一年多时间，文帝想念贾谊，召他回来。到了京城，拜见，皇上正在接受祭余的肉，坐在宣室里。皇上由于有感于鬼神的事，就向贾谊问起鬼神之事的本原。贾谊详尽讲述鬼神之所以为鬼神的道理。到了半夜（文帝听得入神）渐渐挪身凑近贾谊。讲完以后，文帝说："我很久未见贾生了，自己认为会超过他，如今知道还是不如他。"于是拜贾谊为梁怀王的太傅。

众建诸侯而少其力

【原文】

臣窃迹前事，大抵强者先反。淮阴王楚最强，则最先反；韩信倚胡，则又反；贯高因赵资，则又反；陈豨兵精，则又反；彭越用梁，则又反；黥布用淮南，则又反；卢绾最弱，最后反。长沙乃在二万五千户耳，功少而最完，势疏而最忠，非独性异人也，亦形势然也。……欲诸王之皆忠附，……欲天下之治安，莫若众建诸侯而少其力。力少则易使以义，国小则亡邪心。

汉长城遗迹

【译文】

我私自考查一下过去诸侯王的事迹，大抵是力量强的先行反叛。淮阴侯韩信为楚王时，力量最强，最先反叛（见《汉书》卷三十四）；韩王韩信依靠匈奴，又反叛（见《汉书》卷三十三）；贯高凭借赵国的力量，又反叛；陈豨靠兵精，又反叛；彭越利用梁国

的力量，又反叛；黥布用淮南的力量，又反叛；卢绾的力量最弱，最后反叛。长沙王吴芮，他的封地仅二万五千户，功勋少，因而最完整地保全下来，势力弱因而最忠于朝廷，并非只因为他的情况和别人不同，也是由于力小的形势所造成的。……要想使诸王都忠心依附于朝廷……要想国家得到安定，莫如多分封诸侯而削弱其势力。力量小就容易使他们遵守礼义；封国小，诸侯王就没有邪恶之心。

贾邹枚路传

秦何以亡也

【原文】

昔者，秦政力并万国，富有天下，破六国以为郡县，筑长城以为关塞。……然而兵破于陈涉，地夺于刘氏者，何也？秦王贪狼暴虐，残贼天下，穷困万民，以适其欲也。昔者，周盖千八百国，以九州之民养千八百国之君，用民之力不过岁三日，什一而籍，君有余财，民有余力，而颂声作。秦皇帝以千八百国之民自养，力罢不能胜其役，财尽不能胜其求。……劳罢者不得休息，饥寒者不得衣食，亡罪而死刑者无所告诉，人与之为怨，家与之为雠，故天下坏也。秦皇帝身在之时，天下已坏矣，而弗自知也。秦皇帝东巡狩，至会稽、琅邪，刻石著其功，自以为过尧舜统；县石铸钟虡，筛土筑阿房之宫，自以为万世有天下也。……然身死才数月耳，天下四面而攻之，宗庙灭绝矣。

【译文】

前秦嬴政用武力吞并众国，富有天下，分裂六国，设置郡县，修筑长城，作为关塞。……然而军队被陈胜所打败，土地被刘氏所夺取，为什么呢？秦始皇贪如狼而且暴虐，残害天下，使民众穷困，以满足他的欲望。从前周朝有千八百国，用九州的人民供养千八百国的国君，每年每人服劳役不超过三天，收十分之一的税，国君有多余的财富，人民有余力，因而歌颂之声大作。秦始皇凭有千千八百国的人民来供养自己，人民疲惫不能胜任他派的劳役，财尽不能供给他的需求。……人民疲劳得不到休息，饥寒得不到衣食，没有罪而死于酷刑的，无处申诉，人人跟他结成仇恨，家家都以他为仇敌，所以国家衰败了。秦始皇还活着时，国家已经衰败了，他自己还不知道。秦始皇去东方巡视郡县，到了会稽、琅琊，还刻石用以标榜其功绩，自认为超过了尧舜的政绩；悬石铸钟架，筛土修建阿房宫，自认为秦的天下应传至万世，……然而始皇刚死仅几个月，天下四面进攻秦国，祖庙被灭绝了。

李广苏建传

苏 武 牧 羊

【原文】

天汉元年，且鞮侯单于初立，恐汉袭之，乃曰："汉天子，我丈人行也。"尽归汉使路充国等。武帝嘉其义，乃遣（苏）武以中郎将使持节送匈奴使留在汉者。……

单于愈益欲降之，乃幽武置大窖中，绝不饮食。天雨雪，武卧啮雪与旃毛并咽之，数日不死，匈奴以为神，乃徙武北海上无人处，使牧羝，羝乳乃得归。……

武既至海上，廪食不至，掘野鼠去草实而食之。杖汉节牧羊，卧起操持，节旄尽落。……

武以（元始）〔始元〕六年春至京师。……武留匈奴凡十九岁，始以强壮出，及还，须发尽白。

【译文】

汉武帝天汉元年（前140），且鞮侯初立为单于，恐怕汉朝袭击他，就说："汉朝皇帝是我的长辈啊！"武帝赞许单于的义气，就派苏武以中郎将的身份，持旄节，护送被扣留在汉朝的匈奴使者回国。

单于更想招降苏武，于是把苏武囚禁起来，禁闭在一个大窖里，断绝生活供应。天下雪了，苏武卧在窖中，嚼雪止渴，和着毡毛一起咽下去充饥，就这样一连过了好几天也没饿死，匈奴人都认为他是神，于是把苏武流放到北海上荒无人烟的地方，让他放牧公羊，要等到公羊产羔时才准许回国。……

苏武到北海以后，匈奴应该供应的粮食也停止供给，他只好去挖掘野鼠所收藏的草籽来吃。挂着代表汉朝的旄节去放羊，无论是睡觉还是起来放羊，手里都拿着汉节，天长日久节上的毛都脱落了。……

苏武在始元六年（前81）春天回到京师。……苏武被扣留在匈奴共十九年，当初，是身强力壮出使，等到回来时，胡子头发全白了。

李陵设宴别苏武

【原文】

于是李陵置酒贺苏武曰："今足下还归，扬名于匈奴，功显于汉室，虽古竹帛所载，丹青所画，何以过子卿！陵虽驽怯，令汉且贳陵罪，全其老母，使得奋大辱之积志，庶几乎曹柯之盟，此陵宿昔之所不忘也。收族陵家，为世大戮，陵尚复何顾乎？已矣！令子卿知吾心耳。异域之人，壹别长绝！"陵起舞，歌曰："径万里兮度沙幕，为君将兮奋匈奴。路穷绝兮矢刃摧，士众灭兮名已聩。老母已死，虽欲报恩将安归！"陵泣下数行。因与武决。

【译文】

于是李陵置办酒宴，诀别苏武说："如今你回汉朝，美名传播于匈奴，功勋显扬于汉室，即使是古代史书所记载或用彩色图画所描绘的那些名人，又怎能超过你！我李陵虽然怯懦无能，假使汉朝当初能宽赦我的罪过，保全我的老母，使我能够因受投降的大辱而积蓄起来的报国志愿施展出来，或者我也能做出像曹沫在鲁齐柯邑会盟时，迫使齐桓公归还侵地那样的事来，报效汉朝廷，这是我早晚都不敢忘的。可是汉朝廷却捕杀我的全家，使我蒙受世上的奇耻大辱，我还有什么可留恋的呢？一切全完了，我跟你说这些，无非是让你知道我的心罢了。我已成为异国之人，分手就是永别了！"说完，李陵站起来舞剑，唱歌道："行军万里啊穿过了沙漠，为皇上带兵啊奋战匈奴。路已穷绝啊刀箭被摧毁，全军覆灭啊名声已败坏。老母已死，虽想报恩啊何处可归？"歌罢，李陵禁不住泪流满面，就这样和苏武诀别了。

张　汤　传

藏匿名迹，远离权势

【原文】

尝有所荐，其人来谢，安世大恨，以为举贤达能，岂有私谢邪？绝勿复为通。有郎功高不调，自言，安世应曰："君之功高，明主所知。人臣执事，何长短而自言乎！"绝不许。已而郎果迁。莫府长史迁，辞去之官，安世问以过失。长史曰："将军为明主股肱，而士无所进，论者以为讥，"安世曰："明主在上，贤不肖较然，臣下自修而已，何知士而荐之？"其欲匿名迹远权势如此。

【译文】

张安世曾经推荐过一个人，这个人被任用后来向他表示感谢，他大为恼怒，认为向朝廷推举贤能（是大臣应尽的职责），怎么能感谢个人呢？于是（告诉守门人），以后有这样的人来，不再替他们通报。有一个郎官有大功，未被提升，他来向张安世诉说，安世和他说："你功劳大，英明的皇上是知道的。做人臣的担任工作，为什么要自己说长道短呢！"于是拒绝向朝廷替他说话。不久，这个郎官果然升迁了。一次安世将军府的长史升官了，辞别安世去上任，安世问他自己有什么过失。长史说："将军您是英明君主的辅佐之臣，却没有向朝廷推举过部下将士，人们对此加以批评。"安世说："明主在上，士人谁好谁坏，皇上了解得很清楚，做臣子地做好分内工作就是了，哪里谈得上了解士人并加以推荐呢？"张安世要藏匿名迹，远离权势，便是这样的。

司马迁传

西汉的学术

【原文】

惟汉继五帝末流，接三代绝业。周道既废，秦拨去古文，焚灭《诗》《书》，故明堂石室金镒玉版图籍散乱。汉兴，萧何次律令，韩信申军法，张苍为章程，叔孙通定礼仪，则文学彬彬稍进，《诗》《书》往往间出，自曹参荐盖公言黄老，而贾谊、晁错明申韩，公孙弘以儒显，百年之间，天下遗文古事靡不毕集。太史公仍父子相继纂其职，……罔罗天下放失旧闻，王迹所兴，原始察终，见盛观衰，论考之行事，略三代，录秦汉，上记轩辕，下至于兹，著十二本纪，既科条之矣。

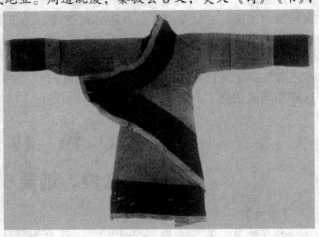

罗绮地锦绣袍　西汉

【译文】

汉朝继承五帝（伏羲、神农、黄帝、尧、舜）流绪，承接夏、商、周中断的事业。周王朝的治国之道既经衰废，秦朝建立后，废除春秋战国时代的古文字，焚烧毁灭《诗》《书》，所以收藏在明堂、石室、金匮、玉版中的图书散乱。汉朝兴起，萧何编定法令，韩信申述军法，张苍制定章程，叔孙通规定礼仪，于是文学士逐渐被任用，《诗》《书》古籍不时有所发现，交替迭出。自从曹参推荐盖公谈论黄老之学，贾谊和晁错阐述申不害、韩非之术，公孙弘由于儒家学说而显贵，百年之间，天下亡佚的古籍、失传的往古事迹都被收集起来。于是太史公父子相继担任著述的职务。……搜罗天下散失的旧闻，王者创业施政的史料，推究其源，考察其终，发现它的兴盛，考察它的衰败，评论考核事实，简述夏、商、周，详录秦朝和汉朝，上从轩辕氏开始写，下至现在（指武帝时），著述了十二本纪，既而科分而条例之。

司马迁被刑

【原文】

以为李陵素与士大夫绝甘分少，能得人之死力，虽古名将不过也。身虽陷败，彼观其意，且欲得其当而报汉。事已无可奈何，其所摧败，功亦足以暴于天

下。仆怀欲陈之，而未有路。适会召问，即以此指推言陵功，欲以广主上之意，塞睚眦之辞。未能尽明，明主不深晓，以为仆沮贰师，而为李陵游说，遂下于理。拳拳之忠，终不能自列，因为诬上，卒从吏议。家贫，财赂不足以自赎，交游莫救，左右亲近不为壹言。身非木石，独与法吏为伍，深幽图圄之中，谁可告诉者！此正少卿所亲见，仆行事岂不然邪？李陵既生降，隤其家声，而仆又茸以蚕室，重为天下观笑。悲夫！悲夫！

【译文】

我认为李陵平素与士大夫交往，自奉俭约，宽厚待人，因此人们都甘愿为他出力，即使是古代的名将也不能超过他了。他虽然战败身陷敌国，但看他的意图是想在适当的时机，来报效汉朝。投降的事情已经无可奈何了，但在这次战争中他所战败敌军的功绩，也已很清楚地显示于天下。我曾想把这些看法向皇帝陈述，却没有机会。恰好遇到皇上召问，就把这些看法说了出来，称赞李陵的功劳，想借此宽慰皇上，堵塞怀恨李陵的人说他的坏话。但意思没有说清，皇上不了解我的用意，以为我诋毁贰师将军李广利，而为李陵辩护，于是把我交给廷尉审判。我的一片忠心，最终不能表达出来，狱吏为此判了我污辱皇上的罪，皇帝同意狱吏的判决。我家贫穷，无钱赎罪，朋友也无人来救助，皇帝左右的近臣没人替我讲一句好话。我并不是木头石块，独自一人与狱吏周旋，深陷监牢之内，这种处境能向谁去诉说呢！这些都是您亲眼看见的事，我的遭遇难道不是这样吗？李陵既然活着投降，他家的名声也就败坏了，而我又在蚕室受到宫刑，深被天下的人所耻笑。悲哀啊！悲哀啊！

隐忍苟活著名作

【原文】

人固有一死，死有重于泰山，或轻于鸿毛，用之所趋异也。太上不辱先，其次不辱身。……所以隐忍苟活，函粪土之中而不辞者，恨私心有所不尽，鄙没世而文采不表于后也。

【译文】

人本来都有一死，有的人死得重于泰山；有的人死得轻如鸿毛，这是因为死的目的不同啊。我认为首先不能让祖先受辱，其次不能让自身受辱……我之所以忍受凌辱，苟且地活下来，被关在如粪土一样的环境中而不推辞，是只恨自己的理想尚未完成，是惧怕死去以后，那具有文采的著作不能写完，以传之于后世啊！

成一家之言

【原文】

及如左丘明无目，孙子断足，终不可用，退论书策以舒其愤，思垂空文以自见。仆窃不逊，近自托于无能之辞，网罗天下放失旧闻，考之行事，稽其成败兴

坏之理，凡百三十篇，亦欲以究天人之际，通古今之变，成一家之言。草创未就，适会此祸，惜其不成，是以就刑而无愠色。仆诚已著此书，藏之名山，传之其人，通邑大都，则仆偿前辱之责，虽万被戮，岂有悔哉！然此可为智者道，难为俗人言也。

【译文】

至于左丘明失明，孙膑被剐掉了膝盖骨，自料难以建功立业，就退而著书立说，借以抒发他们的愤懑，想留下文章来表达自己的思想和感情。我自己不谦逊，近来寄托于笔墨言辞，收集天下已散失的逸闻轶事，考察历代的史事，探索他们成、败、兴、衰的原因，共得一百三十篇，这是想用来探讨天地自然与人类社会的关系，弄通古今发展变化的规律，成为一家之言。草稿还未完成，就遇到宫刑的灾祸，因此受了宫刑也不恼恨。我如能写成这部书，珍藏在名山之中，传给能使这部书流行的人，散布在大都市里，我就可以偿还以前那耻辱的债，即使死一万次也没有什么可后悔的了！然而这个心事只可以告诉明智的人，很难向世俗的人说清啊！

盖 棺 定 论

【原文】

且负下未易居，下流多谤议。仆以口语遇遭此祸，重为乡党戮笑，污辱先人，亦何面目复上父母之丘墓乎？虽累百世，垢弥甚耳！是以肠一日而九回，居则忽忽若有所亡，出则不知所如往。每念斯耻，汗未尝不发背沾衣也。身直为闺阁之臣，宁得自引深藏于岩穴邪！故且从俗浮湛，与时俯仰，以通其狂惑。今少卿乃教以推贤进士，无乃与仆之私指谬乎。今虽欲自雕琢，曼辞以自解，无益于俗不信，只取辱耳。要之死日，然后是非乃定。

【译文】

负罪受辱的人，是不容易立身处世的，地位卑下多受人谤议。我因为替李陵讲了几句话，就遭这样大祸，深被乡亲所耻笑，从而侮辱了祖先，我还有什么脸面再上父母的坟墓呢！即使经过百世，耻辱也洗不清，只会更加厉害。因此，我的愁肠一日九回，在家里就恍恍惚惚若有所失，出外则不知到了何处。每一想到这种耻辱，总是背上出汗沾湿了衣裳。我现在既已做一名宦官，哪能自己引退到深山里去过隐士生活！因此姑且随从世俗，任意浮沉，跟着形势，进退俯仰，以表达内心的愤慨之情。如今您让我推荐贤才，未免和我的心意相违背。我现在即使想自我装饰一下，用美好的言辞来修饰自己，也没有益处，世俗之人绝不会相信，只能再取羞辱罢了。总之，要到死了之后，是非才能论定。

武五子传

思 子 宫

【原文】

久之，巫蛊事多不信。上知太子惶恐无他意，而车千秋复讼太子冤，上遂擢千秋为丞相，而族灭江充家，焚苏文于横桥上，及泉鸠里加兵刃于太子者，初为北地太守，后族。上怜太子无辜，乃作思子宫，为归来望思之台于湖。天下闻而悲之。

【译文】

过了许久，江充诬陷太子利用巫蛊诅咒皇帝的事大多不能落实。武帝知道太子逃亡是害怕治罪，没有其他恶意。车千秋上书为太子鸣冤，于是就提升车千秋为丞相，惩处江充以灭族之罪（江充先已被杀），在渭桥上烧死了江充的帮凶苏文，那个在太子逃亡匿居湖县泉鸠里时曾想陷害太子的人，当初任北地太守，后也被灭族。皇帝可怜太子无辜被害，便修建了一座思子宫，并在湖县筑了一个归来望思之台。天下的人都为之悲伤。

严朱吾丘主父徐严终王贾传

朱买臣与其妻

【原文】

朱买臣字翁子，吴人也。家贫，好读书，不治产业，常艾薪樵，卖以给食，担束薪，行且诵书。其妻亦负戴相随，数止买臣毋歌呕道中。买臣愈益疾歌，妻羞之，求去。买臣笑曰："我年五十当富贵，今已四十余矣。女苦日久，待我富贵报女功。"妻恚怒曰："如公等，终饿死沟中耳，何能富贵？"买臣不能留，即听去。

【译文】

朱买臣，字翁子，吴地人。家贫，喜欢读书，不治财产，经常以打柴出卖来维持生活；他肩上担着柴捆，边走边朗读诗书。他的妻也背着柴薪跟着走，曾多次劝朱买臣不要在路上朗诵诗书。朱买臣不仅不听妻子的劝告，反而朗读得更加起劲，为此他的妻感到羞耻，要求离异。朱买臣笑着说："我五十岁该当富贵，如今已经四十多岁了。你跟我受了许多年的苦，等我富贵了，我一定报答你的功劳。"他的妻子愤怒地说："像你这类人，最终要饿死在沟壑之中，怎能富贵呢？"朱买臣无法留住她，便任她离去。

国学经典文库

终 军 弃 繻

【原文】

初，军从济南当诣博士，步入关，关吏予军繻。军问："以此何为？"吏曰："为复传，还当以合符。"军曰："大丈夫西游，终不复传还。"弃繻而去。军为谒者，使行郡国，建节东出关，关吏识之，曰："此使者乃前弃繻生也。"

【译文】

当初，终军从济南前往长安拜见博士，步行进入函谷关，关吏发给他出入关的帛制凭证。终军问："用这个做什么？"吏说："作为返回时的凭证，你回来出关时要用它来合符。"终军说："大丈夫西游，最后不再用符信返回。"于是扔掉关吏发给的帛制凭证而离去。后来终军被任命为谒者，出使巡视郡国，手持符节东出函谷关，关吏还记得他，说："这位使者，就是从前扔掉帛制凭证的人。"

东 方 朔 传

东方朔绐骓朱儒

【原文】

朔绐骓朱儒，曰："上以为若曹无益于县官，耕田力作固不及人，临众处官不能治民，从军击虏不任兵事，无益于国用，徒索衣食，今欲尽杀若曹。"朱儒大恐，啼泣。朔教曰："上即过，叩头请罪。"居有顷，闻上过，朱儒皆号泣顿首。上问："何为？"对曰："东方朔言上欲尽诛臣等。"上知朔多端，召问朔："何恐朱儒为？"对曰："臣朔生亦言，死亦言。朱儒长三尺余，奉一囊粟，钱二百四十。臣朔长九尺余，亦奉一囊粟，钱二百四十。朱儒饱欲死，臣朔饥欲死。臣言可用，幸异其礼；不可用，罢之，无令但索长安米。"上大笑，因使待诏金马门，稍得亲近。

【译文】

东方朔欺骗在皇帝出行时担任车前车后侍从的朱儒（身材特别短小的人）说："皇上认为你们这些人对朝廷没有什么用处，耕田劳作赶不上一般农民，为政做官不能治理百姓，从军打仗又不能胜任军事，对国家无益，白白消费衣食，如今想要把你们都杀了。"朱儒们非常恐惧，都哭了。东方朔给他们出主意说："皇上就要从此经过，到时候你们叩头请罪。"过了一会儿，听说皇上经过，朱儒们就都号哭叩头至地。皇上问："为了什么？"回答说："东方朔说，皇上要把我们都杀了。"皇上知道东方朔鬼点子多，当即召问东方朔："为什么要恐吓朱儒？"回答说："我活着也要说，死了也要说。朱儒们身高三尺多点，俸禄是一口袋粮，二百四十钱。我身高九尺有余，俸禄也是一口袋粮，二百四十钱。朱儒们饱得要死，我饿得要死。我的话如果可以采纳，就请改变一下我们待遇；如果不可采纳，就罢了我的官，不要让我白白浪费长安的小米。"皇上大笑，于是让东

方朔待诏金马门，跟皇帝较为亲近了。

公孙刘田王杨蔡陈郑传

公孙贺拜相

【原文】

时朝廷多事，督责大臣。自公孙弘后，丞相李蔡、严青翟，赵周三人比坐事死。石庆虽以谨得终，然数被谴。初贺引拜为丞相，不受印绶，顿首涕泣，曰："臣本边鄙，以鞍马骑射为官，材诚不任宰相。"上与左右见贺悲哀，感动下泣，曰："扶起丞相。"贺不肯起，上乃起去，贺不得已拜。出，左右问其故，贺曰：."主上贤明，臣不足以称，恐负重责，从此殆矣。"

【译文】

武帝时朝廷多事，督察责罚大臣。自公孙弘以后，担任丞相的李蔡，严青翟、赵周等三人接连犯罪而死。石庆虽然凭谨慎得以善终，然而曾多次被皇上所谴责。当初公孙贺被引见皇帝拜为丞相时，他不接受印绶，叩头哭泣，说："我原是边疆之人，由于善骑射得官，我的才干实在不能胜任宰相的官

东方朔偷桃图

职。"皇上与周围侍从见公孙贺哭得悲哀，被感动得也都流下了眼泪，说："把丞相扶起来。"公孙贺不肯站起，皇上站起来就离去了，公孙贺不得已而被拜为丞相。公孙贺出来，侍从们问他为什么不肯接受丞相的职务，他说："皇上贤明，我不称丞相之职，恐怕辜负重要职责，从此就危险了。"

杨胡朱梅云传

渭城令胡建

【原文】

（胡建）后为渭城令，治甚有声。值昭帝幼，皇后父上官将军安与帝姊盖主私夫丁外人相善。外人（矫）〔骄〕恣，怨故京兆尹樊福，使客射杀之。客臧公主庐，吏不敢捕。渭城令建将吏卒围捕。盖主闻之，与外人、上官将军多从奴客往，奔射追吏，吏散走。主使仆射劾渭城令游徼伤主家奴。建报亡它坐。盖主怒，使人上书告建侵辱长公主，射甲舍门。知吏贼伤奴，辟报故不穷审。大将军霍光寝其奏。后光病，上官氏代听事，下吏捕建，建自杀。吏民称冤，至今渭城立其祠。

【译文】

　　胡建以后担任渭城的县令。正值汉昭帝年幼，皇后的父亲将军上官安与昭帝姐盖长公主的姘夫丁外人甚为相好。丁外人骄横，他仇恨原来的京兆尹樊福，就派门客把樊福射死了。杀人的门客藏在盖长公主的房屋里，官吏不敢前去逮捕。渭城县令胡建率吏卒前去围捕。盖长公主听到这一消息，就与丁外人、将军上官纵使许多家奴、门客赶去，用箭射县吏们，县吏们散逃。长公主指使仆射弹劾渭城令的游徼（乡官名）伤害公主的家奴。胡建上报说游徼是奉命行事，他没有责任。盖长公主火了，指使人上书控告胡建侵犯凌辱长公主，箭射公主的宅门，明知县吏伤害了公主的家奴，却打假报告，包庇开脱，不肯穷究其罪。大将军霍光把这个章奏压下了。后来霍光病了，将军上官安代理他处理政务，就命令司法部门逮捕胡建，胡建自杀了。官吏和百姓都说胡建冤枉，到现在渭城还立有胡建的祠堂。

朱云折五鹿角

【原文】

　　是时，少府五鹿充宗贵幸，为《梁丘易》。自宣帝时善梁丘氏说，元帝好之，欲考其异同，令充宗与诸《易》家论。充宗乘贵辩口，诸儒莫能与抗，皆称疾不敢会。有荐云者，召入，摄齐登堂，抗首而请，音动左右。既论难，连拄五鹿君，故诸儒为之语曰："五鹿岳岳，朱云折其角。"繇是为博士。

【译文】

　　当时少府（官名，九卿之一）五鹿充宗显贵受宠，研究传授《梁丘易》。宣帝在位时就赞赏梁丘氏的《易经》说解，如今元帝也喜欢其说，想考究各家解说《易经》的异同，命令充宗与其他各家进行辩论。充宗凭借尊贵的地位能言善辩，众儒没有人能与他对抗，都托病不敢与会。有人推荐朱云，被元帝召进宫，他提衣登堂，昂头提问，声音震动了周围的人。辩论展开后，接连折服五鹿充宗，因此众儒生称赞他说："五鹿高又高，朱云折断了他的角。"由此朱云被任为博士。

赵充国辛庆忌传

赵充国勇猛解围

【原文】

　　（赵充国）为人沈勇有大略，少好将帅之节，而学兵法，通知四夷事。

　　武帝时，以假司马从贰师将军击匈奴，大为虏所围。汉军乏食数日，死伤者多，充国乃与壮士百余人溃围陷阵，贰师引兵随之，遂得解。身被二十余创，贰师奏状，诏征充国诣行在所。武帝亲见视其创，嗟叹之，拜为中郎，迁车骑将军长史。

【译文】

　　赵充国为人深沉勇敢，有大谋略，少年时即向往将帅的威风，因而学习兵法，通晓边疆少数民族事务。

武帝时，以假司马的官职随从贰师将军李广利进击匈奴，陷入匈奴的重围。汉军已断粮多天，死伤很多，赵充国与壮士一百多人突围破阵，李广利率军跟进，才得以解围。赵充国身受二十处伤，李广利把情况上奏武帝，武帝颁诏书征召赵充国到行在所（出巡的临时住地）。武帝亲自看了他的伤，很感叹，任命他为中郎，后又晋升为车骑将军长史。

傅常郑甘陈段传

都护之置自吉始焉

【原文】

郑吉，会稽人也，以卒伍从军，数出西域，由是为郎。吉为人强执，习外国事。自张骞通西域，李广利征伐之后，初置校尉，屯田渠黎。至宣帝时，吉以侍郎田渠黎，积谷，因发诸国兵攻破车师，迁卫司马，使护鄯善以西南道。

神爵中，匈奴乖乱，日逐王先贤掸欲降汉，使人与吉相闻。吉发渠黎、龟兹诸国五万人迎日逐王，口万二千人、小王将十二人随吉至河曲，颇有亡者，吉追斩之，遂将诣京师。汉封日逐王为归德侯。

吉既破车师，降日逐，威震西域，遂并护车师以西北道，故号都护。都护之置自吉始焉。

【译文】

郑吉是会稽人，以卒伍身份参加军队，多次出入西域，因而被升为郎官。郑吉为人坚强执着，熟悉外国事务。自从张骞通西域，李广利数次征伐西域以后，汉朝开始在西域设置校尉，在渠黎屯田，到了宣帝的时候，郑吉以侍郎的身份主持渠黎屯田，积聚了很多粮食，随即征调西域国的军队，攻破车师（汉西域国名），朝廷升他为卫司马，让他监护鄯善以西的南路地区。宣帝神爵年间，匈奴内部动乱，日逐王先贤掸想要归降汉朝，派人和郑吉联系。郑吉调发渠黎、龟兹等国五万人去迎接他，日逐王率众一万二千人、小王十二人跟随郑吉到了河曲，途中有不少人逃跑，郑吉派人追赶上杀死他们，终于率领众人到达京城。汉朝封日逐王为归德侯。

郑吉攻破车师，降伏日逐，威震西域，朝廷让他一并监护车师以西的北路地区，所以号称都护。都护官职的设置，是从郑吉开始的。

隽疏于薛平彭传

有所平反，活几何人

【原文】

久之，武帝崩，昭帝即位，而齐孝王孙刘泽交结郡国豪杰谋反，欲先杀青州刺史。不疑发觉，收捕，皆伏其辜。擢为京兆尹，赐钱百万，京师吏民敬其威

信。每行县录囚徒还，其母辄问不疑："有所平反，活几何人？"即不疑多有所平反，母喜笑，为饮食语言异于他时；或亡所出，母怒，为之不食。故不疑为吏，严而不残。

交河古城　西汉

【译文】

　　过了很久，武帝死了，昭帝登位，齐孝王的孙子刘泽串通纠集郡国豪杰谋反，想要先杀死青州刺史。隽不疑发觉后，逮捕了刘泽及其同伙，一个个按律治罪。昭帝晋升隽不疑为京兆尹，并赐钱百万。京城的官吏和人民都尊敬他的威望与信誉。他每次到所辖地方巡视被讯录囚犯的罪状，回来后他的母亲就问他："有没有纠正错判，能使多少人活下来？"如果隽不疑对原来的错判案件，多有纠正时，她母亲便喜笑颜开，吃饭说话都和平时不一样；有时他没有纠正一桩错判案件，他母亲便发怒，不吃饭。因此隽不疑做官，严厉而不残酷。

御史大夫于定国

【原文】

　　定国乃迎师学《春秋》，身执经，北面备弟子礼。为人谦恭，尤重经术士，虽卑贱徒步往过，定国皆与钧礼，恩敬甚备，学士咸（声）〔称〕焉。其决疑平法，务在哀鳏寡，罪疑从轻，加审慎之心。朝廷称之曰："张释之为廷尉，天下无冤民；于定国为廷尉，民自以不冤。"定国食酒至数石不乱，冬月请治谳，饮酒益精明。为廷尉十八岁。迁御史大夫。

【译文】

　　于定国为学习《春秋》把老师迎接来，手拿经书，向着北面给老师行弟子礼。于定国为人谦虚恭谨，尤其尊重经术之士，即便是卑微的经学之士徒步来见他，他都对他们行平等之礼，非常尊敬关怀他们，因此学士们都称赞他。于定国

在审判案件时解决疑难，持法平正，尽可能哀怜鳏夫寡妇等困苦无靠的人，罪有轻重不能决定的，则从轻处理，极为小心谨慎。朝廷称赞说："张释之任廷尉，天下没有被冤枉的人；于定国任廷尉，人们自知不会受冤。"于定国酒量大，饮酒数石，仍神志清醒，不会误事。冬月参加评议罪案，喝了酒以后越发精明。担任廷尉十八年，升为御史大夫。

王贡两龚鲍传

贡 禹 感 恩

【原文】

"臣禹年老贫穷，家訾不满万钱，妻子糠豆不赡，裋褐不完。有田百三十亩，陛下过意征臣，臣卖田百亩以供车马。至，拜为谏大夫，秩八百石，奉钱月九千二百。廪食太官，又蒙赏赐四时杂缯棉絮衣服酒肉诸果物，德厚甚深。疾病侍医临治，赖陛下神灵，不死而活。又拜为光禄大夫，秩二千石，俸钱月万二千。禄赐愈多，家日以益富，身日以益尊，诚非草茅愚臣所当蒙也。"……

【译文】

"我年老贫穷，家中资产总共不满一万钱，老婆孩子吃糠豆都不充足，穿粗陋衣服都不完备。原有田一百三十亩，由于陛下错征召了我，我卖掉一百亩作为进京的路费。到了京城，任命我做谏大夫，俸禄八百石，俸钱每月九千二百。太官供给粮食，又蒙赐各种不同的丝织品、棉絮、衣服、酒肉和各种果品，恩德甚厚且深。有了病皇上的医生亲临医治，仰赖陛下的神灵，使我能活下来。又任命我为光禄大夫，俸禄二千石，俸钱每月一万二千。俸禄和所赐之物越多，我的家日益富裕，身价也越尊贵，实在不是茅草愚臣我所应当蒙受的。"

官 乱 民 贫

【原文】

武帝始临天下，尊贤用士，辟地广境数千里，自见功大威行，遂从者欲，用度不足，乃行壹切之变，使犯法者赎罪，入谷者补吏，是以天下奢侈，官乱民贫，盗贼并起，亡命者众。

【译文】

武帝开始治理天下，尊敬贤者，任用士人，开辟疆域数千里，自以功劳巨大，权威推行无阻，于是就放纵自己的嗜好和欲望，为所欲为，朝廷费用不足，就实行非常的权宜之计，使犯法的人用钱赎罪，捐给官家粮食的人可补为官吏，结果导致天下崇尚奢侈，官乱民贫，盗贼并起，逃亡在外的很多。

民有七亡七死

【原文】

　　凡民有七亡：阴阳不和，水旱为灾，一亡也；县官重责更赋租税，二亡也；贪吏并公，受取不已，三亡也；豪强大姓蚕食亡厌，四亡也；苛吏徭役，失农桑时，五亡也；部落鼓鸣，男女遮迣，六亡也；盗贼劫略，取民财物，七亡也。七亡尚可，又有七死：酷吏殴杀，一死也；治狱深刻，二死也；冤陷无辜，三死也；盗贼横发，四死也；怨仇相残，五死也；岁恶饥饿，六死也；时气疾疫，七死也。民有七亡而无一得，欲望国安，诚难；民有七死而无一生，欲望刑措，诚难。

【译文】

　　大凡人民有七种情况被迫逃亡：天时不正，水旱成灾，被迫逃亡，这是第一种；朝廷加重赋税，被迫逃亡，这是第二种；贪官污吏、以权谋私、搂财不止，被迫逃亡，这是第三种；豪强世家像蚕吃桑叶一样掠夺平民贪多无厌，被迫逃亡，这是第四种；苛吏征发徭役，使百姓错过农时，被迫逃亡，这是第五种；部落闻盗击鼓，集合老少，百姓围堵追捕，被迫逃亡，这是第六种；盗贼掠劫财物，被迫逃亡，这是第七种。如果说使人民被迫逃亡的七种情况还可以忍受的话，又有七种刑役迫使人民死亡：残酷的官吏殴打杀戮，这是一死；审案判刑严峻刻酷，这是二死；冤枉陷害无罪的人，这是三死；盗贼交错而起，这是四死。仇敌之间相互残杀，这是五死；收成不好，百姓饥饿，这是六死；气候不好，瘟疫流行，这是七死。人民有七种被迫逃亡，却没有一得，想要使国家安定，实在难；民有七死，却没有一条活路，希望刑罚设置而不用，实在难。

韦 贤 传

遗子黄金满籯，不如一经

【原文】

　　贤为人质朴少欲，笃志于学，兼通《礼》《尚书》，以《诗》教授，号称邹鲁大儒。征为博士，给事中，……至大鸿胪。……本始三年，代蔡义为丞相，封扶阳侯……

　　贤四子：长子方山为高寝令，早终；次子弘，至东海太守；次子舜，留鲁守坟墓；少子玄成，复以明经历位至丞相。故邹鲁谚曰："遗子黄金满籯，不如一经。"

【译文】

　　韦贤为人质朴少欲，专心致意于学术，兼通《礼》《尚书》，用《诗经》传授学生，号称"邹鲁大儒"。被征为博士，给事中……达到大鸿胪的职位。……皇帝本始三年，接替蔡义任丞相，封扶阳侯……

韦贤有四个儿子：长子韦方山，任高寝的县令，早年而死；次子韦弘，官至东海（治所在今山东郯县北）郡太守；次子韦舜，留在鲁（今山东省）地守坟墓；小儿子韦玄成，也因为通畅经术，几经升迁直至担任丞相。所以鲁地谚语说："留给儿子黄金满筐笼，不如传给一部经。"

魏相丙吉传

公府不案吏

【原文】

吉本起狱法小吏，后学《诗》《礼》，皆通大义。及居相位，上宽大，好礼让。掾吏有罪臧，不称职，辄予长休告，终无所案验。客或谓吉曰："君侯为汉相，奸吏成其私，然无所惩艾。"吉曰："夫以三公之府有案吏之名，吾窃陋焉。"后人代吉，因以为故事，公府不案吏，自吉始。

【译文】

丙吉起自狱法小吏，后来学习《诗》《礼》，都能掌握其精义。等到做了丞相，崇尚宽大，喜欢礼让。属吏贪赃犯罪，不称职，就让他们长期休假，自己离职，而从不加刑讯追究。有的门客对丙吉说："您身为汉朝丞相，奸吏借以取私利，您却对他们一个也不加惩处。"丙吉说："以三公的官府，而有刑讯属吏的名声，我认为是可耻的。"后来接替丙吉为丞相的人相沿，以为先例，三公府署不刑究署吏，从丙吉开始。

眭两夏侯京翼李传

学经不明，不如归耕

【原文】

胜复为长信少府，迁太子太傅。受诏撰《尚书》《论语》说，赐黄金百斤。……

始，胜每讲授，常谓诸生曰："士病不明经术；经术苟明，其取青紫如俛拾地芥耳。学经不明，不如归耕。"

【译文】

夏侯胜又任长信少府的官职，升任太子太傅。奉皇上诏令撰写《尚书》《论语》注解，受到黄金百斤的赏赐。……当初，夏侯胜任博士时每次讲授，常常对众弟子说："读书人就只怕不通晓经学，一旦通晓了经学，要取得卿大夫的官服（指官职），好像俯身拾取草芥一样容易。学经不能过关，不如回家种田。"

翼奉议迁都

【原文】

天道有常，王道亡常，亡常者所以应有常也。必有非常之主，然后能立非常之功。臣愿陛下徒都于成周……

【译文】

天的运行有永恒的规律，以仁义治理天下，没有永久不变，没有永久不变是用来适应有永远不变的。一定要有不同寻常的人主，然后才能建立不同寻常的功业。我希望陛下迁都到成周（洛阳）……

赵尹韩张两王传

尹翁归治东海郡

【原文】

翁归治东海明察，郡中吏民贤不肖，及奸邪罪名尽知之。县县各有记籍。自听其政，有急名则少缓之；吏民小解，辄挝籍。县县收取黠吏豪民，案致其罪，高至于死。收取人必于秋冬课吏大会中，及出行县，不以无事时。其有所取也，以一儆百，吏民皆服，恐惧改行自新。东海大豪郯许仲孙为奸猾，乱吏治，郡中苦之。二千石欲捕者，辄以力势变诈自解，终莫能制。翁归至，论弃仲孙市，一郡怖栗，莫敢犯禁。东海大治。

【译文】

尹翁归治理东海郡（今山东郯城北）时明察秋毫，郡中的官吏和人民中贤德的、不正派的，以及奸邪之人所犯的罪名，他都知道。每个县都有登记簿，各县奸邪的案件，他都亲自审理，有了紧急的事，他便从容处理；吏民稍有懈怠，就打开犯人登记簿让他们看。各县都拘捕非法官吏和豪民，审理定罪，罪重的判处死刑。拘捕罪犯，一定要在秋冬考核官吏的大会举行之际，或在到所属各县巡察的时候，而不在平时。他每拘捕一人，都能起到以一儆百的作用，官吏和百姓都心服，犯过错的人恐惧而改过自新。东海郡的豪绅郯县许仲孙为人奸猾，扰乱吏治，郡中苦于受他祸害。二千石官吏想捕拿他，他就用势力和奸诈求得解脱，终究没有人能制服他。尹翁归到郡后，论罪将许仲孙处死弃市，一郡人都受到震慑，没有再敢犯禁令的了。东郡治安有了成效。

盖诸葛刘郑孙毋将何传

司马盖宽饶

【原文】

宽饶初拜为司马，未出殿门，断其禅衣，令短离地，冠大冠，带长剑，躬案

行士卒庐室，视其饮食居处，有疾病者身自抚循临问，加致医药，遇之甚有恩。及岁尽交代，上临飨罢卫卒，卫卒数千人皆叩头自请，愿复留共更一年，以报宽饶厚德。

【译文】

　　盖宽饶刚被任命为司马时，就剪短了上朝的官服，让它离开地面，头戴大冠，身佩长剑，亲自巡视守卫皇宫的士卒的宿舍，了解他们饮食和居住情况，对有病的士卒，亲自安抚问候，加给医药，对待士卒很有恩。到年底新老士卒要接班时，皇上亲临犒赏应交班回家的士卒，卫卒数千人都叩头申请愿意留下再服役一年，以报答盖宽饶的厚德。

匡张孔马传

汉末社会风习

【原文】

　　今天下俗贪财贱义，好声色，上侈靡，廉耻之节薄，淫辟之意纵，纲纪失序，疏者逾内，亲戚之恩薄，婚姻之党隆，苟合侥幸，以身设利。不改其原，虽岁赦之，刑犹难使错而不用也。

铜车马　西汉

【译文】

　　如今天下的风气贪财贱义，追逐歌舞女色，崇尚奢侈铺张，廉耻的气节趋于淡薄，邪恶的思想得到放纵，礼法颠倒错乱，妻妾之家的地位超过了同姓骨肉，父母本家的恩情薄了，妻室外家的人受到尊崇，苟且结合，投机取巧，借以谋私利。这种风气如不从根本上加以扫除，虽然每年赦免一次，刑法也难以停止不用。

持禄保位

【原文】

　　自孝武兴学，公孙弘以儒相，其后蔡义、韦贤、玄成、匡衡、张禹、翟方

进、孔光、平当、马宫及当子晏咸以儒宗居宰相位，服儒衣冠，传先王语，其酝藉可也，然皆持禄保位，被阿谀之讥。彼以古人之迹见绳，乌能胜其任乎！

【译文】

自从汉武帝立太学，振兴儒术，公孙弘因儒学而当上了丞相。其后蔡义、韦贤、韦玄成、匡衡、张禹、翟方进、孔光、平当、马宫以及平当的儿子平晏，都以儒者宗师身份而居丞相之位，穿儒服、戴儒帽，传授先王的话，不露锋芒而已，然而他们却都个个拿稳俸禄，保住官位，以致遭到阿谀逢迎的讥讽。若用古代哲人以直道得人的标准衡量他们，又怎能胜任职务呢？

何武王嘉师丹传

何武为刺史

【原文】

武为刺史，二千石有罪，应时举奏，其余贤与不肖敬之如一，是以郡国各重其守相，州中清平。行部必先即学官见诸生，试其诵论，问以得失，然后入传舍，出记问垦田顷亩，五谷美恶，已乃见二千石，以为常。

【译文】

何武任刺史时，发现二千石的郡国长官有罪，就按时检举上奏，对二千石以下的官吏，则不论是好是坏，都一样尊敬，因此郡国都尊重他们的郡守和国相，州内得以政治清明，地方太平。他每次巡察所辖地区，一定先到学舍去会见诸生，查考他们读书写作的成绩，向他们征求有关地方利弊的意见，然后进入官舍，发出文书调查登记开垦田地的数量和庄稼长势的好坏，在这以后才会见二千石的郡国长官，这已成为常规。

汉末监察之弊

【原文】

司隶、部刺史察过悉劾，发扬阴私，吏或居官数月而退，送故迎新，交错道路。中材苟容求全，下材怀危内顾，壹切营私者多。二千石益轻贱，吏民慢易之。或持其微过，增加成罪，言于刺史、司隶，或至上书章下；众庶知其易危，小失意则有离畔之心。前山阳亡徒苏令等从横，吏士临难，莫肯伏节死义，以守相威权素夺也。

【译文】

司隶、部刺史监察官吏，罪错不论大小，一律举劾，甚至揭发官吏个人的隐私，致使官吏们（不能久在其位）有的任职仅几个月就退下来，形成送旧官吏，迎新官吏，交错于道路的局面。中等才华的官吏苟且应付，以求保住官职；下等才华的官吏常恐获罪，替个人考虑，大多乘在职时设法谋取私利，二千石的郡国长官越来越轻贱，辅吏和老百姓，不把他们放在眼里。有的人抓住他们一些小过

错，便上纲为犯罪，向刺史、司隶告发，有时朝廷竟至据以下令治罪。众人知道他们容易垮台，因而稍有失意，便怀有叛离之心。以前山阳（郡国名，治所在今山东金乡县西北）服役逃亡的苏令等人横冲直撞，遇难的吏士都不肯殉节为义而死，就是由于郡守、诸侯国相的权威平素便被剥夺了。

扬 雄 传

扬 雄 其 人

【原文】

扬雄字子云，蜀郡成都人也。……雄少而好学，不为章句，训诂通而已，博览无所不见。为人简易佚荡，口吃不能剧谈，默而好深湛之思，清静亡为，少耆欲，不汲汲于富贵，不戚戚于贫贱，不修廉隅以徼名当世。家产不过十金，乏无儋石之储，晏如也。自有大度，非圣哲之书不好也；非其意，虽富贵不事也。

【译文】

扬雄字子云，是蜀郡成都人。……扬雄少年时好学，读书不斤斤于分章断句的末节，只求弄通文字，把握大意而已，博览群书，无所不读。为人随便舒缓，患口吃不能快说话，静默而喜欢深思，清静无为，少嗜欲，不苦苦追求富贵，不以贫穷而忧愁，不有意显露头角，以追求当世的名声。虽家中产业不超过十金，缸里存粮不过一石，却安然自若。胸怀大志，不是圣贤哲人的书，不喜欢读；不合自己心意，即使是富贵的人也不侍奉。

儒 林 传

西汉末年的教育

【原文】

昭帝时举贤良文学，增博士弟子员满百人，宣帝末增倍之。元帝好儒，能通一经者皆复。数年，以用度不足，更为设员千人，郡国置《五经》百石卒史。成帝末，或言孔子布衣养徒三千人，今天子太学弟子少，于是增弟子员三千人。岁余，复如故。平帝时王莽秉政，增元士之子得受业如弟子，勿以为员，岁课甲科四十人为郎中，乙科二十人为太子舍人，丙科四十人补文学掌故云。

【译文】

昭帝时举用贤良文学，增加博士弟子名额满一百人，宣帝时又增加了一倍。元帝喜欢儒学，能够精通一经的人，都免除赋税和劳役。几年以后，不能满足用人需要，进而设博士弟子一千人，并于各郡和诸侯王国设置《五经》百石卒史。成帝末年，有人说孔子是平民，还培养弟子三千人，如今皇上的太学弟子太少，于是把弟子的名额增加到三千人。一年多以后，仍如旧。平帝时王莽执政，又规定元士（王莽定制，秩六百石为元士）的儿子也可以像博士弟子一样入太学学

习，只是不列入正式博士弟子员的编制，每年考核录取甲科四十人授职郎中，乙科二十人担任太子舍人，丙科四十人补文学掌故。

循 吏 传

朱邑葬桐乡

【原文】

初邑病且死，属其子曰："我故为桐乡吏，其民爱我，必葬我桐乡。后世子孙奉尝我，不如桐乡民。"及死，其子葬之桐乡西郭外，民果共为邑起冢立祠，岁时祠祭，至今不绝。

【译文】

当初朱邑病危将死，嘱咐他的儿子说："我原是桐乡的小官，当地的人民爱我，死后一定要把我埋葬在桐乡。后代子孙们祭祀我，不如桐乡的人民。"等他死了，他的儿子把他埋葬在桐乡西城的外面，人民果然为朱邑起坟墓立祠堂，每年按时祭祀，到如今也未断绝。

匈 奴 传

昭 君 出 塞

【原文】

郅支既诛，呼韩邪单于且喜且惧，上书言曰："常愿谒见天子，诚以郅支在西方，恐其与乌孙俱来击臣，以故未得至汉。今郅支已伏诛，愿入朝见。"竟宁元年，单于复入朝，礼赐如初，加衣服锦帛絮，皆倍于黄龙时。单于自言愿婿汉氏以自亲。元帝以后宫良家子王墙字昭君赐单于。单于欢喜，上书愿保塞上谷以西至敦煌，传之无穷，……王昭君号宁胡阏氏，生一男伊屠智牙师，为右日逐王。

【译文】

郅支单于被诛灭以后，呼韩邪单于又欢喜又恐惧，上书说："我一直未拜见天子，实在是因为过去郅支单于在西边，唯恐他同乌孙国一块来袭击我，所以未能到汉朝来。如今郅支单于已经伏法，我愿到汉朝来朝见。"元帝竟宁元年，单于又来朝见，朝廷像过去一样给以礼待和赏赐，增赐的衣服锦缎帛絮，都比宣帝黄龙年间加倍。单于亲自表示愿意做汉朝的女婿，以更加亲

帛画　西汉

近汉朝。元帝把后宫良家子王墙字昭君的赐给单于。单于欢喜，上书说愿意保守上谷以西至敦煌的边塞，世世代代传下去。……王昭君号宁胡阏氏，生了一个男孩名叫伊屠智牙师，以后成为右日逐王。

西 域 传

刘 细 君

【原文】

汉元封中，遣江都王建女细君为公主，以妻焉。……乌孙昆莫以为右夫人。……

公主至其国，自治宫室居，岁时一再与昆莫会，置酒饮食，以币帛赐王左右贵人。昆莫年老，语言不通，公主悲愁，自为作歌曰："吾家嫁我兮天一方，远托异国兮乌孙王。穹庐为室兮旃为墙，以肉为食兮酪为浆。居常土思兮心内伤，愿为黄鹄兮归故乡。"……

昆莫年老，欲使其孙岑陬尚公主。公主不听，上书言状，天子报曰："从其国俗，欲与乌孙共灭胡。"岑陬遂妻公主。

【译文】

汉武帝元封年间，以江都王刘建的女儿细君为公主，送她到乌孙国，嫁给乌孙国王昆莫为妻。……乌孙昆莫把她作为右夫人……。

公主到了乌孙国，自己修筑宫室居住，一年中有一两次与昆莫相会，置酒设宴，把币帛赐给昆莫王左右贵人。昆莫年老，彼此语言又不通，公主悲哀愁怨，自己作了一首诗歌说："汉家把我啊嫁给天的另一方，委身遥远异国的乌孙王。圆帐作为居室啊，毡子作墙；以肉为饭啊，奶酪作汤。常常思念故土啊，内心忧伤，愿化作黄鹄啊，回到故乡。"……

昆莫老了，想要让他孙子岑陬娶公主为妻。公主不同意，给皇上上书说明情况。皇上回信说："按照乌孙国的习俗办吧，我打算与乌孙联合消灭匈奴。"岑陬就娶了公主为妻。

王 莽 传

改 田 制

【原文】

"……今更名天下田曰'王田'，奴婢曰'私属'，皆不得买卖。其男口不盈八，而田过一井者，分余田予九族邻里乡党。故无田，今当受田者，如制度。敢有非井田圣制，无法惑众者，投诸四裔，

王莽

以御魑魅，如皇始祖考虞帝故事。"

【译文】

"现在更名天下的田地叫作'王田'，奴婢叫作'私属'，田地和奴婢，都不能买卖。凡一户男子不满八口，而田地超过一井的，把多余的田分给九族邻里同乡。原来没有田，如今应当授给田的，按照规定办理。有敢非议井田圣制，违法惑众的，流放到四方极远的地方，用以防御山神、鬼怪，如皇始祖先虞帝的先例。"

王莽改制的流弊

【原文】

是时百姓便安汉五铢钱，以莽钱大小两行难知，又数变改不信，皆私以五铢钱市买。讹言大钱当罢，莫肯挟。莽患之，复下书："诸挟五铢钱，言大钱当罢者，比非井田制，投四裔。"于是农商失业，食货俱废，民人至涕泣于市道。及坐卖买田宅奴婢，铸钱，自诸侯卿大夫至于庶民，抵罪者不可胜数。

【译文】

当时百姓已习惯并乐于使用汉代的五铢钱，认为王莽推行的大小钱并用的办法，难于掌握，又多次变革，没有信用，因此都私自用五铢钱买卖东西。并讹传大钱即将作废，不肯挟带。王莽对此甚为忧虑，又下书："凡挟带五铢钱，说大钱将作废的，按照反对井田制的法律来处理，流放到四方边地去。"因此导致农商失业，粮食与货物都不能正常流通，百姓竟至在街道上哭泣。至于因买卖田宅、奴婢和私自铸钱而被判罪的，上自诸侯卿大夫，下到庶民百姓，不可胜数。

叙 传

班固著《汉书》

【原文】

（班固）永平中为郎，典校秘书，专笃志于博学，以著述为业。……

……太初以后，阙而不录，故探篡前记，缀辑所闻，以述《汉书》，起元高祖，终于孝平王莽之诛，十有二世，二百三十年。

【译文】

（汉明帝）永平年间班固任郎官，掌管校勘朝廷藏书，专心致志于博学多识，以著述作为事业。……他鉴于司马迁的《史记》于汉武帝太初以后的事缺而不载，因此研究参考《史记》等的记叙，就采访到的材料加以编辑，写成《汉书》，起自高祖（刘邦），止于汉平帝，直至王莽的灭亡，总共为十二世，二百三十年。

【南朝·宋】范晔

后汉书

国学经典文库

线装书局

序 言

　　《后汉书》，九十卷，南朝宋范晔撰。范晔字蔚宗，顺阳（今河南淅川，一作河南内乡）人。出身于一个世族家庭。他的祖父范宁曾任晋豫章太守，著《谷梁集解》一书。《十三经注疏》中的《谷梁传注疏》就是以《谷梁集解》为基础写成的。他的父亲范泰官拜金紫光禄大夫，加散骑常侍，是宋武帝刘裕的得力助手。他博览群书，潜心著述，作《古今善言》二十四篇。所以范晔有很深的家学渊源，一直以名门之后自居，生性孤傲，不拘小节，仕宦不甘居人后，著述也不甘居人后。以此成名，也以此丧身。

　　元嘉九年（432），范晔在为彭城太妃治丧期间，行为失检，得罪了司徒刘义康，被贬为宣城太守。范晔郁郁不得志，就借助修史来寄托他的志向，开始写作《后汉书》。元嘉二十二年（445），当他完成了本纪、列传的写作，同时又和谢俨共同完成《礼乐志》《舆服志》《五行志》《天文志》《州郡志》（包括《百官志》在内）等五志的时候，有人告发他参与了刘义康的篡位阴谋，因此下狱而死。谢俨怕受牵连，毁掉了手中的志稿，使《后汉书》只有纪传部分流传了下来。

　　在范晔《后汉书》之前，已问世的有关东汉历史的重要著作不下十部，即《东观汉记》、谢承《后汉书》、薛莹《后汉记》、司马彪《续汉书》、华峤《汉后书》、谢沈《后汉书》、张莹《后汉南记》、袁山松《后汉书》（以上纪传体）和袁宏《后汉纪》、张璠《后汉纪》（以上编年体）等。范晔以《东观汉记》为基本史料依据，以华峤书为主要蓝本，吸取其他各家书的长处，删繁补缺，整齐故事，超越众家，后来居上。唐刘知几说："范晔之删《后汉》也，简而且周，疏而不漏，盖云备矣。"（《史通·补注篇》）确非虚誉。所以到了唐代，范晔《后汉书》取代《东观汉记》，与《史记》《汉书》并称"三史"，盛行于世。而诸家《后汉书》，除袁宏《后汉纪》外，都相继散亡。于是范晔《后汉书》成为我们现在研究东汉历史的最基本的依据。

　　范晔《后汉书》的记述，起于刘秀起兵推翻王莽，终于汉献帝禅位于曹丕，记载了东汉一百九十五年的历史。

　　范晔以"正一代之得失"为宗旨，在对人物的评述上，以"贵德义，抑势利，进处士，黜奸雄"（《十七史商榷》卷六十一）为原则，

不把眼光只集中在将相百官的狭小圈子中，对博学兼通、崇尚名节的大儒、党人、逸民、独行尤为关注。所以他多采用合传或类传的形式，以明褒贬。如列王充、王符、仲长统为一传，表彰三位思想家以布衣身份针砭朝政的事迹；又列郭泰、符融、许劭为一传，以突出三位名士的识人之鉴；还并邓彪、张禹、徐防、张敏、胡广等五位庸碌圆滑的官僚为一传，以讥讽他们的因循苟合，明哲保身。在谢承等书创新的基础上，别立《孝义》《党锢》《宦者》《文苑》《独行》《方术》《逸民》《列女》等类传，分述孝子、党人、宦者、文人、节士、隐者、卜者、医师、才女等社会各个阶层的人物，使我们能从不同的角度探索东汉社会，是十分难能可贵的。

此外，《后汉书》吸取了《汉书》详载诏令、奏疏和文赋的特点，也在书中做了大量的引用。不仅保存了一批重要的东汉文献，反映了当时政治家、思想家、文学家的有代表性的作品和见解，也一定程度地表明了范晔本人的政治主张和史学观。其中如《崔寔传》所载的《政论》《仲长统传》所载的《昌言》，原书均已散失，幸赖范晔的引用，保存下富有史料价值的佚文。

当然，范晔《后汉书》重文采，求简要，也造成一些历史事件和典章制度的具体事实隐而未彰，尚需利用袁宏《后汉纪》和《东观汉记》、八家《后汉书》的佚文来订补。

自范晔《后汉书》问世后不久，南朝梁人刘昭率先为书作注。他认为范书无志，作为一代正史，终究不够完备。于是把司马彪《续汉书》中的八篇志，分为三十卷，加以注释，合并流行。到了唐代，章怀太子李贤为《后汉书》作注，因认为《续汉志》不是范晔所作，弃而不注，于是两者又各自单行。一直到北宋乾兴元年（1022），孙奭正式建议把李贤所注范晔《后汉书》和刘昭所注《续汉志》（已佚《天文志》卷下注和《五行志》卷四注），合并成书。获准后，才最终形成今天通行的一百二十卷本《后汉书》。

范晔把光武中兴时期和桓、灵二帝衰败时期作为重点来写，所述事件首尾完具，剖析精微；所记人物，个性鲜明，引人深思，而且饱含范晔个人的喜怒爱憎，笔势酣畅，见解独到。

光 武 帝 纪

光 武 起 事

【原文】

　　莽末，天下连岁灾蝗，寇盗锋起。地皇三年，南阳荒饥，诸家宾客多为小盗。光武避吏新野，因卖谷于宛。宛人李通等以图谶说光武云："刘氏复起，李氏为辅。"光武初不敢当，然独念兄伯升素结轻客，必举大事，且王莽败亡已兆，天下方乱，遂与定谋，于是乃市兵弩。十月，与李通从弟轶等起于宛，时年二十八。

【译文】

　　在王莽末年，天下连年都遭受严重的蝗虫灾害，各地的强盗贼寇纷纷而起。地皇三年（公元22年）时，南阳（今河南南阳）一带由于收成不好，各个豪门的宾客也干起了抢劫的不法之事。光武为了逃避官差来到新野（今河南新野），接着就到宛（今河南南阳）去卖粮食。当地李通等人以图谶向光武进言："刘姓人能再次兴起，李姓人是其辅佐。"光武在开始还认为自己不敢当，后来想到哥哥刘缤一直结交轻客，一定要干大事业，况且王莽败亡的苗头已经出现，天下正当动乱之时，于是就定下了起事的计划。然后就去买武器招兵马。在这一年的十月，光武就和李通，还有他的堂弟李轶等人在宛起兵，光武当时二十八岁。

心 向 光 武

【原文】

　　更始将北都洛阳，以光武行司隶校尉，使前整修宫府。于是置僚属，作文移，从事司察，一如旧章。时三辅吏士东迎更始，见诸将过，皆冠帻，而服妇人衣，诸于绣镼，莫不笑之，或有畏而走者。及见司隶僚属，皆欢喜不自胜。老吏或垂涕曰："不图今日复见汉官威仪！"由是识者皆属心焉。

【译文】

　　更始帝刘玄将要北行定都洛阳，就任命光武暂时为司隶校尉，先去洛阳整修宫室和官府。于是光武就设置官员，发布文告，对非法行为进行检举督察，一切都按西汉时期旧章法行事。在三辅（西汉京城及附近地区）的官员们东迎刘玄的时候，看到其部下诸将经过，头上都戴着下层人的头巾，穿着女人的衣服，像女人的大掖上衣、绣花背心之类都有，没有人不笑话他们，有的人甚至被吓跑了。等到见了光武的官员，都情不自禁地喜笑颜开。在官吏中有人哭着说："没有想到今天又看到了汉官威仪！"由此，那些有识之士都心向光武。

推心置腹，诚心待人

【原文】

　　秋，光武击铜马于鄡，吴汉将突骑来会清阳。贼数挑战，光武坚营自守；有

国学经典文库

出卤掠者，辄击取之，绝其粮道。积月余日，贼食尽，夜遁去，追至馆陶，大破之。受降未尽，而高湖重连从东南来，与铜马余众合，光武复与大战于蒲阳，悉破降之，封其渠帅为列侯。降者犹不自安，光武知其意，敕令各归营勒兵，乃自乘轻骑按行部陈。降者更相语曰："萧王推赤心置人腹中，安得不投死乎！"由是皆服。

【译文】

（更始二年，公元24年）秋天，光武在鄡县攻打铜马，吴汉带领精锐骑兵到清阳（今河北清河县东）会合。贼兵多次来挑战，但光武坚守营垒而不出战。当有贼兵出来抢掠时，光武立刻出兵消灭他们，断绝了他们的粮食供给。过了一个多月，贼兵粮食吃尽，夜间逃跑，光武追到馆陶，把他们打得惨败。在受降未完之际，高湖、重连又从东南赶到，和铜马残余部队会合，光武又与他们在蒲阳大战，将其全部击溃并迫使其放下武器。光武封其首领为列侯，但降者内心仍然不安，光武很了解他们心情，便命令他们各自回营重整人马，自己单人独骑到降兵中布置下一步行动。这样，投降将士们很受感动，相互说道："萧王对我们推心置腹，怎能不让我们拼死效力呢？"由此大家都衷心拥戴光武。

光 武 即 位

【原文】

六月己未，即皇帝位。燔燎告天，禋于六宗，望于群神。其祝文曰："皇天上帝，后土神祇，眷顾降命，属秀黎元，为人父母，秀不敢当。群下百辟，不谋同辞，咸曰：'王莽篡位，秀发愤兴兵，破王寻、王邑于昆阳，诛王郎、铜马于河北，平定天下，海内蒙恩。上当天地之心，下为元元所归。'谶记曰：'刘秀发兵捕不道，卯金修德为天子。'秀犹固辞，至于再，至于三。群下佥曰：'皇天大命，不可稽留。'敢不敬承。"于是建元为建武，大赦天下，改鄗为高邑。

汉光武帝刘秀像

【译文】

（建武元年，公元25年）六月己未日，光武即皇帝之位。烧柴祭天、六宗以及山川群神。祝文这样说："天神地神，承蒙您的厚爱，把天下百姓托付给我刘秀，让我做人民的父母，我刘秀实在不敢当。但我的下属百官，没有商议而出言一致，都说：'王莽篡位，我刘秀发愤起兵，在昆阳击溃王寻、王邑，在河北消灭王郎、铜马。平定天下，海内都承受恩泽。我即皇位，上以符天地之心，下为海内百姓所归顺。'谶记又说：'刘秀发兵捕不道，刘姓修德为天子。'我刘秀一再推让，直到两三次。但下属官员都说：'皇天大命，不能迟疑不决。'因此，我不敢不恭敬从命。"这样，就建立年号为建武，大赦天下囚犯，改鄗（今河北高邑）为高邑。

显宗孝明帝纪

皇后之家不得封侯参政

【原文】

帝遵奉建武制度，无敢违者。后宫之家，不得封侯与政。馆陶公主为子求郎，不许，而赐钱千万。谓群臣曰："郎官上应列宿，出宰百里，有非其人，则民受其殃，是以难之。"故吏称其官，民安其业，远近肃服，户口滋殖焉。

【译文】

明帝遵照实行建武时期的各种制度，不敢违背。皇后的亲属，不能封侯和参与朝政。馆陶公主想让儿子当郎官，向明帝求情，明帝不答应，而是送给她一千万钱。对群臣说道："郎官和天上的列星相对应，出去为官就要管理百里之地，倘若是用非

骑射俑　东汉

其人的话，那么老百姓就要遭殃，因此我才难从公主之命。"因此，当时的官吏都是称职的，百姓也安居乐业，无论远近都恭敬顺服，人口也大量增加。

肃宗孝章帝纪

求 贤 得 人

【原文】

己巳，诏曰："朕以无德，奉承大业，夙夜栗栗，不敢荒宁。而灾异仍见，与政相应。朕既不明，涉道日寡；又选举乖实，俗吏伤人，官职耗乱，刑罚不中，可不忧与！昔仲弓季氏之家臣，子游武城之小宰，孔子犹诲以贤才，问以得人。明政无大小，以得人为本。夫乡举里选，必累功劳。今刺史、守相不明真伪，茂才、孝廉岁以百数，既非能显，而当授之政事，甚无谓也。每寻前世举人贡士，或起畎亩，不系阀阅。敷奏以言，则文章可采；明试以功，则政有异迹。文质彬彬，朕甚嘉之。其令太傅、三公、中二千石、二千石、郡国守相举贤良方正、能言极谏之士各一人。"

【译文】

（建初元年，公元76年，三月）己巳日，章帝下诏书说："我以无德之身，继承了国家大业，所以每天早晚都战战兢兢，不敢荒怠安宁。但灾异仍然出现，和政事上的失误相应。我既不聪明，再加上学懂儒道的时日又浅。近来又选举失实，俗吏伤人，官职昏乱，刑罚不适当，这些怎能不让人担忧！从前仲弓只是季

国学经典文库

氏的一个家臣，子游只是武城的一个小官，孔子还教导他们要求贤得人。说明政事无论大小，都以求贤得人为根本。在乡间推举选拔人才，一定要多次立下功劳。现在的刺史，守相都不能分辨真伪，秀才、孝廉一年之中推荐上来有几百人，既不是本领出众，再让他做官，就毫无意义了。我多次看前代选拔人才，有的就出自平民百姓，并不在乎出身高贵与否。若以言辞陈述自己的治国良策而得到任用，那么其文章必然写得很好。若是以立功来详明考验的话，那在从政方面一定会有超人之处。文质彬彬，我非常欣赏。现在令太傅、三公、中二千石、二千石、郡国守相推荐贤良方正，能言极谏的人各一名。"

《白虎议奏》

【原文】

十一月壬戌，诏曰："盖三代导人，教学为本。汉承暴秦，褒显儒术，建立《五经》，为置博士。……至永平元年，长水校尉儵奏言，先帝大业，当以时施行，欲使诸儒共正经义，颇令学者得以自助。……"于是下太常，将、大夫、博士、议郎、郎官及诸生、诸儒会白虎观，讲议《五经》同异，使五官中郎将魏应承制问，侍中淳于恭奏，帝亲称制临决，如孝宣甘露石渠故事，作《白虎议奏》。

【译文】

（建初四年，公元79年）十一月壬戌日，皇帝下诏书说："古时三代教育人民，是以教授与学习为根本。汉代紧接暴秦之后，褒奖尊宠儒术，确立了《五经》的统治地位，并设立博士。……到了永平元年（公元58年），长水校尉樊儵上奏皇帝，称先帝的大业，应该按时施行，想让诸儒共同正定经义，对学习经书的人有所帮助。……"于是皇帝命令太常，把诸将、大夫、博士、议郎、郎官、诸生、诸儒都召集到白虎观，大家一起讨论《五经》的同异，命令五官中郎将魏应代皇帝提问，侍中淳于恭上奏，皇帝亲自裁定谁是谁非，就如同汉宣帝甘露年间石渠阁旧事一样，最后写成《白虎议奏》一书。

皇 后 纪

皇后掌权之患

【原文】

自古虽主幼时艰，王家多衅，必委成冢宰，简求忠贤，未有专任妇人，断割重器。唯秦芈太后始摄政事，故穰侯权重于昭王，家富于嬴国。汉仍其谬，知患莫改。东京皇统屡绝，权归女主，外立者四帝，临朝者六后，莫不定策帷帟，委事父兄，贪孩童以久其政，抑明贤以专其威。任重道悠，利深祸速。身犯雾露于云台之上，家婴缧绁于图圄之下。湮灭连踵，倾辀继路。而赴蹈不息，焦烂为期，终于陵夷大运，沦亡神宝。

【译文】

自古以来，皇帝幼小则时局艰难，王家多事，一定要委成命于宰相，广求忠

贤之士，没有专用女人，割断国家的。只有秦朝芈太后开始管理国事，因此她的弟弟穰侯魏冉权力大于昭王，其家富有也超过秦国。汉代依然继承其错误，知道其中的弊端而不改。东汉皇帝的世系多次断绝，权力归于太后，在外迎立的有四个皇帝，临朝听政的有六个太后，她们都是在帷幕中定策，把权力交给父兄，贪立幼主以便长期掌权，压制明贤以便独施淫威。任重而道远，利大但灾祸也来得快。她们身患疾病而被迁徙到云台，家属父兄也被捕关押在监狱。被杀的一个挨一个，翻车的连续不绝。尽管如此，她们还是接连不断地向死路上走去，最后终于使国运衰落，朝廷沦亡。

谨防外戚参政

【原文】

建初元年，〔帝〕欲封爵诸舅，太后不听。明年夏，大旱，言事者以为不封外戚之故，有司因此上奏，宜依旧典。太后诏曰："凡言事者皆欲媚朕以要福耳。昔王氏五侯同日俱封，其时黄雾四塞，不闻澍雨之应。又田蚡、窦婴，宠贵横恣，倾覆之祸，为世所传。故先帝防慎舅氏，不令在枢机之位。诸子之封，裁令半楚、淮阳诸国，常谓'我子不当与先帝子等'。今有司奈何欲以马氏比阴氏乎！吾为天下母，而身服大练，食不求甘，左右但著帛布，无香熏之饰者，欲身率下也。"

【译文】

建初元年（公元76年），汉章帝想给几个舅舅封爵，太后不许这样做。第二年

镀金铜马　东汉

夏天，大旱，言事者认为是没有封外戚的缘故，有关官员为此上奏皇帝，认为应该依从以前的惯例。太后下诏说："所有要求给外戚封侯的人，都是为了讨好我以得到好处而已。昔日汉成帝曾给太后的五个弟弟同一天封侯，当天黄雾弥漫，并没有听说有时雨之应。又有田蚡、窦婴这些外戚，倚仗着尊宠高贵，横行霸道，最后遭受杀身之祸，这已经是为世人广为传说了。因此先帝在世时就防范外戚，不让他们占据重要地位。在封自己的儿子时，只让他们有楚、淮阳各封国的一半大小，常常说'我的儿子不能和先帝的儿子一样'。那为什么官员们就想以今天的外戚来比先帝的外戚呢？我是天下之母，但身穿粗布，食不求美，身边的侍从人员也只穿大厚布，也并没有香囊之类的装饰品，我这样做，是想以自己的行动来带动下面的人。"

刘玄刘盆子列传

新市、绿林之起

【原文】

王莽末，南方饥馑，人庶群入野泽，掘凫茈而食之，更相侵夺。新市人王匡、王凤为平理诤讼，遂推为渠帅，众数百人。于是诸亡命马武、王常、成丹等往从之；共攻离乡聚，臧于绿林中，数月间至七八千人。

【译文】

王莽末年，南方发了灾荒。人们成群结队进入野外泽中，去挖凫茈（即荸荠）以充饥，并且时有侵犯抢夺事件发生。新市人王匡、王凤能公平地处理这些争斗，因此被人们推举为首领，在他们周围聚集了几百人。于是一些亡命之徒，如马武、王常、成丹等人，前来投奔，他们一起攻打离乡聚，隐藏在绿林中，几个月时间中发展到了七八千人。

刘 玄 即 位

【原文】

是时光武及兄伯升亦起春陵，与诸部合兵而进。四年正月，破王莽前队大夫甄阜、属正梁丘赐，斩之，号圣公为更始将军。众虽多而无所统一，诸将遂共议立更始为天子。二月辛巳，设坛场于淯水上沙中，陈兵大会。更始即帝位，南面立，朝群臣。素懦弱，羞愧流汗，举手不能言。于是大赦天下，建元曰更始元年。

【译文】

这时光武帝刘秀和哥哥刘縯也在春陵起兵，与其他各路起义军会合在一起攻打王莽。四年（王莽地皇四年，公元23年）正月，击败了王莽的前队大夫甄阜、属正梁丘赐，并把他们斩首，大家称刘玄为更始将军。起义军人虽多，但是没有统一的指挥，于是各路将领就商议立刘玄为皇帝。二月辛巳日，在淯水河边的沙滩上设立坛场，各路人马在此聚会。刘玄即皇帝位，面向南而立，接受群臣的朝拜。刘玄一直软弱怯懦，这时他自羞惭愧得汗如雨下，抬手示意但说不出话来。于是大赦天下囚徒，建元称更始元年。

隗嚣公孙述列传

王 莽 之 罪

【原文】

尊任残贼，信用奸佞，诛戮忠正，覆按口语，赤车奔驰，法冠晨夜，冤系无辜，妄族众庶。行炮烙之刑，除顺时之法，灌以醇醯，裂以五毒。政令日变，官

名月易，货币岁改，吏民昏乱，不知所从，商旅穷窘，号泣市道。设为六管，增重赋敛，刻薄百姓，厚自奉养，苞苴流行，财入公辅，上下贪贿，莫相检考。民坐挟铜炭，没入钟官，徒隶殷积，数十万人，工匠饿死，长安皆臭。既乱诸夏，狂心益悖，北攻强胡，南扰劲越，西侵羌戎，东摘涉貊。使四境之外，并入为害，缘边之郡，江海之濒，涤地无类。故攻战之所败，苛法之所陷，饥馑之所夭，疾疫之所及，以万万计。其死者则露尸不掩，生者则奔亡流散，幼孤妇女，流离系虏。此其逆人之大罪也。

玉俑　东汉

【译文】

王莽尊宠任用凶暴的、阿谀谄媚的人，诛杀正直忠良，反复按验流言，红色的车飞驰不息，执法者日夜奔忙，一些无罪的人被含冤关押，众百姓也胡乱地被满门抄斩。同时还执行残酷的火刑，废除了只有冬天才杀人的顺时之法，对犯人严刑摧残，以浓醋浇灌。政令每天一变，官名每月一换，货币一年一改，把官吏百姓弄得头昏脚乱，不知所从，商人旅客困苦窘迫，在街市道路中悲泣哭号。同时还下达六管之令，加重赋税，搜刮民财，掠夺百姓，养肥了自身，贿赂公行，财入高官，无论上下，都贪图钱财，更无人检查追问。因为私铸铜钱，百姓连坐，没入官府为奴，这些人多达几十万，他们在做工时大量饿死，尸体腐烂，致使长安臭味冲天。王莽扰乱中国之后，野心更大，北面攻打强大的匈奴，南面扰挠劲健的南越，西边侵犯羌戎，东边攻击涉貊。使四面的少数民族，一齐入侵，为害中国，沿海地区，边境郡县，百姓被杀，无有孑遗。因攻城失败杀死的、苛法陷害冤死的、自然灾害饿死的、瘟疫流行病死的，死的人数以亿计。而现如今，死的人尸首暴露，无人掩埋，活着的人奔走逃亡，流离失所。而那些幼小的孩子，无所依靠的妇女，在流离中被强人捆绑裹胁，处境更惨。这就是王莽的大罪。

刘縯传

威名震王莽

【原文】

王莽纳言将军严尤、秩宗将军陈茂闻阜、赐军败，引欲据宛。伯升乃陈兵誓众，焚积聚，破釜甑，鼓行而前，与尤、茂遇育阳下，战，大破之，斩首三千余级。尤、茂弃军走，伯升遂进围宛，自号柱天大将军。王莽素闻其名，大震惧，购伯升邑五万户，黄金十万斤，位上公。使长安中官署及天下乡亭皆画伯升象于堂，旦起射之。

【译文】

　　王莽的纳言将军严尤、秩宗将军陈茂听说甄阜、梁丘赐全军覆没之后，想带兵回守宛城。刘縯就把军队集中在一起，对天盟誓，要消灭严尤、陈茂的军队，焚烧了积聚起来的财物，打碎了锅碗瓢勺、坛坛罐罐，敲起雄壮的战鼓奋勇前进。在育阳城下，和严尤、陈茂相遇，经过战斗，大败敌军，斩敌首级三千多个。主将严尤、陈茂扔下部队，只身逃跑，刘縯遂进兵包围了战略要地宛城，自己号称柱天大将军。王莽平素听说刘縯的威名，非常害怕，拿出五万户食邑，十万斤黄金，和上公的官职来悬赏以便得到刘縯的人头。还命令长安城中的官署和天下的乡亭都把刘縯的像画在门两侧，每天早起让人们射悬挂的画像。

刘縯遇害

【原文】

　　更始君臣不自安，遂共谋诛伯升，乃大会诸将，以成其计。更始取伯升宝剑视之，绣衣御史申屠建随献玉玦，更始竟不能发。及罢会，伯升舅樊宏谓伯升曰："昔鸿门之会，范增举玦以示项羽。今建此意，得无不善乎？"伯升笑而不应。初，李轶谄事更始贵将，光武深疑之，常以戒伯升曰："此人不可复信。"又不受。伯升部将宗人刘稷，数陷陈溃围，勇冠三军。时将兵击鲁阳，闻更始立，怒曰："本起兵图大事者，伯升兄弟也，今更始何为者邪？"更始君臣闻而心忌之，以稷为抗威将军，稷不肯拜。更始乃与诸将陈兵数千人，先收稷，将诛之，伯升固争。李轶、朱鲔因劝更始并执伯升，即日害之。

【译文】

　　听到刘縯名声日盛，刘玄君臣都很是不安，就共同商议要杀死刘縯，于是举行盛大宴会招待诸侯，以实现他们的阴谋，刘玄取刘縯的宝剑观看，他的亲信绣衣御史申屠建随之献上玉玦，暗示他立刻下手，但刘玄怯懦，竟不能杀刘縯。等到宴会解散之后，刘縯的舅舅樊宏对他说："昔日在鸿门宴上，范增举玉玦暗示项羽，要他杀掉刘邦。今天申屠建也这样做，他能有好意吗？"刘縯笑笑，但没有回答。起初，李轶以阿谀奉承侍奉刘玄贵将朱鲔等人，光武对他的忠诚非常怀疑，曾告诫刘縯说："对这个人不能再相信了。"但刘縯又没有接受劝告。刘縯的部将同族人刘稷，多次冲锋陷阵，冲破敌围，勇敢超过三军。在带兵攻打鲁阳时，听说更始为帝，大怒说："最早起兵谋划大事的是刘縯兄弟，现在更始算个干什么的？"刘玄君臣听说之后心中很忌恨，任命刘稷为抗威将军，但他不肯拜谢。刘玄和诸将集结士卒几千人，先逮捕了刘稷，要杀掉他，刘縯极力争辩。李轶、朱鲔乘机劝更始一块逮捕刘縯，当天就杀害了他。

李 通 传

有功不傲，有宠不矜

【原文】

　　时天下略定，通思欲避荣宠，以病上书乞身。诏下公卿群臣议。大司徒侯霸

等曰："王莽篡汉，倾乱天下。通怀伊、吕、萧、曹之谋，建造大策，扶助神灵，辅成圣德。破家为国，忘身奉主，有扶危存亡之义。功德最高，海内所闻。通以天下平定，谦让辞位。夫安不忘危，宜令通居职疗疾。欲就诸侯，不可听。"于是诏通勉致医药，以时视事。其夏，引拜为大司空。

【译文】

当时天下已经大致平定，李通反复思索，想要躲避富贵荣华和皇帝的宠幸，因此他以身体有病的原因上书皇帝，请求允许自己辞职退休。皇帝下诏把这封上书交给文武百官去讨论。大司徒侯霸等人说道："王莽篡夺了汉朝皇位，把天下搞得混乱不堪。李通身怀伊尹、吕尚、萧何、曹参一般的计谋，定下起兵反莽的大计，扶助天地神灵，辅佐皇帝使成高德。为国不怕全家被杀，侍奉主上忘却了自身，有扶危存亡的情义。在群臣中，他的功绩和德行都无与伦比，这是天下人所共知的。李通由于天下平定，谦虚退让，辞官不做。居安应思危，应该命他在职治病。想回到封地上去，不能听从。"于是皇帝下诏，让李通全力治病，定期处理公事。这年夏天，又让他出任大司空。

王 常 传

得民心者得天下

【原文】

常心独归汉，乃稍晓说其将帅曰："往者成、哀衰微无嗣，故王莽得承间篡位。既有天下，而政令苛酷，积失百姓之心。民之讴吟思汉，非一日也，故使吾属因此得起。夫民所怨者，天所去也；民所思者，天所兴也。举大事必当下顺民心，上合天意，功乃可成。若负强恃勇，触情恣欲，虽得天下，必复失之。以秦、项之势，尚至夷覆，况今布衣相聚草泽？以此行之，灭亡之道也。今南阳诸刘举宗起兵，观其来议事者，皆有深计大虑，王公之才，与之并合，必成大功，此〔天〕所以祐吾属也。"下江诸将虽屈强少识，然素敬常，乃皆谢曰："无王将军，吾属几陷于不义。愿敬受教。"即引兵与汉军及新市、平林合。于是诸部齐心同力，锐气益壮，遂俱进，破杀甄阜、梁丘赐。

【译文】

只有王常心里想着要归顺汉室，就略为劝说下江兵的将领们："过去成帝、哀帝衰微无子，因此王莽才能够乘机篡位。在他已经有了天下之后，政令苛细残酷，久而久之，便失去了百姓的信任。百姓都讴歌吟唱，思念汉室，这并非是一朝一夕的事了，因此才使我们这些人能在此基础上得以起兵。百姓所讨厌的人，上天就要抛弃他；百姓所思慕的人，上天就援助他。要干大事业一定要下顺应民心，上合乎天意，这样才会成功。倘若倚仗着自己强盛勇猛，感情用事，想干什么就干什么，虽然得到天下，但一定还会失去它。凭强秦、项羽那么大的势力，尚且最后还被夷灭倾覆，更何况我们是普通的百姓，聚集在山野草泽之中！照这样下去，那是一定要灭亡的。现在南阳刘姓宗室统统起兵，看他们来议事的那几个人，都有深谋远虑，是王公之才，和他们合并，一定能成大功业，这是上天要保佑我们呀！"下江兵的各位将领，虽然倔强而又见识短浅，但他们一直尊敬王

常，感激地对王常说："倘若没有王将军，我们几乎要犯大错误。我们愿意服从您的指教。"立刻带兵与汉军及新市、平林会合。于是各部义军齐心协力，锐气更壮，一齐进军。击败并杀死甄阜和梁丘赐。

邓 晨 传

妻儿皆丧终无恨

【原文】

及汉兵起，晨将宾客会棘阳。汉兵败小长安，诸将多亡家属，光武单马遁走，遇女弟伯姬，与共骑而奔。前行复见元，趣令上马。元以手挥曰："行矣，不能相救，无为两没也。"会追兵至，元及三女皆遇害。汉兵退保棘阳，而新野宰乃污晨宅，焚其冢墓。宗族皆志怒，曰："家自富足，何故随妇家人入汤镬中？"晨终无恨色。

【译文】

等到汉宗室兵起，邓晨带宾客到棘阳和光武会合。汉兵在小长安大败，各将领的家属大多散失，光武单身一人骑马逃跑，在途中遇到妹妹伯姬，两人共骑一马继续往前跑。走不多远又见到了刘元（光武之姊，邓晨之妻），光武很着急地让她上马。但刘元向他们挥了挥手说道："走吧，走吧，我救不了你们，也不必同归于尽呀！"正赶上追兵来到，刘元和三个女儿都遇害身亡。汉兵退守棘阳，新野县县宰涂污了邓晨的住宅，焚烧了他家的祖坟。同宗的人都很生气，说："家里放着富足的日子不过，为什么要跟丈人家往汤锅里钻？"但邓晨还是一点遗憾的颜色也没有。

来 歙 传

坚 守 略 阳

【原文】

八年春，歙与征虏将军祭遵袭略阳，遵道病还，分遣精兵随歙，合二千余人，伐山开道，从番须、回中径至略阳，斩嚣守将金梁，因保其城。嚣大惊曰："何其神也！"乃悉兵数万人围略阳。斩山筑堤，激水灌城。歙与将士固死坚守，矢尽，乃发屋断木以为兵。嚣尽锐攻之，自春至秋，其士卒疲弊。帝乃大发关东兵，自将上陇，嚣众溃走，围解。

【译文】

建武八年（公元32年）春天，来歙和征虏将军祭遵一同去袭击略阳（今甘肃庄浪西南），但祭遵在中途生病，只好返回。于是分遣精兵跟随来歙，共有二千多人，砍伐山木，开辟道路，从番须、回中直达略阳，并把隗嚣的守将金梁斩首，占领略阳，加固城防。隗嚣非常吃惊地说："来得太神速了！"然后就倾巢而出，带领好几万人围住了略阳。凿下山石，筑起堤坝，阻挡住河水，用以灌略阳

城。来歙带领将士们拼死坚守，箭用完了，就拆毁房屋，把木头砍断，当作武器，隗嚣集中全力攻城，从春天一直打到秋天，虽然弄得士卒疲乏不堪，伤亡惨重，但也没能攻下略阳。光武大力征调关东士卒，自己亲自带兵到达甘肃，隗嚣的军队瓦解逃走，略阳才解围。

临死赠言壮气在

【原文】

十一年，歙与盖延、马成进攻公孙述将王元、环安于河池、下（辨）〔辩〕，陷之，乘胜遂进。蜀人大惧，使刺客刺歙，未殊，驰召盖延。延见歙，因伏悲哀，不能仰视。歙叱延曰："虎牙何敢然！今使者中刺客，无以报国，故呼巨卿，欲相属以军事，而反效儿女子涕泣乎！刃虽在身，不能勒兵斩公邪！"延收泪强起，受所诫。歙自书表曰："臣夜人定后，为何人所贼伤，中臣要害。臣不敢自惜，诚恨奉职不称，以为朝廷羞。夫理国以得贤为本，太中大夫段襄，骨鲠可任，愿陛下裁察。又臣兄弟不肖，终恐被罪，陛下哀怜，数赐教督。"投笔抽刃而绝。

【译文】

建武十一年（公元35年），来歙与盖延、马成攻打公孙述的大将王元、环安，在河池（在今甘肃徽县境）、下辨（今甘肃成县西北）大战，接连攻克了这两座城池，乘胜继续进军。蜀人惊慌失措，就派遣刺客刺杀来歙，在他还未咽气的时候，派人飞马去召盖延前来。盖延见来歙已经这样，便身向前倾，面向下地悲伤起来，不能抬头看。来歙斥责盖延道："你怎么敢这样！现在我被刺客刺中，没法再报效国家了，因此才喊你前来，想把军队的指挥权交给你，而你却反倒学起儿女子的样子，在那里哭哭啼啼，虽兵刃还扎在我的身上，我难道就不能喊人来杀掉你吗！"盖延擦泪勉强起身，接受命令。来歙亲自写给皇帝的表文说："我在夜深人静之后，不知道被谁给刺伤，并且正中要害。我不敢怜惜自己的身躯，但遗憾的是，我确实是一个不称职的官员，同时也是朝廷的耻辱。治理国家是以招纳贤才为根本，太中大夫段襄，刚强正直，可以担当重任，希望您观察决定。还有我的兄弟不正派，恐怕最终难免被治罪，希望陛下可怜爱护他，多多给他督察指教。"写完之后，扔下笔，拔出兵刃，立即死去。

邓 禹 传

招揽英雄定天下

【原文】

及汉兵起，更始立，豪杰多荐举禹，禹不肯从。及闻光武安集河北，即杖策北渡，追及于邺。光武见之甚欢，谓曰："我得专封拜，生远来，宁欲仕乎？"禹曰："不愿也。"光武曰："即如是，何欲为？"禹曰："但愿明公威德加于四海，禹得效其尺寸，垂功名于竹帛耳。"光武笑，因留宿间语。禹进说曰："更始虽都

关西，今山东未安，赤眉、青犊之属，动以万数，三辅假号，往往群聚。更始既未有所挫，而不自听断，诸将皆庸人屈起，志在财币，争用威力，朝夕自快而已，非有忠良明智，深虑远图，欲尊主安民者也。四方分崩离析，形势可见。明公虽建藩辅之功，犹恐无所成立。于今之计，莫如延揽英雄，务悦民心，立高祖之业，救万民之命。以公而虑天下，不足定也。"光武大悦，因令左右号禹曰邓将军。

铜辐车　东汉

【译文】

等到汉兵兴起，更始立为皇帝，许多豪杰推荐邓禹，但邓禹不肯依从刘玄。等到听到光武安全抵达河北以后，他立刻向北骑马飞驰，渡过黄河，一直追到邺城。刘秀见到他非常高兴，对他说："我现在有任命官吏和封爵的权力，邓先生从远道而来，难道是想当官吗？"邓禹说："不愿意。"光武说："若是这样，想干什么呢？"邓禹说："我只希望您的威德加于四海，我邓禹能微进薄力，在青史中留名而已。"光武大笑，并且留他同宿闲谈，邓禹就进言说："刘玄虽然以长安为都，而现在山东还没平定，赤眉、青犊一类的起义军，每一部都数以万计，而在长安附近自立名号的，也为数很多。左右内史及都尉，自立名号，往往聚集很多人，刘玄既不能挫败他们，又不能听取陈述，做出决定。而部下诸将都是庸人崛起，目的是为了夺取钱财，争施威力，痛快一时而已，并没有忠良明智，深谋远虑，想尊主安民的人。从四方分崩离析的局面中，更可以看出这种形势。您虽然为刘玄立下了藩辅之大功，恐怕也不会给您太高的地位。所以于今看来，最好是招揽英雄，争取民心，创立高祖刘邦的事业，拯救百姓的性命。用您的智慧谋取天下，不足平定。"光武听了，非常高兴，让左右称邓禹为邓将军。

邓禹虽败，复能胜敌

【原文】

于是王匡、成丹、刘均等合军十余万，复共击禹，禹军不利，樊崇战死。会日暮，战罢，军师韩歆及诸将见兵势已摧，皆劝禹夜去，禹不听。明日癸亥，匡等以六甲穷日不出，禹因得更理兵勒众。明旦，匡悉军出攻禹，禹令军中无得妄动；既至营下，因传发诸将鼓而并进，大破之。匡等皆弃军亡走，禹率轻骑急追，获刘均及河东太守杨宝、持节中郎将弭强，皆斩之，收得节六，印绶五百，

兵器不可胜数,遂定河东。

【译文】

　　于是王匡、成丹、刘均等人合军一处,共十几万人,再次共同攻打邓禹。邓禹军失利,骁骑将军樊崇在战斗中牺牲。正赶上天色已晚,停止作战。军师韩歆和部下诸将见自己的兵势已经被摧折,都劝邓禹趁夜撤军,但邓禹坚决不同意。第二天是癸亥日,王匡等人认为这是六十甲子的最后一天,出兵不吉利,所以一整天都没有出兵,邓禹因此得以有时间布置军队,整顿士卒。第二天早晨,王匡的军队倾巢而出,攻打邓禹,邓禹命令严格听从指挥,不能轻举妄动。等到王匡军来到营下之后,才命令诸将鸣鼓并进,大破敌军。王匡等人扔下军队仓皇逃走,邓禹亲率轻骑追赶,捉住了刘均、河东太守杨宝、持节中郎将弭强,都把他们当场斩首,缴获符节六个,印绶五百,兵器数不胜数,于是就平定了河东郡。

邓 训 传

考察测量以救众生

【原文】

　　永平中,理滹沱、石臼河,从都虑至羊肠仓,欲令通漕。太原吏人苦役,连年无成,转运所经三百八十九隘,前后没溺死者不可胜算。建初三年,拜训谒者,使监领其事。训考量隐括,知大功难立,具以上言。肃宗从之,遂罢其役,更用驴辇,岁省费亿万计,全活徒士数千人。

【译文】

　　汉明帝永平(公元58年~公元75年)年间,治理滹沱河、石臼河,从都虑至羊肠仓,想把这一段开挖成深水河道,以便运粮。太原的官吏和百姓都苦于此役,多年没有建成,转运所经过的险要去处共有三百八十九个,前后淹死的人多得无法计算。在建初三年(公元78年),任命邓训为谒者,让他监督指导这项工程。邓训经实地考察测量,了解此项工程量实在太大了,要完成是没有希望的,并把这一切上奏皇帝。肃宗听从了他的建议,改用驴拉的车驮运粮食,一年就可以节省费用达亿万钱,同时还救活了数千名民工。

救死扶生获得民心

【原文】

　　羌胡俗耻病死,每病临困,辄以刃自刺。训闻有困疾者,辄拘持缚束,不与兵刃,使医药疗之,愈者非一,大小莫不感悦。于是赏赂诸羌种,使相招诱。迷唐伯父号吾乃将其母及种人八百户,自塞外来降。

【译文】

　　羌人胡人的民俗是以病死为耻辱,所以每当在病危之际,他们就拿刀自刺而死。邓训一听到有人病危,就把他捆绑起来,不给他兵器,而是找医生让他们服药治疗,治好了不少人,因此无论大小都感动愉悦。接着又对羌族各部都给以好

处，让他们互相劝说，投降汉朝。被杀的迷唐的伯父号吾带着老母和自己的部落八百户人家，从塞外前来归降。

邓骘传

汉代外戚

【原文】

汉世外戚，自东、西京十有余族，非徒豪横盈极，自取灾故，必贻衅后主，以至颠败者，其数有可言焉。何则？恩非已结，而权已先之；情疏礼重，而枉性图之；来宠方授，地既害之；隙开势谢，谗亦胜之。悲哉！骘、悝兄弟，委远时柄，忠劳王室，而终莫之免，斯乐生所以泣而辞燕也！

【译文】

史官评论道：汉代的外戚，东汉、西汉共有十几个家族，不是骄横跋扈过了头，自取灭亡，就是给后主留下祸患，以至于倾覆失败，其中致败的道理可得而说。什么原因呢？因为外戚之家，承宠于先帝，不结恩于后主，所以权势先在其身。后主与外戚感情疏远，但礼数却不能不重，所以后主违背自己的心愿和外戚一起图谋政事。后主的宠爱者也得授之要职，但外戚已居要职，只有除旧才能授新，这是其地位高贵害了他。既然已经君臣离心，外戚的权势也就要失去，再有小人从中制造谗言，不久外戚也就被制服了。这是多么悲哀的事呀！邓骘、邓悝兄弟二人，一直委弃远离权势，对王室忠心耿耿，但最终还是不能免除杀身之祸，这也许就是战国时的乐毅哭着离开燕国的原因吧！

寇恂传

光武根基寇恂建

【原文】

光武南定河内，而更始大司马朱鲔等盛兵据洛阳。又并州未安，光武难其守，问于邓禹曰："诸将谁可使守河内者？"禹曰："昔高祖任萧何于关中，无复西顾之忧，所以得专精山东，终成大业，今河内带河为固，户口殷实，北通上党，南迫洛阳。寇恂文武备足，有牧人御众之才，非此子莫可使也。"乃拜恂河内太守，行大将军事。光武谓恂曰："河内完富，吾将因是而起。昔高祖留萧何镇关中，吾今委公以河内，坚守转运，给足军粮，率厉士马，防遏它兵，勿令北度而已。"光武于是复北征燕、代。恂移书属县，讲兵肄射，伐淇园之竹，为矢百余万，养马二千匹，收租四百万斛，转以给军。

【译文】

光武南进军平定了河内郡（在今河南黄河以北地区），而刘玄的大司马朱鲔带重兵把守洛阳。再加北面的并州还未平定，光武感到在此守卫太艰难了，就向邓禹问道："在诸将当中，派谁守河内更合适？"邓禹说："昔日高祖派萧何镇守

关中，从此再也没有后顾之忧，所以能够集中精力攻打山东，最后终于完成统一大业。现在河内郡在黄河之畔，阻河为固，人口众多，北通上党郡，南近洛阳。寇恂乃文武全才，有治理百姓，驾驭众人的才干，除去他之外，谁也不能担此重任。"于是光武就任命寇恂为河内太守，同时兼理大将军之事。光武对寇恂说："河内郡富足，我将依靠它强大起来。昔日高祖留萧何镇守关中，我现在让您来守卫河内。坚守土地，转运物资，供足军粮，操练士兵和战马，阻击他人进犯，不要让他们北渡黄河而已。"光武再次出征，北伐燕、代。寇恂给下属各县发布文告，训练士兵，演习武艺，伐淇园的竹林，制成一百多万支箭，养马两千匹，收粮租四百万斛，这些都运到前线，以供军需。

冯 异 传

施恩百姓乃当务之急

【原文】

自伯升之败，光武不敢显其悲戚，每独居，辄不御酒肉，枕席有涕泣处。异独叩头宽譬哀情。光武止之曰："卿勿妄言。"异复因间进说曰："天下同苦王氏，思汉久矣。今更始诸将纵横暴虐，所至虏掠，百姓失望，无所依戴。今公专命方面，施行恩德。夫有桀纣之乱，乃见汤武之功；人久饥渴，易为充饱。宜急分遣官属，徇行郡县，理冤结，布惠泽。"光武纳之。

【译文】

自从刘缤被杀之后，光武不敢在表面上显露出自己内心的悲伤，每次自己独处的时候，他就不吃酒肉，在枕席之上也有哭泣的痕迹。冯异叩头宽慰劝解光武，要他节哀。光武制止他说："你不要胡说八道。"冯异

骑马铜俑　东汉

又乘闲私下向光武进说道："天下百姓同受王莽之苦、思念汉室的时间已经很长了。而现在刘玄的将领们恣肆横行，暴虐无道，到处掳掠，百姓失望，无所依从和拥戴。现在您专任一方的军政事务，该广施恩德。正因为有夏桀、商纣的昏乱，才能有商汤、周武的功业；正如人们经过长期的饥渴之后，得到饮食，就更容易满足。应该尽快分别派遣官员属吏，前往各个郡县，审理冤案，广布恩惠。"光武采纳了他的建议。

大 树 将 军

【原文】

异为人谦退不伐，行与诸将相逢，辄引车避道。进止皆有表识，军中号为整

齐。每所止舍，诸将并坐论功，异常独屏树下，军中号曰"大树将军"。及破邯郸，乃更部分诸将，各有配隶。军士皆言愿属大树将军，光武以此多之。

【译文】

冯异为人谦虚退让而从不自吹自擂，在路上和其他将领相遇，他总是让在一边，让别人先过去。无论是行是止都立有标志。其整齐不紊在军中甚为有名。每到一处住宿，诸将坐在一起争论谁立功最多，冯异自己总是躲在大树下面，所以军中称他为"大树将军"。在击败王郎之后，光武把诸将重新分开，各自再配有属官和士兵。军士们都表示愿意跟从大树将军，以此，光武对冯异很是赞赏。

谦虚谨慎居安思危

【原文】

六年春，异朝京师。引见，帝谓公卿曰："是我起兵时主簿也。为吾披荆棘，定关中。"即罢，使中黄门赐以珍宝、衣服、钱帛。诏曰："仓卒无蒌亭豆粥、滹沱河麦饭，厚意久不报。"异稽首谢曰："臣闻管仲谓桓公曰：'愿君无忘射钩，臣无忘槛车。'齐国赖之。臣今亦愿国家无忘河北之难，小臣不敢忘巾车之恩。"

【译文】

建武六年（公元30年）春天，冯异到京师洛阳朝拜皇帝。在给百官介绍时，光武这样说："这是我起兵时的主簿，为我战胜重重困难，平定了关中。"然后，又令宦官赐给他珍宝、衣服、金钱、布匹。光武下诏说："在困厄中得到你的无蒌亭豆粥，滹沱河麦饭，此深情厚谊长久未报，今日所赐算是报答。"冯异连忙跪拜辞谢道："我听说管仲曾对齐桓公道：'希望您不要忘了出奔于莒的困厄，我也不要忘了当囚徒时的痛苦。'齐国赖之以强盛。我现在希望国家不要忘了河北之难，我也不敢忘您在巾车乡的救命之恩。"

大 破 隗 嚣

【原文】

夏，遣诸将上陇，为隗嚣所败，乃诏异军栒邑。未及至，隗嚣乘胜使其将王元、行巡将二万余人下陇，因分遣巡取栒邑。异即驰兵，欲先据之。诸将皆曰："虏兵盛而新乘胜，不可与争。宜止军便地，徐思方略。"异曰："虏兵临境，怵〔怵〕（忕）小利，遂欲深入。若得栒邑，三辅动摇，是吾忧也。夫'攻者不足，守者有余'。今先据城，以逸待劳，非所以争也。"潜往闭城，偃旗鼓。行巡不知，驰赴之。异乘其不意，卒击鼓建旗而出。巡军惊乱奔走，追击数十里，大破之。祭遵亦破王元于汧。于是北地诸豪长耿定等，悉畔隗嚣降。

【译文】

建武六年（公元30年）夏天，光武派遣诸将西上甘肃，被隗嚣击败，于是光武就下诏让冯异到栒邑驻扎。但在冯异未到之时，隗嚣乘胜命令他的大将王元、行巡带领两万多人东下，两人分头行动，派行巡攻取栒邑。冯异立刻飞速进军，想抢先占据该城。部下诸将都说："敌人兵多而且又是乘胜而来，不可以和他一争高低。应该把军队驻扎在一个地势较好的地方，再好好思量一个作战方

案。"冯异说:"敌兵临境,习惯于得点小便宜,因此才想继续深入。倘若是占据了枸邑,长安三辅一带就难以把守,这才是我们的忧患。正像《孙子兵法》所说,'攻取不足,但守卫却有余'。现在我们先占据枸邑,以逸待劳,这就是他们不能和我们争雄的原因。"冯异悄悄地到枸邑,关上城门,收藏起旗帜和鼓角,行巡不知道这些,飞驰而来。冯异乘其不备,突然击鼓竖旗而出。行巡的军队惊慌混乱,赶快逃跑,冯异追击数十里,大败敌军。祭遵也在汧击败王元。于是北地各豪强首领,如耿定等人,都背叛隗嚣,投降了汉朝。

岑 彭 传

建大事者不忌小怨

【原文】

帝曰:"夫建大事者,不忌小怨。鲔今若降,官爵可保,况诛罚乎?河水在此,吾不食言。"

【译文】

光武说:"建大事业的人,并不忌恨小怨。朱鲔若现在投降,官爵可以保住,哪里还谈得上诛杀?黄河之水在此为证,我决不食言。"

兵贵神速所向披靡

【原文】

彭到江州,以田戎食多,难卒拔,留冯骏守之,自引兵乘利直指垫江,攻破平曲,收其米数十万石。公孙述使其将延岑、吕鲔、王元及其弟恢悉兵拒广汉及资中,又遣将侯丹率二万余人拒黄石。彭乃多张疑兵,使护军杨翕与臧宫拒延岑等,自分兵浮江下还江州,溯都江而上,袭击侯丹,大破之。因晨夜倍道兼行二千余里,径拔武阳。使精骑驰广都,去成都数十里,势若风雨,所至皆奔散。初,述闻汉兵在平曲,故遣大兵逆之。及彭至武阳,绕出延岑军后,蜀地震骇。述大震,以杖击地曰:"是何神也!"

【译文】

岑彭到达江州,因为田戎军粮充足,一时难以攻克,就留下冯骏驻守于此,自己带兵乘胜直攻垫江,攻下平曲之后,缴获米几十万石。公孙述派其大将延岑、吕鲔、王元及弟弟公孙恢,带领全部人马在广汉和资中拒守,又派大将侯丹带两万人在黄石拒守。岑彭就多设下疑兵,派护军杨翕与臧宫抵御延岑等人,自己分兵顺江而下又回到江州,再从都江溯流直上,袭击侯丹,大破敌军。接着又昼夜兼程两千多里,直接攻克武阳。使精锐骑兵飞驰攻打广都,这里离成都只有几十里地,其势如同急风暴雨,所到之处,敌人都奔散逃亡。起初,公孙述听说汉军在乎曲,因此派大军前去阻击。等到岑彭到达武阳,绕道出现于延岑军后,蜀地惊惧。公孙述大惊,用杖击地说:"这实在太神奇了!"

贾 复 传

破敌之后可朝食

【原文】

光武至信都，以复为偏将军。及拔邯郸，迁都护将军。从击青犊于射犬，大战至日中，贼陈坚不却。光武传召复曰："吏士皆饥，可且朝饭。"复曰："先破之，然后食耳。"于是被羽先登，所向皆靡，贼乃败走，诸将咸服其勇。

【译文】

光武到达信都，任命贾复为偏将军。等到攻克邯郸之后，升任为都护将军。跟随光武在射犬攻打青犊，与敌大战一直到中午，但敌人阵地坚强，毫不退却。光武派人传令召唤复，对他说："将士们都很饥饿，先吃完早饭再战。"贾复回答说："先击败敌人，然后再吃早饭。"于是冒着敌人射来的飞箭，率先冲入敌阵，所向披靡，敌人这才败退逃走，诸将都佩服他的勇猛无敌。

吴 汉 传

仗气裹创胜敌军

【原文】

明年春，率建威大将军耿弇、虎牙大将军盖延，击青犊于轵西，大破降之。又率骠骑大将军杜茂、强弩将军陈俊等，围苏茂于广乐。刘永将周建别招聚收集得十余万人，救广乐。汉将轻骑迎与之战。不利，堕马伤膝，还营，建等遂连兵入城。诸将谓汉曰："大敌在前而公伤卧，众心惧矣。"汉乃勃然裹创而起，椎牛飨士，令军中曰："贼众虽多，皆劫掠群盗，'胜不相让，败不相救'，非有仗节死义者

鎏金奔羊　东汉

也。今日封侯之秋，诸君勉之！"于是军士激怒，人倍其气。旦日，建、茂出兵围汉，汉选四部精兵黄头吴河等，及乌桓突骑三千余人，齐鼓而进。建军大溃，反还奔城。汉长驱追击，争门并入，大破之……

【译文】

第二年（建武三年，公元 27 年）春天，吴汉率领建威大将军耿弇、虎牙大将军盖延在轵西攻打青犊，大破敌军之后招降了他们。又率领骠骑大将军杜茂、强弩将军陈俊等人在广乐围困住苏茂。刘永的大将周建从别处招聚收集十多万人，来救广乐。吴汉率领轻骑兵迎面与敌交锋，战争失利，吴汉从马上坠落，摔

伤了膝部，被迫还营。周建等人乘机带兵进入广乐城。诸将对吴汉说："大敌当前而您却伤卧在床，大家心中都很惊慌。"吴汉听罢，立刻包扎好创口，勃然而起，杀牛大宴将士，在军中下令说："敌人虽然多，但都是抢劫掳掠的一群强盗，正像《左传》所说：'胜利时互相争功，失败时争相逃跑。'他们中并没有仗义死节的人。现在，是为国立功封侯的时候了，大家努力作战！"于是全军将士激动愤怒，勇气倍增。第二天一早，周建、苏茂出兵围攻吴汉，吴汉挑选四部分精兵及精兵首领吴河等人，还有乌桓善战骑兵三千多人，随着鼓声一齐出击。周建部队崩溃离散，转身向广乐城跑去。吴汉的军队远道驱驰，趁敌人城门未关之际抢入城中，大败敌军。

不战下城非众所及

【原文】

明年，又率陈俊及前将军王梁，击破五校贼于临平，追至东郡箕山，大破之。北击清河长直及平原五里贼，皆平之。时鬲县五姓共逐守长，据城而反。诸将争欲攻之，汉不听，曰："使鬲反者，皆守长罪也。敢轻冒进兵者斩。"乃移檄告郡，使收守长，而使人谢城中。五姓大喜，即相率归降。诸将乃服，曰："不战而下城，非众所及也。"

【译文】

第二年（建武四年，公元28年），又带领陈俊、王梁在临平击败五校贼，追到东郡箕山全歼敌军。向北攻打清河长直和平原五里贼，把他们全部平定了。当时鬲县的五个大姓共同驱逐守长，占据了县城造反。部下诸将都争着想攻打他们，但吴汉不同意，他说："迫使鬲城豪强造反的，却是守长的罪过。谁敢轻易进军就杀了谁。"接着向郡里发布文告，派人逮捕了守长，然后又派人到城中致歉。五姓豪强非常高兴，立刻下城投降。诸将这才服气了，说："不经过战斗就能拿下城池，是众人所赶不上的。"

陈 俊 传

坚壁清野胜顽敌

【原文】

俊言于光武曰："宜令轻骑出贼前，使百姓各自坚壁，以绝其食，可不战而殄也。"光武然之，遣俊将轻骑驰出贼前。视人保壁坚守者，敕令固守；放散在野者，因掠取之。贼至无所得，遂散败。及军还，光武谓俊曰："困此虏者，将军策也。"

【译文】

陈俊向光武说道："应该命令轻骑兵在敌人到来之前出发，让老百姓各自把粮食收藏起来，坚守壁垒，以便让敌人找不到可吃的东西，这样，就可以不战而消灭敌人。"光武认为他说的对，就派陈俊带领轻骑兵在敌人到来之前出发。察

看百姓们坚守村壁的情况，命令他们一定要固守，接着又把分散在田野里的庄稼一律取空。敌人到此之后，一无所获，只得离散败走。等到得胜回师的时候，光武对陈俊说："能使敌人遭困厄，是由于您的计策。"

臧 宫 传

中兴形势

【原文】

中兴之业，诚艰难也。然敌无秦、项之强，人资附汉之思，虽怀玺纡绂，跨陵州县，殊名诡号，千队为群，尚未足以为比功上烈也。至于山西既定，威临天下，戎羯丧其精胆，群帅贾其余壮，斯诚雄心尚武之几，先志玩兵之日。臧宫、马武之徒，抚鸣剑而抵掌，志驰于伊吾之北矣。光武审《黄石》，存包桑，闭玉门以谢西域之质，卑词币以礼匈奴之使，其意防盖已弘深。岂其颠沛牛城之围，忍伤黥王之陈乎？

【译文】

汉代的中兴的事业，实在是很艰难的。然而在敌人当中，没有秦朝、项羽那么强大的对手，在百姓的头脑中，人人都有要归顺汉室的想法，虽然也有不少人想做王称帝，割据郡县，建立各种名号，人马众多，但是还不足和前代壮烈之士相提并论。到山西都已经平定，光武威临天下，外族已丧尽精神胆气，光武群帅还要贾其余壮，这诚然是逞雄心，显武力的好机会，也是实现先人之志，炫耀兵力的日子。象臧宫、马武这些人，手持兵器，摩拳擦掌，其志向已在伊吾（地名，故地在今新疆哈密附近）之北。光武精通《黄石公记》所讲的道理（指"柔能制刚，弱能制强"），想的是深固其本，关闭玉门关以辞却西域各国的遣子入侍，用谦辞厚礼对待匈奴的使臣，防备外族为患之意已经是宏大深远了。难道还会有高祖平城被围的狼狈相，在黥布阵中被射伤的痛苦吗？

耿 弇 传

谏光武综论天下事

【原文】

时光武居邯郸宫，昼卧温明殿。弇入造床下请间，因说曰："今更始失政，君臣淫乱，诸将擅命于畿内，贵戚纵横于都内。天子之命，不出城门，所在牧守，辄自迁易，百姓不知所归，士人莫敢自安。掳掠财物，劫掠妇女，怀金玉者，至不生归。元元叩心，更思莽朝。又铜马、赤眉之属数十辈，辈数十百万，圣公不能办也。其败不久。公首事南阳，破百万之军；今定河北，（北）据天府之地。以义征伐，发号响应，天下可传檄而定。天下至重，不可令它姓得之。闻使者从西方来，欲罢兵，不可从也。今吏士死亡者多，弇愿归幽州，益发精兵，以集（其）大计。"光武大悦。

【译文】

　　击败王郎之后，光武住在邯郸王郎曾住过宫殿里，这一天，光武大白天在温明殿里睡觉。耿弇进来到床下请求讲几句知心话，接着，说："现在刘玄政治混乱，君臣都荒淫昏乱，部下将领在京城之外专政擅命，不听调遣，皇亲贵戚在京城之内横行霸道。皇帝的命令，到城外就不灵，而各地的州牧太守，动辄自己改换，百姓们无所适从，不知归顺谁更好，士大夫心中更是忐忑不安。而刘玄的部下抢夺财物，劫掠妇女，使身带金玉的人，不能活着回家。天下百姓捶胸顿足，反倒思恋王莽时期。还有赤眉、铜马等的起义军几十伙，每伙数十万人甚至达百万人，但刘玄不能平定他们，所以刘玄的败亡不久就会来临。而主公您首先起兵于南阳，击败了王莽的百万大军，现在又平定了河北，占据着富饶的地域。以理义名正言顺地出兵讨伐，发出号令就会天下响应，那么中国就可以用文告来平定。天下是最重要的，不能让别姓的人得到。我听说刘玄从西京派来使者，想让您停止战斗，这绝对不能听从。现在我们的将士死亡很多，我耿弇愿意回到幽州，多派来精兵，来帮助您完成统一大计。"光武听罢，非常高兴。

有志者事竟成

【原文】

　　后数日，车驾至临淄自劳军，群臣大会。帝谓弇曰："昔韩信破历下以开基，今将军攻祝阿以发迹，此皆齐之西界，功足相方。而韩信袭击已降，将军独拔勍敌，其功乃难于信也。又田横亨郦生，及田横降，高帝诏卫尉不听为仇。张步前亦杀伏隆，若步来归命，吾当诏大司徒释其怨，又事尤相类也。将军前在南阳建此大策，常以为落落难合，有志者事竟成也！"弇因复追步，步奔平寿，乃肉袒负斧锧于军门。

【译文】

　　几天之后，光武到达临淄亲自慰问将士，大宴群臣。光武对耿弇说："昔日韩信攻破历下以开汉朝基业，现在耿将军攻打祝阿以发迹，历下、祝阿都是齐国西界，你和韩信的功劳也足以相提并论。而韩信是偷袭已降的齐国，你击败的是强大的张步，你的功比韩信要难立。还有田横烹杀郦食其，等到田横投降，高帝下诏其弟郦

铜车马出行图　东汉

商不得为仇。张步以前也曾杀我伏隆，若他来投降，我也要下诏给伏隆之父放弃仇怨，此事又极其相同。你在南阳首建平定张步的大计，常以为孤孤零零难以和别人相合，真是有志者事竟成啊！"耿弇接着又追击张步，张步奔平寿，赤裸上身，背负刑具到耿弇军门请降。

耿 恭 传

远征疏勒城

【原文】

恭以疏勒城傍有涧水可固，五月，乃引兵据之。七月，匈奴复来攻恭，恭募先登数千人直驰之，胡骑散走，匈奴遂于城下拥绝涧水。恭于城中穿井十五丈不得水，吏士渴乏，笮马粪汁而饮之。

【译文】

耿恭认为疏勒（今新疆喀什噶尔一带）城旁有涧水可以固守，在永平十八年（公元75年）五月，就引兵占据了该城。七月，匈奴又来攻打耿恭，耿恭召集了几千名能冲锋陷阵的勇士直冲敌阵，匈奴骑兵被冲得四散逃走，他们见打不过耿恭，就在城下堵住了涧水。耿恭在城里挖井十五丈深，但是还没有水，将士们非常口渴疲乏，挤压马粪汁来当水喝。

忠义重于生命

【原文】

论曰：余初读《苏武传》，感其茹毛穷海，不为大汉羞。后览耿恭疏勒之事，喟然不觉涕之无从。嗟哉，义重于生，以至是乎！昔曹子抗质于柯盟，相如申威于河表，盖以决一旦之负，异乎百死之地也。以为二汉当疏高爵，宥十世。而苏君恩不及嗣，恭亦终填牢户。追诵龙蛇之章，以为叹息。

【译文】

史官评论说：我开始读《汉书·苏武传》时，被他在穷海中吃毡毛度日，不使汉朝蒙受耻辱所深深感动。后来又看到耿恭困守疏勒城之事，喟然长叹，泪水不由自主地流了下来。哎呀！忠义重于生命，能够达到这种地步实在是太高尚了！昔日曹沫在柯地盟会时拿齐桓公当人质，蔺相如在渑池之会威胁秦王，这些都是片刻之间决定胜负，和长期置身于百死之地是迥然不同的。我认为两汉应该给苏、耿二位分封高爵位，宽赦十世的罪过。但是苏武却恩泽不及儿子（其因参与上官桀等人的谋反被杀），耿恭也最后被关进牢房。我追念他们的事迹，为之叹息不已。

铫 期 传

重信义敢谏争

【原文】

期重于信义，自为将，有所降下，未尝房掠。及在朝廷，忧国爱主，其有不得于心，必犯颜谏诤。

【译文】

铫期把诚实忠义看得很重，自从担任大将以后，在攻破敌城时，都不曾抢掠。在朝廷上他更是为国分忧敬爱主上，看到有不趁心的事，一定要打破情面劝谏皇上。

王 霸 传

疾风知劲草

【原文】

及光武为司隶校尉，道过颍阳，霸请其父，愿从。父曰："吾老矣，不任军旅，汝往，勉之！"霸从至洛阳。及光武为大司马，以霸为功曹令史，从度河北。宾客从霸者数十人，稍稍引去。光武谓霸曰："颍川从我者皆逝，而子独留。努力！疾风知劲草。"

【译文】

在光武为司隶校尉时，路过颍阳，王霸向父亲请求要跟从光武。父亲说："我已经老了，不能承受军旅之劳累，你去吧，要好好干哪！"王霸跟从光武到达洛阳。等到光武担任大司马，任命王霸为功曹令史，跟从光武到河北。宾客跟从王霸一起投光武的有几十人，但渐渐的都走了。光武对王霸说："颍川跟从我的都走了，现在只有你一个人留下来。努力向前，疾风知劲草。"

祭 遵 传

执法不阿上徇私

【原文】

及光武破王寻等，还过颍阳，遵以县吏数进见。光武爱其容仪，署为门下史。从征河北，为军市令。舍中儿犯法，遵格杀之。光武怒，命收遵。时主簿陈副谏曰："明公常欲众军整齐，今遵奉法不避，是教令所行也。"光武乃赏之，以为刺奸将军。谓诸将曰："当备祭遵，吾舍中儿犯法尚杀之，必不私诸卿也。"

【译文】

在光武打败王寻等人以后，回军经过颍阳，祭遵以县吏的身份多次进见，光武喜欢他容仪严整，让他担任门下史。在跟从光武征讨河北时，担任军市令。光武的亲信随从犯法，祭遵照样将他击杀。光武非常生气，命令人立刻逮捕祭遵。当时主

八子神兽像 东汉

簿陈副劝谏说："明公您总是想让众军纪律严整，现在祭遵执法不惧怕亲贵，这才是使您的教令得以实行的最好方式。"光武这才释放了祭遵，任命他为刺奸将军。对部下诸将说："你们对祭遵应加点小心，我的随从犯法尚且被他杀了，那一定也不会姑息你们。"

"谶文误我"

【原文】

时新城蛮中山贼张满，屯结险隘为人害，诏遵攻之。遵绝其粮道，满数挑战，遵坚壁不出。而厌新、柏华余贼复与满合，遂攻得霍阳聚，遵乃分兵击破降之。明年春，张满饥困，城拔，生获之。初，满祭祀天地，自云当王，既执，叹曰："谶文误我！"乃斩之，夷其妻子。

【译文】

当时在新城的蛮中有个山贼名叫张满，盘踞在险要的山口打家劫舍，光武下诏让祭遵前去征讨。祭遵先断绝了张满的运粮通道，张满多次挑战，但祭遵坚守营垒拒不出战。而厌新、柏华等贼的残余部队又与张满会合，又进而攻克了霍阳聚，祭遵就分出一部分兵力去攻打，攻破霍阳聚，敌人投降。第二年春天，张满饥饿困乏，所占据城池被攻破，张满本人也被活捉。起初，张满祭祀天地时，自称应该做王，到被活捉之后，叹息着说："这是谶文害了我呀！"接着，张满和妻子儿女都被斩首。

李 忠 传

大 义 忘 亲

【原文】

进围巨鹿，未下，王郎遣将攻信都，信都大姓马宠等开门内之，收太守宗广及忠母妻，而令亲属招呼忠。时宠弟从忠为校尉，忠即时召见，责数以背恩反城，因格杀之。诸将皆惊曰："家属在人手中，杀其弟，何猛也！"忠曰："若纵贼不诛，则二心也。"世祖闻而美之，谓忠曰："今吾兵已成矣，将军可归救老母妻子，宜自募吏民能得家属者，赐钱千万，来从我取。"忠曰："蒙明公大恩，思得效命，诚不敢内顾宗亲。"

【译文】

光武进军包围巨鹿，但未能攻克。王郎派人攻打信都，信都的大姓豪强马宠等人打开城门，迎接王郎的军队，拘捕了太守宗广和李忠的老母妻子，然后派亲属招李忠前来。当时马宠的弟弟跟从李忠为校尉，李忠立刻召见了他，责备他的哥哥背叛光武投靠王郎的罪行，然后就杀掉了他。部下诸将都很吃惊地说："你家属还在敌人手中，却杀掉了他的弟弟，太鲁莽了！"李忠说："倘若纵容敌人而不杀掉，就是对君主的不忠诚。"光武听说之后，很是赞赏，对李忠说："现在我们的军队已经强大，你可以回去解救老母妻子，应该悬赏征求能解救你老母妻子

的官吏百姓，赐给钱一千万，到我这里来取。"李忠说："我承蒙您的大恩，常想不惜一切为您效力，实不敢顾惜自己的宗族亲属。"

耿纯传

与民分忧

【原文】

居东郡四岁，时发干长有罪，纯案奏，围守之，奏未下，长自杀。纯坐免，以列侯奉朝请。从击董宪，道过东郡，百姓老小数千随车驾涕泣，云"愿复得耿君"。帝谓公卿曰："纯年少被甲胄为军吏耳，治郡乃能见思若是乎？"六年，定封为东光侯。纯辞就国，帝曰："文帝谓周勃'丞相吾所重，君为我率诸侯就国'，今亦然也。"纯受诏而去。至邺，赐谷万斛。到国，吊死问病，民爱敬之。八年，东郡，济阴盗贼群起，遣大司空李通，横野大将军王常击之。帝以纯威信著于卫地，遣使拜太中大夫，使与大兵会东郡。东郡闻纯入界，盗贼九千余人皆诣纯降，大兵不战而还。玺书复以为东郡太守，吏民悦服。

【译文】

耿纯在东郡担任太守四年时，发干这个地方的主要官员有罪，耿纯追查此事并上奏皇帝，派人围住这个地方，皇帝的批示还未下达，有罪官员自杀。耿纯因此被撤职，以列侯的身份按时上朝请安。后跟从光武攻打董宪，路过东郡，当地百姓及老人孩子几千人跟着皇帝的车驾哭泣，说"希望耿先生留下来"。光武对公卿大臣们说："耿纯从小就披盔甲当军官，治理政事竟然能让百姓思恋到如此地步！"建武六年（公元 30 年），决定封他为东光侯。在到封地去之前向光武辞行，光武说："昔日文帝对周勃说：'您是我所敬重的人，请您带领诸侯们到封地上去。'现在也是这样。"耿纯受诏之后就走了。到达邺城，赐给他粮食一万斛。到封地后，他悼念死者慰问病人，百姓们对他既拥戴又尊敬。建武八年（公元 32 年），东郡、济阴一带盗贼群起，光武派李通、王常前去攻打。因为耿纯在当地威信很高，又派他以太中大夫的职务到东郡和大军会合。东郡盗贼听说耿纯来到，九千多人都前来投降，大兵不战而归。光武又以亲笔信任命他为东郡太守，百姓欢悦诚服。

杜 茂 传

建屯田以供军作

【原文】

十二年，遣谒者段忠将众郡弛刑配茂，镇守北边，因发边卒筑亭候，修烽火，又发委输金帛缯絮供给军士，并赐边民，冠盖相望。茂亦建屯田，驴车转运。

【译文】

　　建武十二年（公元36年），光武派谒者段忠把各郡缓刑的囚犯分配给杜茂，以守卫北部边境。杜茂也就征发这些边卒修筑瞭望哨和烽火台，又征发车辆运送金帛布匹棉絮供给军人，并赏赐给边境百姓，往来官员以及车辆不绝于路。杜茂也建立屯田，收下粮食以驴车转运，以供军用。

刘　隆　传

豪强贵戚大多不法

【原文】

　　是时，天下垦田多不以实，又户口年纪互有增减。十五年，诏下州郡检核其事，而刺史太守多不平均，或优饶豪右，侵刻赢弱，百姓嗟怨，遮道号呼。时诸郡各遣使奏事，帝见陈留吏牍上有书，视之，云"颍川、弘农可问，河南、南阳不可问"。帝诘吏由趣，吏不肯服，抵言于长寿街上得之。帝怒。时显宗为东海公，年十二，在幄后言曰："吏受郡敕，当欲以垦田相方耳。"帝曰："即如此，何故言河南、南阳不可问？"对曰："河南帝城，多近臣，南阳帝乡，多近亲，田宅逾制，不可为准。"帝令虎贲将诘问吏，吏乃实首服，如显宗对。

【译文】

　　在当时，天下各地所种田地亩数大多不实，再加上户口的年龄有增有减（这些致使国家的赋税减少）。建武十五年（公元39年），皇帝下令各州郡认真核查此事。但刺史太守大多不能公平处理，对有势力的豪强宽大优厚，对平民百姓严刻侵剥，致使百姓怨恨不满，哭号呼喊之人挤满道路。当时各郡都派人到京奏事，光武看到陈留官员的奏事木简上有字，仔细一看，上面写道："颍川、弘农两地可以追查，而河南、南阳两地不可以追查。"光武追问陈留官员木简上写的到底是什么意思，但官员推脱不知，假称是从长寿街上得来的。光武很生气。当时明帝是东海公，年仅十二岁，在帷帐之后说："官员是受了郡里的指令，常想以开垦田地相比拟。"光武说："假使如此，为什么说河南、南阳两地不可以追查？"明帝说："河南是京都所在地，这里有许多您的亲近之臣，而南阳是您的故乡，有许多您的近亲，田地宅院都超过制度的规定，不可以作为标准。"光武再命虎贲将追问官吏，官吏以实相对，正和明帝说的一模一样。

马　武　传

用人之术

【原文】

　　帝后与功臣诸侯燕语，从容言曰："诸卿不遭际会，自度爵禄何所至乎？"高

密侯邓禹先对曰："臣少尝学问，可郡文学博士。"帝曰："何言之谦乎？卿邓氏子，志行修整，何为不掾功曹？"余各以次对，至武，曰："臣以武勇，可守尉督盗贼。"帝笑曰："且勿为盗贼，自致亭长，斯可矣。"武为人嗜酒，阔达敢言，时醉在御前面折同列，言其短长，无所避忌。帝故纵之，以为笑乐。帝虽制御功臣，而每能回容，宥其小失。远方贡珍甘，必先遍赐列侯，而太官无余。有功，辄增邑赏，不任以吏职，故皆保其福禄，终无诛谴者。

【译文】

光武后来在一次和功臣诸侯闲谈中，从容地说："在座诸位若不是碰上好时机，自己估计一下能得到什么爵禄呢？"高密侯邓禹首先回答说："我小的时候曾经拜师求学，可以担任郡里的文学博士。"光武说："你何必太谦虚呢？你出自名门，乃邓氏之子，志向远大，品行端正，为什么不能担任一名功曹掾属呢？"其他的按次序回答，轮到马武时，他说："我精于武艺，英勇无畏，可以当个守尉去剿灭盗贼。"光武笑着说："暂且不要干那个差事，你自己努力，当个亭长就不错了。"马武生性喜欢喝酒，

铜斧车　东汉

豪爽敢于直言，有时就在皇帝面前喝醉了酒，辱骂同等的官员，数说其短处，一点儿避忌也没有。光武也就故意纵容他，以此作为笑乐之资。光武虽管制驾驭功臣，但总是能够曲法宽容，原谅宽恕功臣们的小过失。远方贡献来的奇珍美味，一定要先赏赐给列侯们，而自己却不留一点。他们若立了功，就增加食邑，给予赏赐，但不让他们任官吏，因此使他们能保住福禄，最后也没有被诛杀治罪的人。

光武功臣，画图云台

【原文】

永平中，显宗追感前世劝臣，乃图画二十八将于南宫云台，其外又有王常、李通、窦融、卓茂，合三十二人。

【译文】

永平（公元58年~公75年）中，汉明帝追忆缅怀前世功臣，就命人在南宫云台上画下了光武二十八员名将的图像，另外又加上了王常、李通、窦融、卓茂，一共三十二个人。

窦 宪 传

惧诛击匈奴

【原文】

宪惧诛，自求击匈奴以赎死。会南单于请兵北伐，乃拜宪车骑将军，金印紫

绶，官属依司空，以执金吾耿秉为副，发北军五校、黎阳、雍营，缘边十二郡骑士，及羌胡兵出塞。……与北单于战于稽落山，大破之，虏众崩溃，单于遁走，追击诸部，遂临私渠比鞮海。斩名王已下万三千级，获生口马牛羊橐驼百余万头。于是温犊须、日逐、温吾、夫渠王柳鞮等八十一部率众降者，前后二十余万人。宪、秉遂登燕然山，去塞三千余里，刻石勒功，纪汉威德。

【译文】

　　窦宪犯法之后，害怕被杀，请求带兵攻打匈奴以赎死罪。正在此时，归降的南匈奴单于也请求出兵北伐，于是就任命窦宪为车骑将军，黄金印紫绶带，官属设置和大司空一样，任命执金吾耿秉为副将，征发五校、黎阳、雍营、边境附近十二郡的骑士，以及羌胡骑兵出塞作战。……在稽落山与匈奴北单于大战，大败匈奴，敌众四散奔逃，单于也逃走了，窦宪乘胜追击匈奴各部，一直追到私渠比鞮海边（今俄罗斯贝加尔湖畔）。斩首敌人名王已下一万三千人。俘获匈奴人和马牛羊骆驼共一百多万。于是温犊须、日逐、温吾、夫渠王柳鞮等八十一个部落率众归降，前后有二十多万人。窦宪、耿秉登上燕然山（今蒙古人民共和国杭爱山），此处离边塞有三千多里地，树立石碑，在上面刻下自己功劳以及大汉的威德。

用之则为猛虎，不用则为老鼠

【原文】

　　论曰：卫青、霍去病资强汉之众，连年以事匈奴，国耗太半矣，而猾虏未之胜，后世犹传其良将，岂非以身名自终邪！窦宪率羌胡边杂之师，一举而空朔庭，至乃追奔稽落之表，饮马比鞮之曲，铭石负鼎，荐告清庙。列其功庸，兼茂于前多矣，而后世莫称者，章末衅以降其实也。是以下流，君子所甚恶焉。夫二三子得之不过房幄之间，非复搜扬仄陋，选举而登也。当青、病奴仆之时，窦将军念咎之日，乃庸力之不暇，思鸣之无晨，何意裂膏腴，享崇号乎？东方朔称

石兽　东汉

"用之则为虎，不用则为鼠"，信矣。以此言之，士有怀琬琰以就煨尘者，亦何可支哉！

【译文】

　　史官评论说：卫青、霍去病依靠强大的西汉士卒，连年和匈奴作战，国家为之消耗已越大半了，但是还未能战胜狡诈之敌，后世还称他们为良将，难道不是因带着好名声而去世的缘故吗？窦宪带领的是由异族和边境杂民组成的军队，一次用兵而扫清北方匈奴腹地，甚至追敌到稽落山边，饮马私渠比鞮海湾，铭石勒功，负宝鼎而还，以此祭祀、告慰祖先。列比其功劳，实在比前代要高多了，然而后世却没人称颂他，这是由于他没能善终而受损的缘故。因此处于下流，被君

子所厌恶。以上这些人都是靠裙带关系上台的，不是经过从下层的人中反复考察，推举上高位的。在卫青、霍去病当奴仆之时，在窦宪犯罪被关押之日，他们努力劳作而没有闲工夫，想一鸣惊人而没有天亮的时刻，哪里想到会被封得肥沃的土地，享有高爵尊号呢？东方朔所说的"用之则为猛虎，不用则为老鼠"，确实如此。以此而言，士大夫有满腹才华但却老死在下层的人，也多得不可胜数啊！

马 援 传

穷当益坚，老当益壮

【原文】

援年十二而孤，少有大志，诸兄奇之。尝受《齐诗》，意不能守章句，乃辞况，欲就边郡田牧。况曰："汝大才，当晚成。良工不示人以朴，且从所好。"会况卒，援行服期年，不离墓所；敬事寡嫂，不冠不入庐。后为郡督邮，送囚至司命府，囚有重罪，援哀而纵之，遂亡命北地。遇赦，因留牧畜，宾客多归附者，遂役属数百家。转游陇汉间，常谓宾客曰："丈夫为志，穷当益坚，老当益壮。"

【译文】

马援年纪刚十二岁父母就去世了，年纪虽小但志向远大，哥哥们都认为他是很杰出的。曾经跟人学习《齐诗》，但是不想咬文嚼字，做一个墨守章句的儒生，就和哥哥马况告辞，想到边疆地区去屯田放牧。马况对他说，"你有大才，应到晚年才会有成就。好的工匠不把未成形的工艺品给人看，你既喜欢去那就去吧。"但恰在此时，马况去世。马援服丧整整一年，不离开墓地住所。同时恭恭敬敬侍奉寡嫂，衣帽不整不入房中。后来担任郡中督邮，押送囚徒到司命府，因囚徒犯有重罪，马援可怜他将要被杀，就故意把他放跑，自己也就逃亡到北地郡。遇到皇帝大赦，罪名免除，也就留在当地放牧牲畜，宾客大多归附他，在他周围，服从他调遣的有几百家。在陇、汉之间游牧，他时常对宾客们说："大丈夫立志，越困窘就要更加坚强，越年老就越要气壮。"

男儿死边野，马革裹尸还

【原文】

初，援军还，将至，故从多迎劳之，平陵人孟冀，名有计谋，于坐贺援。援谓之曰："吾望子有善言，反同众人邪？昔伏波将军路博德开置七郡，裁封数百户；今我微劳，猥飨大县，功薄赏厚，何以能长久乎？先生奚用相济？"冀曰："愚不及。"援曰："方今匈奴、乌桓尚扰北边，欲自请击之。男儿要当死于边野，以马革裹尸还葬耳，何能卧床上在儿女子手中邪？"冀曰："谅为烈士，当如此矣。"

【译文】

起初，马援率军还京，在即将到达时，一些老朋友大多到郊外去迎接慰问，

平陵人孟冀，是个有名的智多星，也在座中向马援祝贺。马援对他说："我想听一下您有什么好建议，却反而和其他人说的话一样，这是为什么？昔日伏波将军路博德，平定南越，开辟七郡国土，才封他几百户；现在我功劳很小，却享有大县，功薄赏厚，怎么能长久啊？先生您有何良策帮助我？"孟冀说："我愚昧无知，没什么办法。"马援说："现在匈奴、乌桓还在北方边境上骚扰，我想请求皇上允许我带兵前去讨平。我认为好男儿应当死在边远疆场之上，用马皮裹尸还葬故土而已，怎么能够卧病在床死在妻子儿女手中？"孟冀说："作为一个志向远大，要建功立业之人，想必应当这样。"

上行下效，身重于言

【原文】

以百姓不足，起于世尚奢靡，故元帝罢服官，成帝御浣衣，哀帝去乐府。然侈费不息，至于衰乱者，百姓从行不从言也。夫改政移风，必有其本。传曰："吴王好剑客，百姓多创瘢；楚王好细腰，宫中多饿死。"长安语曰："城中好高髻，四方高一尺；城中好广眉，四方且半额；城中好大袖，四方全匹帛。"斯言如戏，有切事实。前下制度未几，后稍不行。虽或吏不奉法，良由慢起京师。

【译文】

百姓贫困的原因在于社会上崇尚奢侈浪费，因此元帝撤销服官，成帝穿洗过多次的旧衣，哀帝取消乐府。但是奢侈浪费依然不止，以至到后来衰亡动乱，其源在于老百姓只看上司的行动而不看重他们的言辞。因此改革政治，扭转旧风，一定要从根本做起。古书上说："吴王喜欢剑客，百姓身上就伤痕累累；楚王喜欢细腰，宫中女子就有为此而饿死之人。"长安街头谚语说："城里喜欢高发髻，四方的发髻就高达一尺；城里喜欢宽眉毛，四方就把半个额头都画成眉毛；城里喜欢长袖子，四方的袖子就用整匹布。"虽然这些话有点像开玩笑，但和事实是相符的。制度下达未久此后就逐渐不执行了。虽然有些官吏不守法纪，但怠慢疏忽又确实是由京师引起的。

待人忍让不争

【原文】

初辟丞相府史，事孔光，光称为长者。时尝出行，有人认其马。茂问曰："子亡马几何时？"对曰："月余日矣。"茂有马数年，心知其谬，嘿解与之，挽车而去，顾曰："若非公马，幸至丞相府归我。"他日，马主别得亡者，乃诣府送马，叩头谢之。茂性不好争如此。

【译文】

起初，卓茂被征召到丞相府，担任府史，侍奉丞相孔光，孔光称他为长者。

曾有一次卓茂出行，有人认他的马。卓茂问道："您的马什么时候丢的"对方说，"已经丢失一个多月了。"卓茂已经用这匹马好几年了，心里知道对方搞错了，但他还是把马从车上卸下来，送给对方，自己人拉车子回府，回头对那人说："若是您发觉不是您的马，劳您的大驾，到丞相府把马交给我。"有一天，马的主人在别处寻得了丢失的马，就到丞相府送马，向卓茂叩头道歉。卓茂生性不喜与人争到如此地步。

加礼小宰，以招众贤

【原文】

论曰：建武之初，雄豪方扰，虓呼者连响，婴城者相望，斯固倥偬不暇给之日。卓茂断断小宰，无它庸能，时已七十余矣，而首加聘命，优辞重礼，其与周、燕之君表间立馆何异哉？于是蕴愤归道之宾，越关阻，捐宗族，以排金门者众矣。夫厚性宽中近于仁，犯而不校邻于恕，率斯道也，怨悔曷其至乎！

【译文】

史官评论说：在建武初年，群雄割据，天下正乱，怒吼声连成一片，守城割据的到处都是，这本来就是事情纷繁、自顾不暇的年月。卓茂只是一个诚实的小县官，并没有其他的本事，再加他当时已年过七十了，但光武首先对他以礼相待，任职封侯，美言褒奖，重礼迎接，这与周、燕之君主为贤才表彰闾里、建筑馆舍有什么不同呢？使满怀激愤、归于有道的宾客，越过关隘险阻，抛弃亲属宗族，来推开宫门，投靠光武的人太多了。性情宽厚而不偏颇则与仁相近，别人侵犯但不计较可以说近于恕，按此道以行之，被人痛恨，自己后悔的事怎么会有呢！

刘 宽 传

以德待人，感化为主

【原文】

（刘宽）典历三郡，温仁多恕，虽在仓卒，未尝疾言遽色。常以为"齐之以刑，民免而无耻"。吏人有过，但用蒲鞭罚之，示辱而已，终不加苦。事有功善，推之自下，灾异或见，仆躬克责。每行县，止息亭传，辄引学官祭酒及处士诸生执经对讲。见父老慰以农里之言，少年勉以孝悌之训。人感德兴行，日有所化。

【译文】

刘宽曾掌管过三郡，总是温文仁爱而多宽恕，即使是遇到突发事件，也未曾有过声色俱厉的时刻。他总是认为"以刑法来整治人，百姓就要设法逃避，而且还使人的自尊心受到刺伤。"部下官吏有了过错，他只用蒲草鞭打几下了事，只是表示惩罚而已，最终也不使其受到折磨。若工作上有成绩，就推脱说是属下做的；若是有灾异出现，则说由自己引起而深刻检查。每次出行县外，在驿站休

息，就召在当地的学官、祭酒以及处士、诸生等人，手拿经书，讨论经义。所以人们都深受他的恩德感染，自动趋善，每天都向好的方面发展。

骑士俑　东汉

宋 弘 传

好德不好色，糟糠不下堂

【原文】

弘当谠见，御坐新屏风，图画列女，帝数顾视之。弘正容言曰："未见好德如好色者。"帝即为彻之。笑谓弘曰："闻义则服，可乎？"对曰："陛下进德，臣不胜其喜。"时帝姊湖阳公主新寡，帝与其论朝臣，微观其意。主曰："宋公威容德器，群臣莫及。"帝曰："方且图之。"后弘被引见，帝令主坐屏风后，因谓弘曰："谚言贵易交，富易妻，人情乎？"弘曰："臣闻贫贱之知不可忘，糟糠之妻不下堂。"帝顾谓主曰："事不谐矣。"

【译文】

宋弘有一次在光武休息时进宫拜见，坐在一面新屏风的前边，屏风上画着许多美女，光武有好几次回头看屏风上的美人，宋弘很严肃地说："正像孔夫子所说，'我还没见过喜欢美德就像喜欢美女一样的人'。"光武立刻就把屏风撤掉了，并笑着对宋弘说："听到合于义的话就顺服，你看可以吗？"宋弘说："陛下您能增进德业，我非常高兴。"当时光武的姐姐湖阳公主丈夫刚去世，光武与她评论朝臣，偷偷观察，看她对谁最满意。湖阳公主说："宋弘先生容貌威严，品德高尚，群臣中没有一个赶得上他。"光武说："我正要设法为你谋取他。"后来宋弘被引见，光武让公主坐在屏风后面，对宋弘说："俗话说有权之后换朋友，有钱之后换老婆，这是人之常情吗？"宋弘说："我听说贫贱之交不能忘，糟糠之妻不下堂。"光武回头对公主说："此事谈不妥了。"

赵 憙 传

名家千里马

【原文】

更始即位，舞阴大姓李氏拥城不下，更始遣柱天将军李宝降之，不肯，云："闻宛之赵氏有孤孙憙，信义著名，愿得降之。"更始乃征憙。憙年未二十，既引见，更始笑曰："茧栗犊，岂能负重致远乎？"即除为郎中，行偏将军事，使诣舞阴，而李氏遂降。憙因进入颍川，击诸不下者，历汝南界，还宛。更始大悦，谓憙曰："卿名家驹，努力勉之。"

【译文】

更始帝刘玄即位之后，当地大姓李氏占据舞阴城（今河南泌阳西北）不肯投

降，刘玄派遣柱天将军李宝前去招降，但李氏不愿意，称"我们听说宛城（今河南南阳）赵氏只有一个孙子，名叫赵憙，非常讲信义，当世闻名，我们只想投降他"。刘玄这才征召赵憙。赵憙当时年龄不满二十岁，被引见之后，刘玄笑着说，"原来只不过是头小牛犊而已，难道他能载重物到远方吗?"立刻任命他为郎中，暂时行使偏将军的指挥权，让他前往舞阴，到达之后，李氏立刻就投降了。赵憙接着又进入颍川，攻打那些不投降的豪强，经过汝南地界，回到宛城。刘玄见面之后，非常高兴，对赵憙说："您是名家千里马，奋发努力吧!"

韦 彪 传

选士以才行

【原文】

是时陈事者，多言郡国贡举率非功次，故守职益懈而吏事浸疏，咎在州郡。有诏下公卿朝臣议。彪上议曰："伏惟明诏，忧劳百姓，垂恩选举，务得其人。夫国以简贤为务，贤以孝行为首。孔子曰'事亲孝故忠可移于君，是以求忠臣必于孝子之门。'夫人才行少能相兼，是以孟公绰优于赵、魏老，不可以为滕、薛大夫。忠孝之人，持心近厚；锻炼之吏，持心近薄。三代之所以直道而行者，在其所以磨之故也。士宜以才行为先，不可纯以阀阅。然其要归，在于选二千石。二千石贤，则贡举皆得其人矣。"帝深纳之。

【译文】

当时上书言事的人，往往指责各郡国推举官吏不按功劳大小次序上荐，因此官吏们对自己的本职工作更加松懈和荒疏，其罪责是在州郡。皇帝下诏让满朝公卿群臣评议此事。韦彪上议说："伏惟皇帝圣明，降下诏书，忧虑百姓劳苦，命下方举荐人才，一心想得到贤人。国家以选拔贤才为最重要的事情，而贤才以事亲孝顺为最重要的品行，正如孔子所说：'事亲孝顺然后才可以把这种忠诚转移到君主身上，因此一定要在孝子之门中选拔忠臣。'人们的才能和品德很少能都好，因此孟公绰做赵、魏的家臣绰绰有余，但是却不能担任滕、薛这样小国的大夫。忠孝之人，居心近于敦厚，饱经世故的官吏，居心近于刻薄。三代之所以能沿正路前进，原因就在于能够精心选拔磨砺贤才的缘故。所以选拔人才应注重才能品行，不能单纯凭其门第高低，功劳大小而决定。然而最重要的在于选拔二千石这样的高级干部，二千石有才德，那么推举上来的也就会没有庸才。"光武很欣赏并采纳了韦彪的意见。

张 湛 传

贵而还乡，依然恭谨

【原文】

建武初，为左冯翊。在郡修典礼，设条教，政化大行。后告归平陵，望寺门

而步。主簿进曰："明府位尊德重，不宜自轻。"湛曰："《礼》，下公门，轼辂马。孔子于乡党，恂恂如也。父母之国，所宜尽礼，何谓轻哉？"

【译文】

东汉建武初年，张湛担任左冯翊（今陕西大荔）主要行政长官，整饬典法礼仪，设立政教条令，使政教风化大行于世。此后，请假回平陵（今陕西咸阳西北）故乡探望亲友，看到城门就下车步行。手下的主簿进谏道："长官您地位尊贵，德高望重，不应该如此自轻。"张湛说："《礼记》上称，见君王之门下车，见君王之车驾肃立。孔子对故乡之人，亦非常恭敬肃顺。因故乡是父母之国，到处都应有礼，为什么说这是'自轻'呢？"

王 良 传

夫为高官，妻子种田

【原文】

六年，代宣秉为大司徒司直。在位恭俭，妻子不入官舍，布被瓦器。时司徒史鲍恢以事到东海，过候其家，而良妻布裙曳柴，从田中归。恢告曰："我司徒史也，故来受书，欲见夫人。"妻曰："妾是也。苦掾，无书。"恢乃下拜，叹息而还，闻者莫不嘉之。

弹琴俑　东汉

【译文】

建武六年（公元 30 年），王良代替宣秉为大司徒司直。在任时恭敬俭朴，妻子儿女不进官舍，盖布被，用瓦器。司徒掾史鲍恢因公事到王良的故乡——东海，在经过王良家时进去探望，正巧王良妻子身穿布裙，拖着柴草，从田中回家。鲍恢对她说："我是司徒史鲍恢，因公务到此，想参拜王夫人，看她有没有给王良的书信。"王良妻子说："我就是王夫人。劳您的大驾，我没有书信给他。"鲍恢这才下拜，叹息而回，把此事对众人一讲，听到之人没有不夸赞的。

杜 林 传

杜林节义高，刺客为之逃

【原文】

隗嚣素闻林志节，深相敬待，以为持书平。后因疾告去，辞还禄食。嚣复欲令强起，遂称笃。嚣意虽相望，且欲优容之，乃出令曰："杜伯山天子所不能臣，诸侯所不能友，盖伯夷、叔齐耻食周粟。今且从师友之位，须道开通，使顺所志。"林虽拘于嚣，而终不屈节。建武六年，弟成物故，嚣乃听林持丧东归。既遣而悔，追令刺客杨贤于陇坻遮杀之。贤见林身推鹿车，载致弟丧，乃叹曰："当今之世，谁能行义？我虽小人，何忍杀义士！"因亡去。

【译文】

隗嚣平素就听说杜林志节高尚，对他非常恭敬谦卑，让他负责写往来之书信。后来因生病辞职，并送还原来的全部薪俸。隗嚣想让杜林强起供职，杜林也就称自己病情又加重了。隗嚣虽心中很不满意，但还想友好并宽容地对待杜林，就下命令说："杜伯山是天子不能臣服，诸侯不能以之为友的人，就如同伯夷、叔齐以食周粟为耻一样的人。现在暂且让他以师友的身份随从我，不要加以阻挠，以实现他的意愿。"杜林虽然被隗嚣拘留，但始终坚持节操。建武六年（公元30年），杜林的弟弟杜成去世，隗嚣就听从了杜林要求，让他护送弟弟的灵柩东去，返回故乡。等到杜林走后，隗嚣又反悔了，追令刺客杨贤提前到达陇坻，在此截住杀掉他。但杨贤看到杜林亲自推着小车，车上装着弟弟的灵柩，就慨然叹息道："在当今的世界，有谁能仗义行事呢？我虽然是一个低贱的人，又怎么忍心杀这样的义士呢？"接着就逃走了。

承 宫 传

拾柴放牧，勤学不息

【原文】

承宫字少子，琅邪姑幕人也。少孤，年八岁为人牧豕。乡里徐子盛者，以《春秋经》授诸生数百人，宫过息庐下，乐其业，因就听经，遂请留门下，为诸生拾薪。执苦数年，勤学不倦。经典既明，乃归家教授。遭天下丧乱，遂将诸生避地汉中，后与妻子之蒙阴山，肆力耕种。禾黍将孰，人有认之者，宫不与计，推之而去，由是显名。

【译文】

承宫字少子，乃是琅琊姑幕人。小的时候父亲去世，年仅八岁就给人放猪。乡里有个人叫徐子盛，他给几百个学生讲授《春秋经》，承宫放猪由此经过，在房下休息，很喜欢学习，接着就去听讲，请求徐子盛留下自己，给诸生拾柴烧。苦熬多年，勤学不倦；把经典学通之后，就回家传授。正值天下丧乱，就带领学生们到汉中避乱，后来又与妻子儿女到蒙阴山，全力从事耕种。在庄稼将要成熟的时候，有人来认田地，说是属于他的，承宫并不与来人计较，扔下庄稼就离开了，因此名声大显。

桓 谭 传

光武信谶，桓谭非之

【原文】

是时帝方信谶，多以决定嫌疑。……其后有诏会议灵台所处，帝谓谭曰："吾欲〔以〕谶决之，何如？"谭默然良久，曰："臣不读谶。"帝问其故，谭复极言谶之非经。帝大怒曰："桓谭非圣无法，将下斩之。"谭叩头流血，良久乃得

国学经典文库

解。出为六安郡丞，意忽忽不乐，道病卒，时年七十余。

【译文】

　　当时光武正好相信图谶，有了疑难不解之事，往往以图谶来决定。……之后不久，光武下诏让群臣讨论灵台所处的位置，光武对桓谭说："我想用图谶来决定，你看怎么样？"桓谭沉默了好长时间，才说："我不读有关图谶这方面的书。"光武追问他原因何在，桓谭再次大谈图谶与儒家经典是唱反调的。光武听罢，勃然大怒，说道："桓谭攻击前代圣人，无法无天，拿下去斩了他！"桓谭慌忙赔罪，叩头流血，过了好一会儿，光武才免去了他的死罪。但被贬出京师，担任六安郡的郡丞，精神恍惚，闷闷不乐，在赴任途中病逝，时年七十多岁。

冯 衍 传

坎坷不遇，品行愈修

【原文】

　　衍娶北地（女）任氏〔女〕为妻，悍忌，不得畜媵妾，儿女常自操井臼，老竟逐之，遂坎壈于时。然有大志，不戚戚于贱贫。居常慷慨叹曰："衍少事名贤，经历显位，怀金垂紫，揭节奉使，不求苟得，常有陵云之志。三公之贵，千金之富，不得其愿，不概于怀，贫而不衰，贱而不恨，年虽疲曳，犹庶几名贤之风。修道德于幽冥之路，以终身名，为后世法。"

【译文】

　　冯衍娶北地任氏之女做妻子，其妻凶暴嫉妒，不能养畜使女偏房，总是孩子们自己打水舂米，到自己年老时，又把他们赶跑了，这样，也就更加困厄潦倒。然而冯衍胸有大志，虽然贫穷低贱，但不整天愁眉苦脸。在家里时常慨叹道："我冯衍从小追随名贤，也当过高官，怀金印，垂紫绶，高举节旄，奉命出使，从不屈就为官，总是有凌云大志。像三公那么高贵，千金那样富有，若得之不遂心愿，心里也毫无恋惜之情。虽然贫穷但志气不减，虽然地位低下但毫无遗憾，虽然年纪已大，衰弱委顿，但差不多还有名贤的风操。虽然离死亡不远，但还要追求道德的高尚，至死保持名节，给后世留下学习的榜样。"

鲍 永 传

贵戚敛手，以避二鲍

【原文】

　　建武十一年，征为司隶校尉。帝叔父赵王良尊戚贵重，永以事劾良大不敬，由是朝廷肃然，莫不戒慎。乃辟扶风鲍恢为都官从事，恢亦抗直不避强御。帝常曰："贵戚且宜敛手，以避二鲍。"

【译文】

　　建武十一年（公元35年），鲍永被征任为司隶校尉。光武的叔父赵王刘良，

高贵尊重，鲍永因事弹劾他犯了大不敬之罪，因此朝廷肃然，没有不自戒不谨慎的。接着他又征辟鲍恢担任都官从事，鲍恢同样刚强正直，不惧怕倚仗权势横行霸道的人。光武常常说："皇亲贵戚也应该收敛一下，不要违法，以回避'二鲍'。"

郅 恽 传

以义征讨，所向皆下

【原文】

建武三年，又至庐江，因遇积弩将军傅俊东徇扬州。俊素闻恽名，乃礼请之，上为将兵长史，授以军政。恽乃誓众曰："无掩人不备，穷人于厄，不得断人支体，裸人形骸，放淫妇女。"俊军士犹发冢陈尸，掠夺百姓。恽谏俊曰："昔文王不忍露白骨，武王不以天下易一人之命，故能获天地之应，克商如林之旅。将军如何不师法文王，而犯逆天地之禁，多伤人害物，虐及枯尸，取罪神明？今不谢天改政，无以全命。愿将军亲率士卒，收伤葬死，哭所残暴，以明非将军本意也。"从之，百姓悦服，所向皆下。

【译文】

建武三年（公元27年），又来到庐江，在此和傅俊相遇，傅俊此时任积弩将军，东征扬州。傅俊平素听说郅恽的美名，就以礼相邀，并上书光武，请求任命他为指挥军队的长史，授以军政大权。郅恽就和众人一起对天盟誓说："不乘人不备时袭击，不困人于危难之中，不能斩断人之肢体，不掘棺裸尸，奸淫妇女。"傅俊手下士卒还像从前一样掘棺裸尸，掠夺百姓。郅恽又劝谏傅俊说："昔日周文王不忍心看着白骨暴露于野，周武王不以天下换一人性命，因此才能得到天地保祐，击败商朝众多的士卒。将军您为什么不学习文王，和天地对着干，多伤人害物，甚至连枯尸也不放过，做神明之罪人？现在您不向天地赔罪，改恶从善，就无法全身保命。希望您能带领士卒，收容伤残，安葬死者，哭吊受虐之尸首，用以表明从前之举并不是您的本意。"傅俊按照郅恽的话行事，百姓们欢悦诚服，大军所向无敌。

郎 顗 传

政以得贤为功，失士为败

【原文】

陛下践祚以来，勤心庶政，而三九之位，未见其人，是以灾害屡臻，四国未宁。臣考之国典，验之闻见，莫不以得贤为功，失士为败。且贤者出处，翔而后集，爵以德进，则其情不苟，然后使君子耻贫贱而乐富贵矣。若有德不报，有言不酬，来无所乐，进无所趋，则皆怀归薮泽，修其故志矣。夫求贤者，上以承天，下以为人。不用之，则逆天统，违人望。

【译文】

自从陛下您继承皇位以来，勤心料理各种政务，然而三公九卿的职位上，并没有看到有称职之人，因此才有灾害屡次出现，国家四方未得安宁。我考之国家典籍，再验之所闻所见，没有不以求得贤士为功，失去人才为败的。更何况贤人居家和出仕是经过长期观望，反复考虑之后才决定的。爵位由品德高尚而得到，那么就会使民情不苟且从事，然后使君子以贫贱为耻而乐于求取富贵荣华了。倘若人有德行而得不到报答，有善言而得不到酬劳，来而无所乐，进而无所求，那么，贤人们就都想要回到薮泽之中，修其隐逸故志了。更何况广求贤人，在上是为

独角兽　东汉

遵奉天意，在下是为了百姓幸福。若不用贤人的话，在上逆反天之统绪，在下违背了国人之心愿。

襄　楷　传

《太平清领书》

【原文】

初，顺帝时，琅琊宫崇诣阙，上其师干吉于曲阳泉水上所得神书百七十卷，皆缥白素朱介青首朱目，号《太平清领书》。其言以阴阳五行为家，而多巫觋杂语。有司奏崇所上妖妄不经，乃收藏之。

【译文】

从前在顺帝时，琅琊有个叫宫崇的人到朝廷，献上了他的老师干吉在曲阳泉水上得到的神书一百七十卷，它们都被写在缥白色细绢上，以红色间隔，以青色开头，以红色书写题目，名曰《太平清领书》。其中言语以阴阳五行为本，还有不少巫觋杂语。有关官吏上奏皇帝，说宫崇所上之书妖邪荒诞不合常情，就把它收藏起来。

郭伋传

广招贤俊，不宜专用乡党

【原文】

十一年，省朔方刺史属并州。帝以卢芳据北土，乃调伋为并州牧。过京师谢恩，帝即引见，并召皇太子诸王宴语终日，赏赐车马衣服什物。伋因言选补众职，当简天下贤俊，不宜专用南阳人。帝纳之。伋前在并州，素结恩德，及后入界，所到县邑，老幼相携，逢迎道路。所过问民疾苦，聘求耆德雄俊，设几仗之礼，朝夕与参政事。

【译文】

建武十一年（公元 35 年），取消朔方刺史并将其归属于并州。光武以卢芳占据北部边疆的原因，调郭伋担任并州牧。经过京城洛阳向皇帝谢恩时，光武把郭伋介绍给文武百官，并且召集皇太子和诸王在宴席间谈了一整天，光武还赏赐给他车马衣服等随身用物。郭伋乘机上言，在选拔官吏时，应当挑选普天下的贤才俊杰，不应该专用自己故乡的人。光武采纳了他的建议。郭伋以前在并州时，一直为百姓们做好事，等到后来再入并州时，所到之处，男女老幼互相扶携，在道路上迎接。在经过的地方，向百姓们问寒问暖，又聘求德高年长的雄俊，设下几案和手杖，以示对老人的尊重，每天早晚都和他们商议政事。

杜诗传

发兵复用虎符，为绝奸人诈伪

【原文】

初，禁网尚简，但以玺书发兵，未有虎符之信，诗上疏曰："臣闻兵者国之凶器，圣人所慎。旧制发兵，皆以虎符，其余征调，竹使而已。符第合会，取为大信，所以明著国命，敛持威重也。间者发兵，但用玺书，或以诏令，如有奸人诈伪，无由知觉。愚以为军旅尚兴，贼虏未殄，征兵郡国，宜有重慎，可立虎符，以绝奸端。昔魏之公子，威倾邻国，犹假兵符，以解赵围，若无如姬之仇，则其功不显。事有烦而不可省，费而不得已，盖谓此也。"书奏，从之。

【译文】

起初，法令规章崇尚简单，只以皇帝的玺书即可发兵，不用虎符合契以表信用，杜诗上疏给皇帝说："我听说军队是国家的凶器，圣人对它都是非常谨慎的。旧时制度规定，要调集军队，都需虎符合契，而其他的征调，只需竹使就行了。只凭虎符合会，取此作为最大凭证，用以显明国令，保持威重。而最近发兵，只用皇帝玺书，或者用诏令，如有奸人从中欺诈作伪，无从知道。我认为军旅之事方兴，贼虏未灭，从各郡国征兵，更应该非常谨慎，可以重立虎符发兵之制，以杜绝欺诈做伪之事的发生。昔日魏国公子信陵君无忌，威势使邻国为之倾倒，还

必须窃得兵符，以解赵国之围，若是没有如姬的杀父之仇，则无忌之功也不会得成。有些事情虽烦琐，但不可省去，有些事情花钱虽多，但出于迫不得已，说的正是类似于虎符这样的事。"上奏皇帝之后，依从了他的建议。

孔 奋 传

众人皆浊，孔奋独清

【原文】

遭王莽乱，奋与老母幼弟避兵河西。建武五年，河西大将军窦融请奋署议曹掾，守姑臧长。八年，赐爵关内侯。时天下扰乱，唯河西独安，而姑臧称为富邑，通货羌胡，市日四合，每居县者，不盈数月辄致丰积。奋在职四年，财产无所增。事母孝谨，虽为俭约，奉养极求珍膳。躬率妻子，同甘菜茹。时天下未定，士多不修节操，而奋力行清絜，为众人所笑，或以为身处脂膏，不能以自润，徒益苦辛耳。

【译文】

在王莽之乱中，孔奋和老母幼弟到河西躲避兵乱。建武五年（公元29年），河西大将军窦融邀请孔奋，任命他为议曹掾，镇守姑臧为最高首长。建武八年（公元32年），又赐爵关内侯。当时天下都动乱不安，只有河西独得安定。而姑臧作为一个有名的富城，与羌胡通商，市场繁荣，到这里当官的人，往往不到几个月就弄得家产丰富。但是孔奋在任此职四年当中，财产丝毫没有增加。侍奉母亲孝顺而且谨慎，虽然自己生活俭省节约，但奉养老母却极力搜寻好吃的东西。自己带着妻子儿女，甘心情愿地吃粗茶淡饭。当时天下还未安定，士大夫一般都不注意品行修养，而孔奋却全力追求品行清正廉洁，被众人所笑，有的认为他身处油水之中，却不能捞一把，只是白白地增加苦辛而已。

张 堪 传

张君为政，乐不可支

【原文】

在郡二年，征拜骑都尉，后领票骑将军杜茂营，击破匈奴于高柳，拜渔阳太守。捕击奸猾，赏罚必信，吏民皆乐为用。匈奴尝以万骑入渔阳，堪率千骑奔击，大破之，郡界以静。乃于狐奴开稻田八千余顷，劝民耕种，以致殷富。百姓歌曰："桑无附枝，麦穗两歧。张君为政，乐不可支。"视事八年，匈奴不敢犯塞。

【译文】

张堪在蜀郡二年，皇帝调任他为骑都尉，后来又率领骠骑将军杜茂的部下士卒，在高柳击败匈奴，被任命为渔阳太守。追捕奸险狡猾之人，功赏惩罚一定兑现，官吏百姓都愿意跟随他，为他效力。有一次，匈奴一万骑兵入侵渔阳，张堪

只率领一千骑兵飞奔出击，大败敌军，边界地区得以安宁。接着又在狐奴开稻田八千多顷，鼓励百姓们进行耕种，最后以此达致殷实富有。百姓为此唱道："桑树茂盛无旁枝，麦结双穗奉收时。张君治理郡中事，其乐融融不可支。"治理政事八年，匈奴不敢进犯边塞。

苏 章 传

私恩公法，两相分明

【原文】

顺帝时，迁冀州刺史。故人为清河太守，章行部案其奸臧。乃请太守，为设酒肴，陈平生之好甚欢。太守喜曰："人皆有一天，我独有二天。"章曰："今夕苏孺文与故人饮者，私恩也；明日冀州刺史案事者，公法也。"遂举正其罪。州境知章无私，望风畏肃。

吼狮　东汉

【译文】

顺帝时，苏章升任冀州刺史。他的老朋友在清河担任太守，苏章出巡查办自己老朋友的奸赃不法之事。到清河之后，他立刻就邀请太守，并为其设下酒宴，饮酒时诉说往日的友谊非常高兴。太守喜悦地说："人们活着都仰仗食物这一天（民以食为天），而只有我活着还要靠我老朋友（认为苏章能救其不死），所以我就有二天了。"苏章说道："今天我和老朋友尽情畅饮，一叙旧情，为的是报私恩；明天冀州刺史追查赃事，为的是正公法，两者界限分明。"第二天就检举出老朋友的奸赃之事，依法治其罪。冀州之内，人们都知道苏章公正无私，望风畏惧，法纪肃然。

陆 康 传

爱民天下宁，奢侈众心失

【原文】

时灵帝欲铸铜人，而国用不足，乃诏调民田，亩敛十钱。而比水旱伤稼，百姓贫苦。康上疏谏曰："臣闻先王治世，贵在爱民。省徭轻赋，以宁天下，除烦就约，以崇简易，故万姓从化，灵物应德。末世衰主，穷奢极侈，造作无端，兴制非一，劳割自下，以从苟欲，故黎民吁嗟，阴阳感动。陛下圣德承天，当隆盛化，而卒被诏书，亩敛田钱，铸作铜人，伏读恫怅，悼心失图。夫十一而税，周谓之彻。彻者通也，言其法度可通万世而行也。……陛下宜留神省察，改敝从

善，以塞兆民怨恨之望。"

【译文】

当时汉灵帝想铸造铜人，但是国家财力不足，就下诏向百姓征收附加田亩税，一亩收十钱。而近年以来水旱灾害不断，使粮食减产，百姓贫困穷苦。陆康上疏谏道："我听说先王治理天下，可贵之处在于爱护百姓。尽量减少徭役，轻收赋税，以便使天下安宁，删除烦琐，以成简约，崇尚简单平易，因此百姓愿意服从教化，而各种符瑞之物也纷纷显现，以和皇帝的德行相应。末世的衰亡之主，穷奢极侈，无故建造各种工程，不止一处，劳苦割剥下方百姓，以便使自己轻率不止的欲望得到满足，因此百姓怨声载道，天地都感慨不已。皇上您圣德来自上天，正当世道昌盛之时，而突然降下诏书，到处收敛田税，以铸铜人，读过之后，心情惆怅悲伤，不知如何是好。而收十分之一的税，在周朝称之为"彻"。彻就是通，说的是其法度可以通行万世。……皇上您应该留心反复思考，仔细观察，改正错误，趋向完美，以缓解亿万百姓的怨恨之情。"

樊 准 传

论东汉社会风气

【原文】

今学者盖少，远方尤甚。博士倚席不讲，儒者竟论浮丽，忘謇謇之忠，习谀谀之辞。文吏则去法律而学诋欺，锐锥刀之锋，断刑辟之重，德陋俗薄，以致苛刻。

【译文】

当今之世，学者已少，边远地区尤其少得厉害。博士都倚倒在讲席之上而不教学，儒者也都竞相追求轻浮华丽，忘记了忠诚正直之言，反学会用花言巧语阿谀奉承。断狱的官吏们则扔掉了法律准绳而学会了欺诈，在枝节小事上斤斤计较，加重了刑罚，由于其道德品质低下，风俗刻薄，致使对犯人更加苛刻。

虞 延 传

奢靡丧身，临死后悔

【原文】

宗性奢靡，车服器物，多不中节。延谏曰："昔晏婴辅齐，鹿裘不完，季文子相鲁，妾不衣帛，以约失之者鲜矣。"宗不悦，延即辞退。居有顷，宗果以侈从被诛，临当伏刑，揽涕而叹曰："恨不用功曹虞延之谏！"

【译文】

富宗这个人生来就喜欢奢侈靡丽，车马衣服及各种器物大多超出自己的等级规定。虞延劝他说："昔日晏婴辅佐齐国，鹿皮服都有破残之处，季文子担任鲁国相，家里的妻妾都不穿帛衣。古往今来，以节俭失位的人太少见了。"富宗听

了很不高兴，虞延见此，立刻辞职回家。过了不久，富宗果然因奢侈无度被杀，在临当受刑之前，哭着叹息道："真遗憾不听从功曹虞延的劝告！"

梁 商 传

身贵益恭，简葬报国

【原文】

商自以戚属居大位，每存谦柔，虚己进贤，辟汉阳巨览，上党陈龟为掾属，李固、周举为从事中郎，于是京师翕然，称为良辅，帝委重焉。每有饥馑，辄载租谷于城门，赈与贫馁，不宣己惠。检御门族，未曾以权盛干法。……六年秋，商病笃，敕子冀等曰："吾以不德，享受多福。生无以辅益朝廷，死必耗费帑臧，衣衾饭含玉匣珠贝之属，何益朽骨。百僚劳扰，纷华道路，只增尘垢，虽云礼制，亦有权时。方今边境不宁，盗贼未息，岂宜重为国损！气绝之后，载至冢舍，即时殡敛。敛以时服，皆以故衣，无更裁制。……"

【译文】

梁商自从以外戚至亲的身份居大将军之位后，心里想的总是谦逊和柔，虚心听取别人的意见，大力推荐贤才，征召汉阳巨览、上党陈龟为自己的掾属，李固、周举为从事中郎，于是京师翕然心向，称他为忠良辅佐，皇帝也对他委以重任。每次有饥荒的时候，梁商总是车载粮食到城门处，发放给饥饿的贫民，但是总是不宣扬自己的恩惠。对自己家族的人，他严格管理，未曾发生过因权力大犯法的事情。……永和六年（公元141年）秋天，梁商病情严重，对儿子梁冀等人说："我德行不高，享有重位。活着时对朝廷没有多大帮助和贡献，死了之后还要耗费国家钱财，随葬物品，如衣被含玉金玉镂衣珠贝之类，对死者也没有什么好处。文武百官也为之劳累纷扰，繁华盛丽布满大道，只是白白增多一些尘土污垢，其实并没有丝毫用处，虽说这是礼仪制度，但有时也可以不照此施行。而当今在边境时有外族侵扰，在国内盗贼还未平息，岂能够再为国浪费财物！我死之后，立刻载至墓舍，按时入殓停柩。入殓时要穿平常的衣服，都用旧衣，不要再重新缝制。……"

梁 冀 传

跋扈将军

【原文】

永和元年，拜河南尹。冀居职暴恣，多非法，父商所亲客洛阳令吕放，颇与商言及冀之短，商以让冀，冀即遣人于道刺杀放。而恐商知之，乃推疑于放之怨仇，请以放弟禹为洛阳令，使捕之，尽灭其宗亲、宾客百余人。商薨未及葬，顺帝乃拜冀为大将军，弟侍中不疑为河南尹。及帝崩，冲帝始在襁褓，太后临朝，诏冀与太傅赵峻、太尉李固参录尚书事。冀虽辞不肯当，而侈暴滋甚。冲帝又

崩，冀立质帝。帝少而聪慧，知冀骄横，尝朝群臣，目冀曰："此跋扈将军也。"冀闻，深恶之，遂令左右进鸩加煮饼，帝即日崩。

【译文】

永和元年（公元 136 年），梁冀被任命为河南尹。在职期间，他横行霸道，为所欲为，干许多不法之事，其父梁商的宠爱门客洛阳令吕放，和梁商讲了不少梁冀的短处，梁商就以此责备梁冀，梁冀立刻派人在路上刺死吕放。又恐怕梁商知道事情的真相，就推脱怀疑是吕放的冤家仇人干的，请求任命吕放的弟弟吕禹担任洛阳令，其后再派人追捕，将其宗族亲属、门生宾客一百多人全部杀死。梁商死后还未安葬，顺帝就任命梁冀为大将军，弟弟侍中梁不疑为河南尹。顺帝死后，冲帝幼小，梁太后临朝，下诏命梁冀和太傅赵峻、太尉李固共同主持尚书事。梁冀虽然推辞说不肯当，但其奢侈暴虐更加肆无忌惮。不久，冲帝又死去，梁冀拥立质帝。质帝年纪虽小，但非常聪明，知道梁冀骄横跋扈，在一次朝见群臣时，看着梁冀说："这位就是跋扈将军。"梁冀听罢，非常讨厌质帝，就命手下的人献上毒酒加煮饼，质帝就在当天被害死。

郑 玄 传

郑玄求学

【原文】

玄少为乡啬夫，得休归，常诣学官，不乐为吏，父数怒之，不能禁。遂造太学受业，师事京兆第五元先，始通《京氏易》《公羊春秋》《三统历》《九章算术》。又从东郡张恭祖受《周官》《礼记》《左氏春秋》《韩诗》《古文尚书》。以山东无足问者，乃西入关，因涿郡卢植，事扶风马融。融门徒四百余人，升堂进者五十余生，融素骄贵，玄在门下，三年不得见，乃使高业弟子传授于玄。玄日夜寻诵，未尝怠倦。会融集诸生考论图纬，闻玄善算，乃召见于楼上，玄因从质诸疑义，问毕辞归。融喟然谓门人曰："郑生今去，吾道东矣。"

郑玄

【译文】

郑玄少年时就担任乡里的啬夫（掌管诉讼赋税的乡官），后来有时机辞官归家，常常到学官处学习，不喜欢担任官吏，因此父亲多次对他发脾气，但是最终还拗不过他。不久，他就到太学学习，拜京兆第五元先为师，这才学通《京氏易》《公羊春秋》《三统历》《九章算术》。其后又跟从东郡张恭祖学习《周官》《韩诗》《礼记》《左氏春秋》。因为在崤山以东再也没有足以为师之人，就西行入函谷关，通过涿郡卢植的介绍，拜扶风马融为师。马融门下有学生四百多

人，学问精深的有五十多人，马融一直高贵骄傲，郑玄在其门下，三年没有能见上他一面，而是派学问深的弟子教授郑玄。郑玄夜以继日温习诵读，不曾松懈疲怠。有一次马融召集门下学生考论图纬，听说郑玄善于计算，就在楼上召见了他，他也就能够因此向马融请教疑难问题，问完之后告辞还乡。马融长叹一声对门人说道："郑先生现在回去，我的道义学问也就随之在东方传播了。"

郑 众 传

出使匈奴，誓死守节

【原文】

永平初，辟司空府，以明经给事中，再迁越骑司马，复留给事中。是时北匈奴遣使求和亲。八年，显宗遣众持节使匈奴。众至北庭，虏欲令拜，众不为屈。单于大怒，围守闭之，不与水火，欲胁服众。众拔刀自誓，单于恐而止，乃更发使随众还京师。

【译文】

永平（公元58年~公元75年）初年，郑众被征辟到司空府，因通晓经术担任给事中，其后升任越骑司马，再次留府担任给事中。这时，北匈奴派遣使者请求和亲。永平八年（公元65年），汉明帝派郑众持皇帝节旄出使匈奴。郑众到匈奴腹地之后，匈奴人想让他跪拜，郑众毫不屈服。匈奴王大怒，把郑众关押起来，派人看守，不给他饮用水和取暖用火，想以此胁迫郑众屈服。郑众拔出刀来誓死守节，匈奴王很害怕就放了他，又派使者随郑众一起回到京城洛阳。

贾 逵 传

专心于学，不通人间事

【原文】

逵悉传父业，弱冠能诵《左氏传》及《五经》本文，以《大夏侯尚书》教授，虽为古学，兼通五家《谷梁》之说。自为儿童，常在太学，不通人间事，身长八尺二寸，诸儒为之语曰："问事不休贾长头。"性恺悌，多智思，俶傥有大节。……逵母常有疾，帝欲加赐，以校书例多，特以钱二十万，使颍阳侯马防与之。谓防曰："贾逵母病，此子无人事于外，屡空则从孤竹之子于首阳山矣。"

【译文】

贾逵全部接受了父亲的事业，二十岁时就能读《左传》和《五经》正文，并且以《大夏侯尚书》传授学生，虽然他主要研究古学，但还能兼通五家《谷梁春秋》的学说。自从少年时开始，就常在太学读书，不大懂社会上的事，身高八尺二寸，儒生们称他是"问事不停地贾大个"。天性和乐简易，聪明智慧，喜欢深思，卓异不凡而有大节。……贾逵老母常有疾病，皇帝想给点东西表示慰问，和别人相比，他校书较多，因此特以钱二十万，派颍阳侯马防送与其母。皇

帝对马防说:"贾逵老母多病,贾逵这个人在外又不喜欢交往,屡受贫穷就和伯夷、叔齐一样饿死在首阳山了。"

张 陵 传

申公宪以报私恩

金带钩 东汉

【原文】

陵字处冲,官至尚书。元嘉中,岁首朝贺,大将军梁冀带剑入省,陵呵叱令出,教羽林、虎贲夺冀剑。冀跪谢,陵不应,即劾奏冀,请廷尉论罪,有诏以一岁俸赎,而百僚肃然。初,冀弟不疑为河南尹,举陵孝廉。不疑疾陵之奏冀,因谓曰:"昔举君,适所以自罚也。"陵对曰:"明府不以陵不肖,误见擢序,今申公宪,以报私恩。"不疑有愧色。

【译文】

张陵字处冲,官至尚书。在元嘉(公元151年~公元153年)年间中,有一次正月初一群臣朝贺,大将军梁冀带剑入尚书省,张陵大声斥责,命他出去,同时下令让附近的卫士夺下他的宝剑。梁冀慌忙跪下赔礼道歉,但张陵并没有搭理他,而是立刻上奏皇帝,要求廷尉依法论罪,最后皇帝下诏扣除梁冀一年的薪金,以此赎罪,这使文武百官都肃然齐整。起初,梁冀的弟弟梁不疑担任河南尹,推荐张陵为孝廉。梁不疑忌恨张陵上奏弹劾梁冀,就对他说道:"从前我推举您,却反倒使自己受了罚。"张陵回答说:"您不认为我没有才德,错误地把我提拔上来,现在我是申明公家法律,以报答您的私恩。"梁不疑听罢,面露惭愧之色。

桓 荣 传

岂意学之为利乃若是哉

【原文】

三十年,拜为太常。荣初遭仓卒,与族人桓元卿同饥厄,而荣讲诵不息。元卿嗤荣曰:"但自苦气力,何时复施用乎?"荣笑不应。及为太常,元卿叹曰;"我农家子,岂意学之为利乃若是哉!"

【译文】

建武三十年(公元54年),桓荣被任命为太常之职。早年桓荣遭受乱离时,和同族人桓元卿同受饥饿之苦,然而桓荣读书学习不止。桓元卿讥笑桓荣说:"你只是白费力气而已,哪辈子能用得上呢?"桓荣一笑置之,而不回答。到桓荣担任太常时,桓元卿叹息道:"我是种田人家的孩子,哪里会想到学习带来的好

处竟是这样大呀!"

滕 抚 传

顺帝末年，局势动乱

【原文】

顺帝末，扬、徐盗贼群起，磐牙连岁。建康元年，九江范容、周生等相聚反乱，屯据历阳，为江淮巨患，遣御史中丞冯绲将兵督扬州刺史尹燿、九江太守邓显讨之。燿、显军败，为贼所杀。又阴陵人徐凤、马勉等复寇郡县，杀略吏人。凤衣绛衣，带黑绶，称"无上将军"，勉皮冠黄衣，带玉印，称"黄帝"，筑营于当涂山中。乃建年号，置百官，遣别帅黄虎攻没合肥。明年，广陵贼张婴等复聚众数千人反。据广陵。

【译文】

顺帝末年，扬州、徐州一带盗贼群起，互相勾结，连年不灭。建康元年（公元 144 年），九江范容、周生等人聚集人马，扯旗造反，屯兵占据历阳（县名，在今安徽和县），是江淮一带的大祸害，皇帝派遣御史中丞冯绲带领扬州刺史尹燿九江太守邓显一同将兵征讨。尹燿、邓显的军队都被击败，两人也被敌人杀死。还有阴陵人徐凤、马勉等再次侵扰郡县，杀死掠走官吏百姓。徐凤身穿红衣，佩带黑绶，自称"无上将军"，马勉戴皮帽，穿黄衣，佩带玉印，自称"黄帝"，在当涂山中筑营。他们还建立年号，设置百官，派遣别帅黄虎攻陷合肥。第二年（公元 145 年），广陵贼张婴等人再次聚集几千人造反，占据广陵（今江苏扬州东北）。

杨 琁 传

拒婚公主，绝食而死

【原文】

杨琁字机平，……兄乔为尚书，容仪伟丽，数上言政事，桓帝爱其才貌，诏妻以公主，乔固辞，不听，遂闭口不食，七日而死。

【译文】

杨琁字机平，……他的哥哥杨乔任尚书之职，容貌仪态奇伟瑰丽，多次上书言政事，桓帝喜欢他才貌双全，下诏要把公主嫁给他，但杨乔坚决推辞不允，皇帝不答应，杨乔就闭口绝食，七天之后因饥饿死去。

刘 平 传

张奉识毛义志行

【原文】

中兴，庐江毛义少节，家贫，以孝行称。南阳人张奉慕其名，往候之。坐定而府檄适至，以义守令，义奉檄而入，喜动颜色。奉者，志尚士也，心贱之，自恨来，固辞而去。及义母死，去官行服。数辟公府，为县令，进退必以礼。后举贤良，公车征，遂不至。张奉叹曰："贤者固不可测。往日之喜，乃为亲屈也。斯盖所谓'家贫亲老，不择官而仕'者也。"

【译文】

东汉建立之后，庐江人毛义字少节，家中贫寒，但以品行孝顺著称于世。南阳人张奉倾慕他的好名声，前去看望他。刚刚坐稳而官府的檄书恰巧到达，任命毛义为守令。毛义手持檄书进来，喜形于色。张奉是个坚持节操、志向远大之人，对毛义的表现心里很看不起，心中悔恨至此，坚决告辞而去。毛义等到母亲去世之后，就辞官不做，回家行丧礼。后多次被公府征召，担任县令，无论进退都按礼节行事。之后被推举为贤良，公车官署征召他出去做官，他就不再出仕。张奉闻此慨叹道："贤者本来就是不可揣测的，原来他那时的喜形于色，是为母亲的缘故而屈就。大概这就是所谓的'家境贫寒而双亲又老，不论什么官都去做'。"

班 彪 传

著 书 立 说

【原文】

彪既才高而好述作，遂专心史籍之间。武帝时，司马迁著《史记》，自太初以后，阙而不录，后好事者颇或缀集时事，然多鄙俗，不足以踵继其书。彪乃继采前史遗事，傍贯异闻，作后传数十篇，因斟酌前史而讥正得失。

【译文】

班彪才高而又喜欢著书立说，也就专心研读史书。汉武帝时，司马迁写作《史记》，自从太初（公元前104年～公元前101年）年间之后，空缺而没有记载，后来有不少好事者把历史事实收集到一起，但是大多粗野庸俗，不足以继承《史记》。班彪就继续收集整理前代史书、民间遗事，再加上奇闻逸事，写成《史记》的后传几十篇，接着又评论前史而订正得失。

班 固 传

以著《汉书》险获罪

【原文】

父彪卒，归乡里。固以彪所续前史未详，乃潜精研思，欲就其业。既而有人上书显宗，告固私改作国史者，有诏下郡，收固系京兆狱，尽取其家书。先是扶风人苏朗伪言图谶事，下狱死。固弟超恐固为郡所核考，不能自明，乃驰诣阙上书，得召见，具言固所著述意，而郡亦上其书。显宗甚奇之，召诣校书部，除兰台令史。

《汉书》书影

【译文】

班固的父亲班彪去世，为守父丧，他也回到了自己的故乡。因班彪所续前史还不详尽，班固就专心致志地钻研思考，想完成其父未竟的事业。但不久有人上书汉明帝，告班固以"私自改作国史"的罪名，郡里传来圣旨，将班固逮捕，绑系京城监狱关押，同时还把他写成的书全部取走。在此之前扶风人苏朗伪称图谶之事，入狱而死。班固的弟弟班超恐怕哥哥被郡中审讯拷打，不能自己把事情说清楚，就飞驰到京城皇宫上书，得以被皇帝召见，全部说出了班固的写作意图，这时郡中也把班固写的书缴了上来。明帝看后非常惊奇，就召班固到校书部，任命他为兰台令史。

班 固 之 死

【原文】

永元初，大将军窦宪出征匈奴，以固为中护军，与参议。……及窦宪败，固先坐免官。固不教学诸子，诸子多不遵法度，吏人苦之。初，洛阳令种兢尝行，固奴干其车骑，吏椎呼之，奴醉骂，兢大怒，畏宪不敢发，心衔之。及窦氏宾客皆逮考，兢因此捕系固，遂死狱中，时年六十一。

【译文】

永元（公元89年—105年）初年，大将军窦宪带兵出塞，征讨匈奴，任命班固为中护军，参与出谋划策之事。……等到窦宪事败被杀时，班固首先被连带治罪，免除官职。班固又不好好教育儿子们，儿子们大多不遵守法度，官吏以之为苦。起初，洛阳令种兢曾有一次出行，班固的家奴冒犯了种兢的车骑，种兢手下官吏一边打一边高声斥责，班固的家奴因酒醉大骂不止，种兢非常生气，但惧怕窦宪不敢治他的罪。等到窦氏的宾客都被捕受刑时，种兢也因此逮捕了班固，班固在狱中被折磨致死，时年六十一岁。

第五伦传

虽为二千石，躬自斩刍养马

【原文】

明日，复特召入，与语至夕。帝戏谓伦曰："闻卿为吏笞妇公，不过从兄饭，宁有之邪？"伦对曰："臣三娶妻皆无父。少遭饥乱，实不敢妄过人食。"帝大笑。伦出，有诏以为扶夷长，未到官，追拜会稽太守。虽为二千石，躬自斩刍养马，妻执炊爨。受俸裁留一月粮，余皆贱贸与民之贫羸者。

鸟纹双耳壶　东汉

【译文】

第二天，光武又特意召见第五伦，和他一直谈话到傍晚。光武对第五伦开玩笑说："我听说你当官吏时拷打老丈人，又不吃堂兄的饭，难道有这样的事吗？"第五伦回答说："我三次娶妻都无父亲。自幼遭受战乱饥荒，实不敢随便吃人家的饭。"光武大笑。第五伦出京之后，光武下诏任命他为扶夷长，还未上任，又加任他为会稽太守。虽然为二千石之职，但他亲自割草养马，妻子下灶做饭。领薪水只留一个月的粮食，其余粮食都贱价处理给贫弱百姓。

钟 离 意 传

百官皆悚栗，唯意敢谏争

【原文】

帝性褊察，好以耳目隐发为明，故公卿大臣数被诋毁，近臣尚书以下至见提曳，（常）〔尝〕以事怒郎药崧，以杖撞之。崧走入床下，帝怒甚，疾言曰："郎出！郎出！"崧曰："天子穆穆，诸侯煌煌，未闻人君，自起撞郎。"帝赦之。朝廷莫不悚栗，争为严切，以避诛责；唯意独敢谏争，数封还诏书，臣下过失辄救解之。

【译文】

汉明帝生性心胸狭窄，多着意辨析，喜欢派人揭发隐私以为圣明，所以公卿大臣多次被人诽谤诋毁，近臣尚书以下的官员以至于到被推搡拉扯的地步，有一次因和尚书郎药崧发脾气，用杖打他。药崧慌忙逃入床下，明帝很生气，大声喊道，"你快出来！你快出来！"药崧在床下说道："天子美穆穆，诸侯盛煌煌，未闻人君主，亲自敲击郎。"明帝听了，这才赦他无罪。因此朝廷上文武百官无人不惊恐战栗，竞相严厉责备，以避免被皇上杀戮或打骂；只有钟离意敢极力劝

谏，多次封还皇帝诏书，臣下有过失他就解救。

宋 均 传

忠臣安国，专之可也

【原文】

后为谒者。会武陵蛮反，围武威将军刘尚，诏使均乘传发江夏奔命三千人往救之。既至而尚已没。会伏波将军马援至，诏因令均监军，与诸将俱进，贼拒厄不得前。及马援卒于师，军士多温湿疾病，死者太半。均虑军遂不反，乃与诸将议曰："今道远士病，不可以战，欲权承制降之何如？"诸将皆伏地莫敢应。均曰："夫忠臣出竟，有可以安国家，专之可也。"乃矫制调伏波司马吕种守沅陵长，命种奉诏书入虏营，告以恩信，因勒兵随其后。蛮夷震怖，即共斩其大帅而降，于是入贼营，散其众，遣归本郡，为置长吏而还。

【译文】

后来宋均担任谒者。在这时武陵（今湖南常德）一带蛮夷造反，围住了武威将军刘尚，皇帝下诏命令宋均乘驿站的马车征调江夏（今湖北武昌）勇士三千人，前往救援。等到到达武陵之后，刘尚已死。此时伏波将军马援又赶到，皇帝下诏命宋均监军，和各路将领一起进军，敌人据险固守，不能前进。不久马援在军中去世，士兵们又大多患了流行的传染病，死的人有多半。宋均担心士兵们会全葬送于此，就和诸将商议道："现在我们出征路途遥远，士兵又多病，不可以战斗，我想暂借皇帝名义招降敌人，大家看怎么样？"诸将都叩头在地没人敢吭声。宋均说道："忠臣出境作战，若有可以使国家安宁的途径，虽然专权也是可以的。"就假托皇帝旨意调马援的司马吕种守沅陵长，命他带诏书入敌营，告诉敌人皇帝的恩信，接着整顿士卒，紧随其后。敌人震惊恐怖，立刻把其主要首领斩头而降，于是宋均军进入敌营，解散敌兵，把他们遣归故乡，为此地设置了主要官吏之后凯旋。

朱 晖 传

友 道 楷 模

【原文】

初，晖同县张堪素有名称，尝于太学见晖，甚重之，接以友道，乃把晖臂曰："欲以妻子托朱生。"晖以堪先达，举手未敢对，自后不复相见。堪卒，晖闻其妻子贫困，乃自往候视，厚赈赡之。晖少子颉怪而问曰："大人不与堪为友，平生未曾相闻，子孙窃怪之。"晖曰："堪尝有知己之言，吾以信于心也。"晖又与同郡陈揖交善，揖早卒，有遗腹子友。晖常哀之。及司徒桓虞为南阳太守，召晖子骈为吏，晖辞骈而荐友。虞叹息，遂召之。其义烈若此。

【译文】

起初，朱晖同县人张堪一直很有名望，曾在太学见到朱晖，对他非常敬重，

以朋友之道相交接，就握着朱晖的手臂说："我想把妻子儿女托付给您。"朱晖认为张堪是自己的前辈，只是握手亲热而没有回答，自此之后二人就没有见面。张堪死后，朱晖听说其妻子儿女生活贫苦，就径自前去看望，并送给他们许多财物。朱晖的小儿子朱颉奇怪地问道："您和张堪并不是朋友，我一直也没听说过他，所以儿孙都感到奇怪。"朱晖说："张堪曾有知己之言，把妻子儿女托付给了我，我虽没回答，但心中已暗中应允。"朱晖又和同郡人陈揖要好，陈揖早逝，有遗腹子陈友，朱晖总是很哀怜他。到司徒桓虞担任南阳太守，召朱晖的儿子朱骈为官吏，朱晖辞让而推荐陈友。桓虞叹息不止，遂召陈友。朱晖之讲究忠义节烈竟到如此程度。

朱 穆 传

论东汉末年之时俗

【原文】

然而时俗或异，风化不敦，而尚相诽谤，谓之臧否。记短则兼折其长，贬恶则并伐其善。悠悠者皆是，其可称乎！凡此之类，岂徒乖为君子之道哉，将有危身累家之祸焉。悲夫！行之者不知忧其然，故害兴而莫之及也。斯既然矣，又有异焉。人皆见之而不能自迁。何则？务进者趋前而不顾后，荣贵者矜己而不待人，智不接愚，富不赈贫，贞士孤而不恤，贤者厄而不存。

【译文】

然而时尚习俗不同，风气教化不敦厚，而崇尚互相诽谤，还称作为臧否。记人的短处则同时取消了人的长处，贬人的恶行则一同攻击他的善事。而且到处如此，难道这是值得称道的吗？所有这些，并不仅仅是和君子之道背道而驰，而且还有危及自己身家性命的大祸。可悲啊！这样做的人并不知他自己行为的危险，因此当灾祸降临的时候没有人能解救他。既然时尚如此，又有什么可惊异的。人人都看到此种情形但不能自拔，这是什么原因呢？那是因为务进者只知向前而不顾后，荣贵者只顾自己而不顾别人，智者不接近愚者，富人不救穷人，正直之士孤单而没人顾念，有才能的人困厄而没人存问。

韩 棱 传

上交不谄，下交不黩

【原文】

和帝即位，侍中窦宪使人刺杀齐殇王子都乡侯畅于上东门，有司畏宪，咸委疑于畅兄弟。诏遣侍御史之齐案其事。棱上疏以为贼在京师，不宜舍近问远，恐为奸臣所笑。窦太后怒，以切责棱，棱固执其议。及事发，果如所言。宪惶恐，白太后求出击北匈奴以赎罪。棱复上疏谏，太后不从。及宪有功，还为大将军，威震天下，复出屯武威。会帝西祠园陵，诏宪与车驾会长安。及宪至，尚书以下

议欲拜之，伏称万岁。棱正色曰："夫上交不谄，下交不黩，礼无人臣称万岁之制。"议者皆惭而止。

【译文】

和帝即位之后，侍中窦宪派人在上东门刺死齐殇王的儿子都乡侯刘畅，有关官员惧怕窦宪，都把怀疑目标指向了刘畅兄弟。皇帝下诏派遣侍御史到齐地追查此事。韩棱上疏认为杀人犯就在京城，不应该舍近求远，恐怕被奸臣所耻笑。窦太后见此大怒，以此严厉责备韩棱，但韩棱坚决坚持自己的看法。等真相大白之后，和韩棱所言一模一样。窦宪非常害怕，禀白太后要求出击北匈奴以赎罪。韩棱又上疏劝谏，太后不答应。等到窦宪征讨有功，回来担

双羊铜饰　东汉

任大将军，威震天下，又出京镇守武威（今属甘肃省）。此时汉和帝要西行祭祀前代皇帝陵墓，下诏命窦宪和皇帝在长安会合。在窦宪到达时，尚书以下官员议论想行参拜之礼，伏地高呼万岁。韩棱严肃地说："与上交不阿谀奉承，与下交不轻慢，按礼法没有人臣称万岁的制度。"议论的人都羞惭而止。

陈 忠 传

刑法之用，务在宽详

【原文】

忠字伯始，永初中辟司徒府，三迁廷尉正，以才能有声称。司徒刘恺举忠明习法律，宜备机密，于是擢拜尚书，使居三公曹。忠自以世典刑法，用心务在宽详。初，父宠在廷尉，上除汉法溢于《甫刑》者，未施行，及宠免后遂寝。而苛法稍繁，人不堪之。忠略依宠意，奏上二十三条，为《决事比》，以省请谳之敝。又上除蚕室刑；解臧吏三世禁锢；狂易杀人，得减重论；母子兄弟相代死，听，赦所代者。事皆施行。

【译文】

陈忠字伯始，永初（公元107年～113年）中期被征召到司徒府担任掾属，经过三次升迁担任廷尉正，以才能高著称于世。司徒刘恺推荐陈忠了解熟悉法律，应该担任机密之职，于是又提升他担任尚书，主管断狱的三公曹。陈忠认为世间典籍刑法之要，全在于宽松祥和。起初，陈忠之父陈宠在廷尉断狱之时，上书请求删除汉代法律中超出《甫刑》的部分，但未实行，到陈宠免官之后，此事就被扔到了一边。而当时法律苛细烦琐，人们几乎难以忍受。陈忠大略依照陈宠的原意，奏上皇帝二十三条法律，成为《决事比》，以革除在断狱有疑请示廷尉的弊病。又上书取消宫刑，解除对赃吏三世的禁锢，疯人杀人减轻处罚，可以母子兄弟之间代死，赦免所代者。这一切都得以实行。

班 超 传

投笔欲立功封侯

【原文】

班超字仲升，扶风平陵人，徐令彪之少子也。为人有大志，不修细节。然内孝谨，居家常执勤苦，不耻劳辱。有口辩，而涉猎书传。永平五年，兄固被召诣校书郎，超与母随至洛阳。家贫，常为官佣书以供养。久劳苦，尝辍业投笔叹曰："大丈夫无它志略，犹当效傅介子、张骞立功异域，以取封侯，安能久事笔研间乎？"左右皆笑之。超曰："小子安知壮士志哉！"

班超

【译文】

班超字仲升，扶风平陵（今陕西咸阳市东）人，徐令班彪的小儿子。他为人有远大志向，但不拘小节。然而在家里孝顺谨慎，总是勤苦劳作，不怕劳累的折磨。能言善辩，粗览书传。永平五年（公元 62 年），哥哥班固被召任校书郎，班超和母亲一同跟随到洛阳。家中贫穷，常常为官府中抄抄写写来养家糊口。有一次，他在长期劳累之余，扔下笔慨叹道："男子汉大丈夫虽然没有其他本领，但还应学傅介子、张骞到异域立功，以博得封侯，怎能长期干这抄抄写写的事？"但左右的人都嘲笑他。班超说："你们这些小子哪里知道壮士的志向！"

历经万苦定西域

【原文】

焉耆国有苇桥之险，广乃绝桥，不欲令汉军入国。超更从它道厉度。七月晦，到焉耆，去城二十里，（正）营大泽中。广出不意，大恐，乃欲悉驱其人共入山保。焉耆左侯元孟先尝质京师，密遗使以事告超，超即斩之，示不信用。乃期大会诸国王，因扬声当重加赏赐，于是焉耆王广、尉犁王泛及北鞬支等三十人相率诣超。其国相腹久等十七人惧诛，皆亡入海，而危须王不至。坐定，超怒诘广曰："危须王何故不到？腹久等何缘逃亡？"遂叱吏士收广、泛等于陈睦故城斩之，传首京师。因纵兵钞掠，斩首五千余级，获生口万五千人，马畜牛羊三十余万头，更立元孟为焉耆王。超留焉耆半岁，慰抚之。于是西域五十余国悉皆纳质内属焉。

【译文】

焉耆国地势险要，只有苇桥相连，国王广就断绝苇桥，不想使汉军到焉耆。而班超改从别的山路攀高而入。七月三十日，到达焉耆，在离城二十里远的大泽中宿营。广意想不到汉军突然降临，非常害怕，就想把百姓们都驱赶到山上自卫。焉耆左侯元孟从前曾在洛阳当人质，他秘密派使者把这个阴谋报告班超，班超立刻就把使者斩首，以显示自己对他并不信用。然后就约定日期，准备大会西

域各国国王，又扬言在大会时要重加赏赐，于是焉耆国王广、尉犁国王泛及北鞬支等三十人陆续来到班超处。焉耆国国相腹久等十七个人害怕被杀，都逃入沼泽中，而危须王也没有来。坐定之后，班超生气地责问广说："危须王为什么不到？腹久等人为什么逃走？"遂之喝令手下人逮捕广、泛，在陈睦被杀的地方将二人斩首，并把头传送京师。接着又听任士兵抢掠，斩首五千多人，俘虏一万五千人，缴获牲畜牛羊三十多万头，改立元孟为焉耆国王。班超在焉耆停留半年，慰抚百姓。于是西域五十多个国家都送出人质，归属汉朝。

徐 璆 传

检举贪赃，不畏权贵

【原文】

璆少博学，辟公府，举高第。稍迁荆州刺史。时董太后姊子张忠为南阳太守。因势放滥，臧罪数亿。璆临当之部，太后遣中常侍以忠属璆。璆对曰："臣身为国，不敢闻命。"太后怒，遽征忠为司隶校尉，以相威临。璆到州，举奏忠臧余一亿，使冠军县上簿诣大司农，以彰暴其事。又奏五郡太守及属县有臧污者，悉征案罪，威风大行。

【译文】

徐璆自幼博学，被公府征召，因成绩优异，名列前茅。不久升任荆州（包括今河南南部和湖南湖北一带地区）刺史。当时董太后姐姐的儿子张忠担任南阳（今河南南阳）太守。他倚仗权势，胡作非为，贪赃价值达几亿钱之多。在徐璆上任之前，太后派宦官前来，说要把张忠托付给徐璆。徐回答说："我只是为国尽力，不敢接受私人请托。"太后闻听大怒，立刻征调张忠担任司隶校尉，以此来威胁徐璆。徐璆上任之后，检举奏上张忠所余赃物价值一亿钱，让冠军县（今河南邓州市西北）到大司农处献上赃物清单，用以暴露其丑事。又奏请检举五郡太守和属县有贪赃之罪的人，全征集到州追查严惩，因此威风大行。

王 符 传

志意蕴愤，隐居著书

【原文】

王符字节信，安定临泾人也。少好学，有志操，与马融、窦章、张衡、崔瑗等友善。安定俗鄙庶孽，而符无外家，为乡人所贱。自和、安之后，世务游宦，当涂者更相荐引，而符独耿介不同于流俗，以此遂不得升进。志意蕴愤，乃隐居著书三十余篇，以讥当时失得，不欲章显其名，故号曰《潜夫论》。其指讦时短，讨谪物情，足以观见当时风政。

【译文】

王符字节信，是安定临泾（今甘肃省镇原县）人。自幼勤奋好学，有志气和

节操，与马融、窦章、张衡、崔瑗等人很是要好。安定风俗轻视妾生之子，而王符又没有外祖父家的帮助，被乡里人所看不起。自从安帝、和帝之后，世人多不守本业，全力游宦以求官禄，再加上当权者互相推荐，而王符独耿直刚正不和世俗同流合污，因此也就不能升进。内心满怀悲愤，就隐居著书三十多篇，用此书来批评当时政治上的得失，不想使其名太大，因此称之为《潜夫论》。其中指摘揭发当时弊病，声讨责难物情，足可以看出当时风俗政治的状况。

仲长统传

论东汉政治

【原文】

光武皇帝愠数世之失权，忿强臣之窃命；矫枉过直，政不任下，虽置三公，事归台阁。自此以来，三公之职，备员而已；然政有不理，犹加谴责。而权移外戚之家，宠被近习之竖，亲其党类，用其私人，内充京师，外布列郡，颠倒贤愚，贸易选举，疲驽守境，贪残牧民，挠扰百姓，怨怒四夷，招致乖叛，乱离斯瘼。怨气并作，阴阳失和，三光亏缺，怪异数至，虫螟食稼，水旱为灾，此皆戚宦之臣所致然也。反以策让三公，至于死免，乃足为叫呼苍天，号咷泣血者也。

【译文】

光武帝恨数世皇帝失权，强臣窃取朝命，但是他也矫枉过正，致使办理政事不任用臣下，虽然设置三公，但权力归尚书省。从此以来，三公之职，仅是充数而已。然而若有政事处理不当，还要严加责备。这样，权力也转移到外戚之家，宠爱也就涉及身边的小人。这些人任用自己的人，亲近同类，在内充斥京城，在外遍布郡县，他们颠倒贤愚，以钱买通选举，在管理政事方面愚钝无能，但对手下百姓却残酷掠夺，不停扰挠，又激怒边境少数民族，招致叛乱，更加重了百姓痛苦。怨气并起，阴阳失调，日月星亏缺，怪异多次降临，蝗虫侵食庄稼，水旱成灾，这些都是外戚宦官所招致。而皇帝反倒责备三公，以至到死免的地步，这足以呼天泣血，高喊冤枉啊！

桥 玄 传

慧眼识曹操

【原文】

初，曹操微时，人莫知者。尝往候玄，玄见而异焉，谓曰："今天下将乱，安生民者其在君乎！"操常感其知己，及后经过玄墓，辄凄怆致祭。

【译文】

起初，在曹操地位卑微的时候，没有人了解他。有一次曹操去拜访桥玄，桥玄一见面就对他另眼相看，对他说，"如今天下即将大乱，能使百姓平定的大概就只有您了！"曹操总感到桥玄是知己。后来，曹操经过桥玄的墓时，常悲伤地

祭祀他。

姜 肱 传

兄弟友爱，为世楷模

【原文】

姜肱字伯淮，彭城广戚人也。家世名族。肱与二弟仲海、季江，俱以孝行著闻。其友爱天至，常共卧起，及各娶妻，兄弟相恋，不能别寝，以系嗣当立，乃递往就室。……肱尝与季江诣郡，夜于道遇盗，欲杀之。肱兄弟更相争死，贼遂两释焉，但掠夺衣资而已。

【译文】

姜肱字伯淮，是彭城广戚（故地在今江苏徐州西北）人。其家世代为名门望族。姜肱与两个弟弟姜仲海、姜季江，都以品行孝顺著称于世。兄弟之间友爱之情出自天性，他们总是在一块休息，同卧共起，到各自娶妻的时候，还兄弟依恋，不能分开往宿，后来因需要生育后代，这才先后到妻子房间休息。……姜肱曾有一次和弟弟季江到郡中拜谒，夜间在路上遇到了强盗，想杀掉他们。姜肱兄弟二人互相争着先死，强盗见此也就把他们两个都释放了，只掠夺衣服钱财而已。

匈奴车马人物纹铜饰牌　东汉

杨 震 传

杨震辞金

【原文】

大将军邓骘闻其贤而辟之，举茂才，四迁荆州刺史、东莱太守。当之郡，道经昌邑，故所举荆州茂才王密为昌邑令，谒见，至夜怀金十斤以遗震。震曰，"故人知君，君不知故人，何也？"密曰："暮夜无知者。"震曰："天知，神知，我知，子知，何谓无知！"密愧而出。后转涿郡太守。性公廉，不受私谒。子孙常蔬食步行，故旧长者或欲令为开产业，震不肯，曰："使后世称为清白吏子孙，以此遗之，不亦厚乎！"

【译文】

大将军邓骘听说杨震才行皆好就征召他，推举他为秀才，四次升迁后担任荆州刺史、东莱太守。在上任的时候，路过昌邑（故地在今山东济宁市西南），从前所推举的荆州秀才王密担任昌邑令，拜见之后，到夜间他怀揣十斤金子送给杨震。杨震说："我了解您，您却不了解我，这是什么原因呢？"王密说："现在是黑夜，没人知道。"杨震说："有天知，有神知，有我知，有你知，怎能说是无人知道！"王密羞愧难当，只得走了。后来，杨震又转任涿郡太守。其性格公正廉洁，不接受私人拜见。子孙们总是吃粗茶淡饭，出门步行，过去相知的长辈们有人想让他为后代置办产业，杨震不肯，他说："假如后代称他们是清白官吏的子孙，把这个称谓留给他们，不也是很丰厚的吗！"

张 纲 传

豺狼当路，安问狐狸

【原文】

汉安元年，选遣八使徇行风俗，皆耆儒知名，多历显位，唯纲年少，官次最微。余人受命之部，而纲独埋其车轮于洛阳都亭，曰："豺狼当路，安问狐狸！"遂奏曰："大将军冀，河南尹不疑，蒙外戚之援，荷国厚恩，以刍荛之资，居阿衡之任，不能敷扬五教，翼赞日月，而专为封豕长蛇，肆其贪叨，甘心好货，纵恣无底，多树诡谀，以害忠良。诚天威所不赦，大辟所宜加也。谨条其无君之心十五事，斯皆臣子所切齿者也。"书御，京师震竦。

【译文】

汉安元年（公元142年），顺帝选出八人，命他们分头出行各州郡，以观风俗，查吏治，其中只有张纲年纪最小，职位最低，其他都是德高望重的饱学之儒，又曾担任过不少要职。别人都受命出行了，只有张纲在洛阳都亭就停车不前，慷慨说道："豺狼横行霸道，何必要问罪于狐狸！"接着就奏道："大将军梁冀，河南尹梁不疑，蒙受外戚之助，荷负国家厚恩，以割草放牧之才能，位居主

持国政之重任，不能传播宣扬五教，辅佐帮助皇帝皇后，而专做毒蛇猛兽，肆意贪残，搜刮财货乃其最大乐事，而其纵欲无尽无休，大树阿谀奉承之人，以陷害忠良。真正是天威所不赦，应先加以斩首之人。现谨条例其无君之心十五件事，这些都是臣子们所痛恨的。"书奏献上之后，整个京城都为之震惊。

傅 燮 传

慷慨直言，以对宦官

【原文】

顷之，赵忠为车骑将军，诏忠论讨黄巾之功，执金吾甄举等谓忠曰："傅南容前在东军，有功不侯，故天下失望。今将军亲当重任，宜进贤理屈，以副众心。"忠纳其言，遣弟城门校尉延致殷勤。延谓燮曰："南容少答我常侍，万户侯不足得也。"燮正色拒之曰："遇与不遇，命也；有功不论，时也。傅燮岂求私赏哉！"忠愈怀恨，然惮其名，不敢害。

【译文】

不久，赵忠任车骑将军，皇帝命赵忠负责对征讨黄巾军有功人员论功行赏，执金吾甄举等人对赵忠说："傅燮以前在东军，有功但没被封侯，因此使天下人失望。现在您亲自担当此项重任，应该进荐贤才，理顺冤屈，以副合万众之心愿。"赵忠采纳了他的话，派弟弟城门校尉赵延去通友好之情。赵延对傅燮说："只要您和我哥哥稍稍应酬一下，万户侯都不难得到。"傅燮严肃地拒绝了他，说："能不能做大官，是命运决定的；有功而没被赏，也是时数宜然。我傅燮哪里会乞求得到私赏！"赵忠因此更加怀恨在心，但是惧怕他的名声，不敢加害于他。

张 衡 传

善机巧，制做浑天仪

【原文】

衡善机巧，尤致思于天文、阴阳、历算。常耽好《玄经》，谓崔瑗曰："吾观《太玄》，方知子云妙极道数，乃与《五经》相拟，非徒传记之属，使人难论阴阳之事，汉家得天下二百岁之书也。复二百岁，殆将终乎？所以作者之数，必显一世，常然之符也。汉四百岁，《玄》其兴矣。"安帝雅闻衡善术学，公车特征拜郎中，再迁为太史令。遂乃研核阴阳，妙尽璇机之正，作浑天仪，著《灵宪》《算罔论》，言甚详明。

【译文】

张衡善于制造一些灵巧的装置，还特别致力于天文、阴阳、历法、算术等多种学问。总是喜欢读《玄经》一书，他对崔瑷说："我看完《太玄》之后，才知道扬雄对道数的了解是极为精深的，才与《五经》相模拟，不只是简单的传记之

类的书，此书问世之后，使人难论阴阳之事，这是汉家得天下二百年时的书。再过二百年，大概就是它该灭亡的时候了吧？所以作者之历数，必显一世，理所当然的符应。汉家四百年之后，《玄》也就该兴起了。"汉安帝听说张衡擅长术学，就用公车征召他入朝，特拜他任官郎中，再迁官太史令。之后，张衡就研究阴阳学，真正继承了琁机（一种以玉为饰的天体测量仪）的全部优点，制造出了浑天仪，并写作《灵宪》《算罔论》，在其中谈得非常详细明了。

造候风地动仪

【原文】

阳嘉元年，复造候风地动仪。以精铜铸成，员径八尺，合盖隆起，形似酒尊，饰以篆文山龟鸟兽之形。中有都柱，傍行八道，施关发机。外有八龙，首衔铜丸，下有蟾蜍，张口承之。其牙机巧制，皆隐在尊中，覆盖周密无际。如有地动，尊则振龙机发吐丸，而蟾蜍衔之。振声激扬，伺者因此觉之。虽一龙发机，而七首不动，寻其方面，乃知震之所在。验之以事，合契若神。自书典所记，未之有也。尝一龙机发而地不觉动，京师学者咸怪其无征，后数日驿至，果地震陇西，于是皆服其妙。自此以后，乃令史官记地动所从方起。

张衡塑像

【译文】

阳嘉元年（公元132年），张衡又制造出候风地动仪。用精铜铸成，圆直径八尺，上有盒盖突起，形状像一个酒尊，外面以篆文山龟鸟兽之形装饰。中间有一总柱，周围傍行八道，设有控制开关。外边有八条龙，龙口里都衔有铜丸，在下有八个蟾蜍，张口承接。它的开关控制非常精巧，都隐藏在樽中，上面的盖子盖得严密无缝。如有地震发生，樽动则振动开关，龙吐出铜丸，而下蟾蜍接而衔之，并发出高亢激扬的声音，使伺候的人知道。虽然一条龙起动开关，但其他七条龙都不动，

地动仪（模型）

从其动的方面，可以知道地震的位置。用事实检验，都很准确。自有书典记载以来，历史上从未有过。有一次，一龙开关启动而人们没察觉地震，京城的学者都责它不灵验，几天之后，驿站马车来报，在陇西真的发生了地震，于是大家皆服其神妙。从此之后，就根据它让史官记录地震所起的方向。

蔡 邕 传

蔡邕写石经，学者竞观摹

【原文】

建宁三年，辟司徒桥玄府，玄甚敬待之。出补河平长。召拜郎中，校书东观。迁议郎。邕以经籍去圣久远，文字多谬，俗儒穿凿，疑误后学，熹平四年，乃与五官中郎将堂谿典、光禄大夫杨赐、谏议大夫马日磾、议郎张驯、韩说、太史令单飏等，奏求正定《六经》文字。灵帝许之，邕乃自书（册）〔丹〕于碑，使工携刻立于太学门外。于是后儒晚学，咸取正焉。及碑始立，其观视及摹写者，车乘日千余两，填塞街陌。

【译文】

建宁三年（公元170年），蔡邕被征召到司徒桥玄的府中，桥玄对他非常敬重。不久，出京补任河平长。然后又召回，任郎中，在东观校书。升任议郎。蔡邕认为儒家经典离圣人写作的年代已经很长了，文字有不少谬误，再加上俗儒在讲解随便穿凿引申，给年轻学者带来不少疑难错误，在熹平四年（公元175年），就和五官中郎将堂谿典、光禄大夫杨赐、谏议大夫马日磾、议郎张驯、韩说、太史令单飏等人，上奏皇帝，请求校正写定《六经》文字。灵帝答应了，蔡邕就亲自用红笔写在石碑上，命工匠们按笔迹镌刻，然后立在太学门外。于是年轻学者，都取此经文作为标准。在石碑刚刚树立的时候，来此观看和抄写的人非常多，每天光是车子就有一千多辆，把街道都堵塞了。

陈 寔 传

宁为刑罚加，不为陈君短

【原文】

寔在乡闾，平心率物。其有争讼，辄求判正，晓譬曲直，退无怨者。至乃叹曰："宁为刑罚所加，不为陈君所短。"时岁荒民俭，有盗夜入其室，止于梁上。寔阴见，乃起自整拂，呼命子孙，正色训之曰："夫人不可不自勉。不善之人未必本恶，习以性成，遂至于此。梁上君子者是矣！"盗大惊，自投于地，稽颡归罪。寔徐譬之曰："视君状貌，不似恶人，宜深克己反善。然此当由贫困。"令遗绢二匹。自是一县无复盗窃。

【译文】

陈寔在自己的故乡街巷，平心计物。人们在有纷争辨讼的时候，总是请陈寔来评判谁对谁错，陈寔为他们讲明是非曲直，回去之后没有不满意的。以至于人们叹息道："宁肯受刑法惩罚，也不愿被陈先生所批评。"当时正是荒年，百姓饥饿，有个小偷夜间来到陈寔的居室，在屋梁上停住。陈寔在暗中看到小偷，就起身穿好衣服，让儿孙们都过来，严肃地训斥道："做人不能不自强。不好的不一

定生来就坏，只是因为习惯成自然，最后到了这种地步。而屋梁上那位先生正是如此。"小偷非常吃惊，就从上跳到地下，叩头认错。陈寔又慢慢地对他说："看你的外表相貌，不像是个坏人，应该严格要求自己，走到正路上来。但我想你干这些事是被贫困逼得走投无路了。"又命儿孙们送给小偷两匹绢。从此在一县中再也没人偷盗。

史 弼 传

朝廷捕党人，史弼独拒之

【原文】

弼迁尚书，出为平原相。时诏书下举钩党，郡国所奏相连及者多至数百，唯弼独无所上。诏书前后切却州郡，髡笞掾史。从事坐传责曰："诏书疾恶党人，旨意恳恻。青州六郡，其五有党，近国甘陵，亦考南北部，平原何理而得独无？"弼曰："先王疆理天下，画界分境，水土异齐，风俗不同，它郡自有，平原自无，胡可相比？若承望上司，诬陷良善，淫刑滥罚，以逞非理，则平原之人，户可为党。相有死而已，所不能也。"从事大怒，即收郡僚职送狱，遂举奏弼。会党禁中解，弼以俸赎罪得免，济活者千余人。

【译文】

史弼被升任尚书，后又出任平原相。当时朝廷下诏让各地检举受牵连的党人，郡国举奏株连的人多达几百，只有史弼一个人没有举奏。诏书前后多次再下传到州郡，甚至对执行不利的掾史施刑罚。州里的从事坐驿站马车责问道："皇上的诏书痛恨党人，旨意诚恳痛切。青州（今山东北部、东部地区）共有郡国六个（济南、乐安、齐国、东莱、平原、北海），其中五个郡国有党人，你们附近清河国的甘陵（今山东临清），也查出有南北部党人，平原没有党人是什么原因呢？"史弼说："先王划分边界，治理天下，水土分治，风俗不同，别的郡可以自有，而平原自无，这怎么能互相比较呢？若迎合上司旨意，诬陷善良百姓，滥用刑罚，以纵容非理，那么，平原之人，每户都可称为党人。我作为平原相，虽死也不能这样做。"从事听了，非常生气，立刻逮捕郡中官员送入狱中，接着举奏史弼。恰在此时，党禁中解，史弼用薪俸赎罪免除惩罚，救活了一千多条人命。

皇甫规传

皇甫规上书，自称党人

【原文】

及党事大起，天下名贤多见染逮，规虽为名将，素誉不高。自以西州豪杰，耻不得豫，乃先自上言："臣前荐故大司农张奂，是附党也。又臣昔论输左校时，太学生张凤等上书讼臣，是为党人所附也。臣宜坐之。"朝廷知而不问，时人以为规贤。

【译文】

在大肆捕捉党人事件发生时，天下有名的贤才大多受牵连被捕，皇甫规虽然是名将，但清白的称誉一直不高。自己认为是西方州郡的豪杰，以不能被党事牵连而为耻，就自己先上书称："我在从前推荐过原大司农张奂，是亲附党人。再加上昔日我被判罪，罚做苦工时，太学生张凤等人曾上书为我申诉，是党人亲附我。因此，我应该和党人一同被治罪。"朝廷明知如此而没有问罪，当时人们认为皇甫规品德高。

陈 蕃 传

大丈夫处世，当扫除天下

【原文】

陈蕃字仲举，汝南平舆人也。祖河东太守。蕃年十五，尝闲处一室，而庭宇芜秽。父友同郡薛勤来候之，谓蕃曰："孺子何不洒扫以待宾客？"蕃曰："大丈夫处世，当扫除天下，安事一室乎！"勤知其有清世志，甚奇之。

【译文】

陈蕃字仲举，汝南平舆（故地在河南平舆县北）人。祖父曾担任河东太守。陈蕃在十五岁这一年，曾经独自闲处一室，但庭院之内杂草丛生。父亲的朋友同郡人薛勤前来探视，对陈蕃说："孩子你为什么不把庭院清扫干净以迎接宾客？"陈蕃回答说："大丈夫生于世上，应该扫清天下，何必要清扫一室呢？"薛勤知道陈蕃有清世大志，感到非常惊奇。

党 锢 列 传

党锢之祸起因

【原文】

及汉祖仗剑，武夫勃兴，宪令宽赊，文礼简阔，绪余四豪之烈，人怀陵上之心，轻死重气，怨惠必仇，令行私庭，权移匹庶，任侠之方，成其俗矣。自武帝以后，崇尚儒学，怀经协术，所在雾会，至有石渠分争之论，党同伐异之说，守文之徒，盛于时矣。至王莽专伪，终于篡国，忠义之流，耻见缨绋，遂乃荣华丘壑，甘足枯槁。虽中兴在运，汉德重开，而保身怀方，弥相慕袭，去就之节，重于时矣。逮桓灵之间，主荒政缪，国命委于阉寺，士子羞与为伍，故匹夫抗愤，处士横议，遂乃激扬名声，互相题拂，品核公卿，裁量执政，婞直之风，于斯行矣。

【译文】

等到汉高祖仗剑而起，武士们也勃然而兴，宪令宽松，文礼简单疏阔，继承了先秦"四君"（指信陵君，平原君、春申君、孟尝君）之余业，人人都怀有陵上之心，轻死亡而重义气，无论仇怨和恩惠都一定要回报，令行于私人之庭，权移于匹夫之间，仗义行侠之类的人很多，已经成为风俗。自从汉武帝之后，崇尚

儒学，怀协经术，到处如雾一般聚集，最后致使皇帝亲临石渠阁，评定是非，可见党同伐异之激烈，而拘泥文字，死读经书的人，在此时也是非常多的。到王莽独断伪善，最终篡国，讲究忠义之人，把为王莽干事当成耻辱，也就隐居山林，如同鲜花扔进山谷一般。甘心情愿老死荒山。按气数虽理应中兴，汉德重开，而怀道保身，互相慕习，为官和隐居的节操，在当时看得非常重。到桓帝、灵帝之间，皇帝荒沉，政治乖缪，国家权力交给了宦官，士大夫以和他们相处为羞耻，因此匹夫处士激愤横议，接着就激扬振奋名声，互相提拔，品核评判那些当官的公卿大臣们，刚直之风气，在此时大盛。

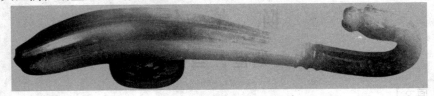

玉带钩　东汉

第一次党锢之祸

【原文】

时河内张成善说风角，推占当赦，遂教子杀人。李膺为河南尹，督促收捕，既而逢宥获免，膺愈怀愤疾，竟案杀之。初，成以方伎交通宦官，帝亦颇谇其占。成弟子牢修因上书诬告膺等养太学游士，交结诸郡生徒，更相驱驰，共为部党，诽讪朝廷，疑乱风俗。于是天子震怒，班下郡国，逮捕党人，布告天下，使同忿疾，遂收执膺等。其辞所连及陈寔之徒二百余人，或有逃遁不获，皆悬金购募。使者四出，相望于道。明年，尚书霍谞、城门校尉窦武并为表请，帝意稍解，乃皆赦归田里，禁锢终身。而党人之名，犹书王府。

【译文】

当时河内人张成很善于占卜，推算要赦免犯人，就教儿子杀人。李膺当时担任河南尹，立刻督促部下追捕，但不久正逢宽赦被宣布无罪，李膺内心更激愤痛恨，竟在审讯之后将其杀掉。起初，张成以占卜之术和宦官们交往，就连桓帝也多次向他求占问卜。张成的弟子牢修因此上书，诬告李膺等人供养太学宦游学生，还交结各郡生徒，他们互相帮助，一同结成部党，诽谤朝廷，惑乱风俗。于是桓帝非常生气，向各州郡传下命令，逮捕党人，又向天下发布文告，使人们同疾共愤，接着又逮捕了李膺等人。其文辞牵连到的还有陈寔一类的二百多人，有人逃跑而没抓到，都悬赏征求。皇帝的使者四出，在道路上前后不断。第二年，尚书霍谞、城门校尉窦武等人共同上表为党人求情，桓帝之意稍微松动了一些，就把党人释放回乡，但终生至死不许出来做官。而党人的名字，还写在王府中。

第二次党锢之祸

【原文】

又张俭乡人朱并，承望中常侍侯览意旨，上书告俭与同乡二十四人别相署

号，共为部党，图危社稷。以俭及檀彬、褚凤、张肃、薛兰、冯禧、魏玄、徐乾为"八俊"，田林、张隐、刘表、薛郁、王访、刘祇、宣靖、公绪恭为"八顾"，朱楷、田盘、疏耽、薛敦、宋布、唐龙、嬴咨、宣褒为"八及"，刻石立墠，共为部党，而俭为之魁。灵帝诏刊章捕俭等。大长秋曹节因此讽有司奏捕前党故司空虞放、太仆杜密、长乐少府李膺、司隶校尉朱寓、颍川太守巴肃、沛相荀昱、河内太守魏朗、山阳太守翟超、任城相刘儒、太尉掾范滂等百余人，皆死狱中。余或先殁不及，或亡命获免。自此诸为怨隙者，因相陷害，睚眦之忿，滥入党中。又州郡承旨，或有未尝交关，亦离祸毒。其死徒废禁者，六七百人。

【译文】

还有张俭的同乡朱并，遵循中常侍侯览的旨意，上书告张俭与同乡二十四人分别置以名号，共同结成部党，想推翻国家政权。以张俭和檀彬、褚凤、张肃、薛兰、冯禧、魏玄、徐乾八人为"八俊"，田林、张隐、刘表、薛郁、王访、刘祇、宣靖、公绪恭八人为"八顾"，朱楷、田盘、疏耽、薛敦、宋布、唐龙、嬴咨、宣褒八人为"八及"，刻下石碑，树立在祭祀场所，共同结成朋党，而张俭为首领。灵帝下诏削除奏章上朱并的姓名，按奏章追捕张俭等人。大长秋曹节又乘机暗示有关官员上奏，追捕上次党祸中的前司空虞放、太仆杜密、长乐少府李膺、司隶校尉朱寓、颍川太守巴肃、沛相荀昱、河内太守魏朗、山阳太守翟超、任城相刘儒、太尉掾范滂等一百多人，都死在狱中。其他党人有的先已去世，没赶上灾祸，有的逃命得免。在此之中那些有仇怨隔阂的，又互相陷害，因吹胡子瞪眼之类的怨怼，也滥入党人之中。再加上各州郡承旨阿谀，有的并不曾与党人交接，但也遭此毒害。其中死亡、发配、废黜、禁锢的人，共达六七百人之多。

党人随意走，百姓破家容

【原文】

俭得亡命，困迫遁走，望门投止，莫不重其名行，破家相容。后流转东莱，止李笃家。外黄令毛钦操兵到门，笃引钦谓曰："张俭知名天下，而亡非其罪。纵俭可得，宁忍执之乎？"钦因起抚笃曰："蘧伯玉耻独为君子，足下如何自专仁义？"笃曰："笃虽好义，明廷今日载其半矣。"钦叹息而去。笃因缘送俭出塞，以故得免。其所经历，伏重诛者以十数，宗亲并皆殄灭，郡县为之残破。

【译文】

由于朝廷追捕，党人张俭被迫出逃，在逃跑的过程中，他困顿窘迫，无目的地看到个人家就投宿住下，但没有人不敬重他的好名声和高尚品德，宁肯自己全家被杀也要掩护他。后来辗转流离到东莱（郡名，治所在黄县，今山东黄县东），住在李笃家中。外黄令（即当地的县令）毛钦手持武器上门搜捕，李笃拉着毛钦说："张俭在天下都知名，因没犯什么罪被追捕，这才逃跑，纵然张俭能被捉住，难道你就忍心捉他吗？"接着，毛钦手抚李笃说："蘧伯玉认为只一个人当君子是可耻的，足下您为什么要独享仁义美名？"李笃说："我虽然喜好仁义，但倘若您不逮捕张俭，这仁义之名就有您一半了。"毛钦长叹一声，空手而去。因此，李笃才得以送张俭出境，使他免于被杀。张俭所经历的地方，被杀的以十数，并且是满门抄斩，官员们也为掩护他死的死，逃的逃，郡县因此残破不全。

郭 太 传

郭林宗深为士人倾慕

【原文】

（郭林宗）性明知人，好奖训士类。身长八尺，容貌魁伟，褒衣博带，周游郡国。尝于陈梁间行遇雨，巾一角垫，时人乃故折巾一角，以为"林宗巾"。其见慕皆如此。或问汝南范滂曰："郭林宗何如人？"滂曰："隐不违亲，贞不绝俗，天子不得臣，诸侯不得友，吾不知其它。"

【译文】

郭林宗生性聪明了解人，喜欢劝勉诱掖读书人，身高八尺，容貌魁伟，身穿长衣宽带，周游各郡国之间。有一次，他在陈梁之地沿小路行走遇雨，头巾折起一角，当时人们就故意把头巾折一角，称之为"林宗巾"。其被人倾慕的事情类似还有。有人问汝南范滂："郭林宗是什么样的人呢？"范滂回答："隐居不离双亲，坚贞不绝世俗，皇帝不能使之成为臣子，诸侯不能使之成为朋友，除此之外，我不知其他的事情。"

许 劭 传

"月旦评" 之俗

【原文】

许劭字子将，汝南平舆人也。少峻名节，好人伦，多所赏识。若樊子昭、和阳士者，并显名于世。故天下言拔士者，咸称许、郭。……曹操微时，常卑辞厚礼，求为己目。劭鄙其人而不肯对，操乃伺隙胁劭，劭不得已，曰："君清平之奸贼，乱世之英雄。"操大悦而去。……初，劭与靖俱有高名，好共核论乡党人物，每月辄更其品题，故汝南俗有"月旦评"焉。

樽　东汉

【译文】

许劭字子将，是汝南平舆（今河南平舆之北）人。少年时即严修名节，喜欢评定人才的高低上下，并能识别许多人。象樊子昭、和阳士这些人，都在当世显名。因此天下在说到选拔人才这些事的时候，都称赞许劭、郭林宗。……曹操在微贱之时，常言辞低下，甚至送厚礼，请求许劭为自己品题。但许劭看不起他而不肯回答，曹操就找个机会恐吓许劭，许劭不得已才说："您是清平

时代的奸贼，动乱时代的英雄。"曹操非常高兴地走了。……起初，许劭和哥哥许靖都名望很高，喜欢在一起评论乡里的人物，每月改换一个品题，因此在汝南流行"月旦评"之俗。

孔 融 传

超人之才，必成大器

【原文】

融幼有异才，年十岁，随父诣京师。时河南尹李膺以简重自居，不妄接士宾客，敕外自非当世名人及与通家，皆不得白。融欲观其人，故造膺门。语门者曰："我是李君通家子弟。"门者言之。膺请融，问曰："高明祖父尝与仆有恩旧乎？"融曰，"然。先君孔子与君先人李老君同德比义，而相师友，则融与君累世通家。"众坐莫不叹息。太中大夫陈炜后至，坐中以告炜。炜曰："夫人小而聪了，大未必奇。"融应声曰："观君所言，将不早惠乎？"膺大笑曰："高明必为伟器。"

【译文】

孔融小的时候就有超人之才，年仅十岁，跟随父亲孔宙到达京城。当时河南尹李膺以简略威重自居，不随便就接待读书人和宾客，命令门人除去当世著名人物以及和李膺世代友好的人，都不要通报。孔融想看一下李膺究竟是什么样的人，因此就到李膺家登门拜访，对门人说道："我是与李先生世代友好人家的子弟。"门人进去通报。李膺请孔融入座并问道："孔先生祖辈曾和我有什么旧交情吗？"孔融回答："是的。我的祖先孔子和您的祖先李耳老先生德行相同，道义接近，互相学习，又为朋友，那么我就可以说是和您世代友好。"在座的人听罢此言，没有人不叹息。太中大夫陈炜来迟了，座中人把此事告诉了他。陈炜说："人小时候聪明，长成后未必就有本事。"孔融应声立刻回答："从您的话听来，您莫非是自幼聪明吗？"李膺大笑说："孔先生将必成大器。"

曹操积怨，害死孔融

【原文】

曹操既积嫌忌，而郗虑复构成其罪，遂令丞相军谋祭酒路粹枉状奏融曰："少府孔融，昔在北海，见王室不静，而招合徒众，欲规不轨，云'我大圣之后，而见灭于宋，有天下者，何必卯金刀'。及与孙权使语，谤讪朝廷。又融为九列，不遵朝仪，秃巾微行，唐突宫掖。又前与白衣祢衡跌荡放言，云'父之于子，当有何亲？论其本意，实为情欲发耳。子之于母，亦复奚为？譬如寄物瓶中，出则离矣'。既而与衡更相赞扬，衡谓融曰：'仲尼不死'。融答曰；'颜回复生。'大逆不道，宜极重诛。"书奏，下狱弃市。时年五十六。妻子皆被诛。

【译文】

曹操已经对孔融积有疑忌，而郗虑又设计陷害，给他造出罪名，曹操再令丞

相军谋祭酒路粹给皇帝献上诬告孔融的书状，说："少府孔融，从前在北海（郡名，今山东昌潍平原一带）的时候，看到王室不稳定，就召集人众，图谋不轨，还称'我是圣人的后代，而被宋国灭掉，占有天下的人，不一定就姓刘'。在和孙权使者谈话的时候，又诽谤朝廷。孔融身在九卿之位，不遵奉朝廷礼仪，只戴头巾而不加帻，便服而出，亵渎皇宫。还有孔融与未出仕的祢衡行为放纵，任意胡说，称'父亲对于儿子，哪有何亲属关系呢？若说其本来之意，实在就是发泄情欲罢了。孩子对于母亲，又是一种什么关系呢？就如同在罐子里存放东西，倒出来之后就各不相干了'。然后又和祢衡互相赞扬，祢衡对孔融说："孔子不死就是你。'孔融回答说：'颜回复生转为您。'这些都是大逆不道之罪，应该用极刑杀死。"书状上奏之后，孔融被下狱审讯，处死在街头。死时年五十六岁，妻子儿女都被杀死。

孔融

皇甫嵩传

黄巾起义

【原文】

初，巨鹿张角自称"大贤良师"，奉事黄老道，畜养弟子，跪拜首过，符水咒说以疗病，病者颇愈，百姓信向之。角因遣弟子八人使于四方，以善道教化天下，转相诳惑。十余年间，众徒数十万，连结郡国，自青、徐、幽、冀、荆、杨、兖、豫八州之人，莫不毕应。遂置三十六方。方犹将军号也。大方万余人，小方六七千人，各立渠帅。讹言"苍天已死，黄天当立，岁在甲子，天下大吉"。以白土书京城寺门及州郡官府，皆作"甲子"字。中平元年，大方马元义等先收荆、杨数

三合式陶屋 东汉

万人，期会发于邺。元义数往来京师，以中常侍封谞、徐奉等为内应，约以三月五日内外俱起。未及作乱，而张角弟子济南唐周上书告之，于是车裂元义于洛

阳。灵帝以周章下三公、司隶，使钧盾令周斌将三府掾属，案验宫省直卫及百姓有事角道者，诛杀千余人，推考冀州，逐捕角等。角等知事已露，晨夜驰敕诸方，一时俱起。皆著黄巾为摽帜，时人谓之"黄巾"，亦名为"蛾贼"。杀人以祠天。角称"天公将军"，角弟宝称"地公将军"，宝弟梁称"人公将军"。所在燔烧官府，劫略聚邑，州郡失据，长吏多逃亡。旬日之间，天下响应，京师震动。

【译文】

起初，巨鹿人张角自称为"大贤良师"，遵奉信仰黄老道，培养弟子，跪拜自己陈述所犯错误，用符水咒语给人治病，有病的人也被治好不少，百姓们信任向往他们。张角又派弟子八个人行于四方，用其向善之道教育感化天下民众，再转而互相欺骗迷惑。在十几年中，门徒多达几十万人，各郡国之间连成一片，在青、徐、幽、冀、荆、杨、兖、豫这八个州的百姓，几乎无人不响应。又设下三十六方。方就和将军的名号一样。大方有一万多人，小方也有六七千人，各自设立首领。假称"苍天已经死，黄天应当立，岁在甲子日，天下便大吉"。在京城的办公衙门和各州郡的官府门口，都用白土写上"甲子"字样。中平元年（公元184年），大方马元义等人先收集荆州、扬州几万人，约定日期在邺城集合发动起义。马元义又多次往来京城和外地之间，并且以中常侍封谞、徐奉等人为内应，约定好在三月初五在京师内外同时起兵。但还没等到发动起义，而张角的弟子济南唐周就上书皇帝，把这一切都告诉了他，于是在洛阳用车裂的酷刑把马元义杀死。灵帝又把唐周的奏章下传给三公、司隶，命令钧盾令周斌带领三府的掾属，查讯证实在皇宫官置值勤守卫的人和百姓中信奉张角黄老道的信徒，杀死一千多人，追究考问冀州官吏，一定要追捕到张角等人。张角等知道事情败露，立刻连夜派人飞驰命令各方，同时都举行起义。都以头戴黄色头巾作为标志，时人称之为"黄巾"，也称其为"蛾贼"。杀死人以祭祀上天。张角自称"天公将军"，张角的弟弟张宝自称"地公将军"，张宝的弟弟张梁自称"人公将军"。到处烧毁官府，攻取村镇，汉朝的州郡都失去依托，主要官员大多逃跑。十天之间，天下响应，京城也为之震动。

董 卓 传

董卓之暴行

【原文】

是时洛中贵戚室第相望，金帛财产，家家殷积。卓纵放士兵，突其庐舍，淫略妇女，剽虏资物，谓之"搜牢"。人情崩恐，不保朝夕。及何后葬，开文陵，卓悉取藏中珍物。又奸乱公主，妻略宫人，虐刑滥罚，睚眦必死，群僚内外，莫能自固。卓尝遣军至阳城，时人会于社下，悉令就斩之，驾其车重，载其妇女，以头系车辕，歌呼而还。

【译文】

此时洛阳城内贵戚的宅第到处皆是，金银布匹，家家殷富堆积。董卓任凭士兵们冲进其中，奸淫抢虏妇女，劫走财物资产，称之为"搜牢"。人情败坏恐慌，

生命朝夕不保。在埋葬何太后时，打开了汉灵帝的坟墓，董卓把里面的金银珍宝全部取出。还奸乱公主，抢走宫女为妻，滥施酷刑，只要有一点仇怨就被杀死，群臣内外没有一个人能自我保全的。董卓曾派军到阳城（今河南登封东南），当时人们正在祭祀土神，命令士兵上前杀死男人，抢走车辆及其妇女，把人头挂在车辕之上，高歌欢呼而回。

吕布刺死董卓

【原文】

时王允与吕布及仆射士孙瑞谋诛卓。……卓将至，马惊不行，怪惧欲还。吕布劝令进，遂入门。肃以戟刺之，卓衷甲不入，伤臂堕车，顾大呼曰："吕布何在？"布曰："有诏讨贼臣。"卓大骂曰："庸狗敢如是邪！"布应声持矛刺卓，趣兵斩之。主簿田仪及卓苍头前赴其尸，布又杀之。驰赍赦书，以令宫陛内外。士卒皆称万岁，百姓歌舞于道。长安中士女卖其珠玉衣装市酒相庆者，填满街肆。

【译文】

当时王允与吕布以及仆射士孙瑞谋划要杀死董卓。……董卓上朝将要到门的时候，马惊慌地不再往前走，董卓心中又怪又怕，想转身回去。吕布上前劝阻，使他再次前行，遂之进入宫门。埋伏在门内的骑都尉李肃突然冲出，用戟猛刺董卓，但董卓在衣内披甲不能刺中要害，只伤肩膀，坠落车下，回头大喊道："吕布在哪里？"吕布说："皇帝诏书命我讨杀贼臣。"董大骂道："走狗竟敢如此大胆！"吕布应声持长矛猛刺董卓，士兵们上来把他的头砍下。董卓的主簿田仪和奴才扑向他的尸体，吕布挥矛又把他们杀死。立即派人飞快送出赦书，以号令宫廷内外。士兵们都高呼万岁，老百姓在大道上载歌载舞。长安中士女卖掉了自己心爱的珠玉衣装，用来买酒庆贺，人数之多以至于挤满了街道市场。

刘 表 传

爱民养士，从容自保

【原文】

三年，长沙太守张羡率零陵、桂阳三郡畔表，表遣兵攻围，破羡，平之。于是开土遂广，南接五岭，北据汉川，地方数千里，带甲十余万。初，荆州人情好扰，加四方骇震，寇贼相扇，处处糜沸。表招诱有方，威怀兼洽，其奸猾宿贼更为效用，万里肃清，大小咸悦而服之。关西、兖、豫学士归者盖有千数，表安慰赈赡，皆得资全。遂起立学校，博求儒术，綦母闿、宋忠等撰立《五经》章句，谓之后定。爱民养士，从容自保。

【译文】

建安三年（公元198年），长沙太守张羡率领零陵、桂阳等三郡起兵背叛刘表，刘表派兵围困攻打，击败张羡，平定了三郡。于是开拓境域也就遂之广阔起来，南部连接五岭，北部占据汉川，土地广达几千里，率领士兵十几万人，起

初，荆州当地人风情就喜欢侵掠，再加上天下惊骇震动，强盗之间又互相推动，到处都如同开锅一般。刘表招降诱导有方，恩威并用，所以当地的强盗首领都愿意为他效力，远近肃然清静，无论上下都心悦诚服。关西、兖州、豫州一带文人学士来投归大约有上千人，刘表安慰救助，使他们都得以资全。接着又建立学校，广求儒术精深之人，綦母闿，宋忠等人写下有关《五经》解释的书，称之为最后的权威性的解释。刘表爱护百姓，供养士人，安然自在地自保疆域。

吹乐俑　东汉

循 吏 列 传

内外匪懈，百姓宽息

【原文】

初，光武长于民间，颇达情伪，见稼穑艰难，百姓病害，至天下已定，务用安静，解王莽之繁密，还汉世之轻法。身衣大练，色无重彩，耳不听郑卫之音，手不持珠玉之玩，宫房无私爱，左右无偏恩。建武十三年，异国有献名马者，日行千里，又进宝剑，贾兼百金，诏以马驾鼓车，剑赐骑士，损上林池籞之官，废骋望弋猎之事。其以手迹赐方国者，皆一札十行，细书成文。勤约之风，行于上下。数引公卿郎将，列于禁坐。广求民瘼，观纳风谣。故能内外匪懈，百姓宽息。自临宰邦邑者，竞能其官。若杜诗守南阳，号为“杜母”，任延、锡光移变边俗，斯其绩用之最章章者也。又第五伦、宋均之徒，亦足有可称者。

【译文】

起初，光武生长于民间，很了解民间的真实情况，看到春种秋收的艰难困苦，老百姓的病痛灾难，所以在天下平定之后，全力使百姓们安宁清静，废除王莽繁琐细密的法规，恢复汉代原有的轻法。身穿粗布衣，颜色无重彩，耳不听奢靡的音乐，手不拿珠玉等珍玩，对后宫姬妾没有私爱，对左右亲信没有偏恩。建武十三年（公元37年），外国进献一匹名马，一天能跑一千里，又进献一把宝剑，售价达二百金以上，光武下诏让马去拉鼓车，把剑赐给骑士。削减管理上林苑的官员，废除了游观射猎等事。光武亲笔写给四方诸侯国的书信，都一块木简上十行文字，用小字细书而成。勤俭节约的风气，行之于上下。又多次把公卿郎将召到宫中，研究国家大事。广泛询问百姓疾苦，通过采集歌谣，以知政教之得失，因此才使宫廷内外都兢兢业业，毫不松懈，百姓们也得以宽和休息。各地的主要官员，也能够在职位上施展本领。如杜诗担任南阳太守，百姓称之为“杜母”，任延、锡光改变边境风俗，这都是其最为明显的政绩功劳。又如第五伦、

宋均这些人，也都有值得称道的地方。

酷吏列传

强 项 令

【原文】

后特征为洛阳令。时湖阳公主苍头白日杀人，因匿主家，吏不能得，及主出行，而以奴骖乘，宣于夏门亭候之，乃驻车叩马，以刀画地，大言数主之失，叱奴下车，因格杀之。主即还宫诉帝，帝大怒，召宣，欲棰杀之。宣叩头曰："愿乞一言而死。"帝曰："欲何言？"宣曰："陛下圣德中兴，而纵奴杀良人，将何以理天下乎？臣不须棰，请得自杀。"即以头击楹，流血被面。帝令小黄门持之，使宣叩头谢主，宣不从，强使顿之，终不肯俯。主曰："文叔为白衣时，藏亡匿死，吏不敢至门。今为天子，威不能行一令乎？"帝笑曰："天子不与白衣同。"因敕强项令出，赐钱三十万。

【译文】

后特征董宣担任洛阳令。当时光武姐姐湖阳公主的奴才在白天杀人，接着又躲藏在公主的家里，官吏不能去逮捕他。在公主出行的时候，让这个奴才坐在自己车子的旁边，董宣在夏门亭等候，到公主的车驾刚来，就拉住马，停住车子，用刀画地，大声列举公主的过错，斥责奴才下车，接着就杀掉了他。公主立刻回宫向光武诉说，光武大怒，召见董宣，想用鞭子打死他。董宣叩头说："我只请您允许我说完话再死。"光武说："你想说什么？"董宣说："皇上您身禀圣人之德，受命中兴，但却纵容奴才杀害善良百姓，这又怎么能治理天下呢？我不须鞭打，请允许自杀。"立刻用头撞击厅堂的前柱，流血满脸。光武命令宦官扶持着他，去给公主叩头赔礼，董宣执意不肯，宦官用力按他，但他最终也不肯低头。湖阳公主说："你在家为平民百姓时，隐藏逃命犯重罪之人，官吏不敢上门搜捕。现在当了皇帝，难道都不能让一个小小的县令服从你吗？"光武笑着说："皇帝和平民百姓是不一样的。"接着命"强项令"董宣出宫，赐给他三十万钱以示表彰。

宦者列传

东汉宦官之盛起

【原文】

中兴之初，宦官悉用阉人，不复杂调它士。至永平中，始置员数，中常侍四人，小黄门十人。和帝即祚幼弱，而窦宪兄弟专总权威，内外臣僚，莫由亲接，所与居者，唯阉宦而已。故郑众得专谋禁中，终除大憝，遂享分土之封，超登宫卿之位。于是中官始盛焉。

【译文】

东汉初年，宦官全部用阉人担任，不再夹杂调用其他士人。到永平（公元

58 年~75 年）年间，才开始规定宦官数额，有中常侍四人，小黄门十人。和帝即位年纪幼小，而窦宪兄弟总揽大权，朝廷内外文武百官，无法接交亲近，和皇帝相处的，只有宦官阉人而已。因此郑众才能够专谋宫中，最后杀死窦宪。郑众因此食邑封侯，担任宫卿大长秋之职。这样，宦官的势力才大了起来。

太后掌朝纲，宦官势愈盛

【原文】

自明帝以后，迄乎延平，委用渐大，而其员稍增，中常侍至有十人，小黄门二十人，改以金珰右貂，兼领卿署之职。邓后以女主临政，而万机殷远，朝臣国议，无由参断帷幄，称制下令，不出房闱之间，不得不委用刑人，寄之国命。手握王爵，口含天宪，非复披庭永巷之职，闺牖房闼之任也。其后孙程定立顺之功，曹腾参建桓之策，续以五侯合谋，梁冀受钺，迹因公正，恩固主心，故中外服从，上下屏气。或称伊、霍之勋，无谢往载；或谓良、平之画，复兴于当今。虽时有忠公，而竟见排斥。举动回山海，呼吸变霜露。阿旨曲求，则光宠三族；直情忤意，则参夷五宗。汉之纲纪大乱矣。

【译文】

自从汉明帝之后，一直到延平（公元 106 年）年间，任用宦官，其权力逐渐增大，官员限额也开始增加，中常侍增至十人，小黄门增至二十人，同时改以佩带金珰右貂，兼任卿署的职务。邓太后以女主的身份执掌大权，但不亲自处各种繁杂政务，朝中大臣议论国家大事，也无法到女主身边出谋划策，而太后称制下令，也不能离开皇宫，因此不得不任用阉人，把国家的命脉也就寄托在了他们手中。他们手里掌握封爵的大权，说出话来就是王法，已经不再是在宫廷长巷中巡守打更，闺房内室侍奉贵妃那样的差事了。在此之后，孙程定下立顺帝的大功，曹腾参与立桓帝的计谋，接着单超等五个宦官和皇帝共同商议，杀死梁冀，公正之人都觉做得很对，皇帝对此也感恩戴德，因此宫廷内外都服从他们的意旨，群臣上下都对他们惧怕三分。所以有人说伊尹、霍光辅佐皇帝的大功，不仅过去曾有；也有人说张良、陈平那样杰出的谋划，又重现于今天。虽然当时有忠正秉公之人，而竟然被排斥。宦官们权势极大，举动能回山填海，呼吸能变成霜露。若顺从他们的旨意，阿谀奉承，就连三族都受宠荣耀；若正直坦率，违背了他们的意旨，那就连五宗也要被削平铲除。汉代的朝纲法纪从此就大乱了。

蔡伦造纸千古传

【原文】

伦有才学，尽心敦慎，数犯严颜，匡弼得失。每至休沐，辄闭门绝宾，暴体田野。后加位尚方令。永元九年，监作秘剑及诸器械，莫不精工坚密，为后世法。自古书契多编以竹简，其用缣帛者谓之为纸。缣贵而简重，并不便于人。伦乃造意，用树肤、麻头及敝布、鱼网以为纸。元兴元年奏上之，帝善其能，自是莫不从用焉，故天下咸称"蔡侯纸"。

【译文】

蔡伦有才学，为公事尽心尽力，性格诚实谨慎，多次顶着皇帝严厉的脸色，纠正过失。每到休假之时，他总是闭门谢客，不与外人交接，在田野里劳作。后来，皇帝又给他加官任尚方令。永元九年（公元97年），监督制作秘剑以及各种器械，都造得精工紧密，被后世所效法。自从古时以来，文字大多是写在竹简上，其中有用丝帛地称之为纸。丝帛价值昂贵而竹简沉重，都很不方便。蔡伦就产生一种想法，用树皮、麻头、破布、渔网制造纸张。元兴元年（公元105年），蔡伦把纸奏明并献给皇

蔡伦

帝，皇帝很喜欢他的才能，从此之后，没有人不用纸写字，因此天下人都称之为"蔡侯纸"。

儒 林 列 传

战乱之中图籍被焚无遗

【原文】

初，光武迁还洛阳，其经牒秘书载之二千余两，自此以后，参倍于前。及董卓移都之际，吏民扰乱，自辟雍、东观、兰台、石室、宣明、鸿都诸藏典策文章，竞共剖散，其缣帛图书，大则连为帷盖，小乃制为滕囊。及王允所收而西者，裁七十余乘，道路艰远，复弃其半矣。后长安之乱，一时焚荡，莫不泯尽焉。

【译文】

起初，光武迁都洛阳，从西京长安载来各种书籍两千多车，从此之后，书籍增多，又超过以前多倍。到董卓迁都的时候，官吏百姓惊扰混乱，在辟雍、东观、兰台、石室、宣明、鸿都等国家藏书处的书籍文献，都被瓜分离散，其中用丝帛做纸写成的图书，大块的被缝在一起当作车帷车盖，小块的被裁制成布袋。被王允收集在一起车载西迁的图书，仅有七十多车，因道路遥远艰难，半路上又丢弃了一半。后来长安城内又军阀混战，所有图书都在当时被焚烧荡尽，没有留下一册。

光武重经学，东汉儒生盛

【原文】

自光武中年以后，干戈稍戢，专事经学，自是其风世笃焉。其服儒衣，称先

王，游庠序，聚横塾者，盖布之于邦域矣。若乃经生所处，不远万里之路，精庐暂建，赢粮动有千百，其耆名高义开门受徒者，编牒不下万人，皆专相传祖，莫或讹杂。

【译文】

光武自从中年之后，在战争稍稍平息的情况下，专心从事经学。在他的影响之下，从此学习风气在整整一代人中都是淳朴务实的。至于身穿儒衣、口称先王、进出学校、聚集求学的人，在中国大地上几乎到处都有。而博士所居之处，学子们不怕路途遥远，万里前来求学，讲读之舍刚刚建立，背负粮食前来学习的就有数百上千人。至于那些年高名大、学识渊博、品德高尚的老儒开门教授学生，名册之上的学生常多达万人，他们都专相传授祖宗旧业，没有人误传混杂。

文 苑 列 传

弟子笑师懒，师嘲弟子顽

【原文】

边韶字孝先，陈留浚仪人也。以文章知名，教授数百人。韶口辩，曾昼日假卧，弟子私嘲之曰："边孝先，腹便便。懒读书，但欲眠。"韶潜闻之，应时对曰："边为姓，孝为字。腹便便，《五经》笥。但欲眠，思经事。寐与周公通梦，静与孔子同意。师而可嘲，出何典记？"嘲者大惭。

【译文】

边韶字孝先，是陈留浚仪（今河南开封市）人。以文章写得好而知名当世，在家中教授学生达几百人。边韶思维敏捷，很有口才，有一次，他白日里躺在床上闭目休息，弟子以为他睡着了，就偷偷地嘲笑他说："老师边孝先，大腹鼓便便。懒得读书籍，只知思睡眠。"边韶暗中听到，立刻回答道："边为老师姓，孝为老师字，大腹鼓便便，原是《五经》筐。欲在睡眠里，研思解儒经。梦与周公通，静与孔子同。老师可嘲讽，出何典记中？"嘲笑他的弟子听了，感到非常惭愧。

祢衡裸身击鼓以辱曹操

【原文】

融既爱衡才，数称述于曹操。操欲见之，而衡素相轻疾，自称狂病，不肯往，而数有恣言。操怀忿，而以其才名，不欲杀之。闻衡善击鼓，乃召为鼓史，因大会宾客，阅试音节。诸史过者，皆令脱其故衣，更著岑牟单绞之服。次至衡，衡方为《渔阳》参挝，踷蹜而前，容态有异，声节悲壮，听者莫不慷慨。衡进至操前而止，吏呵之曰："鼓史何不改装，而轻敢进乎？"衡曰："诺。"于是先解衵衣，次释余服，裸身而立，徐取岑牟、单绞而著之，毕，复参挝而去，颜色不怍。操笑曰："本欲辱衡，衡反辱孤。"

【译文】

孔融非常喜欢祢衡的文才，多次在曹操面前称赞他。这就使得曹操想见他，

而祢衡又素来轻视痛恨曹操，所以自称有狂病，不肯应召前往，而又说许多曹操的坏话。曹操心怀怨恨，只是因祢衡很有才名，才不想杀掉他。曹操听说祢衡鼓打得很好，就召他任鼓史，借此大宴宾客，让大家欣赏一下音节。其他鼓史从堂前经过，都要脱去原来的衣服，换上专门为鼓史制作的岑牟单绞之服。到了祢衡换装的时候，他正好敲鼓曲《渔阳》三通，小步向前，容貌仪态都和往常不同，敲起鼓来音节悲凉雄壮，使听到的人顿生慷慨之情。祢衡来到曹操面前站住，有关官员斥责他说；"你作为鼓史为什么不换服装，而竟然轻慢无礼地上前？"祢衡回答说："好，我现在就换装。"于

曹操

是他先解开内衣，接着又脱掉所有的衣服，赤身裸体而立，再慢慢地拿过来鼓史的专用服装穿上，穿完之后，又敲三通鼓曲才离开，脸上一点羞惭的颜色也没有。曹操笑着说："我本想污辱一下祢衡，没想到反倒被他污辱。"

独 行 列 传

二年之别，千里结言

【原文】

范式字巨卿，山阳金乡人也，一名汜。少游太学，为诸生，与汝南张劭为友。劭字元伯。二人并告归乡里。式谓元伯曰："后二年当还，将过拜尊亲，见孺子焉。"乃共克期日。后期方至，元伯具以白母，请设馔以候之。母曰："二年之别，千里结言，尔何相信之审邪？"对曰："巨卿信士，必不乖违。"母曰："若然，当为尔酿酒。"至其日，巨卿果到，升堂拜饮，尽欢而别。

【译文】

范式字巨卿，是山阳金乡（今山东金乡北）人，又名范汜。少年时在太学读书，是个儒生，和汝南张劭为朋友。张劭字元伯。二人一块回到故乡。范式对张劭说："现在我们就分手，二年之后我再回来拜见您的老母，看看您的孩子。"就共同定下相会的日期。后来日期将至，张劭把以前的事都告诉了母亲，请求设宴以等待范式的到来。老母说："分别已有二年，你们虽口头订下盟约，但他远在千里之外，你怎能相信这是真的呢？"张劭回答说："范式是个坚守诺言的人，他一定不会违背。"老母说："若是这样，应该为你酿酒。"到了约好的这一天，范式真的来到，尽情畅饮，非常高兴，然后分手。

世道昏不明，高士学狂生

【原文】

向栩字甫兴，河南朝歌人，向长之后也。少为书生，性卓诡不论。恒读《老子》，状如学道。又似狂生，好被发，著绛绡头。常于灶北坐板床上，如是积久，板乃有膝踝足指之处。不好语言而喜长啸。宾客从就，辄伏而不视。有弟子，名为"颜渊""子贡""季路""冉有"之辈。或骑驴入市，乞丐于人。或悉要诸乞儿俱归止宿，为设酒食。时人莫能测之。郡礼请辟，举孝廉、贤良方正、有道，公府辟，皆不到。又与彭城姜肱、京兆韦著并征，栩不应。

百鸟朝凤熏炉　东汉

【译文】

向栩字甫兴，是河内朝歌（今河南淇县）人，同时又是高士向长的后代。从少年当书生时起，性格就聪明卓异，越过众人。常读《老子》，样子就如同学道一般。他又很像狂生，喜欢披着头发，只系一条红色丝带。常常坐在灶北的板床上，总是一个姿势，日积月累，在木板上都坐出了膝盖、踝骨和脚趾的印迹。不喜欢说话却爱长啸。有宾客前来拜访，他总是伏身不看。他的学生取成"颜渊""子贡""季路""冉有"之类的名字。有时他骑驴到街市，向别人乞讨。有时他还把不少叫花子都请到自己家里，一块住宿，并摆下酒宴招待他们。当时人都猜不透他的为人。郡中恭敬地征召他出来做官，并推举他为孝廉、贤良方正、有道，公府征召，他都不从命。又和彭城姜肱、京兆韦著一同被征召，向栩也不答应。

方 术 列 传

神医华佗始用麻药

【原文】

华佗字元化，……精于方药，处齐不过数种，心识分铢，不假称量。针灸不过数处。若疾发结于内，针药所不能及者，乃令先以酒服麻沸散，既醉无所觉，因刳破腹背，抽割积聚。若在肠胃，则断截湔洗，除去疾秽，既而缝合，傅以神膏，四五日创愈，一月之间皆平复。

【译文】

华佗字元化，……对医方药物非常精通，调理剂方也不过几种，不用称量就能心中分辨微小的计量单位。用针灸治病也不过扎几处穴位。倘若有些病症产生于腹内，扎针吃药都不能治愈的话，那么他就让病人把酒和麻沸散一起喝下，在

病人麻醉得毫无知觉的情况下，接着就用刀打开其腹部、背部，把其中的病变结块抽出切掉。倘若是在肠胃部分，就割断洗净，清除其中的疾病污秽，然后缝合，在上面再涂一层神膏，四五天后，伤口就可以长合，在一个月内完全恢复健康。

华佗五禽之戏

【原文】

广陵吴普、彭城樊阿皆从佗学。普依准佗疗，多所全济。佗语普曰："人体欲得劳动，但不当使极耳。动摇则谷气得销，血脉流通，病不得生，譬犹户枢，终不朽也。是以古之仙者为导引之事，熊经鸱顾，引挽腰体，动诸关节，以求难老。吾有一术，名五禽之戏：一曰虎，二曰鹿，三曰熊，四曰猿，五曰鸟。亦为除疾，兼利蹄足，以当导引。体有不快，起作一禽之戏，怡而汗出，因以著粉，身体轻便而欲食。"普施行之，年九十余，耳目聪明，齿牙完坚。

【译文】

广陵人吴普，彭城人樊阿都跟从华佗学医。吴普按照华佗的方法给人治病，救活了许多人。华佗对吴普说："人的身体需要操作活动，但不应该劳累过度。因为人一活动就食气化尽，血脉流通，使之不会患病，就如同门轴一样，总活动最终也不会腐朽。因此古代的仙人才做导引（古代道家的一种养生健体的方法）活动，像熊一样攀枝自悬，象鸱鸟一样身不动而转头，伸长腰部，活动各个关节，以求能够延缓衰老。我有一种方法，名叫"五禽戏"：一称为虎，二称为鹿，三称为熊，四称为猿，

华佗画像

五称为鸟。也能用它来消除疾病，还能便利腿脚，以此来代替导引。若是身体有点小病，起身做完其中的一套动作，就心情高兴而汗水流出，接着再在身体涂一层粉，会全身轻快而想吃东西。"吴普按此法施行，活到九十多岁还耳不聋、眼不花，牙齿也完好无缺。

逸民列传

志同道合，举案齐眉

【原文】

势家慕其高节，多欲女之，鸿并绝不娶。同县孟氏有女，状肥丑而黑，力举石臼，择对不嫁，至年三十。父母问其故。女曰："欲得贤如梁伯鸾者。"鸿闻而娉之。女求作布衣、麻屦，织作筐缉绩之具。及嫁，始以装饰入门。七日而鸿不

答。妻乃跪床下请曰:"窃闻夫子高义,简斥数妇,妾亦偃蹇数夫矣。今而见择,敢不请罪。"鸿曰:"吾欲裘褐之人,可与俱隐深山者尔。今乃衣绮缟,傅粉墨,岂鸿所愿哉?"妻曰:"以观夫子之志耳。妾自有隐居之服。"乃更为椎髻,著布衣,操作而前。鸿大喜曰:"此真梁鸿妻也。能奉我矣!"字之曰德曜,〔名〕孟光。……遂至吴,依大家皋伯通,居庑下,为人赁舂。每归,妻为具食,不敢于鸿前仰视,举案齐眉。伯通察而异之,曰:"彼佣能使其妻敬之如此,非凡人也。"

【译文】

　　有权有势的人家倾慕梁鸿的高尚节操,大都想把女儿嫁给他,但梁鸿一概拒绝。同县孟氏有个女儿,相貌肥胖丑陋而且很黑,力气很大,能举得起石臼。挑选配偶不出嫁,一直到三十岁。父母问她什么原因,她说;"我想找到像梁鸿那么好的人。"梁鸿听到后立刻送礼和她订婚。此女请求作布衣、麻鞋,还要了一些织布、纺线、做筐的工具。在出嫁时,她身着较为华贵的装饰进门。一连七天梁鸿都没和她说一句话。妻子就跪在床下赔罪说:"我私下听说您的节义高尚,选退了几个媳妇,而我也高傲地拒绝了几个男子的求婚。现在我被您选中,怎敢不赔罪!"梁鸿说:"我想娶的是个穿粗布衣的媳妇,可以和我一同归隐深山的人。现在你身穿华丽衣裳,脸涂粉,眉描墨,这难道是我梁鸿所希望的吗?"妻子回答说:"我用这种方式来察看您的志向如何而已。我也自有隐居的服装。"接着就把头发改梳成一个锥形发髻,身穿布衣,前来操作。梁鸿非常高兴,说:"这才真正是我的妻子,能侍奉我了。"给她取名孟光,字德曜。……他来到吴地,依从豪门大户皋伯通,住在廊庑之下,给人家当雇工舂米。每次回家,妻子给他准备好饭,在梁鸿面前不敢抬头看,把盛食物的案盘举到齐眉之处。皋伯通看到之后非常惊异,说:"他给人当雇工能使妻子恭敬到如此地步,不是平庸之人。"

【国学经典文库】

三国志

【西晋】陈寿

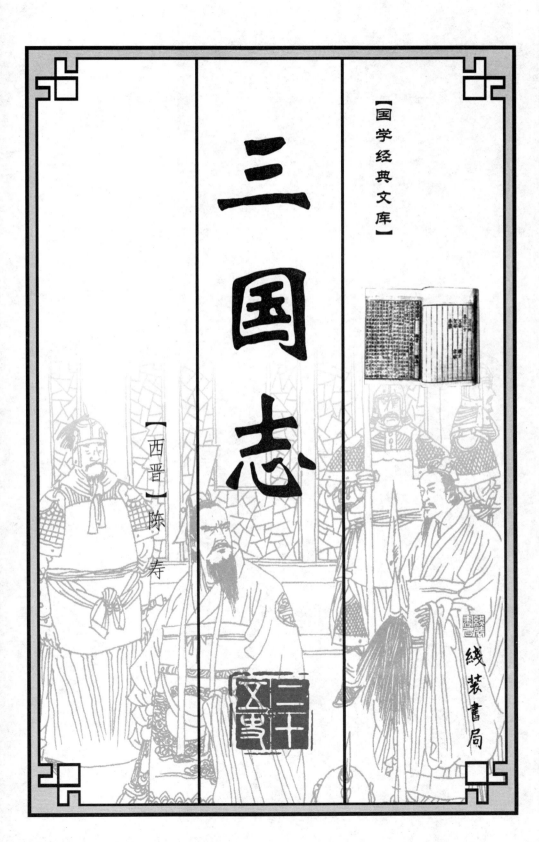

线装书局

序　言

　　《三国志》六十五卷，晋陈寿撰。陈寿字承祚，巴西郡安汉县（今四川省南充市）人，生于蜀汉后主建兴十一年（233），卒于西晋惠帝元康七年（297）。陈寿在蜀汉时师事同郡著名学者谯周，并出仕观阁令史。蜀亡后受到西晋张华的赏识，举为孝廉，除佐著作郎，出补平阳侯相，后来又升为著作郎，职掌修撰史书。《三国志》就是他这个时期内修撰完成的。

　　《三国志》与以前的史书如《史记》《汉书》比起来，有一个很独特的地方：分叙同一时期内三个国家的历史。陈寿的《三国志》虽然继承了东汉班固《汉书》纪传体断代史体裁，但根据三国历史的特殊情况，三国分别成书，仅有纪传而无表志，属于纪传体分国史，在断代史上堪称别具一格。三国的历史，如果就汉禅于魏至吴降于晋计算，是从魏文帝黄初元年（220）到西晋太康元年（280），共六十年。但《三国志》所记载的，并不限于这六十年。陈寿把叙事的时限上推至汉灵帝末年，提前了约三十年。因为三国局面的出现，是汉灵帝末年黄巾起义爆发之后长期历史发展的结果，而三国时期最杰出的政治和军事人物如曹操、刘备、孙策等，主要活动于汉朝末年。在《三国志》中，汉末的历史占了很大的比重，应该说这种安排是合理的。

　　陈寿撰写《三国志》时，魏史、吴史先已有了官私各种著述，官修的有王沈的《魏书》、韦昭的《吴书》、私撰的有鱼豢的《魏略》，此外还有三国官府的各种档案文书，这些都是陈寿可资利用的基本材料。陈寿撰写《三国志》时，主要参考了王沈、韦昭、鱼豢的史作。蜀政权没有设置史官，无专人负责搜集材料，编写蜀史。《蜀书》的材料是由陈寿采集和编次的。《三国志》中的《魏书》《蜀书》和《吴书》，本来是各自为书的，到北宋大规模刻板印刷时，始合为一部，从那时才有了《三国志》之名。《旧唐书·经籍志》里《魏书》入正史类，而《蜀书》《吴书》入编年类，由此可知这三书在宋以前是各自独立的。

　　陈寿这部史书完稿时，就获得很高的评价。《晋书·陈寿传》记载："时人称其善叙事，有良史之才。"当时著名的文学家夏侯湛也正在编写《魏书》，看见了陈寿的作品，就"坏己书而罢"。张华甚至还打算把编撰《晋书》的任务委托给他。后人推重陈寿的文笔和史才，把《三国志》与《史记》《汉书》《后汉书》并列而称为"四史"。

《三国志》最突出的特点是简洁，文笔明快，绝无芜杂秽蔓之嫌，写人写事，时见华彩。全书叙事脉络分明，轻重取舍颇称允当。今天了解和研究三国史，最重要的依据就是此书。

由于历史的局限，陈寿身为晋臣，奉命修史，自然以魏为正统，称魏的君主为帝，叙入"纪"中，而对蜀、吴则称主，叙入"传"中。对晋的统治者也时有隐恶溢美之词，所用的某些史料可能已被晋的史臣秉承司马懿的意旨加以篡改，如关于曹爽的罪恶就不尽可信。陈寿不敢擅改原文，这就难免有些失实的地方。再加上陈寿所据的魏、吴史书质量不一，三国史料来源不同，《吴书》较为完美，《蜀书》比较简略，《魏书》内容虽富，却偶有失实。此外，三书的一个共同弱点就是过于简略，许多细节的史料被忽略了。南朝刘宋时，宋文帝命裴松之为陈寿原书作注。裴松之博引群书，据清人统计，注文超过原著三倍，所引用的书，后代大都亡佚，因此在保存资料方面，裴注具有重要意义。

后代的学者对《三国志》作了丰富的考订和注释，其中堪称集大成的是近代卢弼的《三国志集解》，他把前人的研究成果搜集得很多，颇便于后人阅读研究。

国学经典文库

魏 武 帝 纪

曹操破张绣

【原文】

三月，公围张绣于穰。夏五月，刘表遣兵救绣，以绝军后。公将引还，绣兵来〔追〕，公军不得进，连营稍前。公与荀彧书曰："贼来追吾，虽日行数里，吾策之，到安众，破绣必矣。"到安众，绣与表兵合守险，公军前后受敌。公乃夜凿险为地道，悉过辎重，设奇兵。会明，贼谓公为遁也，悉军来追。乃纵奇兵步骑夹攻，大破之。秋七月，公还许。荀彧问公："前以策贼必破，何也？"公曰："虏遏吾归师，而与吾死地战，吾是以知胜矣。"

献帝

【译文】

汉献帝建安三年三月，曹操将张绣包围在穰县（今河南邓州市）。夏天五月，刘表派兵救援张绣，以断绝曹军的归路。曹操要带兵撤退，张绣率军来追赶，曹操的军队不能快速前进，只得连营慢慢移动。曹操给荀彧的信中说："贼寇来追赶我，我军虽每天只走几里路，但我计算着，到安众（今河南镇平县东南）时，一定会大败张绣的。"来到安众后，张绣与刘表的军队会合，据守险要地势，曹操的军队前后受敌。曹操就趁夜在险要处挖凿了一条地道，将军中辎重车辆撤出，并布置下奇兵。到天明，贼寇认为曹操是逃走了，便率全军来追。曹操出奇兵，步兵骑兵一起夹攻，大败张绣的军队。秋天七月，曹操回到许都（今河南许昌市西南）。荀彧问曹操说："这之前您计算着一定会打败贼寇，为什么呢？"曹操说："敌人阻挡我撤退的军队，将我置于死地而后战，我因此知道一定会打胜仗的。"

官 渡 之 战

【原文】

公还军官渡。绍进保武阳。关羽亡归刘备。八月，绍连营稍前，依沙堆为屯，东西数十里。公亦分营与相当，合战不利。时公兵不满万，伤者十二三。绍复进临官渡，起土山地道。公亦于内作之，以相应。绍射营中，矢如雨下，行者皆蒙楯，众大惧，时公粮少，与荀彧书，议欲还许。彧以为"绍悉众聚官渡，欲与公决胜败。公以至弱当至强，若不能制，必为所乘，是天下之大机也。且绍，布衣之雄耳，能聚人而不能用。夫以公之神武明哲而辅以大顺，何向而不济！"

公从之。……袁绍运谷车数千乘至，公用荀攸计，遣徐晃、史涣邀出，大破之，尽烧其车。公与绍相拒连月，虽比战斩将，然众少粮尽，士卒疲乏，公谓运者曰："却十五日为汝破绍，不复劳汝矣。"冬十月，绍遣车运谷，使淳于琼等五人将兵万余人送之，宿绍营北四十里。绍谋臣许攸贪财，绍不能足，来奔，因说公击琼等。左右疑之，荀攸、贾诩劝公。公乃留曹洪守，自将步骑五千人夜往，会明至。琼等望见公兵少，出陈门外。公急击之，琼退保营，遂攻之。绍遣骑救琼。左右或言"贼骑稍近，请分兵拒之。"公怒曰："贼在背后，乃白！"士卒皆殊死战，大破琼等，皆斩之。绍初闻公之击琼，谓长子谭曰："就彼攻琼等，吾攻拔其营，彼固无所归矣！"乃使张郃、高览攻曹洪。郃等闻琼破，遂来降。绍众大溃，绍及谭弃军走，渡河。追之不及，尽收其辎重图书珍宝，虏其众。公收绍书中，得许下及军中人书，皆焚之。

官渡之战遗址

【译文】

曹操撤军驻守官渡（今河南中牟东北），袁绍进兵守卫阳武（今河南旧阳武县东南）。关羽逃走投归刘备。建安五年八月，袁绍的军队营寨相连逐渐推进，凭借沙堆扎营防守，东西长有数十里。曹操也分营驻守与袁军相对峙，交战受挫。这时曹操的军队不满万人，受伤的士兵占有十之二三。袁绍又进兵来到官渡，堆起土山，挖掘地道。曹操也在大营内堆土山、掘地道来对付袁军。袁绍军向曹营射箭，箭矢像下雨一样密，进出的曹兵都顶着盾牌，大家非常恐惧。当时曹操粮食很少，给荀彧写信，商量想撤回许都。荀彧认为："袁绍的军队都聚集到官渡，要和您一决胜负。您凭借非常弱小的军队与非常强大的军队相对峙，倘若不能遏制袁军，就一定会被袁军打败，这是天下大势转变的开始。况且袁绍不过是平民中的英雄罢了，能聚集人而不能使用人，凭着您的神武明智又有成至治之道的辅助，干什么不能成功！"曹操听从了荀彧的意见。……袁绍有数千辆运粮车前来，曹操使用荀攸的计谋，派遣徐晃、史涣半路截击，大败袁军，将运粮车全部烧毁。曹操和袁绍相峙数月，虽然接连在战斗中斩杀敌将，但军队减少，粮食用尽，士兵们疲惫乏力。曹操对运粮的人说："后十五天为你们打败袁绍，不再劳累你们了。"冬天十月，袁绍派车运粮，命淳于琼等五人率兵一万多人护送粮车，在袁绍大营北面四十里处宿营。袁绍的谋臣许攸贪图财物，袁绍不能满足他；许攸前来投奔，并劝曹操袭击淳于琼等人。周围的人有些怀疑，荀攸、贾

诏劝曹操出兵。曹操就留下曹洪守卫大营，亲自率领步兵、骑兵五千人连夜前往，正好在天亮时到达。淳于琼等人望见曹操兵少，便在营门外列阵。曹操疾速进攻，淳于琼退兵守营，于是曹操攻打营寨。袁绍派骑兵援救淳于琼。曹操周围有人说"敌人的骑兵逐渐接近，请分兵抵挡他们。"曹操生气说："等敌人来到背，再告诉我！"士兵们都殊死战斗，大败淳于琼等人，将淳于琼等人全部斩杀。袁绍开始听说曹操进攻淳于琼时，对长子袁谭说："趁着曹操进攻淳于琼等人的机会，我攻克曹操的营寨，曹操就失去原来的归宿了！"就派张郃、高览进攻曹洪。张郃等人听说淳于琼战败，便前来投降曹操。袁绍的军队大败，袁绍和袁谭丢弃军队逃走，渡过黄河。曹操追赶不及，将袁军的辎重、图书和珍宝全部缴获，俘虏了大批袁军。曹操在缴获的袁绍书信中，得到许都下属和军队中官员给袁绍的书信，曹操把这些信都烧掉了。

征讨乌丸，挖凿水渠

【原文】

三郡乌丸承天下乱，破幽州，略有汉民合十余万户。袁绍皆立其酋豪为单于，以家人子为己女，妻焉。辽西单子蹋顿尤强，为绍所厚，故尚兄弟归之，数入塞为害。公将征之，凿渠，自呼沲入泒水，名平虏渠；又从沟河口凿入潞河，名泉州渠，以通海。

【译文】

三郡乌丸趁天下扰乱之际，攻破幽州，侵掠占有汉民达十多万户。袁绍将乌丸各部落的酋长都立为单于，把家人的女儿作为自己的女儿，嫁给这些酋长为妻。辽西单于蹋顿尤其强悍，为袁绍所厚待，所以袁尚兄弟投奔了蹋顿，多次进入边塞为害。曹操要征讨乌丸，为此而挖凿水渠，从呼沲到泒水的这条渠叫平虏渠；又从沟河口挖凿至潞河，这条渠名叫泉州渠。

董　卓　传

董　卓　凶　逆

【原文】

卓迁相国，封郿侯，赞拜不名，剑履上殿，又封卓母为池阳君，置家令、丞。卓既率精兵来，适值帝室大乱，得专废立，据有武库甲兵，国家珍宝，威震天下。卓性残忍不仁，遂以严刑胁众，睚眦之隙必报，人不自保。尝遣军到阳城。时适二月社，民各在其社下，悉就断其男子头，驾其车牛，载其妇女财物，以所断头系车辕轴，连轸而还洛，云攻贼大获，称万岁，入开阳城门，焚烧其头，以妇女与甲兵为婢妾。至于奸乱宫人公主。

【译文】

董卓升任相国，封为郿侯，上朝拜见皇帝时不用通报姓名，可以带着佩剑穿着鞋上殿。又封董卓的母亲为池阳君，设置家令和家丞。董卓既然率领精兵前

国学经典文库

来，又正值帝室大乱，使他得以独专废
立大权，占有武库中的铠甲和兵器，国
家的珍宝，声威震撼天下。董卓性情残
忍，没有仁爱，因此用严酷的刑罚胁迫
群臣，象怒目而视这样的小怨小恨一定
要报复，人人不能自相保全性命。董卓
曾经率军队到阳城（今河南方城县
东），当时正值民间二月社祭，百姓们
各自在社下祭祀，董卓纵兵将其中的男
子全部砍头，驾着百姓的牛车，载着妇
女和财物，把砍掉的人头系在车辕轴，
车队相连回到洛阳，声称是进攻贼寇大
获全胜，呼喊着万岁；庆贺胜利。进入

董卓

开阳城门后，焚烧那些人头，把掠来的妇女给士们做婢妾，来到皇宫中奸污淫乱
宫女和公主。

董 卓 酷 虐

【原文】

初平元年二月，乃徙天子都长安。焚烧洛阳宫室，悉发掘陵墓，取宝物。卓
至西京，为太师，号曰尚父。乘青盖金华车，爪画两轓，时入号曰竿摩车。卓弟
旻为左将军，封鄠侯；兄子璜为侍中中军校尉典兵；宗族内外并列朝廷。公卿见
卓，谒拜车下，卓不为礼。召呼三台尚书以下自诣卓府启事。筑郿坞，高与长安
城埒，积谷为三十年储，云事成，雄据天下，不成，守此足以毕老。尝至郿行
坞，公卿已下祖道於横门外。卓豫施帐幔饮，诱降北地反者数百人，於坐中先断
其舌，或斩手足，或凿眼，或镬煮之，未死，偃转杯案间，会者皆战栗亡失匕
箸，而卓饮食自若。太史望气，言当有大臣戮死者。故太尉张温时为卫尉，素不
善卓，卓心怨之，因天有变，欲以塞咎，使人言温与袁术交关，遂笞杀之。法令
苛酷，爱憎淫刑，更相被诬，冤死者千数。百姓嗷嗷，道路以目。悉椎破铜人、
钟虡，及坏五铢钱。更铸为小钱，大五分，无文章，肉好无轮郭，不磨镥。于是
货轻而物贵，谷一斛至数十万。自是后钱货不行。

【译文】

汉献帝初平元年二月，董卓将皇帝迁徙到长安。纵火焚烧洛阳的皇宫，掘开
所有皇家陵墓，掠取珍宝。董卓到长安后，任太师，号称："尚父"。乘坐着青盖
金花的车子，车帮两侧绘有爪形的图案，当时人们称之为"竿摩车"。董卓的弟
弟董旻任左将军，封为鄠侯；侄子董璜任侍中中军校尉，主管军队；家族内外的
人都在朝廷任职。朝廷大臣见到董卓，要到车下禀拜，董卓不向他们回礼。还召
唤三台尚书以下的官员自己到董卓府中禀告事项。修筑郿坞，高度和长度与长安
城墙相等，积存的粮食够三十年吃用，声言事情如果成功，就雄踞天下；事情不
成，守着郡坞也能养老。董卓曾经到郿（今陕西省郿县）的城堡去，公卿已下的
朝廷大臣在横门外为董卓设宴送行。董卓预先设置帐幔，在里边宴饮，将数百名

被诱降的北地反叛的人带到宴会上，在席间先割断他们的舌头，然后有的砍掉手脚，有的凿出眼睛，有的用大锅烹煮，没有死的人，在座席杯案之间翻滚挣扎，参加宴会的官员都吓得发抖，把匙筷掉在地上，而董卓却饮食自若，像没事一样。太史官望云气，说大臣中应该有被杀戮的人。从前的太尉张温当时任卫尉，平素不喜欢董卓，董卓心里怨恨他，便想利用天有变故的理由，用张温阻止这一灾祸，于是指使人诬告张温与袁术有交往，将张温处以笞刑杀死。董卓法令苛刻残酷，滥施刑罚，百姓之间爱憎加深，互相诬告，被冤枉而死的有上千人。百姓哀号，在路上不敢交谈只能以目示意。董卓将铜人、钟虡都用槌子敲碎，又毁掉五铢钱，改铸为小钱，有五分大，没有花纹，钱的外圆和内孔都没有边缘，也不磨治。因此钱币轻贱而货物贵重，一斛粮食的价钱达数十万之多。从此以后钱币无法使用。

袁 绍 传

忌 害 田 丰

【原文】

初，绍之南也，田丰说绍曰："曹公善用兵，变化无方，众虽少，未可轻也，不如以久持之。将军据山河之固，拥四州之众，外结英雄，内修农战，然后简其精锐，分为奇兵，乘虚迭出，以扰河南，救右则击其左，救左则击其右，使敌疲於奔命，民不得安业；我未劳而彼已困，不及二年，可坐克也。今释庙胜之策，而决成败於一战，若不如志，悔无及也。"绍不从。丰恳谏，绍怒甚，以为沮众，械系之。绍军既败，或谓丰曰："君必见重。"丰曰："若军有利，吾必全，今军败，吾其死矣。"绍还，谓左右曰："吾不用田丰言，果为所笑。"遂杀之。

【译文】

当初，袁绍要带兵南下，田丰劝袁绍说："曹操善于用兵，变化多端没有规律，军队虽少，但不可轻视，不如与他长期相持。将军据有高山大河的险固，拥有四州的众多百姓，对外联结天下英雄，对内致力于耕战，然后选拔军中的精锐，分成奇兵，乘敌人空虚反复出击，以袭扰河南，曹军援救右边我们就袭击它的左边，曹军援救左边我们就袭击它的右边，使敌人疲于奔命，百姓不能安心从业；我们没动地方而他们已经乏困，不到二年，就可以坐在这里战胜曹操了。现在放弃在朝廷上就能战胜敌人的好计策，而去用一次战斗来与曹操决出胜败，倘若不如意而被打败，后悔就来不及了。"袁绍不听。田丰诚恳规劝，袁绍非常生气，认为田丰是动摇军心，将田丰带上镣铐，拘禁起来。袁军战败后，有人对田丰说："您一定会被敬重的。"田丰说："假如出师打了胜仗，我一定能活下来，现在军队打了败仗，我可能就该死了。"袁绍回来后，对左右的人说："我不听田丰的话，果然被他所嘲笑。"于是杀了田丰。

袁 术 传

强 自 称 帝

【原文】

兴平二年冬，天子败於曹阳。术会群下谓曰："今刘氏微弱，海内鼎沸。吾家四世公辅，百姓所归，欲应天顺民，于诸君意如何？"众莫敢对。……用河内张炯之符命，遂僭号。以九江太守为淮南尹。置公卿，祠南北郊。荒侈滋甚，后宫数百皆服绮縠，余粱肉，而士卒冻馁，江淮间空尽，人民相食。

【译文】

汉献帝兴平二年冬天，献帝败逃到曹阳（今陕县西南七里）。袁术招集群臣，对他们说："现在刘氏微弱，天下大乱。我家四代人都是朝廷的三公和辅相，百姓归心于我，我想上应天命下顺民心，诸位对此是怎么想的呢？"众人不敢回答。……袁术命河内人张炯起草符命，于是冒名称帝。把九江太守改任为淮南长官，设置三公九卿，在南北郊祭祀天地。袁术荒淫奢侈，放纵无度，后宫中姬妾数百人都身穿着绮罗绫纱，吃的是美味佳肴，而士兵们受冻挨饿，江淮之间颗粒不收，百姓之间人与人相食。

吕 布 传

吕 布 反 复

【原文】

吕布字奉先，五原郡九原人也。以骁武给并州。刺史丁原为骑都尉，屯河内，以布为主簿，大见亲待。灵帝崩，原将兵诣洛阳。与何进谋诛诸黄门，拜执金吾。进败，董卓入东都，将为乱，欲杀原，并其兵众。卓以布见信于原，诱布令杀原。布斩原首诣卓，卓以布为骑都尉，甚爱信之，誓为父子。布便弓马，膂力过人，号为飞将。稍迁至中郎将，封都亭侯。卓自以遇人无礼，恐人谋己，行止常以布自卫。然卓性刚而褊，忿不思难，尝小失意，拔手戟掷布。布拳捷避之，为卓顾谢，卓意亦解。由是阴怨卓。卓常使布守中阁，布与卓侍婢私通，恐事发觉，心不自安。……后布诣允，陈卓几见杀状。时允与仆射士孙瑞密谋诛卓，是以告布使为内应。布曰："奈如父子何！"允曰："君自姓吕，本非骨肉。今忧死不暇，何谓父子？"布遂许之，手刃刺卓。

【译文】

吕布字奉先，五原郡九原（今包头市西）人。依仗矫健勇猛来到并州（今山西晋阳）。刺史丁原任骑都尉，驻扎在河内，以吕布为主簿，丁原对他非常亲密。汉灵帝死后，丁原率兵来到洛阳，与大将军何进谋划杀宦官等人，被授职为执金吾。何进破败，董卓进入京城，将要制造动乱，想杀死丁原，吞并丁原的军队。董卓认为吕布深受丁原的信任，便引诱吕布让他杀死丁原。吕布斩杀丁原，

将丁原的人头送给董卓，董卓任吕布为骑都尉，非常喜欢信任他，发誓以父子相待。吕布熟悉骑马射箭，体力过人，号称飞将。不久又迁升中郎将，被封为都亭侯。董卓认为自己待人无礼，害怕别人谋害自己，行动坐卧经常让吕布守卫在身边。但董卓性情暴躁又气量狭小，发怒时不考虑后果，曾经因小事不如意，拔出手戟投掷吕布。吕布用拳头敏捷地挡开手戟，回头向董卓道歉，董卓的怒气也随之缓解。因此吕布心中开始怨恨董卓。董卓常常让吕布守卫宫中的小门，吕布与董卓的侍婢私通，担心事情被董卓发觉，从此心中非常不安。……后来吕布到王允那里去，述说几乎被董卓杀死的情形。当时王允与仆射士孙瑞正密谋诛杀董卓，于是把此事告诉了吕布，让他做内应。吕布说："我与董卓以父子相待，这怎么办！"王允说："您原来姓吕，本不是亲父子。现在连死都顾不上了，还说什么父子？"于是吕布答应了王允，亲手用刀刺杀了董卓。

曹操绞死吕布

【原文】

建安三年，……太祖自征布，至其城下，遣布书，为陈祸福。布欲降，陈宫等自以负罪深，沮其计。布遣人求救于术，自将千余骑出战，败走，还保城，不敢出。术亦不能救。布虽骁猛，然无谋而多猜忌，不能制御其党，但信诸将。诸将各异意自疑，故每战多败。太祖堑围之三月，上下离心，其将侯成、宋宪、魏续缚陈宫，将其众降。布与其麾下登白门楼。兵围急，乃下降。遂生缚布，布曰："缚太急，小缓之。"太祖曰："缚虎不得不急也。"布请曰："明公所患不过於布，今已服矣，天下不足忧。明公将步，令布将骑，则天下不足定也。"太祖有疑色。刘备进曰："明公不见布之事丁建阳及董太师乎！"太祖颔之。布因指备曰："是儿最叵信者。"於是缢杀布。

【译文】

建安三年，……曹操亲自征讨吕布，来到吕布的城下，送信给吕布，向他陈述祸福利害。吕布想要投降，陈宫等人认为自己负罪深重，便阻止吕布投降的打算。吕布派人向袁术求救，并亲自率领一千多骑兵出城迎战，结果战败而逃，回城后据守城池，不敢出战。袁术也不能救援吕布。吕布虽然勇猛，但缺少谋略又爱猜忌，不能控制和驾驭他的集团，只信任各位将领。可诸将各有打算自相怀疑，所以每次战斗多被打败。曹操挖沟围困吕布三个月，吕布军中上下离心，他手下的将领侯成、宋宪、魏续等人捆绑了陈宫，率领他们手下的军队投降。吕布与他的手下人登上白门楼。曹兵围攻紧急，吕布这才下楼投降。于是把吕布活着捆绑起来，吕布说："绑得太紧了，稍微松一下。"曹操说："绑虎不能不紧啊。"吕布请求说："明公所忧虑的不过是吕布，现在我已经臣服，天下没有值得您担忧的人了。明公统率步兵，命我带领骑兵，天下是不难平定的。"曹操露出犹豫的神情。刘备上前说："明公没看见吕布事奉丁建阳和董太师吗！"曹操点头认为刘备的话有理。吕布因此指着刘备说："这小子是最不可信的。"于是曹操绞死了吕布。

臧 洪 传

陈容仗义从死

【原文】

洪邑人陈容少为书生，亲慕洪，随洪为东郡丞；城未败，洪遣出。绍令在坐，见洪当死，起谓绍曰，"将军举大事，欲为天下除暴，而专先诛忠义，岂合天意！臧洪发举为郡将，奈何杀之！"绍惭，左右使人牵出，谓曰："汝非臧洪俦，空复尔为！"容顾曰："夫仁义岂有常，蹈之则君子，背之则小人。今日宁与臧洪同日而死，不与将军同日而生！"复见杀。在绍坐者无不叹息，窃相谓曰："如何一日杀二烈士！"

【译文】

臧洪的同乡人陈容，青年时是书生，亲近和羡慕臧洪，跟随臧洪做东郡的郡丞；城没被攻陷时，被臧洪派出城外。臧洪被审时陈容在座，他见臧洪被判死罪，就起身对袁绍说："将军起兵，要为天下除掉暴虐的人，而您却专断地先杀了忠义之人，难道符合天意吗！臧洪被提举为东郡太守，又为什么杀死他！"袁绍面露惭愧，左右亲信让人把陈容拉了出去，对他说："你不是臧洪一伙的，这样做不是徒劳吗？"陈容回头说："难道那仁义是一个人永远占有的吗？遵循仁义就是君子，背叛仁义就是小人。今天我宁肯与臧洪同日而死，也不愿与将军同日而生！"也被杀死。在袁绍周围坐着的人无不叹息，互相之间偷偷地说："怎么一天之内杀了两个坚贞不屈的刚强之士！"

公孙瓒传

公孙瓒之死

【原文】

瓒军数败，乃走还易京固守。为围堑十重，於堑里筑京，皆高五六丈，为楼其上；中堑为京，特高十丈，自居焉，积谷三百万斛。瓒曰："昔谓天下事可指麾而定，今日视之，非我所决，不如休兵，力田畜谷。兵法，百楼不攻。今吾楼橹千重，食尽此谷，足知天下之事矣。"欲以此弊绍。绍遣将攻之，连年不能拔。建安四年，绍悉军围之。瓒遣子求救于黑山贼，复欲自将突骑直出，傍西南山，拥黑山之众，陆梁冀州，横断绍后。长史关靖说瓒……瓒遂止不出。救至，欲内外击绍。遣人与子书，刻期兵至，举火为应。绍候者得其书，如期举火。瓒以为救兵至，遂出欲战。绍设伏击，大破之，复还守。绍为地道，突坏其楼，稍至中京。瓒自知必败，尽杀其妻子，乃自杀。

【译文】

公孙瓒的军队多次被打败，便逃回易京（今河北雄县西北）坚守不出。公孙瓒挖掘围堑十重，在堑壕中堆起高大的土堆，都有五六丈高，在土堆上修筑碉

楼；堑壕中心建筑的碉楼最大，有十丈高，公孙瓒自己居住在里面，储存了三百万斛粮食。公孙瓒说："从前以为天下大事可以一挥战旗就定下来，今天看来，不是我所能决定的，不如休战，致力于种田储粮。兵法上说：百尺高的楼不能进攻。现在我的碉楼高有千重，吃完这里的粮食，足能够使我了解天下的事情了。"想以此来疲劳袁绍。袁绍派将进攻公孙瓒，连年不能攻下。建安四年（199），袁绍调集全部人马包围公孙瓒。公孙瓒派儿子向黑山贼求救，又想亲自率领骑兵突击冲出包围，傍依西南山，拥有黑山的军队，奔驰于冀州之内，横断袁绍的后方。长史关靖劝说公孙瓒……公孙瓒便停止突围而闭门不出。援救的军队来到后，公孙瓒想内外夹击袁绍。派人给他儿子送信，约定进攻的时间，以举火为应。袁绍的哨兵得到了书信，按信上约定的时间如期点火。公孙瓒以为是救兵来了，于是出城想进攻袁绍。袁绍设伏兵袭击公孙瓒，大败公孙瓒，公孙瓒又退回碉楼中坚守。袁绍挖掘地道，破坏了公孙瓒的碉楼，慢慢地接近中心的大碉楼。公孙瓒自己知道一定会失败，就将妻子儿女全部杀死，然后自杀了。

公孙渊传

司马懿平辽东

【原文】

　　渊遂自立为燕王，置百官有司。遣使者持节，假鲜卑单于玺，封拜边民，诱呼鲜卑，侵扰北方。二年春，遣太尉司马宣王征渊。六月，军至辽东。渊遣将军卑衍、杨祚等步骑数万屯辽隧，围堑二十余里。宣王军至，令衍逆战。宣王遣将军胡遵等击破之。宣王令军穿围，引兵东南向，而急东北，即趋襄平。衍等恐襄平无守，夜走。诸军进至首山，渊复遣衍等迎军殊死战。复击，大破之，遂进军造城下，为围堑。会霖雨三十余日，辽水暴长，运船自辽口经至城下。雨霁，起土山，修橹，为发石连弩射城中。渊窘急。粮尽，人相食，死者甚多。将军杨祚等降。八月丙寅夜，大流星长数十丈，从首山东北坠襄平城东南。壬午，渊众溃，与其子修将数百骑突围东南走，大兵急击之，当流星所坠处，斩渊父子。城破，斩相国以下首级以千数，传渊首洛阳，辽东、带方、乐浪、玄菟悉平。

【译文】

　　于是公孙渊自立为燕王，设置百官官吏派使者拿着符节，冒用鲜卑单于的印玺，加封和任用近地的部落首领，引诱招呼鲜卑，侵扰北方。景初二年（238）春天，派遣太尉司马懿征讨公孙渊。六月，大军来到辽东。公孙渊派将军卑衍、杨祚等步骑兵数万人驻扎在辽隧，挖掘围堑二十多里。司马懿的军队来到后，公孙渊命卑衍迎战。司马懿派将军胡遵等人进攻并打败了卑衍。司马懿命令军队突破围堑，带领军队向东南进发，而后急转东北，快速奔向襄平（辽东治所，今辽宁辽阳市北）。卑衍等人担心襄平无军防守，便连夜逃奔襄平。司马懿的大军来到首山，公孙渊又派卑衍等人迎击魏军，拼命死战。第二次交战，大败公孙渊的军队，于是进军来到襄平城下，挖掘围堑。正值阴雨连绵三十多天，辽水暴涨，运输船只从辽口一直来到襄平城下。雨停后，堆起土山，修筑望楼，制作了石车和连弩向城中射击。公孙渊的处境非常窘困。粮食没有了，以人为食，死人很

多。将军杨祚等人投降。八月丙寅夜里，有大流星长数十丈，从首山东北上空坠落在襄平城东南。壬午日，公孙渊的军队溃散，公孙渊与他的儿子公孙修带领几百骑兵突围逃向城东南，魏军迅速追击，在流星坠落的地方，斩杀公孙渊父子。城破后，将相国以下的官员处死，砍掉的脑袋有上千颗，公孙渊的头被送往洛阳。辽东、带方、乐浪、玄菟都被平定。

张 燕 传

黑山飞燕

【原文】

张燕，常山真定人也，本姓褚。黄巾起，燕合聚少年为群盗，在山泽间转攻，还真定，众万余人。博陵张牛角亦起众，自号将兵从事，与燕合。燕推牛角为帅，俱攻瘿陶。牛角为飞矢所中，被创且死，令众奉燕，告曰："必以燕为帅。"牛角死，众奉燕，故改姓张。燕剽捍捷速过人，故军中号曰飞燕。其后人众寝广，常山、赵郡、中山、上党、河内诸山谷皆相通，其小帅孙轻、王当等，各以部众从燕，众至百万，号曰黑山。灵帝不能征，河北诸郡被其害。

【译文】

张燕是常山真定（今河北正定县）人，本来姓褚。黄巾起义时，张燕聚集青年人结伙造反，辗转于山野草泽之间，回到真定，队伍有一万多人。博陵人张牛角也率众起义，自称为将兵从事，与张燕的队伍汇合。张燕推崇张牛角为首领，一起进攻瘿陶。张牛角被流箭射中，受伤将要死时，命令众人侍奉张燕，告诉说："一定要以张燕为首领。"张牛角死后，众人尊奉张燕，因此张燕改姓张。张燕轻捷骁勇，行动迅速超过常人，所以军中人称他为"飞燕"。后来张燕的队伍逐渐扩大，常山、赵郡、中山、上党、河内等郡各山都互相通信，其中的小首领孙轻、王当等人，各自带领他们的队伍跟随张燕，队伍达到百万，号称"黑山"。汉灵帝没能力征讨，黄河以北的各郡都受到张燕的攻伐。

张 鲁 传

张鲁与"五斗米"教

【原文】

张鲁字公祺，沛国丰人也。祖父陵，客蜀，学道鹄鸣山中，造作道书以惑百姓，从受道者出五斗米，故世号米贼。陵死，子衡行其道。衡死，鲁复行之。益州牧刘焉以鲁为督义司马，与别部司马张修将兵击汉中太守苏固，鲁遂袭修杀之，夺其众。焉死，子璋代立，以鲁不顺，尽杀鲁母家室。鲁遂据汉中，以鬼道教民，自号"师君"。其来学道者，初皆名"鬼卒"。受本道已信，号"祭酒"。各领部众，多者为治头大祭酒。皆教以诚信不欺诈，有病自首其过，大都与黄巾相似。诸祭酒皆作义舍，如今之亭传。又置义米肉，悬于义舍，行路者量腹取足；若过多，鬼道辄病之。犯法者，三原，然后乃行刑。不置长吏，皆以祭酒为治，民夷便乐之。雄据巴、汉垂三十年。

【译文】

张鲁字公祺，沛国丰县（今江苏省丰县）人。张鲁的祖父张陵，客居蜀中，在鹄鸣山（今四川崇州市西北）中学道，撰写道书来迷惑百姓，跟他学道的人要出五斗米，所以世人称之为"米贼"。张陵死后，他的儿子张衡继续传道。张衡死后，张鲁又继续传道。益州牧刘焉任命张鲁为督义司马，与别部司马张修一起率兵进攻汉中太守苏固，于是张鲁又袭击张修，将他杀了，夺取了苏固的军队。刘焉死后，刘焉的儿子刘璋代替父亲为益州刺史，刘璋认为张鲁不顺从，就将张鲁的母亲和家室全都杀了。于是张鲁占据汉中，用鬼道教授人民，自称"师君"。前来学道的人，开始时都叫"鬼卒"。接受本道已有成就并享有威信的人称"祭酒"。祭酒都各领道徒，所领道徒多的为治头大祭酒。都教育道众以诚实待人，

庄园谷仓壁画　东汉

不能欺诈，生病的人要自首所犯的过错，基本与黄巾的做法相似。各祭酒都建有"义舍"，就像现在的亭传一样。又放有义米肉，悬挂在义舍内，过路的人根据自己的食量取食，吃饱为止；如果吃得过多，鬼道就会让他生病。犯法的人，赦免三次，然后才惩罚。不设置官吏，都用祭酒来治理，人民生活清静安逸都喜欢张鲁。张鲁雄踞巴、汉，将近三十年。

夏侯渊传

曹操论将

【原文】

初，渊虽数战胜，太祖常诫曰："为将当有怯弱时，不可但恃勇也。将当以勇为本，行之以智计；但知任勇，一匹夫敌耳。"

【译文】

当初，夏侯渊虽然多次打胜仗，曹操还是常常告诫他说："作为将军应该有怯弱的时候，不能只知依仗自己的勇敢。将军应该以勇敢为本，运用智谋来打仗；只知凭借自己勇敢的人，不过是个匹夫的对手罢了。"

国学经典文库

曹 仁 传

围城必示以活门

【原文】

河北既定，从围壶关。太祖令曰："城拔，皆坑之。"连月不下。仁言於太祖曰："围城必示之活门，所以开其生路也。今公告之必死，将人自为守。且城固而粮多，攻之则士卒伤，守之则引日久；今顿兵坚城之下，以攻必死之虏，非良计也。"太祖从之，城降。

【译文】

河北平定以后，立即包围了壶关。曹操命令说："城攻下后，把城里人都活埋掉。"数月没有攻下。曹仁向曹操提议说："围攻城池一定要让人知道有个活门，为的是给城里人留一条活路。现在您告诉他们必死无疑，那么他们就要各自奋力守城了。况且城池坚固，而粮食又多，如果攻城士兵就会伤亡，如果守而不攻就会拖延时间；现在把军队停留在坚固的城墙下，来进攻自知必死的敌人，不是好的计策。"曹操听从了曹仁的意见，城里人果然投降了。

曹 洪 传

皇帝的报复

【原文】

始，洪家富而性吝啬，文帝少时假求不称，常恨之，遂以舍客犯法，下狱当死。群臣并救莫能得。下太后谓郭后曰："令曹洪今日死，吾明日敕帝废后矣。"於是泣涕屡请，乃得免官削爵土。

【译文】

当初，曹洪家中富足而性格吝啬，文帝青年时向曹洪求借不称心，心中常常怨恨他，于是就以曹洪的家客犯法为由，将曹洪下狱判处死刑。群臣一起求救没有成功。下太后对郭皇后说："假如曹洪今日被处死，我明天就敕令皇帝废掉你。"因此郭皇后多次流着泪向文帝请求，曹洪才得以免去官职削减封土而活下来。

曹 爽 传

曹爽失计离朝廷

【原文】

十年正月，车驾朝高平陵，爽兄弟皆从。宣王部勒兵马，先据武库，遂出屯洛水浮桥。奏爽曰："……皇太后令敕臣如奏施行。臣辄敕主者及黄门令罢爽、

義、训吏兵，以侯就第，不得逗留以稽车驾；敢有稽留，便以军法从事。臣辄力疾将兵屯洛水浮桥，伺察非常。"爽得宣王奏事，不通，迫窘不知所为。大司农沛国桓范闻兵起，不应太后召，矫诏开平昌门，拔取剑戟，略将门候，南奔爽。宣王知，曰："范画策，爽必不能用范计。"范说爽使车驾幸许昌，招外兵。爽兄弟犹豫未决，范重谓羲曰："当今日，卿门户求贫贱复可得乎？且匹夫持质一人，尚欲望活，今卿与天子相随；令於天下，谁敢不应者？"羲犹不能纳。侍中许允、尚书陈泰说爽，使早自归罪。爽绪遣允、泰诣宣王，归罪请死，乃通宣王奏事。遂免爽兄弟，以侯还第。

【译文】

魏正始十年（249）正月，齐王曹芳乘车去高平陵祭扫，曹爽兄弟都随从前往。司马懿率所部兵马先占据武库，然后出城驻扎在洛水浮桥上。向皇太后表奏曹爽说："……皇太后如命臣下按表章上所说的行事，臣下就命令负责的官员和黄门令罢免曹爽、曹羲、曹训的官职和兵权，以侯的身份回家，不能逗留郊外，稽留皇帝的车驾；有谁敢稽留车驾，就依军法惩处。臣下已全力率领所部勇猛的将士驻守在洛水浮轿上，观察曹爽的动向。"曹爽得到司马懿的奏章后，没有奏闻皇帝，处境窘迫不知如何是好。大司农沛国人桓范听说司马懿起兵，不听太后的召唤，假传诏命打开平昌门，拔出兵器，侵犯守门将士，南去投奔曹爽。司马懿知道后说："桓范虽为曹爽谋划，但曹爽是绝不会听从桓范的计策的。"桓范劝曹爽让皇帝的车驾去许昌，招集外镇兵马。曹爽兄弟犹豫不决，桓范又对曹羲说："在这时候，您一家老小向司马懿乞求做百姓还能如愿吗？就是一个独夫持有一个人质，还希望能活着，如今您与天子在一起，向天下人发号施令，谁敢不服从呢？"曹羲还是不能接受。侍中许允、尚书陈泰劝曹爽，让他早日亲自回洛阳请罪。曹爽便派许允、陈泰到司马懿那里去，答应回城认罪请求处死，这才向皇帝传达司马懿的奏章。于是罢免曹爽兄弟，让他们以侯的身份回家。

荀　彧　传

劝曹操迎天子

【原文】

汉献帝自河东还洛阳。太祖议奉迎都许，或以山东未平，韩暹、杨奉新将天子到洛阳，北连张杨，未可卒制。或劝太祖曰："昔〔晋文纳周襄王而诸侯景从〕，高祖东伐为义帝缟素而天下归心。自天子播越，将军首唱义兵，徒以山东扰乱，未能远赴关右，然犹分遣将帅，蒙险通使，虽御难于外，乃心无不在王室，是将军匡天下之素志也。今车驾旋轸，〔东京榛芜〕，义士有存本之思，百姓咸旧而增哀。诚因此时，奉主上以从民望，大顺也；秉至公以服雄杰，大略也；扶弘义以致英俊，大德也。天下虽有逆节，必不能为累，明矣。韩暹、杨奉其敢为害！若不时定，四方生心，后虽虑之，无及。"太祖遂至洛阳，奉迎天子都许。

【译文】

汉献帝从河东回到洛阳。曹操与众谋士商议奉迎献帝建都许昌，有人认为山东尚未平定，韩暹、杨奉刚刚送献帝到洛阳，北边联结着张杨，不能在短时期内

控制局势。苟彧对曹操说，"从前晋文公接纳周襄王而诸侯就都像影子一样追随他，汉高祖东伐项羽为义帝穿丧服而天下人就都归心于他。自从天子流亡以来，将军您首倡义兵，只因山东扰乱，未能使您脱身远赴关西，但仍然分别派遣将帅，冒险与天子通使，虽然在外御敌，可心里却没有一天不想念王室的，这是将军您匡扶天下的夙愿啊。如今天子回车洛阳，而洛阳城荒芜不堪，正义之士有思念本土的感情，百姓也会因感念往昔而增添哀愁。果真能在这时奉迎天子，以顺从人民的愿望，这是大顺啊；秉执至公而使英雄豪杰们服从，这是大略啊；扶持大义而招引英俊之士，这是大德啊。天下虽然有违背节义之人，您也绝不会被其所累，这是很明白的。韩暹、杨奉还哪里敢为害呢？如果不立即决定，使天下人萌生异心，过后即使思虑（懊悔），也来不及了。"于是曹操到洛阳奉迎献帝在许昌建都。

贾 诩 传

贾诩为曹丕策划

【原文】

是时，文帝为五官将，而临菑侯植才名方盛，各有党与，有夺宗之议。文帝使人问诩自固之术，诩曰："愿将军恢崇德度，躬素士之业，朝夕孜孜，不违子道。如此而已。"文帝从之，深自砥砺。太祖又尝屏除左右问诩，诩嘿然不对，太祖曰："与卿言而不答，何也？"诩曰："属适有所思，故不即对耳。太祖曰："何思？"诩曰："思袁本初、刘景升父子也。"太祖大笑，於是太子遂定。

丝绸 东汉

【译文】

这时，曹丕任五宫中郎将，而临菑侯曹植的才能与名气正处在旺盛时期，各有集团党羽，有夺取宗嗣的议论。曹丕派人向贾诩询问巩固自己地位的方法，贾诩说："希望将军能弘扬道德，宽广胸怀，躬行寒士之业，朝夕努力，不背离为子之道。这样就可以了"。曹丕听从他的话，自己深刻磨炼。曹操也曾经屏退左右的人就立太子之事询问贾诩，贾诩默然不应。曹操说："跟您说话，您怎么不回答呢？"贾诩说："我正在考虑问题，所以没立即回答。"曹操说："考虑什么？"贾诩说："考虑袁本初、刘景升父子皆因立嗣不定而乱啊。"曹操大笑，于是立谁为太子的事便定了下来。

王 修 传

王修不畜聚

【原文】

袁氏政宽，在职势者多畜聚。太祖破邺，籍没审配等家财物赀以万数。及破南皮，阅修家，谷不满十斛，有书数百卷。太祖叹曰："士不妄有名。"

【译文】

袁氏为政宽容松弛，在职的有权势的人多贮存和聚敛财物。曹操攻破邺城，登记没收审配等人家中的财物估量数以万计。等到攻破南皮，察看王修的家，粮食不满十斛，有书籍数百卷。曹操赞叹说："王修作为士人，不徒有虚名啊。"

邴 原 传

邴原不许阴婚

【原文】

原女早亡，时太祖爱子仓舒亦没，太祖欲求合葬，原辞曰："合葬，非礼也。原之所以自客於明公，公之所以待原者，以能守训典而不易也。若听明公之命，则是凡庸也，明公焉以为哉？"太祖乃止，徙署丞相征事。

【译文】

邴原的女儿夭亡，当时曹操的爱子仓舒也死了，曹操想求邴原将仓舒与他女儿合葬，邴原推辞说："合葬不符合礼法。邴原之所以能被明公容纳，明公之所以能厚待邴原，是因为我能恪守祖先的训典而不改易。倘若听从明公的话，那我就成了庸俗的人，明公您以为如何呢？"曹操因此停止了合葬的要求，调任邴原为丞相征事。

崔 琰 传

崔琰冤死

【原文】

琰声姿高畅，眉目疏朗，须长四尺，甚有威重，朝士瞻望，而太祖亦敬惮焉。琰尝荐钜鹿杨训，虽才好不足，而清贞守道，太祖即礼辟之。后太祖为魏主，训发表称赞功伐，襃述盛德。时人或笑训希世浮伪，谓琰为失所举。琰从训取表草视之，与训书曰："省表，事佳耳！时乎时乎，会当有变时。"琰本意讥论者好谴呵而不寻情理也。有白琰此书傲世怨谤者，太祖怒曰："谚言'生女耳'，'耳'非佳语。'会当有变时'，意指不逊。"於是罚琰为徒隶，使人视之，辞色不挠。太祖令曰："琰虽见刑，而通宾客，门若市人，对宾客虬须直视，若有所

嗔。"遂赐琰死。

【译文】

崔琰音容高畅，眉目疏朗，胡须有四尺长，非常有威严，朝士仰慕他，曹操也敬畏他。崔琰曾经荐举钜鹿人杨训，杨训虽才能不足，但清贞守道，曹操就以礼征召了他。后来曹操称魏王，杨训上表称颂赞美曹操的功勋，赞扬述说曹操的盛德。时人有人讥笑杨训迎合世俗轻浮虚伪，认为崔琰举荐杨训是失误。崔琰从杨训那里拿来表章浏览了一下，给杨训写信说："看了表章，不过是做好事罢了！时势啊时势，应当有变化的时候。"崔琰的本意是讥讽议论的人们好谴责呵斥而不追溯情理。有人向曹操说崔琰的信是傲也不恭，怨恨谤毁，曹操发怒说："民谚说'生女耳'，'耳'不是好话。'会当有变时'，意旨也不恭顺。"于是处罚崔琰去服劳役，并使人去看他，崔琰言辞和表情都没有表示出屈服。曹操下令说："崔琰虽然被判刑，却交通宾客，门庭若市，他对着宾客卷着胡子直着看，好像在生气。"于是赐崔琰自杀。

毛 玠 传

毛 玠 廉 节

【原文】

太祖为司空丞相，玠尝为东曹掾，与崔琰并典选举。其所举用，皆清正之士，虽於时有盛名而行不由本者，终莫得进。务以俭率人，由是天下之士莫不以廉节自励，虽贵宠之臣，舆服不敢过度。太祖叹曰："用人如此，使天下人自治，吾复何为哉！"……玠居显位，常布衣蔬食，抚育孤兄子甚笃，赏赐以振施贫族，家无所余。

【译文】

曹操任司空、丞相，毛玠曾经任东曹掾，与崔琰一起主管选举。他们所举荐选用的人，都是清廉正直之士，虽然在当时负有盛名而行为不守本分的，最终没有得到选进。毛玠务求俭节以此来表率他人，于是天下的士人没有不以廉节自我勉励的，即使是贵戚宠臣，车马服饰也不敢过分。曹操赞叹说："能这样用人，使天下人自治，我还有什么干不成呢？"……毛玠身居显耀的职位，常常身穿布衣吃粗食，诚心实意地抚育失去父亲的侄子，朝廷赏赐的财物都用来赈济施舍给穷人，家中没有什么剩余的财物。

王 肃 传

王 肃 论 司 马 迁

【原文】

帝尝问曰："汉桓帝时，白马令李云上书言：'帝者，谛也。是帝欲不谛。'当何得不死？"肃对曰："但为言失逆顺之节。原其本意，皆欲尽心，念存补国。

且帝者之威，过於雷霆，杀一匹夫，无异蝼蚁。宽而宥之，可以示容受切言，广德宇於天下。故臣以为杀之未必为是也。"帝又问："司马迁以受刑之故，内怀隐切，著《史记》非贬孝武，令人切齿。"对曰："司马迁记事，不虚美，不隐恶。刘向、扬雄服其善叙事，有良史之才，谓之实录。汉武帝闻其述《史记》取孝景及已本纪览之，於是大怒，削而投之。於今此两纪有录无书。后遭李陵事，遂下迁蚕室。此为隐切在孝武，而不在於史迁也。"

【译文】

明帝曾经问王肃说："汉桓帝时，白马令李云上书说：'帝就是谛的意思。桓帝不想审视朝政了'当时怎么能不杀死他呢？"王肃回答说："不过因为说了几句话而背离了顺逆的标准。但他的本意，却是想尽心竭力，存有补救国家的愿望。况且帝王的威严，胜过雷霆，杀一个人，无异于踩死个蝼蚁。如果宽容而饶恕他，就可以用来显示帝王的宽容，能够承受如此激切的言论，向天下扩大帝王的恩德。因此我认为杀死李云未必就是对的。"明帝又问王肃："司马迁因受刑的缘故，心怀怨恨，结果著《史记》非难贬低汉武帝，真令人痛恨。"王肃回答说："司马迁在《史记》中记事，不虚假地赞美，不隐瞒丑恶。刘向、扬雄都佩服司马迁善于叙事，有良史的才能，称《史记》为实录。汉武帝听说他撰述《史记》，便拿来汉景帝和自己的本纪阅览，因此大怒，把文字削删扔掉了。到如今这两篇本纪有录而无书。后来遇到李陵事件，将司马迁投入蚕室。这是因为有怨恨的是汉武帝，而不在于司马迁。"

程 昱 传

料孙、刘联合

【原文】

太祖征荆州，刘备奔吴。论者以为孙权必杀备，昱料之曰："孙权新在位，未为海内所惮。曹公无敌於天下，初举荆州，威震江表，权虽有谋，不能独当也。刘备有英名，关羽、张飞皆万人敌也，权必资之以御我。难解势分，备资以成，又不可得而杀也。"权果多与备兵，以御太祖。

【译文】

曹操征讨荆州，刘备逃奔东吴。议论此事的人认为孙权一定会杀刘备，程昱估计说："孙权刚刚即位，没有被天下所畏惧。曹公无敌于天下，刚拿下荆州，威震江南，孙权虽有谋略，但不能独当一面。刘备享有英雄的名声，关羽、张飞都是万人敌，孙权一定会资助刘备来抵抗我们。难关过后，二人分开，但那时刘备因得到孙权的资助已形成势力，孙权又不能够杀死刘备了。"孙权果然多给刘备军队，用以抵抗曹操。

郭 嘉 传

君 臣 知 遇

【原文】

郭嘉字奉孝，颖川阳翟人也。初，北见袁绍，谓绍谋臣辛评、郭图曰："夫智者审于量主，故百举百全而功名可立也。袁公徒效周公之下士，而未知用人之机。多端寡要，好谋无决，欲与共济天下大难，定霸王之业，难矣！"於是遂去之。先是时，颖川戏志才，筹画士也，太祖甚器之。早卒。太祖与荀彧书曰："自志才亡后，莫可与计事者。汝、颖固多奇士，谁可以继之？"彧荐嘉。召见，论天下事。太祖曰："使孤成大业者，必此人也。"嘉出，亦喜曰："真吾主也。"表为司空军祭酒。

【译文】

郭嘉字奉孝，颖川阳翟（今河南禹县）人。当初，郭嘉北上见袁绍，对袁绍的谋臣辛评、郭图说："聪明的人慎重地衡量主人，所以得心应手，干一百件事一百个成功，就可以成就功名了。袁公仅仅是效法周公礼贤下士，而不懂得用人的关键。头绪多而缺少要领，好谋划想主意而不能决断，想与他共同渡过天下的大难，奠定王霸之业，太难了！"于是离开袁绍走了。在这之前，颖川人戏志才，是善于谋划的人，曹操非常器重他。不幸早死。曹操给荀彧写信说："自从志才死后，没有能和我商量谋划事情的人了。汝水、颖川本来有很多奇士，有谁可以继承戏志才呢？"荀彧荐举郭嘉。曹操召见郭嘉，和他议论天下大事。曹操说："使我成就大业的人，一定就是这个人了。"郭嘉从曹操那出来，也高兴地说："真是我的主人啊。"曹操表奏郭嘉任司空军祭酒。

料孙策必亡

【原文】

孙策转斗千里，尽有江东，闻太祖与袁绍相持於官渡，将渡江北袭许。众闻皆惧，嘉料之曰："策新并江东，所诛皆英豪雄杰，能得人死力者也。然策轻而无备，虽有百万之众，无异於独行中原也。若刺客伏起，一人之敌耳。以吾观之，必死於匹夫之手。"策临江未济，果为许贡客所杀。

【译文】

孙策转战千里，全部占据了江东，听说曹操与袁绍在官渡相对峙，就准备渡过长江北上袭击许都。众人听说后都害怕，郭嘉估计说："孙策刚刚吞并江东，所诛杀的都是当地的英豪雄杰，能得到别人拼死相助的人。可孙策行动随便没有防备，即使有百万大军，也与自己一个人在中原行走没什么两样。如果埋伏的刺客突然而起，不过是一人的对手罢了。依我观察孙策，一定会死在刺客手中。"孙策来到江边还没渡江，果然被许贡的家客杀死了。

刘 晔 传

所 料 必 应

【原文】

诏问群臣令料刘备当为关羽出报吴不。众议咸云："蜀，小国耳，名将唯羽。羽死军破，国内忧惧，无缘复出。"晔独曰："蜀虽狭弱，而备之谋欲以威武自强，势必用众以示其有余。且关羽与备，义为君臣，恩犹父子；羽死不能为兴军报敌，於终始之分不足。"后备果出兵击吴。吴悉国应之，而遣使称藩。朝臣皆贺，独晔曰："吴绝在江、汉之表，无内臣之心久矣。陛下虽齐德有虞，然丑虏之性，未有所感。因难求臣，必难信也。彼必外迫内困，然后发此使耳，可因其穷，袭而取之。夫一日纵敌，数世之患，不可不察也。"备军败退，吴礼敬转废，帝欲兴众伐之，晔以为"彼新得志，上下齐心，而阻带江湖，必难仓卒。"帝不听。五年，幸广陵泗口，命荆、扬州诸军并进。会群臣，问："权当自来不？"咸曰："陛下亲征，权恐怖，必举国而应。又不敢以大众委之臣下，必自将而来。"晔曰："彼谓陛下欲以万乘之重牵己，而超越江湖者在於别将，必勒兵待事，未有进退也。"大驾停住积日，权果不至，帝乃旋师。

【译文】

曹丕召见群臣让他们估计一下刘备是否出兵东吴为关羽报仇。众人议论都说："蜀汉只是个小国，名将唯有关羽。关羽兵败身死，国内忧虑担心，没有理由再出兵。"只有刘晔说："蜀汉虽然土地狭小，国力贫弱，而刘备的企图是想凭借威武自我强横，他势必会用军队来显示蜀国强大有余。况且关羽与刘备，在道义上是君臣，而恩情如同父子；关羽被杀而刘备不能起兵为之报仇，从相交终始的情分来讲也是不足取的。"后来刘备果然出兵进攻东吴。东吴全国上下共同对付刘备，而派遣使者向魏国称臣，朝臣们都向曹丕庆贺，唯有刘晔说："东吴割据长江、汉水以南的土地，没有向朝廷称臣之心已经很久了。陛下虽像有虞一样，对他们同样施以恩德，但丑虏的本性，是不会为之感动的。在困难的时候乞求做臣子，一定难以相信。他们一定是在外迫内困的困难形势下，才派遣这个使者的。我们可以趁其窘迫，而袭击夺取东吴。在一天之内就放跑了敌人，他们便成为几世的祸患，不能不仔细思考这一事件啊！"刘备败退以后，东吴对朝廷的礼敬随即废止，曹丕想起兵讨伐东吴，刘晔认为："他们是刚得志，君臣齐心合力，又有江湖险阻相环绕，一定难以在短时间取胜。"曹丕不听。黄初五年，曹丕亲自来到陵泗口，命令荆州、扬州诸军一起进攻。曹丕又招集群臣，问："孙权会亲自来吗？"群臣都说："陛下亲自征伐，孙权恐怖，一定会举国上下来对付您。但又不敢把大军委之臣下，孙权一定亲自带兵前来。"刘晔说："孙权认为陛下会因皇帝的身份而受到约束，而将超越江湖险阻的事委于其他将领，孙权一定会整训军队，严阵以待，不会有所举动的。"曹丕停下来驻扎了多日，孙权果然没有来，曹丕这才回师。

刘馥传

刘馥治扬州

【原文】

太祖方有袁绍之难，谓馥可任以东南之事，遂表为扬州刺史。馥既受命，单马造合肥空城，建立州治，南怀绪等，皆安集之，贡献相继。数年中恩化大行，百姓乐其政，流民越江山而归者以万数。於是聚诸生，立学校，广屯田，兴治芍陂及茄陂、七门、吴塘诸堨以溉稻田，官民有畜。又高为城垒，多积木石，编作草苫数千万枚，益贮鱼膏数千斛，为战守备。

【译文】

曹操正遇到袁绍的进攻，认为刘馥可以承担起治理东南的重任，于是表奏朝廷任刘馥为扬州刺史。刘馥接受任命后，一个人来到空城合肥，设立扬州治所，安抚南方的雷绪等人，雷绪等人都安心地来到合肥，贡献财物的人相继不断。几年之中扬州教化大行，百姓对刘馥的治理非常满意，逃亡在外的流民渡过长江翻越山岭回到合肥的有近万人。于是刘馥招集读书人，设立学校，推广屯田，发动百姓在芍陂、茄坡、七门、吴塘等地修筑土堰，引水灌溉稻田，官府和百姓都有了积蓄。又加高城墙堡垒多堆积木石，编织草苫几千万个，增加贮存鱼膏数千斛，为在战斗中守城做准备。

任峻传

任峻屯田

【原文】

太祖每征伐，峻常居守以给军。是时岁饥旱，军食不足，羽林监颖川枣祗建置屯田，太祖以峻为典农中郎将，〔募百姓屯田於许下，得谷百万斛，郡国列置田官〕，数年中所在积粟，仓廪皆满。官渡之战，太祖使峻典军器粮运。贼数寇钞绝粮道，乃使千乘车为一部，十道方行，为复陈以营卫之，贼不敢近。军国之饶，起於枣祗而成於峻。

【译文】

曹操每次出兵征伐，任峻常常在后方守卫向军队提供补给。这年天旱歉收，百姓饥馑，军粮不足，羽林监颖川人枣祗建议设置屯田，曹操任命任峻为典农中郎将，召募百姓，在许昌郊外屯田，收获粮食百万斛，各郡国都设置了田官，几年之中所在的地方积满粮食，仓廪都装满了。官渡之战时，曹操派任峻主管军中器械和粮食的运输。贼寇多次侵掠阻断粮道，任峻就让千乘为一部，凑齐十道才出发，并在运粮车队中夹陈军队来护卫，贼寇不敢接近粮队。军队和国家的富饶，兴起于枣祗却完成于任峻。

杜 畿 传

杜畿治河东

【原文】

是时天下郡县皆残破，河东最先定，少耗减。畿治之，崇宽惠，与民无为。民尝辞讼，有相告者，畿亲见为陈大义，遣令归谛思之，若意有所不尽，更来诣府。乡邑父老自相责怒曰："有君如此，奈何不从其教？"自是少有辞讼。班下属县，举孝子、贞妇、顺孙，复其繇役，随时慰勉之。渐课民畜牸牛、草马，下逮鸡豚犬豕，皆有章程。百姓勤农，家家丰实。戴乃曰："民富矣，不可不教也。"於是冬月修戎讲武，又开学宫，亲自执经教授，郡中化之。

【译文】

这时天下的郡县都残缺破败，河东最先平定，损失较少。杜畿治理河东，崇尚宽惠，对百姓实行无为而治。百姓中常常有诉讼，有互相告状的人，杜畿亲自接见他们，为他们陈述大义，命令他们归家认真反省，如有想不通的地方，再来官府。乡邑父老们互相生气地责备说："有这样的长官，有什么理由不听从他的教诲呢？"从此后很少有人诉讼了。杜畿属下的各县，荐举孝子、贞妇、顺孙，免除赋税徭役，并按时慰问勉励他们。慢慢地督促百姓畜养母牛、母马，下至鸡豚犬豕，都有章程规定。百姓勉励耕种，家家丰实。杜畿这才说："百姓富裕了，不可以不教育啊。"于是在冬月里训练军队，讲习军事，又开设学馆，亲自拿着经书教授学生，郡中人开始被教化。

郑 浑 传

劝 农 植 稻

【原文】

文帝即位，为侍御史，加驸马都尉，迁阳平、沛郡二太守。郡界下湿，患水涝，百姓饥乏。浑於萧、相二县界，兴陂遏，开稻田。郡人皆以为不便，浑曰："地势洿下，宜溉灌，终有鱼稻经久之利，此丰民之本也。"遂躬率吏民，兴立功夫，一冬间皆成。比年大收，顷亩岁增，租入倍常，民赖其利，刻石颂之，号曰郑陂。

【译文】

文帝曹丕即位，郑浑为侍御史，加任驸马都尉，后又迁任阳平、沛郡两个郡的太守。郡界内地势低湿，患水涝，百姓饥饿困乏。郑浑便在萧、相两县的界内，修筑土陂，阻遏水患，开辟稻田。郡中人都认为不应这样做，郑浑说："地势低洼，容易灌溉，最终会有鱼和稻的长远好处，这是使百姓富裕的根本啊。"于是郑浑亲自带领官民，兴建水利工程，一冬时间工程都修建完成。第二年大丰收，顷亩的收获比上年增长了一倍，官府田租的收入也比平常增长了一倍，百姓

依赖郑浑的好处，刻石称颂郑浑，称修筑的水堤为"郑陂"。

仓 慈 传

仓慈治燉煌

【原文】

太和中，迁燉煌太守。郡在西陲，以丧乱隔绝，旷无太守二十岁，大姓雄张，遂以为俗。前太守尹奉等，循故而已，无所匡革。慈到，抑挫权右，抚恤贫羸，甚得其理。旧大族田地有余，而小民无立锥之土；慈皆随口割赋，稍稍使毕其本直。先是属城狱讼众猥，县不能决，多集治下；慈躬往省阅，料简轻重，自非殊死，但鞭杖遣之，一岁决刑曾不满十人。又常日西域杂胡欲来贡献，而诸豪族多逆断绝；既与贸迁，欺诈侮易，多不得分明。胡常怨望，慈皆劳之。欲诣洛者，为封过所，欲从郡还者，官为平取，辄以府见物与共交市，使吏民护送道路，由是民夷翕然称其德惠。数年卒官，吏民悲感如丧亲戚，图画其形，思其遗像。及西域诸胡闻慈死，悉共会聚於戊己校尉及长吏治下发哀，或有以刀画面，以明血诚，又为立祠，遥共祠之。

玉辟邪　东汉

【译文】

太和年间，仓慈迁任燉煌太守。燉煌郡远在西部边疆，因国内丧乱而消息断绝，已经二十年没设置太守了，那里的大姓豪族势力扩大，人们对此也习以为常。前任太守尹奉等人，因循过去的习惯，没有进行什么整治和改革。仓慈到任后，抑制打击豪强大姓，抚慰体恤贫弱百姓，深得治郡的道理。从前大族的田地有余，而百姓连插锥子的地块也没有；仓慈一句话免除了他们的赋税，慢慢地恢复他们的职业。当初，郡下所属县城中的诉讼繁多杂乱，县令不能决断，多汇集到郡府；仓慈亲自前往审阅，料理检查案情的轻重，从不判处死刑，只是判处鞭杖后遣送回家，一年之中被判死刑的不满十人。再有，以往西域少数民族想来向朝廷贡献礼品，而豪强大族多阻拦断绝；即使是和少数民族进行贸易，也欺诈轻慢，大多不公平合理。少数民族人常常怨恨，仓慈对他们都加以慰劳。想到洛阳去的，为他们开具证件，想从郡治返回的，官府与他们平等交换，总是用府中的财物与他们交换，派官吏或百姓将他们护送上路。因此，汉民与少数民族一致称赞仓慈的仁德恩惠。几年后仓慈死于官职上，官民们悲痛欲绝如同死了父母一样，图画仓慈的相貌，思念他过去的作为。等到西域各少数民族听到仓慈死去的消息后，都一起聚集到戊己校尉和长吏的府下举哀，有的人用刀割划面容，来表明自己内心的诚恳，又为仓慈建立祠堂，一起遥祭仓慈。

于 禁 传

曹丕羞辱于禁

【原文】

建安二十四年，太祖在长安，使曹仁讨关羽于樊，又遣禁助仁。秋，大霖雨，汉水溢，平地水数丈，禁等七军皆没。禁与诸将登高望水，无所回避，羽乘大船就攻禁等，禁遂降，惟庞德不屈节而死。太祖闻之，哀叹者久之，曰："吾知禁三十年，何意临危处难，反不如庞德邪！"会孙权禽羽，获其众，禁复在吴。文帝践阼，权称藩，遣禁还。帝引见禁，须发皓白，形容憔悴，泣涕顿首。帝慰谕以荀林父、孟明视故事，拜为安远将军。欲遣使吴，先令北诣邺谒高陵。帝使豫于陵屋画关羽战克、庞德愤怒、禁降伏之状。禁见，惭恚发病薨。

【译文】

建安二十四年（219），曹操在长安，派曹仁到樊城讨伐关羽，又派遣于禁助曹仁。秋天，正遇上连阴雨，汉水溢出，平地水深数丈，于禁等人所率领的七军都被淹没。于禁和诸将登到高处远望大水，没有回避的地方，关羽乘着大船进攻于禁等人，于是于禁投降关羽，只有庞德坚守节操不屈而死。曹操听说后，叹息了很久，说："我与于禁相交三十年，没想到在面临危难的时刻，反而不如庞德啊！"恰好孙权擒杀了关羽，俘获了关羽的军队，于禁又来到吴国。文帝曹丕登上帝位，孙权向曹丕称臣，把于禁送回魏国。曹丕召见于禁，见他须发都白了，面容憔悴。于禁流着眼泪向曹丕叩头。曹丕慰问于禁并向他讲了荀林父和孟明视的故事，授予安远将军的官职。要派遣他出使东吴，先让他到邺城拜谒高陵。曹丕预先派人在陵屋内壁上画上关羽战胜、庞德愤怒、于禁投降伏在地上的形状。于禁看到后，惭愧怨恨发病而死。

李 典 传

不因私憾忘公义

【原文】

与张辽、乐进屯合肥，孙权率众围之，辽欲奉教出战。进、典、辽皆素不睦，辽恐其不从，典慨然曰："此国家大事，顾君计何如耳，吾可以私憾而忘公义乎！"乃率众与辽破走权。

【译文】

李典与张辽、乐进驻扎在合肥，孙权率军包围合肥，张辽想奉命出战。乐进、李典、张辽三人平素都不和睦，张辽担心二人不听从他的命令，李典感慨地说："这是国家大事，看您如何谋划了，我怎能因自己不满意，而忘记公义呢！"于是率军与张辽一起把孙权打得大败逃走。

许 褚 传

勇力绝人

【原文】

许褚字仲康，谯国谯人也。长八尺余，腰大十围，容貌雄毅，勇力绝人。汉末，聚少年及宗族数千家，共坚壁以御寇。时汝南葛陂贼万余人攻褚壁，褚众少不敌，力战疲极。兵矢尽，乃令壁中男女，聚治石如杅斗者置四隅。褚飞石掷之，所值皆摧碎。贼不敢进。粮乏。伪与贼和，以牛与贼易食，贼来取牛，牛辄奔还。褚乃出陈前，一手逆曳牛尾，行百余步。贼众惊，遂不敢取牛而走。由是淮、汝、陈、梁间，闻皆畏惮之。太祖徇淮、汝，褚以众归太祖。太祖见而壮之曰："此吾樊哙也。"

【译文】

许褚字仲康，谯国谯县人。他身长八尺多，腰粗十围，容貌雄伟刚毅，勇力无人可比。东汉末年，许褚聚集青年及宗族数千家，共同坚守堡垒防御贼寇。当时汝南葛陂贼寇一万多人攻打许褚据守的堡垒，许褚的人少不能抵挡贼寇，全力战斗极其疲惫。兵器和箭都没有了，于是让堡垒中的男女，聚敛石头成盆成斗放在堡垒的四边。许褚飞石投掷贼兵，被打中的贼兵全都伤碎。贼寇不敢进攻。堡垒中粮食缺少，假装与贼寇讲和，用牛跟贼寇换粮食，贼兵来取牛，牛都跑了回来，许褚便来到阵前，一只手倒拽一头牛的尾巴，走了一百多步。贼寇众人惊恐不安，于是不敢取牛就逃走了。从此淮、汝、陈、梁等地之间，听说许褚后都畏惧他。曹操巡视淮、汝，许褚带领众人投奔曹操。曹操见到他认为他是个壮士，说："这是我的樊哙啊。"

庞 德 传

庞德战死

【原文】

侯音、卫开等以宛叛，德将所领与曹仁共攻拔宛，斩音、开，遂南屯樊，讨关羽。樊下诸将以德兄在汉中，颇疑之。德常曰："我受国恩，义在效死。我欲身自击羽。今年我不杀羽，羽当杀我。"后亲与羽交战，射羽中额。时德常乘白马，羽军谓之白马将军，皆惮之。仁使德屯樊北十里，会天霖雨十余日，汉水暴溢，樊下平地五六丈，德与诸将避水上堤。羽乘船攻之，以大船四面射堤上。德被甲持弓，箭不虚发。将军董衡、部曲将董超等欲降，德皆收斩之。自平旦力战至日过中，羽攻益急，矢尽，短兵接战。德谓督将成何曰："吾闻良将不怯死以苟免，烈士不毁节以求生，今日，我死日也。"战益怒，气愈壮，而水浸盛，吏士皆降。德与麾下将一人，五佰二人，弯弓傅矢，乘小船欲还仁营。水盛船覆，失弓矢，独抱船覆水中，为羽所得，立而不跪。羽谓曰："卿兄在汉中，我欲以

卿为将，不早降何为？"德骂羽曰："竖子，何谓降也！魏王带甲百万，威振天下。汝刘备庸才耳，岂能敌邪！我宁为国家鬼，不为贼将也。"遂为羽所杀。太祖闻而悲之，为之流涕，封其二子为列侯。

【译文】

侯音、卫开等人占据宛城背叛曹魏，庞德带领所部军队与曹仁一起攻下宛城，斩杀侯音、卫开，于是到南边的樊城驻扎，讨伐关羽。樊城中诸将认为庞德的兄长在汉中，很怀疑他，庞德常说："我身受国家的恩惠，道义使我要尽死效力。我要亲自去进攻关羽。如果今年我不杀死关羽，那就让关羽杀死我。"后来庞德亲自与关羽交战，用箭射中关羽的面额。当时庞德经常骑着白马，关羽军中称他为白马将军，都畏惧他。曹仁命庞德在樊城以北十里处驻扎，正遇上阴雨连绵下了十多天，汉水暴涨溢出河床，樊城下的平地水有五六丈深，庞德与诸将上堤坝避水。关羽乘船进攻，用大船四面冲击堤坝。庞德身披铠甲，手执弓箭，箭不虚发。将军董衡、部曲将董超等人想投降关羽，庞德把他们全收捕杀死了。从早晨力战直打到过了中午，关羽的进攻越来越猛烈，庞德的箭没了，手执兵器接战。庞德对督将成何说："我听说良将不会因怕死而苟且偷生，烈士不会破坏节操而乞求生存，今天就是我的死期啊。"越战越生气，气势越壮烈，但水越来越大，将士们都投降了。庞德与手下将领一人，五佰二人，弯弓搭箭，想乘小船逃回曹仁的营寨。水势盛大，小船倾覆，弓和箭全丢了，庞德独自抱着船帮落在水中，被关羽擒获，庞德立而不跪。关羽对他说："您的兄长在汉中，我想任您为将军，为什么不早早投降呢？"庞德大骂关羽说："小子，什么叫投降！魏王大军百万，威震天下。你们刘备不过是个庸才罢了，怎么能抵挡啊！我宁肯做国家的鬼，也不做贼将。"于是被关羽杀死。曹操听说后非常悲痛，为庞德之死而流涕，封他的两个儿子为列侯。

曹彰传

曹彰好为将

【原文】

任城威王彰，字子文。少善射御，膂力过人，手格猛兽，不避险阻。数从征伐，志意慷慨。太祖尝抑之曰："汝不念读书慕圣道，而好乘汗马击剑，此一夫之用，何足贵也！"课彰读《诗》《书》，彰谓左右曰："丈夫一为卫、霍，将十万骑驰沙漠，驱戎狄，立功建号耳，何能作博士邪？"太祖尝问诸子所好，使各言其志。彰曰："好为将。"太祖曰："为将奈何？"对曰："被坚持锐，临难不顾，为士卒先；赏必行，罚必信。"太祖大笑。

【译文】

任城威王曹彰，字子文。青年时善于骑马射箭，膂力过人，用手格斗猛兽，不避艰难险阻。多次随曹操征伐，志向远大，意气慷慨。曹操曾经责备他说："你不念书仰慕圣道，却喜欢乘马飞奔击剑，这是一个勇夫的本领，有什么可贵的！"于是让曹彰按时读《诗经》《尚书》，曹彰对左右的人说："男子汉一心想做卫青、霍去病，率领十万骑兵驰骋沙漠，驱逐戎狄，建立功勋名号，为什么要

做只会读书的博士呢?"曹操曾经询问几个儿子都爱好什么,让他们各自说说自己的志向。曹彰说:"我喜欢作将军。"曹操说:"怎么作将军呢?"曹彰回答说:"身披铠甲手持利刃,面对死亡而不顾虑,冲在士兵的前面;赏要坚决,罚要讲信用。"曹操大笑。

曹 植 传

曹植善属文

【原文】

陈思王植字子建。年十岁余,诵读《诗》《论》及辞赋数十万言,善属文。太祖尝视其文,谓植曰:"汝倩人邪?"植跪曰:"言出为论,下笔成章,愿当面试,奈何倩人?"时邺铜爵台新成,太祖悉将诸子登台,使各为赋。植援笔立成,可观,太祖甚异之。性简易,不治威仪。舆马服饰,不尚华丽。每进见难问,应声而对,特见宠爱。

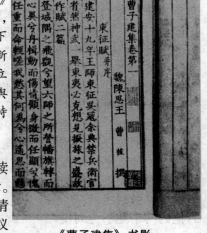

《曹子建集》书影

【译文】

陈思王曹植字子建。十岁多一点时,诵读《诗经》《论语》及辞赋数十万字,擅长写文章。曹操曾经看见他的文章,对曹植说:"这是你请人替你写的吧?"曹植跪下说:"说出话就是议论,下笔写出来就是文章,愿请当面试一试,怎么能说是别人代写的呢?"当时邺城铜爵台刚刚落成,曹操让几个儿子都登上铜爵台,命他们各自作一篇赋,曹植拿起笔来一会儿就写完了,而且写得很好,曹操对此非常惊奇。曹植性格简慢轻忽,不讲究庄严的容貌举止。车马服饰,不追求华丽。每次进见时曹操诘问他,他总是应声而对,因此特别受到曹操的宠爱。

曹 冲 传

曹 冲 称 象

【原文】

邓哀王冲字仓舒。少聪察岐嶷,生五六岁,智意所及,有若成人之智。时孙权曾致巨象,太祖欲知其斤重,访之群下,咸莫能出其理。冲曰:"置象大船之上,而刻其水痕所至,称物以载之,则校可知矣。"太祖大悦,即施行焉。

【译文】

邓哀王曹冲字仓舒。小时候聪明机敏,善于思考,长到五六岁时,他的智慧就像成人的智力一样了。当时孙权曾送来一头大象,曹操想知道这头大象的重

量，遍访群臣，都不能说出称象的办法。曹冲说："把大象放在大船上，在大船吃水线处刻上痕迹，再称出其他物品放到船上，直到大船的吃水线与刚才的吃水线相同，大象的重量就可以知道了。"曹操非常高兴，就按曹冲的主意施行了。

王 粲 传

王粲强记善属文

【原文】

初，粲与人共行，读道边碑，人问曰"卿能闇诵乎？"曰："能。"因使背而诵之，不失一字。观人围棋，局坏，粲为覆之。棋者不信，以帊盖局，使更以他局为之。用相比较，不误一道。其强记默识如此。性善算，作算术，略尽其理。善属文，举笔便成，无所改定，时人常以为宿构；然正复精意覃思，亦不能加也。著诗、赋、论、议垂六十篇。

【译文】

当初，王粲和人同行，阅读道边石碑的碑文，人家问他说："您能背诵吗？"王粲说："能。"于是人家让他背诵碑文，竟一个字也没遗漏。观看人家下棋，棋局被破坏了，王粲为他们照原来的棋局把棋子摆出来。下棋的人不相信，就用手巾盖上棋局，让王粲改用别的棋盘把刚才的棋局摆出来，两相比较，竟一道也没有错。他就这样强记默识。王粲擅长算数，他计算的方法，基本上表现了其中的奥妙。王粲又善于写文章，拿起笔就写，一会儿文章就写成了，没有什么要修改的，当时人们常常认为这是他早就想好的；但反复精心细致地思考，也不能再给文章加上一个字。王粲写的诗、赋、论、议将近六十篇。

杨 俊 传

曹丕衔恨杀杨俊

【原文】

初，临菑侯与俊善，太祖适嗣未定，密访群司。俊虽并论文帝、临菑才分所长，不适有所据当，然称临菑犹美，文帝常以恨之。黄初三年，车驾至宛，以市不丰乐，发怒收俊。尚书仆射司马宣王、常侍王象、荀纬请俊，叩头流血，帝不许。俊曰："吾知罪矣。"遂自杀。

【译文】

当初，临菑侯曹植与杨俊相友善，当时曹操还没决定立谁为太子，秘密地访问群臣。杨俊虽评论曹丕、曹植的才能，认为他们各有所长，不满意的地方也都有所依据，但认为曹植更好一些，曹丕因此常常怨恨他。黄初三年，曹丕的车驾来到宛城，以市场不丰富，百姓不高兴为借口，发怒收捕杨俊。尚书仆射司马懿、常侍王象、荀纬等人为杨俊求情，头磕出了血，可曹丕还是不答应。杨俊说："我知道我犯的罪了。"于是自杀而死。

杜 袭 传

王粲躁兢

【原文】

粲强识博闻，故太祖游观出入，多得骖乘，至其见敬不及洽、袭。袭尝独见，至于夜半。粲性躁兢，起坐曰："不知公对杜袭道何等也？"洽笑答曰："天下事岂有尽邪？卿昼侍可矣，悒悒於此，欲兼之乎！"

【译文】

王粲记忆性强，见闻广博，因此曹操出入游览，常常能伴随左右，但最终不如和洽、杜袭受敬重。杜袭有一次单独见曹操，谈到半夜。王粲性格浮躁不甘人后，站起身来说："不知道曹公对杜袭说了些什么！"和洽笑着回答说："天下的事还有说完的时候吗？您白天侍奉左右就可以了，对此这么不满意，难道想昼夜都由你一人侍奉吗？"

韩暨传

韩暨造水排

【原文】

后选乐陵太守，徙监冶谒者。旧时冶作马排，每一熟石用马百匹；更作人排，又费功力；暨乃因长流为水排，计其利益，三倍于前。

【译文】

后来选拔韩暨为乐陵太守，迁任监冶谒者。过去冶炼时用马排，每炼熟一石铁，要用一百匹马；改用人排，更加费功夫；韩暨就利用河水制造水排，计算它的好处，比以前提高了三倍。

高 柔 传

高 柔 断 狱

【原文】

护军营士窦礼近出不还。营以为亡，表言逐捕，没其妻盈及男女为官奴婢。盈连至州府，称冤自讼，莫有省者。乃辞诣廷尉。柔问曰："汝何以知夫不亡？"盈垂泣对曰："夫少单特，养一老妪为母，事甚恭谨，又哀儿女，抚视不离，非是轻狡不顾室家者也。"柔重问曰："汝夫不与人有怨仇乎？对曰："夫良善，与人无仇。"又曰："汝夫不与人交钱财乎？"对曰："尝出钱与同营士焦子文，求不得。"时子文适坐小事系狱，柔乃见子文，问所坐。言次，曰："汝颇曾举人钱不？"子文曰："自以单贫，初不敢举人钱物也。"柔察子文色动，遂曰："汝昔

举窦礼钱，何言不邪？"子文怪知事露，应对不次。柔曰："汝已杀礼，便宜早服。"子文于是叩头，具首杀礼本末，埋藏处所。柔便遣吏卒，承子文辞往掘礼，即得其尸。诏书复盈母子为平民。

【译文】

护军营士窦礼近日外出不归。营中以为窦礼逃跑了，就上表声言追捕，没收他的妻子盈和儿女做官家的奴婢。盈不断到州府喊冤提出诉讼，没有受理的人，这才到廷尉这里来告状。高柔问她说："你凭什么认为你的丈夫没逃走？"盈流着泪回答说："我丈夫从小孤单一人，赡养一位老妈妈做自己的母亲，侍奉得非常恭敬小心，又哀怜自己的儿女，非常疼爱舍不得离开，不是轻浮狡猾不顾家室的人。"高柔又问她说："你丈夫跟别人有怨仇吗？"盈回答说："我丈夫善良，跟别人没有仇。"高柔又问她说："你丈夫跟别人有钱财的往来吗？"盈回答说："曾经借钱给同营的士兵焦子文，没有要回来。"这时焦子文正好因小事被关在狱中，高柔就来见他，询问为什么被定罪。问完后又说："你是不是曾经借过别人的钱？"子文说："我孤贫一人，从来不敢借别人的钱物。"高柔观察到子文的脸色有些异常，就说："你从前借过窦礼的钱，为什么说没借过呢？"子文感觉事情败露得奇怪，回答时语无伦次。高柔说："你已经杀了窦礼，还是趁早服罪吧。"子文这才磕头认罪，将杀死窦的前后经过及埋葬的地点全都坦白了。高柔便派吏卒，根据子文的供词前去挖掘，果然得到了窦礼的尸体。下诏书恢复盈母子为平民。

辛　毗　传

从帝射雉

【原文】

尝从帝射雉，帝曰："射雉乐哉！"毗曰："于陛下甚乐，而于群下甚苦。"帝默然，后遂为之稀出。

【译文】

辛毗曾经跟随文帝去射野鸡，文帝说："射野鸡多快乐啊！"辛毗说："对于陛下来说是非常快乐的，而对于百姓来是非常痛苦的。"文帝默然无语，后来竟因此很少出去射野鸡了。

满　宠　传

不宥刑阿贵

【原文】

满宠字伯宁，山阳昌邑人也。……为许令。时曹洪宗室亲贵，有宾客在界，数犯法，宠收治之。洪书报宠，宠不听。洪白太祖，太祖召许主者。宠知将欲原，乃速杀之。太祖喜曰："当事不当尔邪？"

【译文】

满宠字伯宁，山阳昌邑（今山东金乡县西北）人。……任许都令。当时曹洪因是曹操宗室而受到亲近贵幸，曹洪的宾客在许都界内多次犯法，满宠收捕并将其治罪。曹洪给满宠写信，满宠不听。曹洪告诉了曹操，曹操召唤主管此事的人。满宠知道要赦免犯法的宾客，就赶快把人杀了。曹操得知后，高兴地说："这事处理得不是很恰当吗？"

王 昶 传

王昶陈治略

【原文】

嘉平初，太傅司马宣王既诛曹爽，乃奏博问大臣得失。昶陈治略五事：其一，欲崇道笃学，抑绝浮华，使国子入太学而修庠序；其二，欲用考试，考试犹准绳也，未有舍准绳而意正曲直，废黜陟而空，论能否也；其三，欲令居官者久于其职，有治绩则就增位赐爵；其四，欲约官实禄，励以廉耻，不使与百姓争利；其五，欲绝侈靡，务崇节俭，令衣服有章，上下有叙，储谷畜帛，反民于朴。

【译文】

魏嘉平初年，太傅司马懿已经杀了曹爽，便奏请朝廷向大臣们征求为政得失。王昶陈述治国方略五件事：其一，要崇尚正道笃信学业，抑制杜绝浮华之风，让公卿大夫的子弟进太学而修建学校；其二，要实行考试制度，考试就像准绳一样，没有放弃准绳而凭自己的想法来校正曲直的。废除人才的进退只凭空论能否的做法；其三，要使做官者久居其位，有治理的政绩就应提升官职加封爵位；其四，要约束官员的薪俸和财物，用廉耻来勉励他们，不许官员与百姓争利；其五，要杜绝奢侈浪费，务求崇尚节俭，使衣服上有标志，上下有次序，储存粮食布帛，让人民返回到质朴的风俗中去。

邓 艾 传

邓艾未显时

【原文】

邓艾字士载，义阳棘阳人也。少孤，太祖破荆州，徙汝南，为农民养犊。年十二，随母至颍川，读故太丘长陈寔碑文，言"文为世范，行为士则"，艾遂自名范，字士则。后宗族有与同者，故改焉。为都尉学士，以口吃，不得作干佐。为稻田守丛草吏。同郡吏父怜其家贫，资给甚厚，艾初不称谢。每见高山大泽，辄规度指画军营处所，时人多笑焉。

【译文】

邓艾字士载，义阳棘阳（今河南新野东北）人。邓艾年幼丧父，曹操攻破荆

州时，邓艾迁到汝南，替农民养小牛。十二岁时，跟随母亲来到颍川，读到过去太丘长陈寔的碑文，碑文说："文为世范，行为士则"，于是邓艾自己起名为范，字士则。后来同宗族中有与他同名的人，因此又改成现在的名字。邓艾任都尉学士，因为有口吃的毛病，不能作主要的助手，只好做稻田中守丛草的小吏。同郡官吏的父亲可怜邓艾家中贫苦，给他很多钱物，邓艾并不向人家道射。每见到高山大湖，总是调度指画军营处所，当时人们都嘲笑他。

偷渡阴平

【原文】

冬十月，艾自阴平道行无人之地七百余里，凿山通道，造作桥阁。山高谷深，至为艰险，又粮运将匮，频于危殆。艾以毡自裹，推转而下。将士皆攀木缘崖，鱼贯而进。先登至江由，蜀守将马邈降。蜀卫将军诸葛瞻自涪还绵竹，列阵待艾。……大破之，斩瞻及尚书张遵等首，进军到雒。

鎏金动物 东汉

【译文】

魏景元四年（263）冬天十月，邓艾取道阴平（今甘肃文县）在无人出入的山路上走了七百里，挖山修道，造桥架阁。那里山高谷深，非常艰险，再加上运输的军粮快要用完了，多次处于危险之中。邓艾用毡子裹上自己的身体，顺着山坡翻转而下。将士们都攀着树木和悬崖，一个挨一个地前进。先来到江由（今四川江油市东），蜀守将马邈向邓艾投降。蜀卫将军诸葛瞻从涪（今四川绵阳）赶回绵竹，摆好阵势等待邓艾。……邓艾大败诸葛瞻，将诸葛瞻和尚书张遵等人斩首，进军来到雒城。

钟 会 传

司马昭料钟会自灭

【原文】

初，文王欲遣会伐蜀，西曹属邵悌求见曰："今遣钟会率十余万众伐蜀，愚谓会单身无重任，不若使余人行。"文王笑曰："我宁当复不知此耶？蜀为天下作患，使民不得安息，我今伐之如指掌耳，而众人皆言蜀不可伐。夫人心豫怯则智

勇并竭，智勇并竭而强使之，适为敌禽耳。惟钟会与人意同，今遣会伐蜀，必可灭蜀。灭蜀之后，就如卿所虑，当何所能一办耶？凡败军之将不可以语勇，亡国之大夫不可与图存，心胆以破故也。若蜀以破，遗民震恐，不足与图事；中国将士各自思归，不肯与同也。若作恶，祇自灭族耳。卿不须忧此，慎莫使人闻也。"

【译文】

当初，司马昭要派遣钟会征伐蜀汉，西曹属邵悌求见司马昭说："如今派钟会统率十多万大军征伐蜀汉，我以为钟会只身一人，没有什么沉重的负担，不如派其他人去。"司马昭笑着说："我难道就连这个道理也不明白吗？蜀汉是天下的祸患，使百姓不能安养生息，我如今征伐它是非常容易的，而众人却都说不能征伐蜀汉。人的内心犹豫胆怯，就会丧失智慧和勇敢，智慧和勇敢丧失了却硬要派他去打仗，那正好去做敌人的俘虏。只有钟会与我的心意相同，如今派钟会征伐蜀汉，一定会消灭蜀汉的。消灭蜀汉之后，就像您所忧虑的那样，又应该怎么处理呢？凡是打了败仗的将军就不要再和他谈什么勇敢，亡了国的大夫也不能和他们谋求生存，这是因为他们的心胆破碎的缘故。如果蜀国被打败，剩下的百姓会非常恐慌，不能和他们谋图大事；而中原的将士们都想着回家，也不会与谋反的人同谋。倘若真要作乱，只能是自招灭族的祸事罢了。您不必为此担心，小心别让其他人知道。"

方 伎 传

曹操悔杀华佗

【原文】

太祖闻而召佗，佗常在左右。太祖苦头风，每发心乱目眩，佗针鬲，随手而差。……然本作士人，以医见业，意常自悔，后太祖亲理，得病笃重，使佗专视。佗曰："此近难济，恒事攻治，可延岁月。"佗久远家思归，因曰："当得家书，方欲暂还耳。"到家，辞以妻病，数乞期不反。太祖累书呼，又敕郡县发遣。佗恃能厌食事，犹不上道。太祖大怒，使人往检。若妻信病，赐小豆四十斛，宽假限日；若其虚诈，便收送之。于是传付许狱，考验首服。荀彧请曰："佗术实工，人命所悬，宜含宥之。"太祖曰："不忧，天下当无此鼠辈耶？"遂考竟佗。佗临死，出一卷书与狱吏，曰："此可以活人。"吏畏法不受，佗亦不强，索火烧之。佗死后，太祖头风未除。太祖曰，"佗能愈此。小人养吾病，欲以自重，然吾不杀此子，亦终当不为我断此根原耳。"及后爱子仓舒病困，太祖叹曰："吾悔杀华佗，令此儿强死也。"

石兽 东汉

【译文】

曹操听说华佗医术精湛就征召华佗，华佗经常在曹操左右侍候。曹操被头风病所困扰，每次发病，心烦意乱，头晕目眩，华佗在曹操的胸膈处扎一针，马上就不痛了。……但华佗本来是读书人，以医病为职业，心中常常自己后悔，后来曹操亲自处理政务，得的病加重，让华佗专门为曹操看病。华佗说："这种病就是守在身边也难以治好，经常加以治疗，可以延长时间。"华佗长时间远离家乡想回去，就说："刚得到家信，正想暂时回家看看。"到家后，以妻子有病为托辞，多次请假不回来。曹操多次写信召唤华佗，又命郡县派人送华佗回来。华佗自恃才能不愿因有医术而受人役使，还是不上路。曹操大怒，派人前往华佗家中验看。如果华佗的妻子真有病，就赏赐小豆四十斛，放宽假期限日返回；如果是假的，就收捕华佗送回许都。于是将华佗押解到许都狱中，经审讯拷问华佗认罪。荀彧请求说："华佗的医术确实高明，手中掌握着人的性命，应宽容释放他。"曹操说："别担心，天下还能留着这样的鼠辈吗?"于是拷掠华佗。华佗临死时，拿出一卷书给狱吏，说："这本书可以治病救人。"狱吏畏惧法律不敢接受，华佗也不勉强，要来火把它烧了。华佗死后，曹操的头风病未根除。曹操说："华佗能治好我的病。这个小人存心保留我的病，想以此使自己受到敬重。但我如果不杀了这小子，最终也不会替我把这病彻底治好的。"等后来爱子仓舒病得很重，曹操叹息说："我后悔杀了华佗，让仓舒死于非命。"

刘 璋 传

刘璋让成都

【原文】

明年，先主至葭萌，还兵南向，所在皆克。十九年，进围成都数十日，城中尚有精兵三万人，谷帛支一年，吏民咸欲死战。璋言："父子在州二十余年，无恩德以加百姓。百姓攻战三年，肌膏草野者，以璋故也，何心能安!"遂开城出降，群下莫不流涕。先主迁璋于南郡公安，尽归其财物及故佩振威将军印绶。

【译文】

第二年，刘备到达葭萌（今四川广元西南），回兵向南进攻，所到之处都被攻占。建安十九年，进兵包围成都数十天，城中还有精兵三万人，食粮和布匹也可以支付一年，官吏和百姓都想死战。刘璋说："我们父子在益州二十多年，没有给百姓带来什么恩德。百姓连年攻战，很多人效命沙场死在荒野之中，这都是因为我的缘故，我怎么能

"礼贤下士"的情景

安心呢!"于是开城出降，臣民们没有不痛心流涕的。刘备将刘璋迁徙到南郡公安，把刘璋的财物和当初朝廷授给的振威将军的印玺、绶带，都归还给他。

先 主 传

刘备之志

【原文】

先主姓刘，讳备，字玄德，涿郡涿县人，汉景帝子中山靖王胜之后也。……先主少孤，与母贩履织席为业。舍东南角篱上有桑树生高五丈余，遥望见童童如小车盖，往来者皆怪此树非凡，或谓当出贵人。先主少时，与宗中诸小儿于树下戏，言：“吾必当乘此羽葆盖车。”叔父子敬谓曰：“汝勿妄语，灭吾门也！”

【译文】

先主姓刘，名备，字玄德，涿郡涿州市（今河北涿州市）人，汉景帝的儿子中山（今河北定县）靖王刘胜的后代。……刘备少年丧父，与母亲靠卖鞋织席为生。刘备家东南角的篱笆旁，长有一棵五丈多高的桑树，远远望去，桑枝垂下宛如小小的车盖，往来的人都感到惊奇，认为这棵树不是一般的桑树，有人说这家会有贵人出现。刘备小时与同族中的几个小孩在桑树下玩耍，说：“我一定会乘坐这个羽葆盖的车。”叔父刘子敬对他说：“你不要胡说，会祸灭家族的！”

时人评袁术

【原文】

谦病笃，谓别驾麋竺曰：“非刘备不能安此州也。”谦死，竺率州人迎先主，先主未敢当。下邳陈登谓先主曰：“今汉室陵迟，海内倾复，立功立事，在于今日。彼州殷富，户口百万，欲屈使君抚临州事。”先主曰：“袁公路近在寿春，此君四世五公，海内所归，君可以州与之。”登曰：“公路骄豪，非治乱之主。今欲为使君合步骑十万，上可以匡主济民，成五霸之业，下可以割地守境，书功于竹帛。若使君不见听许，登亦未敢听使君也。”北海相孔融谓先主曰：“袁公路岂忧国忘家者邪？冢中枯骨，何足介意。今日之事，百姓与能，天与不取，悔不可追。”先主遂领徐州。

【译文】

陶谦病重，对别驾麋竺说：“安定徐州的人，非刘备不可。”陶谦死后，麋竺带领徐州百姓迎接刘备，刘备没敢去接任。下邳（今江苏睢宁西北）人陈登对刘备：“如今汉室衰败，国家倾覆，立功成就事业，就在今天。徐州殷实富足，人口百万，想委屈您去主持徐州的政事。”刘备说：“袁术近在寿春（今安徽寿县），此人四世五公，国内人都投奔他，您可以把徐州交给他。”陈登说：“袁术骄慢强横，不是平定乱世的君主。如

刘备

今想为您会合步兵、骑兵十万人，这对上可以用来辅助天子，救济人民，实现王霸的事业，对下可以用来割据一方，守卫边境，把功业写在史书上。如果您不答应这件事，我也就不能再听命于您了。"北海（今山东昌乐西）相孔融对刘备说："袁术哪里是忧国忘家的人呢？他不过是坟墓中的枯骨，不值得放在心上。今天的事，百姓帮助有才能的人，上天的恩赐您不接受，后悔就晚了。"刘备终于接管了徐州。

兵 败 猇 亭

【原文】

初，先主忿孙权之袭关羽，将东征，秋七月，遂帅诸军伐吴。孙权遣书请和，先主盛怒不许，吴将陆议、李异、刘阿等屯巫、秭归；将军吴班、冯习自巫攻破异等，军次秭归，武陵五溪蛮夷遣使请兵。二年春正月，先主军还秭归，将军吴班、陈式水军屯夷陵，夹江东西岸。二月，先主自秭归率诸将进军，缘山截岭，于夷道猇亭驻营，自佷山通武陵，遣侍中马良安慰五溪蛮夷，咸相率响应。镇北将军黄

湖北猇亭古战场遗址

权督江北诸军，与吴军相拒于夷陵道。夏六月，黄气见自秭归十余里中，广数十丈。后十余日，陆议大破先主军于猇亭，将军冯习、张南等皆没。先主自猇亭还秭归，收合离散兵，遂弃船舫，由步道还鱼复，改鱼复县曰永安。

【译文】

当初，刘备怨恨孙权偷袭关羽，想要东征，章武元年秋天七月，终于统帅大军征讨孙吴。孙权派人送书请和，刘备盛怒之下没有答应，吴将陆议、李异、刘阿等将驻军巫县（今四川巫山县北）和秭归；蜀将军吴班、冯习从巫县攻破李异等人的防守，将军队驻扎在秭归，武陵（今湖南常德市西）五溪蛮派使者请求出兵。章武二年春天正月，刘备率军回到秭归，将军吴班、陈式的水军在夷陵（今湖北宜昌市东南）沿着长江的东西两岸驻扎。二月，刘备从秭归率领诸将进军，攀山过岭，在夷道（今湖北宜都市西北）和猇亭（今湖北宜都市境长江北岸）驻军扎营。从佷山（今湖北长阳县）通过武陵；派遣侍中马良安抚五溪蛮，五溪蛮各部落都相继率部响应。镇北将军黄权统率江北的军队，与吴军在夷陵道相抗拒。夏天六月，自秭归十多里中出现了黄气，有数十丈长。十多天后，吴将陆议在猇亭大败刘备的军队，将军冯习、张南等人都战死。刘备从猇亭回到秭归，收集离散的士兵，于是放弃船舫，从陆路回到鱼复，改鱼复县为永安县。

后 主 传

乐 不 思 蜀

【原文】

司马文王与禅宴，为之作故蜀技，旁人皆为之感怆，而禅喜笑自若。王谓贾充曰："人之无情，乃可至于是乎！虽使诸葛亮在，不能辅之久全，而况姜维邪？"充曰："不如是，殿下何由并之。"他日，王问禅曰："颇思蜀否？"禅曰："此间乐，不思蜀。"郤正闻之，求见禅曰："若王复问，宜泣而答曰：'先人坟墓远在陇、蜀，乃心西悲，无日不思。'因闭其目。"会王复问，对如前，王曰："何乃似郤正语邪！"禅惊视曰："诚如尊命。"左右皆笑。

【译文】

司马文王和刘禅饮宴，叫人为刘禅表演从前蜀国的技艺。旁观的人都感到悲怆，而刘禅却嬉笑自如。文王对贾充说："人没有情义，竟可以到这种地步吗！即使是诸葛亮在世，也不能辅佐他长久保全王位啊，何况姜维呢？"贾充说："不这样的话，您怎么能吞并了蜀国呢。"另一天文王问刘禅说："还想念不想念蜀国？"刘禅回答说："这里挺快乐，不思念蜀国了。"郤正听说后求见刘禅说："如果文王再问，你应该哭泣着回答说：'祖宗的坟墓都远在陇、蜀，所以我心里悲伤，没有一天不想念蜀国。'并且闭上眼睛表示悲伤。"当文王再问刘禅思念不思念蜀国时，刘禅回答的象郤正教他的一样。文王说："怎么像郤正说得一样啊。"刘禅惊讶地看着文王说："真的就是郤正教的。"左右侍候的人都大笑。

诸 葛 亮 传

隆 中 对

【原文】

时先主屯新野。徐庶见先主，先主器之，谓先主曰："诸葛孔明者，卧龙也，将军岂愿见之乎？"先主曰："君与俱来。"庶曰："此人可就见，不可屈致也。将军宜枉驾顾之。"由是先主遂诣亮，凡三往，乃见。因屏人曰："汉室倾颓，奸臣窃命，主上蒙尘。孤不度德量力，欲信大义于天下，而智术短浅，遂用猖蹶，至于今日。然志犹未已，君谓计将安出？"亮答曰："自董卓已来，豪杰并起，跨州连郡者不可胜数。曹操比于袁绍，则名微而众寡，然操遂能克绍，以弱为强者，非惟天时，抑亦人谋也。今操已拥百万之众，挟天子而令诸侯，此诚不可与争锋。孙权据有江东，已历三世，国险而民附，贤能为之用，此可以为援而不可图也。荆州北据汉、沔，利尽南海，东连吴会，西通巴、蜀，此用武之国，而其主不能守，此殆天所以资将军，将军岂有意乎？益州险塞，沃野千里，天府之地，高祖因之以成帝业。刘璋暗弱，张鲁在北，民殷国富而不知存恤，智能之士思得明君。将军既帝室之胄，信义著于四海，总揽英雄，思贤如渴，若跨有荆、

益，保其岩阻，西和诸戎，南抚夷越，外结好孙权，内修政理；天下有变，则命一上将将荆州之军以向宛、洛，将军身率益州之众出于秦川，百姓孰敢不箪食壶浆以迎将军者乎？诚如是，则霸业可成，汉室可兴矣。"先主曰："善！"于是与亮情好日密。关羽、张飞等不悦，先主解之曰："孤之有孔明，犹鱼之有水也。愿诸君勿复言。"羽、飞乃止。

诸葛亮

【译文】

当时刘备驻扎在新野（今河南新野）。徐庶去见刘备，刘备很器重他，徐庶对刘备说："诸葛孔明是卧龙啊，将军难道不愿见他吗？"刘备说："您和他一起来。"徐庶说："此人只能去见他，不能让他屈尊前来，将军应该枉驾去看他。"于是刘备去见诸葛亮，共去了三次，才见到诸葛亮。刘备让左右的人退下，对诸葛亮说："汉室倾颓衰败，奸臣窃取大权，皇帝蒙受耻辱，我不度量自己的德性和能力，想向天下伸张大义，但我智慧谋略短浅，因此屡遭失败，直到今天。但我的志向仍未实现，您认为有什么好的谋略吗？"诸葛亮回答说："自从董卓以来，天下豪杰并起，跨州连郡割据一方的军阀不可胜数。曹操和袁绍相比较，名位低下，人数较少，但曹操终于能战胜袁绍，从弱者转变为强者，不只是天命如此，更是由于人的谋略。现在曹操已经拥有百万大军，挟持天子向诸侯发号施令，我们确实不能与他相抗衡。孙权占据江东，已经历了三世，地势险要，人民依附，有道德有才能的人都为他出力，对他们只能联合而不能谋取。荆州北面据有汉水、沔水，利益可达到南海（今广东广州），东边连结吴会（今江苏东部、浙江西部），西边沟通巴、蜀，这是用兵的地方，但它的主人不能守卫，这恐怕是上天以此来资助将军吧，将军难道没有意思吗？益州关塞险要，沃野千里，天府之国，汉高祖凭借它成就帝王之业。刘璋昏庸而懦弱，张鲁在北边的汉中，国富民丰，但张鲁却不懂得慰问抚恤，有才智的人想得到贤明的君主。将军既然是帝王之后，信义闻名天下，结纳英雄，思贤若渴，如果占据荆州、益州，据守险要的关塞，在西边和好西戎，在南边抚慰百越，对外与孙权结为盟好，对内治理好政务，一旦天下形势有所变化，就命一上将率领荆州的军队进攻宛城、洛阳，将军亲自率益州的军队出于秦川，百姓中哪有敢不箪食壶浆来欢迎将军的人呢？如果真这样，霸业就会成功，汉室就会兴旺了。"刘备说："好！"从此刘备与诸葛亮的感情日益亲密。关羽、张飞等人对此不满，刘备向他们解释说："我得到孔明，就像鱼得到水一样。但愿诸位不要再说什么。"关羽、张飞这才不说了。

说 吴 抗 曹

【原文】

先主至夏口，亮曰："事急矣，请奉命求救于孙将军。"时权拥军在柴桑，观望成败。亮说权曰："海内大乱，将军起兵据有江东，刘豫州亦收众汉南，与曹操并争天下。今操芟夷大难，略已平矣，遂破荆州，威震四海。英雄无所用武，故豫州遁逃至此。将军量力而处之：若能以吴、越之众与中国抗衡，不如早与之绝；若不能当，何不案兵束甲，北面而事之！今将军外托服从之名，而内怀犹豫之计，事急而不断，祸至无日矣！"权曰："苟如君言，刘豫州何不遂事之乎？"亮曰："田横，齐之壮士耳，犹守义不辱，况刘豫州王室之胄，英才盖世，众士慕仰，若水之归海，若事之不济，此乃天也，安能复为之下乎！"权勃然曰："吾不能举全吴之地，十万之众，受制于人。吾计决矣！非刘豫州莫可以当曹操者，然豫州新败之后，安能抗此难乎？"亮曰："豫州军虽败于长阪，今战士还者及关羽水军精甲万人，刘琦合江夏战士亦不下万人。曹操之众，远来疲弊，闻追豫州，轻骑一日一夜行三百余里，此所谓'强弩之末，势不能穿鲁缟'者也。故兵法忌之，曰'必蹶上将军'。且北方之人，不习水战；又荆州之民附操者，逼兵势耳，非心服也。今将军诚能命猛将统兵数万，与豫州协规同力，破曹军必矣。操军破，必北还，如此则荆、吴之势强，鼎足之形成矣。成败之机，在于今日。"权大悦，即遣周瑜、程普、鲁肃等水军三万，随亮诣先主，并力拒曹公。

【译文】

刘备来到夏口，诸葛亮说："形势危险了，请允许我奉命向孙将军求救。"当时孙权率军驻扎在柴桑（今江西九江市西南），观望曹、刘两家的成败，诸葛亮劝孙权说："国内大乱，将军起兵占据江东，刘备也聚集人马据有汉南，与曹操一同争夺天下。现在曹操消灭袁绍，中原地区已基本平定了，又顺利地攻占了荆州，威震全国。英雄没有施展本领的地方，所以刘备逃到这里。将军可根据自己的力量处理这件事：如果能凭借吴、越的军队与中原的曹操抗衡，不如早与曹操绝交；如果不能抵挡曹操，为什么不放下兵器，捆起铠甲，以臣子的身份侍奉曹操！现在将军对外托从着臣服曹操的名声，而内心又迟疑不决，形势危急而不能决断，灾祸降临的日子不远了。"孙权说："果真像您说的那样，刘备为什么不就此事奉曹操呢？"诸葛亮说："田横不过是齐国的一名壮士罢了，还能坚守义理而不受耻辱，何况刘备是皇室的后代，杰出的才能超过他人，受到众人的仰慕，人们投奔他像河水流归大海一样，倘若事业不能成功，这是上天的安排，又怎样去做曹操的臣子呢？"孙权勃然大怒说："我不能占据着整个东吴的土地，统率十万人的大军，去接受曹操的辖制。我的主意已定！不是刘备就没有人能抵挡曹操，但刘备刚刚打了败仗，又怎能挡住这一灾难呢？"诸葛亮说："刘备的军队虽在长阪被打败，现在回来的战士和关羽的水军加起来尚有精锐士兵上万人，刘琦集合江夏的战士也不下万人。曹操的军队，远道而来已很疲惫，听说追赶刘备时，轻骑一天一夜跑三百多里，这正像人们说的'硬弓射出的箭到最后，竟不能穿透薄绢'一样，所以兵法上忌讳这样做，说：'一定会使上将受到挫败'。况且北方人不习水战，加上荆州百姓中依附曹操的人，是被军队和形势所逼迫而不是真心服从。现在将军果真能命令猛将统领数万军队，与刘备一起谋划同心协力，一定能打败曹军。曹操兵败，一定逃回北方，如果这样荆州、东吴的势力就会强大起来，鼎足三分的局面就会实现了。成功与失败的关键，就在今天了。"孙权非常高兴，立即派遣周瑜、程普、鲁肃等人统率水军三万人，随诸葛亮到刘备处，合力抗拒曹操。

诸葛亮自陈

【原文】

臣本布衣，躬耕于南阳，苟全性命于乱世，不求闻达于诸侯。先帝不以臣卑鄙，猥自枉屈，三顾臣于草庐之中，谘臣以当世之事，由是感激，遂许先帝以驱驰。后值倾覆，受任于败军之际，奉命于危难之间，尔来二十有一年矣。先帝知臣谨慎，故临崩寄臣以大事也。受命以来，夙夜忧叹，恐托付不效，以伤先帝之明，故五月渡泸，深入不毛。今南方已定，兵甲已足，当奖率三军，北定中原，庶竭驽钝，攘除奸凶，兴复汉室，还于旧都。此臣所以报先帝，而忠陛下之职分也。

诸葛武侯高卧图　明

【译文】

我本是平民，在南阳亲自种田，只想在乱世中苟全性命，不求在诸侯之中扬名。先帝不认为我卑贱浅陋，不顾自己的身份屈尊前往，三次到草庐中探望我，向我询问当时的大事，我因而深受感动，终于答应为先帝奔走效力。后来遇到兵败，在军败危难之际，我奉命受任。从那时算起，已经有二十一年了。先帝知道我办事细心慎重，所以在临终时把国家大事托付给我。接受先帝遗命以来，我日夜忧虑，唯恐先帝的托付不能实现，而损害先帝明智知人的名声。因此在建兴三年五月渡过泸水（今金沙江），深入不毛之地，平定南方。现在南方已经平定，军备已经充足，应当勉励并统率三军，北伐平定中原，我愿竭尽自己的低微的能力，清除曹魏，复兴汉室，还都洛阳。这就是我要报答先帝的知遇之恩，并忠于陛下所委托的职务的原因。

病逝五丈原

【原文】

九年，亮复出祁山，以木牛运，粮尽退军，与魏将张郃交战，射杀郃。十二

年春，亮悉大众由斜谷出，以流马运，据武功五丈原，与司马宣王对于渭南。亮每患粮不继，使己志不申，是以分兵屯田，为久驻之基。耕者杂于渭滨居民之间，而百姓安堵，军无私焉。相持百余日。其年八月，亮疾病，卒于军，时年五十四。及军退，宣王案行其营垒处所，曰："天下奇才也！"

【译文】

建兴九年（231），诸葛亮再次出祁山，用木牛运粮，粮食用尽而退军，与魏将张郃交战而射杀张郃。建兴十二年春天，诸葛亮率大军从斜谷出祁山，用流马运粮，据守武功五丈原（今陕西郿县南），与司马懿在渭南相对敌。诸葛亮每每忧虑军粮不继，致使自己的愿望不能实现，因此分兵屯田，为长久驻兵做准备。耕种的士兵杂居在渭水河畔的居民之间，百姓安居无事，军队也不偏爱自己的士兵。相持一百多天。这年八月，诸葛亮病重，在军中逝世，时年五十四岁。等到退军后，司马懿巡视诸葛亮的营垒处所，说："诸葛亮是天下奇才啊！"

关 羽 传

挂 印 封 金

【原文】

建安五年，曹公东征，先主奔袁绍。曹公禽羽以归，拜为偏将军，礼之甚厚。绍遣大将颜良攻东郡太守刘延于白马，曹公使张辽及羽为先锋击之。羽望见良麾盖，策马刺良于万众之中，斩其首还，绍诸将莫能当者，遂解白马围。曹公即表封羽为汉寿亭侯。初，曹公壮羽为人，而察其心神无久留之意，谓张辽曰："卿试以情问之。"既而辽以问羽，羽叹曰："吾极知曹公待我厚，然吾受刘将军厚恩，誓以共死，不可背之。吾终不留，吾要当立效以报曹公乃去。"辽以羽言报曹公，曹公义之。及羽杀颜良，曹公知其必去，重加赏赐。羽尽封其所赐，拜书告辞，而奔先主于袁军。

【译文】

建安五年（200），曹操东征，刘备投奔袁绍。曹操生俘关羽而回，任关羽为偏将军，对他非常尊重。袁绍派遣大将军颜良在白马（今河南滑县东）攻打东郡（今河南濮阳西南）太守刘延，曹操派张辽和关羽为先锋迎击颜良。关羽远远看见颜良的大旗，飞马在万军之中刺杀颜良，斩首而回，袁绍众将中没有能与关羽对抗的人，于是解除了袁军对白马的包围。曹操立即上表朝廷请求封关羽为汉寿亭侯。当初，曹操佩服关羽为人雄壮，而观察他的心神却没有久留的意思，便对张辽说："你看情况试探一下关羽。"不久张辽就此询问了关羽，关羽叹息说："我非常了解曹公待我优厚，但我受刘将军的大恩，发誓共死，不能违背誓言。我最终不会留下，我一定要立功报答曹公再离开。"张辽把关羽的话告诉了曹操，曹操认为关羽很讲义气。等到关羽杀死颜良，曹操知道关羽一定要走了，便重重地赏赐他。关羽把曹操赏赐的财物封存好，上书告辞，而到袁绍军中投奔刘备。

刮骨疗伤

【原文】

羽尝为流矢所中，贯其左臂，后创虽愈，每至阴雨，骨常疼痛，医曰："矢镞有毒，毒入于骨，当破臂作创，刮骨去毒，然后此患乃除耳。"羽便伸臂令医劈之。时羽适请诸将饮食相对，臂血流离，盈于盘器，而羽割炙引酒，言笑自若。

【译文】

关羽曾经被流箭射中，箭穿透他的左臂，后来创口虽然愈合，但每到阴天下雨，臂骨常常疼痛，医生说："箭头有毒，毒药进入骨头，应割开皮肉，露出臂骨，刮去骨头上的箭毒，这样此病才能除去。"关羽便伸过胳膊让医生用刀割开皮肉。这时关羽正请诸将在一起相对宴饮，臂上的血流下来，盛血的盘子都流满了，而关羽却吃肉饮酒，谈笑自若。

张飞传

张飞威猛与义释严颜

【原文】

张飞字益德，涿郡人也，少与关羽俱事先主。羽年长数岁，飞兄事之。先主从曹公破吕布，随还许，曹公拜飞为中郎将。先主背曹公依袁绍、刘表。表卒，曹公入荆州，先主奔江南。曹公追之，一日一夜，及于当阳长阪。先主闻曹公卒至，弃妻子走，使飞将二十骑拒后。飞据水断桥，瞋目横矛曰："身是张益德也，可来共决死！"敌皆无敢近者，故遂得免。先主既定江南，以飞为宜都太守、征虏将军，封新亭侯，后转在南郡。先主入益州，还攻刘璋，飞与诸葛亮等泝流而上，分定郡县。至江州，破璋将巴郡太守严颜，生获颜。飞呵颜曰："大军至，何以不降而敢拒战？"颜答曰："卿等无状，侵夺我州，我州但有断头将军，无有降将军也。"飞怒，令左右牵去斫头，颜色不变，曰："斫头便斫头，何为怒邪！"飞壮而释之，引为宾客。飞所过战克，与先主会于成都。

【译文】

张飞字益德，涿郡（今河北涿县）人，年轻时与关羽一起事奉刘备。关羽年纪长几岁，张飞像对待兄长一样侍奉他。先主跟随曹公打败吕布，一起回到许都，曹公任张飞为中郎将。先主背叛曹公投奔袁绍、刘表。刘表死后，曹公进入荆州，先主逃奔江南，曹公追击先主，一日一夜，在当阳长阪赶上先主。先主听说曹公兵到，丢弃妻子儿女逃走，派张飞率领二十名骑兵在后阻挡曹兵。张飞在水边布阵，拆毁桥梁，瞪圆双眼，横起矛枪，说："我是张益德，可以来和我决一死战！"敌人中没有敢接近他的人，因此得以免遭不幸。先主已经平定江南，以张飞为宜都太守、征虏将军，封为新亭侯，后来转任南郡。先主进入益州，回兵进攻刘璋，张飞与诸葛亮等人逆流而上，分别平定各郡县。来到江州，打败刘

璋的将领巴郡（今四川重庆市）太守严颜，活捉严颜。张飞呵斥严颜说："大军来到，你为什么不投降还敢抗拒？"严颜回答说："诸位无礼，侵入夺取我们益州，我们益州只有断头将军，没有投降将军。"张飞大怒，命令左右将严颜拉走砍头，严颜脸色不变，说："砍头就砍头，何必发怒呢？"张飞认为严颜勇壮，就释放了他，请他做宾客。张飞所过之处战胜敌人，与先主在成都相会。

张飞

张飞之死

【原文】

初，飞雄壮威猛，亚于关羽，魏谋臣程昱等咸称羽、飞万人之敌也。羽善待卒伍而骄于士大夫，飞爱敬君子而不恤小人。先主常戒之曰："卿刑杀既过差，又日鞭挝健儿，而令在左右，此取祸之道也。"飞犹不悛。先主伐吴，飞当率兵万人，自阆中会江州。临发，其帐下将张达、范强杀飞，持其首，顺流而奔孙权。飞营都督表报先主，先主闻飞都督之有表也，曰："噫！飞死矣。"

【译文】

当初，张飞雄壮威猛，仅次于关羽，曹魏的谋臣程昱等都称赞关羽、张飞是万人敌。关羽对士兵很和善而对士大夫很傲慢，张飞喜欢尊重君子却不怜悯小人。刘备经常告诫他说："你刑杀已经过分，又每天鞭打壮士，却又把被打的人留在身边，这会导致祸患的啊！"张飞仍不悔改。刘备征讨孙吴，张飞应率兵万人，从阆中（今属四川）出发到江州会合。临出发时，他帐下的将领张达、范强杀死张飞，拿着他的脑袋，顺流投奔孙权。张飞营中的都督上表报告先主，先主听说张飞的都督有表上报，说："噫！张飞死了。"

赵 云 传

赵云救阿斗

【原文】

赵云字子龙，常山真定人也。本属公孙瓒，瓒遣先主为田楷拒袁绍，云遂随从，为先主主骑。及先主为曹公所追于当阳长阪，弃妻子南走，云身抱弱子，即后主也，保护甘夫人，即后主母也，皆得免难。迁为牙门将军。先主入蜀，云留荆州。先主自葭萌还攻刘璋，召诸葛亮。亮率云与张飞等俱沂江西上，平定郡县。至江州，分遣云从外水上江阳，与亮会于成都。成都既定，以云为翊军将军。

【译文】

赵云字子龙，常山真定人（今河北正定南）。本是公孙瓒的部下，公孙瓒派遣刘备为田楷阻挡袁绍，赵云也随从前往，是刘备的主骑。后来刘备被曹操在当阳长阪所追击，丢弃妻儿南逃，赵云亲自抱着幼儿，就是后主刘禅，保护甘夫人，就是后主刘禅的母亲，使她们得免于难。升任牙门将军。刘备进入四川，赵云留守荆州。刘备从葭萌回兵进攻刘璋，召诸葛亮。诸葛亮率领赵云与张飞等将一起逆流西上，平定郡县。到达江州，分兵派遣赵云从外水（今岷江）至江阳，与诸葛亮在成都相会。成都平定后，任命赵云为翊军将军。

庞 统 传

庞统论举荐人才

【原文】

庞统字士元，襄阳人也。少时朴钝，未有识者。颍川司马徽清雅有知人鉴，统弱冠往见徽，徽采桑于于树上，坐统在树下，共语自昼至夜。徽甚异之，称统当为南州士之冠冕，由是渐显。后郡命为功曹。性好人伦，勤于长养。每所称述，多过其才，时人怪而问之，统答曰："当今天下大乱，雅道陵迟，善人少而恶人多。方欲兴风俗，长道业，不美其谭即声名不足慕企，不足慕企而为善者少矣。今拔十失五，犹得其半，而可以崇迈世教，使有志者自励，不亦可乎？"

【译文】

庞统字士元，襄阳人。年轻时质朴迟钝，没有赏识他的人。颍川司马徽高洁文雅，有观察评定人才高下的识别力，庞统二十岁时前去拜见司马徽，司马徽在桑树上采桑，庞统坐在树下，二人从白天谈到夜晚。司马徽认为庞统很不一般，称赞庞统是南州士人中杰出的人物，从此庞统逐渐扬名。后来郡中任命他为功曹。庞统生性好品评人物，努力帮助培养人才。每次品评人物，多过分地称赞别人的才能，当时人感到奇怪，就询问他，庞统回答说："当今天下大乱，正道衰微，善良的人少，邪恶的人多。本想使风俗兴盛，道业长久，不说人的优点，他的名声就不足以引起人们的思慕和敬仰。不足以引起人们的思慕和敬仰，那么做善事的人就少了。现在推举十人而失去五人，还能得到它的半数，从而可以用来崇敬和勤勉于世教，使有志的人自我勉励，不是很好的吗？"

法 正 传

法正说刘备厚礼许靖

【原文】

十九年，进围成都，璋蜀郡太守许靖将逾城降，事觉，不果。璋以危亡在近，故不诛靖。璋既稽服，先主以此薄靖不用也。正说曰："天下有获虚誉而无其实者，许靖是也。然今主公始创大业，天下之人不可户说，靖之浮称，播流四

国学经典文库

海，若其不礼，天下之人以是谓主公为贱贤也。宜加敬重，以眩远近，追昔燕王之待郭隗。"先主于是乃厚待靖。

【译文】

建安十九年（214），刘备进兵包围成都，刘璋属下的蜀郡太守许靖要越过城墙投降刘备，事情被刘璋发现，没有成功。刘璋因危亡临近，所以没有杀许靖。刘璋稽首臣服后，刘备因此看不起许靖而没有任用他。法

花卉纹刺绣　东汉

正劝刘备说："天下有只获得虚名而无真才实学的人，那就是许靖了。但现在主公始创大业，天下人不可能一户一户地去劝说，许靖的虚名，传播国内，如果对他不尊重，天下人就会因此而认为主公怠慢贤士。应该加倍敬重许靖，并以此向远近的人们显示您对贤士的尊重，学习从前燕昭王对待郭隗的榜样。"刘备这才厚待许靖。

诸葛亮思法正

【原文】

诸葛亮与正，虽好尚不同，以公义相取。亮每奇正智术。先主既即尊号，将东征孙权以复关羽之耻，群臣多谏，一不从。章武二年，大军败绩，还住白帝。亮叹曰："法孝直若在，则能制主上，令不东行；就复东行，必不倾危矣。"

【译文】

诸葛亮与法正虽然爱好崇尚不同，但能以公义相取。诸葛亮每每惊奇法正的智术。刘备已经即位称帝，将要东征孙权以报复他袭杀关羽的耻辱，群臣中很多都来规劝，刘备一个也不听。章武二年（222），东征大军败退，回到白帝。诸葛亮感叹说："法孝直如果还在，就能制止先主，不让他东征；就是东征，也一定不会大败的。"

简　雍　传

简　雍　巧　谏

【原文】

时天旱禁酒，酿者有刑。吏于人家索得酿具，论者欲令与作酒者同罚。雍与先主游观，见一男女行道，诮先主曰："彼人欲行淫，何以不缚？"先主曰："卿何以知之？"雍对曰："彼有其具，与欲酿者同。"先主大笑，而原欲酿者。

【译文】

当时天旱禁酒，酿酒的人有罪。官吏在一人家中搜出酿酒的器具，执法者要

按惩罚酿酒者的刑罚判处他。简雍与先主游览，见一对男女在道上走，简雍就对刘备说："那对男女想干奸淫的勾当，为什么不逮起来？"刘备说："你怎样知道的？"简雍回答说："他们有干这事的器具，这与想酿酒的人是一样的。"先主大笑，终于赦免了想酿酒的人。

秦宓传
秦宓论文

【原文】

或谓宓曰："足下欲自比于巢、许、四皓，何故扬文藻见璏颖乎？"宓答曰："仆文不能尽言，言不能尽意，何文藻之有扬乎！昔孔子三见哀公，言成七卷，事盖有不可嘿嘿也。接舆行且歌，论家以光篇；渔父咏沧浪，贤者以耀章。此二人者，非有欲于时者也。夫虎生而文炳，凤生而五色，岂以五采自饰画哉？天性自然也。盖《河》《洛》由文兴，《六经》由文起，君子懿文德，采藻其何伤！以仆之愚，犹耻革子成之误，况贤于己者乎！"

【译文】

有人对秦宓说："您想把自己与古代的隐士巢父、许由和商山四皓相比，又为什么要飞扬文采，表现自己瑰丽的才情呢？"秦宓回答说："我的文字不能完美地记录语言，我的语言不能完美地表现思想，又怎能说飞扬文采呢！从前孔子拜见鲁哀公，所说的话记录成书有七卷之多，有些事情恐怕是不应沉默的。隐士接舆边走边唱，评论者认为他唱的是光彩的篇章；隐士渔父歌咏汉水，贤良者认为他歌咏的是显耀的篇章。这两个人，不是对时代有所求取的人。那老虎一出生，身上的花纹就非常鲜明，凤凰一出生，身上就披着鲜艳的色彩，难道这是用五彩装饰图画自己的吗？天生就是这样的啊。那《河图》《洛书》《六经》都是用文字写成的，君子讲究文德之治，文采辞藻对这有什么伤害呢？凭我这样愚笨的人，还以革子成的谬论为耻辱，何况那些比我贤良的人呢！"

董和传
董和清约

【原文】

董和字幼宰，南郡枝江人也，其先本巴郡江州人。汉末，和率宗族西迁，益州牧刘璋以为牛鞞、江原长、成都令。蜀土富实，时俗奢侈，货殖之家，侯服玉食，婚姻葬送，倾家竭产。和躬率以俭，恶衣蔬食，防遏逾僭，为之轨制，所在皆移风变善，畏而不犯。然县界豪强惮和严法，说璋转和为巴东属国都尉。吏民老弱相携乞留和者数千人，璋听留二年，还迁益州太守，其清约如前。与蛮夷从事，务推诚心，南土爱而信之。……自和居官食禄，外牧殊域，内干机衡，二十余年，死之日家无儋石之财。

【译文】

董和字幼宰，是南郡枝江人，他的祖先本是巴郡江州人。汉末时董和率领宗族西迁到蜀地，益州长官刘璋让他做牛鞞（今四川简阳市西）、江原（今四川崇州市东）长和成都令。蜀地富足殷实，当时的风俗盛行奢侈，经商的人家，衣食富比王侯，婚葬嫁娶大肆铺张，倾家荡产。董和亲自带头节俭，粗衣淡食，防止过分的浪费，并为此制定了法律，他管辖的地方都移风易俗变得节俭起来，人们畏惧而不敢触犯法律。但县界内的豪强大户害怕董和严厉的法令，劝说刘璋把董和调任巴东属国都尉。当地的官吏和百姓老幼数千人互相挽扶请求董和留下。刘璋答应了百姓的请求，让他留任两年，后来迁任益州太守，董和还像以前一样清廉简约。与当地少数民族共事，务求诚心相待，南边的人民都爱戴和信任他。……自从董和做官领取俸禄以来，在外任不同地方的长官，在内参与朝廷的枢要机关，二十多年，去世时家里没有留下多少财产。

马 谡 传

诸葛亮错用马谡

【原文】

良弟谡，字幼常，以荆州从事随先主入蜀，除緜竹成都令、越巂太守。才器过人，好论军计，丞相诸葛亮深加器异。先主临薨谓亮曰："马谡言过其实，不可大用，君其察之！"亮犹谓不然，以谡为参军，每引见谈论，自昼达夜。建兴六年，亮出军向祁山，时有宿将魏延、吴壹等，论者皆言以为宜令为先锋，而亮违众拔谡，统大众在前，与魏将张郃战于街亭，为郃所破，士卒离散。亮进无所据，退军还汉中。谡下狱物故，亮为之流涕。

【译文】

马良的弟弟马谡，字幼常，以荆州从事的官职跟随先主入蜀，被任为緜竹成都令，越巂（今四川西昌东南）太守。马谡才能过人，好谈论军事谋略，丞相诸葛亮非常器重他。先主临死时对诸葛亮说："马谡言过其实，不可大用，您要仔细考察他！"诸葛亮仍不以为然，以马谡为参军，每次召见马谡谈话，从白天一直说到夜里。建兴六年，诸葛亮率军向祁山进发，当时有老将魏延、吴壹等，人们都说应该任命他们为先锋，诸葛亮违背众人的意愿而提拔马谡，统率大军前往，与魏将张郃在街亭大战，被张郃攻破，士兵逃散。诸葛亮进军而没有可据守的地方，只好退军回到汉中。马谡下狱而死，诸葛亮为他痛哭流涕。

董 允 传

董允以正压邪

【原文】

董允字休昭，掌军中郎将和之子也。……允处事为防制，甚尽匡救之理。后主常欲采择以充后宫，允以为古者天子后妃之数不过十二，今嫔嫱已具，不宜增益，终执不听。后主益严惮之。尚书令蒋琬领益州刺史，上疏以让费祎及允，又表"允内侍历年，翼赞王室，宜赐爵土以褒勋劳"。允固辞不受。后主渐长大，爱宦人黄皓。皓便辟佞慧，欲自容入。允常上则正色匡主，下则数责于皓。皓畏允，不敢为非。终允之世，皓位不过黄门丞。……陈祗代允为侍中，与黄皓互相表里，皓始预政事。祗死后，皓从黄门令为中常侍、奉车都尉，操弄威柄，终至覆国。蜀人无不追思允。及邓艾至蜀，闻皓奸险，收闭，将杀之，而皓厚赂艾左右，得免。

吊婴酒器 三国

【译文】

董允字休昭，掌军中郎将董和之子。……董允处事善于防制，非常符合匡主救国的道理。后主常想挑选民间美女来充实后宫，董允认为古代天子后妃的数量不过十二人，现在宫中嫔妃的数量已经够了，不应再增加，始终坚持不听后主的主意。后主更加尊重害怕他。尚书令蒋琬任益州刺史，上疏以益州刺史的官职让费祎及董允，又上表推荐董允"董允任内侍多年，辅佐王室，应赐给爵位封土地以褒奖他的功勋和劳苦"。董允固辞不受。后主渐渐长大，喜欢宦官黄皓。黄皓阿谀逢迎巧言谄媚，想取悦接近后主。董允常对上正色纠正后主的过失，对下则多次责罚黄皓。黄皓害怕董允，不敢为非作歹。直至董允逝世，董皓的官职不过黄门丞。……延熙九年，董允逝世。陈祗代董允任侍中，与黄皓互相勾结呼应，黄皓开始干预政事。陈祗死后，黄皓从黄门令升任中常侍、奉车都尉，操纵国家权柄，终于导致国家灭亡。蜀国人无不想念董允。等到邓艾来到蜀中时，听说黄皓奸巧险恶，便将他逮捕关押起来，要杀死他，而黄皓用厚礼贿赂邓艾左右的亲信，得以免死。

魏 延 传

魏 延 语 壮

【原文】

魏延字文长，义阳人也。以部曲随先主入蜀，数有战功，迁牙门将军。先主为汉中王，迁治成都，当得重将以镇汉川，众论以为必在张飞，飞亦以心自许。先主乃拔延为督汉中镇远将军，领汉中太守，一军尽惊。先主大会群臣，问延曰："今委卿以重任，卿居之欲云何？"延对曰："若曹操举天下而来，请为大王拒之；偏将十万之众至，请为大王吞之。"先主称善，众咸壮其言。……延每随亮出，辄欲请兵万人，与亮异道会于潼关，如韩信故事，亮制而不许。延常谓亮为怯，叹恨己才用之不尽。

国学经典文库

【译文】

魏延字文长，是义阳（今湖北枣阳东南）人。因带领自己的队伍跟随先主进入蜀地，多次立有战功，而被升任牙门将军。先主做汉中王，迁往成都，应有大将来镇守汉川，众人的舆论认为一定是张飞，张飞也在心中认为应是自己。先主却提拔魏延任镇守汉中的镇远将军，兼任汉中太守，全军无不惊讶。先主召集群臣，问魏延说："现在把重任委任给你，你担任这一职务有什么想说的吗?"魏延回答说："如果曹操率领天下大军而来，请允许我为大王抗拒他；如果是一偏将率十万军队而来，请允许我替大王消灭他。"先主对此很赞赏，众人也都认为魏延的话很雄壮。……魏延每次跟随诸葛亮出兵伐魏，总想请求自己带兵万人，与诸葛亮分道进攻在潼关相会，像楚汉纷争时韩信与刘邦分两路进攻项羽的故事一样，诸葛亮制止而不答应。魏延常说诸葛亮是胆小，为自己的才能不能充分发挥出来而叹息遗憾。

杨 仪 传

为争权而死

【原文】

初，仪为先主尚书，琬为尚书郎，后虽俱为丞相参军长史，仪每从行，当其劳剧，自惟年宦先琬，才能逾之，于是怨愤形于声色，叹咤之音发于五内。时人畏其言语不节，莫敢从也，惟后军师费祎往慰省之。仪对祎恨望，前后云云，又语祎曰："往者丞相亡没之际，吾若举军以就魏氏，处世宁当落度如此邪！令人追悔不可复及。"祎密表其言。十三年，废仪为民，徙汉嘉郡。仪至徙所，复上书诽谤，辞指激切，遂下郡收仪。仪自杀。

【译文】

当初，杨仪是刘备的尚书，蒋琬担任尚书郎，后来虽然二人都任丞相的参军长史，但杨仪每次随丞相出军，主管事务非常劳累，他自认为做官的时间比蒋琬长，资格老，才能又超过蒋琬，因此心中的怨恨愤怒都表现出来，叹息的声音发自肺腑，当时的人害怕他言语没有节制想说什么就说什么，没人敢和他在一起，只有后军师费祎前往看望慰问他。杨仪对费祎前后说了很多怨恨的话，又对费祎说："从前丞相病死的时候，我如果带领全军去投奔魏国，在世上怎么会落到如此地步呢！让人追悔时机不会再有了。"费祎秘密地把杨仪的话上表奏报朝廷。建兴十三年（235），将杨仪罢官为民，迁徙到汉嘉郡（今四川雅安县北）。杨仪到迁徙的地方后，又上书诽谤朝廷，言辞激烈率直，于是朝廷下令让郡中逮捕杨仪。杨仪自杀。

蒋 琬 传

蒋琬雅量

【原文】

东曹掾杨戏素性简略，琬与言论，时不应答。或欲构于琬曰："公与戏语而不见应，戏之慢上，不亦甚乎！"琬曰："人心不同，各如其面；面从后言，古人之所诫也。戏欲赞吾是耶，则非其本心，欲反吾言，则显吾之非，是以默然，是戏之快也。"又督农杨敏曾毁琬曰："作事愦愦，诚非及前人。"或以白琬，主者请推治敏，琬曰："吾实不如前人，无可推也。"……后敏坐事系狱，众人犹惧其必死，琬心无适莫，得免重罪。

【译文】

东曹掾杨戏一向性格简略，蒋琬与他谈话，杨戏有时不回答。有人就在蒋琬那里构陷杨戏说："您与杨戏谈话，杨戏却不回答您，杨戏对您的轻慢，不是太过分了吗！"蒋琬说："人心不同，就如人各有各的面孔一样；表面顺从而背后议论，是古人所劝诫的。杨戏要赞同我说的，那不是他的本意，要反对我的意见，就会暴露出我的错误，因此默然无语，这正是杨戏的优点啊。"又如督农杨敏曾经诽谤蒋琬说："做事糊涂，的确不如前任。"有人把这话告诉了蒋琬，负责的官员请求追究惩处杨敏，蒋琬说："我确实不如前任，没有什么可追究的。"……后来杨敏因其他事情犯罪被关进狱中，大家还担心他一定会被处死，蒋琬心中对他并没有不满意的，杨敏得以免除死罪。

姜 维 传

沓中避祸，关心国事

【原文】

五年，维率众出汉、侯和，为邓艾所破，还住沓中。维本羁旅托国，累年攻战，功绩不立，而宦官黄皓等弄权于内，右大将军阎宇与皓协比，而皓阴欲废维树宇。维亦疑之，故自危惧，不复还成都。六年，维表后主："闻钟会治兵关中，欲规进取，宜并遣张翼、廖化督诸军分护阳安关口、阴平桥头以防未然。"皓征信鬼巫，谓敌终不自致，启后主寝其事，而群臣不知。

【译文】

景耀五年（262），姜维率大军出汉中、侯和（今甘肃临潭县西南），被魏将邓艾打败，退军驻扎在沓中（今甘肃盘曲以西）。姜维本是外地人依附蜀汉，多年攻战，没立什么大功，而宦官黄皓等人在宫内掌握大权，右大将军阎宇与黄皓勾结在一起，黄皓背地想罢黜姜维任阎宇为大将军。姜维也有疑心，因此担心自己有危险，便没有回成都。景耀六年，姜维上表后主刘禅说："听说钟会在关中训练军队，要谋划进兵攻取蜀中，应一起派张翼、廖化率领各军分兵据守阳安关

口（即阳平关）和阴平桥头（今甘肃文县）以防未然。"黄皓向鬼巫验证其事，说敌人最终是不会来的，于是启奏后主刘禅将此事搁置起来，而群臣都不知道此事。

邓芝传

修好东吴

【原文】

先主薨于永安。先是，吴王孙权请和，先主累遣宋玮、费祎等与相报答。丞相诸葛亮深虑权闻先主殂陨，恐有异计，未知所如。芝见亮曰："今主上幼弱，初在位，宜遣大使重申吴好。"亮答之曰："吾思之久矣，未得其人耳，今日始得之。"芝问其人为谁？亮曰："即使君也。"乃遣芝修好于权。权果狐疑，不时见芝，芝乃自表请见权曰："臣今来亦欲为吴，非但为蜀也。"权乃见之，语芝曰："孤诚愿与蜀和亲，然恐蜀主幼弱，国小势逼，为魏所乘，不自保全，以此犹豫耳。"芝对曰："吴、蜀二国四州之地，大王命世之英，诸葛亮亦一时之杰也。蜀有重险之固，吴有三江之阻，合此二长，共为唇齿，进可并兼天下，退可鼎足而立，此理之自然也。大王今若委质于魏，魏必上望大王之入朝，下求太子之内侍，若不从命，则奉辞伐叛，蜀必顺流见可而进，如此，江南之地非复大王之有也。"权默然良久曰："君言是也。"遂自绝魏，与蜀连和，遣张温报聘于蜀。蜀复令芝重往，权谓芝曰："若天下太平，二主分治，不亦乐乎！"芝对曰："夫天无二日，土无二王，如并魏之后，大王未深识天命也，君各茂其德，臣各尽其忠，将提炮鼓，则战争方始耳。"权大笑曰："君之诚款，乃当尔邪！"权与亮书曰："丁雄谈张，阴化不尽；和合二国，唯有邓芝。"

四川成都刘备墓　三国

【译文】

刘备在永安病死。当初，吴王孙权请和，刘备多次派宋玮、费祎等人前去回报孙权。丞相诸葛亮深深地忧虑孙权听到刘备病死的消息，担心有其他变故，不知怎么办好。邓芝去见诸葛亮说："现在主上刘禅幼弱，刚刚即位，应该派遣大使重申与东吴的盟好。"诸葛亮回答他说："我考虑这事很久了，只是没找到合适的人罢了，今天才得到这个人。"邓芝问："这个人是谁?"诸葛亮说："就是使君你啊。"于是派邓芝向孙权修好。孙权果然狐疑，没有及时接见邓芝，邓芝就自陈表章请求谒见孙权说："我今天前来也是为了吴国，不是只为蜀国啊。"孙权才见他，对邓芝说："我确实愿与蜀汉和亲，但担心蜀主幼弱，国家弱小，形势紧迫，被魏国钻了空子，不能自我保全，因此犹豫不决罢了。"邓芝回答说："吴、蜀两国据有四州之地，大王您是当世的英雄，诸葛亮也是一时的豪杰之士，蜀国有非常险要的地势可以固守，吴国有三江这样的险阻，结合这两个优点，两国互为唇齿，进可以兼并天下，退可以鼎足三分并存，这个道理是自然的。大王现在如果向魏国投降，魏国的上策一定是希望大王您入朝，下策求太子入朝为内侍，如果不听从命令，就借口讨伐叛臣，蜀国一定在可能的情况下顺长江而进，如这样，江南的土地就不会再归大王所有了。"孙权沉默了很久，说："您说得对啊。"于是与魏国绝交，与蜀国联合，派张温出使蜀国问候。蜀国又派邓芝再次前往吴国。孙权对邓芝说："倘若天下太平，二主分治，不也是高兴的事吗!"邓芝回答说："天无二日，国无二主，假如并吞魏国之后，大王还没有深识天命，为天下之主，那时为君的各自发扬德政，为臣的各尽自己的忠心，将军们手提鼓槌擂响战鼓，争夺天下的战争才是刚刚开始罢了。"孙权大笑说："您说的是真心话，非常正确啊!"孙权给诸葛亮的信说："丁雄浮夸，变化不实，使吴蜀两国结成盟好的人，只有邓芝"。

孙破虏讨逆传

孙坚讨董卓

【原文】

灵帝崩，卓擅朝政，横恣京城。诸州郡并兴义兵，欲以讨卓。坚亦举兵。……术表坚行破虏将军，领豫州刺史。遂治兵于鲁阳城。当进军讨卓，遣长史公仇称将兵从事还州督促军粮。施帐幔于城东门外，祖道送称，官属并会。卓遣步骑数万人逆坚，轻骑数十先到。坚方行酒谈笑，敕部曲整顿行陈，无得妄动。后骑渐益，坚徐罢坐，导引入城，乃谓左右曰："向坚所以不即起者，恐兵相蹈藉，诸君不得入耳。"卓兵见坚士众甚整，不敢攻城，乃引还。坚移屯梁东，大为卓军所攻，坚与数十骑溃围而出。坚常著赤罽帻，乃脱帻令亲近将祖茂著之。卓骑争逐茂，故坚从间道得免。茂困迫，下马，以帻冠冢间烧柱，因伏草中。卓骑望见，围绕数重，定近觉是柱，乃去。坚复相收兵，合战于阳人，大破卓军，枭其都督华雄等。是时，或间坚于术，术怀疑，不运军粮。阳人去鲁阳百余里，坚夜驰见术，画地计较，曰："所以出身不顾，上为国家讨贼，下慰将军门之私仇。坚与卓非有骨肉之怨也，而将军受谮润之言，还相嫌疑!"术踧踖，即调发军粮。坚还屯。卓惮坚猛壮，乃遣将军李傕等来求和亲，令坚列疏子弟任刺史、郡守者，许表用之。坚曰："卓逆天无道，荡覆王室，今不夷汝三族，县示四海，则

吾死不瞑目，岂将与乃和亲邪？"复进军大谷，拒雒九十里。卓寻徙都西入关，焚烧雒邑。坚乃前入至雒，修诸陵，平塞卓所发掘。

【译文】

汉灵帝死后，董卓独揽朝政，横行京城。各州、郡共同兴起正义之师，来征讨董卓。孙坚也起兵响应。……袁术表奏孙坚代理破虏将军，兼任豫州刺史。于是孙坚在鲁阳（今河南鲁山县）城治理军队。正要进军讨伐董卓，派长史公仇称带兵回豫州处理督促军粮的事，于城东门外布起帐幔，在道路上设宴为公仇称饯行。官员和部属一起来了。董卓派遣步兵和骑兵数万人迎击孙坚，骑兵数十人率先赶到。孙坚正在饮酒谈笑，便告诫部下整顿军阵，不要妄动。董卓后边的骑兵渐渐临近，孙坚从容地起身离座，带领大家进城，才对左右的人说："刚才我所以不立即起来，不过是担心士兵相互践踏，诸位不能进城罢了。"董卓见孙坚的军队非常严整，不敢攻城，便撤退了。孙坚转移到梁县（今河南汝州西）东驻扎，受到董卓军队的猛烈进攻，孙坚与数十骑突围而出。孙坚常戴红头巾，便解下来令亲信将领祖茂戴在头上。董卓的骑兵争相追赶祖茂，孙坚因此得以从小道逃走。祖茂的处境非常窘迫，就下马把红头巾戴在坟墓中被火烧剩下的树干上，趁势隐匿在草丛中。董卓的骑兵看见头巾，环绕着围了好几层，平静下来走进后才发现是树干，就离开了。孙坚回来后挑选收聚士兵，与董卓在阳人（今河南汝州西）会战，大败董卓的军队，将董卓的都督华雄等人枭首示众。这时，有人向袁术离间孙坚，袁术怀疑孙坚，不再给孙坚运送军粮。阳人离鲁阳一百多里，孙坚在夜里驰奔阳人见袁术，与袁术画地计较说："我之所以不顾献身，上是为国家征讨逆贼，下是为抚慰将军家中的私怨。我与董卓没有亲人被杀的仇恨，而将军听信谗诌之言，还疑心猜忌我！"袁术显出局促不安的样子，当即调拨军粮。孙坚回到营地。董卓畏惧孙坚的勇猛雄壮，便派将军李傕等人向孙坚请求和亲，让孙坚在奏议中列出孙氏子弟中能出任刺史、郡守的人的名单，答应上表朝廷任用他们。孙坚说："董卓违背天理，丧失王道，颠覆王室，今天不灭掉你的三族，悬示四海，那我死也闭不上眼，怎么能与你们和亲呢？"接着进军大谷（古关口，河南洛阳东南），离雒邑只有九十里。董卓随即迁都西入函谷关，纵火焚烧京都雒邑。孙坚便进兵来到雒邑，修整诸陵庙，填埋被董卓所发掘的陵墓。

吴 主 传

孙权受命治吴

【原文】

五年，策薨，以事授权，权哭未及息。策长史张昭谓权曰："孝廉，此宁哭时邪？且周公立法而伯禽不师，非欲违父，时不得行也。况今奸宄竞逐，豺狼满道，乃欲哀亲戚，顾礼制，是犹开门而揖盗，未可以为仁也。"乃改易权服，扶令上马，使出巡军。是时惟有会稽、吴郡、丹杨、豫章、庐陵，然深险之地犹未尽从，而天下英豪布在州郡，宾旅寄寓之士以安危去就为意，未有君臣之固。张昭、周瑜等谓权可与共成大业，故委心而服事焉。……待张昭以师傅之礼，而周瑜、程普、吕范等为将率。招延俊秀，聘求名士，鲁肃、诸葛瑾等始为宾客。分

部诸将，镇抚山越，讨不从命。

【译文】

建安五年（200），孙策死，将国事授予
孙权。孙权的哀哭还未停息，孙策的长史张昭
对孙权说："孝廉，这难道是哭的时候吗？周
公设立的礼法而伯禽没有遵从，并不是伯禽想
违背自己的父亲，而是情势使他不能实行啊。
何况今天奸宄之人竞相追逐，豺狼满道，你想
为兄长哀悼，顺从礼法，这就像开门迎接强盗
一样，不能说这是仁爱啊。"于是为孙权换上
服装，扶着让他上马，叫他出来巡视军营。这
时孙权只据有会稽、吴郡、丹杨、豫章、庐陵
五郡，其中边远险要的地区还没完全臣服，而
天下的英雄豪杰分布在各州郡，来此寄寓作为
宾旅的人士也为自己的去留安危而思索，没有

孙权

建立巩固的君臣关系。张昭、周瑜等人认为孙权是可以与之共成大业的人，所以
就倾心辅佐他。……孙权以师付之礼对待张昭，而以周瑜、程普、吕范等人为将
帅。招揽才智出众的人，聘请访求名士，鲁肃、诸葛瑾等人开始成为孙权的宾
客。孙权分派部署诸将，镇抚山越之民，讨伐那些不肯臣服的人。

赵咨论孙权

【原文】

遣都尉赵咨使魏。魏帝问曰："吴王何等主也？"咨对曰："聪明仁智，雄略
之主也。"帝问其状，咨曰："纳鲁肃于凡品，是其聪也；拔吕蒙于行陈，是其明
也；获于禁而不害，是其仁也；取荆州而兵不血刃，是其智也；据三州虎视于天
下，是其雄也；屈身于陛下，是其略也。"

【译文】

孙权派都尉赵咨出使魏国。魏文帝问赵咨说："吴王是怎样的君主啊？"赵咨
回答说："吴王是聪明仁智，雄才大略的君主。"魏文帝又询问孙权的具体情况，
赵咨说："从平凡的人中接纳了鲁肃，这是他的聪慧；从士兵之中提拔了吕蒙，
这是他的英明；俘获于禁而不加害，这是他的仁慈；夺取荆州而兵不血刃，这是
他的智慧；占据三州，虎视天下，这是他的雄武；向陛下屈身称臣，这是他的谋
略。"

三嗣主传

孙皓暴虐

【原文】

初，皓每宴会群臣，无不咸令沈醉。置黄门郎十人，特不与酒，侍立终日，

为司过之吏。宴罢之后，各奏其阙失，迕视之咎，谬言之愆，罔有不举。大者即加威刑，小者辄以为罪。后宫数千，而采择无已。又激水入宫，宫人有不合意者，辄杀流之。或剥人之面，或凿人之眼。岑昏险谀贵幸，致位九列，好兴功役，众所患苦。是以上下离心，莫为皓尽力，盖积恶已极，不复堪命故也。

【译文】

当初，孙皓每次宴会群臣，无不命令群臣喝得大醉。在宴会中安置宦官十人，不过不给他们酒喝，让他们终日陪立在旁边，专门负责侦察群臣的过失。宴会结束之后，分别奏报群臣的过失，像与孙皓对视，说错话等这类小的过错，没有不被检举的。大的就判以重刑，小的也受到惩罚。后宫嫔妃数千人，但仍不断挑选充实。又围堵江水引入宫中，宫人中有不合心意的，就杀死投入水中顺流冲走。又剥人的面皮，凿出人的眼睛。岑昏阴险善于奉承，而受到重用和宠信，名列九卿之中。孙皓喜欢大兴土木，百姓为此忧虑痛苦。因此上下离心，没人为孙皓尽力，这是他积恶已经到了极点，人们实在不能忍受的缘故吧。

宗 室 传

吕蒙求专任

【原文】

后吕蒙当袭南郡，权欲令皎与蒙为左右部大督，蒙说权曰："若至尊以征虏能，宜用之；以蒙能，宜用蒙。昔周瑜、程普为左右部督，共攻江陵，虽事诀于瑜；普自恃久将，且俱是督，遂共不睦，几败国事，此目前之戒也。"权寤，谢蒙曰："以卿为大督，命皎为后继。"

【译文】

后来吕蒙主持偷袭南郡的事宜，孙权想任命孙皎与吕蒙为左右部大督，吕蒙劝孙权说："倘若您认为孙征虏将军能胜任，就应该任用他；认为我能胜任，就应该任用我。从前周瑜、程普为左右部督，一起攻打江陵，虽然事情取决于周瑜，程普却自恃是老将，而且同是都督，因此在一起不和睦，几乎坏了国家大事，这是眼前的借鉴啊。"孙权觉悟过来，向吕蒙道歉说："以你为大督，命孙皎为后援。"

张 昭 传

张 昭 直 谏

【原文】

权每田猎，常乘马射虎，虎常突前攀持马鞍。昭变色而前曰："将军何有当尔？夫为人君者，谓能驾御英雄，驱使群贤，岂谓驰逐于原野，校勇于猛兽者乎？如有一旦之患，奈天下笑何？"权谢昭曰："年少虑事不远，以此惭君。"然犹不能已，乃作射虎车，为方目，间不置盖，一人为御，自于中射之。时有逸群

之兽，辄复犯车，而权每手击以为乐。昭虽谏争，常笑而不答。……权于武昌，临钓台，饮酒大醉。权使人以水洒群臣曰：“今日酣饮，惟醉堕台中，及当止耳。”昭正色不言，出外车中坐。权遣人呼昭还，谓曰：“为共作乐耳，公何为怒乎？”昭对曰：“昔纣为糟丘酒池长夜之饮，当时亦以为乐，不以为恶也。”权默然，有惭色，遂罢酒。……权以公孙渊称藩，遣张弥、许晏至辽东拜渊为燕王，昭谏曰：“渊背魏惧讨，远来求援，非本志也。若渊改图，欲自明于魏，两使不反，不亦取笑于天下乎？”权与相反覆，昭意弥切。权不能堪，案刀而怒曰：“吴国士人入宫则拜孤，出宫则拜君，孤之敬君，亦为至矣，而数于众中折孤，孤尝恐失计。”昭熟视权曰：“臣虽知言不用，每竭愚忠者，诚以太后临崩，呼老臣于床下，遗诏顾命之言故在耳。”因涕泣横流。权掷刀致地，与昭对泣。然卒遣弥、晏往。昭忿言之不用，称疾不朝。权恨之，土塞其门，昭又于内以土封之。渊果杀弥、晏。权数慰谢昭，昭固不起，权因出过其门呼昭，昭辞疾笃。权烧其门，欲以恐之，昭更闭户。权使人灭火，住门良久，昭诸子共扶昭起，权载以还宫，深自克责。昭不得已，然后朝会。

【译文】

　　孙权每次打猎，常骑马射虎，有时老虎冲到马前攀抓马鞍。张昭严肃地走到孙权面前说：“将军何必要这样做呢？人中的君主，是说能驾驭英雄驱使群贤的人，哪里是说在原野上奔驰追逐和猛兽比试高低的人啊？假若一旦出事，怎么对付天下人的耻笑啊？”孙权向张昭道歉说：“我年轻考虑事情不长远，因此有愧于您。”但孙权仍未停止射虎，竟制造射虎车，车身围成方形，中间不放车盖，一人驾车，而自己在车中射虎。常有凶猛异常的野兽，多次冲犯射虎车，而孙权每每用手搏击并以此为乐。张昭虽规劝争辩，孙权却常常笑而不答。……孙权在武昌时，来到钓鱼台上，饮酒大醉，命人用水泼洒群臣，说：“今日长饮，只有大醉倒在台中，才能停止。”张昭表情严肃一句话不说，走出钓鱼台坐在车中。孙权派人招呼张昭回去，对张昭说：“为了一起高兴一下罢了，您何必生气呢？”张昭回答说：“从前商纣王做糟丘、酒池，通宵长饮，当时也以此为乐，并不认为是坏事啊。”孙权默然，面露羞愧，于是停止了饮酒。……孙权以为公孙渊已经称臣，便派张弥、许晏到辽东封公孙渊为燕王，张昭规劝说：“公孙渊背叛曹魏而惧怕征讨，远来求援，这不是他根本的心意。假如公孙渊改变主意，想向曹魏表明自己的心迹，两个使者不能返回，不是会被天下人取笑吗？”孙权与他反复驳难，张昭的意图愈加恳切，孙权不能忍受，手握佩刀发怒说，“吴国士人进宫则拜我，出宫则拜您，我对您的敬重，也到极点了，而您却在众人中多次反驳我，我常常担心不能克制自己而杀了您。”张昭仔细看着孙权说：“臣下虽然知道说了您也不听，但还是常常竭尽自己的愚忠，实在是因为太后临终时，把老臣叫到床边，遗言嘱咐我的话还在耳边啊。”接着痛哭流涕。孙权把刀扔在地上，与张昭相对而泣。但孙权终于派张弥、许晏前往辽东。张昭生气孙权不听自己的规劝，便称病不再上朝。孙权恨他，就用土堵塞张昭的府门，张昭又在里面用土封上门。公孙渊果然杀了张弥、许晏。孙权多次向张昭道歉，张昭固执而不出来，于是孙权出宫来到张昭门前呼唤张昭，张昭以病重为托词不出来见他。孙权用火烧张府的门，想以此恐吓张昭，张昭更加闭门不出。孙权叫人灭了火，在门前站了很久，张昭的儿子们一起扶张昭出来，孙权把他载回宫中，深深地责备自己。

国学经典文库

张昭不得已，这才上朝会面。

周瑜鲁肃吕蒙传

周瑜劝孙权抗曹

【原文】

其年九月，曹公入荆州，刘琮举众降，曹公得其水军，船步兵数十万，将士闻之皆恐。权延见群下，问以计策。议者咸曰："曹公豺虎也，然托名汉相，挟天子以征四方，动以朝廷为辞，今日拒之，事更不顺。且将军大势，可以拒曹者，长江也。今操得荆州，奄有其地，刘表治水军，蒙冲斗舰，乃以千数，操悉浮以沿江，兼有步兵，水陆俱下，此为长江之险，已与我共之矣。而势力众寡，又不可论。愚谓大计不如迎之。"瑜曰："不然。操虽托名汉相，其实汉贼也，将军以神武雄才，兼仗父兄之烈，割据江东，地方数千里，兵精足用，英雄乐业，尚当横行天下，为汉

周瑜画像

家除残去秽。况操自送死，而可迎之邪？请为将军筹之：今使北土已安，操无内忧，能旷日持久，来争疆场，又能与我校胜负于船楫间乎？今北土既未平安，加马超、韩遂尚在关西，为操后患。且舍鞍马，仗舟楫，与吴越争衡，本非中国所长。又今盛寒，马无蒿草，驱中国士众远涉江湖之间，不习水土，必生疾病。此数四者，用兵之患也，而操皆冒行之。将军禽操，宜在今日。瑜请得精兵三万人，进驻夏口，保为将军破之。"权曰："老贼欲废汉自立久矣，徒忌二袁、吕布、刘表与孤耳。今数雄已灭，惟孤尚存，孤与老贼，势不两立。君言当击，甚与孤合，此天以君授孤也。"

【译文】

建安十三年（208）九月，曹操进兵荆州，刘琮率众投降，曹操得到荆州的水军，战船和几十万步兵，东吴将士听到这一消息后都很担心。孙权邀见群臣，向他们询问计策。议论的大臣都说："曹操是豺虎啊，但假托汉相的名义，挟持天子来征讨四方，动辄以朝廷为托词，今天抗拒他，事情更不顺利了。况且将军您可以用来抗拒曹操的优势是长江天险。现在曹操得到荆州，占据了这个地方，刘表训练的水军，蒙冲战船数千计，都被曹操列阵江边，兼有步兵，水陆并进，这就使长江天险，已经是曹操与我们共同占有了。而势力众寡悬殊，又不可对比。我们认为根本大计不如迎接曹操。"周瑜说："不对。曹操虽假托汉相的名义，其实是汉贼啊。以将军您的神武雄才，兼仗父兄的业绩，割据江东，土地方圆有数千里，士兵精良足能使用，英雄乐于为事业献身，就应该横行天下，为汉朝除去奸贼。何况曹操自己来送死，又怎么可以迎接他呢？请允许我为您筹划：现在假使北方已经安定，曹操没有内忧，能旷日持久地争战疆场，又能与我们在

舟船水战中较量胜负吗？现在北方既不安定，又加上马超、朝遂尚在关西，是曹操的后患。况且曹操放弃鞍马而依仗舟船，与吴越争衡，这本来就不是中原人的长处。再加上现在天气寒冷，马无稻草可吃，驱使中原士众远道而来在江湖之间跋涉，不习水土，一定会生疾病。这四条都是用兵者所忧虑的，而曹操都冒险这样做了，将军您活捉曹操，正在今天。我请求得到精兵三万人，进住夏口，保证为将军打败曹操。"孙权说："老贼想废汉自立已经很久了，只是忌讳袁绍、袁术、吕布、刘表和我罢了。今天那几位英雄都已经被消灭，只有我还存在，我与老贼，势不两立。您说应当迎击曹操，非常合我的心意，这是老天把您送给我啊。"

火 烧 赤 壁

【原文】

权遂遣瑜及程普等与备并力逆曹公，遇于赤壁。时曹公军众已有疾病，初一交战，公军败退，引次江北。瑜等在南岸。瑜部将黄盖曰："今寇众我寡，难与持久。然观操军船舰首尾相接，可烧而走也。"乃取蒙冲斗舰数十艘，实以薪草，膏油灌其中，裹以帷幕，上建牙旗，先书报曹公，欺以欲降。又预备走舸，各系大船后，因引次俱前。曹公军吏士皆延颈观望，指言盖降。盖放诸船，同时发火。时风盛猛，悉延烧岸上营落。顷之，烟炎张天，人马烧溺死者甚众，军遂败退，还保南郡。

【译文】

孙权就派遣周瑜及程普等人与刘备一起合力迎击曹操，在赤壁与曹军相遇。这时曹操军中士兵已经有人得了疾病，初次交战，曹军败退，回江北驻扎。周瑜等驻在南岸。周瑜的部将黄盖说："现在敌众我寡，难与相持太久。然而观察曹军的船舰首尾相接，可以放火烧船使敌人败退。"于是取蒙冲斗舰等战船数十艘，装满柴草，用膏油浇在上面，裹上帷幕，上边竖着将军的大旗，先送书信告知曹操，用假投降来欺骗曹操。又预备了快船，各自系在大船后边，按次序一起前进。曹操军中官兵都伸着脖子观望，指着船队说是黄盖来降。黄盖放开这些战船，同时点火。这时风又大又猛，火势蔓延烧着岸上的营地。不久，烟火冲天，人马烧死淹死的非常多，曹军因此大败，退保南郡。

鲁肃为孙权筹划

【原文】

权即见肃，与语甚悦之。众宾罢退，肃亦辞出，乃独引肃还，合榻对饮。因密议曰："今汉室倾危，四方云扰，孤承父兄余业，思有桓文之功。君既惠顾，何以佐之？"肃对曰："昔高帝区区欲尊事义帝而不获者，以项羽为害也。今之曹操，犹昔项羽，将军何由得为桓文乎？肃窃料之，汉室不可复兴，曹操不可卒除，为将军计，惟有鼎足江东，以观天下之衅。规模如此，亦自无嫌。何者？北方诚多务也。因其多务，剿除黄祖，进伐刘表，竟长江所极，据而有之，然后建号帝王以图天下，此高帝之业也。"

国学经典文库

【译文】

　　孙权立即会见鲁肃，和他交谈非常喜欢他。会见后众宾辞退，鲁肃也告辞出来，孙权却唯独把鲁肃领回来，合上床榻对坐饮酒。这才悄悄地议论说："现在汉室危亡之际，天下纷乱如云，我继承父兄的遗业，想建立齐桓公、晋文公那样的霸业。您既然关心我，又怎样帮助我呢？"鲁肃回答说："从前汉高祖刘邦一心想尊事义帝却没有成功，是因为项羽把义帝杀害了。今天的曹操，就像从前的项羽，将军您又怎么成为齐桓公、晋文公呢？我私下估计，汉室不可能复兴，曹操不可能很快消灭。替您谋划的计策，只有鼎足江东，来观察天下争战的可乘之机，这样的格局，也不会受到曹操的猜疑。为什么呢？北方的事情实在太多了。趁他事情多，我们剿除黄祖，进兵讨伐刘表，把边境扩大到长江所流过的地方，占据并拥有它，然后建立帝王之号来征服天下，这是汉高祖的伟业啊。"

鲁肃劝孙权联合刘备

【原文】

　　刘表死，肃进说曰："夫荆楚与国邻接，水流顺北，外带江汉，内阻山陵，有金城之固，沃野万里，士民殷富，若据而有之，此帝王之资也。今表新亡，二子素不辑睦，军中诸将，各有彼此。加刘备天下枭雄，与操有隙，寄寓于表，表恶其能而不能用也。若备与彼协心，上下齐同，则宜抚安，与结盟好；如有离违，宜别图之，以济大事。肃请得奉命吊表二子，并慰劳其军中用事者，及说备使抚表众，同心一意，共治曹操，备必喜而从命。如其克谐，天下可定也。今不速往，恐为操所先。"权即遣肃行。

【译文】

　　刘表病死，鲁肃向孙权进言说："那荆楚之地与我国相邻接，在长江的北岸，外围有长江汉水，境内有山陵险阻，像金城一样坚固。肥沃的原野上万里，士民富足，如果占据并拥有它，这是帝王之业的资本啊。现在刘表刚死，他的两个儿子向来不和睦，军中诸将也各有打算。加上刘备是天下的枭雄，与曹操有裂痕，在刘表处寄住，刘表嫉妒他有才能而不能重用他。如果刘备与他们合作，上下齐心合力，就应该安抚他，与他结成盟好；如果相背离，就应另想办法谋取荆州，以成就大事。我请求能奉您的命令慰问刘表的两个儿子，并慰劳刘表军中的掌权人，并劝刘备让他安抚刘表的部下，同心一意，共同抗拒曹操，刘备一定高兴而从命。如果这事能顺利完成，天下就可以平定了。现在如不快去，担心被曹操所抢先。"孙权立即派鲁肃出使荆州。

吕蒙白衣渡江

【原文】

　　后羽讨樊，留兵将备公安、南郡。蒙上疏曰："羽讨樊而多留备兵，必恐蒙图其后故也。蒙常有病，乞分士众还建业，以治疾为名。羽闻之，必撤备兵，尽赴襄阳。大军浮江，昼夜驰上，袭其空虚，则南郡可下，而羽可禽也。"遂称病笃，权乃露檄召蒙还，阴与图计。羽果信之，稍撤兵以赴樊。魏使于禁救樊，羽

尽禽禁等，人马数万，托以粮乏，擅取湘关米。权闻之，遂行，先遣蒙在前。蒙
至寻阳，尽伏其精兵舻艬中，使白衣摇橹，作商贾人服，昼夜兼行，至羽所置江
边屯候，尽收缚之，是故羽不闻知。遂到南郡，士仁、糜芳皆降。蒙入据城，尽
得羽及将士家属，皆抚慰，约令军中不得干历人家，有所求取。蒙麾下士，是汝
南人，取民家一笠，以覆官铠，官铠虽公，蒙犹以为犯军令，不可以乡里故而废
法，遂垂涕斩之。于是军中震栗，道不拾遗。蒙旦暮使亲近存恤耆老，问所不
足，疾病者给医药，饥寒者赐衣粮。羽府藏财宝，皆封闭以待权至。羽还，在道
路，数使人与蒙相闻，蒙辄厚遇其使，周游城中，家家致问，或手书示信。羽人
还，私相参讯，咸知家门无恙，见待过于平时，故羽吏士无斗心。会权寻至，羽
自知孤穷，乃走麦城，西至漳乡，众皆委羽而降。权使朱然、潘璋断其径路，即
父子俱获，荆州遂定。

【译文】

　　后来关羽征讨樊城，留下将士防守公安、南郡。吕蒙上疏说："关羽征讨樊
城而多留守兵，一定是担心我图谋他后方的缘故。我经常有病，请求以治病为名
离开士众回建业。关羽听说后，必然会撤走守兵，都赶赴襄阳。那时大军渡江，
昼夜疾行而上，袭击关羽空虚的后方，南郡就能攻下，关羽就会被擒了。"于是
吕蒙称自己病重，孙权便宣布文书召吕蒙回来，与他秘密谋划计策。关羽果然信
以为真，逐渐撤兵赶赴樊城。曹魏派于禁救樊城，关羽将于禁等人全部俘获，人
马有数万之多，借口粮食困乏，擅自夺走湘关的粮米。孙权闻听后，终于发兵，
先派吕蒙前行。吕蒙来到寻阳，把他的精兵都埋伏在船中，让士兵穿上白衣摇
橹，装作商人的模样，昼夜加倍赶路。来到关羽设置在江边的哨所，将里面的士
兵全部俘获捆绑起来，因此关羽没有听到消息。接着来到南郡，守将傅士仁、糜
芳都投降了。吕蒙进军占据荆州城，得到了关羽及将士们的全部家属，吕蒙都加
以安抚慰问，命令军中士兵不能搅扰百姓，索要财物。吕蒙部下的一名士兵，是
汝南人，拿了百姓家的一个笠帽，用来覆盖官家的铠甲，官铠虽然是公物，吕蒙
还是认为他违犯军令，不能因他是自己同乡的缘故就废弃军令，终于流着眼泪把
他杀了。于是军中士卒恐惧万分，道不拾遗。吕蒙早晚派亲信看望抚恤上年纪的
老人，询问他们缺少什么，对有病的人给予医治，对吃不饱穿不暖的人赏给衣
食。关羽府库中的财宝，都封闭起来等候孙权的到来。关羽回兵，在道上多次派
人与吕蒙相联系，吕蒙总是厚待关羽的使者，使者周游全城，家家都前来探听，
有的写信，有的带话。关羽的使者回来后，士兵们私下询问，都得知家中平安无
事，所受待遇超过平时，所以关羽的将士们失去斗志。正值孙权随即赶到，关羽
知道自己孤立无援，就逃奔麦城，来到西边的漳乡，众人都背叛关羽而投降。孙
权派朱然、潘璋在小路上阻截关羽，将关羽父子一起俘获，荆州终于平定。

陆 绩 传

陆 绩 怀 桔

【原文】

　　陆绩字公纪，吴郡吴人也。父康，汉末为庐江太守。绩年六岁，于九江见袁

术。术出桔，绩怀三枚，去，拜辞堕地，术谓曰：“陆郎做宾客而怀桔乎？”绩跪答曰：“欲归遗母。”术大奇之。孙策在吴，张昭、张纮、秦松为上宾，共论四海未泰，须当用武治而平之，绩年少末坐，遥大声言曰：“昔管夷吾相齐桓公，九合诸侯，一匡天下，不用兵车。孔子曰：‘远人不服，则修文德以采之。’今论者不务道德怀取之术，而惟尚武，绩虽童蒙，窃所未安也。”昭等异焉。

屯垦壁画　三国

【译文】

陆绩字公纪，是吴郡吴地人。父亲陆康汉末时做过庐江太守。陆绩年六岁时，到九江去见袁术。袁术拿出橘子给他吃，陆绩藏起三个橘子，离去时向袁术拜辞，橘子从怀中掉在地上，袁术对他说：“陆郎做宾客竟藏橘子吗？”陆绩跪着回答说：“想拿回去送给母亲。”袁术认为他很奇特。孙策在吴时，张昭、张纮、秦松为上宾，都认为天下不太平，应当用武力治理平定天下。陆绩年青坐在最末位，从远处大声喊着说：“从前管仲辅佐齐桓公，九次会盟诸侯，一统天下，没有用兵车。孔子说：‘远方的人没有臣服，就讲究文德使他们归顺。’今天谈论的人不用道德安抚的办法来取得，而只知崇尚武力，陆绩虽然年幼无知，内心也为此而感到不安。”张昭等人因此认为他很不一般。

陆　逊　传

夷陵破刘备

【原文】

黄武元年，刘备率大众来向西界，权命逊为大都督、假节，督朱然、潘璋、宋谦、韩当、徐盛、鲜于丹、孙桓等五万人拒之。备从巫峡、建平连围至夷陵界，立数十屯，以金锦爵赏诱动诸夷，使将军冯习为大督，张南为前部，辅匡、赵融、廖淳、傅肜等各为别督，先遣吴班将数千人于平地立营，欲以挑战。诸将皆欲击之，逊曰：“此必有谲，且观之。”备知其计不可，乃引伏兵八千，从谷中出。逊曰：“所以不听诸君击班者，揣之必有巧故也。”……诸将并曰：“攻备当在初，今乃令入五六百里，相衔持经七八月，其诸要害皆以固守，击之必无利矣。”逊曰：“备是猾虏，更尝事多，其军始集，思虑精专，未可干也。今住已

国学经典文库

久，不得我便，兵疲意沮，计不复生，掎角此寇，正在今日。"乃先攻一营，不利。诸将皆曰："空杀兵耳。"逊曰："吾已晓破之之术。"乃敕各持一把茅，以火攻拔之。一尔势成。逊率诸军同时俱攻，斩张南、冯习及胡王沙摩柯等首，破其四十余营。备将杜路、刘宁等穷逼请降。备升马鞍山，陈兵自绕。逊督促诸军四面蹙之，土崩瓦解，死者万数。备因夜遁，驿人自担烧铙铠断后，仅得入白帝城。其舟船器械，水步军资，一时略尽，尸骸漂流，塞江而下。备大惭恚，曰："吾乃为逊所折辱，岂非天邪！"

【译文】

东吴黄武元年，刘备率大军向吴国西部边境进发，孙权命陆逊为大都督、持符节，统率朱然、潘璋、宋谦、韩当、徐盛、鲜于丹、孙桓等五万人抵御刘备。刘备从巫峡、建平连续扎营至夷陵地界，建数十座营寨，用黄金、锦帛、爵位和赏赐引诱各少数民族，派将军冯习为大督，张南为前部，辅匡、赵融、廖淳、傅肜等各为别督，先派遣吴班带领数千人在平地处设立营寨，要以此来挑战。东吴诸将都想去攻击这些营寨，陆逊说："这里面一定有欺诈，先看看。"刘备知道这一计策不能得逞，便带领八千伏兵，从山谷中出来。陆逊说："我不听诸位将军的话进攻吴班，就是思忖这里一定有乖巧的缘故。"……诸将都说："应该在刘备一进入吴境时就进攻他，现在已让刘备入境五六百里，对峙据守七八个月，其中各要害地区都已经防守牢固，这时进攻一定不利了。"陆逊说："刘备是狡猾的敌人，经历的事多，其军队开始集结时，思虑周到，精心专一，不能和他们打。现在他驻扎已久，不能得到我们的好处，士兵疲惫，意志沮丧，不会再想出什么计谋，分兵夹击此敌，正在今日。"于是先进攻刘备的一个营寨，不利。诸将都说："白白损失士兵罢了。"陆逊说："我已经知道打败刘备的计策了。"于是命士兵们各持一把茅草，用火攻取营寨。如此获得成功。陆逊率领各军同时一起进攻，斩张南、冯习及胡王沙摩柯等人的首级，攻破刘备四十多个营寨。刘备的将领杜路、刘宁等人被逼无奈而请降。刘备登上马鞍山，围绕马鞍山（今湖北宜昌市西北二十里）部署军队。陆逊督促诸军四面围攻，刘备土崩瓦解，死者数万人。刘备趁天黑逃遁，驿站的送信人自己承担重任，把铙器和铠甲在隘口焚烧以阻断追兵，刘备才得以进入白帝城。蜀军的舟船器械，水军步军的军资，当时几乎全被烧尽，尸体漂在水中，充塞长江顺流而下。刘备非常羞愧和恼怒，说："我竟然被陆逊所侮辱，这难道是天意吗？"

吕 岱 传

吕岱愿闻过

【原文】

始，岱亲近吴郡徐原，慷慨有才志，岱知其可成，赐巾褠，与共言论，后遂荐拔，官至侍御史。原性忠壮，好直言，岱时有得失，原辄谏诤，又公论之，人或以告岱，岱叹曰："是我所以贵德渊者也。"及原死，岱哭之甚哀，曰："德渊，吕岱之益友，今不幸，岱复于何闻过？"谈者美之。

【译文】

当初，吕岱亲近吴郡的徐原，徐原慷慨而有才志，吕岱知道他会有所成就，

国学经典文库

便赏给他头巾和单衣，和他一起交谈，后来又举荐提拔他，官至侍御史。徐原性情忠厚，好直言，吕岱平时有过失，徐原总是直言规劝，又在公开场合议论他，有人把这事告诉吕岱，吕岱赞许说："这正是我尊重德渊的原因啊。"后来徐原死了，吕岱哭得很悲伤，说："德渊是我的益友，现在他不幸死了，我又到哪里去听取自己的过失呢？"谈论的人都称赞他。

是仪胡综传

是仪俭约清素

【原文】

是仪字子羽，北海营陵人也。本姓氏，初为县吏，后仕郡，郡相孔融嘲仪，言"氏"字"民"无上，可改为"是"，乃遂改焉。后依刘繇，避乱江东。繇军败，仪徙会稽。孙权承摄大业，优文征仪。到见亲任，专典机密，拜骑都尉。……不治产业，不受施惠，为屋舍财足自容。邻家有起大宅者，权出望见，问起大室者谁，左右对曰："似是仪家也。"权曰："仪俭，必非也。"问果他家。其见知信如此。服不精细，食不重膳，拯赡贫困，家无储畜。权闻之，幸仪舍，求视蔬饭，亲尝之，对之叹息，即增俸赐，益田宅。仪累辞让，以恩为戚。

【译文】

是仪字子羽，是北海郡营陵（今山东昌乐东南）人。是仪本来姓氏，最初做县吏，后来在郡中做官，北海郡相孔融嘲笑是仪，说"氏"是"民"无上，应改为"是"，于是就将"氏"改为"是"。后来是仪投奔刘繇，到江东避难。刘繇军败，是仪迁徙到会稽郡。孙权继承父兄的功业，摄权亲政，多次下书征召是仪。是仪见孙权后深受信任，专门主管机密事宜，授予骑都尉的官职。……是仪不经营产业，不接受别人施予的恩惠，建的房舍仅仅能容纳自家居住。邻居中有盖大房的人，孙权出来时远远望见，问盖大房子的人是谁，左右的人回答说："好像是仪家。"孙权说："是仪节俭，一定不是他。"一询问果然是别人家。孙权竟如此了解是仪。是仪穿衣服不求精细，吃不讲究膳食，把钱财用来拯救和赡养贫穷困苦的人，所以家中没有积蓄。孙权听说后，来到是仪家中，要看看菜饭，亲自尝尝，对着菜饭叹息不已，马上增加是仪的薪俸和田地宅舍。是仪多次辞让不受，并为此而感到不安。

【国学经典文库】

晋书

【唐】房玄龄等

线装书局

序 言

　　《晋书》一百三十卷，包括帝纪十卷，志二十卷，列传七十卷，载记三十卷。它记述的史事，从司马懿开始，至东晋恭帝元熙二年（420）即刘裕取代东晋为止，记述了西晋和东晋兴亡过程。同时用"载记"的形式，叙述了十六国割据政权的兴衰史。

　　《晋书》的修撰从唐太宗贞观二十年（646）开始，二十二年（648）成书。本书成于众手，先后参加编写的有二十一人，房玄龄、褚遂良、许敬宗为监修官，另外有令狐德棻、敬播、来济、陆元仕、刘子翼、卢承基、李淳风、李义府、薛元超、上官仪、崔行功、辛丘驭、刘胤之、杨仁卿、李延寿、张文恭、李安期、李怀俨。由于唐太宗李世民为宣帝司马懿、武帝司马炎两篇帝纪和陆机、王羲之两篇传记写了论赞，所以旧本《晋书》又题唐太宗"御撰"。

　　唐代以前，关于两晋的历史，曾有二十几种。唐初，除沈约、郑忠、庾铣三家的《晋书》失传，另外还有十八家。当时人认为，"制作虽多，未能尽善"，所以李世民才下令重修。房玄龄等人修《晋书》，主要以齐臧荣绪的《晋书》为蓝本，参考了其他各史。在房玄龄等人修史之时，有大量的诏令、仪注、起居注、文集等存世，但修史者未能充分利用这些第一手资料，只是本臧荣绪的《晋书》，杂糅一些笔记小说中所载奇闻轶事，加以润色，如《搜神记》《幽明录》中一些荒诞不经的记述也加以收录。因此，此书一出，即受到当时人的指责，说它"好采诡谬碎事，以广异闻。又所评论，竟为奇艳，不求笃实"。这种批评是有道理的。《晋书》的执笔人，大多数擅长诗词文赋，往往追求辞藻华丽，对史实的考辨、史料的搜集，反而注意不够。大凡文人修史书，往往会出这类毛病，因而它的史料价值就受影响。

　　《晋书》的《天文志》《律历志》由李淳风撰写。李淳风是唐代著名天文学家，所以在《天文志》中记载的天体、仪象、星宿位置等达到了当时的先进水平，被后人一致推重。《食货志》虽然有些疏略，但其中关于曹魏屯田、兴修水利，以及对晋代占田制的记载，都是难得的史料。本书《武帝纪》和愍怀太子、何曾、任恺、会稽王道子等人的传记，反映了从皇帝到大官僚的唯利是图，骄奢淫逸。《石崇传》《王戎传》则记载了大官僚之贪婪无耻。《王沈传》中的《释时论》和《鲁褒传》中的《钱神论》，把当时统治阶级的丑恶本性揭露无遗。这

些都反映出当时社会上层的精神状态，从而使人认识到晋朝灭亡的必然性。

由于《晋书》成于众手，前后不照应，叙述舛错、疏漏，随时可见。如《冯纨传》说"兄恢，自有传"，《殷颙传》说"弟仲文、叔献，别有传"，但书中并没有冯恢、殷仲文、殷叔献的传记。又《李重传》说"重议之，见百官志"，本书没有百官志，只有职官志，且也不载李重的奏议。至于叙事中的人名、地名、职官、时间等多有错误和歧异。其疏漏可见一斑。

值得着重指出的是，《晋书》的体例与前四史一个明显不同是，增设了"载记"一项，这也是根据当时特有的政治格局设立的。"载记"记述的既不是"正统"的君主，又不是正统君主臣属的"僭伪"人物。十六国中的前燕、前赵、后赵、前秦、后秦、后蜀、后梁、后燕、西秦、北燕、南凉、南燕、北凉、夏等国，都收入了"载记"，只有前凉、西凉载入列传。因为前凉的统治者张轨原为晋臣，不能入载记；西凉的统治者李暠是唐代皇帝的始祖，当然也不能入载记。

尽管《晋书》有这样那样的缺点和不足，但在其他晋代历史书失传的情况下，它仍然是我们今天研究晋代历史的主要史籍。

晋宣帝纪

死诸葛走生仲达

【原文】

帝弟孚书问军事，帝复书曰："（诸葛）亮志大而不见机，多谋而少决，好兵而无权，虽提卒十万，已坠吾画中，破之必矣。"与之对垒百余日，会亮病卒，诸将烧营遁走，百姓奔告，帝出兵追之。亮长史杨仪反旗鸣鼓，若将距帝者。帝以穷寇不之逼，于是杨仪结阵而去。经日，乃行其营垒，观其遗事，获其图书、粮谷甚众。帝审其必死，曰："天下奇才也！"……时百姓为之谚曰："死诸葛走生仲达。"

青瓷带盖砚　西晋

【译文】

司马懿的弟弟司马孚来信询问军事情况，司马懿复信说："诸葛亮志向大而看不出事情的先兆，谋略多而决策不果断，好战而又未掌大权，尽管他带来十万人的军队，但已落入了我设计的圈套中，打败他是势所必然的。"司马懿与诸葛亮对阵了一百多天，因诸葛亮忽然病死，蜀军诸将便烧毁营垒，率军撤退。当地百姓跑来报信，司马懿立即出兵追击。诸葛亮的长史杨仪掉转军旗，擂响战鼓，做出要迎击司马懿军队的样子。司马懿认为对势穷力竭的敌人不能追逼太甚，于是，杨仪保持着队伍的阵势从容离去。过了几天，司马懿前往蜀军营垒，察看那儿被遗弃后的状况，拾到了许多蜀军的军用地图、书籍及粮食。司马懿这才弄明白诸葛亮已经死亡，赞叹说："他真是天下的奇才啊！"……为此，当时百姓中流传这样一句谚语："死诸葛吓跑了活仲达（司马懿字仲达）。"

晋武帝纪

晋武帝致乱

【原文】

平吴之后，天下乂安，（晋武帝）遂怠于政术，耽于游宴，宠爱后党，亲贵当权，旧臣不得专任，彝章紊废，请谒行矣。爰至末年，知惠帝弗克负荷，然恃皇孙聪睿，故无废立之心。复虑非贾后所生，终致危败……竟用王佑之谋，遣太子母弟秦王柬都督关中，楚王玮、淮南王允并镇守要害，以强帝室。又恐杨氏之逼，复以佑为北军中候，以典禁兵。既而寝疾弥留，至于大渐……杨后辄为诏以

（杨）骏辅政……中朝之乱，实始于斯矣。

【译文】

平定吴国之后，天下安定，晋武帝从此对朝政的治理很不经意，喜好游乐饮宴，宠信皇后的亲戚党羽，让皇亲贵戚把持朝政，原来的大臣则不能行使自己的职权，典章制度紊乱不堪，废而不行，请托拉关系的事大为盛行。到武帝末年，武帝知道儿子惠帝不能肩负重任，但凭恃自己孙子聪慧，他最终没打算废黜惠帝。又考虑到皇孙不是贾皇后所生，由此可能导致国家出现危机……武帝竟接受王佑的计谋，让惠帝的同母弟秦王司马柬督管关中，还让楚王司马玮、淮南王司马允镇守要害之地，以拱卫皇室。武帝还怕杨氏专权，派王佑担任北军中候，典掌禁军。不久，武帝卧床不起，病情渐渐加剧……杨皇后便用皇帝的名义下诏，委任她父亲杨骏辅佐朝政……朝廷的混乱，正是从这时开始的。

《历代帝王图》　晋武帝

晋惠帝纪

白痴皇帝

【原文】

帝又尝在华林园，闻蛤蟆声，谓左右曰："此鸣者为官乎，私乎？"或对曰："在官地为官，在私地为私。"及天下荒乱，百姓饿死，帝曰："何不食肉糜？"其蒙蔽皆此类也。

【译文】

晋惠帝曾在华林园听到蛤蟆的叫声，他问左右的人："这个鸣叫的东西是为官府呼叫，还是为私人？"有人回答说："在官府的土地上鸣叫是为官府，在私人的地里鸣叫则为私人。"当全国出现灾荒和战乱时，到处是饥饿而死的百姓，惠帝却问："他们为什么不吃肉粥呢？"他愚昧无知的表现尽是这一类。

晋怀帝纪

永嘉之乱

【原文】

（永嘉五年）四月戊子，石勒追东海王越丧，及于东郡，将军钱端战死，军溃，……王公已下死者十余万人。东海世子毗及宗室四十八王寻又没于石勒。

……（六月）丁酉，刘曜、王弥入京师。帝开华林园门，出河阴藕池，欲幸长安，为曜等所追及。曜等遂焚烧宫庙，逼辱妃后，……百官士庶死者三万余人。帝蒙尘于平阳。

【译文】

永嘉五年（公元 311 年）四月初一，石勒率军追赶护送东海王司马越灵柩的军队，在陈郡赶上了，晋军将领钱端战死，队伍溃败，……从王公贵族到普通士卒，死了十多万人。不久，东海王的嫡长子司马毗和晋朝皇族的四十八个王侯又被石勒消灭。……六月十一日，刘曜、王弥攻入京城洛阳。晋怀帝从华林园开门出逃，经过河阴县（今河南孟津东北）的藕池，准备奔往长安（今陕西西安），但被刘曜等人追上。于是刘曜等焚烧洛阳的宫殿和宗庙，强行侮辱皇后妃嫔，……百官和民众死了三万多人。怀帝被俘往平阳（今山西临汾西南）。

青瓷"偶"字铭笔洗　东晋

晋元帝纪

王敦称兵

【原文】

大将军王敦举兵于武昌，以诛刘隗为名，龙骧将军沈充帅众应之。……敦前锋攻石头，周札开城门应之，奋威将军侯礼死之。敦据石头，戴若思、刘隗帅众攻之，王导、周顗、郭逸、虞潭等三道出战，六军败绩。尚书令习协奔于江乘，为贼所害。镇北将军刘隗奔于石勒。帝遣使谓敦曰："公若不忘本朝，于此息兵，则天下尚可共安也。如其不然，朕当归于琅邪，以避贤路。"辛未，大赦。敦乃自为丞相、都督中外诸军、录尚书事……

【译文】

大将军王敦在武昌（今湖北鄂城）举兵反叛，以诛杀朝中的刘隗作

青瓷虎子　东晋

为他起兵的借口。龙骧将军沈充也率军响应他。……王敦的前锋进攻石头城（今南京城西），周札打开城门把他们迎进城，晋朝奋威将军侯礼遇害。王敦占据石头城，戴若思、刘隗率军向他发起进攻，王导、周顗、敦逸、虞潭等人也分兵三

路进击，均被王敦打败。尚书令刁协逃奔到江乘（今江苏句容北），为叛军所杀，镇北将军刘隗则逃往石勒的统治区。元帝派使者对王敦说："你如果没忘记朝廷的恩德，就停止军事行动，那么，天下还可以安定下来。假如你不肯罢兵，那我就只好回琅邪（原治所在山东临沂北，东晋迁置于今江苏句容），以免妨碍贤者的道路。"辛未这一天，皇帝下诏赦免天下的罪犯。王敦于是任命自己为丞相、都督中外诸军事、录尚书事等官。

晋 明 帝 纪

日近长安远

【原文】

（明帝）幼而聪哲，为元帝所宠异。年数岁，尝坐置膝前，属长安使来，因问帝曰："汝谓日与长安孰远？"对曰："长安近。不闻人从日边来，居然可知也。"元帝异之。明日，宴群僚，又问之。对曰："日近。"元帝失色，曰："何乃异间者之言乎？"对曰："举目则见日，不见长安。"由是益奇之。

【译文】

明帝幼时很聪明，特别受元帝宠爱。他只有几岁时，元帝曾抱他坐在自己膝上，适逢从长安（今陕西西安）来了一位前赵使者，元帝问明帝："你认为太阳和长安哪个离我们远？"明帝回答道："长安离我们近。没听说谁从太阳那里来，由此就可知道。"元帝听了很惊奇。次日，元帝宴请群臣，他又向明帝提问。这回明帝却说："太阳更近。"元帝脸色大变，他说："你今天怎么与上次回答的话不同呢？"明帝说："我们抬眼就能看见太阳，而看不到长安。"元帝由此更赏识他了。

舆 服 志

司 南 车

【原文】

司南车，一名指南车，驾四马，其下制如楼，三级，四角金龙衔羽葆。刻木为仙人，衣羽衣，立车上，车虽回运而手常南指。大驾出行，为先启之乘。

【译文】

司南车，又叫指南车，用四匹马拉，它的形制像楼，共三层，四个角用金龙装饰，龙的嘴里衔着羽葆。用木头刻成仙人样，穿上羽毛编成的衣服，站在车顶上。即使车子来回运转，木人的手也一直指向南方。皇帝的车驾出行时，司南车作为引路车走在前面。

晋后妃传

博选民女入宫

【原文】

泰始中，帝博选良家以充后宫，先下书禁天下嫁娶，使宦者乘使车，给骑骑，驰传州郡，召充选者，……司徒李胤……（等）及世族子女并充三夫人九嫔之列。司、冀、兖、豫四州二千石将吏家，补良人以下。名家盛族子女，多败衣瘁貌以避之。

【译文】

泰始（公元265~274年）年间，晋武帝大规模选取民女充实后宫，他先下诏，禁止天下的人举行婚姻嫁娶活动，然后派宦官乘坐使者的车，配给随从骑卒，驾着各驿站的专用马匹急速前往各州郡，征集宫女。……司徒李胤……等人以及一些世家大族的子女被选入三夫人和九嫔中，司、冀、兖、豫四个州的行政长官及其他官吏的女儿，被补充到良人以下的各个级别中。名门贵族的子女，多弄破衣服，毁坏容貌，以避免被选上。

贾后专权

【原文】

（贾南风）专制天下，威服内外。更与（赵）粲、（贾）午专为奸谋，诬害太子，众恶彰著，初，诛杨骏及汝南王亮、太保卫瓘、楚王玮等，皆临机专断，……及太子废黜，赵王伦、孙秀等因众怨谋欲废后。后数遣宫婢微服于人间视听，其谋颇泄。后甚惧，遂害太子，以绝众望。赵王伦乃率兵入宫，使翊军校尉齐王冏入殿废后。后……问冏曰："起事者谁？"冏曰："梁、赵。"后曰："系狗当系颈，今反系其尾，何得不然！"……后在位十一年。

青瓷六足砚 东晋

【译文】

贾南风专断天下大权，她的威风镇服朝廷内外。她还与赵粲、贾午等专门策划奸险的阴谋，诬陷了愍怀太子司马遹，她的各种罪恶无人不晓。当初，诛杀杨骏、汝南王司马亮、太保卫瓘及楚王司马玮等，都是由贾皇后伺机亲自做出的决断，……到她把太子废为庶人时，赵王司马伦、孙秀等人就利用了人们的不满，谋划将她废黜。贾后数次派出宫婢身着便服，到民间探听消息，司马伦等人的谋

划走漏了风声。贾后很害怕，就害死太子，以使人们让太子继承皇位的期望彻底破灭。赵王司马伦于是率军进入皇宫，让翊军校尉齐王司马冏入殿废黜贾后。……贾后问司马冏："这件事由谁发起的？"司马冏说："是梁王司马肜、赵王司马伦。"贾后说："用绳索系狗，应系住狗的脖子，而我系在狗的尾巴上，怎么不会落得现在这种下场！"……贾后总共当了十一年皇后。

何 曾 传

膳食日费万钱

【原文】

（何曾）性奢豪，务在华侈。帷帐车服，穷极绮丽，厨膳滋味，过于王者。每燕见，不食太官所设，帝辄命取其食。蒸饼上不坼作十字不食。食日万钱，犹曰无下箸处。人以小纸为书者，敕记室勿报。刘毅等数劾曾侈忕无度，帝以其重臣，一无所问。

【译文】

何曾性情奢侈铺张，一味追求富丽豪华。他的账帷、马车和服饰，极其艳丽，厨房制作膳食的滋味，比皇帝的食物还更可口。每次在宴会上与皇帝会面，他不吃由太官摆上的食物，皇帝总是强迫他吃。蒸出的饼如果上面没有裂成十字纹，何曾也不吃。他一天光吃的费用就要花去一万钱，但还说没有值得动筷子的食物。人们如果用较小的纸张给他写信，他就命令记室参军不予复信。刘毅等人好几次弹劾何曾过分奢侈，晋武帝因他是朝廷重臣，根本不追究他的罪过。

石 崇 传

石崇王恺斗富

【原文】

（石崇）与贵戚王恺、羊琇之徒以奢靡相尚。恺以粘澳釜，崇以蜡代薪。恺作紫丝步障四十里，崇作锦步障五十里以敌之。崇涂屋以椒，恺用赤石脂。崇、恺争豪如此。武帝每助恺，尝以珊瑚树赐之，高二尺许，枝柯扶疏，世所罕比。恺以示崇，崇便以铁如意击之，应手而碎。恺既惋惜，又以为嫉己之宝，声色方厉。崇曰："不足多恨，今还卿。"乃命左右悉取珊瑚树，有高三四尺者六七株，条干绝俗，光彩曜日，如恺比者甚众。恺惘然自失矣。

【译文】

石崇与王公贵戚王恺、羊琇等人各以奢侈相夸耀。王恺用麦芽糖浆涮锅，石崇用蜡烛代替柴火。王恺用紫色的丝布做成四十里长的布障，石崇则做五十里长的织锦布障来抗衡。石崇用花椒和泥涂抹房屋的墙壁，王恺则使用赤石脂涂抹。石崇与王恺就是这样比试他们的富豪。晋武帝往往帮助王恺争豪，他曾将一株珊瑚树赐给王恺，树高二尺左右，枝杆茂盛，世上罕有可与它相比的。王恺将珊瑚

国学经典文库

树拿给石崇欣赏，石崇举起手中的铁如意便砸，珊瑚树应声而碎。王恺非常惋惜，认为石崇嫉妒自己的珍宝，他满脸怒气，大声呵斥。石崇说："你不值得发火，我现在就给你赔偿。"他命令左右的人把自己的珊瑚树全搬出来，三四尺高的就有六七株，枝条绝妙罕见，光彩夺目，像王恺的那种珊瑚树多得很。王恺深感惭愧。

羊 祜 传

名与岘山俱存

【原文】

（羊）祜乐山水，每风景，必造岘山，置酒言咏，终日不倦。尝慨然叹息，顾谓从事中郎邹湛等曰："自有宇宙，便有此山。由来贤达胜士，登此远望，如我与卿者多矣！皆湮灭无闻，使人悲伤。如百岁后有知，魂魄犹应登此也。"湛曰："公德冠四海，道嗣前哲，令闻令望，必与此山俱传。至若湛辈，乃当如公言耳。"

【译文】

羊祜喜欢山水，每当他要观赏风景时，总是攀登岘山（在今湖北襄阳附近），在那儿摆上酒宴，言谈歌咏，整天游乐也不觉得疲倦。他曾充满感慨地叹着气，扭头对从事中郎邹湛等人说："自从有了宇宙，就有了这座山。过去的贤人高士，登上这座山远眺，像我与你们一样到这里来的人多得很，但他们的名字都被岁月湮没了，不为后人所知，真让人伤感。如果我去世后还会有意识，那么我的魂魄仍应到这座山上来观览。"邹湛说："你的德行在海内最高，你对世界的看法继承了前代哲人的思想。你的名字和声望，一定会像这座山一样在世间长存的。至于我邹湛这类人，才像你所说的，必将湮没无闻。"

杜 预 传

以济世为己任

【原文】

（杜）预公家之事，知无不为。凡所兴造必考度始终，鲜有败事。或讥其意碎者，预曰："禹稷之功，期于济世，所庶几也。"

【译文】

杜预对公家的事，只要知道怎么做，没有不做的。大凡要干什么事，他必定前前后后做周密的考虑，很少把事情办糟。有人挖苦他办事太烦琐，杜预说："大禹和后稷创功立业，为的是救助世人，我所希望做的与此相似。"

《左传》癖

【原文】

（杜预）耽思经籍，为《春秋左氏经传集解》。又参考众家谱第，谓之《释例》。又作《盟会图》《春秋长历》，备成一家之学，比老乃成。……时王济解相马，又甚爱之，而和峤颇聚敛，预常称"济有马癖，峤有钱癖"。武帝闻之，谓预曰："卿有何癖？"对曰："臣有《左传》癖。"

【译文】

杜预专心钻研经典著作，撰写了《春秋左氏经传集解》一书，并参考各种记载帝王诸侯世系的史书，编成《释例》。他还著有《盟会图》《春秋长历》等书，形成了自成一体的学说体系，这些书直到他晚年才写成。……当时，王济擅长相马，并且很喜欢马，和峤则喜好积攒钱财，杜预常说："王济有马癖，和峤有钱癖。"晋武帝听后，问杜预："你有什么癖好？"杜预回答说："我有《左传》癖。"

裴 秀 传

《禹贡地域图》

【原文】

（裴秀）作《禹贡地域图》十八篇，奏之，藏于秘府。其序曰："……制图之体有六焉。一曰分率，所以辨广轮之度也。二曰准望，所以正彼此之体也。三曰道里，所以定所由之数也。四曰高下，五曰方邪，六曰迁直，此三者各因地而制宜，所以校夷险之异也。……故虽有峻山巨海之隔，绝域殊方之迥，登降诡曲之因，皆可得举而定者。"

【译文】

裴秀编纂了《禹贡地域图》十八篇，上奏给皇帝，被收藏在秘书监中。该书的序文说："……绘制地图的原则有六条。一是分率，用以辨明实际地域面积的大小。二是准望，用以确定各地各自所处的确切位置。三是道里，用以明确道路的路线和实际距离。四是高下，五是方邪，六是迁直，这三者各因地势的不同而在地图上分别标示出来，以便显示出实际地面平缓与险峻的差别。……这样，崇山峻岭和辽阔大海的隔绝，异域他乡遥远的距离，以及高低起伏的地势实际状态，都可以在地图上体现出来。

裴頠传

崇有论

【原文】

何晏、阮籍素有高名于世，口谈浮虚，……（裴頠）乃著崇有之论以释其蔽曰："……夫至无者无以能生，故始生者自生也。自生而必体有，则有遗而生亏矣。生以有为已分，则虚无是有之所谓遗者也。"

【译文】

何晏、阮籍向来以高雅闻名于世，喜谈玄学，……裴頠撰写了推崇"有"的文章，分析他们的谬误，指出："……绝对的'无'不能产生'有'，万有最初的产生，都是自己生出来的。既然万物自生，必然以'有'为本体，失去'有'，生命也就不存在了。生命离不开'有'，'有'的消失，就是所谓虚无。"

卫玠传

金声玉振

【原文】

（卫玠）好言玄理。……遇有胜日，亲友时请一言，无不咨嗟，以为入微。琅邪王澄有高名，少所推服，每闻玠言，辄叹息绝倒。故时人为之语曰："卫玠谈道，平子绝倒。"澄及王玄、王济并有盛名，皆出玠下，世云"王家三子，不如卫家一儿"。玠妻父乐广，有海内重名，议者以为"妇公冰清，女婿玉润"。……（王）敦谓（谢）鲲曰："昔王辅嗣吐金声于中朝，此子复玉振于江表，微言之绪，绝而复续。不意永嘉之末，复闻正始之音，何平叔若在，当复绝倒。"

【译文】

卫玠喜欢谈论玄学。……赶上隆重热闹的日子，亲朋好友时常请他发一通议论，并且大家听后没有不赞叹的，都认为他说得深刻入微。琅琊（治所在今山东临沂北）人王澄名气很大，极少钦佩他人，但每次听卫玠的言论后，总是赞叹不已，为之倾倒。因此，当时人盛传这样一句话："卫玠谈玄理，平子极钦佩。"王澄与王玄、王济都很有名气，但都不如卫玠，社会上流传"王家三子，不如卫家一儿"的说法。卫玠岳父乐广，闻名海内，人们议论说："岳父像冰一样清莹，女婿像玉一样莹润。"……王敦对谢鲲说："过去，王辅嗣在朝中充分展示了自己的才识，现在，这个小伙子又在江南畅论自己的高明见解，使深奥的学说在消失

十二连枝灯　魏晋

了一个时期后又得到承续。没想到永嘉之乱后，又能听到正始年间的高论，何平叔（何晏）如果还在人世，也一定会对卫玠极其钦佩的。"

刘卞传

位 卑 志 高

【原文】

刘卞字叔龙，东平须昌人也。本兵家子，质直少言。少为县小吏，功曹夜醉如厕，使卞执烛，不从，功曹衔之。……无几，卞兄为太子长兵，既死，兵例须代，功曹请以卞代兄役。令……不听。卞后从令至洛，得入太学，试经为台四品吏。访问令写黄纸一鹿车，卞曰："刘卞非为人写黄纸者也。"访问知怒，言于中正，退为尚书令史。或谓卞曰："君才简略，堪大不堪小，不如作守舍人。"卞从其言。

【译文】

刘卞，字叔龙，东平郡须昌县（今山东东平须城镇）人。他出身于必须服兵役的兵家，品质正直，寡言少语，年轻时在县里当一名小吏员，县里的功曹有一次夜里喝醉了酒，上厕所时，要刘卞为他举着蜡烛，刘卞予以拒绝，功曹因此而怀恨在胸。……不久，刘卞当太子长兵的哥哥死了，按照征兵条倒，须由刘卞接替他哥哥原来的职务，功曹要县令将刘卞派去服兵役，……县令没有同意。刘卞后来随县令到洛阳，进入了太学读书，并通过考试经书，被选为尚书台四品官的属吏。访问官命令刘卞抄写一鹿车评定士人品第的黄纸册子，刘卞说："刘卞不是为人抄写黄纸册子的人。"访问官知道后大怒，他向中正告状，将刘卞降为尚书台的令史。有人对刘卞说："你的才能宏大而粗略，适于干大事，不宜做小事，你还不如去做舍人。"刘卞听从了他的建议。

闵王承传

豪 言 壮 语

【原文】

初，刘隗以王敦威权太盛，终不可制，劝帝出诸心腹，以镇方隅。故先以（司马）承为湘州，续用隗及戴若思等，并为州牧。承行达武昌，释戎备见王敦。敦与之宴，欲观其意，谓承曰："大王雅素佳士，恐非将帅才也。"承曰："公未见知耳，铅刀岂不能一割乎！"承以敦欲测其情，故发此言。敦果谓钱凤曰："彼不知惧而学壮语，此之不武，何能为也！"听承之镇。

【译文】

最初，刘隗因王敦的权势太盛，怕最终控制不了，劝皇帝派心腹亲信，镇守边疆。所以，皇帝先派司马承经营湘州（治所在临湘，即今长沙），接着任用了刘隗及戴若思等人，让他们担任州级行政军事长官。司马承抵达武昌（今湖北鄂

城），卸掉军事装备，进见王敦。王敦与他宴饮，想看看他的志向，对他说："大王平素表现为高雅人士，恐怕不是将帅之才呀！"司马承说："你不了解我。铅质的刀难道没有割一下的作用吗！"司马承因王敦想窥测自己的虚实，就故意说了这样的话。王敦果然对钱凤说："他无所畏惧，学说豪言壮语，这样的不勇武，能有什么作为啊！"于是听任司马承前往方镇。

荀 勖 传

中书典掌机要

【原文】

（荀勖）拜中书监，加侍中。……久之，以勖守尚书令。勖久在中书，专管机事。及失之，甚罔罔帐恨。或有贺之者，勖曰："夺我凤皇池，诸君贺我邪！"

【译文】

荀勖被任命为中书监，外加侍中之职。……过了很久，朝迁又让他改任尚书令。荀勖在中书省任职时间长，一直掌管机要事情。他被调离中书省后，非常失意惆怅。有人祝贺他改任尚书令，他说："朝廷夺走了我的凤凰池，你们居然祝贺我吗？"

进善去恶

【原文】

（荀勖）在尚书，课试令史以下，核其才能，有暗于文法，不能决疑处事者，即时遣出。帝尝谓曰："魏武帝言'荀文若之进善，不进不止；荀公达之退恶，不退不休，二令君之美，亦望于君也。"

【译文】

荀勖担任尚书令后，考核令史以下的官吏，检验他们的才能，凡不懂制度和条例、不能正确判决和处理疑难事情的人，很快就被免职。晋武帝曾对荀勖说："魏武帝说'荀文若提拔德才兼备的人，未提拔成就决不罢休；荀公达贬斥奸佞邪恶的人，不达目的决不甘心'。这二位尚书令的美德，也体现在你身上。"

魏 舒 传

人之领袖魏舒

【原文】

（魏舒）转相国参军，封剧阳子，府朝碎务，未尝见是非；至于废兴大事，众人莫能断者，舒徐为筹之，多出众议之表。文帝深器重之，每朝会坐罢，目送之曰："魏舒堂堂，人之领袖也。"

【译文】

魏舒升任相国参军，受封爵为剧阳子。他对相府中的琐碎事情，从不发表自己的意见，至于关系到盛衰兴亡、大家拿不定主意的大事，魏舒便从容提出对策，他的见解多超出众人的建议之上。司马昭很器重他，每当相府中的拜会结束时，总是看着他离去，说："魏舒仪表堂堂，真是众人中的带头人。"

刘 寔 传

崇尚俭朴，不喜奢侈

【原文】

（刘）寔少贫窭，杖策徒行，每所憩止，不累主人，薪水之事，皆自营给。及位望通显，每崇俭素，不尚华丽。尝诣石崇家，如厕，见有绛纹帐，裀褥甚丽，两婢持香囊。寔便退，笑谓崇曰："误入卿内。"崇曰："是厕耳。"寔曰："贫士未尝得此。"乃更如他厕。虽处荣宠，居无第宅，所得俸禄，赡恤亲故。虽礼教陵迟，而行己以正。

【译文】

刘寔幼年贫寒，徒步拄着拐杖出行，每到一处歇息，从不拖累那里的主人，打柴汲水之类事情都由他自己干。他在地位名望显贵以后，依然崇尚俭朴，不喜奢侈。他曾去石崇家，上厕所时，看见那里有红色纹饰的帐帷，里面有非常华丽的双层坐垫，还有两个婢女手持香囊。刘寔退了出来，笑着对石崇说："我误入你的卧室。"石崇说："那确实是厕所呀！"刘寔说："贫寒的士人从不贪图这样的享受。"他于是去别处上厕所了。尽管地位尊显，他却没有自己的住宅，所得到的俸禄，都用来抚恤和赡养亲戚朋友。虽然当时礼教的影响大为衰退，但他仍以正统的道德规范约束自己的行为。

王 济 传

势 族 豪 奢

【原文】

（王济）性豪侈，丽服玉食。时洛京地甚贵，济买地为马埒，编钱满之，时人谓为"金沟"。王恺以帝舅奢豪，有牛名"八百里驳"，常莹其蹄角。济请以钱千万与牛对射而赌之。恺亦自恃其能，令济先射。一发破的，因据胡床，叱左右速探牛心来，须臾而至，一割便去。……帝尝幸其宅，供馔甚丰，悉贮琉璃器中。蒸肫甚美，帝问其故，答曰："以人乳蒸之。"帝色甚不平，食未毕而去。

【译文】

王济本性奢侈，他衣饰华丽，膳食精美。当是，洛阳地皮很贵，王济买了一处地皮作为射马场，场地四周用钱填成边界，当时人称为"金沟"。王恺因自己是晋武帝的舅父，非常奢靡，他有一头名叫"八百里驳"的牛，牛蹄和牛角时常被擦拭得锃亮。王济要求用一千万钱与王恺打赌，看谁能射死这头牛。王恺自以为擅长射箭，就让王济先射。王济一箭便射倒目标，于是坐在胡床上，命令左右的人迅速把牛心取来，牛心被很快送到，王济割下便走了……武帝曾驾临王济的住处，王济供上来的食品非常丰富，全用琉璃器皿盛着。蒸熟的禽肫味道很美，武帝向王济打听其原因，王济回答："这是用人的乳汁蒸熟的。"武帝对他这种过分豪奢的做法极为不满，没吃完便离去了。

对书俑　西晋

暴君本性

【原文】

　　帝尝与（王）济奕棋，而孙皓在侧，谓皓曰："何以好剥人面皮？"皓曰："见无礼于君者则剥之。"济时伸脚局下，而皓讥焉。

【译文】

　　晋武帝曾与王济下棋，孙皓在旁边，武帝对他说："你为什么好剥别人的脸皮？"孙皓回答："看到对君主无礼的人，我就扒他的脸皮。"王济当时把脚伸到了棋盘底下，孙皓因而这样讥讽他们。

王 濬 传

晋军灭吴

【原文】

　　太康元年正月，（王）濬发自成都，……吴人于江险碛要害之处，并以铁锁横截之，又作铁锥长丈余，暗置江中，以逆距船。……濬乃作大筏数千，亦方百余步，缚草为人，被甲持杖，令善水者以筏先行，筏遇铁锥，锥辄著筏去。又作火炬，长十余丈，大数十围，灌以麻油，在船前，遇锁，然炬烧之，须臾，融液断绝，于是船无所碍。……溶入于石头。皓乃备亡国之礼，……造于垒门。

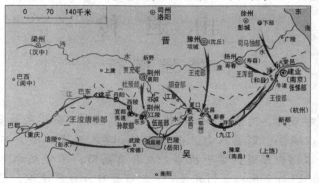

晋灭吴之战示意图

【译文】

太康元年（公元 280 年）正月，王濬率军从成都出发了，……吴人在长江的急流险要之处，设置了拦截船只的铁锁链，又铸造了长一丈多的铁锥，秘密地放到江中，以阻挡船只。……王濬制作了数十个大木筏，各有一百多步宽，上面扎着披盔甲、持木棒的稻草人，让善于游泳的人撑着木筏走在前面，木筏碰上了铁锥，铁锥便钉在木筏下，随筏移去。晋军还制作了大火炬，长十多丈，有数十围大小，里面灌入麻油，安置在船头，遇上横在江面的铁链，就把火炬点着去烧，铁链很快被融化烧断，因此，晋军的战船畅通无阻。……王濬进入了石头城（在东吴建业城西的长江边，今南京城西）。吴主孙皓于是备齐亡国的礼仪，……亲自进王濬的军垒大门去投降了。

山 涛 传

山 公 启 事

国学经典文库

【原文】

（山）涛再居选职十有余年，每一官缺，辄启拟数人，诏旨有所向，然后显奏，随帝意所欲为先。故帝之所用，或非举首，众情不察，以涛轻重任意。或谮之于帝，故帝手诏戒涛曰："夫用人惟才，不遗疏远单贱，天下便化矣。"而涛行之自若，一年之后，众情乃寝。涛所奏甄拔人物，各为题目，时称《山公启事》。

【译文】

山涛再次就任选举官吏的职务有十多年了。每当出现空缺的官职，山涛总是拟写好几个人的名字给皇帝看，皇帝想任用哪个人，山涛才公开上疏荐举那人，完全以皇帝的意愿为依据。因此，皇帝所任用的人，未必是人们公认的杰出人物。别人对这种情况不了解，以为官吏的任命是由山涛任意决定的，因而有人向皇帝告状，皇帝便亲笔下诏，告诫山涛说："用人必须依据才干，不遗漏和疏远贫贱的人才，这样才能治好天下。"而山涛依然像以前一样。一年以后，人们不再指责他了。山涛考察和选拔人才的奏章，都安了标题，当时人把这些奏章称作《山公启事》。

山 遐 传

豪 强 横 行

【原文】

（山）遐字彦林，为余姚令。时江左初基，法禁宽弛，豪族多挟藏户口，以为私附。遐绳以峻法，到县八旬，出口万余。县人虞喜以藏户当弃市，遐欲绳喜。诸豪强莫不切齿于遐，言于执事，以喜有高节，不宜屈辱。又以遐辄造县舍，遂陷其罪。遐与会稽内史何充笺："乞留百日，穷鹜逋逃，遐而就罪，无恨也。"充申理，不能得。竟坐免官。

【译文】

　　山遐字彦林，为余姚（今浙江余姚市）县令。当时，东晋刚在江东建立，法制宽松，豪强大族大量隐匿人口，作为私属。山遐用严刑峻法加以治理，他到县里才八十天，就清理出被占有的附属人口一万多。本县人虞喜因藏匿人户罪至死刑，山遐打算惩罚他。众豪族对山遐无不恨得咬牙切齿，纷纷向执政求情，认为虞喜有高风亮节，不应受到这种耻辱。他们还以山遐营建官廨为借口，诬陷他有罪。山遐给会稽（治所在山阴，今浙江绍兴）内史何充写信说：“请让我留任一百天，深入清查逃匿的人口，然后将我革职治罪，我会毫无怨言的。”何充为他向朝廷申辩，但不成功，山遐竟被免官。

王 戎 传

敛 取 钱 财

【原文】

　　（王戎）性好兴利，广收八方园田水碓，周遍天下。积实聚钱，不知纪极，每自执牙筹，昼夜算计，恒若不足。而又俭啬，不自奉养，天下人谓之膏肓之疾。女适裴颜，贷钱数万，久而未还。女后归宁，戎色不悦，女遽还直，然后乃欢。从子将婚，戎遗其一单衣，婚讫而更责取。家有好李，常出货之，恐人得种，恒钻其核。以此获讥于世。

【译文】

　　王戎生性喜好谋取暴利，到处购置园林、土地和用以舂米的水碓，产业遍及全国各地。他囤积货物，敛取钱财，没有限度，时常手持牙筹，昼夜计算自己的资产，好像永远不能满足。他还非常吝啬，不愿花钱保养自己，天下的人都说这是他不可救药的病。他女儿嫁给裴颜，曾向他借了几万缗钱，很久没还。后来女儿回来探望父母，王戎满脸不高兴，女儿赶紧还了钱，他这才露出了笑容。他的侄儿要结婚，他送去一件单衣，而婚礼完毕，他又将衣服索要了回来。家里种有好李树，他时常把李子拿出去卖，但担心别人得到李子种，便总是在李子的核上钻一个眼。他因此而被世人所讥笑。

王 衍 传

一 世 龙 门

【原文】

　　（王衍）妙善玄言，唯谈《老》《庄》为事。每捉玉柄麈尾，与手同色。义理有所不安，随即改更，世号“口中雌黄”。朝野翕然，谓之“一世龙门”矣。累居显职，后进之士，莫不景慕放效。选举登朝，皆以为称首。羚高浮诞，遂成风俗焉。

【译文】

　　王衍擅长谈论玄学，总以论说《老子》《庄子》为务，手中常握玉柄拂尘，

拂尘的颜色与手相同。他清谈时，玄学道理有讲不通的地方，随口便改，世人称这是"口中雌黄"。朝野的人都趋附他，称他是"一世龙门"。王衍连任显要官职，晚辈的士人，没有不仰慕和效仿他的风度的。选举官吏，上朝议政，大家都把他当成首领。于是，傲慢、浮夸、荒诞，成为一时的风尚。

不以经国之念，而思自全之计

【原文】

（王衍）后拜尚书令、司空、司徒。衍虽居宰辅之重，不以经国为念，而思自全之计。说东海王越曰："中国已乱，当赖方伯，宜得文武兼资以任之。"乃以弟澄为荆州，族弟敦为青州。因谓澄、敦曰："荆州有江汉之固，青州有负海之险，卿二人在外，而吾留此，足以为三窟矣。"识者鄙之。

青瓷仓院　魏晋

【译文】

王衍后来被任命为尚书令、司空和司徒。他虽然肩负宰相重任，却不把治理国家的事放在心上，专心考虑的只是如何保全自身。他对东海王司马越说："中原已经乱了，现在要依靠地方上的州牧，应当选文武兼备的人担任各地刺史。"于是，他让弟弟王澄出任荆州刺史，堂弟王敦出任青州刺史，并对他们俩说："荆州有长江、汉水的险固可以凭恃，青州有汹涌的大海作依靠，你们俩在外，我留在都城中，我们就至少有三个藏身避祸的地方了。"有见识的人很鄙视他。

王 澄 传

王 澄 中 计

【原文】

时京师危逼，（王）澄率众军，将赴国难，……会王如寇襄阳，澄前锋至宜城，遣使诣山简，为如党严嶷所获。嶷伪使人从襄阳来，而问之曰："襄阳拔未？"答云："昨旦破城，已获山简。"乃阴缓澄使，令得亡去。澄闻襄阳陷，以为信然，散众而还。既而耻之，托粮运不赡，委罪长史蒋俊而斩之，竟不能进。

【译文】

当时，京城的形势很危急，王澄统率各路人马，准备去为拯救国家的危难而战斗。……适逢王如进攻襄阳（今湖北襄樊），王澄的前锋到达宜城（今湖北宜城）后，他派使者去见在襄阳的山简。使者在途中被王如的同伙严嶷抓获。严嶷派人假装刚从襄阳回来，然后故意问："襄阳攻克了没有？"来人答道："昨天早

晨就攻克了，已抓获山简。"严嶷又暗中让人放松对王澄使者的看管，使他得以逃去。王澄听说襄阳被攻陷，信以为真，便遣散各路兵马，返回原来的驻地。不久，他得知自己上当受骗了，深感羞耻，便借口军粮运输不及时，把自己撤军的罪责推到长史蒋俊身上，将他推出斩首。王澄最终未能重新进军。

乐 广 传

杯 弓 蛇 影

【原文】

尝有亲客，久阔不复来，（乐）广问其故，答曰："前在坐，蒙赐酒，方欲饮，见杯中有蛇，意甚恶之，既饮而疾。"于时河南听事壁上有角，漆画作蛇，广意杯中蛇即角影也。复置酒于前处，谓客曰："酒中复有所见不？"答曰："所见如初。"广乃告其所以，客豁然意解，沈痾顿愈。

【译文】

乐广有一个关系亲密的客人，很久没再来访，乐广问他原因，他答道："上次在你的座席上，承蒙你赐酒，我正要喝时，看见酒杯中有条蛇，因而很恶心，喝完酒后就得了病。"当时，河南郡官署的厅堂墙壁上挂着一只角，角上有油漆绘成的蛇形纹饰，乐广估计客人杯中的蛇是角的倒影。他重在上次宴请客人的地方摆好酒席，对客人说："你还能看见酒杯中有什么东西吗？"客人回答："我又看见了上次看到过的蛇。"乐广于是告诉他其中的缘故，客人恍然大悟，重病也顿时痊愈了。

刘 毅 传

刚 正 不 阿

【原文】

魏末，本郡察孝廉，（刘毅）辟司隶都官从事，京邑肃然。毅将弹河南尹，司隶不许，曰："攫兽之犬，鼷鼠蹈其背。"毅曰："既能攫兽，又能杀鼠，何捐于犬！"投传而去。

【译文】

曹魏末年，刘毅所在的郡察举孝廉，他被选为司隶校尉的属官都官从事，京城因他上任而变得秩序井然。刘毅要弹劾京城行政长官河南尹的罪行，司隶校尉不同意，说："能抓住野兽的犬，防备不了鼷鼠爬上它的背部。"刘毅说；"如果犬既能抓住野兽，又能杀死鼷鼠，那么对它来说又有什么损失！"他扔下官印离职而去。

程 卫 传

执法不避权贵

【原文】

程卫字长玄，广平曲周人也。少立操行，强正方严。刘毅闻其名，辟为都官从事。毅奏中护军羊琇犯宪应死。武帝与琇有旧，乃遣齐王攸喻毅，毅许之。卫正色以为不可，径自驰车入护军营，收琇属吏，考问阴私，先奏琇所犯狼藉，然后言于毅。由是名振退迹，百官厉行。

【译文】

程卫字长玄，是广平曲周（今河北曲周）人。他从年轻时起就有高尚品操，性情也刚毅公正。刘毅听到他的名声，征召他为都官从事。刘毅弹劾中护军羊琇犯了应处死刑的罪。武帝与羊琇有旧交情，他让齐王司马攸晓谕刘毅，使他同意不深究羊琇的罪责。程卫表情严肃，认为这样做不妥。他亲自驱车直奔护军营，收捕了羊琇身边的吏员，考问羊琇暗中所犯的罪行。然后，他向皇帝上奏，列出羊琇犯下的种种罪行，尔后才向刘毅汇报自己所做的一切。从此，他闻名远近，百官都开始注意检点自己的言行了。

崔 洪 传

南 鹞 北 鹰

【原文】

（崔）洪少以清厉显名，骨鲠不同于物，人之有过，辄面折之，而退无后言。武帝世，为御史治书。……朝廷惮之。寻为尚书左丞，时人为之语曰："丛生棘刺，来自博陵。在南为鹞，在北为鹰。"

【译文】

崔洪年轻时就以清高严厉闻名，他有与众不同的刚直性格，对他人的过错，总是当面纠正，从不在背后说长道短。晋武帝时，他担任御史治书，……朝廷百官都很敬畏他。不久，他改任尚书左丞，当时人这样称他："丛生的荆棘，来自博陵（今河北安平）。他在南方是猛鹞，在北方是雄鹰。"

刘 颂 传

监司庇护豪强

【原文】

自近世以来，为监司者，类大纲不振而微过必举。微过不足以害政，举之则微而益乱；大纲不振，则豪强横肆，豪强横肆，则百姓失职矣，此错所急而倒所

务之由也。……夫大奸犯政而乱兆庶之罪者，类出富强，而豪富者其力足惮，其货足欲，是以官长顾势而顿笔。下吏纵奸，惧所司之不举，则谨密网以罗微罪。使奏劾相接，状似尽公，而挠法不亮固已在其中矣。非徒无益于政体，清议乃由此而益伤。

【译文】

近几十年来，担任地方刺史的人，大致是不抓大事，专追究细微过失。小的罪过不足以损害朝政，举奏出来不仅无足轻重，而且更添混乱；而大的政令不行，豪门大族就可以横行霸道，豪强横行，则普通百姓必然失去他们原有的产业。这是由搞错了当务之急、颠倒了应做与不应做的次序所引起的。……扰乱朝政和侵害百姓的大罪

青釉神兽形瓷尊　西晋

犯，一般都出自豪门贵族，豪富人家的势力足以让当官的人畏惧，他们的贿赂也足以满足当官者的贪欲，所以，官长们见罪犯是豪强则不予判罪。下级吏员也宽纵罪犯，又害怕上司责怪他们不举劾罪人，便对犯小罪的人用法严密，搜集这些人的细微罪过。他们弹劾罪人的奏章不断，看上去好像很公正，实际上枉法、不堂堂正正的现象尽隐蔽在其中。这种状况不仅不利于朝廷的政治，而且人们要公正评论官吏的好坏也不容易做到了。

傅　玄　传

屯田租税日增

【原文】

泰始四年，……（傅）玄复上疏曰："……旧兵持官牛者，官得六分，士得四分；自持私牛者，与官中分，施行来久，众心安之。今一朝减持官牛者，官得八分，士得二分；持私牛及无牛者，官得七分，士得三分，人失其所，必不欢乐。"

【译文】

泰始四年（公元 268 年），……傅玄又向皇帝上疏说："……过去，佃兵使用官府的耕牛，他们的产品上交官府十分之六，自己留下十分之四；使用自己的耕牛，则产品与官府平分，这种收租方法推行已久，人们早就习以为常了。现在，一旦减少佃兵的收入，让使用官牛的人将产品上交官府十分之八，自己留下十分之二；使用自己的牛以及没有耕牛的人，上交十分之七，留下十分之三，人们失掉了自己应得的产品，心里当然非常不满。"

傅 咸 传

居官必尽职

【原文】

（杨）济素与（傅）咸善，与咸书曰："江海之流混混，故能成其深广也。天下大器，非可稍了，而相观每事欲了。生子痴，了官事，官事未易了也。了事正作痴，复为快耳！左丞总司天台，维正八坐，此未易居。以君尽性而处未易居之任，益不易也。想虑破头，故具有白。"咸答曰："卫公云，酒色之杀人，此甚于作直。坐酒色死，人不为悔。逆畏以直致祸，此由心不直正，欲以苟且为明哲耳！自古以直致祸者，当自矫枉过直，或不忠允，欲以亢厉为声，故致忿耳。安有悾悾为忠益，而当见疾乎！"

【译文】

杨济一向与左丞傅咸要好，他给傅咸写信说："江河大海的水流滚滚不绝，因而能汇成那样深、那样广的水域。国家是天下事物中最为重要的，轻易难以治理好，而你看上去总想把每件事都处理得尽善尽美。假如你生来就傻，要料理公务，公务不易办好。只有在办公时装傻充愣，才能获得快乐。左丞之职总管尚书台，监督中央地位最显要的诸位大臣，要当好这个官很不容易。你生性耿直，又处在这样一个不易坐稳的职位上，那就更不容易了。我考虑这件事，头都快想破了，因而特意写信对你说说。"傅咸答复说："卫公说过，迷恋酒色而死，远比因正直招致的灾祸对人的危害性大。人们对于犯饮酒和色情的罪而被处死毫不后悔。人们怕因正直招祸，是由于他们心术不正，试图做一个放任不正当的事情不管的人，回避矛盾。自古以来，因正直致祸，起因大多是纠正他人的错误超过了应有的限度，或者是不太诚致公允，想靠厉声高吼镇服别人，所以会招致怨恨。哪有一心一意干忠诚有益的事，而受到人们痛恨呢！"

段 灼 传

抨击门阀政治

【原文】

（段灼）身微宦孤，不见进序，乃取长假还乡里。临去，遣息上表曰："……陛下诚欲致熊罴之士，不二心之臣，使奋威淮浦、震服蛮荆者，故宜畴咨博采，广开贡士之路，蓘岩穴，举贤才，征命考试，匪俊莫用。今台阁选举，涂塞耳目，九品访人，唯问中正。故据上品者，非公侯之子孙，则当涂之昆弟也。二者苟然，则荜门蓬户之俊，安得不有陆沈者哉！"

【译文】

段灼地位低，没势力，很久未能晋升官职。于是，他请了长假，将返回故乡。临行前，他让儿子送交一份奏章给皇帝，奏文说："……陛下真想得到勇猛

的武将和没有异心的大臣，让他们在淮水之滨一展雄风，并使野蛮的荆楚之人感到震惊，向我们屈服，就应该访求和收罗人才，扩大选取官员的途径，荐引隐居的人，推举贤明之才，既征召又考试，不是俊才就不能做官。而现在的中枢机构选举人才，总是闭眼塞耳，盲目进行，按九品制度寻访人才，只问中正官的意见。因此，据有较高官品的人，不是王公贵族的子孙，就是当权大官僚的兄弟。这两种人占据大官的职位，则贫穷人家的杰出人才，哪有不被埋没的呢！"

阮　籍　传

慨叹生不逢时

【原文】

　　（阮）籍本有济世志，属魏晋之际，天下多故，名士少有全者，籍由是不与世事，遂酣饮为常。……时率意独驾，不由径路，车迹所穷，辄恸哭而反。尝登广武，观楚汉战处，叹曰："时无英雄，使竖子成名！"登武牢山，望京邑而叹，于是赋《豪杰诗》。

【译文】

　　阮籍本来有匡扶国家的志向，适值魏晋交替之际，国家多难，恃才放达的士人很少能保全性命，阮籍因此而不参与政事，常常酣畅地饮酒。……他时常独自随意驾着马车，不沿道路走，任由车子到达不能再往前走的地方，才停下大哭一场，然后折回。他曾登上广武城，观看楚汉交战的地方，感叹道："当时没有英雄，使小子得以成名！"他还登上武牢山，眺望京城洛阳，感叹不已，于是写下了《豪杰诗》。

阮　咸　传

未　能　免　俗

【原文】

　　（阮）咸任达不拘，与叔父籍为竹林之游，当世礼法者讥其所为。咸与籍居道南，诸阮居道北，北阮富而南阮贫。七月七日，北阮盛晒衣服，皆锦绮粲目。咸以竿挂大布犊鼻于庭，人或怪之，答曰："未能免俗，聊复尔耳！"

【译文】

　　阮咸飘逸洒脱，无拘无束，与叔父阮籍同为竹林中的游乐雅士，世间拘守礼教的人讥刺他们的所作所为。阮咸与阮籍住在大道的南面，阮家其他人住道路北面，北边诸阮

四叶人物纹铜镜　西晋

富裕，南边二阮贫穷。七月七日，北边诸阮盛陈衣服曝晒，全是织锦罗绮，光彩炫目。阮咸则在庭院里用竹竿挂起宽大的牛鼻子式布短裤，有人觉得奇怪，就问他，他答道："我不能背离习俗，姑且这样罢！"

阮 瞻 传

圣人贵名教，老庄明自然

【原文】

（阮）瞻字千里，性清虚寡欲。……见司徒王戎，戎问曰："圣人贵名教，老庄明自然，其旨同异？"瞻曰："将无同。"戎咨嗟良久，即命辟之。时人谓之"三语掾"。

【译文】

阮瞻字千里，性情清静淡泊，很少欲望，……他拜见司徒王戎，王戎问："儒家圣人推崇伦理纲常，老子庄子倡导自然无为。他们的宗旨有差异吗？"阮瞻说："应该同。"王戎对他的回答赞叹了许久，于是下令提拔他。当时人称阮瞻为"三字幕僚"。

阮 孚 传

蓬发饮酒，不以政务为重

【原文】

（阮孚）蓬发饮酒，不以王务婴心。……琅邪王裒为车骑将军，镇广陵，高选纲佐，以孚为长史。帝谓曰："卿既统军府，郊垒多事，宜节饮也。"孚答曰："陛下不以臣不才，委之以戎旅之重。臣俛勉从事，不敢有言者，窃以今王莅镇，威风赫然，皇泽遐被，贼寇敛迹，氛祲既澄，日月自朗，臣亦何可爝火不息？正应端拱啸咏，以乐当年耳。"迁黄门侍郎、散骑常侍。尝以金貂换酒，复为所司弹劾，帝宥之。

【译文】

阮孚头发散乱，好饮酒，不把处理政事放在心上。……琅邪王司马裒任车骑将军，镇守广陵（今江苏扬州市），元帝为他精选僚属，让阮孚出任长史。元帝对阮孚说："你既已统管将军的府署，军旅在外，事情繁多，你饮酒应该有所节制。"阮孚答道："陛下不把我当作无能的人，委给我军队的重任。我尽力而为。我之所以不敢议论军政，就因为现在琅邪王出镇地方，威风凛凛，使皇帝的恩泽惠及远方，乱民贼寇销声匿迹。邪恶之气既已驱除，太阳月亮自然明亮，我怎能不熄灭小火把？我正应该拱手端坐，长啸吟咏，求得毕生的快乐呀！"他升任黄门侍郎、散骑常侍，曾用金貂换酒喝，又受到督察官的弹劾，但元帝宽免了他。

阮 修 传

不 信 鬼 神

【原文】

尝有论鬼神有无者，皆以人死者有鬼，（阮）修独以为无，曰："今见鬼者云著生时衣服，若人死有鬼，衣服有鬼邪？"论者服焉。后遂伐社树，或止之，修曰："若社而为树，伐树则社移；树而为社，伐树则社亡矣。"

【译文】

曾有一群人谈论有无鬼神，他们大多数认为人死后就会出现鬼，唯独阮修否认有鬼，他说："现在见鬼的人说看见鬼穿着他生前穿的衣服，如果人死后会变成鬼，难道衣服也有鬼作祟而附到鬼身上去了吗？"在场的人都信服他的看法。阮修后来还砍伐祭祀土地神的社树，有人加以制止，阮修说："如果土地神是为这棵树而留在这里，把树砍掉，他也就迁移走了；如果这棵树就是土地神，则砍掉树，土地神也就没有了。"

嵇 康 传

无 视 贵 族

【原文】

初，（嵇）康居贫，尝与向秀共锻于大树之下，以自赡给。颍川钟会，贵公子也，精练有才辩，故往造焉。康不为之礼，而锻不辍。良久会去，康谓曰："何所闻而来？何所见而去？"会曰："闻所闻而来，见所见而去。"会以此憾之。

【译文】

最初，嵇康生活贫困，曾与向秀在一棵大树下打铁，以此供养自己。颍川（治所在今河南禹县）人钟会，是贵族家的公子，精明干练，很有学识和口才，特意前来拜访嵇康。嵇康不以礼相待，仍不停地打铁，过了许久，钟会离去，嵇康问："你听到了什么而来我这儿？又看见了什么而从我这里离去？"钟会说："我听见了我所听见的事而来，看到了我所看到的事而离去。"钟会因这件事而对嵇康怀恨在心。

向 秀 传

玄 风 独 盛

【原文】

向秀字子期，河南怀人也。清悟有远识，少为山涛所知，雅好老庄之学。庄周著内外数十篇，历世才士虽有观者，莫适论其旨统也，秀乃为之隐解，发明奇

国学经典文库

趣，振起玄风，读之者超然心悟，莫不自足一时也。惠帝之世，郭象又述而广之，儒墨之迹见鄙，道家之言遂盛焉。

【译文】

向秀，字子期，河南郡怀县（今河南武陟西）人。他清高敏慧，见识远大，小时就受山涛器重，喜好老子、庄子的学说。庄周著有《庄子》内篇、外篇数十篇，历代才子中虽有学问渊博的人，却没人能论述该书的宗旨所在，因此，向秀为《庄子》一书注释了隐意，发掘了其中的精妙旨趣，扇起了一股玄学之风，凡读了向秀注解的人，无不有种超脱感，心中茅塞顿开，得到一时的自我满足。晋惠帝在位时，郭象又对向秀的注解加以论述和补充，于是，儒家、墨家的学说受到轻视，道家的理论则大为盛行起来。

谢 鲲 传

任达不已，幼舆折齿

【原文】

（谢）鲲少知名，通简有高识，不修威仪，好《老》《易》，能歌善鼓琴，王衍、嵇绍并奇之。……邻家高氏女有美色，鲲尝挑之，女投梭，折其两齿。时人为之语曰："任达不已，幼舆折齿。"鲲闻之，傲然长啸曰："犹不废我啸歌。"

【译文】

谢鲲从小就有名气，知识广博，见识高明，不修边幅，喜好《老子》和《周易》，擅长唱歌，弹琴的技艺高超，王衍、嵇绍等人都觉得他很不寻常。……谢鲲的邻居高氏有个很漂亮的女儿，谢鲲曾去挑逗她，被她投来的织布梭子打掉两颗牙齿。当时人为此编了两句顺口溜："放纵不羁无休止，幼舆（谢鲲字幼舆）打掉两牙齿。"谢鲲听到后，毫不在乎地发出长啸，说："少了牙齿，不妨碍我长啸高歌。"

光 逸 传

出身寒族升官难

【原文】

光逸字孟祖，乐安人也。初为博昌小吏……后举孝廉，为州从事，弃官投（胡母）辅之。辅之时为太傅（司马）越从事中郎，荐逸于越，越以门寒而不召。越后因闲宴，责辅之无所荐举。辅之曰："前举光逸，公以非世家不召，非不举也。"越即辟焉。书到郡县，皆以为误，审知是逸，乃备礼遣之。

【译文】

光逸字孟祖，乐安（今山东博兴）人。他最初在博昌（今山东博兴南）县衙当县吏，……后被荐举为孝廉，到青州衙署担任从事，他辞掉这一职务，去投奔胡母辅之。辅之当时任太傅司马越的从事中郎，他向司马越推荐光逸，司马越

国学经典文库

因光逸出身寒微，没征召他做官。后来，司马越在闲暇时设的酒宴上，责备辅之没有荐举人才，辅之说："上次我推荐光逸，你因他不是出身世家大族而不征召他，并非我没有荐举。"司马越于是征辟光逸进京做官。征召文书送到光逸所在的郡县，人们都以为文书上写错了，经过认真核查，知道确实是征召光逸，这才备齐礼品，送他上路了。

束　皙　传

汲冢竹书

【原文】

太康二年，汲郡人不准盗发魏襄王墓，或言安厘王冢，得竹书数十车。其《纪年》十三篇，记夏以来至周幽王为犬戎所灭，以事接之，三家分，仍述魏事至安厘王之二十年。盖魏国之史书，大略与《春秋》皆多相应。……大凡七十五篇，……武帝以其书付秘书校缀次第，寻考指归，而以今文写之。

【译文】

太康二年（公元281年），汲郡（治所在今河南汲县西南）人不准盗掘战国时代的魏襄王陵墓，也有人说是魏安厘王墓，出土了几十车竹简，其中的《纪年》有十三篇，记载自夏朝以来到周幽王被犬戎灭亡的历史，接下来记述的史事，是魏、赵、韩三家分晋，然后只载魏国的历史，下限截至魏安厘王二十年。这可能是魏国的史书，大致说来，所载的史事与《春秋》记载的多数相同。……被整理出的竹简共有七十五篇文章，……晋武帝将它们交给主管文书的人去校对整理竹简的先后次序，考证竹简文字的含义，并用当时通行的文字抄录下来。

夏侯湛传

不以选才为务

【原文】

古之君子，不知士，则不明不安。……今也则否。居位者以善身为静，以寡交为慎，以弱断为重，以怯言为信。不知士者无公诽，不得士者不私愧。……其远则欲升鼎湖，近则欲超太平。方将保重嗇神，独善其身，玄白冲虚，仡尔养真。虽力挟太山，将不举一羽；扬波万里，将不濯一鳞。咳唾成珠玉，挥袂出风云。岂肯甃蕞鄙事，取才进人！

【译文】

古时有德行的人，没发现有才能的士人，就觉得自己眼睛不明，心里十分不安。……现在则相反。当官的人把专心保养自己视为娴静，把少与人交往视为谨慎，把优柔寡断视为稳重，把不敢大胆说话视为诚信。不能发现人才的人不会受到朝廷责难，不能求得人才的人心中无愧。……他们远的目标是象黄帝在鼎湖升天一样成仙，近的目标则是让自己绝对平安无事。他们一心保重自我，爱惜精

神，养好自己的身体，淡漠虚静，不思分辨黑白，坚持修身养性。即使有举起泰山的力量，他们也不肯出力举起一片羽毛；即使可以扬起万里波涛，也不用水冲涤一片鱼身上的鳞片。他们自以为咳出的唾液可以变成珍珠宝玉，挥一挥衣袖，就可以使时局变幻莫测，哪里肯尽心尽力地干俗务，去选举和进用人才呢！

江 统 传

"五胡"内迁

【原文】

（江）统深惟四夷乱华，宜杜其萌，乃作《徙戎论》。其辞曰："……夫关中土沃物丰，厥田上上，加以泾、渭之流溉其舄卤，郑国、白渠灌浸相通，黍稷之饶，亩号一钟，百姓谣咏其殷实，帝王之都每以为居，未闻戎狄宜在此土也。非我族类，其心必异，戎狄志态，不与华同。……关中之人百余万口，率其少多，戎狄居半，……此等皆可申谕发遣，还其本域，慰彼羁旅怀土之思，释我华夏纤介之忧。惠此中国，以绥四方，德施永世，于计为长。"帝不能用。

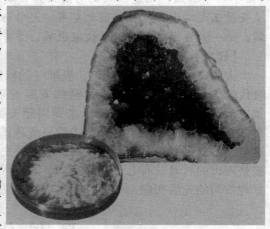

五石散 晋

【译文】

江统深深忧虑周边少数民族扰乱中原的问题，认为应该在这种现象尚未蔓延之时，将它杜绝。他撰写了《徙戎论》，文中说："……关中地区土地肥沃，物产丰富，这里的田地普遍是上等好地，加上有泾水、渭水灌溉的盐碱地，有郑国渠、白渠构成的彼此相通的灌溉网，这里的粮食产量之高，号称每亩可收获一钟。老百姓歌颂这里的富足，过去的帝王也往往在这里建都，我没听说西北少数民族适合在这里生活。与我们不是同一民族的人，他的心一定不与我们的相同，戎狄的志趣举止，与我们华夏人大不一致。……关中的人口有一百多万，大致算起来，西北少数民族的人口就占去一半，……对这类人可以通过重申迁徙的命令，让他们返回原籍，既抚慰了他们漂游他乡、思恋故土之心，又可以把我们华夏族的细微忧虑全部消除。使中原大地受益，四面八方安宁，这种功德惠及世世代代，这样的对策是很理想的。"晋惠帝没有采纳他的建议。

国学经典文库

孙 楚 传

孙楚漱石，欲厉其齿

【原文】

（孙）楚少时欲隐居，谓（王）济曰："当欲枕石漱流。"误云："漱石枕流。"济曰："流非可枕，石非可漱。"楚曰："所以枕流，欲洗其耳；所以漱石，欲厉其齿。"

【译文】

孙楚年轻时想去隐居，他对王济说："我想用石头当枕，用流水漱口。"但他误把这句话说成"用石头漱口，用流水当枕"。王济说："流水不能当枕，石头不可漱口。"孙楚答道："之所以用流水当枕，是为了濯洗耳朵；之所以用石头漱口，是为了磨砺牙齿。"

孙 绰 传

掷地作金石声

【原文】

（孙）绰字兴公，博学善属文，……绝重张衡、左思之赋，每云："《三都》《二京》，五经之鼓吹也。"尝作《天台山赋》，辞致甚工，初成，以示友人范荣期，云："卿试掷地，当作金石声也。"荣期曰："恐此金石非中宫商。"然每至佳句，辄云："应是我辈语。"

【译文】

孙绰字兴公，他学识渊博，擅长写文章，……非常欣赏张衡、左思写的赋，常说："《三都赋》和《两京赋》，可视为儒家五部经典著作的鼓吹宣传。"他曾创作《天台山赋》，文辞的意境和情调非常美妙，刚写成，拿给友人范荣期看，对他说："你试着把这篇赋扔在地上，赋中的文辞一定会发出像钟磬一样的铿锵声。"范荣期说："恐怕这种磬声与标准的五音不符呵！"然而，每当范荣期读到赋中的绝妙句子时，总是说："这正是我们这类人说的话。"

胡 奋 传

外戚各有喜忧

【原文】

泰始末，武帝怠政事而耽于色，大采择公卿女以充六宫，（胡）奋女选入为贵人。奋唯有一子，为南阳王友，早亡。及闻女为贵人，哭曰："老奴不死，唯有二儿，男入九地之下，女上九天之上。"……时杨骏以后父骄傲自得，奋谓骏

曰:"卿恃女更益豪邪? 历观前代, 与天家婚, 未有不灭门者, 但早晚事耳。观卿举措, 适所以速祸。"骏曰:"卿女不在天家乎?"奋曰:"我女与卿女作婢耳, 何能损益!"

【译文】

泰始末年, 武帝不专心理政, 沉溺在女色之中, 大肆选取公卿贵族的女儿充入后宫, 大臣胡奋的女儿被选为贵人。胡奋只有一个儿子, 是南阳王司马模的好友, 死得较早。胡奋听到自己的女儿被选为贵人, 不禁大哭, 说:"我这个老头子还没有死, 仅有的两个孩子, 却是男孩子入了九泉之下, 女孩到了九天之上。"……当时, 杨骏因自己是皇后的父亲, 傲慢得意, 胡奋对他说:"你凭恃女儿的尊崇地位而骄横起来吗? 回顾过去的历史, 凡是与皇家通婚的人, 没有不全家灭绝的, 只是时间上有早有晚而已。我看你现在的行为, 正是在加速灾祸降临自己头上。"杨骏反问道:"你女儿不也在皇帝的宫中吗?"胡奋说:"我女儿只是你女儿的婢女, 对我有什么祸害!"

周玘传

三定江南, 开复王略

【原文】

太安初, 妖贼张昌、丘沈等聚众于江夏, 百姓从之如归。……昌别率封云攻徐州, 石冰攻扬州, ……(周玘)攻冰于建康。冰北走投封云, 云司马张统斩云、冰以降, 徐扬并平。玘不言功赏, 散众还家。陈敏反于扬州, ……玘与顾荣、甘卓等以兵攻敏, 敏众奔溃, 单马北走, 获之于江乘界, 斩之于建康。……初, 吴兴人钱㻛亦起义兵讨陈敏, (司马)越命为建武将军, 使率其属会于京都。㻛至广陵, 闻刘聪逼洛阳, 畏懦慢不敢进。帝促以军期, 㻛乃谋反。……玘复率合乡里义众, 与(郭)逸等俱进, 讨㻛, 斩之, 传首于建康。玘三定江南, 开复王略, 帝嘉其勋……

【译文】

太安(公元302~303年)初年, 贼寇张昌、丘沈等人在江夏(治所在今湖北云梦)聚众造反, 老百姓象奔回自己家里一样去追随他们, 张昌的部将封云前去进攻徐州(治所在今江苏徐州), 石冰进攻扬州(治所在建康, 即今江苏南京), ……周玘来到建康, 攻打石冰, 使他北逃, 投奔封云, 封云手下的司马张统杀死封云和石冰, 投降了周玘, 徐州和扬州因此被平定。周玘没有要求按功行赏, 解散了自己的部众, 让他们各自回家。陈敏在扬州反叛, ……周玘又与顾荣、甘卓等人起兵向他发动进攻, 陈敏的部众被打得大败, 他自己也单枪匹马向北逃窜, 被人在江乘(今江苏句容北)抓获, 押到建康斩了首。……最初, 吴兴(治所在今浙江吴兴南)人钱㻛也率领义兵讨伐陈敏, 司马越任命他为建武将军, 让他带领部众到京城洛阳去会合。钱㻛行至广陵(今江苏扬州), 听说刘聪正在进逼洛阳, 心里非常害怕, 不敢前进。晋怀帝规定了军队到达洛阳的期限, 催促他速进。钱㻛于是举兵反叛了。……周玘又召集并率领乡里的忠义人士, 与怀帝派来的将军郭逸一起进军, 讨伐钱㻛, 将他杀死, 把他的头传送到了建康。周玘

三次平定江南的战乱，振兴了晋王朝，皇帝嘉奖了他的功勋。

周勰传

南方士人叛乱

【原文】

时中国亡官失守之士避乱来者，多居显位，驾御吴人，吴人颇怨。（周）勰因之欲起兵，潜结吴兴郡功曹徐馥。馥家有部曲，勰使馥矫称叔父札命以合众，豪侠乐乱者翕然附之，以讨王导、刁协为名。孙皓族人弼亦起兵于广德以应之。……勰知札不同，不敢发兵。馥党惧，攻馥，杀之。孙弼众亦溃，宣城太守陶猷灭之。元帝以周氏奕世豪望，吴人所宗，故不穷治，抚之如旧。

砖画进药图　晋

【译文】

当时，在中原失去官品和职位的人逃避战乱，来到江东后，多数在朝廷获得显赫的地位，治理着江东的人。江东的吴人非常怨恨。周勰因而打算兴兵叛乱，暗中与吴兴郡（治所在今浙江乌程）的功曹徐馥结交。徐馥家里有私人武装，周勰让徐馥假称叔父周札的命令，号召聚众起兵，期望大乱的豪杰侠客纷纷前来归附，以讨伐王导、刁协为号召。孙皓同族的孙弼也在广德（今安徽广德县东）举兵响应。……周勰知道周札不同意反叛，没敢发兵。徐馥的同党害怕了，进攻徐馥，杀死了他。孙弼的部众也溃败了，被宣城太守陶猷剿灭。元帝因周氏历代都是豪族，被吴人尊崇，所以没有严厉惩治，像原来一样安抚了他们。

八王传

分封宗室，祸乱大兴

【原文】

有晋思改覆车，复隆盘石，或出拥旄节，莅岳牧之荣；入践台阶，居端揆之重。然而付托失所，授任乖方，政令不恒，赏罚斯滥。或有材而不任，或无罪而见诛，朝为伊周，夕为莽卓。机权失于上，祸乱作于下，楚赵诸王，相仍构衅，徒兴晋阳之甲，竟匪勤王之师。始则为身择利，利未加而害及；初乃无心忧国，国非忧而奚拯！遂使昭阳兴废，有甚弈棋；乘舆幽絷，更同羑里。胡羯陵侮，宗庙丘墟，良可悲也。

【译文】

晋朝吸取曹魏不分封而灭亡的教训，决定恢复汉代分封宗室的制度。受封的王侯外出则持符节代表天子发号施令，荣任都督、州牧之职；入朝则踏进中枢要地，居宰相之位。这样，朝廷依靠不合适的人，授予他们不合适的职务，发布的政令前后说法不一，对人的奖赏和惩罚也太频繁、太过分。有的人有才能而未被任用，有的人没犯罪却被诛杀。人们早晨可能被看作贤明的伊尹、周公，晚上就可能被看成奸佞的王莽、董卓。皇帝的权势失落了，下面祸乱大兴。楚王、赵王等宗室藩王相继制造混乱，打着清除君主身边的恶人的招牌起兵，结果相反，没起到把皇帝从祸难中解救出来的作用。诸侯王从一开始就是为自身利益打算，但好处没捞着，灾祸已降临；他们本无忧国之心，不忧国家，又如何去拯救国家的危难呢！以致羊皇后立而又废，废而又立，反反复复比下棋还更繁复；皇帝被幽禁，更与周文王被商纣王囚禁在羑里（今河南汤阴北）相同。周边少数民族内侵横行，晋朝的宗庙变成了废墟，这种结局实在太可悲了！

祸 起 萧 墙

【原文】

有晋郁兴，载崇藩翰，分茅锡瑞，道光恒典，仪台饰衮，礼备舞章。……既而帝京寡弱，狡寇凭陵，遂令神器劫迁，宗社颠覆，数十万众并垂饵于豺狼，三十六王咸陨身于锋刃。祸难之极，振古未闻。虽及焚如，犹为幸也。自惠皇失政，难起萧墙，骨肉相残，黎元涂炭，胡尘惊而天地闭，戎兵接而宗庙隳，支属肇其祸端，戎羯乘其间隙，悲夫！《诗》所谓"谁生厉阶，至今为梗"，其八王之谓矣。

【译文】

晋朝建立后，尊崇诸侯藩王，为他们举行授予封土和赐给瑞玉的仪式，将自古以来的分封仪典发扬光大；举行仪式的地方布置庄严，典礼完全符合典籍中的礼制要求。……不久，都城却孤立无援，敌寇侵入，致使政权被人劫夺，国家被颠覆，几十万人被豺狼一样的少数民族消灭，王室有三十六个王侯在刀剑下丧生。祸害之深，自古以来从未听说过。如果人们遭受的是由外敌燃起的战火，犹是幸运的事情。自从惠帝不亲理朝政，灾祸便在皇宫中爆发了。皇族中骨肉兄弟彼此残杀，黎民百姓遭灾受难，胡骑的铁蹄践踏起铺天盖地的尘土。军队混战，晋朝的皇宫和宗庙成为废墟。由王室的藩王开启祸端，给戎、羯等各少数族属提供了可乘之机，可悲啊！《诗经》上说："是谁制造这祸根？直到今天还为害"，用来指责晋朝宗室八个作乱的诸侯王是最适宜不过的。

赵 王 伦 传

貂不足，狗尾续

【原文】

（司马伦）僭即帝位，……张林等诸党皆登卿将，并列大封。其余同谋者咸

超阶越次，不可胜纪，至于奴卒厮役亦加以爵位。每朝会，貂蝉盈坐，时人为之谚曰："貂不足，狗尾续。"而以苟且之惠取悦人情，府库之储不充于赐，金银冶铸不给于印，故有白版之侯，君子耻服其章，百姓亦知其不终矣。

【译文】

司马伦僭位称帝后，……他的党羽张林等人都被任命为公卿大将，受到很高的封赏。其他参与司马伦篡位阴谋的人，都超越级别晋升官位，人数多得不可胜数，以致奴仆役卒都得到了爵位。每当司马伦举行朝会时，佩戴貂毛蝉饰的侍从官满座都是，当时人编童谣讥讽说："貂皮不够，狗尾充数。"司马伦一味用小恩小惠取悦于人，使官府仓库中的货物不够赏赐，金银冶炼场铸造的官印也供不应求，以致出现了授官不给官印、只用木版写上官名代替的公侯，正人君子把穿用这类服饰视为一种羞耻，老百姓也知道司马伦在台上长久不了。

缪 播 传

皇权旁落

【原文】

时（司马）越威权自己，帝力不能讨，心甚恶之。以（缪）播、（缪）胤等有公辅之量，又尽忠于国，故委以心膂。越惧为己害，因入朝，以兵入宫，执播等于帝侧。帝叹曰："奸臣贼子无世无之，不自我先，不自我后，哀哉！"起执播等手，涕泗嘘唏不能自禁。越遂害之。朝野愤惋，咸曰："善人，国之纪也，而加虐焉，其能终乎！"

【译文】

司马越独掌朝廷大权，怀帝无力讨伐他，心里对他极为憎恶。因缪播、缪胤有辅佐皇帝的能力，并对国家一片赤诚，怀帝就把他们召为心腹大臣。司马越怕他们危害自己，就在朝见皇帝时，带领军队进入皇宫，在皇帝身边逮捕了缪播等人。怀帝叹息说："哪个时代都有奸臣贼子，不是从我这儿开始出现，我也不是最后一个受奸臣之害的人，这真是太可悲了！"怀帝起身握住缪播等人的手，禁不住眼泪纵横，感慨嘘唏。司马越于是杀害了缪播等人。朝中和朝外的人都很愤怒和惋惜，说："好人是国家的根本，司马越害死他们，他自己在朝中能长久得了吗！"

张 辅 传

国之愚臣

【原文】

（张辅）初补蓝田令，不为豪强所屈。时强弩将军庞宗，西州大姓，护军赵浚，宗姻族也，故僮仆放纵，为百姓所患。辅绳之，杀其二奴，又夺宗田二百余顷以给贫户，一县称之。……转御史中丞。时积弩将军孟观与明威将军郝彦不

协，而观因军事害彦，又贾谧、潘岳、石崇等共相引重，及义阳王威有诈冒事，辅并纠劾之。……及孙秀执权，威构辅于秀，秀惑之，将绳辅以法。辅与秀笺曰："……愿明公留神省察辅前后行事，是国之愚臣而已。"

【译文】

张辅最初被补选为蓝田（今陕西蓝田）县令时，不向豪强屈服。那时，强弩将军庞宗为西州（即凉州，今河西走廊）的豪强势族，护军赵浚又是他妻子的娘家人，所以他的奴仆横行霸道，成为百姓的祸害。张辅绳之以法，杀了庞宗的两个奴仆，没收了他的土地二百余顷，把地分给贫困人家，全县老百姓因而对张辅大加赞扬。……张辅后来升任御史中丞。当时，积弩将军孟观与明威将军郝彦不和，而孟观借口军事问题陷害郝彦，另外，贾谧、潘岳、石崇等人相互标榜，义阳王司马威则犯有冒名欺诈之罪，张辅一并予以纠劾。……到孙秀专权时，司马威在孙秀面前诬陷张辅，孙秀被他所迷惑，打算治罪。张辅给孙秀写信说："……希望明公留神审视我前后所做的一切，我不过是个忠于国家的憨直大臣罢了。"

苟 晞 传

不徇私情，严格执法

【原文】

（苟）晞练于官事，文簿盈积，断决如流，人不敢欺。其从母依之，奉养甚厚。从母子求为将，晞距之曰："吾不以王法贷人，将无后悔邪？"固欲之，晞乃以为督护。后犯法，晞杖节斩之，从母叩头请救，不听。既而素服哭之，流涕曰："杀卿者兖州刺史，哭弟者苟道将。"其杖法如此。

【译文】

苟晞（字道将）善于处理公务，成堆的文书簿册，他断决批示像流水一样畅快，没人敢瞒骗他。他的姨妈前来依附，得到了他的优厚奉养。姨妈的儿子请求当一名将领，苟晞拒绝说："我不会用国家的法律来徇私情，你将来若犯法，不会后悔吗？"姨妈之子固执己见，苟晞就让他担任了督护。后来，姨妈之子犯了法，苟晞坚持原则，要杀他，姨妈向苟晞叩头，请求宽免，苟晞不

踏飞鸟奔马　魏晋

听。随后，苟晞又身穿白色丧服，哀悼姨妈之子，流着泪说："杀你的人是兖州刺史，为弟弟悲哭的人是苟道将。"苟晞就是这样严格执法的。

刘 柳 传

书 簏

【原文】

时右丞傅迪好广读书而不解其义，（刘）柳唯读《老子》而已，迪每轻之。柳云："卿读书虽多，而无所解，可谓书簏矣。"时人重其言。

【译文】

右丞傅迪喜好博览群书，但不太明白书中的含义。刘柳只读《老子》一书，傅迪便瞧不起他。刘柳说："你读的书虽多，但不懂得书中的意思，应该把你称作存放书籍的竹筐。"当时人很看重刘柳的这段话。

刘 琨 传

以 情 退 敌

【原文】

（刘琨）在晋阳，尝为胡骑所围数重，城中窘迫无计，琨乃乘月登楼清啸，贼闻之，皆凄然长叹。中夜奏胡笳，贼又流涕歔欷，有怀土之切。向晓复吹之，贼并弃围而走。

【译文】

刘琨在晋阳（今山西太原）时，曾被胡人骑兵包围了数重，城中窘困穷迫，无计可施，刘琨便乘着月色，登上城楼，发出清脆的长啸，敌兵听到后，不禁凄凉地长吁短叹起来。半夜，刘琨又吹奏胡笳，使敌人感慨流泪，切切思念起自己的故乡。天快亮时，刘琨再次吹响胡笳，敌人竟撤掉了包围圈，全部离去。

祖 逖 传

闻 鸡 起 舞

【原文】

（祖逖）与司空刘琨俱为司州主簿，情好绸缪，共被同寝。中夜闻荒鸡鸣，蹴琨觉曰："此非恶声也。"因起舞。逖、琨并有英气，每语世事，或中宵起坐，相谓曰："若四海鼎沸，豪杰并起，吾与足下当相避于中原耳。"

【译文】

祖逖与司空刘琨都曾担任司州（治所在今河南洛阳东北）的主簿，他们情谊深厚，睡觉时同床共被。祖逖曾在半夜听到鸡的鸣叫声，就用脚弄醒刘琨，说："鸡在半夜啼叫，这啼声并非不吉祥。"于是，俩人起舞锻炼起来。祖逖与刘琨都很有志气，时常一起谈论世间大事，有时甚至半夜从床上坐起，相互说："如果

天下大乱，豪杰争雄，我与你应坚持在中原，参与角逐。"

中流击楫

【原文】

（祖）逖以社稷倾覆，常怀振复之志。……将本流徙部曲百余家渡江，中流击楫而誓曰："祖逖不能清中原而复济者，有如大江！"辞色壮烈，众皆慨叹。屯于江阴，起冶铸兵器，得二千余人而后进。

【译文】

祖逖因国家被颠覆，时时怀有收复失地的大志。……他带领随自己迁徙的部众一百多户人家，北渡长江，船到江心，他敲击着船桨，发誓说："我祖逖如果不能收复中原而再南渡，就如长江水一样，有去无回！"他神情严肃，言辞悲壮，众人听后都很感慨。祖逖率众驻扎在淮阴（今江苏淮阴），建起冶炼炉，铸造兵器，召集到二千多人后，就向北方进发了。

祖 纳 传

写史明得失

【原文】

（祖）纳好弈棋，王隐谓之曰："禹惜寸阴，不闻数棋。"对曰："我亦忘忧耳。"隐曰："盖闻古人遭逢，则以功达其道，若其不遇，则以言达其道。古必有之，今亦宜然。当晋未有书，而天下大乱，旧事荡灭，君少长五都，游宦四方，华裔成败，皆当闻见，何不记述而有裁成？……仆虽无才，非志不立，故疾没世而无闻焉，所以自强不息也。况国史明乎得失之迹，俱取散愁，此可兼济，何必围棋然后忘忧也！"

【译文】

祖纳喜好下棋，王隐对他说："大禹珍惜每一寸光阴，我没听说他频繁下棋。"祖纳回答道："下棋可以为我消愁解闷。"王隐说："听说古人遭逢盛世，则通过创功立业来实现自己的志向；如果不如意，则通过言论来表达自己的追求。古代果真有这种人的话，现在也应该有。时下没有晋朝史书，全国处于大乱之中，过去的事情正在逐渐湮没无闻，你从小在京城长大，又做官到过各地，华夏与四裔的成败得失，应该看见和听见不少，为什么不记录下来，整理编写成书呢？……我虽然无才，但不是没有志向，毕竟厌恶一辈子默默无闻，所以总是不断地激励自己奋进。何况写国家的历史可以明了政治得失。释去心中烦闷，一举两得，何必通过下围棋来解愁呢！"

刘 琨 传

世乱识忠良

【原文】

刘琨弱龄，本无异操，飞缨贾谧之馆，借箸马伦之幕，当于是日，实佻巧之徒欤！祖逖散谷周贫，闻鸡暗舞，思中原之燎火，幸天步之多艰，原其素怀，抑为贪乱者矣。及金行中毁，乾维失统，……于是素丝改色，跅弛易情，各运奇才，并腾英气，遇时屯而感激，因世乱以驱驰，陈力危邦，犯疾风而表劲；励其贞操，契寒松而立节。咸能自致三铉，成名一时。古人有言曰："世乱识忠良。"盖斯之谓矣。

【译文】

刘琨年轻时，本来没有高尚品操。他在贾谧的馆中闲混，在司马伦的幕府里往上爬，那时，确实算得上是轻佻巧佞之徒吧！祖逖用自家的粮食救济贫民，半夜听见荒鸡鸣啼便暗中起舞，希望中原大地战火燎原，为国运艰难而暗自庆幸，从他固有的志向看，也是一个喜欢天下大乱的人。到了晋朝国运中衰，君权失去约束力时，……他们却像白色丝线改变了颜色，一向放纵不羁的性情完全改观，各自发挥杰出的才能，一展勃勃英姿，面对艰难时势而奋进，在混乱的年代里奔驰冲杀。他们尽力拯救危亡中的国家，迎着强劲的狂风，表现出坚强的意志；磨砺高洁的操守，像严寒中的劲松，气节非凡。因此，他们能够位至三公，闻名于当时。古人说过："世道乱了，就能识别谁是忠诚坚贞的人。"大致指的是他们这样的人。

会稽文孝王道子传

昏君与奸相

【原文】

孝武帝不亲万机，但与（司马）道子酣歌为务，姏姆尼僧，尤为亲昵，并窃弄其权。凡所幸接，皆出自小竖。郡守长吏，多为道子所树立。既为扬州总录，势倾天下，由是朝野奔凑。中书令王国宝性卑佞，特为道子所宠昵。官以贿迁，政刑谬乱。又崇信浮屠之学，用度奢侈，下不堪命。

【译文】

孝武帝不亲自处理朝政，只顾与丞相司马道子一起沉湎于歌舞游乐之中。善于巴结的老婆子、尼姑，尤受孝武帝宠信，从而得以窃取权柄。孝武帝所接近的人，尽是小人。郡县的太守县令，多数是由司马道子指派亲信去担任的。司马道子成为扬州的最高长官后，显赫的权势镇服天下，朝野的人纷纷前去巴结他。中书令王国宝卑鄙奸佞，特受司马道子宠信。官吏升级，要靠行贿，政令刑法的实施，错乱不堪。司马道子还信仰佛教学说，耗费巨资敬佛，使民众无法忍受。

元 显 擅 政

【原文】

（司马）元显性苛刻，生杀自己，（张）法顺屡谏，不纳。又发东土诸郡免奴为客者，号曰"乐属"，移置京师，以充兵役，东土嚣然，人不堪命，天下苦之矣。既而孙恩乘衅作乱，加（司马）道子黄钺，元显为中军以讨之。又加元显录尚书事。然道子更为长夜之饮，政无大小，一委元显。时谓道子为东录，元显为西录。西府车骑填凑，东第门下可设雀罗矣。元显无良师友，正言弗闻，谄誉日至，或以为一时英杰，或谓为风流名士，由是自谓无敌天下，故骄侈日增。

镇南将军金印　西晋

【译文】

司马元显性情严厉刻薄，别人的死活都由他说了算，张法顺屡次进谏，他都不听。他在浙东各郡征发已免除奴隶身份、成为佃客的人，称他们为"乐属"，迁移到京城来服兵役。浙东被搅得大乱，人们不堪忍受这种痛苦，天下处处怨气冲天。不久，孙恩就乘机叛乱了。皇帝把标志专主征伐的黄钺赐给道子，又任命元显为中军将军，让他们出兵讨伐孙恩。朝廷还任命元显为录尚书事。而道子更加沉湎于整夜整夜的饮酒，朝廷的大小政事，全委托给元显去处理。当时人称司马道子为东录尚书事，元显为西录尚书事。元显的西府里车马来往不断，道子的东府门前则冷冷清清，可以张设捕雀的罗网了。元显没有正直的老师和朋友，听不到公正的言论，每天都有人奉承他，有人称他是一代英雄豪杰，有人称他为潇洒高雅的名士，于是，他自以为天下无人能超过自己，一天比一天骄横奢侈了。

武十三王传

晋 朝 衰 败

【原文】

泰始之受终也，乃宪章往昔，稽古前王，广誓山河，大开藩屏。……及宫车晏驾，坟土未干，国难荐臻，朝章弛废。重以八王继乱，九服沸腾，戎羯交驰，乘舆幽逼，瑶枝琼萼，随锋镝而消亡；朱芾绿车，与波尘而殄瘁。……列代之崇建维城，用藩王室；有晋之分封子弟，实树乱阶。《诗》云："怀德惟宁，宗子维城。无俾城坏，无独斯畏。"城既坏矣，畏也宜哉！典午之丧乱弘多，实此之由矣。

【译文】

司马炎在泰始元年（公元265年）改朝换代后，效法前代王朝的统治，参考

过去的帝王所作所为，处处对山川盟誓，建立起众多的王侯藩国，作为中央的屏障。……等他死后，坟堆上的潮湿泥土尚未晾干，国家的灾难便接踵而来，朝廷的纲常制度遭到破坏。加上八个藩王相继谋乱，整个天下陷入了动荡不安之中。戎、羯等许多少数民族到内地纵横驰骋，皇帝被驱逼和幽禁。娇美的皇家子孙，随着战火走向灭亡；豪奢的王公贵族，在战场上的茫茫风尘中消逝。……历代建立并尊崇藩王诸侯，是要让他们成为保卫王室的屏藩；而西晋分封宗室子弟，实际上成了扰乱国家的根源。《诗经》上说："施行德政就会使国家安宁，宗室诸王就是国家的城垣屏障。莫使城垣遭到破坏，莫使王室孤立而彷徨。"城垣既已遭到破坏，王室的不安当然不可避免！晋王朝的战乱特别频繁，其缘由就在于此。

王 导 传

何至作楚囚相对

【原文】

过江人士，每至暇日，相要出新亭饮宴。周顗中坐而叹曰："风景不殊，举目有江河之异。"皆相视流涕。惟（王）导愀然变色曰："当共戮力王室，克复神州，何至作楚囚相对泣邪！"众收泪而谢之。

【译文】

从中原到江南来避乱的士族官员，每当闲暇的日子，都相邀到新亭（今江苏南京市南）饮酒宴会。周顗在一次饮宴中叹息说："这里的风景与中原相似，只是举目所见，终究不是故乡的山河啊！"满座的人都相互望着，流下了眼泪。唯独王导脸色变得很严肃，他说："我们应当共同为王室努力，收复失去江山，怎么能像被俘的楚国囚徒一样，面对面掉泪呢！"众人于是收住了眼泪。向王导谢过。

权 归 庾 亮

【原文】

时（庾）亮虽居外镇，而执朝廷之权，既据上流，拥强兵，趣向者多归之。（王）导内不能平，常遇西风尘起，举扇自蔽，徐曰："元规尘污人。"

【译文】

那时，庾亮虽在外地方镇中，却执掌着朝廷大权。他既已驻守长江上游，拥有精兵强将，趋炎附势的人也就多去依附他了。王导内心非常不满，每当遇上西风刮起尘土时，他就举起扇子遮住自己的脸，慢慢说："从庾亮那儿飞来的尘土真玷污人。"

刘 弘 传

选官回避亲戚

【原文】

（朝廷）以前东平太守宁夏侯陟为襄阳太守，……陟，（刘）弘之婿也。弘下教曰："夫统天下者，宜与天下一心；化一国者，宜与一国为任。若必姻亲然后可用，则荆州十郡，安得十女婿然后为政哉！"乃表"陟姻亲，旧制不得相监。……"诏听之。

【译文】

朝廷将原来的东平太守夏侯陟改任襄阳太守，……夏侯陟是荆州刺史刘弘的女婿。刘弘发布了一篇文告，说："统治天下的人，应该与天下所有人同心同德；治理一个国家的人，应该把治好这个国家作为己任。如果任用官员一定要从自己的婚姻亲戚中选择，那么，荆州有十郡，我岂能得到十个女婿后才开始工作！"他于是向朝廷上表，奏称"夏侯陟是我的姻亲，按以前的规定，刺史不得将自己的姻亲任用为本州的郡守，加以监督领导。……"皇帝下诏同意不任命夏侯陟为襄阳太守。

陶 侃 传

士 庶 有 别

【原文】

（陶侃）至洛阳，数诣张华。华初以远人，不甚接遇，侃每往，神无忤色。华后与语，异之。除郎中。伏波将军孙秀以亡国支庶，府望不显，中华人士耻为掾属，以侃寒宦，召为舍人。时豫章国郎中令杨晫，侃州里也，为乡论所归。侃诣之，……与同乘见中书郎顾荣，荣甚奇之。吏部郎温雅谓晫曰："奈何与小人共载？"晫曰："此人非凡器也。"

【译文】

陶侃来到洛阳，数次拜访张华。张华最初因陶侃是远方来的低贱的人，不太愿意见他。陶侃每次前往，脸上都不显露受轻视后的不满情绪。张华后来与他交谈，对他的才华深感惊异。于是，陶侃被选为郎中。伏波将军孙秀因陶侃是亡国了的东吴庶族士人，门第不显赫，当时中原士大夫把担任普通属官视为羞耻，而陶侃是寒族小官，便召他充任侍奉自己左右的舍人。当时，豫章国（治所在今江西南昌市）的郎中令杨晫，是陶侃的同乡，在当地很有声誉。陶侃前去拜访他，……他便与陶侃同乘一辆马车，去拜见中书郎顾荣，顾荣很赏识陶侃。吏部郎温雅对杨晫说："你怎么与下贱的小人同坐一辆车呢？"杨晫回答说："这个人不是一般的人啊！"

清廉正直

【原文】

有奉馈者，（陶侃）皆问其所由。若力作所致，虽微必喜，慰赐参倍；若非理得之，则切厉诃辱，还其所馈。尝出游，见人持一把未熟稻，便问："用此何为？"人云："行道所见，聊取之耳。"侃大怒曰："汝既不田，而戏贼人稻！"执而鞭之。

【译文】

无论谁给陶侃送礼，陶侃都要问礼物的由来。如果是通过送礼者自己劳动所得，即使礼物轻微，陶侃也很高兴，会加倍给予赏赐和鼓励。如果物品是通过非正常途径得来的，陶侃便严加呵斥，并羞辱对方，归还其送来的礼物。一次，陶侃外出巡游，看到有个人手里拿着一把尚未成熟的稻子，便问："你要这个干什么？"那人说："我走路时见到稻子，就顺手抓了一把。"陶侃大怒，说："你不从事种田，却以损坏人家的稻禾为乐！"于是，他把那人抓起来鞭打了一顿。

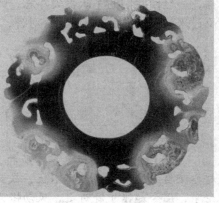

玛瑙璧　西晋

温　峤　传

骑猛兽安可中下

【原文】

义军屡战失利，（温）峤军食尽，陶侃怒曰："使君前云不忧无将士，惟得老仆为主耳。今数战皆北，良将安在？荆州接胡蜀二虏，仓廪当备不虞，若复无食，仆便欲西归，更思良算。但今岁计，殄贼不为晚也。"峤曰："不然。自古成监，师克在和。光武之济昆阳，曹公之拔官渡，以寡敌众，杖义故也。（苏）峻、（祖）约小竖，为海内所患，今日之举，决在一战。……今之事势，义无旋踵，骑猛兽，安可中下哉！公若违众独反，人心必沮。沮众败事，义旗将回指于公矣。"侃无以对，遂留不去。

【译文】

义军在作战中屡次失利，温峤部下的军粮已经吃完。陶侃怒气冲冲地说："你原来说不必担心没有将士，只要老夫我出来当义军的盟主就行了。现在几次战斗都遭失败你所说的良将在哪里？荆州与胡人和蜀人的地域接壤，那里的仓库粮储是用以防备非常情况的。你如果在这里还弄不到粮食，我就要带我的队伍回荆州了，另行考虑复兴朝廷的良策。反正今年之内剿灭叛军，再拖一段时间也不迟。"温峤说："你这样做不行。自古以来的战例表明，取胜的关键在于军队同心

国学经典文库

同德，光武帝刘秀救援昆阳（今河南叶县），曹操夺取官渡（今河南中牟东北），都是以少量兵力抗击了大量敌兵，其原因就在于他们的军队是主持正义的军队。苏峻和祖约这两个小子，是国家和人民的祸害，我们现在兴兵讨伐他们，胜负就取决于这次大战。……当前的时势，决不允许我们后退，已经骑在猛兽的背上了，怎能中途下来呢！你如果违背大家的意愿，独自率军离去，势必造成军心动摇，一旦使我们的军队丧失斗志，败坏了辅佐朝廷的大事，那么，讨逆的义旗将反过来指向你了。"陶侃无言对答，只好留下不走了。

郗 超 传

入 幕 之 宾

【原文】

（桓）温英气高迈，罕有所推，与（郗）超言，常谓不能测，遂倾意礼待。超亦深自结纳。……温怀不轨，欲立霸王之基，超为之谋。谢安与王坦之尝诣温论事，温令超帐中卧听之，风动帐开，安笑曰："郗生可谓入幕之宾矣。"

【译文】

桓温有高远豪迈的气派，很少推崇谁。他与郗超交谈，却常说郗超高深莫测，因而倾心以礼对待他，郗超也把桓温作为靠山。……桓温怀有篡位之心，想建立个人独霸天下的大业，郗超就为他出谋划策。谢安与王坦之曾到桓温的幕府中商议政事，桓温让郗超卧在帐幕里偷听。一阵风把垂着的帐幕吹开，暴露了郗超，谢安嘲笑说："郗生可说是入幕旁听的宾客了。"

贺 循 传

圣朝应安抚四方

【原文】

（贺循）无援于朝，久不进序。著作郎陆机上疏荐循曰："伏见武康令贺循德量邃茂，才鉴清远，服膺道素，风操凝峻，历试二城，刑政肃穆。前蒸阳令郭讷风度简旷，器识朗拔，通济敏悟，才足干事。循守下县，编名凡悴；讷归家巷，栖迟有年。皆出自新邦，朝无知己，居在遐外，……壅隔之害，远国益甚。至于荆、扬二州，户各数千万，今扬州无郎，而荆州江南乃无一人为京城职者，诚非圣朝待四方之本心。"

【译文】

贺循因没有熟人在朝廷帮忙，很久未能升官。著作郎陆机向皇帝上疏，推荐贺循说："武康（今浙江德清县西）县令贺循，品德高尚，涵养极深，有才干和见识，胸怀高洁的志趣，风度庄重，操守刚正，当过两个城市的县令，把那些地方治理得安安静静。前蒸阳县令郭讷，风度高雅，举止放达，器量和见识宏大，通达事理，头脑敏捷，才干足以胜任各种政务。而贺循在下等小县任职，名字排在平

庸和失意的人之列；郭讷辞官居家，在外游息了多年，他们都出自新归附本朝的南方，在朝廷没有熟人，因而一直滞留在边远之地。……地域隔绝和人才埋没的危害，在离京城遥远的地方体现得尤其明显。以荆州和扬州为例，两州各有几十万户人口，而现在扬州没有在京城洛阳任郎官的人，荆州的长江以南的区域中，竟没有一个人到京城任职，这的确没有体现我们这个神圣王朝安抚四方的本意。"

刁逵传

京口之蠹

【原文】

（刁逵）兄弟子侄并不拘名行，以货殖为务，有田万顷，奴婢数千人，余资称是。桓玄篡位，以逵为西中郎将，……刘裕起义，……逵弃城而走，为下人所执，斩于石头。子侄无少长皆死，惟小弟骋被宥，为给事中，寻谋反伏诛，刁氏遂灭。刁氏素殷富，奴客纵横，固吝山泽，为京口之蠹。裕散其资蓄，令百姓称力而取之，弥日不尽。时天下饥弊，编户赖之以济焉。

【译文】

刁逵的兄弟、孩子侄儿们，都不拘守名誉和品行，一心经商，家族中占有田地一万多顷，有奴婢数千人，别的资产之多与此类似。桓玄篡取皇位时，任命刁逵为西中郎将，……刘裕起兵讨伐桓玄，……刁逵弃城逃跑，被贱民抓获，送到石头城斩了首。刁逵的儿子、侄儿们无论大小，都被杀了，只有他的小弟刁骋得到宽免，当了给事中，不久，刁骋又因谋反被杀，至此，刁氏家族全遭灭绝了。刁家向来富足，奴婢佃客到处都是，还霸占并封禁山林川泽，是京口（今江苏镇江）的一大害虫。刘裕发放刁家的资产积蓄，让老百姓尽自己的能力去取，人们成天去取都取不完。当时，天下处处闹饥荒，编入户籍的平民们靠刁家的财货得以度过灾荒。

周顗传

三 日 仆 射

【原文】

初，（周）顗以雅望获海内盛名，后颇以酒失，为仆射，略无醒日，时人号为"三日仆射"。庾亮曰："周侯末年，所谓凤德之衰也。"顗在中朝时，能饮酒一石，及过江，虽日醉，每称无对。

【译文】

当初，周顗凭自己的高雅风度闻名全国，后来却常因醉酒出现过失。担任尚书左仆射期间，他几乎没有清醒的日子，当时人称他为"一醉三日不醒的仆射"。庾亮说："周顗的末年，可以说是凤凰英姿衰退的时期。"周顗在西晋时，一次能喝一石酒，到江南以后，尽管整天沉醉，他仍自夸喝酒没人能与自己匹敌。

卞 壶 传

悖逆礼教，伤风败俗

【原文】

（卞）壶干实当官，以褒贬为己任，勤于吏事，欲轨正督世，不肯苟同时好。……阮孚每谓之曰："卿恒无闲泰，常如含瓦石，不亦劳乎？"壶曰："诸君以道德恢弘，风流相尚，执鄙吝者，非壶而谁！"时贵游子弟多慕王澄、谢鲲为达，壶厉色于朝曰："悖礼伤教，罪莫斯甚！中朝倾覆，实由于此。"欲奏推之。王导、庾亮不从，乃止，然而闻者莫不折节。

【译文】

卞壶做官总是办实事，以褒奖美善、贬斥邪恶作为自己应尽的职责，办理公务勤勤恳恳，希望严明法度，督促世风，不愿轻易迎合时下的时髦追求。……阮孚常对他说："你总是闲不住，时常像用口衔住砖瓦，不免太劳累了吧？"卞壶说："你们这些人总是表现自己清静虚无的品性非常高远，彼此夸耀各自的风度，办实事干俗务的人，除了我卞壶，还会有谁呢！"当时，王公贵族的子弟多尊捧王澄、谢鲲为倜傥豁达的人，卞壶在朝中厉声呵斥："悖逆礼教，伤风败俗，没有什么比这更为罪大恶极！朝廷之所以被颠覆，其原因正在于此。"他打算上奏，请求惩治那些人，因王导、庾亮不同意，这才罢休，而听到这件事的人，无不对卞壶敬畏折服了。

钟 雅 传

知 难 而 进

【原文】

苏峻之难，……王师败绩，（钟）雅与刘超并侍卫天子。或谓雅曰："见可而进，知难而退，古之道也。君性亮直，必不容于寇仇，何不随时之宜而坐待其毙。"雅曰："国乱不能匡，君危不能济，各逊遁以求免，吾惧董狐执简而至矣。"……为贼所害。

【译文】

苏峻叛乱，……朝廷的军队战败。钟雅与刘超一起侍候并护卫天子。有人对钟雅说："看到形势有利则前进，知道局势危急则后退，这是自古以来人们所遵奉的教条。你的性格太耿直，一定不会受到叛军的宽容，你为什么不根据现在的时局情况，退缩起来，等待叛军灭亡之日的到来呢？"钟雅说："国家乱了，我们不能匡救，君主受到威胁，我们不能扶助，各自为免于一死而逃避自己应负的责任，我怕董狐会手持竹简前来记录下这种卑劣行径。"……钟雅最后被叛军杀害。

陈颛传

大业可举，中兴可冀

【原文】

（陈）颛与王导书曰："中华所以倾弊，四海所以土崩者，正以取才失所，先白望而后实事，浮竞驱驰，互相贡荐，言重者先显，言轻者后叙，遂相波扇，乃至陵迟。加有庄、老之俗倾惑朝廷，养望者为弘雅，政事者为俗人，王职不恤，法物坠丧。夫欲制远，先由近始，故出其言善，千里应之。今宜改张，明赏信罚，拔卓茂于密县，显朱邑于桐乡，然后大业可举，中兴可冀耳。"

【译文】

陈颛给王导写信说："晋王朝之所以衰败，全国之所以分崩离析，根本原因就在于选举人才不当，选人做官，总是先看被荐举者的声望，然后才考虑他的实际能力。轻佻虚浮的人竞相奔走，相互举荐与对方亲近的人。人们被说话有分量的人推荐，可以先做官，被说话不太管用的人推荐，则后被录用，以致彼此鼓动营私，把国家推向衰败之中。加上崇尚老子、庄子的风气在朝中盛行，一心追求名望的人被誉为宽宏高雅，认真

青瓷骑兽烛台　魏晋

处理政务的人被贬为俗气，官吏对公事不尽职尽责，礼仪制度尽遭摒弃。其实，要控制远方，必须先从近处着手，这样的话，你说的话有益处，千里之外都会响应的。现在应改革旧的选官方式，奖赏要公正，惩罚要合理，提拔在密县（今河南密县）很有作为的卓茂那样的人，选举出自桐乡（今安徽桐城北）而颇有建树的朱邑那样的人，这样，朝廷就可以创立大业，就有希望从衰败中复兴了。"

庾 亮 传

方镇堪忧

【原文】

（庾）亮知（苏）峻必为祸乱…，征为大司农。举朝谓之不可，平南将军温峤亦累书止之，皆不纳。峻遂与祖约俱举兵反。温峤闻峻不受诏，便欲下卫京都，三吴又欲起义兵，亮并不听，而报峤书曰："吾忧西陲过于历阳，足下无过雷池一步也。"

【译文】

庾亮知道历阳内史苏峻一定会谋乱，就征召他入朝担任大司农。朝中大臣都说这样做不妥当，平南将军温峤也屡次写信加以劝阻，庾亮都不听。于是，苏峻与祖约同时起兵反叛了。温峤听说苏峻不接受朝廷委任的大司农之职，就打算率军沿江东下，去保卫京城，三吴（吴郡、吴兴、会稽，今苏南浙西一带）地区也

有人要起兵参与平叛，庾亮都予以拒绝了，他在答复温峤的信中说："我对西部边疆的陶侃的忧虑，远远超过对历阳苏峻的顾忌，你切不可往回跨过雷池（今安徽宿松到望江东南）一步。"

庾 冰 传

尽忠报国，廉洁奉公

【原文】

（庾）冰天性清慎，常以俭约自居。中子袭尝贷官绢十匹，冰怒，捶之，市绢还官。临卒，谓长史江虨曰："吾将逝矣，恨报国之志不展，命也如何！死之日，敛以时服，无以官物也。"

【译文】

庾冰性情清廉慎重，常以勤俭节约称许自己。他的次子庾袭曾借用了公家的十匹丝绢，庾冰便怒不可遏，举拳就打他，还买了绢归还公家。庾冰临终前，对长史江虨说："我快死了，只遗憾尽忠报国的志向没有得到施展，我的命运注定是这样，真无可奈何！我死的时候，让我身穿着普通衣服入土！不要用公家的物品随葬。"

庾 翼 传

北伐志向难伸

【原文】

（庾）翼欲率众北伐，……师次襄阳，大会僚佐，陈旌甲，亲授弧矢，曰："我之行也，若此射矣。"遂三起三迭，徒众属目，其气十倍。初，翼迁襄阳，举朝谓之不可，议者或谓避衰，唯兄冰意同，桓温及谯王无忌赞成其计。至是，冰求镇武昌，为翼继援。朝议谓冰不宜出，冰乃止。……诏使翼还督江州，又领豫州刺史，辞豫州。复欲移镇乐乡，诏不许。

【译文】

庾翼打算率军北伐，……军队抵达襄阳（今湖北襄阳），他召集僚属，盛陈旌旗和武士，亲手接过弓箭，说："我这次北伐，就像现在射出的箭，只进不退。"他三次起身射箭，三支箭都重迭在同一目标上，将士们注视着这一切，斗志成倍增长。最初，庾翼要移镇襄阳，朝中的人多数认为不合适，有人甚至议论说这是躲避灾难，只有他的哥哥庾冰与他意见一致，桓温和谯王司马无忌也表示赞同。到这时，庾冰又要求出镇武昌（今湖北鄂城），率军作为庾翼北伐的后援。朝臣议论说庾冰不应该出镇外地，庾冰这才止住未出。……皇帝下诏要庾翼返回来督管江州（治所在今江西九江），并让他担任豫州刺史，庾翼辞去了掌管豫州的职务。他希望去镇守乐乡（今湖北江陵西），朝廷没有答应。

桓 冲 传

谢安不懂战略

【原文】

（桓冲）自以德望不逮谢安，故委之内相，而四方镇扞，以为己任。……符坚尽国内侵，冲深以根本为虑，乃遣精锐三千来赴京都。谢安谓三千人不足以为损益，而欲外示闲暇，闻军在近，固不听。报云："朝廷处分已定，兵革无阙，西藩宜以为防。"时安已遣兄子玄及桓伊等诸军，冲谓不足以为废兴，召佐吏，对之叹曰："谢安乃有庙堂之量，不闲将略。今大敌垂至，方游谈不暇，虽遣诸不经事少年，众又寡弱，天下事可知，吾其左衽矣！"俄而闻坚破，……冲本疾病，加以惭耻，发病而卒。

【译文】

桓冲因德行和声望比不上谢安，便让谢安在朝中担任丞相，而把镇守和保卫四方作为自己的任务。……前秦符坚倾全国之兵入侵东晋，桓冲担心都城的安危，派三千精锐部队奔赴京城。谢安说三千人对于目前的局势无足轻重，为了向桓冲显示自己从容不迫，他听到桓冲的军队已离京城不远，仍不同意他们来。他答复桓冲说："朝廷已把迎击敌人的方案安排妥当，兵器盔甲都不缺，你只需加强西部边疆的防卫就行了。"当时，谢安已派自己的兄长之子谢玄以及桓伊等人的军队前去迎敌，桓冲认为，这些人不足以办成大事，他召来自己的属官，对他们叹息说："谢安虽有当政人物的胸怀度量，他不熟悉带兵作战的策略。现在强敌就要到来了，他还在不停地游乐闲谈，尽管派出了几个未经世事的年轻人，而军队既少又弱，国家面临的危险可想而知，我们将被夷狄统治了！"不久，桓冲听到了符坚失败的消息，……他本来就有病，加上惭愧和羞耻，竟使旧病复发，很快就死去了。

王 述 传

取敛钱财，贪赃枉法

【原文】

初，（王）述家贫，求试宛陵令，颇受赠遗，而修家具，为州司所检，有一千三百条。王导使谓之曰："名父之子不患无禄，屈临小县，甚不宜耳。"述答曰："足自当止，时人未之达也。"

【译文】

最初，王述家境贫困，待请求出任宛陵（今安徽宣城）县令，他大量收受别人的贿赂，充实家中的财物，受到州里的监察官弹劾，贪赃枉法的事被揭发出一千三百条。王导对他说："你是名臣之子，不必担忧没有俸禄，只是现在让你屈尊到小县城任职，也确实不太适宜。"王述回答说："我聚敛钱财足够之后，自然会洗手不干的。人们理解不了我的这种想法。"

王 忱 传

后 起 之 秀

【原文】

（王忱）尝造其舅范宁，与张玄相遇，宁使与玄语。玄正坐敛衽，待其有发，忱竟不与言，玄失望便去。宁让忱曰："张玄，吴中之秀，何不与语？"忱笑曰："张祖希欲相识，自可见诣。"宁谓曰："卿风流隽望，真后来之秀。"忱曰："不有此舅，焉有此甥！"既而宁使报玄，玄束带造之，始为宾主。

【译文】

王忱曾去舅舅范宁家，遇见了张玄。范宁让王忱与张玄交谈。张玄整了整衣襟，端端正正地坐着，等待王忱开口。而王忱竟没与他交谈，他大失所望，起身离去。范宁责怪王忱说："张玄是东南的杰出人物，你怎么不与他说话呢？"王忱笑着说："张祖希（即张玄）想跟我相识，可以到我那儿去见我。"范宁说："你风度潇洒，才智杰出，真是后起的优秀人物。"王忱说："没有你这样卓越的舅舅，哪有我这样的外甥！"范宁随后派人通知了张玄，张玄便系好腰带，穿戴整齐，前去拜访王忱，他俩这才成为宾客和主人。

范 宁 传

土 断 之 议

【原文】

（范宁）陈时政曰："古者分土割境，以益百姓之心；圣王作制，籍无黄白之别。昔中原丧乱，流寓江左，庶有旋反之期，故许其挟注本郡。自尔渐久，人安其业，丘垄坟柏，皆已成行，虽无本邦之名，而有安土之实。今宜正其封疆，以土断人户，明考课之科，修闾伍之法。难者必曰：'人各有桑梓，俗自有南北。一朝属户，长为人隶，君子则有土风之慨，小人则怀下役之虑。'斯诚并兼者之所执，而非通理之笃论也。"

青铜马车 魏晋

【译文】

范宁论述当时的朝政,说:"古代划分州郡地域,是为了赢得百姓的心;圣明的帝王制定制度,不会把户籍分为黄、白两种。过去,中原陷落,混乱不堪,人们流寓到江东,指望很快就能返回故土,所以朝廷允许他们在户籍上注原来的籍贯。此后时间长了,他们安居乐业,死后埋在南方,坟丘上的树木也渐渐长成行了。虽然这些人名义上不算当地人,但实际上安居在这里。现在应该确定各郡县的范围,按人们居住的地方确定其户籍隶属之地,严明赋税的征收,整顿户籍编制。持异议的人一定会说:'人人都有自己的故乡,南北的风俗也各不相同。一旦确定当地户籍,长久地隶属当地,则世家大族会感慨乡土风俗的变化,平民百姓也会有担负徭役的忧患。'这完全是兼并土地和人口的人所持的观点,不是合乎道理的正论。"

豪族奢靡

【原文】

夫人性无涯,奢俭由势。今并兼之士亦多不赡,非力不足以厚身,非禄不足以富家,是得之有由,而用之无节。蒲酒永日,驰骛卒年,一宴之馔,费过十金,丽服之美,不可赀算,盛狗马之饰,营郑卫之音,南亩废而不垦,讲诵阙而无闻,凡庸竞驰,傲诞成俗。

【译文】

人的欲望没有止境,是奢侈还是节俭取决于他所拥有的权势大小。现在,多数豪强势族也供给不足,不是他们的势力不足以使自己生活变得富裕,也不是俸禄不足以使他们的家室富足,而是因为他们获得财富太容易,使用起来却没有节度。整天赌博酗酒,终年追逐嬉戏,一次宴会用的食品,费用超过十金,华丽的服饰极美,其价值无法用钱财来折算,给狗马饰以盛装,沉溺于靡靡之音中,农田荒废,无人垦种,听不到讲解和诵读经书的声音,平庸的人竞相拔高自己,傲慢和浮夸形成风气。

刘惔传

刘母远见

【原文】

(刘)惔少清远,有标奇,与母任氏寓居京口,家贫,织芒屩以为养,虽荜门陋巷,晏如也。人未之识,惟王导深器之。后稍知名,论者比之袁羊。惔喜,还告其母。其母,聪明妇人也,谓之曰:"此非汝比,勿受之。"又有方之范汪者。惔复喜,母又不听。及惔年德转升,论者遂比之荀粲。尚明帝女庐陵公主。以惔雅善理,简文帝初作相,与王濛并为谈客,俱蒙上宾礼。

【译文】

刘惔从小就很清高潇洒,气度不凡。他与母亲任氏侨居京口(今江苏镇江),

因家境贫寒，靠织芒鞋为生，虽住小巷柴门茅屋中，他们的生活却非常安逸。人们看不出刘惔有什么出众之处，只有王导很器重他。后来，他稍微有了点名气，谈论他的人把他比作袁羊。刘惔很高兴，回家把这事告诉了母亲。他母亲是个很有见识的女人，她对刘惔说："袁羊不是你可比的，你别接受别人的抬举。"过后，又有人把刘惔比作范汪，刘惔又很高兴，而他母亲再次制止了他。后来，刘惔年岁大了，德行也高了，人们便把他比作荀粲。刘惔娶晋明帝之女庐陵公主为妻。因他口才好，善谈名理，简文帝初年他担任了宰相，与王濛一起同为清谈之客，被皇帝当作上宾对待。

王 彬 传

不 畏 强 暴

【原文】

（王彬）从兄敦举兵入石头，帝使彬劳之。会周顗遇害，彬……因勃然数敦曰："兄抗旌犯顺，杀戮忠良，谋图不轨，祸及门户。"音辞慷慨，声泪俱下。敦大怒，厉声曰："尔狂悖乃可至此，为吾不能杀汝邪！"时王导在坐，为之惧，劝彬起谢。彬曰："有脚疾已来，见天子尚欲不拜，何跪之有！此复何所谢！"敦曰："脚痛孰若颈痛？"彬意气自若，殊无惧容。

【译文】

王彬的堂兄王敦率军攻入都城西面的石头城，晋元帝迫不得已，派王彬前去慰劳他。适逢朝廷大臣周顗被王敦害死，……王彬勃然大怒，斥责王敦说："兄长违抗朝廷的命令，背离忠君原则，杀害忠臣，阴谋叛乱，将会给整个王氏家族带来灾祸的。"他言辞慷慨激愤，声音颤抖，泪水滚滚而出。王敦大怒。厉声喝道："你胆敢这样狂妄无礼，以为我不能杀你吗！"当时王导在座，很为王彬担心，就劝他向王敦谢罪。王彬说："我自从患有脚痛病以来，见了天子尚且不想下拜，在这里又有什么人值得我跪拜的！而且，我又有什么罪过需要反悔的！"王敦说："脚痛与砍断脖子相比，你认为哪个更痛？"而王彬从容镇定，脸上毫无惧色。

王 彪 之 传

建宫室不可谓能

【原文】

（谢）安欲更营宫室，（王）彪之曰："……强寇未殄，正是休兵养士之时，何可大兴功力，劳扰百姓邪！"安曰："宫室不壮，后世谓人无能。"彪之曰："任天下事，当保国宁家，朝政惟允，岂以修屋宇为能邪！"安无以夺之。故终彪之之世，不改营焉。

【译文】

谢安打算重建宫殿，王彪之说："……强敌尚未消灭，现在正是休整军队的

时候，怎么能大量耗费人力物力，骚扰百姓呢！"谢安认为："皇宫不壮丽，后世的人会说我们这些执掌朝政的人无能。"王彪之说："治理国家大事，应当以保卫国家和安抚百姓作为最重要的事，朝政的好坏在于政令是否得当，哪能依据修建殿宇的好坏来评定执政者的能力高低呢！"谢安无法说服他。所以，在王彪之执政的这一时期，最终没有进行宫殿的改建。

虞啸父传

唯知上贡

【原文】

（虞）啸父少历显位，后至侍中，为孝武帝所亲爱。尝侍饮宴，帝从容问曰："卿在门下，初不闻有所献替邪？"啸父家近海，谓帝有所求，对曰："天时尚温，鼋鱼虾鲊未可致，寻当有所上献。"帝大笑。

【译文】

虞啸父年龄不大时，就担任了显要的官职，后来，又升任待中，深受孝武帝宠信。他曾陪皇帝饮酒，皇帝缓缓地问他："你在门下省担任长官，我一直没听到你进献或否决什么呀？"啸父家靠近大海，他以为孝武帝想让他进献海货，便回答说："现在天气还暖和，捕不到鳡鱼、海虾、海蜇之类，过一段时间我会进献一些给您的。"孝武帝听了不禁大笑起来。

陆玩传

吴人蔑视北人

【原文】

王导初至江左，思结人情，请婚于（陆）玩。玩对曰："培塿无松柏，薰莸不同器。玩虽不才，义不能为乱伦之始。"导乃止。玩尝诣导食酪，因而得疾。与导笺曰："仆虽吴人，几为伧鬼。"

【译文】

王导刚到江东，想与当地人搞好关系，便向陆玩请求联姻，陆玩对王导说："小土丘上不能栽培松柏，香草和臭草不能同处一个器皿中。我陆玩虽然无能，却不能开这种扰乱伦理的先例。"王导只好作罢。陆玩曾去王导家吃乳酪，因此而得了病。陆玩便给王导写了一封信，称："我虽是吴人，几乎成了伧鬼。"

天 下 乏 才

【原文】

王导、郗鉴、庾亮相继而薨，朝野咸以为三良既没，国家殄瘁。以（陆）玩有德望，乃迁侍中、司空，给羽林四十人。玩既拜，有人诣之，索杯酒，泻置柱

梁之间，咒曰："当今乏材，以尔为柱石，莫倾人梁栋邪！"玩笑曰："戢卿良箴。"既而叹息，谓宾客曰："以我为三公，是天下为无人。"谈者以为知言。

【译文】

王导、郗鉴、庾亮相继去世后，朝野都认为失去了三位贤臣，国家将衰亡了。因陆玩德行好，有声望，朝廷便将他升任侍中、司空，配给四十名羽林军卒作为侍卫。陆玩拜受官职后，有一个人上门走访，要了一杯酒，将酒泼在房屋的柱子和房梁上，念咒语说："现在缺少良材，让你充当柱石，你别使人家的栋梁倾倒下来啊！"陆玩笑着说："感谢你赐予我有意义的告诫。"随后，陆玩又叹了一口气，对宾客说："让我当三公，天下确实没有人才了。"人们议论说，这是一句有见地的话。

陆 纳 传

不巴结权贵

【原文】

（陆纳）少有清操，贞厉绝俗。……谢安尝欲诣纳，而纳殊无供办。其兄子俶不敢问之，乃密为之具。安既至，纳所设唯茶果而已。俶遂陈盛馔，珍馐具备。客罢，纳大怒曰："汝不能光益父叔，乃复秽我素业邪！"于是杖之四十。

【译文】

陆纳从小就有高洁的节操，坚贞严肃，超凡脱俗。……谢安打算走访陆纳，陆纳没有准备任何接待客人所需的食物。陆纳兄长的儿子陆俶不敢向他询问，便暗自作了迎客的准备。谢安来后，陆纳只摆了点茶水水果之类。而陆俶却端来了极为丰盛的食品，美味佳肴样样齐全。客人走后，陆纳对陆俶大发雷霆，说："你不能为叔父争光，却玷污我一贯的处世操守吗？"于是，他狠狠打了陆俶四十大板。

蔡 谟 传

官大未必才高

【原文】

陈留时为大郡，号称多士，琅邪王澄行经其界，太守吕豫遣吏迎之。澄入境，问吏曰："此郡人士为谁？"吏曰："有蔡子尼、江应元。"是时郡人多居大位者，澄以其姓名问曰："甲乙等，非君郡人邪？"吏曰："是也。"曰："然则何以但称此二人？"吏曰："向谓君侯问人，不谓问位。"

【译文】

陈留（治所在今河南开封市东北）当时是个大郡，有人才济济的美称。琅邪人王澄路过该郡，太守吕豫派吏员前去迎接。王澄入境后，问吏："这个郡最突出的人才有哪些人？"吏员说："有蔡克、江统。"那时，该郡有许多人在朝中当

国学经典文库

大官，王澄念着他们的姓名，问道："某某等人，不也是你这个郡的人吗？"吏员答道："是呀。"王澄说："那你怎么只提那两个人呢？"吏员回答说："我刚才以为君侯问的是杰出人才，不是问谁做的官大。"

殷 浩 传

殷浩北伐，收复中原

青釉人擎灯　三国

【原文】

　　（殷浩）以中原为己任，上疏北征许洛。……师次寿阳。潜诱苻健大臣梁安、雷弱儿等，使杀健，……会苻健杀其大臣，健兄子眉自洛阳西奔，浩以为梁安事捷，意苻健已死，请进屯洛阳，修复园陵，使（姚）襄为前驱，冠军将军刘洽镇鹿台，建武将军刘遁据仓垣，又求解扬州，专镇洛阳，诏不许。浩既至许昌，会张遇反，谢尚又败绩，浩还寿阳。后复进军，次山桑，而襄反，浩惧，弃辎重，退保谯城，器械军储皆为襄所掠，士卒多亡叛。

【译文】

　　殷浩把收复中原作为自己奋斗的目标，他向皇帝上疏，请求北征许昌（今河南许昌东）、洛阳（今河南洛阳）。……出征的队伍到达寿阳（今安徽寿县），殷浩暗中拉拢前秦苻健的大臣梁安、雷弱儿等人，让他们刺杀苻健，……适逢苻健杀戮自己的某些大臣，苻健的兄长之子苻眉从洛阳出逃，朝西狂奔，殷浩以为梁安等人行刺苻健成功，推测苻健已经死亡，就请求朝廷允许他进驻洛阳，去修复晋王室的陵园。他让姚襄担任前锋，冠军将军刘洽镇守鹿台（今河南汤阴朝歌镇南），建武将军刘遁进据仓垣（今河南开封市），并请求晋穆帝解除他的扬州刺史之职，让他独自坐镇洛阳，皇帝没有同意。殷浩到达许昌后，适逢张遇反叛，谢尚又被对方击败，殷浩只好返回寿阳。他后来再次进军，到达了山桑（今安徽蒙城北），而姚襄却反叛了，殷浩很畏惧，他丢弃了沉重的军用物资，撤退到谯城（今安徽亳县）进行防守，军用粮草器械都落入了姚襄之手，晋军士卒多数逃亡或投降了。

孔 坦 传

临终仍忧国事

【原文】

　　（孔坦）疾笃，庾冰省之，乃流涕。坦慨然曰："大丈夫将终不问安国宁家之术，乃作儿女子相问邪！"冰深谢焉。临终，与庾亮书曰："不谓疾苦，遂至顿弊，自省绵绵，奄忽无日。修短命也，将何所悲！但以身往名没，朝恩不报，所怀未叙，即命多恨耳！足下以伯舅之尊，居方伯之重，抗威顾眄，名震天下，櫱

橡之佐，常愿下风。使九服式序，四海一统，封京观于中原，反紫极于华壤，是宿昔之所味咏，慷慨之本诚矣。今中道而毙，岂不惜哉！若死而有灵，潜听风烈。"

【译文】

孔坦病情严重，庾冰前去探望时，流下了眼泪，孔坦却激愤地说："大丈夫将去世了，你不问他安定国家和家庭的方略，却像孩子、女人们探望病人那样只知道流泪吗！"庾冰因而深表歉意。孔坦临终，给庾亮写信说："没想到我的疾病，发展到了这么严重的地步。我自视脆弱的身体，离死亡已经不远了。寿命的长短是命中注定的，我还有什么可悲哀的呢！只是由于我身躯入土，从此消失，朝廷对我的恩德尚未报答，我的志向也还没实现，因而深感到遗憾。足下作为皇帝的舅舅，地位尊显，又肩负方镇长官的重任，威风凛凛，眼睛神采奕奕，名声镇服天下，是辅佐朝廷的股肱之臣，在你面前，我总是甘拜下风。让世上所有的区域服从朝廷的统治秩序，让天下统一，把敌人的尸首在中原堆积成高冢，让朝廷迁回中原去，这是我过去追求的，也是我之所以激奋的事情。现在，我中途丧命，岂不是憾事！如果我死后仍有灵魂，我一定会暗中期待你振兴朝廷的壮举的。"

谢 安 传

东山再起，入仕做官

【原文】

（谢安）栖迟东土。尝往临安山中，坐石室，临浚谷，悠然叹曰："此去伯夷何远！"……及（谢）万黜废，安始有仕进志，时年已四十余矣。征西大将军桓温请为司马，将发新亭，朝士咸送，中丞高崧戏之曰："卿累违朝旨，高卧东山，诸人每相与言，安石不肯出，将如苍生何！苍生今亦将如卿何！"安甚有愧色。

【译文】

谢安悠闲地生活在浙东一带。他曾去临安（今浙江杭州）的山中，在石洞里端坐，到深谷边俯瞰，悠闲自在地感叹道："我在这里离伯夷并不遥远！"……在谢万被革职贬谪之后，谢安才开始打算入仕做官，那时他已四十多岁了。征西大将军桓温请他来担任自己的司马，将从新亭（今江苏南京市南）出发时，朝中的官员都来送行，中丞高崧对谢安开玩笑说："你屡次不接受朝廷征召你做官的敕书，隐居在东山（在今浙江上虞西南四十五里），我们这些人时常议论说，你谢安石不肯出山，这对天下百姓是什么态度！而现在，你出山了，天下百姓又会怎样看待你呢！"谢安深感惭愧。

大将风度，了无喜色

【原文】

（符）坚后率众号百万，次于淮、肥，京师震恐。加（谢）安征讨大都督。

……指授将帅，各当其任。（谢）玄等既破坚，有驿书至，安方对客围棋，看书既竟，便摄放床上，了无喜色，棋如故。客问之，徐答云："小儿辈遂已破贼。"既罢，还内，过户限，心喜甚，不觉屐齿之折。

【译文】

　　苻坚后来率领号称百万的大军，抵达了淮河、淝水，东晋都城为之大震。晋帝任命谢安为征讨大都督。……谢安指派将帅，让他们各自担负起自己的责任。谢玄等人击败苻坚后，驿站送来了报捷的信，谢安正好在与客人下围棋，他看完信，便把信放在了床上，脸上毫无喜色，像原来一样下棋，客人问他，他才缓缓答道："孩子们终于打败了敌人。"下完棋，谢安回内屋，过门槛时，因心里过于高兴，竟没感觉到鞋底的木齿被折断了。

谢 混 传

皇帝专用物

【原文】

　　初，孝武帝为晋陵公主求婿，谓王珣曰："主婿但如刘真长、王子敬便足。如王处仲、桓元子诚可，才小富贵，便豫人家事。"珣对曰："谢混虽不及真长，不减子敬。"帝曰："如此便足。"未几，帝崩，袁山松欲以女妻之，珣曰："卿莫近禁脔。"初，元帝始镇建业，公私窘罄，每得一豚，以为珍膳，项上一脔尤美，辄以荐帝，群下未尝敢食，于时呼为"禁脔"，故珣因以为戏。混竟尚主。

【译文】

　　最初，孝武帝想为女儿晋陵公主找一个女婿，他对王珣说："公主的丈夫要像刘惔、王献之便可以了，象王敦、桓温那样的人，虽有能力，但刚有点富足和显贵，就要干预皇家的事情。"王珣回答道："谢混虽然比不上刘惔，但不比王献之差。"孝武帝说；"这就足可以了。"没过多久，孝武帝死了，袁山松想把自己的女儿嫁给谢混，王殉说："你别靠近专供皇帝吃的'禁肉'。"当年，元帝刚移镇建业（今江苏南京）时，公家和私人都很贫困，每次弄来一头猪，都当作极为珍贵的食物，猪脖子上有一处肉特别鲜美，总是要献给皇帝吃，群臣中没人敢品尝。那时，人们称这一部分肉为"禁肉"。王珣因此借用这个词开了个玩笑。谢混最终还是娶了晋陵公主为妻。

谢 玄 传

淝 水 之 战

【原文】

　　苻坚自率兵次于项城，众号百万，而凉州之师始达咸阳，蜀汉顺流，幽并系至。先遣苻融、慕容暐、张蚝、苻方等至颍口，梁成、王显等屯洛涧。诏以（谢）玄为前锋，……众凡八万。玄先遣广陵相刘牢之五千人直指洛涧，即斩梁

成及成弟云。……坚进屯寿阳，列阵临肥水，玄军不得渡。玄使谓苻融曰："君远涉吾境，而临水为阵，是不欲速战。诸君稍却，令将士得周旋，仆与诸君缓辔而观之，不亦乐乎！"坚……麾使却阵，众因乱不能止。于是玄与（谢）琰、（桓）伊等以精锐八千涉渡肥水。……坚众奔溃。

【译文】

苻坚亲率大军抵达项城（今河南项城东南），号称有一百万人，此时从凉州出发的军队才到达咸阳（今陕西咸阳市东北），从蜀、汉出发的军队顺长江汉水而下，从幽州、并州出发的军队也相继而来。苻坚先派苻融、慕容暐、张蚝、苻方等人率军进至颍口（颍水与淮水交汇处），派梁成、王显等人屯驻洛涧（淮河的支流，在安徽寿县东）。晋朝孝武帝下诏，任命谢玄为前锋，……率八万兵卒前去迎敌。谢玄先派广陵相刘牢之带五千人直奔洛涧，攻杀了梁成及其弟弟梁

淝水之战图

云。……苻坚进军到寿阳（今安徽寿县），紧靠淝水西岸列阵，使谢玄的军队无法渡河。谢玄派使者对苻融说："你深入我们晋朝的领域，却紧靠淝水布阵，这是不想速战速决的表现。请你们诸位把军队稍向后撤一点，让将士们有交战周旋的地方，我与诸位骑着马从容地观战，不也是乐事吗！"……苻坚于是挥旗下令军阵后撤，然而士卒一移动便乱了阵，无法止住。此时，谢玄与谢琰、桓伊等人用八千精锐队伍渡过淝水。……苻坚的部众便溃败奔逃了。

王羲之传

兰亭高会

【原文】

（王羲之）尝与同志宴集于会稽山阴之兰亭，羲之自为之序以申其志，曰："永和九年，岁在癸丑，暮春之初，会于会稽山阴之兰亭，修禊事也。群贤毕至，少长咸集。此地有崇山峻岭，茂林修竹，又有清流激湍，映带左右，引以为流觞曲水，列坐其次。虽无丝竹管弦之盛，一觞一咏，亦足以畅叙幽情。是日也，天朗气清，惠风和畅，仰观宇宙之大，俯察品类之盛，所以游目骋怀，足以极视听

之娱，信可乐也！"

【译文】

　　王羲之曾与诸位志同道合的人在会稽山阴（今浙江绍兴市）的兰亭（在县西南二十七里）举行聚会，羲之为大家写下的诗文作序，阐明他们的志趣。序文说："永和九年（公元353年），是癸丑年。暮春三月的上旬，我们聚集在会稽郡山阴县的兰亭，举行祓除不祥的活动。有贤德的人全来了，年长的年轻的，都集会在一起。这里有崇山峻岭、茂密的树林和高高的竹丛，又有清水急流，映照环绕在左右。把它作为漂浮酒杯的曲折流水，大家依次坐在水边。尽管没有管弦乐器齐奏的盛况，然而，一边饮酒，一边吟诗，也足以畅叙内心深处的情怀。这一天，天气晴朗，空气清新，微风柔和，抬头看广漠的宇宙，俯首看繁盛的万物，这样放眼纵览，舒展胸怀，足以使耳目尽享欢娱，实在是快乐啊！"

书圣王羲之

【原文】

　　（王羲之）尝在蕺山见一老姥，持六角竹扇卖之。羲之书其扇，各为五字。姥初有愠色。因谓姥曰："但言是王右军书，以求百钱邪。"姥如其言，人竞买之。他日，姥又持扇来，羲之笑而不答。其书为世所重，皆此类也。每自称"我书比钟繇，当抗行；比张芝草，犹当雁行也"。……尝以章草答庾亮，而（庾）翼深叹伏，因与羲之书云："吾昔有伯英章草十纸，过江颠狈，遂乃亡失，常叹妙迹永绝。忽见足下答家兄书，焕若神明，顿还旧观。"

王羲之

【译文】

　　王羲之曾在蕺山（在今浙江绍兴）看见一个老妇人，手拿六角形竹扇出售。羲之把扇拿来写上字，每扇五字。老妇人最初很气恼，羲之就对她说："你只要说这是王右军写的字，就可以将每把扇卖到一百钱。"老妇人按他说的去做了，果然扇子被人抢购一空。过了几天，老妇人又拿扇子来找王羲之，羲之却只是笑，没有答应她。王羲之的书法被世人所看重，尽从这类事情中表现出来。羲之时常自己评论说："我的书法与钟繇相比，可说是旗鼓相当；与张芝的草书相比，则像大雁飞行一样，仍跟在他的后面。"……王羲之曾用草书字体给庾亮回信，庾翼见他的信后赞叹不已，他给王羲之去信说："我过去有十页张芝书写的草书，迁移江南时，因狼狈困顿而遗失了，我时常叹息绝妙的书法永远绝迹了。现在我忽然看到足下答复我哥哥的信，字迹像神灵一样光彩照人，我昔日欣赏的东西又重现在了眼前。"

王徽之传

不屑俗务

【原文】

　　（王徽之）为车骑桓冲骑兵参军，冲问："卿署何曹？"对曰："似是马曹。"又问："管几马？"曰："不知马，何由知数！"又问："马比死多少？"曰："未知生，焉知死！"……冲尝谓徽之曰："卿在府日久，比当相料理。"徽之初不酬答，直高视，以手版柱颊云："西山朝来致有爽气耳。"

【译文】

　　王徽之担任车骑将军桓冲的骑兵参军，桓冲问他："你在哪个官署任职？"他答道："好像是管马的部门。"桓冲又问："你管多少匹马？"王徽之说："我不了解马，怎么告诉你马的数量！"桓冲又问："近来马死了多少匹？"王徽之答道："我不知有多少匹活马，又怎么知道有多少死马！"……桓冲曾对徽之说："你在我军府中的时间很久了，近来应该干点事情吧！"徽之开始不回答，只是一个劲地抬头仰视，用朝笏拄着面颊说："早晨从西山吹来了清爽的空气。"

名士情趣

【原文】

　　（王徽之）尝寄居空宅中，便令种竹。或问其故，徽之但啸咏，指竹曰："何可一日无此君邪！"尝居山阴，夜雪初霁，月色清朗，四望皓然，独酌酒咏左思《招隐诗》，忽忆戴逵。逵时在剡，便夜乘小船诣之，经宿方至，造门不前而反。人问其故，徽之曰："本乘兴而行，兴尽而反，何必见安道邪！"

【译文】

　　王徽之曾借住在一套空住宅中，他让人种植竹子。有人问他种竹的原因，他只顾长啸吟咏，指着竹子说："这样的君子一天也不可少啊！"他曾住在山阴（今浙江绍兴），一天夜里，大雪刚停，云雾消散，月光明朗，四周一片银白，他独自酌酒畅饮，并吟诵着左思的《招隐诗》。忽然，他思念起戴逵来了。戴逵（字安道）当时在剡县（今浙江嵊州市），王徽之便连夜乘小船去找他，经整整一夜才到达，来到戴逵的家门口，王徽之没进去却又转身往回走了。有人问他这是为什么，他回答说："我本来就是乘着兴致去的，兴致没了便返回，何必一定要见到戴安道呢！"

王献之传

少年自负

【原文】

（王）献之字子敬。少有盛名，而高迈不羁，虽闲居终日，容止不怠，风流为一时之冠。年数岁，尝观门生摴蒱，曰："南风不竞。"门生曰："此郎亦管中窥豹，时见一斑。"献之怒曰："远惭荀奉倩，近愧刘真长。"遂拂衣而去。

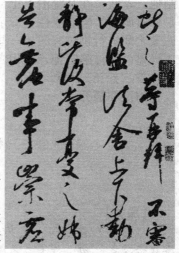

无事帖　东晋

【译文】

王献之字子敬，从小就很有名气。他清高超脱，无拘无束，虽然整天闲居在家，犹注重修饰自己的容貌举止，他的风度在当时是出类拔萃的。他几岁时，曾观看家里的门客玩博戏，评论说："那一方要输了。"那边的门客说："这位公子真是从管中看豹，看见的只不过是豹身上的一个个斑点。"王献之大怒，吼道："与前代的荀奉倩相比，我让他感到羞耻；与近世的刘真长相比，我让他感到惭愧。"说完，拂袖而去。

神色安闲，从容不迫

【原文】

（王献之）尝与徽之共在一室，忽然火发，徽之遽走，不遑取履，献之神色恬然，徐呼左右扶出。夜卧斋中，而有偷人入其室，盗物都尽。献之徐曰："偷儿，青毡我家旧物，可特置之。"群偷惊走。

【译文】

王献之曾与王徽之同在一个屋里，因忽然着火，徽之急忙逃跑，连鞋子都来不及穿。献之却神色安闲，从容不迫地叫侍者扶自己出去。又有一次，他夜里躺在住宅中，有小偷悄悄进屋，几乎要把屋里的东西偷光了。献之这才缓缓地说："小偷，青毡是我家祖传下来的东西，你们把它留下。"几个小偷吓得赶紧逃跑了。

桓　伊　传

功臣遭猜忌

【原文】

时谢安女婿王国宝专利无检行，安恶其为人，每抑制之。及孝武末年，嗜酒

好内，而会稽王道子昏蒉尤甚，惟狎昵谄邪，于是国宝谗谀之计稍行于主相之间。而好利险诐之徒，以安功名盛极，而构会之，嫌隙遂成。……（桓）伊便抚筝而歌《怨诗》曰："为君既不易，为臣良独难。忠信事不显，乃有见疑患。"……帝甚有愧色。

【译文】

谢安的女婿王国宝一心谋取私利，品行极坏，谢安很厌恶他的为人，经常抑制他。孝武帝在其统治末年，嗜酒如命，迷恋女色，而专权的会稽王司马道子更是昏庸腐朽，酗酒成性，专亲近谄媚邪恶的人，于是，王国宝得以在君主与丞相谢安之间进行挑拨离间。一些追逐私利、险恶奸佞的人，也因谢安功勋显赫，名望极盛而设计陷害他，主相之间由此而产生了隔阂。……桓伊便弹奏古筝，唱起了一首《怨诗》，歌词是："当君主不容易，做大臣更加难。忠诚不为人所知，反遭猜疑和嫌弃。"……孝武帝听了，深感惭愧。

朱 序 传
夫 人 城

【原文】

（朱序）镇襄阳。是岁，苻坚遣其将苻丕等率众围序，序固守，贼粮将尽，率众苦攻之。初，苻丕之来攻也，序母韩自登城履行，谓西北角当先受弊，遂领百余婢并城中女子于其角斜筑城二十余丈。贼攻西北角，果溃，众便固新筑城。丕遂引退。襄阳人谓此城为"夫人城"。

【译文】

朱序镇守襄阳（今湖北襄阳市）。这一年，前秦苻坚派将军苻丕率军围攻朱序，朱序坚守在襄阳。敌人粮食快吃完了，他们发起了更加猛烈的进攻。最初，苻丕刚来进攻时，朱序的母亲韩氏亲自到城墙上巡视，她说城的西北角会首先被攻破，于是，亲率一百多名婢女及城内所有其他女子，在城角内斜筑了一道二十多丈长的城墙。敌人进攻城西北角时，果然冲破了外墙，守军便在新筑的城上固守，苻丕的军队因此而不得不退了出去。襄阳人于是称这处新筑的城为"夫人城"。

陈 寿 传
良史之才陈寿

【原文】

（陈寿）撰《魏吴蜀三国志》，凡六十五篇。时人称其善叙事，有良史之才。夏侯湛时著《魏书》，见寿所作，便坏己书而罢。张华深善之，谓寿曰："当以《晋书》相付耳。"其为时所重如此。

【译文】

陈寿撰写了《魏吴蜀三国志》，共有六十五卷。当时人称赞他善于叙事，有

良史的才能。夏侯湛当时编写了《魏书》，见到陈寿的著作后，便毁掉自己的书，不再写这段历史了。张华很欣赏陈寿，对他说："应该把编纂《晋书》的任务交给你来完成。"陈寿就是这样被当时人所看重。

孙　盛　传

秉笔直书难

【原文】

（孙盛）著《魏氏春秋》《晋阳秋》，并造诗赋论难复数十篇。《晋阳秋》词直而理正，咸称良史焉。既而桓温见之，怒谓盛子曰："枋头诚为失利，何至乃如尊君所说！此史遂行，自是关君门事。"其子遽拜谢，谓请删改之。时盛年老还家，性方严有轨宪，虽子孙班白，而庭训愈峻。至此，诸子乃共号泣稽颡，请为百口切计。盛大怒。诸子遂尔改之。盛写两定本，寄于慕容儁。

【译文】

孙盛编著了《魏氏春秋》《晋阳秋》等史书，并撰写过数十篇诗歌、文赋和辩论文章。《晋阳秋》叙事耿直，持理公正，人们都称之为好史书。不久，桓温看过这部书，对孙盛的儿子怒吼道："我在枋头战役中确实失利了，但也不至于像你父亲记叙的那样糟！如果这部史书流传开来，可会关系到你家门户灭绝的大事。"孙盛儿子赶紧下拜谢罪，请求桓温同意删改该书。当时孙盛年岁已高，居住在家，性情严肃，一举一动都有规范，子孙即使头发斑白了，仍受到他的严厉管教。到这时，他的几个儿子一齐大哭，跪下叩头，求他为救家庭一百多条人命，删改他的书。孙盛大怒。而诸子仍作了删改。孙盛于是写定两本书稿，其中一本寄送给了前燕主慕容儁。

庄园生活图卷　东晋

国学经典文库

顾 和 传

监察虚有其名

【原文】

（王）导遣八部从事之部，（顾）和为下传还，同时俱见，诸从事各言二千石官长得失，和独无言。导问和：“卿何所闻？”答曰：“明公作辅，宁使网漏吞舟，何缘采听风闻，以察察为政。”导咨嗟称善。

【译文】

王导派遣到扬州八郡去巡视的八部从事回到州部，顾和也乘坐驿站的传车回来了，他与其他部从事同时进见王导。诸从事各自反映郡中二千石长官的政绩好坏，唯独顾和没说话。王导问：“你在地方上听到些什么？”顾和回答说，“明公辅佐朝廷，宁可放过能吞掉船只的大鱼，何必搜集道听途说的情况，用严厉苛刻的方式治理朝政！”王导很感叹，称赞他说得对。

江 绩 传

不向恶人屈服

【原文】

（江）绩字仲元，有志气。……荆州刺史殷仲堪举兵以应王恭，仲堪要绩与南蛮校尉殷颛同行，并不从。仲堪等屡以为言，绩终不为之屈。颛虑绩及祸，乃于仲堪坐和解之。绩曰：“大丈夫何至以死相胁！江仲元行年六十，但未知获死所耳。”一坐皆为之惧。仲堪惮其坚正，以杨佺期代之。

【译文】

江绩字仲元，很有志气。……荆州刺史殷仲堪起兵响应王恭叛乱，他要江绩和南蛮校尉殷颛随他一起去，这俩人都没同意。殷仲堪等人屡次劝说，江绩一直不屈从。殷颛担心江绩遭受祸害，就在殷仲堪座前说好话以缓和矛盾。江绩说：“何必用死来威胁大丈夫！我江仲元快六十岁了，只是不知在什么地方死而已。”满座的人都为他捏了一把汗。殷仲堪对江绩的坚定和正直很敬畏，只好另找杨佺期代替了他。

车 胤 传

恭勤不倦，博学多通

【原文】

（车）胤恭勤不倦，博学多通。家贫不常得油，夏月则练囊盛数十萤火以照书，以夜继日焉。及长，风姿美劭，机悟敏速，……显于朝廷。时惟胤与吴隐之

以寒素博学知名于世。

【译文】

　　车胤勤奋好学，不知疲倦，学识广博，理解力强。因家境贫寒，家里时常没有灯油，每到夏天的夜晚，他便用白布口袋盛几十只萤火虫，用来照亮书本，不分昼夜地学习。他长大后，风度仪表俊美潇洒，头脑机警，思维敏捷，……成为朝中的著名人物。当时，出身寒微但凭学识渊博闻名于世的人，只有车胤和吴隐之二人。

王　恭　传

王恭举兵内向

【原文】

　　（司马道子）以其司马王愉为江州刺史，割庾楷豫州四郡使愉督之。由是楷怒，遣子鸿说（王）恭曰："（司马）尚之兄弟专弄相权，欲假朝威贬削方镇，惩警前事，势转难测。及其议未成，宜早图之。"恭以为然，……乃上表以讨王愉、司马尚之兄弟为辞。朝廷使（司马）元显及王珣、谢琰等距之。恭梦（刘）牢之坐其处，旦谓牢之曰："事克，即以卿为北府。"遣牢之率帐下督颜延先据竹里。元显使说牢之，啖以重利，牢之乃斩颜延以降。是日，牢之遣其婿高雅之、子敬宣，因恭曜军，轻骑击恭。恭败。

【译文】

　　司马道子派自己的司马王愉出任江州刺史，从庾楷管辖的豫州划出四个郡给王愉督管。庾楷因此大怒，他派儿子庾鸿去劝王恭说："司马尚之兄弟二人专制宰相大权，试图借朝廷的威严削弱方镇的势力，借鉴上次的事情的教训，现在局势的发展很难预测。趁他们的削藩计划尚未议定，我们应尽早消灭他们。"王恭表示赞同，……他上疏朝廷，宣布要讨伐王愉和司马尚之兄弟。朝廷派司马元显、王珣及谢琰等人率军抵御王恭。王恭夜里梦见刘牢之坐在自己的座位上，天亮后，他就对刘牢之说："等反叛朝廷的事情成功之后，我就让你坐镇北府（即京口，今江苏镇江）。"他派刘牢之带领帐下督颜延先据守在竹里（今江苏镇江西面的长江边）。元显派使者到刘牢之跟前去游说，用优厚的名利收买他。刘牢之于是杀了颜延，向元显投降。这一天，刘牢之派女婿高雅之、儿子刘敬宣乘王恭检阅军队的机会，用轻骑前去袭击，王恭大败。

殷　仲　堪　传

贪者士不可登枝捐本

【原文】

　　（殷）仲堪自在荆州，连年水旱，百姓饥馑，仲堪食常五碗，盘无余肴，饭粒落席间，辄拾以啖之，虽欲率物，亦缘其性真素也。每语子弟云："人物见我

受任方州，谓我豁平昔时意，今吾处之不易。贫者士之常，焉得登枝而捐其本？尔其存之！"

【译文】

自从殷仲堪（出任刺史）到荆州（治所在今湖北江陵县）后，那里连年出现水旱灾，老百姓忍饥挨饿。殷仲堪因而每顿饭只用五只碗，吃完时盘中没有剩菜。掉在桌上的饭粒，他全都拾起吃掉，虽是为了起到勤俭节约的表率作用，也是因为他的本质确实朴素。他常对本家族的子弟说："人们见我接受治理方镇的职位，便认为我实现了向来的愿望，现在我处在这个位置上并不容易。艰苦朴素是士大夫的本分，怎么能攀上枝梢后就背弃了树根呢？你们要记住我这句话！"

刘 毅 传

毅 裕 火 并

【原文】

（刘）毅刚猛沈断，而专肆很愎，与刘裕协成大业，而功居其次，深自矜伐，不相推伏。及居方岳，常怏怏不得志，裕每柔而顺之。毅骄纵滋甚，每览史籍，至蔺相如降屈于廉颇，辄绝叹以为不可能也。尝云："恨不遇刘项，与之争中原。"……既出西藩，虽上流分陕，而顿失内权，又颇自嫌事计，故欲擅其威强，伺隙图裕，以至于败。

【译文】

刘毅刚毅勇猛，沉着果断，但专横放纵，凶狠刚愎。他与刘裕共同创立了保卫王室的业绩，而他的功勋被列为第二位，他因此大力自我炫耀，对刘裕很不服气。刘毅出任方镇的长官后，时常郁郁不乐，深有不得志之感，刘裕经常给他以抚慰，向他表示谦让。而刘毅骄横放纵的情形一天比一天严重，每当他翻阅史书，读到蔺相如屈节谦让廉颇的故事，总是极为感叹，认为这是不可能的事。他还说过："我只遗憾没赶上刘邦、项羽那个时代，与他们一起争夺中原。"……刘毅出镇西部边陲后，虽然坐镇长江上游，但忽然失去在朝廷执政的机会，并且又非常厌恶对事情算计，因而想凭恃自己的威名和强大的兵力，找机会消灭刘裕，结果反遭到失败。

何 无 忌 传

三猛将讨桓

【原文】

刘毅家在京口，与（何）无忌素善，言及兴复之事，无忌曰："桓氏强盛，其可图乎？"毅曰："天下自有强弱，虽强易弱，正患事主难得耳！"无忌曰："天下草泽之中非无英雄也。"毅曰："所见唯有刘下邳。"无忌笑而不答，还以告（刘）裕，因共要毅，与相推结，遂共举义兵，袭京口。……初，桓玄闻裕等

及无忌之起兵也，甚惧。其党曰："刘裕乌合之众，势必无成，愿不以为虑。"玄曰："刘裕勇冠三军，当今无敌。刘毅家无儋石之储，樗一掷百万。何无忌，刘牢之之甥，酷似其舅。共举大事，何谓无成！"其见惮如此。

【译文】

刘毅家住京口（今江苏镇江），他与何无忌向来有很深的交情，两人谈起了振兴朝廷的事，何无忌说："桓氏家族势力强盛，能向他们发难吗？"刘毅答道："天下的人固然有强弱之分，但强大的势力也容易变弱，我所忧虑的只是带头举大事的人难找啊！"无忌说："天下的山野河泽中不是没有英雄。"刘毅说："看得见的英雄只有刘裕一人。"无忌笑着没有答话，他回去把这些情况告诉了刘裕，两人于是邀请刘毅，结成同盟，共同起义兵，袭击京口。……最初，桓玄听到刘裕与何无忌等人起兵，心里非常害怕。他的同党说："刘裕率领的是一些乌合之众，一定成不了大事，请你不必过于担心。"桓玄说："刘裕在全军中最为勇猛，没人敌得过他。刘毅家里没有积储多少粮食，却敢在赌博中，一次投掷就下一百万钱的赌注。何无忌是刘牢之的外甥，他骁勇果敢，很像他舅舅。这三人共同起兵，怎么能说一事无成！"桓玄对他们是如此害怕。

李 密 传

陈 情 表

【原文】

泰始初，诏征（李密）为太子洗马。密以祖母年高，无人奉养，遂不应命。乃上疏曰："臣以险衅，夙遭闵凶，生孩六月，慈父见背，行年四岁，舅夺母志。祖母刘愍臣孤弱，躬亲抚养。臣少多疾病，九岁不行，零丁辛苦，至于成立。既无伯叔，终鲜兄弟，门衰祚薄，晚有儿息。外无期功强近之亲，内无应门五尺之童，茕茕孑立，形影相吊。而刘早婴疾病，常在床蓐。臣侍汤药，未尝废离。……以刘日薄西山，气息奄奄，人命危浅，朝不虑夕。臣无祖母，无以至今日；祖母无臣，无以终余年。母孙二人更相为命，是以私情区区不敢弃远。"

【译文】

泰始（公元265～274年）初年，皇帝下诏征李密为太子洗马。李密因祖母年龄太大，无人赡养，不肯接受诏命。他上疏说："臣的命运坎坷不平，很早就遭到忧患凶险的事情。生下才六个月，慈父就去世了，到四岁时，舅舅又强迫母亲改变守节的心愿。祖母刘氏怜悯我孤独脆弱，亲自抚养了我。我幼年时体弱多病，到了九岁还不能走路，孤苦伶仃，直到成人。既没有叔伯，也没有兄弟，门户衰微，福分浅薄，到很晚才有了儿子。外无需要服丧的近亲，内无照看门户的少年仆人，只身独立，形影相随。而刘氏患病多年，时常卧床不起，我侍奉汤药，未曾间断和离开过。……由于刘氏像快要落山的残阳，气息微弱，生命垂危，已到了朝不保夕的地步。我没有祖母，不能活到今天；祖母没有我，也无法度过她的余生。祖孙二人，相依为命，因而我不能把这种微不足道的个人感情抛弃不顾的。"

忠 义 传

杀 身 成 仁

【原文】

古人有言："君子杀身以成仁，不求生以害仁。"又云："非死之难，处死之难。"信哉斯言也！是知陨节苟合其宜，义夫岂吝其没；捐躯若得其所，烈士不爱其存。故能守铁石之深衷，厉松筠之雅操，见贞心于岁暮，标劲节于严风，赴鼎镬其如归，履危亡而不顾，书名竹帛，画像丹青，前史以为美谈，后来仰其徽烈者也。

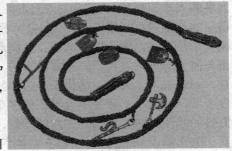

金龙鞭　晋

【译文】

古人说过："品行好的人，宁可牺牲自己的生命，也要保全仁德，而不会为贪图活命，便抛弃仁德。"古人又说："死并不难，难在死得值得。"这些话真是千真万确！由此可知，只要为节操而死是值得的，仁义的人岂会吝惜自己死去；如果献身使人得到有意义的归宿，重义轻生的人不会爱惜自己的生命。因此，他们能保持铁石一样坚硬的意志，磨砺出青松翠竹一样的高雅节操，在牺牲时显露自己一颗坚贞的心，在凛冽寒风中标示出自己刚劲的气节，奔向鼎镬去死犹如回家一样从容，踏上危险、死亡的路毫不在乎，他们的名字记载在史册上，他们的形象留在图画中，他们是以前的史书大加颂扬、后代的人又极为崇敬其壮烈事迹的人。

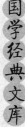

良 吏 传

父比子清高

【原文】

（胡威）入朝，武帝语及平生，因叹其父清，谓威曰："卿孰与父清？"对曰："臣不如也。"帝曰："卿父何以为胜耶？"对曰："臣父清恐人知，臣清恐人不知，是臣不及远也。"

【译文】

胡威上朝，晋武帝和他谈到平时的所作所为，很感叹他父亲清廉高洁。武帝对胡威说："你与你父亲谁更清高？"胡威回答说："我不如我父亲。"武帝说，"你父亲在哪个方面比你强呢？"胡威回答："我父亲清高唯恐别人知道，我则唯恐人不知道我清高，因此，我远不如我父亲。"

文　苑　传

《三都赋》成，洛阳纸贵

【原文】

（左思）欲赋三都，……遂构思十年，门庭藩溷皆著纸笔，遇得一句，即便疏之。自以所见不博，求为秘书郎。及赋成，……豪贵之家竞相传写，洛阳为之纸贵。

【译文】

左思想写《三都赋》，……于是构思了十年，庭院中，篱笆上，厕所里都放着纸和笔，每琢磨出一句，便随手写下来。他自认为见识不广，请求担任朝廷中的秘书郎。等《三都赋》写成后，……富贵人家争着传抄，为此，洛阳的纸都涨价了。

妙 语 连 珠

【原文】

（殷）仲堪在荆州，（顾）恺之尝因假还，仲堪特以布帆借之，至破冢，遭风大败。恺之与仲堪笺曰：“地名破冢，真破冢而出。行人安稳，布帆无恙。”还至荆州，人问以会稽山川之状。恺之云：“千岩竞秀，万壑争流，草木蒙笼，若云兴霞蔚。”

顾恺之

【译文】

殷仲堪在荆州（治所在今湖北江陵）时，顾恺之利用休假时间要回家一趟，仲堪特意借给他一张布风帆。船行至破冢，遇到大风，处境极其危险。顾恺之在给殷仲堪的信中写道：“到了破冢这个地方，真像是从坟丘荒冢中逃了出来。我很安全，布帆也未损坏。”他返回荆州后，人们询问会稽（治所在今浙江绍兴）的山河景色。顾恺之说：“那里千座峰峦竞相呈现各自的秀美，万道深谷中涌动着湍湍的流水，青草绿树繁荣茂盛，就像升腾的云雾、绚丽的霞光一般。”

危　　语

【原文】

桓玄时与（顾）恺之同在（殷）仲堪坐，……作危语。玄曰：“矛头淅米剑头炊。”仲堪曰：“百岁老翁攀枯枝。”有一参军云：“盲人骑瞎马临深池。”仲堪

眇目，惊曰："此太逼人！"因罢。

【译文】

桓玄有一次与顾恺之同在殷仲堪的座席中，他们一起比试谁说的事危险。桓玄说："在矛头上淘米，在剑刃上做饭。"殷仲堪说："百岁老人攀爬枯干树枝。"旁边有一个参军说："盲人骑瞎马来到深池边。"殷仲堪有一只眼睛失明，他惊异地说："这句话逼人太甚了！"因而没再比试下去。

外 戚 传

皮 里 阳 秋

【原文】

（褚）裒少有简贵之风，与京兆杜义俱有盛名，冠于中兴。谯国桓彝见而目之曰："季野有皮里阳秋。"言其外无臧否，而内有所褒贬也。谢安亦雅重之，恒云："裒虽不言，而四时之气亦备矣。"

【译文】

褚裒从小就有高傲的风度，与京兆（今陕西西安一带）的杜义一样有名，是东晋建立以来这方面的佼佼者。谯国（今安徽亳县）人桓彝看到他后评论说："褚季野的皮肤里面有春与秋的变化。"意思是说他表面上不做任何评论，而心里却有所褒贬。谢安也很看重他，常说："褚裒虽然嘴里不说，而内心却有春夏秋冬四季。"

隐 逸 传

不肯屈身郡府间

【原文】

夏统字仲御，会稽永兴人也。……宗族劝之仕，谓之曰："卿清亮质直，可作郡纲纪，与府朝接，自当显至，如何甘辛苦于山林，毕性命于海滨也！"统悖然作色曰："诸君待我乃至此乎！使统属太平之时，当与元凯评议出处；遇浊代，念与屈生同污共泥；若污隆之间，自当耦耕沮溺，岂有辱身曲意于郡府之间乎！闻君之谈，不觉寒毛尽戴，白汗四帀，颜如渥丹，心热如炭，舌缩口张，两耳壁塞也。"言者大惭。

【译文】

夏统，字仲御，会稽永兴（今浙江萧山区）人。……他家族中有人劝他去做官，对他说："你的德行高洁，性情耿直，可以担任综理郡府之事的主簿，如果与郡国公署中的官员交结，自然会得到尊显的地位，为什么心甘情愿地在山野树林中吃苦，在大海之滨度过一生呢！"夏统脸上顿时充满怒容，说："你们竟是这样看我的呀！如果我处在天下太平的时代，我会与朝廷的执政大臣一起议论朝政；如果处在污浊混乱的年代，我将与屈原一道在困境中忧国忧民；如果处在既

不平静，也不混乱的时代，我应当仿效桀溺和长沮隐居耕作，岂会屈辱自己的身躯、扭曲自己的意志，到州郡的官署中效力！听你们说的话，我不禁寒毛直立，浑身冒汗，满脸通红，心里像燃烧木炭一样滚烫，张口结舌，两耳犹如堵塞了一样。"说话的人很惭愧。

吴儿夏统，木人石心

【原文】

三月上巳，洛中王公已下并至浮桥，仕女骈填，车服烛路。统时在船中曝所市药，诸贵人车乘来者如云，统并不之顾。……（贾）充欲耀以文武卤簿，觊其来观，因而谢之，遂命建朱旗，举幡校，分羽骑为队，军伍肃然。须臾，鼓吹乱作，胡葭长鸣，车乘纷错，纵横驰道，又使妓女之徒服桂襦，炫金翠，绕其船三币。统危坐如故，若无所闻。充等各散曰："此吴儿是木人石心也。"

【译文】

三月三日，洛阳上自王公，下至平民都出城到洛水上的浮桥上来，士人女子聚集在一起，路上到处是华丽耀眼的服饰和马车，夏统当时正在自己的船上曝晒买来的药，各个王公贵族的马车像云一样聚集过来，而夏统并不看他们一眼。……太尉贾充打算故意炫耀自己的文武仪仗队，然后窥伺夏统的动静，等他来看热闹时，趁机要他走开。于是，贾充下令树立红旗，举起幡旗，骑马的仪仗兵排列成队，队伍肃静无声。过了一会儿，鼓角忽然大作，胡笛也高声长鸣，马车乱纷纷地相交错，在路上纵横飞驰起来。贾充又派歌舞妓女身着连腰长衣，炫耀着金银翠玉装饰，把夏统的船围了三重。夏统仍像原来一样端端正正地坐着，似乎什么也没听到。贾充等人只好各自散去，说："这个江东小子是个木头人，石头心。"

钱无耳，可使鬼

【原文】

元康之后，纲纪大坏，（鲁）褒伤时之贪鄙，乃隐姓名，而著《钱神论》以刺之。其略为："钱……为世神宝。亲之如兄，字曰'孔方'，……无德而尊，无势而热，排金门而入紫闼。危可使安，死可使活，贵可使贱，生可使杀。是故忿争非钱不胜，幽滞非钱不拔，怨仇非钱不解，令问非钱不发。洛中朱衣，当途之士，爱我家兄，皆无已已。……谚曰：'钱无耳，可使鬼。'凡今之人，惟钱而已。"

【译文】

元康（公元 291～299 年）之后，朝政遭到破坏，鲁褒对贪婪卑鄙的时尚非常愤慨，便不署自己的姓名，写了讽刺这种风气的《钱神论》。文章说："钱……被世间的人当作神奇的宝物，像兄长一样亲近它。称它的字为'孔方'。……钱没有德行，却深受人们尊崇；没有权势，却得到人们火热的拥戴；可以帮人推开宫门，进入皇宫。钱可以化险为夷，使死人活过来，使尊贵的人变得卑贱，让活的人死去。因此，人们之间发生纠纷，没有钱就不能打赢官司，官职久

未升迁，无钱就不能晋级。人们结下怨仇，不用钱就不能和解。要想有个好名声，不花钱就得不到。洛阳城中的贵族，朝廷执政的大官，爱这孔方兄，都爱得无法自制。……有这样一条谚语：'钱没有耳朵，却可以指使鬼干活。'现在的人，只认钱而已。"

不为五斗米折腰

【原文】

（陶潜）素简贵，不私事上官。郡遣督邮至县，吏白应束带见之，潜叹曰："吾不能为五斗米折腰，拳拳事乡里小人邪！"义熙二年，解印去县。

【译文】

陶潜向来很高傲，从不私下巴结上司。郡府派遣督邮到县里来巡视，县吏告诉陶潜，必须系好腰带去拜见督邮。陶潜感叹说："我不能为了五斗米的俸禄而弯腰屈膝，忠心耿耿地奉承乡下小子！"义熙二年（公元406年），陶潜留下官印，离县而去。

归 去 来 辞

【原文】

归去来兮，田园将芜，胡不归！既自以心为形役，奚惆怅而独悲！悟已往之不谏，知来者之可追。实迷途其未远，觉今是而昨非。舟摇摇以轻飏，风飘飘而吹衣。问征夫以前路，恨晨光之希微。

虎犬纹金饰牌

【译文】

回去吧，田园快要荒芜了，为什么还不回去！既然自己曾使心灵为形体所奴役，为什么还要惆怅而独自悲伤！已认识到以往的错误不能挽回，也知道未来的事情还可补救。其实走入迷途并不算远，已认识到今天是正确的，而昨天极为谬误。轻舟在归途中轻快的摇动，微风徐徐吹动衣襟。向行人打听前面的路程，只恨晨光朦胧不清。

艺 术 传

提 倡 佛 教

【原文】

（石）季龙僭位，迁都于邺，倾心事澄，有重于（石）勒。……百姓因澄故多奉佛，皆营造寺庙，相竞出家，真伪混淆，多生愆过。季龙下书料简，其著作郎王度奏曰："佛，外国之神，非诸华所应祠奉。……"朝士多同度所奏。季龙以澄故，下书曰："……其夷赵百姓有乐事佛者，特听之。"澄时止邺城寺中，弟子遍于郡国。

【译文】

后赵石虎即帝位后，把都城迁到了邺城（今河北临漳西南），诚心诚意地拜佛图澄为师，比石勒更为敬重他。……百姓因佛图澄受尊崇，多数开始信奉佛教，他们营建佛教寺庙，争先恐后地出家做和尚，以致真出家与假出家的人混杂在一起，带来了许多弊端。石虎下令对出家人进行清理整顿，著作郎王度上书说："佛是外国人信奉的神，我们华夏族没有必要敬奉他。……"朝中多数大臣也持与王度相同的看法。石虎因信任佛图澄，便下达诏令："……后赵的百姓有乐意信奉佛教的，随他们的便。"佛图澄当时在邺城的佛寺中，他的弟子遍布后赵各个郡、国。

传译佛经经义

【原文】

姚兴遣姚硕德西伐，破吕隆，乃迎罗什，待以国师之礼，仍使入西明阁及逍遥园，译出众经。罗什多所暗诵，无不究其义旨，既览旧经多有纰缪，于是兴使沙门僧叡、僧肇等八百余人传受其旨，更出经论，凡三百余卷。

【译文】

后秦主姚兴派姚硕德西征后凉，击败了后凉主吕隆，把鸠摩罗什接到了后秦。姚兴用国师的礼节对待他，并让他住进皇家的西明阁和逍遥园，翻译出众多的佛经，鸠摩罗什默诵过许多佛经，佛经经义他没有不娴熟的。他阅读后秦原有的佛经，发现其中谬误很多，姚兴便让沙门僧叡、僧肇等八百多人按鸠摩罗什解释意思译写佛经，翻译出佛教经、论共有三百多卷。

列 女 传

陶母封鲊及书

【原文】

陶侃母湛氏，豫章新淦人也。……侃少为寻阳县吏，尝监鱼梁，以一坩鲊遗

母。湛氏封鲊及书，责侃曰："尔为吏，以官物遗我，非惟不能益吾，乃以增吾忧矣。"

【译文】

陶侃母亲湛氏，是豫章郡新淦县（今江西清江）人。……陶侃年轻时当寻阳县（今江西九江市西）县吏，曾监管捕鱼的设施，他把一坛干鱼托人给母亲送去。湛氏把盛干鱼的坛子封好送回，并写了一封信责备陶侃说："你身为官吏，把公家的东西送给我，不但不能使我满意，反而增加了我的忧虑。"

雅人深致

【原文】

王凝之妻谢氏，字道韫，安西将军奕之女也。聪识有才辩。叔父安尝问："《毛诗》何句最佳？"道韫称："吉甫作颂，穆如清风。仲山甫永怀，以慰其心。"安谓有雅人深致。又尝内集，俄而雪骤下，安曰："何所似也？"安兄子朗曰："散盐空中差可拟。"道韫曰："未若柳絮因风起。"安大悦。

【译文】

王凝之的妻子谢氏，字道韫，是安西将军谢奕的女儿。她聪慧，有见识，才高善辩。叔父谢安曾问："《诗经》中哪几句辞写得最妙？"道韫说："吉甫作颂词，和美如清风吹拂，仲山甫勤思辛劳，赞歌给他以慰抚。"谢安称道韫的言谈有风雅之士言行不俗的意境。有一次谢家的人聚会在一起，没多久，天空飘落下雪花。谢安说："飘落的白雪像什么？"他的兄长之子谢朗回答："大致可用空中撒盐相比拟。"道韫则说："不如说柳絮纷纷随风起。"谢安听了非常高兴。

织锦回文赠窦滔

【原文】

窦滔妻苏氏，始平人也，名蕙，字若兰。善属文。滔，苻坚时为秦州刺史，被徙流沙，苏氏思之，织锦为回文旋图诗以赠滔。宛转循环以读之，词甚凄惋，凡八百四十字。

【译文】

窦滔的妻子苏氏，始平（治所在今陕西新平东南）人，名叫苏蕙，字若兰，擅长写作。窦滔是前秦苻坚时的秦州刺史，被迁移到西北的沙漠地区去任职。苏蕙思念丈夫，将所作回文诗编成织锦花纹，寄给窦滔，诗文循环往复都可以读，文辞非常凄切悲凉，共有八百四十个字。

王 敦 传

蜂 目 豺 声

【原文】

王敦字处仲，司徒导之从父兄也。……恺尝置酒，敦与导俱在坐，有女伎吹

笛小失声韵，恺便殴杀之，一坐改容，敦神色自若。他日，又造恺，恺使美人行酒，以客饮不尽，辄杀之。酒至敦、导所，敦故不肯持，美人悲惧失色，而敦傲然不视。导素不能饮，恐行酒者得罪，遂勉强尽觞。导还，叹曰："处仲若当世，心怀刚忍，非令终也。"洗马潘滔见敦而目之曰："处仲蜂目已露，但豺声未振，若不噬人，亦当为人所噬。"

【译文】

　　王敦字处仲，是司徒王导的堂兄。……王恺曾摆酒宴，王敦和王导都在座。有一个为酒宴奏乐的女伎吹笛时，笛声稍有一点走调，王恺便将她打死，酒席上的人都大惊失色，唯独王敦像什么事也没发生一样神情自若。还有一天，他们又到王恺的家里，王恺派一些美女来劝酒，如果客人没把酒喝干，王恺就杀掉劝酒的人。轮到给王敦、王导劝酒，王敦故意不肯喝，劝酒的美女既悲哀又恐惧，吓得脸色都变了，而王敦傲气十足，连看都不看她一眼。王导向来不会饮酒，因怕劝酒的人获罪被杀，便勉强把觞中的酒全喝了。王导回家后，叹息说："王敦如果掌了大权，他心肠太狠毒，不会有好的结局。"洗马潘滔看到王敦，注视着他说："王处仲已露出了像蜂目一样凶恶的眼睛，只是还没有叫出像豺狼嚎叫一样可怕的声音，他要是不吃人，迟早也会被别人吃掉。"

王与马，共天下

【原文】

　　帝初镇江东，威名未著，（王）敦与从弟导等同心翼戴，以隆中兴，时人为之语曰："王与马，共天下。"

【译文】

　　晋元帝最初镇守江东时，还没有显赫的名声，王敦与他的堂弟王导等人同心辅佐元帝，使晋朝得以复兴，为此，当时的人都这样说，"王与马，共天下。"

王敦的野心

【原文】

　　（王敦）素有重名，又立大功于江左，专任阃外，手控强兵，群从贵显，威权莫贰，遂欲专制朝廷，有问鼎之心。帝畏而恶之，遂引刘隗、刁协等以为心膂。敦益不能平，于是嫌隙始构矣。每酒后辄咏魏武帝乐府歌曰："老骥伏枥，志在千里。烈士暮年，壮心不已。"以如意打唾壶为节，壶边尽缺。

【译文】

　　王敦一向很有名气，又为东晋王朝立有大功，因而他在外专断军政，手里掌握着强大的军队，跟随他的人都获得了尊贵显赫的地位，他的权势之盛没人能比得上。于是他就想控制朝廷，产生了谋取皇位的野心。晋元帝对他畏惧又厌恶，便招刘隗、刁协等人作为自己的心腹。王敦对此大为不满，他与朝廷的隔阂由此产生了。每当喝了酒，他总是吟诵魏武帝的乐府诗："良马虽然年老力衰伏于槽中，但还有着一日行千里的志向；有雄心壮志的人虽然到了晚年，仍有远大的抱负。"一边吟诵，一边用如意在唾壶上打着节拍，壶的边缘全被打缺了。

桓 温 传

桓温平蜀建功

【原文】

时李势微弱，温志在立勋于蜀，永和二年，率众西伐。……军次彭模，乃命参军周楚、孙盛守辎重，自将步卒直指成都。势使其叔父福及从兄权等攻彭模，楚等御之，福退走。温又击权等，三战三捷，贼众散，自间道归成都。势于是悉众与温战于笮桥，参军龚护战没，众惧欲退，而鼓吏误鸣进鼓，于是攻之，势众大溃。温乘胜直进，焚其小城，势遂夜遁九十里，至晋寿葭萌城，其将邓嵩、昝坚劝势降，乃面缚舆榇请命。

【译文】

李势的成汉国已经衰弱，桓温一心要通过平蜀建立功勋，便在永和二年（公元 346 年），率军西征。……军队到达彭模（今四川彭山），桓温命令参军周楚、孙盛看守军用物资，他自己带领步兵直奔成都。李势派叔父李福及堂兄李权等人进攻彭模，周楚等人进行了狙击，李福被打败，向后撤走。桓温又进攻李权等人，三次交锋，三次取胜，李权的部下四散而逃，从偏僻的小道逃回成都。李势于是领城内所有人马倾巢而出，与桓温在笮桥（在成都城西南）大战起来。桓温的参军龚护战死，晋兵害怕了，想后退。但击鼓的士兵误把进军鼓敲响了，晋兵因而继续进攻，把李势的军队打得大败。桓温乘胜前进，烧掉了成都城中的小城，李势连夜逃奔了九十里路，到达晋寿郡的葭萌城（今四川广元南）后，他的将领邓嵩、昝坚劝他投降，李势于是反绑双臂，带着装有棺材的车子，前去向桓温请罪。

树犹如此，人何以堪

【原文】

（桓）温自江陵北伐，行经金城，见少为琅琊时所种柳皆已十围，慨然曰："木犹如此，人何以堪！"攀枝执条，泫然流涕。于是过淮泗，践北境，与诸僚属登平乘楼，眺瞩中原，慨然曰："遂使神州陆沈，百年丘墟，王夷甫诸人不得不任其责！"

【译文】

桓温派兵从江陵北伐姚襄。他途经金城（今江苏句容北），看到自己年轻时在担任琅琊太守期间种植的柳树，已长大到十围了，非常感慨，说："树木都这样大了，人却壮志未酬，叫人怎么忍受得了！"他攀住柳树枝条不禁流下眼泪。于是，他越过淮水、泗水，踏上北方的土地，与手下几位属官登上平乘楼，眺望中原大地，感慨地说："让神州大地沉没沦陷，王衍等人不能推卸他们的责任！"

北伐举步维艰

【原文】

召温入参朝政。温上疏曰："方攘除群凶，扫平祸乱，当竭天下智力，与众共济，而朝议咸疑，圣诏弥固，事异本图，岂敢执遂！……愿奋臂投身造事中原者，实耻帝道皇居厄陋于东南，痛神华桑梓遂埋于戎狄。若凭宗庙之灵，则云彻席卷，呼吸荡清。如当假息游魂，则臣据河洛，亲临二寇，广宣皇灵，襟带秦赵，远不五载，大事必定。……"诏不许，复征温。

【译文】

朝廷召桓温回朝议政。桓温上疏说："现在正是清剿所有敌寇、平息祸乱的时候，朝廷应当把全国人的才能和力量全部利用起来，民众一起共渡难关，而朝廷议政的人总是疑虑重重，皇帝的诏令也很固执，让我回朝的决定和收复中原是相矛盾的，我怎敢遵照执行呢！……我之所以志愿奋勇投身到收复中原的事业中去，就因为自己为皇帝在东南地区巡行和居住的地方太狭窄而深感耻辱，为华夏神州的故土沦陷在戎狄的铁蹄之下而痛苦万分。如果祖宗灵魂保佑，那么消灭敌人就像云消雾散和卷席子一样，在短暂的时间内扫清中原。如果要让祖宗的灵魂得到歇息，则让我进据黄河、洛水一带，亲自迎战前秦、前燕两国敌寇，大力传扬晋皇帝祖宗灵魂的威力，把秦赵之地当成晋朝的衣襟和衣带，最多不超过五年，收复失地的大业一定能实现。……"晋哀帝下诏，不同意桓温留在前线，仍征召他回朝。

孟嘉龙山落帽

【原文】

（孟嘉）为征西桓温参军，温甚重之。九月九日，温燕龙山，僚佐毕集。时佐吏并著戎服，有风至，吹嘉帽堕落，嘉不之觉。温使左右勿言，欲观其举止。嘉良久如厕，温令取还之，命孙盛作文嘲嘉，著嘉坐处。嘉还见，即答之，其文甚美，四坐嗟叹。

【译文】

孟嘉为征西将军桓温的参军，深受桓温器重。九月九日重阳节，桓温在龙山（今湖北江陵西北十五里）举行宴会，他的僚属都来聚会了。当时，僚佐们都身着戎装。一阵风吹来，把孟嘉的帽子吹落到地上，而孟嘉没感觉到。桓温不让左右的人告诉他，打算看看他会有什么反应，过了好长时间，孟嘉上厕所，桓温让人把落在地上的帽子拾起，又叫孙盛写篇嘲笑孟嘉的短文，一并放在孟嘉的座上。孟嘉回来看到后，随手写了一篇回答他们的文章，文辞极美，在座的人看了没有不赞叹的。

桓 玄 传

元勋后人受排斥

国学经典文库

【原文】

（桓玄）常负其才地，以雄豪自处，众咸惮之，朝廷亦疑而未用。年二十三，始拜太子洗马，时议谓温有不臣之迹，故折玄兄弟而为素官。太元末，出补义兴太守，郁郁不得志。尝登高望震泽，叹曰："父为九州伯，儿为五湖长！"弃官归国。

【译文】

桓玄常为自己的才能和门第感到自负，自认为是英雄豪杰，人们都很敬畏他，朝廷也对他有猜疑，没有重用他。桓玄二十三岁时，才被任命为太子洗马，当时人认为桓温有不臣服朝廷的迹象，所以朝廷压抑桓玄兄弟，只让他们担任清闲、无实权的官职。太元（公元376～396年）末年，桓玄外出担任义兴太守，他郁郁不得志，曾爬上高处，眺望震泽（今江苏太湖），感叹道："父亲为九州的执政，儿子却是五湖的长官！"于是弃官回自己的封国去了。

桓玄贪名求利

【原文】

（桓）玄伪上表求归藩，又自作诏留之，遣使宣旨，玄又上表固请，又讽天子作手诏固留焉。玄好逞伪辞，尘秽简牍，皆此类也。……玄以历代咸有肥遁之士，而己世独无，乃征皇甫谧六世孙希之为著作，并给其资用，皆令让而不受，号曰高士，时人名为"充隐"。议复肉刑，断钱货，回复改异，造革纷纭，志无一定，条制森然，动害政理。性贪鄙，好奇异，尤爱宝物，珠玉不离于手。人士有法书好画及佳园宅者，悉欲归己，犹难逼夺之，皆蒲博而取。

敦煌莫高窟

【译文】

桓玄虚情假意地上疏，表示要回方镇去，同时又以皇帝的名义写下挽留自己的诏书，让皇帝派使者传达这一诏命。接着，桓玄一边再次上疏表示要返回方镇，一边又让皇帝亲手书写诏令坚持挽留。他喜好张扬虚假的奏章，通过卑劣的手段使自己在史册中留下美名，他的所作所为都是这类事情。……桓玄因历代都有隐退之士，唯独自己专断朝政的这个时期没有，便征召皇甫谧的六世孙皇甫希之担任著作郎，供给他钱财，同时却让他辞让，表示不接受官职和钱财，以便称它

为高士，当时的人则称之为"充隐"。桓玄还在朝中商议恢复原已废除的肉刑，停止使用货币进行贸易，反反复复更改旧制，制定与改易频繁，没有固定的主意，建立的制度又极其严厉，动不动就损害治理朝政的原则。他生性贪婪鄙薄，喜好奇异的东西，尤其是珍宝，珍珠宝玉不离手。别人拥有的艺术成就较高的书法作品、名画以及美丽的园林住宅，桓玄都要弄到手，因不便于强行逼取，便通过蒲博的方式来夺得。

张 昌 传

张昌举义旗

【原文】

太安二年，（张）昌于安陆县石岩山屯聚，去郡八十里，诸流人及避戍役者多往从之。……江沔间一时森众起，竖牙旗，鸣鼓角，以应昌，旬月之间，众至三万，皆以绛科头，措之以毛。……遣其将马武破武昌，害太守，昌自领其众。西攻宛，破赵骧，害羊伊。进攻襄阳，害新野王歆。昌别率石冰东破江、扬二州，伪置守长。当时五州之境皆畏逼从逆。

【译文】

太安二年（公元 303 年），张昌在安陆县（今湖北安陆北）的石岩山聚众起义，那里离江夏郡治有八十里远，流民和逃避徭役的戍卒多数前去投奔他。……长江、沔水之间，流民一时像风暴一样行动起来，竖起牙旗，鸣响鼓角，以响应张昌。仅仅几十天，张昌就有了部众三万人，他们用大红色布巾裹头，脸上沾着毛。……张昌派将军马武攻克武昌（今湖北鄂城），杀死武昌郡太守，张昌接管了那里的军队。张昌又向西进攻宛城（今河南南阳），打败赵骧，杀掉羊伊。再攻襄阳，又杀新野王司马歆。张昌的另一位大将石冰往东攻取了江州、扬州，并在各郡县设置了伪太守和县令。当时，有五个州（指荆、豫、江、扬、徐五州）的区域在张昌的威逼下归附了他。

苏 峻 传

苏峻之乱

【原文】

（苏峻）有锐卒万人，器械甚精，朝廷以江外寄之。而峻颇怀骄溢，自负其众，……乘风济自横江，次于陵口，与王师战，频捷，遂据蒋陵覆舟山，率众因风放火，台省及诸营寺署一时荡尽。遂陷宫城，纵兵大掠，侵逼六宫，穷凶极暴，残酷无道。驱役百官，光禄勋王彬等皆被捶挞，逼令担负登蒋山。裸剥士女，皆以坏席苦草自郭，无草者坐地以土自覆，哀号之声震动内外。……时温峤、陶侃已唱义于武昌，峻闻兵起，用参军贾宁计，还据石头，更分兵距诸义军，所过无不残灭。

国学经典文库

【译文】

苏峻拥有一万多人的精锐兵卒，军用装备精良，朝廷委以镇守江北的重任。但苏峻非常骄横，为自己手握强兵而傲视一切，……在横江渡过长江，到达陵口，与朝廷的军队接战，屡战屡胜，于是，占据了蒋陵覆舟山（今南京紫金山余脉）。他带着士卒借风势放火，使朝廷的中枢官署和各部门的官衙，一时都变成了灰烬。苏峻攻陷宫城，便放纵士卒大肆抢掠，逼辱后宫的宫女，极尽凶狠暴虐之性，残酷无情，不讲道义，他们驱赶百官做苦役，光禄勋王彬等人都遭到拳打鞭抽，并且被逼迫挑着重担去攀登蒋山（今南京紫金山）。他们还剥光士人和女子的衣服，人们只能用破席子和茅草遮盖身躯，没有茅草的人只能坐在地上用土蒙住身体，悲哀痛苦的声音，响彻了都城内外。……当时，温峤、陶侃已在武昌（今湖北鄂城）宣告起兵平乱，苏峻听说他们起兵后，采用了参军贾宁的计策，回到石头城坚守，并分兵几路去迎击各路义军，这些派出去的军队所到之处，都遭到了摧残和毁灭。

孙 恩 传

孙恩起义，跳海自杀

【原文】

　（司马）元显纵暴吴会，百姓不安，恩因其骚动，自海攻上虞，杀县令，因袭会稽，害内史王凝之，有众数万。于是会稽……等凡八郡，一时俱起，杀长吏以应之，旬日之中，众数十万。……及桓玄用事，恩复寇临海，临海太守辛景讨破之。恩穷戚，乃赴海自沈，妖党及妓妾谓之水仙，投水从死者百数。余众复推恩妹夫卢循为主。自恩初入海，所虏男女之口，其后战死及自溺并流离被传卖者，至恩死时裁数千人存，而恩攻没谢琰、袁山松，陷广陵，前后数十战，亦杀百姓数万人。

【译文】

　司马元显在吴郡、会稽一带推行暴政，孙恩借民众骚乱的机会，从海上进攻上虞县（今浙江上虞西北），杀死县令，并乘势袭击会稽（治所在今浙江绍兴），又杀掉了内史王凝之，他手下的部众增加到几万人。当时，会稽……等八个郡的民众一时都起来造反，杀死郡县长官，以响应孙恩起义。十天之中，造反的民众就达几十万。……到桓玄受朝廷重用时，孙恩又袭扰临海（今浙江临海），被临海太守辛景打败。孙恩走投无路，便跳海自杀了，他的同党及歌妓妻妾们，说他变成了水仙，跟随他跳海去死的人数以百计，余下的部众又推举孙恩的妹夫卢循为起义军首领。孙恩最初进入海岛，带去的男女人口，后来或战死，或跳海自杀，或被迫卖身为奴，到孙恩死时，只有几千人还活着，而孙恩袭击并杀死了谢琰、袁山松，攻陷广陵（今江苏扬州），前后与朝廷的军队大战了几十次，也杀死了平民百姓数万人。

刘渊载记

刘渊文武双全

【原文】

（刘渊）幼好学，师事上党崔游，习《毛诗》《京氏易》《马氏尚书》，尤好《春秋左氏传》《孙吴兵法》，略皆诵之，《史》《汉》，诸子，无不综览。尝谓同门生朱纪、范隆曰："吾每观书传，常鄙随陆无武，绛灌无文。道由人弘，一物之不知者，固君子之所耻也。二生遇高皇而不能建封侯之业，两公属太宗而不能开庠序之美，惜哉！"于是遂学武事，妙绝于众，猿臂善射，膂力过人。

【译文】

刘渊自幼好学，以上党人崔游为师，学习了《毛诗》《京氏周易》《马氏尚书》等。尤其喜好《春秋左氏传》《孙吴兵法》，大体上能背诵下来，《史记》《汉书》以及诸子百家之书，他也无不广泛阅读。他曾对同学朱纪、范隆说："每当阅读史书的人物传记时，我常常因随何、陆贾没有武功，周勃、灌婴没有文采而鄙视他们。道德须由人来弘扬，一个事物不懂，就是有涵养的人的耻辱，随、贾两个书生赶上了汉高祖统治的时代，却没有建立值得封侯的功业，周、灌二位老臣处在汉文帝的统治时期，却没有一个广泛建立学校的美名，这不是太遗憾了吗！"于是，刘渊又学习武艺和战略，水平极为出众，他臂长如猿，善于射箭，体力远比一般人充沛。

池中蛟龙，纵酒长啸

【原文】

秦凉覆没，帝畴咨将帅，上党李熹曰："……以匈奴之劲悍，元海之晓兵，奉宣圣威，何不尽之有！"（孔）恂曰："元海若能平凉州，斩树机能，恐凉州方有难耳。蛟龙得云雨，非复池中物也。"帝乃止。后王弥从洛阳东归，元海饯弥于九曲之滨，泣谓弥曰；"王浑、李熹以乡曲见知，每相称达，谗间因之而进，深非吾愿，适足为害。吾本无宦情，惟足下明之。恐死洛阳，永与子别。"因慷慨歔欷，纵酒长啸，声调亮然，坐者为之流涕。

【译文】

秦州、凉州（今宁夏、甘肃的中部南部）一带被胡人攻陷，晋武帝访求收复秦、凉的将帅，上党（治所在今山西长治）人李熹说："……凭匈奴人的强悍，刘元海又通晓兵法，让他们去展示晋朝皇帝的威风，还怕不收复全部失地吗？"

鸠摩罗什舍利塔　后秦

孔恂说："刘元海如果能平定凉州，杀死树机能，恐怕凉州又会有大难了。蛟龙一旦得到云海风雨，就不再是局限在水池中的东西了。"武帝于是没有任命刘渊为帅。后来，王弥从洛阳往东回家乡去，刘元海在九曲的黄河边上为他饯行。刘渊流着眼泪对王弥说："王浑、李熹是我的老乡，他们了解我，常在皇帝面前赞扬我，这却引起了一些人进谗言，我真不愿意看到这种状况，对我的夸赞反而会给我带来祸害，我本无意做官，这一点只有你知道。我恐怕会死在洛阳，那样就与你永别了。"刘元海激愤感慨、纵情饮酒，并发出悠长的啸声，声音激越高昂，在座的人听了没有不流泪的。

刘 聪 载 记

蹄涔不容尺鲤

【原文】

索綝自长安东讨（赵）染，染狃于累捷，有轻綝之色。长史鲁徽曰："今司马邺君臣自以逼僭王畿，雄劣不同，必致死距我，将军宜整阵案兵以击之，弗可轻也。困兽犹斗，况于国乎！"染曰："以司马模之强，吾取之如拉朽。索綝小竖，岂能污吾马蹄刀刃邪！要擒之而后食。"晨率精骑数百，驰出逆之，战于城西，败绩而归，悔曰："吾不用鲁徽之言，以至于此，何面见之！"于是斩徽。……大司马曜闻之曰："蹄涔不容尺鲤，染之谓也。"

【译文】

索綝从长安（今陕西西安）向东讨伐赵染，赵染因自己屡战屡胜而习以为常，不复留意，表现出轻视索綝的态度。长史鲁徽说："现在司马邺君臣自知我们逼近帝王之都，彼此兵力强弱悬殊，他们必然会拼死与我们对抗，将军应整顿好军阵，布置好兵力再向他们发起进攻，切不可轻敌。被围困的野兽尚且会拼命挣扎，何况一个处于困境中的国家呢！"赵染说："司马模那样强大，我就像折断朽木一样轻易地打败了他。索綝小子，难道能玷污我的马蹄和刀刃的名声吗！我要先擒获他，然后回来吃饭。"清晨赵染率领几百名精锐骑兵，冲出去迎敌，与索綝在城西交战，结果失败而回，他懊悔地说："我没采用鲁徽的建议，以致败成这样，我还有什么脸再见他呢！"赵染杀了鲁徽。……大司马刘曜听说这件事后，说："兽蹄足印中的积水，容不下一尺长的鲤鱼，说的就是赵染这样的人。"

石 勒 载 记

鉴 识 深 远

【原文】

（石）勒雅好文学，虽在军旅，常令儒生读史书而听之，每以其意论古帝王善恶，朝贤儒士听者莫不归美焉。尝使人读《汉书》，闻郦食其劝立六国后，大惊曰："此法当失，何得遂成天下！"至留侯谏，乃曰："赖有此耳。"其天资英

达如此。

【译文】

石勒喜好文学，即使在出征的军队中，也时常命令儒生读史书给他听，并用自己的见解评论古代帝王的好坏，聆听他评论的朝中贤士文人没有不叹服的。石勒曾让人朗读《汉书》，听到郦食其向刘邦建议恢复被秦灭亡的六国国君后代的封地，石勒非常吃惊："这个建议会坏大事，刘邦最后怎么会夺得天下呢！"当他听到张良劝阻了刘邦时，又说："幸亏是这样。"他的天资是如此的聪慧英明。

石勒有自知之明

【原文】

（石勒）谓徐光曰："朕方自古开基何等主也？"对曰："陛下神武筹略迈于高皇，雄艺卓荦超绝魏祖，自三王已来无可比也，其轩辕之亚乎！"勒笑曰："人岂不自知，卿言亦以太过。朕若逢高皇，当北面而事之，与韩彭竞鞭而争先耳。脱遇光武，当并驱于中原，未知鹿死谁手。大丈夫行事当礌礌落落，如日月皎然，终不能如曹孟德、司马仲达父子，欺他孤儿寡妇，狐媚以取天下也。朕当在二刘之间耳，轩辕岂所拟乎！"

【译文】

石勒对徐光说："我可以与自古以来的哪些开国帝王相比？"徐光回答说："陛下的勇武和谋略超过汉高祖刘邦，雄才卓越超过魏武帝曹操，自从尧、舜、禹三王以来，没有谁比得上你，只是稍逊于轩辕黄帝。"石勒笑着说："人难道没有自知之明，你说得太夸大了。我要是遇上汉高祖，我会朝北向他称臣，与韩信、彭越一起竞相挥鞭为他奔驰。如果遇上的是汉光武帝刘秀，我将与他一道在中原驰骋，比试高低，政权落在谁手里还说不定呢！大丈夫做事就应该磊磊落落，像太阳、月亮一样明朗，绝不能像曹操和司马懿父子那样，欺负人家皇帝幼小，太后孤寡，靠谄媚的手段篡夺了人家的政权。我可以说是处在刘邦、刘秀之间，轩辕哪里是我能比拟的呢！"

石季龙载记

荒酒淫色，惨无人道

【原文】

（石）邃自总百揆之后，荒酒淫色，骄恣无道，或盘游于田，悬管而入，或夜出于宫臣家，淫其妻妾。妆饰宫人美淑者，斩者洗血，置于盘上，传共视之。又内诸比丘尼有姿色者，与其交亵而杀之，合牛羊肉煮而食之，亦赐左右，欲以识其味也。

【译文】

后赵的石邃自从执掌朝政后，沉溺于酒色，骄横霸道，不守规矩，有时打猎游玩，盛列管乐回城，有时夜半来到宫中臣僚的家里，奸淫他们的妻妾。他还装

饰打扮容貌秀美的宫女，然后砍下她们的头，洗去血迹，放置盘中，让别人传递着观赏。他召入一些姿态容貌均美的尼姑，将其奸污，再将她们杀死，把她们尸体与牛羊肉放在一起，煮熟了吃，并把肉分给左右的人，要让他们也品尝那种味道。

冉闵滥杀胡人

【原文】

（冉闵）令城内曰："与官同心者住，不同心者各任所之。"教城门不复相禁。于是赵人百里内悉入城，胡羯去者填门。闵知胡之不为己用也，班令内外赵人，斩一胡首送凤阳门者，文官进位三等，武职悉拜牙门。一日之中，斩首数万。闵躬率赵人诛胡羯，无贵贱男女少长皆斩之，死者二十余万，尸诸城外，悉为野犬豺狼所食。屯据四方者，所在承闵书诛之，于时高鼻多须至有滥死者半。

【译文】

冉闵在占据后赵都城后下令："与我们同心的人留下，不同心的人任其离去。"他让守城的人不要阻止人们进出。于是，百里内的汉人都进了城，要离去的羯人则多得堵满了城门。冉闵知道胡人最终不会被自己所用，就向各地的汉人发布命令，凡斩下一个胡人的头送

西王母画图　北凉

到都城凤阳门，文官可以进位三等，武官可以当上牙门将。一天之中，就砍了几万人的头。冉闵亲自带领汉人诛杀羯族等各少数民族民众，不管高贵卑贱和男女老少，一律斩首，死了二十多万，尸体丢弃城外，全被野狗和豺狼吃掉。屯驻各地的人，处处按冉闵的命令大肆杀戮，以致当时因高鼻梁、多胡须而被误杀的人，超过半数。

慕容廆载记

主人不以礼，宾复何为哉

【原文】

（慕容廆）遣使来降。帝嘉之，拜为鲜卑都督。廆致敬于东夷府，巾衣诣门，抗士大夫之礼。何龛严兵引见，廆乃改服戎衣而入。人问其故，廆曰："主人不以礼，宾复何为哉！"龛闻而惭之，弥加敬惮。

【译文】

慕容廆派使者到晋朝来请降，晋武帝对此很赞赏，拜慕容廆为鲜卑都督。慕

容廆到晋朝的东夷府去进行礼节性拜访，他戴着头巾，穿上宽大的衣服，来到东夷府门口，准备用士大夫的礼节行礼。东夷校尉何龛盛陈武士，让慕容廆进见。慕容廆于是换上了一身戎装，然后进府。别人问他这是什么原因，慕容廆说："主人不以礼相待，客人又何必讲究礼节呢！"何龛听到这样的话后，深感惭愧，他对慕容廆更加敬畏了。

慕容氏《家令》

【原文】

（慕容）廆尝从容言曰："狱者，人命之所悬也，不可以不慎。贤人君子，国家之基也，不可以不敬，稼穑者，国之本也，不可以不急。酒色便佞，乱德之甚也，不可以不戒。"乃著《家令》数千言以申其旨。

【译文】

慕容廆曾缓缓地说："监狱法律，是人命关天的大事，不可以不慎重；贤人君子，是立国兴邦的基础，不可以不尊敬；播种收割，是国家的根本；不可以不重视；酒色小人，是败坏道德的根源，不可以不戒备。"于是他撰写了几千字的《家令》来阐明他的这一思想。

苻 生 载 记

草 菅 人 命

【原文】

（苻）生下书曰，"朕……嗣统以来，有何不善，而谤讟之音扇满天下！杀不过千，而谓刑虐。行者比肩，未足为稀。方当峻刑极罚，复如朕何！"时猛兽及狼大暴，昼则断道，夜则发屋，惟害人而不食六畜。自生立一年，兽杀七百余人，百姓苦之，……生曰："野兽饥则食人，饱当自止，终不能累年为患也。"

【译文】

前秦苻生下诏说："朕……继皇位以来，干了什么不好的事，使天下到处是诽谤埋怨我的声音！我杀死的人不超过一千，人们却说我暴虐。路上行人并肩往来，人口并不算稀少。我正应该实行更严峻的法律和处罚，别人能把我怎么样！"当时，猛兽和狼极为猖獗，白天阻挡道路，晚上窜进居民的住房，只伤害人，却不吃牲畜。自苻生即位的一年时间里，野兽就咬死了七百多人，百姓叫苦不迭。……苻生却说："野兽饿了就会吃人，吃饱了自然会停止，终究不会年年为害。"

暴君所讳，左右忤旨而死无数

【原文】

（苻生）尝使太医令程延合安胎药，问人参好恶并药分多少，延曰："虽小小不具，自可堪用。"生以为讥其目，凿延目出，然后斩之。……既自有目疾，

其所讳者不足、不具、少、无、缺、伤、残、毁、偏、只之言皆不得道，左右忤旨而死者不可胜纪，至于截胫、刳胎、拉胁、锯颈者动有千数。

【译文】

符生曾让太医令程延配制安胎药，他问调入药中的人参好不好，数量够不够，程延说："尽管稍微不具（不够），药效还是管用的。"符生认为他讥讽自己瞎了一只眼，便下令挖出程延的双眼，然后杀了他。……自从符生的眼睛有缺陷以后，他就忌讳不足、不具、少、无、缺、伤、残、毁、偏、只等字，不许别人说，左右的人因犯忌讳被杀的多不胜数，被截断胫部，剖腹刳肚，折断肋骨及锯断脖子的人动不动就上千。

符生残暴，诛杀臣下

【原文】

（符生）即伪位，残虐滋甚，耽湎于酒，无复昼夜。群臣朔望朝谒，罕有见者，或至暮方出，临朝辄怒，惟行杀戮。动连月昏醉，文奏因之遂寝。纳奸佞之言，赏罚失中。左右或言陛下圣明宰世，天下惟歌太平。生曰："媚于我也。"引而斩之。或言陛下刑罚微过。曰："汝谤我也。"亦斩之。

【译文】

前秦符生即帝位后，更加残暴肆虐了，他沉湎在酒中，不分昼夜地酣饮，群臣每月初一和十五去朝拜，却很少见到他。有时即使露面，往往是天色已晚的时候，上朝后又动不动就发怒，一再诛杀臣下。他还时常接连几个月迷迷糊糊，沉醉不醒，与朝政有关的公文都丢在一边，不做处理。他还采纳奸佞小人的逸言，对臣民的奖赏和处罚极不公正。左右的人有时称赞"陛下统治天下非常贤明，天下到处是赞颂太平的歌声"，符生说："你这是向我献媚。"下令推出去斩首。有人说："陛下使用刑罚稍微有些过分。"符生就说："你这是诽谤我。"也推出去斩首。

符 坚 载 记

打击氐族豪强

【原文】

王猛亲宠愈密，朝政莫不由之。特进樊世，氐豪也，有大勋于符氏，负气倨傲，众辱猛曰："吾辈与先帝共兴事业，而不预时权；君无汗马之劳，何敢专管大任？是为我耕稼而君食之乎！"猛曰："方当使君为宰夫，安直耕稼而已。"世大怒曰："要当悬汝头于长安城门，不尔者，终不处于世也。"……坚由此发怒，命斩之于西厩。诸氐纷纭，竞陈猛短，坚恚甚，慢骂，或有鞭挞于殿庭者。……自是公卿以下无不惮猛焉。

嘎仙洞刻石拓片　北魏

【译文】

　　王猛深受苻坚的宠信，朝政没有不由他决断的。特进樊世是氏族贵族，为苻氏打天下立有大功，傲慢不肯服人，当众污辱王猛说："我们这些人与先帝一起共创大业，现在却不能参与朝政；你没有立下汗马功劳，怎么敢专断朝政大权呢？这岂不是我耕种，你享用吗？"王猛说："我正要让你充当伙夫，何止叫你耕作。"樊世大怒，说："我一定要把你的头悬挂在长安城门上，要不然，我就不在世上呆下去了。"……苻坚因此发怒，下令在西边的马房中杀了樊世。其他氏族贵族乱作一团，竞相上疏说王猛的坏话，苻坚极为恼火，对他们破口大骂，有的人甚至在殿庭上遭到鞭子抽打。……从此，公卿以下各级官吏没有不害怕王猛的。

太 平 景 象

【原文】

　　自永嘉之乱，庠序无闻，及坚之僭，颇留心儒学，王猛整齐风俗，政理称举，学校渐兴。关陇清晏，百姓丰乐，自长安至于诸州，皆夹路树槐柳，二十里一亭，四十里一驿，旅行者取给于途，工商贸贩于道。百姓歌之曰："长安大街，夹树杨槐。下走朱轮，上有鸾栖。英彦云集，诲我萌黎。"

【译文】

　　自永嘉之乱以后，没听说重新开办学校，在苻坚僭称皇帝后，他很重视儒家学说，王猛又整顿社会风气，使朝政大治，学校也渐渐兴盛起来。关中、河西走廊一带一派太平景象，百姓富裕安乐，从长安到地方各州，道路两旁都种植了槐树和柳树，每二十里路设一个亭子，四十里路设一处驿站，外出旅行的人可以在道上得到需要的东西，小手工业者和商人在道路上贩卖物品。百姓歌唱道："长安大街两旁种着杨树和槐树，树下走着红车，树上住着鸾鸟。杰出的人才如云，教育黎民百姓。"

投鞭于江，足断其流

【原文】

（苻）坚引群臣会议，曰："吾统承大业垂二十载，芟夷逋秽，四方略定，惟东南一隅未宾王化。吾每思天下不一，未尝不临食辍餔，今欲起天下兵以讨之。略计兵杖精卒，可有九十七万，吾将躬先启行，薄伐南裔，……虽有长江，其能固乎！以吾之众旅，投鞭于江，足断其流。"………苻融及尚书原绍、石越等上书面谏，前后数十，坚终不从。

【译文】

苻坚召集群臣商议国事，他说："我执掌国家大权快三十年了，铲除邪恶势力，大致平定了四方，唯有东南那个角落还未接受君主的教化。每当我想到天下还没统一，总是面对食物而吃不下去。现在我打算调集全国的军队去征服江东。粗略地估计，我们的精锐兵卒，可达九十七万，我将亲自先行出征，讨伐南方那边远的地区。……南方人虽然凭恃长江天堑，但这就牢不可破了吗！我的兵卒那样众多，只要每个人把马鞭投入长江，就足可以阻断长江水。"……苻融和尚书原绍、石越等人上疏并当面进谏，前后几十次，苻坚最终未能接受。

草 木 皆 兵

【原文】

梁成与其扬州刺史王显、弋阳太守王咏等率众五万，屯于洛涧，……晋龙骧将军刘牢之率劲卒五千，夜袭梁成垒，克之，斩成及王显、王咏等十将，士卒死者万五千。谢石等以既败梁成，水陆继进。坚与苻融登城而望王师，见部阵齐整，将士精锐，又北望八公山上草木，皆类人形，顾谓融曰："此亦勍敌也，何谓少乎！"怃然有惧色。

【译文】

前秦将领梁成与前秦扬州刺史王显、弋阳太守王咏等，带领五万人马，驻守洛涧（淮河支流，在今安徽寿县东）。……东晋龙骧将军刘牢之率领五万精兵，乘夜袭击梁成的营垒，将它攻克，并杀了梁成及王显，王咏等十名将领。前秦的士卒死了一万五千人，谢石等人趁打败梁成的时机，将军队分水陆两路，从后面跟进。苻坚与苻融登上城楼眺望晋军，看到对方军阵整齐，将领士卒都很精悍，又看到北面八公山上的草木，都很像人的形状，苻坚回头对苻融说："晋军是很强劲的敌人呀！怎么能说他们人少兵弱呢！"他的神情显得有些惆怅和害怕。

姚 兴 载 记

一言之善，咸见礼异

【原文】

（姚）兴留心政事，苞容广纳，一言之善，咸见礼异。……兴每于听政之

暇，引龛等于东堂，讲论道艺，错综名理。凉州胡辩，符坚之末，东徙洛阳，讲授弟子千有余人，关中后进多赴之请业。兴敕关尉曰："诸生谘访道艺，修己厉身，往来出入，勿拘常限。"于是学者咸劝，儒风盛焉。

【译文】

后秦姚兴很留心政事，广泛采纳各方意见，无论谁提出一个好建议，都会受到极高的礼遇。……姚兴常在听政后的空闲时间里，召天水儒士姜龛等人来到东堂，议论治国之道，切磋名教理论。凉州人胡辩，在符坚统治末年，东迁到洛阳，教授的弟子有一千多人，关中的年轻人大多到他的门下请求受业。姚兴给守护关卡的校尉下达命令说："这些学生求学儒家道理，提高修养，磨砺身心，他们往来进出，不必拘守常规去限制他们。"于是，有知识的人受到鼓励，儒学风气大大盛行起来。

姚兴崇佛，托意佛道

【原文】

（姚）兴如逍遥园，引诸沙门于澄玄堂听鸠摩罗什演说佛经。罗什通辩夏言，寻览旧经，多有乖谬，不与胡本相应。兴与罗什及沙门……八百余人，更出大品，罗什持胡本，兴执旧经，以相考校，其新文异旧者皆会于理义。续出诸经并诸论三百余卷。今之新经皆罗什所译。兴既托意于佛道，公卿已下莫不钦附，沙门自远而至者五千余人。起浮图于永贵里，立波若台于中宫，沙门坐禅者恒有千数。州郡化之，事佛者十室而九矣。

【译文】

后秦主姚兴来到逍遥园，带领诸位沙门在澄玄堂听鸠摩罗什讲解佛经。罗什精通汉语，他找来后秦旧有的佛经阅读，发现里面错误很多，与西域正宗的经书不一致。姚兴便与罗什及沙门……八百多人，拿出大量经书，罗什手持西域的佛经，姚兴拿着后秦旧有的经书，相互校对考证，西域的新经与后秦的旧经文字有不同之处，都按其本义加以理解。新译出的佛教经、论有三百多卷。姚兴倾心信奉佛教，公卿以下的人也就没有不敬佛的了。从远方到后秦来的沙门达到五千多人。姚兴在都城的永贵里建起了佛塔，在皇宫中建有波若台，到这些地方坐禅的沙门总是数以千计。地方州郡受到这种风气的影响，出现了每十户人家，就有九户信佛的盛况。

弃用宰相之才，理应亡国

【原文】

符坚以尹赤之降姚襄，诸尹皆禁锢不仕。纬晚乃为吏部令史，……及姚苌奔马牧，纬与尹详、庞演等扇动群豪，推苌为盟主，遂为佐命元功。苌既败符坚，遣纬说坚，求禅代之事，坚问纬曰："卿于朕何官？"纬曰："尚书令史。"坚叹曰："宰相之才也，王景略之俦。而朕不知卿，亡也不亦宜乎！"

【译文】

前秦符坚因尹赤投降姚襄，便下令禁止尹氏家族的人做官。尹纬到晚年才被

推荐为吏部令史。……后来姚苌逃奔到马牧（今陕西兴平西南），尹纬与尹详、庞演等人鼓动其他豪强，推举姚苌为反抗苻坚的盟主，因而成为辅助姚苌创业的开国元勋。姚苌打败苻坚后，派尹纬去说服苻坚，叫他把皇位禅让给姚苌，苻坚问尹纬："你在我朝廷中担任什么官？"尹纬说："尚书令史。"苻坚叹息道："你有宰相之才，与王猛不相上下。而我原来不知道你这个人，现在亡国是理所当然的。"

李 特 载 记

罗尚贪婪，李特暴动

【原文】

罗尚遣从事催遣流人，限七月上道。……流人既不乐移，咸往归特，骑马属鞬，同声云集，旬月间众过二万。……时罗尚贪残，为百姓患，而特与蜀人约法三章，施舍振贷，礼贤拔滞，军政肃然。百姓为之谣曰："李特尚可，罗尚杀我。"

【译文】

罗尚派遣从事催促流民返回家乡，限他们七月份上路。……流民不愿返回，都去投奔李特，骑着佩戴弓套的战马聚集起来，十多天就超过了二万人。……当时，罗尚非常贪婪残暴，成为巴蜀百姓的祸害，而李特与蜀人订立了三条法令，并且施舍财物，救济民众，以礼对待贤士，提拔长期未能升级的人，军队纪律严明。因此，百姓中流传这样的歌谣："李特还可以，罗尚杀我们。"

李 雄 载 记

雄性宽厚，成汉独安

【原文】

（李）雄性宽厚，简刑约法，甚有名称。……由是夷夏安之，威震西土。时海内大乱，而蜀独无事，故归之者相寻。雄乃兴学校，置史官，听览之暇，手不释卷。其赋男丁岁谷三斛，女丁半之，户调绢不过数丈，绵数两。事少役稀，百姓富实，闾门不闭，无相侵盗。

【译文】

李雄性情宽恕仁厚，用非常简略的刑法治理臣民，深得人们的赞誉。……因此，生活在成汉的胡人和汉人都很安定，李雄的威名，震服了整个西部地区。当时，全国一片混乱，唯有蜀境平安无事，所以，归附成汉的人相继不断。李雄于是兴办学校，设置记录历史的官员，他在听政后的闲暇时间里，总是手不离书本。成汉的赋税是：成年男子一年交稻谷三斛，成年女子上交的数额是男子的一半，每户人家上缴的绢，一年只有几丈，丝绵仅几两。政府下达的徭役少，百姓都很富裕，里巷的门即使不关闭，人们也不会互相抢劫和盗窃财物。

慕容垂载记

参合陂之战，绍战死

【原文】

（慕容垂）遣其太子宝及农与慕容麟等率众八万伐魏，慕容德、慕容绍以步骑一万八千为宝后继。魏闻宝将至，徙往河西。宝进师临河，惧不敢济。还次参合，……俄而黄雾四塞，日月晦冥，是夜魏师大至，三军奔溃，宝与德等数千骑奔免，士众还者十一二，绍死之。

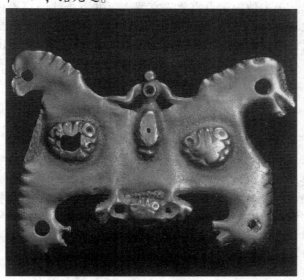

四兽纹金饰件　东晋

【译文】

后燕慕容垂派太子慕容宝及慕容农、慕容麟等人，率士卒八万进攻北魏，又遣慕容德、慕容绍带步兵、骑兵一万八千人作为他们的后援。魏国人听说慕容宝将要打来了，就朝河西地区迁徙。慕容宝的军队来到黄河边，因胆怯，未敢渡河，撤退到参合陂（今内蒙古凉城西北五十里）驻扎。……不久，出现了黄色大雾，弥漫四周，天空也阴暗了。这天夜里，北魏的军队大举袭来，把后燕的军队打得四散逃奔，慕容宝与慕容德带领几千骑兵逃了出来，士卒只有十分之一二活着回去，慕容绍战死。

慕容熙载记

群臣震惧，含辛为泪

【原文】

（慕容熙）为苻氏起承华殿，高承光一倍。负土于北门，土与谷同价。典军

杜静载棺诣阙，上书极谏。熙大怒，斩之。符氏尝季夏思冻鱼脍，仲冬须生地黄，皆下有司切责，不得，加以大辟，其虐也如此。符氏死，熙悲号擗踊，若丧考妣，……制百僚子宫内哭临，令沙门素服。使有司案检哭者，有泪以为忠孝，无则罪之，于是群臣震惧，莫不含辛以为泪焉。

【译文】

慕容熙为符皇后建造承华殿，比承光殿高出一倍。又运土营建宫城北门，因费用巨大，土的价值与稻谷的价值相同。典军杜静用车拉着自己的棺材来到皇宫中，向慕容熙上书，极力劝谏。慕容熙大怒，将杜静推出斩首。符皇后曾在夏季想吃冻鱼脍，隆冬时节想要生地黄，慕容熙都强令有关官员去寻找，弄不到，即处以死刑，他就是这样肆虐残暴。符皇后死了，慕容熙哀声痛苦，捶胸顿足，好像死了父母一样。……他规定百官要进宫哭丧，并下令沙门穿着白色衣服。让有关官吏检查来哭丧的人，凡哭出了眼泪，就被认为忠诚孝敬，没有眼泪则被治罪，因此，群臣惊恐畏惧，无不通过口含辣椒的方式把眼泪刺激出来。

秃发傉檀载记

能人未必出中原

【原文】

姚兴以傉檀外有阳武之败，内有边、梁之乱，遣其尚书郎韦宗来观衅。傉檀与宗论六国纵横之规，三家战争之略，远言天命废兴，近陈人事成败，机变无穷，辞致清辩。宗出而叹曰："命世大才，经纶名教者，不必华宗夏士；拔烦理乱、澄气济世者，亦未必《八索》《九丘》。"五经"之外，冠冕之表，复自有人。车骑神机秀发，信一代之伟人，由余、日磾岂足为多也！"

【译文】

后秦主姚兴因南凉主秃发傉檀在外遭到阳武（今甘肃靖远）之败，对内要应付边宪、梁贵等人的反叛，便派遣尚书郎韦宗到南凉探察他们的虚实情况，傉檀与韦宗谈论起六国合纵连横的谋略，魏、蜀、吴三国交战的战略，他远说天命在王朝兴亡中的作用，近谈人的能力对事情成败的影响，他机敏，善于应变，言辞清雅而雄辩。韦宗出来后，感叹说："闻名于世的大才子，钻研儒学的大学者，不一定都是中原的汉族士人；梳理纷乱，整治弊世，澄清风气，拯救世人，也未必离不开《八索》《九丘》这样的典籍做指导。在遵奉"五经"的区域以外，士大夫的行列旁边，照样有能人存在。车骑将军智慧出众，确实是一代伟人，连由余和金日磾也不会比他强。"

慕容超载记

妍皮不裹痴骨

【原文】

（慕容）超自以诸父在东，恐为姚氏所录，乃阳狂行乞。秦人贱之，惟姚绍

见而异焉，劝兴拘以爵位。召见与语，超深自晦匿，兴大鄙之，谓绍曰："谚云'妍皮不裹痴骨'，妄语耳。"由是得去来无禁。德遣使迎之，超不告母妻乃归。

【译文】

慕容超因几个叔父都在东方，担心自己被后秦姚氏逮捕，便假装疯癫，到处乞讨，后秦的人都很瞧不起他，唯独姚绍见他后，认为他不是一般的人，劝姚兴用爵位和官职把他笼络住。姚兴召见了慕容超，与他交谈，慕容超尽量掩饰自己的才能，使姚兴对他大为鄙视，姚兴对姚绍说："谚语说：'好的外表不会出现在傻瓜身上。'真是胡说。"慕容超从此得以来去自由。南燕主慕容德派使者来迎接他，他没敢向母亲和妻子告辞，便随使者东归了。

赫连勃勃载记

统　万　城

【原文】

（赫连勃勃）以叱干阿利领将作大匠，发岭北夷夏十万人，于朔方水北、黑水之南营起都城。勃勃自言："朕方统一天下，君临万邦，可以统万为名。"阿利性尤工巧，然残忍刻暴，乃蒸土筑城，锥入一寸，即杀作者而并筑之。勃勃以为忠，故委以营缮之任。

【译文】

赫连勃勃让叱干阿利担任将作大匠，征发岭北胡汉各族人民十万人，在朔方水之北、黑水之南营建都城。赫连勃勃说："我将会统一天下，做天下万国的君主，可用'统万'作都城的名称。"阿利的建筑技艺特别高超，但性情极端残忍粗暴。他用蒸熟的土筑城，然后用铁锥刺城墙，如果刺进一寸，就杀死筑城的人，然后将尸体与泥土和在一起筑城。赫连勃勃认为阿利对他是忠心耿耿的，因而委以掌管土木营建的职务。

百姓驱逐王师

【原文】

（刘）裕留子义真镇长安而还。（赫连）勃勃闻之，大悦，谓王买德曰："朕将进图长安，卿试言取之方略。"买德曰："刘裕灭秦，所谓以乱平乱，未有德政以济苍生。关中形胜之地，而以弱才小儿守之，非经远之规也。狼狈而返者，欲速成篡事耳，无暇有意于中原。"……勃勃进据咸阳，长安樵采路绝。刘裕闻之，大惧，乃召义真东镇洛阳，以朱龄石为雍州刺史，守长安。义真大掠而东，至于灞上，百姓遂逐龄石，而迎勃勃入于长安。

【译文】

刘裕留儿子刘义真镇守长安，自己返回朝廷去了。赫连勃勃得知后，非常高兴，他对王买德说："我将去夺取长安，你说说攻取的策略。"买德说："刘裕攻灭后秦，可以说是靠残暴的手段平定混乱局面，没有采取仁德的措施来拯救民

国学经典文库　图文珍藏版

二十五史

精华

[西汉] 司马迁等·原著

马松源·主编

线装书局

目 录

一

南齐书

梁　书

二

国学经典文库

国学经典文库

三

北齐书

国学经典文库

周　　书

南　　史

北　　史

隋　　书

国学经典文库

国学经典文库

八

九

【国学经典文库】

宋书

【南朝·梁】沈约

线装书局

序　言

　　《宋书》是一部纪传体断代史书,记述南朝刘宋王朝自刘裕(武帝)建基至刘准(顺帝)前后六十年的史实,为沈约所撰。

　　全书一百卷,纪十卷,志三十卷,列传六十卷。作者根据何承天、徐爰等所著宋史旧本,旁采注纪,撰续成书。传记部分成于南齐永明六年(488),诸志当成于隆昌元年(494)之后。全书以资料丰富而著称于史林,为研究刘宋一代历史的基本史料。

　　各志工程巨大,内容详备,篇幅几乎占全书之半。志前有《志序》,详述前代修志情况,并上溯各志所记制度源流,可为考补前史缺志之助。《州郡志》记三国以来地理沿革并及东晋以来侨州郡县情况,有补于史事考证。《律历志》全载景初、元嘉、大明三历文字,为历法学的珍贵资料。《乐志》记叙汉魏及两晋乐府情况,乐府诗章有分类开录,并保存有汉魏以来大量乐府诗篇及乐舞文辞,其中"古辞"多为汉代遗篇,是研究乐府及诗史的重要文献。书中不立"食货"及"刑法"志,不免使研究者感到遗憾。

　　纪传叙事详密,列目入载二百三十余人。纪传中收录的大量诏令、奏疏、书札及文章,有多方面的史料价值。《恩悻传》记寒门而登高位的士人,反映出"南朝多以寒人掌机要",改变了两晋门阀大族垄断政权的形势。《夷蛮传》记周边各民族以及同亚洲各国的交往情况。

　　列传写作常采用"带叙法",将不列专传人物的事迹,于某人传中夹带写出。《宋书》在记载改朝换代时事及有关门阀大族诸事时,多有讳饰。

　　《宋书》的作者沈约(441～513),南朝著名史学家、文学家、声律学家,字休文,吴兴武康(今浙江德清)人。父沈璞,刘宋时为淮南太守,元嘉末年于皇族争权夺位之乱中被害,沈约时年十三岁。少年时代,沈约横遭家难,潜窜流寓,家境孤贫。他笃志好学,读书昼夜不倦,遂博通群籍,善属诗文。沈约历仕宋、齐、梁三代,青年时曾为蔡兴宗记室,常以晋氏(司马氏)一代无史书载记为憾,有志撰著晋史,蔡兴宗为之启奏宋明帝,沈约因此奉敕撰史,历二十年撰成《晋史》。蔡兴宗卒后,沈约为安西晋安王记室,入为尚书度支郎,入齐时,年三十九岁。齐高帝建元四年(482),奉敕撰国史。齐武帝永明二年(484)兼著作郎,撰次起居注,五年奉敕撰《宋书》。齐明帝即位征为五兵尚书,迁国子祭酒。齐末,沈约与范云共同参与萧衍密谋代齐活动,曾为萧衍草拟即位诏书。梁朝建立

时，沈约六十二岁，任尚书仆射，以功封建昌县侯，后迁尚书令，领太子少傅。天监十二年(513)卒，年七十三岁，谥曰"隐"，后世亦称"隐侯"。

沈约史著尚有《晋书》一百十卷，《齐纪》二十卷，《高祖纪》十四卷，均已散佚。《宋书》传至北宋时，亦有残佚，现书中篇章有的是据李延寿《南史》补入的。

沈约长期从事文学写作，南齐时曾游于竟陵王萧子良门下，与萧衍、谢朓、王融、萧琛、范云及陆倕等号称"竟陵八友"。于齐梁诗坛上，沈约是讲求声律及文辞对偶的"永明体"诗歌创始人之一。现存诗作除郊庙乐章以及拟古乐府之作外，其描写山水景物、倾诉离情别绪的诗篇多有佳句新意，如名篇《早发定山》《伤谢朓》等。组诗《八咏诗》介于诗赋之间，情韵兼备，时号绝唱。齐梁之际，随汉语声韵学的发展，沈约将"四声"及对偶技法用于诗歌写作，提出"四声""八病"说。在《宋书·谢灵运传论》中，沈约系统阐述了"声律论"的见解。

武 帝 纪

高祖以身范物

【原文】

先是朝廷承晋氏乱政，百司纵弛，桓玄虽欲厘改，而众莫从之。高祖以身范物，先以威禁内外，百官皆肃然奉职，二三日间，风俗顿改。

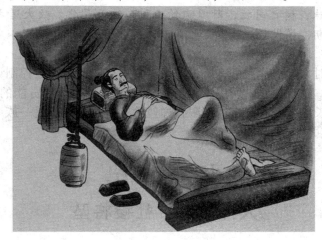

刘裕生活节俭

【译文】

原来，东晋朝廷承袭了西晋的混乱政治，百官不但放纵，而且纪律松懈。桓玄虽想加以整治，然而却无人听从。等到高祖刘裕掌权之时，他以自身做榜样，严格朝廷内外纪律，于是百官都恭敬供奉职务，短时间内，政治风气顿然改观。

简恕拯民

【原文】

夫去弊拯民，必存简恕，舍网修纲，虽烦易理。江、荆凋残，刑政多阙，顷年事故，绥抚未周。遂令百姓疲匮，岁月滋甚，财伤役困，虑不幸生。凋残之余，而不减旧，刻剥征求，不循政道。宰莅之司，或非良干，未能菲躬俭，苟求盈给，积习生常，渐不知改。近因戎役，来涉二州，践境亲民，愈见其瘼，思欲振其所急，恤其所苦。凡租税调役，悉宜以见户为正。

【译文】

要去掉弊政拯救百姓，一定要使政治简明宽缓，舍弃末节而抓住纲要，这样，虽然事务繁多，却也容易治理。江、楚一带社会秩序衰败残缺，刑法政事多受损害，多年积累的事故，安抚不周，遂使百姓精力疲惫，所用匮乏，并随着岁月的流逝而日益严重，财物受损，徭役所困，担心不幸会随时发生。大难之后，却不减旧赋，刻意盘剥征求，而不遵循治理政事的正确道路。主事的官员，有些

不是好的人才，不能带头节俭，只求多加供给，积习为常，渐渐不知加以改正。最近因为军事作战，我经过了两个州郡，所到之处亲自见百姓，更加了解到百姓的疾苦，所以想要救济他们所急需的物品，体恤他们的苦衷。所有的租税和征调劳役，都要以实有的住户征收。

任人唯贤

【原文】

夫天造草昧，树之司牧，所以陶钧三极，统天施化。故大道之行，选贤与能，隆替无常期，禅代非一族，贯之百王，由来尚矣。

【译文】

天地初开时大地一片混乱，所以才设立官吏，以此来建立控制调节事物的准则，统治天下，施行教化。所以要推行大道之治，必须选择贤能的人进行统治，因为事物的成长衰败没有固定的期限，禅位给贤能的人也不是一族一代，这种方式贯穿了很多朝代，来源非常久远。

少 帝 纪

人神怨怒，社稷将坠

【原文】

居帝王之位，好皂隶之役，处万乘之尊，悦厮养之事。亲执鞭扑，殴击无辜，以为笑乐。穿池筑观，朝成暮毁，征发工匠，疲极兆民。远近叹嗟，人神怨怒，社稷将坠，岂可复嗣守洪业，君临万邦。今废为营阳王，一依汉昌邑、晋海西故事。

【译文】

身居至尊的帝王之位，却喜欢低贱徒隶的役作，本是至上的皇帝，却醉心于厮养这样下贱的事。自己拿着鞭子，殴打无辜之人，以此为乐事。开凿水池建筑宫廷，早上建成，晚上又毁掉，频繁地征废工匠，百姓疲惫已极。远近都是叹息之声，人和神都怨怒不安，国家就快要灭亡了，怎么还能继承祖先宏伟业绩来统治天下呢。今日废为营阳王，一切都按照汉代昌邑王、晋代海西公被废的旧例。

文 帝 纪

深存务本

【原文】

自顷农桑惰业，游食者众，荒莱不辟，督课无闻。一时水旱，便有罄匮，苟不深存务本，丰给靡因。郡守赋政方畿，县宰亲民之主，宜思奖训，导以良规。咸使肆力，地无遗利，耕茧树艺，各尽其力。

【译文】

　　最近以来农桑之业懈怠，游手好闲的人增多，荒地都不去开辟，监督考核的官吏也不闻不问。一旦有水旱灾害发生，便会有穷困匮乏之人，假如不认真地考虑务农之本，丰厚的供给就没有依靠。郡守负责所辖地区的赋税，县宰是亲近百姓的父母官，都应该考虑加以奖惩，以好的规范加以劝导。使百姓都尽心尽力地去耕种，土地充分地加以利用，耕地种植，各尽其力。

荐 举 贤 士

【原文】

　　周宗以宁，实由多士，汉室之隆，亦资得人。朕寐寤乐贤，为日已久，而则哲难阶，明扬莫效。用令遗才在野，管库虚朝，永怀前载，惭德深矣。夫举尔所知，宣尼之笃训，贡士任官先代之成准。便可宣敕内外，各有荐举。当依方铨引，以观厥用。

青石砚　十六国

【译文】

　　西周王朝得以安定，实在是因为拥有众多的谋士，汉代宗室的繁荣兴盛，也是凭借得到了有用的人才。我日夜思求贤能的人，时间已经很久了，然而榜样贤哲难以上来，升平祥和之世不易实现。所颁布的法令使得有才能的人遗漏在乡野民间，国家仓库空虚，感念前代的昌盛，更深深地感到惭愧。推荐你所知的贤能的人，这是孔子真诚的教导，荐举贤士任以官职，这是前代的准则。所以发布诏书于朝廷内外，使众人更有所荐举，依照有关规定加以选拔，以看到他们的任用。

孝 武 帝 纪

勤于政事，思存利民

【原文】

　　昔匹妇含怨，山焦北鄙；孀妻哀恸，台倾东国。良以诚之所动，在微必著；感之所震，虽厚必崩。朕临察九野，志深待旦，弗能使烂然成章，各如其节。遂令炎精损河，阳偏不施，岁云不稔，咎实朕由。太官供膳，宜从贬撤。近道刑狱，当亲料省。其王畿内及神州所统，可遣尚书与所在共详，畿外诸州，委之刺史。并详省律令，思存利民。

【译文】

　　从前平民妇女怀着怨恨，她怨恨之火烧焦了北边的山林；寡妇悲痛哭泣，哭声震倒了东边的楼台。真正是因为诚意所感动，即使很微小的人和事也会很显

著；情感所震动，无论多么厚的物都会崩塌。我亲自视察边邑，立志勤于政事，尚能使一切明白地合乎章法，各自坚持自己的操守。这样使火德损害河水，太阳的温暖没有普照大地，一年没有收成，这都是我的过错造成的。太官供给膳食，应该减损撤掉多余的饭食。近处的刑狱，我应当亲自处理。都城周围及中国境内统治区，可以派尚书与当地官吏共同审察；都城附近各州，委派给刺史负责。都要仔细地检察法令条文，考虑为百姓做好事。

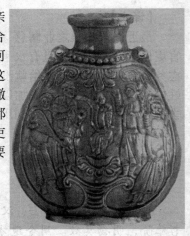

黄釉瓷扁壶　南北朝

前废帝纪

谋诛前废帝

【原文】

时帝凶悖日甚，诛杀相继，内外百司，不保首领。先是讹言云："湘中出天子。"帝将南巡荆、湘二州以厌之。先欲诛诸叔，然后发引。太宗与左右阮佃夫、王道隆、李道儿密结帝左右寿寂之、姜产之等十一人，谋共废帝。戊午夜，帝于华林园竹林堂射鬼。时巫觋云："此堂有鬼。"故帝自射之。寿寂之怀刀直入，姜产之为副。帝欲走，寂之追而殒之。"

【译文】

当时前废帝凶暴一天比一天严重，连续不断地杀人，朝廷内外百官，都担心保不住脑袋。先前曾有谣言说："湘中将要出天子。"废帝打算到南边巡视荆、湘二州来制止谣言。打算先杀了他的各位叔叔，然后再出发。太宗刘彧和左右亲信阮佃夫、王道隆、李道儿秘密地结识废帝左右的寿寂之、姜产之等十一个人，计谋一起废除皇帝。戊午夜里，废帝到华林园的竹林堂去射鬼。当时的巫人说："这个竹林堂里有鬼。"所以废帝亲自去射鬼。寿寂之怀里揣着刀，直接闯入，姜产之作辅助。废帝想要逃走，寿寂之追上去杀了他。

明 帝 纪

嘉谋直献，随即褒扬

【原文】

夫秉机询政，立教之攸本；举贤聘逸，弘化之所基。故负鼎进策，殷代以康；释钓作辅，周祚斯义。朕甫承大业，训道未敷，虽侧席忠规，伫梦岩筑，而良图莫荐，奇士弗闻，永鉴通古，无忘宵寐。今藩隅克晏，敷化维始，屡怀存治，实望箴阙。王公卿尹，群僚庶官，其有嘉谋直献，匡俗济时，咸切事陈奏，无或依隐。若乃林泽贞栖，丘园耿洁，博洽古今，敦崇孝让，四方在任，可明书搜扬，具即以闻，随就褒立。

国学经典文库

【译文】

亲自临几案处理政事，是树立教化的根本；推举贤能的人聘用隐逸的高人，是实行大的教化的基础。伊尹背负鼎俎劝说商汤实行王道，商代才能平安；姜太公放下钓竿一心一意辅佐周室，周代才得以安宁。我刚继承大业，教诲方法没有推行，虽然侧坐以待贤良，久立想往隐居之处的高人，然而却无人进献好的图谋，没听说奇异的人，时常借鉴过去，连睡觉都不敢忘。现在边远地区也都安定下来了，应该开始实行教化，屡次考虑治国之策，实在渴望得到劝告。王公大臣、群僚百官，如果有好的计谋直接进献，纠正俗弊，挽救当世，都要恳切陈奏，不要有一丝隐藏。如果那些隐居山林湖泽的人，言行一致光明正直，能博览古今大事，敦促推崇孝义谦让的美德，四方在任的官吏，可以清楚地写文书加以搜求，并上报给我，随即加以表扬树立。

后废帝纪

观采民谣，问其疾苦

【原文】

夫兴王经制，实先民隐，方求广教，刑于四维。朕以荧眇，凤膺宝历，永言民政，未接听览，眷言乃顾，无忘鉴寐。可遣大使分行四方，观采民谣，问其疾苦。令有咈民，法不便俗者，悉各条奏。若守宰威恩可纪，廉勤允著，依事腾闻。如狱讼诬枉，职事纰缪，惰公存私，害民利己者，无或隐昧。广纳刍舆之议，博求献艺之规。巡省之道，务令精洽，深简行识，俾若朕亲览焉。

【译文】

那些兴盛之王治国的制度，都是先考虑到百姓的疾苦，然后才力求广泛地施以教化，在四境内施以刑罚。我虽然孤单渺小，但也是每天早早起来亲自处理国家大事，经常关心百姓，没有接到报告，就频频询问回顾，从没忘记。可以派遣使臣分别到各地，观察采纳百姓的谣谚，询问百姓的疾苦。遇到有违背百姓意愿，法令不利于民俗的人，都分别加以上奏。如果郡守县宰威信恩德可以记载，廉洁勤勉诚信公平，也把事实上报给朝廷。如果有刑狱诉讼加罪于无辜之人，职内之事出现错误，对公家的事不勤恳而存私心杂念，害民利己的人，不要加以掩饰。广泛听取草野民间的议论和奉献技艺的谏诤。巡行之路，一定要精密恰当，巡行的情形一定要简略，就像我亲自去的一样。

顺 帝 纪

振维务本，在乎得人

【原文】

昔圣王既没，淳风已衰，龟书永湮，龙图长秘。故三代之末，德刑相扰，世沦物竞，道陵人谍。然犹正士比毂，奇才接轸。朕袭运金枢，纂灵瑶极，负扆巡

政，日晏忘疲，永言兴替，望古盈虑。

【译文】

　　从前的圣王死后，淳厚的风俗就已衰退，洛书被埋没，龙图被秘藏。所以尧舜禹三代之后，德与刑分列，世代沉没万物相逐，因谄媚而使得道路壅塞。然而正义之士依然并立，奇异之才也很多。我继承了皇位，夺得了福气，背靠着屏风治理国家，每天忘记了疲倦，永远牢记着兴盛衰退的规律，仰望前代充满了忧虑之心。

律 历 志

律吕、宫商之由来

【原文】

　　黄帝使伶伦自大夏之西，阮隃之阴，取竹之嶰谷生，其窍厚均者，断两节间而吹之，以为黄钟之宫。制十二管，以听凤鸣，以定律吕。夫声有清浊，故协以宫商；形有长短，故检以丈尺；器有大小，故定以斛斗；质有轻重，故平以钧石。故《虞书》曰："乃同律、度、量、衡。"然则律吕、宫商之所由生也。

【译文】

　　黄帝派乐官伶伦从大夏的西边，阮隃的北边，取来两山之间峡谷中的竹子，把其中薄厚均匀的，切断取出两节之间的部分来吹奏，把它作为五声中的第一音阶。又做成十二个管子，用来听凤鸟的鸣叫，确定六律六吕。那声音有清有浊，所以用宫、商来加以协调；形状有长有短，所以用丈尺加以衡量；器物有大有小，所以用斛斗加以确定；质量有轻有重，所以用钧石来加以区别。所以《虞书》中记载："这样就同一了律、度、量、衡。"然而这也是律吕、宫商的由来。

礼 志

礼义固于金城汤池

【原文】

　　人情重交而轻财，好逸而恶劳，学业致苦而禄答未厚，由捷径者多，故莫肯用心。洙、泗邈远，《风》《雅》弥替，后生放任，不复宪章典谟。临官宰政者，务目前之治，不能闲以典诰。遂令《诗》《书》荒尘，颂声寂漠。仰瞻俯首，能弗叹慨。自胡夷交侵，殆三十年矣，而未革面响风者，岂威武之用尽，抑文教未洽，不足绥之邪？昔鲁秉周礼，齐不敢侮；范会崇典，晋国以治。楚魏之君，皆阻带山河，凭城据汉，国富民殷，而不能保其强大，吴起、屈完所以为叹也。由此言之，礼义之固，孰与金城汤池？

【译文】

　　重视人情交往就会轻视财物，喜欢安逸就会厌恶劳动，学业非常艰苦，而俸禄供给不够丰厚，于是走捷径的人增多，不肯用心读书。孔子的儒家学说被忽

视，《诗经》被淹没替代。年轻人放任自己，不再用心读宪章典籍。做官管事的人，只顾眼前的政事，不能熟练掌握典籍文诰，使得《诗经》《尚书》这些典籍上布满灰尘，听不到朗读之声，仰天长望俯视大地，不能不慨叹。北方的少数民族相继侵犯，到现在已近三十年了，却不能使他们改头换面响应中原的风俗，难道威武已经用尽，或是文化教育没有治理好，不足以安抚同化他们吗？从前鲁国坚持周礼，齐国就不敢欺侮它；范会尊崇典籍，晋国才得以治理。楚国魏国的国君，都依山据河，凭借高大的城墙和凶险的河水，国家富裕百姓殷实，却不能保持它的强大，吴起、屈完为此而叹息。由此说来，礼义的坚固，不能说比不上坚固的城池。

东　志

音乐以正风俗

【原文】

民之生，莫有知其始也。含灵抱智，以生天地之间。夫喜怒哀乐之情，好得厌失之性，不学而能，不知所以然而然者也。怒则争斗，喜则咏哥，夫哥者，固乐之始也。咏哥不足，乃手之舞之，足之蹈之，然则舞又哥之次也。咏哥舞蹈，所以宣其喜心，喜而无节，则流淫莫反；故圣人以五声和其性，以八音节其流，而谓之乐，故能移风易俗，平心正体焉。

彩绘舞踏俑　南北朝

【译文】

人类的生命，没有人知道是从何开始的。包含着灵性胸怀着智慧，生存在天地之间。那喜怒哀乐之性情，喜欢得到厌恶失去之本性，每个人都不用学而能知道，不知道为什么会这样却都这样。生气的时候就争斗，高兴的时候就唱歌，所说的歌，本来就是音乐的开始。唱歌不能表达高兴心情时，就用手舞动，用脚跳踏，所以舞在歌之下。唱歌跳舞，是用来表达其高兴的心情，高兴了却不加节制，就会流于淫性而不知返回；所以圣人用五声调和性情，用八音节制流淫，并把这称为乐，所以乐能改变风俗，平静内心端正身体。

五 行 志

言之不从受罚例

【原文】

魏齐王嘉平初，东郡有讹言云，白马河出妖马，夜过官牧边鸣呼，众马皆应。明日见其迹，大如斛，行数里，还入河。楚王彪本封白马，兖州刺史令狐愚以彪有智勇，及闻此言，遂与王凌谋共立之。遣人谓曰："天下事未可知，愿王自爱。"彪答曰："知厚意。"事泄，凌、愚被诛，彪赐死。此言不从之罚也。

【译文】

曹魏齐王嘉平初年，东郡有谣言说，白马河里出现了妖马，夜里经过官家牧地发出鸣叫声，其余的马就跟着叫。第二天看见它的足迹，有一斛那样大，行走了几里地，又回到了河里。楚王曹彪本来封在白马，兖州刺史令狐愚认为曹彪有智有勇，等到听到这个谣言，就与王凌密谋一起立楚王彪。派人对曹彪说："天下的事不可以预先知道，希望楚王你能够自爱。"曹彪回答说："知道你们的深情厚谊。"事情泄露后，王凌、令狐愚被诛，曹彪被赐死。这就是说了话没有兑现而受罚的例证。

刘穆之传

刘穆之克己奉公

【原文】

穆之内总朝政，外供军旅，决断如流，事无拥滞。宾客辐辏，求诉百端，内外诸禀，盈阶满室，目览辞讼，手答笺书，耳行听受，口并酬应，不相参涉，皆悉赡举。又数客瞩宾，言谈赏笑，引日亘时，未尝倦苦。裁有闲暇，自手写书，寻览篇章，校定坟籍。性奢豪，食必方丈，旦辄为十人馔。穆之既好宾客，未尝独餐，每至食时，客止十人以还者，帐下依常下食，以此为常。尝白高祖曰："穆之家本贫贱，赡生多阙。自叨忝以来，虽每存约损，而朝夕所须，微为过丰。自此以外，一毫不以负公。"

【译文】

刘穆之在内总管朝廷政事，在外供应军队所需，决定坚决果断，事情没有一点拖沓。宾客们聚集在他的周围，向他求诉各种事情，内外询问禀告不断，宾客盈门满屋，眼睛看着诉讼之辞，手里应答笺文书信，耳中听着汇报，嘴里一并应酬，互不干涉，都尽力满足需要。又能接近宾客，言谈说笑，一天到晚不断，没有任何疲倦劳苦之情。稍微有点闲暇，就亲自著书，遍览篇章，校定典籍。性情非常豪爽，吃饭饭量很大，早晨就能吃十个人的饭食。刘穆之喜欢结交宾客，不曾自己单独吃饭，每到吃饭的时候，客人有十人之多，在军营中也和平常一样吃饭。曾经对高祖说："我家本来很贫困，生活不富足。自从做官以来，虽然常常

约束自己，然而每天所花费的，还是稍微多了一些。除此以外，没有任何亏欠公家之处。"

王 弘 传

力 主 屯 田

【原文】

时农务顿息，末役繁兴，弘以为宜建屯田，陈之曰："近面所谘立屯田事，已具简圣怀。南亩事兴，时不可失，宜早督田畯，以要岁功。而府资役单刻，控引无所，虽复厉以重劝，肃以严威，适足令囹圄充积，而无救于事实也。伏见南局诸冶，募吏数百，虽资以廪赡，收入甚微。愚谓若回以配农，必功利百倍矣。"

【译文】

当时农务困厄止息不前，工商末役却频繁兴起，王弘认为应该建立屯田制，就上表陈述这件事说："近来当面所询问的建立屯田之事，已全部报告了圣上。农业之事兴起，机会不可以失去，应该早早地督促管理农事的官员，以达到一年有好收成。州郡财物供给竭力削减，控制引导无法实行，虽然一再加以严厉的劝解，以严肃的威令加以整治，只是使得监狱装满了囚犯，对事实却没有任何补救之处。我所见南局各冶炼金属之处，招募数百名吏役，虽然由官方供给粮食，收入却很少。我认为假如转而供给农民，必然会有百倍的功利。"

傅 亮 传

慎终如始无败事

【原文】

大道有言，慎终如始，则无败事矣。《易》曰："括囊无咎。"慎不害也。又曰："藉之用茅，何咎之有。"慎之至也。文王小心，《大雅》咏其多福；仲由好勇，冯河贻其苦箴。《虞书》著慎身之誉，周庙铭陛坐之侧。因斯以谈，所以保身全德，其莫尚于慎乎。

【译文】

大道理都说，做事情最后和开始时一样谨慎，就不会有失败的事。《易》说："密封袋口来保守秘密就不会有过失。"是说谨慎没有害处。又说："草垫子用茅草编，有什么过错。"这是谨慎的至理。周文王处事小心谨慎，《大雅》中歌颂他有很多福气；子路好勇无谋，冒险涉水过河留下了痛苦的箴言。《虞书》上写有谨慎自身的赞美，周庙铭刻在皇帝座位之侧。由此说来，所以保全自身保持美德，没有比谨慎更重要的了。

檀道济传

立 功 被 诛

【原文】

道济立功前朝，威名甚重，左右腹心，并经百战，诸子又有才气，朝庭疑畏之。太祖寝疾累年，屡经危殆，彭城王义康虑宫车晏驾，道济不可复制。十二年，上疾笃，会索虏为边寇，召道济入朝。既至，上间。十三年春，将遣道济还镇，已下船矣，会上疾动，召入祖道，收付廷尉。诏曰："檀道济阶缘时幸，荷恩在昔，宠灵优渥，莫与为此。曾不感佩殊遇，思答万分，乃空怀疑贰，履霜日久。"……于是收道济及其子……，并于廷尉伏诛。

檀道济

【译文】

檀道济在前朝立过功，威名很重，他左右的心腹，都经百战，他的儿子又都有才气，朝廷怀疑且惧怕他。太祖病在床上几年了，多次处于危险之中，彭城王刘义康担心一旦皇帝死了，没有人能控制檀道济。元嘉十二年（公元436年）太祖病重，又碰上北魏侵犯边界，于是就召道济上朝。到了京城后，皇帝病情好转。元嘉十三年春天，打算让檀道济回他的镇国。已经下船了，又赶上太祖病重，又召入他，逮捕交付给廷尉。下诏书说："檀道济官运非常幸运，以往就蒙受皇恩，宠幸优厚，无人能与此相比。然而却不感谢这特殊的待遇，极力报答，而是怀叛逆之心，反叛的迹象已是由来已久。"于是逮捕檀道济及其儿子，……并由廷尉诛杀。

谢 晦 传

不 负 宋 室

【原文】

陛下驰传乘流，曾不惟疑，临朝殷勤，增崇封爵。此则臣等赤心已亮于天鉴，远近万邦咸达于圣旨。若臣等志欲专权，不顾国典，便当协翼幼主，孤背天日，岂复虚馆七旬，仰望鸾旗者哉？故庐陵王于营阳之世，屡被猜嫌，积怨犯上，自贻非命。天祚明德，属当昌远，不有所废，将何以兴？成人之美，《春秋》之高义，立帝清馆，臣节之所司。耿弇不以贼遗君父，臣亦何负于宋室邪？

【译文】

陛下的旨意飞快地传送到各地，未曾犹豫不定，临朝办理政事恳切不懈，增

加了尊崇加封了爵位。这是我们这些人的赤诚之心已暴露在上天的监视下，远近各邦国都听从您的旨意。假若我们想要专权，不顾国家仪礼，就应该协同挟持卵翼年幼的皇帝，一意孤行背叛天日，又怎么会空出宫殿七旬，盼望能看见陛下您车上的鸾旗呢？所以庐陵王义真在营阳王刘义符在位的时候，屡次被猜忌，怨气聚积就犯上作乱，终于死于非命。老天赐福给有美德的人，他的鸿运就会兴盛久远，没有任何废除，又凭什么来兴起呢？成全他人的美德，是《春秋》中的高尚道德，立皇帝清宫殿，这是作臣子的职责。耿弇不听贼臣王莽之命而归顺刘秀，我又为什么要辜负宋室呢？

王镇恶传

身先士卒

【原文】

镇恶既至，令将士食毕，便弃船登岸。渭水流急，倏忽间，诸舰悉逐流去。时姚泓屯军在长安城下，犹数万人。镇恶抚慰士卒曰："卿诸人并家在江南，此是长安城北门外，去家万里，而舫乘衣粮，并已逐流去，岂复有求生之计邪！唯宜死战，可以立大功，不然，则无遗类矣。"乃身先士卒，众亦知无复退路，莫不腾踊争先，泓众一时奔溃，即陷长安城。

【译文】

王镇恶到渭水岸边后，命令将士吃完饭后，就弃掉船只登岸。渭水水流湍急，一会儿，众多的船只都随流水冲走了。当时后秦主姚泓屯兵在长安城下，还有数万人的兵力。王镇恶安抚慰问士卒说："你们的家都在江南，这里是长安城的北门外，离家万里之遥，然而船装着衣物粮食，都已随流水流走，又怎么能有求生之计，只有拼死一战，还可以立大功，不然的话，就不会有一个人活命。"于是他身先士卒，众人也知没有退路，没有不奔腾跳跃奋勇争先的，姚泓的军队一时间溃败逃跑，所以就攻克了长安城。

刘 粹 传

刘道济伤政害民

【原文】

长史费谦、别驾张熙、参军杨德年等，并聚敛兴利，而道济委任之，伤政害民，民皆怨毒。太祖闻之，与道济诏，戒之曰："闻卿在任，未尽清省，又颇为殖货，若万一有此，必宜改之。比传人情不甚缉谐，当以法御下，深思自警，以副本望。"道济虽奉此旨，政化如初。

【译文】

长史费谦、别驾张熙、参军杨德年等人，都极力积聚收敛财物以谋取私利，然而刘道济却委任他们做官，损害政事坑害百姓，百姓都非常憎恨他们。太祖刘

国学经典文库

义隆听说了这件事，就给刘道济下诏书，告诫他说："听说你在任职上，没有尽力清正节俭，又极力地聚积财利，如果真的有这样的事，一定要加以改正。接连不断接到人情非常不聚和融洽的报告，应当按照法令统治属下，深刻思索自己的作为，以此与本来的名望相符合。"刘道济虽然接到了这个圣旨，政治教化却和当初一样。

王 懿 传

革命非一族事

【原文】

北土重同姓，谓之为骨肉，有远来相投者，莫不竭力营赡，若不至者，以为不义，不为乡里所容。仲德闻王愉在江南，是太原人，乃往依之，愉礼之甚薄，因至姑孰投桓玄。值玄篡，见辅国将军张畅，言及世事，仲德曰："自古革命，诚非一族，然今之起者，恐不足以成大事。"

【译文】

北方重视相同姓氏的人，称他们为骨肉之亲，如果有从远处前来投奔的人，没有不竭力营治供养的，如果照顾的不周到，就会被人认为不讲义气，不为同乡邻里所容忍。王仲德（王懿）听说王愉在江南作江州刺史，是太原人，就前去投奔他，王愉待他的礼很薄，于是就到姑孰去投奔桓玄。正值桓玄篡位之时，看见辅国将军张畅，说到当世之事，王懿说："自古以来的变革，都不是一个家族，然而今天起来的桓玄，恐怕不足以完成大事。"

张 邵 传

誓死卫彭城

【原文】

孝武镇彭城，畅为安北长史、沛郡太守。元嘉二十七年，魏主托跋焘南征，太尉江夏王义恭统军出镇彭城。虏众近城数十里，彭城众力虽多，而军食不足，义恭欲弃彭城南归，计议弥日不定。时历城众少食多，安北中兵参军沈庆之议欲以车营为函箱阵，精兵为外翼，奉二王及妃媛直趋历城，分城兵配护军将军萧思话留守。太尉长史何勖不同，欲席卷奔郁州，自海道还都。二议未决，更集群僚议之。畅曰："若历城、郁洲可至，下官敢不高赞。今城内乏食，人无固心，但以关扃严密，不获走耳。若一摇动，则溃然奔散，虽欲至所在，其可得乎！今食虽寡，然朝夕未至窘乏，岂可舍万全之术，而即危亡之道。此计必行，下官请以颈血污君马迹！"孝武闻畅议，谓义恭曰："张长史言，不可违也。"义恭乃止。

【译文】

孝武帝刘骏出镇彭城（今江苏徐州），张畅是安北长史、沛郡太守。元嘉二十七年（公元451年），北魏皇帝托跋焘南征，太尉江夏王刘义恭率军镇守彭城。

北魏军队距离彭城几十里，彭城的兵力虽多，然而粮食却不足，刘义恭想要放弃彭城南归，计谋议论了几天还没有做决定。当时历城军队少粮食多，安北中军参军沈庆之想要以战车布成函箱阵，精兵作两翼，护卫两个王及后妃直奔历城，分配彭城兵力给护军将军萧思话留守。太尉长史何勖不同意，想要带领军队奔郁洲，从海道返回都城。二种意见未决定，就又召集群僚商讨这件事。张畅说："假如历城（今山东济南）郁洲（今江苏连云港东云台山）可以到达，我不敢不高声赞同。现在城内缺少粮食，人心不稳定，只是因为大门紧闭，不能逃走罢了。如果一旦动摇，就会溃然逃跑，即使想去那两个地方，又怎么能到达呢！现在粮食虽然少，然而还未到一朝一夕就吃完的地步，怎么可以舍弃万全之计，去走危亡的道路。这个计策如果一定要实行，我请求自杀以颈上之血来拦阻你的战马出行！"孝武帝听到张畅的计议，对刘义恭说："张长史说的话，不能违反。"刘义恭这才放弃了南归的打算。

刘敬宣传

谋袭桓玄

【原文】

牢之与敬宣谋共袭玄，期以明旦。值尔日大雾，府门晚开，日旰，敬宣不至，牢之谓所谋已泄，率部曲向白洲，欲奔广陵。而敬宣还京口迎家，牢之寻求不得，谓已为玄所擒，乃自缢死。敬宣奔丧，哭毕，即渡江就司马休之、高雅之等，俱奔洛阳，往来长安，各以弟子为质，求救于姚兴。

【译文】

刘牢之与儿子刘敬宣密谋攻打桓玄，日期定在第二天早上。碰上这天有大雾，府门开得晚，天已经晚了，刘敬宣还没有到，刘牢之以为密谋泄露，就率家兵去白洲（今江苏江宁县东），想要到广陵（今江苏扬州）。然而刘敬宣回到京口去接家眷，刘牢之找不到他，以为他被桓玄抓住了，就自缢身亡。刘敬宣来奔丧，哭完之后，就渡江到荆州投奔司马休之、高雅之等人，都去洛阳，来到长安，各自把儿子作人质，向后秦高祖姚兴求救。

朱 龄 石 传

拔北城，南城自溃

【原文】

十年六月，龄石至彭模，诸将以贼水北城险阻众多，咸欲攻其南城，龄石曰："不然。虽寇在北，今屠南城，不足以破北；若尽锐以拔北垒，南城不麾而自散也。"七月，龄石率刘钟、蒯恩等攻城，诘朝战，至日晏，焚其楼橹，四面并登，斩侯辉、谯诜，仍回军以麾，南城即时溃散。

国学经典文库

【译文】

元嘉十年（434）六月，朱龄石到了彭模山（今四川彭山区东十里）去攻打后蜀，众位将领都认为敌人在北城的险阻太多，都想要攻打南城，朱龄石说："不是这样，虽然敌人在北城，今天占领了南城，也不足以攻破北城；假如集中精锐拿下北城，那么南城不用作战就能占领。"七月，朱龄石率刘钟、蒯恩等攻城，一直打到第二天早上，到了太阳偏西的时候，烧毁了敌人的城楼，从四面一起登城，杀了后蜀的大将侯辉、谯诜，仍然回军向南，南城立刻就崩溃。

垣护之传

长柯斧断铁锁

【原文】

随王玄谟入河，玄谟攻滑台，护之百舸为前锋，进据石济。石济在滑台西南百二十里。及虏救至，又驰书劝玄谟急攻，曰："昔武皇攻广固，死没者亦众。况事殊曩日，岂得计士众伤疲，愿以屠城为急。"不从。玄谟败退，不暇报护之。护之闻知，而虏悉已牵玄谟水军大䑨，连以铁锁三重断河，欲以绝护之还路。河水迅急，护之中流而下，每至铁锁，以长柯斧断之，虏不能禁，唯失一舸，余舸并全。

【译文】

垣护之跟随王玄谟北渡黄河，王玄谟攻打滑台（今河南滑县东），垣护之率百只小船作先锋，进军占领了石济。石济在滑台西南一百二十里的地方。等到北魏救援之兵到达，垣护之派人策马传书信给王玄谟劝他赶快攻打滑台，说："从前武帝刘裕攻打广固（今山东益都西北），死伤的人也很多。况且现在事情与从前也不相同，怎么能考虑到士兵伤亡多，希望以占领城池为紧急。"王玄谟不听。王玄谟军队作战失败撤退，来不及告诉垣护之。垣护之听到这个消息时，北魏军已经把王玄谟水军的船只都牵到一起，用三重铁锁连接起来切断黄河，想要断绝垣护之的退路。河水又猛又急，垣护之从中流顺河而下，每见到铁锁，就用长柄斧割断，北魏军不能阻止他，只丢了一条船，其余的船都保全了。

张兴世传

计破刘胡

【原文】

兴世谓攸之等曰："上流唯有钱溪可据，地既险要，江又甚狭，去大众不远，应赴无难。江有洄洑，船下必来泊，岸有横浦，可以藏船舸，二三为宜。"乃夜渡湖口，至鹊头，因复回下疑之。其夜四更，值风，仍举飒直前。贼亦遣胡灵秀诸军，于东岸相翼而上。兴世夕住景江浦宿，贼亦不进。夜潜遣黄道标领七十舸，径据钱溪，营立城柴。明旦，兴世与军齐集。停一宿，刘胡自领水步二十六

所共见，在内大臣，朝夕难保。舅今出陕西，为八州行事，颇在襄、沔，地胜兵强，去江陵咫尺，水陆通便。若朝廷有事，可共立桓、文之功，岂与受制凶狂，祸难不测，同年而语乎。今不去虎口，而守此危逼，后求复出，岂得哉。”兴宗曰：“吾素门平进，与主上甚疏，未容有患。宫省内外，人不自保，会应有变。若内难得弭，外衅未必可量。汝欲在外求全，我欲居内免祸，各行所见，不亦善乎。”

【译文】

当时前废帝凶险残暴，蔡兴宗的外甥袁顗作雍州刺史，劝蔡兴宗接受朝廷任命出京城做官，说：“朝廷的形势是人所共见的，在朝内的大臣，朝不保夕。舅舅你出往陕西，巡视八州，我在襄、沔之地，地方肥美兵力强盛，距离江陵近在咫尺，水陆交通方便。如果朝廷发生了什么事，就可以建立像齐桓公、晋文公那样的霸业，怎么能和受制于凶狂的皇帝，灾祸不可豫测这种情况同日而语呢？现在如果不脱离虎口，守在这个凶险之地，以后想要再出来，又怎么可以办到。”蔡兴宗说：“我本来是平常门第出来做官，与皇帝很疏远，没有可能有什么灾祸。察看朝廷内外，每个人都不能保全自身，一定会有事变。如果内难得以消除，外面的灾祸也不可估量。你想要在外面求得保全，我想居都城内免除灾祸，各行其便，这样不是更好吗。”

何偃传

不宜亏根本以殉边患

【原文】

二十九年，太祖欲更北伐，访之群臣，偃议曰：“内干胡法宗宣诏，逮问北伐。伏计贼审有残祸，犬羊易乱，奸殄非难，诚如天旨。今虽庙算无遗，而士未精习。缘边镇戍，充实者寡，边民流散，多未附业。控引所资，取给根本。亏根本以殉边患，宜动必不克。无虑往岁挫伤，续以内衅，侮亡取乱，诚为沛然。”

【译文】

元嘉二十九年（公元453年），文帝想要北伐，访问群臣，何偃上议说：“宫内侍从胡法宗宣布诏书，问到北伐这件事。我仔细考虑敌人确实有残留之祸，犬羊一起容易混乱，完全地消灭敌人不是难事，正如上天的旨意。今天虽然朝廷的克敌策略没有任何遗漏，然而士兵的训练没有达到精练熟悉的程度。边境的镇守，充实的也非常少，边境的百姓流散，大多没有归附原业。控制使用现有资财，也要取于基本的储蓄。损害根本之业以殉边患，合适的行动也不能取胜。不考虑往年的挫伤，又加上内乱，欺侮逃亡任意扰乱，实在是枉然。”

江智渊传

不以越众为喜

【原文】

智渊爱好文雅，词采清赡，世祖深相知待，恩礼冠朝。上燕私甚数，多命群臣五三人游集，智渊常为其首。同侣未及前，辄独蒙引进，智渊每以越众为惭，未尝有喜色。每从游幸，与群僚相随，见传诏驰来，知当呼己，耸动愧恧，形于容貌，论者以此多之。

【译文】

江智渊爱好文雅，文章词句清丽，孝武帝把他当成知己对待，对他的礼遇满朝最高。孝武帝宴饮游乐甚多，大都命令群臣三五个人游集一处，江智渊常是他们的头。同伴没等上前时，就单独地被引进去，江智渊常以超越众人为愧，未曾露出高兴的神色。每次跟随皇帝出游，与群僚相随，看见有诏书传来，知道是叫自己，脸上现出惊恐惭愧之色，谈论这件事的人都因此而称赞他。

范 泰 传

酒 醉 伤 身

【原文】

荆州刺史王忱，泰外弟也，请为天门太守。忱嗜酒，醉辄累旬，及醒，则俨然端肃。泰谓忱曰："酒虽会性，亦所以伤生。游处以来，常欲有以相戒，当卿沈湎，措言莫由，及今之遇，又无假陈说。"忱嗟叹久之曰："见规者众矣，未有若此者也。"

【译文】

荆州刺史王忱，是范泰的妻弟，请求去做天门（今山西太原西北）太守。王忱喜欢喝酒，一醉就是十几天，等到醒过酒来，依然庄重而严肃。范泰对王忱说："酒虽然可以会合性情，也会伤害身体。交往相处以来，常常想要有所劝诫，当你沉湎于酒意中，话不知从何说起，等到今天遇到你，又没有理由来劝说。"王忱长久叹息着说："规劝我的人很多，还没有一个像这样劝说的。"

不与百姓争利

【原文】

流闻将禁私铜，以充官铜，民难失器，终于获直，国用不足，其利实多。臣愚意异，不宁寝默。臣闻治国若烹小鲜，拯弊莫若务本。百姓不足，君孰与足。未有民贫而国富，本不足而末有余者也。故囊漏贮中，识者不吝；反裘负薪，存毛实难。王者不言有无，诸侯不言多少，食禄之家，不与百姓争利。

国学经典文库

【译文】

　　流言传闻将禁止私人铸造铜器，以充实官家的铸铜行业，百姓不能不使用铜器，所以政府就会获得收益，在国用不足的情况下，禁私铜的好处很多。我却有不同的意见，不甘于沉默不语。我听说治理国家就像烹制小的活鱼，整治弊病不如培植根本。百姓不富足，做国君的又怎么会富足。没有百姓贫穷而国家富足，农业不足而工商有余的。所以盛物的袋子有漏洞而漏在仓库里面，明白人不吝惜；反穿皮衣背木柴，想保存皮毛实在是困难。做帝王的不谈论有或没有，做诸侯的不谈论多与少，吃俸禄的做官之家，不应和普通百姓争夺好处。

刘义恭传

礼贤下士

【原文】

　　礼贤下士，圣人垂训，骄侈矜尚，先哲所去。豁达大度，汉祖之德；猜忌褊急，魏武之累。《汉书》称卫青云："大将军遇士大夫以礼，与小人有恩。"……行己举事，深宜鉴此。

《竹林七贤图》残卷（局部）

【译文】

　　尊敬贤能，谦卑地对待士人，这是圣人流传下来的训诫，过于骄傲奢侈，是前代哲人所屏弃的缺陷。豁达大度，是汉高祖刘邦的美德；猜忌狭隘是魏武帝曹操的忧患。《汉书》称赞大将军卫青说："大将军遇到士大夫以礼相待，给小人施以恩惠。"……自己行为和办事，都应该深切地借鉴这个道理。

刘义恭单马南奔

【原文】

　　世祖入讨，劭疑义恭有异志，使入住尚书下省，分诸子并往神虎门外侍中下省。劭闻世祖已近次路，欲悉力逆之，决战中道。义恭虑世祖船乘陋小，劭冢突中流，容能为患，乃进说曰："割弃南岸，栅断石头，此先朝旧法，以逸待劳，

不忧不破也。"劭从之。世祖前锋至新亭，劭挟义恭出战，恒录在左右，故不能自拔。战败，使义恭于东堂简将。义恭先使人具船于东冶渚，因单马南奔。

【译文】

世祖刘骏来讨伐刘劭，刘劭担心刘义恭有异心，就让他住在尚书下省，分派他的儿子们到神虎门外的侍中下省。刘劭听说世祖驻扎在不远的地方，想尽全力阻止世祖，在半路上决一死战。刘义恭担心世祖的船简陋狭小，刘劭在中流水中像猪惊跑一样难以控制，就会危害世祖，于是就进言说："放弃南岸，用栅栏切断石头（今江苏南京清凉山）一带，这是前朝的旧方法，以安逸之军等待疲劳之师，不担心攻不破。"刘劭听从了他的建议。世祖率领前锋到达了新亭（今江苏南京市南），刘劭胁迫刘义恭出来作战，长时间地检束在左右，所以刘义恭不能脱身。战败之后，让刘义恭在东堂查检将领。刘义恭先派人在东冶渚准备好了船只，趁此机会单马南逃奔世祖。

刘义季传

饮酒致疾

【原文】

义季素嗜酒，自彭城王义康废后，遂为长夜之饮，略少醒日。太祖累加诘责，义季引愆陈谢。上诏报之曰："谁能无过，改之为贵耳。此非唯伤事业，亦自损性命，世中比比，皆汝所谙。近长沙兄弟，皆缘此致故。将军苏徽，耽酒成疾，旦夕待尽，吾试禁断，并给药膳，至今能立，此自是可节之物，但嗜者不能立志裁割耳。晋元帝人主，尚能感王导之谏，终身不复饮酒。汝既有美尚，加以吾意殷勤，何至不能慨然深自勉厉，乃复须严相割裁，坐诸纭纭，然后少止者。幸可不至此，一门无此酣酒，汝于何得之？临书叹塞。"义季虽奉此旨，酣纵如初，遂以成疾。

【译文】

刘义季平常就喜欢喝酒，自从彭城王刘义康被废之后，就经常通宵饮酒，很少有清醒的日子。太祖刘义隆多次加以责怪劝阻，刘义季自认罪过谢恩于文帝。文帝下诏书劝告他说："谁能没有过错，改了就是最可贵的。喝酒不仅妨碍事业，也损害身体，世间这种事比比皆是，都是你所知道的。靠近长沙的兄弟，都因为喝酒而出事故。将军苏徽，喝酒太多而染上疾病，就快死了，我试着加以禁止，并给他以药物治疗，到现在已经能站立了，酒是可加以节制的东西，只是喝酒的人却不能立志戒除罢了。晋元帝身为人主，

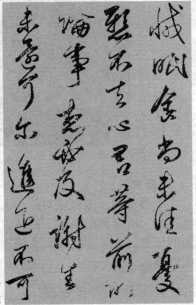

论事帖　东晋

还能够被王导的谏议所感化，终身不再喝酒。你既然有美好的名声，再加上我诚恳的劝解之意，为什么不能痛快地自相勉励，非要严加禁断，因混乱而受处罚，然后才能稍稍停止。幸好不要到这种地步，一家都没有这样纵酒的，你为什么会养成这种习惯？我给你写这书信时还禁不住叹息。"刘义季虽然接到这个圣旨，仍和当初一样纵情饮酒，所以就得了疾病。

羊　欣　传

王献之书于羊欣之裙

【原文】

欣少靖默，无竞于人，美言笑，善容止。泛览经籍，尤长隶书。不疑初为乌程令，欣时年十二，时王献之为吴兴太守，甚知爱之。献之尝夏月入县，欣著新绢裙昼寝，献之书裙数幅而去。欣本工书，因此弥善。

【译文】

羊欣小时候静默不愿说话，不与别人争逐，言谈举止优雅，爱惜仪容。广泛地阅读经书典籍，尤其擅长写隶书。羊不疑刚做乌程县令时，羊欣十二岁，这时王献之是吴兴郡太守，非常喜爱羊欣，王献之一次夏季去乌程县，羊欣穿着新绢裙在睡午觉，王献之在她的裙子上写了几幅书法后就离开了。羊欣本来就工于书法，从此写得更好了。

裴　松　之　传

立碑当名副其实

【原文】

松之以世立私碑，有乖事实，上表陈之曰："碑铭之作，以明示后昆，自非殊功异德，无以允应兹典。大者道勋光远，世所宗推，其次节行高妙，遗烈可纪。若乃亮采登庸，绩用显著，敷化所茌，惠训融远，述咏所寄，有赖镌勒，非斯族也，则几乎僭黩矣。俗敝伪兴，华烦已久，是以孔悝之铭，行是人非；蔡邕制文，每有愧色。而自时厥后，其流弥多，预有臣吏，必为建立，勒铭寡取信之实，刊石成虚伪之常，真假相蒙，殆使合美者不贵，但论其功费，又不可称。不加禁裁，其敝无已。以为诸欲立碑者，宜悉令言上，为朝议所许，然后听之。"

【译文】

裴松之因为世上所立的私碑，有背离事实之处，就上表陈述说："碑铭所写的东西，是给后代子孙看的，自然不是特殊的功绩奇异的品德，就不能享有这种恩典。大功绩的道行光芒四射，为世人所推崇，其次是那些节操美好，有遗留的功业可记载的，至于那些辅助帝王继位，功绩显著，教化所施，恩惠教导久远的人，是应加以记述，有待铭刻的，如果不是这一类人，立私碑就有点越分了。世俗流敝作伪兴起，浮华之风兴起很久了，因此孔悝的铭文，行为正确却与人不

符；蔡邕写碑文，每每有惭愧之色。从东汉以来，这种流敝越来越严重，一有大臣官吏去世，一定要立私碑，碑铭少有可信的事实，刻文虚伪是很平常的，真假相覆盖，使得行为美好的人也不高贵了，但论到功绩和费用，更是不能相称。不加以禁止惩罚，这种弊病就不会消除。我认为那些想立私碑的人，都应对皇帝言明，在朝廷上计议通过之后，才可以听任他们立碑。"

何 承 天 传

安边固守之计

【原文】

安边固守，于计为长。臣以安边之计，备在史策，李牧言其端，严尤申其要，大略举矣。曹、孙之霸，才均智敌，江、淮之间，不居各数百里，魏舍合肥，退保新城，吴城江陵，移民南涘，濡须之戍，家停羡溪。及襄阳之屯，民夷散杂，晋宣王以为宜徙沔南，以实水北，曹爽不许，果亡祖中，此皆前代之殷鉴也。何者？斥侯之郊，非畜牧之所，转战之地，非耕桑之邑。故坚壁清野，以候其来，整甲缮兵，以乘其敝。虽时有古今，势有强弱，保民全境，不出此涂。

【译文】

安全稳固地防守边境，是长远的计谋。我认为使边境安全的计谋，完备地记载在历史著作中，李牧谈论了它的大概情况，严尤申明了要旨，大略都已举出了。曹操、孙权争夺霸权，才能智慧都差不多，江淮之间，双方空出无居民的地方有几百里，曹魏舍弃了合肥，退守新城，孙吴在江陵筑城，移民到南岸，濡须之战，驻扎在羡溪。等到曹魏在襄阳屯兵时，汉民与少数民族混杂，晋宣王司马懿认为应迁徙到沔南，以充实汉水以北，魏将曹爽却不答应，果然在祖中败亡，这都是前代的鉴戒之事，为什么呢？侦察敌情地方的野外，不是放牧的地方，转战的土地，也不能作耕种的村落。所以要坚守城堡转移财物，以等待敌人的到来，整顿修缮兵器，来钻敌人的空隙。虽然时间有古今之分，势力有强有弱，保护百姓保全国境，都不外是这种途径。

谢 灵 运 传

遍游永嘉山水

【原文】

少帝即位，权在大臣，灵运构扇异同，非毁执政，司徒徐羡之等患之，出为永嘉太守。郡有名山水，灵运素所爱好，出守既不得志，遂肆意游遨，遍历诸县，动逾旬朔，民间听讼，不复关怀。所至辄为诗咏，以致其意焉。在郡一周，称疾去职，从弟晦、曜、弘微等并与书止之，不从。

【译文】

少帝即位以后，权在大臣之手，谢灵运联合许多人，非议诋毁执政大臣，司

徒徐羡之等担心他，贬他做永嘉太守。永嘉郡有名山名水，是谢灵运平时所喜欢游历的，出去做太守使他不得志，所以就纵情游山水，遍游各县，一去就是十几天乃至一个月，民间诉讼之事，不再关心。所到之处就写诗咏怀，以表达心情。在郡呆了一年，就称病离职。他从弟谢晦、谢曜、谢弘微等写信劝他，他没听从。

前呼后拥游深山

【原文】

灵运因父祖之资，生业甚厚。奴僮既众，义故门生数百，凿山浚湖，功役无已。寻山涉岭，必造幽峻，严障千里，莫不备尽。登蹑常著木屐，上山则去前齿，下山去其后齿。尝自始宁南山伐木开迳，直至临海，从者数百人。临海太守王琇惊骇，谓为山贼，徐知是灵运乃安，又要王琇更进，琇不肯，灵运赠琇诗曰："邦君难地险，旅客易山行。"在会稽亦多徒众，惊动县邑。

【译文】

谢灵运凭借父亲和祖父留下的财产，产业很丰厚。奴仆也很多，受旧恩的故旧和依附于他的有几百名。开凿山路疏通湖泊，修建工程不断。探寻名山游访众岭。一定要到最幽深之处，陡峭崖壁尽管纵深千里，没有他不到达的。登山时候穿着木底鞋，上山时去掉前齿，下山时去掉后齿。曾经从始宁县（今浙江上虞西南）南山伐木开道，一直到临海（今属浙江）郡，跟随的有几百人。临海郡太守王琇很惊恐，以为山上有土匪，后来知道是谢灵运才安下心来。又邀请王琇再往深处游历，王琇不答应，谢灵运赠送王琇的诗中说："地方长官因为地势险阻而为难游人，游览的人却认为在山上行走很容易。"在会稽郡（今浙江绍兴）也有众多的人跟随谢灵运，惊动了县城。

求　湖　为　田

【原文】

会稽东郭有回踵湖，灵运求决以为田，太祖令州郡履行。此湖去郭近，水物所出，百姓惜之，颙坚执不与。灵运既不得回踵，又求始宁岯嵀湖为田，颙又固执。灵运谓颙非存利民，正虑决湖多害生命，言论毁伤之，与颙遂构仇隙。因灵运横恣，百姓惊扰，乃表其异志，发兵自防，露板上言。

【译文】

会稽东城外有一个回踵湖，谢灵运请求放湖水为田，太祖命令州郡执行。这湖距离城近，又出水产品，百姓珍惜它，太守孟颙也坚决不同意。谢灵运既然得不到回踵湖，又请求给他始宁县的岯嵀湖作田地，孟颙又坚持不给。谢灵运认为孟颙并非是为了给百姓谋利，正想决开湖水多害人命，放出言论诋毁孟颙，于是二人就结了仇怨。因为谢灵运专横肆恣，百姓惊恐不安，孟颙乃上表揭露他有叛异之心，拿出武器自我防备，并上书给皇帝。

彭成王义康传

势 倾 天 下

【原文】

义康性好吏职，锐意文案，纠剔是非，莫不精尽。既专总朝政，事决自己，生杀大事，以录命断之。凡所陈奏，入无不可，方伯之下，并委义康授用，由是朝野辐辏，势倾天下。义康亦自强不息，无有懈倦。府门每旦常有数百乘车，虽复位卑人微，皆被引接。又聪识过人，一闻必记，常所暂遇，终生不忘，稠人广席，每标所忆以示聪明，人物益以此推服之。

【译文】

彭城王刘义康天性善于做官，专心一意地致力于公文案卷，决断是非，没有不精密细致的。总摄朝政以后，每件事都亲自决断，生杀大事，都依据审判记录判决。凡是刘义康陈奏的事，皇帝没有不同意的，诸侯以下的地方官，都委派刘义康任命，因此在朝在野之人都聚集在刘义康周围，他的权势可倾动天下。刘义康也自强向上，从不松懈。府门每天早上常有几百辆车，即使职位很低的人，也都被接见。再加上刘义康聪明记忆超人，见一次面就能记住，常常是短时所遇之人，终生都不会忘记，在大的宴席上众多的客人中，每每说出他所记忆的事来显示他的聪明，众人更以此推崇佩服他。

南郡王义宣传

不 拘 凡 礼

【原文】

义宣在镇十年，兵强财富，既首创大义，威名著天下，凡所求欲，无不必从。朝廷所下制度，意所不同者，一不遵承。尝献世祖酒，先自酌饮，封送所余，其不识大体如此。

【译文】

南郡王刘义宣在所镇守之地十年，军队强盛财物富足，首先举兵扶助世祖登上帝位，威名为天下所知，凡是他所想做的，皇帝没有不听从的。朝廷下达的制度，和他的意见有不同之处，一件也不遵从承办。曾经给世祖刘骏献酒，先自己喝，把剩下的封好了送给世祖，他就是这样不识大体。

刘　湛　传

善论政道，听者忘疲

【原文】

义康擅势朝政，威倾内外，湛愈推崇之，无复人臣之礼，上稍不能平。湛初入朝，委任甚重，日夕引接，恩礼绸缪。善论治道，并谙前世故事，叙致铨理，听者忘疲。每入云龙门，御者便解驾，左右及羽仪随意分散，不夕不出，以此为常。

【译文】

刘义康专总朝政以后，威势倾动朝廷内外，刘湛更加推崇他，对皇帝却不再行大臣之礼，皇帝逐渐地不满意他了。刘湛最初入朝为官时，被委以重任，每天招引接见，对他的礼遇非常殷勤。刘湛擅长谈论治理国家的方法，并且熟悉前代的旧事，每次谈论选官授职之道时，听的人都忘记了疲劳，一到宫门口，驾车的人就解开马车，左右的人及宫门口的仪仗都随意分散，刘湛不到晚上不出来，他们都以此为常事。

骑马俑　南北朝

范　晔　传

狱　中　受　辱

【原文】

晔本意谓入狱便死，而上穷治其狱，遂经二旬，晔更有生望。狱吏因戏之曰："外传詹事或当长系。"晔闻之惊喜，综、熙先笑之曰："詹事尝共畴昔事时，无不攘袂瞋目。及在西池射堂上，跃马顾盼，自以为一世之雄。而今扰攘纷纭，畏死乃尔。设令今时赐以性命，人臣图主，何颜可以生存。"晔谓卫狱将曰："惜哉！薶如此人。"将曰："不忠之人，亦何足惜。"晔曰："大将言是也。"

【译文】

范晔本来以为入狱便要处死，然而皇帝穷究处理这件案子，所以经过了二十天，范晔更有了活命的希望。狱吏趁此戏弄他说："外面传言你可能长期被关在这里。"范晔听说后又惊又喜，谢综、孔熙先嘲笑他说："你往日与我们共同谋划此事时，每次都兴奋地卷起衣袖瞪大眼睛。等到在西池射堂上时，又跃马来回顾盼，自认为是一世的英雄。然而今天慌乱纷纷，这样的怕死。假使今天赐你活命，作大臣的图谋害主，你又有什么脸面生存。"范晔对守卫之将说："太可惜

国学经典文库

了，被这种人所污辱。"将士说："不忠皇帝的人，有什么值得惋惜的。"范晔说："你说得对。"

袁 淑 传

袁淑拒弑逆

【原文】

元凶将为弑逆，其夜淑在直，二更许，呼淑及萧斌等涕流谓曰："主上信谗，将见罪废。内省无过，不能受枉。明旦便当行大事，望相与戮力。"淑与斌并曰："自古无此，愿加善思。"劭怒变色，左右皆劝。斌惧，乃曰："臣昔忝伏事，常思效节，况忧迫如此，辄当竭身奉令。"淑叱之曰："卿便谓殿下真有是邪？殿下幼时尝患风，或是疾动耳。"劭愈怒，因问曰："事当克不？"淑曰："居不疑之地，何患不克。但既克之后，为天地之所不容，大祸亦旋至耳。顾急息之。"

【译文】

元凶刘劭将要杀害文帝，那天夜里袁淑正在殿堂侍奉文帝，大约二更时，刘劭叫袁淑及萧斌等流着眼泪说："皇帝听信谗言，我将以罪被废黜。自我检察我没有过错，不能受冤枉。明天早上就要做一件大事（指谋杀宋文帝），希望你们合力相助。"袁淑和萧斌都说："自古以来没有子杀父这样的事，希望认真考虑一下。"刘劭生气变了脸色，左右的人都劝解他。萧斌害怕了，就说："我从前蒙羞受辱地服侍文帝，常想效忠于你，况且文帝这样胁迫你，我应当尽全力执行命令。"袁淑呵斥他说："你以为殿下真的会这样做吗？殿下小时候曾中过风，或许是病犯了。"刘劭更加生气，于是问袁淑说："这件事会成功吗？"袁淑说："你处在没被怀疑的位置，怎么会不成功，但是事成之后，也为天地所不容，大祸不久就会降临。还是尽快地打消这个念头吧。"

王僧绰传

当断不断，反受其乱

【原文】

令二凶巫蛊事泄，上独先召僧绰具言之。及将废立，使寻求前朝旧典。劭于东宫夜犒将士，僧绰密以启闻，上又令撰汉魏以来废诸王故事。撰毕，送与江湛、徐湛之。湛之欲立随王诞，江湛欲立南平王铄，太祖欲立建平王宏，议久不决。诞妃即湛之女，铄妃即湛妹。太祖谓僧绰曰："诸人各为身计，便无与国家同忧者。"僧绰曰："建立之事，仰由圣怀。臣谓唯宜速断，不可稽缓。当断不断，反受其乱。愿以义割恩，略小不忍，不尔便应坦怀如初，无烦疑论。"

【译文】

正值二凶刘劭和刘浚设巫术的事泄露，文帝单独召见王僧绰告诉了这件事。及将废立二凶王位，让王僧绰搜求前朝旧制。刘劭在东宫夜晚犒劳将士，王僧绰

秘密地告诉给皇帝，皇帝又命令王僧绰撰写汉魏以来废除诸王的旧例。写完之后，送给江湛，徐湛之。太祖刘骏想要立建平王刘宏。徐湛之想立随王刘诞，江湛想立南平王刘铄，商议很久不能决定。刘诞的王妃是徐湛之的女儿，刘铄的王妃是江湛的妹妹。太祖对王僧绰说：“各人各为自身考虑，没有一个与国家同忧患的。”王僧绰说：“树立太子的事，应由皇帝决定。我认为应该迅速加以决断，不可拖延。应当决断时而不决断，反而要遭受到祸乱。希望以道义割断恩情，大概只是稍有不忍心，不过不久就会和原来一样坦然，不必疑虑。”

鎏金九子神兽纹镜 南北朝

文九王传

开谏致宁

【原文】

臣闻建国之道咸殊，兴王之政不一。至于开谏致宁，防口取祸，固前王同轨，后主共则。秦、殷之败，语戮刺亡；周、汉之盛，谤升箴显。陛下以至德神临，垂精思治，进儒礼而崇宽教，哀狱法而黜严刑，表忠行而举贞节，辟处士而求贤异，修废官而出滞赏，撤天膳而重农食，禁贵游而弛榷酤，通山泽而易关梁，固已海内仰道，天下知德。今复开不讳之途，奖直辞之路，四海希风，普天幸甚。

【译文】

我听说建立国家的方法很不相同，兴起帝王的政治也不一致。然而放开谏议而导致安宁，堵塞众口引起祸乱，却实在是前王的共同法度，后代国君的共同准则。秦和商朝的败亡，是因为说话讽谏也加以杀戮；周和汉代的兴盛，是因为公开指责过错而获得提升，规劝者获得显扬。陛下您因为高尚的德行临君位，精心考虑治理国家的策略，推行儒家礼法尊崇宽和的教化，怜悯受刑罚的人废除了严刑，表扬忠诚的行动推举有操守的节行，征召士人寻求贤能的人，整治衰败的吏制，举出被遗漏的赏赐，撤掉帝王的宴席而重视百姓的衣食，禁止显贵的放纵，放松政府专利卖酒的限制，开通山林湖泽使水陆要路通达，这样才使得四海之内仰望敬慕，天下之人了解您的恩德。今天又开通了不加避讳的途径，奖励直言进谏，四海仰望，是普天之下的幸运。

危行不容于衰世

【原文】

臣闻曾子孝于其亲而沉乎水，介生忠于其主而焚于火，何则？仁也不必可依，信也不必可恃。昔者墨翟议云梯于荆台之下，宋人逐之；夷叔为卫军隐难于晋，公子殪之；李牧北逝强胡之旗，南拒全秦之卒，赵王不图其功，赐以利剑；陈蕃白首固义，忘生事主，汉灵不明其忠，卒被刑戮。彼数子者，皆身栖青云之上，而困于泥尘之里，诚以危行不容于衰世，孤立聚尤于众人，加谗谄蛆蛊其中，谤隙蜂飞而至故也。

【译文】

我听说曾子为了孝顺父母而沉于水中，介之推忠于晋文公被烧死，为什么这样？仁义不一定可以依靠，信义也不一定靠得住。从前墨子在荆台之上商议阻止楚人攻宋，宋国后来却驱逐他；夷叔替卫国军队排除了晋国攻击的灾难，卫公子却杀死他；李牧在北边使匈奴不敢靠近赵边境，在南抵抗秦国的军队，赵王不考虑他的功劳，却赐利剑让他自刎；陈蕃人老发白还坚持大义，舍生事奉皇帝，汉灵帝不了解他的忠诚，他终于被杀死。这几个人，都是身处青云之上的高士，却被困在泥土之中，实在是因为正直的行为在衰败的世代不被容纳，孤单无助被众人所怨恨，对他们加以谗言陷害，对他们的诽谤非议像蜜蜂一样纷飞而至。

仁爱之情，人兽俱有

【原文】

太宗既以燮继昶，乃下诏曰："夫虎狼护子，猴猿负孙，毒性薄情，亦有仁爱，……况在人伦，可忘天属。"

【译文】

太宗刘彧以刘燮继承刘昶爵位之后，就下诏书说："虎狼都知道保护幼子，猿猴也知道背负子孙，无论多么狠毒缺乏亲情的动物，都有仁爱之情，……更何况是人，怎么能忘了有血缘关系的亲属。"

贪财求利，民不堪命

【原文】

休祐素无才能，强梁自用，大明之世，年尚少，未得自专，至是贪淫，好财色。在荆州，衰刻所在，多营财货。以短钱一百赋民，田登，就求白米一斛，米粒皆令彻白，若有破折者，悉删减不受。民间籴此米，一升一百。至时又不受米，评米责钱。凡诸求利，皆悉如此，百姓嗷然，不复堪命。

【译文】

晋平刺工刘休祐平素没有任何才能，强横而又自以为是，孝武帝大明年间，年纪还小，不能独断专行，到了这时却贪婪淫逸，喜好财物女色。在荆州聚敛财

物，大量谋求财物。把短钱一百借给百姓，以米还债，就要白米一斛，米粒都要透彻洁白，如果有破损的，都要拿出去不接受，民间买这种米，一升就要一百钱。有的时候又不接受米，把米折换成钱。大凡种种谋求利益的事，都是如此，百姓饥饿缺乏粮食，不能忍受这种命运。

颜延之传

俗恶俊异，世疵文雅

【原文】

时尚书令傅亮自以文义之美，一时莫及，延之负其才辞，不为其下，亮甚疾焉。庐陵王义真颇好辞义，待接甚厚，徐羡之等疑延之为同异，意甚不悦。少帝即位，以为正员郎，兼中书，寻徙员外常侍，出为始安太守。领军将军谢晦谓延之曰："昔荀勖忌阮咸，斥为始平郡，今卿又为始安，可谓二始。"黄门侍郎殷景仁亦谓之曰："所谓俗恶俊异，世疵文雅。"

【译文】

当时尚书令傅亮自以为文章写得好，没有人能比得上，颜延之凭借他的才能文辞，不愿在傅亮之下，傅亮非常嫉恨他。庐陵王刘义真非常喜好文辞，所以对待颜延之情义很深厚，徐羡之等人怀疑颜延之在庐陵王面前品评他们的问题，非常不高兴。少帝即位以后，傅亮等人辅政，就让颜延之做正员郎，兼任中书，不久又迁任员外常侍，出朝做始安郡太守。领军将军谢晦对颜延之说："从前荀勖妒忌阮咸，就驱逐他到始平郡，现在你又被驱到始安郡，可以叫作二始了。"黄门侍郎殷景仁也对他说："这就是所说的世俗讨厌才智出众的人，时代专门挑文雅之人的毛病。"

流言谤议，在所难免

【原文】

流言谤议，有道所不免，况在阙薄，难用算防。接应之方，言必出己。或信不素积，嫌间所袭，或性不和物，尤怨所聚，有一于此，何处逃毁。苟能反悔在我，而无责于人，必有达鉴，昭其情远，识迹其事。日省吾躬，月料吾志，宽默以居，洁静以期，神道必在，何恤人言。

【译文】

流言毁谤，是有道义的人所不能避免的，更何况在记载过失的文书

青瓷五盅盘　南北朝

上，很难预防。接纳应对的方法，必须出自本义。有的人平时没有积累信用，产生了仇怨嫌隙，有的人天性不合群，就会积聚责怪和怨言，有一种这样的毛病就

不能免于毁谤。假如能反省自身，而不去责怪他人，必然会有通达的鉴戒，显示其宽广的胸怀，标记他的事迹。每日反省自身，每月揣度自己的志向，宽宏沉默地生活，按时清洁居处，必然达到神仙之境，又何必害怕别人的流言。

沈攸之传

暴政郢州

【原文】

五年，出为持节，监郢州诸军、郢州刺史。为政刻暴，或鞭士大夫，上佐以下有忤意，辄面加詈辱。将吏一人亡叛，同籍符伍充代者十余人。而晓达吏事，自强不息，士民畏惮，人莫敢欺。闻有虎，辄自围捕，往无不得，一日或得两三。若逼暮不获禽，则宿昔围守，欲晓自出。赋敛严苦，征发无度。

【译文】

秦始五年（470），沈攸之出任持节，监管郢州（今湖北武汉）的军队和郢州刺史，为政刻薄残暴，有时用鞭子抽打士大夫，辅佐他的官吏稍有不从，就当面加以责骂侮辱。将士吏役一个人逃跑，同乡同伍代替受罚的有十几人。然而沈攸之通晓做官职责，自强不懈怠，士兵百姓都很畏惧他，别人也不敢欺骗他。听说所在之地有老虎，就亲自去围捕，去了没有捕不到的，有时一天捕两三只。若天近暮色还没抓到，就晚上围捕，天快亮时自会出来。赋税征收很重，征发力役也没有节制。

孝子双泰真

【原文】

初，攸之招集才力之士，随郡人双泰真有干力，召不肯来。后泰真至江陵卖买，有以告攸之者，攸之因留之，补队副，厚加料理。泰真无停志，少日叛走，攸之遣二十人被甲追之，逐讨甚急，泰真杀数人，余者不敢近。欲过家将母去，事迫不获，单身走入蛮，追者既失之，录其母而去。泰真既失母，乃出自归，攸之不罪，曰："此孝子也。"赐钱一万，转补队主，其矫情任算皆如此。

【译文】

当初，沈攸之招募有才能有力气的人，随郡人双泰真很有力气，召集他却不肯来。后来双泰真到江陵做生意，有人告诉沈攸之，沈攸之就留住他，补任队副，对他十分优待。双泰真却没有留下的打算，没几天就逃走了，沈攸之派二十人带兵器去追他，追讨非常急迫，双泰真杀了几个人，其余的人不敢再靠近他。想要回家带着母亲一起逃走，事情太紧迫而无法办到，就单身进处蛮境，追的人抓不到他，就抓了他母亲带走。双泰真失去了母亲，就自己回来了，沈攸之没有加罪于他，却说："这是个孝子。"赐给他一万铢钱，又转补他做队长，沈攸之就是这样矫情任性。

朱修之传

为官清廉

【原文】

修之治身清约，凡所赠贶，一无所受，有饷，或受之，而旋与佐吏赌之，终不入己，唯以抚纳群蛮为务。征为左民尚书，转领军将军。去镇，秋毫不犯，计在州然油及牛马谷草，以私钱十六万偿之。然性俭克少恩情，姊在乡里，饥寒不立，修之未尝供赡。尝往视姊，姊欲激之，为设菜羹粗饭，修之曰："此乃贫家好食。"致饱而去。

【译文】

朱修之对待自己非常节俭，凡是别人赠送的物品，都不接受，有粮饷，有时接受，随即就和佐吏赌输赢，最终没有纳入私囊，只把安抚各少数民族作为首要任务。被征迁为左民尚书，转任领军将军，离开的时候，丝毫没侵犯百姓利益，计算在雍州时所燃的灯油及牛马谷草费用，用私人的十六万钱偿还。然而生性节俭过度缺少恩情，姐姐在乡下，不能维持穷苦生活，朱修之却没有给姐姐任何帮助。曾经去看望姐姐，姐姐为刺激他，给他做了菜汤和粗饭，朱修之说："这是贫穷之家的好饭食。"吃饱之后就走了。

宗悫传

设计破林邑

【原文】

元嘉二十二年，伐林邑，悫自奋请行。义恭举悫有胆勇，乃除振武将军，为安西参军萧景宪军副，随交州刺史檀和之围区粟城。林邑遣将范毗沙达来救区粟，和之遣偏军拒之，为贼所败。又遣悫，悫乃分军为数道，偃旗潜进，讨破之，拔区粟，入象浦。林邑王范阳迈倾国来拒，以具装被象，前后无际，士卒不能当。悫曰："吾闻师子威服百兽。"乃制其形，与象相御，象果惊奔，众因溃败，遂克林邑。

【译文】

元嘉二十二年（公元446年），讨伐林邑，宗悫自请前去讨伐。江夏王刘义恭也推荐认为宗悫有胆量且勇敢，于是任命他为振武将军，作安西参军萧景宪的副手，跟随交州刺史檀和之围攻区粟城。林邑派大将范毗沙达来救援区粟，檀和之派侧翼军阻击他，却被敌人打败。又派宗悫前去，宗悫把军队分成几部分，隐蔽旗帜秘密前行，破了敌军，占领了区粟城，进入了象浦。林邑国王范阳迈以全国之军前来抵抗，给象身上披上装饰，前后不见边际，宋军士兵不能抵挡。宗悫说："我听说狮子是百兽之王。"就制作狮子的服饰，与象相抗，象果然很害怕，军队因此溃退逃散，于是就攻克了林邑。

国学经典文库

沈庆之传

出其不意胜诸蛮

【原文】

前后伐蛮，皆山下安营以迫之，故蛮得据山为阻，于矢石有用，是以屡无功。庆之乃会诸军于茹丘山下，谓众曰："今若缘山列旆以攻之，则士马必损，去岁蛮田大稔，积谷重岩，未有饥弊，卒难擒剪。今令诸军各率所领以营于山上，出其不意，诸蛮必恐，恐而乘之，可不战而获也。"于是诸军并斩山开道，不与蛮战，鼓噪上山，冲击腹心，先据险要，诸蛮震扰，因其惧而围之，莫不奔溃。

【译文】

前后几次讨伐蛮族，都是在山下安营扎寨以接近敌人，所以蛮人能够据守山上靠山为阻，并可利用山上的石块作武器，所以屡次讨伐都不见功效。沈庆之召集诸军在菇丘山下，对大家说："今天如果还是沿着山边举旗攻打敌人，兵马一定损失很多，去年蛮人田地大丰收，堆积谷物于山岩之上，没有饥饿之忧，最终很难抓获他们。现在命令各军统帅部下在山上安营，乘敌人不注意时攻击，蛮人一定很惊恐，在他们惊恐时攻打他们，就可以不战而获。"于是在各路军队都劈山开道，不和蛮人作战，锣鼓喧闹地冲上山，攻入敌人的心腹之地，先占领了险要之地，蛮人非常惊恐，官军趁其恐惧而围攻他们，蛮人都奔跑逃亡。

白釉绿彩长颈瓷瓶　南北朝

耕当问奴，织当访婢

【原文】

太祖将北伐，……庆之又固陈不可。丹阳尹徐湛之、吏部尚书江湛并在坐，上使湛之等难庆之，庆之曰："治国譬如治家，耕当问奴，织当访婢。陛下今欲伐国，而与白面书生辈谋之，事何由济。"上大笑。

【译文】

宋文帝打算北伐，……沈庆之又坚持说不可以。当时丹阳尹徐湛之、吏部尚书江湛都在场，文帝让徐湛之等人驳难沈庆之，沈庆之说："治理国家就像持家一样，耕地应当问奴仆，织布应当向婢女求教。陛下您现在想讨伐别国，却和一群读书人谋划这件事，这事怎么会成功"，文帝大笑。

顾觊之传

顾觊之烧子券书

【原文】

觊之家门雍睦，为州乡所重。五子约、缉、绰、缜、绲。绰私财甚丰，乡里士庶多负其责，觊之每禁之不能止。及后为吴郡，诱绰曰："我常不许汝出责，定思贫薄亦不可居。民间与汝交关有几许不尽，及我在郡，为汝督之。将来岂可得。凡诸券书皆何在？"绰大喜，悉出诸文券一大厨与觊之，觊之悉焚烧，宣语远近："负三郎债，皆不须还，凡券书悉烧之矣。"绰懊叹弥日。

【译文】

顾觊之的家非常和睦，被州乡之人所敬重。五个儿子顾约、顾缉、顾绰、顾缜、顾绲。顾绰私人财富丰厚，乡里士人百姓大多欠他的债，顾觊之每加禁止却不见收效。等到后来顾觊之做了吴郡太守，就诱骗顾绰说："我常常不允许你借贷给人，定心考虑贫穷也不可居守。民间与你有关的债务有多少没偿还的，趁我做郡守时，替你督促。将来怎么有这种机会。你的债券都在何处？"顾绰非常高兴，拿出所有的债券一大柜子给顾觊之，顾觊之把它们都烧毁，并且在远近传言说："欠我三儿子顾绰的债务，都不需要偿还了，所有的债券都烧毁了。"顾绰终日懊悔这件事。

命 里 注 定

【原文】

觊之常谓秉命有定分，非智力所移，唯应恭己守道，信天任运，然暗者不达，妄求侥幸，徒亏雅道，无关得丧。乃以其意命弟子愿著《定命论》，其辞曰："仲尼云：'道之将行，命也；道之将废，命也。'丘明又称：'天之所支不可坏，天之所坏不可支。'卜商亦曰：'死生有命，富贵大天。'孟轲则以不遇鲁侯为辞。斯则运命奇偶，生数离合，有自来矣。"

【译文】

顾觊之常说命里有确定的分享，不是人的智慧所能改变的，只应恭敬地约束自己奉行，信任上天的安排，然而昏昧的人却不了解这些，妄想寻求侥幸，只能毁坏正道，却不能牵涉到得失。于是就以他的意见命令弟子愿写《定命论》，其中说："孔子说：'一个措施主张的实行，是命运决定的；这个主张的废除，也是命运决定的。'左丘明又宣称：'上天所支持的事物就不可以毁坏，老天想要毁灭的事情就无法支持。'子夏也说：'人的生死由命运注定，富贵也是老大的旨意。'孟子就因为没有遇到鲁国国君而写文感叹。这些都是命运不寻常的搭配，命运决定离合，从来就是如此。"

周　朗　传

杀人有数途，生人无一理

【原文】

　　自华夷争杀，戎夏竞威，破国则积尸竞邑，屠将则覆军满野，海内遗生，盖不余半。重以急政严刑，天灾岁疫，贫者但供吏，死者弗望埋，鳏居有不愿娶，生子每不敢举。又戍淹徭久，妻老绝嗣，及淫奔所孕，皆复不收，是杀人之日有数途，生人之岁无一理，不知复百年间，将尽以草木为世邪，此最是惊心悲魄恸哭太息者。

金瑞兽　南北朝

【译文】

　　自从华夏族与少数民族争夺残杀以来，双方争逐威力，攻破别国就杀死很多人尸体堆积遍布全城，屠杀大将那么这支军队就要覆没，四海之内存留下的人口，大概不足一半。又因苛政严刑，天灾瘟疫使得这种情况更加严重，贫穷的人只是供养官吏，死的人无人去掩埋，独居的男人不愿娶妻，生了儿子的常常不报户口。再加上兵役徭役时间太长，妻子年纪大了不能生儿育女，因为淫欲在外有的孩子，又不加以收养，这就是说杀人的时候有很多方式，生育小孩却没有一点理由，不知再过百年之后，这世界是否仅有草木而没有人了，这才是最令人惊心悲恸叹息的原因。

求才需要真心实意

【原文】

　　凡天下所须者才，而才诚难知也。有深居而言寡，则蕴学而无由知；有卑处而事隔，则怀奇而无由进。或复见忌于亲故，或亦遭谗于贵党，其欲致车右而动御席，语天下而辩治乱，焉可得哉。漫言举贤，则斯人固未得矣。宜使世之所称

通经达史、辨词精数、吏能将谋，偏术小道者，使猎缨危膝，博求其用。制内外官与官之远近及仕之类，令各以所能而造其室，降情以诱之，卑身以安之，然后察其撅唇吻，树颊胲，动精神，发意气，语之所至，意之所执，不过数四间，不亦尽可知矣。

【译文】

天下所需要的是人才，然而人才实在难以了解。有的呆在家里很少说话，虽然饱含学问却无人知道；有的处在卑微之地与事隔断，虽然身怀奇术也无从得到官职。或者被亲戚朋友所忌妒，或者被显贵集团所陷害，他们虽然想到帝王车前，谈论天下之事辩论治政之法，又怎么可能。总是说推举贤人，却从未得到贤能的人。应该让那些世人所称赞的通晓经书史籍，善于辩论精通方术、做官有大将的谋略、有一技之长的人，使官吏们端正衣冠态度恭谨地、广泛地加以征求。规定朝廷内外官吏和官吏周围的小吏，命令他们各尽其力拜访那些贤能的人，以谦恭之情诱导他们，恭敬地对待他们，然后察看他们的面部表情，使他们精神振奋，意气风发，他们所说的和他们的意图，在短时间内就可以全部了解到。

宗 越 传

严刑御营阵

【原文】

越善立营阵，每数万人止顿，越自骑马前行，使军人随其后，马止营合，未尝参差。及沈攸之代殷孝祖为南讨先锋，时孝祖新死，众并惧，攸之叹曰："宗公可惜，故有胜人处。"而御众严酷，好行刑诛，睚眦之间，动用军法。时王玄谟御下亦少恩，将士为之语曰："宁作五军徒，不逐王玄谟。玄谟尚可，宗越杀我。"

【译文】

宗越善于建营阵，每有数万人停在一处，宗越骑马在前行，让军卒跟随在后，马停下时营阵就闭合，未尝有一点差错。等到沈攸之代替殷孝祖作南讨的先锋时，殷孝祖刚战死，众人都很害怕，沈攸之叹息说："杀宗越太可惜了，他实在有胜人之处。"然而宗越对待部下很严酷，喜欢施行诛罚，一点小事，就动用军法。当时王玄谟对属下也缺少恩情，将士就编语说："宁愿服五年劳役，也不跟随王玄谟，王玄谟还算好，宗越还要杀我。"

邓 琬 传

卖官鬻爵

【原文】

琬性鄙暗，贪吝过甚，财货酒食，皆身自量校。至是父子并卖官鬻爵，使婢仆出市道贩卖，酣歌博弈，日夜不休。大自矜遇，宾客到门者，历旬不得前。内

事悉委褚灵嗣等三人，群小横恣，竞为威福，士庶忿怨，内外离心矣。

【译文】

邓琬生性庸俗愚昧，非常贪婪吝啬，财物酒饭，都亲自计算核对。到了这时和儿子一起出卖官职爵位，让奴仆到市场道路上贩卖，自己纵情饮酒赌博，白天黑夜不停止。自从受到崇尚礼遇以来，来访的客人到了他家门外，几十天都不能进门。家内的事都委托给褚灵嗣等三个人，一群小人蛮横放纵，争相作威作福，读书人和市民百姓都愤恨不安，内外背离。

孔 颛 传

喝醉胜过清醒

【原文】

为人使酒仗气，每醉辄弥日不醒，僚类之间，多所凌忽，尤不能曲意权幸，莫不畏而疾之。不治产业，居常贫罄，有无丰约，未尝关怀。为二府长史，典签谘事，不呼不敢前，不令去不敢去。虽醉日居多，而明晓政事，醒时判决，未尝有壅。众咸云："孔公一月二十九日醉，胜他人二十九日醒也。"世祖每欲引见，先遣人觇其醉醒。

【译文】

孔颛平时为人酗酒任性，每次喝醉几天都醒不过来，同僚之间，被他凌辱轻视的人不少，尤其不能委屈自己奉承有权势的人，所以没有人不害怕憎恨他。不营治财产，家中富裕贫穷他不管不问。作二府的长史，典签前来商议事情时，孔颛不叫他他不敢上前，不让他走也不敢离开。虽然孔颛喝醉的时候很多，却清楚地了解政事，醒来的时候判断裁决，未曾有过迟疑。大家都说："孔先生一个月二十九天喝醉胜过他人二十九日清醒。"世祖刘骏每次想召见他时，都先派人去看他喝醉了还是清醒着。

沈文秀传

抚慰将士，往无不捷

【原文】

先是，冀州刺史崔道固亦据历城同逆，为土人起义所攻，与文秀俱遣信引虏，虏遣将慕与白曜率大众援之，文秀已受朝命，乃乘虏无备，纵兵掩击，杀伤甚多。虏乃进军围城，文秀善于抚御，将士咸为尽力，每与虏战，辄摧破之，掩击营寨，往无不捷。

【译文】

先前，冀州刺史崔道固占领历城谋反，被土人起义攻打，和沈文秀都派人送信招引北魏人，北魏派大将慕与白曜率大军支援他们，沈文秀已经接受了朝廷命令，于是乘北魏人没防备，发兵攻击他们，杀伤的人很多。北魏就发兵围攻城市，沈文秀善于抚慰士卒，将士们都为他尽力，每次与北魏人作战，都攻破敌

人，乘敌人不备时攻击他们的营寨，每次前往都没有不成功的。

大义凛然

【原文】

文秀被围三载，外无援军，士卒为之用命，无离叛者，日夜战斗，甲胄生虮虱。五年正月二十四日，遂为虏所陷。城败之日，解释戎衣，缓服静坐，命左右取所持节。虏既入，兵刃交至，问曰："青州刺史沈文秀何在？"文秀厉声曰："身是。"因执之，牵出听事前，剥取衣服，时白曜在城西南角楼，裸缚文秀至曜前，执之者令拜，文秀曰："各二国大臣，无相拜之礼。"曜命还其衣，为设酒食，锁送桑乾。

青瓷莲瓣纹盘　南北朝

【译文】

沈文秀被包围在城内三年，外面没有救援的军队，士兵们都替他卖命，没有叛乱逃离的，日夜作战，铠甲上都生了虱子。泰始五年（470）正月二十四日，终于被北魏人攻破城池。城池被攻破的那天，他解下了军装，穿宽松的衣服静静地坐着，命令左右的人拿来他的符节。敌人进城后，兵刃交叉，询问说："青州刺史沈文秀在何处？"沈文秀严厉地回答说："我是。"于是就抓住他，拉到厅堂外，剥掉他的衣服，当时慕与白曜在城西南处的角楼上，他们就把沈文秀赤裸着绑到慕与白曜面前，抓他的人让他行礼，沈文秀说："各自是两个国家的大臣，没有互相拜见的礼节。"慕与白曜命令还给他的衣服，替他摆设酒宴，然后锁着他送到桑乾。

袁粲传

清整风貌

【原文】

时粲与齐王、褚渊、刘秉入直，平决万机，时谓之"四贵"。粲闲默寡言，不肯当事，主书每往谘决，或高咏对之，时立一意，则众莫能改。宅宇平素，器物取给。好饮酒，善吟讽，独酌园庭，以此自适。居负南郭，时仗策独游，素寡往来，门无杂客。乃受遗当权，四方辐凑，闲居高卧，一无所接，谈客文士，所见不过一两人。

【译文】

袁粲当时与齐王、褚渊、刘秉入朝执政，平定决断各种事情，当时人们称他们为"四贵"。袁粲沉默不爱说话，不愿承担事情，主书每次前来咨询决断，有时就高声念诵答对，经常是一旦决定，大家都不能改变。他的住宅很平常，器物只取所需。喜欢饮酒，善于吟咏背诵，独自在花园庭院中饮酒时，以吟咏自我陶

醉。住所靠近南城，经常独自驾车游览，平时很少与人往来，家里没有闲杂的客人。等到接受遗命掌权时，四方众人聚集在他周围，他仍然安闲地生活，不加以接待，交谈的文人，所见的也不过一两个人。

阮长之传

清正廉洁

【原文】

时郡县田禄，以芒种为断，此前去官者，则一年秩禄皆入后人，此后去官者，则一年秩禄皆入前人。始以元嘉末改此科，计月分禄。长之去武昌郡，代人未至，以芒种前一日解印授。初发京师，亲故或以器物赠别，得便缄录，后归，悉以还之。

【译文】

当时郡县官吏的田地薪俸，以芒种这天作截断，在这之前离任的，那么一年的俸禄都归后任此职的人，在这之后离任的，那么一年的俸禄都给前任的人。到元嘉末年才改变这种规定，按月分俸禄。阮长之离开武昌郡时，代任的人还没到，他就在芒种前一天解去官印。当初从京城出发时，亲戚朋友有人赠给他器具物品，收到之后就记在封上，后来回京城时，都还给了他们。

陶渊明传

五柳先生

【原文】

潜少有高趣，尝著《五柳先生传》以自况，曰："先生不知何许人，不详姓字，宅边有五柳树，因以为号焉。闲静少言，不慕荣利，好读书，不求甚解，每有会意，欣然忘食。性嗜酒，而家贫不能恒得。亲旧知其如此，或置酒招之，造饮辄尽，期在必醉，既醉而退，曾不吝情去留。环堵萧然，不蔽风日，短褐穿结，箪瓢屡空，晏如也。尝著文章自娱，颇示己志，忘怀得失，以此自终。"其自序如此，时人谓之实录。

【译文】

陶渊明小时候就志趣高雅，曾经写《五柳先生传》来比拟自己，说："这位先生不知道是什么人，不了解他的姓名，因为住宅边有五颗柳树，就以此作称号。静默不愿说话，不羡慕荣华富贵，喜欢读书，却不求甚解，每当读书有会意之处，高兴得忘了吃饭。生性喜欢喝酒，然而家里贫穷不能经常有酒。亲戚朋友知道他爱喝酒，有时就买酒招待他，再次喝酒都一饮而尽，期待能喝醉，喝醉之后就离去，一定不会吝惜去留。周围的院墙破败，不能遮风蔽日，短小的衣服打着补丁，锅里经常没有米饭，他却平安而满足。曾经写文章来自我娱乐，很能表示自己的志向，忘记得失，以这种状态了结一生。"他自己写这样的自序，当时人称之为他生活的真实写照。

【国学经典文库】

南齐书

【南朝·梁】萧子显

线装书局

序　言

　　《南齐书》是纪传体的断代史著，记述南朝萧齐王朝自齐高帝萧道成建元元年（479）至齐和帝萧宝融中兴二年（502）间的史实，是现存关于南齐最早的史书。原名《齐书》，至宋代为区别于李百药所撰《北齐书》，改称《南齐书》，撰著者为萧子显。

　　萧子显（487~535），字景阳，南兰陵郡南兰陵（今江苏常州西北）人，南朝的历史学家、文学家，出身皇族，是齐高帝萧道成之孙，豫章王萧嶷第八子，七岁时封为宁都县侯。南齐灭国之后，降为子爵。因受梁武帝萧衍重视，历任主簿、录事、国子祭酒、吏部尚书等，位至仁威将军、吴兴太守。

　　南齐王朝设有史官，称撰史学士、著作郎及太史令。于萧子显编撰《齐书》之前，檀趋、江淹等曾奉诏撰著《国史》。此外，沈约著有《齐纪》，吴均著有《齐春秋》，这些都为萧子显撰写齐史提供了可资参考的资料。萧子显又是自齐入梁的贵族人物，对南齐的许多史事、王室情况是熟悉的或是亲自经历过的，加之萧梁取代南齐，未经重大战乱，许多图书文籍得以保存，这更为萧子显修史提供了有利条件。萧子显博学多识，长于写作，曾采众家《后汉书》，撰成后汉史一百卷，又著《齐书》（即《南齐书》）六十卷，《普通北伐记》五卷，《贵俭传》三十卷，《文集》二十卷。除《齐书》外，其他著作均已失传。

　　《南齐书》是萧子显于梁朝经过启奏之后开始撰著的，起止年代已经不可确考。据推断当始于梁武帝天监十三年（514）以后，完成于普通七年（526）以前。原书共六十卷，现存五十九卷，其中帝纪八卷，志十一卷，列传四十卷。所缺一卷，系本书最后的《自序》（或称《序录》），于唐代已失传。

　　帝纪八卷中，除《高帝纪》分上、下卷外，其余六帝纪各一卷。萧子显为齐梁贵族，又为梁武帝宠臣，故在帝王及贵族人物纪传中多有曲笔，未尽据实直书。如在《高帝纪》中对萧齐篡宋的史实则多有避讳与回护，只侧重写宋顺帝逊位。

　　诸志共十一卷，列目有《乐》《天文》《州郡》《百官》《舆服》《祥瑞》及《五行》等。诸志的撰写是在江淹所著《齐史》十志的基础上，改为八卷成书的。其中《州郡志》虽只述建置，不记户口，但对于研究南朝侨郡的移动与变迁，具有重要参考价值。《祥瑞志》多

载图谶，《天文志》仅记灾祥。《百官志》尚称简要而条理明晰，于某些重要官职的设置及变迁情况有较详叙述。志中无《食货》《艺文》及《刑法》诸志。

列传四十卷，除专传外，又分为七类：皇后、宗室、文学、良政、高逸、孝义及幸臣，类别与《宋书》基本相似。"文学传"是萧子显自创，为《宋书》所无。但"文学传"所载并非全为著名文学家，其中《祖冲之传》所记，实际是古代科学家、发明家的事迹，并未涉及祖冲之的文学成就。

《南齐书》文字比较简洁，史笔流畅，叙事完备。于人物列传的写作，继承了班固《汉书》的类叙法，又借鉴了沈约《宋书》的带叙法，能于一传中列述较多人物，避免人各一传不胜其烦的弊病。又书中各志及类传，除少数外，大致均有序文，借以概括全篇内容，提示写作主旨。

高帝本纪

萧道成建齐

【原文】

　　太祖高皇帝讳道成，字绍伯，姓萧氏，汉相国萧何二十四世孙也。……明帝崩，遗诏为右卫将军，领卫尉，加兵五百人。与尚书令袁粲，护军褚渊，领军刘勔共掌机事。……寻解卫尉，加侍中，领石头戍军事。……休范既死……太祖振旅凯入，百姓缘道聚观，曰："全国家者此公也。"……太祖威名既重，苍梧王深相猜忌，几加大祸。……太祖密谋废立……备法驾诣东城，迎立顺帝。……三月甲辰，诏进位相国，总百揆，封十郡为齐公。……四月癸酉，诏进齐公爵为王，……丙戌，命齐王冕十有二旒，建天子旌旗，……辛卯，宋帝禅位。……建元元年夏四月甲午，上即皇帝位于南郊。

【译文】

　　齐高帝萧道成字绍伯，是西汉丞相萧何的二十四世孙。……宋明帝临死写下遗诏让他任右卫将军，兼任卫尉，给他增加亲兵五百人，同尚书令袁粲，护军将军褚渊，领军刘勔共掌军机大事。……不久解除卫尉职务，加官侍中，领兵镇守石头城。……桂阳

齐高帝萧道成

王刘休范起兵造反，被萧道成杀死。……萧道成率军凯旋回京，老百姓纷纷挤到路边观看，说："是这位将军保住了我们的国家。"……萧道成功高名声又大，苍梧王总怕他夺权，几次想杀掉他。……于是萧道成私下谋划废掉苍梧王再立新皇帝。……萧道成备法驾到东城迎来刘准当皇帝，即宋顺帝。……宋顺帝升明三年三月甲辰日（公元 479 年 4 月 9 日），下诏进萧道成位为相国，总管一切政务，封地十郡，爵位为齐公。……四月癸酉日（5 月 8 日），下诏齐公晋爵为齐王。……丙戌日（5 月 21 日），命令齐王冕上配十二旒。树立天子旗帜。……辛卯日（5 月 26 日），宋顺帝让位。……齐高帝建元元年夏天的四月甲午日（公元 479 年 5 月 29 日），萧道成在南郊举行登基典礼。

使黄金与土同价

【原文】

　　上少沈深有大量，宽严清俭，喜怒无色。博涉经史，善属文，工草隶书，弈棋第二品。虽经纶夷险，不废素业。从谏察谋，以威重得众。即位后，身不御精细之物，敕中书舍人桓景真曰："主衣中似有玉介导，此制始自大明末，后泰始

尤增其丽。留此置主衣，政是兴长疾源，可即时打碎。凡复有可异物，皆宜随例也。"后宫器物栏槛以铜为饰者，皆改用铁，内殿施黄纱帐，宫人著紫皮履，华盖除金花爪，用铁回钉。每曰："使我治天下十年，当使黄金与土同价。"欲以身率天下，移变风俗。

【译文】

齐高帝年轻时就显得很深沉，有度量，为人宽厚，生活节俭，喜怒不形于色。不但博览经史，善写文章，而且擅长于草书，隶书，围棋水平居第二品。虽忙于国家大事，不废弃自己的爱好。善于纳谏，明察秋毫，以自己的威严和持重深得众人拥护。即位以后，不喜好精美的东西，曾对中书舍人桓景真说："我记得主衣库中有玉介导，这种东西出现于宋大明末年，到泰始年间更为盛行。把它留在主衣库中，恰是产生灾祸的源泉，可立即打碎。以后只要有奢侈之物，都应照此法处理。"后宫内器物栏杆用铜装饰的，一律改为铁。内殿用黄纱帐，宫人穿紫皮鞋，华盖上除去金质装饰，用铁回钉。齐高帝常说："让我治理天下十年，要使黄金与土同价。"想以身作则，改变奢侈的风俗。

郁林王本纪

乱 政 被 杀

【原文】

帝在寿昌殿，闻外有变，使闭内殿诸房阁，令阉人登兴光楼望，还报云："见一人戎服，从数百人，急装，在西钟楼下。"须史，萧谌领兵先入宫，截寿昌阁，帝走向爱姬徐氏房，拔剑自刺不中，以帛缠颈，舆接出延德殿。谌初入殿，宿卫将士皆操弓盾欲拒战，谌谓之曰："所取自有人，卿等不须动!"宿卫信之，及见帝出各欲自奋，帝竟无一言。出西弄，杀之，时年二十二。

【译文】

郁林王正在寿昌殿，听说外面有变乱，命令关闭内殿的各个房门，派宦官登上兴光楼张望。宦官回来报告："看见一人穿军服，后面跟着几百人，都穿紧身衣服，正在西钟楼下。"一会儿，萧谌带兵先入宫，截住寿昌殿的小门。郁林王走进爱妾徐氏的房间，拔剑自杀未遂，结果用帛缠着脖子，被萧谌拴在车上拉出延德殿。萧谌刚入殿时，守卫的将士都拿着弓盾想抵抗，萧谌对他们说："我们自有所取，你们不必过问。"守卫将士都相信了。等到见郁林王被抓出来，他们都想上前救护，可郁林王到底没说一句话。萧谌把郁林王拉到延德殿西胡同杀掉。当时郁林王二十二岁。

文惠太子传

《考工记》竹简

【原文】

时襄阳有盗发古冢者，相传云是楚王冢，大获宝物玉屐、玉屏风、竹简书、青丝编。简广数分，长二尺，皮节如新。盗以把火自照，后人有得十余简，以示抚军王僧虔，僧虔云是科斗书《考工记》，《周官》所阙文也。是时州遣按验，颇得遗物，故有同异之论。

【译文】

当时襄阳境内有人盗挖古墓，相传这墓是楚王的坟墓。盗墓者得到大批宝物玉鞋、玉屏风、竹简书、青丝编。竹简几分宽、二尺长，皮条和竹节像新的一样。盗墓者用竹简点火照明。后来有人得到十几支竹简，拿给抚军王僧虔看，僧虔说是科斗文《考工记》，《周礼》正缺少这部分内容。这时州里派人调查，得到一些剩下的东西。于是便有《考工记》内容的相同与不同之争。

豫章王嶷传

待 人 宽 厚

【原文】

〔嶷〕性泛爱，不乐闻人过失，左右有投书相告，置靴中，竟不视，取火焚之。斋库失火，烧荆州还资，评直三千余万，主局各杖数十而已。

【译文】

萧嶷生性博爱，不喜欢听说别人的过失。左右的人有投信告发的，他把信放在靴中，也不看一眼，就用火烧掉。仓库失火，烧掉从荆州带回的钱财，估计值钱三千余万，萧嶷只把主管人员杖责几十下而已。

褚 渊 传

为 官 持 重

【原文】

渊美仪貌，善容止，俯仰进退，咸有风则。每朝会，百僚远国〔使〕莫不延首目送之。宋明帝尝叹曰："褚渊能迟行缓步，便持此得宰相矣。"寻加尚书令，本官如故。二年，重申前命为司徒，又固让。……性和雅有器度，不妄举动，宅尝失火，烟焰甚逼，左右惊扰，渊神色怡然，索舆来徐去。

【译文】

褚渊容貌俊美，仪容举止得体，俯仰进退，都有风度。每次朝会，文武百官

与外国使节无不伸长脖子目送他很远。在宋时，宋明帝曾赞叹说："褚渊走路不紧不慢，凭这就可当宰相。"不久，齐高帝给他加官，任尚书令，原先的官职不变。建元二年（公元480年），齐高帝重申前命，任褚渊为司徒。褚渊再次辞让。……褚渊文雅大度，不随便举动。家中曾失火火势很猛，左右的人都很惊慌，褚渊神色却很平静，要车来徐徐离去。

王俭传

少有宰相之志

【原文】

王俭字仲宝，琅邪临沂人也。……幼有神彩，专心笃学，手不释卷。……上表求校坟籍，依《七略》撰《七志》四十卷，上表献之，表辞甚典。又撰定《元徽四部书目》。……少有宰相之志，物议咸相推许。时大典将行，俭为佐命，礼仪诏策，皆出于俭，褚渊唯为禅诏文，使俭参治之。齐台建，迁右仆射，领吏部，时年二十八。……朝廷初基，制度革创，俭识旧事，问无不答。上叹曰："《诗》云：'维岳降神，生甫及申。'今亦天为我生俭也。"

【译文】

王俭字仲宝，琅琊郡临沂人（今山东省临沂一带）。小时候很有风采，一心刻苦学习，手不释卷。……（宋时）他上表要求校对古籍，按照刘歆《七略》的形式撰《七志》四十卷。上表把书献上，表文典雅。又写成《元徽四部书目》。……年轻时有做宰相的志向，众人都很推崇他，认为他将来肯定能当宰相。齐高帝举行登基典礼王俭为辅佐大臣，一切礼仪诏书，都由他负责。褚渊只写了禅位诏书，还由王俭从旁帮助。齐朝建立后，王俭升尚书右仆射，兼领吏部，当时他才二十八岁。……当时齐朝刚刚建立，各项制度草草形成，很不完善。王俭知道前朝旧事，有问必答。齐高帝赞叹说："《诗经》上说：'中岳嵩山降神，生下吕侯与申伯。'现在也是天为我降生王俭啊。"

自比谢安

【原文】

俭长礼学，谙究朝仪，每博议，证引先儒，罕有其例。八坐丞郎，无能异者。令史谘事，宾客满席，俭应接铨序，傍无留滞。十日一还学，监试诸生，巾卷在庭，剑卫令史仪容甚盛。作解散髻，斜插帻簪，朝野慕之，相与放效。俭常谓人曰："江左风流宰相，唯有谢安。"盖自比也。世祖深委仗之，士流选用，奏无不可。

谢安

【译文】

王俭擅长礼学，熟习朝廷礼仪，每有议论，多方引证前世儒者的言行，官员

中很少能像他这样的。而在中央的高级官员中，没人能出乎其上。有时令史来问事，正赶上宾客满席，王俭接待后，对属下官员的升降处理，对答如流，从不误事。十天到学堂一次，监督考试学生。士人聚集在大厅中，护卫及文书官员的阵容非常壮观。曾作解散式发型，把簪斜插在头巾上，朝廷和民间都很羡慕，争相仿效。王俭常对人说："江东风流宰相，只有谢安。"以谢安自比。齐武帝对他很信赖，官员选用方面，他的奏折没有不被批准的。

张敬儿传

智斩桂阳王

【原文】

桂阳事起，隶太祖顿新亭，贼矢石既交，休范白服乘舆往劳楼下，城中望见其左右人兵不多，敬儿与黄回白太祖曰："桂阳所在，备防寡阙，若诈降而取之，此必可擒也。"太祖曰："卿若能办事，当以本州相赏。"敬儿相与出城南，放仗走，大呼称降，休范喜，召至舆侧，回阳致太祖密意，休范信之。回目敬儿，敬儿夺取休范防身刀，斩休范首，休范左右数百人皆惊散，敬儿驰马持首归新亭。

【译文】

桂阳王刘休范起兵叛乱，张敬儿随萧道成驻兵新亭以抵抗叛军。叛军向新亭猛烈进攻，刘休范穿白服坐车到城楼下慰劳攻城的将士。城中人望见休范左右的士兵不多，张敬儿与黄回告诉萧道成说："桂阳王周围防备松懈，如果假装投降，一定能活捉他。"萧道成说："您如果能办成此事，一定把你所在的州赏给你。"张敬儿与黄回一块到城南，放下器杖就跑，大喊着要投降。休范很高兴，把两人叫到车旁。黄回假装告诉他萧道成的密意，休范很高兴。黄回向张敬儿示意动手，敬儿便夺取休范的防身刀，砍下休范的头。休范左右几百人都惊慌逃走，敬儿拿着休范的头骑马跑回新亭。

陈显达传

兵败汉水

【原文】

永元元年，显达督平北将军崔慧景众军四万，围南乡堺马圈城，去襄阳三百里，攻之四十日，虏食尽，啖死人肉及树皮，外围既急，虏突走，斩获千计。官军竞取城中绢，不复穷追。显达入据其城，遣军主庄丘黑进取南乡县，故从阳郡治也。虏主元宏自领十余万骑奄至，显达引军渡水西据鹰子山筑城，人情沮败。虏兵甚急，军主崔恭祖、胡松以乌布幔盛显达，数人担之，径道从分碛山出均水口，台军缘道奔退，死者三万余人。

【译文】

齐永元元年（公元499年），陈显达督平北将军崔慧景率军四万，包围了南

乡县的马圈城，此地离襄阳三百里。齐军连攻四十天，魏军粮食吃完了，吃死人肉和树皮，后来只好在齐军的猛烈进攻下逃走，被杀被俘千余人。齐军进城，争抢城中的绢帛，不再追赶。陈显达占据马圈城后，派军主庄丘黑进占南乡县，即以前的从阳郡郡治。魏孝文帝元宏自率十余万骑兵赶来，显达自知不敌，率军渡河上鹰子山筑城防守，士气低落。魏军急攻，军主崔恭祖、胡松用乌布幔包上陈显达，让几个人抬着插小道从分磧山出均水口退回，大军随后逃来，死者三万余人。

李 安 民 传

执法不避友

【原文】

城局参军王迥素为安民所亲盗绢二匹，安民流涕谓之曰："我与卿契阔备尝，今日犯王法，此乃卿负我也。"于军门斩之，厚为敛祭，军府皆震服。

【译文】

城局参军王迥素是李安民亲近的人，他偷了两匹绢，被人发现。李安民流着泪对他说"我和您备尝过离散之苦，亲如一人，今天您犯了王法，这是您对不起我了。"下令在军营门外斩首，然后用厚礼收敛祭奠。全军上下都很震惊叹服。

诏断众募

【原文】

宋泰始以来，内外频有贼寇，将帅已下，各募部曲，屯聚京师，安民上表陈之，以为"自非淮北常备，其外余军，悉皆输遣，若亲近宜立随身者，听限人数。"上纳之，故诏断众募。

【译文】

宋明帝泰始年间以来，国内常有盗贼，边境上又不断有外敌进攻，将帅以下，便各自招募私人军队，屯驻京城。李安民上表陈述这件事，认为"除非淮北前线的常备军队，其他私人军队，全部解散。如果亲近大臣应当有随身护卫的，也要限制人数。"齐高帝接受了这个建议，所以下诏禁止招募部曲。

周 盘 龙 传

父子两骑大败数万敌兵

【原文】

盘龙子奉叔单马率二百余人陷阵，虏万余骑张左右翼围绕之，一骑走还，报奉叔已没，盘龙方食，弃箸，驰马奋槊，直奔虏阵，自称"周公来!"虏素畏盘龙骁名，即时披靡。时奉叔已大杀虏，得出在外，盘龙不知，乃冲东击西，奔南

突北，贼众莫敢当。奉叔见其父久不出，复跃马入阵。父子两匹骑，萦搅数万人，虏众大败。盘龙父子由是名播北国。

【译文】

周盘龙的儿子周奉叔单骑率二百余人冲入敌阵，北魏军一万多骑兵张开两翼包围了他们。一个骑兵逃回，报告说奉叔已经阵亡。周盘龙正吃饭，听说后扔下筷子，拿起长矛，骑马直冲敌阵，自称"周公来!"魏军一向畏惧周盘龙的勇名，立时败退。这时奉叔已经杀死很多敌兵，冲出敌阵。盘龙不知道，仍在阵内到处冲杀。魏军无人敢抵挡。奉叔在阵外见其父久不出，再次骑马冲入敌阵。父子两人，奋战几万敌兵，魏军大败。周盘龙父子从此在北方的国家出了名。

虞玩之传

检定簿籍

【原文】

上患民间欺巧，及即位，敕玩之与骁骑将军傅坚意检定簿籍。建元二年，诏朝臣曰："黄籍，民之大纪，国之治端。自顷氓俗巧伪，为日已久，至乃窃注爵位。盗易年月，增损三状，贸袭万端。或户存而文书已绝，或人在而反托死叛，停私而云隶役，身强而称六疾。编户齐家，少不如此。皆政之巨蠹，教之深疵。比年虽却籍改书，终无得实。……"乃别置板籍官，置令史，限人一日得数巧，以防懈怠。于是货赂因缘，籍注虽正，犹强推却，以充程限。至世祖永明八年，谪巧者戍缘淮各十年，百姓怨望。

【译文】

齐高帝担心民间隐瞒户口，即位后，令虞玩之与骁骑将军傅坚意检查户口。建元二年（公元 480 年）给大臣下诏说："户口册是老百姓的重要记录，国家治理的开端。自从小民奸伪，隐瞒户口，由来已久。以至于有些人偷写爵位，改换出生年月，增减三状，多方假冒。有的住户还在而官府户口册上已没有了，有的人还在而户籍上却写着已死或逃。停留在家而假称已服役去了，身强力壮却说百病在身。普通百姓中，很少有不这样的。这都是治国的大害，教化的痼疾。近几年虽把假冒的户口册驳回重写，可到底没有得到实在的户口数。"于是专置板籍官，设令史，限令每人每天须查到的奸伪者的数目，以防怠慢。官吏们乘机受贿敲诈，有时户籍虽对还要强行改写，以充期限。到齐武帝永明八年（公元 490年）把奸伪者流放到淮河边戍守十年，老百姓怨声载道。

鄱阳王传

萧鸾大杀齐诸王

【原文】

高宗镇东府，权势稍异，锵每往，高宗常屣履至车迎锵。语及家国，言泪俱

下，锵以此推信之。而宫台内皆属意于锵，劝锵入宫发兵辅政。制局监谢粲说锵及随王子隆曰："殿下但乘油壁车入宫，出天子置朝堂，二王夹辅号令，粲等闭城门工仗，谁敢不同？东城人政共缚送萧令耳。"子隆欲定计，锵以上台兵力既悉度东府，且虑事难捷，意甚犹豫。马队主刘巨，世祖时旧人，诣锵请间，叩头劝锵立事。锵命驾将入，复回还内与母陆太妃别，日暮不成行。数日，高宗遣二千人围锵宅害锵，谢粲等皆见杀。锵时年二十六。凡诸王被害，皆以夜遣兵围宅，或斧关排墙叫噪而入，家财皆见封籍焉。

【译文】

萧鸾镇守东府，权势更大。萧锵每次拜见，他常常急匆匆地到车旁迎接，谈到家事国事，声泪俱下。萧锵因此很推重信赖他。可朝廷官员把希望寄托在萧锵身上，劝萧锵入宫发兵辅政。制局监谢粲劝说萧锵和随王萧子隆："殿下只要坐油壁车入宫，让皇帝坐朝堂之上，以皇帝的名义下令，我们关上城门拿起兵器，谁敢不

酒具　南北朝

听从？东城的人一定会把萧鸾捆绑送来。"萧子隆想定计，萧锵认为上游的官军已全归萧鸾指挥，担心事情难以成功，很犹豫。骑兵队主刘巨是齐武帝时的老将，找机会拜见萧锵，叩头劝锵发动政变。萧锵坐车将要入宫，又回到内宅与母亲陆太妃告别，到天晚了终于没有去成。几天后，萧鸾派二千人包围了萧锵住宅把他杀害。谢粲等人都被杀。萧锵这年二十六岁。凡是杀害各王，萧鸾都是晚上派兵包围其住宅，砍开大门推倒墙壁大喊着冲进去，家财一律查封。

陆　澄　传

一代硕儒

【原文】

澄少好学，博览无所不知，行坐眠食，手不释卷。……俭自以博闻多识，读书过澄。澄曰："仆年少来无事，唯以读书为业。且年已倍令君，令君少便鞅掌王务，虽复一览便谙，然见卷轴未必多仆。"俭集学士何宪等盛自商略，澄待俭语毕，然后谈所遗漏数百千条，皆俭所未睹，俭乃叹服。俭在尚书省，出中箱机案杂服饰，令学士隶事，事多者与之，人人各得一两物，澄后来，更出诸人所不知事复各数条，并夺物将去。……以竟陵王子良得古器，小口方腹而底平，可将七八升，以问澄，澄曰："北名服匮，单于以与苏武。"子良后详视器底，有字仿佛可识，如澄所言。

【译文】

陆澄小时喜爱学习，广泛阅览无所不知。平时手不释卷。……王俭自以为见闻广博，读书比陆澄多。陆澄说："我年轻时便以读书为业，再说年龄也比您大

一倍，您从小为国事忙碌，虽说一看就明白，但见的书未必比我多。"王俭把学士何宪等人招来广泛商讨，然后告诉陆澄。陆澄等王俭说完，接着谈他遗漏的内容几百上千条，都是王俭没看过的，王俭才叹服。王俭在尚书省拿出箱子、桌子及各种衣物，让学士们分别讲出他们的典故旧事，说得多的把东西给他，人人各得一两件。陆澄来得晚，又说出他们不知道的事各几条，把剩下的东西全部拿走。……竟陵王萧子良得到一件古器，小口方腹平底，可盛七八升东西，不知道叫什么名字，便问陆澄，回答说："北方叫服匿，当年单于送给了苏武。"萧子良后来仔细看这件古器的底部，有字好像可以认出来，正同陆澄说的一样。

竟陵王子良传

萧子良为民请命

【原文】

是时上新亲政，水旱不时。子良密启曰，"臣思水潦成患，良田沃壤，变为污泽；农政告祥，因高肆务，播植既周，继以旱虐。黔庶呼嗟，相视禑气。夫国资于民，民资于食，匪食匪民，何以能政？臣每一念此，寝不便席。……今闻所在逋余尚多，守宰严期，兼夜课切，新税力尚无从，故调于何取给？政当相驱为盗耳。愚谓逋租宜皆原除，少降停恩，微纾民命……今科网严重，称为峻察。负罪离譬，充积牢户。署时郁蒸，加以金铁。聚忧之气，足感天和。民之多怨，非国福矣。顷土木之务，甚为殷广，虽役未及民，勤费已积。炎旱致灾，或由此。……何得不爱其民，缓其政，救其危，存其命哉？"

【译文】

这时齐武帝刚刚即位，旱涝无常。萧子良暗中向武帝上奏说："我想雨水成灾，良田沃土变成沼泽，主管农业的官员建议这适合高地上的生产，而全部种上后，又有旱灾。老百姓呼天叫地，为之丧气。国家依靠百姓，百姓要靠粮食生活，没有粮食，没有百姓，怎么治理？我每想起这些，睡觉都不安稳。……现在听说百姓中欠租调的很多，太守县令限定日期连夜追逼交纳。新税尚无力交纳，以前欠的户调又从何而来？这只能驱使他们去当盗贼。我认为欠租最好都予免除，稍微给他们点恩惠，使百姓缓口气。……现在法网严密，称为峻察。犯罪的人充满监狱，夏天热气上升，因犯又带着刑具，怨恨之声，足以惊动上天。老百姓怨气大，不是国家之福。近来土木工程规模太大，虽没有让百姓服役，耗费很厉害。大旱成灾，也许与此有关。……（事已如此）为什么不爱护百姓，减轻苛政，扶救危难，让他们活下去呢？"

齐民有自断手足以避徭役者

【原文】

子良又启曰："……谷价虽和，比室饥嗛；缣纩虽贱，骈门裸质。臣一念此，每入心骨。三吴奥区，地惟河、辅，百度所资，罕不自出，宜在躅优，使其全

富。而守宰相继，务在裒克，围桑品屋，以准赀课。致令斩树发瓦，以充重赋，破民财产，要利一时。东郡使民，年无常限，在所相承，准令上直。每至州台使命，切求悬急，应充猥役，必由穷困。乃有畏失严期，自残躯命，亦有斩绝手足，以避徭役。生育弗起，殆为恒事。守长不务先富民，而唯言益国，岂有民贫于下，而国富于上邪？……"

【译文】

萧子良又上奏说："……谷价虽低，老百姓家家粮食不够；丝绵虽贱，户户无衣蔽体。我每想起这些，痛心疾首。三吴内地，正像汉之河南、三辅一样，所有的生活资料，很少有不出产的。国家应免除赋税以示优待，使老百姓全部富足。可连任的地方官员只会搜刮，丈量桑树的粗细，房屋的大小来作为征收赋税的标准。甚至砍树揭瓦来充重赋，毁民财产，取利一时。东郡（今浙江东部）役使民众无度，相沿成例，要求百姓按时服役。每当州官有令，索求得非常急切；凡是卑贱的差役，一定由穷人承当。以至有人因怕不能按期完成，自残身体以至丧命，也有的砍断自己的手脚来避徭役。不敢生育孩子，成为常事。地方官吏不致力于先让民富足而只称富国，岂有百姓贫困而国家富强的呢……"

武十七王传

帝王子弟难以任重

【原文】

帝王子弟，生长尊贵，薪禽之道未知，富厚之图已极。龆年稚齿，养器深宫，习趋拜之仪，受文句之学，坐蹑搢绅，傍绝交友，情伪之事，不经耳目，忧惧之道，未涉胸衿，虽卓尔天悟，自得怀抱，孤寡为识，所陋犹多。朝出闱闱，暮司方岳，帝子临州，亲民尚小，年序次第，宜屏皇家，防骄剪逸，积代恒典，平允之情，操槌贻虑。故辅以上佐，简自帝心，劳旧左右，用为主帅，州国府第，先令后行，饮食游居，动应闻启，端拱守禄，遵承法度，张弛之要，莫敢厝言，行事执其权，典签掣其肘，苟利之义未申，专违之咎已及。处地虽重，行已莫由，威不在身，恩未接下，仓卒一朝，艰难总集，望其释位扶危，不可得矣。

【译文】

帝王子弟，生来尊贵，日常生活之事一点不知，荣华富贵已充分享受。从小生活在深宫之中，学习各种礼节与诗书，轻易地登上高位，又不能交友，故对于人世间的真假之事一点也不能耳闻目睹，至于人生的艰难，更无法体会。即使他们天生聪颖，善于领悟，可经历太少，知识还是很贫乏的。早晨离开宫门，晚上就担任地方长官，作为皇子临镇，年龄还很小。按照他们的身份地位，应该护卫皇室，而帝王们都想防止子弟骄奢淫逸，这是历代的规则。帝王希望皇子们公平适当地处理政务，可他们毕竟年龄太小，又握有兵权，这不能不使皇帝担忧。所以皇帝便让自己信得过的人去辅佐他们，派自己身边有功劳的大臣担任主帅。不论是州国大事还是府中小事，皇子们都要按令而行，饮食起居，一举一动都要向皇帝派的人汇报。这些帝王子弟只有无所事事，享受俸禄，遵守法度，大小之

事，一言不发。行事代掌其权，典签又控制着他，一点小事还没办，已经受到擅作主张违反法度的训斥。所处地位虽重要，却行不由己，既不能在部下面前树立威信，又不能给他们以恩德，一旦发生什么变故，自己先受灾难。至于希望皇子们不顾名位而去扶持危难中的皇室，根本不可能。

张 融 传

旧衣胜新装

【原文】

太祖素奇爱融，为太尉时，时与融款接，见融常笑曰："此人不可无一，不可有二。"即位后，手诏赐融衣曰："见卿衣服粗故，诚乃素怀有本；交尔蓝缕，亦亏朝望。今送一通故衣，意谓虽故，乃胜新也。是吾所著，已令裁减称卿之体。并履一量。"

【译文】

齐高帝一向很喜爱张融，做太尉时，常同他来往。见张融后常笑着说："这样的人不能没有一个，也不可有两个。"即位后，亲手下诏书赐给张融衣服："我见您衣服破旧，实在是您一向朴素之故；可让您衣服破破烂烂，也有失朝廷名望。现在送您一套旧衣服，虽说旧点，比新的还好。这是我以前穿过的，已让人按您的身材大小裁减。附送鞋一双。"

徐孝嗣传

当断不断，终受其乱

【原文】

帝失德稍彰，孝嗣不敢谏诤。及江祏见诛，内怀忧恐，然未尝表色。始安王遥光反，众情遑惑，见孝嗣入，宫内乃安。然群小用事，亦不能制也。进位司空，固让。求解丹阳尹，不许。孝嗣文人，不显同异，名位虽大，故得未及祸。虎贲中郎将许准有胆力，领军隶孝嗣，陈说事机，劝行废立。孝嗣迟疑久之，谓必无用干戈理，须少主出游，闭城门召百僚集议废之，虽有此怀，终不能决。群小亦稍憎孝嗣，劝帝召百僚集议，因诛之。冬，召孝嗣入华林省，遣茹法珍赐药，孝嗣容色不异，少能饮酒，药至斗余，方卒。

青瓷五足砚　南北朝

【译文】

东昏侯不行正道，事情已很明显，徐孝嗣不敢直言劝告。江祏被东昏侯杀死后，孝嗣内心很忧虑恐慌，但没在

表面上显示出来。始安王萧遥光举兵造反，大家都很紧张，见孝嗣入宫，宫内才安定下来。可一批小人掌握着大权，孝嗣无力改变这种局面。他坚决推辞了让他担任司空的任命；又上表请求免去丹阳尹的职位，东昏侯不允许。孝嗣是文人，在一些事情上又不明确表明态度，名位虽大，没有遭祸。虎贲中郎将许准有胆量有魄力，带兵归属孝嗣，向他陈述形势，劝他废掉东昏侯再立新皇帝。孝嗣迟疑很久，说完全没有用武力的道理，要等东昏侯出外游玩时，关上城门召集百官讨论废掉他。虽有这个想法，到底不能下决心。东昏侯周围的小人们也逐渐恨孝嗣，劝东昏侯召集百官商议，借机杀掉他。冬天，东昏侯召孝嗣到华林省，派茹法珍送去药酒，让他自杀。孝嗣脸色不变，因从小就能喝酒，现在喝了一斗多药酒才死。

沈文季传

唐寓之起兵新城

【原文】

是时连年检籍，百姓怨望。富阳人唐寓之侨居桐庐，父祖相传图墓为业。寓之自云其家墓有王气，山中得金印，转相诳惑。三年冬，寓之聚党四百人，于新城水断商旅，党与分布近县。新城令陆赤奋、桐庐令王天愍弃县走。寓之向富阳，抄略人民，县令何洵告鱼浦子逻主从系公，发鱼浦村男丁防县。永兴遣西陵戍主夏侯昙羡率将吏及戍左右埭界人起兵赴救。寓之遂陷富阳。会稽郡丞张思祖遣台使孔矜、王万岁、张繇等配以器仗将吏白丁，防卫永兴等十属。文季亦遣器仗将吏救援钱塘。寓之至钱塘，……进抑浦登岸，……分兵出诸县，盐官令萧元蔚，诸暨令陵琚之并逃走，余杭令乐琰战败乃奔。

【译文】

这时连年清查户口，老百姓很不满。富阳人唐寓之侨居桐庐，父祖相传以为人谋划墓地为业。唐寓之自称他家的墓有帝王祥瑞之气，在山中得到金印，到处煽动。齐武帝永明三年冬（公元485年），唐寓之招集四百人在新城（今浙江桐庐县东）造反，断绝水上商旅往来，其同党分布于邻近各县。新城县令陆赤奋，桐庐县令王天愍弃官逃走。寓之向富阳进兵，沿途骚扰。县令何洵告诉鱼浦的巡逻队长官从系公，要他征发鱼浦村的壮年男子防守县城。永兴县也派在西陵戍守的长官夏侯昙羡率将吏和戍守左右堤塘边界的人赶往富阳支援。唐寓之攻陷富阳。会稽郡丞张思祖派使者孔矜、王万岁、张繇等带着兵器与将吏、壮丁防卫永兴等下属十县。沈文季也派将吏带着兵器支援钱塘。寓之到钱塘，在抑浦登岸，分兵攻邻近各县。盐官县令萧元蔚，诸暨县令陵琚之都逃走。余杭县乐琰战败也落荒而逃。

唐寓之称帝钱塘

【原文】

是春，寓之于钱塘僭号，置太子，以新城戍为天子宫，县廨为太子宫。弟绍之为扬州刺史。钱塘富人柯隆为尚书仆射、中书舍人，领太官令。献铤数千口为寓之作仗，加领尚方令。分遣其党高道度徐寇东阳，东阳太守萧崇之、长山令刘国重拒战见害。……贼遂据郡。又遣伪会稽太守孙泓取山阴，时会稽太守王敬则朝正，故寓之谓乘虚可袭。泓至浦阳江，郡丞张思祖遣浹口戍主汤休武拒战，大破之。上在乐游苑，闻寓之贼，谓豫章王巍曰："宋明初，九州同反，鼠辈但作，看萧公雷汝头。"遣禁兵数千人，马数百匹东讨。贼众乌合，畏马。官军至钱塘，一战便散，禽斩寓之，进兵平诸郡县。台军乘胜，百姓颇被抄夺。

【译文】

这年春天（公元 486 年）唐寓之在钱塘（今浙江杭州西）称帝，立太子。把新城戍作为天子宫殿，县衙作为太子宫。弟弟绍之任扬州刺史，钱塘富人柯隆为尚书仆射、中书舍人兼太官令。因柯隆献数千块铜铁给寓之打造兵器，又兼任尚方令。寓之分派同党高道度徐攻东阳郡，东阳太守萧崇之，长山（今浙江金华）县令刘国重在抵抗中战死。……占据东阳郡。寓之又派自己任命的会稽太守孙泓攻山阴（今浙江绍兴）。当时会稽太守王敬则到都城元旦朝见，寓之认为可以乘虚进攻。孙泓到浦阳江，会稽郡丞张思祖派浹口驻军长官汤休武抵抗，孙泓大败。齐武帝在乐游苑听说唐寓之造反，对豫章王萧巍说："宋明帝初年，九州同反，也没成大气候，何况这次？小子们尽管胡闹，看我萧某敲你们的脑袋。"于是派中央军队几千人，马几百匹讨伐。唐寓之的军队乃乌合之众，又怕马队，所以官军到钱塘，打了一仗，就败退散走。官军擒斩唐寓之，进兵平定各郡县。但官军趁着胜利的时机大肆抢夺，平民被劫掠的很多。

始安王遥光传

助纣为虐

【原文】

遥光好吏事，称为分明。颇多惨害。足疾不得同朝列，常乘舆自望贤门入。每与上久清闲，言毕，上索香火，明日必有所诛杀。上以近亲单少，憎忌高、武子孙，欲并诛之，遥光计画参议，当以次施行。……帝不豫，遥光数入侍疾，帝渐甚，河东王铉等七王一夕见杀，遥光意也。

【译文】

萧遥光喜欢处理政事，自认为公正严明，被他杀害的人很多。由于脚病，不能和百官共同朝见，常乘车从望贤门入朝。每当同齐明帝闲谈很久，谈完，明帝要香火敬神，第二天必定要杀人。明帝认为自己这一支的近亲人少力单，对高帝、武帝的子孙既恨又怕，想把他们全部杀掉。遥光帮他筹划着，应当逐渐杀

害。……明帝患病，遥光多次入宫侍候。明帝病加重，河东王萧铉等七王一夜间全被杀，都是遥光的主意。

王秀之传

三世不事权贵

【原文】

初，秀之祖裕，性贞正。徐羡之、傅亮当朝，裕不与来往。及致仕隐吴兴，与子瓒之书曰："吾欲使汝处不竞之地。"瓒之历官至五兵尚书，未尝诣一朝贵。江湛谓何偃曰："王瓒之今便是朝隐。"及柳元景、颜师伯令仆贵要，瓒之竟不候之。至秀之为尚书，又不与令王俭款接。三世不事权贵，时人称之。

【译文】

当初，王秀之祖父王裕生性正直有节操，徐羡之、傅亮为当朝权贵，王裕不同他们来往。他辞官隐居吴兴后，给儿子瓒之写信说："我希望你能处于不与别人相争的位置。"王瓒之为官做到五兵尚书，没有拜访过一个权贵。江湛对何偃说："王瓒之现在便是朝廷中的隐士。"等到柳元景、颜师伯任尚书令、尚书仆射，成为朝廷要人后，瓒之竟不再同他们交往。王秀之任尚书，又不与尚书令王俭来往。三世不迎合权贵，为当时人赞叹。

陆慧晓传

以礼待人

【原文】

慧晓历辅五政，治身清肃，僚佐以下造诣，趣起送之。或谓慧晓曰："长史贵重，不宜妄自谦屈。"答曰："我性恶人无礼，不容不以礼处人。"

【译文】

陆慧晓接连辅助五王任长史，以廉洁正直为立身之本。凡幕僚等下属官员来拜访，自己一定要赶忙起身相送。有人对他说："长史官高位重，不必太谦虚降低自己的身份。"慧晓回答："我生性厌恶别人无礼，更不能使自己不以礼待人。"

谢朓传

谢朓之死

【原文】

东昏失德，江祏欲立江夏王宝玄，未更回惑，与弟祀密谓朓曰："江夏年少轻脱，不堪负荷神器，不可复行废立。始安年长入纂，不乖物望。非以此要富

贵，政是求安国家耳。"遥光又遣亲人刘沨密致意于朓，欲以为肺腑。朓自以受恩高宗，非沨所言，不肯答。少日，遥光以朓兼知卫尉事，朓惧见引，即以祏等谋告左兴盛，兴盛不敢发言。祏闻，以告遥光，遥光大怒，乃称敕召朓仍回车付廷尉，与徐孝嗣、祏、暄等连名启诛！朓……下狱死。

【译文】

东昏侯即位后不行正道，江祏想改立江夏王宝玄为皇帝，后又反悔，和弟弟江祀一起私下里对谢朓说："江夏王年轻，为人轻浮，担当不起继承祖宗帝业的重任，不能拥立他。始安王年龄大点，如果让他入宫继承帝位，一定不辜负众人的期望。我们不是借此求得富贵，只是希望使国家安定。"始安王萧遥光又派亲信刘沨暗中向谢朓表达自己的心意，要把谢朓拉过来作为自己的亲信。谢朓自认为齐明帝对自己有恩，废立大事不是刘沨应当说的话，所以不肯答应。没过几天，萧遥光让谢朓兼任卫尉，谢朓害怕被他拉入，就把江祏的阴谋告诉了左兴盛，左兴盛不敢说什么。江祏听说后，把此事告诉萧遥光，遥光大怒，乃假称皇帝的命令召见谢朓，然后把他交给廷尉关押。萧遥光与徐孝嗣、江祏、刘暄等人联名上奏要求杀谢朓，……谢朓被关进监狱处死。

孔稚珪传

治国当执法

【原文】

稚珪上表曰："臣闻匠万物者以绳墨为正，驭大国者以法理为本。是以古之圣王，临朝思理，远防邪萌，深杜奸渐，莫不资法理以成化，明刑赏以树功者也。……今律文虽定，必须用之；用失其平，不异无律。律书精细，文约例广，疑似相倾，故误相乱，一乖其纲，枉滥横起。法吏无解，既多谬僻，监司不习，无以相断，则法书徒明于帙里，冤魂犹结于狱中。今府州郡县千有余狱，如令一狱岁枉一人，则一年之中，枉死千余矣。……"

【译文】

孔稚珪上表说："我听说制造万物的工匠以绳墨为准，统治大国的君主以法律为治国的根本。因此古代的圣君，临朝思治，远远地防止邪恶产生，深切地杜绝邪恶漫延，无不用法律来教育人民，明定刑赏来收取成效。现在法律虽已制定，还必须认真执行，而执行得不公正，与没有法律一样。法律文书非常精细，条文简要而案例很多，有些看起来相似而实际有抵触，执行起来很容易混乱。一旦同根本相背离，就会有很多冤案。狱吏不明白，已经产生了很多错误，监司又不学习法律，也无法断明。这样律书白白放在书套中，狱内已到处是冤魂。现在全国各州郡县有一千多监狱，假使一个监狱一年冤枉一个人，那么一年之中，会有一千多人冤死。……"

裴叔业传

涡阳之战

【原文】

（永泰元年，叔业）等五万人围涡阳，……伪兖州刺史孟表固守拒战，叔业攻围之，积所斩级高五丈，以示城内。又遣军主萧璝、成宝真分攻龙亢戍，即虏马头郡也。虏闭城自守。伪徐州刺史广陵王率二万人，骑五千匹，至龙亢，璝等拒战不敌。叔业三万余人助之，数道攻虏。虏新至，营未立，于是大败。广陵王与数十骑走，官军追获其节。虏又遣伪将刘藻、高聪继至，叔业率军迎击破之，再战，斩首万级，获生口三千人，器仗驴马绢布千万计。虏主闻广陵王败，遣伪都督王肃、大将军杨大眼步骑十余万救涡阳，叔业见兵盛，夜委军遁走。明日，官军奔溃，虏追之，伤杀不可胜数，日暮乃止。

【译文】

齐明帝永泰元年（公元 498 年）裴叔业率军五万人围攻北魏的涡阳（今安徽蒙城）。……魏兖州刺史孟表坚守，叔业猛攻，把斩杀的魏军的头堆起来，高五丈，让城内魏军看。又派军主萧璝、成宝真带兵攻龙亢戍，也就是魏的马头郡。魏军关上城门自守。魏徐州刺史广陵王率二万人，骑兵五千到龙亢，萧璝等人抵挡不住。于是裴叔业率三万余人前往援助，分兵几路攻击魏军。魏军刚到，还没扎好营地，大败。广陵王仅带几十个骑兵逃走，官军追赶缴获他的符节。魏军又派刘藻、高聪援救，叔业率军迎击，打败了他们，两次战斗，杀敌万人，俘虏三千人，兵器、驴马、绢布以千万计。魏孝文帝听说广陵王战败，派都督王肃、大将军杨大眼带步兵、骑兵十多万人救涡阳，叔业见敌人兵多，晚上丢下军队逃走。第二天，官军逃散，魏军追赶，杀死杀伤官军无数，天黑才止。

祖 冲 之 传

祖冲之造新历

【原文】

宋元嘉中，用何承天所制历，比古十一家为密，冲之以为尚疏，乃更造新法。上表曰：“……古历疏舛，类不精密，群氏纠纷，莫审其会。寻何承天所上，意存改革，而置法简略，今已乖远。以臣校之，三睹厥谬，日月所在，差觉三度，二至晷景，几失一日，五星见伏，至差四旬，留逆进退，或移两宿。……敢率愚瞽，更创新历……。”事奏。孝武令朝士善历者难之，不能屈。会帝崩，不施行。

祖冲演与圆周率

【译文】

宋元嘉年间，开始用何承天所造历法，比古代的十一家历法精密。祖冲之认为还不行，于是改造新历法。给皇帝上表说："……古代的历法不精密，错误很多，各家说法又不相同，使人不知其要点。考何承天所上历法，其意要有所改革，可其历法简略，现在已与实际相差甚远。按照我的观测，多处已不正确。太阳与月亮的位置差了三度，冬至夏至时日规的阴影与实际情况相比，几乎差一天。五星在伏天出现，竟差四十多天。而其运行状况，有时差两夜。……我冒昧请求率领掌管天文历法的官吏，再造新历法。……"表文奏达皇帝。宋孝武帝让朝廷官员中精通历法的人同他辩论，不能说倒他。恰巧宋孝武帝死去，新历法未能颁行。

指南车与千里船

【原文】

初，宋武平关中，得姚兴指南车，有外形而无机巧，每行，使人于内转之。升明中，太祖辅政，使冲之追修古法。冲之改造铜机，圆转不穷，而司方如一，马均以来未有也。时有北人索驭驎者，亦云能造指南车，太祖使与冲之各造，使于乐游苑对共校试，而颇有差僻，乃毁焚之。永明中，竟陵王子良好古，冲之造欹器献之。……冲之解钟律，博塞当时独绝，莫能对者。以诸葛亮有木牛流马，乃造一器，不因风水，施机自运，不劳人力。又造千里船，于新亭江试之，日行百余里。于乐游苑造水碓磨，世祖亲自临视。

【译文】

当初，宋武帝刘裕平定关中，得到姚兴的指南车，有外形而没有灵巧的内部装置，每当指南车运行时，还要让人在内部转动方向。宋顺帝升明年间，萧道成辅政，让祖冲之按古法修造。祖冲之改造铜机，使它不论怎样转动，始终指一个方向，自三国时期马钧以来还没有过。当时有个北方人索驭驎，自称也能造指南车，萧道成让他与祖冲之各造一辆，造好后在乐游苑中一块比试，可他的指南车

很不准确，便把它砸碎烧掉。齐武帝永明年间，竟陵王萧子良喜欢古器，祖冲之造欹器献给他。……祖冲之懂音律，做博塞游戏更是无人能比。因为诸葛亮造过木牛流马，他便造一种机械，不利用风力水力，开动机关后自行运转，不须人力。他又造千里船，在新亭附近的长江上试验，一天行百十里。在乐游苑造水碓磨，齐武帝亲自前往观看。

傅 琰 传

山阴令善断真伪

【原文】

太祖辅政，以山阴狱讼烦积，复以琰为山阴令。卖针卖糖老姥争团丝，来诣琰，琰不辨核，缚团丝于柱鞭之，密视有铁屑，乃罚卖糖者。二野父争鸡，琰各问"何以食鸡"，一人云"粟"，一人云"豆"，乃破鸡得粟，罪言豆者。县内称神明，无敢复为偷盗。琰父子并著奇绩，江左鲜有。世云"诸傅有《治县谱》，子孙相传，不以示人。"

【译文】

萧道成辅政，因为山阴县（今浙江绍兴市）内打官司的特别多，便再次任命傅琰为山阴县令。卖针卖糖的两位老妇争一团丝，到傅琰这里评理，他先不辨别谁是谁非，把团丝绑在柱子上用鞭子打，仔细看有铁屑，便罚卖糖的老妇。两个农夫争鸡，傅琰分开问二人"用什么喂鸡"，一人回答"谷子"，一人回答"豆子"，把鸡杀死看体内有谷子，便惩处说喂豆子的农夫。县内称他神明，没有人敢再偷盗。傅琰父子在山阴县都做出不同一般人的成绩，江东少有。当时人说："傅家有《治县谱》，子孙相传，不给外人看。"

虞 愿 传

宋明帝设司风令史

【原文】

帝性猜忌，体肥憎风，夏月常著皮小衣，拜左右二人为司风令史，风起方面，辄先启闻。星文灾变，不信太史，不听外奏，敕灵台知星二人给愿，常直内省，有异先启，以相检察。

【译文】

宋明帝生性猜忌，身体肥胖而怕风，夏天常穿小型的皮衣。他任命两位亲近的人为司风令史，风从哪个方向吹来，就事先报告。关于星象或其他灾害、奇异的事，不相信太史，不听大臣上奏，而是令天文台的两名懂得星象的人归属虞愿，让他们长期在宫内官署上班，有奇异之事先报告自己，以此来监督大臣。

顾 欢 传

笃 志 好 学

【原文】

　　顾欢字景怡，吴郡盐官人也。……家贫，父使驱田中雀，欢作《黄雀赋》而归，雀食过半，父怒，欲挞之，见赋乃止。乡中有学舍，欢贫无以受业，于舍壁后倚听，无遗忘者。八岁，诵《孝经》《诗》《论》。及长，笃志好学。母年老，躬耕诵书，夜则燃糠自照。

【译文】

　　顾欢字景怡，吴郡盐官人。……家中贫穷，父亲让他去驱赶田中鸟雀，顾欢写《黄雀赋》而回。雀吃庄稼过半，其父很生气，想责打他，见赋乃止。村中有学堂，顾欢家贫不能上学，便倚在学堂的墙壁后听讲，听后不忘。八岁，能背诵《孝经》《诗经》《论语》。长大后，更专心学习。母亲年老，他便白天下田耕种，边干活边背书，晚上点燃谷糠照明看书。

孝 义 传

丁氏热心助人

【原文】

　　永明元年，会稽永兴倪翼之母丁氏，少丧夫，性仁爱，遭年荒，分衣食以饴里中饥饿者，邻里求借，未尝违。同里陈穰父母死，孤单无亲戚，丁氏收养之，及长，为营婚娶。又同里王礼妻徐氏，荒年客死山阴，丁为买棺器，自往敛葬。元徽末，大雪，商旅断行，村里比屋饥饿，丁自出盐米，计口分赋。同里左侨家露四丧，无以葬，丁为办冢椁。有三调不登者，代为输送。

【译文】

　　齐武帝永明元年（公元483年），有会稽永兴人倪翼之的母亲丁氏。她年轻时丈夫去世了，为人特别仁慈。遇上荒年，送衣服粮食给邻居中贫穷无法生活的人。邻居借东西，没有不借给的。同村的陈穰父母死去，孤身一人又没亲戚，丁氏收养了他。等他长大后，又为他娶亲成家。邻居王礼的妻子徐氏，荒年死在山阴，丁氏给她买了棺材并亲自前往山阴收殓埋葬。宋元徽末年，雪下得很大，商人也出不了门，村中很多人家没饭吃，丁氏自己拿出盐米按人口分给。同村人左侨家中死四人无力埋葬，丁氏给他们买棺材安葬。有交不起赋税的，丁氏替他们交纳。

幸 臣 传

寒人典掌机要

【原文】

中书之职，旧掌机务。汉元以令仆用事，魏明以监令专权，及在中朝，犹为重寄。陈准归任上司，荀勖恨于失职。《晋令》舍人位居九品，江左置通事郎，管司诏诰。其后郎还为侍郎，而舍人亦称通事。元帝用琅邪刘超，以谨慎居职。宋文世，秋当、周纠并出寒门。孝武以来，士庶杂选，如东海鲍照，以才学知名。……及明帝世，胡母颢、阮佃夫之徒，专为佞幸矣。齐初亦用久劳，及以亲信。关谳表启，发署诏敕。颇涉辞翰者，亦为诏文，侍郎之局，复见侵矣。建武世，诏命殆不关中书，专出舍人。省内舍人四人，所直四省，其下有主书令史，旧用武官，宋改文吏，人数无员。莫非左右要密，天下文簿板籍，入副其省，万机严秘，有如尚书外司。领武官，有制局监，领器仗兵役，亦用寒人被恩幸者。

【译文】

中书一职，旧时掌管机要事务。汉元帝开始让尚书令、仆射办一些要务，魏明帝让中书监、中书令掌管大权。到了中世，更为重用。陈准因不受重用辞官，荀勖因失去大权悔恨。《晋令》说舍人为九品官，东晋设通事郎，掌管诏书。其后郎仍为侍郎，而舍人也称通事。晋元帝用琅琊人刘超，刘超自以为出身低微，在职时办事很谨慎。宋文帝时，秋当、周纠都出身低贱。孝武帝以来，士族庶族混用，如东海人鲍照，以才识、学问闻名。……到宋明帝时，胡母颢、阮佃夫等人都成为皇帝的宠臣。齐朝初年也用功臣，兼用亲信来掌管臣下上书，传达诏命，文笔很好的，也起草诏书。侍郎之职，又被逐渐取代。齐明帝建武年间，诏书一般不让中书去办，专由舍人负责。官署内有四个舍人，主管四个部门，下设主书令史，旧用武官，宋代用文官，人数不定。掌管的无不是天下机密大事，文书户籍的副本都放在他们的官署中，其职任之重，如同尚书省的外部官署。他们还兼掌武官，有制局监。管理器仗兵役的事，都任用寒人而受恩幸者。

【国学经典文库】

梁书

〔唐〕姚思廉

线装书局

序 言

　　《梁书》是南朝梁时的纪传体断代史著作。《梁书》记载自梁武帝萧衍建国（502）至梁敬帝萧方智亡国（557）共五十六年间的历史。《梁书》是姚察及其子姚思廉两代人，自公元六世纪八十年代至七世纪三十年代，经过几十年的辛勤撰写完成的。

　　姚察、姚思廉父子撰史时，已有大量史著或史料可资参考。于梁、陈两代，如沈约、周兴嗣、裴子野、杜之伟、顾野王及许亨等，曾先后受命撰写梁代历史。许亨著有《梁书》、梁刘璠及陈何之元各有《梁典》。陈陆琼、傅缚、顾野王也都曾受命撰著陈史。但上述各种史书均已失传。现存的《梁书》便成为研究这朝历史的重要文献资料。

　　姚察（533～606），字伯审，吴兴武康（今浙江德清县西）人，南朝历史学家。历经梁、陈、隋三朝，于陈朝任秘书监、领大著作、吏部尚书等职，于隋朝任秘书丞。姚察于陈朝初年，曾参与《梁书》的编著，入隋后于文帝开皇九年（589）又受命编撰梁、陈两代历史，未竟而卒。临终时遗命，嘱其子姚思廉继续完成未竟的撰史工作。

　　姚思廉（557～637），字简之，陈亡后，迁家关中，为万安（今陕西西安）人。自隋入唐，任著作郎、弘文馆学士，官至散骑常侍。唐初贞观年间，姚思廉与魏徵同修梁、陈两朝历史。姚思廉在撰史工作中，充分利用了其父已完成的史著旧稿。自贞观三年（629）至贞观十年（636），历时七年最终完成了《梁书》与《陈书》的撰写工作。魏徵实际担任的是监修官，只在两史的本纪部分及《陈书》皇后传后写有几篇论赞。

　　《梁书》有本纪六卷，列传五十卷，共五十六卷，书中无表、志。《梁书》帝纪中，《武帝纪》共三卷，其余简文帝、元帝、敬帝各一卷。于《武帝纪》中记萧衍身世及其篡齐过程比较详细，对南齐末年大事的记叙也较为完备。《梁书》列传立类传八种，如皇后、孝行、儒林、文学、处士、止足、良吏及诸夷等，多仿照前史，名目略有更改。列传内容丰富，记事具体，体例近似萧子显《南齐书》，于南朝各史中较好，享有盛誉。如杰出的思想家范缜，于《儒林传》中有传，并全录了他的名著《神灭论》，作者有赞语，表现出史家卓越的史识。此外，史学家文学家沈约、文学评论家钟嵘及刘勰、科学家陶弘景，于书中也各有传。《诸夷传》所载周边国家与民族共三十二个，超过《宋书》所载，并系统地记载了南海一些民族和国家的历史，其

中所记的传说、物产、风俗以及同内地人民在经济、文化方面的交流与交往情况，都有很高史料价值。此外，散见于各传中的有关梁朝同北朝的对抗、屯田以及农民起义等记述，也是重要的资料。

　　姚察及姚思廉父子虽为史学家，但都有较深厚的文学素养，于史文撰著方面，力诫追求辞藻的华丽与浮泛，文字简洁朴素，继承了司马迁及班固的文风与笔法，在南朝诸史中是难能可贵的。

武 帝 纪

政出多门，乱其阶矣

【原文】

其月，明帝崩，东昏即位，扬州刺史始安王遥光、尚书令徐孝嗣、尚书右仆射江祏、右将军萧坦之、侍中江祀、卫尉刘暄更直内省，分日帖敕。高祖闻之，谓从舅张弘策曰："政出多门，乱其阶矣。诗云：'一国三公，吾谁适从？'况今有六，而可得乎！嫌隙若成，方相诛灭，当今避祸，唯有此地。勤行仁义，可坐作西伯。但诸弟在都，恐罹世患，须与益州图之耳。"

彩绘陶牛车　南北朝

【译文】

公元498年七月，南齐明帝去世，十五岁的萧宝卷即位，扬州刺史始安王萧遥光、尚书令徐孝嗣、尚书右仆射江祏、右将军萧坦之、侍中江祀、卫尉刘暄轮流辅政，轮换起草诏书。雍州（州名，治所在今湖北襄阳）刺史萧衍听说这一情况，对从舅张弘策说："政出多门，号令不一，只会扰乱正常的秩序。《诗经》上说：'一国有三公掌握权力，究竟听从谁的呢？'何况一国有六，这怎能不出乱子！如果轻率地服从某一个，而卷入明争暗斗的漩涡当中，那只能与他们同归于尽。当今逃避灾祸的地方，只有我的雍州。勤行仁义之事，静观其变，伺机而动，可以轻而易举地当周文王。只是弟弟们都在都城建康（今南京市）。恐怕他们惹来灭族之祸，因此，我必须与萧懿兄商量个对策！"

主非尧舜何得发言便是

【原文】

辛未，诏曰："经国有体，必询诸朝，所以尚书置令、仆、丞、郎，旦旦上朝，以议时事，前共筹怀，然后奏闻。顷者不尔，每有疑事，倚立求决。古人有云，主非尧舜，何得发言便是。是故放勋之圣，犹咨四岳，重华之睿，亦待多

士。岂朕寡德，所能独断。自今尚书中有疑事，前于朝堂参议，然后启闻，不得习常。其军机要切，前须咨审，自依旧典。"

【译文】

公元540年八月辛未这天，梁武帝下诏说："君王治理国家，有其根本办法，必须多方听取朝廷臣僚们的意见，因此，尚书省设置了尚书令、尚书左右仆射、尚书丞和尚书郎的官职，他们天天上朝办公，讨论国家大事，取得一致意见后，上报天子。然而，近来尚书省不是这样，一有疑难大事，指望我一人裁决。古人说：君主没有尧舜那样的天才，怎么能够出言便是？所以，即使是尧那样圣明，也

梁武帝

向四岳征询意见，舜那样通达，也要起用贤才。我孤陋寡闻，岂可独断专行！从今以后尚书省中有什么疑难问题，必须先在官署进行一番讨论之后，再上奏给我，不得再像往常那样。至于军机要务，首先也得商议、审定，按照现行法规行事。"

简文帝纪

谋杀简文帝

【原文】

冬十月壬寅，帝谓舍人殷不害曰："吾昨夜梦吞土，卿试为我思之。"不害曰："昔重耳馈块，卒还晋国。陛下所梦，得符是乎。"及王伟等进觞于帝曰："丞相以陛下忧愤既久，使臣上寿。"帝笑曰："寿酒，不得尽此乎？"于是并赍酒肴、曲项琵琶，与帝饮。帝知不免，乃尽酣，曰："不图为乐一至于斯！"既醉寝，王伟、彭儁进土囊，王修纂坐其上，于是太宗崩于永福省，时年四十九。

【译文】

公元551年十月壬寅这天，简文帝对舍人殷不害说："我昨夜梦见吞吃泥土，你为我解解这个梦吧。"殷不害说："从前晋文公在外流亡期间，有人送给他土块，后来他终于返回

晋简文帝

晋国做了国君。陛下梦见吞吃土块，大概也是个好兆头吧。"不久，侯景党人王伟等来给简文帝进献酒具，说："丞相侯景考虑到陛下忧愤已久，派我们来为您进酒祝寿。"简文帝笑着说："是请我喝寿酒吗？大概不仅仅如此吧？"于是，王伟等人拿来酒菜和曲项琵琶，与简文帝饮酒行乐。简文帝明白已是在劫难逃，干脆尽情痛饮，说："不想行乐竟是这样！"终于醉卧床上，王伟、彭儁趁机拿来

土袋，压在他的身上，王修纂坐在上面，用力挤压，太宗简文帝萧纲就这样迷迷糊糊地被压死在永福省，当年四十九岁。

敬 帝 纪

居安不思危速败

彩绘石雕菩萨立像　南北朝

【原文】

夫人之大欲，在于饮食男女，至于轩冕殿堂，非有切身之急。高祖屏除嗜欲，眷恋轩冕，得其所难而滞于所易，可谓神有所不达，智有所不通矣。逮夫精华稍竭，凤德巳衰，惑于听受，权有奸佞，储后百辟，莫得尽言。险躁之心，暮年愈甚。见利而动，慁谏违卜，开门揖盗，弃好即仇，衅起萧墙，祸成戎羯，身殒非命，灾被亿兆，衣冠毙锋镝之下，老幼粉戎马之足。……自古以安为危，既成而败，颠覆之速，书契所未闻也。

【译文】

人的大欲在于饮食之欲和男女之欲，至于轩冕和殿堂这些虚荣的东西，它们并非是人急切需要的。梁武帝去除了物欲，却眷恋于虚荣，得其所难而滞于所易，可以说，他的精神和智慧都有不通达的地方。等到精华逐渐衰竭，凤德衰亡之后，梁武帝变得糊涂不明事理，大权旁落到阿谀逢迎之奸臣，太子和百官都无法克尽进谏之责。梁武帝邪恶不正和急躁之心到晚年时更为厉害，见利而动，刚愎自用，开门迎盗，弃友纳仇，因而，隐患滋生于内，灾祸成于侯景之乱，以致身毙非命，灾难降临天下百姓，官绅死于刀枪之下，老幼之人亡命于战马之足。……自古以来像这样从安定转为危亡，已经成功了再失败，颠覆得如此之快，自从有文字记载的历史以来，还没有出现过这种情况。

昭明太子传

引纳才士，商榷古今

【原文】

昭明太子统字德施，高祖长子也。……性宽和容众，喜愠不形于色。引纳才学之士，赏爱无倦。恒自讨论篇籍，或与学士商榷古今；闲则继以文章著述，率以为常。于时东宫有书几三万卷，名才并集，文学之盛，晋、宋以来未之有也。性爱山水，于玄圃穿筑，更立亭馆，与朝士名素者游其中。尝泛舟后池，番禺侯

盛称"此中宜奏女乐。"太子不答,咏左思《招隐诗》曰:"何必丝与竹,山水有清音。"侯惭而止。

【译文】

昭明太子萧统字德施,梁武帝长子。……他宽厚和气,容易相处,喜怒不溢于言表。他引荐接纳有才能学识的人,赏识、爱护他们,十分热情。他时常亲自研究、品评书籍文章,或者与文人学者们商榷古今学问;闲暇时抓紧时间从事著述,习以为常。当时太子所在的东宫藏书近三万卷,许多名流学者聚集在他的周围,文化事业繁荣昌盛,是晋、宋以来从未有过的。昭明太子喜爱山水,在玄圃苑中开池筑山,又建起亭台楼馆,与朝中一向有名望的人游览其中。有一次荡舟后苑池中,番禺侯萧轨大讲"这里应当叫歌舞伎人来演奏",昭明太子未置可否,而吟咏起西晋文学家左思《招隐诗》中的两句:"何必丝与竹,山水有清音"。萧轨羞愧而止。

曹景宗传

景宗喜游逸

【原文】

景宗好内,妓妾至数百,穷极锦绣。性躁动,不能沉默,出行常欲褰车帷幔,左右辄谏以位望隆重,人所具瞻,不宜然。景宗谓所亲曰:"我昔在乡里,骑快马如龙,与年少辈数十骑,拓弓弦作霹雳声,箭如饿鸱叫。平泽中逐麈,数肋射之,渴饮其血,饥食其肉,甜如甘露浆。觉耳后风生,鼻头出火,此乐使人忘死,不知老之将至。今来扬州作贵人,动转不得,路行开车慢,小人辄言不可。闭置车中,如三日新妇。遭此邑邑,使人无气。"

【译文】

曹景宗贪恋女色,妓妾多达几百人,衣着华丽无比。生性躁动,不能沉默,坐车外出往来总想揭起车帷,欣赏车外风光,然而,部属们总要以名高位重,大众敬仰为由,劝谏他不应该如此浮躁。曹景宗对家属说:"从前我在乡下的时候,与几十个年轻伙伴一道,骑骏马如飞龙,弯弓如霹雳响,箭出如饿鹰叫,在平坦的草泽中追捕獐鹿,瞄准胸部射它。我们渴了就饮它们的血,饿了就啃它们的肉,那种滋味就好比甜美的浆液。一时间,顿觉耳后生风,鼻头冒烟,无比痛快,此时此刻,我们无忧无虑,不知道死亡和衰老是什么东西。然而,现在来京城作达官贵人,反而不能轻举妄动,外出坐车开开车帘,部属也要说你这样不好。闭坐车中,如同初嫁的新娘,如此愁闷不安,使人毫无生气。"

邓元起传

大 度 之 人

【原文】

初,元起在荆州,刺史随王板元起为从事,别驾庾荜坚执不可,元起恨之。大

军既至京师，莘在城内，甚惧。及城平，元起先遣迎莘，语人曰："庾别驾若为乱兵所杀，我无以自明。"因厚遗之。少时又尝至其西沮田舍，有沙门造乞，元起问田人曰："有稻几何？"对曰："二十斛。"元起悉以施之。时人称其有大度。

【译文】

当初，邓元起在荆州的时候，荆州刺史随王想起用邓元起为从事，别驾庾莘坚决反对，邓元起对他很有怨气。后来当邓元起等人率大军抵达都城建康（今南京市）时，庾莘还在城内，他非常害怕。攻陷建康后，邓元起马上派人去迎接庾莘，对人说："庾莘如果被乱军杀死，我邓元起就说不清，道不明了。"于是，又送厚礼给庾莘。邓元起年轻时有次去自己的西沮田舍，碰上一个和尚向他乞讨，邓元起问田舍管理人："有多少稻谷？"回答说："有二十斛（即二百斗）。"邓元起就把这二十斛稻谷全部施舍给那个和尚。当时的人称赞邓元起有大度。

郑绍叔传

各 为 其 主

【原文】

东昏既害朝宰，颇疑高祖。绍叔兄植为东昏直后，东昏遣至雍州，托以候绍叔，实潜使为刺客。绍叔知之，密以白高祖。植既至，高祖于绍叔处置酒宴之，戏植曰："朝廷遣卿见图，今日闲宴，是见取良会也。"宾主大笑。令植登临城隍，周观府署，士卒、器械、舟舻、战马，莫不富实。植退请绍叔曰："雍州实力，未易图也。"绍叔曰："兄还，具为天子言之。兄若取雍州，绍叔请以此众一战。"送兄至南岘，相持恸哭而别。

【译文】

东昏侯萧宝卷杀害始安王萧遥光、尚书令徐孝嗣等好几位朝廷大臣后，又对雍州刺史萧衍颇为猜疑。郑绍叔哥哥郑植是东昏侯侍卫人员，东昏侯派他去雍州，名义上是去看望弟弟绍叔，实际上是让他去当刺客。郑绍叔得知这一内情，就暗中告诉了萧衍。郑植到达雍州后，萧衍在郑绍叔的住所设酒宴招待他，戏谑地说："天子派您来打我的主意，今日便宴，这是您取我脑袋的好机会呀。"宾主双方大笑。萧衍让他登上城墙，仔细观看府署，只见士卒、器械、船舶、战马，都很富实。郑植回来对弟弟绍叔说："雍州实力强大，不容易对付啊！"郑绍叔说："哥哥回去后，把这里的情况详细地上告天子。哥哥如果来进攻雍州，那么，我做弟弟的就率领这些士卒与你决战到底。"郑绍叔把哥哥郑植送到南岘，抱头痛哭而别。

吕 僧 珍 传

克 己 奉 公

【原文】

僧珍去家久，表请拜墓，高祖欲荣之，使为本州，乃授使持节、平北将军、

南兖州刺史。僧珍在任，平心率下，不私亲戚。从父兄子先以贩葱为业，僧珍既至，乃弃业欲求州官。僧珍曰："吾荷国重恩，无以报效，汝等自有常分，岂可妄求叨越，但当速反葱肆耳。"僧珍旧宅在市北，前有督邮廨，乡人咸劝徙廨以益其宅。僧珍怒曰："督邮，官廨也，置立以来，便在此地，岂可徙之益吾私宅！"

灯盏 南北朝

【译文】

吕僧珍离家已久，上表请求回乡扫坟，梁武帝想让他荣归故里，就破格让他回家乡做官（按法规，做官要回避家乡），授予他持节、平北将军、南兖州刺史。吕僧珍为官公平，以身作则，不为亲戚谋私利。他的从兄、从侄原以贩葱为业，僧珍做家乡官后，就抛弃旧业，请求在州府里弄一官职。吕僧珍对他们说："国家给我优越的待遇，我只怕无法报效国家，哪能谋取私利？你们自有本业，岂可有非分之想？赶快回到你们的葱铺去吧？"吕僧珍在城北有座旧宅，宅前是督邮办公署，乡人都劝僧珍把它迁往别处，以空出地皮扩建旧宅。吕僧珍发火了，说："督邮是国家的官署，自从建立以来，一直就在这里，怎能把它迁往别处以扩建我私宅！"

韦 睿 传

邵 阳 之 战

【原文】

魏人先于邵阳洲两岸为两桥，树栅数百步，跨淮通道。睿装大舰，使梁郡太守冯道根、庐江太守裴邃、秦郡太守李文钊等为水军。值淮水暴长，睿即遣之，斗舰竞发，皆临敌垒，以小船载草，灌之以膏，从而焚其桥。风怒火盛，烟尘晦冥，敢死之士，拔栅斫桥，水又漂疾，倏忽之间，桥栅尽坏。而道根等皆身自搏战，军人奋勇，呼声动天地，无不一当百，魏人大溃。元英见桥绝，脱身遁去。魏军趋水死者十余万，斩首亦如之。其余释甲稽颡，乞为囚奴，犹数十万。所获军实牛马，不可胜纪。睿遣报昌义之，义之且悲且喜，不暇答语，但叫曰："更生！更生！"

【译文】

开战前，魏军在邵阳洲两岸架设两座浮桥，铺设的栅栏有几百步宽，跨越淮河，联结两岸。韦睿装备好大战船，派梁郡太守冯道根、庐江太守裴遂、秦郡太守李文钊等为水军。等到淮河水暴涨的时候，韦睿立即让他们进攻，大小船只竞相向魏军进发，驶近敌方营垒，再用小船载着柴草，浇上油脂，以火攻去烧敌军的桥梁。风急火盛，火焰冲天，烟尘滚滚，一片昏暗，敢死之士砍断敌军的栅栏和桥梁，加之水流湍急，转眼之间，桥栅尽坏。冯道根等人身先士卒，官兵奋勇拼杀。以一当百，惊天动地，魏军大败。元英见桥已坏，也脱身逃走。惊恐之中，魏军落水溺死的有十多万，被梁军斩首的有十多万，其余的丢下武器，跪地磕头，乞求收为囚奴的还有几十万人。梁军缴获的牛马、武器等胜利品不可胜

数。韦睿派人把捷报告诉钟离守将昌义之，昌义之悲喜交加，半天说不出话，只是说："得救了！得救了！"

范 云 传

直 言 进 谏

【原文】

齐文惠太子尝出东田观获，顾谓众宾曰："刈此亦殊可观。"众皆唯唯。云独曰："夫三时之务，实为长勤。伏愿殿下知稼穑之艰难，无徇一朝之宴逸。"既出，侍中萧缅先不相识，因就车握云手曰："不图今日复闻谠言。"

【译文】

南朝齐文惠太子萧长懋曾经到东田观看收割农作物，回头对身边人说："收割作物也还很好看。"大家都点头哈腰，表示同意。只有范云一个人说："一年三次的农忙季节，农民确实是十分辛苦的。我恳请殿下了解稼穑之艰难，不要贪求一朝一夕的安逸。"外出之前，同去的侍中萧缅不认识范云，听了范云的话，就走近他车旁，握着他的手说："想不到今日又听到了正直之言"。

沈 约 传

昼 读 夜 诵

【原文】

沈约字休文，吴兴武康人也。……父璞，淮南太守。璞元嘉末被诛，约幼潜窜，会赦免。既而流寓孤贫，笃志好学，昼夜不倦。母恐其以劳生疾，常遣减油灭火。而昼之所读，夜辄诵之，遂博通群籍，能属文。

【译文】

沈约字休文，吴兴武康（今浙江德清武康镇）人。父亲沈璞做过淮南太守，南朝宋元嘉末年被害，幼小的沈约为免受株连，东躲西藏，后来遇上大赦才免遭迫害。这样，沈约沦落到既孤且贫的地步，但是，他志向坚定，爱好读书，昼夜勤学不倦。母亲担心他劳累生病，常常叫他节省灯油，早点熄灯休息。然而，沈约白天抓紧时间看书，晚上就默诵它们。这样，沈约博览了群书，并学会了写一手好文章。

冯 道 根 传

己 不 言 功

【原文】

道根性谨厚，木讷少言，为将能检御部曲，所过村陌，将士不敢虏掠。每所征伐，终不言功，诸将谨哗争竞，道根默然而已。其部曲或怨非之，道根喻曰：

"明主自鉴功之多少，吾将何事。"高祖尝指道根示尚书令沈约曰："此人口不论勋。"约曰："此陛下之大树将军也。"处州郡，和理清静，为部下所怀。在朝廷，虽贵显而性俭约，所居宅不营墙屋，无器服侍卫，入室则萧然如素士之贫贱者。当时服其清退，高祖亦雅重之。

【译文】

冯道根生性谨慎忠厚，不善言辞，少言语，身为将官能够严格控制好自己的武装，行军经过百姓村落，手下将士不敢掳掠。每次领兵打了胜仗，他从不夸耀自己的战功，不管别的将领为了功劳怎样的吵吵闹闹，他都默不作声。为此，部下有人怨恨、指责他，冯道根对他们说："明主自然明白功劳谁大谁小，我何必操心呢？"梁武帝曾有一次指着冯道根对尚书令沈约说："这个人闭口不谈功勋。"沈约说："这就是陛下的大树将军呀。"冯道根治理州郡，和理清静，深得部下爱戴；在朝廷做官，虽然贵显，却能俭约，不营造住宅，宅内没有一点多余的器物和服饰，更没有勤卫人员，住在屋里，冷冷清清，就好比地位低下、贫困潦倒的普通百姓。当时的人佩服他这种清贫、退让的精神，梁武帝也敬重他。

彩绘人物故事
图漆屏风　南北朝

康绚传

修筑淮堰

【原文】

假绚节、都督淮上诸军事，并护堰作，役人及战士，有众二十万。于钟离南起浮山，北抵巉石，依岸以筑土，合脊于中流。十四年，堰将合，淮水漂疾，辄复决溃，众患之。或谓江、淮多有蛟，能乘风雨决坏崖岸，其性恶铁，因是引东西二冶铁器，大则釜鬵，小则鏵锄，数千万斤，沉于堰所。犹不能合，乃伐树为井干，填以巨石，加土其上。缘淮百里内，冈陵木石，无巨细必尽，负担者肩上皆穿。……十五年四月，堰乃成。

【译文】

（公元513年），梁武帝授予康绚假节的称号和都督淮上诸军事的官职，并让他保护淮堰工程的顺利进行。为修筑淮堰，征集了二十万役人和战士。从钟离（今安徽凤阳东北）南边的浮山，北到巉石山，从两边河岸相向筑土，到河中心会合。天监十四年（514），淮堰接近会合完工时，不料淮河涨水，又冲决了堤坝，众人都很害怕。有人说长江、淮河中多蛟龙，能呼风唤雨毁坏堤岸，但它们天性怕铁，因此，就拿出东西二冶中的所有铁器，大的有釜鬵，小的有铧锄，共有几千万斤，全部倒进淮堰所在的水域，还不能使堤坝合龙，于是，砍伐树木，绞成井架，往里倒入巨石，再往上填土。沿淮河百里内的山冈丘陵上的树木、石头，无论大小巨细，都被砍光、拣尽，挑担者肩膀上衣服都磨烂了。……天监十

五年（516）四月，淮堰筑成。

昌义之传
钟离保卫战

【原文】

是冬，英果率其安乐王元道明、平东将军杨大眼等众数十万，来寇钟离。钟离城北阻淮水，魏人先于邵阳洲两岸作浮桥，跨淮通道。英据东岸，大眼据西岸，以攻城。时城中众才三千人，义之督帅，随方抗御。……英与大眼躬自督战，昼夜苦攻，分番相代，坠而复升，莫有退者。又设飞楼及冲车撞之，所值城土辄颓落。义之乃以泥补缺，冲车虽入而不能坏。义之善射，其被攻危急之处，辄驰往救之，每弯弓所向，莫不应弦而倒。一日战数十合，前后杀伤者万计，魏军死者与城平。

【译文】

公元506年冬天，北魏中山王元英果然率领安乐王元道明、平东将军杨大眼等人的兵力几十万人，来侵伐钟离（今安徽凤阳东北）。钟离城北有淮河阻挡，魏兵在邵阳洲（在钟离城东北）两岸架起浮桥，跨越淮河联结两岸。元英据淮河东岸，杨大眼据其西岸，夹攻钟离城。当时钟离城内只有三千守军，由昌义之统率，他根据敌情的变化来回于东西南北各方指挥抵抗。……元英与杨大眼亲自督战，昼夜轮番苦攻，前仆后继，没有退缩的。魏军又发明飞楼和冲车来撞击城墙，城土颓落下去。昌义之马上运来泥土填补缺口，冲车虽然不停地撞击，而城墙始终没有倒塌。昌义之善于射箭，一旦发现哪里敌情危急，就赶快跑过去援救，弯弓搭箭，所到之处，魏兵莫不应弦而倒。这一天双方交战几十个回合，前后死伤者以万计，魏军尸体堆积起来有城墙那么高。

乐蔼传
所取惟书

【原文】

乐蔼字蔚远，南阳涅阳人，晋尚书令广之六世孙，世居江陵。其舅雍州刺史宗悫，尝陈器物，试诸甥侄。蔼其时尚幼，而所取惟书，悫由此奇之。又取史传各一卷授蔼等，使读毕，言所记。蔼略读具举，悫益善之。

【译文】

乐蔼字蔚远，南阳涅阳（今属河南）人，西晋尚书令乐广的六世孙，世居江陵（今河北江陵）。他舅舅雍州刺史宗悫有一回有意摆设了各种各样的器物，想试试外甥、侄子们各自取什么东西。乐蔼当时还年幼，可是他只取书。宗悫感到惊奇，他又取来史籍、经传各一卷给他们，叫他们读完后，讲讲其中的内容。乐蔼简略地读了一遍，讲解得却全面，宗悫更加觉得他了不起。

王 泰 传

王 泰 让 枣

【原文】

泰幼敏悟，年数岁时，祖母集诸孙侄，散枣栗于床上，群儿皆竞之，泰独不取。问其故，对曰："不取，自当得赐。"由是中表异之。既长，通和温雅，人不见其喜愠之色。

【译文】

王泰自幼敏悟，年仅几岁时，祖母召集各孙侄，往床上丢一些枣栗，让他们拿着吃，小孩们赶快去争抢，只有王泰一个人不拿。祖母问他为什么，他回答说："我不拿，您自然会拿给我吃的。"内外表兄弟对他表示惊异。长大成人后，通达随和，温文尔雅，喜怒不形于色。

张 充 传

改 过 自 新

【原文】

张充字延符，吴郡人。父绪，齐特进、金紫光禄大夫，有名前代。充少时，不持操行，好逸游。绪尝请假还吴，始入西郭，值充出猎，左手臂鹰，右手牵狗，遇绪船至，便放绁脱韝，拜于水次。绪曰："一身两役，无乃劳乎？"充跪而对曰："充闻三十而立，今二十九矣，请至来岁而敬易之。"绪曰："过则能改，颜氏子有焉。"及明年，便修身改节。学不盈载，多所该览，尤明《老》《易》，能清言，与从叔稷俱有令誉。

【译文】

张充字延符，吴郡（今江苏、浙江、上海部分地区，治所在吴，即今苏州市）人。张充的父亲张绪做过南齐的特进、金紫光禄大夫，颇有名气，然而，年青时期的张充不磨炼德行，却贪图游逸。张绪有一次请假回家乡苏州，刚踏进苏州城西郊，就发现儿子张充在打猎，只见他左手架着鹰，右手牵着狗。张充看见父亲船到，就放下牵狗的绳子，脱下臂套，在河岸边拜见父亲。张绪说："你一身兼两役（指学业和玩乐），难道不觉得累吗？"张充跪着说："孔圣人说过三十而立，我今年二十九了，就让我到明年改变这好玩的习性吧。"张绪说："有过能改，仍然可以成为颜回那样的人。"到了第二年，张充果真一改旧习，修身勤学，不到一年时间，就博览群书，尤其通晓《老子》和《周易》，言谈清雅，与从叔张稷都有美誉。

太祖五王传

萧秀轻财爱士

【原文】

六年，出为使持节、都督江州诸军事、平南将军、江州刺史。将发，主者求坚船以为斋舫。秀曰："吾岂爱财而不爱士。"乃教所由，以牢者给参佐，下者载斋物。既而遭风，斋舫遂破。及至州，闻前刺史取征士陶潜曾孙为里司。秀叹曰："陶潜之德，岂可不及后世！"即日辟为西曹。

【译文】

天监六年（507），萧秀被授予使持节、都督江州诸军事、平南将军、江州（今江西九江）刺史。起程就任之前，主管人员找来坚固的船只作为运载斋物的斋船，用其他船只运送僚属。萧秀说："我怎么能够爱惜财物而不爱护人才哩。"于是，嘱咐随从人员，用牢靠的船只运送部属，差的船只装运斋物。出发不久，就遇上大风，刮破了斋船。到江州上任后，听说前任江州刺史招揽名士陶潜的曾孙担任里司，萧秀感叹地说："陶潜的高洁德行，岂可不让它流惠后世！"于是当日征辟陶潜的曾孙担任西曹。

徐 勉 传

忧 国 忘 家

【原文】

天监二年，除给事黄门侍郎、尚书吏部郎，参掌大选。迁侍中。时王师北伐，候驿填委。勉参掌军书，劬劳凤夜，动经数旬，乃一还宅。每还，群犬惊吠。勉叹曰："吾忧国忘家，乃至于此。若吾亡后，亦是传中一事。"

【译文】

天监二年（503），徐勉被任命为给事中黄门侍郎、尚书吏部郎，参与选拔官吏。不久，又调任为侍中。当时正值南梁北伐北魏，来自前线的文书堆积如山。徐勉参与审阅军书，日夜操劳，常常几十天才回家一次，以至每次回家，家犬不认识自己的主人，赶着他狂吠乱叫。徐勉感叹地说："这是由于我忧国忘家，极少回家的缘故呀。大概我死后，这也是纪传中的一事吧。"

陆 杲 传

执法不畏权贵

国学经典文库

【原文】

杲性婞直，无所顾望。山阴令虞肩在任，赃污数百万，杲奏收治。中书舍人黄睦之以肩事托杲，杲不答。高祖闻之，以问杲，杲答曰："有之。"高祖曰：

"卿识睦之不?"杲答曰:"臣不识其人。"时睦之在御侧,上指示杲曰:"此人是也。"杲谓睦之曰:"君小人,何敢以罪人属南司?"睦之失色。领军将军张稷,是杲从舅,杲尝以公事弹稷,稷因侍宴诉高祖曰:"陆杲是臣通亲,小事弹臣不贷。"高祖曰:"杲职司其事,卿何得为嫌!"杲在台,号称不畏强御。

【译文】

陆杲(音 gǎo)生性执拗、耿直,为人处世不畏畏缩缩、不讲私人情面。山阴县令虞肩做官,贪污几百万,身为御史中丞的陆杲上奏请求予以收审判罪。中书舍人黄睦之派人把虞肩的事情托付给陆杲,希望他给予宽大处理,陆杲不予理睬。梁武帝听说这件事,就问陆杲是否真有此事,陆杲回答说:"是有这么回事。"武帝问陆杲:"你认识黄睦之这个人吗?"陆杲回答说:"不认识。"当时黄睦之就在武帝身边,武帝指着他对陆杲说:"这就是黄睦之。"陆杲对黄睦之说:"你是小人,要不然怎敢把罪人托付给我御史中丞呢?"黄睦之惶恐失色。领军将军张稷是陆杲的从舅,陆杲曾因公事弹劾了张稷,张稷有一次趁着陪宴的机会对武帝说:"陆杲是我外甥,曾因小事弹劾过我,不宽恕。"武帝说:"陆杲履行职责,你不得怨恨!"陆杲在御史台做监察官,号称不畏权贵。

明 山 宾 传

明山宾卖牛

【原文】

山宾性笃实。家中尝乏用,货所乘牛。既售受钱,乃谓买主曰:"此牛经患漏蹄,治差已久,恐后脱发,无容不相语。"买主遽追取钱。处士阮孝绪闻之,叹曰:"此言足使还淳反朴,激薄停浇矣。"

【译文】

明山宾这个人忠厚老实。家中一度缺衣少食,就把拉车用的牛牵去市场出卖,牛已卖出,买主已付钱,明山宾还对买主说:"这头牛患过脚病,虽然早已治好,但是我担心它旧病复发,所以我不得不告诉你。"说完就走,买主急忙追上去,把钱取回来。当时的大隐士阮孝绪听说此事,感叹地说:"明山宾这席话足以使那些欺诈之徒返璞归真,激浊扬清啊。"

陆 襄 传

为政深得民心

【原文】

时邻郡豫章、安成等守宰,案治党与,因求贿货,皆不得其实,或有善人尽室离祸,惟襄郡部枉直无滥。民作歌曰:"鲜于平后善恶分,民无枉死,赖有陆君。"又有彭李二家,先因忿争,遂相诬告,襄引入内室,不加责诮,但和言解喻之,二人感恩,深自咎悔,乃为设酒食,令其尽欢,酒罢,同载而还,因相亲厚。民又歌曰:"陆君政,无怨家,斗既罢,雠共车。"在政六年,郡中大治,民

李眴等四百二十人诣阙拜表，陈襄德化，求于郡立碑，降敕许之。

【译文】

当时邻郡豫章郡（今江西南昌）、安成郡（今江西安福东南）等郡的长官压抑贤良，偏袒亲信，以权谋私，都不符合为政的法规，甚至有好人全家遭祸的情况，只有陆襄管辖的鄱阳郡（今江西波阳）刑罚公正无冤枉。老百姓做口诀说："陆襄平定郡民鲜于琛的造反后，分别善恶，人们没有冤枉而死的，靠的就是陆襄大人。"又有彭李两家起初因怨仇、纠纷而相互诬告，陆襄去后，把他俩请入内室，不加责备，只是和颜悦色地劝和，两人感恩，深表内疚，于是，陆襄为他俩摆上酒食，让他们尽情欢乐，喝完酒，两人同车而归，从此相互间亲近厚爱。老百姓又作口诀说："陆襄大人为政，民无怨家，争斗结束，仇人同车。"陆襄执政六年，把鄱阳郡治理得很好，郡中自姓李眴等四百二十人赴都城建康（今南京市）上书梁武帝，陈述陆襄以德治郡的事迹，请求在鄱阳郡立碑纪念，武帝降旨准许。

鱼　弘　传

为官四尽

【原文】

鱼弘，襄阳人。身长八尺，白皙美姿容。累从征讨，常为军锋，历南谯、盱眙、竟陵太守。常语人曰："我为郡，所谓四尽：水中鱼鳖尽，山中獐鹿尽，田中米谷尽，村里民庶尽。丈夫在世，如轻尘栖弱草，白驹之过隙。人生欢乐富贵几何时！"于是姿意酣赏，侍妾百余人，不胜金翠，服玩车马，皆穷一时之绝。

【译文】

鱼弘，襄阳（今湖北襄阳）人，身高八尺（约今 186 厘米），长得白净有风彩。多次随从别人打仗，常为前锋，先后做过南谯郡（今安徽莞城）、盱眙郡（今江苏盱眙）、竟陵郡（今湖北沙市东）的太守。他常对人说："我做太守，坚持四个原则：水中鱼鳖尽；山中獐鹿尽；田中米谷尽；村里百姓尽。男子汉大丈夫在世，也好比飘落在小草上的渺小灰尘，微不足道；也如同骏马越过细小的缝隙前，时间短暂。人生享受富贵快乐的时间太短了！"于是放肆吃喝玩乐；有侍妾一百多人，有数不尽的金饰、翡翠满身，衣服、玩物和车马，都是当时最绝妙的。

韦　放　传

身先士卒

【原文】

普通八年，高祖遣兼领军曹仲宗等攻涡阳，又以放为明威将军，帅师会之。魏大将费穆帅众奄至，放军营未立，麾下止有二百余人。放从弟洵骁果有勇力，一军所仗，放令洵单骑击刺，屡折魏军。洵马亦被伤不能进，放胄又三贯流矢。众皆失色，请放突去。放厉声叱之声："今日唯有死耳！"乃免胄下马，据胡床处分。于是士皆殊死战，莫不一当百。魏军遂退，放逐北至涡阳。

【译文】

普通八年（527），梁武帝派代理领军将军曹仲宗等进攻北魏涡阳县（今安徽蒙城县），又任命韦放为明威将军，率军去会合。北魏大将费穆突然袭击，韦放军营还未扎好，而且手下只有二百多人。韦放从弟韦洵英勇果断有气力，为全军所仰仗，韦放要他单枪匹马地冲杀，杀伤了很多魏军，不料韦洵坐骑也受伤不能进，韦放头盔又三中流矢。将士们大惊失色，请韦放突围出去，韦放厉声呵斥说："今日只有拼杀到死！"说完，丢下头盔，跳下战马，坐在胡床上指挥作战。主帅既然如此，士兵们也就奋力冲杀，莫不以一当百，魏军败退，韦放乘胜一路往北追杀到涡阳县城。

裴子野传

其形虽弱其文甚壮

【原文】

普通七年，王师北伐，敕子野为喻魏文，受诏立成，高祖以其事体大，召尚书仆射徐勉、太子詹事周舍、鸿胪卿刘之遴、中书侍郎朱异，集寿光殿以观之，时并叹服。高祖目子野而言曰："其形虽弱，其文甚壮。"俄又敕为书喻元相元叉，其夜受旨，子野谓可待旦方奏，未之为也，及五鼓，敕催令开斋速上，子野徐起操笔，昧爽便就。既奏，高祖深嘉焉。自是凡诸符檄，皆令草创。……或问其为人速者，子野答云："人皆成于手，我独成于心，虽有见否之异，其于刊改一也。"

【译文】

普通七年（526），梁武帝派兵北伐，令裴子野作檄文，他受诏很快写成。武帝因其事关重大，就召集尚书仆射徐勉、太子詹事周舍、鸿胪卿刘之遴、中书侍郎朱邑到寿光殿，一起审阅，大家一致叹服。武帝打量着子野，说："子野体形弱小，写的文章却很壮观。"不久，武帝又要他给北魏丞相元义（yì）写封信，裴子野晚上接到旨令，自以为要到第二天早上方上奏，所以不急于动笔，不料打五更（早上四点左右）的时候，武帝催令开斋戒，准备出征，要他马上交信，裴子野这才慢慢起床，拿起毛笔，到黎明时就写好了。武帝看后，大加赞赏，从此，所有檄文都让他起草。……有人问他写文章为什么这么快，裴子野回答说："人家写文章成于手，而我写文章成于心，意在笔先，一气呵成。我这样做，与众不同，招来非议，然而这样做的效果同别人修修改改的做法是一样的。"

顾 协 传

清平守志

【原文】

协少清介有志操。初为廷尉正，冬服单薄，寺卿蔡法度谓人曰："我愿解身上襦与顾郎，恐顾郎难衣食者。"竟不敢以遗之。及为舍人，同官者皆润屋，协

在省十六载，器服饮食，不改于常。有门生始来事协，知其廉洁，不敢厚饷，止送钱二千，协发怒，杖二十，因此事者绝于馈遗。自丁艰忧，遂终身布衣蔬食。少时聘舅息女，未成婚而协母亡，免丧后不复娶。至六十余，此女犹未他适，协义而迎之。

【译文】

顾协年轻时就清廉、耿直，有节操。初任廷尉正时，冬天衣着单薄，寺卿蔡法度对人说："我愿脱下身上棉袄给顾郎，怕顾郎责难给他送衣食人。"终究不敢送棉袄给他。顾协做舍人时，同僚们都修饰住宅，而他在中书省（中央行政决策机构）做官十六年，器服饮食仍同平常一样。有个门生初来投靠顾协，知道他廉洁，不敢送厚礼，只送钱二千，顾协同样发怒，打了他二十板，从此，投奔他的人再也不敢给他送礼。父母去世后，顾协终生只是布衣粗食。年轻时，他准备娶舅舅的女儿，不料还未成婚，母亲就去世了，守丧之后，顾协不再娶妻。到了六十多岁，此女仍未出嫁他人，顾协出于仁义就娶了她。

徐　摛　传

不以貌取人

【原文】

摛幼而好学，及长，遍览经史。属文好为新变，不拘旧体。起家太学博士，迁左卫司马。会晋安王纲出戍石头，高祖谓周舍曰："为我求一人，文学俱长兼有行者，欲令与晋安游处。"舍曰："臣外弟徐摛，形质陋小，若不胜衣，而堪此选。"高祖曰："必有仲宣之才，亦不简其容貌。"以摛为侍读。

【译文】

徐摛自幼好学，长大成人后，博览经史，写文章喜欢创新，不拘泥于旧体。开始做官太学博士，后调为左卫司马，碰巧晋安王萧纲出镇石头城（在今南京市清凉山），梁武帝对周舍说："替我物色一位文章、学识俱长而且有德行的人，我想让他同晋安王一道游学交往。"周舍说："我外弟徐摛人长得丑陋、瘦小，似乎经不住衣服的重量，然而他能胜任此职。"武帝说："如果真有王粲那样的文才，我也不会挑剔他的容貌。"武帝就召徐摛为晋安王侍读。

张　缵　传

但求读书不求迁官

【原文】

缵好学，兄缅有书万余卷，昼夜披读，殆不释手。秘书郎有四员，宋齐以来，为甲族起家之选，待次入补，其居职，例数十百日便迁任。缵固求不徒，欲遍观阁内图籍。尝执四部书目曰："若读此毕，乃可言优仕矣。"如此数载，方迁太子舍人，转洗马、中舍人，并掌管记。

【译文】

张缵好学，哥哥张缅有书一万多卷，他昼夜浏览、阅读，几乎是手不释卷。秘书郎员额有四人，南宋、南齐以来，它就是名门望族出仕做官的第一步，士族子弟依次入选，在其任上，按惯例几十天，至多不过一百天，就调任别的高的官职。然而，张缵做秘书郎时，为了看遍秘书省内所有图书，就再三请求不要按惯例把他调离秘书省。张缵曾经手捧经、史、子、集四部书目说："读完了这些书之后，才谈得上好好地做官啊。"如此几年后，张缵才调任为太子舍人，不久，转为洗马、中舍人，并且经管钥匙图章。

萧子显传

恃才傲物

【原文】

子显性凝简，颇负其才气。及掌选，见九流宾客，不与交言，但举扇一拂而已，衣冠窃恨之。然太宗素重其为人，在东宫时，每引与促宴。子显尝起更衣，太宗谓坐客曰："尝闻异人间出，今日始知是萧尚书。"其见重如此。……乃葬请谥，手诏："恃才傲物，宜谥曰骄。"

【译文】

萧子显性凝静、简慢，对自己的才气相当自负。任吏部尚书，负责选官之时，见三教九流之人，不与他们交谈，只是举扇一拂而已，士绅们心里很有怨气。然而，简文帝萧纲就喜欢他这种待人接物的态度，还在做太子时，简文帝就常常邀请萧子显参加宴会。有一次宴会中，萧子显起身上厕所去了，简文帝对坐客说："我曾听说近来有异人出现，到今日才知异人就是萧尚书。"简文帝就是这样的器重萧子显。……萧子显去世安葬之时，有关部门请求皇上赐给他谥号，简文帝亲自写下诏书："恃才傲物，谥号应为骄。"

何敬容传

玄虚乱政

【原文】

魏正始及晋之中朝，时俗尚于玄虚，贵为放诞，尚书丞郎以上，簿领文案，不复经怀，皆成于令史。逮乎江左，此道弥扇，惟卞壸以台阁之务，颇欲综理，阮孚谓之曰："卿常无闲暇，不乃劳乎？"宋世王敬弘身居端右，未尝省牒，风流相尚，其流遂远。望白署空，是称清贵；恪勤非懈，终滞鄙俗。是使朝经废于上，取事堕于下。小人道长，抑此之由。呜呼！伤风败俗，曾莫之悟。永嘉不竞，戎马生郊，宜其然矣。

【译文】

曹魏正始年间及西晋朝中，崇尚玄虚、放荡、荒诞的风气，尚书丞、尚书郎以上的达官贵人不再专心审阅、批复文书卷宗，所有政务都交由管文书的令史们

完成。到了东晋朝，这种风气更为流行，只有卞壸一人以尚书令的身份，很想统管政务，阮孚对他说："你忙忙碌碌，没有空闲，难道不累吗?"南朝刘宋王敬弘位居尚书仆射，却从来没有审阅过文书，满朝文武竞相模仿，流弊深远。声望显著而不理政务，称为清贵；不敢懈怠，勤理政事，反而老是受到世俗的鄙视。就是这种崇尚玄虚的作风使朝纲废弛，职事毁坏。小人之道滋长起来，大概就是这个缘故。呜呼！伤风败俗，竟然没有人从中醒悟。西晋永嘉年间，国力衰弱，匈奴贵族刘渊趁机挑起战乱，烽火蔓延，应该说是事出有因，合情合理呀。

朱 异 传

小 人 误 国

【原文】

异居权要三十余年，善窥人主意曲，能阿谀以承上旨，故特被宠任。历官自员外常侍至侍中，四官皆珥貂，自右卫率至领军，四职并驱卤簿，近代未之有也。……而异遂徼宠幸，任事居权，不能以道佐君，苟取容媚。及延寇败国，实异之由。祸难既彰，不明其罪，至于身死，宠赠犹殊。罚既弗加，赏亦斯滥，失于劝沮，何以为国？君子是以知太清之乱，能无及是乎。

【译文】

朱异居权要之位三十多年，善于揣摩皇上的心理，阿谀奉承皇上的旨令，因而得到皇上的格外宠爱和信任。做官自员外常侍、散骑常侍至侍中（均亲侍皇帝的官）等四官，官官的帽子上有貂尾装饰；自太子右卫率、右卫将军、左卫将军至领军（均为统率中央禁卫军的官），官官有仪仗队随从，这样显赫的权势是近来所没有的。……然而，朱异依仗皇上对他的宠幸，任事专权，不好好辅佐皇上，却一味逢迎拍马，专邀皇上宠爱。后来，梁武帝招引降敌，以致国家败亡，实际上就是朱异的缘故。侯景作乱，祸国殃民，武帝却不明白朱异在这件事上的罪过，反而在朱异死后，还破例赠给他尚书右仆射这样特殊的荣誉。刑法不施，赏赐泛滥，奖惩不明，起不到应有的作用。既然如此，还凭什么治理国家呢？所以，明白事理的君子知道太清年间侯景之乱是不可避免的了。

羊 侃 传

攻 守 台 城

【原文】

贼为尖顶木驴攻城，矢石所不能制。侃作雉尾炬，施铁镞，以油灌之，掷驴上焚之，俄尽。贼又东西两面起土山，以临城，城中震骇。侃命为地道，潜引其土，山不能立。贼又作登城楼车，高十余丈，欲临射城内。侃曰："车高堑虚，彼来必倒，可卧而观之，不劳设备。"及车动果倒，众皆服焉。

【译文】

叛将侯景用尖顶木驴进攻台城（即宫城），利箭石块无法毁坏阻止它们。羊

国学经典文库

侃就制作雉尾火炬，安装上铁箭头，再往火炬上灌满油，点燃扔到尖顶木驴上去焚烧，顷刻间就把尖顶木驴烧光了，侯景又在东西两面垒起土山，正对台城。城中人震惊恐惧，羊侃就命令士卒挖掘通往土山的地道，偷偷地掘取土山下的土，使土山无法垒成。侯景又造登城楼车，高达十多丈，想进逼攻入城内。羊侃对将士们说："楼车极高而护城壕沟边土质极松，楼车来到这里必定会倒翻，我们可以躺着看它翻车，无需费力防备。"后来楼车到城下一发动，果然倒翻了，将士们都信服羊侃。

深明大义

【原文】

初，侃长子鷟为景所获，执来城下示侃，侃谓曰："我倾宗报主，犹恨不足，岂复计此一子，幸汝早能杀之。"数日复持来，侃谓鷟曰："久以汝为死，犹复在邪？吾以身许国，誓死行阵，终不以尔而生进退。"因引弓射之。贼感其忠义，亦不之害也。

【译文】

当初，羊侃长子羊鷟被侯景捕获。羊侃镇守寿春（今安徽寿县）时，侯景让人把他捆绑到寿春城下，企图诱降羊侃，羊侃对敌军将领说："我就是全宗捐躯，报效皇恩，还怨恨不够，难道还计较这一个儿子？你们要杀就早点杀他好了。"过了几天，敌军又劫持他儿子到城下，羊侃对儿子说："我以为你早被害死了，想不到还活着呢？我以身许国，誓死在军阵，无论如何也不会因为你而改变决心。"于是弯弓搭箭要射杀儿子。敌将也被他这种忠义的精神所感动，就没有害死他儿子。

王 承 传

廉洁不谀

【原文】

承性简贵有风格。时右卫朱异当朝用事，每休下，车马常填门。时有魏郡申英好危言高论，以忤权右，常指异门曰："此中辐辏，皆以利往，能不至者，惟有大小王东阳。"小东阳，即承弟稚也。当时惟承兄弟及褚翔不至异门，时以此称之。

【译文】

王承生性简雅清贵有风格。当时右卫将军朱异权倾人臣，当朝管事，每当休假或下朝回家，总有许多人去拜谒求见，以致车马盈门。当时魏郡有个叫申英的人喜欢发表一些危言耸听的高论，来抨击权贵，他常常指着朱异家门说："这些人闻风而来，聚集在此，都是因为利而来，不来这里的只有大小王东阳。"小东阳就是大东阳王承的弟弟王稚。当时只有王承兄弟和褚翔三人不来巴结朱异，当时的人因此称赞他们。

韦　粲　传

贵在将和

【原文】

是时，之高遣船渡仲礼，与合军进屯王游苑。粲建议推仲礼为大都督，报下流众军。裴之高自以年位，耻居其下，乃云，"柳节下是州将，何须我复鞭板。"累日不决。粲乃抗言于众曰："今者同赴国难，义在除贼，所以推柳司州者，政以久捍边疆，先为侯景所惮；且士马精锐，无出其前。若论位次，柳在粲下；语其年齿，亦少于粲，直以社稷之计，不得复论。今日形势，贵在将和；若人心不同，大事去矣。裴公朝之旧齿，年德已隆，岂应复挟私情，以沮大计。粲请为诸君解释之。"……于是诸将定议，仲礼方得进军。

抚剑武士俑
南北朝

【译文】

这时，西豫州刺史、左军将军、员外散骑常侍裴之高派船接运司州（治所在今河南信阳）刺史柳仲礼，与韦粲会合，进屯王游苑。韦粲建议推举柳仲礼为大都督，并通报长江下游各军。裴之高因为自己年高位隆，耻居人下，不满地说："柳仲礼身为州将，有能力统率大军，又何必我来援助呢？"这样，几天过后，将领间意见仍然不一。韦粲慷慨激昂地对大家说："当前，诸位同赴国难，旨在消灭侯景。我之所以推举柳仲礼为大都督，就是因为他长期捍卫边疆，威震侯景；而且兵马精锐，我们比不上他。如果论官位，柳仲礼在我韦粲之下；论年龄，他也比我年轻，只是考虑到国家大局，我才推举他做大都督。对此，我希望大家不要再议论纷纷了。大敌当前，贵在将和；如果意见不一，军心不稳，难成大事！裴公是朝廷老臣，德高望重，难道真会不顾大局，计较私利吗？我韦粲这就去劝劝他。"……于是，诸将意见统一，柳仲礼终于率军进发。

世祖二子传

萧方等明心避祸

【原文】

忠壮世子方等字实相，世祖长子也。母曰徐妃。少聪敏，有俊才，善骑射，尤长巧思。性好林泉，特好散逸。尝著论曰："人生处世，如白驹过隙耳。一壶之酒，足以养性；一箪之食，足以怡形。生在蓬蒿，死葬沟壑，瓦棺石椁，何以异兹？吾尝梦为鱼，因化为鸟。当其梦也，何乐如之，及其觉也，何忧斯类，良由吾之不及鱼鸟者远矣。故鱼鸟飞浮，任其志性，吾之进退，恒存掌握，举手惧触，摇足恐堕。若使吾终得与鱼鸟同游，则去人间如脱屣耳。"初，徐妃以嫉妒

失宠，方等意不自安，世祖闻之，又恶方等，方等益惧，故述论以申其志焉。

【译文】

　　忠壮世子萧方等字实相，是梁元帝长子，生母叫徐妃。萧方等自幼聪敏，有高才，善骑射，尤其善于想象。向往寄情山林泉水，很喜欢过闲散、隐逸的生活，曾经写文章说："人生在世，仿佛白驹过隙，时光短暂。一壶酒，一篮子食品，足以修身养性。即使是出身高贵，死后也得归葬山沟，用石棺还是用瓦棺，又有什么两样？我曾梦为鱼，鱼再变为鸟。当我做梦的时候，我跟鱼鸟一样是多么的欢乐，当我醒来的时候，我又是多么的忧愁，可见，我真正是不如鱼鸟啊。鱼儿遨游，鸟儿飞翔，无所顾虑，自由自在，而我或进或退，总是受人支配，举手担心碰着什么东西，提脚又担心摔跤。如果我真能够与鱼儿同游，与鸟儿同飞，那么，我会像脱鞋子一样毫不留恋地离开这个人世。"当初，他生母徐妃由于妒性太重而失去元帝的宠爱，萧方等对此不满，元帝得知，又讨厌起萧方等，他更为恐惧，就写了这段文字来表达自己的志向。

王僧辩传

讨伐王僧辩

【原文】

　　贞阳既践伪位，仍授僧辩大司马，领太子太傅、扬州牧，余悉如故。陈霸先时为司空、南徐州刺史，恶其翻覆，与诸将议，因自京口举兵十万，水陆俱至，袭于建康。于是水军到，僧辩常处于石头城，是日正视事，军人已逾城北而入，南门又驰白有兵来。僧辩与其子颉遽走出阁，左右心腹尚数十人。众军悉至，僧辩计无所出，乃据南门楼乞命拜请。霸先曰："我有何辜，公欲与齐师赐讨。"又曰："何意全无防备。"僧辩曰："委公北门，何谓无备。"尔夜斩之。

【译文】

　　贞阳侯萧渊明做上伪皇帝后，任命王僧辩为大司马，兼任太子太傅、扬州牧，其他职务不变。陈霸先当时是司空、南徐州刺史，厌恶王僧辩不守信用。前后反复，就与将领们商议，从京口（今江苏镇江）出兵十万，水陆并进，偷袭建康（今南京市）。当陈霸先的水军抵达城外时，王僧辩常住在都城西部的石头城（今南京市清凉山），这一天，他正在办公，有人报告说陈霸先的军队已攻下北门进入城内，不久，南门又传来陈军入城的消息，王僧辩与他儿子王颉急忙跑出官署，这时，随从左右的还有心腹人员几十人。陈军如潮水般涌来，王僧辩无计可施，就占据南门城楼乞求投降，陈霸先下令放火焚烧，王僧辩才与儿子下来就擒。陈霸先对他说："我有何罪过，使得您企图联合北齐来讨伐我。"又说："想不到您全然没有防备。"王僧辩说："我委托您防守建康城的北方门户，怎能说我没有防备呢？"这天夜晚，陈霸先就把他斩了。

胡僧佑传

誓死赴国难

【原文】

大宝二年，侯景寇荆陕，围王僧辩于巴陵，世祖乃引僧佑于狱，拜为假节、武猛将军，封新市县侯，令赴援。僧佑将发，谓其子曰："汝可开两门，一门拟朱，一门拟白。吉则由朱门，凶则由白门，吾不捷不归也。"世祖闻而壮之。

【译文】

大宝二年（551），侯景进犯荆州，把王僧辩围困在巴陵（今湖南岳阳），梁元帝把胡僧佑从狱中释放出来，拜为假节、武猛将军，封为新市县侯，命令他前往救援。出征前夕，胡僧佑对儿子说："你可开两扇门，一门准备成红色的，一门准备成白色的。我此次出征，吉则由红门进来，凶则从白门进来。当然，不打胜仗，我决不回家。"元帝听说此事，对他赞叹不已。

滕昙恭传

求瓜孝母

【原文】

滕昙恭，豫章南昌人也。年五岁，母杨氏患热，思食寒瓜，土俗所不产，昙恭历访不能得，衔悲哀切。俄值一桑门问其故，昙恭具以告。桑门曰："我有两瓜，分一相遗。"昙恭拜谢，因捧瓜还，以荐其母。举室惊异。

【译文】

滕昙恭是豫章南昌（今江西南昌）人。五岁时，母亲杨氏得了热病，想吃瓜，而当地不出产，他四处打听，都没有，因而无比悲伤难过。不久，碰见一个和尚，和尚问他为什么如此悲伤，滕昙恭把详情讲给他听，和尚说："我有两个瓜，送一个给你吧。"滕昙恭拜谢过和尚，捧着瓜回家，献给母亲吃，满屋子的人见了无不惊异。

吉翂传

乞代父命

【原文】

翂幼有孝性。年十一，遭所生母忧，水浆不入口，殆将灭性，亲党异之。天监初，父为吴兴原乡令，为奸吏所诬，逮诣廷尉。翂年十五，号泣衢路，祈请公卿，行人见者，皆为陨涕。其父理虽清白，耻为吏讯，乃虚自引咎，罪当大辟。翂乃挝登闻鼓，乞代父命。……高祖乃宥其父。

【译文】

吉翂自幼就有孝性。十一岁时，生母去世，吉翂水浆不入口，差点饿死，亲友们对此感到惊异。天监初（即武帝初年），父亲做吴兴原乡（今浙江安吉）县令，遭奸吏诬陷，被逮捕到掌管刑狱的廷尉署。这一年，吉翂十五岁，他奔走于路，痛哭流涕，恳求公卿，替父申冤，路上行人见了莫不流泪。他父亲虽然清白无辜，然而，他耻于被下级小官吏审讯，就无罪招认，结果，被判为死刑。吉翂上都城击鼓鸣冤，乞求代父受刑。……梁武帝就赦免了他父亲。

范 缜 传

孤 贫 勤 学

【原文】

缜少孤贫，事母孝谨。年未弱冠，闻沛国刘瓛聚众讲说，始往从之，卓越不群而勤学，瓛甚奇之，亲为之冠。在瓛门下积年，去来归家，恒芒芴布衣，徒行于路。瓛门多车马贵游，缜在其门，聊无耻愧。既长，博通经术，尤精三《礼》。性质直，好危言高论，不为士友所安；唯与外弟萧琛相善，琛名曰口辩，每服缜简诣。

【译文】

范缜年轻时孤苦贫穷，侍奉母亲孝顺细心。不满二十岁时，听说沛国郡（今安徽濉溪县西北）学者刘瓛聚徒讲学，就去拜师求学。他才能超群又勤于学习，刘瓛觉得他是奇才，就亲自替他举行冠礼。范缜从师刘瓛门下好几年，往返于自己家与刘瓛家间，总是布衣草鞋，出门步行。刘瓛门下大多是乘车骑马的贵族子弟，范缜生活在他们中间，一点也不觉得难为情。成年后，博通经学，尤其精通《周礼》《仪礼》《礼记》三礼。他生性质朴坦率，喜欢发表标新立异的宏论，使友人感到不安。他只跟表弟萧琛合得来，萧琛称赞他能言善辩，每每钦佩他言简意赅。

袁 峻 传

孤 贫 好 学

【原文】

袁峻字孝高，陈郡阳夏人，魏郎中令涣之八世孙也。峻早孤，笃志好学，家贫无书，每从人假借，必皆抄写，自课日五十纸，纸数不登，则不休息。讷言语，工文辞。

【译文】

袁峻字孝高，陈郡阳夏（今河南太康）人，是曹魏郎中令袁涣的八世孙。袁峻从小就是孤儿，但他意志坚定，爱好学习，家贫无书，就向别人借，全部把它抄下来，严格要求自己每天抄五十张纸，不满五十张，决不休息。他不善言语，但文章写得好。

钟　嵘　传

钟　嵘　论　诗

【原文】

　　嵘尝品古今五言诗，论其优劣，名为《诗评》。其序曰："……五言居文辞之要，是众作之有滋味者也，故云会于流俗，岂不以指事遣形，穷情写物，最为详切者邪！故《诗》有六义焉。一曰兴，二曰赋，三曰比。文已尽而意有余，兴也；因物喻志，比也；直书其事，寓言写物，赋也。弘斯三义，酌而用之，干之以风力，润之以丹采，使味之者无极，闻之者动心，是诗之至也。若专用比、兴，则患在意深，意深则辞踬。若但用赋体，则患在意浮，意浮则文散。

【译文】

　　钟嵘曾品评古今五言诗，论其优劣，写成《诗评》一书。书中序言说："……五言诗是最好的诗歌体裁，是诗歌中最有滋味的诗体，它雅俗共赏，抒情状物，最为详尽、贴切。故而《诗经》有六种分类含义。一曰兴，二曰赋，三曰比。文已尽而意有余，这就是兴；借物抒情，这就是比；直书其事，寓言写物，这就是赋。充分发挥这三种手法的优点，根据需要，斟酌使用，使写出来的诗有风力，有实际内容，同时，润色以鲜明的文采，这样，欣赏者才会感到趣味无穷，扣人心弦，这是诗歌所要达到的最高境界。凡是一首好诗，必须兴、比、赋并重，如果只强调比、兴，就会意深而词拙；如果只用赋体，就会意浮文散。

刘　峻　传

书　淫

【原文】

　　刘峻字孝标，平原平原人。……峻生期月，母携还乡里。宋泰始初，青州陷魏，峻年八岁，为人所略至中山，中山富人刘实愍峻，以束帛赎之，教以书学。魏人闻其江南有戚属，更徙之桑乾。峻好学，家贫，寄人庑下，自课读书，常燎麻炬，从夕达旦，时或昏睡，蒸其发，既觉复读，终夜不寐，其精力如此。齐永明中，从桑乾得还，自谓所见不博，更求异书，闻京师有者，必往祈借，清河崔尉祖谓之"书淫"。

【译文】

　　刘峻字孝标，平原郡平原县（今山东邹平）人，生下满一个月时，母亲带他回乡下。南朝宋明帝泰始（公元 465～471 年）初年，刘峻所在的青州沦陷于北魏，八岁的刘峻被掠卖到中山郡（今河北定县）为奴，中山有个叫刘实的富人同情刘峻，就用一束帛把他赎身出来，教他识字读书。北魏听说他在江南有亲属，又把他迁徙到更远的桑乾县，以防止他逃跑。刘峻好学，家贫，就寄人篱下，严格按标准要求自己读书，常常点燃大麻火炬，通宵达旦地苦读，有时睡着了，被火炬烧着了头发，醒来后又继续读书，整夜不睡，他就是这样的用功读书。南朝

齐武帝永明（公元483~493）年间，从桑乾回来，自以为见识不广，又搜集稀世好书，只要听说京城某某有好书，就一定去借阅，清河郡（今河北清河）人崔尉祖戏称刘峻是"书淫"。

刘 勰 传

乔装卖书郎

【原文】

初，勰撰《文心雕龙》五十篇，论古今文体，引而次之。……既成，未为时流所称。勰自重其文，欲取定于沈约。约时贵盛，无由自达，乃负其书，候约出，干之于车前，状若货鬻者。约便命取读，大重之，谓为深得文理，常陈诸几案。

【译文】

当初，刘勰撰写《文心雕龙》五十篇，评论古今文体，分其优劣。……书成之后，不被当时人赏识，而刘勰看重自己的著作，想得到沈约的认可。沈约当时是尚书令，又是大文学家，地位高，名声大，刘勰找不到门路拜访他，于是，背着他的书，早早等候在沈约门前，一看见沈约要坐车外出，就赶快迎上去，献上自己的书，就像一个卖书小贩。沈约让人取来他的书，看了以后，非常赏识，认为他的著作颇有文理，常常摆设在茶几桌上，随时翻阅。

处 士 传

隐 士 品 分

【原文】

古之隐者，或耻闻禅代，高让帝王，以万乘为垢辱，之死亡而无悔。此则轻生重道，希世间出，隐之上者也。或托仕监门，寄臣柱下，居易而求其志，处污而不愧其色。此所谓大隐隐于市朝，又其次也。或裸体佯狂，盲喑绝世，弃礼乐以反道，忍孝慈而不恤，此全身远害，得大雅之道，又其次也。然同不失语默之致，有幽人贞吉矣。与夫没身乱世，争利干时者，岂同年而语哉！《孟子》曰："今人之于爵禄，得之若其生，失之若其死。"《淮南子》曰："人皆鉴于止水，不鉴于流潦。"夫可以扬清激浊，抑贪止竞，其惟隐者乎！

【译文】

古代的隐士，可划分为三大类型。有些人对于王位传递之事感到羞耻，极力非难帝王，把天子的权势看作是耻辱，他们就是面临死亡，也没有什么悔恨的。这些人轻生重道，隐居山林，世间不常出现，这是隐士中的上等者。有些人或寄托仕于守门人这样的贱吏，或臣服于权贵做小史官，过着简易的生活，目的是为了追求他们远大的志向，他们处于污浊的社会而不感到羞愧。也就是说，他们安稳地隐居在于市井、官府之中，这是隐士中的次一等者。有些人赤身裸体，假装疯疯癫癫，与世隔绝，对人间的一切漠不关心，抛弃礼乐，回归原始的、自然之

道，不讲孝悌、仁慈，没有怜悯之心。他们这样做，是为了保全自身，躲避祸害，求大雅之道，这是隐士中的下等者。然而，不管哪种类型的隐士，他们都具有缄口不语的情趣，有隐居者的贞操，他们同那些栖身乱世，争权夺利者相比，岂可同日而语！《孟子》说："当今的人对爵位俸禄看得很重，得到它们好比获得生命，失去它们就像面临死亡。"《淮南子》说："只有在静水中方有人的倒影，在流水中则没有。"可以用来激浊扬清，抑竞止贪，大概只有隐士吧。

骑士俑　南北朝

亲而不党

【原文】

外兄王晏贵显，屡至其门，孝绪度之必至颠覆，常逃匿不与相见。曾食酱美，问之，云是王家所得，便吐飧覆醢。及晏诛，其亲戚咸为之惧。孝绪曰："亲而不党，何坐之及？"竟获免。

【译文】

外兄王晏权势显赫，经常到阮孝绪家串门，阮孝绪估计他总有一天会倒霉垮台的，所以，得知王晏要来串门的时候，常常躲避起来，不与他相见。阮孝绪曾经有一次吃到味美的酱菜，就问家人是从哪里弄来的，说是王晏家的，阮孝绪马上把口里的饭菜吐掉。后来，王晏果然遭了杀身之祸，王晏的亲戚都因此而恐惧，阮孝绪说："我们虽是他的亲戚，但没有与他结成党派；怕什么祸患牵连到我们呢？"终于被豁免。

宽恕待贼

【原文】

家贫，唯以园蔬为业。尝出行，见人盗其菜，元琰遽退走，母问其故，具以实答。母问盗者为谁，答曰："向所以退，畏其愧耻，今启其名，愿不泄也。"于是母子秘之。或有涉沟盗其笋者，元琰因伐木为桥以渡之。自是盗者大惭，一乡无复草窃。

【译文】

范元琰家生活贫困，只以种植蔬菜为业。有次外出蹓跶，看见有人在偷他家的蔬菜，范元琰马上转身跑回家，母亲问他为什么，范元琰据实回答。母亲问小偷是谁，范元琰回答说："刚才我之所以跑回家，就是因为怕小偷看见了我而感到羞耻，现在我说出小偷的姓名，希望你不要泄露出去。"于是，母子俩都秘而不宣。还有一次，有人蹚过水沟来偷他家园中的竹笋，范元琰不仅不抓小偷，反而伐木架桥，让小偷通过。从此以后，小偷们感到非常惭愧，一乡之中，不再有偷窃之事。

国学经典文库

施恩不图报

【原文】

尝乘舟从田舍还，载米一百五十石，有人寄载三十石，既至宅，寄载者曰："君三十斛，我百五十石。"诜默然不语，恣其取足。邻人有被诬为盗者，被治劾，妄款，诜矜之，乃以书质钱二万，令门生诈为其亲，代之酬备。邻人获免，谢诜，诜曰："吾矜天下无辜，岂期谢也。"其行多如此类。

【译文】

曾经有一次，庾诜乘船从田庄回家，船中装米一百五十石，别人又托寄三十石。到家后，托寄的人耍赖皮说："您三十斛（即三十石），我一百五十石。"庾诜竟然默不作声，让他放肆取足一百五十石。还有一次，邻居被人诬陷是偷盗者，因而被关押起来，冤枉地要赔偿许多钱款。庾诜同情邻居，就把自己的书典当出去，得钱两万，叫自己的门生假装成邻居的亲戚，替邻居交涉办理好了这件事情。邻居被释放出来后，要感谢庾诜，庾诜说："我同情天下的无辜者，难道指望人家报恩吗？"庾诜的品行就像这样。

何 远 传

耿 直 廉 洁

【原文】

远耿介无私曲，居人间，绝请谒，不造诣。与贵贱书疏，抗礼如一。其所会遇，未尝以颜色下人，以此多为俗士所恶。其清公实为天下第一。居数郡，见可欲终不变其心。妻子饥寒，如下贫者。及去东阳归家，经年岁口不言荣辱，士类益以此多之。其轻财好义，周人之急，言不虚妄，盖天性也。每戏语人云："卿能得我一妄语，则谢卿以一缣。"众共伺之，不能记也。

【译文】

何远耿直，没有偏私，为人处世，丝毫不拉关系、走后门。不管是与贵人达官，还是与平民百姓，书信往来，日常交际，都平等对待；在交往中，从不奴颜卑怯，自觉低人一等。因而，常常为平庸之辈所讨厌。何远清廉、公正真正是天下第一。担任几个郡的太守期间，不受物欲的诱惑，始终保持其廉洁、公平的本性。妻子儿女忍受饥寒，好像下层贫穷的百姓。自从离任东阳郡（辖境相当于今浙江金华江、衢江流域各县地、治所在今金华）太守，休养在家以后，终年累月闭口不谈荣辱之事，惟清贫度日，士人更为称赞他。何远轻财好

贵族仕女俑　南北朝

义，解人之急，言不虚妄，是其秉性。他常常对人开玩笑说："你们如能找出一句我讲的胡话，我就酬谢你们一匹细绢。"大家都暗中观察，果然没有发现他讲过什么胡言乱语。

临贺王正德传

武帝姑息养奸

【原文】

临贺王正德字公和，临川靖惠王第三子也。少粗险，不拘礼节。初，高祖未有男，养之为子，及高祖践极，便希储贰。后立昭明太子，封正德为西丰侯，邑五百户。自此怨望，恒怀不轨，睥睨宫宸，觊幸灾变。普通六年，以黄门侍郎为轻车将军，置佐史。顷之，遂奔于魏，有司奏削封爵。七年，又自魏逃归，高祖不之过也。复其封爵，仍除征虏将军。

【译文】

临贺王萧正德字公和，是临川靖惠王萧宏的第三子。年轻时就粗野、阴险，不拘礼节。当初，梁武帝萧衍没有儿子，就把他收养为子，萧衍当上皇帝后，萧正德就指望立为太子，然而后来，武帝立了昭明太子，封萧正德为西丰侯，食邑五百户。从此，萧正德怨恨武帝，常怀不轨之心，窥伺着宫廷，希望侥幸发生什么灾变。梁武帝普通六年（526），萧正德由黄门侍郎兼任轻车将军，设置属吏。不久，他叛逃到北魏，有关部门奏请武帝削除了他的封爵。第二年，他又从北魏逃回来，武帝竟然不计较他的罪过，反而，恢复他的封爵，还任命他为征虏将军。

侯 景 传

武帝引狼入室

【原文】

景性残忍酷虐，驭军严整；然破掠所得财宝，皆班赐将士，故咸为之用，所向多捷。总揽兵权，与神武相亚。魏以为司徒、南道行台，拥众十万，专制河南。及神武疾笃，谓子澄曰："侯景狡猾多计，反覆难知，我死后，必不为汝用。"乃为书召景。景知之，虑及于祸，太清元年，乃遣其行台郎中丁和来上表请降。……丁和既至，高祖召群臣廷议，尚书仆射谢举及百辟等议，皆云纳景非宜，高祖不从是议而纳景。

【译文】

侯景生性残忍、狠毒，带兵严整；然而，攻战所得财宝，他都分发、赏赐给将士，所以，大伙都能为他卖力，常打胜仗。侯景总揽兵权，与天柱大将军高欢不相上下。东魏任命他为司徒、河南道行台，拥兵十万，专制河南。高欢病危临终时，对儿子高澄说："侯景狡猾多计，反复无常，难以预料，我死后，他肯定不会服从你。"于是写信召他回朝，企图消灭他。侯景得知内情，害怕遇祸，就

于太清元年（547），派行台郎中丁和去上表梁武帝，请求降梁。……丁和到来后，梁武帝召集群臣廷议，尚书仆射谢举和其他文武官员讨论，都认为不宜接纳侯景，但是，梁武帝没有听从众人的意见，接纳了侯景。

侯景乱梁

【原文】

景大怒，即决石阙前水，百道攻城，昼夜不息，城遂陷。于是悉卤掠乘舆服玩、后宫嫔妾，收王侯朝士送永福省，撤二宫侍卫。……初，城中积尸不暇埋瘗，又有已死而未敛，或将死而未绝，景悉聚而烧之，臭气闻十余里。尚书外兵郎鲍正疾笃，贼曳出焚之，宛转火中，久而方绝。

爨龙颜碑　南北朝

【译文】

侯景大怒，当即决开宫城石阙前边的护城河，并从四面八方围攻宫城，昼夜不息，终于攻陷梁朝宫城。于是，大肆抢掠了全部的车马、服饰、玩物和后宫宫女，收捕王侯朝士，把他们押送到永福省，并且撤除了东西二宫的侍卫人员。……当初，城中累结起来的尸体来不及埋葬，宫城陷落后，有一些尸体来不及收敛，有一些人还没有完全断气，侯景把他们都堆放在一起，放火焚烧，十多里外都能闻到臭气。尚书外兵郎鲍正病得很厉害，侯景兵也把他拖拉到火中，鲍正在火中苦苦挣扎，过了很长时间才死去。

武帝自食恶果

【原文】

高祖虽外迹已屈，而意犹忿愤，时有事奏闻，多所谴却。景深敬惮，亦不敢逼。景遣军人直殿省内，高祖问制局监周石珍曰："是何物人？"对曰："丞相。"高祖乃谬曰："何物丞相？"对曰："是侯丞相。"高祖怒曰："是名景，何谓丞相！"是后，每所征求，多不称旨，至于御膳亦被裁抑，遂忧愤感疾而崩。

【译文】

梁武帝虽然表面上屈服于侯景，但心里还是愤恨他，当时侯景有事还向他奏闻，他常常是予以斥退，侯景对他还是很敬畏，也不敢当面逼迫武帝。侯景派兵守卫在各个宫殿房间，武帝问制局监（武官名）周石珍说："他们是什么人？"周石珍回答说："是丞相派的人。"武帝不解地问："哪个丞相？"周石珍回答说："是侯丞相。"武帝大怒，说："他是侯景，哪里是什么丞相！"侯景知道这个以后，梁武帝每每向他征取什么东西，他大都不满足武帝的要求，以至于梁武帝的饭菜也被减损，梁武帝在忧愤当中，生病而逝。

【国学经典文库】

陈书

【唐】姚思廉

线装书局

序 言

　　《陈书》是南朝陈朝的纪传体断代史著作。《陈书》记载自陈武帝陈霸先即位（557）至陈后主陈叔宝被隋文帝灭国（589）前后三十三年间的史事。《陈书》是姚察及其子姚思廉两代人，自公元六世纪八十年代至七世纪三十年代，经过几十年的辛勤撰写完成的。

　　姚察、姚思廉父子撰史时，已有大量史著或史料可资参考。于梁、陈两代，如沈约、周兴嗣、裴子野、杜之伟，顾野王及许亨等，曾先后受命撰写梁代历史。许亨著有《梁书》、梁刘璠及陈何之元各有《梁典》。陈陆琼、傅绛、顾野王也都曾受命撰著陈史。但上述各种史书均已失传。现存的《陈书》便成为研究这朝历史的重要文献资料。

　　姚察（533～606），字伯审，吴兴武康（今浙江德清县西）人，南朝历史学家历经梁、陈、隋三朝，于陈朝任秘书监、领大著作、吏部尚书等职，于隋朝任秘书丞。姚察于陈朝初年，曾参与《梁书》的编著，入隋后于文帝开皇九年（589）又受命编撰梁、陈两代历史，未竟而卒。临终时遗命，嘱其子姚思廉继续完成未竟的撰史工作。

　　姚思廉（557～637），字简之，陈亡后，迁家关中，为万安（今陕西西安）人。自隋入唐，任著作郎、弘文馆学士，官至散骑常侍。唐初贞观年间，姚思廉与魏徵同修梁、陈两朝历史。姚思廉在撰史工作中，充分利用了其父已完稿。自贞观三年（629）至贞观十年（636），历时七年最终完成了《梁书》与《陈书》的撰写工作。魏徵实际担任的是监修官，只在两史的本纪部分及《陈书》皇后传后写有几篇论赞。

　　《陈书》中的帝纪六卷，列传三十卷，共三十六卷，亦无表志。书中帝纪多属姚察旧稿。除《高祖纪》分两卷外，其余世祖、废帝、宣帝及后主各一卷。姚察原为陈朝臣子，故在帝纪记事中多有曲笔。书中列传三十卷，所立类传有皇后、宗室、孝行、儒林及文学等，较《梁书》少，并不载其他民族事迹。列传中有姚思廉为其父所作传记，如同萧子显于《南齐书》中为其父萧嶷作传，自然不乏溢美

国学经典文库

之辞。

　　姚察及姚思廉父子虽为史学家，但都有较深厚的文学素养，于史文撰著方面，力诚追求辞藻的华丽与浮泛，文字简洁朴素，继承了司马迁及班固的文风与笔法，在南朝诸史中是难能可贵的。

后 主 传

以淫侈亡国

【原文】

后主生深宫之中，长妇人之手，既属邦国殄瘁，不知稼穑艰难。初惧阽危，屡有哀矜之诏，后稍安集，复扇淫侈之风。宾礼诸公，唯寄情于文酒，昵近群小，皆委之以衡轴。谋谟所及，遂无骨鲠之臣，权要所在，莫匪侵渔之吏。政刑日紊，尸素盈朝，耽荒为长夜之饮，嬖宠同艳妻之孽，危亡弗恤，上下相蒙，众叛亲离，临机不寤，自投于井，冀以苟生，视其以此求全，抑亦民斯下矣。

【译文】

陈后主生在深宫之中，长在都是妇人的环境当中，当上皇帝之时，恰逢国家衰弱不堪，而他不知稼穑之艰难。起初，他还害怕遭受灭亡的危险，所以常常发布同情百姓疾苦的诏书，然而，局势逐渐安稳一些以后，他又煽动起荒淫、奢侈的风气。对江总、陈暄、孔范等人，他待以宾客之礼，只知道陶醉在文章美酒之中；亲近小人，委以要职。这样，出谋划策者没有一个是正直之臣，执掌权要者没有一个不是贪婪之人。因而，政务刑罚日渐混乱，无所事事之辈充斥朝廷。通宵达旦地吃喝玩乐，沉溺于荒淫之中，宠幸张贵妃、孔贵人，荒废政事，身处危亡之境，却高枕无忧。上下蒙骗，众叛亲离，外故压境之时，仍未醒悟过来，反而，自投枯井，企图苟且偷生。像他这样求生，就算是老百姓也会是荒唐可笑的吧。

亡国之主多有才艺

【原文】

古人有言，亡国之主，多有才艺，考之梁、陈及隋，信非虚论。然则不崇教义之本，偏尚淫丽之文，徒长浇伪之风，无救乱亡之祸矣。

【译文】

古人有句话说：亡国之主多有才艺。考察南朝梁、陈两代和隋朝的历史，这种说法确实有道理。君王治理国家，不崇尚教义这个根本，却推崇浮华，偏爱淫丽的文辞，这只能滋长浅薄、虚伪的风气，而不能挽救濒临乱亡之祸的国家。

周 文 育 传

弃 文 学 武

【原文】

周文育字景德，义兴阳羡人也，少孤贫，本居新安寿昌县，姓项氏，名猛奴。……荟哀之，乃随文育至家，就其母请文育养为己子，母遂与之。及荟秩

满，与文育还都，见于太子詹事周舍，请制名字，舍因为立名文育，字景德。命兄子弘让教之书计。弘让善隶书，写蔡邕《劝学》及古诗以遗文育，文育不之省也，谓弘让曰："谁能学此，取富贵但有大槊耳。"弘让壮之，教之骑射，文育大悦。

【译文】

周文育字景德，义兴阳羡（今江苏吴兴）人，少时孤贫，本是新安寿昌（今浙江建德市）人，姓项，名猛奴。……寿昌县浦口戍主（下层军官）周荟同情周文育，就随他到家，请求他母亲把文育给他收养为子，文育母亲当即让周荟带走文育。等到周荟任期已满，就带他到了都城建康（今南京市），拜见太子詹事周舍，请他给文育取个名字，周舍就给他取名文育，字景德。周荟让他哥哥的儿子周弘让教给文育书写、算计。弘让善写隶书，就写了东汉书法家蔡邕的《劝学》和一些古诗给文育练习，文育看都没有仔细看，对弘让说："谁学这些东西，能取富贵的只有长矛罢了。"弘让听了，深表钦佩，就教他骑马射箭，周文育非常高兴。

侯安都传

居功自傲

【原文】

部下将帅多不遵法度，检问收摄，则奔归安都。世祖性严察，深衔之。安都弗之改，日益骄横。每有表启，封讫，有事未尽，乃开封自书之，云又启某事。及侍宴酒酣，或箕踞倾倚。尝陪乐游禊饮，乃白帝曰："何如作临川王时？"帝不应。安都再三言之，帝曰："此虽天命，抑亦明公之力。"宴讫，又启便借供帐水饰，将载妻妾于御堂欢会，世祖虽许其请，甚不怿。明日，安都坐于御坐，宾客居群臣位，称觞上寿。初，重云殿灾，安都率将士带甲入殿，帝甚恶之，自是阴为之备。

【译文】

侯安都的部下将帅大多不遵守法规，在外胡作非为，有关人员要检查、盘问、收捕他们，他们就逃回侯安都处。世祖陈茜性严厉，对侯安都很是不满。侯安都不但不改正，反而日益骄横无礼。呈交皇上的文书封好之后，一旦想起还有什么没有说完的事情，就拆开文书，另行添加所谓还需陈述给皇上的事情。在宫廷宴会上酒兴正浓的时候，他就忘乎所以，甚至随意伸开两腿，像个簸箕，歪歪斜斜地靠在椅子上。有一次，举行禊祭，侯安都陪从陈文帝饮酒，大家玩得很痛快，侯安都问陈文帝："您现在做皇帝，与你作临川王时相比，怎么样？"陈文帝没有回答。侯安都执意要他回答，文帝就说："我能当皇帝，虽然是天命的安排，您也出力不少。"宴会之后，他又请求文帝立即借给他船只，他要把妻妾家人们接来宫廷欢聚，文帝虽然同意了他的请求，但很不高兴。第二天，侯安都坐在皇帝宝座上，宾客们坐在臣子的座位上，斟酒为他祝寿。当初，重云殿发生火灾，侯安都率领将士，带着武器上殿，文帝就很憎恨他。这次以后，陈文帝就暗中对

他防备起来。

陈霸先识人

【原文】

初，高祖在京城，尝与诸将宴，杜僧明、周文育、侯安都为寿，各称功伐。高祖曰："卿等悉良将也，而并有所短。杜公志大而识暗，狎于下而骄于尊，矜其功而不收其拙。周侯交不择人，而推心过差，居危履险，猜防不设。侯郎傲诞而无厌，轻佻而肆志。并非全身之道。"卒皆如其言。

陈霸先

【译文】

当初，高祖陈霸先在都城建康（今南京）与诸将宴饮，杜僧明、周文育和侯安都三人向他祝寿，大伙夸耀各自的战功。陈霸先说："你们这些人都是良将，但各有不足之处。杜公志大才疏，对下属过于亲近，对上级骄横无礼，炫耀功劳而不知退让。周侯交友不择对象，同谁相交都推心置腹，处危险之境，却毫无防人之心。侯郎傲慢、荒诞而不庄重，举止轻佻、放肆而不检点。这些都不是明哲保身之道。"后来三人的结局果真像他说的这样。

欧 阳 頠 传

恪 守 信 用

【原文】

初，交州刺史袁昙缓密以金五百两寄頠"，令以百两还合浦太守龚荟，四百两付儿智矩，余人弗之知也。頠寻为萧勃所破，赀财并尽，唯所寄金独在。昙缓亦寻卒，至是頠并依信还之，时人莫不叹服。其重然诺如此。

【译文】

当初，交州刺史袁昙缓秘密地寄五百两金子给欧阳頠，要他把百两还给合浦太守龚芳，其他四百两给他儿子智钜，这件事情只有他俩知道。不久，欧阳頠被萧勃击败，家财都被掠夺尽，只有袁昙缓寄来的五百两金子还在。袁昙缓不久去世，欧阳頠仍然依照袁昙缓信中的要求，把金子给了龚芳和他儿子。对此，当时的人没有不叹服的。欧阳頠就是如此恪守信用。

吴明彻传

救济乡亲

【原文】

起家梁东宫直后。及侯景寇京师，天下大乱，明彻有粟麦三千余斛，而邻里饥馁，乃白诸兄曰："当今草窃，人不图久，奈何有此而不与乡党共之？"于是计口平分，同其丰俭，群盗闻而避焉，赖以存者甚众。

【译文】

吴明彻在梁朝开始做官东宫直后。侯景进寇都城建康（今南京市），天下大乱，出现大饥荒，吴明彻家有粟麦三千多斛（一斛为一石），他看到邻里乡亲挨饿，就与哥哥们商量说："当今世道战乱，盗贼横行，度日艰难，朝不保夕，我们家有这么多粮食，为什么不与乡亲们共享呢？"于是，按人口计算，把粮食分给乡亲们，与乡亲们同甘共苦。附近盗贼听说此事，都逃避了。这样，许多乡亲得以生存下去。

周铁虎传

临危不惧

【原文】

周铁虎，不知何许人也，梁世南渡。语音伧重，膂力过人，便马槊，事梁河东王萧誉，以勇敢闻，誉板为府中兵参军。……侯景之乱，元帝于荆州遣世子方等代誉，且以兵临之。誉拒战，大捷，方等死，铁虎功最，誉委遇甚重。及王僧辩讨誉，于阵获铁虎，僧辩命烹之，铁虎呼曰："侯景未灭，奈何杀壮士！"僧辩奇其言，乃宥之，还其麾下。

【译文】

周铁虎，不知道他是哪里人，只知道他是在梁代从北方迁来南方的。他说话粗重，体力过人，擅长骑马耍矛，服务于梁代河东王萧誉，以勇敢闻名，萧誉提拔他为王府中侍卫兵参军。……侯景叛乱时，梁元帝从荆州派嫡长子萧方等去取代萧誉，而且以兵压境。萧誉不从，进行抵抗，取得重大胜利，萧方等战死，在这场战斗中，周铁虎功劳最大，萧誉更加礼遇、重用他。后来，王僧辩讨伐萧誉，在战场上俘虏了周铁虎，下令烹杀他，周铁虎大喊："侯景未灭，为何杀壮士！"王僧辩对其言行感到惊异，就赦免了他，让他归附到自己的军队。

蔡景历传

秘 不 发 丧

【原文】

三年，高祖崩，时外有强寇，世祖镇于南皖，朝无重臣，宣后呼景历及江大权、杜棱定议，及秘不发丧，疾召世祖。景历躬共宦者及内人，密营敛服。时既暑热，须治梓宫，恐斤斧之声或闻于外，仍以蜡为秘器。文书诏告，依旧宣行。

【译文】

永定三年（559 年），高祖陈霸先驾崩，当时外有强敌（指北齐、北周军队），世祖陈蒨也镇守在南皖（在今安徽安庆市西），朝中无重臣，陈高祖宣皇后传叫蔡景历、江大权和杜棱计议，决定不对外发布皇上驾崩的讣告，并急召世祖陈蒨回朝。蔡景历亲自与宦官、宫女一起，暗中缝制丧服。当时正值暑热天气，必须赶制棺材入殓，由于害怕外面的人听到里面刀斧碰击的声音，于是，不用木材制棺材，竟用蜡来造棺材。在此期间，文书诏告，依旧颁行。

沈 众 传

守 财 奴

【原文】

众性屡啬，内治家业，财帛以亿计，无所分遗。其自奉养甚薄，每于朝会之中，衣裳破裂，或躬提冠屦。永定二年，兼起部尚书，监起太极殿。恒服布袍芒屩，以麻绳为带，又携干鱼蔬菜饭独啖之，朝士共诮其所为。众性猲急，于是忿恨，遂历诋公卿，非毁朝廷。高祖大怒，以众素有令望，不欲显诛之，后因其休假还武康，遂于吴中赐死，时年五十六。

【译文】

沈众生性吝啬，经营家业，财帛多达以亿计，但丝毫不分送给别人。他自己生活也非常俭朴，每次朝会中，穿着破烂衣裳，又亲自携带自己的帽子和鞋子。永定二年（558 年）兼任起部尚书，负责监造太极殿。他总是穿着布袍、草鞋，以麻绳作腰带，又自带干鱼蔬菜饭，一个人吃，朝廷官员都讥笑他的行为。沈众生性脾气急躁，受不了委屈，由此心怀怨恨，于是诬陷公卿，诽谤朝廷。陈高祖大怒，只是考虑到沈众在家世、为政方面还素有声望，因而不想明目张胆地杀他，后来，趁他休假还乡武康途中，把他赐死在苏州城，当年五十六岁。

萧 允 传

避 利 免 祸

【原文】

侯景攻陷台城，百僚奔散，允独整衣冠坐于宫坊，景军人敬而弗之逼也。寻出居京口。时寇贼纵横，百姓波骇，衣冠士族，四出奔散，允独不行。人问其故，允答曰："夫性命之道，自有常分，岂可逃而获免乎？但患难之生，皆生于利，苟不求利，祸从何生？方今百姓争欲奋臂而论大功，一言而取卿相，亦何事于一书生哉？庄周所谓畏影避迹，吾弗为也。"乃闭门静处，并日而食，卒免于患。

【译文】

侯景攻陷梁宫城，百官逃散，只有萧允一个人衣帽整齐地静坐在太子宫署，侯景军人深感敬畏，也不逼迫他。不久，他出居京口（今江苏镇江）。当时，侯景之兵到处烧杀抢掠，平民百姓惊慌四出逃命，官绅士族也逃散各方，只有萧允不去逃命。有人问他为什么，他回答说："大概性命之道，自有它的本分，入难道可以逃脱命运的安排吗？大凡患难的产生，都是由于利益所致，如果不贪求利益，怎么会招致灾祸呢？当今天下大乱，人们竞相奋力求取功劳，希冀指日获得高官厚禄，这些同我一介书生有什么关系呢？庄子所谓畏影避迹，我是不会干这样没有必要的事情的。"于是，闭门静处，两日一餐，终于免遭祸患。

周 弘 正 传

迁 都 之 议

【原文】

时朝议迁都，朝士家在荆州者，皆不欲迁，惟弘正与仆射王襃言于元帝曰："若束修以上诸士大夫微见古今者，知帝王所都本无定处，无所与疑。至如黔首万姓，若未见舆驾入建业，谓是列国诸王，未名天子。今宜赴百姓之心，从四海之望。"时荆、陕人士咸云王、周皆是东人，志愿东下，恐非良计。弘正面折之曰："若东人劝东，谓为非计，君等西人欲西，岂成良策？"元帝乃大笑之，竟不还都。

【译文】

当时，梁元帝上朝议论迁都问题，那些家在荆州的大臣们不愿迁都，只有周弘正和尚书仆射王襃对元帝说："对于那些只要受过教育的、稍微懂得古今历史的士大夫们来说，他们知道帝王定都的地方原本不是固定不变的，这个道理是没有疑问的。至于对平民百姓来说，假如他们看不到您皇上的车马进入都城建业（今南京市），他们就会把您视为列国诸王之一，而不把您看作天子。现在，皇上

应该顺应民心，遵从天下百姓的愿望。"当时，荆、陕大臣都说王裒、周弘正是东部人，因而愿意迁都东面的建康，这恐怕不是良策。周弘正当面驳斥他们说："如果说东部人劝说皇上迁都东面，因而不是良策，那么，你们西部人想定都西面，难道就是良策吗？"梁元帝听说大笑，但最终没有迁都建康。

徐孝克传

富妻不嫌穷夫

【原文】

梁末，侯景寇乱，京邑大饥，饿死者十八九。孝克养母，馈粥不能给。妻东莞臧氏，领军将军先臧盾之女也，甚有容色，孝克乃谓之曰："今饥荒如此，供养交阙，欲嫁卿与富人，望彼此俱济，于卿意如何？"臧氏弗之许也。时有孔景行者，为侯景将，富于财，孝克密因媒者陈意，景行多从左右，逼而迎之，臧涕泣而去，所得谷帛，悉以供养。孝克又剃发为沙门，改名法整，兼乞食以充给焉。臧氏亦深念旧恩，数私致馈饷，故不乏绝。后景行战死，臧伺孝克于途中，累日乃见，谓孝克曰："往日之事，非为相负，今既得脱，当归供养。"孝克默然无答。于是归俗，更为夫妻。

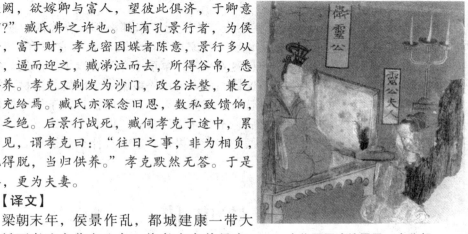

人物图画漆绘屏风　南北朝

【译文】

梁朝末年，侯景作乱，都城建康一带大饥，饿死者达十分之八九。徐孝克奉养母亲，穷得连粥都喝不上。他的妻子臧氏是领军将军臧盾的女儿，长得很美，徐孝克就对她说："现在如此饥荒。大家生活都很困难。无法奉养母亲，我想把你出嫁给富人，这样，我们大家都可指望生存下去，你觉得怎样？"臧氏不同意。当时有个侯景的战将孔景行，他很富足，徐孝克就暗中叫个媒人给他说亲，孔景行随从大伙来到徐孝克家，强行迎娶臧氏，臧氏哭哭啼啼地去了。徐孝克从中得到的聘礼，都用来供养母亲。他自己削发当和尚，取名法整，同时，又乞讨食物来补充供给。臧氏也深念旧恩，经常私下里送来钱粮衣物，所以，徐孝克和母亲也还能够勉强度日。后来，孔景行战死，臧氏在路上等候孝克，几天后，终于相见，臧氏对孝克说："过去的事情实是万不得已，并不是哪个忘恩负义，现在既然事情已经过去，我们应当一起回家供养母亲。"徐孝克沉默不语，于是还俗，两人重新结为夫妻。

姚 察 传

遗嘱薄葬

【原文】

年七十四，大业二年，终于东都，遗命薄葬，务从率俭。其略曰："吾家世素士，自有常法。吾意敛以法服，并宜用布，土周于身。又恐汝等不忍行此。必不尔，须松板薄棺，才可周身，土周于棺而已。葬日，止粗车，即送厝旧茔北。……瞑目之后，不须立灵，置一小床，每日设清水，六斋日设斋食果菜，任家有无，不须别经营也。"

【译文】

隋炀帝大业二年（607），姚察七十四岁，死于东都洛阳，临终前，遗嘱薄葬，丧事务必从简。遗嘱大概这样说："我家世寒微，丧事自有它固有的标准。我死之后，希望用法衣装敛，用布包裹着尸体，草草土葬就可以了。但是，我担心你们不忍心这样做，如果一定不这样，最多可用松板做一个简陋的棺材，能装下尸体就行，埋葬时泥土遮盖棺材就行。安葬那天，只可用粗劣的车子，把棺材送到家族旧墓的北边。……我死之后，不要立灵位祭祀，做一个小架子，每天摆设些清水就行，遇上六斋日，可以摆设些斋食果菜，家中有什么就摆什么，不要专门为了这个去置办。"

司 马 申 传

仁者必有勇

【原文】

及侯景寇郢州，申随都督王僧辩据巴陵，每进筹策，皆见行用。僧辩叹曰："此生要鞭汗马，或非所长，若使抚众宁城，必有奇绩。"僧辩之讨陆纳也，申在军中，于时贼众奄至，左右披靡，申躬蔽僧辩，蒙楯而前，会裴之横救至，贼乃退，僧辩顾申而笑曰："仁者必有勇，岂虚言哉！"除散骑侍郎。

【译文】

等到侯景进犯郢州（治所在今武昌）时，司马申随从都督王僧辩据守在巴陵（今湖南岳阳），每次向王僧辩提出计谋，都被采纳并发挥了作用。王僧辩感叹说："如果要这个后生带兵打仗，或许不是他所擅长的；如果让他安抚民众，守卫城池，肯定会有奇绩。"后来，王僧辩讨伐农民起义首领陆纳的时候，司马申也在军队中，有一次，陆纳兵汹涌而来，王僧辩身边的人一个个地倒下，这时，司马申用身体掩护着王僧辩，用盾牌遮挡着身体向前冲，恰好裴之横救兵来到，陆纳兵因而退却，王僧辩回头看了看司马申，笑着说："有仁义的人必定有勇气，

此话不假呀!”司马申被提拔为散骑侍郎。

毛 喜 传

化 敌 为 辅

【原文】

右卫将军韩子高始与仲举通谋,其事未发,喜请高宗曰:“宜简选人马,配与子高,并赐铁炭,使修器甲。”高宗惊曰:“子高谋反,即欲收执,何为更如是邪?”喜答曰:“山陵始毕,边寇尚多,而子高受委前朝,名为杖顺,然甚轻狷,恐不时授首,脱其稽诛,或愆王度。宜推心安诱,使不自疑,图之一壮士之力耳。”高宗深然之,卒行其计。

【译文】

右卫将军韩子高与尚书仆射到仲举酝酿谋反,但还没有爆发,毛喜给陈高宗(即陈宣帝)献计说:“应当挑选人马,分配给韩子高,并且赐给他生铁和木炭,让他制造武器。”陈宣帝惊讶地问:“韩子高要造反,我想马上逮捕他,为什么还要这样呢?”毛喜回答说:“天下刚刚安稳,边境敌兵还有不少,而韩子高受任于梁朝,虽然名义上臣服了您陈朝,但是,他为人轻薄,气量狭窄,担心随时被杀,倘若他被诛杀,或许有失您大王的气度。应当推心置腹地安抚、诱导他,使他不至有什么疑心,那么,大王可以完全利用他的壮士之力。”陈宣帝认为毛喜的话很有道理,就照他的计谋去办。

傅 𬤝 传

不苟且偷生

【原文】

文庆等因共谮𬤝受高骊使金,后主收𬤝下狱。𬤝素刚,因愤恚,乃于狱中上书。……书奏,后主大怒。顷之,意稍解,遣使谓𬤝曰:“我欲赦卿,卿能改过不?”𬤝对曰:“臣心如面,臣面可改,则臣心可改。”后主于是益怒,令宦者李善庆穷治其事,遂赐死狱中,时年五十五。

【译文】

施文庆等人一起诬陷傅𬤝收取了高骊使者的金子,陈后主因而收捕傅𬤝,把他关押在狱中。傅𬤝素来刚直,因而愤愤不平,就从狱中上书给后主。……后主看后大怒,过了一会,怒气稍稍缓和了一些,派人对傅𬤝说:“我想赦免你,你能改正错误吗?”傅𬤝回答说:“我心如面,我面能改,则我心也能改。”陈后主于是更怒,叫宦官李善庆彻底追查他的事情,终于把他赐死在狱中。当年五十五岁。

殷不害传

寒 天 寻 母

【原文】

江陵之陷也，不害先于别所督战，失母所在。于时甚寒，冰雪交下，老弱冻死者填满沟堑。不害行哭道路，远近寻求，无所不至，遇见死人沟水中，即投身而下，扶捧阅视，举体冻湿，水浆不入口，号泣不辍声，如是者七日，始得母尸。不害凭尸而哭，每举音辄气绝，行路无不为之流涕。

【译文】

江陵之变时，殷不害先在别处督战，江陵陷落后，失去了母亲的下落。当时天气严寒，又下冰雹，又下雪，冻死的老弱之人填满了沟堑。殷不害哭哭啼啼地行走在道路上，到处打听，寻找母亲，远近各地没有不找遍的，碰见沟水中有死人，就跳入水中，把死尸一个个地翻转过来，扶立手中，仔细辨认，全身冻湿，水浆不食，号嚎哭泣不断，如此接连七天，才找到母尸。殷不害伏尸而哭，声嘶力竭，昏死过去，路上行人没有不因此而流泪的。

【国学经典文库】

魏书

书

【北齐】魏收

线装书局

序 言

  《魏书》，北齐魏收撰，共一百二十四卷，其中本纪十二卷，列传九十二卷，志二十卷。因一些纪、传和志篇幅过大，又分为二卷或三卷，实共一百三十卷。

  鲜卑族是我国古代东北大兴安岭东麓一个古老的民族。公元一世纪末，随着匈奴国的解体，一部居民逐渐向西迁徙，成为大漠一个强大的民族，并经历了由原始社会向阶级社会转变的过程。公元三世纪初，鲜卑拓跋部首领猗卢在塞北建立了代国，公元376年，代政权被氐族建立的前秦消灭。公元386年，拓跋鲜卑各部复拥拓跋珪为代王，重建政权。拓跋珪解散了鲜卑拓跋部的部落组织，定居农耕，定都平城（今山西大同附近），于公元398年改称魏，史称北魏。由于吸收先进的汉族文化，北魏国力日益强盛，终于在公元439年统一中国北方，结束了十六国时期的动荡局面。公元493年，孝文帝拓跋宏迁都洛阳，改姓元氏，推行了一系列汉化改革措施；到宣武帝元恪时，北魏达到鼎盛时期，在西边夺取汉中，进窥巴蜀，在东边巩固了洛阳周边的防御，并与梁朝争夺淮南。但不久北魏就由于政治腐败和人民的反抗而崩溃，分为东魏和西魏两个对峙的政权。

  拓跋珪命令邓渊撰《代记》十卷，按年月编次本朝史事。太武帝拓跋焘神䴥二年（429），诏撰《国记》，由崔浩定为编年体，成书三十卷。崔浩因著史被诛后，史官被废，至文成帝拓跋浚和平元年（460），又令高允典著作，续修《国记》，孝文帝太和十一年（487），令李彪、崔光将《国记》改为纪传体。后孝文帝及宣武帝、孝明帝三朝都有起居住。这些都是魏收修撰《魏书》的主要史料。

  北齐天保二年（551），文宣帝高洋令魏收设馆撰成魏史，由平原王高隆之监修，前后参与的人还有房延祐等数人，但他们都无史才，一切事情都由魏收一人专断，天保五年底，全书完成。

  《魏书》包举一代，比较详备。《魏书》首创《序纪》，记述鲜卑拓跋部早期由原始社会向阶级社会转变的历史过程。它还创立《官氏志》和《释老志》，《魏书》还设有专门记载我国国内少数民族的社会状况及它们同中原王朝在政治、经济、文化等各方面的联系，也记述了北魏王朝与外国的经济文化交流。当然，由于魏收所处的地位，《魏书》只记载了东魏孝静帝的史事，对西魏诸帝不提一字，附于高欢；而十志也有许多疏漏的地方。

《魏书》在流传过程中亡佚甚多，纪缺二卷，传缺二十二卷，此外又有三卷残缺不全，分别由后人取其他史书补足。

魏收（507～572），北齐钜鹿下曲阳（今河北晋西县）人，字伯起，小字佛助。北魏末任太学博士，在东魏、北齐时，先后担任过散骑常侍．著作郎。秘书监、中书令、太子少仆与尚书左仆射等职。他机警能文，与温子升、邢子才号称北朝三才子，但生性轻薄，人称他为"惊蛱蝶"。他奉诏著《魏书》时曾声称："何物小子，敢共魏收作色，举之则使上天，按之则使入地。"书成之后，众口喧嚷，指为"秽史"，魏收三易其稿，方成定本。

序 纪

黄帝与托跋

【原文】

昔黄帝有子二十五人，或内列诸华，或外分荒服，昌意少子，受封北土，国有大鲜卑山，因以为号。其后，世为君长，统幽州之北，广漠之野，畜牧迁徙，射猎为业，淳朴为俗，简易为化，不为文字，刻木纪契而已，世事远近，人相传授，如史官之纪录焉。黄帝以土德王，北俗谓土为托，谓后为跋，故以为氏。

【译文】

当初黄帝有二十五个儿子，有的分裂成华夏各国，有的分割了边陲地区，昌意的小儿子被封于北方，国内有大鲜卑山，便以此为号。其后，世代为君长，统治幽州之北广大的沙漠地带，以游牧，射猎为业，风俗淳朴，教化简易，没有文字，刻木记事而已，人间故事从过去到现在，人们互相传授，同史官记录历史一样。黄帝以土德做了王，北方俗称土为托，后为跋，因此以托跋为姓氏。

匿 盗 释 仇

【原文】

帝雅性宽厚，智勇仁恕。时国中少缯帛，代人许谦盗绢二匹，守者以告，帝匿之，谓燕凤曰："吾不忍视谦之面，卿勿泄言，谦或惭而自杀，为财辱士，非也。"帝尝击西部叛贼，流矢中目。贼破之后，诸大臣执射者，各持锥刀欲屠割之。帝曰："彼各为其主，何罪也。"乃释之。

【译文】

昭成帝平素性格宽宏厚道，聪明勇敢，仁厚宽容。当时国中缺少缯帛，代地（今山西大同东北）人许谦偷了两匹绢，看守者报告了此事，帝将此事隐瞒起来。告诉燕凤说："我不忍心见许谦面，你不要泄露此事，许谦可能会惭愧而自杀的，为了财物而使人受屈辱，不对啊。"帝曾征讨西部叛贼，流箭射伤眼睛，打败叛贼后，几个大臣抓到射箭者，都拿锥刀想杀了他们。帝说："他们各自为了自己的主人，有什么罪呢？"于是便释放了他们。

人物故事图漆绘
屏风 南北朝

太 祖 纪

存问周悉，叙用微能

【原文】

帝初拓中原，留心慰纳，诸士大夫诣军门者，无少长，皆引入赐见，存问周悉，人得自尽，苟有微能，咸蒙叙用。

【译文】

魏道武帝拓跋珪开拓中原之初，留心抚慰和招纳人才，到军营来的士大夫们，不论年少年长，都领进来接见，详细地抚存慰问，使人们各尽其才，稍有一点能力，都加以任用。

贵尚名位，祸败及之

【原文】

秦汉之弊，舍德崇侈，能否混杂，贤愚相乱，庶官失序，任非其人。于是忠义之道寝，廉耻之节废，退让之风绝，毁誉之议兴，莫不由乎贵尚名位，而祸败及之矣。古置三公，职大忧重，故曰"待罪宰相"，将委任责成，非虚宠禄也。而今世俗，金以台辅为荣贵，企慕而求之。

【译文】

秦汉时期的弊病是，舍弃道德而崇尚奢侈，有能力的人和邪恶之人相混杂，有道德有才能的人和愚蠢无能者不能区分开来，平民百姓和官吏失去等级秩序，任用不该任用之人。于是忠义之道休止了，廉耻之节废弃了，退让的风气也没有了，而毁誉的议论却兴盛起来，这无不是由于看重名誉和地位，而招致来的灾祸。古代设三公，官位高

骏马图　南北朝

贵任重，因此称之"待罪宰相"，是要委以重任而有所作为，并不是徒受尊宠和俸禄。而现在的风气，都以高官为荣耀高贵，羡慕并去追求它。

太 宗 纪

明元帝立子杀母

【原文】

初，帝母刘贵人赐死，太祖告帝曰："昔汉武帝将立其子而杀其母，不令妇人后与国政，使外家为乱。汝当继统，故吾远同汉武，为长久之计。"帝素纯孝，哀泣不能自胜，太祖怒之。帝还宫，哀不自止，日夜号泣。

【译文】

当初，明元皇帝的母亲刘贵人被赐死，太祖告诉他说："过去汉武帝将要立儿子为皇帝而杀了他的母亲，不让妇人以后参与国政，使外戚作乱。你理当继承王位，因此我远效汉武帝是为了长久考虑。"明元皇帝平素很孝顺，控制不住哀伤和悲泣，太祖为此很生气。明元帝回到宫中，仍止不住悲伤，日夜哭喊。

百姓足则君有余

【原文】

古人有言，百姓足则君有余，未有民富而国贫者也。顷者以来，频遇霜旱，年谷不登，百姓饥寒不能自存者甚众，其出布帛仓谷以赈贫穷。

【译文】

古人说过，百姓富足则君主有余，没有百姓富裕而国家贫穷的。最近以来，多次遭遇霜旱，谷子没有收成，老百姓饥饿寒冷而不能生存下去的很多，要发放布帛和粮食来赡济贫穷的老百姓。

世　祖　纪

君 子 济 时

【原文】

古之君子，养志衡门，德成业就，才为世使。或雍容雅步，三命而后主；或栖栖遑遑，负鼎而自达。虽徇尚不同，济时一也。

【译文】

古代有才德的人，在贫寒的家里休养志气，等德行和学业成功了，便把才华为当时所用。有的从容不迫迈着高雅的步子，三次才请到；有的忙忙碌碌不安分，自己背着鼎以求进用。虽然他们崇尚和追求的不一样，但都是为了救助当世。

兵革渐息宜宽徭赋

【原文】

今四方顺轨，兵革渐宁，宜宽徭赋，与民休息。其令州郡县隐括贫富，以为三级，其富者租赋如常，中者复二年，下穷者复三年。

【译文】

现在全国到处顺服有序，战争慢慢平静下来了，应当减轻徭役赋税，保养民力，繁殖人口。命令各个郡县调查登记百姓之贫与富，分为三级，其中富者租赋照常缴纳，处在贫富中间的免除徭役两年，贫穷者免除徭役三年。

牛力互贸，私锄相偿

【原文】

初，恭宗监国，曾令曰："……其制有司课畿内之民，使无牛家以人牛力相贸，垦殖锄耨。其有牛家与无牛家一人种田二十二亩，偿以私锄功七亩，如是为差，至于小、老无牛家种田七亩，小、老者偿以锄功二亩。皆以五口下贫家为率。各列家别口数，所劝种顷亩，明立薄目。所种者于地首标题姓名，以辨播殖之功。"

【译文】

当初，恭宗代管国事，曾下令："……规定官吏考察京城辖区内的百姓，让没有牛的人家用人力牛力相交换，翻土种植，松土除草。有牛的人家和没牛的人家一人种田二十二亩，以锄地七亩相补偿，以此为比例，至于小、老没有牛的人家种田七亩，小、老的人家以锄地二亩相补偿。都以五口之家最贫者为标准。各自列出家别和人口多少，把鼓励耕种的亩数标明记录。在地头写上种田人的姓名，用以表明种植功劳。

骑马出行图　南北朝

高 宗 纪

小儿以天子自居

【原文】

高宗文成皇帝，讳濬，恭宗景穆皇帝之长子也。……年五岁，世祖北巡，帝从在后，逢房帅桎一奴欲加其罚。帝谓之曰："奴今遭我，汝宜释之。"帅奉命解缚。世祖闻之，曰："此儿虽小，欲以天子自处。"意奇之。

【译文】

高宗文成皇帝，名濬，是恭宗景穆皇帝托跋晃的长子。……五岁那年，随世祖北巡，跟在世祖后面，碰见一个奴隶的主人绑一奴隶正想处罚。文成帝对他说："奴隶今天遇到我，你应放了他。"主人奉命解开绳索。世祖听到此事后，说："这个孩子虽小，想以天子自居。"心里对他感到惊奇。

治国先齐家

【原文】

夫圣人之教，自近及远。是以周文刑于寡妻，至于兄弟，以御家邦。

【译文】

古之圣贤教化人民，由自己身边做起而到更远的地方。因此周文王以身作

则，用礼法感化妻子，以至于兄弟，以便统治家庭和国家。

为政之弊莫过官商勾结

【原文】

刺史牧民，为万里之表。自顷每因发调，逼民假贷，大商富贾，要射时利，旬日之间，增赢十倍。上下通同，分以润屋。故编户之家，困于冻馁；豪富之门，日有兼积。为政之弊，莫过于此。

【译文】

刺史治理百姓，是万户之表率。最近多次借征税逼迫百姓借贷，大商人从中索取利润，十日之间，盈利增长十倍。上下串通一气，分财利使自己住宅更加豪华。因此平民百姓在饥饿和寒冷之中挣扎，而豪民富家，一天有双份的收入。处理政务的弊端没有比此更严重的了。

显　祖　纪

十一税，颂声作

【原文】

夫赋敛烦则民财匮，课调轻则用不足，是以十一而税，颂声作矣。

【译文】

繁重的赋税会使百姓财力匮乏，而赋税太少国家就不够用了，所以征税十分之一，百姓会称颂的。

集医采药，救护兆民

【原文】

朕思百姓病苦，民多非命，明发不寐，疚心疾首。是以广集良医，远采名药，欲以救护兆民。可宣告天下，民有病者，所在官司遣医就家诊视，所须药物，任医量给之。

【译文】

我（显祖献文帝）想到百姓受疾病折磨，多有死亡，整夜不能入睡，痛苦惭愧到了极点。因此想广泛征集良医，去四远采集名药，来救治老百姓。希望通知全国人民，有病之人，其所在地区的官吏派医生到家里治疗，所需药物，根据病情供给。

文吏俑　南北朝

高 祖 纪

久任廉公，速黜贪残

【原文】

《书》云："三载一考，三考黜陟幽明。"顷者已来，官以劳升，未久而代，牧守无恤民之心，竞为聚敛，送故迎新，相属于路，非所以固民志，隆治道也。自今牧守温仁清俭，克己奉公者，可久于其任。岁积有成，迁位一级。其有贪残非道、侵削黎庶者，虽在官甫尔，必加黜罚。

【译文】

《书》里说："三年考核官吏一次，考三次然后决定去除恶官和提拔良吏。"近年来，凭着政绩而被提拔的官吏，时间不长便被取代了，州牧和太守们没有抚恤百姓之心，争着征敛百姓财物，送走旧官又迎来新官，一个接一个，不绝于路，这不是稳定民心，繁荣统治的办法啊！从今以后州牧郡守宽厚仁慈清廉恭俭，克己奉公者，可以长期留任。几年后若有成绩，可以提升一级。如果有贪婪残暴没有德政、侵夺百姓者，即使刚刚任职，也一定要去职查办。

均田制的起源

【原文】

去年牛疫，死伤太半，耕垦之利，当有亏损。今东作既兴，人须肆业。其敕在所督课田农，有牛者加勤于常岁，无牛者倍庸于余年。一夫制治田四十亩，中男二十亩。无令人有余力，地有遗利。

【译文】

去年（魏孝文帝承明元年，公元 476 年）的瘟疫使耕牛死了多一半，这一定对耕地垦荒造成损失和不利。现在春耕生产已经开始，百姓需要生产劳动。希望各级官吏督责考核所在地区的农民，有牛的人家要比往年更加勤劳，没有牛的要比往年付出加倍的劳动。一个成年男子按规定管理四十亩田地，未成年男子二十亩。不要让人有剩余的力气，地有没用完的好处。

哀贫恤老，王者所先

【原文】

哀贫恤老，王者所先，鳏寡六疾，尤宜矜愍。可敕司州洛阳之民，年七十以上无子孙，六十以上无期亲，贫不自存者，给以衣食；及不满六十而有废痼之疾，无大功之亲，穷困无以自疗者，皆于别坊遣医救护，给医师四人，豫请药物以疗之。

【译文】

哀怜抚恤贫穷老弱者是国君最先考虑的事情，对于鳏寡以及生病之人更应怜

耙地图　南北朝

悯同情。命令：司州洛阳的老百姓，年龄七十以上没有子孙，六十以上没有期亲，贫穷不能生存的，供给衣服和食物；另外不满六十而患长期不愈疾病，又没有大功之亲，穷困得没有办法自己治疗的，都集中到一个地方派医抢救治疗，一个地方给四个医生，准备好药品来给他们治疗。

世　宗　纪

救 治 灾 民

【原文】

肆州地震陷裂，死伤甚多，言念毁没，有酸怀抱。亡者不可复追，生病之徒宜加疗救。可遣太医、折伤医，并给所需之药，就治之。

【译文】

（世宗延昌元年～公元 512 年）肆州（今山西忻县）发生了地震，地面裂陷，死了不少人，每提及回想百姓的死亡就心酸悲痛。死去的已无法挽回，而对生病者应加以治疗抢救。应派太医和治骨折创伤的医生，并给所需药物去给他们治疗。

世宗幼有高尚之志

【原文】

帝幼有大度，喜怒不形于色。雅性俭素。初，高祖欲观诸子志尚，乃大陈宝物，任其所取，京兆王愉等皆竞取珍玩，帝唯取骨如意而已。高祖大奇之。

【译文】

世宗小时候就有大家风度，喜怒不表现在脸上。性格本来就节俭朴素。当初，高祖皇帝想看看儿子们的志向和追求，便摆放许多宝物，让他们任意取拿，京兆王愉等都争着去拿珍贵的玩赏物品，而世宗只拿了一个骨质的如意。高祖对此大为惊奇。

肃 宗 纪

募勇招贤，议政华林

【原文】

自运属艰棘，历载于兹，烽驿交驰，旌鼓不息，祖宗盛业，危若缀旒，社稷鸿基，殆将沦坠。朕威德不能遐被，经略无以及远，俾令苍生罹此涂炭，何以苟安黄屋，无愧黔黎。今便避居正殿，蔬餐素服。当亲自招募，收集忠勇。其有直言正谏之士，敢决徇义之夫，二十五日悉集华林东门，人别引见，共论得失。

【译文】

国家经历多少年艰难困苦到现在，传递军情的马、车交相奔驰，战鼓声就没有停息过，祖宗的大业，危如悬垂的玉串，国家的根基，几乎就要沦落了。我的威严和恩德不能广泛施布，统治不能更远大，使者百姓落到如此悲惨的境地，怎么能苟且安处黄屋，对百姓无愧呢。现在躲避居住正殿，吃着简单的饭食，穿着朴素的衣服。应当亲自招贤募士，收集忠义勇敢之人。如果有能直率地提意见的人，敢于为忠义而献身的勇夫，二十五日全部到华林东门集合，一一引见，共同讨论国家大事之得与失。

孝 静 帝 纪

自古无不亡之国

【原文】

文襄尝侍饮，大举觞曰："臣澄劝陛下酒。"帝不悦，曰："自古无不亡之国，朕亦何用此活！"文襄怒曰："朕！朕！狗脚朕！"文襄使季舒殴帝三拳，奋衣而出。明日，文襄使季舒劳帝，帝亦谢焉。赐绢，季舒未敢受，以启文襄，文襄使取一段。帝束百匹以与之，曰："亦一段耳！"

【译文】

文襄曾陪孝静帝饮酒，高举酒杯说："臣下澄劝陛下喝一杯。"孝静帝不高兴，说："自古没有不灭亡的国家，我为什么要这样活着！"（此时北齐已代魏，封孝静帝为中山王）文襄大怒说："朕！朕！狗脚朕！"文襄让崔季舒打了孝静帝三拳，自己一甩衣服出去了。第二天文襄派季舒慰劳孝静帝，帝也对此答谢。赏赐绢，季舒不敢接受，去禀报文襄，文襄让取一段。帝卷了一百匹绢给他，说："也不过一段罢了！"

皇后列传

昭成帝匿母绔中免难

【原文】

平文皇后王氏，广宁人也。年十三，因事入宫，得幸于平文，生昭成帝。平文崩，昭成在襁褓。时国有内难，将害诸皇子。后匿帝于绔中，惧人知，咒曰："若天祚未终者，汝便无声。"遂良久不啼，得免于难。

【译文】

平文皇后王氏，是广宁（今河北宣化西北）人。十三岁那年入宫侍候皇帝，得到平文帝的宠爱，生下昭成帝。平文帝死的时候，昭成帝还在襁褓之中。当时国家有内乱，皇子们将受到迫害。皇后把昭成帝藏在套裤里，怕人知道，便祷告说："如果国运没有完了，你就不要出声。"于是昭成帝好久没哭，才得以免于灾难。

高祖遗诏杀后宫

【原文】

高祖疾甚，谓彭城王勰曰："后宫久乖阴德，自绝于天。若不早为之所，恐成汉末故事。吾死之后，可赐自尽别宫，葬以后礼，庶掩冯门之大过。"高祖崩，梓宫达鲁阳，乃行遗诏。北海王详奉宣遗旨，长秋卿白整等入授后药，后走呼不肯引决，曰："官岂有此也，是诸王辈杀我耳！"整等执持，强之，乃含椒而尽。

【译文】

高祖皇帝病得很厉害，对彭城王勰说："皇后违背后宫的事情时间已久，自己和天意断绝。如果不早点把她除掉，恐怕汉末的故事又要重演。我死后，可以把她赐死在正宫之外的地方，以皇后的礼节安葬，以掩饰冯家所有的过失。"高祖死了，棺材到了鲁阳，便执行皇帝遗诏。北海王拓跋详奉命宣读遗诏，长秋卿白整等人进去给皇后送药，皇后奔走呼叫不肯死，说："皇帝哪有这个意思，是你们几个杀我罢了！"白整等抓住她强行让她服药，皇后这才服椒水而死。

太后抱幼主沉河

【原文】

武泰元年，尔朱荣称兵渡河，太后尽召肃宗六宫皆令入道，太后亦自落发。荣遣骑拘送太后及幼主于河阴。太后对荣多所陈说，荣拂衣而起。太后及幼主并沉于河。

【译文】

北魏孝明帝武泰元年（公元528），尔朱荣领兵渡过黄河，太后全部召集肃宗孝明帝的后宫妃嫔，命令她们出家当尼姑，太后自己也剃了头发。尔朱荣派骑

兵把太后和幼主扣押在黄河南岸。太后对尔朱荣多次陈说，尔朱荣挥起衣服起来走了。太后和幼主投河自尽。

神元平文诸帝子孙列传

顺阳公迎显祖临朝

【原文】

顺阳公郁，桓帝之后也。……高宗崩，乙浑专权，隔绝内外，百官震恐，计无所出。郁率殿中卫士数百人从顺德门入，欲诛浑。浑惧，逆出问郁曰："君入何意？"郁曰："不见天子，群臣忧惧，求见主上。"浑窘怖，谓郁曰："今大行在殡，天子谅暗，故未接百官，诸君何疑？"遂奉显祖临朝。

【译文】

顺阳公郁是桓帝的后代。……高宗死后，乙浑专权，隔绝皇帝与臣下的联系，百官们都很害怕，但不知该怎么办。郁率领宫中卫士数百人从顺德门（宫门）入，想杀乙浑。乙浑害怕，出宫迎郁，问："你进宫是什么意思？"郁说："看不见天子，群臣担忧害怕，希望能见到皇上。"乙浑很害怕，对郁说："现在皇帝死了还没安葬，天子在守丧，所以没有接见百官，各位有什么好怀疑的？"于是奉迎显祖上朝。

席间对答满座失色

【原文】

鸷有武艺，木讷少言，性方厚，每息直省闼，虽署月不解衣冠。曾于侍中高岳之席，咸阳王坦恃力使酒，陵侮一坐，众皆下之，不敢应答。坦谓鸷曰：孔雀老武官，何因得王？"鸷即答曰："斩反人元禧首，是以得之。"众皆失色，鸷怡然如故。

【译文】

元鸷有武艺，质朴而不善言辞，性格正直忠厚，每到宫中上朝，即使热天也不解衣脱帽。曾在侍中高岳之家吃饭，咸阳王元坦依仗自己有勇力，酗酒任性，侮辱满座之人，大家都在他之下，不敢应声说话。元坦对元鸷说："孔雀老武官，你凭什么称了王？"元鸷立刻回答道："斩了乱贼元禧的头，因此称了王。"大家脸色都变了，元鸷却像往常一样好像没发生什么。

劝 戒 歌

【原文】

太后亲造《劝戒歌》辞以赐群官，丕上书赞谢。太后令曰："臣哉邻哉，邻哉臣哉。君则亡逸于上，臣则履冰于下。若能如此，太平岂难致乎？"

【译文】

　　文明太后亲自写了《劝戒歌》赏赐给群官，元丕上疏称赞致谢。太后命令说："臣啊就是近邻，近邻啊就是臣。君主不要只图在上面享乐，臣子在下面如履薄冰。如果能这样，太平之世怎么能难以创造呢？"

高祖宽容待官

【原文】

　　丕雅爱本风，不达新式，至于变俗迁洛，改官制服，禁绝旧言，皆所不愿。高祖知其如此，亦不逼之，但诱示大理，令其不生同异。至于衣冕已行，朱服列位，而丕犹常服列在坐隅。晚来稍加弁带，而不能修饰容仪。高祖以丕年衰体重，亦不强责。

歌唱俑　南北朝

【译文】

　　元丕喜爱北土风俗，不接受新的潮流，对于改变风俗迁都洛阳，改变官吏服制，禁止说北语，他都不愿意。高祖元宏知道他这样，也不强迫他，只是用大道理引导他，使他不要产生什么其他想法。到了实行穿衣着冕，朱服上朝的时候，他仍然穿以前的衣服站在一个角落里。到晚年稍微注意着冠佩带，但从不修饰仪表。高祖因为他年纪大而地位重要，也不强求他。

高祖迁都不卜

【原文】

　　及高祖欲迁都，临太极殿，引见留守之官大议。……高祖谓丕曰："往在邺中，司徒公诞、咸阳王禧、尚书李冲等皆欲请龟占移洛吉凶之事。朕时谓诞等曰，昔周邵卜宅伊洛，乃识至兆。今无若斯之人，卜亦无益。然卜者所以决疑，此既不疑，何须卜也。昔轩辕卜兆龟焦，卜者请访诸贤哲，轩辕乃问天老，天老谓为善。遂从其言，终致昌吉。然则至人之量未然，审于龟矣。朕既以四海为家，或南或北，迟速无常。南移之民，朕自多积仓储，不令窘乏。"

【译文】

　　高祖元宏想迁移国都，在太极殿召见留守官员商议。……高祖对元丕说："以前在邺的时候，司徒公冯诞、咸阳王元禧、尚书李冲都想占卜移都洛阳是吉还是凶。我当时对冯诞等人说，当初周公、召公占卜在伊洛建都，便认为是最好的兆头。现在没有这样的人，占卜也没用。然而占卜是为了解决疑问，此事既然没什么疑问，哪有必要占卜呢？当初轩辕帝占卜时龟甲烧焦，占卜者请求向贤哲询问此事，轩辕就问了天老，天老说这是好兆。便听了天老的话，结果是天下昌盛吉利。虽然这样，但是修养高的人他的能力未必如此，才看龟卜决定事情。我既然以四海为家，有时南有时北，变幻无常。迁到南方的人，我会多积蓄粮食，不让他们受困迫。

昭成子孙列传

夜 召 不 惧

【原文】

世祖之初育也，太祖喜，夜召仪入。太祖曰："卿闻夜唤，乃不怪惧乎？"仪曰："臣推诚以事陛下，陛下明察，臣辄自安。忽奉夜诏，怪有之，惧实无也。"太祖告以世祖生，仪起拜而歌舞，遂对饮申旦。

【译文】

世祖刚出生，太祖很高兴，晚上召元仪入宫。太祖说："你听到夜间召唤，难道不奇怪害怕吗？"元仪说："我诚心诚意侍候您，您英明，我就心安。突然接到夜诏，奇怪是有的，害怕实在没有。"太祖告诉他世祖出生了，元仪起来行拜而且歌舞，于是二人对饮到天亮。

元祯设计降蛮

【原文】

大胡山蛮时时钞掠，前后守牧多羁縻而已。祯乃设画，召新蔡、襄城蛮魁三十余人，祯盛武装，于州西为置酒，使之观射。先选左右能射者二十余人，祯自发数箭皆中，然后命左右以次而射，并中。先出一囚犯死罪者，使服军衣亦参射限，命射不中，祯即责而斩之。蛮魁等伏伎畏威，相视股栗。又预教左右取死囚十人，皆著蛮衣，云是钞贼。祯乃临坐，伪举目瞻天，微有风动，祯谓蛮曰："风气少暴，似有钞贼入境，不过十人，当在西南五十里许。"即命骑追掩，果缚送十人。……诸蛮大服，自是境无暴掠，淮南之人相率投附者三千余家，置之城东汝水之侧，名曰归义坊。

【译文】

大胡山的蛮人经常来掠夺，先后在这里任职的州郡官大多是笼络而已。元祯却设计谋划，召集新蔡、襄城的蛮首三十多人，元祯全副武装，在州（南豫州，今安徽江北淮南地区）西摆设酒席，让他们观看射箭。先挑选身边能射箭的二十余人，元祯自己先射数箭，一一中的，然后命令左右身边之人依次而射，都射中了。先挑出一个死囚犯，让他穿上军衣，也参加到射箭者行列，射没中，元祯便训斥后斩了他。蛮首等敬畏其技害怕其威，相互注视，双腿打战。另外，又预先让身边人挑出十个死囚犯，穿上蛮衣，说是抢劫贼。元祯坐下来，假装看天色，稍有点风动，元祯对群蛮说："风有点恶，好像有贼入境，不超过十人，可能在西南方向五十里左右的地方。"立即命令骑兵追拿，果然绑回十个人。……群蛮大为佩服，从此境内没有抢掠，淮南人纷纷来投奔的有三千余家，安置在城东汝水旁边，起名归义坊。

太武五王列传

和戎之长策

【原文】

皮服之人，未尝粒食。宜从俗因利，拯其所无。昔汉建武中，单于款塞，时转河东米糒二万五千斛、牛羊三万六千头以给之，斯即前代和戎、抚新、柔远之长策也。

【译文】

北方的少数民族，从没吃过粮食。应当顺着他们的风俗和利益，救济他们所没有的东西。过去东汉建武（光武帝年号）年间，匈奴单于叩开塞门求和，当时便从河东郡调运了米和干粮二万五千斛、牛羊三万六千头给了他们。这就是前代与少数民族结盟友好、安抚新结交的朋友、安定远方之人的长远计策啊。

边 塞 贸 易

【原文】

贸迁起于上古，交易行于中世，汉与胡通，亦立关市。今北人阻饥，命悬沟壑，公给之外，必求市易，彼若愿求，宜见听许。

【译文】

上古的时候便有了买卖贩运，到了中期交换已经很普遍了，汉朝与胡人和好，也设立了关市。现在北方人受困饥饿，死活不能保证，公家供给之外，一定还要求市场交换，他们如果愿意，应该同意他们贸易的要求。

景穆十二王列传

为 子 求 师

【原文】

钦曾托青州人高僧寿为子求师，师至，未几逃去。钦以让僧寿。僧寿性滑稽，反谓钦曰："凡人绝粒，七日乃死，始经五朝，便尔逃遁，去食就信，实有所阙。"钦乃大惭，于是待客稍厚。

【译文】

元钦曾委托青州人高僧寿给儿子找个老师，老师到家不几天便逃走了。元钦因此责备僧寿。僧寿性情机智幽默，反过来对元钦说："一般人绝食七天便死，他才过了五天就逃跑了，放弃吃饭而去成就信义，实在做得还不够啊。"元钦于是很惭愧，便对待客人稍稍优厚些了。

高居公庭骂贼

【原文】

时中散大夫高居者，有旨先叙，时上党郡缺，居遂求之。修义私已许人，抑居不与。居大言不逊，修义命左右牵曳之。居对大众呼天唱贼。人问居曰："白日公庭，安得有贼？"居指修义曰："此座上者，违天子明诏，物多者得官，京师白劫，此非大贼乎？"修义失色，居行骂而出。

【译文】

当时中散大夫高居，有优先叙用的皇旨，正好上党郡有空缺，高居便要求去上党郡（今山西长治）。修义已经答应给别的人了，便压制高居不给。高居不客气地大声质问，修义命令身边的人拉他。高居对大家高呼有贼。人问他说："公庭白天哪有贼？"高居指着修义说："这个在座位上的，违背天子旨意，将官位给送东西多的人，京城白天被偷，这不是大贼吗？"修义吓得脸上变了颜色。高居骂着出去了。

论子产叔向得失

【原文】

高祖诏澄曰："昔郑子产铸刑书，而晋叔向非之。此二人皆是贤士，得失竟谁？"对曰："郑国寡弱，摄于强邻，民情去就，非刑莫制，故铸刑书以示威。虽乖古式，合今权道，随时济世，子产为得。而叔向讥议，示不忘古，可与论道，未可语权。"高祖曰："任城当欲为魏之子产也。"

【译文】

高祖元宏召见任城王元澄说："当初郑国子产把刑书铸在鼎上，而晋国叔向对此非议。这两个人都是贤士，谁对谁错呢？"元澄回答说："郑国弱小，受到强大邻国的威胁，失去还是得到民心，没有法律是不行的，因此铸刑书以显示威严。虽然不合于古法，但是合乎现行的权势之道，适应时机救助世道，子产做得很对。而叔向讥刺非议他，说明叔向没有忘记古法，可以和他讨论道，不可和他讨论权术。"高祖说："你想要做魏之子产啊。"

宜戒妨民害财

【原文】

《易》曰："何以守位曰仁，何以聚人曰财。"故曰：财者，非天不生，非地不长，非时不成，非人不聚。生聚之由，如此其难；集人守位，若此之重。兴替之道，焉可不虑。又古者使民，岁不过三日，食壮者之粮，任老者之智。此虽太平之法，难卒而因；然妨民害财，不亦宜戒！

【译文】

《周易》说："为什么保住地位叫作仁，为什么聚集人叫作财。"因此说：

财，没有天不能生，没有地不能长，没有时间不能长成，没有人不能聚集起来。生长和聚集的来历，就这样难；聚集人和保住地位，就这么重要。王朝兴衰的道理怎么能够不考虑呢。另外古代役使百姓，一年不过三天，吃年轻体壮者的粮食，使用年长者的智慧。这虽然是天下太平之法则，但终难因袭。然而妨害百姓，浪费财物，不也应该戒除吗？

献文六王列传

断北语，从正音

【原文】

自上古以来及诸经籍，焉有不先正名，而得行礼乎？今欲断诸北语，一从正音。年三十以上，习性已久，容或不可卒革；三十以下，见在朝廷之人，语音不听仍旧。若有故为，当降爵黜官。各宜深戒。如此渐习，风化可新。若仍旧俗，恐数世之后，伊洛之下复成被发之人。

【译文】

从上古到现在的所有经典著作，哪有不先辨别名分而实行礼仪的？现在希望断绝北方的语言，一律说汉话。三十岁以上的人，习惯久了，或许不能一下子改过来；三十岁以下的，凡是在朝廷做官之人，不允许说过去的语言。如果有故意这样做的，应降其爵位，免除官职。大家应该深以为戒。像这样慢慢习惯了，风气就会更新。如果仍然保持旧的风俗，恐怕几代之后，伊水洛水边上又变成披发的野蛮人了。

严母杖子

【原文】

详之初禁也，乃以蒸高事告母。母大怒，詈之苦切，曰："汝自有妻妾侍婢，少盛如花，何忽共许高丽婢奸通，令致此罪。我得高丽，当啖其肉。"乃杖详背及两脚百余下，自行杖，力疲乃令奴代。高氏素严，详每有微罪，常加责罚，以絮裹杖。至是，去絮，皆至疮脓。详苦杖，十余日乃能立。又杖其妃刘氏数十，云："新妇大家女，门户匹敌，何所畏也，而不检校夫婿。妇人皆妒，独不妒也！"刘笑而受罚，卒无所言。

【译文】

元详被收禁之初，把他和安定王妃高氏淫乱的事告诉了母亲。母亲大怒，重重地骂了他一通，说："你有妻妾侍婢，都年轻如花，怎么能和高氏那个贱女人通奸呢？导致了这样的罪过。我要是见到那个女人，一定要吃她的肉。"便用棍子打了元详的脊背和双脚一百多下，亲自用棍子打，打累了让家奴代替。元详母平时很严厉，元详稍微有点过错，常常受到责备和处罚，用棉絮裹住棍子打。现在，去掉棉絮，元详被打得满身脓疮，为此受尽苦头，十多天后才勉强能站起来。又打了元详妃子刘氏数十杖，说："新媳妇你是豪门大家之女，门当户对，

怕什么呢？却不去检点你的丈夫。妇人都嫉妒，你就单单不嫉妒吗？"刘氏笑着受罚，一句话也没说。

王者依仗贤人辅

【原文】

自古统天位主，曷常不赖明师，仗贤辅，而后燮和阴阳，彝伦民物者哉？往而不返者，先民诚有之，斯所谓独善其身而乱大伦，山林之士耳。贤人君子则不然也。屈己以安民，艰身以济物，所谓以先知觉后知，同尘而与天下俱洁者也。

【译文】

从古以来统治天下的人，没有不依靠英明的老师和好的辅佐者，然后调和阴阳万物，理顺人间的伦理关系。走了不回来的，古人中确实也有，这些只不过是所谓独善其身而不顾大理的山林之士罢了。真正有修养有道德的人就不这样做。他们委屈自己来安定百姓，使自己受艰难来救助别人，这就是所说的用先知觉醒后知，先同乎流俗，然后与天下人共同清白。

长孙道生传

道 生 毁 宅

【原文】

道生廉约，身为三司，而衣不华饰，食不兼味。一熊皮郭泥，数十年不易，时人比之晏婴。第宅卑陋，出镇后，其子弟颇更修缮，起堂庑。道生还，叹曰："昔霍去病以匈奴未灭，无用家为，今强寇尚游魂漠北，吾岂可安坐华美也！"乃切责子弟，令毁宅。

【译文】

长孙道生，身为三公之职，而不穿华丽的衣服，不吃两种以上的菜肴。一件熊皮做的郭泥，几十年没换，当时人把他比作晏婴。他的住宅很简陋，去兵镇不在家时，子弟便重新修缮，又盖起了正屋。道生回家后，感叹说："当初霍去病因为匈奴没有灭亡而不要家，今漠北尚有强大的敌人在游荡，我怎么可以安然地住在华丽的屋子呢。"于是狠狠地责备了他的子弟们，命令他们把房子拆了。

古 弼 传

御前殴刘树

【原文】

上谷民上书，言苑囿过度，民无田业，乞减太半，以赐贫人。弼览见之，入欲陈奏，遇世祖与给事中刘树棋，志不听事。弼侍坐良久，不获申闻。乃起，于世祖前捽树头，掣下床，以手搏其耳，以拳殴其背曰："朝廷不治，实尔之罪！"

世祖失容放棋曰："不听奏事，实在朕躬，树何罪？置之！"弼具状以闻。世祖奇弼公直，皆可其所奏，以丐百姓。

【译文】

上谷郡（今河北怀来东南）的百姓上书说朝廷畜养禽兽的圈地太多了，百姓无地种田，乞请减少一大半给穷人，古弼见到上书后，进宫想陈奏皇上，正巧世祖和给事中刘树下棋，没有听他陈奏的意思。古弼坐候了很久，皇帝仍未说话。便站起来，在世祖面前揪住刘树的头拉下床，用手抓住耳朵，用拳头击其后背，说："朝廷治理不好，实在是你的罪过！"世祖脸上变了颜色，放下棋子说："不听陈奏，实际怪我自己，刘树有什么罪呢？放了他！"古弼便将上谷之事陈述一遍。世祖对古弼的公正直率感到惊奇，同意了他所陈奏的事情，把田地分给了百姓。

于栗磾传

人　为　贵

【原文】

太祖田于白登山，见熊将数子，顾谓栗磾辟曰："卿勇干如此，宁能搏之乎？"对曰："天地之性，人为贵。若搏之不胜，岂不虚毙一壮士。自可驱致御前，坐而制之。"寻皆擒获。太祖顾而谢之。

【译文】

太祖在白登山（今山西大同东）狩猎，见一熊领了几个小熊子，回头对栗磾说："你勇猛干练如此，能斗过它们吗？"栗磾回答说："天上和地上的生命，人是最可贵的。如果斗不过他们，岂不白白送死一个壮士吗。我可把它们赶到你面前，坐着就把它们收拾了。"不一会儿全部擒获，太祖回头对他表示感谢。

崔　逞　传

取椹助军粮

【原文】

太祖攻中山未克，六军乏粮，民多匿谷，问群臣以取粟方略。逞曰："取椹可以助粮。故飞鸮食椹而改音，《诗》称其事。"太祖虽衔其侮慢，然兵既须食，乃听以椹当租。逞又曰："可使军人及时自取，过时则落尽。"太祖怒曰："内贼未平，兵人安可解甲仗入林野而收椹乎？是何言欤！"以中山未拔，故不加罪。

【译文】

太祖拓跋珪没有攻下中山（今河北定县），军队缺少粮食，而百姓大都把谷子藏了起来，太祖询问众大臣怎样才能弄到粮食。崔逞说："摘取桑葚可以此当粮食。因此飞鸮吃桑葚而改变了声音，《诗》对此有记载。"太祖虽然对他的不敬和怠慢怀恨在心，然而士兵需要粮食，便允许百姓以桑葚充当田租。崔逞又

说："可以让士兵们自己去及时摘取，时间一过桑葚就落光了。"太祖发怒说："国内乱贼没有平息，士兵怎么能够脱下铠甲放下兵器去树林子里摘桑葚呢？这是什么话？"因为中山尚未攻下，所以没有给崔逞加罪。

封 回 传

为官宜思方略以济百姓

【原文】

荥阳郑云诣事长秋卿刘腾，货腾紫缬四百匹，得为安州刺史。除书旦出，暮往诣回，坐未定，谓回曰："我为安州，卿知之否？彼土治生，何事为便？"回答之曰："卿荷国宠灵，位至方伯，虽不能拔园葵，去织妇，宜思方略以济百姓，如何见造而问治生乎？封回不为商贾，何以相示。"云惭愧失色。

【译文】

荥阳有个叫郑云的人巴结长秋卿刘腾，贿赂刘腾紫色的丝织品四百匹，捞了一个安州刺史的官。早上刚接到任命书，晚上便去找封回，还没坐稳，对封回说："我做了安州刺史，你知道吗？在那个地方谋生计，哪件事做起来方便呢？"封回回答说："你担负治理国家百姓的重任，身为一方之长，虽然不能去拔园中葵，不让妇人织布，不去与民争利，也应该想办法救助百姓，为什么一来就问经营家业呢？我封回不是商人，用什么告诉你呢？"郑云深感惭愧而失色。

封 轨 传

学士不必蓬头垢面

【原文】

回族叔轨，……善自修洁，仪容甚伟。或曰："学士不事修饰，此贤何独如此？"轨闻，笑曰："君子整其衣冠，尊其瞻视，何必蓬头垢面，然后为贤。"言者惭退。

【译文】

封回的族叔封轨，……善于修饰整洁自己，他的仪表容貌很壮美。有人说："学者文人不修饰打扮，这位贤者为何单单如此呢？"封轨听到后笑着说："君子穿戴好自己的衣服和帽子，注重自己的仪表，为什么一定要头发散乱，脸面很脏才叫贤能呢？"说话的人惭愧地退出了，

张 昭 传

饥 年 济 民

【原文】

时幽州年谷不登，州廪虚罄，民多菜色。昭谓民吏曰："何我之不德而遇其时乎？"乃使富人通济贫乏，车马之家粜运外境，贫弱者功以农桑。岁乃大熟。士女称颂之。

【译文】

当时幽州谷子没有收成，州里的粮仓全部空虚，百姓面有菜邑。张昭对官吏们说："为何我没有德行而遇到这样的时候？"于是让富裕人家通融救助贫穷的人家，有车马的人家从外地贩运粮食，鼓励贫穷老弱之人种田种桑。于是，来年大丰收。百姓都称颂赞扬他。

崔 浩 传

事物可推而知之

【原文】

夫见瓶水之冻，知天下之寒；尝肉一脔，识镬中之味。物有其类，可推而得也。

【译文】

看到瓶中的水结冰了，就知道天变冷了；尝一块肉，就能知道锅中肉的味道。事物都有它们类似之处，可以推算知道。

司马楚之传

厚 待 刺 客

【原文】

楚之少有英气，能折节待士。……及刘裕自立，楚之规欲报复，收众据长社，归之者常万余人。刘裕深惮之，遣刺客沐谦害楚之。楚之待谦甚厚。谦夜诈疾，知楚之必自来，因欲杀之。楚之闻谦病，果自赍汤药往省之。谦感其意，乃出匕首于席下，以状告之曰："将军为裕所忌惮，愿不轻率，以保全为先。"楚之叹曰："若如来言，虽有所防，恐有所失。"谦遂委身以事之。

【译文】

司马楚之年轻时有英勇气概，能屈己待人。……等到刘裕自立为皇帝，楚之打算报仇，在长社县（今河南长葛）招兵买马，投奔他的人有一万多。刘裕很怕他，派刺客沐谦谋害楚之。楚之对待沐谦很厚道。沐谦晚上假装生病，知道楚之

国学经典文库

一定会来看望他，顺便想刺杀楚之。楚之听说沐谦病了，果然送汤药去看望他。沐谦为他的心意所感动，便从席下拿出匕首，把经过告诉了楚之，说："刘裕对你猜忌害怕，希望你不可掉以轻心，以保证安全为先。"楚之感叹说："如果像你所说的，即使有所防备，恐怕也会有差失。"沐谦于是归顺于楚之门下做事。

司马悦传

以刀鞘擒劫贼

【原文】

时有汝南上蔡董毛奴者，赍钱五千，死在道路。郡县疑民张堤为劫，又于堤家得钱五千。堤惧拷掠，自诬言杀。狱既至州，悦观色察言，疑其不实。引见毛奴兄灵之，谓曰："杀人取钱，当时狼狈，应有所遗，此贼竟遗何物？"灵之云："唯得一刀鞘而已。"悦取鞘视之。曰："此非里巷所为也。"乃召州城刀匠示之，有郭门者前曰："此刀鞘门手所作，去岁卖与郭民董及祖。"悦收及祖，诘之曰："汝何故杀人取钱而遗刀鞘？"及祖款引，灵之又于及祖身上得毛奴所著皂襦，及祖伏法。

【译文】

当时汝南郡上蔡县（今属河南）有个名叫董毛奴的人携带了五千钱，被杀死在路上。郡里和县里都怀疑是村民张堤抢劫杀人，又在张堤家搜出五千钱。张堤害怕拷打，屈招说是他杀了人。此案件送到州里，司马悦通过观察罪犯的语言和脸色，怀疑此案有假情。便引见董毛奴的哥哥董灵之，对他说："杀人抢钱，当时慌乱紧张，一定丢下什么东西，这个贼最后丢下什么东西？"灵之说："只拣到一把刀鞘。"司马悦拿过刀鞘观察，说："这不是外行人制造的。"便召集州城里的刀匠们来看，有个叫郭门的说："这个刀鞘是我亲手制作，去年卖给外城人董及祖。"司马悦收捕了董及祖，责问他说："你为什么杀人抢钱而丢下刀鞘？"董及祖从实认罪，董灵之又在及祖身上搜出毛奴所穿的黑色短袄，董及祖被处死。

源怀传

源怀执法不避故友

【原文】

怀朔镇将元尼须与怀少旧，亦贪秽狼藉，置酒请怀，谓怀曰："命之长短，由卿之口，岂可不相宽贷？"怀曰："今日之集，乃是源怀与故人饮酒之坐，非鞫狱之所也。明日公庭，始为使人捡镇将罪状之处。"尼须挥泪而已，无以对之。怀既而表劾尼须。

【译文】

怀朔镇（今内蒙古包头东北）的守将元尼须与源怀年轻时是朋友，也贪财污浊不像样子，摆酒席招待源怀，对源怀说："我命的长短，由你一句话决定，难

道不能宽容赦免吗?"源怀说:"今天聚会,只是源怀和老朋友喝酒之处,并不是审问案件的地方。明天公堂上,那才是让人检举你罪状的地方。"元尼须只是擦眼泪,没有话回答。此后源怀便上书弹劾尼须。

理世务当举纲要

【原文】

　　(源怀)简约,不好烦碎,恒语人曰:"为贵人,理世务当举纲维,何必须太子细也。譬如为屋,但外望高显,楹栋平正,基壁完牢,风雨不入,足矣。斧斤不平,斫削不密,非屋之病也。"

【译文】

　　源怀性格简易节约,不喜欢繁杂细碎,常对人说:"地位高的人,处理事情应当抓住要领,没有必要一定太仔细认真。譬如盖房子,只要外面看起来高大显赫,柱子和屋梁端正平直,地基和墙壁结固完好,风吹不进来,下雨不漏,就足够了。斧子砍得不平,刀刮得不细密,这都不是房子的毛病。"

薛　谨　传

立庠教儒道兴

【原文】

　　谨自郡迁州,威惠兼备,风化大行。时兵荒之后,儒雅道息。谨命立庠,教以诗书,三农之暇,悉令受业,躬巡邑里,亲加考试,于是河汾之地,儒道兴焉。

【译文】

　　薛谨从郡守迁升为州刺史,既行威严又施恩德,使风俗教化普遍推行。当时混乱的战争刚刚过去,儒家的典雅销声匿迹了。薛谨命令设立乡学,传授诗歌和写字,春、夏、秋三个农忙以外的空闲时间,让他们都去学习,薛谨亲自去村里巡视,主持考试,于是,黄河、汾河地区,儒家的那一套又兴盛起来。

房景先传

景先苦学

【原文】

　　景先,字光胄。幼孤贫,无资从师,其母自授《毛诗》《曲礼》。年十二,请其母曰:"岂可使兄佣赁以供景先也?请自求衣,然后就学。"母哀其小,不许。苦请,从之,遂得一羊裘,忻然自足。昼则樵苏,夜诵经史,自是精勤,遂大通赡。

【译文】

景先，字光胄。小时家道贫寒，没有钱从师读书，他母亲亲自给他教授《毛诗》《曲礼》。十二岁那年，景先请求他母亲，说："怎么能让我哥受雇于人来供我读书呢？请你让我自己弄件衣服，然后去求学。"母亲怜爱他太小，没有同意。景先苦苦请求，母亲便同意了，于是他得到一件羊皮衣，便高高兴兴地自我满足了。白天打柴割草，晚上朗读经史，从这时开始专心勤奋，后来便通晓了很多学问。

房景远传

景远存济灾民

【原文】

景远，字叔遐。重然诺，好施与。频岁凶俭，分赡宗亲，又于通衢以食饿者，存济甚众。平原刘郁行经齐兖之境，忽遇劫贼，已杀十余人。次至郁，郁呼曰："与君乡近，何忍见杀！"贼曰："若言乡里，亲亲是谁？"郁曰："齐州主簿房阳是我姨兄。"阳是景远小字。贼曰："我食其粥得活，何得杀其亲！"遂还衣服，蒙活着二十余人。

【译文】

景远，字叔遐。说话讲信用，喜欢接济人。近几年连连年景不好，他分别供养自己的亲属，又在四通八达的大路上给饥饿的人食物吃，救济了很多人。平原县人刘郁路过齐州和兖州地界，突然遇到抢劫的强盗，已经杀了十多个人。后轮到刘郁，他高呼说："和你家住得很近，怎么忍心杀我呢？"强盗说："如果说是乡亲，那亲戚是谁？"刘郁说："齐州主簿房阳是我姨家哥。"阳是景远的小字。强盗说："我是吃他的粥才活下来的，怎么能杀他的亲戚呢！"便还给他衣服，有二十多个人也活下来了。

北魏造像塔
南北朝

伊馛传

书外也有学问

【原文】

世祖之将讨凉州也，议者咸谏，唯司徒崔浩劝世祖决行。群臣出后，馛言于世祖曰："若凉州无水草，何得为国？议者不可用也，宜从浩言。"世祖善之。既克凉州，世祖大会于姑臧，谓群臣曰："崔公智计有余，吾亦不复奇之。吾正奇馛弓马之士，而所见能与崔同，此深自可奇。"顾谓浩曰："馛智力如此，终至公相。"浩曰："何必读书，然后为学。卫青、霍去病亦不读书，而能大建勋名，致位公辅。"世祖笑曰："诚如公言。"

【译文】

世祖将要讨伐凉州（今甘肃河西地区及兰州市一带），议论的人纷纷（以凉州无水草）劝阻，只有司徒崔浩劝世祖坚决出击。群臣走了以后，伊馛对世祖说："如果凉州没有水草，怎么能有国家呢？议论者的话不能听，应该听崔浩所言。"世祖对他的话很赞同。等到攻克了凉州，世祖在姑臧（今甘肃武威）大会群臣，对他们说："崔浩智慧和计谋有余，我也不再奇怪。奇怪的是伊馛是个拉弓骑马的武士，而他的见解能够与崔浩相同，这个实在是奇怪啊。"回头对崔浩说："伊馛有这样的智力，最后一定能官至三公和丞相。"崔浩说："为什么一定要读书，然后才称得上有学问呢。卫青、霍去病都不读书，而能够立大功出大名，官至三公辅相。"世祖笑着说："你说的确实如此。"

韦 珍 传

招 蛮 教 蛮

【原文】

高祖初，蛮首桓诞归款，朝廷思安边之略，以诞为东荆州刺史。令珍为使，与诞招慰蛮左。珍自悬瓠西入三百余里，至桐柏山，穷淮源，宣扬恩泽，莫不降附。淮源旧有祠堂，蛮俗恒用人祭之。珍乃晓告曰："天地明灵，即是民之父母，岂有父母甘子肉味！自今已后，悉宜以酒脯代用。"群蛮从约，至今行之。

【译文】

高祖初年，南蛮的首领桓诞来投奔归顺，朝廷考虑到安定边疆的方略，让桓诞作东荆州刺史。派韦珍为使节，和桓诞招降抚慰南蛮的东部。韦珍从悬瓠（今河南汝南县）向西走了三百多里到了桐柏山，直到淮河的发源地，宣扬皇帝恩德，蛮人没有不降服归顺的。淮河发源处过去有个祠堂，按南蛮风俗一直用活人祭祀。韦珍便告诉他们说："天地有神灵，就是百姓的父母，哪有父母享受孩子肉味的！从今以后，应全部用酒和干肉代替。"蛮人都听了他的话，一直到现在仍然这样做。

裴 宣 传

无 功 知 退

【原文】

宣家世以儒学为业，常慕廉退。每叹曰："以贾谊之才，仕汉文之世，不历公卿，将非运也！"乃谓亲宾曰："吾本闾阎之士，素无当世之志，直随牒推移，遂至于此。禄后养亲，道不光国，瞻言往哲，可以言归矣。"因表求解。世宗不许，乃作《怀田赋》以叙心焉。

【译文】

裴宣家世世代代以研究儒家思想为业，常常羡慕廉洁和退让。每年慨叹道：

"凭着贾谊的才华，在汉文帝朝做官，没有被提拔到三公九卿的位子，这不是命运吗?"便对亲朋好友说:"我本是个乡下人，本来就没有主宰时代的志向，只不过随着家谱推移到今天这个位置。用俸禄养亲，没有光耀国家的作为，看一看，听一听古代的明智之人，我应该退职回家了。"便上书要求卸职。世宗不同意，他便作了一首《怀田赋》来表明心迹。

裴 安 祖 传

小安祖不独食

【原文】

　　安祖，少而聪慧。年八九岁，就师讲《诗》，至《鹿鸣篇》，语诸兄云:"鹿虽禽兽，得食相呼，而况人也?"自此之后，未曾独食。

【译文】

　　裴安祖小时聪明多智。八九岁时，听老师讲《诗经》，到《鹿鸣篇》时，对几个哥哥说:"鹿虽然是动物，看见食物后互相呼叫，何况人呢。"从此以后，再没有独自吃过东西。

辛 穆 传

辛穆重信义

【原文】

　　敬文弟敬武，少为沙门，从师远学，经久不反。敬文病临卒，以杂绫二十四，托穆与敬武。穆久访不得。经二十余年，始于洛阳见敬武，以物还之，封题如故，世称其廉信。

【译文】

　　陈敬文的弟弟敬武，小时出家当和尚，随师傅去远方游学，时间很长没回家。敬文临死前，把二十匹杂色的绫托辛穆转交给敬武。辛穆找了很久没见敬武。经过二十多年后，才在洛阳见到敬武，把东西还给他，其封合标志还是原来的样子，当时人称赞他廉洁讲信用。

柳 崇 传

智获盗马贼

【原文】

　　崇初届郡，郡民张明失马，疑十余人。崇见之，不问贼事，人人别借以温颜，更问其亲老存不，农桑多少，而微察其辞色。即获真贼吕穆等二人，余皆放遣。郡中畏服，境内帖然。

【译文】

　　柳崇刚到郡里上任，本郡百姓张明丢了马，怀疑到十多个人。柳崇见到他们，不问偷马事，对每个人都以和颜相待，还问他们的父母老人是否健在，种了多少田，种了多少桑，细心地察看他们的语言和脸色。很快便抓获了真正的窃贼吕穆等二人，其余全部放回。百姓心服，境内安定。

卢义僖传

不与权贵结婚姻

【原文】

　　时灵太后临朝，黄门侍郎李神轨势倾朝野，求结婚姻。义僖虑其必败，拒而不许。王诵谓义僖曰："昔人不以一女易五男，卿岂易之也？"义僖曰："所以不从，正为此耳。从之恐祸大而速。"诵乃坚握义僖之手曰："我闻有命，不敢以告人。"遂适他族。临婚之夕，灵太后遣中常侍服景就家敕停。内外惶怖，义僖夷然自若。

【译文】

　　当时灵太后执政，黄门侍郎李神轨在朝野上下有很大权势，要和卢义僖家结婚姻。义僖认为他一定要失败，便拒绝同意。王诵对义僖说，"过去有人不愿用五个男孩换一个女儿，你难道能换吗？"义僖说："我之所以不同意，就是因为这个。如果答应这门亲事恐怕很快会招致大祸。"王诵便紧紧地握住义僖的手说："我听明白了您的意思，不敢把此事告诉别人。"于是义僖便将女儿嫁给别的家族。结婚前夜，灵太后派中常侍服景到家里来命令停办。屋里屋外惊慌恐怖，义僖却像往常一样平静。

高　允　传

劝帝勿兴土木

【原文】

　　给事中郭善明，性多机巧，欲逞其能，劝高宗大起宫室。允谏曰："臣闻太祖道武皇帝既定天下，始建都邑。其所营立，非因农隙，不有所兴。今建国已久，宫室已备，永安前殿足以朝会万国，西堂温室足以安御圣躬，紫楼临望可以观望远近。若广修壮丽为异观者，宜渐致之，不可仓卒。计斫材运土及诸杂役须二万人，丁夫充作，老小供饷，合四万人，半年可讫。古人有言：一夫不耕，或受其饥；一妇不织，或受其寒。况数万之众，其所损废，亦以多矣。推之于古，验之于今，必然之效也，诚圣主所宜思量。"高宗纳之。

行坐图 南北朝

【译文】

给事中郭善明，性格机智灵巧，想显耀他的才能，劝高宗大建宫殿。高允向皇帝进谏说："我听说太祖道武皇帝平定天下以后，才建立国都。他要建造的工程，除非是农闲时节，要么就不动工。现在建国时间很长了，宫殿都已经足够了。永安前殿足以用来接见所有国家的客人，西边宫殿暖和的房子完全能够让您舒舒服服地住下，登上华丽的阁楼可以观望远近景色。如果再大建雄伟壮丽的建筑作为奇异的景观，应该慢慢来，不能太匆忙。估计砍伐木材运输泥土以及各方面帮杂的就得二万人，成年男子干活，年老年幼者供饷，共四万人，半年可完成。古人有句话：一个男人不耕地，将会有人挨饿；一个妇女不织布，将会有人受冻。何况数万人呢，他们所损失和耗费的东西也太多了啊。推问过去的事情，考察现在，这是必然的结果。诚心希望您好好考虑。"高宗采纳了他的意见。

丧葬宜俭不宜奢

【原文】

万物之生，靡不有死，古先哲王，作为礼制，所以养生送死，折诸人情。若毁生以奉死，则圣人所禁也。然葬者藏也，死者不可再见，故深藏之。昔尧葬谷林，农不易亩；舜葬苍梧，市不改肆。秦始皇作为地市，下固三泉，金玉宝货不可计数，死不旋踵，尸焚墓掘。由此推之，尧舜之俭，始皇之奢，是非可见。

【译文】

所有事物的生存，没有不死亡的，古代聪明贤智的国君制定了礼制，用它来作为养育活人，送埋死者的准则，折服人们的各种感情。如果损害活着的人去侍奉死者，是聪明人不愿干的。然而，所谓葬就是藏，死去的人不能再次显现，所以埋得很深。当初尧葬在谷林，农民没有变动耕地；舜葬在苍梧，城市里买卖的场所没有改变地方。秦始皇建造地下城市，使地下深处牢固结实，金器玉器以及各种珍宝数都数不清，但他死后不久，墓便被挖开，尸体被焚烧。从这些事情可以看出尧舜节葬而始皇厚葬到底谁对谁错。

胡 叟 传

蔑 视 富 贵

【原文】

叟不治产业，常苦饥贫，然不以为耻。养子字螟蛉，以自给养。每至贵胜之门，恒乘一牸牛，弊韦绔褶而已。作布囊，容三四斗，饮啖醉饱，便盛余肉饼以付螟蛉。见车马容华者，视之蔑如也。……见中书侍郎赵郡李璨，璨被服华靡，叟贫老衣褐，璨颇忽之。叟谓之曰："老子今若相许，脱体上裤褶衣帽，君欲作何计也？"讥其惟假盛服。璨惕然失色。

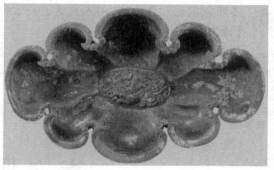

银制兽纹八曲杯　南北朝

【译文】

胡叟不经营产业，常为饥饿和贫穷所困迫，但不认为这是耻辱。他的养子字螟蛉，靠自己供养生活。每次到富贵人家，常骑一母牛，穿一件破烂牛皮裤褶而已。做了个布袋子，能装三四斗，吃饱喝足后，把剩下的肉和饼盛给螟蛉带回。看到富丽豪华的车马，便表现出蔑视的样子。……遇见中书侍郎赵郡太守李璨，璨穿着华丽的衣服，而胡叟贫穷衰老，穿着简单，李璨很瞧不起他。胡叟对他说："老子如果今天愿意，脱掉身上绮褶和衣帽，你将作何打算呢？"讥刺李璨光凭华丽衣服炫耀自己。李璨惊畏失色。

刘 昞 传

机勇当女婿

【原文】

瑀有女始笄，妙选良偶，有心于昞。遂别设一席于坐前，谓诸弟子曰："吾有一女，年向成长，欲觅一快女婿，谁坐此席者，吾当婚焉。"昞遂奋衣来坐，神志肃然，曰："向闻先生欲求快女婿，昞其人也。"瑀遂以女妻之。

【译文】

郭瑀有个女儿初成年，在挑选的最佳配偶中，对刘昞最有意思。于是在座前单另铺了一张席，对各位弟子说："我有个女儿，快要成年，想找一个称心女婿，谁要是坐在这个席上我便把女儿嫁给他。"刘昞便挥动衣服迅速坐到席上，精神很严肃，说："以前听说先生想找个称心的女婿，昞便是您要找的那个人。"郭瑀便把女儿嫁给了他。

赵　柔　传

不以财利动心

【原文】

柔尝在路得人所遗金珠一贯，价直数百缣，柔呼主还之。后有人与柔铧数百枚者，柔与子善明鬻之于市。有从柔买，索绢二十匹。有商人知其贱，与柔三十匹，善明欲取之。柔曰："与人交易，一言便定，岂可以利动心也。"遂与之。

【译文】

赵柔在路上拣到别人丢的一串金珠，价值数百匹缣，赵柔叫回失主还给了他。后来有人送给赵柔数百枚铧，他与儿子善明去市场卖。有人向赵柔买铧，他要了二十匹绢。有个商人知道他卖得便宜了，给赵柔三十匹，善明想去接。赵柔说："和人做买卖，一句话说定，怎么能因利多就动心呢。"便卖给前面买铧的那个人。

李 安 世 传

上 均 田 疏

【原文】

时民困饥流散，豪右多有占夺，安世乃上疏曰："……愚谓今虽桑井难复，宜更均量，审其径术，令分艺有准，力业相称，细民获资生之利，豪右靡余地之盈。则无私之泽，乃播均于兆庶；如阜如山，可有积于比户矣。……"高祖深纳之，后均田之制起于此矣。

【译文】

当时百姓贫乏饥饿、流散各地，有权有势之家大量侵占土地，李安世便上书说："……我认为现在虽然井田制难以恢复，应该再次丈量土地，调查清楚每家土地的多少，使给他们分多少种多少能有个标准，劳力和田业相一致，平民百姓获得养活自己的利益，豪门大家不能从多余的土地中得到盈利。那么无私的沼泽湖泊，就能平均地分散给亿万百姓；大山小山，每家每户都能得到一点。……"。高祖皇帝完全接受了他的建议，后来的均田制就是由此开始的。

游 雅 传

筑长城有五利

【原文】

计筑长城，其利有五：罢游防之苦，其利一也；北部放牧，无抄掠之患，其利二也；登城观敌，以逸待劳，其利三也；省境防之虞，息无时之备，其利四

也；岁常游运，永得不匮，其利五也。

【译文】

修筑长城算起来有五条好处：可以省去流动防卫的麻烦，这是第一个好处；不再有北方游牧民族抢掠的担心，这是第二个好处；站在城墙上观望敌人，积蓄精力，相机出击疲劳的敌人，这是第三个好处；省去边防的忧虑和随时的戒备，这是第四点好处；常年四季转运货物，永远也不会匮乏，这是第五点好处。

游　肇　传

游肇断决方正

【原文】

肇于吏事，断决不速。主者谘呈，反复论叙，有时不晓，至于再三，必穷其理，然后下笔，虽宠势干请，终无回挠。方正之操，时人服之。

【译文】

游肇处理官府日常事务很慢。主管人送报上来的文书，他都要反复研究论证，有时不明白的地方再三考虑，一定要弄明白本来面目才动笔，即使有显贵权势者干扰说情，也一点不让步。他端平正直的人品使当时人佩服。

刘　芳　传

刘　石　经

【原文】

昔汉世造三字石经于太学，学者文字不正，多往质焉。芳音义明辨，疑者皆往询访，故时人号为刘石经。

【译文】

当初汉代把三字石经立在太学里，求学者写字不正规的，都拿去核对。刘芳对经典的读音和意义分辨明白，不懂的人都去向他请教，因此当时人称他为刘石经。

崔　挺　传

敬人知让

【原文】

挺幼居丧尽礼。少敦学业，多所览究，推人爱士，州闾亲附焉。每四时与乡人父老书相存慰，辞旨款备，得者荣之。三世同居，门有礼让。于后频值饥年，家始分析，挺与弟振推让田宅旧资，惟守墓田而已。家徒壁立，兄弟怡然，手不释卷。时谷粜踊贵，乡人或有赡者，遗挺，辞让而受，仍亦散之贫困，不为畜

积，故乡邑更钦叹焉。

【译文】

崔挺小时服丧完全做到符合礼节。少年时学习勤勉笃厚，博览群书，尊崇他人热爱贤士，州里和乡里的人都喜欢归附于他。每年四季和乡里父老书信来往关怀问候，文辞恳挚美好，收到他信的人都以此为荣耀。一家三代住在一起，出入互有礼让。后来多次遇到收成不好，才分了家，崔挺和弟弟崔振互相推让田宅和家里旧有的财产，只给自己留下家里的坟田。家里徒有四壁，但兄弟之间很快乐，手不离书，勤勉学习。当时谷价上涨，有时乡里有富足的人家给他粮食，他推辞一番然后才接受，但也仍然分给贫困的人家，不积蓄粮食，因此乡里人更是钦佩叹服他。

龙道营观宇

【原文】

州治旧掖城，西北数里有斧山，峰岭高峻，北临沧海，南望岱岳，一邦游观之地也。挺于顶上欲营观宇，故老曰："此岭秋夏之际，常有暴雨迅风，岩石尽落，相传云是龙道，恐此观不可久立。"挺曰："人神相去，何远之有？虬龙倏忽，岂唯一路乎！"遂营之。数年间，果无风雨之异。

【译文】

光州府设在过去的掖县城（今属山东），西北数里外有个斧山，山峰又高又险，北面靠近大海，南面可望见泰山，是一处游览观光的好地方。崔挺想在山顶上营建亭台庙宇，老人们说："这个山在秋夏两季经常下暴雨刮疾风，岩石纷纷往下滚落，相传这是龙行之道，恐怕这个庙观保存时间不会太长。"崔挺说："人和神的距离，有多么遥远？虬龙来去疾迅，难道只有一条路吗？"便营建了。很多年果然没有发生异常的大风暴雨。

不以美玉为宝

【原文】

掖县有人，年逾九十，板舆造州。自称少曾充使林邑，得一美玉，方尺四寸，甚有光彩，藏之海岛，垂六十岁。忻逢明治，今愿奉之。挺曰："吾虽德谢古人，未能以玉为宝。"遣船随取，光润果然。竟不肯受，仍表送京都。

【译文】

掖县（今属山东）有个年过九十的老人，乘板舆来到州府。说他青年时曾被派往林邑，得到一块美玉，方一尺四寸，十分明亮美丽，藏在海岛上已快六十年了。现在欣逢政治清明，我愿把它献出来。崔挺说："我虽然道德比不上古人，也不能把玉当作宝贝。"派船随老人去取回美玉，果然是光泽明亮。崔挺最后不愿意接受，依旧送往京都。

李 彪 传

史家与日月齐明

【原文】

史官之达者，大则与日月齐明，小则与四时并茂。其大者孔子、左丘是也，小者史迁、班固是也。故能声流于无穷，义昭于来裔。

【译文】

有成就的史官，大的与日月一样光明，小的和四季同样茂盛。其中大的有孔子和左丘明，小的有司马迁和班固。因此他们的名声将传播很远，其美好将昭示于后代。

李 平 传

李平重儒教

【原文】

平劝课农桑，修饰太学，简试通儒以充博士，选五郡聪敏者以教之，图孔子及七十二子于堂，亲为立赞。前来台使颇好侵取，平乃画"履虎尾""践薄冰"于客馆，注颂其下，以示诫焉。

【译文】

李平鼓励农耕与蚕桑，整修学校，挑选博古通今学识渊博的儒者任教官，选拔五郡里聪明机灵的人来教他们，把孔子及其七十二个学生的像画在教室里，并亲自作赞以颂扬。朝廷里来的使者喜欢强行拿东西，李平便把"履虎尾""践薄冰"等图画在客馆，把注解写在下面，以表示警告。

石雕胁侍菩萨像　南北朝

李 崇 传

置鼓楼防盗

【原文】

兖土旧多劫盗，崇乃村置一楼，楼悬一鼓，盗发之处，双槌乱击。四面诸村始闻者挝鼓一通，次复闻者以二为节，次后闻者以三为节，各击数千槌。诸村闻鼓，皆守要路，是以盗发俄顷之间，声布百里之内。其中险要，悉有伏人，盗窃始发，便尔擒送。诸州置楼悬鼓，自崇始也。

【译文】

　　兖州境内过去盗贼很多，李崇便在每个村子盖一楼，楼上挂一鼓，出现盗贼的地方，便用双槌乱击。周围村子最先听到鼓声的击鼓一曲，其次听到的击鼓以二为节拍，最后听到的以三为节拍，各击鼓数千槌。各村听到鼓声，都把守重要路口，所以，盗贼发现很短时间内，百里之内便到处是鼓声。险要的关口都有埋伏，盗窃刚刚发生便很快就捉拿归案。各个州设置鼓楼从李崇开始。

夏侯道迁传

道迁逃婚

【原文】

　　夏侯道迁，谯国人。少有志操。年十七，父母为结婚韦氏，道迁云："欲怀四方之志，不愿取妇。"家人咸谓戏言。及至婚日，求觅不知所在。于后访问，乃云逃入益州。

【译文】

　　夏侯道迁是谯国人。少年时有志向和操守。十七岁那年，父母亲给他订婚韦氏，道迁说："我想怀抱整个天下的志向，不愿意娶妻。"家里人都以为是玩笑话。等到结婚那天，到处都没找见他。后来一打听，才知是跑到今四川去了。

贾思伯传

思伯不骄

【原文】

　　思伯少虽明经，从官废业，至是更延儒生夜讲昼授。性谦和，倾身礼士，虽在街途，停车下马，接诱恂恂，曾无倦色。客有谓思伯曰："公今贵重，宁能不骄？"思伯曰："衰至便骄，何常之有？"当世以为雅谈。

【译文】

　　贾思伯少年时虽然通晓经典，做官后荒废了学业，现在又请学者白天晚上都讲授儒家学说。性格谦虚和蔼，对士人恭敬礼貌，即使在路上，也要停车下马，接待引导，恭恭敬敬，没有一点厌倦。有客人对思伯说："你现在在位尊任重，竟然能不骄傲？"思伯说："衰亡临近了便骄傲，平常哪有骄傲呢？"当时的人以此为美谈。

宋　翻　传

大枷镇豪家

【原文】

初，翻为河阴令，……县旧有大枷，时人号曰"弥尾青"，及翻为县主，吏请焚之。翻曰："且置南墙下，以待豪家。"未几，有内监杨小驹诣县请事，辞色不逊，命取尾青以镇之。

【译文】

当初，宋翻为河阴县（今河南洛阳东北）令，……县府过去有个大刑枷，当时人称"弥尾青"，宋翻作了县令以后，当差的小官请求烧了它。宋翻说："先放在南墙下面，等待豪门犯法时用。"时间不长，宦官杨小驹来县里办事，说话态度不恭敬，宋翻便命令取"弥尾青"来镇治他。

辛　雄　传

利害使人不惧死

【原文】

凡人所以临陈而忘身，触白刃而不蝉者，一则求荣名，二则贪重赏，三则畏刑罚，四则避祸难。非此数事，虽圣王不能劝其臣，慈父不能厉其子。明主深知其情，故赏必行，罚必信，使亲疏、贵贱、勇怯、贤愚，闻钟鼓之声，见旌旗之列，莫不奋激，竞赴敌场，岂厌久生而乐早死也，利害悬于前，欲罢不能耳。

【译文】

大概人之所以处在敌人坚固阵势之中忘记自己生命，面对刀剑而不惧怕，其原因一是追求好名声，二是贪图重赏，三是害怕刑罚，四是为了躲避灾难。如果没有这几条，即使圣明的君主也不能劝服他的臣下，慈父也不能激励他的儿子。贤明的君主深深明白其中的道理，因此一定要实行奖励和实在的处罚，让亲近的和疏远的、高贵的和低贱的、勇敢的和胆怯的、贤能的和愚笨的人，听到钟鼓的声音，看见旌旗的行列，没有不振奋激昂，竞相奔赴战场，这哪里是厌恶长命而喜欢早死呢，只不过是利害摆在面前不做不行罢了。

王者爱民之道有六

【原文】

王者爱民之道有六，一曰利之，二曰成之，三曰生之，四曰与之，五曰乐之，六曰喜之。使民不失其时，则成之也；省刑罚，则生之也；薄赋敛，则与之也；无多徭役，则乐之也；吏静不苛，则喜之也。

【译文】

统治者爱护百姓的方法有六条，一是利于百姓，二是成就百姓，三是使百姓生存，四是给予百姓，五是使百姓喜悦，六是喜爱百姓。在不误农时的时候役使百姓，那就是成就他们；减轻刑罚，就是使他们生存下去；少征收赋税，就是给予百姓；徭役不多，就是使他们喜乐；官吏清静不苛刻，就是使百姓高兴。

高谦之传

智擒马贼

【原文】

有人囊盛瓦砾，指作钱物，诈市人马，因逃去。诏令追捕，必得以闻。谦之乃伪枷一囚立于马市，宣言是前诈市马贼，今欲刑之。密遣腹心察市中私议者，有二人相见忻然曰："无复忧矣。"执送按问，具伏盗马，徒党悉获。并出前后盗窃之处，资货甚多，远年失物之家，各来得其本物。

【译文】

有个人在布袋子里装着瓦片石块，说是钱物，骗着买去了别人的马，便逃跑了。通令提拿，一定要归案上报。高谦之便枷了一个假囚犯立在马市，宣称这是以前骗买别人马的那个盗贼，现在要处罚他。秘密派了几个心腹之人观察马市中私下议论的人。有两个人见面后高兴地说："不用再担心了。"将二人抓送审问，都承认了偷马之事，同伙也全部被抓获。而且说出了先后盗窃的地方，搜出钱物很多，多年前丢失东西的人家也纷纷赶来领回了他们所失之物。

迷而知反，得道不远

【原文】

故有国有家者，不患民不我归，唯患政之不立，不恃敌不我攻，唯恃吾不可侮。此乃千载共遵，百王一致。且琴瑟不韵，知音改弦更张；骓骖未调，善御执辔成组。谚云："迷而知反，得道不远。"此言虽小，可以谕大。

【译文】

所以有国有家的人，不担心人民不归附于我，担心的只是政事不能推行，不寄希望于敌人不侵犯我，只依赖我们做到不可侵犯。这是千年来所有君王共同遵守的法则。况且琴瑟共弹，其音如果不和谐，懂音律的人便调整琴弦；驾车的马如果配合不好，善于驾车的人便用缰绳调整。谚语说："迷途知返，离找到正道就不远了。"此话虽小，可以说明大道理。

高道穆传

执法不避权贵

【原文】

帝姊寿阳公主行犯清路，执赤捧卒呵之不止，道穆令卒棒破其车。公主深以为恨，泣以诉帝。帝谓公主曰："高中尉清直之人，彼所行者公事，岂可私恨责之也。"道穆后见帝，帝曰："一日家姊行路相犯，极以为愧。"道穆免冠谢曰："臣蒙陛下恩，守陛下法，不敢独于公主亏朝廷典章，以此负陛下。"

【译文】

皇帝的姐姐寿阳公主走路违反了"警戒"，拿红色木棒的卫士喊她停下，她却不停，高道穆便命令卫士用棒打破了她的车子。公主深深以此为恨，哭着告诉了皇帝。皇帝对公主说："高中尉是个清白正直之人，他所执行的是公务，怎么能以私人怨恨责备他呢。"道穆后来见到皇帝，皇帝说："有一天家姐行路触犯了你，实在以此为惭愧。"道穆脱帽拜谢说："我蒙受陛下大恩，遵守陛下法令，不敢只为公主而破坏了朝廷的法令制度，因此辜负陛下。"

鹿悆传

鹿悆以缣赔禾

【原文】

（鹿悆）尝诣徐州，马疫，附船而至大梁。夜睡，从者上岸窃禾四束以饲其马。船行数里，悆觉，问得禾之处，从者以告。悆大怒，即停船上岸，至取禾处，以缣三丈置禾束下而返。

【译文】

鹿悆曾去徐州（今属江苏），马生了病，便搭船去大梁（今河南开封）。晚上睡着了，随从的人从岸上偷了四捆禾苗喂他的马。船行了好几里，鹿悆发觉了此事，问从哪弄来的禾苗，随从的人告诉了他。鹿悆大怒，立刻停船上岸，到拿禾苗的地方，把三丈细绢放在禾捆下才返回来。

祖莹传

祖莹好读书

【原文】

莹年八岁，能诵《诗》《书》，十二，为中书学生。好学耽书，以昼继夜，父母恐其成疾，禁之不能止，常密于灰中藏火，驱逐僮仆，父母寝睡之后，燃火读书，以衣被蔽塞窗户，恐漏光明，为家人所觉。由是声誉甚盛，内外亲属呼为

"圣小儿"。

【译文】

祖莹八岁那年，便能朗读《诗经》和《尚书》，十二岁，是中书省的学生。特别喜欢读书学习，日夜不停，父母怕他累病，然而却禁止不住他。他经常偷偷地把火藏在灰中，把书僮和仆人打发出去，等父母睡了之后，点燃灰中余火看书，用衣服和被子塞住窗户，害怕漏出光亮，被家人知道。因此他的名声更大，内外的亲戚都叫他"圣小儿"。

外 戚 传

拷羊皮断案

【原文】

人有负盐负薪者，同释重担，息于树阴。二人将行，争一羊皮，各言藉背之物。惠遣争者出，顾谓州纲纪曰："此羊皮可拷知主乎？"群下以为戏言，咸无答者。惠令人置羊皮席上，以杖击之，见少盐屑，曰："得其实矣。"使争者视之，负薪者乃伏而就罪。

【译文】

有两个人，一个担着盐，一个挑着柴，二人同时放下重担，在树荫下歇息。二人起来要走，为一张羊皮发生争执，都说是自己垫背的东西。李惠让二人先站在州府外面。回头对州纲纪说："拷问这张羊皮能知道他的主人吗？"下面的人以为是开玩笑，都没有回答他。李惠让人把羊皮放在席子上，用棍子击打，有些盐屑掉出来，说："知道实情了。"让争执的两个人来看，挑柴的人便承认有罪，受到处罚。

儒 林 传

为国之道，文武兼用

【原文】

太祖初定中原，……便以经术为先，立太学，置五经博士生员千有余人。……岂不以天下可马上取之，不可以马上治之，为国之道，文武兼用，毓才成务，意在兹乎？

【译文】

太祖皇帝刚刚定都中原，……便把经学看作很重要的事情，建立太学，设五经博士以及学生一千多人。……这难道不是认为天下可以马上得之，不可以马上治之，治理国家的方法，要文武同时用，培养人才成就事业，用意不是就在这里吗？

惟学可久恃

【原文】

古语云：容体不足观，勇力不足恃，族姓不足道，先祖不足称，然而显闻四方，流声后裔者，其惟学乎。信哉斯言也。

【译文】

古话说：容貌和身体不值得给人显示，勇敢和力气不可以依仗，不要说自己是大族，也不要称道自己的祖先，既然如此，那么显赫传布四方，名声流传后代的只有学问了。确实如此啊！

酷　吏　传

癫儿刺史

【原文】

崔暹，字元钦，……后累迁平北将军、瀛州刺史。贪暴安忍，民庶患之。尝出猎州北，单骑至于民村。井有汲水妇人，暹令饮马，因问曰："崔瀛州何如？"妇人不知其暹也，答曰："百姓何罪，得如此癫儿刺史！"暹默然而去。以不称职被解还京。

【译文】

崔暹，字元钦，……后来依次迁升到平北将军、瀛洲（今河北河间）刺史。贪婪酷暴，习于残忍，老百姓以他为祸患。曾在州北打猎，独自骑马到百姓村子。井边有个汲水的妇人，崔暹让她饮马，顺便问她："崔瀛洲这人怎么样？"妇人不知道他是崔暹，回答说："百姓有什么罪，遇到这么个癫儿刺史！"崔暹悄悄地走了。后来因不称职被解除职务送还京都。

酷吏异途皆毙

【原文】

士之立名，其途不一，或以循良进，或以严酷显。故宽猛相资，德刑互设，然不严而化，君子所先。于洛侯等为恶不同，同归于酷，肆其毒螫，多行残忍。贱人肌肤，同诸木石；轻人性命，甚于乌狗。长恶不悛，鲜有不及。故或身婴罪戮，或忧恚颠陨。异途皆毙，各其宜焉。

【译文】

士人成名有不同的途径，有的因为奉公守法而被晋升，有的却因为严厉残暴身居显要。所以宽和与威严互为依托，恩惠和刑法交错施行，然而不严厉而教化应是统治者首先实行的。于洛侯（酷吏名）等作恶不一样，他们的残暴却是一样的。他们恣意毒害百姓，干了不少残忍之事。他们轻视人的肌肤如同木头和石块一样，而把人的生命看作连草和狗都不如。长期作恶而不悔改，坏事几乎没有不

干的。所以他们有的身遭杀戮，有的忧愁愤恨而死去。经历不同而同归于死，都是各自应该的下场。

逸 士 传

隐逸者赞

【原文】

古之所谓隐逸者，非伏其身而不见也，非闭其言而不出也，非藏其智而不发也。盖以恬淡为心，不曒不昧，安时处顺，与物无私者也。睠夸辈忘怀缨冕，毕志丘园。或隐不违亲，贞不绝俗；或不教而劝，虚往实归。非有自然纯德，其孰能至于此哉？

【译文】

古代被称作隐士逸民的人，并不是把自己隐藏起来不露面，并不是闭口而不发表言论，也不是把自己的智慧收藏起来不发挥。大概是心里想着淡泊的生活，不想显露也不想太隐晦，安于现实生活，处于顺利境遇，与外界无争。睠夸那些人不愿意做官，却把心志寄托于山谷园林。有的人隐居但不拒绝亲人，贞洁但仍和一般人来往；有的人能自我勉励，虽然离开社会去隐居，但仍心系时世。如果没有自然的纯洁美德，怎么能做到这样地步呢？

刘子业传

子业不视母病

【原文】

子业立，性尤凶悖。其母疾笃，遣呼子业，子业曰："病人间多鬼，那可往？"其母怒，语侍者曰："将刀来破我腹，那得生如馨儿！"

【译文】

刘子业继位后，性格更凶暴。他的母亲病得很重，叫人把子业喊来，子业说："病人身边鬼多，怎么可以去呢？"他母亲大怒，对侍候的人说："拿刀来割破我的肚子，怎么生出这样个儿子呢！"

吐谷浑传

单者易折，众则难摧

【原文】

（阿豺）临死召诸子弟……谓曰："汝等各奉吾一只箭，折之地下。"俄而命母弟慕利延曰："汝取一只箭折之。"慕利延折之。又曰："汝取十九只箭折之。"延不能折。阿豺曰："汝曹知否？单者易折，众则难摧，戮力一心，然后社稷可固。"言终而死。

【译文】

阿豺（吐谷浑首领）临死时召集儿子和弟弟们……对他们说："你们每人拿一支箭，把它折断扔在地上。"一会儿又对同母弟慕利延说："你拿一支箭把它折断了。"慕利延折断了一支箭。阿豺又说："你拿十九只箭把它们折断。"慕利延折不断。阿豺说："你们知道吗？单个箭容易折断，许多箭就很难折断，你们要努力一条心，这样国家才能稳固。"说完便死去了。

且 末 传

骆驼预知沙漠风暴

【原文】

且末西北方流沙数百里，夏日有热风为行旅之患。风之所至，唯老驼豫知之，即鸣而聚立，埋其口鼻于沙中，人每以为候，亦即将毡拥蔽鼻口。其风迅驶，斯须过尽，若不防者，必至危毙。

【译文】

且末国西北面有数百里流沙，夏天的热风是旅行的祸患。风要来了，只有老骆驼预先知道，便鸣叫，马上停下来不走，将鼻子和嘴埋在沙子里，人们经常以此为预兆，也用毡把鼻子和口堵住。风很迅速，一会儿便过去，如果不防备，肯定会危险或丧命。

大同北魏墓群　南北朝

食 货 志

北 魏 桑 田

【原文】

九年，下诏均给天下民田：……诸初受田者，男夫一人给田二十亩，课莳余，种桑五十树，枣五株，榆三根。非桑之土，夫给一亩，依法课莳榆、枣。奴各依良。限三年种毕，不毕，夺其不毕之地。于桑榆地分杂莳余果及种桑榆者不禁。

【译文】

太和九年（公元485），皇帝下诏令平均天下百姓田地：……初次受田的人，成年男子一人二十亩，种完纳税田以外，种桑树五十棵，枣树五株，榆树三根。每个男子给一亩不宜种桑的地，按规定种植纳税的榆树枣树。奴隶与良民一样。限三年种完，种不完的收回未种之地。在桑榆地种植其他果树以及多种桑榆的不受限制。

【国学经典文库】

北齐书

〔唐〕李百药

线装书局

［国学基本文库］

北齐书

〔唐〕李百藥　撰

中华书局

序　言

　　《北齐书》，五十卷，其中本纪八卷，列传四十二卷，唐李百药撰。

　　北魏末年，北方六镇发生声势浩大的反叛浪潮，后出身于怀朔镇低级武官的高欢获得了对二十余万鲜卑的领导权，控制了北魏朝政。534年，高欢所立的孝武帝元修被逼西奔长安，高欢于是另立孝静帝元善见，迁都邺城，史称东魏。550年，高欢之子高洋废孝静帝自立，建立北齐。东魏、北齐统治区域南至长江，与梁、陈两朝先后对峙；西边在今天的山西、河南、湖北，与西魏、北周分界。577年，北齐被北周吞并。

　　《北齐书》本名《齐书》，宋时才加一"北"字而成今名。它虽以记载北齐历史为主，但实际上记述了从高欢起兵到北齐灭亡前后约八十年的历史，集中反映了东魏、北齐王朝的盛衰兴亡。

　　李百药（565~648），字重规，定州安平（今河北安平）人，出身于仕宦之家。他的祖父李敬族，北魏历任太学博士、镇远将军。他的父亲李德林是著名的学者，在北齐、北周和隋三朝一直担任诏令和其他重要文件的起草，得到历朝皇帝的宠用，在齐官至中书侍郎，在周官至御正下大夫，在隋官至内史令，封为安平公。590年死于怀州刺史任上。李德林在北齐时就曾参加过"国史"的修撰工作，写成纪传二十七卷，隋时扩充为三十八篇。隋代王劭又著有《齐志》，以叙事生动，语言通俗而受到称赞。

　　李百药从小好学，博览经史著作，隋初曾任太子舍人，袭父爵为安平公。在隋炀帝时，先后被贬为桂林司马和建安郡丞，爵位也被剥夺。隋末，他先后被豪族武装首领沈法兴、李通和杜伏威所任用。唐太宗贞观初，起用他为中书舍人，赐爵安平县男，贞观三年（629），奉诏修撰齐史。他参考父亲李德林未完成的遗著和王劭的《齐志》，于贞观十年撰成五十卷的《齐书》。此外，他还参加了制定五礼和律令的工作，官至宗正卿，晋爵为安平县子。贞观二十二年卒，享年八十四岁。

　　北齐政权中，皇族内部叔侄，兄弟相互残杀，使这个二十年的短命王朝换了六个皇帝，《北齐书》对封建统治者之间的权势争夺有较多的叙述。李百药仿照《汉书》和《后汉书》体例，在每卷后所做的史论和赞语中，充分体现了他借鉴一代得失的思想。《北齐书·方伎

传》记载了冶炼家綦毋怀文和数学家信都芳、天文学家张子信的事迹，反映了当时科技新成就，而《杜弼传》中记述的具有唯物主义倾向的邢劭和唯心主义者杜弼关于形神的争论，留下了一份哲学史上有价值的文献。

《北齐书》在流传过程中残缺严重，现在只有十七卷保持原貌，其他都是后人用《北史》等著作增补，这使《北齐书》的价值大大降低。但即便如此，它还是为我们了解东魏，北齐历史提供了一部断代史著作。

在东魏、北齐，鲜卑或鲜卑化武人控制了政权，汉人被斥为"汉儿""汉狗""一钱汉"，汉族人士受到排挤，北齐将相大臣中，鲜卑贵族和鲜卑化的汉人占了百分之七八十。一些汉族人士当政时，也曾试图拔用汉族人士，整顿吏治，但结果往往是遭到血腥屠杀；而有些汉族人士为了获取权势，不得不利用自己对异族文化的熟悉以投机钻营。统治集团内无休止的残杀，严重的民族矛盾和腐败的吏治，使原本在三方鼎峙中占有优势的东魏、北齐王朝日渐削弱，最后灭于北周。

神　武　纪

魏国一分为二

【原文】

（太平元年）九月庚寅，神武还于洛阳，乃遣僧道荣奉表关中，又不答。乃集百僚四门耆老，议所推立。以为自孝昌丧乱，国统中绝，神主靡依，昭穆失序，……遂议立清河王世子善见。议定，白清河王。……是为孝静帝。魏于是始分为二。神武以孝武既西，恐逼崤、陕，洛阳复在河外，接近梁境，如向晋阳，形势不能相接，乃议迁邺。

【译文】

太平元年（535）九月庚寅日，高欢回到洛阳，便派遣僧人道荣带着表章到关中，魏孝武帝还是没有回答。于是召集百官及四方老人，议论拥立皇帝的事。众人认为自孝昌（525～527年）年间战乱以来，国运中途断绝，祖宗失去了依靠，昭穆乱了秩序。……于是决定立清河王的嫡长子善见为帝。决定以后，告诉了清河王。……这就是孝

镀金阿育王铜像
南北朝

静帝。从此魏国一分为二。高欢认为魏孝武帝在西方，恐怕会威胁崤（今河南洛宁西北）、陕（今河南陕县），而洛阳又在黄河以南，接近梁朝边境，如果皇帝去晋阳（今山西太原西南），地形不相连接，于是决定将国都迁到邺城。

高欢劝勤政

【原文】

（兴和）四年五月辛巳，神武朝邺，请令百官每月面敷政事，明扬侧陋，纳谏屏邪，亲理狱讼，褒黜勤怠；牧守有愆，节级相坐；椒掖之内，进御以序；后园鹰犬悉皆弃之。

【译文】

兴和四年（542）五月辛巳日，高欢到邺城拜见东魏孝静帝，请孝静帝下令：各级官员每月当面向皇帝汇报政绩，选拔推举那些有才德而地位低的人。皇帝应接受劝谏，除掉邪佞，亲自处理狱讼，奖勤罚懒；地方州牧郡守有了过错要逐级处罚，后宫中妃嫔进用要有次序，后宫花园的鹰犬全部放走。

国学经典文库

文 宣 纪

北齐兴学校立石经

【原文】

（天保元年）八月，诏郡国修立黉序，广延髦俊，敦述儒风。其国子学生亦仰依旧铨补，服膺师说，研习《礼经》。往者文襄皇帝所运蔡邕石经五十二枚，即宜移置学馆，依次修立。

【译文】

天保元年（550）八月，下诏书，命令地方郡国修建学校，广泛吸收才俊之士，大力弘扬儒家的传统。国子学的学生要依从旧的注说，信服教师的观点，研习《礼经》。以前文襄皇帝高澄从洛阳运来的东汉蔡邕所刻的五十二块石经，也应移置学馆，按照次序树立起来。

高洋荒淫无耻

【原文】

既征伐四克，威振戎夏，六七年后，以功业自矜，遂留连耽湎，肆行淫暴。或躬自鼓舞，歌讴不息，从旦通宵，以夜继昼，或袒露形体，涂傅粉黛，散发胡服，杂衣锦彩，拔刃张弓，游于市肆，勋戚之第，朝夕临幸，时乘驼驼牛驴，不施鞍勒，盛暑炎赫，隆冬酷寒，或日中暴身，去衣驰骋，从者不堪，帝居之自若。亲戚贵臣，左右近习，侍从错杂，无复差等。征集淫姬，分付从官，朝夕临视，以为娱乐。

【译文】

高洋的征伐战争都取得了胜利，在各地声威大振，六、七年以后，便以功业成功而骄傲自满，于是流连沉溺于享乐，肆意施行淫乱残暴。有时自己合着音乐跳舞，还不停地歌唱，从早到夜，夜以继日。有时裸露身体，涂脂抹粉，披头散发，身穿胡服，还乱披些锦绸采缎。有时拔出刀张开弓，在城市店铺游荡。他还天天光临那些勋贵之家。有时骑着骆驼，牛或驴，也不用鞍子和缰绳，也不管盛夏炎热，隆冬严寒，有时中午光着身子，丢掉衣服骑着马奔走，随从的人都跟不上，高洋却在马上很自在。他身边的亲戚贵臣，左右亲近，随从杂役都没有等级差别。他还征召淫荡的女人，分给侍从官，他早晚来观看，以此为乐。

孝 昭 纪

齐末皇帝昏邪残暴

【原文】

神武平定四方，威权在己，迁邺之后，虽主器有人，号令所加，政皆自出。

文宣因循鸿业，内外叶从，自朝及野，群心属望，东魏之地，举国乐推，曾未期月，遂登宸极。始则存心政事，风化肃然，数年之间，朝野安义。其后纵酒肆欲，事极猖狂，昏邪残暴，近代未有，绘国不永，实由斯疾。

【译文】

神武帝高欢平定四方，大权归自己掌握，东魏建立，首都迁到邺城之后，虽然立了太子，但发号施令，国家大政全出自高欢之手。文宣帝高洋继承王业，内外同心合力，从朝廷到地方，众心向往。高洋在东魏受到了举国的拥戴，不到一年便登上了皇位。起初，北齐皇帝关心政事，使风俗整齐教化恭敬，国家安定。但后来却酗酒无度，尽情享乐，干事肆意妄行。其昏邪残暴，为近代所无。北齐国祚短促，实在是由这些弊病造成的。

幼 主 纪

北齐败亡由人

【原文】

抑又闻之：皇天无亲，唯德是辅。天时不如地利，地利不如人和。齐自河清之后，逮于武平之末，土木之功不息，嫔嫱之选无已，征税尽，人力殚，物产无以给其求，江海不能赡其欲。所谓火既炽矣，更负薪以足之，数既穷矣，又为恶以促之，欲求大厦不燔，延期过历，不亦难乎！由此言之，齐氏之败亡，盖亦由人，匪唯天遭也。

【译文】

还听说，"皇天无亲，唯德是辅"。"天时不如地利，地利不如人和。"北齐自河清（562～565）年以后，到武平（570～576）末年，土木工程没有停止过，挑选宫女也没完没了，税征尽了，人力也用完了。本国所产的物品已不能满足他们的需求，大江大海也填不满他们的贪欲。这正是，火已经很旺了，还要加柴草使火更旺，气数已尽了，还要作恶加速灭亡。这样做还想要大厦不被烧掉，延长期限，不也是很难吗？由此而言，齐氏的败亡，主要是由人造成的，不仅仅是自然的规律。

库狄士文传

家 无 余 财

【原文】

寻拜贝州刺史。性清苦，不受公料，家无余财。其子尝啖官厨饼，士文枷之于狱累日，杖之二百，步送还京。僮隶无敢出门。所买盐菜，必于外境。……亲故绝迹，庆吊不通。法令严肃，吏人贴服，道不拾遗。……尝入朝，遇上赐公卿左藏，任取多少。人皆极重，士文独口衔绢一匹，两手各持一匹。上问其故，士文曰："臣口手俱足，余无所须。"

【译文】

不久，厍狄士文被任命为贝州（今河北南宫东南）刺史。厍狄士文清廉艰苦，从不接受公家的照顾，家无余财。他的儿子曾经吃官厨的饼，厍狄士文便给他带上枷锁关进监狱，许多天才放出来，还打了他二百杖，步行送回京师。僮隶们都不敢出门，需要买的盐、菜，都必须到外地。……亲戚老友都断绝了与他的来往，连庆贺吊唁的事都不来往。法令严时，官吏人民都顺从，境内道不拾遗。……有一次在朝廷正碰上皇帝用国库的东西赏赐公卿大臣，可以任意拿取，不限数量。大臣们都拿极贵重的东西，厍狄士文却只用嘴衔着一匹绢，两手各持一匹。皇帝问他为什么，厍狄士文说："我的口和手都满足了。其余都没什么需要的了。"

斛律金传

不以外戚取富贵

【原文】

世祖登极，礼遇弥重，又纳其孙女为太子妃。金长子光大将军，次子羡及孙武都并开府仪同三司，出镇方岳。其余子孙皆封侯贵达。一门一皇后，二太子妃，三公主，尊宠之盛，当时莫比。金尝谓光曰："我虽不读书，闻古来外戚梁冀等无不倾灭。女若有宠，诸贵妒人；女若无宠，天子嫌人。我家直以立功抱忠致富贵，岂可藉女也？"

敦煌石窟彩塑一铺　　南北朝

【译文】

高湛即皇位后，对斛律金更加敬重，又招他的孙女为太子的妃子。斛律金的长子斛律光任大将军，次子斛律羡及孙子斛律武都，同时任开府仪同三司，出镇地方，其余子孙，都封侯尊贵显达，斛律金一家出了一位皇后，二位太子妃，三位公主，他们的尊贵和受宠，当时无人可比。斛律金曾对他的儿子说："我虽然没有读过书，但听说古来外戚梁冀等没有不遭覆灭的，女子如在宫中受宠，就会遭到贵族们的嫉妒，若不受宠，皇帝就嫌弃她，我家只凭立功勋和一片忠心得到富贵，怎么能依靠女人呢？"

李元忠传

赈贷百姓

【原文】

（天平）四年，除使持节、光州刺史。时州境灾俭，人皆菜色。元忠表求赈贷，俟秋征收。被报，听用万石。元忠以为万石给人，计一家不过升斗而已，徒有虚名，不救其弊，遂出十五万石以赈之。事讫表陈，朝廷嘉而不责。

【译文】

天平四年（537），李元忠任使持节、光州（今山东掖县）刺史。当时光州境内因遭受灾害粮食减产，老百姓都面带菜色，李元忠上表请求朝廷赈贷，等到秋收以后一起征收偿还。得到的答复是，可以动用一万石粮食。李元忠认为，用一万石粮食供给百姓，一家不过升斗而已，这是徒有其名，不能解决老百姓的困难，于是拿出十五石粮食赈贷百姓。事情办完后，上表陈述，朝廷嘉奖他而没有责备他。

魏兰根传

魏恺抗上不做官

【原文】

明朗从弟恺，少抗直有才辩。魏末，辟开府行参军，稍迁尚书郎、齐州长史。天保中，聘陈使副。迁青州长史，固辞不就。杨愔以闻。显祖大怒，谓愔云："何物汉子，我与官，不肯就！明日将过，我自共语。"是时显祖已失德，朝廷皆为之惧，而恺情貌坦然。显祖切责之，仍云："死与长史孰优，会卿选一处。"恺答云："能杀臣者是陛下，不受长史者是愚臣，伏听明诏。"显祖谓愔云："何虑无人作官职，若用此汉何为，放其还家，永不收采。"由是积年沉废。

【译文】

魏明朗的从弟魏恺，年轻时刚直不阿，有才华而善辩。东魏末年，被授予开府行参军，不久升任尚书郎、齐州（今山东济南）长史。天保（550～559）年间，聘为陈县（河南淮阳）使副，升任青州（山东益都）长史。但他坚决不任职，杨愔将此事报告给显祖高洋，高洋大怒，对杨愔说："这是什么样的汉子，连我给他官都竟敢不做！明天让他过来，我与他说话。"当时高洋已作恶太多，朝廷大臣们都很惧怕他，而魏恺则神色坦然，高洋对他厉声责备，仍然说："你是死还是担任长史？哪一个好，你可以任选。"魏恺答道；"能杀死我的是陛下，而不受长史的是愚臣，我接受您的处置。"高洋对杨愔说："何必忧虑没有人做官，为什么非要苦苦地用这个汉子不可呢？把他放回家，永远不提拔他。"于是，魏恺被埋没多年。

国学经典文库

杜 弼 传

高欢对士族不用急法

【原文】

（杜）弼以文武在位，罕有廉洁，言之于高祖。高祖曰："弼来，我语尔。天下浊乱，习俗已久。今督将家属多在关西，黑獭常相招诱，人情去留未定。江东复有一吴儿老翁萧衍者，专事衣冠礼乐。中原士大夫望之以为正朔所在。我若急做法纲，不相饶借恐督将尽投黑獭，士子悉奔萧衍，则人物流散，何以为国？尔宜少待，吾不忘之。"

【译文】

杜弼认为，在位的文武官，廉洁的很少，使告诉了高欢。高欢说："杜弼过来．我对你说。天下混乱，习惯风俗已经很久了。现在督将的家在关西居多，宇文泰常常招徕引诱他们，人们去留未定，情绪不稳。江东还有一位吴儿老翁萧衍，专心从事衣冠礼乐，中原士大夫视他为正统。我如果急于依法办事，不暂时宽恕他们，恐怕督将全部投靠宇文泰，士人全奔向萧衍，这样一来，有才德名望的人流散，我用什么建国呢？你暂且等待，我不会忘记这件事。"

杜弼论刑赏

【原文】

武定中，迁卫尉卿。会梁遣贞阳侯渊明等入寇彭城、大都督高岳、行台慕容绍宗率诸军讨之，诏弼为军司，摄行台左丞。临发，世宗……令陈政务之要可为鉴戒者，录一两条。弼请口陈曰："天下大务，莫过赏罚二论，赏一人使天下人喜，罚一人使天下人服。但能二事得中，自然尽美。"世宗大悦曰："言虽不多，于理甚要。"握手而别。

【译文】

武定（543～550）年间，杜弼升任卫尉卿。适逢梁派遣贞阳侯渊明等人进犯彭城，大都督高岳、行台慕容绍率领各路军队前去讨伐。孝静帝下诏，任命杜弼为军司，并代理行台左丞。杜弼临出发时，孝静帝……让杜弼将国家政务中重要的，可以引为借鉴的话，抄录一二条。杜弼请求口述，说："国家大事，没有超过赏和罚这两点的。赏一人应该使天下人高兴，罚一人应该使天下人畏服。但能把这两件事做得恰到好处，自然是最好不过了。"孝静帝非常高兴，说："话虽不多，却都是很重要的道理。"二人握手而别。

人 死 神 灭

【原文】

尝与邢邵愬从东山，共论名理。邢以为人死还生，恐为蛇画足。……邢云：

"死之言'渐',精神尽也。"……邢云:"神之在人,犹光之在烛,烛尽则光穷,人死则神灭。"

【译文】

杜弼曾经与邢邵随同皇帝去东山,共同讨论名理。邢邵认为人死能够生还,恐怕是画蛇添足。……邢邵说:"死的意思就是'渐',灵魂没有了。"……邢邵说:"意识和灵魂对于人,就像光芒对于蜡烛,蜡烛燃尽了,光芒也就没有了,人死则神灭。"

张 耀 传

好读《春秋》

【原文】

(张)耀历事累世,奉职恪勤,咸见亲待,未尝有过。每得禄赐,散之宗族,性节俭率素,车服饮食,取给而已。好读《春秋》,月一遍,……赵彦深尝谓耀曰:"君研寻《左氏》,岂求服虔、杜预之纰缪邪?"耀曰:"何为其然乎?《左氏》之书,备叙言事,恶者可以自戒,善者可以庶几。故励己温习,非欲诋诃古人之得失也。"

【译文】

张耀在几个皇帝当政时都做官,他勤谨供职,受到这些皇帝很好的待见,没有出过错。张耀每次得到俸禄和赏赐,都分散给宗族,他节俭朴素,车马衣服饮食,取够了便罢。好读《春秋》,每月一遍,……赵彦深曾对他说:"您研讨《左氏春秋》,是不是要挑服虔、杜预的错误呀?"张耀说:"怎么会是那样呢?左丘明的书完备地叙述言和事,有错误的人可以自戒,善良的人可以自齐。所以,我是为了严格要求自己而温习的,并非想指责古人的得失呀。"

王 纮 传

酒有大乐亦有大苦

【原文】

天保初,加宁远将军,颇为显祖所知待。帝尝与左右饮酒,曰:"快哉大乐。"纮对曰:"亦有大乐,亦有大苦。"帝曰:"何为大苦?"纮曰:"长夜荒饮不寤,亡国破家,身死名灭,所谓大苦。"帝默然。

【译文】

天保(550—559)初年,王纮的职位增加宁远将军,很受显祖高洋的重视。高洋曾经和左右的人饮酒,说:"好痛快好高兴啊!"王纮对高洋说:"这酒有大乐也有大苦呀!"高洋说:"什么是大苦?"王纮说:"彻夜饮酒不醒寤,导致亡国破家,身死名灭,这就是大苦。"高洋默不作声了。

元 韶 传

高氏大杀元氏

【原文】

（天保）十年，太史奏云："今年当除旧布新。"文宣谓韶曰："汉光武何故中兴？"韶曰："为诛诸刘不尽。"于是乃诛诸元以厌之。遂以五月诛元世哲、景式等二十五家，余十九家并禁止之。韶幽于京畿地牢，绝食，啖衣袖而死。及七月，大诛元氏，自昭成已下并无遗焉。或祖父为王，或身常显贵，或兄弟强壮，皆斩东市。其婴儿投于空中，承之以稍。前后死者凡七百二十一人，悉投尸漳水，剖鱼多得爪甲，都下为之久不食鱼。

【译文】

天保十年（559），太史上奏说："今年应当除旧布新。"文宣帝高洋对元韶说："汉光武帝为什么能够中兴汉朝？"元韶说："因为诸刘没有杀尽。"于是文宣帝对诸元氏诛杀进行镇压。便在五月杀了元世哲、元景式等二十五家，其余十九家全部关押起来。元韶被幽禁在京畿的地牢中，他绝食，吞吃自己的衣袖而死。到七月，又大肆诛杀元氏，自昭成帝以下的元氏宗室都没有遗漏。有的人祖父是王，有的人自身显贵，有的人兄弟强壮，都在东市开刀问斩。他们的婴儿被扔到空中，再用长矛接住。前后被杀死的总共七百二十一人，尸体全部投入漳水，剖鱼肚子时常常发现人的指甲，为此，邺城人很长时间都不吃鱼。

崔 暹 传

崔暹忧国如家

【原文】

高祖崩，未发丧，世宗以暹为度支尚书，兼仆射，委以心腹之寄。暹忧国如

武士群俑　南北朝

家，以天下为己任。世宗车服过度，诛戮变常，言谈进止，或有亏失，暹每厉色极言，世宗亦为之止。有囚数百，世宗尽欲诛之，每催文帐。暹故缓之，不以时进，世宗意释，竟以获免。

【译文】

齐高祖高洋死后，还没有发丧，世宗高澄便任命崔暹为度支尚书，兼尚书仆射，视崔暹为自己的心腹。崔暹忧国如家，以天下为己任。高澄的车马章服超出常度，杀戮无常，言谈进退举止有缺欠或失误，崔暹都不留情面地批评，高澄也能因崔暹的指责而改正。有数百名囚徒，高澄想全部杀掉，常常催促文薄账册。崔暹故意把这件事拖延，不按规定的时间奏上，高澄放弃了这种想法，这批囚徒最后竟得以赦免。

杨 愔 传
轻财货重仁义

【原文】

自天保五年巳后，一人丧德，维持匡救，实有赖焉。每天子临轩，公卿拜授，施号发令，宣扬诏册。愔辞气温辩，神仪秀发，百僚观听，莫不悚动。自居大位，门绝私交。轻财货，重仁义，前后赏赐，积累巨万，散之九族，架箧之中，唯有书数千卷。太保、平原王隆之与愔邻宅，愔尝见其门外有富胡数人，谓左右曰："我门前幸无此物。"

【译文】

自从天保五年（555年）以后，皇帝的道德丧失，对朝廷进行扶正补救的，实在是依靠杨愔了。每次皇帝到殿前，对公卿大臣拜官授职，都由杨愔发号施令，宣读诏册。杨愔的声音温和而有力，神采飞扬，百官所见所闻，没有不恭敬的。杨愔自从担当重任以后，断绝了在家里的私交。轻财货，重仁义，他前前后后得到的赏赐，积累有上万之多，都分给了亲族，架子上和箱子里，只有数千卷书。太保、平原王高隆之是杨愔的邻居，杨愔曾见到他家门外有几位胡人，都是富贾。便对左右的人说，"我家门前幸亏没有这些东西！"

邢 邵 传
才华出众

【原文】

邢邵，字子才。……十岁，便能属文，雅有才思，聪明强记，日诵万余言。族兄峦，有人伦鉴，谓子弟曰："宗室中有此儿，非常人也。"少在洛阳，会天下无事，与时名胜专以山水游宴为娱，不暇勤业。尝因霖雨，乃读《汉书》，五日，略能遍记之。后因饮谑倦，方广寻经史，五行俱下，一览便记，无所遗忘。文章典丽，既赡且速。年未二十，名动衣冠。……自孝明之后，文雅大盛，邵雕虫之

美，独步当时，每一文初出，京师为之纸贵，读诵俄遍远近。

【译文】

邢邵字子才。……他十岁就能写文章，文章优美而且富有才气。聪明记忆力强，一天可以背诵万余言。他的族兄峦，能鉴别人的流品，他对子弟们说："宗室中有邢邵这样的孩子，他不是一般的人呀。"邢邵年轻时在洛阳，适逢天下无事，便与当时的名流专以游山玩水为乐，没有时间顾及学业。曾经因为下大雨，便读《汉书》，五天，便能大致全记下来。后来，因为饮酒游乐厌倦了。才广泛寻求经史书。邢邵读书，五行俱下，一览便记，没有遗忘的。他的文章典雅华丽，写得既丰满又迅速，不到二十岁，名声便震动了衣冠士族。……自孝明以后，艺文礼乐大盛，邢邵以文章华美，在当时独一无二。每次他的文章刚一问世，京师便为之纸贵，朗读背诵的人不久传遍远近各地。

魏 收 传

编撰《魏书》

【原文】

（保定）二年，诏撰魏史。……初帝令群臣各言尔志，收曰："臣愿得直笔东观，早成《魏书》。"故帝使收专其任。又诏平原王高隆之总监之，署名而已。帝敕收曰："好直笔，我终不作魏太武诛史官。"始魏初邓彦海撰《代记》十余卷，其后崔浩典史，游雅、高允、程骏、李彪、崔光、李琰之徒世修其业。浩为编年体，彪始分作纪、表、志、传，书犹未出。宣武时，命邢峦追撰《孝文起居注》，书至太和十四年，又命崔鸿、王遵业补续焉。下讫孝明，事甚委悉。济阴王晖业撰《辨宗室录》三十卷。收于是部通直常侍房延祐，司空司马辛元植、国子博士刁柔、裴昂之、尚书郎高孝干专总斟酌，以成《魏书》。辨定名称，随条甄举，又搜采亡遗，缀续后事，备一代史籍，表而上闻之。

【译文】

保定二年（562），周武帝宇文邕命令编撰魏史。……起初，北齐文宣帝高洋让群臣各自说明志向，魏收说，"臣愿意在东观如实地写史，早日完成《魏书》。"所以高洋让魏收专门从事这项工作，又命令平原王高隆之为总监，负责署名。高洋还告诫魏收："好个直笔修史，我不会像魏太武帝拓跋焘那样诛杀史官崔浩。"起先，魏初邓彦海编撰《代记》十余卷，后来，崔浩领导修史，游雅、高允、程骏、李彪、崔光、李琰等人连年编撰，崔浩写成编年体，李彪分作纪、表、志、传，书还没有问世。宣武帝时，命令邢峦追记《孝文起居注》，书写到太和十四年（490年），又命令崔鸿、王遵业续补，一直写到孝明帝。事情记录非常详备。济阴王元晖业编撰了《辨宗室录》三十卷。魏收于是指挥通直常侍房延祐、司空司马辛元植、国子博士刁柔、裴昂之、尚书郎高孝干专门负责编排综合，写成了《魏书》。他们辨别确定名称，对每一条都进行鉴定，又收集散失的遗文，补续后面的事，终于完成了一代史籍，于是上表向皇帝报告。

借修史谋私

【原文】

修史诸人祖宗姻戚多被书录，饰以美言。收性颇急，不甚能平，凤有怨者，多没其善。每言："何物小子，敢共魏收作色，举之则使上天，按之当使入地。"初收在神武时为太常少卿修国史，得阳休之助，因谢休之日："无以谢德，当为卿作佳传。"

【译文】

参加修史人员的祖宗亲戚大多被写进了《魏书》，并加以美言。魏收性情非常急躁，不能公平待人，对以前他所怨恨的人，大多埋没他们好的一面。他常说："哪个小子敢和我魏收赌气作对，抬举他可以使他上天，按压他可以使他入地。"起初，魏收在高欢时任太常少卿修国史，得到过阳休之的帮助。因此，他感谢阳休之，说："我没有别的感谢您的帮助，一定在《魏书》中为您作一篇好传。"

许 悙 传

理治天下第一

【原文】

许悙，字季良，高阳新城人也。……悙清识敏速，达于从政，任司徒主簿，以能判断，见知时人，号为"入铁主簿"。稍迁阳平太守。当时迁都邺，阳平即是畿郡，军国责办，赋敛无准，又勋贵属请，朝夕征求，悙并御之以道，上下无怨。治为天下第一，特加赏异，图形于阙，诏颁天下。

【译文】

许悙，字季良，高阳新城人。……许悙见识高明办事迅速，善于从政，任司徒主簿，以能辨别是非，为当时人们所知，号为入铁主簿。不久升任阳平太守。当时迁都邺城（今河北磁县），阳平便是京师之郡。那里军国事务督促得很急，征收赋税没有准额，还有勋贵们请托办事，天天有人求访。许悙对他们都用道理规劝、引导。使上上下下没有怨气。郡内大治为天下第一。皇帝对许悙特别增加赏赐，并在宫中为他画像，下诏书颁布全国知道。

羊 烈 传

互夸门阀

【原文】

（羊）烈家传素业，闺门修饰，为世所称，一门女不再醮。魏太和中，于兖州造一尼寺，女寡居无子者并出家为尼，咸存戒行。烈天统中与尚书毕义云争兖

州大中正。义云盛称门阀，云我累世本州刺史，卿世为我家故吏。烈答云："卿自毕轨被诛以还，寂无人物，近日刺史，皆是疆场之上彼此而得，何足为言。岂若我汉之河南尹，晋之太傅，名德学行，百代传美。且男清女贞，足以相冠，自外多可称也。"盖讥义云之帷薄焉。

【译文】

羊烈的家风世代朴素，门风清白，为社会称道。他家的女子都不再婚。北魏太和（477~499 年）年间，他家在兖州建造了一座尼姑寺，女人守寡及无子者都可以出家为尼，并恪守佛教的戒律操行。羊烈在天统（565~569 年）年间与尚书毕义云竞争兖州大中正的职位。毕义云极力赞美自己的门阀家族，他说，我家历代任本州刺史，你家世代为我家的故吏。羊烈回答说："你家自毕轨被杀以后，门庭冷落已无才德高尚的人了，近来的刺史都是边远地区东一个西一个得到的，有什么值得说的。怎么能够和我家相比？我家祖上有汉代的河南尹，晋代的太傅，名声品德、学识操行，百代传为美谈，而且男人清白女人贞洁，足以在社会上称冠，这自有外人很多的赞扬。"这是讥讽毕义云家的帷薄不修。

儒 林 传

冯伟不做官

【原文】

后还乡里，闭门不出将三十年，不问生产，不交宾客，专精覃思，无所不通。

赵郡王出镇定州，以礼迎接，命书三至，县令亲至其门，犹辞疾不起。王将命驾致请，佐史前后星驰报之，县令又自为其整冠履，不得已而出。王下厅事迎之，止其拜伏，分阶而上，留之宾馆，甚见礼重。王将举充秀才，固辞不就。岁余请还。……及还，终不交人事，郡守县令每亲至其门。岁时或置羊酒，亦辞不纳。门徒束脩，一毫不受。耕而饭，蚕而衣，箪食瓢饮，不改其乐，竟以寿终。

【译文】

冯伟后来回到家乡，闭门不出将近三十年，不问谋生之业，不交结宾客，专心一意地思考问题，对学问没有不通晓的。

赵郡王离京师镇守定州，准备以礼迎接冯伟会晤，邀请的书信来了三次，县令也亲自到冯伟家来请，冯伟还是称病不起。赵郡王将命令驾着马车到家来请，县吏前后数次急速向冯伟报告，县令还亲自为冯伟把帽子鞋穿戴整齐，冯伟不得已，只好出门去见赵郡王。赵郡王从厅事走下来迎接冯伟，并不许冯伟行叩拜礼，分台阶走上。进入厅事。赵郡王留冯伟住在馆舍，非常尊重冯伟。赵郡王准备荐举冯伟为秀才，冯伟坚决推辞，住了一年多便请求回家。……回到家，还是不与外人接触，郡守县令经常亲自到他家，过年时，有人给他购买了羊和酒，冯伟也推辞不接受，对学生们的束脩，一点儿也不要。冯伟吃饭靠种田，穿衣靠养蚕，一箪饭，一瓢水，不改变自己的乐趣，一直到逝世。

文 苑 传

颜之推撰《家训》

【原文】

之推聪颖机悟，博识有才辩，工尺牍，应对闲明，大为祖珽所重，令掌知馆事，判署文书。……齐亡入周，大象末为御史上士。隋开皇中，太子召为学士，甚见礼重。寻以疾终。有文三十卷、撰《家训》二十篇，并行于世。

【译文】

颜之推聪明机灵过人，知识广博而有才辩，善写书信，回答问题熟练明白，很受祖珽重视，命他掌管知馆的事务，签署文书。……北齐灭亡进入北周，大象（579~580年）末年为御史上士，隋开皇（581~600年）年间，皇太子召他为学士，颇受敬重，不久因病去世。颜之推有文章三十卷，撰写《家训》二十篇，都在社会上流传。

循 吏 传

崔伯谦行惠政

【原文】

除济北太守，恩信大行，乃改鞭用熟皮为之，不忍见血，示耻而已。有朝贵行过郡境，问人太守治政何如。对曰："府君恩化，古者所无。因诵民为歌曰：'崔府君，能治政，易鞭鞭，布威德，民无争。'"客曰："既称恩化，何由复威？"曰："长吏惮威，民庶蒙惠。"征赴邺，百姓号泣遮道。

【译文】

崔伯谦任济北（今山东平阴东）太守，大力推行恩德、信义的惠政，他将鞭子改为用熟皮子制作，是因为不忍心看见血，用熟皮子的鞭子拷打只是示之耻辱而已。有一位朝廷贵族路过济北郡，问路上的一位百姓，崔太守的政绩如何，那位百姓说："太守的恩惠教化是古人所没有的。因此人民编了歌颂扬他：'崔府君，能理政，改鞭子，布威德，民无争。'"朝廷贵族又说："既然说恩惠教化，怎么会再有威严呢？"那位百姓说："官吏畏惧威严，百姓蒙受恩惠。"当征调崔伯谦到邺城时，老百姓都哭泣着挡住了道路。

苏琼不收礼

【原文】

除南清河太守。……郡民赵颍曾为乐陵太守，八十致事归。五月初，得新瓜一双自来送。颍恃年老，苦请，遂便为留，仍致于听事梁上，竟不剖。人遂竟贡新果，至门间，知颍瓜犹在，相顾而去。

【译文】

苏琼任南清河太守。……郡民赵颖曾任乐陵太守，八十岁时，辞官回家。五月初，他得到两个瓜，亲自送给苏琼。赵颖依仗年老，苦苦地请求，苏琼只好留下了。仍然放在大厅的房梁上，始终没有打开。人们见苏琼接受瓜，便竞相给他送新果子，走进门，得知赵颖送的瓜还在，只好面面相觑而去。

恩 幸 传

齐末嬖幸干政

【原文】

甚哉齐末之嬖幸也，盖书契以降未之有焉。心利锥刀，居台鼎之任；智昏菽麦，当机权之重。……非直独守弄臣，且复多干朝政。赐予之费，帑藏以虚；杼轴之资，剥掠将尽。纵龟鼎之祚，卜世灵长，属此淫昏，无不亡之理，齐运短促，固其宜哉。

云冈石窟如来坐像　南北朝

【译文】

好厉害的齐朝末年的嬖幸！自有文字记载以来还未曾有过。他们的心锋利得像锥刀，却把持朝政大权，糊涂得连豆子麦子都分不清，却担当枢要机密的重任。……他们不仅仅充当皇帝的宠信，而且大多干预朝政，赏赐的费用之多造成了国库空虚，各种衣物的花销，将老百姓盘剥一空。纵然有元龟九鼎那样大的福分，纵然占卜预测国运长久，像这样淫侈昏乱，也没有不灭的道理，齐朝的国运短促，本来是应该的呀！

和士开势倾朝廷

【原文】

士开禀性庸鄙，不窥书传，发言吐论，惟以谄媚自资。河清、天统以后，威

权转盛，富商大贾朝夕填门，朝士不知廉耻者多相附会，甚者为其假子，与市道小人同在昆季行列。又有一人士，曾参士开，值疾。医人云："王伤寒极重，进药无效，应服黄龙汤。"士开有难色。是人云："此物甚易与，王不须疑惑，请先为王尝之。"一举便尽。士开深感此心，为之强服，遂得汗病愈。其势倾朝廷也如此。

【译文】

和士开禀性庸俗卑鄙，不读书，说话谈论，专以巴结奉承为能事。河清（562~565）、天统（565~569）以后，他的权势变大了，富商大贾天天聚集在他家。朝廷官吏中不知廉耻者也大多依附他，更有甚者，有人做他的干儿子，与市井小人同排在兄弟之中。还有一个人，曾参拜和士开，正赶上和士开生病，医生说："您的伤寒很重，吃一般的药已经无效了，应该服用黄龙汤。"和士开面露难色。这个人说："这种东西很容易吃，您不用疑惑，让我先替您尝尝吧。"说罢，端起碗便喝了。和士开被这个人的热心感动，勉强服用了，于是出了汗，病痊愈了。和士开就是这样势倾朝廷。

【国学经典文库】

周书

【唐】令狐德棻

线装书局

序 言

　　《周书》，五十卷，其中本纪八卷，列传四十二卷。唐令狐德棻主编，参加编写的有岑文本和崔仁师。

　　在北魏末年发生的政治大动荡中，出身于北魏北方六镇中武川镇的宇文泰，率领一批以武川镇人为主的鲜卑族军队，联合关陇地区的汉人豪族武装，建立起西魏政权。后宇文泰的第三子宇文觉在公元557年代魏建周，史称北周。西魏、北周这两个前后相续的政权，统治区域大致包括今天陕西、宁夏、甘肃和四川的大部，山西西南部、湖北西部以及河南西部，与东边的东魏、北齐和江南的梁、陈成鼎足之势。公元577年，北周吞并北齐，统一中国北方。581年，杨坚代周，建立隋朝。

　　《周书》虽以"周"题名，但实际上记述了从公元534年东、西魏分裂到581年杨坚代周为止四十八年的西魏、北周的历史。

　　西魏时，史官柳纠曾修当代史，隋代牛弘又著《周史》，但未完成。唐武德四年（621），起居舍人令狐德棻向唐高祖李渊建议编写周、隋历史，以"贻鉴今古"。李渊采纳他的意见，指定人员编写梁、陈、齐、周、隋五朝"正史"，但未进行下去，唐太宗贞观三年（629），恢复修史工作，命令狐德棻为《周书》的主编，并协调五朝各史的内容和体例，秘书郎岑文本和崔仁师协助令狐德棻编写《周书》。令狐德棻以牛弘的《周史》为蓝本，并参考征集的家状，于贞观十年完成了五十卷的《周书》。

　　《周书》由于资料贫乏，再加上它所记载的人物大多是本朝显官的祖先，因而显得单薄和不合事实。但它毕竟基本上反映了宇文政权的建立，建立后三个封建政权之间的战争，以及宇文政权上层集团内部斗争的情况。《周书》虽只有纪、传，但在纪传中也保存了一些诸如奴婢、部曲、客女的地位，征庸代役的开端，府兵制度的产生等对隋唐两代有影响的社会关系、政治。军事制度的片段资料。由于《周书》以前关于西魏、北周历史的载记都未能保存下来，而稍后的《北史》有关部分基本上是删节《周书》，因而它成了今天研究和了解西魏、北周历史最基本、最原始的一部史书，虽然它在流传过程中变得残缺不全而经过后人增补，但它的价值仍为人们所公认。

　　令狐德棻（583~666），宜州华原（今陕西耀县）人。出身于名门贵族，青年时便以"博涉经史"而知名，官至国子祭酒，仕宦于唐的

国学经典文库

[]

四十年中，"国家凡有撰述，无不参与"。除主编《周书》和统筹各史的编撰工作外，还为唐重修的《晋书》发凡起例，他亲自或参与撰写的著作达九百卷之多。

岑文本，字景仁，邓州棘阳（今河南新野）人，官至中书令。他博综经史，善写文章，《周书》史论大都出自他的手笔。

崔仁师，定州安喜（今河北定县）人，官至中书侍郎。

西魏、北周政权创立之初，与东魏和梁相较，地方狭窄，人口稀少，而且处于民族关系最为复杂的关陇地区。但它的统治者励精图治，消弭民族矛盾，模仿西周古制，结合鲜卑民族的特点，创建了不同于汉魏但又相当适用的政治和军事制度，最终使它反败为胜，由弱至强，为隋重新统一中国，结束西晋末年以来长达二百七十余年的分裂割据局面奠定了良好的基础。可以说，这一结果和苏绰的历史贡献密不可分，正是他为西魏、北周的各项政策提出了指导性的思想，这一指导思想即是他在冷静分析历史背景、结合现实问题而提出的《六条诏书》。而韦孝宽这位与西魏、北周历史相始终的著名将领的生活经历，无疑正好反映了西魏、北周政权由被动防守到主动进攻的历史进程。

文 帝 纪

沙苑之战

【原文】

冬十月壬辰，至沙苑，距齐神武军六十余里。齐神武闻太祖至，引军来会。癸巳旦，候骑告齐神武军且至。太祖召诸将谋之。李弼曰："彼众我寡，不可平地置阵。此东十里有渭曲，可先据以待之。"遂进军至渭曲，背水东西为阵。李弼为右拒，赵贵为左拒。命将士皆偃戈于葭芦中，闻鼓声而起。申时，齐神武至，望太祖军少，竞驰而进，不为行列，总萃于左军。兵将交，太祖鸣鼓，士皆奋起。于谨等六军与之合战，李弼等率铁骑横击之，绝其军为二队，大破之，斩六千余级，临阵降者二万余人。齐神武夜遁，追至河上，复大克获。前后虏其卒七万。留其甲士二万，余悉纵归。收其辎重兵甲，献俘长安。

【译文】

（537 年）冬十月壬辰日，西魏军队到达沙苑（今陕西大荔），距东魏高欢的军队六十多里，高欢听说宇文泰到达，便率领军队前来迎战。癸巳日早晨，侦察骑兵向宇文泰报告高欢的军队就要到了。宇文泰召集诸将商量对策。李弼说："彼众我寡，不能在平地布置战阵，距此地东十里有渭水的弯曲处，可以先去占领，在那里等待他们。"于是进军到渭曲，背靠渭水，排成东西战阵。李弼在右方抵御，赵贵在左方抵御，命令将士全部隐藏在芦苇

彩陶道士俑　南北朝

中，听到鼓声便发起冲击。申时，高欢的军队到达，看到宇文泰的军队少，便争相飞驰进军，已不成队列了，都聚集在左军。战斗一触即发。宇文泰鸣起了鼓，战士们勇敢地发起冲锋，于谨等六支军队与他们一起作战，李弼率领铁骑从横向攻击，将高欢的军队分割为二部分，大败高欢军队。六千多人被斩首，二万多人在战场上投降。高欢趁夜逃走，被追到黄河边，又获大胜。沙苑之战共抓获东魏军队的俘虏七万人，将其中的二万甲士扣留，其余的全部放回。还收缴东魏的军事物资，献俘于长安。

西魏依《周礼》建官

【原文】

三年春正月丁丑，初行《周礼》，建六官。以太祖为太师、大冢宰，柱国李

弼为太傅、大司徒，赵贵为太保、大宗伯，独孤信为大司马，于谨为大司寇，侯莫陈崇为大司空。初，太祖以汉魏官繁，思革前弊。大统中，乃命苏绰、卢辩依周制改创其事，寻亦置六卿官，然为撰次未成，众务犹归台阁。至是始毕，乃命行之。

【译文】

魏恭帝三年（556年）春正月丁丑日，开始实行《周礼》，建六官。以宇文泰为太师、大冢宰，柱国李弼为太傅、大司徒，赵贵为太保、大宗伯，独孤信为大司马，于谨为大司寇，侯莫陈崇为大司空。起初，宇文泰因为汉魏官阶繁多，考虑改革前朝的弊端，大统（535～551年）年间，便命令苏绰、卢辩依照周代的制度改革官制。不久也设置了六卿官，可是因为编排次序没有完成，各种政务仍归尚书。到现在已经完成了，便命令实行。

明 帝 纪

周明帝诏丧事从简

【原文】

丧事所须，务从俭约，敛以时服，勿使有金玉之饰。若以礼不可阙，皆令用瓦。……葬日，选择不毛之地，因地势为坟，勿封勿树。且厚葬伤生，圣人所诫，朕既服膺圣人之教，安敢违之。凡百官司，勿异朕此意。

【译文】

办我的丧事所应该做到的，一定要节俭，穿上平常的衣服，不要有金玉的装饰。如果认为礼不能缺，命令全部用瓦。……下葬的那天，要选择不毛之地，凭借地势为坟，不要堆土不要种树。厚葬伤害活人，这是圣人告诫的，我既然信服圣人的教导，怎么能够违背呢？所有的文武百官，不要改变我的这个意愿。

周明帝校书

【原文】

（明帝）幼而好学，博览群书，善属文，词彩温丽，及即位，集公卿已下有文学者八十余人于麟趾殿，刊校经史。又掇采众书，自羲、农以来，讫于魏末，叙为《世谱》，凡五百卷云。所著文章十卷。

【译文】

周明帝幼年时就喜欢学习，博览群书，善写文章，文采温和秀丽，即皇帝位后，召集公卿大臣以下擅长文学的八十多人在麟趾殿，刊校经史书籍，又收集各种书，自伏羲、神农以来，到魏末，编成《世谱》，共五百卷，周明帝所写的文章有十卷。

国学经典文库

武 帝 纪

北周灭北齐

【原文】

六年春正月……壬辰，帝至邺。齐主先于城外掘堑竖栅。癸巳，帝率诸军围之，齐人拒守，诸军奋击，大破之，遂平邺。齐主先送其母并妻子于青州，及城陷，乃率数十骑走青州。遣大将军尉迟勤率二千骑追之。……甲午，帝入邺城。

彩绘陶牛车　南北朝

【译文】

建德六年（557）正月……周武帝宇文邕到达邺城，齐国已经在城外挖掘了壕沟，竖立了栅栏。癸巳日，周武帝率领各支军队将邺城包围，齐军拒守，各路军队奋勇进攻，齐军大败，邺城被平定。齐朝皇帝早在城陷以前便将他的母亲和妻子送到了青州（今山东益都），等邺城决守，便率领几十名骑兵逃往青州。周武帝派大将军尉迟勤率二千骑兵追赶。……甲午日，周武帝进入邺城。

宣 帝 纪

周宣帝淫乱不已

【原文】

嗣位之初，方逞其欲。大行在殡，曾无戚容，即阅视先帝宫人，逼为淫乱。才及逾年，便恣声乐，采择天下子女，以充后宫。好自矜夸，饰非拒谏。禅位之后，弥复骄奢，耽酗于后宫，或旬日不出。公卿近臣请事者，皆附阉官奏之。所居宫殿，帷帐皆饰以金玉珠宝，光华炫耀，极丽穷奢。及营洛阳宫，虽未成毕，其规模壮丽，逾于汉魏远矣。

【译文】

周宣帝宇文赟继位不久，便要满足他的淫欲。皇帝的灵柩没有下葬，他竟然没有悲伤的表情，立即查看先帝的宫女，逼着她们与自己淫乱。才过了一年，便无休止地玩乐，选择天下的女子充实后宫。他喜欢自我夸耀，掩饰过错，拒绝劝谏。当皇帝以后，更加骄奢，耽溺于酒，流连后宫，有时十多天都不出后宫，公卿近臣向他请示政事，都托付宦官上奏。周宣帝居住的宫殿，帷帐都用金玉珠宝装饰，光华耀眼，极其华丽奢侈。等营建洛阳宫时，虽然没有竣工，但其壮丽的规模，已远远超过汉魏了。

国学经典文库

晋荡公护传

得其人则治

【原文】

史臣曰：仲尼有言："可与适道，未可与权"。夫道者，率礼之谓也；权者，反经之谓也。率礼由乎正理，易以成佐世之功；反经系乎非常，难以定匡时之业。故得其人则治，伊尹放太甲，周旦相孺子是也；不得其人则乱，新都迁汉鼎，晋氏倾魏族是也。

【译文】

史臣说：孔子说过："可以同他一道取得某种成就的人，未必可以同他一道通权达变。"所谓道，是统领礼的称谓，所谓权，是不合于常法的称谓。统领礼于是使理公正，容易成就佐世之功；不合常法联系着异乎寻常，难以决定匡正时代的大业。所以，得到有德之人则天下大治，伊尹流放太甲，周公旦辅佐周成王是这样；得不到有德之人则天下大乱，王莽建立新朝代汉，司马氏颠覆曹魏是这样。

齐炀王宪传

宇文宪十六岁任刺史

【原文】

初，平蜀之后，太祖以其形胜之地，不欲使宿将居之。诸子之中，欲有推择。遍问高祖已下，谁能此行。并未及对，而宪先请。太祖曰："刺史当抚众治民，非尔所及。以年授者，当归尔兄。"宪曰："才用有殊，不关大小。试而无效，甘受面欺。"太祖大悦，以宪年尚幼，未之遣也。世宗追遵先旨，故有此授。宪时年十六，善于抚绥，留心政术，辞讼辐凑，听受不疲。蜀人怀之，共立碑颂德。

【译文】

起初，平定蜀地之后，太祖宇文泰因为那里地势便利，不想让老将占据那里，而想在儿子们之中推举选择。问遍宇文邕以下的人，谁能去那里，还没等人回答，宇文宪抢先请求去。宇文泰说："刺史应当抚慰、管理民众，这不是你能干的。以年龄授官，应当归你的哥哥。"宇文宪说："才能各有不同，不与年龄大小有关系，我去尝试如果不成功，甘愿当面受你们的欺辱。"太祖宇文泰非常高兴，只是因为宇文宪的年龄还小，才没有派遣他。周世宗追思、遵照先王的旨意，特意授官给宇文宪。宇文宪当时十六岁，善于抚慰民众，留心吏治，虽然诉讼的文书堆集了许多，也不知疲倦地听取办理。蜀人怀念宇文宪，共同立碑歌颂他的功德。

文闵明武宣诸子传

因时制宜政之上务

【原文】

五等之制，行于商周之前；郡县之设，始于秦汉之后。……是知因时制宜者，为政之上务也；观民立教者，经国之长策也。且夫列封疆，建侯伯，择贤能，置牧守，循名虽曰异轨，责实抑亦同归。……由此言之，建侯置守，乃古今之异术；兵权势位，盖安危之所阶乎。

【译文】

公、侯、伯、子、男五等爵位的制度，盛行于商周之前；郡县的设立，开始于秦汉之后。……可以知道依据时代的不同而制定与之相适宜的制度，是为政的最主要的任务；观察民众的情况而设立教化，是治理国家的长远谋略。而且分封土地，设置诸侯，选择贤能，设置牧守，名义上虽然说不一样，实际上还是相同。……由此可以说，建立诸侯，设置牧守，是古今不同的统治术，掌握兵权和势力地位，大概是安危的凭借了。

李　弼　传

少 有 大 志

【原文】

弼少有大志，臂力过人。属魏室丧乱，语所亲曰："丈夫生世，会须履锋刃，平寇难，安社稷以取功名；安能碌碌依阶资以求荣位乎？"

【译文】

李弼年轻时就有远大的志向，他臂力过人。适逢魏朝动乱，他对亲近的人说："大丈夫生活在世界上，应当脚踏锋刃，平定敌寇祸患，安定国家来获取功名，怎么能够平平庸庸地依仗资历来求得荣耀的地位呢？"

于　谨　传

建议占领关右

【原文】

太祖临夏州，以谨为防城大都督，兼夏州长史。……谨乃言于太祖曰："魏祚陵迟，权臣擅命，群盗蜂起，黔首嗷然。明公仗超世之姿，怀济时之略，四方远近，咸所归心。愿早建良图，以副众望。"太祖曰："何以言之？"谨对曰："关右，秦汉旧都，古称天府，将士骁勇，厥壤膏腴，西有巴蜀之饶，北有羊马之利。今若据其要害，招集英雄，养卒劝农，足观时变。且天子在洛，逼迫群

凶，若陈明公之恳诚，算时事之利害，请都关右，帝必嘉而西迁。然后挟天子而令诸侯，奉王命以讨暴乱，桓、文之业，千载一时也。"太祖大悦。

【译文】

太祖宇文泰到达夏州（今陕西横山西），任命于谨为防城大都督，兼夏州长史。……于谨于是对宇文泰说："魏朝的国运衰落，权臣擅自把持朝政，群盗蜂起，百姓哀怨。您凭借超世的英姿，胸怀济世的韬略，四方远近的人，都归心于您。希望您早日创立大业，不辜负民众的希望。"宇文泰说："为什么这样说呢？"于谨答道："关右（今陕西西安地区）是秦汉的旧都，古称天府，将士骁健勇敢，那里的土壤肥沃，西面有巴蜀的富饶，北面有羊马之利。现在如果占据那里

武士陶俑　北周

的要害地区，招集天下的英雄，训练士兵，鼓励耕作，足以观察天下形势的变化。而且皇帝在洛阳，正被一群恶人逼迫，如果您向皇帝陈述诚恳之心，分析形势的利害关系，请皇帝在关右建都，皇帝一定称赞并且西迁。然后，您挟天子以令诸侯，奉王命以讨暴乱，就可以成就齐桓公、晋文公那样的事业，这真是千载一时呀。"宇文泰非常高兴。

三老论治国

【原文】

皇帝曰："猥当天下重任，自惟不才，不知政治之要，公其诲之。"三老答曰："木受绳则正，后从谏则圣。自古明王圣主，皆虚心纳谏，以知得失，天下乃安。唯陛下念之。"又曰："为国之本，在乎忠信。是以古人云去食去兵，信不可失。国家兴废，莫不由之。愿陛下守而勿失。"又曰："治国之道，必须有法。法者，国之纲纪。纲纪不可不正，所正在于赏罚。若有功必赏，有罪必罚，则有善者日益，为恶者日止。若有功不赏，有罪不罚，则天下善恶不分，下民无所措其手足矣。"又曰："言行者立身之基，言出行随，诚宜相顾。愿陛下三思而言，九虑而行。若不思不虑，必有过失，天子之过，事无大小，如日月之蚀，莫不知者。愿陛下慎之。"三老言毕，皇帝再拜受之，三老答拜焉。礼成而出。

【译文】

周武帝说："我担当天下的重任，由于自己没有才能，不知道治理国家的重要之处，请老人家教诲。"三老回答道："木头得到墨绳的衡量才能正，皇帝听从劝谏才圣明。自古以来，明王圣主，都虚心纳谏，用以知道自己的得失，天下才能安定。只希望陛下惦念着。"又说："作为国家的根本，在于忠信，所以古人说去食去兵，信不可失。国家兴废，没有不由于忠信的，希望陛下遵守而不要失去它。"又说："治国之道，必须有法。法是纲纪，纲纪不可不正，正纲纪在于赏罚得当，如果有功必赏，有罪必罚，那么有善心的人就会日益增多，作恶的人一天

就停止了，如果有功不赏，有罪不罚，就会使天下善恶不分，老百姓就会连手脚都不知道摆在哪里才好。"又说："言行是立身的基础，语言说出行动就要跟随，这实在是应该相照应的。希望陛下三思而言，九虑而行。如果不思索不考虑，必有过失。皇帝的过错，无论事大事小，都像日月之蚀那样没有不知道的。愿陛下慎重啊。"三老说完了，皇帝再拜表示接受。三老也还礼，礼毕便出去了。

侯莫陈崇传

西魏创建府兵制

【原文】

　　初，魏孝庄帝以尔朱荣有翊戴之功，拜荣柱国大将军，位在丞相上。荣败后，此官遂废。大统三年，魏文帝复以太祖建中兴之业，始命为之。其后功参佐命，望实俱重者，亦居此职。自大统十六年以前，任者凡有八人。太祖位总百揆，督中外军。魏广陵王欣，元氏懿戚，从容禁闱而已。此外六人，各督二大将军，分掌禁旅，当爪牙御侮之寄。当时荣盛，莫与为比，故今之称门阀者，咸推八柱国家云。今并十二大将军录之于左。……右十二大将军，又各统开府二人。每一开府领一军兵，是为二十四军。

【译文】

　　起初，魏孝庄帝因为尔朱荣有辅佐、拥戴的功劳，授他为柱国大将军，地位在丞相之上。尔朱荣失败后，这个官职便取消了，大统三年（537），魏文帝元宝炬让宇文泰创建中兴之业，又命令他担任此职。后来因功参与辅佐帝王、有名望而且大有功勋的人，也担任这个职务。自大统十六年（550）以前，任此职的共有八人，宇文泰的职位总管百官，监督内外军队。魏广陵王元欣，是元氏的至亲，只在宫内悠容闲在而已。另外六人，每人督管两位大将军，分别掌管禁军，充当党羽武臣的寄托。当时荣华盛贵，没有人能与之相比。所以现在称为门阀的，都推八柱国的家族。现在将十二大将军记录在左边。……右边十二大将军，每人又各统领二个开府，每个开府统领一军的士兵，共二十四个军。

王 思 政 传

西 魏 建 国

【原文】

　　齐神武帝潜有异图，帝以思政可任大事，拜中军大将军、大都督，总宿卫兵。思政乃言于帝曰："高欢之心，行路所共知矣。洛阳四面受敌，非用武之地。关中有崤、函之固，一人可御万夫。且士马精强，粮储委积，进可以讨除逆命，退可以保据关、河。宇文夏州纠合同盟，愿立功效，若闻车驾西幸，必当奔走奉迎。藉天府之资，因已成之业，一二年间，习战阵，劝耕桑，修旧京，何虑不克？"帝深然之。及齐武兵至河北，帝乃西迁。

【译文】

　　高欢暗地里有谋反的打算，魏孝武帝认为王思政可担当大任，授予他中军大将军、大都督，统领宿卫兵。王思政对孝武帝说："高欢之心，路人皆知。洛阳四面受敌，不是用武之地，关中有崤关、函谷关那样险要坚固的地方，一夫当关，万夫莫开。而且兵马精强，又有粮食储备，进可以讨伐叛逆者，退可以固守潼关、黄河，宇文夏州联合的同盟军也愿意立功效劳，如果听到皇帝西去，一定奔跑着来迎接。凭借天府的物资，便可以成就大事业，一二年间，演习战阵，鼓励农桑，修复旧京长安，还有什么忧虑不能克敌制胜呢？"孝武帝深以为然。等到高欢的军队到达黄河以北，孝武帝便西迁了。

不营资产

【原文】

　　思政初入颍川，士卒八千人，城既无外援，亦无叛者。思政常以勤王为务，不营资产。尝被赐园地，思政出征后，农人种桑果。及还，见而怒曰："匈奴未灭，去病辞家，况大贼未平，何事产业！"命左右拔而弃之。故身陷之后，家无畜积。

【译文】

　　王思政起初到颍川，有士兵八千人，城中既无外援，也没有背叛的。王思政总是以对王事尽力为重，不经营资产。皇帝曾赏赐给他一块园地，王思政出征后，家里人在园中种植了桑树和果树，等他回家一见，便生气地说："匈奴未灭，霍去病离家上战场，现在大敌还没有扫平，为什么要经营家产！"他命令左右的人将树拔掉丢弃。所以，他被俘之后，家里没有积蓄。

达奚武传

不讲排场

【原文】

　　武贱时，奢侈好华饰。及居重位，不持威仪，行常单马，左右止一两人而已。外门不施戟，恒昼掩一扉。或谓武曰："公位冠群后，功名盖世，出入仪卫，须称其瞻，何轻率若是？"武曰："子之言，非吾心也。吾在布衣，岂望富贵，不可顿忘畴昔，且天下未平，国恩未报，安可过事威容乎。"言者惭而退。

【译文】

　　达奚武未做官时，奢侈喜好豪华的装饰。等他担任了重要的职务，不讲究仪仗的威风整齐，他出行经常单人骑马，左右仅一两个人而已。他家的外门不设戟，白天常常用一扇门遮挡。有人对达奚武说："您的地位在诸王中最高，功名盖世，出入的仪仗卫队，应该为众人瞻仰才是，您为什么这样轻率呢？"达奚武说："你的话，不合我的心意，我当布衣百姓的时候，难道不希望富贵？不能这么快就忘记了过去，而且现在天下还没安定，国家的恩德还没有报，怎么可以搞过分庄重的仪容呢？"劝说的人惭愧地退出了。

苏　绰　传

治民先当治心

【原文】

太祖方欲革易时政，务弘强国富民之道，故绰得尽其智能，赞成其事。……为六条诏书，奏施行之。其一，先治心，曰："……凡治民之体，先当治心。心者，一身之主，百行之本。心不清净，则思虑妄生。思虑妄生，则见理不明。见理不明，则是非谬乱。是非谬乱，则一身不能自治，安能治民也！是以治民之要，在清心而已。夫所谓清心者，非不贪货财之谓也，乃欲使心气清和，志意端静。心和志静，则邪僻之虑，无因而作。邪僻不作，则凡所思念，无不皆得至公之理。率至公之理以临其民，则彼下民孰不从化。是以称治民之本，先在治心。

【译文】

宇文泰将要想改革时政，尽力弘扬强国富民之道。所以苏绰得以用尽他的智能，帮助宇文泰完成这件事。……他为宇文泰制定六条诏书，上奏施行，其一，先治心，曰："……大凡治理民众的根本，首先应当治心。心是一身之主，是各方面品行的根本。心不清净，则思虑就胡乱产生，思虑妄生，就是看见道理也不明白，见理不明就会是非错乱，是非错乱，则自己都不能管理自己，怎么能够管理民众呢！所以治民的重要之处，在于清心。所谓清心，并非是不贪财货的意思，而是要使心气清和，意志端正平静。心和志静，则不正当的思想就没有产生的凭借。邪僻的念头不能产生，就会使所思所想的没有不是最公正的道理。带着至公之理去管理民众，那些下层的民众还有谁不顺从教化呢！所以看管理民众的根本，在于先治心。

以天下为己任

【原文】

绰性俭素，不治产业，家无余财。以海内未平，常以天下为己任。博求贤俊，共弘治道，凡所荐达，皆至大官。太祖亦推心委任，而无间言。太祖或出游，常预署空纸以授绰，若须有处分，则随事施行，及还，启之而已。绰尝谓治国之道，当爱民如慈父，训民如严师。每与公卿议论，自昼达夜，事无巨细，若指诸掌。

【译文】

苏绰节俭朴素，不营治产业，家无余财。他认为国家尚未安定，常以天下为己任。他广泛寻求贤良俊杰，与他们共同弘扬治国的道理。凡是他推荐的，都坐了高官。太祖宇文泰也真诚地任用苏绰，而没有嫌隙的话。有时宇文泰出游，常将预先署好名的空白纸给苏绰，如果有必须处理的事情，就随时办理，等宇文泰回来，告诉他便可。苏绰曾说，治国之道，应该爱护民众如慈父，训导民众如严师。他常与公卿大臣议论国事，从白天到黑夜，事无巨细，了若指掌。

苏 绰 论

【原文】

太祖提剑而起，百度草创。施约法之制于竞逐之辰，修治定之礼于鼎峙之日，终能斫雕为朴，变奢从俭，风化既被，而下肃上尊；疆场屡扰，而内亲外附。斯盖苏令绰之力也。

【译文】

太祖宇文泰以武力起事，各种制度初步创立。在群雄竞争之中实行法制，在鼎立对峙之时修订治国的礼仪。他终于能够去掉浮华，尚崇质朴，改掉奢侈从事节俭。使好的风俗教化传遍四方，下面的人恭敬，上面的人尊严；虽然国界屡次被侵扰，却内部人团结，外面的人归附，这全是苏绰的力量。

卢 辩 传

北周设六官

【原文】

初，太祖欲行《周官》，命苏绰专掌其事。未几而绰卒，乃令辩成之。于是依《周礼》建六官，置公、卿、大夫、士，并撰次朝仪，车服器用，多依古礼，革汉、魏之法。事并施行。今录辩所述六官著之于篇。天官府，地官府，春官府，夏官府，秋官府，冬官府。

【译文】

起初，太祖宇文泰想实行《周官》的制度，命令苏绰专门掌管这件事。没多久，苏绰去世，便让卢辩完成。卢辩于是依照《周礼》建六官，置公、卿、大夫、士，并且编排朝廷礼仪，车马章服、器物用具，多依照古礼，改革汉、魏的法度。这些事都实行了。现在将卢辩所说的六官记录在文章中：天官府，地官府，春官府，夏官府，秋官府，冬官府。

宇文测传

感化窃盗

【原文】

测性仁恕，好施与，衣食之外，家无蓄积。在洛阳之日，曾被窃盗，所失物，即其妻阳平公主之衣服也。州县擒盗，并物俱获。测恐此盗坐之以死，乃不认焉。遂遇赦得免。盗既感恩，因请为测左右。及测从魏孝武西迁，事极狼狈，此人亦从测入关，竟无异志。

【译文】

宇文测性情仁恕，爱好施舍，除衣食之外，家里没有多余的积蓄。在洛阳的

时候，宇文测家曾被偷盗，所丢失的物品，是他的妻子阳平公主的衣服。后来州县抓住了这个窃盗，衣物也一同并起获。宇文测担心这个盗贼被判死刑，便不承认。于是这个人遇到赦令而免于判刑。窃盗感激宇文测的恩情，便请求做宇文测的左右随从。等到宇文测跟随魏孝武帝西迁，事情非常狼狈，这个人也跟随宇文测入关，始终没有叛变的意图。

韦敻传

三教优劣论

【原文】

武帝又以佛、道、儒三教不同，诏敻辨其优劣。敻以三教虽殊，同归于善，其迹似有深浅，其致理殆无等级。乃著《三教序》奏之。帝览而称善。时宣帝在东宫，亦遗敻书，并令以帝所乘马迎之，问以立身之道。敻对曰："《传》不云乎，俭为德之恭，侈为恶之大。欲不可纵，志不可满。并圣人之训也，愿殿下察之。"

【译文】

周武帝又认为佛、道、儒三教不同，命令韦敻分辨它们的优劣。韦敻认为三教虽然各异，但同归于善，它们的文字内容似乎有深浅不同，其根本的道理大概没有等级差别。韦敻于是编著了《三教序》奏上，周武帝看后称赞写得好。当时周宣帝还在东宫当太子，也给韦敻写信，并命令用周武帝乘坐的马迎接韦敻，他向韦敻询问立身之道。韦敻回答说："书《传》上不是说了吗，节俭是对德行的恭顺，奢侈是对恶行的扩大，欲望不可放纵，志向不能满足，这些都是圣人的教导，希望殿下明察。"

韦敻嘱薄葬

【原文】

建德中，敻以年老，预戒其子等曰："……吾死之日，可敛旧衣，勿更新造。使棺足周尸，牛车载枢，坟高四尺，圹深一丈，其余烦杂，悉无用也。朝晡奠食，于事弥烦，吾不能顿绝汝辈之情，可朔望一奠而已。仍荐素蔬，勿设牲牢。亲友欲以物吊祭者，并不得为受。吾常恐临终恍惚，故以此言预戒汝辈。瞑目之日，勿违吾志也。"

【译文】

建德年间（572~578年），韦敻认为自己年龄已老，预先告诫他的儿子等人，说："……我死的时候，可以穿旧衣服，不要再做新的，棺材够放尸体就可以了，下葬时用牛拉着灵枢，坟高四尺，坟穴深一丈，其余繁杂的东西，都不要用。早晚祭祀食物，事情十分烦劳，我又不能马上断绝你们对我的情感，在初一、十五各奠祭一次就行了。仍然献上素食蔬菜，不要摆设牲牢，亲友们要用物品来吊祭的，都不得接受。我常常担心临终前精神恍惚，所以用这些话提前告诫你们。希望在我死的时候，不要违背我的志向。"

申徽传

居官不谋私

【原文】

　　徽性勤敏，凡所居官，案牍无大小，皆亲自省览。是以事无稽滞，吏不得为奸。后虽历公卿，此志不懈。出为襄州刺史。时南方初附，旧俗，官人皆通饷遗。徽性廉慎，乃画杨震像于寝室以自戒。及代还，人吏送者数十里不绝。徽自以无德于人，慨然怀愧，因赋诗题于清水亭。长幼闻之，竞来就读。递相谓曰："此是申使君手迹。"并写诵之。

【译文】

　　申徽勤快敏捷，凡是他所任的官，官府文书无论大小，都亲自阅读处理，使各种事情没有被延迟耽搁的，他手下的官吏也不能够违法乱纪。后来，申徽虽然历任公卿，这种亲政的做法一直没有懈怠。他出任襄州（今湖北襄樊）刺史。当时南方刚归附，当地有旧习俗，当官的都接受馈赠，申徽廉洁谨慎，于是画了杨震的像挂在寝室中，使自己警惕。等到有人替代他，他回京师时，为他送行的官吏民众长达几十里。申徽自己认为对人民没有功德，非常感慨并心怀惭愧之情，于是赋诗一首并题写在清水亭。大人孩子得知后，竞相来读，互相说："这是申府君的手迹。"并抄写下来诵读。

唐瑾传

爱书不爱财

【原文】

　　于谨南伐江陵，以瑾为元帅府长史。军中谋略，多出瑾焉。江陵既平，衣冠仕伍，并没仆隶。瑾察其才行，有片善者，辄议免之，赖瑾获济者甚众。时论多焉。及军还，诸将多因房掠，大获财物。瑾一无所取，唯得书两车，载之以归。或白文帝曰："唐瑾大有辎重，悉是梁朝珍玩。"文帝初不信之，然欲明其虚实，密遣使检阅之，唯见坟籍而已。乃叹曰："孤知此人来二十许年，明其不以利干义。向者不令检视，恐常人有投杼之疑，所以益明之耳。凡受人委任，当如此也。"

【译文】

　　于谨南伐江陵时，任命唐瑾为元帅府长史。军中的计谋策略，大多出自唐瑾。平定江陵后，被俘的官吏士大夫都降为仆隶，唐瑾观察他们的才能品行，只要是有一些长处的人，便商议赦免他们，很多人依靠唐瑾而获救。一时议论很多。等到军队北归，许多将领通过掳掠，获得大量财物。唐瑾却一无所取，仅得到两车书，装载着归还。有人向周文帝打报告说："唐瑾有大批物资，都是梁朝珍重的玩赏物品。"周文帝起初不相信，可又想将虚实弄明白，于是秘密派人去查看，见到的只是书籍。周文帝感叹地说："我了解唐瑾已二十多年了，知道他

不会因利害义，如果不派人去查看，恐怕一般人会有投杼之疑，这是用来使我更明白的办法。凡受人委托信任，都应该如此。”

裴　汉　传

不巴结权贵

【原文】

汉少有宿疾，恒带虚羸，剧职烦官，非其好也。时晋公护擅权，搢绅等多谄附之，以图仕进。唯汉直道固守，八年不徙职。性不饮酒，而雅好宾游。每良辰美景，必招引时彦，宴赏留连，间以篇计，当时人物，以此重之。

【译文】

裴汉年轻时有旧病，常带着虚弱的样子，沉重繁杂的职务，并非是他所喜好的。当时晋公宇文护专权，许多士大夫都去巴结奉承并依附他，以此得到升官的机会。只有裴汉固守正直之道，他的职位八年没有升迁。裴汉不好饮酒，而爱好出游，每逢良辰美景，必定招引当时的贤俊名流，一起宴饮欣赏，流连忘返，这中间还用一些文章助兴。因此，当时有才德名望的人，都尊重他。

裴　侠　传

独立君裴侠

【原文】

除河北郡守。侠躬履俭素，爱民如子，所食唯菽麦盐菜而已。吏民莫不怀之。此郡旧制，有渔猎夫三十人以供郡守。侠曰：“以口腹役人，吾所不为也。”乃悉罢之。……去职之日，一无所取。民歌之曰：“肥鲜不食，丁庸不取，裴公贞惠，为世规矩。”侠尝与诸牧守俱谒太祖。太祖命侠别立，谓诸牧守曰：“裴侠清慎奉公，为天下之最，今众中如有侠者，可与之俱立。”众皆默然，无敢应者。太祖乃厚赐侠，朝野叹服，号为独立君。

【译文】

裴侠被任命为河北郡的太守。裴侠亲自实行节俭朴素，爱民如子，所吃的食物仅是豆子、麦子、腌菜而已。官民没有不怀念他的。这个郡有一旧制，有三十名渔夫猎人供郡守役使。裴侠说：“因为吃喝而役使别人，这是我不干的事。”于是将这些渔夫猎人全部解除。……裴侠离职的时候，一无所取，民众歌唱道：“肥鲜不吃，丁庸不取，裴公清贞恩惠，可称人间的规矩。”裴侠曾与各地的牧守拜谒太祖宇文泰，宇文泰让裴侠站在别处，对各位牧守说：“裴侠清廉，谨慎奉公，可称天下之最。现在各位当中有像裴侠那样的人，可与他站在一起。”众牧守都沉默不语，没有敢答应的。于是，宇文泰重赏了裴侠，朝野都赞叹佩服裴侠，称他为“独立君”。

韩 褒 传

抑 制 富 豪

【原文】

褒少有志尚，好学而不守章句。……

十二年，除都督、西凉州刺史。羌胡之俗，轻贫弱，尚豪富。豪富之家，侵渔小民，同于仆隶。故贫者日削，豪者益富。褒乃悉募贫人，以充兵士，优复其家，蠲免徭赋。又调富人财物以振给之。每西域商货至，又先尽贫者市之。于是贫富渐均，户口殷实。

【译文】

韩褒年少时就有志向，好学习而不死守章句。……

大统十二年（546年），任都督、西凉州（今日肃武威以西）刺史。羌胡地区有轻视贫弱、崇尚豪富的习俗。豪富之家，侵凌鱼肉人民，就像对待奴仆那样，致使贫困的人越来越穷，豪族越来越富。韩褒于是全部招募穷人充当士兵，对他们的家庭给予优厚的待遇，免除其徭役和赋税。又抽调富豪的财物赈济他们。每当西域的商人到来时，先让穷人与他们做买卖。于是贫富逐渐平均，户口也增长了。

裴 文 举 传

不 以 利 伤 身

【原文】

蜀土沃饶，商贩百倍。或有劝文举以利者，文举答之曰："利之为贵，莫若安身。身安则道隆，非货之谓。是以不为，非恶财也。"宪矜其贫窭，每欲资给之，文举恒自谦逊，辞多受少。

【译文】

蜀地土壤肥沃富饶，商贩可获百倍之利。有人劝裴文举也去设法获利，裴文举回答说："利可以作为宝贵的东西，但没有像安身那样重要，身安会使道义受到尊崇，这不是财货所能做到的。我之所不去获利，并非厌恶财货。"宇文宪同情裴文举的贫穷，常常想资助他，裴文举每每推让，谢绝的多接受的少。

柳 虬 传

不孜孜营求衣食

【原文】

柳虬字仲蟠，司会庆之兄也。年十三，便专精好学。时贵游子弟就学者，并

车服华盛，唯虬不事容饰。遍受五经，略通大义，兼博涉子史，雅好属文。……

虬脱略人间，不事小节，弊衣食疏食，未尝改操。人或讥之。虬曰："衣不过适体，食不过充饥。孜孜营求，徒劳思虑耳。"

【译文】

柳虬字仲蟠，是司会柳庆的哥哥。十三岁，便专心好学。当时贵族子弟上学，车马服饰都很华贵，只有柳虬不进行容仪的修饰。他全部学习了五经，并大略掌握了五经的要旨。又广博地涉猎子史书籍，爱好写文章。……

柳虬对世间的事很超脱，不计较小节，穿破旧的衣服，吃粗糙的饭，没有改变操节。有人讥讽他，柳虬却说："衣服不过是适应身体的需要，吃饭不过是为了充饥，如果没完没了地追求这些，那是白白地劳苦自己的心思啊。"

薛憕传
不登世禄之门

【原文】

憕早丧父，家贫，躬耕以养祖母，有暇则览文籍。时人未之奇也。江表取人，多以世族。憕既羁旅，不被擢用。然负才使气，未尝趣世禄之门。左中郎将京兆韦潜度谓憕曰："君门地非下，身材不劣，何不襞裙数参吏部？"憕曰："'世胄蹑高位，英俊沉下僚'，古人以为叹息。窃所未能也。"潜度告人曰："此年少极慷慨，但不遭时耳。"

【译文】

薛憕早年丧父，家中贫穷，自己种地赡养祖母，有空闲时间便读书。当时人们没有认为他不寻常。江南用人做官，多以世族。薛憕既然是客居江南，自然不被擢用。然而他凭借才能，意气用气，没有登过世禄之门。左中郎将、京兆韦潜度对薛憕说："您的门第并非低下，身材也不错，为什么不修饰一下自己多去参拜吏部几次？"薛憕说："'世胄蹑高位，英俊沉下僚'，古人都为之叹息，我是不能那样做的。"韦潜度告诉别人说："这个青年人真是意气风发，只是生不逢时罢了。"

乐运传
乐运好直言

【原文】

建德二年，除万年县丞。抑挫豪右，号称强直。高祖嘉之，特许通籍，事有不便于时者，令巨细奏闻。高祖尝幸同州，召运赴行在所。既至，高祖谓运曰："卿来日见太子不？"运曰："臣来日奉辞。"高祖曰："卿言太子何如人？"运曰："中人也。"时齐王宪以下，并在帝侧。高祖顾谓宪等曰："百官佞我，皆云太子聪明睿知，唯运独云中人，方验运之忠言耳。"于是因问运中人之状。运对曰："班固以齐桓公为中人，管仲相之则霸，竖貂辅之则乱。谓可与为善，亦可与为

恶也。"高祖曰:"我知之矣。"

【译文】

建德二年(573),乐运被任命为万年县(今陕西西安西北)丞。他抑制豪强,号称"强直"。高祖宇文邕嘉奖乐运,特地允许可以出入宫门,有不合时宜的事情,可以详细地上奏。宇文邕曾到同州(今陕西大荔),并让乐运随他一同前往。到达后,宇文邕对乐运说:"你近来看见到太子了吗?"乐运说:"我来的时候向他告别了。"宇文邕说:"你说太子是怎样的一个人?"乐运说:"是个中人。"当时齐王宇文宪以下的官员都在皇帝身旁,宇文邕转过头对宇文宪等人说:"众官员都欺骗我,都说太子聪明智慧,只有乐运一个人说他是中人,可以看出乐运是忠诚正直的。"于是又问乐运中人的情状。乐运回答说:"班固认为齐桓公是中人,有管仲帮助他则可以成为霸主,而竖貂辅佐他齐国就动乱。这正是:中人可以为善,也可以作恶呀。"宇文邕说:"我知道了。"

庾 信 传

庾信作《哀江南赋》

【原文】

既有盛才,文并绮艳,故世号为徐、庾体焉。当时后进,竞相模范。每有一文,京都莫不传诵。……

世宗、高祖并雅好文学,信特蒙恩礼。……群公碑志,多相请托。唯王褒颇与信相埒,自余文人,莫有逮者。

信虽位望通显,常有乡关之思。乃作《哀江南赋》以致其意云。

【译文】

庾信才华出众,文章华美艳丽,人称徐、庾体。当时的后辈人,竞相模仿。庾信每次写出一篇文章,京师没有不传诵的。……

世宗宇文毓,高祖宇文邕都喜欢文学,庾信受到特别的礼遇。……众王公的碑文墓志,大多请求委托庾信写,只有王褒与庾信齐名,其余文人没有赶得上他的。

庾信虽然地位高名声大,但对家乡常怀有思念之情,于是作《哀江南赋》以表达他的心意。

泉 企 传

惩治豪强

【原文】

永安中……除抚军将军、使持节,假镇南将军、东雍州刺史,进爵为侯。部民杨羊皮,太保椿之从弟,恃托椿势,侵害百姓。守宰多被其凌侮,皆畏而不敢言。企收而治之,将加极法,于是杨氏惭惧,宗族诣阁请恩。自此豪右屏迹,无敢犯者。性又清约,纤毫不扰于民。在州五年,每于乡里运米以自给。

【译文】

永安（528～530年）年间，……泉企被任命为抚军将军，使持节，代理镇南将军，东雍州（今山西临汾）刺史，升爵为侯。辖境内有个叫杨羊皮的人，是太保杨椿的叔伯弟弟，他依仗杨椿的势力，欺负百姓，连许多地方官也被他凌侮，人们都害怕他而不敢说话。泉企将杨羊皮逮捕治罪，将处极刑，于是杨氏非常羞惭恐惧，宗族的人到官府请求开恩。从此豪强有所收敛，没有敢犯法的人了。泉企清廉节俭，丝毫不打扰民众，在州任职五年，经常从家乡运米以供自己食用。

儒　林　传

沈重讲授三教

【原文】

保定末，重至于京师。诏令讨论《五经》，并校定钟律。天和中，复于紫极殿讲三教义。朝士、儒生、桑门、道士至者二千余人。重辞义优洽、枢机明辩，凡所解释，咸为诸儒所推。

【译文】

保定（561～565年）末年，沈重到达京师。皇帝下诏令，让他探讨、评论《五经》，并校定钟律。天和（566～571）年间，又在紫极殿讲授三教意义，朝廷官员、儒生、僧人，道士二千多人前来听讲。沈重的言词明确、关键地方清楚，凡是他所解释的，都为儒生们所推重。

周武王周武帝异同论

【原文】

及高祖入邺，安生遽令扫门。家人怪而问之，安生曰："周帝重道尊儒，必将见我矣。"俄而高祖幸其第，诏不听拜，亲执其手，引与同坐。谓之曰："朕未能去兵，以此为愧。"安生曰："黄帝尚有阪泉之战，况陛下龚行天罚乎。"高祖又曰："齐氏赋役繁兴，竭民财力。朕救焚拯溺，思革其弊。欲以府库及三台杂物散之百姓，公以为何如？"安生曰："昔武王克商，散鹿台之财，发巨桥之粟。陛下此诏，异代同美。"高祖又曰："朕何如武王？"安生曰："武王伐纣，悬首白旗；陛下平齐，兵不血刃。愚谓圣略为优。"高祖大悦。

【译文】

等周武王宇文邕灭掉北齐，进入邺城后，熊安生急忙命令人打扫门庭。家人奇怪，便问他。熊安生说："周武帝重道尊儒，一定要见我了。"不久，周武帝果然来到了熊安生家，命令不行拜见礼，他拉着熊安生的手，与他坐在一起。周武帝对熊安生说："我没有能够去掉战争，因此感到惭愧。"熊安生说："黄帝还有阪泉之战，况且陛下恭敬地执行上天的惩罚呢？"周武帝又说："北齐赋役繁兴，把人民的财力都搜光了。我救民于水火之中，考虑改革前朝的弊端，想以国库及三台的各种物品分发给百姓，您以为如何？"熊安生说："昔日武王克商，散发鹿台之财和巨桥之粟，陛下的这个诏令，真可谓异代同美呀！"周武帝又说："我与

周武王相比怎么样?"熊安生说:"武王伐纣,悬首白旗,陛下平齐,不用杀戮便能大获全胜,我以为您的圣明略胜他一筹。"周武帝非常高兴。

乐逊论省造作

道教造像　南北朝

【原文】

　　顷者魏都洛阳,一时殷盛,贵势之家,各营第宅,车服器玩,皆尚奢靡。世逐浮竞,人习浇薄,终使祸乱交兴,天下丧败。比来朝贡,器服稍华,百工造作,务尽奇巧。……如此等事,颇宜禁省。……汉景有云:"黄金珠玉,饥不可食,寒不可衣。""雕文刻镂,伤农事者也。锦绣纂组,害女功者也。"以二者为饥寒之本源矣。然国家非为军戎器用、时事要须而造者,皆徒费功力,损国害民。未如广劝农桑,以衣食为务,使国储丰积,大功易举。

【译文】

　　以前北魏国都洛阳,一个时期殷实富足,那些有权势的贵族,各自营建自己的住宅。各种车马礼服器具玩物,都崇尚奢侈豪华。社会追求浮华,人们的习俗浮薄,致使祸乱交替出现,国家败亡。近来朝廷的贡品,器物服装逐渐华丽,百工的制作,尽力追求新奇精巧。……像这样的事,很值得禁止清除。……汉景帝说:"黄金珠玉,饥不可食,寒不可衣。""雕刻彩饰,是损害农业的事,锦绣纂组,是伤害女子的工作。"认为这两种作法都是饥寒的原因。国家不是为了军队的武器和现实生活的需要而从事制造,都是白费功力,损国害民。不如广泛规劝农民务农桑,以丰衣足食为大事,使国家增加积蓄,大功业容易告成。

【国学经典文库】

南史

【唐】李延寿

线装书局

南

史

序　言

　　《南史》是纪传体史著，记事起自南朝宋武帝刘裕永初元年（420），止于陈后主陈叔宝祯明三年（589），共记述南朝宋、齐、梁、陈四代一百七十年的历史。《南史》与《北史》为姊妹篇，是由李大师及其子李延寿两代人编撰完成的历史著作。

　　李大师（570~628），相州（今河南安阳）人，南朝末期由隋人唐的历史学家。他认为南北朝时期各朝的断代史，彼此孤立，记事重复，又缺乏联系，打算采用编年体，撰写《南史》与《北史》，使南朝与北朝各代的历史，分别统编于这两部史著之中。隋末，李大师曾参加农民起义领袖窦建德建立的夏政权，任尚书礼部侍郎。因此，在唐初流放到西会州（今甘肃境内），后遇赦放回，死于唐太宗贞观二年（628），所撰《南史》与《北史》未能成书。此后，由李延寿继续撰成，合称为《南北史》。

　　李延寿，字遐龄，生卒年代已不可确知，大约卒于唐高宗仪凤年间（676~679），唐初历史学家，曾任崇贤馆学士，官至符玺郎。唐太宗时，李延寿曾参加《隋书》纪、传、志和《晋书》的编写，又参与唐朝国史的编纂工作。但他主要成就在于承接其父未竟的事业，完成《南史》与《北史》的写作。

　　《南史》以《宋书》《南齐书》《梁书》及《陈书》为本，删繁就简，重新编纂，成为史林新著，合南朝宋、齐、梁、陈四代历史于一书。《南史》成书于唐高宗显庆四年（659）。

　　《南史》有本纪和列传，无表、志，本纪十卷，列传七十卷，共八十卷。其编撰方法按朝代顺序、帝王在位先后，排列各朝帝王、宗室、诸王、大臣等纪传。本纪中有《宋本纪》三卷，《齐本纪》二卷，《梁本纪》三卷，《陈本纪》二卷。列传中除专传外，列"类传"九种，即后妃、循吏、儒林、文学、孝义、隐逸、恩幸、夷貊及贼臣等。所列类传，并非原有四朝史书所兼备。专传部分，多将南朝人物事迹，前后贯穿，成为完篇。在内容方面，对南朝四史多有增删，除去芜杂臃肿的弊病。其中《宋书》删削最多，凡不重要的诏诰、奏疏、诗文，全部删去。增加史实内容的，以《南齐书》与《梁书》为最多。此外，南朝四史原有的讳饰、疏漏以及诸史间重复或抵牾等处，也多作了有益的补订与改正，且又多引有正史以外的资料，丰富了传记文字。书中重视对南北各朝之间交往的叙述，为南朝各断代史所不及。

　　南北朝时期，各国及各民族地方割据政权，彼此对峙，交战频仍，且王朝与执政者又不断更迭。这使南朝与北朝各代史著中，互相采用敌意用语。南史称北人为"索虏"，北史称南人作"岛夷"。各国各代史作，叙本朝本国事详，记别国史事则多不完备。隋唐王朝的建立，全国出现南北统一与民族大融合的新形势，促进了历史学家历史观念的变化，这时在历史编纂中，打破朝代的断限，通叙南北各朝各代的历史，使之有助于促进国家的统一，已成为历史的大趋势，也是落在史学家肩上的新任务。《南史》《北史》正是在这样的历史背景中产生的巨著。

　　《南史》文字简明，事增文省，在史学上占有重要地位。其不足之处在于作者突出门阀士族地位，过多采用家传形式。例如将不同朝代的一族一姓人物不分年代，集中十一篇中叙述，实际成为大族族谱。《南史》《北史》中，某些传文亦有重复现象。

齐高帝本纪

临 危 不 惧

【原文】

休范平后，苍梧王渐行凶暴，屡欲害帝，尝率数十人直入镇军府。时暑热，帝昼卧裸袒，苍梧立帝于室内，画腹为射的，自引满，将射之。帝神色不变，敛板曰："老臣无罪。"苍梧左右王天恩谏曰："领军腹大，是佳射埛，而一箭便死，后无复射，不如以雹箭射之。"乃取雹箭，一发即中帝脐。苍梧投弓于地，大笑曰："此手何如？"

【译文】

桂阳王刘休范的叛乱被平定后，苍梧王逐渐干些凶恶残暴的事，几次想杀害萧道成。他曾经率领几十人闯入镇军府。当时天很热，萧道成大白天脱光衣服正躺着。苍梧王令萧道成站在屋内，在他的肚子上画圈作为箭靶的中心，自己拉满弓，将要射箭。萧道成脸色不变，很严肃地对苍梧王说："老臣没罪。"苍梧王的随从王天恩劝告说："萧领军的肚子大，是个好箭靶，可一箭便死，以后没法再射，不如用雹箭来射。"于是拿雹箭来，一箭就射中萧道成的肚脐。苍梧王把弓扔在地上，大笑说："我的手法怎么样？"

苍梧王欲除萧道成

【原文】

帝威名既重，苍梧深相猜忌，刻木为帝形，画腹为射埛，自射之，又命左右，射中者加赏，皆莫能中。时帝在领军府，苍梧自来烧之，冀帝出，因作难，帝坚卧不动。苍梧益怀忿恚，所见之物，呼之为帝。加以手自磨铤，曰："明日当以刃萧道成。"陈太妃骂之曰："萧道成有大功于国，今害之，谁为汝尽力？"故止。

【译文】

萧道成势力与声望与日俱增，苍梧王内心非常猜疑、忌恨。他在木头上刻成萧道成的身形，画肚子当箭靶，亲自用箭射。又命令随从，射中的有赏，都不能射中。当时萧道成住在领军府，苍梧王亲自去放火烧，盼着当萧道成出来时杀掉他，萧道成躺在府中就是不动。苍梧王更是愤恨，把见到的东西，叫作萧道成，又亲手磨自己用的小矛，说："明天要杀萧道成。"苍梧王的母亲陈太妃骂他："萧道成为国家立了大功，现在

瘗鹤铭　南北朝

杀了他，以后谁再给你出力？"苍梧王这才作罢。

齐废帝郁林王本纪

错爱皇孙

【原文】

　　帝少美容止，好隶书，武帝特所钟爱，敕皇孙手书不得妄出以贵之。进退音吐，甚有令誉。……文惠太子每禁其起居，节其用度。帝谓豫章王妃庾氏曰："阿婆，佛法言有福生帝王家，今见作天王，便是大罪，左右主帅，动见拘执，不如市边屠酤富儿百倍。"文惠太子自疾及薨，帝侍疾及居丧，哀容号毁，旁人见者，莫不呜咽。裁还私室，即欢笑酣饮，备食甘滋。……武帝往东宫，帝迎拜号恸，绝而复苏，武帝自下舆抱持之，宠爱日隆。又在西州令女巫杨氏祷祀，速求天位。及文惠薨，谓由杨氏之力，倍加敬信。……武帝有疾，又令杨氏日夜祷祈，令宫车早晏驾。时何妃在西州，武帝未崩数日，疾稍危，与何氏书，纸中央作一大"喜"字，而作三十六小"喜"字绕之。侍武帝疾，忧容惨戚，言发泪下。武帝每言及存亡，帝辄哽咽不自胜。武帝以此谓为必能负荷大业，……临崩，执帝手曰："阿奴，若忆翁，当好作。"如此再而崩。大敛始毕，乃悉呼武帝诸伎，备奏众乐，诸伎虽畏威从事，莫不哽咽流涕。

【译文】

　　郁林王萧昭业年轻时长得很美，进退有度，喜爱隶书。其祖父齐武帝特别喜欢他，下诏令皇孙的亲笔字不能随便拿出宫外，以示贵重。言谈举止，很受人赞扬。其父文惠太子常对他的日常生活进行管束，节制他的用度。郁林王对豫章王妃庾氏说："阿婆，佛法说有福的人生在帝王家，现在看来当皇帝便是大罪。左右的大帅，动不动就被拘捕，比集市上的屠户和卖酒者还要差一百倍。"文惠太子从生病到死，郁林王侍疾和守孝时，满脸悲伤，大声痛哭，别人见他这样，无不流泪。可他一回到自己房中，立即欢笑痛饮如常，尽食美味。齐武帝到东宫，郁林王拜见后大哭，昏死过去又被救醒，武帝亲自下车抱住，更加宠爱。文惠太子死前，郁林王在西州令女巫杨氏祷告，乞求早日登上皇位。等到文惠太子死，他认为这是由杨氏祷告的结果，对杨氏更加敬信，武帝有病，郁林王又令杨氏日夜祷告上天，求武帝早死。当时何妃在西州，武帝死前几天，病加重，郁林王给何氏信，纸中央写一大"喜"字，周围写三十六个小"喜"字环绕着。但他侍候武帝时，却是面容戚惨，声随泪下。武帝每提到死，他便泣不成声。武帝因此认为郁林王必能担当起继承帝业的重任。武帝临死，拉着他的手说："阿奴，想到你的爷爷，一定好好干。"这样说了很多遍才死。刚把武帝的尸体装进棺材，郁林王就把武帝的歌伎全部招来演奏各种乐器。歌伎们虽被迫演奏，无不泪流满面。

郁林王恣意破财

【原文】

帝既失道，朝事大小，皆决之西昌侯鸾，鸾有谏，多不见从。极意赏赐左右，动至百数十万。每见钱曰："我昔思汝一个不得，今日得用汝未？"武帝聚钱上库五亿万，斋库亦出三亿万，金银布帛不可称计。即位未期岁，所用已过半，皆赐与诸不逞群小。取诸宝器以相击剖破碎之，以为笑乐。及至废黜，府库悉空。

【译文】

郁林王不行正事，大小政务都由西昌侯萧鸾决定。萧鸾进谏，多不听从。任意赏赐左右的人，往往几十万，上百万钱。每次见钱都说："我以前想要你时一个都没有，现在能用你了吧？"齐武帝存钱上库五亿万，斋库也有三亿万，金银布帛多得不能计算。郁林王即位不到一年花了大半，都赏给了以前不得志的小人。把宝器拿出来打碎砸烂，以此开心。等到被废掉时，府库已被用空。

齐废帝东昏侯本纪

东昏侯乱齐政

【原文】

帝在东宫，便好弄，不喜书学，明帝亦不以为非，但勖以家人之行，令太子求一日再入朝，发诏不许，使三日一朝。在宫尝夜捕鼠达旦，以为笑乐。明帝临崩，属后事，以隆昌为戒，曰："作事不可在人后。"故委任群小，诛诸宰臣，无不如意。性讷涩少言，不与朝士接。欲速葬，恶灵在太极殿，徐孝嗣固争，得逾月。每当哭，辄云喉痛。太中大夫羊阐入临，无发，号恸俯仰，帻遂脱地，帝辄哭大笑，谓宦者王宝孙曰："此谓秃鹙啼来乎？"自江祏、始安王遥光等诛后，无所忌惮，日夜于后堂戏马，鼓噪为乐。合夕，便击金鼓吹角，令左右数百人叫，杂以羌胡横吹诸位。……台阁案奏，月数十日乃报，或不知所在。阁竖以纸包裹鱼肉还家，并是五省黄案。

【译文】

东昏侯在东宫做太子时便喜欢游玩，不爱读书。齐明帝并不认为这是过错，只要求他按家礼相见，令太子一天两次入朝拜见，然后又发诏不允许，令三天一入朝。东昏侯在宫内曾捉老鼠到天明，作为乐事。明帝临死，嘱咐后事，要他以郁林王为戒，说："做事不可落在别人后面。"东昏侯即位后便信任小人，杀害辅政大臣，任意妄为。生性不爱说话，不与朝臣交往。他厌恶明帝的灵柩停放在太极殿，想尽快埋葬，大臣徐孝嗣力争，才放了一个月。每当临灵哭时，就说喉咙痛。太中大夫羊阐入吊跪拜大哭，头巾落地，露出秃头来，东昏侯停住哭，大笑，对宦官王宝孙说："这是秃鹙叫吧。"自从杀了江祏、始安王遥光以后，无所忌惮，白天黑夜地在后堂骑马玩，以大声喊叫为乐。天黑后，便击鼓吹角号，让

左右随从几百人喊叫，夹杂着胡乱吹奏羌胡乐器。官署奏折，一个月或几十天才回复，有的就不知道放哪儿去了。宦官等用纸包裹着鱼肉回家，那纸都是官署的文书。

梁 本 纪

舍身同泰寺

【原文】

癸巳，幸同泰寺，设四部无遮大会。上释御服，披法衣，行清净大舍，以便省为房，素床瓦器，乘小车，私人执役。甲午，升讲堂法坐，为四部大众开《涅槃经》题。癸卯，群臣以钱一亿万奉赎皇帝菩萨大舍，僧众默许。乙巳，百辟诣寺东门奉表，请还临宸极，三请乃许。帝三答书，前后并称顿首。

【译文】

癸巳这天，梁武帝出家同泰寺当和尚，设四部布施大会，武帝脱下皇袍，披上法衣，举行庄重的布施，住宿在简便的佛房中，睡简陋的床铺，用瓦做的器物，乘坐小车，亲自从事杂役。甲午这天，坐上讲经法坐，为四部大众主讲《涅槃经》。到癸卯这天，朝廷百官送钱一亿万到同泰寺，请求赎回梁武帝，和尚们默许。乙巳这天，百官到同泰寺东门，上书梁武帝，请求他还朝执政，大臣们恳求了三遍，武帝才答应下来。梁武帝三次回信朝臣，每次都称顿首。

文武之道，守国所常遵

【原文】

帝王之位，天下之重职，文武之道，守国所常遵。其于行用，义均水火，相资则可，专任成乱。观夫有梁诸帝，皆一之而已。

【译文】

帝王这个职位是天下的重要职位，文武之道，兼而有之，这是治理国家所应该经常遵守的原则。文武两道运用起来，其含义就好比协调水与火的关系，相辅相成，才能很好地发挥各自的作用，专用一道，则生祸乱。考察整个梁代的皇帝，他们都不过是专用一道罢了。

陈 本 纪

后主骄奢淫逸

【原文】

后主愈骄，不虞外难，荒于酒色，不恤政事，左右嬖佞珥貂者五十人，妇人美貌丽服巧态以从者千余人。常使张贵妃、孔贵人等八人夹坐，江总、孔范等十人预宴，号曰"狎客"。先令八妇人袭采笺，制五言诗，十客一时继和，迟则罚

酒。君臣酣饮，从夕达旦，以此为常。而盛修宫室，无时休止。税江税市，征取百端。刑罚酷滥，牢狱常满。

【译文】

陈后主越来越骄横，不防外敌，却荒于酒色，不理政事，左右阿谀逢迎的宠臣达五十人，婀娜多姿的美女侍候周围，达一千多人。陈后主常让张贵妃、孔贵人等八个美人夹坐身旁，江总、孔范等十位宠臣参与酒宴，这些与后主和妃嫔厮混在一起的宠臣被称作"狎客"。陈后主先叫八美人折叠好彩色的纸张，在上面作五言诗，十宠臣立即和诗，谁落后谁就喝罚酒。君臣一道开怀畅饮，通宵达旦，习以为常。陈后主大造宫室，没完没了；又在江关和集市抽税，百般榨取；还滥施严刑酷罚，致使监狱常常是满满的。

后 妃 传

徐娘虽老犹多情

【原文】

妃无容质，不见礼，帝三二年一入房。妃以帝眇一目，每知帝将至，必为半面妆以俟，帝见则大怒而出。妃性嗜酒，多洪醉，帝还房，必吐衣中。与荆州后堂瑶光寺智远道人私通。酷妒忌，见无宠之妾，便交杯接坐。方觉有娠者，即手加刀刃。帝左右暨季江有姿容，又与淫通。季江每叹曰："柏直狗虽老犹能猎，萧溧阳马虽老犹骏，徐娘虽老犹尚多情。"

【译文】

徐妃容貌不美，不受梁元帝宠爱，元帝每隔二三年才来与她同房一次。因为元帝瞎了一只眼，所以，得知元帝要来的时候，她总是化妆半边脸，等候元帝的到来，元帝见了，大怒而出。徐妃生性嗜酒，常常大醉，元帝要是到来了，必定是呕吐到他的衣服上。徐妃与荆州后堂瑶光寺和尚智远私通。徐妃为人非常妒忌，看见不受宠爱的妾，便召去一道饮酒聊天，但是，一旦发现对方怀了孕，就亲手用刀刺杀她。元帝身边的暨季江是个美男子，徐妃又与他通奸。暨季江常常感叹地说："柏直的狗虽然老了，但还能追猎；萧溧阳的马虽然老了，但跑起来还迅速；徐娘虽然老了，但还很风流多情。"

张 贵 妃

【原文】

张贵妃发长七尺，鬒黑如漆，其光可鉴。特聪慧，有神彩，进止闲华，容色端丽。每瞻视眄睐，光彩溢目，照映左右。尝于阁上靓妆，临于轩槛，宫中遥望，飘若神仙。才辩强记，善候人主颜色。荐诸宫女，后宫咸德之，竞言其善。又工厌魅之术，假鬼道以惑后主。置淫祀于宫中，聚诸女巫使之鼓舞。

【译文】

张贵妃发长七尺（约今五尺），稠黑如漆，光泽可以照人。她特别聪明机灵，

神采奕奕，举止从容优雅，容貌端庄秀丽，每每左顾右盼，双眸闪烁着光彩，辉映着身边的人们。她曾经在阁上梳妆打扮，靠在栏杆旁，从宫中远远望去，只觉得她飘逸像神仙一般。张贵妃口才出众，记忆力惊人，善于看皇帝脸色行事。张贵妃向陈后主引见了许多宫女，所以宫女们对她感恩戴德，争相夸她人好。张贵妃又工于妖魔鬼怪之类的迷信，以此来迷惑陈后主，在宫中举行不合礼制的祭祀，叫来许多巫婆，让她们击鼓跳舞。

徐羡之传

锦囊纳衣

【原文】

初，武帝微时，贫陋过甚，尝自往新洲伐荻，有纳布衣袄等，皆是敬皇后手自作。武帝既贵，以此衣付公主曰："后世若有骄奢不节者，可以此衣示之。"湛之为大将军彭城王义康所爱，与刘湛等颇相附。及得罪，事连湛之。文帝大怒，将致大辟。湛之忧惧无计，以告公主。公主即日入宫，及见文帝，因号哭下床，不复施臣妾之礼，以锦囊盛武帝纳衣，掷地以示上曰："汝家本贱贫，此是我母为汝父作此纳衣。今日有一顿饱食，便欲害我儿子。"上亦号哭，湛之由此得全。

宋武帝刘裕

【译文】

当初，武帝刘裕地位低微时，非常穷困，曾经亲自去新洲采荻草，有补缀的布衣夹袄，都是敬皇后亲手缝制的。武帝显贵以后，把这件补缀的衣服交给宣公主说："后代若是有人骄奢不节约，可以拿这件衣服给他看。"徐湛之被大将军彭城王义康所喜爱，与刘湛等人互相依附。等到刘义康等人犯罪，事情牵连到徐湛之。文帝非常生气，将要杀这些人。徐湛之又忧又惧没有办法，就告诉了他的母亲宣公主。公主当天就进宫，等到见到文帝，就大声哭号，不再施臣妾的礼节。用锦囊装着武帝的补缀旧衣，扔在地上给文帝看，并说；"你的家本来很穷，这是我母亲为你父亲补的旧衣。今天有了一顿饱饭，就想杀我儿子。"文帝也大哭，徐湛之因此得以保全性命。

傅亮传

欲加之罪，何患无辞

【原文】

元嘉三年，帝将诛亮，先呼入见，省内密有报之者。亮辞以嫂病暂还，遣信

报徐羡之，因乘车出郭门，骑马奔兄迪墓。屯骑校尉郭泓收之。初至广莫门，上亦使以诏谓曰："以公江陵之诚，当使诸子无恙。"亮读诏讫曰："亮受先帝布衣之眷，遂蒙顾托。黜昏立明，社稷之计。欲加之罪，其无辞乎？"

【译文】

元嘉三年（426），宋文帝将要杀傅亮，先召他入朝拜见，中书省内有人偷偷告诉他。傅亮托词以嫂子生病暂时回家，派人送信给徐羡之，于是坐车出城门，骑马奔他的哥哥傅迪之墓。屯骑校尉郭泓逮捕了他。刚到了广莫门，文帝派人下诏对傅亮说："因为你在江陵迎立皇帝的诚意，你的儿子会平安无事。"傅亮读完诏书后说："我和先帝是贫贱之交，所以受他顾命，废除昏君树立明主，这是国家大事。想要加以罪名，又怎么会没有理由。"

檀 道 济 传

不 战 自 溃

【原文】

使道济与中领军到彦之前驱西伐，上问策于道济。对曰："臣昔与谢晦同从北征，入关十策，晦有其九。才略明练，殆难与敌，然未尝孤军决胜，戎事恐非其长。臣悉晦智，晦悉臣勇。今奉王命外讨，必未阵而禽。"时晦本谓道济与羡之同诛，忽闻来上，遂不战自溃。

【译文】

宋文帝派檀道济与中领军到彦之去西讨谢晦，文帝向檀道济询问征讨之策。檀道济回答说："我从前与谢晦一起北征，入关以后十个策略，其中九个都是谢晦制定的。论及才略精练，我实在难以同他匹敌，然而谢晦未曾单独作战而取胜，军事作战恐怕不是他的长处。我了解谢晦的才智，谢晦了解我的勇猛。现在奉您的命令外出征讨谢晦，一定会不用作战而能擒获。"当时谢晦本以为檀道济与徐羡之一起被杀了，忽然听说他来征讨，所以就不战而溃败。

萧 思 话 传

良材美器，宜在尽用

【原文】

十四年，迁临川王义庆平西长史、南蛮校尉。文帝赐以弓琴，手敕曰："前得此琴，言是旧物，今以相借，并往桑弓一张，材理乃快。良材美器，宜在尽用之地，丈人真无所与让也。"尝从文帝登钟山北岭，中道有磐石清泉，上使于石上弹琴，因赐以银钟酒，谓曰："相赏有松石间意。"

【译文】

元嘉十四年（436），萧思话迁任临川王刘义庆的平西长史，兼南蛮校尉。文帝赐给他弓琴，写敕令说："从前得到这把琴，说是旧物，现在送给你，并给你

国学经典文库

一张桑弓，材料纹理很精致。好的原料优秀的器物，应当被充分利用，您不要再有所推让。"萧思话曾跟从文帝登钟山北岭，半路上有盘石清泉，文帝让他在石头上弹琴，并赐给他银盅盛酒，对他说："欣赏你弹琴有松石间高山流水的意味。"

谢 澹 传

方外之士不宜规矩绳之

【原文】

宋武帝将受禅，有司议使侍中刘睿进玺，帝曰："此选当须人望。"乃使澹摄。澹尝侍帝宴，酣饮大言无所屈，郑鲜之欲按之，帝以为澹方外士，不宜规矩绳之，然意不说，不以任寄。后复侍饮，醉谓帝曰："陛下用群臣，但须委屈顺者乃见贵，汲黯之徒无用也。"帝大笑。

【译文】

宋武帝将要受禅做皇帝，有司仪让侍中刘睿进献玺印，武帝说："需要一名有声望的人做这件事。"于是让谢澹执玺进献。谢澹在武帝的宴席上陪伴侍候，纵情饮酒大声说话无所顾忌，郑鲜之想遏止他，武帝认为谢澹是世俗外的人，不应当以规矩约束他，然而内心不高兴，不再对他信任使用。后来谢澹又陪伴武帝饮酒，醉着对武帝说："陛下任用群臣，只是必须有所压抑，顺从的人才会富贵，象汲黯这样的人就不任用。"武帝大笑。

谢弘微传

应尽用天下之才

【原文】

夫才生于时，古今岂贰，士出于世，屯泰焉殊。升历中阳，英贤起于徐、沛，受箓白水，茂异出于荆、宛。宁二都智之所产，比奥愚之所育，实遇与不遇、用与不用耳。今大道光亨，万务俟德，而九服之旷，九流之艰，提钧悬衡，委之选部。一人之鉴易限，天下之才难源，以易限之鉴，镜难源之才，使国罔遗贤，野无滞器，其可得乎？

【译文】

人才产生的时代，古今难道有什么不同？士人出世，艰难与顺利有何差异。在中阳改朝换代时，英明贤能的人就在徐、沛二地兴起，在白水受命于天，卓越的人才就在荆宛一带出现。难道说那两个地方是产生智慧的地方，边远地区就只能养育愚笨的人，实在是遇到与没遇到，使用与不使用的区别。现在大的道义通达顺利，各种事情也都完备，然而全国这么大的地方，各种学术流派之多，品评人物的大权，都委托给选部。一个人的鉴别容易受限，天下的才人难以网罗，凭着受限制的鉴别，去照难以全部网罗的人才，使国家没有遗忘的贤人，民间没有

滞用的器具，那又怎么可能呢？

王 铨 传

玉 昆 金 友

【原文】

长子铨，字公衡，美风仪，善占吐，尚武帝女永嘉公主，拜驸马都尉。铨虽学业不及弟锡，而孝行齐焉，时人以为铨、锡二王，可谓玉昆金友。

【译文】

王琳长子王铨，字公衡，长得一表人才，善于谈吐，娶了梁武帝的女儿永嘉公主，被拜为驸马都尉。王铨的学业虽然比不上弟弟王锡，但是很有孝行。当时的人称王铨、王锡两兄弟是玉昆金友。

王 裕 之 传

敬 弘 教 子

【原文】

敬弘见儿孙，岁中不过一再相见，见辄克日。未尝教子孙学问，各随所欲。人或问之，答曰："丹朱不应乏教，宁越不闻被捶。"

【译文】

王敬弘见儿孙，一年中不过一两次，相见必须约定日期。不曾教过子孙学问，各自随他们自己想法行事。有人问他原因，王敬弘回答说："丹朱不应该缺乏教育，他却不孝，没听说宁越挨打，却成为帝王之师。"

王晋平恐富求归

【原文】

后为晋平太守，期年求还，或问其故，答曰："此郡沃壤，珍阜日至，人所昧者财，财生则祸逐，智者不昧财，亦不逐祸。吾山资已足，岂可久留，以妨贤路。"乃上表请代。时人以为王晋平恐富求归。

【译文】

后来王秀之任晋平郡太守，上任一年就要求回来。有人问他其中的原因，他回答："这个郡土地肥沃，每天都可得到珍宝。人们贪求的是财宝，有了财就会招祸。明智的人不贪求财，也不招祸。我过隐居生活的费用已经足够了，怎能在这里久留以至妨碍有才能的人呢。"于是给皇帝上表请求别人替代自己任太守。当时人认为王秀之恐怕太富才要求回来。

王镇之传

权重无防终致祸

【原文】

晏人望未重，又与上素疏，中兴初，虽以事计委任，而内相疑阻，晏无防意。既居朝端，事多专决，内外要职，并用周旋门义，每与上争用人。数呼相工自视，云当大贵。与客语，好屏人。上闻，疑晏欲反，遂有诛晏意。有鲜于文粲与晏子德元往来，密探朝旨，告晏有异志。又左右单景俊、陈世范等采巫觋言启上，云晏怀异图。是时南郊应亲奉，景俊等言晏因此与武帝故主帅于道中窃发。会兽犯郊坛，帝愈惧，未郊前一日，上乃停行，先报晏及徐孝嗣，孝嗣奉旨，而晏陈郊祀事大，必宜自力。景俊言益见信，元会毕，乃召晏于华林省诛之。

【译文】

王晏的声望没达到很高的地步，又和皇帝很疏远，齐和帝中兴初年虽然皇帝把事情委托给他管，然而内心中却怀疑他，王晏没有防备。既然在朝掌大权，事情多由他决断，朝廷内外的重要职位，都使用周围的人和门生义旧，常常与皇帝争着使用人。多次叫来相人自视，说会大富大贵。与客人谈话，喜欢屏却他人。皇帝听说这些事，怀疑王晏想造反，于是想杀王晏。有一个叫鲜于文粲的人与王晏的儿子王德元交往，秘密探听到朝廷旨意，报告王晏有叛异之心。王晏左右的单景俊、陈世范等采用巫师的话报告皇帝，说王晏心怀不轨。这时南郊祭祀皇帝应亲自去，单景俊等说王晏趁此机会与武帝过去的主帅在路上发兵反叛。正赶上野兽侵犯郊祀的祭坛，皇帝更加害怕，郊祭的前一天，皇帝决定不去，先告诉王晏和徐孝嗣，徐孝嗣执行圣旨，然而王晏力陈郊祀事情很重要，皇帝必须亲自去。单景俊的话更确信了，皇帝朝见群臣之后，召王晏在华林省杀了他。

王韶之传

两相对照

【原文】

思远立身简洁，诸客有诣己者，觇知衣服垢秽，方便不前，形仪新楚，乃与促膝。虽然，及去之后，犹令二人交帚拂其坐处。明帝从祖弟季敞性甚豪纵，使诣思远，令见礼度。都水使者李珪之常曰："见王思远终日匡坐，不妄言笑，簪帽衣领，无不整洁，便忆丘明士。见明士蓬头散带，终日酣醉，吐论纵横，唐突卿宰，便复忆见思远。"言其两反也。

【译文】

王思远为人喜欢洁净，各位客人有来拜访的，窥视其衣服脏破的，就不近前接待，仪表干净整洁的，才和他促膝谈心。虽然这样，等到客人走后，还要让两个人拿扫帚打扫客人坐的地方。明帝的从祖弟弟刘季敞天性豪爽，派人去见王思

远，还命令这人讲礼度。都水使者李珪之常说："看见王思远每天正襟危坐，不苟言笑，帽子衣领，没有一处不整洁，便想起了丘明士。看见丘明士披头散带，每天醉醺醺的，谈论纵横之事，冒犯宰相大臣，便又想起了王思远。"说明这两个人是两个极端。

袁 粲 传

独 木 难 支

【原文】

时粲与彦节等列兵登东门，僧静分兵攻府西门，彦节与儿逾城出。粲还坐，列烛自照，谓其子最曰："本知一木不能止大厦之崩，但以名义至此耳。"僧静挺身暗往；奋刀直前欲斩之。子最觉有异，大叫抱父乞先死，兵士人人莫不陨涕。粲曰："我不失忠臣，汝不失孝子。"仍求笔作启云："臣义奉大宋，策名两毕，今便归魂坟垅，永就山丘。"僧静乃并斩之。

【译文】

这时袁粲与刘彦节等人率兵登东门，戴僧静派兵攻打西门，刘彦节与儿子越城逃走。袁粲回家坐下，点上一排蜡烛，对儿子袁最说"我本来知道一根木头难以挽回大厦的崩倒，可为了自己的声名与君臣大义才到这个地步。"戴僧静偷偷地到了袁粲的住房前，拿刀冲上去想杀袁粲。袁最觉察有动静，大叫一声抱住父亲乞求先死。旁边的士兵无不落泪。袁粲说："我不失为忠臣，你不失为孝子。"于是要了一支笔写道："我情义深切地效忠大宋，为官尽到了责任。现在魂归坟墓，永埋山丘。"戴僧静把父子两人一块斩首。

蔡 兴 宗 传

正言得失，无所顾惮

【原文】

后拜侍中，每正言得失，无所顾惮。孝武新年拜陵，兴宗负玺陪乘。及还，上欲因以射雉，兴宗正色曰："今致虔园陵，情敬兼重，从禽犹有余日，请待他辰。"上大怒，遣令下车，由是失旨。竟陵王诞据广陵为逆，事平，孝武舆驾出宣阳门，敕左右文武叫称万岁。兴宗时陪辇，帝顾曰："卿独不叫？"兴宗从容正色答曰："陛下今日政应涕泣行诛，岂得军中皆称万岁。"帝不悦。

【译文】

后来蔡兴宗官拜侍中，经常规谏皇帝的得失，没有任何顾虑害怕之处。孝武帝于新年时去拜陵，蔡兴宗抱着玺印陪着同去。等到回来时，孝武帝想趁此机会打山鸡，蔡兴宗严肃地说："现在去园陵表达的是恭敬之意，情义很重，打猎以后有机会，请等其他的日子再去打。"孝武帝非常生气，命令下车，从此蔡兴宗失宠了。竟陵王刘诞占据广陵反叛朝廷，被平定之后，孝武帝乘车出宣阳门，命

令左右的文武官员称万岁。蔡兴宗当时正陪伴皇帝，孝武帝回头说："你为何不称万岁？"蔡兴宗从容严肃地回答说："陛下今天正应当哭泣实行诛伐之事，怎么能在全军中称万岁。"孝武帝不高兴。

何 尚 之 传

事不画一，难用遵行

【原文】

先是患货少，铸四铢钱，人间颇盗铸，多剪凿古钱以取铜，上患之。二十四年，录尚书江夏王义恭议，以一大钱当两，以防剪凿，议者多同。尚之议曰："凡创制改法，宜顺人情，未有违众矫物而可久也。泉布废兴，未容骤议，前代赤仄白金，俄而罢息，六货愦乱，人泣于市，良由事不画一，难用遵行。自非急病权时，宜守长世之业。若今制遂行，富人之资自倍，贫者弥增其困，惧非所以欲均之意。"中领军沈演之以为若以大钱当两，则国传难朽之宝，家赢一倍之利，不俟加患，巧源自绝。上从演之议，遂以一钱当两，行之经时，公私非便，乃罢。

【译文】

先前担心货币少，铸造四铢钱，民间很多人偷偷铸造，大多剪凿古钱币获取铜，宋文帝非常担心。元嘉二十四年（447），采纳尚书江夏王刘义恭的建议，把一个钱币当作一两，以防止剪凿减轻重量，商议的人大多同意。何尚之议论说："大凡创立制度改定法令，应该顺从百姓的意志，没有违背众人意愿诈取财物而能够持久的。货币的兴废，不能反复商议改动。汉代以赤铜做钱币，不久就改变了，货币混乱，有人在市场哭泣，实在是因为事情不统一，难以遵守实行。所以不是危急变通之时，都应遵守长期的作法。若这种制度实行，富人的财产增加几倍，贫穷的人更加穷困了，恐怕不能达到均衡的目的。"中领军沈演之认为若以一大钱当作一两，那么国家保存了古钱，家庭赢得一倍的利益，没等到忧患产生，就断绝了它的根源。文帝听从了沈演之的意见，于是以一个大钱当作一两，推行时间不长，公私都不方便，就罢除了。

颜 延 之 传

父 识 子 笔

【原文】

元凶弑立，以为光禄大夫。长子竣为孝武南中郎咨议参军。及义师入讨，竣定密谋，兼造书檄。劭召延之示以檄文，问曰："此笔谁造？"延之曰："竣之笔也。"又问："何以知之？"曰："竣笔体，臣不容不识。"劭又曰："言辞何至乃尔？"延之曰："竣尚不顾老臣，何能为陛下。"劭意乃释，由是得免。

【译文】

　　元凶刘劭杀父自立后，让颜延之做光禄大夫。他的大儿子颜竣是孝武帝刘骏的南中郎咨议参军。等到刘骏的军队来讨伐刘劭，颜竣制定密谋，又兼写讨伐的檄文。刘劭召见颜延之给他看檄文，问他说："这篇文章是谁写的？"颜延之说："是颜竣写的。"刘劭又问："你怎么会知道？"颜延之回答说："颜竣的文体，我不会不认识。"刘劭又问："他的言辞为什么会这么激烈？"颜延之说："颜竣尚且不考虑我老夫的性命，又怎么会想到陛下。"刘劭才稍稍解了心疑，颜延之也因此得以免罪。

江夷传曾孙敩附传

江敩移床远客

【原文】

　　中书舍人纪僧真幸于武帝，稍历军校，容表有士风。谓帝曰："臣小人，出自本县武吏，邀逢圣时，阶荣至此。为儿昏，得荀昭光女，即时无复所须，唯就陛下乞作士大夫。"帝曰："由江敩、谢瀹，我不得措此意，可自诣之。"僧真承旨诣敩，登榻坐定，敩便命左右曰："移吾床让客。"僧真丧气而退，告武帝曰："士大夫故非天子所命。"

【译文】

　　中书舍人纪僧真在齐武帝面前很受宠幸，历任军官，有士人的仪表风度。他对齐武帝请求说："我是低贱的人，本来在自己的县中当个小武官，幸而遇上圣明之世，荣升到今天的地位。为儿子娶亲，找了士族荀昭光的女儿做媳妇。我现在没有别的要求了。只是希望陛下您允许我列入士族。"齐武帝说："这事由江瀹、谢瀹做主，我没有过问过这种事，你可以自己到他们那里去。"纪僧真奉命到江敩那里，刚登榻坐下，江敩便命左右侍候他的人说："把我的椅子移动一下，离客人远点。"僧真只好垂头丧气地告退，对武帝说："士族本不是天子能命令得了的。"

沈 庆 之 传

虽不知书，辞意甚美

【原文】

　　上尝欢饮，普令群臣赋诗，庆之粗有口辩，手不知书，每将署事，辄恨眼不识字。上通令作诗，庆之曰："臣不知书，请口授师伯。"上即令颜师伯执笔。庆之口授之曰："微生遇多幸，得逢时运昌，朽老筋力尽，徒步还南冈。辞荣此圣世，何愧张子房。"上甚悦，众坐并称其辞意之美。

【译文】

　　孝武帝曾经欢乐宴饮，让群臣都赋诗，沈庆之略有口才，不会写字，每次签

署朝事，就恨自己不识字。皇帝通令作诗，沈庆之说："我不识字，请求口授让颜师伯记下来。"孝武帝就命令颜师伯拿笔记。沈庆之口授说："卑微的一生碰到很多幸运的事，又赶上好运数，虽然年迈体力衰弱，徒步回归南冈。光荣地辞别这圣明之世，比起张良也没什么羞惭的。"孝武帝很高兴，在座众人也称赞他的辞意很美。

齐豫章王嶷传荀丕附传

以 德 为 宝

【原文】

丕字令哲，后为荆州西曹书佐，长史王秀与其书，题之云"西曹荀君"。丕报书曰："第五之位，不减骠骑，亦不知西曹何殊长史！且人之处世，当以德行称著，何遽以一爵高人邪？相如不见屈于渑池，毛遂安受辱于郢都，造敌临事，仆必先于二子，未知足下之贵，足下之威，孰若秦、楚两王。仆以德为宝，足下以位为宝，各宝其宝，于此敬宜。"于是直题云"长史王君"。

【译文】

荀丕字令哲，后来任荆州西曹书佐。长史王秀之给他写信，题名为"西曹荀君"。荀丕回信说："第五等的书佐，不次于骠骑大将军，不知与长史相比又有多大差别？再说人处世应该以有美好的德行出名，怎么能因为比别人爵位高一等就自以为了不起呢？蔺相如在渑池会上不为秦王的威势所屈，毛遂怎能在郢都受楚王的侮辱！赴敌临难，我一定要比他们两人强。不知道您的高贵与威严与秦王、楚王相比又如何？我以德为宝，您以地位为宝，各人珍惜自己的宝贝，这样对双方都有宜处。"于是也直接写上致"长史王君"。

齐巴陵王子伦传

典 签 权 重

【原文】

高帝、武帝为诸王置典签帅，一方之事，悉以委之，每至觐接，辄留心顾问，刺史行事之美恶，系于典签之口，莫不折节推奉，恒虑弗及，于是威行州部，权重蕃君。武陵王烨为江州，性烈直不可忏，典签赵渥之曰："今出都易刺史。"及见武帝相诬，烨遂免还。南海王子罕戍琅邪，欲暂游东堂，典签姜秀不许而止。还泣谓母曰："儿欲移五步亦不得，与囚何异。"秀后辄取子罕屐伞饮器等供其儿昏，武帝知之，鞭二百，系尚方，然而擅命不改。邵陵王子贞尝求熊白，厨人答典签不在，不敢与。西阳王子明欲送书参侍读鲍僎病，典签吴修之不许，曰："应谘行事。"乃止。言行举动，不得自专，征衣求食，必须谘访。永明中，巴东王子响杀行事刘寅等，武帝闻之，谓群臣曰："子响遂反"。戴僧静大言曰："诸王都自应反，岂唯巴东。"武帝问其故，答曰："天王无罪，而一时被

囚，取一挺藕，一杯浆，皆谘签帅，不在则竟日忍渴。诸州唯闻有签帅，不闻有刺史。"竟陵王子良尝问众曰："士大夫何意谘签帅？"参军范云答曰："谘长史以下皆无益，谘签帅便有倍本之价，不谘谓何！"子良有愧色。及明帝诛异己者，诸王见害，悉典签所杀，竟无一人相抗。

【译文】

齐高帝、武帝给诸王设立典签，把地方事务全部委托给他们办。每当典签回京朝见，皇帝总是留心询问，刺史做事好坏，取决于典签的汇报。诸王无不曲意逢迎，还唯恐他们不乐意。因此，典签在地方上很有威势，权力比诸王还大。武陵王萧烨做江州刺史，性情刚烈不容许别人违犯。典签赵渥之说："我现在出发到都城换个刺史。"见武帝后，诬陷萧烨，萧烨便被免职回京。南海王萧子罕戍守琅邪郡，想到东堂游玩，典签姜秀不允许，只好不去。回京后，子罕向母亲哭诉："我想走五步都不能自主，同囚犯有什么差别。"姜秀后来擅自拿子罕的鞋、伞与饮器等东西给儿子结婚用，武帝知道后，把他鞭打二百，关押在尚方令所属的狱中，可专断作风不改。邵陵王萧子贞曾经要吃熊白，厨师说典签不在，不敢给。西阳王萧子明想送书给侍读鲍僎并看看他的病情，典签吴修之不允许，说："要问问行事。"只得作罢。诸王一言一行、一举一动，都不能自主，吃饭穿衣之事也要询问典签。永明年间，巴东王萧子响杀行事刘寅等人，齐武帝听说后，对文武百官说："子响果然造反了。"戴僧静大声说："诸王都应造反，难道只巴东王一人。"武帝问他原因是什么，回答说："诸王没罪，而形同囚禁，拿一根藕，取一杯浆，都要问签帅，如果签帅不在，就只好整天渴着。各州只听说有签帅，不听说有刺史。"竟陵王萧子良曾问幕僚们："士大夫为什么要巴结签帅？"参军范云回答："巴结长史以下的人都没有好处，巴结签帅便有加倍的好处，为什么不去巴结呢！"萧子良面有愧色。后来齐明帝杀害异己，诸王都是被典签杀死的，竟然没有一个人敢抵抗。

王敬则传

愿世世不生帝王家

【原文】

顺帝欲避上，不肯出宫逊位。明日当临轩，顺帝又逃宫内。敬则将舆入迎帝，启譬令出，引令升车。顺帝不肯即上，收泪谓敬则曰："欲见杀乎？"敬则答曰："出居别宫耳，官先取司马家亦复如此。"顺帝泣而弹指："唯愿后身生生世世不复天王作因缘。"宫内尽哭，声彻于外。

【译文】

宋顺帝刘准想躲避齐高帝，不肯出宫让位，明天齐高帝准备在殿前平台上接见大臣，顺帝又逃进宫内。王敬则带着车进宫接他，告诉他出宫并叫他立即上车。顺帝不肯上，忍住泪问敬则："要杀我吗？"敬则回答说："出去到别的宫住，你们家以前夺晋朝司马家时也是这样做的。"顺帝哭着说："只愿后身世世不再生于帝王家。"宫内人都哭了，哭声响彻宫外。

三十六策，走是上计

【原文】

　　是时上疾已笃，敬则仓卒东起，朝廷震惧。东昏侯在东宫议欲叛，使人上屋望，见征虏亭失火，谓敬则至，急装欲走。有告敬则者，敬则曰："檀公三十六策，走是上计，汝父子唯应急走耳。"盖讥檀道济避魏事也。

【译文】

　　这时齐明帝病已很重，王敬则在东部突然发难，朝廷震恐。东昏侯正在东宫议论王敬则想叛乱的事，派人爬到屋顶上眺望，看见征虏亭大火，认为王敬则兵已到，急忙换衣服想逃跑。有人把这件事告诉了敬则，敬则说："檀道济有三十六策，逃走是上计，你们父子就该赶快逃走。"以讥讽东昏侯象檀道济伐魏时一样临阵逃走。

陈 显 达 传

奢侈者多败

【原文】

　　显达谦厚有智计，自以人微位重，每迁官常有愧惧之色。子十余人，诫之曰："我本意不及此，汝等勿以富贵陵人。"家既豪富，诸子与王敬则诸儿并精车牛，丽服饰。当世快牛称陈世子青、王三郎乌、吕文显折角、江瞿昙白鼻，而皆集陈舍。显达知此不悦。及子休尚为郢府主簿，过九江拜别。显达曰："凡奢侈者鲜有不败，尘尾蝇拂是王、谢家物，汝不须捉此自逐。"即取于前烧除之。

青瓷刻花章柄壶　南北朝

【译文】

　　陈显达为人谦虚、厚道而又机智，自以为出身卑微却身居高位，怕遭人忌恨，每当升官时，都显得很惭愧、恐惧。有十几个儿子，告诫他们说："我以前从没想到能如此富贵，你们可不能凭富贵欺压人。"家中既很富，儿子们与王敬则诸儿都精心装饰自己的车子、快牛，穿华丽的衣服。当时的快牛人称陈世子青、王三郎乌、吕文显折角、江瞿昙白鼻。这些牛都集中在陈家。显达为此不高兴。等到儿子陈休尚任郢州（今湖北武昌）主簿路过九江拜别，显达说："凡奢侈的人很少有不衰败的，尘尾、蝇拂是王、谢大家族用的。你不能拿着这种东西来赶时髦。"于是拿过来当面烧掉。

庾杲之传

庾杲之为莲幕

【原文】

王俭谓人曰："昔袁公作卫军，欲用我为长史，虽不获就，要是意向如此。今亦应须如我辈人也。"乃用杲之为卫将军长史。安陆侯萧缅与俭书曰："盛府元僚，实难其选。庾景行泛渌水，依芙蓉，何其丽也。"时人以入俭府为莲花池，故缅书美之。

【译文】

王俭对人说："从前袁公任卫军时，想用我做长史，我虽然没有去任职，然而双方都是相互满意的。现在我也应该挑选一个像我这样的人才做我的长史。"于是，他选拔了庾杲之作卫将军长史。安陆侯萧缅为此写信给王俭，说："先生官府高洁风雅，部属很难找到合适的人选。庾景行有幸做您的长史，就好比是泛舟清水，依附芙蓉，何其美哉！"当时的人把入王俭官府比做进莲花池，所以，萧缅这样写信给他，给以赞美。

萧　宏　传

杯酒察真情

【原文】

宏以介弟之贵，无佗量能，恣意聚敛。库室垂有百间，在内堂之后，关签甚严。有疑是铠仗者，密以闻。武帝于友于甚厚，殊不悦。宏爱妾江氏，寝膳不能暂离。上佗日送盛馔与江曰："当来就汝欢宴。"唯携布衣之旧射声校尉丘佗卿往。与宏及江大饮。半醉后，谓曰："我今欲履行汝后房。"便呼后阁典，径往屋所。宏恐上见其贿货，颜色怖惧。上意弥信是仗，屋屋检视。宏性爱钱，百万一聚，黄牓标之，千万一库，悬一紫标，如此三十余间。帝与佗卿屈指计，见钱三亿余万。余屋贮布、绢、丝、绵、漆、蜜、纻、蜡、朱砂、黄屑、杂货，但见满库，不知多少。帝始知非仗。大悦，谓曰："阿六，汝生活大可！"方更剧饮，至夜，举烛而还。兄弟情方更敦睦。

【译文】

萧宏身为梁武帝弟弟，且位居高官，没有别的才能，只知道尽情积聚钱财。在内堂之后，有近百间房子贮藏钱财，关闭得很严实。有人怀疑藏的是武器，就暗中报告梁武帝。梁武帝对于兄弟间的关系看得很重，得知这一情况，对弟弟大为不满。萧宏宠爱妾江氏，睡觉吃饭，一刻也不能离开。有一天，梁武帝送给江氏丰盛的酒食，对她说："我会来你家喝酒玩耍。"到时，梁武帝只带上从前的老朋友、射声校尉丘佗卿同去，与萧宏和江氏大饮。有五分酒意后，梁武帝对弟弟说："今天我想到你后堂去看看。"于是，叫人驾车直往后屋。萧宏担心武帝发现

所藏钱物，脸色恐惧。见此情景，武帝更加相信藏的是武器，就挨屋一一察看。萧宏生性爱钱，百万两一串，用黄牌做标记，一千万两一个屋，悬挂紫色标志，共有三十多间屋。武帝与丘佗卿掐着指头算了算，有钱三亿多万两。其他房屋贮藏布、绢、丝、绵、漆、蜜、纻、蜡、朱砂、黄屑、杂货，只见屋屋都装得满满的，不知道到底有多少。至此，武帝才知道藏的不是武器，非常高兴，对弟弟萧宏说："老六，你生活很好嘛！"于是，大家真正开怀痛饮，一直到深夜，才举着蜡烛回去。自此以后，他们兄弟俩的感情更为融洽。

梁武帝诸子

昭明太子仁恕

【原文】

太子性仁恕，见在宫禁防捉荆子者，问之，云以清道驱人。太子恐复致痛，使捉手板代之。频食中得蝇虫之属，密置样边，恐厨人获罪，不令人知。

【译文】

昭明太子萧统生性仁慈、宽恕。有次他看见在宫廷负责侍卫的人员的手中拿着荆条（即藤条），就问拿荆条干什么用，对方说在清道警戒的时候用来驱赶行人，昭明太子担心他们再用荆条抽痛人家，就叫他们改用朝笏。还有，他吃饭的时候，经常发现饭菜中有苍蝇之类的虫子，就悄悄地把虫子丢在盘子边，以免让人知道后，厨师遭罪。

曹景宗传

将 军 善 诗

【原文】

景宗振旅凯入，帝于华光殿宴饮连句，令左仆射沈约赋韵。景宗不得韵，意色不平，启求赋诗。帝曰："卿伎能甚多，人才英拔，何必止在一诗。"景宗已醉，求作不已，诏令约赋韵。时韵已尽，唯余竞病二字。景宗便操笔，斯须而成，其辞曰："去时儿女悲，归来笳鼓竞。借问行路人，何如霍去病。"帝叹不已。约及朝贤惊嗟竟日，诏令上左史。于是进爵为公，拜侍中、领军将军。

【译文】

曹景宗在钟离保卫战中，大破魏军，凯旋归来，梁武帝在华光殿设宴庆贺，并让尚书左仆射沈约出韵让大家赋诗。曹景宗没有得到韵，满脸不高兴，请求赐韵让他作诗，武帝对他说："将军技能很多，英名盖世，何必强求作诗呢？"曹景宗已醉，再三要求作诗，武帝就让沈约给他韵。这时，韵已用尽，只剩下"竞""病"两字，曹景宗当即拿笔作诗，一会儿便成，他的诗如下："去时儿女悲，归来笳鼓竞。借问行路人，何如霍去病。"武帝看后，惊叹不已，沈约和其他文臣也惊叹了一大阵，武帝下令把这件事报告给史官左史，让他记入史册。于是，

晋升曹景宗的爵位为公，拜为侍中、领军将军。

冯道根传

不 为 儒 吏

【原文】

冯道根字巨基，广平酂人也。少孤，家贫，佣赁以养母。行得甘肥，未尝先食，必遽还以遗母。年十三，以孝闻。郡召为主簿，不就，曰："吾当使封侯庙食，安能为儒吏邪。"

【译文】

冯道根字巨基，广平酂（今河南酂县）人，年轻时孤贫，受雇为人做工来奉养母亲，一旦有甘甜肥美的食物，自己一点不吃，必定立刻拿回家给母亲吃。十三岁的时候，就以孝敬母亲而闻名。广平郡太守征召他去当主簿，他不去就职，说："我生应当封为侯，死应当享受庙祭，怎么能够做主簿这样的儒吏？"

张 弘 策 传

夜定君臣之分

【原文】

建武末，与兄弘胄从武帝宿，酒酣，移席星下，语及时事。帝曰："天下方乱，舅知之乎？冬下魏军方动，则亡汉北。王敬则猜嫌已久，当乘间而作。"弘策曰："敬则张两赤眼，容能立事？"帝曰："敬则庸才，为天下唱先尔。主上运祚尽于来年，国权当归江、刘。而江甚隘，刘又暗弱，都下当大乱，死人如乱麻。齐之历数自兹亡矣。梁、楚、汉当有英雄兴。"弘策曰："瞻乌爰止，于谁之屋？"帝笑曰："光武所云，'安知非仆'。"弘策起曰："今夜之言，是天意也，请定君臣之分。"

【译文】

南朝齐建武末年，张弘策同哥哥张弘胄随从萧衍一起住宿，痛饮之后，搬凳子到屋外闲聊，谈及时事。萧衍对从舅张弘策说："天下将乱，舅舅觉察到了吗？今冬，北魏军将南侵，掠夺我齐朝汉水以北领土。王敬则猜疑已久，必定趁机起来造反。"张弘策说："王敬则长着两只红色眼珠子，能成大事吗？"萧衍说："王敬则才能平庸，不过是率先倡导天下罢了。皇上的天命当止于明年，到明年，国家大权会落到尚书右仆射江祐和卫尉刘暄手中，而江祐狭隘无断，刘暄懦弱无才，都城建康必有大乱，死人如乱麻，南齐政权必定因此而亡。长江和汉水流域会有英雄出世。"张弘策说："这个英雄会是谁呢？"萧衍笑着回答："东汉光武帝刘秀曾经说过，'这个天子难道不可能是我吗？'"张弘策起身恭敬地说："今夜之言是天意吧，请让我们就此定下君臣间的职分。"

国学经典文库

吕僧珍传

千 万 买 邻

【原文】

初，宋季雅罢南康郡，市宅居僧珍宅侧。僧珍问宅价，曰："一千一百万。"怪其贵，季雅曰："一百万买宅，千万买邻。"及僧珍生子，季雅往贺，署函曰"钱一千"。阍人少之，弗为通，强之乃进。僧珍疑其故，亲自发，乃金钱也。遂言于帝，陈其才能，以为壮武将军、衡州刺史。将行，谓所亲曰："不可以负吕公。"在州大有政绩。

【译文】

当初，南康郡太守宋季雅被免官后，在都城买了一座紧靠着吕僧珍的住宅。吕僧珍向他打听房价，宋季雅回答说："一千一百万钱。"吕僧珍对他花如此高价买下这座房子感到奇怪，宋季雅解释说："一百万买房，一千万买邻居。"等到吕僧珍生有儿子的时候，宋季雅前往祝贺，在贺礼的匣子上写着："钱一千"，看门人嫌少，不替他通报，宋季雅硬要看门人进去通报，看门人方才同意。吕僧珍怀疑他这样做另有缘故，就亲自打开匣子，原来里面装的是金钱。于是，吕僧珍将这件事告诉了梁武帝，并陈述他的才能，梁武帝就封他为壮武将军、衡州刺史。临上任时，宋季雅对家属说："我们不能够做对不起吕公的事情。"果然，在衡州（今湖南衡阳）做官期间，宋季雅大有政绩。

沈 约 传

沈 郎 细 腰

【原文】

初，约久处端揆，有志台司，论者咸谓为宜。而帝终不用，乃求外出，又不见许。与徐勉素善，遂以书陈情于勉，言己老病，"百日数旬，革带常应移孔；以手握臂，率计月小半分"。欲谢事，求归老之秩。勉为言于帝，请三司之仪，弗许，但见鼓吹而已。

【译文】

当初，沈约久任尚书令后，想做宰相，大家都认为他适宜做宰相，但是，梁武帝始终没有调升他为宰相，于是，沈约就请求做地方官，梁武帝也不同意。沈约与徐勉一向关系好，就写信给徐勉，表述自己的心情，说自己年老有病，"每隔两三个月，腰带的孔就要向里边移；用手握臂，大概每月减少半分"，因而想退休，请求给予他养老的待遇。徐勉对梁武帝说明此事，请求梁武帝赐给他三公的荣耀，武帝还是不答应，只给他增加一些乐队罢了。

范云传范缜附传

巧 难 王 琰

【原文】

太原王琰乃著论讥缜曰："呜呼范子！曾不知其先祖神灵所在。"欲杜缜后对。缜又对曰："呜呼王子！知其祖先神灵所在，而不能杀身以从之。"

【译文】

太原人王琰写文章讽刺范缜说："范先生啊，你竟然不知道祖宗先人的神灵在哪里！"想堵住范缜使他无法回答。范缜又回答说："王先生啊，你既然知道先祖的神灵在什么地方，怎么不能自杀去跟随他们呢！"

拒绝卖论取官

【原文】

子良使王融谓之曰："神灭既自非理，而卿坚执之，恐伤名教。以卿之大美，何患不至中书郎，而故乖剌为此，可便毁弃之。"缜大笑曰："使范缜卖论取官，已至令仆矣，何但中书郎邪。"

【译文】

萧子良派王融对范缜说："说人死精神即灭已是没有道理，可您固执己见，恐怕有伤礼教。凭您杰出的才华，还怕当不上中书郎吗？何必这样与众不同？您可以放弃自己的观点。"范缜大笑说："假使我卖论求官，早已当上尚书令或尚书仆射，何止中书郎呢。"

韦 睿 传

用 兵 神 速

【原文】

五年，魏中山王元英攻北徐州，围刺史昌义之于钟离，众兵百万，连城四十余。武帝遣征北将军曹景宗拒之。次邵阳洲，筑垒相守，未敢进。帝怒，诏睿会焉，赐以龙环御刀，曰："诸将有不用命者斩之。"睿自合肥径阴陵大泽，过涧谷，辄飞桥以济师。人畏魏军盛，多劝睿缓行。睿曰："钟离今凿穴而处，负户而汲，车驰卒奔，犹恐其后，而况缓乎。"旬日而至邵阳。……睿于景宗营前二十里，夜掘长堑，树鹿角，截洲为城，比晓而营立。元英大惊，以杖击地曰："是何神也！"

【译文】

天监五年（公元 506 年），北魏中山王元英攻占北徐州，把刺史昌义之围困在钟离城（今安徽凤阳东北），魏军多达百万，筑起城垒四十多座。梁武帝派征

北将军曹景宗去援救，曹景宗率兵驻扎在邵阳洲（在今凤阳东北），筑起营垒，不敢继续推进。梁武帝大怒，就把韦睿召去，赐给他龙环御刀，说："诸将领如有不服从命令的，可以斩杀。"韦睿率军自合肥出发，渡过阴陵（今安徽定远县）沼泽地，遇到涧谷不通之地，就架设浮桥过去。大家害怕强大的魏军，都劝他慢点行军，韦睿说："钟离城目前的处境极其危险，我们即使是车马飞奔而进，还恐怕来不及，更不说减速行进了。"韦睿率军日夜兼程，全速推进，十天就到了邵阳洲。……韦睿在曹景宗营前二十里处，连夜挖掘战壕，设置营障，拦截邵阳洲，构筑城垒，等到天亮的时候，军营就筑好了。元英见了，大吃一惊，用军杖敲打着地面说："这是哪个神仙啊！"

江 淹 传

江 郎 才 尽

【原文】

淹少以文章显，晚节才思微退，云为宣城太守时罢归，始泊禅灵寺渚，夜梦一人自称张景阳，谓曰："前以一匹锦相寄，今可见还。"淹探怀中得数尺与之，此人大恚曰："那得割截都尽。"顾见丘迟谓曰："余此数尺既无所用，以遗君。"自尔淹文章蹇矣。又尝宿于冶亭，梦一丈人自称郭璞，谓淹曰："吾有笔在卿处多年，可以见还。"淹乃探怀中得五色笔一以授之。尔后为诗绝无美句，时人谓之才尽。

【译文】

江淹年轻时以文章出色而闻名，到晚年才思稍退。据说他在任宣城太守罢官回来时，坐船停靠在禅灵寺前的沙洲上，晚上梦见一人自称叫张景阳，对他说："以前把一匹锦寄在你这里，现在还给我吧。"江淹从怀中取出几尺来给他，这人很气愤，说："你怎么把它裁割完了。"回头看见丘迟说："剩下这几尺没有什么用了，送给您。"自此以后江淹的文章就不如以前了。江淹又曾宿于冶亭，梦见一男子自称叫郭璞，对江淹说："我的笔在您这里好多年了，现在可以还我了。"江淹便从怀中取出一支五色笔交给他。从这以后写诗再也没有妙句，当时人说他才华已尽。

王 僧 孺 传

王 僧 孺 让 柰

【原文】

僧孺幼聪慧，年五岁便机警，初读《孝经》，问授者曰："此书何述？"曰："论忠孝二事。"僧孺曰："若尔，愿常读之。"又有馈其父冬柰，先以一与之，僧孺不受，曰："大人未见，不容先尝。"七岁能读十万言，及长笃爱坟籍。家贫，常佣书以养母，写毕讽诵亦了。

【译文】

王僧孺自幼聪慧，年仅五岁，就相当机警，初次读《孝经》，问老师说："这本书讲的是什么内容？"老师说："论述忠与孝两件事情。"王僧孺说："如果是这样，我愿常常读它。"还有一次，有个客人给他父亲捎来些苹果，首先碰见王僧孺，就先拿一个给他吃，王僧孺不要，说："大人不知道，我不能先吃。"七岁时，就能读懂十万字的书，长大成年后，酷爱古书。家中贫苦，为奉养母亲，常常受雇替人抄书，抄写完毕，就能背诵出来。

徐　勉　传

人 中 骐 骥

【原文】

勉幼孤贫，早励清节。年六岁，属霖雨，家人祈霁，率尔为文，见称嗜宿。及长好学。宗人孝嗣见之，叹曰："此所谓人中之骐骥，必能致千里。"

【译文】

徐勉自幼孤贫，从小就磨砺了高洁的节操。六岁那年，恰逢长期下雨，家人祈祷雨停，就此情景，徐勉随随便便地写了一篇文章，却受到前辈学者的称赞。长大成年后，勤奋好学。同一宗族的徐孝嗣看见他，赞叹说："这就是所谓的人中骐骥，必能致千里（谓前途远大）。"

朱　异　传

武帝欲纳侯景

【原文】

初，武帝梦中原尽平，举朝称庆，甚悦，以语异曰："吾生平少梦，梦必有实。"异曰："此宇内方一之征。"及侯景降，敕召群臣廷议，尚书仆射谢举等以为不可许。武帝欲纳之，未决，尝夙兴至武德阁口，独言："我国家犹若金瓯，无一伤缺，承平若此，今便受地，讵是事宜？脱至纷纭，悔无所及。"异探帝微旨，答曰："圣明御宇，上应苍玄，北土遗黎，谁不慕仰，为无机会，未达其心。今侯景分魏国太半，远归圣朝；若不容受，恐绝后来之望。"帝深纳异言，又感前梦，遂纳之。

【译文】

当初，梁武帝梦见中原领土都被收复，所有官员都庆贺，非常高兴，对朱异说："我平生很少做梦，一旦做梦，必定会兑现。"朱异说："这个梦是天下统一的好兆头。"后来，东魏将领侯景来降，梁武帝召集群臣到朝廷商议，尚书仆射谢举等人认为不可答应侯景的投降请求。梁武帝想接纳侯景，但未做出最后决定。有一天清早，他散步到武德阁门口，自言自语地说："我梁朝天下好比金瓯，完整无损，太平无事，接受人家的领土，还是可以的吧？如果老是这样吵吵闹

闹，拿不定主意，错过机会，到时后悔都来不及呀。"朱异懂得梁武帝的心思，答话说："皇上英明，国家太平，老天也显灵，北方人们谁不仰慕您梁朝天下，只是苦于没有机会来归附皇上，以成其仰慕之心罢了。现在侯景占有东魏大部分领土，自远而来归降皇上，皇上如果不能接纳，恐怕会断绝北方人们的希望。"武帝觉得朱异的话很有道理，又想起上次所做之梦，就接纳了侯景。

徐摛传

天上石麟

【原文】

陵字孝穆。母臧氏，尝梦五色云化为凤，集左肩上，已而诞陵。年数岁，家人携以候沙门释宝志。宝志摩其顶，曰："天上石麒麟也。"光宅寺慧云法师每嗟陵早就，谓之颜回。八岁属文，十三通《庄》《老》义。及长，博涉史籍，从横有口辩。

【译文】

徐陵字孝穆，相传他母亲臧氏曾经梦见五色彩云变为凤，落到他的左肩上，醒来不久，就生下了徐陵，几岁时，家人带他去见当时有名的高僧释宝志大师，宝志抚摸着他的头顶说："这是天上的石麒麟啊。"光宅寺慧云法师常常赞叹他早成大器，把他比作孔子的得意门生颜回。八岁时，就能写一手好文章。十三岁时，通晓《庄子》《老子》两书的义理。长大成人后，博览史书，纵谈古今，广征博引，很有口才。

鲍泉传

把鲍泉当马骑

【原文】

郢州平，元帝以世子方绪为刺史，泉为长史，行州府事。方绪见泉和弱，每有咨陈未尝用，使泉伏床骑背为马，书其衣作其姓名，由是州府尽相欺。

【译文】

平定郢州邵陵王萧纶的叛乱后，梁元帝派嫡长子萧方绪作郢州刺史，鲍泉作长史，管理州府事务。萧方绪见鲍泉随和、懦弱，所以不仅根本不采纳鲍泉的建议，还让鲍泉伏在床铺上当马骑，又在鲍泉衣服上涂写他的姓名，这样一来，州府里的人都欺负鲍泉。

王神念传附王僧辩传

梁元帝喜怒无常

【原文】

及荆、湘疑贰，元帝令僧辩及鲍泉讨之。时僧辩以竟陵间部下皆劲勇，犹未尽来，意欲待集然后上顿。与泉俱入，使泉先言之，泉入不敢言。元帝问僧辩，僧辩以情对。元帝性忌，以为迁延不去，大怒厉声曰："卿惮行拒命，欲同贼邪？今唯死耳。"僧辩对曰："今日就戮甘心，但恨不见老母。"帝自斫之，中其髀，流血至地，闷绝，久之方苏。即送廷尉，并收其子侄并系之。其母脱簪珥待罪，帝意解，赐以良药，故不死。

【译文】

荆州刺史萧绎和湘州刺史萧誉间出现猜疑隔阂，萧绎下令王僧辩和鲍泉统兵讨伐萧誉。当时，王僧辩的精锐兵力有一部分还在竟陵（今湖北沙市东），所以，他想等兵力全部抵达荆州后，再率兵进发。于是，与鲍泉一起去觐见萧绎，说明意图，王僧辩让鲍泉先说，不料鲍泉见到萧绎后，害怕得不敢说话。萧绎就问王僧辩，王僧辩据实回答。萧绎猜疑成性，认为王僧辩有意拖延不去，大怒，厉声说："你畏惧前行，抗拒命令，是想伙同贼兵对付我吗？该当死罪！"王僧辩说："今日被杀，我甘心情愿，只恨临死之前不见老母一面。"萧绎亲手击杀王僧辩，砍中他的大腿，血流满地，闷死过去，过了很久才苏醒过来。萧绎立即叫人把他押送到廷尉，并且收捕、囚禁他儿子、侄子，他老母摘下头上的簪子，等候治罪，萧绎这才消气，赐给王僧辩好药治伤，王僧辩才免遭死亡。

张　彪　传

杨氏贞洁不渝

【原文】

昭达进军，迎彪妻便拜，称陈文帝教迎为家主。杨便改啼为笑，欣然意悦，请昭达殡彪丧。坟冢既毕，黄苍又俯伏冢间，号叫不肯离。杨还经彪宅，谓昭达曰："妇人本在容貌，辛苦日久，请暂过宅庄饰。"昭达许之。杨入屋，便以刀割发毁面，哀哭恸绝，誓不更行。陈文帝闻之，叹息不已，遂许为尼。后陈武帝军人求取之，杨投井决命。时寒，比出之垂死，积火温燎乃苏，复起投于火。

【译文】

章昭达领兵杀害了张彪后，继续进军剿灭他的同伙，碰见张彪的妻子杨氏，连忙叩拜，说陈文帝让他娶她为妻，杨氏马上破涕为笑，显得很高兴，请章昭达埋葬好张彪。埋葬完后，黄苍还扒在坟墓上，号叫着不肯离开。杨氏回来后经过张彪的住宅，对章昭达说："女人的根本就在于容貌，近来我一直辛苦不堪，容貌不整，请让我先进去好好地打扮一下。"章昭达同意。谁知杨氏进屋后，用刀

国学经典文库

割发毁面，哭叫不已，痛不欲生，发誓不改嫁。陈文帝
听说此事，叹息不已，就允许她出家为尼。后来，陈武
帝的军人又要娶她，杨氏不从，就投井自杀，由于天
寒，等到被人救起后只有点点气息，烧火把她温暖过
来，她又起身投进火中。

循 吏 传

为政有如居家

【原文】

　　慧度布衣蔬食，俭约质素。能弹琴，颇好《庄》
《老》。禁断淫祀，崇修学校，岁荒人饥，则以私禄振
给。为政纤密，有如居家，由是威惠沾洽，奸盗不起。
乃至城门不夜闭，道不拾遗。

青瓷莲花尊　南北朝

【译文】

　　杜慧度布衣粗食，过着俭朴、简约、清贫的生活，能弹琴，非常喜欢《庄
子》和《老子》。他禁绝不合礼制的祭祀，兴修学校，遇上饥荒年成，就用自己
的俸禄救济饥民。他做官理政仔细而周密，就好比在家过日子那样。因此，在他
治理的地域，恩威并举，如同雨露润物，民风淳朴，奸盗不起，以至夜晚城门不
需关闭，而且，道不拾遗。

治国如治病

【原文】

　　臣谓为国之本，与疗病相类，疗病当去巫鬼，寻华、扁，为国当黜佞邪，用
管、晏。

【译文】

　　臣郭祖深认为治国的根本与治病相似，治病应当去除巫术鬼道，使用华佗、
扁鹊那样高明的医生，治国应当废除奸佞、邪恶之人，起用管仲、晏婴那样的良
臣。

恶不可长，欲不可纵

【原文】

　　法者人之父母，惠者人之仇雠，法严则人思善，德多则物生恶，恶不可长，
欲不可纵。伏愿去贪浊，进廉平，明法令，严刑罚，禁奢侈，薄赋敛，则天下幸
甚。

【译文】

　　法令好比是人的父母，恩惠好比是人的仇敌，法令严明，人们不敢胡作非

为，而规规矩矩地做人；给人恩惠太多，往往使人滋生邪恶。邪恶不可滋长，欲望不可放纵。臣郭祖深赤诚希望皇上去除贪婪、污浊之人，延纳廉洁、公平之人，明于法令，严于刑罚，禁绝奢侈，减轻赋税，那么，天下百姓万幸。

儒　林　传

上 行 下 效

【原文】

语云："上好之，下必有甚焉者。"是以邹缨齐紫，且以移俗，况禄在其中，可无尚与。当天监之际，时主方崇儒业，如崔、严、何、伏之徒，前后互见升宠，于时四方学者，靡然向风，斯亦曩时之盛也。自梁迄陈，年且数十，虽时经屯诐，郊生戎马，而风流不替，岂俗化之移人乎。古人称上德若风，下应犹草，美矣，岂斯之谓也。

【译文】

俗话说："统治者喜欢的东西，老百姓一定会更加喜欢。"的确如此，邹国国君喜系长缨，齐桓公好穿紫服，全国上下都去模仿。这样，不仅可以改变原有的风俗习惯，而且可以给模仿者带来福气，这是别的途径所无法比拟的。天监年间（公元502~520年），梁武帝崇尚儒术，崔灵恩、严植之、何冬之、伏暅这些儒学之士，先后受到梁武帝的提拔和宠爱，风气所至，四方学者莫不操练儒业，蔚然成风，这也是当时的一大盛事。自梁至陈的几十年间，，其间虽然不是一帆风顺，发生过战争，然而，社会上崇儒尚学之风还是没有改变，原因就在于统治者倡导的风气已深入人心。古人认为上层统治者的德行好比是风，下层百姓竞相响应，如同风吹草动，这话一点不假呀，上面所说的就是这个意思。

国学经典文库

文　学　传

人主不必事事躬亲

【原文】

嵘乃上书曰："古者明君揆才颁政，量能授职，三公坐而论道，九卿作为成务，天子可恭己南面而已。"书奏，上不怿，谓太中大夫顾暠曰："钟嵘何人，欲断朕机务，卿识之不？"答曰："嵘虽位末名卑，而所言或有可采。且繁碎职事，各有司存，今人主总而亲之，是人主愈劳而人臣愈逸，所谓代庖人宰而为大匠斫也。"

【译文】

于是，钟嵘上书齐明帝说："古代的明君在用人、执政方面，以才能高低为标准，授予相应的官职，职责分明，三公负责总体规划，九卿执行具体政务，天子自己则高高在上，予以控制。"齐明帝看后，很不高兴，问太中大夫顾皓："钟嵘是什么人？他想决断我的机密大事，您认识这个人吗？"顾皓回答说："钟嵘这

个人虽然位卑名微，但是他的意见大概也有值得采纳的地方。再说繁杂零碎的具体政务，各有它的主管人员负责，如果做君主的什么事情都要去管，那么这只能使君主日益劳累，而做臣子的日渐安逸，替厨师宰牛，给大匠砍木，说的就是这个道理。"

孝 义 传

江 泌 逐 月

【原文】

泌少贫，昼日斫屦为业，夜读书随月光，光斜则握卷升屋，睡极堕地则更登。

【译文】

江泌小时候家中很穷，白天以砍削木鞋鞋底维持生活，晚上借着月光读书。月光西斜，他便拿着书爬到屋顶上去，有时实在太疲劳，打瞌睡从屋上摔下来，再爬上去继续读书。

隐 逸 传

越 凫 楚 乙

【原文】

司徒从事中郎张融作《门律》云："道之与佛，逗极无二。吾见道士与道人战儒墨，道人与道士辨是非。昔有鸿飞天首，积远难亮，越人以为凫，楚人以为乙。人自楚、越，鸿常一耳。"

【译文】

司徒从事中郎张融作《门律》说："道教与佛教，最终所主张的东西没有什么两样。依我看，佛教徒和道教徒相互辩论，正像儒墨两家争辩是非问题一样，是不会有统一认识的。据说，从前天空中有只大雁，飞得很高很远，肉眼看不清楚，因而引起一场争论，越人说那是只野鸭，楚人说那是只燕子。虽然越人与楚人说的不一样，但是，那只大雁还是只大雁"。

遂 其 高 志

【原文】

天监十二年，诏公卿举士，秘书监傅照上疏荐之，与吴郡范元琰俱征，并不到。陈郡袁峻谓曰："往者天地闭，贤人隐。今世路已清，而子犹遁，可乎？"答曰："昔周德虽兴，夷、齐不厌薇蕨。……为仁由己，何关人世？况仆非往贤之类邪？"初，谢朓及伏暅应征，天子以为隐者苟立虚名，以要显誉，故孝绪与何胤并得遂其高志。

【译文】

天监十二年（513），梁武帝下诏要朝廷官员推举贤士，秘书监傅照上书推荐了阮孝绪。阮孝绪与吴郡的范元琰没有去应征做官。陈郡的袁峻对他说："过去天下黑暗，所以贤人隐退，而现在天下清明，正好大有作为，您为什么还要隐居不仕呢？"阮孝绪回答说："从前周朝兴起的时候，世道也是好的，然而伯夷、叔齐还是隐居在首阳山，甘愿吃野菜过日子。………隐居山林，追求仁义，这是自己的事情，与人世的黑暗和清明有什么关系呢？更何况我并非先前那样的贤人呢？"当初，起先隐居不仕的谢胐和伏暅最终还是应征出仕，梁武帝据此认为隐士之所以要隐居，不过是沽名钓誉罢了，因此，阮孝绪与何胤坚决隐居不出仕，以实现他们高洁的志向。

山 中 宰 相

【原文】

帝手敕招之，锡以鹿皮巾，后屡加礼聘，并不出，唯画作两牛，一牛散放水草之间，一牛著金笼头，有人执绳，以杖驱之。武帝笑曰："此人无所不作，欲牧曳尾之龟，岂有可致之理。"国家每有吉凶征讨大事，无不前以咨询。月中常有数信，时人谓为山中宰相。

陶弘景

【译文】

梁武帝亲手写下诏书征召陶弘景，赐给他鹿皮巾，后来又多次礼聘，陶弘景一概不出山为官，只给梁武帝画了两头牛，一牛在自由自在地喝水吃草，另一牛被套上铁笼头，后面有人用绳牵着，用木棍驱赶它。梁武帝看后笑着说："陶弘景这个人无所不做，想学拖着尾巴的乌龟，我怎么能够招他出山呢？"国家一旦有什么征讨大事，需要预测吉凶，梁武帝必定派人前往请教他，一月之中，常有几次，当时的人称陶弘景是山中宰相。

人 各 有 志

【原文】

寻遇侯景之乱，纶举兵援台，乃留书二万卷付枢。枢肆志寻览，殆将周遍，乃喟然叹曰："吾闻贵爵位者以巢、由为桎梏，爱山林者以伊、吕为管库，束名实则刍芥柱下之言，玩清虚则糠秕席上之说，稽之笃论，亦各从其好也。……"乃隐于茅山，有终焉之志。

【译文】

不久，遇上侯景叛乱，邵陵王萧纶率兵勤王，留下图书两万卷给马枢。马枢尽情地翻阅，几乎把这两万卷图书全部浏览完，他大发感叹地说："我记得前人

说过，追逐名利者把隐士巢父、许由看作是作茧自受，喜爱山林隐居生活者把伊尹、吕尚这样的大臣视为管库藏的小官；沉溺于名实之辨的名家把老子的言论当作莒芥，欣赏清净虚无的道家则把儒家学说视作糠秕。考察这些高深的言论，他们也都是顺从各自的爱好。"于是，隐居于茅山（今江苏金坛市西大茅山），有终于茅山的志向。

恩 幸 传

习 以 成 性

【原文】

夫鲍鱼芳兰，在于所习，中人之性，可以上下。然则谋于管仲，齐桓有邵陵之师，迩于易牙，小白掩阳门之扇。夫以霸者一身，且有污隆之别，况下于此，胡可胜言者乎。故古之哲王，莫不斯慎。

【译文】

所谓入鲍鱼之肆，久而不闻其臭；入芝兰之室，久而不闻其香，原因就在于长期生活在那种环境中，慢慢地习惯了。可见，平常人的品性是可以随环境的变化而变化的。即使是春秋时期第一个霸主的齐桓公也是这样。当初，齐桓公用管仲为相，运用他的计谋，终于率师在召陵主持盟会，称霸诸侯；晚年时，他亲近奸臣易牙，竟然落到死后无人收敛，停尸床上达六十七天，以致腐烂生蛆的下场。齐桓公身为霸主，尚且受周围环境的影响，晚年的遭遇和早年的遭遇有天壤之别，更何况一般的君王呢，那就更不用说了。所以，古代的哲人圣王没有不慎重对待可以习以形成的环境问题的。

齐中书舍人位卑权重

【原文】

系宗久在朝省，闲于职事，武帝常云："学士辈不堪经国，唯大读书耳。经国，一刘系宗足矣。沈约、王融数百人，于事何用。"……文度为外监，专制兵权，领军将军守虚位而已。……上尝云："公卿中有忧国如文度者，复何忧天下不宁。"……法亮、文度并势倾天下，太尉王俭常谓人曰："我虽有大位，权寄岂及茹公。"……时有綦母珍之，居舍人之任，凡所论荐，事无不允。内外要职及郡丞尉，皆论价而后施行。货贿交至，旬月之间，累至千金。帝给珍之宅，宅边又有空宅，从即并取，辄令材官营作，不关诏旨。材官将军细作丞相语云："宁拒至尊敕，不可违舍人命。"

【译文】

刘系宗长期在朝廷任职，对于政事很熟练。齐武帝常说："文人不能治理国家，只会拼命读书。治国，一个刘系宗就够了。沈约、王融那样的几百人，有什么用处。"吕文度做中领军，独掌兵权，使领军将军徒有虚名。齐武帝曾说："文武百官中若有人象文度这样为国分忧，还怕天下不太平吗。"茹法亮、吕文度任

中书舍人，权势都使天下人倾倒。太尉王俭常对人说："我尽管居高位，权力怎能比得上茹公！"郁林王时，有个綦母珍之，也是舍人，凡是他议论的事或推荐的人，皇帝无不答应。朝廷内外要职和郡丞郡尉，都标出价钱任命。人们争相贿赂他，十天半月之间，就得到千两黄金。皇帝赐给他宅地，宅边又有空宅，他把空宅一起占有，命令材官营造房屋，根本不理会皇帝的诏旨。材官、将军、细作丞相互之间说："宁可拒绝皇帝的诏书，不可违背舍人的命令。"

后主轻信孔范

【原文】

隋军将济江，群官请为备防，文庆沮坏之，后主未决。范奏曰："长江天堑，古来限隔，虏军岂能飞度？边将欲作功劳，妄言事急。臣自恨位卑，虏若能来，定作太尉公矣。"或妄言北军马死，范曰："此是我马，何因死去。"后主笑以为然，故不深备。

【译文】

隋军将要渡江攻陈，文武官员请求陈后主加强边防，由于施文庆从中作怪，陈后主迟疑不决。孔范上奏说："长江天堑，自古就是南北方的天然屏障，敌军岂能飞渡？边防将领们指望建功立业，妄言形势危急。我遗憾的是自己地位卑贱，敌人如果真要渡江来侵犯我陈朝，我一定要趁机立下赫赫战功，当上太尉公。"有人胡说什么隋军战马已死，孔范吹牛说："这些战马将是我的马，怎么可以死去呢？"陈后主听罢大笑，竟然听信他的一派胡言，不好好地防备隋军。

贼 臣 传

侯景投石问路

【原文】

魏人入悬瓠，更求和亲，帝召公卿谋之，张绾、朱异咸请许之。景闻未之信，乃伪作邺人书，求以贞阳侯换景。……帝从之，复书曰："贞阳旦至，侯景夕反。"景谓左右曰："我知吴儿老公薄心肠。"又请娶于王、谢，帝曰："王、谢门高非偶，可于朱、张以下访之。"景恚曰："会将吴儿女以配奴。"王伟曰："今坐听亦死，举大事亦死，王其图之。"于是遂怀反计。

【译文】

东魏政府派军民进入悬瓠城（在今河南汝南县），再次请求与梁朝和亲，梁武帝召集大臣们商量此事，张绾、朱异两人请求武帝答应下来。侯景听说了，不相信有这么回事，就假装成东魏都城邺（今河北临漳县北）人写信给梁武帝，请求用贞阳侯萧渊明换回侯景。……梁武帝听从朱异的意见，回信说："萧渊明要是早上送回来，我就晚上送还侯景。"收到回信后，侯景对身边人说："我这才知道吴儿老公（对梁武帝的谑称）心计浅薄，对我寡情。"侯景又请娶王家、谢家的女子，梁武帝说："王家、谢家的门第很高贵，你不宜与他们联姻，可以在朱

家、张家以下家族中找一女子。"侯景私下恨恨地说:"我会让你这老不死的千金小姐嫁给我。"侯景心腹王伟怂恿他说:"与其坐以待毙,不如起来造反而死,大王应当考虑考虑啊!"于是,侯景心怀反叛梁朝之心。

梁元帝恼羞成怒

【原文】

及吕季略、周石珍、严亶俱送江陵,伟尚望见全,于狱中为诗赠元帝下要人曰:"赵壹能为赋,邹阳解献书,何惜西江水,不救辙中鱼。"又上五百字诗于帝,帝爱其才将舍之,朝士多忌,乃请曰:"前日伟作檄文,有异词句。"元帝求而视之,檄云:"项羽重瞳,尚有乌江之败;湘东一目,宁为赤县所归。"帝大怒,使以钉钉其舌于柱,剐其肠。

博山薰炉　南北朝

【译文】

到了吕季略、周石珍、严亶这些侯景党人被押送到江陵、将执行死刑的时候,王伟还在指望能够保全性命,就在狱中写了首诗送给梁元帝的心腹,他的诗是:"赵壹能为赋,邹阳解献书,何惜西江水,不救辙中鱼。"又写了首五百字的长诗给梁元帝,梁元帝爱惜他的文才,想赦免他。朝中官员大都憎恨王伟,就对元帝说:"前些时候王伟作的叛乱檄文中,有奇特的词句。"梁元帝就让他们拿来看,只见檄文中说:"项羽一眼长有两只瞳孔,尚且身死乌江;湘东王瞎了一只眼,难道中国百姓能归附他?"元帝看罢,恼羞成怒,马上叫人把王伟捆在柱子上,用钉子钉住他的舌头,用刀挖出他的肠子。

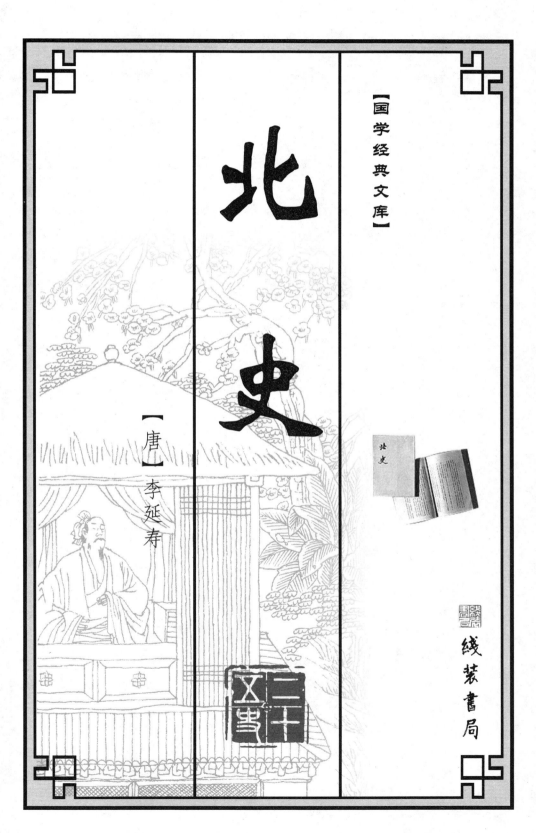

【国学经典文库】

北史

〔唐〕李延寿

线装书局

序 言

　　《北史》，一百卷，其中本纪十二卷，列传八十八卷，所记史实起于北魏道武帝登国元年（386），终于隋恭帝义宁二年（618），记述了北朝魏（包括西魏、东魏）、周、齐、隋四个封建政权共二百三十三年的历史。

　　《北史》虽与《南史》一样，是在删节《魏书》《北齐书》《周书》及《隋书》的基础上形成的，但由于作者李延寿（简介见《南史》序言）曾参加修撰《五代史志》，对北朝史实较熟悉，再加上他世代居住北方，仕宦北朝，对有关故事有较多见闻，因而与《南史》相较，《北史》更为精审详尽。北宋以后，《魏书》《北齐书》《周书》均残缺不全，主要依靠《北史》补足。

　　《南史》《北史》虽贯通南、北，削除各朝国史相互攻讦之辞，但仍以北魏（包括西魏）、周、隋为正统王朝，而以南朝及东魏、北齐为"偏据"。这表现在三个方面：一、宋、齐、梁、陈、东魏、北齐帝纪必系以魏（西魏）、周、隋年号；二、北魏（西魏）及北周皇帝死，《南史》中称"崩"，而《北史》记南朝及东魏、北齐诸帝死只称"殂"；三、称北魏（西魏）、周、隋对南朝、东魏、北齐发动的战争为"征""伐""讨"，反之则为"侵""略"。李延寿还特地根据隋代魏澹的《魏书》增补了西魏三帝纪，《后妃传》中补了西魏诸帝后，《宗室传》中对入关的元魏宗室都增补了资料，从而弥补了《魏书》《周书》的缺陷，成为了解西魏一朝历史的重要材料。

齐 本 纪
无愁天子齐幼主

【原文】

（齐幼主）言语涩呐，无志度，不喜见朝士，自非宠私昵狎，未尝交语。性懦不堪，人视者即有忿责。其奏事者，虽三公、令录莫得仰视，皆略陈大旨，惊走而出。每灾异寇盗水旱，亦不自贬损，唯诸处设斋，以此为修德。雅信巫觋，解祷无方。……盛为无愁之曲，帝自弹胡琵琶而唱之，侍和之者以百数，人间谓之无愁天子。

【译文】

齐幼主高恒说话结结巴巴，没有志向和气度，不喜欢见朝廷官员。不是他宠信亲密的人，都不与他们说话。齐幼主非常怯懦，一见有人看他便愤怒地责备，向他奏事的人，虽然是三公、令录那样的高官也不得仰视，都大略陈述要点，便赶快出宫。每遇到灾害、怪异、强盗、水旱现象，也不批评自己，只在各处设斋，以此修治自己的德行，他相信巫术占卜，祈祷没有固定的法度。……齐幼主大做无愁的歌曲，他自弹胡琵琶自己歌唱，为他伴唱的人数以百计，人们都称他为无愁天子。

击鼓武士俑
南北朝

崔 冏 传
恭俭有福，傲侈招祸

【原文】

冏性廉谨，恭俭自修，所得俸秩，必分亲故。……临终，诫其二子曰："夫恭俭福之舆，傲侈祸之机。乘福舆者浸以康休，蹈祸机者忽而倾覆，汝其诚欤！吾没后，敛以时服，祭无牢饩，棺足周尸，瘗不泄露而已。"

【译文】

崔冏洁身谨慎，恭敬节俭自我修养，所得到的俸禄，一定分给亲朋故友。……临终时，告诫两个儿子说："恭谦和节俭是致福的车，骄傲和奢侈是招祸的机关。乘福车的人会受到康宁美善的浸润，踩祸机的人会很快灭亡，你们一定要警诫啊！我死后，给我穿上简单的衣服入殓，祭祀时不要用牛羊等牺牲，棺材足以装下尸体就行，埋葬时棺材不外露即可。"

古 弼 传

有臣如此，国之宝也

【原文】

太武大阅，将校猎于河西，……诏以肥马给骑人，弼命给弱者。太武大怒……。弼告之曰："吾谓事君使田猎不适盘游，其罪小也。不备不虞，使戎寇恣逸，其罪大也。今北狄孔炽，南虏未灭，狡焉之志，窥伺边境，是吾忧也。故选肥马备军实，为不虞之远虑。……"帝闻而叹曰："有臣如此，国之宝也。"

农耕图 南北朝

【译文】

太武皇帝对军队大检阅，将要在黄河西设栅狩猎，……下诏把肥马供给骑马的人，古弼却命令给瘦弱之马。太武帝大怒……。古弼告诉他说："我认为侍奉您却没能让您打猎游玩满意，那是小罪过。不去防备不测，让敌人为所欲为，那才是大罪过啊。现在北方柔然很猖獗，南方敌虏尚未消灭，他们狡诈的野心，企图侵犯边境，这是我所担心的。所以挑选肥壮的马匹充实军队，是以防不测的长远打算。……"太武帝听后感叹地说："有这样的臣子，那是国宝啊！"

社 稷 之 臣

【原文】

后车驾田于山北，获麋鹿数千头，诏尚书发车牛五十乘运之。帝寻谓从者曰："笔公必不与我，汝辈不如马运之速。"遂还。行百余里而弼表至，曰："今秋谷悬黄，麻菽布野，猪鹿窃食，鸟雁侵费，风波所耗，朝夕参倍。乞赐矜缓，使得收载。"帝谓左右曰："笔公果如朕卜，可谓社稷之臣。"

【译文】

后来太武皇帝在山北打猎，捕获几千头鹿，命令尚书派五十辆牛车驮运。很快魏太武皇帝又对随从的人说："笔公肯定不给我车，你们不如用马运更快。"于是便往回走。走了一百多里古弼的表呈就到了，说："现在秋天的谷子已经挂黄了，大麻和豆类作物满地里都是，野猪和鹿偷吃，鸟雁侵食浪费，风吹雨打也消耗，一天有几倍的损失。用车之事乞求能缓办，让百姓收运完庄稼再说。"太武帝对身边的人说："笔公果然如我所料，可以称得上是关系国家安危的大臣啊！"

高 允 传

农 事 为 先

【原文】

太武……问允"万机何者为先"。时多禁封良田，又京师游食众。允因曰："臣少也贱，所知唯田，请言农事。古人云：方一里则为田三顷七十亩，方百里则田三万七千顷。若劝之，则亩益三斗；不劝，则亩损三斗。方百里损益之率，为粟二百二十二万斛，况以天下之广乎？若公私有储，虽遇饥年，复何忧乎？"帝善之，遂除田禁，悉以授百姓。

【译文】

太武皇帝问高允"所有事情中哪个最重要"。当时许多良田被封占，加之京城里不劳而食的人太多，所以高允说："我小时候低贱，只知道种地的事，让我说说农业吧。古人说：方圆一里是三顷七十亩地，方圆百里就是三万七千顷。如果努力耕作，那么一亩地可多打三斗粮食；不努力，一亩地就要少收三斗。方圆一百里损失和增加的比例是二百二十二万斛谷子，更何况全国那么大呢？如果国家和家庭都有存粮，即使遇到粮食歉收的年景，又有什么担忧呢？"太武帝对此很赞同，便废除田禁，把良田全部分给百姓。

郡国立学之始

【原文】

允表：请制大郡立博士二人、助教四人、学生一百人，次郡立博士二人、助教二人、学生八十人，中郡立博士一人、助教二人、学生六十人。下郡立博士一人、助教一人、学生四十人。其博士取博闻经典，履行忠清，堪为人师者，年限四十以上。助教亦与博士同，年限三十以上。若道业夙成，才任教授，不拘年齿。学生取郡中清望，人行修谨，堪循名教者，先尽高门，次及中等。帝从之，郡国立学，自此始也。

【译文】

高允上书：请规定在大郡设立博士二人、助教四人、学生一百人，次一级的郡设博士二人、助教二人、学生八十人，中等郡设博士一人、助教二人、学生六十人，小郡设博士一人、助教一人、学生四十人。选精通经典，行为忠正廉洁，可以为人师表者充任博士，年龄四十岁以上。助教的条件也和博士相同，年龄三十岁以上。如果道德和学业早成，才能足以担任教官的，不受年龄限制。选郡中名望清白，人品善良恭敬，能遵守礼教者为学生，先选富贵人家，再选中等人家。献文帝同意了他的建议，郡国设立学校便从这时开始。

崔辩传附崔弘度传

崔弘度严诫僚吏

【原文】

弘度……每诫其僚吏曰："人当诚恕，无得欺诳。"皆曰："诺。"后尝食鳖，侍者八九人，弘度问之曰："鳖美乎？"人惧之，皆曰："美。"弘度大骂曰："佣奴！何敢诳我？汝初未食鳖，安知其美？"俱杖之八十。官属百工见之，莫不汗流，无敢欺隐。

【译文】

崔弘度经常告诫他手下的官吏说："人应当诚实，不要欺骗。"都回答说："是。"后来有一次吃鳖，有八九个人侍候，弘度问他们说："鳖的味道好不好？"人怕他，都说："好。"弘度大骂道："奴才！怎么敢骗我？你们还没吃鳖，怎么知道味道好呢？"每人各打八十棍。手下的官吏们见了，没有不冒汗的，不敢再欺瞒。

李商传附李子雄传

文武齐备，能济功业

【原文】

子雄少慷慨有大志，……家世并以学业自通，子雄独习骑射。其兄子旦让之曰："弃文尚武，非士大夫素业。"子雄曰："自古诚臣贵仕，文武不备而能济功业者鲜矣。既文且武，兄何病焉。"子旦无以应。

【译文】

李子雄小时胸怀开阔志向远大，……家里世世代代精通学问，只有子雄学习骑马射箭。他哥子旦责备他说："弃文尚武不是做官人清高的事业。"子雄说："从古以来的忠臣贵官，没有文武全才而能成就大事业的很少啊。能文能武，你还有什么可责备的呢。"子旦无言以对。

高 间 传

治国之道有五

【原文】

为国之道，其要有五：一曰文德，二曰武功，三曰法度，四曰防固，五曰刑赏。故远人不服，则修文德以来之；荒狡放命，则播武功以威之；人未知战，则制法度以齐之；暴敌轻侵，则设防固以御之；临事制胜，则明赏罚以劝之。

【译文】

治国的方法，主要有五条：一是文德，二是武功，三是法度，四是防固，五是刑赏。所以，远方的人不来归附，就用安抚感化的方法去招致他们；边远狡诈违命之人，就用武力去镇服他们；不知道怎样打仗的人就制定法令制度去整治；残暴的敌人轻率地来侵犯，就用坚强的边防去抵御；处理事情能取得胜利的，就用奖赏来鼓励。

皇甫和传附皇甫亮

无片言矫饰

【原文】

亮三日不上省，文宣亲诘其故。亮曰："一曰雨，一曰醉，一曰病酒。"文宣以其恕实，优容之，杖胫三十而已。所居宅洿下，标牓卖之，将买者或问其故，亮每答云："为宅中水淹不泄，雨即流入床下。"由此宅终不售。其淳实如此。

【译文】

皇甫亮三天没有去尚书省，文宣帝亲自责问其中原因。亮说："下雨一天，喝酒醉了一天，酒醉生病一天。"文宣帝因为他诚实，原谅了他，在腿上打了三十棍子了事。他住的房子低凹，便标价出售，来买的人问他为何卖房子，亮每每回答说："因为房子存水排不出去，下雨后水便流到床底下。"因此房子一直没卖出去。他就这么淳厚减实。

杨播传附杨愔传

此儿恬裕，有我家风

【原文】

愔一门四世同居，家甚隆盛，昆季就学者三十余人。学庭前有柰树，实落地，群儿咸争之，愔颓然独坐。其季父昕适入学馆，见之，大用嗟异。顾谓宾客曰："此儿恬裕，有我家风。"

【译文】

杨愔一家四代住在一起，家业很兴旺。兄弟们上学的有三十多人。学校前面有沙果树，沙果从树上落下来，孩子们都争着去抢，只有杨愔恭敬地坐着不动。他叔父杨昕恰好去学校，看到这种情况，大为感叹。回头对宾客说："这个儿子恬淡宽宏，有我家的风度。"

李 崇 传

巧断人子案

【原文】

先是寿春县人苟泰有子三岁，遇贼亡失，数年不知所在，后见在同县赵奉伯家。泰以状告，各言己子，并有邻证，郡县不能断。崇令二父与儿各在别处，禁经数旬，然后告之曰："君儿遇患，向已暴死，可出奔哀也。"苟泰闻即号啕，悲不自胜；奉伯咨嗟而已，殊无痛意。崇察知之，乃以儿还泰，诘奉伯诈状。奉伯款引，云先亡一子，故妄认之。

【译文】

在此之前寿春县（今安徽寿春县）人苟泰有个三岁的儿子，遇盗贼而丢失，许多年没有找见，后来在同县赵奉伯家发现。苟泰把事情的经过告诉了官府，二人都说是自己的儿子，且各有邻居作证，郡县没能断清此案。李崇让两个父亲和儿子分开住了几十天，然后告诉他们说："你们的儿子生病突然死了，快出来去哀悼吧。"苟泰听了便号啕大哭，悲伤不能控制；赵奉伯只是叹息，一点也没有悲伤的意思。李崇观察后知道了实情，便把儿子还给苟泰，责备赵奉伯欺诈，奉伯承认了罪，说先前丢了一个儿子，因此冒认了人家的孩子。

张 普 惠 传

为 政 之 得

【原文】

普惠……表论时政得失：一曰审法度，平斗尺，租调务轻，赋役务省。二曰听舆言，察怨讼，先皇旧事有不便于政者，请悉追改。三曰进忠謇，退不肖，任贤勿贰，去邪勿疑。

【译文】

张普惠上书评论当时政治的得与失：一是法令制度要严明，统一斗尺，租调要减轻，赋役要减少。二是要听公众议论，察访冤案，以前皇帝有不利于目前政治的事情，请全部追查改正。三是起用忠诚正直之官，罢免不称职之官，任用贤能不要有二心，去除邪恶不要犹豫。

袁翻转附袁聿修传

清郎与清卿

【原文】

聿修以太常少卿出使巡省，仍令考校官人得失。经兖州，时邢邵为刺史，别

后，送白绅为信。聿修不受，与邢邵书云：“今日倾过，有异常行，瓜田李下，古人所慎，愿得此心，不贻厚责。”邵亦欣然领解，报书云：“老夫忽忽，意不及此，敬承来旨，吾无间然。弟昔为清郎，今日复作清卿矣。”

【译文】

聿修以太常少卿的身份出任使者巡察各地，并让他考核官吏的得失。途经兖州，当时邢邵为刺史，别后，送给聿修白绸以为信物。聿修没有接受，给邢邵写信说：“今天经过你处，有异常作法，瓜田李下之事是古人所慎重的，希望得到你的理解，不要给别人留下更多的责备。”邢邵也是愉快地领会了他的意思，回信说：“我老糊涂了，没有想到这些，我恭敬地接受你来信的意思，我没有一点嫌怨。你过去是廉洁的尚书郎，今天你又成了廉洁的太常卿了。”

齐宗室诸王传

高延宗荒唐透顶

【原文】

安德王延宗，文襄第五子也。……为定州刺史，于楼上大便，使人在下，张口承之；以蒸猪糁和人粪以饲左右，有难色者鞭之。孝昭帝闻之，使赵道德就州杖之一百。道德以延宗受杖不谨，又加三十。又以囚试刀，验其利钝。骄纵多不法。武成使挞之，杀其昵近九人，从是深自改悔。

【译文】

安德王高延宗，是文宣帝高洋的第五个儿子。……任定州刺史时，在楼上大便，使人在下面张口承接；用蒸猪糁和人粪让左右的人吃，有出露为难表情的人便用鞭子抽打。孝昭皇帝听说后，便让赵道德到定州打了高延宗一百杖。赵道德认为高延宗受刑时不老实又加了三十下。高延宗不思悔改，又用囚犯试验刀的利钝。他放纵亲信，多不守法。武成帝高湛派人鞭挞他，并杀了高延宗的九个亲信。从此以后高延宗表示认真改正悔过。

孙　腾　传

东魏有“四贵”

【原文】

腾早依神武，神武深信待之，置于魏朝，寄以心腹。遂志气骄盈，与夺自己。纳贿不知纪极，官赠非财不行，……亲狎小人，专为聚敛。与高岳、高隆之、司马子如，号“四贵”。非法专恣，腾为甚焉。神武、文襄，屡加诮让，终不悛改，朝野深非笑之。

【译文】

孙腾早年依附高欢，高欢对他非常信任，将他安置在东魏朝廷，视他为自己的心腹亲信。孙腾于是骄傲自满，他办事专断，接受贿赂不知满足，要想得到官

职没有钱送给他不行。……那些亲信小人，专门为他聚敛钱财。孙腾与高岳、高隆之、司马子如，号称"四贵"，他们无法无天，独断专行，孙腾最厉害。虽然高欢、高澄多次谴责他，但他始终不悔改，朝野都深深地责难并讥笑他。

韩 轨 传

韩晋明一席万钱

【原文】

天统中，改封东莱王，晋明有侠气，诸勋贵子孙中，最留心学问。好酒诞纵，招引宾客，一席之费，动至万钱，犹恨俭率。朝廷欲处之贵要地，必以疾辞，告人云："废人饮美酒，对名胜。安能作刀笔吏，披反故纸乎？"武平末，除尚书左仆射，百余日，便谢病解官。

铜虎子　南北朝

【译文】

天统（565～569）年间，韩晋明改封为东莱（今山东沂水东北）王。韩晋明有侠气，在功勋贵族的子孙们当中，最留心学问。他喜欢酗酒，招引宾客，一次酒席的费用，动辄万钱。虽然如此，还后悔太节约草率。皇帝想把他安置在显贵重要的地方，孙腾以自己有病推辞，他告诉人说："不让人痛饮美酒，欣赏美景名胜，怎么能做那些刀笔小吏，来回传送文书的事呢？"武平（577～580年）末年，被任命为尚书左仆射，仅百余日便以病为借口辞职了。

元 文 遥 传

北齐士族始任县官

【原文】

齐因魏，宰县多用厮滥，至于士流，耻居百里。文遥以县令为字人之切，遂请革选。于是密令搜扬贵游子弟，发敕用之。犹恐其披诉，总召集神武门，令赵郡王叡宣旨唱名，厚加慰喻，士人为县，自此始也。

【译文】

北齐沿袭北魏，管理县的官员多由低贱的人担任，至于士族，则以担任县官为耻。元文遥认为县令对于抚养人民是非常必需的，于是请求改革选举制度。便秘密命令搜查荐举贵族子弟，由皇帝下命令启用他们，还担心他们不服从，便把他们全部召集到神武门，令赵郡王高叡宣布圣旨，高声点名，并予以丰厚的犒劳

和开导，士族任县官，从此开始。

王 罴 传

王罴倡节约

【原文】

　　罴性俭率，不事边幅。尝有台使至，罴为设食，使乃裂去薄饼缘。罴曰："耕种收获，其功已深，舂爨造成，用力不少，尔之选择，当是未饥。"命左右撤去之。使者愕然大惭。又客与罴食瓜，客削瓜皮，侵肉稍厚，罴意嫌之。及瓜皮落地，乃引手就地取而食之。客甚愧色。

【译文】

　　王罴节俭草率，不注意衣着仪表。曾经有一位御史台的使者到来，王罴摆设食物招待他。使者吃的时候，撕薄饼边缘的皮。王罴说："耕种收获，那种劳动已经很累了，舂米烧火做成食物，用的力量也不少，可是你还这样挑挑拣拣，必定是还不饿。"于是命令左右人将食物撤下。使者愕然，非常惭愧。还有一个客人与王罴一起吃瓜，客人削瓜皮，带的果肉稍微厚了，王罴心里对他不满。等瓜皮一落地，便用手从地上捡起来吃了。客人非常惭愧。

裴 政 传

用法宽平

【原文】

　　与卢辩依《周礼》建六官，并撰次朝仪，车服器用，多遵古礼，革汉、魏之法，事并施行。寻授刑部下大夫，转少司宪。政明习故事，又参定周律。能饮酒，至数斗不乱。簿案盈几，剖决如流，用法宽平，无有冤滥。囚徒犯极刑者，乃许妻子入狱就之，至冬，将行决，皆曰："裴大夫致我于死，死无所恨。"

【译文】

　　裴政与卢辩依照《周礼》创建六官，并制定编排朝仪，车马章服器物用具，大多遵循古礼，改革汉、魏的法度，这些事都实行了。不久，裴政被授予刑部下大夫，转任少司宪。裴政通晓旧事，又参与制定北周律令。他能喝酒，喝数斗也不醉。虽然文书堆满了几案，但他解决处理像流水那样快。裴政执法宽松公平，没有冤假错案。对囚徒中判极刑的人，允许其妻子入狱接近他。到冬天，将要执行时，这些囚犯都说："裴大夫判我死刑，死无遗恨！"

儒 林 传

李铉刻苦读书

【原文】

年二十三，便自潜居讨论是非。撰定《孝经》《论语》《毛诗》《三礼义疏》及《三传异同》《周易义例》合三十余卷。用心良苦，曾三秋冬不畜枕，每睡，假寐而已。年二十七，归养二亲，因教授乡里。生徒恒数百人，燕赵间能言经者，多出其门。

【译文】

李铉二十三岁时，便隐居研究经书的是非。写成了《孝经》《论语》《毛诗》《三礼义疏》及《三传异同》《周易义例》共三十余卷。用心精诚辛苦，他曾经三个秋冬不用枕头，每次睡觉都不脱衣服。二十七岁时，回到家乡赡养二老双亲，并趁这个机会在家乡传授学业，学生常有数百人，燕赵地区能讲经的人，多出自李铉门下。

乐逊训导有方

【原文】

武成元年六月，以霖雨经时，诏百官上封事。逊陈时宜十四条，其五条切于政要。其一，崇教方；其二，省造作；其三，明选举；其四，重战伐；其五，禁奢侈。保定二年，以训导有方，频加赏赐。……（天和）五年，……授湖州刺史，封安邑县子。人多蛮左，未习儒风。逊劝励生徒，加以课试，数年之间，化洽州境。蛮俗生子，长大多与父母异居，逊每加劝导，多革前弊。在任数载，频被褒锡。

【译文】

武成元年（559）六月，连绵大雨已经多日，周明帝命令百官上密封的奏章。乐逊陈述了合时宜的十四条措施。其中五条切合施政的要领。其一，崇尚教化；其二，减省造作；其三，清明选举；其四，重视战伐；其五，禁止奢侈。保定二年（562年），因教导有办法，多次受到赏赐。……天和五年（570），……任湖州刺史，封安邑县子。当地许多人是蛮族的后代，还没有接受儒家思想，乐逊教育勉励学生，并加以考试，数年之间，教化在州内普及。蛮族有一风俗，生养的儿子长大以后多与父母分居，乐逊常常对他们进行规劝教导，大多数人改掉了旧习。乐逊在任数年间，多次受到朝廷的表彰赏赐。

黎景熙爱书居贫

【原文】

有书千余卷。虽穷居独处，不以饥寒易操。……大统末，拜著作佐郎。于时

伦辈皆位兼常伯，车服华盛，唯季明独以贫素居之，而无愧色。又勤于所职，著述不息。然性尤专固，不合于时，是以一为史官，遂十年不调。

【译文】

黎景熙有书千余卷，虽然贫穷单独居住，也不因饥寒改变操节。……大统（535～551年）末年，被授职佐著作郎。当时他的同辈人的官职都已是常伯那样的高官，车马章服极其华贵，只有黎景熙孤独地过着贫苦朴素的生活。然而他毫无愧色。他勤谨供职，著述不息。不过，他的性情特别专一固执，与时尚不合，所以一做史官，便十年没有调动提升。

今之学者，困于贫贱

【原文】

然远惟汉、魏，硕学多清通；逮乎近古，巨儒多鄙俗。文武不坠，弘之在人，岂独愚蔽于当今，而皆明哲于往昔？在乎用与不用，知与不知耳。然曩之弼谐庶绩，必举德于鸿儒；近代左右邦家，咸取士于刀笔。纵有学优入室，勤逾刺股，名高海内，擢第甲科，若命偶时来，未有望于青紫；或数将运舛，必见弃于草泽。然则古之学者，禄在其中；今之学者，困于贫贱。明达之人，志识之士，安肯滞于所习，以求贫贱者哉！此所以儒罕通人，学多鄙俗者也。

【译文】

远自汉魏以来，学问精深的人多高洁博识，到了近代，大学问家多鄙陋俗气。文治武功不丧失，靠的是人来弘扬，为什么单单如今的人愚昧闭塞，而以前的人都洞察事理？这在于对人是用还是不用，了解还是不了解罢了。然而，昔日辅佐帝王的功业，必定推举有才德的大儒，而近代各邦国，都在下层刀笔吏中取士。纵然有人学识精深，其勤奋超过了

弹琵琶俑　南北朝

锥刺股的苏秦，名声响誉国内，考试名列甲科，如果机遇只是偶然到来，也不可能有做高官的希望，或者数次把机会错过，则一定被抛弃在草泽之中。这样便可以说，古代的学者，可以常常得到俸禄；而现在的学者，则受困于贫贱。那些明白、通达的人，有志向、有见识的人，怎么会肯滞留在读书学习之中，追求贫贱呢？这就使现在儒生中通达的人少，学者中多是鄙陋、俗气的人。

文 苑 传

南北文风不同

【原文】

永明、天监之际，太和、天保之间，洛阳、江左，文雅尤盛，彼此好尚，互有异同。江左宫商发越，贵于清绮；河朔词义贞刚，重乎气质。气质则理胜其词，清绮则文过其意。理深者便于时用，文华者宜于咏歌。此其南北词人得失之大较也。若能掇彼清音，简兹累句，各去所短，合其两长，则文质彬彬，尽美尽善矣。

【译文】

到南朝的永明（483～493）天监（502～519）年间，北朝的太和（477～499）天保（550~559）年间，洛阳、江南艺文礼乐特别兴盛，然而彼此的爱好和崇尚，各有不同。江南乐声昂扬，贵在清新华美，北方的词义正直刚强，重在风骨。有风骨刚文理胜于辞藻，而清新华美则文辞超过文意，文理深刻有利于现实，文辞华丽则适宜歌唱。这是南北词人得失的大体比较。如果北方能吸收清新的音韵，南方简化多余的词句，各去其短，两合其长，使文采与实质配合均匀适当，则尽美尽善了。

节 义 传

道 义 论

【原文】

于什门等或临危不挠，视死如归；或赴险如夷，唯义所在。其大则光国隆家，其小则损己利物。故其盛烈所著，与河海而争流；峻节所标，共竹柏而俱茂。

【译文】

于什门等人或临危不屈，视死如归，或赴险如平地，唯有道义永存。道义的存在大可以光耀祖国兴隆家族，小可损伤自己而有利于天地万物。所以，道义的伟大壮烈的表现，可以与江河争流，其高尚节操的榜样，可以像翠竹松柏那样茂盛。

酷 吏 传

刑罚须有度

【原文】

夫为国之体有四焉：一曰仁义，二曰礼制，三曰法令，四曰刑罚。仁义、礼

制，教之本也；法令、刑罚，教之末也。无本不立，无末不成。然教化远而刑罚近，可以助化而不可以专行，可以立威而不可以繁用。老子曰："其政察察其人缺缺。"又曰："法令滋章，盗贼多有。"然则，令之烦苛，吏之严酷，不可致化，百世可知。

【译文】

作为国家的本体有四条：一是仁义，二是礼制，三是法令，四是刑罚。仁义、礼制，是教化的根本，法令、刑罚是教化的枝叶。无本不立，无末不成。然而教化功能是长远的事，而刑罚的功能却近在跟前。刑罚可以用来帮助教化而不可以专门实行，可以用来树立威信而不可过多地使用。政令繁杂苛刻，官吏严厉残酷，不可能实行教化，百代以后也是这样。

烈　女　传

刘氏领兵英勇守城

【原文】

梓潼太守苟金龙妻刘氏者，平原人也，廷尉少卿刘叔宗之姊也。宣武时，金龙为郡，带关城戍主。梁人攻围，会金龙疾病，不堪部分，刘遂厉城人，修理战具，夜悉登城拒战，百有余日，兵士死伤过半。戍副高景阴图叛逆，刘与城人斩景及其党与数十人。自与将士，分衣减食，劳逸必同，莫不畏而怀之。井在外城，寻为贼陷，城中绝水，渴死者多。刘乃集诸长幼，喻以忠节，遂相率告诉于天，俱时号叫，俄而澍雨。刘命出公私布绢及至衣服，悬之城内，绞而取水，所有杂器，悉储之。于是人心益固。会益州刺史傅竖眼将至，梁人乃退。竖眼叹异之，具状奏闻。宣武嘉之。

【译文】

梓潼太守苟金龙的妻子刘氏，是平原县人，廷尉少卿刘叔宗的姐姐。北魏宣武帝（500～515）时，苟金龙任郡太守，兼管关城的守备长官。梁朝的军队进攻并包围了关城，正赶上苟金龙患病，不能指挥战斗。刘氏便激励城中军民，修理作战器具，夜里全城人都登上城墙抗拒敌人，坚持百余日，兵士死伤过半，守城副长官高景企图阴谋叛变，刘氏与守城将士将高景及其党羽几十人杀死。其余的将士，分衣减食，劳逸相同，他们对刘氏都怀有敬畏热爱的感情。当时井在外城不久被敌人攻陷，城中绝水，渴死了许多人。刘氏乃召集男女老幼以忠节教育他们，并一起向上天祈祷，一会儿，大雨倾天而降。刘氏命令将官府和私家的布绢以至衣服，都悬挂在城内，挤拧它们取水。所有的盛水器具都储存了水。于是人们守城的决心更加坚强了。恰好益州刺史傅竖眼率兵赶到，梁朝军队于是撤兵。傅竖眼赞叹又惊奇，将情况全部上奏皇帝知道，宣武帝嘉奖了刘氏。

洗夫人威震岭南

【原文】

谯国夫人洗氏者，高凉人也。世为南越首领，部落十余万家。……梁大同初，罗州刺史冯融闻夫人有志行，为其子高凉太守宝聘以为妻。……及宝卒，岭表大乱，夫人怀集百越，数州晏然。……后广州刺史欧阳纥谋反，召仆至南海，诱与为乱。仆遣使归告夫人，夫人曰："我为忠贞，经今两代，不能惜汝负国。"遂发兵拒境，纥徒溃散。……后陈国亡，岭南未有所附，数郡共奉夫人，号为圣母。

【译文】

谯国夫人洗氏，是高凉（今广东阳江西）人。她家世代为南越首领，部落共有十万多家。……梁朝大同（535～546年）初年，罗州（今广东化州北）刺史冯融听说洗夫人有志向，便为他的儿子、高凉太守冯宝娶洗夫人为妻。……冯宝死后，岭南大乱，洗夫人招来百越，数州平安无事。……后来广州刺史欧阳纥谋反，招引洗夫人的儿子冯仆到南海（今广东广州），引诱他参与叛乱。冯仆派遣使者回来报告洗夫人，夫人说："我们作为忠贞之家，到今天已经历了梁、陈两代，不能因为爱惜你而辜负国家。"于是发兵抗拒，欧阳纥与他的同伙溃败而逃。……后来，陈朝灭亡，岭南各部失去了依附，各郡共同接受洗失人的统领，洗夫人号称圣母。

【国学经典文库】

隋书

【唐】魏徵等

线装书局

序　言

　　《隋书》共八十五卷，其中帝纪五卷，列传五十卷，志三十卷。

　　本书由多人共同编撰，分为两阶段成书，从草创到全部修完共历时三十五年。唐武德四年（621），令狐德棻提出修梁、陈、北齐、北周、隋等五朝史的建议。次年，唐朝廷命史臣编修，但数年过后，仍未成书。贞观三年（629），重修五朝史，由魏徵"总知其务"，并主编《隋书》，参加编写的还有颜师古、孔颖达、许敬宗等人。贞观十年（636），《隋书》和《梁书》《陈书》《北齐书》《周书》同时完成，合称"五代史"。但它们都只有纪、传而无志。贞观十五年（641），唐太宗下令续修史志。最初由令狐德棻监修，后改由长孙无忌监修，参加编写的有于志宁、李淳风、韦安仁、李延寿、敬播及赵弘志等人。历时十六年，直到唐高宗显庆元年（656）才修完。诸志是配合"五代史"写的，记述了梁、陈、齐、周、隋五朝的典章制度，故有"五代史志"之称。但因该志以隋为主，且隋是其中最后一个朝代，所以把它并入《隋书》。

　　《隋书》的作者都是饱学之士，具有很高的修史水平。主编魏徵是唐初的著名政治家，有远见卓识。他主持五史的编撰，秉笔直书，时称"良史"。另一主编长孙无忌，也是唐初重要政治家，对法律有精深的研究，曾撰《唐律义疏》三十卷。孔颖达、于志宁、许敬宗皆为唐初"十八学士"。颜师古是著名经学大师，李淳风是著名天文学家，李延寿是著名史学家。由这些政治家、专家学者主持修史，保证了《隋书》的质量。

　　《隋书》是现存最早的隋史专著。唐太宗亲历了灭隋的战争，在执政之后，他经常谈论隋朝灭亡的教训，明确提出"以古为镜，可以见兴替"的看法。汲取历史教训，以史为鉴就成了修隋史的指导思想。这在两篇帝纪中体现得十分明显。《高祖纪》虽然肯定了隋文帝统一全国、恢复生产的政绩，但也指出由于他"听哲妇之言，惑邪臣之说，溺宠废嫡，托付失所"的失误，埋下了隋亡的祸根。"迹其衰怠之源，稽其乱亡之兆，起自高祖，成于炀帝，所由来远矣'。这个分析，是切合实际的。而《炀帝纪》则全面记载了炀帝骄奢淫逸、暴戾恣睢的种种恶行。无道昏君，施行暴政，势必激起人民的反抗。在以史为鉴的思想指导下，《隋书》在《炀帝纪》中详细记载了隋末农民大起义的情况，这在其他史传中是罕见的。

其次，《隋书》弘扬秉笔直书的优良史学传统，品评人物较少阿附隐讳。主编魏徵刚正不阿，他主持编写的纪传，较少曲笔，不为尊者讳。如隋文帝之"刻薄"专断，"不悦诗书"，"暗于大道"，隋炀帝矫情饰貌，杀父淫母，"锄诛骨肉，屠剿忠良'等情况，都照实写来，了无隐讳。

再次，《隋书》保存了大量政治、经济以及科技文化资料。其中十志记载梁、陈、北齐、北周和隋五朝的典章制度，有些部分甚至追溯到汉魏。如《食货志》记载了自东晋以来的等级制、课役制以及货币制度，《地理志》记载了南北朝以来的建置沿革，并保存了当时经济史和交通史方面的资料。由天文学家李淳风撰写的《律历志》和《天文志》，对南北朝以来的天文历法及数学上的成就，做了总结性的叙述。祖冲之关于圆周率的研究成果，历法学家张子信和刘焯关于"日行盈缩"规律的研究成果，都保存在《律历志》里。其中还有关于汉魏以来度量衡制度演变的记载，是经济史上的重要资料。《音乐志》记载的南北朝时期各地区以及国内外乐舞艺术交流的情况，说明了导致隋唐"燕乐"产生的历史条件。《经籍志》是继《汉书·艺文志》后又一部古代文献总录，除著录当时所存的著作外，还附载了一些已亡佚的典籍，并论述了学术的源流。它所创立的经、史、子、集四部图书分类法，一直沿袭至清代。

唐初距隋不远，旧人尚在，具有修史的便利条件。但隋末江都之乱，各地兵争，文书多有毁损，因此撰修《隋书》所需史料亦不无缺失。《百官志序》就说："寻而南征不复，朝迁播迁，图籍注记，多从散逸。今之存录者，不能详备焉。"《隋书》中自言"史失其事"者亦有多处。书中间有抵牾阙误，但正如《四库提要》所说："盖卷帙浩繁，抵牾在所不免。"

隋统一了全国，取得空前繁荣，而又迅速崩溃。败亡的根由，就在于隋炀帝的暴政。我们选取了部分纪、传加以翻译，供人们阅读。从中可以看到历史发展的轨迹，汲取一些经验教训。

高祖本纪

周静帝加赐隋国公杨坚

【原文】

以公执律修德，慎狱恤刑，为其训范，人无异志，是用锡公大辂、戎辂各一，玄牡二驷。公勤心地利，所宝人天，崇本务农，公私殷阜，是用锡公衮冕之服，赤潟副焉。公乐以移风，雅以变俗，遐迩胥悦，天地咸和，是用锡公轩悬之乐，六佾之舞。公仁风德教，覃及海隅，荒勿幽遐，回首内向，是用锡公朱户以居。公水镜人伦，铨衡庶职，能官流咏，遗贤必举，是用锡公纳陛以登。公执钧于内，正性率下，犯义无礼，罔不屏黜，是用锡公武贲之士三百人。"

隋文帝

【译文】

因为您隋国公杨坚执行法律，修善行德，谨慎断狱，体恤刑罚，成为大臣们的典范，又没有异心，所以赐给您金辂车与战车各一辆，黑色牡马八匹。因为您勤心于地利，珍重粮食，推崇农业，使人务农，致使公私仓廪都很富足，所以赐予您衮衣、冠冕等礼服礼帽以及赤色复底的木底鞋子两双。因为您以音乐移风易俗，以文雅改变陋习，远近的人都很喜悦，普天之下也都和乐，所以赐给您钟、磬之类的乐器及六十四人的舞队。您仁爱的风化与德泽的教化，延伸到海角，使荒远的四夷人民都回头顾望朝廷、归服中央，因此赐给您用朱红所漆的门户来居住。您明鉴人与人之间的伦理关系，评品各级官吏的职务，使有才能的官吏能够被老百姓们传颂，使被弃置的贤能之人也能得到举用，因此赐给您用"纳陛"上殿的荣誉。您掌国权于朝内，以端正的品格做下官的楷模，使违反义理、不遵礼教的人，无不斥逐，因此赐给您勇猛的卫士三百人。

范台玫诚节可嘉

【原文】

行仁蹈义，名教所先，厉俗敦风，宜见褒奖。往者，山东、河表，经此妖乱，孤城远守，多不自全。济阴太守杜獣身陷贼徒，命悬寇手。郡省事范台玫倾产营护，免其戮辱。眷言诚节，实有可嘉，宜超恒赏，用明沮劝。台玫可大都督，假湘州刺史。

【译文】

施行仁义，礼教把它放在前头。对于能严肃世习、敦厚风俗的人，应该加以

表扬奖励。过去，崤山以东地区与黄河南北地区，经过这次几百年的祸乱，远在边防而孤立无援的城邑，大都不能自己保全了。济阴郡（今山东曹县）太守杜猷身陷贼众，性命悬于贼人之手，郡中办事官吏范台玫不惜倾家荡产地周旋救护，使杜猷免遭刑辱。想到他真诚的节操，确实值得嘉奖。应该用超出一般赏赐的办法奖赏他，用以惩恶劝善。范台玫可以做大都督，代理湘州（今湖南长沙）刺史。

高山仰止，尊崇儒训

【原文】

代路既夷，群方无事，武力之子，俱可学文，人间甲杖，悉皆除毁，有功之臣，降情文艺，家门子侄，各守一经，令海内翕然，高山仰止。京邑庠序，爰及州县，生徒受业，升进于朝，未有灼然明经高第。此则教训不笃，考课未精，明勒所由，隆兹儒训。

【译文】

现在社会既经平静，四方没有战事。勇猛的孩子，都可以学文；民间的兵器，全部都可销毁。有武功的大臣，要把情趣移落到文化学问上来，自己家的子侄，每人恪守一部经书，令天下一致地仰望高尚的孔孟儒学。京都所在地区的学校，以及州县学校，学生从师学习，以至升官于朝廷，却没有举为灼然科目和考取明经科目的高等人才，这乃是教育训导不坚实，考核督促不精细的结果。要阐明产生这些情况的缘由，更加尊崇现在的儒学。

见善才必进举

【原文】

朕君临区宇，于兹九载，开直言之路，披不讳之心，形于颜色，劳于兴寝。自顷逞艺论功，昌言乃众，推诚切谏，其事甚疏。公卿士庶，非所望也，各启至诚，匡兹不逮。见善必进，有才必举。无或嘿默，退有后言。

【译文】

我居君位治理全国，到现在已经九年了。广开直言的路子，鼓励直言敢谏的作风，虽然辛劳于起居，但喜悦表现于容色。自从最近以来，直言无隐的人于是多了起来。但推诚置腹地直言极谏的事情，仍然稀少。公卿大夫，士庶人士，还不是我所希望的那样。希望人人都能放开至诚的心怀，来匡救这些不够的地方。你们要看见善者，一定进纳；发现有才能的人，一定举荐。不要当面闭口沉默不语，而背后却在议论。

求 贤 诏

【原文】

以黎元在念，忧兆庶未康，以庶政为怀，虑一物所失。虽求傅岩，莫见幽

人；徒想崆峒，未闻至道。唯恐商歌于长夜，抱关于夷门，远迹犬羊之间，屈身僮仆之伍。其令州县搜扬贤哲，皆取明知今古，通识治乱，究政教之本，达礼乐之源，不限多少，不得不举。限以三旬，咸令进路。征召将送，必须以礼。

【译文】

我以百姓为念，忧虑亿万人民还不能安乐；（我）以众多的政事为怀，担心事有所失。虽然，访求过傅岩，但没见到象傅说那样的隐士；虽然也想往崆峒山，但却没像黄帝那样听到治国的高谋。我担心有像宁戚那样的自荐求官者，在长夜里低吟悲凉凄切的歌曲；象侯嬴那样的隐士在城东门守门；象百里奚那样的谋臣远行在犬羊之间，屈身于仆役行列之中而不能发现他们。现令州县长官访求推举贤哲人士，选取那些博知古今、通达治乱的人，来探究政治教化的根本，精通礼乐制度的本源，不限多少，一律加以举荐。限定三旬，都让他们上路进京。在征召、迎送时，都必须以礼相待。

黄釉骑兵吹箫俑　隋

务 存 节 俭

【原文】

每旦听朝，日昃忘倦，居处服玩，务存节俭，令行禁止，上下化之。开皇、仁寿之间，丈夫不衣绫绮，而无金玉之饰，常服率多布帛，装带不过以铜铁骨角而已。虽啬于财，至于赏赐有功，亦无所爱吝。

【译文】

（隋文帝）每天主持朝会，处理政务，日头偏西，还不休息，忘记了自己的疲劳。住所以及服用、玩赏的物品，务必从节俭出发，并明确下令禁止奢侈，使上下都把节俭作为一种良好的风气。开皇（公元581年~600年）、仁寿（公元601年~604年）年间，成年男子不穿绫罗绸缎的衣服，并且没有金玉的装饰，日常穿的衣服一般都是布帛制作的，装饰品也不过是用铜、铁、骨、角罢了。虽然对钱财很节省，但对于赏赐有功之臣，却无所珍惜。

出 巡 恤 民

【原文】

乘舆四出，路逢上表者，则驻马亲自临问。或潜遣行人采听风俗，吏治得失，人间疾苦，无不留意。尝遇关中饥，遣左右视百姓所食。有得豆屑杂糠而奏之者，上流涕以示群臣，深自咎责，为之彻膳不御酒肉者殆将一期。及东拜太山，关中户口就食洛阳者，道路相属。上敕斥候，不得辄有驱逼，男女参厕于仗卫之间。逢扶老携幼者，辄引马避之，慰勉而去。至艰险之处，见负担者，遽令

左右助之。

【译文】

隋文帝常乘车出巡四方，路上遇到上奏章的吏民，就停住车马亲自到前询问。有时暗中派遣使臣采访风俗人情，对地方官吏治理方法与政绩的得失、民间的疾苦，无不留心注意。他遇到关中地区发生饥荒，便派遣左右侍臣去视察百姓所吃的东西。有的侍臣获得了豆末与杂糠，并把这种情况上奏章给他，他便伤心地掉下了眼泪，把豆末与杂糠拿给群臣去看，深刻地罪责自己。为此，他撤除御膳，不进用酒肉将近一年。他到东方拜祭太山时，看到关中地区的百姓到洛阳谋生的，在道路上一个接着一个。隋文帝告诫所有放哨警戒的士兵，不得擅自有所驱逐或逼迫他们离去，使一些男男女女掺杂在仪仗侍卫之间。遇到扶老携幼的人，就让御者把车马避开，自己亲自加以慰问和勉励，然后才离开他们。到了艰难险阻之处，看见挑担子的人，就命令左右帮助他。

炀 帝 纪

营构宫室务从节俭

【原文】

夫宫室之制本以便生，上栋下宇，足避风露，高台广厦，岂曰适形。故《传》云："俭，德之共；侈，恶之大。"宣尼有云："也，宁俭。"……民惟国本，本固邦宁，百姓足，孰与不足！今所营构，务从节俭，无令雕墙峻宇复起于当今，欲使卑宫菲食与其不逊将贻于后世。

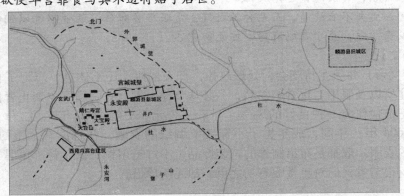

隋仁寿宫平面图

【译文】

建造房屋的办法，本来是以适宜于人们生存为原则的。房屋上有梁，下有檐，就是能够避风御寒了。建造高台大屋，怎能说是对身体有好处呢？所以，《左传》上说："节约，是善行的大德；奢侈，是邪恶中的大恶。"孔子又说："与其越礼，宁可简陋。"……百姓是国家的根本，根本稳固，国家就安宁。百姓富足了，谁还不富足？现在营建宫殿，务从节俭，不要使雕饰的墙壁、高大的栋

宇再耸立于当今。我想把居住简陋的宫室、食用粗劣的食物这种美德，留传给后世。

治国爱民诏

【原文】

昔者哲王之治天下也，其在爱民乎？既富而教，家给人足，故能风淳俗厚，远至迩安。治定功成，率由斯道。朕嗣膺宝历，抚育黎献，夙夜战竞，若临川谷。虽则聿遵先绪，弗敢失坠，永言政术，多有缺然。况以四海之远，兆民之众，未获亲临，问其疾苦。每虑幽仄，莫举，冤屈不申，一物失所，乃伤和气，万方有罪，责在朕躬，所以寤寐增叹，而夕惕载怀者也。

【译文】

从前，贤明的君主治理天下，大概主要是在于爱民吧？百姓富足后，就得施教。家家富裕，人人丰足，就能使风俗淳朴、敦厚，就能使远方的人民来朝，近处的民众和睦、平安。政治稳定，功业有成，都是因为遵循了这一爱民之道。我继承帝位，虽抚养培育了众多贤能的人才，但每天仍总是警惧戒慎，好像面临山谷一样。虽然遵守祖先的遗业，不敢使它丧失毁灭，但常说的为政方法，却有很多不足的地方。况且由于天下广大、百姓众多，我不能亲自监视，询问民众的疾苦。每每想到隐居未仕的人没有举用，有冤屈的人没能申诉，一人失所，就伤了人与人之间的和气；四方有罪，责任就在我的身上。这就是我日夜增加感叹，满怀忧惕的原因啊！

布政宜存宽大

【原文】

今既布政惟始，宜存宽大。可分遣使人，巡省方俗，宣扬风化，荐拔淹滞，申达幽枉。孝悌力田，给以优复。鳏寡孤独不能自存者，量加振济。义夫节妇，旌表门闾。高年之老，加其版授，并依别条，赐以粟帛。笃疾之徒，给侍丁者，虽有侍养之名，曾无赒赡之实，明加检校，使得存养。若有名行显著，操履修洁，及学业才能，一艺可取，咸宜访采，将身入朝。所在州县，以礼发遣。其有蠹政害人，不便于时者，使还之日，具录奏闻。

【译文】

如今施行政教刚刚开始，对民众要有宽大政策。可以分别派遣使者巡视地方风俗，宣扬风俗教化，推荐与擢拔有德而长久不能为官或不能升迁的人，申明与通告受委屈而不为人所知的人。对于孝教父母、尊敬兄长和努力耕田的人应给以免除赋税、徭役的特殊待遇。对鳏、寡、孤、独自己不能维持生活的人，应该酌量施予救济。对义夫节妇，应该在其乡里加以表彰。有名望的高龄老人，应该封给官职，并依照另外的条例，赐给粟帛。对患重病的人，应该给他留下免除徭役的儿子。对于虽然有奉养之名，而却没有实际物资来源的人，应该了解清楚，加以查核，使他们能得到名副其实的抚养。如果发现声誉行为都很显著、操行高洁

以及有学问、有才能的人，只要有一种技艺可取，都应访求取用，请他们进入朝廷。其所在州县，要依礼遣发。如果发现祸政害民、对社会现实不利的人，也都应该记录下来，等奉使回来的时候，都要上奏朝廷，让我闻之。

隋炀帝诡谲而淫乱

【原文】

帝性多诡谲，所幸之处，不欲人知。每之一所，辄数道置顿，四海珍馐殊味，水陆必备焉，求市者无远不至。郡县官人，竞为献食，丰厚者进擢，疏俭者获罪。奸吏侵渔，内外虚竭。头会箕敛，人不聊生。于时军国多务，日不暇给，帝方骄怠，恶闻政事，冤屈不治，奏请罕决。又猜忌臣下，无所专任，朝臣有不合意者，必构其罪而族灭之。……政刑弛紊，贿赂公行，莫敢正言，道路以目。六军不息，百役繁兴，行者不归，居者失业。人饥相食，邑落为墟，上不之恤也。东西游幸，靡有定居，每以供费不给，逆收数年之赋。所至唯与后宫流连耽湎，惟日不足，招迎姥媪，朝夕共肆丑言，又引少年，令与宫人秽乱，不轨不逊，以为娱乐。……百姓无辜，咸受屠戮。黎庶愤怨，天下土崩，至于就擒而犹未之寤也。

隋炀帝

【译文】

隋炀帝的性格非常诡秘怪诞，所到之处，不愿让别人知道。每到一个地方，常常在几条路上设立停留食宿的处所，天下珍贵的食物与味道相异的食物，不论水产或陆产，都必须备

全，想要购买的东西，无论在多远的地方也都派人去买。郡县的官吏民众，都争相为炀帝进献食物，进献丰盛的就得到提拔，进献稀少的就要治罪。奸猾的官吏掠夺百姓，致使官府、百姓都财物空虚。赋税苛重，民不聊生。这时，军事与国政的事务繁多，大家都很紧张。而隋炀帝骄纵怠惰，讨厌闻知政事。他不问刑狱冤案，对于朝廷官员的奏请，也很少处理。他又猜忌臣下，没有一个使他信任的人。朝廷大臣有不合他心意的，一定捏造罪过，诛灭他的家族。……政令与刑罚松弛紊乱，一些官吏无所顾忌地公开以财货行贿受贿。正直的官吏由于慑于暴政，不敢规谏，在路上相见仅能以目示意。战事不停，各种徭役甚多，行役的人长久不能回家，居家的人也因失业而没法谋生。人们因饥饿而相食，许多城镇村落变成了废墟，而隋炀帝从不表示怜悯。他游东幸西，没有一定的居处。常因供给费用不足，预收几年的赋税。隋炀帝每到一个地方，只和嫔妃、姬妾在一起，流连沉溺于酒色。一日到晚淫乐不足，就邀请一些老妇人与他朝夕一同胡说些放肆无忌的丑恶淫乱之事，他还引进青年男子，让他们跟宫女淫乱。使他们超出常规，不避下人，用以为娱乐。……百姓没有罪过，都遭受杀戮。民众愤怒怨恨，

天下分崩离析，隋炀帝直到被捉住时，还没有醒悟。

礼 仪 志

考核计吏文迹才辞

【原文】

　　正会日，侍中黄门宣诏劳诸郡上计。劳讫付纸，遣陈土宜。字有脱误者，呼起席后立。书迹滥劣者，饮墨水一升。文理孟浪，无可取者，夺容刀及席。既而本曹郎中，考其文迹才辞可取者，录牒吏部，简同流外三品叙。

【译文】

　　正月初一日，皇帝朝会群臣，侍中省黄门侍郎宣布皇帝诏书，慰劳上计吏。慰劳完毕，给他们纸张，令他们陈述不同性质的土壤适宜种植不同种类的农作物。对字有脱漏和错误的人，就叫他离席到后边站立；对字迹不守书法规则而又劣下的人，一律罚喝墨水一升；对文理疏略而不可取用的人，就取其用为仪容的佩刀放到席地上。过一会儿，本曹司的长官郎中考核他们的文迹才辞，如果有可取用者，就名簿于吏部，分别同列于流外三品次第。

五 行 志

帝王之气尽息

【原文】

　　人君者，恭事上帝，子爱下人，省嗜欲，远邪佞，未明求衣，日旰忘食，是以泽被区宇，庆流子孙。陛下顷来，酒色过度，不虔郊庙大神，专媚淫昏之鬼。小人在侧，宦竖擅权，恶诚直如仇仇，视时人如草芥。后宫曳罗绮，厩马余菽粟，百姓流离，转尸蔽野。神怒人怨，众叛亲离。臣恐东南王气，自斯而尽。

【译文】

　　做人君的人，敬奉上帝，慈爱下民，减少特殊的嗜好与欲望，远离邪恶的小人，天不明就取衣早起，日已晚忘了吃饭。因此德泽施加于疆土，吉福流传于子孙。陛下近来，酒色过度，不诚敬地祭祀显赫的天地和祖先，专一喜爱荒淫昏暴的魑魅女妖，小人聚在陛下身旁，宦官独揽大权，厌恶忠诚正直之臣如同仇人，看现时的人民如同草芥，后宫里的妃嫔穿着绫罗绸缎，马棚里的马堆积着豆子与谷子，百姓离散，弃尸遮蔽旷野。神灵愤怒，百姓怨恨，众叛亲离。我担心东南帝王之气，从此而完全止息了。

自矜而亡

【原文】

　　炀帝有负才学，每骄天下之士。尝谓侍臣曰："天下当谓朕承藉余绪而有四

海耶？设令朕与士大夫高选，亦当为天子矣。"谓当世之贤，皆所不逮。《书》云："谓人莫己若者亡！"帝自矜己以轻天下，能不亡乎？

【译文】

隋炀帝有恃于自己的才学，常常傲视天下的士人。他曾经对左右侍臣说："天下人还说是我承继先王的遗业而才有天下吧？假如在我与士大夫之中拔擢，我也应当做天子了。"炀帝认为当代的贤者，都比不上自己。《尚书》说："说别人比不上自己的人必定灭亡！"炀帝自我夸耀而轻视天下的贤士，能不灭亡吗？

炀帝不欲人谏

【原文】

炀帝常从容谓秘书郎虞世南曰："我性不欲人谏。若位望通显而来谏我，以求当世之名者，弥所不耐。至于卑贱之士，虽少宽假，然卒不置之于地。汝其知之！"时议者以为古先哲王之驭天下也，明四目，达四聪，悬敢谏之鼓，立书谤之木，以开言者之路，犹恐忠言之不至，由是泽敷四海，庆流子利。而帝恶直言，仇谏士，其能久乎！

隋炀帝游江南

【译文】

隋炀帝经常安然自在地对秘书郎虞世南说："我生来就不愿意听别人劝谏。如果有人凭借过去地位高、声望大而来劝谏我，以求得在当代的名声，我更是忍受不了。至于地位微贱的士人，虽然可以对他们稍微宽容一点，但也终究不会放在心上。你大概知道这些吧！"这时议论的人认为古代贤王统治天下，扩大视听，增广见闻，悬挂招致进谏的鼓，树立供书写谏言的木牌，以广开进言之路，这样还唯恐忠言不能完全听到，因此德泽广布于天下，吉福流传于子孙。然而，炀帝却厌恶正直的话语，仇视劝谏的士人，他的统治还能长久吗！

食 货 志

开 皇 盛 世

【原文】

隋文帝既平江表，天下大同，躬先俭约，以事府帑。开皇十七年，户口滋盛，中外仓库，无不盈积，所有赉给，不逾经费，京司帑屋既充，积于廊庑之下，高祖遂停此年正赋，以赐黎元。

游春图卷　隋

【译文】

　　隋文帝平定了江南以后，天下很统一，躬身先行俭约，以充实国库。开皇十七年（公元597年），全国户口增多，中央与地方的仓库，无不丰满，所有赐予和供给，不超过经常性的费用。京都官署的府库已经积满了，便堆积在堂前的廊屋外面。隋文帝于是停止征收这一年主要的赋税，把它赐给百姓。

躬 履 俭 约

【原文】

　　帝既躬履俭约，六宫咸服浣濯之衣。乘舆供御有故敝者，随令补用，皆不改作。非享燕之事，所食不过一肉而已。有司尝进干姜，以布袋贮之，帝用为伤费，大加谴责。后进香，复以毡袋，因笞所司，以为后诫焉。由是内外率职，府帑充实，百官禄赐及赏功臣，皆出于丰厚焉。

【译文】

　　隋文帝躬行俭省节约，皇后嫔妃都穿洗旧的衣服。隋文帝乘坐的车子以及其他御用物品，如果有破旧的，随即下令修补使用，都不重新制作。不是祭祀或宴会宾客时，隋文帝平时只吃一种肉。负有专职的官吏，曾经进献干姜，并用布袋装着，隋文帝以为破费，大加斥责。后来，又进献来香物，又用毡袋贮藏起来，隋文帝就笞打主管官吏，以此来警诫后人。从此，朝廷内外的官吏都能奉行职事，国库里财物满盈，百官的俸禄、赏赐以及对功臣的奖赏，都从丰盛的财物中支出的。

刑 法 志

申 诉 枉 屈

【原文】

　　有枉屈县不理者，令以次经郡及州、至省仍不理，乃诣阙申诉。有所未惬，听挝登闻鼓，有司录状奏之。

【译文】

若有人因冤枉、委屈进行诉讼而县令不受理的，可以让他们依次经过郡、州至尚书省去申诉，仍然不受理的，可以直到朝廷。如果有所不满，可以听任他们敲登闻鼓而向朝廷申诉，负有专职的官吏，要记录他们的诉状而上奏朝廷。

经 籍 志

学而成一艺

【原文】

《传》曰："玉不琢，不成器；人不学，不知道。"古之君子，多识而不穷，畜疑以待问，学不逾等，教不陵节，言约而易晓，师逸而功倍；且耕且养，三年而成一艺。

【译文】

《礼记》上说："璞玉不经过一番琢磨，就不能成为贵重的玉器；人不经过一番学习，就不能懂得大道理。"古代有学问的人，知识渊博而苦学不已，积聚疑难问题，以待机请问老师。学习循序渐进，教不越过程序，说话简约而易晓，教师不必花多大气力，而收效加倍。既耕种，又受教育，三年就能学成一技之长。

学 者 之 蔽

【原文】

学不心解，专以浮相尚，豫造杂难，拟为仇对，遂有芝角、反对、互从等诸翻竞之说。驰骋烦言，以紊彝叙，诐诐成俗，而不知变，此学者之蔽也。

【译文】

学习不心领意会，专以虚浮不实相矜夸，预先制作繁杂艰难的问题，作为对立面，于是就有删改、反对、相从等诸种颠倒争胜的说法，涉猎繁杂的言论，以乱常道，喧闹嘈杂成为习俗，而不知道改变，这是求学的人的一种弊病。

后 妃 传

分赏御侮将士

【原文】

突厥尝与中国交市，有明珠一箧，价值八百万，幽州总管阴寿白后市之。后曰："非我所须也。当今戎狄屡寇，将士罢劳，未若以八百万分赏有功者。"百僚闻而毕贺。

【译文】

突厥族曾经与中原地区的人民往来通商。有一小箱明珠，价值八百万钱，幽

州（今河北蓟州区）总管阴寿禀告文献独孤皇后买上它。皇后说："这不是我须用的东西。当前外族屡次前来侵犯，将士们御侮卫国十分疲劳，不如将八百万钱分赏给有功的将士。"百官听说后都来庆贺。

对国事不可顾私

【原文】

大都督崔长仁，后之中外兄弟也，犯法当斩。高祖以后之故，欲免其罪，后曰："国家之事，焉可顾私！"长仁竟坐死。

【译文】

大都督崔长仁，是文献独孤皇后的表兄弟，触犯国法，应当处斩。隋文帝因为皇后的缘故，想赦免他的死罪。文献独孤皇后说："处理国事时，怎么能顾念私情！"崔长仁终于被处死刑。

皇后为害己者请命

【原文】

后异弟陀，以猫鬼巫蛊，咒诅于后，坐当死。后三日不食，为之请命曰："陀若蛊政害民者，妾不敢言。今坐为妾身，敢请其命。"陀于是减死一等。

【译文】

文献独孤后的异母弟独孤陀，以猫鬼为巫术诅咒文献独孤皇后，罪当处死。文献独孤皇后三天不吃饭，为独孤陀向皇帝求情说："独孤陀如果败坏政事，危害百姓，我不敢为他求情。他现在只是因危害我本人而犯罪，所以我敢冒昧地请求留他一条性命。"独孤陀因此被减免了死罪，改处轻一等的刑罚。

李　穆　传

高才命世不拘恒礼

【原文】

穆上表乞骸骨。诏曰："朕初临宇内，方借嘉猷，养老乞言，实怀虚想。七十致仕，本为常人。至若吕尚以期颐佐周，张苍以华皓相汉，高才命世，不拘恒礼。迟得此心，留情规训。公年既耆旧，筋力难烦，今勒所司，敬蠲朝集。如有大事，须共谋谟，别遣侍臣，就第询访。"

【译文】

李穆上奏章请求退职。隋文帝下诏书说："我刚刚治理天下，正想借用你的良好智谋来治理国家。你请求退职养老，确实是不切实际的。七十岁辞官居家，本来是普通官吏所为。可吕望年七十为师辅佐周文王，张苍头发花白还任丞相辅助汉文帝。才能优异、有名于当世的人，不必拘泥于常礼。到了晚年应当有吕望、张苍之心，把感情倾注于规劝告诫之事。论你的年龄已是老年人，体力难以

胜任烦劳。现在只让你治理你主管的事情，减免你上朝参拜之礼。如果有大事，需要共同计谋，另外派遣侍臣，到你的住宅询问商议。"

李 敏 传

白丁为柱国

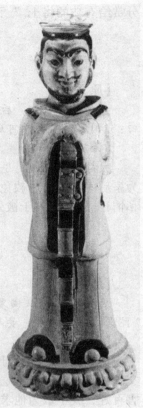

【原文】

开皇初，周宣帝后封乐平公主，有女娥英，妙选婚对，敕贵公子弟集弘圣宫者，日以百数。公主亲在帷中，并令自序，并试技艺。选不中者，辄引出之。至敏而合意，竟为婚媾。敏假一品羽仪，礼如尚帝之女。后将侍宴，公主谓敏曰："我以四海之尊，唯一女夫，当为汝求柱国。若授余官，汝慎无谢。"及进见上，上亲御琵琶，遣敏歌舞，既而大悦，谓公主曰："李敏何官？"对曰："一白丁耳。"上因谓敏曰："今授汝仪同。"敏不答。上曰："不满尔意邪？今授汝开府。"敏又不谢。上曰："公主有大功于我，我何得向其女婿而惜官乎？今授卿柱国。"敏乃拜而蹈舞。

【译文】

开皇（公元581～600年）初，周宣帝的天元皇后被封为乐平公主，她有一个女儿叫娥英。在为女儿精选婚配时，宣命公侯贵人子弟集中于弘圣宫，每天都有数百人。乐平公主亲自在帷帐内，下令公侯子弟按次序排列，

白瓷黑彩抚剑武吏俑 隋

以自己的技艺参加考试。凡是挑选不上的，就令人把他领出去。到李敏时，才合心意，就成了婚姻。李敏被授予一品官的服饰，所行礼仪如同娶皇帝之女。后来侍宴于隋文帝，乐平公主对李敏说："我把天下都给予了当朝皇帝。我只有你这一个女婿，应当为你求得柱国之职。如果授给你其他的官职，你千万不要拜谢。"等到进宫见到隋文帝时，隋文帝亲自弹奏琵琶，让李敏歌舞。过了一会儿，隋文帝非常喜悦，对乐平公主说："李敏是什么官？"乐平公主回答说："只不过是一个平民罢了。"于是隋文帝对李敏说："现在我授予你仪同三司之职。"李敏没有答话。隋文帝说："不称你的心意吗？现在我授予你开府之位。"李敏仍不谢恩。皇帝又说："公主对我有很大的功劳，我怎么能对她的女婿吝惜官位呢？现在我授予你柱国之职。"于是李敏拜谢了，并且手舞足蹈。

梁 睿 传

为边患废寝食

【原文】

睿时见突厥方强，恐为边患，复陈镇守之策十余事，上书奏之曰："窃以戎狄作患，其来久矣。防遏之道，自古为难。所以周无上算，汉收下策，以其倏来忽往，云屯雾散，强则骋其犯塞，弱又不可尽除故也。今皇祚肇兴，宇内宁一，唯有突厥种类，尚为边梗，此臣所以废寝与食，寤寐思之。昔匈奴未平，去病辞宅；先零尚在，充国自劾。臣才非古烈，而志追昔士。谨件安置北边城镇烽候，及人马粮贮战守事意如别，谨并图上呈，优惟裁览。"上嘉叹久之，答以厚意。

【译文】

梁睿当时看到突厥族正当强大，担心构成边患，又陈述镇守计策十多项。上书奏给隋文帝说："我认为外族为患已经由来很久了。防止的办法，自古以来都很困难。周王朝没有上策而汉王朝采取下策的原因，就是因为他们忽来忽往，如云聚集，如雾分散，强大时肆意侵犯边塞，弱小时又不能完全消灭的缘故。今天，皇朝始兴，天下一统，只有突厥族人，还为边患。这是我废寝忘食、日夜思虑的原因。从前，匈奴没有被平息，霍去病为此不让汉武帝为他建造府第；先零羌族尚存在，赵充国自我弹劾。我的才能虽然不及古代刚强之士，然而我的志向却是要追随他们。今将设置北方边境城镇的烽火台，以及筹备人马，贮藏粮食，确定攻取守御的意图，一一分别列出，连同军事地图一起，呈给陛下，请陛下裁断鉴察。"隋文帝赞许很久，答谢梁睿的深厚情意。

刘 昉 传

处贵戒以奢，持满守以约

【原文】

治书侍御史梁毗劾奏昉曰："臣闻处贵则戒之以奢，持满则守之以约。昉既位列群公，秩高庶尹，縻爵稍久，厚禄已淹，正当戒满归盈，鉴斯止足，何乃规曲蘖之润，竞锥刀之末，身昵酒徒，家为逋薮，若不纠绳，何以肃厉！"

【译文】

治书侍御史梁毗向隋文帝检举刘昉的罪状，说："我听说身居高贵之位就应警戒奢侈，持有富裕的产业就应注意节俭。刘昉位列公卿，官阶高于别的高级官员，封爵很久，优厚的俸禄也有了很长时间，应当戒满止盈，满足现状。为何竟然谋求沽酒之利，争逐一些微小的好处？刘昉和酒徒们混在一起，家里成了藏纳逃犯的地方。如果不加以惩处，绳之以法，靠什么来振朝廷之威呢？"

郑 译 传

不累幽显，赐读《孝经》

【原文】

　　译性轻险，不亲职务，而脏货狼籍。高祖阴疏之，然以其有定策功，不忍废放，阴敕官属不得白事于译。……译自以被疏，阴呼道士章醮以祈福助，其婢奏译厌蛊左道。上谓译曰："我不负公，此何意也？"译无以对。译又与母别居，为宪司所劾，由是除名，下诏曰："译嘉谋良策，寂尔无闻，鬻狱卖官，沸腾盈耳。若留之于世，在人为不道之臣；戮之于朝，入地为不孝之鬼。有累幽显，无以置之，宜赐以《孝经》，令其熟读。"仍遣与母共居。

石棺　隋

【译文】

　　郑译为人轻薄阴险，不述职理政，赃货却得了很多。隋文帝暗中疏远他，然而因为他有定策辅政的功劳，不忍心加以废弃放逐，就暗中告诫属吏不得跟郑译说什么事。……郑译自认为被疏远，暗地里叫道士章醮，为自己祈祷福佑。他的婢妾向上揭发祈祷咒术的邪道，隋文帝就对郑译说："我没有亏待你，你祈祷咒术是什么意思呢？"郑译无话可答。郑译与母亲分开生活，又为御史检举揭发，文帝便撤销其原有的官爵，并下诏书说："郑译的佳谋良策，大家寂静无闻；纳贿减罪，收礼卖官的事情，引起众人的强烈议论，倒听得很多。如果留他在世上，他就是人间一个不道德的臣子；如果在朝廷杀了他，他就是地下的一个不孝之鬼。这样阴间、阳间他都会成为累赘，使我无法安置，只好给他一部《孝经》，让他熟读。"于是，仍然让他和母亲住在一起。

"干笔"与"润笔"

【原文】

诏译参撰律令，复授开府、隆州刺史。请还治疾，有诏征之，见于醴泉宫。上赐宴甚欢，因谓译曰："贬退已久，情相矜愍。"于是复爵沛国公，位上柱国，上顾谓侍臣曰："郑译与朕同生共死，间关危难，兴言念此，何日忘之！"译因奉觞上寿。上令内史李德林立作诏书，高颎戏谓译曰："笔干"。译答曰："出为方岳，杖策言归，不得一钱，何以润笔。"上大笑。

【译文】

隋文帝诏命郑译参与撰写法令，又授予郑译开府，隆州（今四川阆中）刺史。郑译请求回京都医治疾病。不久，诏书将他召回，隋文帝在醴泉宫接见了他。隋文帝设宴招待他，很高兴地对郑译说："您被贬降官职已经很久了，但是出于私情，还是顾惜体恤你的。"于是恢复了郑译沛国（今江苏沛县）公的爵位和上柱国的官位。隋文帝对侍臣们说："郑译与我生死与共，历尽各种危难，说起话来就想到这些，没有一天能够忘记！"郑译于是举杯祝寿。隋文帝让内史令李德林立刻写诏书，高颎对郑译开玩笑说："笔干无法写。"郑译回答说："出任地方长官，扶杖而归，没有得到一个铜钱，拿什么来润笔呢？"隋文帝大笑。

皇甫绩传

克躬励己，精心好学

【原文】

绩三岁而孤，为外祖韦孝宽所鞠养。尝与诸外兄博弈，孝宽以其惰业，督以严训，愍绩孤幼，特舍之。绩叹曰："我无庭训，养于外氏，不能克躬励己，何以成立？"深自感激，命左右自杖三十。孝宽闻而对之流涕，于是精心好学，略涉经史。

【译文】

皇甫绩三岁就成了孤儿，是他外祖父韦孝宽抚养成人的。他时常和表兄们下棋。韦孝宽因为他们懈惰学业，用严厉的语言训斥了自己的孙子，但因哀怜皇甫绩父母俱丧而又年幼，特地放过了他。皇甫绩感叹说："我投有父教，被外祖父抚养，我不能克制自身勉励自己，怎么能够成长自立？"他深切地激励自己，让左右的人打了自己三十棍棒。韦孝宽闻知此事，对着皇甫绩心痛地流下了眼泪。皇甫绩从此精心好学，几乎浏览了全部经史典籍。

卢 贲 传

论 乐

【原文】

夫乐者，治之本也，故移风易俗，莫善于乐，是以吴札观而辨兴亡。然则乐也者，所以动天地，感鬼神，情发于声，治乱斯应。

【译文】

乐是治国的根本。移风易俗，没有什么比乐更好了，因此吴公子札北游列国，观赏鲁国音乐而辨别国家的兴亡大势。既然如此，那么乐是可以用来感动天地和鬼神的。情感从乐声中表达出来，太平、祸乱也与此相应。

利民渠与温润渠

黄釉吹箫女乐俑　隋

【原文】

（贲）迁怀州刺史，决沁水东注，名曰利民渠，又派入温县，名曰温润渠，以溉舄卤，民赖其利。

【译文】

卢贲调任怀州（今河南沁阳）刺史，开决沁水往东灌注，名叫利民渠，又有支流进入温县（今河南温县），名叫温润渠，用以灌溉瘠薄的盐碱地，百姓依靠这两条水渠获得了利益。

于 义 传

专 崇 德 教

【原文】

累迁安武太守，专崇德教，不尚威刑。有郡民张善安、王叔儿争财相讼，义曰："太守德薄不能任之所致，非其罪也。"于是取家财，倍与二人，喻而遣之。善安等各怀耻愧，移贯他州。于是风教大洽。

【译文】

于义屡次升迁做了安武郡（今甘肃镇原）太守，一意推重德教，不崇尚严刑。郡民张善安与王叔儿为了争财物而彼此诉讼，于义说："这是我德行浅薄，不能胜任太守职务造成的，不是他们二人的罪过。"于是，拿出家中的财物，加倍分给二人，教育他们以后遣送他们回家。张善安等人都怀着羞愧之心，移籍迁居于其他州郡。从此教化遍及四方，安武郡十分和平而安宁。

规谏不可加罪

【原文】

宣帝嗣位，政刑日乱，义上疏谏。时郑译，刘昉以恩幸当权，谓义不利于己，先恶之于帝。帝览表色动，谓侍臣曰："于义谤讪朝廷也。"御正大夫颜之仪进曰："古先哲王立诽谤之木，置敢谏之鼓，犹惧不闻过。于义之言，不可罪也。"帝乃解。

【译文】

周宣帝继承君位，政治与刑罚一天比一天混乱。于义上奏章劝谏。这时郑译、刘昉靠着皇帝的宠爱而执掌政权，认为于义对自己不利，就在宣帝面前首先中伤于义。宣帝看了于义的奏章变了脸色，对侍臣说："于义是在诽谤朝廷。"御正中大夫颜之仪进言说："古代贤明的君主竖立供人书写议论政治是非、指责君主过失的木牌，放置供人敲击以进谏的大鼓，还担心听不到自己的过错。于义进言，不能加罪于他。"宣帝这才醒悟过来。

骨仪传

励志守常

【原文】

（骨仪）性刚鲠，有不可夺之志。开皇初，为侍御史，处法平当，不为势利所回。炀帝嗣位，迁尚书右司郎。于时朝政乱浊，货赂公行，凡当枢要之职，无问贵贱，并家累金宝。天下士大夫莫不变节，而仪励志守常，介然独立。帝嘉其清苦，超拜京兆郡丞，公方弥著。时刑部尚书卫玄兼领京兆内史，颇行诡道，辄为仪所执正。

【译文】

骨仪性格刚直不屈，志向不可因被逼迫改变。开皇（公元 581～600 年）初，为侍御史，依法办事，十分平允，不为权势和私利所左右。隋炀帝继承君位，迁升尚书省右司郎。当时朝政日渐混乱污浊，贿赂公然横行，大凡掌握朝廷机要部门职权的官员，无论地位高低，家家都积蓄了金玉财宝。全国士大夫没有不变化动摇的，可是骨仪勉励心志而遵守常法，特异独立。炀帝赞许骨仪的清苦之志，越级提拔他为京兆郡（今陕西西安市东）丞。此后他的公正方直更加显著。这时刑部尚书卫玄兼任京兆郡内史，颇行诡诈之道，却总是被骨仪所执扶纠正。

鎏金多宝佛像　隋

窦荣定传

宠积骄盈，必致倾覆

【原文】

上欲以为三公，荣定上书曰："臣每览西朝卫、霍，东都梁、邓，幸托葭莩，位极台铉，宠积骄盈，必致倾覆。向使前贤少自贬损，远避权势，推而不居，则天命可保，何覆宗之有？臣每览前修，实为畏惧。"上于是乃止。

【译文】

隋文帝想使窦荣定做掌有军政大权的长官。窦荣定上书说："臣下每每阅览记载西汉卫青、霍光以及东汉梁冀、邓骘之事的史书，他们有幸以皇帝亲戚的身份而升任最高的官位，宠幸积多，骄傲自满，必然招致覆没。假使前代有贤德之士自己稍微压低一下个人的地位，远避权势，推却而不居高位，那么就可以保有天命了，怎么会有覆没宗族的灾祸呢？臣每每阅览记载古代贤德之士的书，确实感到十分畏惧。"于是隋文帝就将任命窦荣定为"三公"的事情搁置下了。

豆卢勋传

玉浆泉

【原文】

以勋有才略，转渭州刺史。甚有惠政，华夷悦服，德泽流行，大致祥瑞。鸟鼠山俗呼为高武陇，其下渭水所出。其山绝壁千寻，由来乏水，诸羌苦之。勋马足所践，忽飞泉涌出，有白乌翔止厅前，乳子而后去，又白狼见于襄武。民为之谣曰："我有丹阳，山出玉浆。济我民夷，神乌来翔。"百姓因号其泉为玉浆泉。

【译文】

因为豆卢勋有才略，周武帝调迁他任渭州（今甘肃陇西）刺史，很有仁政，汉族与西部夷羌族人民都很心悦诚服，德化与恩惠到处传布，招致来了许多吉祥的征兆。鸟鼠山俗称高武龙，山下是渭水发源地。这座山陡峭的崖壁有八百丈，向来缺水，苦了当地的羌族各部，一次，豆卢勋马蹄所践踏的地方，忽然飞泉涌出。有一只白乌鸦飞到厅堂前面栖息下来，生了一只小乌鸦，然后飞走了；又有一只白颜色的狼出现在襄武（今甘肃陇西东南）。有人为此编了一首歌谣说："我有丹阳，山出玉浆。济我民夷，神乌来翔。"于是百姓给这泉水起了个名号，叫作玉浆泉。

元 谐 传

褒善畴庸

【原文】

下诏曰："褒善畴庸，有闻前载。谐识用明达，神情警悟，文规武略，誉流朝野。申威拓土，功成疆场，深谋大节，实简朕心。加礼延代，宣隆赏典。可柱国，别封一子县公。"谐拜宁州刺史，颇有威惠。然性刚愎，好排诋，不能取媚于左右，尝言于上曰："臣一心事主，不曲取人意。"上曰："宜终此言。"

【译文】

隋文帝下诏书说："褒扬善人，酬报功劳，从以前的史书记载中就有所闻知。元谐识用明察通达，思维敏捷颖悟，颇有文谋武略，美名传布于朝野上下。他施展威力，开拓版图，疆场上立了大功，在关系到存亡安危的大事上也能深谋远虑，确实让我少费了不少心血。待他要厚于常礼，使其父子相继，还应该给予丰厚的赏赐。可以封他为柱国，另外封他一个儿子为县公。"元谐被授予宁州（今甘肃宁县）刺史，颇有权威，也多行恩惠。然而他性情刚愎自用，爱排斥诋毁别人，得不到皇帝近臣的喜爱。他曾经对隋文帝说："臣一心侍奉君主，从不曲意取悦别人。"隋文帝说："你就别说这些了。"

高 颎 传

进贤受上赏

【原文】

颎深避权势，上表逊位，让于苏威。上欲成其美，听解仆射。数日，上曰："苏威高蹈前朝，颎能推举。吾闻进贤受上赏，宁可令去官？"于是命颎复位。

【译文】

左仆射高颎远避权势，上奏章请求辞职，想将职务让给苏威。隋文帝想成其美，便接受高颎的建议，解除了他左仆射的职务。过了几天，隋文帝说："苏威在前朝很突出，高颎能够推觉他。我听说引进贤能之士受上等奖赏，难道可以让他辞去官职吗？"于是命令高颎重新担任了原来的职务。

高颎议政被诛

【原文】

炀帝即位，拜为太常。时诏收周、齐故乐人及天下散乐。颎奏曰："此乐久废。今若征之，恐无识之徒弃本逐末，递相教习。"帝不悦。帝时侈靡，声色滋甚，又起长城之役。颎甚病之，谓太常丞李懿曰："周天元以好乐而亡，殷鉴不遥，安可复尔！"时帝遇启民可汗恩礼过厚，颎谓太府卿何稠曰："此虏颇知中国

虚实、山川险易、恐为后患。"复谓观王雄曰："近来朝廷殊无纲纪。"有人奏之，帝以为谤讪朝政，于是下诏诛之，诸子徙边。

【译文】

隋炀帝即位后，任命高颎为太常寺卿。当时隋炀帝下诏书，搜罗北周，北齐原来善于歌舞的艺人以及民间乐舞杂技。高颎上奏章说："这些乐舞已经废除很久了。现在如果加以搜罗，恐怕无知之徒会抛弃农桑之业，而去追求乐舞杂技，并递相教练的。"炀帝很不高兴。炀帝此时生活奢侈糜烂，越来越沉溺于声色之中，又大兴修筑长城的徭役。高颎对此很感忧虑，对太常寺丞李懿说："北周宣帝因好乐而灭亡，鉴戒的前事不远，怎么能重蹈覆辙呢？"这时炀帝款待启民可汗的礼遇过于优厚，高颎对太府寺卿何稠说："这个外族人很清楚隋朝的虚实与山川险易，恐怕将会成为后患的。"又对观王杨雄说："近来朝廷特别没有法度。"有人向炀帝检举了高颎的议论，炀帝认为高颎诽谤朝政，于是下诏书诛杀了高颎，把高颎几个儿子也流放到了边地。

以天下为己任

【原文】

颎有文武大略，明达世务。及蒙任寄之后，竭诚尽节，进引贞良，以天下为己任。苏威、杨素、贺若弼、韩擒虎等，皆颎所推荐，各尽其用，为一代名臣。自余立功立事者，不可胜数。当朝执政将二十年，朝野推服，物无异议。治致升平，颎之力也。

隋五牙战船模型

【译文】

高颎有远大的文武谋略，通达时务。被委任为左仆射之后，对隋文帝竭尽忠诚与臣节，并推举忠正诚信之臣，把国家的兴亡、天下的安危，当作自己的责任。苏威、杨素、韩擒虎等，都为高颎所推荐，他们都充分发挥了各自的作用，成为一代名臣。其余树立圣德、建立功业的事，不可胜数。当朝执政近二十年，朝廷群臣和民间百姓都很推许佩服他，没有任何不同意见。隋文帝治理国家而实现太平，可以说是高颎的功劳。

苏 威 传

劝谏不怒杀无辜

【原文】

上尝怒一人，将杀之，威入阁进谏，不纳。上怒甚，将自出斩之，威当上前不去。上避之而出，威又遮止，上拂衣而入。良久，乃召威谢曰："公能若是，吾无忧矣。"

【译文】

隋文帝生一个人的气，还准备把这个人杀掉。苏威入宫进谏，文帝不听。文帝非常生气，打算出宫亲自把那人杀死。苏威挡在文帝面前不离开。文帝躲开他出了宫殿，苏威又上去拦止，文帝只得愤愤地拂袖回到宫廷。此事过了好久，文帝召见苏威说："您能这样，我就没有忧虑了。"

从悦违怒为大病

【原文】

上谓群臣曰："世人言苏威诈清，家累金玉，此妄言也。然其性很戾，不切甚要，求名太甚，从己则悦，违之必怒，此其大病耳。"

【译文】

隋文帝对群臣说："世人都说苏威假装清廉，家里积累了很多黄金与珠玉。这都是乱说的。然而他的性情很凶暴，办事不是很切要，太注重追求名声，顺从自己就高兴，违背自己就发怒。这是他的大毛病呵。"

李 德 林 传

援笔立成，文如长河

【原文】

遵彦即命德林制《让尚书令表》，援笔立成，不加治点。因大相赏异，以示吏部郎中陆印。印云："已大见其文笔，浩浩如长河东注。比来所见，后生制作，乃涓浍之流耳。"印仍命其子乂与德林周旋，戒之曰："汝每事宜师此人，以为楷模。"

【译文】

北周尚书令杨遵彦让李德林写一篇《让尚书令表》。李德林拿起笔来，很快就写完了，中间不加修改。因此，遵彦很赏识他的奇才，把他写的文章拿给吏部郎中陆印看。陆印说："李德林已大显文笔的才华，浩浩然如长河向东流去。相比之下，近年我所见到我的后生们的撰述，就如同涓涓细流了。"陆印于是让他的儿子陆乂与李德林交往，并告诫他说："你每做一事都应该效法李德林，把他

作为你的榜样。"

包藏祸心，司命除其籍

【原文】

大帝聪明，群臣正直，耳目监于率土，赏罚参于国朝，辅助一人，覆育兆庶，岂有食人之禄，受人之荣，包藏祸心而不歼尽者也？必当执法未处其罪、司命已除其籍。

【译文】

大帝聪明，群臣正直，大帝与群臣用耳目监临全国百姓，用赏罚检验朝廷百官，这都是为了辅助皇帝一人，保护教养万民。怎么能有吃着朝廷的俸禄，受着帝王的荣宠，却包藏着祸心而不被杀尽的人呢？肯定是在执法人尚未来得及给他们判罪过之前，那司命神就已除去了他们的名籍了。

赵 煚 传

铜 斗 铁 尺

【原文】

冀州俗薄，市井多奸诈，煚为铜斗铁尺，置之于肆，百姓便之，上闻而嘉焉，颁告天下，以为常法。

【译文】

冀州（今河北冀州市）世俗刻薄，做买卖的人多为奸诈，刺史赵煚制作铜斗铁尺，把它们放在市场，便利百姓。将此事报告给隋文帝，文帝赞许这件事，并向全国发布告示，以此作为经常施行的法律。

载 蒿 赐 盗

【原文】

尝有人盗煚田中蒿者，为吏所执。煚曰："此乃刺史不能宣风化，彼何罪也？"慰谕而遣之，令人载蒿一车以赐盗者，盗者愧恧，过于重刑。

【译文】

曾经有一个人偷刺史赵煚田地里的蒿子，被吏役们捉拿。赵煚说："这是我不能宣扬教化，他有什么罪过？"于是，用好话慰解后，打发他回了家。接着令手下人装了一车蒿子，送给偷蒿子的人。偷蒿子的人感到十分惭愧，超过了重刑。

杨尚希传

十羊九牧

【原文】

尚希时见天下州郡过多，上表曰："自秦并天下，罢侯置守，汉、魏及晋，邦邑屡改。窃见当今郡县，倍多于古，或地无百里，数县并置，或户不满千，二郡分领。具僚以众，资费日多，吏卒人倍，租调岁减。清干良才，百分无一，动须数万，如何可觅？所谓民少官多，十羊九牧。琴有更张之义，瑟无胶柱之理。今存要去闲，并小为大，国家则不亏粟帛，选举则易得贤才，敢陈管见，伏听裁处。"帝览而嘉之，于是遂罢天下诸郡。

【译文】

杨尚希这时看到全国州、郡过多，上奏章说："自秦吞并天下以后，废除公侯设置太守，汉、魏与晋，国内的行政区域屡次变动。私下看到当今郡、县，比古代多一倍。有的区域纵横没有百里，并列分置几个县；有的住户不满一千，却分两个郡治理。配备很多官僚，资费每日增多；佐治的小吏及差役人员加倍，田租、赋税每年减少。清廉而精干的优秀人才无百分之一，常常就有数以万计的官吏，怎么再寻求贤人加以举用呢？这就是所谓民少官多，赋税与徭役繁重，犹如十只羊、九个人放牧一样。琴有重新上弦、换弦、调弦的办法，瑟没有用胶合粘弦的道理。现在，应当保存主要的，除去闲散的，并小为大，国家就不亏损粟米与布帛，选择举用就容易得到德才兼备的贤人。我冒昧地陈述了自己浅陋的见识，伏听陛下裁度处置。"隋文帝看了奏章，赞许杨尚希的意见，于是就罢除了全国诸郡而保留州、县。

长孙平传

劝农重谷

【原文】

平见天下州县多罹水旱，百姓不给，奏令民间每秋家出粟麦一石已下，贫富差等，储之闾巷，以备凶年，名曰义仓。因上书曰："臣闻国以民为本，民以食为命。劝农重谷，先王令轨。古者三年耕而余一年之积，九年作而有三年之储，虽水旱为灾，而民无菜色，皆由劝导有方，蓄积先备者也。去年亢阳，关右饥馁，陛下运山东之粟，置常平之官，开发仓廪，普加赈赐，大德鸿恩，可谓至矣。然经国之道，义资远算，请勒诸州刺史、县令，以劝农积谷为务。"上深嘉纳。自是州里丰衍，民多赖焉。

【译文】

度支尚书长孙平看到全国州、县大都遭受水旱灾害，百姓生活不能自给，于是向皇帝奏请，令民间每秋各家交出粟米、麦子十斗以下，贫富分开等级，把粮

食储藏在里巷，用来防备荒年，叫作"义仓"。接着又向皇帝上奏书说："臣听说国家以民为本，民以食为命。规劝农民耕田，重视谷物的生产，这是先代君王良好的法度。古代耕作三年而余有够吃一年的积蓄，耕作九年而有够吃三年的储备，即使有了涝灾或旱灾，而百姓却没有饥饿的。这都是由于劝导有方，储积粮食，预先防备的缘故啊。去年天旱，函谷关以西地区百姓饥饿，陛下运输崤山以东的粟米，置掌管'义仓'的官吏，使之打开仓库，普遍加以施与，大恩大德，可以说达到了极点。然而治国的方法，以救济荒年为名而筹集资粮是远大的计谋，请命令各州刺史、县令，以劝导农民积蓄谷物为要务。"隋文帝深深赞许并采纳了长孙平的意见，从此，全国乡里的粮仓丰盛盈满，百姓的生活大都有了保证。

苏孝慈传

官民争利，非兴化之道

【原文】

以百僚供费不足，台省府寺咸置廨钱，收息取给。孝慈以为官民争利，非兴化之道，上表请罢之，请公卿以下给职田各有差，上并嘉纳焉。

【译文】

由于百官的供给费用不足，台省与府寺都安排用公款放高利贷，收取利息，用作官吏的供给费用。工部尚书苏孝慈认为官府与民众争利，不是振兴教化的办法，上奏章请求废除用公款放高利贷的做法，对公、卿以下的官员都按照官品等级分给禄米田，以作为供给费用。隋文帝对苏孝慈的请求，表示赞许并加以采纳。

张 煚 传

致仕受几杖

【原文】

周代公卿，颇多武将，唯煚以素业自通，甚为当时所重。后以年老，致仕于家。及高祖受禅，钦其德望，以书征之曰："朕初临四海，思存政术，旧齿名贤，实怀勤仁。仪同昔在周室，德业有闻，虽云致仕，犹克壮年。即宣入朝，用副虚想。"及谒见，敕令勿拜，扶升殿，上降榻执手，与之同坐，宴语久之，赐以几杖。会迁都龙首，煚上表劝以俭约，上优诏答之。

【译文】

北周公卿大都是武将，唯有张煚靠有学问而显达于权贵，颇为时人所推崇。后来，因为年纪大了，辞官归居于家中。隋文帝即位后，尊敬张煚的德望，用诏书征召张煚说："我刚刚统治天下，考虑为政的方法，有资望的老前辈与著名的贤人，确实怀有帮助我的期望。仪同张煚在北周王朝，德行与功业早有所闻，虽

国学经典文库

说辞官归居，但精力还能胜于壮年，立即宣诏入朝，以辅佐我理想实现。"等到张羡请见时，隋文帝命令他不要行礼，让左右侍臣扶着上殿。隋文帝下榻同张羡握手，跟他坐在一起，宴饮谈话很久，最后举行了赐几案与手杖的敬老之礼。适逢迁京都于龙首山（今陕西西安市旧城北），张羡上奏章规劝隋文帝节俭，文帝下达优厚的诏书答复张羡。

隋短襦及长裙示意图

韦世康传

选用平允

【原文】

世康寡嗜欲，不慕贵势，未尝以位望矜物。闻人之善，若己有之，亦不显人过咎，以求名誉。寻进爵上庸郡公，加邑二千五百户。其年转吏部尚书，……世康之在吏部，选用平允，请托不行。……前后十余年间，多所进拔，朝廷称为廉平。

【译文】

韦世康很少有什么嗜好与欲望，不羡慕富贵与权势，也不曾靠地位与声望，骄傲待人。听到别人的长处，就好像自己有了一样，也不宣扬别人的过错，以求得自己的名声。不久，进爵位为上庸郡（今湖北竹山县西南）公，施予封邑两千五百户。这一年调任吏部尚书，……韦世康在吏部选择、举用官吏公正适当，有人私相嘱托，坚决不做。……前后十多年间，他引荐、擢拔了很多好官吏，朝廷称赞他清廉正直。

功遂身退

【原文】

（世康）尝因休暇，谓子弟曰："吾闻功遂身退，古人常道。今年将耳顺，志在悬车，汝辈以为云何？"子福嗣答曰："大人澡身浴德，名立官成，盈满之诫，先哲所重。欲追踪二疏，伏奉尊命。"

【译文】

韦世康曾经在间暇的时候，对子弟们说："我听说功业建成后，自己就引退，这是古人做官的原则。今年我将及六十岁，意欲辞官家居。你们认为怎么样？"儿子福嗣回答说："父亲修养身心，纯洁德操，名誉树立了，做官有了成绩。富贵权势极盛时，要保持警戒，是古代贤哲所推重的，您想仿效前人疏广与疏受，敬尊所嘱。"

国学经典文库

柳 旦 传

设学校，变风俗

【原文】

大业初，拜龙川太宁，民居山洞，好相攻击，旦为开设学校，大变其风。帝闻而善之，下诏褒美。

【译文】

大业（公元605~617）初年，授柳旦为龙川郡（今广东龙川）太守。当地百姓居住在山洞里，喜好相互攻打。柳旦为他们开办学校，大大改变了他们的风俗。炀帝闻知后赞许柳旦，下诏褒扬称颂。

柳 昂 传

劝 学 行 礼

【原文】

诏曰："建国重道，莫先于学，尊主庇民，莫先于礼。……古人之学，且耕且养。今者民丁非役之日，农亩时候之余，若敦以学业，劝以经礼，自可家慕大道，人希至德，岂止知礼节，识廉耻，父慈子孝，兄恭弟顺者乎？始自京师，爰及州郡，宣祗朕意，劝学行礼。"

【译文】

隋文帝下诏书说："建设国家，推重道德，没有比学习更重要的；尊敬君主庇护百姓，没有比礼制更重要的。……古人学习，既从事耕作，又受教育。现在能服劳役的男子，在不服劳役的日子，在从事农田劳动的暇余时间，如果以学问敦促他们，以礼制劝导他，自然可以使家家敬慕大道理，人人能有高尚的品德。岂能仅仅晓知礼节、懂得廉耻，父亲慈爱，儿子孝顺，哥哥恭敬、弟弟顺从呢？从京都，到州郡，所有朝廷命官都应当遵奉我的心意，劝导学习，推行礼制。"

柳 调 传

清 素 守 常

【原文】

左仆射杨素尝于朝堂见调，因独言曰："柳条通体弱，独摇不须风。"调敛板正色曰："调信无取者，公不当以为侍御史，调信有可取，不应发此言。公当具瞻之秋，枢机何可轻发。"素甚奇之。炀帝嗣位，累迁尚书左司郎。时王纲不振，朝士多赃货，唯调清素守常，为时所美。

【译文】

左仆射杨素曾在朝堂遇见柳调，趁机自言自语地说："柳条整体软弱，独自摇动不待风吹"。柳调庄重严肃地说："我如果确实没有可取的地方，你不应当让我担任侍御史；我确实有可取的地方，你不应该说出这样的话。你正是官居高位、为人敬仰之时，作为朝廷机要地位的左仆射怎么能随便开玩笑呢?"杨素认为柳调才华出众。炀帝继承帝位后，柳调多次被提升，官至尚书左司郎。这时朝廷法纪不振，官吏们大多贪污受贿，只有柳调清雅素洁，遵守法纪，为时人所赞美。

杨 素 传

多行无礼必自及

【原文】

杨素少而轻侠，傲诞不羁，兼文武之资，包英奇之略，志怀远大，以功名自许。……考其夷凶静乱，功臣莫居其右，览其奇策高文，足为一时之杰。然专以智诈自立，不由仁义之道，阿谀时主，高下其心，营构离宫，陷君于奢侈，谋废冢嫡，致国于倾危。终使宗庙丘墟，市朝霜露，究其祸败之源，实乃素之由也。幸而得死，子为乱阶，坟土未干，阖门殂戮，丘陇发掘，宗族诛夷。则知积恶余殃，信非徒语。多行无礼必自及，其斯之谓欤！

【译文】

杨素青年时代轻佻妄动，洒脱不拘，兼有文武的资质，具有杰出奇异的谋略，抱有远大的志向，常以自己的功名自夸。……考核他平息凶暴、安定祸乱的功绩，所有功臣都不能在他以上；观察他奇特的谋略、高超的文才，足能成为一代俊杰。然而他专以机智巧诈自立于朝廷，不遵循仁义正道，奉承谄媚的隋文帝，使隋文帝的思想跟着他上下左右。在正式宫殿以外建造许多临时居住的离宫别馆，使隋文帝陷于奢侈之中；谋划废除作为嫡长子的皇太子，将国家至于倾危的境地。最终使隋王朝破灭而成为废墟，社会一片调蔽败坏，探究其祸败的根源，的确是来源于杨素。他幸运得病死去，但他的儿子杨玄感参与废立、谋反又成为祸乱的阶梯，杨素的坟土未干，他全家人被杀，祖坟被掘、宗族也被诛戮了。由此可知，多行不善，子孙遭殃，确实不是无根据地乱说。"多做无礼的事，自己必定赶上祸患。"大概说的就是杨素吧！

牛 弘 传

请广开献书之路

【原文】

开皇初，迁授散骑常侍、秘书监。弘以典籍遗逸，上表请开献书之路，曰："……今土宇迈于三王，民黎盛于两汉，有人有时，正在今日，方当大弘文教，

纳俗升平，而天下图书尚有遗逸，非所以仰协圣情，流训无穷者也。臣史籍是司，寝兴怀惧。昔陆贾奏汉祖云'天下不可马上治之'，故知经邦立政，在于典谟矣。为国之本，莫此攸先。今秘藏见书，亦足披览，但一时载籍，须令大备，不可王府所无私家乃有。然士民殷杂，求访难知，纵有知者，多怀吝惜，必须勒之以天威，引之以微利，若猥发明诏，兼开购赏，则异典必臻，观阁斯积，重道之风，超于前世，不亦善乎？伏愿天监，少垂照察。"

【译文】

开皇（公元581~600年）初，牛弘升迁为散骑常侍、秘书监。牛弘因为古代典籍散失严重，上奏章请求隋文帝广开献书之路，说："……现在国土超过了夏禹、商汤、周文正时代，百姓也比两汉时增多。可谓有人民有天时，正在今日。如今，正值弘扬礼乐文化，享受世间太平的时候，可是天下图书还有散失，这不是崇仰圣贤心意，使先王训典长远流传的办法啊。我掌管历史典籍，心中朝夕都有所恐。从前陆贾向汉高祖进言说'天下不能在马上治理'，所以我们知道治理国家、推行政事，就在于遵循古圣先贤的典籍了。治国的根本，没有比这更重要了。现在，所见秘藏的古书，也足够翻阅了。但是，作为一个朝代所收藏的书籍，必须使之完备。不能朝廷所没有的书，私家却有。但是士民众杂，寻求访查也难以知道谁家有重要文献，即使有人知道，大多数人心里舍不得拿出来献给朝廷，所以必须以陛下的威严强制他们献书，再以微小的利益诱导他们献书。如果多发诏书，同时购买、赏赐，那么珍奇的典籍也就到来了。藏书阁内收藏了很多古籍，重视学问的风气，超过了前代，不也是一件好事吗？愿陛下予以明察。"

笃志于学

【原文】

性宽厚，笃志于学，虽职务繁杂，书不释手。……有弟曰弼，好酒而酗，尝因醉，射杀弘驾车牛，弘来还宅，其妻迎谓之曰："叔射杀牛矣。"弘闻之，无所怪问，直答云："作脯。"坐定，其妻又曰："叔忽射杀牛，大是异事！"弘曰："已知之矣。"颜色自若，读书不辍。

【译文】

牛弘的性情宽厚，学习专心致志，虽然职务繁杂，也书不释手。……牛弘有一个弟弟叫牛弼，喜欢喝酒，酒醉逞凶。曾经因为喝醉了，射死了牛弘驾车的牛。牛弘从朝廷回到家中，妻子迎面对他说："叔叔把牛射死了。"牛弘听说此事，对弟弟无所责问，直接回答说："做干肉吃。"牛弘坐定，妻子又说："弟弟突然射死了牛，真是一件极大的怪事。"牛弘说："已经知道了。"面色如常不变，读书不止。

宇文庆传

不积德终致灭亡

【原文】

上谓庆曰："天元实无积德，视其相貌，寿亦不长。加以法令繁苛，耽恣声色，以吾观之，殆将不久。又复诸侯微弱，各令就国，曾无深根固本之计。羽翮既剪，何能及远哉？尉迟贵戚，早著声望，国家有衅，必有乱阶。然智量庸浅，子弟轻佻，贪而少惠，终致灭亡。……"未几，上言皆验。

铜虎符　隋

【译文】

隋文帝对宇文庆说："天元皇帝德行很少，看他的相貌，寿命也不会长了。加上法令烦琐，又纵情于声色之中，让我看，他不久就会灭亡。另外，诸侯软弱无能，让他们各自到封国去，竟连维护和巩固皇朝大统的想法都没有。鸟的羽茎既已被剪，怎么能飞到远处呢？尉迟是皇帝的贵戚，早就很有声望，国家一有事端，他必定成为祸乱的根源。然而，尉迟的谋略平凡浅陋，他的子弟也不稳重，贪贿而少惠，最终会导致灭亡的。……"不久，文帝说的话都为事实所验证了。

元　褒　传

自诬受金纵贼

【原文】

有商人为贼所劫，其人疑同宿者而执之，褒察其色冤而辞正，遂舍之。商人诣阙讼褒受金纵贼，上遣使穷治之。使者薄责褒曰："何故利金而舍盗也？"褒便即引咎，初无异词。使者与褒诣京师，遂坐免官。其盗寻发于他所，上谓褒曰："公朝廷旧人，位望隆重，受金舍盗非善事，何至自诬也？"对曰："臣受委一州，不能息盗贼，臣之一罪也。州民为人所谤，不付法司，悬即放免，臣之二罪也。率率愚诚，无顾形迹，不恃文书约束，至今为物所疑，臣之三罪也。臣有三罪，何所逃责？臣又不言受贿，使者复将有所穷究，然则缧绁横及良善，重臣之罪，是以自诬。"上叹异之，称为长者。

【译文】

有一位商人遭到盗贼的抢劫，商人怀疑是与他在一起住宿的人干的，告到官府，官府捉拿了那人。原州（今宁夏固原）总管元褒观察那人脸上的神色，觉得

此人冤枉，从口供上看也没有问题，就释放了他。商人到朝廷申告元褒接受了钱财贿赂放走了盗贼。隋文帝派遣使者彻底查清这一案件。使者按案牍所列罪状责问元褒说："为什么贪图钱财而释放盗贼呢？"元褒立即就承认了罪过，始终没有不同的口供。使者与元褒都到京都去，因罪而免了官。后来，那个真正的盗贼又在其他地方作案被抓，文帝对元褒说："你是朝廷的旧臣、地位、声望都很高，接受钱财释放盗贼，不是一件好事，何必自己本来没罪而承认有罪呢？"元褒回答说："臣受任一州总管，不能止息盗贼，这是臣的第一条罪过。州民被人诬告，没有把这事交给法律部门处理，很快就释放了他，这是我的第二条罪过。我陷到这案子里，没有观察案发的现场，没有凭借案卷文书办理，以致受到别人的怀疑，这是臣的第三条罪过。臣有三条罪过，哪里能逃脱责任？臣再不说接受贿赂，使者又要追根求源，这样就会囚禁许多善良无辜的人，从而加重臣的罪过，因此自诬。"文帝为此十分感叹和惊奇，称赞元褒为人谨厚。

刘 方 传

以威惠治军

【原文】

上于是诏方为交州道行军总管。……方法令严肃，军容齐整，有犯禁者，造次斩之。然仁而爱士，有疾病者，亲自抚养。长史敬德亮从军至尹州，不能进，留之州馆。分别之际，方哀其危笃，流涕呜咽，感动行路。其有威惠如此，论者称为良将。

【译文】

于是隋文帝任命刘方为交州行军总管。……刘方军令严肃，军容整齐，有违犯禁令的，便立即斩杀。然而他心地仁慈，爱护士兵，有的士兵得了疾病，他都亲自抚慰护养。长史敬德亮随军到了尹州（今云南禄丰），有病不能继续前进，就让敬德亮留在尹州的州馆。在离别之际，刘方为敬德亮病危而哀伤，流着眼泪哭泣，从而触动了行路将士的感情。刘方就是这样既有威严又有恩惠的，评论的人都把他称为良将。

高 劢 传

革除敬奉鬼神习俗

【原文】

高祖甚器之，……拜楚州刺史，民安之。先是？城北有伍子胥庙，其俗敬鬼，祈祷者必以牛酒，至破产业。劢叹曰："子胥贤者，岂宜损百姓乎？"乃告谕所部，自此遂止，百姓赖之。

【译文】

隋文帝很器重高劢，……任命他为楚州（今江苏淮阴）刺史，当地百姓得以

安乐。在高劢任楚州刺史前，楚州城北有个伍子胥庙，百姓有敬奉鬼神的习俗，凡是到伍子胥庙祈祷的人必定以牛和酒作为祭品，所以很多人为此而破产。高劢感叹说："伍子胥是一个有德行的人，难道应该损害百姓的利益吗？"于是高劢晓喻全州百姓，自此就停止了用牛与酒到伍子胥庙里祭祀的习俗。百姓从中得益不少。

民夷悦服

青瓷烛台　隋

【原文】

朝廷以劢有威名，拜洮州刺史。下车大崇威惠，民夷悦附，其山谷间生羌相率诣府称谒，前后至者，数千余户。豪猾屏迹，路不拾遗，在职数年，称为治理。

【译文】

朝廷因高劢有声威，任命他为洮州（今甘肃临潭）刺史。高劢赴任后，极力推重威严与恩惠，当地百姓及少数民族都心悦而归附。在山谷中生活的羌族人相率到州府请见，前后来归附的，有一千多户。豪强与狡诈之人纷纷避匿，出现了路不拾遗的局面。高劢任职数年，人人称洮州政治清明，社会安定。

周　摇　传

不以公款效私

【原文】

拜晋州总管。时高祖为定州总管，文献皇后自京师诣高祖，路经摇所，主礼甚薄。既而白后曰："公廨甚富于财，限法不敢辄费。又王臣无得效私。"甚质直如此。高祖以其奉法，每嘉之。

【译文】

周摇被授为晋州（今山西临汾）总管。这时隋朝开国皇帝杨坚任定州（今河北定县）总管。文献独孤皇后从京都长安到杨坚的处所去，路过周摇的处所。周摇作为主人给予文献独孤皇后的招待很薄。过一会儿，周摇告诉文献独孤皇后说："官署的钱财是很富足，但由于法令规定，我不敢随意破费，在此，朝廷的官吏也不能拿公款献给私人。"周摇的正直就是这样。高祖帝杨坚因为周摇守法，就经常赞许他。

乞伏慧传

西河公籊

【原文】

迁徐州总管，时年逾七十，上表求致仕，不许。俄转荆州总管，……其俗轻剽，慧躬行朴素以矫之，风俗大洽。曾见人以籊捕鱼者，出绢买而放之，其仁心如此。百姓美之，号其处曰西河公籊。

【译文】

乞伏慧升任徐州（今江苏徐州市）总管。这时他已七十多岁，上奏章要求辞官归居，隋文帝不允许。不久，他被调任荆州（今湖北江陵）总管，……这一地区的习俗十分轻浮，他自己节俭朴素，用以匡正当地的习俗。不久，教化遍及四方，他曾经看见一个人用鱼篓捕鱼，便拿出绸绢买了鱼而又把鱼放了。他的仁爱之心就是如此。百姓赞美他，把这个地方叫作西河公籊。

卢恺传

鹈翼之刺

【原文】

染工上士王神欢者，尝以赂自进，冢宰宇文护擢为计部下大夫。恺谏曰："古者登高能赋，可为大夫，求贤审官，理须详慎。今神欢出自染工，更无殊异，徒以家富自通，遂与搢绅并列，实恐惟鹈之刺闻之外境。"护竟寝其事。

青瓷鼠、牛、猴俑　隋

【译文】

染工上士王神欢，曾经用贿赂的手段，以达到自己升官的目的。冢宰宇文护把他提升为计部下大夫。吏部大夫卢恺劝谏说："古时登高而能赋诗的人，可以

为大夫，寻求贤人与审察官吏，按说必须仔细慎重。现在王神欢出身染工，又没有特异的才能，只凭家财富足而交通权贵，就与朝中官吏并列，我真担心由居官而不称职所招致来的斥责之声会传扬到外面。"字文护终于将提升王神欢的事放下了。

无 劳 饰 让

【原文】

帝嘉恺有吏干，赐钱二十万，并赍杂彩三百匹，加散骑常侍。八年，上亲考百僚，以恺为上。恺固让，不敢受，高祖曰："吏部勤干，旧所闻悉。今者上考，金议攸同，当仁不让，何愧之有！皆在朕心，无劳饰让。"

【译文】

隋文帝称赞卢恺有为吏的才干，赐给他钱二十万，并赏给各种彩色的丝织品三百匹，另加他散骑常侍的戟衔。开皇八年（公元 588 年），文帝亲自考核百官，以卢恺为上等。卢恺坚持推让，不肯接受。文帝说："你在吏部做事尽心尽力，以前我都听说过。现在你的考绩为上等，大家的看法也都一致，你应该接受，不必推让，还有什么惭愧的呢？你所做的事，我心里都有数，别再客气地推让了。"

令 狐 熙 传

良 二 千 石

【原文】

（令狐熙）拜沧州刺史，时山东承齐之弊，户口簿籍类不以实。熙晓谕之，令自归首，至者一万户。在职数年，风教大洽，称为良二千石。

【译文】

令狐熙出任沧州（今河北盐山西南）刺史。这时，崤山以东地区承继北齐弊政，户口簿册大都与实际不符。令狐熙加以开导和训示，让人们投案自首，据实申报户口数，结果有一万户前来。令狐熙在职数年，教化遍及州境，时称他为良二千石。

请 解 所 任

【原文】

上表曰："臣忝寄岭表，四载于兹，犬马之年，六十有一。才轻任重，愧惧兼深，常愿收拙避贤，稍免官谤。然所管遐旷，绥抚尤难，虽未能顿革夷风，颇亦渐识皇化。但臣凤患消渴，比更增甚，筋力精神，转就衰迈。昔在壮齿，犹不如人，况今年疾俱侵，岂可犹当重寄！请解所任。"优诏不许，赐以医药。

【译文】

令狐熙上奏章说："臣被安置在岭南，为湘州（今湖南长沙市）总管统领十

七州诸军事，到现在已经四年了。我的年龄，已经六十一岁。才能不大，而责任重大，这使我很惭愧，也很恐惧。我经常想收拙让贤，稍微避免一点因居官不称职而受到的责难与非议。然而我所管辖的地区十分旷远，安抚百姓特别困难。虽然未能一下子改变异族的风俗，但也使他们渐渐接受了皇朝的教化。只是我早年患有欲饮之病，近来更加厉害了，说体力与精力也已近于衰老。过去在壮年时代，我还赶不上别人，况且现在年龄和疾病都渐次增加，又怎么还能担当重任呢！请解除我所担负的职务。"隋文帝下了褒美嘉奖的诏书，但没有接受令狐熙的要求，同时赐给他治病的药物。

薛胄传

发奸摘伏

【原文】

寻除衮州刺史。……有陈州人向道力者，伪作高平郡守，将之官，胄遇诸涂，察其有异，将留诘之。司马王君馥固谏，乃听诣郡。既而悔之，即遣主簿追禁道力。有部人徐俱罗者，尝任海陵郡守，先是己为道力伪代之。比至秩满，公私不悟。俱罗遂语君馥曰："向道力以经代俱罗为郡，使君岂容疑之？"君馥以俱罗所陈，又固请胄。胄呵君馥曰："吾已察此人诈也。司马容奸，当连其坐！"君馥乃止。遂往收之，道力惧而引伪。其发奸摘伏，皆此类也，时人谓为神明。

【译文】

不久，薛胄被授予兖州（今山东兖州东北）刺史。……有一个陈州（今河南淮阳）人叫向道力，假冒做高平郡（今山西高平）太守，即将赴任。薛胄在路上遇到了他，细看他觉得有些奇怪，准备停下询问他。司马王君馥坚持劝谏，薛胄于是接受劝谏，就让向道力去了高平郡。过后薛胄又后悔没有询问向道力，立即派遣主簿去追赶，让向道力停下。薛胄所统属的人中有一个叫徐俱罗的，曾任海陵郡（今江苏泰州市）太守，在此之前，他已被向道力假冒代替了，等到服官任满，公家与私人都不明白怎么回事。徐俱罗就告诉王君馥说："向道力已经代我做过郡太守，刺史对此还有什么怀疑的呢？"王君馥根据徐俱罗所说的情况，又坚持谏止薛胄。薛胄呵斥王君馥说："我已察明此人是伪诈之徒，司马包庇奸人，应当一块判罪！"王君馥这才作罢。于是薛胄前往拘捕他，向道力因畏惧而承认了伪诈的罪过。薛胄揭露隐匿的坏人坏事，有很多这类事情，时人称赞他如神明一般，无所不知。

杨汪传

明习法令

【原文】

汪明习法令，果于剖断，当时号为称职。炀帝即位，守大理卿。汪视事二

日，帝将亲省囚徒。其时系囚二百余人，汪通宵究审，诘朝而奏，曲尽事情，一无遗误，帝甚嘉之。

【译文】

杨汪熟悉法令，明辨是非，断案迅速，当时号为称职。隋炀帝即位后，代理大理卿。他任职两天后，炀帝打算亲自查看囚徒。这时拘禁的囚徒二百余从。杨汪通宵审问，次日一早便上奏朝廷，将事情的原委一一讲清，一点儿也没有遗漏，对此炀帝十分赞赏。

卢思道传

才学兼著

【原文】

思道聪爽俊辩，通侻不羁。年十六，遇中山刘松，松为人作碑铭，以示思道。思道读之，多所不解，于是感激，闭户读书，师事河间邢子才。后思道复为文，以示刘松，松又不甚解。思道乃喟然叹曰："学之有益，岂徒然哉！"因就魏收借异书，数年之间，才学兼著。

【译文】

卢思道资质聪慧，性情高爽，多智善辩，为人放达，不拘小节。十六岁，遇到中山（今河北定县）人刘松。刘松给人撰写碑文，拿给卢思道看。卢思道读过以后，觉得有许多地方不明白，从此受到激发，闭门读书，拜河间（今河北献县）人邢子才为师。后来，卢思道又撰文，拿给刘松看，刘松也看不很明白。卢思道就感叹地说："学习就有益处，哪能白费工夫呢！"于是到魏收的住处，向魏收借了一些奇异的书看，几年之间，才气与学问都很著名。

李文博传

激浊扬清

【原文】

玄龄谓之曰："公生平志向，唯在正直，今既得为从事，故应有会素心。比来激浊扬清，所为多少？"文博遂奋臂厉声曰："夫清其流者必洁其源，正其末者须端其本。今治源混乱，虽日免十贪郡守，亦何所益！"其謇直疾恶，不知忌讳，皆此类也。于时朝政浸坏，人多赃贿，唯文博不改其操，论者以此贵之。

【译文】

房玄龄对李文博说："你有生以来的志愿，仅仅在于正义刚直。现在，你已经做了从事，所以应该去实现你素有的志愿了。近来斥恶扬善之事，你又做了多少呢？"李文博就挥动臂膀，厉声说道："要使河流清洁，就一定要使它的源头洁净；要使末端正直，就一定使它的根本正直。现在，治国的本源混杂；即使一天罢免十个贪官污吏，又有什么益处呢？"他不察言观色而直截了当地表示对坏人

坏事的憎恶，从不知道加以忌讳，像这类的事情是很多的。这时，朝政日渐败坏，许多官吏都用不正当的办法取得赃货。只有李文博不改原来的操行，评论的人因此而更加尊重他。

不 隐 功 过

【原文】

秦孝王妃生男，高祖大喜，颁赐群官各有差。文博家道屡空，人谓其悦，乃云：“赏罚之设，功过所归，今王妃生男，于群官何事，乃妄受赏也。”其循名责实，录过计功，必使赏罚不滥，功过无隐者皆尔。

【译文】

秦孝王杨俊的妃子崔氏生了一个男孩，隋文帝十分欢喜。按等级赏赐了各级官吏。李文博家境多次出现贫困，人们以为他得到赏赐一定感到高兴。李文博却说：“设立赏罚之制，本来是为了有功绩或有过失的人。现在，秦王妃生了男孩，和众官员有什么关系，这是胡乱接受分赐。”李文博就其名而求其实，记录过失和功绩，力争使赏罚不至失实，他功过不隐，这样的事情很多。

于 仲 文 传

巧断两家争牛案

【原文】

（仲文）起家为赵王属，寻迁安固守。有任、杜两家各失牛，后得一牛，两家俱认，州郡久不能决。益州长史韩伯俊曰：“于安固少聪察，可令决之。”仲文曰：“此易解耳。”于是令二家各驱牛群至，乃放所认者，遂向任氏群中。又阴使人微伤其牛，任氏嗟惋，杜家自若。仲文于是呵诘杜氏，杜氏服罪而去。

【译文】

于仲文出仕为赵王于文招的僚属，不久升任安固郡（今四川营山东北）太守。有姓任、姓杜的两家，各丢失了一头牛。后来，寻得一头牛，两家都认定是自己的，州、郡两级官吏长久不能决断。益州（今四川成都市）长史韩伯俊说：“于安固从小就明察多知，可让他决断这一案子。”于仲文说：“这个问题容易解决。”于是令任、杜两家各自把家里的牛群赶来，再把他们所认定的牛放开，结果这头牛向任家的牛群中跑去。于仲文又暗暗地派人轻轻刺伤了这头牛，对此任家叹息惋惜，杜家却无动于衷。于仲文于是大声责问姓杜的，姓杜的只好认罪而去。

明 断 无 双

【原文】

始州刺史屈突尚，宇文护之党也，先坐事下狱，无敢绳者。仲文至郡穷治，

遂竟其狱。蜀中为之语曰："明断无双有于公，不避强御有次武。"……上以尚书文簿繁杂，吏多奸计，令仲文勘录省中事。其所发擿甚多，上嘉其明断，厚加劳赏焉。

【译文】

始州（今四川剑阁）刺史屈突尚，是梁闵帝大冢宰宇文护的党羽，先前因犯罪而下狱，却没有人敢绳之以法。太守于仲文到了安固郡（今四川营山东北）后，经过彻底追查，终于了结了这一案子。蜀地百姓为此编了两句歌谣说："明断无双有于公，不避强御有次武（于仲文字）。"……隋文帝因尚书省公文簿籍繁杂，很多官吏有奸邪巧诈之心，就令于仲文审核尚书中的事情。他在尚书省中揭发检举的坏人坏事很多，隋文帝称赞他明断是非，并给予慰劳与赏赐。

郭　衍　传

开水渠，置屯田

【原文】

征为开漕渠大监。部率水工，凿渠引渭水，经大兴城北，东至于潼关，漕运四百余里。关内赖之，名之曰富民渠。……选授朔州总管。所部有恒安镇，北接蕃境，常劳转运。衍乃选沃饶地，置屯田，岁剩粟万余石，民免转输之劳。

【译文】

郭衍被征召为开凿漕运渠道的大监。他统率水工，开渠引渭水，流经大兴城（今陕西西安市旧城北）北，东至于潼关（今陕西潼关），水道运输可达四百余里。函谷关以内的百姓，靠它得利颇多，便把它叫作富民渠。……隋文帝又任命郭衍为朔州（今山西朔县）总管。朔州境内有恒安镇，北面紧靠边界。郭衍常常感到百姓运输粮食十分劳苦，就选择肥沃的土地，设置屯田，一年所收的粮食就剩余一万余石，从而免除了百姓运输的劳苦。

拯救灾民

【原文】

五年，授瀛洲刺史，遇秋霖大水，其属县多漂没，民皆上高树，依大冢。衍亲备船筏，并赍粮拯救之，民多获济。衍先开仓赈恤，后始奏闻。上大善之。

【译文】

开皇五年（公元 585 年），隋文帝任命衍为瀛洲（今河北河间）刺史。郭衍赴任时，适逢秋季霖雨不止，造成了水灾。瀛洲所属各县多数被淹没，百姓都爬到高树上或靠在大墓上。郭衍亲自备了船筏，并且携带了干粮，去拯救受灾的百姓，有很多百姓得到了接济。郭衍先打开粮仓救济灾民，然后才上奏文帝。文帝对此非常赞赏。

瓜州古运河渡口

元 岩 传

法 令 明 肃

【原文】

　　拜岩为益州总管长史。……岩到官，法令明肃，吏民称焉。蜀王性好奢侈，尝欲取獠口以为阉人，又欲生剖死囚，取胆为药，岩皆不奉教，排阁切谏，王辄谢而止，惮岩为人，每循法度。蜀中狱讼，岩所裁断，莫不悦服，其有得罪者，相谓曰："平昌公与吾罪，吾何怨焉。"上甚嘉之，尝赐优洽。

【译文】

　　隋文帝任命元岩为益州（今四川成都市）总管长史。……元岩赴任后，执法明达而严肃，下属官吏与百姓都很称赞他。蜀王杨秀喜欢奢侈挥霍，曾经想掠取仡佬族人作为太监，又想活活地破开死刑犯的胸膛，取出胆来制药，对此元岩都不予奉行，而且撞开蜀王府门，直言极谏。蜀王只得表示道歉，不再胡来。因畏惧元岩的为人，后来也总是遵循法度。蜀地的诉讼案件。在元岩裁断之后，没人不心悦诚服他。就连那些被判罪的人，也都相说："平昌公给我判罪，我又有什么怨恨的呢？"文帝非常赞许元岩，并且给以特别优厚的赏赐。

刘行本传

直言极谏以明国法

【原文】

　　上尝怒一郎，于殿前笞之。行本进曰："此人素清，其过又小，愿陛下少宽假之。"上不顾。行本于是正当上前曰："陛下不以臣不肖，置臣左右，臣言若是，陛下安得不听？臣言若非，当致之于理，以明国法，岂得轻臣而不顾也！臣所言非私。"因置笏于地而退，上敛容谢之，遂原所答者。

【译文】

隋文帝曾因生一郎官的气，在宫殿前对他施以杖刑。黄门侍郎刘行本进言说："这个人平素清廉，他的过失又不大，希望陛下对他稍微宽容一点吧。"文帝不予理会。刘行本于是面对着文帝，说："陛下不认为臣下不才，把臣下安置在陛下的左右。臣下说话如果正确，陛下怎么不听呢？臣下说话如果不对，也应该从道理上讲清，以严明国家的法度。怎么能轻侮臣下而不予理会呢！臣下所说绝不是出于私心。"接着便把朝笏放到地上离开。文帝很严肃地向刘行本道了歉，最后也饶恕了被施以杖刑的郎官。

不可亏法取威

【原文】

雍州别驾元肇言于上曰："有一州吏，受人馈钱三百文，依律合杖一百。然臣下车之始，与其为约。此吏改违，请加徒一年。"行本驳之曰："律令之行，并发明诏，与民约束。今肇乃敢重其教命，轻忽宪章。欲申己言之必行，忘朝廷之大信，亏法取威，非人臣之礼。"上嘉之，赐绢百匹。

【译文】

雍州（今陕西西安市西北）别驾元肇对隋文帝说："雍州有一个官吏，接受别人赠送的三百文钱，按照法律应该施以杖刑，杖打一百。然而臣下在赴任之初，就跟他订了规约。而这一官吏违背规约，请给他增加徒刑一年。"黄门侍郎刘行本驳斥元肇说："法令已经施行，同时朝廷发了圣明的诏书，已经给百姓以规约了。现在元肇竟敢重视他自己的教令，而轻视国家的典章制度，想申明自己说了的话必定要施行，却忘记了朝廷对百姓的诚信，损坏国家的法令，以显示自己的威严，这是不符合人臣之礼的。"文帝赞扬了刘行本，并且赐给他绸绢一百匹。

梁 毗 传

送 金 不 纳

【原文】

（毗）出为西宁州刺史，改封邯郸县侯。在州十一年。先是，蛮夷酋长皆服金冠，以金多者为豪俊，由此递相陵夺，每寻干戈，边境略无宁岁。毗患之。后因诸酋长相率以金遗毗，于是置坐侧，对之恸哭而谓之曰："此物饥不可食，寒不可衣。汝等以此相灭，不可胜数。今将此来，欲杀我邪？"一无所纳，悉以还之。于是蛮夷感悟，遂不相攻击。

【译文】

梁毗由京官出任西宁州（今四川西昌）刺史，改封邯郸县侯。梁毗在西宁州为政十一年。在这以前，蛮夷的酋长都戴黄金装饰的帽子，把帽子饰金多的人看

作是才智出众的人。因此他们递相侵夺黄金，常常动用干戈，相互攻杀，致使西宁州的边境几乎没有安宁的时候。梁毗对此非常忧虑。后来他借着酋长们相继争着黄金来馈赠的机会。把黄金丢在座位的一侧，对着黄金放声大哭，并对酋长们说："黄金这种所谓珍品，饥饿不能吃，寒冷不能穿。你们却为了他相互消灭，死了那么多人，数也数不清。现在你们送这种珍品来给我，是想杀死我吗？"梁毗一点也没有收纳，又把它都退还给了酋长们。于是蛮夷之人都有所感悟，以后也就不再为了黄金而相互攻杀了。

鎏金函　隋

杨素为国之患

【原文】

毗见左仆射杨素贵宠擅权，百僚震慑，恐为国患，因上封事曰："臣闻臣无有作威福，臣之作威福，其害乎而家，凶乎而国。窃见左仆射、越国公素，幸遇愈重，权势日隆，搢绅之徒，属其视听。忤意者严霜夏零，阿旨者膏雨冬澍，荣枯由其唇吻，废兴候其指麾。所私皆非忠谠，所进咸是亲戚，子弟布列，兼州连县。天下无事，容息异图，四海稍虞，必为祸始。夫奸臣擅命，有渐而来。……陛下若以素为阿衡，臣恐其心未必伊尹也。伏愿揆鉴古今，量为处置，俾洪基永固，率土幸甚，轻犯天颜，伏听斧锧。

【译文】

梁毗看到左仆射杨素位高受宠，专擅朝政，百官都很怕他，担心会给国家造成祸患，于是上密封的奏章说："臣听说人臣没有权利作威作福，假如人臣作威作福，就会给朝廷带来危害，给国家带来灾难。臣私下看到左仆射越国公杨素宠幸日益增多，权势日益增大，一些士大夫，都专注于他对人与事的感觉和看法。他对违背自己意愿的人就像是夏日而降严霜，给以严厉惩处；对迎合自己旨意的人，就像冬天而降喜雨，施以巨大恩惠。政治上得志或失意由他一句话而定，官职上废退或晋升也要因其旨意。他所偏爱的人都不是忠正的人，他所举荐的人都是他的亲戚。他的子弟分布全国，遍及州县。天下没有变故或许他还不敢轻举妄动，以实现其野心，天下稍微有点忧患，他一定成为祸乱的发动者。奸臣专擅朝命，都是渐渐形成的。……陛下如果以杨素为阿衡，臣担忧杨素未必有伊尹之心啊。愿陛下度察古今，酌情作出处理裁决，使大业永存，使国内百姓过上最幸福的生活。今天，臣轻慢地冒犯天颜，俯伏听任受斧锧之刑。"

柳 彧 传

为官暗于职务，应该免职

【原文】

于时刺史多任武将，类不称职。或上表曰："方今天下太平，四海清谧，共治百姓，须任其才。……伏见诏书以上柱国和干子为杞州刺史，其人年垂八十，钟鸣漏尽。前任赵州，暗于职务，政由群小，贿赂公行，百姓吁嗟，歌谣满道，乃云：'老禾不早杀，余种秽良田。'古人有云：'耕当问奴，织当问婢。'此言各有所能也。干子弓马武用，是其所长，治民莅职，非其所解。至尊思治，无忘寝兴，如谓优老尚年，自可厚赐金帛，若令刺举，所损殊大。臣死而后已，敢不竭诚！"上善之，干子竟免。

【译文】

在开皇初年，各州刺史有很多是由武将担任的，大都不称职。柳彧上奏章说："当今天下太平，国内安宁，陛下想恭谨地治理百姓，必须任用那些有才能的人。……俯伏看到陛下的诏书，以上柱国和干子为杞州（今河南杞县）刺史。这个人将近八十岁，已到残年。他以前担任赵州（今河北赵县）刺史，对职位所规定的任务不明确，政事由一些小人办理，公开行贿受贿，百姓嗟叹，歌谣充盈于道路，竟然说：'老禾不早杀，余种秽良田。'古人有言：'耕种应当问男奴，纺织应当问女婢。'这句话是说每个都有所长啊。骑马射箭的武事，这是和干子的长处，至于为官就职治理百姓，却不是他所通达的事。陛下考虑治理国家，没有忘记过去曾经与陛下一起举事的人，如果说是要优待与尊崇年老的功臣，自然可以多赏赐一些金钱与布帛，假如再让他们任刺史，就会给国家带来很大的损失。臣对陛下可以尽献一切，以至于死，岂敢不竭尽忠诚！"隋文帝称赞了柳彧，和干子终于被免职。

赵 绰 传

执 法 一 心

【原文】

刑部侍郎辛亶，尝衣绯裈，俗云利于官，上以为厌蛊，将斩之。绰曰："据法不当死，臣不敢奉诏。"上怒甚，谓绰曰："卿惜辛亶而不自惜也？"命左仆射高颎将绰斩之，绰曰："陛下宁可杀臣，不得杀辛亶。"至朝堂，解衣当斩，上使人谓绰曰："竟何如？"对曰："执法一心，不敢惜死。"上拂衣而入，良久乃释之。明日，谢绰，劳勉之，赐物三百段。

【译文】

刑部侍郎辛亶有一次穿了一件红色有裆的裤子，俗话说这对官府有好处，隋文帝认为这是害人的邪术，要杀辛亶。大理寺少卿赵绰进言说："按照法律，不

应当对辛亶处于死刑，臣不敢奉命。"文帝很生气，问赵绰："你爱惜辛亶，却不爱惜自己吗？"命令左仆射高颎挟持赵绰去杀辛亶，赵绰说："陛下宁可杀我，也不能杀辛亶。"随后来到朝堂前，解开衣服听任斩首。文帝派人对赵绰说："到底怎么样？"赵绰回答说："我执法专心一志，岂能怕死！"文帝生气地抖了抖衣服，进入宫内，很久才下令释放赵绰。第二天，文帝知错而向赵绰道歉，并给以慰劳勉励，还赐给帛物三百匹。

裴 肃 传

事君之道，有犯无隐

【原文】

仁寿中，肃见皇太子勇、蜀王秀、左仆射高颎俱废黜，遣使上书曰："臣闻事君之道，有犯无隐。愚情所怀，敢不闻奏。窃见高颎以天挺良才，元勋佐命，陛下光宠，亦已优隆。但鬼瞰高明，世疵俊异，侧目求其长短者，岂可胜道哉！愿陛下录其大功，忘其小过。臣又闻，古先圣帝，教而不诛。陛下至慈，度越前圣。二庶人得罪已久，宁无革心？愿陛下弘君父之慈，顾天性之义，各封小国，观其所为。若能迁善，渐更增益，如或不悛，贬削非晚。今者自新之路永绝，愧悔之心莫见，岂不哀哉！"

【译文】

仁寿（公元601~604年）年间，裴肃看到皇太子杨勇、蜀王杨秀、左仆射高颎都被废黜，便派遣使者到京都，上奏章说："臣听说侍奉君王的原则，就是敢于无所隐讳地直言正谏，虽有冒犯也在所不顾。我内心里有所思虑，岂敢不上奏陛下。我私下看到高颎是一位天资卓越的优秀人才，是一位有特殊功劳的辅佐之臣，陛下给予他的荣耀，也已经很大了。只是邪恶阴险之臣怒目窥视他的位高权大，世俗小人非议嫉妒他才智卓异。他们都愤恨地寻求他的短处，这事难道说得尽吗？希望陛下记住他大的功劳，忘掉他小的过失。臣还听说，古代圣明的帝王，注重于教化而不用诛杀。陛下最仁慈，远远超过前代圣王。两个庶子杨勇与杨秀获罪已经很久了，难道没有洗心改过？希望陛下扩大君父之慈，顾念天伦之义，分封给他们一个小国，观察他们的所作所为。如果他们能够改过向善，可以逐渐增加他们的封地。如果没有改过，降爵削地也不晚。现在，他们改过自新之路永远断绝，惭愧知悔之心无法表露，这难道不是很令人悲哀的事吗？"

沈 光 传

肉 飞 仙

【原文】

初建禅定寺，其中幡竿高十余丈，适遇绳绝，非人力所及，诸僧患之。光见而谓僧曰："可持绳来，当相为上耳。"诸僧惊喜，因取而与之。光以口衔索，拍

国学经典文库

竿而上，直至龙头。系绳毕，手足皆放，透空而下，以掌拒地，倒行数十步。观者骇悦，莫不嗟异。时人号为"肉飞仙"。

【译文】

当初兴建禅定寺时，寺中的旗杆高达十余丈，恰好遇到系旗的绳索断了，靠一般人的力量根本连接不起来，僧人们为此而忧愁。沈光见此情形，就对僧人们说："拿绳子来，让我帮你们上去。"僧人们十分惊喜，就拿来绳索给了沈光。沈光口衔绳索，轻轻攀着旗杆上去，一直到达顶端的龙头，把绳索连接完毕后，手足都离开旗杆，凌空而下，以手掌抵地，倒行了几十步。观看的人又惊讶又欢喜，无不赞叹称异，当时人们就把沈光叫作"肉飞仙"。

薛世雄传

廉正节概

【原文】

世雄性廉谨，凡所行军破敌之处，秋毫无犯，帝由是嘉之。帝尝从容谓群臣曰："我欲举好人，未知诸君识不？"群臣咸曰："臣等何能测圣心！"帝曰："我欲举者薛世雄。"群臣皆称善。帝复曰："世雄廉正节概，有古人之风。"于是超拜右翊卫将军。

【译文】

右监门郎将薛世雄品性廉洁谨慎，凡行军或破敌所到的地方，军队纪律严明，对百姓无丝毫侵犯，隋炀帝因此很赞许他。炀帝曾经悠闲舒缓地对群臣说："我想选拔品德端正的人，不知你们知道不知道是谁？"群臣说："臣下们怎能猜测出陛下之心！"炀帝说："我想选拔的人就是薛世雄。"群臣都说好。炀帝又接着说："薛世雄清廉公正有志节气概，颇多古人风尚。"于是越级提拔他为右翊卫将军。

王仁恭传

除恶济贫

【原文】

于时天下大乱，百姓饥馁，道路隔绝，仁恭颇改旧节，受纳货贿，又不敢辄开仓廪，赈恤百姓。其麾下校尉刘武周……每宣言郡中曰："父老妻子冻馁，慎委沟壑，而王府君闭仓不救百姓，是何理也？"以此激怒众，吏民颇怨之。其后仁恭正坐厅事，武周率其徒数十人大呼而入，因害之，……武周于是开仓赈给。

【译文】

杨玄感叛逆，突厥入侵，这时天下大乱。百姓饥饿，道路隔绝。马邑郡（今山西朔县）太守王仁恭屡屡不守节操，收纳贿赂，又不敢立即打开粮仓，救济百姓。他的部下校尉刘武周……常常在郡中宣扬说："父老百姓的妻儿饥寒交迫，

死尸堆积于山沟，可是王仁恭一直关闭粮仓，不救济百姓，这是什么道理啊？"他以此来激怒民众，郡内许多官吏与百姓都很怨恨王仁恭。后来有一天，王仁恭正在官蜀的厅堂之上处理政务，刘武周率领徒众数十人，大声呼喊着，闯了进来，随后杀死了王仁恭。……于是刘武周打开粮仓，赈济百姓。

李 谔 传

不得厚自矜伐

【原文】

谔又以当官者好自矜伐，复上奏曰："臣闻舜戒禹云：'汝惟不矜，天下莫与汝争能，汝惟不伐，天下莫与汝争功。'言偃又云：'事君数，斯辱矣；朋友数，斯疏矣。'此皆先哲之格言，后王之轨辙。然则人臣之道，陈力济时，虽勤比大禹，功如师望，亦不得厚自矜伐，上要君父。况复功无足纪，勤不补过，而敢自陈勋绩，轻干听览！"

【译文】

治书侍御史李谔又因为做官的人骄傲自满，喜欢居功自夸，再一次上奏章说："我听说虞舜告诫大禹说：'只是因为你不自我矜夸天下才没有人同你争能；只是因为你不自我夸耀，天下才没有人同你争功。'孔子的弟子，武城宰言偃（子游）说：'对待君主过于烦琐，就会招致侮辱；对待朋友过于烦琐，反而会被疏远。'这些话都是古代贤人的格言，后世君王的法则。既然如此，那么人臣侍奉君主的原则，就是施展才力，匡时救世，即使劳苦与大禹一样多，功业同吕望一样大，也不能太居功自夸、对上要挟君父啊。更何况功劳不值得一提，辛劳不能补救过失，而竟敢自己说自己有什么功勋，轻率地打扰圣上处理朝政呢！"

柳 庄 传

法律应该取信于民

【原文】

尚书省尝奏犯罪人依法合流，而上处以大辟，庄奏曰："臣闻张释之有言，法者天子所与天下共也。今法如是，更重之，是法不信于民心。方今海内无事，正是示信之时，伏愿陛下思释之之言，则天下幸甚。"

【译文】

尚书省曾经向隋文帝上奏章说，对一些犯罪的人，依照法律规定，应该处以流放之刑，而文帝决定处以死刑。给事黄门侍郎柳庄上奏章说："臣听说西汉人张释之说过，法律是天子与天下人共同遵守的。现在的法律也应该如张释之所说，如果对犯人随意加重刑罚，就不能使法律取信于民。当今天下没有战争，正是表示取信于民的好时候，臣伏望陛下想一想张释之的话，这样天下人就很幸运了。"

郎 茂 传

民犹水，法令为堤防

【原文】

寻除卫国令。时有系囚二百，茂亲自究审数日，释免者百余人。历年辞讼，不诣州省。魏州刺史元晖谓茂曰："长史言卫国不敢申诉者，畏明府耳。"茂进曰："民犹水也，法令为堤防。堤防不固，必致奔突，苟无决溢，使君何患哉？"晖无以应之。

【译文】

不久郎茂被任命为卫国县（今河南淇县）县令。当时卫国牢狱中有在押的囚犯二百人，郎茂亲自审问数日，释放了一百多人。连年诉讼都不到州府处理。魏州（今河北大明东北）刺史元晖对郎茂说："我听州长史说卫国县的百姓之所以不敢申诉，只不过是惧怕你县令罢了。"郎茂说："人民就像水，法令就像堤防。堤防不坚固，水就一定会流出来，假如没有堤溃水溢的现象，您又担心什么呢？"元晖无话可答。

莫与民争利

【原文】

拜尚书左丞，参掌选事。茂工法理，为世所称。时工部尚书宇文恺、右翊大将军于仲文竞河东银窟。茂奏劾之曰："臣闻贵贱殊礼，士农异业，所以人知局分，家识廉耻。宇文恺位望已隆，禄赐优厚，拔葵去织，寂尔无闻，求利下交，曾无愧色。于仲文大将，宿卫近臣，趋侍阶庭，朝夕闻道。虞、芮之风，抑而不慕，分铢之利，知而必争。何以贻范庶僚，示民轨物！若不纠绳，将亏政教。"恺与仲文竟坐得罪。

观阳县印文

【译文】

朝廷任命郎茂为尚书左丞，掌管铨选官吏之事。郎茂擅长法律，为世人所称赞。这时工部尚书宇文恺，右翊卫大将军于仲文争逐黄河以东地区的银矿。郎茂上奏揭发他们罪行，说："我听说贵者与贱者遵守不同的礼节，士人与农民从事不同的职业。所以人人知道职事与身份，家家懂得廉洁与耻辱。宇文恺职位和名望已经很高，俸禄与赐赏也极优厚。居官不与民争利的事，他从来没有听到过，为了求得私利与微贱者相争，简直不知羞耻。于仲文大将，是警卫陛下的亲近之臣，在朝堂前的中庭奔走侍卫陛下，天天都能闻知为政的道理。然而，对古代虞国与芮国停止相争之风，却抑止而不加思慕，一分一铢的微小之利，知道了也一定争夺。这样，怎么给众官员当作榜样？怎么向百姓明示法度！"宇文恺与于仲

文后来都因争利而获罪。

高 构 传

知 人 之 鉴

【原文】

炀帝立，召令复位。时为吏部者，多以不称职去官，唯构最有能名，前后典选之官，皆出其下。时人以构好剧谈，颇谓轻薄，然其内怀方雅，特为吏部尚书牛弘所重。后以老病解职，弘时典选，凡将有所擢用，辄遣人就第问可不。……所举杜如晦、房玄龄等，后皆自致公辅，论者称构有知人之鉴。

【译文】

隋炀帝即位，诏令恢复高构吏部侍郎的职位。当时在吏部为官的人，大都因为不称职而被罢免，唯有高构被认为最有才能。前后主持量才授官之事的官员，都在高构之下。时人因高构喜爱畅谈，多认为高构轻佻浮薄。然而实际上他大方文雅，因此特别为吏部尚书牛弘所推重。后来高构因年老有病辞职。牛弘当时主持量才授官之事，凡是打算提拔任用某人时，就派人到高构的住宅，向高构询问可与不可。……高构所举荐的杜如晦、房玄龄等，后来都自尽其能而成为朝廷的重臣，评论的人都称赞高构有知人善任的明识。

张 虔 威 传

遗 囊 归 于 失 主

【原文】

寻拜（张虔威为）谒大夫，从幸江都，以本官摄江都赞治，称为干理。虔威尝在涂，见一遗囊，恐其主人求失，因令左右负之而行。后数日，物主来认，悉以付之。

【译文】

不久，张虔威被授为谒者台大夫，跟随隋炀帝到江都郡（今江苏扬州），以谒者台大夫的身份代理江都郡赞治，当时称他是善于管理的官吏。张虔威曾有一次在路上，看到一条装着东西的口袋，唯恐遗物的主人寻不到，就让左右背着它走。此后过了几天，失主来认，张虔威全部交给了他。

谨 慎 答 对

【原文】

淮南太守杨继，尝与十余人同来谒见，帝问虔威曰："其首立者为谁？"虔威下殿就视而答曰："淮南太守杨继。"帝谓虔威曰："卿为谒者大夫，而乃不识参见人，何也？"虔威对曰："臣非不识杨继，但虑不审，所以不敢轻对。石建数马

足，盖慎之至也。"帝甚嘉之。

【译文】

淮南郡（今安徽寿县）太守杨纶，曾与十多位地方官吏一同拜见隋炀帝，炀帝问谒者大夫张虔威说："那位站在前头的人是谁呀？"张虔威走下殿，来到杨纶跟前看了看，才回答说："是淮南太守杨纶。"炀帝对张虔威说："你是谒者大夫，却不认识谒见的人，为什么？"张虔威回答说："臣不是不认识杨纶，只是担心认不清楚，所以不敢轻易回答，汉代石建数马足，大概是最谨慎了吧。"炀帝十分赞许张虔威的谨慎。

荣毗传
奉法一心

【原文】

开皇中，累迁殿内监。时以华阴多盗贼，妙选长吏，杨素荐毗为华州长史，世号为能。素之田宅，多在华阴，左右放纵，毗以法绳之，无所宽贷。毗因朝集，素谓之曰："素之举卿，适以自罚也。"毗答曰："奉法一心者，但恐累公所举。"素笑曰："前者戏耳。卿之奉法，素之望也。"时晋王在扬州，每令人密觇京师消息。遣张衡于路次往往置马坊，以畜牧为辞，实给私人也。州县莫敢违，毗独遏绝其事。

【译文】

开皇（公元581~600年）年间，荣毗累进殿内省长官。这时，因华阴县有很多盗贼，需要精选高官治理，内史令杨素举荐荣毗为华州（今陕西华阴）长史，世人称荣毗为有能力的官吏。杨素的田宅，大都在华阴县，他的近侍非常放肆，为非作歹，荣毗绳之以法，无所宽容。荣毗在朝会时遇见了杨素，杨素对荣毗说："我举荐你为长史，恰恰是自己惩罚了自己。"荣毗回答说："我奉法专一，只怕辜负了您举荐我的好意。"杨素笑着说："刚才说的话只不过是开个玩笑罢了。您专心守法，正是我所期望的。"当时晋王杨广在扬州（今江苏扬州市）任总管，常常派人秘密打探京都的消息，还派遣佐吏张衡在通往京都途中多处设置马厩，名义上替朝廷蓄养牛马，实际上是为了供应个人的需用。州、县官吏，都不敢抵制，只有荣毗敢于件事。

房彦谦传
劝善惩恶

【原文】

窃闻赏者所以劝善，刑者所以惩恶，故疏贱之人，有善必赏，尊贵之戚，犯恶必刑。未有罚则避亲，赏则遗贱者也。今诸州刺史，受委宰牧，善恶之间，上达本朝，慑悼宪章，不敢怠慢。国家祇承灵命，作民父母，刑赏曲直，升闻于

国学经典文库

天，鉴景照临，亦宜谨肃。故文王云："我其夙夜，畏天之威。"以此而论，虽州国有殊，高下悬邈，然忧民慎法，其理一也。

【译文】

我听说赏赐用来奖励好人，刑罚用来惩治坏人。所以即使关系疏远，身份卑下的人，只要他有善行也一定要给以赏赐；即使身份高贵的亲戚，只要他干了坏事也一定要处以刑罚。没有刑罚避开亲戚，赏赐遗漏贫贱的情况。如今诸州刺史，接受任务到地方去管理百姓，他们的善与恶，应该上通达于朝廷，使他们惧怕典章法度之威，为政不敢懈怠轻忽。朝廷敬受天命，作百姓的父母，刑罚与恩赏正确与否，应该使上天知道，出于敬畏上天之心，也应该恭谨而严肃。所以周文王说："我朝夕勤于政事，敬畏上天的威严。"由此而推论，虽然州和国家不同，甚至有天壤之别，但是为民忧虑，施法谨慎，其道理却是一样的。

为 官 廉 洁

【原文】

彦谦居家，每子侄定省，常为讲说督勉之，亹亹不倦。家有旧业，资产素殷，又前后居官，所得俸禄，皆以周恤亲友，家无余财，车服器用，务存素俭。自少及长，一言一行，未尝涉私，虽致屡空，怡然自得。尝从容独笑，顾谓其子玄龄曰："人皆因禄富，我独以官贫。所遗子孙，在于清白耳。"

【译文】

房彦谦在家闲居，每逢他的子侄向他问安时，常常孜孜不倦地对他们谈论许多道理，用来督促勉励他们。房彦谦家里有祖上旧业，财产一向比较富足，又加上他前后为官多年，但他都把自己的这些财物用来救助亲戚与朋友，竟至家里没有什么多余的财产。车乘服饰器物与用品，务求节俭朴素。自年轻到年老，一言一行，不曾涉及个人的私利，虽然经常贫困，依旧怡然自得。他曾安然独笑，回头对他儿子房玄龄说："别人都因为得到俸禄而富裕，唯独我因为做官而贫困。那么，我所留给子孙的，就只有廉洁罢了。"

人 尽 其 用

【原文】

大厦云构，非一木之枝，帝王之功，非一士之略。长短殊用，大小异宜，栾栌栋梁，莫可弃也。李谔等或文能遵义，或才足干时，识用显于当年，故事留于台阁，参之有隋多士，取其开物成务，皆廊庙之榱桷，亦北辰之众星也。

【译文】

大厦的构建，不是取用一棵树的枝干，帝王建立功业，也不是采用一个士人的谋略。长的木材与短的木材都有不同的用处，大的木材与小的木材都应有不同安排。小材可以做栾栌，大材可以做栋梁，都是不能抛弃的。李谔等人，有的属文能够遵循礼义，有的才能足以于预时政。他们的见识与能力都显名于当世，他们的事迹至今仍保留于官署。参验隋朝众多的贤能人才，都是选用的能够通晓万

物之理，承担天下之务的人。他们是朝廷中担负重任的人物，就如同北斗星周围的众星一样啊！

虞世基传

纵妻儿骄侈、受贿

【原文】

世基貌沉审，言多合意，是以特见亲爱，朝臣无与为比。其继室孙氏，性骄淫，世基惑之，恣其奢靡。雕饰器服，无复素士之风。孙复携前夫子夏侯俨入世基舍，而顽鄙无赖，为其聚敛，鬻官卖狱，贿赂公行，其门如市，金宝盈积。其弟世南，素国士，而清贫不立，未曾有所赡。由是为论者所讥，朝野咸共疾怨。宇文化及杀逆也，世基乃见害焉。

绿褐釉骑驼胡人俑　隋

【译文】

金紫光禄大夫虞世基仪态深沉而慎重，说话善于迎合隋炀帝的心意。因此，特别为隋炀帝所宠爱，朝廷群臣没有人能够比得上他。他续娶的妻子孙氏，性情骄横放荡，虞世基被她迷惑，听任孙氏奢侈浪费。所用器物着意雕琢，衣物服用着意雕饰，全然失去了寒素之士的作风。孙氏又携带前夫的儿子夏侯俨入居虞世基家中。夏侯俨愚顽鄙陋，又强横狡猾，专替虞世基搜刮财货。竟至出卖官位，受贿断讼。致使人们前来公开贿赂，一时门庭若市，家中金银宝物积满。他的弟弟虞世南是一个没官爵而被全国推重的士人，虽然生活清苦、不能自立，但虞世基对他从未有所周济。因而被人们所非议，朝野上下也都憎恨他埋怨他。后来宇文化及杀害隋炀帝时，虞世基一同被害。

王 劭 传

志 学 专 固

【原文】

爰自志学，暨乎暮齿，笃好经史，遗落世事。用思既专，性颇恍忽，每至对食，闭目凝思，盘中之肉，辄为仆从所啖。劭弗之觉，唯责肉少，数罚厨人。厨人以情白劭，劭依前闭目，伺而获之，厨人方免答辱。其专固如此。

【译文】

王劭自从十五、六岁起，直到晚年，极其喜爱阅读经史之书，弃置世间之事。他读书用心专一，竟至神志恍惚，每到对案吃饭时，他还闭目专心思考，菜

盘里的肉食，总是被仆人侍从们吃掉。王劭没有察觉，却责备厨夫在盘中放肉少，屡次处罚厨夫。厨夫把实情禀告了王劭，于是，王劭在吃饭时，假装像以前那样闭目思考，等到仆人再偷肉时，当场捉获，才使厨夫免除鞭打、斥责。王劭就是这样专心一意的。

杨玄感传

善察属吏

【原文】

杨玄感初拜郢州刺史。到官，潜布耳目，察长吏能不。其有善政及赃污者，纤介必知之，往往发其事，莫敢欺隐。吏民敬服，皆称其能。

【译文】

杨玄感刚任郢州（今湖北武汉市武昌）刺史，在赴任之后，就暗中布置亲信，调查所属地方长官是否有才能。其中有善政或有贪赃污行的，哪怕极小的事，杨玄感也都清楚，时常揭露他们，致使没有人再敢欺骗隐瞒。官吏及百姓都很敬重和佩服杨玄感的作为，一致称赞他的才能。

诚 节 传

廉 洁 公 正

【原文】

河东陈孝意，少有志尚，弱冠，以贞介知名。大业初，为鲁郡司法书佐，郡内号为廉平。太守苏威尝欲杀一囚，孝意固谏，至于再三，威不许。孝意因解衣，请先受死。良久，威意乃解，谢而遣之。渐加礼敬。及威为纳言，奏孝意为侍御史。

【译文】

河东人陈孝意，少年时便有大志，二十岁时，因正直耿介而知名。炀帝大业（公元605～618年）初，做鲁郡（今山东曲阜）司法官的书佐，郡内的百姓都称赞他廉洁公正。郡太守苏威曾想杀死一名囚犯，陈孝意坚决劝谏，一而再，再而三，苏威都不允许。陈孝意就解开衣服，请求首先受死。待了很久，苏威才回心转意，向陈孝意道歉，释放了那位囚犯。此后，逐渐对陈孝意更加礼貌敬重。后来苏威做了纳言之后，苏威上奏隋炀帝，任命陈孝意为侍御史。

循 吏 传

迁 赏 旌 善

【原文】

开皇二年，上幸岐州，悦其能，乃下诏曰："赏以劝善，义兼训物。彦光操履平直，识用凝远，布政岐下，威惠在人，廉慎之誉，闻于天下。三载之后，自当迁陟，恐匮乏，且宜旌善。可赐粟五百斛，物三百段，御伞一枚，庶使有感朕心，日增其美。四海之内，凡日官人，慕高山而仰止，闻清风而自励。"未几，又赐钱五万。

【译文】

开皇二年（582），隋文帝驾临岐州（今陕西凤翔），喜爱梁彦光的才能，于是下诏书说："用赏赐劝人为善，又兼有训导民众的意义。梁彦光操行正直，见识深邃。他施政于岐州，威严与恩惠的政绩存在于民众之中；廉洁与慎重的美名，闻名于全国。三年之后，自然应该迁升他的官职。但担心他的生活贫困，而且也应该嘉奖他的善行，可以赠给他粮食五百斛，帛物三百截，御伞一把。希望使他能了解我的用心，日益增加自己的美德。全国境内，凡是做官的人，都应当学习他的高尚品德，得知他的这种廉洁的作风而勉励自己。"没有几天，隋文帝又赐给他五万钱。

焦通改过励行

【原文】

有滏阳人焦通，性酗酒，事亲礼阙，为从弟所讼。彦光弗之罪，将至州学，令观于孔子庙。于是庙中有韩伯瑜母杖不痛，哀母力弱，对母悲泣之像。通遂悟，既悲且愧，若无自容。彦光训谕而遣之。后改过励行，卒为善士。

【译文】

有个滏阳（今河北磁县）人叫焦通。生性酗酒，事奉母亲缺乏礼教，被从弟告官。刺史梁彦光未加罪于他，却领他到了州学，叫他参观孔子庙。当时庙里有韩伯瑜被母亲杖打不痛，哀怜母亲体力衰弱，对着母亲悲泣的塑像。焦通于是觉悟，既悲伤，又羞愧。好像无地自容。梁彦光训诫、教育焦通之后，就打发他走了。后来，焦通改正过失，砥砺操行，孝奉母亲，终于成为一位品行高尚的人。

政 清 若 水

【原文】

高祖受禅，转齐州别驾，有能名。其东邻有桑，葚落其家，轨遣人悉拾还其主，诚其诸子曰："吾非以此求名，意者非机杼之物，不愿侵人。汝等宜以为诫。"在州四年，考绩连最。持节使者邻阳公梁子恭状上，高祖嘉之，赐物三百

国学经典文库

段，米三百石，征轨入朝。父老相送者，各挥涕曰："别驾在官，水火不与百姓交，是以不敢以壶酒相送。公清若水，请酌一杯水奉饯。"轨受而饮之。

【译文】

隋文帝受禅后，调（赵轨）任齐州（今山东济南市）别驾，以善于治理而闻名。赵轨的东邻有棵桑树，桑葚掉在他的院子里。他派人把桑葚都拾了起来还给桑葚的主人，并告诫他的孩子们说："我并非以此沽名钓誉，我意这柔葚不是别人赠送的，不能侵夺别人的利益。你们也应该以此为戒。"赵轨在齐州四年，政绩考核连年第一。持节使郐阳公梁子恭向隋文帝陈述赵轨的政绩，隋文帝嘉奖赵轨，赐给绸缎三百匹，米三百石，征召赵轨入朝。州里父老前来送行，都擦着眼泪说："您居官清廉，无所取于人民，因此不敢用酒相送。您为政清明如水，请允许我们酌一杯清水为您饯行。"赵轨接过来就把一杯水喝了。

马暴人禾，司马酬值

【原文】

时卫王爽为原州总管，上见爽年少，以轨所在有声，授原州总管司马。在道夜行，其左右马逸入田中，暴人禾。轨驻马待明，访禾主酬直而去。原州人吏闻之，莫不改操。

女子骑马陶俑　隋

【译文】

这时卫王杨爽为原州（今宁夏固原）总管，皇帝知道杨爽年轻，又因赵轨在为官之处有声望，便授赵轨为原州总管司马，以便辅佐卫王。赵轨在赴任的路上，夜间继续乘车行驶。他随从的马跑入田地里，糟蹋了农人的庄稼。赵轨停住马，不再赶路，等待天明，查访到了庄稼的主人，偿付了所踏庄稼的价值，才离去。原州的百姓、官吏听到此事，（都以赵轨为榜样）改变自己的操行。

遏恶扬善

【原文】

（公孙景茂）转道州刺史。悉以秩俸买牛犊鸡猪，散惠孤弱不自存者。好单骑巡人，家至户入，阅视百姓产业。有修理者，于都会时乃褒扬称述。如有过恶，随即训导，而不彰也。由是人行义让，有无均通，男子相助耕耘，妇人相从纺绩，大村或数百户，皆如一家之务。

【译】

公孙景茂被调任道州（今河南郾城）刺史。他把自己所得俸禄，都用来购买大牛、小牛、鸡、猪等，分散送给孤苦无靠、无法维持生活的人。他爱独自骑马巡视黎民百姓，挨家挨户地察看百姓的产业。有人把家业治理得很好，就在众人聚集的地方当众赞扬称道。如果有人犯了过错或干了坏事就马上训斥教导，而不张扬。因此，人们都履行礼仪、谦让，富裕者与贫穷者相互交往，男子相助耕

作，妇女相约纺织，即便是几百户人家的大村庄，也都如同一家人一样相互帮助。

革除畏病弃亲恶俗

士兵出行作战图画像砖　隋

【原文】

从军平陈，以功除岷州刺史。土俗畏病，若一人有疾，即合家避之，父子夫妻不相看养，孝义道绝，由是病者多死。公义患之，欲变其俗。因分遣官人巡检部内，凡有疾病，皆以床舆来，安置厅事。暑月疫时，病人或至数百，厅廊悉满。公义亲设一榻，独坐其间，终日连夕，对之理事。所得秩俸，尽用市药，为迎医疗之，躬劝其饮食，于是悉差，方召其亲戚而谕之曰："死生由命，不关相着。前汝弃之，所以死耳。今我聚病者，坐卧其间，若言相染，那得不死，病儿复差！汝等勿复信之。"诸病家子孙惭谢而去。后人有遇病者，争就使君，其家无亲属，因留养之。始相慈爱，此风遂革，合境之内呼为慈母。

【译文】

辛公义随军灭陈，因军功被授予岷州刺史。岷州当地风俗畏惧疾病。如果一个人患有疾病，全家人就立即避开他。父与子、夫与妻都不互相看护、调养，孝义之道断绝，因此，患疾病的人大都死亡。辛公义为此忧虑，想改变这种不良习俗。于是分别派遣官员巡视检查岷州各地，凡是患有疾病的人，都用床抬到州治所，安放在官署的厅堂。暑热之月发生瘟疫，抬来的病人有时达几百人，厅堂走廊都安满了。辛公义亲自安置一张床榻，独自坐在病人中间，一天到晚，面对着病人办理公事。所得俸禄，全部用来购买药物，为病人请医治病，并亲自劝说病人喝水吃饭。因此，病人都痊愈了。这才把病人的亲属招来，劝导他们说："生死有命，与看护病人没有什么关系。以前，你们抛弃了病人，所以病人死了。如今，我把病人聚集在这里，并坐卧在病人中间，如果说疾病会传染，我怎么没有被传染上疾病而死呢？再说，即使传染上疾病，也能治愈，你们不要再相信疾病可怕的说法了。"病人的子孙听后十分惭愧，向辛公义道谢后就回家了。后来，再有人患了疾病，都争着到刺史辛公义那里去，病人没有亲属，辛公义就留下护养。从此开始，百姓都彼此仁爱相亲，不护养病人的风俗被革除了，全州的百姓都敬称辛公义为"慈母"。

禁人在狱，心不自安

【原文】

（公义）后迁牟州刺史，下车，先至狱中，因露坐牢侧，亲自验问。十余日间，决断咸尽，方还大厅。受领新讼，皆不立文案，遣当直佐僚一人，侧坐讯问。事若不尽，应须禁者，公义即宿厅事，终不还阁。人或谏之曰："此事有程，

使君何自苦也!"答曰:"刺史无德可以导人,尚令百姓系于囹圄,岂有禁人在狱而心自安乎?"罪人闻之,咸自款服。后有欲诤讼者,其乡闾父老遽相晓曰:"此盖小事,何忍勤劳使君。"讼者多两让而止。

【译文】

辛公义后来被调任牟州刺史。刚到任,先到牢狱里视察。然后,就露天坐在牢狱一侧,亲自复查犯人,十多天,把前任积案全部断完,才回到署厅。他接纳新的诉讼案件,都不立公文案卷,差遣一名值班的下级官吏在一侧坐着与他一起审问。碰到案情不能尽知,需要临时拘押的,辛公义就在厅堂过夜,几天不回内室。有人劝谏他说:"诉讼之事有一定的过程,刺史何必这样自苦呢!"辛公义回答说:"我没有德行可以用来引导百姓为善,还让百姓被拘禁在牢狱里,哪有把人拘押在牢狱里而自己心安理得的呢?犯罪的人听到辛公义的话,都各自服罪。此后,有人想要争论聚讼,他乡里的老年人便会立即劝导说:"这本是一件小事,怎么能忍心劳苦刺史!"争论聚讼的人大多各自让步而停止了争讼。

犯人非为难教

【原文】

乃下诏曰:"凡在有生,含灵禀性,咸知好恶,并识是非。若临以至诚,明加劝导,则俗必从化,人皆迁善。往以海内乱离,德教废绝,官人无慈爱之心,兆庶怀奸诈之意,所以狱讼不息,浇薄难治。朕受命上天,安养万姓,思遵圣法,以德化人,朝夕孜孜,意在于此。而伽深识朕意,诚心宣导。参等感悟,自赴宪司。明是率土之人非为难教,良是官人不加晓示,致令陷罪,无由自新,若使官尽王伽之俦,人皆李参之辈,刑厝不用,其何远哉?"于是擢伽为雍令,政有能名。

【译文】

隋文帝于是下诏书说:"大凡世间生灵,都具有自然所赋予的品性资质,知善知恶,识别是与非。如果以最诚实的道德规范治理百姓,再加明确地施予规劝和开导,那么风俗就一定能随之变化,人人也就改恶向善了。过去,因为全国百姓遭受战乱而流离失所,仁德教化中断,做官的人没有慈爱的心肠,众百姓便怀有奸邪欺诈的恶意,因此讼诛案件接连不断、社会风气浮薄而难以治理。我受命于上天,安抚赡养天下百姓,总是考虑遵守圣人的法则,以仁德感化教育。我天天勤勉不怠,意愿主要放在

张掖木塔寺木塔　隋

这件大事上。王伽深知我的意愿,真心真意地对百姓宣传开导。李参等七十余犯人,遂为礼教感化,自己奔赴司法官署。这表明天下之人,不是难以教化的,而确实是由于做官的人不会加以晓谕开导的结果,才致使一些人犯罪而无法改过自新。如果使做官的人都像王伽这样做,使百姓都像李参等人这样,那么无人犯

法，刑罚搁置不用的日子，大概不会很久了吧？"于是提拔王伽为雍县令，到任后，政绩有美名。

善化人者抚之使静

【原文】

善为水者，引之使平；善化人者，抚之使静。水平则无损堤防，人静则不犯于宪章。然则易俗移风，服教从义，不资于明察，必借于循良者也。

【译文】

善于治理水的人，导引水流使水平流；善于教化百姓的人，安抚百姓使百姓安定。水平流就不会损害堤坝，百姓安定就不违反法制。那么朝廷要移风易俗，使百姓感服教化，顺从仁义，不是凭借在上者明察秋毫，就一定是凭借奉职守法的官吏。

儒 林 传

必 慎 所 举

【原文】

孔子曰："举直错诸枉则民服，举枉错诸直则民不服。"由此言之，政之治乱，必慎所举，故进贤受上赏，蔽贤蒙显戮。察今之举人，良异于此，无论谄直，莫择贤愚。心欲崇高，则起家喉舌之任；意须抑屈，必白首郎署之官。人之不服，实由于此。

【译文】

孔子说："选用正直的人，把他安置在邪曲的人之上，百姓就会服从；选用邪曲的人把他安置在正直的人之上，百姓就不服从。"从孔子的这几句话来看，政治的安定与否，决定于是否能慎重选用人才。所以推荐贤人受上赏，埋没人才被处死刑。考察今天的人才选用，确实与此不同，不论谄佞与正直，不分贤能与愚笨。意欲推崇的人一出仕就委以要职；想要压制的人到老也不重用。人们不能心服口服，实在是由此而来。

若选重官，必须参以众议

【原文】

伏见留心狱讼，爱人如子，每应决狱，无不询访群众，刑之不乱，君之明也。刑既如此，爵亦宜然。若有懋功简在帝心者，便可擢用。自斯以降，若选重官，必须参以众议，勿信一人之举。则上不偏私，下无怨望。

【译文】

我见陛下关心诉讼案件，爱民如子，每次参加狱讼判决，无不询问众人，致使刑罚严正，这是陛下的圣明。刑罚既然如此，授予爵位也应当这样。如果陛下

国学经典文库

记着建立大功的人，就可以提拔任用。从此以后，如果选用重要官员，必须参考众人的议论，不要听信一人的举荐。这样，陛下便能做到不偏不袒，下面的吏民就不怨恨陛下了。

勿使朋党为患

【原文】

孔子云："是察阿党，则罪无掩蔽。"又曰："君子周而不比，小人比而不周。"所谓比者，即阿党也。谓心之所爱，既已光华荣显，犹加提挈。心之所恶，既已沉滞屈辱，薄言必怒。提挈既成，必相掩蔽，则欺上之心生矣。屈辱既加，则有怨恨，谤讟之言出矣。伏愿广加逖访，勿使朋党路开，威恩自任。有国之患，莫大于此。

【译文】

孔子说："审察狱吏徇私枉法，狱吏就不能掩蔽犯罪的人。"又说："君子讲团结而不互相勾结，小人互相勾结而不讲团结。"所谓比，就是官吏互相阿谀勾结，结党营私。对心里所喜爱的官吏，即使他已经有了荣华富贵的名声、地位，还要加以提拔；对于所厌恶的官吏，即使他已经处于卑下屈辱的地位，还是制造各种借口加以怒斥。有些下级官吏，一旦被提拔的愿望实现之后，就一定相互勾结、互相包庇，产生了欺骗陛下的念头。有些下级官吏受到委屈、耻辱之后，当然会产生怨恨，也就说出非议的话来了。伏望陛下能扩大和增加远出访查次数，不要使那些结党营私的歪风流行，亲自施威加恩。国家的祸患，没有比结党营私更严重的了。

房晖远博通经传义疏

【原文】

（房晖远）擢为国子博士，会上令国子生通一经者，并悉荐举，将擢用之。既策问讫，博士不能时定臧否。祭酒元善怪问之，晖远曰："江南、河北，义例不同，博士不能遍涉。学生皆持其所短，称己所长，博士各各自疑，所以久而不决也。"祭酒因令晖远考定之，晖远览笔便下，初无疑滞。或有不服者，晖远问其所传义疏，辄为始末诵之，然后出其所短，自是无敢饰非者。所试四五百人，数日便决，诸儒莫不推其通博，皆自以为不能测也。

【译文】

房晖远做了国子学博士，适逢隋文帝传令把国子学中精通一部经书的学生，全部推举上来，以便提拔任用。考试完毕后，众博士不能及时决定谁好谁差。祭酒元善觉得奇怪，便询问原因，房晖远说："长江南黄河北，因战乱隔绝，注经时主旨和体例不同，博士们不能全部阅览。学生都抓住对方的缺陷，而宣扬自己所长。博士们也都怀疑自己所学的注疏是否正统，因此，迟迟不能裁定。"祭酒元善让房晖远考核决定。房晖远持笔即下评语，一点也没有疑惑。有的考生不服所判，房晖远就问明他所受义疏的体系，马上就把他策对的上下背诵出来，然后

指出不足之处，从此之后没有人再敢为自己的短处辩护的了。这次参加考试的有四、五百人，房晖远不几天就裁定完毕。所有博士没有不推崇房晖远学问精通而广博的，都认为自己不能这样来测定考生。

刘炫"五事并举"

【原文】

炫眸子精明，视日不眩，强记默识，莫与为俦。左画方，右画圆，口诵，目数，耳听，五事并举，无有遗失。

【译文】

刘炫的瞳子人特别精灵，看太阳也不昏花。他记忆力很强，读过的书都能暗暗地记住，没有人能与他相比的。他同时能左手画方，右手画圆，嘴里诵读，眼睛数数，耳朵听话，五事并做，没有一件贻误。

文 学 传

文 之 为 用

【原文】

文之为用，其大矣哉！上所以敷德教于下，下所以达情志于上，大则经纬天地，作训垂范，次则风谣歌颂，匡王和民。

【译文】

文学的作用，大概太大了吧！在上可以用来广布道德教化于下民，在下可以用来通达民情于国君。大则可以用来经天纬地，立规范留准则，次则用来写作地方歌谣以歌颂功德，匡正国王，和睦百姓。

崔镳博览群书

【原文】

（镳）每以读书为务，负恃才地，忽略世人。大署其户曰："不读五千卷书者，无得入此室。"数年之间，遂博览群言，多所通涉。

【译文】

崔镳常常把读书当作最要紧的事情。仗恃他的才能和门第，不重视世人，他在自己的门上书写了几个大字："未读五千卷书的人，不得进入此门。"数年之间，就广泛阅读了诸子百家之书，又涉猎了不少其他著作。

隐 逸 传

宽厚待人

【原文】

（李士谦）家富于财，躬处节俭，每以振施为务。州里有丧事不办者，士谦辄奔走赴之，随乏供济。有兄弟分财不均，至相阋讼，士谦闻而出财，补其少者，令与多者相埒。兄弟愧惧，更相推让，卒为善士。有牛犯其田者，士谦牵置凉处饲之，过于本主。望见盗刈其禾黍者，默而避之。其家僮尝执盗粟者，士谦慰谕之曰：“穷困所致，义无相责。”遽令放之。

仆役行装图　隋

【译文】

（李士谦）家里资财富裕，但他立身节俭，常常把救济别人当作自己最要紧的事情。州中有人遇到丧事无资财办理，李士谦就急奔前往，根据他的贫困情况而加以救济。有一家兄弟分家时财产分得不均，以至争吵诉讼。李士谦听说后，拿出财物，补充那个分得少的人，使他与分得多的相等。兄弟两个感到惭愧，便互相推让，终于成为善良之人。有一头牛跑到李士谦的田地里，损伤了禾苗，李士谦便把这只牛牵出田地，安置在阴凉的地方，然后再探望牛的本主。有一次李士谦看见小偷割了自己的禾黍，他不说什么，而且避开了现场。他的家僮曾经捉住了一个偷粮食的人，李士谦用好话劝解说：“你这是为贫困所造成的，从情义上来说不应该责备你。”立即让家僮把小偷释放了。

急人之难

【原文】

（李士谦）出粟数千石，以贷乡人，值年谷不登，债家无以偿，皆来致谢。士谦曰：“吾家余粟，本图振赡，岂求利哉！”于是悉召债家，为设酒食，对之燔契，曰：“债了矣，幸勿为念也。”各令罢去。明年大熟，债家争来偿谦，谦拒之，一无所受。他年又大饥，多有死者，士谦罄竭家资，为之糜粥，赖以全活者将万计。收埋骸骨，所见无遗。至春，又出粮种，分给贫乏。赵郡农民德之，抚其子孙曰：“此乃李参军遗惠也。”

【译文】

李士谦拿出数千石粮食，把它借给乡里的人，正遇上这一年庄稼歉收，债主没有粮食偿还，于是都到李士谦家里来道歉。李士谦说：“我家的余粮，本来是为救灾济贫用的，哪里是为了牟取利润呢！”于是，李士谦将债主们召集到一起，

国学经典文库

并给他们备办了酒食，当着他们的面把借契都烧了，说："粮债了结啦！希望再不要把这事放在心上了。"之后，让他们各自回家。第二年大丰收，债主争相来到李士谦家中还粮，李士谦拒绝了，一无所受。另一年，又遇到了大饥荒，有许多人饿死了，李士谦竭尽家中所有的资财，给挨饿的人做粥喝，濒于死亡而赖此粥继续生存的人万计。同时李士谦又收殓埋葬饿死者的尸骨，几乎把所看到的尸骨都埋葬了，无一遗漏。到了春天，李士谦又拿出粮种，分给缺种子的农户。赵郡（今河北赵县）农民非常感激李士谦，并抚摩着自己的子孙说："这是李参军留下的恩惠啊！"

艺术传

韦鼎善治贼

【原文】

开皇十二年，除光州刺史，以仁义教导，务弘清静，州中有土豪，外修边幅，而内行不轨，常为劫盗。鼎于都会时谓之曰："卿是好人，那忽作贼？"因条其徒党谋议逗留，其人惊惧，即自首伏。

【译文】

开皇十二年（592），授韦鼎为光州刺史。韦鼎以仁义教导州民，宣扬无为而治。州中有一个豪强，外修仪表，而实际上专干一些违法的事，经常做强盗。韦鼎在人们聚会时对他说："你是个好人，那能突然变成个盗贼呢？"于是挑选了他的几个同伙，计划让他们在此停留一下，结果那人惊慌害怕了，立即交待出了自己的罪状。

断案如有神

【原文】

有人客游，通主家之妾，及其还去，妾盗珍物，于夜亡，寻于草中为人所

隋洛阳城遗址

杀。主家知客与妾通，因告客杀之。县司鞫问，具得奸状，因断客死。狱成，上于鼎，鼎览之曰："此客实奸，而杀非也。乃某寺僧诳妾盗物，令奴杀之，赃在

某处。"即放此客，遣掩僧，并获赃物。自是部内肃然不言，咸称其有神，道无拾遗。

【译文】

有人旅居他乡，而与寄居处主人的小妾私通，等到他回家离去，主人的小妾偷了珍贵物品，在夜里逃跑了，但不久在草莽中被人杀害。主人知道客人与小妾私通，因此告发客人杀了他的小妾。县衙逮捕了客人，经过审问得知了全部奸情，就判处客人死刑。结案后，上报州刺史韦鼎。韦鼎阅览了案卷后，说："这客人确实是一个奸夫，可是杀死主人小妾的不是他，是某寺僧诱妾偷盗，又欲夺小妾所偷的珍贵物品而让奴仆杀死的，赃在某处。"他立即释放了这个客人，同时差人乘僧人不备而拘捕了僧人，连同赃物一齐获得。从此州内安然肃静，再没胡言乱语了，都一致称赞韦鼎断案有神，境内也路不拾遗。

【国学经典文库】

旧唐书

【后晋】刘 昫 等

线装书局

序 言

　　唐代是中国封建社会的强盛时期。由五代后晋时官修的《旧唐书》是现存最早的系统记录唐代历史的一部史籍。它原名《唐书》，宋代宋祁、欧阳修等编写的《新唐书》问世后，才改称《旧唐书》。《旧唐书》共二百卷，包括本纪二十卷，志三十卷，列传一百五十卷。

　　后晋高祖天福六年（941），石敬瑭命修唐史，由当时的宰相赵莹负责监修。赵莹立即组成修纂班子，先后有张昭远、贾纬、赵熙、郑受益、李为先、吕琦、尹拙等人参加，到出帝开运二年（945），全书修成，历时仅四年多。当此书修成时，负责监修唐史的宰相已换成刘昫，书也由他进呈，所以《旧唐书》署"刘昫等奉敕撰"。实际上，刘昫对这部史书没做出什么贡献，张昭远、贾纬等人才是真正的作者。

　　《旧唐书》的作者去唐不远，有条件接触到大量的唐代史料，所以能在短短的四年多时间里修成这样一部二百卷的大书。《旧唐书》利用和因袭的唐代史料，主要有以下两类：（一）实录。唐人已修成自高祖至武宗共十六朝的实录，到张昭远等人修《旧唐书》时，除《武宗实录》仅残存一卷外，其余十五朝的实录仍然可见。（二）唐人纂修的本朝纪传体史书。最早有高宗时令狐德棻修成的国史八十一卷，到玄宗时吴兢加以精简和续修，编为六十五卷，后来韦述在此基础上又增修成一百十二卷，柳芳又接着续修为一百三十卷，它对唐初至肃宗朝的历史，做了比较完整的叙述。

　　尽管《旧唐书》的作者对史学未必有出色的见解和才能，但由于此书的修纂，以上述唐代史料为前资，所以它仍具有相当高的史料价值。具体说来，《旧唐书》的本纪，文宗以前部分，多依据实录，肃宗以前部分，还可直接承袭国史旧纪，所以它材料充实，记事比较可信。还有肃宗以前的人物传记，多袭用国史列传，记事比较详细明白；有的传里称玄宗为"今上"，有的还在最后保存了"史臣韦述曰"的议论，显露出了照抄国史原文的痕迹。照抄原文虽不见得高明，但也有它的好处，因为借此可保存旧史的原貌。特别是宋以后除《顺宗实录》外，所有的唐代实录、国史都已失传，因而《旧唐书》中所保存的史料，也就更显得重要，更值得珍视了。

　　但是，由于肃宗以后的国史尚未编出，宣宗以后的实录也未修成，所以《旧唐书》的作者在修《旧唐书》时，唐代晚期的史料相当缺乏。虽然作者曾做过不少搜集史料的工作，但由于成书仓促，所以对

国学经典文库

于唐代晚期史事的记述，仍显得粗糙，在材料的占有与剪裁、体例的完整、文字的简洁等方面，都存在不少缺点。如武宗以后的本纪，内容芜杂，记事矛盾的地方屡见不鲜；列传部分，唐代末期的人物多所缺漏，甚至存在一人两传、一文重见的现象；《历志》《经籍志》叙述仅至玄宗时代。尽管如此，《旧唐书》的晚唐部分，也仍保存了不少富有价值的史料。如《懿宗本纪》《僖宗本纪》中关于庞勋起义和黄巢起义的记载，是比较原始而重要的史料；昭宗、哀帝两纪，对某些藩镇、宦官的跋扈，做了详细的记录。

《新唐书》行世后，《旧唐书》在很长一段时间里几乎被人们废弃。等到明朝嘉靖十七年（1538）闻人诠等重新刊印后，才又广泛流传开来。《旧唐书》传布过程中的兴衰，既反映了它的缺点，也说明它有自己的长处，非《新唐书》所能取而代之。

太宗本纪

疑兵克敌

唐太宗像

【原文】

大业末，炀帝于雁门为突厥所围，太宗应募救援，隶屯卫将军云定兴营。将行，谓定兴曰："必赍旗鼓以设疑兵。且始毕可汗举国之师，敢围天子，必以国家仓卒无援。我张军容，令数十里幡旗相续，夜则钲鼓相应，虏必谓救兵云集，望尘而遁矣。不然，彼众我寡，悉军来战，必不能支矣。"定兴从焉。师次崞县，突厥候骑告始毕曰："王师大至。"由是解围而遁。

【译文】

大业末年，隋炀帝在雁门（在今山西省）被突厥包围，唐太宗应召救援，在屯卫将军云定兴营中供职。军队将要出发，太宗对云定兴说："一定要携带旗鼓来布置疑兵。况且始毕可汗率领全国的军队，敢于围困天子，必定以为国家仓卒之间没有援兵。我们摆出强大的军容，使几十里内旗帜连续不断，夜里就使钲鼓相应，敌军必定认为救兵云集，便望尘而逃了。不然，彼众我寡，全军来战，我们一定不能抵挡了。"云定兴听从了他的计策。隋兵到了崞（guō 锅）县（在今山西省），突厥的侦察骑兵驰马报告始毕说："隋朝的大军来啦。"于是撤围而逃。

平定霍邑

【原文】

时隋祚已终，太宗潜图义举，每折节下士，推财养客，群盗大侠，莫不愿效死力。及义兵起，乃率兵略徇西河，克之。……大军西上贾胡堡，隋将宋老生率精兵二万屯霍邑，以拒义师。会久雨粮尽，高祖与裴寂议，且还太原，以图后举。太宗曰："本兴大义以救苍生，当须先入咸阳，号令天下。遇小敌即班师，将恐从义之徒一朝解体。还守太原一城之地，此为贼耳，何以自全！"高祖不纳，促令引发。太宗遂号泣于外，声闻帐中。高祖召问其故，对曰："今兵以义动，进战则必克，退还则必散。众散于前，敌乘于后，死亡须臾而至，是以悲耳。"高祖乃悟而止。八月己卯，雨霁，高祖引师趣霍邑。太宗恐老生不出战，乃将数骑先诣其城下，举鞭指麾，若将围城者，以激怒之。老生果怒，开门出兵，背城而阵。高祖与建成合阵于城东，太宗及柴绍阵于城南。老生麾兵疾进，先薄高祖，而建成坠马，老生乘之，高祖与建成军咸却。太宗自南原率二骑驰下峻坂，冲断其军，引兵奋击，贼众大败，各舍仗而走。悬门发，老生引绳欲上，遂斩之，平霍邑。

【译文】

当时隋朝的统治行将终结，太宗暗地图谋举兵伐隋，他经常谦恭地对待贤士，给人财物以蓄养宾客，群盗大侠，莫不愿意为他拼死效力。到义军兴起时，就率兵夺取西河（在今山西省），获得了胜利。……大军西征贾胡堡，隋将宋老生率精兵二万驻守霍邑（今山西霍县），以抗拒义军。恰值久雨粮尽，高祖与裴寂商议，暂且还师太原（在今山西太原西南），以考虑下一步行动。太宗说：“本来要伸张大义以拯救百姓，应当先入长安，号令天下。遇到小股敌人就班师，恐怕跟随起义的人们将一朝解体。还守太原一城之地，这只能有利于敌人，何以保全自己呢！”高祖不听，急令太宗率军上路。太宗就在军帐外放声大哭，哭声传入帐中。高祖唤他询问缘故，答道：“现在兴师是符合道义的，前进战斗定能取胜，退还必然溃败。众兵在前面溃散，敌人从后面乘机杀来，顷刻间就要死亡，所以悲伤啊。”高祖于是醒悟，并撤回了班师的命令。八月已卯日，雨停了，高祖领兵向霍邑进发。太宗恐怕宋老生不出战，就率领几名骑兵先到城下，举鞭指挥，好像要围城的样子，来激怒他。宋老生果然愤怒了，开门出兵，背城列阵。高祖与李建成在城东合兵列阵，太宗和柴绍列阵于城南。宋老生指挥士兵迅速前进，先向高祖逼来，这时李建成坠下马来，宋老生便乘机向他冲去，高祖与建成的部队都退却了。太宗从南面高地率领两名骑兵驰下高坡，冲断宋老生的军队，领兵奋勇进击，敌军大败，各自丢下兵器逃跑。城上放下门闸来，宋老生拉着绳索正想攀上城去，唐兵就把他杀死了，于是平定了霍邑。

与 故 人 言

【原文】

上于武成殿赐宴，……时会中有旧识上者，相与道旧以为笑尔。因谓之曰：“他人之言，或有面谀。公等朕之故人，实以告朕：即日政教于百姓何如？人间得无疾苦耶？”

【译文】

唐太宗在武成殿设宴招待群臣，……当时恰好群臣中有以前与太宗相识的，互相愉快地叙说旧情。太宗于是对他们说：“别人的话，有的是当面奉承我。诸位是我的老朋友，应该实实在在地告诉我：今天的刑赏与教化对百姓怎么样？人间该不会有疾苦吧？”

代 宗 本 纪

京畿民生凋敝

【原文】

今连岁治戎，天下凋瘵，京师近甸，烦苦尤重，比屋流散，念之恻然。人寡吏多，困于供费，欲其苏息，不可得也。

【译文】

近些年来，朝廷连年用兵，全国到处是凋敝和疾疫。长安郊区的百姓，所受

烦扰苦难，尤其深重。一家挨一家的人们流离失散，想到这种情形，令人悲伤。况且百姓少而官吏多，官员的花销弄得百姓们痛苦不堪，要使他们恢复生机，那是不可能办到的。

治道不可忽

【原文】

观夫开元之治也，则横制六合，骏奔百蛮；及天宝之乱也，天子不能守两都，诸侯不能安九牧。是知有天下者，治道其可忽乎！

【译文】

观察唐玄宗时期，开元年间（公元713～741年）国家大治，就能够全面控制天下，武力达到了边塞蛮夷之地。到了天宝（公元742～756年）末年发生了安禄山叛乱，玄宗竟然守不住东都洛阳、西都长安，位居王侯的郭子仪、李光弼等大将也不能平定各地的藩镇。由此可知，统治天下的皇帝，难道可以疏忽治国之道吗！

德宗本纪

唐德宗罪己诏

【原文】

暴令峻于诛求，疲民空于杼轴，转死沟壑，离去乡里，邑里丘墟，人烟断绝。天谴于上而朕不寤，人怨于下而朕不知。驯致乱阶，变起都邑。贼臣乘衅，肆逆滔天，曾莫愧畏，敢行凌逼。……痛心靦靦，罪实在予。

【译文】

用暴虐的政令严酷地进行勒索，穷苦百姓倾家荡产，离乡背井，弃尸于山沟荒野之地。城镇乡村变为废墟，人烟断绝。皇天在上面谴告，我却不醒悟。民众在下面怨恨，我竟不知晓。由此导致祸乱，士兵在京城里发生了叛变。奸贼朱泚乘机谋取大位，肆意逆行，罪恶滔天。他未曾有丝毫愧惧，竟敢做出欺凌威逼天子的事来。……想起这些，我非常羞愧，罪过的确是在我身上。

宪宗本纪

唐宪宗以贤为宝

【原文】

荆南献龟二，诏曰："朕以寡昧，篡承丕业，永思理本，所宝惟贤。……自今已后，所有祥瑞，但今准式申报有司，不得上闻；其奇禽异兽，亦宜停进。"

【译文】

荆南地方上向皇帝奉献了两只龟。宪宗下诏说："我因为德行浅薄，见识愚昧，继承了祖宗的大业，长远地考虑治国的根本，只有贤才才是最可宝贵的。

……从今以后，各地所出现的一切祥瑞，命令依照规定（仅限于）报告给主管部门，不得上告皇帝。那些奇禽异兽，也应当停止进献。

论帝王之务

【原文】

杜黄裳对曰："帝王之务，在于修己简易，择贤委任，宵旰以求民瘼，舍己从人以厚下，固不宜怠肆安逸。……"

【译文】

杜黄裳回答皇帝说："帝王最重要的事情，是在于修治自身，简朴平易，选择贤才而委以重任。昼夜辛勤地查访百姓的疾苦，舍弃私见私利，依从公论公益来使全国富足，本来就不应该懈怠放纵，安然逸乐。

皇帝鼓励谏诤

【原文】

上谓宰臣曰："朕览国书，见文皇帝行事，少有过差，谏臣论诤，往复数四。况朕之寡昧涉道未明，今后事或未当，卿等每事十论，不可一二而止。"

【译文】

唐宪宗对宰相们说："我阅读本朝史书，看到太宗文皇帝处理政事，很少有过失偏差，这是因为规谏的臣僚敢于议论、争持，来来回回，再三再四。况且我这么德薄识浅，探究治国大道还不够明了，今后如果处事不当，你们每件事就和我论争上成十遍，不可以说一两回就停下来。"

唐宪宗重用方士

【原文】

以山人柳泌为台州刺史，为上于天台山采仙药故也。制下，谏官论之，不纳。

【译文】

唐宪宗任用山野间的方术之士柳泌作台州（今浙江天台）刺史，这是因为柳泌替皇帝在天台山采仙药的缘故。任命的诏令下达后，谏官们对这件事作了议论，宪宗不采纳他们的意见。

唐宪宗佞佛

【原文】

迎凤翔法门寺佛骨至京师，留禁中三日，乃送诣寺。王公士庶奔走舍施如不及。

【译文】

唐宪宗派人将凤翔法门寺（在今陕西扶风）的佛骨迎接到京城长安，在皇宫

里敬奉了三天，才送到长安各寺院供养。自王公大臣以至士人平民，竞相奔走，施财舍身以礼敬佛骨，一个个好像怕赶不上机会似的。

穆宗本纪

科举舞弊

【原文】

国家设文学之科，本求才实，苟容侥幸，则异至公。访闻近日浮薄之徒，扇为朋党，……干扰主司，每岁策名，无不先定。

【译文】

国家开设文学方面的科举，本意是寻求有真才实学的人，假若容许心存侥幸（而无才学）之徒得逞，那就违背了极为公正的选才标准。我访查中听说近来一些浮华浅薄的人，互相吹捧，结为朋党，……干扰主管部门，每年录取的考生姓名、名次，没有不是事先已定好的。

孱主令人痛心

【原文】

观夫孱主，可谓痛心！不知创业之艰难，不恤黎元之疾苦。谓威权在手，可以力制万方；谓疏冕在躬，可以坐驰九有。曾不知聚则万乘，散则独夫，朝作股肱，暮为仇敌。仲长子所谓"至于运徙势去，独不觉悟者，岂非富贵生不仁，沉溺致愚疾？存亡以之迭代，治乱从此周复。"诚哉，是言也！

【译文】

看看那软弱无能的帝王，可说是令人痛心！他不懂得创立基业的艰难，不同情民众的疾苦。认为威势权力在自己手里，就可以有力地控制全国；认为天子专用的礼帽既戴在自己头上，就可以神游并驾驭九州。就是不知道当臣民拥戴时自己才是天子，一旦众叛亲离，那就成了独夫；早晨还是得力的助手，傍晚却成了仇敌。东汉政论家仲长统说："（昏庸的君王）到了时运转移大势已去，还独独不明白是怎么回事，难道不是由富贵引起感官失灵，沉溺于逸乐导致了愚昧的毛病吗？国家的存亡由此而轮流递代，社会的治乱也由此周而复始。"（见仲长统《昌言》）这话是真真确确的啊！

敬宗本纪

贪官自立德政碑

【原文】

贬司农少卿李彤吉州司马，以前为邓州刺史，坐赃百万，仍自刻德政碑故也。

【译文】

贬黜（朝官）司农少卿李彤为吉州（今江西吉安）司马，是因为这个缘故：从前他作邓州（今河南邓州市）刺史时，犯了一百万贯的赃案，进而仍然自己给自己树立赞颂德政的纪念碑。

文宗本纪

兄弟三人操行不同

【原文】

古人谓尧无子，舜无父，言其贤不肖之相远也。以文惠骄诞之性，继之以昭愍，固其宜也。而昭献、昭穆英特不群，文足以纬邦家，武足以平祸乱。三子之操行顿异，其何道哉？

【译文】

古人说尧没有好儿子，舜没有好父亲，意思是指父与子在德行的贤良与下劣方面相差很远。以唐穆宗骄纵荒诞的品性，继承他的敬宗也是同样的骄纵荒诞，（真是有其父必有其子）本来就合乎常情。可是文宗、武宗英俊特出，非同凡庸，文才足够用来治理国家，武略足够用来平定祸乱。这兄弟三人操行显著不同，是为什么呢？

唐文宗勤于理政

【原文】

初，帝在藩时，喜读《贞观政要》，每见太宗孜孜政道，有意于兹。……尤勤于政理，凡选内外群官，宰府进名，帝必面讯其行能，然后补除。

【译文】

当初，文宗还是皇子的时候，喜读《贞观政要》这部书，每看到太宗勤勉地探求治国之道，就有意于在这方面努力。到后来作了皇帝，在办理政务上特别勤苦。凡是选任朝廷内外的官员，宰相府将名单报来后，文宗一定要当面询问、谈话，了解他的品行才能，然后才委任给职务。

武宗本纪

唐武宗纳谏

【原文】

谏议大夫高少逸、郑朗等于阁内论："陛下校猎太频，出城稍远，万机废弛，星出夜归。方今用兵，且宜停止。"上优劳之。谏官出，谓宰相曰："谏官甚要，朕时闻其言，庶几减过。"

【译文】

谏议大夫高少逸、郑朗等在阁子里议论说："陛下打猎太频繁，离开濮城偏

远，许多大事放下不管，天不亮出去深夜返回。当今国家正对回纥（民族名）用兵，打猎暂且应当停止。"武宗厚意感谢高少逸等人。谏官们退出，武宗对宰相说："谏官很重要，我经常听到他们的话，差不多可以减少过失。"

论佞佛之弊

【原文】

三代已前，未尝言佛，汉魏之后，像教浸兴。是由季时，传此异俗，因缘染习，蔓衍滋多。以至于蠹耗国风，而渐不觉；诱惑人意，而众益迷。洎于九州山原，两京城阙，僧徒日广，佛寺日崇。劳人力于土木之功，夺人利于金宝之饰。遗君亲于师资之际，违配偶于戒律之间。坏法害人，无逾此道。

【译文】

夏、商、周以前，未曾有谈佛的，汉魏以后，佛教才渐渐（在中土）兴起。由此可见晚近数百年间，这种外国的宗教才得以传入。顺时推移，人们受其影响而成为习俗。信徒日增，越来越多。以至于败坏了国家的风气，可是这种变化是逐渐发生的，人们并不觉悟。它引诱、搅乱国人的思想，大家却更是相信得入迷。甚至于全国山野平原，洛阳长安两城的宫殿里，教徒一天天增加，佛寺建筑日趋高大。将人们的力量消耗在寺院的修建上，将人们的财利夺去装饰金身宝象。佛教只讲师徒关系，遗弃了君与臣、亲与子的伦常。一味奉行清规戒律，隔离了夫妻的配偶关系。破坏常法，毒害人民，没有超过佛教的。

宣宗本纪

唐宣宗好儒礼贤

【原文】

帝雅好儒士，留心贡举。有时微行人间，采听舆论，以观选士之得失。……凡对臣僚，肃然拱揖，鲜有轻易之言。大臣或献章疏，即烧香盥手而览之，当时以大中之政有贞观之风焉！

【译文】

宣宗平素喜爱儒士，对科举考试很留心。有时微行到民间，听取众人的议论，从中考察士人选拔方面的得失。……凡见到臣僚的时候，皇帝都庄严地拱手作揖，极少说出轻视、不礼的话。大臣有献上表章奏疏的，宣宗就恭恭敬敬地烧香洗手，然后认真阅览。当时人们认为大中年间的政治具有贞观之世的遗风呢！

大 中 之 政

【原文】

尝闻黎老言大中故事，献文皇帝器识深远，久历艰难，备知人间疾苦。自宝历以来，中人擅权，事多假借，京师豪右，大扰穷民。洎大中临驭，一之日权豪敛迹，二之日奸臣畏法，三之日阍寺詟气。由是刑政不滥，贤能效用，百揆四

岳，穆若清风。十余年间，颂声载路。

【译文】

曾经听到老年人谈论大中（公元847~859年）年间的旧事，说是宣宗器量见识深沉远大，早年经历过穆宗敬宗的艰难时期，完全了解民间的疾苦。从敬宗以后，宦官专权，行事多借天子名义以售其奸，长安的豪强们，大肆烦扰穷苦百姓。到了宣宗掌握大权，权贵豪门很快地收敛了他们的暴行，紧跟着奸臣贼子畏惧法令，不敢非为，不久宦官的气焰也给压下去了。从此刑律政令不再紊乱，贤士能臣献计献策，宰相及臣僚们（忠君爱民，其作风）有如清和的春风育养万物。十多年间，赞颂之声充满了道路。

懿 宗 本 纪

唐懿宗为善有始无终

【原文】

恭惠始承丕构，颇亦励精，延纳谠言，尊崇者德，数稔之内，洋洋颂声。然器本中庸，流于近习，所亲者巷伯，所昵者桑门。以蛊惑之侈言，乱骄淫之方寸，欲无怠忽，其可得乎！

【译文】

唐懿宗刚继承大业，也还算振作精神，采纳正直的言论，崇敬德高望重的老臣，几年之内到处兴起赞颂之声。可是他气度原本就平凡，后来落入了近世佞佛的陋习，亲近的是宦官，昵爱的是和尚。用佛教有害的大话，搅乱自己骄纵淫逸的心思，还想不在朝政上懈怠马虎，那能办得到吗！

僖 宗 本 纪

黄巢建立大齐政权

【原文】

是日晡晚，贼入京城，时右骁卫大将军张直方率武官十余迎黄巢于坡头。壬辰，黄巢据大内，僭号大齐，称年号金统。悉陈文物，据丹凤门伪赦。以太常博士皮日休、进士沈云翔为学士。为伪赦书云："揖让之仪，废已久矣，窜遁之迹，良用忧然。朝臣三品已上并停见任，四品已下宜复旧位。"以赵章为中书令，尚让为太尉，崔谬为中书侍郎、平章事。

【译文】

这天将近傍晚时分，黄巢进入长安，当时唐朝的右骁卫大将军张直方带领十几名武官到长安附近的坡头（地名）迎接黄巢。壬辰那天，黄巢占据了皇宫，越分地建立国号，叫大齐，年号叫金统。黄巢（还以皇帝的身份出现）展示他的法驾、仪仗、服饰等等，站在（大明宫的正南门）丹凤门城楼上非法地宣布大赦。他任用唐朝的太常博士皮日休、进士沈云翔作学士，（二人起草的）赦书说："礼敬谦让的仪节废弃已经很久了，看到唐朝官员隐藏逃避很是可怜。朝廷的臣

僚三品以上（宰相三公等）一律停止现任职务。四品以下应当恢复原有官位。"
任命赵章为中书令，尚让为太尉，崔谬为中书侍郎、平章事（即宰相）。

唐将互相残害

【原文】

李克用急蹑黄巢，……粮运不及，骑军至寡，……次汴州，节度使朱全忠馆克用于上源驿。全忠以克用兵力寡弱，大军在远，乃图之。是夜，置酒邮舍，克用既醉，全忠用兵围驿，纵火烧之。雷雨骤作，平地水深尺余，克用逾垣仅免。其部下三百余人及监军使史敬思、书记任珪皆被害。

【译文】

河东节度使李克用紧迫黄巢，……后方粮饷运不到，只有很少一批骑兵，……到汴州（今河南开封）驻扎下来。宣武节度使朱全忠接待李克用住进上源驿（馆舍）。朱全忠因为李克用兵力又少又弱，大队人马在远方，就打算除掉他。当天晚上，在驿馆里设置酒宴，等李克用已经醉倒，朱全忠就带兵包围驿馆，纵火焚烧。雷雨骤然发作，平地上雨水一尺多深，李克用翻过围墙才免于一死。他的部下三百多人以及监军使史敬思、书记官任珪都被害死了。

劫后宫阙萧条

【原文】

初，黄巢据京师，九衢三内，宫室宛然。及诸道兵破贼，争货相攻，纵火焚剽，宫室居市闾里，十焚六七。贼平之后，令京兆尹王徽经年补葺，仅复安堵。至是，乱兵复焚，宫阙萧条，鞠为茂草矣。

【译文】

当初，黄巢占据长安，大街皇宫，殿阁室苑，安然如故。到各路官兵大败黄巢，为争夺财货而互相攻杀，放火抢劫，宫室、商市、住宅、街巷，十分之六七被焚毁了。平定黄巢之后，朝廷下令让京兆尹王徽常年修补，才差不多可以安居了。到这时经过乱兵又一次焚烧，宫殿一片残败冷落，长出了旺盛的野草。

后 妃 传

长孙皇后性俭约

【原文】

太宗即位，立为皇后，……后性尤俭约，凡所服御，取给而已。太宗弥加礼待，常与后论及赏罚之事，……

【译文】

唐太宗即位以后，立长孙氏为皇后。……皇后的性情特别崇尚节俭，凡是穿戴、日用之物，只是够用就可以了。因而太宗更加敬重她，常常和她论及赏罚的事。

勿以妾兄为宰执

【原文】

时后兄无忌夙与太宗为布衣之交，又以佐命元勋，委以腹心，出入卧内，将任之朝政。后固言不可，每乘间奏曰："妾既托身紫宫，尊贵已极，实不愿兄弟子姪布列朝廷。汉之吕、霍可为切骨之戒，特愿圣朝勿以妾兄为宰执。"

【译文】

唐太宗刚即位的时候，长孙皇后的哥哥长孙无忌因过去与太宗身为平民时有交情，又因为是辅佐太宗继承王位的功臣，所以被太宗视为心腹，出入于卧室，太宗想把执掌朝政的重任交给他。长孙皇后坚决不同意，经常趁空对太宗说："我既托身于皇宫，已经非常尊贵了，实在不希望兄弟子姪在朝廷为官。汉代的吕后、霍光两家可以作为深刻的教训，只希望朝廷不要让我哥哥作执政大臣。"

长孙皇后奖忠臣

【原文】

后所生长乐公主，太宗特所钟爱，及将出降，敕所司资送倍于长公主。魏徵谏……。太宗以其言退而告后，后叹曰：尝闻陛下重魏徵，殊未知其故。今闻其谏，实乃能以义制主之情，可谓正直社稷之臣矣。妾与陛下结发为夫妇，曲蒙礼待，情意深重，每言必候颜色，尚不敢轻犯威严，况在臣下情疏礼隔，……忠言逆于耳而利于行，有国有家者急务，纳之则俗宁，杜之则政乱，诚愿陛下详之，则天下幸甚。"后因请遣中使赍帛五百匹诣征宅以赐之。

【译文】

长孙皇后所生的长乐公主，唐太宗对她特别喜爱，即将出嫁的时候，太宗命令主办官员送给她两倍于大女儿的财物。魏徵进谏劝阻……。太宗退朝后把他的意见告诉了长孙皇后，皇后感叹着说："曾听说陛下器重魏徵，但一点儿也不知道是什么原因。现在听了他的意见，实在是能用道义克制君王的私情，可以算得上正直的栋梁之臣了。我和陛下结发为夫妻，蒙陛下以礼相待，情义深厚，但每当进言时一定要看看脸色，尚且不敢轻易冒犯威严，何况臣下与您感情疏远、礼数有别

汉王玉天天王造像　唐

呢？……忠诚的言论听着不顺耳却有利于行动，对于主宰国家的人急需办理的事务，采纳了就会给社会带来安宁，拒绝了就会使朝政混乱，恳求陛下明察他的苦心，天下就十分幸运了。"皇后接着请求派宫中的使臣带五百匹帛到魏徵家赏给他。

患太子德不立

【原文】

太子承乾乳母遂安夫人常白后曰："东宫器用阙少，欲有奏请。"后不听，曰："为太子，所患德不立而名不扬，何忧少于器物也？"

【译文】

太子承乾的奶娘遂安夫人经常告诉长孙皇后说："东宫器物缺少，想奏明皇上请求增加。"皇后不允许，说："身为太子，所担忧的只是不能树立道德、声誉不能显扬，何愁器物不够用呢？"

长孙皇后遗嘱

【原文】

将大渐，与太宗辞诀。时玄龄以谴归第，后固言："玄龄事陛下最久，小心谨慎，奇谋秘计，皆所预闻，竟无一言漏泄。非有大故，愿勿弃之。又妾之本宗，幸缘姻戚，既非德举，易履危机，其保全永久，慎勿处之权要，但以外戚奉朝请，则为幸矣。妾生既无益于时，今死不可厚费。且葬者藏也，欲人之不见。自古圣贤，皆崇俭薄，惟无道之世，大起山陵，劳费天下，为有识者笑。但请因山而葬，不须起坟，无用棺椁，所须器服，皆以木瓦，俭薄送终，则是不忘妾也。"

【译文】

长孙皇后病危了，就和唐太宗诀别。当时大臣房玄龄因有过错解职回家，所以皇后对太宗说："房玄龄为陛下效力时间最长，小心谨慎，巧妙的谋略和秘密的计划，他全部知道，竟不曾泄漏一句话。如果没有重大事故，请不要抛弃他。还有：我同宗族的人，有幸和陛下攀上亲戚，但既不是按德行提拔上来的，就容易遇到危难，为了使他们永久保全身家性命，千万不要让他们担任要职，只是以外戚的身份按时来朝见陛下，就很幸运了。我活着的时候既然没有做什么有益的事，现在死去就不应该过多地耗费财物。况且葬就是藏的意思，就是要人看不见而已。古来的圣贤，都崇尚节俭朴素，只有丧失了仁德的朝代，才营建高大的坟墓，耗费天下的财物并使人民辛劳疲惫，为有识之士所嘲笑。我只请求把我靠着山埋葬了，不须要营建坟墓，不要用多层的棺木，陪葬所需的器物，要都用木头和瓦制造，简简单单地送终，就是陛下不忘记我啦。"

柴 绍 传

兴 唐 女 杰

【原文】

平阳公主，高祖第三女也。……义兵将起，公主与绍并在长安，遣使密召之。绍谓公主曰："尊公将扫清多难，绍欲迎接义旗，同去则不可，独行恐罹后

国学经典文库

患，为计若何？"公主曰："君宜速去。我一妇人，临时易可藏隐，当别自为计矣。"绍即间行赴太原。公主乃归鄠县庄所，遂散家资，招引山中亡命，得数百人，起兵以应高祖。……公主掠地至周至、武功、始平，皆下之。每申明法令，禁兵士无得侵掠，故远近奔赴者甚众，得兵七万人。公主令间使以闻，高祖大悦。及义军渡河，遣绍将数百骑趋华阴，傍南山以迎公主。时公主引精兵万余与太宗军会于渭北，与绍各置幕府，俱围京城，营中号曰"娘子军"。京城平，封为平阳公主，以独有军功，每赏赐异于他主。

【译文】

平阳公主，是唐高祖第三个女儿。……义军将要起事，公主与柴绍都在长安，高祖派使者秘密召唤他们。柴绍对公主说："尊父将扫清多难的世道，我想迎接义军，但带你同去不行，我独自前往又怕你日后遭难，如何安排才好？"公主道："你应当快去。我一个妇人，临时容易隐藏，会另外替自己打算的。"柴绍当即悄悄奔赴太原。公主就回到鄠县（在今陕西省）庄园，接着散尽家产，招引逃亡山中反隋的人们，得到数百人，起兵响应高祖。……公主攻城略地，打到周至、武功、始平（并在今陕西省）等县，都攻克了它们。她经常申明法令，禁约士兵不许侵夺百姓，所以远近投奔义军的人很多，得兵七万人。公主派使者秘密报告高祖，高祖大喜。到义军渡过黄河时，高祖派柴绍率领数百名骑兵奔赴华阴县（在今陕西省），依傍南山来迎接公主。当时公主率领一万多精兵与太宗在渭河以北会师，和柴绍各设营帐，一起包围京城，军营中称公主所部为"娘子军"。京城攻克后，封她为平阳公主，因为她独自立下战功，每次赏赐都和其他公主不同。

屈 突 通 传

不以私害义

【原文】

屈突通，雍州长安人。……从平薛举，时珍物山积，诸将皆争取之，通独无所犯。……复从太宗讨王世充，时通有二子并在洛阳，高祖谓通曰："东征之事，今以相属，其如两子何？"通对曰："臣以老朽，诚不足以当重任。但自惟畴昔，执就军门，至尊释其缧囚，加之恩礼，既不能死，实荷再生。当此之时，心口相誓，暗以身命奉许国家久矣。今此行也，臣愿先驱，两儿若死，自是其命，终不以私害义。"高祖叹息曰："徇义之夫，一至于此！"……世充平，通功为第一，……

【译文】

屈突通，雍州长安（在今陕西西安西北）人。……跟随唐高祖讨平薛举，当时城中珍奇之物堆积如山，众将都争着拿，只有屈突通秋毫无犯。……后来又跟随太宗征讨王世充，当时屈突通有两个儿子都在洛阳，高祖对他说："东征的事，现在委托给你了，但你的两个儿子怎么办呢？"屈突通答道："臣因为老迈无用，确实不足以担当重任。但自思往昔，臣被捉到军营门前，陛下释放了我这个囚犯，给予恩惠礼遇，既不能为亡隋而死，实在是承受了陛下再生之德。在那个时

国学经典文库

候，便立下誓言，暗自以身许国，已经有很长时间了。此番出征，臣愿充当先锋，两个儿子如果死去，本是他们的命运，毕竟不能为私利而损害大义。"高祖叹息道："为道义献身的男儿，竟做到如此忠心赤胆！"……王世充被打败了，屈突通的功劳列在第一名。

丘 行 传

丘行恭单骑救太宗

【原文】

行恭善骑射，勇敢绝伦。……初，从讨王世充，会战于邙山之上。太宗欲知其虚实强弱，乃与数十骑冲之，直出其后，众皆披靡，莫敢当其锋，所杀伤甚众。既而限以长堤，与诸骑相失，惟行恭独从。寻有劲骑数人追及太宗，矢中御马，行恭乃回骑射之，发无不中，余贼不敢复前，然后下马拔箭，以其所乘马进太宗。行恭于御马前步执长刀，巨跃大呼，斩数人，突阵而出，得入大军。贞观中，有诏刻石为人马，以象行恭拔箭之状，立于昭陵阙前。

【译文】

丘行恭善于骑马射箭，勇敢绝伦。……当初，跟随唐太宗征讨王世充，在邙山（今河南洛阳北邙山）上进行决战。太宗想知道敌军的虚实强弱，便同几十个骑兵冲向敌阵，一直冲到阵后，敌兵无不披靡，没有敢来交锋的，杀伤的人很多。继而又被长堤阻隔，与众骑兵离散了，只有丘行恭一骑相从。不一会儿便有几个强悍的骑兵追上了太宗，放箭射中了太宗的马，丘行恭便回马箭射敌骑，每发必中，其余敌人不敢再向前，然后下马拔箭，把自己所骑的马给了太宗。丘行恭在太宗马前徒步手持长刀，奋身腾跃，大声呼喊，斩杀数人，突破敌阵而出，太宗得以重返大军。贞观年间，太宗诏令雕刻人马石像，以再现丘行恭拔箭的身姿，树立在昭陵墓门前。

宗 室 列 传

不可缘私滥赏

【原文】

贞观元年，……太宗谓诸功臣曰："朕叙公等勋效，量定封邑，恐不能尽当，各自言。"神通曰："义旗初起，臣率兵先至。今房玄龄、杜如晦等刀笔之人，功居第一，臣且不服。"上曰："义旗初起，人皆有心。叔父虽率兵先至，未尝身履行阵。山东未定，受委专征，建德南侵，全军陷没；及刘黑闼翻动，叔父望风而破。今计勋行赏，玄龄等有筹谋帷幄定社稷功，所以汉之萧何，虽无汗马，指纵推毂，故功居第一。叔父于国至亲，诚无所爱，必不可缘私滥与勋臣同赏耳。"

【译文】

贞观元年（627），……唐太宗对功臣们说："我排定你们功劳的等级，根据功劳的大小确定相当的封地，恐怕不能完全合适，你们都谈谈各自的意见。"神

通说：“义旗刚举起的时候，臣率兵先来响应。现在房玄龄、杜如晦等要笔杆子的人，功劳排在第一位，臣并不服气。”太宗说：“义旗刚举起的时候，人人都有心响应。叔父虽然率兵到了，却未曾亲身冲锋陷阵。山东尚未平定时，您奉命独自领兵征讨，窦建德南侵，您全军陷没；到刘黑闼卷土重来时，叔父又一败涂地。现在论功行赏，房玄龄等有运筹帷幄安定社稷之功，如同汉代的萧何，虽无汗马功劳，但能指挥谋划、辅佐君王以成大业，因而功居第一的道理一样。叔父对于国家来说是最亲近的人，我确实无所吝啬，但决不能徇私情而不恰当地与功臣同样奖赏啊。”

陈叔达传

不独为陛下

【原文】

建成、元吉嫉害太宗，阴行谮毁。高祖惑其言，将有贬责，叔达固谏乃止。至是太宗劳之曰：“武德时，危难潜构，知公有谠言。今之此拜，有以相答。”叔达谢曰：“此不独为陛下，社稷计耳。”

【译文】

建成、元吉嫉恨陷害唐太宗，暗地里加以诬蔑中伤。唐高祖为谮言所惑，要降级责罚太宗，陈叔达极力进谏，才没有实行。到太宗任命叔达为礼部尚书时，慰劳他说：“武德年间，我遭受着暗中制造的危难，知道您曾忠言直谏。现在任您为礼部尚书，报答您扶危解难之恩。”陈叔达谦谢说：“这不只是为了陛下，而是为江山社稷考虑呀。”

李大亮传

靖边安民

【原文】

李大亮，雍州泾阳人。……义兵入关，大亮自东都归国，授土门令。属百姓饥荒，盗贼侵寇，大亮卖所乘马分给贫弱，劝以垦田，岁因大稔。躬捕盗寇，所击辄平。……其后，胡贼寇境，大亮众少不敌，遂单马诣贼营，召其豪帅，谕以祸福，群胡感悟，相率请降。大亮又杀所乘马，以与之宴乐，徒步而归。前后降者千余人，县境以清。

【译文】

李大亮，雍州泾阳县（在今陕西省）人。……义军入关时，大亮从东都洛阳归附朝廷，被任命为土门县（今陕西富平）令。时值百姓遭受饥荒，强盗侵夺骚扰，大亮便卖了所骑的马分别供给贫弱的人们，鼓励他们开垦田地，因而当年便获得了大丰收。他又亲自追捕强盗，打到哪里便立即平定了。……后来，胡人侵扰县境，大亮人少不能抵挡，就独自骑马来到敌营，召集敌人的首领，对他们讲明利害关系，胡人们受到感化而醒悟了，一起来归降朝廷。大亮又杀了所骑的

马，用来和胡人宴饮作乐，然后徒步而归。前后归降的胡人有一千多名，县境因而太平了。

骑马交战图　唐

封伦传

封伦说葬仪

【原文】

高祖尝幸温汤，经秦始皇墓，谓伦曰："古者帝王，竭生灵之力，殚府库之财，营起山陵，此复何益？"伦曰："上之化下，犹风之靡草。自秦、汉帝王盛为厚葬，故百官众庶竞相遵仿。凡是古冢丘封，悉多藏珍宝，咸见开发。若死而无知，厚葬深为虚费；若魂而有识，被发岂不痛哉！"高祖称善，谓伦曰："从今之后，宜自上导下，悉为薄葬。"

【译文】

唐高祖曾去温汤，经过秦始皇墓时，对封伦说："古代的帝王，竭尽百姓的气力，耗尽府库的财物，营建坟墓，这又有什么好处呢？"封伦说："帝王教化臣民，好像风吹草伏一样。自从秦、汉二代的帝王大规模地举行隆重的葬仪，所以群臣百姓竞相仿效。凡是古代的坟墓，都藏有很多珍宝，全被发掘盗窃了。如果人死去而没有知觉，厚葬实在是白白地浪费财物；如果魂魄有知觉，被发掘盗窃难道不可悲吗！"高祖认为这一见解很好，对封伦说："从今以后，应该从上做起，引导臣民，全都采取俭约的葬仪。

李勣传

唐太宗剪须疗疾

【原文】

勣时遇暴疾，验方云须灰可以疗之，太宗乃自剪须，为其和药。勣顿首见

血，泣以恳谢。帝曰："吾为社稷计耳，不烦深谢。"

【译文】

李勣当时突然得了重病，有效的医方上说用胡须的灰可以治好这种病，唐太宗就剪下自己的胡须，为李勣和药。李勣叩头流血，哭着诚恳地道谢。太宗说："我这是为国家着想而已，不劳重谢。"

尉迟敬德传

唐太宗慧眼识敬德

【原文】

武德三年，太宗讨武周于柏壁，……敬德与寻相举城来降。……既而寻相与武周下降将皆叛，诸将疑敬德必叛，囚于军中。行台左仆射屈突通、尚书殷开山咸言："敬德初归国家，情志未附，此人勇健非常，絷之又久，既被猜贰，怨望必生。留之恐贻后悔，请即杀之。"太宗曰："寡人所见，有异于此，敬德若怀翻背之计，岂在寻相之后耶？"遽命释之，引入卧内，赐以金宝，谓曰："丈夫以意气相期，勿以小疑介意。寡人终不听谗言以害忠良，公宜体之。必应欲去，今以此物相资，表一时共事之情也。"是日，因从猎于榆窠，遇王世充领步骑数万来战。世充骁将单雄信领骑直趋太宗，敬德跃马大呼，横刺雄信坠马。贼徒稍却，敬德翼太宗以出贼围。……太宗谓敬德曰："比众人证公必叛，天诱我意，独保明之，福善有征，何相报之速也？"

【译文】

武德三年（620），唐太宗在柏壁（在今山西省）征讨刘武周，……尉迟敬德和寻相献出城池投降了唐军。……不久寻相和刘武周部下的降将都反叛了，太宗部下众将领怀疑尉迟敬德一定也会叛唐，就把他囚禁在军营中。行台左仆射屈突通、尚书殷开山都说："尉迟敬德刚刚投降国家，但内心尚未归顺。这人非常勇猛，囚禁的时间又很久了，既然受到怀疑，必定产生怨恨。留着他恐怕将来要后悔的，请立即杀掉他。"太宗说："我的看法与此不同，敬德如果怀有背叛的想法，难道能落到寻相的后面吗？"立刻下令释放了他，领到卧室里，赏给他金银珠宝，对他说："大丈夫凭意气相交，不要把这些小小的猜疑放在心上。我终究不听信谗言而伤害忠良，您应该体察我的心意。如果您一定要走，现在用这些财物相助，聊表一时共事之情吧。"这一天，尉迟敬德跟随唐太宗在榆窠（在今山西省）打猎，遇上王世充率领步兵和骑兵几万人来交战。王世充的勇将单雄信率领骑兵径直向太宗冲来，尉迟敬德跃马大呼，冷不防把单雄信刺落马下。敌军渐渐退却，敬德保护着太宗冲出了敌人的包围圈。……太宗对敬德说："刚才众人都证明您一定会反叛，上天启发了我，独自保证您是清白的，行善得福，都有证验，您的报答多么迅速呀！"

尉迟敬德像

段志玄传

负矢振军威

【原文】

从刘文静拒屈突通于潼关，文静为通将桑显和所袭，军营已溃，志玄率二十骑赴击，杀数十人而还，为流矢中足。虑众心动，忍而不言，更入贼阵者再三。显和军乱，大军因此复振，击大破之。

【译文】

段志玄跟随刘文静在潼关（在今陕西、山西、河南三省交界处）敌御屈突通，刘文静遭到屈突通部将桑显和的袭击，军营已经溃乱了，段志玄率领二十名骑兵赴敌交战，杀死几十个敌兵以后撤了回来，被流箭射中了脚。他担心将士们战斗意志动摇，就忍着疼痛而不声张，又几次冲入敌阵。桑显和的军队被冲乱了，唐军因此重新振奋起来，英勇进击并彻底打败了敌人。

三彩武士俑　唐

王 珪 传

君臣如鱼水，则海内可安

【原文】

贞观元年，太宗尝谓侍臣曰："正主御邪臣，不能致理；正臣事邪主，亦不能致理。唯君臣相遇，有同鱼水，则海内可安也。昔汉高祖，田舍翁耳。提三尺剑定天下，既而规模弘远，庆流子孙者，此盖任得贤臣所致也。朕虽不明，幸诸公数相匡救，冀凭嘉谋，致天下于太平耳。"珪对曰："臣闻木从绳则正，后从谏则圣。故古者圣主，必有诤臣七人，言而不用，则相继以死。陛下开圣虑，纳刍荛，臣处不讳之朝，实愿罄其狂瞽。"

【译文】

贞观元年，唐太宗曾对侍臣说："正直的君主统辖着奸邪的臣，不能达到天下大治；正直的臣为奸邪的君主效力，也不能达到太平盛世。只有君臣相待有如鱼和水，天下就可以安宁了。前代的汉高祖，不过是个老农罢了。他之所以能手提三尺宝剑平定天下，既而使国家气象远大，福泽流传于后代子孙，这大概是任用贤臣的结果吧。我虽然不聪明，幸亏诸位大臣屡次匡正补救我的过失，我希望依靠你们良好的计谋，使天下达到太平的境地。"王珪回答道："臣听说木头照绳墨取直就会端正，君王听从规谏就会英明，所以古代圣明的君主，一定有秉忠直谏的大臣

青釉茶壶　唐

七人，他们提出意见而不被采用，就相继死去以尽忠国家。陛下能广开思路，接受草野之人的意见，臣处在这样一个畅所欲言的朝廷，实在愿意毫无保留地奉献出自己狂妄愚昧的见解。"

太 宗 悔 过

【原文】

时太常少卿祖孝孙以教宫人声乐不称旨，为太宗所让。珪及温彦博谏曰："孝孙妙解音律，非不用心，但恐陛下顾问不得其人，以惑陛下视听。且孝孙雅士，陛下忽为教女乐而怪之，臣恐天下怪愕。"太宗怒曰："卿皆我之腹心，当进忠献直，何乃附下罔上，反为孝孙言也！"彦博拜谢，珪独不拜曰："……今臣所言，岂是为私？不意陛下忽以疑事诮臣，是陛下负臣，臣不负陛下！"帝默然而罢，翌日，帝谓房玄龄曰："自古帝王，能纳谏者固难矣。昔周武王尚不用伯夷、叔齐，宣王贤主，杜伯犹以无罪见杀。吾夙夜庶几前圣，恨不能仰及古人。昨责彦博、王珪，朕甚悔之，公等勿以此而不进直言也。"

【译文】

当时（贞观二年，公元628年）太常少卿祖孝孙因为教宫女音乐不合旨意，被唐太宗所责备。王珪和温彦博规劝道："孝孙精通音律，并非不用心，只怕是陛下询问情况不得其人，因而迷惑了陛下的视听。况且祖孝孙是位正人君子，陛下忽然为了教歌妓舞女的事而责怪他，臣担心天下之人会惊讶不满的。"太宗恼怒地说："你们都是我的心腹之臣，应当献出忠诚，怎么竟附就臣下而欺骗君主，反而为祖孝孙说话呢！"温彦博叩拜认罪，王珪却不拜，说："……今天臣进谏的目的，难道是为了私利吗？想不到陛下忽然责备臣怀有二心，这是陛下辜负了臣，臣没有辜负陛下！"太宗默然退朝。第二天，太宗对房玄龄说："自古以来的帝王，能接受批评的实在难得呀。从前周武王尚且不能任用伯夷和叔齐，周宣王是位贤明君主，杜伯还是无罪被杀了。我终日向往前代的圣明君主，恨自己不能赶上古人。昨天责怪彦博和王珪，我太后悔了，你们不要因为这件事而不进直言啊。"

戴 胄 传

法者，布大信于天下

【原文】

于时朝廷盛开选举，或有诈伪资荫者帝令其自首，不首者罪至于死。俄有诈伪者事泄，胄据法断流以奏之。帝曰："朕下敕不首者死，今断从流，是示天下以不信，卿欲卖狱乎？"胄曰："陛下当即杀之，非臣所及。既付所司，臣不敢亏法。"帝曰："卿自守法，而令我失信邪？"胄曰："法者，国家所以布大信于天下；言者，当时喜怒之所发耳。陛下发一朝之忿而许杀之，既知不可而置之于法，此乃忍小忿而存大信也。若顺忿违信，臣窃为陛下惜之。"帝曰："法有所失，公能正之，朕何忧也。"

【译文】

　　当时贞观元年（627）朝廷大力开展选拔举荐人才的工作，有人伪造先世的功勋以获得做官的资格，太宗命令这些人自首，不自首的罪当处死。不久有一个作伪的人事情败露了，戴胄根据法律判他流放之刑并上奏朝廷。太宗说："我下令不自首的处死，现在你判为流放，这是向天下显示我不守信用，你想贪赃枉法吗？"戴胄说："陛下如果立即杀死他，那就不是臣职责所及的事了。现在既然交给大理寺处置，臣不敢有损于国法。"太宗说："你只管自己守法，却让我失信吗？"戴胄说："法律，这是国家用来向天下传播最大信义的手段；陛下的话，只是当时喜怒情绪的表达而已。陛下发一时之怒而声言要处死作伪的人，既然知道不能这样做，而让法律来制裁他，这正是克制了个人的愤怒而维护了最大的信义呀。如果依着个人的愤怒而违背信义，臣私下里为您惋惜。"太宗说："法度有所偏差，您能加以纠正，我还忧虑什么呢！"

杜正伦传

君举必书

【原文】

　　太宗尝谓侍臣曰："朕每日坐朝，欲出一言，即思此言于百姓有利益否，所以不能多言。"正伦进曰："君举必书，言存左史。臣职当修起居注，不敢不尽愚直。陛下若一言乖于道理，则千载累于圣德，非直当今损于百姓，愿陛下慎之。"

【译文】

　　唐太宗曾对侍臣说："我每天临朝听政，想说出一句话的时候，就要想想这句话对百姓是否有利益，所以不能多说话。"杜正伦进谏道："凡君王有所举动一定要记载下来，言论保留在左史的记录中。臣的职责应当撰修起居注，不敢不竭尽愚忠，直录不讳。陛下如果一言违背正理，则千载之下，有损于您的圣德，不止是今天有害于百姓，希望陛下慎重啊。"

魏　徵　传

君臣一体，唯存公道

【原文】

　　或有言征阿党亲戚者，帝使御史大夫温彦博案验无状，彦博奏曰："征为人臣，须存形迹，不能远避嫌疑，遂招此谤。虽情在无私，亦有可责。"帝令彦博让征，且曰："自今后不得不存形迹。"他日，征入奏曰："臣闻君臣协契，义同一体。不存公道，唯事形迹，若君臣上下同遵此路，则邦之兴丧或未可知。"帝瞿然改容曰："吾已悔之。"

【译文】

　　有人告发魏徵为亲戚徇情枉法，唐太宗派御史大夫温彦博审查，没有实证。温彦博奏道："魏徵作为臣子，应当留心举止。他不能远避嫌疑，才招致这些毁

谤。虽然他实际上没有私心，也是应该责备的。"唐太宗就命令温彦博去批评魏徵，并说："从今以后不能不留心举止了。"几天以后，魏徵入朝奏道："臣听说君臣协和，情同一体。不关心正道，却只是谨小慎微、躲避嫌疑，如果君臣上下都沿着这条路走下去，那国家的兴亡就不得而知了。"唐太宗吃惊地变了脸色，说："我已经后悔啦！"

愿陛下使臣为良臣

【原文】

征再拜曰："愿陛下使臣为良臣，勿使臣为忠臣。"帝曰："忠良有异乎？"征曰："良臣，稷、契、咎陶是也。忠臣，龙逄、比干是也。良臣使身获美名，君受显号，子孙传世，福禄无疆。忠臣身受诛夷，君陷大恶，家国并丧，空有其名。以此而言，相去远矣。"帝深纳其言，赐绢五百匹。

【译文】

魏徵拜了两拜，说："希望陛下使臣成为良臣，不要使臣成为忠臣。"唐太宗说："忠、良有什么不同吗？"魏徵说："良臣，如后稷、契和咎陶就是。忠臣，是说像龙逄、比干那样的人。良臣使自己获得美好的名声，使国君得到显赫的称号，子孙世代相传，幸福和禄位没有穷尽。忠臣则使自己遭受杀戮，使国君陷于深重的罪恶，国破家亡，空有一个忠臣的名声。以此而言，相差太远啦。"太宗对他的话深表赞同，赏给他五百匹绢。

魏徵

魏徵劝唐太宗慎终如始

【原文】

凡百元首，承天景命，莫不殷忧而道著，功成而德衰。有善始者实繁，能克终者盖寡。岂其取之易而守之难乎？昔取之而有余，今守之而不足，何也？夫在殷忧必竭诚以待下，既得志则纵情以傲物。竭诚则胡越为一体，傲物则骨肉为行路。虽董之以严刑，振之以威怒，终苟免而不怀仁，貌恭而不心服。怨不在大，可畏惟人。载舟覆舟，所宜深慎。奔车朽索，其可忽乎？

【译文】

凡所有的君主，承担着上天所赋予的大命，没有不在忧患深重的时候而道德显明，一旦成功就道德衰微。能开始做得好的实在很多，而能坚持到底的大概很少。这难道是夺取天下容易，而守住天下难吗？昔日夺取天下能力有余，现在守卫天下却能力不足，这是为什么呢？原来在忧患深重的时候，一定能竭诚对待民众；而一旦得志，就会放纵情欲，傲慢待人。竭诚对待民众，即使像胡越那样疏远也会亲密得如同一体；傲慢待人，即使是亲骨肉也会成为路人。纵然用严酷的

刑法来监管民众，用威严和愤怒来恐吓民众，到头来只能使他们苟且免于刑罚却不眷念君王的仁德，表面恭顺而内心不服。怨恨不在乎大小。可怕的只是众人。人民好比是水，君王好比是船，水能把船浮起来？也可以使它覆没，这是应该特别谨慎的。君王治理国家，就好像用腐烂的绳索驾驭着奔驰的车马，难道可以疏忽大意吗？

魏徵论"十思"

【原文】

君人者，诚能见可欲，则思知足以自戒；将有所作则思知止以安人，念高危则思谦冲而自牧，惧满溢，则思江海而下百川，乐盘游则思三驱以为度，恐懈怠则思慎始而敬终，虑壅蔽则思虚心以纳下，想谗邪则思正身以黜恶，恩所加则思无因喜以谬赏，罚所及则思无因怒而滥刑。总此十思，弘兹九德，简能而任之，择善而从之。则智者尽其谋，勇者竭其力，仁者播其惠，信者效其忠；文武辛驰，君臣无事，可以尽豫游之乐，可以养松乔之寿，鸣琴垂拱，不言而化。何必劳神苦思，代下司职，役聪明之耳目，亏无为之大道哉！

【译文】

统治民众的人，果真能见到中意的东西，就想到应该知足来警惕自己；将要兴建什么，就想到应该知道适可而止，使人民得到安宁；念及自己地位的崇高，就想到谦虚待人以加强自身的道德修养；惧怕自满，就想到江海所以能成其大，正是由于它居于百川之下；喜欢游乐，就想到古人以每年三次打猎为限度；害怕懈怠，就想到自始至终要小心谨慎；担心受到蒙蔽，就想到应该虚心接纳臣下的意见；虑及谗佞奸邪之徒的危害，就想到应该端正自己来斥退恶人；给人以恩赐的时候，就想到不应该由于喜爱而错误地奖赏；给人以惩罚的时候，就想到不应该由于愤怒而胡乱用刑：完全具备这"十思"，发扬这九种美德，选拔贤能的人加以任用，择取好的意见予以采纳，聪明的人就会全部献出他的智谋，勇敢的人就会竭尽他的气力，仁爱的人就会传播他的恩惠，诚实的人就会献出他的忠心；文经武略一齐发展，君臣安乐无事，可以尽享巡游的乐趣，可以怡养赤松子和卫子乔那样的年寿，弹着琴，垂衣拱手，不用言语而天下同化。何必劳神苦思，代替百官行使职权，使耳目劳顿，而损害无为而治的大道呢！

宏规盛业在乎慎守

【原文】

存亡之所在：节嗜欲以从人，省畋游之娱，息靡丽之作，罢不急之务，慎偏听之怒。近忠厚，远便佞，杜悦耳之邪说，听苦口之忠言。去易进之人，贱难得之货。采尧、舜之诽谤，追禹、汤之罪己，惜十家之产，顺百姓之心。近取诸身，恕以待物，思劳谦以受益，不自满以招损。有动则庶类以和，出言而千里斯应。超上德于前载，树风声于后昆吡圣哲之宏规，帝王之盛业，能事斯毕，在乎慎守而已。

【译文】

国家能否存在的关键在于：节制嗜好欲望并听取众人的意见，减少打猎游玩

的娱乐，停止豪华艳丽的建筑，放弃对国家无关紧要的事务，谨慎持重，不要因为偏听一面之词而动怒。要接近忠厚之臣，远离谄媚奸邪的小人，屏弃悦耳的邪说，而听取苦口良药一般的忠告。斥退想靠献媚得到提拔的小人，鄙视珍奇的玩赏之物。要学习尧和舜接受民众的批评，效法禹和汤责备自己的过错，象汉文帝那样爱惜人民的点滴财产，以顺从百姓的心愿。要检查自己的言行，宽容地对待臣民，想到勤谨谦虚以得到益处，不要因骄傲自满而招来损失。有所行动，人民就团结一致地去做；发出命令，普天之下都会响应。使崇高的道德超迈前代，为后人开创美好的风气。这是圣贤的宏伟规划，是帝王的伟大事业，能获得最终的胜利，就在于谨慎守业而已。

温泉铭 唐

君子安不忘危

【原文】

慎终如始，可不勉欤！《易》云："君子安不忘危，存不忘亡，治不忘乱，是以身安而国家可保。"诚哉斯言，不可以不深察也。

【译文】

要始终如一小心谨慎，怎么能不努力呢！《易》说："君子处在安乐之中而不忘记危难，在国家存在的时候而不忘记灭亡的可能，在天下太平的时候而不忘记动乱的可能，所以能使自己得到安宁，并使国家得到保全。"这话说得有道理呀，我们不能不深刻地反省呀。

君子所保，惟在诚信

【原文】

臣闻为国之基，必资于德礼；君子所保，惟在于诚信。诚信立则下无二心，德礼形则远人斯格。然则德礼诚信，国之大纲，在于父子君臣，不可斯须而废也。故孔子曰："君使臣以礼，臣事君以忠。"又曰："自古皆有死，人无信不立。"……然则言而不行，言不信也；令而不从，令无诚也。不信之言，无诚之令，为上则败国，为下则危身，虽在颠沛之中，君子所不为也。

【译文】

臣听说治理国家的根本，一定要凭借道德和礼仪；君子所依赖的，只在于忠诚信义。诚信树立起来，人民就没有二心；道德礼仪彰明了，远方的人们也会前来归附。如此看来，道德、礼仪、忠诚和信义，是国家的最高原则，它存在于父子君臣之间，不可以须臾废弃呀。所以孔子说："君主应该按礼来使用臣下，臣下应该忠诚地为君主效劳。"又说："自古以来人都要死亡，人民对国家不信任，国家就要垮台。"……那么，如果君主说了话而人民不奉行，就是君主的话不诚实；如果君主发出命令而人民不听从，就是君主的命令不诚实。不诚实的言论和命令，大处可以使国家灭亡，小处可以危及自身，即使处在艰难困苦之中，君子

也不采取。

魏徵谏太宗善善恶恶

【原文】

若欲令君子小人是非不杂，必怀之以德，待之以信，厉之以义，节之以礼，然后善善而恶恶，审罚而明赏，则小人绝其佞邪，君子自强不息，无为之化，何远之有？善善而不能进，恶恶而不能去，罚不及于有罪，赏不加于有功，则危亡之期，或未可保，永锡祚胤，将何望哉！

【译文】

如果要使君子和小人是非分明而不相混淆，就一定要用恩德感化他们，用诚信对待他们，用正义激励他们，用礼仪制约他们，然后做到喜爱善人而厌恶坏人坏事，慎重地惩罚和明白地奖赏，小人就会放弃他们谄佞奸邪的行为，君子就会自强不息，通过无为之治而达到天下同化的局面，还会相距很远吗？如果喜爱善人而不能提拔，厌恶坏人而不能斥退，惩罚不能施及有罪的人，奖赏不能给予有功之臣，那么国家危亡时刻的到来，就是难以预料的了，想使上天永远赐福给子孙后代，又有什么希望呢！

以铜为镜，可以正衣冠

【原文】

夫以铜为镜，可以正衣冠；以古为镜，可以知兴替；以人为镜，可以明得失。朕常保此三镜，以防己过。今魏徵殂逝，遂亡一镜矣！徵亡后，朕遣人至宅，就其书函得表一纸，始立表草，字皆难识，唯前有数行，稍可分辨，云："天下之事，有善有恶。任善人则国安，用恶人则国乱。公卿之内，情有爱憎，憎者唯见其恶，爱者唯见其善。爱憎之间，所宜详慎。若爱而知其恶，憎而知其善，去邪勿疑，任贤勿贰，可以兴矣。"其遗表如此。然在朕思之，恐不免斯事，公卿侍臣可书之于笏，知而必谏也。

【译文】

用铜做镜子，可以端正衣冠；用往昔的朝代作镜子，可以知道国家兴旺的道理；用人作镜子，可以明白自己的得失。我常保持这三面镜子，以防止自己犯错误。现在魏徵去世了，就失去一面镜子了！魏徵去世后，我派人到他家中，从他的书箱里找到一页奏疏，刚刚写成草稿，字迹都难以辨认，只是前面有几行，还稍微可以看清楚，这几行字写道："天下的事物有善也有恶。任用善人国家就得以安宁，任用恶人国家就会动乱。朝廷大臣之中，君主对他们的感情有爱有憎，对憎恶的人往往只看到他的缺点，而对喜爱的人往往只看到他的长处。爱憎之间，是应该仔细慎重的。如果喜爱一个人又能知道他的缺点，憎恶一个人又能知道他的长处，斥退邪恶的小人毫不迟疑，任用贤良之臣没有二心，国家就可以兴旺了。"他留下的奏疏就是这样说的。而在我想来，恐怕难免犯这样的错误，公卿侍臣们可以把他的话写在手板上，知道我的过失就一定要规谏呀。

李安期传

谏唐高宗虚己纳贤

【原文】

臣闻圣帝明王，莫不劳于求贤，逸于任使。设使尧、舜苦己癯瘵，不能用贤，终亦王化不行。自夏、殷已来，历国数十，皆委贤良，以共致理。且十室之邑，必有忠信，况今天下至广，非无英彦。但比来公卿有所荐引，即遭嚣谤，以为朋党。沉屈者未申，而在位者已损。所以人思苟免，竞为缄默。若陛下虚己招纳，务于搜访，不忌亲仇，唯能是用，谗毁亦既不入，谁敢不竭忠诚？此皆事由陛下，非臣等所能致也。

【译文】

臣听说圣明的帝王，没有不辛苦地访求贤人，而安逸地任用群臣的。假如尧和舜害怕劳瘵，不能任用贤人，到头来只能使君王的德化无法施行。从夏代和殷代以来，经历了几十个国家，圣明的君主都是任用贤良之臣，共同把天下治理好。况且十户人家的地方，必定有忠实诚信之人，何况现在天下十分广阔，不会没有杰出的人才。只是近来公卿大臣有所引荐，就会遭到众人的谤议，认为是结党营私。这就使屈居下位的贤人不能施展才华，而做官的臣僚已经受到了伤害。所以人人都想苟且免祸，一起沉默不语。如果陛下能虚心招揽接纳贤人，努力地寻求访问，不忌讳亲人或仇人，只是任用德才兼备之士，谗毁之言既然不被采纳，谁敢不竭尽忠诚呢？这些事都是由陛下去作的，而不是臣等所能办到的。

薛 收 传

奢侈可以亡国

【原文】

东都平，太宗入观隋氏宫室，嗟后主罄人力以逞奢侈。收进曰："窃闻峻宇雕墙，殷辛以灭；土阶茅栋，唐尧以昌。秦帝增阿房之饰，汉后罢露台之费，故汉祚延而秦祸速，自古如此。后主曾不能察，以万乘之尊，困一夫之手，使土崩瓦解，取讥后代，以奢虐所致也。"太宗悦其对。

【译文】

东都洛阳被攻克以后，唐太宗进入隋朝的宫室中观看，叹息隋炀帝竭尽民力来满足自己奢侈的欲望。薛收进言说："我听说修建高大的宫殿和华丽的宫墙，商纣王因此而灭亡；住着泥土作台阶、茅草作梁的房屋，唐尧因此而昌盛。秦朝的皇帝增加对阿房宫的修饰，汉文帝不因营建露台而耗费财物，所以汉代幸福绵长而秦朝很快便遭到亡国之祸，自古以来都是这样。隋炀帝竟不能明白这个道理，以国君那样崇高的地位，困在一个匹夫手中，使国家土崩瓦解，遭到后人的讥笑，都是由于他奢侈暴虐所招致的呀。"太宗很喜欢他的回答。

孔颖达传

解经喻明主

【原文】

太宗尝问曰："《论语》云：'以能问于不能，以多问于寡，有若无，实若虚。'何谓也？"颖达对曰："圣人设教，欲人谦光。己虽有能，不自矜大，仍就不能之人求访能事。己之才艺虽多，犹以为少，仍就寡少之人更求所益。己之虽有，其状若无。己之虽实，其容若虚。非唯匹庶，帝王之德亦当如此。"

【译文】

唐太宗曾问道："《论语》说：'以能问于不能，以多问于寡，有若无，实若虚。'是什么意思呢？"孔颖达回答说："圣人设施教化，希望人们能谦逊礼让而道德光辉。自己虽然有能力，但不自高自大，

骆驼纹军用水注　唐

仍然向没有能力的人请教他懂得的事情。自己才华虽然多，却还认为少，仍然向缺乏才华的人请教对自己有益的本领。自己虽然有学问，样子却好像没有。自己虽然满腹知识，态度却好像一无所知。不仅普通人，帝王的道德也应该如此。"

刘　泊　传

选贤授能，非材莫举

【原文】

且选贤授能，非材莫举。天工人代，焉可妄加。至于懿戚元勋，但优其礼秩；或年高耄及，或积病智昏，既无益于时宜，当致之以闲逸。久妨贤路，殊为不可。将救兹弊，且宜精简四员，左右丞、左右司郎中如并得人，自然纲维略举。亦当矫正趋竞，岂唯息其稽滞哉！

【译文】

况且选拔任命贤能之士，不是有才干的人不能举荐。任命官吏，就是让人代替上天行使职能，哪能随便任命呢？至于皇亲国戚、元老功臣，只能给他高贵的等级和优厚的待遇；有些人到了八、九十岁的年纪，有些人长期生病神志不清，既然无益于现实社会，就应当让他们安闲地休养。长期占据高位，妨碍贤能之士的上进，这是很不应该的。要纠正这种弊端，还应精简官吏四员以上的编制，左、右丞和左、右司郎中如果都能让有才干的人来担任，国家法纪自然有条不紊。还应该矫正追名逐利的风气，岂止是要克服那些延误公事的行为呢！

国学经典文库

太宗欲闻己过

【原文】

太宗尝谓侍臣曰："夫人臣之对帝王，多顺旨而不逆，甘言以取容。朕今发问，欲闻己过，卿等须言朕愆失。"长孙无忌、李勣、杨师道等咸云："陛下圣化致太平，臣等不见其失。"洎对曰："陛下化高万古，诚如无忌等言。然顷上书人不称旨者，或面加穷诘，无不惭退，恐非奖进言者之路。"太宗曰："卿言是也，当为卿改之。"

【译文】

唐太宗曾对身边的大臣说："臣下回答帝王的时候，大都顺从旨意而不违背，甜言蜜语以求得帝王的欢心。我现在询问你们，是想知道自己的过失，你们必须指出我的过错。"长孙无忌、李勣、杨师道等人都说："陛下用英明的教化使天下太平，臣等没有看到陛下的过失。"刘洎回答说："陛下的教化超迈万古，确实像长孙无忌等人所说的一样。但是近来有人上书发表意见而不合旨意，有时您当面反复责问，上书人无不惭愧地退下，这恐怕不是鼓励提意见的做法。"太宗道："您说得对，我应当为您改正这一过错。"

马 周 传

谏太宗废世袭

【原文】

臣又见诏书，令宗室勋贤作镇藩部，贻厥子孙，嗣守其政，非有大故，无或黜免。臣窃惟陛下封植之者，诚爱之重之，欲其胤裔承守而与国无疆也。臣以为如诏旨者，陛下宣思所以安存之，富贵之，然则何用代官也？何则？以尧、舜之父，犹有朱、均之子。倘有孩童嗣职，万一骄愚，兆庶被其殃而国家受其败。正欲绝之也，则子文之治犹在；正欲留之也，而栾黡之恶已彰。与其毒害于见存之百姓，则宁使割恩于已亡之一臣，明矣。然则向所谓爱之者，乃适所以伤之也。臣谓宜赋以茅土，畴其户邑，必有材行，随器方授，则虽其翰翮非强，亦可以获免尤累。昔汉光武不任功臣以吏事，所以终全其代者，良得其术也。愿陛下深思其事，使夫得奉大恩，而子孙终其福禄也。

【译文】

臣又看到陛下的命令文告，使王室宗亲和功臣镇守一方，并传给他们的子孙，继续享有他们的特权，没有大罪过，就不予以罢免。臣想陛下封立他们，确实是爱护和器重他们，希望他们子孙相传而与国家永存。臣认为要按诏令去做，陛下就应该考虑使他们平安地生存并享有富贵的方法，既然如此，何必要世袭官爵呢？为什么这样说？因为像尧、舜那样的父亲，尚且会有丹朱和商均那样的不肖之子。如果让孩子继承官职，万一骄傲愚昧，就会使百姓遭殃、国家受害。正要灭绝他的宗族呢，可他先人治国的功绩还在；正要保存他的宗族呢，可他后人的恶行已经暴露于天下。与其危害当今百姓，宁可割断对已经亡故的一个大臣的

恩情，这是很明白的事。这样看来，以上所说的爱护他们，恰恰是伤害他们的做法了。臣认为要赋予他们作王侯的权力，用封地来酬答他们，就必须有才能和好品行，量才而授官，这样，即使辅佐他们的人并不强干，也可以不犯过错了。从前汉光武帝不委任功臣官职，所以使他们的家族世世代代得以保全，确实是找到了正确的方法呀。希望陛下深思这些事，使他们能够承受着大恩，而子孙永保其福分和禄位。

国之兴亡，在百姓苦乐

【原文】

自古以来，国之兴亡，不由积畜多少，唯在百姓苦乐。……但贮积者固是有国之常事，要当人有余力而后收之。……然俭以息人，……为之一日，则天下知之，式歌且舞矣。若人既劳矣而用之不息，倘中国被水旱之灾，边方有风尘之患，狂狡因之以窃发，则有不可测之事，非徒圣躬旰食晏寝而已。古语云："动人以行不以言，应天以实不以文。"

【译文】

自古以来，国家的兴亡，不是由于财物积蓄得多少，只在于百姓的苦乐。……但积蓄财物本是维持国家的常务，重要的是应当在百姓有余力以后再征收。……然而奉行节俭以使民众得到休养生息，……一天这样做，天下的百姓就会知道，并且载歌载舞来庆贺世道的太平。如果人民既劳苦而又不停地役使他们，倘若中国遭受水旱之灾，边疆有战争的祸患，狂暴之徒又乘机暗地发难，国事就不堪设想，这就不只是国君晚吃晚睡、辛苦操劳所能解决的了。古语说得好："教化人民要用实际行动，而不是凭言语；顺应天意要靠实实在在，而不靠外表华丽。"

苏世长传

谏唐高祖不忘俭约

【原文】

又尝引之于披香殿，世长酒酣，奏曰："此殿隋炀帝所作耶？是何雕丽之若此也？"高祖曰："卿好谏似直，其心实诈。岂不知此殿是吾所造，何须设诡疑而言炀帝乎？"对曰："臣实不知。但见倾宫、鹿台琉璃之瓦，并非受命帝王爱民节用之所为也。若是陛下作此，诚非所宜。臣昔在武功，幸常陪侍，见陛下宅宇，才蔽风霜。当此之时，亦以为足。今因隋之侈，民不堪命，数归有道。而陛下得之，实谓惩其奢淫，不忘俭约。今初有天下，而于隋宫之内又加雕饰，欲拨其乱，宁可得乎？"高祖深然之。

【译文】

唐高祖又曾领苏世长到披香殿饮宴，苏世长酒兴正浓，奏道："这个宫殿是隋炀帝造的吧？为什么如此华丽呢？"唐高祖说："您喜欢进谏，好像很坦直，内心其实很狡诈。您难道不知道这个宫殿是我所造的，何必弄虚作假而说隋炀帝

呢?"苏世长答道:"臣实在不知道。只是看到像倾宫、鹿台那样华丽的琉璃瓦,并不是承受着天命的帝王爱民节用之所为呀。如果是陛下造了这座宫殿,实在是不应该的。臣过去在武功,有幸常常陪侍身边,见陛下的住宅,仅仅能遮蔽风霜。在这个时候,陛下也觉得满足了。现在由于隋朝的奢侈,使人民负担沉重,痛苦不堪,天命归于有道的明君。而陛下取得了江山,实在应该戒除隋朝的奢侈荒淫,不要忘记俭省节约。现在刚刚得了天下,却在隋朝的宫殿里又加以修饰,想澄清混乱的局面,难道能办得到吗?"唐高祖十分赞同他的话。

苏良嗣为政严明

【原文】

良嗣守文检括,莫敢有犯,深为高宗所称。迁荆州大都督府长史。高宗使宦者缘江采异竹,将于苑中植之。宦者科舟载竹,所在纵暴。还过荆州,良嗣囚之,因上疏切谏,称:"远方求珍异以疲道路,非圣人抑己爱人之道。又小人窃弄威福,以亏皇明。"言甚切直。疏奏,高宗下制慰勉,遽令弃竹于江中。

【译文】

苏良嗣守法谨严,没有人敢违犯,深受唐高宗的赞赏。后来调任荆州(在今湖南、湖北境内)大都督府长史。高宗派遣宦官沿长江搜集珍奇的竹子,将在园林中栽植。宦官摊派船只运载竹子,所到之处,肆无忌惮地虐害百姓。返回京城时路过荆州,苏良嗣把宦官囚禁起来,接着上疏极力规劝高宗,疏文说:"到远方搜集珍奇之物,一路上使人辛苦疲惫,这不是圣明天子克制自己而爱护人民的做法。又有小人非分地作威作福,也使皇帝的英明受到损害。"语词非常严正坦直。奏疏上达朝廷,高宗降旨对他加以慰劳勉励,并立即下令把竹子丢进江中。

孙伏伽传

唐高祖冀闻谠言

【原文】

二年,高祖谓裴寂曰:"隋末无道,上下相蒙,主则骄矜,臣惟谄佞。上不闻过,下不尽忠,至使社稷倾危,身死匹夫之手。

唐高祖李渊

朕拨乱反正,志在安人。平乱任武臣,守成委文吏,庶得各展器能,以匡不逮。比每虚心接待,冀闻谠言。然惟李纲善尽忠款,孙伏伽可谓诚直,余人犹踵弊风,俯首而已,岂朕所望哉!"

【译文】

武德二年(公元619年),唐高祖对裴寂说:"隋朝末年,丧失正道,上下互相欺骗,国君骄横跋扈,群臣只知阿谀逢迎。国君听不到对自己过失的批评,臣下不能竭尽忠诚,致使国家陷于危难,炀帝死在匹夫手中。我拨乱反正,志向

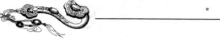

在于安定百姓。平息动乱就任用武臣，坚守大业就任用文官，希望他们能施展各自的才能，以补救我能力的不足。近来我常常虚心接待臣僚，希望听到正直的言论。然而只有李纲能竭尽忠诚，孙伏伽可以称得上诚实坦直，其他的人还沿袭着隋朝恶劣的风气，只知俯首顺从而已，这难道是我所期待的吗!"

王 言 无 戏

【原文】

臣闻王言无戏，自古格言；去食存信，闻诸旧典。故《书》云："尔无不信，朕不食言。"又《论语》云："一言出口，驷不及舌。"以此而论，言之出口，不可不慎。伏惟陛下光临区宇，覆育群生，率土之滨，谁非臣妾？丝纶一发，取信万方，使闻之者不疑，见之者不惑。

【译文】

臣听说君王说话不能开玩笑，这是自古以来的至理名言；宁愿没有饭吃，也要保持诚信，这是从古代经典中所明白的道理。所以《尚书》说："你们不要不相信，我不会违背诺言。"《论语》又说：一言既出，驷马难追。由此而论，君王说话，不能不谨慎。臣想陛下像太阳一样光照寰宇，庇护化育着所有的生灵，普天之下，谁不是您的奴仆？您的言论一出口，就该取信于四方，使听到的人没有疑心，见到实施的人也不迷惑。

张 玄 素 传

唐太宗罢修洛阳宫

【原文】

贞观四年，诏发卒修洛阳宫乾德殿以备巡幸，玄素上书谏曰："……臣闻阿房成，秦人散；章华就，楚众离；及乾阳毕功，隋人解体。且以陛下今时功力，何如隋日？役疮痍之人，袭亡隋之弊，以此言之，恐甚于炀帝，深愿陛下思之。……"太宗曰："卿谓我不如炀帝，何如桀、纣？"对曰："若此殿卒兴，所谓同归于乱。且陛下初平东都，太上皇敕大殿高门并宜焚毁，陛下以瓦木可用，不宜焚灼，请赐与贫人。事虽不行，然天下翕然讴歌至德。今若遵旧制，即是隋役复兴。五、六年间，趋舍顿异，何以昭示子孙、光敷四海？"太宗叹曰："我不思量，遂至于此!"顾谓房玄龄曰："洛阳土中，朝贡道均，朕故修营，意在便于百姓。今玄素上表，实亦可依。后必事理须行，露坐亦复何苦？所有作役，宜即停之。然以卑干尊，古来不易，非其忠直，安能若此？可赐彩二百匹。"

【译文】

贞观四年（630），唐太宗下令调遣士兵修建洛阳宫乾德殿（故址在今河南省洛阳市）以备巡视居住。张玄素上书劝阻说："……臣听说秦朝建造了阿房宫，百姓也就涣散了；楚灵王建造了章华台，民众也就叛离了君主；到隋炀帝建成了乾阳殿，人民也就离散而去了。况且以陛下今天所取得的成绩，哪能比上隋代呢？却要役使还在受苦的人民，沿袭隋朝的弊政，由此说来，恐怕要比隋炀帝还

糟糕，深切希望陛下想想这件事。……"唐太宗说："您认为我不如隋炀帝，那比桀、纣这些暴君怎样？"张玄素答道："如果这座宫殿终于盖起来了，那就与桀、纣同归于昏乱无道了。况且陛下刚刚讨平东都的时候，太上皇下令说大宫殿和高门都应该焚毁，陛下认为瓦木可以使用，不应该烧掉，要求赏赐给穷人。事情虽然没有办成，但天下百姓都齐声歌颂您崇高的恩德。现在如果沿袭隋朝的制度，就是恢复了隋朝的劳役。在五六年之间，陛下的追求便立刻改变了，这怎么能为子孙后代树立榜样、使圣德遍布于四海呢？"唐太宗叹息着说："我没有仔细考虑，竟弄到这个地步！"回头看着房玄龄说："洛阳地处全国的中央，各处进贡的路途相同，所以我要修建洛阳宫乾德殿，想给百姓带来方便。现在张玄素上书劝止，确实也值得采纳。将来如果照理一定要到洛阳去，即使坐在野地里又有什么关系呢？所有工程，应该立即停止。而以卑下的地位而指责国君，自古以来是不容易的，不是张玄素忠诚坦直，怎能做到这一点？可以赏给他彩丝二百匹。"

柳 范 传

柳范犯颜谏君

【原文】

时吴王恪好畋猎，损居人，范奏弹之。太宗因谓侍臣："权万纪事我儿，不能匡正，其罪合死。"范进曰："房玄龄事陛下，犹不能谏止畋猎，岂可独罪万纪？"太宗大怒，拂衣而入。久之，独引范谓曰："何得逆折我？"范曰："臣闻主圣臣直，陛下仁明，臣敢不尽愚直！"太宗意乃解。

【译文】

当时吴王恪喜欢打猎，损害了当地居民的利益，柳范上奏检举了他。唐太宗于是对侍臣说："权万纪辅佐我儿，不能纠正他的错误，罪过应当处死。"柳范进谏说："房玄龄辅佐陛下，尚且不能劝阻打猎，难道可以仅仅惩罚权万纪吗？"唐太宗大怒，一甩衣服进了内殿。过了很长时间。单独召见柳范说："你怎么能无礼顶撞我呢？"柳范道："臣听说国君圣明，臣下就会正直，陛下仁德英明，臣敢不尽忠直言吗！"太宗的怒火这才平息了。

纲纪乱于宠幸

【原文】

夫骄奢起于亲贵，纲纪乱于宠幸。愿陛下禁之于亲贵，则天下随风矣；制之于宠幸，则天下法明矣。《诗》曰："刑于寡妻，至于兄弟，以御于家邦。"若亲贵为之而不禁，宠幸挠之而见从，是政之不常，令之不一，则奸诈斯起，暴乱生焉。虽严刑峻制，朝施暮戮，而法不行矣。纵陛下亲之爱之，莫若安之福之。宠禄之过，罪之渐也，非安之也；骄奢之淫，危之本也，非福之也。

【译文】

骄横奢侈之风往往产生于君王所亲近而显贵之人，国家法度往往被君王所宠爱的人扰乱。希望陛下在亲近而显贵的人中禁除骄奢之风，那么天下就顺从教化

了；对宠爱的人败坏法纪的行为加以制止，那么天下的法度就严明了。《诗》说："对妻子和兄弟也能坚持法度，才能治理好国家。"如果亲近而显贵的人骄横奢侈而不加以禁止，宠爱之臣扰乱法度却听之任之，于是政策不能持久，号令不能统一，奸诈的行为就会盛行，暴乱也就由此而生。纵然有严刑酷法，随时施用，经常杀人，而法度还是行不通的。即使陛下亲近他们，宠爱他们，也莫过于使他们平安和幸福了。然而宠爱和俸禄过多，便是罪恶产生的缘由，这就不能使他们平安了；骄横奢侈得太过分，便是危亡的祸根，这就不能使他们幸福了。

柳泽谏唐睿宗纳诲

彩绘突厥人俑

【原文】

前事不忘，后之师也。伏愿陛下精求俊哲，朝夕纳诲。纵有逆于耳、谬于心者，无速之罚，姑筹之以道，省于厥躬。虽木朴忌忤，愿恕之以直，开谏诤之路也。或有顺于耳、便于身者，无急之赏，当求诸非道，稽之典训。其不协于德，必置之以法，用杜侧媚之行也。有羞淫巧于陛下者，遽黜之，则淫巧息矣；有进忠说于陛下者，遽赏之，则忠说进矣。

【译文】

不忘记以往的经验教训，可以作为后来的借鉴。希望陛下专心一意地寻求才智出众的人，经常接受贤臣的指教。即使有的意见听着不舒服，不合乎您的心意，也不要立刻予以惩罚，姑且按着道理想一想，反过来检查自己的思想行为。虽然对质朴坦率的人顾忌他犯颜抗上，也请原谅他直言相告，给下面创造发表意见的条件。又有些意见听着顺耳，对自身有好处，也不要急于奖赏，应当考虑它不合道理的地方，用国家法典来对照检查，如果违背了道德，就一定要依法制裁，以杜绝阿谀奉承的行为。有向陛下进献奇巧之物以取悦于您的人，应该立即加以贬斥，这种取悦于耳目的东西就不会出现了；有向陛下进献忠诚正直之言的人，应该立即奖赏他，忠诚正直的意见就会奉献上来了。

高 季 辅 传

规诫如药石

【原文】

十七年，授太子右庶子，又上疏切谏时政得失。特赐钟乳一剂，曰："进药石之言，故以药石相报。"

【译文】

贞观十七年（公元643年），高季辅被任命为太子右庶子，又上疏唐太宗，

极力指出时政的得失。太宗特意赏给他钟乳一剂，说："您给我药石一样的规诫，所以我用药石来报答您。"

褚遂良传

奢淫为危亡之由

【原文】

十七年，太宗问遂良曰："舜造漆器，禹雕其俎，当时谏舜、禹者十余人。食器之间，苦谏何也？"遂良对曰："雕琢害农事，纂组伤女工。首创奢淫，危亡之渐。漆器不已，必金为之；金器不已，必玉为之。所以诤臣必谏其渐，及其满盈，无所复谏。"太宗以为然，因曰："夫为人君，不忧万姓而事奢淫，危亡之机可反掌而待也。"

【译文】

贞观十七年（公元 643 年），唐太宗问褚遂良说："舜制造了漆器，禹雕刻了俎，当时向舜、禹提意见的就有十余人。不过是盛食品的器具，为什么要苦苦地规劝呢？"褚遂良答道："雕琢有害于农业生产，制造赤色的丝带会损伤女工。开始奢侈浪费一点，却是国家危亡的根由。有了漆器不满足，必然用金子来制造；有了金器还不满足，必然用玉来制造。所以敢于直言的臣必定在事情初露端倪的时候加以规劝，等到发展起来，就无法挽回了。"太宗赞成他的见解，于是说道："作君王的人，不为百姓忧虑而追求奢侈的生活，国家危亡的兆头一转手间可就形成了。"

李义琰传

不营美室

【原文】

义琰宅无正寝，弟义琎为岐州司功参军，乃市堂材送焉。及义琎来觐，义琰谓曰："以吾为国相，岂不怀愧？更营美室，是速吾祸，此岂爱我意哉！"义琎曰："凡人仕为丞尉，即营第宅，兄官高禄重，岂宜卑陋以逼下也？"义琰曰："事唯全遂，物不两兴。既有贵仕，又广其宇，若无令德，必受其殃。吾非不欲之，惧获戾也。"竟不营构，其木为霖雨所腐，而弃之。

【译文】

李义琰住宅没有正屋，弟弟义琎任岐州（今陕西凤翔）司功参军，就买了建造正屋的木材送给他。到义琎来相见时，义琰对他说："像我这样的人做了国家的宰相，怎能不心怀惭愧？再营建华丽的房屋，这是加速我的灾祸，难道是爱护我的意思吗！"义琎说："凡人们作了丞、尉一类官吏的，就要建造高大的住宅，兄长官高禄重，怎能住在简陋低矮的房屋里呢？"义琰说："事物难以十全十美，处处如愿。我既作了显贵的高官，又扩充住宅，如果没有美德，必定因此遭殃。我并非不想要华美的房屋，只是惧怕获罪呀。"始终没有营建，那些木材被连绵大雨浸泡腐烂，就丢弃了。

李 义 府 传

高宗直斥权臣

【原文】

义府本无藻鉴才，怙武后之势，专以卖官为事，铨序失次，人多怨谤。……入则诏言自媚，出则肆其奸宄，百僚畏之，无敢言其过者。帝颇知其罪失，从容诫义府云："闻卿儿子、女婿皆不谨慎，多作罪过，我亦为卿掩覆，未即公言，卿可诫勖，勿令如此。"义府勃然变色，腮颈俱起，徐曰："谁向陛下道此？"上曰："但我言如是，何须问我所从得耶！"

【译文】

李义府本来没有量才授官的能力，而依仗武后的权势，专门以卖官鬻爵为能事，确定官吏等级不符合实际情况，人们怨言很多。……他入朝便花言巧语，做出诏媚的样子；出朝便肆无忌惮地作恶，群臣都畏惧他，没有人敢议论他的过失。高宗对他的罪行知道得很多，就从容告诫李义府说："听说您的儿子、女婿都不能谨慎为官，犯了很多罪过，我也为您掩盖，没有公开说出来，您应该规劝勉励他们，不要让他们这样胡作非为。"李义府勃然变色，脸腮和脖颈都涨了起来，慢慢问道："谁向陛下禀告了这些事？"高宗说："只是我这样说，何必要问我从哪里知道的呢！"

徐 有 功 传

执 法 不 挠

【原文】

载初元年，累迁司刑丞。时酷吏周兴、来俊臣、丘神勣、王弘义等构陷无辜，皆抵极法，公卿震恐，莫敢正言。有功独存平恕，诏下大理者，有功皆议出之，前后济活数十百家。常于殿庭论奏曲直，则天厉色诘之，左右莫不惊栗，有功神色不挠，争之弥切。……累迁司刑少卿。有功谓所亲曰："今身为大理，人命所悬，必不能顺旨诡辞以求苟免。"故前后为狱官，以谏奏枉诛者，三经断死，而执志不渝，酷吏由是少衰。

【译文】

武则天载初元年（公元689年），徐有功经过几次提升，担任了司刑丞。当时酷吏周兴、来俊臣、丘神勣、王弘义等陷害无辜的人，都判以最重的刑罚，大臣恐惧，没有人敢发表主持公道的言论。只有徐有功坚持公平宽大的原则，凡武则天下令交付大理寺治罪的人，徐有功都据理而论并释放了他们，先后拯救了数十百户人家。他常常在宫廷上评论案情的是非曲直，武则天严厉地责问他，左右大臣没有不恐惧颤抖的，徐有功却神色自若，不屈不挠，更加尽力地规劝。……后来经过几次提升，被任命为司刑少卿。徐有功对亲近的人说："如今我身为执

掌刑法的官吏，这是关系到人们身家性命的职责，我决不能靠顺从旨意和说假话来苟且偷安。"所以他先后担任司刑之职的过程中，因为直言上奏滥杀无辜之事，曾三次被论定死罪，但还是坚持自己的意见而不改变，因而酷吏的气焰稍稍收敛了。

魏玄同传

为国者必求贤以莅官

【原文】

累迁至吏部侍郎。玄同以既委选举，恐未尽得人之术，乃上疏曰："臣闻制器者必择匠以简材，为国者必求贤以莅官。匠之不良，无以成其工；官之非贤，无以致于理。君者，所以牧人也；臣者，听以佐君也。君不养人，失君道矣；臣不辅君，失臣任矣。任人者，诚国家之基本，百姓之安危也。方今人不加富，盗贼不衰，狱讼未清，礼义犹阙者，何也？下吏不称职，庶官非其才也。官之不得其才者，取人之道有所未尽也。"

【译文】

魏玄同几次提升官职，做到吏部侍郎。他因为既被任命掌管选拔官吏的职责，担心自己的做法不能完全符合招揽人才的需要，就上疏说："臣听说制造器具的人必须选择工匠来挑拣材料，治理国家的人必须寻求贤者来居官任职。工匠不优秀，便无法把事情办好；官吏不贤良，便无法达到天下太平的局面。国君，是管理人民的；臣僚，是辅佐国君的。国君不能养活人民，便失去了作国君的本分；臣下不能辅佐国君，便丢掉了为臣的职责。任用官吏，实在是国家的根本，关系到百姓的安危呀。现在人民没有更加富裕，盗窃作乱的人没有消失，诉讼没有平息，制度还不完善，这是为什么呢？是因为下面的官吏不称职，众臣没有办事的才能呀。不能把官职委任给有才干的人，是因为没有完全按选拔官吏的原则去做呀。"

用 人 之 道

【原文】

臣又以为国之用人，有似人之用财。贫者厌糟糠，思短褐；富者余粮肉，衣轻裘。然则当衰弊乏贤之时，则可磨策朽钝而乘驭之；在太平多士之日，亦宜妙选髦俊而任使之。《诗》云："翘翘错薪，言刈其楚。"楚，荆也，在薪之翘翘者。方之用才，理亦当尔。选人幸多，尤宜简练。臣窃见制书，每令三品、五品荐士，下至九品，亦令举人，此圣朝侧席旁求之意也。但以褒贬不甚明，得失无大隔，故人上不忧黜责，下不尽搜扬，喑以应命，莫慎所举。且惟贤知贤，圣人笃论。伊、皋既举，不仁咸远。复患阶秩虽同，人才异等，身且滥进，鉴岂知人？今欲务得实才，兼宜择其举主。流清以源洁，影端由表正，不详举主之行能，而责举人之庸滥，不可得已。

【译文】

臣又认为国家用人，就好像人们用财。贫穷的人满足于糟糠，想穿上粗布

衣；富裕的人粮肉有余。穿着轻巧的皮衣。这样看来，在衰败而又缺乏贤者的时代，就应该督促勉励笨拙无能的人而使用他们；在天下太平贤者盛多的时代，又应该选择才能优异的人而任用他们。《诗》说："翘翘错薪，言刈其楚。"楚，指荆条，是在杂生草木中高而挺出的。以割取荆条来比喻任用人才，道理也是一样的。选拔人才希望多多益善，但特别须要精心挑选。臣看到陛下的命令文书，经常让三品或五品的官推荐贤士，下至九品官，也让他们举荐人才，这是朝廷礼贤下士广泛访求的用心呀。但由于对他们的工作不能明确地表扬或批评，成绩和过错没有严格的区别，所以群臣对上不怕受到责罚，对下也不尽心访求举荐，苟且敷衍塞责，不能慎重考虑举荐的对象。况且只有贤者才能发现贤者，这是圣人的至理名言。伊尹和皋陶既被委以重任，不仁德的人都远远地退去了。还值得忧虑的是等级虽然相同，人才却不一样，有些人自己被提拔起来便名不副实，用他作镜子，又怎能看清别人的优劣？现在要致力寻求真正的人才，同时应该选择负责举荐的人。水流清澈是由于源泉洁净，影子端正是由于表杆正直，不清楚地了解负责举荐之人的品行和才能，却责备他所举荐的人平庸而名不副实，这是不行的。

李 昭 德 传

巧 斥 谀 佞

【原文】

时朝廷谀佞者多获进用，故幸恩者，事无大小，但近谄谀，皆获进见。有人于洛水中获白石数点赤，诣阙辄进。诸宰相诘之，对云："此石赤心，所以来进。"昭德斥之曰："此石赤心，洛水中余石岂能尽反耶！"左右皆笑。

【译文】

当时朝廷中阿谀奉承的人大都得到推荐任用，所以希望得到皇帝恩宠的人，做事不分大小，只要阿谀奉迎，都可以觐见皇帝。有一个人在洛河里找到一块白石头，上面有几个红点儿，来到宫廷就要觐见皇帝。众宰相问他，他回答说："这块石头的心是红的，所以来进献皇帝。"李昭德斥责他说："这块石头的心是红的，洛河中其他的石头难道都反叛朝廷了吗！"左右的官员都嘲笑那个人。

盘龙柱

韦 思 谦 传

君无民，无以保其位

【原文】

夫君无民，无以保其位；人非食，无以全其生。故孔子曰："百姓足，君孰与不足？百姓不足，君孰与足？"……下人之瘼，实可哀矜；稼穑艰难，所宜详

悉。

【译文】

国君没有人民，就不能守住他的地位；人民没有饭吃，就不能保全自己的生命。所以孔子说："百姓的用度够了，国君怎么会不够？百姓的用度不够，国君又怎会够呢？"……对于民众的疾苦，确实应该同情；对于稼穑的艰难，应当详细地了解。

百姓危，社稷不得独安

【原文】

百姓危，则社稷不得独安；百姓乱，则帝王不能独理。故古之明君，饱而知人饥，温而知人寒，每以天下为忧，不以四海为乐。

【译文】

百姓遇到危难，国家就不能独自安宁；百姓发生动乱，帝王就不能独自治理好天下。所以古代圣明的君主，自己饱了而知道人民的饥饿，自己温暖了而知道人民的寒冷，经常为天下而忧虑，不因富有四海而欢喜。"

牧宰得人，天下大理

【原文】

又刺史、县令，理人之首。近年以来，不存简择。京官有犯及声望下者，方遣牧州；吏部选人，暮年无手笔者，方拟县令。此风久扇，上下同知。将此理人，何以率化？今岁非丰稔，户口流亡，国用空虚，租调减削。陛下不以此留念，将何以理国乎？臣望下明制，具论前事，使有司改换简择，天下刺史、县令，皆取才能有称望者充。自今已往，应有迁除诸曹侍郎、两省、两台及五品已上清望官，先于刺史、县令中选用。牧宰得人，天下大理。

【译文】

还有：刺史和县令，是管理民众的基础。近年以来，未能留心选择。在京城做官的人中有犯了过失和声望低下的，才派遣掌管州事；吏部选择官员，对年迈而又不善于做文章的人，才考虑委任县令的职务。这种风气盛行了很久，朝廷上下都知道。用这样的刺史和县令管理民众，怎能使他们顺从教化？现在年景并不富裕，户口散失，国家开支空虚，税收减削。陛下不留心这件事，将怎样治理好国家呢？臣希望做出英明的决定，详备地评价州县长官以往的政绩，让官署改换选择，天下的刺史和县令，都选拔有才能有声望的人充任。从今以后，凡应该提拔委任各官署的侍郎、两省与两台的官员及五品以上受人敬重的官职时，先要从刺史、县令中选用。州县长官让有才能的人担任，天下就会治理太平了。

苏 瓌 传

苏瓌不"烧尾"

【原文】

公卿大臣初拜官者，例许献食，名为"烧尾"。瓌拜仆射无所献。后因侍宴，将作大匠宗晋卿曰："拜仆射竟不烧尾，岂不喜耶？"帝默然。瓌奏曰："臣闻宰相者，主调阴阳，代天理物。今粒食踊贵，百姓不足，臣见宿卫兵至有三日不得食者。臣愚不称职，所以不敢烧尾。"

【译文】

公卿大臣在刚刚授予官职的时候，按照惯例准许向皇帝进献食品，叫作"烧尾"。苏瓌被任命为尚书右仆射时没有献食。后来陪同皇帝饮宴时，将作大匠宗晋卿对他说："作了仆射竟不"烧尾"，难道不可喜可贺吗？"皇帝听了默默不语。苏瓌上奏道："臣听说身为宰相的人，要负责协调阴阳，代替上天治理万物。现在粮食昂贵，百姓吃不饱，臣看到在宫中值宿警卫的士兵甚至有三天吃不上饭的。这都是由于臣下愚蠢，没有尽到职责，所以不敢烧尾。"

苏颋不易臣节

【原文】

八年，除礼部尚书，罢政事。俄知益州大都督府长史事。前司马皇甫恂破库物织新样锦以进，颋一切罢之。或谓颋曰："公今在远，岂得忤圣意？"颋曰："明主不以私爱夺至公，岂以远近间易忠臣节也！"竟奏罢之。

【译文】

唐玄宗开元八年（公元720年），任命苏颋为礼部尚书，免去佐理政事的职务。不久又担任了益州（在今四川省）大都督府的长史。以前曾任大都督府司马的皇甫恂耗费仓库的财物，织成式样新颖的锦献给朝

长沙窑褐釉药壶　唐

廷，苏颋一概予以免除。有人对苏颋说："您现在远离朝廷，怎么能违背圣上的旨意呢？"苏颋道："圣明的君主不应因为自己的爱好而损害国家利益，我岂能因为离朝廷远近不同而改变忠臣的节操呢！"终于上奏免除了献锦的事。

狄 仁 杰 传

忠臣不可以威惧

【原文】

仁杰，仪凤中为大理丞，周岁断滞狱一万七千人，无冤诉者，时武卫大将军

权善才坐误斫昭陵柏树，仁杰奏罪当免职。高宗令即诛之，仁杰又奏罪不当死。帝作色曰："善才斫陵上树，是使我不孝，必须杀之！"左右瞩仁杰令出，仁杰曰："臣闻逆龙鳞，忤人主，自古以为难，臣愚以为不然。居桀、纣时则难，尧、舜时则易。臣今幸逢尧、舜，不惧比干之诛。……且明主可以理夺，忠臣不可以威惧。……陛下作法，悬之象魏，徒流死罪，俱有等差。岂有犯非极刑，即令赐死？法既无常，则万姓何所措其手足！……今陛下以昭陵一株柏杀一将军，千载之后，谓陛下为何主？此臣所以不敢奉制杀善才，陷陛下于不道。"帝意稍解，善才因而免死。

【译文】

狄仁杰，唐高宗仪凤年间（676~678）担任大理丞，一年中审理判决了积压案件达一万七千人，没有上诉冤枉的。当时武卫大将军权善才因不慎砍伐了昭陵的柏树而犯了罪，狄仁杰上奏，认为他的罪过应当免职。唐高宗命令立即处死他，狄仁杰又上奏说，他的罪过不应处死。唐高宗气得变了脸色，说："权善才砍了昭陵的树，是使我担上不孝的罪名，必须杀死他！"左右群臣都使眼色让狄仁杰退出宫廷，狄仁杰道："臣听说逆犯龙鳞，违抗君王，自古以来都认为是很难的事，臣却认为并非如此。如果处在桀和纣那种暴君的时代，确实很难办；但处在尧和舜那种明君的时代，就容易做到了。臣今天有幸遇到尧、舜一样的明君，所以不怕像比干那样被杀掉。……况且对圣明的君王可以用道理劝他改正错误，而对于忠臣却不能用权威来恐吓。……陛下主持制订了法律，悬挂在象魏之上，流放、处死等刑罚，都有其等级次序。难道犯下的罪过不应判处极刑，却能命令杀死他吗？法律既然没有准则，老百姓怎么办呢！……现在陛下因为昭陵的一棵柏树杀死一个将军，千载之后，人们会说陛下是什么样的君王？所以臣不敢奉命处死权善才，使陛下陷于无道的恶名。"唐高宗的怒气渐渐平息，权善才因而免于死刑。

狄仁杰辩冤

【原文】

转文昌右丞，出为豫州刺史。时越王贞称兵汝南事败，缘坐者六、七百人，籍没者五千口，司刑使逼促行刑。仁杰哀其诖误，缓其狱，密表奏曰："臣欲显奏，似为逆人申理；知而不言，恐乖陛下存恤之旨。表成复毁，意不成定。此辈咸非本心，伏望哀其诖误。"特敕原之，配流丰州。豫囚次于宁州，父老迎而劳之曰："我狄使君活汝辈耶！"相携哭于碑下，斋三日而后行。豫囚至流所，复相与立碑颂狄君之德。

【译文】

狄仁杰调任文昌右丞，又调离京城担任豫州（在今河南省）刺史。当时越王贞在汝南（在今河南省）举兵反对武后失败，受牵连而将被处死的达六、七百人，被没收家产的有五千人，负责刑法的官员催促行刑。狄仁杰可怜

狄仁杰公正执法

他们遭受连累而死，就延缓判决，秘密上书进言说："臣想公开上奏朝廷，又觉得好像是为叛逆的人辩护说理；但知道冤情而不申明，又恐怕违背了陛下体恤臣民的旨意。把呈文写好又毁掉了，心中迟疑不定。这些人与朝廷作对都不是出于本意，恳望陛下可怜他们遭受了牵连。"于是武则天特意降旨赦免了他们的死罪，而流放到丰州（在今内蒙古自治区）。豫州的犯人路过宁州住宿，当地的老人迎接并慰问他们说："是我们狄使君救了你们的性命啊！"他们互相搀扶着在为狄仁杰歌功颂德的碑下痛哭，斋戒三天，然后登程而去。犯人到了流放的地方，也一起树碑来颂扬狄君的恩德。

大才须大用

【原文】

则天尝问仁杰曰："朕要一好汉任使，有乎？"……对曰："臣料陛下……思得奇才用之，以成天下之务者乎？"则天悦曰："也。"仁杰曰："荆州长史张柬之，其人虽老，真宰相才也。且久不遇，若用之，必尽节于国家矣。"则天乃召拜洛州司马。他日，又求贤，仁杰曰："臣前言张柬之，犹未用也。"则天曰："已迁之矣。"对曰："臣此朕心荐之为相，今为洛州司马，非用之也。"又迁为秋官侍郎，后竟召为相。柬之果能兴复中宗，盖仁杰之推荐也。

狄仁杰

【译文】

武则天曾经问狄仁杰说："我想得到一个好汉任用，有吗？"……狄仁杰答道："臣料想陛下……是想得到一个奇才任用，以成就治理天下的大业吧？"武则天高兴地说："这正是我的心愿呀。"狄仁杰说："荆州（今湖南、湖北一带）长史张柬之，这个人虽然老了，真是做宰相的人才。而且他长期未得重用，如果能加以重用，一定能为国家尽忠效力。"武则天就召见并委任张柬之为洛州（在今河南省）司马。后来，又访求贤者，狄仁杰说："臣以前介绍的张柬之，至今尚未任用。"武则天说："已经提拔他了。"狄仁杰答道："臣推荐他做宰相，现在提拔为洛州司马，没有量才委用。"于是又提拔张柬之作了秋官侍郎，后来终于任命为宰相。张柬之果然到唐中宗时代使国家振兴起来，这都是由于狄仁杰善于举荐人才呀。

姚 琦 传

明 主 闻 言

【原文】

忠臣事君，有犯而无隐；明主驭下，纳谏以进德。故《书》云："有言逆于

志，必求诸道；有言顺于心，必求诸非道。"

【译文】

忠臣侍奉君主，宁肯冒犯他也不隐瞒自己的观点；英明的君主领导臣下，必接受规劝以修养自己的道德。所以《尚书》说："有的意见违背自己的心意，一定要探讨它符合道义的地方；有的言语顺应自己的心愿，一定要推究它不合道义之处。

朱 敬 则 传

高 洁 守 正

【原文】

长安三年，累迁正谏大夫，寻同凤阁鸾台平章事。时御史大夫魏元忠、凤阁舍人张说为张易之兄弟所诬构，将陷重辟，诸宰相无敢言者，敬则独抗疏申理曰："元忠、张说素称忠正，而所坐无名。若令得罪，岂不失天下之望也？"乃得减死。……张易之、昌宗尝命画工图写武三思及纳言李峤、凤阁侍郎苏味道、夏官侍郎李迥秀、麟台少监王绍宗等十八人形像，号为《高士图》，每引敬则预其事，固辞不就，其高洁守正如此。

【译文】

长安三年（公元703年），朱敬则几经升迁，担任了正谏大夫，不久又被任命为同凤阁鸾台平章事。当时御史大夫魏元忠、凤阁舍人张说被权臣张易之、张昌宗兄弟所诬陷，将被定为死罪，众宰相没有敢为他们说话的，唯独朱敬则上书直言，替他们辩护说："魏元忠和张说历来以忠诚正直而著称，判他们死罪并无事实依据。如果使他们获罪，岂不是让天下人失望了吗？"于是魏元忠和张说没有定为死罪。……张易之和张昌宗曾命令画匠描摹武三思和纳言李峤、凤阁侍郎苏味道、夏官侍郎李迥秀、麟台少监王绍等十八个人的形象，称为《高士图》，常叫朱敬则参与此事，而朱敬则坚决推辞，不肯附和，他品行高洁坚守正道就是这样的。

李 怀 远 传

高 士 之 风

【原文】

李怀远，邢州柏仁人也。早孤贫好学，善属文。有宗人欲以高荫相假者，怀远竟拒之，退而叹曰："因人之势，高士不为；假荫求官，岂吾本志？"……神龙初，除左散骑常侍、兵部尚书、同中书门下三品。……怀远虽久居荣位，而弥尚简率，园林宅室，无所改作。常乘款段马，左仆射豆卢钦望谓曰："公荣贵如此，何不买骏马乘之？"答曰："此马幸免惊蹶，无假别求。"闻者莫不叹美。

【译文】

李怀远，邢州柏仁（在今河北省）人。自幼孤苦贫寒，勤奋好学，善于作文

国学经典文库

章。有同宗族的人想凭借功臣后代所享有的特权帮助他做官，怀远竟拒绝了他，回到家中慨然叹息道："依靠别人的势力，是高尚脱俗之士所不为的；凭借家族的特权做官，难道是我的初衷吗？"……唐中宗神龙初年（公元705年），委任他为左散骑常侍、兵部尚书、同中书门下三品。……怀远虽然长期做着尊贵的高官，却更加崇尚简朴，园林住宅，没有加以改造修建的。他常骑一匹驽马，左仆射豆卢钦望对他说："您这样荣耀显贵，怎么不买骏马骑呢？"他答道："这匹马幸好不会受惊跌倒，我别无所求。"听到这番话的人没有不赞叹的。

萧 至 忠 传

官爵者，公器也

【原文】

臣闻：官爵者公器也；恩幸者私惠也。……若以公器为私用，则公议不行，而劳人解体；以小私而妨至公，则私谒门开，而正言路绝。憸人递进，君子道消，日削月朘，卒见凋弊者，为官非其人也。

突厥木牛车　唐

【译文】

臣听说：官职和爵禄，是天下共有之物；宠爱，只是私人的恩惠。……如果把天下共有之物当成私人的东西，就得不到公众舆论的支持，为国事忧劳的人们也就离散而去了；用一己的私利损害国家利益，私人请托的门路就会敞开，而发表正确意见的途径却被堵塞了。奸邪的小人不断得到提拔，君子的正气消失了，国势一天天削弱下去，终于衰败灭亡，这都是由于选拔官吏没有做到任人唯贤呀。

娄 师 德 传

器 量 宽 厚

【原文】

初，狄仁杰未入相时，师德尝荐之。及为宰相，不知师德荐己，数排师德，

国学经典文库

令充外使。则天尝出师德旧表示之，仁杰大惭，谓人曰："吾为娄公所含如此，方知不逮娄公远矣。"师德颇有学涉，器量宽厚，喜怒不形于色。自专综边任，前后三十余年，恭勤接下，孜孜不怠。虽参知政事，深怀畏避，竟能以功名始终，甚为识者所重。

【译文】

当初，狄仁杰没有做宰相的时候，娄师德曾推荐过他。到他作了宰相以后，不知道娄师德曾经推荐过自己，曾屡次排挤他，让他担任地方官。武则天曾拿出娄师德昔日推荐狄仁杰的奏章给他看，狄仁杰非常惭愧，对别人说："娄公这样宽厚地对待我，我才知道自己远远比不上娄公啊。"娄师德很有学问，器量宽厚，喜怒不形于色。自从总揽边疆重任以来，前后三十余年，恭敬殷勤地对待属下，孜孜不倦。其后虽然担任了佐理政事的大臣，但深知谨慎尽职，以避祸患，竟能一生保持其功业和声誉，为有识之士所深深敬重。

李 峤 传

"见义不为，无勇也"

【原文】

时酷吏来俊臣构陷狄仁杰、李嗣真、裴宣礼三家，奏请诛之，则天使峤与大理少卿张德裕、侍御史刘宪覆其狱。德裕等虽知其枉，惧罪，并从俊臣所奏。峤曰："岂有知其枉滥而不为申明哉！孔子曰：'见义不为，无勇也。'"乃与德裕等列其枉状，由是忤旨，出为润州司马。

【译文】

当时酷吏来俊臣诬蔑陷害狄仁杰、李嗣真、裴宣礼三家，上奏朝廷，要求处死他们。武则天派李峤和大理少卿张德裕、侍御史刘宪审理此案。张德裕和刘宪虽知狄仁杰等人是冤枉的，但害怕落下罪名，都顺从了来俊臣上奏的说法。李峤说："难道能明知他们无辜受害，却不为他们申辩昭雪吗！孔子说：'看到应该挺身而出的事，却不去做，这是怯懦。'"于是和张德裕等人陈述了他们的冤案，因此违抗了武则天的旨意，被贬出朝廷，去担任润州（今江苏镇江）司马。

宋 璟 传

名 义 至 重

【原文】

长安中，幸臣张易之诬构御史大夫魏元忠有不顺之言，引凤阁舍人张说令证之。说将入于御前对覆，惶惑迫惧。璟谓曰："名义至重，神道难欺，必不可党邪陷正，以求苟免。若缘犯颜流贬，芬芳多矣。或至不测，吾必叩阁救子，将与子同死。努力，万代瞻仰，在此举也。"说感其言，及入，乃保明元忠，竟得免死。

【译文】

武则天长安年间（701～704），宠臣张易之诬陷御史大夫魏元忠有不顺从朝廷的言论，又拉上凤阁舍人张说，让他作伪证。张说将要入宫到皇帝面前对证时，内心惶惑不安，窘迫而又恐惧。宋璟对他说："名节和道义最重要，神灵是难以欺骗的，一定不能和奸邪的小人混在一起来陷害忠良之臣，以求自己苟且免于祸患。如果因为触犯了皇帝的威严而遭到流放贬谪，将会有美好的声誉。如果有杀身之祸，我一定进宫救您，将和您一同赴死。努力地去做吧，要千秋万代瞻仰您的美德，就在此一举啦。"张说被他的话感动了，到入宫后，便证明魏元忠无罪，终于使魏元忠免于死刑。

宋璟戏谄臣

【原文】

璟尝侍宴朝堂。时易之兄弟皆为列卿，位三品，璟本阶六品，在下座。易之素畏璟，妄悦其意，虚位揖璟曰："公第一人，何乃下座？"璟曰："才劣品卑，张卿以为第一人，何也？"当时朝列皆以二张内宠，不名官，呼易之为"五郎"，昌宗为"六郎"。天官侍郎郑善果谓璟曰："中丞奈何呼五郎为'卿'？"璟曰："以官言之，正当为'卿'；若以亲故，当为'张五'。足下非易之家奴，何'郎'之有？郑善果一何懦哉！"其刚正皆此类也。

【译文】

宋璟曾经在朝堂参加武则天所设的宴会。当时张易之兄弟都是列卿，官阶三品，宋璟官阶六品，坐在下座。张易之平时畏惧宋璟，企图讨好他，便空着自己的席位向宋璟作揖说："您是头一名，为什么竟在下座？"宋璟说："我才疏学浅，官卑职小，张卿把我说成头一名，是为什么呢？"当时群臣都因为二张深得皇帝宠爱，所以不称呼他们的官职，而称张易之为"五郎"，张昌宗为"六郎"。天官侍郎郑善果对宋璟说："中丞为什么称五郎为'卿'呢？"宋璟道："以官职而言，正应该称他为'卿'；如果因为关系亲密，就应该称他'张五'。您又不是张易之的家奴，为什么要称他为'郎'呢？郑善果是多么怯懦呀！"他刚正不阿的行为都是这样的。

李 元 纮 传

执 正 不 挠

【原文】

元纮少谨厚。初为泾州司兵，累迁雍州司户。时太平公主与僧寺争碾硙，公主方承恩用事，百司皆希其旨意，元纮遂断还僧寺。窦怀贞为雍州长史，大惧太平势，促令元纮改断，元纮大署判后曰："南山或可改移，此判终无摇动。"竟执正不挠，怀贞不能夺之。

【译文】

李元纮自年轻时就谨慎厚道。开始任泾州（在今甘肃省）司兵，后经几次调

迁，任雍州（在今陕西、甘肃、青海境内）司户。当时太平公主和僧寺争夺石磨，公主正当受宠并把持朝政之时，百官都迎合她的旨意，李元纮却判定还给僧寺。窦怀贞担任雍州长史，非常惧怕太平公主的权势，就迫令李元纮改变判决，李元纮在判词后面大笔写道："南山或可改移，此判终不动摇。"始终坚持正确的判决而不屈挠，窦怀贞无法使他改变意志。

韩 休 传

韩大敏雪冤狱

【原文】

大敏，则天初为凤阁舍人。时梁州都督李行褒为部人诬告，云有逆谋，则天令大敏就州推究。或谓大敏曰："行褒诸李近属，太后意欲除之，忽若失旨，祸将不细，不可不为身谋也。"大敏曰："岂有求身之安而陷人非罪！"竟奏雪之。则天俄又命御史重覆，遂构成其罪，大敏坐推反失情，与知反不告同罪，赐死于家。

三彩骑马击鼓男俑　唐

【译文】

韩大敏，武则天执政初期任凤阁舍人。当时梁州（在今陕西省）都督李行褒被部下诬告，说他有反叛朝廷的阴谋，武则天命令韩大敏到梁州审理此案。有人对韩大敏说："李行褒是李氏的近亲，太后想除掉他，如果不合旨意，祸将不小，不能不为自己打算呀。"韩大敏说："难道能贪图自身的平安而用莫须有的罪名陷害他人吗！"终于上奏为李行褒昭雪了冤情。武则天不久又命令御史重新审查，于是捏造出李行褒的罪状，韩大敏也因翻案不合事实而获罪，和知道反叛而不告发同罪，在家里处死了他。

为官当救百姓之弊

【原文】

休……出为虢州刺史。时虢以地在两京之间，驾在京及东都，并为近州，常被支税草以纳闲厩。休奏请均配余州，中书令张说驳之曰："若独免虢州，即当移向他郡，牧守欲为私惠，国体固不可依。"又下符不许之。休复将执奏，僚吏曰："更奏必忤执政之意。"休曰："为刺史不能救百姓之弊，何以为政！必以忤上得罪，所甘心也。"竟执奏获免。

【译文】

韩休……调离京城担任了虢州（在今河南、陕西境内）刺史。当时由于虢州地处长安和洛阳之间，皇帝的车驾无论在国都或是到洛阳，虢州都是相距最近的州，因而经常要供应养马所需的税草。韩休上奏请求平均分配给其他各州，中书

令张说反驳他说："如果只免除虢州的税草，就只能转移到其他郡了，虢州长官想施舍个人的恩惠，国家制度决不允许。"又下令不批准他。韩休还要坚持上奏，下属官吏劝道："再上奏必然要违抗执政大臣的旨意了。"韩休说："作刺史的人不能解救百姓的困苦，凭什么主持政务呢！果然因为违抗上司的旨意而获罪，也是我心甘情愿的。"坚持上奏，终于免除了虢州的税草。

张 嘉 贞 传

言 者 无 罪

【原文】

　　时突厥九姓新来内附，散居太原以北。嘉贞奏请置军以镇之，于是始于并州置天兵军，以嘉贞为使。六年春，嘉贞又入朝。俄有告其在军奢僭及赃贿者，御史大夫王晙因而劾奏之，按验无状，上将加告者反坐之罪。嘉贞奏曰："昔者天子听政于上，瞍赋矇诵，百工谏，庶人谤，而后天子斟酌焉。今反坐此辈，是塞言者之路，则天下之事无由上达，特望免此罪，以广谤诵之道。"从之，遂令减死，自是帝以嘉贞为忠。

【译文】

　　当时突厥九个部族刚归附朝廷，分散居住在太原（今山西太原市西南）以北地区。张嘉贞上奏请求设置军队来管理他们，于是开始在并州设置了天兵军，委任张嘉贞为该军将领。开元六年（公元718年）春天，张嘉贞又调进朝廷为官。不久有人告发他在军中过分奢侈并贪污受贿，御史大夫王晙因而上奏检举他，但经过审查并无此事，唐玄宗要治告发者诬陷的罪过。张嘉贞奏道："古代天子在朝廷上处理政事，要听乐官吟诵劝喻君长的诗歌，听各种工匠的规谏，接受老百姓的批评，然后天子从中斟酌取舍。现在如果对这些人按诬陷罪加以惩罚，就是堵塞了发表意见的道路，天下的事情就无法上达朝廷，恳求陛下免除这个罪过，从而为人们发表意见创造条件。"玄宗听从了他的劝告，就命令免去死罪，从轻发落，从此玄宗认为张嘉贞是个忠臣。

不 立 田 园

【原文】

　　嘉贞虽久历清要，然不立田园。及在定州，所亲者有劝植田业者，嘉贞曰："吾忝历官荣，曾任国相，未死之际，岂忧饥馁？若负谴责，虽富田庄，亦无用也。比见朝士广占良田，及身没后，皆为无赖子弟作酒色之资，甚无谓也。"闻者皆叹伏。

【译文】

　　张嘉贞虽然久居高官，但从不置办田地。当他在定州（在今河北定县）做官时，亲近的人有劝他置办田地产业的，张嘉贞说："我很惭愧作了官，曾经担任宰相，活着的时候还怕挨饿吗？如果受到人们的谴责，纵然有许多田地庄园，也是没有用的。近来看到朝廷官吏广占良田，到他们死后，都被那些没有出息的子

弟当作酒色享乐的资本了，实在没有意思呀。"听到这番话的人都感叹佩服。

尹思贞传

秉公尽职

【原文】

　　睿宗即位，征为将作大匠，累封天水郡公。时左仆射窦怀贞兴造金仙、玉真两观，调发夫匠，思贞常节减之。怀贞怒，频诘责思贞，思贞曰："公职居端揆，任重弼谐，不能翼赞圣明，光宣大化，而乃盛兴土木，害及黎元，岂不愧也！又受小人之谮，轻辱朝臣，今日之事，不能苟免，请从此辞。"拂衣而去，阖门累日，上闻而特令视事。

【译文】

　　唐睿宗即位以后，提拔尹思贞担任将作大匠，屡次封爵，后来封为天水郡（在今甘肃省）公。当时左仆射窦怀贞主持兴建金仙、玉真两座道观，征调民工和匠人的时候，尹思贞经常削减人数。窦怀贞很恼怒，屡次责备尹思贞。尹思贞说："您身为宰相，担当着辅佐政事的重任，不能帮助圣明的君王，光大朝廷的德化，却大兴土木，损害百姓，难道不惭愧吗！又听从小人的谗毁，轻率地侮辱朝臣，今天的事情，我不能苟且顺从，以求免于祸患，请允许我从此辞职。"甩了一下衣服便走了，几天闭门不出。睿宗听说此事，单独命令他负责营建工程。

李 义 传

谏 减 徭 赋

【原文】

　　时中宗遣使江南分道赎生，以所在官物充直。义上疏曰："……虽云雨之私，有沾于末类；而生成之惠，未洽于平人。……在于拯物，岂若忧人？……未若回救赎之钱物，减困贫之徭赋，活国爱人，其福胜彼。"

【译文】

　　当时唐中宗（崇信佛教）派遣使者到江南各道将人们捕获的水生动物用钱赎出，再放掉，用当地官府的钱财充当赎金。中书舍人李义上疏说："……（您这样做）虽然像云雨一样的德泽沾濡到了动物身上，可是抚育而使之成长的恩惠，却没有普遍施予平民百姓。……留心于拯救生物，怎比得上忧虑人民的疾苦？不如收回用于放生的钱财，减轻人民徭役赋税的负担，振兴国家，抚爱人民，这样的福祉胜过放生。"

薛 登 传

官职不可妄授

【原文】

"……人主受不肖之士则政乖，得贤良之佐则时泰。故尧资八元而庶绩其理，周任十乱而天下和平。由是言之，则士不可不察，而官不可妄授也。何者？比来举荐，多不以才，假誉驰声，互相推奖，希润身之小计，忘臣子之大猷，非所以报国求贤，副陛下翘翘之望者也。"

【译文】

"……帝王纳用不良的士人，那将使政治乖谬；得到贤臣的辅佐，就能使时势和顺平安。所以尧依凭八个贤才而各项政事都能有条不紊，周武王任用十个善于治国之臣而天下和睦太平。由此说来，士人不可不认真考察，官职不可随便给人。为什么呢？近来举拔推荐官吏，多数不是依据才能，而是借他人的称赞来显扬名声，互相推举吹捧，想望的是利己的小打算，忘记了臣子为国为民的大计。这些做法不是为了报效国家而选求贤才的，不符合陛下的殷切期望。"

薛谦光不畏权势

【原文】

时僧惠范恃太平公主权势，逼夺百姓店肆，州县不能理。谦光将加弹奏，或请寝之，谦光曰："宪台理冤滞，何所回避，朝弹暮黜，亦可矣。"遂与殿中慕容珣奏弹之，反为太平公主所构，出为岐州刺史。

【译文】

当时僧人惠范依仗着太平公主的权势，用威逼手段夺去老百姓的店铺，州、县衙门不能治理这件事。薛谦光将加以检举，奏报皇帝，有人请他搁置起来，薛谦光说："宪台治理积压的冤案（是分内的事），为什么要回避？即使早晨检举，傍晚贬官，也是可以的。"就跟殿中侍御史慕容珣（xún）上奏皇帝，检举了惠范的不法行为。结果反而被太平公主定计陷害，将薛谦光贬出长安去做岐州（今陕西凤翔）刺吏。

王 求 礼 传

宰相贻人口实

【原文】

时三月雪，凤阁侍郎苏味道等以为瑞，草表将贺。求礼止之曰："宰相调燮阴阳，而致雪降暮春，灾也，安得为瑞？如三月雪为瑞雪，则腊月雷亦瑞雷也。"举朝嗤笑，以为口实。

【译文】

某年三月下了雪，凤阁侍郎苏味道等人认为这是国家的祥瑞，起草表章将向皇帝祝贺。监察御史王求礼阻止他，说："宰相负责协调阴阳，却搞得大雪下在春末时节，这是灾变啊，怎能当作祥瑞？如果三月下雪是瑞雪，那么腊月响雷也就是瑞雷了。"满朝人讥笑苏味道，拿他的事当作谈论的材料。

辛替否传

辛替否谏睿宗

【原文】

陛下爱两女，为造两观，烧瓦运木，载土填坑，道路流言，皆云计用钱百万余贯。惟陛下，圣人也，无所不知；陛下，明君也，无所不见。既知且见，知仓有几年之储？库有几年之帛？知百姓之间可存活乎？三边之上可转输乎？当今发一卒以御边陲，遣一兵以卫社稷，多无衣食，皆带饥寒。赏赐之间，迥无所出，军旅骤败？莫不由斯。而乃以百万贯钱造无用之观，以受六合之怨乎？以违万人之心乎？

【译文】

陛下喜爱金仙公主、玉真公主两个女儿，给她们造了两座道观。烧制砖瓦、运输木材、拉土填坑，道路上传言，都说共计花用了一百多万贯钱。想来陛下是圣人，没有什么不知道的；陛下是明君，没有什么看不到的。既然都知道、都看见了，（那我要问问：陛下）知道粮仓里有可用几年的储存？财库里有可穿几年的布帛？知道百姓中有些人能生存过活吗？（有粮食衣物）可以给边塞上转送吗？当今即使征发极少的戍卒来防守边疆，派遣极少的士兵来保卫国土，也是在多数情况下没有吃的穿的，都带饥寒之色。给立功的将士颁发赏赐的时候，国家竟然拿不出东西，军队作战往往大败，无不因为这个缘故。可是陛下却花费一百万贯建造无用的道观，是为了招受天下的埋怨吗？是为了违背百姓的心愿吗？

列传第五十一论赞

论有犯无隐

【原文】

夫好闻其善，恶闻其过，君人者之常情也。宁谄媚以取容，不逆耳以招祸，臣人者之常情也。能反此者，不亦善乎！李、薛等六君，吐忠谠之言，补朝廷之失，有犯无隐，不愧古人，有唐之良臣也。

【译文】

喜欢听人家说自己的长处，讨厌听到自己的过失，这是作君主的一般心理。宁愿奉承讨好来取得宽容，也不说刺耳的话招来祸害，这是作臣子的一般心理。能够与此相反的话，不就很好吗！李乂、薛等六位君子，发表忠诚正直的意见，弥补朝廷政事上的失误，宁肯犯颜极谏，也不隐忍不言，真无愧于古代的仁人，

是唐朝的良臣。

刘子玄传

刘知几论史才

【原文】

"史才须有三长，世无其人，故史才少也。三长谓才也，学也，识也。夫有学而无才，亦犹有良田百顷，黄金满籯，而使愚者营生，终不能致于货殖者矣。如有才而无学，亦犹思兼匠石，巧若公输，而家无楩柟斧斤，终不果成其宫室者矣。犹须好是正直，善恶必书，使骄主贼臣，所以知惧，此则为虎傅翼，善无可加，所向无敌者矣！"

【译文】

"史学人才必须具备三方面的特长，往往一个世代之中都没有那样的人，所以真正的史学人才很少。三方面的特长是：才能，学问，见识。如果只有学问而没有才能，也就像有一百顷好地，满笼的黄金，可是让愚笨的人经营，终究不能获得大量的财富。如果只有才能而没有学问，也就如同心思神妙超过匠石，技艺精湛有似鲁班，但是家里没有木材和工具，终于不能真正盖成房屋。还必须爱好正直的品格，君臣的善恶都要记载下来，使骄纵的君主、作乱的臣子因此而感到畏惧。（有了这种胆识），就好像给老虎添上翅膀，非常完善，没什么可增加的，也就没有谁能抵挡了。

王忠嗣传

善于治军安边

【原文】

及居节将，以持重安边为务。……每军出，即各召本将付其兵器，令给士卒，虽一弓一箭，必书其名姓于上以记之，军罢却纳。若遗失，即验其名罪之。故人人自劝，甲仗充牣矣。

【译文】

王忠嗣到作了节度使，把保持稳重、安定边塞作为要务。……每当军队出动时，就召集部将交付给他们兵器，下令发给所属的士卒，即使是一弓一箭，也一定要在上面书写自己的名字来作为标记，仗打完了退还。如果遗失了，就查验姓名惩治他。所以人人勉励自己，装备武器都很充实。

列传第五十五论赞

佞臣败国勿畜

【原文】

夫奸佞之辈，惟事悦人；聚敛之臣，无非害物。贾祸招怨，败国害身，罕不由斯道也。君人者，中智已降，亦心缘利动，言为甘闻，志虽慕于圣明，情不胜于嗜欲，徒有贤佐，无如之何，所以《礼经》戒，其勿畜。

【译文】

奸邪谄谀的那班人，只会讨取君主的喜欢；搜刮民财的臣子，没有不是危害百姓的。他们招来祸害，惹人怨恨，败坏国家，危及自身，很少不是由他们的做人之道引起的。作君主的，智能在中等以下的，也是因财利而动心，顺耳的甜言蜜语才能听得进，心里虽然仰慕圣人明君，感情却不能克制嗜好私欲，就是有贤良的辅佐之臣（因不被重用）也是形同虚设，对这种君主没有办法。所以《礼经》告诫不要容留聚敛之臣。

李 林 甫 传

阴 险 狡 诈

【原文】

林甫面柔有狡计，能伺候人主意，故骤历清列，为时委任。而中官妃家，皆厚结托，伺上动静，皆预知之，故出言进奏，动必称旨。而猜忌阴中人，不见于词色。朝廷受主恩顾，不由其门，则构成其罪。与之善者，虽厮养下士，尽至宠荣。

【译文】

李林甫为人表面柔和，但奸猾有心计，能窥察出皇帝的意向，所以他很快地登上了宰相这个显要的职位，被时君委以重任。而宦官嫔妃们，李林甫都结为深交，请托他们窥伺皇帝的动静，所以皇帝将做什么，李林甫都提前知道了，所以他发言、上奏，必定常常符合皇帝的意旨。但是他对僚属猜疑忌恨，背地里伤害他们，却不在言词神色上表现出来。朝廷里谁受到皇帝的恩宠护惜，没有事先走李林甫的门路，他就定计陷害，构成罪名。跟他关系好的，即使是仆役马夫这样卑微的人，也都能得到荣耀和宠信。

宰相不学无术

【原文】

林甫典选部时，选人严迥判语有用"杕杜"二字者，林甫不识"杕"字，谓吏部侍郎韦陟曰："此云'杖杜'，何也？"陟俯首不敢言。太常少卿姜度，林甫舅子，度妻诞子，林甫手书庆之曰："闻有弄獐之庆。"客视之掩口。

【译文】

李林甫掌管吏部时，考生严迥答卷中有"杕杜"二字，他不认识"杕"字，对吏部侍郎韦陟说："这卷子上说'杕杜'，是什么意思？"韦陟低下头不敢回答。太常少卿姜度，是李林甫舅父的儿子。姜度之妻生了个男孩，李林甫就亲自写信祝贺，说："听说你有弄獐的喜事。"客人看见了，掩口而笑。

杨国忠传

颐 指 气 使

【原文】

国忠本性疏躁，强力有口辩。既以便佞得宰相，剖决机务，居之不疑。立朝之际，或攘袂扼腕，自公卿以下，皆颐指气使，无不詟惮。

【译文】

杨国忠本性粗疏狂躁，强横而善辩。既然靠着乖巧奉迎取得了宰相职位，就剖判裁决重大政务，处在那个位份上毫不怀疑自己（是否称职）。站在朝廷里，有时发起脾气来卷起衣袖，握住手腕，从三公大臣以下，杨国忠对他们都是用面色神气来指使的，没有谁不害怕他。

杨国忠受诛

【原文】

至马嵬，军士饥而愤怒，龙武将军陈玄礼惧乱，先谓军士曰："今天下崩离，万乘震荡，岂不由杨国忠割剥甿庶，朝野怨咨，以至此邪？若不诛之以谢天下，何以塞四海之怨愤！"众曰："念之久矣！事行，身死固所愿也。"会吐蕃和好使在驿门遮国忠诉事，军士呼曰："杨国忠与蕃人谋叛！"诸军乃围驿禽国忠，斩首以徇。

【译文】

到达马嵬驿，禁卫军的士兵们饥饿难忍，群情激愤。玄武将军陈玄礼怕出乱子，先对士兵们说："现在天下分裂，皇帝逃难，难道不是由于杨国忠盘剥残害众百姓，朝廷内外怨恨叹息，才到了这一步吗？如果不杀掉他来向天下人赔罪，那用什么来制止全国人民的愤怒呢！"士兵们说："很早就想这样干了！干成了，就是我们死了也是愿意的。"恰逢吐蕃讲和的来使在驿门口挡住杨国忠谈事情，士兵们呼喊道："杨国忠跟吐蕃人图谋反叛！"各支军队就包围驿馆捉住杨国忠，斩下他的头来示众。

列传第五十九论赞

外族出身的名将

【原文】

历代武臣，壮勇出众者有诸，节行励俗者鲜矣，矧蛮夷之人乎！……立大功，居显位，夙夜匪懈者，何力有焉。常之以私马恕官兵，与将士均赏赐，古之名将，无以加焉。

【译文】

各代的武将，强壮勇敢超出一般人的有很多，品节德行能够激励俗人的就很少了，况且是出身于蛮夷的将领呢！……立下大功劳，处于显赫的地位，仍然昼夜勤劳，铁勒族（在今新疆）出身的镇军大将军、凉国公契苾（bì）何力就具有这种品质。百济（在今朝鲜）人、朔州大总管、燕国公黑齿常之，自己的坐骑被兵士损坏了，他宽恕士兵，不加追究，有什么奖赏，与士兵均分，就是古代名将的风度也超不过他。

举旗骑兵俑　唐

李光弼传

一代雄将李光弼

【原文】

凡言将者，以孙、吴、韩、白为首。如光弼，至性居丧，人子之情显矣。雄才出将，军旅之政肃然。以奇用兵，以少败众，将今比古，询事考言，彼四子者，或有惭德。

【译文】

凡是说起名将，人们经常把孙、吴、韩、白四家列为头等。像李光弼这样，为父亲守丧极能尽孝道，显示了做儿子的对亲人的深情。他以杰出的才略出京做大将，军队里政务严整有序。以奇谋用兵作战，以少数击败多数。拿当今跟古代比较，询问李光弼的作为，考察他的言谈，上述那四位名将，或许德行上还有惭愧不如之处。

房　琯　传

只　身　赴　蜀

【原文】

十五年六月，玄宗苍黄幸蜀，大臣陈希烈、张倚等衔于失恩，不时赴难。琯结张均、张垍兄弟与韦述等行至城南十数里山寺，均、垍同行，皆以家在城中，

逗留不进，琯独驰蜀路。七月，至普安郡谒见。

【译文】

天宝十五年（756）六月，唐玄宗急急忙忙（离开长安）前往蜀地（今四川）。大臣陈希烈、张倚等人因以前失去恩宠而怀怨，不及时与皇帝一起逃难。宪部侍郎房琯（guǎn）与张均、张垍（jì）兄弟俩结伴，跟韦述等人走到京城南边十几里的一个山寺，同行的张均、张垍都因为家在城里，这时留下不走了，于是房琯独自一人奔向赴蜀的道路。七月，他到达普安郡（在今四川梓潼），在那里晋见了玄宗皇帝。

高 适 传
诗 人 高 适

【原文】

高适者，渤海蓚人也。父从文，位终韶州长史。适少濩落，不事生业，家贫，客于梁、宋，以求丐取给。天宝中，海内事干进者注意文词。适年过五十，始留意诗什。数年之间，体格渐变，以气质自高。每吟一篇，已为好事者称诵。

【译文】

高适是渤海郡蓚（tiáo）县（在今河北景县）人。父亲高从文，官做到韶州（今广东韶关）长史。高适青少年时志向豪迈远大，不谋求生计，家中贫困，在梁、宋一带做客，靠向人求借来取得给养。天宝年间，国内从事干谒以求进身的人很讲究文章辞藻。高适年纪过了五十岁，才开始用心创作诗篇。几年之间，他的作品的体制格调渐渐改变，自己以为气度风格高超。他每做出一篇，就已被爱好诗文的人称道传诵。

李 岘 传
治罪当别首从

【原文】

夫事有首从，情有轻重，……昔者明王用刑，歼厥渠魁，胁从罔理。况河北残寇未平，官吏多陷。苟容漏网，适开自新之路；若尽行诛，是坚叛逆之党，谁人更图效顺？

【译文】

犯罪事实有首恶和胁从的区别，情节有轻微和严重的差异。……从前贤明的君王使用刑律，杀死那些凶犯的首领，受胁迫而随从作恶的不予治罪。况且黄河以北残余的敌人还没有平定，朝廷的官吏多数陷入敌手。假若允许将胁从者放出法网，就正好给他们开出了自新的道路。如果全部处死，将使搞叛逆的那伙人顽抗到底，有谁还打算归顺和效力于朝廷呢！

苗 晋 卿 传

科举头名交白卷

【原文】

御史中丞张倚男奭参选，晋卿与遥以倚初承恩，欲悦附之，考选人……，奭在其首。众知奭不读书，议论纷然。……玄宗大集登科人，御花萼楼亲试，登第者十无一二，而奭手持试纸，竟日不下一字，时谓之"曳白"。

【译文】

御史中丞张倚的儿子张奭（shì）参加科举考试，主考官苗晋卿和宋遥以为张倚刚刚得到恩宠，想取悦依附他，在考查应试者的成绩时，将张奭列为榜首。大家都知道张奭本来就不读书，于是议论纷纷。……唐玄宗于是召集全部录取了的人到花萼楼亲自主持考试，结果及格的不到十分之一二，而张奭手拿试卷，整天不写一个字，当时叫作"拖白卷"。

苗晋卿容身保位

【原文】

及秉钧衡，小心畏慎，未尝忤人意。性聪敏，达练事体，百司文簿，经目必晓。而修身守位，以智自全，议者比汉之胡广。

【译文】

苗晋卿到（肃宗时）作了宰相，小心慎重，未曾不顺从人主的意旨。天性聪明敏捷，熟悉政务，各机构的文书簿籍，过一眼就定能通晓。不过他约束自身来守住官位，借智谋保全自己，评论的人将他比作汉代的胡广。

严 武 传

恣 行 暴 政

【原文】

前后在蜀累年，肆志逞欲，恣行猛政。梓州刺史章彝初为武判官，及是小不副意，赴成都杖杀之，由是威震一方。蜀土颇饶珍产，武穷极奢靡，赏赐无度，或有一言赏至百万，蜀方间里以征敛殆至匮竭。

【译文】

剑南节度使严武在蜀地多年，任随心意，满足贪欲，大肆推行暴虐的政令。梓州（在今四川三台）刺史章彝当初作过严武的判官，到现在稍不合他的意愿，就到成都用杖子打死他，由此威势震动西南。蜀地珍贵产品很多，严武尽量奢侈，极力挥霍，对部属的赏赐没有限度，有人因为一句话就受赏达百万之多，蜀地的乡间因为搜刮差不多到了空无所有的地步。

崔　荛　传

观察使不恤民苦

【原文】

出为陕州观察使。以器韵自高，不屑细故，权移仆下。……荛自恃清贵，不恤人之疾苦。百姓诉旱，荛指庭树曰："此尚有叶，何旱之有？"乃笞之，吏民结怨。既而为军人所逐，饥渴甚，投民舍求水，民以溺饮之。

【译文】

吏部侍郎崔荛（ráo）被外放为陕州（今河南三门峡）观察使，他自以为器量风度很高，不值得管理小事，权力转移到仆役下人手里。……崔荛自己仗着清高尊贵，不同情民间疾苦。老百姓禀告他天旱，他指着院子里的树说："这树上还有叶子，哪里有什么干旱？"就让那人挨板子，就这样当官的和民众结下了仇。不久，崔荛被军人赶走，路上很是饥渴，到百姓家里讨水，百姓就拿尿让他喝。

元　载　传

侈僭无度

【原文】

……谓己有除恶之功，是非前贤，以为文武才略，莫己之若。外委胥吏，内听妇言。城中开南北二甲第，室宇宏丽，冠绝当时。又于近郊起亭榭，所至之处，帷帐什器，皆于宿设，储不改供。城南膏腴别墅，连疆接畛，凡数十所，婢仆曳罗绮一百余人。恣为不法，侈僭无度。江淮方面，京华要司，皆排去忠良，引用贪猥。士有求进者，不结子弟，则谒主书，货赂公行，近年以来，未有其比。

【译文】

宰相元载认为自己有除掉恶人的功劳，就否定前代的贤臣，以为他们文治的才能，武事的谋略，没谁能比得上自己。在外面，将朝政委托给小官吏；在家里，听取妇人对公务的处理意见。在京城里开设了南北两座最高级的住宅，房屋的雄伟华丽是第一流的，超过了当代。还在近郊筑起亭子台榭，元载每到一处，帐幕家具，都早有设置，原样放着不需另行具办。城南肥沃的土地上，元载的一座座别墅，与田界相连接，共几十所，婢女仆人身穿华丽的丝织衣服的有一百多人。肆意做不法的事，奢侈、僭越没有限制。江南道、淮南道（等富庶之地）的军政大员，京师、皇宫里的重要部门，都排挤走忠良之士，引用贪污猥琐的小人。士人要想进身，不是与他的子弟交结，就是拜谒他的文书，公开接受贿赂，近些年来没有象元载这样专权跋扈的。

王缙传

唐代宗奉佛过当

【原文】

初，代宗喜祠祀，未甚重佛。而元载、杜鸿渐与缙喜饭僧徒，代宗尝问以福业报应事，载等因而启奏，代宗由是奉之过当。尝令僧百余人于宫中陈设佛像，经行念诵，谓之"内道场"。其饮膳之厚，穷极珍异，出入乘厩马，度支具廪给。

【译文】

当初，代宗喜欢敬奉祖宗神灵，未曾怎么重视佛教。而元载、杜鸿渐和王缙这三位宰相（笃信佛法）喜欢舍饭给僧人。有次代宗曾经问他们福业报应的事，元载等借机而奏报，代宗从此过分地信佛。曾经让一百多个僧人在皇宫里陈设佛像，坐禅念佛，叫作"内道场"。僧人们的饮食，用尽了珍馔异肴，出进宫门乘坐的是皇帝马房里的马，度支部门给他们具办粮食等给养。

杨炎传

以私败身

【原文】

炎早有文章，亦励志节。及为中书舍人，附会元载，时议已薄之。后坐载贬官，愤恚益甚。归而得政，睚眦必雠。险害之性附于心，唯其爱憎，不顾公道，以至于败。

【译文】

杨炎早年很有文章方面的才华，也能磨砺自己的志气节操。到当了中书舍人，附从奸相元载，当时舆论就已鄙薄他的为人了。后来因为元载赐死，杨炎被贬为道州（今湖南道县）司马，他更是气愤不满。（到德宗即位）杨炎回京做了宰相，睚眦（yázì）小怨必报。阴险害人的性情和私心相随，只从个人的爱憎出发，完全不顾公认的准则，以至于事败赐死。

杨绾传

拜相人心自化

【原文】

绾素以德行著闻，质性贞廉，车服俭仆。居庙堂未数月，人心自化。御史中丞崔宽，剑南西川节度使宁之弟，家富于财，有别墅在皇城之南，池馆台榭，当时第一，宽即日潜遣毁拆。中书令郭子仪在邠州行营，闻绾拜相，座内音乐减散五分之四。京兆尹黎干以承恩每出入驺驭百余，亦即日减损车骑，唯留十骑而已。其余望风变奢从俭，不可胜数，其镇俗移风若此。

【译文】

　　杨绾素来因品行高尚而著名，气质性格正直而廉洁，车马服饰节俭朴素。做宰相不到几个月，人心自然变好。御史中丞崔宽，是剑南西川节度使崔宁的兄弟，家里财产富裕，有别墅在皇城南边，水池、馆阁、台榭都是当时第一等的，崔宽在（杨绾拜相的）当天暗中派人拆掉它们。中书令郭子仪在邠（bīn）州行营听到杨绾拜了相，席上的乐器、乐人就减去了五分之四。京兆尹黎干因受皇帝喜爱，常常是出进的仪仗光马夫驭手等就有一百多人，也在当天减少车辆马匹，只留下十个骑从罢了。其余听到消息，改变奢侈习惯，顺从俭素的，数也数不完，杨绾抑制陋习、转移风气的影响力就是如此之大。

郭 子 仪 传

功 盖 一 代

【原文】

　　汾阳事上诚荩，临下宽厚，每降城下邑，所至之处，必得士心。……李灵曜据汴州，公私财赋一皆遏绝，独子仪封币经其境，莫敢留之，必持兵卫送，其为豺狼所服如此。……代宗不名，呼为"大臣"。天下以其身为安危者殆二十年。……权倾天下而朝不忌，功盖一代而主不疑，侈穷人欲而君子不之罪。富贵寿考，繁衍安泰，哀荣终始。人道之盛，此无缺焉。

【译文】

　　郭子仪侍奉君上诚实忠贞，对待下属宽大仁厚。每次攻克城邑，所到的地方，一定得到士民的拥戴。……李灵曜割据汴州（今河南开封），公家私人的钱财赋税（凡是过境的）一概全部没收，独独郭子仪封装的财物经过时，不敢扣留，还定要手持武器护送。郭子仪就是这样地让凶残的人慑服。……代宗不叫郭子仪的名字而称为"大臣"。天下靠着他转危为安将近二十年。……威望倾动天下而朝

著盔武士俑　唐

廷无人忌妒，功劳超过天下任何人而君主不猜疑，极大地享受尽了人们所向往的东西，而君子不怪罪于他。富贵长寿，儿孙众多，安康舒泰，生前光彩荣耀，死后哀礼隆重。人生一世各个方面的盛美，在郭子仪身上是没有缺憾的了。

列传第七十一论赞

谗贼与叛将

【原文】

　　仆固怀恩、李怀光，咸以勇力，有劳王家，为臣不终，遂行反噬，其罪大矣。然辛云京、骆奉先、卢杞、白志贞等，致彼二逆，贻忧时君，亦可谓国之谗

贼矣。

【译文】

　　仆固怀恩、李怀光（皆系郭子仪部将），都靠着勇敢善战，为朝廷建立了功劳，可是作为臣子不能尽忠到底，于是就搞起反叛来，他俩的罪过是很大的。但是辛云京、骆奉先、卢杞、白志贞这些人，他们搞奸计才导致了两个将领的背叛，给当时的君主代宗、德宗带来了忧患，他们也可以称得上是国家的谗贼了。

张献恭传

守正不屈

【原文】

　　卢杞量移饶州刺史，给事中袁高论其不可。献恭因入对紫宸殿，上言："高所奏至当，臣恐烦圣听，不敢缕陈其事。"德宗不悟，献恭复奏曰："袁高是陛下一良臣，望特优异。"德宗顾谓宰臣李勉等曰："朕欲授杞一小州刺史可乎？"对曰："陛下授大州亦可，其奈士庶失望何！"献恭守正不挠也如此。

【译文】

　　卢杞转官为饶州刺史，给事中（官名）袁高进奏德宗认为不可以这样做。检校吏部尚书张献恭借进紫宸殿对答之机上奏说："袁高的奏议很对，我怕烦扰圣上，不敢详细陈述卢杞的事。"德宗还不省悟，张献恭又奏道："袁高是陛下的一位良臣，希望特别加以优待。"德宗回头对宰相李勉等说："我想授给卢杞一个小州的刺史，可以吗？"对答说："陛下授给他大州也可以，怎奈士人民众（将对朝廷）大失所望！"张献恭就是这样坚守正道，不屈不挠。

列传第七十二论赞

财之污人诚可诫也

【原文】

　　路嗣恭从微至著，执法简廉。……叔明见危誓死，立政惠民。……然嗣恭聚财，为功名之瑕玷；叔明聚财，致子孙之骄淫。财之污人，诚可诫也。

【译文】

　　路嗣恭从卑微的小吏做到声望显赫的大官，执行国法精干而廉洁。……李叔明（出使回纥，可汗不礼），面临险境，一无所惧，誓死维护国威。他（在东川节度使任上）树立政教，为民造福。……可是路嗣恭聚敛私财，是功名上的污点。李叔明积聚财货，致使子孙骄奢淫逸。钱财污损人品，确实值得警惕。

刘 晏 传

刘晏善理财

【原文】

自诸道巡院距京师，重价募疾足，置递相望。四方物价之上下，虽极远不四五日知。故食货之重轻，尽权在掌握。朝廷获美利，而天下无甚贵甚贱之忧，得其术矣。

【译文】

从各道巡察院到京城长安之间，用重价招募善于疾驰的骑手，让他们前后相继奔行在一座座相距不远的驿站之间（传递信息）。各地物价的高低，虽是极远的地方，不到四五天朝廷就知道了。因此谷物百货的质地、价格，全部控制权都掌握在手中，中央政府获得优厚的财利，而全国各处没有物价偏高偏低的忧患。（代宗时尚书左仆射、盐铁转运使）刘晏是得到理财的妙法了。

贤臣遭诬陷

【原文】

遂罢晏转运等使，寻贬为忠州刺史。炎欲诬构其罪，知庾准素与晏有隙，举为荆南节度，以伺晏动静。准乃奏晏与朱泚书祈救解，言多怨望。炎又证成其事，上以为然。……晏已受诛，使回奏报，诬晏以忠州谋叛，下诏暴言其罪。时年六十六，天下冤之。

【译文】

（由于宰相杨炎的谗毁）唐德宗于是罢免了刘晏的转运等使的职务，不久又贬他为忠州（今四川忠县）刺史。杨炎进而想诬陷他以罪名，知道庾准与刘晏平素有隔阂，就推举庾准为荆南节度使，借以窥察刘晏的行动。庾准就上奏：刘晏给太尉朱泚写信请求解救他，说了很多怨恨失意的话。杨炎又出面证实庾准的奏报，德宗认为就是那样，（密令宦官赐刘晏一死）。刘晏已死，派去的宦官回京报告，假称刘晏据忠州图谋反叛，皇帝这才下诏书宣布他的罪过。刘晏死时六十六岁，天下人认为冤枉了他。

李 巽 传

精 于 吏 职

【原文】

巽精于吏职，盖性使然也。虽在私家，亦置案牍簿书，勾检如公署焉。人吏有过，丝毫无所贷，虽在千里外，其恐栗如在巽前。……巽为吏部尚书，卧病。郎官相率省问，巽初不言其病，与之考校程课，商略功利，至其夕而卒。

【译文】

李巽（xùn）对于所任职务精勤不息，大概是天性使他这样吧。虽然在自己家里，也摆出档案公文名册，勾画翻检就好像是在衙门里。吏民有过错，丝毫不宽容，即使在千里之外，他们也恐惧颤抖有如在李巽当面。……李巽作吏部尚书（兼管财政）时，在家卧病。他的下属郎中等官员相跟着来探问，李巽一开始就不说他的病，而和他们一起考核比较（人事考查方面的）科目、标准，商讨（财政上的）功效利益，到当天晚上就死了。

薛　平　传

造　福　于　民

【原文】

滑州城西距黄河二里，每岁常为水患。平询访得古河道，……开古河南北长十四里，决旧河以分水势，滑人遂无水患。……在镇六周岁，兵甲完利，井赋均一。至是入觐，百姓遮道乞留，数日乃得出。时人以为近日节制，罕有其比。

【译文】

滑州（今河南滑县）城西面二里是黄河，每年常有水灾的忧患。节度使薛平经过查访找到了黄河古道……，于是开宽古河道南北两岸，长达十四里，打开黄河缺口来分散水势，滑州百姓因此没有水患了。后来薛平作淄青节度使，在任上满六年，兵器装备完好，田赋公平如一。到这时（在穆宗年间）要往京城晋见皇帝，百姓们挡在路上请求留任，好几天才得以脱身离去。当时人们认为近些年来的节度使，很少有可以和他相比的。

列传第七十五论赞

唐德宗失于用人

【原文】

张镒、萧复、柳浑，节行才能，讦谟亮直，皆足相明主，平泰阶。而卢杞忌之于前，延赏排之于后。……德宗黜贤相，位奸臣，致朱泚、怀光之乱，是失其人也，岂尤其时哉！

【译文】

张镒、萧复、柳浑，这三人有杰出的品行才能，谋略远大而忠诚正直，都能够辅佐贤明的君主，协调君臣、吏民之间的关系。可是先是奸相卢杞忌恨张镒、萧复，后来张延赏（也是宰相）排挤柳浑。……唐德宗贬黜贤相，以高位予奸臣，导致了朱泚、李怀光的叛乱。这是皇帝失误在这些人事上，难道能责怪天时不利吗！

李 揆 传

主考别开生面

【原文】

揆尝以主司取士，多不考实，徒峻其堤防，索其书策，殊未知艺不至者，文史之囿亦不能摛词，深昧求贤之意也。其试进士文章，请于庭中设五经、诸史及《切韵》本于床，而引贡士谓之曰："大国选士，但务得才。经籍在此，请恣寻检。"由是数月之间，美声上闻。

【译文】

李揆（kuí）曾经认为朝廷主管部门选取进士，多不考察实际才学，只是对考生严加防范，搜索挟带的书本。竟不知道学问不达到相当程度，即使面对成堆的文史书籍，也不能做出像样的文章来，很不懂国家求取贤才的本意。他在肃宗乾元（公元758~760年）中作礼部侍郎，考试进士的文章时，请求在院子里摆上大床，上面放着五经、各种史籍和《切韵》等书本，招引应考的贡士到跟前，对他们说："堂堂大国，选拔进士，只是务求得到真正的人才。经书史籍都在这里，请你们随便寻找查看。"因此几个月时间，赞美的声浪就传到了上面皇帝那里。

裴 谞 传

裴谞对唐代宗

【原文】

代宗召见便殿，问谞："榷酤之利，一岁出入几何？"谞久之不对。上复问之，对曰："臣有所思。"上曰："何思？"对曰："臣自河东来，其间所历三百里，见农人愁叹，谷菽未种。诚谓陛下轸念，先问人之疾苦，而乃责臣以利。孟子曰：理国者，仁义而已，何以利为？，由是未敢即对也。"上前坐曰："微公言，吾不闻此。"

【译文】

代宗在便殿召见河东道租庸盐铁等使裴谞（xū），问他："专卖这项财利，一年支出多少，收入多少？"裴谞好久不答复。皇帝又问他，回答说："我正在想。"皇帝说："想什么？"回答道："我从河东来，中间经过三百里，看到农民忧愁叹息，粮食豆子没有播种。我内心以为陛下会忧虑这件事的，会先问百姓们的疾苦，可是却向我责求财利方面的事。孟子说：治理国家，最重的是仁义罢了，为什么说财利？因此不敢立即对答。"皇帝靠前坐了坐，说："要不是你说，我没听到过这些话。"

列传第七十七论赞

小人昧逆顺之道

【原文】

肇分阴阳，爰有生死，修短二事，贤愚一途。故君子遇夷险之机，不易其节；小人昧逆顺之道，而陷于刑。鸿毛泰山，斯为至论。

【译文】

开天辟地以来，人就有生有死，虽然生命长短有别，但贤士和愚人都有一死。所以君子遇到危急的关头，不改变他的节操；小人不明白该叛逆（谁）、忠顺（谁）的道理，从而（犯了罪）陷于刑罚。（司马迁将此比作）鸿毛泰山，这是最得当的评论。

段 秀 实 传

段秀实守泾州

【原文】

寻拜秀实泾州刺史……。三四年间，吐蕃不敢犯边塞。清约率易，远近称之。非公会，不听乐饮酒。私家无妓媵，无赢财。退公之后，端居静虑而已。

【译文】

不久唐代宗授段秀实为泾州（在今甘肃泾川）刺史……。三四年间，吐蕃不敢侵犯边境。段秀实治理军事政务，清正简明而待人和顺平易，无论远近的人们都称赞他。除了公家的宴会，不听音乐，不饮酒。自己家里没有歌女妾房，没有多余的财产。办完公回来，只是端坐着静静思考罢了。

段秀实遇害

【原文】

泚召秀实议事，……秀实戎服，与泚并膝。语至僭位，秀实勃然而起，执休腕夺其象笏，奋跃而前，唾泚面大骂曰："狂贼！吾恨不斩汝万段，我岂逐汝反耶！"遂击之。泚举臂自捍，才中其颡，流血匍匐而走。……凶党群至，遂遇害焉。

【译文】

朱泚召段秀实商量大事，……秀实穿着军装来宫，与朱泚此并膝而坐。说起了登位的事，段秀实一听大怒，站起身，握住（在座的）源休的手腕，夺了他的象牙笏板，奋身跳到前面，唾在朱泚脸上，大声骂道："狂妄的反贼！我恨不得斩你万段，我难道会跟着你反叛吗！"就用笏板刺他。朱泚举起胳膊自卫，仅仅刺中了额头，鲜血直流，爬着逃跑了。……成群的暴徒赶到，于是段秀实遭到了杀害。

颜真卿传

智防安禄山

【原文】

出为平原太守。安禄山逆节颇著，真卿以霖雨为托，修城浚池。阴料丁壮，储廪实，乃阳会文士，泛舟外池，饮酒赋诗。或谗于禄山，禄山亦密侦之，以为书生不足虞也。无几，禄山果反，河朔尽陷，独平原城守具备，……

【译文】

（武部员外郎）颜真卿出京任平原郡（在今山东平原一带）太守。当时安禄山悖逆朝廷的形迹较显露，颜真卿用防备霖雨作托词，修补城墙，深挖城壕。暗中编练青壮年，储备资粮。在明地里却会集文人，到外池去划船，饮酒作诗。有人向安禄山说他的坏话，安禄山也派人秘密侦察过，认为颜真卿是书生，不值得忧虑。没多久，安禄山果然反叛，河北、朔方一带全部陷落，只有平原城防完备。

安禄山

临危不惧

【原文】

初见希烈，欲宣诏旨，希烈养子千余人露刃争前迫真卿，将食其肉。诸将丛遶慢骂，举刃以拟之，真卿不动。希烈遽以身蔽之而麾其众，众退，乃揖真卿就馆舍。

【译文】

颜真卿（到许州，在今河南许昌）刚见到李希烈，就要宣读诏书，李希烈的养子一千多人拔出刀来争着迫近颜真卿，说要吃他的肉。将领们成群地围着他辱骂，还举起刀来比画着，颜真卿站着一动也不动。李希烈很快地用身子挡住颜真卿，向部下挥手，部下这才后退了，李希烈就拱手行礼，请颜真卿到馆舍去。

颜真卿

国失贤则危

【原文】

如成公孝于家，能于军，忠于国，是武之英也。苟无杨炎弄权，若任之为将，遂展其才，岂有朱泚之祸焉！如清臣富于学，守其

正，全其节，是文之杰也。苟无卢杞恶直，若任之为相，遂行其道，岂有希烈之叛焉！夫国得贤则安，失贤则危。

【译文】

象段秀实这样在家里能尽孝道，在军队精明能干，对国家忠贞不贰，是武将中的英才。假若没有杨炎玩弄权太，如果任用他做大将，使他如意地施展才能，难道会有朱泚叛乱的祸害吗！象颜真卿这样学识丰富，守住正道，保全节操，是文臣中的俊杰。假若没有卢杞那样厌恶正直之士的奸臣，如果任用他做宰相，使他如意地推行治国之道，难道会出现李希烈的叛逆吗！国家得到贤才就平安，失去贤才就有危难。

韩 滉 传

县令隐瞒灾情

【原文】

大历十二年秋，霖雨害稼。京兆尹黎干奏畿县损田，滉执云干奏不实。……时渭南令刘藻曲附滉，言所部无损，白干府及户部。分巡御史赵计复检行，奏与藻合。代宗览奏，以为水旱咸均，不宜渭南独免，申命御史朱敖再检，渭南损田三千余顷。

【译文】

大历十一年（公元 776 年）秋天，霖雨淹害了庄稼。京兆尹黎干上奏说长安附近各县农田受到了损失，可是户部侍郎韩滉（huàng）坚持说黎干所奏不真实。……当时的渭南（在今陕西渭南）县令刘藻曲意附和韩滉，说是他的县里没有损失，报告了京兆府和户部。代宗派出的分察巡按京兆府的御史赵计又检查所行各县，奏报与刘藻相合。代宗看了奏章，认为（同是京兆府属县）水涝与干旱都是一样的，不应当渭南独独免受灾害，于是重新命令御史朱敖再次检验，结果是渭南农田损坏了三千多顷。

韩滉与张延赏

【原文】

滉……逞斡运之能，非贞纯之士。刻下罔上，以为己功。幸逢多事之朝，例在姑息之地，幸而获免，余无可称。延赏以私害公，罢李晟兵权，使武臣不陈其力矣。恶直丑正，挤柳浑相位，致贤者不进其才矣。……虽以荫继世，以才进身，蹈非道者，实小人哉！

【译文】

韩滉（一味在吏治上）施展斡旋运转的能力，不是正直纯洁的人。他刻剥下属，欺骗君上，将此当作自己的功劳。幸而遇上了国家多难的时期，（他的恶迹）依例处在被朝廷宽容的境地，偶幸得以免去刑罚，其余就没什么可以称说的了。张延赏为了私利而损害国家，他因私怨（奏请德宗）免去了凤翔节度使李晟的兵权，使武将们不愿尽力了。他憎恨正直的朝臣，排挤掉柳浑的宰相职位，致使贤

能之士不能献出自己的才干了。……他虽然靠着祖先的庇荫当官，以自己的才能得到进升，但行的不是正道，实在是小人啊！

王 玙 传

以左道登相位

【原文】

玙专以祀事希幸。每行祠祷，或焚纸钱，祷祈福祜，近于巫觋，由是过承恩遇。肃宗即位，累迁太常卿，以祠祷每多赐赉。乾元三年七月，兼蒲州刺史，充蒲、同、绛等州节度使。中书令崔圆罢相，乃以玙为中书侍郎、同中书门下平章事。……玙以祭祀妖妄致位将相，时以左道进者，往往有之。

【译文】

王玙（yú）专门用祭祀活动希求皇帝的恩宠。每搞起祭祀祷告来，有时自己焚烧纸钱，告求神灵赐福保佑，简直像个巫师，却因此受到皇帝的过分优待。肃宗作了皇帝，王玙屡次升官，做到太常卿，因为祭祀祈祷常得到赐赠赏赉。乾元三年（760）七月，兼任蒲州（今山西蒲州）刺史，充当蒲、同、绛等州节度使。中书令崔圆免去了宰相职务，就用王玙作中书侍郎、同中书门下平章事（即宰相）。……王玙靠祭祀和妖术官位高达将军、宰相，当时用歪门邪道进身的，往往有这类事。

李 勉 传

为宗臣之表

【原文】

上谓勉曰：“众人皆言卢杞奸邪，朕何不知？卿知其状乎？”对曰：“天下皆知其奸邪，独陛下不知，所以为奸邪也。”时人多其正直，然自是见疏。……勉坦率素淡，好古尚奇，清廉简易，为宗臣之表。

【译文】

唐德宗对李勉说：“人们都说卢杞奸诈邪佞，我怎么不知道？你知道他的情形吗？”回答说：“天下人都知道卢杞的奸诈邪佞，只有陛下不知道，因此他是奸诈邪佞的。”当时的人们推重他的正直品德，可他也从此被皇帝疏远了。……李勉为人坦率质朴，喜爱古雅，清正廉洁而平易近人，是出身于宗室的臣子的表率。

李 皋 传

温 州 老 妇

【原文】

皋行县，见一媪垂白而泣，哀而问之，对曰："李氏之妇，有二子：钩、锷，宦游二十年不归，贫无以自给。"时钩为殿中侍御史，锷为京兆府法曹，俱以文艺登科，名重于时。

【译文】

温州（在今浙江温州）长史李皋到下属的县里巡察，见到一个老妇人垂着白发哭泣，很是怜悯，就问她，回答说："我是李家的妇人，有两个儿子：一个叫李钩，一个叫李锷，出外求官二十年没回来，我穷得没法养活自己。"当时李钩是殿中侍御史，李锷是京兆府法曹，都是靠文章学问被科举录取的，在当时名声很大。

李抱真传

李抱真善养兵

【原文】

土瘠赋重，人益困，无以养军士。籍户丁男，三选其一，有材力者免其租徭，给弓矢，令之曰："农之隙则分曹角射，岁终，吾当会试。"及期按簿而征之，都试以示赏罚，复命之如初。比三年，则皆善射，抱真曰："军可用矣！"

骑兵战阵俑 唐

【译文】

怀州（今河南沁阳）一带土地贫瘠，赋税繁重，百姓越加困苦，无法供养军队。（代宗时刺史李抱真）登记民户中的成年男子，三人中选一个身体壮、有本事的，免去他的租税徭役，供给弓箭，命令他们说："在农事的空闲，就分组比

赛射箭，年底我将把你们集合起来考试。"到了日期，按名册召集他们，全部参加考试，给以赏罚，再像当初那样命令一遍。到了三年时间，这些民兵都善于射击了，李抱真说："军队可以使用了！"

李 澄 传

李元素作御史大夫

【原文】

元和初，征拜御史大夫。自贞元中位缺，久难其人，至是元素以名望召拜，中外耸听。及居位，一无修举，但规求作相。久之，浸不得志，见客必曰："无以某官散相疏也。"见属官必先拜，……大失人情。

【译文】

元和（公元806~820年）初，召回郑滑节度使李元素，授予御史大夫。从贞元（公元785~805年）年间以来御史大夫这一职位一直是空缺，长时间难以得到适当的人选，到现在李元素靠着名望受召而担任此职，耸动了朝廷内外的听闻。等到任职后，建议或纠举方面的成绩一点儿也没有，只是盘算着求做宰相。时间长了，渐渐感到不得志，见了客人一定说："不要因为我的官是散职（没有实权）就疏远我啊。"遇到下属的官吏，李元素一定自己先行礼，……太有些失于常情了。

李 晟 传

收复长安

【原文】

晟军入京城，……仍号令诸军曰："……长安士庶，久陷贼庭，若小有震惊，则非伐罪吊人之义也。晟与公等各有家室，离别数年。今已成功，相见非晚，五日内不得辄通家信，违命者斩！"乃遣京兆尹……告喻百姓。居人安堵，秋毫无所犯。尚可孤军人有擅取贼马者，晟大将高明曜虏贼女妓一人，司马仙取贼马二匹，晟皆立斩之，莫敢忤视。士庶无不感悦，咸歔欷流涕。

【译文】

李晟的军队进入了京城，……就对各军发出号令说："长安士人平民，陷入朱泚的魔掌日子久了，如果再有小小的震动惊怕，就违背讨伐罪魁、抚慰黎民的本意了。我和你们都有家属，离别了几年。现在已经成功了，与亲人相见不会再晚了，五天内不得擅自与家里通信，违犯命令的斩！"就派京兆尹等官员将命令转告老百姓。居民安心生活，军队丝毫也没有侵犯百姓。官军尚可孤的部下有擅自拉走叛贼的马匹的，李晟的大将高明曜抓走叛贼的一个女妓，司马仙（zhòu）取得两匹贼人的马，李晟都立即杀掉他们，没有谁敢用不满的眼光看他。士人民众没有不感动悦服的，而都叹息流泪。

论直言极谏

【原文】

晟在凤翔，谓宾介曰："魏徵能直言极谏，致太宗于尧舜之上，真忠臣也，仆所慕之。"行军司马李叔度对曰："此缙绅儒者之事，非勋德所宜。"晟敛容曰："行军失言。传称：'邦有道，危言危行。'今休明之期，晟幸得备位将相，心有不可，忍而不言，岂可谓有犯无隐，知无不为者耶！……"叔度惭而退。

【译文】

李晟在凤翔（今陕西凤翔），对宾佐们说："魏徵能直言不讳，尽力谏诤，致使太宗达到尧舜以上的境界，真是忠臣，我很仰慕他。"行军司马李叔度对答道："这是（普通）官僚、儒生的事，不是功勋德望卓著的人所应当做的。"李晟表情严肃地说："你说错了。《论语》说：'国政清明，言语正直，行为正直。'现在是祥和开明的时期，我有幸在大将、宰相的位子上，心里认为不对的事情，忍住不说，难道可以叫作（对人君的过失）只有冒犯尊严（进谏）而不隐忍（无言），知道（是正确）的就不会不做吗！……"李叔度惭愧地退了下去。

卢 杞 传

奸 相 卢 杞

【原文】

既居相位，忌能妒贤，迎吠阴害。小不附者，必致之于死，将起势立威，以久其权。杨炎以杞陋貌无识，同处台司，心甚不悦，为杞所谮，逐于崖州。……恶颜真卿之直言，令奉使李希烈，竟殁于贼。……其阴祸贼物如此。

【译文】

卢杞作了宰相，忌妒能臣贤才，当面攻击，背后陷害。稍稍不顺从自己的，一定要使他处于无法生存的境地。这样来树立威势，巩固权力。杨炎因为卢杞相貌丑陋，没有学识，却与自己一同在尚书省机构里（即同为宰相），心里很不高兴，他就被卢杞诬陷，放逐到崖州（在今海南岛）。……卢杞厌恶颜真卿敢说真话，就让他奉诏出使叛将李希烈的军队，最后死在敌人手里。……他们就是这样阴毒害人的。

裴 延 龄 传

治天下以民为本

【原文】

夫理天下者，以义为本，以利为末；以人为本，以财为末。本盛则其末自举，末大则其本必倾。自古及今，德义立而利用不丰，人庶安而财货不给，因以丧邦失位者，未之有也。

【译文】

治理国家，应该把仁义当作根本，把利益当作末节；把人民当作根本，把财货当作末节。根本（这一部分）强盛了，那么末节就自然挺起来了；末节壮大了，那么根本就必然倾倒。从古代到今天，道德仁义树立起来了却财利器用不丰盛，人民群众安宁了却钱财货物不足用，因此而国家败亡、君主失位的，还从来没有过这种事。

朝廷当开言路

【原文】

今希旨自默，浸以成风。奖之使言，犹惧不既，若又阻抑，谁当贡诚？或恐未亮斯言，请以一事为证。只如延龄凶妄，流布寰区，上自公卿近臣，下迄舆台贱品，喧喧谈议，亿万为徒。能以上言，其人有几？

【译文】

现在（朝臣）观望陛下的意向，自己保持沉默，已渐渐形成了风气。即使奖励人们说话，还怕他们不全部说出（心里话），如果再阻挡抑制，会有谁来献出诚心呢？还怕陛下不明白我的这些话，请让我拿一

陶琵琶 唐

件事作证。就像户部侍郎裴延龄的为人，凶残虚妄，这件事流传全国，上自公侯大官、陛下身边的臣僚，下到奴仆这样的卑贱人物，喧嚷议论的，亿万人结成一群。能将这种情况向陛下报告的，有几个这样的人？

庸君与佞臣

【原文】

延龄既锐意以苛刻剥下附上为功，每奏对际，皆恣骋诡怪虚妄。他人莫敢言者，延龄言之不疑，亦人之所未尝闻。德宗颇知其诞妄，但以其敢言无隐，且欲访闻外事，故断意用之。延龄恃之，谓必得宰相。尤好慢骂，毁诋朝臣，班行为之侧目。……延龄死，中外相贺，唯德宗悼惜不已。

【译文】

裴延龄既然下定决心用残酷剥削百姓、迎合皇帝的心意作为自己的能耐，每当奏答的时候，都放肆地大谈奇怪荒诞的事。别人不敢说的，裴延龄说起来毫不迟疑，说的也都是人们所未曾听过的。德宗也了解他的荒诞虚妄，但因他敢说不隐瞒，而且想广泛地听听外面的事，所以决心使用他。裴延龄依仗着这一点，认为自己一定能取得宰相的位子。他尤其喜欢漫骂侮辱别人，文武百官因此对他畏惧而愤恨。……裴延龄死了，朝廷内外都互相庆贺，只有德宗悼念、怜惜得放不下。

李 实 传

推 行 苛 政

【原文】

自为京尹，恃宠强愎，不顾文法，人皆侧目。二十年春夏旱，关中大歉。实为政猛暴，方务聚敛进奉，以固恩顾，百姓所诉，一不介意。因入对，德宗问人疾苦，实奏曰："今年虽旱，谷田甚好。"由是租税皆不免，人穷无告，乃彻屋瓦木、卖麦苗以供赋敛。

【译文】

李实制作了京兆尹，依仗着（出身皇族而）荣耀，强暴固执，不管法令条文，人们都对他又怕又恨。贞元二十年（公元804年）春夏两季天旱，关中严重歉收。李实办理政事凶猛残暴，正大力搜刮钱财来上贡，借以加固皇帝对自己的宠爱，百姓们诉苦，全不放在心上。因事入宫奏答，德宗询问民众的疾苦，李实回答说："今年虽然天旱，农田情形很好。"因此京兆府的租税都没有免去，农民困穷而没地方诉苦，只得撤下房屋上的砖瓦木料、出卖麦苗交纳赋税。

皇 甫 镈 传

皇 甫 镈 其 人

【原文】

以剥下为徇公，既鼓众怒。以矫迹为孤立，用塞人言。洎尘台司，益蠹时政。不知经国之大体，不虑安边之远图。三军多冻馁之忧，百姓深凋瘵之弊。事皆罔蔽，言悉虚诬。远近咸知，朝野同怨。

【译文】

皇甫镈（在德宗时掌财政）将盘剥吏民当作服从公益，已经激起了众人的愤怒。将自己过分的作为当作孤特不群，用来杜塞人们的批评意见。到（宪宗末年）作了御史大夫，更加破坏当时的政务。不懂得治理国家的远大规划，不考虑安定边疆的长远谋略。全军士兵有严重缺衣少食的忧患，百姓们深陷在衰败疲敝的困境里。办事都是欺上瞒下，说的话是虚假荒诞的。（他的这一切）远近各处的人都知道，朝廷上下一齐怨愤。

列传第八十五论赞

唐德宗之迷误可悲

【原文】

奸邪害正，自古有之。而矫诞无忌，妒贤伤善，未有如延龄、皇甫之甚也！……异哉，德宗之为人主也！忠良不用，谗慝是崇，乃至身败国屯，几将覆灭，

尚独保延龄之是，不悟卢杞之非，悲夫！

【译文】

奸邪的人陷害正直之士，从古以来就有这种事。可是掩饰真情，弄虚作假，无所顾忌地伤害贤良，还从没有像裴延龄、皇甫镈这样过分的！……好奇怪啊，德宗作为国君，不用忠诚善良的臣子，尊崇谗佞凶恶的小人，竟至于（发生朱泚之乱），皇帝自身也迁徙流亡，国家艰难困顿，几乎就要灭亡。就这样他还独自保护裴延龄，认为他是正确的，也不明白卢杞错在哪里，真可悲呀！

齐 映 传

以贡品谋求高官

【原文】

映常顷为相辅，无大过而罢，冀其复入用。乃掊敛贡奉，及大为金银器以希旨。先是，银瓶高者五尺余，李兼为江西观察使，乃进六尺者。至是，因帝诞日端午，映为瓶高八尺者以献。

【译文】

洪州（在今江西南昌）刺史、江西观察使齐映，常认为前不久自己做宰相，没有大过错却被罢免（而外放）了，希求再次进京得到任用。于是他就聚敛财物来向朝廷进贡，以至于大造金银器（献上去）借以承望皇帝的旨意。在他之前，（进贡的）银瓶有五尺多高，李兼作江西观察使时就进奉六尺高的。到这时，因为德宗的诞辰又恰是端午节那天（五月初五），齐映就让造了个八尺高的银瓶献给皇帝。

吕 温 传

才俊德薄

【原文】

温天才俊拔，文采赡逸，为时流柳宗元、刘禹锡所称。然性多险诈，好奇近利。……三年，吉甫为中官所恶，将出镇扬州，温欲乘其有间倾之，……吉甫以疾在第，召医人陈登诊视，夜宿于安邑里第。温伺知之，诘旦，令吏捕登鞫问之，又奏劾吉甫交通术士。宪宗异之，召登面讯，其事皆虚。

【译文】

吕温天资俊秀挺拔，文采丰富超逸，受到当时的名流柳宗元、刘禹锡的称赞。但他心性阴险奸诈，喜好奇异，急求名利。……元和三年（808）宰相李吉甫被宦官厌恶谗毁，行将出京到扬州（今属江苏）作淮南节度使，吕温想乘机把他弄倒。……李吉甫因病在家，叫医生陈登来诊察，当晚就住在李吉甫安邑里的府上。（当时任刑部郎中的）吕温窥察知道了这一情况，天亮后就命令吏卒拘捕陈登审问他，又奏告皇帝，检举李吉甫交结串通方术之士。宪宗觉得奇怪，就召来陈登当面审问，结果，吕温说的事都是虚假的。

李 益 传

诗人李益

【原文】

长为歌诗，贞元末与宗人李贺齐名。每作一篇，为教坊乐人以赂求取，唱为供奉歌词。其《征人歌》《早行篇》，好事者画为屏障。"回乐峰前沙似雪，受降城外月如霜"之句，天下以为歌词。

【译文】

李益擅长诗歌创作，贞元（公元785～805年）末期与同族的李贺名望相当。每做出一篇诗，就被教坊的乐工请求用财物来换取，诗句被配乐歌唱，用以侍奉皇帝。他作的《征人歌》《早行篇》，喜爱的人将诗意画在屏风上。"回乐峰前沙似雪，受降城外月如霜"这二句，全国都当作歌词来唱。

李 贺 传

诗人李贺

【原文】

李贺，字长吉，宗室郑王之后。父名晋肃，以是不应进士，韩愈为之作《讳辨》，贺竟不就试。手笔敏捷，尤长于歌篇。其文思体势，如崇岩峭壁，万仞崛起。当时文士从而效之，无能仿佛者。

【译文】

李贺，字长吉，唐宗室郑王（李渊子元懿）的后代。父亲名叫晋肃，因此李贺不参加进士科的科举考试，韩愈为他作了《讳辨》，李贺到底也还是不赴考。他文笔敏捷，尤其擅长于诗歌。他诗中的构思、气派，就好像高峻的山峰，陡立的石壁，万丈突起。当时的文人跟随着仿效他的作品，但没有人能达到和他相似的。

赵 憬 传

选士古今为难

【原文】

"异同之论，是非难辨。由考课难于实效，好恶杂于众声，所以访之弥多，得之弥少。选士古今为难，拔十得五，贤愚犹半。……进贤在于广任用，明殿最，举大节，弃其小瑕，随其所能，试之以事，用人之大纲也。"

【译文】

"（对于同一个人的）不同议论，谁是谁非很难辨别。由于考核难于查出真实的情形，爱憎感情夹杂在众人的议论里，所以访问调查得越多，得到的人才越

少。选拔士人这件事从古到今都是很难办的。选择十个人，得到五个，其中贤良和愚劣的还是各占一半。……扶助诱进贤才在于放手使用，明察其政绩的高下，重视大的品节操行，不管那些小缺点。按照他本人的才能（授予相当的职务），通过办事来考查他，这是用人方面最重要的环节。

赵憬为相器度弘大

【原文】

初，憬廉察湖南，令狐峘、崔儆并为巡属刺史。峘尝历中书舍人、礼部侍郎；儆久在朝列，所为或亏法令，憬每以正道制之。峘、儆密遣人数憬罪状，毁之于朝。及憬为相，拔儆自大理卿为尚书右丞，峘先贬官别驾，又擢为吉州刺史。时人多之。

【译文】

起初，赵憬监察湖南，令狐峘（huán）、崔儆都是他巡视区域所属的州刺史。令狐峘曾历任中书舍人、礼部侍郎，崔儆也长期在朝廷做官。这两个人在刺史任上的作为，有些违背法令的地方，赵憬常用正道来制止他们。令狐峘和崔儆暗中派人列举赵憬的罪过，在朝廷上毁谤他。到（贞元八年，公元792年）赵憬作了宰相，将崔儆从大理卿提拔为尚书右丞，令狐峘原先已贬官作别驾，现在赵憬升他作吉州（在今江西吉官）刺史。当时人们很推崇赵憬的这种器度。

贾 耽 传

地理学家贾耽

【原文】

耽好地理学，凡四夷之使及使四夷还者，必与之从容，讯其山川土地之终始，是以九州之夷险，百蛮之土俗，区分指画，备究源流。自吐蕃陷陇右积年，国家守于内地，旧时镇戍，不可复知。耽乃画陇右、山南图，兼黄河经界远近，聚其说为书十卷。

【译文】

贾耽爱好地理学。凡是四方边疆其他民族使者（来长安）或（唐朝）出使边塞回来的人，贾耽定要和他们闲谈，从中间询问各处山脉、河流、土地的位置和沿革，因此华夏九州的地理形势，少数民族的土风奇俗，贾耽都能加以分析指点，详细地考究了它们的来龙去脉。自从吐蕃攻陷陇右以来多年了，朝廷只能守位内地，以前镇守过的地方的情形，不再得知了。贾耽于是绘制了陇右、山南的地图，还标明黄河流经各地的路线及与城邑军镇的距离。他将自己的考究所得归纳起来著书十卷。

陆 贽 传

谏 德 宗

【原文】

今盗遍天下，舆驾播迁，陛下宜痛自引过，以感动人心。昔成汤以罪己勃兴，楚昭以善言复国。陛下诚能不吝改过，以言谢天下，使书诏无忌，臣虽愚陋，可以仰副圣情。庶令反侧之徒，革心向化。

【译文】

现在盗贼遍布天下，大驾流转迁徙，陛下应当痛心地把过失归于自身，来使人心受到感动。古代商汤因为归罪于己而得到复兴和强盛，楚昭王因为用诚恳的言辞自责而恢复了国家。陛下如果能够不惜改正过失，用（沉痛的）话语向天下的人们道歉，让起草诏书的没有顾忌，我虽然愚昧鄙陋，也可以上合陛下的意旨。（这样做了）才有可能使反叛的人回心转意，向慕陛下的教化（而归顺朝廷）。

武则天知人善任

【原文】

往者则天太后践祚临朝，欲收人心，尤务拔擢。弘委任之意，开汲引之门，进用不疑，求访无倦，非但人得荐士，亦许自举其才。所荐必行，所举辄试。其于选士之道，岂不伤于容易哉？而课责既严，进退皆速。不肖者旋黜，才能者骤升。是以当代谓知人之明，累朝赖多士之用。

【译文】

从前则天太后登基掌朝，想收揽人心，特别着力于官员的提拔晋升。大胆地委派任用，敞开地吸收引进。在晋升和使用上都不迟疑，还不停地搜求查访人才。不但每人都可推荐别人，也允许自己申报自己的才能。被推荐的和自举的，都一定能得到任用。武则天的这种做法，就选士用人的道理来说，难道没有大意轻率的弊病吗？只是她对官吏的考核、要求已很严格，引进和辞退都很快，不好的立即罢免，有才能的迅速提升。因此武后时期人们称她有鉴别人才的眼力，以后连续几朝还依靠、使用她选择的众多贤才呢。

李吉甫为忠厚长者

【原文】

初，赞秉政，贬驾部员外郎李吉甫为明州长史，量移忠州刺史。赞在忠州与吉甫相遇，昆弟门人咸为赞忧。而吉甫忻然厚礼，都不衔前事，以宰相礼事之。犹恐其未信未安，日与赞相狎，若平生交契者。赞初犹惭惧，后乃深交。时论以吉甫为长者。

【译文】

当初，陆贽做宰相，贬驾部员外郎李吉甫作明州（在今浙江宁波）长史，后调升为忠州（在今四川忠县）刺史。陆贽在忠州与李吉甫相遇在一起，兄弟学生都替陆贽发愁。可是李吉甫却喜悦地给予陆贽厚厚的礼遇，一点也不记恨过去的事，用对待宰相的礼仪接待他。李吉甫还怕他不相信、不放心，就天天与他亲热地在一起，象从来是好朋友一样。陆贽一开始还感到惭愧害怕，后来就与李吉甫建立了深交。当时的舆论认为李吉甫是忠厚有德的人。

张 建 封 传

宫 市

镇墓兽俑　唐

【原文】

时宦者主宫中市买，谓之"宫市"。抑买人物，稍不如本估。末年不复行文书，置"白望"数十百人于两市及要闹坊曲，阅人所卖物。但称宫市，则敛手付与，真伪不复可辨，无敢问所从来及论价之高下者。率用直百钱物买人直数千物，仍索进奉门户及脚价银。人将物诣市，至有空手而归者。名为宫市，其实夺之。

【译文】

当时宦官主持皇宫里生活用品的购买，叫作"宫市"。他们用威压手段买人家的货物，渐渐不照本价付钱。到了德宗末年，不再使用宫中的文书。安排几十成百的人在市场和热闹的街巷，观察商贩所卖的货物，叫作"白望"。只说自己是宫市，商人就恭恭敬敬地交货，是真是假不可分辨。不敢问是哪里来的，也不敢嫌给价的高低了。大多用一百文钱买人家值几千文的商品，还向商人索取自己奉献（皇宫）门官及雇人运货的花费。商贩带货到市场上，甚至有空手回家的。名义叫宫市，实际上是掠夺。

卖柴人所遇

【原文】

尝有农夫以驴驮柴，宦者市之，与绢数尺，又就索门户，仍邀驴送柴至内。农夫啼泣，以所得绢与之，不肯受，曰："须得尔驴。"农夫曰："我有父母妻子，待此而后食。今与汝柴而不取直而归，汝尚不肯，我有死而已！"遂殴宦者，……。

【译文】

曾经有个农夫用驴驮着柴火出卖，宦官买下柴火，给了他几尺绢作价钱，又向他索取交给（皇宫）门官的钱，竟还要农夫的驴给他送柴到宫内。农夫哭起来，把得到的绢还给他，宦官不收，说："一定要你的驴。"农夫说："我有父母亲和老婆孩子，靠着它吃饭。今天给了你柴火，不要价钱回去，你还不行，我只

有死了!"于是就殴打那个宦官,……。

田承嗣传

田季安凶暴无比

【原文】

季安性忍酷,无所畏惧。有进士丘绛者,尝为田绪从事。及季安为帅,绛与同职侯臧不协,相持争权。季安怒,斥绛为下县尉。使人召还,先掘坎于路左,既至坎所,活排而瘗之。其凶暴如此。

【译文】

田季安心性残忍苛酷,对什么都不害怕。有个进士叫丘绛的,曾经做过田绪的从事。到田季安作节度使时,丘绛和同僚侯臧关系不好,相持不下地争夺权力。田季安发了怒,贬斥丘绛到下属的县里做县尉。又派人叫他回来,先在路边挖了坑,等丘绛走到坑跟前,活活地把他推下去再埋上土。田季安就是这样凶狠暴虐。

田弘正传

儒雅朴素

【原文】

弘正乐闻前代忠孝立功之事。于府舍起书楼,聚书万余卷,视事之隙,与宾佐讲论古今言行可否。……魏州自承嗣以来,馆宇服玩有逾常制者,悉命彻毁之。以正厅大侈不居,乃视事于采访使厅。宾僚参佐,请之于朝。颇好儒书,尤通史氏、《左传》、国史,知其大略。

【译文】

田弘正喜欢了解历史上忠臣孝子以及建功立业方面的事迹。他在府宅里修起藏书楼,聚集了一万多卷图书,办公的空暇和宾客助手一起谈论古今人们的言行事迹及其优劣。……魏州从田承嗣以来,馆舍房屋、服饰器玩有超过常规的,命令全部撤去或拆毁。因为正厅豪华奢侈而不用,就在采访使的厅堂里办公。幕宾僚属、参谋助手的配备,报请朝廷审批。他很爱读儒家典籍,尤其通晓历史著作,《左传》和本朝(唐)史事,田弘正都知道它们的主要内容。

张孝忠传

与部下同甘苦

【原文】

贞元二年,河北蝗旱,米斗一千五百文。复大兵之后,民无蓄积,饿殍相枕。孝忠所食,豆䝓而已,其下皆甘粗粝。人皆服其勤俭,孝忠为一时之贤将

也。

【译文】

　　贞元二年（786），河北闹蝗虫和旱灾，一斗米的价钱高达一千五百文。又是在大战之后，百姓们没有蓄积的粮食，饿死的人尸体一个压一个。义武军节度使、易定沧等州观察使、同平章事张孝忠，吃的仅止于豆屑，他的部下也都把粗粮糙米当作美食。人们都佩服张孝忠的勤俭刻苦，他真是当代一位贤明的将领。

列传第九十一论赞

治乱在于法制

粉彩天王俑　唐

【原文】

　　朝廷治乱，在法制当否，形势得失而已。秦人叛上，法制失也。汉道勃兴，形势得也。……开元之政举，坐制百蛮。天宝之法衰，遂沦四海。玄宗一失其势，横流莫救，地分于群盗，身播于九夷。河朔二十余州，竟为盗穴。

【译文】

　　国家政治的平安和混乱，在于法律制度是否得当，（对）客观情势（的发展）是否掌握得住而已。秦朝人民反对朝廷，是因为法律制度失当。汉代的治理（使国家）蓬勃兴盛，是因为掌握了天下的情势。……唐玄宗开元时期政治得力，很容易地控制了四方蛮夷。天宝年间法制衰败，就使全国各地沦入叛贼之手。玄宗一旦失去了他对形势的驾驭，（天下就如大河决口）暴水四流，没有谁能挽救，土地被盗贼们瓜分，连皇帝自身也迁徙流亡到偏远之地。河北、朔方的二十多个州府也竟然成了强盗的巢穴。

列传第九十三论赞

军阀凶如虎狼

【原文】

　　国家崇树藩屏，保界河山，得其人则区宇以宁，失其授则干戈勃起。若怀仙之辈，习乱河朔，志深狡蠹，忠义之谈，罔经耳目，以暴乱为事业，以专杀为雄豪，或父子兄弟，或将帅卒伍，迭相屠灭，以成风俗。斯乃王道浸微，教化不及。惜哉蒸民，陷被虎吻！

【译文】

　　朝廷（委任大将镇守边塞）高高地建立国家的屏障，保护国土，得到适当的人选就能使国家安宁，授任不当就使内战蓬勃兴起。象幽州节度使李怀仙这帮人，惯于在河北朔方一带作乱，内心比狡兔、蠹虫还要奸诈恶毒，没有受过忠孝仁义的教化，将暴乱当作事业，把擅自杀人当作英雄豪杰。以至于他们内部，有

的是父子兄弟这样的亲属，有的是将帅和士卒这样的上下级，其间屡次地互相屠杀消灭，成为了风气。这是朝廷治理之道的衰败，教化没有实施的结果。民众真可怜啊，活活落入了虎口！

李元谅传

李元谅守陇右

【原文】

良原古城多摧圮，陇东要地，虏入寇，常牧马休兵于此。元谅远烽堠，培城补堞。身率军士，与同劳逸。艿林薙草，斩荆榛，俟干，尽焚之，方数十里，皆为美田。劝军士树艺，岁收粟菽数十万斛。生植之业，陶冶必备。……泾、陇由是义安，虏深惮之。

【译文】

良原（在今甘肃崇信以南）的古城墙多已倒塌，它是陇东的军事重地，吐蕃、回纥的军队进入关内侵扰时，常常在这里放马、休息。陇右节度使李元谅于是在远处设立烽火台和瞭望的亭堡，修补古城墙。亲自带领士兵，和他们一起劳动休息。伐倒树木，除去野草，斩掉灌木，等晒干了，全部焚烧。使几十里见方的一大片荒地都变成了良田。勉励士兵们栽培种植，一年可收获谷子豆子几十万斛。还生产其他日用品，制陶、冶炼这些必需的行业也很完备。泾州、陇州因此得到安定，敌人十分畏惧。

李忠臣传

李忠臣其人

【原文】

忠臣性贪残好色，将吏妻女多被诱胁以通之。又军无纪纲，所至纵暴，人不堪命。……建中初，尝因奏对，德宗谓之曰："卿耳甚大，真贵人也。"忠臣对曰："臣闻驴耳甚大，龙耳甚小。臣耳虽大，乃驴耳也。"上说之。

【译文】

汴州（在今河南开封）刺史李忠臣贪婪残暴，爱好女色，将校官吏的妻子女儿多被他诱胁而私通。还有，他的军队没有法纪，到了一地放纵暴虐，人们不能活命。……建中（公元780～783年）初，在一次李忠臣入宫奏答的时候，德宗对他说："您的耳朵很大，真是贵人呀！"李忠臣回答说："我听说驴耳朵很大，龙耳朵很小。我耳朵虽然大，那可是驴耳朵呀！"皇帝听了很高兴。

李希烈传

草菅人命

【原文】

希烈性惨毒酷，每对战阵杀人，流血盈前，而言笑饮馔自若。以此人畏而服从其教令，尽其死力。其攻汴州，驱百姓，令运木土筑垒道，又怒其未就，乃驱以填之。

【译文】

淄青节度使李希烈性格凶狠毒辣，常常面对战场上的厮杀、鲜血流满眼前，可是他依旧谈笑吃喝不变常态。因此部下惧怕他，服从他的命令，拼死尽力。他攻打汴州（在今河南开封）时，驱赶百姓，让他们转运土方木料来修筑工事，又恨他们没有修成，就将他们赶进坑道埋在里面。

严绶传

严绶受劾

【原文】

绶虽名家子，为吏有方略，然锐于势利，不存名节，人士以此薄之。尝预百僚廊下食，上令中使马江朝赐樱桃。绶居两班之首，在方镇时识江朝，叙语次，不觉屈膝而拜，御史大夫高郢亦从而拜。是日，为御史所劾，绶待罪于朝，命释之。

【译文】

严绶虽然出身名门，作官办事有方法策略，可是他着力于奉承有权势的人，不注意名誉品节，人士们因此鄙薄他。曾有一次，严绶参加百官们在殿下廊屋的聚餐，唐德宗委派内廷官员马江朝赐给他们樱桃。严绶的席位在文武两班大臣的最前面（按：严当时任尚书右仆射，官阶是从二品，比宰相地位高），过去他任河东节度使时认识了马江朝，宴席上叙谈的时候，严绶不觉得就下跪行拜了，御史大夫高郢也跟着拜起来。这天，严绶的失礼举动受到了御史的检举，他就在朝廷里等候降罪，皇帝命令宽免了他。

杜亚传

杜亚治扬州

【原文】

盛为奢侈。江南风俗，春中有竞渡之戏，方舟并进，以急趋疾进者为胜。亚乃令以漆涂船底，贵其速进。又为绮罗之服，涂之以油，令舟子衣之，入水而不濡。亚本书生，奢纵如此，朝廷亚闻之。

【译文】

扬州（在今江苏扬州）长史杜亚，大搞奢侈豪华的活动。江南一带的习俗，在春季里有赛船的游戏，并排的船只一齐进发，将急速行驶、迅疾前进的当作胜利者。杜亚让人用漆涂抹船的底部，看重这样的船速度快。还做了带有彩绘的丝衣，涂上油脂，让船夫穿上，即使掉进水里，衣服也不会弄湿。杜亚本来是个书生，竟像这样奢侈，朝廷屡次听到他的这类事。

于 颀 传

以柔佞升官

【原文】

好任机数，专候权要，朝列中无势利者，视之蔑如也。曲事元载，亲昵之。……时征汾州刺史刘暹，暹刚肠疾恶，历典数州，皆为廉使畏惧。宰相卢杞恐暹为御史大夫，亏沮己之所见，遽称荐颀为御史大夫，以其柔佞易制也。

青玉飞天　唐

【译文】

京兆尹于颀（qí）喜欢使用机谋权术，专爱拜访权贵要人，朝廷大臣中没有势力、与自己无利害关系的，于颀则很轻视他们。曲意侍奉奸相元载，和他很亲密。……当时朝廷征调汾州（在今山西汾阳）刺史刘暹（xián）到京。刘暹性格刚直，痛恨恶人，连任几个州的刺史，都让观察使（道一级的官员，监

察所属州县）感到害怕。宰相卢杞怕刘暹作了御史大夫，不利于自己的政见（获准并实行），急忙称赞推荐于颀作了御史大夫，因为他柔顺谄媚，容易控制。

杜 兼 传

濠州刺史杜兼

【原文】

兼性浮险，豪侈矜气。……乃恣凶威。录事参军韦赏、团练判官陆楚，皆以守职论事忤兼，兼密诬奏二人通谋，扇动军中。忽有制使至，兼率官吏迎于驿中，前呼陆楚、韦赏出，宣制杖杀之。……皆名家，有士林之誉，一朝以无罪受戮，郡中股栗，天下冤叹之。

【译文】

濠州（在今安徽凤阳）刺史杜兼性格浮躁而险恶，高傲自大，盛气凌人，……于是在任上恣意行凶施威。录事参军韦赏、团练判官陆楚，都因为遵守职

责，在谈论政事时违背了杜兼的意愿。杜兼就秘密向朝廷奏报他们二人串通谋划，煽动军队。某天忽然有皇帝的传令官来到，杜兼带领官吏到驿馆迎接，传令官站在前面叫韦赏、陆楚出来，宣读了诏令，用刑仗打死了他们。……韦赏、陆楚都出身名门，得到士人们的称誉，一旦因无罪而被杀，濠州的人们都感到恐惧，天下各地知道了都认为他们冤枉而叹息。

裴 玢 传

公情苦节

【原文】

玢历二镇，颇以公清苦节为政。不交权幸，不务贡献，蔬食蔽衣，居处才避风雨。而廪仓饶实，三军百姓安业，近代将帅无比焉。

【译文】

裴玢历任两个军镇的节度使，很能以自身的公正清廉、朴素刻苦来执行政务。不交结权贵宠臣，不大力进送贡品，吃粗食，穿破衣，住宅仅能遮风避雨罢了。可是官仓里堆满了粮食，军队、百姓安乐地从事各自的职业，近代的武将没有能比得上他的。

杜 黄 裳 传

唐德宗姑息贻患

【原文】

德宗自艰难之后，事多姑息。贞元中，每帅守物故，必先命中使侦伺其军动息。其副贰大将有物望者，必厚赂近臣以求见用。帝必随其称美而命之，以是因循，方镇罕有特命帅守者。

【译文】

德宗自从经历大乱之后，处理政事经常无原则地宽容迁就。贞元（公元785～805年）时期，每当地方上的节度使去世，一定先派朝廷的使者探听那支军队里的动静。作节度使副手的大将在众人中有名望的，必定送厚礼给使者，希求得到任用。皇帝也必定顺随他们的赞美而任命那个副手作节度使，因此相沿成习，地方军镇极少有朝廷独自任命的人作节度使的。

杜黄裳宽厚待人

【原文】

黄裳性雅澹宽恕，心虽从长，口不忤物。始为卿士，女嫁韦执谊，深不为执谊所称。及执谊谴逐，黄裳终保全之。洎死岭表，请归其丧，以办葬事。及是被疾，医人误进其药，疾甚而不怒。

【译文】

宰相杜黄裳性情高雅淡泊，宽厚爱人。心里想得长远，说话不顶撞别人。他当初在德宗朝作太常卿的时候，将女儿嫁给了韦执谊，韦执谊很不称道他的为人。到后来韦执谊遭到谴责放逐，杜黄裳还是保护成全了他。及至韦执谊死在岭南，杜黄裳请求（朝廷允许）运回灵柩来办理丧事。到宪宗元和三年（公元808年）杜黄裳染病，医生用错了药，病情更加严重，可是他并不恼怒那个医生。

高郢传

高郢掌选举

【原文】

时应进士举者，多务朋游，驰逐声名。每岁冬，州府荐送后，唯追奉宴集，罕肆其业。郢性刚正，尤嫉其风，既领职，拒绝请托，虽同列通熟，无敢言者。志在经艺，专考程试。凡掌贡部三岁，进幽独，抑浮华，朋滥之风，翕然一变。

【译文】

德宗时期，参加进士考试的人，多数致力于交朋结友，竞相追求虚名。每年冬季，应试的贡生经州府推荐送到京城以后，他们只是忙于追寻奉承权贵，请客送礼，极少有人温习课业。礼部侍郎高郢（yǐng）为人刚正，特别痛恨这种不良风气，既已掌管科举考试，就拒绝考生的求情拜托，即使是同僚熟人，也没有敢来说情的。他一心在于考查经书学问的高下，专门考核规定的科目成绩。主管礼部共三年，他引幽寂而无门路（但具真才实学）的人，抑制虚浮而有声华之士，群朋相引、滥竽充数的风气全然改变了。

高郢奉法慎密

【原文】

郢性恭慎廉洁，罕与人交游，守官奉法勤恪，掌诰累年，家无制草。或谓之曰："前辈皆留制集，公焚之何也？"曰："王言不可存私家。"时人重其慎密。

【译文】

高郢为人肃恭谨慎，廉直清正，很少跟官僚们交往。遵守职责，奉行法令，都很勤劳而诚实。掌管起草皇帝的文告好些年，家里不保存文告的草稿。有人对他说："前辈（主草诏令的大臣）都留下了自己所草诏书的集子，您为什么要焚掉那些草稿呢？"回答道："皇帝的言论不可保留在私人家里。"当时的人看重他的谨慎细密。

杜 佑 传

安边宜取和柔之策

【原文】

"今戎丑方强，边备未实。诚宜慎择良将，诫之完葺，使保诚信，绝其求取，用示怀柔。来则惩御，去则谨备。自然彼怀，革其奸谋。何必遽图兴师，坐致劳费！"

【译文】

"现在正当吐蕃军队强大的时候，边塞的防备还不充实。确实应该选择好的将领（守边），告诫他们修备好边防，守住信用，拒绝吐蕃的无理要求，用来表示朝廷的宽大和柔的政策。如果他们来犯就加以惩罚抵御，撤退了就小心防备。这样吐蕃就自然怀念朝廷的恩德了，除去野心。为什么一定要猛然打算动用兵力，从而疲劳军队、耗费资财呢！"

唐宪宗评杜佑

【原文】

"蕴经通之识，履温厚之姿，宽裕本乎性情，谋猷彰乎事业。博闻强学，知历代沿革之宜；为政惠人，审群黎利病之要。由是再司邦用，累历藩方，出总戎麾，入和鼎实。聿膺重寄，历事先朝，左右朕躬，夙夜不懈。"

【译文】

杜佑怀有纯正通达的才识，行为有温柔敦厚的风采。性情宽厚从容，在事业上显示了深谋大略。知识渊博，学习努力，知道各代政治制度演变的得失。执行政务能施惠给百姓，熟悉民众利益疾苦的关键所在。因此曾两度掌管国家财政，多次担任地方军政大员。出朝能统帅藩镇将士，入京作相善于协理国政。承受天子的重大寄托，先后侍奉肃、代、德、顺四朝。后又辅佐我自己，日夜努力，从不懈怠。

杜佑撰《通典》

【原文】

初，开元末，刘秩采经史百家之言，取《周礼》六官所职，撰分门书三十五卷，号曰《政典》，大为时贤称赏，房琯以为才过刘更生。佑得其书，寻味厥旨，以为条目未尽。因而广之，加以开元礼、乐，书成二百卷，号曰《通典》。贞元十七年，自淮南使人诣阙献之。

鎏金银熏球　唐

【译文】

　　当初，在开元（公元 713～741 年）末期，学者刘秩采集经籍、史书和诸子百家的论述，按照《周礼》"天官、地官、春官、夏官、秋官、冬官"职责的划分，将历代典章制度分门编撰为三十五卷的书，名叫《政典》。这部书很受当代贤人的称道欣赏，房琯认为刘秩的才学超过了西汉的大学问家刘向（本名更生）。杜佑得到《政典》这部书，钻研体味它的要旨，认为所列条目还不够完善。于是就着原书加以扩充，增加了开元时期的礼仪、音乐等内容，编成了二百卷的大书，取名《通典》。贞元十七年（公元 801 年），杜佑在淮南节度使任上派人进京将这部书献给了皇帝。

裴 垍 传

裴垍善于用人

【原文】

　　在相位，用韦贯之、裴度知制诰，擢李夷简为御史中丞，其后继踵入相，咸著名迹。其余量才赋职，皆叶人望。选任之精，前后莫及。议者谓垍作相，才与时会，知无不为，于时朝无幸人，百度寖理。

【译文】

　　（宪宗朝）裴垍（jì）在宰相的职位上，任用韦贯之、裴度掌管诏令的起草，提拔李夷简做御史中丞。以后这些人前后相继作了宰相，名声事迹都很显著。起用的其他人也是衡量才能的高低给予相当的官职，都合乎人们的愿望。选拔任用的精当，是前朝后代没有人可比的。评论的人说，裴垍做宰相，才干与时势相合（指他为皇帝所倚重），认为该做的事没有不办的，在当时朝廷里没有心存侥幸的人，各种法度逐步走上正轨。

李 藩 传

足用系于俭约

【原文】

　　古人云："'俭以足用'。盖足用系于俭约。诚使人君不贵珠玉，唯务耕桑，则人无淫巧，俗自敦本。'百姓既足，君孰与不足？'自然帑藏充羡，稼穑丰登。若人君竭民力，贵异物，上行下效，风俗日奢，去本务末，衣食益乏。则百姓不足，君孰与足？"

【译文】

　　古人说："'用俭朴来满足（对）费用（的需求）'。费用的满足与俭朴节约是密切相关的。假若君主不贵爱珠玉这类宝物，只重视农业生产，那么百姓就不会追求淫逸、珍奇，风俗自然将重农务本。'百姓既然够用了，君主怎么会不够？'这样国库的积蓄自然充实有余，农业丰收。如果君主耗尽民力，贵爱珍奇的物品，上面这样做，下面百姓跟着仿效，风气一天比一天奢侈，放弃农业，从

事商贩，穿的吃的用品越来越缺少。那将是'百姓不够用，君主怎么会够?'"

涂 改 圣 旨

【原文】

时河东节度使王锷用钱数千万赂遗权幸，求兼宰相。藩与权德舆在中书，有密旨曰："王锷可兼宰相，宜即拟来。"藩遂以笔涂"兼""相"字，却，奏上云："不可。"德舆失色曰："纵不可，宜别作奏，岂可以笔涂诏耶?"曰："势迫矣! 出今日，便不可止。日又暮，何暇别作奏!"事果寝。

【译文】

当时河东节度使王锷（è）用几千万贯钱送给给权贵宠臣，请求让自己兼任宰相职务。某天宰相李藩、权德舆在中书省，皇帝下了密旨，上面写道："王锷可兼宰相，应当立即拟定任命的诏书交来。"李藩于是用笔涂掉了"兼""相"二字，退回密旨，还在上面写了奏语："不可。"权德舆大惊失色，说："即使不可，应当另行写奏文，怎么可以用笔涂改诏书呢?"李藩说："情势很紧迫呀! 过了今天，就挡不住了。天色又晚了，哪里有时间另写奏文!"王锷兼宰相一事果然压下不提了。

权 德 舆 传

著作家权德舆

【原文】

性真亮宽恕，动作语言一无外饰，蕴藉风流，为时称向。于述作特盛，六经百氏，游泳渐渍，其文雅正而弘博。王侯将相洎当时名人薨没，以铭记为请者什八九，时人以为宗匠焉。尤嗜读书，无寸景暂倦。有文集五十卷，行于代。

【译文】

（宪宗朝宰相）权德舆，心性正直诚实，宽厚爱人，行动言谈都不虚假做作，含蓄深沉而富有文采，被当代文人称赞仰慕。在著作和论述上特别丰盛，由于对儒家经典和诸子百家经常涵咏体味，受其潜移默化，所以他的文章格调典雅纯正，内容弘深博大。王侯将相以及当时名人去世时，十有八九都要请权德舆撰写墓志铭或传记，当时人将他当作可敬仰的文化巨匠。特别爱好读书，时间抓得很紧，极少感到厌倦。他留下五十卷的文集，通行于世。

于 休 烈 传

明君不忘规过

【原文】

肃宗自凤翔还京，励精听受。尝谓休烈曰："君举必书，良史也。朕有过失，卿书之否?"对曰："禹、汤罪己，其兴也勃焉。有德之君，不忘规过，臣不胜大

国学经典文库

庆！"

【译文】

唐肃宗从凤翔回到京城长安，振作精神听取臣下的意见。他曾对兼修国史的太常少卿于休烈说："国君的举动一定要作记载，这才是良好的史官。我有了过失，您写它吗？"于休烈说："夏禹、商汤将过失归于自己，他们的政治就蓬勃兴盛。具有明德的君主不忘记（让臣下）纠正过错，我不禁要向陛下热烈庆贺！"

于休烈清俭好学

【原文】

在朝凡三十余年，历掌清要，家无儋石之蓄。恭俭温仁，未尝以喜怒形于颜色。而亲贤下士，推毂后进，虽位崇年高，曾无倦色。笃好坟籍，手不释卷，以至于终。

漆绘胡瓶　唐

【译文】

于休烈在朝三十余年（自玄宗至代宗时期），接连执掌清贵显要的官职，而家里连二百斤粮食储蓄也没有。他谦恭俭朴，温和仁爱，未曾以自己的喜怒感情用事。亲近贤吏，屈尊接待士人，提携资历浅的年轻人，虽然自己地位尊贵，年事高迈，也未曾有厌倦的表示。深深喜爱古书，经常阅读，一直到去世。

令 狐 峘 传

有德者葬逾薄

【原文】

秦始皇葬骊山，鱼膏为灯烛，水银为江海，珍宝之藏，不可胜计。千载非之。……张释之对孝文曰：'使其中无可欲，虽无石椁，又何戚焉！'汉文帝霸陵皆以瓦器，不以金银为饰。由是观之，有德者葬逾薄，无德者葬逾厚，昭然可睹矣。

【译文】

秦始皇葬在骊山（在今陕西临潼），墓室里用鱼脂做灯烛照明，灌注水银造成江海模型，收藏的珍奇宝器，不可尽数。一千多年来人们都斥责它的豪奢。……（西汉初，中郎将）张释之对文帝说：'假使坟墓里没有别人想劫取的珍宝之类，即使不用石制的外棺，那还有什么可忧虑的呢？'葬汉文帝的霸陵（在今陕西西安东），全部用陶器陪葬，不用金银作装饰。由此看来，越是有德的人丧葬越是俭薄，越是无德的人丧葬越是丰厚，这个道理是明白可见的了。

归 崇 敬 传

归登宽博容物

【原文】

……宽博容物。尝使僮饲马，马蹄躐，僮怒击折马足。登知而不责。晚年颇好服食，有馈金石之药者，且云先尝之矣，登服之不疑。药发毒几死，方讯，云未之尝。他人为之怒，登视之无愠色。

【译文】

（宪宗时工部尚书）归登心性宽厚，善于容人。曾经让仆人喂马，（不意被）马踢了，仆人发怒，打折了马腿，归登知道了，也不责怪仆人。他晚年很喜欢服用（道士的）丹药，有人送给他金石炼出的药，还说已经先尝过了，归登就不迟疑地服下了。结果药毒发作，几乎致死。这才询问送药人，说是没尝过。要是别人将会为此而发怒，可是归登对着那人，脸上并没有不高兴的表示。

张 鷟 传

张鷟文名远扬

【原文】

鷟，字文成，聪警绝伦，书无不览。……下笔敏速，著述尤多，言颇诙谐。是时天下知名，无贤不肖，皆记诵其文。天后朝中使马仙童陷默啜，默啜谓仙童曰："张文成在否？"曰："近自御史贬官。"默啜曰："国有此人而不用，汉无能为也。"新罗、日本东夷诸蕃，尤重其文，每遣使入朝，必重出金贝以购其文。其才名远播如此。

【译文】

张鷟，字文成，聪明机警，超出常人，曾广泛阅读各种书籍。……他写作速度快，作品特多，语言富有风趣。当时就已名传天下，不论是什么流品的人，都记诵他的作品。在武则天朝，朝廷使者马仙童陷入后突厥可汗默啜之手，可汗对马仙童说："张文成还在吗？"回答说："近来从御史任上贬官了。"可汗说："朝廷有这样的人才而不重用，唐帝国看来是治理不好了。"新罗（国名，在今朝鲜）、日本及东方其他小国，非常推崇他的文章。他们每逢派遣使者来唐朝，都必定拿上很多金钱购买他的书。张鷟就是这样地才名远扬。

蒋 义 传

史官蒋义

【原文】

义性朴直，不能事人，或遇权臣专政，辄数岁不迁官。在朝垂三十年，前后

国学经典文库

每有大政事、大议论，宰执不能裁决者，必召以咨访。义征引典故，以参时事，多合其宜，然亦以此自滞。而好学不倦，老而弥笃，虽甚寒暑，手不释卷。旁通百家，尤精历代沿革。……义居史任二十年，所著《大唐宰辅录》七十卷，《凌烟阁功臣》《秦府十八学士》《史臣》等传四十卷。

【译文】

蒋义（yì）性格质朴正直，不善于侍奉上级，如果遇上擅权的大臣掌政，就连着好几年不能升官。在朝廷将近三十年（事德宗、宪宗，一直任史馆修撰），其间每当有重大的政事、议论，宰相们不能做出决断时，皇帝一定召他来咨询。于是蒋义就引证古代的典章旧事，与当时的政事相参照，多能切合时宜，可是也因此（得罪了权贵而）仕途滞留不进。但他爱好学习，不知疲倦。到了老年更是专心致志，虽是严寒酷暑，手中的书也不放下。广泛地通晓各门学问，尤其对历代制度的继承和演变情况很精熟。……蒋义任史官二十年，著作有《大唐宰辅录》七十卷，《凌烟阁功臣》《秦府十八学士》《史臣》等传记四十卷。

柳 登 传

柳芳撰唐史

【原文】

芳，肃宗朝史官……。勤于记注，含毫罔倦。属安、史乱离，国史散落，编缀所闻，率多阙漏。上元中坐事徙黔中，遇内官高力士亦贬巫州，遇诸途。芳以所疑禁中事，咨于力士。力士说开元、天宝中时政事，芳随口志之。又以《国史》已成，经于奏御，不可复改，乃别撰《唐历》四十卷，以力士所传，载于年历之下。

【译文】

柳芳，肃宗朝的史官……。勤恳地记载国家大事，经常写作，不知疲倦。正当安史之乱，有关唐朝各代史事的书籍大都散失，柳芳编集自己所听说的史实，大多缺漏不全。上元（公元760~761年）年间，柳芳因事被贬徙黔中（道名，在今贵州一带），正碰上这时宦官高力士也被贬往巫州（在今湖南黔阳西），两人在路上相遇。于是柳芳将自己对宫中大事有疑问的地方，向高力士咨询。高力士详谈了开元、天宝时期的政事，柳芳将他口述的内容记了下来。他认为（自己以前与韦述添修吴兢所撰而成的）《国史》，经过奏报皇帝审批，不可以再行修改，就另撰了《唐历》四十卷，将高力士所叙述的史事，记载在编年之下。

列传第九十九论赞

史家多坎坷

【原文】

前代以史为学者，率不偶于时，多罹放逐。其故何哉？诚以褒贬是非在于手，贤愚轻重系乎言。君子道微，俗多忌讳，一言切己，嫉之如仇。……后之载笔执简

者，可以为之痛心。

【译文】

以前朝代中研治史学的人，大都不合乎时俗，多数遭受流放弃逐。其原因何在呢？实在是因为对于人和事的表扬批评、肯定否定，都掌握在史家手里；某人品格的贤明愚劣，某事意义的轻微重大，都与史家的一言一字密切相关。君子之道（即人生正道）衰弱不振，世俗多有避讳，（如果史家）一句话切中了自己的弊病，就如同仇人似的憎恨他。……后代作史官的为此而感到极端的伤心。

马 璘 传

猛 将 马 璘

【原文】

尝从李光弼攻贼洛阳。史朝义自领精卒，拒王师于北邙，营垒如山，旌甲耀日，诸将愕眙不敢动。璘独率所部横戈而出，入贼阵者数四，贼因披靡溃去。副元帅李光弼壮之，曰："吾用兵三十年，未见以少击众，有雄捷如马将军者！"

【译文】

左金吾卫将军马璘（lín），曾带兵跟随副元帅李光弼在洛阳攻打叛贼。史朝义亲自率领精锐的士卒，在北邙山（在今河南洛阳）抗拒朝廷的军队。他的营盘、工事坚固如山，大旗、士兵的铠甲与日光相辉耀，唐将们惊惧得瞪大眼睛不敢出动。马璘独自带领部下拿着武器出阵，多次地攻入敌方阵地，贼兵们因而大败溃逃。李光弼佩服观马璘的勇壮气概，说："我带兵打仗三十年，还没见过用少数兵力打败众敌，雄健捷疾像马将军这样的！"

史敬奉传

骁 勇 过 人

【原文】

敬奉形甚短小，若不能胜衣。至于野外驰逐，能禽奔马，自执鞍勒，随鞍跃止，然后羁带。矛矢在手，前无强敌。甥侄及僮使仅二百人，每以自随。临入敌，辄分其队为四五，随逐水草，每数日各不相知。及相遇，已皆有获虏矣。

胡人呵驼俑　唐

【译文】

灵武（在今宁夏永宁）镇将领史敬奉，体形很矮小，好像连衣服都提不起来似的。至于他在原野上，骑马奔驰的时候，能够捉住正在飞跑的马，自己手里拿着马鞍和缰绳，当靠近时随着马鞍一起跳上奔马，然后再系带子笼头。手里拿起武器，再强悍的敌人也能制服。他的外甥侄子以及仆役将近二百人，经常带在身边。当进入敌界时，就将这支人马分作四五股，各自寻找有水草的地方，常常几

天互无联系。但到相逢时，都已经有抓到的俘虏了。

薛存诚传

义不奉诏

【原文】

僧鉴虚者，自贞元中交结权幸，招怀赂遗，倚中人为城社，吏不敢绳。会于頔、杜黄裳家私事发，连逮鉴虚下狱。存诚案鞫得奸赃数十万，狱成，当大辟。中外权要，更于上前保救，上宣令释放，存诚不奉诏。明日又令中使诣台宣旨曰："朕要此僧面诘之，非赦之也。"存诚附中使奏曰："鉴虚罪款已具，陛下若召而赦之，请先杀臣，然后可取。不然，臣期不奉诏。"上嘉其有守，从之，鉴虚竟笞死。

【译文】

僧人鉴虚，从贞元（公元785～805年）年间起就交接权贵宠臣，收纳贿赂馈赠，依仗宦官做靠山，官府不敢用法律制裁他。恰逢这时（指元和八年，公元813年），于頔、杜黄裳的家属杀人及受赃的案件被告发，牵连到鉴虚，他被投进了监狱。御史中丞薛存诚考究审理这个案子，结果查明鉴虚共得到几十万贯的赃款，罪案已定，判为死刑。朝廷内外的权贵要人，接连在宪宗皇帝面前保护救助鉴虚，宪宗发布命令让释放鉴虚，薛存诚不接受这个诏命。第二天，宪宗又派内廷使者到御史台宣布旨意："我索要这个僧人，将当面审讯，并不是为了赦免他。"薛存诚托付使者奏告皇帝："鉴虚罪案的条款已经齐备，陛下如果要召去并赦免他，那就请先杀了我，然后才能取他。不这样，我必将不奉行诏命。"宪宗称赞他严守公法，听从他的意见，鉴虚终究被用刑杖处死了。

卢坦传

为民受罚

【原文】

（卢坦）为寿安令。时河南尹征赋限穷，而县人诉以机织未就，坦请延十日，府不许。坦令户人但织而输，勿顾限也，违之不过罚令俸耳。既成而输，坦亦坐罚，由是知名。

【译文】

（宪宗时）卢坦做寿安（今河南宜阳）县令。当时河南府征收赋税的期限已尽，可是寿安县百姓说应交的布匹还没有织完，卢坦就请求延期十天，河南府不允许。卢坦就让民户尽管织，织完了再送交，不要管期限了，误期也不过是罚县令的薪俸罢了。已经全数织成后送交河南府，卢坦因之受了罚。卢坦由此而闻名了。

许孟容传

论宽政惠民

【原文】

省察庶政之中，有流移征防，当还而未还者；徒役禁锢，当释而未释者；负逋馈送，当免而未免者；沉滞郁抑，当伸而未伸者。有一于此，则特降明命，令有司条列，三日内奏闻。其当还、当释、当免、当伸者，下诏之日，所在即时施行。

【译文】

陛下仔细察看各项政事之中，有没有人参加徭役、守边，应当返回而没有返回的？监禁服役的刑犯，应当释放而没有释放？拖欠的赋税贡品，应当免去而没免？士人无从进升而留滞不前、郁闷不得志，应当拔举而没拔举？如果发现有上述情形中的一条，那就专门下达明确的诏令，让主管机构详细列举，三天内奏告陛下。那些应当返回、应当释放、应当免去、应当举拔的，诏书下达之日，当地政府立即施行。

吕元膺传

吕元膺治蕲州

【原文】

尝岁终阅郡狱囚，囚有自告者曰："某有父母在、明日元正，不得相见。"因泣下。元膺悯焉，尽脱其械纵之，与为期。守吏曰："贼不可纵。"元膺曰："吾以忠信待之。"及期，无后到者。

【译文】

吕元膺曾有一次在年底视察州中监狱里的囚犯，有个囚徒向刺史禀告说："我父母还在，明天是大年初一，亲人不能见面。"说着就哭了。吕元膺很可怜这些人，就全部打开了他们的刑具放回家，给他们定好归期。看守的狱吏说："盗贼不可放掉。"吕元膺说："我用忠信之道对待他们。"到了日子，那些囚犯自动返回，没有迟到的。

薛 戎 传

志 操 坚 贞

【原文】

姚南仲节制郑滑，从事马总以其道直为监军使诬奏，贬泉州别驾。冕附会权势，欲构成总罪，使戎按问曲成之。戎以总无辜，不从冕意，别白其状。……（冕）又构其罪以状闻，置戎于佛寺，环以武夫，恣其侮辱，如是累月，诱令成

总之罪。操心如一，竟不动摇。

【译文】

（德宗时）姚南仲做郑滑节度使，从事马总因为为人正直被监军使诬告到朝廷，贬官为泉州（在今福建泉州）别驾。福建观察使柳冕，为了迎合权贵，想给马总编造事实来定罪，让泉州刺史薛戎审问马总，转弯抹角地办成此事。薛戎因为马总本无罪，没有服从柳冕的意旨，还为马总的冤枉进行辩白。……于是柳冕又给薛戎编造罪状报告朝廷，将薛戎关在佛寺里，用士兵围住他，肆意凌辱，这样搞了几个月，引诱他办成马总的罪案。而薛戎坚持己见，始终如一，到底也不动摇。

薛放对穆宗

【原文】

帝曰："六经所尚不一，志学之士，白首不能尽通。如何得其要？"对曰："《论语》者，六经之菁华，《孝经》者，人伦之本，穷理执要，直可谓圣人至言。是以汉朝《论语》首列学官，光武令虎贲之士皆习《孝经》，玄宗为《孝经》注解，皆使当时大理。四海乂宁。盖人知孝慈，气感和乐之所致也。"

【译文】

唐穆宗说："各部经书的主旨并不相同，有志于儒学的人，到老了也不能全部领会。如何掌握它的要领呢？"刑部侍郎、集贤学士薛放回答说："《论语》是经书中最重要、最好的一部。《孝经》是关于人际关系的根本性理论著作。这两部书完备地概括了万事的大理，抓住了人生、社会最关键、核心的东西，真可以称得上是圣人最正确的学说。因此汉代将《论语》列为学校里第一位的课程，先武帝命令自己的卫士都学习《孝经》。（本朝）玄宗皇帝亲自给《孝经》作了注解。（他们这样做），都使当时的社会得到大治，全国安宁。这是因为人们懂得了孝顺君长、互讲仁爱，心气情感和顺而愉悦，社会就达到了上述的境界。"

韦弘景传

韦弘景抗旨

【原文】

士泾戚里常人，班叙散职，以父任将帅，家富赀财。声名不在于士林，行义无闻于朝野。忽长卿寺，有渎官常。以亲则人物未贤，以勋则宠待常厚。今叨显任，诚谓谬官。

【译文】

驸马刘士泾是贵戚里面极平常的人，在朝官的班行里排列于不执实权的职位（即驸马都尉）上，靠着他父亲作过军队将领，家中富有钱财。他自己在士人群里没有好名声，朝廷上下不知道他做过什么仁义的事情。忽然让他掌管太仆寺（这一中央机构）作卿一级的大臣，这实在玷污了授官任职的常法。用这种超升的办法来表示亲贵吧，可他的人格实在够不上贤良；表示给予荣耀吧，可是他享

受的恃宠待遇本来就足够丰厚的了。今天让他窃居显要的职位，实在称得上是错授官职了。

王彦威传

论杀人者减死

【原文】

兴平县人上官兴因醉杀人亡窜，吏执其父下狱，兴自首请罪，以出其父。京兆尹杜惊、御史中丞宇文鼎以其首罪免父，有光孝义，请减死配流。彦威与谏官上言曰："杀人者死，百王共守。若许杀人不死，是教杀人。兴虽免父，不合减死。"

【译文】

（唐文宗时）兴平县（属京兆府，在今陕西兴平）的一名百姓叫上官兴，因为酒醉杀人而逃窜，官吏拘捕了他父亲关进监狱。这时上官兴投案自首请求判罪来救出父亲。京兆尹杜惊（cóng）、御史中丞宇文鼎依据罪犯用自首来免去父罪，扩大了孝义之道的影响，请求减轻死刑改判发配流放。谏议大夫王彦威和其他谏官一起启奏皇帝说："杀人的人判死刑，是历来各朝各代共同遵守的国法。如果允许杀人的人不死，这是教唆人们杀人。上官兴虽然能免去父罪，也不应当减轻死刑。"

胡人面俑　唐

王彦威停职

【原文】

彦威大结恩私，凡内官请托，无不如意，物议鄙其躁妄。复修王播旧事，贡奉羡余，殆无虚日。会边军上诉衣赐不时，兼之朽故。宰臣恶其所为，令摄度支人吏付台推讯。彦威略不介怀，入司视事。及人吏受罚，左授卫尉卿，停务，方还私第。

【译文】

（唐文宗时）户部侍郎、判度官（职务名称，掌管计划财政）王彦威大搞私人交情，凡是宦官托办的事，全都要使他们满意，舆论鄙视他急于进升而不择手段。再次做起了以前以聚敛出名的王播做过的事，向皇帝权贵奉献所谓赋税中的"余额"，接连不断。几乎没有空着的日子。正好这时边防上的军队报告说，服装分发不及时，而且领到的也是陈旧朽坏了的衣服。宰相憎恨王彦威的作为，命令拘送（户部所属的）度支机关的吏员到御史台受讯。而王彦威却毫不在意，依旧到暑衙办公。等到他的部下受到处罚，他也被降官做卫尉卿，停止了判度支的职务，这才回到自己家里。

武 儒 衡 传

代高崇文治蜀

【原文】

高崇文既发成都，尽载其军资、金帛、帟幕、伎乐、工巧以行。元衡至，则庶事节约，务以便人。比三年，公私稍济。抚蛮夷，约束明具，不辄生事。重慎端谨，虽淡于接物，而开府极一时之选。

【译文】

（唐宪宗初年）剑南西川节度使高崇文卸任离开成都（在今四川成都），出发时军事物资、金银丝绸、帷帐以及歌女乐器、工艺奇巧全部装载随行。接任的武元衡来到了，各项政事都注意节制、俭约，力求便于百姓。到三年时间，公家和私人的日子都渐渐好过了。安抚少数民族，法纪严明而完备，不随意兴兵动武。武元衡为人庄重谨慎，虽然不热衷于接待士人，可是节度府里的佐僚幕宾，尽是当时的俊彦之士。

武儒衡守道不移

【原文】

（武儒衡）才度俊伟，气直貌壮，言不妄发，与人交友，终始不渝。相国郑余庆不事华洁，后进趋其门者多垢衣败服，以望其知。而儒衡谒见，未尝辄易所好，但与之正言直论，余庆因亦重之。……皇甫镈以宰相领度支，剥下以媚上，无敢言其罪者。儒衡上疏论列，镈密诉其事，帝曰："勿以儒衡上疏，卿将报怨耶！"镈不复敢言。

【译文】

（唐宪宗时）礼部侍郎武儒衡才识杰出，风度伟岸，心性正直，容色雄壮，言语谨慎庄重。和人交朋友，很重义气，始终都不改变。宰相郑余庆不讲求服饰的华美鲜洁，年轻人登门拜访的，大多穿出带污垢的破旧衣服，用来希望得到宰相的赏识。而武儒衡来拜见时，未曾就换掉自己平素喜好的服装，只是跟他认真爽直地交谈，郑余庆因此也很看重他。……皇甫镈（bó）以宰相的身份兼管计划财政，他盘剥下民，用赋敛来讨取皇帝的喜欢，没有谁敢向皇帝报告他的罪恶。武儒衡上奏疏论述列举皇甫镈的作为，于是皇甫镈暗中向皇帝说武儒衡的坏话，宪宗说："不要因为武儒衡上疏批评你，你就要以怨恨来报复呀！"皇甫镈这才不敢再说了。

郑 余 庆 传

贵 而 能 俭

【原文】

余庆砥名砺行，不失儒者之道，清俭率素，始终不渝。四朝居将相之任，出入垂五十年，禄赐所得，分给亲党，其家颇类寒素。……后生谒见者率以经学讽之，而周其所急，理家理身，极其俭薄。

【译文】

郑余庆对自己的名声品行都能严格要求，未曾失去儒家的做人之道。他清廉节俭，平易朴素，自始至终都不改变这种作风。在代宗、德宗、顺宗、宪宗四朝，他一直处于大将、宰相的职位，出入朝廷将近五十年，得到的俸禄赏赐、分送给亲戚族人，自己家里很像贫寒苦素人家。……对前来拜访的青年人，经常用儒学的道理劝导他们，资助他们解决急迫的生活困难。在治家和治身方面，他都非常俭朴刻苦。

郑从谠知人善任

【原文】

从谠知人善任，性不骄矜，故所至有声绩。在太原时，大将张彦球强桀难制，前后帅守以疑间贻衅，故军旅不宁。及从谠抚封四年，知其才用可委，开怀任遇，得其死力。故抗虏全城多彦球之效也。

【译文】

郑从谠能鉴别人品，善于用人，性格谦和而不骄傲自大，所以每到一地都有政绩、声誉。在太原时，部下的大将张彦球强横桀骜，难以控制。以前的各任节度使猜疑疏远他，留下了隔阂，因而军队内部很不安宁。到郑从谠来安抚所管区域的四年期间，知悉张彦球的才干可委以兵权，坦然不疑，大胆使用他依靠他，得到了他的尽死之力。因而抵抗沙陀族的侵犯、保全城池，多是张彦球的功劳。

韦 贯 之 传

京兆尹权移宰相

【原文】

京兆尹李实，权移宰相，言其可否，必数日而诏行。人有以贯之名荐于实者，答曰："是其人居与吾同里，亟闻其贤。但吾识得其面而进于上。"举笏示说者曰："实已记其名氏矣。"说者喜，骤以其语告于贯之，且曰："子今日诣实而明日受贺矣。"贯之唯唯，数岁终不往，然是后竟不迁。

【译文】

（唐德宗末年）京兆尹李实权力之大，超过了宰相。如果他说某事如何如何，

必定在几天内就有关于此事的诏书下达了。有人把长安（在今陕西西安）县丞韦贯之的姓名等介绍给李实，他回答说："这个人跟我在同一个里巷中居住，屡次听说他很贤能。只是我要见识他本人，然后举荐给上面。"还拿起笏板给那人看，说："我已经把他的名字记在这里了。"这人很高兴，急忙将李实的话告诉韦贯之，还说："您今天拜访李实，明天就要（升官）受庆贺了。"韦贯之口里答应着"对"，过去好几年到底也没去过李府，可是他的官职也终究没能升迁。

为人清正

【原文】

贯之自布衣至贵位，居室无改易。历重位二十年，苞苴宝玉，不敢到门。性沉厚寡言，与人交，终岁无款曲，未曾伪词以悦人。身没之后，家无美财。

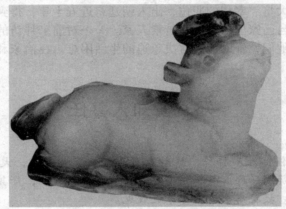

青玉卧鹿　唐

【译文】

韦贯之从普通平民进升到宰相的贵位，所住的依然是旧房屋，没有改换过。前后历任监察御史、祕书丞、知制诰、中书舍人、礼部侍郎等重要官职长达二十年，送珍宝礼品的，不敢到他家去。性格深沉宽厚，言语少，与人交往，常年不说私情话，未曾用虚假的言辞讨人喜欢。他死后，家中没有多余的财物。

韦处厚传

韦处厚为相

【原文】

处厚居家循易，如不克任。至于廷诤敷启，及驭辖待胥吏，劲确巍然不可夺。质状非魁伟，如甚懦者，而庶僚请事，畏惕相顾，虽与语移晷，不敢私谒。急于用才，酷嗜文学，……推择群材，往往弃瑕录用。

【译文】

韦处厚平素在家和善平易，好像不能担当重任似的。至于在朝廷进行谏诤，启奏陈述国家大事，以及管辖僚属，对待胥吏，则态度刚劲，坚挺不移。气质相

貌并不魁然高大，好像很怯懦似的，可是官员们向他请求报告，敬畏小心，互相顾盼，虽然谈话时间长了，也不敢拿私事请托他。急于委用人才，很喜欢有文采学问的人，……推举选拔了很多人才，常常不管他们的缺点（用其所长意）而录取使用。

路随传
路随置身朋党之外

【原文】

随有学行大度，为谏官能直言，在内廷匡益。自宝历初为承旨学士，即参大政矣。后五年在相位，宗闵、德裕朋党交兴，攘臂于其间，李训、郑注始终奸诈，接武于其后，而随藏器韬光，隆污一致，可谓得君子中庸而常居之也。

【译文】

路随在学问品性方面有大气度。（宪宗时）任左补阙、谏议大夫，能直言时政得失，入内廷（为侍讲学士）多所匡正补益。（当敬宗）宝历（公元825~827年）初做翰林承旨学士，就参与国家大事了。此后五年任宰相，李宗闵、李德裕各自兴起朋党，争斗激烈；李训、郑注都是一向奸诈的小人，纠集起来在二李的后面拆台陷害。而路随将自己的见识、锋芒都隐而不露，不论是谁得势还是失势，都一视同仁。路随可以称得上是得到了中庸之道，而经常运用它来处世了。

韩愈传
苦学成名

【原文】

幼刻苦学儒，不俟奖励。大历、贞元之间，文字多尚古学，效杨雄、董仲舒之述作，而独孤及、梁肃最称渊奥，儒林推重。愈从其徒游，锐意钻仰，欲自振于一代。洎举进士，投文于公卿间，故相郑余庆颇为之延誉，由是知名于时。

【译文】

韩愈从童年起就自觉地刻苦学习儒家典籍，不需别人勉励。大历（公元766~779年）、贞元（公元785~805年）期间，文章多崇尚先秦两汉的风格，仿效杨雄、董仲舒的作品，其中独孤及、梁肃的文风最算渊博古奥，受到学者文士们的推崇。韩愈跟随他们的弟子游学，意志坚定地钻研、师法古人的思想、文章，想用自己的力量振起一代新文风。到参加进士考

韩愈

试时，他将自己的文章投送给京师的王公大臣，已故的宰相郑余庆着力为韩愈扩大声誉，因此他在当时就闻名了。

提携后进

【原文】

愈性弘通，与人交，荣悴不易。少时与洛阳人孟郊，东郡人张籍友善。二人名位未振，愈不避寒暑，称荐于公卿间，……而观诸权门豪士，如仆隶焉，瞪然不顾。而颇能诱厉后进，馆之者十六七，虽晨炊不给，怡然不介意。

【译文】

韩愈胸怀宽广通达，和人交往，无论他是荣耀还是困苦的时节，都不改变情谊。青年时和洛阳人孟郊、吴郡人张籍是好朋友。当这两个人名声地位还没起来的时候，韩愈不避寒冬炎夏来回奔走，称赞和举荐他们。……而对那些权贵出身的豪华之士，就如同对仆役奴隶一般，目中无人似的不屑一顾。但他很能扶助勉励后进青年，有相当多的人曾在他家住宿，虽然韩愈自己穷得连早饭也吃不上，他还是态度和悦，毫不在意。

开一代文风

【原文】

常以为自魏晋以还，为文者多拘偶对，而经诰之指归，迁、雄之气格，不复振起矣。故愈所为文，务反近体，抒意立言，自成一家新语。后学之士，取为师法。当时作者甚众，无以过之，故世称"韩文"焉。

【译文】

韩愈曾认为从魏、晋时期以来，做文章的人，多被文字上的排偶、对仗所拘束，而表现在儒家经典中的（古雅纯正的）思想宗旨，司马迁、杨雄这些巨匠（豪迈刚健）的气势格调，日渐被人淡忘，不再振发（人心）了。所以韩愈的文章，着力反对辞藻华丽的六朝文体，抒发意旨，树立论点，自己建立起一派新鲜的文采风格。年轻的文士们，将他的文章作为效法的楷模。当时做文章的人很多，可没有谁能够超过他，所以当代称作"韩文"。

张 籍 传

诗 人 张 籍

【原文】

张籍者，贞元中登进士第。性诡激，能为古体诗，有警策之句，传于时。……以诗名当代，公卿裴度、令狐楚，才名如白居易、元稹皆与之游，而韩愈尤重之。

【译文】

张籍在贞元（公元785～805年）年间考中了进士。性格奇异激烈，很能作古体诗，有相当精辟的诗句，流传在当时。……张籍因善作诗而驰名当代，王公大臣如裴度、令狐楚，有才子之名的如白居易、元稹，都和他有交往，而韩愈特

别推崇他。

柳宗元传
文才出众

柳宗元

【原文】

柳宗元，字子厚，河东人。……父镇，太常博士，终侍御史。宗元少聪警绝众，尤精《西汉》《诗》《骚》。下笔构思，与古为侔。精裁密致，璨若珠贝。当时流辈咸推之。

【译文】

柳宗元，字子厚，河东（今山西永济）人。……父亲柳镇，做过太常博士，官至侍御史。柳宗元青少年时聪明机警超过常人，尤其精通《汉书》《诗经》《楚辞》等古书。提笔运思成文，与古人相合。文章剪裁精当，结构细密，文采鲜美，有如明珠彩贝。当时文士和同辈都很推崇他。

患难助知己

【原文】

……刘禹锡得播州刺史。制书下，宗元谓所亲曰："禹锡有母年高，今为郡蛮方，西南绝域，往复万里，如何与母偕行？如母子异方，便为永诀。吾与禹锡为执友，胡忍见其若是？"即草章奏，请以柳州授禹锡，自往播州。会裴度亦奏其事，禹锡终易连州。

【译文】

……刘禹锡得到了播州刺史的任命。诏书下达后，柳宗元对亲近的人说："刘禹锡有高龄的母亲，现在调他到蛮夷之地管理州郡，那在西南极远的地方，来回上万里路，他怎能和母亲一起去呢？如果母子不在一地，这一走便成了永别。我是刘禹锡的好朋友，怎忍心看到这种情形？"于是立即起草奏章，请皇上将柳州授给刘禹锡，自己往播州。正好御史中丞裴度也启奏说这件事，于是刘禹锡最后改授连州（在今广东连州市）刺史。

柳宗元在柳州

【原文】

柳州土俗，以男女质钱，过期则没入钱主。宗元革其乡法，其已没者，仍出私钱赎之，归其父母。江岭间为进士者，不远数千里皆随宗元师法。凡经其门，必为名士。著述之盛，名动于时，时号"柳州"云。

【译文】

柳州地方的习俗，用儿女作抵押品来借取人家的钱，过期不还账就将其儿女收归债主所有。柳宗元改革这种乡间的法规，已经被没收的儿女，就自己出钱赎

回后，还给其父母。长江至五岭一带，准备参加进士考试的青年，都不辞几千里长途来拜柳宗元为师，随从他学习。凡是经过他指教的，必定成为名士。他的著作又多又好，当代称他为"柳州"。

乌重胤传

深得士心

宫用双鱼瓶　唐

【原文】

自王师讨淮西三年，重胤与李光颜掎角相应，大小百余战，以至元济诛。……蔡将有李端者，过溵河降重胤。其妻为贼束缚于树，脔食至死，将绝，犹呼其夫曰："善事乌仆射！"其得人心如此。

【译文】

从官军讨伐淮西开始，前后三年，河阳节度使乌重胤与忠武军节度使李光颜在蔡州北面对吴元济构成夹击的阵势，进行大小战斗一百多次，以至于吴元济被诛，最后获胜。……其间蔡州守将李端渡过溵河到北面投降了乌重胤，李端的妻子被叛贼绑在树上，分割她身上的肉来吃，一直到死，将要断气，她还呼唤着丈夫的名字，说："好好跟着乌仆射干！"乌重胤就是这样深得人心。

出自行伍的名将

【原文】

重胤出自行间，及为长帅，赤心奉上，能与下同甘苦。所至立功，未尝矜伐。而善待宾僚，礼分同至，当时名士，咸愿依之。身殁之日，军士二十余人，皆割股肉以为祭酹。虽古之名将，无以加焉。

【译文】

（唐宪宗、穆宗时的名将）乌重胤，出身于士兵，到做了大将，忠诚地侍奉朝廷，能与下属同甘共苦。每到一地就立下战功，但未曾高傲自大。而且能妥善地对待幕宾及同僚，礼貌和情分都很周到，当时的名士，都愿意归从他。乌重胤去世的时候，二十多个士兵都割下自己的股肉来祭奠他。（他如此受部下爱戴，）即使是古代的名将，也没有超过他的。

李祐传

李愬用降将破敌

【原文】

元和十二年，为李愬所禽。愬知祐有胆略，释其死，厚遇之。推诚定分，与同寝食，往往帐中密语，达曙不寐。……因送祐于京师，乃上表救之。宪宗特

恕，遂遣祐赐愬。愬大喜，即以三千精兵付之。祐所言，无有所疑，竟以祐破蔡，禽元济。

【译文】

元和十二年（817），（吴元济的部将李祐）被李愬生擒。李愬知道李祐有胆识谋略，免他不死，给予优厚的待遇。二人推心置腹，定下交情。李愬与李祐同吃同住，常常在床帐里低声交谈，到天亮也说不完。（李愬怕部下有疑心，不信任李祐，）就让人押送李祐到长安，又同时给皇帝写表章解救他。唐宪宗特地宽恕了李祐的过去，就将他送回赐给李愬。李愬非常高兴，马上将三千名精兵交付给他。李祐的话，李愬没有怀疑的。结果靠着李祐攻破了蔡州，活捉了吴元济。

裴 度 传

忧惜百姓，岂可加罪

【原文】

九年十月，改御史中丞。宣徽院五坊小使，每岁秋按鹰犬于畿甸，所至官吏必厚邀供饷，小不如意，即恣其须索，百姓畏之如寇盗。……小使尝至下邽县，县令裴寰性严刻，嫉其凶暴，公馆之处，一无曲奉。小使怒，构寰出慢言，及上闻，宪宗怒，促令摄寰下狱，欲以大不敬论。宰相武元衡等以理开悟，帝怒不解。度入延英奏事，因极言论列，言寰无罪，上愈怒曰："如卿之言，寰无罪，即决五坊小使；如小使无罪，即决裴寰。"度对曰："按罪诚如圣旨，但以裴寰为令长，忧惜陛下百姓如此，岂可加罪？"上怒色遽霁。翌日，令释寰。

【译文】

元和九年（814）十月，裴度改任御史中丞。宣徽院五坊小使每年秋季要到京城地区检查供奉皇室的鹰犬，所到之处，官吏一定要大量搜求奉献之物，小不如意，就肆无忌惮地敲诈勒索，百姓害怕他们如同敌寇盗贼一般。……小使曾到下邽县（今陕西渭南东北），县令裴寰性情严正不苟，恨小使凶恶横暴，除了准备公馆之外，毫无讨好奉献之物。小使很恼怒，就诬告裴寰出言不逊，上奏之时，宪宗大怒，急令拘捕裴寰入狱，要按对朝廷不恭敬的罪名论处。宰相武元衡等据理开导，宪宗怒气不息。裴度进延英殿陈述事务，就极力论争，说明裴寰无罪，宪宗愈加愤怒，说："如您所言，假如裴寰无罪，就应当判决五坊小使；如果小使无罪，应当判决裴寰。"裴度答道："按照裴寰的罪过，确实如圣上所言，但想到裴寰为一县之长，能这样忧虑体恤陛下的百姓，难道可以治罪吗？"宪宗的怒气顿时平息了。第二天，命令释放了裴寰。

李 渤 传

政之兴废，在于赏罚

【原文】

穆宗即位，召为考功员外郎。十一月定京官考，不避权幸，皆行升黜，奏

曰："……臣闻政之兴废，在于赏罚。俛等作相以来，未闻奖一人德义，举守官奉公者，使天下在官之徒有所激劝；又不闻黜一人职事不理、持禄养骄者，使尸禄之徒有所惧。如此，则刑法不立矣。邪正莫辨混然无章，教化不行，赏罚不设，天下之事，复何望哉！"

【译文】

唐穆宗即位，征召李渤为考功员外郎。当年（公元 821 年）十一月确定对在京官员的考核成就，李渤不避权贵宠幸之臣，全都依据考核结果提出了升迁或降免的意见，上奏说："……臣听说政治的兴废，在于赏罚。萧俛等人担任宰相以来，不曾听说他们奖励过一个有道德信义的人，举荐过一个奉公守职的人，从而使天下做官的人们得到激励；也不曾听说他们降免过一个不尽职责、靠着俸禄而养尊处优的人，从而使徒受俸禄的人们有所畏惧。这样一来，刑法就不能确立了。邪正莫辨，杂乱无章，教化无法施行，赏罚难以设立，天下的事情，还有什么希望呢！"

萧 俛 传

公物不入私门

【原文】

俛气劲论直，同列忌之，罢知政事，出为广州刺史、岭南节度使。俛性公廉，南海虽富珍奇，月俸之外，不入其门。家人疾病，医工治药，须乌梅，左右于公厨取之，俛知而命还，促买于市。

【译文】

萧俛性情刚强，言论正直，同僚忌恨他，因而被免去宰相之职，调离京城，任广州（今广州）刺史、岭南（今广东、广西）节度使。萧俛性格公正廉洁，南海地区虽富有珍奇之物，但他除每月俸禄之外，一概不准进入家门。他家的人生了病，医师配制药物，须要用乌梅，左右侍从便到公家厨房中拿来，萧俛知道了，就命令他们送还，急忙到集市上去买。

郑 覃 传

谏穆宗勤政恤民

【原文】

元和十四年二月，迁谏议大夫。……穆宗不恤政事，喜游宴，即位之始，吐蕃寇边。覃与同职崔玄亮等廷奏曰："陛下即位已来，宴乐过多，畋游无度。今蕃寇在境，缓急奏报，不知乘舆所在。臣等忝备谏官，不胜忧惕，伏愿稍减游纵，留心政道。伏闻陛下晨夜昵狎倡优，近习之徒，赏赐太厚。凡金银货币，皆出自生灵膏血，不可使无功之人滥沾赐予。纵内藏有余，亦乞用之有节，如边上警急，即支用无阙，免令有司重敛百姓，实天下幸甚。"帝初不悦其言，顾宰相萧俛曰："此辈何人？"俛对曰："谏官也。"帝意稍解，乃曰："朕之过失，臣下

尽规，忠也。"

【译文】

元和十四年（819）二月，郑覃调任谏议大夫。……唐穆宗不关心政事，喜欢游玩饮宴，刚即位的时候，吐蕃侵犯边境。郑覃和同任谏官的崔玄亮等人到宫廷上奏道："陛下即位以来，宴乐过多，打猎游玩没有节制，现在蕃寇侵扰国境，有急事上奏，却不知陛下在何处。臣等身为谏官，不胜担忧，恳求陛下稍减游乐，留心国事。听说陛下终日亲近歌舞杂技艺人，对自己所喜爱的人赏赐太多。凡金银钱财，都来自人民的血汗，不应该使无功之人非分受赏。纵使国家库藏富足有余，也希望有节制地使用，如果边境军情紧迫，就能支付使用而不短缺，不必命令官府对百姓加重征收赋税，天下实在是很幸福的。"穆宗开始对他们的劝告很不高兴，看着宰相萧俛说："这些是什么人？"萧俛答道："是谏官。"穆宗怒气渐渐平息了，就说："我有过失，臣下能尽心规劝，这是忠诚啊。"

李 珏 传

邦国安危，如人之身

【原文】

四年三月，文宗谓宰臣曰："朕在位十四年，属天下无事，虽未至理，亦少有如今日之无事也。"珏对曰："邦国安危，亦如人之身。当四体和平之时，长宜调适，以顺寒暄之节。如恃安自忽，则疾患旋生。朝廷当无事之时，思省阙失而补之，则祸难不作矣。"

【译文】

开成四年（839）三月，文宗对群臣说："我在位十四年，适值天下无事，虽然没有达到天下大治的局面，也很少有像今天这样的太平景象了。"李珏答道："国家的安危，也如同人的身体。当四肢安泰的时候，应当经常调养，以适应寒暖节令的变化。如果依仗平安无事而疏忽大意，疾病马上就产生了。朝廷在天下太平的时候，想到反省过失而加以补救，祸难就不会发生了。"

韦 仁 寿 传

韦仁寿治南宁

【原文】

韦仁寿，雍州万年人也。大业末，为蜀郡司法书佐，断狱平恕，其得罪者皆曰："韦君所断，死而无恨。"高祖入关，遣使定巴蜀，使者承制拜仁寿嶲州都督府长史。时南宁州内附，朝廷每遣使安抚，类皆受贿，边人患之，或有叛者。高祖以仁寿素有能名，令检校南宁州都督。……仁寿将兵五百人至西洱河，承制置八州十七县，授其豪帅为牧宰，法令清肃，人怀欢悦。及将还，酋长号泣曰："天子遣公镇抚南宁，何得便去？"仁寿以城池未立为辞，诸酋长乃相与筑城，立廨舍，旬日而就。仁寿又曰："吾奉诏但令巡抚，不敢擅住。"及将归，蛮夷父老

各挥涕相送。

【译文】

韦仁寿，是雍州万年县（今陕西西安市西北）人。隋大业末年，担任蜀郡（今四川成都及温江一带）司法书佐，断案公平宽厚，那些犯罪的人都说："韦君所定的罪，死了也没有怨恨。"唐高祖举兵进入关中（今陕西省），派使臣安抚巴蜀（今四川省），使臣奉命委任韦仁寿为嶲州（今四川西昌）都督府长史。当时南宁州（今属广西）一带少数民族归附唐朝，朝廷每次派使臣前往安抚，都要索受财物，边地民众怨恨他们，有时发生叛乱。唐高祖想到韦仁寿素有办事干练之称，就任命他为检校南宁州都督。……韦仁寿率兵五百人到了西洱河（今云南大理县东），奉命设置了八州十七县，任命少数民族中的首领为州县长官，他使法令清明整肃，人们都怀着欢欣愉悦之情。到他将要还朝之际，当地民众的首领痛哭流涕地说："天子派您来镇守安抚南宁，您怎能离开呢？"韦仁寿以城池尚未建立为理由，各首领便一起筑城，建立官舍，十天就完工了。韦仁寿又说："我奉命只是巡察安抚此地，不敢擅自住下。"到将踏上归程时，南方少数民族的父老乡亲们都挥泪相送。

张允济传

智牸牛案

【原文】

张允济，青州北海人也。隋大业中为武阳令，务以德教训下，百姓怀之。元武县与其邻接，有人以牸牛依其妻家者八、九年，牛孳产至十余头，及将异居，妻家不与，县司累政不能决。其人诣武阳质于允济，允济曰："尔自有令，何至此也？"其人垂泣不止，具言所以。允济遂令左右缚牛主，以衫蒙其头，将诣妻家村中，云捕盗牛贼，召村中牛悉集，各问所从来处。妻家不知其故，恐被连及，指其所诉牛曰："此是女婿家牛也，非我所知。"允济遂发蒙，谓妻家人曰："此即女婿，可以牛归之。"妻家叩头服罪，元武县司闻之，皆大惭。

【译文】

张允济，青州北海（在今山东省）人。隋大业年间为武阳县（在今山东省）令，致力用仁德感化的方法训导民众，百姓都很感激他。元武县和武阳县相邻，有一个人带着雌牛寄居在妻子父母家中八、九年，雌牛生下小牛十余头，到了将要分居的时候，妻家的人不给他牛，几任县令都不能决断。那人便到武阳县求张允济评理，张允济说："你自有县令做主，为什么到这里来呢？"那人哭泣不止，详细说明了来诉冤的情由。张允济就命令身边的差役绑缚了牛的主人，用衣衫蒙住他的头，带他来到妻家的村子里，说是捉住了盗牛贼，把村中的牛全部召唤集中起来，向每家查问牛的来历。那人妻家的人不知其中缘故，恐怕被连累，指着那些为双

胡人俑 唐

方诉讼相争的牛说："这是女婿家的牛，我不知道来历。"张允济于是揭起蒙在那人头的衣衫，对妻家的人说："这就是女婿，可以把牛还给他。"妻家的人叩头认罪，元武县令和官吏闻知此事，都十分惭愧。

良 吏 传

唯受酒一杯

【原文】

贞观中，……突厥、铁勒部相率内附，太宗于其地置瀚海都护府以统之，以素立为瀚海都护。又有阙泥孰别部，犹为边患，素立遣使招喻降之。夷人感其惠，率马牛以馈素立，素立唯受其酒一杯，余悉还之。……永徽初，迁蒲州刺史，及将之任，所余粮储及什物，皆令州司收之，唯赍己之书籍而去。

【译文】

贞观年间，……突厥、铁勒族的部落相继归附唐朝，太宗在这些部落所居之地设置瀚海都护府以统辖他们，任命李素立为瀚海都护。又有阙泥孰部落仍然是边境的祸患，李素立派使者招降了他们。这些部落的人们感激他的恩德，牵着马和牛赠送给他，他只接受了一杯酒，其余的全部退还了。……永徽（公元650~655年）初年，李素立调任蒲州（在今山西省）刺史，到将要赴任的时候，把日用所余的存粮和其他什物，都让州官收管起来，只带着自己的书籍离开了。

铠脚刺史

【原文】

薛大鼎，蒲州汾阳人。……贞观中，累转鸿胪少卿、沧州刺史。州界有无棣河，隋末填废，大鼎奏开之，引鱼盐于海。百姓歌之曰："新河得通舟楫利，直达沧海鱼盐至。昔日徒行今骋驷，美哉薛公德滂被。"大鼎又以州界卑下，遂决长芦及漳、衡等三河，分泄夏潦，境内无复水害。时与瀛洲刺史贾敦颐、曹州刺史郑德本俱有美政，河北称为"铠脚刺史"。

【译文】

薛大鼎，蒲州汾阳县（在今山西省）人。……贞观（公元627~648年）年间，屡经调迁，任鸿胪少卿、沧州（在今河北省）刺史。州的边界有条无棣河，隋朝末年填塞废弃了，薛大鼎建议朝廷开通了它，从海里引来鱼和盐。百姓歌颂他道："新河得通舟楫利，直达沧海鱼盐至。昔日徒行今骋驷，美哉薛公德滂被。"大鼎又认为州界地势低洼，就疏浚了长芦、漳、衡三河，以分散排出夏季的积水，蒲州境内不再发生水灾了。当时薛大鼎与瀛洲（在今河北省）刺史贾敦颐、曹州（在今山东省）刺史郑德本都有良好的政绩，黄河北岸的百姓称他们为"铠脚刺史"。

贾敦颐廉洁奉公

【原文】

贾敦颐，曹州冤句人也。贞观中，历迁沧州刺史。在职清洁，每入朝，尽室而行，唯弊车一乘，羸马数匹，羁勒有阙，以绳为之，见者不知其刺史也。二十三年，转瀛洲刺史。州界滹沱河及滱水每岁泛溢，漂流居人，敦颐奏立堤堰，自是无复水患。永徽五年，累迁洛州刺史。时豪富之室皆籍外占田，敦颐都括获三千余顷，以给贫乏。又发奸摘伏，有若神明。

【译文】

贾敦颐，曹州冤句县（今山东菏泽西南）人。贞观年间，屡经调迁，任沧州（今属河北）刺史。任职时廉洁奉公，每次入朝述职，尽其家中所有备装而行，只有一辆破旧的车子，几匹瘦弱的马，马笼头有残缺之处，用绳子连接着，见到他的人不知道他就是刺史。贞观二十三年（649），调任瀛洲（今河北河间一带）刺史。瀛洲边界的滹沱河与滱水每年都要泛滥，使居民漂流失所，贾敦颐就上奏朝廷建造了堤坝，从此不再发生水灾。永徽五年（654），又屡经调迁而担任洛州（今河南洛阳一带）刺史。当时富豪之家都在注册规定之外霸占田地，贾敦颐收拢三千多顷，都分给了穷人。他揭发奸恶隐蔽的坏人坏事，好像神明一样。

棠　棣　碑

【原文】

敦实，贞观中为饶阳令，政化清静，老幼怀之。时敦颐复授瀛洲刺史。旧制，大功以上不复连官，朝廷以其兄弟在职，俱有能名，竟不迁替。咸亨元年，累转洛州长史，甚有惠政。时洛阳令杨德干杖杀人吏，以立威名，敦实曰："政在养人，义须存抚，伤生过多，虽能亦不足贵也。"常抑止德干，德干亦为之稍减。……初，敦颐为洛州刺史，百姓共树碑于大市通衢。及敦实去职，复刻石颂美，立于兄之碑侧，时人号为"棠棣碑"。

【译文】

贾敦实，贞观年间为饶阳县（在今河北省）令，施政教化清平宁静，无论老幼都感激他。当时贾敦颐又被任命为瀛洲刺史。按照旧例，具有堂兄弟等以上亲属关系的人不能在一处做官，朝廷因为他们兄弟二人在职都有贤能的美名，竟不调迁改任。咸亨元年（670），屡经调迁后，任洛州长史，有许多好的政绩。当时洛阳县（今属河南）令杨德干好用刑杖击杀下级官吏，以树立自己的威名，贾敦实劝他说："政治的作用在于抚养人民，应该用安抚的办法，杀人太多，虽然能干也不足贵。"常制止杨德干滥用刑罚，杨德干也因他的规劝而渐渐减轻了刑罚。……当初，贾敦颐担任洛州刺史，百姓共同在大集市通达的街道上为他立了碑。到贾敦实离职以后，又为他刻碑颂扬美德，树立在兄长的碑侧，当时人们称之为"棠棣碑"。

景 骏 治 水

【原文】

景骏明经举，神龙中，累转肥乡令。县北界漳水，连年泛溢，旧堤迫近水潜，虽修筑不息，而漂流相继。景骏审其地势，拓南数里，因高筑堤。暴水至，堤南以无患，水去，而堤北称为腴田。漳水旧有架柱长桥，每年修葺，景骏又改造为浮桥，自是无复水患，至今赖焉。时河北饥，景骏躬抚合境，村间必通赡恤，贫弱独免流离。及去任，人吏立碑颂德。

【译文】

景骏考取了明经科，神龙（公 705～706 年）年间，屡经调迁，担任了肥乡县（在今河北省）令。县北边界的漳河连年泛滥，旧堤靠近水流急转之处，虽然不停地修筑，还是不断溢出水来。景骏视察了地势，向南开拓了几里，在高处建造了堤坝。大水来到时，堤南就没有水患，大水退去，而堤北便称为良田了。漳河以前有柱子架起的长桥，每年修葺，景骏又改造为浮桥，从此不再被水冲毁，至今还靠它通行。当时漳河以北发生饥荒，景骏亲自巡视抚慰整个灾区的百姓，各个村庄必定普遍地救济，贫弱的人们不再流离失所。到他离职以后，百姓与官吏为他树碑颂德。

动之以情，晓之以理

【原文】

开元中，为贵乡令。县人有母子相讼者，景骏谓之曰："吾少孤，每见人养亲，自恨终天无分，汝幸在温清之地，何得如此？锡类不行，令之罪也。"因垂泣呜咽。仍取《孝经》付令习读之，于是母子感悟，各请改悔，遂称慈孝。

【译文】

开元（公元 721～740 年）年间，景骏担任了贵乡县（在今河北省）令。县民有母子诉讼的，景骏对他们

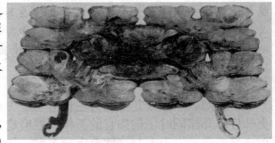

漆绘花形皿　唐

说："我从小就成了孤儿，每当看见别人赡养父母，便恨自己终生没有这种福分，你（指儿子）有幸能无微不至地照顾母亲，怎能这样呢？不能使善道普及于人民，是我这个县令的罪过呀。"说着流泪呜咽起来。然后给他《孝经》，让他诵读学习，于是母子深受感动并明白了过错，都表示要改悔，后来以母慈子孝受到人们的称赞。

潘好礼谏邠王

【原文】

潘好礼，贝州宗城人。……开元三年，累转邠王府长史。俄而邠王出为滑州刺史，以好礼兼邠王府司马，知滑州事。王欲有所游观，好礼辄谏止之。后王将鹰犬与家人出猎，好礼闻而遮道请还。王初不从，好礼遂卧于马前，呼曰："今正是农月，王何得非时将此恶少狗马践暴禾稼，纵乐以损于人！请先蹋杀司马，然后听王所为也。"王惭惧，谢之而还。

【译文】

潘好礼，贝州宗城县（在今河北威县东）人。……开元三年（715），几经调迁，任邠王府长史。不久邠王离京任滑州（在今河南省）刺史，让潘好礼兼任邠王府司马，主持滑州事务。邠王要游览玩耍，潘好礼就规劝制止他。后来邠王带着鹰犬和家人出外打猎，潘好礼听说后便拦路请他返回。邠王开始不听从，潘好礼就躺在马前，呼道："现在正是农忙月份，王爷怎能不顾时令而领着这些恶少狗马践踏庄稼，恣情玩乐以损害百姓呢！请先踏死我，然后听任王爷去做吧。"邠五惭愧而畏惧，向他赔礼道歉便回去了。

李尚隐秉公执法

【原文】

李尚隐，……景龙中为左台监察御史。时中书侍郎，知吏部选事崔湜及吏部侍郎郑愔同时典选，倾附势要，逆用三年员阙，士庶嗟怨。寻而相次知政事，尚隐与同列御史李怀让于殿廷劾之，湜等遂下狱推究，竟贬黜之。时又有睦州刺史冯昭泰，诬奏桐庐令李师等二百余家，称其妖逆，诏御史按覆之。诸御史惮昭泰刚愎，皆称病不敢往。尚隐叹曰："岂可使良善陷枉刑而不为申明哉！"遂越次请往，竟推雪李理师等，奏免之。

【译文】

李尚隐，……景龙年间为左台监察御史。当时中书侍郎、知吏部选事崔湜与吏部侍郎郑愔同时主持选官的工作，他们趋炎附势，卖官求荣，预先动用三年官吏缺员的名额，士人与百姓都十分怨恨。接着相继作了参与朝政的大臣，李尚隐和一起担任御史的李怀让在宫廷中揭发了他们，崔湜等人于是被关入牢狱审问，终于免去了他们的职务。当时又有睦州（在今浙江省）刺史冯昭泰诬告桐庐县（在今浙江杭州）令李师等二百余家，说他们邪恶叛逆，皇上命令御史审查他们。众御史畏惧冯昭泰骄横固执，都托病而不敢前往。李尚隐叹道："怎能使善良的人含冤受刑而不为他们申明呢！"就越级请求前往，终于查明李师等人的冤情，上奏朝廷免了他们的罪。

忠 义 传

刘感以死全忠节

武官俑 唐

【原文】

刘感，岐州凤泉人。……武德初，以骠骑将军镇泾州。薛仁杲率众围之，感婴城拒守。城中粮尽，遂杀所乘马以分将士，感一无所啖，唯煮马骨，取汁和木屑食之。城垂陷者数矣，长平王叔良援兵至，仁杲解围而去。感与叔良出战，为贼所擒。仁杲复围泾州，令感语城中云："援军已败，徒守孤城，何益也！宜早出降，以全家室。"感许之。及至城下，大呼曰："逆贼饥饿，亡在朝夕！秦王率数十万众，四面俱集，城中勿忧，各宜自勉，以全忠节！"仁杲大怒，执感于城边，埋脚至膝，驰骑射杀之，至死声色逾厉。

【译文】

刘感，岐州凤泉县（在今陕西省）人。……武德初年，以骠骑将军的身份镇守泾州（在今甘肃省）。薛仁杲率领军队包围了泾州，刘感环城拒敌坚守。城中粮尽，就杀了自己所骑的马分给将士，刘感一点儿也不吃，只是煮马骨头，用汤汁和着树木的碎屑充饥。城池有好几次险些被攻破，长平王李叔良率援兵到来，薛仁杲撤围而去。刘感与李叔良出战，被敌军捉住了。薛仁杲又包围了泾州，命令刘感对城中说："援军已败，徒守孤城，有什么用处呢！应该及早出城投降，以保全家室。"刘感假意答应了。当来到城下时，便大呼道："逆贼忍饥挨饿，很快就要灭亡了！秦王率领几十万大军，聚集在四面八方，城中不要忧虑，每人都应该勉励自己，以保全忠贞的节操！"薛仁杲大怒，把刘感押到城边，从脚至膝埋在土中，驰马射死了他，他至死声色愈加壮烈。

张巡裂眦斗强寇

【原文】

十月，城陷，巡与姚訚、南霁云、许远皆为贼所执。巡神气慷慨，每与贼战，大呼誓师，眦裂血流，齿牙皆碎。城将陷，西向再拜，曰："臣智勇俱竭，不能式遏强寇，保守孤城。臣虽为鬼，誓与贼为厉，以答明恩。"及城陷，尹子奇谓巡曰："闻君每战眦裂，嚼齿皆碎，何至此耶？"巡曰："吾欲气吞逆贼，但力不遂耳！"子奇以大刀剔巡口，视其齿，存者不过三数。巡大骂曰："我为君父义死，尔附逆贼，犬彘也，安能久哉！"子奇义其言，将礼之，左右曰："此人守义，必不为我用，素得士心，不可久留。"是日，与姚訚、霁云同被害。

【译文】

至德二年（757）十月，睢阳城被叛军攻陷，张巡与姚訚、南霁云、许远都

被叛军擒获。张巡神气慷慨，每次与叛军交战，都大声呼喊，鼓动士气，目裂血流，牙齿都咬碎了。城池将被攻陷时，他面向西（唐都长安所在方向）拜了两次，说："臣已竭尽智勇，不能阻挡强寇，保守孤城。臣即使作了鬼，也誓与叛军为敌，以报答朝廷的恩典。"到城池陷落时，叛军将领尹子奇对张巡说："听说你每次战斗都瞪裂了眼睛，牙齿全咬碎了，何至于此呢？"张巡道："我想气吞叛贼，但力不从心而已！"尹子奇用大刀剔刮张巡的嘴，看他的牙齿，剩下的不过三、四颗。张巡大骂道："我为皇上尽忠而死，你趋附叛贼，如同猪狗一样，难道能长久吗！"尹子奇听他的话大义凛然，想以礼待之，部下说："这人信守节义，定不为我所用，平素又深得人心，不可久留。"这一天，张巡与姚闿、南霁云一起遇害。

儒　学　传

纸上语，不足闻

【原文】

徐文远，洛州偃师人。……博览五经，尤精《春秋左氏传》。时有大儒沈重讲于太学，听者常千余人。文远就质问，数日便去。或问曰："何辞去之速？"答曰："观其所说，悉是纸上语耳，仆皆先已诵得之。至于奥赜之境，翻似未见。"有以其言告重者，重呼与议论，十余反，重甚叹服之。

【译文】

徐文远，洛州偃师（在今河南省）人。……博览五经，尤其精通《春秋左氏传》。当时有一位博学的儒士沈重在太学讲课，听讲的常达千余人。徐文远也去请教，几天便离去了。有人问他："为什么这样快就离去了？"答道："听他所讲的，全是书本上的话而已，我都事先诵读记住了。至于深奥微妙之处，反倒好像没有见他讲出来。"有人把这番话告诉了沈重，沈重唤他来共同研讨，往返十余次，沈重十分赞叹佩服他。

文远讲经，听者忘倦

【原文】

大业初，礼部侍郎许善心举文远与包恺、褚徽、陆德明、鲁达为学官，遂擢授文远国子博士。……文远所讲释，多立新义，先儒异论，皆定其是非，然后诘驳诸家，又出己意，博而且辨，听者忘倦。

【译文】

大业初年，礼部侍郎许善心举荐徐文远与包恺、褚徽、陆德明、鲁达为学官，接着提升徐文远为国子博士。……徐文远讲释经典时，提出许多新的见解，前代学者说法不同，都论定其是非，然后批驳各家的错误，又提出自己的意见，渊博而又明辨，使听讲的人忘记了疲倦。

耻为乱臣师

【原文】

陆德明，苏州吴人也。……陈太建中，太子征四方名儒，讲于承光殿，德明年始弱冠，往参焉。国子祭酒徐克开讲，恃贵纵辨，众莫敢当，德明独与抗对，合朝赏叹。……王世充僭号，封其子为汉王，署德明为师，就其家，将行束脩之礼。德明耻之，因服巴豆散，卧东壁下。王世充子入，跪床前，对之遗痢，竟不与语。遂移病于成皋，杜绝人事。

【译文】

陆德明，苏州吴县（今江苏苏州）人。……陈朝太建年间，皇太子征召四方有名的学者，在承光殿讲授经典，陆德明当时正年轻，也去参加听讲。国子祭酒徐克讲授，他依仗地位显贵而高谈阔论，众人没有敢辩难的，只有陆德明敢于和他争论，满朝群臣佩服赞叹。……王世充僭称帝号，封他的儿子为汉王，聘请陆德明为老师，到他家去，要奉献酬金，行拜师之礼。陆德明觉得给他当老师很可耻，就服用了巴豆散，躺在东墙之下。王世充的儿子进入居室，跪在陆德明床前，陆德明当着他的面泻肚，竟不和他交谈。接着托病移居成皋（在今河南省），不问世事。

谷那律戏言谏太宗

【原文】

谷那律，魏州昌乐人也。贞观中，……迁谏议大夫，兼弘文馆学士。尝从太宗出猎，在途遇雨，因问：“油衣若为得不漏？”那律曰：“能以瓦为之，必不漏矣。”意欲太宗不为畋猎。太宗悦，赐帛二百段。

【译文】

谷那律，魏州昌乐县（在今河北省）人。贞观年间，……调任谏议大夫，兼弘文馆学士。曾跟随唐太宗出猎，在途中遇雨，太宗借机问他：“雨衣怎样才能不漏？”那律道：“如能用瓦做成，一定不会漏了。”意思是希望太宗不再游玩打猎。太宗很高兴，赐给他二百段帛。

萧德言笃学不倦

【原文】

萧德言，雍州长安人。……贞观中，除著作郎，兼弘文馆学士。德言晚年尤笃志于学，自昼达夜，略无休倦。每欲开五经，必束带盥濯，危坐对之。妻子候间请曰：“终日如是，无乃劳乎？”德言曰：“敬先圣之言，岂惮如此？”

【译文】

萧德言，雍州长安县（在今陕西省）人。……贞观年间，任命他为著作郎，兼弘文馆学士。德言晚年更加专心求学，从早到晚，毫无倦怠。每当要展开五经时，必定整衣洗手，面对书端正地坐着。妻子找机会问道：“终日如此，恐怕很

劳累吧？"德言道："尊重古代圣贤的言论，难道能害怕这样做吗？"

郭山恽诵诗谏中宗

【原文】

郭山恽，蒲州河东人。少通三《礼》。景龙中，累迁国子司业。时中宗数引近臣及修文学士，与之宴集。尝令各效伎艺，以为笑乐。工部尚书张锡为《谈容娘》舞，将作大匠宗晋卿舞《浑脱》，左卫将军张洽舞《黄獐》，左金吾卫将军杜元琰诵婆罗门咒，给事中李行言唱《驾车西河》，中书舍人卢藏用效道士上章。山恽独奏曰："臣无所解，请诵古诗两篇。"帝从之，于是诵《鹿鸣》《蟋蟀》之诗。奏未毕，中书令李峤以其词有"好乐无荒"之语，颇涉规讽，怒为忤旨，遽止之。翌日，帝嘉山恽之意，诏曰："郭山恽业优经史，识贮古今。……昨者因其豫游，式宴朝彦，既乘欢洽，咸使咏歌。遂能志在匡时，潜申规讽。……宜示褒扬，美兹鲠直。"赐时服一副。

玉狮　唐

【译文】

郭山恽，蒲州河东（在今山西省）人。少年时便精通三《礼》。景龙年间，屡经调迁，任国子司业。当时唐中宗经常召集近臣与弘文馆学士，和他们相聚宴饮。中宗曾命令他们各献技艺，以取乐助兴。于是工部尚书张锡伴着《谈容娘》乐曲手舞足蹈，将作大匠宗晋卿跳了《浑脱》舞，左卫将军张洽跳了《黄獐》舞，左金吾卫将军杜元琰念诵了婆罗门咒，给事中李行言唱了《驾车西河》，中书舍人卢藏用模仿了道士上表祈神的样子。只有郭山恽奏道："臣无所知，请允许朗诵两篇古诗。"中宗准许了他，于是朗诵起《鹿鸣》《蟋蟀》两首诗来。诵诗未完，中书令李峤认为诗词中有"好乐无荒"之语，颇有规谏君王的意思，恼怒他违抗旨意，立即制止了他。第二天，中宗赞赏山恽的心意，降旨道："郭山恽研习经史成绩优异，学识包揽古今。……昨日乘游乐之时，宴会朝臣，既然欢聚一堂，就都让他们歌咏助兴。郭山恽能想到匡正时弊，暗暗地对我进行讽劝。……应该加以表扬，赞美这种鲠直的品德。"就赐给他一套时新服装。

文 苑 传

员半千赈贫

【原文】

员半千，本名余庆，晋州临汾人。少与齐州人何彦先同师事学士王义方，义方嘉重之，尝谓之曰："五百年一贤，足下当之矣。"因改名半千。……上元初，应八科举，授武陟尉。属频岁旱饥，劝县令殷子良开仓以赈贫馁，子良不从。会

子良赴州，半千便发仓粟以给饥人。怀州刺史郭齐宗大惊，因而按之。时黄门侍郎薛元超为河北道存抚使，谓齐宗曰："公百姓不能救之，而使惠归一尉，岂不愧也！"遽令释之。

【译文】

员半千，本名余庆，晋州临汾县（在今山西省）人。少年时与齐州（在今山东省）人何彦先一起作学士王义方的弟子，王义方赞赏器重他，曾对他说："五百年出一个贤人，您可以称得上了。"于是改名半千。……上元初年，参加八科考试，被任命为武陟县（在今河南省）尉。正值连年旱灾，他劝县令殷子良开仓救济贫困饥饿的百姓，殷子良不听从。恰值殷子良到州中去，员半千便散发仓中粮食以供给饥饿的人们。怀州（在今河南省）刺史郭齐宗大惊，因而对他进行审查。当时黄门侍郎薛元超任河北道（在今河北、山东及河南黄河以北地区）存抚使，对郭齐宗说："您不能救济百姓，却使恩惠归于一个县尉，难道不惭愧吗！"立即命令释放了员半千。

百姓者，陛下之赤子

【原文】

夫百姓者，陛下之赤子也。陛下宜令仁慈者亲育之。如保傅焉，如乳哺焉，如师之教导焉。故人信于上也，敬之如神明，爱之如父母。今或不然，陛下亲近贵幸，分曹补署，建除卒吏，招致宾客，因其货贿，假其气势，大者统藩方，小者为牧守。居上无清惠之政，而有饕餮之害；居下无忠诚之节，而有奸欺之罪。故人之于上也，畏之如豺狼，恶之如仇敌。

【译文】

百姓，是陛下的赤子。陛下应该让仁慈的人亲近抚育他们，就好像保傅辅导君王的子弟，好像用乳汁哺育婴儿，好像老师教导学生一样。所以百姓信赖官长，尊敬他如同神明，爱戴他如同父母。现在有时却不是这样，陛下亲近显贵得宠的人，朝廷分官治事、补充官署，委任官吏，招揽宾客，他们凭借借贿赂和权势，大的可以统辖一方，小的可以做州县的长官。他们居高位时，没有廉洁仁德的政绩，却凶恶贪婪地危害百姓；居下位时，没有忠诚的节操，却有奸诈欺骗的罪行。所以百姓对于官长，就畏惧他如豺狼，厌恶他如同仇敌了。

知人为明，匡时为忠

【原文】

夫立教之方，在乎君以明制之，臣以忠行之。君以知人为明，臣以匡时为忠。知人则任贤而去邪，匡时则固本而守法。贤不任则重赏不足以劝善；邪不去则严刑不足以禁非。本不固则民流，法不守则政散。而欲教之使必至，化之使必行，不可得也。

【译文】

树立德教的方法，在于国君靠明智来领导，臣子靠忠诚来执行。国君以知人为明，臣子以匡时为忠。知人就能任用贤良而斥去奸邪，匡时就能巩固农业生产

国学经典文库 图文珍藏版

二十五史

精华

[西汉] 司马迁等·原著

马松源·主编

线装书局

书》本纪的"简"倒不如《旧唐书》的"繁"。列传部分,《新唐书》的编者一方面增加内容,另一方面又把《旧唐书》原有的一些内容削去。有时过分追求文字的简省,导致叙事不明。宋祁还有个毛病,即好用古字僻语,常常把《旧唐书》原来比较通畅易读的文字,改写得晦涩难读。又对《旧唐书》列传里用骈体写的诏令、奏议之类,也喜欢改写为古文。总的说来,新、旧《唐书》各有优劣,厚此薄彼或厚彼薄此都是片面的。

房玄龄传

创业不易，守业更难

【原文】

帝尝问："创业、守文孰难？"玄龄曰："方时草昧，群雄竞逐，攻破乃降，战胜乃克，创业则难。"魏征曰："王者之兴，必乘衰乱，覆昏暴，殆天授人与者。既得天下，则安于骄逸。人欲静，徭役毒之；世方敝，雕刻穷之。国繇此衰，则守文为难。"帝曰："玄龄从我定天下，冒百死，遇一生，见创业之难。征与我安天下，畏富贵则骄，骄则怠，怠则亡，见守文之不为易。然创业之不易，既往矣；守文之难，方与公等慎之。"

【译文】

唐太宗曾经问道："创业和守业哪个更难？"房玄龄说："创业之时，天下大乱，群雄一齐来争夺江山，打败并降服了他们，才获得了最终的胜利，创业是艰难的。"魏征说："帝王的兴起必定要乘世道衰败动乱之时，推翻昏庸残暴的君主，大概是上天和民众把江山给予了他。得到天下之后，就往往骄奢淫逸地享受太平了。百姓想安居乐业，却用徭役来伤害他们；民间还很困苦，却搜刮财物而使人民更加贫穷。国家由此衰弱下去，守业是艰难的。"唐太宗道："房玄龄随我平定天下，屡临险境，九死一生，看到了创业的艰难。魏征和我一起保江山，担心富贵了就要骄傲，骄傲了就会懈怠，懈怠了就会灭亡，看到了守业是不容易的。然而创业的不容易，已经成为过去了；守业的艰难，正要和你们来谨慎地对待。"

魏 征 传

兼听则明，偏信则暗

【原文】

（太宗）因问："为君者何道而明，何失而暗？"征曰："君所以明，兼听也；所以暗，偏信也"。尧、舜氏辟四门，明四目，达四聪。虽有共、鲧，不能塞也；靖言庸违，不能惑也。秦二世隐藏其身，以信赵高，天下溃叛而不得闻；梁武帝信朱异，侯景向关而不得闻；隋炀帝信虞世基，贼遍天下而不得闻。故曰："君能兼听，则奸人不得壅蔽，而下情通矣。"

【译文】

唐太宗接着问道："作国君的遵循什么途径就能聪明，犯了什么过失就会愚昧呢？"魏征说："国君所以聪明，在于能广泛听取各方面的意见；所以愚昧，在于偏信一面之词。尧和舜开辟明堂四门，广开视听之路，通达地了解四方民情。虽然有共工和鲧那样的恶人，也不能蒙蔽他；即使有花言巧语而常做邪恶之事的小人，也无法迷惑他。秦二世深居宫中，偏信赵高，因而天下溃叛也不知道；梁武帝偏信朱异，

因而侯景已攻打关门也不了解；隋炀帝偏信虞世基，因而盗贼（这是对起义军的蔑称——译者）遍布天下也无从知晓。所以说：国君能广泛听取各方面的意见，奸邪的小人就无法蒙蔽，而下情也就可以上达了。"

处台榭应思民生

【原文】

郑仁基息女美而才，皇后建请为充华，典册具。或言许聘矣。征谏曰："陛下处台榭，则欲民有栋宇；食膏粱，则欲民有饱适；顾嫔御，则欲民有室家。今郑已约昏，陛下取之，岂为人父母意！"帝痛自咎，即诏停册。

【译文】

郑仁基的女儿容貌美丽而富有才华，皇后建议把她招进宫中任充华，策命已经准备好了。有人说郑仁基已经把女儿许配人家了。魏征进谏说："陛下身居宫室台榭之中，就应该希望人民有房屋；吃着美味佳肴，就应该希望人民有温饱舒适的生活；眷恋侍妾宫女，就应该希望人民也有家庭。现在郑家已和别人订婚，陛下还要把他女儿招进宫来，这难道是为民父母的心意吗！"唐太宗深深地责备了自己，立即下令停止了策命。

魏征

魏 征 论 政

【原文】

帝宴群臣积翠池，……它日，从容问曰："比政治若何？"征见久承平，帝意有所忽，因对曰："陛下贞观之初，导人使谏。三年以后，见谏者悦而从之。比一二年，勉强受谏，而终不平也。"帝惊曰："公何物验之？"对曰："陛下初即位，论元律师死，孙伏伽谏以为法不当死，陛下赐以兰陵公主园，直百万。或曰：'赏太厚。'答曰：'朕即位，未有谏者，所以赏之。'此导人使谏也。后柳雄妄诉隋资，有司得，劾其伪，将论死，戴胄奏罪当徒，执之四五然后赦。谓胄曰：'弟守法如此，不畏滥罚。'此悦而从谏也。近皇甫德参上书言：'修洛阳宫，劳人也；收地租，厚敛也；俗尚高髻，宫中所化也。'陛下恚曰：'是子使国家不役一人，不收一租，宫人无发，乃称其意。'臣奏：'人臣上书，不激切不能起人主意，激切即近讪谤。'于时，陛下虽从臣言，赏帛罢之，意终不平。此难于受谏也。"帝悟曰："非公，无能道此者。人苦不自觉耳！"

【译文】

唐太宗在积翠池设宴招待群臣，……后来有一天，从容地问魏正："近来政治如何？"魏征见太平日久，太宗思想有所懈怠，就回答说："陛下在贞观之初，引导臣下，使之进谏。三年以后，看到进谏的人就愉快地接受他的意见。最近一二年来，虽能勉强接受规谏,但心中毕竟不满意。"太宗吃惊地说:"您用什么事实证明这一点?"道答:"陛下刚即位时,曾判元律师死罪,孙伏伽进谏,认为按照法律不当处死,陛下就把兰陵公主的园地赏给他,价值百万。有人说:'赏得太重了。'您回答说:'我即位以来,还没有个提意见的,所以要赏他。'这是您引导臣下使之进谏的事实。后来柳雄诈称在隋朝所授的官职,以求升迁,被官吏查出,弹劾了他作伪之罪,将要处死,戴胄上奏应判徒刑,争执再三,然后才免了死罪。您对戴胄说:'只要像你这样守法,就不怕刑罚不当了。'这是您愉快地接受别人意见的事实。最近皇甫德参上书说:'修建洛阳宫,使人民辛苦劳累;征收地租,是加重赋税;民间崇尚高高的发髻,是宫中影响所致。'陛下生气地说:'这个人想使国家不役使一人,不收一点租税,宫女都没有头发,才合他的心愿。'臣上奏说:'臣子上书,不激切就不能启发君王的思虑,激切就近于讥刺毁谤了。'当时,陛下虽然听从了臣的意见,赏给他布帛并停止了这些事情,而心中毕竟不满。这说明您难于接受规谏了。"太宗恍然大悟地说:"不是您,没有人能指出这一点。人苦于不自觉呀!"

古帖 唐

无忘夫子之言,则社稷不危矣

【原文】

征曰:"昔齐桓公与管仲、鲍叔牙、宁戚四人者饮。桓公请叔牙曰:'盍起为寡人寿?'叔牙奉觞而起曰:'愿公无忘在莒时,使管仲无忘束缚于鲁时,使宁戚无忘饭牛车下时。'桓公避席而谢曰:'寡人与二大夫能无忘夫子之言,则社稷不危矣。'"帝曰:"朕不敢忘布衣时,公不得忘叔牙之为人也。"

【译文】

魏征说:"从前齐桓公曾和管仲、鲍叔牙、宁戚四人一起饮酒。桓公请求鲍叔牙说:'怎么不起来为我祝寿?'鲍叔牙捧着酒杯起身说道:'希望您不要忘记在莒国时的情景,使管仲不要忘记被囚禁在鲁国时的景况,使宁戚不要忘记在车下喂牛的生活。'桓公离开座席答谢道:'我和二位大夫能不忘记先生的话,国家就不会危亡了。'"唐太宗说:"我不敢忘记身为平民的年代,您也不能忘记鲍叔牙的为人呀。"

遗笏如甘棠

【原文】

俄为起居舍人。帝问:"卿家书诏颇有存者乎?"谟对:"惟故笏在。"诏令上送。

郑覃曰："在人不在笏。"帝曰："覃不识朕意,此笏乃今'甘棠'。"帝因敕谟曰:"事有不当,毋嫌论奏。"谟对:"臣顷为谏臣,故得有所陈;今则记言动,不敢侵官。"帝曰:"两省属皆可以议朝廷事,而毋辞也!"

【译文】

魏谟不久又担任了起居舍人。唐文宗问他说:"您家中的奏疏和诏书还有留存到今天的吗?"魏谟答道:"只有旧笏还在。"文宗命令他送到朝廷来。郑覃说:"皇上的用意在于其人,而不在于笏。"文宗道:"郑覃不明白我的意思,这个笏是今天的'甘棠'。"接着对魏谟说:"政事有不当之处,就一定要进言批评。"魏谟说:"臣不久前担任谏官,所以能发表意见;现在负责记录言行,不敢越分干预他人的职守。"文宗说:"两省的下属官员都可以议论朝廷政事,不要推辞呀!"

善恶不实,不可以为史

【原文】

帝索起居注,谟奏:"古置左、右史,书得失,以存鉴戒。陛下所为善,无畏不书;不善,天下之人亦有以记之。"帝曰:"不然,我既尝观之。"谟曰:"向者取观,史氏为失职。陛下一见,则后来所书必有讳屈,善恶不实,不可以为史,且后代何信哉?"乃止。

【译文】

唐文宗要看起居注,魏谟进言说:"古代设置左、右史,记录朝政得失,作为后代的鉴戒。陛下的言行美好,就不要害怕史官不记录;言行不美好,天下的人们也会记住的。"唐文宗说:"不是这样,我已曾看过了。"魏谟道:"以前陛下看起居注,是史官不尽职。陛下一看,后来做记录时必然会有所忌讳并歪曲事实,记录善与恶不符合实际,就不应该作史官,况且后人怎么能相信呢?"于是文宗不再要看起居注了。

王 珪 传

谏太宗知恶务去

【原文】

它日进见,有美人侍帝侧,本庐江王瑗姬也。帝指之曰:"庐江不道,贼其夫而纳其室,何有不亡乎?"珪避席曰:"陛下以庐江为是邪?非邪?"帝曰:"杀人而取妻,乃问朕是非,何也?"对曰:"臣闻齐桓公之郭,问父老曰:'郭何故亡?'曰:'以其善善而恶恶也。'公曰:'若子之言,乃贤君也,何至于亡?'父老曰:'不然,郭君善善不能用,恶恶不能去,所以亡。'今陛下知庐江之亡,其姬尚在,窃谓陛下以为是。审知其非,所谓知恶而不去也。"帝叹美其言。

【译文】

后来王珪进见唐太宗,有美人陪侍在太宗身边,她本来是庐江王李瑗的侍妾。

太宗指着她说:"庐江王荒淫无道,害了她的丈夫,又纳她为妾,怎么能不灭亡呢?"王珪离开座席说:"陛下认为庐江王做得对呢?还是做错了呢?"太宗说:"杀害他人并夺取他的妻子,还要问我是对是错,为什么呢?"王珪答道:"臣听说齐桓公曾去郭国,问当地老人说:'郭国为什么灭亡了?'老人说:'因为他喜爱善事而厌恶恶行。'齐桓公说:'如您所言,他是个贤明君主,何至于灭亡呢?'老人道:'不是这样,郭国君主喜爱善事却不施行,厌恶恶行却不屏弃,所以灭亡了。'现在陛下知道庐江王为什么灭亡了,却把他的妾留在身边,我私下觉得陛下是认为庐江王做得对。如果确知他是错误的,那就是所谓知道是恶行却不屏弃呀。"太宗对他的话很赞赏。

马 周 传

唐太宗召马周

【原文】

贞观五年,诏百官言得失。何,武人,不涉学,周为条二十余事,皆当世所切。太宗怪问何,何曰:"此非臣所能,家客马周教臣言之。客,忠孝人也。"帝即召之,间未至,遣使者四辈敦趣。及谒见,与语,帝大悦,诏直门下省。明年,拜监察御史,奉使称职。帝以何得人,赐帛三百段。

【译文】

贞观五年(631),唐太宗命令百官讨论时政得失。常何是个军人,没有学问,马周为他逐条列举了二十多件事,都是当世切要之务。太宗很惊异,就问常何,常何说:"这不是臣所能想到的,是门客马周教臣如此说的。这个门客是个忠孝之人啊。"太宗立即召见马周,一时没有来到,就派遣了四批使者前往敦

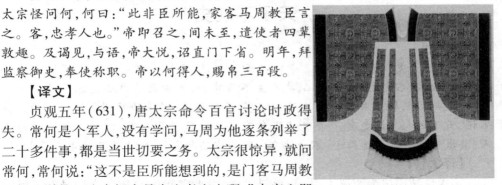

唐大礼服复原图

促。到马周来谒见时,太宗和他谈论时政,非常高兴,命令他在门下省任职。第二年,任命为监察御史,办事称职。太宗认为常何举荐得人,赏给他三百段帛。

崔 仁 师 传

断 狱 无 枉

【原文】

贞观初,改殿中侍御史。时青州有男子谋逆,有司捕支党,累系填狱,诏仁师按覆。始至,悉去囚械,为具食,饮汤沐,以情讯之,坐止魁恶十余人,它悉原纵。大理少卿孙伏伽谓曰:"原雪者众,谁肯让死?就决而事变,奈何?"仁师曰:"治狱主仁恕,故谚称:'杀人刖足,亦皆有礼。'岂有知枉不申,为身谋哉?使吾以一介易十四命,固吾愿也!"及敕使覆讯,诸囚咸叩头曰:"崔公仁恕,必无枉者。"举无异辞。由

是知名。

【译文】

贞观初年,崔仁师调任殿中侍御史。当时青州(在今山东省)有一男爵的儿子阴谋反叛朝廷,官府逮捕与他同伙的人,囚犯塞满了监狱,唐太宗诏令崔仁师负责审查。他刚到青州,就全部去掉囚犯的枷锁,给他们安排饭食,送汤汁给他们喝,实事求是地进行审讯,只把十余名首恶分子判了罪,其他人全都赦免释放了。大理少卿孙伏伽对他说:"赦免昭雪的人太多,谁肯去送死?现在就要判决了,事情如有变故,怎么办?"崔仁师说:"断案应当以仁爱宽恕为本,所以谚语说:'杀人或砍掉脚,也都有理可说。'怎能明知冤枉而不予申辩,却为自己着想呢?如果用我一个人可换取十个蒙受冤枉的囚犯的生命,这本来就是我的心愿!"当朝廷派官员前来复审时,众囚犯都叩头说:"崔公仁爱宽恕,绝没有冤枉的。"都没有不同说法。崔仁师因此而知名。

褚遂良传

天子不观史

【原文】

迁谏议大夫,兼知起居事。帝曰:"卿记起居,大抵人君得观之否?"对曰:"今之起居,古左、右史也,善恶必记,戒人主不为非法,未闻天子自观史也。"帝曰:"朕有不善,卿必记邪?"对曰:"守道不如守官,臣职载笔,君举必书。"刘洎曰:"使遂良不记,天下之人亦记之矣。"帝曰:"朕行有三:一,监前代成败,以为元龟;二,进善人,共成政道;三,斥远群小,不受谗言。朕能守而勿失,亦欲史氏不能书吾恶也。"

【译文】

褚遂良被提拔为谏议大夫,兼知起居事,唐太宗问他:"您负责记录君王的言行,大约君主也能看一看吧?"褚遂良答道:"现在的起居之职,相当于古代的左、右史,无论善与恶,都必须记录下来,以劝诫君主不做非法之事,没听说天子自己阅读言行录的。"唐太宗说:"我有不好的言行,您一定记录吗?"答道:"坚持正道莫过于恪守职责,臣的职责就是记录王事,所以对君王的言行一定要记载。"刘洎道:"即使褚遂良不记录,天下的百姓也记住了。"唐太宗说:"我做三件事:一,明察前代成功与失败的经验教训,作为今天的借鉴;二,选拔品行好的人,共同完成治理国家的大业;三,斥退小人,不听谗言。我能坚持这三件事而不犯过错,也是希望史官不能记下我的恶行呀。"

杜正伦传

人主不可自骄

【原文】

太子监国,诏正伦行左庶子,兼崇贤馆学士。帝谓正伦:"吾儿幼,未有就德,我

常物物戒之。今当监国，不得朝夕见，故辍卿于朝以佐太子。慎之勖之。"它日又言："朕年十八，犹在人间，情伪无不尝；及即位，处置有失，必待谏，乃释然悟，况太子生深宫不及知邪？且人主不可自骄，今若诏天下，敢谏者死，将无复发言矣。故朕孜孜延进直言。卿其以是晓太子，冀裨益之。"

【译文】

太子将要代理国政，唐太宗命令杜正伦担任左庶子，兼任崇贤馆学士。太宗对杜正伦说："我儿年轻，还没有具备君主的品德，我经常事事告诫他。现在就要代理国政了，我不能和他朝夕相见，所以暂停您在朝廷的职务而去辅佐太子。您要谨慎勤勉地对待这个工作。"后来又说："我十八岁的时候，还在民间，对人情真伪无不知晓；到即位以后，处理政事有不当之处，必定要等待别人批评指正，才恍然大悟，何况太子生长在深宫而无法通达下情呢？况且君主不能自己骄傲，现在假如诏令天下，有敢进言议论朝政得失的处死，那将没有人再说话了。所以我孜孜不倦地引导臣下坦直地发表意见。您要把这些告诉太子，希望对他能有所裨益。"

徐有功传

冒死平冤狱

【原文】

窦孝谌妻庞为其奴怖以妖祟，教为夜解，因告以厌诅。给事中薛季昶鞫之，庞当死。子希瑊讼冤，有功明其枉。季昶劾有功党恶逆，当弃市。有功方视事，令史泣以告。有功曰："岂吾独死，而诸人长不死邪？"安步去。后召诘曰："公比断狱多失出，何耶？"对曰："失出，臣小过；好生，陛下大德。"后默然。庞得减死，有功免为民。

【译文】

窦孝谌的妻子庞氏被她的婢女用鬼神降灾的谎言所恐吓，婢女又教她夜间祷告驱祸，接着告发她向鬼神祈祷诅咒。给事中薛季昶审问了庞氏，庞氏依罪应当判为死刑。她的儿子希瑊上诉冤枉，徐有功为她申明了冤情。薛季昶检举徐有功与邪恶不法的人同流合污，依罪应该处死示众。徐有功正在办公，令史哭着把这消息告诉了他。徐有功道："难道只有我会死，而人们都长生不老吗？"泰然自若，缓步而去。武后召见责备他说："您近来判案常错误地开脱罪犯，这是为什么？"他答道："错误地开脱犯人，是臣的小罪过；爱惜生灵，是陛下的大德。"武后无话可说。庞氏被免了死罪，而徐有功却被削职为民。

不可以私害公

【原文】

起拜左司郎中，转司刑少卿。与皇甫文备同按狱，诬有功纵逆党。久之，文备坐事下狱，有功出之。或曰："彼尝陷

漆绘人物铜镜　唐

君于死,今生之,何也?"对曰:"尔所言者私怨,我所守者公法,不可以私害公。"

【译文】

　　徐有功被提拔为左司郎中,又调任司刑少卿。曾和皇甫文备一起审理案件,皇甫文备诬告徐有功放纵反叛朝廷的团伙。过了很长时间,皇甫文备因事获罪,被捕入狱,徐有功使他获免出狱。有人说:"他曾把你陷于死地,你现在反而救他的性命,这是为什么?"徐有功答道:"你所说的是个人的私怨,我所坚持的是国家的公法,不应该为了私怨而损害公法。"

狄仁杰传

解人之忧,仁义待人

【原文】

　　同府参军郑崇贤母老且疾,当使绝域。仁杰谓曰:"君可贻亲万里忧乎?"诣长史蔺仁基请代行。仁基咨美其谊,时方与司马李孝廉不平,相语曰:"吾等可少愧矣!"则相待如初。

【译文】

　　和狄仁杰同在州府供职的参军郑崇贤的母亲年迈多病,郑崇贤又奉命出使极远的地区。狄仁杰说:"您怎能让老母亲为儿子远行万里而担忧呢?"就拜见长史蔺仁基请求替郑崇贤出使。蔺仁基赞叹他仁义待人,当时正与司马李孝廉有私怨,便对他说:"我们也应该略感惭愧啦!"于是二人像当初一样友好相待了。

长者之风

【原文】

　　天授二年,以地官侍郎同凤阁鸾台平章事。武后谓曰:"卿在汝南有善政,然有谮卿者,欲知之乎?"谢曰:"陛下以为过,臣当改之;以为无过,臣之幸也。谮者乃不愿知。"后叹其长者。

【译文】

　　天授二年(公元691年),狄仁杰以地官侍郎之职兼有同凤阁鸾台平章事的官衔,成为参政大臣。武则天对他说:"您在汝南郡(在今河南省)为政妥善,但有人诬蔑中伤您,想知道是谁吗?"狄仁杰婉言拒绝说:"陛下认为臣有过错,臣应当改正;认为臣没有过错,就是臣的幸运了。说坏话的人臣不想知道。"武则天赞叹他是一位长者。

狄仁杰

临 难 不 苟

【原文】

会为来俊臣所构,捕送制狱。……其属王德寿以情谓曰:"我意求少迁,公为我引杨执柔为党,公且免死。"仁点叹曰:"皇天后土,使仁杰为此乎!"即以首触柱,血流沫面。德寿惧而谢。

【译文】

恰好狄仁杰被来俊臣所诬陷,被捕入狱。……他的下属官吏、当时担任判官的王德寿靠着旧交情对他说:"我想得到一点儿升官的资本,您为我拉上杨执柔为同伙,您将免除死罪。"狄仁杰叹息道:"天地呀,竟使我狄仁杰做这种事吗!"说着用头碰柱,血流满面。王德寿惊惧地施礼道歉。

韦 思 谦 传

刚 正 守 职

【原文】

擢监察御史。常曰:"御史出使,不能动摇山岳,震慑州县,为不任职。"中书令褚遂良市地不如直,思谦劾之,罢为同州刺史。及复相,出思谦清水令。或吊之,答曰:"吾狷直,触机辄发,暇恤身乎?丈夫当敢言地,要须明目张胆以报天子,焉能录录保妻子邪?"

【译文】

韦思谦被提拔为监察御史。他经常说:"御史到各地巡察,不能严惩坏人坏事,使正气动摇山岳,震慑州县,就是不称职。"中书令褚遂良用低价购买土地,韦思谦检举了他,罢免了他中书令的职务而调任同州(在今陕西大荔县)刺史。到褚遂良重任宰相时,就把韦思谦贬出朝廷担任清水县(在今甘肃省)令。有人安慰他,他回答道:"我性情急躁坦直,遇到事情便要表现出来,怎么来得及顾虑自身的安危呢?大丈夫处在敢于直言的地位,应该无所畏避地报答天子的恩德,怎能碌碌无为地只知保全妻子儿女呢?"

魏 元 忠 传

未 有 无 士 之 时

【原文】

夫才生于世,世实须才。何世而不生才?何才而不资世?故物有不求,未有无物之岁;士有不用,未有无士之时也。志士在富贵与贱贫,皆思立功名以传于后,然知己难而所遇罕。士之怀琬琰就煨尘、抱栋干困沟壑者,悠悠之人直睹此士之贫

贱,安知其方略哉!……布衣之人,怀奇抱策,而望朝奏夕召,岂易得哉? 臣愿历访文武五品以上,得无有智如羊祜、武如李广而不得骋其才者乎? 使各言其志,毋令久失职。

【译文】

时世造就了人才,时世也确实需要人才。什么时代不会造就人才? 什么样的人才不会给时代带来益处? 所以对财物只有不去寻求的,而没有找不到财物的年代;对于人才只有不任用的,而没有找不到人才的时候。有志之士无论在富贵或贫贱之时,都想着建立功名以流传于后世,但知音难觅,机遇也太少了。志士怀抱美德和奇才而未得赏识的时候,平庸的人只是看到他的贫贱,哪里知道他的雄才大略呢!……身为平民的人,胸藏治国的妙策,希望上达君王并很快得到征召任用,难道是容易的吗? 臣希望遍访五品以上的文官武将,该不会有智谋像羊祜、军事才能像李广而又没有机会施展的人吧? 应该让他们各言其志,量才委用,不要让他们长久不能尽职。

魏元忠贬官

【原文】

中宗在东宫,为检校左庶子。时二张势倾朝廷,元忠尝奏曰:"臣承先帝之顾,且受陛下厚恩,不能狥忠,使小人在君侧,臣之罪也。"易之等恨怒,因武后不豫即共谮元忠与司礼丞高戬谋挟太子为耐久朋,遂下制狱。诏皇太子、相王及宰相引元忠等辨于廷,不能决。昌宗乃引张说为证,说初伪许之,至是迫使言状,不应,后又促之,说曰:"臣不闻也。"易之等遽曰:"说与同逆。说曩尝谓元忠为伊、周,夫伊尹放太甲,周公摄王位,此反状明甚。"说曰:"易之、昌宗安知伊、周? 臣乃能知之,伊尹、周公,历古以为忠臣,陛下不遣学伊、周,将何效焉?"说又曰:"臣知附之之朝夕可宰相,从元忠则族灭。今不敢面欺,惧元忠之冤。"后窬其谵,然重违易之,故贬元忠高要尉。

【译文】

唐中宗居东宫为太子时,魏元忠担任检校左庶子。当时宠臣张易之、张昌宗权势震慑朝廷,魏元忠曾上奏武后说:"臣担负着先帝的遗命,并且承受着陛下的大恩,不能尽忠报国,使小人在君王身边把持朝政,这是臣的罪过呀。"张易之等人非常恨他,乘武后生病之机,就共同诬蔑魏元忠和司礼丞高戬阴谋要挟太子结为同党,于是把魏元忠等逮捕下狱。武后命令皇太子、相王和宰相带魏元忠等到朝廷辩论,难以做出判决。张昌宗就拉上张说作证,张说开始假意答应了他,当在朝廷上逼他作伪证时,便不回答,太后又催促他,张说道:"臣不知道。"张易之等立即说:"张说和魏元忠同属叛逆。张说过去曾经称魏元忠是伊尹、周公,那伊尹放逐太甲,周公代君主处理朝政,这是他们反叛朝廷的明证。"张说道:"张易之和张昌宗哪里知道伊尹和周公? 臣是知道的,伊尹和周公,自古以来都认为是忠臣,陛下不让他学习伊尹和周公,将效法谁呢?"张说又说:"臣知道附和张易之便很快可以当上宰相,赞同魏元忠就会遭灭族之祸。但今天不敢当面欺骗陛下,而畏惧魏元忠蒙受冤

屈。"武后明白了张易之等人诬陷忠良,但又不愿意违背张易之的心意,所以把魏元忠降级任命为高要县(在今广东省)尉。

萧至忠传

授官任职得其人

【原文】

今列位已广,冗员复倍。陛下降不訾之泽,近戚有无涯之请。台阁之内,朱紫充满,官秩益轻,恩赏弥数。才者不用,用者不才,故人不效力,官匪其人,欲求治固难矣。

【译文】

现在官吏的编制已很庞大。编制以外的官员又成倍增加。陛下赐给他们隆盛的恩泽,皇室的亲戚们有无穷无尽的要求。官署之内,塞满了高官达贵,官品越来越不值钱,皇恩奖赏日益频繁。有才能的人不予任用,任用的人却没有才干,所以人们不愿效力。授官任职不得其人,想把国家治理好实在太难了。

姚 崇 传

谏武后罢淫刑

【原文】

后尝语左右:"往周兴、来俊臣等数治诏狱,朝臣相逮引,一切承反。朕意其枉,更畀近臣临问,皆得其手牒不冤,朕无所疑,即可其奏。自俊臣等诛,遂无反者,然则向论死得无冤邪?"崇曰:"自垂拱后,被告者类自诬。当是时,以告言为功,故天下号曰'罗织',甚于汉之钩党。虽陛下使近臣覆讯,彼尚不自保,敢一摇手以悖酷吏意哉!且被问不承,则重罹其惨,如张虔勖、李安静等皆是也。今赖天之灵,发窜陛下,凶竖歼夷,朝廷乂安,臣以一门百口保内外官无复反者。陛下以告牒置弗推,后若反有端,臣请坐知而不告。"后悦曰:"前宰相务顺可,陷我为淫刑主。闻公之言,乃得朕心。"

【译文】

武后曾经对左右侍臣说:"以前周兴、来俊臣等人屡次掌管奉诏关押犯人的牢狱,朝臣互相牵连,一概招认有反叛之罪。我疑心其中有冤情,又派近臣视察慰问,得到他们亲手所写的诉状都是不冤枉的,我没有什么怀疑,就相信了他们互相牵连的供词。自从来俊臣等人被处死以后,就没有反叛朝廷的了,如此看来,以前判决死刑的人该不会有冤枉的吧?"姚崇道:"自从垂拱时期(685~688)以后,被告发的人大都是被迫认罪的。那时候,都以告发他人为有功,所以天下之人称告发的行为是'罗织',比起汉代使人相互牵连而大抓同党更厉害。虽然陛下派近臣去重新审问,但他们尚且不能自保,又怎敢稍有不同意见而违背酷吏的判断呢?况且被审

问的人如果不承认，就会再次遭受酷刑的折磨，如张虔勖、李安静等人都是这样。现在靠上天的神灵，使陛下明白了是非，凶恶的小人被除掉，朝廷太平无事了，臣以全家百口担保朝廷内外群臣没有再反叛的。陛下只管把告发他人的信札搁置一边，不加推问，今后如果有反叛朝廷的事实，臣情愿承担知而不告的罪过。"武后高兴地说："以前的宰相都是顺从我的旨意行事，害得我成了滥用刑罚的君主，听了您这番话，才合我的心意。"

用 人 不 疑

【原文】

崇尝于帝前序次郎吏，帝左右顾，不主其语。崇惧，再三言之，卒不答，崇趋出。内侍高力士曰："陛下新即位，宜与大臣裁可否。今崇亟言，陛下不应，非虚怀纳诲者。"帝曰："我任崇以政，大事吾当与决，至用郎吏，崇顾不能而重烦我邪？"崇闻乃安。由是进贤退不肖而天下治。

姚崇

【译文】

姚崇曾在唐玄宗面前品评郎官的才能并拟定他们的官阶，玄宗左顾右盼，对他的话不置可否。姚崇惶恐不安，再三陈述，玄宗始终不回答，姚崇连忙退了出去。侍臣高力士说："陛下刚刚即位，应该和大臣商定事情可行与否。现在姚崇屡次进言，陛下不回答，这不是虚心听取意见的态度。"玄宗说："我把朝政交给姚崇办理，国家大事我应当和他商量决定，至于任用郎官，姚崇反倒没有能力做好，而来烦扰我吗？"姚崇听到这番话，才打消了顾虑。从此以后，他提拔贤者，贬退小人，把国家治理得很好。

卢 怀 慎 传

清俭不营产

【原文】

怀慎清俭不营产，服器无金玉文绮之饰，虽贵，而妻子犹寒饥。所得禄赐，于故人亲戚无所计惜，随散辄尽。赴东都掌选，奉身之具，止一布囊。既属疾，宋璟、卢从愿候之，见敝簀单藉，门不施箔。会风雨至，举席自障。日晏设食，蒸豆两器、菜数杯而已。临别，执二人手曰："上求治切，然享国久，稍倦于勤，将有恰人乘间而进矣，公弟志之！"及治丧，家亡留储。

【译文】

卢怀慎廉洁俭朴，不置产业，衣服和器物不用金玉及华美的丝织品来装饰，虽然作了高官，妻子儿女却仍然受着饥寒。他所得到的俸禄与皇帝赏赐的东西，对朋友亲戚从不吝惜，随时分送给他们，也就用尽了。他到东都洛阳主持选举官吏时，

身边所用的器物，只有一布袋。他告病退休后，宋璟和卢从愿去问候他，见他床上铺着破竹席和一只草垫子，门上没有挂帘子。恰值刮风下雨，他举起席子遮盖着自己。晚上安排饭食招待他们，只有两碗蒸的豆子、几杯菜而已。临别时，拉着他们两个人的手说："皇上迫切想把国家治理好，但在位日久，渐渐对勤勉听政感到厌倦了，将有奸邪的小人乘机谋取高位，你们只管记住这一点！"待到给他办理丧事的时候，他家中没有积蓄的财物。

韩 休 传

吾虽瘠，天下肥矣

【原文】

休峭鲠，时政所得失，言之未尝不尽。帝尝猎苑中，或大张乐，稍过差，必视左右曰："韩休知否？"已而疏辄至。尝引鉴，默不乐。左右曰："自韩休入朝，陛下无一日欢，何自戚戚，不逐去之？"帝曰："吾虽瘠，天下肥矣。且萧嵩每启事，必顺旨，我退而思天下，不安寝。韩休敷陈治道，多讦直，我退而思天下，寝必安。吾用休，社稷计耳。"

【译文】

韩休性格严厉而正直，对于时政的得失，未曾言之不尽。唐玄宗曾经到园林中打猎，有时大张旗鼓地作乐助兴，稍一超过限度，唐玄宗一定看着左右的臣说："韩休知不知道？"不一会儿韩休的奏疏便送来了。玄宗曾照着镜子，默默无言，抑郁不乐。侍臣说："自从韩休入朝为相，陛下没有一天高兴过，何必要使自己忧愁，而不把他赶出朝廷呢？"玄宗说："我虽然愁得消瘦了，天下之人却可以胖起来了。况且以前萧嵩每次陈述政务，必定要顺从我的旨意，但我退朝后思虑起天下大事来，就不能安然入睡了。而韩休论述治国的策略，往往直言不讳地指出我的过失，所以我退朝后思虑起天下大事来，就能安然入睡了。我任用韩休，是为国家着想呀。"

李 晟 传

李愬雪夜袭蔡州

【原文】

师夜起，……会大雨雪，天晦，凛风偃旗裂肤，马皆缩栗，士抱戈冻死于道十一二。……夜半至悬瓠城，雪甚，城旁皆鹅鹜池，愬令击之，以乱军声。贼恃吴房、朗山戍，晏然无知者。祐等坎墉先登，众从之。杀门者，发关，留持柝传夜自如。黎明，雪止，愬入驻元济外宅，蔡吏惊曰："城陷矣！"

【译文】

军队在夜间出发，……正遇上下大雪，天气晦暗，猛烈的寒风刮倒旗杆，吹裂肌肤，战马直打哆嗦，士兵拿着武器冻死在路上的占十分之一二。……半夜军队到达

悬瓠城下,雪下得很紧,城边都是鸭鹅寄宿的池塘,李愬下令骚扰池鸭,使其鸣叫,用来遮住行军的声音。城里的叛贼们依仗着他们在吴房(在今河南遂平)、朗山(在今河南确山)有驻军,处之安然,全然不知大军临城。李愬的前锋将领李祐,在城墙上凿出坑来首先登上去,军队跟着上了城头。他们杀死了城门上的岗哨,打开门关,却留下更夫照样打更。黎明时分,雪停了,李愬进驻吴元济的外宅,他的将吏这才惊喊:"城落入人家手中了!"

张 建 封 传

治 理 徐 州

【原文】

治徐几十年,躬于所事,一军大治。善容人过,至健黠亦未尝曲法假之。其言忠义感激,故下皆畏悦。性乐士,贤不肖游其门者礼必均,故其往如归。许孟容、韩愈皆奏署幕府,有文章传于时。

【译文】

张建封治理徐州(在今江苏徐州)共十年,亲自办理政务,整个军队管理得很好。他长于宽容下属的小过错,至于对那些骄横奸猾的人,他也不损坏法纪来宽贷他们。他的言谈充满忠义之情,很能打动人心,所以部下都很敬畏而悦服他。张建封从心里喜欢士人,无论是贤良的还是很差的,只要是到他门上,都同样地待之以礼。所以士人乐意投奔他,就像回家似的。许孟容、韩愈这些名士,张建封都曾启奏朝廷,让委任他们在自己的幕府里做事,这两个人的文章当时就已在社会上流传开了。

崔 邠 传

为 政 贵 知 变

【原文】

治虢以宽,经月不答一人。及莅鄂,则严法峻诛,一不贷。或问其故,曰:"陕士瘠而民劳,吾抚之不暇,犹恐其扰。鄂土沃民剽,杂以夷俗,非用做事威莫能治。政所以贵知变者也。"闻者服焉。

【译文】

崔邠治理虢州,采用宽和的政令,满一个月也不动一次刑罚。到治理鄂州的时候,却严厉地执法治罪、动用死刑,一点也不宽贷。有人问他这样做的原因,回答说:"陕州一带土地瘠薄,百姓劳苦。我不停地安抚他们,还怕政令上有搅扰他们的地方。鄂州土地肥沃,百姓剽悍,夹杂着蛮夷部族的风气。不使用威严的法令就谁也治理不了。施行政治,值得宝贵的是知道灵活变通。"听的人很佩服他。

柳公绰传

门高戒自骄,族盛忌人窥

【原文】

"门高则自骄,族盛则人窥嫉。实艺懿行,人未必信;纤瑕微累,十手争指矣。所以修己不得不至,为学不得不坚。夫士君子生于世,己无所能而望它人用,己无善而望它人爱,犹农夫卤莽种之而怨天泽不润,虽欲弗馁,可乎?"

【译文】

"门第高贵的人,自身容易骄傲。家族强盛的人,就被人伺察而忌恨。即使有实在的学问、美好的行为,人家还未必就相信。如果有细小的缺点毛病,大家将要纷纷指责了。因此,自身的修养必须严格周到,求学必须意志坚定。士人君子活在世上,自己没有才能,却希望别人重用,自己没有好品质,却希望别人喜爱,就如同农夫马马虎虎地播种,却怪怨(庄稼没长好是)上天不给自己恩泽,即使想不饿肚子,能办得到吗?"

列传第九十·论赞

圣人畏无难

【原文】

圣人不畏多难,畏无难。何哉?多难之世,人人长虑而深谋,日惕于中,犹以为未也,曰:"吾覆亡不暇,又何以安?"故能举天下付之兴,畏之也。祸难已平,上恬下嬉,……视漏弗填,忽倾弗支,……故能举天下付之亡,不畏也。

【译文】

圣人不怕天下灾难多,就怕没有灾难。这是为什么呢?灾难多的时期,人们都深谋远虑,每天都在心里保持着警惕,还以为自己这样做不够,说:"我挽救危亡都来不及,又怎能安逸呢?"所以能将天下(由衰败)转变为兴盛,这是多难之时人人畏惧(而保持警觉)的结果。祸患已经平息,上面安逸,下面玩乐,发现时政的纰漏也不填塞,轻忽国势的倾颓也不支撑,……所以能将天下转变为危亡,这是大家都不畏惧(而麻痹大意)的结果。

令狐楚传

诫子薄葬

【原文】

楚外严重不可犯,而中宽厚,待士有礼。……为政善抚御,治有绩,人人得所

宜。疾甚,……敕诸子曰:"吾生无益于时,无请谥,勿求鼓吹,以布车一乘葬,铭志无择高位。"

【译文】

令狐楚外貌严肃庄重,不可冒犯,而内心宽大厚道,对士人有礼遇。……从事政务善于安抚和管理,治理很有成绩,大家都得到了适当的安置。他病很重的时候,……告诫儿子们说:"我活着对时世没有什么补益,不要请求朝廷给予谥号,不要请求派仪仗乐队,用一辆有布幔的车送葬,铭旗和墓志上不要写最高的官衔。"

李 藩 传
豁 达 大 度

【原文】

居父丧,家本饶财,姻属来吊,有持去者,未尝问。益务施与,居数年略尽。年四十余,困广陵间,不自振,妻子追咎,藩晏如也。

【译文】

银镀花纹碗　唐

李藩在给父亲守丧的时候,家里本来钱财很多,亲戚们来吊唁,有拿走财物的,他也未曾过问。还进一步主动施舍钱财给人,过了几年家产大体弄完了。四十多岁时,贫困地住在广陵(今江苏扬州),养活不了自家,妻子追究他过去疏财的过失,李藩还是安然自如。

王 锷 传
王 锷 其 人

【原文】

……又常读《春秋》,自称儒者,士颇笑之。善任数持下。……性纤啬,有所程作,虽碎琐无所遗。官曹帘坏,吏将易之,锷取坏者付船坊以针箸。每燕飨,辄录其余卖之以收利。

【译文】

王锷又常读读《春秋》,就自称是儒生,士人很嘲笑他。他善于运用权术驾驭下属。……性格刻薄吝啬,有什么修建的活路,即使是极琐碎无用的杂物也要收起来不让剩下。官府下属机构的门帘坏了,吏员将换个新的,王锷拿了坏帘子交给造船的作坊让缝补一下再用。每次举办宴席,王锷都将剩余的酒食卖掉来赚钱。

于頔传

勤勉为政

【原文】

于頔,字允元,后周太师谨七世孙。……出为湖州刺史,部有湖陂,异时溉田三千顷,久廢废,頔行县,命脩复隄杭,岁获秔稻蒲鱼无虑万计。州地廥薄,葬者不掩枢,頔为坎,瘗枯骨千余,人赖以安。未几,改苏州。罢淫祠,浚沟浍,端路衢,为政有绩。

【译文】

于頔,字叫允元,是后周太师于谨的七世孙,……出任了湖州(辖境约当今浙江吴兴、德清、安吉、长兴等县)刺史。他的治下原来有湖塘池沼等,先前能灌溉农田三千顷,但久已淤塞废弃。于頔到所属县分巡察时,命令重新修整了堤坝水闸,这样每年就可多收获粳米、稻米、蒲草、鲜鱼大致数以万计。湖州地势低洼,松土浅薄,坟地里有时盖不住棺木。于頔主持重修墓穴,埋葬了枯骨一千多具,百姓赖以安宁。不久后,他又改任苏州(辖境约当今江苏苏州、常熟以东,浙江桐乡、海盐以东北及上海市大陆部分)刺史,取缔邪恶淫乱的庙堂,疏通田间排灌渠道,将道路修得平直端正,治理得很有政绩。

裴度传

君子同德,小人同恶

【原文】

帝尝语:"臣事君当砺善底公,朕恶夫树党者。"度曰:"君子小人以类而聚,未有无徒者。君子之徒同德,小人之徒同恶,外甚类,中实远,在陛下观所行则辨。"

【译文】

唐宪宗曾说:"臣子侍奉君主,应当磨炼出善良公正的品质,我厌恶那些结党营私的人。"裴度道:"君子和小人都以类而聚,没有不交朋友的。君子的朋友同心同德,小人的朋友狼狈为奸,外表很相似,本质实在差得很远,对陛下来说,观其所行,就会明白的。"

元稹传

君王当近贤者远小人

【原文】

周成王本中才,近管、蔡则谗入,任周、召则善闻。岂天聪明哉?而克终于道

者,教也。始为太子也,太公为师,周公为傅,召公为保,伯禽、唐叔与游,目不阅淫艳,耳不闻优笑,居不近庸邪,玩不备珍异。及为君也,血气既定,游习既成,虽有放心,不能夺已成之性。

【译文】

周成王本来只有中等才能,接近了管叔、蔡叔则会听到谗言,信任了周公、召公则会听到善言。难道是他天生聪明吗?他能够始终坚守正道,是因为教育的原因啊。当初他做太子时,太公给他当太师,周公当太傅,召公当太保,伯禽、唐叔同他交游,他眼睛不看荒淫艳丽之物,耳朵不听戏谑调笑之声,起居不近庸俗、邪僻之处,欣赏把玩不备奇珍异宝。到了做君王的时候,则意气情感已经稳定,交游习惯已经养成,纵然有放纵之心,也不能扰乱已经形成的性情了。

谏德宗严教太子

【原文】

始,王叔文、王伾蒙幸太子宫,而桡国政,稹谓宜选正人辅导,因献言曰:"……设万世之后,有周成中才,生于深宫,无保助之教,则将不能知喜怒哀乐所自,况稼穑艰难乎!愿令皇太子洎诸王齿胄讲业,行严师问道之礼,辍禽色之娱,资游习之善,岂不美哉!"

【译文】

当初,王叔文、王伾蒙受恩宠,在太子宫中辅导读书,而借机干预扰乱国政。元稹认为应选正直的人辅导太子,于是上言说:"……如果陛下去世之后,太子只有周成王那样的中等才能,生长在深宫之中没有辅导、佐助之官的教育,那就会不了解喜怒哀乐等人之常情是从哪里产生的,更何况耕种收割的艰难呢!希望能让太子到各位王侯的儿子当中,与他们按年龄排位次,听讲学业,实行教师严格教育、学生虚心请教正道的礼法,停止犬马声色的娱乐,积累交游习惯的善行,这难道不是好事情吗?"

大弦琵琶　唐

君王纳谏是万年大计

【原文】

夫乐全安、恶戮辱,古今情一也。岂独贞观之人轻犯忌讳而好戮辱哉?盖上激而进之也。喜顺从、怒蹇犯,亦古今情一也,岂独文皇甘逆耳、怒从心哉?盖以顺从之利轻,而危亡之祸大,思为子孙建永安计也。

【译文】

喜欢安享天年、厌恶被杀受辱,这种心情古今是一致的。难道偏偏贞观年间的人就爱轻率地冒犯忌讳而喜欢被杀受辱吗?那是因为皇上激励、促进他们的缘故。喜欢别人顺从、厌恶别人违逆,这种心理也是古今一致的。难道偏偏太宗皇帝就爱听逆耳的话、恼怒顺意的事吗?那是因为顺从的好处小,而危亡的灾祸大,他想为

子孙后代寻求长治久安的大计啊!

劝宪宗纳谏

【原文】

陛下即位已一岁,百辟卿士、天下四方之人,曾未有献一计进一言而受赏者;左右前后拾遗补阙,亦未有奏封执谏而蒙劝者。……以陛下之政,视贞观何如哉? 贞观时,尚有房、杜、王、魏辅翊之智,日有献可替否者。今陛下当致治之初,而言事进计者岁无一人,岂非群下因循窃位之罪乎?

【译文】

陛下即位已经一年,各位侯王卿士、天下四方之人,连一位因献一条计策、进一席忠言而受到奖赏的都没有;陛下身边纠正错误、弥补缺失的臣子,也未曾有因奏言进谏而受到鼓励的。……凭陛下的国政,与贞观大治时相比怎么样呢? 贞观年间,还有房玄龄、杜如晦、王珪、魏征等人以智慧辅佐,每天进言献计,可以参考来改正错误。如今陛下正当执政初期,而议论政事、献计献策的人一年中都没有一个,这难道不是群臣因循守旧尸位素餐的罪过吗?

刘栖楚传

谏敬宗勤政

【原文】

敬宗立,视朝常晏,数游畋失德。栖楚谏曰:"惟前世王者初嗣位,皆亲庶政,坐以待旦。陛下新即位,安卧寝内,日晏乃作。大行殡宫密迩,鼓吹之声日闻诸朝。且宪宗及先帝皆长君,朝夕恪勤,四方忧有叛者。陛下以少主,践祚未几,恶德流布,恐福祚之不长也。"

【译文】

唐敬宗刚即位时,临朝听政常常很晚,还频繁地游乐田猎,丧失君德。刘栖楚劝谏说:"前代君王初即位时,都亲自处理国政,坐着等待天亮。陛下刚继承君位,却安卧在寝宫之中,时辰很晚才起身。先帝去世的殡宫就在近前,而陛下娱乐的音乐声却在朝廷上都能听得见。而且,宪宗、先帝都是年长的国君,他们朝夕勤勉,而四方仍有反叛。陛下作为年少的君主,即位不久,就让丑恶的行为到处传扬,这样恐怕享受国权的福气不会很长的!"

峻法治京兆

【原文】

改京兆尹,峻诛罚,不避权豪。先是,诸恶少窜名北军,凌藉衣冠,有罪则逃军中,无敢捕。栖楚一切穷治,不阅旬,宿奸老蠹为敛迹。

【译文】

刘栖楚改任京兆(今属陕西)尹,他严格刑罚,不回避权门豪族。在这之前,一些品行恶劣、胡作非为的年轻人挂名在北边军队中,欺扰官绅,犯了罪就逃进军中,没人敢去捕捉。刘栖楚一概彻底整治,不过十天,长期为害的奸贼们便因此而收敛了踪迹。

杨虞卿传

劝穆宗勤政纳谏

【原文】

穆宗初立,逸游荒恣,虞卿上疏曰:"……臣闻尧、舜以天下为忧,不以位以乐。况今……人之疾苦积下,朝之制度莫脩。……固未可以高枕而息也。陛下初临万几,宜有忧天下心。当日见辅臣公卿百执事,垂意以问,使四方内外灼有所闻。……谏臣盈廷,忠言不闻,臣实羞之。盖主恩疏而正路塞也。公卿大臣宜朝夕燕见,则君臣情接而治道得矣。"

【译文】

唐穆宗刚刚即位,恣意游逸享乐,杨虞卿便上疏说:"……我听说,古代的尧、舜以天下为忧虑,而不以君位享乐。何况眼下,……民众的疾苦在下面积聚,朝廷的制度却得不到修整,……这样当然是不能高枕无忧的,陛下刚刚面临纷繁的政务,该有为天下忧虑的心思。应当每天召见辅政的大臣、公卿及各方面的主管官员,关心询问下情,使天下四方、朝廷内外的事情都能清楚地了解。……进谏的大臣站满了朝廷,而忠言您却听不进去,我确实为此感到羞耻。大凡君主恩德疏浅了,正路就会被堵塞。公卿大臣应该时刻在内廷被召见,这样君臣间就能互通情况,而治国的正道也就能求得了。"

居安应当思危

【原文】

陛下求治于宰相,宰相求治于臣等,进忠若趋利,论政若诉冤,此而不治,无有也。自古天子居危思安之心同,而居安虑危之心则异,故不得皆为圣明也。

【译文】

陛下向宰相寻求治国方法,宰相向我们这些大臣寻求治国方法,臣下进忠就好像争夺利益一样主动,讨论政务就如同诉说冤屈一样积极,这样却治理不好,这是不可能的。自古以来,帝王在危难中思求安宁的心理是一致的,而在安宁中能思虑到危难的心理就不是人人都有的了,所以,他们不能全部都是圣明的。

列传第一百·赞语
谮人可恶

【原文】

诗人斥谮人最甚,投之豺虎、有北,不置也。如群、栖楚辈则然。肆诈以示公,构党以植私,其言缅缅若可听,卒而入于败乱也。孔子所谓"顺非而泽"者欤,"利口覆邦家"者欤!

【译文】

《诗经》的作者极其激烈地斥责那些搞诬陷的人,说是要将他们抛弃给豺虎,扔到不毛之地,就这样,还是连野兽都不屑于吃他,不毛之地不要他安身。像窦群、刘栖楚这班人,就是那样。他们放肆地攻击别人以表示出于公心,结成朋党来扩大私利。其言谈娓娓动人,似可听取,结果就要闹出乱子来。这就是孔子所说的"文过饰非"吧,"巧嘴利舌败坏国家"吧?

韩 愈 传
诗人贾岛

【原文】

岛,字浪仙,范阳人。初为浮屠,名无本。来东都,时洛阳令禁僧午后不得出,岛为诗自伤。愈怜之,因教其为文,遂去浮屠,举进士。当其苦吟,虽逢值公卿贵人,皆不之觉也。一日见京兆尹,跨驴不避,呼诘之,久乃得释。

【译文】

贾岛,字浪仙,范阳(在今河北涿州市)人。当初做过僧人,法号无本。来到东都洛阳,当时洛阳县令禁止僧人午后外出,贾岛就写诗哀叹自己的遭遇。韩愈很同情他,就教他诗文写作,于是脱离了佛门,被推举参加进士考试。当他苦苦吟诵的时候,虽然是碰上了王公权贵,都感觉不到。有一天在长安城里遇上了京兆尹,他还是骑在驴上不回避,经过呼叫盘问,好久他才得到释放。

李 景 让 传
老母责子息众怒

【原文】

尝怒牙将,杖杀之,军且谋变。母欲息众灌,召景让廷责曰:"尔填抚方面而轻用刑,一夫不宁,岂特上负天子,亦使百岁母衔羞泉下,何面目见先大夫乎!"将鞭其背,吏大将再拜请,不许,皆泣谢,迺罢,一军遂定。

【译文】

天平节度使李景让曾经怨恨一名部将，就用杖子打死了他，军队里因此图谋叛变。李景让的母亲想平息众人的哗乱，就叫儿子到庭堂上，斥责他说："你（的职责是）镇定安抚地方，却轻易动用刑罚。有一个人得不到安宁，那岂止对上辜负了皇帝，也让我这百岁老母含羞九泉之下，有什么脸面见你那去世的父亲！"用鞭子抽打儿子的脊背，僚吏、将军们连连拜请老人停打，还是不行，大家都哭着赔罪，才罢了手。整个军队于是安定下来了。

舒元舆传

舒元舆谏宪宗

【原文】

"古贡士未有轻于此者。且宰相公卿繇此出，夫宰相公卿非贤不在选而有司以隶人待之，……臣恐贤者远辱自引去，而不肖者为陛下用也。今贡珠贝金玉，有司承以柴笃皮币，何轻贤者、重金玉邪？"

【译文】

"古代的贡士，没有像现在这样被轻待的。而且宰相大臣从贡士中产生，宰相大臣要不是贤人君子就不会被选为进士。可是主管部门（指尚书省）将贡士当作奴隶对待。……我恐怕贤能之士会避免侮辱自己退去，而才德低劣的人将被陛下任用了。现在贡送珠贝金玉给朝廷时，有关的官员拿竹筐丝绸盛上贡品，用双手捧着。为什么要轻视贤才而珍重金玉呢？"

李德裕传

禁"圣水"以绝妄源

【原文】

时亳州浮屠诡言水可愈疾，号曰"圣水"，转相流闻，南方之人，率十户僦一人使往汲。既行若饮，……危老之人率多死。而水斗三十千，取者益它汲转鬻于道，互相欺诳，往者日数十百人。德裕严勒津逻捕绝之。且言："昔吴有圣水，宋、齐有圣火，皆本妖祥，古人所禁。请下观察使令狐楚填塞，以绝妄源。"从之。

白釉战马俑　唐

【译文】

当时亳州（辖境约当今安徽亳县、涡阳、蒙城及河南鹿邑、永城等县）有僧人造谣说某处的水能治好病，号称"圣水"。谣言辗转流传，南方的百姓，大多十户合伙雇一个人，派他前去汲水。打回来水若喝下了，

……年老病危的人多半就喝死了。而那水每斗要三十千钱，去取水的人往往另外多取一些在路上转卖，相互欺诈，去取水的，每天就有几十上百人。李德裕便严令渡口巡逻士兵把这些人逮捕起来，并且向朝廷上言："古时候吴国有'圣水'，宋国、齐国有'圣火'，全是妖邪的征兆，是古人所禁止的。请派观察使令狐楚来主持杜绝此事，以阻断妖邪的根源。"皇帝批准了这个建议。

唐敬宗信佛僧、方士

【原文】

帝方惑佛老，祷福祈年，浮屠方士，并出入禁中。狂人杜景先上言，其友周息元寿数百岁，帝遣宦者至浙西迎之。……息元果诞谲不情，自言与张果、叶静能游。帝诏画工肖状为图以观之，终帝世无它验。

【译文】

敬宗正被佛、道之说所迷惑，祈福祉，求长寿，僧人方士，都在皇宫出出进进。狂妄之徒杜景先上言说他的朋友周息元寿命已有几百岁了，敬宗就派宦官到浙西（唐方镇，时治所在今杭州市）去迎请他。……周息元果然胡言乱语，荒诞不经，自己声称曾与一百多年前的张果、叶静能等人交游。敬宗下令让画工照周息元的样子画成图像来观察，直到敬宗去世也没有什么效验。

朋 党 误 国

【原文】

汉刘向论朋党，其言明切，可为流涕，而主不悟，卒陷亡辜。德裕复援向言，指质邪正，再被逐，终婴大祸。嗟乎！朋党之兴也，殆哉！

【译文】

汉代刘向评论结党营私的宗派集团，话说得明白切当，令人下泪，而君主却不醒悟，结果使无辜的人遭受了罪刑。李德裕又援引刘向的话，指责质问，辩明邪正，两次被驱逐，终于遭受大祸。啊！宗派集团一兴起，国家就危险了！

李 珏 传

唐文宗无知人之明

【原文】

天子待宰相以不疑，是矣。虽然，于贤不肖当别白分明，乃可与言治。文宗无知人之明，但以不疑责宰相。是时善恶混淆，故党人成于下，主听乱于上。王室之衰，由此为之阶。

【译文】

皇帝对宰相不猜疑，这是对的。虽然这样，但皇帝还应明白地区分臣下的优

劣,才可以跟他谈论治国。文宗没有识别人品的能力,只是责求宰相不要猜疑僚吏。这时候区别好坏的标准已被搞乱了,所以在下面谋私的官僚结成了朋党,在上面皇帝对听到的意见黑白莫辨。朝廷的政治,就是这样走上了衰败的路子。

卢钧传

卢钧行善政

【原文】

海道商舶始至,异时帅府争先往,贱售其珍,钧一不取,时称絜廉。……贞元后流放衣冠,其子姓穷弱不能自还者,为营棺槥还葬。有疾若丧则经给医药、殡敛。孤女稚儿,为立夫家。以奉稟资助,凡数百家。南方服其德,不惩而化。

【译文】

每当海路来的商船刚靠岸,从前岭南节度府(在今广东广州)的官员争先恐后前往,用贱价购买船上的珍奇货物。可是卢钧当节度使的时候,一件货物也不要,当时称赞他为官廉洁。……贞元(公元785—805年)以后流放到岭南的官员死后,他们的儿孙因为穷苦不能自立归葬的,卢钧具办棺木以让他们送回故土安葬。流放的人家有了疾病或丧事,卢钧就给他们经办医药和殡殓,留下的子女,给他们解决婚嫁。卢钧用自己的薪俸来资助办理,前后受助的共几百家。南方的百姓敬服他的德政,未经惩治人心就自然变好了。

裴坦传

裴坦的家法

【原文】

坦性简俭,子娶杨收女,赍具多饰金玉,坦命撤去,曰:“乱我家法。”世清其概。

【译文】

裴坦的性情简素而不奢侈。他的儿子娶了杨收的女儿,送来的礼物中有很多装饰有黄金宝玉。裴坦命令把这些东西撤掉,说:“扰乱了我的家法!”世人都认为他的气概清高。

孙偓传

为 人 通 脱

【原文】

偓性通简,不矫饰。尝曰:“士苟有行,不必以己长形彼短,己清彰彼浊。”每对客,奴童相诟曳仆诸前,不之责,曰:“若持怒心,即自挠矣!”

【译文】

（唐昭宗时宰相）孙偓性格通脱简率，不故意做出装饰。曾经说："士人如果有品行，就不必用自己的长处来显示别人的短处，用自己的清高来显示别人的污浊。"每当和客人相处，家里的男女仆役互相争骂、拉扯以至于跌倒在面前，孙偓也不斥责他们，说："如果发怒的话，就是自己多事了!"

韩　偓　传

韩偓荐相

【原文】

中书舍人令狐涣任机巧，帝尝欲以当国，俄又悔曰："涣作宰相或误国，朕当先用卿。"辞曰："涣再世宰相，练故事，陛下业已许之。若许涣可改，许臣独不可移乎?"帝曰："我未尝面命，亦何惮?"偓因荐御史大夫赵崇劲正雅重，可以准绳中外。帝知偓，崇门生也，叹其能让。

【译文】

中书舍人令狐涣做事机智灵巧，皇帝曾想让他执掌国政，不久又后悔了，对韩偓说："令狐涣任宰相或许会贻误国政，我应当先任用你。"韩偓推辞说："令狐涣家两代任宰相，对以往的国政很熟悉，陛下已经许诺了他。如果许诺了令狐涣可以改变，那许诺了我就不能更改了吗?"皇帝说："我又没有当面任命，怕什么?"韩偓于是推荐御史大夫赵崇，说他刚正稳重，可以作为朝廷内外的规范。皇帝知道韩偓是赵崇的门生，感叹他能谦让。

李憕、卢奕以身殉职

【原文】

安禄山反，玄宗遣封常清募兵东京，憕与留台御史中丞卢奕、河南尹达奚珣缮城垒，绥励士卒，将遏贼西锋……。禄山渡河，……不数日，薄城下。常清兵皆白徒，战不胜，辄北。憕收残士数百，袠断弦折矢坚守，人不堪斗。憕约奕："吾曹荷国重寄，虽力不敌，当死官。"部校皆夜縋去，憕坐留守府，奕守台。城陷，禄山鼓而入，杀数千人，矢著阙门，执憕、奕及官属蒋清，害之。

【译文】

安禄山叛乱，玄宗派封常清在东京（约在今河南洛阳）招兵，李憕与留台御史中丞卢奕、河南尹达奚珣修缮城墙垒壁，安抚勉励士兵，企图遏止叛军向西的锋芒。安禄山渡过黄河，……不几天就逼近城下。封常清的士兵都赤手空拳，打不过敌人，动辄败逃。李憕收拾起几百名残兵，聚敛起残弓断箭坚守城池。人们都经不住苦战了，李憕就约定卢奕说："我们这些人担负着国家的重任，纵然力量抵不过叛军，也应当以身殉职!"部下的校尉们都攀着绳索从城墙上坠下去逃走了。李憕坐在了留守官署，卢奕守着城门。城被攻破了，安禄山的军队随着鼓声冲了进来，杀

死了几千人,飞箭射到了城楼的门上。叛军抓住了李憕、卢弈以及部下的官员蒋清,杀害了他们。

忠 文 传

不陷失节,死有何恨

【原文】

安禄山陷东都,吏亡散。弈前遣妻子怀印间道走京师,自朝服坐台。被执,将杀之,即数禄山罪,徐顾贼徒曰:"为人臣者当识逆顺,我不蹈失节,死何恨?"观者恐惧。弈临刑,西向再拜而辞,骂贼不空口,逆党为变色。

【译文】

安禄山攻陷东都洛阳,官吏逃亡离散。卢弈先派妻子保藏官印抄小路去往京师长安,自己身穿朝服坐守东都。被捕后,即将杀死他,他就列举安禄山的罪状,从容地看着贼徒说:"作臣子的应当明辨叛逆与忠良,我不陷于失节,死有何恨?"观者被他的正气所震慑。卢弈临刑时,西向长安拜了两次,与君王诀别,痛斥国贼,骂不绝口,叛军为之变色。

颜杲卿殉国

【原文】

禄山至陕,……使史思明等率平卢兵度河攻常山。……杲卿昼夜战,井竭,粮、矢尽,六日而陷,……贼胁使降,不应。取少子季明,加刃颈上曰:"降我,当活而子。"杲卿不答,遂并卢逖杀之。杲卿至洛阳,禄山怒曰:"吾擢尔太守,何所负而反?"杲卿瞋目骂曰:"汝营州牧羊羯奴耳!窃荷恩宠,天子负汝何事,而乃反乎?我世唐臣,守忠义,恨不斩汝以谢上,乃从尔反耶!"禄山不胜忿,缚之天津桥柱,节解以肉啖之,詈不绝,贼钩断其舌,曰:"复能骂否?"杲卿含胡而绝,年六十五。

【译文】

安禄山叛军进入陕地(今属河南省),……派史思明等率领平卢(今属辽宁省)的士兵渡河攻打常山郡。……颜杲卿昼夜战斗,井水干涸,粮食和弓箭也用尽了,坚守了六天,城池被攻陷了。……叛军胁迫颜杲卿投降,他不听从,就把他的小儿子季明拉来,把刀放在脖子上说:"投降我们,就让你的儿子活命。"颜杲卿不答应,就把他儿子和外甥卢逖一起杀害了。颜杲卿被押到洛阳,安禄山恼怒地说:"我提拔你作了太守,有什么对不起你的

晨钟图 唐

地方,却要叛离我呢?"颜杲卿瞪起眼睛骂道:"你只是营州(今属辽宁省)一个牧羊的羯奴而已!非分享受着朝廷的恩宠,天子有什么对不起你的事情,却要反叛朝廷呢?我世代为唐臣,坚守着忠诚节义,恨不能斩下你的头来报答君主,怎能跟着你反叛呢!"安禄山不胜愤恨,把颜杲卿绑在天津桥柱上,斩断四肢,并把肉塞进他口中,他仍然骂声不绝,叛军割断了他的舌头,问:"还能骂吗?"颜杲卿含混地骂着死去了,终年六十五岁。

张巡依法治豪猾

【原文】

更调真源令,土多豪猾,大吏华南金树威恣肆,邑中语曰:"南金口,明府手。"巡下车,以法诛之,赦余党,莫不改行迁善。政简约,民甚宜之。

【译文】

(张巡)被改派任真源(今河南鹿邑)令。那里地方上多有强横不法之徒。大官华南金树立淫威恣意胡为,城镇中流传一句话说:"南金的口,官府的手。"张巡一到该地,就依治惩办了他,饶恕了他的党羽。那些人没有不改过自新的。张巡的政令简易而不繁杂,百姓们都很适应。

南霁云临淮求救兵

【原文】

至德二载,禄山死。庆绪遣其下……攻睢阳。……至是食尽,士日赋米一勺,龁木皮、煮纸而食,……救兵不至。……御史大夫贺兰进明代巨节度,屯临淮。……巡复遣如临淮告急。……进明惧师出且见袭,又忌巡声威,恐成功,初无出师意。又爱霁云壮士,欲留之。为大飨,乐作,霁云泣曰:"昨出睢阳时,将士不粒食已弥月。今大夫兵不出,而广设声乐,义不忍独享,虽食,弗下咽。今主将之命不达,霁云请置一指以示信,归报中丞也。"因拔佩刀断指,一座大惊,为出涕。卒不食去。抽矢回射佛寺浮图,矢著砖,曰:"吾破贼还,必灭贺兰,此矢所以志也!"……夜冒围入,……将士相持泣。

【译文】

至德二年(757),安禄山死了,安庆绪派他的部下……进攻睢阳(今河南商丘)。……到此时睢阳城中粮食已用尽,士兵每天每人才分到一勺米,嚼树皮、煮纸充饥,……而救兵不到。御史大夫贺兰进明代替了李巨做河南节度使,兵马驻扎在临淮(今江苏盱眙)。……张巡又派南霁云前往临淮告急求救。……贺兰怕出兵会遭到袭击,又忌妒张巡的名声威望,怕他立了功,原本就没有出兵的意思。他又喜欢南霁云是个壮士,想留下他,就大摆酒宴,奏起乐曲。南霁云流着泪说:"昨天我杀出睢阳城时,将士们已经满一个月没见一粒米了。现在大人不肯出救兵,却大奏乐曲,从道义上说,我不忍心独自享用。就是吃,也咽不下去!如今,主将的命令未能执行,我请求留下一个手指向你保证,我要回去报告张中丞!"于是拔出佩刀,砍

断了自己的一个手指,在座的所有人都大吃一惊,为之流下了眼泪。他终于没有吃饭就离去了。出营后抽出一支箭,回身射向佛寺的塔,箭射到了砖头上。他说:"我若打败了叛军回来,一定要灭掉贺兰!这一箭作证!"……南霁云趁着夜晚杀透重围,进了睢阳城,……将士们与他相抱痛哭。

刚毅雷万春

【原文】

雷万春者,不详所来,事巡为偏将。令狐潮围雍丘,万春立城上与潮语,伏弩发六矢著面,万春不动。潮疑刻木人,谍得其实,乃大惊。遥谓巡曰:"向见雷将军,知君之令严矣!"

【译文】

雷万春,来历不详,在张巡部下作偏将。令狐潮围困雍丘(在今河南杞县)时,雷万春站在城上与令狐潮对话,军中暗藏的弓发出箭来,有六只射到他脸上,他仍然站立不动。令狐

彩绘武士俑　唐

潮疑心城上用雕刻的木人代替了雷万春,经刺探得知实情,于是大为震惊。后来在城下远远地对张巡说:"先前见到雷将军,知道您的军令实在严厉呀!"

张、许抗击叛军之功

【原文】

张巡、许远,可谓烈丈夫矣。以疲卒数万,婴孤墉,抗方张不制之虏,鲠其喉牙,使不得搏食东南。……大小数百战,虽力尽乃死,而唐全得江、淮财用,以济中兴,引利偿害,以百易万可矣。

【译文】

张巡、许远,可以说是坚贞不屈的大丈夫了。他们凭几万疲惫的士卒,环守着一座孤城,抗击了气焰正旺的叛军,阻住了他们的喉牙,使他们不能向东南掠夺吞食。……大小几百次战斗,虽然最后力尽至死,但唐王朝却得以保全江、淮一带的财富,用来实现后来的中兴,用这个收益来补偿起初的损失,把这说成用一百换取一万,也可以啊。

庞坚、薛愿抗贼殉难

【原文】

安禄山反,南阳节度使鲁炅表坚为长史兼防御副使,以薛愿为颍川太守,共守颍川。……贼将阿史那承庆悉锐攻之,……城中士单寡,粮少,而愿、坚昼夜战,诸郡兵无援者,自正月尽十一月。贼设木鹅、冲车、飞梯薄城,矢如雨,士皆雷噪。夜

半逾城入，二人不肯降。贼缚致东京，……比且死，见者哭之。

【译文】

　　安禄山造反，南阳（治所在今河南邓州市）节度使鲁炅奏封庞坚为长史，兼防御副使，任命薛愿为颍川（治所在今河南许昌）太守，共同防守颍川。……叛军将领阿史那承庆调动全部精锐部下攻城，……城中兵力单薄，粮食缺乏，而薛愿、庞坚昼夜苦战，各郡驻军没有来支援的，从正月直坚持到十一月末。叛军准备了木鹅、冲车、飞梯，逼上了城墙，飞箭如雨，军士们都呐喊如雷。敌军在半夜越过城墙攻了进来。薛、庞二人不肯投降，叛军把他们绑到东京（今河南洛阳）。……在他们临死时，看到的人都为之痛哭。

张兴义不屈节

【原文】

　　张兴者，束鹿人。……为饶阳裨将。禄山反，攻饶阳。兴开张祸福，譬晓敌人；而婴城弥年，众心遂固。沧、赵已陷，史思明引众傅城。兴摄甲持陌刀重十五斤乘城，贼将入，兴一举刀，辄数人死，贼皆气慑。城破，思明缚之马前，好谓曰："将军壮士，能屈节，当受高爵。"对曰："昔严颜一巴郡将，犹不降张飞，我大郡将，安能委身逆虏？"……思明怒，锯解之。且死，骂曰："吾能衰强死兵败贼众！"军中凛然为改容。

【译文】

　　张兴，束鹿（今属河北）人。……为饶阳（今属河北）偏将。安禄山发动叛乱，攻打饶阳。张兴充分说明利害关系，开导敌人；环城坚守整整一年，军心就安定下来了。沧州、赵州（今属河北）都已被攻破，史思明领兵进逼饶阳城。张兴身穿铠甲、手持十五斤重的长刀登上城楼，敌将攻入，张兴一举刀，就杀死数人，敌兵无不望风丧胆。城池陷落时，史思明绑缚着他带到马前，好言劝道："将军是位壮士，若能折节归降，必当得到高官显爵。"张兴答道："从前严颜作为一个巴郡的守将，尚且不投降张飞，我身为大郡将领，岂能归顺叛贼呢？"……史思明很恼怒，用锯肢解了他。他临死前，痛骂敌人道："我能去聚集刚强捐躯的兵士们来打击群贼！"军中将士为之凛然变色。

卓 行 传

献歌达民情

【原文】

　　玄宗在东都，酺五凤楼下，命三百里县令、刺史各以声乐集。是时颇言帝且第胜负，加赏黜。河内太守辇优伎数百，被锦绣，或作犀象，瑰谲光丽。德秀惟乐工数十人，联袂歌《于芴于》。《于芴于》者，德秀所为歌也。帝闻，异之，叹曰："贤人之言哉！"谓宰相曰："河内人其涂炭乎？"乃黜太守，德秀益知名。

【译文】

　　唐玄宗在东都洛阳,在五凤楼下设宴大会群臣,命令三百里以内的县令、刺史各自献出音乐来聚会。当时都说皇帝将排出优劣胜负的次序,加以奖赏和责罚。河内太守用车载来几百名艺人歌妓,身着锦绣,有的还用犀角象牙制作了饰物,光怪陆离。元德秀却只带来几十名歌舞艺人,携手共唱《于芳于》。《于芳于》,是元德秀所做的歌。玄宗听了,很是惊异,感叹道:"真是贤人之言哪!"对宰相说:"河内百姓想必很痛苦吧?"于是罢免了太守,元德秀更加知名了。

阳城不贡侏儒

【原文】

　　至道州,治民如治家,宜罚罚之,宜赏赏之,不以簿书介意。月俸取足则已,官收其余。日炊米二斛、鱼一大无鬻,置瓯勺道上,人共食之。州产侏儒,岁贡诸朝,城哀其生离,无所进。帝使求之,城奏曰:"州民尽短,若以贡,不知何者可供。"自是罢。州人感之,以"阳"名子。

【译文】

　　阳城来到道州,治理百姓如同治理家庭,应该惩罚的便惩罚他,应该奖赏的便奖赏他,不为文书上记载的烦琐事项而费心劳神。每月的薪水够用就可以,多余的部分都由官府收管。每天煮熟两斛米、一大锅鱼,把盆勺放在路上,人们共同食用。道州出矮人,每年要向朝廷进献,阳城可怜他们生离死别,不肯进献。德宗皇帝派使臣来索取,阳城上奏道:"州中百姓都生得矮小,若要把他们献给朝廷,不知什么样的可供选用。"从此取消了这件事。州中百姓感激他,用"阳"字为儿女命名。

循　吏　传

执法应当持平

【原文】

　　素立仕武德初,擢监察御史。民犯法不及死,高祖欲杀之,素立谏曰:"三尺法,天下所共,有一动摇,则人无以措手足。方大业经始,奈何辈毂下先弃刑书乎?"帝嘉纳,由是恩顾特异。

【译文】

　　李素立在武德初年为官,被选拔为监察御史。有个百姓犯了法,还不够死罪,唐高祖想杀了他。李素立劝谏说:"三尺的法度,是天下通用的。如有一点动摇,则人们就会失去行动的准则。如今唐王朝大业正在开创,怎么能在京城里先丢掉了刑法典章呢?"皇帝赞许地接受了意见,从此对他特别照顾。

韦丹流惠江南

【原文】

徙为江南西道观察使。丹计口受俸，委余于官，罢八州冗食者，收其财。始，民不知为瓦屋，草茨竹椽，久燥则夏而焚。丹召工教为陶，聚材于场，度其费为估，不取赢利。人能为屋者，受材瓦于官，免半赋，徐取其偿。逃未复者，官为为之。贫不能者，畀以财。身往劝督。置南北市，为营以舍军，岁中旱，募人就功，厚与直，给其食。为衢南北夹两营，东西七里。以废仓为新厩，马息不死。筑堤扞江，长十二里，窦以疏涨。凡为陂塘五百九十八所，灌田万二千顷。有吏主仓十年，丹覆其粮，亡三千斛，丹曰："吏岂自费邪？"籍其家，尽得文记，乃权吏所夺。召诸吏曰："若恃权取于仓，罪也，与若期一月还之。"皆顿首谢，及期无敢违。……大和中，……命刻功于碑。

【译文】

韦丹又调任江南西道观察使。韦丹计算家中人口收取俸禄，其余的都交给官府，取消所辖八州当中不劳而食的官职，没收了他们的财产。起初，当地居民不知道建造瓦屋，用草盖顶，用竹子做椽，时间一长便干燥了，然后敲打焚毁。韦丹征召工匠并教他们制作陶器，在场地聚集木材，计算材料所耗费的成本来规定价格，不获取利润。居民能建造瓦屋的，向官府购买木材和瓦，免除他们一半赋税，缓收他们偿还的债务。对逃离本境尚未返回的，官府就替他们盖房子。对贫穷而不能购料盖屋的，就救济他们财物。他亲自去鼓励督促建筑工程。开辟了南、北两个集市，建造营房让军队住宿。一年中发生了旱灾，就招募民工劳作，多给报酬，并供应他们粮食。在营房南北两面修筑了街道，东西长七里。把废弃的仓库改造成新的马厩，马从中繁殖生息而不至死亡。沿着长江筑堤防水，长十二里，并开通渠道以疏导上涨的江水。共造池塘五百九十八所，浇田一万二千顷。有个官吏掌管粮仓十年了，韦丹查核仓中粮食，少了三千斛，韦丹说："难道是管粮仓的官自己耗费了吗？"查抄他的家产，找到了全部文件，知道是被有权势的官吏所夺取。于是召集众官吏说："你们依仗权势强取仓库中的粮食，这是有罪的，限你们一月之内退还。"众官吏都叩头认罪，到期的时候，没有人敢违抗命令。……大和年间，唐文宗命令把他的功绩刻在碑上。

何易于引舟

【原文】

何易于，不详何所人及何所进。为益昌令。县距州四十里，刺史崔朴常乘春与宾属泛舟出益昌旁，索民挽纤，易于身引舟，朴惊问状，易于曰："方春，百姓耕且蚕，惟令不事，可任其劳。"朴愧，与宾客疾驱去。

【译文】

何易于，不知是哪里的人与何时做官的。他做益昌县（在今四川省）令时，县距

离州城四十里,刺史崔朴曾经乘着春光和宾客泛舟而路过益昌县旁,要百姓拉纤,何易于就亲自来拉船,崔朴惊异地询问缘故,何易于说:"正当春季,百姓既要耕地,又要养蚕,只有县令无事可做,能来担任这个差事。"崔朴很惭愧,与宾客骑马疾驰而去。

儒 学 传

孔颖达对唐太宗

【原文】

时帝新即位,颖达数以忠言进。帝问:"孔子称:'以能问于不能,以多问于寡,有若无,实若虚。'何谓也?"对曰:"此圣人教人谦耳。己虽能,仍就不能之人以咨所未能;己虽多,仍就寡少之人更资其多。内有道,外若无;中虽实,容若虚。非特匹夫,君德亦然。"

【译文】

当时太宗刚刚即位,孔颖达多次进献忠言。皇帝问:"孔子说:'有能力的人却要向没有能力的人请教,识多见广的人却要向见识少的人请教,有学问就像没学问一样,满腹经纶就像空无所有一样。'这话是指什么说的?"孔颖达应对说:"这是圣人教育人们要谦虚。自己虽然有能力,仍然向没能力的人请教自己所不擅长的事;自己虽然见多识广,仍向见识少的人进一步求得人家比自己强的部分。自己心里有学问,表现出来要像没有一样;自己内中虽然充实,但外观上要如同空虚一样。不只是普通百姓,君主的德行也应该这样。"

恃才以肆,必致灭亡

【原文】

若其据尊极之位,炫聪耀明,恃才以肆,则上下不通。君臣道乖。自古灭亡,莫不由此。

【译文】

如果他占据了尊贵之极的帝位,而炫耀自己的聪明,倚仗才能而任意行事。那么上下之情就会不通,君臣之道就会相背。自古的灭亡,没有不是从这样开始的。

孔颖达讽谏得赏赐

【原文】

皇太子令颖达撰《孝经章句》,因文以尽箴讽。帝知数争太子失,赐黄金一斤、绢百匹。久之,拜祭酒,侍讲东宫。

【译文】

皇太子让孔颖达撰写《孝经章句》,孔颖达借其中的文字进行针砭讽谏。太宗

知道他多次规谏太子的过失,就赐给他黄金一斤,丝绢一百匹。时间长了,就又任命他为祭酒,让他在东宫辅侍太子读书。

欧阳通苦学父书

【原文】

通蚤孤,母徐教以父书。惧其堕,尝遗钱使市父遗迹。通乃刻意临仿以求售。数年,书亚于询,父子齐名,号"大小欧阳体"。

【译文】

欧阳通早年丧父,母亲徐氏拿他父亲的书法教给他。怕他懒惰懈怠,曾经给他钱,让他去买父亲留下的墨迹。欧阳通就刻苦专心地临摹仿效,以求能卖出去。几年后,其书法接近欧阳询了,父子齐名,人称"大小欧阳体。"

尹知章不问产业

【原文】

每休沐,(尹知章)讲授未始辍……弟子贫者,赒给之。性和厚,人不见有喜愠。未尝问产业,其子欲广市樵米为岁中计,知章曰:"如而计,则贫者何以取资? 且吾尚应夺民利邪?"

【译文】

每逢官府休假,尹知章仍然讲授学业而不间断。……他的学生中贫穷的,他就给以周济。尹知章性情宽和厚道,人们看不出他有喜怒。他未曾过问过自己的产业,他的儿子想多买进一些柴米,以备年成不好,尹知章说:"若像那样打算,那么穷人到哪里去弄钱呢? 再说,我这样做官的,还应该去和老百姓争利吗?"

元澹做药石

【原文】

(元澹)及进士第,累迁通事舍人。狄仁杰器之。尝谓仁杰曰:"下之事上,譬富家储积以自资也。脯腊腍胰以供滋膳,参术芝桂以防疾痰。门下充旨味者多矣,愿以小人备一药石,可乎?"仁杰笑曰:"君正吾药笼中物,不可一日无也。"

【译文】

元澹中进士后,经多次升迁做了通事舍人,狄仁杰很器重他。他曾对狄仁杰说:"下级对上级的事奉,就如同一个富家中的积储以供生活之用。干肉、腊肉、熟食、脊肉之类,是供食用滋养的,人参、山蓟、灵芝、桂圆是用以防病的。您的门下,充当美味的人已经很多了,我愿以自己为你准备一味药物,可以吗?"狄仁杰笑着说:"你正是我药筐子里的东西,我一天也不能缺少了你!"

元澹慧眼识"阮咸"

【原文】

元澹字行冲,……少孤,……及长,博学,尤通故训。……有人破古冢得铜器似琵琶,身正圆,人莫能辨。行冲曰:"此阮咸所作器也。"命易以木,弦之,其声亮雅,乐家遂谓之"阮咸"。

【译文】

元澹的字叫行冲,……幼年丧父,……长大之后,学识广博,尤其精通古书的训释。……有人挖掘古墓,得到一个铜制物件,形如琵琶,主体是圆形的,人们没有谁认得它。行冲说:"这是古人阮咸创造的乐器。"便让人改用木头仿造出来,装上弦,其声音清亮雅致。乐师们于是就把这种乐器称作"阮咸"。

文 艺 传

王 勃 为 文

【原文】

王勃字子安,……六岁善文辞,九岁得颜师古注《汉书》读之,作《指瑕》以摘其失。……道出钟陵,九月九日都督大宴滕王阁,宿命其婿作序以夸客,因出纸笔遍请客,莫敢当。至勃,泛然不辞。都督怒,起更衣,遣吏伺其文辄报。一再报,语益奇,乃矍然曰:"天才也!"……勃属文,初不精思,先磨墨数升,则酣饮,引被覆面卧,及寤,援笔成篇,不易一字。

【译文】

王勃的字叫子安,……六岁就擅长文辞,九岁时得到了颜师古注解的《汉书》来读,写了《指瑕》一文指出其中的缺失。……有一次他路过钟陵(故城在今江西进贤西北),赶上九月九日都督在滕王阁上大摆酒宴。都督预先让自己的女婿做了序文来向宾客夸耀,于是在宴会上拿出纸笔先向宾客谦让一番,客人们没有谁敢承当。让到了王勃,他顺势接过,而不

王勃

推辞。都督很恼怒,便起身去厕所,指派个小吏伺看王勃的文句来汇报。报出一两句后,文辞越来越奇妙,都督这才惊奇地说道:"真是天才!"……王勃写文章,开始不精心考虑,先研几升墨,再痛饮一番,然后拉过被子蒙住脸躺下。睡醒了,拿过笔就写成篇章,不用改动一个字。

李白醉酒为妙文

【原文】

白犹与饮徒醉于市。帝坐沈香子亭,意有所感,欲得白为乐章。召入,而白已醉,左右以水颒面,稍解,授笔成文,婉丽精切,无留思。帝爱其才,数宴见。

【译文】

李白还在街市上与酒徒们醉着,皇帝坐在沈香子亭中,心中有所感悟,想让李白来为乐曲填上唱词,就把他召进了宫。而李白已经大醉了,皇帝身边的人就用水给他洗脸,他这才逐渐清醒过来。别人把笔递给他,他就写成文辞,写得婉约华丽,精妙真切,不用停笔思考。皇帝喜爱他的文才,多次设宴接见他。

李白

李白放浪不羁

【原文】

白尝侍帝,醉,使高力士脱靴。力士素贵,耻之,擿其诗以激杨贵妃。帝欲官白,妃辄沮止。白自知不为亲近所容,益骜放不自修。

【译文】

李白曾经陪着皇帝,喝醉了酒,让高力士为自己脱靴子。高力士平时地位尊贵,对这件事感到耻辱,就挑剔李白的诗,以激怒杨贵妃。皇帝想任命李白做官,杨贵妃总是加以阻止。李白知道自己不被皇帝的亲幸之人所容,便越发放浪不羁了。

"张颠"一绝

【原文】

文宗时,诏以白歌诗、裴旻剑舞、张旭草书为"三绝"。旭,苏州吴人。嗜酒,每

湖南太白楼

大醉,呼叫狂走,乃下笔。或以头濡墨而书,既醒自视,以为神,不可复得也,世呼
"张颠"。

【译文】

唐文宗时,曾下诏书称李白唱诗、裴曼舞剑、张旭草书为"三绝"。张旭是苏州
人,嗜酒,每当喝得大醉、呼叫狂跑时,才下笔写字。有时用头发浸上墨写字。清醉
后自己看那字,觉得很神奇,不可复得。世人称呼他"张颠"。

方 伎 传

甄 权 神 针

【原文】

甄权,许州扶沟人。以母病,与弟立言究习方书,遂为高医。……鲁州刺史库
狄嵚风痹不得挽弓,权使彀矢向垛立,针其肩隅。一进,曰:"可以射矣。"果如言。

【译文】

甄权,是许州扶沟(今属河南)人。因为母亲患病,他与弟弟甄立言钻研医方典
籍,于是都成了高明的医生。……鲁州(今属河南)刺史库狄嵚因为风湿,肌肉萎
缩,不能拉弓。甄权让他持弓搭箭,面对靶墙站好,用针扎他的肩胛窝。只进了一
次针就说:"可以射了!"果然如他说的那样。

许胤宗巧治失语

【原文】

王太后病风不能言,脉沉难对,医家告术穷。胤宗曰:"饵液不可进。"即以黄
耆、防风煮汤数十斛,置床下,气如雾,熏薄之,是夕语。

【译文】

王太后因中风不能说话,脉沉,难以对症下药,医生们说没有办法了。许胤宗
说:"药液灌不进去。"就用黄耆、防风煮了几十斛药汤,放在患者床下,蒸汽如雾,向
上熏病人。当天晚上病人就能说话了。

张文仲精通医理

【原文】

文仲仕武后时,特进苏良嗣方朝,疾作,仆廷中。文仲诊曰:"忧愤而成,若胁痛
者,殆未可救。"顷告胁痛。又曰:"及心则殆。"俄心痛而死。文仲论风与气尤精,
后集诸言方者与共著书,……乃著《四时轻重术》凡十八种上之。

【译文】

张文仲在武则天时曾做官。特进(官名)苏良嗣正在上朝,病发作了,倒在朝廷
上。张文仲诊断说:"这是忧虑愤懑造成的,如果肋下疼痛,恐怕就不好救了。"不一

会儿苏良嗣说肋下疼。张文仲又说："达到了心,就危险了。"工夫不大,苏良嗣就心痛而死。张文仲论述风和气尤为精辟。武则天召集了诸位研讨医方的人与他一起著书,……于是他就写了《四时轻重术》共十八种,献了上去。

列 女 传

卢氏与婆母共患难

【原文】

郑义宗妻卢者,范阳士族也。涉书史,事舅姑恭顺。夜有盗持兵劫其家,人皆匿窜,惟姑不能去,卢冒刃立姑侧,为贼捽捶几死。贼去,人问何为不惧,答曰:"人所以异鸟兽者,以其有仁义也。今邻里急难尚相赴,况姑可委弃邪?若百有一危,我不得独生。"姑曰:"岁寒然后知松柏后凋,吾乃今见妇之心。"

【译文】

郑义宗的妻子卢氏,出身于范阳(地今属河北)的名门望族。她涉猎书文史籍,事奉公婆很恭敬孝顺。有一天夜里,强盗拿着兵器抢劫她家,人们全都逃走躲藏,只有婆婆不能逃离,卢氏就顶着白刃站在婆婆身旁,被强盗殴打几差死去。强盗走后,有人问她为什么不害怕,她回答说:"人之所以区别于禽兽,就因为有仁义之心。如今邻里有急难,人们尚且赶赴救助,更何况是婆母,难道能丢下不管吗?如果万一婆婆有危险,我就不能独自活在世上了。"她婆婆说:"天冷了,才能知道松柏是最后落叶的,现在我才看到了我媳妇的孝心!"

李畬母教子廉洁

【原文】

李畬母者,失其氏。有渊识。畬为监察御史,得廪米,量之三斛而赢。问于史,曰:"御史米,不概也。"又问车庸有几,曰:"御史不偿也。"母怒,敕归余米,偿其庸,因切责畬。畬乃劾仓官,自言状,诸御史闻之,有惭色。

【译文】

李畬的母亲,已不知道她娘家的姓氏了。她有深远的见识。李畬做监察御史,家里收到了俸禄的米粮,量了一下,三斛还有余。李畬的母亲问下级佐吏,小吏回答说:"御史的米,量的时候不用括板括去多余部分。"又问送米的车钱是多少,小吏回答:"御史不用付钱。"李畬的母亲生气了,命令归还多余的米,付给车钱,并因此狠狠斥责了李畬。李畬于是去批评管粮仓的官员,自己说出了上述情况,各位御史听了这事,都面有惭愧的神色。

外 戚 传

武三思弄权

【原文】

三思性倾谀，善迎谐主意，钩探隐微，故后颇信任，数幸其第，赏予尤渥。……后春秋高，厌居宫中，三思欲因此市权，诱胁群不肖，即建营三阳宫于嵩山，兴泰宫于万寿山，请太后岁临幸，己与二张嬖侍驰骋，窃威福自私云。工役钜万万，百姓愁叹。

武后步辇　唐

【译文】

武三思性情诡媚阿谀，善于迎和顺从主上的心意，探知觉察人心深处的意欲，所以武后非常信任他，多次到他家里去，赏赐的东西也尤为丰厚。……武后年纪大了，在宫里住得厌倦，武三思想趁此机会收揽权力，就引诱、胁迫一伙没出息的官员，在嵩山营建三阳宫，在万寿山营建泰宫，请武后每年到那里去，自己则与张易之、张易宗等人任意胡为，私下作威作福。营建工程耗资成万上亿，百姓愁苦悲叹。

宦 者 传

刘克明等以击球得宠

【原文】

刘克明亦亡所来，得幸敬宗。敬宗善击球，于是陶元皓、靳遂良、赵士则、李公定、石定宽以球工得见便殿，内籍宣徽院或教坊，然皆出神策隶卒或里闾恶少年，帝

与狎息殿中为戏乐。

【译文】

　　刘克明，史料上也没有记他是哪里人，受到了敬宗的宠幸。敬宗善于打球，于是陶元皓、靳遂良、赵士则、李公定、石定宽等人都因为球打得好而被皇帝在便殿上接见，并把他们的名籍都登记进了宣徽院或是教坊的人员名册，但实际上他们是神策军中的士卒或居民区里的恶少。皇帝与他们在殿中亲密相处，作为戏乐。

唐敬宗亲近小人

【原文】

　　(敬宗)尝阅角抵三殿，有碎首断臂，流血廷中，帝欢甚，厚赐之，夜分罢。所亲近既皆凶不逞，又小过必责辱，自是怨望。

【译文】

　　唐敬宗曾在三殿上观赏角抵，有人弄破了头、弄折了胳膊，血流在大殿上，皇帝十分高兴，给以丰厚的赏赐，直到半夜才罢休。所亲近的尽是些凶狠不快的人，而且有了小错就一定要给以责备辱罚，从此那些人就对皇帝有怨恨之心。

唐敬宗荒淫杀身

【原文】

　　帝夜艾自捕狐狸为乐，谓之"打夜狐"。中人许遂振、李少端、鱼志弘侍从不及，皆削秩。帝猎夜还，与克明、田务澄、许文端、石定宽、苏佐明、王嘉宪、阎惟直等二十有八人群饮。既酣，帝更衣，烛忽灭，克明与佐明、定宽弑帝更衣室。

【译文】

　　敬宗夜深时要亲自去捕狐狸取乐，称为"打夜狐"。宦官许遂振、李少端、鱼志弘因侍候得不及时，都被削减了俸禄。有一次敬宗猎狐深夜回来后，与张克明、田务澄、许文端、石定宽、苏佐明、王嘉宪、阎惟直等二十八人在一起喝酒。喝到半酣时，皇帝去上厕所，灯烛忽然灭了，张克明与苏佐明、石定宽把皇帝杀死在厕所里。

田令孜受宠乱政

【原文】

　　帝冲骏，喜斗鹅走马，数幸六王宅、兴庆池与诸王斗鹅，一鹅至五十万钱。……始，帝为王时，与令孜同卧起，至是以其知书能处事，又帝资狂昏，故政事一委之。……令孜知帝不足惮，则贩鬻官爵，除拜不待旨，假赐绯紫不以闻。百度崩弛，内外垢玩。

挂钟　吐蕃

【译文】

皇帝年幼无知,喜欢斗鹅、赛马,多次到六王宅第及兴庆池去与诸王斗鹅,一只鹅竟卖到五十万钱。……起初,皇帝与田令孜同睡同起,到此时因为他识文断字又会处事,再加上皇帝天资狂悖昏庸,所以把政事一概交给了田令孜。……田令孜知道帝皇不值得害怕,便贩官卖爵,授予官职不用等待皇帝旨令,赐予诸官品位官服也不向皇帝报告。国家的各种纲纪制度崩摧松弛,朝廷内外人人行为恶劣,玩忽职守。

酷 吏 传

酷吏的根源

【原文】

天宝后至肃、代间,政颣事丛,奸臣作威,渠恇宿狡,颇用惨刻奋,然不得如武后时敢搏挚杀戮矣。呜呼!非吏敢酷,时诱之为酷!

【译文】

天宝以致后来肃宗、代宗在位期间,政治乖张,事务积成了堆,奸臣滥施淫威,巨大的奸佞、老牌的酷吏,办事都很残忍苛刻,但是也不如武则天时代那样敢于凶猛杀戮。啊!不是官吏敢于残酷,是时代诱使他们去干残酷事情的!

来俊臣之死

【原文】

俊臣知群臣之不敢斥己,乃有异图,常自比石勒。……遂忠发其谋。初,俊臣屡掎摭诸武、太平公主、张昌宗等过咎,后不发。至是诸武怨,共证其罪。有诏斩于西市,年四十七。人……争抉目、摛肝、醢其肉,须臾尽,以马践其骨,无孑余。

【译文】

来俊臣知道众大臣都不敢批评自己,就有了不轨的图谋,常常把自己比作石勒。……卫遂忠揭发了他的阴谋。当初,来俊臣多次指责武氏诸王、太平公主、张昌宗的过失,都被武则天压下了。到这时候,武氏诸王仇恨来俊臣,共同证明他的谋反罪。皇帝下诏令把来俊臣在西市斩首,其年四十七岁。百姓……争着去挖他的眼睛、摘他的心肝、把他的肉剁成酱。一会工夫就撕扯光了。又用马践踏他的骨头,一点儿也没剩下。

请 君 入 瓮

【原文】

天授中,人告子珣、兴与丘神勣谋反,诏来俊臣鞫状。初,兴未知被告,方对俊臣食,俊臣曰:"囚多不服,奈何?"兴曰:"易耳,内之大瓮,炽炭周之,何事不承?"俊

臣曰："善。"命取瓮且炽火，徐谓兴曰："有诏按君，请尝之。"兴骇汗，叩头服罪。

【译文】

天授中，有人控告来子珣、周兴和丘神勣谋反，皇帝下诏命让来俊臣审理此案。一开始，周兴还不知道自己被人控告了，正与来俊臣面对面吃饭。来俊臣问道："囚犯们很多人不服罪，该怎么办？"周兴答道："这容易。把他放进一口大缸，用烧旺了的炭火把缸围起来，什么罪名他不得承认？"来俊臣说："好吧。"就下令准备大缸并烧旺炭火，慢吞吞地对周兴说："有诏命让我审察你，请让我拿你试试这个办法。"周兴吓出了一身汗，磕头认罪。

藩镇魏博传

藩 镇 之 祸

【原文】

安、史乱天下，至肃宗大难略平，君臣皆幸安。故瓜分河北地，付授叛将，护养孽萌，以成祸根。乱人乘之，遂擅署吏，以赋税自私，不朝献于廷。……一寇死，一贼生，讫唐亡百余年，卒不为王土。

【译文】

安禄山、史思明扰乱天下，直到肃宗时大难才略微平定，君臣都有幸得到安宁。过去分割河北（唐道名，地约当今北京、天津、河北、辽宁的大部及河南、山东黄河故道以北地区）的土地，分给叛乱的将领，养护了罪孽的萌芽，就形成了祸根。作乱的人趁此机会，便专断操纵地方署衙官吏，用那里的赋税中饱私囊，不再朝拜贡献于朝廷了。……一个贼寇死了，另一个强盗就又出现，直到唐朝灭亡，一百余年，魏博地区始终都不是唐王朝的土地。

吐 蕃 传

文成公主出嫁

【原文】

十五年，妻以宗女文成公主，诏江夏王道宗持节护送。……弄赞率兵次柏海亲迎。见道宗，执婿礼恭甚。……归国，自以其先未有昏帝女者，乃为公主筑一城以夸后世，遂立宫室以居。公主恶国人赭面，弄赞下令国中禁之。自褫毡罽，袭纨绮，为华风。遣诸豪子弟入国学，习《诗》《书》，又请儒者典书疏。

千手千眼观音像　唐

【译文】

贞观十五年，唐王朝把皇室宗女文成公主嫁给吐蕃赞普，下诏令让江夏郡王李道宗持出

使符节护送。……弄赞率兵驻扎在柏海（地当属今青海）亲自迎接。见了李道宗后，他行女婿的礼节，十分恭敬。……回国后，他因为祖上从没有娶皇帝家的女子为妻的，便为公主修一座城以向后世夸赞，随后就建了宫室住下。公主讨厌吐蕃人把脸染成赤褐色，弄赞就下令在国都中禁止这种做法。他自己也脱去毛制的毡服，采用丝织衣服，推行中原之风。还送诸位侯王的子弟进国家学校，学习《诗经》《尚书》，又请儒者主持书籍的整理工作。

北 狄 传

尊崇天子为"天可汗"

【原文】

唐之德大矣！际天所覆，悉臣而属之，薄海内外，无不州县，遂尊天子曰："天可汗"。三王以来，未有以过之。

【译文】

唐朝的盛德真伟大啊！天所覆盖下的所有部族，全都臣服、归属，四海之内的地方，无不是唐朝的州县，于是尊崇天子为"天可汗"。从三王之后，没有什么时代能超过这个局面。

奸 臣 传

奸臣李义府

【原文】

义府貌柔恭，与人言，嬉怡微笑，而阴贼褊忌著于心。凡忤意者，皆中伤之，时号义府"笑中刀"。又以柔而害物，号曰"人猫"。

【译文】

李义府相貌柔顺恭敬，和人说话时，和颜悦色、面带微笑，但却把阴险残忍、褊狭忌恨之意藏在心里。凡是违背了他意愿的人，他就阴谋陷害人家。当时人称李义府为"笑中刀"。又因为他表现柔顺而好残害人，人们又称他"人猫"。

李林甫的手段

【原文】

林甫善刺上意，……善养君欲，自是帝深居燕适，沈蛊衽席，主德衰矣。林甫每奏请，必先饷遗左右，审伺微旨，以固恩信，至饔夫御婢皆所款厚，故天子动静必具得之。

【译文】

李林甫善于刺探皇上的心意，……善于培养君王的欲望，从此皇帝就深居安

乐,沉溺迷恋于宴享饮乐,君主的恩德就微弱了。李林甫每当向皇帝报告请示,一定要预先对皇帝的近身侍臣有所馈赠,托他们帮助窥伺皇帝心意上的细微之处,用来巩固对自己的恩宠信任。以至掌管御膳的饔夫、皇帝的侍奉奴婢等他也款厚相待。所以皇帝的一言一行他都能全都掌握了。

李林甫弄权

【原文】

林甫居相位凡十九年,固宠市权,蔽欺天子耳目,谏官皆持禄养资,无敢正言者。补阙杜琎再上书言政事,斥为下邽令。因以语动其余曰:"明主在上,群臣将顺不暇,亦何所论?君等独不见立仗马乎?终日无声,而饫三品刍豆;一鸣,则黜之矣。后虽欲不鸣,得乎?"由是谏争路绝。

【译文】

李林甫居相位共十九年,巩固皇帝对自己的宠幸,收买权力,蒙蔽欺瞒皇帝的耳目,规谏官员们都拿着俸禄保持官位,没有敢于正言直谏的人。补阙杜琎两次上书讨论政事,就被斥贬为下邽(在今陕西渭南东北)县令。于是李林甫劝其余的大臣说:"英明的君主在上,群臣要顺从还来不及,还论什么呢?你们难道没看见那立仗马吗?它们整天不声不响,而享受着三晶的草料豆子;如果一鸣叫,就会被废黜不用了。被废之后再想不鸣叫以保持原来的待遇,能办到吗?"从此规谏之路就被阻绝了。

郭子仪的远见

【原文】

初,尚父郭子仪病甚,百官造省,不屏姬侍。及杞至,则屏之。……家人怪问其故,子仪曰:"彼外陋内险,左右见必笑。使后得权,吾族无类矣!"

【译文】

当初,尚父郭子仪病得厉害,百官们都登门探望,郭子仪也不用屏风把姬妾侍女们隔开。等到卢杞来时,则把她们隔开了。……郭子仪的家人奇怪地问这样做的原因,郭子仪说:"卢杞那个人外表丑陋而内心阴险,我身边的人见了一定会笑他。如果他以后掌了权,我们郭氏家族就要被杀光了!"

郭子仪

【国学经典文库】

旧五代史

【北宋】薛居正

线装书局

序　言

　　《旧五代史》,宋薛居正等人撰修。全书共一百五十卷,包括本纪六十一卷,列传七十七卷,志十二卷。本书原名《五代史》,也称《梁唐晋汉周书》。后世为了区别于《新五代史》,故称之为《旧五代史》。

　　宋太祖开宝六年(973),命薛居正监修五代史,参加编撰的有卢多逊、扈蒙、张澹、李昉等人。成书很快,第二年就完成了编写工作。因有范质的《五代通录》为蓝本,又有各朝实录可资利用,所以编撰工作得以顺利进行。

　　本书记述了唐朝灭亡以后的五十多年的历史。唐哀帝四年(907),朱温取唐而代之,建立了后梁。从此以后,五十多年间,中原地区相继出现了后唐、后晋、后汉、后周政权。中原以外有吴、南唐、吴越、楚、闽、南汉、前蜀、后蜀、南平、北汉等十个割据政权,因此称这一时期为"五代十国"。

　　本书按五个朝代的更替的次序编排,梁书二十四卷,唐书五十卷,晋书二十四卷,汉书十一卷,周书二十二卷。五书后面有《世袭列传》二卷,记述割据一方但仍向中原称臣的李茂贞、马殷、钱镠等人的事迹。另外有《僭伪列传》三卷,记载了杨行密、李昪、王审知、刘守光、王建、孟知祥等人的事迹,他们独霸一方,称王称帝,名义上也不臣属中原政权,作者认为他们是非正统的"僭伪"政权,故另立传。

　　《旧五代史》的史料价值较高,文字润色稍差。薛居正经历了梁、唐、晋、汉、周五代,熟悉当时的历史,以当事人写当代史,自然驾轻就熟,史料运用得当。因其成书较快,文字润色缺推敲之功,在这一点上当然比不上大文学家欧阳修编撰的《新五代史》。

　　北宋时,《旧五代史》与《新五代史》并行于世,学者可以参相利用,各取其长。金章宗泰和七年(1207),朝廷下令专用《新五代史》,《旧五代史》遂逐渐湮没。明代初年,只有宫廷还藏有此书。明成祖时编辑《永乐大典》时,收录了此书。清代乾隆年间修《四库全书》,竟找不到此书的刻本。于是,邵晋涵等人从《永乐大典》中辑录出来,又用《册府元

国学经典文库

龟》等书的引文来补充。同时又用其他史籍、类书、碑碣资料进行考订，恢复到原书的十之七八。乾隆四十年（1775），把它收入《四库全书》，这就是我们今天看到的《旧五代史》。

国学经典文库

太祖本纪

梁太祖诏令灭蝗

【原文】

己丑,(梁太祖)令下诸州,去年有蝗虫下子处,盖前冬无雪,至今春亢阳,致为灾沴,实伤陇亩。必虑今秋重困稼穑,自知多在荒陂榛芜之内,所在长吏各须分配地界,精加翦扑,以绝根本。

【译文】

开平二年(908)五月十九日,(梁太祖)向各州郡下诏令说,去年有蝗虫下子的地方,加上一冬无雪,到今年,春天阳气过盛,恐怕要造成灾害,伤害庄稼的根苗。一定要想到秋天还要大伤庄稼。它们多藏在荒坡树丛草地之中,所在地段的大小官吏都须分配好地段界线,加以精心捕捉翦灭,以便除绝根本。

梁太祖求贤哲

【原文】

癸巳,以禅代已来,思求贤哲,乃下令搜访牢笼之,期以好爵,待以优荣,各随其材,咸使登用。宜令所在长吏,切加搜访,每得其人,则疏姓名以闻。如在下位不能自振者,有司荐导之;如任使后显立功劳,别加迁陟。

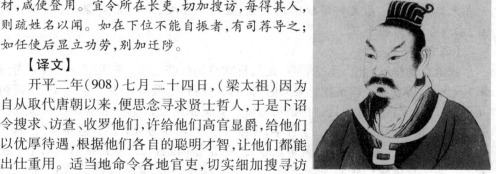

朱温

【译文】

开平二年(908)七月二十四日,(梁太祖)因为自从取代唐朝以来,便思念寻求贤士哲人,于是下诏令搜求、访查、收罗他们,许给他们高官显爵,给他们以优厚待遇,根据他们各自的聪明才智,让他们都能出仕重用。适当地命令各地官吏,切实细加搜寻访求,每得贤士哲人,就分别陈述他们的姓名上报。如有在下位而不能自达名号的,就让专门机构推荐导引他们;如有委任职务后成绩显著的,就格外加以升迁和提拔。

李罕之传

寇怀、孟、晋、绛

【原文】

自是罕之日以兵寇钞怀、孟、晋、绛,数百里内,郡邑无长吏,闾里无居民。河内

百姓,相结屯寨,或出樵汲,即为俘馘。虽奇峰绝磴,梯危架险,亦为罕之部众攻取。先是,蒲、绛之间有山曰摩云,邑人立栅于上以避寇乱,罕之以百余人攻下之,军中因号罕之为李摩云。自是数州之民,屠啖殆尽,荆棘蔽野,烟火断绝,凡十余年。

【译文】

　　从此李罕之天天派兵进犯围剿怀州(今河南沁阳)、孟州(今河南孟州市)、晋州(今山西临汾)、绛州(今山西新绛)一带,致使这里数百里之内,州城中无官吏、村寨里无居民。河北老百姓相约修屯结寨而居。有的出寨砍柴打水,也被他们俘获割耳。即便是在奇峰绝崖、高梯危架之处(结寨),也被李罕之的部下攻下。其先,蒲州(今山西永济)、绛州之间有座山叫作摩云山,当地人在山上设立营寨以躲避贼寇骚乱,李罕之派百多人攻下了它,军队中因而称李罕之为李摩云。从此,这几个州的百姓,几乎被屠杀吞食殆尽,荆棘遍地,炊烟断绝,前后十多年。

张　策　传

少年通史书

【原文】

　　(张)策少聪警好学,尤乐章句。居洛阳敦化里,尝浚甘泉井,得古鼎,耳有篆字曰“魏黄初元年春二月,匠吉千”,且又制作奇巧,同甚宝之。策时在父傍,徐言曰:“建安二十五年,曹公薨,改年为延康,其年十月,文帝受汉禅,始号黄初,则是黄初元年无二月明矣。鼎文何谬欤!”同大惊,亟遣启书室,取《魏志》展读,一不失所启,宗族奇之,时年十三。

【译文】

　　张策自幼聪敏警悟,爱好学习,尤其喜欢章句注疏之学。家居洛阳(今河南洛阳)敦化里,曾在有一次疏挖甘泉井时,得到一只古鼎,鼎耳上有篆字铭文“魏黄初元年春二月,匠吉千”,而且制作精巧奇特。其父张同觉得十分宝贵。当时张策在张同身边,慢慢地说:“建安二十五年,曹孟德去世,改年号为延康。这年十月,魏文帝曹丕代汉而立,才改年号叫黄初。那么,黄初元年没有二月就是很清楚的了。这鼎文是多么荒谬啊!”张同大吃一惊,马上派人打开书房,取出《魏志》展开而读,跟张策所说的句句相合。家族中的人们都觉得张策是个奇才,那年他才十三岁。

敬　翔　传

妇　人　之　盛

【原文】

　　太祖四镇时,刘(氏)已得“国夫人”之号。车服骄侈,婢媵皆珥珠翠,其下别置爪牙典谒,书币聘使,交结藩镇,近代妇人之盛,无出其右,权贵皆相附丽,宠信言事,不下于翔。

【译文】

梁太祖统领四镇时,谋臣敬翔妻刘氏已有了"国夫人"的名号。她车马服饰豪华奢侈,连婢女侍从都戴着华贵的首饰。在她手下又另置亲信及礼聘之官,派遣使者持书信聘礼,交结四方藩镇豪强,近代妇人贵盛,没有超过她的。当时权贵之人,对她争相巴结附和,受到的宠信和太祖对她的重视程度,不下于其夫敬翔。

李 振 传

鸱 枭 之 臣

【原文】

唐自昭宗迁都之后,王室微弱,朝廷班行,备员而已。振皆颐指气使,旁若无人,朋附者非次奖升,私恶者沉弃。振每自汴入洛,朝中必有贬窜,故唐朝人士目为"鸱枭"。

【译文】

唐王朝自昭宗迁都洛阳之后,王室更加衰微,朝廷中的官爵位次,只是凑数罢了。李振每到朝中,傲慢地指手画脚,旁若无人。巴结投靠的,越次奖赏提拔;结怨厌恶的,贬官外放。李振每次从汴州(今河南开封)洛阳,朝廷中必定有人被贬流放,所以唐朝人都把他看作是不祥的"夜猫子"。

氏 叔 琮 传

朱温诛氏叔琮

【原文】

天祐元年八月,(氏叔琮)与朱友恭同受太祖密旨,弑昭宗于大内。既而责以军政不理,贬白州司户。寻赐自尽。叔琮将死,呼曰:"卖我性命,欲塞天下之谤,其如神理何!"

【译文】

天祐元年(904)八月,(氏叔琮)与朱友恭一同接到朱温的密令,到皇宫内杀死了唐昭宗。过后(朱温)以军政事务处理无方为借口,把他贬降为白州(今广西博白)司户,不久又逼他自杀。氏叔琮将死时,大呼:"出卖我的性命来搪塞天下人的责难,把天理良心放到哪儿去了!"

李 思 安 传

擒馘于万众之中

【原文】

(李)思安善飞矟,所向披靡,每从太祖征伐,常驰马出敌阵之后,测其厚薄而

还。或敌人有恃猛自炫者,多命取之,必鹰扬飚卷,擒馘于万众之中,出入自若,如蹈无人之地。

【译文】

　　李思安善于使用飞枪长矛,所向无敌,每次跟从朱温出征讨伐,经常驱马绕到敌人背后,探明他们各自的兵力虚实而后返。遇到敌军中有自恃勇猛而耀武扬威的,朱温多命他出阵擒拿,他一定是鹰飞风卷般地从千万敌人中擒拿而来,出入敌阵之中无拘无束,如进出无人之境。

杨师厚传

矜功不轨

【原文】

　　(杨师厚)末年矜功恃众,骤萌不轨之意,于是专割财赋,置银枪效节军凡数千人,皆选摘骁锐,纵恣豢养,复故时牙军之态,时人病之。向时河朔之俗,上元比无夜游,及师厚作镇,乃课魏人户立灯竿,千釭万炬,洞照一城,纵士女嬉游。复彩画舟舫,令女妓棹歌于御河,纵酒弥日。又于黎阳采巨石,将纪德政,以铁车负载,驱牛数百以拽之,所至之处,丘墓庐舍悉皆毁坏,百姓望之,皆曰"碑来"。及碑石才至,而师厚卒,魏人以为"悲来"之应。

【译文】

　　(杨师厚)晚年居功自傲,依仗兵多,突然萌发了违法犯律的念头。于是专意于掠夺财富、暴敛乡民,增置了几千人的银枪效节军,全是挑选骁勇精锐的军士,待以优厚的俸养,任他们放纵胡为,完全像以前牙军那样,被当地人视为祸害。以前,河朔(今河北、山西地区)一带旧俗,正月十五日没有一个人夜游。等到杨师厚来此镇守后,却督令魏州(今河北大名)人每户都树竿挂灯,千万只灯火把全城照得通亮,并放纵男女外出夜游、任意嬉戏。又设置彩船,令歌妓在御河中边划边唱,连日放纵酗饮。还从黎阳(今河南浚县)开采出大石块,将用来树碑立石,纪政德,颂功业。运石时,用铁地车负载,使用几百头牛牵拉,所过之处,陵墓房屋全被毁坏,老百姓老远见了,都说"碑来"。等碑石刚运到,杨师厚却死了,魏地人以为应验了"悲来"的谶语。

刘鄩传

刘鄩守兖州

【原文】

　　初,鄩遣细人诈为鬻油者,觇兖城内虚实及出入之所,视罗城下一水窦可以引众而入,遂志之。鄩乃告(王)师范,请步兵五百,宵自水窦衔枚而入,一夕而定,军城晏然,市民无扰。太祖命大将葛从周攻之。时从周为节度使,领兵在外,州城为鄩所据,家属悉在城中。鄩善抚其家,移就外第,供给有礼,升堂拜从周之母。及从

周攻城,郭以板舆请母登城,母告从周曰:"刘将军待我甚至,不异于儿,新妇已下,并不失所。刘将军与尔各为其主,尔其察之。"从周歔唏而退。郭料简城中老疾及妇人浮食百姓不足与守者,悉出之于外,与将士同甘苦,分衣食,以抗外军,戢兵禁暴,居人泰然。

【译文】

当初,刘郭曾派细作扮作卖油郎,侦探兖州城内兵力防守情况及出入的道路,看到罗城墙下有一水道可引兵潜入,就记了下来。刘郭报告了王师范,请来五百步兵,夜间从水道衔枚潜入,当夜便拿下城池,城内各处安然无损,其中居民也没受到骚扰。朱温派大将葛从周领兵来攻城。那时葛从周为节度使,领兵在外;兖州城被刘郭攻占,从周的家人老小全在城中。刘郭对他的家人特意安抚,并将他们搬到衙门附近,供给日用,甚有礼数,还登堂拜望从周的老母。等到葛从周来攻城,刘那就让人用板轿把从周的老母抬上城墙。老母告诉从周说:"刘将军待我无微不至,不差于你。你媳妇及以下众人,并没受什么委屈。刘将军与你都是各为其主,你要好好考虑一下。"从周抽泣哽咽,含泪退去。刘郭查点城中老弱残疾、女人以及游闲之徒等不能与之守城的人,全部放出城外。(他)与将士们同甘共苦,分衣分食,共同抗击城外围兵,禁止兵士暴虐居民,城中住户也都泰然自居。

孙 骘 传
雅 好 聚 书

【原文】

骘雅好聚书,有《六经》、汉史洎百家之言,凡数千卷,皆简翰精至,披勘详定,得暇即朝夕耽玩,曾无少怠。

江苏苏州沧浪亭　五代

【译文】

孙骘一向爱好搜求图书,藏有《六经》、汉代史籍以及诸子百家之书,共计数千

卷,都是精美的善本,披阅比勘详明精审,一有空闲就一天到晚地沉心其中,细加玩味,未曾有半点懈怠之时。

罗 隐 传

因 貌 废 诗

【原文】

罗隐,余杭人。诗名于天下,尤长于咏史,然多所讥讽,以故不中第,大为唐宰相郑畋、李蔚所知。隐虽负文称,然貌古而陋。畋女幼有文性,尝览隐诗卷,讽诵不已,畋疑其女有慕才之意。一日,隐至第,郑女垂帘而窥之,自是绝不咏其诗。

【译文】

罗隐,余杭(今浙江余杭)人。以工诗称名于天下,尤其擅长吟咏史事,但其中多所讽刺讥笑,所以屡试不中,但却甚为唐宰相郑畋、李蔚所理解。罗隐虽然以诗文著名,但相貌却长得古板而丑陋。郑畋的女儿自幼有文学天才,曾经见到过罗隐的诗卷,经常吟咏朗诵,郑畋便觉得女儿有了仰慕才华、以身相许之意。有一天,罗隐来到郑府,郑畋的女儿隔着帘子偷看了他的相貌,从此再也不诵读罗隐的诗了。

段 深 传

梁太祖善听医言

【原文】

段深,不知何许人。开平中,以善医待诏于翰林。时太祖抱疾久之,其溲甚浊,……因召深问曰:"疾愈复作,草药不足恃也。我左右粒石而效者众矣,服之如何?"深对曰:"臣尝奉诏诊切,陛下积忧勤,失调护,脉代芤而心益虚。臣以为宜先治心,心和平而溲变清,当进饮剂,而不当粒石也。臣谨案,《太仓公传》曰:'中热不溲者不可服石,石性精悍,有大毒。'凡饵毒药如甲兵,不得已而用之,非有危殆,不可服也。"太祖善之,令进饮剂,疾稍愈,乃以币帛赐之。

【译文】

段深,不知哪里人氏。开平(公元907—911年)年间,因擅长医术,待诏于翰林院。那时,梁太祖朱温身染疾病很久了,尿水混浊不清,……因而把段深召来问道:"我的病愈而复发,看来中草药是靠不住的。我身边有不少服药石见效的,我也服用怎样?"段深回答说:"我曾奉命为您切过脉,皇上积劳日久,调理失法,脉象不好,时有时无,时有浮大而空软无力,表明体质甚是虚弱。我以为应该先治疗体虚,体中调理平顺了尿水就能变清。应当服用草药汤剂,而不应服用药石。臣下谨依据《太仓公传》上所说'体中烦热不排尿者,不能服药石。药石的药性猛烈,有大毒。'因而认为凡是服用具有毒性的药物,就如同兴兵打仗,不到万不得已之时,不可用;非有特别危急的情况,不可服用它。"梁太祖以为说得好,下令进献草药汤剂。等病

渐渐好些时,就用金帛赏赐了段深。

武皇本纪

李克用善射

【原文】

(李克用)年十三,见双凫翔于空,射之连中,众皆臣伏。……又尝与达靼部人角胜,靼靼指双雕于空曰:"公能一发中否?"武皇即弯弧发矢,连贯双雕,边人拜伏。……每召其豪右射猎于野,或与之百步驰射马鞭.或以悬针树叶为的,中之如神,由是部人心伏,不敢窃发。

【译文】

(李克用)十三岁时,看到两只野鸭在天空飞翔,用箭连射连中,众人都佩服拜贺。……又曾跟靼靼人角赛胜负,靼靼人指着空中翱翔的一对大雕说:"您能一箭射中它们俩吗?"李克用拉弓射箭,一箭射中那对雕,靼靼人心悦诚服,拜伏于地。……(李克用)每当召请靼靼贵族们到野外射猎,或与他们相约百步之外飞马射中马鞭,或相约以悬针树叶作靶子,(李克用)每次都能射中,非常神奇。因此靼靼人从心里佩服,再也不敢有越轨之想了。

朱温谋杀李克用

【原文】

是夜,张乐陈宴席,汴帅自佐觞,出珍币侑劝。武皇酒酣,戏诸侍妓,与汴帅握手,叙破贼事以为乐。汴帅素忌武皇,乃与其将杨彦洪密谋窃发,彦洪于巷陌连车树栅,以扼奔窜之路。时武皇之从官皆醉,俄而伏兵窃发,来攻传舍。武皇方大醉,噪声动地,从官十余人捍贼。侍人郭景铢灭烛扶武皇,以茵幕裹之,匿于床下,以水洒面,徐曰:"汴帅谋害司空!"武皇方张目而起,引弓抗贼。有顷,烟火四合,复大雨震电,武皇得从者薛铁山、贺回鹘等数人而去。雨水如澍,不辨人物,随电光登尉氏门,缒城而出,得还本营。

【译文】

唐僖宗中和四年(公元884年)五月某夜,朱温张乐设舞,大摆宴席,并亲自把盏劝酒,拿出珍宝钱币赠赏助兴。李克用喝得酒酣耳热,跟一些侍女歌妓调笑,又与朱温四手相握,追述镇压起义军的往事以取乐。朱温历来忌惮李克用,于是便与部将杨彦洪私下里策划暗中行事。杨彦洪在城内外交通要道上设立栅栏,用以扼断李克用的回窜之路。当时,李克用的随从官兵都喝得大醉,不一会儿,暗中埋伏的梁兵突然起事,来攻打李克用的留宿之处。李克用正大醉不醒,来攻的梁兵喊声雷动,他的十几名跟从正在拒敌拼杀。侍奉李克用的郭景铢吹灭蜡烛,扶起克用,用草席幕幔把他卷裹起来,藏在床下,用凉水洒到他的脸上,一字一顿地喊:"朱温要谋害您!"李克用这才睁开眼睛爬了起来,拉弓射箭抗击梁兵。过一会儿,(梁兵

放起火来），烟火冲天,四面包围了传舍。（正在无奈之际），忽然电光雷声骤起,大雨倾盆,李克用才与随从薛铁山、贺回鹘等几个人得以逃出传舍。这时,雨水如瓢泼,对面辨不清人物,（李克用等）乘着雷电闪光,爬上尉氏门,从城墙上用绳索溜下去,才逃回自己的军营。

庄宗本纪

梁晋潞州大战

【原文】

五月辛未朔,晨雾晦暝,帝率亲军伏三垂岗下,诘旦,天复昏雾,进军直抵夹城。时李嗣源总帐下亲军攻东北隅,李存璋、王霸率丁夫烧寨,剚夹城为二道,周德威、李存审各分道进攻,军士鼓噪,三道齐进。李嗣源坏夹城东北隅,率先掩击,梁军火恐,南向而奔,投戈委甲,噎塞行路,斩万余级,获其将副招讨使符道昭洎大将三百人,刍粟百万。梁招讨使康怀英得百余骑,出天井关而遁。梁祖闻其败也,既惧而叹曰:"生子当如是,李氏不亡矣! 吾家诸子乃豚犬尔。"

【译文】

（公元908年）五月初一,晨雾迷漫,天色昏暗,李存勖率领亲兵埋伏在三垂岗（今山西长治西南）下。天亮,天气依旧大雾昏暗,便率军直抵夹城之下。这时,（晋军中）李嗣源统领帐下亲军攻打夹城东北角,李存璋、王霸率领丁勇壮夫烧了敌寨,把夹城切为二半,周德威、李存审各自分路进攻,军士击鼓喧喊,三路一齐进攻。李嗣源攻破夹城东北角,率先掩杀过去,梁军惊恐万分,向南逃奔,弃戈丢甲,把道路

耀州窑莲纹龟心碗　五代

都阻断了,被杀者万余人,（晋军）掳获梁军副招讨使符道昭以下大将三百余人,得粮草百万。梁招讨使康怀英仅剩百余骑,突出天井关（今山西晋城南）逃走。梁太祖朱温听到失败消息,惊悸良久,叹道:"生儿就应当这样,姓李的灭不掉! （相形之下）我家的儿子都是猪狗一般了。"

唐庄宗免税减刑

【原文】

壬戌,诏以去岁灾诊,物价腾踊,自今月三日后避正殿,减膳撤乐,以答天谴。应去年遭水灾州县,秋夏税赋并与放免。自壬午年已前所欠残税,及诸色课利,已有敕令放免者,尚闻所在却有征收,宜令租庸司切准前敕处分。应京畿内人户,有停贮斛斗者,并令减价出粜,如不遵行,当令检括。……天下禁囚,除十恶五逆、官典犯赃、屠牛毁钱、放火劫舍、持刃杀人,准律常赦不原外,应合抵极刑者,递降一等。其余罪犯悉与减降,逃背军健,并放逐便。

【译文】

同光四年(926)正月初五,(唐庄宗)下诏,因为去年遭灾,物价飞涨,从这月初三后不居正殿,减少膳食花样,并撤去乐队,以回答上天的谴告。去年遭受水灾的州县,秋夏赋税全部减免。自壬午年(922)以前所拖欠的赋役,及各种税金,已有命令放免的,听说有的却还在征收,应传令租庸司切实按以前减免的诏令处理。京畿住户,凡有囤积粮食者,命令他们全部减价卖出,如不遵照执行,应当以法处置。……天下在押罪犯,除犯十恶五逆、枉法窝赃、杀耕牛、化铜钱、放火劫舍、持刀杀人等依法常例不予宽恕外,其他应处死者,减罪一等。其余罪犯全部降罪减刑。逃跑外投的军士,全部放免听便。

唐庄宗之亡

【原文】

庄宗以雄图而起河、汾,以力战而平汴、洛,家仇即雪,国祚中兴,虽少康之嗣夏配天,光武之膺图受命,亦无以加也。然得之孔劳,失之何速?岂不以骄于骤胜,逸于居安,忘栉沐之艰难,徇色禽之荒乐。外则伶人乱政,内则牝鸡司晨。靳吝货财,激六师之愤怨;征搜舆赋,竭万姓之脂膏。大臣无罪以获诛,众口吞声而避祸。夫有一于此,未或不亡,矧咸有之,不亡何待!静而思之,足以为万代之炯诫也。

【译文】

唐庄宗李存勖以宏图大志起于河、汾地区,凭艰苦转战消灭了占据在汴州、洛阳一带的后梁朱氏王朝,使大唐李氏政权复兴,即便是少康中兴,恢复夏王朝,使祖先配天享祭;刘秀应图谶之言受天命而复兴汉王朝,其功绩也不过如此。但为什么费这样大的气力夺取天下,而失去政权却如此迅速呢?难道不是因为突然取胜而骄傲,安居乐业而淫逸,忘掉了风雨中转战之艰难困苦,沉溺于声色狗马的荒乐之中吗?朝中有伶人搅乱朝政,宫内有女人当家主事。吝惜钱财,造成军队怨愤;征搜苛捐杂税,榨干了老百姓的血汗。大臣无辜被杀,众人吞声缄口地躲避灾祸。有此一项,没有不灭亡的。况且全部兼有,不灭亡又等什么呢!平心静气地思虑此事,足可以作为后世万代的显明鉴戒啊。

明宗本纪

唐明宗政改

【原文】

甲寅,帝御文明殿受朝。制改同光四年为天成元年,大赦天下。后宫内职量留一百人,内官三十人,教坊一百人,鹰坊二十人,御厨五十人,其余任从所适。诸司使务有名无实者并停。分遣诸军就食近畿,以减馈送之劳。秋夏税子,每斗先有省耗一升,今后只纳正数,其省耗宜停。

【译文】

(公元926年)四月二十八日,唐明宗李嗣源(即位后改名亶)在文明殿接受众

臣朝贺。下令改同光四年为天成元年,大赦天下。后宫女官酌留一百人,太监三十人,乐坊留一百人,饲鹰坊留二十人,内宫厨房留五十人,其余外放听凭所去。诸衙司有名无所任事者一律停减。分派各路镇军在附近地区征用军粮,以免往返运输。秋夏税息,过去每斗中要交一升省耗粮,今后只交正数,其省耗停交。

唐明宗诏免麴税

【原文】

丁卯,诏:"诸州府城郭内依旧禁麴,其麴官中自造,减旧价之半货卖。应田亩上所征麴钱并放,乡村人户一任私造。"时甚便之。

【译文】

长兴二年(931)五月初十,(唐明宗)下诏:"各州府城郭之中依旧禁止私自造麴,官府所造之麴,按原价的一半出卖。应免除田亩税中所征收的麴钱,听凭乡村人家自己造麴。"当时人们觉得很方便。

不足惧者五,深可畏者六

【原文】

大理少卿康澄上疏曰:"臣闻安危得失,治乱兴亡,诚不系于天时,固非由于地利,童谣非祸福之本,妖祥岂隆替之源!故雊雉升鼎而桑谷生朝,不能止殷宗之盛;神马长嘶而玉龟告兆,不能延晋祚之长。是知国家有不足惧者五,有深可畏者六。阴阳不调不足惧,三辰失行不足惧,小人讹言不足惧,山崩川涸不足惧,蟊贼伤稼不足惧,此不足惧者五也。贤人藏匿深可畏,四民迁业深可畏,上下相徇深可畏,廉耻道消深可畏,毁誉乱真深可畏,直言蔑闻深可畏,此深可畏者六也……"

【译文】

大理寺少卿康澄(向唐明宗)上疏说:"臣下听说,国家的安危兴亡,时政的治乱得失,确实不关乎天时,也本非由于地利,童谣谶语不是祸福的根本,妖兆祥瑞哪里是朝代兴隆或更替的源头!所以鸣叫的野鸡停在祭鼎上和桑树谷子连体生在朝廷上的妖兆,都不能中止殷商王朝的兴盛;神马在城南长鸣和玉龟在灞水出现的祥瑞,也都不能延长西晋王朝的统治。由此而知国家有不足惧怕者五事,有十分可怕者六事。阴阳二气不协调(使风雨不时)不足以惧怕,日月星偏离正常轨道(而出现异常天象)不足以惧怕,小人制造谣言谶语不足以惧怕,山丘崩裂、河川干涸不足以惧怕,蟊贼吃掉庄稼的根节不足以惧怕,这便是不足以惧怕的五事。贤达隐藏不仕十分可怕,士农工商之人不就本业十分可怕,君臣上下徇私曲从十分可怕,寡廉鲜耻、正道消亡十分可怕,毁誉乱真、忠奸不分十分可怕,忠直谏言下达于耳十分可怕,这便是十分可怕的六事。……"

国学经典文库

唐明宗叹空养军马

【原文】

帝于便殿问范延光内外见管马数,对曰:"三万五千匹。"帝叹曰:"太祖在太原,骑军不过七千,先皇自始至终马才及万。今有铁马如是,而不能使九州混一,是吾养士练将之不至也。吾老矣,马将奈何!"延光奏曰:"臣每思之,国家养马太多,试计一骑士之费,可赡步军五人,三万五千骑抵十五万步军,既无所施,虚耗国力,臣恐日久难继。"帝曰:"诚如卿言,肥骑士而瘠吾民,何益哉!"

【译文】

唐明宗在便殿问范延光国家共有官马多少匹,他回答说:"三万五千匹。"唐明宗感叹地说:"太祖皇帝在太原(今山西太原)时,骑兵不过七千,先皇自始至终战马也不过万匹。今有铁骑这般多,而不能使天下一统,是我练养将士不得要领啊。我老了,这马有何用!"范延光奏道:"臣下每每思量此事,国家养马太多。试算一下,一名骑兵的花费,可赡养五名步兵,三万五千骑兵的花费就抵十五万步兵,既无所用。空费国力,臣下以为恐怕日子久了难以维持。"唐明宗说:"确实如你所说,养肥了骑兵而穷了我的民众,有什么益处呢!"

末 帝 本 纪

史在德主张唯才是用

【原文】

是月,太常丞史在德上疏言其事,其略曰:"朝廷任人,率多滥进。称武士者,不闲计策,虽被坚执锐,战则弃甲,穷则背军。称文士者,鲜有艺能,多无士行,问策谋则杜口,作文字则倩人。所谓虚设具员,枉耗国力。逢陛下惟新之运,是文明革弊之秋。臣请应内外所管军人,凡胜衣甲者,请宣下本部大将一一考试武艺短长,权谋深浅。居下位有将才者便拔为大将,居上位无将略者移之下军。其东班臣僚,请内出策题,下中书令宰臣面试。如下位有大才者便拔居大位,处大位无大才者即移之下僚。"

【译文】

这月,太常丞史在德上疏奏事,其主要内容是说:朝廷任用人员,多所滥用提拔。那些号称武士的人,不熟悉计谋策略,虽然披坚执锐,作战时则弃甲丢枪,窘迫时则背军叛主。号称文士的人,少有才能,多无士人德行,问他策谋,则闭口不言;让他作文,则多借托别人之手。这便是所说的虚设充数官员,空耗国家财力。此逢陛下维新之时,正是兴文明、除弊端之秋。臣请将内外所有现役军人,凡有能穿起衣甲者,下令由本部大将逐一考试,试其武艺短长、权谋深浅,身居下位但有将才者便提拔为大将,现居上位但无将略者降级使用。那些文臣僚属,请由宫内出策试题目,交与中书省令宰辅大臣主持当面考试。如居下位而有大才者提拔做大官,今居

高位而无大才者降级使用。"

李 克 宁 传

李克宁被诛

【原文】

庄宗召张承业、李存璋谓曰:"季父所为如此,无犹子之情,骨肉不可自相鱼肉,吾即避路,则祸乱不作矣。"承业曰:"老夫亲承遗托,言犹在耳。存颢辈欲以太原降贼,王乃何路求生?不即讨除,亡无日矣。"因令吴珙、存璋为之备。二月二十日,会诸将于府第,擒存颢、克宁于坐,庄宗垂泣数之曰:"儿初以军府让季父,季父不忍弃先人遗命。今已事定,复欲以儿子母投畀豺虎,季父何忍此心!"克宁泣对曰:"盖谗夫交构,吾复何言!"是日,与存颢俱伏法。

越窑刻画宴乐人物执壶　五代

【译文】

晋王李存勖召来张承业、李存璋,对他们说:"叔父如此所为,全无对待侄子的情分。但自家骨肉不可互相残杀,所以我这就回避让位,那么祸乱就不会发生了。"张承业说:"我亲受先王遗托,其言犹在耳旁。存颢等人欲以太原投降窃国贼子朱温等,您用什么办法能获得生存呢?不马上讨伐铲除,离灭亡就不远了。"于是就传令吴珙、李存璋早做防备。二月二十日,在王府召会诸位将领,在座位上擒拿了李存颢、李克宁。李存勖流着眼泪数落说:"侄儿当初以王位让予叔父,叔父不忍心违背先父遗嘱(不受王位)。现在局势已定了,却想把我们母子送入虎口(交给朱温),叔父怎如此狠心呢!"李克宁哭着回答说:"是谗言小人交相陷害,我又有什么说的呢!"这天,与李存颢一起被诛。

李 嗣 昭 传

李嗣昭之死

【原文】

七月二十四日,王处球之兵出至九门,嗣昭设伏于故营,贼至,发伏击之殆尽,余三人匿于墙墟间,嗣昭环马而射之,为贼矢中脑,嗣昭箙中矢尽,拔贼矢于脑射贼,一发而殪之。嗣昭日暮还营,所伤血流不止,是夜卒。

【译文】

唐天祐二十年(922)七月二十四日,张处瑾派兵到达九门(今河北藁城),晋将

李嗣昭在阎宝(原晋军统帅)的旧营中设下埋伏。敌军刚到,伏兵尽出,将敌兵杀戮几尽,剩下三个隐藏在断壁残垣间。李嗣昭环马放箭,被敌兵射中脑壳,李嗣昭箭簏中的箭用光了,于是从脑壳上拔下敌人的箭射过去,一箭射死了敌人。李嗣昭天晚回营,伤口流血不止,就在这天夜里死去了。

猛将李存孝

【原文】

存孝每临大敌,被重铠,櫜弓坐槊,仆人以二骑从,阵中易骑,轻捷如飞,独舞铁树,挺身陷阵,万人辟易,盖古张辽、甘宁之比也。

【译文】

李存孝每逢大敌当前,总是身披重甲,收弓敛枪(驰入敌军),随从牵着两匹备用马跟随其后,(以备李存孝)阵中杀敌时战马累了换乘。(李存孝在万马军中)轻捷如飞,独自挥舞着铁树鞭,挺身冲陷敌阵,使千万敌兵惊退,大可与古代猛将张辽、甘宁相媲美。

李存进传

智造浮桥

【原文】

时王师据德胜渡,汴军据杨村渡在上流。汴人运洛阳竹木,造浮桥以济军。王师以船渡,缓急难济,存进率意欲造浮桥。军吏曰:"河桥须竹笮大艑,两岸石仓铁牛以为固,今无竹石,窃虑难成。"存进曰:"吾成算在心,必有所立。"乃课军造苇笮,维大舰数十艘,作土山,植巨木于岸以缆之。初,军中以为戏,月余桥成,……人皆服其勤智。

【译文】

当时,晋王的军队占据德胜渡口(在今河南濮阳),朱温的梁兵占据杨村渡口,在上游。梁兵从洛阳运来竹木,造了浮桥供军队往返。晋王军队则用船渡,水流缓急难渡,(十分不便)于是李存进便决意建造浮桥。军吏说:"浮桥需用竹索大船,两岸垒石仓、置铁牛来固定它。现今无竹又无石,我们以为难以造成。"存进说:"我早已计划好了,一定能造成。"于是督令军士编造苇索,把几十艘大船联络起来,在两岸垒土山,又埋植上大木头拴住苇索。起初,军队中以为这是戏玩,但月余后浮桥便造成了,……人们都佩服他能够用力用智。

王镕传

荒淫无道

【原文】

镕自幼聪悟，然仁而不武，征伐出于下，特以作藩数世，专制四州，高屏尘务，不亲军政，多以阉人秉权，出纳决断，悉听所为。皆雕靡第舍，崇饰园池，植奇花异木，递相夸尚。人士皆褒衣博带，高车大盖，以事嬉游，藩府之中，当时为盛。镕宴安既久，惑于左道，专求长生之要，常聚缁黄，合炼仙丹，或讲说佛经，亲受符箓。西山多佛寺，又有王母观，镕增置馆宇，雕饰土木。道士王若讷者，诱镕登山临水，访求仙迹，每一出，数月方归，百姓劳弊。王母观石路既峻，不通舆马，每登行，命仆妾数十人维绵绣牵持而上。有阉人石希蒙者，奸宠用事，为镕所嬖，恒与之卧起。

【译文】

王镕自幼聪明警悟，但柔仁有余而刚武不足，征伐大权落于部下手中，仅凭数世作藩王，专权于数州，远离尘事俗务，不亲身治理军政之事，多用宦官掌政，出入决策，听凭他们决断。府第宅舍雕琢侈靡，大力装饰园林池沼，多种奇花异树，更相夸耀攀比。其中人士皆着宽衣博带，乘大盖轩车，以嬉游为务，如此颓风，盛行于藩府之中。王镕久久沉溺于安乐，又被左道旁门所迷惑，刻意探求长生秘诀，经常召聚僧道，合炼仙丹妙药，或者讲说佛经，亲自拜受丹书符字。西山（在今河北平山县）上有很多佛寺，又有王母观，王镕扩建寺观，雕石琢木，大兴工程。有个道士名叫王若讷，引诱王镕登临山水，访求仙迹，每次出游，数月才归，使百姓疲劳困弊。去王母观的石路陡峭峻险，马车无法通行，每次攀登，都传令仆人侍妾数十人用锦绣丝带把他拖拉上去。有个宦官名叫石希蒙，本是奸佞小人，却大受宠用，得到了王镕的嬖爱，终日形影不离，同卧共眠。

史建瑭传

智胜梁军

【原文】

建瑭乃分麾下三百骑为五军，自将一军深入，各命俘掠梁军之刍牧者还，会下博桥。翌日，诸军皆至，获刍牧者数百人，聚而杀之，缓数十人，令其逸去，各曰："沙陀军大至矣！"梁军震恐。明日，建瑭、嗣肱为梁军服色，与刍牧者相杂，晡晚，及贺德伦寨门，杀守门者，纵火大噪，俘斩而去。是夜，梁祖烧营而遁，北至贝州，迷失道路，委弃兵仗，不可胜计。

【译文】

史建瑭于是把自己手下的三百骑兵分为五队，亲自带领一队深入敌后，集合各队俘掠梁军中的打草放马者而后回来，在下博桥会齐。第二天，各队骑兵都回来

了,俘获了梁军中的打草放马者数百人,把他们合在一起杀掉了,只放了几十人,让他们逃走,并教他们说:"李克用大军到来了!"因此,使梁军甚是惊恐。第三天,史建瑭、李嗣肱换上了梁军服装旗号,与打草放马者掺杂在一起。傍晚,到达贺德伦的营寨门口,杀掉守门者,放起火来,大声呐喊,俘获和斩杀了不少敌人而后退去。这天夜里,梁太祖朱温(吓得)烧掉营寨逃跑,北达贝州(今河北清河)时,迷失了道路,丢弃的兵器,不计其数。

盖 寓 传

善揣人主情

【原文】

寓性通黠,多智数,善揣人主情。武皇性严急,左右难事,无委遇者,小有违忤,即置于法,唯寓承颜希旨,规其趋向,婉辞顺意,以尽参裨。武皇或暴怒将吏,事将不测,寓欲救止,必佯佐其怒以责之,武皇怡然释之。有所谏诤,必征近事以为喻。自武皇镇抚太原,最推亲信,中外将吏,无不景附,朝廷藩邻,信使结托,先及武皇,次入寓门。既总军中大柄,其名振主,梁祖亦使奸人离间,暴扬于天下,言盖寓已代李,闻者寒心,武皇略无疑间。

【译文】

盖寓性情通达机敏,多智谋,善于揣摩人主的心意。李克用性情严酷躁急,手下之人难以侍奉,没有中意遇合的人,遇有稍有违旨忤意的人,马上处以罪罚,只有盖寓顺颜随意,能够揣摩他的意向,婉言规谏,以尽补正之责。李克用有时对部下大发脾气,即将发生不测之祸,盖寓想要援救劝止,必定佯装大怒,顺从李克用的心意斥责部将,使李克用怡然气消,宽恕了部下。有所诤谏规劝,他必定征引近事作为譬喻。自从李克用镇守太原以来,他便最受信任、最得亲近,因而内外的将吏,无不影从攀附;朝廷及附近藩镇,凡信使前来结好或求事者,也都是先到李克用那里,再到盖寓门下。他总揽军中大权后,名声超过了主人,梁太祖朱温也曾派人离间过,到处大肆宣扬说盖寓已经取代了李氏,使听到的人都心惊胆寒,但李克用一点也不怀疑他、疏远他。

郭崇韬传

忘疲励力

【原文】

至博州,渡河版筑,昼夜不息。崇韬于葭苇间据胡床假寝,觉裤中冷,左右视之,乃蛇也,其忘疲励力也如是。

【译文】

(郭崇韬督兵)到达博州(今山东聊城),渡河修筑营垒,夜以继日,未曾休息。

郭崇韬在芦苇间坐在胡床上打了个盹,觉得裤中冰凉,手下人一看,原来是条蛇,其勤勉努力、不知疲劳竟到如此地步。

唐庄宗渐务华侈

【原文】

　　是时天下已定,寇仇外息,庄宗渐务华侈,以逞己欲。洛阳大内宏敞,宫宇深邃,宦官阿意顺旨,以希恩宠,声言宫中夜见鬼物,不谋同辞。庄宗骇异其事,且问其故。宦者曰:"见本朝长安大内,六宫嫔御,殆及万人,椒房兰室,无不充牣。今宫室大半空闲,鬼神尚幽,亦无所怪。"繇是景进、王允平等于诸道采择宫人,不择良贱,内之宫掖。

青白玉佩　五代

【译文】

　　这时天下已经平定,外无寇仇骚扰,唐庄宗(李存勖)便渐渐以华侈为务,来满足自己的奢欲。洛阳本来皇宫阔大,宫室宽深,但宦官曲意逢迎,以邀取恩宠,却声言宫中夜里见鬼。其他宦官也不谋而合,异口同词。唐庄宗觉得此事既可怕、又奇异,便询问其中缘故。宦官说:"我们见大唐的长安皇宫,六宫粉黛,几近万人;椒房兰室,宫女充斥。皇上宫室大半空闲,鬼神喜欢幽静,(故来作乱,)这本来是情理中事。"于是景进、王允平等人便从各州府采选宫女,无论良贱,都纳进宫内。

谏造避暑高楼

【原文】

　　(唐庄宗欲建高楼避暑,)犹虑崇韬有所谏止,使谓崇韬曰:"今年恶热,朕顷在河上,五六月中,与贼对垒,行宫卑湿,介马战贼,恒若清凉。今晏然深宫,不耐暑毒,何也?"崇韬奏:"陛下顷在河上,汴寇未平,废寝忘食,心在战阵,祁寒溽暑,不介圣怀。今寇即平,中原无事,纵耳目之玩,不忧战阵,虽层台百尺,广殿九筵,未能忘热于今日也。愿陛下思艰难创业之际,则今日之暑,坐变清凉。"庄宗默然。

【译文】

　　(唐庄宗欲建高楼避暑,)但还是担心郭崇韬前来劝阻,于是传话给郭崇韬说:"今年酷热。我以前转战黄河边时,在五、六月中,跟敌人对阵,行宫又矮又潮,披甲

与敌作战,始终感觉有些清凉。现今安居深宫,却不胜暑热,为什么呢?"郭崇韬进奏道:"陛下以前在黄河转战时,梁军未灭,废寝忘食,一心扑在对阵战斗上,严寒湿热,也就不被关注了。现今梁人已灭,中原无事,极尽声色玩乐,不再操心列阵战斗,即使有百尺高台,大厦广居,也不能忘记烦热啊。愿陛下牢记艰难创业之时,那么今天的暑热,也就自然变得清凉了。"庄宗听了低头不语。

赵光逢传

清净寡欲

【原文】

同光初,弟光胤为平章事,时谒问于私第,尝语及政事。他日,光逢署其户曰:"请不言中书事",其清净寡欲端默如此。尝有女冠寄黄金一镒于其室家,时属乱离,女冠委化于他土。后二十年,金无所归,纳于河南尹张全义,请付诸宫观,其旧封尚在。

【译文】

同光(公元923~926年)初年,其弟赵光胤官居平章事,不时到其家中省问,曾谈起朝中政事。另一天,赵光逢在门上题字:"请不要谈论中书省的政事",他就是这样清心、寡欲、端庄、沉静的。曾有一位女道士在他家寄存下二十两黄金,当时正值战乱离散的年代,女道士仙逝于他乡了。过了二十年,黄金无所归属,(赵光逢便)上交给河南尹张全义,让他转交给道观,那上边的原有封印还在呢。

李 琪 传

李琪善为赋

【原文】

昭宗时,李谿父子以文学知名。琪年十八,袖赋一轴谒谿。谿览赋惊异,倒屣迎门,出琪《调哑钟》《捧日》等赋,谓琪曰:"余尝患近年文士辞赋,皆数句之后,未见赋题,吾子入句见题,偶属典丽,吁!可畏也。"琪由是益知名,举进士第。

【译文】

唐昭宗时,李谿父子以文学知名于当世。李琪十八岁时,袖着自己作的一卷赋文拜见李谿。李谿看后十分惊奇,连鞋子也没穿好就迎出门来,拿出李琪的《调哑钟》《捧日》等赋作,对李琪说:"余尝忧虑近年文士们的辞赋,大都读上多句还不知其主题。您能起句见题,偶对工整典雅而优美。啊,后生可畏啊!"李琪由此更加出名,考中了进士。

君王所重患者

【原文】

琪因上疏曰："臣闻王者富有兆民，深居九重，所重患者，百姓凋耗而不知，四海困穷而莫救，下情不得上达，群臣不敢指言。……"

【译文】

李琪于是上疏说："臣下听说君王拥有天下亿万百姓，深居九重皇宫内，最怕的是，百姓产业凋敝、亏损而不了解，天下穷困窘迫而无从拯救，下面民情不能上达，群臣对政事不敢指摘直言。……"

苏　楷　传

常幸国家之灾

【原文】

初，循子楷，乾宁二年登进士第，中使有奏御者云："今年进士二十余人，侥幸者半，物论以为不可。"昭宗命学士陆扆、冯渥重试于云韶殿，及格者一十四人。诏云："苏楷、卢赓等四人，诗句最卑，芜累颇甚，曾无学业，敢窃科名，浼我至公，难从滥进，宜付所司落下，不得再赴举场。"楷以此惭恨，常幸国家之灾。

北人会宴图　五代

【译文】

当初，苏循儿子苏楷，乾宁二年（895）中了进士。中使者向皇上奏报："今年中进士的二十多人中，侥幸考中者就占一半，舆论以为不可如此。"昭宗命大学士陆扆、冯渥在云韶殿重新考试，及格者仅有十四人。皇上下诏说："苏楷、卢赓等四人，诗句最低劣，文辞甚是繁杂累赘，全无半点学业根基，竟敢窃取科名，玷污我的至公楼，实难让其滥竽充数，应交主管部门除名，以后不得再参加科举考试。"苏楷由此又愧又恨，常对国家的灾难庆幸不已。

苏循传

苏循拜殿

【原文】

时张承业未欲庄宗即尊位,诸将宾僚无敢赞成者。及循至,入衙城见府廨即拜,谓之拜殿。时将吏未行蹈舞礼,及循朝谒,即呼万岁舞抃,泣而称臣,庄宗大悦。

【译文】

那时张承业不想让李存勖自立为皇帝,于是各个将帅、官吏、宾客也没有再敢赞成的了。等到苏循来后,入城见衙门官舍就拜,称为拜殿。那时,将帅官吏们还没用拜见皇帝的大礼拜见(李存勖),等到苏循朝拜时,却都高呼万岁(按拜见皇帝大礼)蹈身大拜,流着泪称臣,李存勖十分高兴。

张全义传

治理洛阳

【原文】

初,蔡贼孙儒、诸葛爽争据洛阳,迭相攻伐,七八年间,都城灰烬,满目荆榛。全义初至,唯与部下聚居故市,井邑穷民,不满百户。全义善于抚纳,课部人披榛种艺,且耕且战,以粟易牛,岁滋垦辟,招复流散,待之如子。每农祥劝耕之始,全义必自立畎亩,饷以酒食,政宽事简,吏不敢欺。数年之间,京畿无闲田,编户五六万,乃筑垒于故市,建置府署,以防外寇。

【译文】

当初,蔡州秦宗权部下孙儒与诸葛爽争相占据洛阳,多次互相攻伐,七、八年间,使东都洛阳化为灰烬,满目荆棘榛丛。张全义刚到时,只好与部下驻扎在故城废墟上,近郊贫苦农户,不足百家。张全义善于招纳安抚,督令部属砍斩荆榛、种植谷物,边耕种、边战守,用谷物换来耕牛,年年扩大开垦,招复流散的贫民(耕种),对待他们如同对待自己的孩子。每到劝勉百姓农耕的时节,张全义都是亲到农田,用酒食招待(耕者)。他政事宽缓、简约,属吏不敢有所欺瞒。几年之中,使故都洛阳地无闲田,在编户数已达五、六万之多。于是在故城旧址上修筑城垒,建筑府衙,以防外敌来侵。

以先诉者为得理

【原文】

全义少长军中,立性朴滞,凡百姓有讼词,以先诉者为得理,以是人多枉滥,为时所非。又尝怒河南县令罗贯,因凭刘皇后谮于庄宗,俾贯非罪而死,露尸于府门,

冤枉之声,闻于近远,斯亦良玉之微瑕。

【译文】

张全义自少在军中长大,本性质朴呆板,凡是百姓有来诉讼的,都以原告为胜诉者,因此人们多被冤枉而滥定罪名,时人非议。以前,被河南县(今河南洛阳)县令罗贯惹得大怒,他通过刘皇后向唐庄宗进了谗言,使罗贯无罪而被诛,并暴尸于府衙门外。冤枉之声,远近都能听到。这也是他"白璧微瑕"罢了。

王晏球传

与将士同其甘苦

【原文】

晏球能与将士同其甘苦,所得禄赐私财,尽以飨士,日具饮馔,与将校筵宴,待军士有礼,军中无不敬伏。其年冬,平贼。自初战至于城拔,不戮一士,上下欢心,物议以为有将帅之略。

【译文】

王晏球能与将士们同甘共苦,所得俸禄、赏赐等私财,全部用来犒赏军士,天天准备酒饭,与将校们宴饮,对待军士有礼有制,军中无人不敬重服从。这年冬天,平定王都之叛。自开战到攻破城池,没有诛杀一名军士,上下欢心,都认为他有将帅的雄才大略。

朱汉宾传

五代军士黥面

【原文】

梁祖之攻兖、郓也,朱瑾募骁勇数百人,黥双雁于其额,号为"雁子都"。梁祖闻之,亦选数百人,别为一军,号为"落雁都"。

【译文】

朱温进攻兖州、郓州时,朱瑾招募了几百名勇士,在面额上刺以双雁纹样。号称"雁子都"。朱温听后,也选拔了数百人,自为一军,号称"落雁都"。

善 政 惠 民

【原文】

(朱汉宾)在曹日,飞蝗去境,父老歌之。临平阳遇旱,亲斋洁祷龙子祠,逾日雨足,四封大稔,咸以为善政之所致也。及致仕,东还亳郡,见乡旧亲戚沦没者,有茔兆未办,则给以棺敛,有婚嫁未毕,则助以资币,受其惠者数百家,郡人义之。

【译文】

(朱汉宾)在曹州(今山东曹县)任刺史时,飞蝗过境不落,境内父老都称颂他。

国学经典文库

武士跪射图壁画

居官平阳时,遇到大旱,他亲自沐浴斋戒,去龙子祠祈祷,不日大雨果至,使境内获得了大丰收,也都以为是朱汉宾善政的结果。年老告退,东归亳郡(今安徽亳州),看到乡亲、故旧去世了,凡有坟地而无力安葬的,就供以棺椁装殓之物;有订婚而无力完婚的,就助以钱币聘物。受他恩惠的有几百家。郡中人都称赞他是仁义之人。

周知裕传

淮上之风恶病者

【原文】

淮上之风恶病者,至于父母有疾,不亲省视,甚者避于他室,或时问讯,即以食物揭于长竿之首,委之而去。知裕心恶之,召乡之顽狠者诃诘教导,俾知父子骨肉之恩,繇是弊风稍革。

【译文】

淮河一带风俗厌恶生病的人,以至于父母有病,都不亲自省问探视。更有甚者,将病人移于他室,有时去问侯一声,也是把食物挑在长竿头上,投下而离去。周知裕(到任后)十分讨厌这种风俗,便招来乡村中最顽固、凶狠的人进行斥责教导,使(他们)懂得父子之间的骨肉恩义。于是这种劣风恶俗也就渐渐革除了。

李 建 及 传

破 连 索 船

【原文】

十六年,汴将贺瑰攻德胜南城,以战船十余艘,竹笮维之,扼断津路,王师不得

渡。城中矢石将尽，守城将氏延赏危急，庄宗令积帛军门，召能破贼船者。……时
棹船满河，流矢雨集，建及被重铠，执槊呼曰："岂有一衣带水，纵贼如此！"乃以二船
实甲士，皆短兵持斧，径抵梁之战舰，斧其筏，又令上流具瓮，积薪其上，顺流纵火，
以攻其舰。须臾，烟焰腾炽，梁军断缆而遁，建及乃入南城，贺瓌解围而去。

【译文】

　　天祐十六年(919)，梁将贺瓌攻打德胜南城。他把十余艘战船，用大竹索连接
起来，扼断了水路渡口，使晋王军队不能渡河增援。南城中的箭矢擂石将要用完
了，守城将领氏延赏告急，晋王李存勖在军门堆上布帛，悬赏能破敌船的人。……
当时敌船满河，敌箭像雨点般射来，李建及身穿厚厚的铠甲，手执长矛大呼说："哪
有隔一河而不能增援的说法，太放纵敌人了！"于是让两只船载满甲士，都手持短兵
大斧，直达敌舰，用斧砍断大竹索；又让上游准备大瓮，在瓮上堆满柴草，点火顺流
而下，来烧敌舰。不久，烟火腾空，梁军砍断缆绳逃去。于是李建及进入南城增援，
贺瓌只好放弃攻城而离去。

安 重 诲 传

安重诲之死

【原文】

　　时遣翟光邺使河中，如察重诲有异志，则诛之。既至，李从璋自率甲士围其第，
仍拜重诲于其庭，重诲下阶迎拜曰："太傅过礼。"俯首方拜，从璋以樰击首，其妻惊
走抱之，曰："令公死亦不迟，太傅何遽如此！"并击重诲妻首碎，并剥其衣，夫妻裸形
踣于廊下，血流盈庭。……议者以重诲有经纶社稷之大功，然志大才短，不能回避
权宠，亲礼士大夫，求周身辅国之远图，而悉自恣胸襟，果贻颠覆。

【译文】

　　那时(唐明宗)派翟光邺出使河中，如果访察到安重诲确实蓄意谋反，就除掉
他。到后，李从璋亲自率领甲士围了安重诲的府第，进院后仍旧向安重诲下拜，安
重诲下堂阶迎拜说："太傅过礼了。"倒头正拜，李从璋用铁鞭击中他的头颅，安重诲
的妻子惊慌跑来抱住重诲，说："要让他死也不用这么急，太傅为何如此匆忙？"李从
璋又击碎重诲妻的头颅，把他们一同剥去衣服，使夫妻俩光着身子倒在廊下，鲜血
流遍了庭院。……议论者以为，安重诲有经纶社稷的大功，但志大才短，不能回避
权贵宠臣、亲近礼遇士大夫，以求得保身辅国的远大谋划，而是任凭己意行事，果然
导致灭亡。

赵 凤 传

赵凤毁佛牙

【原文】

　　明年春，有僧自西国取经回，得佛牙大如拳，褐渍皴裂，进于明宗。凤扬言曰：

"曾闻佛牙锤锻不坏,请试之。"随斧而碎。时宫中所施已逾数千缗,闻毁乃止。

【译文】

明年春天,有僧人从西方国家取经回来,带回一枚大如拳头的佛牙,黑黄浸染,皴裂不光,进献于唐明宗。赵凤高声扬言说:"听说佛牙锤击锻打也不坏,让我试一下。"一斧便打碎了。当时宫中的施舍已超过数千串钱,听到一斧而毁就停止了。

崔 沂 传

梁现之死

【原文】

开平中,金吾街使寇彦卿入朝,过天津桥,市民梁现者不时回避,前导伍伯捽之,投石栏以致毙。

【译文】

开平(公元907~911年)中,金吾街使寇彦卿入宫朝见,从天津桥上经过,市民梁现回避不及,被开道差役揪住,扔到石栏杆上丧了命。

张 宪 传

张朗冒死救季父

【原文】

十五年,王师战胡柳,周德威军不利,宪与同列奔马北渡,梁军急追,殆将不济。至晚渡河,人皆陷水而没,宪与从子朗履冰而行,将及岸,冰陷,朗泣,以马棰引之,宪曰:"吾儿去矣,勿使俱陷。"朗曰:"忍季父如此,俱死无恨。"朗偃伏引棰,宪跃身而出。

【译文】

天祐十五年(918),晋王军队在胡柳(在今河南范县)作战,周德威军事失利,张宪和他的同僚们策马向北奔逃渡河,梁军在后面急追,眼看就过不去河了。到天晚渡河,人们都陷到水里淹死了。张宪与侄子张朗从冰上过河,将到岸边,冰陷了,(张朗掉到水中)张朗哭着,用马鞭子去拉张宪,张宪说:"我的孩子,你走吧,不要都陷下来。"张朗说:"怎狠心这样丢下叔父呢?即使都死了也无怨憾。"张朗俯下身子用马鞭牵引,张宪跃身跳出了水面。

姚 洪 传

姚洪忠义

【原文】

姚洪,本梁之小校也。在梁时,经事董璋。长兴初,率兵千人戍阆州。璋叛,领

众攻阆州，璋密令人诱洪，洪以大义拒之。及璋攻城，洪悉力拒守者三日，御备既竭，城陷被擒。璋谓洪曰："尔顷为健儿，由吾奖拔到此，吾书诱谕，投之于侧，何相负耶？"洪大骂曰："老贼，尔为天子镇帅，何苦反耶！尔既辜恩背主，吾与尔何恩，而云相负。……尔本奴才，则无耻，吾忠义之士，不忍为也。吾可为天子死，不能与人奴苟生。"璋怒，令军士十人，持刀刲割其肤，燃镬于前，自取啖食，洪至死大骂不已。

【译文】

姚洪，本是后梁的小军校。在梁时，久事董璋。唐明宗长兴（公元930—933年）初年，率兵千人戍守阆州（今四川阆中）。董璋反叛，率众兵攻阆州。董璋秘密派人向姚洪诱降，姚大义凛然，拒绝投降。等董璋来攻城，姚洪竭尽全力拒守了三天，守御物品用光了，城陷被擒。董璋对姚洪说："你以前为军健，是我提拔奖掖到你这般地位。我写信劝谕你，却把信扔在一旁，为什么背叛我？"姚洪大骂说："老贼，你为天子节度使，为何还要反叛！你既然背恩叛主，我们之间还有什么恩情，却说背叛？……你原是奴才出身，本来就无羞耻；我是忠义之士，不能忍心去干那鲜廉寡耻的事情。我可以为天子而死，不能为人奴苟且偷生。"董璋大怒，令军士十人持刀在姚洪身上割肉，并在前面烧上大锅，自取（锅中姚洪的肉块）吞嚼，但姚洪至死大骂不已。

马 郁 传

下 笔 成 文

【原文】

马郁，其先范阳人。郁少警悟，有俊才智数，言辩纵横，下笔成文。……尝聘王镕于镇州，官妓有转转者，美丽善歌舞，因宴席，郁累挑之。幕客张泽亦以文章名，谓郁曰："子能座上成赋，可以此妓奉酬。"郁抽笔操纸，即时成赋，拥妓而去。

【译文】

马郁，他的祖先是范阳（今北京市大兴区）人。马郁自少聪敏颖慧，有俊才智略，善于言辞，纵横高论，下笔成文。……曾出使镇州王镕处，那里有位官妓叫转转，美丽绝伦，善歌善舞，在宴席上，马郁数次挑逗她。王镕幕僚张泽亦以文章著名，对马郁说："您能于座上写成一赋，便可以这位妓女作为奉酬。"马郁抽笔拿纸，登时写成一赋，于是便携此妓离去。

马 郁 枨 果

【原文】

监军张承业，本朝旧人，权责任事，人士胁肩低首候之。郁以滑稽侮狎，其往如归，有时直造卧内。每宾僚宴集，承业出珍果陈列于前，食之必尽。承业私戒主膳者曰："他日马监至，唯以干藕子置前而已。"郁至，窥其不可啖，异日，靴中出一铁枨，碎而食之，承业大笑曰："为公设异馔，勿败余食案。"其俊率如此。

【译文】

监军张承业，本是大唐旧臣，总揽军政大权，官吏们老远看见他就垂手低头。马郁凭自己的诙谐狂达，去他府中象回自己家一样随便，有时竟直闯入他的卧房。每有宾客会集于张府宴饮，张承业就拿出珍稀果品摆在客人面前，(马郁)必定全部吃光。张承业暗中告诫掌膳的人说："改天马秘书监来时，只给他面前摆上干莲子就行了。"马郁到后，看着不能吃。另一天，从靴子中拿出一条铁鞭，砸碎莲子而食。张承业大笑着说："为您换上美味，不要砸坏我的饭桌。"马郁就是这样才智出众而放达的。

张 承 业 传

不以公物为私礼

【原文】

庄宗岁时还晋阳宫省太后，须钱蒱博、给伶官，尝置酒于泉府，庄宗酣饮，命兴圣宫使李继岌为承业起舞，既竟，承业出宝带币马奉之。庄宗指钱积谓承业曰："和哥无钱使，七哥与此一积，宝马非殊惠也。"承业谢曰："郎君歌舞，承业自出己俸钱，此钱是大王库物，准拟支赡三军，不敢以公物为私礼也。"

【译文】

晋王李存勖每年按时节(自魏州)回晋阳宫中探视母亲，需钱博戏、赏赐伶官。一次在泉府摆酒宴饮，李存勖喝得酒酣耳热，命令其子兴圣宫使李继岌为张承业起舞助兴。舞毕，张承业拿出自己的宝带、币马赠给继岌。李存勖指着钱垛对张承业说："和哥缺钱用，七哥您给他这么一垛好了。宝带、币马也不是什么特殊的好赠品。"张承业推辞说："令郎为我歌舞，承业我应拿出自己的俸禄(赠赏)。这泉府的钱是大王您的存物，是用来支付三军费用的，我不敢以公物作为私人礼品(赠送)。"

劝李存勖称帝

【原文】

十八年，庄宗受诸道劝进，将篡帝位。承业以为晋王三代有功于国，先人怒朱氏弑逆，将复旧邦，仇既未平，不宜轻受推戴。

【译文】

天祐十八年(921)，晋王李存勖接受诸州节度使的劝进，将要继承皇位。张承业以为晋王祖上三代有功于大唐，其先父又痛恨朱温弑上自立，志欲光复大唐，仇敌还未平灭，不应轻率接受拥立。

张 居 翰 传

敦 本 惠 农

【原文】

居翰性和而静,谙悉旧事。在潞州累年,每春课人育蔬种树,敦本惠农,有仁者之心焉。

【译文】

张居翰性情平和而沉静,熟知大唐旧事。在潞州多年,每年春天都督令人们培育蔬菜、种植树木。他重视农业、爱护农民,有仁爱之心。

高 祖 本 纪

石敬瑭巧断

【原文】

帝性简俭,未尝以声色滋味辄自宴乐,每公退,必召幕客论民间利害及刑政得失,明而难犯,事多亲决。有店妇与军士讼,云"曝粟于门,为马所食"。而军士恳诉,无以自明。帝谓鞫吏曰:"两讼未分,何以为断,可杀马剖肠而视其粟,有则军士诛,无则妇人死。"遂杀马,马肠无粟,因戮其妇人。境内肃然,莫敢以欺事言者。

【译文】

石敬瑭性情简约朴素,未曾以声色美味私自宴乐。每次公事退堂,必招来幕客议论民间利弊、疾苦及刑政得失,所以他能明了民情,而不被下人们欺瞒,政事也多是亲自裁决。有一店妇与军士前来诉讼,说"门前晒的谷被军马吃了"。而军士恳切争辩,但无法自明。石敬瑭告诉主审官说:"双方争讼未能裁决,凭什么断案?可以杀马开肠,看看有无谷粟。有则杀军士,无则杀妇人。"于是杀马,马肠里没有谷粟,因而杀了店妇。于是管辖区内(由此)肃然而治,再没有敢说假话的了。

石敬瑭愿做儿皇帝

【原文】

十一月,戎王会帝于营,谓帝曰:"我三千里赴义,事须必成。观尔体貌恢廓,识量深远,真国主也。天命有属,时不可失,欲徇蕃汉群议,册尔为天子。"帝饰让久之。既而诸军劝请相继,乃命筑坛于晋阳城南,册立为大晋皇帝,戎王解衣冠授焉。

【译文】

十一月,契丹国主耶律德光在军营与石敬瑭相会,对石敬瑭说:"我自三千里外来奔赴义事,期待大事必成。看你形貌恢宏大度,见识深远,真像一位国王。天命有所降属,时机不能错过,我们想要遵循国内外舆论,册封你为天子。"石敬瑭假意

托词推让了好久。既而手下各军相继前来劝进,于是下令在晋阳(今山西太原)城南筑坛,册立为大晋皇帝。耶律德光脱下自己的衣冠,授予了石敬瑭。

少帝本纪

晋少帝下诏赈灾

【原文】

天福八年春正月辛巳,……河南府上言:"逃户凡五千三百八十七,饿死者兼之。"诏:"诸道以廪粟赈饥民,民有积粟者,均分借便,以济贫民。"时州郡蝗旱,百姓流亡,饿死者千万计。

【译文】

天福八年(943)正月初二,……河南府上奏说:"外逃户计五千三百八十七,饿死者加倍。"(晋少帝于是)下诏:"各道以国库粮赈济饥民。民间有积粮者,均分借贷,以救济贫苦百姓。"那时各州郡蝗灾旱灾,百姓逃荒,饿死者以千万计。

白团围村之战

【原文】

癸亥,大军至白团卫村下营,人马俱渴,营中掘井,及水辄坏,兵士取其泥绞汁而饮,敌众围绕,渐束其营。是日,东北风猛,扬尘折树,契丹主坐车中谓众曰:"汉军尽来,只有此耳,今日并可生擒,然后平定天下。"令下马拔鹿角,飞矢雨集。军士大呼:"招讨使何不用军,而令士卒虚死!"诸将咸请击之,杜威曰:"俟风势稍慢,观其进退。"守贞曰:"此风助我也,彼众我寡,黑风之内,莫测多少,若俟风止,我辈无噍类矣。"即呼诸军齐力击贼,张彦泽、符彦卿、皇甫遇等率骑奋击,风势尤猛,沙尘如夜,敌遂大败。时步骑齐进,追袭二十余里,至阳城东,贼军稍稍成列,我骑复击之,乃渡河而去。

【译文】

开运二年(945)三月二十七日,晋军到达白团卫村安营。人马俱渴,在营中掘井,刚掘到水就坍坏了。兵士们只好取出井泥而绞出泥汁来喝。契丹军包抄过来,渐渐围住营寨,这天,东北风猛烈,尘土飞扬、吹折树木,契丹国主坐在车中对手下的将士们说:"汉人军队全都来了,只有这么多。今日可全部活捉,然后平定天下。"于是命令(军士)下马,拔除晋营的鹿角树障,箭矢也像雨点般射进晋营。营中军士大呼说:"招讨使为何不下令出击,而让士卒白白送死!"诸将都请求出击,杜重威说:"等风势稍慢,看看他们的进退情况再说。"李守贞说:"这风正对我们有利。敌众我寡,在黑风中,敌人难测兵力多少;若等风停了,我们就没一个能活着的了。"即传呼诸军齐力出击。张彦泽、符彦卿、皇甫遇等率骑兵奋力出击,风势更加猛烈了,沙尘遮蔽天日,如同夜晚,敌人大败了。当时步兵骑兵一齐进击,追袭了二十多里,至阳城(今山西阳城)东,契丹军刚要排成队列,晋骑兵又冲杀过去,(契丹军)就渡

过黄河而逃去了。

契丹主进晋京

【原文】

明年正月朔，契丹主次东京城北，百官列班，遥辞帝于寺，诣北郊以迎契丹主。帝举族出封丘门，肩舆至野，契丹主不与之见。遣泊封禅寺。文武百官素服纱帽，迎谒契丹主于郊次，俯伏俟罪，契丹主命起之，亲自慰抚。契丹主遂入大内，至昏出宫，是夜宿于赤坰。伪诏应晋朝臣僚一切仍旧，朝廷仪制并用汉礼。

【译文】

第二年正月初一，契丹国主驻扎在东京（今河南开封）城北，百官排列好位次，在封禅寺遥向（居于开封府衙的）晋少帝告辞，去北郊迎接契丹国主。晋少帝全家离开封丘门，乘着肩舆到了野外，契丹国主不与他相见，只派遣他住在封禅寺。文武百官穿戴着白衣纱帽，在郊外大营拜见契丹国主，跪倒在地上待罪，契丹国主命令他们起来，并亲自上前安慰抚问。契丹国主进入皇宫，到黄昏才出来。这天夜里就宿在赤坰（今河南开封东北）。契丹国主下诏，晋旧臣僚官职一律照旧，朝廷仪制仍用汉人礼节。

景延广传

不帝契丹

【原文】

少帝既嗣位，延广独以为己功，寻加同平章事，弥有矜伐之色。朝廷遣使告哀契丹，无表致书，去臣称孙，契丹怒，遣使来让，延广乃奏令契丹回图使乔荣告戎王曰："先帝则北朝所立，今上则中国自策，为邻为孙则可，无臣之理。"且言："晋朝有十万口横磨剑，翁若要战则早来，他日不禁孙子，则取笑天下，当成后悔矣。"由是与契丹立敌，干戈日寻。

【译文】

晋少帝即位后，景延广自己认为这都是他的功劳。不久又加封他为同平章事，他居功自傲之气更加形于言表。朝廷派使者向契丹主报告高祖晏驾的消息，不用表而用书，不称臣只称孙，契丹主大怒，派遣使者来责问。于是景延广奏请令契丹回图使乔荣告诉契丹主说："先帝是契丹拥立的，当今皇上则是中原人自立的。两国之间称邻国、或向契丹主称孙都可以，但无称臣的道理。"又说："晋国有十万精锐之师，契丹主这老头要决战就早来，改天如不能控制孙子，便要被天下人取笑了，理应后悔的。"由此与契丹为敌，兵连祸结。

张希崇传
明断疑案

【原文】

希崇素朴厚，尤嗜书，莅事之余，手不释卷，不好酒乐，不蓄姬仆，祁寒盛暑，必俨其衣冠，厮养之辈，未尝闻亵慢之言。事母至谨，每食必侍立，俟盥漱毕方退，物议高之。性虽仁恕，或遇奸恶，则嫉之若仇。在邠州日，有民与郭氏为义子，自孩提以至成人，因乖戾不受训，遣之。郭氏夫妇相次俱死。郭氏有嫡子，已长，时郭氏诸亲与义子相约，云是亲子，欲分其财物，助而讼之，前后数政不能理，遂成疑狱。希崇览其诉，判云："父在已离，母死不至。止称假子，孤二十年抚养之恩；倘曰亲儿，犯三千条悖逆之罪。颇为伤害名教，安敢理认田园！其生涯并付亲子，所讼人与朋奸者，委法官以律定刑。"闻者服其明。

【译文】

张希崇一向质朴敦厚，尤其爱好读书，听政之余，手不释卷，不喜欢酒乐，不蓄养侍妾奴仆，不论严寒酷暑，都是衣帽整严，对儿女下辈，从未说过亵骂轻慢的话。侍奉母亲十分孝敬，每次母亲吃饭时必定站在一旁侍奉，等母亲吃完饭、洗手漱口后才退去，众人都非常赞美他的品行。他性情虽然仁厚宽爱，但有时碰到奸恶之人，则嫉之如仇。在邠州任节度使时，有人给姓郭的当义子，从小到大（都是郭氏抚养），后因乖戾不受教导，被打发走了。郭氏夫妇相继去世后，有个亲生儿子也已长大成人。当时郭氏的亲属与那位义子私下约定，说是亲生儿子，图谋分割郭氏财产，帮助这个义子打官司。以前几任节度使都不能审理，于是成了疑案。张希崇看了状子，判道："父亲在时已离家，母亲死了也不到灵前。仅称义子，辜负了二十年养育之恩；若说是亲生子，就犯了三千条大逆不道之罪。甚伤名理教化，怎能强词夺理、冒认田产！郭氏财产全归其亲生子，诉讼人和那些与他结党作奸的人，一起交执法官按律条定罪。"听到这件事的人，都佩服他能够明察是非。

史匡翰传
"史三传"

【原文】

匡翰刚毅有谋略，御军严整，接下以礼，与部曲语，未尝称名，历数郡皆有政声。尤好《春秋左氏传》，每视政之暇，延学者讲说，躬自执卷受业焉，时发难问，穷于隐奥，流辈或戏为"史三传"。

【译文】

史匡翰刚毅而有谋略，治军谨严，对下有礼，跟部下说话，从未直呼其名，历仕数郡，皆有政声。他尤其爱好《春秋左氏传》，每次听政之后，都请来学者讲解，亲自

执卷受业,不时发问请教,探究书中的微言大义,流俗之辈戏称他"史三传"。

桑 维 翰 传

招契丹为援

【原文】

高祖领河阳,(桑维翰被)辟为掌书记,历数镇皆从,及建义太原,首预其谋。复遣为书求援于契丹,果应之,俄以赵德钧发使聘契丹,高祖惧其改谋,命维翰诣幕帐,述其始终利害之义,其约乃定。

鎏金铁马鞍饰件

【译文】

石敬瑭镇守河阳(今河南孟州市)时,召桑维翰为掌书记,后历任数镇皆(使其)跟从,及至在太原谋划反唐,桑维翰也是参与谋划的人。石敬瑭又令桑维翰写信向契丹求援,契丹应允了;不久因赵德钧派使者出使契丹(求援),石敬瑭怕契丹改变主意,命令桑维翰亲去契丹主营帐,述说事端始末及利害所在,与契丹的议约才定了下来。

拒以其子为郎

【原文】

开运中,朝廷以长子坦为屯田员外郎,次子埙为秘书郎。维翰谓同仁曰:"汉代三公之子为郎,废已久矣,近或行之,甚喧外议。"乃抗表固让不受,寻改坦为大理司直,埙为秘书省正字,议者美之。

【译文】

开运(公元944~946年)年间,朝廷任命桑维翰的长子桑坦为屯田员外郎,次子桑埙为秘书郎。桑维翰对同事们说:"汉代三公之子都封郎,这种制度废除已很久了。近来有的又实行起来,使外面议论纷纷。"于是上表坚辞不受。不久改封桑坦为大理司直,桑埙为秘书省正字,谈论者都赞美桑维翰的这种做法。

殷 鹏 传

冯玉的"笑端"

【原文】

鹏姿颜若妇人,而性巧媚。天福中,擢拜中书舍人,与冯玉同职。玉本非代言之才,所得除目,多托鹏为之。玉尝以"姑息"字问于人,人则以"辜负"字教之,玉乃然之,当时以为笑端。

【译文】

殷鹏姿态面颜如同妇人，而性情巧佞谄媚。天福(公元936~949年)年间，被提拔为中书舍人，与冯玉同职。冯玉本来不是一个能代皇帝撰写诏命的人，每次任免名单，大都托殷鹏起草。冯玉曾以"姑息"二字请教别人，别人以"辜负"二字教他，他就认为是对的，当时传为笑料。

马全节传

孝母爱民

【原文】

全节事母王氏至孝，位历方镇，温清面告，毕尽其敬。政事动与幕客谋议，故鲜有败事。镇中山日，杜重威为恒州，奏括境内民家粟，时军吏引重威例，坚请行之，全节曰："边民遇蝗旱，而家食方困，官司复扰之，则不堪其命矣。我为廉察，安忍效尤。"百姓称其德。

【译文】

马全节侍奉母亲王氏十分孝顺，官居节度使，依然问寒问暖，竭尽孝敬。一有政事，便与幕僚宾客们计议谋划，所以很少把事情办坏。镇守中山(今河北定县)时，杜重威在恒州(今河北正定)，奏请搜刮境内民家的粟米，当时军吏们征引杜重威的做法，坚决请仿效而行。全节说："边民们遇到蝗灾、旱灾，而家中正缺乏粮食，官府再去骚扰，就无法活下去了。我为廉察之人，怎能忍心仿效此等作法！"因此老百姓非常称颂他的德行。

张筠传

张筠善夺而好施

【原文】

怀英在长安日，家财甚厚，筠尽夺之，复于大内掘地，继获金玉。时有泾阳镇将侯莫威，前与温韬同剽唐氏诸陵，大贮瑰异之物，筠乃杀威而籍其家，遂蓄积巨万。然性好施，每出遇贫民于路，则给与口食衣物，境内除省赋外，未尝聚敛，遂致百姓不挠，千年小康，秦民怀惠，呼为"佛子"。

【译文】

康怀英在长安时，家财丰厚，张筠(到此后)全部剥夺过来；又在旧皇宫内掘地，接着得到不少金银宝玉。当时有位泾阳(今陕西泾阳)镇守将领侯莫威，以前与温韬同盗掘唐代诸帝王陵墓，贮藏了许多宝玉等奇异之物，张筠于是杀掉侯莫威而没收他的家产，蓄积遂达数万之多。但其性情好施舍，每次外出，在路上碰到贫民，就送给口粮和衣物。管辖区内，除官府正常的赋税外，从未曾聚敛过乡民，遂使百姓不受骚扰，数年过着小康生活。秦地人感念他这种恩惠，呼张筠为"佛子"。

陆思铎传

唐庄宗不计前嫌

【原文】

初,梁军与庄宗对垒于河上,思铎以善射,日预其战。尝于箭笥之上自镂其姓名,一日射中庄宗之马鞍,庄宗拔箭视之,睹思铎姓名,因而记之。及庄宗平梁,思铎随众来降,庄宗出箭以视之,思铎伏地待罪,庄宗慰而释之。

【译文】

当初,梁军与李存勖的军队在黄河边上对阵,陆思铎以善射,天天参与战斗。他曾在箭杆上刻上自己的名字,一天射中了李存勖的马鞍,李存勖拔出箭来,看到是陆思铎的名字,因而记在心里。李存勖灭梁后,陆思铎跟众人一块前来投降,李存勖拿出箭来让他看,吓得陆思铎趴在地上等候发落。李存勖好言相慰,饶恕了他。

康福传

懵无所知

【原文】

福无军功,属明宗龙跃,有际会之幸,擢自小校,暴为贵人,每食非羊之全髀不能饫腹,与士大夫交言,懵无所别。在天水日,尝有疾,幕客谒问,福拥衾而坐。客有退者,谓同列曰:"锦衾烂兮!"福闻之,遽召言者,怒视曰:"吾虽生于塞下,乃唐人也,何得以为烂奚!"因叱出之,由是诸客不敢措辞。

【译文】

康福无军功,正逢李嗣源兴立,有际遇之幸,从小校提拔起来,突然成为富贵之人。每次吃饭,没有全羊腿就不能饱肚子;与士大夫交谈,懵懵懂懂不知各人说了些什么。在天水(今属甘肃)时,有次得病,幕僚宾客们前来拜望,康福拥被而坐。有位宾客离开时,对一起来的人说:"丝绸被子真鲜艳啊!"康福听了,马上喝回他,并怒视着他说:"我虽生于塞下,也是大唐人,怎么说是'烂奚'人?"于是呵斥着把他赶了出去。因此,诸宾客僚属们再不敢说什么话了。

安彦威传

不以国戚自居

【原文】

彦威与太妃同宗,少帝事以为舅,彦威未尝以为言。及卒,太妃临哭,人始知其

为国戚,当时益重其人焉。

【译文】

安彦威与安太妃同宗,晋少帝按舅舅的辈分对待他,但安彦威从未对别人讲过。他逝世时,安太妃前来哭丧,人们才知道他是国戚。当时的人,更敬重他的人品了。

王 权 传

不 使 契 丹

【原文】

天福中,命权使于契丹,权以前世累为将相,未尝有奉使而称陪臣者,谓人曰:"我虽不才,年今耄矣,岂能远使于契丹乎! 违诏得罪,亦所甘心。"……其实权不欲臣事契丹,故坚辞之,非避事以违命也。

【译文】

天福(公元936—944年)年间,晋高祖命王权出使契丹,王权觉得自家的前几辈官居将相,未曾有出使称陪臣的人,所以对人说:"我虽不才,现今已七十多了,怎能远使契丹呢! 违抗诏令而得罪,也是甘心情愿的。"……其实王权是不愿以臣子的身份侍奉契丹,所以坚决推辞了,并不是因为偷闲而违抗诏令。

李专美传

量功而赏,量罪而罚

【原文】

臣以为国之存亡,不专在行赏,须刑政立于上,耻格行于下,赏当功,罚当罪,则近于理道也。若陛下不改覆车之辙。以赏无赖之军,徒困蒸民,存亡未可知也。

【译文】

臣下以为国家的存亡,不单单在于施行赏赐。必须在朝廷中建立刑律政令,在军民中树立耻辱观念。量功而赏,量罪而罚,就近于治国的原则了。陛下若不改变前代滥赏失国的做法而滥赏无功之军,就白白使黎民百姓生活困窘,存亡也就不可知了。

张仁愿传

张仁愿兄弟

【原文】

仁愿性温雅,明法书,累居详刑之地,议谳疑狱,号为称职。兄仁颖,梁朝仕至

诸卫将军,中年以风恚废于家凡十余年,仁愿事之,出告反面,如严父焉,士大夫推为孝友。仁颖善理家,勤而且约,妇女衣不曳地,什物多历年所,如新市焉。

【译文】

张仁愿性情温文典雅,深明法律条文,累居刑狱之官,审议疑案,非常称职。其兄张仁颖,后梁时官至诸卫将军,中年因风疾废居于家中,十几年间,仁愿侍奉他,外出和回来都打招呼,如同侍奉父亲,被士大夫们推为孝友之人。张仁颖善于理家,勤勉而且节俭,家中女人衣不到地,家俱器物用了多年还像新买的一样。

尹玉羽传

尹玉羽其人

【原文】

玉羽性仁恕,好静默,与朋友交无怨弃,御仆隶不好詈辱,有过收谕而戒之,有罪则礼而遣之。家虽屡空,不渝其廉,时虽乱离,不废其业。天福中,卒,有《武库集》五十卷行于世。

【译文】

尹玉羽性情仁爱宽恕,喜欢宁静寡言,与朋友交接从不怨恨嫌弃,管理仆人皂隶也不随便辱骂,有过错就告诉他改正,犯了罪就按礼制打发他离开。家中虽然屡屡贫困,但不改其廉洁的节操;逢时虽然颠沛乱离,也不废其学业。天福(公元936—944年)年间去世,有《武库集》五十卷流传于后世。

苌从简传

苌从简勇壮

【原文】

一日,庄宗领大军与梁军对阵,登高丘而坐,敌人有执大帜扬其武者,庄宗指之谓左右曰:“猛士也。”从简曰:“臣为大王取之。”庄宗虑其不捷,不许。从简退,乃潜领十数骑挺身而入,夺帜以归,万众鼓噪,庄宗壮之,锡赉甚厚。又尝中箭而镞入于骨,使医工出之,以刃凿骨,恐其痛也,良久未能摇动。从简瞋目谓曰:“何不沉凿?”洎出之,左右无不恻然,从简颜色自若,其勇壮皆此类也。

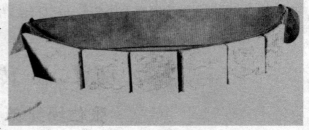

白玉云龙纹带 五代

【译文】

有一天,后唐庄宗李存勖率领大军与梁军对阵,登上高丘而坐着观战,敌阵中有一个执大旗的人耀武扬威,李存勖指着他对左右的人说:“真是

猛士啊!"苌从简说:"臣下替大王夺来。"李存勖怕他不能取胜,没有答应。苌从简悄然退去,偷偷带领十几个骑兵冲入敌阵,夺取了那面大旗跑了回来,万人欢呼,李存勖称赞他勇敢,赏赐给他很多东西。又曾经中过箭,而箭镞射入骨中,让医生取箭头,(医生)用凿子凿骨头,怕他疼痛难忍,凿子好久箭镞还没有摇动。苌从简瞪着眼说:"为什么不往深处凿?"直到取出箭镞,左右的人无不悲痛,而苌从简表情自若。他的勇敢都像这个样子啊。

潘 环 传

"潘镦脚"

【原文】

环历六部两镇,所至以聚敛为务。在宿州时,有牙将因微过见怒,环绐言答之,牙校因托一尼尝熟于环者,献白金两铤。尼诣环白牙校饷镦脚两枚,求免其责,环曰:"镦本几脚?"尼曰:"三脚。"环复曰:"今两脚能成镦乎?"尼则以三数致之,当时号环为"潘镦脚。"

【译文】

潘环六次为州官、两度为节度使,所到之处,以聚敛为务。在宿州(今安徽宿县)时,一个牙将有点小过错而潘环大发其怒,并吓唬说狠狠打他,牙将于是托一位早就跟潘环熟识的尼姑转献上两锭白银(以求免打)。尼姑到潘环那里说牙将献上两枚镦脚,请求免打。潘环说:"镦子是几只脚?"尼姑说:"三只脚。"潘环又说:"现在两只脚能成镦子吗?"于是尼姑送上了三锭。为此当时人们叫潘环为"潘镦脚"。

高 汉 筠 传

以清白自负

【原文】

汉筠性宽厚,仪容伟如也,虽历戎职,未尝有非法之言出于口吻,多慕士大夫所为,复以清白自负。在襄阳,有蓐吏常课外献白金二十镒,汉筠曰:"非多纳赫斨,则刻削阛阓,吾有正俸,此何用焉!"因戒其主者不复然,其白金皆以状上进,有诏嘉之。

【译文】

高汉筠性情宽宏仁厚,仪容魁伟,虽然历任军职,但从未说过非法无礼的话,多仰慕文人士大夫作为,又以清白自持。在襄州时,有位邪恶的属吏在正常赋税外献上白银二十镒,汉筠说:"不是多剥削了农民,就是多榨取了商贩,我有正常俸禄,要此有什么用!"故而告诫主使的人不要再照收,并写了表章,将那白银全数奏上。皇帝曾下诏嘉奖他这种做法。

郑玄素传

论五行以气

【原文】

郑玄素,京兆人。避地鹤鸣峰下,萃古书千卷,采薇厥而弦诵自若。善谈名理,或问:"水旺冬而冬涸,泛盛乃在夏,何也?"玄素曰:"论五行者,以气不以形。木旺春,以其气温;火旺夏,以其气热;金旺秋,以其气清;水旺冬,以其气冷。若以形言,则万物皆萌于春,盛于夏,衰于秋,藏于冬,不独水然也。"人以为明理。

【译文】

郑玄素,京兆(今陕西西安)人。避居鹤鸣峰(在今四川崇庆)下,搜集古书千余卷,采野菜而食,但弦歌诵书自若。善讲名理之学,有人问:"(五行以为)水旺盛于冬,但在冬天水却枯竭,泛滥旺盛竟在夏天,为什么呢?"玄素说:"论五行,以气不以形。说木旺于春,是因为其气温;火旺于夏,是因为其气热;金旺于秋,是因为其气清;水旺于冬,是因为其气冷。若以形而言,则万物皆萌生于春,旺盛于夏,衰败于秋,藏匿于冬,不单是水才这样啊。"人们都认为他说的有道理。

张 砺 传

契丹重文士

【原文】

(张砺)始陷契丹时,曾背契丹南归,为追骑所获,契丹主怒曰:"尔何舍我而去?"砺曰:"砺,汉人也,衣服饮食与此不同,生不如死,请速就刃。"契丹主顾通事高唐英曰:"我常戒尔辈善待此人,致其逃去,过在尔辈。"因答唐英一百。

【译文】

(张砺)开始陷身于契丹时,曾逃离契丹南归,被追击的契丹骑兵抓获。契丹主怒冲冲地问:"你为什么背弃我而离去?"张砺说:"我张砺是汉人,衣食习惯与你们不同,在这里活着不如死去,请速杀死我。"契丹主回头对通事高唐英(《辽史》作高彦英)说:"我常告诫你们要好好对待这个人,(你们不照我说的去做,)致使他逃走,过错在你们。"于是打了高唐英一百下。

高祖本纪

契丹建辽

【原文】

天福十二年春正月丁亥朔,契丹主入东京。癸巳,晋少帝蒙尘于封禅寺。癸

卯,少帝北迁。二月丁巳朔,契丹主具汉法服,御崇元殿受朝,制改晋国为大辽国,大赦天下,号会同十年。

【译文】

天福十二年(947)正月初一,契丹国主入晋东京(今河南开封)。初七,晋少帝被迫暂住封禅寺。十七,少帝北迁。二月初一,契丹主穿戴汉皇帝标准服,在崇元殿受朝贺,下令改晋国为大辽国,大赦天下,改年号为会同十年。

后汉皇帝刘知远自立

【原文】

是月,帝遣牙将王峻奉表于契丹,契丹主赐诏褒美,呼帝为儿。……及峻至太原,帝知契丹政乱,乃议建号焉。……辛未,帝于太原宫受册,即皇帝位,制改晋开运四年为天福十二年。

【译文】

这月,刘知远派牙将王峻上臣表于契丹,契丹主下诏褒奖赞美,呼刘知远为儿。……等王峻返回太原,刘知远了解到契丹新建的辽国朝政混乱(难久),于是私下议论建立帝号。……(二月)十五,刘知远于太原宫建帝号,即皇帝位,下令改晋开运四年为天福十二年。

刘知远建后汉

【原文】

天福十二年夏五月乙酉朔,契丹所署大丞相、政事令、东京留守、燕王赵延寿为永康王兀欲所絷,……辛卯,诏取五月十二日车驾南幸。……(六月)丙辰,车驾至洛,……甲子,车驾至东京。……戊辰,制:"大赦天下。……宜以国号为大汉,年号依旧称天福"云。

【译文】

天福十二年五月初一,契丹所署命之大丞相、政事令、东京留守、燕王赵延寿被契丹永康王耶律兀欲所囚,……初七,(刘知远)诏令择取五月十二日起驾南去。……(六月)初二,刘知远一行至洛阳,……十一,车驾到东京。……十五,下令:"大赦天下。……建国号曰大汉,年号依旧称天福。"

隐帝本纪

京师大风雨

【原文】

闰月癸巳,京师大风雨,坏营舍,吹郑门扉起,十数步而堕,拔大木数十,震死者六七人,水平地尺余,池隍皆溢。

【译文】

乾祐三年(950)闰五月二十七日,京师遭到大风暴雨,刮坏营房屋舍,吹起郑门的门扇,在十几步外才落下来;大风刮出大树几十棵,响雷震死了六、七个人;大水平地一尺多深,池塘城壕都往外淌水。

郭威破汉都

【原文】

壬午,邺军至封丘。慕容彦超自镇驰至,帝遂以军旅之事委之。……彦超轻脱,先击北军,郭威命何福进、王彦超、李筠等大合骑以乘之。彦超退却,死者百余人,于是诸军夺气,稍稍奔于北军。……乙酉旦,帝策马至玄化门,刘铢在门上,问帝左右:"兵马何在?"乃射左右。帝回,与苏逢吉、郭允明诣西北村舍,郭允明知事不济,乃割刃于帝而崩,时年二十。苏逢吉、郭允明皆自杀。是日,周太祖自迎春门入,诸军大掠,烟火四发,翌日至晡方定。

郭威

【译文】

乾祐三年(公元950年)农历十一月十九日,(郭威所率领的)邺都军到达封丘(今河南封丘)。慕容彦超自兖州飞马赶到京师,汉隐帝就将军事委任了给他。……彦超轻率无谋,先向(郭威的)北军出击,郭威命何进福、王彦超、李筠等汇合骑兵掩杀过去。彦超退走,死百余人,因此其他各军也胆气大减,并渐渐有人投奔北军。……二十二日晨,隐帝策马(自城外军营)来到玄化门,刘铢在门上守卫,问隐帝左右的人:"兵马到哪里去了?"于是放箭射死了左右的人。隐帝回马,与苏逢吉、郭允明等来到京城西北的村舍中,郭允明知道不能取胜了,就用刀刺死了隐帝。当时隐帝才二十岁。随后苏逢吉、郭允明也都自杀了。这天,郭威从迎春门进入京都。诸军大肆抢掠,烟火四起,直到第二天下午方才安定下来。

李皇后列传

止敛贷之议

【原文】

高祖建义于太原,欲行颁赉于军士,以公帑不足,议率井邑,助成其事。后闻而谏曰:"自晋高祖建义,及国家兴运,虽出于天意,亦土地人民福力同致耳,未能惠其众而欲夺其财,非新天子恤隐之理也。今后宫所积,宜悉以散之,设使不厚,人无怨言。"高祖改容曰:"敬闻命矣。"遂停敛贷之议,后倾内府以助之,中外闻者,无不感悦。

【译文】

刘知远在太原自立，想要遍赏手下军士，因国库钱财不足，遂议征敛乡里，以助赏赐。李皇后听到后劝谏说："自晋高祖（在此）起事，到您承运为帝，虽说出于天意，也由于这方土地和当地人民的福气所致，未能向民众遍施恩惠，反而想征夺他们的财产，这不是新即位天子恤民爱民的常理。现在后宫内还有点积蓄，应全拿出来分给军士，即使不多，人们也没有怨言。"高祖正色说："就按您说的办。"于是不再打算征敛乡民了，皇后也全部拿出内府的钱财补充到赏军钱财中去。中外之人听到了，无不感慨喜悦。

刘审交传

无扰于民

【原文】

隐帝嗣位，用为汝州防御使，汝为近辅，号为难治，审交尽去烦弊，无扰于民，百姓歌之。乾祐二年春卒，年七十四。郡人聚哭柩前所，列状乞留葬本州界，立碑起祠，以时致祭。

【译文】

汉隐帝继位，任刘审交为汝州（今河南临汝）防御使。汝州邻近京都之地，向来以难以治理出名。刘审交（到任后），尽去烦法弊政，对人民从不骚扰，得到了百姓的歌颂。乾祐二年（公元949年）春去世，终年七十四岁。汝州民众聚集在灵柩前哭拜，上状请求留在本州内安葬，立碑石、建祠堂，按时祭奠。

武汉球传

以掊敛为戒

【原文】

汉球虽出自行伍，然长于抚理，常以掊敛为戒，民怀其惠，身死之日，家无余财。

【译文】

武汉球虽是行伍出身，但长于治理民众，常以酷刑暴敛为戒，民众都怀念他的恩惠，他死时，家中没有多余的财产。

白再荣传

"白麻答"

【原文】

再荣贪昧无决，举止多疑，出入骑从，露刃注矢，诸校不相统摄，互有猜贰。……再荣以李嵩、和凝携家在彼，令军士数百人环迫嵩、凝，以求赏给。嵩、凝各出

家财与之，再荣欲害嵩以利其财。（为李谷劝止。）再荣又欲括率在城居民家财，以给军士，李谷又譬解之，乃止。其汉人曾事麻答者尽拘之，以取其财。高祖以再荣为镇州留后，为政贪虐难状，镇人呼为"白麻答"。

白瓷象形烛台　五代

【译文】

白再荣贪婪暗昧，遇事无决断，举止疑心过重，出入以骑卫跟从，刀出鞘，箭在弦（以防不测），诸军校都不服从他，互相猜疑。……白再荣因李嵩、和凝带着家人在镇州，于是让几百军士包围起他们两家，逼迫他们赏给钱财。李嵩、和凝只得各自拿出钱财给他。白再荣又想杀掉李嵩占有他的家产，（为李谷劝止）。白再荣还想搜刮城内居民的家财，用来供给军用，又经李谷劝喻阻止，才作罢。他将那些曾在契丹麻答手下做过事的汉人全部抓了起来，以夺取他们的财产。汉高祖后来封白再荣为镇州留后，（再荣）为政贪婪酷虐，难以状写，镇州人都叫他"白麻答"。

史弘肇传

专行刑杀

【原文】

弘肇都辖禁军，警卫都邑，专行刑杀，略无顾避，无赖之辈，望风匿迹，路有遗弃，人不敢取。然而不问罪之轻重，理之所在，但云有犯，便处极刑，枉滥之家，莫敢上诉。巡司军吏，因缘为奸，嫁祸胁人，不可胜纪。时太白昼见，民有仰观者，为坊正所拘，立断其腰领。又有醉民抵忤一军士，则诬以讹言弃市。其他断舌、决口、斩筋、折足者，仅无虚日。

【译文】

史弘肇统领管辖禁卫军，负责京都警卫，专好施酷刑杀戮，一点也不顾忌避讳，使那些市井无赖们望风而逃，潜踪隐形；路上有遗弃之物，谁也不敢拾取。但不问罪过轻重，理在哪方，只要有犯科者，便处以死刑，被枉杀滥杀的人家，也没有敢上诉的。那些巡逻纠察的军吏们，因此而朋比为奸，遂使嫁祸良人，威胁民众等事，不可胜数。那时，太白星白天现形，民众有仰观这一异兆者，被管理街坊的小吏拘捕，（史弘肇）马上把他们腰斩砍头。又有一位喝醉和人跟一军士抵牾争吵，于是诬告他制造流言蜚语，而把他弃尸街头。其他如被处以断舌、豁嘴、砍断大筋、折断脚腕等酷刑的事，没有一天不发生。

王 章 传

王章盘剥百姓

【原文】

旧制，秋夏苗租，民税一斛，别输二升，谓之"雀鼠耗"。乾祐中，（王章令）输一斛者，别令输二斗，目之为"省耗"。百姓苦之。又，官府出纳缗钱，皆以八十为陌，至是民输者如旧，官给者以七十七为陌，遂为常式。民有诉田者，虽无十数户，章必命全州覆视，幸其广有苗额，以增邦赋，曾未数年，民力大困。

【译文】

以前规定，老百姓交秋夏苗税时，每斛多交二升，称作"雀鼠耗"。乾祐（公元 948—950 年）年间，（王章下令）每交一斛，再另交二斗，称之为"省耗"。百姓不堪其苦。又，官库中出入成串的钱，都是以八十当一百，至此民众交税仍是如此，但官库发放时却以七十七当一百，于是成了常例。民间有以田界争讼者，虽然没有十几户，王章必定下令在全州内复查田亩，以希望那个州田亩数有所增加，来增加那个州的赋税。没有几年，便把百姓盘剥得财力匮乏。

刘 铢 传

"合欢杖"与"随年杖"

【原文】

铢立法深峻，令行禁止，吏民有过，不问轻重，未尝贷免。每亲事，小有忤旨，即令倒曳而出，至数百步外方止，肤体无完者。每杖人，遣双杖对下，谓之"合欢杖"。或杖人如其岁数，谓之"随年杖"。

【译文】

刘铢立法深峻严酷，令行禁止，属吏百姓如有过错，不问轻重，一律不予豁免。每次处理政事，遇至稍有顶撞他的人，马上喝令倒拖出去，拖到几百步外才停下，都被拖得皮开肉绽。每次杖击人，都让双杖齐下，称为"合欢杖"；有时按被打人的岁数责杖，称为"随年杖"

苏 逢 吉 传

二苏卖官鬻爵

【原文】

高祖践祚之后，逢吉与苏禹珪俱在中书，有所除拜，多违旧制，用舍升降，率意任情，至有自白丁而升宦路、由流外而除令录者，不可胜数，物论纷然。高

祖方倚信二相，莫敢言者。逢吉尤贪财货，无所顾避，求进之士，稍有物力者，
即遣人微露风旨，许以美秩。

【译文】

后汉高祖自立为皇帝之后，苏逢吉与苏禹珪都在中书省，官吏的升迁任命，
多违背以前的规定；用舍升降，全凭自己的喜恶，以至于无功名而为官，未入流
而得高位的现象，不可胜数，舆论哗然。汉高祖正依靠、相信他们二人，所以没
有敢指责的。苏逢吉尤其贪图贿赂，一点也不顾忌避讳，求官的人，多少有点财
力的，（苏逢吉）就派人露口风给他，许下高官美职。

苏逢吉侈靡

【原文】

逢吉性侈靡，好鲜衣美食，中书公膳，鄙而不食，私庖供馔，务尽甘珍，尝
于私第大张酒乐，以召权贵，所费千余缗。

【译文】

苏逢吉生性侈靡，喜欢华丽衣饰、精美食品。中书省的公膳，他不屑一顾；
私厨的饭食，务求穷尽甘味珍馐。他曾在自己府第大摆酒宴，宴请权贵，一次就
花去了千多吊钱。

杜重威传

闭壁纵敌

【原文】

少帝嗣位，与契丹绝好，契丹主连年伐晋，重威但闭壁自宁。部内城邑相继
破陷，一境生灵受屠戮，重威任居方面，未尝以一士一骑救之。每敌骑数十人驱
汉人千万过城下，如入无人之境，重威但登陴注目，略无邀取之意。

【译文】

晋少帝继位，与契丹断绝友好关系，契丹国主连年伐晋，杜重威只是关起城
门来保存实力。辖境内的城邑相继被契丹攻破，境内人民遭受屠杀，重威只是据
守一方，未曾用一兵一卒救援。每当有契丹骑兵几十人驱赶着千万汉人从城下经
过，都像入了无人之境，杜重威也只是登上城头看着，一点也没有截击的表示。

太祖本纪

郭威负气杀屠夫

【原文】

帝负气用刚，好斗多力，继韬奇之，或逾法犯禁，亦多假借焉。尝游上党

市，有市屠壮健，众所畏惮，帝以气凌之，因醉命屠割肉，小不如意，叱之。屠者怒，坦腹谓帝曰："尔敢刺我否？"帝即剌其腹，市人执之属吏，继韬惜而逸之。

【译文】

郭威恃气刚武，好斗杀，有勇力，李继韬以其为奇才。有时违法犯禁，也多宽恕他。（郭威）曾游上党（今山西长治）市肆，市肆上有位屠夫甚是壮健，众人都怕他三分。郭威盛气凌辱之，假借酒醉命令他割肉，稍不如意，即加叱骂之。那屠夫大怒，祖胸露腹对郭威说："你敢刺我吗？"郭威即把刀刺进他的腹中。市肆上的人拘捕了他，并把他送到官府，李继韬爱他的才能而放走了他。

军士拥立郭威

【原文】

十九日，下令诸军进发。二十日，诸军将士大噪趋驿，如墙而进，帝闭门拒之。军士登墙越屋而入，请帝为天子。乱军山积，登阶匝陛，扶抱拥迫，或有裂黄旗以被帝体，以代赭袍，山呼震地。帝在万众之中，声气沮丧，闷绝数四，左右亲卫，星散鼠匿。帝即登城楼，稍得安息，诸军遂拥帝南行。

【译文】

乾祐三年（950）十二月十九日，郭威下令诸军（自澶州）向北进发。二十日，诸军将士大声喧哗、跑向驿馆，如同人墙一样向前推进，郭威闭门拒止了他们。军士们爬墙越屋而入，请求郭威立为皇帝。乱军像山峰一般堆积，登上堂阶，围在堂前，扶抱、拥近，有的还撕下黄旗披在郭威身上以代替龙袍，山呼万岁，震天动地。郭威在乱军之中，声气沮丧，闷倒在地上多次，左右亲信侍卫，都星散鼠窜般地离去了。郭威登上城楼，（答应了军士们的请求），气氛才稍微平静了一点。于是，诸军就拥戴着郭威南行（返京）了。

周太祖除租牛课

【原文】

东南郡邑各有租牛课户，往因梁太祖渡淮，军士掠民牛以千万计，梁太祖尽给与诸州民，输租课。自是六十余载，时移代改，牛租犹在，百姓苦之，至是特与除放。

【译文】

东南诸州中都有租牛税户，因过去梁太祖出击淮南时，军士们掠取淮南民牛千万头，回来后，梁太祖全部贷给东南诸州乡民，让他们交租牛税。至今六十余年了，时代更换，（牛虽早已死去），而牛租依然征收，百姓不堪其苦，至今特予除免。

世宗本纪

后周北汉高平之战

【原文】

癸未，诏以刘崇入寇，车驾取今月十一日亲征。……十九日，前锋与贼军相遇，贼阵于高平县南之高原。……帝促兵以击之，崇东西列阵，颇亦严整。……帝介马观战。两军交锋，未几，樊爱能、何徽望贼而遁，东厢骑军乱，步军解甲投贼，帝乃自率亲骑，临阵督战。今上驰骑于阵前，先犯其锋，战士皆奋命争先，贼军大败。日暮，贼万余人阻涧而阵。会刘词领兵至，与大军迫之，贼军又溃，临阵斩贼大将张晖及伪枢密使王廷嗣。诸将分兵追袭，僵尸弃甲，填满山谷。初夜，官军至高平，降贼军数千人，所获辎重、兵器，驼马、伪乘舆器服等不可胜纪。

周世宗柴荣

【译文】

显德元年（公元954年）三月初九，周世宗下诏，因北汉刘崇入侵，皇上于今月十一日御驾亲征。……十九日，大军前锋部队与敌军相遇，敌军在高平县南高原上摆开阵势。……世宗催促部下出击，刘崇东西列阵，非常严整。……世宗披甲而骑着战马观战。两军交锋，不久，樊爱能、何徽老远看到敌人就逃跑了，东部阵地的骑军失去了指挥，大乱起来，步军则脱下铠甲向敌人投降，（情势危急，）周世帝便率领侍卫骑兵，赶到阵地上督战。赵匡胤飞马赶到阵前，率先冲向敌人前锋，战士们都奋勇争先，敌军大败。傍晚，敌人万余凭河涧又摆开阵势。正逢刘词率领部下赶到，与大军一起压过去，敌军又溃逃了，在阵地上斩掉了敌军大将张晖和北汉枢密使王延嗣。各位将领分兵追击，敌人的尸首和丢弃的铠甲，填满了山谷。入夜时分，朝廷大军到达高平，敌军几千人投降，获得辎重、兵器，驼马、车舆器物等不可胜数。

周世宗简选诸军

【原文】

帝自高平之役，睹诸军未甚严整，遂有退却。至是命今上一概简阅，选武艺超绝者，署为殿前诸班，因是有散员、散指挥使、内殿直、散都头、铁骑、控鹤之号。复命总戎者，自龙捷、虎捷以降，一一选之，老弱羸小者去之，诸军士伍，无不精当。由是兵甲之盛，近代无比，且减冗食之费焉。

【译文】

周世宗柴荣自从高平之战后，看到诸军不甚严整，致有临阵退却者，（于是决心简选诸军。）于是命令赵匡胤（对殿前诸军）一律检阅精选，选出武艺高超的人，编为殿前诸班。于是有散员、散指挥使、内殿直、散都头、铁骑、控鹤等等名号。又命令统帅军队的将帅，自龙捷、虎捷以下，一一简选，老弱瘦小的一律淘汰，致使各军的士卒，无不精明强悍。由此，军队强盛，超过了前几朝，又减少了庞大的军费开支。

恭帝本纪

陈桥兵变

【原文】

癸卯，发京师，是夕宿陈桥驿。未曙，军变，将士大噪呼万岁，摄甲将刃，拥戴今上升大位，扶策升马，拥迫南行。

【译文】

显德七年（公元 960 年）正月初三，大军自京师出发，当晚宿在陈桥驿（在今河南开封东北）。第二天未明，军队哗变。将士们大声喧哗，高呼万岁，提刀穿甲，拥戴赵匡胤为天子；又扶持上马，拥迫着赵匡胤南还京师（即位）。

王殷传

母严以教子

【原文】

殷性谦谨好礼，事母以孝闻，每与人结交，过从皆先禀于母，母命不从，殷必不往，虽在军旅，交游不杂。及为刺史，政事小有不佳，母察之，立殷于庭，诘责而杖之。

【译文】

王殷性情谦恭谨慎，甚有礼仪，事奉母亲以孝顺闻名，每次跟别人结交，相互往来都先禀告母亲。母亲不允许与某人结交，王殷必定不与之交往，所以虽在军旅之中，但结交的人并不驳杂。等到王殷做了刺史，处理政务稍有差错，母亲察知后，便让王殷站在庭院中，查问、斥责甚至用手杖打他。

王守恩传

王守恩贪鄙，人甚苦之

【原文】

守恩性贪鄙，委任群小，以掊敛为务，虽病废残瘫者，亦不免其税率，人甚

苦之。……乾祐末，既杀史弘肇等，汉少帝召群臣上殿以谕之，时守恩越班而飚扬言曰："陛下今日始睡觉矣。"其出言鄙俚如此。

【译文】

王守恩性情贪婪鄙俗，信任并重用了一些小人，每日以严刑征敛为务，即便对生病和残疾的人，也不免苛捐杂税，人们不堪其苦。……乾祐（公元948—950年）末年，汉少帝杀掉了史弘肇等大臣，召群臣进殿宣谕此事，当时王守恩越次出列，大声说："陛下今后可以放心睡觉了。"他就是这样尽说一些卑俗的话。

王 朴 传

王朴上《平边策》

【原文】

时朴献《平边策》，云："唐失道而失吴、蜀，晋失道而失幽、并，观所以失之由，知所以平之术。当失之时，莫不君暗政乱，兵骄民困，近者奸于内，远者叛于外，小不制而至于大，大不制而至于僭。天下离心，人不用命，吴、蜀乘其乱而窃其号，幽、并乘其间而据其地。平之之术，在乎反唐、晋之失而已。必先进贤退不肖以清其时，用能去不能以审其材，恩信号令以结其心，赏功罚罪以尽其力，恭俭节用以丰其财，徭役以时以阜其民。俟其仓廪实、器用备、人可用而举之。……"

【译文】

当时（周世宗显德二年即公元955年，夏天）王朴献上了《平边策》，说："后唐背弃正道而失去吴地、蜀地，后晋背弃正道而失去了幽、云十六州及并州诸地。考察他们失地的原因，便可知道平定边地的策略了。当失地之时，没有不是君主昏黯而朝政混乱的，将士骄横而民众困弊，近臣为奸于朝内，藩臣乱于朝外，姑息小乱而至大祸，大祸不能制而以至于僭位称号。天下人跟朝廷离心离德，不听朝廷命令，吴主、蜀主乘此乱而僭称帝号，幽州、并州在此情况下也不为朝廷所有了。平边的术略，在于避免唐、晋过失罢了。一定先要让贤者进用、不肖者斥退，以使时政清明；审察他们的材质大小以任用能者斥退无能者；施恩守信、严明号令，以使文武属下与朝廷同心；赏罚分明，以使属下尽力；恭俭节用，以使国库充盈；徭役不妨农时，以使百姓富足。等到仓廪丰实、器用足备、军民乐为所用时，然后再举大事（平边）。……"

常 思 传

常思鄙吝，无誉可称

【原文】

思在上党凡五年，无令誉可称，唯以聚敛为务。性又鄙吝，未尝与宾佐有酒

肴之会。尝有从事欲求调见者，思览剌而怒曰："彼必是来猎酒也。"命典客者饮而遣之，其鄙吝也如是。

【译文】

常思在上党前后共五年，没有可被称誉的美政，只是以聚敛作为事务。他性情又非常贪鄙吝啬，从未与宾客僚佐们在一起喝过酒。曾有一个佐吏请求进见，常思看了看名片发怒说："他必定是来讨酒喝的。"命令典客官招待他一顿酒，就打发走了。常思就是这样贪鄙吝啬的。

翟光邺传

去烦苛之政

【原文】

光邺有器度，慎密敦厚，出于天然，喜愠不形于色。事继母以孝闻，兄弟皆雍睦。虽食禄日久，家无余财，任金吾日，假官屋数间，以蔽风雨，亲族累重，粝食才给，人不堪其忧，光邺处之晏如也。宾朋至，则赊酒延之，谈说终日，略无厌倦，士大夫多之。及权知京兆，以宽静为治，前政有烦苛之事，一切停罢，百姓便之。及病甚，召亲随于卧内，戒之曰："气绝之后，以尸归洛，不得于此停留，虑烦军府。"言讫而终。京兆吏如丧所亲，或有以浆酒遥奠者。

【译文】

翟光邺有才能、有风度，处世谨慎。为人敦厚，一切出于自然，喜怒也不形之于色。侍奉继母十分孝顺，兄弟之间相处和睦。虽为官日久，但家无多余财产。任京师右金吾卫大将军时，借了几间官房居住，以避风雨，家族多人靠他生活，糙米粗食仅能度日，别人受不了的那种贫穷忧愁，光邺却安然处之。有宾朋来，就赊酒招待，终日谈笑，毫无厌倦的表示，因此士大夫多愿与他结交。代理京兆军府政事时，他以宽厚清静为治，对前任所设立的烦苛政令，一律停止施行，百姓甚感方便。到了病重时，他把亲人和随从召集到卧室中，告诫他们说："我咽气后，速把枢棺送到洛阳；不要在此停殡，给军府增添麻烦。"说完就去世了。京兆属吏如丧亲人一般，有人以酒浆遥遥祭奠他。

世袭列传

李从晖敬客利民

【原文】

（李从晖）进退闲雅，慕士大夫之所为，有请调者，无贤不肖皆尽其敬。镇子岐山，前后二纪，每花繁月朗，必陈胜会以赏之，客有困于酒者，虽吐茵堕愤而无厌色。左右或有过，未尝笞责。先人汧、陇之间，有田千顷，竹千亩，恐夺民利，不令理之，致岐阳父老再陈借寇之言，良有以也。

【译文】

　　（李从曮）无论在官署还是在家中都表现得闲雍文雅，又特别仰慕文人士大夫的所作所为。文人士大夫每有前来拜见的，不论贤良与不肖他都极尽恭敬地对待。他镇守岐山（指今陕西西部，唐五代曰凤翔府），前后二十余年，每当繁花盛开、月亮圆明时，必定设置盛会（召文人士大夫）来赏花观月。来客有喝醉的，即使吐到茵垫上、弄掉了头巾，他也没有讨厌的神色。手下左右的人有时有了过错，也从未责打斥骂过。祖上在汧、陇一带（今陕西陇县一带）有农田千顷，竹林千亩，他恐怕与当地百姓争利，不让人去治理，致使岐阳的父老乡亲们像东汉时颍川父老请求寇恂再回颍川任太守那样请求李从珂留下李从曮镇守凤翔府。（百姓请派官吏）这类事情，确有它的道理啊！

荆南主论唐庄宗

【原文】

　　及庄宗定天下，季兴来朝于洛阳，……洎到荆南，谓宾佐曰："新主百战方得河南，对勋臣夸手抄《春秋》；又竖手指云：'我于指头上得天下。'如此则功在一人，臣佐何有！且游猎旬日不回，中外之情，其何以堪，吾高枕无忧矣。"

【译文】

　　唐庄宗灭梁平定天下后，荆南高季兴来洛阳朝拜，……等他回到荆南（今湖北江陵一带），对宾客僚佐说："新皇帝数战才得到黄河南朱氏的地盘，常对功臣们夸耀自己手抄《春秋》；又竖起指头来说：'我凭手指头夺得天下。'这样，就自认为功劳在他一人，臣属们还有什么功劳？又常外出游猎，一连十几天不回，这样怎能承当国内外人士的情望？所以我可以高枕无忧了。"

钱镠造钱塘江堰

【原文】

　　镠在杭州垂四十年，穷奢极贵。钱塘江旧日海潮逼州城，驱大庀工徒，凿石填江，又平江中罗刹石，悉起台榭，广郡郭周三十里，邑屋之繁会，江山之雕丽，实江南之胜概也。

【译文】

　　钱镠在杭州（今浙江杭州）将近四十年，穷尽奢侈，极尽富贵。过去，钱塘江海潮倒灌，进逼州城。钱镠征集了大批工匠民工，凿石填江，又平掉了江中的凶险怪石，尽起楼台屋榭，城郭周回三十里间，房舍林立，林园雕饰华丽，实为江南一大佳境。

僭伪列传

杨行密治吴

【原文】

自光启末，高骈失守之后，行密与毕师铎、秦彦、孙儒递相窥图，六七年中，兵戈竞起，八州之内，鞠为荒榛，圜幅数百里，人烟断绝。行密即并孙儒，乃招合遗散，与民休息，政事宽简，百姓便之，搜兵练将，以图霸道。

【译文】

自从唐僖宗光启（公元885~888年）末年高骈失政被取代后，杨行密、毕师铎和秦彦、孙儒（在淮南）迭相图立，六、七年间，战争频仍，淮南一带，尽成荒草榛丛，全境数百里内，不见人烟。杨行密吞并孙儒后，乃招聚流散之民，休养生息，政宽事简，百姓堪称便当。他训练兵将，以谋图霸业。

刑 法 志

桑简请奏，请速断狱囚

【原文】

开运二年五月壬戌，殿中丞桑简能上封事曰："伏以天地育万物，广博厚之恩；帝王牧黎元，行宽大之令。是知恤刑缓狱，乃为政之先；布德行惠，实爱民之本。今盛夏之月，农事方殷，是雷风长养之时，乃动植蕃芜之际。宜顺时令，以弘至仁。窃以诸道州府都郡县应见禁罪人，或有久在囹圄，稍滞区分，胥吏侮文，枝蔓乃众。捶楚之下，或陷无辜；缧绁之中，莫能自理。苟一人拘系，则数人营财，物用既殚，工业亦罢。若此之类，实繁有徒，切恐官吏因循，浸成斯弊。伏乞降诏旨，令所在刑狱，委长吏亲自录问，量罪疾速断遣，务绝冤滥，勿得淹留，庶免虚禁平人，妨夺农力，冀召和气，以庆明时。"

【译文】

开运二年（945）五月二十七日，殿中丞桑简能上密封奏章说："窃以为天地化育万物，广施博大深厚的恩惠；帝王统管百姓，施行宽大的政令。因此可知体恤刑罚、缓解诉讼，乃是政治事务的首要问题；施德泽、行恩惠，实为爱民的根本。现今是盛夏时节，农事正忙，正是风调雨沛、万物繁殖生长的好时候。应该顺从时令，以弘扬至高的仁德。窃以为各州府郡县现今被关押的犯人中，有的久系狱中，渐渐放慢了审理，狱吏属官有的轻视法令条文，旁生出许多纠葛牵连（致使不能速断）。严刑拷打之下，或者屈害了无辜之人；拘留监禁之中，没人能自己查明事件。倘若一人被拘禁，便有数人为之奔走破费，不但用尽了家财，也不能从事自己的行业劳动。诸如此类，实在还有很多，真怕后任官吏因循前任（滞留案件的做法），渐渐形成不速决狱的流弊。故乞请皇上降诏，令所有监狱，

委派长官亲自登录审问，酌量罪行轻重，迅速断案发配，务必杜绝冤抓滥捕的现象，不要拖延久留（案件），希望能避免枉禁无罪之人而妨害农业劳动。希望（以此）招来和平和安定，以庆贺当今圣明之时。"

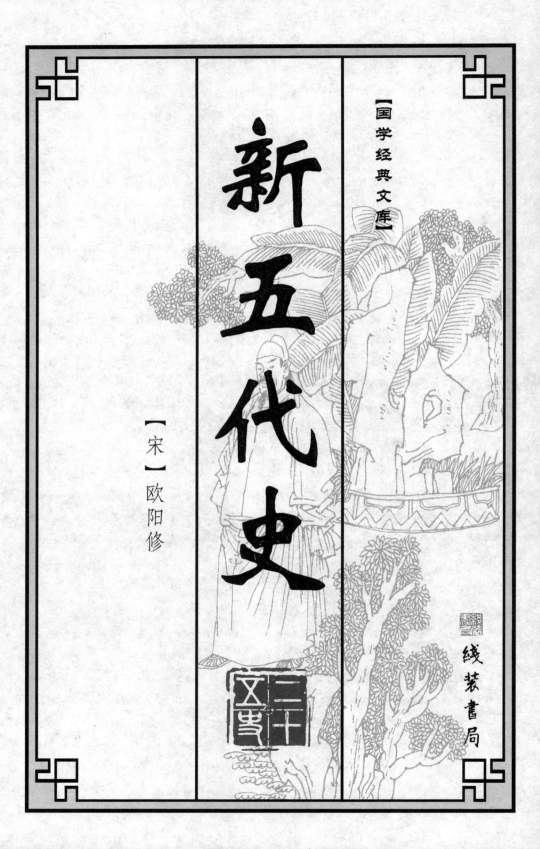

国学经典文库

新五代史

〔宋〕欧阳修

线装书局

序　言

　　《新五代史》，欧阳修撰。此书原名《五代史记》。全书七十四卷，包括本纪十二卷，列传四十五卷，考三卷，世家及年谱十一卷，四夷附录三卷。欧阳修在奉命编写《新唐书》之前，曾独自撰写了《新五代史》，约在景祐三年（1036）以前，到皇祐五年（1053）基本写成，前后将近二十年。欧阳修的学生徐无党为本书作注。《新五代史》记事时间断限，与《旧五代史》相同。

　　《新五代史》与《旧五代史》体例很不相同，《旧五代史》是一朝一书，界限清清楚楚。《新五代史》则打破朝代界限，把五朝的纪、传综合编排，按时间先后次序排列。列传部分一律采用类传的形式，分立"家人""臣""死节""死事""一行""唐六臣""义儿""伶官""宦者"等名目，以类相从。历仕数朝的人，编在"杂传"。这是《新五代史》在立目编排上与其他史书显著不同的特点。

　　关于志的部分，《新五代史》只有《司天考》《职方考》，实际就是《旧五代史》的《天文志》和《郡县志》，其他都略而不志。这不能不说是它的一大缺憾。虽然《旧五代史》的《礼》《乐》《食货》《刑法》《选举》《职官》等志比较粗疏，但它毕竟大致反映了那个时代社会状况的基本面貌，《新五代史》略而不志，是不妥当的。

　　就史料价值而言，《新五代史》比《旧五代史》稍逊，但也可以互补。由于《新五代史》后出，欧阳修看到了一些《旧五代史》编者没有看到的资料，而且他往往采取小说、笔记之类的记载，补充《旧五代史》所缺的史实，如王景仁、郭崇韬、安重诲等人的传记或多或少补充了一些事实和一些生动的情节，以加深读者对人物的理解。

　　欧阳修撰《新五代史》，着意宣扬"春秋笔法"的"褒贬义例"，以此来正名分、别正伪，今天看来，毫无意义。徐无党的注，注意点

也在解释笔法旨趣，对读者帮助不大。

《新五代史》的文笔确实高《旧五代史》一筹，这也是后世《新五代史》盛行、《旧五代史》湮没无闻的原因之一。

梁太祖本纪

意深劝戒切，言信善恶明

【原文】

圣人之于《春秋》，用意深，故能劝戒切；为言信，然后善恶明。夫欲著其罪于后世，在乎不没其实。其实尝为君矣，书其为君。其实篡也，书其篡。各传其实，而使后世信之，则四君之罪，不可得而掩尔。使为君者不得掩其恶，然后人知恶名不可逃，则为恶者庶乎其息矣。是谓用意深而劝戒切，为言信而善恶明也。

【译文】

孔圣人在《春秋》中，用意深切，故能劝诫确当；为言信实，故能善恶彰明。想要使他们的罪恶让后世人知道，在于不隐没事实。事实上他曾经做过君主，就写他做过君主。事实上他曾经篡位，就写他篡过位。各种事实各自写明，从而取信于后世之人，那么春秋时四位君主的篡弑罪恶，就不能掩蔽了。如果使君主都不能掩饰自己的罪恶，这样后人便知道作恶后的坏名声是不可逃脱的，那么作恶之人差不多就绝迹了。这就叫作用意深切，便劝诫确当；为言信实，便善恶彰明。

青铜镀金佛塔　五代

唐明宗本纪

爱人恤物，有意于治

【原文】

（后唐明宗）自初即位，减罢宫人、伶官；废内藏库，四方所上物，悉归之有司。广寿殿火灾，有司理之，请加丹艧，喟然叹曰："天以火戒我，岂宜增以侈邪！"岁尝旱，已而雪，暴坐庭中，诏武德司宫中无扫雪，曰："此天所以赐我也。"数问宰相冯道等民间疾苦，闻道等言谷帛贱，民无疾疫，则欣然曰："吾何以堪之，当与公等作好事，以报上天。"吏有犯赃，辄置之死，曰："此民之蠹也！"以诏书褒廉吏孙岳等，以风示天下。其爱人恤物，盖亦有意于治矣。

【译文】

（后唐明宗）自一即位，就裁减宫女、宦官、伶人；又废除内藏库，将各地贡献物品，全部交与官库。广寿殿遭受火灾，管理部门修整它时，请求用彩漆涂饰，（后唐明宗）长叹道："老天已用火灾警戒我，怎么能更为奢侈呢！"某年曾经大旱，不久又降大雪，（他）坐于庭院中，诏令武德司不要扫除宫中的雪，并

说："这是上天赐给我的。"多次向宰相冯道等人询问民间疾苦。听他们说（大丰收后）衣帛谷物价格贱，民间没有疾疫流行，就高兴地说："我怎能担当起上天这样的恩赐呢？理当与诸位多做善事，来报答上天。"官吏有犯贪赃枉法之罪的，马上处以死刑，说："这真是民众的蠹虫啊！"曾下诏褒扬孙岳等清廉官吏，以劝喻示范天下。这样爱护人民、顾惜物力，大概是着意于治理吧！

唐废帝本纪

明者虑于未萌

【原文】

群臣之际，可谓难哉！盖明者虑于未萌而前知，暗者告以将及而不惧，故先事而言，则虽忠而不信，事至而悔，其可及乎？

【译文】

君臣间的配合，可以说很难啊！贤君明主在事端未萌发前而有先见之明，昏君黯主告诉他灾祸将至也不警惕。所以（臣子）在事件萌生前进言，虽忠心耿耿但不被信任，等到灾祸骤起再后悔，哪里还来得及呢？

周恭帝本纪

五代可谓乱世

【原文】

呜呼，五代《本纪》备矣！君臣之际，可胜道哉。梁之友珪反，唐戕克宁而杀存义、从璨，则父子骨肉之恩几何其不绝矣。太妃薨而辍朝，立刘氏、冯氏为皇后，则夫妇之义几何其不乖而不至于禽兽矣。寒食野祭而焚纸钱，居丧改元而用乐，杀马延及任圜，则礼乐刑政几何其不坏矣。……可谓乱世也欤！

【译文】

哎呀，五代《本纪》至此写完了！（回想五代）君臣上下之间关系（的混乱），怎能说得完呢！后梁朱友珪弑父自立，后唐李存勖杀叔父李克宁、杀弟弟李存义、后唐明宗杀其子李从璨，则父子兄弟之间的骨肉恩情差不多断绝了。（后唐庄宗封嫡母为太妃，）太妃死后五天停朝不理事，唐庄宗越次立刘氏为皇后，晋出帝娶婶母为皇后，则夫妇的理义差不多都乖错而近于禽兽了。寒食节在野外祭奠而焚烧纸钱，居丧期间改元大庆、纳后张乐，枉杀马延及任圜，则礼乐刑法差不多达到崩溃的程度了。……（五代时期）可以说是乱世啊！

周世宗欲行均田制

【原文】

（周世宗）尝夜读书，见唐元稹《均田图》，慨然叹曰："此致治之本也，

王者之政自此始!"乃诏颁其图法，使吏民先习知之，期以一岁大均天下之田，其规为志意岂小哉!

【译文】

（周世宗柴荣）某夜读书时，看到唐人元稹的《均田图》，就感慨叹息说："这是达到天下大治的根本，是王者仁政的发端!"于是下诏书颁布这种图法，让官吏和百姓首先了解它、熟悉它，期望在某年大均天下之田。可见他谋划治理的意向是很远大的。

朱 友 文 传

弑父皇自立

【原文】

太祖病久，（欲立友文，）乃以友珪为莱州刺史。太祖素刚暴，既病而喜怒难测，是时左降者，必有后命，友珪大惧。……左右劝友珪曰："事急计生，何不早自为图?"友珪乃易衣服，微行入左龙虎军，见统军韩勍计事，勍夜以牙兵五百随友珪，杂控鹤卫士而入。夜三鼓，斩关入万春门，至寝中，侍疾者皆走。太祖惶骇起呼曰："我疑此贼久矣，恨不早杀之，逆贼忍杀父乎!"友珪亲吏冯廷谔以剑犯太祖，太祖旋柱而走，剑击柱者三，太祖愈，仆于床，廷谔以剑中之，洞其腹，肠胃皆流。……乾化二年六月既望，友珪于枢前即皇帝位。

【译文】

梁太祖朱温久病不愈，（欲召来养子友文托以后事），于是先派次子友珪去莱州（今山东莱州）做刺史。太祖平素刚愎残暴，病后更是喜怒无常，难以预测。当时降职的，必定有难测的诏令接踵而至，友珪十分恐惧。……左右亲近的人劝友珪说："事情紧急，必需良计，为什么不及早为自己谋划呢?"友珪于是改装打扮，暗暗地潜行到左龙虎军中，去见统军韩勍谋划此事。当夜，韩勍派出五百名亲兵随从友珪，掺杂在禁军中蒙混到皇宫里。夜间三更，杀掉守门卫士进入万春门，到达寝宫时，侍奉皇上的人都吓得抱头逃跑了。太祖惊慌恐惧，起身大呼："我怀疑你这个逆贼很久了，只悔恨没有及早杀掉你。逆贼敢狠心杀死父亲吗?"友珪亲信冯廷谔用剑直刺太祖，太祖起身绕着柱子逃跑，剑就多次砍到柱子上。太祖疲劳至极，扑倒在床上，被廷谔用剑刺中，穿透腹部，肠胃都流出来了。……乾化二年（公元912年）六月十六日，朱友珪在父亲棺材前继位为天子。

朱 友 孜 传

兄 弟 相 残

【原文】

康王友孜，目重瞳子，尝窃自负，以为当为天子。贞明元年，末帝德妃薨，

将葬，友孜使刺客夜入寝中。末帝方寐，梦人害己，既寤，闻榻上宝剑锵然有声，跃起，抽剑曰："将有变邪！"乃索寝中，得刺客，手杀之，遂诛友孜。

【译文】

康王朱友孜，目中（像大舜、项羽等那样）有两个瞳子，因而常常暗中自负，认为自己应该做天子。贞明元年（公元915年），梁末帝德妃张氏去世，将要安葬，友孜派刺客（乘乱）在夜晚混入寝宫中。末帝正睡着，做梦有人害自己，惊醒过来，听到床上有宝剑碰撞的"锵锵"声，便挺身跃起，抽出宝剑叫道："将要发生变故呀！"于是就在寝宫中搜索，捉到刺客，亲手杀了他，又诛杀了友孜。

刘皇后传

刘皇后好聚敛

【原文】

（唐庄宗刘皇后）好聚敛，分遣人为商贾，至于市肆之间，薪刍果茹，皆称中宫所卖。四方贡献，必分为二，一以上天子，一以入中宫，宫中货贿山积。

【译文】

（唐庄宗皇后刘氏）喜欢聚敛财帛，派遣宫人作为商贩，到集市中去，柴草果菜，都声称是皇后宫内所卖的。州郡、四夷贡献的物品，必定是一分为二，一份上呈皇帝，一份纳入皇后宫内，所以宫内财货、贡品，堆积如山。

姬妾爱宠，皇后嫉妒

【原文】

庄宗有爱姬，甚有色而生子，后心患之。庄宗燕居宫中，元行钦侍侧，庄宗问曰："尔新丧妇，其复娶乎？吾助尔聘。"后指爱姬请曰："帝怜行钦，何不赐之？"庄宗不得已，阳诺之。后趣行钦拜谢，行钦再拜，起顾爱姬，肩舆已出宫矣。庄宗不乐，称疾不食者累日。

【译文】

唐庄宗有一个受宠爱的姬妾，十分有姿色而又生了儿子，对此刘皇后十分忧虑。有一次，庄宗退朝后闲居在宫中，元行钦在一旁陪侍，庄宗问他："你刚死了妻子，还再娶吗？我帮助你聘娶。"刘皇后指着那位受宠爱的姬妾请求说："皇上爱怜行钦，为何不把她赐给行钦呢？"庄宗迫不得已，假意应承下来。皇后催促元行钦叩头谢恩，行钦拜了两拜，起身回头看那位爱姬，却已用轿子抬出宫去了。庄宗闷闷不乐，推说有病，好多天没有吃饭。

李重美传

爱 民 惜 物

【原文】

石敬瑭反，……京师震恐，居民皆出城以藏窜，门者禁止之。重美曰："国家多难，不能与民为主，而欲禁其避祸，可乎？"因纵民出。及晋兵将至，刘皇后积薪于地，将焚其宫室，重美曰："新天子至，必不露坐，但佗日重劳民力，取怨身后耳！"后以为然。

【译文】

石敬瑭造反，……京师震动，一片恐慌，居民们都出城逃避躲藏，城门守卫禁止民众外逃。李重美说："国家多灾多难，不能为民众做主，反而禁止他们躲避灾祸，可以吗？"因而听任居民出城。等到石敬瑭的晋兵打到京师，刘皇后命人在皇宫地上堆满柴薪，将要焚掉宫室，李重美说："新天子到这里，必定不能露天而居。（如今烧掉，）他日只能再重新动用民力，死后也会被人怨恨的！"刘皇后认为说得对，（就没有焚掉皇宫。）

郭崇韬传

"骑虎者，势不得下"

【原文】

（郭崇韬为枢密使，结怨太多，）崇韬颇惧，语其故人子弟曰："吾佐天子取天下，今大功已就，而群小交兴，吾欲避之，归守镇阳，庶几免祸，可乎？"故人子弟对曰："俚语曰：'骑虎者，势不得下。'今公权位已隆，而下多怨嫉，一失其势，能自安乎？"

【译文】

（郭崇韬做了枢密使，结下了不少冤家对头，）郭崇韬甚为恐惧，对老朋友的子弟说："我辅佐天子夺取天下，现在大功告成，而众位小人交相用事，我想要避开这些，回去镇守镇阳，或许能够免除灾祸，可以吗？"老朋友的子弟说："俗话说：'骑在老虎背上了，就不能下来了。'您现今权势地位已高，并且下属多有怨恨嫉妒，一旦失去权势，能自得安宁吗？"

安重诲传

谏止滥杀

【原文】

明宗为人虽宽厚，然其性夷狄，果于杀人。马牧军使田令方所牧马，瘠而多

毙，坐劾当死，重诲谏曰："使天下闻以马故，杀一军使，是谓贵畜而贱人。"令方因得减死。明宗遣回鹘侯三驰传至其国。侯三至醴泉县，县素僻，无驿马，其令刘知章出猎，不时给马，侯三遽以闻。明宗大怒，械知章至京师，将杀之，重诲从容为言，知章乃得不死。其尽忠补益，亦此类也。

【译文】

唐明宗为人虽然宽大仁厚，但总归是夷狄本性不改，拿杀人不当回事。马牧军使田令方掌管放牧的军马，骨瘦如柴，死了不少，被弹劾后应该处死，安重诲进谏说："让天下人都听到因为军马的缘故杀死一个军使，这便是所说的重视牲畜而不重视人了。"田令方因而得以减罪不死。唐明

彩绘漆制木塔　五代

宗派回鹘人侯三从各驿站换马回到本国（办急事）。侯三到达醴泉县（今陕西礼泉）时，这个县一向偏僻，没设驿马，县令刘知章正好外出打猎去了，没及时供换马匹，侯三马上报告了明宗。明宗大怒，把刘知章押解到京都，将要诛杀他，安重诲不慌不忙地劝谏，刘知章因此得以免死。安重诲竭忠尽职，拾遗补阙之事，都像这样。

周德威传

生擒陈章

【原文】

梁军围晋太原，令军中曰："能生得周阳五者为刺史。"有骁将陈章者，号陈野义，常乘白马被朱甲以自异，出入阵中，求周阳五，欲必生致之。晋王戒德威曰："陈野义欲得汝以求刺史，见白马朱甲者，宜善备之！"德威笑曰："陈章好大言耳，安知刺史非臣作邪？"因戒其部兵曰："见白马朱甲者，当佯走以避之。"两军皆阵，德威微服杂卒伍中。陈章出挑战，兵始交，德威部下见白马朱甲者，因退走，章果奋稍急追之，德威伺章已过，挥铁捶击之，中章堕马，遂生擒之。

【译文】

梁军包围了晋军的太原（今山西太原），号令军中说："能生擒周阳五的，封为刺史。"有位骁勇战将陈章，绰号陈夜叉，经常骑白马穿红色铠甲以自异于众人。他出入阵中，到处找周德威，想一定要生擒到他。晋王李克用告诫周德威说："陈夜叉想擒到你去求封刺史。看到骑白马穿红甲的，应该小心防备他！"周德威笑着说："陈章好吹牛罢了，怎知刺史不是我（因生擒他而）当的呢？"因而告诫部下将卒说："看到骑白马穿红甲的，就假装败退而避开他。"梁晋两军都摆好了阵势，周德威改换了服装，混杂在士卒队伍中。陈章出马挑战，刚一交

手，周德威的部下见是骑白马穿红甲的，就后退逃走了。陈章果然挺枪奋马急追他们，周德威等陈章的马头刚过，马上挥起铁锤打将过去，击中了陈章，打得他掉下马来，于是生擒了他。

桑 维 翰 传

磨 穿 铁 砚

【原文】

桑维翰字国侨，河南人也。为人丑怪，身短而面长，常临鉴以自奇曰："七尺之身，不如一尺之面。"慨然有志于公辅。初举进士，主司恶其姓，以"桑""丧"同音。人有劝其不必举进士，可以从佗求仕者，维翰慨然，乃著《日出扶桑赋》以见志。又铸铁砚以示人曰："砚弊则改而佗仕。"卒以进士及第。

【译文】

桑维翰字国侨，河南（今河南洛阳）人氏。他相貌丑陋古怪，身短面长，常照着镜子而自奇其貌说："七尺身躯，不如一尺长的头脸。"并感情激动地表示要做辅国大臣。当初考进士时，主考官讨厌他的姓氏，因为"桑"与"丧"同音。有人劝他不必考进士了，可以从其他的途径求官，桑维翰非常感慨，就写了一篇《日出扶桑赋》表述自己的志向。他又铸造铁砚拿给人看，说："这砚用破了，就改从他途求仕。"最后，终于考中了进士。

苏 逢 吉 传

滥 为 杀 戮

【原文】

（苏逢吉）为人贪诈无行，喜为杀戮。高祖尝以生日遗逢吉疏理狱囚以祈福，谓之"静狱"。逢吉入狱中阅囚，无轻重曲直悉杀之，以报曰："狱静矣。"……是时，天下多盗，逢吉自草诏书下州县，凡盗所居本家及邻保皆族诛。或谓逢吉曰："为盗族诛，已非王法，况邻保乎？"逢吉客以为是，不得已，但去族诛而已。于是郓州捕贼使者张令柔尽杀平阴县十七村民数百人。卫州刺史叶仁鲁闻部有盗，自帅兵捕之。时村民十数共逐盗，入于山中，盗皆散走。仁鲁从后至，见民捕盗者，以为贼，悉擒之，断其脚筋，暴之山麓，宛转号呼，累日而死。闻者不胜其冤，而逢吉以仁鲁为能，由是天下因盗杀人滋滥。

【译文】

（苏逢吉）贪婪、奸诈，品德不好，又喜欢杀戮。后汉高祖石敬瑭曾在自己的生日派苏逢吉去清理狱中的囚犯，以求得福佑，称为"静狱"。苏逢吉到狱中检视囚犯，不论罪过轻重、事理曲直全部杀死，并以此报告说："狱中清静了。"……那时，天下多盗贼，苏逢吉私自代皇帝起草诏书下发到州县，规定凡是盗贼

国学经典文库

的本家及邻居连保的人通通灭族。有人对苏逢吉说："因做盗贼而施以灭族的刑罚，已不是王者之法了，更何况连及邻居保人呢！"苏逢吉坚持己见，迫不得已，仅去灭族之罪（而仍坚持诛杀邻居及保人）。于是，郓州（州治在今山东东平）捕贼使张令柔把平阴县（今山东平阴）十七个村的数百名村民全杀光；卫州（今河南汲县）刺史叶仁鲁听说治内有盗贼，便亲自率兵追捕。当时有十几个村民一同追捉盗贼，进入山中，盗贼都四散逃走了，张仁鲁率兵从后面赶来，看见那些追捕盗贼的村民，却误以为是盗贼，便把他们全部擒拿起来，砍断脚上的大筋，抛弃在山坡上，任凭他们滚爬呼号，不几天就死了。听到这件事的人都认为冤屈太甚，但苏逢吉却认为张仁鲁是能干的人。从此，天下借口盗贼而滥杀人的事，便越来越多了。

史 弘 肇 传

"毛锥子"安足用

【原文】

（史弘肇）曰："安朝廷，定祸乱，直须长枪大剑，若'毛锥子'安足用哉？"三司使王章曰："无'毛锥子'，军赋何从集乎？""毛锥子"，盖言笔也。

【译文】

（史弘肇）说："安定朝廷，平定叛乱，只需用长枪长剑。至于'毛锥子'，又有什么用场呢？"三司使王章说："没有'毛锥子'，军赋从哪里来征集呢？""毛锥子"，这里说的是毛笔。

孙 晟 传

"肉台盘"

【原文】

晟事昪父子二十余年，官至司空，家益富骄，每食不设几案，使众妓各执一器，环立而侍，号"肉台盘"，时人多效之。

【译文】

孙晟为南唐李昪父子服务二十多年，官至司空，家境日富，处世日骄，每次吃饭，都不用几案，而使众侍女各捧一件食器，环立侍食，号曰"肉台盘"。当时的骄富之人，多效仿这种做法。

唐六臣传

论"朋党之说"

【原文】

夫欲空人之国而去其君子者，必进朋党之说；欲孤人主之势而蔽其耳目者，必进朋党之说；欲夺国而与人者，必进朋党之说。夫为君子者，故尝寡过，小人欲加之罪，则有可诬者，有不可诬者，不能遍及也。至欲举天下之善，求其类而尽去之，惟指以为朋党耳。……夫善善之相乐，以其类同，此自然之理也。故闻善者必相称誉，称誉则谓之朋党，得善者必相荐引，荐引则谓之朋党，使人闻善不敢称誉，人主之耳不闻有善于下矣，见善不敢荐，则人主之目不得见善人矣。善人日远，而小人日进，则为人主者，伥伥然谁与之图治安之计哉？故曰：欲孤人主之势而蔽其耳目者，必用朋党之说也。

【译文】

要想使朝中君子尽去而致使朝廷空无人才的人，必进奏"朋党之说"；要想使人主势力孤单并且掩蔽君主耳目的人，必进奏"朋党之说"；要想夺取国家政权而奉与他人的人，必进奏"朋党之说"。作为君子人物，过错甚少，所以小人欲加罪名，就有的可以诬造罪名，有的便不能诬造，是不可能诬陷所有的君子人物的。至于想要包罗全部的天下贤良，并搜求他们的同类以全部除掉，就只有指斥他们是"朋党"了。……贤良与贤良相友爱，这是因为他们是同类，都是自然的道理。所以（贤良）听到贤良必定互相称誉，一称誉就被指斥为"朋党"；（贤良）得到贤良必定互相引荐，一引荐就被指斥为"朋党"。这样便使得人们听到贤良也不敢称誉，而使人主再也听不到下面有贤良之士了；又使得人们见到贤良也不敢引荐，而使人主再也见不到下面有贤良之士了。贤良日远，而小人日见进用，那么做人主的，便会伥然孤独，又有谁跟他图谋治国安天下的策略呢？所以说：想要使人主势力孤单并且掩蔽君主耳目的人，就必定使用"朋党之说"。

义 儿 传

论 义 儿

【原文】

呜呼！世道衰，人伦坏，而亲疏之理反其常，干戈起于骨肉，异类合为父子。开平、显德五十年间，天下五代而实八姓，其三出于丐养。盖其大者取天下，其次立功名、位将相，岂非因时之隙，以利合而相资者邪！

【译文】

哎呀！世道衰败，人伦丧失，亲近疏远的道理反常。战争起于骨肉之间，而异族非亲却结合为父子。从开平至显德这五十余年间，天下经过了五个朝代而做

皇帝的实为八姓之人，其中三人是义儿。义儿大的得到天下而为皇帝，其次的建立了功名、位至将相，这难道不是利用战乱的时机，以利益相结合而又互相利用吗？

伶 官 传

逸豫可以亡身

【原文】

呜呼，盛衰之理，虽曰天命，岂非人事哉！……《书》曰："满招损，谦得益。"忧劳可以兴国，逸豫可以亡身，自然之理也。故方其盛也，举天下之豪杰莫能与之争；及其衰也，数十伶人困之，而身死国灭，为天下笑。夫祸患常积于忽微，而智勇多困于所溺，岂独伶人也哉！

【译文】

哎呀，盛衰的道理，虽说是天命所归，难道不也是出于人事吗？……《尚书》上说："自满招致损伤，谦虚得到裨益。"忧思辛劳可使国家兴盛，安逸享乐可使自身败亡，这是当然的道理。所以正当他兴盛的时候，普天下的英雄豪杰没有谁能与他争胜；等到他衰败的时候，几十个伶人围困着他；便可使他身死国亡，被天下人讥笑。祸患常常是由细微小事积累而成的，有智有勇的人也常被他所溺爱的人导入困境，难道只有伶人（才使人身亡国灭）吗？

张 居 翰 传

改诏免滥杀

【原文】

魏王破蜀，王衍朝京师，行至秦川，而明宗军变于魏。庄宗东征，虑衍有变，遣人驰诏魏王杀之。诏书已印画，而居翰发视之，诏书言"诛衍一行"，居翰以谓杀降不祥，乃以诏傅柱，揩去"行"字，改为一"家"。时蜀降人与衍俱东者千余人，皆获免。

【译文】

魏王李继岌攻破蜀川后，蜀主王衍到洛阳去朝拜后唐庄宗李存勖，行至秦川，而李嗣源在魏州兵变了。庄宗前去征讨，怕王衍有变故，就派人带着诏书飞马去找李继岌，让他杀死王衍。诏书已经盖印画押，而被张居翰打开看到了。诏书上写着"诛衍一行"。居翰认为，杀死已降的人不吉祥，就把诏书铺靠在柱子上，揩去"行"字，改为一个"家"字。那时前蜀降人与王衍一起东行的有千余人，都被免枉杀了。

宦 者 传
论 宦 官

【原文】

　　自古宦者乱人之国，其源深于女祸。女，色而已；宦者之害，非一端也。盖其用事也近而习，其为心也专而忍。能以小善中人之意，小信固人之心，使人主必信而亲之。待其已信，然后惧以祸福而把持之。虽有忠臣硕士列于朝廷，而人主以为去已疏远，不若起居饮食、前后左右之亲为可恃也。故前后左右者日益亲，则忠臣硕士日益疏，而人主之势日益孤。势孤，则惧祸之心日益切，而把持者日益牢，安危出其喜怒，祸患伏于帷闼，则向之所谓可恃者，乃所以为患也。患已深而觉之，欲与疏远之臣图左右之亲近，缓之则养祸而益深，急之则挟人主以为质，虽有圣智不能与谋，谋之而不可为，为之而不可成，至其甚，则俱伤而两败。故其大者亡国，其次亡身，而使奸豪得借以为资而起，至扶其种类，尽杀以快天下之心而后已。

【译文】

　　自古来宦官惑乱人主的国家，其源比女人之祸更深。女人，仅是色情而已，宦官为害就不止此一条。他们做事，容易亲近国君而熟悉皇室，他们用心专一而隐忍。能够用小的善事迎合人主的心意，能够用小的信用收买君主之心而使其信任不疑，因而使人主对他们十分宠信和亲近。待他们已取得信任后，就进一步用祸福大事吓唬人主，从而达到他们把持人主的目的。这时即使有忠良之臣、贤能之士站在朝廷上，人主也认为他们与自己疏远，不如日常生活中不离前后左右的亲近之人可以依靠。所以前后左右的宦官们日益亲幸，而忠良之臣、贤能之士则日益疏远，而人主之势力也就日益孤单了。势力孤单了，惧怕灾祸的心理就日益加重，而（宦官对人主的）掌握也就日益牢固。安危出于他们的喜怒，祸患潜伏在宫闱之中，以前所谓可依靠的，于是成了制造祸患的人了。祸患深了才发觉它，想与原来被疏远的大臣们谋划收拾这些左右亲近的宦官，慢了，所颐养的祸端会更加深重；急了，他们就会挟持人主以为人质，这样即使有圣人、智士也不能参与谋划，谋划了的也不能做到，做了的也不能成功，发展到极点，就两败俱伤了。所以，宦官之祸大的可以亡国，其次可以亡身，而使奸雄豪强得以借口起兵，以至剔除所有宦官，并把他们全部杀掉而大快天下人之心的时候才能作罢。

刘 守 光 传
刘守光为铁笼、铁刷

【原文】

　　守光素庸愚，由此益骄，为铁笼、铁刷，人有过者，坐之笼中，外爇以火，

或刷剔其皮肤以死，燕之士逃祸于佗境。

【译文】

刘守光一向平庸愚昧，囚父杀兄而专权后就更加骄横。他制造了铁笼、铁刷，谁有过错，就命令他坐到笼中，四周用火来烤，或者用铁刷剔刷他的皮肤而至死。因此，燕地的人士多逃到外地去避祸。

韩 建 传

初 不 知 书

【原文】

（韩）建初不知书，乃使人题其所服器皿床榻，为其名目以视之，久乃渐通文字。见《玉篇》，喜曰："吾以类求之，何所不得也。"因以通音韵声偶，暇则课学书史。

【译文】

韩建原来不识字，（做了刺史后）就让人把他所用的器具、盆瓶、床座等上边，都写上各自的名称，天天看着器物认字，日积月累，逐渐通晓日常用字了。看到《玉篇》，他高兴地说："我（依此书所列）、按类来识字，有什么字学不会呢。"于是便通晓了音韵声律骈偶，空闲时就抓紧学习政论史书。

赵 犨 传

论 祸 福

【原文】

呜呼，祸福之理，岂可一哉！君子小人之祸福异也。老子曰："祸兮福所倚，福兮祸所伏。"后世之谈祸福者，皆以其言为至论也。夫为善而受福，焉得祸？为恶而受祸，焉得福？惟君子之雁非祸者，未必不为福；小人求非福者，未尝不及祸，此自然之理也。

【译文】

哎呀，关于祸福的道理，哪能用一句话来概括呢！君子与小人的祸福是不同的。老子说："祸患中依附着福祥，福祥中隐藏着祸患。"后代谈论祸福的人，都认为这话是至理名言。做善事理应受到福佑，怎能遭受祸患？作恶事理应遭到祸患，怎能得到福佑？君子遭受非常之祸，未必不是福祥之事；小人寻求非常之福，未曾不赶上祸患，这是自然的道理。

李彦威传

朱温弑唐昭宗

【原文】

是时，昭宗改元天祐，迁于东都，为梁所迫，而晋人、蜀人以为天祐之号非唐所建，不复称之，但称天复。王建亦传檄天下，举兵诛梁。太祖大惧，恐昭宗奔佗镇，以兵七万如河中，阴遣敬翔至洛，告彦威与氏叔琮等，使行弑逆。八月壬辰，彦威、叔琮以龙武兵宿禁中，夜二鼓，以兵百人叩宫门奏事，夫人裴正一开门问曰："奏事安得以兵入？"龙武牙官史太杀之，趋椒兰殿，问昭宗所在，昭宗方醉，起走，太持剑逐之，昭宗单衣旋柱而走，太剑及之，昭宗崩。讣至河中，太祖阳为惊骇，投地号哭，骂曰："奴辈负我，俾我被恶名于后世邪！"太祖至洛，流彦威、叔琮岭南，使张廷范杀之。

彩绘舞者俑　五代

【译文】

这时，唐昭宗改元天祐，迁到东都洛阳，全是因为朱温胁迫，所以李克用、王建认为天祐年号不是大唐皇帝自愿改的，因而不使用它，仍旧使用天复纪年。王建又传檄于天下，举兵攻伐朱温。朱温十分害怕，又恐怕昭宗逃到其他节度使处，所以除派七万大军进入河中（今陕西）外，又暗中派亲信敬翔到了洛阳，告诉李彦威、氏叔琮等人，赶紧把昭宗杀掉。八月初一，李彦威、氏叔琮带龙武军士宿在皇宫内，夜间二更，带兵百余人去敲寝宫大门，谎称有事上奏。贞一夫人开门问道："奏事怎能带兵进来？"龙武军牙将史太杀掉了贞一夫人，小跑到了椒兰殿，查问昭宗所在的地方。昭宗正喝醉了，（见状）起身就跑。史太持剑追赶。昭宗仅仅穿着单层薄衣围绕着柱子逃跑，结果被史太挺剑刺着，死了。讣告传到河中，朱温假装惊慌害怕，把讣告扔在地上大哭起来，骂道："这些奴才们背负了我，使我在后世也顶着罪名！"朱温赶到洛阳，把李彦威、氏叔琮流放到岭南（今广东广州市），又派张廷范把他们都杀了。

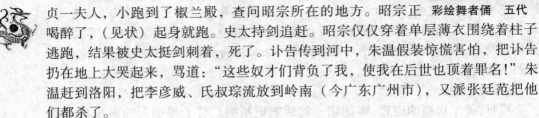

赵 在 礼 传

"拔钉钱"

【原文】

在礼在宋州，人尤苦之；已而罢去，宋人喜而相谓曰："眼中拔钉，岂不乐哉！"既而复受诏居职，乃籍管内，口率钱一千，自号"拔钉钱"。

【译文】

赵在礼在宋州（今河南商丘），人民不堪其苦。不久离任而去，宋州人高兴地互相转告："眼中钉拔除了，怎能不高兴呢！"接着赵在礼又接到诏令，仍镇守宋州，于是暴敛境内，每人征税一千，自称"拔钉钱"。

王建立传

不敢忽于微，而常杜其渐

【原文】

呜呼！道德仁义，所以为治，而法制纲纪，亦所以维持之也。自古乱亡之国，必先坏其法制而后乱从之。乱与坏相乘，至荡然无复纲纪，则必极于大乱而后返，此势之然也，五代之际是已。……是以善为天下虑者，不敢忽于微，而常杜其渐也，可不戒哉！

【译文】

哎呀！仁义道德，是为治理国家用的，而国家法制、朝廷纲纪又是为了维护这些纲常伦理的。自古国家乱亡，必是法纪纲常先行破坏而后大乱相从。祸乱的产生与纲常的破坏相互作用，以至朝廷纲纪荡然无存。那么，就必然出现极端混乱的局面而后再平定下来（建立纲纪），这是大势所趋的结果，五代时期便是这样的。……因此，以天下为己任的圣明君主，对细微之事丝毫不敢忽略，而对逐渐发生的（破坏纲纪）之事，更常常预先杜绝，这都是应足以为戒的呀！

郭延鲁传

五代之民其何以堪之

【原文】

呜呼，五代之民其何以堪之哉！上输兵赋之急，下困剥敛之苛。自庄宗以来，方镇进献之事稍作，至于晋而不可胜纪矣。……盖自天子皆以贿赂为事矣，则为其民者其何以堪之哉！

【译文】

哎呀，五代时的老百姓怎能忍受得了呢！上为输送国家军赋逼迫，下为交纳地方苛捐杂税困扰。自从后唐庄宗时起，方镇向天子进献贡物的风气逐渐滋长起来，到了后晋，更是数不胜数了。……从天子起（上下）皆以贿赂为务，那么作为他们的民众又怎能受得了呢！

张 希 崇 传

张希崇杀番南归

【原文】

明宗时，卢文进自平州亡归，契丹因以希崇代文进为平州节度使，遣其亲将以三百骑监之。居岁余，虏将喜其为人，监兵稍怠，希崇因与麾下谋走南归。其麾下皆言兵多，不可俱亡，惧不得脱，因劝希崇独去。希崇曰："虏兵守我者三百骑尔，烹其将，其兵必散走。且平州去虏帐千余里，使其闻乱而呼兵，则吾与汝等在汉界矣！"众皆曰善。乃先为阱，置以石灰。明日，虏将谒希崇，希崇饮之以酒，杀之阱中，兵皆溃去，希崇率其麾下，得生口二万南归。

【译文】

唐明宗时，卢文进从平州逃归南方，契丹于是以张希崇代文进为平州节度使，又派亲信将领率领三百骑兵监视他。过了一年多，契丹将领喜欢希崇的为人，渐渐放松了对他的监视，张希崇就与部下谋划逃归南方。他的部下都说兵多难以都能逃走，又恐怕不能走脱，于是劝希崇一人逃去。希崇说："监守我们的契丹骑兵不过三百人罢了，杀死他们的将领，那些兵必然四散逃走。再说平州离契丹主的幕帐千里之遥，即使契丹主听到谋乱的消息再召聚兵力，而我与你们都已经在汉人疆界里了。"大家都说好。于是先设陷阱，里边填上石灰。第二天，契丹将领来见希崇，希崇留他喝酒，（酒后）把他扔在陷阱里（杀死了），契丹兵都溃散逃去，希崇率领他的部下，并带二万牲口南归后唐。

皇 甫 遇 传

后晋义将

【原文】

从恩等互相州，阵安阳河南，遣遇与慕容彦超率数千骑前视虏。遇渡漳河，逢虏数万，转战十余里，至榆林，为虏所围，遇马中箭而踣，得其仆杜知敏马，乘之以战。知敏为虏所擒，遇谓彦超曰："知敏，义士也，岂可失之！"即与彦超跃马入虏，取之而还。……张从恩与诸将怪遇视虏无报，皆谓遇已陷虏矣。已而有驰骑报遇被围，安审琦率兵将赴之从恩疑报者诈，不欲往，审琦曰："成败天也，当与公共之，虽虏不南来，吾属失皇甫遇，复何面目见天子！"即引骑渡河，诸军皆从而北，拒虏十余里，虏望见救兵来，即解去。

【译文】

张从恩等人到相州（今河南安阳），在安阳河南布阵，派皇甫遇、慕容彦超率数千骑兵前去观察契丹军情。皇甫遇等渡过漳河，碰到数万契丹军，转战十余里，到达榆林店（在今河北临漳），被契丹包围，皇甫遇战马中箭倒地，得到仆

人杜知敏的马，骑了再战。知敏被契丹俘虏，皇甫遇对慕容彦超说："杜知敏是义士，怎能失去他！"马上与彦超跃马冲入敌阵，夺回知敏。……张从恩与诸将领奇怪皇甫遇等侦察敌情久不回报，就都认为他们已被契丹俘虏去了。过一会儿，有飞骑来报皇甫遇等被围，安审琦率兵将要前去救援，张从恩怀疑报者有诈，不想去，安审琦说："成败在天，理当与公共享，即使契丹不来南犯，我们失去了皇甫遇等，又有何脸面见天子呢！"马上引骑兵渡河，诸军都跟随北去，距敌人十几里，契丹见援军来了，随即解围北去。

皇甫晖传

皇甫晖"破国""杀万家"

【原文】

在礼以晖为马步军都指挥使。晖拥甲士数百骑，大掠城中，至一民家，问其姓，曰："姓国。"晖曰："吾当破国！"遂尽杀之。又至一家，问其姓，曰："姓万。"晖曰："吾杀万家足矣。"又尽杀之。

【译文】

赵在礼任命皇甫晖为马步军都指挥使。皇甫晖纠合百余骑甲士，大掠魏州城，到一民家，问姓什么，说："姓国。"皇甫晖说："我们应当破国！"于是把这一家人全部杀死。又到一家，问姓什么，说："姓万。"皇甫晖说："我杀一万家就够数了"又全杀了这一家。

范延光传

范延光反

【原文】

天福二年六月，延光遂反，遣其牙将孙锐、澶州刺史冯晖，以兵二万距黎阳，掠滑、卫。高祖以杨光远为招讨使，引兵自滑州渡胡梁攻之。锐轻脱无谋，兵行以娼女十余自随，张盖操扇，酣歌饮食自若，军士苦大热，皆不为用。光远得谍者，询得其谋，诱锐等渡河，半济而击之，兵多溺死，锐、晖退走入魏，闭壁不复出。……然魏城坚难下，攻之逾年不克，师老粮匮，宗正丞石昂上书极谏，请赦延光，愿以单车入说而降之。高祖亦悔悟。三年九月，使谒者入魏赦延光，延光乃降，册封东平郡王、天平军节度使，赐铁券。

【译文】

天福二年（公元 937 年）六月，范延光造反，派遣他的牙将孙锐、澶州刺史冯晖率兵二万拒守黎阳（今河南浚县），攻掠滑州（今河南滑县）和卫州（今河南汲县）。晋高祖（石敬瑭）任用杨光远为招讨使，引兵自滑州过胡梁渡（在今河南滑县）进攻孙锐等。孙锐轻佻无谋，行军中还让十几个妓女随行，张伞打

扇，唱曲酗饮而不顾军士，军士难耐酷暑，都不愿为他卖命。杨光远抓到一个奸细，审得孙锐计划，引诱孙锐等渡黄河，等他们过了一半，大力攻击，孙锐兵多淹死，孙锐、冯晖等逃跑进入魏州（今河北大名），坚闭不出。……但魏州城池坚固，难以攻下，攻了一年多还不能攻破，军队疲惫，粮草难继，宗正丞石昂上书极力劝谏，请求赦免范延光，并愿自己单车入城劝降。晋高祖也后悔（原不许降）了，天福三年（公元 938 年）九月，派谒者入魏州城赦免范延光，延光才投降。晋高祖册封范延光为东平郡王，天平军节度使，赐给他了铁券丹书。

杜重威传

胁迫部下降契丹

【原文】

是时，重威已有异志，而粮道隔绝，乃阴遣人诣契丹请降。契丹大悦，许以中国与重威为帝，重威信以为然，乃伏甲士，召诸将告以降虏。诸将愕然，以上将先降，乃皆听命。重威出降表使诸将书名，乃令军士阵于栅外，军士犹喜跃以为决战，重威告以粮尽出降，军士解甲大哭，声震原野。

【译文】

这时，杜重威已另有打算，加以粮道断绝，于是就暗中派人到契丹营中请降。契丹主十分高兴，许愿让杜重威做中原皇帝，重威也深信不疑，于是，杜重威埋伏下甲士，召集诸将告诉他们投降契丹的事。诸将听了大吃一惊，但因为主将已经先降，于是大家就都从命了。杜重威拿出降表让诸将签名，并传令军士们在营外列队，军士们欢喜跳跃，以为要与契丹决战了。杜重威告诉他们粮草用完了，只有投降契丹，军士们解下铠甲大哭，哭声震动了原野。

张彦泽传

张彦泽"赤心为主"

【原文】

彦泽自以有功于契丹，昼夜酗饮自娱，出入骑从常数百人，犹题其旗帜曰"赤心为主"。迫迁出帝，遂辇内库，输之私第，因纵军士大掠京师。军士逻获罪人，彦泽醉不能问，瞋目视之，出三手指，军士即驱出断其腰领。

【译文】

张彦泽自以为对契丹有功，白天黑夜地滥饮自乐，出入时经常以几百名骑士为随从，竟然还在旗帜上写上"赤心为主"四个字。他逼迫出帝迁出皇宫，即派车到内库府，把财宝拉到自己府中，接着放任军士在京城内大肆抢劫。军士巡逻中捉到罪犯，张彦泽喝得大醉不能审问，瞪着眼看了一下，伸出三个手指来，军士们就马上把罪犯驱赶出去砍为三截。

赵思绾传

以人胆下酒

【原文】

居数月，思绾城中食尽，杀人而食，每犒宴，杀人数百，庖宰一如羊豕。思绾取其胆以酒吞之，语其下曰："食胆至千，则勇无敌矣！"

【译文】

过了几个月，赵思绾所守城中的粮草用尽了，就杀人吃。每次犒军，都杀几百个人，宰杀制作就如同宰制猪羊一样。思绾取出他们的胆下酒，并告诉手下人说："吃一千个胆，就勇敢无敌了。"

冯 道 传

刻 苦 俭 约

【原文】

道为人能自刻苦为俭约。当晋与梁夹河而军，道居军中，为一茅庵，不设床席，卧一束刍而已。所得俸禄，与仆厮同器饮食，意恬如也。诸将有掠得人之姜女者以遗道，道不能却，置之别室，访其主而还之。其解学士居父丧于景城，遇岁饥，悉出所有以周乡里，而退耕于野，躬自负薪。有荒其田不耕者，与力不能耕者，道夜往，潜为之耕。其人后来愧谢，道殊不以为德。

【译文】

冯道为人能够刻苦自励、俭约朴素。晋王大军与后梁大军在黄河两岸对阵时，冯道在晋军中，搭一茅庵，里面没有床、席之类，只是睡在一捆草上罢了。领到的俸禄，跟仆人小厮们同锅吃饭，心中恬然自如。一位将军掠夺到一美女送给冯道，冯道不好推辞，就将美女安置在另室，等到查访到她原来的主家后送还了人家。他在父丧期间，解除了翰林学士职务回到景城故里守丧，碰到年景饥荒，便拿出所有家财周济乡里之人，而他自己却到田地耕种，亲自打柴。有田地荒芜了不能耕种的，或无力耕种的，冯道便在夜里到他田里，暗中为他耕种。那些人家后来知道了前来酬谢，冯道一点儿也不认为自己对人有什么恩惠。

"居安者患生于所忽"

【原文】

道尝戒明宗曰："臣为河东掌书记时，奉使中山，过井陉之险，惧马蹶失，不敢怠于衔辔，及至平地，谓无足虑，遽跌而伤。凡蹈危者虑深而获全，居安者患生于所忽，此人情之常也。"

【译文】

冯道曾告诫唐明宗说："我在河东掌书记时，曾出使中山（今河北定县一带），过井陉（今河北井陉）险隘时，怕马蹄跌蹶，手揽马的衔辔一刻也不敢放松。等到了平坦之处，认为无所顾虑了，反而突然跌下马来受了伤。凡是身处险境的人常因深思熟虑而获得保全，而处于平安环境时，却因疏忽而生祸患，这是人之常情啊。"

何 泽 传

当 马 进 谏

【原文】

唐庄宗好畋猎，数践民田，泽乃潜身伏草间伺庄宗，当马谏曰："陛下未能一天下以休兵，而暴敛疲民以给军食。今田将熟，奈何恣畋游以害多稼？使民何以出租赋，吏何以督民耕？陛下不听臣言，愿赐臣死于马前，使后世知陛下之过。"庄宗大笑，为之止猎。

【译文】

唐庄宗喜欢游猎，多次践踏民田，何泽就藏伏在草丛中等候庄宗，（庄宗猎至此，）拦住马头进谏说："陛下还未能统一天下而使战乱结束，反而要暴敛贫困的民众来供应军粮。现在庄稼将要成熟，怎能恣意打猎而损害这么多好庄稼呢？这样，让民众用什么来交租税？使官吏们又凭什么来督促农民耕作呢？陛下若不听臣言，希望能让我死在马前，使后代人都知道陛下的过错。"庄宗大笑起来，因而停止了畋猎。

张 允 传

进《驳赦论》

【原文】

晋高祖即位，屡赦天下，允为《驳赦论》以献曰："……自古皆以水旱则降德音而宥过，开狴牢而出囚，冀感天心以救其灾者，非也。假有二人之讼者，一有罪而一无罪，若有罪者见舍，则无罪者衔冤。此乃致灾之道，非救灾之术也。至使小人遇天灾，则皆喜而相劝以为恶，曰：'国将赦矣，必舍我以救灾。'如此，则是教民为恶也。夫天之为道，福善而祸淫。若舍恶人而变灾为福，则是天又喜人为恶也。几天之降灾，所以警戒人主节嗜欲，务勤俭，恤鳏寡，正刑罚而已。"

【译文】

晋高祖即位后，屡屡大赦天下，张允作《驳赦论》进献，说："……自古都是遇到水旱灾害就降德音而赦有罪，开监狱而放囚犯，期图感动天意以救灾。这

种做法不对啊。假若有两人来打官司，一人有罪而另一人无罪，若赦免有罪之人，就会使无罪者含冤。这是造成灾难的做法，并非是救灾的策略啊。这样就会使小人碰到天灾，反而都感到高兴，并会互相劝勉作恶，说："国家将大赦，一定要放我们来救灾了。"如此，就是劝勉民众作恶。天道，本来是福祐为善而祸诫淫乱的，若舍弃恶人而能变灾害为福祥的话，那么，这又是天道喜欢人们作恶了。凡上天降灾，都不过是用来警诫人主节制嗜欲，躬行勤俭，抚恤鳏寡，严正刑罚罢了。"

南唐世家

李昪收买人心

【原文】

及昪秉政，欲收人心，乃宽刑法、推恩信，起延宾亭以待四方之士，引宋齐丘、骆知祥、王令谋等为谋客，士有羁旅于吴者，皆齿用之。尝阴使人察视民间有婚丧匮乏者，往往周济之。盛暑未尝张盖、操扇，左右进盖，必却之，曰："士众尚多暴露，我何用此？"以故温虽遥秉大政，而吴人颇已归昪。

【译文】

等到李昪（取代徐知训）把持吴国朝政后，意欲收买人心，于是宽缓刑罚、推施恩信，建造延宾亭以接待四方来奔之士，擢引宋齐丘、骆知祥、王令谋等为谋客，士人有在吴国旅居的，都按年序任用。他曾暗中派人巡查民间缺乏婚丧之资的人家，（查到后）大多都接济他们。盛夏酷暑时节从未张过盖伞、打过扇，手下人有进献盖伞的，必定推辞掉，说："将士们尚且大多暴露在太阳下，我为什么用它？"因此徐温虽然遥控朝中大权，但吴国人很多已心归李昪了。

国学经典文库

前蜀世家

王衍年少荒淫

【原文】

衍年少荒淫，委其政于宦者宋光嗣、光葆、景润澄、王承休、欧阳晃、田鲁俦等；以韩昭、潘在迎、顾在珣、严旭等为狎客；起宣华苑，有重光、太清、延昌、会真之殿，清和、迎仙之宫，降真、蓬莱、丹霞之亭，飞鸾之阁，瑞兽之门；又作怡神亭，与诸狎客、妇人日夜酣饮其中。尝以九日宴宣华苑，嘉王宗寿以社稷为言，言发涕泣。韩昭等曰："嘉王酒悲尔！"诸狎客共以慢言谑嘲之，坐上諠然。衍不能省也。

【译文】

王衍年纪轻轻，荒淫无道，把国事托给宦官宋光嗣、光葆、景润澄、王承休、欧阳晃、田鲁俦等人；以韩昭、潘在迎、顾在珣、严旭等为狎客；建造了宣

华苑，又有重光、太清、延昌、会真等大殿，有清和、迎仙等寝宫，有降真、蓬莱、丹霞等亭榭，有飞鸾等阁楼，有瑞兽门等豪华建筑；又造作了怡神亭，跟各位狎客、后妃在里边日夜饮酒作乐。曾于九日在宣华苑设宴，他哥哥嘉王王宗寿以"社稷为重"等话规劝他，说着说着哭了起来。狎客韩昭等人说："嘉王喝醉酒哭起来了！"各狎客一起用戏谑侮辱的话嘲弄王宗寿，座上宾客哗然鼎沸。但王衍仍不能幡然醒悟。

破 祥 瑞 说

【原文】

夫破人之惑者，难与争于笃信之时，待其有所疑焉，然后从而攻之可也。麟、凤、龟、龙，王者之瑞，出于五代之际，又皆萃于蜀，此虽好为祥瑞之说者亦可疑也。因其可疑者而攻之，庶几惑者有以思焉。

【译文】

破解人们的迷惑，在他笃信的时候是很难与他争辩的，等到他自己有所怀疑了，然后因势利导地去破解迷惑才可以成功。麒麟、凤凰、龟、龙，是"真龙天子"的祥瑞，但出现在五代之际，又都集中在蜀川，这就使得那些喜欢制造祥瑞之说的人也觉得可疑了。借着他们的可疑而去破解它，差不多就会使迷惑的人有所反思了。

南 汉 世 家

刘龑苛酷侈靡

【原文】

龑性聪悟而苛酷，为刀锯、支解、刳剔之刑，每视杀人，则不胜其喜，不觉朵颐，垂涎呀呷，人以为真蛟蜃也。又好奢侈，悉聚南海珍宝，以为玉堂珠殿。

【译文】

刘龑天性聪明颖悟，但苛毒残酷，制定了刀锯、肢解人体和刳腹、剔骨等刑罚。每次观看行刑杀人，就喜不自胜，不知不觉地嚼动起腮帮子，流涎吞吐，别人觉得他真像是个能发水的蛟龙和蛤蜊。他又喜欢奢侈豪华，聚敛南海（今广州一带）所有珍宝，建造了珠玉为饰的宫殿。

论 十 国 改 元

【原文】

五代十国，称帝改元者七。吴越、荆、楚，常行中国年号。然予闻于故老，谓吴越亦尝称帝改元，而求其事迹不可得，颇疑吴越后自讳之。及旁采闽、楚、南汉诸国之书，与吴越往来者多矣，皆无称帝之事。独得其封落星石为宝石山制

书，称宝正六年辛卯，则知其尝改元矣。

【译文】

五代时的十国，自称皇帝改年号的有七个国家。吴越、荆南（南平）、楚，照旧使用中原帝国的年号。但我曾从前朝遗老那里听说，吴越也曾经改元称皇帝，但却搜求不到具体的记载，颇怀疑是吴越国的后人自己避讳了这件事。后来旁采闽、楚、南汉等国的文件，其中与吴越往来的不少，但都没有吴越称帝改元的迹象。只是得到一篇吴越王封陨石为宝石山的诰书，上边称宝正六年辛卯，则知道吴越也曾经改元称帝。

契丹阿保机称帝

【原文】

契丹比佗夷狄尤顽傲，父母死，以不哭为勇，载其尸深山，置大木上，后三岁往取其骨焚之，酹而咒曰："夏时向阳食，冬时向阴食，使我射猎，猪鹿多得。"其风俗与奚、靺鞨同。至阿保机，稍并服旁诸小国，而多用汉人，汉人教之以隶书之半增损之，作文字数千，以代刻木之约。又制婚嫁，置官号。乃僭称皇帝。自号天皇王。

【译文】

契丹比其他少数民族更加顽强高傲。父母死后，以不哭者为勇士，把尸体载到深山中，放在大树上，三年后再去收取骨头烧掉，祭奠后祷告说："夏天向阳食，冬天向阴食，保佑我射猎时，多获些猪、鹿吃。"风俗和奚族、靺鞨族相同。到了阿保机时，渐渐吞并征服了旁边的许多小国家，而且多任用汉人。汉人教他们用隶书的偏旁增减方法创造了几千个文字，来代替刻木契约。又制定了婚嫁礼仪，设置了官号。于是僭位而自称皇帝，自号天皇王。

【国学经典文库】

宋史

【元】脱脱等

线装书局

序　言

　　北宋、南宋两朝立国三百余年，是中国封建社会一个重要的历史时期。在这一时期，专制主义中央集权制日益加强，农业、手工业、商业等经济领域都得到了很大的发展，科学技术方面出现了新的创造和发明，军事科学和武器装备得到改进，哲学方面出现了总结性的成果，文学方面人才辈出，史学上在修史体裁和史学作品的数量、质量方面都进入新的发展阶段。

　　记载两宋历史的史籍繁多，但最重要应首推纪传体的官修史书《宋史》。《宋史》撰修于元朝末年，由丞相脱脱和阿鲁图先后主持其事。全书有本纪四十七卷，志一百六十二卷，表三十二卷，列传二百五十五卷，共计四百九十六卷，篇幅之多居二十五史之冠。这样一部巨帙，撰写时间仅用了两年多。历时之所以如此之短，主要是因为它是在纪、传、表、志各部分基本完备的宋国史的基础上加工成书的。《宋史》虽然缺点不少，如有时详略不一，剪裁粗糙，取舍不当，甚至一人两传等，但由于它保存了许多宋代的原始资料，因此，至今它仍是我们学习宋代历史的基本史书。

太祖本纪

太祖其人

【原文】

太祖，宣祖仲子也，母杜氏。后唐天成二年生于洛阳夹马营。赤光绕室，异香经宿不散，体有金色，三日不变。既长，容貌雄伟，器度豁如，识者知其非常人。学骑射，辄出人上。尝试恶马，不施衔勒，马逸上城斜道，额触门楣坠地，人以为首必碎，太祖徐起，更追马腾上，一无所伤。

【译文】

太祖，是宣祖赵弘殷的二儿子，母亲是杜氏。后唐天成二年（927）出生在洛阳夹马营，其时红光缭绕室内，异香过宿不散，身上闪着金光，三天仍不变。长大以后，身材魁梧，英气勃勃，豁达大度，气概不凡，有见识的人知道他不是平常人。学习骑马射箭等武事，往往超出一般人之上。曾试骑恶马，不施马嚼子、笼头、缰绳等，马狂奔到城上斜道上，（太祖的）额头触在门框上，掉在地上，别人认为头一定碎了。太祖慢慢爬起来，又追上恶马并一跃而上，一点也没有受伤。

陈桥兵变

【原文】

七年春，北汉结契丹入寇，命出师御之。次陈桥驿，军中知星者苗训引门吏楚昭辅视日下复有一日，黑光摩荡者久之。夜五鼓，军士集驿门，宣言策点检为天子，或止之，众不听。迟明，逼寝所，太宗入白，太祖起。诸校露刃列于庭，曰：“诸军无主，愿策太尉为天子。”未及对，有以黄衣加太祖身。众皆罗拜，呼“万岁”，即披太祖乘马。太祖揽辔谓诸将曰：“我有号令，尔能从乎？”皆下马曰：“唯命！”

【译文】

（后周恭帝显德）七年（960）的春天，北汉纠结契丹入侵后周，恭帝命令太祖出师抵御，驻军在陈桥驿，军中懂星象的苗训引着门吏楚昭辅看到太阳下又有一个太阳，黑光荡漾，持续了很长时间。当夜五更天，军士们会集在驿门，宣言立点检为天子，有人制止，众人不听。天将明时，军士们来到太祖寝所，太宗进去禀告，太祖起身。

“宋太祖黄袍加身处”碑

诸军校拔出刀刃排列在庭中，说：“诸军没有人主宰，愿立太尉您做天子。”没等

回答，有人就把黄袍披在太祖身上，众人都环列而拜，高呼："万岁"，接着扶太祖骑在马上。太祖手挽马缰对众将士说："我有号令，你们能听从吗？"大家都下马回答："遵听您的命令！"

创业垂统之君

【原文】

五季乱极，宋太祖起介胄之中，践九五之位，原其得国，视晋、汉、周亦岂甚相绝哉？及其发号施令，名藩大将，俯首听命，四方列国，次第削平，此非人力所易致也。建隆以来，释藩镇兵权，绳赃吏重法，以塞浊乱之源；州郡司牧，下至令录、幕职，躬自引对；务农兴学，慎罚薄敛，与世休息，迄于丕平；治定功成，制礼作乐。在位十有七年之间，而三百余载之基，传之子孙。世有典则，遂使三代而降，考论声明文物之治，道德仁义之风，宋于汉、唐，盖无让焉。呜呼，创业垂统之君，规模若是，亦可谓远也已矣！

宋太祖赵匡胤像

【译文】

五代时天下混乱到极点，宋太祖奋起于军伍之中，登上皇帝宝座，推究他获得天下的情况，与后晋、后汉、后周难道有很大不同吗？到他发号施令，著名的藩镇首领和大将，俯下身子听从命令，四方的各个国家，先后都被平定，这不是人的力量容易达到的。自建隆定国以来，解除藩镇首领的兵权，制裁贪官污吏，注重法制，来堵塞混乱污浊的源头；上自州郡长官，下至小小的县令、幕僚，都亲自过问、栽培；重视农业，发展教育，刑罚谨慎，赋税轻微，与社会共同休养生息，直到天下太平；社会安定，大功告成，制定推行礼乐教育。在位十七年之间，而将三百多年的业绩，传给子孙。治世有法典准则，于是使夏、商、周三代的社会治况重新降临，考察文明艺术教化的治理，道德仁义的风尚，宋和汉朝、唐朝相比大概是没有逊色的。啊！创出基业留下纲纪的国君，就是这个样子呀。这也可以说是远大宏伟了吧！

太宗本纪

太宗其人

【原文】

帝幼不群，与他儿戏，皆畏服。及长，隆准龙颜，望之知为大人，俨如也。性嗜学，宣祖总兵淮南，破州县，财物悉不取，第求古书遗帝，恒饬厉之，帝由是工文业，多艺能。

【译文】

太宗从小不爱合群，和其他小孩子游戏，大家都害怕地服从他。等长大，高高鼻梁有真龙之像，一看就知道是大人物，一副庄重威严的样子。天性喜欢学习，他父亲宣祖赵宏殷统兵淮南，攻州破县，财物全不要，只是不断搜求古书给太宗，并且总是告诫、勉励他，因此太宗学问精深，多才多艺。

势如破竹灭北汉

【原文】

四年春正月丁亥，命太子中允张洎、著作佐郎句中正使高丽，告以北伐。遣官分督诸州军储输太原行营。……甲子，帝发京师，……三月庚辰朔，次镇州。丁亥，郭进破北汉西龙门砦，禽获甚众。乙未，郭进大破契丹于关南。……

夏四月巳酉朔，岚州行营与北汉军战，破之。庚戌，盂县降。……乙丑，克隆州，获其招讨使李洵等六人。己巳，折御卿克岚州，杀其宪州刺史郭翙，获夔州节度使马延忠。……辛未，辛太原城，诏谕北汉主刘继元使降。……

甲申，继元降，北汉平，凡得州十，县四十，户三万五千二百二十。

宋太宗

【译文】

太宗太平兴国四年（979 年）春天正月的丁亥日，皇上命令太子中允张洎，著作佐郎句中正出使高丽（今朝鲜），告诉他们要北伐。派遣官员分别督促各州军队把军事储备运送到太原军营。……二月甲子日，皇上带兵从京城出发。……三月庚辰朔，驻军在镇州（今河北正定）。丁亥日，郭进攻破北汉的西龙门砦，擒捉并缴获了好多人和物。乙未日，郭进在石岭关南大破契丹军。……

夏季四月初一日，岚州军营和北汉军接战，击败他们。庚戌日，盂县投降。……乙丑日，攻克隆州，俘获北汉军招讨使李洵等六个人。己巳日，折御卿攻克岚州，杀死北汉宪州刺史郭翙（一作霍翙），俘获夔州节度使马延忠。……辛未日，皇上驾临太原城，颁诏让北汉君王刘继元投降。……

五月甲申日，刘继元投降，北汉被平定，总共得到十个州，四十个县，三万五千二百二十户。

王小波、李顺起义

【原文】

四年春……永康军青城县民王小波聚徒为寇，杀眉州彭山县令齐元振。

十二月……戊申，西川都巡检使张玘与王小波战江原县，死之。小波中流矢死，众推其党李顺为帅。

五年春正月……戊午，李顺陷汉州，己未，陷彭州。……己巳，李顺陷成都，知府郭载奔梓州，顺入据之，贼兵四出攻劫州县。

【译文】

太宗淳化四年（993）的春天……永康军青城县百姓王小波招集民众造反，杀死眉州（今四川眉山）彭山县令齐元振。

十二月戊申日，西川都巡检使张玘和王小波在江原县作战，为此而死。王小波中流矢而死，众人推选他的同党李顺做元帅。

淳化五年春天正月……戊午日，李顺攻陷汉州，己未日，攻陷彭州。……己巳日，李顺攻陷成都，知府郭载逃奔梓州，李顺进驻占领，起义军四处攻城占县。

得民心者得天下

【原文】

帝沉谋英断，慨然有削平天下之志。既即大位，陈洪进、钱俶相继纳土。未几，取太原，伐契丹，继有交州、西夏之役。干戈不息，天灾方行，俘馘日至，而民不知兵；水旱螟蝗，殆遍天下，而民不思乱。其故何也？帝以慈俭为宝，服浣濯之衣，毁奇巧之器，却女乐之献，悟畋游之非。绝远物，抑符瑞，闵农事，考治功。讲学以求多闻，不罪狂悖以劝谏士，哀矜恻怛，勤以自励，日晏忘食。至于欲自焚以答天谴，欲尽除天下之赋以纾民力，率有五兵不试，禾稼荐登之效。是以青、齐者耋之叟，愿率子弟治道请登禅者，接踵而至。君子曰："得乎丘民而为天子"，帝之谓乎？

【译文】

皇上深沉多谋英明果断，慷慨有平定统一天下的志向。即皇位以后，陈洪进，钱俶相继献出土地。时间不长，夺取太原，讨伐契丹，接着又有交州、西夏的战役，战争不断，天灾

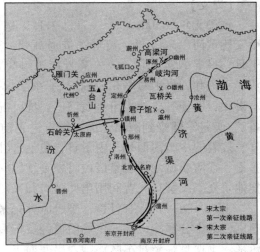

宋太宗北征图

正盛行，俘虏每天都送来，而老百姓不知道有战事；水灾、旱灾、螟灾、蝗灾几乎遍天下，而老百姓却不想造反，这是为什么呢？皇上以慈悲节俭作为宝，穿一再洗过的衣服，捣毁珍奇巧妙的玩物，拒绝所进献的美女音乐，认识到出猎游玩的坏处。杜绝物欲，抑制神事，关心农业，考察政绩。讲究学问以求得博学多闻，不惩罚悖逆言行来鼓励直言敢谏之士，哀怜体恤百姓的疾苦，勤勉自励，往

往为公事忙到天晚而忘了吃饭。以至于要自焚来抵消上天的责罚，要除去天下的全部赋税来使民力得到宽舒。最终获得不动刀兵、庄稼连续丰登的功效。因此青州、齐地的年老长者，愿意率领子弟平整道路请皇上登泰山封禅的情况接踵而来。君子说："获得百姓的拥护方能当好天子"，大概说的就是太宗皇帝吧！

真宗本纪

澶渊之盟

【原文】

（十一月）己未，遣使安抚河东诸州，契丹逼冀州……庚午，车驾北巡……王继忠数驰奏请和，帝谓宰相曰："继忠言契丹请和，虽许之，然河冰已合，且其情多诈，不可不为之备。"契丹兵至澶州北，直犯前军西阵，其大帅挞览耀兵出阵。俄中伏弩死。丙子，帝次澶州。渡河，幸北砦，御城北楼，召诸将抚慰。郓州得契丹谍者，斩之。戊寅，曹利用使契丹还。

十二月庚辰朔，日有食之，契丹使韩杞来讲和。……甲午，车驾发澶州，大寒，赐道傍贫民襦裤。乙未，契丹使丁振以誓书来。丁酉，契丹兵出塞。

宋真宗

【译文】

景德元年（1004）十一月己未日，皇上派使臣安抚黄河以东各州，契丹军进逼冀州。……庚午日，皇上御驾征北。……契丹派王继忠几次急切要求讲和，皇上对宰相寇准说："继忠说契丹要求讲和，即使答应他，可是黄河已封冻，况且契丹向来多诡诈，不能不为此作防备。"契丹军队来到澶州北面，径直进犯前军西阵，他们的大帅挞览亮出兵器出阵，接着便中暗箭而死。丙子日，皇上进驻澶州。接着渡过黄河，亲临北寨探望军士，在澶州城北楼召集诸位将领宴饮慰问。郓州捉到一个契丹间谍，便果断地把他杀死。戊寅日，曹利用出使契丹归来。

十二月初一日，有日食，契丹派韩杞来讲和。……甲午日，皇车从澶州出发归京，天十分寒冷，皇上令赐给道旁贫苦百姓袄裤。乙未日，契丹派丁振把和约送来。丁酉日，契丹军队还师，出塞而去。

泰 山 封 禅

【原文】

庚戌，法驾临山门，黄云覆辇，道经险峻，降辇步进。先夕大风，至是顿息。辛亥，享昊天上帝于圆台，陈天书于左，以太祖、太宗配。帝衮冕奠献，庆

云绕坛，月有黄光；命群臣享五方帝诸神于山下封祀坛，上下传呼万岁，振动山谷。降谷口，日有冠带，黄气纷郁。壬子，禅社首，如封祀仪。紫气下覆，黄光如星绕天书匣。纵四方所献珍禽奇兽。还奉高宫，日重轮，五色云现。作会真宫。癸丑，御朝觐坛之寿昌殿，受群臣朝贺。大赦天下，常赦所不原者咸赦除之。

【译文】

大中祥符元年（1008）十月的庚戌日，宋真宗封禅的仪仗来到泰山天门，黄云笼罩车辇，道路十分险要，皇上便下辇步行。这一晚大风，到这时顿时平息。辛亥日，在山顶圆坛上祭祀上天玉帝，把天书放在左边，以太祖、太宗的灵位作陪侍。皇上穿礼服、戴冕旒恭肃祭奠。祥云缭绕坛上，月亮放出黄光；同时命令群臣在山下封祀坛上祭祀五方大帝和众神仙。山上山下齐呼"万岁"，喊声震动山谷。等皇上下到谷口，看到太阳初升，好像上有黄冠下有彩带，黄气纷纭蒸腾。壬子日，祭祀土地神，同祭天的仪式相似。紫气向下笼盖，黄光像星星一样缭绕天书匣。于是把四方献的珍禽异兽放生。返回奉高宫时，太阳出现重轮，五色祥云出现缭绕在会真宫上空。癸丑日，皇上驾临坛上的寿昌殿，接受群臣朝驾。大赦天下，连以往大赦所不赦的也全部赦免。

仁宗本纪

天 圣 赈 灾

【原文】

六月丁亥，建、剑、邵武等州军大水，诏赐被灾家米二石，溺死者官瘗之。庚寅，大雨震电，京师平地水数尺。辛卯，避正殿，减常膳。丁酉，降天下囚罪一等，徒以下释之。畿内、京东西、淮南、河北被水民田蠲其租。癸卯，诏官物漂失，主典免偿。流徙者，所在抚存之。

【译文】

仁宗天圣四年（1026）六月丁亥日，建州、剑州、邵武军等地遇大水，皇上颁诏赐给每户受灾人家米二石，淹死的人由官家掩埋。庚寅日，霹雷大雨，京城中平地水深几尺。辛卯日，皇上离开正殿，减缩平常膳食。丁酉日，令天下犯人降罪一等，徒刑以下的释放。京畿以内，京城东西，淮河以南、黄河以北遭水淹的民田免去租税。癸卯日，降诏，公家物品被水冲走，负责人员免于赔偿。被流放的，由所在的地方抚恤存问。

英宗本纪

谦 恭 好 读

【原文】

帝天性笃孝，好读书，不为燕嬉亵慢，服御俭素如儒者。每以朝服见教授，

曰："师也，敢弗为礼。"时吴王宫教授吴充进《宗室六箴》，仁宗付宗正＊，帝书之屏风以自戒。

【译文】

英宗皇上天性纯孝，喜欢读书，不做嬉游玩乐的事情，穿的用的节俭朴素就像一个儒者。常穿着礼服见教师，说："这是对教师啊，怎么敢不以礼相见呢？"当时吴王宫的教授吴充献《宗室六箴》，仁宗把它给了当时任宗正的官英宗皇上，皇上马上把它写在屏风上用来警诫自己。

帝女不应避舅姑之尊

【原文】

一日，语神宗曰："国家旧制，士大夫之子有尚帝女，皆升行以避舅姑之尊，义甚无谓。朕尝思此，寤寐不平，岂可以富贵之故，屈人伦长幼之序也？可诏有司革之。"

晋祠侍女像　宋

【译文】

有一天，英宗皇上对神宗说："按国家的旧制度，士大夫的儿子有娶皇上女儿的，公主们都因高身价而避开公婆的尊长地位，这于道理上很讲不过去。我醒时睡时都为此不平静，怎么能因为皇家豪富高贵的缘故而歪曲了一般的人伦长幼之序呢？可以降诏让主管部门改了这规矩。"

神宗本纪

天 性 好 学

【原文】

帝隆准龙颜，动止皆有常度。而天性好学，请问至日晏忘食，英宗常遣内侍止之。帝正衣冠拱手，虽大暑未尝用扇。侍讲王陶入侍，帝率弟颢拜之。

【译文】

神宗皇上高鼻龙颜，举止行动都符合礼仪规范。天性爱学习，请教学问有时会直到天晚忘了吃饭，英宗常派内侍去制止他。皇上穿得整整齐齐拱手站立，即使大暑天也从未用过扇子。侍讲官王陶入内宫侍读，皇上带着弟弟赵颢一起拜见他。

议行王安石新法

【原文】

甲子，陈升之、王安石创置三司条例，议行新法。……

六月丁巳，右谏议大夫、御史中丞吕诲以论王安石，罢知邓州。……

八月癸卯，侍御史刘锜贬监处州盐酒务，御史里行钱颛贬监衢州盐锐，亦以论安石故。乙巳，殿中侍御史孙昌龄以论新法，贬通判蕲州。丙午，同修起居注范纯仁以言事多忤安石，罢同知谏院。

【译文】

（神宗熙宁二年［1069］二月）甲子日，陈升之、王安石创置三司条例，商议推行新法。……

六月丁巳日，右谏议大夫、御史中丞吕诲因为议论王安石而罢为邓州（今河南邓州市）知州。……

八月癸卯日，侍御史刘锜被贬监处州（今浙江丽水）盐酒务，御史里行钱颛被贬监衢州（今浙江衢江区）盐税，也是因为议论王安石的缘故。乙巳日，殿中侍御史孙昌龄因为议论新法，贬为蕲州（今湖北蕲州）通判。丙午日，同修起居注范纯仁因为言事多抵触王安石，被罢为同知谏院。

事与愿违诚可叹

【原文】

其即位也，小心谦抑，敬畏辅相，求直言，察民隐，恤孤独，养耆老，振匮乏；不治宫室，不事游幸，励精图治，将大有为。未几，王安石入相。安石为人，悍悍自信，知祖宗志吞幽蓟、灵武，而数败兵，帝奋然将雪数世之耻，未有所当，遂以偏见曲学起而乘之。青苗、保甲、均输、市易、水利之法既立，而天下汹汹骚动，恸哭流涕者接踵而至。帝终不觉悟，方断然废逐元老，摈斥谏士，行之不疑。卒致祖宗之良法美意，变坏几尽。自是邪佞日进，人心日离，祸乱日起，惜哉！

【译文】

神宗皇上即位以后，小心谦恭，尊重宰辅相臣，诏求谏言，考察民间弊端，抚育无父无母的孩子，奉养年纪高迈的老人，救济贫困的人家。不修建宫室，不从事游乐。励精图治，将大有所为。时间不长，王安石入朝为相。王安石为人，十分自信，知道先帝祖宗立志吞并辽国和西夏，但屡次兵败，皇上奋然打算洗雪几代的耻辱，但没有相当的措施，于是让偏狭邪曲的治国之术兴起。青苗、保甲、均输、市易、水利这些新法制出以后，天下便骚动不安。痛哭流涕陈说新法弊端的大臣接踵而至。而皇上始终不觉悟，并断然废逐老臣，摈斥敢谏之士，继续推行以上革新，毫不怀疑。以至最终让祖宗的治国好方法、好主张，几乎全被毁坏。从此以后，奸邪之徒天天上升，百姓的心却一天天远离，祸乱每天都会产生，可惜呀！

哲宗本纪

正风俗，修纪纲

【原文】

六月甲辰，置《春秋》博士。吕惠卿落职，分司南京、苏州居住。戊申，以富弼配享神宗庙庭。庚戌，太白昼现。甲寅，诏正风俗，修纪纲，勿理隐疵细故。复置通利军。程颐上疏论辅养君德。

秋七月丁巳，置检法官。辛酉，设十科举士法。……八月辛卯，诏常平依旧法，罢青苗钱。

宋哲宗

【译文】

（哲宗元祐元年〔1091〕）六月甲辰日，设解释《春秋》经义的讲经博士。曾大力支持王安石变法的吕惠卿落职，改作管理南京、苏州的地方官。戊申日，以太师、韩国公富弼的神位配享神宗庙庭。庚戌日，太白星白天显现。甲寅日，降诏端正风俗，整修纪纲，不要在小小弊端上纠缠不清。重新设通利军。程颐献上《论辅养君德》的奏疏。……

秋季七月丁巳日，设置检法官。辛酉日，创设十科举士法以荐举人才。……八月辛卯日，降诏依照旧法，停止施行王安石的青苗法。

黜课绩不实者

【原文】

二月甲戌朔，令监司举本路学行优异者各二人。……辛巳，增置神臂弓。诏："自今应被旨举官，所举不当，具举主姓名以闻。"……乙未，诏吏部："守令课绩，从御史台考察，黜其不实者。"

【译文】

（哲宗元符二年〔1099〕）二月初一日，诏令监司举荐本路中品行学问优异的各两个人。……辛巳日，增设神臂弓。降诏："从今后应按圣旨推荐官员，举荐不当的，要报上举荐人的姓名让皇上知道。"……乙未日，降诏给吏部："太守县令的政绩考核，随御史台考察，罢免那些课绩不实的官员。"

旧奸未尽，宋政益敝

【原文】

哲宗以冲幼践阼，宣仁同政。初年召用马、吕诸贤，罢青苗、复常平，登俊良，辟言路，天下人心，翕然向治。而元祐之政，庶几仁宗。奈何熙、丰旧奸桥去未尽，已而媒蘖复用，卒假绍述之言，务反前政，报复善良，驯至党籍祸兴，君子尽斥，而宋政益敝矣。吁，可惜哉！

【译文】

哲宗在幼年登上帝位，与宣仁圣烈皇后共同执政。继位初年召用司马光、吕公著等诸位贤臣，罢青苗法，恢复常平法，使良才登政，广开言路，天下人心，都平稳地趋向大治。从而使元祐年间的治理，几乎能与仁宗年间相比。无奈神宗熙宁、元丰年间的旧奸党驱除未尽，时间不长，诽谤构陷的风气又起、复用旧党，最终假借继承神宗名义，务必推翻从前的政策。报复善良人士，渐渐至于诬人为奸党兴起祸端，君子尽被排斥，于是宋朝的政治便更加败坏了。唉，可惜呀！

徽宗本纪

宋徽宗之确立

【原文】

元符三年正月己卯，哲宗崩，皇太后垂帘，哭谓宰臣曰："家国不幸，大行皇帝无子，天下事须早定。"章惇厉声对曰："在礼律当立母弟简王。"皇太后曰："神宗诸子，申王长而有目疾，次则端王当立。"惇又曰："以年则申王长，以礼律则同母之弟简王当立。"皇太后曰："皆神宗子，莫难如此分别，于次端王当立。"知枢密院曾布曰："章惇未尝与臣等商议，如皇太后圣谕极当。"尚书左丞蔡下、中书门下侍郎许将相继曰："合依圣旨。"皇太后又曰："先帝尝言，端王有福寿，且仁孝，不同诸王。"于是惇为之默然。乃召端王入，即皇帝位，皇太后权同处分军国事。

宋徽宗赵佶

【译文】

元符三年（1100）正月己卯日，哲宗驾崩，皇太后垂帘临朝，哭着对宰臣们说："国家不幸，哲宗皇上没有儿子，天下事应当早定。"章惇高声回说："按照律例应当立皇上的同母弟简王。"皇太后说："神宗的诸位皇子，申王年长但有眼病，其次就应当立端王。"章惇又说："按年

龄申王年长，按礼法律例则是同母弟简王当立。"皇太后说："都是神宗的皇子，用不着这样难以处理，按长次端王当立。"知枢密院曾布说："章惇没和我们这些人商议，按皇太后的圣谕就极恰当。"尚书左丞蔡卞，中书门下侍郎许将相继说："应当遵照圣旨。"皇太后又说："先帝曾说，端王有福寿之相，并且仁义孝道，不同于其他诸位王子。"章惇便默不作声。于是就召端王入宫，即皇帝位，皇太后暂时共同处理军国大事。

靖 康 之 耻

【原文】

靖康元年正月己巳，诣亳州太清宫，行恭谢礼，遂幸镇江府。四月己亥还京师。明年二月丁卯，金人胁帝北行。绍兴五年四月甲子，崩于五国城，年五十有四。七年九月甲子，凶问至江南，遥上尊谥曰圣文仁德显孝皇帝，庙号徽宗。

【译文】

宋钦宗靖康元年（1126）正月己巳日，徽宗皇上南逃到亳州（今属安徽）瞻仰道家之地上清宫，恭恭敬敬行礼。随后又驾幸镇江府（今属江苏）。四月己亥日回到京城。第二年的二月丁卯日，金人把两位皇上掳到北方。绍兴五年（1135）四月甲子日，徽宗驾崩于金的五国城，年纪五十四岁。七年九月甲子日，凶讯传到江南，遥上谥号称圣文仁德显孝皇帝，庙号徽宗。

钦 宗 本 纪

乱时即帝位

【原文】

宣和七年十二月戊午，除开封牧。庚申，徽宗诏皇太子嗣位，自称曰道君皇帝，趣太子入禁中，被以御服。泣涕固辞，因得疾，又固辞，不许。辛酉，即皇帝位，御垂拱殿见群臣。

【译文】

徽宗宣和七年（1125）十二月戊午日，皇太子被委任为开封府长官。庚申日，徽宗颁诏让皇太子继位，自称道君皇帝，催促太子到宫禁中，把御服披在他身上。太子哭着执意推辞，因为生病，又坚决推辞，仍不被允许。辛酉日，钦宗即皇帝位，在垂拱殿召见诸大臣。

万人上书复李纲

【原文】

二月丁酉朔，命都统治姚平仲将兵夜袭金人军，不克而奔。戊戌，罢李纲以谢金人，废亲征行营司。金人复来议和。庚子，命驸马都尉曹晟使金军。辛丑，

又命资政殿大学士宇文虚中、知东上阁门事王球使之，许割三镇地。太学诸生陈东等及都民数万人伏阙上书，请复用李纲及种师道，且言李邦彦等疾纲，恐其成功，罢纲正坠金人之计。会邦彦入朝，众数其罪而骂。吴敏传宣，众不退，遂挝登闻鼓，山呼动地。殿帅王宗濋恐生变，奏上勉从之。遣耿南仲号于众曰："已得旨宣纲矣。"内侍朱拱之宣纲后期，众脔而磔之，并杀内侍数十人。乃复纲右丞，充京城防御使。

李纲

【译文】

靖康元年〔1126〕二月初一日，命令都统制姚平仲率兵夜袭金人军营，未胜而逃奔。戊戌日，罢免李纲的官职以向金人谢罪，废了亲征行营司。金人又来议和。庚子日，命令驸马都尉曹晟出使金军。辛丑日，又诏令资政殿大学士宇文虚中、知东上阁门事王球出使，允许割让太原、中山、河间三镇地。太学诸生陈东等及京城百姓几万人俯伏宫阙上书，请求重新起用李纲和种师道，并说李邦彦等人嫉妒李纲，怕他成功，罢李纲正中了金人之计。适逢李邦彦入朝，众人历数他的罪恶而骂。吴敏传话，众人不退，于是击起登闻鼓，呼声动地。殿帅王宗濋恐怕发生变故，奏皇上勉强顺从众人请求。于是派耿南仲发号于众人说："已得到圣旨招用李纲了。"内侍朱拱之宣布李纲待以后起用，众人把他碎尸万段，并一起杀了内侍几十人。皇上才恢复李纲为尚书右丞，充任京城防御使。

金人胁帝北行

【原文】

夏四月庚申朔，大风吹石折木。金人以帝及皇后、皇太子北归。凡法驾、卤簿，皇后以下车辂、卤簿、冠服、礼器、法物，大乐、教坊乐器，祭器、八宝、九鼎、圭璧，浑天仪、铜人、刻漏，古器、景灵宫供器，太清楼秘阁三馆书、天下州府图及官吏、内人、内侍、技艺、工匠、娼优，府库畜积，为之一空。辛酉，北风大起，苦寒。

【译文】

（靖康二年〔1127〕）夏四月初一日，大风吹起石头，吹折树木。金人胁迫皇帝及皇后、皇太子北归金国。一应法驾、卤簿，皇后以下的车辆、卤簿、冠服、宫廷礼器、法物，皇廷大乐、教坊乐器、八宝、九鼎、圭璧，浑天仪、铜人、刻漏、古器、景灵宫的供器，太清楼秘阁三馆图书、天下州府地图以及官吏、宫人、内侍、艺人、工匠、娼优，府库的蓄积，全被掳掠一空。辛酉日，北风剧烈刮起，天酷寒。

高宗本纪

康王、邦昌留质金军

【原文】

靖康元年春正月，金人犯京师，军于城西北，遣使入城，邀亲王、宰臣议和军中。朝廷方遣同知枢密院事李梲等使金，议割太原、中山、河间三镇，遣宰臣授地，亲王送大军过河。钦宗召帝谕指，帝慷慨请行。遂命少宰张邦昌为计议使，与帝俱。金帅斡离不留之军中旬日，帝意气闲暇。二月，会京畿宣抚司都统制姚平仲夜袭金人砦不克，金人见责，邦昌恐惧涕泣，帝不为动，斡离不异之，更请肃王。癸卯，肃王至军中，许割三镇地。进邦昌为太宰，留质军中，帝始得还。

【译文】

（靖康元年〔1126〕）春正月里，金人进犯京师，驻军在城西北面，派遣使者进京城，邀请亲王、宰臣到军营中议和。朝廷才差同知枢密院事李梲等出使金军，商议割太原、中山、河间三镇，派宰相授给土地，派亲王送大军过黄河。钦宗召高宗皇帝（当时的康王）讲明圣意，皇上慷慨请求出发。于是命令少宰张邦昌作计议使，和高宗皇上一起前往。金军元帅斡离不把他们留在军中十来天，皇上神情悠闲。二月里，适逢京城附近宣抚司都统制姚平仲夜袭金人营砦没能取胜，被金人怪罪，张邦昌怕得哭泣起来，皇上不为所动，斡离不感到他不平常，要求更换肃王为质。癸卯日，肃王来到金人军中，许愿割给三镇地。进封张邦昌为太宰，留在金军中作人质，皇上才得以归国。

岳飞郾城大败兀术

【原文】

秋七月癸卯，岳飞遣将张应、韩清入西京，会李兴复永安军。丙午，以御史中丞王次翁参知政事。己酉，岳飞及兀术战于郾城县，败之。……甲寅，岳飞遣统制杨再兴、王兰等击金人于小商桥，皆战死。乙卯，金人攻颍昌，岳飞遣将王贵、姚政合兵力战，败之。壬戌，飞以累奉诏班师，遂自郾城还，军皆溃，金人追之不及，颍昌、蔡、郑诸州皆复为金有。

岳飞

【译文】

（宋高宗绍兴十年〔1140〕）秋七月癸卯日，岳飞派将领张应、韩清到西京河南府，会同李兴恢复永安军。丙午日，委御史中丞王次翁参知政事。己酉

日，岳飞与金兀术在郾城大战，打败金人。……甲寅日，岳飞派统制杨再兴、王兰等在小商桥截击金人，都战死。乙卯日，金人进攻颍昌，岳飞派将领王贵、姚政会合兵马努力奋战，打败金人。壬戌日，岳飞因为多次接到诏书要他班师，于是从郾城还师，军士都很丧气，金人追赶没有追上。颍昌、蔡州、郑州等都重新被金人占领。

岳飞下狱，金人猖獗

【原文】

冬十月丙寅朔，金人陷泗州，遂陷楚州。丁卯，命枢密都承旨郑刚中宣谕川、陕。戊辰，杨政及金人战于宝鸡县，败之，禽通检宇董。乙亥，兀术遣刘光远等还。戊寅，诏修玉牒。下岳飞、张宪大理狱，命御史中丞何铸、大理卿周三畏鞫之。壬午，遣魏良臣、王公亮为金国禀议使。……癸巳，韩世忠罢为醴泉观使，封福国公。是月，金人陷濠州，邵隆复陕州。

【译文】

（高宗绍兴十一年〔1141〕）冬十月初一日，金人攻陷泗州，随后又攻陷楚州。丁卯日，命令枢密都承旨郑刚中宣谕颍川、陕州地区。戊辰日，杨政和金人在宝鸡县作战，战败敌人，捉拿了通检官宇董。乙亥日，兀术遣刘光远等人归国。戊寅日，诏令修订皇族谱牒。岳飞、张宪被下到大理狱中，命令御史中丞何铸、大理寺卿周三畏审讯他们。壬午日，派魏良臣、王公亮做出使金国的禀议使。……癸巳日，韩世忠被罢为醴泉观使，封为福国公。当月，金人攻陷濠州，邵隆恢复陕州。

岳飞屈死大理寺

【原文】

十二月……癸巳，赐岳飞死于大理寺，斩其子云及张宪于市，家属徙广南，官属于鹏等论罪有差。

【译文】

（高宗绍兴十一年〔1141〕）十二月……癸巳日，岳飞在大理寺被赐死，他的儿子岳云和张宪被斩首在市曹，家属被流放到广南路，他的下属于鹏等人也都分别判罪。

昭媾和之心，弭边事之议

【原文】

三月……乙丑，以东平府进士梁勋伏阙上书言北事，送千里外州军编管。丙寅，诏曰：“讲和之策，断自朕志，秦桧但能赞朕而已，岂以其存亡而渝定议耶？近者无知之辈，鼓倡浮言，以惑众听，至有伪撰诏命，召用旧臣，抗章公车，妄

岳飞墓

议边事，朕甚骇之。自今有此，当重置典宪。"

【译文】

（绍兴二十六年［1156］）三月……乙丑日，因为东平府进士梁勋伏殿上书谈与金国议和的事，送到千里以外州军里编管。丙寅日，降诏说："讲和的决定，出自我的思想，秦桧只能支持我罢了，难道因为他的死亡要背弃已定的盟约吗？近来无知之辈，以虚浮的言论挑拨鼓动，来迷惑众人，甚至有假托圣旨、召用旧臣、违抗政府命令、胡乱议论边事的事情发生，我感到很震惊。从今后再有这种事情发生，一定要按法令重重制裁。"

孝宗本纪

高宗选储

【原文】

高宗曰："太祖以神武定天下，子孙不得享之，遭时多艰，零落可悯。朕若不法仁宗，为天下计，何以慰在天之灵。"于是诏选太祖之后。同知枢密院事李回曰："艺祖不以大位私其子，发于至诚。陛下为天下远虑，合于艺祖，可以昭格天命。"参知政事张守曰："艺祖诸子，不闻失德，而传位太宗，过尧、舜远甚。"高宗曰："此事不难行，朕于'伯'字行中选择，庶几昭穆顺序。"而上虞丞娄寅亮亦上书言："昌陵之后，寂寥无闻，仅同民庶。艺祖在上，莫肯顾歆，此金人所以未悔祸也。望陛下于'伯'字行内选太祖诸孙有贤德者。"高宗读之，大感叹。

【译文】

宋高宗说："太祖皇帝凭着非凡的武功奠定了国家，可是子孙们未能享有它，

现在正值时势艰难，零落在外实在令人怜悯。我若不效法仁宗皇帝选储的做法，为国家的前途命运着想，还能用什么来告慰他们的在天之灵呢?"因此下令从太祖的后代中选择太子。同知枢密院事李回说:"艺祖不以皇位之尊偏私自己的儿子，是出于对国家的衷心，陛下为国家从远计谋，完全符合艺祖的意愿，可以以此显示出对天命的顺应。"参知政事张守说:"艺祖的儿子们，未听说有丧失德义的，可是他把皇位传给太宗(太祖的三弟)，他的禅让风格远远超过了尧、舜。"高宗说:"这件事不难办，我从'伯'字辈中选择太子，也许可以符合昭穆的顺序。"上虞县县丞娄寅亮也给皇上写信说:"自昌陵以后，艺祖的儿孙默默无闻，只是混同于平民百姓，艺祖有灵在天，不肯回头光顾儿孙们对他的祭祷，这正是金国未能改悔并制造灾祸的原因。希望陛下能从'伯'字辈中选择贤能仁德的太祖子孙充当太子。"高宗读了这封信，大为感慨。

孝宗破秦桧以子代相之谋

【原文】

二十四年，衢州盗起，秦桧遣殿前司将官辛立将千人捕之，不以闻。帝入侍言之，高宗大惊。明日以问桧，桧谓不足烦圣虑，故不敢闻，俟朝夕盗平则奏矣。桧退，知为帝言，忌之。及桧疾笃，其家秘不以闻，谋以子熺代相，帝又密启高宗破其奸。

杭州岳王庙秦桧夫妇铁铸跪像

【译文】

绍兴二十四年(1154)，衢州(今浙江衢江区一带)起了盗贼，秦桧派殿前司将官辛立率领一千人捕杀他们，没把这件事让高宗知道。孝宗进宫陪伴皇上时说了这件事，高宗非常吃惊。第二天高宗就此事追问秦桧，秦桧说这事不足以麻烦皇上去考虑，所以没敢报告皇上，等到早晚之间很快平息了盗贼再上报。秦桧退下去后，知道这件事是孝宗说的，非常憎恨他。待秦桧病重的时候，他的家人保守秘密而不把这消息告诉皇上，阴谋让他的儿子秦熺取代宰相职位，孝宗又秘密地向高宗做了陈述，从而戳穿秦桧的奸计。

孝宗意未遂而终

【原文】

高宗以公天下之心，择太祖之后而立之，乃得孝宗之贤，聪明英毅，卓然为南渡诸帝之称首，可谓难矣哉。

即位之初，锐志恢复，符离邂逅失利，重违高宗之命，不轻出师，又值金世宗之立，金国平治，无衅可乘。然易表称书，改臣称侄，减去岁币，以定邻好，金人易宋之心，至是亦寝异于前日矣。故世宗每戒群臣积钱谷，谨边备，必曰："吾恐宋人之和，终不可恃。"盖亦忌帝之将有为也。天厌南北之兵，欲休民生，故帝用兵之意弗遂而终焉。

宋孝宗

【译文】

宋高宗以对国家大公无私的胸怀，选择了太祖的后代立为太子，这才得到了孝宗的贤才，孝宗英明坚毅，卓超地可立于南渡以后宋朝诸位皇帝之首，可以说是十分难能可贵的啊。

（孝宗）刚登上皇位的时候，决心挥师北伐收复失地，可是在符离（今安徽宿县北符离集）偶然失败，再次违逆高宗的命令，不肯轻易出兵。同时又适逢金世宗完颜雍立为金主，金国太平安宁，没有间隙可乘。然而能把对金国的"奏表"改称"书信"，把对金国称臣改为称侄，削减了每年奉送给金国的钱财，定下了与邻国的友好关系，金人轻视宋朝的思想，至此也就渐渐不同于以前了。所以金世宗每每告诫大臣们蓄积钱粮，认真加强边防时，必定说："我担心宋人的议和，最终靠不住。"大概也是害怕孝宗皇帝将来有复国的作为。老天厌恶南北的战事，想让老百姓休养生息，因此皇上用武力复国的心愿没有达到就终止了。

光 宗 本 纪

孝宗缓立储

【原文】

及庄文太子薨，孝宗以帝英武类己，欲立为太子，而以其非次，迟之。乾道六年七月，太史奏：木、火合宿，主册太子，当有赦。是时，虞允文相，因请蚤建储贰。孝宗曰："朕久有此意，事亦素定。但恐储位既正，人性易骄，即自纵逸，不勤于学，浸有失德。朕所以未建者，更欲其练历庶务，通知古今，庶无后悔尔。"

【译文】

　　待到庄文太子去世，孝宗认为光宗皇帝英明果断很像自己，想立他为太子，但因为他不是次子，所以事情迟延下来，乾道六年（1171）七月，太史官禀奏：木星、火星会合在同一位置，主封立太子，应当实行大赦。这时，虞允文做宰相，借此恳请皇上早些确立太子。孝宗说："我早就有这个意思，这事一向就定好了。但担心太子地位一旦确立下来，人的思想容易骄傲，自己就会恣纵放荡，不勤奋学习，慢慢丧失德操。我之所以未立太子，还想让他进一步熟练经历各种事务，通晓古今事情，（这样）也许就不会有后悔了。"

意怠而业衰

【原文】

　　光宗幼有令闻，向用儒雅。逮其即位，总权纲，屏嬖幸，薄赋缓刑，见于绍熙初政，宜若可取。及夫宫闱妒悍，内不能制，惊忧致疾。自是政治日昏，孝养日怠，而乾、淳之业衰焉。

【译文】

　　宋光宗年少时有美好的声誉，敬重任用博学文雅的士人。待他登上皇位，总揽大权，抵制受宠臣僚的谗言，薄敛赋税减缓刑罚，从绍熙初年的政治情况来看，应该说有可取之处。待到那王妃之间妒忌凶残成风，内宫难以控制时，他惊恐忧虑造成疾病。从此政务一天天混乱，孝敬赡养长辈之心一天天懈怠，孝宗乾道、淳熙年间开创的事业也就衰败下来。

宁宗本纪

策拥宁宗继位

【原文】

　　五年六月戊戌，孝宗崩，光宗以疾不能出。……丁未，宰臣奏云："皇子嘉王，仁孝夙成。宜正储位，以安人心。"越六日，奏三上，从之。明日，遂拟旨以进。是夕，御批付丞相云："历事岁久，念欲退闲。"

　　七月辛酉，留正以疾辞去。知枢密院事赵汝愚见正去，乃遣韩侂胄因内侍张宗尹以禅位嘉王之意，请于太皇太后，不获。遇提举重华宫关礼，侂胄因其问，告之。礼继入内，泣请于太皇太后，太皇太后乃悟，令谕侂胄曰："好为之！"侂胄出，告汝愚，命殿帅郭杲夜分兵卫南北内。

　　翌日禅祭，……汝愚率同列再拜，奏："皇帝疾，不能执丧，臣等乞立皇子嘉王为太子，以安人心。"乃奉御批八字以奉。太皇太后曰："既有御笔，卿当奉行。"汝愚曰："内禅事重，须议一指挥。"太皇太后允诺。汝愚袖出所拟以进，云："皇帝以疾，未能执丧，曾有御笔，欲自退闲，皇子嘉王扩可即皇帝位。……"太皇太后览毕，曰："甚善。"

【译文】

　　绍熙五年（1194）六月戊戌，孝宗逝世，光宗因病不能出面料理丧事。……丁未，宰臣上奏章说："皇子嘉王，仁德孝心素常已经形成。应该确立他的太子地位，以此安定人心。"过了六天，又几次上奏章，光宗听从了他们的意见。第二天，便草拟了皇上的诏令送进宫。这天晚上，皇上作了批复递给丞相说："经管国家大事已经多年，早有退位休闲的念头。"

　　七月辛酉，宰相留正因病告辞离职。知枢密院事赵汝愚见留正离去，便派韩侂胄随着内侍官张宗尹以光宗让位给嘉王的意思，向太皇太后请示，没得到准许。遇上重华宫提举官关礼，韩侂胄因为他问起这件事，便告诉了他。关礼进入宫内，哭着向太皇太后请求，太皇太后这才恍然大悟，下令告诉韩侂胄说："好好地处理这件事！"韩侂胄出来，报告了赵汝愚，命令殿帅郭杲夜里分兵保卫南北宫。

　　第二天举行禫祭，……赵汝愚带领着同僚们再拜，向太皇太后禀告说："皇帝有病，不能出来执掌丧事，我们请求确立皇子嘉王为太子，以此来安定人心。"于是捧出皇帝批的八个字献上去。太皇太后说："既然有皇帝的亲笔批复，你们应当遵照执行。"赵汝愚说："内禅事很重大，必须拟定一个诏令。"太皇太后答应了。赵汝愚从袖子里掏出他们草拟的诏令送上去，命令说："皇帝因为有病，不能主管丧事，曾经有亲笔字，愿自动退位闲居，皇子嘉王赵扩可以继承皇位……。"太皇太后看完了，说："很好。"

密斩韩侂胄

【原文】

　　十一月甲戌，诏：韩侂胄轻启兵端，罢平章军国事；陈自强阿附充位，罢右丞相。乙亥，礼部侍郎史弥远等以密旨命权主管殿前司公事夏震诛韩侂胄于玉津园。

【译文】

　　开禧三年（1207年）十一月甲戌曰，皇上下达指令：韩侂胄轻率用兵，罢免他的平章军国事职务；陈自强追随迎合韩侂胄居充相位，罢免他的右丞相职务。乙亥，礼部侍郎史弥远等凭皇上的密旨命令代理主管殿前司公事夏震在玉津园杀了韩侂胄。

理 宗 本 纪

湖州民拥竑为帝

【原文】

　　庚午，湖州盗潘壬、潘丙、潘甫谋立济王竑，竑闻变，匿水窦中，盗得之，拥至州治，以黄袍加其身，守臣谢周卿率官属入贺。初，壬等伪称李全以精兵二

十万助讨史弥远擅废立之罪，比明视之，皆太湖渔人及巡尉兵卒，竑乃遣王元春告于朝而率兵诛贼。弥远奏遣殿司将彭任讨之，至则盗平，又遣其客秦天锡托宣医治竑疾，谕旨逼竑死，寻诏贬为巴陵郡公。

【译文】

（理宗宝庆元年〔1225〕正月）庚午，湖州（今浙江湖州市）强盗潘壬、潘丙、潘甫策划拥立济王赵竑做皇帝，赵竑听说事变，便藏在水穴里，强盗们找到了他，劫持着他到了湖州府驻地，把黄袍披在他身上，驻守湖州的大臣谢周卿带领着他的部下前往祝贺。起初，潘壬等谎称李全率领精锐部队二十万来帮助讨伐丞相史弥远自作主张废（赵竑）立（赵昀）的罪行，等到天明一看，全都是当地的渔民和巡逻的武官士兵，赵竑便派王元春报告朝廷率领部队讨伐盗贼，史弥远奏报皇上派遣殿司将彭任前去讨贼。到了那里盗贼便被平息，又派他的门客秦天锡假托让医生给赵竑治病，指令逼赵竑死，不久便下诏令贬赵竑做巴陵郡公。

贾似道擅权

【原文】

甲辰，诏：“党丁大全、吴潜者，台谏其严觉察举劾以闻，当置于罪，以为同恶相济者之戒。”时似道专政，台谏何梦然、孙附凤、桂锡孙、刘应龙承顺风指，凡为似道所恶者无贤否皆斥，帝弗悟其奸，为下是诏。

【译文】

（景定元年〔1260年〕十月）甲辰，（理宗皇帝）下令：“与丁大全、吴潜结为同党的人，台谏官要严格监察检举他们的罪状上报，应当判他们的罪，把他们当作为共同作恶而互相帮助勾结的人的警戒。”当时贾似道把持大权，台谏官何梦然、孙附凤、桂锡孙、刘应龙等都顺承他的脸色和旨意行事，凡是被贾似道所厌恶的人不管好坏都加以排斥，皇上不明白他的险恶用心，倒是替他下了这道命令。

权移奸臣而误国

【原文】

理宗享国久长，与仁宗同。然仁宗之世，贤相相继，理宗四十年之间，若李宗勉、崔与之、吴潜之贤，皆弗究于用；而史弥远、丁大全、贾似道窃弄威福，与相始终。治效之不及庆历、嘉祐，宜也。

蔡州之役，幸依大朝以定夹攻之策，及函守绪遗骨，俘宰臣天纲，归献庙社，亦可以刷会稽之耻，复齐襄之仇矣；顾乃贪地弃盟，入洛之师，事衅随起，兵连祸结，境土日蹙。郝经来使，似道讳言其纳币请和，蒙蔽抑塞，拘留不报，自速灭亡，吁，可惜哉！由其中年嗜欲既多，怠于政事，权移奸臣，经筵性命之讲，徒资虚谈，固无益也。

【译文】

理宗在位时间很长，跟仁宗一样。但是仁宗在位期间，贤相一个接着一个，

理宗在位四十年间，像李宗勉、崔与之、吴潜的贤才，都没有任用到底；而史弥远，丁大全、贾似道暗中弄权作威作福，却与皇上相处直到最后。治国家的效果跟不上仁宗庆历、嘉祐年间，是很自然的事。

蔡州围困金主的战役，幸亏凭靠元朝来定下夹攻的策略，直到包来完颜守绪的遗骨，俘获了金国重臣张天纲，回来祭献给太庙祖先和土神，这也可以此来洗刷会稽之耻，报齐襄之仇了；可是由于反过头来贪图土地而背弃盟约，军队进驻洛阳，于是战争的祸乱再次引起，战事不断灾祸连连，宋朝的疆土一天天缩小。郝经奉命出使来宋，贾似道避开向元交纳钱财请和的事不说，欺骗皇上压住真情，扣住元使不向皇上报告，自然加速灭亡，唉，可惜啊！由于皇上中年以后贪图享乐的欲望已经很多，懒于过问国家大事，把大权拱手交给了奸臣，经筵性命之讲，只是供给空谈，本来就没有什么益处。

度 宗 本 纪

帝王致寿之道

【原文】

侍御史程元岳上言："帝王致寿之道在修德，后世怵邪说以求之，往辙可鉴。修德之目有三，曰清心，曰寡欲，曰崇俭，皆致寿之原。"上嘉纳之。

缂丝牡丹（南宋朱克柔）

【译文】

侍御史程元岳对皇上进言说："帝王达到高寿的规律在于修养道德，后世人唯恐被邪说诱惑而追求道德修养，以往的经验是可以借鉴的。修养道德的条目有三点，一是清心，二是寡色欲，三是崇俭，这些都是达到高寿的根源。"皇上赞许并采纳了这个意见。

黄镛言兵农合一

【原文】

右正言黄镛言："今守边急务，非兵农合一不可。一曰屯田，二曰民兵。川蜀屯田为先，民兵次之，淮、襄民兵为先，屯田次之，此足食足兵良策也。"不报。

【译文】

右正言黄镛说："现在驻守边疆最急切的事情，非实行兵农合一不可。一是兵士和农民垦荒种地，二是老百姓参加军事训练。川蜀地区以兵民垦荒种田为主，老百姓参加军训为次，淮、襄一带老百姓参加军训为主，兵民垦荒种田为次，这是粮食富裕兵源充足的好政策。"皇上没有表态。

度 宗 之 幸

【原文】

宋至理宗，疆宇日蹙，贾似道执国命。度宗继统，虽无大失德，而拱手权奸，衰敝寖甚。考其当时事势，非有雄才睿略之主，岂能振起其坠绪哉！历数有归，宋祚寻讫，亡国不于其身，幸矣。

【译文】

宋朝到理宗，国土一天天缩小，贾似道掌握着国家大权。度宗继续了原有的系统，虽然没在大的方面丧失德操，但却把大权拱手让给有权势的奸臣，国家的衰落败坏一天比一天严重。考虑那当时的政治形势，没有一个怀有雄才大略深谋远虑的君主，怎能重新振兴那已败落的事业！皇位相传的次第循回乃天数，宋朝的皇权不久就终结了，国家没有亡在他的身上，真是侥幸啊。

瀛国公本纪

李芾拒守潭州

【原文】

德祐二年春正月丁卯朔，大元兵自元年十月围潭州，湖南安抚兼知州李芾拒守三月，大小战数十合，力尽将破，芾阖门死，郡人知衡州尹谷亦举家自焚，帅司参议杨霆及幕僚陈亿孙、颜应焱等皆从芾死。

【译文】

恭帝德祐二年（1276）正月丁卯，元朝的军队从去年十月包围了潭州（今湖南长沙），湖南安抚使兼知州李芾顽强抵抗守卫了三个月，大小战斗几十个回合，力量耗尽，城即将被攻破，李芾全家战死，郡人知衡州尹谷也全家自焚而死，帅司参议官杨霆以及属官陈亿孙、颜应焱等都随从李芾壮烈战死。

国学经典文库

宋之亡征非一日

【原文】

宋之亡征，已非一日。历数有归，真主御世，而宋之遗臣，区区奉二王为海上之谋，可谓不知天命也已。然人臣忠于所事而至于斯，其亦可悲也夫！

【译文】

宋朝灭亡的征兆，已经不是一天了。帝王相继的位次是一定的，元朝君主统治天下，可是宋朝的旧臣，忠心耿耿帮助昰昺二王逃到海上的办法，可以说是不懂天命。然而臣子对于自己所侍奉的君主忠心专一到这种程度，也实在是令人悲叹啊！

后 妃 传

为 君 之 难

【原文】

太后愀然不乐，左右进曰："臣闻'母以子贵'，今子为天子，胡为不乐？"太后曰："吾闻'为君难'，天子置身兆庶之上，若治得其道，则此位可尊；苟或失驭，求为匹夫不可得，是吾所以忧也。"

【译文】

太后面带忧愁毫无喜色，左右的人进前问道："臣等听说：'母以子贵'，现在您老的儿子已贵为天子，为什么还不高兴呢？"太后说："我听说'为君难'，天子处于万民之上，如果治理得当，那么这个位子就尊贵无比；假若有的时候失去控制，到那时想做一个普通百姓也不可能。这就是我忧愁的原因啊。"

宗 室 传

宋代的"李阳冰"

【原文】

承庆，……子六人，克继，善楷书，尤工篆隶，宗正荐之，仁宗亲临视，及令临蔡邕古文法写《论语》《诗》《书》；复诏与朝士分隶《石经》。帝曰："李阳冰，唐室之秀。今克继，朕之阳冰也。"训子弟力学。一门登儒科者十有二人。尝进所集《广韵字源》，帝称善，藏之秘阁。

【译文】

承庆，……有子六人，克继擅长楷书，而篆书隶书造诣最高深，宗正（掌管王室亲族事务的官）向仁宗皇帝推荐他。仁宗亲自接见克继，让他临写了蔡邕用大篆写的《论语》《诗》《书》；又下诏命他与朝中大臣分别用隶书写定《石

经》。仁宗说："李阳冰是唐代优异之士，现在克继就是朕的李阳冰啊！"（克继）教育自己的子女努力读书，他家有十二人登了儒科。他还曾将自己纂集的《广韵字源》一书献给皇帝。仁帝甚为称赞，把这部书放进秘阁珍藏起来。

亲隙不可开，疑迹不可显

【原文】

左司谏江公望上疏，以为："亲隙不可开，开则言可离贰；疑迹不可显，显则事难磨灭。陛下之得天下也，章惇尝持异议，已有隙迹矣。蔡王出于无心，年尚幼小，未达祸乱之萌，恬不以为恤。陛下一切包容，已开之隙复涂，已显之迹复泯矣。……若以暧昧无根之语，加诸至亲骨肉之间，则有魏之'相煎太急'之讥，而忘大舜亲爱之道，岂治世之美事邪？臣愿陛下密诏有司，凡无根之言勿形案牍。倘有瑕可指，一入胸次，则终身不忘，迹不可泯，隙不可涂，则骨肉离矣。一有浸淫旁及蔡王之语，不识陛下将何以处之？陛下何颜见神考于太庙乎？"疏入，公望罢知淮阳军。徽宗虽出公望，然颇思其言，止治其左右。

【译文】

左司谏江公望上疏，认为："至亲之间的嫌隙不可公开出来，公开了，一言一语就可以使骨肉分离；可疑的迹象不可让它显示出来，显示出来之后就很难磨灭了。陛下即位登基。章惇曾提出不同的主张，已经有嫌隙存在了，蔡王的一些言语出于无心，他年纪还很幼小，还不能形成造成祸乱的条件，对于陛下的体恤他一点感觉也没有。陛下大度包容，使得已公开的嫌隙又弥合了，已显示出来的可疑痕迹磨灭了。……假若根据模棱两可和没有根据的片言只语，就将罪过加添到骨肉至亲之间，就会有魏文帝'相煎太急'的讥诮，而忘记了大舜对母亲和兄弟的仁爱准则。这难道是太平盛世出现的美事？我请求陛下给有司下道密诏，对于所有无根据的言语不要记入案卷，因为这类言语如果有欠妥之处。一进入心间，就终身难以忘却其痕迹不能消泯，嫌隙无法弥补，那么骨肉就有可能离异了。一旦有些扩展涉及蔡王的言语，不知道陛下该是怎样处理呢？将来陛下有何脸面在太庙中见先帝呢？"奏疏呈上之后，江公望被免去了左司谏之职，改任淮阳军长官，徽宗虽然贬谪了江公望，但对他的言语还是颇多考虑，只是惩处了蔡王的左右侍臣。

兴 利 除 害

【原文】

知临安仁和县。辟学宫四百余亩。适大旱，蝗集御前芦场中，亘数里。希言欲去芦以除害，中使沮其策，希言驱卒燔之。临平塘堤决，希言督役，亲捧土投石，兵民争奋，堤成，因筑重堤，后不复决。民病和买绢折钱重，希言节公费，代其输。

【译文】

希言掌管临安仁和县政事。开辟四百余亩土地建学宫。镇州遇大旱，蝗虫聚

集在皇宫前芦苇丛中，绵亘数里。希言打算除掉芦苇消灭蝗害，中使不同意他的做法，（希言）还是命令士兵放火烧掉了芦苇。临平塘决了口，希言亲临现场指挥，并参加了挖土运石堵决口的劳动。士卒和百姓深受感动和鼓舞，很快堵住了缺口，修复了塘堤。接着又筑了一道堤，以后再也不会决口了。百姓深为缴纳很重的折帛钱而困苦，希言采取节约公费开支的办法，用来代替百姓缴纳的部分税金。

王 溥 传

王 溥 好 学

【原文】

溥好学，手不释卷，尝集苏冕《会要》及崔铉《续会要》，补其阙漏，为百卷，曰《唐会要》。又采朱梁至周为三十卷，曰《五代会要》，有集二十卷。

【译文】

王溥好学，手不释卷，曾把苏冕的《会要》和崔铉的《续会要》汇集起来，补充其缺漏之处，成为百卷，定名为《唐会要》。又采集后梁至后周的有关史实，写成三十卷，定名为《五代会要》，著有文集二十卷。

符 彦 卿 传

与其束手就擒，不如死战

【原文】

契丹主率众十余万围晋师于阳城，军中乏水，凿井辄坏，争绞泥吮之，人马多渴死。时晋师居下风，将战，弓弩莫施。彦卿谓张彦泽、皇甫遇曰："与其束手就擒，曷若死战，然未必死。"彦泽等然之。遂潜兵尾其后，顺风击之，契丹大败，其主乘橐驼以遁，获其器甲、旗仗数万以归。

【译文】

契丹君主率十余万大军把后晋的军队围困在阳城，（后晋）军中缺水，凿井常常坍陷，士卒争着吮吸湿泥中的水分解渴，营中兵马渴死了很多。当时后晋军队驻地处在下风，将要进行战斗，弓箭无法施展威力。符彦卿对张彦泽、皇甫遇说："与其束手就擒，何不进行拼死的战斗，这样倒不一定死。"张彦泽等人认为他讲的很对。于是，他们领兵偷偷地转到契丹军队的后方，顺风攻击契丹。契丹军大败，契丹君主骑着橐驼狼狈逃走。后晋军队缴获了契丹丢弃的兵

契丹族金银器

器、甲胄、旗仗数万件之多，凯旋而归。

武行德传

判案若神

【原文】

广顺初，加兼侍中，俄改忠武军节度，迁河南尹、西京留守。时禁盐入城，犯者法至死，告者给厚赏。洛阳民家姬将入城鬻蔬，俄有僧姬买蔬，就莒翻视，密置盐莒中，少答其直，不买而去。姬持入城，抱关者搜得盐，擒以诣府。行德见盛盐袱非村姬所有，疑而诘之，姬言："适有僧自城外买蔬，取视久之而去。"即捕僧讯治之，具伏与关吏同诬姬以希赏。行德释姬，斩僧及抱关吏数辈。人畏之若神明，部下凛然。

【译文】

广顺（后周太祖郭威年号）初年，（武行德）加封兼侍中之职，不久改封忠武军节度，又改任河南尹、西京留守之职。当时严禁运盐进城，违犯者要判死罪，告发者能得重赏。洛阳的一个妇女挑着两筐蔬菜进城去卖。这时有个和尚走过来买菜，在菜筐里不停地翻视，趁机偷偷地把一个盐袋放进菜筐里。和尚还价很低，不买而走开了。卖菜的妇女挑着菜筐进城，守城门的官吏搜查菜筐时发现了盐袋，就把妇女逮捕押到官府。府尹武行德见盛盐的布袋不像是农村妇女使用的，产生了怀疑，就问那妇女。妇女回答说："刚才有一个和尚在城外要买菜，他在菜筐里翻弄了很久，并不买就走了。"武行德马上派人拘捕那个和尚进行查问，和尚就详详细细地将自己与守城门的官吏勾结、诬陷这妇女犯法从而获得赏钱的事供述出来。武行德释放了卖菜的农村妇女，把和尚和几个守城门的官吏斩首示众。百姓认为武行德断案若神，他的部下也都老老实实，不敢胡来了。

折德扆传

取之易，守之难

【原文】

帅钟传行边，……传议取灵武，环庆亦请出师，命可适将万骑往，即薄灵州川。夏人扶老挟稚，中夜入州城，明日俘获甚夥，而庆兵不至，乃引还。诏使入觐，帝以传策访焉，对曰："得之易，守之难，当先侵弱其地，待吾藩篱既固，然后可图。"帝曰："卿言是也。"

【译文】

元帅钟传戍守边疆，……决定收取灵武一带地方，环庆也请求率军出战。钟传命折可适率领一万名骑兵前往，很快赶到灵州川附近。西夏的百姓扶老携幼，半夜时分躲进灵州城内，第二天可适兵到，俘获了大批的百姓，可是环庆的兵马

没有准时到达，便退兵回归驻地。皇帝下诏接见，询问他对钟传谋取灵州的策略的看法。可适回答说："（灵州）攻取很容易，但守住它很困难。应当先侵扰、削弱他们的地方实力，待我们边关巩固了，这样我们才可以收取它。"皇帝说："卿说得很对啊！"

王全斌传

心念西征诸将

【原文】

全斌之入蜀也，适属冬暮，京城大雪，太祖设毡帷于讲武殿，衣紫貂裘帽以视事，忽谓左右曰："我被服若此，体尚觉寒，念西征将冲犯霜雪，何以堪处？"即解裘帽，遣中黄门驰赐全斌，仍谕诸将，以不遍及也。全斌拜赐感泣。

【译文】

王全斌率军西征入蜀，当时正是隆冬。京城下了大雪，宋太祖头戴貂皮帽在讲武殿处理政务，殿内挂着毡布做的帷帐。他忽然对左右的侍臣说："我穿着一身这样的衣服，身上依然感到寒冷，我想远在西部征战的将领们终日在风霜中生活，他们怎么受得了呢？"于是便脱下自己的衣帽，命令太监骑快马送给王全斌，并且将宋太祖的话向军中各位将领说了一遍，因为实在不能每人都赠上一套，王全斌叩头谢恩，接受了赏赐，感动得涕泪交流。

赵 普 传

半部《论语》治天下

【原文】

普少习吏事，寡学术，及为相，太祖常劝以读书。晚年手不释卷，每归私第，合户启箧取书，读之竟日。及次日临政，处决如流，既薨，家人发箧视之，则《论语》二十篇也。

赵普

【译文】

赵普年少时学习过处理官府事务的知识，对于系统而较专门的学问知道得很少，后来他当了宰相，宋太祖（赵匡胤）常劝勉他多多读书。赵普晚年学习勤奋，手不释卷，每天下朝归来，便关上房门打开书箱，取出书来，一读就是一整天。第二天到官署办公，处理裁决公务像流水般快速、顺利。他死后，家中人打开他的书箱，看到书箱里有《论语》二十篇。

刑罚岂以一人喜怒专之

【原文】

普性深沉有岸谷，虽多忌克，而能以天下事为己任。宋初，在相位者多龌龊循默，普刚毅果断，未有其比。尝奏荐某人为某官，太祖不用。普明日复奏其人，亦不用。明日，普又以其人奏，太祖怒，碎裂奏牍掷地，普颜色不变，跪而拾之以归。他日补缀旧纸，复奏如初。太祖乃悟，卒用其人。又有群臣当迁官，太祖素恶其人，不与。普坚以请，太祖怒曰："朕固不为迁官，卿若之何？"普曰："刑以惩恶，赏以酬功，古今通道也。且刑赏天下之刑赏，非陛下之刑赏，岂得以喜怒专之。"太祖怒甚，起，普亦随之。太祖入宫，普立于宫门，久之不去，竟得俞允。

【译文】

赵普性格深沉，胸有城府，虽然有很多人对他忌妒刻薄，但他却能以天下事为己任。宋朝初年，在相位的人大多都是拘谨而缄默无言。赵普却刚毅果断，没有一个能比的。曾经有一次，赵普上疏推荐某人任某种官职，宋太祖不听。赵普在第二天又上疏推荐那个人，宋太祖仍然不任用那个人。又过了一天，赵普又向宋太祖上疏仍然推荐那个人。太祖大怒，把赵普的奏折撕碎丢到地上。赵普面不改色，跪下拾起自己的奏折归班。后来，他将被撕碎的奏折补缀完整，像以往那样又呈交给宋太祖。这时，宋太祖有所省悟终于按赵普的推荐任用了那个人。又有一次，有一个大臣应当提升，可是宋太祖对这个人一向厌恶，所以没有提升他。赵普坚持请求提升那个人。宋太祖生气地说："朕就是不提升他，你有什么办法？"赵普说："刑法是用来对付作恶的人，赏赐是用来奖励有功的人，这是古往今来大家都遵守的准则。任何刑罚是国家执行的刑赏，不是陛下一个人的刑赏，哪里能因你一个人的好恶来衡量呢？"宋太祖听了，非常恼怒，站起身走开了，赵普便紧随其后。宋太祖进了内宫，赵普便站立在宫门外等候，很久很久不离开，最后终于得到宋太祖同意的答复。

吴 廷 祚 传

严惩奸邪，民皆相庆

【原文】

雍熙三年，徙知秦州。州民李益者，为长道县酒务官，家饶于财。僮奴数千指，恣横持郡吏短长，长吏而下皆畏之。民负息钱者数百家，郡为督理如公家租调，独推官冯伉不从。益遣奴数辈伺伉按行市中，拽之下马，因毁辱之。先是，益厚赂朝中权贵为庇护，故累年不败。及伉屡表其事，又为邸吏所匿，不得达，后因市马译者附表以闻，译因入见，上其表。帝大怒，诏元载逮捕之。诏书未至，京师权贵已报益，益惧，亡命。元载以闻，帝愈怒，诏州郡物色急捕之，获

于河中府民郝氏家，鞠于御史府，具得其状，斩之，尽没其家。益子仕衡先举进士，任光禄寺丞，诏除籍，终身不齿。益之伏法，民皆饭僧相庆。

【译文】

雍熙三年（986），元载调职到秦州。秦州有个叫李益的人，是长道县管酒务的官，家中豪富，手下男女奴仆数百口，此人横行霸道挟持郡中的官，对他们说短论长，郡长吏以下的人都害怕他。百姓欠他高利贷债息的有数百家之多，官府对于他家债务就像国家的租税一样办理。只有推官冯伉不肯这样干。李益就派他手下的几个奴仆趁冯伉在市中巡行时，把冯伉拉下马来，谩骂殴打。在这之前，李益向朝中权贵们送了厚礼，要求他们庇护，故许多年来他横行不法，无人敢问。这次冯伉多次向朝廷上表，报告此事，可是又被官府中的人扣押住不予上报。后来，冯伉恳请到北方买马的一位译官将情况附记在奏章中，皇帝才得知此事而召见译官，译官把冯伉的表章呈了上去。皇帝阅后非常生气，下诏命元载逮捕李益。皇帝诏书还未到秦州，京城中的权贵早把消息透露给李益，李益很害怕，就离家出逃了。元载把这个情况报告给皇帝，皇帝更加生气，传令各州各郡访查李益立即捕获他。后来在河中府一个姓郝的家中抓住了李益并押进了御史府。经审讯全部掌握了他的罪状，就把他杀了，没收了他的全部家产。李益的儿子李仕衡在此之前中了进士，任光禄寺丞之职，皇帝下令革除了他的职位。一生不予录用。处死李益时，百姓纷纷向僧人施舍饭食，相互庆贺。

李处耘传

奖重恩深，卒成大功

【原文】

灵州孤垒，戍守最苦，望比他州尤加存恤。且守边之臣，内忧家属之窘匮，外忧奸邪之憎毁。忧家则思为不廉，忧身则思为退迹，思不廉则官局不治，思退迹则庶事无心，欲其奋不顾身，令出惟行，不可得已。良由赏未厚，恩未深也。赏厚则人无顾内之忧，恩深则士有效死之志。古之帝王皆悬爵赏以拔英俊，卒能成大功。

【译文】

灵州是座处于孤立无援的城堡，在那里驻守的将士生活最为艰苦，望朝廷对待他们要比其他地方给予更多的关怀和更好的待遇。何况戍守边疆的将士，一方面担心忧虑家中父母妻子贫穷困苦，一方面又担心忧虑朝廷奸邪之人进谗毁谤自己。忧虑家人生活就想搞不廉洁的事情，忧虑个人前途，就打算为自己留条退路。想不廉洁的事那么官署就将不稳定；总想着为自己留条后路，那么什么事都无心去做了。这样要想让他们奋不顾身，命令下达就进行战斗，是不可能的。这实在是因为对他们的赏赐不丰厚，恩德信义不深的缘故。赏赐丰厚，那么将士们就没有后顾之忧，恩德信义充分，那么将士们就有为国死战的意志。古代的帝王都是用高官厚禄来选拔英雄贤才，最后都能成就伟大的功业。

曹 彬 传

出使不收贿

【原文】

五年，使吴越，致命讫即还。私觌之礼，一无所受。吴越人以轻舟追遗之，至于数四，彬犹不受。既而曰："吾终拒之，是近名也。"遂受而籍之以归，悉上送官。世宗强还之，彬始拜赐，悉以分遗亲旧而不留一钱。

【译文】

显德五年（958）。曹彬出使吴越国，办完公事立即动身回国。吴越王私下送的见面钱物一概没有接受。吴越王派人驾着小船追上曹彬的乘船，将礼品再三再四地送给曹彬，曹彬还是不肯收下。后来感到盛情难却，就说："我如果最终不收，这就是追求名誉了。"于是接受下来，一一登记造册而归。回到京城，把礼品全部献上。周世宗硬是把礼品又归还曹彬。曹彬这才拜谢赏赐。他把礼品分成好几分，一一送给自己的部下，自己一点不留。

彬性仁敬和厚

【原文】

彬性仁敬和厚，在朝廷未尝忤旨，亦未尝言人过失。伐二国，秋毫无所取。位兼将相，不以等威自异。遇士夫于途，必引车避之。不名下吏，每白事，必冠而后见。居官，奉入给宗族，无余积。平蜀回，太祖从容问官吏善否，对曰："军政之外，非臣所闻也。"固问之，唯荐随军转运使沈伦廉谨可任。为帅知徐州日，有吏犯罪，即具案，逾年而后杖之，人莫知其故。彬曰："吾闻此人新娶妇，若杖之，其舅姑必以妇为不利，而朝夕笞詈之，使不能自存。吾故缓其事，然法亦未尝屈焉。"

曹彬

【译文】

曹彬性格仁慈恭敬，温和宽厚，在朝廷从来没有违背过圣旨，也从来没有讲过别人的过失。攻打两个国家，秋毫不犯。虽然他身兼将相，却从不摆将相架子地表示跟别人不一样。在路上遇到普通的人，一定驱车避开。对下属从不直呼其名，部下禀告事情的时候，一定要先穿戴整齐之后才见。做官得到的钱粮，部分送给同族的亲友，自己没有剩余的积蓄。平定蜀国回来，太祖从容地问他官吏的好坏，回答

说："军务以外的事不是臣下所能闻知的事情。"太祖坚持要他讲，他就只推荐了随军转运使沈伦，认为此人廉洁谨慎可以任用。曹彬作为元帅执掌徐州政事时，有个小吏犯了罪，审理完毕已经结案，过了一年才对他施杖刑。人们都不知道其中的原因。曹彬说："我所说这个人刚刚结婚，如果施以杖刑，他的父母必定认为新娶的媳妇不好，而早晚之间进行打骂，使她在婆家活不下去。我有意缓办了这件事，这样做并没有使法律受到破坏。"

刘廷让传

宋太祖计取夔州

【原文】

初，夔州有锁江为浮梁，上设敌棚三重，夹江列炮具。廷让等将行，太祖以地图示之，指锁江曰："我军至此，沂流而上，慎勿以舟师争胜，当先以步骑陆行，出其不意击之，俟其势却，即以战棹夹攻，取之必矣。"及师至，距锁江三十里，舍舟步进，先夺其桥，复牵舟而上，破州城，守将高延俦自焚，悉如太祖计。

【译文】

当初，夔州（在今四川奉节一带）的江面有用铁锁连成的浮桥，岸上设有高达三层的瞭望敌情的棚楼，江两岸排列着火炮。刘廷让带兵伐蜀之前，宋太祖（赵匡胤）拿出地图给刘廷让看，并指着地图上夔州的铁索桥说："我军到达这个地方，是逆流而上的，千万不要凭着水军争取胜利，应当先让步兵骑马从陆地上进军，出其不意地攻击敌人。等到敌人后退了，就立即用战船夹攻，这样一定能夺取夔州了。"等到刘廷让的军队到达那里，距铁索桥三十里，刘廷让命兵士弃船登岸，一举夺下了铁索桥，然后又乘战船逆流而上，攻占了夔州城。夔州守将高彦俦自焚。整个战斗行动完全像宋太祖事先计划的那样。

崔彦进传

不欲令其子辱于父

【原文】

彦进频立战功，然好聚财货，所至无善政。没后，诸子争家财，有司摄治。太宗召见，为决之，谓左右曰："此细务，朕不宜亲临，但以彦进尝任节制，不欲令其子辱于父耳。"

【译文】

崔彦进屡立战功，但是好聚敛财货，所到之处政声很差。他死后，他的儿子们为争夺遗产各不相让，官府把他们拘捕。宋太宗（赵灵）召见崔彦进的儿子们，替他们分配家产，宋太宗对左右的大臣们说："这是些小事，朕不应该亲自

国学经典文库

处理。只是因为崔彦进当过节度使，我不能让他的儿子们辱没了他们父亲的名声罢了。"

张 琼 传

破骨取镞，神色自若

【原文】

及攻寿春，太祖乘皮船入城濠。城上车驾遽发，矢大如椽。琼亟以身蔽太祖，矢中琼股，死而复苏。镞著髀骨，坚不可拔。琼索杯酒满饮，破骨出之，血流数升，神色自若。

【译文】

等到攻打寿春的时候，宋太祖乘坐皮船进入城濠。城上弓箭急遽地发射下来，箭像椽子一样大小。张琼赶快用自己的身体掩护住宋太祖，箭射在了张琼的大腿骨上，张琼死而复苏。箭头附着在髀骨上，十分牢固，拔不出来。张琼拿过一杯酒，一口气喝下去，然后剖开骨头取出箭头，流了很多鲜血，张琼神色依然如常。

李 琼 传

异日富贵毋相忘

【原文】

一日会饮，琼熟视周祖，知非常人。因举酒祝曰："凡我十人，龙蛇混合，异日富贵毋相忘，苟渝此言，神降之罚。"皆刺臂出血为誓。周祖与琼情好尤密，尝过琼，见其危坐读书，因问所读何书，琼曰："此《阃外春秋》，所谓以正守国，以奇用兵，较存亡治乱，记贤愚成败，皆在此也。"周祖令读之，谓琼曰："兄当教我。"自是周祖出入常袖以自随，遇暇辄读，每问难琼，谓琼为师。

【译文】

一天，李琼一伙人聚在一起喝酒，李琼注目细看周祖，知道他不是一般的人。于是举起酒杯说："我们一共十个人，一般人和非常之人混杂在一起，今后无论谁富裕位尊，互相之间都不要忘记，如果违背了诺言，必将受到神的惩罚。"十个人都刺破胳臂发誓。周祖和李琼的友情更加密切。曾有一次周祖到李琼那里，看见李琼端端正正地坐在那里读书，于是就问他读的是什么书，李琼回答说："这是《阃外春秋》，所谓以公正治理国家，凭奇谋掌管军队，比较存亡治乱，记载贤愚和成败，都写在这里面。"周祖让李琼读给他听并对李琼说："兄长应当教我。"从这以后，周祖出入常随身携带这书，有时间就读，每遇到难题就问李琼，称李琼为师。

陈思让传

若拙贪进择禄

【原文】

召还，拜刑部郎中，知潭州。时三司使缺，若拙自谓得之。及是大失望，因请对，言父母年老，不愿远适，求纳制命。上怒，谓宰相曰："士子操修，必须名实相副，颇闻若拙有能干，特迁秩委以藩任，而贪进择禄如此。往有黄观者，或称其能，选为西川转运使，辄诉免，当时黜守远郡。今若拙复尔，亦须谴降。凡用人，岂以亲疏为间，苟能尽瘁奉公，有所树立，何患名位之不至也。"

【译文】

（若拙）被召还京、封为刑部郎中、掌管潭州（今湖南长沙）政事。当时三司使官空缺，若拙原以为准能补此空缺，此时他大失所望。于是他上书请求复核，声言父母年老，不愿到远郡做官，要求收回成命。宋太祖大怒，对宰相说："做官的人志节品行的修养，要名实相副，常听人说若拙有才能，故而特地调他去任一个地方的长官，他却这样挑挑拣拣，贪图高官厚禄。过去有个名叫黄观的，有人夸赞他有才能，便选用他去当西川转运使，不久被控告而免职，当时把他降职让他戍守远郡。如今若拙又这样，也必须进行谴责降职。国家用人，哪里能因亲疏而有差别呢！假若能够鞠躬尽瘁，克己奉公，有所建树，还愁什么名位得不到呢？"

李 谷 传

李 谷 为 人

【原文】

谷为人厚重刚毅，深沉有城府，雅善谈论，议政事能近取譬，言多诣理，辞气明畅，人主为之耸听。人有难必救，有恩必报，好汲引寒士，多至显位。与韩熙载善，熙载将南渡，密告谷曰："若江东相我，我当长驱以定中原。"谷笑曰："若中原相我，下江南探囊中物耳。"谷后果如其言。

【译文】

李谷为人厚重刚毅，性格深沉胸有城府，善辞令，谈笑风生，议论政务能就近取譬，都切中事理，言辞气度显明通达，皇上（周世宗柴荣）听了也为之震惊。别人有了难处，他必定救助；别人对他有恩，他一定报答。他常常荐举门第低下的读书人，这些人后来大多官居显位。李谷与韩熙载是好朋友。韩熙载即将南下，他秘密地对李谷说："假若江东（南唐）让我做了宰相，我一定带兵长驱直入，平定中原。"李谷笑着说："如果中原（后周）让我做宰相，我率军下江南如同探囊取物。"后来李谷所为正像他当时所说的一样。

窦贞固传

为国之要，进贤是先

【原文】

天福三年，诏百僚各上封事，贞固疏曰："臣闻举善为明，知人则哲。圣君在位，薮泽岂有隐沦；昭代用材，政理固无紊乱。求贤若渴，从谏如流，……为国之要，进贤是先。陛下方树丕基，宜求多士。乞降诏百僚，令各司议定一人，有何能识，堪何职官，朝廷依奏用之。若能符荐引，果谓当才，所奏之官，望加奖赏；如乖其举，或涉徇私，所奏之官，宜加殿罚。自然官由德序，位因才升。三人同行，尚闻择善，十目所视，必不滥知。"

【译文】

天福三年（938），皇帝（后晋高祖石敬瑭）下诏让朝中百官各上封章言事。窦贞固的封章上这样讲道："我听说：善于选贤用能是英明的，能识人辨材是明智的。圣明的君主在位，人才怎能在草野江湖上隐没、沉沦呢？政治清明的时代能使用人材，政治就走上轨道当然不会发生动乱。求贤若渴，从谏如流，……治理国家的要领，选拔使用贤能人才是居重要地位的。陛下刚刚打下基础，应当访求更多的人才。恳求陛下下诏告诉朝中百官，让各司商议选定一人，讲明此人有何才能识见，适合担任何种官职，朝廷按照他们讲的任用此人。将来若能和荐引的相符合，果真是恰当的人才，对引荐的官员希望朝廷给予奖赏；如果和讲的情况相违背，或者当中涉及徇私舞弊，那么上书推荐的官员，应当给予殿罚。如果这样，当然官员是按个人品德高低来排列次序，职位是因个人才干大小而升降了。三人同行，还有择善而从之举、十目所视、一定不会失实。"

北宋斗舰模型

张 铸 传

安 民 固 本

【原文】

明宗初，转金部郎中，赐金紫。尝上言曰："国家以务农为本，守令以劝课为先，广辟田畴，用资仓廪。窃见所在乡村浮户，方事垦辟，甫成生计，种田未至二顷，植树未及十年，县司以定色役，民畏贡敛，舍之而去，殊乖抚恤之方，徒设招携之令。望令诸州应有荒田纵民垦莳，俟及五顷已上，三年外始听差科。"从之。

【译文】

明宗（后唐李嗣源年号）初年，张铸改任金部郎中，朝廷赐给他金印紫绶。他曾上书言事："国家以务农为根本，地方官以勉励农耕，收缴赋税为最重要的工作。广泛地开垦田地，用以充实仓廪。我在下边亲眼看到，乡村中一些浮户正从事垦荒造田，刚刚有了谋生之计，种的田地不到二顷，种树还不到十年，县衙门里就据此定下了各种名目的劳役，百姓害怕征收赋税和各种摊派，就丢下了刚开垦的土地和种植的树木而离去。这实在违背了朝廷的抚恤百姓的方针，也白白地设置了招抚背离之人的法令。希望朝廷命令各州把所有荒地应放手让百姓开垦种植、管理，等到每户拥有五顷以上的土地，满三年后再让农户接受差役，缴纳赋税。"明宗采纳了他的建议。

边归谠传

明行条例，禁遏诬罔

【原文】

时史弘肇怙权专杀，闾里告讦成风，归谠言曰："迩来有匿名书及言风闻事，构害善良，有伤风化，遂使贪吏得以报复私怨，谗夫得以肆其虚诞。请明行条制，禁遏诬罔。凡显有披论，具陈姓名。其匿名书及风闻事者并望止绝。"

【译文】

汉初时，史弘肇凭恃权利擅自杀人，乡里告发别人隐私的行为成风。边归谠上书说："近来有匿名信涉及风言风语的事，图谋陷害好人，有伤风化，这就使贪官污吏得以借机官报私仇，进谗小人便更加放肆地虚构捏造以陷害好人。恳请颁布条例制度，严禁诬陷好人。凡有明确披露个人意见的人，都要写出自己的姓名。这样做，那些匿名信和风言风语的传闻就有希望得到杜绝。"

刘温叟传

朋友之义

【原文】

初，王曙坐寇准贬官，在朝无敢往见者。烨叹曰："友朋之义，独不行于今欤？"往饯之，经宿而还。尝善河中处士李渎，渎死，为陈其高行，诏以著作郎赠之。

【译文】

当初，王曙因受寇准的株连而贬官，朝中百官没有一个敢到王曙家中看望的，对此，刘烨感慨万分，说："帮助朋友的原则，难道单单在今天不实行吗？"他到王曙家为王曙饯行，过了一夜方才回府。他曾和河中处士李渎友好，后来李渎死了，刘烨向朝廷上书陈述李渎高尚的道德品行。皇帝下诏赠李渎为著作郎。

国学经典文库

张 昭 传

谏明宗八审

【原文】

明宗方务听纳，昭复上疏曰："臣闻'安不忘危，治不忘乱'者，先儒之丕训；'靡不有初，鲜克有终'者，前经之至戒。究观列辟，莫不以骄矜怠惰，有亏盛德。恭唯太宗贞观之初，玄宗开元之际，焦劳庶政，以致太平。及国富兵消，年高志逸，乃忽守约之道，或贻执简之讥。陛下以慈俭化天下，以礼法检臣邻，绌奸邪之党，延正直之论，务遵纯俭，以节浮费，信赏必罚，至公无私。其创业垂统之规，如贞观、开元之始，然陛下有始有终，无荒无殆。臣又伏念保邦之道，有八审焉，愿为陛下陈之：夫委任审于材器，听受审于忠邪，出令审于烦苛，兴师审于德力，赏罚审于喜怒，毁誉审于爱憎，议论审于贤愚，嬖宠审于奸佞，推是八审，以决万机，庶可以臻至治。"明宗览之称善。

【译文】

后唐明宗（李嗣源）让群臣进谏，张昭又呈一份奏疏，奏疏上讲："我听说'安不忘危，治不忘乱'，这是先儒的伟大的遗训；'靡不有初，鲜克有终'是《诗经》中的极为重要的告诫。仔细研究历代帝王，没有一个不是因为骄傲自满，不理朝政，做出了大量不合道德准则的事而不得善终。在唐太宗（李世民）贞观之初，唐玄宗（李隆基）开元之际，都是焦思劳身地治理国家大事，因而国家太平无事。后来国力富强，四境息烽，皇帝年事高了，贪图安乐，就放纵而不约束自己，有的留下了被后世讥诮的污点。陛下用仁慈节俭教化天下的百姓，用礼治法度来检查左右的臣子，贬黜奸邪之类的小人，采纳公正正直的言论，致力于遵守勤俭的原则，用以节制浮华浪费，有功必赏有过必罚，大公无私。这种把基业传给后世子孙的规范，就像唐代贞观、开元之始，然而陛下又能有始有终，从不荒废停止。我又考虑保住江山的八个做事的准则，有八种情况要认真仔细地研究。我愿为陛下说明：这就是任用官员要仔细研究此人是否有此才能和条件，听取采纳臣下的进言要仔细研究是忠言还是邪说，颁发政令要仔细研究是否过于繁多和苛酷，兴师出征要仔细研究是否正义和有实力，进行赏罚要仔细研究是否出于个人的喜怒，对臣下进行褒扬和贬斥要仔细研究是否出于个人的爱憎，对于议论要仔细研究是正确还是谬误，宠爱信任某人时要仔细研究此人是否是谄媚小人，对于这八个方面要扩而广之，用来决定国家的各种事情，差不多可以达到长治久安了。"明宗看了张昭的奏章连连称好。

知 士 难

【原文】

世宗好拔奇俊，有自布衣及下位上书言事者，多不次进用。昭疏谏曰："昔

唐初，刘洎、马周起于徒步，太宗擢用为相；其后柳璨、朱朴方居下僚，昭宗亦加大用。此四士者，受知于明主；然太宗用之而国兴，昭宗用之而国亡，士之难知如此。臣愿陛下存旧法而用人，当以此四士为鉴戒。"世宗善之。

【译文】

世宗（柴荣）很注重选用有远见卓识、才能出众的人才，从平民到地位低下的官吏只要上书言事（言之成理，行之有效）就破格提拔，予以重用。张昭上疏对此发表意见，说："在唐朝初期，刘洎、马周出身于平民，唐太宗（李世民）提拔他们，让他们当了宰相；后来柳璨、朱朴二人当地方小吏的时候，唐昭宗（李晔）也对他们大加重用。这四个人，都被圣明的君主赏识重用，但是，唐太宗重用（刘洎、马周）使国家兴盛起来；而唐昭宗重用（柳璨、朱朴）都使得国家衰亡。对人才的认识选拔就这样困难。我愿陛下存留旧法选拔人才，但应当从以上四个人的使用方面吸取经验教训。"周世宗认为张昭讲得非常好。

薛居正传

守道蒙福

【原文】

先是，太祖尝谓居正曰："自古为君者鲜克正己，为臣者多无远略，虽居显位，不能垂名后代，而身陷不义，子孙罹殃，盖君臣之道有所未尽。吾观唐太宗受人谏疏，直诋其非而不耻。以朕所见，不若自不为之，使人无异词。又观古之人臣多不终始，能保全而享厚福者，由忠正也。"

【译文】

从前，宋太祖（赵匡胤）曾对薛居正讲："自古以来当国君的很少能够严格要求自己，作为朝廷大臣的大多没有什么远大的见识、谋略，虽然身居显要的位置，却不能留名于后世，而一旦干了不仁不义的事，他的子孙还要受株连，遭祸殃。这都是不能尽君臣各自的职责造成的。我看史书上记载：唐太宗收到臣下的谏疏，直截了当地批评、指责他的过错，他不认为这是耻辱。依我看来，这不如自己不干那些错事，从而使臣下没办法提出不同的意见。我又看到做大臣的大多有始无终。能够善始善终、保全晚节、享受荣华富贵的，都是忠诚正直的人。"

宋琪传

宋太宗论治乱

【原文】

上谓曰："世之治乱，在赏当其功，罚当其罪，即无不治；谓为饰喜怒之具，即无不乱，卿等慎之。"

【译文】

宋太宗说："社会的安定与动乱，在于赏赐要与建树的功绩相当，惩罚要和

犯下的罪过相称，这样做社会就没有不安定的；假若把赏罚作为表现个人喜怒的工具，那么社会就没有不动乱的时候。你们要慎重对待它。"

李 昉 传

秉政不济私

【原文】

昉和厚多恕，不念旧恶，在位小心循谨，无赫赫称。为文章慕白居易，尤浅近易晓。好接宾客，江南平，士大夫归朝者多从之游。雅厚张洎而薄张似，及昉罢相，洎草制深攻诋之，而似朔望必诣昉。或谓似曰："李公待君素不厚，何数诣之？"似曰："我为廷尉日，李公方秉政，未尝一有请求，此吾所以重之也。"

【译文】

李昉为人温和宽厚善于谅解别人，不念旧恶，身居高位却小心谨慎，缄默寡言，没有炙手可热的声势。写文章推崇白居易，特别重视明白晓畅、深入浅出。他好接纳宾客，江南平定后，归从宋朝的南唐的士大夫中，大多愿跟他交游。李昉一向很器重张洎而有些瞧不起张似。后来李昉罢相，张洎在草拟皇帝圣旨时对李昉作了多方的批评攻击，而张似则每逢初一、十五日一定到李府拜望李昉。有人问张似说："李公对待你一向不好，为什么还要经常过府拜望他呢？"张似说："我任廷尉的日子里，李公正掌大权，可他不曾因私事求过我一次，这就是我敬重他的原因。"

李昉不市恩

【原文】

昉居中书日，有求进用者，虽知其材可取，必正色拒绝之，已而擢用；或不足用，必和颜温语待之。子弟问其故，曰："用贤，人主之事；若受其请，是市私恩也，故峻绝之，使恩归于上。若不用者，既失所望，又无善词，取怨之道也。"

【译文】

李昉任中书侍郎时，有求他提拔任用的人，他虽然知道此人德才称职，但一定是很严肃地予以拒绝，时过不久，此人果然被提拔任用；有的人李昉认为德才不足，不能提拔任用，却一定和颜悦色，用一番温和言辞进行安慰。李昉的子弟们了解这种情况就问为什么要这样做。李昉说："提拔任用有德有才的人居官任职是天子的事，我若接受人家的请求，这是一种假公济私的市恩行为，所以严词拒绝他，让人感激天子；对于那些不能够被提拔任用的人，他本人已深感失望，若再不用好言好语安慰他，便会由此招来他的怨恨啊！"

吕蒙正传

蒙正清廉

【原文】

朝士有藏古镜者，自言能照二百里，欲献之蒙正以求知。蒙正笑曰："吾面不过碟子大，安用照二百里哉？"闻者叹服。

【译文】

朝中有个官员，家藏一面古铜镜，自称能够照二百里之遥，想把这面古镜献给吕蒙正，借此请吕蒙正荐举升官。吕蒙正笑着说："我的脸不过像碟子一般大小，哪里用得上照二百里呢？"凡听说这件事的人都为之感叹、佩服。

张齐贤传

法贵有常，政尚清净

【原文】

初，李氏据有江南，民户税钱三千已上者户出丁一人，黥面，自备器甲输官库，出即给之，日支粮二升，名为义军。既内附，皆放归农。至是，言者以为此辈久在行伍，不乐耕农，乞遣使选充军伍，并其家属送阙下。齐贤上言："江南义军，例皆良民，横遭黥配，无所逃避。克复之后，便放归农，久被皇风，并皆乐业。若逐户搜索，不无惊扰。法贵有常，政尚清净。前敕既放营农，不若且仍旧贯。"齐贤居使职，勤究民弊，务行宽大，江左人思之不忘。

【译文】

当初，南唐李家割据江南，规定凡向官府交纳税钱达三千以上的人家，每户出壮丁一人，在脸上刺上字，自备武器铠甲交入官库，征战时再交给他们，每天支出二升粮食供食用，这支军队称为"义军"。在南唐降宋之后，宋朝朝廷下令把义军解散，都回家务农。到这时，有的人认为这类人长时间在军队里生活，不愿意在农田干活，要求朝廷派员把这些人挑选出一部分送进军队，并把他们的家属送到皇宫使用。张齐贤呈上奏章，说："江南的义军，全部都是良民百姓，无辜遭受刺配充军，这是无法逃避的。光复江南之后，朝廷下令让他们务农了，他们长时间地受到皇帝的教化，而且都已安居乐业。现在假若挨家挨户地查点，肯定不能不使他们受到惊恐、骚扰。国家法律贵在有常，政治崇尚清廉、安民。先前已有令让他们回家务农、不如仍然按这个法令执行。"张齐贤在江南西路转运使任上，经常研究百姓遭受的困苦，政令宽大，江南的百姓对他感恩戴德，终生不忘。

贾黄中传

过 则 失 体

【原文】

夫小心翼翼,君臣皆当然;若太过,则失大臣之体。

【译文】

处事待人小心翼翼,君臣都应当这样;但如果太过分了,就有失大臣的体统。

钱 若 水 传

法不可移,令不可违

【原文】

古人云:"赏不劝谓之止善,罚不惩谓之纵恶。"又曰:"法不可移,令不可违。"

【译文】

古人说:"行赏起不到勉励的作用就等于阻止人行善,处罚起不到教训的作用就等于纵容人作恶。"又说:"法律不可更改,将令不可违抗。"

赵 昌 言 传

昌 言 治 河

【原文】

昌言复知天雄军,……大河贯府境,豪民峙刍茭图利,诱奸人潜穴堤防,岁仍决溢。昌言知之。一日,堤吏告急,命径取豪家庵积以给用,自是无敢为奸利者。属澶州河决,流入御河,涨溢浸府城,昌言籍府兵负土增堤,数不及千,乃索禁卒佐役,皆偃蹇不进。昌言怒曰:"府城将垫,人民且溺,汝辈食厚禄,欲坐观耶?敢不从命者斩。"众股栗赴役,不浃旬城完。太宗手诏褒谕之。

【译文】

赵昌言再度管理天雄军(今河北大名一带)的政务,……黄河流贯府境,一些强横而又有钱有势的人囤积大量的柴草牟取暴利,他们利诱一些坏人偷偷地把河堤凿出洞来,当年黄河仍然决口。赵昌言知道了这件事。一天,护堤的官吏前来告急,赵昌言就派人直接到那些有钱有势的人堆积草料的库房里,取出草料供修河堤用。从此再没有人敢做这类坏事了。接着澶州河又决了口,洪水灌进御河,御河上涨得溢了出来危及府城。赵昌言就让府兵挑土加高河堤,可是人数不足一千人,于是就命令禁军帮助府兵抢险。可是禁军一个个傲慢得很,根本不愿

参加抢险。赵昌言大怒，说："府城将要被淹没，人民要溺死，你们享受着国家的丰厚薪俸，想坐视不管吗？有谁胆敢不服从命令就砍下他的脑袋！"众禁军全都吓得战战兢兢，赶快上前挑土筑堤。不到十天的时间，府城安然无恙。宋太宗为此亲自写了诏书对赵昌言进行通令嘉奖。

剧可久传

刑法于国不可一日而废

【原文】

伏以刑法者，御人之衔勒，救弊之斧斤，有国家者不可一日而废也。虽尧、舜之世，亦不能舍此而致治。

【译文】

刑法是统治百姓的衔勒，是匡正时弊的斧子，拥有国家的人一天也不能没有刑法，即使是尧、舜在世之时，也不能舍弃刑法而能使天下太平。

赵延进传

违令获胜，胜过辱国

【原文】

辽人扰边，命延进与崔翰、李继隆将兵八万御之，赐阵图，分为八阵，俾以从事。师次满城，辽骑坌至，延进乘高望之，东西亘野，不见其际。翰等方按图布阵，阵去各百步，士众疑惧，略无斗志。延进谓翰等曰："主上委吾等以边事，盖期于克敌尔。今敌众若此，而我师星布，其势悬绝，彼若持我，将何以济？不如合而击之，可以决胜。违令而获利，不犹愈于辱国乎？"翰等曰："万一不捷，则若之何？"延进曰："倘有丧败，则延进独当其责。"于是改为二阵，前后相副，士众皆喜，三战大破之，获人马、牛羊、铠甲数十万。以功迁右监门卫大将军、知镇州。

【译文】

辽兵骚扰边疆，宋太祖派赵延进和崔翰、李继隆领兵八万前往抵御。临行前交给他一份阵图，共分为八个阵地，命令他们按阵行事。宋军驻扎在满城，辽国的骑兵全部赶到。赵延进登高瞭望，敌骑从东到西连成一片，无边无际。崔翰等人正按阵图部署阵地，各个阵地都相距百步之遥，士卒们又惊又怕，一点斗志都没有了。赵延进对崔翰说："主上把守边的重任委任给我们几个人，目的是想把敌人打败。现在敌人的数量这么多，可是我们又把兵力分散，像星星般摆开，敌众我寡，力量悬殊太大了，这样我们怎样能获得成功呢？不如把兵力集中起来攻击敌人，有可能战胜敌人。违背了皇上的命令却能获得胜利，不是比战败而给国家造成耻辱好得多吗？"崔翰等人说："万一打不赢，那该怎么办呢？"延进说：

"倘若失败，我赵延进一个人承担责罚。"于是八阵改为二阵，前后呼应，士卒都很高兴，交战三次，将辽兵打得大败，宋军缴获了人马、牛羊、铠甲数十万之多。赵延进因这次战功升任右监门卫大将军，统辖镇州。

何继筠传

兵精将贤，四境可安

【原文】

夫兵不患寡，患骄慢而不精；将不患怯，患偏见而无谋。若兵精将贤，则四境可以高枕而无忧。

【译文】

兵士不怕少，而怕的是骄傲无纪律，缺乏训练；将士不怕他们胆气不足，而怕他们思想片面没有谋略。假若兵士训练有素，将士有智有谋，那么四境安定，就可以高枕无忧了。

李 谦 溥 传

李谦溥论国策

【原文】

上言："屈节外国，非久长策。"

【译文】

（李谦溥）上书说："对外国卑躬屈膝，不是长久的国策。"

樊 知 古 传

民为万里长城

【原文】

奏请修城木五百余万、牛革三百万。上曰："万里长城岂在于此？自古匈奴、黄河，互为中国之患。朕自即位以来，或疆场无事，则有修筑河堤之役。近者边烽稍警，则黄河安流无害，此盖天意更迭垂戒，常令惕厉。然而预备不虞，古之善教，深沟高垒，亦王公设险之义也。所请过当，不亦重困吾民乎？"乃诏有司量以官物给之。

【译文】

（樊知古）上书请求修建城防的木料五百余万，牛皮三百万。宋太宗（赵炅）说："万里长城岂在这里？自古以来匈奴和黄河是中国的两大祸患，交替为害。朕从登上皇位以来，如果边疆没有战争，就兴建黄河堤岸。近来匈奴骚扰，

不断发生战争，而黄河安流无害，这大概是天帝向我们发出警告，让我们心存戒慎。当然，防备不虞是古人留下的宝贵的教导，深挖河道，高筑城墙，也是大臣们保卫国家安全的原则。但是奏章中要求的数量太多，这不是给百姓们加上沉重负担而使他们受苦受难吗？"于是发下诏书，让有关的大臣实事求是进行计划，用官府的物质供应。

张 鉴 传

川决而防，焚溺患深

【原文】

若待川决而后防，火炽而方戢，则焚溺之患深矣，虽欲拯救，其可得乎？

【译文】

假若等到大河决了口再去筑堤防，大火烧到炽烈的时候再去扑灭，那么水火的灾难就深重了，即使想拯救；难道能够办到吗？

姚 坦 传

但 见 血 山

【原文】

坦性木强固滞。王尝于邸中为假山，费数百万，既成，召宾僚乐饮，置酒共观之。坦独俛首，王强使视之，曰："但见血山耳，安得假山！"王惊问故，坦曰："在田舍时，见州县催租，捕人父子兄弟，送县鞭笞，流血被体。此假山皆民租税所为，非血山而何？"是时太宗亦为假山，闻而毁之。

【译文】

姚坦为人质朴倔强，不知变通。益王在王府花园里建造假山，花费钱财数百万之多。假山建造完毕，益王召集宾客、幕僚在一块饮酒作乐，共同观赏新建的假山。独有姚坦一人低着头不看。益王命令他抬头观看，姚坦说："我只是看到一座血山，哪里有什么假山！"益王大吃一惊，忙问其中缘故。姚坦说："我在乡间，看到州县官府催租逼税，捕捉人家的父子兄弟，押送进宫衙鞭打，打得遍体鳞伤，鲜血淋漓。造这座假山用的都是老百姓的租税，不是血山是什么？"这时宋太宗也造了假山，听说这件事就把假山拆掉了。

刘 综 传

赏罚不明，任非其材

【原文】

国家财力雄富，士卒精锐，而未能剪除凶孽者，诚以赏罚未行，而所任非其

材故也。

【译文】

国家财力很雄厚，兵士也英勇善战，但却不能使国家消除饥荒和动乱，实在是因为赏罚不明并且依靠和使用的人都不是合格的人才啊！

吕　端　传

吕端大事不糊涂

【原文】

时吕蒙正为相，太宗欲相端，或曰："端为人糊涂。"太宗曰："端小事糊涂，大事不糊涂。"

【译文】

这时吕蒙正任宰相，宋太宗打算任用吕端为宰相，有人说："吕端为人糊涂。"宋太宗说："吕端在小事上糊涂，在大事上不糊涂。"

风波之言不足虑

【原文】

端曰："吾直道而行，无所愧畏，风波之言不足虑也。"

【译文】

吕端说："我行的是正直之道，没有什么愧悔和害怕的，风言风语不值得去考虑。"

毕　士　安　传

恶以戒世，善以劝后

【原文】

咸平初，辞府职，拜礼部侍郎，复为翰林学士。诏选官校勘《三国志》《晋唐书》。或有言两晋事多鄙恶不可流行者。真宗以语宰相，士安曰："恶以戒世，善以劝后。善恶之事，《春秋》备载。"真宗然之，遂命刊刻。

【译文】

咸平（宋真宗赵恒年号）初年，（毕士安）辞掉了王府的职位，出任礼部侍郎之职，又任翰林院学士。真宗下诏，命令选拔官员校勘《三国志》《晋唐书》。有人说两晋的事多是些卑鄙丑恶的，不适宜在后世流传。真宗把这话告诉了宰相。毕士安说："恶事用来警诫世人，好事用来勉励后人。好事恶事《春秋》一书中全部记载了。"宋真宗认为他讲得很对，于是下令把《晋唐书》刻印出来。

士安荐寇准

【原文】

真宗曰："朕倚卿以辅相，岂特今日。然时方多事，求与卿同进者，其谁可？"对曰："宰相者，必有其器，乃可居其位，臣驽朽，实不足以胜任。寇准兼资忠义，善断大事，此宰相才也。"真宗曰："闻其好刚使气。"又对曰："准方正，慷慨有大节，忘身殉国，秉道疾邪，此其素所蓄积，朝臣罕出其右者，第不为流俗所喜。今天下之民虽蒙休德，涵养安佚，而西北跳梁为边境患，若准者正所宜用也。"真宗曰："然，……"

【译文】

宋真宗（赵恒）说："朕倚重你帮助，哪里只是今天。可是当前国事正值多事之秋，想选用与你一同任宰相的人，你看哪一个可以充任？"毕士安答道："做宰相的人，一定要有做宰相的才能，才可以任宰相的职位，我无才能年纪又大了，实在不适宜充任宰相。寇准这人忠义兼备，善于处理国家大事，此人是当宰相的材料啊！"真宗说："听说他个性刚强好意气用事。"毕士便又对答道："寇准是个守礼法的正直的人，慷慨有大节，为了国家可以忘记自己的身家性命，主持正道，疾恶如仇，这是他长期的修养形成的，朝内大臣没有一个比他出色的了，只是不被一般庸俗的人喜欢。如今天下的百姓承蒙皇帝的恩德，生活安定，可是西北边境仍有坏人捣乱，是国家的隐患，像寇准这样的人今天任用他最适时不过了。"真宗说："对，……"

锄恶长善

【原文】

谚云："锄一恶，长十善。"

【译文】

俗话说："除掉一恶，等于助长了十善。"

寇 准 传

刑有所不平

【原文】

淳化二年春，大旱，太宗延近臣问时政得失，众以天数对。准曰："《洪范》天人之际，应若影响，大旱之证，盖刑有所不平也。"太宗怒，起入禁中。顷之，召准问所以不平状，准对曰："愿召二府至，臣即言之。"有诏召二府入，准乃言曰："顷者祖吉、王淮皆侮法受赇，吉赃少乃伏诛，淮以参政沔之弟，盗主守财至千万，止杖，仍复其官，非不平而何？"太宗以问沔，沔顿首谢，于是切责沔，

而知准为可用矣。

【译文】

淳化（宋太宗赵炅年号）二年（991）的春天，大旱，宋太宗请来近臣询问时政的得失利弊。近臣们都用旱涝有定数来应付。寇准说："《洪范》上讲天人之间互有感应，大旱的出现就印证人间刑罚有不公平的地方。"宋太宗听了很生气，站起身走进内宫。待了一会，又召见寇准质问刑罚不公平表现在什么地方，寇准说："我要求把中书省和枢密院招来，我就讲明这件事。"太宗下诏把中书省、枢密院官员招来。寇准说："前不久，祖吉、王淮两个人都贪赃枉法，犯了罪。祖吉受的赃物少却被杀了头，王淮因为是参政王沔的弟弟，盗主送了他钱财千万，仅只是受到杖刑，后仍然恢复了他的官职。这不是刑罚不平又是什么呢？"宋太宗依寇准讲的质问王沔，王沔叩头请罪。宋太宗严厉地斥责了王沔，从而知道寇准是可以重用的了。

张咏讽寇准

【原文】

初，张咏在成都，闻准入相，谓其僚属曰："寇公奇材，惜学术不足尔。"及准出陕，咏适自成都罢还，准严供帐，大为具待。咏将去，准送之郊，问曰："何以教准？"咏徐曰："《霍光传》不可不读也。"准莫谕其意，归取其传读之，至"不学无术"，笑曰："此张公谓我矣。"

【译文】

当初，张咏在成都时，听说寇准升为宰相，便对他的幕僚们说："寇公是位奇才，可惜没有什么系统的知识和专门的学问。"后来寇准出使陕西，恰巧张咏从成都罢官归来，寇准便在厅堂内张挂帷帐，打扫得清洁严整，摆设齐备酒食器具，筵请张咏。当张咏将要登程时，寇准把他送到郊外，问张咏："有什么教诲给我吗？"张咏慢条斯理地说，"《霍光传》不可不读吧！"寇准听了不知他的用意是什么。归到府中取出《霍光传》读起来。当读到"不学无术"这几个字时，（寇准不禁恍然大悟，）笑着说："这就是张公要对我讲的啊！"

李　沆　传

奸邪，久之自败

【原文】

奸邪之迹，虽曰难辨，然久之自败。

【译文】

坏人坏事虽然说一时很难辨别，但是日子长了，自然会败露出来。

赏须有自

【原文】

驸马都尉石保吉求为使相，复问沆，沆曰："赏典之行，须有所自。保吉因缘戚里，无攻战之劳，台席之拜，恐腾物议。"他日再三问之，执议如初，遂止。

【译文】

驸马都尉石保吉请求加封他为使相，宋真宗又让李沆办理此事。李沆说："执行赏赐，必须有根据。保吉只是依靠亲戚关系，没有攻城野战的劳绩，又没有担任过宰相之职，加封他恐怕大家要纷纷议论了。"后来真宗再三催办此事，李沆像先前一样坚持自己的意见，于是真宗就搁置了此事。

王 旦 传

王 旦 大 度

【原文】

寇准数短旦，旦专称准。帝谓旦曰："卿虽称其美，彼专谈卿恶。"旦曰："理固当然。臣在相位久，政事缺失必多。准对陛下无所隐，益见其忠直，此臣所以重准也。"帝以是愈贤旦。

【译文】

寇准多次在真宗面前揭王旦的短处，而王旦在真宗面前总是赞美寇准。真宗对王旦说："你虽然说寇准的好话，但他却专讲你的坏话。"王旦说："道理本来就是这样的。我在相位的时间很长了，在处理政府事务上缺点错误一定很多，寇准对陛下没有一点隐瞒，越发表现出他的忠心正直。这正是我器重寇准的原因所在啊！"真宗为此更加认为王旦品质高尚。

鲁宗道传

鱼 头 参 政

【原文】

时执政多任子于馆阁读书，宗道曰："馆阁育天下英才，岂纨绔子弟得以恩泽处邪？"枢密使曹利用恃权骄横，宗道屡于帝前折之。自贵戚用事者皆惮之，目为"鱼头参政"，因其姓，且言骨鲠如鱼头也。

【译文】

当时执政多是让自己的孩子到馆阁中读书，鲁宗道说："馆阁是用来培育天下英才的，难道是富贵人家的子弟享受恩泽的地方吗？"枢密使曹利用依仗权势骄横无忌，宗道就屡次在皇帝面前折辱他。贵族戚室在官府中供职的人都害怕鲁

宗道，把他看作"鱼头参政"，这是因他姓"鲁"，并且说他骨硬像鱼头一样。

薛 奎 传

宴乐无度，非所以重朝廷

【原文】

奎性刚不苟合，遇事敢言。真宗时数宴大臣，至有沾醉者。奎谏曰："陛下即位之初，励精万几而简宴幸。今天下诚无事，而宴乐无度，大臣数被酒无威仪，非所以重朝廷也。"真宗善其言。及参政事，谋议无所避。

【译文】

薛奎性情刚烈，不会随意地附和别人，遇事敢于发表意见。宋真宗时，几次宴请大臣，以致有的人喝得酩酊大醉。薛奎进谏说："陛下您刚刚继位时，精神振奋日理万机，并且简省设宴欢庆。可现在实在没有什么值得庆贺的大事，却大摆宴席毫无节制，大臣们多次饮酒过度，失掉了威严和应有的仪表，这不是注重朝廷大事的做法啊！"真宗认为他的话说得很有道理。等到议论国家大事，无论什么意见，真宗都不回避他。

王 曙 传

邪正之辨，莫大于置相

【原文】

益柔言："人君之难，莫大于辨邪正；邪正之辨，莫大于置相。相之忠邪，百官之贤否也。若唐高宗之李义甫，明皇之李林甫，德宗之卢杞，宪宗之皇甫镈，帝王之鉴也。高宗、德宗之昏蒙，固无足论；明皇、宪宗之聪明，乃蔽于二人如此。以二人之庸，犹足以致祸，况诵六艺、挟才智以文致其奸说者哉！"

【译文】

益柔说："君主最大的难事是分辨邪恶与正直；邪正的分辨虽难，也难不过选用宰相，宰相的忠直与邪恶，直接影响下面群臣百官是否贤明。如唐高宗时的李义甫，明皇时的李林甫，德宗时的卢杞，宪宗时的皇甫镈，都是帝王的前车之鉴。高宗、德宗昏庸蒙昧，固无足论；明皇、宪宗明智，聪察，还被二人蒙蔽如此。以二人的平庸尚且能够导致祸患，何况通晓六艺、倚仗才智用其文章达到其邪恶理论的人啊！"

曹利用传

豪言动天子

【原文】

帝语利用曰："契丹南来，不求地则邀赂尔。关南地归中国已久，不可许；汉以玉帛赐单于，有故事。"利用愤契丹，色不平，对曰："彼若妄有所求，臣不敢生还。"帝壮其言。

【译文】

皇上告诉曹利用说："契丹南犯，不是想占地盘就是想求得贿赂。关南一带地区归属中原已经好久了，不可以答应给他；汉朝把玉帛赐给单于，这是有先例的。"曹利用对契丹充满愤恨，面带不平的神色，回答说："他们如果能求得贪婪无理的要求，我绝不活着回来见您。"皇上感到他的话十分悲壮。

狄 青 传

有勇有德者常胜

【原文】

青为人慎密寡言，其计事必审中机会而后发。行师先正部伍，明赏罚，与士同饥寒劳苦，虽敌猝犯之，无一士敢后先者，故其出常有功。尤喜推功与将佐。始，与孙沔破贼，谋一出青，贼既平，经制余事，悉以诿沔，退若不用意者。沔始叹其勇，既而服其为人，自以为不如也。

【译文】

狄青为人谨慎周密，少言寡语。他谋划事情一定要选好机会而后才发表意见。每逢带兵打仗，必定先整顿队伍，明确赏罚制度，并且与士兵们同甘共苦，即使敌人突然来进犯，也没有一个士兵敢落在后面，所以他每逢出兵，常会建立功勋。他特别喜爱把功劳推让给辅佐他打胜仗的部将。起初，他与孙沔共同攻打贼寇，计谋全出于狄青，贼寇被荡平，待到处理其他事务，狄青便把它全部推给了孙沔，自己退后又显出毫不在意的样子。孙沔开始是赞叹狄青的勇武不凡，不久就叹服他的高尚为人，认为自己不如狄青。

吴 育 传

居安要思危

【原文】

育又上言："天下久安，务因循而厌生事，政令纪纲，边防机要，置不复修。

一有边警，则仓惶莫知所为，殆稍安静，则又无敢辄言者。若政令修，纪纲肃，财用富，恩信给，赏罚明，将帅练习，士卒精锐，则四夷望风，自无他志。若一不备，则乘间而起矣。”

【译文】

吴育又上奏说：“天下长久太平，一定会疏懒而厌烦变革。对设置的政令纪纲，边防机要，不加修改。边防一有警报，就仓皇不知所措，恐怕稍一太平，就又没有人敢随便说话了。如果政令修明，纪纲严肃，财物富裕，给予恩信，赏罚分明，将帅熟悉兵法，士兵精练勇锐，那么，四面的敌人望风而逃，自然不会再有别的野心。如果我们稍有不备，那么他们就会乘机起事了。”

宋 绶 传

朋党为朝廷患

【原文】

朋党之为朝廷患，古今同之。或窥测帝旨，密令陈奏；或附会己意，以进退人。大官市恩以招权，小人趋利以售进，此风寝长，有蠹邦政。太宗尝曰：“国家无外忧必有内患。外忧不过边事，皆可预防；奸邪共济为内患，深可惧也。”

【译文】

士大夫大臣各树党羽、互相倾轧的行为是朝廷的祸根，古代和现在都一样。有的偷偷察言观色，猜测皇上的意思，秘密使人上奏；有的把自己的意思附进皇帝的旨意，决定用人的升免。大官买好，用以扩大权力，小人谋利为了升官。这种风气渐渐滋长，势必侵蚀政权。太宗曾说过：“国家没有外部的骚扰，必然会出现内部的不安定。外部的骚扰不过是发生在边界的事端，都可以预防；结党营私是内部的忧患，这才是最可怕的。”

明 镐 传

奖 善 惩 恶

【原文】

镐大巡边以备贼。时边任多纨绔子弟，镐乃取尤不职者杖之，疲软者皆自解去，遂奏择习事者守堡砦。军行，倡妇多从之，镐欲驱逐，恶伤士卒心，会有忿争杀倡妇者，吏执以白，镐曰：“彼来军中何耶？”纵去不治，倡妇闻皆散走。

【译文】

明镐大规模地巡视边疆，以防备敌寇入侵。此时在边疆任职的多是富家子弟，明镐就拿特别不守职分的加以杖罚，疲弱的便自动解职离去。他于是奏明皇上，选择坚守职责的人守堡寨。军队出发，常有娼妇妓女尾随，明镐想要赶走她们，结果损伤了士兵们的心。正巧遇有愤怒地争杀娼妇的士兵，官吏捉住向明镐

报告，镐只是问道："她们来军中是干什么的？"不加惩治便释放了。娼妇听说这种情况，都赶紧逃向四处。

田 锡 传

动静要相宜

【原文】

臣闻动静之机，不可妄举；安危之理，不可轻言，利害相生，变易不定；取舍无惑，思虑必精。夫动静之机，不可妄举者，动谓用兵，静谓持重。应动而静，则养寇以生奸，应静而动，则失时以败事。动静中节，乃得其宜。

【译文】

我听说行动与止息的时机很重要，不能轻易行动；安全和危险的规律，也不可轻易谈论。利和害互相促使生长，变幻不定；取舍没有疑惑，考虑一定很周密。要算准行动与止息的时机，不能轻率行动，动就是用兵打仗，静就是谨慎稳重。应该动的时候而不动，这就培养了敌人而滋长了邪恶；应该静止的时候而行动，那么就失去了时机而失败。动静适度，才是最合适的。

张 咏 传

询君子而得君子

【原文】

民有谍诉者，咏灼见情伪，立为判决，人皆厌服。好事者编集其辞，镂板传布。咏尝曰："询君子得君子，询小人得小人，各就其党询之，则无不审矣。"其为政，恩威并用，蜀民畏而爱之。

【译文】

百姓中有多次上诉控告的人，张咏透彻地看出情况不真实，立即做出判决，人们都十分佩服他的做法。有喜好管分外事的人把他的言论编集起来，刻板传播。张咏曾说："询问调查道德高尚的人，就了解到君子，询问调查奸佞的小人，就了解到小人。各自调查询问他们的朋辈，那么，没有不详察实情的。"他执政，恩威并施，百姓们畏惧而又敬仰他。

苏 绅 传

荐贤助国之道

【原文】

今有位多援亲旧，或迫于权贵，甚非荐贤助国，为官择人之道。若要官阙

人，宜如祖宗故事，取班簿亲择五品以上清望官，各令举一二人，述其才能德业，陛下与执政大臣，参验而擢之。试而有效，则先赏举者，否则黜责之。如此，则人人得以自劝。

【译文】

现在有官位的多攀缘亲戚故旧，有的是为权贵所迫，并不是举荐贤良以有助于国家，也并不是为任官而选用人才的方法。如果重要的官职缺人，应当像祖先行事一样，拿按等级排列的名册亲自选择五品以上的清望官，让他们分别举荐一两个人，陈述这人的才能德行，陛下与执政大臣比较检验，然后再提拔他。经过试用，确有政绩，就先重赏举荐的人。否则就废除他并责备举荐者。若用这种措施，那么人人都能得以自勉。

赵师民传

王政通而世清平

【原文】

尝讲《诗》："如彼泉流"，曰："水之初出，喻王政之发。顺行则通，通故清洁；逆乱则壅，壅故浊败。贤人用，则王政通而世清平；邪人进，则王泽壅而世浊败。幽王失道，用邪绌正，正不胜邪，虽有善人，不能为治，亦将相率而沦于污浊也。"帝曰："水何以喻政？"对曰："水者，顺行而润下，利万物，故以喻政，此于比兴，义最大。"

【译文】

赵师民曾经给皇帝讲解《诗经》"如彼泉流"一句时说："水开始流出，好比国君政令的发布，自上而下流淌则通，畅通的水就干净、清洁；自下而上就阻塞，阻塞就浑浊败坏。有才能、品德好的人被信用，那么国家政令就通达而世事清明安定，不正派的人能提升，那么君王的德泽就被阻塞而世间腐败。幽王无道并任用不正派的人，排挤好人，使正义不能战胜邪恶，即使有能人，也不能治理，还将好的慢慢与它同流合污了。"皇帝说："水怎么能比喻王政？"赵师民回答说："流水，顺流而下滋润下游，对天下万物都有好处，所以比喻成王政，以此来比喻意义最大。

尹　洙　传

命令数更之弊

【原文】

夫命令者，人主所以取信于下也。异时民间，朝廷降一命令，皆竦视之；今则不然，相与窃语，以为不久当更，既而信然，此命令日轻于下也。命令轻，则朝廷不尊矣。又闻群臣有献忠谋者，陛下始甚听之，后复一人沮之，则意移矣。

忠言者以信之不能终，颇自诎其谋，以为无益，此命令数更之弊也。

【译文】

　　命令是君主用以取信于人民的措施。从前在民间，朝廷下一道命令，大家都严肃、恭敬地对待，现在则不是，互相偷偷地议论，认为过不长时间命令就会更改。不久之后确实如此，这命令一天天对人民也就不重要了。命令不重要，那么朝廷也就没有尊严了。又听说大臣们有向皇帝提出忠告和建议的人，陛下开始非常听从他，以后再有某个人败坏他，陛下就改变了主意。提出忠言的人因为最终不能被信任，就很贬低自己的主意，以为没有好处，这就是命令多次改变的坏处。

杨 察 传

上擢而自励者为俊杰

【原文】

　　当仁宗在位时，宋兴且百年，海内嘉靖，上下安佚。然法制日以玩弛，侥幸之弊多。自西陲用兵，关中困扰，天子悯劳元元，奋然欲因群材以更内外之治，于是俊杰辈出。尹洙崎岖兵间，亦颇论天下之事。孙甫驰骋言路，咸以文学、方正知名。绛文词议论，尤为儒林所宗。朝廷方欲倚用之，不幸死矣。最后，清臣、察繇进士高等，不数年致位侍从，立朝謇謇，无所附丽，为一时名臣。岂非出于上之所自擢，故奋励不挠，以图报称哉?"

【译文】

　　正当仁宗在位时，宋朝兴盛近百年，四海之内、举国上下幸福安定。但是法令制度一天天地玩忽松弛下来，企图偶获成功或免除不幸的心理带来的弊端日益增多。自从西方边境用兵以来，关中地区困扰不堪，皇上为庶民忧思劳累，奋然要依仗群材来变更内廷和边境的原有制度，在这种情况下英雄豪杰便一批一批地出现。尹洙不避艰难，处在战争之中，也常常论及国家大事。孙甫涉猎探索进言之路，以文雅博学、为人正直而闻名。谢绛的文章言论，尤其被儒家文人所尊崇效仿。朝廷正要依靠他们，却不幸死去。最后，叶清臣、杨察被选为进士，没几年就位升侍从，在朝廷上忠诚正直，不依附任何人，而成为那一时期的名臣。这难道不是出于皇上的提拔，所以奋斗不止，以求相称地报答皇上的厚爱吗?

梁 颢 传

兵法不可不正

【原文】

　　臣闻自古用兵之道，在乎明赏罚而已。然而赏不可以独任，罚不可以少失。

故《兵法》曰："罚之不行，譬如骄子之不可用。"又曰："善为将者，威振敌国，令行三军。尽忠益时者，虽雠必赏；犯法败事者，虽亲必罚。"故孙武斩队长而兵皆整，穰苴斩监军而敌遂退。以此言之，兵法不可不正也。

【译文】

我知道自古以来带兵的方法，在于赏罚分明。然而不能单独用奖赏的办法，罚也是不可少的。所以《兵法》上说："不行惩罚的军队，好比骄子不能用一样。"又说："好的将领，威望震动敌国，命令在三军得到执行。作战时能尽心尽力的，虽然是仇人也要奖赏；违法乱纪，败坏大事的人，虽然是亲人也一定要惩罚。"因此孙武杀队长而使军队纪律严整。穰苴杀监军而使敌人后退。因此说，兵法不能不正呵。

孙道辅传

举笏击蛇

【原文】

道辅幼端重，举进士第，为宁州军事推官，数与州将争事。有蛇出天庆观真武殿中，一郡以为神，州将帅官属往奠拜之，欲上其事。道辅径前以笏击蛇，碎其首，观者初惊，后莫不叹服。

【译文】

孔道辅从小端正庄重，中进士，被任命为宁州军事推官，经常与州将为一些事情争论。有蛇出现在天庆观真武殿中，全郡都把它奉为神明，州将率领下属官员前往祭祀礼拜，并准备把此事上报皇帝。孔道辅直接走上前用朝笏打蛇并击碎蛇头，旁观的人开始很惊慌，后来没有一个人不为他的行动而赞叹、佩服。

陈希亮传

执法严明则得民心

【原文】

初为大理评事、知长沙县。有僧海印国师，出入章献皇后家，与诸贵人交通，恃势据民地，人莫敢正视，希亮捕治置诸法，一县大耸。郴州竹场有伪为券给输户送官者，事觉，输户当死，希亮察其非辜，出之，已而果得其造伪者。再迁殿中丞，徙知鄠县。老吏曹腆侮法，以希亮年少，易之。希亮视事，首得其罪。腆叩头出血，愿自新，希帝戒而舍之，卒为善吏。巫觋岁敛民财祭鬼，谓之春斋，否则有火灾；民讹言有绯衣三老人行火。希亮禁之，民不敢犯，火亦不作。毁淫祠数百区，勒巫为农者七十余家。及罢去，父老送之出境，泣曰："公去我，绯衣老人复出矣。"

【译文】

陈希亮起初任大理评事、任长沙（今湖南长沙）知县。有僧人叫海印的，常常出入于章献皇后家，同许多贵族交往密切，依仗他们的权势随意强占平民的土地，百姓们害怕得不敢正眼看他。陈希亮逮捕他并按法律条文治他的罪，全县的人都为此而震惊了。郴州（今湖南郴州）竹场有伪造证券的，发给输户，输户使用被发觉，按法律输户要被判死罪。希亮审察后知道他没有过错，就放了他。不久，果真查出了伪造证券的人。后来他升为中丞，迁往鄂县（今江西赣州）。老官吏曹腆违犯法令，认为希亮年轻，而不把他放在眼里。希亮执政，首先掌握了他的罪行。曹腆连连向希亮叩头，直到出血，并表示愿意改过从新。希亮惩戒并赦免了他，曹腆最终变成了好官吏。巫师年年收缴民财祭祀鬼神，称为春斋，说是不这样就会有火灾；百姓们中也传言有三个穿红衣的老人放火。希亮禁止了祭鬼活动，大家不敢违背他的命令，火也没有烧起来。他还下令毁掉了祭鬼的祠堂几百处，勒令巫师从事农耕的有七十多家。等到他罢去此地官职，父老乡亲送他直到出境。百姓们哭泣着说："您离开我们走了，红衣老人又会出来了。"

国学经典文库

贾 黯 传

力谏广开言路

【原文】

黯自以年少遭遇，备位谏官，果于言事。首论韩琦、富弼、范仲淹可大用。杜枢覆张彦方狱，将驳正，忤执政意，执政以他罪绌枢。黯言："枢无罪，且旨从中出，不因臣下弹奏。恐自此贵幸近习，百一得入，则将阴肆谗毁，害及善良，不可不察。"时言者或论事亡状，辄戒励穷诘。黯奏："谏官、御史，迹既疏远，未尝预闻时政，不免采于传闻，一有失言，而诘难沮辱随之，非所以开广言路。请如唐太宗用王珪、魏征故事，每执政奏事，听谏官一人随入。"执政又患言事官旅进，议论上前不肯止。乃诏："凡欲合班上殿者，皆禀中书俟旨。"黯论以为："今得进见言事者，独谏官、御史，若然，言路将壅，陛下不得闻外事矣。请如故便。"皆弗许。

【译文】

贾黯因为自己年纪轻就受皇上恩遇而任职谏官，所以勇于进谏。他第一个推荐韩琦、富弼、范仲淹说可以重用。杜枢为张彦方翻案，将要纠正此案，由于冒犯了执政的旨意，执政用其他的罪名罢免了杜枢。贾黯向皇上进谏说："杜枢没有罪，况且圣旨是从朝廷下达的，不是因为臣下弹劾。恐怕从此以后那些尊贵宠幸的近臣，一旦有人直言进谏，他们就暗中肆意诋毁，从而伤害那些贤良的人，陛下不能不明察。"当时进谏的人有时论及国事没有具体的根据，有人就穷追不舍。贾黯就禀奏："谏官、御史这类官员，官位离皇上比较疏远，不曾预先得知国家的政事，不免采用一些传闻，一旦有

说错的地方，驳难、污辱就随之而来，这不是广开进谏之路的办法。请陛下像唐太宗任用王珪、魏征那样，每次执政大臣向皇上禀奏大事时，让一位谏官跟随他入朝。"执政又害怕那些负责进谏的大臣一块进谏时，在皇帝面前说个不停。就劝皇上下诏："凡是要一同上堂进谏的，都要先禀告中书省等候旨意。"贾黯进谏论此事说："现在能够上朝进谏的人，只有谏官和御史，如果这样，进谏的路将被堵塞，陛下也就难以听到外边的事了。请像原来那样。"对以上谏言，皇上都没听从。

吕景初传

裁兵减用

【原文】

时兵冗，用度乏，景初奏疏曰："圣人在上，不能无灾，而有救灾之术。今百姓困穷，国用虚竭，利源已尽，惟有减用度尔。用度之广，无如养兵。比年招置太多，未加拣汰。若兵皆勇健，能捍寇敌，竭民膏血以啖之，犹为不可，况羸疾老怯者，又常过半，徒费粟帛，战则先奔，致勇者亦相率以败。当祖宗时，四方割据，中国才百余州；民力未完，耕植未广，然用度充足者，兵少故也，而所征皆克。自数十年来，用数倍之兵，所向必败。以此，知兵在精，不在众也。议者屡以为言，陛下不即更者，由大臣偷安避怨，论事之臣，又复缄默，则此弊何时而息。望诏中书、枢密院，议罢招补，而汰冗滥。"

【译文】

当时军队众多冗余，国家用度缺乏，吕景初上疏禀奏："圣人在位执政时，不能没有灾难，但他们有避免灾难的办法。现在百姓贫困，国家用度空虚枯竭，财源也已经用完了，现在只有减少用度罢了。用度多的地方，没有比得上养兵的。每年都招募太多的军队，但没有加以选择淘汰。如果军士都勇猛强健，能够抵御外敌，竭尽老百姓的衣食来供养他们尚且不合适，况且在军队中老弱残兵的又经常占一半以上，这些士兵只是白白地浪费衣食，作战时他们首先奔逃，致使那些勇敢的士兵也受影响而败北。当我们的祖宗建立帝业时，四方都有割据一方的势力，中原才有一百多个州，百姓的生产还没完全恢复，耕种的土地也不算多，但用度却充足，原因是军队少啊，并且每次征战都能取胜。几十年以来，用几倍于以前的军队，每次征战却必定失败。由此看来，兵在精，不在多。很多人多次向皇上陈说此事，而陛下不能马上更改，是因为执政大臣都苟且偷安避免招致怨恨的缘故，谏监大臣又闭口不谈，这样下去，这种弊端何时能够停息。望陛下下诏给中书省、枢密院，讨论停止招募增补军队、裁除淘汰冗余的人。"

范正辞传

明 法 如 鉴

【原文】

饶州民甘绍者，积财钜万，为群盗所掠，州捕系十四人，狱具，当死。正辞按部至，引问之，囚皆泣下，察其非实，命徙他所讯鞫。既而民有告群盗所在者，正辞潜召监军王愿掩捕之。愿未至，盗遁去，正辞即单骑出郭二十里，追及之。贼控弦持弰来逼，正辞大呼，以鞭击之，中贼双目，执之。贼自刃不殊，余贼渡江散走，追之不获，旁得所弃赃。贼尚有余息，正辞即载归，令医傅药，创既愈，按其奸状伏法，而前十四人皆得释。

【译文】

饶州（今江西鄱阳县）有一个叫甘绍的人，积聚了几千万的财产，被一群盗贼偷了，州府捕捉到十四人，判罪定案，结果判为死刑。范正辞巡查到这里，叫这些人来讯问，这些囚犯都哭着说无罪，范正辞看案情不符合事实，就命令把他们移交别处审理。没多久，有告发那伙盗贼藏处的人，范正辞偷偷地叫监军王愿去捕捉他们。王愿还没赶到，盗贼就逃走了。范正辞就独自一人骑马出城追赶了二十里，终于追上他们。有一个盗贼拿着弓逼近范正辞，范正辞大喊一声，用鞭子向他抽去，打中了他的双眼，把他抓住。这个盗贼自杀未遂，剩下的都渡过江去四散逃跑了，范正辞也没追上，在附近找到了他们的赃物。那个受伤的盗贼一息尚存，范正辞就用马载着他回城，叫医生给他上了药，伤好以后，按他的罪行轻重定了罪，而以前抓的那十四个人就都放了。

乐 黄 目 传

官得其人，事无不治

【原文】

俄上言曰："伏以从政之原，州县为急；亲民之任，牧宰居先。今朝官以数任除知州，簿尉以两任入县令，虽功过易见，而能否难明。伏见唐开元二年选群官，有宏才通识、堪致理化者，授刺史、都督。又引新授县令于宣政殿，试理人策一道，惟鄄城令袁济及格，擢授醴泉令，余二百人，且令赴任，十余人并放令习学。臣欲望自今审官院差知州，铨曹注县令，候各及三二十人，一次引见于御前，试时务策一道。察言观行，取其才识明于吏治、达于教化者充选；其有不分曲直、罔辨是非者，或黜之厘务，或退守旧资。如此，则官得其人，事无不治。"
上颇嘉其好古。

【译文】

不久乐黄目向皇上上疏说："我认为为政的本原，首先在州县；抚育百姓的

责任，首先由知州县令来承担。现在朝廷官员几任后就可出任知州，掌管簿书的官吏两任后就可出任县令，这样虽然皇上对功过的奖惩显而易见，但所任官员有无治才却难以看清。我看到唐朝开元二年（714）选拔各类官员时，那些有雄才大略、可以治理国家教化人民的，授以刺史、都督之职。又命新任命的县令聚集到宣政殿，用治国之策考核他们，只有鄄城县令袁济合格，提升为醴泉县令，剩下的二百人，暂且叫他们赴任，有十几人免去职务回去学习。我希望从今以后审官院任命知州、铨曹任命县令时，等到各自凑够二三十人时，一次集合到皇上跟前，皇上亲自出一道治理时事的符策考核他们，观察他们的言行，选取那些通晓管理和教化的人充任；那些不分是非曲直的人，有的人可叫他们干些杂务，有些可叫他们退任原职。这样，每个官位都会有合适的人，国事也就没有治理不好的。"皇上很赞赏他好古的精神。

张　雍　传

王元吉之案

【原文】

京城民王元吉者，母刘早寡，有奸状，为姻族所知，忧悸成疾。又惧元吉告之，遂遣侍婢诉元吉寘董食中以毒己，病将死。事下右军巡按之，未得实；移左军巡，推吏受刘赂掠治，元吉自诬伏。俄而刘死，府虑囚，元吉始以实对。又移付司录，尽捕元推吏，稍见诬构之迹。且以逮捕者众，又狱已累月未能决，府中惧其淹，列状引见，诏免死决徒。元吉大呼曰："府中官吏悉受我赂，反使我受刑乎？"府不敢决，元吉历陈所受赂主名，又令妻张击登闻鼓诉之。上召张临轩顾问，尽得其枉状，立遣中使捕元推官吏，付御史鞠治。时滕中正为中丞，雍妻父也，诏供奉官蔚进别鞠之。雍坐与知府刘保勋、判官李继凝初虑问，元吉称冤，徙左军巡，雍戒吏止令鞠其毒母状，致吏讯掠惨暴。上怒，雍及左右军巡判官韩昭裔、宗廷煦悉坐免所居官，保勋、继凝各夺一季奉，左右军巡使殿直庞则、王荣并降为殿前承旨。

【译文】

京城中有一个叫王元吉的，他的母亲刘氏年轻守寡，有跟别人通奸的事，被他的家族得知，结果她既担心又害怕，就得了病。她又怕儿子王元吉告发，于是就打发她的侍女控告王元吉把毒药放在她的饭中要毒死她，这使她快要病死了。此案交付右军巡查证，没有得到证实；又转到左军巡，推官接受了刘氏的贿赂而对王元吉严刑拷打讯问，王元吉被迫认罪。没多久刘氏死了，开封府考察囚犯的罪状，王元吉才把实情说出来。这才又把此案移交司录，并把原来的推官全部逮捕起来，于是逐渐发现这起诬陷案的原委。不过因为逮捕的人很多，此案又好几个月没有定案，开封府害怕此案滞留时间过长，就列举王元吉罪状，定刑免除死刑、发配远方。王元吉大声叫喊："府中的官吏都接受了我的贿赂，反而叫我受刑罚吗？"开封府没敢最后定案，王元吉一一说出受贿官吏的名字，并叫他的妻

子张氏去朝廷击鼓鸣冤。皇上在殿前平台接见并询问张氏，完全了解了其中的冤情，立刻派近臣逮捕了原来的推官，交给御史审理。当时滕中正是御史中丞，他是张雍的岳父，命供奉官蔚进个别审理此案，张雍定了和知府刘保勋、判官李继凝初次审讯不清的罪，王元吉又称冤枉，又移交左军巡，张雍提醒官吏只拷问王元吉要毒他母亲的事，致使官吏拷打得十分残暴。皇上得知极为恼火，张雍和左右军巡判官韩昭裔、宋廷煦都获罪免职，刘保勋、李继凝各停发一个季度的俸禄，左右军巡使殿直庞则、王荣都降为殿前承旨。

李 迪 传
执 法 抗 上

带彩观音　北宋

【原文】

承之字奉世，性严重，有忠节。从兄柬之将仕以官，辞不受，而中进士第，调明州司法参军。郡守任情觖法，人莫敢忤，承之独毅然力争之。守怒曰："曹掾敢如是邪？"承之曰："事始至，公自为之则已，既下有司，则当循三尺之法矣。"守惮其言。

【译文】

李承之字奉世，性情谨严持重，有忠义节操。长兄李柬之要给他个官做，他拒绝接受，后考中进士，调任明州（故治在今浙江宁波市）司法参军。明州郡守放纵枉法，别人没有敢碰他的，李承之却毅然与他抗争。郡守恼火地说："我的部属竟敢这样顶撞我？"李承之说："如果刚开始，您自己处理了，那就罢了，一旦交付主管官吏，那就应当按照法律办事了。"郡守终于害怕他的话而有所收敛。

杜 衍 传
倡平法，杜奸邪

【原文】

又议常平法曰："岁有丰凶，谷有贵贱，官以法平之，则农有余利矣。今豪商大贾，乘时贱收，水旱，则稽伏而不出，冀其翔勇，以图厚利，而困吾民也。请量州郡远近，户口众寡，严刑赏，课责官吏，出纳无壅，增损有宜。公籴未充，则禁争籴以规利者；籴毕而储之，则察其以供军为名而假借者。州郡阙母钱。愿出官帑助之。"

【译文】

杜衍又谈起国家的平衡法说："收成有好有坏，粮食也有贵有贱，官府用法律来平衡物价，那么农民就会受益。现在财大气粗的商人，趁米价贱时把粮食收进来，等水涝或干旱时，把粮食屯集起来不卖，希望价钱猛长时来牟取暴利，结果坑苦了百姓。望陛下根据州郡的远近、人口的多少，严格奖惩制度，考察督促官吏，使收和卖的渠道不要堵塞，粮价的升降适度。官府买的粮食还不充足，就禁止那些争着买进以谋取暴利的人买；官府买足储藏好，就要查禁那些假借以供应军需为名而囤积居奇的人。州郡中如果缺少购粮本钱，希望能够拿出国家仓库中的钱币助济他们。"

晏 殊 传
善识荐才

【原文】

殊平居好贤，当世知名之士，如范仲淹、孔道辅皆出其门。及为相，益务进贤材，而仲淹与韩琦、富弼皆进用，至于台阁，多一时之贤。帝亦奋然有意，欲用群材更治，而小人权幸皆不便。

【译文】

晏殊平生爱惜贤才，当代知名的贤士，象范仲淹、孔道辅都出自他的门下。当他做宰相后，更是致力于推举贤才，范仲淹、韩琦、富弼都因为他的举荐而被重用，至于尚书，大都是当时的贤才。皇上也因此胸怀大志，要凭借这些得力人材改革政治，而那些小人权要都感到非常不方便。

庞 籍 传
裁宫用，赏将士

【原文】

又建言："频岁灾异，天久不雨。宫中费用奢靡，出纳不严，须索烦多，有司无从钩校虚实。臣窃谓凡乘舆所费，宫中所用，宜务加裁抑，取则先帝，修德弭灾之道也。今宿兵西鄙，将士力战，弗获功赏；而内官、医官、乐官，无功劳，享丰赐，天下指目，谓之'三官'。愿少裁损，无厚赉予，专励战功，寇不足平也。"

【译文】

庞籍又向皇上建议说："多年以来，灾害不断，很长时间没有下雨。宫中的费用繁多奢侈，费用的进出掌管得不严，索取的东西特别多，掌管的人没法查对核实。我私下认为凡是皇帝和后宫用的东西，应当尽量裁减，效法先帝的俭朴，这是修明政治消除灾害的办法。现在国家在西部边境驻有重兵，将士都拼力作战，不能因功受赏；而内侍官、医官、乐官，没什么功劳，却享受丰厚的赏赐，天下人都指着他们的后背瞪着他们，喊他们是'三官'。望陛下稍微裁减这些人，

也不要给以丰厚的赏赐，而应专门用来奖励有战功的将士，这样，外敌的入侵就不必多虑了。"

北宋火炮模型

韩 琦 传

画策御敌

【原文】

琦画攻守二策驰入奏，仁宗欲用攻策，执政者难之。琦言："元昊虽倾国入寇，众不过四五万人，吾逐路重兵自为守，势分力弱，遇敌辄不支。若并出一道，鼓行而前，乘贼骄惰，破之必矣。"乃诏鄜延、泾原同出征。既还营，元昊来求盟。琦曰："无约而请和者，谋也。"命诸将戒严，贼果犯山外。琦悉兵付大将任福，令自怀远城趋德胜寨出贼后，如未可战，即据险置伏，要其归。及行，戒之至再。又移檄申约，苟违节度，虽有功，亦斩。福竟为贼诱，没于好水川。

【译文】

韩琦谋划攻守两种计策驰马入朝向皇上禀奏，宋仁宗要运用攻敌之策，当权者驳难他。韩琦说："赵元昊虽然率全部兵力入侵，但兵力总共不过四五万人，我军各路重兵各自防守，力量分散因而相对薄弱，遇到强敌就难以支撑。如果各路军队联合起来，击鼓挺进，趁敌兵骄横懈怠时向他们进攻，一定会打败他们。"于是皇帝下诏命鄜延路（故治今陕西延安市）、泾原路（故治今甘肃平凉）同时出兵征讨。韩琦回到军营后，李元昊前来请求和解。韩琦说："原来没有相约而来要求讲和，这是阴谋。"命各将领严加警戒，敌人果然来进攻山外。韩琦把军队全部交付大将任福，命他从怀远城（今宁夏银川）前往德胜寨从敌兵背后出击，如果不宜跟敌兵交战，就先占据险要地形设置伏兵，等敌军回师时邀击他们。等任福率军出发时，再三告诫他一定按规定行事。任福走后，又给任福去信重申他的命令，如果违犯命令，即使杀敌有功，也斩首抵罪。任福没有听从，最后竟然被敌军诱骗，战死在好水川（今宁夏隆德东）。

王 珪 传

奸 计 误 国

【原文】

元丰官制行，由礼部侍郎超授银青光禄大夫。五年，正三省官名，拜尚书左仆射兼门下侍郎，以蔡确为右仆射。先是，神宗谓执政曰："官制将行，欲新旧人两用之。"又曰："御史大夫，非司马光不可。"珪、确相顾失色。珪忧甚，不知所出。确曰："陛下久欲收灵武，公能任责，则相位可保也。"珪喜，谢确。帝

尝欲召司马光，珪荐俞充帅庆，使上平西夏策。珪意以为既用兵深入，必不召光，虽召，将不至。已而光果不召。永乐之败，死者十余万人，实珪启之。

【译文】

元丰三年（1080）新官制实行后，王珪由礼部侍郎被越级提升为银青光禄大夫。元丰五年，改正三省官名，任王珪为尚书左仆射兼门下侍郎，任蔡确为右仆射。在这以前，宋神宗曾对执政大臣说："新的官制将要实行，我要同时启用新党和旧党的人。"又说："御史大夫这个职位，非由司马光来任不行。"王珪、蔡确听后都大惊失色。王珪特别担忧，不知该怎么办。蔡确说："皇上长时间以来就要收取灵武（灵州，今宁夏灵武西南），您如果把此重任承担下来，那么宰相的位子就可以保住了。"王珪听后非常高兴，很感谢蔡确。皇上曾经要召回司马光，王珪推荐俞充统领庆州（今甘肃庆阳），叫他向皇上上奏平定西夏的策略。王珪私下认为既然皇上用兵深入西北，一定不会再召回司马光，即使召他来，他也不会来。没多久，皇上果然没召回他。永乐城战役的失败，战死的将士有十几万人，事实上是王珪奸计造成的。

富 弼 传

富弼救灾民

【原文】

河朔大水，民流就食。弼劝所部民出粟，益以官廪，得公私庐舍十余万区，散处其人，以便薪水。官吏自前资、待缺、寄居者，皆赋以禄，使即民所聚，选老弱病瘠者廪之，仍书其劳，约他日为奏请受赏。率五日，辄遣人持酒肉饭糗慰藉，出于至诚，人人为尽力。山林陂泽之利可资以生者，听流民擅取。死者为大家葬之，目曰"丛冢"。明年，麦大熟，民各以远近受粮归，凡活五十余万人，募为兵者万计。帝闻之，遣使褒劳，拜礼部侍郎。弼曰："此守臣职也。"辞不受。前此，救灾者皆聚民城郭中，为粥食之，蒸为疾疫，及相蹈藉，或待哺数日不得粥而仆，名为救之，而实杀之。自弼立法简便周尽，天下传以为式。

富弼

【译文】

河朔（泛指黄河以北）地区发生水灾，受灾百姓都到处要饭。富弼劝说他自己统辖的百姓都拿出粮食来，把官府的仓库也打开救济他们，找到公私住房十多万处，分散安置他们，供应他们柴草饮水。以前任职的官吏，还有等待补缺的和暂时居住在此处的，富弼都发给他们俸禄，叫他们到受灾百姓集中的地方抚慰救济那些老弱病残的人，仍把他们的功劳记下来，并说好等以后替他们禀报请赏。

通常过五天，就派人拿着饭菜酒肉去慰劳这些人，出于一片诚心，因而他们每个人都尽量效力。凡是富弼所辖区域内的山坡、树林、湖泊中能维持生计的东西，听任受灾百姓随意捕取。那些死了的受灾百姓，就给他们建一个大坟埋葬，被称为"丛冢"。第二年，当地的麦子大丰收，根据灾民的远近叫他们带着粮食回家，这次，富弼共救活五十多万人，招募当兵的好几万。皇上听说这件事，派使者给以奖赏和慰问，并任富弼为礼部侍郎。富弼说："这是任官的职守。"坚决推辞不接受奖赏任命。在这以前，救灾的人都是把灾民聚集在城中，做汤分给他们吃，很多人都得了疾病瘟疫，以至于相互践踏，有些人几天都得不到汤喝而饿死，名义上是救济他们，事实上是杀害他们。自从富弼采用这个办法，就方便于救济灾民，天下人以此相传作为榜样。

文彦博传

抗奸平冤

【原文】

黄德和之诬刘平降虏也，以金带赂平奴，使附己说以证。平家二百口皆械系。诏彦博置狱于河中，鞫治得实。德和党援盛，谋翻其狱，至遣他御史来。彦博拒不纳，曰："朝廷虑狱不就，故遣君。今案具矣，宜亟还，事或弗成，彦博执其咎。"德和并奴卒就诛。

【译文】

黄德和在诬陷刘平延州兵败投降西夏时，用黄金饰带去贿赂刘平的家奴，叫他附和自己的说法作假证。刘平的家人二百口人都因而被捉拿起来带上刑具。皇上命殿中侍御史文彦博把此案安置在河中府（故治今山西永济西）处理，经过审讯知道了此案真情。黄德和的同党极力援救黄德和，想推翻此案，以至想法派其他的御史来审理此案。文彦博坚决不纳，对另来的御史说："朝廷考虑此案没审理完，所以派您来。现在此案已经了结了，您赶快回去吧，事情如果不能最后完成，我文彦博承担这个责任。"黄德和和刘平的家奴最终被判刑斩首。

范仲淹传

抚羌定边

【原文】

久之，元昊归陷将高延德，因与仲淹约和，仲淹为书戒喻之。会任福败于好水川，元昊答书语不逊，仲淹对来使焚之。大臣以为不当辄通书，又不当辄焚之，宋庠请斩仲淹，帝不听。降本曹员外郎，知耀州，徙庆州，迁左司郎中，为环庆路经略安抚、缘边招讨使。初元昊反，阴诱属羌为助，而环庆酋长六百余人，约为乡道，事寻露。仲淹以其反复不常也，至部即奏行边，以诏书犒赏诸

羌，阅其人马，为立条约："若雠已和断，辄私报
之及伤人者，罚羊百、马二，已杀者斩。负债争讼，
听告官为理，辄质缚平人者，罚羊五十、马一。贼
马入界，追集不赴随本族，每户罚羊二，质其首领。
贼大入，老幼入保本砦，官为给食；即不入砦，本
家罚羊二；全族不至，质其首领。"诸羌皆受命，
自是始为汉用矣。

范仲淹

【译文】

过了一段时间后，李元昊把俘虏的宋将高延德
送回，借此和范仲淹订立和约，范仲淹写信告诫他
要信守和约。正好宋朝大将任福在好水川被西夏军
战败身亡，李元昊在回范仲淹的信中出言不逊，范
仲淹当着来使的面把他的来信烧了。很多大臣认为
范仲淹不应当随便和西夏通信，也不应当随便烧了来使的信，宋庠请皇上杀了范
仲淹，皇上没有听从。只是把他降职为本曹员外郎，任耀州（故治今陕西耀州
区）郡守，接着迁任庆州（故治今甘肃庆阳），升为左司郎中，任环庆路（故治
今甘肃庆阳）经略安抚、缘边招讨使。当初，李元昊反叛时，曾暗中诱使各羌部
落援助他，而环庆路中羌族的酋长六百多人与李元昊约定作他的向导，事情没多
久就败露了。范仲淹因为羌族反复无常，到了任地就奏请朝廷让他巡视边境，他
用皇帝的诏书慰劳奖赏各羌部落，检阅他们的马匹，给他们订立法规："如果怨
仇已经通过调和了结，还随便私自报仇并伤害了别人的，罚羊一百头，马两匹，
已经杀了别人的要斩首。因欠债引起争端诉讼，可告到官府诉理，随意扣押公证
人的，罚羊五十头，马一匹。敌人侵入国界，不跟随本族人追击敌人，每户罚羊
两头，并扣押家族首领。敌兵大举入侵，老小都应进入寨子保卫村寨，官府供给
食物；如果不退入寨子中，本家人罚羊两头；全族人都不到寨中，扣押家族首
领。"各羌族部落都听从这些法规，从此以后这些人就为宋朝效力。

问 疑 正 法

【原文】

复知河中，……录事参军宋儋年暴死，纯仁使子弟视丧，小殓，口鼻血出。
纯仁疑其非命，按得其妾与小吏奸，因会，置毒鳖肉中。纯仁问食肉在第几巡，
曰："岂有既中毒而尚能终席者乎？"再讯之，则儋年素不食鳖，其曰毒鳖肉者，
盖妾与吏欲为变狱张本，以逃死尔。实儋年醉归，毒于酒而杀之。遂正其罪。

【译文】

范纯仁又任河中府（今山西永济西）知府，……录事参军宋儋年突然死去，
范纯仁叫孩子辈去吊唁，在小殓时，看到死者口鼻中有血流出。范纯仁怀疑宋儋
年死于非命，经过调查得知他的小妾和他手下的官吏有奸情，趁着大家聚会喝酒
时，把毒药放在鳖肉中毒死了他。范纯仁问在酒过几巡时吃的鳖肉，并且说：

"难道有已经中了毒却还能把酒喝到终席的事吗？"又审问他们，原来宋儋年从来不吃鳖肉，他们说把毒药放在鳖肉中，是因为小妾和手下官吏要为翻案做准备，以逃脱死罪罢了。事实上是宋儋年喝醉酒回家，他们把毒药放在酒中把他毒死的。于是把他们处死正法。

韩 亿 传

执 法 不 挠

【原文】

仁宗初，进直史馆，知青州，以司封员外郎兼侍御史知杂事，判大理寺丞。吴植知临江军，使人纳金于宰相王钦若，因牙吏至京师。审之，语颇泄，钦若知不可掩，执吏以闻。诏付台治而植自言未尝纳金，反诬吏误以问所亲语达钦若。亿穷治之，盖植以病惧废，金未达而事已露也。植乃除名。并按钦若，诏释不问。三司更茶法，岁课不登，亿承诏劾之，由丞相而下皆坐失当之罚，其不挠如此。

【译文】

宋仁宗初年，韩亿进升直史馆，任青州（今山东青州市）郡守，以司封员外郎身份兼任侍御史知杂事，并任大理寺丞。吴植当时任临江军（今江西清江）知军，派人送黄金给宰相王钦若，由一个下级官吏送到京城，王钦若在询问他时，发现事情已经有所泄露，王钦若知道此事恐怕难以掩盖，就抓着这个小吏禀报了皇上，皇上下诏交与御史台审理此事，而吴植自己说没有送黄金这回事，反而诬陷小吏误把他向亲戚问询的话说给了王钦若。韩亿严厉审讯，得知吴植由于生病害怕因此被免职，就想贿赂王钦若，结果黄金没有送到事情已经败露。吴植于是被免职。并要求审察王钦若，皇上诏令不要再追究。三司改变了茶税法，没把全年的赋税收上来，韩亿奉命审讯此事，从丞相以下的官吏都因犯处置不当罪而受处罚，韩亿执法从不枉法循情都是这样。

包 拯 传

关节不到，有阎罗包老

【原文】

复官，徙江宁府，召权知开封府，迁右司郎中。拯立朝刚毅，贵戚宦官为之敛手，闻者皆惮之。人以包拯笑比黄河清，童稚妇女，亦知其名，呼曰："包待制"。京师为之语曰："关节不到，有阎罗包老。"旧制，凡讼诉不得径造庭下。拯开正门，使得至前陈曲直，吏不敢欺。中官势族筑园榭，侵惠民河，以故河塞不通，适京师大水，拯乃悉毁去。或持地券自言有伪增步数者，皆审验劾奏之。

【译文】

包拯恢复官职，迁任江宁府（今江苏南京市）知府，后皇上召去代理开封府

知府，升为右司郎中。包拯执政刚强坚毅，贵戚宦官都为此有所收敛，听说的人对他都有所惧怕。人们认为包拯的笑跟黄河清一样难，就连小孩和妇女都知道他的大名，都称他“包待制”。京城的人都因此说：“如果关节没有打到，有阎罗王包老为您撑腰。”按以前惯例，凡是诉讼的人都不能直接到堂前。包拯打开开封府的大门，使诉讼的人能直接到跟前来陈说事情的原委，小吏不敢欺压他们。有些朝廷官员权要的家族建筑园林水榭，侵占了惠民河，因此河道被堵塞不能流通，正好京城发大水，包拯就把这些园林水榭全部毁掉。有些人拿着地契说有人偷着加了几步，包拯都审理核实并向皇上禀报惩治。

包拯

赵抃传

铁面御史

【原文】

　　翰林学士曾公亮未之识，荐为殿中侍御史，弹劾不避权幸，声称凛然，京师目为“铁面御史”。其言务欲朝廷别白君子小人，以谓：“小人虽小过，当力遏而绝之；君子不幸诖误，当保全爱惜，以成就其德。”

【译文】

　　翰林学士曾公亮不了解赵抃，但还是推荐赵抃作殿中侍御史。赵抃弹劾大臣之过从来不回避那些权要宠幸的大臣，声威凛然不屈，京城的人都把他看作“铁面御史”。他的言词致力于让朝廷辨别君子和小人，认为：“小人即使有小的过失，也应当压制杜绝他们；君子不幸有所贻误，应当保全爱惜他们，使他们最终成就功德。”

唐介传

真御史唐子方

【原文】

　　张尧佐骤除宣徽、节度、景灵、群牧四使，介与包拯、吴奎等力争之，又请中丞王举正留百官班庭论，夺其二使。无何，复除宣徽使、知河阳。介谓同列曰：“是欲与宣徽，而假河阳为名耳，不可但已也。”而同列依违，介独抗言之。仁宗谓曰：“除拟本出中书。”介遂劾宰相文彦博守蜀日造间金奇锦，缘阁侍通宫掖，以得执政；今显用尧佐，盖自固结，请罢之而相富弼。又言谏官吴奎表里观望，语甚切直。

　　帝怒，却其奏不视，且言将远窜。介徐读毕，曰：“臣忠愤所激，鼎镬不避，

何辞于谪?"帝急召执政示之曰:"介论事是其职。至谓彦博由妃嫔至宰相,此何言也?进退冢司,岂应得预?"时彦博在前,介责之曰:"彦博宜自省,即有之,不可隐。"彦博拜谢不已,帝怒益甚。梁适叱介使下殿,修起居注蔡襄趋进救之。贬春州别驾,王举正言以为太重,帝旋悟,明日取其疏入,改置英州,而罢彦博相,吴奎亦出。又虑介或道死,有杀直臣名,命中使护之。梅尧臣、李师中皆赋诗激美,由是直声动天下,士大夫称真御史,必曰唐子方而不敢名。

【译文】

张尧佐骤然之间被任为宣徽使、节度使、景灵使、群牧使四使,唐介与包拯、吴奎等极力争谏,又请中丞王举正纠合百官集体在朝廷上向皇上论争,削去他的两个使职。没多久,又任命张尧佐为宣徽使,兼任河阳(今河南孟州市)知府。唐介对同僚说:"这是皇上要给张尧佐宣徽使这一职位,而借河阳知府这个虚名罢了,我们不能就此罢休啊。"而同僚们都模棱两可,只有唐介上言抗争。仁宗对他说:"任命的提议出自中书省。"唐介趁机弹劾宰相文彦博在蜀州(今四川崇庆)作郡守时制造了一种镶金的绸缎,用这种锦缎通过宦官打通后宫,而得到执政要职;现在重用张尧佐,是用来加强自己的势力,请求皇上罢免文彦博的宰相职务而任富弼为相。又说谏官吴奎是朝廷内外都推重的人,他的话都诚恳正直。

皇上大怒,推开他的奏书不再往下看,而且说要把他贬谪远方。唐介慢慢地把他的奏疏读完,说:"我为对皇上的忠心激发,即使给我处以烹刑我也不回避,贬谪远方又有什么可推托的?"皇上连忙招来执政给他们看奏文说:"唐介上疏谈论大事是他的责任。至于说文彦博靠妃嫔的力量做了宰相,这是说什么呢?任免大权,她们难道可以参与?"当时文彦博在面前,唐介责问他说:"文彦博应当自己反省一下,如果有这回事,就不能隐瞒。"文彦博拜倒在地不住地谢罪,皇上更加愤怒。梁适呵斥唐介叫他下殿,修起居注蔡襄忙向前替唐介开脱。结果,唐介被贬为春州(今广东阳春)。王举正向皇上说这种处罚太重,皇上马上有所醒悟,第二天收回疏文,改贬英州(今广东英德),同时罢免了文彦博的宰相之职,吴奎也被贬出京外。皇上又担心唐介可能在路上死去而使他担个杀忠直大臣的名声,这就叫近侍大臣护送唐介到任所。梅尧臣、李师中都写诗赞美唐介,因此他的忠直声誉传扬天下,士大夫都称他是真正的御史,称呼他时一定称他唐子方而不敢直呼他的名。

钱惟演传

电扫庭讼,响答诗简

【原文】

元祐初,迁给事中,以龙图阁待制知开封府。老吏畏其敏,欲困以事,导人诉牒至七百。勰随即剖决,简不中理者,缄而识之,戒无复来。阅月听讼,一人又至,呼诘之曰:"吾固戒汝矣,安得欺我?"其人谲曰:"无有。"勰曰:"汝前诉云云,吾识以某字。"启缄示之,信然,上下皆惊咤。宗室、贵戚为之敛手,

虽丞相府调吏干请，亦械治之。积为众所憾，出知越州，徙瀛州。召拜工部、户部侍郎，进尚书，加龙图阁直学士，复知开封，临事益精。苏轼乘其据案时遗之诗，勰操笔立就以报。轼曰："电扫庭讼，响答诗筒，近所未见也。"

【译文】

　　元祐（1086～1093）初年，钱勰（惟演）升任给事中，以龙图阁待制身份任开封府知府。那些老官吏害怕他的聪敏，要用繁琐的事务来困扰他，叫一些人投来诉讼状子达七百之多。钱勰马上处理，选出那些诉讼不合理的，封起来作以标记，告诉起诉的人不要再来。过了一月，钱勰在堂上审理诉讼时，一个人又来起诉，钱勰叫过他来问他："我已经告诉你不要再来了，怎能再来欺骗我呢？"那个人撒谎说："没有啊。"钱勰说："你上次的诉状说如何如何，我用某字作了标记。"顺手把上次封好的标记拿给他看，确实如此，上下的人都非常吃惊。皇帝宗室和贵戚都因此有所收敛，即使丞相府的门吏来府中求请，钱勰照样严加处置。渐渐地被众人所怨恨，因而出任越州（今浙江绍兴）郡守，又迁任瀛洲（今河北河间）。后又召回京城任工部、户部侍郎，升任尚书，加封龙图阁直学士，又任开封知府，处理政事更加精当。苏轼趁着他在伏案工作时赠给他诗，钱勰拿起笔来马上写好诗答他。苏轼叹道："像闪电一样扫清诉状，象回声一样还答诗章，近年来从没有见到能这样的。"

欧 阳 修 传

朋 党 论

【原文】

　　君子以同道为朋，小人以同利为朋，此自然之理也。臣谓小人无朋，惟君子则有之。小人所好者利禄，所贪者财货，当其同利之时，暂相党引以为朋者，伪也。及其见利而争先，或利尽而反相贼害，虽兄弟亲戚，不能相保，故曰小人无朋。君子则不然，所守者道义，所行者忠信，所惜者名节。以之修身，则同道而相益，以之事国，则同心而共济，终始如一，故曰："惟君子则有朋。纣有臣亿万，惟亿万心，可谓无朋矣，而纣用以亡。武王有臣三千，惟一心，可谓大朋矣，而周用以兴。盖君子之朋，虽多而不厌故也。故为君但当退小人之伪朋，用君子真朋，则天下治矣。"

【译文】

　　君子因为有共同的志向而相互交结为朋友，小人因为有共同利益结为朋友，这是很自然的道理。我认为小人没有朋友，只有君子才有朋友。小人所喜欢的是利益和俸禄，所贪恋的是财物，当他们有共同利益的时候，可以暂时互相交结举荐而作为朋友，这是假的。等到他们见到一定的利益都争着去获取，或因为利益已被瓜分完而互相残害时，即使兄弟父母，也不能互相保护，所以说小人没有朋友。君子就不这样，他们所固守的是道义，所做的是忠诚的事，所看重的是自己的名誉气节。靠朋友来加强自身修养，就会因有共同志向而相互补益，靠朋友来

治理国家，就会同心协力取得成功，而且始终如一，永不改变，所以说："只有君子才有朋友。商纣有臣民亿万人，也就有亿万条心，可以说是没朋友，商纣也因此导致灭亡。周武王有臣民三千人，只因一条心，这可以说是大朋友了，因而周朝因此兴盛。这说明为什么君子的朋友虽然很多但却永不感到满足。所以作为国君，就应当斥退小人们的假朋友，任用君子们的真朋友，若能这样，天下就会治理好了。"

大义谏逐贤

【原文】

方是时，杜衍等相继以党议罢去，修慨然上疏曰："杜衍、韩琦、范仲淹、富弼，天下皆知其有可用之贤，而不闻其有可罢之罪。自古小人谗害忠贤，其说不远。欲广陷良，不过指为朋党，欲动摇大臣，必须诬以颛权，其故何也？去一善人，而众善人尚在，则未为小人之利，欲尽去之，则善人少过，难为一一求瑕，唯指以为党，则可一时尽逐。至如自古大臣，已被主知而蒙信任，则难以他事动摇，唯有颛权是上之所恶，必须此说，方可倾之。正士在朝，群邪所忌，谋臣不用，敌国之福也。今此四人一旦罢去，而使群邪相贺于内，四夷相贺于外，臣为朝廷惜之。"于是邪党益忌修，因其孤甥张氏狱傅致以罪，左迁知制诰、知滁州。

【译文】

正在这时，杜衍等人先后因为被别人指为朋党而被罢免离开，欧阳修非常激愤地上疏说："杜衍、韩琦、范仲淹、富弼，天下人都知道他们有可重用的贤德，没有听说他们有被罢官的罪过。自古以来，小人诬陷忠诚的贤才，这些说法离现在还不远。要大批地陷害忠良贤臣，不过就是把他们说成朋党，要动摇某些大臣的地位，必须诬陷他专权，这是什么原因呢？去掉一个贤臣，还有很多贤臣在位，这还不能对小人有利；要全部去掉他们，那些贤臣有什么小小的过失，也很难一个一个地找他们的毛病，只有把他们说成同党，就会同时把他们全部放逐。至于自古以来的大臣，已经被君主了解并蒙受信任，就难以用其他的事来动摇他的地位，只有专权是君主所痛恨的，所以只有用这种话，才可以把他推翻。正直的人在朝廷，会成为

祐国铁塔　北宋

奸邪的人忌恨的对象，有谋略的臣吏不被重用，是敌对国家的福气。现在这四个人一旦被罢免离开，对内来说，就使那些奸邪小人相互称贺，对外来说，会使周围敌国拍手称快，我真替朝廷可惜这些人。"于是那些奸邪之徒更加忌恨欧阳修，借他的外甥张氏的案子给他附会以罪名，降职为知制诰，出任滁州（故治今安徽

滁县）知府。

曾　巩　传

疾　奸　急　盗

【原文】

知齐州，其治以疾奸急盗为本。曲堤周氏拥资雄里中，子高横纵，贼良民，污妇女，服器上僭，力能动权豪，州县吏莫敢诘，巩取真于法。章丘民聚党村落间，号"霸王社"，椎剽夺囚，无不如志。巩配三十一人，又属民为保伍，使几察其出入，有盗则鸣鼓相援，每发辄得盗。有葛友者，名在捕中，一日，自出首。巩饮食冠裳之，假以骑从，辇所购金帛随之，夸徇四境。盗闻，多出自首。巩外视章显，实欲携贰其徒，使之不能复合也。自是外户不闭。

【译文】

（曾巩）任齐州（故治今山东济南）知府时，以铲除奸邪杜绝盗贼作为自己为政的根本。曲堤地一个姓周的人依仗自己的财势横行乡里，他的儿子周高骄横放肆，坑害百姓，奸污妇女，穿着的服饰和使用的祭器都超出常规，他的势力能撼动那些权门豪族，州县的官吏都没有敢问的，曾巩把他捉来就法。章丘县（故治今山东明水）有些百姓在村中聚成团伙，号称"霸王社"，杀人掠夺，任意胡为。曾巩发配了其中的三十一人，又叫老百姓在村里组成保伍，叫他们暗中察看他们出入的地方，有盗贼出动时就敲鼓作为信号互相支援，每次都能抓住盗贼。有一个叫葛文的，他的名字也在追捕的名单中。有一天，他出来自首了。曾巩给他饭吃和衣服穿，借给他坐骑和护从，用车子拉着买来的华贵的东西跟在他后面，叫他向周围的人夸耀巡行。其他盗贼听说此事，很多都出来自首。曾巩故意张扬此事，实际是要离异那些团伙中的盗贼，使他们不能再纠合到一块。从此以后，院外的门都不必关了。

王安石传

行　新　法

【原文】

二年二月，拜参知政事。上谓曰："人皆不能知卿，以为卿但知经术，不晓世务。"安石对曰："经术正所以经世务，但后世之所谓儒者，大抵皆庸人，故世俗皆以为经术不可施于世务尔。"上问："然则卿所施设以何先？"安石曰"变风俗，立法度，最方今之所急也。"上以为然。于是设制置三司条例司，命与知枢密院事陈升之同领之。安石令其党吕惠卿任其事。而农田、水利、青苗、均输、保甲、免役、市易、保马、方田诸役相继并兴，号为新法，遣提举官四十余辈，颁行天下。

王安石

【译文】

宋神宗熙宁二年（1069）二月，任命王安石为参知政事。皇上对王安石说："别人都不太了解你，认为你只知道经学，不通晓政事。"王安石回答说："经学正是用来经营政务的工具，只是后代所说的儒士，大都是些平庸的人，所以一般的人都认为经学不能用到政务上罢了。"皇上问他："既然如此，那么你认为应该先采取哪些措施？"王安石说："改变风俗，确立法度，是当今最急需的。"皇上认为他的看法正确。于是设置制置三司条例司主持变法，命令王安石和知枢密院事陈升之共同掌管。王安石叫他的同党吕惠卿具体负责此事。此后农田水利法、青苗法、均输法、保甲法、免役法、市易法、保马法、方田法等先后颁布实行，这些号称新法，皇上派提举官四十多人，将新法颁布并推行全国。

蔡挺传

智退夏兵

【原文】

改陕西转运副使，进直龙图阁、知庆州，因上书论攻守大计。夏人大入，挺尽敛边户入保，戒诸砦无出战。谅祚亲帅军数万攻大顺，挺料城坚不可破，而柔远城恶，亟遣总管张玉将锐师守之。先布铁蒺藜大顺城旁水中，骑渡水多蹶，惊言有神。过三日不克，谅祚督帐下决战，挺伏强弩壕外，飞矢贯其铠，遂引却。移寇柔远，玉夜斫营，夏人惊扰溃去。环州熟羌思顺举族投谅祚，倚为乡导。挺宣言思顺且复来，命葺其旧舍，出兵西为迎候之举。谅祚果疑思顺，毒之死。挺筑城马练平为荔原堡，分属羌三千人守之。

【译文】

蔡挺改任陕西路（今陕西西安市）转运副使，加直龙图阁，出任庆州（今甘肃庆阳）郡守，趁机上疏谈攻守方略。西夏军队大举入侵，蔡挺叫边疆的所有人家都进城保护起来，告诫各寨子都不要出兵与敌人交战。赵谅祚亲自率领几万大军攻大顺城，蔡挺估计城墙坚固难以攻破，而柔远城的城墙比较差，连忙派总管张玉率领精锐部队去守柔远城。蔡挺命令士兵先在大顺城旁边的水中撒满铁蒺藜，敌军骑兵渡水时很多马都跌倒在水中，他们都非常吃惊认为有神灵。过了三天，大顺城没有被攻下来，赵谅祚命令部队与蔡挺部决一死战，蔡挺在城壕外埋伏硬弓手，飞去的强箭射穿了赵谅祚的铠甲，于是率军退去。又移兵进攻柔远城，张玉率军夜里攻打敌人的营寨，西夏军队惊慌逃离。环州羌人思顺带领全族人投靠了赵谅祚，赵谅祚把他作为向导。蔡挺扬言思顺将要再回来，命令手下修理思顺的旧房舍，出兵向西做出要迎接思顺的样子。赵谅祚

果然怀疑思顺要回去，就把他毒死了。蔡挺把马练平城筑成荔原堡，分派羌人三千名去把守它。

滕元发传

君子无朋党

【原文】

神宗即位，召问治乱之道，对曰："治乱之道如黑白、东西者，朋党泔之也。"神宗曰："卿知君子小人之党乎?"曰："君子无党，辟之草木，绸缪相附者必蔓草，非松柏也。朝廷无朋党，虽中主可以济；不然，虽上圣亦殆。"神宗以为名言，太息久之。

【译文】

宋神宗（赵顼）即位后，召滕元发询问治理混乱的方法，回答说："治理国家混乱的方法就像黑白颜色、东西方向一样分明，以至变色错位的原因，是由于朋党的扰乱。"神宗说："你知道君子和小人的朋党吗?"回答说："君子无朋党，象草木一样，紧缠密绕相附者必然是蔓生的杂草，而不是松柏。朝廷里若无朋党，即使是中等水平的君王也可以成功；否则，即使是圣明君主，也有危险。"神宗把这些话作为名言，叹息了很久。

与百姓共患难

【原文】

京师郡国地震，元发上疏指陈致灾之由，大臣不悦，出知秦州。神宗曰："秦州，非朕意也。"留不遣。……河北地大震，命元发为安抚使。时城舍多圮，吏民惧压，皆幄寝芰舍，元发独处屋下，曰："屋摧民死，吾当以身同之。"瘗死食饥，除田租，修堤障，察贪残，督盗贼，北道遂安。

【译文】

京都郡国地震，滕元发上书指明，陈述导致灾害的原因，大臣不高兴，派他出任秦州（今江苏泰州）知州。宋神宗说："去秦州这不是我的意思。"留下没有派遣。……河北大地震，任命滕元发为安抚使。当时城墙房屋多数毁坏，官吏百姓怕压在里边，都在平地打起帐篷为住所，元发独自居留在屋下，说："房屋毁坏，百姓死亡，我应当和他们共草棚患难。"掩埋死去的人，使饥民有饭吃，免除田租，兴修堤坝，查清贪财凶恶之人，督察责罚盗贼，河北一带很快就安定了。

游师雄传

在谋不在众

【原文】

吐蕃将攻河州，师雄欲先发以制之，请于帅刘舜卿。舜卿曰："彼众我寡，奈何？"师雄曰："在谋不在众。脱事不济，甘受首戮。"议三日乃定，遂分兵为二，姚兕将而左，种谊将而右。兕破六逋宗城，斩首千五百级，攻讲朱城，断黄河飞梁，青唐十万众不得度。谊破洮州，擒鬼章及大首领九人，斩首千七百级。

【译文】

吐蕃将要进攻河州（今甘肃临夏西南），游师雄想先发兵取胜，就向大帅刘舜卿请战。刘舜卿问："敌众我寡，怎么办？"师雄说："关键在谋略，而不在人多。这事不成功，我甘愿杀头。"此事议论了三天才定下来，于是分兵两路，姚兕率军去左边，种谊率军去右边。姚兕攻破六逋宗城，斩首一千五百颗，又攻讲朱城（今甘肃省临夏县西南一百里），截断黄河桥梁，青唐（今青海西宁）十万敌军无法渡过黄河。种谊攻破洮州（今甘肃临潭），捉住鬼章及其大将领九人，斩首一千七百颗。

穆 衍 传

巧 断 牛 案

【原文】

民牛为仇家断舌而不知何人，讼于县，衍命杀之。明日，仇以私杀告，衍曰："断牛舌者乃汝耶？"讯之具服。

【译文】

一百姓为自己的牛被仇人割断舌头而不知道是谁，控告到县里，穆衍让他把牛杀掉。第二天，他的仇人，以其私自杀牛之罪来控告，穆衍说："割断牛舌头的就是你吧？"经审讯，他全部招认了。

朱寿隆传

为 民 除 害

【原文】

吏告民一家七人以火死，寿隆曰："宁有尽室就焚无一脱者，殆必有奸。"逾月获盗，果杀其人而纵火也。知宿州，宿多剧盗，至白昼被甲剽攻，郡县不能制。寿隆设方略耳目，捕斩千余人。

【译文】

　　一小吏报告说一家七口人全被火烧死了，朱寿隆说："难道会有全家被焚而无一人逃脱的事情，恐怕是有恶人吧。"一个月之后，抓住了强盗，果然是强盗杀了人而又放火的。后来到宿州（今江苏省宿州市）做知州，宿州多大盗，以至于在大白天披甲抢劫，郡县都制服不了。寿隆设计，安排自己信任的人，捉拿杀死强盗一千余人。

高永能传

智勇双全

【原文】

　　秋，大稔，夏人屯二千骑于大会平，将取稼。永能简精骑突过其营，骑卒惊溃，获钤辖二人。转六宅使。夏人患之，令曰："有得高六宅者，赏金等其身。"经略使吕惠卿行边，永能伏骑谷中，以备侵轶。边骑果至，驰出击走之。夏兵二万犯当川堡，永能以千骑与相遇，度不能去，依险设疑兵，且斗且却，而令后骑扬尘，若援兵至者，奋而前，遂解去。

【译文】

　　秋天，农作物成熟时，夏人集中了二千骑兵在大会平（今陕西佳县北二十五里）将要夺取庄稼。高永能挑选精锐骑兵突袭冲过夏营，夏骑兵惊慌逃散，抓获钤辖二人。后来永能转为六宅使。夏人很忧虑，传令说："有抓到高永能的，赏金与其身高相等。"经略使吕惠卿巡行边境，永能把骑兵埋伏在深谷中，以防备侵袭。敌方守卫边境的骑兵果然来到，永能疾驰而出，把他们赶走了。夏兵二百万人侵犯当川堡（今甘肃狄道县西），永能以一千骑兵与之较量，估计抵敌不过，就凭险布置疑兵，且战且退，又命令后边的骑兵扬起尘土，好像援兵来了，奋力向前，于是夏兵遂解围而去。

种世衡传

不可失信

【原文】

　　蕃部有牛家族奴讹者，素屈强，未尝出谒郡守，闻世衡至，遽郊迎。世衡与约，明日当至其帐，往劳部落。是夕大雪，深三尺。左右曰："地险不可往。"世衡曰："吾方结诸羌以信，不可失期。"遂缘险而进。奴讹方卧帐中，谓世衡必不能至，世衡蹙而起，奴讹大惊曰："前此未尝有官至我部者，公乃不疑我耶！"率其族罗拜听命。

【译文】

　　边境上蕃部中有个牛家族，首领奴讹，平时性格倔强，未曾拜见过郡守，听

说种世衡到，急忙到郊外迎接。世衡与他约定，明天到他帐中，慰劳他的部族。当晚下了大雪，深三尺。世衡左右的人说："路上有危险不能去。"世衡说："我们方与众羌结交，要讲信誉，不可误期失约。"于是沿着险路而前进。奴讹正躺在帐中，认为世衡一定不会来了，这时世衡踏着大雪而进，奴讹大惊说："以前从未有过官员到过我部落的，您竟不怀疑我吗！"于是率领部族列队拜见听候其命令。

司马光传

司马光砸缸

【原文】

光生七岁，凛然如成人，闻讲《左氏春秋》，爱之，退为家人讲，即了其大指。自是手不释书，至不知饥渴寒暑。群儿戏于庭，一儿登瓮，足跌没水中，众皆弃去，光持石击瓮破之，水迸，儿得活。其后京、洛间画以为图。

【译文】

司马光七岁时，如成人一样严肃、令人敬畏，听讲《左氏春秋》，非常喜欢，并回家给家人讲述，便明白其大意。他从此手不释书，以至达到不知饥渴冷热的程度。（一次），一群孩子在庭院中游戏，有一孩子登缸，失足掉进水缸中，其他孩子都吓跑了，司马光拿石头向缸砸去，缸破水流出来，孩子得救。后来，这件事在京城开封和洛阳一带被画成图画传扬。

上书引咎自责

【原文】

从庞籍辟，通判并州。麟州屈野河西多良田，夏人蚕食其地，为河东患。籍命光按视。光建："筑二堡以制夏人，募民耕之，耕者众则籴贱，亦可渐纾河东贵籴远输之忧。"籍从其策；而麟将郭恩勇且狂，引兵夜渡河，不设备，没于敌，籍得罪去。光三上书自引咎，不报。籍没，光升堂拜其妻如母，抚其子如昆弟，时人贤之。

【译文】

司马光应庞籍征召，通判并州（今山西太原）。麟州（今陕西神木东北）屈野河（今山西北部）西面多是良田，夏人不断蚕食他们的地方，成为河东之患。庞籍命司马光巡视，司马光建议："修筑两个小城堡以控制夏人，招募边民耕种，耕种的人多了买粮食就便宜，也可逐渐解河东买粮贵而远运的忧虑。"庞籍听从其谋略；但麟州将领郭恩胆大而又狂妄，夜里带兵渡过屈野河，由于不设军备以制敌，沦于敌手。庞籍因此事获罪离职。司马光三次上书说明是自己的过失要求引退，不答复。庞籍死后，司马光升堂拜其妻如母亲，抚育其孩子如兄弟，时人夸他是有德行的人。

国学经典文库

广开言路为国排忧

【原文】

帝崩，赴阙临，卫士望见，皆以手加额曰："此司马相公也。"所至，民遮道聚观，马至不得行，曰："公无归洛，留相天子，活百姓。"哲宗幼冲，太皇太后临政，遣使问所当先，光谓："开言路。"诏榜朝堂。而大臣有不悦者，设六语云："若阴有所怀；犯非其分；或扇摇机事之重；或迎合已行之令；上以徼幸希进；下以眩惑流俗。若此者，罚无赦。"后复命示光，光曰："此非求谏，乃拒谏也，人臣惟不言，言则入六事矣。"乃具论其情，改诏行之，于是上封者以千数。

【译文】

皇帝驾崩，司马光到宫阙去奔丧，卫士们看见，都把手放在额头上崇敬地说："这就是司马相公呵。"司马光所到之处，民众集聚观看，道路阻塞，连马也无法行走，都说："您不要回洛阳了，留下辅佐天子，使百姓得以生活。"哲宗（赵煦）年幼，太皇太后亲政，派人问司马光当务之急是什么？司马光说："广开言路。"诏书榜示朝堂。可是大臣有不高兴的，就设下六句话加以限制说："如果心中有不可告人的目的；所触及的问题不是分内之事；或扇动张扬重要的军政机密；或迎合已实行的法令；对上以侥幸希求提拔；对下以迷乱世俗。如果是这些，一定要惩罚，不得赦免。"太后又命拿给司马光看。司马光说："这不叫求谏，是拒谏。除非大臣不说话，说话就必然会落入这六条了。"又具体分析情况，改诏令而实行之，于是向皇帝上奏书的人达千人。

苏　轼　传

君主恃人心

【原文】

愿陛下结人心，厚风俗，存纪纲。人主之所恃者人心而已，如木之有根，灯之有膏，鱼之有水，农夫之有田，商贾之有财。失之则亡，此理之必然也。自古及今，未有和易同众而不安，刚果自用而不危者。

【译文】

愿陛下广泛结交人心，使风俗敦厚，保持法度。君主所以依靠的不过是人心罢了，就像树木有根才能生长，灯有油才能燃烧，鱼有水才能活，农民有田才能种地，商人有财富才能做生意一样。失去这些国家就会灭亡，这些都是必然的道理。自古至今，没有谦和平易近人而不安宁，刚愎自用而不危险的。

与 民 奋 战

【原文】

徙知徐州。河决曹村，泛于梁山泊，溢于南清河，汇于城下，涨不时泄，城

将败，富民争出避水。轼曰："富民出，民皆动摇，吾谁与守？吾在是，水决不能败城。"驱使复入。轼诣武卫营，呼卒长曰："河将害城，事急矣，虽禁军且为我尽力。"卒长曰："太守犹不避涂潦，吾侪小人，当效命。"率其徒持畚锸以出，筑东南长堤，首起戏马台，尾属于城。雨日夜不止，城不沈者三版。轼庐于其上，过家不入，使官吏分堵以守，卒全其城。

苏轼

【译文】

苏轼迁官徐州（今江苏徐州）做知州。不久黄河从曹村决口，泛滥于梁山泊（今山东梁山），水满流入南清河，汇合于城下，水大无法排泄，城有被淹没的危险，有钱的财主争相出去避灾。苏轼说："财主出去避灾，民心都动摇了，我与谁守城？有我在，决不能让大水淹城。"使他们重新回到城里。苏轼又去武卫营，招呼卒长说："河水就要淹没全城，事态严重，你们虽是禁军，暂且为我出一把力吧。"卒长说："太守尚且不顾道路有水，我辈小人，应当听命效力。"于是苏轼率领众人拿着畚锸出发，加筑东南长堤，从戏马台筑起，一直到城为止。大雨还日夜不停，河水上涨离城墙只有三板。苏轼日夜在城墙上巡守，经过家门也不进去，并让官吏分别守城墙，终于保全了徐州城。

为 民 解 难

【原文】

既至杭，大旱，饥疫并作。轼请于朝，免本路上供米三之一，复得赐度僧牒，易米以救饥者。明年春，又减价粜常平米，多作饘粥药剂，遣使挟医分坊治病，活者甚众。轼曰："杭，水陆之会，疫死比他处常多。"乃裒羡缗得二千复发橐中黄金五十两，以作病坊，稍畜钱粮待之。

【译文】

（苏轼）不久到了杭州（今浙江杭州），天大旱，饥荒瘟疫交加，苏轼请求朝廷免去本路上供米三分之一，又得到朝廷赐予的度僧牒，用以换米救济饥民。第二年春，又减价卖常平米，用作厚粥、药剂，并派遣官吏和医生分别去里巷治病，救活了很多人。苏轼说："杭州，是水陆会合的地方，瘟疫和死亡比其他处多。"就筹募了二千缗，又拿出自己积蓄的黄金五十两，设立病坊，还筹备了一部分钱粮，准备救济贫病交迫的民众。

作文无定法

【原文】

轼与弟辙，师父洵为文，既而得之于天。尝自谓："作文如行云流水，初无定质，但常行于所当行，止于所不可不止。"虽嬉笑怒骂之辞，皆可书而诵之。其体浑涵光芒，雄视百代，有文章以来，盖亦鲜矣。洵晚读《易》，作《易传》未完，命轼述其志。轼成《易传》，复作《论语说》；后居海南，作《书传》；又有《东坡集》四十卷、《后集》二十卷、《奏议》十五卷、《内制》十卷、《外制》三卷、《和陶诗》四卷。

【译文】

苏轼和弟弟苏辙，以父亲苏洵为师学做文章，以后又得志于天然。苏轼曾经自己说："写文章如同行云流水，并无固定格式，只是常流动运行于所当行，停止于不可不停地地方罢了。"虽是嬉笑怒骂之辞，写出之后都是朗朗上口的好文章。其体裁广大深远，光芒四射，其杰作百代效法，自从有文章以来，是非常少有的。苏洵晚年读《易》，作《易传》未完，吩咐苏轼续其书。苏轼完成了《易传》，又作《论语说》；后日居住海南，作《书传》；又有《苏东坡集》四十卷，《后集》二十卷、《奏议》十五卷、《内制》十卷、《外制》三卷、《和陶诗》四卷。

苏　辙　传

君子小人不可并处

【原文】

臣近面论，君子小人不可并处，圣意似不以臣言为非者。然天威咫尺，言词迫遽，有所不尽，臣而不言，谁当救其失者！亲君子，远小人，则主尊国安；疏君子，任小人，则主忧国殆。此理之必然。未闻以小人在外，忧其不悦而引之于内，以自遗患也。故臣谓小人虽不可任以腹心，至于牧守四方，奔走庶务，无所偏废可也。若遂引之于内，是犹患盗贼之欲得财，而导之于寝室，知虎豹之欲食肉，而开之以坰牧，无是理也。且君子小人，势同冰炭，同处必争。一争之后，小人必胜，君子必败。何者？小人贪利忍耻，击之则难去，君子洁身重义，沮之则引退。古语曰："一薰一莸，十年尚犹有臭。"盖谓此矣。

【译文】

（苏辙向宋仁宗上书说）我最近向您当面陈述过，君子和小人不能共处，圣上的意思似乎不认为我的话是

苏辙

错的。然而在威严的圣上面前，说话急促恐慌，尚有言而不尽之处，为臣的不说，又有谁挽救其过失呢！亲近君子，疏远小人，圣上就有尊严，国家就会安定；疏远君子，任用小人，圣上忧愁，国家危险。这是理所当然的。没听说因小人在外，担心他不愉快就把他引入朝廷内，而为自己留下祸害的。所以我认为小人虽不可以当作心腹，但到四方作州郡长官，奔忙国家的其他政务，不要偏废一方就可以了。如果把小人举荐引入朝廷内，就如同担心盗贼想得到财富而引入寝宫卧室，知道虎豹要吃人，把它们放到郊野去放养一样，是没有这种道理的。而且君子和小人，情势如同冰炭，同处必争。一争之后，小人必胜，君子必败。为什么呢？小人贪利而不讲廉耻，打也不走，君子洁身自好重道德，败坏名誉就会引退。古语说："一薰一莸，十年尚有臭。"就是说的这个道理。

刘 挚 传

人 才 难 得

【原文】

挚与同列奏事论人材，挚曰："人才难得，能否不一。性忠实而才识有余，上也；才识不逮而忠实有余，次也；有才而难保，可藉以集事，又其次也。怀邪观望，随时势改变，此小人也，终不可用。"哲宗及宣仁后曰："卿常能如此用人，国家何忧！"

【译文】

刘挚与同事上奏论述人才问题，刘挚说："人才难得，能力大小不一样。本性忠诚老实，而才能见识有余的为上等；才能见识不足，而忠诚老实有余的次之；有才能而不可靠，可以用来办成事的再次之。心怀邪念而观望，随时势的变化而变化，这是小人，绝不可以任用。"哲宗及宣仁太后说："你常能这样用人，国家还有什么忧虑呢！"

马 默 传

上 书 十 事

【原文】

上疏陈十事：一曰揽威权，二曰察奸佞，三曰近正人，四曰明功罪，五曰息大费，六曰备凶年，七曰崇俭素，八曰久任使，九曰择守宰，十曰御边患。揽威权，则天子势重，而大臣安矣；察奸佞，则忠臣用，而小人不能幸进矣；近正人，则谏诤日闻，而圣性开明矣；明功罪，则朝廷无私，而天下服矣；息大费，则公私富，而军旅有积矣；备凶年，则大恩常施，而祸乱不起矣；崇俭素，则自上化下，而民朴素矣；久任使，则官不虚授，而职事举矣；择守宰，则庶绩有成，而民受赐矣；御边患，则四远畏服，而中国强矣。

【译文】

（马默）上书陈述了十件事：一为总揽威势权力，二为明察邪恶不正、巧言谄媚之人，三为接迫正直之人，四为功过赏罚分明，五为停止大的费用，六为有度荒年的准备，七为崇尚勤俭朴素，八为长期委任使用官吏，九为选择地方州官，十为抵御边患。总揽威势权力，则天子的地位巩固权力重大，大臣也就安心了；明察邪恶不正、巧言谄媚之人，就会任用忠诚的大臣，使小人失去晋升的机会；接近正直的人，就能天天听到直言规劝，有错就改，而且圣上的性情就会通达开朗；对功过赏罚分明，朝廷就无偏爱之心，而天下也佩服；停止大的费用，国家和个人都会富有，而军队也就有了积蓄；防备荒年，就会经常施行大的恩惠，从而也就不会发生祸乱了；推崇勤俭朴素，自上而下成为习俗，民众也就朴素了；任期长久、则官位不虚授，职权内的事业就会做好，选择州官吏，则政绩有所成就，而民众也能受到恩惠；抵制边患，四方边远之地都心服，这样中国就富强了。

沈 畸 传

抗权平民冤

【原文】

蔡京兴苏州钱狱，欲陷章縡兄弟，遣开封尹李孝寿、御史张茂直鞫之。株逮至千百，强抑使承盗铸罪，死者甚众，京犹以为缓。帝独意其非辜，遣畸及御史萧服往代。京将啖以显仕，白为左正言，又擢侍御史。畸至苏，即日决释无左证者七百人，叹曰："为天子耳目司，而可付会权要，杀人以苟富贵乎？"遂阅实平反以闻。京大怒，削畸三秩，贬监信州酒税，未几，卒。既而狱事竟。复羁管明州。使者敕至家，将发棺验实，畸子潜泣诉，乃止。

【译文】

蔡京大兴苏州（今江苏苏州）私铸钱案件，要借此陷害章縡兄弟，派开封府尹李孝寿、御史张茂直前往审理。受株连的千百人，强迫他们承认偷铸钱的罪名，被杀的人很多，这样蔡京还认为办理的迟缓。皇上私下认为他们无罪，便派沈畸和御史萧服前往代李孝寿和张茂直处理此案。蔡京想以显贵的官职相诱，向皇上奏请任命沈畸为左正言，又提为侍御史。沈畸到了苏州，当天判明释放了无犯罪证据的七百人，慨叹说："身为国家监察官员，能阿附达官权要，通过坑害别人以获取富贵吗？"于是根据实际情况为受冤者平反并向皇上禀报。蔡京得知后非常恼火，削去沈畸三级官阶，贬去信州（今江西上饶西北）监管酒税，事后不久沈畸就死了。不久此案完结，又把沈畸远贬明州（今贵州思南县南）。使者拿着诏书来到沈畸家，要开棺验明是否属实，沈畸的儿子哭着哀求，才为停手。

徐勣传

轻举必贻后悔

【原文】

帝之初政，锐欲损革新法之害民，曾布始以为然，已乃密陈绍述之说。帝不能决，以问勣，勣曰："圣意得非欲两存乎？今是非未定，政事未一，若不考其实，姑务两存，臣未见其可也。"又因论弃湟州，请"自今勿妄兴边事，无边事则朝廷之福，有边事则臣下之利。自古失于轻举以贻后悔，皆此类也。"

【译文】

徽宗初执政时，想锐意改革新法害民的弊端，曾布开始认为这样做是对的，接着又暗中向皇上陈述继承神宗新法的国策。皇上不能最后决定，以此询问徐勣，徐勣说："圣上难道是要新法旧法同时并存吗？现在是非还未完全确定，政事也未完全统一，如果不考察它们的实际情况，姑且致力于两存的国策，我没有看到此事可行之处。"又顺便论及丢弃湟州（今青海东都）的事，请求"从现在开始不要随便发动对外战争，没有战争是朝廷的洪福，一旦发生战争只能大臣得利。自古以来，过失多出于轻举妄动以留后患，以上所说都属这类情况啊。"

石公弼传

明 法 判 案

【原文】

石公弼字国佐，越州新昌人。登进士第，调卫州司法参军。淇水监牧马逸，食人稻，为田主所伤。时牧法至密，郡守韩宗哲欲坐以重辟。公弼当此人无罪，宗哲曰："人伤官马，奈何无罪？"公弼曰："禽兽食人食，主者安得不御，御之岂能无伤？使上林虎豹绝槛害人，可无杀手？今但当惩围者，民不可罪。"宗哲怒，以属吏。既而使者来虑囚，如公弼议。获嘉民甲与乙斗，伤指；病小愈，复与丙斗，病指流血死。郡吏具狱，两人以他物伤人，当死。公弼以为疑，驳而鞫之，乃甲掉丙发，指脱痕中风死，非由击伤也。两人皆得免。

【译文】

石公弼字国佐，是越州（今浙江绍兴）新昌（今浙江新昌）人。考中进士，调任卫州（今河南汲县）司法参军。淇水监放牧的马跑出来，吃了别人的稻子，被田主人打伤。当时有关放牧的法律非常严厉，郡守韩宗哲要把田主判以重刑。石公弼判此人无罪，韩宗哲说："这人打伤了官府的马，怎么会无罪？"石公弼说："禽兽吃人的食物，田主哪能不赶它，赶它哪能保证不打伤它呢？假使上林苑里的虎豹从笼子里跑出来害人，能不杀死它们吗？现在只管惩处那管理马匹的人，田主不可判罪。"韩宗哲非常气愤，把此事交付狱吏。不久上级使者来讯察

判决的情况，结果按石公弼的判决定案。获嘉地有甲乙两百姓斗殴，甲被打伤了手指，稍微好点后，又与丙斗殴，原来已伤的手指流血而死。郡吏判处的结果是，乙丙两人用东西相斗伤了人，判处死刑。石公弼认为此事可疑，驳正此案并再加审讯，原来是甲抓丙的头发时，原来伤的手指肿的地方脱去赘皮中风致死，不是因为打伤所致。两人都因而免于死刑。

刘昌祚传

一 箭 退 敌

【原文】

夏人寇刘沟堡，昌祚领骑两千出援。虏伏万骑于黑山而伪遁，卒遇之，战不解。薄暮，大酋突而前，昌祚抽矢，一发殪之，余众悉遁。帅李师中上其功曰："西事以来，以寡抗众，未有如昌祚者。"

【译文】

西夏人侵犯刘沟堡，刘昌祚率领两千骑兵前往救援。敌兵在黑山后埋伏上万骑兵而假装逃跑，昌祚军推进时突然遇到伏兵，两军激战不得突围。傍晚时，敌首领驰马冲到眼前，刘昌祚抽箭张弓，一箭把他射死，其余敌军也全部逃跑了。大帅李师中向皇上奏请他的战功时说："自从与西夏开战以来，以少胜多的战例中，还没有像刘昌祚这样的。"

王光祖传

以 信 退 敌

【原文】

熙宁中，同提点河北刑狱，改沿边安抚都监，进副使。界河巡检赵用扰北边，契丹以兵数万压境，造浮桥，如欲度者。光祖在舟中，对其众尽彻户牖。或曰："契丹方阵，而以单舟临之，如不测何？"光祖曰："彼所顾者，信誓也；其来，欲得赵用耳。避之则势张，吾死不足塞责。"

已而契丹欲相与言，光祖即令子襄往。兵刃四合，然语唯在用，襄随机折塞之。其将萧禧遽挥兵去，且邀襄食，付所戴青罗泥金笠以为信，即上之。时已有诏罢光祖矣，吴充曰："向非光祖以身对垒，又使子冒白刃取从约，则事未可知。宜赏而黜，何以示惩劝？"乃除真定钤辖。

【译文】

神宗熙宁年间，（王光祖）任河北（今河北大名东）同提点刑狱，改任沿边安抚督监，升副使。界河巡检赵用骚扰与契丹接境的边界，结果契丹以数万军队压境，建造浮桥，像要渡河的样子。王光祖当时在船上，面对对方的军队把船上的门窗全部打开。有人劝说："契丹正在列阵，而我们以一只小船靠近他们，一

且发生不测怎么办？"王光祖说："他们所求的是诚信的誓约，来也只是为了得到赵用罢了。如果避开他们形势会更加紧张，我死了也不能搪塞此责了。"

不久契丹人要跟我们交谈，王光祖命儿子王襄前往。契丹军队马上把他围起来，但所谈只围绕赵用，王襄趁机驳斥他们。他们的大将萧禧马上行军离开了，而且邀请王襄吃饭，把他所戴的青罗涂金的帽子交给王襄作为信物，王光祖回来后就把这个帽子献给皇上。当时已经下诏要罢王光祖的官职了，吴充禀奏说："前边如果不是王光祖自身与之对垒，又派自己的儿子冒着生命危险取来信约，那么事情还不知道有什么结果呢。应该奖赏反而罢免，如此将怎能昭示皇上对臣下的赏罚呢？"于是任命为真定（今河北正定）钤辖。

<h1 style="text-align:center">和 斌 传</h1>

<h2 style="text-align:center">八 阵 破 敌</h2>

【原文】

抚水蛮罗世念犯宜州，守将战死。斌提步骑三千进讨，方暑，昼夜趣兵，至怀远寨，曰："此要害之地，得之则生。"或曰："奈何背龙江邪？"笑曰："是所以生也。"因示弱骄之，蛮果大至，斌选将迎敌，戒以遇之则走，诱至平坂，列八阵以待之。张疑兵左右山上，蛮登岭望见，始大惊。斌分骑翼其旁，自被甲步出，为众士先，殊死战。蛮大败，世念率酋党四千八百内附。

【译文】

抚水蛮人罗世念进犯宜州（今广西宜山），守城将领战死。和斌率步兵骑三千人前往讨敌，此时正是酷暑，和斌日夜督促军队前进，来到怀远寨（今广西宜山西），他说："这是要害之地，占领此地就可生存。"有人说："怎能背倚龙江驻军呢？"和斌笑着说："这正是能生存的原因。"因而向敌人示以怯弱使之骄傲，蛮军果然长驱而来，和斌选择将领迎敌，并告戒他们碰上敌人就跑，把他们引诱到平坦的山坡，列八阵图等待敌军。在左右山上陈列疑兵，蛮军登上山岭望见这一情形，才大吃一惊。和斌命令骑兵从两侧翼夹击敌军，自己身披铠甲徒步而出，身先士卒，殊死搏战，蛮军大败，罗世念率领包括酋长在内的四千八百名蛮军归服。

<h1 style="text-align:center">唐 恪 传</h1>

<h2 style="text-align:center">唐 恪 水 谏</h2>

【原文】

京师暴水至，汴且溢，付恪治之。或请决南堤以纾宫城之患，恪曰："水涨堤坏，此亡可奈何，今决而浸之，是鱼鳖吾民也。"亟乘小舟，相水源委，求所以利导之，乃决金堤注之河。浃旬水平，入对，帝劳之曰："宗庙社稷获安，卿

之力也。"恪再拜，因上疏言："水，阴类也，至犯京阙，天其或以阴盛之诊儆告陛下乎？愿垂意时事，益谨天戒。"

六如亭　北宋

【译文】

京城突然发大水，汴河将要暴溢，命唐恪治水。有人请决开汴河南堤来解除京城的水患，唐恪说："水涨把河堤冲坏，这是无可奈何的事，如果决开河堤淹没他们，这不是把百姓当成鱼鳖了吗？"他多次乘小船察看河水的源流，寻找能够顺利疏导的地方，最后决开。河堤把河水灌注到黄河中。过了一旬，河水逐渐平复，唐恪上朝禀报，皇上慰劳他说："宗庙社稷能够平安无事，是您的功劳啊！"唐恪再拜谢恩，趁机上疏说："水，属于阴类的东西，以至祸及京城，老天大概是用阴物极盛造成的灾害来告诫陛下吧？希望陛下能多关心当今的国家大事，更加谨慎地对待老天的告诫。"

孙　傅　传

巫　说　误　国

【原文】

金人围都城，傅日夜亲当矢石。读丘濬《感事诗》，有"郭京杨适刘无忌"之语，于市人中访得无忌，龙卫兵中得京。好事者言京能施六甲法，可以生擒二将而扫荡无余，其法用七千七百七十七人。朝廷深信不疑，命以官，赐金帛数万，使自募兵，无问技艺能否，但择其年命合六甲者。所得皆市升游惰，旬日而足。有武臣欲为偏裨，京不许，曰："君虽材勇，然明年正月当死，恐为吾累。"其诞妄类此。

敌攻益急，京谈笑自如，云："择日出兵三百，可致太平。直袭击至阴山乃止。"傅与何㮚尤尊信，倾心待之。或上书见傅曰："自左未闻以此成功者。正或听之，姑少信以兵，俟有尺寸功，乃稍进任。今委之太过，惧必为国家羞。"傅

怒曰："京殆为时而生，敌中琐微无不知者。幸君与傅言，若告他人，将坐沮师之罪。"揖使出。又有称"六丁力士""天关大将""北斗神兵"者，大率皆效京所为，识者危之。京曰："非至危急，吾师不出。"桌数趣之，徒期再三，乃启宣化门出，戒守陴者悉下城，无得窃觑。京与张叔夜坐城楼上。金兵分四翼噪而前，京兵败退，堕于护龙河，填尸皆满，城门急闭。京遽白叔夜曰："须自下作法。"因下城，引余众南遁。是日，金人遂登城。

【译文】

金兵包围了京城，孙傅日夜亲自冒着箭石守城。在读丘濬的《感事诗》时，看到"郭京杨适刘无忌"这句话，于是在市民中找到了叫刘无忌的人，在禁卫军中找到了叫郭京的人。有些多事的人说郭京能施行六甲魔法，用此法可以活捉敌人两员大将并且荡灭其他敌人，这一魔法需要七千七百七十七人。朝廷对此深信不疑，委任以官职，赐给很多金钱和绢帛，叫他自己招募军队，招募时不论是否有什么本事，只是选择那些年龄命相合六甲的人。选出的那些人大多是无赖之徒。有一武官想做这支军队的副将帮助指挥，郭京不答应，说："您虽然有勇有谋，但明年正月是您的死期，恐怕要连累我。"他们的言论竟如此荒诞。

敌人攻城越来越紧，郭京却谈笑自如，说："选择吉日只出兵三百，就可使太平无事，直把敌兵追击到阴山为止。"孙傅和何桌特别推崇相信他，对他倾心相待。有人上书拜见孙傅说："自古以来没有听说用这种办法成功的。如果听信他，也要暂且以少许军队试试是否真实，等到有点战功，再逐步委以重任。现在寄予过多的希望，恐怕必定招致国家的耻辱。"孙傅气愤地说："郭京这样的人大概是为时事生的，连敌人中的小兵也没有不知道的。多亏是你跟我说，要是告诉别人，恐怕要犯败坏军队之罪。"把这人请了出来。又有自称"六丁力士""天关大将""北斗神兵"的人，大概都是学着郭京做的，有见识的人都为此担心。郭京说："不到最危急的时候，我的军队不出击。"何桌多次催促，经过再三拖延，才开了宣化门冲出去，并告诫守城的人全部下城来，不要偷看。郭京和张叔夜坐在城楼上观看。金兵分四路喊叫着冲上前来，郭京的军队大败而退，掉到护城河中，尸首把护城河都填满了，城门马上关闭。郭京立即向张叔夜说："须我亲自下城实施魔法。"就下了城墙，领着剩下的部众向南逃跑了。这一天，金人登上了都城。

蔡 嶷 传

迎合上意升官迅速

【原文】

蔡嶷字文饶，开封人。崇宁五年，以诸生试策，揣蔡京且复用，即对曰："熙、丰之德业，足以配天，不幸继之以元祐；绍圣之缵述，足以永赖，不幸继之以靖国。陛下两下求言之诏，冀以闻至言、收实用也。而见于元符之末者，方且幸时变而肆奸言，乘间隙而投异意，诋诬先烈不以为疑，动摇国是不以为惮。

愿逆处其未至而绝其原。”于是擢为第一，以所对颁天下，甫解褐，即除秘书省正字，迁起居舍人。未几，为中书舍人。自布衣至侍从，才九月，前所未有也。

【译文】

蔡薿字文饶，是开封人。徽宗崇宁五年（1106）以诸生身份考试对策，揣度蔡京将再次被起用，就对策说："神宗熙宁、元丰年间的功德业绩，足以与天德相配应，不幸继之而来的是高太后的元祐更化；哲宗圣年间对神宗新法的继承，足以永远依存，不幸接着是建中靖国初政的暂时失误。陛下两次下达寻求良言的诏书，是希望听到最好的治国方略，收到实际的效用。而在元符末年所看到的情景是，有些人正在希望时事有所变更且大放邪说，趁混乱未定之际投合与陛下政见不一的人，诋毁先帝的功业却不被怀疑、动摇国家的政策却一点也不害怕。望陛下预先抵制那些还未到来的祸患并且杜绝它的根源。"于是被评为第一名，把他所对的策颁布天下。考试刚结束，就被任命为秘书省正字，接着升为起居舍人。没多久，提为中书舍人。从布衣百姓到皇帝的侍从官，前后才九个月，这是以前没有的事。

梅执礼传

靖 康 之 变

【原文】

金人围京都，执礼劝帝亲征，而请太上帝后、皇后、太子皆出避，用事者沮之。洎失守，金人质天子，邀金帛以数百千万计，曰："和议已定，但所需满数，即奉天子还阙。"执礼与同列陈知质，程振、安抚皆主根索，四人哀民力已困，相与谋曰："金人所欲无艺极，虽铜铁亦不能给，盍以军法结罪，傥窒其求。"而宦者挟宿怨语金帅曰："城中七百万户，所取未百一，但许民持金银换粟麦，当有出者。"已而果然。酋怒，呼四人责之，对曰："天子蒙尘，臣民皆愿致死，虽肝脑不计，于金缯何有哉？顾比屋桴空，亡以塞命耳。"酋问官长何在，振恐执礼获罪，遂前曰："皆官长也。"酋益怒，先取其副胡舜陟、胡唐老、姚舜明、王俣，各杖三百。执礼等犹为之请，俄遣还，将及门，呼下马挝杀之，而枭其首，时靖康二年二月也。是日，天宇昼冥，士庶皆陨涕愤叹。

【译文】

金人包围都城开封，梅执礼劝谏皇上御驾亲征，同时请太上皇及太上皇后、皇后、太子都出城回避一下，当权者阻止这么做。到开封失守时，金人以天子为质，要求出金钱绢帛几百千万，说："和议的事已经确定，只要凑足了我们所需要的数目，就把你们的天子送回京城。"梅执礼与同僚陈知质、程振、安抚都是皇上的重臣，四人哀伤百姓的生活已非常困窘，相互商量着说："金人所需求的没有满足，即使铜铁都凑上也不能凑足，何不用军法来威胁他们，或许能抑制他们的欲求。"宦官却因为与他们的宿怨而告诉金人将领说："开封城中有七百万户人家，你们所索取的还不到百分之一，只要允许百姓用金银来换粮食，应当有出

金银的人。"不久果然如此。金人首领大怒，叫这四人来质问他们，他们回答说："现在天子在外蒙受耻辱，大臣和百姓都愿为天子效死力，即使肝脑涂地也在所不顾，对金钱和绢帛又算什么呢？只是现在每间房子都空无所有，没法来满足您的要求。"金人首领问四人中长官是谁，程振恐怕梅执礼一人获罪，就向前说："这些都是长官。"金首领更加愤怒，先捉来四人的副职胡舜陟、胡唐老、姚舜明、王俣，各自打了一百板。梅执礼等还为他们开脱，接着就叫他们回来了，将要到城门时，叫他们下马并把他们刺死，最后把他们的头也砍下来。这时是靖康二年（1127）二月。这天，天空白天就乌蒙蒙的，士人百姓都为此流泪愤慨。

李 纲 传

力谏退金兵

【原文】

靖康元年，以吴敏为行营副使，纲为参谋官。金将斡离不兵渡河，徽宗东幸，宰执议请上暂避敌锋。……

未几，复决意南狩，纲趋朝，则禁卫擐甲，乘舆已驾矣。纲急呼禁卫曰："尔等愿守宗社乎，愿从幸乎？"皆曰："愿死守。"纲入见曰："陛下已许臣留，复戒行何也？今六军父母妻子皆在都城，愿以死守，万一中道散归，陛下孰与为卫？敌兵已逼，知乘舆未远，以健马疾追，何以御之？"上感悟，遂命辍行。纲传旨语左右曰："敢复有言去者斩！"禁卫皆拜伏呼万岁，六军闻之，无不感泣流涕。

命纲为亲征行营使，以便宜行事。纲治守战之具，不数日而毕。敌兵攻城，纲身督战，募壮士缒城而下，斩酋长十余人，杀其众数千人。金人知有备，又闻上已内禅，乃退。

【译文】

靖康元年（1126），钦宗任用吴敏为行营副使，李纲为参谋官。金将斡离不率兵渡过黄河，徽宗东幸避难，宰相执政互相议定请钦宗暂时回避一下敌人锋芒。……

没多久，钦宗又决定南幸避敌，李纲跑到朝中，发现原来禁卫军已经穿上了铠甲，皇上的车子也准备好了。李纲急忙对禁卫军大喊："你们是愿意坚守宗庙社稷呢，还是愿意跟随皇上离开？"禁卫军都回答说："愿以死守城。"李纲进去面见皇上说："陛下已经答应我要留下来，又准备离开是为什么呢？现在将士的父母老婆孩子都在都城之中，愿意以死守城，如果带他们离开，万一中途跑散回来，由谁来保卫陛下？现在敌军已经逼近，知道您的车子还未跑远，用快马即刻追来，陛下将凭什么来抵御他们？"皇上醒悟，就下令停止南幸。李纲传达圣旨告诉左右大臣说："有敢再说离开的人斩首！"禁卫军都拜倒在地山呼万岁，全军听说，没有不感动得流泪的。

钦宗命李纲为亲征行营使，根据情况见机行事。李纲准备守城作战的器械，

没多久准备完毕。敌人攻城时，李纲亲自督兵作战，招募勇士用绳子捆着放下城去，斩杀敌人将领十几人，杀了其他兵士几千人。金兵知道城中有准备，又听说徽宗已禅位于钦宗，就退兵而去。

御 敌 三 策

【原文】

四年冬，金人及伪齐来攻，纲具防御三策。谓："伪齐悉兵南下，境内必虚。傥出其不意，电发霆击，捣颍昌以临畿甸，彼必震惧还救，王师追蹑，必胜之理，此上策也。若驻跸江上，号召上流之兵，顺流而下，以助声势，金鼓旌旗，千里相望，则敌人虽众，不敢南渡。然后以重师进屯要害之地，设奇邀击，绝其粮道，俟彼遁归，徐议攻讨，此中策也。万一借亲征之名，为顺动之计，使卒伍溃散，控扼失守，敌得乘间深入，州县望风奔溃，则其患有不可测矣。往岁，金人利在侵掠，又方时暑，势必还师，朝廷因得以还定安集。今伪齐导之而来，势不徒还，必谋割据。奸民溃卒从而附之，声势鸱张，苟或退避，则无以为善后之策。昔苻坚以百万众侵晋，而谢安以偏师破之。使朝廷措置得宜，将士用命，安知北敌不授首于我？顾一时机会所以应之者如何耳。望降臣章与二三大臣熟议之。"诏：纲所陈，今日之急务，付三省、枢密院施行。

【译文】

高宗绍兴四年（1134）冬天，金人和伪齐来攻打宋国，李纲提出御敌的三种策略，说："伪齐率领全部兵力南下，国境之内一定空虚。假若出其不意，电闪雷霆般进击对方，直捣颍昌（今河南许昌）并迫近京畿，他们一定会震惊并回师援救，我军追击其后，如此一定能够获胜，这是上策。若皇上御驾亲征驻军长江之上，号召长江上流的军队，顺流而下，以助王军声威，金鼓齐鸣，旌旗林立，众军千里相望，那么敌人虽然众多，也不敢渡江南进。然后用重兵屯驻要害之处，设奇兵袭击敌人，断绝他们的运粮通道，等到他们逃归时，再慢慢商议攻敌之策，这是中策。万一借皇帝亲征之名，而做的却是投降敌人之事，使我军崩溃逃散，我军控制的要塞也失守，敌军得以趁机深入我境内，州县官民望风而奔逃，那么国家的患祸将难以预料。往年，金兵进攻的目的就是抢掠财物，又正当盛暑，当时的形势肯定要撤军，朝廷也因而能回头来安定国家百姓积聚军队。今天伪齐引导他们前来，从势头看不可能空手而归，一定图谋割占我国领土。再加上奸邪的百姓和溃败的士兵跟从依附他们，声势会更加嚣张，如果这时退军回避敌人，就没有什么战乱之后的善后良策了。以前苻坚率领百万军队攻打东晋，而谢安只用少量偏师就打败了他。如果朝廷能处理得当，将士能拼死效命，怎能知道金兵不会向我投降呢？只是因为时代不同采用不同的迎敌办法罢了。希望陛下把我的奏章交付各位大臣好好商量讨论。"皇上下诏：李纲所陈述的，是当今的急务，交三省、枢密院施行。

宗 泽 传

孤军败金兵

【原文】

二年正月，泽至开德，十三战皆捷，以书劝王襄诸道兵会京城。又移书北道总管赵野、河东北路宣抚范讷、知兴仁府曾懋合兵入援。三人皆以泽为狂，不答。泽以孤军进，都统陈淬言敌方炽，未可轻举。泽怒，欲斩之，诸将乞贷淬，使得效死。泽命淬进兵，遇金人，败之。金人攻开德，泽遣孔彦威与战，又败之。泽度金人必犯濮，先遣三千骑往援，金人果至，败之。金人复向开德，权邦彦、孔彦威合兵夹击，又大败之。

【译文】

钦宗靖康二年（1127）正月，宗泽率军到了开德（今河南濮阳），与金兵交战十三次都取得胜利，写信劝皇上传檄各路军马会集京城。又写信给北道总管赵野、河东路（今山西太原）河北路（今河北大名东）宣抚范讷、兴仁府（故治在今山东曹县西北）知府曾懋合兵入京城援救。三人都认为宗泽狂傲，没有回信作答。宗泽只好以孤军挺进，都统陈淬说敌人气势正盛，不可轻易进攻。宗泽大怒，要斩陈淬，各大将请求宗泽暂且饶他一命，使他能效死疆场，以死赎罪。宗泽命令陈淬率军推进，遇上了金兵并把他们击败。金兵进攻开德，宗泽派孔彦威与之交战，又打败了他们。宗泽估计金兵一定去攻打濮州（今山东鄄城），预先派三千骑兵前往支援，金兵果然到来，宋军把他们击败。金兵又向开德进攻，权邦彦、孔彦威合兵夹击，又把他们打得大败而归。

义斩金使

【原文】

金将粘罕据西京，与泽相持。泽遣部将李景良、阎中立、郭俊民领兵趋郑，遇敌大战，中立死之，俊民降，景良遁去。泽捕得景良，谓曰："不胜，罪可恕；私自逃，是无主将也。"斩其首以狗。既而俊民与金将史姓者及燕人何仲祖等持书来招泽，泽数俊民曰："汝失利死，尚为忠义鬼，今反为金人持书相诱，何面目见我乎？"斩之。谓史曰："我受此土，有死而已。汝为人将，不能以死敌我，乃欲以儿女子语诱我乎。"亦斩之。谓仲祖协从，贷之。

宗泽

【译文】

金兵将领粘罕占据西京（今河南洛阳），与宗泽相对峙。宗泽派部将李景良、阎中立、郭俊民率兵前往郑地，（今河南新郑市中部），遇金兵，双方激烈交战，

阎中立战死，郭俊民投降金兵，李景良离阵逃脱。宗泽抓住了李景良，对他说："不能取胜，你的罪责可以宽恕；私自逃跑，这是使部队失去主将。"斩其首以示众。不久郭俊民和姓史的金将以及燕人何仲祖等拿降书来招降宗泽，宗泽指责郭俊民说："战斗失利而战死，还能做个忠义鬼，今天反而替金人拿着降书来诱我投降，有什么脸面见我？"把他杀了。对姓史的金将说："我接受王命保卫这片土地，只有以死保护它罢了。你身为别人手下大将，不能拼死与我相战，竟然要用娘们娃娃的话来引诱我投降。"也把他杀了。称仲祖是胁从，饶了他。

赵　鼎　传

不要以失废功

【原文】

鼎尝乞降诏安抚淮西，上曰："俟行遣张浚，朕当下罪己之诏。"鼎言："浚已落职。"上曰："浚罪当远窜。"鼎奏："浚母老，且有勤王功。"上曰："功过自不相掩。"已而内批出，浚谪置岭南，鼎留不下。诘旦，约同列救解，上怒殊未释，鼎力恳曰："浚罪不过失策耳。凡人计虑，岂不欲万全，倘因一失，便置之死地，后有奇谋秘计，谁复敢言者。此事自关朝廷，非独私浚也。"上意乃解，遂以散官分司，居永州。

【译文】

赵鼎曾经请求皇上下诏安抚淮西所降部队，皇上说："等处理了张浚，我当下自责的诏书。"赵鼎说："张浚已经去职。"皇上说："张浚的罪应当发配到边远的地方。"赵鼎禀报说："张浚的母亲已经年老，而且他以前立过勤王的大功。"皇上说："功劳和罪过不能互相抵偿。"没多久，皇帝的内诏批下，张浚贬谪到岭南（指五岭以南地区）。赵鼎留下了内诏没有下达。第二天早上，赵鼎约请同僚向皇帝请求从轻处理张浚，皇上的怒气更加难以消除，赵鼎极力恳求说："张浚的罪不过是考虑失误罢了。凡是人要谋划大事，难道不想万无一失，假如因为有一过失，就把他置于死地，后来的有神奇谋略的人，谁还敢向皇上陈说。这事是关系到国家兴亡的大事，不是因为偏爱张浚。"皇上的怒气才消失，于是命张浚以散官分司的职务在永州（今湖南零陵）任职。

张　浚　传

威　名　遁　敌

【原文】

浚既去国，虑金人释川、陕之兵，必将并力窥东南，而朝廷已议讲解，乃上疏极言其状。未几，刘豫之子麟果引金人入攻。高宗思浚前言，策免朱胜非，而参知政事赵鼎请幸平江，乃召浚以资政殿学士提举万寿观兼侍读。入见，高宗手

诏辨浚前诬，除知枢密院事。

浚既受命，即日赴江工视师。时兀术拥兵十万于扬州，约日渡江决战。浚长驱临江，召韩世忠、张俊、刘光世议事。将士见浚，勇气十倍。浚既部分诸将，身留镇江节度之。世忠遣旌下王愈诣兀术约战，且言张枢密已在镇江。兀术曰："张枢密贬岭南，何得乃在此？"愈出浚所下文书示之。兀术色变，夕遁。

【译文】

张浚已经离开国都，估计金人撤下攻打川、陕的兵力，一定要合兵窥视东南部，而当时朝廷已经讨论和解的事，于是上疏极力陈说这种形势。没多久，刘豫的儿子刘麟果然领着金兵入侵。高宗回想张浚以前所说的事，就下诏免除朱胜非的官职；参知政事赵鼎请皇上临时到平江府（今江苏苏州）回避，于是皇上召张浚来任资政殿学士提举万寿观兼侍读。进朝廷拜见皇上，高宗亲自写诏辨明以前对张浚的诬陷，任命他为知枢密院事。

张浚接受任命后，当天就到长江督帅军队。当时兀术率兵十几万驻扎在扬州（今江苏扬州），约定日期要渡过长江与宋兵决战。张浚策马直接来到长江前线，召集韩世忠、张俊、刘光世共同商议退敌大事。将士看到张浚到来，勇气倍增。张浚把各位大将布置妥当后，自己留在镇江（今江苏镇江）指挥。韩世忠派部下王愈到兀术处约他决战，而且说张枢密已经来到镇江。兀术说："张枢密被贬谪到岭南，怎么竟然在这里呢？"王愈拿出张浚所下的约战文书给他看。兀术大惊失色，当晚率军逃跑。

陈 禾 传

碎 衣 力 谏

【原文】

时童贯权益张，与黄经臣胥用事，御史中丞卢航表里为奸，缙绅侧目。禾曰："此国家安危之本也。吾位言责，此而不言，一迁给舍，则非其职矣。"未拜命，首抗疏劾贯。复劾经臣："怙宠弄权，夸炫朝列。每云诏令皆出其手，言上将用某人，举某事，已而诏下，悉如其言。夫发号施令，国之重事，黜幽陟明，天子大权，奈何使宦寺得与？臣之所忧，不独经臣，此涂一开，类进者众，国家之祸，有不可遏，愿亟窜之远方。"

论奏未终，上拂衣起。禾引上衣，请毕其说。衣裾落，上曰："正言碎朕衣矣。"禾言："陛下不惜碎衣，臣岂惜碎首以报陛下？此曹今朝受富贵之利，陛下他日受危亡之祸。"言愈切，上变色曰："卿能如此，朕复何忧？"内侍请上易衣，上却之曰："留以旌直臣。"翌日，贯等相率前愬，谓国家极治，安得此不祥语。卢航奏禾狂妄，谪监信州酒。遇赦，得自便还里。

【译文】

当时童贯的权势更加嚣张，和黄经臣共同把持朝政，御史中丞卢航跟他们内外勾结，朝廷大臣都对此愤恨不已。陈禾说："这是国家安危的根本大事。我的

职位是监察过失，这个时候不说，一旦迁任给事中或中书舍人，这些就不属我的职权范围了。"没有接到皇上的命令，就首先极力上疏弹劾童贯。又弹劾黄经臣说："他依仗皇上对他的宠幸玩弄权术，在朝廷大臣面前矜夸炫耀。经常说皇帝的诏书大都出于他的手，如果他说皇上要任用某人，进行某事，不久诏书下达，果然都像他说的。颁布诏书命令，是国家的大事，惩恶扬善，是天子的大权，怎能让宦官参与呢？我所担心的，不只是一个黄经臣，这个路子一旦打开，仿效他进取的人会很多，国家的祸患，将难以避免，望陛下赶快把他流放到边远地方。"

陈禾的话还没说完，皇上就愤怒起身。陈禾拉住皇上的衣服，请让他把话说完。结果皇上衣服的袖子被拉下来了，皇上说："你严正的言辞把我的衣服击破了。"陈禾说："陛下不顾惜击破衣服.难道我顾惜敲碎我的脑袋来报答陛下吗？这帮人今天享受荣华富贵的好处，以后陛下会承受国家危难的祸患。"言辞更加恳切，皇上为之正色说："您能这样直言，我还担忧什么？"内侍请皇上换扯破的衣服，皇上阻止他们说："留着用来表彰能直言的大臣。"第二天，童贯等一个个向皇上诉说，说国家现在治理得很好，陈禾怎能说这样不吉利的话。卢航奏说陈禾狂妄，因而贬为信州（今江西上饶西北）监酒。遇到大赦，听他自便还归故里。

韩世忠传

单 骑 降 敌

【原文】

时胜捷军张师正败，宣抚副使李弥大斩之，大校李复鼓众以乱，淄、青之附者合数万人，山东复扰。弥大檄世忠将所部追击，至临淄河，兵不满千，分为四队，布铁蒺藜自塞归路，令曰："进则胜，退则死，走者命后队剿杀。"于是莫敢返顾，皆死战，大破之，斩复，余党奔溃。乘胜逐北，追至宿迁，贼尚万人，方拥子女椎牛纵酒。世忠单骑夜造其营，呼曰："大军至矣，亟束戈卷甲，吾能保全汝，共功名。"贼骇栗请命，因跪进牛酒。世忠下马解鞍，饮啖之尽，于是众悉就降。黎明，见世忠军未至，始大悔失色。

韩世忠

【译文】

当时，连连取胜的军队张师正部溃败，宣抚副使李弥大将他斩首，大校李复见状鼓动士兵叛乱，淄州（今山东淄川）、青州（治所在今山东青州市）归附李复的人共有几万，山东又出现动荡不安的局面。李弥大写信命令韩世忠率领自己的部队前去追击李复，到临淄河，韩世忠的部队不足千

人，分成四队，命部队在归路上撒满铁蒺藜堵塞退路，下令说："前进就能取胜，后退则死路一条，有敢逃跑的叫后队杀掉。"于是士兵没有敢回头的，都与敌人死力拼战，大败李复军，并将李复斩首，剩下的都溃败逃奔而去。韩世忠乘胜追击，追到宿迁县（今江苏宿迁市西南黄河故道南岸古城），叛贼还有上万人，正在抱着女子喝酒作乐。韩世忠一人骑马夜里到他们的营帐前，大喊："我们大军已经到了，赶快缴械投降，我能保全你们的生命，和你们一块成就功名。"叛贼都吓得哆哆嗦嗦请求饶命，且跪下向韩世忠献上牛肉好酒。韩世忠下马解下马鞍，把牛肉和酒都吃喝完，于是众军都投降归顺。到天亮时，看到韩世忠说的大军没来，才知道上当而后悔不迭。

岳 飞 传

岳军秋毫无犯，金兵争来降附

【原文】

会充已降金，诸将多行剽掠，惟飞军秋毫无所犯。兀术趋杭州，飞要击至广德境中，六战皆捷，擒其将王权，俘签军首领四十余。察其可用者，结以恩遣还，令夜斫营纵火，飞乘乱纵击，大败之。驻军钟村，军无见粮，将士忍饥，不敢扰民。金所籍兵相谓曰："此岳爷爷军。"争来降附。

【译文】

这时杜充已经投降了金兵，宋军众将大多都进行抢劫和掠夺，只有岳飞的军队对百姓一丝一毫也没有侵犯。金兀术进逼杭州，岳飞赶到广德境内截击，六次交锋都取得了胜利，活捉了他们的大将王权，俘虏了签军头目四十多名，经过考察证明是可以利用的，就用恩惠团结了他们并把他们派回金营，命他们趁夜间砍营放火，岳飞乘乱进击，大败了金军。岳飞的军队驻扎在钟村，军中没有粮饷，将士们忍受着饥饿，不敢骚扰老百姓。金军里的在籍兵士都相互传说："这是岳爷爷的部队。"争着前来投降，归附。

用间弱强敌

【原文】

飞知刘豫结粘罕，而兀术恶刘豫，可以间而动。会军中得兀术谍者，飞阳责之曰："汝非吾军中人张斌耶？吾向遣汝至齐，约诱至四太子，汝往不复来。吾继遣人问，齐已许我，今冬以会合寇江为名，致四太子于清河。汝所持书竟不至，何背我耶？"谍冀缓死，即诡服。乃作蜡书，言与刘豫同谋诛兀术事，因谓谍曰："吾今贷汝。"复遣至齐，问举兵期，刲到股纳书，戒勿泄。谍归，以书示兀术，兀术大惊，驰白其主，遂废豫。

【译文】

岳飞知道刘豫勾结金副元帅粘罕，而金兀术厌恶刘豫，可以采用离间计来动

摇他们的合作。正好军中抓住了金兀术的间谍，岳飞假装责备他说："你不是我军中的张斌吗？我曾派你到刘豫那里，相约引诱四太子兀术到这里来，你一去就不复还。我接着派人询问，刘豫已答应我，今年冬天以联合进攻长江为名，将四太子引至清河。你所带的书信竟然送不到，为什么要违背我呢？"间谍希望慢一点死，就假装着认罪。岳飞于是制作密信蜡书，谈到他与刘豫同谋杀害兀术的事，并同时对间谍说："我现在饶了你。"再派他到刘豫处，询问发兵的日期，割开他的大腿肚子，装上蜡书，告诫他不要泄露秘密。间谍回到金营，把蜡书拿给金兀术看，金兀术大吃一惊，骑马迅速告诉他的国主，于是废掉了刘豫这个降贼。

"莫须有"三字何以服天下

【原文】

狱之将上也，韩世忠不平，诣桧诘其实，桧曰："飞子云与张宪书虽不明，其事体莫须有。"世忠曰："'莫须有'三字，何以服天下？"

【译文】

（秦桧诬陷岳飞的）冤案快要定案上报了，韩世忠愤愤不平，前去质问秦桧，这到底是怎么一回事。秦桧说："岳飞的儿子岳云写给张宪的信，虽然内情不清楚，但这件事也许有。"韩世忠说："'莫须有'三字，怎么能叫天下人心服？"

"尽忠报国"深入肤理

【原文】

桧遣使捕飞父子证张宪事，使者至，飞笑曰："皇天后土，可表此心。"初命何铸鞫之，飞裂裳以背示铸，有"尽忠报国"四大字，深入肤理。既而阅实无左验，铸明其无辜。

【译文】

秦桧派遣使者逮捕岳飞父子来对证张宪之事，使者到时，岳飞笑着说："上有天，下有地，都可以证明我这颗心。"开始秦桧命令何铸审问岳飞，岳飞撕破衣裳，把脊背给何铸看，背上刺有"尽忠报国"四个大字，都深深地刺进了皮肤的纹理之中。不久查明实际诬告没有见证人，何铸证明岳飞他们无罪。

冻死不拆屋，饿死不卤掠

【原文】

师每休舍，课将士注坡跳壕，皆重铠习之。子云尝习注坡，马踬，怒而鞭之。卒有取民麻一缕以束刍者，立斩以徇。卒夜宿，民开门愿纳，无敢入者。军号"冻死不拆屋，饿死不卤掠。"卒有疾，躬为调药；诸将远戍，遣妻问劳其家；死事者哭之育其孤，或以子婚其女。凡有颁犒，均给军吏，秋毫不私。

【译文】

每逢部队休整时，岳飞就教将士们爬斜坡，跳壕沟，练习时都穿上双重铠甲。岳飞的儿子岳云曾经操练爬坡，（有一次），坐骑跌倒了，岳飞就发火鞭打他。有一士兵拿了老百姓一束麻去捆草料，立即被斩首示众。士兵夜间露宿，老百姓自愿开门接纳，也无人敢进去。军中有号令："冻死不拆屋，饿死不卤掠。"士兵生了病，岳飞亲自为他们调药；将领远征，岳飞就派妻子到他们家去慰问犒劳。将士死于战事，岳飞就痛哭吊唁并抚育他们的遗孤，或者让自己的儿子与他们的女儿结婚。凡有朝廷赏赐的钱物，一概分给将士，一丝一毫不私自占有。

撼山易，撼岳家军难

【原文】

善以少击众。欲有所举，尽召诸统制与谋，谋定而后战，故有胜无败。猝遇敌不动，故敌为之语曰："撼山易，撼岳家军难。"……调军食，必蹙额曰："东南民力，耗敝极矣。"……好贤礼士，览经史，雅歌投壶，恂恂如书生。每辞官，必曰："将士效力，飞何功之有？"

岳飞坐像

【译文】

（岳飞用兵），擅长用少量的兵力，击败大批的敌人。部队准备有军事行动时，他总是把所有的统制都召集起来一起商讨作战计划。计划商定后才作战，因此打起仗来有胜无败。部队即使是毫无准备、突然碰上敌人，也毫不惊慌动乱，所以敌人为此流传这样的话："撼山易，撼岳家军难。"……每逢调拨军粮，岳飞就眉头紧皱，说："东南人民的财力，消耗尽了。"……岳飞敬爱贤人，礼貌待

士，博览经史，通古知今。他喜欢唱高雅的歌曲，喜欢玩投壶那样的游戏，恭敬谨慎，好像书生。每次升官，他总是说："战绩都是将士们出力的结果，我岳飞有什么功劳？"

刘 锜 传

刘锜大捷，金人震恐

【原文】

方大战时，兀术被白袍，乘甲马，以牙兵三千督战，兵皆重铠甲，号"铁浮图"；戴铁兜牟，周匝缀长檐。三人为伍，贯以韦索，每进一步，即用拒马拥之，人进一步，拒马亦进，退不可却。官军以枪标去其兜牟，大斧断其臂，碎其首。敌又以铁骑分左右翼，号"拐子马"，皆女真为之，号"长胜军"，专以攻坚，战酣然后用之。自用兵以来，所向无前；至是，亦为锜军所杀。战自辰至申，敌败，遽以拒马木障之，少休。城上鼓声不绝，乃出饮羹，坐饷战士如平时，敌披靡不敢近。食已，撤拒马木，深入斫敌，又大破之。弃尸弊马，血肉枕藉，车旗器甲，积如山阜。

【译文】

当大战的时候，金兀术身披白袍，骑带甲之马、用牙兵三千督率作战，士兵都身穿双重铠甲，号称"铁浮图"；头戴铁兜牟，周围缀满长檐。三个人为一组，用熟皮绳贯穿起来，每前进一步，就用拒马（用来布阵立营、拒险塞要，使人马不得奔突，故名拒马）保护，人前进一步，拒马也前进一步，不能退却。宋军用枪杆去掉他们的兜牟，用大斧子砍断他们的手臂，砸碎他们的头。敌人又用配有铁甲的战马分列左右两边，号称"拐子马"，都是女真人组成，号称"长胜军"，专门用来进攻固难之阵，战斗到激烈时才用它。自从作战以来，"拐子马"所向无敌；而到这时候，也被刘锜的士兵所杀。战斗从辰时进行到申时，金兵失败，马上用拒马的木头掩蔽士兵、休息一会。城上士兵鼓声不断，于是就拿出饭菜羹汤，像平时那样款待战士，敌军溃散不敢靠近。战士吃完饭后，撤掉拒马木头，深入敌人中杀砍，又彻底打败了金军。尸首弃地，战马伤倒，血肉纵横相枕而卧，战用车、旗、器、甲，堆积的象山阜一样。

吴 玠 传

虚心询受，士乐为死

【原文】

玠善读史，凡往事可师者，录寘座右，积久，墙墉皆格言也。用兵本孙、吴，务远略，不求小近利，故能保必胜。御下严而有恩，虚心询受，虽身为大将，卒伍至下者得以情达，故士乐为之死。选用将佐，视劳能为高下先后，不以

亲故、权贵挠之。

【译文】

　　吴玠爱好研读史书，凡是有可以向前人学习、借鉴的，都抄写下来作为座右铭，积累的时间长了，墙壁上都是格言了。吴玠用兵是从孙膑、吴起那里借鉴的，能够高瞻远瞩，不贪求小利，所以能够保证有战必胜。对待下级严格并且有恩惠，虚心向下级请教，接受意见，虽然自己身为大将军，但是卒官、伍官以及士兵都能向他反映情况，所以士兵高兴为吴玠而死。吴玠选用将领助手，根据做事能力强弱而先后排列，不因为亲戚故友、权贵之势而受阻挠。

吴　璘　传

弱者出战，强者继之

【原文】

　　璘刚勇，喜大节，略苛细，读史晓大义。代兄为将，宁蜀余二十年，隐然为方面之重，威名亚于玠。高宗尝问胜敌之术，璘曰："弱者出战，强者继之。"高宗曰："此孙膑三驷之法，一败而二胜也。"

【译文】

　　吴璘刚健勇敢，喜好大节，忽略苛刻烦琐的小节，阅读史书能通晓大义。代替他的哥哥吴玠为将军，守卫四川二十多年，威望是各地军政官员中最高的，威名仅亚于他的哥哥吴玠。宋高宗曾经向他请教克敌制胜的方法，吴璘回答说："让较弱的士兵先出战，较强的在弱兵出战后再继补对付敌人。"宋高宗说："您这是孙膑用的三轮赛马车的方法，用一次失败两次胜利来争取全局总胜啊。"

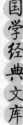

杨存中传

当以武功取富贵，焉用俯首为腐儒

【原文】

　　存中魁梧沉鸷，少警敏，诵书数百言，力能绝人。慨然语人曰："大丈夫当以武功取富贵，焉用俯首为腐儒哉！"于是学孙、吴法，善射骑。宣和末，山东、河北群盗四起，存中应募击贼，积功至忠翊郎。

【译文】

　　杨存中身体魁梧高大，气质深沉勇猛，很小的时候就机警敏锐，能背诵数百言的书，力气很大能超越一般的人。他慷慨激昂地对人说："大丈夫应当用武功来取得富贵，哪能用低头做陈腐儒生呢！"于是努力学习孙武、吴起的军事思想、战略方法，能射击善骑马。宣和末年，山东、河北境内群盗四起，杨存中应征攻打贼寇，累积战功，官升为忠翊郎。

王 德 传

可一不可再

【原文】

绍兴元年，平秀州水贼邵青。初，德与战于崇明沙，亲执旗麾兵拔栅以入，青军大溃。他日，余党复索战，谍言将用火牛，德笑曰："是古法也，可一不可再，今不知变，此成擒耳。"先命合军持满，阵始交，万矢齐发，牛皆返奔，贼众歼焉。青自缚请命，德献俘行在。帝召见便殿问劳，褒赏特异。

【译文】

宋高宗绍兴元年（1131），平定秀州（今浙江嘉兴县）水贼邵青。开始，王德领兵与水贼在崇明沙作战，王德亲自高举战旗率领士兵拨开栅门进入贼营，邵青所领的水贼被打得大败。过了几天，邵青的余党又来讨战，间谍探听说敌人要用火牛，王德笑着说："这是古老的方法，可以使用一次不可以第二次，现在他们不知道改变战法，这样就将被我们擒俘了。"于是先命令士兵集合在一起，拉满弓弦，当开始交阵时，万箭齐发，敌人的战牛都返回奔跑，水贼被歼灭。邵青自己捆绑着向王德请保活命，王德把战俘献给朝廷。皇帝就在便殿召见慰问王德，对王德非常赏识喜欢。

王 彦 传

赤心报国，誓杀金贼

【原文】

金人以为大军至、率数万众薄彦垒，围之数匝。彦以众寡不敌，溃围出。诸将散归，彦独保共城西山，遣腹心结两河豪杰，图再举。金人购求彦急，彦虑变，夜寝屡迁。其部曲觉之，相率刺面，作"赤心报国、誓杀金贼"八字，以示无他意。彦益感励，抚爱士卒，与同甘苦。未几，两河响应，忠义民兵首领傅选、孟德、刘泽、焦文通等皆附之，众十余万，绵亘数百里，皆受彦约束。金人患之，召其首领，俾以大兵破彦垒。首领跪而泣曰："王都统寨坚如铁石，未易图也。"金人乃间遣劲骑挠彦粮道，彦勒兵待之，斩获甚众。

【译文】

金人以为宋，大军来到，就率领数万兵来到王彦军的营垒旁，把王彦军营围了好几圈。王彦认为敌众我寡不能抵御，就突围而出。诸将失散返回，只有王彦孤独一人守卫共城（今河南辉县）西山，派遣心腹士兵结交两河一带的豪杰志士，策划再次起兵。金兵悬赏捉拿王彦很急，王彦害怕部下军变，晚上睡觉多次换地方。他的部下暗中发觉了此事，相互刺面，在脸上刺了"赤心报国，誓杀金贼"八个字，用来表示没有其他想法。王彦更加受到激励，抚爱士兵，与他们同

甘共苦。不久，两河一带响应，忠义民兵首领傅选、孟德、刘泽、焦文通等都归附了王彦军，士兵人数多达十多万，接连不断的排列了数百里，都接受王彦的管辖。金军听说后很害怕，召集他们的首领，让他们用大军攻破王彦的军营。首领们跪下并哭泣着说："王都统的军寨坚如铁石，不容易谋取啊。"金兵于是就暗中派遣刚健的骑兵阻挠王彦军的粮道，王彦统率军兵对付他们，斩杀收获很大。

魏 胜 传

义勇战金兵

【原文】

沂民壁苍山者数十万，金人围之，久不下，寨首滕昱告急于胜。胜提兵往救之，阵于山下。金人多伏兵，胜兵遇伏，皆赴砦。金人袭之，胜单骑而殿，以大刀奋击。金人望见胜，知其为将也，以五百骑围之数重。胜驰突四击，金阵开复阖。战移时，身被数十枪，冒刃出围。金兵追之，马中矢踣，步而入砦，无敢当者。……胜尝出战，矢中鼻贯齿，不能食，犹亲御战。

青铜饕餮龙凤
纹尊形及台架　南宋

【译文】

沂州百姓在苍山（今山东临沂东九十里）修建营垒的有好几十万，金兵围困了他们，长时间相持不下，营寨的头领滕昱向魏胜告急。魏胜领兵前往救援，在苍山脚下列成阵势。金人埋伏了很多军队，魏胜兵遇到埋伏，都奔向寨子。金兵向他们发起攻击，魏胜单人独骑走在后面，用大刀奋力抗击，金兵望见魏胜，知道他是大将，用五百名骑兵将他围了好几重。魏胜四面冲突，展开搏斗，金兵的阵势被冲开又合拢来。战斗经过些时候，魏胜身着数十枪，他冒着白刃冲出重围。金兵追赶他，他的马中箭跌倒，他步行走入寨中，没有人敢阻挡他。……魏胜曾经出战，箭头射中了他的鼻子，穿落了他的牙齿，连饭都不吃，仍然坚持对敌战斗。

杨再兴传

不为私仇杀将，只为忠义报国

【原文】

杨再兴，贼曹成将也。绍兴二年，岳飞破成，入莫邪关。第五将韩顺夫解鞍脱甲，以所房妇人佐酒。再兴率众直入其营，官军却，杀顺夫，又杀飞弟翻。成

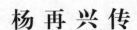

败，再兴走跃入涧，张宪欲杀之，再兴曰："愿执我见岳公。"遂受缚。飞见再兴，奇其貌，释之，曰："吾不汝杀，汝当以忠义报国。"再兴拜谢。

【译文】

杨再兴，是贼寇曹成的部将。宋高宗绍兴二年（1132），岳飞军打败曹成，进入莫邪关。岳飞的第五将韩顺夫解鞍脱甲，让俘虏来的妇女佐酒助兴。杨再兴率领众士兵径直进入韩顺夫的军营，宋官军退却，杨再兴杀死了顺夫，又杀死了岳飞的弟弟岳翻。曹成失败后，杨再兴跑进山涧，张宪想杀掉他，杨再兴说："请您捉住我去见岳飞大人。"于是就接受捆绑。岳飞见到杨再兴，认为他的相貌不一般，就释放了他，说："我不杀你，你应该以忠义报国。"杨再兴叩头谢岳飞不杀之恩。

舍生战敌小商桥

【原文】

飞败金人于郾城，兀术怒，合龙虎大王、盖天大王及韩常兵逼之。飞遣子云当敌，鏖战数十合，敌不支。再兴以单骑入其军，擒兀术不获，手杀数百人而还。兀术愤甚，并力复来，顿兵十二万于临颍。再兴以三百骑遇敌于小商桥，骤与之战，杀二千余人，及万户撒八孛堇、千户百人。再兴战死，后获其尸，焚之，得箭镞二升。

【译文】

岳飞领兵在郾城打败金兵，金兀术大怒，集合了金龙虎大王、盖天大王和韩常的军队一起来对付岳飞军。岳飞派遣儿子岳云去抵挡敌人，苦战了数十个回合，敌人不能支撑。杨再兴单人独骑进入敌军中，搏捉金兀术不得，亲手杀掉数百人而回。金兀术愤恨到极点，集中兵力又来挑战，在临颍（今河南临颍）驻扎了十二万军队。杨再兴带领三百名骑兵在小商桥与敌军相遇，马上与敌人激战，杀死两千多敌兵，还有万户撒八孛堇、千户一百多人。杨再兴在这次战斗中阵亡，战后得到他的尸体，焚烧以后，取出箭头二升。

王 友 直 传

王九郎勇解海州围

【原文】

越四月，诏偕统制张子盖援海州。方接战，友直张一旗，大书"宋忠义将河北王九郎"以自表。潜由小迳背敌阵、因其辎重、扼归道桥，左右枕水。张子盖知友直已乘敌后，麾军进击，敌溃走，尽溺死，围遂解。

【译文】

到了（绍兴三十一年）（1161）四月，皇帝下诏书让他和统制引子盖一起去支援海州（今江苏连云港市）。两军刚开始交战，王友直张挂起一面大旗，上面

用大字写着"宋忠义将河北王九郎"来表明自己。暗中从小径进入敌阵背后，用敌人的器械、粮草、材料等，据守敌人归路桥上，左右枕水。张子盖知道王友直已经带兵到敌阵背后，指挥军队进击敌人，敌军溃败逃跑，都落水溺死，海州之围于是得解。

吕 祉 传

上下协心，不战而胜

【原文】

四年冬，金人攻淮，江左戒严，独韩世忠统锐卒在高邮。金既陷涟水，破山阳、盱眙，遂犯承州。祉上章言："宜遣兵为世忠援。"既而援兵不至，世忠退保镇江。祉再上言："置江北于度外，非命帅宣抚两淮之意，且恐失中原心。唯当急遣诸将，且乞亲御六师，庶几上下协心，可以不战而胜。"于是降诏亲征。车驾至平江，金人退师。

【译文】

宋高宗绍兴四年（1134）冬天，金兵进攻两淮地区，长江下游以东地区已经戒严，只有韩世忠统帅精兵锐卒在高邮（今江苏高邮）。金兵已经攻陷涟水，攻破山阳、盱眙，又扰乱承州。吕祉给皇帝上书说："应该派遣军队作为韩世忠的援兵"。过段时间援军没来，韩世忠后退守卫镇江。吕祉又一次上书说："置江北于度外，不是命令将帅宣抚两淮的意思，而且恐怕失去中原人民的心。只应紧急派遣诸将，并且请求陛下亲自统帅王师，也许上下协心，可以不战而胜。"于是下诏书宣布皇帝亲征。皇帝领兵刚到平江，金兵就退师了。

列传一二九论

勇士中道殁，宋不克兴复

【原文】

自绍兴和议成，材武善谋之士，无所用其力。若王友直之矫制起兵，李宝之立功胶西，成闵、赵密皆足以斩将搴旗，刘子羽转战屡胜，吕祉不从刘豫，胡世将、郑刚中威震巴蜀，皆中道以殁，是以知宋不克兴复也。

【译文】

自从绍兴年间与金方达成和议协定，有勇有谋之士，没有发挥他们才能的机会。比如王友直的假托君命，发布诏敕起兵，李宝在胶西（今山东胶县）立功，成闵、赵密都足以能斩将搴旗，刘子羽转战屡胜，吕祉不从叛臣刘豫，胡世将、郑刚中威震四川，但都中途而死，这就可以知道宋朝不能兴复了。

朱 弁 传

守节不屈

【原文】

金人迫弁仕刘豫，且诳之曰："此南归之渐。"弁曰："豫乃国贼，吾尝恨不食其肉，又忍北面臣之，吾有死耳。"金人怒，绝其饩遗以困之。弁固拒驿门，忍饥待尽，誓不为屈。金人亦感动，致礼如初。久之，复欲易其官，弁曰："自古兵交，使在其间，言可从从之，不可从则囚之、杀之，何必易其官？吾官受之本朝，有死而已，誓不易以辱吾君也。"且移书耶律绍文等曰："上国之威命朝以至，则使人夕以死，夕以至则朝以死。"又以书诀后使洪皓曰："杀行人非细事，吾曹遭之，命也，要当舍生以全义尔。"乃具酒食，召被掠士夫饮，半酣，语之曰："吾已得近郊某寺地，一旦毕命报国，诸公幸瘗我其处，题其上曰：'有宋通问副使朱公之墓'，于我幸矣。"众皆泣下，莫能仰视。弁谈笑自若，曰："此臣子之常，诸君何悲也"？金人知其终不可屈，遂不复强。

【译文】

金方逼迫朱弁做叛臣刘豫的官员，并且骗他说："这是南归的开始。"朱弁说："刘豫是我们的国贼，我曾经恨不能吃他的肉，又怎能做他的臣下，我只有死。"金人很生气，断绝了他的饮食来困乏他。朱弁固拒驿门，忍受着饥饿等待着死，誓不屈服。金人也受感动，对待他礼貌如初。时间长了，又想让他当官，朱弁说："自古交兵，使者在他们中间，使者的话可以听从的就听从，不可以听从的就囚禁使者、杀掉使者，何必让他做官呢？我的官职是本朝任命的，现在只有死了，绝不会失节做金官来使我们国君受辱。"并且写信给耶律绍文等人说："您国封我官的命令早晨来到，那么我就晚上死，晚上来到就早晨死。"又写信给后使洪皓诀别说："杀掉使者不是小事，我们如果赶上，是命中注定的，我们应当舍生来全义。"于是就准备了酒菜，召集被扣留的士大夫喝酒，酒饮半酣，朱弁告诉他们说："我已经看好近郊的一个墓地，一旦我牺牲报国，诸位请把我埋在那个地方，在上面写上'有宋通问副使朱公之墓'，我就很满意了。"众人都流下了眼泪，不能仰视。朱弁谈笑自如，说："这是做臣子的常情，诸位悲痛什么呢？"金人知道他终不可屈，于是也就不再强迫他了。

洪 皓 传

愿以一身易十万人命

【原文】

宣和中，为秀州司录。大水，民多失业，皓白郡守以拯荒自任，发廪损直以粜。民垒集，皓恐其纷竞，乃别以青白帜，涅其手以识之，令严而惠遍。浙东纲

米过城下，皓白守邀留之，守不可，皓曰："愿以一身易十万人命。"人感之切骨，号"洪佛子"。

【译文】

宣和年间，（洪皓）做秀州司录。洪水泛滥成灾，老百姓很多都丧家失业，洪皓告诉郡守要以拯救灾民为己任，把国家粮库的粮食降低价格卖给灾民。老百姓都聚集而来，洪皓怕他们乱抢，就用青白旗子来区别，在他们的手上涂上黑色来做标记，命令严格而恩惠普遍。浙东送往官府的纲米经过城下，洪皓告诉郡守把纲米留下，郡守认为不可以，洪皓说："我愿用我一人之躯来换十万百姓的生命。"老百姓发自肺腑的感激他，把他叫作"洪佛子"。

廖 刚 传

国不可一日无兵，兵不可一日无食

【原文】

刚言："国不可一日无兵，兵不可一日无食。今诸将之兵备江、淮，不知几万，初无储蓄，日待哺于东南之转饷，浙民已困，欲救此患莫若屯田。"因献三说，将校有能射耕，当加优赏，每耕田一顷，与转一资；百姓愿耕，假以粮种，复以租赋。上令都督府措置。

【译文】

廖刚说："国家不能一天没有军队，军队不能一天没有粮食。现在诸将的士兵在防守江、淮一带，不知有多少万，开始也没有粮草储蓄，一天一天地依靠东南一带转运来的军粮养哺士兵，浙江一带的老百姓粮食已经贫乏，想解救这一忧患的最好办法不如利用军队在驻扎地区种田。"因而提出三条建议，将校有能打猎种田的，应该增加优厚奖赏；每耕田一顷，就给他迁调官职一级；老百姓有愿意耕种的，就借给他们粮食种子，免除租赋。皇帝命令都督府办理实施。

常 同 传

论朋党之祸

【原文】

三年，召还，首论朋党之祸："……今国步艰难，而分朋缔交、背公死党者，固自若也。恩归私门，不知朝廷之尊；重报私怨，宁复公议之顾。臣以为欲破朋党，先明是非，欲明是非，先辨邪正，则公道开而奸邪息矣。"上曰："朋党亦难破。"同对："朋党之结，盖缘邪正不分，但观其言行之实，察其朋附之私，则邪正分而朋党破矣。"上曰："君子小人皆有党。"同又对曰："君子之党，协心济国；小人之党，挟私害公。为党则同，而所以为党则异……"

【译文】

绍兴三年（1133），（宋高宗把常同）召回朝廷、才开始讨论朋党造成的灾

祸（常同说）："……现在国家步履艰难，然而分朋缔交、损公利私的人，仍然悠然自得。把得到的恩泽归功于某个有私交的人，而不知道朝廷的厚施；重报私怨，宁愿不顾世人的非议。我认为想排除朋党，应该先明是非，想辨明是非，应该先分辨邪恶与正义、（如果这样）就能公道行而奸邪消灭了。"皇帝说："朋党也很难攻破。"常同回答说："朋党的形成，是因为邪正不分的缘故，只要观察他们言行的实质，了解他们朋伙的隐秘之事，就能邪正分明而朋党破除了。"皇帝说："君子小人都有党派。"常同又回答说："君子之党，齐心协力来拯救国家；小人之党，是为了私利而损公利己。都是结党这一点相同，而结党的目的则是不一样的……。"

三弓床弩　南宋

张致远传

额员可减，司属可并

【原文】

言："陛下欲富国强兵，大有为于天下，愿诏大臣力务省节，明禁僭侈，自宫禁始，自朝廷始。额员可减者减之，司属可并者并之。使州县无妄用，归其余于监司；监司无妄用，归其余朝廷；朝廷无横费，日积月聚，惟军须是虑，中兴之业可致也。"

【译文】

（张致远）说："陛下您想富国强兵，对天下老百姓大有作为，请您下诏书命令大臣尽力做到俭省节约，公开制止过分的奢侈，从皇宫开始，从朝廷开始。多余的职员可以减去的就减去他，官署可以合并的就把它们合并在一起。使各州县不可胡乱使用财物，把他们多余的财物归属给监司；使监司不可胡乱使用财物，把他们多余的财物费用归交给朝廷；使朝廷没有不必要的开支，（这样）日积月累，只考虑军队所需，国家中兴的大业就可以实现。"

吴表臣传

表臣献策

【原文】

诏百官陈裕国强兵之策，表臣条十事以献，曰："蠲税役以垦闲田，汰懦卒以省兵费，罢添差以澄冗员，停度牒以蕃生齿，拘佃租以防干没，委计臣以制邦

用，奖有功以厉将帅，招弓手以存旧籍，严和买以绝弊幸，简法令以息疮痍。

【译文】

皇帝下命令让百官陈奏富国强兵的策略，吴表臣列举十件事进献上去，写道：减免税役使百姓能开垦闲置农田，淘汰弱兵来节省兵费，罢免添差以澄清无专职的闲散官员，停发度牒以繁育增加人口，限制佃租以防干旱和水涝灾害，委任谋臣来治理国家，奖赏有功人员来激励将帅，招收弓手以保存原来的名额，严格和买制度来杜绝弊病，使法令简化明了来让受苦的民众休养生息。

王居正传

君以为难，易将至矣

【原文】

范宗尹荐于朝，召至，谓宗尹曰："时危如此，公不极所学，拔元元涂炭中，尚谁待？居正避寇阳羡山间，勉出见公，一道此意尔。"宗尹愧谢。入对，奏："昔人有云：'君以为难，易将至矣。'今日之事，朝廷皆曰难，则当有易为之理。然国势日弱，敌气日骄，何邪？盖昔人于难者勉强为之，今以为难，不复有所为，以俟天意自回，强敌自毙也。宣和末，以为难者十五六，至靖康与宣和孰难？靖康末，以为难者十八九，至建炎与靖康孰难？由此而言，今日虽难于前日，安知他日不难于今日？盖宣和以为难，故有靖康之祸；靖康以为难，故有今日之忧。今而亦云，臣有所不忍闻。"高宗嘉之，谕宗尹曰："如王居正人才，岁月间得一人亦幸矣。"

【译文】

范宗尹向朝廷推荐王居正，皇帝召王居正到京都，居正对宗尹说："时局如此危险，您不用尽您的学识，从极端困苦的境界中把百姓拯救出来，还等着谁？居正我在阳羡山中躲避贼寇，勉强出来见您，只是想说说这个意思。"范宗尹惭愧地向居正道谢。王居正进皇宫回答皇帝的问题，说："古人说：'皇帝认为困难，容易就快到了。'今天的事，朝廷里的人都说难，那么就有容易的办法。然而国家的势力日益衰弱，敌人的气势日益傲慢，为什么呢？因为过去人们遇到困难时尽力而为，今天认为有困难，却不再有什么作为，但等着天意自己回转，强大的敌人自动灭亡。宋徽宗宣和末年，认为有困难的人十个中有五六个，到了靖康年间与宣和时相比什么时间困难？靖康末年，认为困难的人十个中有八九个，到了建炎年间与靖康时相比什么时间困难？因此可以说，今天虽然比过去困难，怎么能知道以后不比今天更困难呢？因为宣和时认为困难，所以有靖康之祸；靖康时认为困难，所以有今天的忧虑。今天也说困难，我不愿意听。"宋高宗赞赏了他，对范宗尹说："象王居正这样的人才，很长时间能得到一人也是幸运的。"

程　瑀　传

臣愿奉使，不愿割地

【原文】

金人入侵，求可使者，瑀请往。未行，会钦宗即位，议割三镇，命瑀往河东，秦桧往河中。瑀奏："臣愿奉使，不愿割地。"

【译文】

金人入侵宋朝，朝廷寻求可以出使金国的人，程瑀请求出使。还没去，正赶上宋钦宗即皇帝位，主张割三镇给金国，命令程瑀去河东，秦桧去河中。程瑀奏道："我愿意奉命出使，不愿意割地求和。"

洪　拟　传

丰财者政事之本，节用省又丰财之本

【原文】

兵兴累年，馈饷悉出于民，无屋而责屋税，无丁而责丁税，不时之须，无名之敛，殆无虚日，所以去而为盗。今关中之盗不可急，宜求所以弭之，江西之盗不可缓，宜求所以灭之。夫丰财者政事之本，而节用者又丰财之本也。

【译文】

连年兴兵，军粮全部出自百姓，没有屋子的叫交屋子税，没有男丁的叫交男丁税，不定时的需求，没有名目的赋敛，几乎天天不断，所以百姓逃跑去做强盗。现在关中的强盗不可急于消灭掉，应该想一些安抚他们的方法，江西的强盗不可以放松，应该寻求怎样消灭他们的方法。丰富的财物是做好政事的根本，而节约费用又是使财物丰富的根本。

赵　逵　传

不惟不敢，亦且不忍

【原文】

二十六年，迁著作郎，寻除起居郎。入谢，帝又曰："秦桧炎炎，不附者惟卿一人。"逵曰："臣不能效古人抗折权奸，但不与之同尔，然所以事宰相礼亦不敢阙。"又曰："受陛下爵禄而奔走权门，臣不惟不敢，亦且不忍。"

【译文】

二十六年（1156），赵逵提升为著作郎，不久又被授予起居郎。赵逵进宫向皇帝谢恩，高宗又说："秦桧威势炬赫，不依附他的只有你自己。"赵逵说："我

不能仿效古人指斥对抗当权的奸臣，只是不与他同流合污罢了，然而也不敢不以宰相的礼节侍奉他。"又说："接受了陛下的官爵俸禄而在当权人的门下奔走，我不只是不敢这样做，也不忍心这样做。"

萧燧传

纠正奸邪，不恤仇怨

【原文】

时复议进取，上以问燧，对曰："多贤否杂揉，风俗浇浮，兵未强，财未裕，宜卧薪尝胆以图内治。苦恃小康，萌骄心，非臣所知。"上曰："忠言也。"因劝上正纪纲；容直言；亲君子，远小人；近习有劳可赏以禄，不可假以权。上皆嘉纳。擢右谏议大夫，入谢，上曰："卿议论鲠切，不求名誉，纠正奸邪，不恤仇怨。"

【译文】

当时复议进取中原，孝宗拿这件事问萧燧，萧燧回答说："现在好人坏人掺杂在一起，社会风俗浮薄，军队还不强大，财物还不富裕，应该卧薪尝胆以图内治。如果仗恃小康之世，萌发骄傲之心，这不是我的认识。"孝宗说："这是忠言啊。"萧燧因此劝皇帝纠正纪纲；容纳直言；亲近君子，疏远小人；身边的人有了劳苦可以赏赐给俸禄，但不可给予他们权力。皇帝都高兴地采纳了。提升他为右谏议大夫，进宫谢恩，孝宗说："你的议论耿直恳切，不求个人名誉，纠正奸邪，不怕招致怨家仇人。"

刘珙传

某为国家计，岂为张公谋

【原文】

车驾将还，军务未有所付，时张浚留守建康，众望属之。及诏出，以杨存中为江、淮宣抚使，珙不书录黄。仍论其不可。上怒，谓宰相曰："刘珙父为浚所知，此特为浚计耳！"命再下，宰相召珙谕旨，且曰："再缴则累张公。"珙曰："某为国家计，岂暇为张公谋。"执奏如初，存中命乃寝。

【译文】

高宗将从建康返回临安，而军务还没托付于人，当时张浚留守建康，军务付于张浚是众望所归。等皇帝诏令发出，

银镀金花纹六棱形杯　南宋

却让杨存中当江、淮宣抚使，刘珙抗命不写录黄，重复论说杨存中不能作宣抚使。高宗生气，对宰相说："刘珙的父亲被张浚所知遇，不写录黄是为了张浚！"再次下达命令，宰相召见刘珙宣布圣旨，并且说："再纠缠就连累张公了。"刘珙说："我为国家着想，哪有空闲时间为张公作计谋。"坚持自己的意见和开始时一样，命杨存中为江、淮宣抚使的事就停止了。

金安节传

彼为朝廷荐人，岂私我耶

【原文】

初筮仕，未尝求荐于人，及贵，有举荐不令人知。其除司农丞，或语之曰："公是命，张侍郎致远为中司时所荐，盍往谢之？"安节曰："彼为朝廷荐人，岂私我耶！"竟不往。荐晁公武、龚茂良可台谏，皆称职，二人弗知也。

【译文】

（金安节）初次外出做官，从没有求别人推荐过，等自己做官显贵以后，推荐别人也不让被荐人知道。金安节被授予司农丞，有人对他说："您这次被任命，是张致远侍郎当中司时推荐的，何不去谢谢他？"安节说："他为朝廷推荐人才，难道是偏爱我吗！"竟然没有去拜谢。推荐晁公武、龚茂良二人可以做台谏，两人都称职，但都不知自己是金安节推荐的。

汪应辰传

赏善罚恶，号令必行

【原文】

金渝盟，诏求足食足兵之策，应辰奏曰："陆贽有云：'将非其人，兵虽多不足恃，操失其柄，将虽才不为用。'臣之所忧，不在兵之不足，在乎军政之不修。自讲和以来，将士骄惰，兵不阅习，敌未至则望风逃遁，敌既退则谩列战功，不惟佚罚，且或受赏。方时无事，诏令有所不行，一旦有急，谁能听命以赴国家之难。望发英断，赏善罚恶，使人人洗心易虑，以听上命，然后号令必行矣。"

【译文】

金人违背盟约，皇帝下命征求使国家兵足粮多的策略，汪应辰上奏说："陆贽说过：'所用的将领不合适，军队虽然多也不能够依靠他们，皇帝失去了控制权，将领们有才能也不能为皇帝所用。'我所担忧的，不是军队不够多，而是不治理军中事务。自从与金国讲和以来，将领士兵骄傲懒惰，军队不检阅不习武，敌兵还没来到就望风而逃，敌人撤退后就假报战功，不但逃避了惩罚，而且有的还能受到奖赏。在没有事情的时候，皇帝的命令就有不能执行的，一旦有了紧急情况，谁能听从命令来拯救国难。希望陛下英明果断，奖赏善良惩罚邪恶，使人

人洗心换面，以听从皇上的命令，然后就会有令必行了。"

李 浩 传

风 裁 素 高

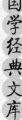

【原文】

浩天资质直，涵养浑厚，不以利害动其心。少力学为文辞，及壮益沉潜理义。立朝慨然以时事为己任，忠愤激烈，言切时弊，以此见忌于众。平居未尝假人以辞色，不知者以为傲，或谮于上前，上谓："斯人无他，在朕前亦如此，非为傲者。"小人惮之，诱以禄利，正色不回，谋害之者无所不至，独赖上察其衷，始终全之。为郡尤洁己，自海右归，不载南海一物。平生奉养如布衣时，风裁素高，人不敢干以私云。

【译文】

李浩天资质朴正直，修养朴实厚重，不因为利害动摇自己的主张。年轻时努力学习做文章，等壮年后更沉潜于理义之中。在朝廷执政慷慨激昂，以时事为己任，忠愤激烈，言切时弊，因此众人都忌恨他。平时从不给人笑脸，不了解他的人认为他傲慢，有人在皇帝面前说他的坏话，皇帝说："这个人没有别的，在我面前也这样，不是傲慢无礼的人。"邪恶小人害怕李浩，用禄利来引诱他，他正直的本色也没有改变，想谋害他的人到处都有，唯独有赖皇帝知道他正直，才始终保全了他。李浩做地方官时尤其清廉，从海右回来，没带回来南海的一件东西。一生的衣食象没做官以前一样，风骨一贯高超，人们不敢用私情来求他。

袁 枢 传

为史官书法不隐

【原文】

兼国史院编修官，分修国史传。章惇家以其同里，宛转请文饰其传，枢曰："子厚为相，负国欺君。吾为史官，书法不隐，宁负乡人，不可负天下后世公议。"时相赵雄总史事，见之叹曰："无愧古良史。"

【译文】

袁枢兼任国史院的编修官，分担修国史传的任务。章惇家里的人因为和袁枢是老乡，委婉地请袁枢用好话写章惇的传记，袁枢说："子厚做宰相时，辜负国家，欺骗皇帝。我作为史官，应该按事实来书写，我宁肯辜负同乡人，不可以辜负天下后世的公议。"当时的宰相赵雄总管史事，见到这件事后感叹说："真无愧于古代的优秀史官。"

范成大传

修复通济堰

【原文】

处多山田，梁天监中，詹、南二司马作通济堰在松阳、遂昌之间，激溪水四十里，溉田二十万亩。堰岁久坏，成大访故迹，迭石筑防，置堤闸四十九所，立水则，上中下溉灌有序，民食其利。

【译文】

处州（今浙江丽水）山田很多，梁朝天监年间，詹、南两位司马在松阳、遂昌之间修造了通济堰，阻遏水势四十里，灌溉农田二十万亩。堰经历的年代久了，已经坏了，范成大找到它的遗址，用石块筑成堤坝，设置四十九所提闸，建立在水两边，使上、中、下游灌溉农田有秩序，老百姓深受其利。

陆 游 传

为秦桧所嫉

【原文】

年十二能诗文，荫补登仕郎。锁厅荐送第一，秦桧孙埙适居其次，桧怒，至罪主司。明年，试礼部，主司复置游前列，桧显黜之，由是为所嫉。桧死，始赴福州宁德簿，以荐者除敕令所删定官。

【译文】

陆游十二岁时，就能写诗做文章，以祖上有功补官为登仕郎。后来参加贡举考试，被主考官以第一名的成绩荐举给朝廷，秦桧的孙子秦埙恰好名次在陆游的后面，秦桧大发脾气，以致处罚了主考官。第二年，参加礼部的考试，主考官又将陆游的名字排在前列，而秦桧却十分明显地予以抑黜，因此，陆游一直为秦桧所忌恨。秦桧死后，陆游才得到福州宁德县主簿的官职，后又经人推荐，进了编修敕令所当删定官。

自号"放翁"

【原文】

范成大帅蜀，游为参议官，以文字交，不拘礼法，人讥其颓放，因自号"放翁"。后累迁江西常平提举，江西水灾，奏："拨义仓振济，檄诸郡发粟以予民。"召还，给事中赵汝遇驳之，遂与祠。起知严州，过阙，陛辞，上谕曰："严陵山水胜处，职事之暇，可以赋咏自适。"再召入见，上曰："卿笔力回斡甚善，非他人可及。"

【译文】

范成大任四川地区军事统帅时，陆游担任他的参议官，两拘礼法，同僚们讥讽议论他，说他颓唐放浪，他因而自号"放翁"。后来，他又经过多次升迁，做到江西常平提举。江西发生了水灾，陆游上奏说："请朝廷拨出义仓中的粮食来救济灾民，并请朝廷发檄文，命令江西所属各个州郡将官仓中的粮食分发给灾民。"朝廷把陆游召回。给事中赵汝愚驳斥陆游，于是朝廷让他请祠（赐给他一个虚职领取俸禄）。后来陆游又被起用为严州（今浙江建德）知州。路过京城时，他到宫中向皇帝告辞。宋孝宗对他说："严陵是一个山水优美的地方，你在处理完公务的空闲时间里，可以赋诗咏歌自乐。"（后来，）陆游再次被召回朝廷觐见皇帝，宋孝宗说："你写的诗气势回旋雄壮，很好，不是其他人可以达到的。"

陆游

赵 雄 传

孝宗论理财与恢复

【原文】

一日奏事，上曰："今夏蚕麦甚熟、丝米价平可喜。"雄奏："孟子论王道始于不饥不寒。"上曰："近世士大夫好高论，耻言农事，微有西晋风。岂知《周礼》与《易》言理财，周公、孔子曷尝不以理财为务？且不独此，士夫讳言恢复，不知其家有田百亩，内五十亩为人所据，亦投牒理索否？"

【译文】

一天赵雄向皇帝奏事，孝宗曰："今年夏季蚕麦收成很好，丝米价格平稳，十分可喜。"赵雄奏到："孟子论统治天下的道理从不饥不寒开始。"孝宗说："近代士大夫好高谈阔论，以谈农业为耻，稍有西晋时的风气。他们岂知《周礼》和《易》也谈理财，周公、孔子何尝不以理财为时务？并且不只这些，士大夫忌讳谈论恢复中原，不知道他们家里有田百亩，其中五十亩被人占据，是否也向官府告状来索回失地呢？"

倪 思 传

直言谏主

【原文】

上久不过重华宫，思疏十上，言多痛切。会上召嘉王，思言："寿皇欲见陛下，亦犹陛下之于嘉王也。"上为动容。时李皇后浸预政，思进讲姜氏会齐侯于泺，因奏："人主治国必自齐家始，家之不能齐者，不能防其渐也。始于袭狎，

终于恣横，卒至于阴阳易位，内外无别，甚则离间父子。汉之吕氏，唐之武、韦，几至乱亡，不但鲁庄公也。"上悚然。赵汝愚同侍经筵，退语人曰："说直如此，吾党不逮也。"

【译文】

光宗好久不去重华宫向孝宗问安，倪思十次上奏章，言辞很沉痛恳切。适逢光宗召见嘉王，倪思说道："寿皇想见到陛下，也像陛下想见到嘉王一样。"光宗为之动容。当时李皇后渐渐干预政事，倪思向光宗进讲姜氏会齐侯于泺的故事，因而向皇上说："人主治国必须从整饬家庭开始，不能整饬家庭的人，不能防止事情的逐渐加剧。开始于举止不端，发展到放纵蛮横，最后以至于阴阳易位，内外无别，甚至离间父子。汉代的吕氏，唐代的武、韦，都快使国家灭亡了。不足是鲁庄公这样。"光宗悚然。赵汝愚一同给皇帝讲书，退下来后给别人说："正直如此，我们赶不上啊。"

仇 悆 传

牛皋杀敌

【原文】

会京西制置使遣牛皋统兵适至，悆顾左右曰，"召牛观察来击贼。"皋既至，以忠义撼之，皋素勇甚，以二千余骑驰出，短兵相接，所向披靡，敌稍惧，散而复集者三。其副徐庆忽坠马，敌竞赴之，皋掖以上，手制数人，因免胄大呼曰："我牛皋也，尝四败兀术，可来决死。"寇畏其名，遂自溃。

【译文】

适逢京西制置使派牛皋领兵恰好来到，仇悆环视一下左右说："请牛观察来杀敌。"牛皋到后，仇悆用忠义来打动他。牛皋平素很勇猛，带二千多骑兵习奔出城，与敌人短兵相接，所向披靡，敌人逐渐恐惧，被冲散后再重新聚集起来三次。牛皋的副将徐庆忽然落马，敌兵争着奔向徐庆，牛皋扶徐庆上马，亲手砍了几个敌兵，脱下头盔大喊道："我是牛皋，曾经四次打败金兀术，你们可以过来与我决一死战。"贼寇害怕他的威名，自动逃散了。

辛弃疾传

深思致盗之由，讲求弭盗之术

【原文】

盗连起湖湘，弃疾悉讨平之。遂奏疏曰："今朝廷清明，比年李金、赖文政、陈子明、陈峒相继窃发，皆能一呼啸聚千百，杀掠吏民，死且不顾，至烦大兵翦灭。良由州以趣办财赋为急，吏有残民害物之政，而州不敢问，县以并缘科敛为急，吏有残民害物之状，而县不敢问。田野之民，郡以聚敛害之，县以科率害

之，吏以乞取害之，豪民以兼并害之，盗贼以剽夺
害之，民不为盗，去将安之？夫民为国本，而贪吏
迫使为盗，今年剿除，明年划荡，譬之木焉，日刻
月削，不损则折。欲望陛下深思致盗之由，讲求弭
盗之术，无徒恃平盗之兵。申饬州县，以惠养元元
为意，有违法贪冒者，使诸司各扬其职，无徒按举
小吏以应故事，自为文过之地。"诏奖谕之。

辛弃疾塑像

【译文】

　　（当时）盗贼接二连三地在湖南境内兴起，辛弃
疾把他们全部平息。于是，上奏章给宋孝宗皇帝说：
"现在朝廷的政治清明，近几年来李金、赖文政、陈
子明、陈峒等人接连发动叛乱，都能够一声呼喊，
就聚集起千百人来，杀害官吏，抢劫民财，他们连
死都不怕，以致必须用大军去消灭他们。这是因为
各州征收钱财赋税过于急迫，衙吏们有残害百姓的
劣绩，而州官不敢过问；各县也是征收额外赋税过
于急迫、衙吏们有残害百姓的现象，而县官不敢过
问。农村的老百姓，州郡的官吏用聚敛来迫害他们，县里的官吏以额外征收迫害
他们，衙吏们以勒索讨取来迫害他们，豪强地主们以兼并侵吞土地来迫害他们，
强盗们以抢掠劫夺来迫害他们，他们不去当强盗，还有什么路可走呢？人民是国
家的根本，而贪官污吏却迫使他们成为强盗，今年剿除，明年扫荡，就好像一棵
树，天天刻、月月削，不死掉也会折断。希望陛下仔细考虑引起盗贼发生的原
因，讲求安抚盗贼的办法，不要只依靠平定盗贼的军队。要告诫各地方州县官
员，把关怀爱抚百姓一事放在心上，凡有违犯国家法纪贪图财利的人，让各级机
构都担负起自己的职责，决不能只审查检举吏员来搪塞，为掩饰自己的过错找替
身。"宋孝宗下诏书对辛弃疾进行奖励。

汪　纲　传

兴修水利

【原文】

　　萧山有古运河，西通钱塘，东达台、明，沙涨三十余里，舟行则胶。乃开浚
八千余丈，复创闸江口，使泥淤弗得入，河水不得泄，于涂则尽甃以达城闉。十
里创一庐，名曰"施水"，主以道流。于是舟车水陆，不问昼夜暑寒，意行利涉，
欢欣忘勚。

【译文】

　　萧山有条古运河，西面通钱塘江，东面到达台（今浙江临海）、明（今宁波
市南）二州，河中有三十多里都涨满了泥沙，船在河中行走就会被泥沙粘住。汪

纲就让百姓疏通河道八千多丈长，重新在江口建闸，使泥沙不能进入运河，运河中的水也不向河外流出，沿途就全部用砖砌好直到城门外的曲城。每隔十里盖一座小屋，名叫"施水"，掌管疏导河流。于是车行船运，不管白天黑夜、天热天冷，都畅通无阻，人们高高兴兴的，都忘记了劳苦。

徐经孙传

不欺心获利

【原文】

徐经孙字中立，初名子柔。宝庆二年进士，授浏阳主簿，潭守俾部牙契钱至州，有告者曰："朝廷方下令颁行十七界会，令若此钱皆用会，小须，则幸而获大利矣。"经孙曰："此钱取诸保司，出诸公库，吾纳会而私取其钱，外欺其民，内欺其心，奚可哉！"诘旦，悉以所部钱上之，其人惊服有愧色。

【译文】

徐经孙字中立，开始时名叫子柔。宝庆二年（1226）的进士，被授予浏阳（今湖南浏阳）主簿，潭州（今长沙市）太守叫经孙把牙契钱送到州里，有人告诉经孙说："朝廷刚刚下令颁发十七界会，假如牙契钱都用会子交上，不久，就可侥幸地获得大利了。"经孙说，"这些钱是从保司中取出，从公库中拿来的，我如果交会子而私下里留下些钱，外面欺骗百姓，内里欺骗自己的良心，怎么可以呢！"第二天一早，把自己所管的钱全部交到州里，那个人又惊又服、面有愧色。

牟子才传

腕可断，词不可改

【原文】

伯玉降官已逾年，舍人院不敢行词，子才曰："故事，文书行不过百刻。"即为书行，以为叙复地。帝曰："谪词皆褒语，可更之。"子才不奉诏，丞相又道帝意，子才曰："腕可断，词不可改。丞相欲改则自改之。"乃已。

【译文】

李伯玉被降官已超过了一年时间，舍人院里不敢为他写书文请示，牟子才说："过去的典章制度，公文发行不能超过一昼夜。"于是就给他写了公文，作为恢复官职的报告。皇帝说："降职的文书都是些赞扬的语言，必须更换一下。"牟子才没有按照皇帝的诏令办，丞相又给他解释了皇帝的意思，牟子才说："腕可以断，词不能改。丞相您想修改就自己修改它吧。"于是就停止了修改。

郑清之传

己欲作君子，使谁为小人

【原文】

清之不好立异，汤巾尝论事侵清之，及清之再相，中求去，清之曰："己欲作君子，使谁为小人。"力挽留之。徐清叟尝论列清之，乃引之共政。赵葵视师年余，乞罢，上未有以处之，清之曰："非使作相不足以酬劳，陛下岂以臣故也？臣必不因葵来遽引退，臣愿为左，使葵居右。"上讫从之，然葵竟不果来。

南宋车船（模型）

【译文】

郑清之不好立反对派，汤巾曾经在朝廷议论事情时说过郑清之的坏话，等到清之再次作丞相，汤巾要求罢官，清之说："自己想做君子，叫谁做小人。"竭力挽留汤巾。徐清叟曾经一一论述清之的罪状，清之却推荐他与自己一起执政。赵葵管理军队一年多了，请求免职，皇帝没有什么职务可以安排他，清之说："除非让他作丞相，否则不足以酬劳他，陛下难道因为我的缘故不让他为相吗？我一定不会因为赵葵来做丞相就立即辞职，我愿意做左丞相，让赵葵作右丞相。"皇帝终于听从了郑清之的建议，然而赵葵竟然没来就任。

董 槐 传

人臣无私交

【原文】

丁大全善为佞，帝躐贵之，窃弄威权而帝弗觉悟。大全已为侍御史，遣客私自结于槐，槐曰："吾闻人臣无私交，吾惟事上，不敢私结约，幸为谢丁君。"

【译文】

丁大全善于花言巧语，阿谀逢迎，宋理宗竟然越级提拔他。他利用权势作威作福，理宗皇帝从未察觉。丁大全已经做了侍御史，派遣门客去董槐家私自结交，董槐说："我听说，人臣无私交，我只是侍奉皇上，不敢私自与人结约。希望你代我向丁君表示歉意。"

余　玠　传

革除敝政，遴选官吏

【原文】

　　玠大更敝政，遴选守宰，筑招贤之馆于府之左，供张一如帅所居，下令曰："集众思，广忠益，诸葛孔明所以用蜀也。欲有谋以告我者，近则径诣公府，远则自言于郡，所在以礼遣之，高爵重赏，朝廷不吝以报功，豪杰之士趋期立事，今其时矣。"士之至者，玠不厌礼接，咸得其欢心，言有可用，随其才而任之；苟不可用，亦厚遗谢之。

【译文】

　　余玠大力改革腐败的政治，审慎选拔官吏，在官宅的左侧，建筑招纳贤士的宾馆。馆内供给张设和帅府一样。余玠下命令说："集中大家的智慧，广泛采纳有益的意见，这是诸葛孔明用来治理蜀地的根本。有计策想要对我说的，近的就直接去官府，远的就到郡去说。所到之处都以礼相待，封高官给重赏，并且毫不保留地向朝廷报功，英雄豪杰、有识之士希望在事业上有所建树，现在就到时候了。"对所来的士，余玠从不厌烦，而且以礼相待，全都让他们感到高兴。对所献计策可以采纳的，就根据他的才能而任用，如果不能采纳，也赠送厚礼以示感谢。

汪　立　信　传

生为宋臣，死为宋鬼

【原文】

　　咸淳十年，大元兵大举伐宋，似道督诸军出次江上，以立信为端明殿学士、沿江制置使、江淮招讨使，俾就建康府库募兵以援江上诸郡。立信受诏不辞，即日上道，以妻子托爱将金明，执其手曰："我不负国家，尔亦必不负我。"遂行。与似道遇芜湖，似道拊立信背哭曰："不用公言，以至于此。"立信曰："平章、平章，瞎贼今日更说一句不得。"似道问立信何向？曰："今江南无一寸干净地，某去寻一片赵家地上死，第要死得分明尔。"即至，则建康守兵悉溃，而四面皆北军。立信知事不可成，叹曰："吾生为宋臣，死为宋鬼，终为国一死，但徒死无益耳，以此负国。"率所部数千人至高邮，欲控引淮汉以为后图。

　　已而闻似道师溃芜湖，江汉守臣皆望风降遁。立信叹曰："吾今日犹得死于宋土也。"乃置酒召宾佐与诀，手为表起居三宫，与从子书，属以家事。夜分起步庭中，慷慨悲歌，握拳抚案者三，以是失声，三日扼吭而卒。

【译文】

　　咸淳十年（1274），大元兵大举征讨南宋王朝。贾似道统率各军出兵驻扎江

上。汪立信被任为端明殿学士、沿江制置使、江淮招讨使，受命去建康（今江苏南京）府库招募士兵以援助江上各郡。汪立信接受诏命，毫不推辞，当天就上了路。他把妻子儿女托给爱将金明，握着金明的手说："我不辜负国家，你也必定不负我。"道别后就走了。在芜湖见到贾似道，贾似道用手拍着汪立信的背哭道："不采纳您的意见，以至到了这个地步。"汪立信说："平章（指贾似道），平章，瞎贼今日更不能说一句话了。"贾似道问他到什么地方去，他说："如今江南没有一寸干净的土地，我要去寻找一片属于赵家的土地上死，只要死得分明。"汪立信到建康，守兵已全部溃败，各处都是元军。他知道募兵一事已不可能，感叹道："我生为宋臣，死为宋鬼，最终是为国而死，但白白送死没用，这样就辜负了国家。"于是率领部下数千人到了高邮（今属江苏），想控制淮、汉做最后的打算。

不久就听到贾似道兵溃芜湖，江汉守臣也都望风投降而逃。汪立信感叹道："我今天还能够死在宋土上。"于是就置酒召集宾客与手下官员，与他们诀别，亲自写奏章给皇帝，又给侄子写信嘱托家事。夜半，他心绪难平信步来到庭中，慷慨悲歌，紧握双拳反复抚拍桌子，以至悲情难抑失声痛哭。三天后，他扼喉而自杀殉国。

胡　颖　传

毁寺斩蛇神

【原文】

潮州僧寺有大蛇能惊动人，前后仕于潮者皆信奉之。前守去，州人心疑焉，以为未尝诣也；已而旱，咸咎守不敬蛇神故致此，后守不得已诣焉，已而蛇蜿蜒而出，守大惊得疾，旋卒。颖至广州，闻其事，檄潮州令僧舁蛇至，至则其大如柱而黑色，载以阑槛，颖令之曰："尔有神灵当三日见变怪，过三日则汝无神矣。"既及期，蠢然犹众蛇耳，遂杀之，毁其寺，并罪僧。

【译文】

在潮州（今广东潮阳）的一座寺庙里，有一条大蛇惊动了全州人，前前后后在潮州做官的都把这条大蛇当神一样来信奉。前任太守离任后，潮州的人就有些疑心，以为是他未曾去敬奉。不久潮州大旱，就都怪罪前任太守不敬蛇神而导致这样。后任太守迫不得已去了，不一会儿，蛇蜿蜒而出，太守被吓得生了病，很快就死了。胡颖到了广州后，听说了这件事，就发文书到潮州，命令僧人把蛇抬到他那里去。抬来一看，大蛇粗得像一根柱子，蛇皮呈黑色，就把蛇放在栏杆里边，胡颖对蛇下令说："你如果有神灵就应当在三天之内看到你变成怪物，如果过了三那么你就不是神。"到了限期，那条大蛇蠕动的样子和其他蛇没有两样，于是杀了大蛇，毁掉了那座寺庙，并惩处了僧人。

冷应澄传

治官事当如家事

【原文】

五司丛剧，应澄即分时理务，不扰不倦，常曰："治官事当如家事，惜官物当如己物。方今国计内虚，边声外震，吾等受上厚恩，安得清谈自高以误世。陶士行、卞望之吾师也。"自闻襄、樊受围，日缮器械，裕财粟，以备仓卒，后卒赖其用。

【译文】

（冷应澄）主管多项工作，而且繁忙杂乱，但他能够按时处理好这些事务，并有条不紊，从不厌倦。他常说："处理官府事务要如同办理自己的家庭事务一样，爱惜公物要如同爱惜自己的东西一样。当今国家的财力还很空虚，边境的战事还动荡不安，我们蒙受皇帝的厚恩，怎么能光说空话、自视清高，不务实际而贻误国家大事呢。陶士行、卞望之在这方面是我的榜样。"自从听说襄阳、樊城（今湖北襄阳市）被元军围困，冷应澄便督促每天修缮武器，聚积财粮，以备急用，后来终于得益于平时的准备。

江万里传

与国同存亡

【原文】

明年，大元兵渡江，万里隐草野间，为游骑所执，大诟，欲自戕，既而脱归。先是，万里闻襄樊失守，凿池芝山后圃，扁其亭曰"止水"，人莫谕其意，及闻警，执门人陈伟器手，曰："大势不可支，余虽不在位，当与国为存亡。"及饶州城破，军士执万顷，索金银不得，支解之。万里竟赴止水死。左右及子镐相继投沼中，积尸如叠。翼日，万里尸独浮出水上，从者草敛之。

【译文】

第二年，大元兵过江，江万里隐匿在草丛野地间，被流动突袭的骑兵抓获。他感到非常耻辱，就想自杀，不久得以逃脱而归。在这之前，江万里听到襄阳、樊城失守，便在芝山后的园圃里凿了一个水池，亭子的匾额上书"止水"二字，人们都不明白它的含意。当听到警报，就握着门人陈伟器的手说："大势已去，我虽不在职位，也要与国共存亡。"当饶州（今江西波阳）被攻破后，元兵捉拿了（他的弟弟）江万顷，没能索要到金银，就把江万顷给杀了。江万里最终赴止水而死。随从人员及儿子镐相继投沼中，水中堆积着尸体，第二天，江万里的尸体独自浮出水面，他的随从简单地埋葬了他。

文 天 祥 传

留取丹心照汗青

【原文】

天祥至潮阳，见弘范，左右命之拜，不拜，弘范遂以客礼见之，与俱入崖山，使为书招张世杰。天祥曰："吾不能捍父母，乃教人叛父母，可乎？"索之固，乃书所《过零丁洋》诗与之。其末有云："人生自古谁无死，留取丹心照汗青。"弘范笑而置之。崖山破，军中置酒大会，弘范曰："国亡，丞相忠孝尽矣，能改心以事宋者事皇上，将不失为宰相也。"天祥泫然出涕，曰："国亡不能救，为人臣者死有余辜，况敢逃其死而二其心乎？"

文天祥祠

【译文】

文天祥被押解到潮阳（今属广东），见元军统帅张弘范，左右命令他向张弘范下跪，文天祥拒跪，张弘范就以客礼相待。文天祥跟随元军一起进入崖山，张弘范请他写信向张世杰招降。文天祥说："我不能捍卫父母，却让别人背叛父母，这难道可以吗？"因坚持索要就写下《过零丁洋》一诗交给他们。诗的最后两句说："人生自古谁无死，留取丹心照汗青。"张弘范一笑置之。崖山被攻破，元军摆酒宴会，张弘范对文天祥说："宋朝灭亡，丞相您的忠孝已经尽了，如能改心，以事大宋的忠心事皇上，那么宰相的位子还是您的。"文天祥禁不住沉痛流泪，回答说："国家灭亡而不能拯救，作为臣子，死有余辜，怎么还敢为躲避一死而怀有二心呢！"

李 庭 芝 传

百废俱兴，军民皆安

【原文】

庭芝初至扬时，扬新遭火，庐舍尽毁。州赖盐为利，而亭户多亡去，公私萧

然。庭芝悉贷民负逋，假钱使为屋，屋成又免其假钱，凡一岁，官民居皆具。凿河四十里入金沙余庆场，以省车运。兼浚他运河，放亭户负盐二百余万。亭民无车运之劳，又得免所负，逃者皆来归，盐利大兴。始，平山堂瞰扬城，大元兵至，则构望楼其上，张车弩以射城中。庭芝乃筑大城包之，城中募汴南流民二万人以实之，有诏命为武锐军。又大修学，为诗书、俎豆，与士行习射礼。郡中有水旱，即命发廪，不足则以私财振之。扬民德之如父母。刘槃自淮南入朝，帝问淮事，槃对曰："李庭芝老成谨重，军民安之。今边尘不惊，百度具举，皆陛下委任得人之效也。"

【译文】

李庭芝初到扬州时，扬州刚遭受了一场火灾，房屋全被烧毁。扬州在经济上主要依赖盐业盈利，但这时盐户大多已背井离乡，公私的生意都很萧条。李庭芝就全部宽免盐户所欠之税，并借钱让他们重新修房盖屋，屋建成后不再收回借款。一年之内，官民的居房全部安置妥善。又挖河四十里接通金沙余庆盐场，以节省车辆运输，同时兼顾疏通其他运河，发动盐户运盐二百余万斤。盐民没有了车辆运输的劳累，又得到免收盐税的好处，逃走的人全都回来了，盐利又重新兴旺。最初，御敌都是从平山堂俯视扬州城，元兵到时，就在上面构筑望楼，用机括发箭的弓往城中连射。李庭芝就建筑大城来围起它，城内招募汴南的流民二万人来充实军队防守它。皇帝还下诏将其命为武锐军。李庭芝又大力提倡办学，读诗书、兴礼仪，与士举行射礼。郡中遇上水涝、旱灾时，就下命开仓，不够时就拿出个人的财产救济百姓。扬州的百姓对他感恩戴德视如自己的父母。刘槃从淮南回朝廷，皇帝问他淮南的情况，刘槃禀告说："李庭芝老成谨重，军民安居乐业。现在边境战事平息，各行各业都振兴发展，这全是陛下用人得当的成效啊。"

徐侨传

臣不贫，陛下乃贫

【原文】

（帝）顾见其衣履垢敝，恻然谓曰："卿可谓清贫。"侨对曰："臣不贫，陛下乃贫耳。"帝曰："朕何为贫？"侨曰："陛下国本未建，疆宇日蹙；权幸用事，将帅非材；旱蝗相仍，盗贼并起；经用无艺，帑藏空虚；民困于横敛，军怨于掊克；群臣养交而天子孤立，国势阽危而陛下不悟：臣不贫，陛下乃贫耳。"

【译文】

皇帝看到徐侨衣服鞋子破旧肮脏，悲伤地对他说："你真是清贫呀！"徐侨回答说："我并不清贫，陛下才是真正的清贫呢。"皇帝说："我哪里清贫呢？"徐侨又回答说："陛下还未建稳国家的根基，边疆形势日趋紧迫；有权有势而得到宠幸的人掌握了朝政，将领统帅也都是没有才干的人；旱灾、蝗灾相继不断，盗贼四起；经营无方，国库空虚；老百姓的生活被横征暴敛搞得困苦不堪，军队因没有粮草而去搜刮民脂民膏；群臣暗地勾结而孤立了皇上，国家形势处在危急之

中而陛下却还认识不到。所以说，我并不清贫，而陛下才是真正清贫呀！"

赵逢龙传

忧子孙学行不进

【原文】

逢龙家居讲道，四方从游者皆为钜公名士。丞相叶梦鼎出判庆元，修弟子礼，常谓师门庳陋，欲市其邻居充拓之。逢龙曰："邻里粗安，一旦惊扰，彼虽勉从，我能无愧于心！"逢龙寡嗜欲，不好名，扬历日久，泊然不知富贵之味。或问何以裕后，逢龙笑曰："吾忧子孙学行不进，不患其饥寒也。"

【译文】

赵逢龙在家讲学，四面八方来求学的全是达官贵人和社会知名人士。丞相叶梦鼎出任庆元判官，行弟子礼，常说老师的门头低矮简陋，想买下赵逢龙邻居的居处来扩充拓宽老师的庭院。赵逢龙说："邻里之间略有安宁，一旦惊动打扰，对方虽然勉强听从，我能无愧于心吗！"赵逢龙没有什么嗜好和欲望，不图名声，并始终奉行这种精神，安于淡泊，从不知富贵之味。有人问他以什么来使后代富足，赵逢龙笑道："我忧虑的是子孙学习、品行不取上进，而不担心他们的饥寒。"

孙子秀传

奋然除妖

【原文】

孙子秀字元实，越州余姚人。绍定五年进士。调吴县主簿。有妖人称"水仙太保"，郡守王遂将使治之，莫敢行，子秀奋然请往，焚其庐，碎其像，沈其人于太湖，曰："实汝水仙之名矣。"妖遂绝。

【译文】

孙子秀字元实，是赵州余姚（今属浙江）人。绍定五年（1232）举进士。被派往吴县（今江苏苏州市）做主簿官。有一个行妖术的人自称是"水仙太保"，郡府的太守王遂打算派人管治这个妖人，大家都不敢去。子秀奋勇请求派去。烧掉了妖人的房子，撕碎妖人的画像，并把妖人沉放到太湖中，对他说："让你水仙太保名副其实。"从这以后，妖人就绝迹了。

李伯玉传

不惧权臣淫威

【原文】

贾似道尝集百官议事，忽厉声曰："诸君非似道拔擢，安得至此！"众默然莫敢应者，伯玉答曰："伯玉殿试第二名，平章不拔擢，伯玉地步亦可以至此。"似道虽改容而有怒色。既退，即治归。

【译文】

贾似道曾召集在朝官员商议国事，忽然他厉声地对大家说："各位不是我提拔，怎么能得到这样高的待遇和地位！"大家都默然不语，没有人敢回驳他的话，李伯玉回答说："我李伯玉殿试第二名，平章不提拔，我照样可以到这个地步。"贾似道听后虽然改变了那种倨傲的面容，但也表露出恼怒的神色。退朝后，李伯玉就整治行装，准备返乡。

谢 枋 得

如惊鹤不可笼絷

【原文】

谢枋得字君直，信州弋阳人也。为人豪爽。每观书，五行俱下，一览终身不忘。性好直言，一与人论古今治乱国家事，必掀髯抵几，跳跃自奋，以忠义自任。徐霖称其"如惊鹤摩霄，不可笼絷。"

【译文】

谢枋得，字君直，是信州弋阳（今属江西）人。为人豪放爽朗。每次看书，一目数行，看过一遍后终身不忘。性格直爽，一与别人议论起从古至今的治乱之道和国家大事，就眉飞色舞，张大嘴巴，扬起胡须，用手按着书桌，跳跃而起，极度兴奋，以忠义自任。（沅州教授）徐霖称他为"就像受惊的飞鹤擦霄而过，不可以拴系在鸟笼之中。"

赵 尚 宽 传

勤于农政，为民造福

【原文】

唐素沃壤，经五代乱，田不耕，土旷民稀，赋不足以充役，议者欲废为邑。尚宽曰："土旷可益垦辟，民稀可益招徕，何废郡之有？"乃按视图记，得汉召信臣陂渠故迹，益发卒复疏三陂一渠，溉田万余顷。又教民自为支渠数十，转相浸

灌。而四方之民来者云布，尚宽复请以荒田计口授之，及贷民官钱买耕牛。比三年，榛莽复为膏腴，增户积万余。尚宽勤于农政，治有异等之效，三司使包拯与部使者交上其事，仁宗闻而嘉之，下诏褒焉，仍进秩赐金。留于唐凡五年，民像以祠，而王安石、苏轼作《新田》《新渠》诗以美之。

【译文】

唐州一直是土壤肥沃的富庶之地，但历经五代战乱，农田废弃不耕，土地荒芜，民众稀少，田赋还不够供给差事的费用。参与议论的人都想把唐州改成县。赵尚宽说："土地荒废可以逐步屯垦开辟，民众稀少可以陆续招徕，有什么理由要废郡呢？"他察看了图册和有关书籍，找到汉代召信臣建池塘、水渠的故迹，进而发动兵士重新疏浚三个池塘一个

龙纹罍　南宋

水渠，灌溉农田一万余顷。又让民众自己修分渠数十个，转相灌溉。这样从四面八方来的人越来越多，如云密布。赵尚宽又请人把荒田按人口分配，甚至从州里拿出钱来贷给民众去买耕牛。等到三年之后，草木丛生的荒田重新变成肥沃的土地，人口增加多达万余户。赵尚宽对农政勤劳不懈，治理唐州成绩卓然，三司使包拯与官署的官员把他的事迹上报皇帝，宋仁宗知道后很高兴，下诏嘉奖，多次对他加俸赐金。赵尚宽在唐州共五年，民众在祠堂悬挂他的画像，而且王安石、苏轼还作《新田》《新渠》诗来赞美歌颂他。

循　吏　传

外交使者的气节

【原文】

贺契丹主生辰，至涿州，契丹命席，迎者正南向，涿州官西向，宋使价东向。师孟曰："是卑我也。"不就列，自日昃争至暮，从者失色，师孟辞气益厉，叱傧者易之，于是更与迎者东西向。明日，涿人饯于郊，疾驰过不顾，涿人移雄州以为言，坐罢归班。

【译文】

（程师孟）为祝贺契丹国主生辰，到了涿州（今河北涿州市），契丹方面安排酒席，入座时，契丹的迎使面向正南坐，涿州地方官员面向西，而宋的使者面向东。程师孟说："这是轻视我国。"因而不入座。从太阳西斜争执到落日，随从的人惊恐不安，脸色都变了，而师孟言辞语气更加严厉，叱责迎宾的人换座，最终与迎使更换为东西向。第二天，涿州官员在城郊设酒饯行，程师孟疾驰而过头也不回，涿人通过雄州牧向上告发，程师孟因此被罢免生辰使而归于原职。

道学传

锐于求志，厚于得民

【原文】

有狱久不决，敦颐至，一讯立辨。邑人惊曰："老吏不如也。"部使者荐之，调南安军司理参军。有囚法不当死，转运使王逵欲深治之。逵，酷悍吏也，众莫敢争，敦颐独与之辨，不听，乃委手版归，将弃官去，曰："如此尚可仕乎！杀人以媚人，吾不为也。"逵悟，囚得免。……用拚及吕公著荐，为广东转运判官，提点刑狱，以洗冤泽物为己任。行部不惮劳苦，虽瘴疠险远，亦缓视徐按。以疾求知南康军。……黄庭坚称其"人品甚高，胸怀洒落，如光风霁月。廉于取名而锐于求志，薄于徼福而厚于得民，菲于奉身而燕及茕嫠，陋于希世而尚友千古。"

【译文】

有一桩案件很长时间未能解决，周敦颐上任后，一审问就马上搞清楚了。乡里人的都惊奇地说："就是老吏也比不上呀！"刑部的使者向上推荐他，调南安军任司理参军。有一囚犯依法不该判处死刑，转运使王逵却想治囚犯于死地。王逵是一个残酷无情、凶狠蛮横的官吏，人们都不敢和他相争，唯独周敦颐与他争辩，王逵不听，周敦颐就交出手版，准备弃官而去，他说："像这样还能够做官吗！用杀人来媚取别人，我决不干。"王逵有所觉悟，囚犯才免得一死。……由赵拚及吕公著推荐，周敦颐做了广东转运判官，提点刑狱，他以昭雪冤案恩泽众人为己任。巡视部属、考察刑政不辞劳苦，虽然瘴疠疾病流行，地处险远，也照常巡视审查。后因病请求出任南康军太守。……黄庭坚称赞他"人品高尚，胸怀洒落，就像天朗气清时的和风，雨过天晴后的明月。不苟取虚名而锐意追求志向，轻视求取富贵而重在得取民心，薄于自身的供给而款待孤单无靠的人，鄙视迎合顺从世俗而崇尚志同道合的永存。"

张洽为伸冤狱

【原文】

狱有张德修者，误踢人以死，狱吏诬以故杀，洽讯而疑之，请再鞫，守不听。会提点常平袁甫至，时方大旱，祷不应，洽言于甫曰："汉、晋以来，滥刑而致旱，伸冤而得雨，载于方册可考也。今天大旱，焉知非由德修事乎？"甫为阅款状于狱，德修遂从徒罪。复白郡请蠲征税，宽催科，以召和气，守为宽税。三日果大雨，民甚悦。

【译文】

狱中有个叫张德修的人，因误踢死人而在押。狱吏诬陷他是故杀，张洽审讯后对此产生怀疑，请求重审，太守不听。正巧提点常平袁甫来视察，当时天大旱，祈祷不应，张洽就对袁甫说："从汉、晋以来，滥施刑法而导致天旱，伸张

冤案而能得雨，这是载入方册可以考证的。如今天下大旱，谁能知道是不是由张德修的事而引起的呢？"袁甫到狱中审阅了案卷和诉状，张德修终于免于一死被判徒刑罪。袁甫又告诉郡中请他们减免征税，放宽有关租税的条文规定，以求唤来祥和之气，太守为此宽免了征税。三天之后果然天下大雨，百姓都非常高兴。

儒 林 传

天灾流行，国家代有

【原文】

上勤政悯农，每雨雪不时，忧形于色，以昺素习田事，多委曲访之。初，田家察阴晴丰凶，皆有状候，老农之相传者率有验，昺多采其说为对。又言："民之灾患大者有四：一曰疫，二曰旱，三曰水，四曰畜灾。岁必有其一，但或轻或重耳。四事之害，旱暵为甚，盖田无畎浍，悉不可救，所损必尽。传曰：'天灾流行，国家代有。'此之谓也。"

【译文】

皇帝勤于国事，体恤农民，每当年景雨雪不调时，总是面带忧虑。因为邢昺向来熟悉农田耕种之道，便常向他了解询访解决的办法。最初，耕田种地观察天气阴晴、气候好坏，都凭借气候变化的征兆，老农总结了不少经验，并得到实践的证明，邢昺多采纳这些农谚告诉皇帝。又说："百姓遭受的灾患从大的方面讲有四个：一是瘟疫，二是天旱，三是水灾，四是畜灾。每年必有其一，只不过是或轻或重罢了。四种灾害，以大旱最为严重。田间没有蓄水沟的话，就更没法挽救，粮食必定会全部损失。《左传》上说：'天灾流行，国家历代都有'说的就是这个。"

王昭素的"纯质"

【原文】

昭素每市物，随所言而还直，未尝论高下。县人相告曰："王先生市物，无得高取其价也。"治所居室，有椽木积门中，夜有盗者抉门将入，昭素觉之，即自门中潜掷椽于外，盗者惭而去，由是里中无盗。家有一驴，人多来假，将出，先问僮奴曰："外无假驴者乎？"对云："无"，然后出。其为纯质若此。

【译文】

王昭素每次买东西，总是随着人家要的价而交钱，从不讨价还价。县里的人都相互传告说："王先生买东西时，不要向他要高价。"修盖所住的房子时，有些椽木堆积在院子里，晚上有个盗贼拨门打算进来偷椽木，昭素发觉后，马上从院子里悄悄地把椽木扔到门外，盗贼一见就羞愧地离去了。从这以后，乡里再也没有盗贼。王昭素家中有一头驴，人们常来借。他打算外出时，先要问奴仆说："外人没有来借驴的吗？"回答说："没有"，他才骑驴出去。他的品质就纯净到

了这种程度。

扫除乱政，与民更始

【原文】

臣闻"大兵之后，必有凶年"。盖其杀戮之多，赋敛之重，使斯民怨怒之气，上干阴阳之和，至于此极也。陛下所宜与诸大臣扫除乱政，与民更始，以为消恶运、迎善祥之计。而法弊未尝更张，民劳不加振德，既无能改于其旧，而殆有甚焉。故帝德未至于周恤，朝纲或苦于多紊，廉平之吏，所在鲜见，而贪利无耻，敢于为恶之人，挟敌兴兵，四面而起，以求逞其所欲。如此而望五福来备，百谷用成，是缘木而求鱼也。

【译文】

（徐心传上疏指陈）我听说"一场大的战争之后，必定会有凶灾之年。"就是因为杀戮太多，赋税征敛太重，使百姓满腹怨怒之气，触犯了老天，才出现这个严重的后果。陛下您应当和大臣们清除混乱的政治局面，与民众革旧立新，我认为这是消除厄运，迎来如意吉祥的最好办法。而现在是制度上尚存弊病，未曾改革完善，民众劳苦而没有赈灾施德，既没能够改革陈旧的东西，而恐怕是愈加严重。所以说皇帝的德行不能说没有过失，朝廷的纲纪可以说是极为紊乱，廉洁守法的官吏十分少见，而贪利无耻敢于作恶的人，趁乱兴兵，四面而起，以求施展他的欲望。如果这样而希望五福降临齐备，百谷丰成，只能是缘木求鱼，徒劳无功。

无事深忧，临事不惧

【原文】

丁大全欲致应麟，不可得。迁太常寺主簿，面对，言："淮戍方警，蜀道孔艰，海表上流皆有藩篱唇齿之忧。军功未集而吝赏，民力既困而重敛，非修攘计也。陛下勿以宴安自逸，勿以容悦之言自宽。"帝愀然曰："边事甚可忧。"应麟言："无事深忧，临事不惧。愿汲汲预防，勿为壅蔽所欺。"时大全讳言边事，于是应麟罢。

【译文】

丁大全妄图拉拢王应麟，未能得逞。王应麟升迁太常寺主簿。他向皇帝建言，说："淮东淮西的边备才有警报，四川的形势更是危急，西部边境也有防卫

花卉纹银六角盘　宋

疏漏的忧患，将士们的战功不被上报奖赏，人力、财力困乏而赋敛日重，这不是治理国家、抵御侵略的可行之计，陛下切不可贪图逸乐，坐享太平，更不要听到逢迎取媚的话而自宽。"皇帝神情凄伤地说："边事很让人担忧啊。"王应麟说："平时没有边事的时候要予以考虑重视，临事的时候就不会惊慌惧怕。愿您积极

预防边事，不要被隐蔽真情的假话所欺骗。"当时丁大全忌讳在皇帝面前说边事，于是王应麟被罢职。

为贫而弃子者着想

【原文】

常平有慈幼局，为贫而弃子者设，久而名存实亡。震谓收哺于既弃之后，不若先其未弃保全之。乃损益旧法，凡当免而贫者，许里胥请于官赡之，弃者许人收养，官出粟给所收家，成活者众。

【译文】

常平有一所慈幼局，是为因贫穷而弃子的人所设立。时间一久，就名存实亡。黄震就建议说，与其被抛弃之后再收养，还不如在没抛弃时就先想法保护住。于是就改动了旧的规定，凡是可以免收赋税而仍旧贫困的，允许乡里的小吏上报请求官方周济财物，被丢弃的小孩允许他人收养，官方拿出粮食给收养的人家，这样就使很多被丢弃的孩子得以成活。

文 苑 传

大丈夫当自树功名

【原文】

安德裕字益之，一字师皋，河南人。父重荣，晋成德军节度，《五代史》有传。德裕生于真定，未期，重荣举兵败，乳母报逃水窦中。将出，为守兵所得，执以见军校秦习，习与重荣有旧，因匿之。习先养石守琼为子，及年壮无嗣，以德裕付琼养之，因姓秦氏。习世兵家，以弓矢、狗马为事。德裕孩提即喜笔砚，遇文字辄为诵读声，诸子不之齿，习独异之。既成童，俾就学，遂博贯文史，精于礼、传，嗜西汉书。习卒，德裕行三年服，然后还本姓。习家尽以橐装与之，凡白金万余两。德裕却之，曰："斯秦氏之蓄，于我何有。丈夫当自树功名，以取富贵，岂屑于他人所有耶！"闻者高之。

【译文】

安德裕字益之，一字师皋，河南人。父亲安重荣，是后晋成德军的节度使，《五代史》有传。德裕生于真定（今河北正定），不满周岁时，重荣起兵失败，乳母抱着他逃到水沟中，准备出来时，被守兵发现，捉拿了他们去见军校秦习。秦习与重荣有过交往，于是就把他留藏家中。秦习在这之前收养石守琼做儿子，但石守琼成年之后没有后代，秦习就将德裕托付石守琼抚养，并跟随姓秦。秦习出身兵家，以弓箭、良犬骏马为玩好之物。而德裕在幼儿时期就喜欢笔砚，遇见文字就背诵朗读，别人看不起他，秦习偏偏对他另眼看待。一到学童年令，就让他上学，最终德裕博贯文史，精通礼仪、经传，尤嗜读西汉书。秦习死后，德裕服丧三年，然后重本本姓。临走时，秦习家把他的背袋装满白金，共上万两。德

裕谢绝说："这是秦家的积蓄，与我没有关系。有志男儿应当自己建树功名，来取得富贵，怎么能看重他人的东西呢!"听说的人都很敬佩他。

梅尧臣论诗

【原文】

梅尧臣字圣俞，宣州宣城人，侍读学士询从子也。工为诗，……欧阳修与为诗友，自以为不及。尧臣益刻厉，精思苦学，繇是知名于时。……尝语人曰："凡诗，意新语工，得前人所未道者，斯为善矣，必能状难写之景如在目前，含不尽之意见于言外，然后为至也。"世以为知言。

【译文】

梅尧臣字圣俞，是宣州宣城（今属安徽）人，侍读学士梅询的侄子。梅尧臣擅长作诗，……欧阳修与他是诗友，自认为作诗不如他。梅尧臣更加下苦功钻研、磨炼，专心致志，刻苦学习，由此在当时很有名气。……他曾对人说："凡是诗，意境新奇，炼语精粹，能够创造前人所没有达到的境界，这样才算是好诗。能把难以描写的奇妙景象活现在人们的眼前，使丰厚的意蕴寄于言外，这就是作诗的最高境界。"世人都把它作为至理名言。

文同诗、书、画齐名

【原文】

文同字与可，梓州梓潼人，汉文翁之后，蜀人犹以"石室"名其家。同方口秀眉，以学名世，操韵高洁，自号笑笑先生。善诗、文、篆、隶、行、草、飞白。文彦博守成都，奇之，致书同曰："与可襟韵洒落，如晴云秋月，尘埃不到。"司马光、苏轼尤敬重之。轼，同之从表弟也。同又善画竹，初不自贵重，四方之人持缣素请者，足相蹑于门。同厌之，投缣于地，骂曰："吾将以为袜。"好事者传之以为口实。

【译文】

文同字与可，梓州梓潼（今四川三台县）人，西汉文翁的后裔，四川人仍旧以"石室"来称他的家。文同长得方口秀眉，以学识渊博。闻名于世，他情操高尚，气质洒脱，自称为"笑笑先生"。文同在诗、文方面颇有造诣，在书法上长于篆体、隶书、行书、草书、飞白。文彦博在成都做太守时，叹服他的出众才华，写信对他说："你襟怀洒落，就像晴空的白云，秋日的皓月，与尘埃绝缘。"司马光和苏轼尤其敬重文同。苏轼还是文同的从表弟。文同又专长画竹，开始他并不把自己的画看得很贵重，四面八方的人就都拿着书画用的细绢来请他作画，人们接踵而来，文同厌烦了，把画绢扔到地上，骂道："我要把这些绢作袜子。"好事的人就互相传这件事当作谈话资料。

秦观的人品与诗才

【原文】

秦观字少游，一字太虚，扬州高邮人。少豪隽，慷慨溢于文词，举进士不中。强志盛气，好大而见奇，读兵家书与己意合。见苏轼于徐，为赋黄楼，轼以为有屈、宋才。又介其诗于王安石，安石亦谓清新似鲍、谢。轼勉以应举为亲养，始登第，调定海主簿、蔡州教授。……观长于议论、文丽而思深。及死，轼闻之叹曰："少游不幸死道路，哀哉！世岂复有斯人乎！"

【译文】

秦观，字少游，一字太虚，是扬州高邮人。年少时，豪放直爽，才智出众，慷慨激情洋溢在字里行间，但一直没考中进士。秦观意志顽强。富有锐气，善好猎奇，不甘沉寂，思想观点常与所读兵书相吻合。在徐州见到苏轼，秦观为正在修建的黄楼写了《黄楼赋》，苏轼看后认为他很有屈原、宋玉那样的才华。后来苏轼又把他的诗介绍给王安石，王安石也称誉他的诗文清新妩丽，有鲍照、谢灵运的风格。苏轼劝他继续应科举，以赡养父母。后来秦观中进士，调定海（今浙江镇海）主簿，蔡州（河南汝南）教授。……秦观长于议论，文辞优美而意义深邃。秦观死，苏轼闻耗悲叹道："少游不幸死在归途中，使我太悲痛了！这个世上难道还会再有像秦观这样的人吗？"

米芾拜石为兄

【原文】

芾为文奇险，不蹈袭前人轨辙。特妙于翰墨，沈著飞翥，得王献之笔意。画山水人物，自名一家，尤工临移，至乱真不可辨：精于鉴裁，遇古器物书画则极力求取，必得乃已。王安石尝摘其诗句书扇上，苏轼亦喜誉之。冠服效唐人，风神萧散，音吐清畅，所至人聚观之。而好洁成癖，至不与人同巾器。所为谲异，时有可传笑者。无为州治有巨石，状奇丑，芾见大喜曰："此足以当吾拜！"具衣冠拜之，呼之为兄。又不能与世俯仰，故从仕数困。尝奉诏仿《黄庭》小楷作周兴嗣《千字韵语》。又入宣和殿观禁内所藏，人以为宠。

【译文】

米芾写文章追求文笔奇特，妙语惊人，不重蹈沿袭前人做文章的路子。特别擅长书画，书法坚劲流利，气韵飞动，具有王献之的笔意。画山水人物别出新意，自成一家。尤其工临摹，可以达到以假乱真难以辨认的程度。他还精于鉴别，遇到古代器物、书画便如获至宝，极大的寻求索取，一定要搞到手才罢休。王安石曾摘录他的诗句写在扇面上，苏轼也喜爱和赞赏他的诗。米芾的穿戴仿效唐人，风姿神采，潇洒风流，言谈清晰流畅，所到之处人们争相围聚仰观。米芾生性好洁以至成癖，从不与别人同用洗面用具。他举止怪异，经常有让人们传为笑谈的举动。无为州治（今安徽无为）有一巨石，奇形怪状，米芾见后喜出望

外，说："这块巨石足以受我一拜！"他整好衣冠向巨石叩拜，并把巨石称为自己的兄长。由于他与社会格格不入，他的仕途之道屡遭困顿。他曾奉诏命仿照《黄庭》小楷作周兴嗣的《千字韵语》。还曾被允许进入宣和殿观赏其中的书法珍品，人们都把这个看作特别荣耀的事。

忠 义 传

徐徽言大义灭亲

【原文】

金人忌徽言，欲速拔晋宁以除患。建炎二年冬，自蒲津涉河围之。先是徽言移府州，约折可求夹攻金人。可求降，金将娄宿挟至城下以招徽言。徽言故与可求为姻，乃登陴以大义嘊数之。可求仰曰："君于我胡大无情？"徽言摄弓厉言曰："尔与国家不有情，我尚于尔何情？宁惟我无情，此矢尤无情。"一发中之。

【译文】

金人非常忌恨徐徽言，想迅速拔掉晋宁（今属陕西），以除去心头之患。建炎二年（1128）冬，金人从蒲津（今山西永济西）过河围攻晋宁。在这之前，徽言写信给府州（今陕西府谷），约定折可求联合夹攻金兵。可求已投降金人，金将娄宿挟制折可求到城下让他招降徐徽言。徐徽言本与折可求是亲戚，于是就登上城墙上的矮墙，用急促的声调对他晓明大义。折可求仰面对徐徽言说："您对我为什么这样不留情面？"徐徽言手拉弓箭厉声对折可求道："你对国家都无情无义，我对你还有什么情可讲？不用说我对你无情，这支箭更无情。"一箭射中折可求。

徐徽言宁死不屈

【原文】

娄宿得徽言所亲说徽言："盍具冠帔见金帅。"徽言斥曰："朝章，觐君父礼，以入穹庐可乎？汝污伪官，不即愧死，顾以为荣，且为敌人摇吻作说客邪？不急去，吾力犹能搏杀汝。"娄宿就见徽言，语曰："二帝北去，尔其为谁守此？"徽言曰："吾为建炎天子守。"娄宿曰："我兵已南矣，中原事未可知，何自苦为？"徽言怒曰："吾恨不！"汝辈归见天子，将以死报太祖、太宗地下，庸知其他！娄宿又出金制曰："能小屈，当使汝世帅延安，举陕地并有之。"徽言益怒，骂曰："吾荷国厚恩，死正吾所，此膝讵为汝辈屈耶？汝当亲刃我，不可使余人见加。"娄宿举戟向之，觊其惧伏。徽言披衽迎刃，意象自若。饮以酒，持杯掷娄宿曰："我尚饮汝酒乎？"慢骂不已。金人知不可屈，遂射杀之。

【译文】

娄宿俘获与徐徽言亲近的人后让其劝说徽言："何不准备好上朝的穿戴去拜见金帅。"徽言斥责他说："朝廷的典章、朝见天子的礼节，用来朝拜穹庐难道可

以吗？你甘愿屈辱地替金人做官，还不快愧死，却反以为荣，还要为敌人摇唇鼓舌做说客吗？不赶快离开，我的力气足能杀了你。"娄宿只好亲自见徐徽言，并对他说："（徽、钦）二帝被掳北去，你还为谁守？"徽言回答说："我为建炎天子守。"娄宿说："我的兵已占领南方，中原之事还不可知，你何必自讨苦吃？"徽言怒不可遏答道："我恨不能杀了你们，去见天子，以死来报效长眠地下的太祖、太宗，别的什么也不知道？"娄宿又出示金的君命令说："你如能稍微委屈一下，就让你永远统帅延安，并把整个陕地归你所管。"徽言更加愤怒，骂道："我蒙受国家的厚恩，要死的其所，我的膝盖难道是向你们屈跪的吗？你干脆亲手杀了我，不必再派人来劝说了。"娄宿举起戟就朝他击去，企图让他惧怕而降服，徽言敞着衣襟迎刃而上，神态自若。娄宿又以酒劝饮，徐徽言拿起酒杯就向娄宿扔去，说："我还稀罕你的酒吗？"并侮骂不止。金人知道不可能使他屈服，于是就将徐徽言射死。

智 阻 金 兵

【原文】

　　会金人趋京师，所过城邑欲立取之。是时天寒，城池皆冻，金率藉冰梯城，不攻而入。永适在大名，闻之，先驰壕渔之禁，人争出渔，冰不能合。金人至城下，睥睨久之而去。

【译文】

　　恰巧金兵进攻京师，一路上所经过的城镇都想占取。这时天气寒冷，护城河全部冰冻，金兵就趁机借助河冰架梯入城，不用外攻便可夺城。郭永正在大名（今河北大名）任职，听说之后，就马上放宽在护城河不准捕鱼的禁令，城人争相去捕鱼，河水不再冰冻。金兵来到城下，睥睨很久才离去。

求实不慕虚名

【原文】

　　永博通古今，得钱即买书，家藏书万卷，为文不求人知。见古人立名节者，未尝不慨然掩卷终日，而尤慕颜真卿为人。充之守大名，名称甚盛，永尝画数策见之，它日问其目。曰："未暇读也。"永数之曰："人有志而无才，好名而遗实，骄蹇自用而得名声，以此当大任，鲜不颠沛者，公等足与为治乎？"充大惭。

【译文】

　　郭永通古博今，有了钱就买书，家里藏书万卷，却从不想以写文章来出名。见到书中有古人以气节而留垂青史的地方，无不合书深思而感慨终日。尤其是敬慕颜真卿的为人。杜充在大名做太守时，名声很大。郭永曾经带着自己写的几个简策去拜见杜充，过了几天郭永问杜充对他的简策有什么看法。杜充说："没有空闲来读啊。"郭永生气地指责他说："人空有志向而无德才，喜好虚名而不务实际，骄横傲慢、刚愎自用而空有名声，对这种人委以重任，很少不出错乱的，像

您这样，难道可以胜任本职吗？"杜充听了深感羞愧。

欧阳珣反和主战

【原文】

金人犯京师，朝议割河北绛、磁、深三镇地讲和，珣率其友九人上书，极言祖宗之地尺寸不可以与人。及事急，会群臣议，珣复抗论当与力战，战败而失其地，它日取之直；不战而割其地，它日取之曲。时宰怒，欲杀珣，及遣珣奉使割深州，珣至深州城下，恸哭谓城上人曰："朝廷为奸臣所误至此，吾已办一死来矣，汝等宜勉为忠义报国。"金人怒，执送燕，焚死之。

【译文】

金人侵犯宋朝国都，朝廷议定割让河北绛县、磁县、深州三镇送给金人讲和，欧阳珣率领他的好友九人向皇帝上书，极力主张祖宗留下的土地半点不能拱手让给外人。事到危急关头，朝廷又召集群臣商议，欧阳珣仍然坚持应当与金力战的观点，认为即使战败而失掉土地，将来夺回土地理直气壮；不战而割让土地，将来夺取土地就会感到理亏，当时宰相听了很不高兴，想害死欧阳珣，于是就派欧阳珣奉使割让深州。欧阳珣到了深州城下，失声大哭，对城上的人说："朝廷被奸臣误国到了这般地步，我来这里已准备一死，你们一定要尽力报效国家。"金人大怒，捉拿了欧阳珣押送到燕（今北京市），并用火活活烧死。

正气凛然，赤心报国

【原文】

金人略熙河，惟辅将去，顾熙河尚有积粟，恐金人因之以守，急出悉焚之。金人追及，所部皆走，惟辅与亲信数百匿山寺中，遣人诣夏国求附，夏国不受。其亲信军诣金人降，金人执惟辅，诱之百方，终不言。金人怒，捽以出，惟辅奋首曰："死犬！斩即斩，吾头岂汝捽也。"顾坐上客曰："国家不负汝，一旦遽降敌耶？"即闭口不复言而死。

【译文】

金人侵略熙河，刘惟辅准备撤离，一看熙河还存积着粮食，担心金人凭借着这些粮食而坚守，就赶快把这些粮食全部烧掉。金人追来时，所属部队都已离开，刘惟辅和亲信数百人匿藏在山中寺庙里，派人去夏国请求依附，夏国不予接纳。亲信中有人叛降金人，金人就捉拿了刘惟辅，并千方百计施加诱惑，刘惟辅始终不说一句话。金人大为恼怒，就来揪他的头，刘惟辅昂起头说道："该死的狗东西！要杀就杀，我的头难道是你可以揪的吗？"回头对叛归金人的那人说："国家从不亏待你，你怎么能转身就投靠敌人呢？"随即闭口至死不再说一句话。

孝 义 传

朱寿昌判案如神

【原文】

知阆州，大姓雍子良屡杀人，挟财与势得不死。至是，又杀人而赂其里民出就吏。狱具，寿昌觉其奸，引囚诘之曰："吾闻子良与汝钱十万，许纳汝女为妇，且婿汝子，故汝代其命，有之乎？"囚色动，则又撼之曰："汝且死，书券抑汝女为婢，指钱为顾直，又不婿汝子，将奈何？"囚悟，泣涕覆面，曰："囚几误死。"以实对。立取子良正诸法。郡称为神，蜀人至今传之。

【译文】

朱寿昌在阆州（今四川阆中）做太守，有一个大姓人家的雍子良多次杀人，依仗有财有势而得以逍遥法外。到朱寿昌任职时，雍子良又杀人，并且贿赂同乡之人代替他打官司。罪案判决后，朱寿昌觉察到其中有鬼，就面见囚犯查问说："我听说雍子良给你十万贯钱，许诺纳娶你的女儿为媳妇，并且招你的儿子为女婿，所以你来代子良抵命，有这件事吗？"囚犯听后神色为之一动。紧接着又揭露那人奸计说："你马上就要死了，契约上抑或把你的女儿做婢女，那钱是作你女儿的身价，又不招你的儿子为女婿，你打算怎么办？"囚犯恍然醒悟，泪流满面，说："我差点因上当而丢掉性命。"逐一核实后，立刻把雍子良抓来依法处决。整个郡里都称朱寿昌是神，四川至今还流传着这个故事。

弃官寻母传美名

【原文】

寿昌母刘氏，巽妾也。巽守京兆，刘氏方娠而出。寿昌生数岁始归父家，母子不相闻五十年。行四方求之不置，饮食罕御酒肉，言辄流涕。……熙宁初，与家人辞诀，弃官入秦，曰："不见母，吾不反矣。"遂得之于同州。刘时年七十余矣，嫁党氏有数子，悉迎以归。京兆钱明逸以其事闻。诏还就官，由是以孝闻天下。自王安石、苏颂、苏轼以下，士大夫争为诗姜之。

【译文】

朱寿昌的母亲刘氏，是他父亲朱巽的妾，朱巽在京兆（今陕西西安市）做太守时，刘氏刚刚怀孕而被离弃。寿昌出生数年才回到父亲那里，母子之间不通音信五十年。寿昌就四处寻找打听他的母亲，从不丢下这件事。饮食很少吃酒肉，说起他的母亲就流泪。……熙宁初（1068 为熙宁元年），朱寿昌告别了家里的人，放弃了做官，到秦地一带（陕西境内）去寻找母亲，并说："找不到我的母亲，我决不返回。"最后终于在同州（今陕西大荔县）找到了他的母亲。这时刘氏已七十多岁了，改嫁党氏后又有几个孩子，（朱寿昌将他们）全都接了回来。京兆的太守钱明逸把这件事上报朝廷，皇帝就下诏令让朱寿昌回来继续做官。由

此，朱寿昌的孝名传遍了天下。自王安石、苏颂、苏轼他们这些人开始，士大夫们争相作诗来赞美他。

卓 行 传

爱心专一，至诚不渝

【原文】

刘庭式字得之，齐州人，举进士。苏轼守密州，庭式为通判。初，庭式未第时，议娶乡人之女，既约，未纳币。庭式乃及第，女以病丧明，女家躬耕贫甚，不敢直言。或劝纳其幼女，庭式笑曰："吾心已许之矣，岂可负吾初心哉。"卒娶之。生数子，后死，庭式丧之逾年，不肯复娶。轼问之曰："哀生于爱，爱生于色。今君爱何从生，哀何从出乎？"庭式曰："吾知丧吾妻而已。吾若缘色而生爱，缘爱而生哀，色衰爱弛，吾哀亦忘，则凡扬袂倚市，目挑而心招者，皆可以为妻也耶？"轼深感其言。

【译文】

刘庭式字得之，齐州（山东济南市）人，举进士。苏轼在密州（山东诸城）做太守时，刘庭式为通判官。最初，刘庭式未中进士时，曾商议要娶乡人的女儿为妻，定下婚约，但未给彩礼。等到刘庭式进士及第，女方因病而双目失明，女方家全靠种地为生，家境很贫困，就没敢再提这件婚事。有人就劝刘庭式纳娶这家的小女儿，刘庭式笑着说："我的心早已许给她了，怎么能有负于我最初的心愿。"最终还是娶她为妻。其妻生了几个孩子，后来就死了。刘庭式在丧妻之后的几年里，不肯再娶。苏轼就问他说："哀伤是因为爱才生，而爱则是由色才生，现在您的爱是从何处而生，您的哀又是何处而出呢？"刘庭式回答说："我就知道丧我的妻子而已。我若是因好色而生爱心，因爱而生出哀伤，一旦容色衰减，爱心弛懈，我的哀伤也就会忘掉，那么凡是闲倚街市，扬起衣袖，用眼色挑逗而有心招引你的人，都可以成为妻子吗？"苏轼对他的话深为感叹。

落难方见真情在

【原文】

苏轼责黄州，与谷同乡，幼而识之，因与之游。及轼与弟辙在朝，谷浮沉里中，未尝一来相见。绍圣初，轼、辙谪岭海，平生亲旧无复相闻者，谷独慨然自眉山诵言欲徒步访两苏，闻者皆笑其狂。

元符二年，谷竟往，至梅州遗辙书曰："我万里步行见公，不意自全，今至梅矣，不旬日必见，死无恨矣。"辙惊喜曰："此非今世人，古之人也。"既见，握手相泣，已而道平生，逾月不厌。时谷年七十三，瘦瘠多病，将复见轼于海南，辙愍而止之曰："君意则善，然循至儋数千里，当复渡海，非老人事也。"谷曰："我自视未即死也，公无止我。"阅其橐中无数千钱，辙方困之，亦强资遣

之。舟行至新会，有蛮隶窃其橐装以逃，获至新州，谷从之至新，遂病死。辙闻，哭之失声，恨不用已言而致死，又奇其不用已言而行其志也。

【译文】

苏轼受到贬官后到了黄州（今湖北黄冈）。他与巢谷是同乡，从小就熟识，所以，与巢谷有过交往。等到苏轼与弟苏辙在朝做官时，巢谷随俗生活在乡里，从未到官府去拜见。绍圣初（1094），苏轼、苏辙被远谪岭海（惠州，今广东惠阳），平日的新朋旧友都不再来往，唯独巢谷在老家眉山对别人说，他想徒步去拜访两苏，听说的人都笑他疯癫可笑。

元符二年（1099），巢谷终于去了，走到梅州（今广东梅州）时给了苏辙一封信说：“我徒步行走万里来见您，全不在乎自己一路的奔波辛苦，现在已经到了梅州，不出十天就一定能见到您，我死而无憾了。”苏辙见信后万分惊喜地说：“他不是当今的世人，而是古人呵。”待两人见面，互握双手，相对而泣. 而后叙说着往事，过了一月之久还未叙够。这时巢谷已是七十三岁的高龄了，瘦弱多病，但他还想再到海南去见苏轼。苏辙怜悯他年老多病，就制止他说：“您的心意是好的，然而从循州（苏辙贬居之地）到儋州（即今海南岛儋州市，苏轼贬居之地），数千里路，中间又要乘船渡海，不是年龄大的人能承受了的事。”巢谷回答说：“我自认为还不会马上死了，您不要制止我。”看看旅行袋中钱已不多，苏辙虽不宽裕，仍竭力资助，送走了巢谷。巢谷乘船到新会（今广东新会）时，有个蛮人偷走了他的钱袋，逃到新州（今广东新兴）时被抓获，巢谷就跟着到了新州，不久就病死在那里。苏辙听说后，失声痛哭，恼恨他不听自己的劝说而致死，又叹服他没有听劝阻而一定要实现自己心愿的意志。

以诚交易，纯心待人

【原文】

曾叔卿，建昌南丰人，巩族兄也。家苦贫，即心存不欺。尝买西江陶器，欲贸易于北方，既而不果行。有从之转售者，与之。既受直矣，问将何之，其人曰：“欲效君前策耳。”叔卿曰：“不可。吾闻北方新有灾馑，此物必不时泄，故不以行。余岂宜不告以误子。”其人即取钱去。居乡介洁，非所宜受，一介不取。妻子困于饥寒，而拊庇孤惸，唯恐失其意。

【译文】

曾叔卿，建昌南丰（今江西南丰）人，曾巩的同族之兄。家里很贫苦，但从来没有欺人之心。他曾买西江的陶器，想贩卖到北方，最终没能去成。有人想从他那里转手贩卖，他就把陶器给了那个人。已经拿到了钱，他又问那个要到什么地方去。那个回答说：“想仿效您原先的办法去北方。”叔卿说：“不可以。我听说北方最近发生自然灾害，此物一定不畅销，所以不可以去。这件事我怎么能不对你说而误了你呢。”那人就把已支付的钱又拿走了。曾叔卿身居乡里，品行高洁，不是他所应接受的东西，一点也不要。自己的妻子儿女处于饥寒交迫之中，而去抚慰庇护那些孤苦无依的人，唯恐尽不到他的真诚之意。

方 伎 传

舟 浮 牛 出

【原文】

河中府浮梁用铁牛八维之，一牛且数万斤。后水暴涨绝梁，牵牛没于河，募能出之者。怀丙以二大舟实土，夹牛维之，用大木为权衡状钩牛，徐去其土，舟浮牛出。

【译文】

河中府（今山西永济）的浮桥是用八条铁牛系住而成的，一条铁牛将近有数万斤重。后来，河水突然猛增暴涨，把浮桥冲断，浮桥又顺势带起铁牛沉到河底。于是官府招募能起出铁牛的人。怀丙和尚应募，他用两只大船装满泥土，夹住铁牛把它系住，再在船上用大木做成的秤杆钩住铁牛。然后慢慢地去掉船上的泥土，船身往上浮，铁牛也就随着出水了。

许希不忘师

【原文】

景祐元年，仁宗不豫，侍医数进药，不效，人心忧恐。冀国大长公主荐希，希诊曰："针心下包络之间，可亟愈。"左右争以为不可，诸黄门祈以身试，试之，无所害。遂以针进，而帝疾愈。命为翰林医官，赐绯衣、银鱼及器币。希拜谢已，又西向拜，帝问其故，对曰："扁鹊，臣师也。今者非臣之功，殆臣师之赐，安敢忘师乎？"乃请以所得金兴扁鹊庙。

黑釉玳瑁花口
长颈瓶　南宋

【译文】

景祐元年（1034），宋仁宗病了，侍医多次进药，都没有疗效，大家都忧愁恐慌。冀国大长公主推荐许希，许希给仁宗诊断后说："用针刺心下的包络之间，可以立即痊愈。"左右的人争论，认为不行，太监们祈请用自己的身体做试验，试验后，没有危害。于是就用针治疗，仁宗的病就好了。封许希为翰林医官，赏赐绯衣、银鱼和器币。许希拜谢过于皇帝，又向西拜谢，仁宗问拜谢的原因，许希回答说："扁鹊，是我的老师。今天的事不是我的功劳，大概是我老师赏赐的，我怎么敢忘记了老师呢？"就请求用所得到的钱建造扁鹊庙。

外 戚 传

残 暴 外 戚

【原文】

继勋残暴愈甚，强市民家子女备给使，小不如意，即杀食之，而棺其骨弃野外。女侩及鬻棺者出入其门不绝，洛民苦之而不敢告。太宗在藩邸，颇闻其事。及即位，人有诉者，命户部员外郎、知杂事雷德骧乘传往鞫之。继勋具伏，自开宝六年四月至太平兴国二年二月，手所杀婢百余人。乃斩继勋洛阳市，及为强市子女者女侩八人、男子三人。长寿寺僧广惠常与继勋同食人肉，令折其胫而斩之。洛民称快。

【译文】

继勋更加残暴，强买民家子女作仆人，稍不如意，就杀了吃肉，尸骨用棺材抬出弃在荒郊野外。女侩和卖棺材的人接连不断地进出继勋的大门，洛阳的人民苦于此事但不敢告官。太宗即位前，略微听说过此事。即位后，有人诉讼此事，太宗命令户部员外郎、知杂事雷德骧乘继勋应召来京时去审问他。继勋原原本本地交代了，自开宝六年（973）四月至太平兴国二年（978）二月，他亲手杀死的女仆有一百多。于是在洛阳闹市杀了继勋。还杀了为继勋强买子女的女侩八人、男子三人。长寿寺僧人广惠常与继勋一起吃人肉，命令折断他的小腿后再杀了他。洛阳人民拍手称快。

宦 者 传

不欲令宦官预政事

【原文】

朝议赏功，中书欲除宣徽使。太宗曰："朕读前代史书，不欲令宦官预政事。宣徽使，执政之渐也，止可授以他官。"宰相力言继恩有大功，非此任无足以为赏典。上怒，深责相臣，命学士张洎、钱若水议别立宣政使，序位昭宣使上以授之。进领顺州防御使。……至道二年春，布衣韩拱辰诣阙上言："继恩有平贼大功，当秉机务，今止得防御使，赏甚薄，无以慰中外之望。"上大怒，以拱辰惑众，杖脊黥面配崖州。

【译文】

朝廷商议论功行赏，中书（王继恩）想授宣徽使。宋太宗说："我读了前代史书，不要让宦官参与政事。宣徽使，是执政的开始，只可以授给他别的官职。"宰相极力说继恩有大功，不授这个官不足以作为赏功的法则。太宗很生气，深深地责备宰相，命令学士张洎、钱若水商议另外设一个宣政使，位置在昭宣使以上来授给继恩。后升兼任顺州防御使。……至道二年（996）春天，平民韩拱辰到

朝廷对皇帝说："继恩有平贼的大功，应当主持军政大事，只得到防御使，赏官太小，不能满足朝廷内外的期望。"太宗大怒，认为拱辰迷惑众人，杖脊黥面发配到崖州（今广东崖县）。

方腊起义

【原文】

时吴中困于朱勔花石之扰，比屋致怨，腊因民不忍，阴聚贫乏游手之徒。宣和二年十月，起为乱，自号圣公，建元永乐，置官吏将帅，以巾饰为别，自红巾而上凡六等。……人安于太平，不识兵革，闻金鼓声即敛手听命，不旬日聚众至数万，破杀将官蔡遵于息坑。

方腊

【译文】

当时吴地苦于朱勔花石纲的骚扰，家家怨恨，方腊因为人民不能忍受，暗中聚集贫困无业的人。宣和二年（1120）十月，兴兵起义作乱，自称圣公，建元永乐，设置官吏将帅，用头巾作为区别，从红巾以上分为六等。……人们安于太平，不知道战争是什么，听见金鼓声就拱手听命，不到十天就聚集几万人，在息坑打败杀死朝廷将官蔡遵。

佞幸传
花石纲

【原文】

徽宗颇垂意花石，京讽勔语其父，密取浙中珍异以进。初致黄杨三本，帝嘉之。后岁岁增加，然岁率不过再三贡，贡物裁五七品。至政和中始极盛，舳舻相衔于淮、汴，号"花石纲"，置应奉局于苏，指取内帑如囊中物，每取以数十百万计。……尝得太湖石，高四丈，载以巨舰，役夫数千人，所经州县，有拆水门、桥梁，凿城垣以过者。既至，赐名"神运昭功石。"

【译文】

宋徽宗很喜欢奇花异石，蔡京婉言劝告朱勔，叫他父亲秘密取来浙江的珍异花石进献徽宗。最初送来三株黄杨树，徽宗赞赏了他。以后年年增加，然而每年都不过进贡两三次，每次上贡的东西五至七种。到了政和年间开始达到最高潮，运送花石的船首尾相接，往返于淮、汴，号称"花石纲"，在苏州设立应奉局，从皇宫取钱如囊中取物，每次取几十万甚至上百万。……曾经得到一块太湖石，高达四丈，用巨大的船载着，用几千民夫，所经过的州县，有拆水门、桥梁的，

有凿城墙的，以使载石的巨船通过。到了汴京，徽宗起名叫"神运昭功石"。

奸 臣 传

章惇绝壁书名

【原文】

与苏轼游南山，抵仙游潭，潭下临绝壁万仞，横木其上，惇揖轼书壁，轼惧不敢书。惇平步过之，垂索挽树，摄衣而下，以漆墨濡笔大书石壁曰："苏轼、章惇来。"既还，神彩不动，轼拊其背曰："君他日必能杀人。"惇曰："何也?"轼曰："能自判命者，能杀人也。"

【译文】

（章惇）和苏轼一起游南山，来到仙游潭，潭下面是万仞绝壁，绝壁上面横放着一木，章惇拱手让苏轼在壁上写字，苏轼害怕不敢写。章惇平稳地走过横木，在树上挽一条索子垂下去，揭起衣服顺索而下，用漆墨浸笔在石壁上用大字写道："苏轼、章惇来。"写完回来后，脸不变色，苏轼拍着他的背说："您将来一定能杀人。"章惇说："为什么?"苏轼说："能拼命的人，就能杀人。"

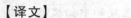

杨球代书，号曰书杨

【原文】

初，国制，凡诏令皆中书门下议，而后命学士为之。至熙宁间，有内降手诏不由中书门下共议，盖大臣有阴从中而为之者。至京则又患言者议己，故作御笔密进，而丐徽宗亲书以降，谓之御笔手诏，违者以违制坐之。事无巨细，皆托而行，至有不类帝札者，群下皆莫敢言。繇是贵戚、近臣争相请求，至使中人杨球代书，号曰"书杨"，京复病之而亦不能止矣。

蔡京

【译文】

当初，按照国家的制度，凡是诏令都是中书门下议论，然后命令学士起草。到了宋神宗熙宁年间，有内降手诏，不由中书门下共同议定，（直接付外执行。）大概有大臣暗中求皇帝这样做的。到了蔡京时又怕言官议论自己，所以作御笔秘密送给皇帝，乞求徽宗亲笔写好降给臣下，叫御笔手诏，不执行的人以违抗君命治罪。事情无论大小，都凭借御笔手诏来办，以至于有不像皇帝笔迹的诏令，大臣们都不敢指出。因此贵戚、近臣都争着求皇帝的御笔手诏，以至于只好让宦官杨球代写，号曰："书杨"，蔡京又忧虑此事但也不能禁止了。

黄锷死于姓黄

【原文】

郓、濮相继陷没，宿、泗屡警，右丞许景衡以扈卫单弱，请帝避其锋，潜善以为不足虑，率同列听浮屠克勤说法。俄泗州奏金人且至，帝大惊，决策南渡。御舟已戒，潜善、伯彦方共食，堂吏大呼曰：“驾行矣。”乃相视苍黄鞭马南驰。都人争门而出，死者相枕籍，人无不怨愤。会司农卿黄锷至江上，军士闻其姓以为潜善也，争数其罪，挥刃而前，锷方辩其非是，而首已断矣。

【译文】

郓州（今山东东平）、濮州（今山东鄄城）接连沦陷，宿州、泗州（今江苏泗洪）频频告急，尚书右丞许景衡认为护驾的卫士势单力薄，请皇帝避开敌人的锋芒，黄潜善认为不足为虑，仍然带领同僚们听僧人克勤讲佛法。突然泗州报告金人马上就要来了，皇帝大吃一惊，决定南渡长江。皇帝的船已经准备出发，黄潜善、汪伯彦正一起吃饭，堂吏大声喊道：“皇帝走了。”他俩相对一看，慌慌张张地鞭打快马向南奔去。都城的百姓争门而出，挤死的人一个压着一个，没有一个人不怨愤的。正巧司农卿黄锷来到长江上，军兵们听说他姓黄，以为是黄潜善，争着数说他的罪行，举着刀走到黄锷的面前，黄锷刚刚说明自己不是黄潜善，头已被砍掉了。

南人归南，北人归北

【原文】

前一日，上召直学士院綦崈礼入对，示以桧所陈二策，欲以河北人还金国，中原人还刘豫。帝曰：“桧言‘南人归南，北人归北’。朕北人，将安归？桧又言‘为相数月，可耸动天下’，今无闻。”崈礼即以上意载训辞，播告中外，人始知桧之奸。龟年等论桧不已，诏落职，榜朝堂，示不复用。三年，韩肖胄等使还，洎金使李永寿、王翊偕来，来尽还北俘，与桧前议吻合。识者益知桧与金人共谋，国家之辱未已也。

【译文】

（秦桧罢相）前一天，高宗召直学士院綦崈礼（綦音齐，崈同崇）进殿回答问题，把秦桧所陈奏的两策给崈礼看，想把（抗金投宋）的河北人归还金朝，中原人归还刘豫。高宗说：“秦桧说‘南人归南，北人归北’。我是北人该归到哪里？秦桧还说‘做宰相几个月，便可耸动天下’，现在没听见有什么作为。”崈礼就按高宗的意思起草制书，在朝内外传播，人们这才开始知道秦桧的奸诈。黄龟年等人不

秦桧

停地弹劾秦桧，皇帝下令罢免秦桧的相位，在朝堂上张贴布告，表示朝廷永不再用秦桧。绍兴三年（1133），韩肖胄等人出使金国回来，及金国使者李永寿、王翊一起来，请求把北方的俘虏全部归还，和秦桧从前的主张相吻合。有识之士更明白秦桧与金人共谋，而国家的耻辱将没有完结了。

叛 臣 传

张邦昌僭逆

【原文】

邦昌入居尚书省，金人趣劝进，邦昌始欲引决，或曰："相公不前死城外，今欲涂炭一城耶？"适金人奉册宝至，邦昌北向拜舞受册，即伪位，僭号大楚，拟都金陵。遂升文德殿，设位御床西受贺，遣阁门传令勿拜，时雍率百官遽拜，邦昌但东面拱立。

花笼图 南宋

【译文】

张邦昌进入尚书省居住，金人前来劝进，邦昌开始时要自杀，有人说："相公您先前不死在城外，今天想置一城的百姓于极端困苦的境地吗？"正好金人带着册宝到了（汴京），邦昌面向北面拜谢接受了宝册，当了傀儡皇帝，自号大楚国，要以金陵为都城。接着升文德殿，设位御床西接受朝贺，派内阁守门人传令让百官不要跪拜，时雍率领百官急忙行礼，张邦昌只是面向东拱手站立。

刘 豫 称 帝

【原文】

四年七月丁卯，金人遣大同尹高庆裔、知制诰韩昉册豫为皇帝，国号大齐，都大名府。先是，北京顺豫门生瑞禾，济南渔者得鳣，豫以为己受命之符，遣麟持重宝赂金左监挞辣求僭号。挞辣许之，遣使即豫所部咨军民所宜立，众未及对，豫乡人张浃越次请立豫，议遂决，乃命庆裔、昉备玺绶宝册以立之。九月戊申，豫即伪位，赦境内，奉金正朔，称天会八年。

【译文】

宋建炎四年（1130）七月丁卯，金人派大同尹高庆裔、知制诰韩昉册封刘豫为皇帝，国号大齐，以大名府为京都。先前，北京（今河北大名）顺豫门生长瑞禾，济南渔民捕到鳣鱼，刘豫认为是自己受天命的预兆，派儿子刘麟拿着贵重的珠宝贿赂金朝左监军挞辣以求得皇帝的封号。挞辣允许了，派使者到刘豫所统辖的地方询问军民应立谁为皇帝，众人还没来得及对答，刘豫的同乡人张浃逾越次序，请立刘豫，意见就定下来了，于是命令高庆裔、韩昉准备玺绶宝册以立刘豫为帝。九月戊申，刘豫做了傀儡皇帝，赦所辖地方，使用金朝皇帝颁布的历法，称当年为天会八年。

吴 曦 叛 宋

【原文】

十二月，兴州见两日相摩。金遣吴端持诏书、金印至置口，封曦蜀王，曦密受之。李好义败金人于七方关，曦不上其捷，还兴州。是夜，天赤如血，光烛地如昼。翌日，曦召幕属谕意，谓东南失守，车驾幸四明，今宜从权济事，众失色。王翼、杨骏之抗言曰："如此，则相公八十年忠孝门户，一朝扫地矣！"曦曰："吾意已决。"即诣甲仗库，集兵将官语故，禄禧、褚青、王喜、王大中等皆称贺听命。曦北向受印。遣徐景望为四川都转运使、褚青为左右军统制，趋益昌，夺总领所仓库。程松闻变，弃兴元去。

【译文】

（开禧二年〔1206〕）十二月，在兴州（今宁夏银川市）看见天上有两个太阳相互摩擦。金朝派遣吴端带着诏书、金印至置口，封吴曦为蜀王，吴曦秘密地接受了。李好义在七方关打败了金人，吴曦不上报他的胜利，回到兴州。这天夜里，天红得像血一样，光照在地上如白天一般。第二天，吴曦召集幕僚下属说明降金的意思，说东南已经失守，皇帝到了四明，现在应该权宜成事，众人惊吓地变了颜色。王翼、杨骏之反对说："如果降金，相公您八十年的忠孝门户，一朝扫地了！"吴曦说："我的主意已定了。"于是就前往兵器库，召集兵将官员说明降金的原因，禄禧、褚青、王喜、王大中等人都称贺听从命令。吴曦面向北接受了金印。派徐景望为四川都转运使，褚青为左右军统制，去益昌，夺取总领所的

仓库。四川宣抚使程松听说吴曦叛变，放弃了兴元府逃走了。

外 国 传

抚 宁 之 战

【原文】

四年正月，种谔谋取横山，领兵先城啰兀，进筑永乐川、赏逦岭二砦，分遣都监赵璞、燕达筑抚宁故城，及分荒堆三泉、吐浑川、开光岭、葭芦川四砦与河东路修筑，各相去四十余里。二月，夏人来攻顺宁砦，复围抚宁，折继世、高永能等拥兵驻细浮图，去抚宁咫尺，啰兀兵势尚完。种谔在绥德节制诸军，闻夏人至，茫然失措，欲作书召燕达，战怖不能下笔，顾转运判官李南公涕泗不已。于是新筑诸堡悉陷，将士千余人皆没。初，朝议以谔新筑啰兀城，去绥德百余里，偏梁险狭，难于馈饷，且城中无井泉，遣李评、张景宪往视之，未至而抚宁陷，遂诏弃啰兀城。

【译文】

（宋神宗熙宁四年）（1071）正月，种谔想出兵夺取西夏横山地区，率军先在啰兀寨筑城，接着又修筑永乐川寨和赏逦岭寨，又分派都监赵璞、燕达修筑抚宁旧城，把荒堆三泉、吐浑川、开光岭、葭芦川四寨分给河东路（故治今山西太原市）负责修筑，各寨之间相距四十多里。二月，西夏军队来进攻顺宁寨，又围攻抚宁，折继世、高永能等率军驻扎在细浮图，离抚宁咫尺之遥，啰兀城的部队也还完备。种谔在绥德军（故治今陕西绥德）指挥各路军队，听说西夏军队到来，吓得不知所措，要写信叫燕达出兵援救，但手哆嗦得很厉害没法下笔写字，只是回头看着转运判官李南公哭个没完。于是刚刚筑好的各个寨子全部被敌兵攻陷，官兵上千人战死其中。当初，朝廷大臣议论种谔刚刚修筑的啰兀城，离绥德军一百多里，地势偏僻险远，难以往那儿远送粮饷，而且城中没有水井，因而派李评、张景宪去视察情况，他们还没到达，抚宁城就失陷了，于是皇上下令抛弃啰兀城。

【国学经典文库】

辽史

【元】脱脱等

线装书局

序 言

　　《辽史》一百一十六卷，其中本纪三十卷，志三十二卷，表八卷，列传四十五卷，国语解一卷。本书较系统地记载了我国契丹族建立的辽朝二百多年的历史，同时也兼记了辽立国之前契丹的概况和辽灭亡之后耶律大石所建西辽的梗概，是研究辽，乃至契丹、西辽的重要史籍。

　　《辽史》是元修的三史之一，最早议修于中统二年（1261），至元元年（1264）再次议修，都因"义例"未定而无结果。到元顺帝至正三年（1343），在右丞相脱脱等人奏请之下，下诏撰修《辽》《金》《宋》三史，以脱脱为都总裁官。

　　这次撰修《辽史》，由廉惠山海牙、王沂、徐昺、陈绎曾分撰。由于主要是在前人已有《辽史》的基础上增删修订，所以至正三年四月开始撰写，四年三月即告脱稿，仅仅用了十一个月的时间。

　　在元人之前，辽曾四次撰修实录。第一次在圣宗统和八年（990），枢密使、监修国史室时与翰林学士承旨邢抱朴同修《统和实录》二十卷。第二次撰修在兴宗重熙十三年（1044），南院大王耶律谷欲、翰林都林牙耶律庶成、翰林都林牙兼修国史萧韩家奴勒成《先朝事迹》二十卷。第三次撰修是在道宗大安元年（1085），这年十一月，史臣进上太祖以下七帝《实录》。第四次是在天祚帝乾统三年（1103），监修国史耶律俨撰成太祖诸帝《实录》七十卷。耶律俨于《实录》之外，又撰有《辽史》。这些《实录》，为尔后《辽史》的修撰提供了丰富的材料。

　　在辽之后，金也十分注意总结前朝的成败得失，大力撰修《辽史》，前后共有两部《辽史》撰成。第一部完成于熙宗皇统八年（1148），撰修人是耶律固。耶律去世后，由萧永祺最后完成。第二部完成于章宗泰和七年（1207）十二月，撰修人主要是党怀英、陈大任等。这部《辽史》开修于章宗初继位的大定二十九年（1189），历时十七八年才得以完成。由于此书最后完成于陈大任之手，所以世称陈大任《辽史》。

　　《辽史》进书表说："耶律俨语多避忌，陈大任辞乏精详。"可见元人撰修《辽史》，主要参据的是耶律俨《辽史》和陈大任《辽史》，在《辽史》中，也多处标明了对二史的采摭。

　　元修《辽史》，志、表多有特色，颇得后人好评，列传却较为粗陋，有充实内容的较少。有些很重要的人物，如耶律玦，其传仅三百零几个字。辽帝曾说："契丹忠正无如玦者，汉人则刘伸而已。然熟察之，玦优于伸。"这样紧要的内容，传文却语焉不详。《刘伸传》也是如此，仅仅摘录了辽帝的这句话，却没有史实。

　　尽管《辽史》在编撰上存在着多方面的不足，但它毕竟保存了不少有关辽朝的历史文献，特别是在今天，耶律俨《辽史》、陈大任《辽史》，以及上列诸《实录》等都已亡佚，《辽史》的价值便显而易见了。

太 祖 本 纪

溪壑可塞而贪黩无厌

【原文】

诸弟性虽敏黠，而蓄奸稔恶。尝自矜有出人之智，安忍凶狠，溪壑可塞而贪黩无厌。求人之失，虽小而可恕，谓重如泰山；身行不义，虽入大恶，谓轻于鸿毛。昵比群小，谋及妇人，同恶相济，以危国祚。虽欲不败，其可得乎？

【译文】

辽太祖的几位弟弟虽然天性敏捷聪慧，但包藏奸佞之心，深通邪恶之道。曾自恃有超人的智慧，习性残忍凶狠。河谷深沟尚可以填塞，其贪婪之心却永无满足。苛求他人的过失，虽然过失很小并且可以原谅，也说成重于泰山；自己干了坏事，即使罪大恶极，也说成轻于鸿毛。亲近勾连一群小人，让自己的妻子出谋划策，相互勾结，共同为恶，来危害国家朝廷。这样的行径想不失败，能办得到吗？

止负朕躬，尚可容贷

国学经典文库

【原文】

致人于死，岂朕所欲？若止负朕躬，尚可容贷。此曹恣行不道，残害忠良，涂炭生民，剽掠财产。民间昔有万马，今皆徒步，有国以来所未尝有。实不得已而诛之。

【译文】

致他们于死地，哪里是我（辽太祖）的意愿？如果叛乱者仅仅辜负了我，还是可以宽恕的。但这些人放纵无道，残害忠良，涂炭人民，抢劫财产。过去，百姓中有成千上万的马匹，现在却都徒步走路、无马可骑了。这是建国以来从未有过的事。实在是不得已才杀他们。

辽太祖陵

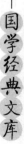

罚不当罪

【原文】

皇弟迭烈哥谋叛，事觉，知有罪当诛，预为营圹，而诸戚请免。上素恶其弟寅底石妻涅里衮，乃曰："涅里衮能代其死，则从。"涅里衮自缢圹中，并以奴女古、叛人曷鲁只生瘗其中。遂赦迭烈哥。

【译文】

辽太祖之弟迭烈哥蓄谋叛乱，事情被发觉后，知道罪当被杀，就预先给自己营造好坟墓。诸位亲族都向太祖请求赦免迭烈哥之罪。太祖向来讨厌他弟弟寅底石的妻子涅里衮，就说："涅里衮要能代替迭烈哥死，就答应你们的请求。"涅里衮就自缢在坟中，并且将女奴隶女古和谋反的曷鲁只活埋在坟里。于是辽太祖就赦免了迭烈哥。

太宗本纪

宁称"孙"，不称"臣"

【原文】

晋主敬瑭殂，子重贵立……遣使往晋吊祭……晋遣金吾卫大将军梁言、判四方馆事朱崇节来谢，书称"孙"，不称"臣"，遣客省使乔荣让之。景延广答曰："先帝则圣朝所立，今主则我国自册。为邻为孙则可，奉表称臣则不可。"荣还，具奏之，上始有南伐之意。

【译文】

后晋皇帝石敬瑭去世，儿子石重贵即位。……（辽国）派使臣前往晋国吊唁、祭祀。……后晋派金吾卫大将军梁言、判四方馆事朱崇节来（辽国）答谢，国书上自称"孙"，不称"臣"。（辽国）派客省使乔荣（到后晋）责问后晋，景延广回答说："先帝（石敬瑭）是辽国册立的，现在的皇帝是我国自己册立的。做邻国称"孙子"可以，（让我国向辽国）奉表称臣那可不行。"乔荣回来后，把这些话都报告给皇帝，于是辽太宗开始有了向南征伐后晋的想法。

军国之务，爱民为本

【原文】

次赤山，宴从臣，问军国要务，对曰："军国之务，爱民为本。民富则兵足，兵足则国强。"上以为然。……诏征诸道兵，敢伤禾稼者，以军法论。

【译文】

（辽太宗率军）驻扎在赤山，宴请随从的大臣们，并向他们询问什么是治军治国的根本。（臣下）回答说："治军治国的诸事务中，爱民是其根本。人民富

裕则兵员充足，兵员充足则国家强盛。"辽太宗认为说得对。……于是（辽太宗）下诏令征集各地的军队，有敢（违抗诏令）伤害老百姓庄稼的，即以军法论处。

辽太宗之政绩

【原文】

太宗甫定多方，远近向化。建国号，备典章，至于厘庶政，阅名实，录囚徒，教耕织，配鳏寡。求直言之士，得郎君海思即擢宣徽。嘉唐张敬达忠於其君，卒以礼葬。辍游豫而纳三克之请。悯士卒而下休养之令。亲征晋国，重贵面缚。斯可谓威德兼弘，英略间见者矣。

【译文】

辽太宗刚刚平定四方，远近各族便归化于他。于是就建立辽国国号，完备典章制度，以至治理百姓的政治，检阅政事的名目与实绩，查录囚徒的罪状，教导耕种纺织，允许鳏夫寡妇再找配偶。寻求直言之士，招得年轻郎君耶律海思，就擢升他为宣徽使；表彰后唐张敬达忠于他的君主，待其死后又以厚礼埋葬他。停止游乐，是采纳了克的请求，由于同情士卒的辛苦，就下了休息养生的命令。亲自征伐晋国，使石重贵亲自缚身请罪。这可以说是威望品德都很崇高，英武谋略交替运用的人哪！

圣宗本纪

当执公方，毋得阿顺

【原文】

上与皇太后祭乾陵，下诏谕三京左右相、左右平章事、副留守判官、诸道节度使判官、诸军事判官、录事参军等，当执公方，毋得阿顺。诸县令佐如遇州官及朝使非理征求，毋或畏徇。恒加采听，以为殿最。民间有父母在，别籍异居者，听邻里觉察，坐之。有孝于父母，三世同居者，旌其门闾。

【译文】

辽圣宗与皇太后到乾陵（辽景宗墓）祭祀，下诏令：三京的左右宰相，左右平章事、副留守判官、各道节度使判官、各军事判官以及录事参军等官员，应当保持公道方正，不能阿谀附顺。各县县令和助手如果遇到州官和朝廷使臣的无理要求，不要害怕屈从。要长期收集和听取（这方面的情况），作为考核（官员）优劣的依据。民间若有父母健在而另立户口、不住在一起的，被邻居察觉、告发后就要判罪。有孝顺父母和三代同堂的，就要表彰他们全家和乡里。

杨继业之死

【原文】

宋将杨继业初以骁勇自负，号杨无敌，北据云、朔数州。至是，引兵南出朔州三十里，至狼牙村，恶其名，不进；左右固请，乃行。遇耶律斜轸，伏四起，中流矢，堕马被擒。疮发不食，三日死。遂函其首以献。……自是宋守云、应诸州者，闻继业死，皆弃城遁。

【译文】

北宋名将杨继业当初以作战勇猛而自以为了不起，号称杨无敌。在北方据守云州、朔州几个州郡。到这时，（为抵御辽兵）率军出朔州南行三十里，到了狼牙村。（他）厌恶这个名字，因而没有进驻。经部下竭力请求，（他）才入村。与耶律斜轸相遇，（辽国）伏兵四起，（杨继业）中了流箭，就落马被俘。（他）金疮突发，绝食不吃，三日后就死了。（耶律斜轸）把杨继业首级装匣进献（给辽圣宗）。……从此，据守在云州、应州等地的宋朝兵将，听说杨继业死后，就都弃城逃跑了。

修文德以致远

【原文】

西南招讨奏党项部有宋犀族输贡不时，常有他意，宜以时遣使督之。诏曰："边鄙小族，岁有常贡。边臣骄纵，征敛无度，彼怀惧不能自达耳。第遣清慎官将，示以恩信，无或侵渔，自然效顺。"

【译文】

西南招讨使（向辽圣宗）奏报：党项部落有个宋犀族，交纳贡奉不及时，常常怀有不愿臣服之意，应该按时派遣使臣监督他们。（辽圣宗）下诏书说："边远的小民族，每年有常例的贡奉。驻于边境的（辽国）大臣骄横放纵，征敛无度，这使他们那些小民族经常怀有恐惧之心，还怕达不到咱们的要求呢。只需派遣清廉谨慎的官员、将领，向他们示以恩德、信义，别去侵夺他们的财物，他们也就自然归顺了。"

兴宗本纪

辽宋约和，利在国家

【原文】

遣北院枢密副使耶律仁先、汉人行宫副部署刘六符使宋约和。是时，富弼为上言，大意谓："辽与宋和，坐获岁币，则利在国家，臣下无与；与宋交兵，则利在臣下，害在国家"。上感其言，和好始定。

【译文】

（辽兴宗）派遣北院枢密副使耶律仁先、汉人行宫副部署刘六符出使北宋讲和。这时，富弼为此向皇帝进言，大意是说："辽国和北宋讲和，（辽国）每年可以坐收北宋的贡币，这样就利在国家，而臣下不得参与；与北宋打仗，那么利在臣下，却有害于国家。"皇帝有感于他这番话，宋辽和好之约，才开始定下来。

医卜、屠贩不得举进士

【原文】

诏医卜、屠贩、奴隶及倍父母或犯事逃亡者，不得举进士。

【译文】

（辽兴宗）下诏令：凡是从事医生、占卜职业的人和屠户、商贩、奴隶和背叛父母或犯罪逃亡在外的人，都不能考取进士。

道 宗 本 纪

欲闻直言，以匡其失

【原文】

兴宗崩，即皇帝位于枢前……诏曰："朕以菲德，托居士民之上，第恐智识有不及，群下有未信；赋敛妄兴，赏罚不中；上恩不能及下，下情不能达上。凡尔士庶，直言无讳。可则择用，否则不以为愆。卿等其体朕意。"……诏左夷离毕曰："朕以眇冲，获嗣大位，夙夜忧惧，恐弗克任。欲闻直言，以匡其失。今已数月，未见所以副朕委任股肱耳目之意。其令内外百官，比秩满，各言一事。仍转谕所部，无贵贱老幼，皆得直言无讳。"

【译文】

辽兴宗去世，（辽道宗）在灵柩前即皇帝位。……道宗下诏书说："我以薄德，身居百官万民之上，只怕智力和知识有所不足，官员百姓会有未能信服的，（还怕）任意搜敛赋税，奖赏惩罚不当，（又怕）朝廷的恩惠不能施及至下边百姓，下边的民情又不能传达到朝廷。凡是你们官员百姓，（都应）直言不讳。能行的就采用，不能行的也不认为是过失。希望你们大臣能体会到我的意思。……（道宗）向左夷离毕下诏书说："我在小小年纪，就继承皇位，我日夜忧虑害怕，唯恐不能胜任。想听到毫无顾忌地批评，来纠正我的过失。现在已经好几个月了，还未见到我所任命的大臣帮我出主意和了解情况的意见。今命令朝廷内外百官，等到任期届满时，各人都要进谏一件事情，还要转告下属各部，无论贵贱老幼，都可以直言不讳地提出意见。"

谤讪之令既行，告讦之赏日重

【原文】

北院枢密使耶律乙辛奏，右护卫太保查剌等告知北院枢密使事萧速撒等八人谋立皇太子，工以无状，不治，出速撒等三人补外，护卫撒拔等六人各鞭百余，徙于边……诏告谋逆事者，重加官赏。……耶律乙辛令牌印郎君萧讹都斡诬首尝予速撒等谋…即命乙辛……等鞠治，杖皇太子，囚之宫中……又遣使杀工京留守速撒，及已徙护卫撒拔等六人……废皇太子为庶人，囚之上京……杀速撒等诸子，籍其家。……谤讪之令既行，告讦之赏日重。

【译文】

北院枢密使耶律乙辛奏报：右护卫太保查剌等人告发北院枢密使事长官萧速撒等八人阴谋拥立皇太子（耶律濬）为皇帝，道宗认为罪行无根据，没有治（皇太子）罪。调速撒等人出京城充当外地的官职，护卫撒拔等六人各打一百多鞭并流放到边远地区。……（道宗）下令，凡告发（他人）阴谋叛逆的人，格外加官重赏。……耶律乙辛让牌印朗君萧讹都斡（向朝廷）捏造性地自首说曾经参与速撒等人（谋立皇太子）的阴谋。……（道宗）就命令耶律乙辛……等人审讯判决。对皇太子施行了杖刑，并将他囚禁在宫中。……又派使臣杀死上京（今内蒙古巴林左旗南）留守速撒和已流放到边远地区的护卫撒拔等六人。……不久皇帝废皇太子为平民，并把他囚禁在上京。……还杀死了速撒等人，抄了他们的家。……诽谤他人的风气既已盛行，告密诽谤他人的人得到的奖赏也就一天天加重。

道宗佞佛

【原文】

耶律巢等奏克北边捷。以战多杀人，饭僧南京、中京……有司奏春、泰、宁江三州三千余人愿为僧尼，受具足戒，许之……诸路奏饭僧尼三十六万。

一岁而饭僧三十六万，一日而祝发三千。徒勤小惠，蔑计大本，尚足与论治哉？

【译文】

耶律巢等人（向辽道宗）奏报已收复北部边境。因为战争中杀人太多，（道宗命令）向南京（治所今北京市西南）、中京（治所今内蒙古宁城县西北）的和尚施舍饭食（以求功德而赦杀人太多之罪）。……有关部门（向道宗）奏报春州、泰州、宁江州有三千多人愿意当和尚尼姑，接受大戒（道宗）准许他们（出家）。……各地向朝廷奏报，（这一年）已向三十六万和尚、尼姑舍饭。

一年中竟向三十六万和尚舍饭，一天中竟有三千人削发出家。这只是勤于施行小恩小惠，却放弃了筹划国家的根本大事，（这种人）还值得和他讨论治理国家的事吗？

辽上京遗址

辽代文字之祸

【原文】

遣使贺宋主……以有司案牍书宋帝"嗣位"为"登宝位"，诏夺宰相郑颢以下官，出颢知兴中府事。

【译文】

（辽国）派使臣祝贺宋朝新皇帝（登基），因为有关部门在官府文书中把宋朝皇帝"嗣位"写成了"登宝位"，（道宗）下诏令削除了宰相郑颢以下的（有关）官员的职位，并把郑颢调出（京城）主掌兴中府事。

天祚皇帝本纪

阿骨打出世

【原文】

如春州，幸混同江钓鱼，界外生女直酋长在千里内者，以故事皆来朝。适遇"头鱼宴"，酒半酣，上临轩，命诸酋次第起舞；独阿骨打辞以不能。谕之再三，终不从。他日，上密谓枢密使萧奏先曰："前日之燕，阿骨打意气雄豪，顾视不常，可托以边事诛之。否则，必贻后患。"奏先曰："粗人不知礼义，无大过而杀之，恐伤向化之心。假有异志，又何能为？"

阿骨打混同江宴归，疑上知其异志，遂称兵，先并旁近部族……枢密使萧奏先作常事以闻上……后数召，阿骨打竟称疾不至。

【译文】

（辽天祚皇帝）前往春州，到混同江钓鱼，辽国境外的女真各族酋长，凡在

千里以内的，按照旧例都要来朝拜。他们正遇上"头鱼宴"，酒饮到一半，皇帝来到窗前，让各个酋长依次跳舞，只有阿骨打推辞说不会跳。经再三劝说，他也不服从。另一天，皇帝秘密地对枢密使萧奉先说："前天宴会上，阿骨打（表现得）意气雄豪，左顾右盼，神态反常。（你）可借口边境事件而把他杀死。否则，日后必留下祸患。"萧奉先说："粗鲁人不懂礼义，没有大过失就杀死他，恐怕会伤了大家的归化之心。假如他真有二心，他又能有什么作为呢？"

阿骨打从混同江宴会归来后，怀疑天祚皇帝已经知道他有二心，于是就起兵，先吞并了附近的（小）部落。……枢密使萧奉先（得知后），也当作一般事情报告给皇帝。……后来数次召见（阿骨打），阿骨打都借口有病而不来。

奸佞拨弄国势衰败

【原文】

（保大元年春）金人兴兵，郡县所失几半。上有四子：长赵王，母赵昭容；次晋王，母文妃；次秦王、许王，皆元妃生。国人知晋王之贤，深所属望。元妃之兄枢密使萧奉先恐秦王不得立，潜图之。文妃姊妹三人：长适耶律挞葛里，次文妃，次适余覩……奉先讽人诬驸马萧昱及余覩等谋立晋王，事觉，昱、挞葛里等伏诛，文妃亦赐死；独晋王未忍加罪。余覩在军中，闻之大惧，即率千余骑叛入金。上遣知奚王府事萧遏买、北府宰相萧德恭……将所部兵追之，及诸闾山县。诸将议曰："主上信萧奉先言，奉先视吾辈蔑如也。余覩乃宗室豪俊，常不肯为奉先下。若擒余覩，他日吾党皆余覩也！不若纵之。"还，即绐曰："追袭不及。"……

（二年春）金克中京……上出居庸关，至鸳鸯泊。闻余覩引金人娄室字董奄至，萧奉先曰："余覩乃王子班之苗裔，此来欲立甥晋王耳。若为社稷计，不惜一子，明其罪诛之，可不战而余覩自回矣。"上遂赐晋王死，素服三日，……王素有人望，诸军闻其死，无不流涕，由是人心解体。

【译文】

保大元年（1121）春天，金人兴兵，使辽国的郡县几乎丢失一半。天祚皇帝有四个儿子：长子赵王，母亲是赵昭容；次子晋王，母亲是文妃；三子、四子是秦王、许王，都是元妃所生。辽国人都知道晋王贤德，深受人们景仰。元妃的哥哥枢密使萧奉先恐怕（自己的外甥）秦王不能立为太子，就暗中图谋拥立秦王。文妃姊妹三人：大姊嫁给耶律挞葛里，二姊是文妃，三妹嫁给耶律余覩。……耶律奉先暗中让人诬告驸马萧昱和耶律余覩等人阴谋拥立晋王为帝。此事被告发后，萧昱、耶律挞葛里等人就被处死了，文妃也被赐死，只有对晋王，天祚皇帝没忍心加罪。耶律余覩在军队中听到这事非常害怕，立即率领一千多骑兵叛逃到金国。天祚皇帝派遣主掌奚王府的萧遏买、北府宰相萧德恭……等人率领部下追赶耶律余覩，追到了闾山县。诸位将领商议说："皇帝偏信萧奉先的话，萧奉先看不起我们这些人。耶律余覩本是皇室豪杰，总是不甘居于奉先之下。如果（我们）捉到耶律余覩，日后我们这些人就都成了耶律余覩那样被迫杀的人了，不如

国学经典文库

放了他。"于是就回来欺骗朝廷说:"没有追到。"

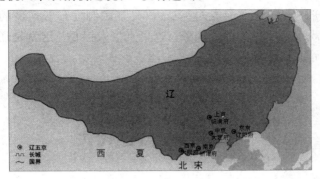

辽疆域图

……二年（1122）春天，金兵攻占中京，……天祚皇帝逃出居庸关，到了鸳鸯泊。听说耶律余睹带着金国一个小部落的首领娄室字董突然来到。萧奉先（对天祚皇帝）说："耶律余睹本是王子府官员的后代，这次来不过是想立他外甥晋王为帝。如果为国家利益着想，就不要吝惜一个儿子，宣布他的罪过杀了他吧，这样可以不用打仗就使耶律余睹自己回兵了。"于是天祚皇帝就赐晋王以死。穿了三天孝服。……晋王平素很有声望，各部队听说他被赐死，没有不流泪的，从此（辽国军队）人心也就涣散了。

辽制：帝王之妹可掌国政

【原文】

子幼，遗诏以妹普速完权国，称制，改元崇福，号承天太后。后与驸马萧朵鲁不弟朴古只沙里通，出驸马为东平王，罗织杀之。驸马父斡里剌以兵围其宫，射杀普速完及朴古只沙里。普速完在位十四年。

【译文】

耶律夷列的儿子年幼，耶律夷列留下遗诏让自己的妹妹普速完代理国政，由于她代行皇帝和职权就改年号为崇福元年，号称承天太后。后来，她与驸马萧朵鲁不的弟弟朴古只沙里私通，就调驸马离京城当了东平王，并罗织罪名杀死了他。驸马的父亲斡里剌派兵包围了普速完的宫殿，射死了普速完和朴古只沙里。普速完在位共计十四年。

百 官 志

刑人不在君侧

【原文】

古者刑人不在君侧。叛逆家属没为著帐，执事禁卫，可为寒心。此辽世所以多变起肘掖欤。

【译文】

古代受过刑罚的人不能呆在君王身边。（辽国制度）叛逆者的家属被没入宫廷为著帐，从事皇帝宫室的保卫任务，这可真令人担心。这就是辽代的政变之所以多发生在皇帝身边的原因哪！

仪 卫 志

传国玉玺自辽代失

【原文】

传国宝，秦始皇作，用蓝玉、螭纽、六面，其正面文"受命于天，既寿永昌"，鱼鸟篆，子婴以上汉高祖。王莽篡汉，平皇后投玺殿阶，螭角微玷。献帝失之，孙坚得于井中，传至孙权，以归于魏。魏文帝隶刻肩际曰"大魏受汉传国之宝。"唐更名"受命宝。"晋亡归辽……圣宗开泰十年，驰驿取石晋所上玉玺于中京……天祚保大二年，遗传国玺于桑干河。

【译文】

传国玉玺是秦始皇时制造的，用兰田之玉（雕成），上面有螭形纽，六面，正面文字是"受命于天，既寿永昌"，用鱼鸟形篆文写成的。秦末子婴把（它）奉献给了汉高祖。王莽篡汉时，平皇后把传国玉玺摔在殿阶上，把螭纽的一角摔坏了。汉献帝丢了传国玉玺。孙坚从井里又得到了它，传到了孙权手里，后又归于曹魏。魏文帝又用隶书在边上刻上："大魏受汉传国之玺"。唐朝时改名为"受命宝"。后晋灭亡后它归到辽国手中。……辽圣宗开泰十年（1021 年），派快驿马速取后晋奉献的这传国玉玺来到中京。……天祚皇帝保大二年（1122 年），这传国玉玺丢失于桑干河中。

后 妃 传

淳钦皇后助辽太祖

【原文】

（太祖淳钦皇后）其先回鹘人……后简重果断，有雄略……太祖即位，群臣上尊号曰地皇后。神册元年，大册，加号应天大明地皇后。行兵御众，后尝与谋。太祖尝渡碛击党项，黄头、臭泊二室韦乘虚袭之；后知，勒兵以侍，奋击，大破之，名震诸夷。

时晋王李存勖欲结援，以叔母事后。幽州刘守光遣韩延徽求援，不拜，太祖怒，留之，使牧马。后曰："守节不屈，贤者也。宜礼用之。"太祖乃召延徽与语，大悦，以为谋主。吴主李昇献猛火油，以水沃之愈炽。太祖选三万骑以攻幽州。后曰："岂有试油而攻人国者？"指帐前树曰："无皮可以生乎？"太祖曰："不可。"后曰："幽州之有土有民，亦犹是耳。吾以三千骑掠其四野，不过数

年，困而归我矣，何必为此？万一不胜，为中国笑，吾部落不亦解体乎！"其平渤海，后与有谋。

太祖崩，后称制，摄军国事……太宗即位，尊为皇太后。

木乃伊　辽

【译文】

辽太祖的淳钦皇后祖先是回纥人，……淳钦皇后简约厚重，处事果断，有雄才大略。……辽太祖就皇帝位后，众大臣尊她为地皇后。神册元年（916 年），朝廷册封，加她封号为应天大明地皇后。（辽太祖）领兵作战、治理民众，淳钦皇后都参与谋划。

辽太祖曾经越过沙漠进攻党项，黄头、臭泊两个室韦族乘（辽国）空虚而袭击辽国。淳钦皇后得知后，便率领辽兵严阵以待，奋力抗击敌人，大败室韦人，于是在各少数民族中辽国名声大震。

当时，晋王李存勖（后唐庄宗）想结（辽国）为外援，就按叔母辈分对待淳钦皇后。幽州守将刘守光派韩延徽（向辽国）求援，却不（向辽太祖）跪拜。辽太祖大怒，就扣留了韩延徽，并让他放马。淳钦皇后说："（韩延徽）守节不屈，是贤德之人哪，应该以礼任用他。"辽太祖就召见韩延徽并与他谈话，（辽太祖）很高兴，让他当（自己的）主要谋士。吴国君主李昇（向辽国）贡献猛火油，（点燃后）用水浇它愈发旺盛。辽太祖选了三万骑兵用它来进攻幽州。淳钦皇后（听说后）说："哪里有（为了）试油而进攻别国的呢？"并指着帐篷前的树说："（树）没有树皮可以活吗？"辽太祖说："不能。"淳钦皇后说："幽州有土地、有人民，也是这样啊！我用三千骑兵劫掠幽州的四野，过不了几年，（幽州）就会因困穷而归于我们了，何必用猛火油进攻呢？万一打不胜，会被中原人耻笑，我们部落不也解体了吗？"后来辽太祖平定渤海国时，淳钦皇后也参与谋划。辽太祖去世后，淳钦皇后代行皇帝职权，代理军国大事。……辽太宗即皇帝位后，淳钦皇后就被尊为皇太后。

萧太后雄才大略

【原文】

景宗崩，尊（皇后萧氏）为皇太后，摄国政。后泣曰："母寡子弱，族属雄强，边防未清，奈何？"耶律斜轸、韩德让进曰："信任臣等，何虑之有！"于是，后与斜轸、德让参决大政，委于越休哥以南边事。统和元年，上尊号曰承天皇太后……

后明达治道，闻善必从，故群臣咸竭其忠。习知军政，澶渊之役，亲御戎车，指麾三军，赏罚信明，将士用命。圣宗称辽盛主，后教训为多。

【译文】

辽景宗去世后，皇后萧氏被尊为皇太后，代理国政。萧太后哭着（对大臣

们）说："我孤儿寡母，同族的亲属又很骄横强盛，边境防务也不安定，这怎么办哪？"（北院枢密使）耶律斜轸、（南院枢密使）韩德让进言说："（只要）信任我们这些大臣，有什么可忧虑的！"于是，萧太后和耶律斜轸、韩德让商讨国家大事的决策，并委任于越休哥负责南边抵御宋朝的事情。统和元年（983 年），萧太后被尊为承天皇太后。……

萧太后聪明通达，治国有方，听到好的意见必然遵从，所以大臣们都竭尽其忠心。（萧太后）熟悉明了军事政治，在宋国境内澶渊作战时，她亲自驾着战车，指挥三军（作战），赏罚分明，这使将士们拼命战斗。辽圣宗称得上是辽国有盛德和君主，多是因为萧太后（对他）教育得好。

钦哀皇太后阴狠

【原文】

开泰五年，宫人耨斤生兴宗，后养为子。帝大渐，耨斤詈后曰："老物宠亦有既耶！"左右扶后出。帝崩，耨斤自立为皇太后，是为钦哀皇后。护卫冯家奴、喜孙等希旨，诬告北府宰相萧浞卜、国舅萧匹敌谋逆。诏令鞠治，连及后。兴宗闻之曰："皇后侍先帝四十年，抚育眇躬，当为太后；今不果，反罪之，可乎！"钦哀曰："此人若在，恐为后患。"帝曰："皇后无子而老，虽在，无能为也。"钦哀不从，迁后于上京。

车驾春蒐，钦哀虑帝怀鞠育恩，驰遣人加害。使至，后曰："我实无辜，天下共知。卿待我浴，而后就死，可乎？"使者退。比及，后已崩，年五十。

【译文】

开泰五年（1016 年），宫女耨斤生下辽兴宗，仁德皇后把他收养为自己的儿子。辽圣宗病势沉重，耨斤辱骂仁德皇后说："老宠物，你也有气数尽的时候啊！"手下人把仁德皇后搀扶出宫帐外。辽圣宗去世后，耨斤自己立为皇太后，这就是钦哀皇后。护卫冯家奴、喜孙等人迎合太后的旨意，诬告北府宰相萧浞卜和国舅萧匹敌谋反。钦哀皇太后就命令审讯、处治他们，这就牵连到仁德皇后。辽兴宗听说此事后说："仁德皇后侍奉先帝四十年，自幼就抚养我，本应做皇太后；现在没能实现，反而加罪于她，合适吗？"钦哀皇太后说："这个人要活着，恐怕日后会成为祸患。"辽兴宗说："仁德皇后年老无子，即使活着，也不能有什么作为。"钦哀皇后不听辽兴宗劝告，就把仁德皇后贬到上京。

辽兴宗于春天打猎，钦哀皇太后担心辽兴宗顾念（仁德皇后对他的）养育之恩，就急忙派人加害（仁德皇后）。侍使臣到时，仁德皇后说："我实际上是无罪的，天下人都知道。你等我沐浴，然后再死，可以吗？"使臣退出帐外。等到（使臣）返回大帐，仁德皇后已死，死年五十岁。

辽皇后、太后多参国政

【原文】

辽以鞍马为家，后妃往往长于射御，军旅田猎，未尝不从。如应天之奋击室韦，承天之御戎澶渊，仁懿之亲破重元，古所未有、亦其俗也。

【译文】

辽国人以鞍马为家，（过游牧生活），皇后和妃子们往往都擅长骑马射箭，行军打仗和行围打猎时，没有不跟着（皇帝）的。比如应天皇后（协助辽太祖）英勇反击室韦（的进攻），承天太后（与辽圣宗）在澶渊抵御宋朝军队，仁懿皇太后（协助辽道宗）亲自平定皇叔重元的叛乱。（这些事）自古以来就没有过。但这些却是辽国的习俗啊！

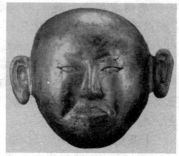

陈国公主金面具　辽

义 宗 倍 传

辽 代 尊 孔

【原文】

太祖问侍臣曰："受命之君，当事天敬神。有大功德者，朕欲祀之，何先？"皆以佛对。太祖曰："佛非中国教。"倍曰："孔子大圣，万世所尊，宜先。"太祖大悦，即建孔子庙，诏皇太子春秋释奠。

【译文】

辽太祖问侍卫大臣们说："禀受天命的君主，应当敬奉天神。凡有大功德的，我都想祭祀他们，谁该在先呢？"（大臣们）都回答是佛。辽太祖说："佛不是中国的宗教。"耶律倍说："孔子是大圣人，被万世人们尊奉，应先祭祀。"辽太祖十分高兴，立即建立孔子庙，并下诏令让太子每年春季、秋季都行释奠之礼。

义宗耶律倍传

耶律倍的悲剧

【原文】

天显元年，从征渤海。拔扶余城，上欲括户口，倍谏曰："今始得地而料民，民必不安。若乘破竹之势，径造忽汗城，克之必矣。"太祖从之。倍与大元帅德光为前锋，夜围忽汗城，大諲譔穷蹙，请降。寻复叛，太祖破之。改其国曰东丹

……以倍为人皇王主之。……陛辞，太祖曰："得汝治东土，吾复何忧？"……

未几，诸部多叛，大元帅讨平之。太祖讣至，倍即日奔赴山陵。倍知皇太后意欲立德光，乃谓公卿曰："大元帅功德及人神，中外攸属，宜主社稷。"乃与群臣请於太后而让位焉。於是大元帅即皇帝位，是为太宗。

太宗既立，见疑，以东平为南京，徙倍居之，尽迁其民。又置卫士阴伺动静……唐明宗闻之，遣人跨海持书密召倍。倍因畋海上。使再至，倍谓左右曰："我以天下让主上，今反见疑；不如适他国，以成吴太伯之名。"立木海上，刻诗曰："小山压大山，大山全无力。羞见故乡人，从此投外国。"携高美人，载书浮海而去。……倍虽在异国，常思其亲，问安之使不绝。

后明宗养子从珂弑其君自立，倍密报太宗曰："从珂弑君，盍讨之。"及太宗立石敬瑭为晋主，加兵于洛。从珂欲自焚，召倍与俱，倍不从，遣壮士李彦绅杀之，时年三十八。

【译文】

天显元年（926 年），耶律倍跟随太祖出征渤海国，攻下了扶余城。辽太祖想收集统计户口，耶律倍进谏说："现在刚刚攻占渤海国的土地就统计人口，人民思想必然会因此而不安定。如果乘这势如破竹的形势，直接攻到忽汗城（渤海国首都），攻克它是必定无疑的。"辽太祖听从了他的意见。耶律倍就与大元帅耶律德光为前锋，乘夜间包围了忽汗城。渤海国国君大諲譔为此感到穷途无路而窘迫不安，于是就请求投降了。不久又叛变了，辽太祖就攻占了忽汗城。改国名叫东丹国，……让耶律倍做人皇王主持其国政。……辽太祖离开此国时说："能够有你治理东部的国土，我还有什么忧虑呢？"

过不多久，各部落大多叛乱，大元帅耶律德光讨伐平定了他们。辽太祖去世的讣告传来后，耶律倍当天就奔赴辽太祖的陵墓。他知道皇太后的意思是想立耶律德光为皇帝，于是就对公卿大臣们说："大元帅耶律德光的功德已达到人神的地步，为中外所瞩目，应该主掌国家朝政。"就和群臣向皇太后请求让位给耶律德光。于是大元帅接了皇帝位，这就是辽太宗。

辽太宗即位后，（耶律倍）被疑忌，于是辽太宗改东平为南京，让耶律倍迁到那里去居住，还把那里的人民都迁走，又安置了卫士暗中监视（耶律倍的）动静。……后唐明宗得知这一情况后，派人跨过渤海拿着书信秘密地召引耶律倍（去后唐）。耶律倍借口到海上去捕猎，（后唐）使臣又来到，耶律倍对他部下说："我把天下让给了皇帝，现在反倒被疑忌，我不如前往他国，以此成就吴太伯式的让国名声。"他在海上立块木牌，上面刻上诗："小山压大山，大山全无力。羞见故乡人，从此投外国。"然后携带着高美人、装载着书籍，漂洋过海而去了。……耶律倍虽身在异国，却常常思念亲人，（他派遣的）问安的使臣一直不断。

后来，后唐明宗的养子李从珂杀死了唐明宗自己做了皇帝，耶律倍秘密地把此事报告了辽太宗："李从珂杀死国君，为什么不讨伐他？"等到辽太宗封石敬瑭为晋王时，就派兵进攻洛阳，李从珂想自焚，就召令耶律倍与他一起死。耶律倍不听从，他就派壮士李彦绅杀死了耶律倍，当时他才三十八岁。

章肃皇帝李胡传

辽之内难，与国始终

【原文】

自太祖之世，剌葛、安端首倡祸乱，太祖既不之诛，又复用之，固为有君人之量。然惟太祖之才足以驾驭，庶乎其可也。李胡而下，宗王反侧，无代无之，辽之内难，与国始终。厥后嗣君，虽严法以绳之，卒不可止。乌虖，创业垂统之主，所以贻厥孙谋者，可不审欤！

【译文】

从辽太祖那个时代，剌葛、安端就首先带头叛乱，辽太祖既不杀死他们，又重新任用他们，这固然是帝王的雅量。然而也只有辽太祖的才干才能足以驾驭他们，这几乎还行。自李胡以后，皇室宗亲们不顺从皇帝的情况，没有那个帝王时没有发生过，辽国的内乱与辽国的历史相始终。其后继位的君主们，虽然以严刑峻法加以纠正，但仍然不能制止（叛乱）。呜呼！开创帝业并将其传给后代的君主，留给他子孙后代（治国）的谋略，怎能不慎重地考虑呢？

顺宗耶律濬传

辽宫中见读书者则斥

【原文】

晋王，小字敖卢斡，天祚皇帝长子……性乐道人善，而矜人不能。时宫中见读书者辄斥。敖卢斡尝入寝殿，见小底茶剌阅书，因取观。会诸王至，阴袖而归之，曰："勿令他人见也。"一时号称长者。

【译文】

晋王小名叫敖卢斡，辽国天祚皇帝的长子，……其秉性以称道别人的好处为乐事，对他人的不足则很慎重对待。当时，辽宫廷里凡见到有人读书就加以训斥。敖卢斡曾经进入辽宫内室，见到小底（宫中侍者）茶剌在读书，于是就拿过来看。正好赶上其他几位亲王到来，他就偷偷地把书藏在衣袖里回来了，还说："不要让其他人见到啊！"一时间，人们都把他称作忠厚长者。

耶律曷鲁传

惟圣知圣，惟贤知贤

【原文】

曷鲁以肺腑之亲，任帷幄之寄，言如著龟，谋成战胜，可谓算无遗策矣。其君臣相得之诚，庶吴汉之於光武欤？夫信其所可信，智也，太祖有焉。故曰，惟

圣知圣，惟贤知贤，斯近之矣。

【译文】

　　耶律曷鲁凭自己是皇族的至亲而出任策划军事谋略的要职，（他的）话就像占卜那样灵，策划好计谋（照其执行），就一定能战胜（敌人），可以说其谋划没有一次失算的。他与辽太祖这种君臣之间相互合得来的至诚关系，就跟吴汉和汉光武帝刘秀的关系差不多吧？信任应该信任的（人），这是明智的，辽太祖就有这种明智。所以说：只有圣人才能了解圣人、贤人才能了解贤人，辽太祖与耶律曷鲁之间的关系，就接近这种情况啊！

韩延徽传

助辽汉化

【原文】

　　（韩延徽）乃请树城郭，分市里，以居汉人之降者，又为定配偶，教垦艺，以生养之。以故逃亡者少……命为守政事令、崇文馆大学士，中外事悉令参决。

　　太祖初元，庶事草创，凡营都邑，建宫殿，正君臣，定名分，法度井井，延徽力也。

【译文】

　　韩延徽请求（辽太祖）建立城池，划分城市里巷，以便让归降的汉人居住，又为他们选择配偶，教给他们种庄稼的技艺，以使他们生活下来，养育后代，所以逃亡的人很少。……（后来）被任命为守政事令兼崇文馆大学士，中外大事都让他参谋决定。

飞天纹玉耳饰

　　辽太祖（即位）初期，众多事情尚属草创，凡是营建都城，建筑宫殿，正君臣之位，定名位职分，各种法律制度井井有条，这些都是靠韩延徽的出力啊！

韩知古传

恃宠误军机

【原文】

　　匡嗣以善医，直长乐宫，皇后视之犹子……初，景宗在藩邸，善匡嗣。即

位，拜上京留守。顷之……改南京留守。保宁末，以留守摄枢密使。

时耶律虎古使宋还，言宋人必取河东，合先事以为备。匡嗣诋之曰："宁有是！"已而宋人果取太原，乘胜逼燕。匡嗣与南府宰相沙、惕隐休哥侵宋，军于满城，方阵，宋人请降。匡嗣欲纳之，休哥曰："彼军气甚锐，疑诱我也。可整顿士卒以御。"匡嗣不听。俄而宋军鼓噪薄我，众蹂践，尘起涨天。匡嗣仓卒谕诸将，无当其锋。众既奔，遇伏兵扼要路，匡嗣弃旗鼓遁，其众走易州山，独休哥收所弃兵械，全军还。

帝怒匡嗣，数之曰："尔违众谋，深入敌境，尔罪一也；号令不肃，行伍不整，尔罪二也；弃我师旅，挺身鼠窜，尔罪三也；侦候失机，守御弗备，尔罪四也；捐弃旗鼓，损威辱国，尔罪五也。"促令诛之。皇后引诸内戚徐为开解……乃仗而免之。

【译文】

韩匡嗣因为善于医道而在长乐宫（皇后之宫）值勤，皇后把他看作自己的儿子。……当初，辽景宗当诸侯王时，对匡嗣很好。（景宗）即位后，就任命（韩匡嗣）为上京（今内蒙古巴林左旗南）的留守。不久，……改任南京留守，保宁末年（978 年），他以南京留守的身份代理枢密使职务。

当时耶律虎古出使宋朝归来，说宋朝人一定会夺取河东，应当事先做好准备。韩匡嗣诽谤耶律虎古说："哪里会有这种事！"不久，宋朝人果然攻取了太原，并乘胜逼近了燕州。韩匡嗣和南府宰相耶律沙、惕隐耶律休哥入侵宋朝，军队驻扎在满城，刚刚布成军阵，宋朝人就请求投降了。韩匡嗣想接受宋朝人的请降，耶律休哥说："宋朝军队士气很旺盛，（我）怀疑他们请降是引诱我们（上当）。应整顿好军队加以防御。"韩匡嗣不听（耶律休哥的话）。不久，宋朝军队播鼓、呐喊着向辽军攻来，辽军士兵互相践踏，尘土飞起庶天盖日，韩匡嗣于仓促之中命令诸将（抵抗），（辽军中）没有人能抵挡住宋军的锐气。辽国军队溃败逃奔时，遇到宋军的伏兵把守住要道，韩匡嗣就丢弃了军旗战鼓逃跑，他的军队也从易州山逃走了。只有耶律休哥收捡起被丢弃了的兵器军械，全军完整地返回了。

辽景宗很生韩匡嗣的气，斥责他说："你违背大家的意见，深入敌人境地，这是你第一条罪状；军队号令不严，队伍不整，这是你第二条罪状；丢掉我国军队，首先逃跑，这是你第三条罪状；侦察敌人行动时又失去战机，并且防守没有准备，这是你第四条罪状；丢弃了军旗战鼓，有损军威，还使国家蒙受耻辱，这是你第五条罪状。"于是急促地命令处死韩匡嗣。皇后领着宫内许多皇室亲戚慢慢地为他开脱求情，……于是打了他一顿就免去了死刑。

耶律铎臻传

铁未朽，可释乎

【原文】

铎臻幼有志节，太祖为于越…，常居左右。后即位，梁人遣使求辕轴材，太祖难之。铎臻曰："梁名求材，实觇吾轻重。宜答曰：'材之所生，必深山穷谷，

有神司之，须白鼻赤驴祷祠，然后可伐。'如此，则其语自塞矣。"已而果然。

天赞三年，将伐渤海，铎臻谏曰："陛下先事渤海，则西夏必蹑吾后。请先西讨，庶无后顾忧。"太祖从之。及淳钦皇后称制，恶铎臻，囚之，誓曰："铁锁朽，当释汝！"既而召之，使者欲去锁，铎臻辞曰："铁未朽，可释乎？"后闻，嘉叹，趣召释之。

【译文】

耶律铎臻自幼就有志向和气节，辽太祖当于越时，常追随左右。后来辽太祖即位了，后梁派使臣来索要可以做车辕、车轴的木材，辽太祖为此很为难。耶律铎臻说："后梁名义上是索要木材，实际是窥视我们处事态度的轻重。应该回答说：'那种木材所生长的地方，必然是深山穷谷之中，有神灵主管，必须用白鼻子的红毛驴向神祈祷祭祀，然后才能砍伐。'这样回答，他们自然就没话可说了。"这样做了后，果然如此。

天赞三年（924年），（辽太祖）准备征讨渤海国，耶律铎臻进谏说："您要是先讨伐渤海国，那么西夏国必然从后边袭击咱们。请您先向西讨伐（西夏），这样几乎就没有后顾之忧了。"辽太祖听从了他的意见。等到（辽太祖去世）淳钦皇后代行国政时，（她）讨厌耶律铎臻，就把他囚禁了，并发誓说："铁锁朽烂时，就该放你了！"过不多久，又想召见耶律铎臻，使者想去掉（他的）铁锁，耶律铎臻说："铁锁还没有朽烂，怎么能释放（我）呢？"淳钦皇后听到这个消息后，感叹并赞赏他，就赶紧召见并释放了他。

耶律图鲁窘传

国强则其人贤，海巨则其鱼大

【原文】

（耶律图鲁窘）从讨石重贵，杜重威拥十万余众拒滹沱桥，力战数日，不得进。帝曰："两军争渡，人马疲矣，计安出？"诸将请缓师，为后图，帝然之。图鲁窘厉色进曰："臣愚窃以为陛下乐於安逸，则谨守四境可也；既欲扩大疆宇，出师远攻，讵能无厪圣虑。若中路而止，适为贼利，则必陷南京，夷属邑。若此，则争战未已，吾民无奠枕之期矣。且彼步我骑，何虑不克。况汉人足力弱而行缓，如选轻锐骑先绝其饷道，则事蔑不济矣。"帝喜曰："国强则其人贤，海巨则其鱼大。"于是塞其饷道，数出师以牵挠其势，重威果降如言。

【译文】

耶律图鲁窘（曾）跟随（辽太宗）征讨后晋石重贵。晋将杜重威率十万大军在滹沱桥阻挡辽军，（辽军）奋力作战了好几天，也不能前进一步。辽太宗说："两军争着渡过滹沱河，人困马乏，怎么办才好呢？"大将们都请求暂缓进兵，以后再做打算。辽太宗同意这个意见。耶律图鲁窘严厉地进谏说："我很愚笨，不过私下里以为您要乐意安逸的话，小心谨慎地守住（自己的）边境就可以了；既然想扩大疆土，出兵远征，怎么能不多费您的思虑呢！如果中途而止，正好对贼兵有利，那就势必失陷南京，城镇也就为他人所有了。如果那样，战争将无止息，我国人民也无安枕之日了。而且敌人步行，我们骑马，怎么还忧虑战不胜

国学经典文库

（他们）呢？况且汉人走路的本领不强，又行动迟缓，如果（我们）挑选精锐的轻骑兵先断他们的粮道，那么事情就没有不成功的。"辽太宗高兴地说："国家强盛，它的将吏就贤明，大海宽阔，它的鱼也巨大。"于是堵塞了汉人的粮道，还屡次出兵牵制，扰乱汉人的兵势，杜重威果然像图鲁窘所说的那样投降了。

张 砺 传

中国宜以中国人治之

【原文】

从太宗伐晋。入汴，诸将……肆杀掠，砺奏曰："今大辽始得中国，宜以中国人治之，不可专用国人及左右近习。苟政令乖失，则人心不服，虽得之亦将失之。"上不听。

【译文】

（张砺）曾跟随辽太宗进攻后晋，进入汴梁城后，辽军诸将……大肆烧杀抢掠。张砺（向辽太宗）说："现在大辽国刚刚夺取中原，应靠中原人治理它，不能专门任用辽国人和身边近臣。如果政令乖戾失和，那就会使人心不服，即使眼前已得到它也将会失去它。"辽太宗不听取他的意见。

耶律屋质传

拥立穆宗

【原文】

上祭让国皇帝于行宫，与群臣皆醉，察割弑帝。屋质闻有言"衣紫者不可失"，乃易衣而出，亟遣人召诸王，及喻禁卫长皮室等同力讨贼。时寿安王归帐，屋质遣弟冲迎之。王至，尚犹豫。屋质曰："大王嗣圣子，贼若得之，必不容。群臣将谁事，社稷将谁赖？万一落贼手，悔将何及？"王始悟。诸将闻屋质出，相继而至。迟明整兵，出贼不意，围之，遂诛察割。

乱既平，穆宗即位。谓屋质曰："朕之性命，实出卿手。"命知国事，以逆党财产尽赐之，屋质固辞。

辽代北班服饰复原图

【译文】

辽世宗在行宫祭祀让国皇帝（即人皇王耶律倍，乃辽世宗之父），他和众大臣都喝醉了。耶律察割就乘机杀死了辽世宗。耶律屋质听有人说"穿紫衣服的不能让跑掉"，他就换件衣服出了行宫。于是赶紧派人召集各位王爷，并告诉禁卫长皮室等人一起讨伐叛贼。当时寿安王回来了，耶律屋质就

让弟弟耶律冲去迎接他。寿安王回来后还对这件事犹豫。耶律屋质说："大王您是嗣圣（辽太宗）之子，叛贼要是捉到您，也必不让你活。（那时）群臣去侍奉谁？国家还依靠谁？万一（您）要是落到叛贼之手，后悔还来得及吗？"寿安王这才醒悟。将领们听说耶律屋质已出了行宫，就相继来到他身边。将近天明时，整顿好军队，出贼不意地包围了他们，于是杀死了耶律察割。

叛乱已平，辽穆宗（即寿安王）即皇帝位。他对耶律屋质说："我的性命，实是出于你的手啊！"于是让他主持国家大事，并把叛贼们的财产要全部赐给他，耶律屋质却坚决地谢绝了。

耶律吼传

耶律吼轻财

【原文】

时晋主石重贵表不称臣，辞多踞慢，吼言晋罪不可不伐。及帝亲征，以所部兵从。既入汴，诸将皆取内帑珍异。吼独取马铠，帝嘉之。

顷之，以功加采访使，赐以宝货。吼辞曰："臣位已高，敢复求富！臣从弟的璪诸子坐事籍没，陛下哀而出之，则臣受赐多矣！"上曰："吼舍重赏，以族人为请，其贤远甚。"许之。

【译文】

当时，后晋皇帝石重贵（向辽国）奏章时不称自己为"臣"，言辞也很傲慢。耶律吼说，后晋的这种罪行不能不讨伐。等到辽太宗亲征后晋时，（耶律吼）率领自己的部队随同前往。进入汴梁城后，许多将领都去拿宫中国库里的奇珍异宝，只有耶律吼去取马的铠甲，辽太宗因此表扬了他。

不久，他又因功当了采访使，（辽世宗）赐给他珍宝财货，耶律吼谢绝说："我的地位已很高，哪里还敢追求富贵！我的堂弟耶律的璪的儿子因犯罪而被抄家没收了财产。陛下您要是可怜他而退给他们财产，那么我受的赏赐就显更多了！"辽世宗说："耶律吼舍去自己的重赏而为同族兄弟求情，他的贤德远远超出（一般人）哪！"于是同意了他的请求。

室防传

自志其墓

【原文】

晋国公主建佛寺于南京，上许赐额。防奏曰："诏书悉罢无名寺院。今以主请赐额，不惟违前诏，恐此风愈炽。"上从之，……卒，年七十五……遗言戒厚葬。恐人誉过情，自志其墓。

【译文】

晋国公主在南京修建佛寺，辽圣宗应许赐给匾额。室防呈上奏章说："您的

诏书曾尽数那些无名寺院的罪恶，现在因公主之请就赐给（佛寺）匾额，这不仅违背了您过去的诏令，恐怕这种（尚佛的）风气会愈演愈烈。"皇帝听从了他的劝告。……（室昉）去世时年七十五岁，……其遗言不让厚葬。他还恐怕别人（写墓志铭时）赞誉超过实际情况，因而（生前）自己曾写好了墓志铭。

耶律贤适传

玩世以避嫌

【原文】

（耶律贤适）嗜学有大志，滑稽玩世，人莫之知。惟于越屋质器之，尝谓人曰："是人当国，天下幸甚。"

应历中，朝臣多以言获谴，贤适乐朴於静退，游猎自娱，与亲朋言不及时事………景宗在藩邸，常与韩匡嗣、女里等游，言或刺讥，贤适劝以宜早疏绝，由是穆宗终不见疑，贤适之力也。

【译文】

耶律贤适好学有大志，幽默滑稽又玩世不恭，人们都不了解他，只有于越耶律屋质器重他，曾经对人说："这个人要是执掌国政，天下人可太幸运了。"

应历年间（915—968 年），朝中大臣多因说话而获罪，耶律贤适以恬适退让为乐，以打猎、游戏自娱，和亲朋好友谈话时也不涉及朝政时事。……辽景宗（世宗子）在当诸侯王时，常和韩匡嗣、女里等人在一起游玩，谈话时有时讥刺朝政，耶律贤适劝（景宗）应尽早与（韩匡嗣、女里）这些人疏远并断绝来往。因此（当政的）辽穆宗（太宗子）一直不怀疑（辽景宗），这都是耶律贤适（劝说景宗避嫌）的功劳啊！

耶律阿没里传

兄弟不知情者不该连坐

【原文】

先是，叛逆之家，兄弟不知情者亦连坐。阿没里谏曰："夫兄弟虽曰同胞，赋性各异，一行逆谋，虽不与知，辄坐以法，是刑及无罪也。自今，虽同居兄弟，不知情者免连坐。"太后嘉纳，著为令。

【译文】

以前，对叛逆者的家庭，他兄弟不知情的，也株连治罪。耶律阿没里向朝廷进谏说："兄弟之间虽说是同胞，脾气禀性却各不相同，一个人做了谋逆之事，其兄弟即使不知情，也以法连带治罪，这是处罚无罪之人哪！从现在起，即使是同居的兄弟，对不知情的兄弟也应免掉株连治罪。"皇太后（辽圣宗之母）称赞和采纳了（这个意见），并写成了律令。

张 俭 传

一代之宝——张俭

【原文】

　　故事，车驾经行，长吏当有所献。圣宗猎云中，节度使进曰："臣境无他产，惟幕僚张俭，一代之宝，愿以为献。"……召见，容止朴野；访及世务，占奏三十余事。由此顾遇特异……，重熙五年，帝幸礼部贡院及亲试进士，皆俭发之。进见不名，赐诗褒美。俭衣唯绸帛，食不重味，月俸有余，周给亲旧。方冬，奏事便殿，帝见衣袍弊恶，密令近侍以火夹穿孔记之，屡见不易。帝问其故，俭对曰："臣服此袍已三十年。"时尚奢靡，故以此微讽喻之。上怜其清贫，令恣取内府物，俭奉诏持布三端而出，益见奖重。俭弟五人，上欲俱赐进士第，固辞。有司获盗八人，既戮之，乃获正贼。家人诉冤，俭三乞申理。上勃然曰："卿欲朕偿命耶！"俭曰："八家老稚无告，少加存恤，使得收葬，足慰存没矣。"乃从之。俭在相位二十余年，禅益为多。

【译文】

　　按照过去的惯例，皇帝乘车经过的地方，地方长官应当有所奉献。辽圣宗到云中打猎，节度使（向皇帝）进言说："我们境内没有什么出产的，只有幕僚张俭是一代之宝，愿拿他作为奉献。"……辽圣宗召见张俭，（张俭）行貌举动质朴粗狂。（辽圣宗）向他询问时务，（张俭就）禀奏了三十多件事。从此他就受到赏识并得到特别优厚的待遇。……（辽兴宗）重熙五年（1036年），皇帝来到礼部贡院并亲自考试进士，这都是由张俭发起的。（张俭）进见（皇帝）时，可以先不通报姓名，皇帝还赐诗表扬过他的美德。张俭只穿绸子衣服，吃饭时菜也不多样，把每月有余的俸禄，周济给亲朋故旧。正值冬天，（张俭）在便殿奏事，辽兴宗见他的衣袍又脏又旧，就暗中让宫中侍者用火夹子在衣袍上烫穿个孔作为记号，（结果）多次见他不换。皇帝问他为什么，张俭回答说："我穿这件袍子已经三十年了。"当时世风崇尚奢侈、浪费，（张俭）故意以此来稍加指责和讽刺世风。皇帝可怜他的清贫，就让他到内务府任意拿取物品，张俭奉皇帝之命只拿了三端（二丈为一端）布就出来了，这越发受到（皇帝）的奖励与尊重。张俭弟兄五人，皇帝想都赐他们为进士身份，（张俭）坚决地谢绝了。有关部门捕获了八个"强盗"，杀了他们后，才捉到真正的强盗。（那八个受冤的）家属到官府申冤，张俭多次请求替受屈的人昭雪申冤。皇帝勃然大怒："你想让我偿命吗？"张俭说："那八家老小呼告无门，稍加慰问救济，使得他们能收尸埋葬，也足以安慰生者和死者了。"（皇帝）这才听从了他的意见。张俭在相位二十多年，（给朝野带来的）好处很多。

马得臣传

辽主爱打马球

【原文】

时上击鞠无度，上书谏曰："……今陛下以球马为乐，愚臣思之，有不宜者三，故不避斧钺言之。窃以君臣同戏，不免分争，君得臣愧，彼负此喜，一不宜。跃马挥杖，纵横驰骛，不顾上下之分，争先取胜，失人臣礼，二不宜。轻万乘之尊，图一时之乐，万一有衔勒之失，其如社稷、太后何？三不宜……"书奏，帝嘉叹良久。

【译文】

当时辽圣宗打马球没有节制，谏议大夫马得臣上书劝谏说："……现在皇帝以打马球为娱乐，我想此事有三点不适宜，所以冒着被杀的危险谈这件事。我以为君王与臣下一起游戏，难免纷事，君王得了球，臣下羞愧，那一方输球，这一方高兴，这是一不适宜。使马跳跃，挥起球杖，纵横交驰，就顾不得君臣上下的身份而争先取胜，以致失去了臣下的礼数，这是二不适宜，不看重帝王的尊严，只图一时的快乐，万一有惊马摔倒的闪失，那朝廷和太后将怎么办哪！这是三不适宜……"奏疏呈上以后，辽圣宗夸奖和感叹了好久。

王继忠传

王继忠知人

【原文】

上尝燕饮，议以萧合卓为北院枢密使，继忠曰："合卓虽有刀笔才，暗於大体。萧敌烈才行兼备，可任。"上不纳，竟用合卓。及遣合卓伐高丽……攻兴化镇，月余不下。师还，上谓明於知人，拜枢密使。

【译文】

辽圣宗曾经（与王继忠一起）宴饮，议论到想让萧合卓做北院枢密使。王继忠说："萧合卓虽然具有写作奏议制诰的文才，但他不识大体。萧敌烈才能与品德兼备，可胜任（北院枢密使）。"皇帝不采纳他的意见，最终还是任用了萧合卓。等到派萧合卓征伐高丽，……攻打兴化镇，一个多月还攻不下来，军队返回后，辽圣宗认为（王继忠）有知人之明，就让他当了枢密使。

萧合卓传

不举胜己者令人鄙

【原文】

太平五年，有疾……会北府宰相萧朴问疾，合卓执其手曰："吾死，君必为枢密使，慎勿举胜己者。"朴出而鄙之。

【译文】

（辽圣宗）太平五年（1025年），（萧合卓）有病，……适逢北府宰相萧朴来探病，萧合卓握着萧朴的手说："我死后，你必然做枢密使，千万不要举荐超过你的人。"萧朴出来后就很鄙视萧合卓了。

耶律制心传

心无私则近佛

【原文】

或劝制心奉佛，对曰："吾不知佛法，惟心无私，则近之矣。"

【译文】

有人劝耶律制心（耶律隆运之侄）信奉佛教，耶律制心回答说："我不懂佛规佛法，（但我知道）只要心地无私，也就接近佛的品格了。"

耶律休哥传

身更百战，未尝杀一无辜

【原文】

圣宗即位，太后称制，令休哥总南面军务，以便宜从事。休哥均戍兵，立更休法，劝农桑，修武备，边境大治。

休哥以燕民疲弊，省赋役，恤孤寡，戒戍兵无犯宋境，虽马牛逸于北者悉还之。远近向化，边鄙以安。

休哥智略宏远，料敌如神。每战胜，让功诸将，故士卒乐为之用。身更百战，未尝杀一无辜。

【译文】

辽圣宗继位，由皇太后代理朝政，她命令耶律休哥总领南方的军务，可斟酌事势所宜而自行处理，不必请示。耶律休哥均匀了士兵戍边的日期，制订了轮换休息的法令，并奖励农桑，修治武备，从而使得边境大治。

耶律休哥因为燕地人民（多年战乱而）疲惫、困苦，所以减少赋税、徭役，关心孤寡百姓，告诫士兵不要侵犯宋朝边境，即使（南边宋朝人的）牛马走失到

北边（辽国境内）来，也都要送还给南边的失主。远近百姓为此都感化而心向于他，边境也就得以安宁。

耶律休哥聪明有谋略，气魄宏伟有远见，而且料敌如神。每次打了胜仗，都把功劳让给各位将领，所以士卒们都愿意为他所用。他身经百战，未曾杀害一位无辜之人。

耶律学古传

推荐敢于顶撞自己的人

【原文】

乌不吕……以功为东路统军都监，及德让为大丞相，荐其材可任统军使，太后曰："乌不吕尝不逊于卿，何善而荐？"德让奏曰："臣忝相位，於臣犹不屈，况于其余。以此知可用。若任使之，必能镇抚诸蕃。"

【译文】

乌不吕因为作战有功而当了东路统军都监，等到韩德让做大丞相，他就推荐乌不吕的才能可以担任统军使。太后说："乌不吕曾经对你不恭敬，他有什么好的地方值得推荐？"韩德让回答说："我愧列相位，（乌不吕）对我尚且不屈从，更何况对其他人呢？由此就可以知道他可以任用。如果任用他当统军使，一定能镇抚各地蕃属。"

高　勋　传

辽不重稼穑

【原文】

保宁中，以南京郊内多隙地，请疏畦种稻，帝欲从之。林牙耶律昆宣言於朝曰："高勋此奏，必有异志。果令种稻，引水为畦，设以京叛，官军何自而入？"帝疑之，不纳。

【译文】

保宁年间（969—978年）因为南京（今北京附近及河北北部）郊区多空闲土地，（高勋）请求开辟成畦，栽种水稻。辽景宗想采纳他的意见。林牙（掌管文翰）耶律昆在朝廷里散布说："高勋这个奏折必有背叛的意图。如果让种水稻，引水成畦，假设南京反叛，官军从哪里开进来？"辽景宗也怀疑此事，也就没有采纳高勋的建议。

耶律合住传

一言胜十万雄兵

【原文】

合住久任边防，虽有克获功，然务镇静，不妄生事以邀近功。邻壤敬畏，属部义安。宋数遣人结欢，冀达和意，合住表闻其事，帝许议和……镇范阳时，尝领数骑径诣雄州北门，与郡将立马陈两国利害……自是，边境数年无事，识者以谓合住一言，贤於数十万兵。

【译文】

耶律合住多年担任边防官职，虽然他常打胜仗而有战功，却还致力于边境的平静，并不胡乱生事地求取眼前之功。与之接壤的（宋朝官兵）很敬畏他，他的部下也太平无事。宋朝多次派人与之交好，希望（耶律合住）传达（辽与宋的）和解之意。耶律合住就上书使朝廷知道此事。辽景帝允许与宋朝议和。……当耶律合住镇守范阳（今河北北部、北京附近一带）时，曾经带领几名骑兵直接前往雄州（今雄县）北门，他立在马上向（宋朝）雄州郡守将陈说两国交战的利害得失。……从此，边境上几年没有战事。有识之人因此说，耶律合住的一句话，胜过数十万雄兵。

耶律裹履传

耶律裹履善画

【原文】

（耶律裹履）善画……清宁间，复使宋。宋主赐宴，瓶花隔面，未得其真。陛辞，仅一视。及境，以像示饯者，骇其神妙。

【译文】

耶律裹履善于绘画。……清宁年间（1055—1064 年）又出使宋朝。宋朝皇帝赐宴（招待他），由于瓶花隔着宋朝皇帝的颜面，以致（他）没能见到宋朝皇帝的真面目。待向宋朝皇帝辞别时，这才只看了一眼。到了边境时，（他）就把宋朝皇帝的画像拿给为他饯别的宋朝官员看，他们都为这幅富有传神之妙的画像而感到惊奇。

牛 温 舒 传

智促宋夏之和

【原文】

五年，夏为宋所攻，来请和解。温舒与萧得里底使宋。方大燕。优人为道士

装，索土泥药炉。优曰："土少不能和。"温舒遽起，以手藉土怀之。宋主问其故，温舒对曰："臣奉天子威命来和，若不从，则当卷土收去。"宋人大惊。遂许夏和。

【译文】

天祚帝乾统五年（1105 年），西夏被宋朝征伐，就来请（辽国）从中和解。牛温舒和萧得里底便奉命出使宋朝。正在举行盛大宴会时，宋朝艺人扮成道士妆束，来索土和泥做药炉，艺人说："土太少不能和泥。（暗指不能和解）。"牛温舒突然站起来，把手放在土上并把土拢到怀里。宋朝皇帝问他为什么这样、牛温舒回答说："我奉大辽皇帝的命令来和解（宋朝与西夏），如果宋朝不听从的话。那我将卷土收回（暗指收回西夏被宋朝占领土地）！"宋朝人大惊，于是就允许西夏求和的要求。

萧孝穆传

国　宝　臣

【原文】

孝穆虽椒房亲，位高益畏。太后有赐，辄辞不受。妻子无骄色。与人交，始终如一。所荐拔皆忠直士。尝语人曰："枢密选贤而用，何事不济？若自亲烦碎，则大事凝滞矣。"自萧合卓以吏才进，其后转效，不知大体。叹曰："不能移风易俗，偷安爵位，臣子之道若是乎。"时称为"国宝臣"。

【译文】

萧孝穆虽然是后妃的亲戚，地位很高，也越来越谨慎。太后有所赏赐，他总谢绝而不接受。他妻子和儿子也没有骄傲的样子，和人交往，始终如一。他所推荐和选拔的都是忠直之士。（他）曾对人说："枢密使若能选拔贤才并加任用，那还有什么事情办不成？如果亲自去做些繁琐小事，那么大事就没有进展了。"自从萧合卓以小吏的才干而得到晋升以后就转而仿效，不识大体。萧孝穆感叹地说："不能移风易俗，只是苟安于爵位，为臣之道难道是这样的吗？"当时人们都称他为"国宝大臣"。

耶律庶成传

辽人习中医

【原文】

初，契丹医人鲜知切脉审药，上命庶成译方脉书行之，自是人皆通习，虽诸部族亦知医事。

【译文】

当初，契丹族的医生很少有懂切脉、明药理的，辽兴宗让耶律庶成把（中医的）方剂、脉理方面的医书译成契丹文，刊行于世。从此人人都可以学习，即使

是各个部落民族也知道中医之事了。

辽道宗坚持辽国只有二姓

【原文】

上表乞广本国姓氏曰："我朝创业以来，法制修明；惟姓氏止分为二，耶律与萧而已……臣请推广之，使诸部各立姓氏，庶男女婚媾有合典礼。"帝以旧制不可遽厘，不听。

【译文】

（耶律庶箴）呈上奉章为请求增加辽国的姓氏说："我们大辽国自建国以来，法律制度昌明，只有姓氏才两个：'耶律'和'萧'而已，……我请求把姓氏推广扩大，让各个部落各立姓氏，以使老百姓男女的婚姻合乎制度和礼仪。"辽道宗却认为旧制不能突然改变，于是没有听从他的意见。

耶律韩留传

耿介招忌

【原文】

（耶律韩留）性不苟合，为枢密使萧解里所忌。上欲召用韩留，解里言目病不能视，议遂寝。四年，召为北面林牙。帝曰："朕早欲用卿，闻有疾，故待之至今。"韩留对曰："臣昔有目疾，才数月耳；然亦不至于昏。第臣驽拙，不能事权贵，是以不获早睹天颜。非陛下圣察，则愚臣岂有今日耶！"

【译文】

耶律韩留个性不爱随声附和，以致遭枢密使萧解里妒忌。辽兴宗想任用耶律韩留，萧解里说（耶律韩留）眼睛有病不能看东西，于是这个动议就放下了。辽兴宗重熙四年（1035年）（耶律韩留）被任命为北面林牙。辽兴宗说："我早就想用你，听说（你）有病，所以等到现在。"耶律韩留回答说："我过去有眼病，不过才几个月；然而也没到看不见东西的地步。只是我太愚笨，不能事奉权贵，所以不能早日见到您。如果不是圣上明察，那我哪里能有今天哪！"

杨佶传

以己俸创长桥

【原文】

十五年，出为武定军节度使。境内亢旱，苗稼将槁。视事之夕，雨泽沾足。百姓歌曰："何以苏我？上天降雨。谁其抚我？杨公为主。"漯阳水失故道，岁为民害，乃以己俸创长桥，人不病涉。及被召，郡民攀辕泣送。上御清凉殿宴劳之，即日除吏部尚书，兼门下侍郎、同中书门下平章事。上曰："卿今日何减吕

望之遇文王！"佶对曰："吕望比臣遭际有十年之晚。"上悦。其居相位，以进贤为己任，事总大纲，责成百司，人人乐为之用。

【译文】

辽兴宗重熙十五年（1046年），（杨佶）出任武定军节度使。当时境内大旱，庄稼都将枯死。就在他就职办公的那天晚上，大雨把土地滋润充足。老百姓唱道："我们怎样才能复苏？靠老天下雨。谁来抚慰、关心我们？靠杨公来做主。"灅阳河水泛滥不走故道，年年成为百姓的灾害，他就用自己的俸禄建了一座长桥，人们再也不受淌河之苦了。等到他被朝廷召见时，郡中百姓攀着车辕哭着为他送行。辽兴宗在清凉殿设宴慰劳他，当天就升任他为吏部尚书兼任门下侍郎、同中书门下平章事。皇帝说："你今天的境遇哪里次于（当年）姜子牙遇到周文王啊！"杨佶回答说："姜子牙受到（君王的）信任和重用比我晚十年。"皇帝（听后）很高兴。他任宰相时，以举荐贤才为己任，（他）只掌握大的原则，具体事责成各个部门去办，所以，人人都愿为他所用。

萧 陶 隗 传

忠臣惟知有国，不知有身

【原文】

上尝谓群臣曰："北枢密院军国重任，久阙其人，耶律阿思、萧斡特剌二人熟愈？"群臣各誉所长，陶隗独默然。上问："卿何不言？"陶隗曰："斡特剌懦而败事；阿思有才而贪，将为祸基。不得已而用，败事犹胜基祸。"上曰："陶隗虽魏征不能过，但恨吾不及太宗尔！"然竟以阿思为枢密使。由是阿思衔之。九年，西围不宁，阿思奏曰："边隅事大，可择重臣镇抚。"上曰："陶隗何如？"阿思曰："诚如圣旨。"遂拜西南面招讨使。阿思阴与萧阿忽带诬奏贼掠漠南牧马及居民畜产，陶隗不急追捕，罪当死，诏免官。

忠臣惟知有国，而不知有身，故恶恶不避其患。……言一出而祸辄随之。吁，邪正既不辨，国焉得无乱哉！

【译文】

辽道宗曾经对群臣说："北枢密院这个军国要职，很久空缺其主事人，耶律阿思、萧斡特剌两人谁更合适？"大臣们都赞誉他俩各自的长处。只有萧陶隗默然不语。皇帝问："你为何不说话？"萧陶隗说："萧斡特剌怯懦而坏事；耶律阿思有才能却贪婪，这会成为祸根。若不得已而任用（他俩），坏事的还强过祸根。"皇帝说："萧陶隗，即使是魏征也不能超过你，但遗憾的是我赶不上唐太宗啊！"然而，最终还是让耶律阿思当了枢密使。从此耶律阿思就怨恨萧陶隗。辽道宗大康九年（1083年），西部边疆不安宁，耶律阿思向皇帝报告说："边境（安全）事关重大，可选择重臣去镇抚。"皇帝说："萧陶隗怎么样？"耶律阿思说："（我的意思）正和您的旨意相合。"于是就任命萧陶隗为西南面招讨使。耶律阿思暗中和萧阿忽带向皇帝诬告说："漠南的牧马和居民的牲畜、财产被贼抢掠，萧陶隗却不紧急地追捕。按条例，萧陶隗应当处死，皇帝下令只免了他的官。

忠臣只知道有国家，而不知有自身。所以厌恶恶人，并不畏避由此而带来的祸患。……（结果）话一出口，灾祸就来了。唉，邪恶与正义既然不能分清，国家怎能不乱呢？"

耶律那也传

分别是非，不事迫胁

【原文】

那也为人廉介，长于理民，每有斗讼，亲核曲直，不尚威严，常曰："凡治人，本欲分别是非，何事迫胁以立名。"故所至以惠化称。

【译文】

耶律那也为人廉洁耿介，擅长于治理百姓，每有争斗诉讼之事，（他）亲自仔细查对是非曲直，并不崇尚威严，他常常说："凡是治理百姓，本是想分别是非，为什么要用压迫威胁（百姓）来树立自己的名声？"所以，他所到之处，都以恩惠感化（百姓）而著称。

耶律世良传

怀之以德，制之以威

【原文】

大之怀小也以德，制之也以威。德不足怀，威不足制，而欲服人也难矣。

【译文】

大国安抚小国要用德行，控制小国要用威力。如果德行不足以安抚、威力又不足以控制，那么要想征服他人就太难了！

耶律俨传

掷骰取官

【原文】

帝晚年倦勤，用人不能自择，令各掷骰子，以采胜者官之。俨尝得胜采，上曰："上相之征也！"迁知枢密院事。

【译文】

辽道宗晚年厌倦政务，任用官员时不能自己选择，却让各人掷骰子，让赌胜者就任官职。耶律俨曾得胜中采，皇帝说："这是宰相的征兆啊！"于是升（耶律俨）为知枢密院事。

刘 伸 传

忠 直 明 法

【原文】

重熙五年，（刘伸）登进士第，历彰武军节度使掌书记、大理正。奏狱，上适与近臣语，不顾，伸进曰："臣闻自古王必重民命，愿陛下省臣之奏。"上大惊异。……以伸明法而恕，案冤狱全活者众……道宗尝谓大臣曰："今之忠直，耶律玦、刘伸而已！"宰相杨绩贺其得人，拜参知政事。上谕之曰："卿勿惮宰相！"时北院枢密使乙辛势焰方炽，伸奏曰："臣於乙辛尚不畏，何宰相之畏！"

陶马俑

【译文】

刘伸在重熙五年（1036年）中进士，历任彰武军节度使掌书记和大理正。他因断狱事而向辽道宗报告，这时正赶上皇帝和亲近大臣们说话，没理刘伸。刘伸就进言说："我听说，自古以来帝王定然重视百姓的生命，希望陛下听明白我的奏报。"皇帝为此感到很惊异。……因为刘伸懂得法律，并以仁爱之心待人，他所审理的冤狱，得救的人很多。……辽道宗曾经对大臣们说："当今的忠直之士，只有耶律玦和刘伸而已！"宰相杨绩（向皇帝）祝贺得到了贤才。（皇帝）任命（刘伸）为参知政事，并告诉他说："你不要怕宰相！"当时北院枢密使耶律乙辛势力正大，刘伸回奏说："我对耶律乙辛尚且不怕，还怕什么宰相！"

萧 岩 寿 传

以狼牧羊，何能久长

【原文】

（大康元年）密奏乙辛以皇太子知国政，心不自安，与张孝杰数相过从，恐有阴谋，动摇太子。上悟，出乙辛为中京留守。会乙辛生日，上遣近臣耶律白斯本赐物为寿，乙辛因私属白上："臣见奸人在朝，陛下孤危。身虽在外，窃用寒心。"白斯本还，以闻。上遣人赐乙辛车，谕曰："无虑弗用，行将召矣。"由是反疑岩寿，出为顺义军节度使。

乙辛复入为枢密使，流岩寿於乌隗路，终身拘作。岩寿虽窜逐，恒以社稷为忧，时人为之语曰："以狼牧羊，何能久长！"三年，乙辛诬岩寿与谋废立事，执还杀之，年四十九。

【译文】

大康元年（1075年），萧岩寿向辽道宗秘密报告耶律乙辛为皇太子参与国家

政治而心里很不安稳，以致和张孝杰多次互相来往，恐怕其中有阴谋，（想）动摇太子（的地位。）皇帝有所醒悟，就调耶律乙辛出京担任中京（今内蒙古自治区宁城西大明城）留守。这时适逢耶律乙辛生日，皇帝就派亲近的大臣耶律白斯本赐送礼物祝寿，耶律乙辛借机私下托付耶律白斯本转告皇帝："我看到奸人在朝廷（执政），皇帝正处于孤立危险中，我身虽在朝廷之外，内心里却因此很担心。"耶律白斯本回朝后，就把这话告诉了皇帝。皇帝派人赐给耶律乙辛车辆，并谕示他说："不要为不任用而忧虑，很快就会召用（你进京）的！"从此，皇帝反而怀疑萧岩寿了，于是调他出京去任顺义军节度使。

耶律乙辛又进京任枢密使，他就把萧岩寿流放到乌隗路，终身囚禁做苦役。萧岩寿虽然被放逐，却一直忧虑国家命运，当时人对他说："用狼放羊，（羊）哪里能活长久？"大康三年（1077年），耶律乙辛诬陷萧岩寿参与谋划皇帝废立的事，于是就把萧岩寿抓回来杀死了，当时他年仅四十九岁。

耶律撒剌传

为社稷计，何憾之有

【原文】

大康二年，耶律乙辛为中京留守，诏百官廷议，欲复召之，群臣无敢正言。撒剌独奏曰："萧岩寿言乙辛有罪，不可为枢臣，故陛下出之；今复召，恐天下生疑。"进谏者三，不纳，左右为之震悚。乙辛复为枢密使，见撒剌让曰："与君无憾，何独异议？"撒剌曰："此社稷计，何憾之有！"

【译文】

辽道宗大康二年（1076），耶律乙辛任中京留守，（辽道宗）让百官在朝廷讨论，想再把耶律乙辛召回京城，众大臣没人敢直率地讲话，只有耶律撒剌讲："萧岩寿说耶律乙辛有罪，不能做枢密使，所以您把他调出京城；现在又召回他，恐怕天下人会对朝廷产生怀疑。"如此再三进谏（辽道宗）也不采纳，别的大臣都为耶律撒剌感到害怕和担心。耶律乙辛又担任了枢密使，见到耶律撒剌时责备道："（我）和你没有什么怨仇，（你）为什么（对我）持异议呢？"耶律撒剌说："这是为国家考虑，哪里有什么（私人之间的）仇恨！"

耶律石柳传

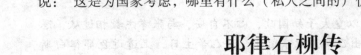

恩赏明则贤者劝，刑罚当则奸人消

【原文】

恩赏明则贤者劝，刑罚当则奸人消。二者既举，天下不劳而治。

【译文】

恩赏鲜明，那么贤德君子勤勉上进；刑罚得当，那么奸佞小人销声匿迹。两者都能做到，天下不必烦劳就可以大治了。

文　学　传

辽俗重武轻文

【原文】

辽起松漠，太祖以兵经略方内，礼文之事固所未遑。及太宗入汴，取晋图书、礼器而北，然后制度渐以修举。至景、圣间，则科目聿兴，士有由下僚擢升侍从，骎骎崇儒之美。但其风气刚劲，三面邻敌，岁时以搜狝为务，而典章文物视古犹阙。

【译文】

辽国兴起于松漠（今辽宁省西南），由于辽太祖用武力来处理国内之事，礼仪文教之事本来就没时间顾及。到了辽太宗攻入汴梁而夺取后晋图书、礼仪之器回到北方，然后各种礼仪制度才逐渐整理、建立起来。到了辽景宗、辽圣宗年间，分科取士的科举制才得以兴起，知识分子由下级官吏而提拔为皇室侍从，从而迅速形成了尊儒的美德风尚。但辽国的风气刚健，又三面邻敌，每年都要以打仗为主要国事，因而典章文物和古代相比还是很缺乏的。

萧韩家奴传

利己误人，非吾所欲

【原文】

（萧韩家奴）家有一牛，不任驱策，其奴得善价鬻之。韩家奴曰："利己误人，非吾所欲。"乃归直取牛。

【译文】

萧韩家奴家里有一头牛，不听从使唤和驱赶，他的奴仆得个好价钱就把这牛卖了。萧韩家奴说："利己害人，不是我想干的事。"于是把钱送还（人家），又取回了这牛。

大小均熟，始为尽美

【原文】

尝从容问曰："卿居外有异闻乎？"韩家奴对曰："臣惟知炒粟：小者熟，则大者必生；大者熟，则小者必焦。使大小均熟，始为尽美。不知其他。"盖尝掌栗园，故托栗以讽谏。帝大笑。

【译文】

（辽兴宗）曾经很舒缓从容地问萧韩家奴说："你居住在外边听说过什么奇

怪的事情吗?"萧韩家奴回答说:"我只知道炒栗子:小的熟了,那么大的必生;大的熟了,那么小的必焦。假如大小都熟了,才是尽善尽美。不知道别的了。"萧韩家奴曾经执掌栗子园,所以假托炒栗子来委婉地劝说皇帝。皇帝听后大笑。

寇盗多寡之因

【原文】

臣闻唐太宗问群臣治盗之方,皆曰:"严刑峻法。"太宗笑曰:"寇盗所以滋者,由赋敛无度,民不聊生。今朕内省嗜欲,外罢游幸,使海内安静,则寇盗自止。"由此观之,寇盗多寡,皆由衣食丰俭,徭役重轻耳。

【译文】

我听说,唐太宗向群臣问过整治盗匪的办法,大臣们都说:"严刑峻法。"唐太宗笑着说:"草寇强盗之所以滋蔓,是由于(朝廷)赋敛无度,民不聊生(的结果)。现在我宫内省去嗜好和欲望,外边我停止游猎巡幸,这使国家安静,那么草寇强盗自然就没有了。"由此看来,寇盗的多少,都是由百姓的衣食丰俭、徭役重轻决定的啊!

耶律孟简传

史笔天下之大信

【原文】

大康中,始得归乡里。诣阙上表曰:"本朝之兴,几二百年,宜有国史以垂后世。"乃编耶律曷鲁、屋质、休哥三人行事以进。上命置局编修。孟繁谓余官曰:"史笔天下之大信,一言当否,百世从之。苟无明识,好恶徇情,则祸不测。故左氏、司马迁、班固、范晔俱罹殃祸,可不慎欤!"

【译文】

大康中(1075—1085年),(耶律孟简)才开始回归故里。(他)来到朝廷上奏章说:"我们辽代建立,将近二百年了,应该有本朝历史,以便留传后世。"于是就编写了耶律曷鲁、耶律屋质、耶律休哥三人的行为事迹,把它们进献给皇帝,辽道宗命令设立编修而来编修辽国历史。耶律孟简对其余官员说:"史家之笔是天下人最信任的,一句话说得对还是不对,后世百代都将遵从。如果没有高明的见识,凭自己的好恶感情歪曲历史,其后祸则难以预测。所以左丘明、司马迁、班固、范晔都遭了祸殃,怎能不谨慎呢?"

马人望传

括民无遗，必长厚敛之弊

【原文】

京城狱讼填委，人望处决，无一冤者。会检括户口，未两旬而毕。同知留守萧保先怪而问之，人望曰："民产若括之无遗，他日必长厚敛之弊，大率十得六七足矣。"保先谢曰："公虑远，吾不及也。"

【译文】

（辽国）京城监狱中的诉讼堆积如山，由于马人望处理得决断，（结果）没有一个冤枉的。这时正赶上稽查、统计和征收户头人口税，这项工作不到二十天就结束了。同知留守萧保先对此感到惊异就问他是怎么回事。马人望说："百姓的财产要是搜刮得无有剩余，以后就必然助长起大肆搜刮（民财）的弊端，大概其能征收到十分之六、七也就足够了。"萧保先告诉他说："你考虑得长远，我赶不上（你）呀。"

得勿喜，失勿忧

【原文】

人望有操守，喜怒不形，未尝附丽求进。初除执政，家人贺之。人望愀然曰："得勿喜，失勿忧。抗之甚高，挤之必酷。"其畏慎如此。

【译文】

马人望有操守，喜怒不形于色，从不依附权贵以求升官。开始当官执政时，家里人向他祝贺。马人望面色凄然地说："得官位不要喜，失官位也不要忧。抬举得越高，被排挤得越残酷。"他的畏惧和谨慎竟到了如此地步。

耶律铎鲁斡传

人仕当以裕国安民为事

【原文】

铎鲁斡所至有声，吏民畏爱。及退居乡里，子普古为乌古都节度使，遣人来迎。既至，见积委甚富。谓普古曰："辞亲入仕，当以裕国安民为事。枉道欺君，以苟货利，非吾志也。"命驾而归。普古后为盗所杀。

【译文】

耶律铎鲁斡所到之处，皆有良好声誉，官吏百姓都敬畏并爱戴他。等到（他）退休回到家乡居住时，儿子耶律普古已做了乌古都节度使，就派人来迎接，到（普古）家后，（耶律铎鲁斡）见到（普古家中）积蓄很多。（耶律铎鲁斡）对普古说："告别自己的双亲去做官，应当以国家富裕、人民安定为行事宗旨。

那种欺骗君王、违法曲断、用不正当手段来获取财货的行径，那不是我的志向啊！"于是命令驾车返回去了。后来，耶律普古被作乱的人杀死了。

耶律官奴传
二　逸

【原文】

官奴与欧里部人萧哇友善，哇谓官奴曰："仕不能致主泽民，成大功烈，何屑屑为也！吾与若居林下，以枕草自随，觞咏自乐，虽不官，无慊焉。"官奴然之。时称"二逸"。

【译文】

耶律官奴与欧里部人萧哇很友好。萧哇对耶律官奴说："做官不能使君王施恩泽于百姓，成就大功业，何必那么孜孜以求地去干呢？我和你住在林中，枕在竹席上，随意而安，喝酒吟诗，自得其乐，虽然不做官，也没有什么遗憾的。"耶律官奴认为他说得对。当时人们称他们为"二逸"。

烈　女　传
与其得烈女，不若得贤女

【原文】

男女居室，人之大伦。与其得烈女，不若得贤女。天下而有烈女之名，非幸也。

【译文】

男女结合，同居一室，本是人的天伦。与其要贞节烈女，不如要贤德淑女。天下有烈女之名，并不是什么好事啊！

罗　衣　轻　传
伶人敢谏

【原文】

上尝与太弟重元狎昵，宴酣，许以千秋万岁后传位。重元喜甚，骄纵不法。又因双陆，赌以居民城邑，帝屡不竞，前后已偿数城。重元既恃梁孝王之宠，又多郑叔段之过，朝臣无敢言者，道路以目。一日复博，罗衣轻指其局曰："双陆休痴，和你都输去也！"帝始悟，不复戏。

【译文】

辽兴宗曾经和弟弟耶律重元很亲密，在一次宴席上他喝醉了酒，就许愿说自己死后要把帝位传给他。耶律重元很高兴，以致骄横放肆，目无法纪。辽兴宗又玩双陆进行赌博而拿居民城镇当作赌注。辽兴宗屡屡不胜，前后已赔进好几个城镇了。（当时）耶律重元既依仗像汉代梁孝王那样的恩宠，又有很多像春秋时郑

国共叔段那样篡逆的罪行，朝中大臣没有敢说话的，只能在路上侧目而视。一天辽兴宗又赌博，伶人罗衣轻指着双陆的局盘说："双陆，别再发傻了，连你都输掉了！"皇帝这才醒悟，就不再与重元玩双陆的赌博游戏了。

国　语　解

耶律、萧二姓之由来

【原文】

《本纪》首书太祖姓耶律氏，继书皇后萧氏，则有国之初，已分二姓矣。有谓始兴之地曰世里，译者以世里为耶律，故国族皆以耶律为姓。有谓述律皇后兄子名萧翰者，为宣武军节度使，其妹复为皇后，故后族皆以萧为姓。……又有言以汉字书者曰耶律、萧，以契丹字书者曰移剌、石抹，则亦无可考矣。

【译文】

《辽史》的《本纪》一开始就写辽太祖姓"耶律"，接着写皇后姓"萧"。那么，辽国建国之初，就已经分为两姓了。有人说，辽国开始兴盛的地方叫"世里"，译者就把"世里"译为"耶律"，所以皇族都以"耶律"为姓。有人说，述律皇后哥哥的儿子叫萧翰，当了宣武军节度使，他的妹妹又做了皇后，所以后妃的家族都姓"萧"。……又有人说，用汉字写，叫"耶律""萧"，用契丹文字写，叫"移剌""石抹"。这也是些没法考证的事了。

国学经典文库

金史

【元】脱脱 等

线装书局

序　言

　　《金史》一百三十五卷，其中本纪十九卷，志三十九卷，表四卷、列传七十三卷，是记载女真族所建金朝始末的重要史籍。

　　《金史》的撰修过程和《辽史》一样，最早议修于元世祖中统二年（1261），因为义例难定，直到元顺帝至正三年（1343），才决定"各与正统"，分别撰修《辽》《金》《宋》三史。次年十一月，《金史》告成，前后用了不到一年的时间。参加修《金史》的主要有铁木尔塔识、张起岩、欧阳玄、王沂、杨宗瑞等，其发凡举例……至于论、赞、表、奏，皆（欧阳）玄属笔。欧阳玄的文集《圭斋集》收有三史的《进书表》，足见他在修史过程中起了重要作用。

　　《金史》的取材主要是《金实录》，有关金末之事多取元好问的《壬辰杂编》和刘祁的《归潜志》等。

　　据记载，金历朝大都具有较完备的实录，主要的有《祖宗实录》，包括始祖以下十帝的逸闻轶事，是女真族早期活动的重要文献，完成于太宗天会年间。以下顺次有《太祖实录》《太宗实录》《睿宗实录》《熙宗实录》《海陵庶人实录》《世宗实录》《显宗实录》《章宗实录》《宣宗实录》凡十种。这些实录在宣宗南迁时，全部带到了汴京。天兴二年（1233），哀宗奔蔡，汴京发生了崔立之变，以整个都城投降了元军，元军入汴以后，其将领张柔于金帛一无所取，独入史馆，取《金实录》并秘府图书，卫送北归，中统二年，也就是开始议修辽、金史时，他把这些实录献给了史馆。

　　在上列金朝诸实录中，独缺卫绍王一朝的实录，这正如《金史》的编撰者在《卫绍王本纪》的赞语中所说："卫绍王政乱于内，兵败于外，其灭亡已有征矣。身弑国蹙，记注亡失，南迁后不复记载。"有关这一朝的事迹，大都是元世祖时翰林学士承旨王鹗所采辑。《进金史表》说："张柔归金史于其先，王鹗辑金事于其后"，清楚地概括了上述事实。

　　关于哀宗亡国始末，因为时局所限，不可能有什么实录，但刘祁《归潜志》与元好问《壬辰杂编》二书，虽微有异同，而金末丧乱之事犹有足征者。《金史》卷一二六《刘从益传》说："刘祁值金末丧乱，作《归潜志》以纪金事，修《金史》多采用焉。"同卷《元德明传》附《元好问传》也说：元好问"以金源氏有天下，典章法度几及汉、唐，国亡史作，己所当任，……乃构亭于家，著述其上，因名曰

'野史'。凡金源君臣遗言往行，采摭所闻，有所得辄以寸纸细字为记录，至百余万言。今所传者有《中州集》及《壬辰杂编》若干卷……撰修《金史》，多本其所著"。

刘祁的《归潜志》十四卷，前六卷共有一百二十多人的小传，这些小传多是文人，也有显宦、武将，甚至僧人，都是作者"昔所与交游"。卷七至卷十又多记了这些人的逸闻轶事，可说是对前六卷的补充。卷十一为《录大梁事》，专记元兵包围汴京始末，是较完整记载金朝灭亡的重要文献之一。卷十二为《录崔立碑事》和《辩亡》，前者记崔立叛降和胁迫文人为其立功德碑的经过，后者则分析金朝灭亡的原因，卷十三和十四是取录他人箴言和投赠诗文等。从史的角度说，其价值主要在前十二卷。

元好问的《壬辰杂编》今已不传，可见的只有《中州集》。《中州集》是元好问所编的金代诗歌选集，共收金代二百四十九位作者的作品。《中州集》不仅保存了金代诗作的精品，而且更重要的是，每个入选作者，元好问都做了一篇小传。这些小传大都很精当，具有较高的史料价值。特别是有些传记为《金史》所无，可补《金史》之缺；有些传记记载与《金史》有异，可资考证。

《金史》在元人所修的三史中，向有好评。《四库提要》说：此书"与《宋》《辽》二史取办仓卒者不同，故其首尾完密，条例整齐，约而不疏，赡而不芜，在三史中独为最善"。这种评价较具有代表性，在很大程度上道出了《金史》的撰修特点。如《金史》用"世纪"的形式，追述了金建国前女真族的概况，又用"世纪补"的形式，记述了景宣皇帝宗峻、睿宗宗尧，显宗允恭三个有号无位的"皇帝"事迹，确实显得首尾完具，条例整齐，体现了编撰者在安排内容和设目上的匠心。再如《金史》独有《交聘表》，用表格形式，列出与宋、夏、高丽的使者聘往情况，实在是用极为简括的方式，揭示了三国关系最复杂的内容，这在"二十四史"中，不能不说是独创。

本纪第一·世纪

金　之　先

【原文】

金之先，出靺鞨氏。靺鞨本号勿吉。勿吉，古肃慎地也。元魏时，勿吉有七部：曰粟末部，曰伯咄部，曰安车骨部，曰拂涅部，曰号室部，曰黑水部，曰白山部。隋称靺鞨，而七部并同。唐初，有黑水靺鞨、粟末靺鞨，其五部无闻。粟末靺鞨始附高丽，姓大氏。李勣破高丽，粟末靺鞨保东牟山。后为渤海，称王，传十余世。……黑水靺鞨居肃慎地，东濒海，南接高丽，亦附于高丽。……开元中，来朝，置黑水府，以部长为都督、刺史，置长史监之。赐都督姓李氏，名献诚，领黑水经略使。其后渤海盛强，黑水役属之，朝贡遂绝。五代时，契丹尽取渤海地，而黑水靺鞨附属于契丹。其在南者籍契丹，号熟女直；其在北者不在契丹籍，号生女直。生女直地有混同江、长白山，混同江亦号黑龙江，所谓"白山、黑水"是也。

铜虎符　金代

【译文】

金国的祖先，出于靺鞨氏。靺鞨原名叫勿吉。勿吉就是古代肃慎族的居住地。北魏时，勿吉共计有七个部落：粟末部，伯咄部，安车骨部，拂涅部，号室部，黑水部，白山部。隋朝时统称靺鞨，这七个部落共同并存。唐朝初期，只有黑水靺鞨和粟末靺鞨出名，其他五个部落就听不到了。粟末靺鞨起初依附于高丽国。从此姓大。唐代大将李勣攻破高丽国时，粟末靺鞨保守东牟山。后来成立渤海国，自己独立称王，传了十多代。……黑水靺鞨部居住在原先肃慎族的领域，东临大海，南接高丽国，也依附于高丽国。…唐代开元年间，来向唐皇朝拜，从而设置黑水府这一政府机构，任命黑水靺鞨酋长当黑水府都督兼刺史，同时安排长史监护黑水府的治理工作。唐皇还赐给黑水府都督姓李，并赐名献诚，兼任边防军事长官经略使。后来渤海国强盛了，黑水靺鞨部就隶属于它，从此对唐皇的朝贡就终止了。五代时，契丹国全部侵占了渤海国领土，于是黑水靺鞨部也就附属于契丹国。黑水靺鞨部居住在南边的部分人口归入契丹国户口，称为熟女直；它的北边部分人口没有归入契丹国，就称为生女直。生女直地方有混同江和长白山。混同江也叫黑龙江。所谓"白山、黑水"就是指这里。

本纪第二·太祖

金太祖体谅民情

【原文】

康宗七年，岁不登，民多流莩，强者转而为盗。欢都等欲重其法，为盗者皆

杀之。太祖曰："以财杀人，不可。财者，人所致也。"……太祖在外庭以帛系杖端，麾其众，令曰："今贫者不能自活，卖妻子以偿债。骨肉之爱，人心所同。自今三年勿征，过三年徐图之。"众皆听令，闻者感泣，自是远近归心焉。

【译文】

金康宗七年，一年的庄稼不收，百姓多有逃荒和饿死的，强壮的人就变成了盗贼。欢都等大臣主张对他们加重法律制裁，凡当盗贼的都杀掉。金太祖说："由于财物而杀人，那不行，财物是被人所用的。"……金太祖在外庭用绸绢系在手杖顶端充当旗帜，指挥众官吏，下令说："现在贫穷的百姓不能养活自己，还要出卖妻子儿女用来抵偿债税。那种怜爱骨肉之心，人人都有。从今天起三年内不再征收钱粮，过三年后再慢慢考虑征收的事。"众人都听从这一命令，听说这件事的人都感动得掉泪，从此远近百姓都出自内心地归顺于太祖了。

本纪第三·太宗

金宋伯侄相称

【原文】

四年……宋太上皇帝出奔。癸酉，诸军围汴。甲戌，宋使李梲来谢罪，且请修好。宗望许宋修好，约质，割三镇地，增岁币，载书称伯侄。戊寅，宋以康王构、少宰张邦昌为质。辛巳，宋上誓书、地图，称侄大宋皇帝、伯大金皇帝。癸未，诸军解围。

金帝陵遗址

【译文】

天会四年（1126）春正月……南宋太上皇帝离京出逃。正月癸酉日，金兵各路军马包围汴京。甲戌日，南宋派使者李梲前来道歉请罪，并请求修复友好关系。金兵将领宗望答应南宋修复友好的请求，但规定要人质并割据三镇地域，还要增加每年向金国朝贡的银钱，书写国书、文件需以伯侄相称。戊寅日，南宋以康王赵构和少宰张邦昌作为人质。辛巳日，南宋奉上了盟约文书和割让领土的地图册，并称侄大宋皇帝、伯大金皇帝。癸未日，金兵各路军马这才解除对汴京的围困。

本纪第四·熙宗

金效汉制行科举

【原文】

五月己亥，诏以经义、辞赋两科取士。

【译文】

天眷元年（1138）五月己亥日，金熙宗下令用经义科和辞赋科考取文人为后备官员。

尊孔尚学致汉化

【原文】

上亲祭孔子庙，北面再拜。退谓侍臣曰："朕幼年游侠，不知志学，岁月逾迈，深以为悔。孔子虽无位，其道可尊，使万世景仰。大凡为善，不可不勉。"自是颇读《尚书》《论语》及《五代》《辽史》诸书，或以夜继焉。

【译文】

金熙宗亲自到孔子庙祭祀，面向北行学生敬师之礼，一再礼拜。祭毕退出后告诉侍臣说："我幼年时贪图游玩和安逸，不知立志于学业，岁月使我年老了，深深地对此后悔。孔子虽然没有取得君位，但他的学说值得尊重，使得世世代代被人敬仰。总之，凡是要干有益的事业，不可不努力啊。"从此他很用功地研读《尚书》《论语》以及《五代》《辽史》等各种书籍，有时还夜以继日地读这类书。

本纪第五·海陵

勿忘种田人

【原文】

己亥，谓侍臣曰："昨太子生日，皇后献朕一物，大是珍异，卿试观之。"即出诸绛囊中，乃田家稼穑图。"后意太子生深宫之中，不知民间稼穑之艰难，故以为献，朕甚贤之"。

【译文】

天德三年（1151）三月己亥日，海陵王告诉侍臣说："昨天是太子的生日，皇后献给我一件礼物，我以为这礼物极珍奇，请你观看一下。"于是就从深红色的口袋中取出这礼物，原来是一张农家耕作图。海陵王又说："皇后的用意是，太子生活在幽深宫殿中，不了解民间农业生产的艰难，所以将这张图作为进献礼物了。我认为她很是贤良。"

严惩谋私、怠情的官吏

【原文】

归德军节度使阿鲁补以撤官舍材木构私第，赐死。戊戌，诏朝官称疾不治事者，尚书省令监察御史与太医同诊视，无实者坐之。

【译文】

归德军节度使阿鲁补由于拆除公家住房的木材用来建造自己的私人住宅，海陵王就处他死刑。天德三年（1151）闰四月戊戌日，海陵王又下令，在朝官员凡称有病而不治理政事的，由尚书省命令监察御史会同宫廷太医一起诊断检查，对于没有实在病情的官吏一律定罪惩处。

本纪第六·世宗（上）

荐人才切忌嫉妒

【原文】

上谓宰相曰："进贤退不肖，宰相之职也。有才能高于己者，或惧其分权，往往不肯引置同列，朕甚不取。卿等毋以此为心。"

【译文】

金世宗告诉宰相说："引荐德才兼备的人黜退品行不良的人，这是宰相的职责。发现才华和能力比自己高的人才，也许因害怕他会分掉自己的权力，往往就不肯引荐并安置他到与自己同等的地位上来，我很不赞成这种态度。你们可不要有这种念头。"

虚 心 受 谏

【原文】

因谕晏等曰："朕常慕古之帝王，虚心受谏。卿等有言即言，毋缄默以自便。"

【译文】

金世宗于是告诉左丞相晏等大臣们说："我时常羡慕古代帝王虚心地接受大臣们的劝告和建议。你们有话就讲，可不能沉默不语以求自己方便。"

明君不干涉著史

【原文】

上谓宰臣曰："海陵时，修起居注不任直臣，故所书多不实。可访求得实，详而录之。"参政孟浩进曰："良史直笔，君举必书，自古帝王不自观史，意正在此。"

【译文】

金世宗对宰臣说："海陵王执政时，撰写君王宫廷生活的记载总不任用正直的史官，所以当时记载的大多不真实。现在应通过访问调查而求得真实情况，然后详细地记录下来。"参政孟浩进献建议说："优秀的史官都正直地毫无顾忌地书写，对于君王所干的事全都记载，而从古以来英明帝王都不亲自观看史官的记载，其用意正在于不干涉史书的纪实。"

本纪第七·世宗（中）

行廉政须取督察措施

【原文】

上召诸王府长史谕之曰："朕选汝等，正欲劝导诸王，使之为善。如诸王所为有所未善，当力陈之，尚或不从，则具某日行某事以奏。若阿意不言，朕惟汝罪。"……诏"自今官长不法，其僚佐不能纠正又不言上者，并坐之"。户部尚书高德基滥支朝官俸钱四十万贯，杖八十。……诏尚书省，"赃污之官，已被廉问，若仍旧职，必复害民。其遣使诸道，即日罢之"。

【译文】

金世宗召见各位王府的长史并告诫他们说："我选用你们，正是要你们劝导各位王爷，使他们办好事。如果各位王爷的所作所为有不良行为，你们应当尽力向他们说理，如果还有人不听从，你们就写明某日他们干了某件坏事来禀报。如果你们怀有阿谀奉承之意而不报告，我就判你们的罪。"……金世宗还颁发布告："从今日起，

坐式铜龙

官长不遵守法规，而他的助理官们既不予纠正又不向上级部门禀报的，就一起判罪"。当时，户部尚书高德基滥发朝廷官吏的薪俸，多支了四十万贯，就罚打八十棍。……金世宗还下令尚书省："贪赃受贿的污官，若已受追究查办却还担任原有职务的，必定还会坑害百姓。因而，对于此类已派往各地任职的贪官，须立即罢免他们。"

富贵勿忘俭

【原文】

太子詹事刘仲诲请增东宫牧人及张设，上曰："东宫诸司局人自有常数，张设已具，尚何增益。太子生于富贵，易入于侈，惟当导以淳俭。朕自即位以来，服御器物，往往仍旧，卿以此意谕之。"

【译文】

侍候太子的詹事刘仲诲请求要增添东宫的仆人和其他陈设，金世宗说："东宫各种掌管生活杂务的人自来就有一定编制，各种陈设也已俱全，还增添什么。太子生在富贵环境中，容易变得奢侈，所以应当用淳朴节俭的思想作风开导他。

我自从当皇帝以来，所用衣服车辆器具物品等，往往还都是旧有的那些，你就把我这意思告诉他吧。"

不可忘记本民族优长

【原文】

工御睿思殿，命歌者歌女直词。顾谓皇太子及诸王曰："朕思先朝所行之事，未尝暂忘，故时听此词，亦欲令汝辈知之。汝辈自幼惟习汉人风俗，不知女直纯实之风，至于文字语言，或不通晓，是忘本也。汝辈当体朕意，至于子孙，亦当遵朕教诫也。"

【译文】

金世宗来到睿思殿，命令歌手咏唱女真族的歌词。他回头告诉皇太子和各位封王的弟侄们说："我思念金朝前辈所推行的事，未曾有短暂的遗忘，所以时常要听这民族的歌词，也要求你们了解它。你们从小只学习汉族的风俗，却不了解我们女真族纯正朴质的风俗了，至于女真族的文字语言，有人已不完全知晓了，这是忘本啊。你们应当领会我的心意，对于子孙也应当要求他们遵循我以上的教诲和告诫啊。"

选人尚廉能，不重资历

【原文】

上谕宰臣曰："郡守选人，资考虽未及，廉能者则升用之，以励其余。"

【译文】

金世宗指示宰臣们说："郡守等政府机构要遴选人才任官，在资历方面考核即使不及格，但只要是廉洁而又有才能的，就提拔任用他们，以此激励其他人。"

本纪第八·世宗（下）

译经书弘扬汉文化

【原文】

译经所进所译《易》《书》《论语》《孟子》《老子》《扬子》《文中子》《刘子》及《新唐书》。上谓宰臣曰："朕所以令译五经者，正欲女直人知仁义道德所在耳。"命颁行之。

【译文】

译经所进献所译的《易经》《尚书》《论语》《孟子》《老子》《扬子》《文中子》《刘子》及《新唐书》等书籍。金世宗对宰臣说："我下令翻译五经的原因，正是想教女直族人氏也都知道仁义道德存在的必要啊。"于是下令颁发实行。

本纪第九·章宗（一）

蔽贤有罪

【原文】

诏内外五品以上，岁举廉能官一员，不举者坐蔽贤罪。

【译文】

金章宗指令京都内外五品以上官吏，每年必须向朝廷推举一名既廉洁又能干的官员，如果不推举就定为埋没人才的罪名。

承平尤须节奢侈

【原文】

右丞履、参知政事守贞、镒曰："凡人之情，见美则愿，若不节以制度，将见奢侈无极，费用过多，民之贫乏，殆由此致。方今承平之际，正宜讲究此事，为经久法。"上是履议。

【译文】

右丞履以及参知政事守贞和镒都说："总的来说，人们的常情是，一遇到美好享受就高兴，如果不用制度加以节制，将会奢侈无边。上边的费用过多了，老百姓也就贫乏了，社会危机也就由此造成。现在正是昌平安定年月，正应当讲究节制奢侈的事，这便是治理社会的长久之法。"金章宗认为右丞履等人的意见是正确的。

能言敝亦足嘉矣

【原文】

上曰："方今政欲知其弊也。彼虽无救弊之术，但能言其敝，亦足嘉矣。"

【译文】

金章宗说："如今治理政事正想了解其中的弊端。那些虽然没有补救时弊的方法，但却能道出社会政治弊病的人，也是值得赞扬的。"

本纪第十·章宗（二）

官风不正导致民风衰变

【原文】

上又言："……宰臣又言：'近言事者谓，方今孝弟廉耻道缺，乞正风俗。'此盖官吏不能奉宣教化使然。今之察举官吏者，多责近效，以干办为上，其有秉心宽厚，欲行德化者，辄谓之迂阔。故人人皆以教化为余事，此孝弟所以废也。

……今之所察举，皆先才而后德。巧猾之徒，虽有赃污，一旦见用，犹为能吏，此廉耻所以丧也。"

钓鱼台　金代

【译文】

金章宗又说："……宰臣又报告说：'近来议论政事的官吏反映，现在社会道德风尚和廉洁知耻的道义奇缺，要求整顿社会风气习俗'。这都是官吏们不能重视宣扬政教风化才使得这样的。现在考察提拔官吏，大多要求近期效果，认为干练能办事就好，其他那些秉性宽容厚道并想推行道德教化的人，往往就被说成是迂腐不切实际。所以人人都把教育感化事业当作多余的事，这就是社会道德风化衰废的原因。……现在考察提拔官员，都重才轻德。那些投机狡猾的人，虽然犯有贪污罪，一旦被任用，还被认为是有能力的官，这也就是廉洁知耻之风丧失殆尽的原因。"

本纪第十四·宣宗（上）

红袄军此起彼伏

【原文】

红袄贼掠成武，宣抚副使颜盏天泽讨走之，斩首数百级。……命侯挚招邢州贼程邦杰以官，不从则诱其党图之。……红袄贼周元儿陷深、祁州、束鹿、安平、无极等县，真定帅府以计破之，斩元儿及杀其党五百余人。……辛丑，侯挚言："红袄贼掠临沂、费县之境，官军败之。获其党讯之，知其渠贼郝定僭号署官，已陷滕、兖、单诸州，莱芜、新泰等十余县。"时道路不通，宰臣请谕挚为备。仍诏枢密院招捕。

【译文】

红袄军攻取成武地方，宣抚副使颜盏天泽打跑了他们，并斩杀几百人。……朝廷命令侯挚以官位招降邢州的红袄军首领程邦杰，不服从就诱降其他的起义的将士。……红袄军周元儿攻占深州、祁州、束鹿、安平、无极等县，真定帅府就施计谋击败了他，斩杀了周元儿及其同党五百余人。……贞祐四年（1216）四月辛丑日，侯挚报告说："红袄贼夺取临沂、费县的境地，官军击败了他们。抓获他们的同党并进行了审讯，了解到他们的首领郝定竟超越本分地冒称署官，并已攻占滕州、兖州和单州等地以及莱芜、新泰等十几个县。"当时这些地方的交通阻断，宰臣告诫侯挚要做好防备。同时朝廷命令枢密院对红袄军既招降又围剿。

本纪第十五·宣宗（中）

国家用人奚择贵贱

【原文】

御史劾集贤院谘议官李维岳本中山府无极县进士赵孝选家奴，乞正其事。上曰："国家用人，奚择贵贱。"命以官银五十两赎放为良，任使仍旧。

【译文】

御史揭发集贤院的谘议官李维岳本来是中山府无极县进士赵孝选的家奴，要求纠正家奴任官这件错事。金宣宗说："国家任用人才，哪里还管什么出身的贵贱呢？"于是命令用官府公款五十两赎出李维岳的家奴身份而解放为自由民，所任职务依旧不变。

本纪第十六·宣宗（下）

善待归降者

【原文】

宋人方子忻来归，有司处之郑州。上曰："吾民奔宋者，彼例衣食之。彼来归者，不善视之，或复逃归，漏泄机事。"命增子忻廪给，有司优遇之。

【译文】

南宋人方子忻前来归降，有司在郑州就处理他。金宣宗说："我们金国人投奔南宋，他们照例给他好吃好穿好招待。他们南宋人来归降的，我们却不能好好看待他，那么有的人就又会逃回南宋去，这就会泄漏我们的机密要事。"于是命令增加供给方子忻的粮米薪俸，让有司优厚地款待他。

奸弊害政岂可无视

【原文】

敕诸御史曰："琐细事非人主所宜诘，然凡涉奸弊靡不有关国政者。比闻朝官及承应人月给俸粮，多杂糠土，有司所收岂尝有是物哉。至于出纳斗斛亦小大不一。此皆理所不容者，而台官初不问。事事须朕言之，安用汝曹也？"

【译文】

金宣宗告诫各位御史说："琐细小事并非君王所应追问的，但是，所有涉及到奸人舞弊的事没有不关系到国家政事的声誉和命运的。近来听说朝廷官员和办

国学经典文库

三彩诗词文枕　金代

书人员每月发给俸粮时，大多掺杂糠土，有关部门所收的俸粮怎么会掺有这种东西呢？至于出纳所用的斗和斛也大小不一样。这都是常理所不能容忍的事，可是御史台的，官员对这类事开始时不过问。每件事都要我嘱咐到，那么还要用你们干什么呢？"

本纪第十七·哀宗（上）

既倡直言，讥讪何罪

【原文】

有男子服麻衣，望承天门且笑且哭。诘之，则曰："吾笑，笑将相无人。吾哭，哭金国将亡。"群臣请置重典，上持不可，曰："近诏草泽诸人直言，虽涉讥讪不坐。"法司唯以君门非笑哭之所，重杖而遣之。

【译文】

有个男子身穿麻衣，望着承天门又笑又哭。追问他，他就说："我笑，笑现在没有胜任将相的人才。我哭，哭金国将要灭亡了。"大臣们要求皇上用重刑处置他，金哀宗坚持不这样做，他说："近来已颁令允许山野乡间百姓无所顾忌地直率提意见，今天这人虽然牵涉到讥讽诋毁朝廷但也不要判罪。"法司就根据宫门不是笑哭场所的理由而重重打了他一顿赶走了。

皇亲犯法不赦

【原文】

内族王家奴故杀鲜于主簿，权贵多救之者，上曰："英王朕兄，敢妄挞一人乎？朕为人主，敢以无罪害一人乎？国家衰弱之际，生灵有几何，而族子恃势杀一主簿，吾民无主矣。"特命斩之。

【译文】

皇家亲族王家奴故意杀害了鲜于主簿，许多有权的显贵人物替王家奴说情要救助他，金哀宗说："英王是我的兄长，他敢胡乱鞭打一个人吗？我是皇帝，敢凭无罪而杀害一个人吗？在国家衰弱之际，百姓还有多少？可是皇族子孙竟还依仗势力杀害了一名主簿小吏，那么我的百姓就无人给做主了。"为此特地下令处斩了王家奴。

国难当头帝王亲恤将士

【原文】

大元兵攻汴城,上出承天门抚西面将士。……癸卯,上复出抚东面将士,亲傅战伤者药于南薰门下,仍赐卮酒。出内府金帛器皿以赏战士。

【译文】

天兴元年(1233)三月蒙古军队攻打汴京城,金哀宗走出承天门慰劳西城前线将士。……癸卯日,金哀宗又走出宫殿慰劳东城前线将士,并在南薰门下亲自给负伤将士搽涂伤药,还赐酒给将士们喝。同时拿出宫内黄金、绸绢和各种杯盘之类器物奖赏给战士们。

南宋不识唇亡齿寒之理

【原文】

使宋借粮,入辞,上谕之曰:“宋人负朕深矣。朕自即位以来,戒饬边将无犯南界。边臣有自请征讨者,未尝不切责之。向得宋一州,随即付与。……今乘我疲敝,据我寿州,诱我邓州,又攻我唐州,彼为谋亦浅矣。大元灭国四十以及西夏,夏亡及于我,我亡必及于宋。唇亡齿寒,自然之理。若与我连和,所以为我者亦为彼也。卿其以此晓之。”至宋,宋不许。……宋遣其将江海、孟珙帅兵万人,献粮三十万石助大元兵攻蔡。

【译文】

金哀宗派使节向南宋借粮,使者入宫告辞时,金哀宗告诉他说:“南宋深深地辜负了我。我自从当皇上以来,告诫、命令边防将领不可侵犯南宋地界。边将中有亲自请求征伐南宋的人,我都深深地责备他们。过去攻取了南宋一个州,我立即付还给他们。……可是现在南宋乘我国疲衰凋敝之际,攻据了我们的寿州,诱降了邓州,还攻打我唐州,他们的谋略打算也太浅薄了。蒙古军灭了四十国以及西夏,夏国灭亡后就殃及于我金国,一旦我们金国亡了必定会殃及南宋。唇亡齿寒,这是很自然的道理。如果南宋与我们金国联合,这既是为我们金国也是为他们南宋自己啊。你可把这个道理告知他们。”使节到了南宋后,南宋不答应借粮。……南宋竟派遣大将江海和孟珙率领军队上万人,贡献三十万石粮食援助蒙古军队攻打金国的临时京都蔡州。

列 传

君王犹爱收礼

【原文】

海陵篡立,深忌宗室。……后劝世宗多献珍异以说其心,如故辽骨睹犀佩刀、吐鹘良玉茶器之类,皆奇宝也。海陵以世宗恭顺畏已,由是忌刻之心颇解。

【译文】

海陵篡夺皇位后，深深地忌恨皇族宗室人员。……完颜雍之妻劝完颜雍多向海陵王进献珍宝异物，用这方法使海陵王心情高兴，例如送他由以前辽国留下的骨睹武器、犀角佩刀和吐鹘地方产的美玉、茶具之类东西，这些都是稀世之宝啊。海陵王收了礼就以为完颜雍恭维、顺从和害怕自己，从此对他忌恨刻薄之心就稍为缓解些了。

吾不能取天下财富私室

【原文】

一日，妹并国夫人、嫂泾国夫人等侍侧，因谕之曰："尔家累素重，且非丰厚，宜节约财用，勿以吾为可恃。吾受天下之养，岂有所私积哉。况财用者，天下之财用也。吾终不能多取以富尔之私室。"

【译文】

有一天，（金显宗之妻）孝懿皇后的妹妹并国夫人和嫂嫂泾国夫人等一些娘家人曾侍陪在皇后身边，皇后告诫他们说："你们的家庭负担一向都很重，并且家中财富又不丰厚，应当节约财富的应用，别把我当作靠山。我受全国人的供养，怎么会有私房钱的积蓄呢。况且财富用物都是属于全国人的。我终归不可能过多支取全国人的财物而来使你们家豪富起来啊。"

不宜强索侨胞

【原文】

自太祖与高丽议和，凡女直入高丽者皆索之，至十余年，索之不已。勖上书谏曰："臣闻德莫大于乐天，仁莫先于惠下。所索户口，皆前世奸宄叛亡，……盖三十年。当时壮者今皆物故，子孙安于土俗，婚姻胶固。征索不已，彼固不敢稽留，骨肉乖离，诚非众愿。……今索之不还，我以强兵劲卒取之无难。然兵凶器，战危事，不得已而后用。……臣愚以为宜施惠下之仁，弘乐天之德，听免征索，则彼不谓己有，如自我得之矣。"从之。

【译文】

自从金太祖与高丽国议和以来，凡是从女直族迁入高丽国的人，一概都索要回来，直到现在已经十多年了，还索要不止。勖上书金太宗建议说："我听说，美德没有比使天下人安乐更大的了，仁政没有比给百姓恩惠更重要的了。现今向高丽国所索要的侨胞，都是前几辈叛亡在外的邪恶、作乱之辈，……至今已三十年了，当时的壮年人，今天都已死了，他们的子孙已安心于当地的习俗，他们的婚姻也已像胶漆一般牢固。如今我们向高丽国不停地索要这批人，他们势必不敢拖延停留。这就会导致亲属分离，这确实不符合大家的意愿。……如果现在向高丽国索要侨胞而他们不予送还，我们凭强劲军队用武力去索要也并不困难。但是军队是杀人的工具，只能在战乱危急时才不得已地运用它。……我认为，应施行给百姓恩惠的仁政，弘扬使天下安乐的美德，决断免掉索要侨胞的事，那么高丽国也不会认为这些人属于自己所有，这就如同承认是从我国得到他们一样。"金

国学经典文库

太宗听从了这些建议。

撒 改 传

一代宗臣撒改

【原文】

撒改为人，敦厚多智，长于用人，家居纯俭，好稼穑。自始为国相，能驯服诸部，讼狱得其情，当时有言："不见国相，事何从决？"……撒改治国家，定社稷，尊立太祖，深谋远略，为一代宗臣，贤矣哉。

【译文】

撒改做人处世的态度是，待人厚道又很明智，擅长于任用人才，在家生活纯朴节俭，喜好耕作。自从当国相以来，能驯服各部族，在审理案件方面能通情达理。当时流行这样的话："若见不到国相，事情由谁决断呢？"……撒改善于治理国家，安定全国，恭

辽阳白塔

敬地扶助金太祖登位，又有深谋远略，作为一代所崇仰的名臣，真是个德才兼备的人啊。

宗 宪 传

因时制宜成一代之法

【原文】

宗宪本名阿懒。……兼通契丹、汉字。未冠，从宗翰伐宋，汴京破，众人争趋府库取财物，宗宪独载图书以归。朝廷议制度礼乐，往往因仍辽旧，宗宪曰："方今奄有辽、宋，当远引前古，因时制宜，成一代之法，何乃近取辽人制度哉。"希尹曰："而意甚与我合。"由是器重之。

【译文】

宗宪原名阿懒，……兼懂契丹族和汉族两种文字。他没成年时，曾随从兄长宗翰攻打南宋。攻破汴京（今开封）时，许多人都抢先跑到钱府仓库争抢财物，只有宗宪独自装载图书回家。朝廷讨论制定政治体制、法度和有关社会文化道德规范等事项，往往都沿袭辽国的旧制度。宗宪说："现在拥有了辽、宋的国土，应当远引古代礼法并根据时代制定适宜的法度，以制成自己这一朝代的法典。为什么要近效辽国的制度呢？"希尹说："你的意见跟我的想法很是相合。"从此就很器重宗宪。

阿里合懑传

禁以良马殉葬

【原文】

天辅三年，……疾病，上幸其家问疾，问以国家事，对曰："马者甲兵之用，今四方未平，而国俗多以良马殉葬，可禁止之。"乃献平生所乘战马。

【译文】

天辅三年，……阿里合懑患病，金太祖到他家去探望，顺便询问他关于国与家的事，阿里合懑回答说："马是打仗用的，现在各地还没有平定，可是我们金国的习俗大多用良马殉葬，应禁止这种习俗。"于是向朝廷献出自己平生所骑的战马。

宗 尹 传

免除苛捐杂税

【原文】

是时民间苦钱币不通，上问宗尹，对曰："钱者有限之物，积于上者滞于下，所以不通。海陵军兴，为一切之赋，有菜园、房税、养马钱。大定初，军事未息，调度不继，故因仍不改。今天下无事，府库充积，悉宜罢去。"上曰："卿留意百姓，朕复何虑。太尉守道老矣，舍卿而谁。"于是，养马等钱始罢。

【译文】

当时民间苦于货币周转不畅，金世宗询问宗尹，他回答说："货币是有一定限额的东西，积储在国库里多了，百姓手头就因少钱而不可能使货流通了，所以社会上就周转不畅。当年海陵王大兴军事，就遍设一切赋税，诸如菜园税、房税和养马税等等。大定初年，因军事尚未停息，国家在征调安排上还跟不上措施，所以还沿袭旧方法而不能改变。如今天下太平了，国库也已充实了积储，因此对种种赋税都应取消。"金世宗说："你关心百姓，我还有什么可思虑的呢。太尉守道已经老了，不重用你还能重用谁呢。"于是，就免除了养马等等苛捐杂税。

官府非养老之地

【原文】

（宗尹）乞致仕。世宗曰："此老不事事，从其请可也。"宰臣奏曰："旧臣宜在左右。"上曰："宰相总天下事，非养老之地。若不堪其职，朕亦有愧焉。如贤者在朝，利及百姓，四方瞻仰，朕亦与其光美。"宰臣无以对。

【译文】

宰相宗尹要求退休。金世宗说："这位老人家不能干事了，可以准从他的请求。"宰臣禀报说："旧时老臣适于留在皇帝身边。"金世宗说："宰相总理全国大事，并不是养老的地方。如果他已不能胜任这一职务，我对此也感到惭愧。如果由德才兼备的贤相在朝廷主持工作，有利于全国百姓，也就会得到全国人民的尊敬，我当皇帝的也可与他同享光荣和赞美。"宰臣也就没有什么可说的了。

宗 宁 传

宗宁善运筹

【原文】

时方旱蝗，宗宁督民捕之，得死蝗一斗，给粟一斗，数日捕绝。……其镇临潢，邻国有警，宗宁闻知乏粮，即出仓粟，令以牛易之，敌知得粟，即遁去。边人以窝斡乱后，苦无牛，宗宁复令民入粟易午，既而民得牛而仓粟倍于旧，其经画如此。

【译文】

当时刚发生旱灾、蝗灾，宗宁领导百姓捕灭蝗虫，捕得一斗蝗虫就换给一斗粮食，于是几天中就捕灭了蝗虫。……在他镇守临潢时，邻国发生遭受敌人侵袭的紧急情况，宗宁听说这是由于这邻国缺乏粮食以致没有防备力量的缘故，于是就拨出仓库中的粮食，叫邻国拿牛来换，敌方得知该邻国已获得了粮食，也就撤兵离去了。后来边地百姓因窝斡之乱后苦于无牛，宗宁再命令百姓赶紧交粮食来换牛。不久之后，百姓就得到了耕牛，并且仓库中的粮食还比原先多了一倍。宗宁就是这样善于运筹谋划。

宗 弼 传

韩世忠水战宗弼

【原文】

阿里率兵先趋镇江，宋韩世忠以舟师扼江口，宗弼舟小，契丹、汉军没者二百余人，遂自镇江溯流西上。世忠袭之，夺世忠大舟十艘，于是宗弼循南岸，世忠循北岸，且战且行。世忠艨艟大舰数倍宗弼军，出宗弼军前后数里，击柝之声，自夜达旦。世忠以轻舟来挑战，一日数接。将至黄天荡，宗弼乃因老鹳河故道开三十里通秦淮，一日一夜而成，宗弼乃得至江宁。……宗弼发江宁，将渡江而北。宗弼军渡自东，移剌古渡自西，与世忠战于江渡。世忠分舟师绝江流上下，将左右掩击之。世忠舟张五纲，宗弼

金上京会宁府遗址

选善射者，乘轻舟，以火箭射世忠舟上五纲，五纲著火箭，皆自焚，烟焰满江，世忠不能军，追北七十里，舟军歼焉，世忠仅能自免。

【译文】

阿里率领金兵先向镇江进发，南宋的韩世忠率领水军把守长江险要口。宗弼军因战船小，所以在水战中契丹籍士兵和汉籍士兵淹死了二百余名，于是他率军从镇江逆流向西而上。韩世忠挥兵袭击了他，他的水军夺取韩世忠的大船十艘。于是宗弼军沿着南岸而韩世忠军沿着北岸，边作战边行走。当时韩世忠的战船和大军舰比宗弼军多好几倍，就围着宗弼军前后几里水域主动出战，击敲梆子以助威的声响，从夜晚到天亮一直不断。韩世忠用轻便战船来挑战，每天交战几次。将到黄天荡时，宗弼就沿着老鹳河的旧河道开掘三十里沟渠通达秦淮，一日一夜就挖成了，宗弼军才能开到江宁。……宗弼军从江宁出发，率军横渡长江而向北进发。宗弼亲自率军从东边渡江，移剌古从西边渡江，于是同韩世忠部队在长江横渡处作战。韩世忠分派水军堵阻长江会战处的上下游，将率军从左右两边夹攻袭击金兵。韩世忠战船的桅杆顶上都张挂着鸡毛做的候风器，宗弼就选拔擅长射箭的士兵，驾着轻便小船，用带火的弓箭射向韩世忠战船上的鸡毛候风器，这些候风器中了火箭就全部燃烧起来，烟火布满了长江，韩世忠部队就溃不成军，被追杀七十里，水军就被消灭了，韩世忠本人仅仅只能保住生命而已。

挞 懒 传

苟利国家，岂敢私耶

【原文】

宋使王伦求河南、陕西地于挞懒。明年，挞懒朝京师，倡议以废齐旧地与宋，熙宗命群臣议。……宗隽曰："我以地与宋，宋必德我。"宗宪折之曰："我浮宋人父兄，怨非一日。若复资以土地，是助仇也，何德之有。勿与便。"挞懒弟勖亦以为不可。既退，挞懒责勖曰："他人尚有从我者，汝乃异议乎。"勖曰："苟利国家，岂敢私邪。"

【译文】

宋朝派王伦向挞懒要求归还河南、陕西两地。第二年，挞懒往京都，提倡建议把已废齐国的那些旧领土给宋国。金熙宗令大臣们讨论。……宗隽说："我国把旧地给了宋朝，宋朝必定会感激我国。"宗宪驳斥他说："我国俘虏了宋帝的父兄，结怨已不是一天了。如果再给他们土地，这就是帮助仇人了，还会有什么感激啊？别给他们好处。"挞懒的弟弟勖也认为不可给宋土地。从朝廷退出后，挞懒责备弟弟勖说"别人还有赞成我的呢，你竟还跟我有不同意见。"勖说："如果是对国家有利的事，我难道敢讲私情吗？"

时 立 爱 传

宋政日坏不可仕

【原文】

时立爱字昌寿，涿州新城人。……立爱既去平州归乡里，太祖以燕、蓟与

宋，新城入于宋。宋累诏立爱，立爱见宋政日坏，不肯起，戒其宗族不得求仕。

【译文】

时立爱字昌寿，是涿州新城人。……时立爱离平州而归回原籍老家。当时金太祖把燕、蓟二地还给了宋朝，于是新城也就归入宋朝了。宋朝多次召封时立爱，可是时立爱眼看宋朝政治日益腐败衰坏，所以不肯受起用，并且还告诫他的同宗亲族都不可求官做。

李 成 传

李成治军

【原文】

（李成）号令甚严，众莫敢犯。临阵身先诸将。士卒未食不先食，有病者亲视之。不持雨具，虽沾湿自如也。有告成反者，宗弼察其诬，使成自治，成杖而释之，其不校如此。以此，士乐为用，所至克捷。

【译文】

李成领兵号令很严，大家都不敢违犯。作战临阵时，他比各位将士抢先冲在前头。用饭时，士兵们还未吃，他从不先吃。发现有患病的将士，他就亲自去探望他们。在阵地，他从不带避雨的工具，虽然淋湿了身子也不影响指挥作战。有个告发李成反叛的人，宗弼查清那是诬告，就让李成亲自整治他，李成对他只是罚打，然后就释放了他，李成就这样不计较冤仇，因而将士们都乐意为他效力，军队所到之处就都能取得胜利。

徐 文 传

信谗言逼走徐大刀

【原文】

徐文字彦武，莱州掖县人，……勇力过人，挥巨刀重五十斤，所向无前，人呼为"徐大刀"。……宋康王渡江，召文为枢密院准备将，擒苗傅及韩世绩，以功迁淮东、浙西、沿海水军都统制。诸将忌其材勇。是时，李成、孔彦舟皆归齐，宋人亦疑文有北归志，大将闫皋与文有隙，因而谮之。宋使统制朱师敏来袭文，文乃率战舰数十艘泛海归于齐。

【译文】

徐文字彦武，是莱州掖县人，……他的勇气和力气都超过常人，挥舞巨刀有五十斤重，所向无敌，人们称呼他为"徐大刀"。……宋朝康王南渡长江后，召封徐文为枢密院准备将，他在作战中活捉了敌将苗傅和韩世绩，由于立了战功而提升为淮东、浙西沿海水军都统制。各将领都忌恨他的才能和胆量。这时，李成和孔彦舟都已归附齐国，宋朝人也就猜疑徐文怀有投奔北方的心思；同时大将闫皋又与徐文有矛盾，因此就诬陷徐文。宋皇就派统制朱师敏来攻打徐文，徐文于是率领几十艘军舰漂浮过海地投奔到齐国去了。

宇文虚中传

恃才讥讪招致冤案

【原文】

虚中恃才轻肆，好讥讪，凡见女直人辄以矿卤目之，贵人达官往往积不能平。虚中尝撰宫殿榜署，本皆嘉美之名，恶虚中者摘其字以为谤讪朝廷，由是媒孽以成其罪矣。……诏有司鞫治无状，乃罗织虚中家图书为反具，虚中曰："死自吾分。至于图籍，南来士大夫家家有之，高士谈图书尤多于我家，岂亦反耶。"有司承顺风旨并杀士谈，至今冤之。

【译文】

宇文虚中依仗自己才能而轻率放肆，喜好讥讽嘲笑，凡是遇见女直人就常常用傲慢无礼的目光看他们，这使贵族大官们往往积恨在心不能平静。虚中曾为宫殿题写门匾，本来都是赞美之词，可是那些憎恶虚中的人竟挑剔他的字并揭发他这是诽谤讥讽朝廷，由于这些人挑拨诬陷就构成了他的罪名。……金熙宗命令有司审讯、整治虚中但无证据，于是就虚构罪状把虚中家的图书说成是谋反工具，虚中说："处死自然是我的名分了。至于图书，凡是从南方来的读书人家家都有它，高士谈的图书更比我家多，难道他也是谋反吗。"有司续接顺便处理的圣旨就一并杀了高士谈，直到今天还冤枉着他们俩。

张 浩 传

营 建 两 京

【原文】

天德三年，广燕京城。营建宫室。浩与燕京留守刘笴、大名尹卢彦伦监护工作，命浩就拟差除。……贞元元年，海陵定都燕京，改燕京为中都，改析津府为大兴府。浩进拜平章政事，赐金带玉带各一，赐宴于鱼藻池。浩请凡四方之民欲居中都者，给复十年，以实京城，从之。……海陵欲伐宋，将幸汴，而汴京大内失火，於是使浩与敬嗣晖营建南京宫室。……汴宫成，海陵自燕来迁居之。

【译文】

天德三年（1151）扩建燕京城（今北京），营造建筑宫殿。张浩和燕京留守刘笴、大名尹卢彦伦监管工程情况，命令张浩负责分配人员安排。……贞元元年（1153）海陵帝定都在燕京，改名为中都，改析津府为大兴府。晋升张浩为平章政事，赐给他金带、玉带各一条，在鱼藻池赐他饮宴。张浩请求天下百姓凡是想在中都居住的免除徭役十年，用这种办法来充实京城人口。海陵帝听从了这个请求。……海陵帝想伐南宋，将幸临汴京（今河南开封），汴京宫殿失火，在这种情况下，海陵叫张浩和敬嗣晖营建南京（即汴京）宫室。……宫殿修建完毕，海陵帝从燕京迁居到汴京。

三彩栏杆纹枕　金代

张 汝 霖 传

执法无须顾皇面

【原文】

世宗召谓曰："卿尝言，监察御史所察州县官多因沽买以得名誉，良吏奉法不为表襮，必无所称。朕意亦然。卿今为台官，可革其弊。"……时将陵主簿高德温大收税户米，逮御史狱。汝霖具二法上。世宗责之曰："朕以卿为公正，故登用之。德温有人在宫掖，故朕颇详其事。朕肯以宫掖之私挠法耶？不谓卿等顾徇如是。"汝霖跪谢。

【译文】

金世宗召见张汝霖对他说："你曾经讲，监察御史所调查、考察的州官和县官，大多凭借花钱购买而得到地位和声誉，可是奉公守法的好官如果不被上表推荐而显露，那就必定不会有所称道。我认为也是这种情况。你现在当了台官，应革除这种官场弊病。"……当时将陵主簿高德温大收纳税户贿赂的大米，于是被御史逮捕关进监狱。张汝霖为此向朝廷陈述了两种处理方法。金世宗责备他说："我认为你公正，所以提拔任用你。高德温在宫中有熟人，所以我很了解他干的那些事。我岂肯由于嫔妃们的私情而扰乱本朝皇法呢？不曾想你们会这样地照顾和徇情。"张汝霖忙下跪请罪。

李 石 传

军民争田绳以纪纲

【原文】

山东、河南军民交恶，争田不绝。有司谓兵为国根本，姑宜假借。石持不可，曰："兵民一也，孰轻孰重。国家所恃以立者纪纲耳，纪纲不明，故下敢轻冒。惟当明其疆理，示以法禁，使之无争，是为长久之术。"趣有司按问，自是军民之争遂息。

【译文】

　　山东、河南一带的军民关系恶化，是由于双方不断地争夺田地。有关部门认为军队是国家的根本，因此姑且应将民田借给军队用。李石坚持认为不能这样，并且说："军队和百姓一样都是国家的根本，能说哪个轻哪个重吗？国家赖以生存立足的是法纪纲常，由于纪律纲常不严明，所以下属军民就敢于轻率冒犯。实应使大家对这最高道理明晓了，并广泛宣传法律所规定的禁限，这才可使军民无所争执，这也就是治理国家的长久方法。"金世宗就急催有关部门进行巡视和追究，从此军民之间的争田纠纷就平息了。

良弼传

有无直言为民者

【原文】

　　上问曰："朕观前史，有在下位而存心国家、直言为民者。今无其人，何也？"良弼曰："今岂无其人哉。盖以直道而行，反被谤毁，祸及其身，是以不为也。"

【译文】

　　金世宗问道："我观看以前的史书，发现有身在下位却心怀国家并为百姓直言不讳的臣吏。可是现在没有这种人了，这是什么原因呢？"良弼说："现在难道真没有这种人吗？都是由于直言不讳走正道的人反而遭诽谤，甚至还灾祸降身，因此就都不当直言的人了。"

完颜守道传

无才之亲可予厚薪，不可予要职

【原文】

　　内族晏以恩旧拜左丞相，守道谏曰："陛下初即位，天下略定，边警未息，方大有为之时，恐晏非其材。必欲亲爱，莫若厚与之禄，俾勿事事。"乃授以太尉，致仕。

【译文】

　　皇室内族晏凭旧日恩情而被任命为左丞相，完颜守道婉言劝道："皇上刚就皇位，天下略为平定，但边防警戒状态尚未结束，正是大有作为的时刻，就恐怕晏并非那种栋梁之材。如果您一定想要表示亲近相爱，不如多多地给他俸禄，但别使他从事要职工作。"金世宗就任命他当太尉，他也就辞职了。

石 琚 传

鼓励反映民间疾苦

【原文】

上谓琚曰："女直人往往径居要达，不知间阎疾苦。卿尝为丞簿，民间何事不知，凡利害极陈之。"

【译文】

金世宗对石琚说："女直人往往身居要职当大官，也就不了解民间疾苦。你曾经当过丞薄这样的基层小官，对于民间的事还会有什么不了解的？凡是对百姓有利或有害的事，你都要尽量告诉我。"

移 刺 道 传

人才显晦系于世道污隆

【原文】

海陵能知移刺道有公辅之器，而不能用，故其治绩亦待大定而后著焉。人才之显晦，有系于世道之污隆也。

【译文】

海陵王能了解移刺道具有辅佐国家的才干，但不能任用他，所以他那治理政事的业绩也需等到金世宗大定年间然后才显出卓著不凡来。可见，人才得到施展或被埋没，同世道的污浊或昌明很有关系。

孟 浩 传

赏罚明，国乃治

【原文】

浩复奏曰："历古以来，不明赏罚而能治者，未之闻也。国家赏善罚恶，盖亦多矣，而天下莫能知。乞自今凡赏功罚罪，皆具事状颁告之，使君子知劝以迁善，小人知惧以自警。"从之。

【译文】

孟浩禀奏说："自古以来，赏罚不公却能治理好国家，这样的事还没有听说过。国家奖励善人良事、惩罚奸人恶事，大概也多着哪，不过全国人还都不能知道。恳请从今以后，凡是奖功罚罪的事，都写明具体状况然后颁布告知全国人民，促使有品德的人知道勉励而变得更好，也使品德低劣的人知道畏惧而警戒自己别犯罪。"金士宗听从了他的建议。

赵 元 传

宥死罪则乱天下法

【原文】

囚有杀人当死者，行台欲宥之，元不从，反复数四，势不可夺，乃仰天叹曰："如杀人者可宥，死者复何辜，何欲徼己福而乱天下法乎？"

【译文】

囚徒中有个因杀人而该判死刑的人，行台却要宽恕他，赵元不顺从这种做法，反复争议了好几次，只因行台的权势大而不能改变它的决定，于是赵元仰天叹息说："像这样的杀人犯竟可以宽恕，被他杀死的人又有什么罪过？怎么可以为了求取自己的福祉而扰乱国家的法规呢？"

贾少冲传

失道之世不可仕

【原文】

海陵寝以失道，少冲谓所亲曰："天下且乱，不可仕也。"秩满，乃不求仕。

【译文】

海陵王逐渐丧失正道，贾少冲告诉亲近的人说："国家将乱，不能再当官了。"于是他等到官职的任期一满，就不再当官了。

杨邦基传

廉正不屈

【原文】

太原尹徒单恭贪污不法，托名铸金佛，命属县输金，邦基独不与，徒单恭怒，召至府，将以手持铁柱杖撞邦基面，邦基不动。秉德廉察官吏，尹与九县令皆免去，邦基以廉为河东第一，召为礼部主事。

【译文】

太原尹徒单恭贪污而不守法规，曾借口铸造金佛而命令所属各县交送黄金，只有杨邦基一人不供奉。徒单恭很生气，把他召到尹府，还亲手拿铁杖击杨邦基的脸部，杨邦基屹立不动。秉德奉旨以廉正标准考察官吏，据此将太原尹和九个县令全都罢免，杨邦基却在廉正方面居河东之首，从而晋升为礼部主事。

徒单克宁传

临终的忠告

【原文】

是岁二月，薨，遗表，其大概言："人君往往重君子而反疏之，轻小人而终昵之。愿陛下慎终如始，安不忘危，而言不及私。"

【译文】

大定二十九年（1189）二月，徒单克宁逝世，临终还留下遗言上呈金世宗，大致意思是："皇帝们往往都尊重品格高尚的人，反而疏远他们；蔑视品格低劣的人，还是亲近这些人。希望当今皇上要像当初一样慎重对待晚年所做的事，在平安中别忘了危难，并且说话不可涉及私利。"

完颜安国传

粮道不继，驱羊追敌

【原文】

襄遣安国追敌，佥言粮道不继，不可行也。安国曰："人得一羊可食十余日，不如驱羊以裹之便。"遂从其计。安国统所部万人疾驱以薄之，降其部长。

【译文】

襄派完颜安国追击北鞑靼部队，大家都说运粮的道路断了，军队不能行进。安国说："一个人得到一只羊可吃十多天，修路运粮还不如赶着羊群去攻打敌人方便。"于是就听从他的计策。安国统帅所属部队一万多人急行并追迫敌人，迫使北鞑靼部族首领投降。

移刺履传

广开言路天下幸

【原文】

履曰："臣未闻其谏也。且海陵杜塞言路，天下缄口，习以成风。愿陛下惩艾前事，开谏诤之门，天下幸甚。"

【译文】

移刺履说："我没有听到那些直言规劝皇上的意见，况且以前海陵王已堵塞了向朝廷提意见的渠道，全国人也就闭口不言，这都已习惯成了风气。希望金世宗正视以前的事而惩前毖后，敞开直言规劝、欢迎批评的大门，那么天下人就会很为此庆幸。"

国学经典文库

张 大 节 传

游民从业社会治安

【原文】

大节曰："山泽之利当与民共，且贫而无业者虽严刑能禁其窃取乎。宜明谕民，授地输课，则其游手者有所资，于官亦便。"上从其议。

【译文】

张大节说："山川湖泽的利益国家应当与百姓共同享有，况且对于贫穷而又无职业的人，即使采用严酷刑法能禁止住他们的窃取吗？应明确告诉百姓，国家给予田地而他们需交纳赋税，那么无业闲游的人就会有所资财而从事农业生产，这对于官方也有利。"金章宗接受了这一建议。

仕不尽心乃老奸

【原文】

世宗尝谓宰臣曰："人多称王脩能官，以朕观之，凡事不肯尽心，一老奸耳。张大节赋性刚直，果于从政，远在王脩之上，惜乎用之太晚。"

【译文】

金世宗曾对宰臣说："人们多称赞王脩有能力当官，按我对他的观察，他对一切工作都不肯用尽心思，只是一个老奸巨猾的人罢了。张大节禀性刚毅正直，对于所从事的政界事务很果断，品质和能力都远远超过王脩之上，可惜任用他太晚了。"

孙 铎 传

上诉之信不可返回处置

【原文】

铎言："凡上诉者皆因尚书省断不得直，若上诉者复送省，则必不行矣，乞自宸衷断之。"上以为然。

【译文】

孙铎说："凡是上诉的事，都是由于尚书省的决断不能公正的缘故。如果上诉的事又送回尚书省去解决，那就势必还不能解决。恳请皇上亲自决断这些上诉的事。"金章宗认为这话正确。

国学经典文库

宗端脩传

为政之术在于心正气平

【原文】

汝州司候游彦哲将之官，问为政。端脩曰："为政不难，治气养心而已。"彦哲不达，端脩曰："心正则不私，气平则不暴。为政之术，尽于此矣。"

【译文】

汝州司候游彦哲将要上任去当官，就请教治理政事的方法。宗端脩说："治理政事并不难，只要治气养心就行。"游彦哲不明白，宗端脩解释说："心术正就不自私，气性平和就不暴虐。治理政事的方法，全在这其中了。"

完颜伯嘉传

纳谏者昌，拒谏者亡

【原文】

礼部郎中抹撚胡鲁剌以言事忤旨，集五品以上官显责之。明日，伯嘉谏曰："自古帝王莫不欲法尧、舜而耻桀、纣，盖尧、舜纳谏，桀、纣拒谏也。故曰'纳谏者昌，拒谏者亡'。胡鲁剌所言是，无益于身，所言不是，无损于国。陛下廷辱如此，独不欲为尧、舜乎？……"

【译文】

礼部郎中抹撚胡鲁剌由于谈论政事违反了金宣宗的旨意，金宣宗就召集五品以上大臣当众责骂他。第二天，完颜伯嘉规劝皇帝说："从古以来，帝王没有不想学习唐尧、虞舜并认为夏桀、殷纣是可耻的，这是由于唐尧、虞舜善于接受劝告和批评而夏桀、殷纣却拒绝规劝的缘故。所以说'接受意见的君王使国家昌盛，拒绝批评的君王会亡国'。抹撚胡鲁剌所讲的如果正确，对他自身也没有什么利益；他所讲的如果不正确，对于国家也没有什么损害。您在朝廷当众如此辱骂他，难道你单单不想学习唐尧、虞舜吗？……"

忠国与媚君之别

【原文】

宰相请修山寨以避兵，伯嘉谏曰："建议者必曰据险可以安君父，独不见陈后主之入井乎？假令入山寨可以得生，能复为国乎。人臣有忠国者，有媚君者，忠国者或拂君意，媚君者不为国谋。臣窃论之，有国可以有君，有君未必有国也。"

【译文】

宰相请求修筑山寨凭此躲避战争灾祸，完颜伯嘉规劝金宣宗说："建议修筑山寨的人必定说依据险要可以使君父安全，然而难道没见到南朝陈国皇帝陈叔宝

躲入井中而被俘的历史教训吗？假若避入山寨真可以获得生存，但能够再复兴国家吗？大臣中有忠于国家的，也有讨好君王的。忠于国家的大臣也许会违反君王的心意；讨好君王的大臣却不为国家考虑。我个人以为，有了国家就可凭它确立君王地位，但光有君王却不一定就能有国家啊。"

李复亨传

明断公案

【原文】

（李复亨）调临晋主簿。护送官马入府，宿逆旅，有盗杀马，复亨曰："不利而杀之，必有仇者。"尽索逆旅商人过客。同邑人橐中盛佩刀，谓之曰："刀蘸马血，火煅之则刃青。"其人款服，果有仇。以提刑荐迁南和令。盗割民家牛耳。复亨尽召里中人至，使牛家牵牛遍过之，至一人前，牛忽惊跃，诘之，乃引伏。

【译文】

李复亨调任为临晋（今山西临猗西南）主簿，由他护送官方马匹归入府衙，半路上住在旅馆，发生盗贼杀马案件，李复亨说："不图利而杀马，必定是有仇的人杀的。"于是搜索全部旅馆中的商人过客。发现一个同乡人的口袋中装着刀，就对他说："刀上只要被马血玷污，用火一烧，刀刃就变青。"那人就诚心服罪了，经审问果然是因为有仇才杀马。后来，李复亨以提刑之职而被推荐、提升为南和县（今属河北）令。发生盗贼偷割民家牛耳朵的案件。李复召集全部乡中人来到衙门，然后让牛主人牵牛到乡里人面前走一遍，走到一个人面前，那牛忽然吃惊地跳起来，于是追问这人，他就引咎服罪了。

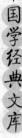

承 晖 传

治末不治本国家岂可安

【原文】

山东盗贼起，……犹往往潜匿泰山岩穴间。按察司请发数万人刊除林木，则盗贼无所隐矣。承晖奏曰："泰山五岳之宗，故曰岱宗。王者受命，封禅告代，国家虽不行此事，而山亦不可赭也。齐人易动，驱之入山，必有冻饿失所之患，此诲盗非止盗也。天下之山亦多矣，岂可尽赭哉。"议遂寝。

【译文】

山东地方盗贼兴起，……还往往潜逃藏匿到泰山的山洞林间。按察司请求出发几万人到山上砍掉树林，那么盗贼就没有潜藏的场所了。承晖禀奏说："泰山是五大名山中最令人尊崇的山，所以称为岱宗。诸侯王接受任命，祭祀天地、祷祝王位交替等仪式都在泰山进行，国家即使不举行这类仪式，然而在泰山也不可砍烧树林。齐国地方的人容易动乱，现在把他们驱入山中，必然会有受冻挨饿无家可归的灾祸，这是叫人当盗贼而不是阻止盗贼发生啊。全国的山也多着呢，难道能够砍烧掉全部山林吗？"于是砍烧泰山树林的建议就作罢了。

仆散安贞传

红袄军突起

【原文】

自杨安儿、刘二祖败后，河北残破，干戈相寻。其党往往复相团结，所在寇掠，皆衣红纳袄以相识别，号"红袄贼"。官军虽讨之，不能除也。大概皆李全、国用安、时青之徒焉。

【译文】

自从杨安儿和刘二祖（农民起义）失败以后，河北一带残破不堪，战争还接连不断。杨、刘的余党往往还互相团结，在当地活动，由于他们都穿红布袄以此互相识别，所以称为"红袄贼"。官军虽然进行讨伐，也不能除掉他们。他们大致上都是李全、国用安和时青的一类人。

张 行 信 传

奸佞复出为害更大

【原文】

时胡沙虎已除名为民，赂遗权贵，将复进用。举朝无敢言者，行信乃上章曰："胡沙虎残忍凶悖，跋扈强梁，媚结近习，以图称誉。自其废黜，士庶莫不忻悦。今若复用，惟恐为害更甚前日，况利害之机更有大于此者。"书再上，不报。

【译文】

当时胡沙虎已被罢官当了百姓，他就向权贵们贿赂送礼，行将再被朝廷进用。朝廷百官没有敢对这事讲话的，张行信就递上奏章说："胡沙虎为人残忍凶狠，还欺上压下蛮不讲理。同时巴结拉拢帝王的亲近者，通过这些手段谋取称赞和声誉。自从他被削职罢官后，民众没有不高兴的。现在如果再任用他，就怕比以前做更多坏事，况且那利害所牵扯到的比这些还有更大的。"这样的奏章一再递上，都没有答复。

侯 挚 传

配合协作，切忌旁观

【原文】

挚遂上章言九事，……其二曰："近置四帅府，所统兵校不为不众，然而弗克取胜者，盖一处受敌，余徒傍观，未尝发一卒以为援，稍见小却，则弃戈遁去，此师老将怯故也。将将之道，惟陛下察之。"

【译文】

侯挚于是递上奏章谈了九件事，……其中第二件事说："近来设置了四帅府，所统帅的军队不是不多，然而打仗不能取胜的原因，大都是一处受敌攻击，其余的部队都徒然地在旁观看，未曾发出一个小兵作为支援，稍为见到一点小小的挫折退却，就扔掉武器逃跑了，这是部队老化将领胆怯的缘故啊。指挥将领的道理，希望皇上能够明察。"

完颜素兰传

国家兴衰治乱在于用人

【原文】

素兰奏曰："臣闻兴衰治乱有国之常，在所用之人如何耳。用得其人，虽衰乱尚可扶持，一或非才，则治安亦乱矣。……"

【译文】

完颜素兰向金宣宗奏禀说："我听说兴盛衰败、太平骚乱是国家发展的规律，这决定于所用的人怎么样了。在任用官吏方面若能得合适人才，国家即使衰弱混乱还是可以扶兴持久；一旦使用的官吏无才，不能称职，那么太平安定的社会也会变乱啊。……"

朝廷正则天下正

【原文】

素兰曰："臣闻朝廷正则天下正，不若令福兴还，以正根本。"上曰："朕徐思之。"

【译文】

完颜素兰说："我听说朝廷百官的风气正了那么全社会的风气也就正了，不如命令福兴回朝廷工作，让他从根本上进行整顿。"金宣宗说："我慢慢地考虑这件事。"

陈 规 传

攀比奢侈必亡国

【原文】

行俭者天必降福，切见宫宁及东宫奉养与平时无异，随朝官吏、诸局承应人亦未尝有所裁省。至于贵臣、豪族、掌兵官莫不以奢侈相尚，服食车马惟事纷华。今京师鬻明金衣服及珠玉犀象者日增于旧，俱非克己消厄之道。

【译文】

实行节约俭朴的人，上天必定会赐降福祥，而我切身观察到皇宫以及太子住所的生活供应同平时奢侈生活没有两样，在朝廷任职的官吏和各局的承办人员的

生活也照样奢侈豪华未曾节省。至于权贵大臣、豪门贵族和掌兵权将官，没有不在生活上互相攀比奢侈的，他们穿的、吃的、坐车、用马都追求漂亮豪华。如今京城交易闪光灿烂的金丝衣服以及珠宝、玉器、犀角、象牙的现象比过去一天更比一天多，这一切都不是克制私欲消除灾祸的途径。

许 古 传

兵将有隙安能御敌

【原文】

私于所昵，赏罚不公，至于众怨，而惧其生变则抚摩慰藉，一切为姑息之事。由是兵轻其将，将畏其兵，尚能使之出死力以御敌乎？

【译文】

对于亲近的人偏私，赏罚不公正，以至引起大家的怨恨，然而由于惧怕众人变心就进行安抚慰藉，一切工作都姑息地从事。由此当兵的就轻视自己的将领，将领害怕自己的士兵，这样的将士还能要求他们拼死力去抵御敌人吗？

道德与刑罚均为治世之具

【原文】

古及左司谏抹撚胡鲁剌上言曰："礼义廉耻以治君子，刑罚威狱以治小人，此万世不易论也。"

【译文】

许古和左司谏抹撚胡鲁剌向皇上建议说："用礼义廉耻治理有品格修养的人，用刑罚和威严的监牢治理品格低劣的人，这是万年不变的理论。"

杨 云 翼 传

正天下先正君心

【原文】

云翼尝患风痹，至是稍愈，上亲问愈之之方，对曰："但治心耳。心和则邪气不干，治国亦然，人君先正其心，则朝廷百官莫不一于正矣。"上矍然，知其为医谏也。

【译文】

杨云翼曾患风痹病，到这时已稍有好转，金哀宗亲自询问他使病好转的药方，他回答说："只是从心中治疗罢了，心中平和了，邪气就不会干扰。治理国家也是这样，君王首先使自己的心正直，那么朝廷百官就没有哪个不统一于正直了。"金哀宗显出惊视的样子，知道这是以医病进行规劝的话。

国学经典文库

强弱胜负都在变

【原文】

及时全倡议南伐，宣宗以问朝臣，云翼曰："朝臣率皆谀辞，天下有治有乱，国势有弱有强，今但言治而不言乱，言强而不言弱，言胜而不言负，此议论所以偏也。臣请两言之。夫将有事于宋者，非贪其土地也，第恐西北有警而南又缀之，则我三面受敌矣，……愿陛下思其胜之之利，又思败之之害，无悦甘言，无贻后悔。"章奏不报。时全果大败于淮上，一军全没。宣宗责诸将曰："当使我何面目见杨云翼耶。"

【译文】

时全倡议向南讨伐南宋，金宣宗拿这件事询问朝廷大臣们，杨云翼说："朝廷大臣们大抵都是阿谀的话，实际上全国有太平的方面也有混乱的方面，国家的军事力量有弱的方面也有强的方面，可是今天人们只讲太平方面而不讲混乱方面，只讲强大方面而不讲弱小方面，只讲胜利而不讲失败，这是议论有片面性的表现。我希望把事物的两方面都要谈论到。将要发动对南宋的战争，不要只顾贪图他们的领土，只恐怕西北边境会发生紧急情况而又在南边出现警戒，那么我们就会受到蒙古、西夏和南宋三方面的攻击了，……希愿皇上既想到打胜他们的利益，又要想到被他们打败的害处，不要为好听的话而高兴，不要造成后悔。"这一奏章没有得到答复。后来时全果然在淮河一带打了大败仗，全军覆没。金宣宗于是责怪各将领，还说："这让我以何面目去见杨云翼呢?"

程 震 传

不能正家岂能正天下

【原文】

时皇子荆王为宰相，家僮辈席势侵民，震以法劾之，奏曰："荆王以陛下之子，任天下之重。不能上赞君父，同济艰难。顾乃专恃权势，蔑弃典礼，开纳货赂，进退官吏。纵令奴隶侵渔细民，名为和市，其实胁取。诸所不法不可枚举。陛下不能正家，而欲正天下，难矣。"

【译文】

当时皇子荆王当宰相，他家中的僮仆们仗势侵害百姓，程震根据法律揭发他们，并禀奏金宣宗说："荆王凭着皇子身份而担任国家重要职务。但他对上不能帮助当君王的父亲、共同克服艰难，反而专门依仗权势，蔑视和抛弃法规礼义，大收礼物和贿金，还任意升用和贬斥官吏。放纵奴才们侵害和勒索百姓，名义上是平和交易，其实是胁迫强取。各种不法行为多得不能一件件都列举出来了。皇上不能治好自己的家庭却想治好国家，这就太难了。"

完颜奴申传

汴京封锁自食妻儿

【原文】

时汴京内外不通，米升银二两，百姓粮尽，殍者相望，缙绅士女多行乞于市，至有自食其妻子者。至于诸皮器物皆煮食之，贵家第宅、市楼肆馆皆撤以爨。

【译文】

当时汴京被围困得内外不通，米每升要价白银二两，百姓口粮已吃完，快饿死的人互相眼看无救，达官贵人和士大夫家的女子大多在街市要饭，甚至还有吃自己妻子儿女的现象。至于各种皮革制的器具物品都被煮了吃掉，富贵人家的住宅、商楼店铺以及华屋宾馆等都被拆毁用作烧饭的柴。

徒单兀典传

遍设耳目刺探琐细

【原文】

兀典资性深刻，而以大自居，好设耳目，凡诸将官属下及民家细事，令亲昵日报之，务为不可欺。……自恃得君，论议之际不少假贷，同列皆畏之。

【译文】

徒单兀典天性深沉刻薄，并且以伟大自居，爱好设立密探，凡是各将领、官吏、部下以及百姓家的琐碎小事，他都叫亲信的人每日向他汇报，务必不可瞒骗。……他以得到金哀宗的信任而骄横自负，在议论朝政时少不了假冒、借用皇上名义的事，同朝的人都惧怕他。

蒲察官奴传

发 明 火 枪

【原文】

枪制，以敕黄纸十六重为筒，长二尺许，实以柳炭、铁滓、磁末、硫黄、砒霜之属，以绳系枪端。军士各悬小铁罐藏火，临阵烧之，焰出枪前丈余，药尽而筒不损，盖汴京被攻已尝得用，今复用之。

【译文】

火枪的制造，用敕黄纸十六层作为枪筒，长二尺多，枪筒内装满柳炭、铁渣、磁粉、硫磺和砒霜之类的东西，然后用小绳拴在枪端。兵士各佩戴着小铁缸装着火种，临打仗时就点燃这小绳，火焰就喷出枪的前方一丈多远，火药用光后

枪筒也不受损坏。大概汴京被围攻时已曾经应用这火枪，现在又使用它了。

时 青 传

以兵得国，以兵失国

【原文】

兵，凶器也。金以兵得国，亦以兵失国，可不慎哉，可不慎哉。

【译文】

军队是一种凶残的工具。金国凭军队而得以建国，也由于用兵而亡国，这用兵可以不慎重吗？这用兵可以不慎重吗！

乌古论镐传

不可沉湎女色

【原文】

既而，遣内侍殿头宋珪与镐妻选室女备后宫，已得数人。右丞忽斜虎谏曰："小民无知，将谓陛下驻跸以来，不闻恢复远略，而先求处女以示久居。民愚而神不可不畏。"上曰："朕以六宫失散，左右无人，故令采择。今承规诲，敢不敬从。止留解文义者一人，余皆放遣。"

四美图年画 金代

【译文】

（金哀宗逃迁于蔡州）不久，就派内侍殿头宋珪与乌古论镐之妻挑选良家女子以准备充实后宫为皇妃，已经招来了好几个。右丞相忽斜虎规劝皇上说："老百姓很无知，他们会说您皇上外出暂留蔡州以来，不曾听说您有恢复江山的长远谋略，却首先寻求姑娘以表示在此长久住下去了。百姓愚昧但天神不可不敬畏啊。"金哀宗说："我由于许多宫妃都在逃难中失散，身边没有人照应，所以下令挑选女子来侍候我。今天承蒙你规劝教导，我敢不恭敬地听从吗。现只留下一个能理解文义的女子吧，其余的女子都放回。"

张天纲传

忠金不屈

【原文】

蔡城破，为宋将孟珙得之，……命临安知府薛琼问曰："有何面目到此？"天纲对曰："国之兴亡，何代无之。我金之亡，比汝二帝何如？"琼大叱曰："曳

去!"明日，遂奏其语，宋主召问曰："天纲真不畏死耶?"对曰："大丈夫患死之不中节尔，何畏之有。"因祈死不已。宋主不听。……闻者怜之。后不知所终。

【译文】

蔡州城墙被攻破，张天纲被南宋将领孟珙抓捕到，……宋理宗命令临安知府薛琼审问他说："你有什么脸面到临安来?"张天纲回答说："国家兴亡，什么朝代没有这种情况。我们金国灭亡，比起你们宋国两个皇帝被俘怎么样?"薛琼大声呵斥道："拉出去!"第二天，薛琼把张天纲的话禀告皇上，宋理宗召见并问张天纲说："你真不怕死吗?"他回答说："大丈夫就怕死得没有气节，我有什么可害怕的。"于是不断地要求处死自己。宋理宗不接受他的处死要求。……听说这情况的人都同情他。后来就不知他的结果了。

完颜仲德传

引带集体殉国

【原文】

围城以来，战殁者四帅、三都尉，其余总帅以下，不可胜纪。……己酉，大兵果复来，仲德率精兵一千巷战，自卯及巳，俄见子城火起，闻上自缢，谓将士曰："吾君已崩，吾何以战为? 吾不能死于乱兵之手，吾赴汝水，从吾君矣。诸君其善为计。"言讫，赴水死。将士皆曰："相公能死，吾辈独不能耶。"于是参政孛术鲁娄室、兀林答胡土，总帅元志，元帅王山儿、纥石烈柏寿、乌古论桓端及军士五百余人，皆从死焉。

【译文】

敌军围困蔡城以来，在战争中牺牲的有四位总帅、三位都尉，其余总帅以下的将官就多得记录不下了。……天兴三年正月己酉日，蒙古军果然又来进攻，完颜仲德率领精锐部队一千名进行巷战，从卯时战到巳时，突然发现内城起火，又听说金哀宗上吊自杀，就对将士们说："我们的君王已死，我还凭什么打仗呢?我不能死在作乱敌兵的手中，我要投向汝水跟从我的君王去了。各位将士好好想出计谋吧。"说罢就投进河中死去。将士们都说："仲德大人能牺牲，我们难道不能吗。"于是参政孛术鲁娄室、兀林答胡土，总帅元志，元帅王山儿、纥石烈柏寿、乌古论桓端以及军士五百多人都跟从殉国了。

忠 义 传

宁 死 不 屈

【原文】

至宁末，……夏兵数万入巩州。守中乘城备守，兵少不能支，城陷，官吏尽降，守中独不屈。夏人壮之，且诱且胁，守中益坚，遂载而西。至平凉，要以招降府人，守中佯许，至城下即大呼曰："外兵矢尽且遁矣，慎勿降。"夏人交刃杀之。

【译文】

至宁末年（1213），……西夏军队几万人攻入巩州府（今甘肃陇西）夹谷守中凭借城池准备防守，由于军队少而不能支持，城被攻破，官吏们全部投降，只有夹谷守中不屈服。西夏人认为他豪壮，对他又利诱又威胁，夹谷守中更加坚强不屈，于是就把他押送到西夏去。到了平凉（今属甘肃），又要挟他去招降巩州府的将士，夹谷守中假装答应，可是到了城下就大喊道："外边军队的弓箭已经用尽将要逃跑了，你们千万不要投降。"西夏士兵就乱刀斩杀了他。

报国重于恤家

【原文】

贞祐二年十一月，大元兵取九住子侄抵城下，谓之曰："山东、河北今皆降我，汝之家属我亦得已，苟不速降且杀之也。"九住曰："当以死报国，遑恤家为？"无何，城破，力战而死。

【译文】

贞祐二年（1215）十一月，蒙古军队俘获了武州刺史九住的儿子和侄子，并押送到武州（今山西左云）城下，还对九住说："山东和河北现在都已经投降了我，你的家属我也已抓到，你如果不赶快投降，我们将杀掉他们。"九住回答说："我应当以死报效国家，能心神不安地忧虑个人的家吗？"没有多久，城墙被攻破，九住奋战而死。

只会内讧不会报国

【原文】

是时，女直人无死事者。长公主言于哀宗曰："近来立功效命多诸色人。无事时则自家人争强，有事则他人尽力，焉得不怨？"上默然。

【译文】

在国难当头时，女真人没有为国事而牺牲的。大公主对金哀宗说："近来为国家立功、献出生命的，大多是各种外民族的人。而女真人在平常无战争时就内讧自相争强，到了战时却只有外民族人为国尽力，这怎么能不产生怨言呢？"金哀宗无言回答。

文 艺 传

马定国考证《石鼓》

【原文】

马定国字子卿，茌平人。自少志趣不群。宣、政末，题诗酒家壁，坐讥讪得罪，亦因以知名。……《石鼓》自唐以来无定论。定国以字画考之，云是宇文周时所造，作辩万余言，出入传记，引据甚明。

【译文】

　　马定国字子卿，茌于（今属山东）人，从小志向情趣就不同一般。宣、政末年，他在酒馆墙上题诗，判为讥讽诽谤政府罪，也由此而出了名。……《石鼓》的年代，从唐朝以来就没有确定的论断。马定国通过字画来考证它，说是南北朝时北周时代所创作的，他写了一万多字的辨析文章，参考了大量的传说和史书，所引用的根据很充分、明确。

一代名士王庭筠

【原文】

　　王庭筠字子端，辽东人。……庭筠仪观秀伟，善谈笑，外若简贵，人初不敢与接。既见，和气溢于颜间，殷勤慰藉如恐不及，少有可取极口称道，……其荐引者如赵秉文、冯璧、李纯甫，皆一时名士，世以"知人"许之。为文能道所欲言，暮年诗律深严，七言长篇尤工险韵。有《藂辨》十卷，文集四十卷。书法学米元章，与赵沨、赵秉文俱以名家。庭筠尤善山水墨竹云。

【译文】

　　王庭筠字子端，辽东人。……王庭筠仪表秀气伟岸，擅长言谈说笑，但外表好像对人怠慢而又显得高贵，使人们开始时不敢与他接近。等会见后，却是满脸和蔼气色，待人也很殷勤能使人心情安适，他还唯恐自己做得不够，发现别人有可取之处就说尽称赞夸奖的话，……被他向朝廷推荐的人如赵秉文、冯璧、李纯甫等，都是当时的知名人士，全社会以"了解人才"来称赞他。他写文章能表达自己所想讲的思想内容，晚年写诗格律造诣很深又很严正，写七言长诗尤擅长押险韵。著有《藂辨》十卷，另有文集四十卷。在书法上学习米芾，他与赵沨、赵秉文都以书法称为名家。王庭筠尤其擅长描绘山水、墨竹等。

王若虚拒为奸相书功德碑

【原文】

　　崔立变。群小附和，请为立建功德碑。翟奕以尚书省命召若虚为文。时奕辈恃势作威，人或少忤，则谮构立见屠灭。若虚自分必死，私谓左右司员外郎元好问曰："今召我作碑，不从则死。作之则名节扫地，不若死之为愈。虽然，我姑以理谕之。"乃谓奕辈曰："丞相功德碑当指何事为言？"奕辈怒曰："丞相以京城降，活生灵百万，非功德乎？"曰："学士代王言，功德碑谓之代王言可乎？且丞相既以城降，则朝官皆出其门，自古岂有门下人为主帅诵功德而可信乎后世哉？"奕辈不能夺。

【译文】

　　崔立发动兵变，一群品格低劣的人附和他，还请求为他建立功德碑，翟奕就以尚书省名义命令召用王若虚写这碑文。当时翟奕之流依仗势力发威风，有人稍为违反他们的意图，就向朝廷进谗言罗织罪名并立即加以屠杀灭命。王若虚自己料想必定被杀，就在私下告诉左右司员外郎元好问说："现在让我写碑文，不听从就处死，写了可就名声和节操全丧失了，这还不如死了好。即使如此，我姑且

用道理告诉他们。"于是就对翟奕之流说："为丞相写功德碑该指哪些事来说呢？"翟奕之流发怒地说："丞相拿京城来投降，使上百万人活命，这不是功德吗？"王若虚接着说："学士替君王起草文书，但把功德碑称为替君王起草文书行吗？况且丞相既然已经拿京城来投降了，那么全朝官员也就都成为他的门生了，自古以来，难道有自己的学生为主帅歌功颂德却能够被后代相信的事吗？"翟奕听了就不能再强迫他写碑文了。

一代宗工元好问

【原文】

好问字裕之。七岁能诗。年十有四，从陵川郝晋卿学，不事举业，淹贯经传百家，六年而业成。下太行，渡大河，为《箕山》《琴台》等诗，礼部赵秉文见之，以为近代无此作也。于是名震京师。……为文有绳尺，备众体。其诗奇崛而绝雕刿，巧缛而谢绮丽。五言高古沈郁。七言乐府不用古题，特出新意。歌谣慷慨挟幽、并之气。其长短句，揄扬新声，以写恩怨者又数百篇。兵后，故老皆尽，好问蔚为一代宗工，四方碑板铭志尽趋其门。……今所传者有《中州集》及《壬辰杂编》若干卷。年六十八卒。纂修《金史》，多本其所著云。

【译文】

元好问字裕之，七岁就能写诗。十四岁那年跟从陵州的郝晋卿学习，并不从事科举方面的学业，贯读了全部儒家经典著作、传记及百家文章、经过六年才完成学业。于是下太行山、渡过黄河，写作了《箕山》和《琴台》等诗，礼部赵秉文见到了这些诗，认为近代还不曾有这类佳作。于是元好问的名声震动京师。……他写文章符合法度并具备各种体裁。他的诗奇特突出并杜绝雕凿，辞藻繁茂但并不绮丽。五言诗高雅古朴且深沉蕴藉。七言乐府诗不用古人题材，特别能写出新意。歌谣写得慷慨激昂，带有幽、并两州的气概。他的词发扬新声，有描写恩怨题材的作品几百篇。战后，老一辈文学家都逝世了，元好问就成为当代文学宗匠，四面八方的碑文、匾板以及铭文、史志等都上门请他写。……如今流传下他的著作有《中州集》和《壬辰杂编》若干卷。他活到六十八岁。现编写的《金史》，大多依据他所写的一些著作等作为参考。

隐 逸 传

杜时昇始教伊洛之学

【原文】

杜时昇字进之，霸州信安人。博学知天文，不肯仕进。承安、泰和间，宰相数荐时昇可大用。……是时，风俗侈靡，纪纲大坏，世宗之业遂衰。时昇乃南渡河，隐居嵩、洛山中，从学者甚众。大抵以"伊洛之学"教人自时昇始。

【译文】

杜时昇字进之，霸州信安人。他学问渊博并知道天文学，但他不肯当官。承安、泰和年间，宰相多次向朝廷推荐杜时昇，认为这人可大有用处。……当时，

社会风气奢侈严重，政纪和伦理极大败坏，金世宗的王业于是走向衰落。杜时昇于是向南渡过黄河，隐居在嵩山、洛山中，跟从他学习的人很多。以"伊洛之学"授学大概是从杜时昇开始的。

循 吏 传

爱民莫浮夸

【原文】

时西台檄州县增植枣果，督责严急，民甚被扰，浩独无所问，主司将坐之，浩曰："是县所植已满其数，若欲增植，必盗他人所有，取彼置此，未见其利。"其爱民多此类。所在有善政，民丝毫无所犯，秦人为立生祠，岁时思之。

【译文】

当时西台下令各州县增加种植枣树和果树，上司督促责罚很严厉又很紧迫，百姓很受侵扰，可是王浩偏偏没有过问这件事，主管种植的长官打算对王浩判罪，王浩说："我这个县的种植任务已经满数，如果再要求增加种植任务，就会发生偷盗别人家的枣果树苗来种植的事情，拿他人树苗移植到这里来，不见得有利。"他有许多这类爱护百姓的情况。在他任过官的地方，总有良好政绩，对百姓利益丝毫也不侵犯，他活着时陕西人就为他建立祠堂，每年按时思念他、祝祷他。

酷 吏 传

刑罚威虐则谗贼作

【原文】

太史公有言，"法家严而少恩"。信哉斯言也。金法严密，律文虽因前代而增损之，大抵多准重典。熙宗迭兴大狱，海陵翦灭宗室，……于是，中外风俗一变，咸尚威虐以为事功，而谗贼作焉。流毒远迩，惨矣。

【译文】

太史公司马迁曾说："法家执政严酷而缺少恩惠"。这番话很确实啊。金国的法律严密，法律条文虽然是根据前代法律而有所增减，但大致上多数以苛重法典为准则。金熙宗一次又一次地制造了牵连众人的案件，海陵王还残害消灭皇室同宗，……于是，朝中和京都之外的风气完全发生了变化，全都崇尚威严暴虐并以此当作国事的功绩，从而向统治者进谗言的奸贼就大大地多起来了。这一流毒布满全国远近，实在太惨了。

佞 幸 传

一有嗜欲，见制于人

【原文】

世之有嗜欲者，何尝不被其害哉。龙，天下之至神也，一有嗜欲，见制于人，故人君亦然。嗜欲不独柔曼之倾意也，征伐、畋猎、土木、神仙，彼为佞者皆有以投其所好焉。

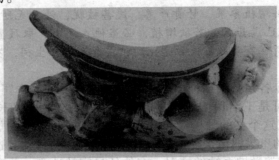

三彩卧童枕　金代

【译文】

世上有嗜好和欲望的，那里有不受嗜好和欲望危害的呀。龙，是天下最崇高的神物，一旦有了嗜好和欲望，就会被人制约，因此君王也是这样。嗜好和欲望不单单是倾心于柔和美好，征伐、打猎、建筑和祈求神仙等，那些巧言谄媚的人，都凭这些投合君王的喜好。

方 伎 传

恤民名医李庆嗣

【原文】

李庆嗣，洺人。少举进士不第，弃而学医，读《素问》诸书，洞晓其义。天德间，岁大疫，广平尤甚，贫者往往阖门卧病。庆嗣携药与米分遗之，全活者众。庆嗣年八十余无疾而终。所著《伤寒纂类》四卷、《改证活人书》三卷、《伤寒论》三卷、《针经》一卷，传于世。

【译文】

李庆嗣，洺人。年轻时考进士不中，就放弃科举而改学医学，研读《素问》等各种医学书，透彻地了解其中道理。天德年间，每年都流行严重的瘟疫，广平一带尤其突出。贫苦人家往往全家都病倒。李庆嗣就带着药和米分别送给贫苦的病人们，被他救活全家的情况很多。李庆嗣活到八十多岁，没有疾病地老死了。他的著作有《伤寒纂类》四卷、《改证活人书》三卷、《伤寒论》三卷、《针经》一卷，全流传于社会上。

【国学经典文库】

元史

【明】宋濂 等

线装书局

序 言

　　《元史》是系统记载元朝兴亡过程的一部纪传体史书，成书于明朝初年。

　　明太祖洪武元年（1368），元朝灭亡，朱元璋下令编修《元史》。洪武二年，以宋濂、王袆为总裁，汪克宽等十六人为纂修，开史局于南京天界寺，进行编写。从洪武二年二月到八月，用一百八十八天的时间，修成顺帝以前各朝的历史，共一百五十九卷。接着，明朝政府派欧阳佑持等十二人到全国各地征集顺帝一朝的资料。洪武三年二月重开史局，仍由宋濂、王袆任总裁，但纂修人员做了大幅度的调整。这一次纂修共十五人，只有赵埙曾参与第一次工作，其余都是新人。八月书成，共五十三卷，历时一百四十三天。前后两次修成的文稿经过统一加工，共二百一十卷，内本纪四十七卷，志五十八卷，表八卷，列传九十七卷。两次开局共历时三百三十一天。

　　朱元璋在建国之初，立即着手组织《元史》的编纂，而且在很短的期间成书，主要出于政治上的需要。他的意图是以此来说明元朝的灭亡和明朝的兴起都出于"天命"，而他自己则是"奉天承运"的真命天子。正因为如此，朱元璋对《元史》的编纂工作是亲自过问而且抓得很紧的，从组织班子，搜集资料，到明确指导思想，确定编纂体例，甚至文字的风格，等等，都做过具体的指示。参与编纂《元史》的赵埙便说过："凡笔削悉取睿断。"担任总裁的宋、王二人，忠实地贯彻了朱元璋的意图。

　　《元史》迅速成书，出于政治上的需要，但也因为存在客观的可能性，这便是明朝政府掌握了比较充分的文献资料。元朝灭亡以后，明朝政府接收了元朝的十三朝《实录》和政书《经世大典》《六条政类》等重要文献，在两次修史的中间，又派人到全国各地进行广泛的资料征集。有了比较丰富的资料，编纂人员才有可能在短短的时间内竣事。《元史》顺帝以前的《本纪》，主要根据十三朝《实录》，《顺帝本纪》根据采访征集的资料。诸志主要根据《经世大典》和《六条政类》。诸表应主要根据《经世大典》。而人物列传则是以《经世大典》，苏天爵的《国朝名臣事略》和其他碑传文字为依据的。

　　清代著名学者钱大昕说："古今史成之速，未有如《元史》者；而文之陋劣，亦无如《元史》者。"《元史》问世后，很多学者对它表示了不满，钱大昕则是不满者中持激烈否定态度的一个。对于《元

史》的批评，主要认为它的编纂工作过于草率，没有认真的融合贯通，基本上都是利用已有的文献资料，略加删削修改而成。因此，前后重复；互相矛盾的地方很多，至于取舍不当那就更不用说了。同一专名，译法不统一，甚至出现一人两传的现象，这在其他官修正史中是看不到的。此外，在对原有文献资料进行加工时，改错的地方也不少，例如将太祖误为太宗、宪宗误为世祖等。由于对史事不熟悉，以致发生将人物活动误推一甲子六十年的事。造成这些讹误的原因，一是时间过于紧迫，难以认真推敲；二是纂修班子作为一个整体，在知识结构上存在明显的缺陷，纂修者全都不懂蒙文，而且普遍对元朝典章制度是不甚了了的。

但是，尽管存在这样那样的问题，《元史》仍是我们今天了解、研究元代历史的极其珍贵的文献。首先，它是最早的全面、系统记述元代历史的著作；其次，元代重要文献十三朝《实录》《经世大典》《六条政类》等均已散失，其部分内容赖《元史》才得以保存下来。不少历史人物的事迹已没有其他史料可以查考，只有通过《元史》才能了解。从历史编纂学的角度来说，《元史》编纂工作草率是很大的缺点；但从史料学的角度来看，工作草率、加工粗糙必然在很大程度上保存文献的本来面目，这又是值得肯定的。

太祖本纪

以少胜多战乃蛮

【原文】

进兵伐乃蛮。驻兵于建忒该山，先遣虎必来、哲别二人为前锋。太阳罕至自按台，营于沆海山，与蔑里乞部长脱脱、克烈部长阿怜太石、猥剌部长忽都花别吉，暨秃鲁班、塔塔儿、哈答斤、散只兀诸部合，兵势颇盛。时我队中赢马有惊入乃蛮营中者，太阳罕见之，与众谋曰："蒙古之马瘦弱如此，今当诱其深入，然后战而擒之。"其将火力速八赤对曰："先王战伐，勇进不回，马尾人背，不使敌人见之。今为此迁延之计，得非心中有所惧乎？苟惧之，何不令后妃来统军也。"太阳罕怒，即跃马索战。帝以哈撒儿主中军。时札木合从太阳罕来，见帝军容整肃，谓左右曰："乃蛮初举兵，视蒙古军若粘鞀羔儿，意谓蹄皮亦不留。今吾观其气势，殆非往时矣。"遂引所部兵遁去。是日，帝与乃蛮军大战至晡，禽杀太阳罕。诸部军一时皆溃，夜走绝险，坠崖死者不可胜计。明日，余众悉降。于是秃鲁班、塔塔儿、哈答斤、散只兀四部亦来降。

【译文】

太祖发兵讨伐乃蛮，军队驻扎在建忒该山，派虎必来、哲别二人为先锋。太阳罕从按台来，建军营于沆海山（今杭爱山），并与蔑里乞部落长脱脱，克烈部落长阿怜太石、猥剌部落长忽都花别吉以及秃鲁班、塔塔儿、哈答斤、散只兀各个部落会合，军队的气势很盛。当时蒙古军队中有瘦弱的马跑到太阳罕的军营，太阳罕看到后就与各部落商量说："蒙古的马这样瘦弱，现在应当诱惑蒙古军队深入，然后再攻打捉拿他们。"其中一位大将火力速八赤回答说："先王打仗，一向勇往直前从不回头，决不让敌人看见马尾、人背。今天制定这个退却的计划，恐怕是心里害怕了吧？如果害怕，干什么不让后妃们来统率军队呢！"太阳罕愤怒了，立刻跳上马前去挑战。太祖让哈撒儿主持中军。当时札木合也跟太阳罕一同来作战，他看到蒙古的军容整齐又严肃，就对身边的人说："乃蛮刚建立军队时，看蒙古军队好像黑色公山羊羔儿，也就是说吃的时候嫩得连蹄皮都不留，现在我看他的气势，大概不像那时了。"于是率领军队逃走了。这天，太祖和乃蛮的军队大战到黄昏，捉住并杀死了太阳罕。各部落的军队一下子也都溃逃了，夜间在险峻的山路上跑，掉下山崖而死的不计其数。第二天，剩下的敌人都投降了。在这种情况下，秃鲁班、塔塔儿、哈答斤、散只兀四个部落也来投降了。

尊号成吉思汗

【原文】

元年丙寅，帝大会诸王群臣，建九游白旗，即皇帝位于斡难河之源。诸王群臣共上尊号曰成吉思皇帝。

成吉思汗

【译文】

太祖元年丙寅（1206年），太祖召集诸王群臣，树起了白色的天子旗，在斡难河（今蒙古鄂嫩河）的源头登上了皇帝位。诸王群臣一齐进献尊号为成吉思皇帝。

宪 宗 本 纪

军纪秋毫不犯

【原文】

五月，皇子阿速带因猎独骑伤民稼，帝见让之，遂挞近侍数人。士卒有拔民葱者，即斩以徇。由是秋毫莫敢犯。

【译文】

宪宗八年（1258）的五月份，皇子阿速带因为打猎独自骑马践踏了百姓的庄稼。宪宗发现了就责备他，并且鞭打了他的几名近侍。士卒有拔了百姓种的葱的，宪宗马上把士卒斩首示众。从此，对百姓的庄稼谁也不敢有一点侵犯。

世 祖 本 纪

责问滥杀无辜

【原文】

岁壬子，帝驻桓、抚间。宪宗令断事官牙鲁瓦赤与不只儿等总天下财赋于燕，视事一日，杀二十八人。其一人盗马者，杖而释之矣，偶有献环刀者，遂追还所杖者，手试刀斩之。帝责之曰："凡死罪必详谳而后行刑，今一日杀二十八人，必多非辜。既杖复斩，此何刑也？"不只儿错愕不能对。

【译文】

壬子（1252）这一年，世祖的车马停留在桓州（今内蒙古正蓝旗北）与抚州（今河北张北）之间。宪宗派断事官牙鲁瓦赤与不只儿等把全国的财政赋税汇总到燕地，就职办公一天，就杀死二十八个人。其中有一个偷马的人，用木杖打

一顿就释放了。恰巧这时有人向不只儿进献了一把环刀，于是又追回了偷马的人，为了试刀而亲手斩了偷马的人。世祖责问不只儿说："所有犯死罪的人，一定要详细审判定案之后才可以行刑，现在你一天就杀死二十八个人，这里一定有很多无罪的人。已经受到杖罚的人又追回砍掉脑袋，这是什么刑法？"不只儿被问得仓卒惊愕，一句话也答不上来。

元世祖忽必烈

武宗本纪

滥施赏赐国库空虚

【原文】

六月……中书右丞相哈剌哈孙答剌罕、左丞相塔剌海……又言："前奉旨命臣等议诸王朝会赐与，臣等议：宪宗、世祖登宝位时赏赐有数，成宗即位，承世祖府库充富，比先例，赐金五十两者增至二百五十两，银五十两者增至百五十两。"有旨："其遵成宗所赐之数赐之。"戊戌，哈剌哈孙答剌罕言："比者，诸王、驸马会于和林，已蒙赐与者，今不宜再赐。"帝曰："和林之会，国事方殷。已赐者，其再赐之。"……八月甲午中书省臣……又言："以朝会应赐者，为钞总三百五十万锭，已给者百七十万，未给犹百八十万，两都所储已虚。自今特奏乞赏者，宜暂停。"……中书省臣言："帑藏空竭，常赋岁钞四百万锭，各省备用之外，入京师者二百八十万锭，常年所支止二百七十余万锭。自陛下即位以来，已支四百二十万锭，又应求而未支者一百万锭。臣等虑财用不给，敢以上闻。"

【译文】

大德十一年（1307）六月……中书省右丞相哈剌哈孙答剌罕、左丞相塔剌海……又说："不久前接到圣旨，命令臣等商议诸王朝会如何赏赐，臣等认为：宪宗、世祖登极时赏赐都有规定数目。成宗当皇帝时，仰仗着世祖时国库充足，按照老规矩，赐五十两黄金的增到二百五十两，赐白银五十两的增到一百五十两。"皇帝降旨："一律按照成宗所赐的数目赏赐。"戊戌这天，哈剌哈孙答剌罕说："近来，诸王、驸马在和林朝会已经得到过赏赐的，这回就不要再赏了。"武宗皇帝说："和林朝会，国家正富裕，已经赏赐的，将再赏。"……八月甲午这天，中书省的臣子又说："按参加朝会应当赏赐的人计算，需三百五十万锭，已经赏赐一百七十万，没赏的还有一百八十万，上都和大都的储备已经空虚，从现在开始，特地启奏求赏的都应当暂停发放。"……中书省的大臣说："国库已经空虚枯竭，每年固定的税收是四百万锭，除去留作各行省开支以外，纳入国库的只有二百八十万锭，而每年正常开支要到二百七十余万锭。从陛下即位以来，已经支出四百二十万锭，还有答应了求赏而无力支付的一百万锭。臣等忧虑财金支用不充裕，这才冒昧地禀告。"

仁宗本纪

元仁宗不尚奢华

【原文】

先是，近侍言贾人有售美珠者，帝曰："吾服御雅不喜饰以珠玑，生民膏血，不可轻耗。汝等当广进贤才，以恭俭爱人相规，不可以奢靡蠹财相导。"言者惭而退。淮东宣慰使撒都献玉观音、七宝帽顶、宝带、宝鞍，却之，戒谕如初。

【译文】

当初，仁宗的一个近臣说：有一个商人正出售美珠。仁宗说："我的衣服、车马，喜欢素雅，不喜欢装饰珠宝。百姓的血汗不能随便挥霍。你们应当向我广泛推荐有才干的人，应当彼此以恭敬俭约爱惜人才相劝勉，不能攀比奢华、浪费财物。"近臣惭愧地退了下去。后来，淮东宣慰使撒都又向仁宗进献玉观音、七宝帽顶、宝带、宝鞍，结果都被仁宗退了回去，并且又重复了以前的告诫、训谕。

恢复科举取士

【原文】

甲辰，行科举。诏天下以皇庆三年八月，天下郡县兴其贤者、能者，充贡有司，次年二月，会试京师，中选者亲试于廷，赐及第出身有差。帝谓侍臣曰："朕所愿者，安百姓以图至治，然匪用儒士，何以致此。设科取士，庶几得真儒之用，而治道可兴也。"

【译文】

皇庆二年（1313）十一月甲辰这天，公布实行科举制度。诏告全国，定于明年八月，各郡县选拔那些有德行，有才干的人推荐给有关官吏。转年二月，在京师会试，中选者再参加由皇帝亲自在殿廷主持的殿试，然后赐予及第、出身等不同等级。仁宗对身边臣子说："我的愿望是安抚百姓而达到天下大治，但是不用儒士，怎能实现这个目的。开设科举取士制度，用不多久就能得到可供使用的有真才实学的儒士，而治国之道也就可以得到发扬了。"

元仁宗

英宗本纪

坚定执法

【原文】

英宗……尝戒群臣曰："卿等居高位，食厚禄，当勉力图报。苟或贫乏，朕不惜赐汝；若为不法，则必刑无赦。"八思吉思下狱，谓左右曰："法者，祖宗所制，非朕所得私。八思吉思虽事朕日久，今其有罪，当论如法。"

【译文】

英宗皇帝……曾经训诫群臣说："各位爱卿身居重要官职，享受着丰厚的俸禄，应当努力报效朝廷。假如有人贫穷，我不吝惜赏赐你们；如果做了不法的事，就定惩罚不赦。"八思吉思犯罪入狱，英宗对近臣说："国法是祖宗制定的，不是我能私有的，八思吉思虽然侍奉我很久，现在犯了罪，也应当按国法定罪。"

文宗本纪

创奎章阁，著一代经典

【原文】

（二月）甲寅，立奎章阁学士院，秩正三品，以翰林学士承旨忽都鲁都儿迷失、集贤大学士赵世延并为大学士，侍御史撒迪、翰林直学士虞集并为侍书学士，又置承制、供奉各一员。……（八月壬寅）升奎章阁学士院秩正二品，更司籍郎为群玉署，秩正六品。……（九月）戊辰，敕翰林国史院官同奎章阁学士采辑本朝典故，准《唐、宋会要》，著为《经世大典》。

成吉思汗灵包

国学经典文库

【译文】

天历二年（1330）二月甲寅这一天，文宗皇帝设置了奎章阁学士院，官俸正三品，用翰林学士承旨忽都鲁都儿迷失和集贤大学士赵世延二人担任大学士，侍御史撒迪和翰林直学士虞集二人担任侍书学士。还设置了承制、供奉各一名官员。……同年八月壬寅这天，……把奎章阁学士院晋升为正二品的官俸，把司籍郎改名为群玉署，官俸为正六品。……同年九月戊辰这天，下令翰林国史院的官员连同奎章阁的学士共同采写、辑录本朝的典章制度和历史传说，仿照《唐、宋会要》的样子，撰写《经世大典》。

顺 帝 本 纪

刘福通颍州起义

【原文】

辛亥，颍州妖人刘福通为乱，以红巾为号，陷颍州。初，栾城人韩山童祖父，以白莲会烧香惑众，谪徙广平永年县。至山童，倡言天下大乱，弥勒佛下生，河南及江淮愚民皆翕然信之。福通与杜遵道、罗文素、盛文郁、王显忠、韩咬儿复鼓妖言，谓山童实宋徽宗八世孙，当为中国主。福通等杀白马、黑牛，誓告天地，欲同起兵为乱，事觉，县官捕之急，福通遂反。山童就擒，其妻杨氏，其子韩林儿，逃之武安。

【译文】

至正十一年（1351）五月辛亥这一天，颍州（今安徽阜阳）人刘福通暴动，用红头巾作为标志，攻陷了颍州。当初，栾城人韩山童的祖父，借白莲教烧香机会鼓动百姓，被流放到广平永年县。到山童，宣传天下大乱，弥勒佛下降人世，河南及江淮百姓都非常相信。福通和杜遵道、罗文素、盛文郁、王显忠、韩咬儿还制造舆论，说山童实际是宋徽宗的八世孙，应当作中原国家的君主。福通等人杀白马、黑牛，向天地发誓，要一齐兴兵暴动，事情被官府察觉，县官捕捉得很急，福通于是造反了。结果山童被活捉，他的妻子杨氏，儿子韩林儿，逃往武安。

食 货 志

农桑是立国之本

【原文】

农桑，王政之本也。太祖起朔方，其俗不待蚕而衣，不待耕而食，初无所事焉。世祖即位之初，首诏天下，国以民为本，民以衣食为本，衣食以农桑为本。于是颁《农桑辑要》之书于民，俾民崇本抑末。其睿见英识，与古先帝王无异，岂辽、金所能比哉。

国学经典文库

【译文】

农、桑是君王政务的根本。太祖兴起于北方，生活习俗都不必养蚕缫丝织做

衣服，不必等耕种收获有吃食，因此当初都不从事农桑活动。世祖在刚即位时，第一次向全国颁布诏书，提出了国家以百姓为根本，百姓以衣食为根本，衣食以农桑为根本。于是又向全国颁布《农桑辑要》这部书，使百姓树立崇尚农桑本业，抑制工商末业的风尚。世祖皇帝的深邃、圣明，与古代的先贤、帝王毫无差异，哪里是辽、金两朝所能比拟的！

赋税制度的制订

【原文】

丁税、地税之法，自太宗始行之。初，太宗每户科粟二石，后又以兵食不足，增为四石。至丙申年，乃定科征之法，令诸路验民户成丁之数，每丁岁科粟一石，驱丁五升，新户丁驱各半之，老幼不与。其间有耕种者，或验其牛具之数，或验其土地之等征焉。丁税少而地税多者纳地税，地税少而丁税多者纳丁税。

【译文】

人丁税和土地税的制度，是从太宗时正式实行的。起初太宗规定每户征收二石谷，后来又因军需不足，增为四石。一直到丙申（1236）年，才颁布科差租税制度，命令各路查验民户中成年人的数目，每个成年人一年征收一石谷，驱丁五升，新增户、驱丁各征收一半，老幼免征。其中有耕具土地的，有耕牛耕具的要验明耕牛耕具的数目，有土地的要验明土地的等级再征收。人丁税少而地亩税多的，纳地亩税；地税少而人丁税多的，纳人丁税。

后　妃　传

皇后巧谏避免良田牧马

【原文】

一日，四怯薛官奏割京城外近地牧马，帝既允，方以图进，后至帝前，将谏，先阳责太保刘秉忠曰："汝汉人聪明者，言则帝听，汝何为不谏？向初到定都时，若以地牧马则可，今军蘸俱分业已定，夺之可乎？"帝默然，命寝其事。

【译文】

一天，四侍卫首领奏请分割京城外的田地牧马，世祖已经应允，侍卫首领们正在拿地图请求划分地域，皇后走到世祖跟前，要谏止这事，她先假装责备太保刘秉忠说："你是汉人当中的聪明人，你说的话皇帝都听，你为什么不谏止割田地为牧场这件事？当初刚刚定都的时候，如果把一些田地改做牧马用还可以，现在军队占据的地方都已经分划已定，再夺民田做牧马场能行吗？"世祖默不作声，命令罢休割地牧马的事。

元世祖后像

皇后动手变废为宝

【原文】

后尝于太府监支缯帛表里各一，帝谓后曰："此军国所需，非私家物，后何可得支？"后自是率宫人亲执女工，拘诸旧弓弦练之，缉为绸，以为衣，其韧密比绫绮。宣徽院羊臑皮置不用，后取之合缝为地毯。其勤俭有节而无弃物，类如此。

【译文】

元世祖的皇后曾经从太府监支领了丝帛里、面各一匹，世祖对皇后说："这是国家的必需品，不是私家的东西，皇后怎能支取？"皇后从此带领宫女亲自缝织，找来很多废旧的弓箭弦洗煮一番，织成绸子，做衣服，质地柔软、细密得像绫绮一样。宣徽院堆积了很多没用的羊臑皮，皇后拿来缝缀成地毯。皇后的生活勤俭而有节制，从不轻易扔掉什么东西，就类似上边说的事一样。

裕 宗 传

君臣交心不忘祖训

【原文】

七年秋，受诏巡抚称海，至冬还京。间谓诸王札剌忽及从官伯颜等曰："吾属适有兹暇，宜各悉乃心，慎言所守，俾吾闻之。"于是撒里蛮曰："太祖有训：欲治身，先治心；欲责人，先责己。"伯颜曰："皇上有训：欺罔盗窃，人之至恶。一为欺罔，则后虽出善言，人终弗信。一为盗窃，则事虽未觉，心常惴惴，若捕者将至。"札剌忽曰："我祖有训：长者梢，深者底。盖言贵有终始，长必极其杪，深必究其底，木可中辍也。"王曰："皇上有训：毋持大心。大心一持，事即隳败。吾观孔子之语，即与圣训合也。"

【译文】

至元七年（1270）秋天，燕王（名真金）接受诏命去视察称海，冬天回到了京城。空闲时对诸王札剌忽及随从官伯颜等人说："我们几个人正好有这空闲，应当各自表白一下心志和谨慎遵守的格言，使我听听。"这时，撒里蛮说："太祖有过训导：想要管好自身，先要管好思想；想要责备别人，先要责问自己。"伯颜说："皇上有过训导：欺骗、蒙蔽、盗窃是一个人最大的恶习。一旦有了欺骗、蒙蔽行为，此后虽然再说善良的话，别人总不会相信。一旦有了盗窃行为，虽然事情并没被发觉，心里也总不安，好像捕者就要到来一样。"札剌忽说："我们的祖先有过训导：再长的东西也有尾，再深的地方也有底。这是说贵在有始有终，长的一定要极尽末端，深的一定要探究根底，不能半途而废。"燕王说："皇上有过训导：不能粗心大意。只要一粗心，事情就失败。我看孔子的话，跟皇上说的一样。"

崇尚节俭的皇太子

【原文】

太子服绫裕，为沈所渍，命侍臣重加染治，侍臣请织绫更制之。太子曰："吾欲织百端，非难也。顾是物未敝，岂宜弃之。"东宫香殿成，工请凿石为池，如曲水流觞故事。太子曰："古有肉林酒池，尔欲吾效之耶！"不许。

【译文】

太子穿的绫罗上衣被汤计污渍了，他让侍臣重新洗染，侍臣请求让衣工新织做一件。太子说："我即便想织一百端也不算什么难事，只是这件衣服还没坏，怎能扔掉呢！"东宫的香殿建成了，工匠想凿石垒个水池，象曲水流觞故事那样。太子说："古代还有商纣王肉林酒池的记载呢，你们是否想让我仿效他？"太子没有答应。

木 华 黎 传

忠 诚 勇 敢

【原文】

太祖军尝失利，会大雪，失牙帐所在，夜卧草泽中。木华黎与博尔术张裘毡，立雪中，障蔽太祖，达旦竟不移足。一日，太祖从三十余骑行溪谷间，顾谓曰："此中或遇寇，当奈何？"对曰："请以身当之。"既而，寇果自林间突出，矢下如雨，木华黎引弓射之，三发中三人。其酋呼曰："尔为谁？"曰："木华黎也。"徐解马鞍持之，捍卫太祖以出，寇遂引去。

【译文】

太祖的军队曾经失利，又遇上大雪，找不到安扎军帐的地方，夜间只好躺在草泽中。木华黎与博尔术张开毛毡，站在雪地里，挡着太祖，一直站到天亮竟然一步也不移动。又有一天，太祖带着三十多骑兵在山谷里行走，太祖回头看着木华黎说："这山谷中如果遇到盗匪，怎么办？"木华黎答道："请允许我用身体挡住您。"不久，盗匪果然从林中突然出现，箭如雨下，木华黎拉弓射箭，三发射中三人。盗匪首领惊呼："你是谁？"答："我是木华黎。"说完木华黎慢慢解下马鞍拿着，护卫着太祖出了山谷，盗匪竟然也跟着离去了。

禁抢掠行径

【原文】

权知河北西路兵马事史天倪进言曰："今中原粗定，而所过犹纵兵抄掠，非王者吊民之意也。"木华黎曰："善。"下令禁无剽掠，所获老稚，悉遣还田里，军中肃然，吏民大悦。

【译文】

暂时代管河北西路军队事宜的史天倪向木华黎建议："现在中原地区刚平定，

可是每到一地还放纵士兵抄杀抢掠，这不是帝王慰抚百姓的本意。"木华黎说："对。"下达禁令不准抢劫，俘获的老幼百姓，全部遣返回家，军纪严明，官吏和百姓都很高兴。

察罕传

从小知礼以帽为尊

【原文】

察罕武勇过人，幼牧羊于野，植杖于地，脱帽置杖端，跪拜歌舞。太祖出猎，见而问之。察罕对曰："独行则帽在上而尊，二人行则年长者尊，今独行，故致敬于帽。且闻有大官至，先习礼仪耳。"

【译文】

察罕勇猛过人，年幼时在野外牧羊，他把棍子插在地上，脱下帽子放在棍子顶端，行跪拜礼又歌又舞。恰巧太祖出外打猎，看见了就询问他怎么回事。察罕答道："一个人行走，帽子在上位最尊贵，两个人行走年纪大的尊贵，现在我一个人独自行走，所以向帽子致敬。而且听说有大官到来，先演习一下礼仪罢了。"

留速不台传

灭 金

【原文】

师集三峰山，金兵围之数匝。会风雪大作，其士卒僵仆，师乘之，杀戮殆尽。自是金军不能复振。壬辰夏，睿宗还驻官山，留速不台统诸道兵围汴。癸巳，金主渡河北走，追败之于黄龙冈，斩首万余级。金主复南走归德府，未几，复走蔡州，汴降，俘其后妃及宝器以献，进围蔡州。甲午，蔡州破，金主自焚死。

【译文】

元军聚集在三峰山（今河南禹县境内），被金兵多重包围。当时正赶上狂风暴雪，金朝不少士兵冻僵而死，元军乘机，几乎消灭了全部的金兵，从此金军再无力奋起。壬辰年（1232）夏天，睿宗回官山（今内蒙古卓资北灰腾梁）驻守，留速不台统率各路军队围攻汴梁。癸巳（1233）金朝君主渡过黄河向北逃去，速不台追击到黄龙冈打败了金军，斩首一万多。金朝君主又向南逃到归德（今河南商丘），不久，又逃往蔡州（今河南汝南）。汴梁投降后，速不台把俘获的金朝后妃和宝物器具献给了朝廷，继续包围蔡州。甲午（1234）年，蔡州被攻破，金哀宗自焚而死。

远征欧洲的将军

【原文】

辛丑……经哈喕里山，攻马札儿部主怯怜。速不台为先锋，与诸王拔都、吁里兀、昔班、哈丹五道分进。众曰："怯怜军势盛，未可轻进。"速不台出奇计，诱其军至溂宁河。诸王军于上流，水浅，马可涉，中复有桥。下流水深，速不台欲结筏潜渡，绕出敌后。未渡，诸王先涉河与战。拔都军争桥，反为所乘，没甲士三十人，并亡其麾下将八哈秃。既渡，诸王以敌尚众，欲要速不台还，徐图之。速不台曰："王欲归自归，我不至秃纳河马茶城，不还也。"及驰至马茶城，诸王亦至，遂攻拔之而还。

彩绘陶骑马俑　元代

【译文】

辛丑（1241）年……经过哈喕里山，攻打马札儿部（今匈牙利）国王。速不台任先锋，和诸王拔都、吁里兀、昔班、哈丹分五路进发。大家说："怯怜军队气势盛，不能轻易进犯。"速不台制定计策，引诱敌军到了溂宁河（今匈牙利东部索约河）。诸王军队在上流，水浅，马匹能够涉水，而且还有桥梁。可下流水深，速不台想造筏偷偷渡过河去，绕到敌军背后。可是速不台还没渡河，诸王已经渡过河开战了。拔都部队争着过桥，反而给敌军造成了机会，结果淹死了三十名甲士，还损失了拔都手下大将八哈秃。等速不台的军队渡过河去，诸王因为敌军人数还很多，想要速不台一同撤军，慢慢再商量。速不台却说："诸王想回去请自己回去，我不到秃纳河（今多瑙河）马茶城（今布达佩斯），决不生还！"等到速不台的军队到了马茶城，诸王也到了，于是攻占了马茶城才搬师。

抄　思　传

三条成才之路

【原文】

别的因在襁褓时，父抄思方领兵平金，与其祖母康里氏在三皇后宫庭。戊申，父抄思卒，母张氏迎别的因以归。祖母康里氏卒。张尝从容训之曰："人有三成人，知畏惧成人，知羞耻成人，知艰难成人。否则禽兽而已。"别的因受教唯谨。

【译文】

别的因还在怀抱时，父亲抄思正带兵平定金朝。别的因跟着祖母康里氏住在三皇后的宫廷里。戊申（1248）这一年，父亲抄思去世。母亲张氏从宫廷里接回了别的因。祖母康里氏也去世了。张氏曾从容地训诫别的因说："人有三条成才

的途径，懂得畏惧能成长为人才，懂得羞耻能成长为人才，懂得艰难能成长为人才。否则，不过是个禽兽罢了。"别的因十分恭敬地接受了母亲的教诲。

俺木海传

以炮石攻城为先

【原文】

　　帝尝问攻城略地，兵仗何先，对曰："攻城以炮石为先，力重而能及远故也。"帝悦，即命为炮手。岁甲戌，太师国王木华黎南伐，帝谕之曰："俺不海言，攻城用炮之策甚善，汝能任之，何城不破。"即授金符，使为随路炮手达鲁花赤。俺木海选五百余人教习之，后定诸国，多赖其力。

【译文】

　　太祖曾经询问攻城占地，交战什么兵器为先，俺木海答："攻城以炮石为先，这是由于炮的火力大而且射程远的缘故。"太祖听后很高兴，就命令俺木海做炮手。甲戌（1214）这一年，太师、国王木华黎向南讨伐，太祖告诉他："俺木海说，攻城先用炮的策略很好，如果你能够任用他，什么城攻不下来呀。"于是授予俺木海金符，让他任随路炮手的达鲁花赤。俺木海挑选五百多士兵教他们，后来平定很多国家，多依仗他的力量。

召烈台抄兀儿传

惩上救下得民心

【原文】

　　（火鲁忽台）尝奏言："有犯法者治之，当自贵人始；穷乏不给者救之，当自下始。如此则可得众心矣。"其言良切于事弊云。

【译文】

　　火鲁忽台曾向皇帝（元文宗）启奏说："要惩治犯法的人，应当从有权有地位的人入手；要救济穷苦人，应当从最下层人入手。这样做就可以得到大众的拥戴。"他的话真说到了事情的要害。

赵阿哥潘传

不以私惠邀公赏

【原文】

　　郡当孔道，传置旁午，有司敝于供给。阿哥潘以私马百匹充驿骑，羊千口代民输。帝闻而嘉之，诏京兆行省酬其直。阿哥潘曰："我岂以私惠而邀公赏耶。"卒不受。

【译文】

　　临洮郡（今甘肃兰州）位于穿山凿通的交通要道上，沿途设置了很多驿站，管理驿站的官员无法承受供应，阿哥潘拿出一百匹自家的马充当驿站的车骑，还代替百姓缴纳了一千只羊。元世祖知道了就嘉奖他，命令京兆行省按照价格偿还。阿哥潘说："我哪能用个人付出的一点代价，而希求国家给予赏赐呢？"最终还是没接受。

塔塔统阿传

元代用印之始

【原文】

　　塔塔统阿，畏兀人也。性聪慧，善言论，深通本国文字。乃蛮大扬可汗尊之为傅，掌其金印及钱谷。太祖西征，乃蛮国亡，塔塔统阿怀印逃去，俄就擒。帝诘之曰："大扬人民疆土，悉归于我矣，汝负印何之？"对曰："臣职也，将以死守，欲求故主授之耳。安敢有他！"帝曰："忠孝人也！"问是印何用，对曰："出纳钱谷，委任人材，一切事皆用之，以为信验耳。"帝善之，命居左右。是后凡有制旨，始用印章，仍命掌之。

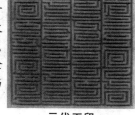

元代玉印

【译文】

　　塔塔统阿是维吾尔人。他天资聪慧，善于言谈，精通维吾尔文。乃蛮国太阳可罕尊奉他为老师，他掌管着国家的金印和钱粮。太祖西征，乃蛮国灭亡，塔塔统阿怀揣金印出逃，不久被捉。太祖责问他："乃蛮的百姓、土地全属于我了，你还带着金印往哪里跑？"塔塔统阿说："我的职责是用生命保护金印，只想找到原来的主子交还金印罢了，哪敢有别的想法！"太祖称赞说："好个忠实的臣子！"又问这个金印有什么用处，塔塔统阿回答说："支出、收纳钱粮，委派任用官员，这些事都要使用它，用它作为凭据。"太祖赞许他，让他留在身边。此后所有的命令，才加盖印章，继续让塔塔统阿掌管金印。

忙哥撒儿传

神射手——默尔杰

【原文】

　　搠阿精骑射，帝甚爱之，号为默尔杰，华言善射之尤者也。帝尝与贼遇，将战，有二飞鹜至，帝命搠阿射之。请曰："射其雄乎？抑雌者乎？"帝曰："雄者。"搠阿一发坠其雄，贼望见，惊曰："是善射若此，飞鸟且不能逃，况人乎！"不战而去。

【译文】

　　搠阿精通骑马射箭，太祖非常喜欢他，叫他默尔杰。汉语的意思是最优秀的

射手。太祖曾经和盗贼相遇，将要交锋，正好有两只野鸭飞过，太祖命令搠阿射鸭。搠阿请示说："射雄鸭？还是射雌鸭呢？"太祖说："雄鸭。"搠阿拉弓一下子就射中了雄鸭。盗贼看到这情形，惊讶地说："这人如此善于射箭，飞鸟尚且不能逃脱，何况人呢！"不战就逃走了。

赛典赤传

开发云南，传播文明

【原文】

云南俗无礼仪，男女往往自相配偶，亲死则火之，不为丧祭。无粳稻桑麻，子弟不知读书。赛典赤教之拜跪之节，婚姻行媒，死者为之棺椁奠祭，教民播种，为陂池以备水旱，创建孔子庙、明伦堂，购经史，授学田，由是文风稍兴。

【译文】

云南地区风俗从不讲究礼仪。男女时常自己就结为夫妻。亲人死了一烧了之，不举行丧葬祭祀。不知道稻子、桑麻，孩子也不知道学文化。赛典赤教育他们跪拜的礼节，结婚要有做媒的人，要为死者做棺椁、行奠祭礼，教给百姓播种，修筑池沼防备水、旱灾害，创建了孔子庙、明伦堂，购置了经学、史学典籍，划给学校学田，从此讲究文明的习俗才渐渐兴起。

高智耀传

尊奉儒士

【原文】

宪宗即位，智耀入见，言："儒者所学尧、舜、禹、汤、文、武之道，自古有国家者，用之则治，不用则否，养成其材，将以资其用也。宜蠲免徭役以教育之。"帝问："儒家何如巫医？"对曰："儒以纲常治天下，岂方技所得比。"帝曰："善。前此未有以是告朕者。"诏复海内儒士徭役，无有所与。

【译文】

宪宗登上了皇位，高智耀上朝拜见皇帝时说："儒者学的是上古圣贤尧、舜以及夏禹、商汤、周文王、周武王的治国之道，自古以来掌握国家的人，用了儒士就大治，不用儒士就完全相反，所以应当培养他们成才，将来用这些人为国效劳。因此，要免除他们的差役并且教育他们成长。"宪宗问："儒家比巫师、医士怎么样？"高智耀回答说："儒家以三纲五常治理国家，哪是医、卜、星、相这些人能比的！"宪宗说："好的。从前还没人禀告过这些事。"宪宗颁发了诏书，免除国内各地儒士的差役，不得增添负担。

安 童 传

少年丞相

【原文】

安童，木华黎四世孙，霸突鲁长子也。中统初，世祖追录元勋，召入长宿卫，年方十三，位在百僚工。……四年，执阿里不哥党千余，将置之法，安童侍侧，帝语之曰："朕欲置此属于死地，何如？"对曰："人各为其主，陛下甫定大难，遽以私憾杀人，将何以怀服未附。"帝惊曰："卿年少，何从得老成语，此言正与朕意合。"由是深重之。

至元二年秋八月，拜光禄大夫、中书右丞相，增食邑至四千户。辞曰："今三方虽定，江南未附，臣以年少，谬膺重任，恐四方有轻朝廷心。"帝动容有间曰："朕思之孰矣，无以逾卿。"

【译文】

安童，是木华黎的四世孙，霸突鲁的长子。中统初（1260）年，世祖追用元勋时，召他进宫掌管宿卫军，当时他刚刚十三岁，可地位却在百官之上。……中统四年，捉拿了阿里不哥千余名手下人，将要按法律处死。正好安童侍奉在世祖身边，世祖问他："我想把这些人处死，你看怎么样？"安童回答说："人都要为自己的主子效力，陛下刚刚平定大乱，急急忙忙凭个人的仇恨感情杀人，今后拿什么使没有归附的人心悦诚服呢。"世祖惊讶地说："你年纪轻轻，从哪里学的这些老练、成熟的话！这个说法正跟我的心意合拍。"从此更加看重他。

至元二年（1265）秋季八月，封安童为光禄大夫、中书右丞相，增加食邑到四千户。安童推辞说："现在三方虽然平定，但江南还没归顺，凭我这样年轻，过多地接受重任，恐怕各方有轻视朝廷的心。"世祖很是激动，有一会儿才说："我考虑成熟了，没有谁能超过你。"

廉希宪传

为官一世，两袖清风

【原文】

时宋故官礼谒大府，必广致珍玩，希宪拒之，且语之曰："汝等身仍故官，或不次迁擢，当念圣恩，尽力报效。今所馈者，若皆己物，我取之为非义；一或系官，事同盗窃；若敛于民，不为无罪。宜戒慎之。"皆感激谢去。

……希宪疾久不愈，十四年春，近臣董文忠言："江陵湿热，如希宪病何？"即召希宪还，江陵民号泣遮道留之不得，相与画象建祠。希宪还，囊橐萧然，琴书自随而已。

【译文】

当时宋朝旧官吏到江陵府拜见希宪，必定带去很多珍贵宝玩，但是希宪一概拒绝，并且告诉他们说："你们乃是旧朝官吏，又没有按寻常次序提升，应当记

住皇帝的恩德，尽力报效。现在馈赠的东西，如果都是你们自己的，我留下是不义；如果关联到官家，这就同盗窃一样；如果是从百姓那里掠来的，不能说不是犯罪。应当警戒、谨慎呀。"这些人都十分感激，谢罪而去。……

希宪久病不愈，至元十四（1277）年春天，近臣董文忠说："江陵潮湿天气又热，希宪的病体怎么办？"皇帝就召希宪回了京师。临行时，江陵百姓挡住道号哭，也没能留住他，于是共同给他画了像，建了生祠。希宪回京师，行装很少，仅有随身携带的琴书而已。

伯 颜 传

不为女色所动

【原文】

伯颜至江州，即以师夔为江州守。师夔设宴庚公楼. 选宋宗室女二人，盛饰以献，伯颜怒曰："吾奉圣天子明命，兴仁义之师。问罪于宋，岂以女色移吾志乎。"斥遣之。

【译文】

伯颜的军队进驻了江州（今江西九江），就命令吕师夔作江州的守卫官。吕师夔在庚公楼摆下了宴席，特意挑选两名南宋宗室美女，让她们盛装打扮一番，进献给伯颜。伯颜愤怒地说："我遵奉圣朝皇帝明确的旨命，带领仁义的军队，向宋问罪，难道想用女色改变我的志向吗！"斥责了吕师夔，打发走了这两个女人。

不忽木传

掌握规律适者生存

【原文】

三十年，有星孛于帝座。帝忧之，夜召入禁中，问所以销天变之道，奏曰："风雨自天而至，人则栋宇以待之；江河为地之限，人则舟楫以通之。天地有所不能者，人则为之，此人所以与天地参也。且父母怒，人子不敢疾怨，惟起敬起孝。故《易·震》之象曰'君子以恐惧修省'，《诗》曰'敬天之怒'，又曰：'遇灾而惧'。三代圣王，克谨天戒，鲜不有终。汉文之世，同日山崩者二十有九，日食地震频岁有之，善用此道，天亦悔祸，海内乂安。此前代之龟鉴也，臣愿陛下法之。"

【译文】

至元三十年（1293），有彗星扫到了帝座星。世祖很忧虑，夜间把不忽木召入宫中，询问解除天象变异的方法。不忽木启奏说："风雨从天而降，人就盖房屋防备风雨；江河阻隔了地域，人就造船、桨渡过去。天与地也有做不到的，人却能做到，人就是凭借这些，与天地配合。就说父母发怒吧，做子女的不敢厌恶埋怨，只能敬奉着、孝顺着。所以《易经》里说：'君子凭着惶恐畏惧之心修身养性。'《诗经》里说：'敬奉上天的愤怒'，又说'遇到灾祸应当畏惧'。夏、

商、周三代圣王，能够恭敬地对待上天的惩戒，很少有不坚持始终的。汉文帝时代，同一天山崩二十九次，日蚀、地震连年都有，但是只要善于运用这些方法，上天也会后悔不该降祸，四海之内就太平无事了。这都是古代的借鉴，我希望陛下效法。"

亦黑迷失传

中国第一位航海家

【原文】

亦黑迷失……九年，奉世祖命使海外八罗孛国。十一年，偕其国人以珍宝奉表来朝，……十二年，再使其国，与其国师以名药来献……二十一年……复命使海外僧迦剌国，观佛钵舍利，……二十四年，使马八儿国，取佛钵舍利，浮海阻风，行一年乃至。得其良医善药，遂与其国人来贡方物，又以私钱购紫檀木殿材并献之。尝侍帝于浴室，问曰："汝逾海者凡几？"对曰："臣四逾海矣。"

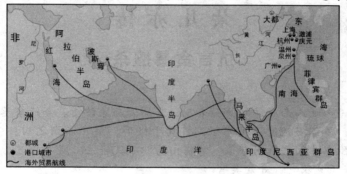

元代海外交通图

【译文】

亦黑迷失……至元九（1272）年，受世祖派遣出使海外的八罗孛国（今尼泊尔）。至元十一（1274）年，偕同八罗孛国的使者带着国书和珍宝来朝见世祖。……十二年，再次出使八罗孛国，同这个国家的僧人带着名贵药材献给朝廷……二十一年……又任命亦黑迷失出使僧迦剌国（今斯里兰卡），他看到了佛家的饭器和佛骨。……二十四年，又出使马八儿国（今印度南端）去取佛器和佛骨，在海上逆风行驶，一年才到达。他得到了名医、好药，就跟马八儿国人一同来朝贡地方特产，还用自己的钱购买了紫檀木这样的宫殿建材，献给了朝廷。一次亦黑迷失曾在浴室里侍奉世祖，世祖问他："你一共越海几次？"答道："臣四次越海。"

玉哇失传

虎口抉舌

【原文】

也烈拔都儿，从其国主来归，太宗命充宿卫。岁戊午，从宪宗征蜀，为游兵，前行至重庆，战数有功。尝出猎遇虎于隘，下马搏虎，虎张吻欲噬之，以手探虎口，抉其舌，拔所佩刀刺而杀之。

【译文】

也烈拔都儿，跟从他的国君来归顺。太宗命他充任宿卫。戊午（1258）年，跟从宪宗征讨蜀地，担任巡逻兵，先到达重庆，屡战有功。有一次外出打猎，在山隘遇到了猛虎，他下马和虎搏斗，老虎张开大口要咬他，他却把手伸进虎嘴，抓住老虎的舌头，拔出佩刀刺向老虎，把老虎杀死了。

朵儿赤传

抗言贪暴擅杀

【原文】

朵儿赤……迁山南廉访副使，未几，复调云南廉访使。会行省丞相帖木迭儿贪暴擅诛杀，罗织安抚使法花鲁丁，将置于极刑，朵儿赤谓之曰："生杀之柄，系于天子，汝以方面之臣而专杀，意将何为？小民罹法，且必审覆，况朝廷之臣耶！"法花鲁丁竟获免，寻复其官。

【译文】

朵儿赤升职为山南廉访副使，不久，又调任云南廉访使。正遇着行省丞相帖木迭儿贪暴独断妄杀无辜，他虚构安抚史法花鲁丁罪名，就要处以死刑。朵儿赤对帖木迭儿说："生杀大权掌握在天子手里，你以一个地方官吏而专断杀人，你究竟想干什么？百姓受国法制裁还必须反复核实，更何况朝廷的大臣呢！"法花鲁丁终于得到了免罪，不久又官复原职。

刘 容 传

不受礼不行贿心自安

【原文】

十五年，奉旨使江西，抚慰新附之民。或劝其颇受送遗，归赂权贵人，可立致荣宠，容曰："剥民以自利，吾心何安。"

【译文】

至元十五年（1278），刘容奉世祖旨出使江西，安抚慰问刚刚归顺的百姓。

有人劝他多接受些馈赠，回来之后送给权贵，能够立即得到荣耀、宠信。刘容答道："掠夺百姓，使自己受益，我怎能安心。"

朵罗台传

民心顺，福自来

【原文】

朵罗台之子脱欢……其在四川时，尝上疏曰："内外修寺，虽支官钱，而一椽一瓦，皆劳民力，百姓嗟怨，感伤和气。宜且停罢，仍减省供佛饭僧之费，以纾国用。如此则上应天心，下合民志，不求福而福自至矣……。"

【译文】

朵罗台的儿子脱欢……他在四川时，曾在奏疏中说："到处修建寺庙，虽然由官府开支，但一椽一瓦都是耗费民力换来的，百姓抱怨，就会伤害感情。应当停止修建，以减省供奉神佛、僧侣吃用的花费，使国家费用宽裕。这样的话就会上应天帝的心愿，下合百姓的志趣，不必祈求降福而福气自然会到来……。"

阿沙不花传

劝君不贪酒色

【原文】

帝又尝御五花殿，丞相塔思不花、三宝奴，中丞伯颜等侍。阿沙不花见帝容色日悴，乃进曰："八珍之味不知御，万金之身不知爱，此古人所戒也。陛下不思祖宗付托之重，天下仰望之切，而惟曲糵是沉，姬嫔是好，是犹两斧伐孤树，未有不颠仆者也。且陛下之足下，祖宗之天下也，陛下之位，祖宗之位也，陛下纵不自爱，如宗社何？"帝大悦曰："非卿孰为朕言。继自今毋爱于言，朕不忘也。"因命进酒。阿沙不花顿首谢曰："臣方欲陛下节饮而反劝之，是臣之言不信于陛下也，臣不敢奉诏。"左右皆贺帝得直臣。

【译文】

武宗曾经坐在五花殿里，丞相塔思不花、三宝奴，中丞伯颜等人侍奉着。阿沙不花见武宗面容一天比一天憔悴，就上前说："吃起珍贵的食物不懂得节制，对待宝贵的身体不知道爱惜，这可是古人禁忌的事情。陛下不想想祖宗托付的重大，天下人仰望的殷切，反而沉溺于酒，喜好于色，这好像用两把斧子砍一棵树，没有不跌倒的。况且陛下的天下，是祖宗开创的天下，陛下的皇位，是祖宗传下的，陛下纵使不爱惜自己，可宗庙、社稷怎么办？"武宗听后非常高兴地说："不是你，谁对我说这些话。从今以后你要多讲，我不会忘的。"于是命令进酒。阿沙不花叩头辞谢说："我刚刚要陛下节制饮酒，陛下反而鼓励我饮酒，这说明我的话，陛下并不相信，臣子不敢接受诏命。"臣子们都恭贺武宗得到了直谏之臣。

拜 住 传

国非民将，何以为君

【原文】

帝幸五台，拜住奏曰："自古帝王得天下以得民心为本，失其心则失天下。钱谷，民之膏血，多取则民困而国危，薄敛则民足而国安。"帝曰："卿言甚善。朕思之，民为重，君为轻，国非民将何以为君？今理民之事卿等当熟虑而慎行之。"

【译文】

英宗皇帝巡幸到五台，拜住上奏说："自古以来帝王得天下以得民心为根本，失掉的民心就会失天下。货币和谷物是百姓血汗换来的，多取会使百姓穷困，同时国家也就危急了；少取，百姓会富足，那么国家也就安定了。"英宗说："你讲得很对。我思考过这事，百姓是重要的，国君是次要的，国家没有百姓还靠什么作国君？现在管理百姓的事，你们应当熟虑并且谨慎行事。"

察罕传

学识渊博

【原文】

暮年，居德安白云山别墅，以白云自号。尝入见，帝望见曰："白云先生来也。"其被宠遇如此。帝尝问张良何如人，对曰："佐高帝，兴汉，功成身退，贤者也。"又问狄仁杰，对曰："当唐室中衰，能卒保社稷，亦贤相也。"因诵范仲淹所撰碑词甚熟。帝叹息良久曰："察罕博学如此邪。"尝译《贞观政要》以献。帝大悦，诏缮写篇赐左右。且诏译《帝范》。又命译《脱必赤颜》名曰《圣武开天纪》，及《纪年纂要》《太宗平金始末》等书，俱付史馆。

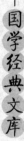

【译文】

察罕晚年，住在德安（湖北安陆）白云山别墅，用"白云"作自己的号。曾被召见，皇帝看见他说："白云先生来了。"他就是这样受宠遇。皇帝曾问张良是怎样的人？他回答说："辅佐汉高帝兴建汉朝，大功告成就隐退，是个贤臣。"又问到狄仁杰，他说："唐朝中衰时，能够保住唐王朝，也是个贤丞相。"于是又十分熟练地吟诵了范仲淹撰写的碑文词句。皇帝感叹很久才说："察罕的学识是这样渊博！"他还曾献上译完的《贞观政要》，皇帝十分喜悦，命抄写出来赐给近臣。并且命他译《帝范》，又让他译《脱必赤颜》取名为《圣武开天纪》，以及《纪年纂要》《太宗平金始末》等书，全都交付给史馆收藏。

脱　脱　传

大义灭亲

【原文】

是时，其伯父伯颜为中书右丞相，既诛唐其势，益无所忌，擅爵人，赦死罪，任邪佞，杀无辜，诸卫精兵收为己用，府库钱帛听其出纳。帝积不能平。脱脱虽幼养于伯颜，常忧其败，私请于其父曰："伯父骄纵已甚，万一天子震怒，则吾族赤矣。曷若于未败图之。"其父以为然，复怀疑久未决。质之直方，直方曰："《传》有之，'大义灭亲'。大夫但知忠于国家耳，余复何顾焉。"……六年二月，伯颜请太子燕帖古思猎于柳林。脱脱与世杰班、阿鲁合谋以所掌兵及宿卫士拒伯颜……己亥，脱脱坐城门上，而伯颜亦遣骑士至城下问故。脱脱曰："有旨逐丞相。"伯颜所领诸卫兵皆散，而伯颜遂南行。

【译文】

这时（后至元四年），脱脱的伯父伯颜任中书右丞相，杀了唐其势之后，越发无所顾忌，随意封人爵位，赦免死罪，任用奸佞，滥杀无辜，各宿卫军队的精兵也都收归他自己统率，府库的钱物听任他支用。因此顺帝积怨不能平。脱脱虽然从小由伯颜养大，可是常常忧虑伯颜的失败，私下请教他的生身父亲说："伯父过于骄横放纵，万一皇帝愤怒，那么我们家族就要衰败了，哪如在衰败之前想想办法。"他的父亲以为他说的很对，可是又犹疑拿不定主意，于是脱脱又向直方询问，直方说："《传》有这么一句话，'大义灭亲'。大夫只知忠诚于国家罢了，你还有什么顾虑呢。"……后至元六年（1340）二月伯颜请皇太子燕帖古思到柳林打猎。脱脱和世杰班、阿鲁共同谋划用所掌管的军队和宿卫士兵对抗伯颜。……己亥这天，脱脱坐在城门楼上，伯颜派遣骑士到城下问为什么关城门。脱脱说："有圣旨驱逐丞相。"伯颜所率领的宿卫士兵都纷纷散去，伯颜于是逃往南方。

乃蛮台传

千方百计解粮荒

【原文】

天历二年，迁陕西行省平章政事。关中大饥，诏募民入粟予爵。四方富民应命输粟，露积关下。初，河南饥，告籴关中，而关中民遏其籴。至是关吏乃河南人，修宿怨，拒粟使不得入。乃蛮台杖关吏而入其粟。京兆民掠人而食之，则命分健卒为队，捕强食人者，其患乃已。时入关粟虽多，而贫民乏钞以籴。乃蛮台取官库未毁昏钞，得五百万缗，识以省印，给民行用，俟官给赈饥钞，如数易之。

【译文】

天历二年（1329），乃蛮台升调为陕西行省平章政事。这一年关中闹粮荒，

朝廷下令招募百姓拿粮食买官做。各地富民响应诏令运来粮食，露天摆放在城门口。起先，河南粮荒，从关中买粮，可是关中百姓阻止买卖。到这回，守关的官吏正好是河南人，还计较旧仇，拒绝粮食进关。乃蛮台用杖刑惩罚了守关的官吏，把粮食运入关。京兆一带饥民抢到人就吃，乃蛮台就派出强健的士兵分头抓捕强吃人者，这场祸患才平息。当时进关的粮食虽多，但穷人无钱购买，乃蛮台动用了五万缗库存没有销毁的旧纸币盖上省印做标记，发给灾民使用，等官府发放解救粮荒的钞票，再按数兑换。

朵尔直班传

知奉法而已

【原文】

丞相伯颜、御史大夫唐其势二家家奴怙势为民害，朵尔直班巡历至潞州，悉捕其人致于法，民大悦。及还，唐其势怒曰："御史不礼我已甚，辱我家人，我何面目见人邪。"答曰："朵尔直班知奉法而已，它不知也。"

【译文】

丞相伯颜和御史大夫唐其势的家奴依仗权势祸害百姓，朵尔直班视察经过潞州（北京通州区南），将罪犯全部逮捕归案，百姓很高兴。视察归来，唐其势愤愤地说："监察御史对我太无礼了，污辱了我的家人，我有什么脸面见人哪！"朵尔直班回答说："我只知道遵奉国法而已，其他一概不知。"

阿鲁图传

当取前代，善恶为勉

【原文】

五年，三史成。十月，阿鲁图等既以其书进，帝御宣文阁，阿鲁图复与平章政事帖木儿塔识、太平上奏："太祖取金，世祖平宋，混一区宇，典章图籍皆归秘府。今陛下以三国事迹命儒士纂修，而臣阿鲁图总裁。臣素不读汉人文书，未解其义。今者进呈，万机之暇，乞以备乙览。"帝曰："此事卿诚未解，史书所系甚重，非儒士泛作文字也。彼一国人君行善则国兴，朕为君者宜取以为法；彼一朝行恶则国废，朕当取以为戒。然岂止儆劝人君，其间亦有为宰相事，善则卿等宜仿效，恶则宜监戒。朕与卿等皆当取前代善恶为勉。朕或思有未至，卿等其言之。"阿鲁图顿首舞蹈而出。

【译文】

元顺帝至正五年（1345），辽、金、宋三史修成。十月，阿鲁图等已经把三史呈给了皇帝。顺帝坐在宣文阁里，阿鲁图又同平章政事帖木儿塔识还有太平启奏道："太祖灭金朝，世祖平定了宋朝，统一了四方疆土。天下的典章图籍也都收藏在秘府里。现在陛下把辽、金、宋历史让儒士们编写成书，而委任我为总裁。我一向不读汉人写的书，不懂得书中的含义。现在进献给您，请您在日理万

机之余，劳神过目。"元顺帝说："修史书这事你们确实还不太理解。史书的关系十分重大，不同于儒士们寻常所写的文章。任何一个王朝的皇帝，他如果施善政，那么国家就兴旺，我做君主的，应当仿效着做；相反，任何一个王朝如果行暴政，那么国家就会衰亡，我也应当拿他作为警戒。但是，史书里哪里只是劝诫国君，其中也有关于宰相的事，好的，你们就照着办，坏的，你们就警惕。我与你们都应当用前代的善恶作为借鉴。我有时想的不到，你们应当提醒我。"阿鲁图磕头、行舞蹈大礼之后才退了出去。

太 平 传

赐姓改名而授官

【原文】

至正二年，诏起为中书参知政事，辞。进右丞，又辞。……六年，拜御史大夫。故事，台端非国姓不以授，太平因辞，诏特赐姓而改其名。七年，迁中书平章政事，班同列上。

【译文】

至正一二年（1342），顺帝下诏书起用太平（原名贺唯一，汉族）任中书参知政事，他推辞了。又有人推荐他任右丞，他也推辞了。……至正六年（1346）顺帝授予他御史大夫之职。按照旧例，御史台的首职，不是蒙古族人不能授给，所以太平借口推辞了。为此，特地下诏书赐予太平蒙古氏的姓并改名为太平。至正七年（1347）升为中书平章政事，位次在同僚之上。

彻里帖木儿传

敢于负责的父母官

【原文】

天历二年，……（河南）岁大饥，彻里帖木儿议赈之。其属以为必自县上之府，府上之省，然后以闻。彻里帖木儿慨然曰："民饥死者已众，乃欲拘以常格耶。往复累月，民存无几矣。此盖有司畏罪，将归怨于朝廷，吾不为也。"大发仓廪赈之，乃请专擅之罪。文宗闻而悦之，赐龙衣、上尊。

【译文】

天历二年（1329）……河南发生了大饥荒，彻里帖木儿打算放粮救济。他的下属认为一定要等县上报到府，由府上报到省，然后才能算知道。彻里帖木儿感慨地说："百姓饥饿而死的已经不少了，还要死板地照常规办事吗？上行下达累计一个月，百姓存活的没几个了。这大概是官吏怕受制裁，将要把怨愤推给朝廷，我不能这样做。"于是打开粮仓救济灾民，又上书承认专断的罪过。文宗皇帝听后很高兴，赐给他龙衣、上尊。

马祖常传

元代文学家马祖常

【原文】

　　祖常七岁知学，得钱即以市书。十岁时，见烛欹烧屋，解衣沃水以灭火，咸嗟异之。既长，益笃于学。蜀儒张𬱖讲道仪真，往受业其门，质以疑义数十，𬱖甚器之。延祐初，科举法行，乡贡、会试皆中第一，廷试为第二人。……祖常工于文章，宏赡而精核，务去陈言，专以先秦两汉为法，而自成一家之言。尤致力于诗，圆密清丽，大篇短章无不可传者。有文集行于世。尝预修《英宗实录》，又译润《皇图大训》《承华事略》，又编集《列后金鉴》《千秋记略》以进，受赐优渥。

【译文】

　　马祖常七岁就知道学习，有了钱就去买书。十岁时，见到倾斜的蜡烛烧着了屋子，他就脱下衣服沾上水去灭火，人们都觉得他不一般。长大之后，对学业更专注了。四川名儒张𬱖在仪真（今江苏仪征）讲学时，祖常就前去跟着他学习，提出有关经义的疑问数十个，张𬱖十分器重他。仁宗延祐初年，举行了科举考试，他在乡贡、会试中都得了第一，廷试是第二。……马祖常文章写得很好，内容既丰富，言辞又简洁，陈旧的言辞都删掉，专门效法先秦两汉的文章，并且具有独特的风格。他特别致力于写诗，写的诗声韵圆，对仗严，富丽而新奇，无论大篇短章，无不值得传颂，有诗文集流传于世。他还曾参与修撰《英宗实录》，又翻译、修改了《皇图大训》《承华事略》，编纂了《列后金鉴》《千秋记略》进献给皇帝，得到了十分优厚的赏赐。

山巎 山巎 传

回族书法家山巎山巎

【原文】

　　巎巎幼肄业国学，博通群书，其正心修身之要得诸许衡及父兄家传。……巎巎善真行草书，识者谓得晋人笔意，单牍片纸人争宝之，不翅金玉。

【译文】

　　巎巎幼年时在国子学里修习学业，广泛地通读了许多经书，他从老师许衡及其父兄（父不忽木，兄回回）那里学得了端正心地、修养自身品行的精要。……巎巎擅长写行书和草书。行家里手都说他的字深得晋朝书法家的风格，所以哪怕是随便写在一块木板或一张纸上的字，人们也都争着宝藏，那种珍爱的程度并不低于金和玉。

自 当 传

当用之物何须弃

【原文】

会次三皇后殂，命工部撤行殿车帐，皆新作之。自当未即兴工。尚书曰："此奉特旨，员外有误，则罪归于众矣。"自当曰："即有罪，我独任之。"未几，帝果问成否。省臣乃召自当责问之。自当请自入对。既见帝，奏曰："皇后行殿车帐尚新，若改作之，恐劳民费财。且先皇后无恶疾，居之何嫌。必欲舍旧更新，则大明殿乃自世祖所御，列圣嗣位岂皆改作乎？"帝大悦，语省臣曰："国家用人，当择如自当者，庶不误大事。"

【译文】

赶上要停留三皇后的灵柩，皇帝命令自当换掉原来的行殿车帐，都要重新布置制作。自当并没马上动工。尚书对他说："这是接受的特别指令，您要是耽误了，就要归罪大家。"自当说："如果怪罪下来，我一人承担。"不久，明宗皇帝果然问完工没有。中书省的大臣就找来自当责问此事。自当请求自己去答对。见到明宗帝，自当说："皇后的行殿车账都还很新，如果重做，怕要劳民伤财。更何况先前的皇后患的又不是犯忌讳的病，还用它停放灵柩有什么嫌疑？如果一定舍旧更新，那么大明殿是世祖使用的，各代先帝继位时难道都拆掉盖新的了吗？"明宗很高兴，告诉中书省的臣子说："国家用人，应当选择像自当这样的才不会误大事。"

答 里 麻 传

巧饰七星堂

【原文】

帝尝命答里麻修七星堂。先是，修缮必用赤绿金银装饰，答里麻独务朴素，令画工图山林景物，左右年少皆不然。是岁秋，车驾自上京还，入观之，乃大喜，以手抚壁叹曰："有心哉，留守也！"赐白金五十两、锦衣一袭。

【译文】

元顺帝曾经命令答里麻整修七星堂。以前修缮时一定要用彩绘、金银装饰，唯独答里麻注重节俭。他让画工在墙壁上绘出山水、林木等各种景致，身边的年青助手都不以为然。这年秋天，顺帝从上京（开平府，今内蒙古多伦县东南）返回大都（今北京），进七星堂一看就十分高兴，用手抚摸着壁画赞叹："有心计呀，留守！"赏赐答里麻五十两白金和一套锦衣。

星 吉 传

元代的"晏婴"

【原文】

（星吉）移湖广行省平章政事。湖广地连江北，威顺王岁尝出猎，民病之。又起广乐园，多莘名倡巨贾以纲大利，有司莫敢忤。星吉至，谒王，王阖中门，启左扉，召以入。星吉引绳床坐王中门西，言曰："吾受天子命来作牧，非王私臣也，焉得由不正之道入乎！"阖者惧，入告王，王命启中门。星吉入，责王曰："王，帝室之懿，古之所谓伯父叔父者也。今德音不闻，而骋猎宣淫，贾怨于下，恐非所以自贻多福也。"王急握星吉手谢之，为悉罢其所为。

【译文】

星吉调任湖广行省平章政事。湖广地域连接江北，威顺王每年都出外打猎，百姓很不满。威顺王又修建了广乐园，集中很多名倡大商贾来赚大钱，地方官员没人敢干预。星吉到任后，去拜见威顺王，王关上中门，只打开左边的门，让星吉进去。星吉拿来绳林坐在中门的西边，说："我接受天子的诏命来做官，不是王的私臣，怎么能够从偏门进去呢！"守门人害怕了，进去禀报威顺王，王这才命令打开中门。星吉进门后责问威顺王说："王是皇帝的宗亲，古代称呼伯父叔父，现在不但听不到您恩德之声，您还纵马狩猎，公然行淫猥之事，招百姓的怨恨，这样做恐怕不是为自己增福吧！"威顺王急忙握住星吉的手谢罪，从此停止了他旧有的作为。

耶律楚材传

文治武功，不可偏废

【原文】

夏人常八斤，以善造弓，见知于帝，因每自矜曰："国家方用武，耶律儒者何用。"楚材曰："治弓尚须用弓匠，为天下者岂可不用治天下匠耶。"帝闻之甚喜，日见亲用。

【译文】

西夏人常八斤，因为擅长制造强弓而受到太祖赏识，于是他常常自傲地说："国家现在正用得着武力，像耶律楚材那些读书人有什么用。"耶律楚材说："制造强弓尚且需要造弓的工匠，掌管天下难道可以不使用治理国家的人才吗？"太祖听后十分高兴，越发地亲近、使用他。

振 兴 文 治

【原文】

楚材又请遣人入城，求孔子后，得五十一代孙元措，奏袭封衍圣公，付以林

庙地。命收太常礼乐生，及召名儒梁陟、王万庆、赵著等，使直释九经，进讲东宫。又率大臣子孙，执经解义，俾知圣人之道。置编修所于燕京、经籍所于平阳，由是文治兴焉。

【译文】

楚材再次奏请派人进入汴梁城，搜求孔子的后代，结果找到了第五十一代孙——孔元措。楚材奏请皇帝封他为世袭的衍圣公，把孔林、孔庙交还他。下令聚集了掌管宗庙祭把礼仪的官员和执事，并召集名儒梁陟、王万庆、赵著等人，让他们翻译九部儒家经典，到东宫讲给太子听。楚材还带领大臣的子孙，有选择地讲经书中的含义，使他们懂得圣人治国之道。在燕京（今北京）设置了编修所，在平阳（今山西临汾）设置了经籍所，从此以文教施政治民的风气才振兴起来。

杨惟中传

杀贪官保良民

【原文】

初灭金时，以监河桥万户刘福为河南道总管，福贪鄙残酷，虐害遗民二十余年。惟中至，召福听约束，福称疾不至，惟中设大梃于坐，复召之，使谓福曰："汝不奉命，吾以军法从事。"福不得已，以数千人拥卫见惟中，惟中即握大梃击仆之，数日福死，河南大治。迁陕右四川宣抚使。时诸军帅横侈病民，郭千户者尤甚，杀人之夫而夺其妻，惟中戮之以徇，关中肃然。语人曰："吾非好杀，国家纲纪不立，致此辈贼害良民，无所控告，虽欲不去可乎！"

【译文】

当初刚刚灭掉金朝时，让监河桥的万户刘福做河南道的总管，刘福既贪婪又残暴，二十多年来，对金朝遗民任意残害。杨惟中到任后，叫刘福听从规矩，刘福称病不到。杨惟中在座位旁摆设了棍棒，又派人去叫他，并让人转告刘福说："你若不遵命，我就用军法处置！"刘福没办法，让几千人护卫着来见杨惟中，杨惟中立即手握大棍棒打倒了他，过了几天刘福就死了，河南才安定。后来，杨惟中升任陕右四川宣抚使。当时许多军队首领仗势恣意伤害百姓，其中以一个姓郭的千户最严重，他杀人的丈夫夺人的妻子，杨惟中杀了他，并且巡行示众，从此关中才平静下来。杨惟中对人说："我并非喜欢杀人，由于国家的法制没建立，才使得这些人祸害良民，而百姓又没处控告，尽管我不想除掉这些人，又怎么可能呢！"

张柔传

重建保州

【原文】

丁亥，移镇保州。保自兵火之余，荒废者十五年，盗出没其间。柔为之画市

井，定民居，置官廨，引泉入城，疏沟渠以泻卑湿，通商惠工，遂致殷富；迁庙学于城东南，增其旧制。

【译文】

丁亥（1227）年，张柔调往保州（今河北保定）镇守。保州在战乱后，已经荒废十五年了，盗贼在这里出没。张柔为保州划出了市场，规定百姓居住的地方，设置了衙门，引泉水到城内，疏通沟道来排泄污水，发展贸易，优待工匠，于是逐渐富足起来；迁移庙学到城东南，并扩大了它原有的规模。

史天泽传

智擒李璮

【原文】

中统二年，从天泽扈驾北征。三年，李璮叛据济南，复从天泽往讨之。城西南有大涧，亘历山，枢一军独当其险，夹涧而城。竖木栅于涧中。淫雨暴涨，木栅尽坏，枢曰："贼乘吾隙，俟夜必出。"命作苇炬数百置城上。逮三鼓，贼果至，飞炬掷之，风怒火烈，弓弩齐发，贼众大溃，自相蹂躏，死者不可胜计。未几，璮就擒。

【译文】

中统二年（1261），史枢跟从史天泽随天子车驾向北征讨。三年李璮反叛，占据济南，史枢又跟从史天泽前往讨伐。济南西南有条从山上流下的大河，经过历山，史枢的军队独当大河的险要地段，夹水筑城，在涧水中竖起木栅。大雨引起涧水猛涨，木栅全被冲坏，史枢说："敌人利用我们的漏洞，等到夜间必定会进犯。"命令作芦苇火炬数百个放在城上。等到三更，敌人果然来了，士兵把火把投掷过去，风大火烈，弓弩一齐发射，敌人败逃，互相践踏，死的人不计其数。不多时，李璮就被活捉了。

董俊传

效马援视死如归

【原文】

俊忠实自许，不为夷险少移，临阵，勇气慑众，立矢石间，怡然若无事，虽中伤亦不为动。每慕马援为人，曰："马革裹尸，援固可壮。"故战必持矛先士卒，或谏止之，俊曰："我人臣也，敌在前，不死，乃趋安脱危乎！"

【译文】

董俊一向以忠诚要求自己，从不被危险所动摇，临战时，以勇武气概征服大家，站立在流矢飞石之间，平和的好像没事一样。即使受了伤也一动不动。经常羡慕马援的为人。总是说："田马皮裹尸，马援确实伟大呀！"因此每逢作战，一定拿着矛冲在士兵的前头，有人劝止他，董俊却说："我作为一个臣子，大敌当前，不去牺牲，难道还追求安全，摆脱危险吗？"

董 文 直 传

以仁爱之心待人

【原文】

文直字彦正，俊之第四子也。……性好施而甚仁，里闬或贫不自立，每阴济其急，不使之知恩所从来。微至僮病，必手予粥药。或止之，曰："不忍以其贱违吾爱心。"

【译文】

董文直，字彦正，是董俊的第四个儿子。……他天性爱好施舍并且十分仁慈，邻居有穷得不能过活的，就经常暗中解救危急，还不让他们知道是自己给的恩惠。小到僮仆有病，他也一定亲手熬煎药。有人劝止他，他说："我不忍心因为这些人地位低贱就违背我的仁爱之心。"

郝和尚拔都传

有功不独占，有赏不独享

【原文】

庚子岁，太宗于行在所命（郝和尚拔都）解衣数其疮痕二十一，嘉其劳。……甲辰，朝定宗于宿瓮都之行宫，赐银万铤，辞以"赏过厚，臣不应独受，臣得效微劳，皆将校协力之功"，遂奏将校刘天禄等十一人，皆赐之金银符。

【译文】

庚子（1240）年，太宗在行幸所到的地方，让郝和尚拔都解开衣服看有多少伤，一数共有二十一处伤疤。太宗嘉奖了他的功劳……甲辰（1244）年，他在宿瓮都的行宫里朝见定宗皇帝，定宗赐给他一万锭银子。他却以"赏赐太重了，我不能独自享受，因为我能够报效微薄之力，都是将校协同出力的功劳"为由，推辞了。于是又上奏将校刘天禄等十一人的功劳，皇帝一一赐给他们金银符。

赵 迪 传

略施小计，解救乡亲

【原文】

真定既破，迪亟入索蒿城人在城中者，得男女千余人，诸将欲分取之，迪曰："是皆我所掠，当以归我。"诸将许诺，迪乃召其人谓曰："吾惧若属为他将所得，则分奴之矣，故索以归之我。今纵汝往，宜各遂生产，为良民。"众感泣而去。

【译文】

真定已被攻破，赵迪急忙搜索城里的蒿城人，共搜到一千多名男女。其他的

将领想瓜分攫为己有。赵迪说：“这些人全是我抢来的，应当归我所有。”将领们答应了。赵迪就召集这些人并对他们说：“我怕你们这些人被别的将领得到，那就当奴隶了，所以把你们弄来归我。现在我放你们走，应当各自找个活干，做个好百姓。”这些人感动得哭泣着离去了。

王 庆 瑞 传

士兵只知将军令

【原文】

　帝尝遣近侍夜出伺察，为逻卒所执，近侍以实告，卒曰：“军中惟知将军令，不知其他。”近侍以闻，帝赏以黑貂裘。

【译文】

　裕宗曾经派遣近侍之臣夜出探察，被巡逻士兵捉住，近侍把实情告诉了巡逻士兵，士兵却说：“军队中只知道将军的命令，不知道别的。”事后，近侍把情况告诉裕宗，裕宗把黑貂皮衣奖赏给了王庆瑞。

刘 斌 传

临终遗言，教子廉正

【原文】

　（刘斌）病，谓其子曰：“居官当廉正自守，毋黩货以丧身败家。”语毕而逝。

【译文】

　刘斌在病中对儿子（刘思敬）说：“为官应当自己遵守廉洁、公正的信条，不要因为贪污了钱财而被杀、败坏家业。”说完就逝世了。

史 天 泽 传

治国安邦韬略多

【原文】

　中统元年，世祖即位，首召天泽，问以治国安民之道，即具疏以对，大略谓：“朝廷当先立省部以正纪纲，设监司以督诸路，需恩泽以安反侧，退贪残以任贤能，颁奉秩以养廉，禁贿略以防奸，庶能上下丕应，内外休息。”帝嘉纳之。

【译文】

　中统元年（1260），元世祖忽必烈即大汗位之后，首先召见史天泽，向他询问治理国家，安抚百姓的方法。史天泽就写了奏疏作答。大略是说：“朝廷应当设立中书省，以端正法度；设置监察司督察各路官吏；广施恩惠来安抚不顺之

心；斥退贪婪凶残之人任用贤德有才干的人；颁发俸禄以培养廉洁；查禁贿赂防范奸诈，或许能使君臣十分协调，朝野安定。"世祖赞许并采纳了这些意见。

董 文 炳 传

县令慷慨解囊

【原文】

董文炳字彦明，俊之长子也。……以父任为藁城令。……县贫。重以旱蝗，而征敛日暴，民不聊生。文炳以私谷数千石与县，县得以宽民。前令因军兴乏用，称贷于人，而贷家取息岁倍，县以民蚕麦偿之，文炳曰："民困矣，吾为令，义不忍视也，吾当为代偿。"乃以田庐若干亩计直与贷家，复籍县闲田与贫民为业，使耕之。于是流离渐还，数年间民食以足。

【译文】

董文炳，字彦明，是董俊的长子。……他凭借父亲的职位，当了藁城的县令。……藁城土地贫瘠，又遇上了干旱和蝗灾，可是赋税一天天加多，百姓无法生活。文炳拿自家的谷物几千石送给县里，县里才能用这些谷物救济百姓。前任县令因为军需不足，向别人借钱，债主一年要取一倍的利息，县里用百姓养的蚕、种的麦抵债。文炳说："百姓太穷困了，我作为县令，出于仁义不忍心坐视，我应当替百姓偿还。"就把自家的土地、房屋论价抵给了债主，又把县里闲余土地登记造册分给贫民作家业，让他们耕种。于是流转离散的人家渐渐回来了，几年之间，百姓都能吃饱饭了。

张 弘 范 传

储小仓不如储大仓

【原文】

二年，移守大名。岁大水，漂没庐舍，租税无从出，弘范辄免之。朝廷罪其专擅，弘范请入见，进曰："臣以为朝廷储小仓，不若储之大仓。"帝曰："何说也？"对曰："今岁水潦不收，而必责民输，仓库虽实，而民死亡殆尽，明年租将安出？曷若活其民，使不致逃亡，则岁有恒收，非陛下大仓库乎！"帝曰："知体，其勿问。"

【译文】

至元二年（1265）张弘范被调到大名（今属河北）驻守。这年发大水，淹没了房屋，无处收租税，张弘范就免了当年的租税。朝廷定他个独断专权的罪名。张弘范奏请入朝进见，并说："臣认为朝廷在小仓储备，不如在大仓里储备。"世祖问："这是什么说法？"张弘范回答说："今年雨水过多不收庄稼，如果一定收取百姓的租税，国家的仓库虽然充实了，可是百姓都饿死了，第二年租税从哪里出？为何不让百姓活下来，使他们不致流落他乡，那么年年都会有租税可收，这不是陛下的大仓库吗！"世祖说："你很懂得大体，不再问你的罪了。"

刘秉忠传

学周公治天下

【原文】

愚闻之曰："以马上取天下，不可以马上治。"昔武王，兄也；周公，弟也。周公思天下善事，夜以继日，每得一事，坐以待旦，以匡周室，以保周天下八百余年，周公之力也，君上，兄也；大王，弟也。思周公之故事而行之，在乎今日。千载一时，不可失也。

【译文】

我听说："凭借武力取得天下，却不能用武力治理天下。"过去，周武王是兄长；周公是弟弟。周公想为天下办好事，常常夜以继日。每当想出一个主意，都要筹划一整夜的时间。就这样辅佐周天子，才使得周朝延续了八百多年，这是周公努力的结果。国君宪宗是兄长，大王您世祖是弟弟。想仿效周公去做，就从现在开始。这是千年难遇的机会，不能错过呀！

使贤者在位能者在职

【原文】

古者明王不宝远物，所宝惟贤，如使贤者在位，能者在职，此皆一人之睿知，贤王之辅成也。

【译文】

古代明智的贤工，都不把远处的物产当作珍宝看待，而只重视贤才。如果能让贤才在其位，能者任其职，这虽然都是单独个人的聪明才智，但却可以成为贤王的得力助手啊。

蒙古宴乐图 版画

禁依官势侵民利

【原文】

如今穷乏者益损，富盛者增加。宜禁行利之人勿恃官势，居官在位者勿侵民利，商贾与民和好交易，不生擅夺欺罔之害，真国家之利也。

【译文】

如今穷困的人越发受到损害，而有钱有势的人又越来越多。这就该禁止谋利的人依仗官府的权势，在职的官员也不要侵夺百姓的利益，行商坐贾应与百姓公平交易。不要滋生专断侵夺、欺骗蒙蔽的祸害，才真正是对国家有利啊。

郝 经 传

力战不可久，智取不可急

【原文】

夫取天下，有可以力并，有可以术图。并之以力则不可久，久则顿弊而不振；图之以术则不可急，急则侥幸而难成。

【译文】

要说取得天下，有的能够凭借武力兼并，有的能够凭借策略谋取。凭武力兼并就不能拖延时间太久，时间长了就劳累、疲困、难以振作；凭策略谋取就不能急于求成，求成心切就会有侥幸心理，因而很难成功。

有而不为等于无

【原文】

力无所用与无力同，勇无所施与不勇同，计不能行与无计同。泰山压卵之势，河海濯燕之举，拥过顿滞，盘桓而不得进，所谓强弩之末不能射鲁缟者也。

【译文】

力量无处使用跟没有力量相同，勇气无处施展跟没有勇气相同，计谋不得行使跟没有计谋相同。泰山压碎禽卵的气势，河海冲刷小火苗的力量，如果停顿不动、阻塞不流，停在原地不动，那就如同强弩之末射不穿鲁地出产的缟一样了。

姚 枢 传

程朱理学的传播

【原文】

岁乙未，南伐，诏枢从惟中即军中求儒、道、释、医、卜者。……拔德安，得名儒赵复，始得程颐、朱熹之书。……（枢）携家来辉州，作家庙，别为室奉孔子及宋儒周敦颐等象，刊诸经，惠学者读书鸣琴，若将终身。时许衡在魏，至辉，就录程、朱所注书以归，谓其徒曰："曩所授受皆非，今始闻进学之序。"

【译文】

乙未这一年（1235年），蒙古军向南征讨，诏令姚枢跟从杨惟中随军访求儒士、道士、佛家、医士、卜者。……蒙古军攻克德安（今湖北安陆），得到名儒赵复，才从赵复那里见到程颐朱熹传注的书。……后来姚枢带着家眷定居辉州（今河南辉县北），修建了家庙，另外修筑房屋供奉孔子和宋儒周敦颐等人的画像，刊印各种经书，褒奖有才学的人，读书弹琴，准备这样度过一生。当时，许衡住在魏地，来到辉州，亲手抄回了程、朱传注的书。许衡对自己的门徒们说："过去所讲授的内容都不正确了，现在才算找到了进益学业的门路。"

许 衡 传

为政要因循先王之道

【原文】

人莫不饮食也，独膳夫为能调五味之和；莫不睹日月也，独星官为能步亏食之数者，诚以得其法故也。古人有言曰："为高必因丘陵，为下必因川泽，为政必因先王之道。"

秤物图 元代

【译文】

没有一个人不吃喝，只有厨师能调五种味道；没有一个人不观看日月，唯独星相官员能推算日月蚀，确实是他们掌握了规律的缘故。古人有这样一句话："建筑高大的必须就着土丘山陵，往下挖必须就着河流沼泽，治理国家务必遵循先王的方法。"

奸佞以巧险得势

【原文】

奸邪之人，其为心也险，其用术也巧。惟险也，故千态万状而人莫能知；惟巧也，故千蹊万径而人莫能御。其谄似恭，其讦似直，其欺似可信，其佞似可近，务以窥人君之喜怒而迎合之，窃其势以立己之威，济其欲以结主之爱，爱隆于上，威擅于下，大臣不敢议，近亲不敢言，毒被天下而上莫之知，至是而求去之亦已难矣。

【译文】

奸诈邪恶的人，他们的心地是阴险的，他们的手段是巧诈的。正因为阴险，所以才装出各种模样使人看不透；正因为巧诈，所以才通过各种渠道使人提防不

住。谄媚，貌似谦恭；攻击别人，貌似耿直；欺诈，貌似可以信赖；花言巧语，貌似亲近。这种人注重于窥探君主的喜怒而去迎合，盗取君主的权势来树立自己的威严，既成全了自己的私欲，又能获得君主的宠爱。他们从君主那里获得的宠爱越多，对下属就越会逞威专断。大臣们不敢议论，君主身边的人不敢说，危害了天下可是君主却什么都不知道。到了这种地步再希求铲除也就难了。

商　挺　传

安民之策

【原文】

杨惟中宣抚关中，挺为郎中。兵火之余，八州十二县，户不满万，皆惊忧无聊。挺佐惟中，进贤良，黜贪暴，明尊卑，出淹滞，定规程，主簿责，印楮币，颁俸禄，务农薄税，通其有无。期月，民乃安。

【译文】

杨惟中任关中（今陕西）宣抚史时，商挺是郎中。关中的八个州十二个县刚刚结束战火，民户还不到一万，而且都惊恐、忧愁。商挺辅助杨惟中，推荐有才德的人，罢免贪赃残暴的官员，明确尊卑上下，挖掘出被埋没的人才，定出规则，掌管对官员的审理，印制纸币，颁发俸禄，提倡从事农业生产，少收赋税，使各地的物产交流，互通有无。一个月整，百姓就安定了。

为国之道在立法任人

【原文】

为国之道，在立法、任人二者而已。法不徒立，须人而行，人不滥用，惟贤是择。

【译文】

管理国家的方法，关键在于立法、用人两条罢了。法度不能空空地确立，需要人去执行，人不能随随便便使用，一定要选择贤德的人。

赵　良　弼　传

有所忍才能有所成

【原文】

良弼曰："'必有忍，其乃有济。'人性易发而难制者，惟怒为甚。必克己，然后可以制怒；必顺理，然后可以忘怒。能忍所难忍，容所难容，事斯济矣。"

【译文】

赵良弼说："'必须有含忍之心，事情才能成功。'人的性情容易发作并且最难于抑制的方面，以怒火最厉害。因此，必须克制自己，然后才可以抑制怒火；必须顺情达理，然后才可以忘怒。能够含忍难以含忍的，能够包容难以包容的，

事情就成功了。"

赵 璧 传

浑身是胆铲除顽凶

【原文】

宪宗即位，召璧问曰："天下何如而治？"对曰："请先诛近侍之尤不善者。"宪宗不悦。璧退，世祖曰："秀才，汝浑身是胆耶！吾亦为汝握两手汗也。"……

壬子，为河南经略使。河南刘万户贪淫暴庚，郡中婚嫁，必先略之，得所请而后行，咸呼之为翁。其党董主簿，尤恃势为虐，强取民女有色者三十余人。璧至，按其罪，立斩之，尽还民女。刘大惊，时天大雪，因诣璧相劳苦，且酌酒贺曰："经略下车，诛锄强猾，故雪为瑞应。"璧曰："如董主簿比者，尚有其人，俟尽诛之，瑞应将大至矣。"刘屏气不复敢出语，归卧病而卒，时人以为惧死。

【译文】

宪宗刚当皇帝，叫来赵璧问道："天下怎样才能大治？"赵璧回答说："请您先把身边最不善良的人杀掉。"宪宗不高兴了。赵璧退了出来，世祖说："秀才，你浑身难道都是胆吗？我都替你捏出两手汗了！"……

壬子（1252）年，赵璧做河南经略使。河南有个叫刘万户的，贪婪淫乱而且凶狠残暴。郡中的婚嫁人家，必须先贿赂他，得到他的允许才能办事，都尊称他为"父翁"。他有个同党董主簿，依仗他的权势特别能干坏事，强横地娶了三十多个有姿色的民女为妻妾。赵璧到任后，根据董主簿的罪行，立即就杀了他，放出了所有的民女。刘万户知道后十分吃惊，当时正是冬天下大雪，于是前去拜访了赵璧并借机对赵璧整日操劳表示慰问。他在敬酒时祝贺说："赵经略刚上任就能铲除强横狡诈的人，所以老天降雪，这也是吉祥的征兆。"赵璧说："像董主簿这号人还有不少，等我把他们都杀了，吉祥的征兆将会更多啊！"刘万户吓得不敢喘气、出声，回到家里就卧病不起，不久就死了。当时，人们都认为他是被吓死的。

王 磐 传

岂爱一六品官俸，不以待孔子哉

【原文】

曲阜孔子庙，历代给民百户，以供洒扫，复其家，至是，尚书省以括户之故，尽收为民，磐言："林庙户百家，岁赋钞不过六百贯，仅比一六品官终年俸耳。圣朝疆宇万里，财赋岁亿万计，岂爱一六品官俸。不以待孔子哉。且于府库所益无多，其损国体甚大。"

【译文】

曲阜孔子庙，历代都派给一百家百姓，让他们担任洒扫任务，政府免除这些人家的赋税，到这时，尚书省以搜求民户的缘故，把这些人家收回为民户，王磐

向皇帝进言说："孔林庙户一百家，每年的税钱不超过六百贯，只是和一个六品官的一年俸钱一样而已。圣明的国朝疆土有万里之广，每年的财富用亿万来计算，难道爱惜一个六品官的俸钱，不肯用这点钱来礼待孔子吗。况且这样做对于国库受益不多，对国体的损害却很大。"

七十岁应当致仕

【原文】

磐尝於会集议事之际，数言："前代用人，二十从政，七十致仕，所以资其材力，闵其衰老，养其廉耻之心也。今入仕者不限年，而老病者不能退，彼既不自知耻，朝廷亦不以为非，甚可也。"

【译文】

王磐曾经在朝官会集讨论政事的时候，多次讲："前代使用人材，二十岁参与政事，七十岁退休，正是为了充分发挥人们的才干和精力，怜悯人们都有个年老气衰的时候，保养人们的廉耻之心啊。当今做官的人不限年龄，年老多病的人不肯退休，他们自己既不知道廉耻，朝廷也不以为他们这样做不对，这是很不应该有的事啊。"

王　鹗　传

建言修史立翰林院

【原文】

（王鹗）上奏："自古帝王得失兴废可考者，以有史在也。我国家以神武定四方，天戈所临，无不臣服者，皆出太祖皇帝庙谟雄断所致，若不乘时纪录，窃恐久而遗亡，宜置局纂就实录，附修辽、金二史。"又言："唐太宗始定天下，置弘文馆学士十八人，宋太宗承太祖开创之后，设内外学士院，史册烂然，号称文治。堂堂国朝，岂无英才如唐、宋者乎！"皆从之，始立翰林学士院。

【译文】

王鹗上奏章说："古代帝王从政的得失和兴亡大事，可以考察清楚的原因，是因为有史书可查啊。我们大元国用神勇武力安定了四方，天兵每到之处，没有不称臣不降服的，这都是出自太祖皇帝成吉思汗的神机妙算和英武雄断的结果。如果不及时记录这些事实，我怕时间一久，这些事情就会被人们遗忘，有些材料就会散佚，应当建置专门机构修纂太祖实录，并附修辽史、金史。"又说："唐太宗开始定天下，建置于弘文馆，有学士十八人，宋太宗继承宋太祖开创的基业之后，设立了内外学士院，史书方册，著述斑斓灿然，当时号称文治。我们堂堂大元朝，难道没有英俊人才像唐朝宋朝那样吗！"王鹗的建言，朝廷皆采纳了，元朝开始建立了翰林学士院。

高 鸣 传

慎重用刑，爱惜民生

【原文】

川、陕盗起，省臣患之，请专戮其尤者以止盗，朝议将从之，鸣谏曰："制令天下上死囚，必待论报，所以重用刑、惜民生也。今从其请，是开天下擅杀之路，害仁政甚大。"世祖曰"善"，令速止之。

【译文】

四川、陕西一带出现了盗寇，当地官员忧虑害怕，请求朝廷让他们自己做主诛杀最厉害的盗寇以平息祸乱。朝廷议论将要准许川陕官员的请求，高鸣谏言说："朝廷制度规定各地把处死的囚犯上报，等待朝廷的论处，为的就是慎重用刑、爱惜民生。现在听从川陕地方官的请求，这就开启了各地可以专任杀伐的先例，对国家实行仁政为害很大。"元世祖说"好"，下令赶快停止让地方官专任杀伐的议论。

李 冶 传

人才，求则得之，舍则失之

【原文】

天下未尝乏材，求则得之，舍则失之，理势然耳。今儒生有如魏璠、王鹗、李献卿、兰光庭、赵复、郝经、王博文辈，皆有用之才，又皆贤王所尝聘问者，举而用之，何所不可，但恐用之不尽耳。然四海之广，岂止此数子哉。王诚能旁求于外，将见集于明廷矣。

【译文】

天下没有过缺乏人才的时候，只要寻求就会得到，而舍弃不寻，人才就会埋没，这是必然的道理和趋势。现在儒生有魏璠、王鹗、李献卿、兰光庭、赵复、郝经、王博文等人，都是有用的人才，又都是贤明的君主曾经聘请问询的人，如果推举他们出来，任用他们，有什么不可以呢，只恐怕不能使他们人尽其才。况且国家疆域广阔，又岂止这几位先生是人才啊。大王如果真正能够在全国寻求人才，人才就会集聚在你的朝廷上啊。

李 昶 传

良 言 相 劝

【原文】

忠济怠于政事，贪佞抵隙而进。昶言于忠济曰："比年内外裘马相尚，饮宴

无度，库藏空虚，百姓匮乏，若犹循习故常，恐或生变。惟阁下接纳正士，黜远小人，去浮华，敦朴素，损骑从，省宴游，虽不能救已然之失，尚可以弭未然之祸。"

【译文】

严忠济（山东万户）懒怠过问政事，贪婪奸佞之徒乘机行事。李昶对严忠济说："近年万户府里里外外攀比肥马轻裘，饮宴没有节制，仓库已经空虚，百姓贫困，如果再照这样下去，恐怕会发生变乱。我希望阁下您能接纳正直之士，罢免和远离小人，去掉浮华，敦尚朴素，减少骑从，省免宴游，这样虽然不能救免已经产生的过失，但还可以消除没有发生的灾祸。"

刘 肃 传

冒险为他人辨冤

【原文】

（刘肃）尝为尚书省令史。时有盗内藏官罗及珠，盗不时得，逮系货珠牙侩及藏吏，诬服者十一人。刑部议皆置极刑，肃执之曰："盗无正赃，杀之冤。"金主怒，有近侍夜见肃，具道其旨，肃曰："辨析冤狱，我职也，惜一己而戕十一人之命，可乎！"明日，诣省辨愈力。

【译文】

刘肃曾经任尚书省令史。当时有贼盗窃了宫内收藏的官罗和珠宝。盗贼没有及时抓获，逮捕了贩卖珠宝的经纪人和保管人，含冤认罪的有十一人。刑部议定这十一人都得处置死刑。刘肃执行刑部决定时说："盗贼没有赃物为证，杀死他们是冤枉的。"金宣宗大怒，有一个皇帝的侍从连夜去见刘肃，把皇帝发怒的情况告诉了刘肃。刘肃说："辩白分析冤狱，是我的职责，怜惜我一个人的生命而使十一个人被杀害，可以吗！"转天，他到尚书省为十一人辩冤更加用力。

李 谦 传

言治国之要

【原文】

疏言九事，其略曰："正心术以正百官，崇孝治以先天下，选贤能以居辅相之位，广视听以通上下之情，恤贫乏以重邦家之本，课农桑以丰衣食之源，兴学校以广人材之路，颁律令使民不犯，练士卒居安虑危。至於振肃纪纲、纠察内外，台宪之官尤当选素著清望、深明治体、不事苛细者为之。"

【译文】

李谦上奏疏讲了九件事，大略是说："帝王要端正心术从而端正百官的行为，崇尚孝治为天下人带头，选择贤能的人才居任宰相的职位，扩大视听使上下情事通达，抚恤贫乏的人家来培植国家之本，劝种农桑来丰裕衣食的来源，兴办学校扩大人才的来路，颁布律条法令使人民不犯罪，训练士卒居安思危。至于振兴整

肃国纪朝纲、纠察朝廷内外官吏，御史台府的官员尤其应当选那些素来清廉有声望、深明治政大体、不拘泥烦琐细事的人来承当。"

徐世隆传

君临中国，当行中国事

【原文】

至元元年，……世隆奏："陛下帝中国，当行中国事。事之大者，首惟祭祀，祭必有庙。"因以图上，乞敕有司以时兴建，从之，逾年而庙成。……时朝仪未立，世隆奏曰："今四海一家，万国会同，朝廷之礼，不可不肃，宜定百官朝会仪。"从之。

【译文】

至元元年（1265年），……世隆上奏说："陛下君临中国，应当按中国情况办事。国家大事，首先是祭祀大典，举行祭祀必须有祖庙。"因此画出祖庙的图样上呈皇帝，请求命令有关部门按时修建，皇上听从了他的意见，过了一年祖庙落成。……当时朝会用的礼仪没有制定，世隆上奏说："现在四海成为一家，各国都来朝拜，朝廷的礼仪不能不严肃，应当制定百官朝拜的礼仪。"皇上采纳了他的意见。

刘 整 传

四海一家方为正统

【原文】

（中统）四年十一月，入朝，……整又曰："自古帝王，非四海一家，不为正统。圣朝有天下十七八，何置一隅不问，而自弃正统邪！"世祖曰："朕意决矣。"

【译文】

中统四年（1263年）十一月，刘整到京城朝见皇上，……他又向皇上进言说："自古以来的帝王，不统一四海，就不得成为正统。圣明的皇朝已经占有天下的十分之七八，为什么放弃占有一方的南宋不过问，而自己放弃正统呀！"世祖说："朕的心意决定了。"

史 弼 传

"三至碑"

国学经典文库

【原文】

春复霖雨，米价涌贵，弼即发米十万石，平价粜之，而后闻于省，省臣欲增

其价，弼曰："吾不可失信，宁辍吾俸以足之。"省不能夺，益出十万石，民得不饥。改淮东宣慰使，弼凡三官扬州，人喜。刻石颂之，号"三至碑"。

【译文】

春天又雨水不断，米价骤涨，史弼即刻调发十万石米，用平价售出，而后这事被省府知道，省官想要增加米价，史弼说："我不可失信，宁可停止我的官俸来补足米价。"省臣不能更改米价，史弼又发售米十万石，百姓得以不受饥荒。史弼改任淮东宣慰使，他三次居官扬州（今属江苏），扬州人很高兴，刻石碑记颂这件事，名为"三至碑"。

刘 国 杰 传

性情雄猛，视死如归

【原文】

国杰性雄猛，视死如归，尝语人曰："吾为国宣力，虽身弃草野不恨，何必马革裹尸还葬哉！"

【译文】

刘国杰性情雄猛，视死如归，曾经对人说："我为国家效力，虽是身躯弃抛草野间也无遗恨，何必非得战死疆场尸首一定要还葬家乡呢！"

李 德 辉 传

天地之间，人寿几何

【原文】

年十六，监酒丰州，禄食充足甘旨，有余则市笔札录书，夜诵不休。已乃厌糟鞠，叹曰："志士顾安此耶！仕不足以匡君福民，隐不足以悦亲善身，天地之间，人寿几何，恶可无闻，同腐草木也！"乃谢绝所与游少年，求先生长者讲学，以卒其业。

【译文】

李德辉十六岁，在丰州（今内蒙古呼和浩特东南）任监酒之职，禄食充足丰裕，有剩余的钱就买纸笔抄录书籍，夜晚吟诵不止。继而讨厌监酒之事，长叹说："有志之士怎么能安身这种情况，做官不能够匡扶君主造福民生，归隐又不能使双亲喜悦修美自身，人生天地之间，又能活多久，怎么可以于世无闻，同腐草朽木一样啊！"于是就谢绝了往日一起游乐的少年，寻求有学问的先生讲学，完成了学业。

张雄飞传

曾使我家财物，何得问我

【原文】

忽辛有罪，敕中贵人及中书杂问，忽辛历指宰执曰："汝曾使我家钱物，何得问我！"雄飞曰："我曾受汝家钱物否？"曰："惟公独否。"雄飞曰："如是，则我当问汝矣。"忽辛遂服辜。

【译文】

忽辛有罪，皇帝下令让宦官和中书省共同审问，忽辛指着一个个执掌国政的宰相说："你曾经用过我家的钱物，怎么能审问我？"张雄飞说："我收过你家钱物没有？"忽辛说："只有您没有。"张雄飞说："这样，我当然可以审问你了。"忽辛于是服罪。

张德辉传

农桑乃天下之本

【原文】

（世祖）又问："农家作劳，何衣食之不赡？"德辉对曰："农桑，天下之本，衣食之所从出也。男耕女织，终岁勤苦，择其精者输之官，余粗恶者将以仰事俯育。而亲民之吏复横敛以尽之，则民鲜有不冻馁者矣。"

【译文】

世祖又问："农民工作劳苦，为什么他们的衣食不足？"张德辉对答说："农业、蚕桑，是天下的根本，衣食所产生的地方。男耕女织，终年勤劳辛苦，选取其中精华交送给官府，余下的粗糙不好的用来上养父母下育妻子。管理人民的官吏又用暴敛把余下的全部收走，那么百姓就极少有不受冻饿的了。"

尊孔之意何在

【原文】

孔子为万代王者师，有国者尊之，则严其庙貌，修其时祀，其崇与否，於圣人无所损益，但以此见时君崇儒重道之意何如耳。

【译文】

孔子作为历代称王称帝的人的老师，统治国家的君主尊崇孔子，就使孔庙装修得庄严，祭祀按时进行。国君对于孔子尊崇与否，对于作为圣人的孔子来说没有什么损益，只是由这事可以察见当时的君主崇儒重道的心意如何罢了。

程 思 廉 传

荐举人才不为名声

【原文】

（程思廉）好荐达人物，或者以为好名，思廉曰："若避好名之讥，人不复敢为善矣。"

【译文】

程思廉喜爱荐举人才，有人认为这是喜好名声，程思廉说："如果要避免喜好名声的讥讽，人就再不敢做善事了。"

乌古孙泽传

俭以养廉，廉以养德

【原文】

（乌古孙泽）常曰："士非俭无以养廉，非廉无以养德。"身一布袍数年，妻子朴素无华，人皆言之，泽不以为意也。

【译文】

乌古孙泽常说："士除了俭约就没有什么用来培养清廉，除了清廉就没有什么用来培养道德。"他一件布袍穿几年，妻子朴素没有华饰，人们都议论他，他并不以此在意。

赵 炳 传

建言惠泽加于民

【原文】

有旨以解州盐赋给王府经费，岁久，积逋二十余万缗，有司追理，仅获三之一。民已不堪。炳密启王曰："十年之逋，责偿一日，其孰能堪！与其衰敛病民，孰若惠泽加于民乎！"王善其言，遽命免征。

【译文】

元世祖有旨意用解州（今属山西）的盐赋给安西王府用作经费，时间一长，积欠的赋税有二十多万缗，有关部门追理这事，仅追获欠款的三分之一，老百姓却已经不能负担。赵炳秘密地向安西王启奏说："十年的拖欠，责令在一日之内偿还，谁能够负担！与其聚敛痛苦不堪的百姓，那如对百姓施加恩惠啊！"安西王赞成赵炳的话，急忙下令免征欠税。

王恂传

授时历颁行天下

【原文】

帝以国朝承用金大明历，岁久浸疏，欲厘正之，知恂精於算术，遂以命之。恂荐许衡能明历之理，诏驿召赴阙，命领改历事，官属悉听恂辟置。恂与衡及杨恭懿、郭守敬等，遍考历书四十余家，昼夜测验，创立新法，参以古制，推算极为精密，……十七年，历成，赐名《授时历》，以其年冬，颁行天下。

【译文】

元世祖认为元代继续使用金代制定的大明历，那历法年深日久已渐与实际情况不符，想加以修订。他知道王恂精通算术，就把修订历法的事命令王恂完成。王恂推荐许衡能够洞明历法的道理，元世祖就下诏书，由驿车召许衡到朝中来，命令他领衔负责改定历法事。修改历法部门的官属全听王恂安排任命。王恂和许衡及杨慕懿、郭守敬等人，查考了过去的四十余家历书，昼夜实地观测验证，创立新的测量方法，又参考古来的旧制，对历法推算得极为精密……至元十七年（1280）新历法修订完成，元世祖赐名为《授时历》，在这一年冬天，颁布通行于天下。

郭守敬传

考正历法

【原文】

十七年，新历告成，守敬与诸臣同上奏曰："臣等窃闻帝王之事，莫重于历。……臣等用创造简仪、高表，凭其测实数，所考正者凡七事：一曰冬至。……二曰岁余。……三曰日躔。……四曰月离。……五曰入交。……六曰二十八宿距度。……七曰日出入昼夜刻。……所创法凡五事：一曰太阳盈缩。……二曰月行迟疾。……三曰黄赤道差。……四曰黄赤道内外度。……五曰白道交周……。"

【译文】

十七年（1280）新的历法（即授时历）宣告制成，郭守敬和一同制定历法的各位臣僚一起上奏章说："我们这些臣下听说帝王的事情，没有比制定历法更为重要的了。……我们用自己创制的简仪、高表，根据用它们实地测量的数据，所考正的事共七项：一是冬至的时刻。……二是岁余数据。……三是太阳的运行。……四是月球的运行。……五是日月交食的时刻测定。……六是二十八星宿间的相距度分。……七是以大都为准的太阳升落的昼夜时刻数。所创造的法则有五种：一是用立招差法求得太阳每日行程。……二是用垛叠招差法求得月亮进退快慢的度数。……三是用勾股弧矢方圆斜直所容法求黄道赤道度率积差。……四是用圆容方直矢接勾股法求黄赤道交角每日减小度率。……五是用立浑比量法求白道与黄道、赤道正交和与二十八宿的距度……。"

魏 初 传

在职官员应举人自代

【原文】

初又言："旧制，常参官诸州刺史，上任三日，举一人自代。况风纪之职与常员异，请自今监察御史、按察司官，在任一岁，各举一人自代，所举不当，有罚，不惟砥砺风节，亦可为国得人。"

【译文】

魏初又说："过去有制度，常任官各州刺史，上任三天，要举荐一人代替自己。何况掌管官员作风与纪律的职务和平常的官员又有区别，我请求从现在开始，监察御史、提举按察司（御史台派出的机构）的官员，任职一年，各举一个人代替自己，所举荐的不适当，要有惩罚。这不仅可以使官员们砥砺风操气节，也可以为国家得到人才。"

尚 野 传

学而有源，不可胜用矣

【原文】

（尚野）每谓诸生曰："学未有得，徒事华藻，若持钱买水，所取有限，能自凿井及泉而汲之，不可胜用矣。"

【译文】

尚野常对众学生说："学习还没有心得，只从事华丽辞藻，好像拿钱买水，所取得的有限，能够自己凿井到达泉眼而汲取，那就用不完了。"

王 恽 传

力小任大，剥众利己，未闻能全者

【原文】

二十二年春，以左司郎中召。时右丞卢世荣以聚敛进用。屡趣之不赴。或问其故，恽曰："力小任大，剥众利己，未闻能全者。远之尚恐见浼，况可近乎！"既而果败，众服其识。

【译文】

世祖至元二十二年（1285 年）春，朝廷以左司郎中召用王恽。当时右丞相卢世荣凭借搜括财物被提升任用，多次催王恽赴任，但王恽不行。有人问王恽为什么不赴任，王恽说："力量小而任职大，盘剥众人自己获利，没有听说能够保全的。远远地离开还恐怕被污染，哪可以去接近呢！"过后卢世荣果然败官，众

人都佩服王恽的见识。

陈 祐 传

待人以今不以昔

【原文】

　　（至元）十三年授（陈祐）南京总管，兼开封府尹。吏多震摄失措，祐因谓曰："何必若是。前为盗跖，今为颜子，吾以颜子待之；前为颜子，今为盗跖，吾以盗跖待之。"由是吏知修饬，不敢弄法。

【译文】

　　至元十三年（1276年），任命陈祐为南京（今河南开封市）总管兼开封府尹，吏员多数惧恐而不知所措，陈祐因此告诉他们说："何必如此。以前是盗跖，现在是颜子，我待他如颜子；以前是颜子，现在是盗跖，我就把他当盗跖对待。"因之吏员知道品德的修养，不敢轻视法律。

陈天祥传

国与民如同一身

【原文】

　　国家之与百姓，上下如同一身，民乃国之血气，国乃民之肤体。血气充实则肤体康强，血气损伤则肤体羸病。未有耗其血气，能使肤体丰荣者。是故民富则国富，民贫则国贫，民安则国安，民困则国困，其理然也。……历考前代，因百姓富安以致乱，百姓困穷以致治，自有天地以来，未之闻也。夫财者，土地所生，民力所集，天地之间岁有常数，惟其取之有节，故其用之不乏。

【译文】

　　国家和百姓，上下如像同在一身，人民是国家的血与气，国家是人民的肌肤和身体。血气充实，肌肤身体就康健强壮，血气损伤，肌肤身体就瘦弱多病。没有消耗人的血气能使肌肤身体丰满有光彩的。所以百姓富则国家富，百姓穷则国家穷，百姓安定则国家安定，百姓困难则国家困难，道理就是如此。……一考察前代，因为百姓富足安定而导致国家动乱，百姓贫困而导致国家治理，自开天辟地以来，没有听说过。财物，是土地所生的，百姓的力量所积攒的，天地之间年成有固定的数量，只有国家取用有节制，国家的费用就不缺乏。

何荣祖传

省部实为根本

【原文】

　　又上言："国家用度不可不足，天下百姓不可不安。今理财者弗顾民力之困，

言治者弗图国计之大。且当用之人恒多，而得用之人恒少。要之，省部实为根本，必择材而用之。按察司虽监临一道，其职在于除蠹弊、安斯民，苟有弗至，则省台又当遣官体察之，庶有所益。"帝深然之。

【译文】

何荣祖又上疏说："国家的用度不可以不充足，天下的老百姓不可以不安居。现在管理财政的人不顾惜民力的穷困，谈治国的人不图谋国计的远大规划。而且应当任用的人总是很多，可是得力的人又总是很少。要而言之，省部实在是根本，必须择取适当的人任用。提举按察司（御史台的派出机构）虽然只监察一道（元代行政机构，相当一个地区，比今天的省大），它的职责在于除去弊害，安定那里的百姓，如果有做不到的事情，省御史台就应当又派遣官员去巡察，这差不多是会有效益的。"元世祖深深赞同何荣祖的说法。

姚 天 福 传

一蛇九尾与一蛇二首

【原文】

时御史台置二大夫，纲纪无统，天福言于世祖曰："古称一蛇九尾，首动尾随；一蛇二首，不能寸进。今台纲不张，有一蛇二首之患。陛下不急拯之，久则紊不可理。"

【译文】

元初时御史台设置了两位大夫（御史台首官），纲纪不能统一，姚天福对元世祖说："古来说一条蛇有九个尾巴，蛇头一动，九条尾巴都跟随着动；一条蛇有两个头，这条蛇却不能前行一寸之地。如今御史台纲纪不行，好比有一蛇两头的忧患。陛下不急忙改变这种状况，时间长久就会秩序紊乱不可条理。"

贺 仁 杰 传

未有争引咎归己者

【原文】

尚书省立，桑哥用事，奏上都留守司钱谷多失实。召留守忽剌忽耳及仁杰廷辩，仁杰曰："臣汉人，不能禁吏戢奸，致钱谷多耗伤，臣之罪。"忽剌忽耳曰："臣为长，印在臣手，事未有不关白而能行者，臣之罪。"帝曰："以爵让人者有之，未有争引咎归己者。"置勿问。

【译文】

尚书省建立，桑哥掌权，向皇帝上奏说上都留守管理钱财谷物多有不实，于是召回留守忽剌忽耳和贺仁杰到朝廷分辩，贺仁杰说："臣下是汉人，不能禁止吏员止息邪恶，致使钱财谷物多有损耗，这是臣下的罪。"忽剌忽耳说："臣下是长官，印信在臣下手中，事情没有不请示而能施行的，这是臣下的罪。"世祖说："以爵位让人的有，没有争着把罪归自己的人。"就赦免了不问罪。

国学经典文库

贾昔刺传

重农用贤治天下

【原文】

帝问治天下何为本，曰："重农为本。"何为先，曰："用贤为先。用贤则天下治，重农则百姓足。"

【译文】

元世祖问贾昔刺："治理天下以什么为根本？"贾昔刺回答说："重视农作为根本。""以什么为首先？"回答说："任用贤能为首先。任用贤能天下就能得到治理，重视农作百姓就能富足。"

尚 文 传

不为珍宝所动

【原文】

西域贾人有奉珍宝进售者，其价六十万锭，省臣平章顾谓文曰："此所谓押忽大珠也，六十万酬之不为过矣。"一坐传玩，文问何所用之，平章曰："含之可不渴，熨面可使目有光。"文曰："一人含之，千万人不渴，则诚宝也；若一宝止济一人，则用已微矣。吾之所谓宝者，米粟是也，一日不食则饥，三日则疾，七日则死；有则百姓安，无则天下乱。以功用较之，岂不愈于彼乎！"平章固请观之，文竟不为动。

【译文】

西域商人有拿珍宝进献售卖的，珍宝价值六十万银锭。省府臣僚平章看着珍宝对尚文说："这就是人们所说的押忽大珠啊，六十万的价钱不算过分。"珍宝在省臣之间传递着赏玩。尚文问那珍宝有什么用途？平章说："把珍宝含在口里，可以不渴；在面上熨帖，可以使眼目生光。"尚文说："一个人含着珍宝，千万人都不渴，那就真是珍宝；如果一个珍宝只能使一个人得到济助，它的用途也就很微小了。我所认为的珍宝，是米粟，一天不吃就饥饿，三天不吃就生病，七天就能叫人饿死；有了米粟，百姓就能安定；没有米粟，天下就会大乱。以这种功用来比较，米粟的价值岂不超过押忽大珠吗！"平章坚持请尚文观看大珠，尚文到底不为大珠所动。

元代青花瓷

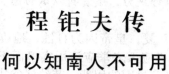

程钜夫传

何以知南人不可用

【原文】

又命（程钜夫）为御史中丞，台臣言："钜夫南人，且年少。"帝大怒曰："汝未用南人，何以知南人不可用！自今省部台院，必参用南人。"

【译文】

元世祖又诏命程钜夫任御史中丞。御史台官员说："程钜夫是南人，而且年少。"世祖大怒说："你没有用南人，怎么知道南人不可以任用！从今以后省部台院各官衙，必需掺杂任用南人。"

赵孟頫传

传孟頫传

【原文】

孟頫所著，有《尚书注》，有《琴原》《乐原》，得律吕不传之妙；诗文清邃奇逸，读之，使人有飘飘出尘之想。篆、籀、分、隶、真、行、草书，无不冠绝古今，遂以书名天下。天竺有僧，数万里来求其书归，国中宝之。其画山水、木石、花竹、人马，尤精致。前史官杨载称孟頫之才颇为书画所掩，知其书画者，不知其文章，知其文章者，不知其经济之学。人以为知言云。

【译文】

赵孟頫的著作有《尚书注》，有《琴原》《乐原》，得到了声律内在的奥妙；所作诗文深邃奇逸，读这些作品，使人有飘然出世的想法。他所做的篆、籀、分、隶、真、行、草书，没有不是冠绝古今的，于是就以擅长书法之名享誉天下。天竺（今印度）有僧人，数万里来求取赵孟頫的书法之作回去，天竺国中都看作是珍宝。赵孟頫画山水、木石、花竹、人马，尤其精致。先前的史官杨载称言赵孟頫的才干颇被他的书画所掩盖，知道他的书画的人，不知道他的文章，知道他的文章的人，不知道他的经济学问。人们都以为这是了解赵孟頫的言论。

曹元用传

应天以实之论

【原文】

（泰定）三年夏，帝以日食、地震、星变，诏议所以弭灾者，元用谓："应天以实不以文，修德明政，应天之实也。宜撙浮费，节财用，选令守，恤贫民，

严禋祀、汰佛事，止造作以纾民力，慎赏罚以示劝惩。"皆切中时弊。

【译文】

泰定帝三年（1326 年）夏，皇帝因为日蚀、地震、星变，诏群臣集议用来消除灾祸的办法。元用说："应天之举应该用实事而不用矫饰，提高道德清明政事，是应天的实事。应当撙节过度的用费，节约钱谷货物，选择州县地方官，救济贫民，严肃斋戒祭祀，减省佛事，停止营造工程缓和民力，慎重实行赏罚，来显示劝勉和惩处。"这些确实说中当时弊病。

齐履谦传

齐履谦教学

【原文】

时初命国子生岁贡六人，以入学先后为次第，履谦曰："不考其业，何以兴善而得人！"乃酌旧制，立升斋，积分等法：每季考其学行，以次递升，既升上斋，又必逾再岁，始与私试；……辞理俱优者一分，辞平理优者为半分，岁终积至八分者充高等，以四十人为额；然后集贤、礼部定其艺业及格者六人，以充岁贡；三年不通一经，及在学不满一岁者，并黜之。

【译文】

元仁宗时一开始命令从国子生中每年推荐六人为官，以生员入学先后为推荐的次序。齐履谦说："不考查生员的学业，怎么能够兴扬善贤并获得人才！"于是他参酌旧有学制，建立升斋、积分等方法：每一学期考察学员的学业和品行，以优劣次序递升，既升到上斋，又必须过一年，再进行学业的考试，……文辞道理都优秀者得一分，文辞平平而道理讲得优秀者得半分，年终积累获得八分的人充为高等生员，以四十人名额为限。然后集贤院和礼部核定生员所学专业及格者六人，用来作为每年推荐做官的人。国子生三年不通一经，以及在学不满一年者，一并黜退除名。

叶李传

无故徙民，非国之利也

【原文】

时帝欲徙江南宋宗室及大姓于北方，李乘间言曰："宋已归命，其民安于田里。今无故闻徙，必将疑惧，万一有奸人乘衅而起，非国之利也。"帝大悟，事遂寝。

【译文】

当时世祖要迁江南宋朝皇族和大姓人家到北方，叶李趁隙进言说："宋朝已投降，它的百姓已经安心住在乡里，现在闻知没有缘故将要迁徙，必然要产生怀疑恐惧，假如有奸人乘机寻衅而起，这不是对国家有利的事。"世祖大悟，这事于是停止了。

宁夏白塔　元代

马 绍 传

使杜璠免罪

【原文】

平章政事桑哥怒曰："杜璠何人，敢沮吾钞法耶！"欲当以重罪。绍从容言曰："国家导人使言，言可采，用之；不可采，亦不之罪。今重罪之，岂不与诏书违戾乎？"璠得免。

【译文】

平章政事桑哥大怒，说："杜璠是什么人，竟敢阻止我的钞法吗？"想以重罪惩办杜璠。马绍从容地对桑哥说："国家引导人们，叫他们讲话，讲的可以采用，就用，讲的不可以用，也不应当加罪他们。现在以重罪处罚杜璠，难道不和诏书旨意相违背吗？"杜璠于是获得免罪。

姚 燧 传

古 文 大 家

【原文】

燧之学，有得于许衡，由穷理致知，反躬实践，为世名儒。为文闳肆该洽，豪而不宕，刚而不厉，春容盛大，有西汉风，宋末弊习，为之一变。盖自延祐以前，文章大匠，莫能先之。

【译文】

姚燧的学问得自于名儒许衡，从穷尽道理致于通晓大义，又躬自实践身体力行，成为一世名儒。他作文气格宏大文理严密，豪壮而不放荡，刚正而不偏狭，温厚盛大，有西汉的文风，宋代末年文章纤丽轻靡的弊病，从此有了改变。大概自延祐（1314）以前，元朝的文章大家没有能超过姚燧的。

刘赓传

谦让为官

【原文】

国学故事，伴读生以次出补吏，莫不争先出。时有一生，亲老且贫，同舍生有名在前者，因博士以告曰："我齿颇少，请让之先。"赓曰："让，德之恭也。"从其让，别为书荐其人，朝廷反先用之。自是六馆之士，皆知让之为美德也。

【译文】

国子学旧有的规定是伴读生按顺序出学补任官吏，伴读生们没有不争先出学补官的。当时有一个伴读生，双亲年老并且家境贫寒，他的一个同学补任官吏的名次在他前面，这个同学告诉国学博士（老师）说："我的年龄还小，请让那个双亲年老家境贫寒的人先补官吧。"刘赓说："谦让，是符合德行中对人要礼敬这一条的啊。"听从了那个同学的谦让之请，另外又写了书信推荐他，朝廷反而先任用了这个谦让为官的学生。从这以后六馆的生员都知道谦让是一种美德了。

郝天挺传

整顿纪纲，以猎为喻

【原文】

（郝天挺）入见，首陈纪纲之要，以猎为喻曰："御史职在击奸，犹鹰扬焉禽之，弱者易获也，其力大者，必借人力。不然，不惟失其前禽，仍或有伤鹰之患矣。"

【译文】

郝天挺入朝拜见皇帝，首先陈述法度的重要，用打猎作为比喻说："御史的职责在打击奸人，犹如鹰奋飞擒捉鸟兽，弱的容易捉获，那些力量大的，必须借助人的力量。不如此，不只失去以前捉获的猎物，或许乃有使鹰受伤之害。"

张珪传

安民为治国之首

【原文】

政出多门，古人所戒。今内外增置官署，员冗俸滥，白丁骤升出身，入流壅塞日甚，军民俱蒙其害。夫为治之要，莫先于安民；安民之道，莫急于除滥费、汰冗员。

【译文】

政令出于多种渠道，是古人所戒备的事。现在中央和地方增设官署，官员繁

杂薪俸滥发，没有功名的人骤然提升做官，仕途拥挤堵塞现象一天比一天严重，军民全都蒙受政令不一，衙多官冗的灾害。作为治国首要的事情，没有比安民更为首要的事了；安民的途径，没有比除去滥发官费，汰除冗杂人员更急切的事了。

李 孟 传

科举得人为盛

【原文】

孟曰："人材所出，固非一途，然汉、唐、宋、金，科举得人为盛。今欲兴天下之贤能，如以科举取之，犹胜於多门而进；然必先德行经术，而后文辞，乃可得真材也。"帝深然其言，决意行之。

【译文】

李孟说："人才的发现，固然不是一条途径，然而汉代、唐代、宋代、金代，科举制度得到的人才是众多的。现在想要兴举天下的贤能，如果用科举办法获取，比其他多种门径进取选用的办法似乎是更好些。但是必须先考核德行和经术，而后再注重文辞方面，这样就可以获得真正的人才。"元仁宗深深赞成李孟的说法，决意实行科举。

张 养 浩 传

不受门生拜谒

【原文】

延祐初，设进士科，（张养浩）遂以礼部侍郎知贡举，进士诣谒，皆不纳，但使人戒之曰："诸君子但思报效，奚劳谢为！"

【译文】

延祐（仁宗年号）初年，设立进士科取士，张养浩于是以礼部侍郎主持科举考试，录取后进士来拜见，张养浩都不接纳，只使人告诫进士说："诸位君子只要思考为国家尽力，为什么要慰问感谢我呢！"

李 元 礼 传

行使御史之责

【原文】

二年，有旨建五台山佛寺，皇太后将临幸，元礼上疏曰："古人有言曰：生民之利害，社稷之大计，惟所见闻而不系职司者，独宰相得行之，谏官得言之。今朝廷不设谏官，御史职当言路，即谏官也，乌可坐视得失而无一言，以裨益圣

治万分之一哉！伏见五台创建寺宇，土木既兴，工匠夫役，不下数万，附近数路州县，供亿烦重，男女废耕织，百物踊贵，民有不聊生者矣。……"台臣不敢以闻。

【译文】

元贞（成宗年号）二年（1296 年），皇帝有旨命令修建五台山（在今山西省）的佛寺，皇太后将要到那儿去，元礼向皇帝呈上奏疏说："古人有言论说：百姓的利害，国家的大政，有所见闻但不是职责所管的，只有宰相能够实行，谏官可以进言。现在朝廷不设置谏官，御史的职责主持向朝廷进言的途径，就是谏官，怎么可以坐观朝廷的得失而不进呈少许意见，以为皇帝治国尽万分之一的助力呢！臣下看见在五台山创建寺庙，土木之工一开，工人匠师夫子仆役，不下数万人，附近各路的州和县，供应的任务多而重，男女废弃耕种纺织，各种货物价格猛涨，百姓有活不下去的了。……"御史台的负责臣子不敢把他的奏议上呈皇帝。

谢 让 传

治国需用法以辅治

【原文】

让上言："古今有天下者，皆有律以辅治。堂堂圣朝，讵可无法以准之，使吏任其情、民罹其毒乎！"帝嘉纳之。

【译文】

谢让向皇帝进言说："从古到今统治天下的，都有法律用来帮助他们的统治。堂堂圣明的国朝，怎么可以没有法律作为准绳，使得官吏放纵私情办事，老百姓遭受他们的毒害呢！"皇帝赞赏并采纳了他的意见。

赵 师 鲁 传

政令应咨之于众

【原文】

是时，宰相倒剌沙密专命令，不使中外预知，师鲁又上言："古人之君，将有言也，必先虑之于心，咨之于众，决之于故老大臣，然后断然行之，涣若汗不可反，未有独出柄臣之意，不咨众谋者也。"不报。倒剌沙虽刚狠，亦服其敢言。

【译文】

这时（指泰定帝时），宰相倒剌沙隐秘地独掌发布命令之权，他发布命令不使朝廷内外人士预先知道，赵师鲁又向皇帝进言："古时的君王，将要发布政令，必定先在心里考虑向众臣征求意见，让前朝老臣大臣决定，然后才决断地推行，故政令的推行像汗流出来不可以再流回去一样，没有政令只出于掌权的大臣的心意，不向众谋臣咨询的。"他的进言没有回答。倒剌沙虽然刚强凶狠，也佩服他敢说话。

秦起宗传

以身化民

【原文】

出为抚州路总管，至官，有司供张甚盛，问其费所从出，小吏不敢隐，曰："借办于民。"遂亟使归之，几席仅给而已。自是官府僚佐有宴集，成礼即止，因谕众曰："我素农家，安俭约，务安静，庶使吾民化之。"

【译文】

（文宗时，秦起宗）外调任抚州路总管，接任后，有关部门对他的供应很丰盛，他查问这些费用是从那里开销的，小吏不敢隐瞒，说："凭借百姓办的。"他就赶快让把物品归还百姓，桌几席垫等用品够用而已。从此官府僚属有宴会，完成礼仪就停止，借此他告谕大家说："我一向生活在农家，安于节俭，力求安定清静，期望以此使我治下的百姓的风气能够改变。"

张思明传

不以一己之荣，遗百世之害

【原文】

皇庆元年，再授两浙盐运使，岁课羡赢，僚属请上增数，思明曰："赢缩不常，万一以增为额，是我希一己之荣，遗百世之害。"

【译文】

皇庆（仁宗年号）元年（1312年），张思明再次被任命为两浙盐运使，每年皇帝要征收羡馀，属官请求上报增加的税数，思明说："税收余额的增加或减少是不固定的，假如用增加的税数作为定额，这就是我希望求得自己一人的荣耀，给百姓留下百代的祸害。"

张 升 传

息事宁人，避免冤狱

【原文】

民有告寄束书于其家者，逾三年取阅，有禁书一编，且记里中大家姓名于上，升亟呼吏焚其书，曰："妄言诬民，且再更赦矣，勿论。"同列惧，皆引起。既而事闻，廷议谓升脱奸轨，遣使穷问，卒无迹可指，乃诘以擅焚书状，升对曰："事固类奸轨，然升备位郡守，为民父母，今斥诬诉，免冤滥，虽重得罪不避。"乃坐夺俸二月。

【译文】

有个百姓控告在他家寄存一捆书的人，过了三年他拿出寄存的书看，其中有

国学经典文库

禁书一本，而且在上面记载着乡里中世族之家的姓名，张升赶快叫衙吏把禁书焚毁，说："这个人用荒诞的话诬告平民，况且这种事已经经过赦免，不必议论。"同事官员们害怕，都站起来退席。过后，事情被上面知道了，朝廷的议论认为张升开脱犯法作乱的人，派遣使者彻底追究，终于找不到证据可以指责张升，于是用擅自焚毁禁书罪责问张升，张升回答说："这事的确类似犯法作乱，但我张升担任郡守之职，为民之父母，现在斥责诬告，免除冤狱泛滥，纵然重重获罪也不回避。"于是因此被罚薪俸两个月。

陈 颢 传

蔽贤诚所不忍

【原文】

颢先后居集贤，署荐士牍累数百，有讦之者，颢曰："吾宁以谬举受罚，蔽贤诚所不忍。"

【译文】

陈颢先后两次任集贤大学士，签署推荐士人的书信累计有数百封，有攻击和揭发他这事的人，陈颢说："我宁可因推荐错了而受罚，但是障隔贤人进身，的确是我所不能忍受的事。"

刘敏中传

敏 中 其 人

【原文】

刘敏中字端甫，济南章丘人，幼卓异不凡，年十三，语其父景石曰："昔贤足于学而不求知，丰于功而不自炫，此后人所弗逮也。"父奇之。……敏中尝与同侪各言其志，曰："自幼至老，相见而无愧色，乃吾志也。"

【译文】

刘敏中字端甫，济南章丘（今属山东）人，幼年时见识高超奇特不同常人，十三岁时，告诉他父亲刘景石说："从前的贤人学识充足但不求人知，功绩甚多但不自夸，这是后人所不及的。"他的父亲为他这种见识而惊奇。……敏中曾与同辈各人述说自己的志向，他说："从幼年到老，大家相见时不感到羞愧，就是我的志向。"

王 结 传

论为相之道

【原文】

至治二年，参议中书省事。时拜柱为丞相，结言："为相之道，当正己以正

君，正君以正天下；除恶不可犹豫，犹豫恐生他变；服用不可奢僭，奢僭则害及于身。"丞相是其言。

【译文】

至治（英宗年号）二年（1322年），王结任参议中书省事。当时拜柱任丞相，王结说："为相之道，应当端正自己以此来使君王端正，使君王端正以此来端正天下；铲除恶人坏事不能犹豫，犹豫恐怕会发生别的变化；服饰享用不能奢侈超过本分等级，奢侈超过本分等级就会使自身受害。"丞相同意王结的言论。

杨朵儿传

主明，臣谏得用

【原文】

后数日，帝读《贞观政要》，朵儿只侍侧，帝顾谓曰："魏征古之遗直也，朕安得用之？"对曰："直由太宗，太宗不听，征虽直，将焉用之！"

【译文】

过了几天，皇帝（指仁宗）读《贞观政要》，杨朵儿只侍立在旁边，皇上看着他对他说："魏征是为人正直有古时遗风的人，我怎么能够用上这样的人呢？"朵儿只回答说："魏征的正直是由于遇到唐太宗，如果太宗不听，魏征纵然正直，他哪里能被用呢！"

元明善传

明善译经文

【原文】

诏节《尚书》经文，译其关政要者以进。明善举宋忠臣子集贤直学士文升同译润，许之。书成，每奏一篇，帝必称善，曰："二帝三王之道，非卿莫闻也。"

【译文】

仁宗下诏让元明善节录《尚书》经文，用蒙古文翻译它的有关政事要旨部分呈进。元明善推荐宋朝忠臣的儿子现任集贤院直学士文升和他一起翻译润色，仁宗批准了。书译好了，每上呈一篇，仁宗必然称赞说好，对元明善说："二帝三王之道，不是有你我就不能听到了。"

虞 集 传

论科目之法

【原文】

泰定初，考试礼部，（虞集）言于同列曰："国家科目之法，诸经传注各有

所主者，将以一道德、同风俗，非欲使学者专门擅业，如近代五经学究之固陋也。圣经深远，非一人之见可尽，试艺之文，推其高者取之，不必先有主意，若先定主意，则求贤之心狭，而差自此始矣。"后再为考官，率持是说，故所取每称得人。

【译文】

泰定初年，礼部举行科举考试，虞集和同事说："国家进士考试的法则是使各种经书和它的传和注都各有专门研究的人，将通过这种法则使道德一律，风俗同一，不是要使学习的人只专一门独据一业，如像近代五经学究们那样鄙陋浅薄。神圣的经书的内容，不是一个人的见识所能尽知的，科举考试的文章，推荐其中最好的录取，不一定要先存主观看法，如果事先定下主观看法，那么求取贤人的心意的范围就狭小了，错误就由这里产生了。"后来他再次担任考官，都坚持这种看法，所以他的录取工作常被称赞为能得到人才。

揭傒斯传

政治以储材为先

【原文】

丞相因问："方今政治何先？"傒斯曰："储材为先，养之于位望未隆之时，而用之于周密庶务之后，则无失材废事之患矣。"

【译文】

丞相就问他说："当今政事要得以治理，什么是首先要做的？"揭傒斯说："首先是储备人才，培养他在职位不高声望不盛的时候，使用他在经过周到细密的各种政务的考验之后，这样就没有失掉人才荒废政事的忧患了。"

史家心术为本

【原文】

诏修辽、金、宋三史，傒斯与为总裁官，丞相问："修史以何为本？"曰："用人为本，有学问文章而不知史事者，不可与；有学问文章知史事而心术不正者，不可与。用人之道，又当以心术为本也。"且与僚属言："欲求作史之法，须求作史之意。古人作史，虽小善必录，小恶必记。不然，何以示惩劝！"

【译文】

皇帝下诏命令编撰辽、金、宋三朝的史书，揭傒斯参加这项工作担任总裁官，丞相问他："编写史书用什么作为根本？"傒斯说："选用人是根本，有学问能文章但不理解历史事实的人，不能参与；有学问能文章理解历史事实但心术不正的人，不能参与。选用人的道理，是以心术作为根本。"又和下属说："要求得编写史书的方法，必须先寻求编写史书的意旨。古人编写史书，纵然是小善必须记录，小恶也必须记录。不这样，用什么来表示惩处和鼓励！"

国学经典文库

吴　莱　传

作文如用兵

【原文】

莱尤喜论文，尝云："作文如用兵，兵法有正、有奇，正是法度，要部伍分明，奇是不为法度所缚，举眼之顷，千变万化，坐作进退击刺，一时俱起，及其欲止，什伍各还其队，元不曾乱。"闻者服之。

【译文】

吴莱特别喜欢议论文章，曾说："作文如同指挥军队打仗。兵法有正、有奇，正是有法度，要部队的编制清楚明白；奇是不被法度束缚，转眼的片刻时间，千变万化。停止的、活动的、前进的、后退的、击打的、刺杀的，同时发动；到了要停止时，士兵各自回到他的部队，原来不曾混乱。"听的人佩服他的言论。

许有壬传

民为国家之本

【原文】

（泰定元年，）京畿饥，有壬请赈之。同列让曰："子言固善其如亏国何！"有壬曰："不然。民，本也，不亏民，顾岂亏国邪！"卒白于丞相，发粮四十万斛济之，民赖以活者甚众。

【译文】

泰定（泰定帝年号）元年（1324年），京城和京城四周广大地区发生灾荒，许有壬请求政府赈济灾民。同事们责怪他说："您的意见固然很好，但如果国家吃亏怎么办！"有壬说："不对。百姓，是国家的根本，不使民众受到亏损，难道能亏损国家吗！"他终于向丞相请求赈灾，政府发了粮食四十万斛救济灾民，灾民依靠救济粮活下来的人有很多。

李好文传

好 文 纳 谏

【原文】

时复以至元纪元，好文言："年号袭旧，于古未闻，袭其名而不蹈其实，未见其益。"因言时弊不如至元者十余事。

【译文】

当时又用至元作为纪录年代的名称，李好文说："年号袭用以前的，从未听

国学经典文库

说古代有过，袭用古代帝王的年号之名而不遵循古代帝行事之实，看不到这样做的好处。"于是说明当时的弊病，不如世祖至元时有十多种事。

孛术鲁翀传

除弊行政事

【原文】

（泰定二年）出为河南行省左右司郎中。丞相曰："吾得贤佐也。"翀曰："世祖立国，成宪具在，慎守足矣。譬若乘舟，非一人之力所能运也。"翀乃开壅除弊，省务为之一新。

【译文】

（泰定二年〔1325 年〕）孛术鲁翀外任为河南行省左右司郎中，丞相说："我得到贤明的助手了。"翀说："世祖建国，当时他制定的法令全部存在，我们谨慎执行就够了。行省的事务，好像是坐船，船不是一个人的力量所能运行的。"翀就沟通上下内外除去弊病，行省事务为之一新。

笑 傲 帝 师

【原文】

帝师至京师，有旨朝臣一品以下，皆乘白马郊迎。大臣俯伏进觞，帝师不为动，惟翀举觞立进曰："帝师，释迦之徒，天下僧人师也。余，孔子之徒，天下儒人师也。请各不为礼。"帝师笑而起，举觞卒饮，众为之栗然。

【译文】

帝师来到京城，皇上有旨命令朝臣中一品以下官员都乘白马到郊外迎接。大臣都低头躬腰向帝师进酒，帝师不因为他们行礼而动一下身体，只有孛术鲁翀举起酒杯站着向帝师进酒说："帝师，是释迦牟尼的门徒，天下僧人的老师；我，是孔子的门徒，天下儒人的老师。请我们之间各自不必行礼了。"帝师笑着站起来，举起酒干了杯，众人为孛术鲁翀的行为感到害怕。

王都中传

教 化 民 俗

【原文】

郴民染于蛮俗，喜斗争，都中乃大治学舍，作笾豆簠簋、笙磬琴瑟之属，使其民识先王礼乐之器，延宿儒教学其中，以义理开晓之，俗为之变。

【译文】

郴州（今湖南郴县）地带的民众沾染蛮荒习俗，喜欢争斗。王都中就大力兴

建学堂，制作笾豆簠簋、笙磬琴瑟之类的礼器和乐器，使那里的民众熟悉古代圣贤的礼乐器具，延聘对儒学素有研究的教师到学堂教学，用孔孟之道的义理开化民众，使当地民众懂得人生的义礼，于是郴州的风俗就发生了变化。

吕思诚传

天子不当阅当代国史

【原文】

文宗在奎章阁，有旨取国史阅之，左右舁匮以往，院长贰无敢言。思诚在末僚，独跪阁下争曰："国史纪当代人君善恶，自古天子无观阅之者。"事遂寝。

【译文】

元文宗在奎章阁，下旨索取国史审阅。国史院的侍从们抬着装有史书的柜子就要往奎帝阁去，院长不同意这样做却没有敢讲话。吕思诚当时位居末僚（任国史院编修），却只身跪在奎章阁外，抗争说："国史纪录当代国君的善恶，自古以来的国君没有观览审阅国史的人。"这事才算作罢。

韩 镛 传

破除迷信，尊师重教

【原文】

饶之为俗尚鬼，有觉山庙者，自昔为妖以祸福人，为盗贼者事之尤至，将为盗，必卜之。镛至，即撤其祠宇，沉土偶人于江。凡境内淫祠有不合祀典者，皆毁之。人初大骇，已而皆叹服。镛知民可教，俾俊秀入学宫，求宿儒学行俱尊者，列为《五经》师，旦望必幅巾深衣以谒先圣，月必考订课试，以示劝励。每治政之暇，必延见其师生，与之讲讨经义，由是人人自力于学，而饶之以科第进者，视他郡为多。

【译文】

饶州（今江西鄱阳）一带风俗崇尚鬼神，有一个觉山庙，过去就以妖言惑众断人祸福。身为盗贼的人对觉山庙的泥神敬礼尤加，每有强盗行径，必先到庙中卜祝。韩镛到饶州任总管以后，立即拆除了觉山庙，把那些泥塑偶像全沉到了江里，饶州境内凡是乱七八糟的神祠不合祭祀典章规定的，全都拆毁了。饶州人一开始大为惊骇，后来都叹服韩镛的作为。韩镛知道那里的民众可以教化，就使俊秀青年进入学校学习，并寻求对儒学素有研究、品学兼优的人为教授儒家《五经》的老师。每逢初一、十五，韩镛就穿戴儒服一幅巾深衣，恭恭敬敬地礼拜孔孟等先圣，每月必考订学生们的功课，以示他对学生们的劝勉和鼓励。在治理政事的空暇，他必定延见学校的师生，和他们探讨讲论儒学的经义。因此饶州学校人人自勉努力学习，而饶州人士科举得中，进身仕途的，比其他郡县的人数量也

多。

盖 苗 传

为饥民呼吁请赈

【原文】

　　岁饥，白郡府，未有以应，会他邑亦以告，郡府遣苗至户部以请，户部难之，苗伏中书堂下，出糠饼以示曰："济宁民率食此，况不得此食者尤多，岂可坐视不救乎！"因泣下，时宰大悟，凡被灾者，咸获赈焉。

【译文】

　　年岁饥荒，盖苗把情况上报到郡府，郡府没有理睬，恰好别的县邑也申报饥荒的情况，郡府就派盖苗到户部请求赈灾。户部对此事很为难，盖苗就跪伏在中书堂下，拿出携带的糠饼给中书官员们看，说："济宁（今属山东）的民众都吃的是这种食品，何况连这种东西都吃不上的人更多，怎么可以坐视不救呢！"说着盖苗就哭泣起来。当时执政者大为感悟，凡是遭灾的地方，都获得了赈济。

曹 鉴 传

廉 洁 谨 慎

【原文】

　　鉴任湖广员外时，有故掾顾渊伯，以辰砂一包馈鉴，鉴漫尔置箧笥中。半载后，因欲合药剂，命取视之，乃有黄金三两杂其中，鉴惊叹曰："渊伯以我为何如人也！"渊伯已殁，鉴呼其子归之。其廉慎不欺如此。

【译文】

　　曹鉴任湖广行省左右司员外郎时，有个以前的佐贰属官顾渊伯送他一包辰砂，曹鉴随便地放在箱子中。过了半年，因为要配药，让人取出来看，竟然有三两黄金夹杂在里面，曹鉴惊讶地叹息说："渊伯以为我是什么样的人啊！"这时顾渊伯已经死了，曹鉴就把他的儿子叫来把黄金还给他。曹鉴的廉洁谨慎不可欺骗就是这样。

张 翥 传

吾臂可断，笔不能操也

【原文】

　　孛罗帖木儿之入京师也，命翥草诏，削夺扩廓帖木儿官爵，且发兵讨之，翥毅然不从。左右或劝之，翥曰："吾臂可断，笔不能操也。"天子知其意不可夺，

乃命他学士为之。

【译文】

孛罗帖木儿进入京城，命令张翥起草诏书，免去扩廓帖木儿的官职爵位，而且要发兵讨伐他，张翥毅然不听从命令。旁边的人有的劝说他起草，张翥说："我的胳臂可以断掉，但是笔不能拿！"天子知道他的意志不能强迫改变，就命其他的学士起草诏书。

乌古孙良桢传

汉 化 之 争

【原文】

又以国俗父死则妻其从母，兄弟死则收其妻，父母死无忧制，遂言："纲常皆出于天而不可变，议法之吏，乃言国人不拘此例，诸国人各从本俗。是汉、南人当守纲常，国人、诸国人不必守纲常也。名曰优之，实则陷之，外若尊之，内实侮之，推其本心所以待国人者，不若汉、南人之厚也。请下礼官有司及右科进士在朝者会议，自天子至于庶人，皆从礼制，以成列圣未遑之典，明万世不易之道。"……皆不报。

【译文】

（乌古孙良桢）又因为蒙古人风俗父亲死后儿子可以娶从母为妻，兄弟死后可以将他兄弟妻子收房，父母死了没有为父母守孝的制度，就向皇帝上书说："三纲五常都出于天意而不能改变，国家议论法制的官吏，竟认为蒙古族人不必遵守三纲五常，色目人各自依据本民族的风俗。这样汉人、南人应当遵守三纲五常，蒙古人、色目人不必遵守三纲五常，名义上是优待他们，实际上是陷害他们，表面上是尊重他们，骨子里是侮辱他们，推究他们的本心对待蒙古人不如对待汉人、南人那样优厚。请求将我的进言发给礼部有关部门和蒙古、色目人进士在朝任官的人会同商议，使自天子到庶人，都遵循礼制行事，以此成就前代各个圣明君主来不及建立的制度，阐明万代不能改易的道理。"……皇上对这些意见都没有答复。

待人以诚，人亦以诚待我

【原文】

家居（乌古孙良桢）辄训诸子曰："吾无过人者，惟待人以诚，人亦以诚遇我，汝宜志之。"

【译文】

在家居住时，乌古孙良桢总是教导儿子们说："我没有超过别人的地方，只是我用诚心待人，人们也用诚心对待我。你们应当记住这点。"

蓝釉滴舟　元代

儒　学　传

北方始知有程、朱之学

【原文】

赵复字仁甫，德安人也。太宗乙未岁，命太子阔出帅师伐宋，德安以尝逆战，其民数十万，皆俘戮无遗。时杨惟中行中书省军前，姚枢奉诏即军中求儒、道、释、医、卜士，凡儒生挂俘籍者，辄脱之以归，复在其中。枢与之言，信奇士，以九族俱残，不欲北，……复强从之。先是，南北道绝，载籍不相通；至是，复以所记程、朱所著诸经传注，尽录以付枢。自复至燕，学子从者百余人。……枢既退隐苏门，乃即复传其学，由是许衡、郝经、刘因，皆得其书而尊信之。北方知有程、朱之学，自复始。

【译文】

赵复字仁甫，德安（今湖北安陆）人。太宗乙未年（1235 年），太宗命令太子阔出率领军队进攻南宋。德安因曾经抗击过蒙古军队，所以这个地区的数十万居民，全部被太子阔出的军队俘虏为奴或杀掉。当时杨惟中以行中书省负责人随军，姚枢奉皇上旨意就在军中访求儒生、道士、僧徒、医生、卜士，凡是儒生名在被俘册籍中的，就免除他们的奴隶身份并把他们带回北方，赵复就在这些人中间。姚枢与他谈话，发现他的确是一个特异之人，但他因为宗族之人都在战争中被害，因而不想去北方。……赵复勉强地顺从了姚枢。在此以前，南北隔绝，书籍不相互交流；到这时，赵复把他记忆中的程颢、朱熹所著的儒家各种经书的注解，都写出来交给姚枢。自从赵复到燕（今北京）地后，跟随他学习的人有一百多人。……姚枢归隐苏门（今河南辉县）后，于是就追随赵复之后传授他的学问，因此许衡、郝经、刘因都得到赵复的著作并且遵奉和信奉赵复的学说。北方知道有程颢兄弟及朱熹的学说，是从赵复开始的。

许谦的学者之论

【原文】

（许谦）尝谓："学者孰不曰辟异端，苟不深探其隐，而识其所以然，能辨其同异，别其是非也几希。"

【译文】

许谦曾说："学者谁不说批驳异端邪说，如果不深究各家学说的隐秘深微，了然洞晓各家所以成说的根本，能够识别各家学说的同异，那么能分辨各家学说的是非的人也几乎是很少的。"

己有知，使人亦知之

【原文】

延祐初，谦居东阳八华山，学者翕然从之。寻开门讲学，远而幽、冀、齐、鲁，近而荆、扬、吴、越，皆不惮百舍来受业焉。其教人也，至诚谆悉，内外殚尽，尝曰："己有知，使人亦知之，岂不快哉！"

【译文】

延祐（仁宗年号）初年，许谦住在东阳（今属浙江）八华山，学者们一致跟随他而来。不久他开门授徒讲学，远方幽、冀、齐、鲁（今河北、山东一带），近处荆、扬、吴、越（今长江中下游一带）的学者，都不怕跋涉千百里来受业。许谦教人，真诚恳切不知厌倦，对所有来受业的人都竭尽全力，他曾说："自己懂得，使别人也懂得，这难道不快活吗？"

读书千遍于己有益

【原文】

侯均者，字伯仁，……每读书，必熟诵乃已。尝言："人读书不至千遍，终于己无益。"故其答诸生所问，穷索极探，如取诸箧笥，名振关中，学者宗之。

【译文】

侯均，字伯仁，……每逢读书，必然到读熟了才不读。曾说："人们读书不到一千遍，终究对自己没有好处。"所以他解答学生们提出的问题，能够穷究深求，容易得如像从箱子里拿出它来，名声震动关中地区，学者们都尊奉他。

治学于实践

【原文】

至正四年，以隐士征至京师，授翰林待制，预修《金史》。既毕，辞归。……及还，四方之来学者，至千余人。盖其为学专事讲解，而务真知力践，不屑

事举子词章，而必期措诸实用。

【译文】

至正（顺帝年号）四年（1344 年）哈剌鲁伯颜以隐士的身份被征召到京城，被任命为翰林兼国史院待制、参加编写《金史》工作。工作完后，辞官还乡。……到他回到家乡，从四方来跟他学习的到一千多人。他治学专力从事经书的讲解，致力于获得真知和努力实践，不屑于从事参加科举考试的文章，必须要求学到的东西能施之于实用。

良 吏 传

欲民死则万锭可征

【原文】

（至元）二十三年，授中议大夫、徽州总管。桑哥立尚书，会计天下钱粮，参知政事忻都、户部尚书王巨济，倚势刻剥，遣吏征徽州民钞，多输二千锭，巨济怒其少，欲更益千锭，楫诣巨济曰："公欲百姓死耶、生耶？如欲其死，虽万锭可征也。"巨济怒解，徽州赖以免。

【译文】

至元（世祖年号）二十三年，许楫担任中议大夫、徽州路总管府总管。桑哥在尚书省负责，管理计算及出纳天下钱粮，参知政事忻都、户部尚书王巨济，仗势极力盘剥百姓，派遣吏员征收徽州路百姓的钱，徽州路多上交了两千锭银子，王巨济还嫌少而发怒，要再加收一千锭，许楫到王巨济那里去说："公想要百姓死呢，还是活呢？如果想要他们死，即使是一万锭也能够征收到！"王巨济怒气消失了，徽州路靠着这才得避免这场灾祸。

秦之弊政尚足法耶

【原文】

武宗时，……迁刑部郎中。适盗贼充斥，时议犯者并家属咸服青衣巾，以别民伍。天璋曰："赭衣塞路，秦弊也，尚足法耶！"相悟而止。

【译文】

武帝时，……卜天璋改任刑部郎中。正好这时盗贼甚多，当时的议论认为犯罪的人和他们的家属都应当穿青衣戴青巾，以此和老百姓区别开。卜天璋说："赭衣满路，是秦代的弊政，还值得效法呀！"大家省悟了，这种议论就停止了。

忠　义　传

名爵者，不得私与人

【原文】

至正十四年，朝廷除玉翰林待制、奉议大夫，遣使者赐以御酒名币，浮海征之。玉辞疾不起，而为表以进曰："名爵者，祖宗之所以遗陛下，使与天下贤士共之者，陛下不得私予人。待制之职，臣非其才，不敢受。酒与币，天下所以奉陛下，陛下得以私与人，酒与币，臣不敢辞也。"

【译文】

至正（顺宗年号）十四年（1354 年），朝廷任命郑玉为翰林院待制、奉议大夫，派遣使者带着赐给他的御用之酒和贵重的货币，渡海去征召他。郑玉托病而不应召，写了表章进呈皇帝说："等级的称号和官爵，陛下的祖宗留给陛下的目的，是要陛下与天下的贤人共有它，陛下不得私自给人。待制这个官职，臣下没有担任这个职位的才能，臣下不敢接受。酒和币，是天下之人奉献给陛下的，陛下能够私自给人，酒与币，臣下不敢拒绝。"

孝　友　传

兄弟情深

【原文】

延祐间，蔚州吴思达兄弟六人，尝以父命析居。思达为开平县主簿，父卒，还家。治葬毕，会宗族，泣告其母曰："吾兄弟别处十余年矣，今多破产，以一母所生，忍使兄弟苦乐不均耶！"即以家财代偿其逋，更复共居。

【译文】

延祐（仁宗年号）年间，蔚州（今属河北省）吴思达兄弟六人，曾因父命而分家。思达任开平县（在今内蒙古）主簿，因父亲亡故，吴思达回到家中。办理丧事完毕，思达聚会家族中的人，哭着告诉他的母亲说："我们兄弟分开居住十多年了，现在兄弟中有多人已经破产。因为我们是一母所生，我怎能忍心使兄弟们苦乐不同呀！"立即用自己家中财产代替兄弟们还债，吴思达兄弟又再一次合为一家。

元军抢掠之害

【原文】

羊仁，庐州庐江人。至元初，阿术兵南下，仁家为所掠，父被杀，母及兄弟皆散去。仁年七年，卖为汴人李子安家奴，力作二十余年，子安怜之，纵为良。

仁踪迹得母于颍州蒙古军塔海家，兄于睢州蒙古军岳纳家，弟于邯郸连大家，皆为役，尚无恙。乃遍恩亲故，贷得钞百锭，历诣诸家求赎之。经营百计，更六年，乃得遂。大小二十余口，复聚居为良。

【译文】

羊仁，庐州庐江（今属江西）人。至元（世祖年号）初年，阿术的军队南下，羊仁家被阿术的军队所抢掠，父亲被杀死，母亲和兄弟都失散了。羊仁这年七岁，被卖成为汴州（今开封市）人李子安的家奴，作了二十年苦役，子安怜悯他，就释放他成为良民。羊仁寻访踪迹得知母亲在颍州（今安徽阜阳）蒙古军人塔海的家中，兄长在睢州（今河南睢县）蒙古军人岳纳的家中，弟弟在邯郸（今属河北）连大的家中，都是奴隶，还平安。于是他遍求亲戚朋友，借到钞一百锭，到各家去请求用财物赎回他们，不断经营设法，经过六年，才能如愿。大小二十余口，再聚居一起成为良民。

石明三勇杀五虎

【原文】

石明三者，与母居余姚山中。一日明三自外归，觅母不见，见壁穿而卧内有三虎子，知母为虎所害。乃尽杀虎子，砺巨斧立壁侧，伺母虎至，斫其脑裂而死。复往倚岩石傍，执斧伺候，斫杀牡虎。明三亦立死不仆，张目如生，所执斧牢不可拔。

【译文】

石明三，和母亲住在余姚（今浙江余姚）山里。一天，石明三从外面回来，寻找母亲没有找见，看见墙壁上穿了一个洞，卧室内有三只小老虎，才知道母亲被老虎吃了，于是把三只小老虎全部杀死。他磨了一把大斧站在墙壁一侧，等到母虎到来，把它的脑袋砍破，母虎死了，他又走到岩石边靠着大石，拿着斧头等候，公老虎来了就把公老虎砍死。石明三也死了但尸首不倒，眼睛张着好像还活着，手里紧紧拿着的斧头坚牢得不能拔出。

隐　逸　传

君子治国三事

【原文】

岁己未，世祖南伐至相，召见问计，瑛从容对曰："汉、唐以还，人君所恃以为国者，法与兵、食三事而已。国无法不立，人无食不生，乱无兵不守。今宋皆蔑之，殆将亡矣，兴之在圣主。若控襄樊之师，委戈下流，以捣其背，大业可定矣。"

【译文】

己未（1259年）那年，世祖南征到达相州（在今河南省），召见杜瑛向他问

计，杜瑛从容地回答说："汉、唐以来，君主治国所仗恃的就是法度和军队、粮食三件而已。国家没有法度就不能建立，百姓没有粮食就无法生活，发生动乱没有军队就不能守住天下。这三件现在南宋都没有，恐怕将要灭亡了，兴盛就在于圣明的君主。如果控制住襄阳樊城的军队，顺流进击，直捣南宋的背部，大业就可以奠定了。"

读书求无愧于世

【原文】

定翁尝曰："士无求用於世，惟求无愧于世。"人以为名言。

【译文】

吴定翁曾说："读书人不求有用於世，只求不愧于世。"人们都认为这是名言。

释 老 传

蒙 古 新 字

【原文】

中统元年，世祖即位，尊（八思巴）为国师，授以玉印。命制蒙古新字，字成上之。其字仅千余，其母凡四十有一。……而大要则以谐声为宗也。至元六年，诏颁行于天下。诏曰："……我国家肇基朔方，俗尚简古，未遑制作，凡施用文字，因用汉楷及畏吾字，以达本朝之言。……故特命国师八思巴创为蒙古新字，译写一切文字，期于顺言达事而已。自今以往，凡有玺书颁降者，并用蒙古新字，仍各以其国字副之。"

【译文】

中统（世祖年号）元年（1260 年），世祖即位，尊八思巴为国师，赐给他玉印。命他创制蒙古新字，新字创制成功上呈世祖。其字仅一千多个，其字母共四十一个，成字的方法主要关键是以谐声为主旨。至元（世祖年号）六年（1269 年）下诏颁布行使于天下，诏书说："……我国家开基于北方，风俗崇尚简古，来不及制作文字，凡是施用的文字，借用汉字楷体和维吾尔文字，以此来表达我朝的语言。……所以特别命令国师创蒙古新字，译写一切文字，求于合于语言表达事实而已。自今以后，凡有诏书颁布下达者，都用蒙古新字，并按旧例各族各用他本族文字书写副本。"

帝 师 之 重

【原文】

元起朔方，固已崇尚释教。及得西域，世祖以其地广而险远，民犷而好斗，

国学经典文库

思有以因其俗而柔其人，乃郡县土番之地，设官分职，而领之于帝师。乃立宣政院，其为使位居第二者，必以僧为之，出帝师所辟举，而总其政于内外者，帅臣以下，亦必僧俗并用，而军民通摄。于是帝师之命，与诏教并行于西土。百年之间，朝廷所以敬礼而尊信之者，无所不用其至。

【译文】

元代兴起在黄河以北，本来就已经崇尚佛教。到了得到西域时，世祖因为那个地区广大而险远，人民粗犷好斗，想有什么办法凭借那个地方的习俗而柔化这个地区的人民。于是在土番地区就设立郡县制，设立官员分掌职权，由帝师统领；就设置宣政院，任院使位置在第二的，必然用僧人担任，又出于帝师的征召和荐举；总管内外政务的，主管的官员以下，也必定僧人和世俗之人同时使用，军民全管。于是帝师的命令与皇帝的诏书并行在西域。元代百年之间，朝廷对帝师的尊敬礼貌及尊重信任，无所不用其极。

丘处机论治国之道

【原文】

太祖时方西征，日事攻战，处机每言欲一天下者，必在乎不嗜杀人。及问为治之方，则对以敬天爱民为本。问长生久视之道，则告以清心寡欲为要。太祖深契其言，曰："天锡仙翁，以寤朕志。"命左右书之，且以训诸子焉。

【译文】

太祖这时正进行西征，每天都从事攻战，丘处机常对太祖说要想统一天下必然在于不好杀人。到问他治国之道时，他就用敬天爱人是治国的根本来回答，问他长生不老之方，就告诉说清心寡欲是关键。太祖深感丘处机的话与他内心相合，说："上天赐给我仙翁。用他来使我心志醒悟。"命令左右的人把丘处机的话书写下来，并且要用它教训儿子们。

天 道 好 生

【原文】

岁癸未，太祖大猎于东山，马踣，处机请曰："天道好生，陛下春秋高，数畋猎，非宜。"太祖为罢猎者久之。时国兵践蹂中原，河南、北尤甚，民罹俘戮，无所逃命。处机还燕，使其徒持牒召求于战伐之余，由是为人奴者得复为良，与滨死而得更生者，毋虑二三万人。中州人至今称道之。

文殊菩萨像　元代

【译文】

癸未那年（1223 年），太祖（成吉思汗）在东山举行大规模打猎，马跌倒了，丘处机向太祖请求说："天之道喜生，陛下年事已高，多次出猎，不合适。"因为他的话太祖在很长时间

停止了打猎。当时蒙古国军队正践踏蹂躏中原，黄河以南和以北地区特别厉害。百姓遭到被俘或被杀，无处逃命。丘处机回到燕京（今北京市），派他的人拿着度牒招求战争的残余，因此为人家奴隶的复得为良民的和临死又得再生的人，不止二三万人，中原的百姓到现在还称赞他。

方 伎 传

孙 威 爱 民

【原文】

孙威……善为甲，尝以意制蹄筋翎根铠以献，太祖亲射之，不能彻，大悦……因命诸将衣其甲者问曰："汝等知所爱重否？"诸将对，皆失旨意。太宗曰："能捍蔽尔辈以与我国家立功者，非威之甲耶！而尔辈言不及此，何也？"复以锦衣赐威。每从战伐，恐民有横被屠戮者，辄以搜简工匠为言，而全活之。

【译文】

孙威……善于制作铠甲，曾经自己独创了蹄筋翎根铠甲献给太祖，太祖亲自射之，不能射透，很高兴。命令诸将中穿孙威制造的铠甲的到来问他们说："你们知道你们爱惜重视的东西吗？"诸将的回答，都不合皇上心意。太宗说："能够保护你们让你们为我的国家立功的，不是孙威制造的铠甲吗！你们没有提到它，这是为什么？"又把锦衣赐给孙威。孙威每当随从军队征讨各地，恐怕百姓有无故被屠杀的，就以搜集选用工匠为借口，保全活命这些百姓。

火 炮 之 威

【原文】

亦思马因，回回氏，西域旭烈人也。善造炮，至元八年与阿老瓦丁至京师。十年，从国兵攻襄阳未下，亦思马因相地势，置炮于城东南隅，重一百五十斤，机发，声震天地，所击无不摧陷，入地七尺。

【译文】

亦思马因，回回氏族，西域旭烈人。善于造炮，至元（世祖年号）八年（1271 年）、与阿老瓦丁到京城。十年（1273 年）随从国军攻打襄阳城没有攻下，亦思马因观察地形，安置大炮在城的东南角，重一百五十斤，炮机发动，炮声震动天地，炮弹击到的没有不被摧毁塌陷的，炮弹一直深入地下七尺。

绝 代 艺 人

【原文】

有刘元者，尝从阿尼哥学西天梵相，亦称绝艺。元字秉元，蓟之宝坻人。……后大都南城作东岳庙，元为造仁圣帝像，巍巍然有帝王之度，其侍臣像，乃

国学经典文库 图文珍藏版

二十五史

精华

[西汉] 司马迁等·原著

马松源·主编

线装书局

目 录

国学经典文库

国学经典文库

二

国学经典文库

三

国学经典文库

国学经典文库

六

国学经典文库

七

国学经典文库

八

【国学经典文库】

明史

【清】张廷玉 等

线装书局

序　言

　　《明史》是纪传体明代史；共三百三十二卷,其中本纪二十四卷,志七十五卷,表十三卷,列传二百二十卷。

　　《明史》是从清顺治二年(1645)开始成立史馆编修的,雍正十三年(1735)定稿,乾隆四年刊刻进呈,这中间经历了九十五年。参加编修工作的人员,见载于《明史》末"乾隆四年七月二十五日奉旨开列在事诸臣职名"中的共一百四十五人。实际上,还有为数更多地参与这工作的人未被列入,如曾任监修的内阁学士徐元文,曾任总裁的叶方蔼、张玉书、徐乾学、王鸿绪、陈廷敬,以及博学鸿儒彭孙遹等五十人,其中还有对《明史》贡献最大的万斯同。

　　万斯同(1638~1702)字季野,号石园,浙江鄞县人。他熟谙历史上的典章制度,尤其关心明代史事,博览明十三朝实录及各家修撰的明代史籍,即使稗官野史亦不遗漏,并有志于整理明朝一代文献。康熙十八年(1679),当徐元文聘请他参加纂修《明史》时,他的老师黄宗羲大力支持,赠诗有"一代贤奸托布衣"之句,希望他修故国之史,公正评价一代贤奸。而万斯同以明遗民自居,亦怀着"修故国之史以报故国"的决心,以布衣身份参加纂史工作,连薪俸都不受。徐元文等很尊重他,所有稿件都送他复审,遇有争议都以他所说的为准。万斯同修史态度很严谨,凡是实录中不清楚的,他从其他书中求证;凡是它书中记得不实在的,又根据实录把它裁去;难以核定的,则异说并存。就这样,他修订核定《明史》初稿达二十余年之久。

　　万斯同死后,王鸿绪在万斯同删定原稿的基础上,又加以增删改动,成了现在通行的《横云山人明史稿》三百一十卷。

　　雍正时,张廷玉又以王鸿绪的稿子为基础,进行文字加工,史料考订补充,并加入了大量论赞,使全书质量进一步提高,这才定稿进呈。因此在二十四史中,《明史》修纂时间之长,用人之多,是少见的。它篇幅之巨仅次于《宋史》,而体例严谨整齐,首尾相贯,材料翔实,行文简洁更是二十四史之冠,是一部比较完善的史书。

　　清统治者组织纂修《明史》,是为了借鉴前朝,告诫后世,而纂修者

中亦有因怀念故国,探究明朝政治得失、覆亡原因的,因此《明史》对当时社会经济状况,社会的各种矛盾和斗争,有一定的真实反映。尤其是在列传中,对人物基本上能功过并举,通过具体的人和事,再现了历史状况、人物面貌和作用,使人易于理解。

太 祖 本 纪

朱元璋皇觉寺为僧

【原文】

至正四年，旱蝗，大饥疫。太祖时年十七，父母兄相继殁，贫不克葬。里人刘继祖与之地，乃克葬，即凤阳陵也。太祖孤无所依，乃入皇觉寺为僧。逾月，游食合肥。道病，二紫衣人与俱，护视甚至。病已，失所在。凡历光、固、汝、颍诸州三年，复还寺。当是时，元政不纲，盗贼四起。

朱元璋

【译文】

元顺帝至正四年（1344 年），发生了旱灾和蝗灾，有大饥荒和瘟疫。明太祖朱元璋当时十七岁，他的父亲、母亲和哥哥相继死去，家里穷得不能埋葬。同里人刘继祖给了他块地，才得以埋葬了他的亲人，这就是凤阳县的明朝皇帝祖宗陵。明太祖孤零零地没有依靠，就到皇觉寺做了和尚。过了一个月，到合肥（今属安徽）去就食。在路上病了，两个穿紫色衣服的人与他在一起，护理照看得非常周到。待到病愈后，那两个紫衣人却不知去向。明太祖共游历光州（今河南省潢川）、固始县（今安徽临泉）、汝州（今河南临汝）有三年时光，又回到了皇觉寺。在这个时候，元朝政府已不能统治，各地爆发了农民起义。

朱元璋以才能服人

【原文】

十五年春正月，子兴用太祖计，遣张天祐等拔和州，檄太祖总其军。太祖虑诸将不相下，秘其檄，期旦日会厅事。时席尚右，诸将先入，皆踞右，太祖故后至就左。比视事，剖决如流，众瞠目不能发一语，始稍稍屈。议分工筑城，期三日。太祖工竣，诸将皆后。于是始出檄，南面坐曰：“奉命总诸公兵，今筑城皆后期，如军法何？”诸将皆惶恐谢。乃搜军中所掠妇女纵还家，民大悦。

【译文】

元顺帝至正十五年（1355 年）春天正月，郭子兴用明太祖的计谋，派张天祐等人攻打和州（今安徽和县），下文书给明太祖命他总管张天祐等人的军队。太祖担心各将不服，就先不公布那个文告，而约定明天开会处理政事。当时座位以右边为上，各将先进来，都坐在右边，明太祖故意后到坐在左边。到就职处理事情的时候，

明太祖分析解决问题像流水一样迅速。众将都瞪着眼睛看不能说一句话,才稍稍服从。又议论分工修城,约定三天完工。明太祖的工程完成了,各位将领都误了期。这时明太祖才拿出文告,坐到尊位上说:"奉命总管诸位的兵马,现在诸位修城都误了期,按照军纪应怎样处分呢?"各个将领都恐惧不安地认错。于是搜寻军中所抢来的妇女,放她们回家,百姓非常高兴。

集庆"安民告示"

【原文】

三月癸未,进攻集庆,……太祖入城,悉召官吏父老谕之曰:"元政渎扰,干戈蜂起,我来为民除乱耳,其各安堵如故。贤士吾礼用之,旧政不便者除之,吏毋贪暴殃吾民。"民乃大喜过望。

【译文】

元顺帝至正十六年(1356年)三月初三,进攻集庆路(今江苏南京),……明太祖进城,把官吏和乡里父老(古代地方上管理公共事务的人)都召集来通知他们说:"元朝的政令混乱,战争蜂拥而起,我来是为老百姓消除这种混乱的,你们还同过去一样安居各位。贤能的人我尊敬和任用他们,过去的政策对人民不利的予以废除,官吏不能贪污、残暴使我的百姓遭殃。"老百姓听后感到比原来希望的要好,所以特别高兴。

龙 兴 之 谕

【原文】

二十二年春正月,友谅江西行省丞相胡廷瑞以龙兴降。乙卯,如龙兴,改为洪都府。谒孔子庙。告谕父老,除陈氏苛政,罢诸军需,存恤贫无告者。民大悦。

【译文】

元顺帝至正二十二年(1362年)春正月,陈友谅的江西行省丞相胡廷瑞以龙兴路(今江西南昌)来投降。初八日,朱元璋到了龙兴,将龙兴路改名洪都府。拜谒了孔子庙。告知乡里父老,废除陈友谅繁琐、残酷的政令,免去各种军需供给,存问抚恤贫穷无处告求的人。人民皆大欢喜。

鄱阳湖之战

【原文】

秋七月癸酉,太祖自将救洪都。……友谅闻太祖至,解围,逆战于鄱阳湖。友谅兵号六十万,联巨舟为阵,楼橹高十余丈,绵亘数十里,旌旗戈盾,望之如山。丁亥,遇于康郎山,太祖分军十一队以御之。……友谅骁将张定边直犯太祖舟,舟胶于沙,不得退,危甚。常遇春从旁射中定边,通海复来援,舟骤进水涌,太祖舟乃得

脱。己丑，友谅悉巨舰出战，诸将舟小，仰攻不利，有怖色。太祖亲麾之，不前，斩退缩者十余人，人皆殊死战。会日晡，大风起东北，乃命敢死士操七舟，实火药芦苇中，纵火焚友谅舟。风烈火炽，烟焰涨天，湖水尽赤。友谅兵大乱，诸将鼓噪乘之，斩首二千余级，焚溺死者无算，友谅气夺。辛卯，复战，友谅复大败。于是敛舟自守，不敢更战。……友谅势益蹙，忿甚，尽杀所获将士。而太祖则悉还所俘，伤者傅以善药，且祭其亲戚诸将阵亡者。……友谅中流矢死。

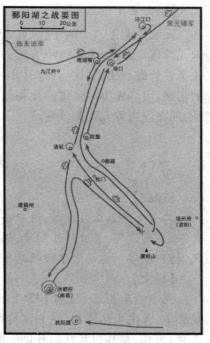

鄱阳湖大战示意图

【译文】

元顺帝至正二十三年秋七月初六日，明太祖自己领兵救援洪都。……陈友谅听说明太祖来了，撤去围洪都的兵，迎战明太祖于鄱阳湖中。陈友谅的兵号称六十万，把大船连接在一起作为阵列，楼橹有十多丈高，连绵几十里，旗帜、兵器，望上去像山一样。二十日，双方相遇于康郎山，明太祖把军队分成十一队来抵御陈友谅。……陈友谅的勇将张定边直接进攻明太祖的船，太祖的船粘着在沙子上，不能后退，非常危险。常遇春从旁边用箭射中了张定边，俞海通又来救援，船进得急使水激荡汹涌，明太祖的船才得以离开。二十二日，陈友谅出动全部大船进行战斗，明太祖各个将领的船小，从低处向高处进攻不利，有害怕的神色。明太祖亲自指挥他们，他们不前进，杀死十几个退缩不前的人，于是每个人都决死战斗。到太阳将落的时候，东北风大起，就让不怕死的勇士驾驭七只船，把火药装到船上的芦苇里，放火烧陈友谅的船。风大火旺，烟火漫天，湖水全成为红色。陈友谅的兵大乱，明太祖的各个将领呼喊着乘势进攻，砍掉敌人的头二千多个，烧死、淹死的人不可数计，陈友谅恐惧沮丧。二十四日，又进行战斗，陈友谅又大败。于是收船自卫，不敢再打。……陈友谅的势力更缩小，非常愤恨，就把所俘虏的将士全都杀死。而明太祖却把所有的俘虏全部归还陈友谅，给受伤的人敷上好药，并祭奠在此次战役中作战阵亡的陈友谅的亲戚和将领。……陈友谅被流箭射中而死。

朱元璋即吴王位

【原文】

二十四年春正月丙寅朔，李善长等率群臣劝进，不允。固请，乃即吴王位。建百官。以善长为右相国，徐达为左相国，常遇春、俞通海为平章政事，谕之曰："立国之初，当先正纪纲。元氏暗弱，威福下移，驯至于乱，今宜鉴之。"

【译文】

元顺帝至正二十四年(公元1364年)春季正月初一,李善长等人率领大臣们劝朱元璋即皇帝位,朱元璋不答应。经一再请求,才即吴王位。朱元璋置各种官员。让李善长做右相国,徐达做左相国,常遇春、俞通海做平章政事,告诉他们说:"建国的初期,应当先整治法度。元朝政府愚昧软弱,权势移到下边,渐渐演进至发生变乱,现在应当以元朝为借鉴。"

免 租 谕

【原文】

二十七年春正月戊戌,谕中书省曰:"东南久罹兵革,民生凋敝,吾甚悯之。且太平、应天诸郡,吾渡江开创地,供亿烦劳久矣。今比户空虚,有司急催科,重困吾民,将何以堪。其赐太平田租二年,应天、镇江、宁国、广德各一年。"

【译文】

元顺帝至正二十七年(1367年)春正月初九日,谕令中书省:"东南地区长期遭受战争,人民生活困苦,我非常怜恤他们。而且太平(今安徽当涂)、应天(今江苏南京)各郡,是我过长江后开创的地方,因供给军需而遭受烦苦劳累的时间太长了。如今户户空无所有,官吏以催征赋税为急务,使我的百姓更加困苦,他们将怎么忍受呢! 当免太平郡二年田租,应天郡、镇江路(今江苏镇江)、宁国路(今安徽宣城)、广德路(今安徽广德)各一年田租。"

废大逆不道罪

【原文】

戊寅,诏曰:"先王之政,罪不及孥。自今除大逆不道,毋连坐。"

【译文】

元顺帝至正二十七年(1367年)九月初五日,诏令说:"古代圣王的政治,犯罪受处罚不累及妻子、儿女。从现在起废除大逆不道罪(古代对触犯皇帝的人所加的罪名),不要再一人犯罪株连亲属。"

太祖登皇帝位

【原文】

洪武元年春正月乙亥,祀天地于南郊,即皇帝位。定有天下之号曰明,建元洪武。……是月,天下府州县官来朝。谕曰:"天下始定,民财力俱困,要在休养安息,惟廉者能约己而利人,勉之。"

【译文】

明太祖洪武元年(1368年)春季正月初四日,明太祖在南郊祭祀天地,登皇帝

位。确定国号叫明，年号洪武。……这个月，全国的府、州、县各级地方长官来朝见皇帝。明太祖告诉大家说："天下刚平定，人民的财力和人力都困乏，重要的事情是让人民平定地生活休养生息，只有廉洁的人才能够约束自己做有利于人民的事，你们要努力这样做。"

毋肆焚掠妄杀人

【原文】

庚寅，振恤中原贫民。辛卯，将还应天，谕达等曰："中原之民，久为群雄所苦，流离相望，故命将北征，拯民水火。元祖宗功德在人，其子孙罔恤民隐，天厌弃之。君则有罪，民复何辜？前代革命之际，肆行屠戮，违天虐民，朕实不忍。诸将克城，毋肆焚掠妄杀人，元之宗戚，咸俾保全。庶几上答天心，下慰人望，以副朕伐罪安民之意。不恭命者罚无赦。"

明初要地略图

【译文】

明太祖洪武元年（1368年）七月二十二日，赈济抚恤中原地区的贫民。二十三日，明太祖要回应天（今江苏南京），通知徐达等人说："中原的人民，长期遭受各路军阀战争之苦，流离失所的人来往不绝，所以命令率兵北征元都，把人民从水深火热中拯救出来。元朝皇帝的祖先对人民有功德，他们的子孙不以民间的疾苦为忧，所以上天才厌恶和抛弃他们。国君有罪，人民又有什么罪？从前改朝换代的时候，随意进行屠杀，违反天意虐待人民，我实在不忍心那样干。各位将领攻下城后，不要随意烧抢胡乱杀人，元朝皇帝的亲属，都要使他们得以保全。这样也许可以对上报答上天的心意，对下可以安慰人民的期望，以符合我讨伐有罪者安抚人民的旨意。不奉行命令的人要处罚，不能赦免。"

召贤能之士

【原文】

九月癸亥，诏曰："天下之治，天下之贤共理之。今贤士多隐岩穴，岂有司失于敦劝欤，朝廷疏于礼待欤，抑朕寡昧不足致贤，将在位者壅蔽使不上达欤。不然，贤士大夫，幼学壮行，岂甘没世而已哉。天下甫定，朕愿与诸儒讲明治道。有能辅朕济民者，有司礼遣。"

【译文】

洪武元年（1368年）九月二十六日，明太祖诏令："国家能治理得好，需要国内

的贤能之士共同进行管理。如今贤能之士大多隐居在山穴之中，难道是官吏没有谆谆劝勉吗？是朝廷以礼相待得不够吗？抑或我浅薄无知不足以招来贤士？还是居官的阻隔蒙蔽使贤士上不来呢？不然的话，贤能的知识分子，年轻时学习知识，成年使用，怎能甘心一辈子仅止于此呢。天下刚平定下来，我愿意与各位儒学贤士讲明治理国家的方法。有能够帮助我救助人民的人，有关官吏要十分礼貌地送到中央。"

内臣勿令有功

【原文】

己巳，定内侍官制。谕吏部曰："内臣但备使令，毋多人。古来若辈擅权，可为鉴戒。驭之之道，当使之畏法，勿令有功，有功则骄恣矣。"

【译文】

洪武二年（1369 年）八月初七日，制定宫廷内供役使的宦官机构的官制。谕令吏部："宦官仅仅用来听从命令供役使而已，人不必多。自古以来这种人专权的危害，可以作为借鉴和教训。驾驭他们的方法，是应当使他们惧怕法制，不要让他们有功绩，若有了功绩，他们就要骄傲而任意妄为了。"

不以元朝君主行献俘礼

【原文】

甲辰，李文忠克应昌。元嗣君北走，获其子买的里八剌，降五万余人，……壬申，李文忠捷奏至，命仕元者勿贺。谥元主曰顺帝。癸酉，买的里八剌至京师，群臣请献俘。帝曰："武王伐殷用之乎？"省臣以唐太宗尝行之对。帝曰："太宗是待王世充耳。若遇隋之子孙，恐不尔也。"遂不许。又以捷奏多侈辞，谓宰相曰："元主中国百年，朕与卿等父母皆赖其生养，奈何为此浮薄之言，亟改之。"

【译文】

洪武三年，（公元 1370 年）五月十六日，李文忠攻取应昌路（今内蒙古克什克腾旗西达来诺尔附近）。爱猷识理达腊向北方逃走，李文忠俘获他的儿子买的里八剌，元军投降的五万多人，……六月初十日，李文忠获胜的报告到达京师，明太祖命令在元朝做过官的人不要参加庆贺。给元惠宗加谥号叫顺帝。十一日，买的里八剌到京师应天府，群臣请求以元主行献俘礼。明太祖说："这种献俘礼，周武王讨伐殷纣王时用过吗？"中书省的大臣回答说唐太宗曾经实行过。明太祖说："唐太宗是对王世充用的，若是遇上隋朝皇帝的子孙，恐怕就不是这样了。"因此没有允许。又因报捷的奏章多是夸大之辞，对宰相说："元朝君主主宰中国达百年之久，我与你们的父母都是仰赖他生养的，怎么能用这样浅薄的语言，赶快加以修改。"

命儒士为武臣讲经史

【原文】

冬十月丙辰，诏儒士更直午门，为武臣讲经史。

【译文】

洪武三年（1370 年）冬季十月初一日，明太祖下令命信奉儒家学说的知识分子轮流在午门值班，给武臣讲解儒家的经典和历史。

官吏犯赃者罪勿贷

【原文】

庚申，命官吏犯赃者罪勿贷。

【译文】

洪武四年（1371 年）十一月十一日，下令官吏因贪污受贿等犯法者，要给予处罚，不能宽免。

考 绩 官 吏

【原文】

癸酉，朝觐官分五等考绩，黜陟有差。

【译文】

洪武十八年（1385 年）正月十一日，命各级朝见天子的官吏分五等考核政绩，据此予以升、降、免官等区别对待。

举练达时务之士

【原文】

秋七月癸未，诏举经明行修练达时务之士。年六十以上者，置翰林备顾问；六十以下，于六部、布按二司用之。

【译文】

洪武十九年（1386 年）秋季七月二十三日，明太祖下令起用明了经书、品行美好、熟练通达有关国计民生大事的人。年龄在六十岁以上的，安置在翰林院以备咨询；六十岁以下的人，由六部（吏部、户部、礼部、兵部、刑部、工部）和二司（承宣布政使司、提刑按察使司）任用他们。

恤民即奉天

【原文】

二十年春正月……。甲子，大祀天地于南郊。礼成，天气清明。侍臣进曰："此陛下敬天之诚所致。"帝曰："所谓敬天者，不独严而有礼，当有其实。天以子民之任付于君，为君者欲求事天，必先恤民。恤民者，事天之实也。即如国家命人任守令之事，若不能福民，则是弃君之命，不敬孰大焉。"又曰："为人君者，父天母地子民，皆职分之所当尽，祀天地，非祈福于己，实为天下苍生也。"

【译文】

洪武二十年(1387年)春季正月……。十三日，明太祖用最隆重的祭祀礼在京城的南郊祭祀天地。祭礼完成，天气清爽明朗。侍奉皇帝的大臣对太祖说："这是陛下敬天的诚意所取得的。"太祖说："所说的敬天，不单独是严肃而有礼节，还应当有它的实际内容。上天把抚爱人民的责任交托给君主，做君主的人要想侍奉天，必须先抚恤人民。抚恤人民就是侍奉天的实际内容。就像国家让人担任郡守、县令的职务，若不能为人民谋幸福，就是忘记了君主的命令，对君主的无礼有哪个大于此呢？"又说："作为人民的君主，敬天地爱人民，都是他所应当尽的职责，祭祀天地，不是为自己祈求幸福，实际是为天下的百姓。"

举任年长有才德者

【原文】

八月乙卯，诏天下举高年有德识时务者。……二十三年……庚寅，授耆民有才德知典故者官。

【译文】

洪武二十二年(1389年)八月二十日，明太祖诏令全国举荐年龄大、有道德、知道有关国计民生大事的人。……洪武二十三年，……六月二十九日，授予年老有经验的人中，有才能道德、知道国家的旧制、旧例的人官职。

里 中 相 助

【原文】

己丑，谕户部编民百户为里。婚姻死丧疾病患难，里中富者助财，贫者助力。春秋耕获，通力合作，以教民睦。

【译文】

洪武二十八年(1395年)二月二十五日，通知户部平民的编制要一百户为里。凡有婚姻嫁娶死亡丧葬疾病之灾的，同里之中富家资助他们钱财，贫穷的出力相助。春耕秋收时，彼此协力合作，用以教育人民和睦相处。

恭闵帝本纪

建文帝下落

【原文】

六月……。谷王橞及李景隆叛,纳燕兵,都城陷。宫中火起,帝不知所终。……或云帝由地道出亡。正统五年,有僧自云南至广西,诡称建文皇帝。思恩知府岑瑛闻于朝。按问,乃钧州人杨行祥,年已九十余,下狱,阅四月死。同谋僧十二人,皆戍辽东。自后滇、黔、巴、蜀间,相传有帝为僧时往来迹。

【译文】

惠帝建文四年(1402年)六月……。谷王橞和李景隆背叛建文帝,招燕王朱棣的兵进城,都城陷落。宫中起火,不知道建文帝的下落。……有的说他由地道出去逃走了。明英宗正统五年(1440年),有个和尚从云南到广西,诈称是建文皇帝。思恩府(在今广西,治所屡有变动)知府岑瑛将此事报告朝廷。经审问,知此人是钧州(今河南禹县)人杨行祥,已经九十多岁了,将他投入监狱,经过四个月就死了。与他同谋的和尚十二人,全发配到辽东戍守。自此以后,滇、黔、巴、蜀各地,传说有建文帝做和尚时往来的遗迹。

成祖本纪

燕王起兵

【原文】

建文元年夏六月,……下诏让王,并遣中官逮王府僚,王遂称疾笃。都指挥使谢贵、布政使张昺以兵守王宫。王密与僧道衍谋,令指挥张玉、朱能潜纳勇士八百人入府守卫。秋七月癸酉,匿壮士端礼门,绐贵、昺入,杀之,遂夺九门。上书天子指泰、子澄为奸臣,并援《祖训》"朝无正臣,内有奸恶,则亲王训兵待命,天子密诏诸王统领镇兵讨平之。"书既发,遂举兵。自署官属,称其师曰"靖难"。

【译文】

惠帝建文元年(1399年)夏六月,……下诏责备燕王,并派朝内宦官去逮捕燕王府的官僚,燕王于是说自己病重。都指挥使谢贵、布政使张昺用兵把守王宫。燕王秘密与和尚道衍谋划,让指挥张玉、朱能暗中招纳勇士八百人到燕王府中守卫。秋天七月初五,把壮士藏在端礼门,骗谢贵、张昺进到门里,杀死他们,于是冲开了燕王府的九个门。燕王上书皇帝指斥齐泰、黄子澄是奸臣,并且援引《祖训》中"朝廷没有正直的大臣,里面若有诈伪邪恶的人,那么亲王就训练士卒等待命令,皇帝秘密诏令各藩王率领镇兵来讨伐平定他们。"上书发出以后,就起兵了。自己设置官吏,把他的军队叫作"靖难"(平定变乱)。

燕王陷都城

【原文】

癸巳，王集诸将议所向，或言宜取凤阳，或言先取淮安。王曰："凤阳楼橹完，淮安多积粟，攻之未易下。不若乘胜直趋扬州，指仪真，则淮、凤自震。我耀兵江上，京师孤危，必有内变。"诸将皆曰善。己亥，徇扬州，驻军江北。天子遣庆成郡主至军中，许割地以和，不听。六月癸丑，江防都督金事陈瑄以舟师叛，附于王。甲寅，祭大江。乙卯，自瓜州渡，盛庸以海艘迎战，败绩。戊午，下镇江。庚申，次龙潭。辛酉，天子复遣大臣议割地，诸王继至，皆不听。乙丑，至金川门，谷王橞、李景隆等开门纳王，都城遂陷。

【译文】

惠帝建文四年（1402年）五月十一日，燕王召集各位将领商议进兵的地方，有人说应当攻取凤阳（今属安徽），有人说先攻取淮安（今江苏）。燕王说："凤阳的楼橹（用以侦察、防御或攻城的高台）坚固，淮安积存的粮食多，进攻这些地方不容易攻克。不如乘胜直奔扬州（今属江苏），指向仪真（今江苏仪征），那么淮安、凤阳自然会震动。我们在江上炫耀兵力以示威，京城陷于孤立危险的境地，必然发生内变。"各位将领都说好。十七日，攻略扬州，军队驻扎在长江北岸。这时惠帝派庆成郡主到燕王军中，希望割地给燕王以求得和解，燕王拒绝。六月初一，朝廷的江防都督金事陈瑄带领水兵叛变，归附于燕王。初二，祭祀长江。初三，从瓜州（今属江苏）渡江，盛庸用海船迎战，被打败。初六，攻克镇江（今属江苏）。初八，止宿于龙潭（今江苏句容县北）。初九，惠帝又派大臣来商议割地求和，各藩王也相继到来，都被拒绝。十二日，军队进至金川门，都城中的谷王橞、李景隆等打开城门迎进燕王，都城随之陷落。

熹宗本纪

明熹宗时政治败坏

【原文】

明自世宗而后，纲纪日以陵夷，神宗末年，废坏极矣。虽有刚明英武之君，已难复振。而重以帝之庸懦，妇寺窃柄，滥赏淫刑，忠良惨祸，亿兆离心，虽欲不亡，何可得哉。

【译文】

明朝自世宗（1522—1566年在位，年号嘉靖）以后，国家的法度一天天衰颓，到神宗（1573—1620年在位，年号万历）末年，已经废弛败坏到极点。即

明熹宗

使有刚强明睿英武的君主,也已很难重振了。而又加熹宗皇帝的无能懦弱,致使客氏和宦官魏忠贤窃取了国家的权柄,滥行赏赐,乱用刑罚,忠良之臣惨遭横祸,百姓与皇帝不是一条心,即使想不灭亡,可是哪里能做得到呢。

地 理 志

明朝行政建置

【原文】

洪武初,建都江表,革元中书省,以京畿应天诸府直隶京师。后乃尽革行中书省,置十三布政使司,分领天下府州县及羁縻诸司。又置十五都指挥使司以领卫所番汉诸军,其边境海疆则增置行都指挥使司,而于京师建五军都督府,俾外都指挥使司各以其方附焉。成祖定都北京,北倚群山,东临沧海,南面而临天下,乃以北平为直隶,又增设贵州、交趾二布政使司。仁、宣之际,南交屡叛,旋复弃之外徼。终明之世,为直隶者二:曰京师,曰南京。为布政使司者十三:曰山东,曰山西,曰河南,曰陕西,曰四川,曰湖广,曰浙江,曰江西,曰福建,曰广东,曰广西,曰云南,曰贵州。……而两京都督府分统都指挥使司十有六,行都指挥使司五,……其边陲要地称重镇者凡九:曰辽东,曰蓟州,曰宣府,曰大同,曰榆林,曰宁夏,曰甘肃,曰太原,曰固原。皆分统卫所关堡,环到兵戎。

【译文】

明太祖洪武初年,建都于江南,废除元朝的中书省(政区名,指直属中书省的地区),以京城地区的应天府(今江苏南京)等直属京师。以后全部废除行中书省(即行省),设置十三个布政使司(管民政的机构),分别统领全国的府、州、县及羁縻州(边疆各族地区设置的地方行政单位)各司。又设置十五个都指挥使司(管军政的机构)以统领卫所的各民族及汉族的军队,在边境海边则增设行都指挥使司,而在京师建立五军都督府,使外都指挥使司各自把它管辖的地方附于其下。明成祖建都于北京,北京北倚群山,东近大海,做皇帝统治天下,就把北平(即今北京市)直属中央,又增加贵州、交趾(今越南北部、中部地区)二个布政使司。仁宗、宣宗的时候,南方交趾屡次叛乱,不久又弃之于外。整个明朝时期,有直属地二个,就是京师(今北京市)、南京。有布政使司十三个:山东,山西,河南,陕西,四川,湖广(今湖南、湖北),浙江,江西,福建,广东,广西,云南,贵州。……而两京都督府分别统领都指挥使司十六个,行都指挥使司五个,……它的边疆要地被称为重镇的共有九个:辽东,蓟州,宣府,大同,榆林,宁夏,甘肃,太原,固原。全分别统领卫所关堡,周围设置军队。

职 官 志

兴亡治乱在用人之得失

【原文】

初，领五都督府者，皆元勋宿将，军制肃然。永乐间，设内监监其事，犹不敢纵。沿习数代，勋戚纨裤司军纪，日以惰毁。既而内监添置益多，边塞皆有巡视，四方大征伐皆有监军，而疆事遂致大坏，明柞不可支矣。迹其兴亡治乱之由，岂不在用人之得失哉！

【译文】

明朝建立之初，担任五都督府（掌军务、分中、左、右、前、后五军）长官的人，全是开国功臣老将，军事制度严整。成祖永乐年间（1403—1424 年），设宦官监管这方面的事，还不敢放纵。相沿成习几代之后，有功劳的皇族亲戚的纨绔子弟掌管军队的法纪，军纪一天天败坏。不久之后宦官增置的更多了，边塞全有宦官巡视，各地有大的征讨，全有宦官监军，边防之事因而大为败坏，明朝的国统不能支持下去了。追究明朝兴起、灭亡、安定、变乱的缘由，难道不是在于用人的得当与失当吗。

食 货 志

明代财政概况

【原文】

明初，沿元之旧，钱法不通而用钞，又禁民间以银交易，宜若不便于民。而洪、永、熙、宣之际，百姓充实，府藏衍溢。盖是时，劝农务垦辟，土无莱芜，人敦本业，又开屯田、中盐以给边军，饷饷不仰藉于县官，故上下交足，军民胥裕。其后，屯田坏于豪强之兼并，计臣变盐法。于是边兵悉仰食太仓，转输往往不给。世宗以后，耗财之道广，府库匮竭。神宗乃加赋重征，矿税四出，移正供以实左藏。中涓群小，横敛侵渔。民多逐末，田卒汙莱。吏不能拊循，而覆侵刻之。海内困敝，而储积益以空乏。昧者多言复通钞法可以富国，不知国初之充裕在勤农桑，而不在行钞法也。夫强本节用，为理财之要。明一代理财之道，始所以得，终所以失，条其本末，著于篇。

【译文】

明朝初期，沿用元朝的旧制，不用铸钱而用钞票，还禁止民间用银子进行交换，自然给人民带来不便。而洪武（明太祖年号）、永乐（成祖年号）、洪熙（仁宗年号）、宣德（宣宗年号）四朝的时候，百姓经济充裕，国家府库储藏的粮食等都满得流出来。在这个时候，劝勉农民务必开垦耕种，所以没有生长杂草的荒地，人民都致力于农业生产，又开了屯田（有军屯、民屯）、中盐以供应边防的军需，粮饷不仰赖于朝

廷,所以上下俱足,军民皆裕。此后,屯田由于豪强的兼并而破坏,户部侍郎叶淇改变了盐法(指开中之制)。于是边境军队全靠太仓供给,运粮常常供应不上。世宗(年号嘉靖)以后耗费钱财之处更多,国家府库匮乏空竭。神宗(年号万历)时加重赋税征收,矿使税监四出勒索,把供国家开支用的正额赋税去充实皇帝个人的仓库。宦官等小人们,横征暴敛侵夺百姓。人民多去经商,田地被杂草污漫。官吏不能抚慰百姓,反而更加竭尽地侵夺他们。国内困顿疲敝,积蓄日益亏空缺少。当时无知的人都说再发行钞票就可以使国家富了,不知道国家早期之所以粮食钱财充足富裕,是由于人民勤奋从事农业生产,而不在于发行钞票啊。加强农业生产,减少开支,是理财的要务。有明一代理财的方法,起初为什么有成绩,后来为什么失败,现在把它的始末详情写在本篇里。

兵 制

明代的兵制

【原文】

明以武功定天下,革元旧制,自京师达于郡县,皆立卫所。外统之都司,内统于五军都督府,而上十二卫为天子亲军不与焉。征伐则命将充总兵官,调卫所军领之;既旋则将上所佩印,官军务回卫所。盖得唐府兵遗意。文皇北迁,一遵太祖之制,然内臣观兵,履霜伊始。洪、宣以后,狃于治平,故未久而遂有土木之难。于谦创立团营,简精锐,一号令,兵将相习,其法颇善。宪、孝、武、世四朝,营制屡更,而威益不振。卫所之兵疲于番上,京师之旅困于占役。驯至末造,尺籍久虚,行伍衰耗,流盗蜂起,海内土崩。官竖降于关门,禁军溃于城下,而国遂以亡矣。

金壶 明

【译文】

明朝用武力平定天下,革除元朝旧的制度,从京师到郡县,都设置卫所。在地方,统属于都司,在中央,统属于五军都督府,但皇帝的十二卫是天子的亲军而不算在内。出征讨伐时,就任命将领充任总兵官,调卫所的军队让他统率;战事完毕后将帅立刻交回佩带的帅印,而官兵回到各自的卫所。这大概是从唐代府兵旧制中学到的。明成祖迁都北京后,完全遵循明太祖所定的制度,但是,让宦官监领军队,并开始对他们有所警惕。洪熙(仁宗年号)、宣德(宣宗年号)以后,人们习惯于政治清明社会安定的局面,所以不久就有土木堡的灾难。于谦创立团营,选拔精锐的士兵,统一号令,使士兵和将领彼此熟悉,这种方法很好。宪宗、孝宗、武宗、世宗四

国学经典文库

朝皇帝时,军事制度屡次变更,国家的武力更不振兴。卫所的士兵被戍边搞得疲惫,京城的军队则受额外差役的困扰。到了后期,军籍长期空缺,军队日趋减少,流窜的盗贼(指农民起义)蜂拥而起,国家崩溃了。监军的宦官在关门投降敌人,皇帝的亲兵在城下溃败,国家于是灭亡了。

于谦创立团练

【原文】

景帝用于谦为兵部尚书。谦以三大营各为教令,临期调拨,兵将不相习,乃请于诸营选胜兵十万,分十营团练。每营都督一,号头官一,都指挥二,把总十,领队一百,管队二百。于三营都督中推一人充总兵官,监以内臣,兵部尚书或都御史一人为提督。其余军归本营,曰老家。京军之制一变。

【译文】

景帝(明代宗朱祁钰)让于谦担任兵部尚书。于谦因为京军三大营(即五军、三千、神机)各自有条令、规定,临战时才调拨兵和将,以至士兵与将帅彼此不熟悉,于是请求从各营中选拨出精兵十万,分成十营组织训练。每营设置都督一名、号头官一名、都指挥二名、把总十名、领队二百名。在三大营的都督中推举一人担任总兵官,用宦官做监军,兵部尚书或都御史一人任提督。其余的士兵归属本营,称老家。从此,京城军队的制度发生了变化。

刑 法 志

明初严禁官吏受赃

【原文】

永乐……十六年严犯赃官吏之禁。初,太祖重惩贪吏,诏犯赃者无贷。复敕刑部:"官吏受赃者,并罪通贿之人,徙其家于边。著为令。"日久法弛,故复申饬之。

【译文】

明成祖永乐十六年(1419年)颁布了从严处治官吏获得赃物的禁令。当初,明太祖加重惩罚那些贪赃的官吏,诏令对犯有贪赃罪的人不要赦免。太祖又命令刑部:"接受赃物的官吏,和送贿赂的人一起治罪,将他们的家迁徙到边境。并把这些写成法令。"时间久了法律松弛,所以又重新申明、整顿。

重罪犯要多官覆审

【原文】

仁宗特命内阁学士会审重囚,可疑者再问。宣德三年奏重囚,帝令多官覆阅之,曰:"古者断狱,必讯于三公九卿,所以合至公,重民命。卿等往同覆审,毋致枉

兴宗孝康皇帝传

明太祖对太子的训谕

【原文】

"自古创业之君,历涉勤劳,达人情,周物理,故处事咸当。守成之君,生长富贵,若非平昔练达,少有不谬者。故吾特命尔日临群臣,听断诸司启事,以练习国政。惟仁不失于疏暴,惟明不惑于邪佞,惟勤不溺于安逸,惟断不牵于文法。凡此皆心为权度。吾自有天下以来,未尝暇逸,于诸事务唯恐毫发失当,以负上天付托之意。戴星而朝,夜分而寝,尔所亲见。尔能体而行之,天下之福也。"

【译文】

"自古以来,创业的君主,因经历艰辛劳苦,通达人情,周知事理,所以处理事情都得当。守业的君主,生长在富贵中,如果不是以前阅历多而通晓人情世故,很少有不荒谬的。因此我特地让你天天接近众大臣,听他们裁定各部门上报的事情,以练习处理国家政事。(做到)要仁慈,不要犯粗暴的错误;要贤明,不要被邪僻奸佞所迷惑;要勤勉,不要沉溺在安适享乐中;要果断,不要拘泥于法律条文。所有这些,都应在心中权衡考虑。我自登上帝位以来,从来没有闲暇安逸过,对各种事务,唯恐有丝毫差错,辜负了上天将国家托付给我的心意。常披星戴月上朝,夜半才睡,这是你亲眼看到的。你若能亲自这样做,就是天下人的福气。"

诸王四·宪宗诸子

百姓刘鹏为太守对簿公堂

【原文】

寿定王祐楷,宪宗第九子……正德元年以岐王世绝,改就岐邸于德安。校尉横撄市民,知府李重抑之,奏逮重。安陆民刘鹏随重诣大理对簿,重未之识也,讶之。鹏曰:"太守仁,为民受过,民皆得效死,岂待识乎!"重卒得白。祐楷闻而悔之,后以贤闻。

【译文】

寿定王祐楷,是明宪宗的第九个儿子,……武宗正德元年(1506年)因岐王祐枪没有后代,断绝了王位,寿定王祐楷就改为到德安府(今湖北安陆)岐王的府第去。他的卫士横暴不讲理,扰乱市民,德安府知府李重制止了他们,寿定王就奏本逮捕了李重。安陆县的百姓刘鹏跟随李重到大理寺(掌管刑狱的官署)接受审问,李重并不认识他,很惊讶。刘鹏说:"太守仁爱,替百姓受责罚,百姓都能尽死效力,怎么还等认识呢!"李重的冤案终于得到昭雪。寿定王祐楷听说后很后悔并改正了,后来他以贤德闻名于世。

宁国公主传

下嫁驸马梅殷

【原文】

宁国公主，孝慈皇后生。洪武十一年下嫁梅殷。殷字伯殷，汝南侯思祖从子也，天性恭谨，有谋略，便弓马。太祖十六女诸驸马中，尤爱殷……帝春秋高，诸王强盛。殷尝受密命辅皇太孙。及燕师日逼，惠帝命殷充总兵官镇守淮安，悉心防御，号命严明。燕兵破何福军，执诸将平安等，遣使假道于殷，以进香为名。殷答曰："进香，皇考有禁，不遵者为不孝。"王大怒，复书言："今兴兵诛君侧恶，天命有归，非人所能阻。"殷割使者耳鼻纵之，曰："留汝口为殿下言君臣大义。"王为气沮。……王即帝位，殷尚拥兵淮上，帝迫公主啮血为书授殷。殷得书恸哭，乃还京。既入见，帝迎劳曰："驸马劳苦。"殷曰："劳而无功耳。"帝默然。

【译文】

宁国公主，是明太祖高皇后所生。洪武十一年（1378年）嫁给梅殷。梅殷字伯殷，是汝南侯梅思祖的侄子。他天性谦恭谨慎，有计谋策略，于骑马射箭等也很娴熟。在十六个女儿的诸位驸马中，太祖最喜欢梅殷。……太祖年纪老了，而各地王国的力量很强盛。梅殷曾受太祖秘密命令辅佐皇太孙。等到燕王朱棣的军队一天天逼近，惠帝命令梅殷担任总兵官镇守淮安府（今江苏淮安），梅殷尽心防御，军队号令严明。等燕王的军队打败何福的军队，捉住了将领平安等人，就派使者到梅殷那里，以进京烧香敬礼为名，要借道通过。梅殷回答说："烧香敬礼，先父王有禁令，不遵守的人就是不孝。"燕王非常生气，又回信说："我现在发兵讨伐皇上身边的恶人，上天的旨意所向，不是人能阻挡住的。"梅殷将送信人的耳朵鼻子割掉后放了他，并对他说："留着你的嘴给殿下讲君主臣子关系的道理。"燕王为此气色沮丧……等燕王做了皇帝，梅殷还聚集着军队驻在淮河一带，成祖逼迫宁国公主咬破手写血书捎给梅殷。梅殷收到信后痛哭，就回到京城。回来后到朝中见到成祖，成祖迎着慰问说："驸马辛勤劳苦了。"梅殷说："劳苦但没有功劳罢了。"皇帝便不再说话。

郭子兴传

郭子兴反元

【原文】

郭子兴，其先曹州人。父郭公，……生三子，子兴其仲也。始生，郭公卜之吉。及长，任侠，喜宾客。会元政乱，子兴散其资，椎牛酾酒，与壮士结纳。至正十二年春，集少年数千人，袭据濠州。太祖往从之。门者疑其谍，执以告子兴。子兴奇太

祖状貌,解缚与语,收账下,为十夫长,数从战有功。子兴喜,其次妻小张夫人亦指目太祖曰:"此异人也。"乃妻以所抚马公女,是为孝慈高皇后。

【译文】

郭子兴,他的祖先是曹州(今山东菏泽)人。父亲郭公,……生了三个儿子,郭子兴是他的二子。初生时郭公给他算卦说大吉。长大以后,以抑强扶弱为己任,爱交游。这时元朝政治紊乱,郭子兴分散了他的财产,杀牛滤酒,与壮士结交。元顺帝至正十二年(1352年)春,聚集了数千少年,乘元军不备攻占濠州(今安徽凤阳县东)。太祖朱元璋前往投奔郭子兴。看门的人怀疑他是间谍,抓住他去报告郭子兴。郭子兴见太祖的形状和面貌不凡,解绑与他谈话,收留在军中,任十夫长,几次随郭子兴出战都立功。郭子兴很高兴,他的姜小张夫人也注视着太祖说:"这是个不平凡的人。"于是就把他抚养的马公之女配给太祖为妻,就是孝慈高皇后。

韩 林 儿 传

建龙凤政权

【原文】

十五年二月,福通物色林儿,得诸砀山夹河;迎至亳,僭称皇帝,又号小明王,建国曰宋,建元龙凤。拆鹿邑太清宫材,治宫阙于亳。尊杨氏为皇太后,遵道、文郁为丞相,福通、文素平章政事,刘六知枢密院事。

【译文】

元顺帝至正十五年(1355年)二月,刘福通寻觅韩林儿,得于砀山(今河南永城市东北)夹河;迎接到亳州(今安徽亳县),僭冒名位称皇帝,另号小明王,建立国号叫宋,建年号叫龙凤。拆得鹿邑县(今属河南)的老子祠太清宫的材料,在亳州建造宫室。尊称林儿母杨氏为皇太后,杜遵道、盛文郁为丞相,刘福通、罗文素为平章政事,刘六为知枢密院事。

陈 友 谅 传

红巾起义

【原文】

寿辉,罗田人,又名真一,业贩布。元末盗起,袁州僧彭莹玉以妖术与麻城邹普胜聚众为乱,用红巾为号,奇寿辉状貌,遂推为主。至正十一年九月陷蕲水及黄州路,败元威顺王宽彻不花。遂即蕲水为都,称皇帝,国号天完,建元治平,以普胜为太师。

【译文】

徐寿辉,罗田(在今湖北罗田)人,又叫真一,以卖布为业。元末起义军兴起,袁

州(今江西宜春)的和尚彭莹玉以迷信手段与麻城(今湖北麻城)的邹普胜聚众起义,用红巾为记号,彭莹玉因为徐寿辉的形状和面貌长得奇特,就推举他为首领。元顺帝至正十一年(1351年)九月,攻下蕲水(今湖北浠水)和黄州路(今湖北黄冈),打败元朝的威顺王宽彻不花。于是就以蕲水为都城,徐寿辉称皇帝,国号叫天完,建年号叫治平,任邹普胜为太师。

朱元璋火烧战船败陈友谅

【原文】

友谅忿疆土日蹙,乃大治楼船数百艘,皆高数丈,饰以丹漆,每船三重,置走马棚,上下人语声不相闻,橹箱皆裹以铁。载家属百官,尽锐攻南昌,飞梯冲车,百道并进。太祖从子文正及邓愈坚守,三月不能下,太祖自将救之。友谅闻太祖至,撤围,东出鄱阳湖,遇于康郎山。友谅集巨舰,连锁为阵,太祖兵不能仰攻,连战三日,几殆。已,东北风起,乃纵火焚友谅舟,其弟友仁等皆烧死。……是战也,太祖舟虽小,然轻驶,友谅军俱艨艟巨舰,不利进退,以是败。

【译文】

陈友谅恨自己的土地一天天收缩,就大力建造了几百艘楼船,船都有几丈高,涂上红漆,每船有三层,设有马棚,人的说话声上下互相听不见,划船的橹用铁包上。载着家属和百官,用全部精锐部队进攻南昌,攻城的云梯和战车,各路齐进。明太祖的侄子文正和邓愈固守,陈友谅用了三个月没能攻下,明太祖自己领兵去救援南昌。陈友谅听说明太祖要来,撤去重围,东去鄱阳湖,与明太祖军在康郎山相遇。陈友谅把船聚集成大战船,连锁在一起成为军阵,明太祖的兵不能仰上进攻,接连战斗了三日,情况危急。之后,刮起了东北风,就放火烧陈友谅的船,他的弟弟陈友仁等都被烧死。……这一仗,明太祖的船虽然小,可是行驶轻便,陈友谅的军中都是大型战船,进退不便,因此失败。

陈友谅墓

明太祖毁镂金床

【原文】

友谅豪侈，尝造镂金床甚工，宫中器物类是。既亡，江西行省以床进。太祖叹曰："此与孟昶七宝溺器何异！"命有司毁之。

【译文】

陈友谅非常奢侈，曾经制造了一张非常精致的镂金床，宫中的器物都像这样。灭亡以后，江西行省把镂金床进献给明太祖。明太祖叹息说："这与五代后蜀国君孟昶用多种宝物做便盆有什么不同！"命令有关管理人员将它销毁。

张 士 诚 传

建大周政权

【原文】

张士诚，小字九四，泰州白驹场亭人。……颇轻财好施，得群辈心。常鬻盐诸富家，富家多陵侮之，或负其直不酬。而弓手丘义尤窘辱士诚甚。士诚忿，即帅诸弟及壮士李伯升等十八人杀义，并灭诸富家，纵火焚其居。入旁郡场，招少年起兵。盐丁方苦重役，遂共推为主，陷泰州。高邮守李齐谕降之，复叛。……绐杀李齐，袭据高邮，自称诚王，僭号大周，建元天祐。是岁至正十三年也。

【译文】

张士诚，小名叫九四，泰州（今江苏泰州）白驹场亭人。非常看轻财物爱好施舍，赢得了同伙人的心。常到各个富户人家去卖盐，富户人家多欺负侮辱他，有的欠了他的盐钱不还。而弓箭手丘义为难和凌辱士诚尤为严重，张士诚很愤恨，就率领几个弟弟和壮士李伯升等十八人杀死丘义，并杀害了各个富户人家，放火烧了他们的住宅。进入别郡的盐场，招集少年起兵。盐丁们正苦于繁重的奴役，于是共同推举张士诚为首领，攻陷泰州。高邮府（今江苏高邮）的长官李齐下令招降了张士诚，士诚又背叛。……骗杀了李齐，出其不意地攻占了高邮，自称诚王，僭冒国号大周，建立年号天祐。这一年是元顺帝至正十三年（1353 年）。

奢侈放纵，怠于政事

【原文】

士诚为人，外迟重寡言，似有器量，而实无远图。既据有吴中，吴承平久，户口殷盛，士城渐奢纵，怠于政事。士信、元绍尤好聚敛，金玉珍宝及古书法名画，无不充牣。日夜歌舞自娱。将帅亦偃蹇不用命，每有攻战，辄称疾，邀官爵田宅然后起。甫至军，所载婢妾乐器踵相接不绝，或大会游谈之士，樗蒲蹴鞠，皆不以军务为意。

及丧师失地还,士诚概置不问。已,复用为将。上下嬉娱,以至于亡。

【译文】

张士诚的为人,外表慢钝沉稳很少说话,似乎有度量,可是实际上没有远大的志向。占有吴中以后,因吴地社会安定时间已久,人口众多,张士诚便渐渐奢侈放纵,不关心国家大事。士信、元绍特别爱搜刮财物,金玉珍宝及古代书法书、名画,家中无不充满。白天黑夜唱歌跳舞自己娱乐。他的将帅也骄傲不听命令,每有战事,就称病不出。要求到官爵、田地、房子以后才起身赴命。初到军中,载婢妾乐器的车辆前后连接不断,或者聚集一些不干实事的人,玩博戏踢足球,全不把军队的事放在心上。甚至将帅打了败仗丧失土地回来,张士诚也一律置之不追究。过后,又用以为将。上下嬉戏娱乐,以至灭亡。

方国珍传

方国珍起义

【原文】

方国珍,黄岩人。长身黑面,体白如瓠,力逐奔马。世以贩盐浮海为业。元至正八年,有蔡乱头者,行剽海上,有司发兵捕之。国珍怨家告其通寇。国珍杀怨家,遂与兄国璋、弟国瑛、国珉亡入海,聚众数千人,劫运艘,梗海道。

【译文】

方国珍,浙江黄岩(今浙江东部沿海)人。高身材黑面孔,身上的皮肤却洁白的像瓠瓜一样,力量能与奔驰的马相竞争。世代以海上贩运盐为职业。元顺帝至正八年(1348年),有个叫蔡乱头的人,在海上进行抢劫,主管部门出兵逮捕他。方国珍的仇人告发他与强盗相通。方国珍杀死仇人,便与哥哥国璋、弟弟国瑛、国珉逃入海中,聚集几千人,抢劫运输船只,堵截海上道路。

明玉珍传

明玉珍建夏

【原文】

明玉珍,随州人。身长八尺余,目重瞳子。徐寿辉起,玉珍与里中父老团结千余人,屯青山。……二十年,……自立为陇蜀王,以刘桢为参谋。……次年,桢屏人说曰:"西蜀形胜地,大王抚而有之,休养伤残,用贤治兵,可以立不世业。不于此时称大号以系人心,一旦将士思乡土,瓦解星散,大王孰与建国乎。"玉珍善之,乃谋于众,以二十二年春僭即皇帝位于重庆,国号夏,建元天统。

【译文】

明玉珍,随州(今湖北随县)人。身高八尺多,眼中有两个瞳子。徐寿辉起义,

玉珍与同里的父老聚结了一千多人，驻于青山。……元顺帝至正二十年（1360年），……自立为陇蜀王，用刘桢做参谋。……第二年，刘桢让别人避去对明玉珍说："西蜀（指今四川省）是地形优越的地方，大王占有这里，休养创伤和残疾，任用贤能的人治理军队，可以建立非凡的事业。不在这时建立国号来维系人心，有朝一日将士们思念家乡，瓦解分散，谁能与大王建立国家呢？"玉珍认为他的话很好，于是与大家商量，于至正二十二年（1362年）春天在重庆僭越登皇帝位，国号叫夏，建年号叫天统。

刘 桢 之 谋

【原文】

效周制，设六卿，以刘桢为宗伯。分蜀地为八道，更置府州县官名。蜀兵视诸国为弱，胜兵不满万人。玉珍素无远略，然性节俭，颇好学，折节下士。既即位，设国子监，教公卿子弟，设提举司教授，建社稷宗庙，求雅乐，开进士科，定赋税，以十分取一。蜀人悉便安之。皆刘桢为之谋也。

【译文】

明玉珍效法周朝的制度，设立天官冢宰、地官司徒、春官宗伯、夏官司马、秋官司寇、冬官司空六官，让刘桢任宗伯。分蜀地（今四川）为八道，改换府、州、县的官名。蜀兵与其他各国相比是弱的，强兵不足一万人。明玉珍向无远大的谋略，然而性好节俭，很好学，屈己尊士。即皇帝位以后，建立国学国子监，教育政府官员的子弟，设提举主管教学。建立帝王祭祀土神和谷神的社稷及祭祀祖先的宗庙，索求古代帝王祭祀天地、祖先及朝贺等大典时所用的乐舞。开设进士科，确定赋税，抽取十分之一。蜀地人民全都感到方便安适。这全是刘桢为明玉珍谋划的。

徐 达 传
开 国 功 臣

徐达

【原文】

达言简虑精。在军，令出不二。诸将奉持凛凛，而帝前恭谨如不能言。善抚循，与下同甘苦，士无不感恩效死，以故所向克捷。尤严戢部伍，所平大都二，省会三，郡邑百数，闾井宴然，民不苦兵，归朝之日，单车就舍，延礼儒生，谈议终日，雍雍如也。帝尝称之曰："受命而出，成功而旋，不矜不伐，妇女无所爱，财宝无所取，中正无疵，昭明乎日月，大将军一人而已。"

【译文】

　　徐达说话简要考虑精密。在军中，命令发出不再更改。在各个将领面前保持威严的样子，而在皇帝朱元璋面前则谦恭谨慎像不能说话。善于抚慰别人，与下级同甘共苦，兵士都感念他的恩德而以死效命，因此所攻无不克敌制胜。对所率领的队伍尤严加管理，所攻克的大都市有两个，省会三个，郡城上百，街市安乐，老百姓不感到用兵之苦。自朝廷归来的时候，单车到住处，延请礼待士人，与士人整天交谈议论，态度平和。皇帝曾称赞他说："接受命令就出发，事情成功了就回归，不自以为贤能也不自我夸耀，女色全不爱，财宝都不要，正直没有缺点，光芒明于日月，这只有大将军一个人罢了。"

常 遇 春 传

明太祖流涕戮邵荣

【原文】

　　先是，太祖所任将帅最著者，平章邵荣、右丞徐达与遇春为三。而荣尤宿将善战，至是骄蹇有异志，与参政赵继祖谋伏兵为变。事觉，太祖欲宥荣死，遇春直前曰："人臣以反名，尚何可宥，臣义不与共生。"太祖乃饮荣酒，流涕而戮之，以是益爱重遇春。

【译文】

　　此前，太祖任用的将帅最著名的人，有任平章的邵荣、任右丞的徐达与常遇春三人。而邵荣更是经验丰富善于战斗的老将，而今不顺从有叛变的意图，与参政赵继祖图谋设伏兵作乱。事情被发觉，太祖想要赦免邵荣死罪，常遇春到前面对太祖说："作臣子有反叛之名，还有什么可赦罪的，我以大义不与他共同生活在一起。"太祖就请邵荣饮酒，流泪哭泣地杀了他，因此更加喜欢和器重常遇春。

开国功臣"常十万"

【原文】

　　遇春沉鸷果敢，善抚士卒，摧锋陷阵，未尝败北，虽不习书史，用兵辄与古合。长于大将军达二岁，数从征伐，听约束惟谨，一时名将称徐、常。遇春尝自言能将千万众，横行天下，军中又称"常十万"云。

【译文】

　　常遇春性情深沉决断，善于抚慰士卒，作战能摧毁敌军的锋锐部队和攻破敌军阵地，不曾失败过，虽然不熟悉兵书、历史，而用兵却与古代兵法相符。比大将军徐达大两岁，屡次随大将军征伐，谨慎地听从大将军的指挥，人称当时名将为徐、常。常遇春曾自称能统率十万军队，打遍天下，所以军中人又称他"常十万"。

论 徐 达

【原文】

明太祖奋自滁阳，戡定四方，虽曰天授，盖二王之力多焉。中山持重有谋，功高不伐，自古名世之佐无以过之。开平摧锋陷阵，所向必克，智勇不在中山下；而公忠谦逊，善持其功名，允为元勋之冠。身依日月，剖符锡土，若二王者，可谓极盛矣。顾中山赏延后裔，世叨荣宠；而开平天不假年，子孙亦复衰替。贵匹勋齐，而食报或爽，其故何也？太祖尝语诸将曰："为将不妄杀人，岂惟国家之利，尔子孙实受其福。"信哉，可为为将帅者鉴矣。

【译文】

明太祖起自滁阳（今安徽滁县），平定四方，虽然说是天给的，而中山、开平二王出的力是多的。中山王徐达谨慎稳重有智谋，功劳大但不自我夸耀，自古以来著名皇帝的辅佐之臣没有超过他的。开平王常遇春能摧毁敌军的锋锐部队攻破敌军阵地，所攻必胜，智谋和勇敢不在中山王之下；而且公道、忠诚、谦虚、恭顺，善于保持他的功名，诚然居大功臣之首。依傍皇帝，有皇帝赐给土地的凭证。像

常遇春

二王这样的人，可说是兴盛到极点了。但是中山王得到的恩赏延续到后代，世世承受荣耀宠爱；而开平王则是天不给他年寿，子孙又衰落断绝。二人地位的高贵相当，功劳一样，可是后代为报恩德而举行的祭祀却有差别，这是什么缘故呢？太祖曾对各位将领说："作将领不乱杀人，不仅对国家有利，你们的子孙也得到福运。"确实如此，可以作为当将帅的人的借鉴啊。

李 文 忠 传

兵在谋不在众

【原文】

逾年，复以二十万众攻新城。文忠帅朱亮祖等驰救，去新城十里而军。德济使人告贼势盛，宜少驻以俟大军。文忠曰："兵在谋不在众。"乃下令曰："彼众而骄，我少而锐，以锐遇骄，必克之矣。彼军辎重山积，此天以富汝曹也。勉之。"……诘朝会战，天大雾晦冥，文忠集诸将仰天誓曰："国家之事在此一举，文忠不敢爱死以后三军。"乃使元帅徐大兴、汤克明等将左军，严德、王德等将右军，而自以中军当敌冲。会处州援兵亦至，奋前搏击。雾稍开，文忠横槊引铁骑数十，乘高驰下，冲其中坚。敌以精骑围文忠数重。文忠手所格杀甚众，纵骑驰突，所向皆披靡。大军乘

之，城中兵亦鼓噪出，敌遂大溃。

【译文】

过了一年，张士诚又用二十万兵攻打新城（今湖南耒阳市北），李文忠率领朱亮祖等急去救援，至离新城十里的地方驻扎下来。胡德济派人来报告说张士诚的军势很盛，应稍停以待大军。李文忠说："军队的胜利在于有智谋不在于多。"于是下令说："敌军兵多但是骄傲，我军兵少可是精锐，以精锐之师对骄傲之兵，必然克敌制胜。敌军军需堆积如山，这是上天用来使你辈致富的，你们要勉励。"……明日两军交战，天大雾阴暗，李文忠召集各位将领对天发誓说："国家的成败大事决定于这次行动。我李文忠不敢爱惜生命怕死而在三军后。"就让元帅徐大兴、汤克明等率领左军，严德、王德等率领右军，自己率领中军抵抗敌人的冲要，正赶上处州（今浙江丽水）的援兵也到了，奋勇前往搏击，雾稍散，李文忠横矛率领数十骑兵，利用地高之势疾驰而下，冲向敌人的中坚。敌人用精悍的骑兵把李文忠包围了几层，李文忠亲手所杀的敌人非常多，又放骑兵飞马前冲，打到哪里，哪里就溃散，大军获胜，城里的兵也呼喊着出来，敌人因而大败。

擅入民居者死

【原文】

营于丽谯，下令曰："擅入民居者死。"一卒借民釜，斩以徇，城中帖然。得兵三万，粮二十万。就加荣禄大夫、浙江行省平章事，复姓李氏。大军征闽，文忠别引军屯浦城以逼之。师还，余寇金子隆等聚众剽掠，文忠复讨禽之，遂定建、延、汀三州。命军中收养道上弃儿，所全活无算。

【译文】

李文忠驻兵于丽谯，下令说："擅自进入百姓住宅的人处死。"一个士兵借了百姓的锅，被斩首示众，城中服帖。得到士兵三万，粮食二十万。因而李文忠被加以荣禄大夫、浙江行省平章事的头衔，恢复了李姓。大军出征福建，李文忠另外领兵屯驻于浦城（今福建浦城），以进逼张士诚。班师回归时，残余的敌人金子隆等聚众抢掠，李文忠又讨伐擒获了他们，从而平定了建州（今福建建瓯）、延州（今地未详）、汀州（今福建长汀县）三州。命令军中收养路上无主的儿童，所保全存活下来的儿童无法计算。

邓　愈　传

邓愈定抚州

【原文】

邓愈，虹人。初名友德，太祖为赐名。……友谅抚州守将邓克明为吴宏所攻，遣使伪降以缓师。愈知其情，卷甲夜驰二百里，比明入其城。克明出不意，单骑走。

愈号令严肃,秋毫不犯,遂定抚州。

【译文】

邓愈,虹县(今安徽泗县)人,本名叫友德,明太祖赐给他今名。……陈友谅的抚州(今江西抚州西)守将邓克明受到吴宏的进攻,派人来假投降以缓兵。邓愈知道这个情况,就收拾兵甲乘夜疾行二百里,到天明时进入抚州城。邓克明没有料到,就一个人骑马逃走了。邓愈治军纪律严紧,对百姓一点也不扰害,于是平定了抚州。

严禁士兵劫掠

【原文】

愈为人简重慎密,不惮危苦,将军严,善抚降附。其徇安福也,部卒有虏掠者。判官潘枢入谒,面责之。愈惊起谢,趣下令掠民者斩,索军中所得子女尽出之。……卒有谋乘夜劫取者,愈鞭之以徇。

【译文】

邓愈的为人简要稳重谨慎细致,不怕危险和艰苦,军纪严明,善于抚慰投降归附的人。他攻略安福(今江西安福)的时候,部下士卒有抢掠的。担任判官的潘枢来见邓愈,当面批评他。邓愈惊恐地起身道歉,急忙下令杀死抢掠百姓的士卒,搜求出军中所俘获的人口全部放走。……士卒有想利用夜间抢劫的,邓愈鞭打他们以示众。

汤 和 传

筑沿海城戍

【原文】

既而倭寇上海,帝患之,顾谓和曰:"卿虽老,强为朕一行。"和请与方鸣谦俱。鸣谦,国珍从子也,习海事,常访以御倭策。鸣谦曰:"倭海上来,则海上御之耳。请量地远近,置卫所,陆聚步兵,水具战舰,则倭不得入,入亦不得傅岸。近海民四丁籍一以为军,戍守之,可无烦客兵也。"帝以为然。和乃度地浙西东,并海设卫所城五十有九,选丁壮三万五千人筑之,尽发州县钱及籍罪人赀给役。役夫往往过望,而民不能无扰,浙人颇苦之。或谓和曰:"民嚣矣,奈何?"和曰:"成远算者不恤近怨,任大事者不顾细谨,复有嚣者,齿吾剑。"逾年而城成。……浙东民四丁以上者,户取一丁戍之,凡得五万八千七百余人。……嘉靖间,东南苦倭患,和所筑沿海城戍,皆坚致,久且不圮,浙人赖以自保,多歌思之。

【译文】

不久倭寇进犯上海,明太祖引以为患,对汤和说:"你虽然年老,要勉力为我走一趟。"汤和要求与方鸣谦一起去。鸣谦是方国珍的侄子,熟悉海上的事,汤和常问

他抵御倭寇的计策。鸣谦说："倭寇从海上来，就在海上抵御他们。请测量远近距离，设置卫所，陆上聚集步兵，水上备有战舰，那样倭寇就不得进入，进入也不得靠岸。近海的人民家中有四个男丁的取一个参军，加以守卫，可以不要用别处的兵。"太祖认为他说的对。汤和就量浙西、浙东的土地，并在海上置卫所城五十九个，选壮丁三万五千人建造，州县的钱和没收罪人的资财全部拿出使用。这样役夫往往超过自己原来的希望，而一般老百姓不能不受扰害，浙江人把筑城当作苦事。有人对汤和说："老百姓有怨言了，怎么办？"汤和说："成就远大计谋的人不忧虑眼前的怨恨，做大事业的人不顾惜谨慎细微的事，再有抱怨的人，让他吃我的剑。"过了一年，城就筑好了。……浙东的百姓家中有四个以上男丁的，每户

青玉角端香薰　明

抽一丁去戍守，共抽得五万八千七百多人。……明世宗嘉靖年间（1522—1566），东南地区苦于倭寇之患，汤和所建置的沿海城戍，都坚固精密，经久不坏，浙江人民靠它自卫，多歌颂思念他。

沐 英 传

攻 取 云 南

【原文】

沐英，字文英，定远人。……寻拜征南右副将军，同永昌侯蓝玉从将军傅友德取云南。元梁王遣平章达里麻以兵十余万拒于曲靖。英乘雾趋白石江。雾霁，两军相望，达里麻大惊。友德欲渡江，英曰："我兵罢，惧为所扼。"乃帅诸军严陈，若将渡者。而奇兵从下流济，出其陈后，张疑帜山谷间，人吹一铜角。元兵惊扰。英急麾军渡江，以善泅者先之，长刀斫其军。军却，师毕济。麋战良久，复纵铁骑，遂大败之，生禽达里麻，僵尸十余里。长驱入云南，梁王走死，右丞观音保以城降，属郡皆下。

【译文】

沐英，字文英，定远（今陕西西乡县南）人。……不久授官征南右副将军，与永昌侯蓝玉跟随将军傅友德攻取云南。元朝的梁王派遣平章达里麻用兵十多万在曲靖（今云南曲靖市）抵御。沐英冒着大雾急驰白石江。雾散，两军彼此相见，达里麻大为惊讶。傅友德想要过江，沐英说："我军已疲惫，恐怕要为元军阻扼。"就率各师严密布置好阵势，像是将要过河的样子。而令出奇制胜的军队从下游过江，出现在元军阵地之后，在山谷间布置好迷惑敌人的旗帜，每人吹一铜号角。元兵因而害怕骚乱起来。沐英急忙指挥军队过江，让善于游水的人先行，用长刀砍杀元军。元军退却，沐英的军队全部过了江。激战很长时间之后，又放出精锐的骑兵，因而大败

元军,活捉了达里麻,元军的死尸横卧十几里。沐英的军队以不可阻挡之势进入云南。梁王逃走而死,右丞观音保献城投降,所属各郡全部攻克。

李善长传

劝说朱元璋效法刘邦

【原文】

李善长,字百室,定远人。少读书有智计,习法家言,策事多中。太祖略地滁阳,善长迎谒。知其为里中长者,礼之,留掌书记。尝从容问曰:"四方战斗,何时定乎?"对曰:"秦乱,汉高起布衣,豁达大度,知人善任,不嗜杀人,五载成帝业。今元纲既紊,天下土崩瓦解。公濠产,距沛不远。山川王气,公当受之。法其所为,天下不足定也。"太祖称善。

【译文】

李善长,字叫百室,定远(今安徽定远)人。年少时读书有智谋,学习法家学说,策划的事多能达到预期的目的。太祖攻取滁阳(今安徽滁县),李善长迎见。太祖知道他是当地德高望重的人,礼待他,留他主管书写的事。明太祖曾舒缓地问他说:"各地在打仗,天下什么时候平定呢?"李善长回答说:"秦末天下大乱,汉高祖以平民而起,他胸襟开阔气量宽宏,了解并且善于使用人才,不好杀人,五年时间帝业成功。如今元朝的纲纪已乱,国家彻底崩溃。你生于濠州(今安徽凤阳县东),离汉高祖的出生地沛县不远。山河的王气,应当由你承受。效法汉高祖的做法,定天下是不能的。"太祖说他说得对。

李善长的经济措施

【原文】

善长明习故事,裁决如流,又娴于辞令。太祖有所招纳,辄令为书。前后自将征讨,皆命居守,将吏帖服,居民安堵,转调兵饷无乏。尝请榷两淮盐,立茶法,皆勘酌元制,去其弊政。既复制钱法,开铁冶,定鱼税,国用益饶,而民不困。

【译文】

李善长明了熟悉过去的典章制度,决断事情自如迅速,又熟悉应酬的言辞。明太祖有招致接纳的书信,就让他写。前前后后的领兵出征,都让他居留监守,将吏都很服从他,居民不受骚扰,转输调拨军饷没有不足。曾请求实行两淮盐的专卖,建立茶法,全参考元朝的制度,去掉其中有弊病的规定。不久又恢复制钱法,开矿冶铁,制定鱼税,国家财政收入增多,而百姓不困乏。

刘　基　传

朱元璋请刘基出山

【原文】

刘基,字伯温,青田人。……西蜀赵天泽论江左人物,首称基,以为诸葛孔明俦也。……及太祖下金华,定括苍,闻基及宋濂等名,以币聘。基未应,总制孙炎再致书固邀之,基始出。既至,陈时务十八策。太祖大喜,筑礼贤馆以处基等,宠礼甚至。

【译文】

刘基,字伯温,青田(今浙江青田)人。……四川人赵天泽评论江东的人物,第一个称赞的是刘基,认为他是诸葛孔明一类的人。……到明太祖攻下金华(今浙江金华),克定括苍(今浙江丽水县东南)后,听说刘基和宋濂等人的名字,用礼物聘请。刘基没有应聘,总制孙炎再次去信坚决邀请他,刘基才出来。到了以后,陈述治理当时事务的十八策。明太祖大喜,建造礼贤馆给刘基等居住,对他们宠信礼遇非常高。

刘基的"征取计"

【原文】

太祖问征取计,基曰:"士诚自守虏,不足虑。友谅劫主胁下,名号不正,地据上流,其心无日忘我,宜先图之。陈氏灭,张氏势孤,一举可定。然后北向中原,王业可成也。"太祖大悦曰:"先生有至计,勿惜尽言。"

【译文】

明太祖问刘基征取天下的计谋,刘基说:"张士诚是个没有进攻能力的敌人,不值得忧虑。陈友谅劫持主子威胁下级,出师的名号不正,其地据于上游,他心中没有一天忘记我们,应当先谋取他。陈友谅灭亡,张士诚的势力孤弱,就可以一举平定他。然后向北进取中原,帝王之业就可以成功了。"太祖非常高兴地说:"先生有很好的计谋,请不要吝惜,都说出来。"

刘基计破陈友谅

【原文】

会陈友谅陷太平,谋东下,势张甚,诸将或议降,或议奔据锺山,基张目不言。太祖召入内,基奋曰:"主降及奔者,可斩也。"太祖曰:"先生计安出?"基曰:"贼骄矣,待其深入,伏兵邀取之,易耳。天道后举者胜,取威制敌以成王业,在此举矣。"太祖用其策,诱友谅至,大破之,以克敌赏赏基。基辞。

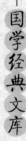

【译文】

　　正赶上陈友谅攻取了太平(今安徽当涂县)，图谋向东进攻,气势非常嚣张。明太祖的将领们有的说投降,有的说逃至锺山,刘基瞪着眼睛不说话。太祖将他叫到里边,刘基激奋地说:"主张投降和逃跑的人,应当杀掉。"太祖说:"你的计谋是怎样的?"刘基说:"友谅骄傲了,等到他的军队深入我处时,埋伏好军队截击打败他们,是容易的。天道说后发者能取得胜利,争取国威战胜敌人以成就帝王之业,就在于这次行动了。"太祖用刘基的计策,引诱陈友谅至伏兵处,大破友谅,太祖以战胜敌人的奖赏赏赐刘基。刘基不要。

隐居拒见官

【原文】

　　基佐定天下,料事如神。性刚嫉恶,与物多忤。至是还隐山中,惟饮酒弈棋,口不言功。邑令求见不得,微服为野人谒基。基方濯足,令从子引入茆舍,炊黍饭令。令告曰:"某青田知县也。"基惊起称民,谢去,终不复见。

【译文】

　　刘基帮助明太祖定天下,预测事情非常准确。性格刚正痛恨坏人坏事,与人多不合。到如今归隐山中,只是喝酒下棋,口不谈功劳。地方官要求见他见不到,为了隐蔽身份而穿上农民的服装扮作农民拜访刘基。刘基正在洗脚,让他侄子把县令引进茅屋,做黍米饭给县令吃。县令告诉他说:"我是青田县的知县。"刘基惊讶地站起来自称民,辞别而去,竟不再见他。

刘基与明太祖

【原文】

　　基虬髯,貌修伟,慷慨有大节,论天下安危,义形于色。帝察其至诚,任以心膂。每召基,辄屏人密语移时。基亦自谓不世遇,知无不言。遇急难,勇气奋发,计画立定,人莫能测。眼则敷陈王道。帝每恭己以听,常呼为老先生而不名,曰:"吾子房也。"又曰:"数以孔子之言导予。"顾惟幄语秘莫能详,而世所传为神奇,多阴阳风角之说,非其至也。

刘基

【译文】

　　刘基两颊生着蜷曲的胡须,姿体又高又魁伟,胸襟开阔有节操,谈到国家的安全与危险,情感表现于外。明太祖知道他非常忠诚,把他作为亲信。每次召见刘基,常是让别人避开密谈多时。刘基也自以为遇到非常赏识自己的人,知道的没有不说的。遇到紧急和困难的事,勇气就

振作激发起来，计谋立即确定，别人不能猜度。得空就详细论述以仁义治理天下。明太祖总是恭敬地去听，常常称刘基老先生而不叫他的名字，说："刘基是我的张子房。"又说："刘基屡次用孔子的话教导我。"但是都是帐幕内部的话，没有公开，不能详知，而世上所流传的他的神秘奇怪的事，多是阴阳迷信的说法，那些并不是真实的。

宋 濂 传

得天下以人心为本

【原文】

宋濂，字景濂，……濂曰："《尚书》二《典》、三《谟》，帝王大经大法毕具，愿留意讲明之。"已，论赏赉，复曰："得天下以人心为本。人心不固，虽金帛充牣，将焉用之。"太祖悉称善。

【译文】

宋濂，字叫景濂，……宋濂说："《尚书》的《尧典》《舜典》和《大禹谟》《皋陶谟》《益稷》各篇，完全具备了帝王的重要纲纪和重要准则，希望注意讲习清楚。"随后，讨论赏赐财物，宋濂又说："得天下以得人心为根本。人心不能牢固地掌握，虽然财物充斥，可是有什么用呢？"明太祖称赞他说得都很好。

以汉武帝鉴戒明太祖

【原文】

尝问以帝王之学，何书为要。濂举《大学衍义》。乃命大书揭之殿两庑壁。顷之御西庑，诸大臣皆在，帝指《衍义》中司马迁论黄、老事，命濂讲析。讲毕，因曰："汉武溺方技谬悠之学，改文、景恭俭之风，民力既敝，然后严刑督之。人主诚以礼义治心，则邪说不入，以学校治民，则祸乱不兴，刑罚非所先也。"

宋濂

【译文】

明太祖曾问宋濂学习帝王之道，什么书是主要的。宋濂提出《大学衍义》一书。明太祖就让人用大字写出公布在大殿东西两侧廊庑的墙壁上。不久，明太祖到西侧廊庑，各位大臣都在，太祖指着《大学衍义》中司马迁所说的黄帝、老子的事，让宋濂讲解。宋濂讲完，接着说："汉武帝沉湎于神仙等荒诞无稽的学说之中，改变了汉文帝、汉景帝谦恭俭朴的作风，民力用尽。之后又用严酷的刑罚督责人民。君主如果用礼义来治理民心，那么邪谬之说就不会被人民所接受，用学校教育人民，那么变乱的祸患就不会发生，刑罚不是首要的。"

佐命臣刘基、宋濂

【原文】

　　基、濂学术醇深,文章古茂,同为一代宗工。而基则运筹帷幄,濂则从容辅导,于开国之初,敷陈王道,忠诚恪慎,卓哉佐命臣也。……基以儒者有用之学,辅翊治平,而好事者多以谶纬术数妄为傅会。其语近诞,非深知基者,故不录云。

【译文】

　　刘基、宋濂学问醇厚渊深,写的文章古雅秀美,同是一代被人推崇的学术上有重大成就的人。而刘基是善于在内部进行筹划,宋濂是舒缓地进行辅助指导,在建国初期,作详细的论述以仁义治理天下,为人忠诚恭谨,是卓越的辅助帝王创业的大臣。……刘基用儒家有实用意义的学说,辅助明太祖治国平天下,而好事的人多用预言和迷信加以附会。那些话近于荒诞,不是深刻了解刘基的人说的,所以本传不予记载。

傅友德传

平定西蜀

【原文】

　　明年充征虏前将军,与征西将军汤和分道伐蜀。……初,蜀人闻大军西征,丞相戴寿等果悉众守瞿塘。及闻友德破阶、文,捣江油,始分兵援汉州,以保成都。未至,友德已破其守将向大亨于城下,谓将士曰:"援师远来,闻大亨破,已胆落,无能为也。"迎击,大败之。遂拔汉州,进围成都。寿等以象战。友德令强弩火器冲之,身中流矢不退,将士殊死战。象反走,躏籍死者甚众。寿等闻其主明升已降,乃籍府库仓廪面缚诣军门。成都平。分兵徇州邑未下者,克保宁,执吴友仁送京师,蜀地悉定。……于是太祖制《平西蜀文》,盛称友德功为第一。

【译文】

　　洪武四年(1371年)傅友德任征虏前将军,与征西将军汤和分二路进攻西蜀。……起初,蜀人听说朱元璋的大军西征,丞相戴寿等果然全军出动守卫瞿塘关,及至听说傅友德攻下阶州(治所在今甘肃省陇南市武都区东)、文州(今四川文县)、攻打江油(今四川省平武县东南),才分出一部分兵力支援汉州(今四川广汉北),以便保卫成都(今四川成都)。蜀援兵还没到,傅友德已在城下打败汉州守将向大亨,傅友德对将帅和士兵说:"援军远道而来,听说向大亨失败,已经丧胆,没有能力战斗了。"领兵迎头痛击,大败蜀军。于是攻克汉州,进而围攻成都。戴寿等用象迎战。傅友德命令用有力的弓箭和火炮冲击象军,自己被箭矢打中也不退却,将士以决意必死的精神进行战斗。象转身回走,以致践踏伤害而死的很多。戴寿等听说首领明升已经投降,就登记好府库所存的财物和粮仓的粮食,反背手绑着到傅友德

营门投降。成都被平定。又分兵几路去掠取没有攻克的地方,攻下保宁府(治所在今四川省阆中市),捉住吴友仁押送到京城,蜀地全部平定。……这样太祖写了《平西蜀文》,大力称赞傅友德的功劳居第一位。

廖永忠传

功超群将,智迈雄师

【原文】

(永忠)从伐友谅,至安庆,破其水寨,遂克安庆。从攻江州,州城临江,守备甚固。永忠度城高下,造桥于船尾,名曰:"天桥",以船乘风倒行,桥傅于城,遂克之。……从下南昌,援安丰,战鄱阳湖,决围殊死战。敌将张定边直犯太祖舟,常遇春射走之。永忠乘飞舸追且射,定边被百余矢,汉卒多死伤。明日,复与俞通海等以七舟载苇荻,乘风纵火,焚敌楼船数百。又以六舟深入搏战,复旋绕而出,敌惊为神。又邀击之泾江口,友谅死。……还京,太祖以漆牌书"功超群将,智迈雄师"八字赐之,悬于门。

豹房勇士铜牌　明

【译文】

廖永忠参加攻打陈友谅的战斗,到了安庆路(治所在今安徽省安庆市),攻下陈友谅的水上营寨,从而攻下安庆。去攻打江州(治所在今江西省九江市),江州城靠近长江,防守设备很坚固。廖永忠测量城的高低,据以在船尾造桥,起名叫"天桥",让船顺风倒着行驶,桥附在城上,因而攻下江州。……去攻打南昌,支援安丰(治所在今安徽省寿县南、安丰塘北),战于鄱阳湖,进行冲破包围的决死战斗。敌人的将领张定边直接进攻明太祖的船,常遇春射箭赶走了他。廖永忠乘着行驶很快的船追逐并射击他,张定边身受一百多箭,陈友谅的兵死伤很多。又与俞通海等载了七船芦苇,利用风势放火,烧毁敌人的楼船数百只。又用六只船深入内部拼搏战斗,再环绕出来,敌人大惊以为神兵。又在泾江口截击他们,陈友谅战死。……廖永忠回到京师,明太祖用漆牌写了"功超群将,智迈(超过)雄师"八个字赐给他,挂在廖永忠的门上。

吴 良 传

声色货利无所好

【原文】

良仁恕俭约,声色货利无所好。夜宿城楼,枕戈达旦;训将练兵,常如寇至。暇则延儒生讲论经史,新学宫,立社学,大开屯田,均徭省赋。在境十年,封疆晏然。太祖常召良劳曰:"吴院判保障一方,我无东顾忧,功甚大,车马珠玉不足旌其劳。"命学士宋濂等为诗文美之,仍遣还镇。

【译文】

吴良仁爱宽厚节俭,对歌舞女色财物金钱都不喜爱。夜里值宿城楼,头枕兵器直到天明;训练官兵,总是像敌人就到了跟前一样。闲时便请读书人讲解讨论经书和史籍,更新学校的校舍,设立社学,大力开地屯田,平摊徭役,减少赋税。在镇守江阴十年中,疆界平安无事。太祖时常召见吴良慰劳,说:"吴院判藩卫一方,我对东面的顾虑就没有了,功劳很大,车马珠玉一类赏赐不足以表彰他的辛苦。"叫学士宋濂等人写作诗文赞美他,仍旧派他回原地镇守。

朱棣设谋除吴高

【原文】

燕师起,高守辽东,与杨文数出师攻永平。燕王谋去高,曰:"高虽怯,差密,文勇而无谋,去高,文无能为也。"乃遗二人书,盛誉高,极诋文,故易其函授之。二人得书,并以闻。建文帝果疑高,削爵徙广西,独文守辽东,竟败。

【译文】

燕王举兵反惠帝时,吴高镇守辽东,和杨文屡次出兵进攻永平(今河北省卢龙县)。燕王谋划除掉吴高,说:"吴高虽然胆怯,但比较缜密;杨文勇猛却没有谋略,除掉吴高,杨文就无能为力了。"于是送给他们俩每人一封信,大赞吴高,极力诋毁杨文,故意调换了两封信函再交给他们。两个人得到信,都把它上报皇帝。建文帝果然不信任吴高,削去封爵降到广西,只有杨文镇守辽东,终于被打败。

蓝 玉 传

功臣蓝玉被杀

【原文】

玉长身赪面,饶勇略,有大将才。中山、开平既没,数总大军,多立功。太祖遇之厚。寝骄蹇自恣,多蓄庄奴、假子,乘势暴横。尝占东昌民田,御史按问。玉怒,

逐御史。北征还,夜扣喜峰关。关吏不时纳,纵兵毁关入。帝闻之不乐。又人言其私元主妃,妃惭自经死,帝切责玉。……二十六年二月,锦衣卫指挥蒋瓛告玉谋反,下吏鞫讯。狱辞云:"玉同景川侯曹震、鹤庆侯张翼、舳舻侯朱寿、东莞伯何荣及吏部尚书詹徽、户部侍郎傅友文等谋为变,将伺帝出耤田举事。"狱具,族诛之。列侯以下坐党夷灭者不可胜数。手诏布告天下,条列爰书为《逆臣录》。至九月,乃下诏曰:"蓝贼为乱,谋泄,族诛者万五千人。自今胡党、蓝党概赦不问。"胡谓丞相惟庸也。于是元功宿将相继尽矣。

【译文】

蓝玉长身材红脸,多勇力谋略,有大将才干。中山王徐达、开平王常遇春死后,屡次统领大军,多立战功。太祖待他很优厚,蓝玉逐渐傲慢纵恣起来,大量蓄养护庄奴仆、养子,凭借权势暴虐凶狠,曾侵占东昌(今山东聊城)民田,御史查问,蓝玉发怒,赶走了御史。北征元军回来,夜里敲喜峰关关门,关吏没有即刻放他们进关,就放纵军队捣毁关门而进。太祖皇帝听说后很不高兴。还有人说他与元皇帝妃私通,元帝妃羞愧得自己上吊死了,太祖皇帝严厉责备蓝玉。

缂丝水阁鸣琴图　明

……洪武二十六年(公元1393)二月,锦衣卫指挥蒋瓛告发蓝玉谋反,把他送给狱吏审问。狱吏说:"蓝玉同景川侯曹震、鹤庆侯张翼、舳舻侯朱寿、东莞伯何荣以及吏部尚书詹徽、户部侍郎傅友文等人谋划造反,将等皇帝出城耕田的时机发动事变。"判罪定案,把蓝玉一族全部诛杀。侯爵以下因党羽罪名受牵连被灭家的人不计其数。太祖皇帝亲自写诰书布告全国,逐条列述犯人的口供作《逆臣录》。直到九月才下诏书说:"蓝贼作乱,阴谋泄露,被合族诛灭的一万五千人。从今以后胡党、蓝党一概赦免不再追究。"胡指丞相胡惟庸。于是建立过大功的老将们相继被斩尽杀绝了。

朱亮祖等传

论功臣被杀

【原文】

治天下不可以无法,而草昧之时法尚疏,承平之日法渐密,固事势使然。论者每致慨于鸟尽弓藏,谓出于英主之猜谋,殊非通达治体之言也。夫当天下大定,势如磐石之安,指麾万里,奔走恐后,复何所疑忌而芟薙之不遗余力哉?亦以介胄之

士桀骜难驯,乘其锋锐,皆能竖尺寸于疆场,迨身处富贵,志满气溢,近之则以骄恣启危机,远之则以怨望扞文网。人主不能废法而曲全之,亦出于不得已,而非以剪除为私计也。

【译文】

治理天下不能没有法律,只不过在草创冥昧的时候法律还比较疏略,到社会太平的年代法律渐趋严密,实在是事物发展趋势造成这样的。人们谈论问题往往对"鸟尽弓藏"的话表示感慨,认为那是出于英明君主的猜嫌和预谋,这绝对不是通晓政体的言论。当着天下已经非常安定,局势如磐石一样稳固,君主手指一挥,万里之内人们便争先恐后地奔走起来,还有什么嫌疑猜忌而不遗余力地废除功臣呢?而是因为披甲戴盔的军人凶暴难驯,凭借他们的锐气,都能在疆场上建立尺寸之功,等到身处富贵的时候,志满意足,对他们亲近了便因骄纵生出祸端,对他们疏远了便因怨恨触犯法律。君主不能废弃法律而委曲周全他们,也是出于不得已,并非把剪除功臣作为维护个人君权的计谋啊。

胡大海传

勇武诚实

【原文】

胡大海,字通甫,虹人。长身铁面,智力过人。太祖初起,大海走谒滁阳,命为先锋。……士诚将吕珍围诸全,大海救之。珍堰水灌城,大海夺堰反灌珍营。珍势蹙,于马上折矢誓,请各解兵。许之。郎中王恺曰:"珍猾贼不可信,不如因击之。"大海曰:"言出而背之,不信。既纵而击之,不武。"师还,人皆服其威信。

【译文】

胡大海,字通甫,虹县(今安徽省泗县)人。高身材,黑脸,聪明和力气超人。太祖刚开始起兵,大海奔赴滁阳(今安徽省滁州市)去晋见,命他做前队先锋。……张士诚的将领吕珍围攻诸全州(今浙江省诸暨市),大海援救诸全州。吕珍筑堰拦河水灌城,大海夺下堰坝反灌吕珍的兵营。吕珍形势危急,在马背上折箭杆盟誓,请求各自撤军。大海允许了他的请求。郎中官王恺说:"吕珍奸诈不可以相信,不如趁机攻击他。"大海说:"话说出去了却又反口背弃,这是不诚实。既已放他撤走却又攻击他,这是不勇敢。"军队撤回,人们都佩服他的勇武诚实。

善用兵好士

【原文】

大海善用兵,每自诵曰:"吾武人不知书,惟知三事而已:不杀人,不掠妇女,不焚毁庐舍。"以是军行远近争附。及死,闻者无不流涕。又好士,所至辄访求豪隽。刘基、宋濂、叶琛、章溢之见聘也,大海实荐之。

【译文】

　　胡大海擅长用兵，常常自己念道说："我是个军人，不知书本，只知做到三件事罢了：不杀人，不抢夺妇女，不烧毁房屋。"因此军队行进中，远处近处的人都竞相归依。到他死的时候，听到死讯的人无不悲伤流泪。又喜欢读书人，每到一地便访查寻求当地的杰出人才。刘基、宋濂、叶琛、章溢的被征聘，就是胡大海推荐了他们。

赵 德 胜 传

刚强耿直，驭下严肃

【原文】

　　越德胜，濠人。……从太祖西征，……未几，友谅大举兵围南昌，德胜帅所部数千背城逆战，射杀其将，敌大沮。明日复合，环城数匝。友谅亲督战，昼夜攻，城且坏。德胜帅诸将死战，且战且筑，城坏复完。暮坐城门楼，指挥士卒，弩中腰膂，镞入六寸，拔出之，叹曰："吾自壮岁从军，伤矢石屡矣，无重此者。丈夫死不恨，恨不能扫清中原耳。"言毕而绝，年三十九。……德胜刚直沉鸷，驭下严肃。未尝读书，临机应变，动合古法，平居笃孝友如修士。

【译文】

　　赵德胜，濠州（今安徽凤阳）人。……跟随太祖向西征讨，……不久，陈友谅大规模地发兵包围南昌，赵德胜率领所统辖的八千人马在城下迎战，射死了陈友谅的将领，敌方大受挫败。第二天重新聚合，围城数重。陈友谅亲自督战，昼夜攻打，城墙将被毁坏。赵德胜率领众将领拼死抗战，一边作战一边筑城，城遭毁坏后得以重新坚固。天黑时赵德胜坐在城门楼上指挥士兵，一支用机械发射来的箭射中了他的腰脊骨，箭头穿进去有六寸，他拔出箭头，叹息说："我从壮年投军，被弓箭擂石打伤多次了，没有比这次再重的。大丈夫死去并不遗憾，遗憾的是不能扫清中原啊。"说完就死了，生年三十九岁。……赵德胜性格刚强耿直，深沉勇猛，管理部下严肃。不曾读过书，临机应变，行动符合古人法度，平时重视孝道友道如同一个有高度道德修养的人。

陈 遇 传

超然利禄之外

【原文】

　　陈遇，字中行，先世曹人。高祖义甫，宋翰林学士，徙居建康，子孙因家焉。遇天资沉粹，笃学博览，精象数之学。元末为温州教授，已而弃官归隐，学者称为静诚先生。太祖渡江，……遇至，与语大悦，遂留参密议，日见亲信。太祖为吴王，授供奉司丞，辞。即皇帝位，三授翰林学士，皆辞。……洪武三年奉命至浙江廉察民隐，

还赐金帛。除中书左丞，又辞。明年召对华盖殿，赐坐，命草《平西诏》，授礼部侍郎，兼弘文馆大学士，复辞。西域进良马，遇引汉故事以谏。除太常少卿，固辞。强之，不可。最后除礼部尚书，又固辞。帝沉吟良久，从之，自是不复强以官。帝尝从容言欲官其子，遇曰："臣三子皆幼，学未成，请俟异日。"帝亦弗强也。……数临幸其第，语必称先生，或呼为君子。命爵辄辞，终成其高。

【译文】

陈遇，字中行，祖先是曹州（今山东曹县）人。高祖父曹义甫，是宋朝的翰林学士，移居到建康（今江苏南京）子孙便安家在这里。陈遇秉性深沉纯粹，勤学博览，精通《周易》卜筮学。元朝末年做温州府学的教官，后来辞官隐居，学人称他为静诚先生。太祖皇帝统兵渡江南下，……陈遇到了，太祖同他谈话后非常高兴，就留他参议机密大事，日益受到亲信。太祖做吴王，授予他供奉司丞的官职，陈偶推辞了。太祖做了皇帝，三次授予他翰林学士，他又都推辞了。……洪武三年（1370年）奉命到浙江考察民间疾苦，回朝

法华堆贴菊花耳瓶　明

后被赏赐金帛。封作中书左丞，又推辞了。第二年太祖召他在华盖殿答诏问，赐予座位，叫他草拟《平西诏》的文章。授予礼部侍郎，兼弘文馆大学士，再次推辞。西域进贡好马，陈遇援引汉时西域进贡"天马"的旧事来加以规劝。封作太常少卿，他坚决推辞。强迫他，也不行。最后封作礼部尚书，又坚决推辞。皇帝深思了很长时间，听从了他，从此以后不再强迫他做官。皇帝曾经态度平和地说要封他儿子官职，陈遇说："我的三个儿子年纪都小，学业没有成就，请求等以后再说。"皇帝也不能勉强。……皇帝多次来到他家，同他说话必定称呼先生，有时叫君子。赐给爵位就推辞，他终于成全了自己的高洁志向。

保国安民之计

【原文】

遇自开基之始，即侍帷幄。帝尝问保国安民至计，遇对以不嗜杀人，薄敛任贤，复先王礼乐为首务。

【译文】

陈遇自从明朝创基之初，就侍从在明太祖的帐幕之中。明太祖曾问他保护国家安定民心的最好办法是什么，陈遇回答说要以不好杀人，减轻赋税，任用贤士，恢复过去王者的社会道德规范为首先要做的事。

叶兑传

一纲三目——叶兑言取天下大计

【原文】

叶兑,字良仲,宁海人。以经济自负,尤精天文、地理、卜筮之书。元末知天运有归,以布衣献书太祖,列一纲三目,言天下大计。时太祖已定宁越,规取张士诚、方国珍,而察罕兵势甚盛,遣使至金陵招太祖,故兑书于三者筹之为详。其略曰:

愚闻取天下者,必有一定之规模。韩信初见高祖,画楚、汉成败,孔明卧草庐,与先主论三分形势者是也。今之规模,宜北绝李察罕,南并张九四,抚温、台、取闽、越,定都建康,拓地江、广,进则越两淮以北征,退则画长江而自守。……今闻察罕妄自尊大,致书明公,如曹操之招孙权。窃以元运将终,人心不属,而察罕欲效曹操所为,事势不侔。宜如鲁肃计,鼎足江东,以观天下之衅,此其大纲也。

至其目有三。张九四之地,南包杭、绍,北跨通、泰,而以平江为巢穴。今欲攻之,莫若声言掩取杭、绍、湖、秀,而大兵直捣平江。……平江既下,巢穴已倾,杭、越必归,余郡解体,此上计也。

张氏重镇在绍兴……若一军攻平江,断其粮道,一军攻杭州,绝其援兵,绍兴必拔。……绍兴既拔,杭城势孤,湖、秀风靡,然后进攻平江,犁其心腹,江北余孽随而瓦解,此次计也。

方国珍狼子野心,不可驯狎。……宜兴师问罪。……攻之之术,宜限以日期,责其归顺。……宣谕之后,更置官吏,拘集舟舰,潜收其兵权,以消未然之变,三郡可不劳而定。……

太祖奇其言,欲留用之,力辞去。……后数岁,削平天下,规模次第略如兑言。

【译文】

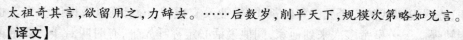

叶兑,字良仲,是宁海(今属浙江省)人。以经世济民作自己的志向,尤其精通天文、地理、卜筮一类书籍。元朝末年,知道天命将有所归属,以平民的身份向太祖上书,论列"一纲三目",谈说取天下的大计策。当时太祖已经取下宁越(今浙江金华),计划攻取张士诚、方国珍,而李察罕的兵势极为强盛,派使者到金陵(今南京市)招降太祖,因此叶兑的信对于张士诚、方国珍、李察罕三方筹划得很详细。信的内容大略是说:

我听说凡取天下的,必须有一定的规划。韩信刚开始晋见汉高祖刘邦,筹划楚、汉双方的成败,诸葛孔明隐居草庐,同先主刘备谈论天下三足鼎立的形势就是如此。现今的规划,应当北面断绝与李察罕的来往,南面消灭张士诚,安抚温州(今浙江温州)、台州(今浙江临海),夺取闽州(今福建福州)、越州(今浙江绍兴),定都在建康(今江苏南京市),向江西、广州开拓地盘,进可以跨越淮南淮北向北征讨,退可以划长江为界而自我守卫。……听说李察罕狂妄自大,派人送信给您,就像当年

曹操招降孙权一样。我私意以为元朝气数将尽,人心不归附,而李察罕想要效法曹操的做法,形势已不相同。应当像鲁肃那样考虑,在江东(指长江下游南岸地区)鼎立一足,来观望天下的争端,这是规划的大纲。

至于规划的细目有三点。张士诚的地盘,南面包括杭州、绍兴,北面跨越通州(今江苏南通)、泰州(今江苏泰州),而以平江(今江苏苏州)作巢穴。如要进攻张士诚,不如扬言突袭杭州、绍兴、湖州(今浙江湖州)、秀州(今浙江嘉兴),而大部队直捣平江。……平江攻下以后,张士诚的巢穴便已摧毁,杭州、越州必然归顺,其他郡也会解体,这是上等计策。

张士诚的重镇在绍兴,……如果用一支军队进攻平江,断绝绍兴的粮道,用一支军队攻打杭州,断绝绍兴的援兵,绍兴就必定被攻下。……绍兴既已被攻下,杭州城形势孤立,湖州、秀州顺风归附,然后进攻平江,破了他们的心腹要地,长江以北的残余势力,也随之瓦解,这是次一等计策。

方国珍狼子野心,不可以驯服。……应当兴师问罪。……攻打他的方法,应当限定日期,责令他归顺。……布告晓谕之后,改置官吏,把他的战船收聚起来,暗中收了他的兵权,用以消除还不曾发生的事变,方国珍的三千郡都可以不用劳苦就能平定。……

太祖认为叶兑的话不同凡响,想要留用他,叶兑极力辞谢离去。……后几年,太祖平定天下,规划次序大致如叶兑所说。

孔克仁传

明太祖以汉初皇帝为鉴

【原文】

尝阅《汉书》,濂与克仁侍。太祖曰:"汉治道不纯者何?"克仁对曰:"王霸杂故也。"太祖曰:"谁执其咎?"克仁曰:"责在高祖。"太祖曰:"高祖创业,遭秦灭学,民憔悴甫苏,礼乐之事固所木讲。孝文为令主,正当制礼作乐,以复三代之旧,乃逡巡未遑,使汉业终于如是,帝王之道,贵不违时。三代之王有其时而能为之,汉文有其时而不为,周世宗则无其时而为之者也。"

【译文】

太祖曾经读《汉书》,宋濂和孔克仁侍读。太祖说:"汉朝的统治思想不纯的原因是什么?"孔克仁回答说:"是王道和霸道相糁的缘故。"太祖说:"谁承当它的罪过?"孔克仁说:"责任在汉高祖。"太祖说:"汉高祖开创基业,遭逢秦始皇毁灭儒学,老百姓从困顿中刚刚复苏,礼乐制度的事本来就没有讲究。孝文帝是贤明君主,正该制定礼仪,创制朝廷宗庙的音乐,来恢复夏、商、周三代的旧制,但是迟疑徘徊,没有及时创制,使汉朝的基业最终弄成这个样子。帝王做事的理,贵在不违背时势。夏、商、周的帝王各有各的时势;而他们都能及时而作,汉文帝有时势却不作,周世宗倒是没有时势却硬要作啊。"

陶 安 传

丧乱之源由于骄侈

【原文】

帝尝御东阁，与安及章溢等论前代兴亡本末。安言丧乱之源，由于骄侈。帝曰："居高位者易骄，处侠乐者易侈。骄则善言不入，而过不闻。侈则善道不立，而行不顾。如此者，未有不亡。卿言甚当。"

【译文】

太祖皇帝曾来到东阁大学士的官署，同陶安和章溢等人讨论以往朝代兴盛和衰亡的原委。陶安说灭亡混乱的根源是由于骄傲放纵。太祖皇帝说："身处高位的人容易骄傲，身处安乐的人容易放纵。骄傲了便听不进好话，自己的错误也听不到。放纵自己培养不了好的品德，行为也不会检束。这样的人，没有不灭亡的。你说得很对。"

邪说害道

【原文】

又论学术。安曰："道不明，邪说害之也。"帝曰："邪说害道，犹美味之悦口，美色之眩目。邪说不去，则正道不兴，天下何从治？"安顿首曰："陛下所言，可谓深探其本矣。"

【译文】

又讨论学术。陶安说："学术不显明于世，是奇淡怪论损害了它啊。"太祖皇帝说："奇谈怪论损害学术，好比甜美的食物使人口爽，美丽的颜色使人眼花缭乱，奇谈怪论不清除，正确的学说就不会兴起，天下怎么得到治理？"陶安叩头说："皇上所说的话，可以说是深刻探入问题的根本了。"

詹 同 传

声色之害甚于鸩毒

【原文】

帝尝与侍臣言声色之害，甚于鸩毒，创业之君为子孙所承式，尤不可不谨。同因举成汤不迩声色，垂裕后昆以对。

【译文】

太祖皇帝曾对身边的侍臣说，声乐歌舞和女色对人的毒害，比鸩羽浸制的毒酒还厉害，创业的君主的行为被子孙后代承继效法，尤其不能不严防。詹同于是举出

商汤不近声乐女色,给后代留下榜样的事来回答。

朱 升 传

"高筑墙,广积粮,缓称王"

【原文】

朱升,字允升,休宁人。……太祖下徽州,以邓愈荐,召问时务。对曰:"高筑墙,广积粮,缓称王。"太祖善之。

【译文】

朱升,字允升,是休宁(今安徽休宁)人。……太祖攻克徽州(今安徽歙县),由于邓愈的举荐,召问当世大事。朱升回答说:"高筑城墙,广积粮食,不急于称王。"太祖称赞他说得好。

吴 沉 传

孔子始称"至圣先师"

【原文】

沉尝著辩,言孔子封王为非礼。后布政使夏寅、祭酒丘浚皆沿其说。至嘉靖九年更定祀典,改称"至圣先师",实自沉发之也。

【译文】

吴沉曾经撰写论辩文章,说孔子被封作王不符合礼法。后来布政使夏寅、祭酒丘浚都沿袭他的说法。到明世宗嘉靖九年(1530年),国家改定祭祀典法,改称为"至圣先师",就是由吴沉发端的。

李 希 颜 传

严 教 诸 王

【原文】

李希颜,字愚庵,郏人。隐居不仕。太祖手书徵之,至京,为诸王师。规范严峻,诸王有不率教者,或击其额。帝抚而怒。高皇后曰:"乌有以圣人之道训吾子,顾怒之耶?"太祖意解,授左春坊右赞善。

【译文】

李希颜,字愚庵,是郏县(今属河南)人。隐居不肯做官。太祖亲自写信征召他,他才到首都,做各藩王的老师。李希颜规范很严格,各藩王如果不遵循教诲,有时就打他们的额头。太祖皇帝一边抚摸一边生气。高皇后说:"哪有人家用圣人的

道理教训我们的孩子,却对人家生气的呢?"太祖怒气消除了,授予李希颜左春坊右赞善的官职。

萧用道传

为王陈八事

【原文】

萧用道,泰和人。……永乐时预修《太祖实录》,改右长史,从王之藩桂林。尝为王陈八事,曰:慎起居,寡嗜欲,勤学问,养德性,简鞭扑之刑,无侵下人利,常接府僚以通群情,简择谨厚人以备差遣。

【译文】

萧用道是泰和(今江西泰和)人。……成祖永乐时参加编纂《太祖实录》,改做右长史,随靖江王去藩国桂林。曾向靖江王陈述八件事,就是:谨慎对待日常生活,嗜好欲望要少,勤奋学习,培养道德品性,少用鞭扑一类刑具,不要侵占奴婢的利益,经常接触僚属来了解群众的情绪,选择谨慎厚道的人备用差遣。

宋讷传

重师儒官

【原文】

明开国时即重师儒官,许存仁、魏观为祭酒,老成端谨。讷稍晚进,最蒙遇。与讷定学规者,司业王嘉惠、龚敩。三人年俱高,须发皓白,终日危坐,堂上肃然。而张美和、聂铉、贝琼等皆名儒,当洪武时,先后为博士、助教、学录,以故诸生多所成就。

【译文】

明朝刚建国时就尊重儒官,许存仁、魏观做国子监祭酒,老成端正严肃。宋讷上来得比较晚,最受皇帝重用。同宋讷一起制定学规的,有司业官王嘉惠、龚敩(xiào 效)。三个人年岁都很大,胡须头发雪白,整天端庄正坐,大厅里一派严肃气氛。至于张美和、聂铉、贝琼等人都是著名的儒生,在太祖洪武朝时,先后当过国子监的博士、助教、学录,因此众学子大多有所成就。

赵俶传

明代注重儒学教育

【原文】

帝尝御奉天殿,召俶及钱宰、贝琼等曰:"汝等一以孔子所定经书为教,慎勿杂苏秦、张仪纵横之言。"诸臣顿首受命。俶因请颁正定《十三经》于天下,屏《战国策》及阴阳谶卜诸书,勿列学宫。明年择诸生颖异者三十五人,命俶专领之,教以古文。寻擢李扩,黄义等入文华、武英二堂说书,皆见用。

【译文】

太祖皇帝曾来到奉天殿,召呼赵俶和钱宰、贝琼等人说:"你们要完全用孔子所修订的经书来进行教育,千万不要掺杂苏秦、张仪纵横家的言论。"众大臣叩头接受命令。赵俶于是请求向全国颁行经过校刊审定的《十三经》,屏弃《战国策》和阴阳家有关预言、占卜的各种书籍,不准列入学校,第二年,挑选国子监学生中的优秀分子三十五人,叫赵俶专门领导他们,教给他们古文。不久又选拔学生李扩、黄义进文华殿、武英殿两堂讲解经书史书,两人都被任用。

刘崧传

廉洁谨慎

【原文】

刘崧,字子高,泰和人,旧名楚。家贫力学,寒无炉火,手皲裂,而钞录不辍。元末举于乡。洪武三年举经明行修,改今名。……十三年……擢礼部尚书。……天性廉慎。兄弟三人共居一茅屋,有田五十亩,及贵,无所增益。十年一布被,鼠伤,始易之,仍葺以衣其子。居官未尝以家累自随。之任北平,携一童往,至则遣还。晡时吏退,孤灯读书,往往达旦。

【译文】

刘崧,字子高,是泰和(今江西省泰和县)人。原名叫楚。家庭贫穷而努力学习,天冷没有炉火,手都皲裂了,可是仍然抄写不止。元朝末年被乡里举荐。太祖洪武三年(1370年)经明行修科举荐,改用今名。……洪武十七年(1384后)……提升做礼部尚书。……刘崧秉性廉洁谨慎。兄弟三人同往一间茅草屋,有五十亩田。直到做了官也没有增多。十年盖一床布被,被子叫老鼠咬破了,才把它换下来,仍然修补给儿子盖。做官从不让家属跟随自己。往北平赴任,带一个仆人去,到了北平就打发他回来。傍晚官吏们退了班,一盏孤灯伴他读书,常常直到天明。

刘三吾等传

明初重人才

【原文】

明始建国，首以人才为务，徵辟四方，宿儒群集阙下，随其所长而用之。自议礼定制外，或参列法从，或预直承明，而成均胄子之任尤多称职，彬彬乎称得人焉。夫诸臣当元之季世，穷经绩学，株守草野，几于没齿无闻。及乎泰运初平，连茹利见，乃各展所蕴，以润色鸿猷，黼黻文治。昔人谓天下不患无才，惟视上之网罗何如耳，顾不信哉！

青玉镂空葵式杯　明

【译文】

明朝刚一建国，首先就把网罗人才作为大事，向各地征召辟举，老成博学的儒生大批会集到朝廷中来，根据他们各自的长处加以使用。除讨论礼仪制定制度以外，有的参加跟随皇帝车驾，有的参加值勤承明殿，至于教育国子监学生的职务尤其适合他们的才能，真是文质彬彬，称得上广得人才啊！那众多的文臣在元朝末世的时候，深研经书，治理学问，在民间守株待兔，几乎终生默默无闻，直到气运吉祥的明朝建国，络绎不绝的来见君主，才各自施展怀藏的才学，为宏大的帝业增色，为文教政治添彩。古人说："担心的不是天下没有人才，只看君主怎么网罗了，难道不的确如此吗？"

滕毅传

观丧乱之由以为戒

【原文】

滕毅，字仲弘。太祖征吴，以儒士见，留徐达幕下。寻除起居注，命与杨训文集古无道之君若桀、纣、秦始皇，隋炀帝行事以进，曰："吾欲观丧乱之由，以为炯戒

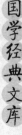

耳。"

【译文】

滕毅,字仲弘。太祖征讨吴王张士诚,滕毅以儒生的身份晋见,被留在徐达的幕府里。不久授予他起居注的官职,叫他同杨训文收集古代暴虐无德的君主如夏桀、殷纣、秦始皇、隋炀帝等人的事呈送,说:"我要观看古代灭亡祸乱的缘由,作为明白的鉴戒呢。"

吴　琳　传

去官为农

【原文】

吴琳,黄冈人。……洪武六年,自兵部尚书改吏部,尝与同迭主部事。逾年,乞归。帝尝遣使察之。使者潜至旁舍,一农人坐小机,起拔稻苗布田,貌甚端谨,使者前曰:"此有吴尚书者,在否?"农人敛手对曰:"琳是也。"使者以状闻。帝为嘉叹。

【译文】

吴琳是黄冈(今湖北黄冈)人。……太祖洪武六年(1408年)由兵部尚书改做吏部尚书,曾和詹同交替着主持吏部的事情。过了几年,请求归隐。太祖皇帝曾派使者去察访他。使者暗中来到他的住宅旁,一个农民正坐着小板凳,拔秧苗插田,相貌非常端庄恭敬。使者走上前去说:"这里有个吴尚书,他在不在?"农民拱手回答说:"我就是呀。"使者把看到的情况上报,太祖皇帝对他称美赞叹。

费　震　传

有才能者当不次用之

【原文】

十一年,帝谓吏部曰:"资格为常流设耳,有才能者当不次用之。"超擢者九十五人。

【译文】

洪武十一年(1378年),太祖皇帝对吏部说:"官吏按资历升迁的制度是对一般人设立的,有才能的人应当破格使用他们。"越级提拔的有九十五个人。

秦　逵　传

创制明代士子衣冠

【原文】

帝以学校为国储材,而士子巾服无异胥吏,宜更易之,命逵制式以进。凡三易,

其制始定。赐监生蓝衫绦各一,以为天下先。明代士子衣冠,盖创自遂云。

【译文】

太祖皇帝认为学校为国家储备人才,可是学生的头巾衣服同官府小吏的穿戴一样,应当更换,命令秦遂设置新样式呈送。一共改了三次,法式才确定下来。赐给国子监的学生蓝色衫衣和丝织衣带各一件,用它来倡导全国。明代学生的衣服冠带,就是由秦遂创始的。

唐 铎 传

正言务规谏,邪言务谤谀

【原文】

帝尝与侍臣论历代兴废,曰:"使朕子孙如成、康,辅弼如周、召,则可祈天永命。"铎因进曰:"豫教元良,选左右为辅导,宗社万年福也。"帝又谓铎曰:"人有公私,故言有邪正。正言务规谏,邪言务谤谀。"铎曰:"谤近忠,谀近爱,不为所眩,则谀佞自远。"

【译文】

太祖皇帝曾与身边的侍臣讨论历代的兴盛衰败,说:"假使我的子孙像周代的成王、康王,辅佐大臣像周公、召公,那就可以向天求告长命。"唐铎于是奏请说:"早日教育太子,选身边的大臣对太子加以辅佐劝导,就是宗庙社稷万年的福分啊。"太祖皇帝又对唐铎说:"人有公正也有不公正的,因此话有邪恶也有正直的。正直的话一定会对人正言劝诫,邪恶的话一定会对人诽谤或奉承。"唐铎说:"诽谤近似于忠,奉承近似于爱,不被诽谤和奉承所迷惑,那么惯进谗言和阿谀奉承的人自己就会走开。"

沈 溍 传

贤者举而不仁者远

【原文】

帝尝谕致治之要,在进贤退不肖。溍因曰:"君子常少,小人常多,在上风厉之耳,贤者举而不仁者远矣。"帝善其言。

【译文】

太祖皇帝曾告晓说,达到政治清明安定的关键,在于进用贤人屏退不贤的人。沈溍接着便说:"有才有德的人往往少,品行不正的人往往多,在于上级教化鼓励啊。有才德的人被提拔任用,没有仁德的人就走开了。"太祖皇帝认为他的话说得好。

国学经典文库

韩 宜 可 传

弹劾不避权贵

【原文】

韩宜可,字伯时,浙江山阴人。……洪武初,荐授山阴教谕,转楚府录事。寻擢监察御史,弹劾不避权贵。时丞相胡惟庸、御史大夫陈宁、中丞涂节方有宠于帝,尝侍坐,从容燕语。宜可直前,出怀中弹文,劾三人险恶似忠,奸佞似直,恃功怙宠,内怀反侧,擢置台端,擅作威福,乞斩其首以谢天下。帝怒曰:"快口御史,敢排陷大臣耶!"命下锦衣卫狱,寻释之。

【译文】

韩宜可,字伯时,是浙江山阴(今浙江绍兴)人。……太祖洪武初年,受举荐做山阴县的教谕官,改做楚王护军府的录事,不久提拔为监察御史,检举官吏的过失罪状,即使对权大位高的人也不回避。当时丞相胡惟庸、御史大夫陈宁、中丞涂节正受到皇帝宠信,曾陪皇帝坐着,随便闲谈。韩宜可径直走上前去,拿出怀中的检举报告,揭露他们三个人邪恶而貌似忠诚,奸巧而貌似正直;依仗有功和得宠,心怀不正;被提拔在宰辅高位,而擅自作威作福,请求将他们斩首来向全国人民认罪,太祖皇帝生气地说:"快嘴御史,胆敢攻击诬陷大臣吗?"命令打入锦衣卫监狱,不久就把他释放了。

门 克 新 传

教兼经义治事

【原文】

初,教官给由至京,帝询民疾苦,岢岚吴从权、山阴张桓皆言:"臣职在训士,民事无所与。"帝怒曰:"宋胡缓为苏、湖教授,其教兼经义治事。汉贾谊、董仲舒皆起田里,敷陈时务。唐马周不得亲见太宗,且教武臣言事。今既集朝堂,朕亲询问,俱无以对,志圣贤之道者固如是乎!"命窜之边方,且榜谕天下学校,使为鉴戒。

【译文】

在这以前,教官因升迁呈报履历到首都,太祖皇帝询民间疾苦,岢岚(今山西岢岚)人吴从权、山阴(今浙江绍兴)人张桓都说:"我的职责在教育学生,不参预民事。"太祖生气地说:"宋朝胡瑗做苏州,湖州(今浙江湖州)的教官,他的教育就把经书义理和治世之事结合起来。汉朝的贾谊、董仲舒都是从民间起来的,都广论当时的国家大事。唐朝的马周不能亲自见到太宗,尚且教武臣奏言政治得失人事。现在你们已经聚集在朝廷上,我亲自询问,你们却什么都回答不上来,立志于圣贤之道的人真的就是这样的吗?"下令把他们放逐到边远地方,并且张榜通告全国学

校,使大家引以为戒。

王 溥 传

一衣虽微,然是污行辱身之渐

【原文】

后有王溥者,桂林人。洪武末为广东参政,亦以廉名。其弟自家来省,属吏与同舟,赠以布袍。溥命还之,曰:"一衣虽微,不可不慎,此污行辱身之渐也。"

【译文】

后来有个叫王溥的,桂林(今属广西)人。明太祖洪武末年任广东(即广南府,今云南省广南)参政,也以廉洁闻名。他的弟弟自家中来看望他,王溥属下的官吏与他的弟弟同船,送给王溥弟弟一件布袍子。王溥让他弟弟把布袍送还人家,说:"一件布袍子虽然少,但是不能不注意,因为这是贪赃的行为玷污自身的开始。"

徐 均 传

廉 吏 徐 均

【原文】

时有徐均者,阳春主簿也。地僻,土豪得盘踞为奸。邑长至,辄饵以厚赂,从而把持之。均至,吏白应往视莫大老。莫大老者,洞主也。均曰:"此非王民邪,不来且诛。"出双剑示之。大老恐,入谒。均廉得其不法事,系之狱。诘朝,以两瓜及安石榴数枚为馈,皆黄金美珠也。均不视,械送府。府官受赇纵之归,复致前馈。均怒,欲捕治之,而府檄调均摄阳江,阳江大治。

【译文】

当时有个叫徐均的,是阳春(今属广东)的主簿。阳春地方偏僻,土豪能够在那里盘结据守干坏事。阳春的长官到任,土豪就送给他很多财物以为诱饵,从而把持邑长。徐均到任,邑吏告诉他应当去看望莫大老。莫大老,是洞主。徐均说:"这人不也是王的属民吗,不服管就杀。"拿出两把剑给人看。莫大老害怕了,就到官府拜见。徐均查得他的违法行为,把他逮捕入狱。明早,他家的人以两个瓜和几个石榴为馈赠的礼物,实际全是黄金珍珠。徐均连看都不看,就把送东西的人抓起来送到府里。府官因接受了他们的财物而把他放了回去,他又给徐均送来先前馈赠的礼物。徐均生气了,要把他逮捕治罪,可是府里下公文调徐均去佐理阳江(今属广东),阳江在他的治理下,社会非常安定。

青文胜传

以死为民请命

【原文】

青文胜，字质夫，夔州人。仕为龙阳典史。龙阳濒洞庭，岁雁水患，逋赋数十万，敲扑死者相踵。文胜慨然诣阙上疏，为民请命。再上，皆不报。叹曰："何面目归见父老！"复具疏，击登闻鼓以进，遂自经于鼓下。帝闻大惊，悯其为民杀身，诏宽龙阳租二万四千余石，定为额。邑人建祠祀之。

【译文】

青文胜，字质夫，是夔州（今四川奉节）人。做龙阳（今湖南汉寿）典史的官。龙阳县濒临洞庭湖，连年遭受水灾，拖欠赋税数十万，因拷打而死的人接踵相继。青文胜激愤地到朝廷上书，为民请命。两次上条陈，都没有答复。他叹息说："我还有什么脸回去见乡亲！"再次写文条陈，击响登闻鼓走进了通政院，接着便自己吊死在鼓下。皇帝听说后非常惊讶，怜悯他为百姓而死，下诏书减免龙阳县的租税二万四千多石。规定为以后每年减免的数额。龙阳县的人建造祠堂祭祀青文胜。

黄子澄传

削藩之谋

【原文】

惠帝为皇太孙时，尝坐东角门谓子澄曰："诸王尊属拥重兵，多不法，奈何？"对曰："诸王护卫兵，才足自守，倘有变，临以六师，其谁能支？汉七国非不强，卒底亡灭。大小强弱势不同，而顺逆之理异也。"太孙是其言。比即位，命子澄兼翰林学士，与齐泰同参国政，谓曰："先生忆昔东角门之言乎？"子澄顿首曰："不敢忘。"退而与泰谋，泰欲先图燕。子澄曰："不然，周、齐、湘、代、岷诸王，在先帝时，尚多不法，削之有名。今欲问罪，宜先周。周王，燕之母弟，削周是剪燕手足也。"谋定，明日入白帝。……未几，燕师起，王泣誓将吏曰："陷害诸王，非由天子意，乃奸臣齐泰、黄子澄所为也。"

白玉镂空鸳鸯戏莲　明

【译文】

惠帝做皇太孙的时候，曾在皇宫东面的角门坐着对黄子澄说："我的各位长辈都掌握重兵，大多不遵法度，怎么办？"黄子澄说："各位藩王手下的护卫兵，只够守护自己，假若发生变故，用天子的军队去征讨，谁能抵挡？汉朝吴楚等七国诸侯不是不强，最终归于灭亡。这是由于大和小、强与弱的形势不同，理顺和理逆大不一样呀。"皇太孙认为他的话说得对。等登上皇位，就叫黄子澄兼任翰林学士，与齐泰共同参与国家政事，对他说："先生还记得当年在东角门说的话吗？"黄子澄叩头说："不敢忘记。"回去后就同齐泰谋划，齐泰想先除掉燕王。黄子澄说："不行，周、齐、湘、代众藩王，在已故太祖皇帝时，就多有不遵法度的事，削除他们有名义，如要兴师问罪，应当首先对周王。周王是燕王的同母弟，削除周王就是剪掉燕王的手足。"谋划已定，第二天进宫报告惠帝。……不久，燕王发兵反叛，燕王流着眼泪向将吏们誓师说："陷害众王不是出于天子的本意，而是奸臣齐泰、黄子澄所干的啊。"

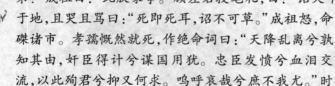

方孝孺传

方孝孺之死

【原文】

及惠帝即位，召为翰林侍讲。明年迁侍讲学士，国家大政事辄咨之。……明年五月，燕兵至江北，……乙丑，金川门启，燕兵入，帝自焚。是日，孝孺被执下狱。先是，成祖发北平，姚广孝以孝孺为托，曰："城下之日，彼必不降，幸勿杀之。杀孝孺，天下读书种子绝矣。"成祖颔之。至是欲使草诏。召至，悲恸声彻殿陛。成祖降榻劳曰："先生毋自苦，予欲法周公辅成王耳。"孝孺曰："成王安在？"成祖曰："彼自焚死。"孝孺曰："何不立成王之子？"成祖曰："国赖长君。"孝孺曰："何不立成王之弟？"成祖曰："此朕家事。"顾左右授笔札，曰："诏天下，非先生草不可。"孝孺投笔于地，且哭且骂曰："死即死耳，诏不可草。"成祖怒，命磔诸市。孝孺慨然就死，作绝命词曰："天降乱离兮孰知其由，奸臣得计兮谋国用犹。忠臣发愤兮血泪交流，以此殉君兮抑又何求。呜呼哀哉兮庶不我尤。"时年四十有六。……孝孺之死，宗族亲友前后坐诛者数百人。

【译文】

到惠帝即位，召方孝孺为翰林院侍讲（掌管讲读经书史书）。第二年（建文二年）升任侍讲学士，国家大政有事就去向他咨询。……建文四年五月，燕王的兵到了长江北岸，……六月初八，都城的金川门敞开，燕王的兵入城，惠帝自焚死。这一天，方孝孺被逮入

方孝孺

狱。这以前,成祖从北平(今北京)出发时,姚广孝(僧道衍)把方孝孺托付给他,说:"攻克京城的时候,方孝孺必定不投降,希望不要杀他。杀了孝孺,天下念书的种子就断绝了。"成祖点头答应。到现在想让方孝孺起草诏书。把他召到这里,他悲痛的哭声响彻殿外。成祖下床劝他说:"先生不要自寻苦恼,我是要效法周公辅佐周成王啊。"方孝孺说:"成王在哪里?"成祖说:"他自焚死了。"孝孺说:"为什么不立成王的儿子?"成祖说:"国家要靠成年国君来治理。"孝孺说:"为什么不立成王的弟弟?"成祖说:"这是我的家事。"让左右的人给方孝孺笔和纸,说:"给天下的诏令,非先生起草不行。"孝孺把笔扔到地上,又哭又骂地说:"死就死,草诏不能写。"成祖生气了,命令把方孝孺分尸于市。孝孺慷慨地去赴死刑,并作绝命词说:"上天降下使人遭难的政乱啊哪个知道它的来由,奸臣的计划得逞啊用欺诈夺权到手。忠臣发泄愤懑啊血和泪交相淌流,用死来为君主殉难啊还有什么要求。可悲可叹啊希望不要对我加咎。"当时年龄是四十六岁。……孝孺死后,他的宗族亲戚朋友先后因受株连被杀的有几百人。

齐泰等传

不可以成败论英雄

【原文】

成祖之得天下,非人力所能御也。齐、黄、方、练之俦,抱谋国之忠,而乏制胜之策。然其忠愤激发,视刀锯鼎镬甘之若饴,百世而下,凛凛犹有生气。是岂泄然不恤国事,而以一死自谢者所可同日道哉!由是观之,固未可以成败之常见论也。

【译文】

成祖皇帝取得皇位,不是人的力量所能阻挡的啊。齐泰、黄子澄、方孝孺,练子宁这批人,怀抱谋划国事的忠诚,却缺少制敌取胜的策略。但是他们的忠诚义愤奋发,把受刀锯鼎镬的极刑看作像吃糖一样甜美,千百年以后,仍然生气凛然,令人敬畏。这难道是那些悠闲不忧念国事,而用自己的死来认罪的人所能同日而语的吗?由此看来,实在不可以"成者王侯败者贼"的庸见论人啊。

王琏传

"埋羹太守"王琏

【原文】

王琏,字器之,日照人。博通经史,尤长于《春秋》。初为教授,坐事谪远方。洪武末,以贤能荐,授宁波知府。夜四鼓即秉烛读书,声彻署外。间诣学课诸生,诸生率四鼓起,诵习无敢懈。……自奉俭约,一日馔用鱼羹,琏谓其妻曰:"若不忆吾啖草根时耶?"命彻而埋之,人号"埋羹太守"。

【译文】

王琏,字叫器之,日照(今属山东)人。博经学和史学,尤其擅长《春秋》。起初任学府教授官职,因事犯罪降级到边远的地方。明太祖洪武(1368—1398 年)末年,以贤德有才能被举荐,任以宁波(今属浙江)知府。他夜里四更时就点着蜡烛读书,读书声响达官署的外边。抽空到学府督促诸生学习,诸生也多四更起床,念书学习不敢懈怠。……自己遵奉节俭,有一天吃饭食物中有鱼羹,王琏对他的妻子说"你不记得我吃草根时了吗?"让她把鱼羹撤下并埋掉,人们因此称他"埋羹太守"。

姚广孝等传

群策群力,应时并济

【原文】

惠帝承太祖遗威余烈,国势初张,仁闻昭宣,众心悦附。成祖奋起方隅,冒不韪以争天下,未尝有万全之计也。乃道衍首赞密谋,发机决策,张玉、朱能之辈戮力行间,转战无前,陨身不顾。于是收劲旅,摧雄师,四年而成帝业。意者天之所兴,群策群力,应时并济。

【译文】

惠帝承续了太祖留下来的威风和业绩,国势刚刚伸展,仁爱的声誉彰明宣扬,群众从心里喜欢他、归附他。成祖奋起于国家的边疆,去干认为不对的事情来争夺天下,并没有很好的计策,而是僧道衍首先帮助秘密谋划,发挥智巧决定计策,张玉、朱能等人全力付于军队之中,辗转战场无所不前,牺牲自己也不顾惜。因而降服强有力的军队,摧毁勇武的军队,四年时间就完成了帝王之业。我们认为是天意要使他兴起,又集中了群众的智慧和力量,顺应时势而共同完成的。

解 缙 传

内阁参与机务之始

【原文】

成祖入京师,擢侍读,命与黄淮、杨士奇、胡广、金幼孜、杨荣、胡俨并直文渊阁,预机务。内阁预机务自此始。

【译文】

明成祖进入京都南京,提拔解缙为侍读(掌讲读经书史书),让他与黄淮、杨士奇、胡广、金幼孜、杨荣、胡俨一起到文渊阁,参与机密的军、政大事。内阁参与机密的军、政大事从这时开始。

明成祖谕六科诸臣直言

【原文】

一日,帝御奉天门,谕六科诸臣直言,因顾缙等曰:"《王》《魏》之风,世不多有。若使进言者无所惧,听言者无所忤,天下何患不治,朕与尔等共勉之。"其年秋,胡俨出为祭酒,缙等六人从容献纳。帝尝虚己以听。

【译文】

有一天,成祖到奉天门,诏谕六科各臣要坦率地发表意见,并对解缙等说:"《诗经》的《王风》《魏风》中那样的劝告,现在多不存在了,如果让提意见的人没有什么可畏惧的,听取意见的人没有什么抵触,天下还愁什么不太平,我与你们共同努力这样做。"这一年(永乐二年,公元 1404 年)的秋天,胡俨出任国子监祭酒,解缙等六个人坦然地进言以供采纳。成祖有时还非常虚心地听取。

胡 广 传

文臣得谥自胡广始

【原文】

胡广,字光大,吉水人。……建文二年廷试,时方讨燕,广对策有"亲藩陆梁,人心摇动"语,帝亲擢广第一,赐名靖,授翰林修撰。……广性缜密。帝前所言及所治职务,出未尝告人。时人以方汉胡广。然颇能持大体。奔母丧还朝,帝问百姓安否。对曰:"安,但郡县穷治建文时奸党,株及支亲,为民厉。"帝纳其言。十六年五月卒,年四十九。赠礼部尚书,谥文穆。文臣得谥,自广始。

【译文】

胡广,字光大,吉水(今属江西)人。……惠帝建文一年(1400 年)在殿廷上考试,当时正值讨伐燕王朱棣,胡广回答惠帝的策问中有"亲藩跋扈,人心不稳"的话,惠帝亲自选拔胡广为第一名,赐给他名字叫靖,任以翰林院修撰的官。……胡广性细致精密。在皇帝面前所说的话及所处理的职内的事,出来未曾告诉过别人。当时人们把他比做东汉的胡广。但是他很能顾及大局。奔赴母亲的丧事回来到朝廷,成祖问他百姓安定不安定。他回答说:"安定,但郡、县还追究惩治建文时的邪恶党徒,株连到他们的旁支亲属,是人民的祸患。"成祖听取了他的话。成祖永乐十六年(1418 年)五月死,年四十九。赠为礼部尚书,谥号文穆。文臣得谥号,是从胡广开始的。

金 幼 孜 传

明仁宗勉大臣谏诤

【原文】

帝御西角门阅廷臣制诰，顾三学士曰："汝三人及蹇、夏二尚书，皆先帝旧臣，朕方倚以自辅。尝见前代人主恶闻直言，虽素所亲信，亦畏威顺旨，缄默取容。贤良之臣，言不见听，退而杜口。朕与卿等当深用为戒。"因取五人诰词，亲增二语云："勿谓崇高而难入，勿以有所从违而或怠。"幼孜等顿首称谢。

【译文】

仁宗到西角门批阅给朝廷大臣的诏令，对金幼孜、杨荣、杨士奇三位大学士说"你们三人及蹇义、夏原吉二位尚书，都是先帝成祖时的老臣，我现在依靠你们来辅佐我。曾见前代的君主不喜欢听率直的规劝，虽然是平常所亲信的人，也因为惧怕皇帝而顺从他的旨意，以闭口不言来取得容身。贤德善良的大臣，因为进言不被听取，就退而绝口不语。我与你们应当深深地引以为戒。"因而拿出给五人的诏令词，亲自增加两句话："不要以为直言极谏境界太高难以达到而不去努力，不要因为有的不听而有所松懈。"金幼孜等叩头道谢。

胡 俨 传

学官许乞便地自胡俨始

【原文】

胡俨，字若思，南昌人。少嗜学，于天文、地理、律历、医卜无不究览。洪武中以举人授华亭教谕，能以师道自任。母忧，服除，改长垣，乞便地就养，复改余干。学官许乞便地自俨始。

【译文】

胡俨，字若思，南昌（今属江西省）人。少时好学，对天文、地理、律历、医药、卜筮的书无不尽力搜求阅览。明太祖洪武年间以举人任为华亭（今上海松江区）教谕，能以力行为师之道为己任。母丧，脱去丧服之后，改任长垣（今属河南）教谕，胡俨请求到便利于侍养父亲的地方去，又改为余干（今属江西）。允许学官要求到便利的地方做官，始于胡俨。

杨士奇传

明仁宗恐杨士奇受中伤

【原文】

杨士奇，名寓，以字行，泰和人。……仁宗即位，擢礼部侍郎兼华盖殿大学士。……时藩司守令来朝，尚书李庆建议发军伍余马给有司，岁课其驹。士奇曰：“朝廷选贤授官，乃使牧马，是贵畜而贱士也，何以示天下后世。”帝许中旨罢之，已而寂然。士奇复力言。又不报。有顷，帝御思善门，召士奇谓曰：“朕向者岂真忘之.闻吕震、李庆辈皆不喜卿，朕念卿孤立，恐为所伤，不欲因卿言罢耳，今有辞矣。”手出陕西按察使陈智言养马不便疏，使草敕行之。士奇顿首谢。

【译文】

杨士奇，名寓，通常用字，泰和(今属江西)人。……仁宗即皇帝位后，提升为礼部侍郎兼华盖殿大学士。……当时布政使知府知县来朝见皇帝，尚书李庆建议把军队不用的马发给这些地方官吏放牧，每年向他们征收马驹。杨士奇说：“朝廷选举贤能的人任给他们官职，而去让他们牧马，这是重牲畜轻士人，怎么向天下、后世人交代呢。”仁宗称赞符合他的旨意而取消养马，不久没有声息了。杨士奇又竭力进言取消养马。又没有回答。不久，仁宗到思善门，召杨士奇对他说：“我以前哪是真忘了你的意见。听说吕震、李庆等都不喜欢你，我念及你孤立，恐怕被他们伤害，不想因为你的意见而取消，现在有明令取消的口实了。”亲手拿出陕西按察使陈智说养马不便的上疏，让人起草诏令施行。士奇叩头拜谢。

蹇 义 传

政策损益，贵适时宜

【原文】

燕师入，迎附，迁左侍郎。数月，进尚书。时方务反建文之政，所更易者悉罢之。义从容言曰：“损益贵适时宜。前改者固不当，今必欲尽复之。亦未悉当也。”因举数事陈说本末。帝称善，从其言。

【译文】

燕王朱棣(即明成祖)的军队进入京师(今南京市)，蹇义欢迎并归附他，被升为吏部左侍郎。几个月后，升为吏部尚书。当时正极力从事于反建文(惠帝年号)时的政策。凡是建文时改变的政策，全部停止实行。蹇义态度平和地对成祖说：“政策的兴革贵在适合当时的需要，以前建文改的固然不得当，现在必定要全部恢复以前的，也未必全是适当的。”并举了几件事为例诉说这种做法不当的情况，成祖称赞他的意见好，听从了他的意见。

夏原吉传

夏原吉治水

【原文】

浙西大水,有司治不效。永乐元年命原吉治之。……原吉请循禹三江入海故

麟堂秋宴图卷（局部）　明

迹,浚吴淞下流,上接太湖,而度地为闸,以时蓄泄。从之。役十余万人。原吉布衣徒步,日夜经画,盛暑不张盖,曰:"民劳,吾何忍独适。"事竣,还京师,言水虽由故道入海,而支流未尽疏泄,非经久计。明年正月,原吉复行,浚白茆塘、刘家河、大黄浦。……九月工毕,水泄,苏、松农田大利。

【译文】

浙西发大水,主管官吏治水没有成效。永乐元年(1403年)让夏原吉(当时任户部尚书)去治水。……原吉请求遵循夏禹三江入海的旧道治理,疏浚吴淞江(一称苏州河,在上海市西部及江苏省南部,源出太湖瓜泾口)的下流,上接太湖,并填地建闸,以备蓄水、泄水用。皇帝批准了他的申请。役用了民夫十几万人。原吉穿着布衣徒步行于工区,日夜治理筹划,炎热的夏天不用遮阳的用具,他说:"老百姓在劳苦,我怎么忍心独自舒适呢。"治水的事完成之后,他回到京师,说水虽然由旧道入了海,但是支流还没有疏通流畅,所以还不是长久之计。明年(永乐二年)正月原吉又去了,疏通了白茆塘、刘家河、大黄浦。……九月份工程完毕,水畅通了,苏州府(今江苏省苏州)、松江府(今上海市松江区)地区的农田大大受益。

李　庆　传

严治贪纵者

【原文】

李庆,字德孚,顺义人。……永乐元年召为刑部侍郎。性刚果,有干局,驭下甚严。帝以为才,数命治他事,不得时至部。然属吏与罪人交通私馈饷,庆辄知之,绳以重法。五年改左副都御史。……时勋贵武臣多令子弟家人行商中盐,为官民害。庆言:"旧制,四品以上官员家不得与民争利。今都督蔡福等既行罚,公侯有犯,亦乞按问。"帝命严禁如制。忻成伯赵彝擅杀运夫,盗卖军饷。都督谭青、朱崇贪纵。庆劾之,皆下吏。已,劾都督费瓛欺罔,梁铭贪暴,镇守德州都督曹得黩货。皆被责。中外凛其风采。

【译文】

李庆,字德孚,顺义县(现在是顺义区,在今北京市东北部)人。……永乐元年(1403年)召任刑部侍郎。性格刚毅果断,有才干气度,管理下属非常严格。成祖因为他有才干,屡次让他去治理别的事,致不能时常到刑部去。但是他属下的官吏与罪人来往,罪人私下送给他们礼物,李庆即能知道,并依法严加处理。永乐五年(1407年),改任左副都御史。……当时功臣、贵戚、武臣多让子弟和家里人往来贩卖盐引,使官家和百姓都受危害。李庆上疏说:"旧制规定,四品以上官员家里人不能经商与民争利。现在都督蔡福等已经进行了处罚,公、侯们有犯例的,也要审查追究。"成祖命他依照制度严加禁止。忻成伯赵彝擅自杀死转运夫,偷卖军饷;都督谭青、朱崇贪婪放纵。李庆弹劾他们,全都交给司法官吏审问处罪。随后揭发都督费瓛欺骗蒙蔽皇上;梁铭贪婪暴虐;镇守德州(今属山东省)的都督曹得贪污财物。这些人都受到责罚。朝廷内外的人都敬畏他的风度神采。

刘季篪传

善　辨　冤　案

【原文】

刘季篪,名韶,以字行,余姚人。……建文中,召为刑部侍郎。民有为盗所引者。逮至,盗已死,乃召盗妻子使识之。听其辞,诬也,释之。吏亏官钱,诬千余人,悉为辨免。河阳逆旅朱、赵二人异室寝。赵被杀,有司疑朱杀之,考掠诬服。季篪独曰:"是非雠仇,且其装无可利。"缓其狱,竟得杀赵者。扬州民家,盗夜入杀人,遗刀尸傍,刀有记识,其邻家也。官捕鞠之。邻曰:"失此刀久矣。"不胜掠,诬服。季篪使人怀刀就其里潜察之。一童子识曰:"此吾家物。"盗乃得。

【译文】

刘季箎,名韶,通常用字,余姚(今属浙江)人。……惠帝建文年间,召作刑部侍郎。有个受盗贼牵连的人。把他逮捕来后,盗已死去,季箎就把盗的妻子召来辨认他。听了她的话,知道那个人是冤屈的,就把他放了。有个吏欠了官家的钱,他诬赖了一千多人,季箎全都为他们辨明免了罪。河阳(今云南澄江)的旅店中有姓朱和姓赵的两个人分别睡在二间房子里。姓赵的被人杀死了,官吏怀疑是姓朱的杀死的,朱被拷打屈招。季箎特说:"这个人与赵素常没有仇,他的行装里也没有值得偷的东西。"就先不处理姓朱的,后来终于捕得杀赵的人。扬州(今属江苏省)有个老百姓家,夜间进去强盗杀了人,把杀人的刀遗留在尸体旁,刀上有记号,是死者邻家的刀,官吏捕拿审讯他。邻人说:"这把刀已经遗失很久了。"因忍受不了拷打,屈招了。季箎让人怀藏这把刀到这个乡里暗中调查,一个小孩认得这把刀说:"这是我家的东西。"于是捕得了杀人的强盗。

杨 砥 传

杨砥牧马法

【原文】

杨砥,字大用,泽州人。……永乐十年迁北京行太仆寺卿。……定牧马法,请令民五丁养种马一匹,十马立群头一人,五十马立群长一人,养马家岁蠲租粮之半。而蓟州以东至山海诸卫,土地宽广,水草丰美,其屯军人养马一匹,租亦免半。帝命军租尽蠲之,余悉从其议。于是马大蕃息。

【译文】

杨砥,字大用,泽州(今山西晋城东北)人。……明成祖永乐十年(1412 年),调任北京行太仆寺卿(管牧马政令的官),制定养马法,请求让百姓五个壮丁养一匹种马,养十匹种马的设群头一人负责,养五十匹马的设群长一人,养马的人家每年免除一半田租粮。而蓟州镇(明代九边之一,为近畿防卫重镇)以东至山海关的各卫地区,土地宽阔,水草繁盛秀美,这里的屯田军人养马一匹,也免除一半田租。成祖让军人的田租全部免除,其余的全都同意他的建议。于是军马大为繁殖。

陈 济 传

编纂《永乐大典》

【原文】

陈济,字伯载,武进人。读书过目成诵。尝以父命如钱塘,家人赍货以从。比还,以其赍之半市书,口诵手抄。十余年,尽通经史百家之言。成祖诏修《永乐大典》,用大臣荐,以布衣召为都总裁,修撰曾棨等为之副。词臣纂修者及太学儒生数

千人,缮秘库书数百万卷,浩无端倪。济与少师姚广孝等数人,发凡起例,区分钩考,秩然有法。执笔者有所疑,辄就济质问,应口辨析无滞。书成,授右赞善。

《永乐大典》书影

【译文】

　　陈济,字伯载,武进县(今属江苏)人。读书念一遍就能背诵。曾依照父亲的命令到钱塘县(今浙江省杭州市),家人带着货物跟随他一起去。到回来时,用这钱的一半买了书,他每天口念手抄。十几年后,就把经书、史书、诸子百家之书全通晓了。成祖下诏撰修《永乐大典》,通过大臣的推荐,陈济从一个平民被召用做了都总裁,翰林院修撰曾棨等做他的副手。参加撰修者有掌管朝廷制、诰、诏令撰修的官员及太学的学生共几千人,他们翻阅秘库(宫中藏书处)的藏书几百万卷,资料很多而没有头绪。陈济和少师姚广孝等几个人,制定揭示全书的要旨和通例,分类探索考核,秩序井然有章法。执笔写作的人有疑问,就向陈济询问,陈济都顺口而来流畅无阻的给他们解答。《永乐大典》编成之后,授予陈济右赞善的官。

蔺 芳 传

蔺芳的筑堤法

【原文】

　　蔺芳,夏县人。……永乐中,出为吉安知府。宽厚廉洁,民甚德之。……十年,河决阳武,灌中牟、祥符、尉氏,遣芳按视。芳言:"中盐堤当暴流之冲,请加筑塞。"又言:"自中滦分导河流,使由故道北入海,诚万世利。"又言:"新筑岸埽,止用草索,不能坚久。宜编木成大囷,贯桩其中,实以瓦石,复以木横贯桩表,牵筑堤上,则杀水固堤之长策也。"诏悉从之。其后筑堤者遵用其法。

【译文】

　　蔺芳,夏县(今属山西)人。……明成祖永乐年间(1403—1424年),出任吉安府(今江西吉安)知府。为人宽厚廉洁,百姓很称颂他的仁德。……永乐十年,黄河

在阳武县(今河南省原阳县)决口,淹了中牟县(今属河南)、祥符县(今河南开封)、尉氏县(今属河南),朝廷派遣蔺芳前去审察巡视。蔺芳说:"中盐堤正当着猛水的冲击,请求在这里加筑堤岸以补救。"又说:"从中滦镇(在今河南封丘西南黄河北岸)分流疏导,使河水由旧道向北入海,这样实在是谋长远的利益。"还说:"新筑堤岸用的是埽,仅用草捆扎,不能坚固耐久。应当用木头编成一个大圆仓,中间贯上木桩,周围填上砖瓦石块,再用木头横置于木桩上面,把它拉筑在堤上,那才是减水势固堤防的长久之计。"皇帝下诏完全照他说的做。这以后筑堤的人都遵循使用这个方法。

周 忱 传

深 入 下 层

【原文】

既久任江南,与吏民相习若家人父子。每行村落,屏去驺从,与农夫饷妇相对,从容问所疾苦,为之商略处置。其取下也,虽卑官冗吏,悉开心访纳。遇长吏有能,如况锺及松江知府赵豫、常州知府莫愚、同知赵泰辈,则推心与咨画,务尽其长,故事无不举。常诣松江相视水利,见嘉定、上海间,沿江生茂草,多淤流,乃浚其上流,使昆山、顾浦诸所水,迅流驶下,壅遂尽涤。暇时以匹马往来江上,见者不知其为巡抚也。

【译文】

周忱在江南任职(周忱任工部右侍郎,巡抚江南各府,总督税粮)时间久了,与当地的官吏、百姓互相熟悉得像家人父子一样。每到村庄,都不要侍从的骑卒,与农夫和送饭的妇女对面交谈,态度平和地问他们有什么困难,为他们商量讨论解决。他对待下属,即使是小官散吏,也都真诚地咨询和接受他们的意见。对有才能的地方长官,象况钟及松江府(今上海市松江县)知府赵豫、常州府(今江苏常州)知府莫愚、同知赵泰等人,就推心置腹地与他们商量计划,一定尽量发挥他们的长处,所以各种事没有办不成的。常到松江查看水利,发现嘉定县(今属上海市)、上海之间,沿江长了许多茂盛的杂草,多淤塞了河流,就疏浚长江上流,使昆山(今属江苏)、顾浦各处的水,急流奔泻而下,壅塞之物因而全被涤荡净尽。

黄 福 传

在交趾的治绩

【原文】

安南既平,郡县其地,命福以尚书掌布政、按察二司事。时远方初定,军旅未息,庶务繁剧,福随事制宜,咸有条理。……于是编氓籍,定赋税,兴学校,置官师。

数召父老宣谕德意,戒属吏毋苛扰。一切镇之以静,上下帖然。时群臣以细故谪交趾者众,福咸加拯恤,甄其贤者与共事,由是至者如归。镇守中官马骐怙宠虐民,福数裁抑之。……福在交趾凡十九年。及还,交人扶携走送,号泣不忍别。……宣德元年,马骐激交趾复叛。时陈洽以兵部尚书代福,累奏乞福还抚交趾。……比至,柳升败死,福走还,至鸡陵关,为贼所执,欲自杀。贼罗拜下泣曰:"公,交民父母也,公不去,我曹不至此。"力持之。黎利闻之曰:"中国遣官吏治交趾,使人人如黄尚书,我岂得反哉!"遣人驰往守护,馈白金、馈粮,肩舆送出境。……兵部侍郎徐琦使安南回,福与相见石城门外。或指福问安南来者曰:"汝识此大人否?"对曰:"南交草木,亦知公名,安得不识。"

【译文】

　　安南(今越南)平定以后,把这里作为明朝的郡县,命黄福以工部尚书掌管布政司、按察司的事。当时远方刚平定,军队作战的事还没有停止,各种事务很繁重,黄福随着事情的具体情况,采取适当的措施,都很有条理。……于是编造百姓户籍,制定赋税,兴办学校,设各种官吏。屡次召集当地父老宣告朝廷对百姓施以仁德的意愿,命令属下的官吏不要骚扰百姓。一切镇守之事以安定为准则,所以上下安服。当时大臣们因为小事而被贬到交趾(安南为省名)的很多,黄福都对他们加以救助,选取那些贤能的人与他一起办事,由于这个缘故,到这里来的人如同回到家里一样。镇守这里的宦官马骐依恃受皇帝宠幸而对百姓暴虐,黄福屡次限制他。……黄福在交趾共十九年。到他回来时,交趾人扶老携幼送他走,号哭不忍心分别。……宣宗宣德元年(1426年),马骐激起交趾的再次反叛。当时陈洽以兵部尚书的官职取代黄福巡抚交趾,屡次上奏乞求黄福回来安抚交趾。……黄福到时,征虏副将军柳升以失败而死,黄福离开那里回来,行到鸡陵关(今名友谊关,在广西凭祥西南),被反叛者抓住,黄福要自杀,他们环绕黄福下拜哭着说:"您是交趾人民的父母啊,您不走的话,我们不会到这步田地。"用力抓着他不让他自杀。交趾反叛者的首领俄乐巡检黎利听说这事后说:"中国派官吏来治理交趾,假使每个人都像黄尚书那样,我们怎能造反呢!"派人快马前往守护,赠给他白金、干粮,用轿子送他出境。……兵部侍郎徐琦出使安南回来,黄福与他在石城(今云南曲靖)门外相见。有人指着黄福问安南来的人说:"你认识这位大人吗?"他回答说:"交趾的草木也知道黄公的名字,怎能不认识呢?"

宋 晟 传

任人不专则不能成功

【原文】

　　晟凡四镇凉州,前后二十余年,威信著绝域。帝以晟旧臣,有大将材,专任以边事,所奏请辄报可。御史劾晟自专。帝曰:"任人不专则不能成功,况大将统制一边,宁能尽拘文法。"即敕晟以便宜从事。

【译文】

宋晟共四次派出镇守凉州卫（今甘肃武威），前后在凉州呆了二十多年，他的威信卓著于极远的地方。成祖因为宋晟是明太祖时的老臣，有大将的才能，特别任用他管理边境的事，他所奏请的事，一般都予以批准。御史揭发宋晟专断。成祖说："用人不让他专权就不能成就功业，何况大将管理控制着一方的边境，哪能完全拘泥于法令条文。"随即下令告知宋晟不必拘泥诏旨，可以根据实际情况处理当地事务。

刘 江 传

望海埚歼倭寇

【原文】

倭数寇海上，北抵辽，南迄浙、闽，濒海郡邑多被害。江度形势。请于金线岛西北望海埚筑城堡，设烽燧，严兵以待。十七年六月，了者言东南海岛中举火。江急引兵赴埚上。倭三十余舟至，泊马雄岛，登岸奔望海埚。江依山设伏，别遣将断其归路，以步卒迎战，佯却。贼入伏中，炮举伏起，自辰至酉，大破贼。贼走樱桃园空堡中。江开西壁纵之走，复分两路夹击，尽覆之，斩首千余级，生禽百三十人。自是倭大创，不敢复入辽东。诏封广宁伯，……始更名荣。

【译文】

日本海盗屡次剽掠海上，北边到辽东，南边止于浙江、福建，近海的各郡邑大多受害。总兵刘江考虑了这地区的形势，请求在金线岛西北的望海埚（今辽宁省金县东北）建筑城堡，设置用烽燧报警和探望敌人的土堡，严正军队等待敌人。永乐十七年（1419年）六月，瞭望敌情的人说东南海岛中举起烽火报警。刘江急忙领兵到望海埚的城堡上，望见日本海盗的三十多支船来到，停在马雄岛，登岸奔向望海埚。刘江靠山设下埋伏，另外派将领去断绝他们回去的路，用步兵迎战，假退却。倭寇进入埋伏中后，就发炮伏兵四起打击敌人，自辰时（七时至九时）战到酉时（十七时至十九时），大败倭寇。倭寇逃到樱桃园的空城堡里。刘江让出西面放他们走，又分两路夹击，结果把他们全部消灭，斩首级一千多，活捉一百三十人。自这以后倭寇受到很大打击，不敢再进犯辽东。成祖下诏封刘江广宁伯，……刘江才改名荣。

鲁 穆 传

"鲁铁面"

【原文】

鲁穆，字希文，天台人。永乐四年进士。……除御史。仁宗监国，屡上封事。汉王官校多不法，人莫敢言。穆上章劾之，不报，然直声震朝廷。迁福建佥事。理

冤滥,摧豪强。泉州人李某调官广西,其姻富民林某遣仆鸩李于道,而室其妻。李之宗人诉于官,所司纳林赂,坐诉者,系狱久。穆廉得其实,立正林罪。漳民周允文无子,以侄为后,晚而妾生子,因析产与侄,属以妾子。允文死,侄言儿非叔子,逐去,尽夺其赀。妾诉之。穆召县父老及周宗族,密置妾子群儿中。咸指儿类允文,遂归其产。民呼"鲁铁面"。时杨荣当国,家人犯法,穆治之不少贷。

【译文】

鲁穆,字希文,天台(今属浙江省)人。明成祖永乐四年(1406年)进士。……授官御史。仁宗(朱高炽)为太子监国(皇帝外出,太子留守代管国事)时,鲁穆屡次上疏。汉王高煦(成祖第二子)的下属官吏多不守法,人们都不敢说。鲁穆却上奏章揭发他,虽然皇上没有回答,可是他的正直的名声朝廷里都知道了。调他任福建佥事。治理冤狱和刑法之滥,打击豪强。泉州(今属福建)人李某调到广西做官,他的亲戚富民林某派仆人用鸩酒把李某在路上毒死,把李某的妻子占为他的妻子。李某同族的人向官府控诉他,主管官吏接受了林某的贿赂,判控诉者有罪,并在监狱关了很久。鲁穆查知其中的真实情况,立即治了林某的罪。漳地百姓周允文没有儿子,过继了一个侄子,可是周允文到晚年他的妾生了儿子,因而把财产分一些给侄子,其他的属于妾生的儿子。周允文死了,他侄子说妾儿不是他叔父的孩子,把他赶走,把他的资产也全部夺去。允文妾控告了侄子。鲁穆把县里的父老及周允文的同族人召集来,秘密地把妾之子放在一群小孩之中。召来的人都指着妾之子说他像周允文,于是把财产归还给他。百姓叫鲁穆"鲁铁面"。当时杨荣在内阁掌权,他家里的人犯了法,鲁穆治罪也没有稍加宽恕。

轩 轾 传

身体力行矫奢汰

【原文】

轩轾,字惟行,鹿邑人。永乐末年进士。……宣德六年用荐改御史。按福建,剔蠹除奸,风采甚峻。正统元年清军浙江,劾不职官四十余人。……是年,超擢浙江按察使。前使奢汰,轾力矫之。寒暑一青布袍,补缀殆遍,居常蔬食,妻子亲操井臼。与僚属约,三日出俸钱市肉,不得过一斤。僚属多不能堪。故旧至,食惟一豆。或具鸡黍,则人惊以为异。时镇守内臣阮随、布政使孙原贞、杭州知府陈复、仁和知县许璞居官皆廉,一方大治。

【译文】

轩轾,字惟行,鹿邑(今属河南)人。明成祖永乐(1403—1424年)末年的进士。……宣宗宣德六年(1431年)通过别人荐举改任御史。按察福建,清除损害国家的奸邪的人,作风非常严厉。英宗正统元年(1436年)到浙江清军(清理钩捕逃脱卫所的士卒),弹劾不称职的官吏四十多人。……这一年(正统五年),轩轾被破格提拔任浙江按察使。前任按察使奢侈无度,轩轾努力加以改正。无论是冬天还是夏

国学经典文库

天,他总是穿一件青布袍子,而且几乎满是补丁,平时常吃粗食,他妻子亲自打水春米。与他的部下约定,每三天用自己的薪俸买一次肉,而且不能超过一斤。他的部下多不能忍受。老朋友来了,吃饭只有一个肉菜(豆是盛肉的器皿,所以这里指肉)。有时"杀鸡炊黍"盛情招待,人们就会吃惊,认为这很特殊。当时镇守内臣阮随、布政使孙原贞、杭州知府陈复、仁和(今浙江杭州市)知县许璞做官都廉洁,所以这一地区社会非常安定。

陈 镒 传

镇陕得军民心

【原文】

陈镒,字有戒,吴县人。永乐十年进士。……景泰二年,陕西饥,军民万余人,"愿得陈公活我。"监司以闻,帝复命之。镒至是凡三镇陕,先后十余年,陕人戴之若父母。每还朝,必遮道拥车泣。再至,则欢迎数百里不绝。其得军民心,前后抚陕者莫及也。

掐丝珐琅灵芝仙鹤纹寿字觚　明

【译文】

陈镒,字有戒,吴县(今属江苏)人。明成祖永乐十年(1412年)进士。……景帝景泰二年(1451年),陕西闹饥荒,军民一万多人提出:"希望让陈公来救我们。"地方官将这事上奏皇上,景帝又命令陈镒到陕西去。至此陈镒共三次出镇陕西,前后有十几年,陕西人爱戴他就像是对父母。他每次离任回朝,陕人一定拦道拥到车前哭泣。再到陕西时,欢迎的人流绵延不断达数百里之长。他深得军民之心的程度,是前后巡抚陕西的官员们所赶不上的。

李 纲 传

"铁御史"李纲

【原文】

李纲,字廷张,长清人。……登天顺元年进士,授御史,历按南畿、浙江,劾去浙江赃吏至四百余人。时目为"铁御史"。……成化十三年迁右佥都御史。转左,出督漕运,与平江伯陈锐共事。逾年卒。锐见笥中惟敝衣,挥涕曰:"君子也。"为具棺敛,闻其清节于朝。

【译文】

李纲，字廷张，长清（今属山东）人。……英宗天顺元年（1457年）举进士，授予御史官职，曾按察南畿（指南京管辖的地区）、浙江，弹劾免去浙江贪赃的官吏达四百多人之多。当时人称"铁御史"。……宪宗成化十三年（1477年）改任右佥都御史。又转为左佥都御史，派出督理往京师运粮的事，与平江伯陈锐共同主持这一工作。过了一年李纲死了。陈锐发现李纲的箱子里只有旧衣服，流着眼泪说："是君子啊。"为他置备棺材殓葬，把他的清正廉洁上奏到朝廷。

杨继宗传

刚正廉洁，不随流俗

【原文】

杨继宗，字承芳，阳城人。天顺初进士。授刑部主事。……成化初，用王翱荐，擢嘉兴知府。以一仆自随，署斋萧然。性刚廉孤峭，人莫敢犯，而时时集父老问疾苦，为祛除之。大兴社学。民间子弟八岁不就学者，罚其父兄。遇学官以宾礼。师儒竟劝，文教大兴。御史孔儒清军，里老多打死。继宗榜曰："御史杖人至死者，诣府报名。"儒怒。继宗入见曰："为治有体。公但剔奸弊，劝惩官吏。若比户稽核，则有司事，非宪体也。"儒不能难，而心甚衔之。濒行，突入府署，发箧视之，敝衣数袭而已，儒惭而去。中官过者，继宗遗以菱芡、历书。中官索钱，继宗即发牒取库金，曰："金具在，与我印券。"中官咋舌不敢受。入觐，汪直欲见之，不可。宪宗问直朝觐官孰廉，直对曰："天下不爱钱者，惟杨继宗一人耳。"

【译文】

杨继宗，字承芳，阳城（今安徽省宿县）人。英宗天顺（1457—1464年）初年进士。授予刑部主事官职。……宪宗成化（1465—1487年）初年，通过王翱举荐，提升为嘉兴府（治所在今浙江省嘉兴县）知府。到任时只有一个仆人跟随他，官署和屋舍都很冷清。性格刚正廉洁、孤傲不随流俗，人们都不敢惹他。可是他却时常召集父老问民间的困难，并为百姓解决。大力举建乡社的学校。民间子弟八岁不去上学的，就罚他的父亲和兄长。以待宾客之礼对待学官。教师和儒生竞相劝勉，文化教育大兴。御史孔儒清军（清理钩捕逃脱卫所的士卒），里老多被他打死。继宗出告示说："御史用杖打人，把人打死的，到府里来报告姓名。"孔儒生气了。继宗去拜见他说："做事要有法式、规矩。你只管去除邪恶，劝勉、惩处官吏。象挨户查考，那是有关官吏的事，不是宪台（指御史）该做的。"孔儒不能反驳，但是心里很恨他。孔儒临走的时候，突然进入知府的官署，打开继宗的箱子察看，发现里面仅仅是几套旧衣服罢了，孔儒惭愧的离开了。宦官路过这里，继宗赠给他们当地的土产菱角、黄实（水生植物芡的种子，可食用或酿酒、入药）、历书。宦官若要钱，继宗就下公文取府库的金子，说："金子都在这里，给我印券（盖有官印的凭证）拿去。"宦官惊异畏惧，不敢接受。他进京朝见皇帝，汪直（宪宗宠幸的宦官）想见他，他严加拒

绝。宪宗问汪直朝觐官谁廉洁，汪直回答说："天下不爱钱的人，只有杨继宗一个人罢了。"

熊 概 等 传

明代巡抚之职

【原文】

明初以十五布政司分治天下，诸边要害则遣侯伯勋臣镇扼之。永乐之季，敕蹇义等二十六人巡行天下，安抚军民，事竣还朝，不为经制。宣德初，始命熊概巡抚苏、松、两浙。越数年，而江西、河南诸省以次专设巡抚官。天顺初，暂罢复设，诸边亦稍用廷臣出镇或参赞军务。盖以地大物众，法令滋章，三司谨奉教条，修其常职，而兴利除弊，均赋税，击贪浊，安善良，惟巡抚得以便宜从事。

【译文】

明朝初共由十五个布政使分别掌管全国的政事，各边疆地区的要塞，派封为侯伯的功臣去镇守。永乐末（时在永乐十九年），下令蹇义等二十六人巡视全国，安慰抚恤军队和百姓，事情办完了回到朝廷，不是常制。宣宗宣德（1426—1434 年）初年，才命令熊概巡抚苏州、松江、浙江（有浙东、浙西之分，所以称两浙）。过了几年，江西、河南各省先后专门设置巡抚官。英宗天顺（1457—1464 年）初年，暂时取消不久又设，各边境也渐渐用朝廷大臣去镇守或去参谋协助军务。总之，由于地大物多，法令条文增多，都察院、布政使、按察使三司仅是奉行政府颁布的文告的规定，处理他们的日常工作，而兴办有利的，除掉有害的，均平赋税，打击贪污，安抚善良等事，只有巡抚才可以不待上奏，自行决断处理。

周 新 传

"冷面寒铁"的监察御史

【原文】

周新，南海人。……洪武中以诸生贡入太学。授大理寺评事，以善决狱称。成祖即位，改监察御史。敢言，多所弹劾。贵戚震惧，目为"冷面寒铁"。京师中至以其名怖小儿，辄皆奔匿。……还朝，即擢云南按察使。未赴，改浙江。冤民系久，闻新至，喜曰："我得生矣。"至果雪之。

【译文】

周新，南海（今广东广州）人。明太祖洪武年间由地方上的诸生被选送进入太学。授予大理寺评事官职，以善于断狱著称。成祖即位，改任监察御史。敢说话，被他弹劾的人很多。贵戚们为之震动惊惧，称他"冷面寒铁"。京师中的人以至用他的名字吓唬小孩，小孩一听他的名字就都赶快跑开躲藏起来。……他回到朝廷，

就提升为云南按察使。没有去上任，又改为浙江按察使。那里受冤屈在狱中关押了很久的人，听说周新要来，都高兴地说："我可以活命了。"周新来到后，果然给他们雪了冤。

况　鐘　传

治　苏　州

【原文】

况鐘，字伯律，靖安人。初以吏事尚书吕震，奇其才，荐授仪制司主事，迁郎中。宣德五年，帝以郡守多不称职，会苏州等九府缺，皆雄剧地，命部、院臣举其属之廉能者补之。鐘用尚书蹇义、胡濙等荐，擢知苏州，赐敕以遣之。苏州赋役繁重，豪猾舞文为奸利，最号难治。鐘乘传至府。初视事，群吏环立请判牒。鐘伴不省，左右顾问，惟吏所欲行止。吏大喜，谓太守暗易欺。越三日，召诘之曰："前某事宜行，若止我；某事宜止，若强我行；若辈舞文久，罪当死。"立捶杀数人，尽斥属僚之贪虐庸懦者。一府大震，皆奉法。鐘乃蠲烦苛，立条教，事不便民者，立上书言之。……当是时，屡诏减苏、松重赋。鐘与巡抚周忱悉心计划，奏免七十余万石。凡忱所行善政，鐘皆协力成之。……其为政，谶悉周密。尝置二簿识民善恶，以行劝惩。又置通关勘合簿，防出纳奸伪。置纲运簿，防运夫侵盗。置馆夫簿，防非理需求。兴利除害，不遗余力。锄豪强，植良善，民奉之若神。

【译文】

况鐘，字伯律，靖安（今属江西省）人。原先是尚书吕震手下的小吏，吕震见他有奇异的才能，荐举授给他仪制司主事的官职，又调任郎中。宣宗宣德五年（1430年），宣宗因为郡守大多不称职，又赶上苏州等九府缺知府，这一带都是非常冲要的地区，命令吏部、都察院的大臣举荐他们属吏中的廉洁有才能的人去补上。况鐘通过尚书蹇义、胡濙等的举荐，升任苏州知府，宣宗赐给他敕令派遣他去了。苏州的赋税徭役繁重，强横狡猾不守法纪的官吏，玩弄法令条文以行奸诈谋利，号称最难管理。况鐘乘驿站的车马到苏州府。刚刚就任，属吏们就围上来，要求他处理事务。况鐘假装不明白，问左右的人，让这些属吏想怎么做就怎么做。属吏们非常高兴，说知府愚昧容易欺瞒。过了三天，况鐘把吏们召来责问他们说："日前我说某事应当做，你们不让我做；我说某事应当不做，你们强迫我做；你们这些人玩弄法令条文以行奸诈时间很长了，罪当处死。"立即打死几个人，把属僚中贪赃暴虐愚弱无能的人全部驱逐。全府大为震惊，属吏全都遵守法纪了。况鐘于是免除烦琐苛细的法律条文和政令，建立教令，有对百姓不利的事，就立即上书皇帝加以说明。……在这个时候，皇帝屡次下诏令减少苏州、松江的繁重赋税。况鐘与巡抚周忱尽心计划，上奏免去七十多万石。凡是周忱所施行的好措施，况鐘都与他共同努力完成。况鐘对待政事，细小的事也详尽周密地去做。曾设二个本子记录百姓行为的善恶，以便进行劝勉和惩罚。又设出入关门的勘合登记簿，防止奸邪诈伪的人出入。设

了纲运登记簿,防止运输工侵吞偷盗。设馆夫(招待宾客的人)登记簿,防止不合理的人员要求。为了兴办有利的,除去有害的,他把全部力量毫不保留地都使了出来。他铲除豪强,扶植善良,人民像对神一样信奉他。

李时勉传

国子监众生为师鸣冤

【原文】

李时勉,名懋,以字行,安福人。……中永乐二年进士。……正统三年以《宣宗实录》成,进学士,掌院事兼经筵官。六年代贝泰为祭酒。……初,时勉请改建国学。帝命王振往视,时勉待振无加礼。振衔之,廉其短,无所得。时勉尝芟彝伦堂树旁枝,振遂言时勉擅伐官树入家。取中旨,与司业赵琬、掌馔金鉴并枷国子监前。官校至,时勉方坐东堂阅课士卷,徐呼诸生品第高下,顾僚属定甲乙,揭榜乃行。方盛暑,枷三日不解。监生李贵等千余人诣阙乞贷。有石大用者,上章愿以身代。诸生围集朝门,呼声彻殿庭。振闻诸生不平,恐激变。及通政司奏大用章,振内惭。助教李继请解于会昌侯孙忠。忠,皇太后父也。……忠附奏太后,太后为言之帝。帝初不知也,立释之。

青玉花卉灵芝耳杯　明

【译文】

李时勉,名懋,通常用字,安福县(今属江西)人。……中明成祖永乐二年(1404年)进士。……英宗正统三年(1438年)因所撰《宣宗实录》告成,进升学士,掌管翰林院事兼经筵

(为皇帝特设的讲解经传史鉴的讲席)的官。正统六年(1441年)代贝泰为国子监祭酒(掌国学各生员训导的政令)。……先时,李时勉请求改建国学。英宗让当权太监王振前往视察,时勉没有用特殊的礼仪接待王振。王振怀恨他,查寻他的毛病,没有找到。得知时勉曾芟除过彝伦堂前树上的旁枝,王振就说时勉擅自砍伐官树拿到自己家中。取出宫中下的谕旨,把李时勉与司业(职掌与祭酒同)赵琬、掌膳(管理国子监伙食)金鉴一起在国子监前戴上枷。逮捕他的衙官到来时,时勉正坐在东堂审阅考察士子的试卷,他慢慢地招呼各监生品评他们的优劣和等级,拜托同署的下属官吏定出名次张榜公布才走。正赶上盛夏灾暑,颈上的枷三天不给解下来。监生李贵等一千多人到朝门请求宽免他。有个叫石大用的,上奏章表示愿意以自身代替李时勉受枷,监生们围集在朝门,呼喊声响彻朝廷殿堂。王振听到监生们不平,害怕激起变乱。等见到通政司上的石大用的奏章,王振内心感到羞愧。助教李继去请求会昌侯孙忠给李时勉解枷。孙忠,是皇太后的父亲。……孙忠通过太后派来的人将此事上奏皇太后,太后为他对英宗说了,英宗本来不知道这事,所以立刻释放了李时勉。

谢　铎　传

以古证今，切正时弊

【原文】

谢铎，字鸣治，浙江太平人。天顺末进士。……性介特，力学慕古，讲求经世务。成化九年校勘《通鉴纲目》，上言：“《纲目》一书，帝王龟鉴。陛下命重加考定，必将进讲经筵，为致治资也。今天下有太平之形，无太平之实，因仍积习，废实徇名。曰振纲纪，而小人无畏忌；曰励风俗，而缙绅弃廉耻。饬官司，而污暴益甚；恤军民，而罢敝益极。减省有制，而兴作每疲于奔命；蠲免有诏，而征敛每困于追呼。考察非不举，而幸门日开；简练非不行，而私挠日众。赏竭府库之财，而有功者不劝；罚穷谳复之案，而有罪者不惩。以至修省祈祷之命屡颁，水旱灾伤之来不绝。禁垣被震，城门示灾，不思辣动旋转，以大答天人之望，是则诚可忧也。愿陛下以古证今，兢兢业业，然后可长治久安，而载籍不为无用矣。”帝不能从。

【译文】

谢铎，字鸣治，浙江太平人。英宗天顺末年进士。……性耿介独特。勤学好古，注意治理国家的事。宪宗成化九年（1473年）校勘《通鉴纲目》一书，上奏说：“《纲目》一书，是供帝王借鉴的书。陛下让人重新加以考定，必然要到经筵上去讲，这是使国家达到政治清明安定的资本。如今天下有太平的形式，而没有太平的实际内容，是沿袭旧习，废弃实际，曲从虚名。说是振兴法制，可是坏人仍没有什么畏惧和忌讳的；说是劝勉优良的作风和习惯，可是官宦们仍不要廉耻。整治官吏，可是官吏贪暴更加严重；抚恤军民，可是军民疲困败坏更达极点。奉行减省虽有定制，可是征发劳作常使百姓疲于奔命；免租虽有诏命，可是官府的横征暴敛常使百姓为官吏的追迫呼喊所困扰。官吏的考察并非不进行，可是受帝王宠爱而升官的大门却一天天大开；选择训练人才不是不做，可是偏私阿曲的行为却一天天加多。赏赐用尽了府库的钱财，可是有功的人得不到鼓励；刑罚遍及议罪被翻过来的案子，可是有罪的人受不到惩罚。以至修身反省、祈祷神祇的诏命屡次颁布，水旱灾害却不断袭来。宫室的墙壁被震坏，城门显示灾异，还不考虑有警告而回转，以大大顺应天和人的愿望，这个实在是令人忧虑的。希望陛下以古代的事来谏正现在，兢兢业业地去做，这样才可以达到长治久安，而书籍就不会没有用了。”皇帝不能采纳。

兴办教育

【原文】

铎经术湛深，为文章有体要。两为国子师，严课程，杜请谒，增号舍，修堂室，扩庙门，置公廨三十余居其属。诸生贫者周恤之，死者请官定制为之殓。家居好周恤族党，自奉则布衣蔬食。

【译文】

谢铎经学学术精湛渊博，做文章能抓住要点。两次做国子监教师，对生员课程学习要求严格，禁止生员私下请托，增加生员的宿舍，修建课堂教室，扩大孔庙大门，建置了三十余处办公房让生员的家属居住。生员中贫穷的谢铎周济抚恤他们；有死的，谢铎请求有关机构做出相应规定为死者下棺成殓。住在家里时乐于周济抚恤本族的人，自己的生活却是穿布衣吃粗食很俭朴。

邹 缉 传

营建北京，民生多艰

【原文】

邹缉，字仲熙，吉水人。……成祖即位，擢翰林侍讲。……永乐十九年，三殿灾，诏求直言，缉上疏曰："陛下肇建北京，焦劳圣虑，几二十年。工大费繁，调度甚广，冗官蚕食，耗费国储。工作之夫，动以百万，终岁供役，不得躬亲田亩以事力作。犹且征求无艺，至伐桑枣以供薪，剥桑皮以为楮。加之官吏横征，日甚一日。如前岁买办颜料，本非土产，动科千百。民相率敛钞，购之他所。大青一斤，价至万六千贯。及进纳，又多留难，往复展转，当须二万贯钞，而不足供一柱之用。其后既遣官采之产所，而买办犹未止。盖缘工匠多派牟利，而不顾民艰至此。

夫京师天下根本。人民安则京师安，京师安则国本固而天下安。自营建以来，工匠小人假托威势，驱迫移徙，号令方施，庐舍已坏。孤儿寡妇哭泣叫号，仓皇暴露，莫知所适。迁移甫定，又复驱令他徙，至有三四徙不得息者。及其既去，而所空之地，经月逾时，工犹未及。此陛下所不知，而人民疾怨者也。"

【译文】

邹缉，字仲熙，吉水（今属江西）人。……明成祖即位，提升为翰林院侍讲。……永乐十九年（1421年），奉天、华盖、谨身三大殿受灾，下诏征求谏议，邹缉上疏说："陛下创建北京，焦心劳苦地思虑，近二十年了。工程浩大费用繁多，各地调拨范围很广，无用的官侵吞，耗费国家的储备。参加工程劳作的人，一动就是百万人，成年在工程上供役使，不能亲自到田地上参加生产劳动。况且向人民的征求没有准则，以至砍伐桑树、枣树来供烧柴，剥取桑树的皮来做纸币。加以官吏乱征敛，一天比一天厉害。如像前年买办颜料，本来不是本地所产，一动就征千百斤。百姓都敛好钱，到别的地方去买。一斤大青，价值高达一万六千贯。到缴纳时，又有许多无理阻挠，辗转来回，实际要用二万贯钱，可是还不够用来漆一根柱子。以后既已派官吏到产地去采取，可是买办却仍未停止。这是由于工匠（即工头，有的授官）大多向下面摊派牟取好处，而不考虑百姓的困难达到这种地步。"

都城是国家的根本。人民若平安，那么都城就平安；都城若平安，那么国家的根本就坚固而国家也就平安。自营建北京以来，工匠、坏人假托主子的威势，强迫驱赶百姓搬迁，号令刚下来，房子就已经被破坏了。弄得孤儿寡妇哭泣嚎叫，匆匆

忙忙地被赶到外面,不知到那里去。迁移后刚定下来,又逼令搬到别处,甚至有搬了三四次还不停止的。待他们迁走以后,而所空出的地方,过一个月以至过了一季,工程还到不了这里。这是陛下所不知道,而百姓却十分怨恨的事。

戈 谦 传

仁宗引过劝大臣直言

【原文】

未几,帝以言事者益少,复召士奇曰:"朕怒谦矫激过实耳,朝臣遂月余无言。尔语诸臣,白朕心。"士奇曰:"臣空言不足信,乞亲降玺书。"遂令就榻前书敕引过曰:"朕自即位以来,臣民上章以数百计,未尝不欣然听纳。苟有不当,不加遣诃,群臣所共知也。间者,大理少卿戈谦所言,多非实事,群臣迎合朕意,交章奏其卖直,谓置诸法。朕皆拒而不听,但免谦朝参。而自是以来,言者益少。今自去冬无雪,春亦少雨,阴阳愆和,必有其咎,岂无可言。而为臣者,怀自全之计,退而默默,何以为忠。朕于谦一时不能含容,未尝不自愧咎。尔群臣勿以前事为戒,于国家利弊、政令未当者,直言勿讳。谦朝参如故。"

【译文】

不久,仁宗因为大臣建言政事的更少了,又召杨士奇说:"我生气的是戈谦的言论过于偏激,而朝臣们竟为此一个多月不说话。你告诉各位朝臣,说明我的心意。"士奇说:"我空口说不足以让人相信,请亲自下玺书诏谕。"于是让仁宗在榻(低狭地坐、卧具)前写敕令自己承认错误说:"我自即位以来,大臣和平民上的奏章有数百多,我从来没有不高兴地接受的。即使有不当的地方,也不加以罪责,这是群臣都知道的。近来,大理寺(管刑法的官署)少卿戈谦所说,大多不是实事,群臣(指尚书吕震、吴中及侍郎吴廷用等)迎合我的意思,纷纷上章奏戈谦冒充耿直,请求以法处置。我都反对并不听,只是不让戈谦朝见皇帝。可是自此以来,进言的人更少了。如今从去年冬天就没有下雪,春天又少雨,阴阳失和,必然是我有哪些过失,怎么能没有可说的。而做大臣的,心怀保全自己的计谋,畏缩而默默不语,怎么叫忠。我对戈谦不能克制怒容的事,我一直感到惭愧悔恨。你们不要把前面这件事作为警戒不说话了,而要对有关国家利弊及政令不妥当的事,直截了当地说出来,不要有所避讳。戈谦还和以前一样朝见皇帝。"

黄 泽 传

宦官之盛,自宣宗始

【原文】

黄泽,闽县人。永乐十年进士。……宣宗立,下诏求言。泽上疏言正心、恤民、敬

天、纳谏、练兵、重农、止贡献、明赏罚、远嬖幸、汰冗官十事。其言远嬖幸曰:"刑余之人,其情幽阴,其虑险谲,大奸似忠,大诈似信,大巧似愚。一与之亲,如饮醇酒,不知其醉;如噬甘腊,不知其毒。宠之甚易,远之甚难。是以古者宦寺不使典兵干政,所以防患于未萌也。涓涓弗塞,将为江河。此辈宜一切疏远,勿使用事。汉、唐已事,彰彰可监。"当成祖时,宦官稍稍用事,宣宗寖以亲幸,泽于十事中此为尤切。帝虽嘉叹,不能用也。其后设内书堂,而中人多通书晓文义。宦寺之盛,自宣宗始。

【译文】

　　黄泽,闽县(今福建闽侯)人。明成祖永乐十年(1412年)进士。……宣宗即位后,下诏令求人进言。黄泽上疏谈了正心、恤民、敬天、纳谏、练兵、重农、停止贡献、严明赏罚、疏远宦官、裁掉无用的官十件事。他建议疏远宦官说:"受过阉刑的人,他的感情深沉隐秘,他的谋划险恶诡诈,他们本来很奸恶,却好像很忠心,本来很狡诈,却好像很可信,本来很灵巧,却好像很愚拙。一与他们亲近,就好像饮纯正的酒,忘了它能使人醉;就好像吃美味的干肉,忘了吃多了是有害的。宠爱他们容易,若再疏远他们就很困难。所以古时候不让宦官领兵、干预政事,这是防止祸患于它还没有发生之时的缘故。细小的流水若不堵住,将会汇成江河。这些人应当一概疏远,不让他们掌权。汉朝、唐朝以前有过的事,现在明显可资借鉴。"在成祖的时候,宦官稍微有点权,宣宗时渐渐对他们宠爱亲近了,所以黄泽在所说的十事中着重谈论这件事。宣宗虽对他的建议称许赞叹,但是却没有采纳。这以后还设了内书堂让宦官读书,宦官们大多通达诗书了解文义。宦官势力的兴起,是从宣宗开始的。

范 济 传

官不在众,在乎得人

【原文】

　　其八曰,官不在众,在乎得人。国家承大乱后,因时损益,以府为州,以州为县。继又裁并小县之粮不及傣者,量民数以设官。民多者县设丞簿,少者知县、典史而已。其时官无废事,民不愁劳。今藩、臬二司及府州县官,视洪武中再倍,政愈不理,民愈不宁,奸弊丛生,诈伪滋起。甚有官不能听断,吏不谙文移,乃容留书写之人,在官影射,贿赂公行,狱讼淹滞,皆官冗吏滥所致也。望断自宸衷,凡内外官吏,并依洪武中员额,冗滥者悉汰,则天工无旷,庶绩咸熙,而天下大治矣。

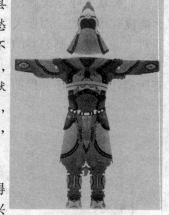

将官胄甲穿戴展示图　明

【译文】

　　范济谈第八件事说,官吏不在人员多,而在于适得其人。国家在大变乱之后,根据当时的具体情况有所兴革,把府改为州,把州改为县。接着又取消合并不能供

给官吏俸禄粮食的小县,根据百姓的人数来设置官吏。百姓人口多的县设县丞主簿,百姓人口少的县只设知县、典史罢了。那个时候官吏没有该做不做的事,百姓不忧愁劳苦。现在藩司(布政使)、臬司(按察使)及府州县的官,比洪武时期增加了两倍,可是政事更加治理不好,百姓更不安宁,奸邪坏事丛聚而生,欺诈蒙混的事接连不断。甚至有的官不能处理政事和诉讼案件,吏不熟悉文书,就纳用了书写的人,盘踞官府,胡作非为,公开地进行或接受贿赂。诉讼案件久留不决,全是由于官吏又多又滥造成的。希望由皇帝决断,所有的官吏,都依据洪武年间的人员数额,无用的官吏全部裁掉,那么国家的各项工作才能正常进行。各种事情便得以兴起,天下就大为安定了。

聊　让　传

宦官十害

【原文】

又有华敏者,南京锦衣卫军余也。意气慷慨,读书通大义,愤王振乱国,与侪辈言辄裂眦怒詈。景泰三年九月上书曰:"近年以来,内官袁琦、唐受、喜宁、王振专权害政,致国事倾危。望陛下防微杜渐,总揽权纲,为子孙万世法。不然恐祸稔萧墙,曹节、侯览之害,复见于今日。臣虽贱陋,不胜痛哭流涕。谨以虐军害民十事,为陛下痛切言之。内官家积金银珠玉,累室兼簏,从何而至?非内盗府藏,则外腹民膏。害一也。怙势矜宠,占公侯邸舍,兴作工役,劳扰军民。害二也。家人外亲,皆市井无籍之子,纵横豪悍,任意作奸,纳粟补官,贵贱淆杂。害三也。建造佛寺,耗费不赀,营一己之私,破万家之产。害四也。广置田庄,不入赋税,寄户郡县,不受征徭,阡陌连亘,而民无立锥。害五也。家人中盐,虚占引数,转而售人,倍支巨万,坏国家法,豪夺商利。害六也。奏求塌房,邀接商旅,倚势赊买,恃强不偿,行贾坐敛,莫敢谁何。害七也。卖放军匠,名为伴当,倬办月钱,致内府监局营作乏人,工役烦重并力不足。害八也。家人贸置物料,所司畏惧,以一科十,亏官损民。害九也。监作所至,非法酷刑,军匠涂炭,不胜怨酷。害十也。"

【译文】

又有个叫华敏的,是南京锦衣卫军余,他意气激昂,念书通晓大义,对宦官王振扰害国家很气愤,与同事们谈起来就气得眼眶要裂地大骂。景帝景泰三年(1452年)九月上书说:"近几年来,宦官袁琦、唐受、喜宁、王振掌握政权为害政事,致使国家陷于倾覆危险的境地。希望陛下在坏事刚露头时就加以防止,不让它发展,要自己总持大权和法度,并作为后世的准则。不然恐怕祸乱要孕育在内部,东汉时宦官曹节、侯览那样的祸害,就要在今天重现。我虽然卑贱浅陋,也禁不住为之痛哭流涕。谨(表示恭敬和谨慎)以他们暴害军民的十种事,沉痛而恳切的对陛下说。宦官家里积存的金子银子和珠宝玉器,一屋又一屋并且连竹笼里也都是,这些是从那里来的?不是内偷于国库,就是外搜刮的民脂民膏。这是一害。恃势恃宠,侵占

公、侯的宅第，兴作工程让人服役，使军、民遭受劳苦和骚扰不安。这是二害。宦官的家里人和亲戚，都是没有商人户籍（指卑贱）的人的子弟，他们四处强横霸道，任意干坏事，缴纳粮食而被委以官职，贵和贱混杂在一起。这是第三害。建造佛寺，耗费的财物不计其数，为个人的私利，使万户人家破产。这是第四害。置办了许多田庄，但是不交赋税，户籍诡寄于郡、县，逃避徭役，他们的土地阡陌相连，而百姓却连立锥的地方都没有。这是第五害。家里的人从事贩盐，占有了盐引（政府准予运销食盐的凭证）不去运销盐，而是将盐引转卖给他人，从中加倍获取巨万钱财，破坏国家的法纪，豪夺商人利益。这是第六害。他们向上申请榻房（与货栈同），邀请外地商人，依仗势力赊买，靠着强横不偿还，往来的客商深遭损害，也不敢对谁怎么样。这是第七害。宦官接受贿赂，使在内府监、局服役的士卒工匠，脱开服役单位，变为他们名下的伴当（仆人），让伴当交给他们月钱，致使内府监局的工程缺乏人手，在工役繁重的情况下，把各种力量集中起来还不够用。这是第八害。他们家里的人买办东西，主管的人因为惧怕他们，竟能以一样东西的钱，要十样东西，使官家吃亏百姓受害。这是第九害。监工的人所到之地，都对士卒工匠非法使用酷刑，士卒工匠们处于极端困苦的境地，对他们怨恨到极点。这是第十害。

左 鼎 传

法者，天下之公

【原文】

律，官吏故勘平人致死者抵罪，时以给事中于泰言，悉得宽贳。鼎言："小民无知，情贳可也。官吏深文巧诋，与故杀何异？法者，天下之公，不可意为轻重。"自是论如律。

【译文】

明律规定，官吏审讯平民时故意置人死地的，要抵偿其应负的罪责，可是当时根据给事中于泰所说，对这种官吏全部宽恕赦免。左鼎说："百姓不懂得法律，以情宽免还说得过去。官吏制定或援用法律条文苛细严峻，巧言毁谤而把人家弄成罪人并致力于死地，与故意杀人有什么不同？法律是天下公平的准则，量刑不可随意轻重。"从此以后就根据法律条文论处了。

练 纲 传

朝廷当言而有信

【原文】

初，京师戒严，募四方民壮分营训练，岁久多逃，或赴操不如期，廷议编之尺籍。纲等言："召募之初，激以忠义，许事定罢遣。今展转轮操，已孤所望，况其逃亡，实

迫寒馁,岂可遽著军籍。边方多故,倘更召募,谁复应之?"诏即除前令。

【译文】

　　起初,京师戒严,召募各地身体强壮的百姓分营进行训练,时间长了逃走的人很多,有的不按时参加操练,朝廷议决将他们编入军籍。练纲等说:"召募的时候,用忠义激励他们,答应事情平定就免役让他们回去。现在还反复轮番操练,已有负于他们的期望,况且他们的逃亡,实际是由于饥寒交迫,怎么能立刻把他们著于军籍。现在边境正多事,倘若再召募壮勇,谁还再来应召?"诏令立即废止前面的命令。

邝　野　传

邝子辅教子廉正

【原文】

　　野为人勤廉端谨,性至孝。父子辅为句容教官,教野甚严。野在陕久,思一见父,乃谋聘父为乡试考官。父怒曰:"子居宪司,而父为考官,何以防闲?"驰书责之。野又尝寄父褐,复贻书责曰:"汝掌刑名,当洗冤释滞,以无忝任使,何从得此褐,乃以污我。"封还之。野奉书跪诵,泣受教。

【译文】

　　邝野为人勤俭、廉洁、正直、谨严,非常孝顺父母。他的父亲邝子辅佐句容县(今属江苏)教官,对邝野的教育非常严厉。邝野在陕西的时间长了,想见一见父亲,就计划聘请他父亲做乡试的主考官。他父亲生气地说:"儿子做按察使,而父亲做主考官,怎么能避嫌疑?"赶忙送信去责备他。邝野又曾寄给父亲一件袍子,邝子辅又去信责备他说:"你管刑法,应当雪冤案除积案,以无愧于职责,从哪里得来这件袍子,还用来玷污我。"包好还给了邝野。邝野捧着信跪着读,哭泣着接受教育。

曹鼐等传

土木之役失败的原因

【原文】

　　异哉,土木之败也。寇非深入之师,国非积弱之势,徒以宦竖窃柄,狎寇弄兵,逆众心而驱之死地,遂致六师挠败,乘舆播迁,大臣百官身膏草野。夫始之不能制其不出,出不能使之早旋,枕藉疆场,无益于败。

【译文】

　　奇怪啊,土木堡的失败。瓦剌的军队并不是能够深入内地的军队,国家没有形成积久而成的衰弱形势,仅仅因为宦官窃取了国家大权,轻视瓦剌而轻易出兵,违反民众的心意而把他们赶到死地上去,于是招致朝廷军队的挫败,皇帝流离迁徙,

大臣百官身死草原。大臣百官起初不能制止皇帝不出兵,出兵后又不能让他早日退回,虽然尸体纵横相枕卧于疆场,却对免遭失败没有帮助。

胡 濙 传

明成祖调查建文帝下落

【原文】

惠帝之崩于火,或言遁去,诸旧臣多从者,帝疑之。五年遣濙颁御制诸书,并访仙人张邋遢,遍行天下州郡乡邑,隐察建文帝安在。濙以故在外最久,至十四年乃还。所至,亦间以民隐闻。……十七年复出巡江、浙、湖、湘诸府。二十一年还朝,驰谒帝于宣府。帝已就寝,闻濙至,急起召入。濙悉以所闻对,漏下四鼓乃出。先濙未至,传言建文帝蹈海去,帝分遣内臣郑和数辈浮海下西洋,至是疑始释。

【译文】

惠帝死于火中,可是有人说他逃走了,各旧大臣大多跟着这么说,成祖对此有怀疑。永乐五年(1407年)派户科都给事中胡濙到各地颁发皇帝命令编纂的各种书,并寻访仙人张邋遢,走遍全国各州、郡、县、邑,而暗地里调查建文帝在那里。胡濙因此在外面的时间最长,到永乐十四年才回来。他所到之地,也间或听到有关民间痛苦的事。……永乐十七年(1419年)又到江、浙、湖、湘所属各府去巡抚。永乐二十一年(1423年)回朝,赶快到宣府(今河北宣化)去拜见成祖。当时成祖已睡下了,听说胡濙来见,急忙起来召胡濙进去。胡濙把所听说的全告诉了成祖,到漏(古代漏水计时器)水滴落到四更时才出来。在胡濙没到以前,传说建文帝从海路出走了,成祖就分派宦官郑和等几批人漂海到西洋(当时称加里曼丹到非洲之间的海洋),到现在见了胡濙疑惑才消除。

于 谦 传

北京保卫战

【原文】

十月敕谦提督各营军马。而也先挟上皇破紫荆关直入,窥京师。石亨议敛兵坚壁老之。谦不可,曰:"奈何示弱,使敌益轻我。"丞分遣诸将,率师二十二万,列阵九门外,……而谦自与石亨率副总兵范广、武兴陈德胜门外,当也先。……悉闭诸城门,身自督战。下令,临阵将不顾军先退者,斩其将。军不顾将先退者,后队斩前队。于是将士知必死,皆用命。……庚申,寇窥德胜门。谦令亨设伏空舍,遣数骑诱敌。敌以万骑来薄,副总兵范广发火器,伏起齐击之。……寇转至西直门,都督孙、镗御之,亨亦分兵至,寇引退。副总兵武兴击寇彰义门,与都督王敬挫其前锋。寇且却,而内官数百骑欲争功,跃马竟前。阵乱,兴被流矢死。寇逐至土城,居民升

屋,号呼投砖石击寇,哗声动天。王竑及福寿援至,寇乃却。相持五日,也先邀请既不应,战又不利,知终弗可得志,又闻勤王师且至,恐断其归路,遂拥上皇由良乡西去。

【译文】

英宗正统十四年(1449年)十月,令于谦为驻防北京的各营军马提督。瓦剌首领也先挟持上皇(即被瓦剌所俘的英宗,郕王即位后尊他为上皇)破紫荆关而直入,要进攻北京。石亨建议收兵进城坚守以使敌人士气衰落。于谦不同意,说:"为什么向敌人表示软弱呢,那将使敌人更加轻视我们。"急忙分派各将,率二十二万军队,列阵于北京城的九个门外,……于谦自己与石亨率副总兵范广、武兴布兵于德胜门外,抵御也先。……把各个城门都关闭,亲自督战。下令,在战场上将不顾军队自己先退却的,就杀这个将。军队不顾将先退却的,后面的军队就杀前面这些退却不前的军队。这样将士们知道退却必死,都听命效力。……十三日,瓦剌军进攻德胜门。于谦让石亨领兵埋伏在空房子里,派几个骑兵出来迎战诱敌。敌人用一万骑兵来追,副总兵范广发火炮、火铳,伏兵便起来一齐攻击敌人。……瓦剌军转至西直门,都督孙镗抵御他们,石亨也分出军队到此,瓦剌兵便退了。副总兵武兴在彰义门攻击瓦剌军,与都督王敬挫败他们的前锋。瓦剌军将退,这时皇城内的几百骑兵想争功,便跨马争着上前。冲乱了阵营,武兴中流矢死。瓦剌军追到土城,土城的居民就到房顶上,呼喊着向下扔砖头石块打击瓦剌军,喧哗声动天。王竑及毛福寿的援兵也赶了来,瓦剌军就退了。双方相持了五天,也先邀于谦言和既没有被答应,战争又失利,知道他的意志终究也不可能得逞,又听说救援明朝的军队将到,害怕切断他们回去的道路,于是拥挟着英宗由良乡向西退走了。

徐有贞传

治河不求近功

【原文】

河决沙湾七载,前后治者皆无功。廷臣共举有贞,乃擢左金都御史,治之。……有贞守便宜,言:"临清河浅,旧矣,非因决口未塞也。漕臣但知塞决口为急,不知秋冬虽塞,来春必复决,徒劳无益。臣不敢邀近功。"诏从其言。有贞于是大集民夫,躬亲督率,治渠建闸,起张秋以接河、沁。河流之旁出不顺者,为九堰障之。更筑大堰,楗以水门,阅五百五十五日而工成。名其渠曰"广济",闸曰"通源"。……七年秋,山东大水,河堤多坏,惟有贞所筑如故。有贞乃修旧堤决口,自临清抵济宁,各置减水闸,水患悉平。

【译文】

黄河在沙湾决口七年了,前后去治理的人都没有成功。朝廷大臣共同推举徐有贞去治理,就提升他为左金都御史,治理黄河决口。……徐有贞根据实际情况,说:"临清(今属山东省)地方的河道淤浅,时间太久了,不是因为决口没有堵上。

管理漕河(运河)的大臣只知道急于堵塞决口,不知道秋季、冬季虽然堵住了,可是明年春天必然又快开,白费力气,收不到效益。我不能只求近功。"景帝下诏表示同意他的意见。有贞就大力召集民夫,亲自督促领导去做,修渠建闸,渠从张秋(今属山东省)起接连河、沁。河流的旁出不通顺的支流,筑了九道堰挡住它。再筑一道大堰,用水闸作堵塞河堤决口的楗,经过五百五十五天竣工。这条渠的名字叫"广济",闸叫"通源"。……景帝景泰七年(1456年)秋天,山东发大水,河堤大多冲坏,只有徐有贞所筑的没有坏。有贞就修旧堤的决口,自临清到济宁(今属山东省),各建造了控制水流量的闸门,水患全消除了。

卫 青 传

农民起义

【原文】

永乐十八年二月,蒲台妖妇林三妻唐赛儿作乱。自言得石函中宝书神剑,役鬼神,剪纸作人马相战斗。徒众数千,据益都卸石栅寨。指挥高凤败殁,势遂炽。其党董彦升等攻下莒、即墨,围安丘。总兵官安远侯柳升帅都指挥刘忠围赛儿寨。赛儿夜劫官军。军乱,忠战死,赛儿遁去。比明,升始觉,追不及,……而贼攻安丘益急,知县张、丞马挢死战,贼不能下,合莒、即墨众万余人以攻。青方屯海上,闻之,帅千骑昼夜驰至城下。……杀贼二千,生擒四千余,悉斩之。时城中旦夕不能支,青救稍迟,城必陷。……而赛儿卒不获。

【译文】

明成祖永乐十八年(1420)二月,蒲台(今山东博兴)的白莲教徒林三的妻子唐赛儿作乱反抗朝廷。自称从一个石匣子里得到了宝书神剑,能驱使鬼神,剪作纸人纸马使他们互相战斗。组织了几千人,占领了益都(今山东青州)卸石栅寨。青州卫指挥高凤被起义军打死,起义军的声势因而大盛。起义军的董彦升等攻下莒县和即墨县(均属今山东),并围攻安丘县(今属山东)。总兵官安远侯柳升统帅都指挥刘忠包围唐赛儿起义军的营寨。赛儿夜袭官军。官军大乱,刘忠战死,唐赛儿逃走。到天明时柳升才发觉,所以没有追到唐赛儿,……而起义军进攻安丘县更急了,知县张杖、县丞马挢拼死作战,起义军没有攻克,又聚集莒县、即墨县的起义军一万多人来攻。这时卫青正驻兵海上,听到这个消息,就统帅一千骑兵昼夜兼程赶到城下。……杀死起义军二千人,活捉四千多人,也全部杀死。当时城中朝不保夕,如果卫青的救兵稍微晚到些时候,安丘必定被起义军攻陷。……而到底没有捕获唐赛儿。

李贤传

正本十策

【原文】

李贤,字原德,邓人。……宣德八年成进士。……景泰二年二月上正本十策,曰勤圣学,顾箴警,戒嗜欲,绝玩好,慎举措,崇节俭,畏天变,勉贵近,振士风,结民心。帝善之,命翰林写置左右,备省览。

【译文】

李贤,字原德,邓州(今河南邓州市)人。……明宣宗宣德八年(1433年)进士。……景帝景泰二年(1451年)二月给皇帝进上端正本源(自身)的十个方策,叫作勤学圣贤之道,顾念规诫警告,戒除嗜好欲念,禁绝赏玩嗜好的物品,谨慎举止行动,崇尚节约俭朴,畏惧天象变异,劝勉贵戚亲近,整顿士人风气,凝聚团结民心。景帝认为这十策很好,让翰林写下来放在身边,以备随时浏览。

彭时传

政本七事

【原文】

时言政本七事:一,毋惑佛事,靡金钱;二,传旨专委司礼监,毋令他人,以防诈伪;三,延见大臣议政事;四,近幸赐予太多,工匠冒官无纪,而重囚死徙者,法不蔽罪,宜戒淫刑僭赏;五,虚怀受谏,勿恶切直;六,戒廷臣勿依违,凡政令失当,直言论奏;七,清理牧马草地,减退势要庄田。皆切中时弊。

【译文】

彭时谈了皇帝为政要做到的七件根本大事,就是:一,不要迷惑于信佛的事而耗费金钱;二,传达皇帝的命令要专门委任司礼监,不要让别人去做,以防止欺诈假冒;三,要亲自接见大臣讨论政事;四,对亲近宠幸的人赏赐给予的太多,工匠冒充官吏不守法纪,对重罪犯人处死或流放的,法官并没有审察,应当戒除滥用刑罚、冒领奖赏;五,要虚怀若谷地接受别人的规劝,不要厌恶恳切正直的话;六,劝告朝廷大臣说话不要迟疑,凡是政令有不当的,要直截了当地讲述上奏;七,要清理放马的草场,减退贵戚要官的庄田。以上所说都切中当时政治的弊病。

国学经典文库

王 翱 传

正直的铨官

【原文】

翱在铨部,谢绝请谒,公余恒宿直庐,非岁时朔望谒先祠,未尝归私第。每引选,或值召对,侍郎代选。归虽暮,必至署阅所选,惟恐有不当也。论荐不使人知,曰:"吏部岂快恩怨地耶。"……孙以荫入大学,不使应举,曰:"勿妨寒士路。"婿贾杰官近畿,翱夫人数迎女,杰恚曰:"若翁典铨,移我官京师,反手尔,何往来不惮烦也。"夫人闻之,乘间请翱。翱怒,推案,击夫人伤面。杰卒不得调。其自辽东还朝也,中官同事者重翱,馈明珠数颗,翱固辞。其人曰:"此先朝赐也,公得毋以赃却我乎。"不得已,纳而藏焉。中官死,召其从子还之。

【译文】

王翱在负责选举官吏的吏部做尚书,他谢绝别人的邀请和拜见,办公之余总是住在值班的官舍里,不是年、节、初一、十五到祠堂拜谒祖先,从不回他的私府。每当引荐选举官吏,有时碰上皇帝召见对答,就由吏部侍郎代选。他回来的时候即使天已经黑了,也一定到官署去审阅所选的人的资料,唯恐有不合适的。他对被举荐者的议论不让别人知道,说:"吏部哪是任意施以个人恩怨的地方啊。"……他的孙子荫(子孙因前辈的官爵而受优待)进太学学习,不让他去参加科举考试,王翱说:"不要妨碍非官爵家出身的人做官之路。"他的女婿贾杰在京城近畿做官,王翱的夫人屡次接女儿回娘家住,贾杰愤怒地对王翱的女儿说:"你的父亲主管官吏的选举,把我调到京师去做官,是易如反掌的事,为什么这么来来往往而不怕麻烦呢。"王翱的夫人听说这事,就找了个机会请求王翱把女婿调至京师来。王翱大怒,推翻案子,打他的夫人并打伤了脸。贾杰最后也没能调。他从辽东回朝以后,与他同事的宦官很尊重王翱,送给他几颗明珠,王翱坚决不要。那个人说:"这是前朝皇帝赏赐的,你可不要以为是赃物而推却呀。"王翱不得已就接受并收藏起来。那个宦官死后,王翱把他的侄子召来把明珠还给了他。

年 富 传

善于理财用人

【原文】

四年春,户部缺尚书,李贤举富,左右巧阻之。帝语贤曰:"户部非富不可,人多不喜富,此富所以为贤也。"特召任之。富酌赢缩,谨出纳,躬亲会计,吏不能欺。事关利害者,僚属或不敢任,富曰:"第行之,吾当其责,诸君毋署名可也。"由是部事大理。

【译文】

英宗天顺四年（1460年）春天，户部尚书缺人，李贤举荐年富，皇帝左右的人都说年富的坏话来阻止。英宗对李贤说："户部尚书非年富做不可，人们多不喜欢年富，这是年富是贤人的原因。"特别召见任用他。年富考虑财政的盈余和减缩，慎重支出，亲自计算，所以任事的人不能欺瞒他。有关国家利益和害处的大事，属下的官吏有的不敢去做，年富就对他们说，"你只管去做，我承担事情的责任，各位先生不要署名好了。"因此户部的事治理得很好。

王 竑 传

朝廷之上击奸党

【原文】

英宗北狩，郕王摄政午门，群臣劾王振误国罪。读弹文未起，王使出待命。众皆伏地哭，请族振。锦衣指挥马顺者，振党也，厉声叱言者去。竑愤怒，奋臂起，捽顺发呼曰："若曹奸党，罪当诛，今尚敢尔！"且骂且啮其面，众共击之，立毙，朝班大乱。王恐，遽起入，竑率群臣随王后。王使中官金英问所欲言，曰："内官毛贵、王长随亦振党，请置诸法。"郕王命出二人。众又捶杀之，血渍廷陛。当是时，竑名震天下，王亦以是深重竑。

【译文】

英宗北狩（指土木堡失败后英宗被瓦剌俘虏），郕王（英宗弟朱祁钰，英宗被俘，郕王监国）代理上朝于午门，群臣弹劾王振犯误国罪。但是还没读完弹文，郕王就让出去听命。大臣们都趴在地上痛哭，请求族诛王振，锦衣卫指挥马顺，是王振的同党，声音严厉地呵斥读弹文的出去。王竑非常愤怒，有力地高举手臂站起来，抓住马顺的头发呼叫说："你们这群奸党，罪该杀，现在还敢这样！"又骂又啮他的脸，大家一起打他，立时被打死，朝廷秩序大乱。郕王害怕了，赶忙起身到里面去，王竑率领大臣们随在郕王的后面。郕王让宦官金英问他们有什么话要说，大臣们说："宦官毛贵、王长随也是王振的同党，请依法处置。"郕王让把这两人叫了出来，众人又打死了他们，鲜血沾满宫殿的台阶。在这时，王竑的声名大震于天下。郕王也因此深为器重王竑。

余 子 俊 传

余 公 渠

【原文】

余子俊，字士英，青神人。……子俊举景泰二年进士，授户部主事，进员外郎。在部十年，以廉称。出为西安知府。岁饥，发廪十万石振贷。区画以偿，官不损而民

济。成化初,所司上治行当旌者,知府十人,而子俊为首。……十二年十二月移抚陕西。子俊知西安时,以居民患水泉咸苦,凿渠引城西潏河入灌,民利之。久而水溢无所泄。至是,乃于城西北开渠泄水,使经汉故城达渭。公私益便,号余公渠。

【译文】

余子俊,字士英,青神县(今属四川)人。……余子俊于代宗景泰二年(1451年)中进士,官拜户部主事,又升为员外郎。在户部十年,以廉洁干练受到赞扬。调出做西安府(今陕西西安)知府。一年闹饥荒,他发放官仓的十万石(十斗为一石)粮食救济百姓。分别计划来抵偿,公家没损失而人民得到救济。宪宗成化年间,主管部门向皇上报告政绩和品行应当受表扬的人,有十名知府,余子俊居首位。……成化十二年(1476年)十二月,他改任陕西(即今陕西)巡抚。以前他做西安知府时,因居民为当地泉水又咸又苦忧愁,他就让人凿水渠引城西潏河水灌水井,百姓得到好处。但时间长了以后,水溢出来没处排泄。到这时(余做了巡抚时),余子俊就让人们在城西北开渠排水,水渠经过汉朝旧城直通渭河。公家和私人都更为方便,人们称这渠为余公渠。

朱 英 传

两 广 总 督

【原文】

朱英,字时杰,桂阳人。五岁而孤。力学,举正统十年进士,……明年冬,两广总督吴琛卒,廷议以英前在广东有威信,遂以代琛。……英为总督承韩雍、吴琛后。雍虽有大功,恢廓自奉,赠遗过侈,有司困供亿,公私耗竭。而琛务谨廉,至英益持清节,仅携一苍头之官。先后屡赐玺书、金币,英藏玺书,贮金币于库。其威望不及雍,而惠泽过之。在甘肃积军储三十万两,广四十余万,皆不以闻。或问之,答曰:"此边臣常分,何足言。"人服其知大体。

接引阁 明

【译文】

朱英,字时杰,桂阳州(今湖南桂阳)人。五岁时死了父亲。他努力学习,考中英宗正统十年(1445年)的进士,……第二年冬天(指宪宗成化十一年冬),两广总督吴琛死了,朝廷商议认为朱英以前在广东(朱英在景泰年间做广东右参议)有威信,于是就让朱英接替吴琛任两广总督。……朱英做两广总督是承接在韩雍和吴琛之后。韩雍虽然有大功劳,但生活非常阔气,赠送人东西过于奢侈,主管部门供应他东西感到困难,公家与他私人都被他耗费光了。吴琛致力于谨慎廉洁,到朱英更加坚持高洁的节操,他只带一名仆人去上任。皇帝先后多次赏赐他诏书、金币,他将诏书藏起来,将金币存入官库中。他的威望赶不上韩雍,而他对百姓的恩惠超过韩雍。他在甘肃做巡抚时(朱英于成化十年任甘肃巡抚)积存了军事储备三十万两,在两广积存了四十多万两,这些他都不上报皇上。有人问他这事,他回答说:"这是边防大臣的分内事,哪值得说呢。"人们都佩服他识大体。

罗 伦 传

水之方圆,孟实主之

【原文】

罗伦,字彝正,吉安永丰人。……成化二年,廷试,对策万余言。直斥时弊,名震都下。擢进士第一,授翰林修撰。……乃上疏曰:"……且陛下无谓庙堂无贤臣,庶官无贤士。君,孟也;臣,水也。水之方圆,孟实主之。臣之直佞,君实召之。陛下诚于退朝之暇,亲直谅博洽之臣,讲圣学君德之要,询政事得失,察民生利病,访人才贤否,考古今盛衰,舍独信之偏见,纳逆耳之苦言,则众贤群策毕萃于朝,又何待违先王之《礼经》,损大臣之名节,然后天下可治哉。"

【译文】

罗伦,字彝正,吉安府(今江西吉安)永丰县(今属江西)人。……宪宗成化二年(1466年),参加殿试,回答策问一万多字。直接指责当时的弊病,名声震动京城。被选为第一名进士,授予翰林院修撰官。……于是他上奏说(为大学士李贤奔丧毕,奉诏还朝一事):"……而且陛下不要说朝廷上没有德才兼备的大臣,百官中没有德才兼备的人。国君,就像孟(古代盛浆汤和食物的器皿,形似大碗);臣,就像水。水的形体是方是圆,实际是孟决定的。臣是忠直还是奸邪,实际是国君引导的。陛下果真能在下朝的闲暇时,亲近正直诚实、知识广博的大臣,研究圣人学问和国君德行的主要内容,询问国家大事的成败原因,调查人民生活的好坏,咨询人才的才德高尚与低劣,考察古今盛衰的根源,舍弃只听信一方面的偏见,听取不顺耳的苦口(反复规劝)忠言,那么众多德才兼备的人和许多好策略,就都集中到朝廷,又何必等到违背古代圣王《礼经》的规定,损害大臣的声名节操,然后才能把天下治理好呢。"

章 懋 传

欲不可纵，渐不可长

【原文】

宪宗将以元夕张灯，命词臣撰诗词进奉。懋与同官黄仲昭、检讨庄昶疏谏曰："顷谕臣等撰鳌山烟火诗词，臣等窃议，……今川东未靖，辽左多虞，江西、湖广赤地数千里，万姓嗷嗷，张口待哺，此正陛下宵旰焦劳，两宫母后同忧天下之日。……古帝王谨小慎微必矜细行者，正以欲不可纵，渐不可长也。伏乞将烟火停止，移此视听以明目达聪，省此赏财以振饥恤困，则灾祲可销，太平可致。"帝以元夕张灯，祖宗故事，恶懋等妄言，并杖之阙下，左迁其官。修撰罗伦先以言事被黜，时称"翰林四谏"。

【译文】

宪宗皇帝将要在元宵夜放花灯，命令文学侍从写诗词进献。章懋和同僚黄仲昭、检讨庄昶上奏劝谏说："方才告诉我们撰写有关鳌山（堆叠的彩灯成山形，称作鳌山）烟火的诗词，我们私下议论，……现在四川东部没有安定，辽东又多忧患，江西、湖广一带闹灾荒，几千里地寸草不生，人民一片哀号声，都等着东西吃，这正是陛下宵衣旰食（天不明就穿衣起床，到傍晚才吃饭）、焦心劳苦，两宫皇太后共同忧虑天下大事的时候。……古代帝王所以处事小心谨慎、一定要注意小节，正是因为对贪欲不能放纵，不好的苗头不能让它滋长。我们伏地请求陛下将烟火彩灯停放，将视觉听觉从这些地方移开，以便对国家大事看得更明白，听得更真切，省下这些钱财来救济挨饿的百姓，抚恤困苦的人，那么灾祸就会消除，天下太平就能到来。"宪宗认为元宵夜放灯，是祖宗传下来的旧例，恨章懋他们乱说，就在宫殿下一块杖打了他们，并降了他们的职。修撰官罗伦在此以前，因上奏议论事情已被罢免，当时称他们是"翰林院四谏官"。

五彩云龙纹瓶　明

徐 溥 传

天生才甚难，不忍以微瑕弃也

【原文】

徐溥，字时用，宜兴人。……溥，景泰五年进士及第。……孝宗嗣位，兼文渊阁大学士，参预机务。旋进礼部尚书。……溥性凝重有度，在内阁十二年，从容辅导。人有过误，辄为掩覆，曰："天生才甚难，不忍以微瑕弃也。"屡遇大狱及逮系言官，委

曲调剂。孝宗仁厚,多纳溥等所言,天下阴受其福。尝曰:"祖宗法度所以惠元元者备矣,患不能守耳。"卒无所更置。

【译文】

　　徐溥,字时用,宜兴县(今属江苏)人。……徐溥于代宗景泰五年(1454年)考中进士,殿士中一甲前三名。……孝宗继承皇位后,徐溥(原任吏部侍郎)又兼任文渊阁大学士,参与国家机要事务的处理。不久又升为礼部尚书。……徐溥性情庄重,有气量,在内阁十二年,很从容地辅佐引导皇帝。别人有过错,他总是替人家掩盖,他说:"老天生个人才很难,不忍心因为小过失抛弃他们。"几次遇到大案件和逮捕谏官,他就委婉曲折地加以调解。孝宗皇帝仁慈宽厚,对徐溥等人的话大多能听取,天下人暗中受到了他的恩惠。他曾说:"祖宗传下的法律制度对人民的好处已很完备了,担心的是不能守住罢了。"终于没有什么更改、创建。

刘 健 传

宦官"八党"

【原文】

　　武宗嗣位,健等厘诸弊政,凡孝宗所欲兴罢者悉以遗诏行之。刘瑾者,东宫旧竖也,与马永成、谷大用、魏彬、张永、丘聚、高凤、罗祥等八人俱用事,时谓之"八党",日导帝游戏,诏条率沮格不举。……而左右宦竖日恣,增益且日众。享祀郊庙,带刀被甲拥驾后。内府诸监局金书多者至百数十人,光禄日供骤益数倍。

【译文】

　　武宗继承皇位后,刘健等人改正各种弊政,凡孝宗皇帝过去想要兴办或停止的事,都以孝宗遗诏的名义进行。刘瑾,是武宗在东宫做太子时的旧宦官,他与马永成、谷大用、魏彬、张永、丘聚、高凤、罗祥等八个人一块掌权,当时人们叫他们"八党"。他们每天引导着武宗游玩戏耍,对诏书所颁发的条款大都阻止不办。……而且侍奉在武宗左右的宦官越来越放肆,增加的人也一天比一天多。祭礼天地宗庙时,这些宦官带着刀穿着铠甲护拥在武宗后边。皇宫里各监局的金书多的达到一百几十个人,光禄寺的供应物品很快地增加了数倍。

谢 迁 传

足国在节用

【原文】

　　谢迁,字于乔,余姚人。成化十年乡试第一。明年举进士,复第一。……八年诏同李东阳入内阁参预机务。……尚书马文升以大同边警,饷馈不足,请加南方两税折银。迁曰:"先朝以南方赋重,故折银以宽之。若复议加,恐民不堪命。且足国

在节用,用度无节,虽加赋奚益。"尚书倪岳亦争之,议遂寝。

【译文】

谢迁,字于乔,余姚县(今属浙江省)人。宪宗成化十年(1474年)考中第一名举人。第二年中进士,又是第一。……弘治八年,孝宗命他与李东阳入内阁参与国家机要事务。……尚书马文升因为大同(明代北方九大军事要镇之一,治所在今山西大同)边防报警,军粮不足,要求增加南方两税折银的数目。谢迁说:"前朝因为南方赋税重,所以才折合成银两来宽限。如果又考虑加重,恐怕百姓承受不了。况且要使国家富足,重要的是节省用度,用度没有节制,即使增加了赋税有什么补益。"尚书倪岳也争论说不该加赋税,增税的议论才停止了。

国学经典文库

李东阳传

潜移默夺,保全善类

【原文】

李东阳,字宾之,茶陵人,……武宗立,屡加少傅兼太子太傅。……瑾凶暴日甚,无所不讪侮,于东阳犹阳礼敬。凡瑾所为乱政,东阳弥缝其间,亦多所补救。……刘健、谢迁、刘大夏、杨一清及平江伯陈熊辈几得危祸,皆赖东阳而解。其潜移默夺,保全善类,天下阴受其庇,而气节之士多非之。侍郎罗玘上书劝其早退,至请削门生籍。东阳得书,俯首长叹而已。

【译文】

李东阳,字宾之,茶陵县(今属湖南)人,武宗做皇帝后,几次晋升做到少傅兼太子太傅。……刘瑾凶狠残暴一天比一天厉害,没有人不被他毁谤侮辱的,对于李东阳他还能表面上恭敬有礼。凡是刘瑾干的败坏国家的政事,李东阳总在其中加以弥补,也有很多得到补救。……刘健、谢迁、刘大夏、杨一清和平江伯陈熊等人几乎遭受危险大祸,都依靠李东阳解了难。他暗中无声无息地改变决定,让好人不受损害,天下暗中得到他的保护,可是有气节的人大都认为他不对(因他与刘瑾共事)。侍郎罗玘给他写信劝他早一天退职,甚至要求从李东阳的门生名册中去掉自己的名字。李东阳收到信,只是低头长叹罢了。

以诗文书篆供给日常费用

【原文】

自明兴以来,宰臣以文章领袖缙绅者,杨士奇后,东阳而已。立朝五十年,清节不渝。既罢政居家,请诗文书篆者填塞户限,颇资以给朝夕。一日,夫人方进纸墨,东阳有倦色。夫人笑曰:"今日设客,可使案无鱼菜耶?"乃欣然命笔,移时而罢,其风操如此。

【译文】

自明朝建国以来,宰相能用文章做官员们的表率的,杨士奇以后,只有李东阳。李东阳做官五十年,清廉的节操没有变。退职住在家里以后,请他作诗作文写篆字的人堵塞了门槛,很有些收入来供给日常费用。有一天,他的夫人正给他送纸和墨来,李东阳显出疲倦的神色。他的夫人笑着说:"今天设宴请客,能让饭桌上没有鱼和菜吗?"李东阳于是很高兴地执笔写起来,一会儿就写完了,他的风格操守就是这样。

王 恕 传

两京十二部,独有一王恕

【原文】

王恕,字宗贯,三原人。正统十三年进士。……宪宗嗣位,诏大臣严核天下方面官,乃黜河南左布政使侯臣等十三人,而以恕代臣。……二十年复改恕南京兵部尚书。……林俊之下狱也,恕言:"天地止一坛,祖宗止一庙,而佛至千余寺。一寺立,而移民居且数百家,费内帑且数十万,此舛也。俊言当,不宜罪。"帝得疏不怿。恕侃侃论列无少避。先后应诏陈言者二十一,建白者三十九,皆力阻权幸。天下倾心慕之,遇朝事有不可,必曰"王公胡不言也?"则又曰"公疏且至矣"。已,恕疏果至。时为谣曰:"两京十二部,独有一王恕。"

【译文】

王恕,字宗贯,三原县(今属陕西)人。英宗正统十三年(1448年)中进士。……宪宗继承皇位后,命令大臣严格审核全国各地的官员,于是罢免河南左布政使侯臣等十三个人,而任命王恕代替侯臣。……宪宗成化二十年(1484)又改任王恕为南京兵部尚书。……林俊被投入监狱,王恕上奏说:"天地只有一座坛,祖宗只有一座庙,而佛却有一千多个寺院。建一座寺院,要将近几百家居民迁走,要耗费宫内库银近几十万,这是错误的。林俊说得恰当,不应给他定罪。"宪宗看到他的上奏很不高兴。王恕侃侃而谈,论次评定是非没有一点避讳。他先后受皇帝诏令上奏陈述事情二十一次,上奏提建议三十九次。都是极力阻止有权势而又受到皇帝宠幸的人。天下人真心爱慕他,遇到朝廷有不应该办的事,人们一定说:"王公为什么不说话?"接着就又说:"王公的上奏就要到了。"很快,王恕的上奏果然到了。当时人编成歌谣说:"两京(南京、北京)十二个部,只有一个王恕敢说话。"

马文升传

禁子做京官

【原文】

马文升,字负图,钧州人。貌瑰奇多力。登景泰二年进士,……孝宗即位,召拜左都御史。……明年,代余子俊为兵部尚书。……文升有文武才,长于应变,朝端大议往往待之决。功在边镇,外国皆闻其名。尤重气节,厉廉隅,直道而行。虽遭谗诟,屡起屡仆,迄不少贬。子璁,以乡贡士待选吏部,文升使请外,曰:"必大臣子而京秩,谁当外者?"

【译文】

马文升,字负图,钧州(今河南禹县)人。相貌非常漂亮力气大。代宗景泰二年(1451年)考中进士,……孝宗做了皇帝,召见并任命他做左都御史。……第二年(即孝宗弘治二年),他代替余子俊做了兵部尚书。……马文升文武全才,擅长应付急变,朝廷商议大事,往往要等他决定。他在边镇建立了功劳,国外都知道他的大名。尤其注重气节,砥砺自己品行端正,正直行事。即使遭受谗言诬陷,几次起用几次失意,始终对他没有一点贬低。他的儿子马璁,凭乡贡士的身份等待吏部选拔任用,马文升让儿子请求到地方去,他说:"如果大臣的儿子必定做京官,谁是该到地方去的呢?"

刘大夏传

为外国所重

【原文】

大夏尝言:"居官以正己为先。不独当戒利,亦当远名。"又言:"人生盖棺论定,一日未死,即一日忧责未已。"其被逮也,方锄菜园中,入室携数百钱,跨小驴就道。赦归,有门下生为巡抚者,枉百里谒之。道遇扶犁者,问孰为尚书家,引之登堂,即大夏也。朝鲜使者在鸿胪寺馆遇大夏邑子张生,因问起居曰:"吾国闻刘东山名久矣。"安南使者入贡曰:"闻刘尚书戍边,今安否?"其为外国所重如此。

【译文】

刘大夏曾经说:"做官首先要自己正直。不仅应当戒贪利,也应当不图名。"又说:"人一生的功过是非要到死后才能做出结论,一天不死,就得一天不停地忧虑自责。"他被逮捕时,正在菜园里锄草,到屋里拿了几百钱,骑上小毛驴就上路了。被赦免回来(正德五年,刘大夏遇赦回家)后,他有个做了巡抚的门生,那人走了一百里路来拜见他。那人路上遇到扶犁耕地的人,问他哪里是刘尚书家,耕地的人就领那人到堂屋,原来耕地的就是刘大夏。朝鲜的使者在鸿胪寺(官署名)馆舍碰上刘

大夏的同县人的儿子姓张的青年,向他问候刘大夏说:"我们国家听说刘东山的大名很长时间了。"安南(今越南)的使者来进贡,说:"听说刘尚书戍守边疆,现在平安吗?"他就是这样受到外国的尊重。

何乔新·彭韶等传

明贤君孝宗

【原文】

　　孝宗之为明贤君,有以哉。恭俭自饬,而明于任人。刘、谢诸贤居政府,而王恕、何乔新、彭韶等为七卿长,相与维持而匡弼之。朝多君子,殆比隆开元、庆历盛时矣。乔新、韶虽未究其用,而望著朝野。史称宋仁宗时,国未尝无嬖幸,而不足以累治世之体,朝未尝无小人,而不足以胜善类之气。孝宗初政,亦略似之。不然,承宪宗之季,而欲使政不旁挠,财无滥费,滋培元气,中外乂安,岂易言哉。

明孝陵

【译文】

　　孝宗所以能成为明朝的贤明国君,是有原因的。他奉行俭约,要求自己严格,而且在任用人方面很英明。让刘健、谢迁等德才兼备的人在政府任职,而王恕、何乔新、彭韶等人任命为七卿(六部尚书与左右都御史为七卿)的长官,这些人相互支持辅佐着孝宗。朝廷中有德行的人多,几乎可与唐玄宗开元年间、宋仁宗庆历年间的兴盛时期相比美。何乔新、彭韶虽然没能任用到最后,可是他们的威望朝野闻名。历史上说宋仁宗时,国家并不是没有受皇帝宠爱的小人,可是他们还不能使当时成为太平治世的大局受害,朝中并不是没有小人,可是他们的邪气不足以压过正人君子的正气。孝宗当政初期,也大概类似这情况。如不是这样的话,他承续宪宗之后,而想让政事没有偏颇扰乱,钱财没有胡乱耗费,能够培养恢复元气,国家内外太平无事,难道是轻易说说的吗!

马中锡传

刘六、刘七起义

【原文】

六年三月，贼刘六等起，吏部尚书杨一清建议遣大臣节制诸道兵。乃荐中锡为右都御史提督军务，与惠安伯张伟统禁兵南征。刘六名宠，其弟七名宸，文安人也，并骁悍善骑射。……当是时，宠、宸等自畿辅犯山东、河南，南下湖广，抵江西。复自南而北，直窥霸州。杨虎等由河北入山西，复东抵文安，与宠等合，破邑百数，纵横数千里，所过若无人。中锡虽有时望，不习兵。伟亦纨绔子，见贼强，诸将怯，度不能破贼，乃议招抚。……既而宠等终不降，乃遣侍郎陆完督师，而召中锡、伟还。

【译文】

武宗正德六年（1511 年）三月，刘六等人起义，吏部尚书杨一清建议派大臣部署调度各道（在省与府之间所设的监察区）的军队。于是推荐马中锡为右都御史做提督掌管军事，跟惠安伯张伟一起统率皇帝的亲兵南征。刘六，名叫宠，他的弟弟刘七名叫宸，是文安县（今属河北）人，两人都勇猛强悍，擅长骑马射箭。……在这时，刘宠、刘宸等人从京城地区侵犯山东、河南，向南到湖北湖南一带，直到江西。又从南向北，直接窥伺霸州（今河北霸州市），杨虎等人从黄河以北到山西，又向东到文安县，与刘宠等人会合，攻破上百个县，纵横几千里，打到的地方都像没有人一样，没受抵挡。马中锡虽然当时有声望，但不通晓军事，张伟也是个纨绔子弟，看到起义军强大，众将领胆怯，估计不能打败起义军，于是就商议招降安抚。……随后刘宠等人终于没投降，于是就派侍郎陆完督管军队，而将马中锡、张伟召回京城。

陆昆传

劝武宗远奸臣

【原文】

时"八党"窃柄，朝政日非。昆偕十三道御史薄彦徽……等，上疏极谏曰："自古奸臣欲擅主权，必先蛊其心志。如赵高劝二世严刑肆志，以极耳目之娱；和士开说武成毋自勤约，宜及少壮为乐；仇士良教其党以奢靡导君，勿使亲近儒生，知前代兴亡之故。其君惑之，卒皆受祸。陛下嗣位以来，天下颙然望治。乃未几宠幸奄寺，颠覆典刑。太监马永成……辈共为蒙蔽，日事宴游。……若辈必谓宫中行乐，何关治乱，此正奸人欺君之故术也。……伏望侧身修行，亟屏永成辈以绝祸端，委任大臣，务学亲政，以还至治。"

【译文】

当时"八党"篡夺了国家大权，朝廷政事一天比一天坏。陆昆和十三道御史薄

彦徽……等人，一起上奏，尽力规劝武宗皇帝说："自古以来，奸臣想独揽国君的大权，一定先要迷惑国君的思想志向。像秦朝的宦官赵高劝秦二世实行严刑而肆意妄为，以便想听什么听什么，想看什么看什么，尽情娱乐；北周的和士开劝说武成皇帝（即北周明帝宇文毓）不要勤劳节俭，应趁着少壮时期尽情享乐；唐朝的宦官仇士良教唆他的同伙用奢侈浪费来引导国君唐文宗，不让国君接近读书人，了解前代兴盛衰亡的原因。他们的国君被迷惑，最终都遭到大祸。陛下继承皇位以来，天下人都仰望着太平盛世，可是没过多久，就宠爱亲近宦官，败坏了国家的典制旧法。太监马永成……那些人共同蒙蔽皇上，每天只是宴饮游乐。……那些人一定会说在宫中游玩享乐，对国家的太平安定或动荡不安有什么关系，这正是奸臣欺骗国君的老办法。……我们拜伏地上，希望陛下感到忧惧，修养身心并付诸实践，赶紧除掉马永成那些人以断绝刚开头的大祸，任用大臣，专心学习亲自处理政务，使国家回到太平盛世。"

蒋　钦　传

三上疏三受杖

【原文】

蒋钦，字子修，常熟人。弘治九年进士。授卫辉推官。征擢南京御史，数有论奏。正德元年，刘瑾逐大学士刘健、谢迁，钦偕同官薄彦徽等切谏。瑾大怒，逮下诏狱，廷杖为民。居三日，钦独具疏曰：……疏入，再杖三十，系狱。越三日，复具疏曰："臣与贼瑾势不两立。贼瑾蓄恶已非一朝，乘间起衅，乃其本志。陛下日与嬉游，茫不知悟。内外臣庶，凛如冰渊。臣昨再疏受杖，血肉淋漓，……臣死何足惜，但陛下覆国丧家之祸起于旦夕，是大可惜也。……"疏入，复杖三十。

【译文】

蒋钦，字子修，常熟县（今属江苏）人。孝宗弘治九年（1496年）中进士。任卫辉府（今河南汲县）推官。又征召做了南京御史，几次上奏论述事情。武宗正德元年（1506年），刘瑾放逐大学士刘健、谢迁，蒋钦与同僚薄彦徽等人直言极谏。刘瑾大怒，将蒋钦逮捕投入诏狱，后在朝堂上杖打后革职为民。呆了三天，蒋钦一个人写上奏说：……上奏送进朝去，又杖打他三十，将他关进监狱。过了三天，他又写上奏说："我与奸贼刘瑾势不两立。奸贼刘瑾心怀恶意已不是一天了，找空子挑起事端，才是他的本意。陛下每天跟他玩耍游乐，一点也不悔悟。朝廷内外群臣百姓，恐惧得像在薄薄的冰上行走，象走到了深渊的边上。我昨天第二次上奏被杖打，身上血肉淋漓，……我死了哪值得惋惜，但是陛下亡国丧家的大祸将很快发生，这是太可惜的事。……"上奏送进去，又杖打他三十。

杨廷和传

裁革冗员

【原文】

廷和总朝政几四十日,兴世子始入京师即帝位。廷和草上登极诏书,……已而诏下,正德中蠹政厘抉且尽。所裁汰锦衣诸卫、内监局旗校工役为数十四万八千七百,减漕粮百五十三万二千余石,其中贵、义子、传升、乞升一切恩幸得官者大半皆斥去。中外称新天子圣人,且颂廷和功。……居久之,帝问大学士李时太仓所积几何,时对曰:"可支数年。由陛下初年诏书裁革冗员所致。"帝慨然曰:"此杨廷和功,不可没也。"

【译文】

杨廷和总揽朝政大事近四十天,兴献王的嫡长子才到京城即皇帝位。杨廷和起草皇上登极的诏书。……不久世宗诏书下,说武宗正德年间危害国家的政治措施即将革除完毕。所裁减锦衣卫等卫、宦官部门下级官吏及工匠、仆役为十四万八千七百人,减少水道运粮一百五十三万二千多石,那些显贵的侍从宦官、干儿子、传袭升官、乞求升官等一切由皇帝恩赐宠爱而得以做官的,一多半都被驱逐走了。中央与地方都称新皇上是圣人,并赞美杨廷和的功劳。……过了很长时间,世宗问大学士李时京城的仓库还存多少粮食,李时回答说:"能供应几年。这是由陛下登极初年下诏书裁革冗员所得到的。"世宗很感慨地说:"这是杨廷和的功劳,是不能抹煞的。"

杨 慎 传

博学的杨慎

【原文】

杨慎,字用修,新都人,少师廷和子也。年二十四,举正德六年殿试第一,授翰林修撰。……慎幼警敏,十一岁能诗。十二拟作《古战场文》《过秦论》,长老惊异。入京,赋《黄叶诗》,李东阳见而嗟赏,令受业门下。在翰林时,武宗问钦天监及翰林:"星有注张,又作汪张,是何星也?"众不能对。慎曰:"柳星也。"历举《周礼》《史记》《汉书》以复。……尝奉使过镇江,谒杨一清,阅所藏书。叩以疑义,一清皆成诵。慎惊异,益肆力古学。既投荒多暇,书无所不览。尝语人曰:"资性不足恃。日新德业,当自学问中来。"故好学穷理,老而弥笃。

【译文】

杨慎,字用修,新都县(今属四川省)人,是少师杨廷和的儿子。二十四岁时,考中正德六年(1511年)殿试第一名,做了翰林院修撰。……杨慎自幼机警聪明,十

一岁就能作诗。十二岁模仿着作了《古战场文》《过秦论》，使年高者惊奇。到了京城，作《黄叶诗》，李东阳见后很赞赏，让他跟自己学习。在翰林院时，武宗问钦天监（管天文、历法的官）和翰林："有个星写作注张，又写作汪张，是什么星呢？"大家回答不了。杨慎说："是柳星。"一一举出《周礼》《史记》《汉书》的例子来回答。……他曾奉命路过镇江府（今属江苏），拜见杨一清，阅读他所藏的书籍。举疑难问题请教，杨一清都能背诵。杨慎很惊异，越发尽力于经史诗赋的学

明世宗

习。被贬谪（云南永昌）后，空闲时间多了，没有不读的书。他曾对人说："天分不值得依仗。每天更新的德行和事业，应当从学问中来。"因此他爱学习又能深究事物的义理，越老越专心。

王 思 传

遇难不惊

【原文】

思年少气锐，每众中指切人是非。已悔之，自敛为质讷。及被谪，怡然就道。夜过泷水，舟飘巨石上，缘石坐浩歌。家人后至，闻歌声乃舣舟以济。

【译文】

王思少年气盛，常好在大庭广众之中严词指责别人的过错。后来后悔了，自己约束自己变得朴实而不多说话。到被贬谪远方，就高高兴兴地上路。夜里过泷水，船搁浅在巨石上，他就坐在巨石边上放声歌唱。家中人从后面赶到，听到歌声，就放船把他救上岸来。

刘 济 传

权臣不得以恩怨为出入

【原文】

给事中刘最以劾中官崔文调外任，景贤复劾其违禁，与御史黄国用皆逮下诏狱，戍最而谪国用。法司争不得，济言："国家置三法司，专理刑狱，或主质成，或主平反。权臣不得以恩怨为出入，天子不得以喜怒为重轻。自锦衣镇抚之官专理诏狱，而法司几成虚设。如最等小过耳，罗织于告密之门，锻炼于诏狱之手，旨从内降，大臣初不与知，为圣政累非浅。且李洪、陈宣罪至杀人，降级而已。王钦兄弟党

奸乱政，谪戍而已。以最等视之，奚啻天渊，而罪顾一律，何以示天下。"帝怒，夺济俸一月。

【译文】

给事中刘最因为检举宦官崔文的罪行而被调到地方上去，太监芮景贤又弹劾刘最违反禁令，于是刘最与御史黄国用皆被逮捕投进诏狱（奉皇帝诏命关押犯人的监狱），刘最被判戍边，黄国用被降级调往边远地方。主管司法刑狱的官员为他们辩护，争取宽大，没成功，刘济上奏说："国家设立刑部、都察院、大理寺三法司，为专门审理刑事案件，有的主管评定是非，有的主管纠正错案。有权势之臣，不能凭个人恩怨放人逮人，皇上不能凭个人喜怒定罪的轻重。可是自从锦衣卫北镇抚司专管审理诏狱的案件后，三法司几乎成为虚设部门。像刘最等人，只是犯小过错，告密者给他们罗织的罪名，在诏狱主管者那里却得以成立，圣旨由宫内太监下达，大臣最初不能知道，这样给圣上贤明的政治造成的危害不小。况且李洪、陈宣犯杀人罪，只是降级而已，王钦弟兄勾结坏人为害国家，只是降级外调或戍边罢了。拿刘最等人的罪过和他们相比，哪只是天渊之别，可是判罪反而一样，（这样做）拿什么明示天下呢？"世宗大怒，剥夺刘济一月的俸禄。

张 汉 卿 传

郡邑小民将安取哉

【原文】

未几，复偕同官言："今天下一岁之供，不给一岁之用，加以水旱频仍，物力殚屈。陛下方躬行节俭，而中官梁栋等奏营造缺珠宝，是欲括户部之银也。梁政等又以蠲免三分之数，欲行京仓拨补，是欲耗太仓之粟也。夫内库不足，取之计部，计部不足，取之郡邑小民，郡邑小民将安取哉？今东南洊饥，民至骨肉相食，而搜括之令频行，臣等窃以为不可。"

【译文】

没过多久，张汉卿又跟同僚一块上奏说："现在全国一年的供给，不够一年的用度。加上水旱灾害连年不断，国家物力耗尽亏空。陛下正亲身实行节俭，可是宦官梁栋等人却上奏说建造方面缺少珍珠宝贝，是想刮户部的钱。梁政等人又把减免十分之三的税收数，要从京城仓库调拨补充，是想耗费太仓的粮食。当皇宫的府库不够用时，就向户部去取，户部不够用时，就向各郡县的百姓去征收，可各郡县的百姓向哪里去要呢？现在东南一带连续两年闹饥荒，百姓到了亲骨肉间人吃人的地步，可是搜刮百姓的命令频繁发布，我们私下以为这样不行。"

张 原 传

上疏遭贬谪

【原文】

张原，字士元，三原人。正德九年进士。授吏部给事中。疏陈汰冗食、慎工作、禁贡献、明赏罚、广言路、进德学六事。中言："天下幅员万里，一举事而计臣辄告匮，民贫故也。民何以贫？守令之衰敛，中臣之贡献，为之也。比年军需杂输十倍前制，皆取办守令。守令假以自殖，又十倍于上供。民既困矣，而贡献者复巧立名目，争新竞异，号曰'孝顺'。取于民者十百，进于上者一二，朝廷何乐于此而受之。……"疏入，权幸恶之，传旨谪新添驿丞。

【译文】

张原，字士元，三原县（今属陕西）人。武宗正德九年（1514 年）中进士，做了吏部给事中。他向武宗皇帝上奏疏论述裁汰官府公事人员、慎重进行土木工程营造、禁止各地进贡、严明赏罚制度、广开言路、进道德学业有成的人才六件事。其中说："天下幅员万里，一到办事，主管财务的官员就告匮乏，这是百姓贫穷的缘故。百姓为什么贫穷？是各地知府、县令的聚敛和太监要求进贡造成的。近年的军需费用和各种杂税是以前规定的十倍，都责令知府、县令供应。知府、县令借此使自己获利，又将数目扩大为向上供应的十倍。百姓已很贫困了，可要求进贡者又巧立名目，争着出新奇的花样，起名叫'孝顺'。从百姓那里取来十到上百，可进贡给皇上的仅是一、二，朝廷为什么喜欢这样而接受呢。……"奏疏递进去，有权势的宠臣憎恨他，传皇上圣旨把他贬到新添驿做驿丞（管邮递传送公文及迎送官员）。

毛 玉 传

曹嘉私自品评官吏遭贬斥

【原文】

御史曹嘉素轻险，仿宋范仲淹《百官图》，分廷臣四等，加以品题。给事中安磐疏驳之，言唐王珪之论房玄龄等，本朝解缙之论黄福等，皆承君命而品藻之，未有漫然恣其口吻，如嘉者也。玉复言嘉背违成法，变乱国是，乞斥。帝从其言，贬嘉于外。

【译文】

御史曹嘉一向轻薄阴险，他模仿宋朝范仲淹的《百官图》，把朝中大臣分为四等，加以评论，定其高下。给事中安磐上条陈批驳他，说明唐朝王珪评论房玄龄等人、本朝解缙评论黄福等，都是奉皇帝命令进行鉴定，没有随意放肆乱说象曹嘉这样的。毛玉（为吏科给事中）又说曹嘉违背已定法令，破坏国家大计，要求皇帝贬斥

他。世宗皇帝听从他们的话，就将曹嘉贬到地方去了。

武当山紫宵殿　明

严 讷 传

使铨政一新

【原文】

严讷，字敏卿，常熟人。……礼部尚书郭朴迁吏部，遂以讷代之。朴遭父丧，复代为吏部尚书。严嵩当国，吏道污杂。嵩败，朴典铨犹未能尽变。讷雅意自饬，徐阶亦推心任之。讷乃与朝士约，有事白于朝房，毋谒私邸。慎择曹郎，务抑奔竞，振淹滞。又以资格太拘，人才不能尽，仿先朝三途并用法，州县吏政绩异者破格超擢，铨政一新。

【译文】

严讷，字敏卿，常熟（今属江苏）人。……礼部尚书郭朴升为吏部尚书，就让严讷代替他做礼部尚书。郭朴遇上父亲去世，严讷就又代替他做了吏部尚书。严嵩当政时，官场黑暗混乱。严嵩下台后，郭朴虽主管选授官职，但官场的情况还未能全部改变。严讷平素严于律己，首辅徐阶也推心置腹地信任他。严讷于是和朝中官员约定，有事在朝房讲，不要到家中拜见。他慎重选用各部门的官员，专门压制走门路竞争的，起用长期淹没滞留在下层的人才。又因为太拘泥于资格，使人才不能全部被任用，他就仿照前朝三种途径并用的选官办法，州、县官员政绩优异的就破格提升，于是选授官职的制度为之一新。

孙 交 传

读书不辍

【原文】

交言论恂恂，不以势位骄人。清慎恬愿，终始一致。初在南京，僚友以事简多暇，相率谈谐饮弈为乐，交默处一室，读书不辍。或以为言，交曰："对圣贤语，不愈于宾客、妻妾乎？"

【译文】

孙交说话诚恳恭顺，从不因权势大、地位高（孙交为宪宗成化年间进士，累官至户部尚书、太子太保）而在人前表现出骄傲。为人清廉谨慎、恬淡诚实，始终如一。当初在南京时，同僚因公事少又容易处理，空闲时间多，就一起谈天逗趣、饮酒或下棋取乐，只有孙交默默地在一间屋子里读书不止。有人为此说他，他说："跟圣贤说话，不胜过跟宾客、妻妾等人说话好吗？"

刘 麟 传

曲卧"神楼"

【原文】

麟清修直节，当官不挠。居工部，为朝廷惜财谨费，仅逾年而罢。居郊外南坦，赋诗自娱。守为筑一台，令为构堂，始有息游之所。家居三十余年，廷臣频论荐。晚好楼居，力不能构，悬篮舆于梁，曲卧其中，名曰神楼。文征明绘图遗之。

【译文】

刘麟品行高洁、正直，重操守，当官时刚正不阿。做工部尚书时，为朝廷节省财物，谨慎费用支出，只过一年就被罢了官。居住城郊南面平坦处，作诗自乐。当地知府为他建造一座高台，县令为他盖起厅堂房舍，才有了居住游玩的场所。在家闲居三十多年，朝中大臣频频议论推荐他。晚年喜欢住楼，又无力建造，就将竹轿挂在屋梁上，弯曲着身子躺在里面，起名叫神楼。文征明画了一幅这样的画送给他。

蒋 瑶 传

扬州接驾

【原文】

蒋瑶，字粹卿，归安人。弘治十二年进士。……寻出为荆州知府。筑黄潭堤。调扬州。武宗南巡至扬，瑶供御取具而已，无所赠遗。诸嬖幸皆怒。江彬欲夺富民

居为威武副将军府,瑶执不可。彬闭瑶空舍挫辱之,胁以帝所赐铜瓜,不为慑。会帝渔获一巨鱼,戏言直五百金,彬即畀瑶责其直。瑶怀其妻簪珥、褂服以进,曰:"库无钱,臣所有惟此。"帝笑而遣之。府故有琼花观,诏取琼花。瑶言自宋徽、钦北狩,此花已绝,今无以献。又传旨征异物,瑶具对非扬产。帝曰:"苎白布,亦非扬产耶?"瑶不得已,为献五百匹。当是时,权幸以扬繁华,要求无所不至。微瑶,民且重困。驾旋,瑶扈至宝应。中官丘得用铁絚系瑶,数日始释,竟扈至临清而返。扬人见瑶,无不感泣。

【译文】

蒋瑶,字粹卿,归安(今浙江吴兴)人。孝宗弘治十二年(1499年)中进士。……不久调出做荆州府(今湖北省江陵)知府,在那里修筑了黄潭堤。又调到扬州任知府。武宗去南方巡视到了扬州,蒋瑶只供给御用酒饭器具而已,没有送礼品,武宗宠爱的人们都大怒。江彬想夺富户的住宅做威武副将军府,蒋瑶执意不肯。江彬把蒋瑶关在空屋子里挫折凌辱他,并用武宗皇帝赏赐的铜瓜(古代的一种武器,长柄,上端是金瓜形的骨朵)进行威胁,他都没被慑服。赶上武宗皇帝捕到一条大鱼,开玩笑说值五百两银子,江彬就将鱼给了蒋瑶要他出鱼钱。蒋瑶抱着妻子的簪子、耳环等首饰和外衣进献,说:"官库中没有钱,我只有这些东西。"武宗笑着把他打发走了。扬州原先有座琼花观,武宗下令要琼花。蒋瑶说自从宋徽宗、钦宗被掳北去后,这种花就绝了,现在没有可献的。武宗又传旨征集奇异物品,蒋瑶都回说不是扬州出产的。武宗说:"苎麻白布,也不是扬州出产的吗?"蒋瑶不得已,献上了五百匹。在这时,有权的皇帝宠臣都认为扬州繁华,提的要求无所不至,要是没有蒋瑶,百姓将要遭受重大的困扰。武宗起驾回京,蒋瑶随从护驾到宝应(今属江苏)。宦官丘得用铁索捆绑蒋瑶,好几天后才放开,一直随从护驾到临清(今山东临清)才返回。扬州人民见到蒋瑶,没有感激得不哭的。

王守仁传

"阳明学"的创立

【原文】

守仁天姿异敏。年十七谒上饶娄谅,与论朱子格物大指。还家,日端坐,讲读《五经》,不苟言笑。游九华归,筑室阳明洞中。泛滥二氏学,数年无所得。谪龙场,穷荒无书,日绎旧闻。忽悟格物致知,当自求诸心,不当求诸事物,喟然曰:"道在是矣。"遂笃信不疑。其为教,专以致良知为主。谓宋周、程二子后,惟象山陆氏简易直捷,有以接孟氏之传。而朱子《集注》《或问》之类,乃中年未定之说。学者翕然从之,世遂有"阳明学"云。

【译文】

王守仁天赋特别聪明。十七岁时去拜见上饶(今属江西)的娄谅,和他讨论朱熹格物(推究事物原理的学说)的主要意思。回家后,天天端坐着,讲解诵读《五

经》，不随便说笑。游九华山（在安徽青阳县西南）回来，在阳明洞（在浙江绍兴东南会稽山）建了房舍。广泛研讨朱熹、娄谅二人的学说，几年的时间，没有什么收获。贬谪到龙场（今贵州修文县）后，因那里是贫穷荒凉的地方，没有书看，就每天研究思考以前的知识见闻，突然醒悟到格物致知（推究事物原理以获得知识）应当求之于自己的内心，不应该向外界的事物中去求它，长叹一声说："道理在这里呀！"就坚信不疑。他进行教育，专门以重新获得良知（不待思考而自然知道的天赋道德意识）为主。他说自宋朝周敦颐、程颢二位先生之后，只有像山（山名，在今江西贵溪市西南）陆九渊的学说简明易学、直截了当，能够继承孟子传授的学说。而朱熹的《论语孟子集注》《大学中庸章句或问》等，是他中年时还没

王守仁

确定的学说。学者都异口同声听从他。世上于是有了"阳明学"这个学派。

夏 言 传

绝壅蔽矫诈之弊疏

【原文】

夏言，字公谨，贵溪人。……言举正德十二年进士，授行人，擢兵科给事中。性警敏，善属文。及居言路，謇谔自负。世宗嗣位，疏言："正德以来，壅蔽已极。今陛下维新庶政，请日视朝后，御文华殿阅章疏，召阁臣面决。或事关大利害，则下廷臣集议。不宜谋及亵近，径发中旨。圣意所予夺，亦必下内阁议而后行，绝壅蔽矫诈之弊。"帝嘉纳之。

【译文】

夏言，字公谨，贵溪（今属江西省）人。……夏言考举武宗正德十二年（1517 年）进士，被授行人（掌奉使出外，传达宣布诏令）的官职，提升为兵科给事中（掌稽查各官署之事，与御史一样有进谏之责，所以称言官）。秉性机警聪敏，善于写文章。等到他做了言官，常以正直敢言自负。世宗（年号嘉靖）继承皇帝位后，夏言上疏说："武宗正德年间以

夏言

来，上下隔绝已经达到极点了。现在陛下刷新各种政务，请于每天上朝后，到文华殿审阅下边报上去的奏章，召集内阁大臣们当面研究解决。关系到对国家有重大影响的事，就交给朝廷大臣们集体讨论。不应当与身边亲近的宦官商量，直接从宫廷中发出圣旨。皇上想要有什么赐予或剥夺的事，也必须交到内阁讨论以后再实行，以杜绝蒙蔽、假命欺诈的弊病。"世宗称许采纳了他的意见。

席 书 传

灾异系朝廷不系云南

【原文】

十六年,云南昼晦地震,命侍郎樊莹巡视,奏黜监司以下三百余人。书上疏言:"灾异系朝廷,不系云南。如人元气内损,然后疮疡发四肢。朝廷,元气也。云南,四肢也。岂可舍致毒之源,专治四肢之末? ……灾异之警,偶泄云南,欲以远方外吏当之,此何理也? 汉遣八使巡行天下,张纲独曰:'豺狼当道,安问狐狸。'今樊莹职巡察,不能劾戚畹、大臣,独考黜云南官吏,舍本而治末。乞陛下以臣所言弊政,一切厘革。他大害当祛,大政当举者,悉令所司条奏而兴革之。"时不能用。

【译文】

孝宗弘治十六年(1503 年),云南白天昏暗并发生地震,孝宗命侍郎樊莹去视察,樊莹奏请罢免当地的监察地方官吏的按察使以下的地方官三百多人。席书向孝宗上条陈说:"灾害和自然现象反常,关涉朝廷,不关涉云南。就像人体,内部损耗了元气,然后四肢就会生毒疮。朝廷好像是元气,云南好像是四肢。哪能放弃生毒疮的本源不治,专治四肢这些末节呢? ……灾害和自然现象反常这些警告,偶然发生在云南,就想用远方的地方官员承当,这是什么道理? 汉朝(安帝元年)派八个使臣到全国巡视风俗,唯独张纲说:'豺狼当权,怎么向狐狸问罪呢。'现今樊莹任职巡察,不能劾奏国戚、大臣,只罢退云南官吏,是舍弃根本而只治末微,乞请陛下按臣下所说的弊政,一一改革,其他大害应当除去的,大政应当兴举的,全命令有关部门一条条奏陈而或兴办或革除。"当时席书所说的不能被用。

杨 一 清 传

上防边四策

【原文】

武宗初立,寇数万骑抵固原,总兵曹雄军隔绝不相闻。……一清遂建议修边,其略曰:"……臣久官陕西,颇谙形势。寇动称数万,往来倏忽。未至征兵多扰费,既至召援辄后时。欲战则彼不来,持久则我师坐老。臣以为防边之策,大要有四:修浚墙堑,以固边防;增设卫所,以壮边兵;经理灵、夏,以安内附;整饬韦州,以遏外侵。"

【译文】

武宗皇帝刚即位,敌人几万骑兵入侵到固原(今属宁夏回族自治区),总兵曹雄的军队道路阻隔消息不通。……杨一清就建议巩固边防,大意是说:"……我长期在陕西做官,很熟悉形势。敌人动辄号称几万人,来去很迅速。如果敌人还未到就

征兵,就要烦费,敌人到后再召募援军就会误时机。想作战则对方不来,持久等待则我军会坐以待疲。我以为防守边境的策略,主要有四点:修筑长城,深挖壕沟,用来巩固边防;增设卫、所(军事编制)以壮大边防兵力;治理灵州(今宁夏回族自治区灵武)、宁夏府(今宁夏银川),用以安抚归附者;整顿治理韦州(今陕西长安),用来阻挡外来侵略。"

彭 泽 传
受父拷打

【原文】

彭泽,字济物,兰州人。……登弘治三年进士,授工部主事,历刑部郎中。势豪杀人,泽置之辟。中贵为祈免,执不听。出为徽州知府。泽将遣女,治漆器数十,使吏送其家。泽父大怒,趣焚之,徒步诣徽。泽惊出迎,目吏负其装。父怒曰:"吾负此数千里,汝不能负数步耶?"入,杖泽堂下。杖已,持装径去。泽益痛砥砺。政最,人以方前守孙遇。

【译文】

彭泽,字济物,兰州(今属甘肃省)人。……孝宗弘治三年(1490年)中进士,做了工部主事,后做到刑部郎中。有权势的豪强杀了人,彭泽将他判以死刑。有权势的太监替那人请求赦免,彭泽执意不听从。被调出京城做了徽州府(今安徽歙县)知府。彭泽将要嫁女儿,就治办几十件漆器,派小吏送回家中。彭泽父亲一见大怒,马上把漆器烧掉,步行到了徽州。彭泽很吃惊地出来迎接,使眼色让小吏接父亲的行李。他父亲生气地说:"我背着这个走了几千里,你连几步都不能背吗?"进入官衙,在大堂下打彭泽,打完,拿起行李径直走了。从此彭泽越加痛苦磨炼自己。后来,他政绩优异,人们将他比作前任知府孙遇。

郑 晓 传
打 败 倭 寇

【原文】

大江南北皆中倭,漕艘几阻。晓请发帑金数十万,造战舸,筑城堡,练兵将,积刍糗。诏从之。中国奸民利倭贿,多与通。通州人顾表者尤桀黠,为倭导。以故营垒皆据要害,尽知官兵虚实。晓悬重赏捕戮之。募盐徒骁悍者为兵,增设泰州海防副使,筑瓜洲城,庙湾、麻洋、云梯诸海口,皆增兵设堠。遂破倭于通州,连败之如皋、海门,袭其军吕泗,围之狼山。前后斩首九百余。贼溃去。

【译文】

大江南北都遭到倭寇侵扰,水上运输船只几乎被阻断。郑晓请求调发国库银

子几十万两,用来造战船,修筑城堡,操练兵将,积存粮草。世宗皇帝下诏令答应了他。中国的奸诈坏人贪图敌人贿赂,很多与敌人通气。通州(今江苏南通市)人顾表尤其凶暴狡猾,为倭寇做向导。因此倭寇的营地都占据要害地方,全部掌握了官军的内部情况。郑晓悬重赏逮捕到顾表,并杀了他。然后召募盐民中勇猛强悍的当兵,增设泰州(今江苏泰州)海防副使,建筑瓜州城(今江苏省邗江区南),在庙湾、麻洋、云梯(三地皆今属江苏)等海口地方都增兵设瞭望的土堡。于是在通州打败倭寇,又接连在如皋、海门(两地今属江苏省)打败他们,在吕泗(今属江苏)偷袭了他们的军队,并在狼山(今属江苏)将他们包围住,前后共杀倭寇九百多。倭寇大败逃去。

刘天和传

治理黄河

【原文】

刘天和,字养和,麻城人。正德三年进士。……黄河南徙,历济、徐皆旁溢。天和疏汴河,自朱仙镇至沛飞云桥,杀其下流。疏山东七十二泉,自凫、尼诸山达南旺河,浚其下流。役夫二万,不三月讫工。加工部右侍郎。故事,河南八府岁役民治河,不赴役者人出银三两。天和因岁饥,请尽蠲旁河受役者课,远河未役者半之。

【译文】

刘天和,字养和,麻城(今属湖北省)人。武宗正德三年(1508年)中进士。……黄河改道向南迁移,经过济州(今山东济宁)、徐州(今淮北一带)时都向两边漫溢。刘天和疏导汴河,从朱仙镇在(今河南开封市西南)起到沛县(今属江苏)飞云桥,减弱它下游的水流。又疏导山东的七十二泉,从凫山(在山东省邹县)、尼山(在山东省曲阜市东南)等山直到南旺河(在山东汶上县),挖深它的下流。征用民夫两万人,不到三个月就完工了。刘天和升为工部右侍郎。按旧规定,河南八个府每年征百姓治理黄河,不去治河的每人交三两银子。刘天和因见闹饥荒,请求全部免除黄河两岸被征去治河人的赋税,离黄河远没去治河的人免除一半。

吴 岳 传

招待苏州知府

【原文】

吴岳,字汝乔,汶上人。嘉靖十一年进士。授户部主事,历郎中。……岳清望冠一时,祭躬严整。尚书马森言平生见廉节士二人,岳与谭大初耳。岳知庐州时,王廷守苏州,以公事遇京口。岳召为金山游,携酒一瓶,肉一斤,菜数束。廷笑曰:"止是乎?"岳亦笑曰:"足供我两人食矣。"欢竟日而还。

【译文】

　　吴岳,字汝乔,汶上(今属山东)人。世宗嘉靖十一年(1532年)中进士。做了户部主事,后做到郎中。……吴岳清廉的声望在当时属第一位,立身处世很严肃。尚书马森说一生见到两个廉洁有节操的人,就是吴岳与谭大初。吴岳做庐州(今安徽合肥)知府时,王廷正在苏州做知府,因公事在京口(今江苏镇江)相遇。吴岳约他同游金山(在江苏镇江市西北),带上一瓶酒,一斤肉,几捆菜。王廷笑着问:"只有这些吗?"吴岳也笑着说:"足够我们两人吃的了。"于是高高兴兴地玩了一整天才回去。

欧阳铎传

欧阳铎议均徭

【原文】

　　欧阳铎,字崇道,泰和人。正德三年进士。……出为延平知府,毁淫祠数十百所,以其材茸学宫。司礼太监萧敬家奴杀人,置之法。调福州,议均徭曰:"郡多士大夫,其士大夫又多田产。民有产者无几耳,而徭则尽责之民。请分民半役。"士大夫率不便。巡按御史汪珊力持之,议乃行。

【译文】

　　欧阳铎,字崇道,泰和县(今属江西)人。武宗正德三年(1508年)中进士。……被调出做延平府(今福建南平)知府。他毁掉滥设的祠庙几十所到上百所,用拆下的材料修盖学校。司礼监宦官萧敬的家奴杀死了人,欧阳铎按法律处置了他。被调到福州府(今属福建)后,他在讨论平均负担徭役的事时说:"福州府内士大夫很多,那些士大夫的田产又很多。百姓有田产的没有多少了,可是徭役却全都责令百姓担负。请士大夫分担百姓的一半徭役。"士大夫大多认为不利。巡按御史汪珊大力支持这样做,这项决议才得以实行。

孙懋传

谏诛江彬

【原文】

　　孙懋,字德夫,慈谿人。正德六年进士。授浦城知县,擢南京吏科给事中。……江彬导帝巡幸。懋言:"彬枭恱邪,挟至尊出居庸,无大臣保护,独处沙漠将半载。两宫违养,郊庙不亲,四方灾异迭见,盗贼蜂起。留彬一日,为宗社一日忧,乞立置重典。"时中外章奏,帝率不省视。规主阙者,往往得无罪。一触权幸,祸立至,人皆为懋危。而彬方日侍帝娱乐,亦不之见也。

【译文】

　　孙懋，字德夫，慈豁县（今属浙江）人。武宗正德六年（1511）中进士。做了浦城县（今属福建）知县，后提拔为南京吏科给事中……江彬引导武宗皇帝外出巡游。孙懋上奏说："江彬凶暴奸猾，挟持圣上出居庸关（在今北京市昌平区军都山），没有大臣保护，独自住在沙漠将近半年。两宫皇太后不能奉养，天地祖宗不能亲自祭祀，全国各地灾害和异常自然现象层出不穷，盗贼（诬称反对朝廷的起义）蜂拥而起。留江彬一天，宗庙社稷的忧患就存在一天，请马上将他依法重处。"当时朝廷内外的奏章，武宗皇帝大都不看。上疏规谏皇帝的过失的，常常得以无罪。若一触怒有权势的宠臣，大祸马上临头，所以人们都认为孙懋十分危险。但当时江彬正每天陪武宗娱乐，也就没见到孙懋的奏章。

孙继鲁传

敝衣外无长物

【原文】

　　孙继鲁，字道甫，云南右卫人。嘉靖二年进士。……历知卫辉、淮安二府。织造中官过淮，继鲁与之忤。诬逮至京，大学士夏言救免。继鲁不谢，言不悦。改补黎平。擢湖广提学副使，进山西参政。数绳宗藩。暨迁按察使，宗藩百余人拥马发其装，敝衣外无长物，乃载酒谢过。

【译文】

　　孙继鲁，字道甫，云南右卫人。世宗嘉靖二年（1523年）中进士。……历任卫辉（今河南汲县）、淮安（今江苏淮安）两府知府。织造（主管织造宫廷用帛、彩缯等织物的官）宦官路过淮安府，孙继鲁得罪了他。这个宦官就诬陷他，将他逮捕到京城，被大学士夏言相救才获免。他没感谢夏言，夏言不高兴。孙继鲁改补黎平府（今贵州黎平）知府。又提拔为湖广（相当今湖北、湖南两省）提学副使，又晋升为山西参政。他几次用法律制裁受封的皇族。到他升为按察使时，皇族一百多人围住他的马打开他的行李，见里面除破衣服外，再没有多余的东西，于是就设酒来向他道歉。

曾铣传

命诸将披甲行

【原文】

　　曾铣，字子重，江都人。……铣有胆略，长于用兵。岁除夜，猝命诸将出。时塞上无警，诸将方置酒不欲行，略铃卒求缓于铣妾。铣斩铃卒以徇。诸将不得已，丙夜被甲行。果遇寇，击败之。翼日入贺毕，前请故。铣笑曰："见乌鹊非时噪，故知

之耳。"皆大服。

【译文】

曾铣,字子重,江都(今扬州)人。……曾铣有胆量和谋略,擅长带兵作战。(有一年)除夕夜晚,突然命令诸将出去巡逻。当时边塞没有报警,将领们正摆上酒席,都不愿出去巡逻,就贿赂打铃的兵士,让他去向曾铣的小老婆请求暂缓出发。曾铣杀了打铃的兵士以示众。诸将领不得已,三更时穿上铠甲去巡逻。果然遇到入侵的敌人,就将敌人打败了。第二天,将领们去向曾铣祝贺新年完了,就向前请问知道敌人入侵的原因。曾铣笑着说:"我听见乌鸦、喜鹊不合时宜地乱叫,因此就知道了。"大家都非常佩服。

朱纨传

朱纨自决

【原文】

其年三月,佛郎机国人行劫至诏安。纨击擒其渠李光头等九十六人,复以便宜戮之。具状闻,语复侵诸势家。御史陈九德遂劾纨擅杀。落纨职,命兵科都给事杜汝祯按问。纨闻之,慷慨流涕曰:"吾贫且病,又负气,不任对簿。纵天子不欲死我,闽、浙人必杀我。吾死,自决之,不须人也。"制圹志,作俟命词,仰药死。

【译文】

那一年(嘉靖二十七年,即公元1549年)三月,佛郎机国人抢劫来到诏安县(今福建南端沿海)。朱纨打击他们,活捉住他们的头目李光头等九十六人,又没等上奏,就杀了他们。然后写公文上报皇上,公文的话又冒犯了那些有权势的人。御史陈九德就告发朱纨随便杀人。世宗皇帝罢了朱纨的官,命兵科都给事杜汝祯调查审问。朱纨听说后,慷慨激昂地流着眼泪说:"我既贫穷,又有病,又不肯屈服,受不了审问。即使皇上不想让我死,那些福建、浙江人也一定会害死我。我死,就自杀,不必靠别人。"就制作了墓志(放在墓中的刻有死者传记的石刻),写下绝命词,就服毒药自尽了。

胡宗宪传

玩弄权术

【原文】

宗宪多权术,喜功名。因文华结严嵩父子,岁遗金帛子女珍奇淫巧无数。文华死;宗宪结嵩益厚,威权震东南。性善宾客,招致东南士大夫预谋议,名用是起。至技术杂流,豢养皆有恩,能得其力。然创编提均徭之法,加赋额外,民为困敝,而所侵官帑、敛富人财物亦不赀。嘉宾、尚鹏还,上宗宪侵帑状,计三万三千,他册籍沉

灭。宗宪自辩,言:"臣为国除贼,用间用饵,非小惠不成大谋。"帝以为然,更慰谕之。

【译文】

胡宗宪很会玩弄权术,喜欢功名。通过赵文华巴结上严嵩父子,每年送给严氏父子的金钱、绸缎、美女、奇珍异宝和非常奇巧的东西无数。赵文华死后,他与严氏父子交情越来越深,因此他的权势威镇东南。他生性喜欢结交宾客,将东南的士大夫招来参与谋划事情,因此出了名。至于有一般的技艺、方术等各种身份的人,他都收养,施以恩惠,那些人都能为他出力。但他创立编制的提均徭法,增加额外赋税,百姓为此贫困败落。而他所侵吞的官库银两、搜刮富户的财产,也不可计数。罗嘉宾、庞尚鹏到南方调查回来,上告胡宗宪侵吞官库银两的公文,共计三万三千两,其他的账簿亡失。胡宗宪自己辩解说:"我替国家除贼,用离间计、用利诱,不施小恩小惠办不成大事。"世宗认为他说得对,越加用好话安慰他。

任 环 传

任环战倭寇

【原文】

任环,字应乾,长治人。嘉靖二十三年进士。历知黄平、沙河、滑县,并有能名。迁苏州同知。倭患起,长吏不娴兵革。环性慷慨,独以身任之。三十二年闰三月御贼宝山洋,小校张治战死。环奋前搏贼,相持数日,贼遁去。寻犯太仓,环驰赴之。尝遇贼,短兵接,身被三创几殆。宰夫捍环出,死之,贼亦引去。已而复至,裹疮出海击之。怒涛作,操舟者失色。环意气弥厉,竟败贼,俘斩百余。

【译文】

任环,字应乾,长治县(今山西长治)人。世宗嘉靖二十三年(1544 年)中进士。历任黄平(今贵州黄平)、沙河(今河北沙河)、滑县(今河南滑县)等县知县,都因有才能闻名。后升为苏州府同知。倭寇祸乱发生,知府和其他官员都不熟悉打仗的事。任环性情慷慨豪放,独自承担起来。嘉靖三十二年(1553 年)闰三月,在宝山洋(在今上海市宝山县)抵抗贼兵,小校张治战死。任环奋力向前杀贼,相持好几天,贼兵逃走。接着贼兵又进犯太仓州(今江苏太仓),任环飞马赶去。曾经遇到敌人,短兵相接,任环三处受伤,生命很危险。厨夫捍卫着他突围,并为他牺牲了,贼兵也退去。不久,贼兵又到,任环包扎了伤口就出海攻击他们。海上怒涛汹涌,划船的人都大惊失色。任环意气更振奋,终于打败贼兵,俘虏和杀死贼兵共一百多。

程 启 充 传

请察革滥冒军功者

【原文】

程启充,字以道,嘉定州人。正德三年进士。除三原知县,入为御史。嬖幸子弟家人滥冒军功,有至都督赐蟒玉者。启充言:"定制,军职授官,悉准首功。今幸门大启,有买功、冒功、寄名、窜名、并功之弊。权要家贿军士金帛,以易所获之级,是谓买功。冲锋斩馘者,甲也,而乙取之,甚者杀平民以为贼,是谓冒功。身不出门间,而名隶行伍,是谓寄名。贿求掾吏,洗补文册,是谓窜名。至有一人之身,一日之间,不出京师,而东西南朔四处报功者,按名累级,骤至高阶,是谓并功。此皆坏祖宗法,解将士体,乞严为察革。"帝不能用。

水底龙王炮模型

【译文】

程启充,字以道,嘉定州(治所在今四川省乐山市)人。武宗正德三年(1508年)中进士,做了三原县(今属陕西省)知县,后调入京中做御史。当时被皇帝宠幸的人的子弟家人,滥充军功,有被赏赐蟒袍玉带升为都督的。程启充上奏章说:"按制度,军职封官,全根据作战获敌人首级多少。现在宠幸门路大开,有买功、冒功、寄名、窜名、并功的弊病。权贵人家用金钱、绸缎贿赂士兵,换取他们获得的敌人首级,这叫买功。冲锋陷阵割取敌人耳朵的是甲,却被乙拿走,更厉害的是杀百姓充当杀贼,这叫冒功。本身不出家门,而姓名隶属于军队,这叫寄名。用贿赂求副官佐吏,把别人的名字涂抹掉,把自己的名字添补到军队的花名册中,这叫窜名。甚至有的一个人,一天之内,身不出京城,而东西南北四方都给他报功的,按各处他名下累计的首级数,很快升到高位,这叫并功。这些都破坏了祖宗的制度,瓦解了军队,请求严加调查清除。"武宗皇帝不采纳。

张 录 传

明王不贵异物

【原文】

张录,字宗制,城武人。正德六年进士。……西域鲁迷贡狮子、西牛方物,言所贡玉石计费二万三千余金,往来且七年,邀中国重赏。录言:"明王不贵异物。今二狮日各饲一羊,是岁用七百余羊也。牛食刍菽,今乃食果饵,则食人之食矣。愿返其献,归其人,薄其赏,以阻希望心。"帝不能用。

【译文】

张录,字宗制,城武(今山东省成武县)人。武宗正德六年(1511年)中进士。……西域鲁迷进贡狮子、西牛等特产,说所进贡的玉石共花费二万三千多金子,来往一趟将近七年,要求中国重赏。张录上奏说:"贤明的君主不以奇异东西为贵。现在两只狮子每天各喂一只羊,这样一年用七百多只羊。牛本来吃草料,现在西牛吃果子糕饼,就是吃人的食品了。希望退还他们献的东西,让他们的人回去,少给赏赐,以杜绝他们期待什么的思想。"世宗皇帝不采用。

周 思 兼 传

平 度 断 狱

【原文】

周思兼,字叔夜,华亭人。少有文名。嘉靖二十六年进士。除平度知州。躬巡郊野,坐篮舆中,携饭一盂,令乡民以次舁行。因尽得间阎疾苦状,悉蠲除之。王府奄人纵庄奴夺民产,监司杖奴毙,奄迫王奏闻,巡抚彭黯令思兼谳之。王置酒欲有所嘱,竟席不敢言。思兼阅狱词曰:"此决杖不如法。罪当杖,以王故,加一等。奄诬告,罪当戍,以王故,末减。"监司竟得复故秩。

【译文】

周思兼,字叔夜,华亭县(今属江苏)人。少年时以能写文章出名。世宗嘉靖二十六年(1547年)中进士。封为平度州(今山东平度)知州。到州后,他亲自到州城郊野去巡视,坐在竹轿中,带一大碗饭,让乡里百姓依次抬着走。因此全部掌握了民间疾苦的情况,便都加以解除。当地王府的宦官纵容仆人抢占百姓田产,监司将那仆人打死,宦官催促着王爷上奏皇帝,巡抚彭黯让周思兼审理议罪。王爷摆酒请思兼,想有所嘱托,直到散席也没敢说。周思兼看过断案文书说:"这判决的杖打没有按法律办罪。按罪行应当杖打,因王爷的缘故,应罪加一等。宦官诬告监司,按罪行应当罚去守边,因王爷的缘故,最后从轻定罪了。"监司终于得以官复原职。

冯 恩 传

"四铁御史"

【原文】

比朝审，铉当主笔，东向坐，恩独向阙跪。铉令卒拽之西面，恩起立不屈。卒呵之，恩怒叱卒，卒皆靡。铉曰："汝屡上疏欲杀我，我今先杀汝。"恩叱曰："圣天子在上，汝为大臣，欲以私怨杀言官耶？且此何地，而对百僚公言之，何无忌惮也。吾死为厉鬼击汝。"铉怒曰："汝以廉直自负，而狱中多受人馈遗，何也？"恩曰："患难相恤，古之义也。岂若汝受金钱，鬻官爵耶？"因历数其事，诋铉不已。铉益怒，推案起，欲殴之。恩声亦愈厉。都御史王廷相、尚书夏言引大体为缓解。铉稍止，然犹署情真。恩出长安门。士民观者如堵。皆叹曰："是

掐丝珐琅菊花螭耳熏炉　明

御史，非但口如铁，其膝、其胆、其骨皆铁也。"因称"四铁御史"。

【译文】

等到霜降后朝审时，右都御史汪铉担任主审和主要记录人，面向东坐，冯恩只向朝廷方向跪。汪铉让吏卒拽冯恩面向西跪，冯恩站起不肯屈膝。吏卒呵斥他，他生气地斥责吏卒，吏卒都吓得倒退。汪铉说："你屡次上奏想杀我，我现在先杀了你。"冯恩怒叱他说："圣明天子在上，你身为大臣，想借私仇杀谏官吗？况且这是什么地方，竟面对百官公开说这种话，多么肆无忌惮呀。我死后变成恶鬼杀你。"汪铉大怒说："你以廉洁正直自负，而在狱中多次接受别人送的东西，这是为什么？"冯恩说："患难中互相周济，是自古以来的道义。哪像你接受人的金钱，卖官爵呢？"于是一一历数汪铉受贿卖官爵的事，没完没了地辱骂汪铉。汪铉更加恼怒，推案站起，想打冯恩，冯恩声音也更严厉。都御史王廷相、尚书夏言引用大道理加以缓解。汪铉渐渐止怒，但还是记录了真实情况，冯恩被押出长安门，士子平民像两堵墙挤在路旁观看，都叹息说："这个御史不仅口像铁铸的，他的膝盖、他的胆、他的骨骼都是铁打的。"于是称他"四铁御史"。

杨 继 盛 传

番民呼曰"杨父"

【原文】

杨继盛，字仲芳，容城人。……嘉靖二十六年登进士。……贬狄道典史。其地

杂番,俗罕知诗书。继盛简子弟秀者百余人,聘三经师教之。鬻所乘马,出妇服装,市田资诸生。县有煤山,为番人所据,民仰薪二百里外。继盛召番人谕之,咸服曰:"杨公即须我曹穹帐亦舍之,况煤山耶?"番民信爱之,呼曰"杨父"。

【译文】

杨继盛,字仲芳,容城(今河北容城)人。……嘉靖二十六年(1547年)中进士。……被贬为狄道(在今甘肃临洮)典史。那里汉民与少数民族杂居,当地人很少有读诗书的习惯。杨继盛选拔优秀子弟百多人,聘请三个经学大师教他们读书。杨继盛卖了自己所骑的马,拿出妻子的衣服首饰,买田地资助那些学生。县里有座煤山,被少数民族占据着,百姓需要的柴火要到二百里外去打。杨继盛召集少数民族开导他们让出煤山,以便采煤。他们都服从地说:"杨公即使要我们的毡房,我们也舍得,何况煤山呢?"少数民族信赖、爱戴他,称呼他"杨父"。

邹应龙、林润等传

严嵩父子恶积灭身

【原文】

嵩相二十余年,贪茵盈贯。言者踵至,斥逐罪死,甘之若饴,而不能得君心之一悟……世蕃之诛,发于邹应龙,成于林润。二人之忠,非过于杨继盛,其言之切直,非过于沈炼、徐学诗等,而大慝由之授首。盖恶积灭身,而邹、林之弹击适会其时欤。

铃山诗选 明

【译文】

严嵩做首辅二十多年,贪婪过度,恶贯满盈。揭发他罪行的人一个接一个,这些人遭贬斥、驱逐、定罪、处死都在所不惜,仍认为甘甜如糖,但就是不能得到皇帝的一点理解。……严世蕃(严嵩子)的被杀,由邹应龙发起,到林润才成功。他二人的忠心,并没超过杨继盛,他二人言词的恳切正直,并没超过沈炼、徐学诗等,而大坏人却因他们的揭发掉了脑袋。这大概是罪恶积多了招致杀身,而邹应龙、林润的揭发抨击正好赶上适当的时机了吧。

马永、梁震等传

明中叶名将功高赏薄

【原文】

呜呼,明至中叶,曷尝无边材哉!如马永、梁震、周尚文、沈希仪之徒,出奇制胜,得士卒死力,虽古名将何以加焉。然功高赏薄,起蹶靡常。此无异故,其抗怀奋

激，无以结欢在朝柄政重人。宜其龃龉不相入也。

【译文】

哎，明朝到中期，怎么能说没有边将人才啊！像马永、梁震、周尚文、沈希仪等人，作战出奇制胜，士卒豁着性命为他们效力，即使古代的名将又哪能超过他们呢。可是他们功劳虽大，得到的奖赏却很微薄，官职也起伏无常。这没有别的缘故，是因为他们为人正直，不能交好朝廷掌握政权的要人。双方不是一路人，自然彼此不相容啊。

戚继光传

雷厉风行，屡摧大寇

【原文】

继光为将号令严，赏罚信，士无敢不用命。与大猷均为名将。操行不如，而果毅过之。大猷老将务持重，继光则飙发电举，屡摧大寇，名更出大猷上。

戚继光

【译文】

戚继光为将号令严明，赏罚讲信用，战士没有敢不服从命令的。他与俞大猷都是名将。他的操行不如大猷，而果敢刚毅超过大猷。俞大猷老将致力于持重，戚继光则风驰电掣、雷厉风行，多次打败强大的敌人，名声更在俞大猷之上。

边军之冠的蓟门军容

【原文】

继光乃议立车营。车一辆用四人推輓，战则结方阵，而马步军处其中。又制拒马器，体轻便利，遏寇骑冲突。寇至，火器先发，稍近则步军持拒马器排列而前，间以长枪、筤筅。寇奔，则骑军逐北。又置辎重营随其后，而以南兵为选锋，入卫兵主策应，本镇兵专戍守。节制精明，器械犀利，蓟门军容遂为诸边冠。

【译文】

戚继光于是建议建立战车营。一辆车用四个人推拉，作战时就结成方阵，骑兵、步兵在方阵当中。又制造拒马器，体轻便于使用，用以阻止敌人骑兵的急奔猛闯。敌人到来，先发火炮，再稍近，步兵就拿着拒马器排列在前面，再加上长枪、狼筅（兵器名。用长一丈五六尺的大毛竹上截，顶上装长一尺的利刃）等。敌人奔逃，就用骑兵追杀败兵，又设辎重营跟随在后面。选南方来的士兵作为突击队，以入卫京城的军队管协同作战，本镇驻军专管守边。规则法制精严明确，武器装备坚固锐利，蓟门（故地在今北京市德胜门外）军容于是居各边防军之首。

徐 阶 传

榜三语于直庐

【原文】

帝以嵩直庐赐阶。阶榜三语其中曰："以威福还主上，以政务还诸司，以用舍刑赏还公论。"于是朝士侃侃，得行其意。袁炜数出直，阶请召与共拟旨。因言"事同众则公，公则百美基；专则私，私则百弊生。"帝领之。

【译文】

世宗皇帝把严嵩值宿的地方赏给徐阶。徐阶写了三句话挂在里面："把权威还给皇上，把政务大权还给各主管部门，把任用罢免、处罚奖励还给公众评论。"于是朝中大臣都理直气壮不慌不忙地发表意见，能够按自己的意志办事。袁炜多次值宿，徐阶请皇帝召他一块拟圣旨。并趁机说："事情同众人商议就公道，公道是百美的基础；独自专行就是私，私就导致百弊发生。"世宗点头同意。

张 居 正 传

世 称 知 人

【原文】

居正喜建竖，能以智数驭下，人多乐为之尽。俺答款塞，久不为害。独小王子部众十余万，东北直辽左，以不获通互市，数入寇。居正用李成梁镇辽，戚继光镇蓟门。成梁力战却敌，功多至封伯，而继光守备甚设。居正皆右之，边境晏然。……故世称居正知人。

【译文】

张居正喜欢有所建树，能凭智慧礼数管理下属，人们大都乐意为他效死力。俺答（鞑靼部首领，元宗室之后。）与明朝通好，很长时期没有侵扰。唯独他小王子的部下十多万人，东北到了辽左（辽东，为明边境重镇），因没获准互通贸易，就多次入侵。张居正派李成梁镇守辽东，派戚继光镇守蓟门。李成梁全力作战打退敌人，功劳很大以至封为（宁远）伯，而戚继光守卫防备非常完备。张居正都尊重他们，边境非常安定……所以当时人称赞张居正能识别人。

臣罔以宠利居成功

【原文】

张居正通识时变，勇于任事。神宗初政，起衰振隳，不可谓非干济才。而威柄之操，几于震主，卒致祸发身后。《书》曰："臣罔以宠利居成功"，可弗戒哉！

【译文】

张居正通晓时世变化，勇于承担事情。神宗刚治理天下，对于振兴当时衰败的朝政，张居正不能说不是干练的办事之才。但是威权掌握在手，其威势几乎使皇上畏忌，终于招致在他死后发生大祸。《尚书》说"臣子不要依仗恩宠与利禄将成功归为己有"，能不警惕吗！

沈 鲤 传

屏绝私人拉拢的沈鲤

【原文】

沈鲤，字仲化，归德人。……四十四年成进士，改庶吉士，授检讨。大学士高拱，其座主又乡人也，旅见外，未尝以私谒。……鲤初官翰林，中官黄锦缘同乡以币交，拒不纳。教习内书堂，侍讲筵，皆数与巨珰接，未尝与交。

万里江山印玺及玺文　明

【译文】

沈鲤，字仲化，归德府（今河南商丘）人。……嘉靖四十四年（1565 年）中进士，改任庶吉士，任为检讨。大学士高拱，是他的主考官又是同乡，除在旅途中见过面以外，从来没有以私交去拜见……沈鲤刚做翰林院的官时，宦官黄锦拉扯同乡关系送钱来结交，沈鲤拒不接收。在神宗内书房做教授，侍奉讲席，都多次跟大宦官接近，却从来没和他们交往过。

于 慎 传

不徇私情

【原文】

于慎行，字无垢，东阿人。……隆庆二年成进士。……御史刘台以劾张居正被逮，僚友悉避匿，慎行独往视之。及居正夺情，偕同官具疏谏。吕调阳格之，不得上。居正闻而怒，他日谓慎行曰："子吾所厚，亦为此耶？"慎行从容对曰："正以公见厚故耳。"

【译文】

于慎行，字无垢，东阿县（今属山东）人。……隆庆二年（1568 年）中进士。……御史刘台因为揭发张居正被逮捕，同僚们都躲避，只有于慎行去看望他。等到张居正夺情（丧服未满，朝廷强令出仕时），于慎行与同僚一起写条陈劝谏不要这样对待刘台。吕调阳阻拦，条陈没能递上去。张居正听说后大怒，有一天对于慎行说："你是我厚爱的人，也干这个呀？"于慎行从容地回答说："正因为您对我厚爱的

缘故啊。"

吴道南传

遇事讲原则

【原文】

吴道南，字会甫，崇仁人。万历十七年进士及第。授编修，进左中允。直讲东宫，太子偶旁瞩，道南即辍讲拱俟，太子为改容。……道南遇事有操执，明达政体。朝鲜贡使归，请市火药，执不予。土鲁番贡玉，请勿纳。辽东议开科试士，以岩疆当重武，格不行。

【译文】

吴道南，字会甫，崇仁县（今属江西）人。万历十七年（1589 年）考中进士。任编修，又升为左中允。在东宫讲解经书，太子偶尔看别处，吴道南就停止讲授，作揖等待，太子为此改变脸色……吴道南遇事能坚持原则，通晓施政的要领。朝鲜来进贡的使臣回国，要求买火药，吴道南坚持不给。吐鲁番来进贡玉石，吴道南请皇上不要接受。辽东商议开科取士，吴道南认为那里是险要的边疆，应当重武，便阻拦不让举行。

张位传

为起居注上疏

【原文】

张位，字明成，新建人。隆庆二年进士。……万历元年，位以前代皆有起居注，而本朝独无，疏言："臣备员纂修，窃见先朝政事，自非出于诏令，形诸章疏，悉湮没无考。鸿猷茂烈，郁而未章，徒使野史流传，用伪乱真。今史官充位，无以自效。宜日分数人入直，凡诏旨起居，朝端政务，皆据见闻书之，待内阁裁定，为他年实录之助。"张居正善其议，奏行焉。

【译文】

张位，字明成，新建县（今属江西）人。穆宗隆庆二年（1568 年）中进士。……神宗万历元年（1573 年），张位因以前朝代都有起居注，而只本朝没有，就上奏说："臣凑数为纂修官，见前朝的国家大事，除非出自诏令，写成奏章的，都已湮没无处查考。宏谋伟业，都湮没不明，只让野史流传，以假乱真。现在史官在位，都自己无处效力。应该每天分派几个人入宫值班，凡皇上的诏令圣旨、起居情况、朝廷的政务，都根据见闻记下来，等待内阁裁定后，作为以后写实录的辅助资料。"张居正认为他的建议好，上奏后就实行了。

王之诰传

张居正亲家刘一儒

【原文】

时有夷陵刘一儒者,字孟真,亦居正姻也。嘉靖三十八年进士。……初,居正女归一儒子,珠徘纨绮盈箱箧,一儒悉扃之别室。居正死,赀产尽入官,一儒乃发向所缄物还之。南京御史李一阳请还一儒于朝,以厉恬让。帝可其奏。一儒竟不赴召,卒于家。

【译文】

当时有个夷陵(今湖北宜昌)人刘一儒,字孟真,也是张居正的亲家。他是嘉靖三十八年(1559年)的进士。……当初,张居正的女儿嫁给刘一儒的儿子,陪嫁的珍珠串、丝绢绫罗充满大箱小箱,刘一儒将这些都锁在另一间屋子里。张居正死后,他家的所有财产都被官家没收,刘一儒于是打开以前封存的物品归还给张家。南京御史李一阳请求皇上让刘一儒回朝,以激励淡泊谦让的风尚。神宗皇帝答应了他的上奏。刘一儒竟不去应召。死在家中。

王 遴 传

正直矜节操

【原文】

王遴,字继津,霸州人。嘉靖二十六年进士。……峭直矜节概,不妄交。同官杨继盛劾严嵩及其孙效忠冒功事,下部覆。世蕃自为稿,以属武选郎中周冕。冕发之,反得罪。尚书聂豹惧,趣所司以世蕃稿上。遴直前争,豹怒,竟覆如世蕃言。继盛论死,遴为资粥饘,且以女字其子应箕。嵩父子大志,摭他事下之诏狱。事白复官。及继盛死,收葬之。

【译文】

王遴,字继津,霸州(今河北霸州市)人。嘉靖二十六年(1547年)中进士。……他严肃刚直,崇尚志节气概,不乱交友。同僚杨继盛揭发严嵩及他的孙子严效忠冒军功的事,下到部里审察。严世蕃自己写了审察结果的稿子,将它托付给武选郎中周冕。周冕揭发出来,反而有了罪。尚书聂豹惧怕严氏父子,催促主管部门将严世蕃的稿子呈上,王遴到他面前争着不让,聂豹大怒,竟按世蕃说的那样上报审察的结果。杨继盛被定为死罪,王遴供给他粥饭,并将女儿许配他的儿子应箕。严嵩父子大怒,找了别的事将王遴逮捕投入诏狱。后来事情澄清又复了官。到杨继盛死后,王遴将他收殓埋葬了。

李世达传

法不可废，宁赦毋赎

【原文】

李世达，字子成，泾阳人。嘉靖三十五年进士。……俄召为刑部尚书。……浙江饥，或请令罪人出粟除罪。世达言："法不可废，宁赦毋赎。赦则恩出于上，法犹存。赎则力出于下，人滋玩。"识者韪之。

【译文】

李世达，字子成，泾阳县（今属陕西省）人。嘉靖三十五年（1556年）中进士。……不久，被召见做了刑部尚书。……浙江闹饥荒，有人请求让犯罪的人出粮食赎罪。李世达说："法律不能废弃，宁可赦免，不能赎。赦免则是恩惠出于皇上，法律还存在。赎罪却是力量出在下面，人们会愈加玩弄法律。"有识之士认为他说得正确。

温 纯 传

不避帝威请罢矿税

【原文】

温纯，字景文，三原人。嘉靖四十四年进士。……召为左都御史。……当是时，中外争请罢矿税，帝悉置不省。纯等忧惧不知所出，乃倡诸大臣伏阙泣请，帝震怒，问谁倡者，对曰："都御史臣纯。"帝为霁威，遣人慰谕曰："疏且下。"乃退。已而卒不行。

【译文】

温纯，字景文，三原县（今属陕西）人。嘉靖四十四年（1565年）中进士。……后被征召做了左都御史。……在这个时候，朝廷内外都争着上奏章请求停止征开矿税，神宗皇帝置之不理。温纯等忧虑一害怕不知怎么办，于是他发起众大臣拜伏在宫门下哭着请求。皇帝大怒，问谁是发起人，温纯回答说："是都御史我温纯。"皇帝止息威严，派人抚慰说："所上奏章的批示将要发下了。"于是才退出。以后终于没有实行。

耿 定 向 传

无 畏 无 私

【原文】

耿定向，字在伦，黄安人。嘉靖三十五年进士。除行人，擢御史。严嵩父子窃

政,吏部尚书吴鹏附之。定向疏鹏六罪,因言鹏婿学士董份总裁会试,私鹏子绍,宜并斥。嵩为营护,事竟寝。出按甘肃,举劾无所私。去任,行笥一肩。有以石经馈者,留境上而去。

【译文】

　　耿定向,字在伦,黄安(今湖北红安)人。嘉靖三十五年(1556年)中进士。官拜行人,又选拔为御史。严嵩父子窃取国家大权,吏部尚书吴鹏依附严氏父子。耿定向上疏揭发吴鹏六种罪行,顺便说吴鹏女婿学士董份主考会试,替吴鹏儿子吴绍营私,应该一起斥逐。严嵩给以营救庇护,事情竟然止息。耿定向被派外出巡察甘肃,对官吏的举荐和罪行揭发没有私心。离任时,肩上只一竹箱行李。有人赠送他石经(刻在石上的儒家经典),他将石经留在甘肃边界上就走了。

魏时亮传

请慎选知府、督学

【原文】

　　魏时亮,字工甫,南昌人。嘉靖三十八年进士。……其冬复疏言:"天下可忧在民穷,能为民纾忧者,知府而已。宜慎重其选,治行卓越,即擢京卿若巡抚,则人自激劝。督学者,天下名教所系,当择学行兼懋者,毋限以时。教行望峻,则召为祭酒或入翰林,以示风励。"下部议,卒不行。

【译文】

　　魏时亮,字工甫,南昌(今江西南昌)人。嘉靖三十八年(1559年)中进士。……那年(隆庆二年,即1568年)冬天,他又上条陈说:"天下值得忧虑的就在于百姓贫穷,能为百姓解除忧愁的,是知府罢了。应该慎重选用知府,政绩行为卓越的,就选拔做京官或者巡抚,人们就自然会自我激励。督学,关系着国家的教化,应选择品学兼优的,不要拘泥于资历。教育工作做得好,声望高的,就召做祭酒,或入翰林院,拿他做榜样勉励大家。"他的上疏交到部里讨论,最后没实行。

陈瓒传

屡忤执政的陈瓒

【原文】

　　陈瓒,字廷祼,常熟人。嘉靖三十五年进士。……擢刑科给事中。劾罢严嵩党祭酒王才、谕德唐汝楫。迁左给事中。劾文选郎南轩,请录建言废斥者。帝震怒,杖六十除名。……其后官侍郎。稽勋郎顾宪成疏论时弊谪官,瓒责大学士王锡爵曰:"宪成疏最公,何以得谴?"锡爵曰:"彼执书生之言,徇道旁之口,安知吾辈苦心。"瓒曰:"恐书生之言当信,道旁之口当察,宪成苦心亦不可不知也。"锡爵默然。

瓒前后忤执政如此。

【译文】

陈瓒，字廷裸，常熟县（今属江苏）人。嘉靖三十五年（1556年）中进士。……选拔做了刑科给事中。他揭发检举严嵩同伙祭酒王才、谕德唐汝楫，罢了他们的官。升为左给事中。又检举文选郎南轩，请求登记因提建议而被罢官斥退的人。世宗皇帝大怒，打他六十杖，将他罢官。……这以后（指万历年间，他做县丞后），做了侍郎。稽勋郎顾宪成上疏议论当时的弊病而被降级外调，陈瓒责备大学士王锡爵说："宪成的上疏最公道，为什么受到谴责？"王锡爵说："他持书生的意见，依从道听途说，哪里了解我们这些人的苦衷。"陈瓒说："恐怕书生的意见应当听信，道听途说应当明察，宪成的苦衷也不能不了解呀。"王锡爵沉默不语。陈瓒就这样前后得罪当权人。

白釉鹤鹿老人像　明

赵 参 鲁 传

苟移振贫民，植福当更大

【原文】

赵参鲁，字宗传，鄞人。隆庆五年进士。……万历二年，慈圣太后立庙涿州，祀碧霞元君。部科臣执奏，不从。参鲁斥其不经，且言："南北被寇，流害生民，兴役浚河，鬻及妻子。陛下发帑治桥建庙，已五万有奇。苟移振贫民，植福当更大。"亦不听。

【译文】

赵参鲁，字宗传，鄞县（今属浙江省）人。隆庆五年（1557年）中进士……万历二年（1574年），慈圣太后在涿州（今河北省涿州市）修庙，供奉碧霞元君（道教神名，传说是东岳大帝的女儿。也有的说是东海泰山神女。）户部各科大臣上条陈阻止，不听从。赵参鲁斥责这样做不合情理，并且说："南方、北方都遭受敌人侵扰，危害人民，兴徭役挖河道，使人民到了卖妻子儿女的地步。陛下拿国库的钱修桥建庙，已用五万两还有零。假使将这些钱救济贫苦百姓，造的福应当更大。"神宗皇帝不听从。

陆 光 祖 传

宏大的气量

【原文】

陆光祖，字与绳，平湖人。……光祖清强有识，练达朝章。每议大政，一言辄定。初官礼部，将擢尚宝少卿，力让时槐。丕扬劾罢光祖，后再居吏部，推毂之甚

力。赵用贤、沈思孝以论此吕事与光祖左，后亦数推挽之。御史蔡时鼎、陈登云尝
劾光祖，光祖引登云为知己。时鼎视鹾两淮，以建言罢，商人许于南刑部，光祖时为
尚书，雪其诬，罪妄诉者。人服其量。

【译文】

　　陆光祖，字与绳，平湖县（今属浙江）人。……他清廉刚正有见识，熟悉朝廷典
章制度。每次讨论国家大事，他一句话总能决定。最初做礼部的官，将要提拔他做
尚宝少卿，他极力让给王时槐。孙丕扬曾检举罢了他的官，后来他再做吏部的官
时，推荐孙丕扬出力很大。赵用贤、沈思孝因为议论丁此吕的事反对过他，可是后
来他也几次推荐扶植他们。御史蔡时鼎、陈登云曾经检举过他，可他把陈登云引为
知己。蔡时鼎到两淮地区视察盐务，因提建议被罢官，商人们揭发诬告到南京刑
部。当时陆光祖是尚书，他为蔡时鼎澄清了诬告的事，将诬告人治了罪。人们都佩
服他宏大的气量。

海　瑞　传

布袍脱粟的海知县

【原文】

　　海瑞，字汝贤，琼山人。举乡试。……迁淳安知县。布袍脱粟，令老仆艺蔬自
给。总督胡宗宪尝语人曰：“昨闻海令为母寿，市肉二斤矣。”

【译文】

　　海瑞，字汝贤，琼山县（在海南岛）人。乡试考中举人。……改任淳安县（今属
浙江省）知县。他穿的是布袍，吃的是粗粮，让老仆人种蔬菜供自己家吃。总督胡
宗宪曾对别人说：“昨天听说海知县给母亲祝寿，买了二斤肉。”

意　在　利　民

【原文】

　　瑞生平为学，以刚为主，因自号刚峰，天下称刚峰先生。尝言：“欲天下治安，必
行井田。不得已而限田，又不得已而均税，尚可存古人遗意。”故自为县以至巡抚，
所至力行清丈，颁一条鞭法。意主于利民，而行事不能无偏云。

【译文】

　　海瑞生平治学，以刚毅为主，因此自号刚峰，天下人称刚峰先生。他曾说：“想
让天下太平安定，一定得实行井田制。不得已时限制田亩数，又不得已时均摊赋
税，还能保存古人传下的办法。”所以他自从任县令直到做巡抚，到哪里都极力推行
丈量土地，清理田亩界限，颁布一条鞭法。他的意愿主要在有利于百姓，但具体做
事不能没有偏颇。

钟化民传

问民疾苦

【原文】

钟化民,字维新,仁和人。万历八年进士。……出视陕西茶马,言:"边塞土寒,独畜马为业。今虑其阑出为厉禁,于是民间孳息与境内贸易俱废,公私缓急亦无所资。请听逾境贩鬻,特不得入番中。又曩宁夏乏饷,岁发万金易米二万七千石,后所司乾没,滥征之民。请以垦田粟补之,永停征派。"……二十二年,河南大饥,人相食,命化民兼河南道御史往振。荒政具举,民大悦。……居官勤厉,所至有声。遍历八府,延父老问疾苦。劳瘁卒官,士民相率颂于朝。

【译文】

钟化民,字维新,仁和(今浙江杭州)人。神宗万历八年(1580年)考取进士。……前往陕西了解茶政、马政,说:"边塞地区土地寒冷,只有畜养马匹作为职业,现在考虑到由自由出入交换改为严厉禁止,这样百姓赖以滋生繁息的东西和境内贸易全都废去,官府和百姓急需的东西也无从得到供给。请求听任百姓越境进行买卖,只是不得进入边境各族之中。又从前宁夏缺乏粮饷,(政府)每年拿出银万两换取米二万七千石,但后来被当地官府侵吞,仍从百姓当中任意征收。请求用新垦土地上获得的粮食来补偿,并永远停止征收摊派。"……明神宗万历二十二年(1592年),河南发生大饥荒,出现人吃人现象,命令化民兼任河南道御史前往救济。救灾和稳定政权的措施全都实施了。老百姓很高兴。……担任官职期间工作勤奋严肃,所到之处都获得好声誉。走遍八府,接见百姓询问疾苦。任职期间劳累成疾而死,官僚百姓交互向朝廷对他加以颂扬。

梅国桢传

为民毁券

【原文】

国桢,字克生,麻城人。少雄杰自喜,善骑射。举万历十一年进士。除固安知县。中官诣国桢请收责于民,国桢伪令民鬻妻以偿。民夫妇哀恸,中官为毁券。

【译文】

国桢,字克生,麻城(今属湖北省)人。年轻时,以勇武超众而自喜,善于骑马射箭。神宗万历十一年(1583年)考取进士。被授予固安(今属河北省)知县。中官(宦官)到国桢处请他向百姓为自己收债,国桢假装让百姓卖妻子还债。百姓夫妇哭得很悲哀,中官因此就毁掉了债券。

李化龙传

木 市 之 利

【原文】

　　李化龙，字于田，长垣人。万历二年进士。……二十二年夏，擢右佥都御史，巡抚辽东。……明年，小歹青悔祸款塞，请开木市于义州，……化龙遂许其请。上疏曰："……臣遍询将领及彼地居民，佥言木市开有五利。河西无木，皆在边外，叛乱以来，仰给河东，以边警又不时至。故河西木贵于玉，市通则材木不可胜用。利一。所疑于歹青者无信耳。彼重市为生路，当市时必不行掠。即今年市而明年掠，我已收今年不掠之利矣。利二。辽东马市，成祖所开，无他赏，本听商民与交易。木市与马市等，有利于民，不费于官。利三。大举之害酷而希，零窃之害轻而数。小歹青不掠锦、义，零窃少矣。又西不助长昂，东不助炒花，则敌势渐分。即宁前、广宁患亦渐减。且大举先报，又得预为备。利四。零窃既希，边人益得修备。利五。

【译文】

　　李化龙，字于田，长垣（今属河南）人。是明神宗万历二年（1574年）的进士。……神宗万历二十二年（1594年）夏，升任右佥都御史，到辽东担任巡抚。……第二年，小歹青后悔灾祸来自破坏双边相通的关系，请求在义州（今辽宁义县）开放木市，……李化龙就答应了他的请求。上疏说："……我广泛地谘询将领和当地居民的意见，都说开木市有五大好处。河（今辽宁境内大凌河）西没有木材，木材都在边境之外，边境的部落叛乱以来，就依赖河东供给，因为边境有乱而又不能按时运到。所以河西的木材比玉还贵，木市通了，那么木材就会用不完。这是第一个好处。我们所以不信任小歹青是因为他们不讲信用罢了。他们重视木市并把它作为自己的生路，所以当开市时一定不会进行劫掠，即使今年开了市而明年就进行劫掠，我们已经得到今年不遭劫掠的好处了。这是第二个好处。辽东的马市（做马匹交易），是明成祖时开设的，不需要赏赐给他们别的东西，完全听任商人、老百姓与他们交易。木市与马市一样，对百姓有好处，而不耗费官府的钱财。这是第三个好处。大举入侵为害严重但是次数少，小规模劫掠为害轻但是次数多。小歹青不劫掠锦州（今属辽宁）、义州，那么，小规模的劫掠就少了。又西边不援助长昂，东边不援助炒花，那么，敌人的势力就会渐渐地分化。就是宁前、广宁（今辽宁北镇市）的祸患也会渐渐地减少了。况且大举入侵会先得到报告，这又能够预先做好准备。这是第四个好处。小规模劫掠少了，边境的人们更能够修建战备。这是第五个好处。

汤显祖传

不事权贵

【原文】

汤显祖,字若士,临川人。少善属文,有时名。张居正欲其子及第,罗海内名士以张之。闻显祖及沈懋学名,命诸子延致,显祖谢弗往,懋学遂与居正子嗣修偕及第。显祖至万历十一年始成进士。授南京太常博士,就迁礼部主事。……显祖意气慷慨,善李化龙、李三才、梅国桢。后皆通显有建竖,而显祖蹭蹬穷老。三才督漕淮上,遣书迎之,谢不往。

【译文】

汤显祖,字若士,临川(今江西省临川县)人。年轻时善于写文章,而且当时很出名。张居正想自己的儿子考取进士,搜罗天下的名士来显扬他。听说汤显祖和沈懋学学业上有名声,叫孩子们把他请来,汤显祖推辞不去,沈懋学就同张居正的儿子张嗣修一起考取进士,汤显祖到明神宗万历十一年(1583年)才考取进士。受于南京太常博士,不久升任礼部主事,……汤显祖性格和志趣有气节,同李化龙、李三才、梅国桢友好。后来这些人都官位高、名声大而有所建树,汤显祖却困顿失意到老。李三才在淮河总督漕运,送信迎接他前往,却推辞不去。

顾宪成传

东林风骨

【原文】

邑故有东林书院,宋杨时讲道处也,宪成与弟允成倡修之,常州知府欧阳东凤与无锡知县林宰为之营构。落成,偕同志高攀龙、钱一本、薛敷教、史孟麟、于孔兼辈讲学其中,学者称泾阳先生。当是时,士大夫抱道忤时者,率退处林野,闻风响附,学舍至不能容。宪成尝曰:"官辇毂,志不在君父,官封疆,志不在民生,居水边林下,志不在世道,君子无取焉。"故其讲习之余,往往讽议朝政,裁量人物。朝士慕其风者,多遥相应和。由是东林名大著,而忌者亦多。

【译文】

城里原有东林书院,是宋代杨时讲学的地方,顾宪成和弟弟顾允成倡议修复书院,常州知府欧阳东凤和无锡知县林宰替他们建造。建成后,与志同道合的高攀龙、钱一本、薛敷教、史孟麟、于孔兼等在书院中讲学,学者称他为泾阳先生。正在这个时候,士大夫当中有持守已见不顺从时风的,都退居民间,听到这消息就响应投奔东林书院,以至书院房舍容纳不下。顾宪成曾经说:"在京师做官的,考虑到的不是君王,在外地做官的,考虑到的不是百姓的生计,隐居民间的,考虑到的不是社

会情况,作为君子不采取这些做法。"所以他们在讨论学习的余暇,往往议论朝政,品评当朝人物。朝廷中的士人仰慕他们这种风气的,大多远远地互相照应附和。从这以后东林的名声大显,但忌恨的人也多。

李 三 才 传

力陈矿税之害

【原文】

李三才,字道甫,顺天通州人。万历二年进士。……二十七年以右佥都御史总督漕运,巡抚凤阳诸府。时矿税使四出。……棋布千里间。延引奸徒,伪锼印符,所至若捕叛亡,公行攘夺。……三才再疏陈矿税之害,言:"陛下爱珠玉,民亦慕温饱;陛下爱子孙,民亦恋妻孥。奈何陛下欲崇聚财贿,而不使小民享升斗之需;欲祚万年,而不使小民适朝夕之乐。自古未有朝廷之政令、天下之情形一至于斯,而可幸无乱者。今阙政猥多,而陛下病源则在溺志货财。臣请涣发德音,罢除天下矿税。欲心既去,然后政事可理。"逾月未报,三才又上言:"臣为民请命,月余未得请。闻近日章奏,凡及矿税,悉置不省,此宗社存亡所关,一旦众畔土崩,小民皆为敌国,风驰尘骜,乱众麻起,陛下块然独处,即黄金盈箱,明珠填屋,谁为守之。"

【译文】

李三才,字道甫,顺天通州(今北京通县)人。是明神宗万历二年(1574年)的进士。……当时,矿监、税使被派往各地。……矿监、税使象棋子一样分布在千里之地。他们招揽奸邪的党徒,假刻官府印章,所到的地方就像捕抓犯叛乱在逃的犯人那样,公开进行抢夺。……李三才又上疏陈述矿监、税使的祸害,说:"陛下喜爱珠玉,百姓也思慕温饱。陛下爱自己的子孙,百姓也思念自己的妻子儿女。为什么陛下想更多地聚敛财物,而不让百姓得到一升或一斗粮食吃;想让皇位绵延万年,却不让百姓有一天的快乐。自古以来,没有朝廷的政策法令,国家的情况到现在这样,而可以侥幸不发生动乱的。现在,失误的政策很多,而对陛下来说病的根源就在于沉溺于财物。我请求你发布恩诏,取消天下的矿监、税使。贪欲心去掉了,然后政事就可以治理好。"过了一个月没有回答,三才又上疏说:"我替百姓祈求保全生命,一个多月了还没有得到回答。听说近来的奏章疏文,凡是涉及矿监、税使的,都搁置一旁不看,这是关系到国家存亡的大事,一旦百姓都背叛、离散,他们可以成为国家的敌对力量,他们像疾风、灰尘一样奔驰起来,叛乱的人像麻一样多,那时,陛下一个人孤独地在位,即使黄金满箱,明珠填满房屋,又有谁替您守护它呢?"

雒于仁传

明熹宗"四病"

【原文】

　　陛下八珍在御，觞酌是耽，卜昼不足，继以长夜。此其病在嗜酒也。宠"十俊"以启幸门，溺郑妃，靡言不听。忠谋摈斥，储位久虚。此其病在恋色也。传索帑金，括取币帛。甚且掠问宫官，有献则已，无则谴怒。李沂之疮痍未平，而张鲸之赏赇复入。此其病在贪财也。今日榜宫女，明日挟中官，罪状未明，立毙杖下。又宿怨藏怒于直臣，如范儁、姜应儁、孙如法辈，皆一讪不申，赐环无日。此其病在尚气也。四者之病，胶绕身心，岂药石所可治？

【译文】

　　陛下身旁摆满珍贵的食品，沉湎于饮酒，估计白天不够，就连续通宵。您这个病是爱好酒。宠幸"十俊"开了权贵亲幸之门，沉溺于郑贵妃，以至无话不听。排斥忠贞的谋臣，太子之位空缺已久。您这个病是贪恋女色。传令索取国库的金钱，搜括财物。甚至还拷打审讯宦官，有进献就作罢，没有就加怒于他们。李沂（上书劾宦官而受刑）的创伤还没愈合，而张鲸（宦官）的财物又进献上了。您这个病是贪婪财物。今天鞭打宫女，明天鞭打宦官，犯罪情况还没有弄清楚，就立刻死在棍杖之下。又向来怨恨不满正直的大臣，如范僧、姜应麟、孙如法等人，都一一贬退而不能任用，赦罪召还之日无期。您这个病是好发怒气。这四种病缠绕着身心，难道是药物可以治疗的吗？

李成梁传

镇守辽东的名将

【原文】

　　李成梁，字汝契。高祖英自朝鲜内附，授世铁岭卫指挥佥事，遂家焉。成梁英毅骁健，有大将才。家贫，不能袭职，年四十犹为诸生。巡按御史器之，资入京，乃得袭。积功为辽东险山参将。隆庆元年，土蛮大入永平。成梁赴援有功，进副总兵，仍守险山。寻协守辽阳。……成梁镇辽二十二年，先后奏大捷者十。……边帅武功之盛，二百年来未有也。

【译文】

　　李成梁，字汝契。他的高祖李英从朝鲜归附明朝，被明朝授予世代袭任铁岭卫（今属辽宁）指挥佥事的官职，于是在这里安家定居。李成梁才能出众，性格刚毅，骁勇健壮，有大将的才干。家里贫穷，不能到京师去接受世袭官职，四十岁了还是生员。巡按御史器重他，资助他到了京师，才袭任官职。因多次立战功而被任做辽

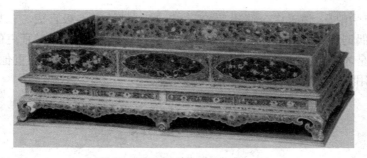

掐丝珐琅七狮戏球图长方盘　明

东险山参将。穆宗隆庆元年(1567 年)，土蛮大举入侵永平府(今河北卢龙)，李成梁前往增援而立功，升任副总兵，依然镇守险山。不久，协助守卫辽阳(今属辽宁省)……李成梁镇守辽东二十二年，先后取得十次大的胜利。……当时，边镇将帅军事业绩的盛况，是明朝二百年来没有过的。

总兵加称提督之始

【原文】

二十年，哱拜反宁夏，……乃命如松为提督陕西讨逆军务总兵官，即以国桢监之。武臣有提督，自如松始也。

【译文】

明神宗万历二十年(1592 年)，哱拜在宁夏发动叛乱，……就命李如松担任提督陕西讨逆军务的总兵官，还让梅国桢监理军务。武臣总兵加称提督，是从李如松开始的。

周嘉谟传

惟才是任

【原文】

神宗末，齐、楚、浙三党为政。黜陟之权，吏部不能主。及嘉谟秉铨，惟才是任。光、熹相继践阼，嘉谟大起废籍，耆硕满朝。向称三党之魁及朋奸乱政者，亦渐自引去，中朝为清。已，极陈吏治敝坏，请责成抚、按、监司。上官注考，率用四六俪语，多失实。嘉谟请以六事定官评：一曰守，二曰才，三曰心，四曰政，五曰年，六曰貌。各注其实，毋饰虚词。

【译文】

明神宗末年，齐、楚、浙三党执掌政权。升免官吏的权力，连吏部也不能主管。等到周嘉谟掌握任免官吏的大权后，只任用那些有才干的人。光宗、熹宗相继即位，周嘉谟大量起用业已免官的人，年长德高的人充满于朝廷。过去称作三党的首领以及勾结弄奸而扰乱政事的人，也逐渐自动引退而去，朝中为之一清。不久，又

极力陈述吏治败坏,请求责令巡抚,巡按御史、监司整治。上级官吏考核属官,通常用四、六对偶词句,大多没有实际内容。周嘉谟请求用六事确定对官吏的评价:一是职守,二是才干,三是心思,四是政绩,五是年龄,六是仪表。都注重他们的实际情况,而不用那些虚假的言辞来修饰。

汪应蛟传

汪应蛟治碱

【原文】

汪应蛟,字潜夫,婺源人。万历二年进士。……应蛟在天津,见葛沽、白塘诸田尽为污莱,询之土人,咸言斥卤不可耕。应蛟念地无水则碱,得水则润,若营作水田,当必有利。乃募民垦田五千亩,为水田者十之四,亩收至四五石,田利大兴。

【译文】

汪应蛟,字潜夫,婺源(今江西婺源)人。明神宗万历二年(1574 年)考取进士。汪应蛟在天津(今天津市)时,见葛沽、白塘(均在今天津)各地的田地全都是积水的洼地和草莽丛生的高地,就向当地人询问这件事,都说是盐碱地不能耕种。应蛟想

掐丝珐琅龙凤纹朝冠耳炉　明

到土地没有水就成碱地,有水就成水田,如果建成水田,一定会得利。于是招募百姓开垦了五千亩田地,开垦成水田的有十分之四,每亩收获的达四、五石(每石合一百二十斤),从此水田之利大兴。

孙玮传

欲固结人心莫如任用善类

【原文】

孙玮,字纯玉,渭南人。万历五年进士。……明年秋,疾笃,上疏曰:"今者天灾迭见,民不聊生。内而城社可忧,外而牖户未固。法纪凌迟,人心瓦解。陛下欲图治平,莫如固结人心;欲固结人心,莫如登用善类。……倘蒙简擢,必能昭德塞违,为陛下收拾人心。尤望寡欲以保圣躬,勤学以进主德,优容以广言路,明断以揽大权。臣遘疾危笃,报主无期,敢竭微忱,用当尸谏。"遂卒。

【译文】

孙玮,字纯玉,渭南(今属陕西)人。明神宗万历五年(1577年)考取进士。……熹宗天启四年(1624年)的秋天,(孙玮)疾势严重,上疏说:"现在天灾频繁出现,民不聊生。内部国君的权势值得忧虑,对外边境未能坚固。法纪败坏,人心瓦解。陛下想要使天下安定太平,不如牢固地团结人心;想要牢固地团结人心,不如任用优秀的人物。……(这些人)倘若得到任用提拔,一定能发扬道德阻塞邪恶,替陛下收揽人心。尤其希望(陛下)减少欲望而保护好自己的身体,勤奋学习而得到做皇帝的德行,优待宽容他人而广开言路,明智地决断国事而独揽皇帝的大权。我得病已非常危险,报答陛下没有时间了,冒昧地竭尽这点微薄的心意,用来当作以死进谏。"不久就去世了。

钟羽正传

请 禁 馈 遗

【原文】

钟羽正,字叔濂,益都人。万历八年进士。除滑县知县。……迁工科左给事中,出视宣府边务。……还为吏科都给事中。……时当朝觐,请禁馈遗,言:"臣罪莫大于贪。然使内臣贪而外臣不应,外臣贪而内臣不援,则尚相顾畏莫敢肆。今内以外为府藏,外以内为窟穴,交通赂遗,比周为奸,欲仕路清,世运泰,不可得也。"帝善其言,敕所司禁之。

【译文】

钟羽正,字叔濂,益都(今山东青州)人。明神宗万年八年(1580年)考取进士。被授予滑县(今河南滑县)知县。……升任工科左给事中,前往宣府(今河北省宣化区)视察边防事务。……回朝任吏科都给事中。……当他朝见君主时,请求禁止馈赠说:"做臣子的罪行中没有比贪婪更大的。然而假使内臣(宫廷内的臣僚)贪而外臣(宫廷外的臣僚)不接应,外臣贪婪而内臣不援助,那么还互相有所顾虑、畏惧而不敢肆意去做。现在内臣把外臣作为储存财物的仓库,而外臣把内臣作为藏身匿居之处,内外往来、馈赠财物,结党为奸,想要政府官员廉洁,世道太平,这是不可能得到的。"万历皇帝认为他说的对,命令主管官吏禁止馈赠。

陈道亨传

居 官 清 廉

【原文】

陈道亨,字孟起,新建人。万历十四年进士。除刑部主事,历南京吏部郎中。同里邓以赞、袁贞吉亦官南都,人号"江右三清"。遭母丧,家毁于火,僦屋以居。穷

冬无帏,妻御葛裳,与子拾遗薪蒸以御寒。或有赠遗,拒弗受。由湖广参政迁山东按察使、右布政使,转福建为左,所至不私一钱。

【译文】

陈道亨,字孟起,新建(今江西新建)人。明神宗万历十四年(1586 年)考取进士。授官刑部主事,历任南京吏部郎中。与同乡邓以赞、衷贞吉一道也在南京做官,人称"江西三清官"。遇到母亲去世,家又被火烧毁,租屋居住。家里穷,冬天没有帏帐,妻子穿着葛布衣裳,只好同儿子一起拾取别人遗留的柴草烧来御寒。有人送给他财物,拒绝不接受。由湖广参政升调山东按察使、右布政使,转任福建左布政使,所到之处,不私受一钱。

高攀龙传

视死如归

【原文】

高攀龙,字存之,无锡人。少读书,辄有志程、朱之学。举万历十七年进士,授行人。……四年八月拜左都御史。……御史崔呈秀按淮、扬还,攀龙发其秽状,南星议戌之。呈秀窘,急走忠贤所,乞为义儿,……顷之,南京御史游凤翔出为知府,讦攀龙挟私排挤。诏复凤翔故官,削攀龙籍。呈秀憾不已,必欲杀之,窜名李实劾周起元疏中,遣缇骑往逮。攀龙晨谒宋儒杨龟山祠,以文告之。归与二门生一弟饮后园池上,闻周顺昌已就逮,笑曰:"吾视死如归,今果然矣。"入与夫人语,如平时。出,书二纸告二孙曰:"明日以付官校。"因遣之出,扃户。移时诸子排户入,一灯荧然,则已衣冠自沈于池矣。发所封纸,乃遗表也,云:"臣虽削夺,旧为大臣,大臣受辱则辱国。谨北向叩头,从屈平之遗则。"复别门人华允诚书云:"一生学问,至此亦少得力。"时年六十五。远近闻其死,莫不伤之。

【译文】

高攀龙,字存之,无锡(今属江苏)人。年轻时读书,就有志于程、朱的学说。明神宗万历十七年(1589 年)考取进士,授予行人官职。……明熹宗天启四年(1624 年)八月授官左都御史。……御史崔呈秀巡行淮、扬地区回朝,高攀龙揭发他的丑恶行为,赵南星奏请让他守边。崔呈秀困迫,急忙奔到魏忠贤的处所,乞请做义儿,……不久南京御史游凤翔出任知府,攻击高攀龙挟私怨排斥异己。下诏恢复凤翔原来的官职,而免去高攀龙的官职。崔呈秀对高攀龙仇恨不止,一定要杀死他,冒名李实,在弹劾周起元的疏文中弹劾高攀龙,派衙役前去逮捕。高攀龙早晨拜谒宋代儒生杨龟山的祠堂,并写文祭祀他。回家后与两个门生、一个弟弟在后园池边饮酒,听说周顺昌已被逮捕,笑着说:"我把死看成自己的归宿,今天果然是这样。"入室与妻子交谈,仍然和平时一样。出室后又写了两张纸告诉两个孙儿说:"明天把这交给官府。"于是让他们出去,自己关上门。过一会儿,众子推门而入,只见一盏灯闪着微弱的光,他已穿好衣戴好帽自沈水池中死了。打开所封好的信纸,竟是一

份遗下的奏章,内说:"我虽然被削职夺官,但过去是国家的大臣,大臣受辱,即国家受辱。我恭敬地向北方京师叩个头,遵循战国时楚国屈原留下的做法做了。"又另外给门生华允诚的信说:"一生的学问,到此也就少得力了。"当时正六十五岁。远近的人听到他死了,没有谁不为他感到伤心。

杨 涟 传

魏忠贤构陷杨涟

【原文】

涟遂抗疏劾忠贤,列其二十四大罪,……自是,忠贤日谋杀涟。至十月,吏部尚书赵南星既逐,廷推代者,涟注籍不与。忠贤矫旨责涟大不敬,无人臣礼,偕吏部侍郎陈于廷、佥都御史左光斗并削。籍。忠贤恨不已,再兴汪文言狱,将罗织杀涟。五年,其党大理丞徐大化劾涟、光斗党同伐异,招权纳贿,命逮文言下狱鞫之。许显纯严鞫文言,使引涟纳熊廷弼贿。文言仰天大呼曰:"世岂有贪赃杨大洪哉!"至死不承。大洪者,涟别字也。显纯乃自为狱词,坐涟赃二万,遂逮涟。士民数万人拥道攀号。所历村市,悉焚香建醮,祈祐涟生还。比下诏狱,显纯酷法拷讯,体无完肤。其年七月遂于夜中毙之,年五十四。

【译文】

杨涟于是上书弹劾魏忠贤,列举了他的二十四条大罪行,……从此以后,魏忠贤天天想法想杀害杨涟。到了十月,吏部尚书赵南星已被排挤出朝,举荐代任的人,杨涟则在册上注明自己不赞同。魏忠贤假托圣旨指责杨涟犯有对皇帝大不敬的罪,没有做臣子的礼节,与吏部侍郎陈于廷、佥都御史左光斗一起被革职。忠贤还憎恨不止,又一次办理汪文言的案件,将罗织罪名杀掉杨涟。明熹宗天启五年(1625年),他的党羽大理丞徐大化弹劾杨涟、左光斗结纳同党攻击异己,招揽权力接纳财物,下令拿汪文言投进监狱进行审讯。许显纯严厉审问汪文言,让他说出杨涟接纳过熊廷弼的财物。汪文言仰天大叫说:"世界上怎么有贪图赃物的杨大洪呢!"到死也不承认这点。大洪,是杨涟的别字。许显纯就自己写讼词,(诬陷)杨涟犯了获赃二万的罪,于是拘捕了杨涟。百姓数万人拥挤在道旁、呼喊。所经过的村落、城镇,都烧香祷神,祈求保佑杨涟活着回来。等到关进中央监狱,许显纯用严酷刑法拷打审讯,身体无完好之处。这年七月就在晚上他被折磨死了,年五十四岁。

左 光 斗 传

治水利的"三因十四议"

【原文】

左光斗,字遗直,桐城人。万历三十五年进士。……出理屯田,言:"北人不知

水利,一年而地荒,二年而民徙,三年而地与民尽矣。今欲使旱不为灾,涝不为害,惟有兴水利一法。"因条上三因十四议:曰因天之时,因地之利,因人之情;曰议浚川,议疏渠,议引流,议设坝,议建闸,议设陂,议相地,议筑塘,议招徕,议择人,议择将,议兵屯,议力田设科,议富民拜爵。其法犁然具备,诏悉允行。水利大兴,北人始知艺稻。

【译文】

左光斗,字遗直,桐城(今属安徽)人。是明神宗万历三十五年(1607年)的进士。……到外地去管理屯田,说:"北方人不知道水利,耕种一年后土地就荒芜了,二年百姓就迁移了,过三年土地和百姓就都没有了。现在想使天旱不成为灾,水涝不成为害,只有兴修水利这一方法。"于是条陈三因十四议奏上,它们是:利用天时,利用地利,利用人和;建议疏通河道,建议修理水渠,建议引来流水,建议设置堰坝,建议建立水闸,建议设置堤陂,建议观察土质,建议建筑水塘,建议设置军屯,建议为致力耕种者设立科举考试科目,建议给致富百姓授予官爵。他的方法严密而完备,皇上下诏允许全部实施。从此,水利特别兴盛,北方人开始知道种植水稻。

王 之 寀 传

明神宗时的"梃击案"

【原文】

四十三年五月初四日酉刻,有不知姓名男子,持枣木梃入慈庆宫门,击伤守门内侍李鉴。至前殿檐下,为内侍韩本用等所执。……明日,皇太子奏闻,帝命法司按问。巡皇城御史刘廷元鞫奏:"犯名张差,蓟州人。止称吃斋讨封,语无伦次。按其迹,若涉疯癫。稽其貌,实系黠猾。请下法司严讯。"时东宫虽久定,帝待之薄,中外疑郑贵妃与其弟国泰谋危太子,顾未得事端,而方从哲辈亦颇关通戚畹以自固。差被执,举朝惊骇。廷元以疯癫奏。刑部山东司郎中胡士相偕员外郎赵会桢、劳永嘉共讯,一如廷元指,……是月十一日,之寀值提牢散饭狱中,末至差,私诘其实。初言"告状",复言"掠死罢,已无用"。之寀令置饭差前:"吐实与饭,否则饿死"。麾左右出,留二吏扶问之。始言:"小名张五儿。有马三舅、李外父令随不知姓名一老公,说事成与汝地几亩。比至京,入不知街道大宅子。一老公饭我云:'汝先冲一遭,遇人辄打死,死了我们救汝。'畀我枣木棍,导我由后宰门直至宫门上,击门者堕地。老公多,遂被执"。之寀备揭其语,因问达以闻。且言差不癫不狂,有心有胆,……二十一日,刑部会十三司司官……再审。差供:"马三舅名三道,李外父名守才,不知姓名老公乃修铁瓦殿之庞保,不知街道宅子乃住朝外大宅之刘成。二人令我打上宫门,打得小爷,吃有,著有"。小爷者,内监所称皇太子者也。……时中外籍籍,语多侵国泰……帝心动,谕贵妃善为计。贵妃窘,乞哀皇太子,自明无它。帝亦数慰谕,俾太子白之廷臣。太子亦以事连贵妃,大惧。乃缘帝及贵妃意,期速结。……遂命法司决差。明日磔于市。又明日,司礼监会廷臣鞫保、成于文华门。时已

无左证,保、成展转不承。会太子传谕轻拟,廷臣乃散去。越十余日,刑部议流马三道、李守才、孔道。帝从之,而毙保、成于内廷。其事遂止。

【译文】

明神宗万历四十三年(1615年)五月初四酉时(午后五时到七时),有个不知姓名的男子,拿着枣木棍子闯入慈庆宫(明光宗朱常洛做太子时住的宫室)门,打伤了守门太监李鉴。到前殿檐下,被宫中太监韩本用等人抓住。……第二天,皇太子朱常洛把这件事报告了神宗皇帝,神宗命刑部

掐丝珐琅缠枝莲纹螭耳熏炉　明

审查讯问。巡皇城御史刘廷元审讯后奏道:"罪犯名叫张差,蓟州(治所在今天津市蓟州区)人。他只说自己吃斋讨封,说话颠三倒四。审查他的行迹,好像是个疯子。察看他的相貌,实在是狡猾得很。请求交刑部严加审讯。"这时皇太子虽然早已确定,可是神宗皇帝对他冷淡。朝廷内外都怀疑郑贵妃和她的弟弟郑国泰谋划废太子,只是没抓到此事的把柄,而方从哲(时任内阁首辅)等也是广泛交结外戚亲贵以巩固自己的权位。张差的被捕,整个朝廷都大为惊恐。刘廷元报告说张差是疯子。刑部山东司郎中会同员外郎赵会桢、劳永嘉一起审讯,完全和刘廷元所说的一样。……这月的十一日,王之寀正好遇上提牢主事(管理刑部监狱的官)在狱中给犯人分饭,最后分到张差,王之寀就私下盘问张差犯罪的真实情况。张差先说"我来京告状",又说"打死我罢了,说也没用处"。王之寀(时任刑部主事)吩咐把饭放在张差面前,对他说:"说出真情给你饭吃,否则就饿死你"。王之寀挥手叫身边的人出去,留下两名狱吏帮助盘问张差。张差这才说:"我小名叫张五儿。马三舅、李外父叫我跟一个不知姓名的老公(太监)去,说事情办成后给你几亩地。等到了京城,进入不认得的街道上的一座大房子里。一个老公给我饭吃,并说:'你先冲一次,碰到人就打死,死了人我们救你'。给了我一根枣木棍,领我从后宰门直到宫门上,我将看守宫门的人打倒在地。宫里老公多,于是我被抓住了。"王之寀把他讲的话全部记录成文,通过张问达(时任刑部置印侍郎)上报皇帝。并且说张差不疯不狂,有心计、有胆量……二十一日,刑部会同十三司长官……再次审讯。张差招供:"马三舅名叫三道,李外父名叫守才,不知道姓名的老公就是修造铁瓦殿的庞保,不认得的街道上的大房子,就是住朝外大宅的刘成。庞保、刘成(均是郑贵妃宫里的内侍)二人命我打上宫门,打死小爷,有吃,有穿。"小爷,就是宫中太监对皇太子的称呼。……当时,朝廷内外议论纷纷,而且言语大多涉及郑国泰,……神宗皇帝动了心,吩咐郑贵妃好好地设法解脱。郑贵妃处境窘迫,便去哀求皇太子,说自己与此事无关。神宗皇帝也多次对太子安慰示意,叫太子在朝廷大臣面前说明这事。皇太子也因这事牵连贵妃,很害怕。希望赶快结案。……于是神宗命刑部判决。第二天

在街上将张差分尸处死。又过了一天,司礼监会同朝廷大臣在文华门审讯庞保、刘成。这时已无佐证,庞保、刘成反复不承认。正遇太子下了从轻定罪的命令,朝廷大臣这才离去。过了十多天,刑部建议将马三道、李守才、孔道流放外地。神宗皇帝听从了这一建议,并将庞保、刘成在内廷击毙。这件事就了结了。

周起元传

周起元之死

【原文】

周起元,字仲先,海澄人。万历二十八年乡试第一,明年成进士。……天启三年入为太仆少卿。旋擢右佥都御史,巡抚苏、松十府。公廉爱民,丝粟无所取。遇大水,百方拯恤,民忘其困。织造中官李实素贪横,妄增定额,恣诛求。苏州同知杨姜署府事,实恶其不屈,摭他事劾之。起元至,即为姜辨冤,且上去蠹七事,语多侵实。实欲姜行属吏礼,再疏诬逮之。起元再疏雪姜,更切直。魏忠贤庇实,取严旨责起元,令速上姜贪劣状。起元益颂姜廉谨,诋实诬毁,因引罪乞罢。忠贤大怒,矫旨斥姜为民。起元复劾实贪恣不法数事,而为姜求宽。实以此敛威,而忠贤遂衔起元不置。……六年二月,忠贤欲杀高攀龙、周顺昌、缪昌期、黄尊素、李应升、周宗建六人,取实空印疏,令其党李永贞、李朝钦诬起元为巡抚时乾没帑金十余万,日与攀龙辈往来讲学,因行居间。矫旨逮起元,至则顺昌等已毙狱中。许显纯酷榜掠,竟如实疏,悬赃十万。鬻赏不足,亲故多破其家。九月毙之狱中,吴士民及其乡人无不垂涕者。

【译文】

周起元,字仲先,海盐(今福建龙海)人。明神宗万历二十八年(1600年)乡试(各省举行的考试)获第一,第二年考取进士。……明熹宗天启三年(1623年)入京任太仆少卿。不久升任右佥都御史,巡抚苏(今江苏省苏州市)、松(今上海市松江区)十府。他廉洁而爱护百姓,连一丝一粟也不索取。遇上发大水,多方援救抚恤,百姓忘记他们处于困境。织造中官李实一向贪婪专横,随意增加原定数额,恣意征收。苏州同知杨姜代理知府事务,李实厌恶他不屈从自己,就拾取其他的事情弹劾他。周起元到朝,就替杨姜辨别冤情,并且上奏除去弊政的七条事宜,言词多触犯李实。李实想让杨姜行下属官吏的礼仪,又一次上疏诬陷而逮捕他。周起元再次上疏为杨姜昭雪,更加恳切直言。魏忠贤庇护李实,取来皇帝严厉的圣旨斥责周起元,令赶快上奏杨姜贪婪恶劣的情况。周起元更加颂扬杨姜廉洁、谨慎,指斥李实诬陷毁坏杨姜,于是服罪乞请罢免自己的官。魏忠贤大怒,假托圣旨把杨姜免官为民。周起元又弹劾李实贪婪恣肆多件不法事情,而替杨姜请求宽恕。李实因此收敛他的淫威,而忠贤就恨周起元而不予理睬。……天启六年(1626年)二月,魏忠贤想杀害高攀龙、周顺昌、缪昌期、黄尊素、李应升、周宗建六人,拿来李实盖有印章而无字的疏文,令他的党羽李永贞、李朝钦诬陷周起元任巡抚时侵吞了国库的金子

十多万两,每天同高攀龙等往来讲学,因而得已居于两者之间。假借圣旨逮捕周起元,押到时周顺昌等人已死在监狱中。许显纯用酷刑拷打,竟然按照李实的疏文屈打成招,欠赃款十万,没收他家中所有财物也不够,他的亲戚故旧大多破了自己的家偿还赃款。九月死在监狱中,苏州的士民和他的乡亲没有不掉下眼泪的。

周 顺 昌 传

刚直不阿,疾恶如仇

【原文】

周顺昌,字景文,吴县人。万历四十一年进士。……顺昌为人刚方贞介,疾恶如仇。巡抚周起元忤魏忠贤削籍,顺昌为文送之,指斥无所讳。魏大中被逮,道吴门。顺昌出钱,与同卧起者三日,许以女聘大中孙。旗尉屡趣行,"顺昌瞋目曰:"若不知世间有不畏死男子耶?归语忠贤,我故吏部郎周顺昌也"。因戟手呼忠贤名,骂不绝口。旗尉归,以告忠贤。御史倪文焕者,忠贤义子也,诬劾同官夏之令,致之死。顺昌尝语人,他日倪御史当偿夏御史命。文焕大忈,遂承忠贤指,劾顺昌与罪人婚,且诬以赃贿,忠贤即矫旨削夺。

【译文】

周顺昌,字景文,吴县(今江苏苏州)人。是明神宗万历四十一年(1613年)的进士。……周顺昌为人刚直不阿,疾恶如仇。巡抚周起元因不顺从魏忠贤而被削去官职,顺昌写文章送给他,无所讳言地指斥魏忠贤。魏大中被逮捕,途经苏州。顺昌出门为他饯行,同他一起睡觉起居三天,许诺把女儿嫁给魏大中的孙子。旗尉多次催促快行,顺昌怒目而说:"你不知道世界上有不怕死的男子吗?回去对魏忠贤说,我是原来的吏部郎周顺昌。"于是用手指点呼魏忠贤的名字骂不绝口。旗尉回京后,把这件事告诉了魏忠贤。御史倪文焕,是魏忠贤的义子,诬陷弹劾同官夏之令,致使他遇害。周顺昌曾经对人说,将来倪御史应该偿还夏御史的命。倪文焕大为怨恨,于是秉承魏忠贤的旨意,弹劾顺昌与罪人结成亲家,并且诬陷他获赃受贿。魏忠贤就假借圣旨削夺他的官职。

周顺昌被害

【原文】

顺昌至京师,下诏狱。许显纯锻练,坐赃三千,五日一酷掠。每掠治,必大骂忠贤。显纯椎落其齿,自起问曰:"复能骂魏上公否?"顺昌嗫血唾其面,骂益厉。遂于夜中潜毙之。时六年六月十有七日也。

【译文】

周顺昌被押到京师,关进中央监狱。许显纯罗织罪状,诬陷他犯了获赃三千两的罪,每五天用一酷刑拷打。每次拷打审讯中,他一定大骂魏忠贤。许显纯用铁锤

敲掉他的牙齿，亲自抓起顺昌问："还能骂魏上公（忠贤）吗？"顺昌把嘴中的血沫吐到他的脸上，骂得更厉害。于是在晚上偷偷地把周顺昌杀害。当时是明熹宗六年（1626年）六月十七日。

"五人之墓"

【原文】

佩韦等皆市人，文元则顺昌舆隶也，论大辟。临刑，五人延颈就刃，语寇慎曰："公好官，知我等好义，非乱也。"监司张孝流涕而斩之。吴人感其义，合葬之虎丘傍，题曰："五人之墓"。其地即一鹭所建忠贤普惠祠址也。

【译文】

颜佩韦等人都是苏州的市民，而周文元却是为周顺昌驾车的车夫，他们都被处以死刑。临刑时，五个人把脖子伸到刀下，对寇慎说："你是个好官，知道我们爱好正义，而不是叛乱。"监司张孝流着眼泪将他们斩首。苏州百姓为他们的忠义所感动，就把他们合葬在虎丘（今苏州市西北）旁边，题名"五人之墓"。这个地方就是毛一鹭给魏忠贤所建的生祠普惠祠原址。

刘 绖 传

李化龙、崔景荣拒受贿赂

【原文】

初，李化龙荐绖……绖德化龙，使使赍玉带一、黄金百、白金千投化龙家，为化龙父所叱。投巡按御史崔景荣家，亦如之。化龙、景荣并奏其事，诏革绖任，永不收录，没其物于官。

【译文】

当初，李化龙推荐了刘绖，……刘绖感恩化龙，派使者给化龙家送去玉带一条、黄金百两、白金千两，被李化龙的父亲斥退。又送到巡按御史崔景荣家，也像前面那样被拒绝。化龙、景荣一同上奏了这件事，皇上下令革除刘绖的职务，永远不再录用，并把那些财物没收到官府。

东征捐躯

【原文】

二十六年，朝鲜用师。诏以故官领水军，从陈璘东征。倭将渡海遁，璘遣子龙偕朝鲜统制使李舜臣督水军千人，驾三巨舰为前锋。邀之釜山南海。子龙素慷慨，年逾七十，意气弥厉。欲得首功，急携壮士二百人跃上朝鲜舟，直前奋击，贼死伤无算。他舟误掷火器入子龙舟。舟中火，贼乘之，子龙战死。舜臣赴救亦死。

【译文】

明神宗万历二十六年（1598 年），出兵朝鲜。诏令（邓子龙）以原官（时任副总兵）统领水军随从陈璘东征。倭寇将要渡海逃跑时，陈璘派子龙同朝鲜统制使李舜臣一道统率水军一千人，驾驶三艘大船作前锋。在釜山（今朝鲜釜山）南边的大海上拦击倭寇。子龙一向情绪激昂，年纪虽然已过七十，但意气更加高昂。……急忙带领壮士二百人跳上朝鲜船只，直往向前奋勇出击，倭寇死伤无数。别的船上误投火器到子龙的船上，船中起火，倭寇乘势进攻，子龙战死。李舜臣前往救援，也不幸战死。

徐从治传

智平兵乱

【原文】

徐从治，字仲华，海盐人。……崇祯初，以故秩饬蓟州兵备。蓟军久缺饷，围巡抚王应豸于遵化。从治单骑驰入，阴部署夷丁、标兵，分营四门，按甲不动，登城而呼曰："给三月粮，趣归守汛地，否将击汝！"众应声而散。

【译文】

徐从治，字仲华，海盐（今属浙江）人。……崇祯初年，以原来的官职（时任右布政使）整顿蓟州（今属河北）的军事防务。蓟州的军兵因久缺粮饷，就把巡抚王应豸围困在遵化（今属河北）。徐从治单骑前往，又暗地布置夷丁、标兵分别据守四边城门，按兵不动，而自己登上城呼喊说："给你们三个月的粮食，赶快回到自己的驻守地，否则将攻打你们！"军士们应声散去。

朱燮元传

镇守西南，政绩显赫

【原文】

朱燮元，字懋和，浙江山阴人。万历二十年进士。……镇西南久，军赀赎锾，岁不下数十万，皆籍之于官。治事明决，军书络绎，不假手幕佐。行军务持重，谋定后战，尤善用间。使人各当其材。犯法，即亲爱必诛；有功，厮养不遗赏也。驭蛮以忠信，不妄杀，苗民怀之。

【译文】

朱燮元，字懋和，浙江山阴（今浙江绍兴）人。是明神宗万历二十年（1592 年）的进士。……他镇守西南（时任贵州巡抚等职）的时间很长，军队中罚缴的赎罪钱每年不少于数十万，都把它登记入官府。办事英明果断，军事信件往来不断，不让幕僚去办理。军事行动务求慎重，策略制定后才战，尤其善于使用间谍。安排工作

使每人都适合自己的才能。犯了法,即使亲近喜爱的人也一定惩罚;有功劳的,即使是奴仆也一定给奖赏。用忠诚、信用来治理少数民族,不随意杀人,苗民都归向他。

孙承宗传

力阻祖大寿之变

【原文】

孙承宗,字稚绳,高阳人。……万历三十二年登进士第二人,授编修,……至十二月四日,而有祖大寿之变。大寿,辽东前锋总兵官也,偕崇焕入卫。见崇焕下吏,惧诛,遂与副将何可纲等率所部万五千人东溃,远近大震。承宗闻,急遣都司贾登科赍手书慰谕大寿,而令游击石柱国驰抚诸军。大寿见登科,言:"麾下卒赴援,连战俱捷,冀得厚赏。城上人群詈为贼,投石击死数人。所遣逻卒,指为间谍而杀之。劳而见罪,是以奔还。当出搷朵颜,然后束身归命。"柱国追及诸军,其将士持弓刀相问,皆垂涕,言:"督师既戮,又将以大炮击毙我军,故至此。"……承宗奏言:"大寿危疑已甚,又不肯受满桂节制,因讹言激众东奔,非部下尽欲叛也。当大开生路,曲收众心。辽将多马世龙旧部曲,臣谨用便宜,遣世龙驰谕,其将士必解甲归,大寿不足虑也。"帝喜从之。承宗密札谕大寿急上章自列,且立功赎督师罪,而已当代为剖白。大寿诺之,具列东奔之故,悉如将士言。帝优诏报之,命承宗移镇关门。诸将闻承宗、世龙至,多自拔来归者。……三年正月,大寿入关谒承宗,亲军五百人甲而候于门。承宗开诚与语,即日列其所统步骑三万于教场,行誓师礼,群疑顿释。

【译文】

孙承宗,字稚绳,高阳(今属河北)人。……神宗万历三十二年(1604年)考中进士科一甲第二名(即榜眼),……到了明思宗崇祯二年(1629年)十二月四日,发生祖大寿的叛逃。祖大寿,是辽东前锋总兵官,随同袁崇焕入卫京师。见崇焕被处死,害怕自己被杀,于是同副将何可纲等率领部下一万五千人向东逃跑,这使远近地区的人大为震惊。孙承宗听到这件事,急忙派都司贾登科送亲笔信安慰劝告祖大寿,又让游击石柱国快马前往安抚各军队。祖大寿见到登科说:"我部下的士兵前往增援,连续作战都胜利了,希望得到丰厚的奖赏。可是,城上的人都骂我们是贼,扔石块打死了我们几个人。派出的巡逻士兵,被看作间谍而加以杀害。付出劳苦却被治罪,因此我们就逃回去了。我们将出击朵颜,然后捆绑自己向朝廷请罪。"石柱国追上众队伍,那些将士们手拿弓箭和刀对面站着,都流下眼泪说:"督师(即袁崇焕)已经被杀,还要用大石炮杀死我们,所以才到今天这个地步。"……孙承宗上疏说:"祖太寿畏惧、疑虑太深了,又不肯接受满桂的管辖,因此假托言词激发士兵东逃,并不是部下都想叛逃。应当给他们大开生路,以稍稍收揽大家的心。辽东将领多是马世龙过去的部下,我谨慎地见机行事,派世龙前往晓谕,那些将士一定会放下武器归顺,大寿不值得忧虑。"崇祯皇帝高兴地听从他的意见。孙承宗秘密

地写信告诉大寿，叫他快上疏说明自己的情况，并且立功赎督师袁崇焕的罪，而且我会替你在皇帝面前把事情说清楚。大寿答应了他，他全部叙述自己东逃的缘故，都像将士前面所说的那样。崇祯皇帝用措辞温和的诏书回答他，命令孙承宗移兵守卫山海关。众将听说承宗、世龙到了，大多脱离叛军前来归附。……崇祯三年（1630年）正月，大寿入关拜见承宗，带领的亲兵五百人身穿盔甲在关门口等候。孙承宗坦率地与他交谈，当天把自己所统率的步兵、骑兵三万人在教场上列队，举行誓师的典礼，大家的疑虑立刻消除了。

徐 光 启 传

科学家徐光启

【原文】

徐光启，字子先，上海人。……从西洋人利玛窦学天文、历算、火器，尽其术。遂遍习兵机、屯田、盐策、水利诸书。……时帝以日食失验，欲罪台官。光启言："台官测候本郭守敬法。元时尝当食不食，守敬且尔，无怪台官之失占。臣闻历久必差，宜及时修正。"帝从其言，诏西洋人龙华民、邓玉函、罗雅谷等推算历法，光启为监督。

四年春正月，光启进《日躔历指》一卷、《测天约说》二卷、《大测》二卷、《日躔表》二卷、《割圜八线表》六卷、《黄道升度》七卷、《黄赤距度表》一卷、《通率表》一卷。是冬十月辛丑朔，日食，复上测候四说。其辩时差里差之法，最为详密。

【译文】

徐光启，字子先，上海（今上海市）人。……跟随西洋人利玛窦学习天文、历法算术、火器，并且把这些都学到了手。还广泛地学习有关军事策略、屯田、盐政、水利方面的各种书籍。……当时崇祯皇帝因日食与历书推验不合，要治台官（执掌天文、历算事项的官员）罪。光启说："台官测验时令是根据郭守敬的方法。元朝时就曾出现过照推理应当有日食但实际上没有出现的情形，郭守敬时就这样，不能责怪台官的占验失误。我听说历法用久了一定会出现偏差，应该及时加以修正。"崇祯皇帝听从了他的话，诏令西洋人龙华民、邓玉函、罗雅谷等推算历法，光启担任监督。

皇宫铜狮　明

崇祯四年（1631年）春正月，光启进献了《日躔（chán）历指》一卷、《测天约说》二卷、《大测》二卷、《日躔表》二卷、《割圜八线表》六卷、《黄道升度》七卷、《黄赤距度表》一卷、《通率表》一卷。这年冬天十月

初一的天明时,出现了日食,又上奏测验时令的四种方法。其中辨别时差、里差的方法,最详细缜密。

杨嗣昌传

大将不和,边事日坏

【原文】

我大清兵入墙子岭、青口山,蓟辽保定总督吴阿衡方醉,不能军,败死。京城戒严,召卢象升帅师入卫。象升主战,嗣昌与监督中官高起潜主款,议不合,交恶。编修杨廷麟劾嗣昌误国。嗣昌怒,改廷麟职方主事监象升军,而戒诸将毋轻战。诸将本悻怯,率藉口持重观望,所在列城多破。嗣昌据军中报,请旨授方略。比下军前,则机宜已变,进止乖违,疆事益坏。

【译文】

清兵攻入墙子领、青口山,蓟辽保定总督吴阿衡正大醉,不能统兵作战,结果失败而死。京城戒严,召令卢象升率军队保卫京城。象升主战,而杨嗣昌和监理军务的宦官高起潜主张议和,彼此意见不合,关系恶化。编修杨廷麟弹劾杨嗣昌误害国家。嗣昌大怒,改任杨廷麟为兵部职方司主事监督卢象升的军队,另外又告诫众将不要轻易出战。诸将本来就恐惧畏缩,都借口谨慎稳重而拥兵观望,居守的各城大多被攻破。杨嗣昌根据军中的报告,请求圣旨授予计谋。等到圣旨下到军中时,情况已发生变化,进退的命令和实际情况不符合了,边疆战事更加恶化了。

上疏劾魏忠贤

【原文】

刘宗周,字起东,山阴人……天启元年起仪制主事。疏言:"魏进忠导皇上驰射戏剧,奉圣夫人出入自由。一举逐谏臣三人,罚一人,皆出中旨,势将指鹿为马,生杀予夺,制国家大命。今东西方用兵,奈何以天下委阉竖乎。"进忠者,魏忠贤也。大怒,停宗周俸半年。

【译文】

刘宗周,字起东,山阴(今浙江绍兴)人……熹宗天启元年(1621年)被起用做了仪制主事,他上奏说:"魏进忠引导皇上打猎玩乐,奉圣夫人随便出入宫门。一次就斥逐走三个谏官,还处罚了一人,这些都直接由宫中降旨,这势必要发展到像秦二世时的赵高那样指鹿为马的地步,由他掌生杀予夺大权,控制国家重大命令。现在东西方都在用兵打仗,为什么将国家托付给阉人呢?"进忠,就是魏忠贤。皇上见奏章大怒,停了刘宗周半年俸禄。

刘宗周传

刘宗周为京尹

【原文】

为京尹,政令一新,挫豪家尤力。阉人言事辄不应,或相诟谇,宗周治事自如。武清侯苍头殴诸生,宗周捶之,枷武清门外。……赒恤单丁下户尤至。居一载,谢病归,都人为罢市。

【译文】

刘宗周做了北京城的长官,便使政治措施为之一新,他打击豪强势家尤其有力。宦官们来说情,他总不答应,有人辱骂他,责怪他,他照样按自己的意思处理事。武清侯的仆人殴打了生员,刘宗周打了这个仆人的屁股,还给他戴上枷在武清侯门外示众。……他对独生子的贫苦人家救济得非常周到。呆了一年,因病辞官回家,京城人为他罢了市。

黄道周传

剖析忠佞二字

【原文】

帝曰:"尔一生学问,止成佞耳。"叱之退,道周叩首起,复跪奏:"臣敢将忠佞二字剖析言之。夫人在君父前,独立敢言为佞,岂在君父前谄诳面谀为忠耶?忠佞不别,邪正淆矣,何以致治?"帝曰:"固也,非朕漫加尔以佞,但所问在此,所答在彼,非佞而何?"再叱之退。

【译文】

思宗皇帝(对黄道周)说:"你一生的学问,只变成佞(花言巧语、能说善辩为佞)了。"呵斥他退下。黄道周叩头站起,又跪下说:"臣冒昧将忠佞两个字辨别分析一下。如果说人在君主面前,有独到见解,敢于说话是佞,难道说在君主面前说别人坏话、又对君主谄媚奉承是忠吗? 忠和佞若不区分,邪恶和正直就混淆了,还凭什么治理好国家?"思宗皇帝说:"固然是这样,不是我随随便便说你是佞,但我问这个,你回答那个,不是佞是什么?"第二次呵斥他退下。

正直敢谏的叶廷秀

【原文】

崇祯中……授户部主事。帝以傅永淳为吏部尚书。廷秀言永淳庸才,不当任统均。甫四月,永淳果败。道周逮下狱,廷秀抗疏救之。帝怒,杖百,系诏狱。明年

国学经典文库

冬,遣戍福建……与道周未相识,冒死论救,获重罪,处之恬然。

【译文】

　　崇祯年间……任用叶廷秀做户部主事。思宗皇帝让傅永淳做吏部尚书。叶廷秀说傅永淳是没有什么才能的人,承担不了总领调和大臣们的大任。刚四个月,傅永淳果然失败了。黄道周被逮捕入狱,叶廷秀上书直言搭救他。思宗皇帝大怒,打了他一百杖,关入中央监狱。第二年冬天,将他遣送到福建去戍守。……他与黄道周不相识,竟冒死争辩搭救他,并因此判了重罪,他却很安闲地对待它。

崔景荣传

不依附魏忠贤

【原文】

　　崔景荣,字自强,长垣人。万历十一年进士。……天启四年十一月特起为吏部尚书。当是时,魏忠贤盗国柄,群小更相倚附,逐尚书赵南星,即家起景荣,欲倚为助。比至,忠贤饰大宅以待,景荣不赴。锦衣帅田尔耕来谒,又辞不见。帝幸太学,忠贤欲先一日听祭酒讲,议裁诸听讲大臣赐坐赐茶礼,又议减考选员额,汰京堂添注官。景荣皆力持不行,浸忤忠贤指。

【译文】

　　崔景荣,字自强,长垣县(今属河南)人。万历十一年(1583年)中进士。……熹宗天启四年(1624年)十一月,特地起用为吏部尚书。在这时,魏忠贤窃取国家大权,众小人交相依附他,驱逐了尚书赵南星后,就到崔景荣家中让他出任尚书,想倚靠崔景荣做帮手。等崔景荣到达京城,魏忠贤修饰一所大宅院等待他,但崔景荣没去。锦衣卫统帅田尔耕来拜见,崔景荣又推辞不见。熹宗皇帝要到太学去,魏忠贤想在前一天听祭酒讲话,提议删减给听讲大臣们赐座、赐茶的礼节,又提议减少考选生员的名额,裁汰京堂添注官。崔景荣都极力坚持不执行,更加违逆了魏忠贤的意思。

李日辅传

天下多故,择将为先

【原文】

　　日辅,字元卿,亦南昌人也。……万历中举于乡,为成都推官。与巡抚朱燮元计兵事,偕诸将攻复重庆。崇祯四年擢南京御史。时中官四出……日辅上疏谏曰:"……陛下践阼初,尽撤内臣,中外称圣。昔何以撤?今何以遣?天下多故,择将为先。陛下不筑黄金台招颇、牧,乃汲汲内臣是遣,曾何补理乱之数哉!"帝怒,谪日辅广东布政司照磨。

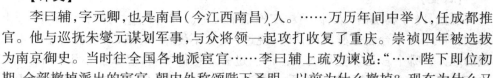

【译文】

　　李曰辅,字元卿,也是南昌(今江西南昌)人。……万历年间中举人,任成都推官。他与巡抚朱燮元谋划军事,与众将领一起攻打收复了重庆。崇祯四年被选拔为南京御史。当时往全国各地派宦官……李曰辅上疏劝谏说:"……陛下即位初期,全部撤掉派出的宦官,朝内外称颂陛下圣明。以前为什么撤掉?现在为什么又派遣?天下多事故的时期,选择将领是首要的事。陛下不用力创造条件招致象战国时赵国的廉颇、李牧那样的将帅,而是急切地派遣宦官,对治理变乱的事哪里有什么帮助呢!"思宗皇帝很生气,将李曰辅降级外调到广东布政司任照磨(为主管整理卷宗的官吏)。

毛 羽 健 传

所言公,公言之

【原文】

　　毛羽健,字芝田,公安人。天启二年进士。崇祯元年由知县征授御史。好言事……一日,帝御文华殿,独召延儒语良久,事秘,举朝疑骇。羽健曰:"召见不以盈廷而以独侍,清问不以朝参而以燕闲。更漏已沉,阁门犹启。汉臣有言'所言公,公言之;所言私,王者不受私'。"疏入,切责。

【译文】

　　毛羽健,字芝田,公安县(今属湖北)人。熹宗天启二年(1622年)中进士。思宗崇祯元年(1628年)由知县征召来作了御史。他好进谏。……有一天,崇祯皇帝到文华殿,单独召见周延儒说了很长时间话,事情很神秘,朝中大臣全都疑惑惊讶。毛羽健上奏说:"召见臣子不在众人满朝堂时而在单独侍奉时,请审详问不在朝见时而在闲居时。夜静更深,只有阁门还开着。汉朝的臣子宋昌说过:'所说的是公事,就应当众公开地说;所说的是私事,帝王是不接受私事的。'"条陈呈上去,他受到思宗皇帝的严词谴责。

韩 一 良 传

何官非爱钱之人

【原文】

　　澄城人韩一良者,元年授户科给事中,言:"陛下平台召对,有'文官不爱钱'语,而今何处非用钱之地?何官非爱钱之人?向以钱进,安得不以钱偿。以官言之,则县官为行贿之首,给事为纳贿之尤。今言者俱咎守令不廉,然守令亦安得廉?俸薪几何,上司督取,过客有书仪,考满、朝觐之费,无虑数千金。此金非从天降,非从地出,而欲守令之廉,得乎?……"帝大喜,召见廷臣,即令一良宣读。

【译文】

澄城县(今属陕西)人韩一良,庄烈皇帝元年(1628 年)封为户科给事中,他上奏说:"陛下在平台召见群臣谈话时,说过'文官不爱钱'的话,可现在哪里是不用钱的地方? 哪个官是不爱钱的人? 他们过去靠钱做了官,怎么能不用钱来补偿。拿官员们来说,县官是行贿的首领,给事是受贿最厉害的人。现在进谏的人都责备知府县令不廉洁,然而知府县令哪里能够廉洁呢? 他们的薪俸有多少,上司督察要拿,要给过往客人送书仪(礼金),官吏任满后参加考核及入朝拜见皇上这些费用,大概得用几千金。这些金钱不是从天上掉下来的,也不是地里生出来的,而想让知府县令廉洁,能做到吗? ……"庄烈皇帝大喜,召见朝中大臣,就让韩一良宣读他的奏章。

熊廷弼传

熊廷弼在辽、沈

国学经典文库

【原文】

廷弼之初抵辽也,令佥事韩原善往抚沈阳,惮不肯行。继命佥事阎鸣泰,至虎皮驿恸哭而返。廷弼乃躬自巡历,自虎皮驿抵沈阳,复乘雪夜赴抚顺。总兵贺世贤以近敌沮之,廷弼曰:"冰雪满地,敌不料我来。"鼓吹入。时兵燹后,数百里无人迹,廷弼祭诸死事者而哭之。遂耀兵奉集,相度形势而还。所至招流移,缮守具,分置士马,由是人心复固。

【译文】

熊廷弼刚到达辽东,命令佥事韩原善到沈阳去进行安抚,韩原善害怕不肯去。接着又命令佥事阎鸣泰去,阎鸣泰走到虎皮驿就痛哭着返回来了。熊廷弼于是亲自去巡察,从虎皮驿到沈阳,又趁着下雪的夜晚赶往抚顺。总兵贺世贤因这里距敌人太近而阻拦他,熊廷弼说:"冰雪满地,敌人料想不到我来。"吹吹打打地就去了。当时正是遭受兵灾破坏之后,几百里之间看不见人,熊廷弼祭奠为国死难的众先烈,并哭吊他们。于是在奉集(今辽宁沈阳东南四十五里)阅兵以炫耀武力,察看了解了当地的形势就回去了。每到一处,就召募流亡的民众,修缮守卫的器具,分派布置兵士马匹,从此人心又安定了。

袁崇焕传

思宗误杀袁崇焕

【原文】

崇焕在辽。……时所入隘口乃蓟辽总理刘策所辖,而崇焕甫闻变即千里赴救,自谓有功无罪。然都人骤遭兵,怨谤纷起,谓崇焕纵敌拥兵。朝士因前通和议,诬

其引敌胁和，将为城下之盟。帝颇闻之，不能无惑。会我大清设间，谓崇焕密有成约，令所获宦官知之，阴纵使去。其人奔告于帝，帝信之不疑。……三年八月遂磔崇焕于市。

【译文】

袁崇焕在辽东。……当时入关的要道是蓟辽总理刘策统辖，袁崇焕刚听到事变(清兵入侵)就不远千里来救援，自己以为是有功无罪的。但是京城中人突然遭受战乱，埋怨诽谤议论纷纷，说袁崇焕拥有军队而放纵敌人。朝中大臣因以前袁崇焕曾与清兵通使议和，就冤枉他这次是引敌人来胁迫议和，将在敌兵临城时订立屈辱的盟约。思宗皇帝听到很多这类话，不能不产生疑惑。正赶上清兵设离间计，说袁崇焕和清军秘密订有盟约，将这话让俘虏的明朝宦官知道，然后暗中让他逃走。这宦官跑回来报告给思宗皇帝，皇帝深信不疑……崇祯三年(1630年)八月，就将袁崇焕在市中通衢要道分尸处死了。

范 景 文 传

"孤立行意"的范景文

【原文】

范景文，字梦章，吴桥人。……登万历四十一年进士。……天启五年二月起文选郎中。魏忠贤暨魏广微中外用事，景文同乡，不一诣其门，亦不附东林，孤立行意而已。尝言："天地人才，当为天地惜之。朝廷名器，当为朝廷守之。天下万世是非公论，当与天下万世共之。"时以为名言。

【译文】

范景文，字梦章，吴桥县(今属河北)人。……考中万历四十一年(1613年)进士。……熹宗天启五年(1625年)二月，起用为文选郎中。魏忠贤和魏广微掌握着朝廷内外大权，范景文跟他们是同乡，一次也没到过他们的家门，但他也不依附东林党人，只是独立自主地按自己意志行事罢了。他曾说："人才是天地的，应当替天地爱惜他们。钟鼎宝器是朝廷的，应当替朝廷守住它。天下千秋万代对是非的公论，应当跟天下千秋万代人共同评论它。"当时认为是名言。

李 邦 华 传

不作反覆之小人

【原文】

李邦华，字孟暗，吉水人。受业同里邹元标，与父廷谏同举万历三十一年乡试。……明年，邦华成进士，授泾县知县，有异政。……四十四年引疾归。时群小力排东林，指邹元标为党魁。邦华与元标同里，相师友，又性好别黑白。或劝其委蛇，邦

华曰:"宁为偏枯之学问,不作反覆之小人。"闻者益嫉之。

【译文】

李邦华,字孟暗,吉水县(今属江西)人。拜同乡邹元标为师,与父亲李廷谏一块考中万历三十一年(1603年)的举人。……第二年,李邦华考中进士,做了泾县(今属安徽)知县,有突出政绩。……万历四十四年(1616年)托病辞官。当时众小人极力排斥东林党,指责邹元标是东林党的首领。李邦华与邹元标同乡,彼此之间是师生又是朋友,李邦华生性喜欢辨别是非黑白。有人劝他随和些,他说:"宁可作偏执学问,也不做反复无常的小人。"听到这话的小人越发憎恨他。

施 邦 曜 传

洁 己 爱 民

【原文】

施邦曜,字尔韬,余姚人。万历四十一年进士。不乐为吏,改顺天武学教授,……迁福建副使、左参政、四川按察使、福建左布政使,并有声。或馈之朱墨竹者,姊子在旁请受之。曰:"不可。我受之,即彼得以乘间而尝我,我则示之以可欲之门矣。"性好山水。或劝之游峨眉,曰:"上官游览,动烦属吏支应,伤小民几许物力矣。"其洁己爱民如此。

【译文】

施邦曜,字尔韬,余姚县(今属浙江)人。万历四十一年(1613年)中进士。不喜欢做官,就改做顺天府(今北京市)武校的教授。……后升任福建承宣布政使司(即今福建省)副使、左参政、四川按察使、福建左布政使,都有好名声。有人赠送他用朱红和墨色画的竹子,他外甥在旁边要求他收下,他说:"不能。我收下它,就使对方可以趁机来试探我,我也就指给他可以达到欲望的门路了。"他喜欢游赏山水。有人劝他去峨眉山游玩,他说:"上级官员去游览,一行动就要烦扰下属官吏供应,不知要破费百姓多少财力人力呢?"他就是这样廉洁和爱护百姓。

马 世 奇 传

廉 洁 好 义

【原文】

马世奇,字君常,无锡人。……登崇祯四年进士……世奇修颀广颡,扬眉大耳,砥名行,居馆阁有声,好推奖后进。为人廉,父死,苏州推官倪长圩以赎锾三千助丧。世奇辞曰:"苏饥,留此可用振。"座主周延儒再相,世奇同郡远嫌,除服不赴都。及还朝,延儒已赐死,亲昵者率避去,世奇经纪其丧。其好义如此。

【译文】

马世奇，字君常，无锡（今江苏无锡）人。……考中崇祯四年（1631 年）的进士……马世奇长脸宽脑门，高扬的眉毛大大的耳朵，很注意磨炼名节品行，在翰林院有声望，好推举鼓励后辈人。为人廉洁，父亲死后，苏州推官倪长圩拿别人交的三千赎罪钱帮他办丧事。马世奇拒绝说："苏州闹饥荒，留着这钱可作救济百姓用。"他的主考官周延儒第二次做首相，马世奇因周是同郡人便避嫌疑，在守丧除服后不到京城去。等到他回朝，周延儒已被皇帝赐死，原来亲近周延儒的人大都躲着走开了，马世奇为他办理了丧事。马世奇就是这样讲义气。

范淑泰传

强兵莫如行法

【原文】

范淑泰，字通也，滋阳人。崇祯元年进士。授行人。五年冬，擢工科给事中。……十一年冬，……又言："强兵莫如行法。今之兵，索饷则强，赴敌则弱；杀良冒功则强，除暴救民则弱。请明示法令，诸将能用命杀贼者，立擢为大将，否则死无赦。毋以降级戴罪，徒为不切身之痛痒。"帝是其言。

【译文】

范淑泰，字通也，滋阳县（今属山东）人。崇祯元年（1628 年）中进士。任官行人。崇祯五年冬天，选拔为工科给事中。……崇祯十一年冬天，……他又上条陈说："增强兵力不如实行法令。现在的兵，索取粮饷时就显得强大，去与敌人打仗就软弱无力；杀良民冒充功劳就显得强大，铲除暴贼搭救百姓就软弱无力。请皇上明白公布法令，众将领能舍命杀敌的，立刻提拔为大

聚奎塔

将，否则的话，就处以死罪不能宽恕。不要用降级戴罪立功来处分，因为这是白白地作对他们没有亲身经受痛痒的事。"思宗皇帝认为他说得对。

王来聘传

第一个武榜状元

【原文】

来聘，京师人。崇祯四年，中武会试。时帝锐意重武，举子运百斤大刀者止来

聘及徐彦琦二人,而彦琦不与选。帝下考官及监试御史狱,悉贬兵部郎二十二人。遣词臣倪元璐等复阅,取百人。视文榜例,分三甲传胪锡宴。以前三十卷进呈。钦定一甲三人,来聘居首,即授副总兵。武榜有状元,自来聘始也。

【译文】

王来聘,是京城(今北京市)人。崇祯四年(1631 年)武科会试(乡试中为举人的,到京师考试)考中了。当时思宗皇帝专心一意加强武力,应试的举子们能运用百斤重大刀的只有王来聘和徐彦琦两个,可徐彦琦没被录取。思宗皇帝将考官和监督考试的御史押入监狱,将兵部的二十二个郎官全部降职。派文学侍从倪元璐等人再考试,录取一百名。仿照文科列榜的做法,

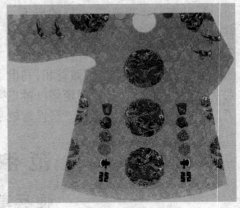

皇帝常服　明

殿试录取分三甲,由皇帝宣布三甲的名次并赏赐宴席。将前三十名的卷子呈送给皇帝,思宗皇帝亲定一甲三人,王来聘居第一,马上封为副总兵。武科榜上有状元,是从王来聘开始的。

张可大传

不特良将,且良吏也

【原文】

张可大,字观甫,应天人。……举万历二十九年武会试,授建昌守备。迁浙江都司金书,分守瓜洲、仪真,江洋大盗敛迹。税监鲁保死,淮抚李三才令可大录其赀。保家馈重贿,却不受。叶向高赴召过仪,见而异之,曰:"此不特良将,且良吏也。"

【译文】

张可大,字观甫,应天府(今南京市)人。……万历二十九年(1601 年)武科会试考中了,封为建昌府(治所在今江西省南城县)守备。调任浙江都司金书,分配守卫瓜州(今江苏省邗江区南)、仪真(今江苏仪征),那里的江洋大盗从此不见踪迹了。税监鲁保死后,淮安巡抚李三才命令张可大登记他家的财产。鲁保家送很重的贿赂给张可大,他拒不接受。叶向高(万历三十五年召入朝任礼部尚书兼东阁大学士,第二年做了首相)赴神宗征召到北京去路过仪真,见到他后认为他不寻常,说:"这人不仅是员好将,而且是个好官。"

孙祖寿传

赏子一杯酒

【原文】

孙祖寿，字必之，昌平人。万历中举武乡试，授固关把总。天启二年历官署都督佥事，为蓟镇总兵官。……祖寿初守固关，遘危疾，妻张氏割臂以疗，绝饮食者七日。祖寿生，而张氏旋死，遂终身不近妇人。为大帅，部将以五百金遗其子于家，却不受。他日来省，赐之卮酒曰："却金一事，善体吾心，否则法不汝宥也。"其秉义执节如此。

【译文】

孙祖寿，字必之，昌平州（今北京市昌平区）人。万历年间考中武举，封为固关（地在河北省井陉县西，旧名故关）把总。天启二年（1622 年）历任代理都督佥事，任蓟州镇（明近畿防卫重镇。镇守地区相当今河北省长城内东起山海关，西至居庸关，及天津市西北一带。总兵官驻今河北省迁西县西北）总兵官。……孙祖寿最初守固关时，染上又危险又重的病，他的妻子张氏割自己臂上的好肉给他治疗，他七天不吃不喝。孙祖寿救活了，而他妻子很快就死了，于是孙祖寿终身不接近女人。他做大帅，部下将领拿五百金送给他家中的儿子，他儿子退掉不收。后来儿子来探望他，他赏给他儿子一杯酒说："退金一事，很能体会我的心意，否则法律是不宽恕你的。"他就是这样坚持正义和节操。

何可纲传

含笑而死

【原文】

何可纲，辽东人。天启中，以守备典袁崇焕宁远道中军，廉勇善抚士卒。六年，宁远被围，佐崇焕捍御有功，进都司佥书。明年再被兵，复坚守。迁参将，署宁远副将事。崇祯元年，……可纲佐崇焕更定军制，岁省饷百二十万有奇。以春秋二防功，进职右都督……四年筑城大凌河，命可纲偕大寿护版筑。八月甫竣工，大清以十万众来攻，可纲等坚守不下。久之，粮尽援绝。大寿及诸将皆欲降，独可纲不从，令二人掖出城外杀之，可纲颜色不变，亦不发一言，含笑而死。

【译文】

何可纲，辽东人。天启年间，以守备的官职管理袁崇焕宁远道（在今辽宁兴城）中军的事务，他为人廉洁勇敢，善于抚慰士兵。天启六年（1626 年），宁远被后金包围，他辅佐袁崇焕抵抗敌人有功，升为都司佥书。第二年，宁远又被后金兵包围，何可纲等又坚守。何可纲升为参将，代理宁远副将的事务。崇祯元年（1628 年），

国学经典文库

……何可纲帮助袁崇焕更改军队制度，每年节省军饷一百二十万有零。因春秋两季防卫的功劳，升职为右都督。……崇祯四年，在大凌河（在今辽宁凌海市东）筑城，命令何可纲与祖大寿一起护卫建筑。八月刚竣工，清军用十万人来攻城，何可纲等人坚守不投降。坚持很长时间，粮食吃完了，救援也断绝。祖大寿和众将领都想投降，唯独何可纲不听从，祖大寿等就让两个人将他挟持到城外杀死他，他脸色不变，一句话也不说，面带笑容死去了。

刘肇基传

过高邮不见妻子

【原文】

刘肇基，字鼎维，辽东人。……及福王立，史可法督师淮、扬，肇基请从征自效。屡加左都督、太子太保。……顺治二年三月，大清兵抵扬州，可法邀诸将赴援。独肇基自白洋河趋赴，过高邮不见妻子。既入城，请乘大清兵未集，背城一战。可法持重，肇基乃分守北门，发炮伤围者。已而城破，率所部四百人巷战，格杀数百人。后骑来益众，力不支，一军皆没。

【译文】

刘肇基，字鼎维，辽东人。……等到福王被拥立，史可法在淮安、扬州一带督率军队，刘肇基要求跟随出征效力。几次加封左都督、太子太保。……清顺治二年（1645年）三月，清军打到扬州，史可法邀请各地将领前来支援。只有刘肇基从白洋河（即潼水的下游.在江苏省入黄河）急速赶来，路过高邮（今属江苏）时，不去家中看望妻子儿女。到扬州城后，刘肇基要求趁清兵还没集合时，带兵在自己城下跟清兵决一死战。史可法慎重，刘肇基就分兵守北门，发炮打伤围城的清军。不久城被攻破，他就率领自己的部下四百人参加巷战，打死了几百个敌人。后来敌人的骑兵越来越多，刘肇基他们力量支持不住，全军覆没。

史可法传

以盐豉下酒

【原文】

可法短小精悍，面黑，目烁烁有光。廉信，与下均劳苦。军行，士不饱不先食，未授衣不先御，以故得士死力。……可法为督师，行不张盖，食不重味，夏不簟，冬不裘，寝不解衣。年四十余，无子，其妻欲置妾。太息曰："王事方殷，敢为儿女计乎！"岁除遣文牒，至夜半，倦索酒。庖人报清肉已分给将士，无可佐者，乃取盐豉下之。

【译文】

史可法生得短小精悍，脸色黑，眼睛炯炯有神。为人廉洁诚实，与部下共劳苦。行军时，将士们没吃饱他不先吃，没给将士发冬衣时他不先穿衣御寒，因此将士能为他效死出力。……史可法做督师，行军不设置遮挡太阳和雨水的伞盖，吃饭时没有多种菜肴，夏天不用扇子，冬天不穿皮袍，睡觉不脱衣服。他四十多岁，没有儿子，妻子想给他娶妾。他叹息说："公事正多，怎敢为儿女打算呢！"除夕派人送公文书信，到半夜，累了要酒喝。厨师报告说菜和肉已分给将士们，没有可用来下酒的菜，他就拿咸豆豉下酒。

金凤钗　明

我史督师也

【原文】

明年，是为大清顺治之二年，……四月朔，可法移军驻泗州，护祖陵。……俄报盱眙已降大清，泗州援将侯方岩全军没。可法一日夜奔还扬州。……城中人悉斩关出，舟楫一空。可法檄各镇兵，无一至者。二十日，大清兵大至，屯班竹园。明日，总兵李栖凤、监军副史高岐凤拔营出降，城中势益单。诸文武分陴拒守。旧城西门险要，可法自守之。作书寄母妻，且曰："死葬我高皇帝陵侧。"越二日，大清兵薄城下，炮击城西北隅，城遂破。可法自刭不殊，一参将拥可法出小东门，遂被执。可法大呼曰："我史督师也。"遂杀之。

【译文】

第二年（即崇祯十七年的第二年），就是清世祖顺治二年（1645 年）。……四月初一，史可法将军队调到泗州（今安徽泗县和江苏泗洪等县地）驻扎，护卫明朝祖宗的陵墓。……突然有报告说盱眙县（今属江苏）驻军已投降清军，去支援的泗州将领侯方岩已全军覆没。史可法用一天一夜赶回扬州。……城里的人们都打破城门出逃，船只全被抢光。史可法传檄各镇驻军来支援扬州，没有一镇来的。二十日，清兵大队人马到来，驻扎在班竹园。第二天，总兵李栖凤、监军副史高岐凤带队伍出城投降，城中力量越发单薄。各文武官员分城墙垛口进行守卫抵抗清兵。旧城西门是险要的地方，史可法自己防守。他写信寄给母亲、妻子，并且说："死后将我埋葬在高皇帝陵旁边。"过了两天，清兵逼近城下，发炮轰击城的西北角，城于是被攻破。史可法自刭未死，一名参将护卫着他从小东门出逃，就被俘了。史可法大声呼喊："我是史督师。"于是清军杀了他。

王瑞柟传

不取贿金的王兵备

【原文】

王瑞柟,字圣木,永嘉人。天启五年进士。……擢湖广兵备金事,驻襄阳。十一年春,张献忠据谷城乞抚,总理熊文灿许之。……明年,献忠叛,瑞柟先已丁忧归。献忠留书于壁,言己之叛,总理使然。具列上官姓名及取贿月日,而题其末曰:"不纳我金者,王兵备一人耳。"由是瑞柟名大著。

【译文】

王瑞柟,字圣木,永嘉县(今属浙江)人。熹宗天启五年(1625年)中进士。……选拔做了湖广(指今湖北、湖南两省地区)兵备金事,驻守襄阳府(今湖北襄阳)。天启十一年春天,张献忠占据谷城县(今属湖北)请求安抚,总理熊文灿答应了他的请求。……第二年,张献忠又背叛造反,王瑞柟在这以前已因父母丧事回了家。张献忠在墙壁上留下字,说自己的背叛造反,是总理熊文灿造成的。具体列出上级官员的姓名和他们收取贿赂在哪月哪天,而在末尾写上:"不收我贿赂的,只有王兵备一个人。"从此王瑞柟大为出名。

陈邦彦传

身为忠臣,义不顾妻子

【原文】

陈邦彦,字令斌,顺德人。为诸生,意气豪迈。福王时,诣阙上政要三十二事,格不用,……顺治三年冬十二月,大兵破广州,……初,广州之围,大兵知谋出邦彦,求其家,获妾何氏及二子,厚遇之,为书招邦彦。邦彦判书尾曰:"妾辱之,子杀之。身为忠臣,义不顾妻子。"七月与陈子壮密约,复攻广州。

【译文】

陈邦彦,字令斌,顺德县(今属广东)人。是诸生,为人气魄宏大,豪放不羁。南明福王时,他曾到朝廷进献三十二项为政纲要,但受到阻拦没被采用,……清顺治三年(1646年)冬天十二月,清兵攻下广州城,……当初,广州被余龙等包围时,清军知道攻城的计谋出自陈邦彦,于是就寻找他的家庭,逮住了他的妾何氏和两个儿子,很优厚地对待他们,写信招降陈邦彦。陈邦彦在信的末尾批上:"对妾,你们可以污辱她;对儿子,你们可以杀了他们。我作为忠臣,道义上不能顾念妻子儿女。"顺治四年七月,陈邦彦跟陈子壮秘密约定,再次攻打广州。

循 吏 传

陈灌为官惠民

【原文】

陈灌,字子将,庐陵人也。……除宁国知府。时天下初定,民弃《诗》《书》久。灌建学舍,延师,选俊秀子弟受业。访问疾苦,禁豪右兼并。创户帖以便稽民。帝取为式,颁行天下。伐石筑堤,作水门蓄泄,护濒江田,百姓咸赖。

【译文】

陈灌,字子将,庐陵(今江西吉水)人。……被授以宁国(今安徽宣城)知府官职。当时,明朝刚刚建立,百姓已好长时间不学习儒家经典《诗》《书》了,陈灌兴建学校,聘请教师,挑选素质好的少年来学习。陈灌询问关心百姓疾苦,禁止豪绅大族侵吞土地。他创立了户帖制度用以考察民情,皇帝把他的做法当成样板,推行于全国。他还召集百姓采石筑堤,制作蓄水和排水的水闸,用以保护江边的田地,当地的人民皆得其利。

仙梅亭　明

儒 林 传

武定祸乱,文致太平

【原文】

太祖下婺州,与叶仪并召。祖干持《大学》以进,太祖问治道何先,对曰:“不出是书。”太祖令剖陈其义,祖干谓帝王之道,自修身齐家以至治国平天下,必上下四旁,均齐方正,使万物各得其所,而后可以言治。太祖曰:“圣人之道所以为万世法。吾自起兵以来,号令赏罚,一有不平,何以服众。夫武定祸乱,文致太平,悉是道也。”

【译文】

明太祖攻下婺州(今浙江金华),一起召见了范祖干和叶仪。范祖干拿着《大学》进见明太祖。明太祖询问治理国家的方策应该把什么放在首位,范祖干回答:“不出《大学》这本书。”明太祖让他分析陈述这话的意思,范祖干说帝王之道,从自己品德修养、整治家庭到治好国家、平定天下,一定要使上下周围均平整齐,方方正正,使万物各自得到它应处的位置,然后才能够谈到天下安定。明太祖说:“这就是圣人之道被万世效法的原因。我自起兵反元以来,发号施令,赏功罚罪,一旦有不

公平,怎么能使众人服从。看来武力可以平定祸乱,文教能使天下太平,都是这个道理。"

石 门 先 生

【原文】

梁寅,字孟敬,新喻人。世业农,家贫,自力于学,淹贯《五经》、百氏。……天下兵起,遂隐居教授。太祖定四方,征天下名儒修述礼乐。寅就征,年六十余矣。时以礼、律、制度,分为三局,寅在礼局中,讨论精审,诸儒皆推服。书成,赐金币。将授官,以老病辞,还。结庐石门山,四方士多从学,称为梁五经,又称石门先生。邻邑子初入官,诣寅请教。寅曰:"清、慎、勤,居官三字符也。"其人问天德王道之要,寅微笑曰:"言忠信,行笃敬,天德也。不伤财,不害民,王道也。"其人退曰:"梁子所言,平平耳。"后以不检败,语人曰:"吾不敢再见石门先生。"

【译文】

梁寅,字孟敬,新喻(今属江西)人。世代务农,家里穷,自己努力做学问,博通《五经》和诸子百家之书。……全国各地起义军队兴起,于是梁寅隐退在家,教授学生。明太祖平定天下,征召全国有名的儒者撰著礼乐制度。梁寅被征用,当时已六十多岁了。那时,把礼、律、制度,分成三个局撰修,梁寅分在礼局里,他探讨议论问题非常精确审慎,各位儒者都非常佩服。书写成了,皇帝赏给他金币。准备授给他官职,他以年老有病为理由而辞退,回家了。在石门山(在今四川高县境内)建了房子,各地许多士人跟他学习,称他为梁五经,又称石门先生。邻村年轻人刚做官,到梁寅那里向他请教。梁寅说:"清廉、谨慎、勤劳,是做官的三字符。"那个人问天德王道的关键,梁寅微笑回答:"说话忠诚信实,行动老实谦敬,这是天德。不浪费财物,不残害百姓,这是王道。"那人退出说:"梁先生所说的话,平平常常罢了。"后来那人因做官不检点被革职,对别人说:"我不敢再去见石门先生。"

赵汸的《春秋》学

【原文】

赵汸,字子常,休宁人。……乃筑东山精舍,读书著述其中。鸡初鸣辄起,澄心默坐。由是造诣精深,诸经无不通贯,而尤邃于《春秋》。初以闻于黄泽者,为《春秋师说》三卷,复广之为《春秋集传》十五卷。因《礼记·经解》有"属辞比事《春秋》教"之语,乃复著《春秋属辞》八篇。又以为学《春秋》者,必考《左传》事实为先,杜预、陈傅良有得于此,而各有所蔽,乃复著《左氏补注》十卷。

【译文】

赵汸,字子常,休宁(今属安徽)人。……于是建造东山精舍,在其中读书写作。鸡刚叫时就起床,静心默坐。因此赵汸的学问造诣博大精深,各种经书没有不融会贯通的,特别对《春秋》有深入的研究。起初把在黄泽那里听讲所得的,写成了《春

秋师说》三卷,又把它扩充为《春秋集传》十五卷。因为《礼记·经解》里有"聚合春秋时诸侯会盟的言辞,列举褒贬的事,是《春秋》对人的教化"的话,于是又写了《春秋属辞》八篇。他又认为研究《春秋》的人,一定首先考察《左传》的史实,杜预、陈傅良在这方面有不少的收获,但他们各自都有不足之处,于是赵汸又写《左氏补注》十卷。

邵宝不信巫

【原文】

邵宝,字国贤,无锡人。……成化二十年举进士,授许州知州。……巫言龙骨出地中为祸福,宝取骨,毁于庭,杖巫而遣之。躬课农桑,仿朱子社仓,立积散法,行计口浇田法,以备凶荒。

【译文】

邵宝,字国贤,无锡(今属江苏)人。明宪宗成化二十年(1484年)考中进士,授给他许州(治所在今河南省许昌市)知州的官职。……有一个巫婆说从地里掘出龙骨就预示着将有大祸降临。邵宝命人把龙骨取来,在庭院里销毁。又命人将巫婆用棍子打了一顿,并把她赶走。邵宝亲自督察农作养蚕生产,效法朱熹设立社仓,制定积散法,推行按人口浇田的政策,以此来防备灾荒。

王应电的文字学著作

【原文】

王应电,字昭明,昆山人。……应电又研精字学,据《说文》所载讹谬甚者,为之订正,名曰《经传正讹》。又著《同文备考》《书法指要》《六义音切贯珠图》《六义相关图》。

【译文】

王应电,字昭明,昆山(今属江苏)人。……王应电又研究并精通文字学,根据《说文解字》所载严重错误之处,给它订正,名字叫《经传正讹》。又著有《同文备考》《书法指要》《六义音切贯珠图》《六义相关图》。

潘府的居官"三本"

【原文】

潘府,字孔修,上虞人。成化末进士……尝曰:"居官之本有三:薄奉养,廉之本也;远声色,勤之本也;去谗私,明之本也。"又曰:"荐贤当惟恐后,论功当惟恐先。"

【译文】

潘府,字孔修,上虞(在今浙江)人。明宪宗成化(1465—1487年)末年的进士。他曾经说:"做官的根本有三条:侍奉和供养的费用低,这是清廉的根本;不近音乐

和女色,这是勤俭的根本;摒弃谗言私语,这是明察的根本。"他还说过:"推荐贤才,应该怕落在别人后面;论功行赏,应该怕抢在别人的前面。"

罗洪先学以致用

【原文】

罗洪先,字达夫,吉水人。……嘉靖八年举进士第一,授修撰。……洪先归,益寻求守仁学。甘淡泊,炼寒暑,跃马挽强,考图观史,自天文、地志、礼乐、典章、河渠、边塞、战阵攻守,下逮阴阳、算数,靡不精究。至人才、吏事、国计、民情,悉加意谘访。曰:"苟当其任,皆吾事也。"邑田赋多宿弊,请所司均之,所司即以属。洪先精心体察,弊顿除。岁饥,移书郡邑,得粟数十石,率友人躬振给。

【译文】

罗洪先,字达夫,吉水(今属江西)人。……明世宗嘉靖八年(1529年)考取第一名进士,被授官翰林院修撰。……罗洪先回来,更加探究王守仁的学说。他甘心于不做官,不论寒暑都进行锻炼,纵马射箭,考察地图观看史书,从天文、地志、礼乐、典章、河渠、边塞、战阵攻守,下到阴阳、算数,没有不精心研究的。至于人才、吏事、国计、民情,全都留意咨询访问。他说:"如果我当官,这些

青花花卉纹执壶　明

都是我的事。"乡村里的土地税长期以来有许多弊端,他请求管此事的官均平它,管此事的官把这事交托给他。罗洪先用心体会观察,土地税的弊病马上解除了。有一年遇饥荒,他写信给郡治长官请求救济,得到数十石粮食,就带领朋友亲自赈济灾民。

王守仁的门生

【原文】

守仁之门,从游者恒数百,浙东、江西尤众,善推演师说者称弘纲、廷仁及钱德洪、王畿。时人语曰:"江有何、黄,浙有钱、王。"然守仁之学,传山阴、泰州者,流弊靡所底极,惟江西多实践,安福则刘邦采,新建则魏良政兄弟,其最著云。

【译文】

王守仁的门下,跟他学习的总是有数百人,浙东、江西两地的人更多,善于推究老师王守仁学说的要推黄弘纲、何廷仁和钱德洪、王畿。当时人说:"江西地区有何廷仁、黄弘纲,浙江地区有钱德洪、王畿。"但王守仁的学说流传到山阴(今江苏淮安)、泰州(今属江苏)的,相沿而成的弊病没有尽止,影响很坏,只有流传到江西

的,多注重实践,安福(今属江西)的刘邦采,新建(今属江西)的魏良政兄弟,是这
方面最有名的。

文　苑　传

王冕好学

【原文】

王冕,字元章,诸暨人。幼贫,父使牧牛,窃入学舍,听诸生诵书,暮乃返,亡其
牛,父怒挞之,已而复然。母曰:"儿痴如业,曷不听其所为。"冕因去依僧寺,夜坐佛
膝上,映长明灯读书。

【译文】

王冕,字元章,诸暨(今属浙江)人。小时候家里很穷。他父亲让他去放牛,他
偷偷地进入学校,听诸生们念书。天黑才回家,丢掉了他的牛。他的父亲很生气,
用棍子打他。但不久他还是如此。王冕的母亲说:"儿子对读书迷恋到这种地步,
为什么不任他自己去做。"王冕于是就去依附和尚和寺庙,夜里坐在佛像的膝盖上,
在长明灯的映照下读书。

张溥七录

【原文】

张溥,字天如,太仓人。……溥幼嗜学。所读书必手抄,抄已朗诵一过,即焚
之,又抄,如是者六七始已。右手握管处,指掌成茧。冬日手皲,日沃汤数次。后名
读书之斋曰"七录",以此也。

【译文】

张溥,字天如,太仓(属今江苏)人。……他小时候特别喜爱学习。他所读的书
一定亲手抄写,抄完了朗读一遍,就把所抄的书烧掉。接着又抄,像这样经过六七
次才停止。张溥右手拿笔杆的地方,手指和手掌磨成了茧子。冬天手被冻裂了,每
日用热水洗手好几次。后来张溥给他的书斋起名叫"七录",就是因为这个缘故。

忠　义　传

易绍宗誓死抗倭

【原文】

易绍宗,攸人。洪武时,从军有功,授象山县钱仓所千户。建文三年,倭登岸剽
掠。绍宗大书于壁曰:"设将御敌,设军卫民。纵敌不忠,弃民不仁。不忠不仁,何
以为臣! 为臣不职,何以为人!"书毕,命妻李具牲酒生奠之,诀而出。密令游兵间

道焚贼舟,贼惊救,绍宗格战,追至海岸,陷淖中,手刃数十贼,遂被害。

【译文】

易绍宗,攸(今湖南攸县)人。明太祖洪武年间(1368—1398年),从军立有战功,被任命为象山县(今属浙江)钱仓千户所长官。明惠帝建文三年(1401年),日本海盗上岸抢掠,易绍宗在壁上写道:"国家设置将官是为了防御敌人,建立军队是为了保卫人民。放纵敌人就是不忠,丢弃百姓不管就是不仁。既不忠又不仁,怎么做国家大臣!作为臣子不尽职,怎么做人!"写完,易绍宗让他的妻子李氏置办牛酒来为活着的他祭奠。易绍宗诀别家人而去,密令游动的军队从小路去烧掉海盗的船。海盗惊慌地急忙救船,易绍宗同他们格斗,追到海岸,不幸掉进了泥沼中,他亲手杀死了几十个海盗,最后被海盗杀害。

张献忠拒绝阮文钿的诱降

【原文】

明年,献忠反形渐露,之钿往说之曰:"将军始所为甚悖,今幸得为王臣,当从军立功,垂名竹帛。且不见刘将军国能乎?天子手诏进官,厚赉金帛,此赤诚效也。将军若疑天朝有异论,之钿请以百口保。何嫌何疑,而复怀他志。"献忠素衔之钿,遂恶言极骂之。

【译文】

转年(即崇祯十二年,公元1639年),张献忠反叛迹象逐渐显露出来,阮之钿前去游说张献忠说:"将军起初做的事与常理不符,现在你很荣幸能做皇帝的臣子,应该随军立战功,使自己名传史册。况且你没有看到刘国能将军吗?皇帝亲自下圣旨升他的官,赏赐的金帛也很丰厚,这就是赤胆忠心的作用。如果将军怀疑朝廷并持有异议,之钿请求用全家人作担保。有什么可猜疑的,何必再怀有别的心思呢?"张献忠平常怨恨阮之钿,于是就狠狠地骂了他一顿。

刘振之"三不"以明志

【原文】

刘振之,字而强,慈溪人。……初,振之书一小简,藏箧中,每岁元旦取视,辄加纸封其上。及死,家人发箧,乃"不贪财,不好色,不畏死"三语也,其立志如此。

【译文】

刘振之,字而强,慈溪(今属浙江)人。当初,刘振之在一张信纸上写些字,藏在小箱子里。每年的正月初一拿出来看看,看完就用纸把信纸封上。等到刘振之死时,他的家人打开箱子,见信纸上写的是"不贪财,不好色,不畏死"三句话,他立的志向是这样。

王励精救灾

【原文】

王励精,蒲城人。崇祯中,由选贡生授广西府通判,仁恕善折狱。岁凶,毁银带易粟,减价粜。富人闻之,争出粟,价遂平。

琉璃河桥 河

【译文】

王励精,蒲城(今属陕西省)人。明思宗崇祯年间(1628—1644 年)由贡生入选国子监,被授予广西府(今云南泸西)通判(在府中主管粮运、督捕、水利的官)。他仁爱宽容,擅长断狱判案。有灾荒,他把银带换粮食,减价把粮食卖出。富人听说这件事,也争着把粮食卖出,于是粮价平稳。

孝 义 传

王澄灾年疏财

【原文】

王澄,字德辉,亦浦江人。岁俭,出粟贷人,不取其息。有鬻产者,必增直以足之。

【译文】

王澄,字德辉,也是浦江(今属浙江)人。年景不好,把粮食借给别人,不收取利息。有卖家产的人,他一定加价来满足对方。

礼臣论不应表彰愚孝

【原文】

礼臣议曰:"人子事亲,居则致其敬,养则致其乐,有病则医药吁祷,迫切之情,

人子所得为也。至卧冰割股,上古未闻。倘父母止有一子,或割肝而丧生,或卧冰而致死,使父母无依,宗祀永绝,反为不孝之大。皆由愚昧之徒,尚诡异,骇愚俗,希旌表,规避里徭。割股不已,至于割肝,割肝不已,至于杀子。违道伤生,莫此为甚。自今父母有疾,疗治罔功,不得已而卧冰割股,亦听其所为,不在旌表例。"制曰:"可"。

【译文】

礼部大臣发表意见说:"儿子侍奉父母,平时做到敬重父母,奉养就要使父母快乐,父母有病就要请医买药,祈求平安,心情急切,是儿子所必须做的事。至于趴在冰上为父母求鱼或割大腿的肉给父母吃,远古都没有听说过。如果父母只有一个儿子,有的为父母割取肝治病丧失生命;有的因卧冰求鱼而死,使父母无依无靠,使家庙的祭祀永远断绝,反而成为没有后代这一最大的不孝。这些都是因为那些缺乏知识的人,崇尚奇特,害怕陋俗,希望得到表彰,逃避乡里的徭役。割大腿的肉不成,就去割肝,割肝不成,就去杀死自己的儿子。违背道义,伤害生命,没有比这事更为严重的。从现在开始,父母有病,治疗不见效,不得已而趴冰割大腿,也听任他去做,但不在表彰条例之中。"皇帝批示说:"可以。"

隐 逸 传

吴海闻过则改

【原文】

吴海,字朝宗,闽县人。……平居虚怀乐善,有规过者,欣然立改,因颜其斋曰闻过。

【译文】

吴海,字朝宗,闽县(今福建闽侯)人。平素虚怀若谷,乐善好施。有人指出他的过错,他非常高兴,并立刻改正。因而在他书斋题匾额作"闻过"。

方 伎 传

滑寿整理研究医学文献

【原文】

滑寿,字伯仁,先世襄城人,徙仪真,后又徙余姚。幼警敏好学,能诗。京口王居中,名医也。寿从之学,授《素问》《难经》。既卒业,请于师曰:"《素问》详矣,多错简。愚将分藏象,经度等为十类,类抄而读之。《难经》又本《素问》《灵枢》,其间荣卫藏府与夫经络腧穴,辨之博矣,而缺误亦多。愚将本其义旨,注而读之可乎?"居中跃然称善。自是寿学日进。……尝言:"人身六脉虽皆有系属,惟督、任二经,则茇乎腹背,有专穴。诸经满而溢者,此则受之,宜与十二经并论。"乃取《内经》

《骨空》诸论及《灵枢篇》所述经脉，著《十四经发挥》三卷，通考隧穴六百四十有七。他如《读伤寒论抄》《诊家枢要》《痔瘘篇》，又采诸书《本草》为《医韵》，皆有功于世。

【译文】

滑寿，字伯仁，祖上是襄城（今属河南）人，迁徙到仪真（今江苏仪征），后来又迁到余姚（今属浙江）。自幼机警聪敏好学习，能作诗。京口（今江苏省镇江市）人王居中，是位名医。滑寿跟他学习，居中教他《素问》《难经》。滑寿结业后，向老师请求说："《素问》内容详细，但是有许多文字颠倒错乱之处。我要把《素问》分为藏象、经度等十类，分类抄录阅读。《难经》是源于《素问》《灵枢》的书，其中关于荣（又作营、荥）卫脏腑与经络穴位的论辩很多，可是缺漏和错误也不少。我要根据它的内容，给它做注释和阅读可以吗？"居中非常高兴地说好。从这以后滑寿的医学一天天长进。……曾说："人身上的六脉虽然都有所统属，但唯有督经和任经是包括在腹与背中，有专门的穴位。各经满了流出来的气，督、任二经就收受下来，应当与十二经一起谈论。"于是取《内经》《骨空》等各论及《灵枢篇》所说的经脉，著了《十四经发挥》一书，有三卷，通考了血气津液等运行分泌的通道的六百四十七个穴位。其他还有《读伤寒论抄》《诊家枢要》《痔瘘篇》等书，又取各书的《本草》（药书）著成《医韵》一书，都对世人很有用。

葛乾孙治奇病

【原文】

富家女病四支痿痹，目瞪不能食，众医治罔效。乾孙命悉去房中香奁、流苏之属，掘地坎，置女其中。久之，女手足动，能出声。投药一丸，明日女自坎中出矣。盖此女嗜香，脾为香气所蚀，故得是症。其疗病奇中如此。

【译文】

有个富家的女子得了四肢不能动的病，眼睛瞪着不能吃饭，许多医生治疗无效。葛乾孙叫人把房中盛放香粉、胭脂等物的梳妆匣子、帷账上的穗子等物都去掉，掘了一个坑，把病女放在里面。时间长了，病女的手脚能动了，也可以发出声音。葛乾孙给她一丸药吃，转天病女就自己从坑中出来了。这是由于这个病女酷爱香味，脾脏被香气侵蚀，因此得了这种病。葛乾孙治病就是这样奇妙准确。

周汉卿巧治怪胎

【原文】

马氏妇有娠，十四月不产，尪且黑。汉卿曰："此中蛊也，非娠也。"下之，有物如金鱼，病良已。

【译文】

姓马的妇人怀孕，十四个月不生，又瘦又黑。周汉卿说："这里边是毒虫，不是

胎儿。"把它针刺下来,见有一种东西像金鱼,病彻底消除了。

王履的《伤寒立法考》

【原文】

　　王履,字安道,昆山人。学医于金华朱彦修,尽得其术。尝谓张仲景《伤寒论》为诸家祖,后人不能出其范围。且《素问》云"伤寒为病热",言常不言变,至仲景始分寒热,然义犹未尽。乃备常与变,作《伤寒立法考》。又谓《阳明篇》无目痛,《少阴篇》言胸背满不言痛,《太阴篇》无嗌乾,《厥阴篇》无囊缩,必有脱简。乃取三百九十七法,去其重复者二百三十八条,复增益之,仍为三百九十七法。极论内外伤经旨异同,并《中风》《中暑辨》,名曰《溯洄集》,凡二十一篇。又著《百病钩玄》二十卷,《医韵统》一百卷,医家宗之。

【译文】

　　王履,字安道,昆山(今属江苏省)人。向金华(今属浙江省)人朱彦修学医,完全学到了他的医术。曾说张仲景的《伤寒论》是各家医学的鼻祖,后人著述不能超出《伤寒论》的范围。而且《素问》说:"伤寒是热病",只是讲一般情况而没有谈特殊,到东汉张仲景才分为寒病与热病两种,但是还没有讲详尽。于是王履把一般与特殊全面结合,作了《伤寒立法考》一书。又说《伤寒论》的《阳明篇》中没有谈眼痛,《少阴篇》中谈了胸背胀满而没说痛,《太阴篇》没谈咽干,《厥阴篇》没有阴囊上缩,其中必定有文字脱落之处。于是取三百九十七法,去掉那些重复的二百三十八条,再增加一些,仍是三百九十七法。极力论证内伤(指脾胃伤)引起的伤寒病和外伤(即外因,指感受湿热)而引起的伤寒病在病理和治疗方法上的差异和相同之处,把《中风》和《中暑辨》合在一起,起名叫《溯洄集》(今称《医经溯洄集》,一卷),共二十一篇。又著有《百病钩玄》二十卷,《医韵统》一百卷(二本均佚),医家都宗法他。

草泽医一药救人命

【原文】

　　初,寅晨直御医房,忽昏眩欲死,募人疗寅,莫能应。一草泽医人应之,一服而愈。帝问状,其人曰:"寅空心入药房,猝中药毒。能和解诸药者,甘草也。"帝问寅,果空腹入,乃厚赐草泽医人。

【译文】

　　当初,盛寅早晨在皇帝的医药房值班,忽然头昏目眩得快要死了。招人给盛寅治病,没人敢来。一个民间医生应招给盛寅治病,盛寅服了一副药病就好了。皇帝问情况,民间医人说:"盛寅空腹进入药房,突然中了药毒。能够调和消解各种药毒的药,只有甘草。"皇帝问盛寅,果然是空腹入药房,于是皇帝重重地赏赐民间医人。

李时珍撰《本草纲目》

【原文】

李时珍，字东璧，蕲州人。好读医书，医家《本草》，自神农所传止三百六十五种，……先后增补合一千五百五十八种，时称大备。然品类既烦，名称多杂，或一物而析为二三，或二物而混为一品，时珍病之。乃穷搜博采，芟烦补阙，历三十年，阅书八百余家，稿三易而成书，曰《本草纲目》。增药三百七十四种，厘为一十六部，合五十二卷。

【译文】

李时珍，字东璧，蕲州（今湖北蕲春县）人。喜欢读医书。医学家的《本草》，从神农氏传下来的只有三百六十五种药……历代先后增加补充共有一千五百五十八种，当时人说是很完备了。但是，种类既太多，名称又多不统一，有的是一种药而分为两三种，有的是二种药混为一种，李时珍对此不满。于是他到

李时珍采药塑像

处搜寻广泛采集，删掉种类繁多混杂的药物，补充《本草》中所缺漏的药物，历时三十年，参阅医药书八百多家，稿子经过三次修改才成书，取名叫《本草纲目》。《本草纲目》新增药物三百七十四种，制定为十六部，集成五十二卷。

外 戚 传

高、文二后不徇私情

【原文】

高、文二后贤明，抑远外氏。太祖访得高后亲族，将授以官。后谢曰："国家爵禄宜与贤士大夫共之，不当私妻家。"且援前世外戚骄佚致祸为辞。帝善后言，赐金帛而已。定国之封，文皇后谓非己志，临终犹劝帝，毋骄畜外家。

【译文】

高后、文后非常贤明，抑制疏远外戚。明太祖朱元璋访求到高后的亲族，将要授给官爵。高后推辞说："国家的官爵俸禄应该与贤明士大夫共同享有，不应该偏向我的娘家。"高后并且援引前朝外戚骄奢淫逸造成国家祸乱的事实作为推辞的理由。明太祖认为高后所说正确，仅赏赐高后亲族金帛罢了。封定国公的事，文后说并不是自己的意愿，临死之前还劝说明成祖，不要纵容外戚。

明成祖劝戒外戚

【原文】

　　旻尝有过,成祖戒之曰:"戚畹最当守法,否则罪倍常人。汝今富贵,能不忘贫贱,骄逸何自生。若奢傲放纵,陵虐下人,必不尔恕,慎之。"顿首谢。

【译文】

　　张旻曾经犯过错误,明成祖朱棣警告他说:"外戚亲贵最应该遵守法度,不然的话,你们要比普通百姓罪加一等。你现在有钱有势了,能够不忘记过去的贫穷卑贱,那么骄奢淫逸从何而来。如果你奢侈骄傲,不加约束,欺侮残害地位低下的人,我一定不饶恕你,你要小心。"张旻叩头谢罪。

夏儒富贵不淫

【原文】

　　夏儒,毅皇后父也。正德二年以后父封庆阳伯。为人长厚,父瑄疾,三年不去左右。既贵,服食如布衣时,见者不知为外戚也。

【译文】

　　夏儒是毅皇后的父亲。明武宗正德二年(1507年)凭着皇后父亲的身份被封为庆阳(今属甘肃)伯。他为人厚道,他的父亲夏瑄有病,他三年不离左右。富贵以后,服装饮食与做平民时一样,看到他的人不知道他是皇后的父亲。

列 女 传

诸娥卧钉板为父申冤

【原文】

　　孝女诸娥,山阴人。父士吉,洪武初为粮长。有黠而通赋者,诬士吉于官,论死,二子炳、焕亦雁罪。娥方八岁,昼夜号哭,与舅陶山长走京师诉冤。时有令,冤者非卧钉板勿与勘问。娥辗转其上,几毙,事乃闻,勘之,仅戍一兄而止。娥重伤卒,里人哀之。

【译文】

　　孝女诸娥,是山阴(今浙江绍兴)人。父亲名叫士吉,明太祖洪武初年任负责征收和解运田粮的粮长(基层的半官职人员)。有个狡猾而逃亡的罪人,向官府诬告了诸士吉,判处士吉死刑,二个儿子诸炳和诸焕也不幸遭株连判罪。诸娥那时才八岁,日夜号哭,与她的舅舅陶山长到京师去诉冤。当时有命令,诉冤的人非躺铁钉板不给查问。诸娥在钉板上翻来覆去,几乎要死了,事情才报上去,查问了她,后来只判她一个哥哥去戍边就算了。诸娥因为受重伤而死去,乡里的人都为她的死哀痛。

韩氏女扮男装转战多年

【原文】

贞女韩氏，保宁人。元末明玉珍据蜀，贞女虑见掠，伪为男子服，混迹民间。既而被驱入伍，转战七年，人莫知其处女也。后从玉珍破云南还，遇其叔父赎归成都，始改装而行，同时从军者莫不惊异。洪武四年嫁为尹氏妇。成都人以韩贞女称。

【译文】

贞女韩氏，保宁（今四川阆中）人。元代末年明玉珍占据四川，韩氏怕被抢走，伪装成男人，穿男子服装，夹杂在百姓中间。不久，被逼迫参加军队，打了七年的仗，没人知道她是处女。后来跟随明玉珍攻打云南回来，碰到她的叔父，把她赎回成都，才改穿女人的衣服而出行，和她一起参军的人没有不感到惊奇的。明太祖洪武四年（1371 年），嫁给她尹家当媳妇。成都人称她为"韩贞女"。

黄氏誓死不受倭辱

【原文】

黄氏，沙县王珣妻。嘉靖中，倭乱，流劫其乡。乡之比邻，皆操舟为业。贼至，众妇登舟，匿舱中，黄兀坐其处。众妇呼之曰："不虞贼见乎？"黄曰："篷窗安坐，恐贼至不得脱，我居外，便投水耳。"贼至，黄跃入水中死。

【译文】

黄氏，沙县（今属福建）王珣的妻子。明世宗嘉靖年间（1522—1565 年），倭寇扰乱，流窜到她的乡里抢劫。乡里的邻居，都是以撑船为业的。倭寇到了，许多妇人都到船上，藏在船舱里，只有黄氏还坐在外边。众妇人叫她说："不怕倭寇发现你吗？"黄氏回答："在有篷窗的船中稳当地坐着，怕倭寇到了不能脱身，我坐在外边，便于跳进水中。"倭寇到了，黄氏跳入水中死去。

范氏不屈于倭寇

【原文】

同时林寿妻范氏，亦与众妇匿山坞。倭搜得众妇，偕至水南，范独与抗。或谓姑顺之，家且来赎。答曰："身可赎，辱可赎哉！我则宁死。"贼闻言，杀其幼女恐之，不为动。曰："并及汝矣。"厉声曰："固我愿也！"贼杀之。

【译文】

与此同时，林寿的妻子范氏，也和许多妇人藏在山坞里。倭寇搜到了众妇人，一起把她们带到河的南岸，唯独范氏与倭寇对抗。有的人说，姑且顺从倭寇，家里人将会来赎你。范氏回答："身可赎回，耻辱也能赎回吗！我宁可去死。"倭寇听了这话，杀死了她的小女儿来恐吓她，她不为所动。倭寇说："也要连你一起杀死了。"

范氏厉声说:"那本来就是我的愿望!"倭寇杀死了她。

宦 官 传

宦官干预朝政

【原文】

及燕师逼江北,内臣多逃入其军,漏朝廷虚实。文皇以为忠于己,而狗儿辈复以军功得幸,即位后遂多委任。永乐元年,内官监李兴奉敕往劳暹罗国王。三年遣太监郑和帅舟师下西洋。八年,都督谭青营有内官王安等。又命马靖镇甘肃,马骐镇交阯。十八年置东厂,令刺事。盖明世宦官出使、专征、监军、分镇、刺臣民隐事诸大权,皆自永乐间始。

【译文】

等到燕王朱棣的军队进逼长江北岸时,宦官大多逃入他的军中,泄露建文朝廷的内情。朱棣认为他们忠于自己,而像狗儿之类的人又凭军功得到宠幸,朱棣即位后于是就把许多事委派给宦官。明成祖永乐元年(1403年),内官监的李兴奉旨前往慰问暹罗国(今泰国)王。永乐三年(1405年)又派宦官郑和率领船队下西洋(明时以爪哇以西的印度洋为西洋,并指沿海的陆地)。永乐八年(1410年),都督谭青的军营中安置宦官王安等人。又命宦官马靖镇守甘肃,马骐镇守交阯省(治所在今越南河内)。永乐十八年(1420年)设置东厂(从事特务活动的机构,有事直接上报皇帝),命他们刺探官民的活动。大概明代宦官出使外国、独掌征伐、监督军队、镇守地方、侦察官民隐秘的事等大权,都是从明成祖永乐年间开始的。

郑和下西洋

【原文】

郑和,云南人,世所谓三保太监者也。初事燕王于藩邸,从起兵有功,累擢太监。成祖疑惠帝亡海外,欲踪迹之,且欲耀兵异域,示中国富强。永乐三年六月命和及其侪王景弘等通使西洋。将士卒二万七千八百余人,多赍金币。造大舶,修四十四丈,广十八丈者六十二。自苏州刘家河泛海至福建,复自福建五虎门扬帆,首达占城,以次遍历诸番国,宣天子诏,因给赐其君长,不服则以武慑之。……和经事三朝,先后七奉使,所历占城……,凡三十余国。所取无名宝物,不可胜计,而中国耗废亦不赀。自宣德以还,远方时有至者,要不如永乐时,而和亦老且死。自和后,凡将命海表者,莫不盛称和以夸外番,故俗传三保太监下西洋,为明初盛事云。

【译文】

郑和,云南人,就是世人所说的三保太监。起初,侍奉燕王朱棣于燕王府,跟随燕王起兵有功,逐渐提拔为太监。明成祖怀疑明惠帝逃亡海外,打算寻找他的去向,并且想在国外炫耀武力,以显示中国的富强。明成祖永乐三年(1405年)六月

郑和墓

命令郑和与他的同事王景弘等人出使西洋。率领士兵二万七千八百多人,他们带着许多金币。制造了长四十四丈,宽十八丈的大船六十二艘。从苏州刘家河(今江苏太仓浏河)航海到福建,又从福建五虎门启航,先到占城国(故地在今越南中南部),按照次序游遍了西洋各国,宣布皇帝的诏书,借机赏赐各国的君主,有不服从的就用武力威慑他们。……郑和历事三朝皇帝,先后七次奉命出使,所经历的地方有占城……,共三十多国家。取回叫不上名字的宝物,没法计算,然而明朝出使的耗费也不计其数。从明宣宗宣德年间(1426—1435年)以来,远方各国使者不时有到中国来的,总的来说不如成祖永乐年间(1403—1424年),而郑和也老得将要死了。从郑和以后,凡是奉命出使海外的人,没有不盛赞郑和来向外国夸耀的,所以通常传说的三保太监下西洋,成为明代初年的盛事。

王 振 擅 权

【原文】

王振,蔚州人。少选入内书堂。侍英宗东宫,为局郎。……及英宗立,年少。振狡黠得帝欢,遂越金英等数人掌司礼监,导帝用重典御下,防大臣欺蔽。于是大臣下狱者不绝,而振得因以市权。然是时,太皇太后贤,方委政内阁。阁臣杨士奇、杨荣、杨溥,皆累朝元老,振心惮之未敢逞。至正统七年,太皇太后崩,荣已先卒,士奇以子稷论死不出,溥老病,新阁臣马愉、曹鼐势轻,振遂跋扈不可制。作大第皇城东,建智化寺,穷极土木。……所忤恨,辄加罪谪。……帝方倾心向振,尝以先生呼之。赐振敕,极褒美。振权日益积重,公侯勋戚呼曰翁父。畏祸者争附振免死,赇赂辐集。……振擅权七年,籍其家,得金银六十余库,玉盘百,珊瑚高六七尺者二十余株,他珍玩无算。

【译文】

王振,蔚州(今河北蔚县)人。少年时选入内书堂(皇宫内培养宦官的学校),英宗做太子时,他在东官(太子宫)侍奉,做局郎。……到了英宗继位,皇帝年轻。王振凭着狡猾欺诈的手段取得英宗的欢心,因而超越金英等几人掌管了司礼监,诱导英宗用重刑驾驭臣下,防止受大臣蒙蔽,因此大臣下狱的人不断,而王振得以借

此取得权力。但是这时太皇太后贤明,刚刚把政事交给内阁。内阁大臣杨士奇、杨荣、杨溥,都是几朝元老,王振内心害怕他们没敢逞威。到了英宗正统七年(1442年),太皇太后死了,杨荣早死,杨士奇因他儿子杨稷犯罪判死刑而不出任,杨溥年老有病,新内阁大臣马愉、曹鼐势力小,王振于是专政跋扈而不能对他有所控制了。王振在皇城东盖了大的府第,建造智化寺,极力兴土木。……大臣们只要对王振有不顺从和怨恨,就加以罪名贬到边远的地方去。……英宗当时全心亲近王振,曾经叫他先生。英宗赐给王振诏书,极力地褒奖赞美。王振的权力一天天地大起来,公侯勋戚叫他翁父。怕受害的大臣争着依附王振以免遭杀,因此王振聚集了许多别人贿赂的财物。……王振专权七年,朝廷抄没他的家时,获得金银六十多库,玉盘一百,高六七尺的珊瑚二十多株,其他珍宝玩物无法计算。

宦官汪直掌西厂枉法杀人

【原文】

汪直者,大藤峡瑶种也。初给事万贵妃于昭德宫,迁御马监太监。……明年设西厂,以直领之,列官校刺事……建宁卫指挥杨晔,故少师荣曾孙也,与父泰为仇家所告,逃入京,匿姊夫董玙所。玙为请瑛,瑛阳诺而驰报直。直即捕晔、玙考讯,三圯之。圯者,锦衣酷刑也。骨节皆寸解,绝而复苏。晔不胜苦,妄言寄金于其叔父兵部主事士伟所。直不复奏请,捕士伟下狱,……士伟等皆谪官。郎中武清、乐章,行人张廷纲,参政刘福等皆无故被收案。

【译文】

汪直是大藤峡(今在广西桂平市西北)瑶族人。起初在昭德宫侍奉万贵妃,升为御马监(宦官十二监之一。掌为皇帝管马)太监。……转年明宪宗设立西厂,(明代特务机构。明宪宗时为了加强特务统治,在东厂以外增设西厂),用汪直为首领,安排官吏侦察官民的行动。……建宁卫(今福建建瓯)指挥杨晔,是过去少师杨荣的曾孙,与父亲杨泰被仇家告发,逃入京都,藏在姐夫董玙的家里。董玙为此事请求韦瑛帮助,韦瑛当面答应而马上去向汪直报告。汪直立刻逮捕杨晔、董玙进行拷打问讯,三次给他们施加圯刑。圯刑是锦衣卫的酷刑。把骨关节都拆解开,把人弄得昏死过去后又使他醒过来再施刑。杨晔忍受不了这种痛苦,就胡乱说把金子放在他叔父兵部主事杨士伟的家里。汪直不再奏请皇帝,就擅自把杨士伟捕来下狱,杨士伟等都贬到边远的地方去做官。郎中(官名,各部皆设,分掌各司事务)武清、乐章,行人(官名,掌传旨、奉使等事)张廷纲,参政(明代在布政使下设左右参政,以分领各道)刘福等人都无故被逮捕受审。

刘瑾擅权

【原文】

瑾势日益张,毛举官僚细过,散布校尉,远近侦伺,使人救过不赡。因颛擅威

福，悉遣党阉分镇各边。叙大同功，迁擢官校至一千五百六十余人，又传旨授锦衣官数百员。……创用枷法，给事中吉时，……等，并摭小过，枷濒死，始释而戍之。其余枷死者无数。锦衣狱徽繼相属。……瑾每奏事，必侦帝为戏弄时。帝厌之，亟麾去曰："吾用若何事？乃渎我。"自此遂专决，不复白。……公侯勋戚以下，莫敢钧礼，每私谒，相率跪拜。章奏先具红揭投瑾，号红本，然后上通政司，号白本，皆称刘太监而不名。……瑾故急贿，凡入觐、出使官皆有厚献。……是时，内阁焦芳、刘宇、吏部尚书张彩，兵部尚书曹元，锦衣卫指挥杨玉、石文义，皆为瑾腹心。

【译文】

刘瑾的权势一天天地扩张，劾举官员的细微过错，遍布校尉，到处侦探，让人来不及补救自己的过错。刘瑾因专权而作威作福，全都派同党的宦官去镇守各个边疆地区。在按大同用兵功劳的大小给予奖励时，刘瑾的党羽被提拔升官的有一千五百六十多人，又传圣旨授锦衣卫官好几百人。……创立戴枷锁的酷刑，给事中吉时，……等官员，因被找出一些小错，受枷刑快死时，才解去枷让去戍边。其余受枷刑而死的没法计算。锦衣卫监狱里囚禁的犯人一个连一个。……刘瑾每次向皇帝奏事，一定要找皇帝游乐戏耍的时候。皇帝讨厌奏事，急忙挥手让他走，说："我用你们干什么？竟来打扰我。"从此刘瑾就自做决断，不再奏明皇帝。……公侯外戚以下的人，没有人敢与刘瑾行平等礼的，每当私下去见刘瑾，都跪着朝拜。朝臣奏章首先用红帖送给刘瑾，叫红本，然后再送到通政司（管把臣民上书交送皇帝或有关部门的官署），叫白本，都叫刘瑾为刘太监而不叫他的名字。……刘瑾平素贪图贿赂，凡是觐见皇帝、派出官员都要给刘瑾送去丰厚的贿赂。……这时，内阁大臣焦芳、刘宇，吏部尚书张彩，兵部尚书曹元，锦衣卫指挥杨玉、石文义，都是刘瑾的心腹。

魏忠贤权倾朝野

【原文】

当此之时，内外大权一归忠贤。内竖自王体乾等外，又有李朝钦、王朝辅、孙进、王国泰、梁栋等三十余人，为左右拥护。外廷文臣则崔呈秀、田吉、吴淳夫、李夔龙、倪文焕主谋议，号"五虎"。武臣则田尔耕、许显纯、孙云鹤、杨寰、崔应元主杀戮，号"五彪"。又吏部尚书周应秋、太仆少卿曹钦程等，号"十狗"。又有"十孩儿""四十孙"之号。而为呈秀辈门下者，又不可数计。自内阁、六部至四方总督、巡抚，遍置死党。

【译文】

在这个时候，内宫外廷大权全部归到魏忠贤手里。宦官除王体乾等人外，还有李朝钦、王朝辅、孙进、王国泰、梁栋等三十多人，做魏忠贤的左右护卫。朝廷文臣崔呈秀、田吉、吴淳夫、李夔龙、倪文焕负责为魏忠贤出谋划策，号称"五虎"。武臣田尔耕、许显纯、孙云鹤、杨寰、崔应元负责杀戮，号称"五彪"。又有吏部尚书周应秋，太仆少卿曹钦程等人，号称"十狗"。还有号称"十孩儿""四十孙"的。而在崔

呈秀这一类人门下的党徒,又无法计算。从内阁、六部到四方总督、巡抚,魏忠贤全部安排自己的死党。

钱嘉徵劾魏忠贤十大罪

【原文】

于是嘉兴贡生钱嘉徵劾忠贤十大罪:一并帝,二蔑后,三弄兵,四无二祖列宗,五克削藩封,六无圣,七滥爵,八掩边功,九朘民,十通关节。疏上,帝召忠贤,使内侍读之。

【译文】

于是嘉兴(今属浙江)贡生钱嘉徵弹劾魏忠贤十大罪状:一,和皇帝地位相等,二,蔑视皇后,三,凭借职位,滥用武力,四,眼中没有太祖、成祖和列宗等先皇帝,五,减少或消除对藩王的封赏,六,眼中没有圣贤,七,滥封官爵,八,抢夺边功,九,搜刮百姓,十,通贿赂以请托。弹劾魏忠贤的奏疏上,皇帝召见魏忠贤,并让内侍宣读它。

阉 党 传

焦芳、刘瑾朋比为奸

【原文】

焦芳,泌阳人。天顺八年进士。……会文升去,遂擢为吏部尚书。韩文将率九卿劾刘瑾,疏当首吏部,以告芳。芳阴泄其谋于瑾。瑾遂逐文及健、迁辈,而芳以本官兼文渊阁大学士,入阁辅政,累加少师、华盖殿大学士,居内阁数年,瑾浊乱海内,变置成法,荼毒缙绅,皆芳导之。每过瑾,言必称千岁,自称曰门下。裁阅章奏,一阿瑾意。四方赂瑾者先赂芳。

【译文】

焦芳,泌阳(今属河南)人。明英宗天顺八年(1464年)的进士。……碰巧马文升离职,于是提拔焦芳为吏部尚书。韩文将要率领九卿弹劾刘瑾,奏疏应该先上吏部,告知焦芳。焦芳把这件事泄露给刘瑾.刘瑾于是放逐韩文和刘健、谢迁等,而焦芳就做了吏部尚书兼文渊阁大学士,入内阁辅政,屡屡加官做少师(辅导太子的官)和华盖殿大学士。焦芳在内阁做了几年官,刘瑾扰乱天下,变更明朝惯行的典章制度,迫害士大夫,都是焦芳引导的。每当焦芳拜见刘瑾,一说话就必称千岁,而自称门下。焦芳审阅奏章,一味地曲意附合刘瑾的意思。各地贿赂刘瑾的人先贿赂焦芳。

张彩强夺人妾

【原文】

张彩,安定人。弘治三年进士。……瑾欲大贵彩,乃命刘宇入内阁,以彩代之。……性尤渔色。抚州知府刘介,其乡人也,娶妾美。彩特擢介为太常少卿,盛服往贺曰:"子何以报我?"介皇恐谢曰:"一身外,皆公物。"彩曰:"命之矣。"即使人直入内,牵其妾,舆载而去。又闻平阳知府张恕妾美,索之不肯,令御史张禴按致其罪,拟戍。恕献妾,始得论灭。

【译文】

张彩,安定(今甘肃定西)人。明孝宗弘治三年(1490年)的进士。……刘瑾想使张彩大大显贵,于是让刘宇进内阁,让张彩代他做吏部尚书……张彩特别贪图美色。抚州(今属江西)知府刘介,是张彩的同乡,娶一妾很漂亮。张彩专门提拔刘介为太常少卿,并穿盛装去庆贺,说:"您拿什么报答我?"刘介惊恐地答谢说:"我除了自身以外,都是您的东西。"张彩说:"说对了。"马上让人直接进入内室,领出刘介的妾,用车载着走了。张彩又听说平阳(今山西临汾)知府张恕的妾很美,向张恕要,张恕不肯给,张彩就让御史张禴检举罗织张恕的罪状,要判张恕戍边。张恕把妾献给张彩,才得以把以前的判决撤销。

魏忠贤的生祠

【原文】

生祠之建,始于潘汝祯。汝祯巡抚浙江,徇机户请,建祠西湖。六年六月疏闻于朝,诏赐名"普德"。自是,诸方效尤,几遍天下。……每一祠之费,多者数十万,少者数万,剥民财,侵公帑,伐树木无算。开封之建祠也,至毁民舍二千余间,创宫殿九楹,仪如帝者。

【译文】

魏忠贤生祠的建造,开始于潘汝祯。潘汝祯任浙江巡抚时,听从机户(拥有织机的有产者)请求,在西湖建魏忠贤生祠。明熹宗天启六年(1626年)六月上疏将此事告诉朝廷,皇帝下诏赐生祠名叫"普德"。从此,各地效法,生祠几乎遍布天下。……每建造一个生祠的费用,多的要几十万,少的要几万,剥夺百姓财产,侵吞国库的钱币,砍伐树木无法计算。开封(今属河南)建立的生祠,甚至拆掉民房二千多间,造宫殿九间,规格和皇帝的一样。

奸 臣 传

酷吏"陈烙铁"

【原文】

陈宁,茶陵人。……三年,坐事出知苏州。……宁有才气,而性特严刻。其在苏州征赋苛急,尝烧铁烙人肌肤。吏民苦之,号为陈烙铁。及居宪台,益务威严。太祖尝责之,宁不能改。

【译文】

陈宁,茶陵(今属湖南)人。……明太祖洪武三年(1370年),因事犯法被贬做苏州知府。……陈宁很有才气,但秉性非常严厉苛刻。他在苏州严厉、急迫地征收赋税,曾经把铁烧红烙人的皮肉。官吏百姓都受其苦,称他为"陈烙铁"。等到他做了御史,更加务行严刑峻法。太祖曾经责备他,但陈宁不改。

严嵩父子的逢迎术

【原文】

严嵩,字惟中,分宜人。……嵩父子独得帝窾要,欲有所救解,嵩必顺帝意痛诋之,而婉曲解释以中帝所不忍。即欲排陷者,必先称其微,而以微言中之,或触帝所耻与讳。以是移帝喜怒,往往不失。

【译文】

严嵩,字惟中,分宜(今属江西)人。……严嵩,严世藩父子特别了解皇帝的意愿,打算开脱某人,严嵩一定顺从皇帝的意愿痛斥那人,然后再婉转劝解来打动皇帝的不忍之心。打算攻击诬陷某人,一定先称赞他的优点,然后再用暗喻示意中伤那人,有的话触动皇帝认为耻辱和忌讳的地方。用此来左右皇帝的喜怒,常常灵验。

流 贼 传

明 亡 原 因

【原文】

庄烈帝励精有为,视武宗何啻霄壤,而顾失天下,何也?明兴百年,朝廷之纲纪既肃,天下之风俗未浇。孝宗选举贤能,布列中外,与斯民休养生息者十余年,仁泽深而人心固,元气盛而国脉安。虽以武之童昏,亟行秕政,中官幸夫,浊乱左右,而本根尚未尽拨,宰辅亦多老成。迨盗贼四起,王琼独典中枢,陆完、彭泽分任阃帅,委寄既专,旁挠绝少,以故危而不亡。庄烈帝承神、熹之后,神宗怠荒弃政,熹宗昵

近阉人，元气尽渐，国脉垂绝。向使熹宗御宇复延数载，则天下之亡不再传矣。

庄烈帝之继统也，臣僚之党局已成，草野之物力已耗，国家之法令已坏，边疆之抢攘已甚。庄烈虽锐意更始，治核名实，而人才之贤否，议论之是非，政事之得失，军机之成败，未能灼见于中，不摇于外也。且性多疑而任察，好刚而尚气。任察则苛刻寡恩，尚气则急骤失措。当夫群盗满山，四方鼎沸，而委政柄者非庸即佞，剿抚两端，茫无成算。内外大臣救过不给，人怀规利自全之心。言语戆直，切中事弊者，率皆摧折以去。其所任为闽帅者，事权中制，功过莫偿。败一方即戮一将，陷一城即杀一吏，赏罚太明而至于不能罚，制驭过严而至于不能制。加以天灾流行，饥馑洊臻，政繁赋重，外讧内叛。譬一人之身，元气羸然，疽毒并发，厥症固已甚危，而医则良否错进，剂则寒热互投，病入膏肓，而无

明崇祯皇帝像

可救，不亡何待哉。是故明之亡，亡于流贼，而其致亡之本，不在于流贼也。呜呼！庄烈非亡国之君，而当亡国之运，又乏救亡之术，徒见其焦劳瞀乱，孑立于上十有七年。而帷幄不闻良、平之谋，行间未睹李、郭之将，卒致宗社颠覆，徒以身殉，悲夫！

【译文】

庄烈帝在位时精神振奋很有作为，与武宗（朱厚照，1506 年~1521 年在位，年号正德）相比，何止有天地之别，可是反而亡了国，这是为什么呢？明朝建立百年来，朝廷的法度已经严谨，天下的风俗还没有被败坏。孝宗（朱祐樘，1488 年—1505 年在位，年号弘治。封建史家称他是"中兴之主"。）时选拔贤德有才能的人，把他们安排在朝廷内外，让百姓们休养生息了十几年，他给百姓的仁惠恩泽深厚，因而人心稳固，国家的元气旺盛整个局面安定。虽然像武宗那样愚昧无知，屡次施行坏政策，宦官和宠幸的人，在他的左右搅得一片混乱，可是国家的本和根还没有全部被拔掉，内阁的首辅也多是年高有德的人。等到盗贼（指农民起义，下同）在各地蹶起后，王琼独自主持内阁的工作，陆完、彭泽分别担任京城外的军帅，对他们的委托信任已然很专一，从旁扰乱的又极少，因此能处危境而不至灭亡。庄烈帝承续神宗、熹宗之后做皇帝，神宗懒惰放荡不管政事，熹宗亲近阉党，国家的元气消耗净尽，国家的命脉也将近断绝。假如让熹宗的统治再延续几年，那么国家等不到下一代就要灭亡了。

庄烈帝嗣位做皇帝的时候，群臣百官之中东林党与非东林党之争的局面早已形成，民间的物力已经消耗，国家的法令已经败坏，边疆的被侵占已很严重。庄烈帝虽然意志坚决地除旧布新，整理考核名声和事功，但是对于人才的善恶，议论的是非，政事的优劣，军事的成败，庄烈帝自己心中都没有明白透彻的见解，对外面（指国家）存在的弊病也不能纠正。而且他的秉性爱怀疑并注重审查，好刚强并崇

尚意气。注重审查就要对人不宽厚少恩德,崇尚意气就要处事急躁而举动失常。当盗贼(指李自成、张献忠起义)满山都是,全国各地局势动荡不安的情况下,而他委托的掌握政权的人,不是没有才能就是奸邪的坏人,对盗贼在剿杀、招抚两者之间,模模糊糊胸无定计。朝廷内外的大臣不能及时纠正错误,人人怀着贪求私利保全自身的心。说话刚直,恰好击中事情的弊病的人,大都被打倒离去了。那些被任在外的军帅,事权由朝中掌握,自己无权处置,功过也没有酬报。军队在一地打了败仗,就杀死一个将领,堕陷一个城,就杀死一个守吏,赏罚太严明以至于不能起到处罚的作用,统治过分严厉以至于不能进行统治。加上天灾流行,灾荒一次又一次地相继而至,政治烦扰,赋税繁重,对外战争溃败,内部人心叛离。好像一个人的身体,元气已经微弱了,痈疽毒疮又一起发作,他的病本来已经很严重了,而又用良医庸医交叉进行治疗,方剂又是凉药热药交互使用,结果使他病入膏肓,没有方法可救了,这样不死还有什么可等待呢?因此,明朝的灭亡,是亡于盗贼,可是导致明朝灭亡的根,不是在于流贼。唉!庄烈帝不是亡国的君主,可是处在亡国的气运上,又没有救亡的办法,所以只见他焦心劳思以至精神恍惚,孤立无依地做了十七年皇帝。而在他的帐幕之中,没有听说有像汉高祖的张良、陈平那样的谋士,在军队中没有见到像唐高祖的李靖,唐玄宗的郭子仪那样的将领,白白以身殉国,可悲啊!

李自成传

明末起义军荥阳大会

【原文】

八年正月大会于荥阳。老回回、曹操、革裹眼、左金王、改世王、射塌天、横天王、混十万、过天星、九条龙、顺天王及迎祥、献忠共十三家七十二营,议拒敌,表决。自成进曰:"一夫犹奋,况十万众乎,官兵无能为也。宜分兵定所向,利钝听之天。"皆曰:"善。"乃议革裹眼、左金王当川、湖兵、横天王、混十万当陕兵,曹操、过天星扼河上,迎祥、献忠及自成等略东方,老回回、九条龙往来策反。陕兵锐,益以射塌天、改世王。所破城邑,子女玉帛惟均。众如自成言。

李自成画像

【译文】

明思宗崇祯八年(1635年)正月,起义军汇集在荥阳(今属河南)。老回回、曹操、革裹眼、左金王、改世王、射塌天、横天王、混十万、过天星、九条龙,顺天王和高迎祥、张献忠一共十三家七十二营的起义部队,商议抵抗明军,没有形成决议。李自成建议说:"一夫之勇还能奋力拼搏,何况十万大军呢,朋军对我们没办法。应该兵分几路确定进攻方向,吉凶全凭天命。"都说:"好"。于是商议让革裹眼、左金王抵挡四川、湖北的

明军,横天王混十万抵挡陕西明军,曹操、过天星把守控制黄河,高迎祥、张献忠和李自成等人率军进攻东方,老回回、九条龙来往策应各路军队。陕西的明军精锐,增派射塌天、改世王去陕西。攻打下城邑,子女玉帛均分。大伙正像李自成所说的那样去行动。

襄阳称王

【原文】

自成在中州,所略城辄焚毁之。及渡汉江,谋以荆、襄为根本,改襄阳曰襄京,修襄王宫殿居之。……牛金星教以创官爵名号,大行署置。……当是时,十三家七十二营诸大贼,降死殆尽,惟自成、献忠存,而自成独劲,遂自称曰新顺王。

【译文】

李自成在河南,每攻取了城镇就烧毁它。等到他率军渡过汉水,商定以荆(今湖北江陵)、襄(今湖北襄樊)为根据地,改襄阳(今湖北襄樊)叫襄京,修建襄王宫殿居住。……牛金星教李自成创立官员爵位名号,大规模地建立官署。……在那时,十三家七十二营的各路起义军,有的投降,有的被消灭,几乎全没有了,只有李自成、张献忠依然存在,而李自成起义军尤其强大,于是李自成自称"新顺王"。

张献忠传

"大西"的建立

【原文】

十七年春陷夔州……遂进陷成都……献怎递僭号大西国王,改元大顺。冬十一月庚寅,即伪位,以蜀王府为宫,名成都曰西京。……设六部五军都督府等官。

【译文】

明思宗崇祯十七年(1644年)春张献忠起义军攻克夔洲(今四川奉节)……于是进兵攻陷成都(今四川成都)……张献忠于是称大西国王,改年号大顺。这年冬天十一月树六,即位为皇帝,以蜀王府为宫殿,改成都叫西京……设六部和五军都督府等官职。

外 国 传

元代以前的中朝关系

【原文】

朝鲜,箕子所封国也。汉以前曰朝鲜。始为燕人卫满所据,汉武帝平之,置真番、临屯、乐浪、玄菟四郡。汉末,有扶余人高氏据其地,改国号曰高丽,又曰高句

丽,居平壤,即乐浪也。已,为唐所破,东徙。后唐时,王建代高氏,兼并新罗、百济地,徙居松岳,曰东京,而以平壤为西京。其国北邻契丹,西则女直,南曰日本。元至元中,西京内属,置东宁路总管府,尽慈岭为界。

【译文】

朝鲜是商代箕子的封国。汉朝以前叫朝鲜。起初被燕国人卫满所占据,汉武帝平定卫氏朝鲜,设置真番(治所在今朝鲜礼成江、汉江之间)、临屯(治所在今朝鲜咸镜南道北部)、乐浪(治所在今朝鲜平壤市南)、玄菟(治所在今朝鲜咸镜南道咸兴)四郡。汉朝末年,有扶余(治所在今吉林省四平市)姓高的人占据朝鲜,改国号叫高丽,又叫高句丽,居住平壤(今朝鲜平壤市),就是过去的乐浪郡。后来,被唐朝军队攻破,向东迁徙。五代后唐时,王建取代高姓,兼并了新罗、百济的地盘,迁徙居住在松岳(今朝鲜开城),叫东京,以平壤为西京。他的国家北邻契丹(我国古民族名,居今辽河上游西拉木伦河一带,916年建契丹国),西边是女直(即女真,我国古少数民族名。明初,留居东北地区的女真分为三支,受明奴儿干都司管辖),南边的国家叫日本。元代世祖至元年间(1260—1294年),平壤属元管辖,元设置东宁路(治所在今朝鲜平壤)总管府,一直到慈岭(今名田岭,在朝鲜黄海北道黄州东)作为和高丽国的分界。

丰臣秀吉统一日本

【原文】

日本故有王,其下称关白者最尊,时以山城州渠信长为之。偶出猎,遇一人卧

宁波船　明

树下,惊起冲突,执而诘之。自言为平秀吉,萨摩州人之奴。雄健矫捷,有口辩,信长悦之,令牧马,名曰木下人。后渐用事,为信长画策,夺并二十余州,遂为摄津镇守大将。有参谋阿奇支者,得罪信长,命秀吉统兵讨之。俄信长为其下明智所杀,秀吉方攻灭阿奇支,闻变,与部将行长等乘胜还兵诛之,威名益振。寻废信长三子,僭称关白,尽有其众,时为万历十四年。于是益治兵,征服六十六州,又以威胁琉

球、吕宋、暹罗、佛郎机诸国，皆使奉贡。乃改国王所居山城为大阁，广筑城郭，建宫殿，其楼阁有至九重者，实妇女珍宝其中。其用法严，军行有进无退，违者虽子婿必诛，以故所向无敌。乃改元文禄，并欲侵中国，灭朝鲜而有之。

【译文】

　　日本本来有国王，国王以下以被称为"关白"的地位最尊贵，当时以山城州首领信长做关白。信长偶然出去打猎，遇见一个人卧在树下，见了信长吓得站起来急奔猛闯地逃走，信长抓住并责问他。他自称叫平秀吉（后赐姓丰臣，故又称丰臣秀吉），是萨摩州富人的奴仆。他雄武矫健轻捷，有口才，信长喜欢他，让他放马，取名叫木下人。后来逐渐参与政事，替信长筹划计策，夺取兼并二十多个州，于是做摄津的镇守大将。有个参谋叫阿奇支的人，得罪了信长，信长命令丰臣秀吉率军讨伐阿奇支。不久，信长被他部下明智所杀，丰臣秀吉刚刚攻灭阿奇支，听说信长被杀，和他的部将行长等人乘胜回师杀了明智，威名更加大振。不久他废掉了信长的三个儿子，僭称关白，信长的军队全部归他所有，当时是明神宗万历十四年（1586年）。从此更加整顿军队，征服了六十六个州，又用威力胁迫琉球（今琉球县）、吕宋（今菲律宾）、暹罗（今泰国）、佛郎机（今葡萄牙）各国，全都派使节给日本贡献。于是改国王居住的山城为大阁，广泛地修建城郭，建造宫殿，他的楼阁有高达九层的，把妇女、珍宝放置其中。他执法严苛，军队作战只进不退，违犯的即使是他的儿子和女婿也一定要杀，因此军队所向无敌。于是改年号文禄，并且打算侵略中国，灭亡朝鲜而占有其他。

葡萄牙侵占澳门

【原文】

　　自纨死，海禁复驰，佛郎机遂纵横海上无所忌。而其市香山澳、壕镜者，至筑室建城，雄踞海畔，若一国然。将吏不肖者反视为外府矣。壕镜在香山县南虎跳门外。先是，暹罗、占城、爪哇、琉球、浡泥诸国互市，俱在广州，设市舶司领之。正德时，移于高州之电白县。嘉靖十四年，指挥黄庆纳贿，请于上官，移之壕镜，岁输课二万金，佛郎机遂得混入。高栋飞甍，栉比相望，闽、粤商人趋之若鹜。久之，其来益众。诸国人畏而避之，遂专为所据。

【译文】

　　自从朱纨死后，海禁又松弛了，佛郎机（即葡萄牙）于是在海上来来往往无所顾忌。而他们在香山（今广东中山）澳、壕镜（澳门的旧称，明时全称为壕镜澳，指澳门整个港湾）做生意的人，甚至在那儿造屋建城，据守在海边，像一个国家的样子。不称职的守将和官吏反而把这里看作外库。壕镜位于香山县南部虎跳门外。从前，暹罗（今泰国）、占城（古国，故地在今越南中南部）、爪哇（古国，今印度尼西亚爪哇岛）、琉球（今日本占为冲绳县）、浡泥（古国，今印度尼西亚加里曼丹岛北部）各国和中国互市，都在广州，明政府设市舶司管理此事。明武宗正德年间，市舶司迁到高州（今广东茂名）的电白县（今属广东）。胡世宗嘉靖十四年（1535年），指

挥黄庆收取了贿赂，向上司请求，把市舶司迁到了壕镜，每年征收商税二万金，佛郎机于是能够混入其中。那里的高楼大厦，一座挨着一座彼此都能看到。福建、广东的商人争着奔向此地。时间久了，佛郎机的人到这里来得更多。别国的人害怕而躲避他们，于是澳门就被他们独自占据。

荷兰侵占台湾和彭湖

【原文】

和兰，又名红毛番，地近佛郎机。……然是时佛郎机横海上，红毛与争雄，复泛舟东来，攻破美洛居国，与佛郎机分地而守。后又侵夺台湾地，筑室耕田，久留不去，海上奸民，阑出货物与市。已，又出据彭湖，筑城设守，渐为求市计。守臣惧祸，说以毁城远徙，即许互市。番人从之，天启三年果毁其城，移舟去。巡抚商周祚以遵谕远徙上闻，然其据台湾自若也。已而互市不成，番人怨，复筑城彭湖，掠渔舟六百余艘，俾华人运土石助筑。寻犯厦门，官军御之，俘斩数十人，乃诡词求款。再许毁城远徙，而修筑如故。

【译文】

和兰（即今荷兰），又叫红毛番，这个地方距佛郎机（即今葡萄牙）近。……然而当时佛郎机横行海上，和兰和它争夺海上霸权，再次航行到东方，攻下美洛居国和佛郎机分开占领。后来又侵略夺取台湾地区，在那里建造房屋耕种田地，长久居住不走，海上奸猾的人，擅自拿出货物和兰人做买卖。不久，和兰又去占据澎湖，建城墙置守兵，逐渐为求与中国做买卖打算。当地守臣怕招来祸患，劝说和兰人把城墙拆毁远远迁走，就答应和他们通商。和兰人听从建议，明熹宗天启三年（1623年）果真拆毁他们所建的城墙，乘船离去。巡抚商周祚把和兰人听从命令远远地迁走的事上奏，但是和兰人和原来一样占据台湾。不久通商没有成功，和兰人很怨恨，再次在澎湖建城，抢去渔船六百多艘，让中国人运送土石帮助他们筑城。不久侵略厦门，明军抵抗他们，俘虏杀死几十人，和兰人就谎称求和。明政府第二次答应他们拆毁城墙远远地迁走，但他们照样建城。

利玛窦来华传教

【原文】

意大里亚，居大西洋中，自古不通中国。万历时，其国人利玛窦至京师，为《万国全图》，言天下有五大洲。第一曰亚细亚洲，中凡百余国，而中国居其一。第二曰欧罗巴洲，中凡七十余国，而意大里亚居其一。第三曰利未亚洲，亦百余国。第四曰亚墨利加洲，地更大，以境土相连，分为南北二洲。最后得墨瓦腊泥加洲为第五。而域中大地尽矣。其说荒渺莫考，然其国人充斥中土，则其地固有之，不可诬也。大都欧罗巴诸国，悉奉天主耶稣教，而耶稣生于如德亚，其国在亚细亚洲中，西行教于欧罗巴。其始生于汉哀帝元寿二年庚申，阅一千五百八十一年至万历九年，利玛

窦始泛海九万里,抵广州之香山澳,其教遂沾染中土。至二十九年入京师,中官马堂以其方物进献,自称大西洋人。……已而帝嘉其远来,假馆授粲,给赐优厚。公卿以下重其人,咸与晋接。玛窦安之,遂留居不去,以三十八年四月卒于京。赐葬西郭外。

【译文】

意大里亚(即意大利)位于大西洋中,自古以来不和中国交往。明神宗万历年间,意大利国人利玛窦来到北京,绘制《万国全图》,称天下有五个大洲。第一叫亚细亚洲(即亚洲),其中共有一百多个国家,中国是其中的一个国家。第二叫欧罗巴洲(即欧洲),其中共有七十多个国家,意大利是其中一个国家。第三叫利未亚洲(即非洲),也有一百多个国家。第四叫亚墨利加洲(即美洲),面积更大,因其境内土地相连,分为南北两洲。最后是墨瓦腊泥加洲(即南极洲)为第五个洲。在这个洲中大地到了尽头。他的学说荒诞渺茫没法考察,但是意大利的人在中国的很多,那么那个地方本来就有,不能说是假的。大凡欧洲各国,全都信奉天主耶稣教,而耶稣诞生在如德亚,他的国家在亚洲地区,他向西传教传到欧洲。他诞生于汉哀帝元寿二年,即干支纪年的庚申年(公元元年),过了一千五百八十一年到明神宗万历九年(1581年),利玛窦才航海九万里,抵达广州的香山澳(即今澳门),天主基督教于是传到中国。到万历二十九年(1601年)利玛窦进北京,宦官马堂拿利玛窦带来的土产进献给皇帝,利玛窦自称是大西洋的人。……不久神宗称赞他远道而来,借给他馆舍和给他上等白米吃,供给和赏赐非常丰厚。公卿以下的大臣对他很尊重,都和他交往。利玛窦适应这一切,于是留在中国不回国了,于神宗万历三十八年(1610年)四月死在北京。神宗赐他葬在北京西城外边。

传教士修改历法

【原文】

其年十一月朔日食。历官推算多谬,朝议将修改。明年,五官正周子愚言:"大西洋归人庞迪我、熊三拔等深明历法。其所携历书,有中国载籍所未及者。当令译上,以资采择。"礼部侍郎翁正春等因请仿洪武初设回回历科之例,令迪我等同测验。从之。……崇祯时,历法益疏舛,礼部尚书徐光启请令其徒罗雅谷、汤若望等,以其国新法相参较,开局纂修。报可。久之书成,即以崇祯元年戊辰为历元,名之曰《崇祯历》。书虽未颁行,其法视《大统历》为密,识者有取焉。

【译文】

这一年(明神宗万历三十八年,即1610年)十一月初一日蚀。管历法的官推算多有差错,朝廷大臣商议将要修改。第二年,五官正(主管历法的官)周子愚说:"大西洋入中国籍的人庞迪我、熊三拔等人精通历法。他们所带来的历书,有的是中国的书籍中所没有讲到的。应该让他们翻译呈上,以供采用择取。"礼部侍郎翁正春等人顺便请求仿效明太祖初年设置回回历科的先例,让庞迪我等人共同测验天象。神宗允诺。……明思宗崇祯年间,历法更加出现疏漏和错误,礼部尚书徐光启请

求让罗雅谷、汤若望等人用他们国家的新历法和中国的历法相检验比较,设局纂修历法。徐光启的请求得到了批准。过了很久历书纂成,就以崇祯元年(戊辰年即1628年)为新历书的元年,取名叫《崇祯历》。历书虽然没有颁行天下,它的方法看来比《大统历》要缜密,知道的人对这种方法都有所吸取。

【国学经典文库】

清史稿

【近代】赵尔巽

线装书局

序　言

　　《清史稿》，近人赵尔巽主编。包括本纪二十五卷，志一百三十五卷，表五十三卷，列传三百一十六卷，共计五百二十九卷。记事上起公元1616年(清天命元年，明万历四十四年)清太祖努尔哈赤称帝，下至公元1911年(宣统三年)清朝灭亡为止，前后共历时二百九十六年。明朝是公元1644年灭亡的，清朝从统一全国计算，统治时间是二百六十八年。本纪二十五卷，包括统一前的太祖努尔哈赤和太宗皇太极二人在内。这一部分的原始材料，由于各朝实录俱在，采择是很方便的。宣统朝由于溥仪尚健在，没有修实录，就将他在位三年时的政事，编成《宣统政纪》七十卷，实际上即相当于实录。各本纪中，以乾隆的本纪分量最重，为书六卷，占了本纪部分的四分之一。

　　志一百三十五卷，分为十六目。它和《明史》的十五个志比较，改《五行志》为《灾异志》《历志》为《时宪志》，将《仪卫志》并入《舆服志》中，新增加《交通》《邦交》二志。《地理志》分量最多，为书二十八卷。《艺文志》目录的编排，完全按《四库全书总目提要》的名称次第，分经史子集四个部分，成书四卷。新增的《交通志》，记铁路、轮船、电报、邮政四项内容，反映了近代交通的情况。《邦交志》是记近代与世界各国的外交关系的，为前史所未有。

　　表五十三卷，分为十类。这一部分内容，多为吴士鉴、吴廷燮、刘师培等所撰，是编得较好的，可备查检之用。其中《大学士》《军机大臣》二表，即相当于《明史》的《宰辅表》，《部院大臣年表》即相当于《七卿表》。《疆臣年表》载各省总督、巡抚和各边将军都统的更替，《藩部表》载属国事，《交聘表》记中外使节的往来，这些都是前史所没有的。

　　列传三百一十六卷，分量是相当大的。类传有《后妃》《诸王》等十四目，共为六十二卷，其余均为诸臣传，共有二百五十四卷。诸臣的最末一篇是《洪秀全传》，把《洪秀全传》放在吴三桂等曾反叛清朝统治的"三藩"之后，其用意是很显然的。而且传中对起义军诬蔑甚多，编撰者完全是站在清朝统治者的立场上说话的。类传中的《畴人传》有书二卷，载有数学家梅文鼎、李善兰等人的事迹。它是根据阮元的《畴人传》以及后来的《续编》《三编》成书的，所以易于成篇。列传部分的材料，多采自清朝国史馆所编撰的《国史列传》，现在原书尚存，改称《清史列传》，所

以这一部分的史料价值是不高的。

　　《清史稿》一书,缺点较多,算不得一部好史书。它所根据的原始材料,如《清实录》《清史列传》《清会典》和大量清代的档案材料等,都保存较完整,我们完全可以直接查阅原始材料,不必依靠它来提供资料。因此,它的史料价值有限。从思想内容方面看,问题就更多,缺点也更为严重。它修撰于北洋军阀统治时期,参加修史的人,从馆长赵尔巽起,大多是清朝的遗老遗少,他们都是站在清朝统治者的立场上来编书的。因而对清代帝王,多是歌功颂德,对忠于清室的臣民,称扬备至。如史稿中的《忠义传》,长达十卷书,叙及的人物达四百多人之众。该传的最后一名是王国维。他虽然在学术上成就很大,但思想顽固,以清朝遗老自命,最后于1927年自溺于昆明湖。死于清亡后十六年的人,还将他列入清史的《忠义传》,编史者的用意,可想而知了。形成鲜明对比的是,对反清的革命斗争,则是大肆进行诬蔑、诋毁。如诬蔑革命党人徐锡麟、秋瑾等的反清活动为"谋乱",对辛亥革命诋毁为"倡乱",等等,不一而足。故书稿刊行以后,当即受到舆论的抨击。当时故宫博物院曾对其书列举了十九条罪状,请求禁止其书刊行。这部书虽然存在严重的缺陷,但它毕竟是在大量史实的基础上,经过了一番整理的历史著作,而且体系完整,条目详备,对于研究清代历史,还是具有一定参考价值的。

太祖本纪

努尔哈赤即汉位

【原文】

太祖……姓爱新觉罗氏,讳努尔哈齐。其先盖金遗部。……居长白山东……,号其部族曰满洲。……明初置建州卫。

己丑……十月,明以太祖为建州卫都督金事。

癸卯春正月,迁于赫图阿喇。

乙卯夏四月,……定兵制,初以黄、红、白、黑四旗统兵,至是增四镶旗,易黑为蓝。

天命元年……正月,……上即位,建元天命,定国号曰金。

努尔哈赤

【译文】

太祖……姓爱新觉罗,名努尔哈齐。他的祖先是金朝遗留下来的部族。……居住在我国东北的长白山以东地区,……号称他们的部族叫满洲。……明朝初年设置建州卫。

己丑年(1589)……十月,明神宗授予努尔哈齐为建州卫都督金事官。

癸卯年(1603)春正月,迁居于赫图阿喇。

乙卯年(1615),……规定兵制,开始以黄、红、白、黑四旗统领士兵,到这时增加四种镶旗,改换黑色为蓝色。

天命元年(1616)……正月,……努尔哈齐即汉位,建元天命年号,决定国号叫金。

迁 都 盛 京

【原文】

四年……三月,……命大军攻萨尔浒,……凡四日而破三路明兵。

六年……三月,……攻明沈阳,……入沈阳。

十年……三月,……迁都沈阳,……是曰盛京。

十一年……八月,……崩,……在位十一年,年六十有八。……庙号太祖。

太祖……用兵三十余年,建国践祚。

【译文】

天命四年(1619)……三月,……命令人数众多的军队攻打萨尔浒(今辽宁抚顺东浑河南岸),……经过四天激战而攻破西、北、南三路明朝军队。

盛京崇政殿　清

天命六年（1621）……三月，……攻击明朝的沈阳城，……进入沈阳城。

天命十年（1625）……三月，……迁徙都城到沈阳（今属辽宁），……于是称为盛京。

天命十一年（1626）……八月，……死，……在位十一年，享年六十八岁。……追尊庙号为太祖。

太祖……用兵三十多年，建立后金汗国即位登基。

太宗本纪

皇太极即位

【原文】

太宗……讳皇太极，太祖第八子，……太祖崩，……即位于沈阳。诏以明年为天聪元年。

誓告天地，以行正道，循礼义，敦友爱，尽公忠，勖诸大贝勒等。……谕曰："工筑之兴，有妨农务，前以城郭边墙，事关守御，有劳民力，良非得已。兹后止葺颓坏，不复兴筑，俾民专勤南亩。满洲、汉人，毋或异视，讼狱差徭，务使均一，贝勒属下人，毋许边外行猎。市税为国费所出，听其通商贸易，私往外国及漏税者罪之。"

【译文】

太宗……名皇太极，是太祖第八个儿子，……太祖努尔哈齐死，……皇太极即位于沈阳。诏令以下一年为天聪元年（1627）。

誓言上告天地，将实行正确的行为准则，遵循礼教正义，敦睦友好亲爱，尽力做到公平忠诚，以此勉励各位贝勒大官们。……谕令说："工程建筑的兴起，有些妨碍农业耕作，先前因为修理内城和外城的边墙，事情关系到防守抵御，确有烦劳民众的人力和财力，实在是不得已呀。从今以后只修葺坍塌损坏的部分城墙，不再兴工建筑新的城墙，要使民众专心勤劳耕种农田。满洲人、汉人之间，不要互相歧视，诉

讼打官司以及差事劳役,务必同样对待平均负担,贝勒大官们的下属人员,不许到边界以外去行围打猎。市场上的税收是国家费用支出的来源之一,可以听任他们通商贸易做买卖,如有私自去往国外和偷漏税款的要治他们的罪。"

皇太极建清

【原文】

崇德元年夏四月,……定有天下之号曰大清,改元崇德。

五月,……设都察院,谕曰:"朕或奢侈无度,误诛功臣;或畋猎逸乐,不理政事;或弃忠任奸,黜陟未当;尔其直陈无隐。诸贝勒或废职业,黩货偷安,尔其指参。六部或断事偏谬,审谳淹迟,尔其察奏。明国陋习,此衙门亦贿赂之府也,宜相防检。挟仇劾人,例当加罪。馀所言是,即行;所言非,不问。"

【译文】

崇德元年(1636)……夏四月,……决定享有天下的国号叫大清,改元为崇德年号。

五月……,设置都察院官署,告谕说:"我或许有奢侈无度,误杀功臣的事;或有喜打猎享逸乐,不办理朝政事务;或有抛弃忠臣而任用奸邪,使降升官职不当;你们应该直接陈说不要隐瞒。各位贝勒大臣或有荒废本职事业,贪污财货而苟且偷安,你们应该指出弹劾。吏、户、礼、兵、刑、工六部或有断事偏差荒谬之处,审核议罪缓慢迟延,你们应该考察奏明。明朝国家不好的丑陋习惯,这就是官衙门也是可用财物买通的地方,应当予以相适应地防范检查。如有怀着私仇而诬劾别人,按例应当加重治罪。其余的话所说的正确,即当实行;所说的不对,不予追问。"

惟务实政,政在养民

【原文】

三年……七月,……又谕大学士希福等曰:"朕不尚虚文,惟务实政。今国家殷富,政在养民。"

【译文】

崇德三年(1638)……七月,……又告谕大学士希福等说:"我不崇尚虚伪的文辞,唯有致力于实在的政策。现在国家殷实富裕,政策在于养护民众谋生。"

世 祖 本 纪

福临嗣位,清兵入关

【原文】

世祖……讳福临,太宗第九子。

太宗崩，……上嗣大位……。诏以明年为顺治元年。

顺治元年……四月，……大学士范文程启睿亲王入定中原。……明山海关守将吴三桂遣使致书，乞师，……李自成率众围山海关，我军逆击之，……师至山海关，三桂开关出迎，大军入关。自成率众二十余万，……严阵以待。是日，大风，尘沙蔽天。睿亲王多尔衮命击……，以三桂居右翼，大呼薄之。……大溃，……自成遁还燕京。封三桂为平西王，以马步军一万隶之，直趋燕京。誓诸将勿杀不辜、掠财物、焚庐舍，不如约者罪之。……自成弃燕京西走，我军疾追之。

【译文】

世祖……名福临，是太宗皇太极的第九个儿子。

太宗皇太极死，……福临继承太位……。诏令以下一年为顺治元年。

顺治元年(1644)……四月，……大学士范文程启奏请睿亲王多尔衮领兵去作战平定山海关内的中原地区。……明朝山海关守将吴三桂派遣使者送去书信，请求派清兵，……农民军李自成率领众兵围困山海关，我清军迎战他们，……清军到了山海关，吴三桂开关出来迎接，清军进入山海关。李自成率领众兵二十多万，……严整兵阵以等待作战。这天，很大的风，尘土飞沙遮蔽满天。睿亲王多尔衮命令出击……，用吴三桂军为右翼，大声呐喊前进作战。……李自成军大溃败，……李自成逃回燕京(今北京)。清廷封吴三桂为平西王，以骑兵、步兵共一万人隶属于他。直接奔向燕京(今北京)。多尔衮与众多将领在军前宣誓不杀无罪的人，不抢掠财物，不焚烧房屋，如有不遵约束的人就治他的罪。……李自成舍弃燕京(今北京)往西边退走，清军疾速追赶他们。

福临进京即帝位

【原文】

诏曰："……定鼎燕京，仍建有天下之号曰大清，纪元顺治。……军民年七十以上者，许一丁侍养，免其徭役；八十以上者，给与绢绵米肉；有德行著闻者，给与冠带；鳏寡孤独、废疾不能自存者，官与给养。……故明建言罢谪诸臣及山林隐逸怀才抱德堪为世用者，抚按荐举，来京擢用。……巡按以访拿为名，听信衙蠹，诬罚良民，最为弊政，今后悉行禁革。势家土豪，重利放债，致民倾家荡产，深可痛恨，今后有司勿许追比。"

清世祖顺治帝福临

【译文】

世祖下诏书说："……决定都城在燕京(今北京)，仍旧建立国号叫大清，纪元年号称顺治。……军士和民众年龄到七十岁以上的人，允许有一个人侍候奉养，免去他的徭役；年龄在八十岁以上的人，给予绢、丝绵、米肉；有道德善行著名闻世的人，给予表示受尊敬的帽子和腰带；鳏夫、寡妇、孤儿、年老无子的独身、残废有病不能自己生活的人，由国家给予养活。……过去明朝因有进谏言论而被罢免降职的

各大臣以及山林隐居怀有才学和有德行能够为当世所用的人,由巡抚、按察推荐举报,来京城提拔任用。……巡抚、按察以采访缉拿为名,听信赃官恶吏们的坏话,诬蔑惩罚良善的民众,是最为恶劣的害政,从今以后都要实行禁止和改革。有权势的大家和当地的土豪们,重收利钱而放高利贷,致使民众倾家荡产,很是令人痛恨,从今以后有关部门不准再对这些民众追逼杖责。"

满、汉通婚

【原文】

五年……八月,……令满、汉官民得相嫁娶。

【译文】

顺治五年(1648)……八月,……命令满、汉官员及民众可以通婚互相嫁女娶妇。

国家纪纲,首重廉吏

【原文】

八年……闰二月,……谕曰:"国家纪纲,首重廉吏。迩来有司贪污成习,百姓失所,殊违朕心。总督巡抚,任大责重,全在举劾得当,使有司知所劝惩。今所举多冒滥,所劾多微员,大贪大恶乃徇纵之,何补吏治?吏部其详察以闻。"

【译文】

顺治八年(1651)……闰二月,……告谕说:"国家法度,首先注重廉洁的官吏。近来官员贪污已成恶习,百姓流离无处安身,很是违背我的心意。总督、巡按,任务大、职责重,全在荐举、弹劾恰当,使官吏们知道有所劝勉上进和惩治失职。现在所荐举的很多是假冒而滥行的人,所弹劾的很多是低微的小官,大贪污、大恶霸却徇私纵放了他们,这对地方官吏的作风和成绩有什么补益?吏部应当详细审察上报。"

生财之道,在节用爱民

【原文】

八年……八月,……副将许武光请括天下藏金充饷。上曰:"帝王生财之道,在节用爱民。掘地求金,自古未有。"

【译文】

顺治八年(1651)……八月,……副将许武光请求搜括全国藏金以充军饷。世祖说:"帝王生财的方法,在于节约开支和爱护民众。挖开地面去找金子,是自古以来没有的事。"

当者必旌，戆者不罪

【原文】

十年春正月，……谕："言官不得掎摭细务，……诸臣其直言无隐。当者必旌，戆者不罪。"

【译文】

顺治十年（1653）春正月，……告谕说："进谏的言官不要只搜集小事，……各位大臣要如实直言不要隐瞒。进言得当的人必定要表彰，戆直的人言论不得当也不加罪。"

为民安居乐业

【原文】

十年……五月，……诏曰："天下初定，疮痍未复，频年水旱，民不聊生，……所在官司，妥为安插，兵仍补伍，民即归农，不愿还乡，听其居住，勿令失所。"

【译文】

顺治十年（1653）……五月，……颁发诏书说："全国刚刚平定，战后民生凋敝还没有恢复，每年遭受水灾、旱灾，人民无法生活下去，……所在的地方官员，要妥当地为他们安插一定的位置，原当兵后退下来的还补充到队伍中去，无业民众即宜归入农业，不愿回老家的，听任他们自由居住，不要使他们流离无处安身。"

颁刑法，以示公平

【原文】

十年……六月，……谕曰："帝王化民以德，齐民以礼，不得已而用刑。法者天下之平，非徇喜怒为轻重也。往者臣民获罪，必下部议，以士师之任，职在明允。乃或私心揣度，事经上发，则重拟以待亲裁；援引旧案，又文致以流刻厉。朕群生在宥，临下以宽。在饥寒为盗之民，尚许自首，遐方未服之罪，亦予招携。况于旰庶朝臣，岂忍陷兹冤滥？自后法司务得真情，引用本律。钩距罗织，悉宜痛革，以臻刑措。"

【译文】

顺治十年（1653）……六月，……告谕说："君主教化民众用道德，治理百姓用礼仪，不到万不得已时才使用刑法。刑法要宣布全国以示公平，不是屈从私情的喜爱或怒气任意判处刑法的轻或重。从前群臣或百姓得罪，必定下狱听候司法部门审议，用掌管狱讼责任的官吏来审理，按职务规定的工作应是清明公允。竟然或有用私人心意来揣测估量，凡是案件经过上级发下来审议的，就加重拟罪判刑，用以等待上级复审时亲自裁决；有些援例引用旧案已判成法，又文饰玩弄法律条文用以

流毒苛刻严治重罪。我对于一切众生原宥谅恕，面对群臣百姓采取宽大政策。即因饥饿和寒冷去做'盗'的平民，还准许自首坦白认罪；远方还有没有归服的罪人，也可以招抚这些背离的人回心转意。何况在我统治下的平民和朝廷的群臣，岂能忍心有陷害这些人的冤狱和滥刑？从此以后掌握司法刑狱的官署务必审得真情，才能引用合乎本来情况的法律。从前辗转推问、虚构罪状，陷害无辜的事，都应该彻底地革除，以便达到民不犯法、刑法搁置不用的境界。"

期直言进谏

【原文】

十一年……二月，……谕曰："言官为耳目之司，朕屡求直言，期遇慕切，乃每阅章奏，实心为国者少，比党徇私者多，朕甚不取。"

【译文】

顺治十一年（1654）……二月，……告谕说："进谏的言官是为了掌管耳闻目见的事，我屡次征求坦率正直的进言，期望遇到这样的直言很是殷切。但是每次阅览本章上奏，实心诚意为国家的人少，而结党曲徇私情的人多，我很不愿采取后者的做法。"

世祖遗诏

【原文】

十八年春正月，……崩，……年二十四。

遗诏曰："……朕凤性好高，不能虚己延纳。于用人之际，务求其德与己侔，未能随才器使，致每叹乏人。若舍短录长，则人有微技，亦获见用，岂遂至于举世无才，是朕之罪一也。……朕日理万机，岂能一无违错？惟听言纳诛，则有过必知。朕每自恃聪明，不能听纳。……以致臣工缄默，不肯进言，是朕之罪一也。朕既知有过，每自刻责生悔。乃徒尚虚文，未能省改，过端日积，愆戾愈多，是朕之罪一也。……"

三月，……庙号世祖。

【译文】

顺治十八年（1661）春正月，……福临死，……年龄二十四岁。遗下的诏书说："我一向的性情喜欢自高，不能虚心延聘接纳人才。在用人的时候，务必要求他的德行和我相等，不能因才使用，以致常常感叹缺乏人才。若是舍去他的缺点，采用他的优点，那么各人都有一技之长，也可以得到任用，岂能就至于全国无才，这是我的罪过之一。……我每天处理很多重要的政务机宜，岂能一点没有违误错失？只有多听进言采纳谏议，这才是有过必然知道。我常常自己恃仗聪明智力发达，不能多听进言采纳谏议。……以致群臣百官闭口不说话，不肯进言建议，这是我罪过之一。我既然知道有过错，常常自己深刻责备产生后悔。只是徒然崇尚表面形式，不

能反省改过,过错事端逐日积累,罪过就越多,这也是我的罪过之一。……"

三月,……追尊庙号为世祖。

圣祖本纪

玄烨即皇帝位

【原文】

圣祖……讳玄烨,世祖第三子也。……世祖崩,帝即位,年八岁,改元康熙。

四年……八月,……诏赃官遇赦免罪者,不许复职。

【译文】

圣祖……名玄烨,是世祖福临的第三个儿子。……世祖福临死,玄烨就皇帝位,年龄八岁,改元年号叫康熙。

康熙四年(1665)……八月,……颁发诏书对于贪污官员遇到赦令免予治罪的,不许恢复原职。

康熙帝便装读书像

智取鳌拜

【原文】

八年……五月,……上久悉鳌拜专横乱政,特虑其多力难制,乃选侍卫、拜唐阿年少有力者为扑击之戏。是日,鳌拜入见,即令侍卫等掊而絷之。

【译文】

康熙八年(1669)……五月,……圣祖长久以来知道鳌拜专权横暴、扰乱国政,只是特别顾虑他力气大难于制服,于是挑选侍从护卫武士、当差有用的年少有体力的人做击打摔跤的游戏。这一天,鳌拜入朝觐见的时候,圣祖立即命令侍从护卫武士等击倒鳌拜而捆绑拘禁起来。

学问之道,宜无间断

【原文】

十二年……五月,……学士傅达礼等请以夏至辍讲。上曰:"学问之道,宜无间断。其勿辍。"

【译文】

康熙十二年(1673)……五月,……学士傅达礼等呈请因为夏天到了停止讲学。圣祖说:"研讨学问的道理,应当不要间断。还是不要停止。"

三征噶尔丹，平定朔漠

【原文】

二十九年……七月……，噶尔丹入犯乌珠穆秦。……上亲征。

八月……，抚远大将军裕亲王福全大败噶尔丹于乌阑布通，……上还京。

三十五年……正月……，下诏亲征噶尔丹。

五月……，抚远大将军伯费扬古大败噶尔丹于昭莫多。

六月……，上还京。

三十六年……二月……，上亲征噶尔丹。

四月……，费扬古疏报闰三月十三日噶尔丹仰药死。

七月……，朔漠平定。

康熙帝朝服

【译文】

康熙二十九年（1690）……七月，……准噶尔部首领噶尔丹入侵进犯乌珠穆秦（今北京市密云区古北口东北九百余里），……圣祖亲自督师出征。

八月……，抚远大将军裕亲王福全打败噶尔丹于乌阑布通（今内蒙古自治区东部），……圣祖回转北京。

康熙三十五年（1696年）……正月……，下达诏书亲自督师征讨噶尔丹。

五月……，抚远大将军伯费扬古打败噶尔丹于昭莫多（今蒙古人民共和国乌兰布托市东南图拉河上游）

六月……，圣祖回转北京。

康熙三十六年（1697年）……二月……，圣祖亲自督师征伐噶尔丹。

四月……，抚远大将军伯费扬古上疏呈报闰三月十三日噶尔丹服毒药自杀死亡。

七月……，北方沙漠地带平定。

台湾客民愿归者听内渡

【原文】

四十六年……十一月，……诏台湾客民乏食，愿归者听附公务船内渡。

【译文】

康熙四十六年（1707）……十一月，……颁布诏令台湾客家民众如果缺乏吃的，愿意回归大陆内地的人听任他们附乘公务船内渡回来。

广设义学, 劝令读书

【原文】

五十四年……二月,……又谕:"诵读者少,风俗攸关。宜令穷僻乡壤广设义学,劝令读书。"

【译文】

康熙五十四年(1715)……二月,……圣祖又告谕说:"念书的人少了,这是和社会风尚、习俗相关的事情。应当叫穷僻乡村广泛设立义学,劝勉人们读书。"

戒声色, 远佞幸

【原文】

五十六年……十一月,……诏曰:"……声色之当戒,佞倖之宜远。……"

【译文】

康熙五十六年(1717)……十一月,……颁发诏书说:"……歌舞和女色应当警戒,花言巧语来献媚的人应当远离。……"

西藏地入版图

【原文】

五十九年……十一月,……诏:"大兵入藏,其地俱入版图,山川名号番、汉异同,应即考订明核,传信后世。"

【译文】

康熙五十九年(1720)……十一月,……颁发诏书说:"大部队清兵进入西藏,那些地方都归入国家疆域,山川地理名字称呼,西藏与汉音有不同或相同的,应当立即考订明白核实清楚,流传信史于后世。"

守成实同开创

【原文】

六十一年……十一月,……崩,年六十九。

圣祖……早承大业,勤政爱民。经文纬武,寰宇一统,虽曰守成,实同开创焉。

【译文】

康熙六十一年(1722)……十一月,……圣祖死,年龄六十九岁。

圣祖……早年继承帝位大业,勤劳政事并爱护民众,文武兼治,全国统一,虽然说保持了前辈已取得的成就和业绩,实际是等于开创啊。

世宗本纪

世宗取位

【原文】

世宗……讳胤禛,圣祖第四子也。……圣祖崩。……上即位,以明年为雍正元年。

【译文】

世宗……名胤禛,是玄烨的第四个儿子。……圣祖死。……胤禛即皇帝位,以下一年为雍正元年(1723)。

八旗无恒产者移垦

【原文】

雍正元年……六月,……命八旗无恒产者移居热河垦田。

【译文】

雍正元年(1723)……六月,……世宗命令八旗子弟没有田地房屋产业的移居热河(今河北承德)开垦田地。

世宗改土,司设流官

【原文】

二年……五月,……诏:"朕闻各处土司,鲜知法纪,苛待属人,生杀任性。方今海宇乐利,而土民独切向隅,朕心不忍。宜严饬土司,勿得肆为残暴。"

五年……闰三月,……乌蒙、镇雄两土府改设流官。

【译文】

雍正二年(1724)……五月,……颁发诏书说:"我听说各地世袭土司官,少知法制纪律,苛刻地虐待所属的人民,生杀都任意非为。当今全国人民生活安康,而土民独在边远角落受苦,我心不忍,应当严厉命令土司官,不得肆无忌惮的残酷暴虐。"

雍正五年(1727)……闰三月,……乌蒙(治所今云南昭通市)、镇雄(治所今云南镇雄县)两个世袭土司知府改设流官统治。

为政以得人为要

【原文】

十三年……三月,……诏曰:"地方编立保甲,必须俯顺舆情,徐为劝导。若过

于严急,则善良受累矣。为政以得人为要,不得其人,虽良法美意,徒美观听,于民无济也!"

八月,……崩,年五十八。……庙号世宗。

【译文】

雍正十三年(1735)……三月,……颁发诏书说:"地方上编制建立保长甲长户籍制度,必须下顺民众的意见和态度,慢慢地对他们劝导。如果过于严厉急迫,这就使善良的人受累了。从事政务以得到能治理的人才为主要,得不到那样的人才,虽然有良善的法制和美好的意愿,徒然表面上好看和好听,对于民众是无济于事的呀!"

八月,……胤禛死,年龄五十八岁。……追尊庙号为世宗。

高宗本纪

惩言官不如广耳目

【原文】

高宗……讳弘历,世宗第四子,……上即位,……以明年为乾隆元年。

六年……十一月,……上曰:"与其惩言官而开讳灾之端,宁从宽假以广耳目。"

【译文】

高宗……名弘历,是世宗胤禛的第四个儿子,……弘历就皇帝位,……以下一年为乾隆元年(1736)。

乾隆六年(1741)……十一月,……高宗说:"与其惩办进言的谏官而开隐瞒灾情不讲的事端,还不如实施宽恕以扩大视听。"

乌鲁木齐屯政

【原文】

二十五年……五月,……诏曰:"今乌鲁木齐各处屯政方兴,客民前往,各成聚落,污莱辟而就食多,大裨国家牧民本图。"

【译文】

乾隆二十五年(1760)……五月,……颁发诏书说:"如今乌鲁木齐(今属新疆维吾尔自治区)各地屯田政事正在兴起,外地民众前去,各自结成聚居的村落,水洼地与高莽地开辟出来耕种也使就地取食的地方更多,这大大有益于国家治理民政的本来宗旨。"

乾隆帝朝服像

编修《四库全书》

【原文】

三十八年……闰三月，……命刘统勋等充办理《四库全书》总裁。

四十一年……十一月，……命《四库全书》馆详核违禁各书，分别改毁。谕曰："明季诸人书集词意抵触本朝者，如钱谦益等，均不能死节，妄肆狂猖，自应查明毁弃。……诸人所言，……惟当改易字句，无庸销毁。又直臣如杨涟等，即有一、二语伤触，亦止须酌改，实不忍并从焚弃。"

四十四年……二月，……谕曰："各省送到违碍应毁书籍，……诸臣在胜国言事，于我国家间有干犯之语，……应量为改易选录，馀仍分别撤毁。"

四十七年春正月，……《四库全书》成。

【译文】

乾隆三十八年（1773）……闰三月，……命令刘统勋等充当办理《四库全书》总裁。

乾隆四十一年（1776）……十一月，……命令《四库全书》馆详细审核违禁的各种书籍，分别删改和销毁。告谕说："明代许多人的著作和文集词意抵触清朝，如钱谦益等人，都不能死于节操，妄为放肆得像疯狗狂叫，自然应当检查明白销毁抛弃。……有一些人所说的语言文字，……只应改换文字词句，不需要销毁烧掉。又有明朝直言之臣如杨涟等人，即或有一、两句话伤触本朝，也只需斟酌修改，实在不忍心他的书一并焚烧抛弃。"

乾隆四十四年（1779）……二月，……高宗告谕说："各省送到违碍当今应该烧毁的各种书籍，……各位大臣在明朝议论政事，对于我们清朝国家间或有干扰违犯的话，……应当酌量为之改动更易选录，其余仍旧分别撤销烧毁。"

乾隆四十七年（1782）春正月，……《四库全书》汇编完成。

仁宗本纪

官军杀贼，多系平民

【原文】

仁宗……讳颙琰，高宗第十五子也。……高宗将传位焉，以明年为嘉庆元年。

二年……九月，……诏曰："官军报捷，所称杀贼，多系平民，非真贼也。故日久无功。领兵大员尚其设法解散，勿令玉石俱焚。"

嘉庆皇帝朝服像

【译文】

仁宗……名颙琰,是高宗弘历的第十五个儿子。高宗弘历将要传让皇帝位,以下一年为嘉庆元年(1796)。

嘉庆二年(1797)……九月,……仁宗颁发诏书说:"官府军队报告胜利的消息,所称说的杀死贼人,很多都是平民百姓,不是真正的贼人。所以日子长久没有成功。统领士兵职位高的官员还须想办法解散平民聚集,不要使美玉和石头一起被毁。"

仁宗禁鸦片烟

【原文】

十五年……二月,……诏以鸦片烟戕生,通饬督抚断其来源。

十八年……七月,……申严贩运鸦片烟律,食者并罪之。

二十年……三月,……两广总督蒋攸铦疏陈查禁鸦片烟章程。得旨:"洋船到澳门时,按船查验,杜绝来源。官吏卖放及民人私贩者,分别治罪。"

【译文】

嘉庆十五年(1810)……二月,……仁宗颁发诏书因为鸦片烟伤害身体,通令总督、巡抚隔断鸦片烟的来源。

嘉庆十八年(1813)……七月,……申令严禁贩运鸦片烟的法律,有吸食鸦片烟的人一并治他的罪。

嘉庆二十年(1815)……三月,……两广总督蒋攸铦上疏陈明查禁鸦片烟的章程。得到朝廷旨意:"外国洋船来到澳门(今广东珠江口西侧)的时候,要核对船只清查检验,堵塞断绝鸦片烟的来源。如有官吏受贿卖放以及民众私自贩运的人,分别情节惩治判罪。"

宣宗本纪

宣宗初禁鸦片烟

【原文】

宣宗……讳旻宁,仁宗次子。……仁宗崩,……上即皇帝位……,以明年为道光元年。

十一年……二月,……申禁各省种鬻鸦片。

六月,……申定官民买食鸦片烟罪例。

十四年……五月,……命卢坤等驱逐英吉利贩鸦片趸船,勿任停泊。

【译文】

宣宗……名旻宁,是仁宗颙琰的第二个儿子。……仁宗死,……旻宁就皇帝位……,以下一年为道光元年(1821)。

道光十一年（1831）……二月，……申令禁止各省种植、售卖鸦片。

六月，……申令规定官吏和民众买卖及吸食鸦片烟的犯罪条例。

道光十四年（1834）……五月，……命令卢坤等驱逐英国贩卖鸦片烟的装卸货物的大型趸船，不准任意停泊水面或岸边。

道光帝朝服像

宣宗再禁鸦片烟

【原文】

十八年……闰四月，……鸿胪寺卿黄爵滋奏请将内地吸食鸦片者俱罪死。

八月，……以林则徐等奏查获烟贩收缴烟具情形，谕嘉之。

九月，……庄亲王奕赍等坐食鸦片革爵。……太常寺少卿许乃济请弛鸦片禁。命休致。

十一月，……命伊里布等查禁云南种罂粟。

十九年……三月，……林则徐等奏趸船呈缴烟土，谕嘉之，子奖叙。

七月，……命林则徐以禁贩鸦片檄谕英吉利国及各国在粤洋商。

二十年……六月，……林则徐等奏击毁载烟洋艇。

七月，……林则徐等奏续获贩烟人犯。

【译文】

道光十八年（1838）……闰四月，……（掌管朝祭礼仪的）鸿胪寺卿黄爵滋奏请将国内吸食鸦片烟的人都判处死罪。

八月，……因林则徐等上奏章检查捕获鸦片烟贩子并收缴吸烟用具等情形，传谕嘉勉他们。

九月，……庄亲王奕赍等犯吸食鸦片烟的禁令，被革除爵位。……管理祭祀礼乐的太常寺少卿许乃济呈请放开鸦片烟的禁令，命令他退休辞官。

十一月，……命令伊里布等检查禁止云南种植制造鸦片的原料罂粟。

道光十九年（1839）……三月，……林则徐等上奏从趸船上缴呈的鸦片烟土，传谕嘉勉，予以奖励叙功。

七月，……命令林则徐以禁止贩运鸦片的檄文晓谕英国及各国在广东的外洋商人。

道光二十年（1840）……六月，……林则徐等上奏击坏烧毁载鸦片烟的外国船艇。

七月，……林则徐等上奏继续捕获贩卖鸦片烟的人犯。

文宗本纪

荐进廉平，锄斥贪茸

【原文】

文宗……讳奕詝，宣宗第四子也。

三十年正月，……宣宗崩，……上即位，……以明年为咸丰元年。

五月，……诏曰："州县亲民之官，责任綦重。近年登进冒滥，流品猥杂，多倚胥吏而朘间阎，民生何赖焉。督抚大吏其加意考察，荐进廉平，锄斥贪茸，庶民困渐苏。"

【译文】

文宗……名奕詝，是宣宗旻宁的第四个儿子。

道光三十年（1850）正月，……宣宗旻宁死，……奕詝就皇帝位，……以下一年为咸丰元年（1851）。

五月，……文宗颁发诏书说："州官、县官是亲近民众的官员，职责任务极为重要。近年来官员升迁冒充多而质量低，门第和社会地位的品类卑下而杂乱，多倚仗衙门中的小官吏来剥削平民，民众的生活依赖谁呢？总督、巡抚独当一面的大官尤其要特别注意考核检察，推荐进举廉洁公平的人，铲除斥退贪官如锄去初生的小草一样，或许民众的困苦也就能逐渐得到复苏了。"

宜防三渐

【原文】

二年……四月，……太仆寺少卿徐继畬疏陈释服之后，宜防三渐：一、土木之渐；一、宴安之渐；一、壅蔽之渐。得旨："置诸座右，时时省览。"

【译文】

咸丰二年（1852）……四月，……（掌管牧马场政令的）太仆寺少卿陈继畬上疏陈述皇帝脱掉孝服以后，应当谨防三种苗头：一、大兴土木工程：一、贪图饮宴安乐；一、壅堵蔽塞进谏忠言。得到文宗奕詝的回旨："防三渐的建议我将放置在座旁，随时观看反省。"

穆宗本纪

两宫皇太后垂帘听政

【原文】

穆宗……讳载淳，文宗长子，母孝钦显皇后那拉氏，……立为皇太子。……文宗崩。

上御太和殿即皇帝位，……以明年为同治元年。

廷臣议上垂帘章程，懿旨依议。……上奉慈安皇太后、慈禧皇太后御养心殿垂帘听政。

【译文】

穆宗……名载淳，是文宗奕詝的大儿子，生母孝钦显皇后那拉氏，……立为皇太子。文宗死。

同治皇帝朝服像

载淳登太和殿就皇帝位，……以下一年为同治元年(1862)。

朝廷大臣们商议呈上垂帘听政的章程，皇太后训示懿旨依从议定。……穆宗奉请慈安皇太后、慈禧皇太后登坐养心殿垂帘听政。

设 同 文 馆

【原文】

同治元年……七月，……总理各国事务衙门请设同文馆，习外国语言文字，允之。

【译文】

同治元年(1862)……七月，……总理各国事务衙门申请设立培养翻译人员的同文馆，朝廷应允了。

严惩逢迎献媚者

【原文】

四年……六月，……谕内务府稽察有便僻侧媚者，举实严惩。

【译文】

同治四年(1865)……六月，……穆宗告谕管皇室事务的内务府考核调查如有逢迎献媚用不正当的手段讨好别人的人，举出实事严厉惩治。

设局、办矿、造船

【原文】

四年……八月，……设机器局于上海。

九月，……允招商办云南铜厂。

五年……六月，……在闽建厂试造轮船。

九年……十月，……天津制造局成。

【译文】

同治四年(1865)……八月,……设置机器局在上海(今上海)。

九月,……允许招来私商办理云南省内铜厂。

同治五年(1866)……六月,……在闽(今福建)省内建厂试验制造轮船。

同治九年(1870)……十月,……天津(今天津)制造局成立。

穆宗禁种罂粟

【原文】

七年……十二月,……申谕各省禁种罂粟。

十一年……十一月,……申禁各省种罂粟。

十三年……八月,……诏各省酌裁厘局,禁种罂粟。

【译文】

同治七年(1868)……十二月,……申令告谕各省禁止种植罂粟。

同治十一年(1872)……十一月,……申令禁止各省种植罂粟。

同治十三年(1874)……八月,……颁发诏书命令各省酌量裁减征收商业税的厘金局,禁止种植罂粟。

天津教案

【原文】

九年……五月……,天津人与天主教启衅,焚毁教堂,殴毙法领事。

八月……,命李鸿章会曾国藩查办天津教案。

九月……,治天津民教启衅罪,张光藻、刘杰遣戍,诛逞凶杀害之犯十五人。

【译文】

同治九年(1870 年)……五月……,天津(今天津)人民与天主教堂发生争端,焚烧毁坏了教堂,打死了法国领事。

八月……,命令李鸿章会同曾国藩查明办理天津教案。

九月……,处治天津民众与教会发生争端的罪,知府张光藻、知县刘杰发遣戍守边关,处死逞凶杀人的犯人十五名。

德宗本纪

两宫皇太后又垂帘听政

【原文】

德宗……讳载湉,文宗嗣子,穆宗从弟也。本生父醇贤亲王奕譞,宣宗第七子。穆宗崩,无嗣。慈安皇太后、慈禧皇太后……传懿旨,以上继文宗为子,入承大

统,为嗣皇帝。

上奉慈安皇太后居钟粹宫,慈禧皇太后居长春宫。从王大臣请,两宫皇太后垂帘听政。皇太后训敕称懿旨,皇帝称谕旨。……诏以明年为光绪元年。

【译文】

德宗……名载湉,是文宗奕詝过继的儿子,是穆宗载淳的堂叔伯兄弟。本人生身父亲是醇亲王奕譞,他是宣宗旻宁的第七个儿子。

穆宗载淳死了,没有后代。慈安皇太后、慈禧皇太后……传下皇太后懿旨,以载湉过继文宗奕詝为儿子,入宫继承清朝大统,称为嗣皇帝。

光绪帝朝服像

载湉奉请慈安皇太后住钟粹宫,慈禧皇太后住长春宫。听从亲王大臣们的陈请,两宫皇太后垂帘听政。皇太后的训敕命令称为懿旨,皇帝的命令称为谕旨。……颁发诏书以下一年为光绪元年(1875)。

诬叛妄杀论死

【原文】

五年……六月,……刑部言东乡狱事,诬叛妄杀,已革知县孙定扬、提督李有恒论死。

【译文】

光绪五年(1879)……六月,……刑部说东乡冤狱事情,是诬告叛乱妄加杀害,已经革除知县官职的孙定扬、提督李有恒论罪处以死刑。

天津铸钱

【原文】

十三年……正月,……懿旨购置机器于天津鼓铸,一文以一钱为率。

【译文】

光绪十三年(1887)……一月,……皇太后下旨购买置办机器,在天津(今天津)用鼓风炉炼金属铸钱,一文以铸造一个钱为标准。

开采矿藏

【原文】

八年……十一月,……开铜山县煤铁矿。

十一年……六月,……谕岑毓英察云南铜矿。通谕曾国荃等勘东南各矿。

七月，……开川、滇铜铁矿。

十四年……正月，……开黑龙江漠河金矿。

十六年……六月，……开三姓金矿。

三十二年……十一月，……免广西锑矿出井税。

【译文】

光绪八年(1882)……十一月，……开采铜山县(今江苏徐州市郊)境内的煤矿、铁矿。

光绪十一年(1885)……六月，……谕令岑毓英考察云南(今云南)境内的铜矿。通报谕令曾国荃等勘察东南广大地区的各种矿藏。

七月，……开采川(今四川)、滇(今云南).境内的铜矿、铁矿。

光绪十四年(1888)……一月，……开采黑龙江漠河(今黑龙江漠河县)境内的金矿。

光绪十六年(1890)……六月，……开采三姓(今黑龙江依兰县)境内的金矿。

三十二年(1906)……十一月，……免去广西(今广西壮族自治区)境内开采锑矿的出井税。

修 筑 铁 路

【原文】

十三年……四月，……命内阁侍读学士林维源督办台湾铁路及商务。

十四年……七月，……津沽铁路成。

十五年……八月，……命李鸿章、张之洞会同海军署筹办芦汉铁路。

十一月，……允海军署请，户部岁拨二百万开办铁路。

十七年……三月，……命李鸿章督修关东铁路。

二十二年……二月，……开龙州铁路。

三月……，命王文韶、张之洞督办芦汉铁路。

二十四年……十月，……命胡燏棻督办津镇铁路，以张翼副之。

二十五年……，开滇越铁路。

三十一年……十月，……芦汉铁路成。

三十三年……十二月，……命吕海寰充督办津浦铁路大臣。

三十四年……六月，……命张之洞兼督办粤汉铁路。

【译文】

光绪十三年(1887)……四月，……命令内阁侍读学士林维源监督办理台湾地方铁路以及商业事务。

光绪十四年(1888)……七月，……津沽(今天津)铁路修成。

光绪十五年(1889)……八月，……命令李鸿章、张之洞会同海军署筹备办理芦汉(今北京西南郊卢沟桥至湖北武汉市汉口)铁路。

十一月，……允许海军署的呈请,管理财政的户部每年拨银二百万两为开办铁

路的费用。

光绪十七年(1891)……三月,……李鸿章监督建修山海关以东的铁路。

光绪二十二年(1896)……二月,……开办龙州(今广西壮族自治区龙州县)铁路。

三月,……命令王文韶、张之洞督促筹办芦汉铁路。

光绪二十四年(1898)……十月,……命令胡燏棻督促筹办津镇(今天津至江苏镇江)的铁路,用张翼作为辅助的副手。

光绪二十五年(1899)……开办滇越(今云南昆明至河口县)铁路。

光绪三十一年(1905)……十月,……芦汉铁路筹备完成。

光绪三十三年(1907)……十二月,……命令吕海寰充任监督办理津浦(今天津到江苏南京西北浦口)铁路的大臣。

光绪三十四年(1908)……六月,……命令张之洞兼任监督办理粤汉(今广东广州至湖北武汉)铁路。

架 设 电 线

【原文】

八年……十二月,……设沪、粤沿海电线。

十一年……七月,……设广西南宁电线达云南。

十二月,……续设三姓、黑龙江陆路电线。

十三年……二月,……川、滇接修电线成。

十四年……四月,……展接广东电线自九江至大庾岭。

十五年……十月,……设西安至嘉峪关电线。

【译文】

光绪八年(1882)……十二月,……架设沪(今上海)、粤(今广东)沿海的电线。

光绪十一年(1885)……七月,……架设广西南宁(今广西壮族自治区南宁)的电线达到云南(今云南)。

十二月,……继续架设三姓(今黑龙江依兰县)、黑龙江(今黑龙江省)陆路电线。

光绪十三年(1887)……二月,……川(今四川)、滇(今云南)连接修电线完成。

光绪十四年(1888)……四月,……开展连接广东(今广东)电线从九江(今江西九江市)到大庾岭(今江西大余县、广东南雄市交界处)地区。

光绪十五年(1889)……十月,……架设西安(今陕西西安)到嘉峪关(今甘肃嘉峪关)的电线。

初置北洋海军提督

【原文】

十四年……十一月,……初置北洋海军提督,以丁汝昌任之。

【译文】

光绪十四年(1888)……十一月,……开始设置北洋(今江苏以北的山东、河北、辽宁等沿海各省为北洋)海军提督军务总兵官,用丁汝昌担任这个重要军职。

皇太后归政

【原文】

十五年……二月,……皇太后归政。上御太和殿受贺,颁诏天下。

【译文】

光绪十五年(1889)……二月,……皇太后归政。德宗坐太和殿接受朝贺,颁发诏书通告全国。

中日战争及订《马关条约》

【原文】

二十年……七月,……日本侵朝鲜,下诏宣战。

二十一年……三月,……李鸿章与日本全权伊藤博文、陆奥宗光马关会议,和约成。

【译文】

光绪二十年(1894)……七月,……日本侵略朝鲜,清政府下令对日本宣战。

光绪二十一年(1895)……三月,……李鸿章与日本全权大臣伊藤博文、陆奥宗光在马关(日本本州西南港口)举行会议,《马关条约》和约完成。

初设新建陆军

【原文】

二十一年……十月,……初设新建陆军,命……袁世凯督练。

【译文】

光绪二十一年(1895)……十月,……开始设立新建陆军。命令……袁世凯督办训练。

立招商轮船总公司

【原文】

二十二年……九月……先是,王文韶、张之洞请立招商轮船总公司,举盛宣怀督办。

【译文】

光绪二十二年(1896)……九月,……原先,王文韶、张之洞请立招商轮船总公司,荐举盛宣怀督促办理。

康有为、梁启超初任事

【原文】

二十四年……四月,……召见工部主事康有为,命充总理各国事务衙门章京。

五月……,赏举人梁启超六品衔,办理译书局。

【译文】

光绪二十四年(1898)……四月,……召见掌管各项工程的工部主事官员康有为,命令充任总理各国事务衙门中办理文书事务的章京官员。

五月……,赏给举人梁启超六品官阶头衔,命他办理译书局。

立京师大学堂

【原文】

二十四年……五月,……诏立京师大学堂,命孙家鼐管理。

【译文】

光绪二十四年(1898)……五月,……诏令建立京师大学堂(今北京大学前身),命令孙家鼐管理。

颁发诏书,兴办农学

【原文】

二十四年……五月,……诏兴农学。谕曰:"振兴庶务,首在鼓励人材。各省士民著有新书,及创新法,成新器,堪资实用者,宜悬赏以劝。或试之实职,或锡之章服。所制器给券,限年专利售卖。其有独力创建学堂,开辟地利,兴造枪炮厂者,并照军功例赏励之。"

【译文】

光绪二十四年(1898)……五月,……颁发诏书兴办农学。谕令说:"振兴各种事务,首先在于鼓励有专长的人才。各省读书人及百姓著作有新书,以及创造新的

方法,造成新的机器,可以提供实用的,应当公开悬挂奖赏用以劝勉。或者任命给他实际职务,或者赏赐给他官服。所制成新的机器给予契据证书,限定年数可以享受专利售卖。若是有独自力量创建新式学校,开辟土地之利,兴工制造枪炮厂的人,并当按照军事立功的例子赏赐奖励他们。"

康有为办官报

【原文】

二十四年……六月,……命康有为督办官报。

【译文】

光绪二十四年(1898)……六月,……命令康有为监督办理官方报纸。

设矿务铁路总局,办路矿学堂

【原文】

二十四年……六月,……设矿务铁路总局于京师,……谕南北洋大臣筹办水师及路矿学堂。

【译文】

光绪二十四年(1898)……六月,……设立矿务铁路总局于京师(今北京),……谕令南洋(今江苏、浙江、福建、广东等沿海各省)大臣、北洋(今江苏以北沿海各省)大臣筹备办理长江水师及铁路矿务学校。

亟图自强之策

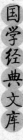

【原文】

二十四年……六月,……谕曰:"时局艰难,亟须图自强之策。……惟是更新要务,造端宏大,条目繁多,不得不广集众长,折衷一是。诸臣于交议之事,当周咨博访,详细讨论。……力除壅蔽,上下一诚相感,庶国是以定,而治道蒸蒸矣。"

【译文】

光绪二十四年(1898)……六月,……谕令说:"当前的政治局势很困难,急迫地需要计划国家强盛的策略。……只是变更革新主要的政务,开始发端的规模宏大,条目繁多,不得不广集众人的长处,协调不同意见取得一致。各位大臣对于交给议论的事情,应当周密咨询广博采访,详尽细致地讨论。……努力排除壅塞蒙蔽,上下一致诚心互相感奋,或许可以把国策能够决定下来,而且治理国家的方法就一天比一天好了。"

设农工商总局

【原文】

二十四年……六月，……谕各省广开通商口岸。……七月……诏于京师设农工商总局。

【译文】

光绪二十四年（1898）……六月，……谕令各省广阔开放通商的口岸。……七月……诏令在京师（今北京）设立农工商总局。

设侨民学堂

【原文】

二十四年……七月，……命出使大臣设侨民学堂于英、美、日本各国。

【译文】

光绪二十四年（1898）……七月，……命令出使国外的外交大臣设立中国籍人居住在外国学习的华侨学校于英国、美国、日本各国。

杨、林、刘、谭参预新政

【原文】

二十四年……七月，……赏内阁侍读杨锐、中书林旭、刑部主事刘光第、江苏知府谭嗣同并加四品卿衔，参预新政。

【译文】

光绪二十四年（1898）……七月，……赏赐内阁侍读杨锐、中书林旭、刑部主事刘光第、江苏（约当今南京、苏州两地之间区域）知府谭嗣同一并加给四品卿官阶的头衔，参加筹划新政。

戊戌变法布告

【原文】

二十四年戊戌……七月，……谕曰："国家振兴庶政，兼采西法，诚以为民立政，中西所同，而西法可补我所未及。今士大夫昧于域外之观，辄谓彼中全无条教。不知西政万端，大率主于为民开智慧，裕身家。其精者及能淑性延寿。生人利益，推扩无遗。朕夙夜孜孜，改图百度，岂为崇尚新奇。乃眷怀赤子，皆上天所畀，祖宗所遗，非悉使之康乐和亲，未为尽职。加以各国环相陵逼，非取人之所长，不能全我之所有。朕用心至苦，而黎庶犹有未知。职由不肖官吏与守旧士夫不能广宣朕意。乃至胥动浮言，小民摇惑惊恐，山谷扶杖之民，有不获闻新政者，朕实为叹恨。今将

变法之意,布告天下,使百姓咸喻朕心,共知其君之可恃。上下同心,以成新政,以强中国,朕不胜厚望焉。"

【译文】

光绪二十四年戊戌(1898)……七月,……颁布谕旨说:"国家振兴各项政治,兼顾采用西洋的方法,实在想用这为民众建立政治体制,中国和西洋各国所做相同,而西洋国家的方法可以补充我国的不足。如今做官的或未做官的读书人被西洋是中国疆域以外的观点所蒙蔽,常常说西洋方法中完全没有中国传统的条文和教令。殊不知西洋各国的政治头绪极多而纷繁,大致主张于为民众开通智慧,富裕本身和家庭。他们精通这个方法的人甚至能够使人性情善良达到延年益寿。还要使每个人的生活利益,逐渐推广扩大,没有遗漏。我早晚勤勉不懈怠,打算改革各种制度,岂是为了崇拜尊重新鲜奇特。乃是关怀众多的百姓,都是上天主宰所赐给,也是祖宗先辈所遗留下来,如不都使他们安康快乐和睦相亲,就是没有做到竭尽自己的职责。更因为列强各国环围交替侵陵逼迫,不吸取别人所有的特长,就不能保全我们国家所有的一切。我运用心机最为艰苦,但是黎民百姓还有不知道的。由于不好的官吏和守旧的士大夫不能广泛宣传我的心意,甚至都流传一些虚浮没有事实根据的话,平民百姓摇摆疑惑惊慌恐惧,高山深谷手扶拐杖的老百姓,还有没听到新政的人,我实在为他们叹息遗憾。现在将变法的意旨,公布宣告全国,让百姓都明白我的心意,都知道他们的君主是可以依靠的。举国上下共同一心,以便成就变法新政,用以强盛中国,对此我非常深切的期望啊!"

设 邮 政

【原文】

二十四年……七月,……谕各省撤译站,设邮政。

【译文】

光绪二十四年(1898)……七月,……谕令各省撤去用人马传递政府文书的驿站,设立专门办理邮件传递业务的邮政。

太后复垂帘,法遭失败

【原文】

二十四年……八月,……皇太后复垂帘于便殿训政。诏以康有为结党营私,莠言乱政,褫其职,与其弟广仁皆逮下狱。有为走免。……诏捕康有为与梁启超。……户部侍郎张荫桓、翰林院侍读学士徐致靖、御史杨深秀暨杨锐、林旭、刘光第、谭嗣同并坐康有为党下狱。……上称疾,征医天下。……命逮文廷式、捕孙文。……禁官民擅递封章。罢《时务官报》。各省祠庙毋改学堂。……杨深秀、杨锐、林旭、刘光第、谭嗣同、康广仁俱处斩。谪张荫桓新疆。徐致靖禁锢。……籍康有为、梁启超家。……懿旨……罢经济特科,罢农工商局。……申联名结会之禁。

【译文】

　　光绪二十四年（1898）……八月，……慈禧皇太后又垂帘听政于便殿训导施政。诏令以为康有为结党营私，坏话乱政，剥夺他的职务，与他的弟弟康广仁都逮捕关进监狱。康有为逃脱。……诏令逮捕康有为和梁启超。……户部侍郎张荫桓、翰林院侍读学士徐致靖、御史杨深秀及杨锐、林旭、刘光第、谭嗣同一并定罪，因为是康有为的同党而被关进监狱。……光绪帝称说有病，征求全国医生治病。……命令逮捕文廷式、搜捕孙中山。……禁止官员民众擅自递送封呈奏章。停办《时务官报》。各省祠堂庙宇不得改学堂。……杨深秀、杨锐、林旭、刘光第、谭嗣同、康广仁都处死斩首。贬谪张荫桓去新疆。徐致靖关押监禁。……抄没康有为、梁启超家里的财物。……慈禧皇太后颁下的懿旨罢经济特科，撤销农工商局。……申令禁止联名结会。

慈禧太后油画像

悬赏严捕康、梁

【原文】

　　二十四年……十月，……悬赏购捕康有为、梁启超。

　　二十五年……十一月，……再暴康有为、梁启超罪状，悬赏严捕。

　　二十六年……正月，……诏大索康有为、梁启超，毁所著书，阅其报章者并罪之。

【译文】

　　光绪二十四年（1898）……十月，……定出赏金搜捕康有为、梁启超。

　　二十五年（1899）……十一月，……再次暴露康有为、梁启超罪状，定出赏金严密搜捕。

　　二十六年（1900）……正月，……诏令大肆搜捕康有为、梁启超，焚毁他们所著写的书，阅读他们所办的报纸所写的文章的人一并治罪。

义和拳起，八国联军入京

【原文】

　　二十六年……正月，……拳……起山东，号"义和拳会"，假仇教为名。

　　四月，……义和拳入京师，诏步军统领等会议防禁以闻。……总署言拳会造言煽惑，人心浮动，易肇衅端。

　　五月，……诏刚毅、董福祥募拳民精壮者成军，自余遣散。……诏以中外衅启，饬战备。

　　六月，……外兵袭天津，聂士成战于八里台，死之。

　　七月，……德、奥、美、法、英、义、日、俄八国联兵陷京师。

八月，……诏奕劻还京，会李鸿章议和。

二十七年……六月，……各国联军去京师。

【译文】

光绪二十六年（1900）……正月，……义和拳起于山东（今山东），号称"义和拳会"，假借仇视教会为名。

四月，……义和拳进入京师（今北京），诏令步军统领等召开会商讨严密议防备，并把情况及时上报。……总署说"义和拳会"造出言论煽惑群众，人民心情浮漂波动，容易发生争衅事端。

五月，……诏令刚毅、董福祥招募义和拳民众精干强壮的人编成军队，多余的人即行遣散。诏令以中国和外国争端开始，饬令加强战争准备。

六月，……外国兵袭击天津（今天津），聂士成战于八里台（今天津南开区南端），战死。

七月，……德、奥、美、法、英、意、日、俄八国联军攻陷京师（今北京）。

八月，……诏令奕劻回京城，会同李鸿章参议和约谈判。

光绪二十七年（1901）……六月，……八国联军退出京师（今北京）。

仿行宪政之议

【原文】

三十二年……七月，……谕曰："载泽等陈奏，谓国势不振，由上下相睽，内外隔阂。官不知所以保民，民不知所以卫国。而各国所由富强，在实行宪法，取决公论。时处今日，惟有仿行宪政，大权统于朝廷，庶政公诸舆论。预备立宪基础，内外臣工切实振兴，俟数年后规模粗具，参用各国成法，再定期限实行。"

【译文】

光绪三十二年（1906）……七月，……谕令说："载泽等人上陈奏章，国家形势不能振作起来，由于上下互相睽违，朝廷内外隔阂。官员不知道用什么办法保护民众，民众不知道用什么办法保卫国家。而各国之所以富强的原因，在于实行宪法，取决于公众议论。时代处在现在，唯有仿效实行宪政，大权统一在朝廷掌握，众多政治主张公开之于舆论研讨。要做好预备立宪的基础，朝廷内外的群臣百官必须切实振兴起来，等到数年后粗略具备规模，参用各国已做过的成法，再决定期限具体实行。"

宣统皇帝本纪

溥仪承统

【原文】

宣统皇帝名溥仪，宣宗之曾孙，醇贤亲王奕譞之孙，监国摄政王载沣之子也。

于德宗为本生弟子。……德宗崩，奉太皇太后懿旨，入承大统，为嗣皇帝，嗣穆宗，……时年三岁。摄政王载沣奉太皇太后懿旨监国。……以明年为宣统元年。

【译文】

宣统皇帝名叫溥仪，是宣宗旻宁的曾孙，醇贤亲王奕譞的孙子，监国摄政王载沣的儿子。对于德宗载湉来说是他亲生弟弟的儿子。……德宗载湉死，奉慈禧太皇太后的懿旨，入宫接承统治全国的帝位，成为继嗣的皇帝，继嗣穆宗载淳，……当时年龄只有三岁。代君主管理国家的摄政王载沣奉慈禧太皇太后的懿旨监理国政。……以下一年为宣统元年（1909）。

宣统皇帝

宣示预备立宪

【原文】

宣统元年……二月，……宣示实行预备立宪宗旨，诏曰："国是已定，期在必成。内外大小臣工，皆当共体此意，翊赞新猷。言责诸臣，亦应于一切新政得失利病，剀切敷陈。"

【译文】

宣统元年（1909）……二月，……公开表示预备立宪的宗旨，颁发诏书说："国家大计已定，期望必定获得成功。朝廷内外群臣百官，都应当共同体会这个意旨，辅佐赞助新的宏大计划。有进谏责任的诸位大臣，也应该对于一切新颁政令的所得所失或好处害处，切实详加叙述。"

新颁行印花票税

【原文】

宣统元年……闰二月，……颁行度支部印花票税。

【译文】

宣统元年（1909）……闰二月，……颁布发行（管国家财政收支的）度支部的在各种凭证上贴印花票的征税办法。

溥仪禁鸦片烟

【原文】

宣统元年……二月，……申鸦片烟禁。

四月，……谕禁烟大臣切实考验，毋许瞻徇敷衍。外省文武职官学堂，责成督、抚、将军、都统等严查禁。

十二月，……宪政编查馆上《禁烟条例》，颁行之。

二年……十二月，……重申烟禁，地方官仍前粉饰者罪之，并命民政、度支二部考核。

三年……四月，……重申鸦片烟禁，谕民政、度支二部，各省督抚克期禁绝。

六月，……以禁烟与英使续订条件，重申厉禁，谕中外切实奉行。

闰六月，……命宝熙充禁烟大臣。

【译文】

宣统元年（1909）……二月，……申令对鸦片烟的严禁。

四月，……谕令禁烟大臣切实考察检验，不允许瞻顾徇私敷衍塞责。外省文臣武将职官学校，责成总督、巡抚、将军、都统等严厉检查禁止。

十二月，……宪政编查馆呈上《禁烟条例》，命令颁布实行这个《禁烟条例》。

宣统二年（1910）……十二月，……重复申令对鸦片烟的严禁，地方官如仍像以前那样粉饰掩盖的就治他的罪，并且命令管国内行政事务的民政、管国家财政收支的度支这两个部考察审核。

宣统三年（1911）……四月，……重新再次申令对鸦片烟的严禁，谕令管国内行政事务的民政、管国家财政收支的度支这两个部，各行省的总督、巡抚严格限定日期禁绝鸦片烟。

六月，……根据禁烟条令与英国公使继续商订条件，再次申令严厉禁烟，谕告国内国外切实奉行。

闰六月，……命令宝熙充任禁烟大臣。

设立国家图书馆

【原文】

宣统元年……七月，……学部立图书馆于京师。

【译文】

宣统元年（1909）……七月，……学部设立国家图书馆在京师（今北京）。

京张铁路筑成

【原文】

宣统元年……八月，……京张铁路工成。

【译文】

宣统元年（1909）……八月，……京张（今北京至河北张家口）的铁路工程完成。

严劾贪官污吏

【原文】

二年……六月，……诏："各省督抚劳于行政，亟于筹款，而恒疏于察吏。不知吏治不修，则劳民伤财，乱端且从此起，新政何由而行？其各慎选牧令，为地择人，斯为绥靖地方至计。"……诏各部院、各督抚严劾贪官污吏，并谕贵戚及中外大臣敦品励行，整躬率属。

监国摄政王宝玺　清

【译文】

宣统二年（1910）……六月，……诏令："各行省的总督、巡抚辛劳于行政工作，急于筹备款项，而经常疏忽于考察官吏。不知道地方官的作风不加整治，这就会导致劳民伤财，作乱祸端且会从这里开始，新政经过什么道路而去行通呢？你们各省要慎重挑选地方官，为了地方的实际情况而选择适当的人，这是作为安抚地方的最好主谋。"……诏令各部、各院、各总督、各巡抚要严厉弹劾贪官污吏，并且谕令君主的亲族贵戚及国内外的文武大臣们要敦厚人品励志德行，整顿本身作风而表率下属。

革命党人袭击刺杀行动

【原文】

二年……三月，……革命党人汪兆铭、黄复生、罗世勋谋以药弹轰击摄政王，事觉，捕下法部狱。

三年……三月，……革命党人以药弹击杀署广州将军孚琦。……革命党人黄兴率其党于广州焚总督衙署。

闰六月，……革命党人以药弹道击广东水师提督李准，伤而免。

九月，……革命党人以药弹击杀广州将军凤山。

十二月，……革命党以药弹击良弼，伤股，越二日死。

【译文】

宣统二年（1910）……三月，……革命党人汪兆铭、黄复生、罗世勋谋划用火药炸弹轰击摄政王载沣，事前被发觉，逮捕关进法部监狱。

宣统三年（1911）……三月，……革命党人用火药炸弹袭击杀死署理广州（今广东广州）将军孚琦，……革命党人黄兴率领他的同党在广州焚烧总督衙门官署。

闰六月，……革命党人用火药炸弹在路上袭击广东（今广东）水师提督李准，受

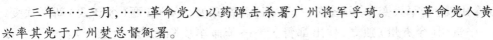

伤幸免一死。

九月，……革命党人以火药炸弹袭击杀死广州将军风山。

十二月，……革命党人用火药炸弹袭击前户部侍郎良弼、炸伤大腿，过了两天就死了。

革命党起，新军应变

【原文】

三年……八月，……革命党谋乱于武昌，……武昌新军变附于革命党，总督瑞徵弃城走，遂陷武昌。……武昌军民拥陆军第二十一混成协统领官黎元洪称都督，置军政府。嗣是行省各拥兵据地号独立，举为魁者皆称都督。革命军取汉阳，袭兵工厂、铁厂，据汉口。

九月，……湖南新军变，……陕西新军变，……山西新军变，……云南新军变，……江西新军变，……贵州独立，举都督。……革命军陷上海。……江苏巡抚程德全以苏州附革命军，自称都督。浙江新军变，……广西巡抚沈秉堃自称都督。……江宁新军统制徐绍桢以其军变，……安徽新军变，推巡抚朱家宝为都督。……广东独立，举都督。……福建新军变。

十月，……四川成都独立，举都督。

十一月，……成都尹昌衡、罗纶以同志军入总督衙，劫前署四川总督、川滇边务大臣赵尔丰执之，……死。

【译文】

宣统三年(1911)……八月，……革命党人谋划动乱于武昌(今湖北武汉市武昌)，……武昌新军兵变依附于革命党，湖广总督瑞徵弃城逃走，于是陷落武昌城。……武昌军民拥立新军第二十一混成协(旅)的长官黎元洪称都督，设置军政府。紧接着是行省各自拥兵据地号称独立，推举为首的人都称为都督。革命军取得汉阳(今湖北武汉市汉阳)，袭占兵工厂、铁厂、占据汉口(今湖北武汉市汉口)。

九月，……湖南(今湖南)新军兵变，……陕西(今陕西)新军兵变，……山西(今山西)新军兵变，……云南(今云南)新军兵变，……江西(今江西)新军兵变，……贵州(今贵州)独立，举出都督。……革命军攻陷上海(今上海)。……江苏(今江苏)巡抚程德全以苏州(今苏州)依附革命军，自称都督。浙江(今浙江)新军兵变，……广西(今广西壮族自治区)巡抚沈秉堃自称都督。……江宁(今江苏南京)新军统辖一镇的长官统制徐绍桢以他的军队兵变，……安徽(今安徽)新军兵变，推巡抚朱家宝称为都督。……广东(今广东)独立，举出都督。……福建(今福建)新军兵变。

十月，……四川成都(今四川成都)独立，举出都督。

十一月，……成都尹昌衡、罗纶以同志军进入总督衙门，劫持前署理四川总督、川滇(今云南)边务大臣赵尔丰捉住他……处死。

起用袁世凯应付残局

【原文】

三年……九月,……授袁世凯钦差大臣,督办湖北剿抚事宜,节制诸军。……授袁世凯内阁总理大臣,命组织完全内阁。……陆海各军及长江水师仍听袁世凯节制调遣。……命近畿各镇及各路军队并姜桂题所部俱听袁世凯节制。

【译文】

宣统三年(1911)……九月,……授予袁世凯代表皇帝出外处理大事的钦差大臣,督促办理湖北(今湖北)的进剿或安抚等事的布置和处理,控制管辖各路军队。……授予袁世凯内阁总理大臣,命令组织完全内阁。……陆军、海军的各路军队以及长江的水师兵舰仍然听从袁世凯控制安排调用遣派。……命令京城(今北京)附近地区的各镇(师)士兵以及各路军队连同姜桂题所部属的人员都听从袁世凯控制安排。

立"中华民国"政府

【原文】

三年……十月,……袁世凯与民军订暂时息战条款,停战三日。自是展期再三,至决定国体日乃已。……诏授袁世凯全权大臣,委代表人赴南方讨论大局。

十一月,……袁世凯遣唐绍仪南下,与民军代表伍廷芳讨论大局,以上海为议和地,一再会议,廷芳力持废帝制建共和国,绍仪不能折,以当先奏闻取上裁,遂以入告。世凯奏请召集王公大臣开御前会议,终从其言。至是,乃定期开国民会议于上海,解决国体。……各省代表十七人开选举临时大总统选举会于上海,举临时大总统,立政府于南京,定号曰中华民国。

【译文】

宣统三年(1911)……十月,……袁世凯与国民革命军协商订立暂时停战条款,停战三天,从这时起一再往后推延预定期限,及至决定国家体制之日才止住。……诏令授予袁世凯为处理事务有全部权力的全权大臣,委派代表人员去南方讨论国家总的局面和形势。

十一月,……袁世凯派遣唐绍仪去南方,与国民革命军代表伍廷芳讨论国家总的局面和形势,以上海(今上海)为协议和谈的地方,一再开会协议,伍廷芳极力坚持废除帝制建立共和国,唐绍仪不能说服他,以为应当先行奏报听取上面裁决,于是回京禀告谈判情况。袁世凯上奏请予召集王公大臣们在皇帝面前的会议,最后听从袁世凯的话。到这时,才决定日期召开国民会议在上海,解决国家体制问题。各省代表十七人开选举临时大总统选举会在上海,选举临时大总统,在南京成立政府,定国号为中华民国。

授袁世凯全权

【原文】

三年……十二月，……皇太后懿旨，授袁世凯全权，与民军商酌条件奏闻。时岑春煊、袁树勋、陆徵祥、段祺瑞等请速定共和国体，以免生灵涂炭，故不俟国会召集，决定自让政权，遂有是命。……袁世凯奏与南方代表伍廷芳议，赞成共和，并进皇室优待条件八，皇族待遇条件四，满、蒙、回、藏待遇条件七，凡十九条。

【译文】

宣统三年（1911）……十二月，……隆裕皇太后懿旨，授予袁世凯有处理国家大事的全部权力，与国民革命军协商斟酌条件进奏知闻。当时岑春煊、袁树勋、陆徵祥、段祺瑞等请予迅速决定共和国体制，以免民众处于水深火热之中，所以不等到国会召集开会，决定自己让出政权，于是有这个命令。……袁世凯进奏与南方国民革命军代表伍廷芳协议，赞成共和国体制，并且进呈皇室优待条件八条，皇族待遇条件四条，满族、蒙古族、回族、藏族待遇条件七条，总共十九条。

逊 位 宣 示

【原文】

三年……十二月，……皇太后命袁世凯以全权立临时共和政府，与民军商统一办法。袁世凯遂承皇太后懿旨，宣示中外曰："前因民军起义，各省响应。……特命袁世凯遣员与民军代表讨论大局，议开国会、公决政体。……今全国人民心理，多倾向共和。南中各省，既倡义于前，北方将领，亦主张于后。……即由袁世凯以全权组织临时共和政府，与民军协商统一办法。……仍合满、蒙、汉、回、藏五族完全领土为一大中华民国。"……遂逊位。

帝冲龄嗣服，监国摄政，……大变既起，遽谢政权，天下为公，永存优待，遂开千古未有之奇。

【译文】

宣统三年（1911）……十二月，……隆裕皇太后命令袁世凯以处理国家大事的全部权力成立临时共和政府，与国民革命军协商统一办法。袁世凯于是承受隆裕皇太后的懿旨，公开于国内国外

袁世凯

宣布说："以前因为国民革命军起义，各省纷纷响应。……特地命令袁世凯派遣官员与国民革命军代表讨论国家形势大局，商议召开国会、公众决定国家政治体制。……现在全国人民的心理，多是倾向于共和政体。中国南部各省，既然先倡议共和，北方将领也跟着主张共和。……即可由袁世凯以处理国家大事的全部权力组

织临时共和政府,与国民革命军协商统一办法。……仍然结合满、蒙、汉、回、藏五族完好全部领土成为统一大家庭的中华民国。"……于是宣统溥仪让出帝位。

宣统溥仪年龄幼小继承帝位,由生父摄政王载沣监理国务摄代国政,……革命的大变动既然起来,突然辞去政治权力,全国为民众所公有,永远保存对皇族的优待,于是开创了千古未有的奇事。

时 宪 志

第五次历法改革

【原文】

万历末,徐光启、李之藻等译西人之书为新法,推交食、凌犯皆密合,然未及施用。世祖定鼎以后,始绌明之旧历,依新法推算,即承用二百六十余年之《时宪术》也。光启等龈龈辩论,当时格而不行,乃为新朝改宪之资。

【译文】

明朝万历末年,徐光启、李之藻等人翻译西方人的书编为新历法,推算日月交食、诸星侵犯都有严密吻合,然而没有来得及施行使用。世祖福临统一中国以后,才废除明朝的旧历法,依据新法推算,这就是承袭沿用二百六十多年的《时宪术》。徐光启等人龈龈辩驳争论,在当时遇到阻碍而不能施行,却成为新的朝代改革时宪的根据。

历法推陈出新

【原文】

西人汤若望,与徐光启共译新法者也,以四十二事证西人之密,中术之疏,畴人子弟翕然信之。宣城人梅文鼎研精天算,由《授时》以溯《三统》《四分》以来诸家之术,……与汤若望同时入中国者为穆尼阁,传其学于淄川薛凤祚,而吴江人王锡阐自创新法,用以推日月食,不爽秒忽,两家之学,皆不列于台官,然其精密,或为台臣所不及焉。

【译文】

西方人汤若望,是和徐光启一起翻译新历法的人,用四十二件事例证明西方人的精密,中国历法的疏误,历算学者的后辈一致信从。宣城(今安徽宣城)人梅文鼎研究精通天文历算,由元代《授时》历来追溯西汉末《三统》历,东汉《四分》历以来各家的历法,……与汤若望同时期到中国的穆尼阁,传授他的学说于淄川(今山东淄博西南)薛凤祚,而吴江(今江苏吴江)人王锡自己独创新历算法,用来推算日食月食,不差丝毫,两家的学说,都没有正式列入司天台官学,然而它的精密,有些地方是司天台官员所比不上的。

历算学人才辈出

【原文】

乾隆以后,历官能损益旧法,廷栋一人而已。其不为历官而知历者,梅文鼎、薛凤祚、王锡阐以下,江永、戴震、钱大昕、李善兰为尤著。

【译文】

乾隆朝以后,掌历法官员能够修改增减旧历法的,仅司廷栋一人罢了。那些不做历官而通晓历法的人,梅文鼎、薛凤祚、王锡阐之后,江永、戴震、钱大昕、李善兰是最著名的。

地 理 志

清 朝 疆 域

【原文】

太祖、太宗力征经营,奄有东土,……世祖入关翦寇,定鼎燕都,悉有中国一十

皇极门

八省之地,……圣祖、世宗长驱远驭,拓土开疆,……自兹以来,东极三姓所属库页岛,西极新疆疏勒至于葱岭,北极外兴安岭,南极广东琼州之崖山,莫不稽颡内乡,诚系本朝。

【译文】

太祖努尔哈齐、太宗皇太极致力征战、筹划营谋,占有了东方土地,……世祖福临兵进山海关翦灭敌寇(对农民军的蔑称),建立清朝于燕都(今北京),全部统辖中国十八省的土地,……圣祖玄烨、世宗胤禛迅速向边远地区发展,开拓疆土,……自从那时以来,东方最远到三姓副都统所辖的库页岛(今属苏联),西部直至新疆疏勒(今新疆维吾尔自治区疏勒县)到达葱岭(今帕米尔),北边远到外兴安岭(今苏联境内),南边直到广东琼州(今海南海口)的崖山,无不称臣归附,尽心诚意归属于清朝。

边疆设省

【原文】

穆宗中兴以后，台湾、新疆改列行省；德宗嗣位，复将奉天、吉林、黑龙江改为东三省，与腹地同风。

【译文】

穆宗载淳中兴之后，台湾、新疆改制列为行省；德宗载湉承袭帝位，又将奉天（今辽宁）、吉林、黑龙江改为东三省，与内地风俗相同。

礼 志

木兰秋狝

【原文】

康熙二十年，幸塞外，猎南山。寻出山海关，次乌拉，皆御弓矢校猎。越二年六月，幸古北口外行围，木兰搜猎始此。

木兰在承德府北四百里，属翁牛特。先是藩王进献为搜猎所，周千三百余里，林木葱郁，水草菔茂，群兽聚以孳畜焉。至是举行秋狝典，间有冬令再出者。

【译文】

康熙二十年（1681），圣祖到塞外（长城以北），狩猎于南山（指昆仑山、阿尔金山、祁连山）。不久出山海关，到达乌拉（今吉林永吉北），全都佩带弓箭检阅围猎。二年后六月，圣祖到古北口（今北京密云以北）外举行围猎，木兰狩猎从这时开始。

木兰位于承德府（今河北承德）以北四百里，隶属翁牛特旗。最初是藩属汗王奉献的打猎场所，方园一千三百多里，树木苍翠，水草茂盛，大群野兽聚集繁衍滋生。每年到这里举行秋弥典礼，也有冬季再次出猎的时候。

外国使臣觐见礼

【原文】

康熙初，外洋始入贡，中朝款接，稍异藩服。南怀仁官钦天监，赠工部侍郎，凡内廷召见，并许侍立，不行拜跪礼。雍正间，罗马教皇遣使来京，世宗许行西礼，且与握手。乾隆季叶，英使马格里入觐，礼臣与议仪式，彼以觐见英王为言，特旨允用西礼。

【译文】

康熙初年，海外洋人刚刚到中国来纳贡，中国朝廷款待接洽，稍微不同于藩属国。南怀仁任职钦天监，封赠为工部侍郎，凡是在宫廷之内召见他，并且允许他站立，不行叩拜下跪的礼节。雍正年间，罗马教皇派遣使臣来京城，胤禛世宗准许行

西方礼仪,并且和他握手。乾隆末期,英国使臣马格里入宫谒见,礼部官员和他商议礼仪程式,他援引谒见英国女王礼节,特下旨意允许使用西方礼节。

选 举 志

近代教育沿革

【原文】

有清一沿明制,二百余年,虽有以他途进者,终不得与科第出身者相比。康、乾两朝,特开制科。博学鸿词,号称得人。然所试者亦仅诗、赋、策论而已。洎乎末造,世变日亟。论者谓科目人才不足应时务,毅然罢科举,兴学校。采东、西各国教育之新制,变唐、宋以来选举之成规。前后学制,判然两事焉。

【译文】

清代沿袭明朝制度,二百多年,虽然有通过其他途径入仕的,始终不能和科举出身的相比。康熙、乾隆两朝,特旨开设制科。博学鸿词科,以获得人才著称。然而考试内容也仅是诗、赋、策问作议论文而已。到了后期,社会变动日新月异。议论者认为科举人才不足以应付时局世事,毅然废除科举,兴办学校。采纳东、西各国教育的新制度,改变唐、宋以来选拔进用制度的已形成的规则,前期、后期的教育制度,截然不同了。

书院育才

【原文】

各省书院之设,辅学校所不及,初于省会设之。……厥后府、州、县次第建立,延聘经明行修之士为之长,秀异多出其中。……儒学浸衰,教官不举其职,所赖以造士者,独在书院。其裨益育才,非浅鲜也。

【译文】

各省书院的设置,辅助学校教育方面的不足,最初在省会设立。……以后府、州、县各级相继建立,延请聘任学问高明,行为端正的学者为书院之长,才能优异的人多数出自书院。……儒学渐趋衰落,掌教育的官员不能胜任职务,赖以造就人才的教育单位,只有书院。它有益于培育人才,为力实在不浅呀。

教育新制

【原文】

学校新制之沿革,略分二期。同治初迄光绪辛丑以前,为无系统教育时期;辛丑以后迄宣统末,为有系统教育时期。自五口通商,英法联军入京后,朝廷鉴于外交挫衄,非兴学不足以图强。先是交涉重任,率假手无识牟利之通事,往往以小嫌

酿大衅,至是始悟通事之不可恃。又震于列强之船坚炮利,急须养成翻译与制造船械及海陆军之人才。故其时首先设置之学校,曰京师同文馆,曰上海广方言馆,曰福建船政学堂及南北洋水师、武备等学堂。

【译文】

学校新教育制度的沿袭变革,大致分为两期。同治初年至光绪辛丑(1901)以前,为无系统教育时期;辛丑以后到宣统末年,为有系统教育时期。自从五口通商,英法联军攻入北京之后,清政府有鉴于外交上受挫失利,不兴学不足以图强。起先交涉的重大事务,都借助无见识牟私利的翻译,常常因为小嫌隙酿成大争端,到这时才明白翻译的不可靠。又震慑于列强的船坚炮利,急切要培养出翻译与制造舰船军械以及海陆军的军事人才。故而那时期首先设置的学校,是京师同文馆,是上海广方言馆,是福建船政堂和南北洋水师学堂、武备学堂等。

船政学堂

【原文】

福建船厂,同治五年,左宗棠督闽时奏设,并设随厂学堂。分前、后二堂。前堂习法文,练习造船之术;后堂习英文,练习驾驶之术。……船政学堂成就之人材,实为中国海军人材之嚆矢。学堂设于马尾,故清季海军将领,亦以闽人为最多。

【译文】

福建船厂,同治五年(1866),左宗棠总督福建时上奏设立,并且随同船厂设立学堂。分前、后两学堂。前堂学习法文,练习造船的技术;后堂学习英文,练习驾驶的技术。……船政学堂培养造就的人才,实际是中国海军人才的开端。学堂设在马尾(今福建闽侯东南),所以清代海军将领,也以福建人为最多。

北洋水师学堂

【原文】

天津水师学堂,光绪八年,北洋大臣李鸿章奏设。次年招取学生,入堂肄业。分驾驶、管轮两科。教授用英文,兼习操法,……优者遣派出洋留学,以资深造。厥后海军诸将帅由此毕业者甚夥。

【译文】

天津水师学堂,光绪八年(1882),北洋大臣李鸿章上奏设立。次年招收录取学生,进入学堂学习。分为驾驶舰船、指挥舰船两个学科。教师授课使用英文,同时学习操练,……优秀学生派遣出国留学,以求深造。从此之后海军众将帅由这里毕业的很多。

天津武备学堂

【原文】

鸿章又于光绪十一年奏设天津武备学堂,规制略仿西国陆军学堂。挑选营中精健聪颖、略通文义之弁目,入堂肄业。文员愿习武事者,一并录取。

【译文】

李鸿章又在光绪十一年(1885)上奏设立天津武备学堂,规模建制大致仿效西方国家的陆军学堂。挑选军营中精干强健聪明敏慧、粗通文章和文字含义的低级武官,进入学堂学习。文官愿意学习军事的,也一同录取。

严修创办劝学所

【原文】

劝学所之设,创始于直隶学务处。时严修任学务处督办,提倡小学教育,设劝学所,为厅、州、县行政机关。……其章程内推广学务一条,规定办法凡五:曰劝学,曰兴学,曰筹款,曰开风气,曰去阻力。……皆普及教育切要之图也。

【译文】

劝学所的设立,创始于直隶(今北京、天津两市、河北大部、河南、山东部分地区)学务处。当时严修担任学务处督办,提倡小学教育,设立劝学所,作为厅、州、县的行政机关。……它的章程内推广学务一条,规定办法有五项:叫劝学、叫兴学、叫筹款、叫开风气、叫去阻力。……都是普及教育切中要害的谋划。

徐致靖荐维新人士

【原文】

二十四年,翰林院侍读学士徐致靖疏荐工部主事康有为、刑部主事张元济、湖南盐法长宝道黄遵宪、江苏知府谭嗣同、广东举人梁启超,特予召见。征遵宪、嗣同至京,赏启超六品衔,任译书局事。时德宗亲政,激于外势,亟图自强。诏求通达时务人才,中外纷纷荐举。

【译文】

光绪二十四年(1898),翰林院侍读学士徐致靖上疏荐举工部主事康有为、刑部主事张元济、湖南盐法长宝道黄遵宪、江苏知府谭嗣同、广东举人梁启超,特例予以召见。征调黄遵宪、谭嗣同到京城,赏给梁启超六品官衔,主持译书局事务。当时德宗亲自掌管政务,激奋于国际形势,急于谋求自强。下诏征求通晓时务的人才,朝廷内外纷纷推荐保举。

笔 帖 式

【原文】

满人入官,或以科目,或以任子,或以捐纳、议叙,亦同汉人。其独异者,惟笔帖式。京师各部、院,盛京五部,外省将军、都统、副都统各署,俱设笔帖式额缺。其名目有翻译、缮本、贴写。其阶级自七品至九品。

【译文】

满族人入仕做官,有的通过科举考试,有的通过父兄功绩而做官,有的通过捐资纳粟、议叙授官,也与汉人相同。他们唯一不同的,只有笔帖式。京城各个部、院,盛京(今辽宁沈阳)五个部,外省的将军、都统、副都统各官署,都设置笔帖式的名额位置。笔帖式的名目有翻译、缮本、贴写。它的官阶品级从七品到九品。

职 官 志

满 汉 参 用

【原文】

太祖肇基东土,国俗淳壹,事简职专,……初制内外群僚,满、汉参用,……累朝膺阃外重寄者,满臣为多。逮文宗兼用汉人,勋业遂著。大抵中叶以前,开疆拓宇,功多成于满人;中叶以后,拨剧整乱,功多成于汉人。

【译文】

太祖努尔哈齐开始奠基在东方的土地上,国内风俗淳厚一致,事务简单职责专一,……最初的制度是内外群臣百官,都是满人与汉人互相参合录用,……历朝承当国都以外的重要寄托的人,以满族臣僚较多。到文宗奕詝时兼顾使用汉族人,功业于是显著,大都是清中期以前,开辟疆域扩充国土,功业多成就于满人;清中期以后,治理剧顽整顿混乱,功业多成就于汉人。

创设军机处

【原文】

军机处:军机大臣,掌军国大政,以赞机务。常日侍直,应对献替,……其属曰章京,……分掌清文、汉字。

初设议政处,令巩阿岱等为议政大臣,参画军要。雍正十年,用兵西北,虑儤直者泄机密,始设军机房,后改军机处。……高宗莅政,更名总理处,寻复如初。时入直者皆重臣。……光绪二十七年,设政务处,以军机大臣领督办事。……越二年,设宪政编查馆,复命军机大臣领之。宣统三年,改责任内阁,以军机大臣为总协理大臣。

【译文】

军机处:设军机大臣,掌管军务和国政的大事,用以参赞机密重要的事务。每月侍候值班,应问答对献可替否,……它的下属叫章京,……分别掌管满文、汉字。

最初设置议政处,命令巩阿岱等为议政大臣,参与筹划军机要事。雍正十年(1732),用兵在西北作战,考虑交接值班的官吏会泄露机密,开始设置军机房,以后改名军机处。……高宗弘历亲政,改名为总理处,不久又恢复如前。当时进入内宫值班的人都是朝廷中地位举足轻重的大臣。……光绪二十七年(1901),设置政

军机处

务处,用军机大臣领导督促办理政务。……又过了两年(光绪三十三年,1907)设置宪政编查馆,又任命军机大臣领导这个馆。宣统三年(1911),改仿君主立宪制对议会负责的责任内阁,用军机大臣为总协理大臣。

理藩院专官清代创制

【原文】

理藩院:管理院务大臣,满洲一人。尚书,左、右侍郎,俱各满洲一人。额外侍郎一人。

尚书掌内外藩蒙古、回部及诸番部,制爵禄,定朝会,正刑罚,控驭抚绥,以固邦翰。

崇德元年,设蒙古衙门。……三年,更名理藩院。

理藩一职,历古未有专官,……遐荒绝漠,统治王官,为有清创制。

【译文】

理藩院:设管理院务大臣,满族一人。尚书,左、右侍郎,都是各有满族一人。还有额外侍郎一人。

尚书掌管内外藩属蒙古、回部以及各番部,制订官爵俸禄,决定朝拜会见君主,端正刑罚,控制驾驭安抚绥靖,用以巩固邦国羽翼。

崇德元年(1636),设置蒙古衙门。……三年(1638),改名为理藩院。

理藩这一职务,历经古代没有专任官员,……对边远荒僻的地方,人烟绝迹的沙漠,在京设置控制、管理藩属的官员,这是有清一代创造制定的。

都察院直言纠察

【原文】

都察院:左都御史,左副都御史,俱满、汉二人。

左都御史掌察核官常,参维纲纪。率科道官矢言职,率京畿道纠失检奸,并豫参朝廷大议。凡重辟,会刑部、大理寺定谳。祭祀、朝会、经筵、临雍,执法纠不如仪者。

初沿明制,设都察院。天聪十年,谕曰:"凡有政事背谬,及贝勒、大臣骄肆慢上者,许直言无隐。"

【译文】

都察院:设左都御史,左副都御史,都是满族、汉族各二人。

左都御史掌管调查审核官员的职守,用弹劾来维系国家的纲领法纪。率领六科给事中与都察院各道监察御史履行正直言事的职务,率领管理国都及周围地方的京畿道纠察失误,检举奸邪并可预先参与朝廷大事的议论。凡是重刑,会同刑部、大理寺定案判罪。祭祀天地、朝拜会见君主、讲解经传史鉴的经筵、亲到文庙大学典礼,执行法令纠正不按照仪制实行的人。

起初沿袭明朝制度,设都察院。天聪十年(1636),谕令说:"凡有施政事务违背或错谬,以及贝勒大官、大臣们骄傲肆暴欺慢朝廷的人,允许都察院御史直言不要隐瞒。"

大理寺平反重辟

【原文】

大理寺:卿,少卿,俱满、汉一人。

卿掌平反重辟,……与刑部、都察院称三法司。凡审录,刑部定疑谳,都察院纠核。狱成,归寺平决。不协,许两议,上奏取裁。

【译文】

大理寺:设卿,少卿,都是满族、汉族各一人。

卿掌管平反重刑。……与刑部、都察院合称三法司。凡是审讯记录,刑部拟定疑难案件的判罪,都察院纠察复核,断狱案初步成立,归大理寺平议决定。如果意见不协调,准许两种议论,上奏朝廷取得最后裁决。

翰林院职掌

【原文】

翰林院:掌院学士,满、汉各一人。侍读学士、侍讲学士,满洲各二人,汉各三人。侍读、侍讲,满洲各三人,汉各四人。修撰、编修、检讨、庶吉士,俱无定员。

掌院掌国史笔翰,备左右顾问。侍读学士以下掌撰著记载。……南书房侍直,尚书房教习,咸与其选。修实录、史、志,充提调、总纂、纂修、协修等官。庶吉士入馆,分习清、汉书,……侍读、侍讲司训课。

文渊阁领阁事三人,掌典综册府。

国史馆总裁,掌修国史。

经筵讲官,满、汉各八人,掌进读讲章,敷陈训典。

起居注馆,……日讲官掌侍直起居,记言记动。……贮置铁匦,送内阁尊藏。

【译文】

翰林院:设掌院学士,满族、汉族各一人。侍读学士、侍讲学士,满族各二人,汉族各三人。侍读、侍讲,满族各三人,汉族各四人。吏馆修撰、文献编修、修史检讨、擅长文学及书法的庶吉士,都没有固定的名额。

掌院掌管国史书写和文字,准备在皇上左右随时顾问。侍读学士以下掌管撰写著作、记载资料……清帝读书的南书房侍候值班,尚书房的教习课试,都参与那些挑选。编写实录、国史、方志,充任提调、总纂、纂修、协修等官。庶吉士进入庶常馆内,分别练习满文、汉文。……侍读、侍讲主持训导课程。

文渊阁领导阁事的有三人,掌管记载典章制度综合集中的帝王藏书库。

国史馆总裁,掌管编写国史。

经筵讲官,满族、汉族各八人,掌管进读讲义,详细叙述历史教训的典故。

起居注馆,……日讲官掌管侍候值班皇帝的日常生活,记录说话,记录行动。……贮藏放置在铁匣子内,送到内阁尊重收藏。

太医院掌考九科

【原文】

太医院:管理院事王大臣一人。院使,左、右院判,俱汉一人。

院使、院判掌考九科之法,帅属供医事。御医、吏目、医士各专一科;曰大方脉、小方脉、伤寒科、妇人科、疮疡科、针灸科、眼科、咽喉科、正骨科,是为九科。

【译文】

太医院:设管理太医院事的王大臣一人。院使,左、右院判,都是汉族一人。

院使、院判掌管考察九科的方法,带领所属医务官员提供医疗事务。御医、吏目、医士每人各专一门医科,叫作大方脉、小方脉、伤寒科、妇人科、疮疡科、针灸科、眼科、咽喉科、正骨科,这就是所谓九科。

总督、巡抚职掌概略

【原文】

总督:掌厘治军民,综制文武,察举官吏,修饬封疆。标下有副将、参将等官。

巡抚:掌宣布德意,抚安齐民,修明政刑,兴革利弊,考核群吏,会总督以诏废置。标下有参将、游击等官。其三年大比充监临官,武科充主试官,督、抚同。

【译文】

总督:掌管整顿治理军民,综合控制文武僚属,观察举荐官员,修建整顿疆界。部下有副将、参将等武官。

巡抚:掌管宣布朝廷的恩德音旨安抚治理平民,督察官吏政治刑罚清正,兴利

益并除弊,考察审核众官吏,会同总督宣告废除或设置。部下有参将、游击等武官。到每三年乡试时充任监临官,武科考时充当主试官、总督、巡抚相同。

学 政 督 学

【原文】

提督学政:省各一人。掌学校政令,岁、科两试。巡历所至,察师儒优劣,生员勤惰,升其贤者能者,斥其不帅教者。凡有兴革,会督、抚行之。

【译文】

提督学政:每省各设一人。掌管学校有关的政策法令,岁、科两次考试。巡回经历所到各地,考察教师讲授儒学好的或差的,在府学、县学读书的生员的勤奋或怠惰,提升那些贤良能干的人,斥退那些不能带领教育的人,凡有兴起或改革的事,会同总督、巡抚来推行它。

按察使掌风纪,清吏治

【原文】

提刑按察使司按察使:省各一人。……按察使掌振扬风纪,澄清吏治。所至录囚徒,勘辞状,大者会藩司议,以听于部、院。兼领阖省驿传。三年大比充监试官,大计充考察官,秋审充主稿官。

【译文】

提刑按察使司按察使:每省各设一人。……按察使掌管振肃官风和纪律,以使地方官治事清廉公正。所到的地方审查囚犯的罪案,审查口供与状字。大事会同主管一省人事与财务的藩司商议,用以上呈听命于吏部、都察院批示。兼顾领导全省的驿站驿传。三年一次乡试科考时充任监试官,三年一次大计考察外官时充当考察官,秋天会审死刑案件时充任主持文稿的官员。

知 府 职 掌

【原文】

府:知府一人。同知,通判,无定员。……知府掌总领属县,宣布条教,兴利除害,决讼检奸。三岁察属吏贤否,职事修废,刺举上达,地方要政白督、抚,允乃行。

【译文】

府:设知府一人。有佐助的同知、通判官,但没有固定的名额。……知府掌管总领下属各县,公开告知条文教令,兴利、除害,判决诉讼案件,检举奸邪。三年一次调查下属官吏贤良与否,职务内事情的成绩和失误,刺探邪恶举贤能向上级报告,地方上有重要的政事禀白总督、巡抚,经过应允后才得施行。

知 州 职 掌

【原文】

州:知州一人。州同,州判,无定员。……知州掌一州治理。属州视县,直隶州视府。

【译文】

州:设知州一人。有佐助的州同、州判,但没有固定的名额。……知州掌管一州的统治和管理。府属散州看作县级,省直隶州看作府级。

知 县 职 掌

【原文】

县:知县一人。县丞一人。主簿无定员。……知县掌一县治理,决讼断辟,劝农赈贫,讨猾除奸,兴养立教。

【译文】

县:设知县一人。有佐助的县丞一人。管文书簿籍的主簿没有固定的名额。……知县掌管一县的治理事务,判决诉讼案件断定罪行,劝农耕种,赈济贫困,讨伐狡猾,除去奸邪,兴起教养,树立教化。

教授、学正、教谕

【原文】

儒学:府教授、训导,州学正、训导,县教谕、训导,俱各一人。教授、学正、教谕,掌训迪学校生徒,课艺业勤惰,评品行优劣,以听于学政。训导佐之。

【译文】

儒学:设府教授、训导,州学正、训导,县教谕、训导,都是各有一人。教授、学正、教谕,掌管训导启迪学校的学生门徒,课试考核学业勤谨还是怠惰,评定道德品行好或不好,用以听命于省学政。府、州、县各级训导辅佐各级的教授、学正、教谕。

骁骑营八旗都统

【原文】

骁骑营:八旗都统,满、蒙、汉军旗各一人。副都统,旗各二人。

都统,副都统掌八旗政令,宣布教养,厘诘戎兵,以赞旗务。

【译文】

骁骑营:设八旗都统,满洲、蒙古、汉军八旗每旗各有一人。副都统,每旗各有二人。

都统、副都统掌管八旗的政策法令,公开告知教育培养,整治戎装兵器,用以辅助八旗的军务。

将 军 职 掌

【原文】

各省驻防将军等官:将军,都统,专城副都统,掌镇守险要,绥和军民,均齐政刑,修举武备。

【译文】

各省驻防将军等官:设将军,都统,专城副都统,掌管驻军防守地势险峻要冲,安定和好军民关系,均一政令刑罚,修整军备。

提 督 职 掌

【原文】

提督等官:提督军务总兵官,掌巩护疆陲,典领甲卒,节制镇、协、营、汛,课第殿最,以听于总督。

【译文】

提督等官:设提督军务总兵官,掌管巩固保护边疆,主管统领带甲的士兵,控制镇、协、营、汛的军队及驻防地,考核等次殿后或最先,用以听命于总督。

西藏达赖与班禅职掌

【原文】

西藏达赖喇嘛一人,掌全藏政令;班禅喇嘛一人,掌后藏寺院与其教民:并受成于驻藏大臣。

【译文】

西藏达赖喇嘛一人,掌管全藏的政策法令;班禅喇嘛一人,掌管后藏的宗教寺院和信教的民众,并接受驻藏大臣已定的谋划。

清末改组内阁

【原文】

光绪三十二年,改组内阁,设会议政务处,以各部尚书为内阁政务大臣。宣统三年,改责任内阁,以军机大臣为总、协理大臣。

【译文】

光绪三十二年(1906),改组了原有的内阁,设置了会议政务处,用各部尚书为内阁政务大臣。宣统三年(1911),改为责任内阁,用军机大臣为总理,协理大臣。

外务部的设置

【原文】

外务部：外务大臣，副大臣，各一人。

大臣掌主交涉，昭布德信，保护侨人佣客，以慎邦交。副大臣贰之。

雍正五年，……置办理俄事大臣，不为恒职。

咸丰元年，改归理藩院。十年，……设总理各国事务衙门。

光绪二十七年，……更名外务部。

【译文】

外务部：设外务大臣，副大臣，各一人。

大臣掌管主持与外国办理交涉事务，明白宣告德惠信誉，保护外国人居住中国的侨民和他们雇佣的人员，用以慎重两国之间的外交关系。副大臣佐助他。

雍正五年（1727），……设置办理俄国事务大臣，不是常任的官职。

咸丰元年（1851），改归于理藩院。十年（1860），……设置总理各国事务衙门。

光绪二十七年（1901），更名为外务部。

海关及税务处的设置

【原文】

督办税务大臣，帮办大臣，各一人。掌主关税，督率关吏。

初，海关置监督。……自道光以来，海疆日辟，于是始置北洋、南洋通商大臣，关道及监督隶之。亦有将军兼理者。咸丰以后，聘用英人威妥玛、美人斯密斯氏襄办税务，李泰国继之，派为总税务司；凡海关俱置税务司、副税务司，是为海关募用客卿之始。时管辖之权属总理衙门。光绪二十三年，始设税务处，总税务司以次各官并受其节度。

【译文】

起初，海关设置监督。……自从清道光朝时期以来，领海和沿海领土一天天开辟，于是开始设置北洋（清末称今江苏以北山东、河北、辽宁等沿海各省）、南洋（清末称今江苏以南沿海各省）通商大臣，海关道和海关监督隶属于他。也有将军兼任署理的。咸丰朝以后，聘请任用英国人威妥玛、美国人斯密斯氏协助办理税务，李泰国接继这个职务，派为总税务司；凡是海关都设置税务司、副税务司，这是海关招募任用外国人在中国做官的开始。当时的管辖权属于总理衙门。光绪二十三年（1897），开始设置税务处，总税务司以下各部门的官员一并受他的节制调度。

民政部及巡警部的设置

【原文】

民政部:民政大臣,副大臣,……各一人。……民治、警政、疆里、营缮、卫生五司。

大臣掌主版籍,整饬风教,绥靖黎物,以奠邦治。

光绪三十年,设巡警部,……警政、警法、警保、警学、警务五司。

【译文】

民政部:设民政大臣,副大臣,……各一人。……管户口及行政的民治司、管巡察禁令的警政司、管经界土地的疆里司、管建造修缮的营缮司、管医疗防疫的卫生司共五个司。

民政大臣掌管户口册,整顿条理风俗教化,安抚平静众多事物,用以奠定邦国的治理。

光绪三十年(1904),设置巡警部,……设置警政司、警法司、警保司、警学司、警务司共五司。

度支部、大清银行、造币总厂

【原文】

度支部:度支大臣,副大臣,各一人。

大臣掌主计算,勾会银行币厂,土药统税,以经国用,副大臣贰之。

光绪三十二年,改户部设,省财政处入之。

大清银行,正监督,副监督,各一人。储蓄银行总办一人。……光绪三十三年,设户部银行,置总监督,……明年改为大清银行。

造币总厂,正监督一人,副监督二人。……光绪三十三年置。

【译文】

度支部:设掌管国家财政收支的度支大臣,副大臣,各一人。

大臣掌管主持计算,连通会合银行、造币厂,中国土产鸦片的货物统税,用以经济国家费用,副大臣协助他。

光绪三十二年(1906),改户部设度支部,省免财政处并入度支部。

大清银行,设正监督,副监督,各一人。储蓄银行设总办一人。……光绪三十三年(1907),设户部银行,安置有总监督,……明年(1908),改为大清银行。

造币总厂:设正监督一人,副监督二人。……光绪三十三年(1907)设置。

学务大臣职掌及学部始设

【原文】

学部：学务大臣，副大臣，务一人。……总务、专门、普通、实业、会计五司。

大臣掌劝学育材，稽颁各学校政令，以迪民智。副大臣贰之。总务掌机要文移，审核图书典籍。专门掌大学及高等学校，政艺专业，咸综领之。普通掌师范、中、小学校，各以其法定规程稽督课业。实业掌农工商学校，并审核各省实业，为民兴利。会计掌支计出入，典领器物，及教育恩给。

二十九年，改学务大臣。三十二年，始设学部。

【译文】

学部：设学务大臣，副大臣，各一人。……有总务、专门、普通、实业、会计五个司。

学务大臣掌管劝导学习，培育人才，稽考颁给各学校政策法令，用以启迪民众智慧，副大臣协助他。总务司掌管机要公文，审核图书资料古代法令制度的文献。专门司掌管大学和高等学校，政治艺术专业，都综合领导它。普通司掌管师范、中学、小学校，各校因他们法令制定的规则章程考查监督功课学业。实业司掌管农工商学校，并且审核各省的实业，为民众举办有利的事。会计司掌管支应计算的收付，主管领取器材和物品，以及教育方面的惠给。

光绪二十九年（1903），改为学务大臣。光绪三十二年（1906），开始设立学部。

陆军部的设置

【原文】

陆军部：陆军大臣，副大臣，各一人。

大臣掌主陆军，稽颁营制粮草，以巩陆防。副大臣贰之。

光绪三十二年改兵部设，省并练兵处入之。

【译文】

陆军部：设陆军大臣，副大臣，各一人。

陆军大臣掌管主持陆军部，稽查颁发兵营制度规定的粮食和草料，用以巩固陆地防务。副大臣佐助他。

光绪三十二年（1906）改兵部设置陆军部，省去练兵处并入陆军部。

海军部职掌及设置沿革

【原文】

海军部：海军大臣，副大臣，各一人。

大臣掌主海军，稽核水师及司令部，以固海疆。副大臣贰之。

光绪十一年,诏设海军衙门,……十三年,北洋海军成,……三十三年,……设海军处,……宣统……二年,……寻改处为部。

【译文】

海军部:设海军大臣,副大臣,各一人。

海军大臣掌管主持海军部,稽考核查水面作战的部队及司令部,用以巩固海防边疆。副大臣佐助他。

光绪十一年(1885),诏令设置海军衙门,……光绪十三年(1887),北洋海军组成,……光绪三十三年(1907),……设置海军处,……宣统……二年(1910),……改海军处为海军部。

刑部改设法部

【原文】

法部:司法大臣,副大臣,各一人。

大臣掌主法职,监督大理院及京、外审判、检察,以维法治。副大臣贰之。

光绪三十二年改刑部设,……宣统三年,改尚书为大臣,侍郎为副大臣。

【译文】

法部:设司法大臣,副大臣,各一人。

司法大臣掌管主持法部职务,监督大理院及京城、外省各地对案件的审理判决、检举稽查,用以维护法律来治理国家。副大臣佐助他。

光绪三十二年(1906)改刑部设立法部,……宣统三年(1911),改尚书为大臣,改侍郎为副大臣。

农工商部职掌

【原文】

农工商部:农工商大臣,副大臣,各一人。

大臣掌主农工商政令,专司推演实业,以厚民生。副大臣贰之。

光绪二十四年,设矿务铁路总局,寻复设农工商总局,令大臣综之。二十九年,设商部,省铁路矿务总局入之。置尚书,左、右侍郎,……三十二年,更名农工商部,……宣统三年,改尚书为大臣,侍郎为副大臣。

【译文】

农工商部:设农工商大臣,副大臣,各一人。

农工商大臣掌管主持农工商的政策法令,专门掌管推动发展工商企业,以使民众生活富裕。副大臣佐助他。

光绪二十四年(1898),设置矿务铁路总局,不久又设置农工商总局,命令农工商大臣全面管理。光绪二十九年(1903),设置商部,省去铁路矿务总局并入到商部里面。设置尚书,左、右侍郎,……光绪三十二年(1906),改名为农工商部,……宣

统三年(1911),改尚书为农工商部大臣,侍郎为农工商部副大臣。

邮传部新设及其职掌

【原文】

邮传部:邮传大臣,副大臣,各一人。……船政、路政、电政、邮政四司。

大臣掌主交通政令,汽行舟车,电达文语,靡所不综,以利民用。副大臣贰之。船政掌议船律,兼司营辟厂坞,测量沙线。路政掌议路律,兼司厘定轨制,规画路线。电政掌议电律,兼司官商局则例,海陆线规程。邮政掌议邮律,兼司邮局汇兑,……所辖:邮政总局局长,总办各一人。铁路总局提调二人。……电政总局局长一人,提调二人。……电话局总办、会办各一人。……交通银行总理、帮理各一人。

光绪三十三年设。先是船政招商局隶北洋大臣,内地商船隶工部,邮政隶总税务司,路政、电政别简大臣领其事,至是俱并入。置尚书,左、右侍郎,……宣统……三年,改尚书为大臣,侍郎为副大臣。

【译文】

邮传部:设邮传大臣,副大臣,各一人。……设船政、路政、电政、邮政四个司。

邮传部大臣掌管主持交通的政策法令,用蒸汽机为牵引动力行驶的轮船和火车,电报和电话传达文字语言,没有不综合起来,可以便利民众使用。副大臣佐助他。船政司掌管议订轮船的有关法律,兼管营造开辟停泊、修理或制造轮船的船坞地方。测量沙滩、沙洲的线路。路政司掌管议订路政的法律,兼管整理规定铁路轨道的制造,全面规划铁路的线路。电政司掌管议订电政的法律,兼管官督商办电政局的规则条例,海底电线、陆地电线的规则章程。邮政司掌管议订邮政法律,兼管邮局汇兑款项的业务,……所管辖的:有邮政总局局长,总办,各一人。铁路总局提调二人。……电政总局局长一人,提调二人。……电话局总办、会办各一人。……交通银行总理、帮理各一人。

光绪三十三年(1907)设置邮传部。以前是船政招商局隶属于北洋大臣,内地商船隶属于工部,邮政隶属于总税务司,路政、电政另外简选大臣率领它的业务,但到这时都并入邮传部。设置尚书、左、右侍郎,……宣统……三年(1911),改尚书为邮传部大臣,改侍郎为副大臣。

新设军咨府

【原文】

军咨府:军咨大臣二人,掌秉承诏命,翼赞军谟。

光绪三十三年,设军咨处,……宣统……三年,改称府,令陆军大臣领其事。

【译文】

军咨府:设军咨大臣二人,掌管秉承皇帝的诏书命令,辅佐军事策略。

光绪三十三年(1907),设置军咨处,……宣统……三年(1911),改称军咨府,

国学经典文库

命令陆军大臣率领它的事务。

新设弼德院

【原文】

弼德院:院长,副院长,各一人。顾问大臣三十有二人。掌参预密勿,朝夕论思,并审议洪疑大政。参议十人,掌纂拟章制。……宣统三年设。

【译文】

弼德院:设院长,副院长,各一人。顾问大臣三十二人。掌管参加预闻机密,早晚辩论思考,并且审核议论大的疑难政事。参议十人,掌管编纂拟稿规章制度。……宣统三年(1911)设置弼德院。

新设资政院

【原文】

资政院:总裁,副总裁,各一人。掌取决公论。凡岁入岁出,法典朝章,公债税率,及被旨咨议者,经议员议决,会国务大臣上奏取裁。

光绪三十三年设。

【译文】

资政院:设总裁,副总裁,各一人。掌管听取裁决公众的议论。凡是每年收入和每年支出,法律典范和朝廷规章制度,公债发行和税率增减,以及受到皇帝旨意咨询议论的事,经过议员会议决定,会同国务大臣上奏朝廷取得裁决。

光绪三十三年(1907)设置资政院。

特置盐政院专官

【原文】

盐政院:盐政大臣一人。

大臣掌主盐政。……宣统元年,设督办盐政处,……三年,以整理国税,改处为院,特置盐政专官。

【译文】

盐政院:设盐政大臣一人。

盐政大臣掌管主持盐政。……宣统元年(1909),设置督办盐务处,……三年(1911),因为整顿办理国家税收,改盐政处为盐政院,特地设置盐政专门官员。

军 制 总 统

【原文】

军制:总统一人,掌全军政令。

【译文】

军制:设总统一人,掌管全军的政策法令。

镇制,改练新军

【原文】

镇制:统制官一人,掌统帅全镇。

光绪三十年,改练新军,区为三十六镇,定镇、协、标、营官制。宣统元年,各省先后编混成等协,……三年,报成镇者二十有六,置总统一人。

【译文】

镇制:设统制官一人,掌管统帅全镇的官兵。

光绪三十年(1904),改练新式军队,区划全国为三十六镇,决定镇(相当以后一个师)、协(相当旅)、标(相当团)、营官的制度。宣统元年(1909),各个省先后编成混成等协,……宣统三年(1911),全国上报新军已组成镇的有二十六个,设置军制总统一人。

海 军 舰 制

【原文】

海军舰制:巡洋长江舰队统制一人。统领二人。

同治十三年,朝议防海,购置兵轮都二十艘。光绪十年,法兵构衅,尽歼焉。越三年,编海军经制,分为四军,……至是又复成军。甲午一役又歼焉。宣统元年,设筹备处,复置海军提督,仿陆军等级,订海军官制。三年部成。

【译文】

海军舰制:设巡洋长江舰队统制一人。统领二人。

同治十三年(1874),朝廷议论防备领海和沿海领土,购买兵船共二十艘。光绪十年(1884),法国军队挑起争端,在福州马尾,中国兵船尽被歼击。过了三年,编组海军节制,分为四军,……到这时又重新组成海军。甲午年(1894)中日一战又被歼击。宣统元年(1909),设立海军筹备处,又设置海军提督,模仿陆军的等级,订立海军制度,宣统三年(1911)海军部成立。

新选举法

【原文】

新选举制，别于历代取士官人之法。清季豫备宪政，仿各国代议制度，选举议员，博采舆论。议员选举有二：曰资政院议员选举，曰各省谘议局议员选举。

【译文】

新的选举制度，不同于历代录取人才任命官吏的办法。清代的预备立宪政体，模仿各国代表议会制度，选举议员，广泛采纳舆论。议员的选举有二种：一是资政院议员选举，一是各省谘议局议员选举。

食 货 志

内地民众徙边

【原文】

山东民人徙居口外者，在康熙五十一年已有十万余人。圣祖谕："嗣后山东民人有到口外及由口外回山东者，应查明年貌籍贯，造册稽查，互相对核。"其后直隶、山西民人亦多有出口者。……其福建、广东民人徙居台湾者尤众。

【译文】

山东省民众迁移，定居长城以外的，在康熙五十一年（1712）已经有十万多人。圣祖谕令："今后山东民众有到口外的以及口外回山东省的，应当查明年龄、相貌、籍贯，造成名册检查，人与册互相核对。"此后直隶（今北京、天津两市、河北大部、河南、山东部分地区）、山西民众也有很多迁居出口的。……福建、广东民众迁居台湾的更多。

入中国国籍法

【原文】

宣统元年，外务部会同修订法律大臣拟定《国籍条例》。……其《入籍章》，第三，凡外国人愿入中国国籍者，准其呈请入籍。其必具备之款五：一，寄居中国接续至十年以上者；二，年满二十岁以上，照其国法律为有能力者；三，品行端正者；四，有相当之赀财或艺能，足以自立者；五，照其国法律，于入籍后即应消除本国国籍者。

【译文】

宣统元年（1909），外务部会同修订法律的大臣起草制定《国籍条例》。……在它的《入籍章》，第三，凡是外国人愿意加入中国国籍的，准许他（她）呈报申请入籍。必须具备的条款有五项：一，寄居中国前后衔接连续计算共达十年以上的；二，

年龄满二十岁以上,按照该国法律认为有生活能力的;三,品行端正的;四,有相当的资产财富或手艺技能,足以独立生活的;五,按照该国法律,于入籍后即应当消除本国国籍的。

旗人穷困破败

【原文】

大抵清于八旗皆以国力豢养之。及后孳生藩衍,虽岁糜数百万金,犹苦不给,而逃人之禁复严,旗民坐是日形困敝。

【译文】

清朝对于八旗民众大体上以国家财力赡养他们。到以后生育藩息,虽然每年耗费数百万两,仍然苦于不能供给,而逃人法禁令又严厉,旗民因此日益穷困破败。

清 初 圈 地

【原文】

顺治元年,定近京荒地及前明庄田无主者,拨给东来官兵。圈地议自此始。

【译文】

顺治元年(1644),规定靠近京城的荒地和前明遗下的庄田没有主的,分拨给自东方入关的八旗官兵。圈地政策从这时开始。

贪 污 之 弊

【原文】

德宗即位之初,复新疆,筹海防,国用日增。户部条陈整顿钱粮之策,略云:"……乃考核正杂赋税额征总数,岁计三千四百余万两,实征仅百四十五万两,赋税亏额如此。财既不在国,又不在民,大率为贪官墨吏所侵蚀。约而言之,其弊有五:一曰报荒不实,二曰报灾不确,三曰捏作完欠,四曰征存不解,五曰交代宕延。……多者所收不及五分,少者亦亏一二分不等。请饬各督抚藩司认真厘剔,以裕度支。"诏从其请。然终清之世,诸弊卒未能尽革也。

【译文】

德宗即帝位的初期,收复新疆,筹划海防,国家费用日益增加。户部分条陈述整顿钱粮的计划,大略说:"……经考核正、杂赋税额征收总数,每年总计三千四百多万两,实际征收只有一百四十五万两,赋税亏征数额竟这样。财富既不在国库,又不在民户,大多被贪污不法官吏所侵蚀。简要地说,贪污弊端有五种:一是上报灾荒不实,二是上报灾情不确,三是捏造交纳赋税欠缺,四是征收后储存不解送上交,五是经手交接拖延迟缓。……多的征收不到五成,少的也亏一、二成不等。请求命令各地总督、巡抚,布政使认真革除,以充裕开支。"诏令采纳这个奏请。然而

直到清朝终了,各种弊端最终没能全部革除。

官 银 行

【原文】

自大理少卿盛宣怀奏设通商银行,议者以东西洋各国皆有国立银行,能持国内外财政,二十九年,允户部请,设置官银行,以部专其名,纠合官商资本四百万,通用国币、发行纸币、官款公债皆主之。

【译文】

自从大理少卿盛宣怀奏准设立通商银行,评论者认为东西洋各国都有国家设立的银行,能够掌握国内外财政。光绪二十九年(1903),批准户部奏请,设置官银行,以户部名义开办,集聚了官、商资本四百万,流通使用国币、发行纸币、官方款项公债都由它主办。

引 进 外 资

【原文】

二十四年,诏设矿务铁路总局于京师,以王文韶、张荫桓主之,奏定章程二十二,准华商办矿,假贷洋款,及华洋合股,设立公司。自是江西萍乡煤矿则借德款,湖北大冶铁矿则借日本款,浙江宝昌公司则借意款,直隶临城煤矿则借比款。当其议定合同,于抵押息金外,辄须延聘矿师,甚者涉及用人管理。

【译文】

光绪二十四年(1898),诏令在京城设立矿务铁路总局,任命王文韶、张荫桓主持该局。经上奏定立章程二十二款,准许中国商人开办矿务,借贷外国资金,以及中外合股设立公司。自规定之后,江西萍乡煤矿就借了德国钱款,湖北大冶铁矿就借了日本钱款,浙江宝昌公司就借意大利钱款,直隶临城(今属河北)煤矿就借比利时钱款。当时双方协议签订合同,在抵押利息本金之外,往往要规定延请聘任外国人任矿上技师,更有甚者涉及用人和管理权限。

维 护 主 权

【原文】

三十一年,商部以洋商私占矿地矿山,疏请申明约章,以维权限。寻奏设各省矿政调查局,以勘明全国矿产、严禁私卖为先务。……尤注重于中国主权,华民生计,地方治理。

【译文】

光绪三十一年(1905),商部因为外国商人私自侵占矿山土地,上书请求说明条约章程,以便维护主权。不久上报后设立各省矿政调查局,来勘测查明全国矿产,

严格禁止私自出卖矿山土地是首先急办的事务。……尤其注重的是中国主权,中国民众的生活出路,地方上的行政管理。

兵　　制

八 旗 之 制

【原文】

清初,太祖以遗甲十三副起,归附日众,设四旗,曰正黄、正白、正红、正蓝,复增四旗,曰镶黄、镶白、镶红、镶蓝,统满洲、蒙古、汉军之众,八旗之制自此始。每旗三百人为一牛录,以牛录额真领之。五牛录,领以札兰额真。五札兰,领以固山额真。每固山设左右梅勒额真。

【译文】

清代初期,太祖努尔哈赤凭着十三副遗留衣甲起家,归附者与日俱增,设置了四旗,为正黄、正白、正红、正蓝,又增加四旗,为镶黄、镶白、镶红、镶蓝,统领满洲、蒙古、汉军大众,八旗的制度从这时开始。每旗内以三百人为一牛录,以牛录额真(汉语佐领)带领。五牛录,由札兰(也作甲喇)额真(汉语为参领)率领。五札兰,由固山额真(汉语为都统)率领。每一固山设置左、右梅勒额真(副都统)。

绿 营 兵

【原文】

绿营规制,始自前明。清顺治初,天下已定,始建各省营制。绿营之制,有马兵、守兵、战兵。战守皆步兵。额外外委皆马兵。综天下制兵都六十六万人,安徽最少,闽、广以有水师故最多,甘肃次之。

【译文】

绿营的规章制度,开始于以前的明朝。清朝顺治初年,天下已经平定,开始建立各省绿营编制。绿营的建制,有马兵、守兵、战兵。战兵、守兵都是步兵。兵额之外派出执行军务的都是马兵。综计全国绿营建制兵额共六十六万人,安徽最少,福建、广东因为有水师所以最多,甘肃次于闽、广。

裁 汰 绿 营

【原文】

二十七年,刘坤一、张之洞奏汰绿营,言:"绿营官皆选补,兵皆土著。兵非弁之所自招,弁非将之所亲信,既无恩义,自难钤束。以传舍之官,驭世业之兵,亦如州县之于吏役,欲其整饬变化,服教从风,此必无之事。况绿营将弁,薰染官习,官弁且不易教,况于兵乎!层层积弊,已入膏肓,既甚骄顽,又极疲弱,本难练成可用之

兵,自非裁汰不可。"

【译文】

光绪二十七年(1901),刘坤一、张之洞奏请裁汰绿营,说:"绿营军官都是选派补用来的,士兵都是当地人氏。兵不是低级军官自己所招募,低级军官也不是将领所亲信的人,既没有恩义,自然难以管束。用来往轮换任职的官,驾驭控制一生作职业的兵,就如同州、县官和小吏衙役,要想使他们的作风得到整顿变革,服从教化转变风气,这是绝对办不到的事。何况绿营将领弁目,熏染官场习气,军官弁目尚且不容易教导,何况兵呢!一层层地积弊,已经深入膏肓,既很骄横顽固,又极其凋敝衰弱,本来就难以练成可用的军队,自然非裁汰不可。"

北洋第一重镇

【原文】

直隶津、沽口,为南北运河、永定、大清、子牙五河入海处,北连辽东,有旅顺、大连以为左翼,南走登、莱,有威海卫以为右翼,为北洋第一重镇。

【译文】

直隶(指北直隶)的津、沽口(今天津、大沽口),是南运河、北运河、永定河、大清河、子牙河五河入海之地,北方连接辽东地区,有旅顺、大连(上二地属今辽宁)作为左翼,往南方去至登州(今山东蓬莱)、莱州,有威海卫(今属山东)作为右翼,是北洋第一军事重镇。

清代军械制造

【原文】

综举各省制造军械之事,同治元年,天津初造枪炮,二三年间,江苏分设机器局于江宁、上海,共设三局。四年,并三局于上海,定名机器制造局。六年,天津扩充制造,设军火机器局。九年,改名天津机器局。十三年,福建设机器局,自造开花炮。上海制造局仿造林明登枪。天津、上海二局,均仿造水雷。广东设机器局、军火局。上海、江宁二局,增枪炮子弹机。光绪二年,派学生艺徒出洋,分赴各国学习制造。湖南、山东二省,均设机器局,自造军械,不用洋匠。……十六年,湖北设兵工厂,所造新式枪炮,为南北洋、川、广各制造局所无,并筹备炼铁厂及开煤矿,为制造之基。……历时垂五十余年,开局遍十七行省,几经增改,渐就精良。

【译文】

综计列举各省制造兵器的情况,同治元年(1862),天津最早制造枪炮,二、三年之间,江苏分别设立机器局于江宁(今南京)、上海,共设立三个局。四年(1865),在上海合并三局,确定名称为机器制造局。六年(1867),天津扩充制造规模,设立军火机器局。九年(1870),改名天津机器局。十三年(1874),福建设立机器局,自己制造开花炮。上海制造局仿造林明登式步枪。天津、上海两局,都仿造水雷。广东设立机器局、军火局。上海、江宁（今江苏南京）两局，增加制造枪炮子弹的机器。光绪二年（1876），派遣学堂学生、学习技艺徒工出国，分别到各国学习制造技术。湖南、山东两省，都设立了机器局，自己制造兵器，不用洋人技师。……十六年（1890），湖北设立兵工厂，所制造的新式枪炮，是南北洋（清末称今江苏以南沿海各省为南洋。江苏以北山东、河北、辽宁等沿海各省为北洋）、四川、广东各地制造局所没有的，并且筹备炼铁厂及开采煤矿，作为制造业的基础。……经历时期近五十多年，开设制造局遍及十七个行省，多次经过增添改建，逐渐趋于精良。

刑 法 志

修《大清律》

【原文】

　　三年五月，《大清律》成，世祖御制序文曰："……每遇奏谳，轻重出入，颇烦拟议。律例未定，有司无所秉承。爰敕法司官广集廷议，详译《明律》，参以国制，增损剂量，期于平允。书成奏进，……名曰《大清律集解附例》。"

【译文】

　　顺治三年（1646）五月，《大清律》成书，世祖亲自写序文说："……每当遇到上奏狱案，判决的轻重与否，商讨评判很是烦琐。法律条例未定，官吏无章可循，于是命令执法官员广泛征集朝廷上的议论，详细探讨《明律》，参考清朝制度，增减修改斟酌，务期达到公平允洽。书著成后上奏进呈，……定书名为《大清律集解附例》。"

修订法律，兼取中西

【原文】

　　逮光绪二十六年，联军入京，两宫西狩，忧时之士，咸谓非取法欧、美，不足以图强。于是条陈时事者，颇稍稍议及刑律。二十八年，直隶总督袁世凯、两江总督刘坤一、湖广总督张之洞，会保刑部左侍郎沈家本、出使美国大臣伍廷芳修订法律，兼取中西。旨如所请，并谕将一切现行律例，按照通商交涉情形，参酌各国法律，妥为拟议，务期中外通行，有裨治理。自此而议律者，乃群措意于领事裁判权。

【译文】

　　到光绪二十六年（1900），八国联军进入北京，帝、后两宫巡守西方，对时局忧愤的人士，都认为非效法欧洲、美国，不足以图强。因此，上条例陈述时局国事的，大都渐渐议论到法律。二十八年（1902），直隶（北直隶：今北京、天津两市、河北大部、河南、山东部分地区）总督袁世凯、两江（清初江苏、安徽、江西合称）总督刘坤一、湖广（康熙时更湖北、湖南名合称）总督张之洞，一同保荐刑部左侍郎沈家本，出使美国大臣伍廷芳修订法律，中、西兼收并取。降旨听从这一奏请，并谕令将一切

现行法律条例,按照与外国通商、交涉的情况,参考斟酌各国法律,妥善起草讨论,务必达到中外通行,有裨益于国家管理整治。从此论述法律的人,很多人才注意到领事裁判权。

司 法 改 革

【原文】

迨光绪变法,三十二年,改刑部为法部,统一司法行政。改大理寺为大理院,配置总检察厅,专司审判。于是法部不掌现审,各省刑名,划归大理院覆判,并不会都察院,而三法司之制废。题本改为折奏,内阁无所事事。秋、朝审专属法部,其例缓者随案声明,不更加勘,而九卿、科道会审之制废。京师暨各省设高等审检厅,都城省会及商埠各设地方及初级审检厅,改按察使为提法司。

【译文】

到光绪变法,三十二年(1906),改刑部为法部,统一了司法行政机构。改大理寺为大理院,调配设置了总检察厅,专门负责审判。于是,法部不再掌管当堂审案,各省的刑事案件,划归大理院复审判决,并且不知会都察院,而使得三法司的制度被废除。题本改为折奏,使内阁无事可做。秋审、朝审专属法部,其中有案例从缓的随案卷声明,不再勘问,使九卿、科道会审的制度废除。京师(今北京)以及各省设立高等审检厅,都城,省会和商埠各设地方和初级审检厅,改按察使为提法司。

艺 文 志

《四库全书》七部分藏

【原文】

高宗继试鸿词,博采遗籍,特命辑修《四库全书》,以皇子永瑢、大学士于敏中等为总裁,纪昀、陆锡熊等为总纂,与其事者三百余人,皆极一时之选,历二十年始告成。全书三万六千册,缮写七部,分藏大内文渊阁,圆明园文源阁,盛京文溯阁,热河文津阁,扬州文汇阁,镇江文宗阁,杭州文澜阁。命纪昀等撰《全书总目》,著录三千四百五十八种,存目六千七百八十八种,都一万二百四十六种。复命于敏中、王际华撷其精华,别为《四库荟要》,凡一万二千册,分缮二部,藏之大内摛藻堂及御园味腴书屋。

【译文】

高宗继博学鸿词科考试之后,广博征集逸存的古籍,特地下令编修《四库全书》,任命皇子永瑢、大学士于敏中等人为总裁,纪昀、陆锡熊等为总纂,参与这件事的有三百多人,都是当时最佳人选,经历二十年才宣告成书。全书三万六千册,抄写了七部,分别贮藏在宫内(今北京)文渊阁、圆明园(今北京)内文渊阁、盛京(今辽宁沈阳)的文溯阁、热河(今河北承德)的文津阁、扬州(今属江苏)的文汇阁、镇

江(今属江苏)的文宗阁、杭州(今属浙江)的文澜阁。命令纪昀等人撰写《全书总目》，著明收录了三千四百五十八种书籍，录存书目六千七百八十八种，共计一万零二百四十六种。又命于敏中、王际华选择其中精华，另外编为《四库荟要》，计一万二千册，分别抄写两部，将书贮藏在宫内摛藻堂及御花园内的味腴书屋。

修《四库全书》缘起

【原文】

安徽学政朱筠条奏明《永乐大典》内多古书，请开局纂辑，缮写各自为书。时《永乐大典》储翰林院，已有残缺，原书为卷二万二千九百三十七，缺二千四百四卷，存二万四百七十三卷，为册九千八百八十一。高宗下筠议，大学士于敏中力赞其说。明年，诏设四库全书馆。

【译文】

安徽省提学使朱筠条例具奏明代所修《永乐大典》内抄有很多古书，请求开设书局编纂辑录，分别抄写使各自成为专书。当时《永乐大典》储藏在翰林院，已经有了残损短缺，原书为二万二千九百三十七卷，缺失二千四百零四卷，尚存二万零四百七十三卷，计九千八百八十一册。高宗颁下朱筠的建议，大学士敏中极力赞成朱筠的论述。明年(1773)，命令开设四库全书馆。

乾隆征书

【原文】

三十九年，催缴直省藏书，四方竞进秘籍甚众，江、浙督抚采进者达四五千种，浙江鲍士恭、范懋柱、汪启淑，江苏马裕家藏之籍，呈进者各六七百种，周厚堉、蒋曾莹、吴玉墀、孙仰曾、汪汝瑮等亦各进书百种以上。至是天府之藏，卓越前代。

【译文】

乾隆三十九年(1774)，催促缴纳直属各省民间藏书，四方竞相进呈珍秘典籍极多，江苏、浙江的总督、巡抚收集进呈的书达到四五千种，浙江鲍士恭、范懋柱、汪启淑，江苏省马裕家中收藏的书籍，呈交进京的书各有六、七百种，周厚堉、蒋曾莹、吴玉墀、孙仰曾、汪汝瑮等人也各自进书百种以上。到这时国家的收藏，大大超过前代。

校印书籍

【原文】

曾国藩督两江，倡设金陵、苏州、扬州、浙江、武昌官书局，张之洞督粤，设广雅书局，皆慎选通儒，审校群籍，广为刊剔，以惠士林，而私家校勘，精镂亦夥，丛书之富，囊代莫京。

【译文】

　　曾国藩总督两江,倡议设立了金陵(今江苏南京)、苏州(今属江苏)、扬州(今属江苏)、武昌(今属湖北)的官书局,张之洞总督广东,设立广雅书局,都是精心选任渊博通达的学者,审订校勘各种书籍,大量刊印,用来惠及文化知识界,而私家个人校勘的书籍,精心镂刻的也很多。各种门类书籍的丰富,以往时代没有超过这时期的。

清末的文化振兴

【原文】

　　清之末叶,欧风东渐,科学日昌。同治初,设江南制造局,始译西籍。光绪末,复设译书局,流风所被,译书竞出,忧世俊英,群研时务。是时敦煌写经,殷墟龟甲,异书秘宝,胥见岀壤,实足献纳艺林,宏裨学术,其间硕学名儒,各标宗派,故鸿篇钜制,不可殚纪。

【译文】

　　清朝的末期,西方思潮逐渐在东方传播,科学日益昌盛。同治初年,设立江南制造局,开始翻译西方书籍。光绪末年,又设立译书局,风气流行之下,翻译的书竞相问世,为世道忧愤的俊杰英豪,群起研讨当前重大事件和客观形势。这时期敦煌(今甘肃敦煌)的手写经卷,殷墟的龟片甲骨,奇异古书珍秘宝藏,都发掘出土,实在是对图书典册的丰厚贡献,极大的补益于学术研究,这时期博学著名的学者,各自创立学派,因此丰赡的著作,多得不胜记载。

交 通 志

开数千年未有之奇局

【原文】

　　有清之世,欧洲诸国以制器相竞致强富,路船邮电,因利乘权。道光朝五口通商,各国踵迹至。中外棣通,外舟侵入我江海置邮通商地。大北、大东两公司海底电线贯太平洋、大西洋而来,亦骈集我海上,骎骎有返客为主之势焉,李鸿章、郭嵩涛诸臣以国权、商务、戎机所关甚钜,抗疏论列。其始也阻于众咮,其继也卒排群议而次第建设之,开我国数千年未有之奇局。

【译文】

　　清代时期,欧洲各国用制造器械互相竞争来达到强国富裕,开办铁路、轮船、邮政、电报等业务,凭借便利乘机弄权,清道光时被英国强迫开五口(广州、福州、厦门、宁波、上海)通商,其他各国接踵足迹而来。中国与外国相通,外国轮船侵犯进入我国长江及沿海设置邮政在通商的地方。大北、大东洋两个电报公司的海底电线横贯太平洋、大西洋而来到中国,更并列聚集在我国领海上,他们疾速的行动大

有反客为主的态势。李鸿章、郭嵩焘各大臣因国家权利、商业事务、军事机密所关系很是巨大，抗争直言的奏疏论述列举。开始时曾阻挠于大家的吵嚷，接着终于排斥众议而依次建设了铁路、轮船、邮政、电报，开创我国几千年所没有的奇特的局面。

铁路、轮船、邮政、电线的开始

【原文】

长江招商轮船局始于同治十三年。逮光绪三年，有唐山胥各庄铁路之筑。四年，设邮政局。五年，设电线于大沽、北塘海口炮台，西达天津。自时厥后，岁展月拓，分途并进。轮船则有官轮、商轮之别，铁路则有官办、商办之别，电线则有部办、省办之别，邮政则有总局、分局之别。

【译文】

长江招商轮船局开始于同治十三年（1874）。到光绪三年（1877），有了唐山胥各庄（今属河北）铁路的建筑。光绪四年（1878），设置邮政局。光绪五年（1879），设置电线于大沽、北塘（以上两地均属今天津）渤海入口处的炮台，往西达到天津（今天津）。自从那时之后，逐年累月发展开拓，各种设施分别途径同时前进。用机器推动、钢铁制成的轮船就有官轮、商轮的区别，铺钢轨供火车行驶的铁路就有官办、商办的区别，用电信号传输文字收发电报的电线，就有邮传部办、省办的区别，传递信件、包裹、汇款等的邮政，就有总局、分局的区别。

数万里外瞬息立至

【原文】

宣统初，邮传部计路之通车者逾万里，线之通电者九万余里，局之通邮者四千余处。岁之所入，路约银二千万，电约一千万，邮六百余万。而岁支外所盈无几，无乃分其利者众欤？昔者车行日不过百里，舟则视风势水流为迟疾，廷寄军书，驿人介马俟，尽日夕行不过六七百里已耳。今则京汉之车，津沪之舟，计程各二三千里而遥，不出三日，邮之附舟车以达者如之。若以电线达者，数万里外瞬息立至。

【译文】

宣统初年，邮传部统计铁路已通火车的超过万里，电线通电的有九万多里，邮局通邮政的四千多处。一年的收入，铁路约计白银二千万两，电线约计一千万两，邮政约计六百余万两。然而每年除开支外所盈余下来的没有多少，难道不是分享那个利益的人太多了吗？早先木车行路一天不过百来里，木船仅看风势和水流来驾驶船的慢和快，朝廷急寄军事机要文书，驿站人员凭借快马传递，一天一夜飞跑也不过六、七百里罢了。现在京城（今北京）到汉（今湖北武汉）的火车，津（今天津）到沪（今上海）的轮船，统计行程各约二、三千里遥远，不过三天，邮政的信件、包裹附载轮船、火车跟着达到的也如这样的时间。若是用电线传达的，几万里外一

国学经典文库

眨眼一呼吸的极短时间立即达到。

淫刑众怒,国本遂摇

【原文】

民情虑始难,观成易,故船、电、路皆有商办名。顾言利之臣胥欲笼为国有,以加诸电商者加之川汉自办之路,操之过激,商股抗议者辄罪之。淫刑而逞,以犯众怒,党人乘之,国本遂摇。

【译文】

人们的心情总是觉得做事开头难,看到别人办事成功好像很容易,所以轮船、电线、铁路都有商办的名义。但是谈论利益的臣僚们又都想笼统包揽为国家所有,用加在一些商民办电上的办法加在川、汉商民自办的铁路上,操持事情过于激烈,商贾有抗议的就立即治他们的罪。滥用刑罚,以致触犯群众的愤怒,革命党人乘机而起,国家的根本于是动摇了。

初筑上海铁路

【原文】

铁路创始于英吉利,各国踵而行之。同治季年,海防议起,直督李鸿章数为执政者陈铁路之利,不果行。

光绪初,英人擅筑上海铁路达吴淞,命李鸿章禁止,因偕江督沈葆桢,檄盛宣怀等与英人议,卒以银二十八万两购回,废置不用,识者惜之。

【译文】

铁路创建开始在英国,其他各国接踵跟着而实行。清同治末年,在沿海地区军事防务的议论兴起,直隶(约当今北京、天津两市、河北大部和河南、山东部分地区)总督李鸿章曾数次为当政者陈述建成铁路的多种好处,没有决心实行。

光绪初年,英国人擅自建筑上海铁路达到吴淞(今上海北),命令李鸿章前去禁止建筑,因此偕同两江总督沈葆桢,檄文晓谕盛宣怀等与英国人商议,最后用白银二十八万两买回这条铁路,废置一边不利用它,有识之士认为很是可惜。

商人自筑铁路

【原文】

三年,有商人筑唐山至胥各庄铁路八十里,是为中国自筑铁路之始。

【译文】

光绪三年(1877),有商人建筑唐山到胥各庄(今属河北)的铁路八十华里长,这是中国商人自己建筑铁路的开始。

急造铁路，裕国便民

【原文】

六年，刘铭传入觐，疏言："自强之道，练兵造器，固宜次第举行。然其机括，则在于急造铁路。铁路之利，于漕务、赈务、商务、矿务、厘捐、行旅者，不可殚述，而于用兵尤不可缓。……惟铁路一开，则东西南北呼吸相通，视敌所趋，相机策应，虽万里之遥，数日可至，百万之众，一呼而集。……若铁路告成，则声势联络，血脉贯通，裁兵节饷，并成劲旅，防边防海，转运枪炮，朝发夕至，驻防之兵即可为游击之旅，十八省合为一气，一兵可抵十数兵之用。……方今国计绌于边防，民生困于厘卡。各国通商，争夺利权，财赋日竭，后患方殷。如有铁路，收费足以养兵，则厘卡可以酌裁，裕国便民，无逾于此。"

【译文】

光绪六年（1880），刘铭传进宫朝见，上奏疏说："我们国家自图富强的方法，当前是训练军队制造武器，本来应该依次举办实行，然而治事的机要关键，却在于迅速建造铁路。修建铁路的好处，对于漕运公粮事务、赈救灾荒事务、商业活动事务、开发矿藏事务、厘金捐税、远路旅行的人，都无法尽述，然而对于用兵来说尤其不可迟缓。……只有铁路一开动，立即东、西、南、北如人呼吸一样互相沟通，看到敌人所趋走的动向，观察时机策应作战，虽然有万里遥远，几天之内可以到达，上百万的大部队，一声呼唤而能集中。……若是铁路建成，这使声威和气势联络一起，如人体血脉贯通一样，裁汰冗兵节约粮饷，合并组成精锐的军队，防卫边疆，防卫领海，转载运输枪炮，早晨出发，晚上可到，驻防的士兵就可成为灵活机动、出没自如的游击军队，十八个省合起来成为一个气势，一个兵可抵十多个兵的用途。……当今国家大计不足在于边防，民众生活困苦在于厘金关卡的税收，世界各国来中国通商，竞争夺取经济上的权利，中国的财货贡赋一天一天地被括取枯竭，以后的祸患将是很深远的。如果有了铁路，收取运输费用足够供养士兵，那个厘金关卡税收就可以酌量裁减，这样富裕国家、便利民众，再没有超过这件事的了。"

铁路实有远利

【原文】

十一年，……李鸿章言："开源之道，当效西法采煤铁、造铁路、兴商政。矿藏固为美富，铁路实有远利。"

【译文】

光绪十一年（1885），……李鸿章说："开辟钱财来源的方法，应当仿效西方的办法开采煤矿和铁矿、建造铁路、兴盛发展商业政策。各种矿藏开发固然美好致富，但是铁路运输实在很有远利。"

铁路造成,其利尤溥

【原文】

十一年,……左宗棠条上七事,一言宜仿造铁路:"外国以经商为本,因商造路,因路治兵,转运灵通,无往不利。其未建以前,阻挠固甚,一经告成,民因而富,国因而强,人物因而倍盛,有利无害,固有明征。电报、轮船,中国所无,一旦有之,则为不可少之物。倘铁路造成,其利尤溥。"

【译文】

光绪十一年(1885),……左宗棠条陈上奏七件事,其中一件事是说应当模仿外国建造铁路:"外国人以经营商业贸易为根本,因为商业买卖货物流通就需要建造铁路,因为有了铁路又可以治理兵事来训练军队,这样周转运输灵便通达,无论到什么地方或干什么事情,没有不顺利的。若在未建铁路以前,阻挠不能进行的事原来很多,但一经造成铁路,民众因此而能富裕,国家因此而能强大,人员流动与货物买卖因此而能加倍的繁盛,只有好处而没有害处,这本来就已经有了明显的征兆迹象了。电报、轮船,这时中国没有,但一天有了它,就成为不可缺少的事物了。倘若全国铁路建造成功,它的好处尤其广大。"

新造铁路,自强之急务

【原文】

总理衙门奏言:"新造津沽铁路,自天津府城经塘沽、芦台以至阎庄,长一百七十五里,其自阎庄至滦州之唐山,长八十里,为各商旧造铁路。新旧铁路首尾衔接,轮车通行快利,为轮船所不及。通塞之权,操之自我,断无利器假人之虑。由此经营推广,一遇征兵运械,挽粟飞刍,呐嗟可致;商民贸迁,无远弗后,榛莽之地,可变通衢,洵为今日自强之急务。"

【译文】

总理衙门上奏章说:"新建造的津沽(今属天津)铁路,从天津府城经过塘沽、芦台达到阎庄,长一百七十五华里,那样从阎庄经滦州(今河北滦县)到唐山(今属河北),长八十华里,为各商办旧造的铁路。新、旧铁路的头尾互相连接,带轮的火车通行迅速,这是轮船所比不上的。畅通堵塞的权力,操在我们自己,绝对没有把国家权力假手于人的顾虑。从此开始经营铁路逐渐推广扩大,一遇到征集兵士和运输军械,拉运粮食和快载草料,一呼一应就可以得到;经商民众贸易迁徙,不论多远没有达不到的,丛杂草木的地方,可以变成四通八达的大道,这实在是今天自己图强的急迫任务。"

詹天佑建京张铁路

【原文】

盖论办路之优劣,官办则筹款易、竣工速,自非商办可及。而外债之亏耗,大权之旁落,弊害孔多,亦远过于商路。惟京张铁路,以京奉余利举办,詹天佑躬亲其役,丝毫不假外人,允为中国自办之路。而鄂之铁厂,制钢轨以应全国造路之需,挽回大利,尤为不鲜。

【译文】

大凡议论办理铁路的优点和缺点,都认为官办筹备款项容易、完工快,自然不是商办可以比得上的。然而官办铁路所借外债的一切有关亏耗,国家应有的大权旁落到他人手中,弊病和害处是很多的,这也远远超过于商办铁路。只有京张(今北京至河北张家口)铁路,用京奉(今北京至辽宁沈阳)铁路的余利举办,詹天佑亲自参加建筑铁路工程,丝毫不假手于外国人的技术,应当是中国人自己设计建筑办理的铁路。而且湖北的铁厂,制造钢轨来供应全国建造铁路的需要,挽回国家利益,很是不少。

外轮曾占内江、外海之利

【原文】

自西人轮船之制兴,有兵轮,有商轮。其始仅往来东西洋各国口岸而已。中国自开埠通商而后,与英吉利订《江宁条约》,而外轮得行驶海上矣。续与订《天津条约》,而外轮得行驶长江矣。商旅乐其利便,趋之若鹜。于时内江外海之利尽为所占。

【译文】

自从西方人制造轮船的兴起,有作战的兵船,有贸易的商船。它们开始时仅仅往来于东洋、西洋各个国家的通商口岸罢了。中国自从开辟商埠与外国通商以后,同英国于道光二十二年(1842)签订了《江宁条约》,因此外国轮船得能航行驾驶在海上了。继续又于咸丰八年(1858)签订了《天津条约》,因此外国轮船得以航行驾驶在长江了。做买卖来往各地的商人很乐意有轮船交通运输的便利,他们像鸭子一样成群地飞跑过去乘搭轮船。在当时内地长江、外面海上的利益尽被外国轮船所占有。

李鸿章议设轮船招商局

【原文】

同治十一年,直隶总督李鸿章建议设轮船招商局。……十三年,鸿章又疏言:"同治间曾国藩、丁日昌在江苏督、抚任,选据道员许道身、同知容闳创议华商造船

章程,分运漕米,兼揽客货。……各省在沪殷商,或自置轮船行驶各埠,或挟资本依附西商之籍。若中国自立招商局,则各商所有轮船股本必渐归官局,似足顺商情而强国体。拟请先行试办招商,为官商浃洽地步。俟商船造成,即可随时添补,推广通行。……当令朱其昂回沪设局招商,商人争先入股,……拨明年漕米二十万石,由招商轮船运津,……若从此轮船畅行,庶使我内江外海之利不致为洋人占尽,其关于国计民生者实非浅鲜。”

【译文】

同治十一年(1872),直隶(约当今北京、天津两市、河北大部、河南、山东部分地区)总督李鸿章建议设置轮船招商局。……同治十三年(1874),李鸿章又上奏疏说:“同治年间曾国藩、丁日昌在江苏省总督、巡抚任内,屡次根据道员许道身、同知官容闳创议的中国商人制造轮船的章程,分别运输国家漕粮征收的大米,兼代招揽客商的货物。……各省在沪(今上海)的殷实富商,或者自己购置轮船驾驶航行于各个商埠,或者挟带资金依附于西方商人去登记名册。若是中国自己成立招商局,就会使各个商人所有的轮船股本必定逐渐归于官方主持的招商局,似乎足够顺从适应商人情况而增强国家体制。拟议呈请先行试办招商局,成为官方、商人协商融洽的地方。等到商船制造完成,就可随时添补制造轮船的章程,推广扩大范围普遍实行。……当即命令朱其昂回上海设置招商局招徕商人,商人争先恐后地加入股金,……拨出明年漕运公粮大米二十万石,由招商局轮船运输往津(今天津),……若是从这时起轮船可以畅通航行,或许可以使我国内地长江、外面海上的利益不至于被外国洋人所占尽,像那样关心于国家经济和民众生活的大事就实在不是很微小的。”

不让洋人独擅利益与险要

【原文】

先是闽厂专为制造兵轮而设。学士宋晋言糜款过钜,议请罢之。事下,鸿章力持不可。略言:“欧洲诸国阑入中国边界腹地,无不款关而求互市。海外之险,有兵船巡防,而我与彼可共分之。长江及各海口之利,有轮船转运,而我与彼亦共分之。或不至让洋人独擅其利与险,而浸至反客为主也。”又言:“沿江沿海各省,不准另行购雇西洋轮船。若有所需,令其自向闽、沪两厂商拨订制。”

【译文】

先前闽(今福建)船厂是专门为了制造兵船而设置的。学士宋晋说耗费款项过大,奏议呈请停止这个造船厂。朝廷把这件事下交大臣议论,李鸿章极力坚持不可停止制造兵船。简要地说:“欧洲很多国家阑入中国边疆地界进到心腹内地,没有不是先攻打边关而再求得互相贸易通商的。海外形势的险要,有了兵船巡逻防卫,而我方与外方可以共同分有海上的军事力量而对峙。长江以及各个海口的利益,有了轮船转运人员和货物器械,而我方与外方也可共同分有江上的利益。或者不至于让外国洋人独自专擅利益与险要,而逐渐至于客人反过来变为主人了。”又说:

"沿长江、沿海岸各个省,不准另行购买或雇用西方外国洋人的轮船。若是实在有所需要,可令他们自向福建、上海两个船厂协商调拨和订约制造。"

轮船招商局的成立

【原文】

是年冬,……招商局成立,……招徕商股,入赀者极为踊跃,……购船、设械、立埠,次第经营,悉属商本,规模粗具。

"御赏"同道堂玺及玺匣　清

【译文】

同治十三年(1874)冬天,……轮船招商局成立,……招揽来了很多商股,加入资本的人很是情绪热烈,争先恐后,……购买轮船、设置器械、建立商埠,有次序地经营,都属于商业资本,事业的规模大略具备。

轮船招商局为收回中国利权

【原文】

鸿章等奏言:"轮船招商局之设,乃各商集股,自行经理,已于创办之初奏明,盈亏全归商认,与官无涉。轮船商务牵涉洋务,更不便由官任之,与他项设立官局开支公款者,迥不相同。惟此举为收回中国利权,事体重大,故须官为扶持,并酌借官帑,以助商力之不足。……数年以来,虽有英商太古、怡和洋行极力倾挤,而局事尚足相持,官帑渐可拔还。复先承运京仓漕米、各省赈粮,不下数百万石,征兵调饷、解送官物军械者,源源不绝,岂得谓于国事毫无实济?……商局关系国课最重,而各关各纳税课,丝毫无亏,所借官款由商局运漕水脚分年扣还,公款已归有着。"

【译文】

李鸿章上奏章说:"轮船招商局的设置,乃是各个商人集资入股,自己实行经营办理业务,已经于开创办理时上奏明白,盈余或亏损全部归于商股自认,与国家官府没有关系。轮船商业运输业务牵涉到外国洋人的事务,更加不便由官方出面来负担它的责任,这与其他项目设立官局开支公款的,差别大不相同。虽然这样举动

是为了收回中国失去的利权，但事情的体统很是重大，所以必须官方给予支持，并且酌量暂借官方国库里的钱财，借以资助商人财力的不足。……几年以来，虽然有英国商办太古洋行、怡和洋行尽力倾轧排挤，然而招商局的业务事情还足以与外商互相对持，官方国库里的钱财，逐渐可以拔出归还。又先前承担运输京城仓库的漕粮大米、各省救济灾荒的粮食，不少于几百万石，征集军人服役和调用粮饷，押解输送官方财物和军事器械的，源源而来没有断绝，岂能说对于国家大事丝毫没有实际帮助？……招商局关系国家课税最为重要，然而各关口各自缴纳国家赋税的课取，丝毫没有亏损，以前所借的官方款项由招商局运输漕粮水脚费内分年分批扣还，公家款项已经有了着落。"

自扩利源，出洋贸易

【原文】

七年，……鸿章疏言："西洋富强之策，商务与船政互相表里。以兵船之力卫商船，必先以商船之税养兵船，……故当商务未兴之前，各国原可闭关自治。逮风气大开，既不能拒之使不来，惟有自扩利源，劝令华商出洋贸易，庶土货可畅销，洋商可少至，而中国利权亦可逐渐收回。"

【译文】

光绪七年（1881），……李鸿章上奏疏说："西方外国洋人富国强兵的策略，经商业务和造船政策互相作为表里来统一运用。用兵船的武力来保卫商船，又必须先用商船的税收来供养兵船，……所以当经商业务还没有兴起之前，世界各国原本可以紧关国门不与外国往来，独自治理本国的事务。到了商业交往的社会风气大开，既不能拒绝他们不让来。只有自己扩大利益来源，劝勉中国商人航海出洋到外国去做商业买卖，或许中国土产货物可以有通畅的销路，不但外洋商人可以少来，而且中国的经济权利也可以逐渐收回。"

初设商船学校

【原文】

宣统三年，设商船学校于吴淞。凡此皆为扩充航业之张本。

【译文】

宣统三年（1911），初设商船学校在吴淞（今上海），凡是这些措施都是为了扩大充实航行业务发展而预先做的安排。

中国电报始于天津

【原文】

电报之法，自英吉利人初设于其国都，推及于印度，再及于上海。……光绪五

年，直隶总督李鸿章始于大沽、北塘海口炮台设线达天津，试行之而利，明年因有安设南北洋电报之请。

【译文】

电报的方法，开始于英国人初设于他们的国都伦敦，推广达到印度，再达到上海。……光绪五年(1879)，直隶(约当今北京、天津两市、河北大部、河南、山东部分地区)总督李鸿章开始于大沽口、北塘(上两地属今天津)海口炮台设置电线达到天津，试验实行电报方法而很便利，明年(1880)因而有了安排设置南洋、北洋电报的申请。

总税务司兼理邮递之权

【原文】

海国大通以来，异域侨民，恒自设信局。咸丰十一年订约，驻京公使邮件，初与总理衙门交驿代寄。同治五年，改由总税务司汇各驻京公使文件，递天津寄上海。……迄十一年，邮务愈繁，总税务司乃于天津、镇江、上海各税务司处专员理之。此总税务兼理邮递之权舆也。

【译文】

海外国家大批通商以来，不同地域的外国侨民，常常自己设置信局。咸丰十一年(1861)订立条约，驻在京城(今北京)公使的邮件，开始是给予总理衙门交驿站代为寄出。同治五年(1866)，改由总税务司汇集各国驻京公使的文件，递送天津再转寄上海。……到光绪十一年(1885)，邮政业务更加繁忙，总税务司于是在天津(今天津)、镇江(今江苏)、上海(今上海)各个税务司处设置专员办理邮政。这是总税务司兼理邮政传递权的开始。

中国试办邮政之始

【原文】

初，光绪二年，总税务司英人赫德建议创办邮政。四年，始设送信官局于北京、天津、烟台、牛庄，以赫德主其事，九江、镇江亦继设局。是为中国试办邮政之始。十六年，命通商口岸推广举办。

【译文】

起初，光绪二年(1876)，总税务司英国人赫德建议创立开办寄递信件、包裹等的邮政。光绪四年(1878)，开始设置送信官局在北京、天津、烟台(今山东烟台)、牛庄(今辽宁牛庄镇)，用赫德主持邮政的事，九江(今江西九江)、镇江也继续设置邮政局。这是中国试验办理邮政业务的开始。光绪十六年(1890)，命令各地通商口岸推动扩大进行办理。

邮政利商、利民、利国

【原文】

二十一年十二月,署南洋大臣张之洞疏请举办邮政。略言:"泰西各国视邮政重同铁路,特设邮政大臣综理。取资甚微,获利甚巨。……且权操于上,有所统一,利商利民,而即以利国。……此各国通行之办法,有利无弊,诚理财之大端,便民之要政也。"

【译文】

光绪二十一年(1895)十二月,兼理南洋(清末称今江苏以南沿海各省)大臣张之洞上奏疏呈请举行办理邮政业务。简要地说:"西方的欧洲各国看待邮政的重要同铁路一样,特别设置邮政大臣综合办理。拿出来的资金很少,得到的利益很大。……而且邮政的权力操持在上面,有利统一,便利商业,便利民众,也就是有利于国家。……这是世界各国通行的办法,有好处,没有害处,这实在是管理财政的大项目方面,也是便利民众的主要政策。"

邮政与电局

【原文】

总理衙门疏言:"考泰西邮政,……大端以先购图记纸,粘贴信面,送局以抵信资,其费每封口信重五钱者,取银四分,道远酌加。其取资既微,又有定期。百货腾跌,万里起居,随时径达。……利侔铁路,诚为不虚。且西国邮政与电局相辅,以火车轮船为递送。……中国邮政若行,即以获资置备轮船出洋,藉递信以流通商货。其挽回利权,所关尤钜。……即推行内地水陆各路,克期兴办。并咨行沿江沿海及内地各直省将军督抚知照,届期即将简要办法,饬地方州县晓谕商民,咸知便利。"……自是遍通全国,上下交受其利。

【译文】

总理衙门上奏疏说:"考察西方国家的邮政,……首要是先行购买邮票,粘贴在信面上,送邮局以抵偿送信的费用,这个费用是每一件封口信重量五钱的,取银四分,道路远的酌量增加邮资。它所取的邮资既微少,又可以定期寄到。百货涨落价钱,相隔万里问候起居,随时可以直接到达。……利益相等于铁路实在不是虚话。而且西方国家的邮政与电报局互相补充,用火车、轮船为邮政递送作运输。……中国邮政若是实行,就用获得的邮费购买备办轮船出洋到外国去,借传递邮信来流通商业货物。那样挽回利益和权力,所关系国家的事情尤为巨大。……就将邮政推行到内地水、陆各路,严格限期兴办起来。并行公文到沿长江、沿海岸以及内地各直属省的将军、总督、巡抚通知关照,到时候就将简要办法,命令各地方州、县告示商民百姓,使他们都知道方便有利。"……从此邮政普遍通行全国,全国上下一起得到好处。

清末邮政有盈利

【原文】

其邮局，则总局、副总局、分局、支局、代办处，……其邮路里数，则邮差邮路、民船邮路、轮船邮路、火车邮路，……其邮件，则通常、特种，……其包裹，则通常、特种，……其汇兑，则旱汇局、火汇局，……出入两抵，实盈六万九千九百余两。此据宣统三年统计也。

【译文】

那个邮局，就是总局、副总局、分局、支局、代办处。……那个邮路里数，就是邮差邮路、民船邮路、轮船邮路、火车邮路，……那个邮件，就是通常、特种，……那个包裹，就是通常、特种，……那个汇兑，就是旱汇局、火汇局，……支出和收入两下相抵，实际盈余六万九千九百余两白银。这是根据宣统三年（1911）统计的。

邦 交 志

邦 交 概 况

【原文】

自海道大通而后，局势乃一变。其始葡萄牙、和兰诸国，假一席之地，迁居贸易，来往粤东；英、法、美、德诸大国连袂偕来，鳞萃羽集，其意亦仅求通市而已。泊乎道光己亥，禁烟衅起，仓猝受盟，于是畀英以香港，开五口通商。嗣后法兰西、美利坚、瑞典、那威相继立约，而德意志、和兰、日斯巴尼亚、义大里、奥斯马加、葡萄牙、比利时均援英、法之例，订约通商，海疆自此多事矣。俄罗斯定约在康熙二十八年，较诸国最先，日本定约在同治九年，较诸国最后，中国逼处强邻，受祸尤烈。其他若秘鲁、巴西、刚果、墨西哥诸小邦，不过尾随大国之后，无他志也。

道光通宝　清

【译文】

自从海上航行畅通以后，局势于是大变。在开始时葡萄牙、荷兰等国，租借一小块地方，迁移人口居住经商，来往于广东东部；英、法、美、德各个大国结伙而来，如游鱼汇聚、飞鸟翔集，各国的原意也只是要求通商罢了。到了道光己亥年（1839），禁烟引起争端，仓促接受条约，就这样将香港割给了英国，开放五个口岸通商。以后法兰西、美利坚、瑞典、挪威相继订立条约，而德意志、荷兰、西班牙、意大利、奥地利、葡萄牙、比利时全都援引英、法的先例，订立条约通商，从此领海事务繁多了。俄罗斯订立条约在康熙二十八年（1689），与各国相比最早，日本订立条约在同治九年（1870），与各国相比最后，中国处在强大邻国逼

迫下,受的祸害尤其严重。其他像秘鲁、巴西、刚果、墨西哥各小国,不过尾随在大国之后,没有别的意图。

强划势力范围

【原文】

光绪甲午马关之约,丧师割地,忍辱行成,而列强据利益均沾之例,乘机攫索,险要尽失。其尤甚者,则定有某地不得让与他国之条,直以中国土疆视为己有,辱莫大焉。

【译文】

光绪甲午年(1894)战后的《马关条约》,军事失利割让土地,忍受屈辱求和,而列强根据利益均沾的例子,乘机争夺索要,险要之地全部丧失。其中尤为严重的,则规定有某地不得让给别的国家的条款,简直把中国的领土视为己有,没有比这屈辱再大的了。

大学士年表

清大学士满、汉两途

【原文】

雍正以后,承旨寄信有军机处,内阁宰辅,名存而已。……清大学士满、汉两途,勋高位极,乃以相授。内阁实权,远不逮明。然其品列,皆首文班。任军机者,自亲王外,其领袖者必大学士。

【译文】

清雍正朝以后,奉承旨意寄予信任的有军机处,至于内阁宰相辅政大臣,只是名义上存在罢了。……清代大学士来自满族、汉族两个途径,必须是功勋最大和地位最高的,才能授予大学士。清代内阁实权,远远不及明代。然而它的官阶品级排列,都是在文官的首位。担任军机的人,来自亲王以外,它的领袖必须是大学士。

军机大臣年表

威命不于内阁而于军机处

【原文】

军机处名不师古,而丝纶出纳,职居密勿。初只秉庙谟商戎略而已,厥后军国大计,罔不总揽。自雍、乾后百八十年,咸命所寄,不于内阁而于军机处,盖隐然执政之府矣。

【译文】

军机处的名称不是效法古代,然而皇帝的诏令出示宣告和下面意见容纳上报,军机处的职务担任是很机密的。起初只是秉承朝廷制定的国家大计商议兵事战略罢了,以后重要军机和国家大政方针,无不全面控制和掌握,自从雍正朝、乾隆朝以后一百八十年以来,威严朝命所寄托的,不在内阁而在军机处,大概隐约已是执掌政权的最高统帅府了。

部院大臣年表

理藩院辑民绥边

【原文】

清增理藩院,蒙、藏、回诸部,都凡要务,于焉汇归,辑民绥边,所任殊重。

【译文】

清代增加理藩院,蒙古族、藏族、回族各部,大凡重要事务,都是汇总归于理藩院,这要和睦民众,安抚边疆,所负的责任是特殊重要的。

疆臣年表

清疆帅之重,几埒宰辅

【原文】

一国治乱,君相尸之。一方治乱,岳伯尸之。清制:疆帅之重,几埒宰辅。选材特慎,部院莫儗,盖以此也。开国而后,戡藩拓边,率资其用。同治中兴,光绪还都,皆非疆帅无与成功。

【译文】

一个国家的治理与混乱,由君主与宰相来主持。一个地方的治理与混乱,由封疆大吏来主持。清代制度:封疆大吏主帅的重要,几乎相等于宰相。选择人才特别慎重,这是各部、各院所不能比拟的,大概因为这个职责很重要了。清代开国之后,平定三藩之乱,开拓边疆,大抵凭借他们的作用。同治朝的中兴,光绪德宗因八国联军战乱西走又回到京城,若不是封疆大吏主帅作用是不能奏功的。

孝庄文皇后传

为君当深思得众得国之道

【原文】

太后不预政,朝廷有黜陟,上多告而后行。……又作书以诫曰:"古称为君难。

苍生至众，天子以一身临其上，生养抚育，莫不引领，必深思得众得国之道，使四海咸登康阜，绵历数于无疆，惟休。汝尚宽裕慈仁，温良恭敬，慎乃威仪，谨尔出话，夙夜恪勤，以祗承祖考遗绪，俾予亦无疚于厥心。"

【译文】

太后（清圣祖的祖母）不参与政事，朝廷有升降大官的事，清圣祖大多禀告太后以后才施行。……太后又写信告诫圣祖说："古来就说做君主困难。百姓那么多，天子以一人高居他们之上，在百姓的生活、教养、抚恤、存问方面，无不起引导作用。你必须深思获得民众、获得国家的道理，使全国都达到安乐富庶的境地，使国运绵延到无限美好的将来。你要崇尚宽厚仁爱，温和善良恭敬，慎用你的威仪，谨慎你的言语，不分日夜地恭敬勤奋，好好继承祖宗的遗业，使我内心也就没有忧虑了。"

诸 王 传

凡诏令必求可以顺民心垂久远者

【原文】

郑献亲王济尔哈朗……十二年二月，疏言："太祖创业之初，日与四大贝勒、五大臣讨论政事得失，咨访士民疾苦，上下交孚，鲜有壅蔽，故能扫清群雄，肇兴大业。太宗缵承大统，亦时与诸王贝勒讲论不辍，崇奖忠直，录功弃过，凡诏令必求可以顺民心、垂久远者。……伏祈效法太祖、大宗，时与大臣详究政事得失，必商榷尽善，然后布之诏令，庶几法行民信，绍二圣之休烈。"

【译文】

郑献亲王济尔哈朗……顺治十二年（1655）二月，上疏说："太祖创业的初年，每日与四大贝勒、五大臣讨论政事的收获和失误，征询兵民的困苦。上下互相信任，极少有被蒙蔽的情况，所以能扫平群雄，开创国家大业。太宗继承帝位，也时常与诸王贝勒讲论，从来不中止，表扬奖励忠直的人，录用有功之臣，摒弃有过之人。凡是诏令，必须要求可以顺应民心，垂留久远的。……祈求皇上效法太祖、太宗，按时与大臣详细讨论政事的收获和失误，必须商讨得最完善，然后再公布到诏令上。这样差不多可以达到法律施行、人民信任的地步，继承二位圣主美好的功业。"

褚英之死

【原文】

褚英屡有功，上委以政。不恤众，诸弟及群臣愬于上，上寖疏之。褚英意不自得，焚表告天自诉，乃坐咀咒，幽禁，是岁癸丑。越二年乙卯闰八月，死于禁所，年三十六。明人以为谏上毋背明，忤旨被谴。

【译文】

褚英（努尔哈赤长子）屡次有战功，努尔哈赤把政事委托给他。但他不体恤大

家,几位弟弟及群臣在皇上面前诽谤他,皇上逐渐疏远了他。褚英心意不舒畅,焚烧表章禀告上天,自己诉说心迹,于是获诅咒罪,被幽禁,这是癸丑年(1613)的事。过了二年,乙卯年(1615)闰八月,死在囚禁的所在,年龄三十六。明朝人认为他是因为规劝努尔哈赤不要背叛明朝,违背了主上旨意而被谴退的。

李定国设计斩尼堪

【原文】

八年⋯⋯李定国陷桂林,⋯⋯尼堪督兵夜进,兼程至衡州。⋯⋯敌设伏林内,中途伏发,⋯⋯尼堪督诸将纵横冲击,陷淖中,矢尽,拔刀战,力竭,殁于阵。

【译文】

顺治八年(1651),⋯⋯李定国攻陷桂林(今属广西),⋯⋯尼堪率军连夜前进,急行到衡州(今湖南衡阳)。⋯⋯李定国在树林中设置埋伏,尼堪进兵途中,伏兵杀出,⋯⋯尼堪率领诸将纵横冲击,陷进泥沼中,箭射尽了,拔出佩刀战斗,力量用尽,死在战斗中。

有统帅之责者应躬自教练

【原文】

九年,阿巴泰病手痛,上曰:"尔自谓手痛不耐劳苦。不知人身血脉,劳则无滞。惟家居佚乐,不涉郊原,手不持弓矢,忽尔劳动,疾痛易生。若日以骑射为事,宁复患此? 凡有统帅之责者,非躬自教练,士卒奚由奋? 尔毋偷安,斯克敌制胜,身不期强而自强矣。"

【译文】

天聪九年(1635),阿巴泰患手痛病,皇上说:"你自己说手痛不能忍耐劳苦,不知道人身血脉劳动了就不停滞,只在家里居住享乐,不到郊野去,手不拿弓箭,忽然劳累运动,疾病、疼痛容易产生。如果每日以骑马射箭做自己的事,哪会患这种病? 凡是有统帅职责的人不亲自教给练武,士兵哪能奋发? 你不要只图眼前安逸,那才能克敌制胜,身体不期望强健,自然会强健了。"

多尔衮下令尽除明季弊政

【原文】

顺治元年,⋯⋯王⋯⋯复令曰:"养民之道,莫大于省刑罚,薄税敛。⋯⋯前朝弊政,莫如加派,辽饷之外,复有剿饷、练饷,数倍正供,远者二十年,近者十余年,天下嗷嗷,朝不及夕。⋯⋯今与民约,额赋外,一切加派,尽予删除。官吏不从,察实治罪。"

【译文】

顺治元年（1644），……睿亲王多尔衮……又下令说："抚养人民的道理，没有大过减轻刑罚，减少税收的。……前朝有弊病的制度，没有赶上加派税收这一条的，供辽地作战的饷银之外，又有剿贼的饷银、练兵的饷银，几倍于正常的供给，远的超过二十年，近的十几年。天下百姓怨声嘈杂，顾早晨顾不了晚上。……现在与人民约定，规定的赋税外，一切增加的摊派，完全给予删除。官吏不听从，察明事实，给以治罪。"

高宗为多尔衮昭雪

【原文】

乾隆三十八年，高宗诏曰："睿亲王多尔衮……殁后其属人首告，定罪除封。第念定鼎之初，王实统众入关，肃清京辇，檄定中原，前劳未可尽泯。……"四十三年正月，又诏曰："多尔衮扫荡贼氛，肃清宫禁，分遣诸王，追歼流寇，抚定疆陲。创制规模，皆所经画。寻奉世祖车驾入都，成一统之业，厥功最著。"

【译文】

乾隆三十八年（1773），高宗下诏说："睿亲王多尔衮……去世后，他的下属首先告发，定下罪名，除去封号。只是思念建立王朝的初年，实在是睿亲王统领众兵进入山海关，肃清了京城，传檄平定了中原广大地区，以前的功劳不可完全抹杀。……"四十三年（1778）正月，又下诏说："多尔衮扫荡了贼人的骚乱，肃清了宫中的混乱，分派各路王公，追歼流窜的"寇盗"，平定安抚了边疆。国家开创时的制度和总的规划，都是他经营、筹划的。不久侍奉世祖车驾进入京都，成就一统天下的事业，他的功绩最为卓著。"

清圣祖自述执政

【原文】

上既废太子，……寻以废太子诏宣示天下，上并亲撰文告天地、太庙、社稷曰："臣祗承丕绪，四十七年余矣，于国计民生，夙夜兢业，无事不可质诸天地。稽古史册，兴亡虽非一辙，而得众心者未有不兴，失众心者未有不亡。臣以是为鉴，深惧祖宗垂贻之大业自臣而隳，故身虽不德，而亲握朝纲，一切政务，不徇偏私，不谋群小，事无久稽，悉由独断，亦惟鞠躬尽瘁，死而后已。在位一日，勤求治理，断不敢少懈。……"

【译文】

清圣祖已经废除太子，……不久把废太子的诏书宣布给天下，圣祖并亲自撰写文章禀告天地、宗庙、神灵，说："我恭敬地承受帝位，已四十七年多了，对国计民生日夜都在兢兢业业，没有哪件事不可由天地评定。考查古来史册，国家兴亡虽不由一条途径，可是得到民心没有不兴盛的，失去民心没有不衰亡的。我拿这条教训作

为借鉴，深深惧怕祖宗垂留的帝王大业从我这里毁坏，所以我自身虽然没有什么美德，但我亲自掌握朝政，一切政务的处理，不从偏心，不顺私情，不同小人们谋划。事情没有长久拖延不决的，完全由自己负责决断，也就是希望为国事竭尽心力，至死才停止。在位一天，勤劳地追求把国家治理好，断然不敢稍有松懈。……"

列传八·论曰

论多尔衮之功过

【原文】

睿忠亲王手定中原，以致于世祖，求之前史，实罕其伦。徒以执政久，威福自专。其害肃武亲王，相传谓因师还赐宴拉杀之，又或谓还至郊外遇伏死，死处即今葬地。传闻未敢信，然其惨酷可概见矣。身后蒙谤，仅乃得雪，亦有以取之也。

【译文】

睿忠亲王多尔衮亲手平定中原，把它交给世祖，寻求以前的历史，实在少有能同他相比的。只因执政时间较长，专行赏罚，独揽大权。如加害肃武亲王豪格，传说是趁豪格回军赐给酒宴时，摧折其躯干并杀死了他，又有人说是豪格回军到郊外时遇到埋伏而死的，死处就是现在埋葬他的地方。传说不敢完全相信，然而多尔衮的残酷可以大概地见到了。多尔衮死后蒙受诽谤，只得到昭雪，也是有原因取得这样的结果啊。

列传十·论曰

论扈伦四部

【原文】

扈伦四部，哈达最强，叶赫稍后起，与相埒，乌喇、辉发差弱。其通于明，皆以所领卫，令于所部则曰："国"。太祖渐强盛，四部合攻之，兵败纵散，以次覆灭。太祖与四部皆有连，夺其地，歼其酋，显庸其族裔。疆场之事不以婚媾逭，有时乃藉口以启戎，自古则然，不足异也。

【译文】

扈伦四个部族，哈达部最强，叶赫部稍后兴起，势力同它相当，乌喇部、辉发部较弱。他们同明朝通好，都凭借率领的军镇，在自己的部落发号施令，称为"国"。太祖逐渐强大，四部合力进攻他。进攻失败，联盟解散，依次灭亡。太祖与四部都有关联，夺取了他们的土地，歼灭了他们的酋长，却重用了他们的后裔。战场的事情不因彼此存在婚姻关系而缓和，有时却借口婚姻问题开启战端，自古都是如此，不值得奇怪啊。

张 煌 言 传

回书斥招降

【原文】

十四年……两江总督郎廷佐书招煌言,煌言以书报,略曰:"来书揣摩利钝,指画兴衰,庸夫听之,或为变色,贞士则不然。所争者天经地义,所图者国恤家仇,所期待者豪杰事功。圣贤学问,故每毡雪自甘,胆薪深厉,而卒以成事。仆于将略原非所长,只以读书知大义。左袒一呼,甲盾山立,济则赖君灵,不济则全臣节。凭陵风涛,纵横锋镝,今逾一纪矣,岂复以浮词曲说动其心哉?来书温慎,故报数行。若斩使焚书,适足见吾意之不广,亦所不为也。"

【译文】

顺治十四年(1657),……两江总督郎廷佐写信招降张煌言,煌言回信作答,大略说:"你在来信中反复探求利害关系,指明陈述兴衰历史,平庸人听了,也许被它打动而改变颜色,忠贞之士就不这样了。我们争取的是天地间不变的正义原则,图报的是国仇家恨,期望的是英雄豪杰建立功勋。圣贤之人求学问,所以时常"吞毡吃雪"自为甘甜,"卧薪尝胆"深自激励,最终以此成就大事。我对用兵韬略本不擅长,只由于读书而了解为国为民的大义。我伸出左臂一呼唤,甲胄和盾牌如山一样挺立。我的事业成功了,那是仰赖国君的威灵,不成功,我就保全做臣子的气节。我奋进在风浪之上,纵横在锋刃之间,到现在已超过十二年了,难道还会由于你浮浅的词语、歪曲的说法动摇我的心意吗?你的信温和谨慎,所以我回答你几行字,如果我斩了送信的使者,焚毁你的来信,恰好显得我心胸不广阔,也是我不去做的事啊。"

张名振赤心报国

【原文】

名振与煌言奉王南依成功……成功初见名振不为礼,名振袒背示之,涅"赤心报国"四字,深入肤,乃与二万人,共谋复南京。

【译文】

张名振与张煌言护送鲁王向南投靠郑成功。……郑成功初次见到张名振,没有礼待他,张名振露出背部给他看,上面染着"赤心报国"四个黑色的字,直深入皮肤,郑成功于是给他二万军队,一同商议收复南京。

郑 成 功 传

收 复 台 湾

【原文】

十八年，……成功自江南败还，……乃规取台湾。台湾，福建海中岛，荷兰红毛人居之。芝龙与颜思齐为盗时，尝屯于此。荷兰筑城二：曰赤嵌、曰王城，其海口曰鹿耳门。荷兰人恃鹿耳门水浅不可渡，不为备。成功师至，水骤长丈余，舟大小衔尾径进，红毛人弃赤嵌走保王城。成功使谓之曰："土地我故有，当还我；珍宝恣尔载归。"围七阅月，红毛存者仅百数十，城下，皆遣归国。成功乃号台湾为东都，示将迎桂王狩焉。

郑成功

【译文】

顺治十八年（1661），……郑成功从江南败回，……于是就规划夺取台湾。台湾是福建海中的岛屿，荷兰人占住在那里。过去郑成功的父亲郑芝龙与颜思齐做"海盗"时，曾屯扎在那里。荷兰修筑城堡有两个：一叫赤嵌，一叫王城，它的海港叫鹿耳门。荷兰人依仗鹿耳门水浅，船不能渡，不做防备。郑成功军队来到，海水骤然涨起一丈多深，船只按大小次序一艘艘尾随着径直驶进，荷兰人放弃赤嵌城，退保王城。郑成功派使者对他们说："土地是我们旧有的，应当还给我们；珍宝任你们装走。"包围七个月，荷兰人剩下的只一百几十人，城攻下后，都让他们回国了。郑成功于是将台湾改名东都，表示将要迎接桂王驾临于此。

列传十一·论曰

论抗清诸名将

【原文】

当鼎革之际，胜国遣臣举兵图兴复，时势既去，不可为而为，盖鲜有济者。徒以忠义郁结，深入于人心，陵谷可得更，精诚不可得沫。煌言势穷兵散，终不肯为遁死之计。成功大举不克，退求自保，存先代正朔。定国以降将受命败军后，崎岖险阻，百折而不挠。比之扩廓帖木儿、陈友定辈，何多让焉！

【译文】

当改朝换代之际，明朝派遣臣子举兵力图恢复国家，但大势已去，做不到的还

去做,很少有成功的。只是由于忠义之心郁结在一起,深入于人们心中,高山深谷可以变更,真诚的精神抹杀不了。张煌言势力困穷,军队瓦解,最终也不肯想逃避死亡的计策。郑成功大规模的抗清行动不能成功,退而自保土地,保存明代年号。李定国以降将身份接受任命在军队战败以后,经历崎岖险阻,受了无数挫折而不屈不挠,比起元末忠臣扩廓帖木儿、陈友定这些人,哪有逊色呢!

额 亦 都 传

骁 果 善 战

【原文】

额亦都骁果善战,……岁丁亥八月,令将兵取巴尔达城。至浑河,秋水方至,不能涉,以绳约军士,鱼贯而渡。夜薄其城,率骁卒先登,城兵惊起拒,跨堞而战,飞矢贯股著于堞,挥刀断矢,战益力,被五十余创,不退,卒拔其城。

【译文】

额亦都骁勇善战,……丁亥年(1587)八月,努尔哈赤命额亦都率兵夺取巴尔达城(今属辽宁)。到达浑河(今属辽宁),秋天,河水刚刚暴涨,不能蹚水过去,就用绳子拴上兵士,像鱼连贯着渡过了河。乘夜迫近城墙,额尔都率领骁勇的士兵首先登城,城上的守兵惊起抵抗,额亦都跨过城堞战斗,飞来的箭穿过他的大腿钉在堞墙上,他挥刀砍断箭杆,战斗更加勇猛,身受五十余处创伤,不退却,终于攻下这个城。

费 英 东 传

开创佐命第一功臣

【原文】

太宗尝谕群臣曰:"费英东见人不善,必先自斥责而后劾之;见人之善,必先自奖劝而后举之:被劾者无怨言,被举者亦无骄色。朕未闻诸臣以善恶直奏如斯人者也!"顺治十六年,世祖诏曰:"费英东事太祖,参赞庙谟,恢扩疆土,为开创佐命第一功臣。"

【译文】

太宗皇太极曾对群臣说:"费英东看见别人做了不好的事,必定首先责备自己,然后才弹劾他;看见别人做了好事,必定首先勉励自己,然后再推举他:被弹劾的人没有怨言,被推举的人也没有骄傲的神色。我没听说众多的臣子把好事、不好的事直爽地向上启奏像这人一样的啊!"顺治十六年(1659),世祖下诏说:"费英东侍奉太祖,参谋协助朝廷大计,开阔疆土,是开创大业辅佐帝王的第一位功臣。"

安费扬古传

勇 渡 冰 河

【原文】

　　天命元年七月，命与扈尔汉帅师伐东海萨哈连部，……八月丁巳，师至黑龙江之阳。江水常以九月始冰，是日当驻师处独冰，宽将六十步，若浮梁。安费扬古曰："此天佑我国也！"策骑先涉，众竞从之，师毕渡，冰旋解，遂取江北十一寨。

【译文】

　　天命元年(1616)七月，努尔哈赤命令安费扬古同扈尔汉率领军队讨伐东海萨哈连部，……八月十九日，军队到达黑龙江的南岸。江水平常九月份才结冰，这一天面对驻军的地方唯独结了冰，宽约六十步，如同浮桥一样。安费扬古说："这是上天保佑我国呀！"用鞭打马首先过了河，众兵争先跟着他。军队完全过了河，冰随即化开了。于是取得江北十一寨。

列传十二·论曰

论五大臣

【原文】

　　国初置五大臣以理政听讼，有征伐则帅师以出，盖实兼将帅之重焉。额亦都归太祖最早，巍然元从，战阀亦最多。费英东尤以忠说著，历朝褒许，称佐命第一。何和礼、安费扬古、扈尔汉后先奔走，共成筚路蓝缕之烈，积三十年，辅成大业，功施烂然。太祖建号后，诸子皆长且才，故五大臣没而四大贝勒执政。

红夷大炮复原图

【译文】

　　清朝开国的初年，设置五大臣用他们来治理国政，审理诉讼，有出征讨伐的事就率领军队出去，实在是兼有将领和统帅二者的重任啊。额亦都归附太祖最早，是

伟大的元勋,战斗功绩也最多。费英东尤其以忠心正直著称,历代清帝褒奖,称他做辅佐帝王的第一功臣。何和礼、安费扬古、扈尔汉也跟从太祖先后奔走,共同完成历尽艰苦的功业,积累三十年功夫,辅佐成就帝王大业,功劳和贡献辉煌灿烂。太祖建帝号后,他的几个儿子都长大了并且有才干,所以五大臣去世后,四大贝勒(代善、阿敏、莽古尔泰、皇太极)继续执政了。

扬古利传

扬古利议伐明

【原文】

七年六月,太宗咨诸将兵事,扬古利言:"用兵不可旷隔,若逾年不用,敌以其时乘间修备,虑误我再举。我暇,一年再征;不暇,亦一年一征:乃为善策。……朝鲜、察哈尔宜且置之,山海关外宁远、锦州亦当缓图,但深入腹地。腹地既得,朝鲜、察哈尔自来附矣。"时诸大臣所见亦略同,太宗遂定策伐明。

【译文】

天聪七年(1633)六月太宗向诸将征询军事策略,扬古利说:"用兵打仗不能久隔时日,如果超过一年不用兵,敌人用这个时间乘机修整武备,我担心这样会妨害我方的下一次举动。我方闲暇,一年出征二次,没有闲暇,也一年出征一次:这才是最好的策略。……朝鲜、察哈尔应当暂时放下它,山海关外的宁远、锦州也应当暂缓打算,只应深入明朝腹地。腹地如果得到,朝鲜、察哈尔自然前来归附了。"当时各大臣的见解也大致相同,太宗于是定下决策征伐明朝。

冷格里传

严整军容

【原文】

五年,……上招明总兵祖大寿降,大寿未决,先使裨将韩栋出谒,出冷格里所守门。冷格里令军士戎服执戟,立营门内外,示栋军容。栋既谒上还,将入城,冷格里呵使止门外,问姓名,审形貌,然后令入。栋具以语大寿,大寿怵我军严整,乃决降。

【译文】

天聪五年(1640),……皇上招明总兵祖大寿降,大寿没有决定,先派偏将韩栋出营谒见皇太极,进出冷格里把守的营门。冷格里兵士着军装,执矛戟,站立在营门内外,让韩栋观看军容。韩栋既已谒见皇太极回还,将要进城,冷格里大喊使者停在门外,问清姓名,审视容貌、外表,然后才让他进城。韩栋把这些完全告诉祖大寿,大寿害怕清军阵容严整,才决定投降。

额尔德尼传

创制满洲文字

【原文】

太祖起兵之十六年,岁己亥二月辛亥朔,召巴克什额尔德尼、扎尔固齐噶盖使制国书。额尔德尼、噶盖辞以夙习蒙古文字,未易更制。上曰:"汉人诵汉文,未习汉字者皆知之;蒙古人诵蒙古文,未习蒙古字者皆知之。我国语必译为蒙古语,始成文可诵;则未习蒙古语者,不能知也。奈何以我国语制字为难,而以习他国语为易耶?"额尔德尼、噶盖请更制之法,上曰:"是不难。但以蒙古字协我国语音,联属为句,因文以见义可矣。"于是制国书,行于国中。满洲有文字自此始。

【译文】

太祖起兵的第十六年,己亥年(1599)二月初一,召见巴克什额尔德尼、扎尔固齐噶盖,让他们创制本国文字。额尔德尼、噶盖以一向习用蒙古文字,不容易更改、创制为由推辞。皇上说:"汉人诵读汉文,没有学习汉字的都懂得它;蒙古人诵读蒙古文,没有学习蒙古字的也都懂得它。我国语言一定要译成蒙古语言,才可成文诵读,那么没学习蒙古语的,就不懂得了。为什么用我国语言制造文字成为难事,却认为学习其他国语言容易呢?"额尔德尼、噶盖问更换创制的方法,皇上说:"这不难。只用蒙古字协我国语音,连接成为语句,借文句来体现意义就可以了。"于是制出本国文字,在国中实行。满洲有文字从此开始。

达 海 传

改 进 满 文

【原文】

达海治国书,补额尔德尼、噶盖所未备,增为十二字头。六年三月,太宗谕达海曰:"十二字头无识别,上下字相同。幼学习之,寻常言语,犹易通晓,若人姓名及山川、土地,无文义可寻,必且舛误。尔其审度字旁加圈点,使音义分明,俾读者易晓。"达海承命寻绎,字旁加圈点,又以国书与汉字对音,补所未备,谓:"旧有十二字为正字,新补为外字,犹不能尽协,则以两字合音为一字,较汉文翻切尤精当。"国书始大备。

【译文】

达海研究满文,补充额尔德尼、噶盖研究不完备之处,增加为十二字头。天聪六年(1632)三月,太宗指示达海说:"十二字头无从识别,上下字都相同。幼儿学习它,平常言语,还容易通晓;如果人的姓名及山川、土地,没有文义可寻,必定要出现错误。你可审视情况研究在字旁加上圈点,使音义分明,让读者容易明白。"达海

领命探索,将字旁加圈点。又用满文与汉字对音,补充未完备的部分。说:"旧有的十二字头为正字,新补的为外字,还不能完全协和的,就用两字合音拼为一字,比较汉文反切更加精当。"满文才大略完备。

列传十五·论曰

论满文的创制

【原文】

国必有所与立,文字其一也。因蒙古字而制国书,额尔德尼、噶盖创之,达海成之。尼堪等皆兼通蒙、汉文字,出当专对。造邦之始,抚绥之用广矣。

【译文】

作为国家,必然有它建立的条件,文字是其中之一。借蒙古文字来创造清国文字,额尔德尼、噶盖开创了这个工作,达海完成了这个工作。尼堪(纳喇氏)等人都同时通晓蒙、汉文字,出国就担当专门答对的任务。在建国之初,满文的创制对安定国家起的作用是很广泛的。

武 纳 格 传

力 战 建 功

【原文】

太宗即位,武纳格总管蒙古军,位亚扬古利、李永芳,在八大臣上。……七年秋,与贝勒阿巴泰等侵明,攻山海关,有所俘获。师还,明兵追袭,武纳格为殿,力战却之。太宗谕诸贝勒大臣曰:"武纳格所在建功,今又为殿败敌。人臣为国,当如是也!"

【译文】

太宗皇太极即位,武纳格总管蒙古军,地位仅次于扬古利、李永芳,在八大臣之上。……天聪七年(1633)秋季,他与贝勒阿巴泰等侵犯明朝,进攻山海关,有所俘虏缴获。军队回还,明军追赶袭击,武纳格为后部,拼力战斗,打退他们。太宗对诸位贝勒大臣说:"武纳格在哪里都要建立战功,现在又作为后部杀败敌人。人臣为了国家,应当像他这样啊!"

列传十七·论曰

努尔哈齐善于罗致人才

【原文】

太祖初起,扈伦四部与为敌,四部之豪俊,先后来归。……四部有才而不能用,太祖股肱爪牙取于敌有余。国之兴亡,虽曰天命,岂非人事哉?

【译文】

太祖努尔哈齐刚兴起时,扈伦四部与他为敌,四部的豪杰却先后前来归顺。……四部有人才不能任用,努尔哈齐如股肱的臣子和如爪牙的卫士从敌方取得,而且很多。国家的兴亡,虽说由上天安排,难道不也是人力所为吗?

佟养性传

议兵农结合

【原文】

六年春正月,……养性疏言:"新编汉兵,马步仅三千有奇,宜尽籍汉民为兵,有事持火器而战,无事则为农。火器攻城,非炮不克,三眼枪、佛朗机鸟枪特城守器耳,宜增铸大炮。兵食未足,宜令民广开垦,无力者官畀牛若种,获则以十一偿。"

【译文】

天聪六年(1632)正月,……佟养性上疏说:"新编入的汉人军队,骑兵、步兵仅三千有余。应完全把汉民编为军队,有军事就拿起火器打仗,没有军事就务农。火器攻城,不用炮,攻不下来,三眼枪、佛朗机鸟枪只是守城的武器而已,应该增铸大炮。军队的粮食不充足,应叫百姓扩大开垦,没有力量的由官方给予耕牛和种子,等收获了,用它的十分之一来偿还。"

希福传

奉使抚辑诸部

【原文】

希福虽以文学事上,官内院,管机务,然常出使察哈尔、喀尔喀、科尔沁诸部,编户口,置牛录,颁法律,亭平狱讼;时或诣军前宣示机宜,相度形势,核诸将战阅,行赏,谕上德意于诸降人。每还奏,未尝不称旨也。顺治元年,译辽、金、元三史成,奏进,世祖恩赉有加。

【译文】

希福虽以文学特长侍奉皇上，在内院做官，管理军机要务，然而也常出使察哈尔、喀尔喀、科尔沁诸部，编定户口，安置牛录，颁布法律，决断诉讼；有时到军前宣布或出示方针策略，观察估计形势，核实诸将战功，实行奖赏，把皇上施行恩德的心意宣布给投降的人。每次向皇上的回奏，没有不符合皇上意图的。顺治元年（1644），翻译辽、金、元三史完成，奏告献进，世祖赏赐比常例还有增加。

范 文 程 传

定清国大计

【原文】

既克明都，百度草创，用文程议，为明庄烈愍皇帝发丧，安抚子遗，举用废官，搜求隐逸，甄考文献，更定律令，广开言路，招集诸曹胥吏，征求册籍。明季赋额屡加，册皆毁于寇，惟万历时故籍存。或欲下直省求新册，文程曰："即此为额犹虑病民，其可更求乎？"于是议遂定。

【译文】

已经攻克明朝都城，各种制度都要草创，采用范文程的建议，为明崇祯帝发丧，安抚孤身的遗民。推举任用被废的官吏，寻求隐逸的人才，选择查考文献，变更制定法令，广泛开放向朝廷进言的途径，招用各部门的办事人员，征求明代户籍。明末赋税数额屡有增加，户籍都毁于贼寇之手，惟万历时旧的户籍存留。有人要下到直辖省谋求新的户籍，范文程说："即使按这种户籍作为数额还怕困苦了百姓，哪可进一步谋求呢？"于是这个意见就确定下来。

士心得则民心得

【原文】

顺治二年，江南既定，文程上疏言："治天下在得民心，士为秀民，士心得，则民心得矣。请再行乡、会试，广其登进。"从之。

【译文】

顺治二年（1645），江南已经平定，范文程上疏说："治理天下关键在于得到民心，读书人是优秀的人，能获得读书人从心里支持，那么民心就得到了。请再举行乡试、会试，扩广他们做官提升的途径。"皇帝听从了他的建议。

宁完我传

论取天下

【原文】

七年正月,完我疏言:"兵事不可以久缓,机会不可以再失。汉高祖屡败,何为而帝?项羽横行天下,何为而亡?袁绍拥河北之众,何为而败?昭烈屡遭困难,何为而终霸?无他,能用谋不能用谋,能乘机不能乘机而已。夫天下大器也,可以智取,不可以力争。臣请以棋喻,能者战守攻取,素熟于胸中,百局而不负。"

【译文】

天聪七年(1633)正月,宁完我上疏说:"征战之事不可以长期延缓,机会不可以再次失去。汉高祖屡次失败,为什么成就了帝业?项羽横行于天下,为什么又灭亡了?袁绍拥有河北的人众,为何又失败了?昭烈帝屡屡遭遇困难,为何终于成就了霸业?没有别的原因,就是能用计谋不能用计谋,能抓住机会不能抓住机会罢了。天下,是宝器啊,可用智谋获取,不可以力相争。我请求用下棋做比喻,能下好棋的人,战守攻取的方法,平素熟练地藏于胸中,下百局,百局不输。"

鲍承先传

建言当实心为国

【原文】

六年十一月,上询文馆诸臣,考各部启心郎优绌以为黜陟。承先与宁完我、范文程疏言:"当察其建言,或实心为国,或巧言塞责,以为去留。"

【译文】

天聪六年(1632)十一月,皇上询问文馆各大臣,考查各部启心郎优劣,作为升官降官的依据。鲍承先与宁完我、范文程上疏说:"应当察看他们的建议,分清有的实心为国,有的巧言搪塞,作为黜退和保留的依据。"

列传十九·论曰

论清初命相之始

【原文】

太祖时,儒臣未置官署。天聪三年,命诸儒臣分两直,译曰"文馆",亦曰"书房";置官署矣,而尚未有专官,诸儒臣皆授参将、游击,号"榜式";未授官者曰"秀才",亦曰"相公"。崇德改元,设内三院,希福、文程、承先及刚林授大学士,是为命相之始。

【译文】

太祖时,读书的文臣没给设置专门掌管的部门。天聪三年(1629),皇上命令各位儒臣分两部分入直,翻译称"文馆",也称"书房";是设置官署了,可是还没设有专门的官衔。各位儒臣都授为参将、游击、号为"榜式"(满语"巴克什",汉语"大儒");没授官的叫"秀才",也叫"相公"。崇德(清太宗皇太极年号)改元(1636年),设内三院,希福、文程、承先及刚林授大学士,这是任命宰相的开始。

列传二十一·论曰

论皇太极收降明将

【原文】

有德、仲明,毛文龙部曲;可喜,东江偏将;……文龙不死,诸人者非明边将之良欤?大寿大凌河既败,锦州复守,相持至十年。明兵能力援,残疆可尽守也。太宗抚有德等,恩纪周至,终收绩效。其于大寿,不惟不加罪,并谓其"能久守者,读书明理之效"。推诚以得人,节善以励众,其诸为兴王之度也欤!

【译文】

孔有德、耿仲明原是明将毛文龙部下,尚可喜是明东江的偏将;……毛文龙如没被杀,这几个人不是明朝边关守将中的优秀者吗?祖大寿在大凌河已经战败,又在锦州(今属辽宁)拒守,与清军相持至十年之久。明军如能努力援助,残余的边疆可以完全守住。清太宗安抚孔有德等人,恩遇与约束很周到,终于收到成效。他对于祖大寿,不仅不给以治罪,而且称赞他"能长久地把守的原因,是读书多,明事理的结果。"推广诚心来得到人才,节制良善来激励众人,这就是兴旺帝王的风度吧!

李 国 翰 传

身 先 士 卒

【原文】

六年,明宗室朱森滏与其将赵荣贵以万余人犯阶州,国翰督兵赴援,战必先众陷阵。诸将请曰:"将军任讨贼之重,奈何轻身犯锋镝?脱有不戒,忧及全军。"国翰曰:"吾固知此。然贼锋颇锐,战不利,势将蔓延。吾故以力战挫其锋。明之失机,率由主兵者怯战耗时,贼以坐大。覆辙可复蹈耶?"遂战,阵斩森滏、荣贵;……上深嘉其勇略,谕以"自后但发纵指示,不必身先士卒。"

【译文】

顺治六年(1649),明宗室朱森滏与他的部将赵荣贵带领一万余人进攻阶州(今甘肃武都东),李国翰率兵前往救援,每次战斗李国翰必定率先冲入敌阵。诸将

请求说："将军担当征讨敌人的重任,为什么要轻视自身,去碰刀锋箭头?倘有戒备不到,会给全军带来忧患。"李国翰说:"我当然知道这些,然而贼人军锋很锐利,我们仗打得不顺利,敌人的力量必将扩大,所以我拼力战斗来挫败他们的锋芒。明朝失掉战机,大多由于主持军队的人害怕战斗,耗去时间,贼人因此日趋强大起来。这样翻车的轮迹,可以再去走吗?"于是出战,在阵前斩了朱森滏、赵荣贵;……皇上深深赞美他的勇敢和才略,指示他"今后只发布指示,不必冲在士卒前面"。

洪 承 畴 传

皇太极招降洪承畴

【原文】

时为崇德七年二月,……上欲收承畴为用,命范文程谕降。承畴方科跣谩骂,文程徐与语,泛及今古事,梁间尘偶落,著承畴衣,承畴拂去之。文程遽归,告上曰:"承畴必不死,惜其衣,况其身乎?"上自临视,解所御貂裘衣之,曰"先生得无寒乎?"承畴瞠视久,叹曰:"真命世之主也!"乃叩头请降。上大悦,即日赏赉无算,置酒陈百戏,诸将或不悦,曰:"上何待承畴之重也!"上进诸将曰:"吾曹栉风沐雨数十年,将欲何为?"诸将曰:"欲得中原耳。"上笑曰:"譬诸行道,吾等皆瞽。今获一导者,吾安得不乐?"

【译文】

时间是崇德七年(1642)二月,……皇上要收洪承畴为自己所用,命令范文程去招降。洪承畴正光头光脚地谩骂,范文程慢慢同他讲话,广泛地涉及古今之事。房梁上的尘土偶尔落下,沾在洪承畴衣服上,承畴将它拂去。范文程急忙回去,禀告皇上说:"洪承畴一定不肯死,这时他还爱惜自己的衣服,何况他的身体呢?"皇上亲自来看他,解下所穿的貂皮裘衣给他披上,说:"先生莫非感到寒冷吗?"洪承畴瞠眼看了很久,叹气说:"真是当世英明的君主啊!"于是叩头请求投降。皇上大为高兴,当天的赏赐就无法计算。又设置酒宴,陈列各种音乐杂技。将领中有人不高兴,说:"皇上为何待洪承畴这样隆重呢?"皇上让诸将走近说:"我们这些人风里来雨里去几十年,打算做什么?"诸将说:"想要得到中原罢了。"皇上笑道:"比如行路,我们都是瞎子。现在获得一个引导的人,我怎能不快乐?"

列传二十四·论曰

皇太极善用降臣

【原文】

国初诸大政,皆定自太祖、太宗朝。世谓承畴实成之,诬矣。承畴再出经略,江南、湖广以逮滇、黔,皆所勘定;桂王既入缅甸,不欲穷追,以是罢兵柄。孟乔芳抚绥

陇右,在当日疆臣中树绩最烈。张存仁通达公方,洞达政本。二人皆明将。明世武臣,未有改文秩任节铖者,而二人建树顾如此。资格固不足以限人欤,抑所遭之时异也?

【译文】

清初各项重大政策,都是在太祖、太宗朝制定的。世人说实际是洪承畴完成的,那是欺人之谈。洪承畴再次担任经略之职,江南、湖广,以至滇(今云南)、黔(今贵州),都是他平定的;桂王进入缅甸后,他不想穷迫,因此被罢免了兵权。孟乔芳安抚平定了陇右(约今甘肃陇山、六盘山以西和黄河以东)一带,在当时封疆大吏中树立功绩最大。张存仁通晓办公的方法,十分了解为政的根本,二人都是明将。明代武将没有改成文职而同时负责文武事务的,可是这二人建树功绩却如此之大。说明资格不足以限制一个人呢? 还是所逢的时代不同呢?

蒋 赫 德 传

察吏乃可安民

【原文】

十二年,诏诸大臣陈时务,(蒋赫德)疏言:"察吏乃可安民,除害乃可兴利。今百姓大害,莫甚于贪官蠹吏。惩治之法,惟恃督抚纠劾,以其确知属吏之贤不肖也。近每见各督抚弹章,指事列款,赃迹累累;及奉旨勘谳,计赃科罪,不及十之二三。……请严饬各督抚,……穷源质讯,是非不容并立;实系衙

清铁炮

役诈骗,按律坐以应得之罪,不许折赎,则贪蠹清而民苏矣。"

【译文】

顺治十二年(1655),下诏各位大臣陈述当前事务,(蒋赫德)上疏说:"考察官吏才可以安定百姓,消除灾害才可以兴起利国之事。现在百姓的大害,没有超过贪官污吏的。惩治的办法,只有依赖总督、巡抚举发弹劾,因为他们确知下属官吏贤明还是不才。近来经常见到各督抚弹劾的表章,其中指明事由,列举条款,贪赃的事迹累累;等到奉旨审问议罪,计算赃额,依律断罪之时,总数不过十分之二、三。……请皇上严格告诫各位总督、巡抚,……穷究根源地对质讯问,结论中的是与非不容并立;如实属衙役诈骗,按法律处以应得的罪罚,不许折合其他形式来赎罪,那么贪污就能肃清,百姓就得以休养生息了。"

宋 权 传

议蠲免赋税

【原文】

权疏言："明朝军需浩繁，致有加派，有司假公济私，明征外有暗征，公派外有私派，民困已极。请照万历初年为正额，其余加增悉予蠲免。"

【译文】

宋权上疏说："明朝军需浩大繁重，导致出现加派赋税，有关部门又假公济私，明征之外还有暗征，公派之外又有私派，百姓困苦已极。请求照万历初年征收数目为正额，其余增加部分完全予以免除。"

王 永 吉 传

议 清 兵 额

【原文】

九年，……时河以北诸省患水，而江以南又苦旱，屡诏蠲赈，而湖广、四川、闽、广诸镇待饷甚急。永吉疏请下廷臣筹足饷救荒之策，上命永吉详具以闻。永吉因言："各省兵有罪革占冒，马亦有老病弱毙，十汰其二。以百万之饷计之，岁可省二十万。即以裁省之项，酌定直省灾伤分数，则兵清而赋亦减。"上嘉纳之。

【译文】

顺治九年（1652），……当时黄河以北各省忧愁水灾，而长江以南又苦于旱灾，皇上屡次下诏减免租税，赈济灾荒，而湖广（今湖南湖北）、四川、福建、广东的各市镇等粮很紧急。王永吉上疏请求下达朝廷大臣来筹划征足粮饷、救荒的计策，皇上命令王永吉详细具文来报告。王永吉于是说："各省军兵有犯罪、革除、占数、冒领等情况，马匹也有老、病、弱、死等情况，十分淘汰其中二分，以百万的军粮计算，一年可省二十万。就用裁减节省的款项，斟酌规定各省按受灾损失分开的数目，那么兵士数目得到清理，而赋税也减少了。"皇上赞美地采纳了这一建议。

列传二十五·论曰

评世祖亲政时的宰辅

【原文】

世祖既亲政，锐意求治，诸臣在相位，宜有闳规硕画足以辅新运者。如蒋赫德请惩贪蠹；权首请田赋循万历旧额，并罢祖军、民壮；永吉议清兵额、恤灾伤，痛陈投

旗之害;之俊、崇雅郑重断狱:可谓能举其大矣。

【译文】

世祖亲自执政以后,专心一意地追求国家的治理,大臣中处在宰相地位的,应该有宏大的规划,才能足以辅助新的国家。如蒋赫德请求惩治贪官污吏;宋权首先请求收田赋遵循明万历旧的数额,并免去明朝祖传军籍,隶在营路,选取民壮,隶在州县的弊制。王永吉建议清理兵额、抚恤受灾的人,沉痛恳切地陈述王大臣滥收人投旗的危害;金之俊、党崇雅能郑重地断明诉讼:这些人可称得能抓住大事啊。

沈文奎传

劝皇太极勤学经史

【原文】

六年……九月,文奎复疏言:"臣自入国后,见上封事者多矣,而无劝上勤学问者。上喜阅《三国志》,此一隅之见,偏而不全。帝王治平之道,奥在《四书》,迹详史籍。宜选笔帖式通文义者,秀才老成者,分任移译讲解,日进《四书》二章,《通鉴》一章。上听政之暇,日知月积,身体力行,操约而施博,行易而效捷。"

【译文】

天聪六年(1632)……九月,沈文奎又上疏说:"我从进入清国后,见到呈上封事的很多了,可是没有劝告皇上学习和询问书籍的。皇上喜欢阅读《三国志》,这仅是一个角落的见解,看法偏而不全。帝王治国平天下的道理,高深奥妙都在于《四书》,详细事迹登载在史籍里。应该选拔笔帖式当中通晓文义的,秀才当中老成持重的,分别担任翻译讲解,每日进讲《四书》二章,《通鉴》一章。皇上处理政事的闲暇,日日学习,月月积累,亲身体会,努力实行,运用得简要,可是加惠广博,实行既容易,而且收效却迅速。"

李栖凤传

议赏功罚罪

【原文】

顺治二年,……栖凤上疏言:"先帝劳心力、训练劲旅以遗上,上当法先帝赏罚出独断,有功虽贱虽仇必赏,有罪虽贵虽亲必罚。若不振奋鼓舞,必且习为泄泄,弛已成之业。"

【译文】

顺治二年(1645),……李栖凤上疏说:"先帝费心劳力,训练精锐的士卒用来留给皇上,皇上当取法先帝,赏罚出于独立判断,做到有功者即使卑贱、即使同他有仇,也一定要赏赐,有罪者即使高贵、即使同他有亲,也一定要惩罚。如果皇上不振

奋、激励起来,必将习惯成为迟缓松垮的样子,废弛已经成功的事业。"

列传二十六·论曰

论清初文馆诸臣

【原文】

顺治初,诸督抚多自文馆出。盖国方新造,用满臣与民阂,用汉臣又与政地阂,惟文馆诸臣本为汉人,而侍直既久,情事相浃,政令皆习闻,为最宜也。

【译文】

顺治初年,各总督、巡抚大多从文馆出来。国家刚刚重新造就,如任用满人大臣,会与百姓隔阂;任用汉人大臣,又与政治形势隔阂,只有文馆各大臣本是汉人,可是侍从已经很久,情理、事务与皇上互相沟通,行政命令都是他们经常了解的,是最合适的。

巴 海 传

巴海拒俄人入侵

【原文】

十七年,俄罗斯复寇边,巴海与梅勒章京尼哈里等帅师至黑龙江、松花江交汇处,迥敌在飞牙喀西境,即疾趋使犬部界,分部舟师,潜伏江隈。俄罗斯人以舟至,伏起合击,我师有五舟战不利。既,俄罗斯人败,弃舟走,巴海逐战,斩六十余级。俄罗斯人入水死者甚众,得其舟枪炮若他械,因降飞牙喀百二十余户。

【译文】

顺治十七年(1660),俄罗斯又侵略边境,巴海与梅勒章京尼哈里等率领军队到黑龙江、松花江交汇的地方,侦察敌人在飞牙喀(今黑龙江下游及其以东地区)西部境内,就迅速赶到使犬部(今称赫哲、费雅喀等族)界内,分别部署船只军队,潜伏在江水弯曲的地方。俄罗斯人乘船来到,我军的伏兵发起合击,我军有五条船仗打得不好。后来,俄罗斯人战败,弃船逃走,巴海追逐战斗,斩六十余首级。俄罗斯入侵者掉江死的很多,得到他们的船、枪炮,还有其他器械,于是降服飞牙喀一百二十多户。

成 性 传

成性议垦田

【原文】

十一年,……性疏言:"民贫不能耕,乃有荒田。游民既失业,安能开垦?请敕

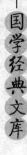

督抚令县官劝民开垦,无力者上布政司给牛种赀钱。以本县之民,垦本县之田,官既易稽查,朝廷本赀亦易于征收。"

【译文】

顺治十一年(1654),……成性上疏说:"百姓贫穷不能耕田,才有荒地。游民既已失业,怎能开垦土地? 请求敕令总督、巡抚叫下属县官鼓励百姓开垦,无力耕田的呈请布政司发给耕牛、种子、钱物。由本县的百姓,开垦本县的田地,官员既容易对它们考查,朝廷的本钱也容易征收。"

王命岳传

要在力破因循

【原文】

(王命岳)上经国远图疏,略言:"……群情不为深虑。不过议节省某项、清察某项。譬如盘水,何益旱田? 臣见今日因贼而设兵,因兵而措饷,因饷而病民。民复为'贼',展转相因,深可隐忧。要在力破因循,断无不可核之兵,断无不可耕之田,断无不可生之财。"

【译文】

(王命岳)呈上治理国家长远计划的奏疏,大略说:"……众人的言情不是为深远考虑,不过建议节省某项开支、清查某项开支。比如一盘水,对受旱的田地有什么益处? 臣子我见到今日由于有贼而设置军队,由于有军队而筹措粮饷,由于征收粮饷而危害了百姓。百姓又变成贼,辗转交互成为原因,值得深深忧虑。关键在于大力打破旧的循环,那就断然没有不可核实的军队,断然没有不可耕种的田地,断然没有不可产生的财富。"

李森先传

吴达论用人取材

【原文】

(吴达)顺治二年七月,疏言:"今日用人,皆取材于明季。抗直忤时,山林放弃,此明季所黜而今日当用者也。逆党权翼,贪墨败类,此明季所黜而今日不可不黜者也。持禄养交,倒行逆施,此明季未黜而今日不可不黜者也。定鼎初年,藉招徕为名,犹可兼收邪正。江南既定.人材毕集,若复泾渭不分,则君子气沮,宵小竞进。"

【译文】

(吴达)顺治二年(1645)七月,上疏说:"今日任用的人,都是从明末取得的人才。坦率耿直,不顺时俗,隐居山林,弃置一旁,这是明末贬退而今日应当任用的。

叛逆奸党,权势爪牙,贪污好贿,宫中败类,这是明末贬退而今日也不可不贬退的。交接权贵,保持禄位,行为颠倒,做事悖理,这是明末没有黜退而今日不可不贬退的。定都北京的初年,借招来人才为名,还可同时收揽正派和不正派的人。江南平定以后,人才完全聚集起来,如再不分清人品的好坏,那就要造成道德品质高尚的人气势受阻,道德品质和行为坏的人竞相来到。

方国栋传

议节约生财

【原文】

康熙六年,……连岁用兵,度支不给,诏各省筹裕饷之策。国栋言:"古今生财之说,开与节二者而已。议开于今日,已无可加,当议节,自朝廷始。旧制,江南岁市布五万匹供宫府费予,宜可罢,岁省帑金三万。"

【译文】

康熙六年(1667),……连年用兵打仗,财政收入不足使用,皇帝下令让各省筹划使军粮充裕的计策。方国栋说:"古今生财的说法,不过开源与节流二者而已。议论开源在今日,已经无以复加,应当商议节流,这要从朝廷开始。旧有制度,江南每年要买布五万匹供给宫中府中做赐予用,应当免去,每年节省国库金钱三万。"

李霨传

李霨议守台湾

【原文】

台湾初定,提督施琅请设官镇守,廷议未决。有谓宜迁其人、弃其地者,上问阁臣,霨言:"台湾孤悬海外,屏蔽闽疆。弃其地,恐为外国所据;迁其人,虑有奸宄生事。应如琅议。"上题之。

【译文】

台湾刚刚平定,提督施琅请求在那里设官镇守,在朝廷上议论,没有做出决定。有人说,应该迁进那里的百姓、放弃那里土地,皇上询问内阁大臣,李霨说:"台湾孤单地悬在海外,屏障着福建疆域。放弃那地方,恐怕被外国所占据;迁进那里的百姓,怕有为非作歹的人制造事端。应该采纳施琅的建议。"皇上赞成他的意见。

杜立德传

论法古爱人

【原文】

杜立德……二年,……疏陈:"治平之道有三:一曰敬天。……一曰法古。古者事之鉴,是非定于一时,法则昭于百代。故合经而后能权,遵法而后能创。凡建学明伦,立纲陈纪,皆法古事也。一曰爱人。自大臣以至百姓,宜一视同仁。且无论新旧,悉存弃短取长之心。凡亲贤纳谏,尚德缓刑,皆爱人事也。"上以其有裨治理,深嘉纳之。

【译文】

杜立德,……顺治二年(1645),……上疏陈述:"治国平天下的道理有三条:一条叫敬天。……一条叫法古。古代是政事的镜子。是非定于一个时代,法则却显示于千百个时代。所以,合于常道以后才能权变,遵守法则以后才能创新。凡是建立学校,明确伦常,树立纲领,述明法纪,都是法古一类的事。一条叫爱人。从大臣直到百姓,应一视同仁,而且无论新旧臣子,都对他们存有弃短取长之心。凡属亲近贤人,采纳建议,崇尚道德,宽缓刑罚,都是爱人一类的事啊。"皇上因他的建议有益于国家的治理,深为赞美地采纳了。

冯 溥 传

秉 公 持 议

【原文】

康熙初,停各省巡按,议每省遣大臣二人廉察督抚。吏部尚书阿思哈、侍郎泰必图议设公廨,颁册印。溥谓:"国家设督抚,皆重臣。今谓不可信,复遣两大臣监之。权既太重,势复相轧,保无属吏仰承左右启隙端?"泰必图性暴伉,闻溥言,恚,瞋目攘臂起。溥徐曰:"会议也,独不容吾两议耶?且可否自有上裁,岂敢专主?"疏入,上然溥言,事遂寝。

【译文】

康熙初年,停止分至各省的考查,商议每省派遣大臣二人查访都督、巡抚。吏部尚书阿思哈、侍郎泰必图提议给他们设置官署,颁发官印。冯溥说:"国家设置的都督、巡抚,都是重要的大臣。现在认为他们不可相信,又派遣两位大臣监督他们。权力不仅太重大,势力又互相倾轧,能保证没有下属官吏上承大臣的意图挑起争端?"泰必图性情暴躁,听到冯溥的话,发怒了,睁大眼睛捋衣出臂站起来。冯溥慢慢地说:"大家在一起商议,唯独不容许我提出不同建议吗?况且建议可不可行自有皇上裁决,谁敢专主?"奏疏呈上,皇上赞同冯溥的意见,这件事就不再提了。

黄 机 传

议修《圣训》

【原文】

十二年，机疏言："自古仁圣之君，必祖述前谟，以昭一代文明之治。今纂修《太祖》《太宗实录》告成，乞敕诸臣校定所载嘉言嘉行，仿《贞观政要》《洪武宝训》诸书，辑成治典，颁行天下。尤愿万几之暇，朝夕省览。法开创之维艰，知守成之不易，何以用人而收群策之效？何以纳谏而宏虚受之风？何以理财而裕酌盈剂虚之方？何以详刑而无失出失入之患？力行身体，则动有成模，绍美无极。"上俞之，诏辑《太祖》《太宗圣训》，以机充纂修官。

顺治通宝

【译文】

顺治十二年（1655），黄机上疏说："自古以来的仁义圣明的君主，一定要师法前人的策略，以显示一代文明的政治。现在纂修《太祖》《太宗实录》宣告完成，请求命各大臣校定记载的美好的言论、美好的行为，仿照《贞观政要》《洪武宝训》各书，编辑成治理国家的典籍，在全国颁布发行。尤其希望皇上在日理万机的闲暇时候，早晚经常阅览、省察，取法开创国家时艰辛的历程，了解守业的不易，怎样用人而收到群策群力的成效？怎样接纳建议而弘扬虚心受谏的作风？怎样理财而能自如的掌握充盈和虚欠进行调剂的方法？怎样详审断狱而没有产生偏差的忧患？努力实践，亲身体会，就能感到行动有现成的楷模，继承美好的传统，没有极限。"皇上答应了，下令编辑《太祖》《太宗圣训》，派黄机充任纂修官。

魏裔介传

圣祖擢用魏裔介

【原文】

魏裔介……十四年，迁左都御史，上谕之曰："朕擢用汝，非繇人荐达。"裔介益感奋，尽所欲言。……裔介居言路最久，疏至百余上，敷陈剀切，多见施行。

【译文】

魏裔介……康熙十四年（1675）。升为左都御史，皇上对他说："我提拔任用你，你不是由别人举荐荣升的。"魏裔介更加感动奋发，完全说出自己要说的话。……魏裔介担任谏议之官时间最长，先后上疏百余次，铺叙陈述切合事理，大多被

采纳实行。

熊赐履传

上疏直言

【原文】

康熙六年，圣祖诏求直言。时辅臣鳌拜专政，赐履上疏几万言，略谓："……夫风俗奢、礼制坏，为饥寒之本原，盗贼、讼狱、凶荒所由起也。乞明诏内外臣民，一以俭约为尚，自王公以及士庶，凡宫室、车马、衣服，规定经制，不许逾越，则贪风自息、民俗渐醇矣。虽然，犹非本计也。根本切要，端在皇上。……佞幸不置于前，声色不御于侧。非圣之书不读，无益之事不为。……自足措斯世于唐、虞、三代之盛，又何吏治之不清，民生之不遂哉？"

【译文】

唐熙六年（1667），圣祖下诏征求真诚的谏言。当时辅政大臣鳌拜专政，熊赐履上疏近万字，大略说："……风俗奢侈、礼制衰败，是百姓饥寒的根本原因，是盗贼、诉讼、灾荒产生的起因。请求皇上下诏明确告诉内外臣子百姓，一起要以俭省节约为风尚，自王公以至百姓，所有宫室、车马、衣服，规定使用的制度，不许超越，那么贪求的风气自然停息，民间的风俗就逐渐醇厚了。虽然如此，还不是根本的谋划啊。根本要紧的，正在皇上本人。……以谄媚求宠幸的人不把他们安置在面前、音乐、女色不在身旁侍奉。不是圣人的书不读，无益的事不做。……这样，自然足以引导当代像唐尧、虞舜、夏商周三代那样的兴盛，又有什么官吏治政不清明，百姓生活不满意呢？"

李光地传

议取台湾

【原文】

十九年，光地至京师，授内阁学士。入对，言："郑锦已死，子克塽幼弱，部下争权，宜急取之。"且举内大臣施琅习海上形势，知兵，可重任，上用其言，卒平台湾。

【译文】

康熙十九年（1680），李光地到了京师（今北京），被授予内阁学士。入宫答对，说："郑锦（郑成功之子）已死，他儿子郑克塽年幼弱小，部下争权，应该马上攻取它。"同时保举内大臣施琅，说他熟悉海上形势，懂得用兵，适合担当重任。皇上采用他的话，终于平定了台湾。

列传四十九·论曰

道学不在空言

【原文】

圣祖崇儒重道,经筵讲论,孜孜圣贤之学,朝臣承其化,一时成为风气。魏介久官台谏,数进谠言,为忧盛危明之计,自登政府,柴立不阿,奉身早退,有古大臣之风。赐履刚方耿直,疏举经筵,冀裨主德,庶乎以道事君者欤?光地扬历中外,得君最专,而疑谤丛集,委蛇进退,务为韬默。圣祖尝论道学不在空言,先行后言,君子所尚。夫道学岂易言哉?

【译文】

圣祖崇尚儒家,重视道学,在经筵上讲论,孜孜不倦于圣贤之学,朝廷大臣承受他的教化,一时成为风气。魏裔介长期担任御史,屡次奏进正直的言论,都是为了盛明之时潜在的忧患危险计议,自从升入政府要职,如独立之木,不屈从权势,保洁自身,及早退休,有古代大臣的风格。熊赐履刚强、方正、耿直,上疏建议举行经筵,希望有益于君主的品德,差不多算上以道学侍奉君主的人吧?李光地做官经历朝内和地方,得到君主信任最专一,同时怀疑和诽谤丛集在他身上,他委屈地进退,加以对付,专力于藏敛和沉默。圣祖曾论说道学不在于空虚的言论,先实行,后说话,是君子崇尚的。谈到道学,岂是容易说的呢?

姚 文 然 传

慎 用 刑 法

【原文】

十五年,授刑部尚书。时方更定条例,文然曰:"刃杀人一时,例杀人万世,可无慎乎?"乃推明律意,钩稽研讨,必剂于宽平,决狱有所平反,归辄色喜。尝疑狱有枉,争之不得,退,长跪自责。又以明季用刑惨酷,奏除廷杖及镇抚司诸非刑。

【译文】

康熙十五年(1676),姚文然授官刑部尚书。当时正在更改制定刑法条例,姚文然说:"刀只能杀人于一时,条例却能杀人万代,制定条例可以不谨慎吗?"于是推求明确法律的含意,加以查考研讨,一定要调和到宽大公平的要求。判决狱讼过程中如有平反冤狱的,回去后每每露出喜色。曾有一次,他怀疑案件中有冤枉,力争后没有结果,退下来,跪在地上责备自己。又因明末用刑残酷,奏明皇上免除了廷杖以及镇抚司使用的各种非法刑罚。

魏象枢传

治 国 之 道

【原文】

魏象枢,……乃分疏,言:"王道首教化,满、汉臣僚宜敦家教。"……"戒淫侈宜正人心,励风俗宜修礼制。"

【译文】

魏象枢,……于是分别上疏,说:"仁义治国之道首先重视政教风化,满、汉臣子及僚属,应该督促家庭教育。"……"革除过度的奢侈,应该端正人心;鼓励好的风俗,应该使礼节制度趋于完美。"

魏象枢见知冯溥

【原文】

象枢以冯溥荐再起。象枢见溥,问何以见知?溥曰:"昔余为祭酒,故事,丁祭不得陪祀者,当于前一日瞻拜。君每期必至,敬慎成礼。一岁直大雨,君仍至,肃然瞻拜而去,此外无一人至者。余以是知君笃诚。"

【译文】

魏象枢由于冯溥的荐举再次被起用。魏象枢见到冯溥,询问自己为什么被了解?冯溥说:"从前我担任国子监祭酒,过去的成例,凡参加丁祭因故不能陪同祭祀的人,应于前一天瞻仰礼拜。您每次都到,恭敬谨慎地完成礼节。有一年的丁祭正值大雨,您仍来到,尊敬地瞻仰礼拜后离去,此外没有一个人来到。我因此知道您笃厚真诚。"

朱之弼传

议 惩 贪 官

【原文】

世祖恶贪吏,命官得赃十两,役得赃一两,皆流徙。令既行,之弼疏论其不便,略谓:"……良以令严则思遁,徒有名而无其实也。上但择抚按一大贪者惩之,一大廉者奖之,则众贪惧、众廉奋矣。"

【译文】

清世祖厌恶贪官污吏,下令官吏如得赃银十两,仆役如得赃银一两,都要处以流放。命令已经下达实行,御史朱之弼上疏指出这个命令不合宜,大略说:"……实在是因为这个命令太严厉,那么有关人员就要设法逃避,使它只有其名而无其实

了。皇上只要选择巡抚、御史中一名大贪污者给以惩罚，一名大廉洁者给以奖励，那么众贪官就害怕、众廉吏就振奋了。"

郝惟讷传

论贪吏不得遽复官

【原文】

郝惟讷，……康熙三年，……又疏言："贪吏罪至死者，遇赦免死，并免交吏部议处。此曹饕餮狼藉，未可令其复玷名器，贻害地方。虽新例赴部另补，贪残所至，播虐惟均。请敕部定议，凡赃款审实者，遇赦免罪，仍当夺官。庶官箴可肃，民害可除。"皆下部议行。

【译文】

郝惟讷，……康熙三年(1664)，……又上疏说："贪官犯死罪的，遇到大赦免去死刑，同时免交吏部议论处分。此类人贪婪凶恶，名声不好，不可让他们再玷污官员的称号，不可留下来危害地方。虽然新规定让他们到部里另做候补，但贪污残害所到之地，传播的灾害是同样的。请求命令部里商定决议，凡是赃款数目已审查属实的，这些人即使遇赦免罪，仍当免去官职。这才能使做官的劝诫得到整肃，百姓的灾害得以免除。"这些奏疏都下达到吏部商议实行。

任克溥传

论部院纠察

【原文】

任克溥，……六年，疏言："朝廷欲薄赋，有司反加赋；朝廷欲省刑，有司反滥刑：皆由督抚不得其人。今方有诏令部院纠察，部院肯纠极贪大恶之督抚一人，天下为督抚者警；督抚肯纠极贪大恶之司道一人，天下为司道者警。督抚、司道廉洁，则有司不苦诛求，轻徭薄赋，政简刑清，自宽然有余地矣。"

【译文】

任克溥，……康熙六年(1667)，上疏说，"朝廷想要减轻赋税，有关部门反而增加赋税；朝廷想要省用刑罚，有关部门反而滥用刑罚：都由于总督、巡抚不得其人。现在正有诏书命令各部各院举发检查，部院如肯举发极大贪污作恶的督抚一人，天下担任总督、巡抚的有所警告；总督、巡抚如肯举发极大贪污作恶的司、道长官一人，天下担任司、道长官的有所警告。总督、巡抚、司、道廉洁了，那么有关部门就不苦于勒索，减轻劳役和赋税，政事简要、刑罚清明，自会宽然有余地了。"

汤 斌 传

议修史应直书忠臣

【原文】

九年，……方议修《明史》，斌应诏言："《宋史》修于元至正，而不讳文天祥、谢枋得之忠；《元史》修于明洪武，而亦著丁好礼、巴颜布哈之义。顺治元、二年间，前明诸臣有抗节不屈、临危致命者，不可概以叛书。宜命纂修诸臣勿事瞻顾。"下所司。大学士冯铨、金之俊谓斌奖逆，拟旨严饬，世祖特召至南苑慰谕之。

顺治帝亲政诏书

【译文】

顺治九年（1652），……正商议修《明史》，汤斌在召见时回答说："《宋史》修在元朝至正年间，而不讳言文天祥、谢枋得的忠心；《元史》修于明朝洪武年间，也记载丁好礼、巴颜布哈的义气。顺治元、二年间，前代明朝各臣子坚持节操，坚强不屈，面临危难，献出生命的，不可一概以叛乱记载。应该命令纂修的各位臣子不要在这个问题上瞻前顾后。"这个意见下到有关部门。大学士冯铨、金之俊认为汤斌奖励叛逆，拟出旨意严厉申斥，世祖特意宣召他到南苑（今北京永定门外）安慰他。

陆陇其传

以 德 化 民

【原文】

陆陇其……十四年，授江南嘉定知县。嘉定大县，赋多俗侈。陇其守约持俭，务以德化民。或父讼子，泣而谕之，子披父归而善事焉；弟讼兄，察导讼者杖之，兄弟皆感悔。恶少以其徒为暴，校于衢，视其悔而释之。豪家仆夺负薪者妻，发吏捕治之，豪折节为善人。

【译文】

陆陇其……康熙十四年(1675),授官为江南嘉定(今属上海)知县。嘉定是大县,传统多为奢侈习惯。陆陇其保持俭省节约的作风,致力于以道德感化百姓。有时遇到父亲讼告其子,陆知县流着泪开导教育他,结果儿子扶着父亲回家并且很好地侍奉他;一个弟弟讼告自己的哥哥,知县察明那怂恿打官司的人,杖责了那人,使他们兄弟都受感动而悔悟。一个恶少纵容他的手下人做强暴的事,知县在大街上惩罚他,看他悔过了便释放。一个豪强人家的仆人抢夺一个背柴草人的妻子,知县就派衙役将他逮捕治罪,那豪强改变了平日的坏作风,成为一个守本分的人。

张 伯 行 传

居 官 清 正

【原文】

四十六年,复南巡,至苏州,谕从臣曰:"朕闻张伯行居官甚清,最不易得。"时命所在督抚举贤能官,伯行不与。上见伯行曰:"朕久识汝,朕自举之。他日居官而善,天下以朕为知人。"擢福建巡抚,赐"廉惠宣猷"榜。

【译文】

康熙四十六年(1707),圣祖又南巡,到苏州,对从臣说:"我听说张伯行做官很清廉、公正,这是最不容易得到的。"当时命令所在地的都督、巡抚举荐贤明有才能的官吏,张伯行不在其中。皇上召见张伯行说:"我很久就认识你,我自己举荐你。你以后官做得好,全国就会认为我是了解人的。"将他提升为福建巡抚,赐给"廉惠宣猷"匾额。

列传五十二·论曰

论从祀孔庙三大臣

【原文】

清世以名臣从祀孔子庙,斌、陇其、伯行三人而已,皆以外吏起家,蒙圣祖恩遇。陇其官止御史,而廉能清正,民爱之如父母,与斌、伯行如一,其不为时所容而为圣祖所爱护也亦如一。君明而臣良,汉、唐以后,盖亦罕矣。斌不薄王守仁,陇其笃守程、朱,斥守仁甚峻,而伯行继之。要其躬行实践,施于政事,皆能无负其所学,虽趋向稍有广隘,亦无所轩轾焉。

【译文】

清代以著名大臣从祀孔子庙,汤斌、陆陇其、张伯行三人而已,都是从地方官吏起家,蒙受圣祖恩惠和知遇的。陆陇其官只到御史,可是廉洁有才能,居官清正,百姓爱戴他如同父母,与汤斌、张伯行一样;他不被时势所容,但被圣祖爱护也一样。

君主英明,臣子忠良,汉、唐以后,这也是很少有的。汤斌的思想不疏远王守仁,陆陇其的思想完全奉行程颢程颐、朱熹,排斥王守仁很严厉,张伯行继起一样。总括起来,他们亲身实践,身体力行,施行在政事上,都能不辜负各自所学。虽然他们各自行事稍有广狭之分,但也没有高下的区别啊。

叶 方 蔼 传

圣祖论知轻行重

【原文】

叶方蔼……讲《中庸》,上问:"知行孰重?"对曰:"宋臣朱熹之说,以次序言,则知先行后;以功夫言,则知轻行重。"上曰:"毕竟行重,若不能行,知亦虚知耳。"

【译文】

叶方蔼……讲到《中庸》,圣祖问:"知识和实践哪个重要?"回答说:"宋朝臣子朱熹的说法,以次序来说,那么知识在先,实践在后;以办事来说,那么知识为轻,实践为重。"皇上说:"毕竟实践重要,如不能实践,那知识也是空虚的知识罢了。"

励 杜 讷 传

论督抚大吏

【原文】

励杜讷,……三十九年,迁左副都御史。疏言:"督抚大吏,朝廷畀以百余城吏治、数千里民生,责任至重;若托词镇静,渐成悠忽,不过以期会簿书忝封疆之寄。请敕各督抚年终汇奏若何察吏安民、兴利除弊,以备清览;不实则治以欺罔之罪:庶时时警勉,不敢优游草率,贻误地方。"

【译文】

励杜讷……康熙三十九年(1700),升为左副都御史。上疏说:"总督、巡抚等大官,朝廷交给他百余城镇的统治权力、几千里人民生活的管理,责任极重;如果托词安定,渐渐变成消磨岁月、玩忽职守,不过是以办理指定期限内的官署文书来羞辱地担当一方官吏的重托。请皇上命令各位总督、巡抚要在年终汇奏如何考查官吏,如何安定百姓,如何兴利除弊,以备皇帝省览;如果汇奏不合事实,就以欺君罔上名义治罪:这差不多可以使这些大官时时有所警惕、勉励,不敢优游自得,草率理事,耽误地方上的大事。"

韩菼传

与人有始终

【原文】

菼负文章名，而立朝树风概，敢言，与人有始终。其再假归也，乾学方罢官家居，领书局洞庭山中。两江总督傅腊塔构乾学，将兴大狱，素交皆引去。菼旦暮造门，且就当事白其诬，乃已。

【译文】

韩菼写文章有名，在朝廷中树立自己的风采气概，敢说话，同人交往有始有终。他第二次请假回家时，徐乾学正被免官在家居住，率领修书机构在洞庭山（今江苏太湖中）中修书。两江（今江苏安徽、江西合称）总督傅腊塔对徐乾学起诉，将要导致大的案件，徐平素的朋友都躲避离开。韩菼仍或早或晚到他家，并且到当权者那里陈述徐蒙受的诬枉，才停止。

张玉书传

自奉俭约

【原文】

玉书谨慎廉洁，居政地二十年，远避权势，门无杂宾，从容密勿，为圣祖所亲任。自奉俭约，饮食服御，略如寒素。

【译文】

张玉书作风谨慎，廉洁奉公，在政府地方任事二十多年，远远避开有权有势的人，门上没有闲杂的宾客，平时从容不迫，勤勉努力，被圣祖亲近信任。自己的日常生活俭省节约，平时饮食和衣服车马，大致如同门第卑微又无官爵的人家。

张英传

不务表襮

【原文】

英性和易，不务表襮，有所荐举，终不使其人知。所居无赫赫名。在讲筵，民生利病，四方水旱，知无不言。圣祖尝语执政："张英始终敬慎，有古大臣风。"

【译文】

张英性情谦和平易，不做自我表现的事，有时向皇帝荐举了别人，最终也不让那个人知道。做官之处，自己从没有显赫的名声。在讲席上，百姓生活的疾苦，各

地的水灾旱灾，只要他知道，没有不说的。圣祖曾对执政的大臣说："张英从始至终恭敬谨慎，有古代大臣的作风。"

陈廷敬传

陈廷敬举贤

【原文】

上御门召九卿举廉吏，诸臣各有所举。语未竟，上特问廷敬，廷敬奏："知县陆陇其、邵嗣尧皆清官，虽治状不同，其廉则一也。"乃皆擢御史。廷敬尝亟称两人，或谓曰："两人廉而刚，刚易折，且多怨，恐及公。"廷敬曰："果贤欤，虽折且怨，庸何伤？"

【译文】

圣祖在乾清门召见政府九个部门的大臣，让他们荐举廉洁的官吏，众大臣各有荐举，应答没有完，皇上特地询问陈廷敬，陈廷敬回奏："知县陆陇其、邵嗣尧都是清官，虽然治理的状况不同，他们的廉洁都是一样的。"于是这二人都提升为御史。当初陈廷敬曾屡次称赞这二人，有人对他说："这两人廉洁而且刚强，刚强容易招祸，而且会有很多怨恨的人，恐怕要累及您。"陈廷敬说："果真德才兼备。即使招祸并且被人怨恨，那有什么妨害？"

米 思 翰 传

议 撤 三 藩

【原文】

十二年，尚可喜疏请撤藩，吴三桂、耿精忠疏继入，下户、兵二部议。米思翰与兵部尚书明珠议三藩并撤，有言吴三桂不可撤者，以两议入奏。复集诸大臣廷议，米思翰坚持宜并撤，议乃定。……时三桂势方张，精忠及可喜子之信皆叛，议者追咎撤藩主议诸臣，上曰："朕自少时，以三藩势日炽，不可不撤。岂因其叛，诿过于人耶？"及事定，上追忆主议群臣，犹称米思翰不置。

【译文】

康熙十二年（1673），尚可喜上疏请求撤掉自己的藩王，吴三桂、耿精忠上疏相继来到，下达到户、兵二部商议。户部尚书米思翰与兵部尚书明珠建议三藩一并撤掉，有人说只有吴三桂不可撤，把这两种建议上奏。皇上又召集各位大臣在朝廷商议，米思翰坚持同时撤藩的建议，这个建议就决定下来。……当时吴三桂势力正在扩张，耿精忠及尚可喜的儿子尚之信都叛变了，参与商议的大臣追究主张撤藩建议的各位大臣，皇上说："我从年少时，就认为三藩势力日益强盛，不可不撤掉。怎能因为他们叛变，而把过错推脱给别人呢？"等到三藩平定，皇上追忆主张撤藩建议的

各大臣，还称赞米思翰不停。

田六善传

田六善议读史

【原文】

田六善……又疏言："圣学宜先读史。史者，古帝王得失之林也。其君宽仁明断，崇俭纳谏，则其民必安，其事必治，其世必兴必平。若夫苛察因循，恶闻过，乐逞欲，其民必不安，其事必不治，其世必衰必乱。乞谕日讲诸臣，以《通鉴》与经史并进。"

【译文】

田六善……又上疏说："圣人之学应当先读史书。史书是古代帝王成功和失败历史的汇集啊。那君主宽大、仁义、英明、果断，崇尚节俭，采纳谏言，那么他的百姓必然安定，他的政事必然治理得好，他的时代必然兴旺，必然平安。如果以苛刻烦琐表示精明，守旧法而不加变更，厌恶听到说自己的过错，乐于放纵自己的欲望，他的百姓必然不安定，他的政事必然治理不好，他的时代必然衰败，必然混乱。请宣示每日讲说的各大臣，将《通鉴》与经书、史书一同进讲。"

索额图传

议定东北中俄边界

【原文】

时俄罗斯屡侵黑龙江边境，据雅克萨，其众去复来，上发兵围之。察罕汗谢罪，使费耀多啰等来议界。二十八年，上命索额图与都统佟国纲往议。索额图奏谓："尼布楚、雅克萨两地当归我。"上曰："尼布楚归我，则俄罗斯贸易无所栖止，可以额尔固纳河为界。"索额图等与议，费耀多啰果执尼布楚、雅克萨为请。索额图等力斥之，仍宣上意，以额尔固纳河及格尔必齐河为界，立碑而还。

【译文】

当时俄罗斯屡次侵犯黑龙江边境，盘踞雅克萨，他们的人众离开又回来，皇上发兵包围了他们。察罕汗为他们的罪过道歉，派费耀多啰等人来商议划界。康熙二十八年（1689），皇上命令索额图与都统佟国纲前往商议。索额图启奏说："尼布楚、雅克萨（今皆属俄罗斯）两地应当归还我国。"皇上说："尼布楚归属我国，那么俄罗斯的贸易就没有歇息的地方，可以划额尔固纳河（现为我国内蒙古与俄罗斯之界河）为界。"索额图等与俄使商议，费耀多啰果然拿尼布楚、雅克萨做要求。索额图等有力地驳斥了他们，仍然宣布皇上的意见，以额尔固纳河及格尔必齐河（今属俄罗斯）为界，树立石碑后回还。

郭琇传

直声震天下

【原文】

大学士明珠柄政，与余国柱比，颇营贿赂，权倾一时，久之为上所觉。琇疏劾明珠与国柱结党营私，详列诸罪状，并及佛伦、傅拉塔与辅等交通状，于是明珠等降黜有差。琇直声震天下。……疏劾少詹事高士奇与原任左都御史王鸿绪植党为奸，给事中何楷、修撰陈元龙、编修王顼龄依附坏法，士奇等并休致回籍。

【译文】

大学士明珠执掌朝政，与余国柱勾结，营私舞弊，收受贿赂，在一个时期，权力压倒别人，时间长了被皇上觉察。郭琇上疏弹劾明珠与余国柱结党营私，详细列举各条罪状，并且涉及佛伦、傅拉塔与靳辅交往勾结的情状，于是明珠等人受到降官、罢黜等处分各有差别。郭琇正直的名声震动全国。……郭琇还上疏弹劾少詹事高士奇与原任左都御史王鸿绪培植同党，做坏事，给事中何楷、修撰陈元龙、编修王顼龄等互相勾结，破坏法律。高士奇等人一起被勒令退休回原籍。

王鸿绪传

纂修《明史》

【原文】

王鸿绪……五十三年，疏言："臣旧居馆职，奉命为《明史》总裁官，……成列传二百八卷。其间是非邪正，悉据公论，不敢稍逞私臆。但年代久远，传闻异辞，未敢自信为是。谨缮写全稿，赍呈御鉴，请宣付史馆，以备参考。"诏俞之。

【译文】

王鸿绪……康熙五十三年（1714），上疏说："臣子我原来担任史馆职务，奉命担任《明史》总裁官，……完成列传二百零八卷。列传中是非邪正的标准，完全根据公正的评论，不敢加进一点个人的好恶。只是由于年代久远，传闻有不同说法，不敢自信写得都恰当。恭敬地誊写了全稿，送呈皇帝鉴定，请求宣布命令给吏馆，把这部书用作参考。"皇帝下诏书允许了他。

汤 若 望 传

世祖褒奖汤若望

【原文】

世祖定鼎京师,十一月,以汤若望掌钦天监事。……十年三月,赐号通玄教师,敕曰:"……尔汤若望来自西洋,精于象纬,闳通历法。……朕承天眷,定鼎之初,尔为朕修《大清时宪历》,迄于有成。又能洁身持行,尽心乃事。今特锡尔嘉名,俾知天生贤人,佐佑定历,补数千年之阙略,非偶然也。"

【译文】

世祖定都京师(今北京),顺治元年(1644)十一月,任命汤若望掌管钦天监事务。……十年(1653)三月,赐号通玄教师,下诏说:"……你汤若望从西洋来,精于观察天象,通晓历法。……我承受上天的眷顾,建国的初年,你为我修订《大清时宪历》,直到取得成功。又能洁身自好,保持自己行为的高尚,尽心于所做的事。现在特地赐给你美好的名号,使大家知道,上天生下的贤人,辅助我国制定历法,补充数千年来的缺少、简略的部分,并不是偶然的。"

列传五十九·论曰

圣祖发愤学历算

【原文】

圣祖尝言当历法争议未已,己所未学,不能定是非。乃发愤研讨,卒能深造密微,穷极其闻奥。为天下主,虚己励学如是。呜呼,圣矣!

【译文】

圣祖曾说,正当历法争议不停之时,自己对这方面没有学习,以致不能确定他们的是非。于是发愤研究,终于能够深入到达精密幽深的程度,完全掌握了这门学问最深奥的部分。作为天下的君主,虚心勤学到这样。啊,可说是圣主了。

赵 廷 臣 传

赵廷臣善折狱

【原文】

廷臣为政宽静而善折狱。有瞽者入屠者室,攫其箦中钱,屠者逐之,则曰:"欺吾瞽,夺吾钱。"廷臣令投钱水中,见浮脂,以钱还屠者。……旱,山中人言魅见,入人家辄失财物。廷臣曰:"盗也!"令吏捕治之。

【译文】

赵廷臣处理政事宽大平静，并且善于判案。有个失明的人进入一个宰杀牲畜的人家里，抓取他桌上器皿中的钱，宰杀牲畜的人追赶他，他就说："欺侮我失明的人，抢夺我的钱。"赵廷臣让他把钱投在水中，出现飘浮的油脂，于是把钱还给宰杀牲畜的人。……一次天旱，山中人说旱鬼出现了，每次进入人家，人家都丢失了财物。赵廷臣说："这是盗贼啊！"命令小吏捉拿治罪。

王 骘 传

王骘谏采楠木

【原文】

二十四年，……时以太和殿工，命采蜀中楠木。骘入觐，疏言："四川大半环山巉岩，惟成都稍平衍。巨材所生，必于深林穷壑，人迹罕到，斧斤难施，所以久存。民夫入山采木，足胝履穿，攀藤侧立，施工既难；而运路自山抵江，或百余里，或七八十里，深涧急滩，溪流纡折，经时历月，始至其地。木在溪间，必待暴水而出，故陆运必于春冬，水运必于夏秋，非可一径而行，计日而至，其艰如此。且四川祸变相踵，荒烟百里。……遣发民夫，远至千里，近亦数百里，耕作全废，国赋何征？……"疏入，上谕曰："四川屡经兵火，困苦已极，采木累民。塞外松木，取充殿材，足支数百年，何必楠木？令免采运。"

【译文】

康熙二十四年（1685），……当时由于太和殿动工，有关方面命令采伐四川省的楠木。正骘觐见皇上，上疏说："四川大半环山，山势险峻，唯有成都一带稍为平坦。巨大木材产生的地方，必定要在密林深处和山谷尽头。那里人迹罕到，斧锯难以使用，所以才能久存。民工进山采伐木材，脚生胼胝，鞋底洞穿，攀援藤条，侧身站立，不仅施工困难，而且运输道路从山上到江边，有的百余里，有的七、八十里，深涧险滩，溪流曲折，经历多少天多少月的时间，才能到达目的地。木材在溪间运输，必须等待水暴涨才能出来，所以陆路运输必须在春、冬，水路运输必须在夏、秋，不可以一直运行，算定时间到达。取楠木的艰辛就是这样。况且四川的灾祸、变故相继发生，百里之内荒无人烟。……派遣、征集民工，远的要到千里，近的也要数百里，耕种劳作全都荒废，国家赋税到哪里征收？……"奏疏呈入，皇上谕令说："四川屡经战火，困苦已达极点，采伐楠木连累了百姓。塞外松木取来充当宫殿材料，足能支持几百年，何必非要楠木？命令免去采伐运输。"

格尔古德传

居官苟善，必致声誉

【原文】

格尔古德清介，布衣蔬食，却馈遗，纤毫不以自污。上尝责漕运总督硕干居官无状，硕干言："臣为众所忌，故未能致声誉。"上曰："格尔古德为巡抚，没后人犹思慕称颂。居官苟善，岂有不致声誉者？"

【译文】

格尔古德清高耿直，穿布衣，吃粗食，不受赠送，一丝一毫也不玷污自己。圣祖曾责备漕运总督硕干做官没有好的事迹，硕干说："我被众人所忌恨，所以没能招来好声誉。"皇上说："格尔古德做巡抚，去世后人们还思念敬慕，称颂他的事迹。做官只要做得好，哪有不招来好声誉的？"

列传六十二·论曰

论为政之先务

【原文】

守成世为大臣者，以仁心行仁政，培养元气，其先务也。兵革初息，疮痍未复，格尔古德等任封疆之重，拊循安辑，与民休息，政绩卓卓在耳目。廷褒老成，野留遗爱，有以哉！

【译文】

在继守成就的时代做大臣的，以仁爱之心实行仁爱的政治，培养国家的生命力，是首先的任务啊。战争刚平息，给人民留下的创伤还没有恢复，格尔古德等人担任封疆大吏的重任，进行安顿抚慰，让人民得到休息，政绩突出为人耳闻目见。在朝廷，受到皇帝给予"老成"的褒奖，在民间，留下及于后世的仁爱，是有原因的啊！

于成龙传

为天下廉吏第一

【原文】

成龙至江南，进属吏谕诚之。革加派，别积弊，治事尝至达旦。好微行，察知民间疾苦、属吏贤不肖。自奉简陋，日惟以粗粝蔬食自给。江南俗侈丽，相率易布衣。士大夫家为减舆从、毁丹垩，婚嫁不用音乐。豪猾率家远避。居数月，政化大行。

……成龙历官未尝携家属，卒时，将军、都统及僚吏入视，惟笥中绨袍一袭、床头盐豉数器而已。民罢市聚哭，家绘像祀之。……是年冬，上南巡至江宁，……又谕大学士等曰："朕博采舆评，咸称于成龙实天下廉吏第一。"

【译文】

于成龙到江南上任，召见下属官吏告诫劝勉他们。革除那些增加的摊派，剔除积累的弊病，处理政事常连夜到天明。他喜好便服私行，体察了解民间疾苦、属吏贤明还是不才。他自己日常的供养很简陋，每天只以粗粮蔬菜为食物。江南风俗奢侈，自于成龙来人们相继换上布衣。读书做官的人家也减去乘轿和随从，毁掉油漆粉刷，婚嫁不用音乐，不守法度的豪强率领全家都远远避开了。过了几个月，政治教化普遍得到推行。……于成龙做官经历中不曾携带过家属，去世时，将军、都统及僚属前来探看，唯有竹箱中粗缯袍子一套、床头放着盐、豆豉几碗而已。百姓停止了做买卖，聚在一起痛哭，家家画了于成龙的图像祭祀。……这年冬天，圣祖南巡到江宁（今江苏南京），……又对大学士等人说："我广泛采集舆论的评说，都称赞于成龙实在是天下廉洁官吏中的第一位。"

彭 鹏 传

圣祖褒奖彭鹏

【原文】

彭鹏，……康熙二十三年，授三河知县。三河当冲要，旗、民杂居，号难治。鹏拊循惩劝，不畏强御。有妄称御前放鹰者，至县索饩牵，鹏察其诈，絷而鞭之。治狱，摘发如神。邻县有疑狱，檄鹏往鞫，辄白其冤。二十七年，圣祖巡畿甸，召问鹏居官及拒精忠伪命状，赐帑金三百，谕曰："知尔清正不受民钱，以此养尔廉，胜民间数万多矣！"

纪功图

【译文】

彭鹏，……康熙二十三年（1684），授官三河（今属河北）知县。三河县正当交通要道，旗人、汉民杂在一起居住，号称难于治理。彭鹏进行安抚和奖惩，不畏惧横暴有势力的人。有个谎称是皇上驾前放鹰的人，到县里索取活牲畜，彭鹏看出他诈骗，把他捆起来鞭打。处理诉讼，揭露隐恶如同神人。邻县有疑难的案件，征召彭鹏前往审讯，每次都申明了冤枉。二十七年（1688），圣祖巡视京城地区，召见彭鹏询问他做官及以前拒绝耿精忠仟命伪职的状况.赐予他库藏金三百。对他说："知道你清廉正派.不接受百姓钱财，用此来保养你廉洁的操守，胜过来自百姓的几万钱了！"

施 世 纶 传

摧 抑 豪 强

【原文】

世纶当官聪强果决，摧抑豪猾，禁戢胥吏。所至有惠政，民号曰"青天"。……官府尹，步军统领托合齐方贵幸，出必拥驺从。世纶与相值，拱立道旁俟。托合齐下舆惊问，世纶抗声曰："国制，诸王始具驺从。吾以为诸王至，拱立以俟，不意为汝也！"将疏劾，托合齐谢之乃已。

【译文】

施世纶做官聪明、坚决、果敢、决断，挫败、抑制横暴有势力的人，使官府中办理文书的小吏有所禁忌和收敛。所到的地方都有宽厚的政绩，百姓称他为"青天。……他做府尹时，步军统领托合齐正显贵受宠，出门必定要有骑马的侍从簇拥。一次，施世纶在路上与他相遇，就拱手站在道旁等候。托合齐下轿吃惊地问他，施世纶高声回答："国家制度规定诸王才能带骑马的侍从。我以为是诸王来到，才拱手站立来等候，没想到是你啊！"将要上疏弹劾他，托合齐向他道歉才罢休。

列传六十四·论曰

康熙间廉吏接踵起

【原文】

于成龙秉刚正之性，苦节自厉，始终不渝，所至民怀其德。彭鹏拒伪命.立身不苟，在官亦以正直称。陈瑸起自海滨，一介不取，行能践言。陈鹏年、施世纶廉明爱人，不畏强御。之五人者，皆自牧令起，以清节闻于时。成龙、世纶名尤盛，闾巷诵其绩，久而弗渝。康熙间吏治清明，廉吏接踵起，圣祖所以保全诸臣，其效大矣。

【译文】

于成龙秉承刚强正直的性格，苦守节操，激励自己，从始至终不改变。做官所

到之处,百姓怀念他的思德。彭鹏拒绝伪职,处世立身,一丝不苟,做官也以正直著称。陈琇是从海滨起家,非分的钱财一毫不取,行为能够实践自己所说的话。陈鹏年、施世纶廉洁明察,爱护人民,不畏强暴和权势。这五个人都从县令起步,以清白的节操闻名于当时。于成龙、施世纶的名声尤其大,民间传诵他们的政绩,久而不衰。康熙间,官吏治政清正廉明,廉洁的官吏接连出现,圣祖爱护他的各个臣子,他的效果是很显著的。

靳 辅 传

建言更筑遥堤

【原文】

辅疏言:"前议黄河两岸分筑遥、缕二堤,勘有旧堤贴近河身,拟作为缕堤,其外更筑遥堤。前议用驴运土,今议改车运。前议离堤三十丈内不许取土,今因宿迁、桃源等县人弱工多,改令二十丈外取土。前议河身两旁各挑引河一道,今以工费浩繁,除清河北岸浅工必须挑浚。余俱用铁扫帚浚深河底。"下部议,从之。

【译文】

靳辅上疏说:"前次商议在黄河两岸分别筑大堤和内堤,经勘察有旧堤靠近河身,打算作为内堤,此外,更筑大堤。前次商议用驴运土,现在议定改为车运,前次商议离堤三十丈内不许取土,今因宿迁(今江苏境内),桃源(今江苏泗阳)等县人手少而工程量多,改在二十丈外取土。前次商议在河身两旁各挑引水河一条,现因工费太多,除清河北岸较浅必须挑河疏浚。其余皆用铁扫帚清扫河底,使河底加深。"圣祖将此建言下工部商议,工部同意。

于 成 龙 传

修 堤 防 洪

【原文】

三十三年,召诣京师,疏言运河自通州至峄县,黄河自荥泽至砀山,堤卑薄者皆宜加筑高厚,并高家堰诸处改石工,毛城铺诸处疏引河,及清江浦迤下并江都、高邮诸堤工,策大举修治。

【译文】

康熙三十三年(1694),召于成龙到京师,于成龙上疏说运河自通州(今江苏南通)到峄县(今山东枣庄市),黄河自荥泽(今河南荥阳)到江苏砀山,堤低又薄的都应加筑高厚,并在高家堰等处改用石工,毛城铺等处疏建引水河,及清江浦以下并江苏江都、高邮二县诸堤,计划大举修治。

靳、于治河之争

【原文】

上以江南下河诸州县久被水,敕议疏浚,命成龙分理,仍听河道总督靳辅节制。辅请于上流筑堤束水;成龙拟疏海口,浚下河水道,持异议。上遣尚书萨穆哈、学士穆称额往咨于民,萨穆哈等还奏,言众谓浚海无益,乃命缓兴工。

【译文】

圣祖因为江南下河各州县长久以来遭水灾,下令商议疏浚河道的事,责任于成龙分管此事,仍听从河道总督靳辅指挥。靳辅请求于上流筑堤坝栏水,于成龙打算疏浚海口,疏通下河水道,持不同议论。圣祖派遣尚书萨穆哈、学士穆称额到民间讯问,萨穆哈等回奏,说众人认为疏浚海口没有用处,于是命令暂缓兴工。

张 鹏 翮 传

天下廉吏无出其右

【原文】

张鹏翮,……四川遂宁人。康熙九年进士。……初,陕西巡抚布喀劾四川、陕西总督吴赫等侵蚀贫民籽粒银两,命鹏翮与傅腊塔往按。还奏未称旨,命鹏翮与傅腊塔复往陕西详审。三十九年春,还奏布喀、吴赫及知州蔺佳选、知县张鸣远等侵蚀挪用,各拟罪如律。上谕大学士曰:"鹏翮往陕西,朕留心访察,一介不取,天下廉吏无出其右。"

【译文】

张鹏翮,……四川省遂宁人。康熙九年(1670)进士。……起初,陕西巡抚布喀弹劾川陕总督吴赫等人侵蚀发给贫民买种子的银两,圣祖命令张鹏翮和傅腊塔前往查问。圣祖不满意张鹏翮查问后回京的上奏,命令张鹏翮与傅腊塔再往陕西详细审查。康熙三十九年(1700)春,回到京城上奏布喀、吴赫及知州蔺佳选、知县张鸣远等人侵蚀挪用,吴赫、布喀等各按律拟罪。圣祖晓谕大学士说:"张鹏翮前往陕西,我留心察访,张鹏翮不取分毫,天下廉洁的官吏没有超过他的。"

若徒自表廉洁,于事何益

【原文】

上南巡,……见黄水倒灌,诘鹏翮,鹏翮不能对。上曰:"汝为王谦辈所欺,流于刻薄。大儒持身如光风霁月,况大臣为国,若徒自表廉洁,于事何益?"

【译文】

圣祖往南方巡视,……看见黄河水倒灌,问张鹏翮怎么回事,张鹏翮不能答对,

圣祖说:"你被王谦等人欺骗,变得刻薄不厚道。有道德有学问的人应该胸怀洒落,况且大臣为国,如果仅是自己表示廉洁,对于事情有什么好处?"

姜希辙传

巧于卸肩者

【原文】

十七年,上诏求言,希辙疏言:"臣闻君臣一德,原未尝以忧劳之任独归之君父,为人臣诿卸责地也。臣观今日积习病根,大要有二:巧于卸肩者,假详慎以行推诿;畏于任事者,饰持重以蹈委靡。请进一德之箴,为中外诸臣戒。"

【译文】

顺治十七年(1660),世祖下诏征求言谏,姜希辙上疏说:"我听说君臣一心一德,原本就不会把担忧劳神的事只推给君父,做人臣的却推卸自己的责任。我看今天积习的病根,从大的方面来说有二:巧妙地卸掉肩上担子的人,办法是佯称审慎实为推卸;害怕办事的人,用谨慎稳重来粉饰自己的颓唐不振。今让我进一君臣同德同心的箴言,作为朝廷内外诸臣的鉴戒。"

陈紫芝传

恃势贪暴,处以绞刑

【原文】

时督、抚、监司皆由廷臣保举。湖广巡抚张汧,大学士明珠所私也,恃势贪暴,言路莫敢摘发。二十六年,紫芝上疏劾之,言:"汧莅任未久,黩货多端,凡地方盐引、钱局、船埠,靡不搜括,甚至汉口市肆招牌,亦按数派钱。当日保举之人,必有贿嘱情弊,请一并敕部论罪。"上命夺汧官,遣直隶巡抚于成龙、山西巡抚马齐、副都御史开音布往按治。复谕廷臣,谓汧贪婪无人敢言,紫芝独能弹劾,……成龙等按得汧以前官福建布政使亏帑令属吏弥补,又派收盐商银九万,……论绞。

【译文】

当时总督、巡抚、监司都由廷臣保举。湖广巡抚张汧是大学士明珠的私人,张汧恃大学士明珠的势力在地方贪污暴敛,没有一个人敢说和揭发的,康熙二十六年(1687),陈紫芝上疏弹劾,说:"张汧到任未久,贪污多起,凡是地方盐引、钱局、船埠,没有不搜括的,甚至连汉口市场上的招牌,也要按数派钱。想必当日保举他的人,必定有贿赂嘱托等情弊,请求一并敕令刑部论罪。"圣祖命令罢张汧的官,派遣直隶巡抚于成龙、山西巡抚马齐、副都御史开音布前往审问处治。又晓谕廷臣,张汧贪得无厌却无人敢说,陈紫芝一个人敢于弹劾,……于成龙等问得张汧以前任福建布政使时亏库银令属吏弥补事,又摊派收得盐商银九万两,……论处绞刑。

任弘嘉传

论朋党、奢侈、讦讪之渐

【原文】

任弘嘉……上十渐疏："一曰,朋党交结之渐。始因交际为馈遗,渐以爱憎成水火。二曰,奢侈潜逾之渐。物力既殚,等威亦紊。三曰,文武讦讪之渐。督、抚、提、镇挟私互讦,小吏效尤,何以使民无讼?……"

【译文】

任弘嘉……上十渐的奏疏："一说,逐渐出现的交结朋党。开始是为了交际而互相馈赠,逐渐演变成爱恨如水火。二说,逐渐出现的奢侈超出了他本人名分应享受的待遇。物力既尽,等级的威严亦出现紊乱。三说,逐渐出现的文武官僚互相攻击诽谤。总督、巡抚、提督、镇总挟私仇互相攻击,地方官吏相与效尤,官吏如此,怎么能使民间没有诉讼?……"

高层云传

大臣为诸王跪,于礼不合

【原文】

二十六年,太皇太后崩,诏王大臣集永康左门外议丧礼。大学士王熙等向诸王白所议,跪移时,李之芳年老,起而踣。层云曰:"是非国体也。"即日疏言谓:"天潢贵胄,大臣礼当致敬。独集议国政,无弗列坐,所以重君命、尊朝廷也。况永康左门乃禁门重地,太皇太后在殡,至尊居庐,天威咫尺,非大臣致敬诸王之地。大学士为辅弼大臣,固当自重,诸王亦宜加以礼节,不可骄恣倨慢,坐受其跪,失藩臣体。"疏入,上曰:"朕召大臣议事,如时久,每赐垫坐语。今大臣为诸王跪,于礼不合。"下宗人府,吏、礼二部议,嗣后大臣与诸王会议,不得引身长跪,著为令。

【译文】

康熙二十六年(1687),太皇太后死,圣祖下诏召集诸王和大臣于永康左门外商议丧礼。大学士王熙等人告诉各位亲王大臣们的议论情况,跪的时间较长,李芝芳年老,以至站起后摔倒。高层云说:"这不合国体。"即日上疏说:"皇室贵裔,大臣们应当敬之以礼。集议国家政事,不列座位,是所以尊重君王和朝廷。况且永康左门乃宫廷禁门重地,停放着太皇太后的灵柩,也是皇上居住之所,皁上的天威近在咫尺,不是大臣向诸王致敬的地方。再说大学士早国家的辅佐大臣,固然应当自己尊重自己,各位亲王也应以礼相待,不可以骄横放纵、傲慢不恭,坐在那里受大臣的跪拜,有失藩臣体统。"奏疏递入,圣祖说:"我召大臣商议国事,如果时间较久,每次赐给坐垫让他坐着说。现在大臣给各位亲王下跪,不合礼。"此奏下到宗人府,吏、

礼二部商议,以后大臣与各亲王会议,不得动身下跪,著为条令。

何 国 宗 传

《皇舆全览图》

【原文】

康熙间,圣祖命制《皇舆全览图》,以天度定准望,一度当二百里,遣使如奉天,循行混同、鸭绿二江,至朝鲜分界处,测绘为图,以鸭绿、图们二江间未详晰,五十年,命乌喇总管穆克登偕按事部员复往详察。国宗弟国栋亦以通历法直内廷。五十三年,命国栋等周历江以南诸行省,测北极高度及日景。五十八年,图成。……命蒋廷锡示群臣,谕曰:"朕费三十余年心力,始得告成。山脉水道,俱与《禹贡》合。尔以此与九卿详阅,如有不合处,九卿有知者,举出奏明。"乃镂以铜版,藏内府。

【译文】

康熙中,圣祖命绘制《皇舆全览图》,以天度为准,一度当作二百里,派遣使者到奉天(今辽宁沈阳市),沿着混同江、鸭绿江走,到朝鲜分界处,测绘制图。因为鸭绿、图们二江之间分界不清楚,康熙五十年(1711),命负责差役的总管穆克登带领部员再去详细察看。何国宗的弟弟国栋也因为通历法而调入内廷。康熙五十三年(1714),命何国栋等到长江以南各省游历考察,测北极星高度及日影。康熙五十八年(1719)图成。……圣祖命蒋廷锡将图给群臣看,告谕说:"我费了三十多年的心血和力量,才绘成此图。山脉河流,都与《禹贡》吻合。你将此图给九卿大臣们详细看看,如果发现和《禹贡》不相合的地方,九卿大臣中有知道的,提出来告诉我。"于是刻在铜版上,藏在宫廷内府。

朱 一 贵 传

台湾朱一贵起义

【原文】

六十年,……台湾知府王珍苛税滥刑,凤山民黄殿、李勇、吴外等集数百人……,一贵素贩鸭,托明裔以为渠。……众益聚,遂破县城,……总兵欧阳凯等率兵……,师败绩,死之。

【译文】

康熙六十年(1721),……台湾知府王珍苛征赋税,滥用刑法,凤山民黄殿、李勇、吴外等聚众数百人起义。……朱一贵平素以贩卖鸭为生,假托是朱明王朝的后裔,被推为领袖。……起义群众愈来愈多,于是攻破县城,……总兵欧阳凯等率兵镇压,……欧阳凯战败,被义军杀死。

黎士弘传

断悔婚诉讼

【原文】

甲诉乙悔婚。乡俗婚书各装为卷,书男女生辰。两造固邻旧,女生辰所素悉,伪为卷为证。士弘先问媒证:"乙得甲聘礼若干? 行聘时有何客?"媒证出不意,妄举以对。复问甲,所对各异。擘视卷轴,竹犹青,笑诘之曰:"若订婚三载,卷轴竹色犹新,此非临讼伪造者乎?"甲乃服罪。

【译文】

某甲诉讼乙悔婚约,该乡风俗婚书各装裱成为卷轴,上面书写男女双方的生辰八字。诉讼两方本来是邻居和旧友,女方的生辰八字平素就熟悉,伪造卷轴以为证据。黎士弘首先讯问媒人,听媒人的证词,问:"某乙得某甲聘礼多少? 下聘的时候有什么样的客人在场?"出媒人意料之外,只好乱说一通作为答对。又问某甲,所答对各不相同。打开卷轴一看,竹轴还是青的,就含笑问某甲:"如果订婚已三年,为什么卷轴的竹子颜色还是新的,这难道不是诉讼前伪造的吗?"某甲这时才承认自己有罪。

王掞传

定案当满、汉文稿并具

【原文】

四十三年,擢刑部尚书。刑部奏谳无汉字供状,掞言:"本朝官制,兼设满、汉,欲其彼此参详。今狱词不录汉语,是非曲直,汉司官何由知之? 若随声画诺,几成虚设。嗣后定谳,当满、汉稿并具。"诏报可,著为令。

【译文】

康熙四十三年(1704),升王掞为刑部尚书。刑部上奏说审判定案的文件中没有汉字的供状。王掞说:"本朝官制,满、汉兼设,就是叫满、汉官员互相参问详察案情,现在狱词不写汉语,谁是谁非,谁曲谁直,汉人官吏如何知道? 如果汉人官吏随声附和,胡乱签字,汉官几乎成了虚设。以后定案,应当满、汉两种文字的文稿齐备。"圣祖下诏同意,并著成条令。

张 廷 玉 传

棚民的由来

【原文】

雍正元年，……调户部。疏言："浙江衢州，江西广信、赣州，毗连闽、粤，无籍之徒流徙失业，入山种麻，结棚以居，号曰'棚民'。岁月既久，生息日繁。"

【译文】

雍正元年（1723），……张廷玉调任户部尚书。他上疏说："浙江衢州（今衢江区）、江西广信（今上饶）、赣州（今赣州市），与福建、广东相连，无户籍的人到处流动而失去职业，他们进入深山种麻，搭棚居住，号称为'棚民'。时间长久以后，子孙繁衍，日益众多。"

朱 轼 传

严 究 侵 蚀

【原文】

又疏言："仓庾积贮，有司平日侵蚀，遇灾复假平粜、借贷、煮粥为名，以少报多，有名无实。请敕详察亏空，少则勒限补还，多则严究治罪。至因赈动仓谷，辄称捐俸抵补，俸银有限，仓谷甚多。借非实借，还非实还，宜并清核。"皆从所议行。

【译文】

朱轼又上疏说："仓库积谷，地方官吏平常日子不断侵吞，遇到灾害，又假借平价粜售、借贷、煮粥等名义，以少报多，有名无实。请敕令详细清查亏空，亏空少的限期补还，多的就严加追究以治其罪。至于因赈灾而动用仓谷，动辄就说用捐薪俸来弥补亏空，可俸银是有限数的，而仓谷很多。结果是借的不是真借，还的也不是真还，请一并清理核实。"圣祖听从了朱轼的意见，同意全按奏疏所议执行。

魏 廷 珍 传

清 厘 钱 粮

【原文】

三年，授安徽巡抚，……廷珍疏言："清厘钱粮，官吏侵蚀，往往匿民欠中，不易清察。请视民欠多少。多限一年，少限半年，分别详察。官吏侵蚀，循例责偿，如实欠在民，督征催解，州县有逋赋，继任受代，许以时察报。"诏如所请行。

【译文】

雍正三年（1725），魏廷珍出任安徽巡抚，……他上疏说："清理钱粮，官吏侵吞，常常藏匿于民欠当中，不容易清查，请看民欠情况，多则限期一年，少则限期半年，分别详细清查。官吏侵吞，援例责令赔偿，如果确实是民欠，应督促催征上交，州县有逃赋，继任官受前任之托代催，给以时间进行清查后上报。"世宗下诏按所请执行。

海望传

百倍于物价

【原文】

海望久充崇文门监督，御史胡定奏言："崇文门征税，有挂锤、顶秤诸名，百斤作百四五十斤。税额虽未增，实已加数倍。杂物自各门入，恣意需索，更数倍于税额。外省各关，如杭州北新关，自南而北十余里，稽察乃有七处，留难苛索，百倍于物价。盖由官吏务欲税课浮于旧额，吏胥籍得恣睢无忌，请敕严禁。"

【译文】

海望长久充当崇文门监督，御史胡定上奏说："崇文门征税，有挂锤、顶秤等名目，一百斤作一百四五十斤，税额虽然没有增加，实际已加几倍。杂物从其他城门进入，任意索取，更是几倍于税额。外省各关，如像杭州北新关，从南到北十几里中，稽查有七处之多，刁难索求，高出物价一百倍。因为由于地方官吏欲想所征课税高于旧额，下面吏胥借此得以任意胡为无所顾忌，恳请皇上下令严厉禁止。"

杭奕禄传

《大义觉迷录》

【原文】

六年，湖南靖州诸生曾静遣其徒张熙变姓名投书川陕总督岳钟琪，略言清为金裔，钟琪乃鄂王后，劝令复金、宋之仇，同谋举事。钟琪大骇，鞫熙，熙不肯言其实；乃置熙密室，阳与誓，将迎其师与谋，始得熙及静姓名，奏闻。上命杭奕禄及副都统觉罗海兰如湖南，会巡抚王国栋捕静严鞫。静言因读吕留良评选时文论夷、夏语激烈，遗熙求得留良遗书，与留良子毅中，及其弟子严鸿逵，鸿逵弟子沈在宽等往还，沉溺其说，妄生异心。留良，浙江石门诸生，康熙初讲学负盛名，时已前死。上命逮静、熙、毅中、鸿逵、在宽等至京师。静至，廷鞫，自承迂妄，为留良所误，手书供辞，盛称上恩德。上命编次为《大义觉迷录》，令杭奕禄以静至江宁、杭州、苏州宣讲。事毕，命并熙释勿诛，戮留良尸，诛毅中并鸿逵、在宽等，戍留良诸子孙。高宗即位，乃命诛静、熙。

【译文】

雍正六年(1728),湖南靖州(今靖县)儒生曾静派遣门徒张熙化名投递书信给川陕总督岳钟琪,大略说清为金的后裔,岳钟琪是岳飞的后人,劝他报金、宋的前仇,共谋起事。岳钟琪看后大为惊骇,审问张熙,张熙不肯说实话;乃将张熙安置在密室之中,假装与他盟誓,想迎他的老师同他谋议,才得张熙及曾静的姓名,岳钟琪上奏皇帝,世宗命杭奕禄及副都统觉罗海兰到湖南,会同巡抚王国栋逮捕曾静严加审问。曾静说因读吕留良所评选的时文,议论夷、夏的语言激烈,派遣张熙求得吕留良遗书及吕留良儿子吕毅中、弟子严鸿逵,严鸿逵弟子沈在宽等来往,沉溺于吕留良的学说,狂妄地产生叛异之心。吕留良,浙江石门(今崇德县)儒生,康熙初年,因讲学而负有盛名,至雍正时早已死了。世宗

牛角杯　清

命令逮捕曾静、张熙、吕毅中、严鸿逵、沈在宽等至京师。曾静至,世宗亲自廷讯,曾静自己承认迂腐狂妄,被吕留良所害,亲手书写供词,盛赞世宗恩德。世宗命人按次序编为《大义觉迷录》一书,又令杭奕禄以曾静到江宁(今江苏南京市)、杭州、苏州宣讲。事情完毕,命将曾静和张熙释放不要诛杀,戮吕留良尸体,杀吕毅中和严鸿逵、沈在宽等,送吕留良子孙到边地戍边。高宗即位,才命令杀曾静及张熙。

杨宗仁传

收 受 规 礼

【原文】

疏言:"湖广旧习,文武大吏收受所属规礼,致州县横征私派,将弁虚兵冒饷。……不敢过问。臣今概行禁革,庶骄兵玩吏锢习潜消。各官贪得盐规,盐价增长,民间嗟怨,总督盐规渐次加至四万。臣亦行禁革,令商平价以惠穷民。"上深嘉之。

【译文】

杨宗仁上疏说:"湖广旧有恶习,文武大官收受属下礼品已成惯例,导致州、县地方官横加征敛和私自摊派,军官则虚报名额冒领军饷。……无人敢于过问,我今一概禁行革除,或许可使骄横之兵和玩忽职守的官吏长期养成的恶习有所收敛和消失。各地官吏贪图得到盐规,盐价上涨,引起人民嗟叹怨恨,总督盐规也逐渐加到四万。我也下令禁止和革除,命令盐商平价出售,给穷苦人民一点实惠。"此疏得到世宗深深地嘉许。

孔毓珣传

孔毓珣治河

【原文】

四年，毓珣请入觐，上以毓珣习河事，令详勘黄、运诸河水势，协同齐苏勒酌议。毓珣疏言："宿迁县西，黄河与中河相近，旧有汰黄坝。运河水大，引清水剧黄，黄河水大，引黄水济运。旧时黄水入中河不过十之一二，今河南岸沙涨，逼水北行，水流甚急。齐苏勒议收小汰黄坝口以束水势。臣详勘南岸涨沙曲处，宜浚引河以避此险。"

【译文】

雍正四年（1726），孔毓珣请求入朝觐见皇帝，世宗以孔毓珣熟悉河流的事，令他详细勘测黄河，运河等各河水势，配合齐苏勒共同商议。毓珣上疏说："宿迁（今江苏境内）县西，黄河与中河接近，旧有汰黄坝，如果运河水大，就引运河清水入黄河，如果是黄河水大，就引黄河之水入运河。旧时黄河之水流入中河的不过十分之一、二，如今黄河南岸沙涨，逼使黄河之水北流，水流很急。齐苏勒建议将汰黄坝口收小以约束水势。我详细勘查了黄河南岸涨沙弯曲之处，适宜疏浚引河以避险情。"

王士俊传

勘石田以上税

【原文】

文镜在河南督州县开垦，士俊承其后，督促益加严，……高宗即位，户部尚书史贻直奏言："河南地势平衍，沃野千里，民性纯朴，勤于稼穑，自来无土不耕，其不耕者大都斥卤沙碛之区。臣闻河南各属广行开垦，一县中有报开十顷、十数顷至数十顷者，积算无虑数千百顷，安得荒田如许之多？推求其故，不过督臣授意地方官报开垦，属吏迎合，指称某处隙地若干、某处旷土若干，造册申报。督臣据其册籍，报多者超迁议叙，报少者严批申饬，或别寻事故，挂之弹章。地方官畏其权势，冀得欢心，讵恤后日官民受累，以致报垦者纷纷。其实所报之地，非河滩沙砾之区，即山岗荦确之地；甚至坟墓之侧，河堤所在，搜剔靡遗。目下行之，不过枉费民力，其害犹小；数年后按亩升科，指斥卤为膏腴，勘石田以上税，小民将有鬻儿卖女以应输将者。"

【译文】

田文镜在河南督促州县地方开垦荒地，王士俊继承他的后面，督促更加严厉，……高宗即位，户部尚书史贻直上奏说："河南地势平坦，肥沃的土地达千里，人民

性格纯洁朴实,勤于耕种,从来是没有不耕的土地,其不耕种的大都是不宜耕种的盐碱地和沙地。我听说河南各州、县广为开垦,一县之中有报开十顷、十几顷甚至数十顷的,全省总计可达数千百顷,从哪里得来如此之多的荒田?推究其中缘故,不过是总督授意地方官多报开垦的数目,下面的属吏迎合总督意,指说某处有空隙之地若干亩,某处荒旷之地若干亩,编造成册向上申报。总督根据册子,报得多的提前议论升迁,报得少的受到严厉的申斥和告诫,或另外找事进行弹劾。地方官害怕权势,只希望得到总督的欢心,岂能体恤以后下级官吏和人民受累。以致纷纷报垦。其实所报的地,不是河边的沙滩,就是山岗岩石之地;甚至于是坟墓侧旁、河堤附近,都搜挑一尽,没有遗漏。当前进行,只不过是枉费民力,他的危害还比较小;几年以后按亩升税,把盐碱地当作沃土,核石田以征税,有的老百姓只好卖儿卖女来交纳赋税了。"

年 羹 尧 传

年羹尧之罪

【原文】

三年,……十二月,逮至京师,……是月甲戌,具狱辞:羹尧大逆之罪五,欺罔之罪九,僭越之罪十六,狂悖之罪十三,专擅之罪六,忌刻之罪六,残忍之罪四,贪黩之罪十八,侵蚀之罪十五,凡九十二款,当大辟,亲属缘坐。

【译文】

雍正三年(1725)……十二月,逮捕年羹尧至京师。……当月十一日,狱词具备:年羹尧大逆不道的罪五条,欺诈罔上的罪九条,僭冒名位超越自己本分的罪十六条,狂妄悖理的罪十三条,专横擅主的罪六条,嫉妒刻薄的罪六条,残忍的罪四条,贪污不敬的罪十八条,侵蚀的罪十五条,共九十二款,应当处斩,亲属因此连坐。

路 振 扬 传

广开自首之路

【原文】

四年,迁陕西固原提督。疏言:"国家设禄以养廉,立法以惩贪。例定以财行赇,及说事过钱人,审实计赃同科。罪未发而自首者免罪,犹征正赃。窃思官吏营私,彼此容隐,不易败露,或有告发,犹必互相掩饰。臣请开自首之路,凡上司保题属吏,……荐举人员,以财行赇,彼此皆应治罪。如受者自首,免追赃及应得之罪。如与者自首,则照原赃倍追给主,亦免应得之罪。或说事过钱人自首,免罪给赏。如是,庶彼此皆存顾虑,未事则畏惧不敢为,既事则争首惟恐后。是或除贪之一法。"奏入,上嘉之。

【译文】

雍正四年(1726),路振扬升迁为陕西固原(今宁夏回族自治区境内)提督。路振扬上疏说:"国家给俸禄是为了使官吏能够廉洁,订立法律以惩治贪污。律例定以财物行贿,以及从行贿人手中接过钱财转交给受贿人手中的说事情的人,审核属实计赃多少与行受贿人同样科罪。罪案尚未发现前而自首的免罪,但仍要追究赃物。我想官吏营私舞弊,互相容忍不说,因此不容易暴露,即或有人告发其事,也必互相掩盖粉饰。我请求广开自首的门路,凡是上司保题的属吏,……推荐人员,如果是财物行贿的,行贿与受贿双方皆应按律治罪。如果是受贿的人自首,免追赃物及按律应得的罪。如果行贿的人自首,则照原来赃物加倍追还给原主,也免除应得的罪。或是收受贿双方地说事情的过钱人自首,免除应得的罪并给以奖赏。这样,庶几彼此皆存顾虑的心,事尚未作就害怕而不敢作,事既已作则争先恐后的自首。这或许是除去贪污的一个办法。"奏疏呈入,得到世宗的嘉许。

讷 亲 传

令州县官遍历境内以实相报

【原文】

别疏言:"各直省政事,督抚下司道,司道下州县州县官惟以簿书钱谷为事,户口贫富以及土地肥瘠、物产丰啬、民情向背、风俗美恶以及山川原隰、桥梁道路,皆漫置不省。官但有条教,民惟责纳赋,浮文常多,实意殊少。请敕各直省督抚,令州县官遍历境内,何事当兴举,何事当整饬,行之有无治效,以实报长官,长官即是为殿最,以实达朝廷。似亦崇实效、去虚文、饬吏治、厚民生之一端也。"

【译文】

讷亲另上奏疏说:"各省政事,总督、抚巡下道布政、按察二司和各道,司道再下至州县,而州、县地方则只管根据簿籍收钱谷。户口的贫富、土地的肥瘦、物产的丰少、民情的向背、风俗的好坏,以及山川平原低湿、桥梁道路,皆漫不经心的不予检查。当官的但按条办事,只知责令老百姓交纳赋税,空无内容的浮文很多,有实际内容的很少。请求敕令各省总督、巡抚,命令州、县地方官遍走辖境,弄清楚什么事当兴办,什么事应当整顿,推行起来有无效果,将实情上报长官,长官根据报告决定先后,并将实情上报朝廷。这似乎是崇尚实效、去掉虚文、整顿吏治、重视民生的一个办法。"

傅 恒 传

平大、小金川

【原文】

初,小金川……良尔吉……夺其印。……莎罗奔之犯边也,良尔吉实从之,后诈降……傅恒途中疏请诛良尔吉等。

时傅恒及提督岳钟琪决策深入,莎罗奔遣头人乞降。……傅恒遂受莎罗奔父子降,莎罗奔等焚香作乐,誓六事。……乃承制赦其罪。

【译文】

最初,小金川……良尔吉……夺取了土司印。……大金川土司莎罗奔的侵犯边地,良尔吉也随从了,后良尔吉伪降。……傅恒于途中上疏请求杀良尔吉等。

当时傅恒与提督岳钟琪决定深入,莎罗奔派遣头人乞求投降。……傅恒接受了莎罗奔父子的投降,莎罗奔等焚香顶礼,乐器大作,发誓保证做到六件事。……傅恒秉承高宗旨意赦免了莎罗奔的罪。

史 贻 直 传

汝亦羹尧荐耶

【原文】

年羹尧既诛,世宗问贻直:"汝亦羹尧荐耶?"贻直免冠对曰:"荐臣者羹尧,用臣者皇上。"及事高宗,耄矣,尝奏事,拜起舒迟。高宗问:"卿老惫乎?"贻直对曰:"皇上到臣年,当自知之。"高宗为霁颜。

【译文】

年羹尧既被杀,世宗问史贻直:"你也是年羹尧推荐的吗?"史贻直取下帽子对答说:"推荐我的是年羹尧,但用我的是皇上。"及至事高宗时,老了,曾上疏奏事,跪拜后起身迟缓,高宗问:"爱卿老而疲惫吗?"史贻直对答说:"皇上到了我的年龄,自当知道。"高宗为之开颜。

王 安 国 传

难留本来面目

【原文】

安国初登第,谒大学士朱轼,轼戒之曰:"学人通籍后,惟留得本来面目为难。"安国诵其语终身。至显仕,衣令器用不改于旧。

【译文】

王安国初登科第,谒见大学士朱轼,朱轼告诫王安国说:"读书人当官以后,唯有留得原来的面目为难。"王安国终身背诵这句话。后来当了大官,所用的衣食器物仍然不改动旧有的。

刘 吴 龙 传

"欲劫"二字,岂可置人于死

【原文】

刘吴龙,……二年,以朱轼荐,改吏部主事。……尝视谳牍,有以欲劫行舟定罪者,吴龙曰:"欲劫二字,岂可置人于死?"论释之。

【译文】

刘吴龙。……雍正二年(1724),因朱轼推荐,改任吏部主事。……曾看判案公牍,公牍中有"欲劫行舟"而定罪的,刘吴龙说:"欲劫二字,怎么可以置人于死地?"经议论后释放。

钱 陈 群 传

广 劝 植 树

【原文】

疏请广劝种植树木,官地令官种,州郡吏种至千本以上,予纪录;……民地令民种,至五六百本者,予匾额奖赏,成材后听取用。

【译文】

钱陈群上疏呈请广泛地劝人种植树木,地属官家的令官种,州、县地方官种树千棵以上的,予以记录。……属于民地的令人民种植,人种至五六百棵的,予以悬挂匾额奖赏,树成材后听任种树人取用。

沈 德 潜 传

钱谦益不可为书冠

【原文】

德潜进所编《国朝诗别裁集》请序,上览其书以钱谦益为冠,因谕:"谦益诸人为明朝达官,而复事本朝,草昧缔构,一时权宜。要其人不得为忠孝,其诗自在,听之可也。选以冠本朝诸人则不可。"

【译文】

沈德潜进呈所编《国朝诗别裁集》请皇上写序,高宗见他的书以钱谦益居书之首,因此晓谕沈德潜:"钱谦益等曾为明朝大官,而又复事本朝,这是初期的草率蒙昧结合,一时权宜之计。要这种人忠孝就得不到推行,有他的诗在,听其流传就可以了。选他的诗以冠本朝诸人之首这是不可以的。"

曹一士传

百姓安则朕躬安

【原文】

高宗即位,谕群臣更番入对。一士疏言:"敬读谕旨,曰'百姓安则朕躬安',大哉王言,闻者皆感涕。臣愚以为欲百姓之安,其要莫先于慎择督抚。督抚者守令之倡。顾其中皆有贤者、有能者,贤能兼者上也,贤而不足于能者次之,能有余而贤不足者又其次也。"

粉彩人物故事图笔筒　清乾隆

【译文】

高宗即皇帝位,晓谕群臣轮流入宫答对,曹一士上疏说:"我恭敬地读了皇上谕旨,皇上说:'老百姓安居乐业则我也安好'伟大啊君王的话,听到的人都感激涕零。臣子的愚意认为要想老百姓安居乐业,那个最重要的莫过于先慎重的选择总督、巡抚,总督、巡抚是地方守令的倡导人。查看总督、巡抚之中,有贤良的人,有有能力的人,贤良与有有能力兼而有之的人是最好的,只是贤良而能力有所不足的人次一等,能力有余而贤良不足的人又次一等。"

杨锡绂传

米贵由于积渐

【原文】

锡绂疏言:"米贵由于积渐。上谕谓处处积贮,年年采买,民间所出,半入仓庾,此为米贵之一端。……贫民卖田,既卖无力复买,田归富户十之五六。富户谷不轻售,市者多而售者寡,其值安得不增?"

【译文】

杨锡绂上疏说:"米价的昂贵是逐渐积累而成的。皇上谕令要处处积谷贮仓,年年购买,民间生产的大米,一半进了政府的仓库,这是米价昂贵的一端。……贫苦民众出卖田地,既已卖出就没有能力再买回来,田地归入富裕之户的十之五六。

而富裕之户不会轻易出售米,于是出现买米的人多而售米的人少,那么米价岂有不涨之理?"

崔 纪 传

劝 谕 凿 井

【原文】

疏言:"陕属平原八百余里,农率待泽于天,旱则束手。惟凿井灌田,实可补雨泽之缺。臣居蒲州,习见其利。陕属延安、榆林、邠、鄜、绥德各府州,地高土厚,不能凿井。此外西安、同州、凤翔、汉中四府并渭南九州县最低,渭北二十余州县地较高,掘地一二丈至六七丈,皆可得水。劝谕凿井,贫民实难勉强。恳准将地丁羡银借给充费,分三年缴完。民力况瘁,与河泉自然水利不同。请免以水田升科。"上谕曰:"此极应行之美举,当徐徐化导,实力奉行,自不能视水田升科也。"

【译文】

崔纪上疏说:"陕西境内有八百里的平原,农业皆等待天下雨,遇旱就束手无策。唯有凿井可以灌田,确实可以弥补雨水的短缺。我住蒲州(今山西永济市境内)时,习以为常地见到当地农民凿井灌田获得的利益。陕西所属延安、榆林、邠(今邠县)、鄜(今鄜县)、绥德各府州,地势高土层厚,不能凿井。在此以外的西安、同州(今大荔县)、凤翔、汉中四府及渭水以南的九州、县地势最低,渭水以北二十余州、县地势较高,掘地一二丈至六七丈,都可得到水。劝告凿井,对于贫民实在不好勉强。恳求准许将地丁耗羡银借给贫民充作凿井费用,分三年交清。民力愈来愈劳累,与江河泉水等自然水利不同,请求不要按水田增加田赋。"高宗告谕说:"这是极应推行的美事,应当慢慢地教导人民,实实在在地极力执行,自然不能视为水田而增加田赋。"

和 珅 传

和珅善伺高宗意

【原文】

和珅柄政久,善伺高宗意,因以弄窃作威福,不附己者,伺陈激上怒陷之,纳贿者则为周旋,或故缓其事,以俟上怒之霁。

【译文】

和珅长久执政,善于窥伺高宗意图.因此得以窃弄权术作威作福,不附和自己的,窥伺机会刺激高宗发怒而加以陷害,对行贿的人就为之周旋,或故意拖延这件事,等到高宗怒气消失后再办。

和珅贪污的下场

【原文】

四年正月，高宗崩。……诏宣布和珅罪状，……"所抄家产，楠木房屋僭侈逾制，仿照宁寿宫制度，园寓点缀与圆明园蓬岛、瑶台无异，大罪十三。蓟州坟茔设享殿，置隧道，居民称和陵，大罪十四，所藏珍珠手串二百余，多于大内数倍，大珠大于御用冠顶，大罪十五。宝石顶非所应用，乃有数十，整块大宝石不计其数，胜于大内，大罪十六。藏银、衣服数逾千万，大罪十七。夹墙藏金二万六千余两，私库藏金六千余两，地窖埋银三百余万两，大罪十八。通州、蓟州当铺、钱店赀本十余万。与民争利，大罪十九。……"内外诸臣疏言和珅罪当以大逆论，上犹以和坤尝任首辅，不忍令肆市，赐自尽。

【译文】

和珅

嘉庆四年（1799）正月，高宗死。……仁宗下诏宣布和珅的罪状，……"在所抄和珅的家产中，发现他用楠木建造私人房屋，奢侈华丽超出了他的官位品级应享受的待遇，他又仿照宁寿宫的样子，花园、住房布置得与圆明园的蓬岛、瑶台没有什么差别，这是和珅的第十三项大罪。和珅在蓟州（今天津蓟州区）坟墓设祭礼的殿堂，又修置隧道，当地居民称为和陵，这是和珅的第十四项大罪。和珅所收藏的珍珠手串二百多串，比皇宫内廷多出几倍，其中大的珍珠比皇帝帽子上御用的珍珠还人，这是和珅的第十五项大罪。和珅尚未使用的帽顶上的宝石，多到数十枚，整块的大宝石多到数不清，胜过皇宫内廷，这是和珅的第十六项大罪。所藏银两、衣服的数量超过千万，这是和珅的第十七项大罪。和珅的夹墙藏匿黄金二万六千余两，他私人金库藏黄金六千多两，又在地窖中埋藏白银三百余万两，这是和珅的第十八项大罪。和珅在通州、蓟州当铺、钱店资本十余万，与老百姓争利，这是和珅的第十九项大罪。……"朝廷内外群臣纷纷上疏说和珅的罪应当以大逆不道的罪论处，仁宗因为和珅曾经做过首辅，不忍心叫他斩首于市，赐他自杀。

三 宝 传

满洲旧俗宜亲习劳勚

【原文】

三宝喜读宋诸儒书，……为直隶布政使时，高宗幸热河，至密云，值大霖雨，水盛涨。上欲策骑乱流渡，三宝谏曰："千金之子，坐不垂堂。今以万乘轻狎波涛，使

御驷有失,臣等虽万段,何可追悔?"上曰:"满洲旧俗宜亲习劳勤,顾不可耶?"三宝复曰:"上方奉太后乘舆同临幸,即上渡河安便,不识奉太后何所?"上动容,为之回辔。

【译文】

三宝喜欢读宋代诸儒的书,……为直隶布政使的时候,高宗巡幸热河,至密云(今北京市属密云区),适值大雨,河水猛涨。高宗欲打马驱车渡乱流之中,三宝谏阻,说:"富裕家庭的子弟,不在屋檐下坐,恐怕瓦掉下来砸伤身体。现在皇上以皇帝之尊轻忽于波涛之中,假使皇上的车有个闪失,把臣等碎尸万段,以什么来追悔?"高宗说:"满洲旧有的风俗,应该亲自练习劳苦,有什么不可以的?"三宝又说:"皇上正陪奉太后的车同行,即使皇上过河平安无事。不知道皇上奉太后于何处?"高宗为之动容,因此勒转马头回来。

国学经典文库

梁国治传

钱谷历人,十倍刑名

【原文】

门下士有求入按察使幕主刑名者,戒之曰:"心术不可不慎!"其人请改治钱谷,则曰:"刑名不慎,不过杀一人,所杀必有数,且为人所共知。钱谷历人,十倍刑名,当时不觉。近数十年,远或数百年,流毒至于无穷,且未有已!"

【译文】

梁国治家中宾客有要求到按察使做幕僚主管刑事判牍的,梁国治告诫他说:"心计谋术不可不谨慎!"这人请求改管钱谷,梁国治又说:"刑事判牍不谨慎,不过错杀一人,所杀是有数的,而且为人们所共同知道。钱谷害人,其猛烈程度十倍于刑事判牍,当时察觉不到,近则几十年,远或几百年,流毒以至没有穷尽,而且是没完没了!"

曹秀先传

罢蜡礼

【原文】

十八年,近畿蝗,秀先请御制文以祭,举蜡礼;……上曰:"蝗害稼,惟实力捕治,此人事所可尽。若欲假文辞以期感格,如韩愈祭鳄鱼,鳄鱼远徙与否,究亦无稽。朕非有泰山北斗之文笔,好名无实,深所弗取。"下部议,罢蜡礼。

【译文】

乾隆十八年(1753),京城附近闹蝗虫灾害,曹秀先请高宗撰文祭祀,举祭百神之礼,……高宗说:"蝗虫危害庄稼,只有实心实力的捕捉才能治理,这是通过人们

的努力所能做到的。如果想假以文辞来感化蝗虫,如韩愈的祭鳄鱼文,鳄鱼是否远走,究竟如何也无法稽考。我没有文坛泰斗的文笔,好名声不实际。决不采取。"这事下礼部商议,罢去祭百神之礼。

王士棻传

刑官之弊,莫大于成见

【原文】

士棻尝曰:"刑官之弊,莫大于成见。听讼有成见,强人从我,不能尽其情。是客气也。断罪有成见,或偏于严明,因求能折狱名;或偏于宽厚,自以为阴德:皆私心也。"

【译文】

王士棻曾说:"刑官的弊端,没有比成见更大的了。听诉讼育成见,强迫人听从自己的,不能让人尽情地申辩,这还是客气的。断罪时有成见,或过于严明,因此求得断案的才名;或过于宽厚,自以为积阴德:这些都是出自私心。"

曹锡宝传

优奖诤臣直言

【原文】

仁宗亲政,诛和珅,并籍全家,乃追思锡宝直言,谕曰:"故御史曹锡宝,尝劾和珅奴刘全倚势营私,家赀丰厚。彼时和珅声势熏灼,举朝无一人敢于纠劾,而锡宝独能抗辞执奏,不愧诤臣。今和珅治罪后,并籍全家,赀产至二十余万,是锡宝所劾不虚,宜加优奖。以旌直言。"

【译文】

仁宗亲理政事,诛杀和珅,并登记没收了刘全的全部财产,才回忆起曹锡宝曾直言上谏,下谕道:"已故御史曹锡宝,曾弹劾和珅家奴刘全倚仗和珅势力营私,家资丰富。当时和珅的声势很大,气焰逼人,举朝上下没有一个人敢于纠举弹劾,而曹锡宝就能独自一人抗拒他人的议论而上奏,不愧为直言之臣。现已治和珅之罪,并登记没收了刘全家的全部财产,得资产达二十多万。足见当时曹锡宝弹劾的不假,应当加以优等奖励。以旌表他的直言敢谏。"

钱 沣 传

贪 婪 无 餍

【原文】

四十七年。沣疏劾山东巡抚国泰、布政使于易简吏治废弛，贪婪无餍，各州县库皆亏缺，上命大学士和珅、左都御史刘墉率沣往按。和珅庇国泰，怵沣，沣不为挠。至山东，发历城县库验帑银。……帑银以五十两为一铤，市银则否。国泰闻使者将至，假市银补库。沣按问得其状，召商还所假，库为之空。复按章丘、东平、益都三州县库，皆亏缺如沣言。国泰、易简罪至死，和珅不能护也。

【译文】

乾隆四十七年（1782）。钱沣上疏弹劾山东巡抚国泰、布政使于易简吏治荒废而松弛，贪得无厌，各州、县的钱库都亏缺，高宗命大学士和珅、左都御史刘墉和钱沣去山东查看。和珅想庇护国泰，但怕钱沣，钱沣不屈服。到了山东，开历城县库验银。……钱库中的银五十两炼成一锭，可市面上流通的银就不一样。国泰听闻使者将到，借市银填补钱库的亏空，钱沣查问得知情况，召集商人把所借的银还给他们，钱库为之一空。复查章丘、东平、益部（上三地均属山东）三州县钱库，都亏缺如钱沣所说。国泰、于易简罪该处死，和珅也不能庇护。

尹 壮 图 传

罚 银 赎 罪

【原文】

五十五年。上疏言："督抚自蹈愆尤，圣恩不即罢斥，罚银若干万充公，亦有督抚自请认罚若干万者。在桀骜者藉口以快其饕餮之私，即清廉者亦不得不望属员之佽助。日后遇有亏空营私重案，不容不曲为庇护。是罚银虽严，不惟无以动其愧惧之心，且潜生其玩易之念，呈请永停此例。"

【译文】

乾隆五十五年（1790），尹壮图上疏说："总督、巡抚自己走向犯罪，皇上给予恩典没有立即罢官斥退，而是罚银若干万两充公，以赎其罪，也有犯罪的总督、巡抚自己请求认罚若干万两的。那些凶暴倔强桀骜不驯的人以此为籍门像贪食的恶兽饕餮一样以满足他们的私心，就是清廉的也不得不希望下属帮助。以后遇到亏空营私的重大案件，不容他不亏心地加以庇护。这个罚银虽然严厉，不仅没有触动他们惭愧和惧怕的心，相反，而是暗暗地滋生了他们玩忽职守和容易应付的念头，呈请永远停止罚银的律例。"

开 泰 传

湖 北 社 仓

【原文】

十年，授湖北巡抚。疏言："社仓较常平尤近于民，而弊亦易滋。湖北社仓谷麦五十二万石有奇，散在诸乡，恐多亏缺。应饬道府按部所至，便宜抽验。"

【译文】

乾隆十年（1745），开泰授任湖北巡抚，他上疏说："社仓比常平仓更接近于民众，而弊端也容易滋生。湖北社仓谷麦存有五十二万多石，散在各乡，恐怕多有亏空。应敕令道、府按部所到。方便适宜时抽查检验。"

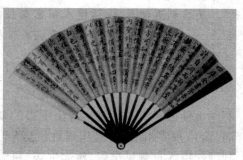

御制文津阁作歌扇　清

柴 大 纪 传

台湾林爽文起义

【原文】

乾隆五十一年十一月，……爽文漳州人，徙彰化，所居村曰大里杙。……号天地会，漳州人庄烟为之魁，爽文与相结，……台湾知府孙景燧驰诣彰化，督知县俞峻、副将赫生额、游击耿世文……，爽文……夜纠其徒来袭，赫生额等皆战死。明日，遂破彰化，景燧亦殉焉。

【译文】

乾隆五十一年（1786）十一月，……林爽文漳州（今福建漳州市）人。迁徙到台湾彰化，所居住的村子叫大里杙。……号称天地会，漳州人庄烟为领袖，林爽文与他结交，……台湾知府孙景燧急忙赶到彰化，督促知具俞峻、副将赫生额、游击耿世文镇压义军，……林爽文……在夜晚集合义军进行袭击，赫生额等都战死。第二天，义军于是攻破彰化，台湾知府孙景燧也被义军杀死。

郭世勋传

英使入贡

【原文】

英吉利遣使入贡,请遣人留京居住,上不许,虑英吉利贡使还经广东复多所陈乞,……寻奏英吉利贡使请在黄埔盖房居住。已严行拒绝。……五十九年。入觐。途次病作,至京师卒.赐祭葬。

【译文】

英吉利国派遣使臣入贡。请求将派遣的使臣留住京师,高宗不允许,担心英吉利国贡使回经广东时复又提出更多的要求,……不久又奏英吉利国贡使请求在黄埔(今广东广州市东)盖房居住,已经严加拒绝。……乾隆五十九年(1794),英吉利国使臣入京觐见皇帝,旅途生病,到京师时死亡,高宗赐以祭礼安葬。

胡 贵 传

赈粮受损,请求赔偿

【原文】

胡贵……督运漕粮十万转海赈福建,道温州凤凰洋,飓作,损米五百余,请出私财以偿。高宗谕曰:"冒险已可嘉,岂有复令出私财偿米之理?"命罢勿偿。

【译文】

胡贵……监督运送漕粮十万石从海上到福建赈济,道经温州(今浙江温州市)凤凰洋时,强烈风暴大作,损失米五百多石,胡贵请求出私人财产赔偿。高宗下谕说:"冒着风浪之险前进已经值得嘉奖,岂有再叫私人拿出财产来赔偿米的损失的道理?"命令此事作罢,不要赔偿。

叶 士 宽 传

赈册还是赈民

【原文】

乾隆初,调金华。……饥民求赈者以万计,士宽曰:"按册施赈,是赈册非赈民也。"乃召饥者前注名于册,而斥二人,众乃定,二人者:一妇人,曾以讼至官,服华服,至是易敝衣乞赈,……内华服如故;一男子……呕出酒肉。众惊服。

【译文】

乾隆初年,叶士宽调金华(今浙江金华)。……饥民要求赈济的以万计,叶士宽

国学经典文库

说："按名册实施赈济,是赈济册子不是赈济灾民。"于是召唤饥民本人前去验看注名于册,而且斥退二人,众人才安定。这二人,一为妇女,曾经以诉讼到官,服装华丽? 到现在换成破衣求赈济。……内穿华丽服装依然如故;另一男子……呕吐出所吃的酒肉。众人部惊服。

周学健传

罢 举 代

【原文】

学健……坐违制剃发,夺官,命江西巡抚开泰籍其家。开泰发其往来私书,中有……吴同仁行赇学健,乞举以自代。……诏曰:"朕令大臣举可以自代之人,凡以拔茅茹、显俊乂之意也。今同仁嘱学健许以两千,朕不解焉。问之钱陈群,始知为赇。夫考绩黜陟,何可为苞苴之门,岂朕若渴之诚尚未喻于二三大臣耶? 朕甚恧焉! 其罢之。"

【译文】

周学健……坐犯国恤不得剃发的罪,罢官,高宗命江西巡抚开泰登记没收他的家产。开泰发现周学健与人往来的私人书信中有……吴同仁行贿周学健,乞求周学健推举他代理自己。……高宗下诏说:"我令大臣推举可以自代的人,是为了剔除庸碌,显示出有真才实学的贤才。现今吴同仁许给周学健银二千,我不理解。问于钱陈群,才知是受贿。官吏的进退升降,怎么能用贿赂来走门路,难道我求贤若渴的诚心尚未告诉给二三大臣吗? 我很惭愧! 罢黜举代之制。"

鄂 昌 传

督抚不得举本省藩臬自代

【原文】

十二年,疏自陈举布政使李锡泰自代,上复责其朋比。因命督抚不得举本省藩臬自代,著为例。

【译文】

乾隆十二年(1747),鄂昌上疏陈述推举布政使李锡泰代理自己。高宗又责备他结朋党。因此命令总督、巡抚不得推举本省布政使、按察使代理自己,著为条例。

国学经典文库

常　安　传

共　励　清　操

【原文】

六年,移浙江巡抚,谢上,因言:"属吏贤否视上司为表率,惟有身先砥砺,共励清操。"

【译文】

乾隆六年(1741),常安移任浙江巡抚,谢皇上,因说:"下属的好坏是看上司是否起到表率作用,只有本身先自砥砺磨炼,上下共同勉励才能恪守清操。"

高　朴　传

不因后妃之侄而宽之

【原文】

方上诛高恒,……谕曰:"高朴贪婪无忌,罔顾法纪,较其父高恒尤甚,不能念为慧贤皇贵妃侄而稍矜宥也。"

【译文】

高宗刚诛杀高恒,……下谕说:"高朴贪污不知满足毫无顾忌,不顾法纪,比他父亲高恒尤为厉害,不能念及因为他是慧贤皇贵妃的侄儿稍有怜悯而赦他的罪。"

觉罗伍拉纳传

受　赇　处　斩

【原文】

伍拉纳受盐商赇十五万,霖亦受二万,……籍伍拉纳家,得银四十万有奇,如意至一百余柄。……籍霖家,得窖藏金七百、银二十八万,田舍值六万有奇,……逮京师,廷鞫服罪,命立斩。

【译文】

觉罗伍拉纳接受盐商贿赂银十五万两,浦霖也受贿二万两,……登记没收伍拉纳家,得银四十多万两,如意一百多柄。……登记没收浦霖家,得窖藏的金七百两,银二二十八万两,田地房屋值六万多,……逮捕到京师,经朝廷审问才服罪,命令立即斩首。

富俊传

以旗人为屯丁

【原文】

请发吉林闲散旗人一千名为屯丁,每丁给银二十五两、籽种二石,官置牛具,人给荒地三十晌。垦种二十晌,留荒十晌,四年征粮,每晌一石。

【译文】

请求发吉林闲散旗人一千人为屯丁,每丁给银二十五两、种子二石,官府为他购置耕牛农具,每人给荒地三十晌,开垦耕种二十晌,留下荒地十晌,四年以后开始征收粮食,每晌征收一石。

觉罗长麟传

不媚权相

【原文】

五十七年,调山西。入觐时,有市人董二诬告……王伦潜匿山西某家,和珅于宫门前言,务坐以逆党。长麟至官,访悉某实董仇家,故倾陷,慨然曰:"吾发垂白,奈何灭人族以媚权相?"终反坐董二,和珅大忤。

乾隆皇帝礼冠
上的顶珠

【译文】

乾隆五十七年(1792),觉罗长麟调山西。入朝觐见皇帝时,有市民董二诬告说……王伦秘密隐藏在山西某家,和珅在皇宫门前说,务必判定这家是叛逆党徒的罪。长麟到任,访查获悉某人实是董二的仇家,因此故意陷害,感慨地说:"我头发都白了,何必灭人家族以取悦于权相和珅?"结果反判董二以诬告罪,这大大抵触了和珅。

费淳传

慎勿迎合朕意,颠倒是非

【原文】

帝密询漕督蒋兆奎等优劣,谕曰:"安民首在任贤,除弊必先去贪。汝操守虽优,察吏过宽。去一贪吏,万姓蒙福;进一贤臣,一方受惠。其悉心访闻,慎勿迎合

朕意,颠倒是非。"淳具以实闻。

【译文】

仁宗秘密向费淳询问漕运总督蒋兆奎等人的好坏,告谕说:"要安民首先在于任用贤良,除弊端必先除去贪污。你自己的操守虽然不错,但考察官吏过于宽厚。除去一个贪污的官吏,成千上万的老百姓蒙得福气;进荐一位贤良的臣子,一方受到恩惠,你必须全心访问,千万不要迎合我的意思,颠倒是非。"费淳如实的全部报告。

勒 保 传

白莲教起义

【原文】

初,安徽……刘松以习混元教……复倡白莲教,与其党湖北樊学明、齐林,陕西韩龙,四川谢添绣等谋不轨。……松党刘之协、宋之清传教于河南、安徽。……王氏子曰发生者,诡明裔朱姓,煽动……,各省大索,官吏奉行不善,颇为民扰。

【译文】

最初,安徽……刘松习混元教……复又倡导白莲教,与同伙湖北樊学明、齐林,陕西韩龙、四川谢添绣等谋起义。……刘松同伙刘之协、宋之清传教于河南、安徽。……有王氏之子叫发生的,诡称是明正朝的后裔姓朱,号召人民起义。……失败后清政府在各省大肆搜索,官吏贪功奉行不好,颇多扰民。

邹 炳 泰 传

不可使朝廷法自我坏

【原文】

炳泰在吏部久,尤慎铨政。十八年,铨选兵部主事有误,同官瑚图礼徇司员议,回护坚执。炳泰力争曰:"吾年已衰,何恋恋禄位? 不可使朝廷法自我坏!"自具疏白其故,上题其言,卒罢瑚图礼。

【译文】

邹炳泰久在吏部,尤其慎重于按规定量才选用官吏的政策,嘉庆十八年(1813)量才选用兵部主事有失误,同官瑚图礼曲从于司员的议论,竭力辩护并坚持原议,郭炳泰极力争论说:"我年已衰老,何必恋恋难舍俸禄爵位? 不可以使朝廷的法纪从我这里变坏!"于是自己上疏陈述过错的原因,仁宗认为邹炳泰的话是对的,终于罢掉瑚图礼的官。

韩 對 传

严防外洋入侵

【原文】

又密陈粤海形势：沿海村落，处处可通，外洋盗匪，易生窥伺。……凡属扼要炮台，宜简练精锐，严密防守。并令沿海绅衿耆董，督率丁壮，互相捍护，自卫身家，较为得力。

【译文】

韩對又秘密陈述广东海岸的形势：广东沿海村庄，处处都有路可通，外洋盗匪，容易产生暗中观望，等待时机。……凡是属于重要炮台，适宜用少量训练有素的精兵，严密防守。并叫沿海的绅士儒生和有威望的老人，督领壮丁，互相捍卫保护村庄，自己保卫身家性命，这样做较为得力。

觉罗桂芳传

何谓实心

【原文】

书《行实政论》后曰："实心者何？忠是也。忠者一于为国，而不亟亟于求上之知。其所以急于公者如急于己，一政而便于民，其行之而恐不及也；一政而不便于民，其去之恐不速也。"

【译文】

觉罗桂芳书写《行实政论》后说："什么是实心实意？就是忠心。忠心的人一切为了国家，而不是亟切地求得皇上知道自己。急于公事和急于自己的私事一样。这一政令对人民很方便，有好处，执行时还恐怕不够彻底；这一政令给人民不方便、没有好处，去掉它还恐怕不够迅速。"

周系英传

为人居心以忠厚为本

【原文】

周系英，……十四年……改直上书房，授三阿哥读。上谕："不但授读讲习诗文，当教阿哥为人居心以忠厚为本。"系英请加授《资治通鉴》，以知古今治乱兴衰之故，悉民间疾苦。上韪之。

【译文】

周系英,……嘉庆十四年(1809)……改值皇室书房,教授皇子三阿哥读书。仁宗晓谕说:"不但要教授讲读学习诗文,更应当教阿哥做人居心应以忠实厚道为本。"周系英请求增加讲授《资治通鉴》,使他知道从古至今治乱兴衰的缘故,熟悉民间的疾苦。仁宗认为周系英说得对。

朱方增传

因噎废食

【原文】

朱方增,……应诏陈言,论用人理财,略曰:"近今大臣中,罕有以进贤为务者。盖荐举之事,易于徇私,党援交结,不得不防,而大臣亦遂引嫌自避。夫大臣避徇私之名,而忘以人事君之责,所谓因噎废食,非公忠体国者所宜有也。"

【译文】

朱方增,……应诏陈述,议论用人理财的道理,简略地说:"近来大臣之中,很少有以进贤才为己务的。因为推荐举贤的事,容易徇私舞弊,被认为是偏私和交结朋党,不得不有所防备,而大臣也就以此引以为嫌而加以回避。如果大臣回避徇私的恶名,而忘掉作为人臣的人事君的责任,这就是所谓的因噎废食,不是秉公忠心为国的人所应当有的。"

初彭龄传

亏空应立时惩办

【原文】

十九年,……疏言:"亏空应立时惩办,而各省督抚往往密奏,仅使分限完缴。始则属官玩法,任意侵欺;继则上司市恩,设法掩盖。是以清查为续亏出路,密奏为缓办良图,请饬禁。"帝题之。

【译文】

嘉庆十九年(1814),……初彭龄上疏说:"仓库出现亏空本应立即惩办,可是各省的总督、巡抚往往采取秘密上奏,仅仅使其分别限期完缴。开始是属官玩忽法令,任意侵吞欺骗,接着是上司施恩以博取好感,设法加以掩盖。这所以使清查变为继续亏空的出路,秘密上奏成为缓办的很好地谋划,请求加以整顿和禁止。"仁宗同意初彭龄所奏。

谷际岐传

教民被迫起义

【原文】

教……,始于湖北宜都聂杰人,实自武昌府同知常丹葵苛虐逼迫而起。……乾隆六十年,委查宜都县境,吓诈富家无算,赤贫者按名取结,纳钱释放。……立与惨刑,至以铁钉钉入壁上,或铁锤排击多人。……聂杰人号首富,屡索不厌,……宜昌镇总兵突入遇害,由是宜都、枝江两县同变。襄阳之齐王氏、姚之富,长阳之覃加耀、张正谟等,闻风并起,遂延及河南、陕西。

【译文】

白莲教民起义……,开始于湖北宜都市聂杰人,实际自武昌(今湖北武汉)府同知常丹葵苛刻虐待教民,教民被逼迫而起义的。……乾隆六十年(1795),常丹葵受委清查宜都市境,吓唬敲诈富裕之家不可计算,赤贫户也得按名取结,交纳钱财后释放。……不交钱财的立遭惨刑,以至于用铁钉钉人于墙壁之上,或用铁锤打击了许多人。……聂杰人是宜都市首富,屡遭没完没了的索取,……宜昌(今属湖比)总兵冲入为教民所杀,于是宜都、枝江(上二地均属湖北)两县同时起义。襄阳(今属湖北)的齐王氏、姚之富,长阳(今属湖北)覃加耀、张正谟等,闻风起义,于是漫延到河南,陕西两省。

吴 熊 光 传

刑 赏 分 明

【原文】

熊光尝曰:"刑赏者,圣主之大权,而以其柄寄于封圻大吏。若以有司援案比例,求免驳斥之术处之,舛矣。刑一人,赏一人,而有益于世道人心,虽不符于例,所必及也。不得请,必再三争,乃为不负。若忧嫌畏讥,随波逐流,其咎不止溺职而已。"

【译文】

吴熊光曾说:"或刑或赏,这是皇上的大权,而又以其权委寄于总督、巡抚等封疆大吏。如果有的地方官吏援引相类似的律例,以求免遭驳斥的心术来处理,那就错了。刑一个人,赏一个人,而对世道人心有好处,虽然不符合律例,也是必须做到的。请求不得批准,必定要再三争辩,这才是不辜负皇上。如果总是忧虑嫌疑畏惧讥议,随波逐流,他的过错不只是没有尽到职责就够了。"

六次南巡，劳民伤财

【原文】

上又曰："如汝言，皇考何为六度至彼？"熊光叩头曰："皇上至孝，臣从前侍皇上谒太上皇帝，蒙谕'朕临御六十年，并无失德。惟六次南巡，劳民伤财，作无益害有益。将来皇帝如南巡，而汝不阻止，必无以对朕。'仁圣之所悔，言犹在耳。"同列皆震悚，壮其敢言。

【译文】

仁宗又说："如你所说，为什么皇父六次南巡到那里？"吴熊光叩头说："皇上至为孝顺，我从前侍奉皇上晋谒太上皇帝时，承蒙太上皇晓谕'我做了六十年皇帝，并没有失去威德的地方。只有六次到南方巡视，劳民伤财，作了没有什么好处反而有害处的事。将来皇帝如果要到南方巡视，而你又不加劝阻，就对不起我了。'仁慈圣明的太上皇所后悔的话，至今犹在耳中。"同列于朝廷的其他大臣听后都震惊、恐惧，佩服吴熊光敢说话。

陈 大 文 传

弹章已具草矣

【原文】

自乾隆末，山东大吏多不得人，吏治日弛。大文……见属吏温颜相对，使尽言，然后正色戒之曰："汝某事贿若干，吾悉知。不速改，弹章已具草矣！"人莫不畏之。

【译文】

自乾隆末年开始，山东巡抚多是不得力的人充任，以至吏治日渐松弛。陈大文……看见属吏总是和颜悦色的，使其尽所欲言，然后严肃的告诫说："你某件事贿赂若干，我已全部知道，如不迅速改掉，弹劾的奏章我已起草了！"人没有不怕他的。

裴 行 简 传

捐官肥己之钱，究从何出

【原文】

直隶州县，……自乾隆十五年至三十年，四举南巡，两幸五台，六次差务，何以并无亏空？四十五年至五十七年，两举南巡，三幸五台，差务较少，而亏空日增。由于地方大吏，贪黩营私。……试令州县扪心自问，其捐官肥己之钱，究从何出？

【译文】

直隶各州、县，……自乾隆十五年（1750）至三十年（1765），高宗四次到南方巡

视,两次到五台,六次皇差,为何没有亏空?四十五年(1780 年)至五十七年(1792年),两次到南方巡视,三次到五台,差务比前较少,而亏空却一天天增加。由于地方大官,贪污营私。……试叫州、县地方官员扪心自问,他那捐官肥己的钱,是从哪里来的?

颜 检 传

国家之隐忧

【原文】

谕曰:"方今中外吏治,……因循观望,大臣不肯实心,惟恐朕斥其专擅,小官从而效尤,仅知自保身家。此实国家之隐忧,不可不加整顿。卿系朕腹心之臣,其勉之。"

【译文】

仁宗晓谕说:"现今朝廷中外的吏治,……互相沿袭观望,大臣不肯实心实意的干事,唯恐我申斥他擅自专断。小官也跟着仿效,仅知保护自己的身家性命。这确实是国家的隐忧,不可以不加整顿。你颜检是我心腹之臣,好好干吧。"

岳 起 传

勿染其污迹

【原文】

岳起,……五十六年,迁奉天府尹。前官贪黩,岳起至,屋宇器用遍洗涤之,曰:"勿染其污迹也!"

【译文】

岳起,……五十六年(1791),升奉天府(今辽宁沈阳)尹,前任贪污,岳起到任,屋宇、器皿、用具普遍用水洗涤它,说:"不要染上污迹呀!"

荆 道 乾 传

勿 为 敛 赙

【原文】

道乾……不三年擢至巡抚,……临殁,呼旧僚至寝所,指床下金示之曰:"吾受重恩,积养廉数千两,足以归丧。诸君素爱我,勿为敛赙。"又呼其兄曰:"兄仁弱,勿听人怂恿受赙,违吾意。"

【译文】

荆道乾……不到三年擢升至巡抚,……临死,呼叫旧僚属到他寝室。指着床下银钱让旧僚属看,说:"我受皇上重恩,积有养廉银数千两,死后足够归葬。诸位平素都厚爱我,不要因为我的死敛人钱财。"又叫他的兄长说:"兄长仁慈软弱,不要听别人的怂恿而收人家送的丧礼,违背我的意思。"

谢启昆传

公帑亏空

【原文】

嘉庆四年,擢广西巡抚。上疏,略曰:"各省仓库积弊有三变。始则大吏贪婪者利州县之馈赂,偾事者资州县之摊赔。州县匿其私橐,以公帑应之,离任则亏空累累。"

【译文】

嘉庆四年(1799),谢启昆擢升为广西巡抚。他向仁宗上奏疏,大略说:"各省仓库的积弊有三变。开始是总督、巡抚大吏中的贪污者得益于州、县地方官的馈赂,那些因败事而受到处分的总督、巡抚靠着各州、县地方的分摊赔偿。可是州、县地方官将私人钱袋藏匿起来,不肯用私人钱财代赔,而是用国家公款的钱应凑赔款数,这些地方官离任时国家公款亏空很多。"

李奕畴传

赌博之害

【原文】

李奕畴……乾隆四十五年进士,……十三年,迁安徽按察使,治狱明慎,多平反。霍丘民范受之者,赘于顾氏,与妻反目,外出久不归。县令误听讹言,谓其妻私于邻杨三,假炼成狱,当顾氏、杨三谋杀罪,其母与弟及佣工某加功,实无左证,五人者不胜刑,皆诬服。奕畴阅供词,疑之,骤诘曰:"尔曹言骨已被焚,然尚有脏腑肠胃,弃之何所?"囚不能对,惟伏地哭。奕畴慨然曰:"是有冤!"使干吏侦之,至陈姓家,言正月十五夜受之曾过宿,而谳曰被杀在十三日,乃缓系诸囚,严缉受之。久之,受之忽自归,则以负博远避,不敢使家人知所在,今始闻大狱起,乃归投案也。事得白。……民间传颂,至演为剧曲。

【译文】

李奕畴……乾隆四十五年(1789)进士,……嘉庆十三年(1808),升迁为安徽按察使,判案明白谨慎,不少冤案得以平反。霍丘县民范受之,入赘于顾氏家庭,与妻不和,出外后很久没有回家。县官错误的听信谣言,谓范受之的妻子与邻里杨三

私通,拷问成案,定顾氏与杨三合谋杀夫罪,他的母亲、弟弟、雇工某被迫按县官意添枝加叶的胡说一通,实无任何佐证,五人皆是受不了刑具残酷,都是诬枉服罪的。李奕畴阅览供词,怀疑有冤,突然问道:"你等说尸骨已被焚化,但还有内脏肠胃抛在何处?"因犯对答不上,只有伏地痛哭。李奕畴感慨地说:"确是有冤!"使能干的属吏侦察。到姓陈的家,姓陈的说正月十五日范受之曾在他那里住宿,而审判定罪是十三日被杀,于是才暂缓最后处决,先关押各囚犯,严令缉拿范受之。过了很久,范受之忽然自己归来,就因他赌博输了钱而远避他乡,不敢使家中人知道他在哪里,现在听到因他的出走成了人命大案,才决意回来投案,这件事得到真相大白。……李奕畴这次的判案在民间传颂,以至被编为剧曲演出。

钱 楷 传

修省在实政

【原文】

十二年,京师旱。疏请循《汉书》求雨闭阳纵阴之说,停止正阳门外石路工程,诏"修省在实政,无事傅会五行",罢其奏。

【译文】

嘉庆十二年(1807),京师旱灾,钱楷上疏请求遵循《汉书》闭阳纵阴之说求雨,停止正阳门外的石路工程,仁宗下诏"修身反省在于干实政,无所事事的人才傅会五行之说",罢斥他的奏疏。

刘 清 传

官逼民反

【原文】

三年,署广元县事。总督勒保攻王三槐于安乐坪,未下,复令清往招抚。……俘三槐至京。廷讯时,言:"官逼民反。"

【译文】

嘉庆三年(1798),刘清署理广元县(今属四川)。总督勒保攻击王三槐(四川农民起义领袖)于安乐坪,未攻下,又令刘清前往招抚。……勒保俘王三槐到京。仁宗亲自廷问时,王三槐说:"官逼民反。"

国学经典文库

英 和 传

改河运为海运之初

【原文】

五年，洪泽湖决，阻运道，河、漕交敝，诏筹海运，疆臣率拘牵成例，以为不可。英和奏陈海运、折漕二事为救时之计，越日复上疏，略谓："河、漕不能兼顾，惟有暂停河运以治河，雇募海船以利运，而任事诸臣未敢议行者，一则虑商船到津，难以交卸；一则虑海运既行，漕运员弁、旗丁、水手难以安插。"因陈防弊处置之策甚悉。诏下各省妥议，仍多诿为未便，惟江苏巡抚陶澍力行之，拨苏、松、常、镇、太五属漕米，以河船分次海运。六年八月，悉数抵天津。

隆宗门匾　清

【译文】

道光五年（1825），洪泽湖（今江苏北部）决口，阻塞了运输道路，运河、漕粮同时疲败，道光帝诏令筹划海运，封疆大臣一般束缚于现成的先例，认为不可以实行。英和上疏陈述海运、折价漕粮两件事是挽救时局的计策。过了一天又上疏，大致说："运河、漕粮不能同时照顾，只有暂时停止河运来治理河道，招募雇用海船来便利运送漕粮，而承担责任的各位大臣不敢议定海运的原因，一方面是顾虑商船到天津后，难以移交卸货；另一方面是顾虑海运既然推行，管理漕运的官员武将、押船运粮的旗丁、水手不容易安插。"因此陈述防止弊端、处理安置的计策非常周全。道光帝诏令各省妥善商议，仍旧有许多人推诿称说海运不便于实行，只有江苏巡抚陶澍大力推行，调拨苏州（今属江苏）、松江（今上海市）、常州、镇江、太湖（以上均属今江苏省）五个属区的漕米，用河船分次从海上运输。至道光六年（1826）八月，全数运抵天津。

王 鼎 传

整 顿 淮 盐

【原文】

时淮盐尤敝。……中外论盐事者，多主就场征税。疏言："详核淮纲全局，若改课归场灶，尚多窒碍。惟有就旧章大加厘别，使射利者无可借端，欠课者无可借口，似较有往辙可循。"……又请裁撤两淮盐政，改归总督办理，以一事权。并诏允行。

【译文】

当时两淮盐务尤为疲败。……朝廷内外谈论盐务的人,大多主张就盐场征税。王鼎上疏说:"详细核查两淮盐纲全局,如果将盐税改归盐场、盐灶,还是有很多阻碍。只有根据旧的章程大加更改剔除。致使追求财利的人没有可以生事的借口,拖欠盐税的人没有假托的理由,似乎比以往的办法较可以遵循。"……又请求裁撤两淮盐政一职,改归总督办理盐务,以便统一处事的权力。朝廷一并下诏允许实行。

穆彰阿传

为海内所丛诟

【原文】

穆彰阿当国,主和议,为海内所丛诟。上既厌兵,从其策,终道光朝,恩眷不衰。……门生故吏遍于中外,知名人士多被援引,一时号曰"穆党"。文宗自在潜邸深恶之,既即位十阅月,特诏数其罪曰:"穆彰阿身任大学士,受累朝知遇之恩,保位贪荣,妨贤病国。小忠小信,阴柔以售其奸;伪学伪才,揣摩以逢主意。从前夷务之兴,倾排异己,深堪痛恨!如达洪阿、姚莹之尽忠尽力,有碍于己,必欲陷之;耆英之无耻丧良,同恶相济,尽力全之。固宠窃权,不可枚举。"

【译文】

穆彰阿主持国政,力主与英国进行求和的谈判,受到国内广泛的怒骂。宣宗已经厌倦了兵事,听从了他的计策,直至道光朝终了,对他的恩惠眷注不见衰减。……穆彰阿的门生故吏遍于朝廷内外,知名的士人多被他推荐任用,一时间号称"穆党"。文宗自从即位前就深切厌恶他,即位十个月后,特地下诏列举他的罪行说:"穆彰阿身任大学士,承受接连几朝皇帝赏识重用的恩惠,却只顾保全地位、贪图荣华,妨碍贤达、贻误国家。用虚伪的忠心和信用,阴险的柔顺来兜售他的奸诈,用虚假的学识和才能,测度逢迎皇帝的旨意。从前洋务兴起之时,倾轧排除与己不合的人,实在让人痛恨!像达洪阿、姚莹这样尽忠尽力的人,对自己有所妨碍,必定要陷害他们;象耆英这样不知羞耻丧失天良的人,却共同作恶,互相支持,尽力成全他。巩固恩宠窃取权柄,不能够一一列举。"

列传一百五十·论曰

守成之世治尚综核

【原文】

守成之世,治尚综核,而振敝举衰,非拘守绳墨者所克任也。况运会平陂相乘,非常之变,往往当承平既久,萌蘖蠢兆于其间,驭之无术,措置张皇,而庸倭之辈,转

以弥缝迎合售其欺，其召乱可幸免哉？宣宗初政，一倚曹振镛，兢兢文法；及穆彰阿柄用，和战游移，遂成外患。一代安危，斯其关键已。

【译文】

保持已有成就的时代，治国注重综合核查，而振兴疲败挽救危亡，不是墨守成规的人能够胜任的。何况时运机会顺利坎坷相交替，非常的变故，往往当天下长久太平的时候，危险的征兆已有显现，驾驭没有方法，安排惊慌失当，而平庸奸佞之辈，转而设法掩盖危机迎奉附和上意来兜售他们的欺诈，这样招致的变乱能够侥幸避免吗？宣宗初期理政，一心倚靠曹振镛，认真贯彻成文法规；及至穆彰阿掌握权柄，在和与战之间摇摆不定，于是造成外国入侵。一代安危，这是关键所在。

阮 元 传

对英宜镇以威

【原文】

二十二年，调两广总督。先一年，英吉利贡使入京，未成礼而回，遂渐跋扈。元增建大黄滘、大虎山两炮台，分兵驻守。迭疏陈预防夷患，略曰："英吉利恃强桀骜，性复贪利。宜镇以威，不可尽以德绥。彼之船坚炮利，技长于水短于陆。定例外国货船不许擅入内洋，倘违例禁，即宜随机应变，量加惩创。各国知彼犯我禁，非我轻启衅也。"

【译文】

嘉庆二十二年（1817），阮元调任两广总督。上一年，英国的朝贡使臣入京，没有答应行跪拜大礼而回国，于是逐渐飞扬跋扈无所顾忌。阮元在广东增建大黄滘、大虎山两个炮台，分别派兵驻守。他屡次上疏陈述需要预防外国侵略，大略说："英国凭借国力强盛凶暴乖戾，本性又贪财好利。对它适宜用威力镇服，不可完全用德泽来安抚。它的船坚炮利，擅长的技能在水中短处在陆地上。按照常规外国货船不许擅自开入我国内河，倘若违反定例禁令，就应该随机应变，量情加以惩罚打击。让各国知道是它违犯我国禁令，不是我轻易挑起争端。"

璧 昌 传

建 设 新 疆

【原文】

九年，擢头等侍卫，充叶尔羌办事大臣。璧昌至官，于奏定事宜复有变通，清出私垦地亩新粮万九千余石，改征折色。……所属塔塔尔及和沙瓦特两地新垦荒田，皆回户承种，奏免第一年田赋，以恤穷氓。新建汉城，始与回城隔别，百货辐辏倍于往时。以回城官房易新城南门外旷土，葺屋设肆，商民便之。访问疾苦，联络汉、

国学经典文库

回，人心益定。壁昌……卒安边徼，回疆安危之所系也。

御用"政贵有恒"玺及玺文 清

【译文】

道光九年（1829），擢升头等侍卫，充任叶尔羌（今新疆莎车县）办事大臣。壁昌到官任后，对于上奏决定的事情又有所变通，清查出私自开垦田地收获的粮食一万九千多石，改征收粮食为银两的折色。……下属塔塔尔以及和沙瓦特（今均属新疆）两地新开垦的荒田，都由回族民户承包种植，壁昌上疏要求免除第一年的田赋，来优恤穷苦百姓建立新的汉民城镇，开始同回族城区分隔区别，百货聚集，比往日增加了一倍。用回民城镇的官府用房交换新城南门外空旷的土地，修葺房屋开设店铺，方便了商人百姓。访问穷苦百姓，联络汉民、回民，百姓人心越益安定。壁昌……终能安定边疆，是维系新疆安危的人。

林 则 徐 传

察吏莫先于自察

【原文】

林则徐……疏言："察吏莫先于自察，必将各属大小政务，逐一求尽于心，然后能以验群吏之尽心与否。如大吏之心先未贯彻，何从察其情伪？臣惟持此不敢不尽之心，事事与僚属求实际。"

【译文】

林则徐……上疏说："考察官吏不如先自我考察，必须将归属自己的各项大小政务，每一项都要求尽心竭力办好，然后才能来检验众多官吏是否尽心竭力。如果大官的思想先没有贯通透彻，从哪里察知众多属吏情况虚假？我只是保持这种不敢不尽力的心志，事事同下属官吏探求实际情况。"

查 禁 鸦 片

【原文】

十八年，鸿胪寺卿黄爵滋请禁鸦片烟，下中外大臣议。则徐请用重典，言："此祸不除，十年之后，不惟无可筹之饷，且无可用之兵。"……授钦差大臣，赴广东查办，十九年春，至。总督邓廷桢已严申禁令，捕拿烟犯，洋商查顿先避回国。则徐知水师提督关天培忠勇可用，令整兵严备。檄谕英国领事义律查缴烟土，驱逐趸船，呈出烟土二万余箱，亲莅虎门验收，焚于海滨，四十余日始尽。请定洋商夹带鸦片罪名，依化外有犯之例，人即正法，货物入官，责具甘结。

【译文】

道光十八年（1838），鸿胪寺卿黄爵滋请求查禁鸦片烟，道光帝让朝廷内外大臣商议。林则徐请求使用严厉的法典，说："这种祸患不除，十年之后，不仅没有可供筹措的军饷，而且没有可以使用的士兵。"……被授予钦差大臣，赴广东查办鸦片，道光十九年（1839）春天，到任。两广总督邓廷桢已经严正申明禁令，追捕捉拿鸦片贩子，洋商查顿先前已经躲避回国。林则徐知道水师提督关天培忠实勇敢可以任用，命令他整顿军队严密戒备。发出檄文晓谕英国领事义律上缴鸦片，驱逐趸船，义律呈缴鸦片烟二万多箱，林则徐亲自到虎门验收，在海滨焚烧，四十多天才全部烧完。林则徐请求确定洋商秘密携带鸦片的罪名，依照中国政令外国人侵犯中国的律例，人立即处死，货物没入官府，责成义律出具不再携带鸦片的保证书。

林则徐

才 识 过 人

【原文】

则徐才识过人，而待下虚衷，人乐为用，所莅治绩皆卓越。道光之季，东南困于漕运，宣宗密询利弊，疏陈补救本原诸策，上《畿辅水利议》，文宗欲命筹办而未果。海疆事起，时以英吉利最强为忧，则徐独曰："为中国患者，其俄罗斯乎！"后其言果验。

【译文】

林则徐才能学识超过常人，而且对待属下谦虚诚恳，人人乐于被他任用。所到之处施政的成绩都优异突出。道光末年，东南地区被漕粮运输所困窘，宣宗秘密向他询问好处和害处，他上疏陈述补救根本的各种策略，呈递《畿辅水利议》，文宗想任命他筹办水利而没有实现。海疆出现变故，当时国人都为英国最强大而担忧，唯独林则徐说："作为中国的忧患，是俄罗斯啊！"后来他的话果然应验。

邓 廷 桢 传

重 创 英 敌

【原文】

二十一年八月，英兵船至鸡笼海口，达洪阿与姚莹督兵御之。副将邱镇功燃巨炮折其桅，敌船冲礁破碎，擒斩甚众。……二十二年，敌船犯淡水、彰化间之大安港，欲入口。达洪阿谋于姚莹，莹曰："此未可与海上争锋，必以计歼之。"乃募渔舟投敌任响导，诱令从土地公港入，搁浅中流，伏发，大破之，落水死者无算，其窜入渔

舟者,击斩殆尽。……敌船游奕外洋,乘间掩击,迭有俘获,遂不复至。

【译文】

道光二十一年(1841)八月,英国兵船到达鸡笼(今台湾基隆市)海口,达洪阿和姚莹指挥军队抵御。副将邱镇功点燃巨炮打折英船桅杆,敌船冲撞到礁石上而破碎,擒获敌兵非常多。……道光二十二年(1842),敌船侵犯淡水(今属台湾台北市)、彰化(今台湾彰化县)之间的大安港,想闯入港口。达洪阿找姚莹商议,姚莹说:"这一次不能和敌人在海上争斗以决胜负,必须使用计策歼灭他们。"于是雇募渔夫投向敌军充任向导,引诱带领敌船从土地公港驶入,在水流中央搁浅,埋伏好的士兵发起进攻,狠狠打击英军,落水而死的敌兵无法计算,其中窜逃到渔舟上的人,全部被击毙斩首。……敌船在外海巡逻,我军乘它不备时掩杀袭击,屡次俘虏捕获敌兵,敌船于是不敢再来。

列传一百五十六·论曰

收其利必防其害

【原文】

林则徐才略冠时,禁烟一役,承宣宗严切之旨,操之过急;及敌氛蹈瑕他犯,遂遭谗屏斥。论者谓粤事始终倚之,加之操纵,溃裂当不致此。则徐濒谪,疏陈:"自道光元年以来,粤关征银三千余万两,收其利必防其害。使以关税十分之一制炮造船,制夷已可裕如。"诚为谠论。惟当时内治废弛,外情隔膜,言和言战,皆昧机宜,其祸岂能幸免哉?

【译文】

林则徐的才能谋略为当时第一。禁止鸦片一事,秉承宣宗严厉恳切的意旨,操办过于着急,到敌人寻找空子侵犯其他地区,就遭受谗言被屏弃排斥。评论的人说广东的事情如果始终倚仗他,加以操纵,溃散败裂应当不致如此。林则徐濒临谪贬,上疏陈述说:"自从道光元年(1821)以来,广东海关征收税银三千多万两,获取这种好处必须防止它带来的害处。假使用关税的十分之一制造大炮战船,制服洋人就足够了。"确实是正直的言论。只是当时国内政治败坏松弛,外国情况隔绝不通,无论主张求和或开战,都不能依据时机采取适宜决策,这样祸患难道能侥幸避免吗?

琦 善 传

罢战言和始作俑者

【原文】

义律数索香港,志在必得,琦善当事急,佯许之而不敢上闻。至是,义律献出所

踞炮台,并愿缴还定海以易香港全岛,别议通商章程。琦善亲与相见莲花城定议,往返传语,由差遣之鲍鹏将事,同城将军、巡抚皆不预知。及英人占踞香港,出示安民,巡抚怡良奏闻,琦善方疏陈:"地势无可扼,军械无可恃,兵力不固,民情不坚,如与交锋,实无把握,不如暂事羁縻。"……海内莫不以罢战言和归咎于琦善为作俑之始矣。

【译文】

义律几次索求香港,志在一定得到,琦善认为事情紧急,假装答应却不敢让朝廷知道。到这时,义律献出所占据的炮台,同时愿意缴还定海来换取香港全岛,另外商议通商章程。琦善亲自和义律在莲花城相见定议,往返传话,由差遣的鲍鹏将就行事,同城的将军、巡抚事先都不让知道。等到英人占据香港,出告示安抚民众,巡抚怡良上奏朝廷知道,琦善才上疏陈述:"没有可以扼守的地形,没有可以依仗的兵器,兵力不可靠,民情不坚定,如果同英人交锋,实在没有把握,不如暂且加以笼络。"……海内人士都认为停止战争乞求议和的罪过是琦善首开恶例。

耆 英 传

耆 英 自 尽

【原文】

八年,英人纠合法、美、俄诸国兵犯天津,争改条约。……巡防王大臣荐耆英熟悉情形,召对,自陈愿力任其难,予侍郎衔,赴天津协议。初耆英之在广东也,五口通商事多由裁决,一意迁就。七年冬,广州陷,档案为英人所得,译出耆英奏章,多掩饰不实,深恶之。及至天津,英人拒不见,惶恐求去,不候旨,回通州,于是欺谩之迹益彰,为王大臣论劾,严诏逮治,赐自尽。

咸丰重宝(当十) 清

【译文】

咸丰八年(1858),英国人纠集会合法、美、俄各国兵船侵犯天津,力争修改条约。巡防王大臣荐举耆英熟悉情况,召他应对,耆英陈述愿意承担这困难的使命,就授予他侍郎的职衔,去天津与各国协商合议。当初耆英在广东时五口通商事务多由他裁决,一意迁就外国。咸丰七年(1857)冬,广州失陷,官府档案被英人获得,

翻译出耆英的奏章，多为掩饰不实的词句，所以深切厌恶他。等耆英到了天津。英人拒绝会见他，他惊慌害怕要求离去，不等候圣旨就返回通州，于是欺骗轻谩的形迹更加昭彰，被王大臣定罪弹劾，文宗下诏逮捕治罪，赐他自尽。

颜伯涛传

粤民非不可用

【原文】

闽、粤互为唇齿，呼吸相通。自正月虎门不守，粤事几不可问。四月内夷船驶泊省西泥城，防勇望风溃遁，兵船被焚，炮台弃去。……粤民非不可用，前有萧关、三元里等乡数千人围困义律，乃余保纯出城弹压，始渐散去。……斯时惟有特简亲信重臣，督造船炮，用本省之人，作本省之兵，悬以重赏，未有不堪一用者。

【译文】

福建、广东好像嘴唇和牙齿，呼吸相通。自从道光二十二年（1842）正月虎门失守，广东军情几乎不能够再问。四月间外国兵船行驶停泊在广东西部泥城，防守兵勇望风溃散逃遁，兵船被焚烧，炮台被遗弃。……广东民众不是不能使用，先前有萧关、三元里等乡的几千人围困英国领事义律，是余保纯出城武力压制，才逐渐散去。……这时只有特别选择亲信重臣，监督制造兵船和大炮，用本省的人，作本省的兵员，公开以重金奖赏，就没有不能使用的人。

祁 塤 传

三元里抗英

【原文】

英舰退出虎门，而耆定台兵未去，船泊泥城，登岸侵扰，其兵目伯麦闯入三元里，民愤，碟之。义律驰救，受围，遣广州知府余保纯护之出，令率众尽退虎门外。于是乡团日盛，绅士黄培芳、余廷槐等合南海、番禺诸乡立七社，万人一呼而集储谷十余万石，不动官帑。

【译文】

英国军舰退出虎门，叮是耆定台的军队没有离去，船只停泊在泥城，上岸侵犯骚扰，士兵头目伯麦闯进三元里（今广东广州北），民众愤恨，将他肢解处死。义律快速赶来救援，被民众包围，祁塤派遣广州知府余保纯保护他逃出，使他率领众兵全部退出虎门以外。于是乡团日益兴盛，绅士黄培芳、余廷槐等会合南海、番禺各乡建立七社，万人一呼集聚储藏稻谷十多万石，不动用官府的钱财。

裕 谦 传

裕谦先誓必死

【原文】

越数日,敌由蛟门岛进犯镇海。……裕谦……乃集将士祭关帝、天后,与众约:"毋以退守为词,离城一步;亦毋以保全民命为词,受洋人片纸。不用命者,明正典刑,幽遭神殛!"……裕谦先誓必死。……临战,挥幕客先去,曰:"胜,为我草露布;败,则代办后事。"至是果投泮池。

【译文】

过了几天,敌人从蛟门岛(今属浙江镇海县)进犯镇海。……裕谦……就召集将士祭拜关帝、天后,和众人相约:"不能以退守作为托词,离开城池一步;也不能以保全民众性命为托词,接受洋人的劝降书。不听从命令的人,依照法律处以极刑;阴间也会遭受神明杀戮!"……裕谦首先立誓以死报国……临近战斗,指挥幕僚门客先行离去,说:"此战胜利,为我起草捷报;失败,就替我办理后事。"至镇海失陷时果然投身水池。

关 天 培 传

关天培殉国

【原文】

二十一年正月,敌进攻,守台兵仅数百,遣将恸哭请益师,无应者。天培度众寡不敌,乃决以死守,出私财犒将士,率游击麦廷章昼夜督战。……进攻虎门,自巳至酉,杀伤相当,而炮门透水不得发,敌自台后攒击,身被数十创。事急,以印投仆孙长庆,令去,行未远,回顾天培已殒绝于地,廷章亦同死,炮台遂陷。

【译文】

道光二十一年(1841)正月,英敌进攻,防守炮台的士兵仅有几百名,关天培派遣将领哭求增加军队,没有人答应。天培揣度敌众我寡不是对手,于是决心拼死防守,拿出个人财产馈赠将士,率领游击麦廷章白天晚上指挥战斗。……敌人又进攻虎门(今广东珠江三角洲东南)炮台,从上午九时到晚上七时,双方死伤相当,可是炮门因浸透海水不能发射,敌人从炮台后面集中射击,关天培身受几十处创伤。看到情况危急,他把官印扔给仆人孙长庆,命他离开,长庆走不远,回头看到天培已经倒地殒身气绝,麦廷章也同时战死,虎门炮台于是陷落敌手。

陈 化 成 传

武臣死于疆场，幸也

【原文】

江南水师素怯懦，化成选闽中亲军教练，士气稍振。筹备吴淞防务，修台铸炮，沿海塘筑二十六堡。化成枕戈海上凡二年，与士卒同劳苦，风雨寒暑不避。总督裕谦、牛鉴皆倚为长城。当定海三总兵战殁，裕谦亦殉，化成哭之恸，谓所部曰："武臣死于疆臣，幸也。汝曹勉之！"……越数日，敌舰衔尾进，化成麾旗发炮，毁敌舰三，歼毙甚众。……敌攻坏土塘，由小沙背登岸。……尸积于前，化成犹搁子药发炮，俄中弹，喷血而殒。

【译文】

江南水师平素胆怯懦弱，陈化成挑选福建亲军进行教练，水师士气稍加振作。筹备吴淞（今属上海市）防务，修筑炮台铸造大炮，沿海塘修筑二十六座堡垒。化成枕着兵器在海上生活达两年，与士兵同劳苦，风雨寒暑都不躲避。……当定海（今属浙江）三总兵战死，裕谦也殉职，化成哭得极为悲伤，对部属说："武将在疆场上战死，是幸运的。你们要努力啊！"……过了几天，敌舰前后单行衔接进攻，化成摇动指挥旗发炮，击毁敌舰三艘，击毙很多敌人。……敌人攻击毁坏土塘，从小沙背登岸。……尸体堆积在面前，化成仍旧捧着弹药亲自发炮，突然中弹，喷血而死。

葛 云 飞 传

植 立 崖 石

【原文】

敌萃攻土城，云飞知不可为，出敕印付营弁，率亲兵二百，持刀步入敌中，转斗二里许，格杀无算。至竹山麓，头面右手被斫，犹血战，身受四十余创，炮洞胸背，植立崖石而死。……是役连战六昼夜，毙敌千余，卒以众寡不敌，三镇同殉。

【译文】

敌人集中进攻土城，云飞自知不能有所作为，于是拿出官印交付军营武士，率领亲兵二百人，持刀走进敌人中间，辗转格斗二里左右，杀死无数敌人。到了竹山（今属浙江定海县）脚下，头、脸、右手被砍伤，仍旧浴血奋战，身受四十多处创伤，前胸后背都是弹洞，像树一样站在崖石上而死。……这一仗持续战斗六天六夜，击毙敌军一千多人，终因我军寡不敌众，定海葛云飞、寿春王锡朋、处州郑国鸿三镇总兵同日殉难。

列传一百五十九·论曰

专阃之臣义不返踵

【原文】

海疆战事起,既绌于兵械,又昧于敌情,又牵掣于和战之无定,畏葸者败,忠勇者亦败。专阃之臣,忘身殉国,义不返踵,亦各求其心之所安耳。呜呼,烈已!

【译文】

海疆战事兴起,我方既兵器炮械短缺,又不明了敌情,还受和与战没有定见的牵制掣肘,于是畏缩惧怕的人失败,忠实勇敢的人也失败。专事统兵的海疆将帅,舍身殉国,义无反顾,也是各自追求心灵的安宁。哎呀,壮烈啊!

奕 山 传

爱珲签约

【原文】

八年,俄人偕英、法、美三国合兵犯天津,三国窥商利,而俄志在边地,于是俄使木里裴岳幅至爱珲,坚请画界,奕山允自额尔古纳河口循黑龙江至松花江左岸之地尽属之俄。俄使知奕山昧于地势,驻兵黑龙江口,复索绥芬河、乌苏里江地,奕山慑其兵威,勿能抗,疏称未许,然已告俄使可比照海口等处办理。逾年,与俄使会于爱珲,定约三条,镌满、蒙、汉三体字为界碑。

【译文】

咸丰八年(1858),俄国人和英、法、美三国集合兵力侵犯天津。英、法、美三国窥伺商业利益,而俄国人志向在掠取边界土地,于是俄国使臣木里裴岳幅到瑷珲(今黑龙江瑷珲县),坚决请求划分边界,奕山应允起自额尔古纳河口沿黑龙江到松花江左岸的地区全部划属俄国。俄国使臣知道奕山愚昧于地理形势,在黑龙江口驻扎军队,又索要绥芬河、乌苏里江(属黑龙江省)地区,奕山慑服于俄国军队的威胁,不能抗拒,上疏声称没有应许,然而已经告诉俄国使臣可以比照海疆口岸等处办理。第二年,又同俄国使臣在瑷珲会面,订立条约三项,刺满、蒙、汉三种文字做界碑。

戴敦元传

博闻强识

【原文】

敦元博闻强识，目近视，观书与面相磨，过辄不忘。每至一官，积牍览一过，他日吏偶误，辄摘正之，无敢欺者。奏对有所咨询，援引律例，诵故牍一字无舛误，宣宗深重之。至老，或问僻事，指某书某卷，百不一爽。

【译文】

戴敦元见闻广博强于记忆，眼睛近视，读书时书籍与脸相摩擦。他看过的书不会再忘。每到一处任所，积累的公牍浏览一遍，他日胥吏偶然失误，就能指出错处加以改正，所以没有人敢欺骗他。上奏对应皇帝征求意见，引用法律例证，诵读以往的文牍没有一字错误，宣宗非常器重他。直到老年，有的人询问不常听说的事，便指出在哪本书哪一卷，一百次也没有一次差错。

黄爵滋传

白银流失于外洋

【原文】

十八年，上禁烟议疏曰：“窃见近年银价递增，每银一两，易制钱一千六百有零，非耗银于内地，实漏银于外洋也。盖自鸦片流入中国，道光三年以前，每岁漏银数百万两，其初不过纨绔子弟习为浮靡。嗣后上自官府搢绅，下至工商优隶，以及妇女僧道，随在吸食。粤省奸商勾通兵弁，用扒龙、快蟹等船，运银出洋，运烟入口。故自道光三年至十一年，岁漏银一千七八百万两；十一年至十四年，岁漏银二千余万两；十四年至今，渐漏至三千万之多；福建、浙江、山东、天津

吸食鸦片用具　清

各海口合之亦数千万两。以中土有用之财，填海外无穷之壑，易此害人之物，渐成病国之忧，年复一年，不知伊于胡底。”

【译文】

道光十八年（1838），呈递禁止鸦片烟的奏疏说：“我见到最近几年银价一次次增长，每一两白银，兑换制钱一千六百有余，白银不是耗损在内地，实际上是流失到了国外。自从鸦片流入中国，道光三年（1823）以前，每年流失白银几百万两，初期不过是富家子弟虚浮奢靡的习惯。以后上自地方官员和做过官的人，下至工、商、

国学经典文库

优伶、仆隶,以及妇女、和尚、道士,随处都在吸食鸦片。广东省的奸诈商人勾结串通士兵武将,用扒龙、快蟹等船只,运送白银出海洋,运输鸦片进口。所以自道光三年至十一年(1823—1831),每年流失白银一千七八百万两;十一年至十四年(1831—1834),每年流失白银两千余万两;十四年到现在,逐渐流失至三千万两之多;福建、浙江、山东、天津各海口合计也有几千万两。用中国国土有用的财富,填充海外没有穷尽的欲壑,换取这种有害的东西,逐渐成为损害国家的忧愁事情,一年又一年,不知到什么地步为止。"

金 应 麟 传

疆臣趋避之计工

【原文】

"海疆诸臣欺罔,其故由于爵禄之念重,而趋避之计工。欲破其欺,是在乾断。资格不可拘,嫌疑不必避,旧过不妨宥,重赏不宜惜。近顷长江海口镇兵足守,而敌船深入,逃溃时闻。竭亿万氓庶之脂膏,保一二庸臣之躯命。议者诿谓无人无兵无饷无械。窃以无人当求,无兵当练,无饷械亦当计度固有,多则持重,少则用谋,作三军之气,定边疆之危,在皇上假以事权,与任事者运用一心而已。"

【译文】

"海疆各大臣欺瞒蒙蔽,原因是考虑官爵俸禄太多,所以工于趋附逃避的心计。想要破除这种欺瞒,主要在于天子决断。不应拘泥身份,不必躲避嫌疑,不妨宽宥旧日过失,不要吝惜重赏。近来长江海口各镇兵力足以防守,可是随着敌船侵略深入,逃跑溃败时有所闻。竭尽亿万百姓的劳动果实,保全一两个昏庸官吏的身躯性命。议和的人推诿说无人才、无兵员、无饷银、无器械。我认为无人才应当征求,没有士兵应当训练,没有饷银器械也应当计算量度本来所有,多就谨慎使用,少就使用计谋,振作三军士气,安定边疆危局,在于皇帝授予处理事务的权力,和运用权力的将领同一思想罢了。"

朱 琦 传

大 人 之 职

【原文】

著《名实说》,略曰:"大人之职,在于经国家、安社稷,有刚毅之大节,为人主畏惮;有深谋远虑,为天下长计。合则留,不合以义去。身之便安,不暇计也;世之指摘,不敢逃也。今也不然。曰:吾为天下长计,则天下之衅必集于我;吾为人主畏惮,则不能久于其位;不如谨厚、廉静、退让,此三者可以安坐而无患,而名又至美也。夫无患而可久于其位;又有天下美名,士何惮而不争趋于此?故近世所称公卿

之贤者,此三者为多矣。"

【译文】

撰写《名实说》,大略说:"德行高尚的人的职责,在于治理国家、安定社稷,有刚强坚毅的大节,使皇帝敬佩畏惧;有深谋远虑,为国家长远利益计议。与皇帝合得来就留下,合不来以合宜的行为离去。自身的方便安危,顾不上计较;世人的指摘,不敢逃避。现在情况不是这样。说:我为国家的长远利益计议,那么天下的灾祸必定集中在我身上,我使人主感到敬佩畏惧,就不能长久保住职位;不如谨慎厚道、廉洁安静、退缩忍让,这三种办法可以安坐职位而没有祸患,同时名声又非常好。没有祸患而可以长久保住职位,又有天下美名,士大夫有什么可畏惧而不争着这样做呢? 所以近代称作公卿之贤的人,持有这三种态度的为多。"

陶 澍 传

革 除 盐 弊

【原文】

时淮盐败坏,商困课绌,岌岌不可终日。……澍疏陈积弊,请大删浮费,以为补救。……澍受事,缴还盐政养廉五千两,裁减衙门陋规十六万两有奇。革总商以除把持,……禁粮船回空带芦盐,及商船借官行私,令行禁止,弊肃风清。

【译文】

当时两淮盐政败坏,商人困顿盐课短缺,危险到一天都过不去的地步。陶澍上疏陈述积累的弊病,请求大加删除多余的费用,作为补救。……陶澍主持盐务,上缴归还盐政养廉银五千两,裁撤删除衙门不合理的需索十六万两挂零。……革去盐总商以破除把持,……禁止北运漕粮的船只回南时捎带长芦盐,以及商船借助官府办理私事,有令必行,有禁必止,整肃弊端,清新社会风气。

程 祖 洛 传

安民必先惩蠹

【原文】

疏陈福建吏治,略曰:"安民必先惩蠹,不可以回护瞻顾而曲纵奸恶。闽省吏治无子惠之政,而务宽大之名,始因官之庸劣,酿成顽梗之风,今又因民之诪张,遂有疲难之势。官曰民刁,民曰吏虐,互相传播,渐失其真。官不执法,幕不守法,因而愚民犯法,书吏弄法,棍徒玩法。必先惩不执法之官,然后能治犯法、弄法、玩法之人。"

【译文】

上疏陈述福建吏治,大略说:"安抚民众必须首先惩罚害民的蠹虫,不可用逃避

庇护瞻前顾后而曲意纵容奸佞邪恶。闽（福建）省吏治不能像家长爱抚子弟一样，却致力博取宽大的虚名，开始因为官员的庸俗劣迹，酝酿成为愚顽僵化的风气；现在又因为百姓的欺伪，形成了凋敝难返的局面。官员说民众刁滑，民众说吏役暴虐，互相传闻播弄，逐渐丧失了真实性。官员不执行法，幕僚不遵守法，因此愚民违犯法，文书小吏玩弄法，无赖之徒轻视法。必须首先惩罚不执行法的官员，然后才能治办违犯法、玩弄法、轻视法的人。"

左辅传

治理苗疆

【原文】

苗疆税重，又苦官役苛扰，侍郎张映汉陈其弊，命辅偕总督陈若霖察治。奏减租谷二万余石，筹款买补仓储六万余石，免民、苗积逋租谷七万余石。复挑补兵勇，裁撤委员，禁差役不得入苗寨，听苗食川盐，民、苗便之。

【译文】

湖南苗族地区税额沉重，又苦于官府吏役的苛索侵扰，侍郎张映汉陈述这种弊端，仁宗命左辅同湖广总督陈若霖察访治理。左辅上奏减免租谷二万多石，筹集款项购买补充仓库储备六万余石。免除汉民、苗民积累拖欠的租谷七万多石。又挑选补充士兵乡勇，裁撤委派人员，禁令差役不许进入苗寨，听任苗民食用川盐，方便了汉民、苗民。

吴邦庆传

长于水利

【原文】

初，邦庆著《畿辅水利丛书》，后在官，考河南通省志乘所载有水田处，胪列其水之衰旺，溉田多寡之数，为《渠田说》。修防之暇，率道厅捐资造水车，就马营坝北及蔡家楼大洼积水地七千余亩试行垦治。

【译文】

当初，吴邦庆撰著《畿辅水利丛书》。后在官任，考察河南全省的方志史乘所载有水田的地方，列举水脉的衰竭旺盛，灌溉田地多少的数目，撰为《渠田说》。修筑河防的闲暇，率领河道水厅官员捐钱制造水车，就马营坝北以及蔡家楼大洼积水地七千多亩试行开垦治理。

栗毓美传

民砖筑堤

【原文】

时串沟久为河患。串沟者，在堤河之间，始仅断港积水，久而沟首受河，又久而沟尾入河，于是串沟遂成支河，而远堤十余里之河变为切近堤身，往往溃堤。毓美莅任，乘小舟周历南北两岸。……两汛素无工无秸，石堤南北皆水，不能取土筑坝。毓美乃收买民砖，抛成砖坝数十所。工甫就而风雨大至，支河首尾皆决数十丈而堤不伤，于是始知砖之可用。

【译文】

当时串沟久为黄河祸患，串沟，是在堤坝与河身之间，开始只是断港积水，时间一久串沟前部与河水相通，过一段时间串沟尾部也与河水相通，于是串沟就成为支河，本来远离堤坝十多里的河流变为紧贴堤身，往往导致堤坝溃决。栗毓美到任后，乘小船秌遍历大河南、北两岸。……两讯期间向来没有河工，没有秌秸，石堤两岸都是水，不能够取土筑坝。栗毓美于是收买民砖，抛成砖坝几十所。工程才完成就赶上大风雨，支河头尾都决口几十丈但堤坝没受损坏，从此开始知道砖能用来筑坝。

文 祥 传

夷患之由来

【原文】

从前夷患之炽，由于中外之情相隔，和战之见无定，疆吏又遇事粉饰，其情形不能上达于朝廷。坐是三失，而其患遂日久日深，无所底止。泰西各国官商一气，政教并行，各商舶远涉重洋，初至中华，处处受我侮抑，事事被我堵塞，其情郁而不能不发者，势也。继而见中国官之阻之者可以通，抑之者可以伸，必不可破之格，或取胜于兵力之相迫而卒无不破，此中国之为所轻而各国渐敢恣肆之机也。

【译文】

从前外祸炽烈，是由于中外之间情况互相隔绝，我方和与战没有一定主见，疆臣大吏遇到事端又掩盖涂饰，真实情况不能上达到朝廷。因为这三种失误，外患于是日久日深，没有到头的时候。西方各国官府、商人一个心眼，政务和宗教同时推行；各商船远道跋涉重洋，刚到中国时，处处遭受我方的侮辱抑制，事事被我方阻塞不行，他们的心情抑郁不能不发泄，是事物发展的趋势。后来见到中国官员中阻碍他们的人可以买通，受到压抑的人可以伸展，一定不能攻破的阻碍，有的使用武力相逼迫可以攻破而且最终没有攻不破的，这是中国被轻视而各国逐渐敢于放纵肆

意的关键。

杜 良 传

议定天津条约

【原文】

八年春，英、法、俄、美四国联军北犯，毁大沽炮台，泊天津城下，声言将犯京师。仓猝援军未集，命桂良偕尚书花沙纳往议。敌情猖肆，要求益多。以遣官驻京、内江通商、内地游行、兵费赔偿后，始交还广东省城。四事廷议不允。……而敌日以进兵为恐吓。俄、美两国调停其间，卒徇所请定议，而通商税则侯于上海详定之。

【译文】

咸丰八年(1858)春天，英、法、俄、美四国联军北上侵犯天津，击毁大沽炮台，停泊在天津城下，声称即将侵犯京师(今北京市)。仓促突然之间援军不能集中，朝廷命桂良同尚书花沙纳前往天津同联军商议。敌人情形猖獗肆虐，要求更多。以答应派遣官员驻京、在中国内陆江河通商、在内地游历旅行、赔偿战争费用等条件以后，才能交还广东省城。四事经朝廷商议后没有答应。然而敌军每天都用进军北京相威胁。俄、美两国从中调解，终于遵照联军的要求商定和议，通商税则等去上海再详细议定。

金 庆 传

开 发 南 疆

【原文】

又疏言："……伊拉里克西南沿山为蒙古出入之路，垦地在满卡南附近，东西两面，以"人寿年丰"四字分号，各设正副户长一，乡约四，择诚实农民充之，承领耕种。又吐鲁番为南北枢纽，应安置内地民户，户领地五十亩"。……并如所请行。自是回疆南路凡垦田六十余万亩。

【译文】

(全庆)又上疏说："……伊拉里克(今属新疆)西南沿山是蒙古出入的道路，开垦的田地在满卡南附近，东西两面，以"人寿年丰"四个字分号，各号设置正、副户长各一人，乡约四人，选择诚实农民充任，承受带领耕种。再有吐鲁番(今属新疆)是南北要道，应该安置内地民户，每户领种田地五十亩。"……一并如全庆所奏请实行。自从这时起新疆南路一共垦田六十多万亩。

李星沅传

南漕改征之议

【原文】

时度支告匮，廷臣主南漕改征折色解部，于北省采买。星沅谓折多征收不易，折少采买不敷。谷贱银贵，民间展转亏折。且州县藉端浮勒，胥吏高下其手，防之皆难。迭疏论列，议遂寝。

【译文】

当时量财政匮乏，朝廷大臣主张南方漕粮改为折价征收银钞衙署，在北方行省采办购买粮食。李星沅认为折价多了征收不易，折价少了不够用。粮食便宜银钱昂贵，民间反复亏损。况且州、县假借此事浮收勒索，文书小吏营私舞弊，防备都难。他屡次上疏论述，折价征收银钞的议论于是停止。

周天爵传

治江、治汉

【原文】

连年水灾，滨江、滨汉堤垸多坏，疏请依治黄河法，遇险立挑坝，并以草护堤；饬治河州县，有大工解任专治，立限保工，限内失事者罚，绅董亦如之；汉水多湾曲，立砖石斗门以备蓄泻：并如议行。

【译文】

连续几年水灾，长江边、汉水边堤堰多有损害，周天爵上疏请求依照治理黄河的方法，遇到险情立即挑开大坝，并且用草保护大堤；下令治河的各州、县，有大工解送任命专门治理，订立期限保证工程质量，期限之内如有失误事故的人要受处罚，绅士乡董也不例外；汉水河湾曲流，修立砖石斗门来准备蓄水宣泄：一并按照他的建议实行。

太平天国天王玉玺

劳崇光传

广西起义旋灭旋萌

【原文】

三年，洪秀全等既踞江宁，分党北犯中原。兵事日棘，朝廷不暇顾及边远，广西

伏莽时起,旋灭旋萌,饷绌兵单,惟恃团练,不能大创……。

【译文】

　　咸丰三年(1853),洪秀全等人已经踞守江宁(今江苏南京),分遣部属北上攻打中原地区,战争日益棘手,朝廷没有时间顾及边远地区,广西潜伏的起义军时常起事,随即扑灭随即萌发,清军粮饷短缺兵员单薄,仅仅依靠团练,不能严重创伤起义军。

徐 广 缙 传

罢入城之议

【原文】

　　自江宁定约五口通商,许广州省城设立栈房,领事入城,以平礼相待。粤民坚执洋人不准入城旧制,聚众以抗,官不能解。……英人乃集兵船三于香港,放小艇至海口各港测水探路,示恫喝。广缙增兵守诸炮台及要隘,严备以待。时民团号十万,声势甚张。华商会议暂停各国贸易,密告美、法两国领事,启衅实由英人。于是诸洋商虑受扰累,将以损失归领事负责,士绅联名致文翰,为反复陈利害甚切。文翰内受牵制,乃罢入城之议,乞照旧通商。

【译文】

　　自从在江宁(今江苏南京)签订条约开设五口通商,允许广州省城设立栈房,领事进入城内,以平等礼节相对待。广东民众坚持执守洋人不许入城的旧制,聚集民众相抗衡,官府不能排解。……英国人就集中三艘兵船在香港,放小艇到海口各港测量水位探查道路,表示虚张声势来恐吓。徐广缙增兵把守各炮台及险要关隘,严阵以待。当时民团号称十万,声势特别浩大。华商会议暂停各国贸易,秘密告诉美、法两国领事,开启衅端实际由英国人挑起。于是各洋商忧虑受到骚扰连累,将把所受损失归咎于英领事负责。士绅联名致信给代领事文翰,为他反复陈述利益及害处非常恳切。文翰内部受到牵制,于是停止实行入城的条款,乞求依照旧例通商。

叶 名 琛 传

古之所无,今之罕有

【原文】

　　名琛既被俘,英人挟至印度孟加拉,居之镇海楼上。犹时作书画,自署曰"海上苏武",赋诗见志,日诵《吕祖经》不辍。九年,卒,乃归其尸。粤人憾其误国,为之语曰:"不战、不和、不守、不死、不降、不走;相臣度量,疆臣抱负;古之所无,今之罕有。"

【译文】

叶名琛已经被俘虏,英国人挟持他到了印度的孟加拉,在镇海楼上居住。他仍然时常习书作画,自己署名叫"海上苏武",用朗读诗来表明志向,每日吟诵《吕祖经》不间断。咸丰九年(1859),叶名琛去世,英国人将他的尸体归还中国。广东人遗憾他贻误国家,讽刺说他:"不战斗、不求和、不守城、不殉职、不投降、不逃跑;宰相大臣的胸怀,边疆大臣的志向;古代不曾有,今世也少有。"

列传一百八十二·论曰

太平军势不可遏

【原文】

……自陷岳州,势不可遏。及犯武昌,援兵虽至,无能为力。安庆仓猝筹防,益无措手矣。武昌凡三陷,湖北兵不可用,曾国藩言之痛切。杭州初陷,由于无兵,后则苏、常已失,唇亡齿寒。苏州素倚江南大军为屏蔽,大军溃,则势难幸全。

【译文】

……太平军自从攻陷岳州(今湖南岳阳),势头不能遏止。等到攻打武昌,朝廷援军虽然赶到,却没有能力挽回局面。安庆(今属安徽)仓猝筹措防守,越发无从下手。武昌(今属湖北)共失陷三次,湖北军队不能使用,曾国藩说到这些事悲痛深切。杭州(今属浙江)起初陷落,是由于没有军队,后来苏州、常州(均属江苏)已经失守,唇亡齿寒。苏州素来倚仗江南大军为卫护,大军溃败,苏州势必难以侥幸保全。

陆建瀛传

漕 粮 海 运

【原文】

先是,南漕缺额,部议设局江苏,官民捐米运京以裕仓储。当陶澍抚苏,即以漕河费钜病国,议行海运,官吏争挠之,暂行辄罢。至是建瀛与两江总督壁昌主海运甚力,合言其便,议苏州、松江、太仓白粮改由海运,从之。后复推至常、镇诸府。二十九年,廷臣会议南漕改折,建瀛与总督李星沅极言其窒碍,事遂不行。

【译文】

先是,南方漕粮缺少数额,户部商议在江苏设局,由官员民众捐米运送京师来充裕粮仓储备。在陶澍为江苏巡抚时,就因为漕粮运河花费巨大而损害国家,建议实行海运,官吏争相阻挠,实行不久就停止了。到这时陆建瀛与两江总督壁昌主张海运甚为有力,同时说海运便利,建议苏州(今属江苏)、松江(今上海市)、太仓(今江苏太仓市)白粮改由海道运输,朝廷予以采纳。后来又推广到常州、镇江(今属江

苏)各府。道光二十九年(1849),朝廷大臣会合商议南方漕粮改征其他财物的折色,建瀛和总督李星沅极力言说这样做法的障碍,事情因此没有实行。

列传一百八十五·论曰

旗兵难御起义烈火

【原文】

清制,行省要区置旗兵驻防,其尤重都会,兵额多者,以将军领之。盖监制疆臣,备不虞也。承平恬嬉,非复国初劲旅,小有变动,可资镇慑;巨寇燎原,力不足以御之。

【译文】

清朝制度,各行省和重要地区安置八旗军队驻防,尤其注重都会,兵额多的旗兵,以将军统领。这是因为要监督控制疆域大臣,防备意料之外的事情。旗兵在太平时期安逸嬉戏,不再是清朝初建时的强兵劲旅,地方小有变故动乱,可以倚仗他们镇压慑服;强大的起义军遍及原野,力量就不足以抵御了。

胜 保 传

改练京兵之始

【原文】

会英法联军内犯,命率八旗军驻定福庄,偕僧格林沁、瑞麟进战通州八里桥,败绩,胜保受伤,退保京师。停战议和,胜保收集各路溃军及勤王师续至者共万余人。疏陈京兵亟应训练,拟议章程以进。命兼管圆明园八旗、内务府包衣三旗,亲督操练,是为改练京兵之始。

【译文】

正逢英法联军侵犯内地,命令胜保率领八旗禁军驻扎定福庄(今北京境内),同僧格林沁、瑞麟与英、法联军交战于通州(今北京通县)八里桥,清军溃败,胜保受伤,退守保护京师。停战议和,胜保收集各路溃散士兵以及救援朝廷后续来到的军队共一万多人。上疏陈述京师士兵急切应该训练,拟定章程以进呈朝廷。命令兼任管理驻守圆明园的八旗士兵、内务府家奴包衣三旗士兵,亲自统率操练,这是改练京师军队的开始。

僧格林沁传

英、法联军入侵津、京

【原文】

五月，英、法兵船犯天津，……别以步队登岸，僧格林沁督军力战，大挫之，毁敌船入内河者十三艘。九年六月，英、法、俄、美四国兵百余艘复来犯，……我军失利。……僧格林沁退守通州。……敌兵日进，迎击，获英人巴夏礼送京师。战于通州八里桥，败绩。瑞麟又败于安定门外，联军遂入京。

【译文】

光绪九年（1883）五月，英、法兵船侵犯天津（今天津市），……另外以步兵登岸，僧格林沁指挥军队奋力战斗，重重挫败敌军，击毁闯入内河的敌船十三艘。……光绪九年六月，英、法、俄、美四国军队乘一百多艘兵船又来侵犯，……我军失利。……僧格林沁撤退驻守通州（今北京通县）。……敌人日益进兵，我军迎面攻击，俘获英国人巴夏礼送往京师。双方在通州八里桥交战，我军溃败。瑞麟又在安定门外失利，联军于是进入京师（今北京）。

曾国藩传

次 第 兴 革

曾国藩

【原文】

自西人入中国，交涉事日繁。金陵未下，俄、美、英、法皆请以兵助，国藩婉拒之。及廷议购机轮，置船械，则力赞其成，复建议选学童习艺欧州。……既至直隶，以练兵、饬吏、治河三端为要务，次第兴革，设清讼局、礼贤馆，政教大行。

【译文】

自从西方人进入中国，交涉事务日益繁多。金陵（今江苏南京）为太平天国占据还未攻下，俄、美、英、法都请求出兵帮助，被曾国藩婉言拒绝。等到朝廷商议购买机轮，置办船械，他就鼎力襄赞实行，又建议选拔学童去欧洲学习技艺。……曾国藩到了直隶（今北京、天津两市、河北省大部、河南及山东部分地区）以后，以训练军队、整顿官吏、治理河流三方面为主要事务，依次兴办改革，设立清讼局、礼贤馆，刑赏与教化广泛推行。

李 鸿 章 传

讲求兵学之始

【原文】

思以西国新法导中国以求自强,先急兵备,尤加意育才。初,与国藩合疏选幼童送往美国就学,岁百二十人。期以二十年学成岁归为国效用,乃未及终学而中辍。鸿章争之不能得,随分遣生徒至英、德、法诸国留学。及建海军,将校尽取才诸生中。初在上海奏设外国学馆,及莅天津,奏设武备海陆军,又各立学堂,是为中国讲求兵学之始。

【译文】

李鸿章思索用西方国家的新法引导中国来求取自强,首先急办军队装备,尤其留意培育人才。当初,与曾国藩共同上疏挑选幼童送往美国学习,一年一百二十人。预期用二十年学成当年回归为国家效力致用,后来没等学习终结而中途停止。李鸿章为此事争辩可没有得胜,随即分别派遣学生门徒去英、德、法各国留学。等到建立海军,高级武官全部取材于这些学生中。当初他在上海上奏设立外国学馆,等到天津任职,上奏设立武备海、陆军,又各自建立学校,这是中国讲习探求兵学的开始。

李鸿章持国事

【原文】

鸿章持国事,力排众议。在畿疆三十年,晏然无事。独究讨外国政学、法制、兵备、财用、工商、艺业。闻欧美出一新器,必百方营购以备不虞。尝设广方言馆、机器制造局、轮船招商局;开磁州、开平煤铁矿、漠河金矿;广建铁路、电线及织布局、医学堂;购铁甲兵舰;筑大沽、旅顺、威海船坞台垒;遴武弁送德国学水陆军械技艺;筹通商日本,派员往驻;创设公司船赴英贸易。凡所营造,皆前此所未有也。

【译文】

李鸿章主持国事,努力排除众人的议论。在任直隶总督畿内疆界地区约三十年,安然无事。他独自研究探讨外国的政治、法制、兵备、财用、工商、技术行业。每听说欧美推出一种新型武器,必定千方百计谋求购买来防备意外之事。曾经设立广方言馆、机器制造局、轮船招商局;开办磁州(今河北磁县)、开平(今河北唐山)煤铁矿、漠河(今属黑龙江省)金矿;广泛建设铁路、电信以及织布局、医学校;购置铁甲兵舰;修筑大沽(今属天津市)、旅顺(今属辽宁)、威海(今属山东)船坞炮台,慎重选择武士送往德国学习水、陆军械的技术艺能;筹备与日本通商,派遣人员去日驻守;创设公司船只去英国进行贸易。凡是这些经营建造,都是在此之前所没有过的。

北洋海军覆丧殆尽

【原文】

初，鸿章筹海防十余年，练军简器，外人震其名，谓非用师逾十万，不能攻旅顺，取天津、威海。故俄、法之警，皆知有备而退。至是，中兴诸臣及湘淮军名将皆老死，鲜有存者。鸿章深知将士多不可恃，器械缺乏不应用，……而国人以为北洋海军信可恃，争起言战，廷议遂锐意用兵。初败于牙山，继败于平壤，日本乘胜内侵，连陷九连、凤凰诸城，大连、旅顺相继失。复据威海卫、刘公岛，夺我兵舰，海军覆丧殆尽。

李鸿章

【译文】

当初，李鸿章筹备海防十多年，训练军队选择兵器，外国人被他的名声所震慑，认为非得动用超过十万的军队，否则不能攻打旅顺（今属辽宁），夺取天津、威海（今属山东）。所以俄国、法国的消息，都知道有防备而退走。到这时，中兴各大臣以及湘军、淮军的著名将领都已老死，很少有存活的人。鸿章深知将士大多不可依赖，器械缺乏不能应付使用，……可是国人认为北洋海军的确可以依赖，争起要求开战，朝廷议定于是坚决一意用兵。最初在牙山（属朝鲜境内）失败，继而在平壤（属朝鲜）再败，日本乘胜侵犯我国内地，接连攻陷九连、凤凰（均属辽宁）各城，大连、旅顺（均属辽宁）相继失守。又占据威海卫、刘公岛（均属山东），夺取我国兵舰，北洋海军全部倾覆灭亡。

左宗棠传

决 策 出 塞

【原文】

光绪元年，宗棠既平关陇，将出关，而海防议起。论者多言自高宗定新疆，岁糜数百万，此漏卮也。今至竭天下力赡西军，无以待不虞，尤失计。宜徇英人议，许帕夏自立为国称藩，罢西征，专力海防。鸿章言之尤力。宗棠曰："关陇新平，不及时规还国家旧所没地，而割弃使别为国，此坐自遗患。万一帕夏不能有，不西为英并，即北折而入俄耳。吾地坐缩，边要尽失，防边兵不可减，糜饷自若。无益海防而挫国威，且长乱。此必不可。"军机大臣文祥独善宗棠议，遂决策出塞，不罢兵。

【译文】

光绪元年（1875），左宗棠已经平定了关（今陕西）陇（今甘肃），即将出兵关外，可是海防的议论掀起。议论的人多说自从高宗平定新疆，每年浪费几百万银两，这

是损害国家利益的漏洞。现在竭尽天下财力供给西部军队，没有用来防备意外的钱财，尤其是失策。应该顺从英国人的建议，允许帕夏自立为国对朝廷称藩属，停止西征，专心致力于海防。李鸿章尤其力持此观点。宗棠说："关（今陕西）陇（今甘肃）新近平定，不及时规划讨还国家原有的疆土，反而割舍放弃使另外立国，这是给自己遗留的隐患。万一帕夏不能保有此地，不是为西边英国人吞并，即是被北面俄国人挫败而归入俄国。我国土地因此缩小，边防要地全部丧失，驻防边疆的兵员不能减少，粮食饷银耗费同过去一样。对海防没益处却折损国威，况且增添动乱。这样的事一定不能做。"军机大臣文祥独自赞成宗棠的议论，于是朝廷决策出兵边塞，进军新疆。

廉不言贫，勤不言劳

【原文】

宗棠事功著矣，其志行忠介，亦有过人。廉不言贫，待将士以诚信相感。善于治民，每克一地，招徕抚绥，众至如归。论者谓宗棠有霸才，而治民则以王道行之，信哉。宗棠初出治军，胡林翼为书告湖南曰："左公不顾家，请岁筹三百六十金以赡其私。"曾国藩见其所居幕狭小，为别制二幕贻之，其廉俭若此。初与国藩论事不洽，及闻其薨，乃曰："谋国之忠，知人之明，自愧不如。"志益远矣。

【译文】

左宗棠的事迹功勋昭著，他的志向操守忠诚耿直，也有超过常人之处。廉洁不说贫穷，勤恳不说劳苦。对待将士以诚实信用相感召。善于治理民众，每攻克一地，招使百姓归来予以安抚，众人到来如同回家一样。评论的人说宗棠有称雄之才，而且治理民众实行仁义，是可信的啊。宗棠最初外出治理军队，胡林翼写书信告诉湖南说："左公不顾家，请每年筹集三百六十金来赡养他私人的家眷。"曾国藩见到他所居住的行军幕帐狭窄，另外制作二座行军幕帐送给他，他廉洁节俭就像这样。当初与曾国藩讨论政事不融洽，等听到他去世，却说："为国家计谋的忠心，了解人才的明智，自己惭愧不如他。"他的志向益加远大了。

沈葆桢传

创设马尾船厂

【原文】

初，左宗棠创议于福州马尾山麓濒江设船厂，未及兴工，宗棠调陕甘，疏言非葆桢莫能任。葆桢释服，始出任事。造船坞及机器诸厂。……月由海关拨经费五万两，期以五年告成。……事皆创立，船材来自外国，煤炭亦购诸南洋，采办尤易侵渔。葆桢坚明约束，一无瞻徇。

国学经典文库

【译文】

当初,左宗棠最先建议在福州马尾山(今属福建)脚下濒临江水设立造船厂,没来得及动工,宗棠调往陕(今陕西)、甘(今甘肃),上疏说只有沈葆桢能够胜任这项工作。沈葆桢解除丧服,方才出任此事。制造船坞以及机器各厂。……每月由海关拨经费五万两,期望五年宣告完成。……事情都是初次设立,造船材料来自外国,煤炭也是从南洋购进,采买办理尤其容易侵夺吞没。沈保桢坚持明确约法管束,完全杜绝瞻顾徇私。

刘铭传传

铁路之利

【原文】

"铁路之利,不可殚述,于用兵尤为急不可缓。中国幅员辽阔,防不胜防,铁路一开,南北东西呼吸相通,无征调仓皇之虑,无转输艰阻之虞。……立自强之基础,杜外人之觊觎,胥在于此。"疏上,虽格未行,中国铁路之兴,实自铭传发之。

【译文】

"铁路的好处,不能尽述,对于调用军队尤其急切不可延缓。中国疆域的面积辽阔,不能完全彻底防守,铁路一开,南、北、东、西信息灵通,没有征集调用兵员及物资的匆忙慌张的忧虑,没有转移运输艰难险阻的担心。……建立自强的基础,杜绝外国非分的企图,都在修铁路一事。"(刘铭传)奏疏呈上,虽然被阻未能实行,中国铁路的兴修,实际是由刘铭传发起的。

周盛传传

引淡涤碱

【原文】

光绪二年,调天津镇,移屯兴工,开南运减河,自靳官屯抵大沽海口,减河两岸各开支河一、横河六,沟浍河渠悉如法。建桥闸五十余处,备蓄泻,使淡水碱水不相渗混,成稻田六万余亩。

【译文】

光绪二年(1876),周盛传调往天津镇,迁移村庄兴修工程,开通南运减河,起自靳官屯(属天津市)抵达大沽海口,减河两岸各自开凿一条支河,六条横河,沟、浍、河、渠全部按照一定的法式。建立桥闸五十多处,准备蓄水排泄,使淡水、碱水不互相渗透混合,改造成稻田六万多亩。

吴长庆传

稳定朝鲜政局

【原文】

八年，朝鲜内乱。……日本且发兵。命长庆率兵舰三往按治，先日兵至。廉知事由朝鲜王父大院君李昰应所主，至则是应尚踞王宫，来谒，留语及暮，遣队拥赴海口，命兵舰致之天津，次日击散乱党，迎复王妃。日本初欲藉故多所要挟，见事已定，气为之沮。

【译文】

光绪八年（1882 年），朝鲜发生内乱。……日本即将发兵。朝廷命令吴长庆率领三艘兵舰去治理，先于日本军队到达。经过查访知道事端由朝鲜王的父亲大院君李昰应所引起，长庆到达时李昰应还盘踞在王宫，前来谒见，留他说话到傍晚，派遣队伍护送去港口，命令兵舰送达他到天津，第二天击退打散乱党，迎王妃回宫复位。日本起初想假托此事多所要挟，见到事情已经平定，感到非常沮丧。

毛昶熙传

民气不伸酿成巨患

【原文】

发、捻之祸，实由不肖州县所激而成。正供之外，百计诛求；私派私罚，自营橐橐，以致民气不伸，酿成巨患。用兵以来，此风尤甚。……今日之封疆大吏，以地方多事，喜用精明强干之员，而不求恺悌循良之吏。斯民元气，剥削愈甚，其祸遂不可胜言。

【译文】

太平天国、捻军的祸患，实际是由于不正派的州、县官吏刺激而造成的。法定正式提供的赋税之外，各种方法勒索；私自摊派，私自罚款，经营自己的腰包，以致民气得不到伸展，而酝酿成为巨大的祸患。动用军队以来，这种风气尤其严重。……现在的封疆大吏，认为地方上多生变故，喜欢任用精明强干的属员，而不去访求和气近人、奉公守法的官吏。这样的人对于百姓，搜刮越发厉害，那样招致的祸患就说不尽了。

曹毓瑛传

军旅大事患在信任不专

【原文】

方端华、肃顺擅政，毓瑛独不附。及佐枢政，廉慎勿懈，每谓："军旅大事，患在信任不专，事权不一。古来良将，率以掣肘不能成功。"时以为名言云。

【译文】

正当端华、肃顺专檀朝政之时，唯独曹毓瑛不依附他们。到辅佐军机处政务时，他清廉谨慎而不懈怠，常常说："战争这样的大事，忧患在于信任不专一，任事的权力不统一。古来的优秀将领，一般都是因为受牵制而不能成功。"当时被认为是名言。

赵 光 传

仓库何至亏空盈千累万

【原文】

直省仓库钱粮，各有定额。……何至亏空盈千累万？……或纨绔而登仕版，习尚奢华；……或交游太广，正款供其应酬。寅支卯粮，东挪西掩，有漕者借口帮丁之需索，解库者归咎于粮价之增昂。道府察知，往往碍于情面，曲意弥缝。……即使查抄，终归无著。

【译文】

直隶（今北京、天津两市、河北大部、河南山东部分地区）省的仓库钱粮，各有定额。……哪里至于亏空成千上万？……有人是富家子弟而登仕途版籍，习气崇尚奢侈浮华；……有的人是交游太广，用公款供应他私人应酬。如寅年预支卯年粮食，东边挪移西边掩饰，转运漕粮的人借口帮丁的需求索取，征解钱粮的人归罪于粮价的增长高昂。道、府官员考察知晓，常常被情面所妨碍，违背自己意愿去补救行事的缺失。……即使查抄，终归没有着落。

雷以诚传

加收厘捐

【原文】

饷绌，江献策，遣官吏分驻水陆要冲，设局卡，行商经过，视货值高下定税率，千取其一，名曰"厘捐"，亦并征坐贾，岁得钱数千万缗。……后各省皆仿其例以济军

需，为岁入大宗焉。

【译文】

军饷不够，钱江奉献计策，派遣官吏分别驻守水陆交通要道，设置限制关卡，流动商人经过，按照他所带货物价值的高低制定税率，收取千分之一，叫作"厘捐"，同时也向在固定地点经营的商人征收税款，一年收得几千万串铜钱。……后来各省都效仿这种做法来接济军需，成为每年收入的大量来源。

游百川传

敢谏之名动朝野

【原文】

十二年，上亲政，命葺治圆明园，奉太后驻跸。御史沈淮疏请暂缓修理，上特谕宣示孝养两宫之意。……百川继疏申谏，上召入诘责，百川侃侃正言无所挠，上为动容，一时敢谏之名动朝野。

【译文】

光绪十二年（1886），德宗亲理朝政，命令修葺整治圆明园，供奉皇太后停留暂住。御史沈淮上疏请求暂缓修理，德宗特地晓谕宣示孝敬奉养两宫皇太后的意愿。……游百川继续上疏申述谏言，德宗召他入宫诘问责备，游百川从容严正的答言不受阻挠，德宗被他的态度所感动，一时间游百川敢于谏诤的名声震动朝廷内外。

李宗羲传

相不厌旧，将不厌新

【原文】

"万事根本，以用人为要，而就海防言，尤以求将才为要。宋臣杨万里有言：'相不厌旧，将不厌新'，盖言用兵忌暮气，宜年壮气锐，素有远志，未建大功之人。"

【译文】

"万事的根本，以任用人才为最重要。而就海防来说，尤其以征求将领人才为重要。北宋大臣杨万里曾说：'宰相不厌烦旧人，将领不厌烦新人'，是说进行战争忌讳任用精神颓靡的将领，适宜任用年轻力壮斗志坚决，平素有远大的志向，没有建立过大功的人。"

台湾形势雄胜

【原文】

"沿海各岛，大都土瘠产薄，惟台湾形势雄胜。……实为中国第一门户。其地

产有山木,可采以成舟航;有煤铁,可开以资制造。……如得干略大员,假以便宜,俾之辑和民、番,兼用西人机器,以取煤铁山木之利,数年后可开制造局;练海师,为沿海各省声援,绝东西各国窥伺。"

【译文】

"中国沿海各岛,大都土地贫瘠物产稀薄,只有台湾地势险要优越。……实际是中国第一门户。台湾地产有山林树木,可供采伐制成舟楫以通航运;有煤炭、铁矿,可以开采来资助制造枪炮。……如果获得有才干有谋略的大官,给予他因利乘便的权力,使他和睦百姓和当地土著,同时使用西方机器,来收取煤、铁、山林树木带来的好处,几年后可以开设机器制造局;训练水师,与沿海各省声势相通互为援助,来杜绝东、西方各国的暗中窥望,等待时机。"

王懿德传

改 行 钞 引

【原文】

与其筹画多银,不若改行钞引。历考畿辅、山左以及关东,多用钱票,即福建各属,银钱番票参互行使,便于携取,视同现金,商民亦操纸币信用。况天下之主,国库之重,饬造宝钞,尤易流转。

【译文】

与其筹划增加银两,不如改使钞票。逐一考察京城附近地区、山左(今山东)以及关东(今东北)地区,多数使用钱票,即使福建各属区,银钱和地方钞票掺杂互相通行使用,方便携带收取,与现金一样看待,商人也使用纸币信用。况且以皇帝的尊崇地位,国库的重要,命令制造官府钞票,尤其容易流通运转。

总理各国事务衙门　清

赫 德 传

阴 鸷 专 利

【原文】

赫德官中国垂五十年,颇与士大夫往还。尝教其子习制艺文,拟应试,未许。总署尝拟请授总海防司,道员薛福成以其阴鸷专利,常内西人而外中国,上书鸿章力争之,议始寝。

【译文】

赫德在中国做官将近五十年，和士大夫多有往还。曾经教授他的儿子学习撰写诗，打算参加考试，没有得到允许。海关总署曾经计划请求授予他总海防司一职，道员薛福成认为他暗中凶猛专擅名利，经常帮助西方人来排斥中国人，给李鸿章上书极力争辩，授职的议论方才停止。

张 之 洞 传

张之洞喜言事

【原文】

之洞以文儒致清要，遇事敢为大言。俄人议归伊犁，与使俄大臣崇厚订新约十八条。之洞论奏其失，请斩崇厚，毁俄约。疏上，乃褫崇厚职治罪。以侍郎曾纪泽为使俄大臣，议改约。……复论纪泽定约执定见，但论界务，不争商务，并附陈设防、练兵之策。疏凡七八上。往者词臣率雍容养望，自之洞喜言事，同时宝廷、陈宝琛、张佩纶辈崛起，纠弹时政，号为清流。

【译文】

张之洞以文人儒士成为不肯与权贵同流的廷臣，遇到事情敢讲过激的言辞。俄国人拟议归还伊犁（属新疆），同出使俄国的大臣崇厚订立新约十八条。之洞评论奏言此事的失当之处，请求处死崇厚，撕毁俄国条约。奏疏呈上，德宗就革除崇厚的官职惩治他的罪行。以侍郎曾纪泽做出使俄国的大臣，商议修改条约。……张之洞又评论曾纪泽议定条约抱有既定的见解，只讨论边界事务，不争辩商务，同时附带陈述设防、练兵的策略。奏疏共上了七、八次。以往的文学侍从之臣一概温和从容培养自己声望，自从张之洞喜欢评论政事，同时期的宝廷、陈宝琛、张佩纶一辈人突起，检举弹劾时局政治，号称是清流。

戴 鸿 慈 传

国势以相竞而益强

【原文】

窃惟学问以相摩而益善，国势以相竞而益强。中国地处亚东，又为数千年文化之古国，不免挟尊己卑人之见，未尝取世界列国之变迁而比较之。

午以前，南北洋海陆军制造各厂同时而兴，声势一振，例之各省，差占优胜矣。然未尝取列国之情状而比较之也。故比较对于内，则满盈自阻之心日长；比较对于外，则争存进取之志益坚。然则谋国者亦善用其比较而已。

【译文】

我想学问以互相切磋而更加精通，国势以互相竞争而更加强盛。中国地处亚

洲东部,又是有几千年文化的古国,不免带有尊重自己轻视别人的成见,而不曾拿世界各国的变迁加以比较,甲午年(1894)以前,南洋、北洋的海军、陆军制造各厂同时兴起,声势震动国内。与各省相比照,略占优胜。然而不曾拿列国的情况加以比较。因此与国内相比较,就满足盈溢,止步不前的思想日益增长;与国外相比较,就争存进取的志向更加坚定。那么谋划国家强盛的人也就是善于运用这种比较罢了。

奏定立宪之议

【原文】

又奏:"实行立宪,既请明定期限,则此十数年间,苟不先筹预备。转瞬届期,必至茫无所措。今欲廓清积弊,明定责成,必先从官制入手。拟请参酌中外,统筹大局,改定全国官制,为立宪之预备。"均奉俞旨采纳,遂定立宪之议。

【译文】

(戴鸿慈)又上奏说:"实行立宪,既然请求明确制定期限,那么这十几年间,假如不预先筹划准备,转眼到期,必然导致茫茫然不知怎么办。现在想要清除积久相沿的弊端,明定督责他人完成任务,必须先从官制入手。拟议请求参考斟酌中外国情,统一筹划大局,更改制定全国官制,作为立宪的预备工作。"全部奏言都遵奉皇帝允许的旨意采纳,于是确定了立宪的议程。

孙诒经传

学所以厉行也

【原文】

诒经持躬清正,思以儒术救时敝。不阿权要,为同列所忌,卒不得行其志。先后数司文柄,深恶末学骫骳积习,摈之惟恐不遑,所得多知名士。生平论学不分汉、宋,谓经学即理学。又曰:"学所以厉行也,博学而薄行,学奚足尚?"一时为学者所宗。

【译文】

孙诒经保持自身的廉洁正直,思索用儒家学说挽救时局疲败。不阿谀有权势的要臣,遭到同事的忌恨,终究不能实行他的主张。他先后几次执掌考选文士的职权,深切厌恶没有根基的肤浅学问长期养成的萎靡习气,摈弃只恐怕来不及,所提拔多为知名文士。生平谈论学问不分汉学、宋学,声称经学就是理学。又说:"学习是为了砥砺品行,学问渊博而品行不端,这样的学问哪里值得尊崇呢?"一时被学者所宗仰。

张亨嘉传

进士习法政之始

【原文】

尚书张百熙、荣庆既为学务大臣,别置大学总监督,亨嘉遂被命任校事。……大学中更寇乱,肄业生不盈百,乃辟学舍,广集高材生。类别学科,礼聘儒宿及东西邦学人专门教授。书籍仪器,粲然具备。兼摄进士馆监督,进士习法政自此始。

【译文】

尚书张百熙、荣庆既然身为学务大臣,另外设置大学总监督,张亨嘉于是被命负责学校事务。……大学中途经过战乱,在校学习的学生不足百人,于是开辟学舍,广泛招集高才生。按类设立学科,依礼聘请儒学耆宿以及东、西方学者专门教授。书籍仪器,鲜明完备。同时代理进士馆监督,进士学习法政知识从这时开始。

胡燏棻传

定 武 军

【原文】

二十年,……朝廷恫丧师,知募兵不足恃,命燏棻主练兵,成十营,顿小站,号"定武军"。小站练兵自此始。

【译文】

光绪二十年(1894)朝廷害怕丧失军队,知道招募来的士兵不足以倚仗,命令胡燏棻主持训练士兵,编成十营,驻扎在小站,号称"定武军"。小站练兵从这时开始。

唐景崇传

书 通

【原文】

景崇博览群书,通天文算术,尤喜治史。自为编修时,取《新唐书》为作注,大例有三:曰纠缪,曰补阙,曰疏解,甄采书逾数百种,家故贫,得秘籍精本,辄典质购之。殚精毕世,唯缺《地理志》内羁靡州及《艺文志》,余均脱稿。

【译文】

唐景崇广泛阅览各种书籍,通晓天文算术,尤其喜欢研治历史。自从做编修时,就取《新唐书》为它作注,大的体例有三方面内容:叫作纠正错误,叫作补充遗阙,叫作疏通解释,甄别采用的书籍超过几百种。家中原本贫穷,碰到罕见而珍奇

的典籍精善刻本，就典当质押家产购进。竭尽平生精力，除了缺少《地理志》中"羁縻州"一节和《艺文志》以外，其余注解全部完成。

安维峻传

李鸿章挟外洋以自重

【原文】

日韩衅起，时上虽亲政，遇事必请太后意旨，和战不能独决，及战屡败，世皆归咎李鸿章主款。于是维峻上言："李鸿章平日挟外洋以自重，固不欲战，有言战者，动遭呵斥。淮军将领望风希旨，未见贼先退避，偶见贼即惊溃。我不能激励将士，决计一战，乃俯首听命于贼。然则此举非议和也，直纳款耳，不但误国，而且卖国。中外臣民，无不切齿痛恨。"

【译文】

日本、韩国挑起衅端，当时德宗虽然亲理朝政，遇到事情必定请示慈禧太后的意旨，和与战不能独自决断，等到战事屡次失败，世人都归咎于李鸿章主张议和。于是安维峻上疏说："李鸿章平日倚仗外国抬高自己。本来不愿开战；有谈论开战的人，动不动就遭他呵斥。淮军将领瞻望迎合他的意旨，没见敌人先撤退逃跑，偶然见到敌人便惊惶溃散。致使我方不能激励将士，决计一战，于是对敌人俯首听命。那么这种举动不是议和，简直是归顺降服了，不只是耽误国家，而且是出卖国家。朝廷内外的大臣民众，没有不咬牙痛恨的。"

崇 厚 传

崇厚卖国

【原文】

初，左宗棠进兵伊犁，乘俄土战争，要俄人退去库尔扎，俄人多所挟求。至是，崇厚抵利伐第亚谒俄皇达使命，贸然与订和约。……约成，朝野哗然，于是修撰王仁堪、洗马张之洞等交章论劾。上大怒，下崇厚狱。……更遣曾纪泽往俄更约，争回伊犁南路七百余里，嘉峪关诸地缓置官。

【译文】

当初，左宗棠进军伊犁（今属新疆），乘俄国、土耳其正在交战，要求敌人离开库尔扎（今属新疆），俄国人多有挟制要求。到这时，崇厚抵达利伐第亚（今属俄罗斯）谒见俄皇转达使命，轻率地与俄人签订和约。……和约已定，中国朝野议论纷纷，于是修撰王仁堪、洗马张之洞交相上奏议论弹劾。德宗大怒，逮捕崇厚入狱。……改为派遣曾纪泽去俄国更改条约，力争收回伊犁南路七百多里，嘉峪关（属甘肃）各地延缓设置俄国官员。

国学经典文库

曾纪泽传

使 俄 更 约

【原文】

纪泽乃疏言:"……俄约经崇厚议定,俄君署押,今欲全数更换,势所不能。臣愚以为分界既属常守之局,必当坚持力争。"

及至俄,日与俄外部及驻华公使布策等反复辩论,凡数十万言,十阅月而议始定。……纪泽争回南境之乌宗岛山、帖克斯川要隘。……其它分界及通商条文,亦多所厘正焉。

【译文】

纪泽于是上疏说:"……俄国和约经过崇厚商议确定,俄国君主署名画押,现在要想全部更换,是目前形势下不能办到的。我认为划分边界既然属于经常不变的部分,必然应当坚持力争。"

等到了俄国,每日和俄国外交部以及驻华公使布策等反复辩论,共有几十万言,经过十个月协议始商定。……纪泽争回新疆南部的乌宗岛山、帖克斯川险要关隘。……其他分界以及通商条文,也多有更正。

薛 福 成 传

任使事数年之功

【原文】

先是曾纪泽使英,谋将南掌、掸人诸土司尽为我属,议未决而归。至是福成继之,始变前规,稍拓边界,订定条约二十条。……福成任使事数年,恒惓惓于保商,疏请除旧禁,广招徕。其争设南洋各岛领事官,尤持正义,英人终亦从之。……卒后半载,而中英订附款,致将福成收回各地割弃泰半,论者惜之。

【译文】

先是曾纪泽出使英国,谋划将南掌(即今老挝)、掸人(即今缅甸东北部一带)各土司全部归属我国,商议未定而回国。到这时薛福成继续办理此事,开始改变以前的规则,稍微拓宽边界,制定条约二十款。……薛福成出任使臣几年,常常恳切地保护商人,上疏请求清除旧日禁令,广泛招揽。他力争设置南洋各岛领事官,尤其坚持正义,英人终于听从了他。……死后半年,中国和英国更改附款,致使福成收回的各地分割舍弃大半,评论的人都感到痛惜。

丁宝桢传

太监安德海伏法

【原文】

安德海者，以奄人侍慈禧太后，颇用事。八年秋，乘楼船缘运河南下，旗缯殊异，称有密遣，所过招纳权贿，无敢发者。至泰安，宝桢先已入告，使骑捕而守之。安德海犹大言，谓："汝辈自速辜耳！"传送济南，宝桢曰："宦竖私出，非制。且大臣未闻有命，必诈无疑。"奏上，遂正法。

【译文】

安德海这个人，以太监身份服侍慈禧太后，很是当权。光绪八年（1882）秋天，安德海乘坐楼船顺着运河南下，旗帜彩绸非常特殊，声称有秘密差遣。所经过地区招揽权柄接纳贿赂，没有人敢告发他。到了泰安，丁宝桢事先已经接到报告，派骑兵逮捕并且看守他，安德海仍然讲过份的话，说："你们是自己招来大罪罢了！"传送到济南，丁宝桢说："宦官小臣私自外出，不合制度。况且本大臣没有听说有这个命令，必是欺诈无疑。"上奏了朝廷，于是将安德海处死。

刘秉璋传

躬履镇海

【原文】

会法，越构衅，缘海戒严，秉璋躬履镇海，令缘岸筑长墙，置地雷，悉所有兵轮五艘。……据险设防。十一年，法舰入蛟门，令守备吴杰轰拒之，伤其三艘。越数日，复入虎蹲山北，再败之，法将迷禄中炮死。然犹浮小舟潜窥南岸，复令总兵钱玉兴隐卒清泉岭下突击之，敌兵多赴水死。

皇帝日常用的餐具　清

【译文】

正值法国、越南交战，沿海岸线实行警戒，刘秉璋亲自走遍镇海（今属浙江），命令沿着海岸修筑长墙，埋置地雷，派出全部五艘兵舰，……凭借险要设置兵防。光绪十一年（1885），法国兵舰闯入蛟门（今属浙江），刘秉章命令守备吴杰炮轰抵抗，击伤敌舰三艘。过了几天，法军又闯入虎蹲山（属镇海境内）北面，我军再次击败他们，法军将领迷禄被炮火击中而死。然而法军仍旧驾驶小船暗中窥伺南岸，刘秉璋又命令总兵钱玉兴隐藏士兵在清泉岭（属镇海境内）下进行突然袭击，有很多敌兵跳水而死。

丁日昌传

台民渐喁喁望治

【原文】

时台湾生番未靖,遂力疾渡台,自北而南,所至扶服蚁伏。……中路水埔六社不谙树艺,雇汉民代耕。……复令有司计口给银米,教之耕作;广设义学,教之识字。又罢台属渔户税。拟筑铁路,开矿产,移关税厘榷造船械,台民渐喁喁望治矣。

【译文】

当时台湾土著居民尚未安定,丁日昌就尽力快速渡海到台湾,从北部直到南部,所到地区的百姓伏地而行如蚁聚顺服。……中路水埔六社不熟谙种植技术,雇募汉民代他们耕种。……丁日昌又命令官吏根据当地人口供应银钱米粮,教授他们耕作;广泛设立免费私塾的义学,教他们识字。又罢免台湾属民的渔户税。计划修筑铁路,开发矿产,移用关税、厘金、专卖业的税等收入来制造船支兵械,台湾民众逐渐向慕盼望安定了。

崧蕃传

仿古法治渠

【原文】

又以渠水分自黄河,势汹涌,春夏山水骤发,与黄流浑合,泥沙杂下,旋浚旋塞。乃仿古人暗洞激水法,凡傍山之渠,架油松成洞,覆以石板,山水流石上,而渠水潜行洞中。又度地势筑高堤,导山水使入黄河,并于渠口筑进水、退水两坝,使黄流曲折入渠,不致冲漫。工峻,数经暴水,卒不圮。

【译文】

又因为渠水从黄河分出,流势汹涌,春夏山洪骤然暴发,与黄河水流混合,泥沙混杂而下,随时疏浚随时堵塞。于是仿照古人暗洞激水的方法,凡是依傍山峰的水渠,架设油松造成洞穴,上面覆盖石板,山水从石板上流过,而渠水在洞中潜流。又揣度地势修筑高堤,引导山水让它流入黄河,同时在渠口修筑进水、退水两坝,使黄河水流曲折进入渠内,不至于冲决漫溢。工程告竣,几次经历来势急猛的大水,终于没有坍塌。

边 宝 泉 传

祥瑞之说盛世不言

【原文】

大学士李鸿章总督直隶,奏清苑麦秀两歧。宝泉疏论之曰:"祥瑞之说,盛世不言。臣来自田间,麦有两歧,常所亲见。地气偏厚,偶然致此,何足为异?……至马端临《文献通考》,乃举历代祥瑞,统曰'物异'。夫祥且为异,今以无异之物而谓之祥,可乎?"

【译文】

大学士李鸿章为直隶总督,奏言清苑县(今属河北)小麦开花岔开两枝。边宝泉上疏评论说:"吉祥符瑞的说法,盛明之世不言讲。我来自田间,麦穗岔开两枝,经常亲自看见。气候偏暖,偶然导致这样,有什么可惊异的呢?……到马端临著《文献通考》,列举历代吉祥符瑞,统称为'物异'。吉祥尚且说是异常,现在把没有什么异常的东西却称作吉祥,可以吗?"

陆 元 鼎 传

陆元鼎办交涉

【原文】

法兰西人击杀县人沈兆龙,伤隐不见,法领事不承击杀。元鼎曰:"时计表坠地,有钢条内断而磁面未损者,与此何以异?"领事语塞。如皋焚教堂,檄元鼎往视,教士声言议不谐,当以兵戎见。元鼎曰:"如皋非军舰所能至也。"不为动。抗议十余日,乃定偿银四千,无它求。是时江南北焚教堂十余所,次第定议,悉视如皋。

【译文】

法国人打死本县人沈兆龙,伤口隐蔽见不到,法国领事不承认打死人。元鼎说:"钟表坠落地上,有的表内钢条断裂瓷面却没有损伤,和这件事有什么不同?"领事无言作对。如皋(今江苏如皋)焚烧教堂,征召元鼎去察看,教士声称说如果商议不和谐,就要以战争相见。元鼎说:"如皋不是军舰能到的地区。"不为恐吓而心动。教士抗议十多天,于是商定赔偿白银四千两,此外没有其他要求。当时长江南北焚烧教堂十几所,依次商定解决办法,全和如皋一样。

李 金 镛 传

漠 河 采 金

【原文】

漠河者，在瑷珲西，三面界俄，地产金，俄人觊觎之。北洋大臣李鸿章议自开采，以金镛任其事。……披斩荆棘，于万山中设三厂，两年得金三万。……又开厂于黑龙江南岸札伊河旁之观音山，皆为北徼名矿。集商资立公司，流冗远归，商贩渐集，收实边之利矣。

【译文】

漠河(今属黑龙江)，在瑷珲县(今属黑龙江改为爱辉)西部，三面与俄国为界，该地出产黄金，俄国人希图占有。北洋大臣李鸿章建议自己开采，让金镛主持该事。……劈开斩断荆棘，在群山中设立三厂，两年开采黄金三万两。……又开办工厂在黑龙江南岸札伊河旁的观音山，都是北部边疆的著名矿山。……聚集商人资金设立公司，流离失所的人从远处归来，商人小贩逐渐云集，收得充实边疆的利益。

徐 庆 璋 传

迭 败 日 军

【原文】

光绪二十年，值中日战亟，省东南各县相继沦陷。……自辽阳而岫岩、海城、复县三千六百村士民，编团数万人，以辽南吉峒徐珍为练长，勒以兵法。日兵至，庆璋语众曰："敌迫矣! 援师未集，汝等自为计，毋与我偕亡。我死，分也!"众感奋，皆请杀敌，遂迭败日兵，俘百数人。

"济远号"主炮　清

【译文】

光绪二十年(1894)，……遇到中日战争紧急，奉天省(今辽宁)东南各县相继沦入敌手。……起自辽阳到岫岩、海城、复县(均属辽宁)三千六百村的士人民众，编为团练几万人，以辽南吉峒的徐珍为练长，用兵法统率他们。日本士兵到来，庆璋对众人说："敌人逼近了! 救援的军队没有集合，你们自己各做打算，不要和我一道去死。我死，是职分内应该的!"民众感动而奋发，都请求杀敌，于是袭击打败日本士兵，俘虏一百多人。

贻 谷 传

垦放蒙边

【原文】

诏以贻谷为督办蒙旗垦务大臣。……贻谷首重官垦,立垦务局,设东路公司,官商合办。……清查旧垦,诏辟生荒,派员丈勘绘图,酌留蒙员随缺地亩及公共牧厂,其余乃悉开放之。……先后六年,……凡垦放逾十万顷,东西二千余里。绝塞大漠,蔚成村落,众皆称之。

【译文】

诏令任命贻谷为督察办理蒙古垦务大臣。……贻谷首先重视官方垦荒,建立垦务局,开设东路公司,官方与商人合资办理。……清查旧日垦田,招人开辟生田荒地,派遣属员丈量勘测绘制图纸,斟酌保留蒙古员属随缺地亩以及公共牧厂,其余仍旧全部开放。……先后六年,……一共垦辟开放田地超过十万顷,东西相距二千多里。极远的边塞辽阔的荒漠,蔚然出现村落,受到众人的称赞。

蔡 标 传

遍掘地营

【原文】

十年,法越事起,标募旧部出关,宣光、临洮数战皆利。其守富良江,遍掘地营,法炮不能中,岑军驻河内者遂不为所窥。著有《地营图说》,甚明晰。

【译文】

光绪十年(1884),法国与越南战争开始,蔡标招募旧日部属出关,在宣光、临洮(今均属越南)的几次战斗都取得胜利。他驻守富良江(今属越南),到处挖掘地下军营,法国大炮无法射中,于是岑毓英所属驻扎河内(今属越南)的军队不再被法国窥伺。著有《地营图说》,叙述非常明了清晰。

冯 子 材 传

抗法斗争

【原文】

法悉众分三路入,子材语将士曰:"法军再入关,何颜见粤民? 必死拒之!"士气皆奋。法军攻长墙亟,次黑兵,次教匪,炮声震山谷,枪弹积阵前厚寸许。与诸军痛击,敌稍却。越日复涌至,……子材指麾诸将使屹立,遇退后者刃之。自开壁持矛

大呼，率二子相荣、相华跃出搏战。诸军以子材年七十，奋身陷阵，皆感奋，殊死斗。关外游勇客民亦助战，斩法将数十人，追至关外二十里而还。越二日，克文渊，被赏赉。连复谅城、长庆，擒斩三画、五画兵总各一，乘胜规拉木，悉返侵地。

越民苦法虐久，闻冯军至，皆来迎，争相犒问，子材招慰安集之，定剿荡北圻策。越人争立团，树冯军帜，愿供粮运作向导。北宁、河内、海阳、太原竞响，子材亦毅然自任。于是率全军攻郎甲，分兵袭北宁，而罢战诏下，子材愤，请战，不报，乃挈军还。去之日，越人啼泣遮道，子材亦挥涕不能已。入关至龙州，军民拜迎者三十里。

【译文】

法方把全部兵力分成三路进犯，子材告诉将士说："法军再次入镇南关，我们有什么脸面见两广人民？一定要拼死抵抗！"士气都振奋起来。法军进攻长墙急迫，随后是黑人军兵，再后是教匪，炮声震撼山谷。枪弹落在阵地上有一寸多厚。子材与各路军狠狠打击敌人，敌人稍微后退。转天又蜂拥而至，……子材指挥诸将顶住，遇到有后退的逃兵就杀。他拉开军营壁垒自己挺身而出，持枪大声疾呼，率领两个儿子相荣、相华跃出长墙工事与敌人肉搏。各将领及士兵见到冯子材七十高龄，还奋不顾身，冲锋陷阵，都受到振奋鼓舞，拼死战斗。关外散兵和外省民众也来助战，杀死法国将领几十人，追到关外二十里才收兵。两天以后，克复文渊（今越南北部），子材受到奖赏。接连收复谅山、长庆，擒斩三画、五画军衔的敌军头目各一人，乘胜规复拉木（今越南北部），收复全部失地。

越南人长期以来苦于法人的暴虐统治，听说冯子材军到来，都出来迎接，争相犒劳慰问，子材召集越民进行抚慰安顿，制定扫荡北圻（今越南北部）的策略。越南人争相建立团队，打着冯子材军旗帜，自愿提供粮食运输并作向导。北宁、河内、海阳、太原（上四地均属越南北部）纷纷响应，子材也坚定地以抗法为己任。于是率领全军进攻郎甲（今越南北部），分兵袭击北宁。然而清政府停战诏书下来了，子材愤慨，请求再战，没有答复，于是带领全军回国。离去的那一天，越南人啼哭着在路上拦阻，冯子材也挥泪流涕不止。入关至龙州（今广西龙州北），军民走出三十里外来迎接。

欧阳利见传

击毙孤拔

【原文】

欧阳利见，字赓堂，湖南祁阳人。……十年，法舰寇福建，浙江戒严。镇海为浙东门户，利见以三千五百人顿金鸡山防南岸，提督杨岐珍以二千五百人顿招宝山防北岸，总兵钱玉兴以三千五百人为游击师。威远、靖远、镇远三炮台，守备吴杰领之，而元凯、超武二兵舰泊海口备策应。诸将皆受利见节度。利见实以兵备道薛福成为谋主，乃量形势，设防御，搜军实，清间谍，杜向导，申纪律，励客将，布利器，部署甫定，而敌氛已逼。法人狃马江之役，颇轻浙防。利见督台舰兵纵炮击之，法主

将坐船被伤,数以鱼雷突入,皆被击退。法舰并力猛进,又沉其一。敌计穷,相持月余,终不得逞。事后知主将孤拔于是役殒焉。

【译文】

　　欧阳利见,字赓堂,湖南祁阳(今属湖南)人。……咸丰十年(1860),法舰侵犯福建,浙江实行严格的警戒。镇海(今浙江镇海)是浙东的门户,利见统率三千五百人驻扎金鸡山,防守南岸,提督杨岐珍统率二千五百人驻扎招宝山,防守北岸,总兵钱玉兴统率三千五百人作为机动部队。威远、靖海、镇远三座炮台,由守备吴杰统领,而元凯、超武两艘兵舰停泊在海口准备策应。各将领都受利见指挥调度。利见实际是用兵备道薛福成出谋划策,于是度量形势,设置防御,搜寻军用物资,清除间谍,杜绝向导,申明纪律,激励外省籍将士,布置锐利的武器,部署刚刚落实,敌人已经压境。法人经历马江(闽江别称)之战已经习以为常,非常轻视浙江的防务,利见指挥炮台和兵舰开炮轰击,法方主将的坐船受到损伤,几次以鱼雷艇突入,都被打退。法舰拼全力进攻,利见又打沉其中一艘。敌人诡计都用尽了,相持有一个多月,始终未能得逞。事后听说法军主将孤拔在这次战斗中丧命。

列传二百四十六·论曰

论中法之战

【原文】

　　法越之役,克镇南,复谅山,实为中西战争第一大捷。摧强敌,扬国光,子材等之功也。开华等复沪尾,利见等守镇海,与维骐等偕刘永福之拔宣光,并传荣誉。当时挟战胜之威,保台复越,亦尚有可为。独怪当事者为台湾难保之说以自馁其气,致使关外虽利,而越南终非我有。罢战诏下,军民解体,至今闻者犹有恨焉。

【译文】

　　法国与越南之间这场战争,我军攻克镇南关(今友谊关,在广西凭祥),收复谅山,实在是中国同西方国家战争的第一大胜仗。打垮了强悍的敌人,弘扬了国家的光彩,这是子材等人的功劳。开华等收复沪尾(今台湾淡水港),利见等守卫镇海(今浙江镇海),同维骐等配合刘永福攻占宣光,都名扬四方。当时如果借战胜的威势,保卫台湾,收复越南,也还是有所作为的。只怪当事人散布台湾难保的论调而自己泄气,以至于使得镇南关外虽然获胜,而越南终于不再为我们所有。清政府停战诏令下来,军民涣散,至今人们听说这件事还愤恨不已。

邓世昌传

邓世昌殉国

【原文】

邓世昌,字正卿,广东番禺人。……世昌乘致远,最猛鸷,与日舰吉野浪速相当,吉野,日舰之中坚也。战既酣,致远弹将罄,世昌誓死敌。将士知大势败,阵稍乱,世昌大呼曰:"今日有死而已!然虽死而海军声威弗替,是即所以报国也!"众乃定。世昌遂鼓轮怒驶,欲猛触吉野与同尽,中其鱼雷,锅船裂沉。世昌身环气圈不没,汝昌及他将见之,令驰救。拒弗上,缩臂出圈,死之。其副游击陈金揆同殉,全船二百五十人无逃者。经远管带总兵林永升、超远管带参将黄建寅、扬威管带参将林履中并殉于阵。

邓世昌旧照

【译文】

邓世昌,字正卿,广东番禺(今广东番禺)人。……世昌乘致远舰,最勇猛,同日舰吉野船的速度不相上下,吉野是日舰的主力,战斗正很激烈,致远炮弹快打光了,世昌拼死抵抗。将士看出败局已定,阵势有些混乱,世昌大声疾呼说:"今天只有一死!然而就是战死了,海军的声威不能丢,我们就是要用这样的行动来报答国家啊!"大家于是镇定下来。世昌开足马力疾驶,想要猛撞吉野,与它同归于尽,但被它的鱼雷击中,锅炉和船身爆裂沉没。世昌套着救生圈没有下沉,丁汝昌和其他将领发现了,下令赶往救护。世昌不肯上船,把手臂从救生圈内退了出来,牺牲了。他的副手游击陈金揆同时殉国,全船二百五十人没有逃走的。经远舰长总兵林永升、超远舰长参将黄建寅、扬威舰长参将林履中都在作战中阵亡。

刘步蟾传

占威海,中弹死

【原文】

刘步蟾,侯官人。……二十年,中日战起,海军浮泊大东沟。日舰至,督摄诸艺士御之,鏖战三时许,沉敌舰三艘,运送铭军八营,得以乘间登岸。……明年,战威海,中弹死。步蟾通西学,海军规制多出其手。顾喜引用乡人,视统帅丁汝昌蔑如也,时论责其不能和衷,致偾事。然华人明海战术,步蟾为最先,虽败挫,杀敌甚众。

【译文】

刘步蟾,侯官(今福建福州市)人……。光绪二十年(1894),中日战争爆发,海军浮泊大东沟(今辽宁东港市海域)。日舰来到,指挥众技师抵抗,激战三个多小时,击沉敌舰三艘,运送铭军八营,得以乘机会上岸。……第二年,在威海(今山东威海)作战,步蟾中弹死。刘步蟾通晓西学,海军规制大都由他制定。不过他喜欢引用同乡,看不起统帅丁汝昌,当时舆论批评他不能和睦同心,以至于把事情搞坏了。然而中国人懂得海战战术,刘步蟾是最早的,虽然失败,杀伤敌人很多。

丁汝昌传

威海溃败

【原文】

丁汝昌,字禹廷,安徽庐江人。

逾岁,日军陷荣城,分道入卫。汝昌亟以木排塞东西两口,复虑南岸三台不守、炮资敌,欲毁龙庙咀台炮。陆军统将戴宗骞电告鸿章,责其通敌误国,不果毁。待援师不至,乃召各统领力战解围。会日暮大风雪,汝昌尽毁缘岸民船,而南北岸已失,日舰入东口猛攻,定远受重伤,汝昌命驰东岸,俄沉焉,军大震,竞向统帅乞生路,汝昌弗顾,自登靖远巡海口。日舰宵入口门,击沉来远、威远,众益恐。道员牛昶炳等相向泣,集西员计议。马格欲以众挟汝昌,德人瑞乃尔潜告曰:"众心已变,不如沉船夷炮台,徒手降,计较得。"汝昌从之,令诸将同时沉船,不应,遂以船降,而自饮药死,于是威海师熸焉。

【译文】

丁汝昌,字禹廷,安徽庐江(今属安徽)人。

过了一年,日军攻陷荣城(今山东荣城),分道向威海卫(今山东威海市)进犯。汝昌急忙用木排堵塞东西两口,又想到如果南岸三座炮台守不住,大炮会被敌人所利用,打算毁掉龙庙咀台炮。陆军统将戴宗骞电告李鸿章,责怪他串通敌人,贻误国家,没有毁成。汝昌等待援军不来,于是召集各统领力战解除敌人的包围。正好那天黄昏大风雪,汝昌把岸边的民船全都毁掉,然而南、北岸已经失守,日舰进入东口猛攻,定远舰受重创。汝昌命令急驶东岸,不大一会沉没,部队震动很大,争先向统帅乞求活路,汝昌不顾,自己登上靖远舰巡视海口。日舰乘夜进入口门,击沉来远、威远两舰,众人更加惶恐。道员牛昶炳等人相对哭泣,召集外国船员商议。马格想要借众人的势力挟持汝昌,德国人瑞乃尔悄悄地告诉丁汝昌说:"众人的心计已经变了,不如沉船毁掉炮台,空手投降,比较合算。"汝昌依了他,下令各将领同时沉船,没人响应,于是带船投降,而丁汝昌自己服药自杀,于是威海水师全军溃败。

唐景崧传

反对割让台湾

【原文】

割台议起,主事邱逢甲建议自主,台民争赞之。乃建"民国",设议院,推景崧为总统。和议成,抗疏援赎辽先例,请免割,不报,命内渡。台民愤,乃决自主,制蓝旗,上印绶于景崧,鼓吹前导,绅民数千人诣抚署。景崧朝服出,望阙谢罪,旋北面受任,大哭而入。电告中外,有"遥奉正朔,永作屏藩"语,置内部、外部、军部以下各大臣。命陈季同介法人求各国承认,无应者。无何,日军攻基隆,……景崧微服挈子遁,附英轮至厦门,时立国方七日也。

【译文】

割让台湾的议论出来,主事邱逢甲建议自主,台湾人民都很赞成。于是组建"民国",设立议院,推举唐景崧为总统。议和达成协议,景崧违抗君命上疏援引赎辽先例,请求不要割让台湾,没有答复,命令唐景崧返回内地。台湾民众激愤,于是决定自主,制作蓝旗,向唐景崧献上印绶,打鼓奏乐在前开道,绅民好几千人到巡抚衙署来。景崧身穿朝服出来,遥望朝廷所在方位谢罪,接着脸向北面接受委任,大哭着进去。电告中外,有"在远方尊奉正朔,永远做大陆的屏障和藩篱"的话。设内务部、外交部、军事部以下各大臣。命令陈季同通过法国人请求各国承认,没有国家响应。没过多久,日军进攻基隆,……唐景崧穿便服带着子女搭乘英轮逃到厦门,这时建立"民国"方才七天。

刘永福传

黑旗军抗法屡建战功

【原文】

刘永福,字渊亭,……所部皆黑旗,号黑旗军。

同治末,法人陷河内,法将安邺构越匪黄崇英谋占全越,拥众数万,号黄旗。越王谕永福来归,永福遂绕驰河内,与法人抗,设伏以诱斩安邺,覆其全军。

光绪七年,法人藉词前约互市红河,胁越王逐永福。越王佯调解,而阴令勿徙。法大怒,逾岁,入据河内。永福愤,请战,……战怀德纸桥,阵斩法将李威利。

【译文】

刘永福,字渊亭,……他的部队都用黑色旗帜,号称黑旗军。

同治末年,法国人攻陷河内,法军将领安邺勾结越匪黄崇英谋占整个越南,拥有数万之众,号称黄旗。越王吩咐永福前来归附,永福于是绕道奔赴河内(今越南),与法国人对抗,设下埋伏,诱斩安邺,使其全军覆没。

光绪七年（1881），法国人以过去条约作借口互市红河（即富良江），迫使越王驱逐永福。越王假装调解，而暗地里命令他不要离开。法国人大怒，过了一年，占据河内。永福愤慨，请求出战，……在怀德纸桥发生战斗，在阵上斩杀法军将领李威利。

谭 嗣 同 传

慷 慨 就 义

【原文】

谭嗣同，字复生，湖南浏阳人。

时荣禄督畿辅，袁世凯从监司练兵天津。诏擢袁世凯侍郎，召入觐。嗣同尝夜诣世凯有所议。明日，世凯返天津。越晨，太后自颐和园还宫，收政权。启超避匿日本使馆，嗣同往见之，劝嗣同东游。嗣同曰："不有行者，无以图将来；不有死者，无以酬圣主。"卒不去。未几，斩于市。著有《仁学》及《莽苍苍斋诗集》等。

【译文】

谭嗣同，字复生，湖南浏阳（今属湖南）人。

当时荣禄任直隶（今北京、天津两市、河北大部、河南、山东部分）总督，袁世凯以监司名义在天津练兵。皇上诏令提升袁世凯为侍郎，亲自召见。嗣同曾经夜访袁世凯，有事相商。第二天，世凯返回天津。次日早晨，慈禧太后从颐和园回宫，收回政权。梁启超逃避，躲藏在日本使馆，嗣同去看他，启超劝嗣同去日本。嗣同说："没有实践的人，就无法追求未来；没有牺牲的人，就没有什么来报答皇上。"最后不肯走。没多久，被杀于京城街市上。著作有《仁学》及《莽苍苍斋诗集》等。

唐 才 常 传

唐 才 常 死 难

【原文】

唐才常，字佛尘。少与嗣同齐名，称"浏阳二生"，两湖学堂高材生也。闻嗣同死，忧愤，屡有所谋，……二十六年，两宫出狩，才常阴结富有会谋举事，号勤王，将攻武、汉。被获，慷慨言无所隐，请就死，遂杀之。

【译文】

唐才常，字佛尘。少年时与谭嗣同有同样的名望，人称"浏阳二生"，是两湖学堂的高才生。听说嗣同死难，才常忧虑悲愤，几次有所谋划，……光绪二十六年（1900），皇帝、慈禧太后两宫等出逃，唐才常暗中联络富有会打算发动起义，以勤王相号召，将进攻武汉。被捕，慷慨陈词无所隐讳，只求一死，于是被杀。

林 旭 传

林 旭 死 难

【原文】

林旭,字暾谷,福建侯官人。

时康有为倡言变法,先于京师立粤学会,以振厉士气,而蜀学、浙学、陕学、闽学诸会继之。旭为闽学会领袖,又充保国会会员。荣禄先为福州将军,雅好闽士,及至天津,延旭入幕。俄以奏保人才召见……与谭嗣同等同参机务,诏谕多旭起草。及变起,同戮于市,年二十有四。著有《晚翠轩诗集》。

【译文】

林旭,字暾谷,福建侯官(今福建福州)人。

当时康有为倡导建议变法,先在京师(今北京)成立粤学会,用以振奋和激励士气,而蜀学、浙学、陕学、闽学各个学会接着建立起来。旭为闽学会领袖,又是保国会会员。荣禄早先做过福州将军,对福建人颇有好感,等他到了天津,延聘林旭做幕僚。很快由于奏保人才得到皇上召见……与谭嗣同一起参与处理机要事务,皇帝谕旨大都由林旭起草。等到事变发生,一起在京城街市上被杀,年龄二十四岁。著作有《晚翠轩诗集》。

康 广 仁 传

改革当先变科举

【原文】

康广仁,名有溥,以字行,有为弟。少从兄学,有为上书请改革,广仁谓当先变科举,庶人材可出。……有为走,广仁被逮。在狱言笑自若,临刑犹言曰:"中国自强之机在此矣!"

【译文】

康广仁,名有溥,以字行世,是康有为的弟弟。少年时跟着哥哥学习。有为上书请求改革,广仁说应当首先改变科举制度,才能够出人才。……康有为逃走,康广仁被捕。在牢狱里谈笑泰然自若,临刑时还说:"中国自强的机遇就在此时!"

戊 戌 六 君 子

【原文】

戊戌变法,德宗发愤图强,用端菜等言,召用新进。百日维新,中外震仰,党争遽起,激成政变。锐、光第、嗣同、旭及深秀、广仁同日被祸,世称"六君子",皆悲其

志。

【译文】

戊戌年（1898）变法，德宗发愤图强，采纳李端棻等人的主张，选拔任用新式进步的人才。一百天推行新政，国内外震动和景仰，党争突然爆发，激成政变，杨锐、刘光第、谭嗣同、林旭及杨深秀、康广仁同一天被杀害，世称"六君子"，大家都为他们的壮志未酬感到悲痛。

毓 贤 传

义 和 拳

【原文】

是时李秉衡抚山东，适有大刀会仇西教，秉衡奖借之，戕德国二教士。廷议以毓贤官鲁久，谙河务，擢代之。既莅事，护大刀会尤力。……首朱红灯构乱，倡言灭教。毓贤令知府卢昌诒按问，……击杀官军数十人，自称义和拳。毓贤为更名曰"团"，团建旗帜，皆署"毓"字。教士乞保护，置勿问。……浸炽，法使诘总署，乃征还。至则谒端王载漪、庄王载勋、大学士刚毅，盛言拳民忠勇得神助。俄拜山西巡抚之命，于是拳术渐被山西。

义和团勇士

【译文】

这时李秉衡任山东巡抚，正好有大刀会与天主教为仇，秉衡收买并利用他们，杀死两名德国传教士。朝廷认为毓贤在山东做官时间长，熟悉治河事务，提升他代替李秉衡的职务。到任以后，毓贤更加庇护大刀会，……首领朱红灯制造动乱，扬言消灭西方教会。毓贤下令知府卢昌诒调查审讯，拳民杀死官军好几十人，自称义和拳。毓贤为它改名叫"团"，团树立旗帜，都写上"毓"字。教士请求保护，他并不去管。义和拳逐渐旺盛起来，法国使节质问总署衙门，这才把他调回。到京后毓贤谒见端王载漪、庄王载勋、大学士刚毅，极力宣扬拳民忠勇有神灵相助。不久毓贤受命巡抚山西，于是拳术逐渐覆盖山西。

聂 士 成 传

死 守 天 津

【原文】

聂士成，字功亭，安徽合肥人。

会英、法诸国联军至,士成三分其军,一护铁路,一留芦台,而自率兵守天津。连夺陈家沟、跑马厂、八里台,径攻紫竹林,喋血八昼夜,敌来益众,燃毒烟炮,我军稍却。士成立桥上手刃退卒,顾诸将曰:"此吾致命之所也,逾此一步非夫矣!"遂殒于阵,肠胃洞流。

【译文】

聂士成,字功亭,安徽合肥人。

正赶上英、法几个国家的联军开到,士成把他的军队分成三部分,一支守卫铁路,一支留驻芦台(今天津市属宁河区),而自己领兵防守天津。接连夺取陈家沟、跑马厂、八里台,直接进攻紫竹林(上四地均属天津市),血战八天八夜,敌人愈来愈多,燃放毒气炮,我军稍稍后退。士成站在八里台桥上亲手处死后退的士兵,朝着将士们说:"这里是我们可使生命丧失的地方,过这里一步就不是男子汉!"于是牺牲在战场上,肠胃破腹外流。

恩 铭 传

徐锡麟刺杀恩铭

【原文】

明年夏,巡警学生卒业,恩铭诣校试验,锡麟乘间以枪击之,被重创。知县陆永颐锐身救护,先殒。锡麟令经历顾松闭校门,不从,亦毙之。从者负恩铭还署,遂卒。

锡麟者,浙江山阴人。就学日本,以赀为道员。志在谋绾军队,便起事,仓卒发难,卒被擒戮。

【译文】

第二年(光绪三十三年,1907)夏,巡警学校学生结业,恩铭亲自到校视察检阅,锡麟乘机开枪射击,恩铭身受重伤。知县陆永颐急忙救护,先被打死了。锡麟命令经历顾松关闭校门,他不听从,也被打死了。随从的人背负恩铭回到衙署,就死了。

锡麟,浙江山阴(今浙江绍兴)人。在日本求学,用钱捐了道员。目的在笼络军队,便于起事。仓促发动起义,终于被捕杀。

端 方 传

议改立宪之始

【原文】

(端方)颇志兴学,资遣出洋学生甚众。……擢闽浙总督,未之官,诏赴东西各国考政治。既还,成《欧美政治要义》,献上,议改立宪自此始。

【译文】

端方专心致力于兴办教育事业,资助派遣很多留学生出国。……提升闽浙总督,还没上任,又奉上命到东、西各国考察政治。回国以后,写成《欧美政治要义》一文,呈献皇帝,讨论改行立宪的活动从此开始。

盛 宣 怀 传

东 南 互 保

【原文】

二十六年,拳祸作,各国兵舰纷集江海各口。宣怀倡互保议,电粤、江、鄂、闽诸疆吏,获同意,遂与各领事订定办法九条,世所称《东南保护约款》是也。

【译文】

光绪二十六年(1900),义和拳运动兴起,各国军舰纷纷聚集在长江及东南沿海各口岸,宣怀倡议互保,致电粤(今广东)、江(今江苏)、鄂(今湖北)、闽(今福建)各封疆大吏,得到同意,于是与各国领事订立九条办法,这就是世上所说的《东南互保约款》。

劳 乃 宣 传

撰《合声简字谱》

【原文】

周馥从乃宣议,设简字学堂于金陵。初,宁河王照造官话字母,乃宣增其母韵声号为《合声简字谱》,俾江、浙语音相近处皆可通。

【译文】

周馥接受劳乃宣的倡议,在金陵(今江苏南京)设立简字学堂。起先,宁河(今属天津)王照造官话字母,乃宣增添了母韵声号,编成《合声简字谱》,以便江(今江苏)、浙(今浙江)语音相近地区都可通用。

张 勋 传

张 勋 复 辟

【原文】

世凯卒,各省有所谋,群集徐州,推勋主盟。勋于是提兵北上,叩谒宫门,遂复辟。……各省多不应,而马厂师起,称讨逆军,传檄讨勋,勋自请罢斥。及攻都城,勋与战,以兵寡不支,荷兰公使以车迎入使馆。……所部数万人,无一断发者,世指

为"辫子军"。

【译文】

袁世凯死去，各省有所策划，大家聚集在徐州，推举张勋主持结盟。张勋于是统率军队北上，到京进宫面见皇帝，于是恢复帝制。……各省多不响应，而段祺瑞在马厂（今属河北）起兵，号称讨逆军，传布檄文讨伐张勋，张勋自己请求罢官，等到段祺瑞军攻打京城，张勋与他们交战，由于兵少支持不住，荷兰公使用车接迎张勋进入使馆。……他的部下有好几万人，没有一人剪发，当时的人称他们叫"辫子军"。

康 有 为 传

极陈维新变法

康有为旧照

【原文】

二十四年，有为立保国会于京师，尚书李端棻、学士徐致靖、张百熙，给事中高燮曾等，先后疏荐有为才，至是始召对。有为极陈："四夷交侵，覆亡无日，非维新变旧，不能自强。变法须统筹全局而行之，遍及用人行政。"上叹曰："奈掣肘何？"有为曰："就皇上现有之权，行可变之事，扼要以图，亦足救国。唯大臣守旧，当广召小臣，破格擢用，并请下哀痛之诏，收拾人心。"上皆韪之。自辰入，至日昃始退，命在总理衙门章京上行走，特许专折言事。旋召侍读杨锐、中书林旭、主事刘光第、知府谭嗣同参预新政。有为连条议以进，于是诏定科举新章，罢《四书》文，改试策论，立京师大学堂、译书局，兴农学，奖新书新器，改各省书院为学校，许士民上书言事，谕变法。

【译文】

光绪二十四年（1898），康有为在京师（今北京）创立保国会，尚书李端棻、学士徐致靖、张百熙，给事中高燮曾等，先后举荐康有为有才干，到这时才召他对话。康有为极力陈述："各国交相入侵，亡国就在眼前，除非推行新政，改革旧制，否则不能自强。变法必须通全局盘筹划来推行，涉及用人和行政各个方面。"皇上叹息说："怎奈有人牵制，怎么办？"有为说："就皇上现在掌握的权力，推行力所能及的改革，抓住主要问题规划，也足以挽救国家。只不过大臣保守，应当广泛征召低级臣僚，破格提拔，并请下一道措辞沉痛的诏书，来收服人心。"皇上对这些意见都很赞成。从早晨入宫，到太阳西斜方才退出。德宗任命康有为在总理衙门做章京工作，特别准许专折奏事。不久召集侍读杨锐、中书林旭、主事刘光第、知府谭嗣同参与新政。康有为连续分条提出方案进上，于是下诏制定科举新章程，废除《四书》文，改试策论，设立京师大学堂、译书局，兴办农学，奖励著新书、造新器械，改各省书院为学校，允许知识分子、平民百姓上书议论政事，宣告变法。

张 彪 传

创办汉阳兵工厂

【原文】

光绪二十三年,奏派赴日本考查军政,归,督修汉口后湖堤工,创汉阳兵工厂。

【译文】

于光绪二十三年(1897),张彪上奏书请求派他到日本考查军政,回来后,督修汉口后湖(今湖北武汉市)堤防工程,创办汉阳(今湖北武汉市)兵工厂。

吴 三 桂 传

吴三桂乞师

吴三桂

【原文】

三桂引兵西,至滦州,闻其妾陈为自成将刘宗敏掠去,怒,还击破自成所遣守关将;遣副将杨坤、游击郭云龙上书睿亲王乞师。

师至关,三桂出迎。王命设仪仗,吹螺,偕三桂拜天毕,三桂率部将谒王,王令其兵以白布系肩为识,前驱入关。

【译文】

三桂领兵西进,到达滦州(今河北滦县),听说他的妾陈圆圆被李自成手下将领刘宗敏抢走,愤怒不已,回师击败自成所派遣的守关将士,派副将杨坤、游击郭云龙上书睿亲王多尔衮请求发兵。

睿亲王多尔衮的部队进抵山海关(今属河北秦皇岛市),三桂出关迎接。睿亲王吩咐排列仪仗,吹螺号,偕同吴三桂拜天完毕,吴三桂率领部将谒见睿亲王,睿亲王下令吴三桂的士兵用白布系肩为标识,作为先头部队进入山海关。

三 藩

【原文】

云、贵初定,洪承畴疏用明黔国公沐英故事,请以三桂世镇云南。三桂复请敕云南督抚受节制,移总督驻贵阳,提督驻大理。据由椰所居五华山故宫为藩府,增华崇丽。籍沐天波庄田七百顷为藩庄。假浚渠筑城为名,重榷关市,垄盐井、金铜矿山之利,厚自封殖。……所辖文武将吏,选用自擅。各省员缺,时亦承制除授,谓

国学经典文库

之"西选"。……是时可喜镇广东,继茂子精忠镇福建,与三桂并称"三藩"。

【译文】

云南、贵州刚刚平定,洪承畴上疏用明朝黔国公沐英事例,请求以吴三桂世代镇守云南。三桂又请求命令云南总督、巡抚受他的约束,总督驻地移到贵阳(今贵州贵阳),提督驻守大理(今云南大理)。占有由椰所居住的五华山故宫作为藩王府第。修饰的更加豪华富丽。没收沐天波庄田七万亩作为藩庄。假借疏通河渠、修筑城池为名,关市征收重税,垄断盐井、金铜矿山资源,使自己大大地聚敛财物。……吴三桂所管辖的文武将吏,选用由自己决定。各省官员空缺,也时常秉承他的意旨任命,称为"西选"。……当时,尚可喜镇守广东,耿继茂的儿子耿精忠镇守福建,与三桂合称"三藩"。

洪 秀 全 传

金 田 起 义

洪秀全

【原文】

洪秀全,广东花县人。……以演卜游粤、湘间。有朱九畴者,倡上帝会,亦名三点会,秀全及同邑冯云山师事之。九畴死,众以秀全为教主。官捕之急,乃往香港入耶稣教,藉抗官。旋偕云山传教至广西,居桂平。时秀全妹婿肖朝贵及杨秀清、韦昌辉皆家桂平,与相结纳。贵县石达开亦来入教。……贵县秦日纲、林凤祥,揭阳海盗罗大纲,衡山洪大全皆来附,有众万人。冯云山读书多智计,为部署队伍,攻守方略。以岁值丁未,应"红羊"之谶,遂乘势倡乱于金田。

【译文】

洪秀全,广东花县人。……借占卦算命往来于广东、湖南之间。有个叫朱九畴的人,倡导上帝会,也叫三点会,秀全和同乡冯云山拜他为师。九畴死后,大家推举秀全为教主。官府缉捕他很急,于是前往香港加入耶稣教,借以对抗官府。不久陪同云山来到广西传教,住在桂平(今广西桂平)。当时秀全的妹夫肖朝贵和杨秀清、韦昌辉都住在桂平,和他们结识交往。贵县(今广西贵港)石达开也来入教。……贵县秦日纲、林凤祥,揭阳(今广东揭阳)海盗罗大纲,衡山(今湖南衡山县西)洪大全都来归附,有部众约万人。冯云山念过书,足智多谋,为他们部署队伍,制定攻守全盘计划和策略。因为当年是丁未年(羊年),应了"红羊"的谶语,于是乘机在金田发动起义。

论洪秀全

【原文】

秀全以匹夫倡革命,改元易服,建号定都,立国逾十余年,用兵至十余省,南北交争,隐然敌国。当时竭天下之力,始克平之,而元气遂已伤矣。中国危亡,实兆于此。成则王,败则寇,故不必以一时之是非论定焉。唯初起必托言上帝,设会传教,假"天父"之号,应"红羊"之谶,名不正则言不顺,世多疑之;而攻城略地,杀戮太过,又严种族之见,人心不属。此其所以败欤?

【译文】

秀全以一个普通老百姓倡导革命,更改年号,变易服制,建立国号,奠定都城,立国超过十好几年,作战跨十几个省,南北对抗,看起来就像是敌对国家。当时清廷耗尽全国的人力物力,才能够平定,而国家的生命力已经受到损伤。中国危亡,实际是从这时开始的。胜利者称王,失败者称寇,因此不必以一时的是非下结论。但是秀全初起时非得假托上帝的意旨,设会传教,借用"天父"名号,对应"红羊"的谶语,名义不正当因而道理讲不通,世人多有怀疑;而攻城夺地,杀人太多,又强调种族观念,人心不归附。这莫非就是他失败的原因吗?

循 吏 传

万民留葬清知县

【原文】

康熙七年,授常熟知县,年甫十九。兴利除弊,勇于为治,老于吏事者勿逮也。时漕政积弊,粮皆民运,往往破家。宗尧议定官收官兑之法,重困得苏。其征粮则戒期令各自输,胥吏莫由上下其手,民便之。兴文教,戢豪强,救荒疗疫,皆以诚恳肫挚出之,四年如一日。以劳致疾,卒于官,年二十有三耳。民为罢市,醵金发丧,遂葬之虞山南麓,题其阡曰"万民留葬"。

【译文】

康熙七年(1668),于宗尧被授任常熟(今江苏常熟)知县,年龄才十九岁。他兴举对国民有利的事,革除弊端,大胆治理,就是治理政事很有经验的人也不及他。当时漕运政务积累了很多弊端,漕粮都是百姓自己运输,百姓常常因此家庭破败。宗尧建议制定官府收集、官府兑运的办法,重重困难才得以缓解。征收税粮时就告诫期限,命令百姓各户自己输纳,小官吏没有理由从中作弊,百姓认为这很便利。兴办文化教育事业,禁抑依仗权势横行不法的豪强,救济饥荒,治疗疫病,都用真挚诚恳的态度来做,四年如一日。因劳累导致疾病,死在官任上,年龄才二十三岁啊。百姓为他的死而罢市,凑钱为他发丧,于是把他安葬在虞山(今江苏常熟虞山)南面山脚,在他的墓道上题词"万民留葬"(意为万民安葬留念)。

知县忧卒而鬻书以殓

【原文】

二十五年，擢江西庐陵知县，严重有威，境内贴然。誓不以一钱自污，钱谷耗羡，革除都尽。傍水设五仓，便民输纳。建问苦亭于衙西，访求民隐。……二十六年，江溢，民多溺。在新急出钱募民船往救，躬自倡率，出入洪涛中，全活无算。以受前官亏帑盈万无所抵，忧卒。……鬻书数箧以殓。

【译文】

康熙二十五年（1686），陆在新被提拔为江西庐陵（今江西吉安）知县，他谨严持重有威仪，县境之内贴服，他发誓不因一文钱玷污自己，钱币和谷物的附加税，全部革除。傍依河边设置五个粮仓，方便百姓运输交纳租赋。在衙门西边建立问苦亭，访问探求民间隐情。……康熙二十六年（1687），长江水涨溢，百姓很多人被淹溺。陆在新急速拨出钱款招募民船前往救援，亲自率领，出入于洪水浪涛之中，救活的百姓无法计算。因承受了前任县官亏欠的帑藏超过一万无法抵偿，忧劳而死。……用卖了几箱书得来的钱才得以入殓。

张瑾刚直不阿

【原文】

十九年，授云南昆明知县。……是时上官多贤者，每倚信瑾。兵备道欲以流民所垦田牧马，求之期年，不与，久亦称其直。将军仆杀人，按察使置酒为请，阳诺之，退而正其罪。巡抚仆子谋夺士人聘妻，即县庭令士人行合卺礼，判曰："法不得娶有夫之妇，妇乘我舆，婿乘我马，役送之归，有夺者治其罪。"时人作歌诗以传之。

【译文】

康熙十九年（1680），张瑾被授任云南昆明（今云南昆明）知县。……那时上级官吏赞赏贤能的，常常倚重信赖张瑾。兵备道想用流徙到当地的百姓所开垦的田地来放养马匹，要求了一整年，张瑾不给，时间长久了兵备道也称赞他的刚直。将军的仆人杀了人，按察使为这事设置酒席宴请张瑾，张瑾表面上答应了他，回来后将罪犯治了罪。巡抚的仆人的儿子图谋夺取一个已被读书人聘为妻子的女子，到了县衙公庭张瑾命令读书人与女子行合卺的礼节，宣判说："法律规定不得娶有了丈夫的妇女，妇女乘我的车，郎婿骑我的马，差役护送他们回去，有夺亲的就治他的罪。"当时人们写歌曲和诗篇来传颂这件事。

以解官请赈饥民

【原文】

康熙初，谒选，授直隶蠡县知县。……河数决孟尝村，岁比不登，民大饥。荫爵

至,曰:"吾未暇理他政,且活民。"仓有粟二万石,请发以赈。牍再上,不许;请解官,乃许之五千石。荫爵曰:"若今岁又恶,民不能偿,二万石、五千石等死耳,吾且活吾民。"乃尽发之。更出帑五百金贷民种麦。

【译文】

康熙初年,高荫爵到吏部等候选派职务,被授任直隶蠡县(今河北蠡县)知县。……黄河几次在孟尝村决口,年成连续歉收,百姓十分饥荒。高荫爵到任,说:"我没有空闲处理其他政务,姑且先让百姓活下来。"粮仓有粟二万石,高荫爵请求发放用来赈济饥民。文书第二次呈上,上司不允许;高荫爵请求辞去官职,上司才答应他发放五千石。荫爵说:"如果今年年景又恶劣,百姓不能偿还,发二万石、五千石我一样是死罪,我暂且使我的百姓活下来。"于是全部发放仓库存粟。又拨出库藏的白银五百两借贷给百姓种麦。

县官甘为民佣

【原文】

家绍……再调南昌。首邑繁剧,而尽心民事,理讼尝至夜不辍。……时水灾益棘,家绍请开仓平粜,复分厂煮粥以赈。主者循例备三千人食,而就食者五万,汹汹不可止。家绍至,谕之曰:"食少人众,咄嗟不能办。汝等姑退,诘朝来,不使一饥民无粥啖也。"众皆迎拜曰:"石爹爹不欺人,愿听处置。"爹爹者,江西民呼父也。……尝曰:"吏而良,民父母也;不良,则民贼也。父母,吾不能;民贼也,则吾不敢,吾其为民佣乎!"

【译文】

石家绍……第二次调动任南昌(今江西南昌)知县。首要县份的事务繁重,家绍竭尽心机办理民政事务,处理诉讼案件曾经到深夜不停息。……当时水灾更加危急,家绍请求打开粮仓平价出售粮食,又分设棚舍煮粥赈济饥民。主持赈济的官吏按惯例准备了三千人的粮食,但来求食的人有五万,来势汹汹不可遏止。家绍到后,告谕他们说:"食物少人数多,一时间不能办理好,你们姑且回去,明日早晨来,不会让一个饥民没有粥吃的。"众人都对着家绍跪拜说:"石爹爹不骗人,我们愿意听从处置。"爹爹,是江西百姓对父亲的称呼。……石家绍曾经说:"做官而且是好官,就是百姓的父母;不是好官,就是百姓的盗贼。百姓的父母,我不能做到;百姓的盗贼,我不敢做,我就做百姓的佣人吧!"

御敌报国甘受夺职

【原文】

二十年,擢淡水厅同知,……英吉利兵舰犯鸡笼口,……敌船触石,擒百二十四人。屡至,屡却之。明年,又犯淡水南口,设伏诱击,俘汉奸五、敌兵四十九人。事闻,被优赍。未几,和议成,英人有责言。总督怡良知瑾刚直,谓曰:"事将若何?"瑾

曰："但论国家事若何,某官无足重,罪所应任者,甘心当之。但百姓出死力杀贼,不宜有负。"怡良叹曰:"真丈夫也!"卒以是夺级。

【译文】

　　道光二十年(1840),曹瑾被擢升为淡水厅(今台湾新竹)同知,……英吉利(英国)兵舰进犯鸡笼口(今台湾基隆),……敌人船舰触了礁石,中国军民擒获敌人一百二十四人。敌人屡次来犯,曹瑾屡次击退他们。第二年,英国人又进犯淡水(今台湾台北市西北淡水)南部口岸,曹瑾设置埋伏引诱击杀,俘虏汉奸五人,敌兵四十九人。这事让皇帝知道了,曹瑾被优厚赏赉。不久,中英达成和议,英国人对曹瑾有责备的言论,总督怡良知道曹瑾刚直,对他说:"这事将怎么办?"曹瑾说:"只议论国家的事怎么办,我的官职无关要紧,所应承担的罪过,我心甘情愿担当。但百姓出尽死力击杀寇贼,不应负有责任。"怡良慨叹道:"这是真正的大丈夫啊!"最终因此被削夺官级。

不以惜官陷无辜

【原文】

　　光绪中,补邓州。……王树汶者,邓人,为镇平盗胡体安执爨。镇平令捕体安急,乃贿役以树汶伪冒,致之狱。既定谳,临刑呼冤。重鞫,则檄光第逮其父季福为验。开归陈许道任恺先守南阳,尝谳是狱,驰书阻毋逮季福,且诱怵之。光第曰:"吾安能惜此官以陷无辜?"竟以季福上,则树汶果其子。

【译文】

　　光绪年间,朱光第增补为邓州(今河南邓州市)知州。……王树汶,是邓州人,为镇平(今河南镇平)盗贼魁首胡体安做炊事工作。镇平县令缉捕胡体安很急迫,于是体安贿赂差役以王树汶伪冒自己,把树汶投进监狱。已经审判定案,将要行刑时呼号冤枉。重新审理,就命令光第逮捕树汶的父亲季福来验证。开归陈许道(今河南许昌)道员任恺先前做南阳太守,曾经审理这个案件,飞驰急送书信阻拦不要逮捕季福,而且引诱恫吓光第。光第说:"我怎能因爱惜这官位来陷害无辜?"终于把季福呈上,树汶果然是他的儿子。

儒 林 传

黄宗羲怒锥阉孽

【原文】

　　黄宗羲……明御史黄尊素长子。尊素为杨、左同志,以劾魏阉死诏狱。……思宗即位,宗羲入都讼冤。至则逆阉已磔,即具疏请诛曹钦程、李实。会廷鞫许显纯、崔应元,宗羲对簿,出所袖锥锥显纯,流血被体;又毁应元,拔其须归祭尊素神主前;……时钦程已入逆案,实疏辨原疏非己出,阴致金三千求宗羲弗质,宗羲立奏之,

谓:"实今日犹能贿赂公行,其所辨岂足信?"于对簿时复以锥锥之。

【译文】

黄宗羲……是明朝御史黄尊素的长子。尊素是和杨涟、左光斗志同道合的人,因弹劾大宦官魏忠贤死于特务组织审理的大狱中。……明思宗即位,宗羲进入京都诉冤。到京都时谋逆的阉宦魏忠贤已被处死,宗羲当即上奏疏请求诛杀曹钦程、李实。适逢廷臣会审许显纯、崔应元,宗羲对质,拿出藏在衣袖里的锥子刺显纯,流出来的血遍布全身;又殴击应元,拔下他的胡须回去在尊素的牌位前祭奠;……当时钦程已被列入逆反案件中,李实上奏疏辩解说原来的奏疏不是自己写出来的,偷偷送三千两银子乞求宗羲不要对质,宗羲立即启奏这件事,说:"李实今日还能公开进行贿赂,他所辩解的哪能使人相信?"在对质时又用锥子刺李实。

李柏忍饥苦读

【原文】

九岁失怙,事母至孝。稍长,读《小学》,曰:"道在是矣!"遂尽焚帖括,而日诵古书。避荒居洋县,入山屏迹读书者数十年。尝一日两粥,或半月食无盐。时时忍饥默坐,间临水把钓,夷然不屑也。昕夕讴吟,拾山中树叶书之。

【译文】

李柏九岁时失去父亲,侍奉母亲很孝顺。稍稍长大,阅读《小学》,说:"道理在这里了!"于是全部焚毁帖括,而日日诵读古代书籍。因逃避灾荒居住在洋县(今陕西洋县),进入山中隐匿踪迹读书几十年。曾经一天吃两顿粥,有时半个月食物中没有盐。常常忍受饥饿默默静坐,间或到水边把杆垂钓,心情愉悦,不屑顾虑饥饿。从早到晚放声吟读,拾山中的树叶来书写。

能稼穑则可立廉耻

【原文】

岁耕田十余亩,草履箬笠,提筐佐馌。尝曰:"人须有恒业。无恒业之人,始于丧其本心,终于丧其身。许鲁斋有言:'学者以治生为急。'愚谓治生以稼穑为先。能稼穑则可以无求于人,无求于人,则能立廉耻;知稼穑之艰难,则不妄求于人,不妄求于人,则能兴礼让。廉耻立,礼让兴,而人心可正,世道可隆矣。"

【译文】

张履祥每年耕种田地十多亩,穿草鞋,戴用箬竹叶和篾结成的帽,提着箩筐帮助送饭到田间。曾经说:"人必须有固定的职业。没有固定职业的人,从丧失他的天赋本性开始,以丧失身躯终结。许鲁斋有个说法:'从事学习的人以谋生计为急迫。'我认为谋生以播种收获为首要。能够播种和收获就可以对别人没有乞求,对别人没有乞求,就能确立廉洁与知耻;知道播种和收获的艰难,就不向别人非分请求,不向别人非分请求,就能兴起礼仪谦让。廉洁与知耻确立,礼仪和谦让兴起,那

么人心就可以端正,社会就可以兴隆了。"

家贫绝炊不忘躬行

【原文】

其学以诚敬为宗,以适用为主,而力排二氏。家贫绝炊,掘阶前马兰草食之。邻有遗之米者,昀宛转推辞,忽仆于地,其人惊骇潜去。良久方苏,因笑曰:"其意可感,然适以困我。"……昀曰:"尼父言'躬行君子',若腾其口说以求胜,非所望于吾也。"

【译文】

沈昀的学说以诚挚恭敬为宗旨,以适合使用为主流,极力排斥朱熹、王守仁两人的学说。家境贫困,断绝了炊烟,就挖掘台阶前的马兰草来吃。邻居有送给他稻米的,沈昀一再委婉推辞,忽然跌倒在地上,那人大受惊吓暗中离去。沈昀很久才苏醒过来,于是笑着说:"他的好意可以叫人感动,但恰恰因此使我窘迫。"……沈昀说:"孔仲尼老先生说'亲身践行就是君子',如果凭借口头辩论求得胜利,不是孔子对我所希望的。"

冒雪履冰数百里访学

【原文】

尝言:"人生须作天地间第一等事,为天地间第一等人。"故自号两一。究宋、明以来诸儒论学语,揭其会心者于壁,默坐土室,澄心反观,久之,恍然有契。自是动静云为,卓有柄持。闻李颙倡道盩厔,冒雪履冰,不惮数百里访质所学。相与盘桓数日,每至夜半,未尝见惰容。其志笃养邃如此。

【译文】

党湛曾经说:"人的一生必须做天地之间第一等事情,做天地之间第一等人物。"因此自称别号为两一。考究宋朝、明朝以来各位学者论述治学的话语,把其中领悟的话选出来贴在墙壁上,默默静坐在泥土做成的房屋中,使心情清静,反省细察,时间久了,猛然领悟,与各学者的论述相投合。从此行动、静息及言行,都很有根本的依持。听说李颙在盩厔(今陕西周至)倡行道义,便冒着大雪,脚踏冻冰,不怕几百里远访问请教李颙所学的知识。与李颐逗留相处几天,往往到半夜,未曾见他有懈怠的神色。他的志向是如此专一、修养是如此深邃。

王源孜孜求学

【原文】

年四十,游京师。或病其不为时文,源笑曰:"是尚需学而能乎?"因就试,中康熙三十二年举人。或劝更应礼部试,谢曰:"吾寄焉为谋生计,使无诟厉己耳!"……

遇李塨,……塨乃为极言颜元明亲之道,源曰:"吾知所归矣。"遂介塨往博野执赞元门,时年五十有六矣。

【译文】

王源四十岁时,到京师(今北京市)游历。有人认为他不做应科举试的八股文是个缺陷,王源笑着说:"难道崇尚谋生所需要的学问就是有才能吗?"于是应科举试,中了康熙三十二年(1693)举人。有人劝他再进一步去应礼部主持的会试,他推辞说:"我的寄托岂是为了谋生计,是使自己不蒙受耻辱罢了!"……他遇到了李塨,……李塨于是对他尽情谈论了颜元申明躬亲践行的学说,王源说:"我知道我的归宿了。"于是凭借李塨的引见前往博野(今河北博野)行执赞敬礼问学于颜元门下,当时王源已五十六岁了。

品行高洁堪为楷模

【原文】

胡方……总督吴兴祚闻其名,使招之,方走匿,不能得也。事父母,色养靡不周,而心常如不及。遇有病,忧形于色,药必尝而后进。夜必衣冠侍,未尝就寝。及居丧,藉草宿柩旁,三年不入内。先人田庐,悉以与弟,授徒自给。族姻不能自存者,竭力资之。有达官赍重金乞其文为寿,不应;吏慑之,不应;家人告以绝粮,不应。乡曲子弟偶蹈不虔,有愿就鞭扑,不愿闻其事于方者。里中语曰:"可被他人笞,勿使胡君知。他人笞犹可,胡君愧煞我。"其从学者,仕与未仕,白首犹懔懔奉其教。虽困甚,终不入公庭。

【译文】

胡方……总督吴兴祚听闻他的名声,派人请他,胡方逃走避匿,总督不能得到他,侍奉父母,承顺面色、孝养侍奉没有不周到的,而心里常常感到就像侍奉不周到一样。遇父母有病,担忧的神情呈现于脸色,给父母吃的药必定亲口尝过后再进奉。晚上必定穿衣戴帽侍奉,未曾上床睡觉。等到服丧,睡草堆在灵柩旁过夜,三年不进入内屋。先辈遗留下的田地房屋,全部给了弟弟,自己靠教授徒弟维持生活。同宗族或有姻亲关系的亲戚不能自己维持生计的,胡方尽力资助他们。有显贵的大官送来厚重的金钱乞求胡方的文章为他祝寿,胡方不应允;官吏威胁他,不应允;家里人告诉他断绝粮食了,还是不应允。乡里子弟偶然犯了错误,有宁愿接受鞭打和杖扑的刑罚,不愿让胡方听到他的事情的。乡里中有话说:"可以被人用鞭杖责打,不要让胡先生知道。别人用鞭杖责打还可以,胡先生责罚令我羞愧。"跟从他求学的,不管当官或未当官,到白了头还心怀危惧地奉行他的教导。胡方虽然很穷困,最终不入公庭做官。

顾炎武一刻不离书

【原文】

顾炎武……生而双瞳，中白边黑。读书目十行下。……生平精力绝人，自少至老，无一刻离书。所至之地，以二骡二马载书，过边塞亭障，呼老兵卒询曲折，有与平日所闻不合，即发书对勘；或平原大野，则于鞍上默诵诸经注疏。

【译文】

顾炎武……天生每只眼两个瞳孔，中间白两边黑。读书一目十行看下来。……生平精力过人，从年轻到年老，没有一时一刻离开书本。所到的地方，用两头骡两匹马负载书籍，经过边疆要塞、边地堡垒时，呼唤老兵卒询问该地曲折的沿革变迁，有与平时听到的不相符合的，立即翻开书对照查核；有时走在平原旷野上，就在马鞍上默默诵读各种经书的注文和对注文的解释。

顾炎武论宋、明理学之弊

【原文】

尝与友人论学云："百余年来之为学者，往往言心言性，而茫然不得其解也。命与仁，夫子所罕言；性与天道，子贡所未得闻。性命之理，著之《易传》，未尝数以语人。其答问士，则曰'行己有耻'，其为学，则曰'好古敏求'。其告哀公明善之功，先之以博学。颜子几于圣人，犹曰'博我以文'。……今之君子则不然，聚宾客门人数十百人，与之言心言性，舍多学而识以求一贯之方，置四海之困穷不言，而讲危微精一；……是故性也、命也、天也，夫子之所罕言，而今之君子之所恒言也。出处去就辞受取与之辨，孔子、孟子之所恒言，而今之君子之所罕言也。"

顾炎武

【译文】

顾炎武曾经和朋友谈论学问说："一百多年来做学问的，常常谈论本心和天性，然而迷茫模糊不知怎么解释它们。性命和仁义，先代圣贤很少谈论；天性和天然神道，子贡未曾听闻。性命的道理，著述在《易传》中，未曾屡次用来告诉别人。孔子回答请问他的读书人，就说：'自己认为可耻的行为不去做'，他做学问，就说：'尚好古代勤奋求索'。他告诉鲁哀公贤明善美的功业，要以广博求学为先导。颜子几乎达到圣人的境界，还说'用文章使我广博'。……如今的君子就不是这样，聚集宾客门徒约几十到一百来人，与他们谈论本心天性；舍弃通过广博学习获得知识的途径而追求以一种道理贯穿万物的方法，把天下的困顿穷塞放在一边不谈论，却讲求端正细微、精粹纯一；……所以天性、性命、天道，是先圣很少谈论，而现在有才德的人经常谈论的。出任官职与居乡野、离去与往就、推辞与接受、索取与给予之间的辨别这些日常事务，是孔子、孟子所经常谈论，而现在有才德的人却很少谈论的。"

博学于文,行己有耻

【原文】

"愚所谓圣人之道者如之何?曰'博学于文,行己有耻'。自一身以至于天下国家,皆学之事也。自子臣弟友以至出入往来辞受取与之间,皆有耻之事也。士而不先言耻,则为无本之人;非好古多闻,则为空虚之学。以无本之人,而讲空虚之学,吾见其日从事于圣人,而去之弥远也。"

【译文】

"我所说圣人的学说是怎样的呢?回答是'广博地学习文章,自己认为可耻的事不做'。从自己一身直到天下国家,都是要学习的事情。从儿子臣下兄弟友人的伦理直到做官、归隐,与人交往,外出进入、前往回来、推辞接受、索取给予之间,都是有羞耻的事。读书人不先讲究可耻,就是没有根本的人;不尚好上古多所见闻,就是空谈虚无的学问。用没有根本的人,讲述空谈虚无的学问,我见他们天天追随圣人的事业,但距离圣人却越来越远了。"

顾炎武治经世之学

【原文】

炎武之学,大抵主于敛华就实。凡国家典制,郡邑掌故、天文义象、河漕兵农之属,莫不穷原究委,考正得失,撰《天下郡国利病书》百二十卷;别有《肇域志》一编,则考索之余,合图经而成者。

【译文】

顾炎武的学说,大都主张约束浮华,讲求实际。凡是国家典章制度、郡县地方掌故、天文仪器观测、河工、漕运、兵政、农业之类,无不穷尽探究原委,稽考修正它们的成败优劣,写成《天下郡国利病书》一百二十卷;另外著有《肇域志》一部,则是利用考证求索的空余,总合附有绘图的地理书籍而写成的。

阎若璩证《古文尚书》之伪

【原文】

尝集陶弘景、皇甫谧语题其柱云:"一物不知,以为深耻;遭人而问,少有暇日。"其立志如此。……年二十,读《尚书》至古文二十五篇,即疑其讹。沉潜三十余年,乃尽得其症结所在,作《古文尚书疏证》八卷。引经据古,一一陈其矛盾之故,古文之伪大明。

【译文】

阎若璩曾经收集陶弘景、皇甫谧的话语题写在他的屋柱上说:"一个事物不知道,就认为是巨大的羞耻;遇到人就问,很少有空闲的时日。"他立志是如此远大。

……年纪二十岁时,阅读《尚书》到用古文写的二十五篇,就怀疑它是错误。深入潜心钻研三十多年,于是全部找到了疑难的关键所在,写成《古文尚书疏证》八卷,引用经典,根据古籍,逐一陈述它矛盾的原因,《古文尚书》的伪冒就很明显了。

考据学大家惠栋

【原文】

栋于诸经熟洽贯串,谓诂训古字古音,非经师不能辨,作《九经古义》,二十二卷。尤邃于《易》,其撰《易汉学》八卷,……《古文尚书考》二卷,辨郑康成所传之二十四篇为孔壁真古文,东晋晚出之二十五篇为伪。又撰《后汉书补注》二十四卷,《王士祯精华录训纂》二十四卷,《九曜斋笔记》《松崖文钞》诸书。

地球仪

【译文】

惠栋对各种经典熟习博洽,融会贯通,认为解释古文字古语音,不是经学大师就不能辨别,于是写成《九经古义》二十二卷。惠栋对《易》的研究特别精深,写有《易汉学》八卷,……他的《古文尚书考》两卷,考辨出郑玄所传授的二十四篇是孔子旧宅壁中发现的真正的古文,后来东晋出现的二十五篇是伪作。惠栋还写有《后汉书补注》二十四卷,《王士祯精华录训纂》二十四卷,《九曜斋笔记》《松崖文钞》等书。

年逾古稀,奋学不辍

【原文】

任启运……少读《孟子》,至卒章,辄哽咽,大惧道统无传。家贫,无藏书,从人借阅。夜乏膏火,持书就月,至移墙不辍。……年七十二,犹书自责语曰:"孔、曾、思、孟,实惟汝师。日面命汝,汝顽不知,痛自惩责,涕泗涟洏。鸣呼老矣,瞑目为期。"

【译文】

任启运……年轻时阅读《孟子》,到读完每一章,就哽咽哭泣,十分恐惧儒家圣道承继的统系没有了传人。家境贫寒,没有收藏的书籍,从别人处借来阅读。晚上缺乏灯火,就拿着书到有月光的地方,到月亮移过屋墙的另一边还不停止阅读。……年纪七十二岁时,还写自责的话说:"孔子、曾子、思子、孟子,实在是你的老师。天天当着面命令你,你顽固不知晓,痛心地自我惩罚责备,眼泪鼻涕垂流不止。唉,年老了,距离闭目而死为期不远了。"

全祖望学识博大精深

【原文】

祖望为学，渊博无涯涘，于书无不贯串。在翰林，与绂共借《永乐大典》读之，每日各尽二十卷。……生平服膺黄宗羲，宗羲表章明季忠节诸人，祖望益广修枌社掌故、桑海遗闻以益之，详尽而核实，可当续史。宗羲《宋元学案》甫创草薹，祖望博采诸书为之补辑，编成百卷。又七校《水经注》，三笺《困学纪闻》，皆足见其汲古之深。又答弟子董秉纯、张炳、蒋学镛、卢镐等所问经史疑义，录为《经史问答》十卷。……实足以继古贤，启后学，与顾炎武《日知录》相垺。

【译文】

全祖望治学，精深广博无边际，对各种书籍无不融会贯通。在翰林院时，和李绂一起借《永乐大典》来阅读，各人每天读完二十卷。……全祖望生平衷心信服黄宗羲，黄宗羲表彰明末各个忠节义士，全祖望进一步广泛修订明末江南地区的人物事迹、历史遗留见闻作为增补，详细尽善而且考核证实，可以当作续接前人记载的历史。黄宗羲的《宋元学案》开始创写草稿，全祖望广博采用各种书籍为它增补修订，编成一百卷。他又七次校注《水经注》、三次注释《困学纪闻》，这些都足以看见他钻研古籍是如此深奥。全祖望又将解答他的弟子董秉纯、张炳、蒋学镛、卢镐等所请教的有关经学、史学疑难问题，著录为《经史问答》十卷。……这部著作实在足以继承古代圣贤，开启后世学者，与顾炎武的《日知录》相等。

汉学大师钱大昕

【原文】

大昕始以辞章名，沈德潜《吴中七子诗选》，大昕居一。既乃研精经、史，于经义之聚讼难决者，皆能剖析源流。文字、音韵、训诂、天算、地理、氏族、金石以及古人爵里、事实、年齿，了如指掌。古人贤奸是非疑似难明者，典章制度昔人不能明断者，皆有确见。

大昕在馆时，常与修《音韵述微》《续文献通考》《续通志》《一统志》《天球国》诸书。所著有《唐石经考异》一卷，《经典文字考异》一卷，《声类》四卷，《廿二史考异》一百卷，……《竹汀日记钞》三卷。

【译文】

钱大昕开初以善于写诗词文章出名。沈德潜写的《吴中七子诗选》，钱大昕就列为其中一个。钱大昕后来就精深地研究经学、史学，对那些众人争论不休、难以决断的经书义理，他都能够剖析它们的源流。钱大昕对文字学、汉字的声、韵、调、古书字义的解释、天文历算、地理、姓氏宗族、金石学以及古人赐爵的封地、事迹、年龄，都了如指掌。对难以辨明的古人贤能奸诈以及是非功过，前人不能明确决断的典章制度，都有确当的见解。……

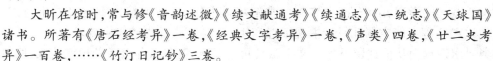

钱大昕在史馆时,常常参与修纂《音韵述微》《续文献通考》《续通志》《一统志》《天球图》等书。他的著述有《唐石经考异》一卷,《经典文字考异》一卷,《声类》四卷,《廿二史考异》一百卷,……《竹汀日记钞》三卷。

王鸣盛著《十七史商榷》

【原文】

又《十七史商榷》一百卷,于一史中纪、志、表、传互相稽考,因而得其异同,又取稗史丛说以证其舛误,于舆地、职官、典章、名物每致详焉。

【译文】

王鸣盛又著有《十七史商榷》一百卷,对每一部史中的纪、志、表、传互相稽考核对,因而发现了这些记载的相同和不同之处,又采用野史中众多的记载证实它们的错误,对地理、文武百官设置、典章制度、名号物色的考证往往十分详尽。

乾嘉学派的泰斗戴震

【原文】

所校《大戴礼记》《水经注》尤精核。又于《永乐大典》内得《九章》《五曹算经》七种,皆王锡阐、梅文鼎所未见。震正讹补脱以进,得旨刊行。……

震之学,由声音、文字以求训诂,由训诂以寻义理。谓:"义理不可空凭胸臆,必求之于古经。求之古经而遗文垂绝,今古悬隔,必求之古训。古训明则古经明,古经明则贤人圣人之义理明,而我心之同然者,乃因之而明。义理非他,存乎典章制度者也。彼歧古训、义理而二之,是古训非以明义理,而义理不寓乎典章制度,势必流入于异学曲说而不自知也。"

【译文】

戴震所校注的《大戴礼记》《水经注》尤其精到准确。又从《永乐大典》中发现了《九章算术》《五曹算经》等七种典籍,都是王锡阐、梅文鼎所未能看见的。戴震将它们修正错误、增补脱漏后进呈皇帝,得到谕旨刊刻发行。……

戴震的学说,由声音、文字来寻求解释古书字义,由解释古书字义寻求道理。他说:"道理不能空洞地凭借主观臆想产生,一定要从古代经典中寻求。从古代经典寻求道理而从前遗留下来的文字意义几近灭绝,现在和古代字义相差很大,所以一定要从前人的字义解释中寻求道理。把前人的字义解释弄明白,古代经典也就明白了,古代经典明白了,圣人贤人的道理也就明白了,而我心里与这些道理相同的思想,于是因此而明确了。道理不是其他什么东西,是存在于典章制度之中的。有些人把前人的字义解释与道理分开并把它们看成两种事物,这样前人的字义解释就不是用来明确道理,而道理也不存在于典章制度中,这就势必导致怪异片面的学说而自己还不知道。"

注解《说文解字》

【原文】

玉裁于周、秦、两汉书，无所不读，诸家小学，皆别择其是非。于是积数十年精力，专说《说文》，著《说文解字注》三十卷，谓："《尔雅》以下，义书也；《声类》以下，音书也；《说文》，形书也。凡篆一字，先训其义，次释其形，次释其音，合三者以完一篆，故曰形书。"又谓："许以形为主，因形以说音、说义。其所说义，与他书绝不同者，他书多假借，则字多非本义，许惟就字说其本义。知何者为本义，乃知何者为假借，则本义乃假借之权衡也。《说文》《尔雅》相为表里，治《说文》而后《尔雅》及传注明。"

【译文】

段玉裁对周代、秦代、西汉和东汉的书籍，无所不读，对各家小学，都分别区别它们的正确与错误。于是集中几十年的精力，专门解释《说文解字》，著有《说文解字注》三十卷，他说："《尔雅》以后的书，是关于字义的书；《声类》以后的书，是关于音韵的书；《说文解字》，是关于字形的书。凡是篆写一个字，先解释它的意义，再解释它的形体，再解释它的音韵，结合三个方面来完成一个篆体字，所以叫关于字形的书。"又说："许慎以字形为主，根据字形来解释音韵、解释意义。他所解释的意义，与其他书籍绝对不同的，是其他书很多假借字，那么字就很多不是本来意义，许慎只就每字本身解释它本来的意义。知道哪个是本来意义，才知道哪个是假借字，那么本来意义是衡量假借字的根据。《说文解字》《尔雅》互相补充，研究《说文解字》然后《尔雅》及其传文注释就都明白了。"

俞樾议刻《二十四史》

【原文】

东南遭赭寇之乱，典籍荡然，樾总办浙江书局，建议江、浙、扬、鄂四书局分刻《二十四史》，又于浙局精刻子书二十二种，海内称为善本。

【译文】

当时中国东南部爆发了太平天国起义，由于战祸，典册书籍荡然无存，俞樾负责管理浙江书局，建议江（今江苏）、浙（今浙江）、扬（今扬州）、鄂（今湖北）四个书局分工刻印《二十四史》，他又在浙江书局精工刻印了二十二种子书，国内都称赞这些版本是珍贵难得的刻本。

孙诒让论古经文衍误

【原文】

初读《汉学师承记》及《皇清经解》，渐窥通儒治经、史、小学家法。谓古子、群

经,有三代文字之通假,有秦、汉篆隶之变迁,有魏、晋正草之混淆,有六朝、唐人俗书之流失,有宋、元、明校雠之屑改。匡违捃佚,必有谊据,先成《札迻》十二卷。

【译文】

孙诒让最初阅读《汉学师承记》和《皇清经解》两部书,逐渐发现了通博的学者各自传承的研究经学、史学、小学的方法。他认为古代子书、各种经书,有夏、商、周三代文字的通假,有秦代、汉代篆书、隶书的变迁,有魏、晋时代正楷和草书之间的混淆,有魏晋南北朝、唐朝人们通行的民间书法造成的文字流失,有宋代、元代、明代校对时的掺杂更改。孙诒让纠正其中错误,辑集散失的文字,必定有合宜的根据,先写成《札迻》十二卷。

文 苑 传

风流名士侯方域

【原文】

方域师倪元璐。性豪迈不羁,为文有奇气。时太仓张溥主盟复社,青浦陈子龙主盟几社,咸推重方域,海内名士争与之交。

方域既负才无所试,一放意声伎,流连秦淮间。

方域健于文,与魏禧、汪琬齐名,号"国初三家"。有《壮悔堂集》。

【译文】

侯方域拜倪元璐为师。他性格豪迈奔放不甘受约束,写文章表现出奇特的气质。当时太仓(今江苏太仓)的张溥主持结盟复社,青浦(今上海青浦)的陈子龙主持结盟几社,都推崇尊重侯方域,天下知名之士争相与他交游。

侯方域既然胸怀才能不被任用,就一味纵意与歌舞伎玩乐,在秦淮河两岸流连忘返。

侯方域擅长于写文章,与魏禧、汪琬名望相当,号称"清初三家"。侯方域著有《壮悔堂集》。

变法与富国论

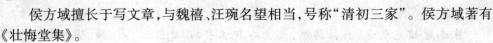

【原文】

其《吏治篇》曰:"古之人不敢轻言变法也。必有明哲之德,于精粗之理无所不昭,不独精者为之地,即粗者亦为之地;有和悦之气,于异同之见无所不容,不独同者乐其然;即异者亦乐其然,然后可夺其久安之法,授以更新之制,而民不惊顾不欢哗也。"《租庸篇》曰:"欲富国者,当使君民之力皆常有余。民之余力,生于君之约取;君之余力,生于民之各足。"

【译文】

其中的《吏治篇》说:"古代的人不敢轻率地谈论变法。必定有明智的德性,对

精细粗略的事理没有不明白的,不仅把精细的事理作为变法的根基,就是粗略的事理也作为变法的根基,有平和愉悦的气量,对相同和不相同的见解没有不容纳的,不仅意见相同的人乐意这样,就是意见不同的人也乐意这样;然后就可以夺取长久安定的办法,授予改旧换新的制度,而百姓不至于惊慌顾虑,不会大声喊叫着反对。"《租庸篇》说:"要想国家富裕,应当使国君和百姓的力量都常有剩余。百姓的剩余的力量,产生于国君的节约取用;国君的剩余力量,产生于百姓的各家各户充足。"

含辛茹苦著《衡书》

【原文】

傲居吴市,炊烟屡绝,至采枸杞叶为食,衣败絮,著述不辍。始志在权衡天下,作《衡书》,后以连蹇不遇,更名《潜书》。分上下篇,上篇论学,始《辨儒》,终《博观》,凡五十篇;下篇论政,始《尚治》,终《潜存》,凡四十七篇。上观天道、下察人事,远正古迹,近度今宜,根于心而致之行,非虚言也。

【译文】

(唐甄)租屋居住在吴市(今江苏太湖流域一带),炊烟屡次断绝,以至于采摘枸杞叶作为粮食,身穿破烂的棉絮,还著书述说不停息。开始志在权衡天下利弊得失,写成《衡书》,后来因为时世艰难,怀才不遇,改书名为《潜书》。该书分上、下两篇,上篇论述治学,从《辨儒》篇开始,以《博观》篇终结,共五十篇;下篇论述政治,从《尚治》篇开始,以《潜存》篇终结,共四十七篇。这本书对天上观察自然规律,对地下考察人间事务,对久远订正古代事迹,对近世揣度今天事宜,根植于内心,表现在行动上,不是虚妄的言论。

万斯同论治史之道

【原文】

万斯同……自言"长游四方,辄就故家耆老求遗书,考问往事。旁及郡志、邑乘,私家撰述,靡不搜讨,而要以实录为指归。盖实录者,直载其事与言,而无可增饰者也。因其世以考其事,核其言而平心察之,则其人本末可八九得矣。然言之发或有所由,事之端或有所起,而其流或有所激,则非他书不能具也。凡实录之难详者,吾以他书证之。他书之诬且滥者,吾以所得于实录者裁之。虽不敢具谓可信,而是非之枉于人者盖鲜矣。"

【译文】

万斯同……自己说:"长久地游览四方各地,经常到世家大族有名望的老人那里搜求遗留下来的书籍,考究询问以往史事。涉及府州和都市地方志,私人的撰稿著述,无不搜集寻求,但主要以实录为意旨。因为实录是直接记载当时的事件和言论,不能增加和掩饰的。根据人的时代考究他的事迹,核实他的言论、用心公平地

加以考察，那么这个人事迹的主次之分可以得到八、九成了。但言论的阐发或许有引出的缘由，事情的开端或许有引起的原因，而它的源流或许有所引发，这就是没有其他书籍而不能具备的了。凡是实录难以详尽的，我用其他书来证实它。其他书记载虚假而且冗赘的，我用从实录取得的记载裁减它。虽然不敢都认为可信，但评判是非功过时冤枉人的地方大概很少了。"

钱名世润色《明史》

【原文】

名世，字亮工。康熙四十二年一甲进士，授编修。夙负文誉，王士禛见其诗激赏之。鸿绪聘修《明史》，斯同任考核，付名世属辞润色之。

【译文】

钱名世，字亮工。康熙四十二年(1703)成为一甲进士，被授予编修的官职。钱名世平素享有善写文章的美誉，王士禛看了他的诗后极为赞赏。王鸿绪受朝廷聘用修撰《明史》，万斯同负责考证核实，然后交给钱名世修饰文字增加文采。

满族才士性德

【原文】

性德，纳喇氏，……字容若，满洲正黄旗人。

性德善诗，尤长倚声。遍涉南唐、北宋诸家，穷极要眇。所著《饮水》《侧帽》二集，清新秀俊，自然超逸。

【译文】

性德，属纳喇氏，……字容若(今多称纳兰容若)，满洲正黄旗人。

性德善于写诗，特别擅长填词。他全面涉猎了南唐、北宋各填词名家的作品，尽得其中的精要微妙。他著的《饮水》《侧帽》两本作品集，风格清新俊秀，自然、超脱而俊逸。

戴名世愤世嫉俗

【原文】

戴名世……喜读《太史公书》，考求前代奇节玮行。时时著文以自抒湮郁，气逸发不可控御。诸公贵人畏其口，尤忌嫉之。尝遇方苞京师，言曰："吾非役役求有得于时也，吾胸中有书数百卷，其出也，自忖将有异于人人。然非屏居深山，足衣食，使身无所累，未能诱而出之也。"因太息别去。

【译文】

戴名世……喜欢阅读《太史公书》，考究探求前代的奇异节操和美好的行为。

常常写文章来抒发自己压抑忧郁的感情,意气奔放奋发不可控制。各个王公贵人畏惧他的口舌,特别顾忌憎恨他。曾经在京师遇见方苞,说:"我不是奔走钻营而祈求对时世有所索取,我胸怀中有书几百卷,把它写出来,自己思量它将不同于每个人的著述。然而若不是隐居深山,使衣服粮食充足,浑身没有什么牵累,就不能诱发它把它写出来。"因此叹息着离别而去。

《南山集》引发文字狱

【原文】

先是门人尤云鹗刻名世所著《南山集》,集中有《与余生书》,称明季三王年号,又引及方孝标《滇黔纪闻》。当是时,文字禁网严,都御史赵申乔奏劾《南山集》语悖逆,遂逮下狱。孝标已前卒,而苞与之同宗,又序《南山集》,坐是方氏族人及凡挂名集中者皆获罪,系狱两载。九卿复奏,名世、云鹗俱论死。

【译文】

开始是门徒尤云鹗刊刻戴名世所著《南山集》,集中有《与余生书》这部分内容,纪年时称呼明末三个王的年号,又引用涉及方孝标《滇黔纪闻》的内容。正当那时,抑禁文字的罗网严密,都御史赵申乔上奏弹劾《南山集》语言狂悖忤逆,于是戴名世被逮捕投进监狱。方孝标已先死,但方苞与他同宗族,又为《南山集》作序,牵涉此案的方氏宗族的人和凡是在集中挂上名的都判有罪,囚禁在监狱中两年。九卿详细审理此案后再次上奏,戴名世、尤云鹗都被以死罪论处。

章学诚贯通古今学术

【原文】

自少读书,不甘为章句之学。……熟于明季朝政始末,往往出于正史外,秀水郑炳文称其有良史才。……著《文史通义》《校雠通义》,推原《官礼》而有得于向、歆父子之传。其于古今学术,辄能条别而得宗旨,立论多前人所未发。

所修和州、亳州、永清县诸志,皆得体要,为世所推。

【译文】

章学诚从年轻时就读书,不甘心做仅是穷究一章一句的学问。……他对明末朝廷政事的首尾经过很熟悉,对明末史实的掌握常常超出正史记载,秀水(今浙江嘉兴)郑炳文称赞他有优秀史官的才能。……章学诚著有《文史通义》《校雠通义》,推究探讨《官礼》并从刘向、刘歆父子的解释中得到收益。他对古代和当今学术,总是能够逐条分别并掌握了它们的宗旨,创立的论点有很多是前人所未曾提出过的。

章学诚所修撰的和州(今安徽和县)、亳州(今安徽亳县)、永清县(今河北永清)各种地方志,都体现了地方志的大体和纲要,受到当时人们的推崇。

贫贱不交富贵

【原文】

丹书……后举于乡。至都，朝贵争延之，辞不就。尝曰："贫与富交则损名，贱与贵交则损节。"

【译文】

黄丹书……后来在乡试中中举。到了京都，朝廷的贵官争相邀请他，他推辞不去受请。曾经说："贫穷的人与富有的人交往就会损坏自己名声，低贱的人与尊贵的人交往就会损坏自己的气节。"

张澍著述繁博

【原文】

务博览经史，皆有纂著。……留心关、陇文献，搜辑刊刻之。纂《五凉旧闻》《三古人苑》《续黔书》《秦音》《蜀典》，而《姓氏五书》尤为绝学。……又有《诗小序翼》《说文引经考证》。

【译文】

张澍务求博览经学、史学著作，在这两方面都有编纂著述。……他留意关中（今陕西）、陇右（今陇山以西至黄河以东地带）的文献资料，将它们搜集编辑并刊刻出版。张澍编纂有《五凉旧闻》《三古人苑》《续黔书》《秦音》《蜀典》，而《姓氏五书》尤其成为宏伟独到的学问。……他还著有《诗小序翼》《说文引经考证》。

徐松致力西北历史地理研究

【原文】

松留心文献，既出关，置开方小册，随所至图其山川曲折，成《西域水道记》，拟《水经》；复自为释，以比道元之注。又以新疆入版图数十年，视同畿甸，而未有专书，乃纂述成编，于建置、控扼、钱粮、兵籍，言之尤详。……赐名《新疆事略》，……御制序付武英殿刊行。

【译文】

徐松留意历史文献，出函谷关后，设置一个方形小册子，随身携带，所到每一个地方，绘出当地山脉河流的曲折走向及流向，编成《西域水道记》，仿效《水经》；自己进行解释，以比拟郦道元对《水经》的注释。徐松又认为新疆归入清朝版图已经几十年，清朝对它的治理就像对京城地区一样直接，却没有关于新疆的专著，于是撰述编纂成书，对于行政建置、要塞的控制据守、田赋、军队户籍，记载特别详细。……皇帝给这部书赐名《新疆事略》，……皇帝亲自为此书作序，交付武英殿刊印发行。

包世臣胸怀治国韬略

【原文】

包世臣,……少工词章,有经济大略,喜言兵。……世臣精悍有口辩,以布衣遨游公卿间。东南大吏,每遇兵、荒、河、漕、盐诸巨政,无不屈节谘询,世臣亦慷慨言之。

【译文】

包世臣,……年轻时就善于做诗文,有经国济民的宏韬大略,喜欢谈论军事。……包世臣精明强悍很有口才,以平民百姓身份在达官贵吏之间广泛交游。东南地区的大官,每逢遇到军事、灾荒、治理黄河、漕运公粮、盐务等各种重大政事,无不放下官架屈尊向包世臣请教,包世臣也慷慨大方,无所保留地发表自己的见解。

傲笑群丑,义斥贵吏

【原文】

盐使曾燠以事至,召之饮。燠以名辈自处,纵意言论,同坐赞服,际亮心薄之。燠食瓜子粘须,一人起为拈去,际亮大笑,众惭。既罢,复投书责燠不能教后进,徒以财利奔走寒士门下。燠怒,毁于诸贵人,由是得狂名,试辄不利。乃遍游天下山川,穷探奇胜,以其穷愁慷慨牢落古今之意,发为诗歌,益沉雄悲壮。

【译文】

盐运使曾燠因事到达,邀请张际亮饮酒。曾燠以有名望的长辈自居,恣意放纵地谈论,在座的人都赞叹佩服,际亮却从心里鄙薄曾燠。曾燠吃瓜子,瓜子壳粘在胡须上,一个人起座为他拈去,际亮放声大笑,众人很惭愧。酒宴结束后,张际亮又写信斥责曾燠不能教育后辈,只以钱财利益奔走炫耀于贫寒的读书人的门下。曾燠恼怒,向各个权贵诽谤他,际亮因此得了狂傲的名声,科举考试总是不利。于是到处游览天下名山大川,穷尽探究奇异胜景,把他困厄愁苦、慷慨激昂、于古于今孤寂无托的意境,抒发为诗歌,更加沉浑雄凝、悲愤壮烈。

魏源与近代巨著《海国图志》

【原文】

源兀傲有大略,熟于朝章国故。论古今成败利病,学术流别,驰骋往复,四座皆屈。……源以我朝幅员广,武功实迈前古,因借观史馆官书,参以士大夫私著,排比经纬,成《圣武记》四十余万言。晚遭夷变,谓筹夷事必知夷情,复据史志及林则徐所译西夷《四洲志》等,成《海国图志》一百卷。

【译文】

魏源意气倔强不随俗流,很有谋略,对于朝廷典章和国家重大变故很熟悉。议

论古今的成功和失败，利益和弊病，以及学术的源流派别，奔驰往返，在座的人都屈服。……魏源认为清朝疆域广大，战功确实超过前代，因而借阅史馆的官方藏书，参考官员们的私人著述，按事情的条理次序依次排列，写成四十多万字的《圣武记》。清朝晚期遭受了西方外夷的侵略，魏源认为筹办外国事务必须知道外国的情况，又根据史书记载和林则徐所翻译的西方外夷《四洲志》等书，写成《海国图志》一百卷。

何绍基考订名著

【原文】

绍基通经史，精律算。尝据《大戴记》考证《礼经》，贯通制度，颇精切。又为《水经注刊误》。于《说文》考订尤深。

【译文】

何绍基通晓经学和史学，精通法律算术。他曾根据《大戴礼记》考证《礼经》，对各种礼仪制度理解全面透彻，相当精确贴切。又写成《水经注刊误》。他对《说文解字》的考订特别精深。

冯桂芬于书无所不窥

【原文】

于书无所不窥，尤留意于天文、地舆、兵刑、盐铁、河漕诸政。……设广方言馆，求博通西学之才，储以济变。

著《说文解字段注考证》，……《西算新法直解》《校邠庐抗议》……

【译文】

冯桂芬对各种书籍无所不读，特别注意天文、地理、军事和刑法、盐和铁的生产和管理、黄河的治理以及漕运等政务。……他设置了广方言馆，搜求广博精通西方文化的人才，储备良才用来对付变故。……

冯桂芬著有《说文解字段注考证》……《西算新法直解》《校邠庐抗议》……

论甲午战败原因

【原文】

二十一年，中日衅起，……及议和，颂蔚益为悲愤，尝曰："今之败绩，徒归咎于师之不练、器之不利，犹非探本之论。频年以来，盈廷习泄沓之风，宫中务游观之乐，直臣摈弃，贿赂公行，安有战胜之望？此后偿金既巨，民力益疲，恐大乱之不在外患而在内忧矣。"

【译文】

光绪二十一年(1895)，中日间事端被挑起，……到议和，王颂蔚更加悲愤。曾

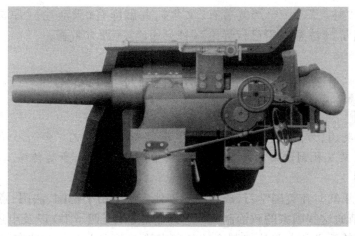

120 毫米口径安式速射炮示意图

经说："今日的失败，只归罪于军队不训练、武器不锐利，还不是探求本源的议论。连年以来，整个朝廷习惯于杂沓苟且的风气，皇宫中追求游玩观览的快乐，正直的大臣被排斥抛弃，贿赂公开进行，哪有战胜的希望？从此以后赔款数目已经很庞大，百姓的人力、财力更疲乏，恐怕大乱不在外部的患难而在内部的忧患了。"

近代翻译家林纾

【原文】

林纾，字琴南，……尝得《史》《汉》残本，穷日夕读之，因悟文法，后遂以文名。所传译欧西说部至百数十种。

【译文】

林纾，字琴南，……曾得到印本残缺不全的《史记》《汉书》，不分昼夜阅读，于是领悟了文章法则，后来终于因善写文章出名。

林纾所解释翻译的欧美西方著作达一百几十种。

近代启蒙思想家严复

【原文】

精欧西文字，所译书以瑰词达奥旨。

世谓纾以中文沟通西文，复以西文沟通中文，并称"林严"。……著有《文集》及译《天演论》《原富》《群学肄言》《穆勒名学》《法意》《群己权界论》《社会通诠》等。

【译文】

严复精通欧美西方文字，所翻译的著作都是以简练珍贵的词句表达深奥的意旨。

当时人们认为林纾以中国语言沟通西方语言，严复以西方语言沟通中国语言，

被一同称为"林严"。……严复著有《文集》，并翻译有《天演论》《原富》《群学肄言》《穆勒名学》《法意》《群己权界论》《社会通诠》等西方名著。

辜汤生向欧洲介绍中国文化

【原文】

幼学于英国，为博士。遍游德、法、意、奥诸邦，通其政艺。……乃译《四子书》，述《春秋》大义及礼制诸书。西人见之，始叹中国学理之精，争起传译。

【译文】

辜汤生年幼时在英国学习，成为博士。他广泛游历了德国、法国、意大利、奥匈帝国等国，精通这些国家的政治制度。……于是翻译《四子书》以及申述《春秋》所包含的深刻的意义和有关礼仪制度的各种书籍。西方人看了这些书，才赞叹中国学术理论的精深，争相注释和翻译中国经典。

孙文川揭露李泰国阴谋

【原文】

孙文川，……习互市案牍，知外人情伪。英人李泰国购轮舶助李鸿章战，既乃要挟索费，不受中国进止。鸿章闻文川才，荐入都，尽发泰国阴谋，朝廷褫泰国总税务司职，遣船回国，事得解。

【译文】

孙文川，……他熟悉外贸文书档案，了解外国人的情态虚伪。英国人李泰国购买轮船帮助李鸿章作战，然后利用这件事强索资费，不受中国政府的约束。鸿章听说文川有才干，举荐他进京，彻底揭发李泰国的阴谋，朝廷解除了李泰国总税务司的职务，派船遣送回英国，使事情得以解决。

忠 义 传

韦逢甲战死乍浦

【原文】

英吉利既再扰宁波洋面，将寇吴淞，先以弋船三十艘进攻乍浦。时逢甲以督铸大炮，由镇海赴乍浦设防，就权同知。四月，敌遽由东光山上陆，屯兵皆溃。逢甲带乡团御于西行汛，死之。

【译文】

英国后来又一次骚扰宁波（今浙江宁波）沿海，将要入侵吴淞（今上海），先用三十艘兵船进攻乍浦镇（今浙江平湖）。当时韦逢甲因为督铸大炮，由镇海（今浙江镇海）赶到乍浦布置防务，暂且代理同知职务。四月，敌人突然由东光山上陆，驻

军全都溃散。韦逢甲带乡团在西行防地抵抗,战死。

北 塘 之 役

【原文】

　　咸丰八年,英吉利纠合法郎西、米利坚两国,借口换约,俄罗斯复阴助之,坚请在京师开议。议未定,舰队集天津海口,朝命科尔沁亲王僧格林沁办理海防。汝元奉檄至,擢大沽协副将。九年五月,英、法兵船驶入内河,汝元手燃巨炮沉其船,旋中炮殁于阵,……是役也,诸国受创甚。十年夏,舰队复集天津大沽口,提督乐善奉命驻兵大沽,至则以关防交僧格林沁,令所部愿留者听,得千余人,誓死守。六月,敌兵自北塘登岸,七月一日,自石缝炮台击败之。相持一日,无后援。火药局火起,兵多伤死。乐善知不可守,遂投河死。从死者副将、守备各一,失其名。

【译文】

　　咸丰八年(1858),英国纠集法、美两国,借口换约,俄国又暗地里支持他们,坚持要求在京师(今北京)谈判。还没达成协议,敌人舰队在天津海口集结,朝廷命令科尔沁亲王僧格林沁办理海防,龙汝元奉檄文到达,被提升为大沽协副将。咸丰九年(1859)五月,英、法兵船开进内河,龙汝元亲自燃放巨炮击沉敌船,不久中炮阵亡。……在这次战斗中,各国受创伤很重。咸丰十年(1860)夏,敌人舰队又集结在天津大沽口,提督乐善奉命在大沽驻扎军队,到达以后把关印交给僧格林沁,命令自己的部下可以自愿留守,有一千多人决心死守。六月,敌兵从北塘(今天津)登岸,七月一日,乐善从石缝炮台击败敌人。双方相持一天,乐善没有援兵。火药库起火,士兵大多负伤阵亡。乐善知道守不住了,于是投河自尽。跟他同时死难的有副将、守备各一人,不知道姓名。

马 江 之 役

国学经典文库

【原文】

　　光绪四年,赴闽,隶平海中营师船司炮。时佛郎西既并越南,将窥滇省,其酋领军舰十四艘先犯福州,图覆船政局。十年七月,在马江发难,明恒阵亡。时毁兵船七,商船二,及艇哨各船俱烬,死者不可计。见奏报者,以参将高腾云死最惨,五品军功陈英战最烈。船厂学生带扬武舰叶琛,带建胜舰林森林,均登瞭台发炮,受弹,犹屹立指挥;充福星轮三副王涟受炮伤,犹枪毙敌兵多名,均以伤重阵亡。

【译文】

　　光绪四年(1878),殷明恒去福建,隶属于平海中营师船作炮手。当时法国已经吞并越南,就要入侵滇(今云南),法军头子率领十四艘军舰先侵犯福州,企图摧毁船政局。光绪十年(1884)七月,在马江(闽江别称)发动进攻,殷明恒阵亡。当时有七艘兵船、两艘商船被毁,艇哨各船都化为灰烬,死者不知有多少。见于奏报的,以参将高腾云死得最惨,五品军功陈英作战最壮烈。船厂学生带扬武舰叶琛,带建

胜舰林森林,都登上瞭望台发炮,中弹,仍然挺身站立指挥;在福星轮上担任三副的王涟受炮伤,还打死很多名敌兵,他们都因伤重阵亡。

"高升号"遇难前后

【原文】

二十年,日本侵朝鲜,廷议主战。六月,善继佐营官骆佩德乘英国高升轮船运送军实。驶至牙山口外,日本举旗招抚,善继不肯屈。管驾英人先逸去,善继忿极,令悬红旗示战备,且进薄之。方与佩德指挥御敌,忽船中鱼雷,逾时,水势注射益汹涌,众强善继及佩德亚下,善继奋然曰:"吾辈自请杀敌,而临难即避,纵归,何面目见人?且吾世受国恩,今日之事,一死而已!"佩德曰:"如此,吾岂忍独生?"高升船遂沉,善继溺死,佩德从之。

时护行者为济远舰,亦为敌船在丰岛袭击,大副都司沈寿昌坚守炮位,竭力还攻。及中炮阵亡,则守备柯建章继之;复阵亡,则黄承勋继之。与军功王锡三、管旗刘鹍同与于难,争趋死地,奋不顾身,尤为当时所称。广乙快船管轮把总何汝宾,亦于是役中弹阵亡。

【译文】

光绪二十年(1894),日本侵略朝鲜,朝廷议论主战。六月,高善继协助营官骆佩德搭乘英国高升号轮船运送军队给养。行驶到牙山(在朝鲜西海岸)口外,日本举旗示意要他们投降,善继不肯屈服。掌管驾驶的英国人先离船溜走,善继十分气愤,命令悬挂红旗准备战斗,并向前进逼敌人。正与骆佩德指挥同敌人交战时,忽然船中鱼雷,过了一会儿,涌入舱内的水势越来越大,大家硬要善继和佩德撤下来,善继精神振奋说道:"我们自己请求杀敌,而面临死难就逃避,纵然能够回去,又有什么面目见人?况且我世代受到国家恩遇,今天的事,只有一死罢了!"佩德说:"既是这样,我怎么能够一个人活着?"高升船于是沉没,高善继淹死,佩德也随后牺牲。

当时护航的是济远舰,也在丰岛遭到敌船袭击,大副都司沈寿昌坚守炮位,尽力反击。到他中炮阵亡,守备柯建章来接替他;柯又阵亡,由黄承勋接替。黄承勋和军功王锡三、管旗刘鹍同时死难。他们争先恐后,视死如归,奋勇直前,不顾生命,特别受到当时人的称赞。广乙快船管轮把总何汝宾,也在这次战斗中中弹阵亡。

林永升殉国

【原文】

二十年八月,朝命海军护送陆军赴大东沟登岸援朝鲜,日本海军来袭,我铁舰十,当敌舰十有二。副将邓世昌管带致远,都司陈金揆副之;参将黄建勋管带超勇,参将林履中管带扬威;经远,则永升主之。永升凤与世昌等以忠义相激励,既合诸舰,冲锋轰击,沉日舰三,卒以敌军船快炮快为所胜,世昌战殁。提督丁汝昌坐定远

督船,畏葸不知所为,又被伤,总兵刘步蟾代之。船阵失列,有跳而免者,永升仍指挥舰勇,冒死与战,骤中敌弹,脑裂死。

日本海军联合舰队"吉野"号巡洋舰沉没于中国的旅顺口处

【译文】

光绪二十年(1894)八月,朝廷命令海军护送陆军到大东沟(鸭绿江口,黄海北岸)登陆增援朝鲜。日本海军前来袭击,我方十艘铁甲舰,对付十二艘敌舰。副将邓世昌为致远舰长,都司陈金揆做副手;参将黄建勋为超勇舰长;参将林履中为扬威舰长;经远舰由永升指挥。林永升平素就与邓世昌等人以忠义互相激发鼓励,各舰会合以后,冲锋轰击敌舰,打沉三艘日舰,最后敌舰由于船快炮快获胜,邓世昌战死。提督丁汝昌乘坐定远旗舰,胆怯不敢出击,又负伤,由总兵刘步蟾代替指挥。舰队阵形混乱,有突围而幸免的,永升继续指挥舰上水兵,冒死与敌人接战,突然被敌弹击中,脑裂牺牲。

城不守,死自吾分

【原文】

宋春华,字实庵,陕西三原人。光绪十二年武进士,……出为天津镇标右营守备,与士卒共甘苦,所部为天津绿营冠。联军内犯,总督裕禄檄春华守城南门。……城既陷,身被数伤,犹死守不退。或劝少避,春华曰:"城不守,死自吾分。汝曹各有父母妻子,归可也,俱死无益!"众感其义,无退者。

【译文】

宋春华,字实庵,陕西三原县人。光绪十二年(1886)武进士,……外调任天津镇标右营守备,与士兵同甘共苦,他所在的部队是天津绿营兵的主力。八国联军向内地进犯,总督裕禄调宋春华守卫天津城南门。……城陷落后,身体多处负伤,仍然死守不退。有人劝他暂时躲避一下,宋春华说:"城守不住,死是我的本分。你们各自有父母妻子儿女,可以回去,全死没有好处!"大家为他的忠义所感召,没有退却的。

王国维撰《观堂集林》

【原文】

王国维,字静安,浙江海宁州诸生。少以文名。年弱冠,适时论谋变法自强,即习东文,兼欧洲英、德各国文,并至日本求学。通农学及哲学、心理、论理等学。调学部,充图书馆、编译名词馆协修。辛亥后,携家东渡,乃专研国学。……著述甚多,撷其精粹为《观堂集林》二十卷。返国十年,以教授自给。……丁卯春夏间,时局益危,国维悲愤不自制,于五月初三日,自沉于颐和园之昆明湖。

【译文】

王国维,字静安,浙江海宁州(今浙江海宁市)秀才。少年时就因有文才出名,二十左右年纪时,恰值舆论谋求变法自强,当下就学习日语,兼学欧洲英、德各国文字,并且到日本求学。他通晓农学及哲学、心理、论理等学科。调学部,充任图书馆、编译名词馆协修。辛亥革命后,携带家眷东去日本,于是专门研究国学。……著述很多,采取其中的精华部分编成《观堂集林》二十卷。回国十年,靠教书供给生活。……民国十六年(1927)春夏间,时局更加险恶,王国维悲愤不能控制自己,于五月初三日,在颐和园昆明湖投湖自杀。

孝 义 传

澄衷学堂

【原文】

叶成忠,字澄衷……成忠肆虹口,数年业大盛,乃分肆遍通商诸埠。就上海、汉口设厂、缫丝、造火柴,赀益丰。乃置祠田,兴义塾,设医局。会朝议重学校,成忠出赀四十万建澄衷学堂,规制宏备,生徒景从。制《字课图说》、修身、舆地诸书,诸校用之,以为善本。

【译文】

叶成忠,字澄衷……成忠在虹口(今上海市区)经营商业,几年时间营业大大兴盛起来,于是在通商各城市遍设分号。在上海、汉口(今武汉市)开办工厂,经营缫丝,生产火柴,资本更加丰厚。于是购买祠田,兴办免费的义塾,设立医院。正好朝廷倡议注重学校教育,叶成忠出资四十万建立澄衷学堂,规模体制宏大完备,学生如影形追随。编辑《字课图说》、修身、地理各种教科书,各校采用,认为是好教材。

杨斯盛办学

【原文】

杨斯盛,……光绪二十八年,诏废科举,设学校,出赀建广明小学、师范传习所。越三年,又建浦东中、小学,青墩小学,凡糜金十八万有奇。上海业土木者以万计,众议立公所,设义学,斯盛已病,力赞其成,事立举。

【译文】

杨斯盛……光绪二十八年(1902),下诏废除科举考试,设立学校。杨斯盛出资建立广明小学、师范传习所。过了三年后,又建立浦东中、小学、青墩小学,总共耗资十八万之多。上海从事土木建筑的有上万人,大家商议设立公所,办义学,杨斯盛已经患病,大力赞助办成这些事,很快就办起来了。

武 训 兴 学

【原文】

武训,山东堂邑人,乞者也,初无名,以其第曰武七。……自恨不识字,誓积资设义学,以所得钱寄富家权子母,积三十年,得田二百三十亩有奇,乞如故。蓝缕蔽骭,昼乞而夜织。或劝其娶,七谢之。又数年,设义塾柳林庄,筑塾费钱四千余缗,尽出所积田以资塾。塾为二级,曰蒙学,曰经学。

【译文】

武训,山东堂邑(今山东聊城县属)人,是个乞丐,起先没有名字,因为排行第七人称武七。……自己悔恨不认识字,决心集资办义学,把行乞得来的钱寄存富贵人家放高利贷,积累三十年,有了二百三十多亩田,照旧行乞。衣服破烂,只能遮体。白天乞讨,晚间织布。有人劝他结婚,他拒绝了。又过了几年,在柳林庄办义塾,修建校舍花费四千多串钱,把自己所有的田产都献出来资助办学。学校分两级,叫作启蒙的蒙学和叫做学习和研究儒家学问的经学。

遗 逸 传

方以智撰《物理小识》

【原文】

方以智,字密之,桐城人。……以智生有异禀,年十五,群经、子、史,略能背诵。博涉多通,自天文、舆地、礼乐、律数、声音、文字、书画、医药、技勇之属,皆能考其源流,析其旨趣。著书数十万言,惟《通雅》《物理小识》二书盛行于世。

【译文】

　　方以智,字密之,桐城(今属安徽)人。……以智有特殊的天赋,十五岁时,各种经典、诸子百家书、史书差不多都能够背诵。博学通达,有多方面的知识,从天文、地理、礼乐、律历算术、音韵、文字、书法、绘画、医药、技艺之类,都能考究出它的源流,剖析其中的意旨和情趣。著书有几十万言,只有《通雅》《物理小识》两书在社会上广为传播。

朱舜水东渡日本

【原文】

　　朱之瑜,字鲁玙,号舜水,馀姚人,……渡海至日本……遂留寓长崎。日人安东守约等师事之,……于是率儒学生,习释奠礼,改定仪注,详明礼节,学者皆通其梗概。日人文教,为之彬彬焉。之瑜居日本二十余年,年八十三年,葬于日本长崎瑞龙山麓。日人谥曰文恭先生,立祠祀之,并护其墓,至今不衰。

【译文】

　　朱之瑜,字鲁玙,号舜水,馀姚(今浙江余姚)人……渡海来到日本……于是住在长崎。日本人安东守约等尊他为师,……于是他带领儒学生徒,学习释奠礼,改定礼仪制度,详细阐明礼节,学习的人都能通晓它的大概内容。日本人文化教育因而彬彬有礼。朱之瑜居住日本二十多年,八十三岁去世,葬在日本长崎瑞龙山麓。日本人称他为文恭先生,建立祠堂祭祀他,并保护他的墓地,到今天仍不衰落。

顾祖禹撰《读史方舆纪要》

【原文】

　　柔谦精于史学,尝谓:"《明一统志》于战守攻取之要,类皆不详山川,条列又复割裂失伦,源流不备。"祖禹承其志,撰《读史方舆纪要》一百三十卷,凡职方、广舆诸书,承讹袭谬,皆为驳正。详于山川险易,及古今战守成败之迹,而景物名胜皆在所略。创稿时年二十九,及成书,年五十矣。宁都魏禧见之,叹曰:"此数千百年绝无仅有之书也!"以其书与梅文鼎《历算全书》、李清《南北史合钞》称三大奇书。

【译文】

　　顾柔谦精通史学,曾经说过:"《明一统志》关于战守攻取的要害,山岳、河流大都不够详细,分条列举又割裂不成系统,源流不完备。"顾祖禹继承父志,编写《读史方舆纪要》一百三十卷,凡是职方、广舆等地理方面的书,沿袭前人的错误,他都加以批驳纠正。有关山川险易和古往今来战守成败的事迹都详细叙述,而省略了景物和名胜的记载。动手写书稿时二十九岁,及至书写成了,已经五十岁了。宁都魏禧见到这本书,赞叹说:"这是数千百年极其少有的书。"把这部书与梅文鼎的《历

国学经典文库

算全书》、李清的《南北史合钞》称为三大奇书。

傅山论书画

【原文】

傅山,字青主,阳曲人。……山工书画,谓:"书宁拙毋巧,宁丑毋媚,宁支离毋轻滑,宁真率毋安排。"人谓此言非止言书也。诗文初学韩昌黎,崛强自喜,后信笔抒写,俳调俗语,皆入笔端,不愿以此名家矣。著有《霜红龛集》十二卷。

【译文】

傅山,字青主,阳曲(今山西阳曲县)人……他擅长书法绘画,认为:"书法宁可笨拙不可取巧,宁可丑陋不可媚态,宁可凌乱不可轻浮,宁可质朴不可造作。"人们说他这些话不仅仅是谈书法。他的诗文最初学唐文学家韩愈,以刚强不屈自喜,后来任意执笔抒情写作,杂戏小调、俚俗言词在文字中都有表现,他不想靠写作来成名成家。著作有《霜红龛集》十二卷。

谈迁撰《国榷》

【原文】

谈迁,……肆力经史百家言,尤注心于明朝典故。尝谓:"史之所凭者,实录耳。……"乃汰十五朝实录,正其是非。访崇祯十七年邸报,补其缺文,成书,名曰《国榷》。

【译文】

谈迁,……从事经、史百家学说的研究,尤其关注明朝的历史。曾说:"历史所凭借的,实录罢了。……"于是整理十五朝实录,订正是非,采访明崇祯十七年的邸报,补充实录的缺载部分,编辑成书,书名《国榷》。

艺 术 传
工业为强国之本

【原文】

中叶后,海禁大开,泰西艺学诸书,灌输中国,议者以工业为强国根本,于是研格致,营制造者,乘时而起。或由旧学以扩新知,或抒心得以济实用,世乃愈以艺事为重。

【译文】

清代中叶以后,开放海禁,西方科学技术方面的书籍传播到中国,议论的人认

为工业是使国家富强的根本,于是,研究自然科学,经营制造的人,都乘此机会发展起来。有的在旧学的基础上扩大新的知识领域,有的发表在实践中领会到的知识,以求有利于实用,社会上越来越重视科学技术。

吴有性撰《瘟疫论》

【原文】

吴有性,字又可,江南吴县人。生于明季,居太湖中洞庭山。当崇祯辛巳岁,南北直隶、山东、浙江大疫,医以伤寒法治之,不效。有性推究病源,就所历验,著《瘟疫论》,……古无瘟疫专书,自有性书出,始有发明。

【译文】

吴有性,字又可,江南吴县人。生于明朝末年,居住在太湖上的洞庭山。在崇祯辛巳年(崇祯十四年,1641)那一年,江苏、安徽、河北、山东、浙江各地方瘟疫流行,医生按伤寒法治疗,不见效。有性探索和检查病源,根据个人的临床经验,写成《瘟疫论》,……古代没有瘟疫方面的专著,自从有性这部书刊行后,才开始有了创造性的发展。

戴天章撰《伤寒》诸书

【原文】

天章,字麐郊,江苏上元人。诸生。好学强记,尤精于医。所著《伤寒》《杂病》诸书,及《咳论注》《疟论注》《广瘟疫论》,凡十余种。其论瘟疫,一宗有性之说。……为人疗病,不受谢。

【译文】

戴天章,字麐郊,江苏上元(今南京市)人。是个秀才。好学记忆力强。特别精通医学。他所编著的《伤寒》《杂病》这些书,以及《咳论注》《疟论注》《广瘟疫论》,共有十多种。他讨论瘟疫,完全尊崇吴有性的学说。……为人治病,不要报酬。

神 医 叶 桂

【原文】

叶桂,字天士,江苏吴县人。先世自歙迁吴。祖时、父朝采,皆精医。桂年十四丧父,从学于父之门人,闻言即解,见出师上,遂有闻于时。切脉望色,如见五脏。治方不出成见,……其治病多奇中,于疑难症,或就其平日嗜好而得救法;或他医之方,略与变通服法;或竟不与药,而使居处饮食消息之;或于无病时预知其病;或预断数十年后:皆验。

【译文】

叶桂,字天士,江苏吴县人。祖先从安徽歙县迁居吴县。祖父叶时、父亲叶朝采都精通医术。叶桂十四岁死了父亲,跟随父亲的学生学习,听人言谈就能理解,见地比老师还高明,由此在当时出了名。切脉望色,如同看见五脏一样。开药方没有固定不变的看法,……他治病常有奇妙的医疗效果,对于疑难大症,或是根据病人平日嗜好而得到解救的办法;或是别的医生的处方,稍加改变服药方法;或者完全不给药,而用调整饮食起居来缓解;或是在没病时能预先知道有什么病;或是预先推断几十年后的变化:全都应验。

吴谦纂《医宗金鉴》

【原文】

吴谦,字六吉,安徽歙县人。官太医院判,……乾隆中,敕编医书,太医院使钱斗保请发内府藏书,并征集天下家藏秘籍,及世传经验良方,分门聚类,删其驳杂,采其精粹,发其余蕴,补其未备,为书二部。小而约者,以为初学诵读;大而博者,以为学成参考。既而征书之令中止,议专编一书,期速成,命谦及同官刘裕铎为总修官。……书成,赐名《医宗金鉴》。

【译文】

吴谦,字六吉,安徽歙县人。官职做到太医院判,……乾隆年间,诏命编纂医书,太医院史钱斗保请求颁发内府藏书,并征集全国各地私人收藏的稀见书籍,以及世代流传的经验良方,分门别类,删去无关紧要的部分,采取书中的精华,发掘各书未尽的蕴藏,补充它的不足之处,编成两部书。小本简约,供初学者诵读;大本广博,供深造者参考。后来征书的诏令中止,朝议专编一部书,要求速成,命吴谦及同官刘裕铎为总修官。……书编好了,赐名《医宗金鉴》。

二 石

【原文】

释道济,字石涛,明楚藩裔,自号清湘老人。题画自署或曰大涤子,或曰苦瓜和尚,或曰瞎尊者,无定称。国变后为僧,画笔纵恣,脱尽窠臼,而实与古人相合。晚游江、淮,人争重之。著《论画》一卷,词议玄妙。与髡残齐名,号“二石”。

髡残,字石溪,湖南武陵人。幼孤,自剪发投龙三三家庵。遍游名山,……画山水奥境奇辟,缅邈幽深,引人入胜。道济排奡纵横,以奔放胜;髡残沉著痛快,以谨严胜:皆独绝。

【译文】

僧人道济,字石涛,明朝楚王的后代,自号清湘老人,在画上题字自己署名有的

写大涤子,有的写苦瓜和尚,有的写瞎尊者,没有一定称呼。明亡以后当了和尚,画笔自由奔放,不带一点老套子,而实际与古人相吻合。晚年游历长江、淮河一带,人们都很看重他。著有《论画》一卷,文字议论奇特高雅。与髡残有同样的名望,号称"二石"。

髡残,字石溪,湖南武陵(今常德市)人。幼年孤独,自己落发在龙三三家庙出家。遍游名山,……画山水意境新奇,深沉含蓄,引人进入佳境。道济矫健有力,以奔放自如见长;髡残稳重质朴,以谨慎严密见长:都是一绝。

八 大 山 人

【原文】

朱耷,字雪个,江西人,亦明宗室。崇祯甲申后,号八大山人,尝为僧。其书画题款"八大"二字每联缀,"山人"二字亦然,类"哭"类"笑",意盖有在。画简略苍劲,生动尽致,山水精密者尤妙绝,不概见。慷慨啸歌,世以狂目之。

【译文】

朱耷,字雪个,江西人,也是明朝的帝王家族。崇祯十七年(1644)后,号称八大山人,曾经当过和尚。他的书画题款"八大"两个字时常连写,"山人"两个字也是这样,像"哭"像"笑",想必有他的寓意。画简洁洗练,雄健有力,生动活泼,淋漓尽致,山水精品尤其出色,无与伦比,不多见。朱耷慷慨激昂,纵情高歌,当时的人把他看作是狂人。

金 陵 八 家

【原文】

龚贤,字半千,江南昆山人。寓江宁,结庐清凉山下,葺半亩园,隐居自得。性孤僻,诗文不苟作。画得董源法,埽除蹊径,独出幽异,自谓前无古人,后无来者。

同时与樊圻、高岑、邹喆、吴弘、叶欣、胡造、谢荪号"金陵八家"。……诸家皆擅雅笔,负时誉,要以贤为称首。

【译文】

龚贤,字半千,江南昆山人。住在江宁(今江苏南京),在清凉山下盖了草房,修整了半亩园,隐居自己很得意。性格孤僻怪僻,不轻易写诗文。画学到董源的笔法,开辟了一条路子,别具一格,深远别致。自称空前绝后。

同时与樊圻、高岑、邹喆、吴弘、叶欣、胡造、谢荪号称"金陵八家"。……各家都擅长书画,在当时享有声望,龚贤可称得起名列第一。

高其佩手指作画

【原文】

高其佩,字韦之,号且园,奉天辽阳人,……画有奇致,人物山水,并苍浑沉厚,衣纹如草篆,一袖数折。尤善指画,尝画黄初平叱石成羊,或已成羊而起立,或将成而未起,或半成而未离为石,风趣横生。画龙、虎,皆极其态。世既重其指墨,晚年以便于挥洒,遂不复用笔。其笔画之佳,几无人知之。

【译文】

高其佩,字韦之,号且园,奉天辽阳人……绘画有奇特的情趣,人物山水画全都深沉浑厚,衣纹如同草篆,一只衣袖有好几折。尤其擅长用手指作画,曾经画黄初平叱石成羊,有的已经成羊而起立,有的将成而没有起立,有的半成而没有同石头分离开来,很有风趣。画龙、虎,都能充分地表现出它的神态。社会上既然重视他的指画,晚年时因便于挥洒自如,于是不再用笔。他的笔画的美好,几乎没人知道。

宫 廷 画 师

【原文】

清制,画史供御者无官秩,设如意馆于启祥宫南,凡绘工、文史及雕琢玉器、装潢帖轴皆在焉。初类工匠,后渐用士流,由大臣引荐,或献画称旨召入,与词臣供奉体制不同。间赐出身官秩,皆出特赏。高宗万几之暇,尝幸馆中,每亲指授,时以为荣。其画之精美者,一体编入《石渠宝笈》《秘殿珠林》二书。嘉庆中,编修胡敬撰《国朝院画录》,凡载八十余人,其尤卓著可传者十余人。

【译文】

清朝制度,为宫廷服务的画史没有职位品级。在启祥宫南面设立如意馆,所有画工、文史及雕琢玉器、装裱字画的人都在此处,起初像是工匠,后来逐渐吸收了一些读书人,通过大臣引荐,或是献画受到赏识而被召进宫来,与词臣供奉体制不一样。偶尔有赐给出身官秩,都出于特殊的奖赏。高宗于处理政务的闲暇,来过如意馆,时常亲自指点授意,当时以此为光彩。他们绘画的精品都编入《石渠宝笈》《秘殿珠林》两书。嘉庆年间,编修胡敬编成《国朝院画录》,记载了八十多人的事迹,其中特别卓越优异可以立传的有十几个人。

书画大家郑板桥

【原文】

乾、嘉之间,浙西画学称盛,而扬州游士所聚,一时名流竞逐。其尤著者,为高

凤翰、郑燮、金农、罗聘、奚冈、黄易、钱杜、方薰等。

燮，字板桥，江苏兴化人。乾隆元年进士，官山东潍县知县，有惠政。辞官鬻画，作兰竹，以草书中竖长撇法为兰叶，书杂分隶法，自号"六分半书"。

【译文】

乾隆、嘉庆年间，浙江西部绘画艺术发达，而扬州（今江苏扬州）为各地读书人集中的地方，一时著名人士争胜角逐。其中特别著名的是高凤翰、郑燮、金农、罗聘、奚冈、黄易、钱牡、方薰等人。

郑燮，字板桥，江苏兴化（今江苏兴化）人。乾隆元年（1736）进士，任山东潍县（今山东潍坊）知县，有好的政绩。辞官不做去卖画，画兰竹，用草书中竖长撇法为兰叶，书法篆隶杂糅，自号"六分半书"。

《甘谷菊泉图》·郑板桥

内家拳法

【原文】

王来咸，字征南，浙江鄞县人……从同里单思南受内家拳法。内家者，起于宋武当道士张三峰，其法以静制动，应手即仆，与少林之主于搏人者异，故别少林为外家。……来咸为人机警，不露圭角，非遇甚困不发。

【译文】

王来咸，字征南，浙江鄞县人……跟随同乡单思南学习内家拳法。内家拳，创始于宋代武当山道士张三峰，它的方法是以静态制服动态，一交手对方就倒下，同少林拳的重在激烈对打不一样，因此另外称少林拳为外家拳。……来咸为人机智、反应快，不露锋芒，除非遇到万不得已不轻易施展本领。

四 平 枪

【原文】

褚士宝，……膂力过人，好技击，游学四方。与毕昆阳、武君卿为友，遂精枪法，名曰四平枪，旋转如风，人莫能近。……其枪谱二种及治伤药酒方，世犹有藏之者。

【译文】

褚士宝，……力气超过常人，喜好武艺，游学各地。与毕昆阳、武君卿交朋友，于是精通枪法，叫作四平枪，舞动枪旋转如风，外人不能接近。……他的两种枪谱以及治伤药酒方，世间还有收藏的。

曹 一 拳

【原文】

曹竹斋，……老而贫，卖卜扬州市。江、淮间健者，莫能当其一拳，故称曹一拳。少年以重币请其术，不可。或怪之，则曰："此皆无赖子，岂当授艺以助虐哉？拳棒，古先舞蹈之遗也，君子习之，所以调血脉，养寿命，其粗乃以御侮。必彼侮而我御之，若以之侮人，则反为人所御而自败矣。"

【译文】

曹竹斋，……年老家贫，在扬州街头算卦谋生。长江、淮河一带的壮汉挡不住他的一拳，因此叫曹一拳。有的少年花大钱学他这本事，他不答应。有人觉得奇怪，他却说："这些家伙都是些流氓，我怎么会传授武艺来帮他们为非作歹呢？拳棒，是古代舞蹈的产物，正派人学习它，可以调理血脉，养生长寿，粗俗人才用来防御外侮。必须是对方欺侮我才防御，倘若用来欺侮别人，那么反而被人所防御而自己遭到失败。"

梁 九

【原文】

梁九，顺天人，自明末至清初，大内兴造匠作，皆九董其役。初，明时京师有工师冯巧者，董造宫殿，至崇祯间老矣。九往执业门下，数载，终不得其传，而服事左右，不懈益恭。一日九独侍，巧顾曰："子可教矣！"于是尽授其奥。巧死，九遂隶籍工部，代执营造之事。康熙三十四年，董建太和殿，九手制木殿一区，以寸准尺，以尺准丈，大不逾数尺许，四阿重室，规模悉具，工作以之为准，无爽。

【译文】

梁九，顺天（北京）人。从明末到清初，皇城内营造工程，全由梁九监督管理。起先，明代京师有工师叫冯巧，管理营造宫殿，到崇祯时已经年老。梁九前往他的门下行弟子礼，几年过后，一直得不到传授，而梁九在身边服侍，毫不懈怠而更加谦恭。一天梁九一个人陪伴侍候，冯巧看着他说："你可教了！"于是把全部奥秘都传授给他。冯巧死后，梁九于是到工部任职，代替主持营造的事。康熙三十四年（1695），重建太和殿，梁九亲手制作了一套木殿模型，以寸相当尺，以尺相当丈，大不超过几尺，四栋重室，规模完全具备，施工以此为准，毫厘不差。

瓷都景德镇

【原文】

江西景德镇窑务，……顺治中，巡抚郎廷佐所督造，精美有名，世称"郎窑"。其

后御窑兴工,每命工部或内务府司官往,专任其事。年希尧曾奉使造器甚伙,世称"年窑"。

英继其后,任事最久,讲求陶法,于泥土、釉料、坯胎、火候,具有心得,躬自指挥。又能恤工慎帑,撰《陶成纪事碑》,备载经费、工匠解额,胪列诸色瓷釉,仿古采今,凡五十七种。自宋大观,明永乐、宣德、成化、嘉靖、万历诸官窑,及哥窑、定窑、均窑、龙泉窑、宜兴窑、西洋、东洋诸器,皆有仿制。……奉敕编《陶冶图》,为图二十:……各附详说,备著工作次第,后之治陶政者取法焉。英所造者,世称"唐窑"。

【译文】

江西景德镇(今江西景德镇市)的窑务,……顺治年间,巡抚郎廷佐所督造的产品,精美有名声,世称"郎窑"。以后御窑兴办开工生产,常派遣工部或内务府官员前往,专一主持这项工作。年希尧曾奉皇上差遣监造瓷器很多,世称"年窑"。

唐英继年希尧之后,管理此事时间最长,讲求制陶技术,对于泥土、釉料、坯胎、火候,都有心得体验,亲自指挥。又能体恤陶工,节省公款,撰写《陶成纪事碑》,详细记载经费、工匠人数,列举各种颜色瓷釉,仿古采今,共有五十七种。从宋徽宗大观年间,明朝永乐、宣德、成化、嘉靖、万历年间各个官窑,以及哥窑、定窑、均窑、龙泉窑、宜兴窑、西洋、东洋各式器物,都有仿造。……奉皇上命令编写《陶冶图》,绘图二十幅:……各附详细说明,全面记载了各道工序,后世从事陶政的人可以效法。唐英所造的瓷器,世称"唐窑"。

"黄鹄号"木质轮船

【原文】

徐寿,字雪村,江苏无锡人……道、咸间,东南兵事起,遂弃举业,专研博物格致之学。时泰西学术流传中国者,尚未昌明,试验诸器绝鲜。寿与金匮华蘅芳讨论搜求,始得十一,苦心研索,每以意求之,而得其真。……久之,于西学具窥见原委,尤精制器。咸丰十一年,从大学士曾国藩军,先后于安庆、江宁设机器局,皆预其事。

寿与蘅芳及吴嘉廉、龚芸堂试造木质轮船,推求动理,测算汽机,蘅芳之力为多;造器置机,皆出寿手制,不假西人,数年而成。长五十余尺,每一时能行四十余里,名之曰黄鹄。国藩激赏之,招入幕府,以奇才异能荐。

【译文】

徐寿,字雪村,江苏无锡人……道光、咸丰年间,东南打起仗来,于是放弃科举考试,专门研究自然科学。当时西方学术传播到了中国,还没有兴盛起来,各种试验设备极少。徐寿与金匮(今江苏无锡)华蘅芳讨论搜罗,才搞到一小部分,苦心研究探索,每每按照自己的理解去探求,从而掌握它的本旨。……时间长了,对于西方科学都能看出它的本末和底细,尤其精于制造器械。咸丰十一年(1861),随从大学士曾国藩的军队,先后在安庆(今安徽安庆)、江宁(今江苏南京)设立机器局,这

些事他都参与。

徐寿与蘅芳及吴嘉廉、龚芸堂试造木质轮船,探索传动原理,测算汽机,华蘅芳贡献最大;制造机器设备都由徐寿亲自动手,不借用西人,几年就造成了。轮船长五十多尺,每小时能运行四十多里,命名黄鹄。曾国藩十分赏识他,招聘到衙署中,推荐他有特殊才能。

畴 人 传

清代的天文历算

【原文】

推步之学,由疏渐密。泰西新法,晚明始入中国,至清而中、西荟萃,遂集大成。圣祖聪明天亶,研究历算,妙契精微。一时承学之士,蒸蒸向化,肩背相望。二百年来,推步之学,日臻邃密,匪特辟古学之榛芜,抑且补西人之罅漏。嘉庆初,阮元撰《畴人传》,后学一再续之,唐、宋以来,于斯为盛。

【译文】

天文历算的学问由粗疏而逐渐严密。西方新的方法,晚明时才开始传到中国,到清代中西聚集,才有大的成就。圣祖天资聪明,研究历算,能契合精密细微。一时后继的人,热衷于这项研讨的越来越兴旺,一个接着一个。二百年来,天文历算这门学问,日趋精深严密,不仅开辟了古学这块草木丛杂的境地,而且弥补了西学的缺漏。嘉庆初年,阮元撰《畴人传》,后进的学者一再续补这部著作,唐、宋以来的天文历算,要称这个时期最为发达昌盛。

王锡阐学贯中西

【原文】

王锡阐,字晓庵,吴江人。兼通中、西之学,自立新法,用以测日、月食不爽秒

嘉庆皇帝鉴古图

忽。每遇天晴霁,辄登屋卧鸱吻察星象,竟夕不寐。著《晓庵新法》六卷。

【译文】

王锡阐,字晓庵,江苏吴江县人。兼通中、西学术。自己创立新的方法,用来观测日食、月食,分毫不差。每当天气晴朗,常常上房躺在鸱吻旁观察星象,整夜不睡觉。著有《晓庵新法》六卷。

梅文鼎删定《明史·历志》

【原文】

梅文鼎,字定九,号勿庵,宣城人……康熙己未,《明史》开局,《历志》为钱塘吴任臣分修,经嘉禾徐善、北平刘献廷、毗陵杨文言,各有增定,最后以属黄宗羲,又以属文鼎,摘其讹误五十余处,以算草、通轨补之,作《明史历志拟稿》一卷。虽为《大统》而作,实以阐明《授时》之奥,补《元史》之缺略也。

【译文】

梅文鼎,字定九,号勿庵,宣城人。……康熙己未年(康熙十八年、1679),开局纂修《明史》,《历志》由钱塘(今浙江杭州)吴任臣分修,经过嘉禾(今浙江嘉兴)徐善、北平(今河北顺平县)刘献廷、毗陵(今江苏常州)杨文言,各有增删,最后委托给黄宗羲,又委托梅文鼎,摘出错误五十多处,用算草、通轨补充,完成《明史历志拟稿》一卷,虽然是为《大统历》而写作,实际是用来说明《授时历》的奥旨,弥补《元史》的缺略。

梅文鼎巧制天文仪器

【原文】

文鼎于测算之图与器,一见即得要领,古六合、三辰、四游之仪,以意约为小制,皆合。又自制为月道仪,揆日测高诸器,皆自出新意。尝登观象台,流览新制六仪,及元郭守敬简仪、明初浑球,指数其中利病,皆如素习。

【译文】

梅文鼎对用于测算的图和仪器,一看就能抓住要点。古代六合、三辰、四游各类仪器,按照原意缩制,都能符合。又自己制作测量月球运行轨道和推算太阳高度等仪器,都出于个人的创新。他曾经登上观象台,浏览新制成的六仪和元朝人郭守敬的简仪、明期初朝的浑仪,指明其中的优缺点,都像是素常所熟悉似的。

明安图推算圆周率

【原文】

明安图,字静庵,蒙古正白旗人。官钦天监监正。受数学于圣祖,预修《御定历

西藏通好之始

【原文】

四年，……达赖、班禅及藏巴汗、顾实汗遣伊喇固散胡图克图等贡方物，献丹书，先称太宗为曼殊师利大皇帝。曼殊者，华言"妙吉祥"也，使至盛京，太宗躬率王大臣迓于怀远门。……是为西藏通好之始。

【译文】

崇德四年（1639）……达赖、班禅和藏巴汗、顾实汗派遣喇嘛伊喇固散胡图克图等人贡献地方物产，进献丹书，最早尊称太宗作曼殊师利大皇帝。曼殊，汉语作"妙吉祥"。使臣到达盛京（今辽宁沈阳），太宗亲自率领王公大臣在怀远门迎接。……这是与西藏通使和好的开始。

藏民抗英誓词

【原文】

藏人誓众曰："凡我藏众男女，誓不与英人共天地。有渝此誓，众共殛之。"

【译文】

西藏人民当众宣誓说："凡是我们藏民不论男女，誓与英国人不共戴天。如果有人违背了这一盟誓，大家一齐杀死他。"

班 禅 封 号

【原文】

班禅第一辈凯珠巴格勒克，为宗喀巴二第子。……五十二年，诏以班禅为人安静，精通经典，勤修贡职，封为班禅额尔德尼，颁发金印、金册。

【译文】

班禅第一代凯珠巴格勒克，是宗喀巴第二大弟子。……康熙五十二年（1713），颁布诏书，因第五代班禅罗布藏伊什，为人安详恬静，精通佛经法典，勤勉入贡虔诚奉职，封为班禅额尔德尼，颁发给金印、金册。

属 国 传

苏禄王善后

【原文】

十一年六月，国王奉表谢恩，并奏："伊祖东王于明永乐间入朝，归至德州病故。

帝命有司营葬，……今事隔三百余年，所有坟墓及其子孙存留赒恤之处，恳请修理给复。"礼臣议覆："苏禄国东王巴都噶叭哈答殁，长子都马含归国袭封。次子安都禄，三子温哈喇，留居守茔，其子孙以祖名分为安、温二姓，应如所请。饬查王墓所有神道享亭、牌坊，修理整饬，于安、温二姓中各遴一人给顶戴奉祀，著为例。"帝允之。

【译文】

雍正十二年（1733）六月，苏禄（今菲律宾）国王进奉表文谢恩，并上奏："祖上东王在明朝永乐年间入京朝见，归途中在德州（今属山东省）病故。皇帝命令官府营葬，……现在事隔三百多年，坟墓和东王的子孙留中国，周济抚恤的事务，恳切请求修复整理照旧供给。"礼部官员会议覆奏："苏禄国东王巴都噶叭哈答去世，长子都马含回国承袭封号。次子安都禄，三子温哈喇，留在中国定居守护坟地，他们的子孙以祖先名字分别为安、温二姓，理应答应他的请求。下令检查东王陵墓所建的神道、享亭、牌坊，修复整顿使有条理，在安、温二姓中各自审慎选择一人赐给顶戴侍奉祭祀。宣布成为定例。"世宗应允了奏议。

浩罕内附

【原文】

浩罕，古大宛国地，一名敖罕，又曰霍罕。……乾隆二十四年，将军兆惠追捕霍集占兄弟，遣侍卫达克塔纳等抚布鲁特诸部。至其境，额尔德尼迎之入城，日馈羊酒瓜果，询中国疆域形势，畏慕，奉表请内附。

【译文】

浩罕，古代大宛国（在今俄罗斯中亚费尔干纳盆地）地界，一名敖罕，又称霍罕。……乾隆二十四年（1759），将军兆惠追捕霍集占兄弟，派遣侍卫达克塔纳等人安抚布鲁特各部。到达浩罕境内，浩罕城伯克额尔德尼迎接他们进入城内，每天馈送羊酒、瓜果，询问中国疆域和形势，敬畏仰慕，进奉表章请求内附。